J. von Staudingers
Kommentar zum Bürgerlichen Gesetzbuch
mit Einführungsgesetz und Nebengesetzen
Buch 2 · Recht der Schuldverhältnisse
§§ 255–304
(Leistungsstörungsrecht 1)

Kommentatorinnen und Kommentatoren

Dr. Karl-Dieter Albrecht
Vorsitzender Richter am Bayerischen Verwaltungsgerichtshof a. D., München

Dr. Christoph Althammer
Professor an der Universität Regensburg

Dr. Georg Annuß, LL.M.
Rechtsanwalt in München, Außerplanmäßiger Professor an der Universität Regensburg

Dr. Christian Armbrüster
Professor an der Freien Universität Berlin, Richter am Kammergericht a. D.

Dr. Arnd Arnold
Professor an der Universität Trier, Dipl.-Volksw.

Dr. Markus Artz
Professor an der Universität Bielefeld

Dr. Marietta Auer, S.J.D.
Professorin an der Universität Gießen

Dr. Martin Avenarius
Professor an der Universität zu Köln

Dr. Ivo Bach
Professor an der Universität Göttingen

Dr. Christian Baldus
Professor an der Universität Heidelberg

Dr. Wolfgang Baumann
Notar in Wuppertal, Professor an der Bergischen Universität Wuppertal

Dr. Winfried Bausback
Professor a. D. an der Bergischen Universität Wuppertal, bayerischer Staatsminister der Justiz a. D., Mitglied des Bayerischen Landtags

Dr. Roland Michael Beckmann
Professor an der Universität des Saarlandes, Saarbrücken

Dr. Dr. h. c. Detlev W. Belling, M.C.L.
Professor an der Universität Potsdam

Dr. Andreas Bergmann
Professor an der Fernuniversität Hagen

Dr. Falk Bernau
Richter am Bundesgerichtshof, Karlsruhe

Dr. Marcus Bieder
Professor an der Universität Osnabrück

Dr. Werner Bienwald
Professor an der Evangelischen Fachhochschule Hannover, Rechtsanwalt in Oldenburg

Dr. Tom Billing
Rechtsanwalt in Berlin

Dr. Claudia Bittner, LL.M.
Außerplanmäßige Professorin an der Universität Freiburg i. Br., Richterin am Hessischen Landessozialgericht

Dr. Eike Bleckwenn
Rechtsanwalt in Hannover

Dr. Reinhard Bork
Professor an der Universität Hamburg

Dr. Wolfgang Breyer
Rechtsanwalt in Stuttgart

Dr. Jan Busche
Professor an der Universität Düsseldorf

Dr. Georg Caspers
Professor an der Universität Erlangen-Nürnberg

Dr. Dr. h. c. Tiziana Chiusi
Professorin an der Universität des Saarlandes, Saarbrücken

Dr. Michael Coester, LL.M.
Professor an der Universität München

Dr. Dr. h. c. Dagmar Coester-Waltjen, LL.M.
Professorin an der Universität Göttingen

Dr. Thomas Diehn
Notar in Hamburg

Dr. Katrin Dobler
Richterin am Oberlandesgericht Stuttgart

Dr. Heinrich Dörner
Professor an der Universität Münster

Dr. Werner Dürbeck
Richter am Oberlandesgericht Frankfurt a. M.

Dr. Anatol Dutta, M. Jur.
Professor an der Universität München

Dr. Christina Eberl-Borges
Professorin an der Universität Mainz

Dr. Dres. h. c. Werner F. Ebke, LL.M.
Professor an der Universität Heidelberg

Dr. Jan Eickelberg, LL.M.
Professor an der Hochschule für Wirtschaft und Recht, Berlin

Jost Emmerich
Richter am AG München

Dr. Volker Emmerich
Professor an der Universität Bayreuth, Richter am Oberlandesgericht Nürnberg a. D.

Dipl.-Kfm. Dr. Norbert Engel
Ministerialdirigent a. D., Rechtsanwalt in Erfurt

Dr. Cornelia Feldmann
Rechtsanwältin in Freiburg i. Br.

Dr. Timo Fest, LL.M.
Professor an der Universität zu Kiel

Dr. Karl-Heinz Fezer
Professor an der Universität Konstanz, Honorarprofessor an der Universität Leipzig, Richter am Oberlandesgericht Stuttgart a. D.

Dr. Philipp S. Fischinger, LL.M.
Professor an der Universität Mannheim

Dr. Holger Fleischer
Professor am Max-Planck-Institut, Hamburg

Dr. Robert Freitag, Maître en droit
Professor an der Universität Erlangen-Nürnberg

Dr. Jörg Fritzsche
Professor an der Universität Regensburg

Dr. Tobias Fröschle
Professor an der Universität Siegen

Dr. Susanne Lilian Gössl, LL.M.
Akad. Rätin a. Z. an der Universität Bonn

Dr. Beate Gsell, Maître en droit
Professorin an der Universität München, Richterin am Oberlandesgericht München

Dr. Karl-Heinz Gursky
Professor an der Universität Osnabrück

Dr. Thomas Gutmann, M. A.
Professor an der Universität Münster

Dr. Martin Gutzeit
Professor an der Universität Gießen

Dr. Martin Häublein
Professor an der Universität Innsbruck

Dr. Johannes Hager
Professor an der Universität München

Dr. Felix Hartmann, LL.M.
Professor an der Freien Universität Berlin

Dr. Wolfgang Hau
Professor an der Universität München

Dr. Rainer Hausmann
Professor an der Universität Konstanz

Dr. Stefan Heilmann
Vorsitzender Richter am Oberlandesgericht Frankfurt, Honorarprofessor an der Frankfurt University of Applied Sciences

Dr. Jan von Hein
Professor an der Universität Freiburg i. Br.

Dr. Christian Heinze
Professor an der Universität Hannover

Dr. Stefan Heinze
Notar in Köln

Dr. Tobias Helms
Professor an der Universität Marburg

Dr. Dr. h. c. mult. Dieter Henrich
Professor an der Universität Regensburg

Dr. Carsten Herresthal, LL.M.
Professor an der Universität Regensburg

Christian Hertel, LL.M.
Notar in Weilheim i. OB.

Dr. Stephanie Herzog
Rechtsanwältin in Würselen

Joseph Hönle
Notar in München

Dr. Ulrich Hönle
Notar in Waldmünchen

Dr. Clemens Höpfner
Professor an der Universität Münster

Dr. Bernd von Hoffmann †
Professor an der Universität Trier

Dr. Dr. h. c. Heinrich Honsell
Professor an der Universität Zürich, Honorarprofessor an der Universität Salzburg

Dr. Norbert Horn
Professor an der Universität zu Köln, Vorstand des Arbitration Documentation and Information Center e.V., Köln

Dr. Rainer Hüttemann
Professor an der Universität Bonn

Dr. Martin Illmer, MJur
Richter am Landgericht Hamburg, Privatdozent an der Bucerius Law School

Dr. Florian Jacoby
Professor an der Universität Bielefeld

Dr. Rainer Jagmann
Vorsitzender Richter am Oberlandesgericht Karlsruhe a. D.

Dr. Ulrich von Jeinsen
Rechtsanwalt und Notar in Hannover, Honorarprofessor an der Universität Hannover

Dr. Joachim Jickeli
Professor an der Universität zu Kiel

Dr. Dagmar Kaiser
Professorin an der Universität Mainz

Dr. Bernd Kannowski
Professor an der Universität Bayreuth

Dr. Rainer Kanzleiter
Notar a. D. in Ulm, Honorarprofessor an der Universität Augsburg

Dr. Christoph A. Kern, LL.M.
Professor an der Universität Heidelberg

Dr. Sibylle Kessal-Wulf
Richterin des Bundesverfassungsgerichts, Karlsruhe

Dr. Christian Kesseler
Notar in Düren, Honorarprofessor an der Universität Trier

Dr. Fabian Klinck
Professor an der Universität Bochum

Dr. Frank Klinkhammer
Richter am Bundesgerichtshof, Karlsruhe, Honorarprofessor an der Universität Marburg

Dr. Steffen Klumpp
Professor an der Universität Erlangen-Nürnberg

Dr. Jürgen Kohler
Professor an der Universität Greifswald

Dr. Sebastian Kolbe
Professor an der Universität Bremen

Dr. Stefan Koos
Professor an der Universität der Bundeswehr München

Dr. Rüdiger Krause
Professor an der Universität Göttingen

Dr. Heinrich Kreuzer
Notar in München

Dr. Lena Kunz, LL.M.
Akad. Mitarbeiterin an der Universität Heidelberg

Dr. Clemens Latzel
Privatdozent an der Universität München

Dr. Arnold Lehmann-Richter
Professor an der Hochschule für Wirtschaft und Recht Berlin

Dr. Saskia Lettmaier
Professorin an der Universität Kiel

Stefan Leupertz
Richter a. D. am Bundesgerichtshof, Honorarprofessor an der TU Dortmund

Dr. Johannes Liebrecht
Professor an der Universität Zürich

Dr. Martin Löhnig
Professor an der Universität Regensburg

Dr. Dr. h. c. Manfred Löwisch
Professor an der Universität Freiburg i. Br., Rechtsanwalt in Lahr (Schw.), vorm. Richter am Oberlandesgericht Karlsruhe

Dr. Dirk Looschelders
Professor an der Universität Düsseldorf

Dr. Stephan Lorenz
Professor an der Universität München

Dr. Katharina Lugani
Professorin an der Universität Düsseldorf

Dr. Robert Magnus
Professor an der Universität für Wirtschaft und Recht, Wiesbaden

Dr. Ulrich Magnus
Professor an der Universität Hamburg, Affiliate des MPI für ausländisches und internationales Privatrecht, Hamburg, Richter am Hanseatischen Oberlandesgericht zu Hamburg a. D.

Dr. Peter Mankowski
Professor an der Universität Hamburg

Dr. Heinz-Peter Mansel
Professor an der Universität zu Köln

Dr. Peter Marburger †
Professor an der Universität Trier

Dr. Wolfgang Marotzke
Professor an der Universität Tübingen

Dr. Sebastian A. E. Martens
Professor an der Universität Passau

Dr. Dr. Dr. h. c. mult. Michael Martinek, M.C.J.
Professor an der Universität des Saarlandes, Saarbrücken, Honorarprofessor an der Universität Johannesburg, Südafrika

Dr. Annemarie Matusche-Beckmann
Professorin an der Universität des Saarlandes, Saarbrücken

Dr. Gerald Mäsch
Professor an der Universität Münster

Dr. Jörg Mayer †
Honorarprofessor an der Universität Erlangen-Nürnberg, Notar in Simbach am Inn

Dr. Dr. Detlef Merten
Professor an der Deutschen Universität für Verwaltungswissenschaften Speyer

Dr. Tanja Mešina
Staatsanwältin, Stuttgart

Dr. Rudolf Meyer-Pritzl
Professor an der Universität zu Kiel, Richter am Schleswig-Holsteinischen Oberlandesgericht in Schleswig

Dr. Morten Mittelstädt
Notar in Hamburg

Dr. Peter O. Mülbert
Professor an der Universität Mainz

Dr. Dirk Neumann
Vizepräsident des Bundesarbeitsgerichts a. D., Kassel, Präsident des Landesarbeitsgerichts Chemnitz a. D.

Dr. Hans-Heinrich Nöll
Rechtsanwalt in Hamburg

Dr. Jürgen Oechsler
Professor an der Universität Mainz

Dr. Hartmut Oetker
Professor an der Universität zu Kiel, Richter am Thüringer Oberlandesgericht in Jena

Wolfgang Olshausen
Notar a. D. in Rain am Lech

Dr. Dirk Olzen
Professor an der Universität Düsseldorf

Dr. Sebastian Omlor, LL.M., LL.M.
Professor an der Universität Marburg

Dr. Gerhard Otte
Professor an der Universität Bielefeld

Dr. Lore Maria Peschel-Gutzeit
Rechtsanwältin in Berlin, Senatorin für Justiz a. D. in Hamburg und Berlin, Vorsitzende Richterin am Hanseatischen Oberlandesgericht zu Hamburg i. R.

Dr. Frank Peters
Professor an der Universität Hamburg, Richter am Hanseatischen Oberlandesgericht zu Hamburg a. D.

Dr. Christian Picker
Professor an der Universität Konstanz

Dr. Andreas Piekenbrock
Professor an der Universität Heidelberg

Dr. Jörg Pirrung
Richter am Gericht erster Instanz der Europäischen Gemeinschaften i. R., Honorarprofessor an der Universität Trier

Dr. Dr. h. c. Ulrich Preis
Professor an der Universität zu Köln

Dr. Maximilian Freiherr von Proff zu Irnich
Notar in Köln

Dr. Thomas Raff
Notarassessor, Kandel

Dr. Manfred Rapp
Notar a. D., Landsberg am Lech

Dr. Dr. h.c. Thomas Rauscher
Professor an der Universität Leipzig, Professor h.c. an der Eötvös Loránd Universität Budapest, Dipl.Math.

Dr. Peter Rawert, LL.M.
Notar in Hamburg, Honorarprofessor an der Universität Kiel

Eckhard Rehme
Vorsitzender Richter am Oberlandesgericht Oldenburg i. R.

Dr. Wolfgang Reimann
Notar a. D., Honorarprofessor an der Universität Regensburg

Dr. Tilman Repgen
Professor an der Universität Hamburg

Dr. Dieter Reuter †
Professor an der Universität zu Kiel, Richter am Schleswig-Holsteinischen Oberlandesgericht in Schleswig a. D.

Dr. Christoph Reymann, LL.M. Eur.
Notar in Neustadt b. Coburg, Professor an der Privaten Universität Liechtenstein

Dr. Reinhard Richardi
Professor an der Universität Regensburg, Präsident des Kirchlichen Arbeitsgerichtshofs der Deutschen Bischofskonferenz, Bonn

Dr. Volker Rieble
Professor an der Universität München, Direktor des Zentrums für Arbeitsbeziehungen und Arbeitsrecht

Daniel Rodi
Wiss. Mitarbeiter an der Universität Heidelberg

Dr. Anne Röthel
Professorin an der Bucerius Law School, Hamburg

Dr. Christian Rolfs
Professor an der Universität zu Köln

Dr. Dr. h. c. Herbert Roth
Professor an der Universität Regensburg

Dr. Ludwig Salgo
Apl. Professor an der Universität Frankfurt a. M.

Dr. Renate Schaub, LL.M.
Professorin an der Universität Bochum

Dr. Martin Josef Schermaier
Professor an der Universität Bonn

Dr. Gottfried Schiemann
Professor an der Universität Tübingen

Dr. Eberhard Schilken
Professor an der Universität Bonn

Dr. Peter Schlosser
Professor an der Universität München

Dr. Martin Schmidt-Kessel
Professor an der Universität Bayreuth

Dr. Günther Schotten
Notar a. D. in Köln, Honorarprofessor an der Universität Bielefeld

Dr. Robert Schumacher, LL.M.
Notar in Köln

Dr. Roland Schwarze
Professor an der Universität Hannover

Dr. Andreas Schwennicke
Rechtsanwalt und Notar in Berlin

Dr. Maximilian Seibl, LL.M.
Oberregierungsrat im Bayerischen Staatsministerium für Gesundheit und Pflege, München

Dr. Stephan Serr
Notar in Ochsenfurt

Dr. Reinhard Singer
Professor an der Humboldt-Universität Berlin, vorm. Richter am Oberlandesgericht Rostock

Dr. Dr. h. c. Ulrich Spellenberg
Professor an der Universität Bayreuth

Dr. Sebastian Spiegelberger
Notar a. D. in Rosenheim

Dr. Ansgar Staudinger
Professor an der Universität Bielefeld

Dr. Malte Stieper
Professor an der Universität Halle-Wittenberg

Dr. Markus Stoffels
Professor an der Universität Heidelberg

Dr. Michael Stürner
Professor an der Universität Konstanz

Burkhard Thiele
Präsident des Oberlandesgerichts Rostock, Präsident des Landesverfassungsgerichts Mecklenburg-Vorpommern

Dr. Christoph Thole
Professor an der Universität zu Köln

Dr. Karsten Thorn
Professor an der Bucerius Law School, Hamburg

Dr. Gregor Thüsing, LL.M.
Professor an der Universität Bonn

Dr. Judith Ulshöfer
Notarassessorin in Ludwigshafen am Rhein

Dr. Barbara Veit
Professorin an der Universität Göttingen

Dr. Bea Verschraegen, LL.M., M.E.M.
Professorin an der Universität Wien, adjunct professor an der Universität Macao

Dr. Klaus Vieweg
Professor an der Universität Erlangen-Nürnberg

Dr. A. Olrik Vogel
Rechtsanwalt in München

Dr. Markus Voltz
Notar in Offenburg

Dr. Reinhard Voppel
Rechtsanwalt in Köln

Dr. Rolf Wagner
Professor an der Universität Potsdam, Ministerialrat im Bundesjustizministerium

Dr. Christoph Andreas Weber
Privatdozent an der Universität München

Dr. Johannes Weber, LL.M.
Notarassessor, Geschäftsführer des Deutschen Notarinstituts, Würzburg

Gerd Weinreich
Vorsitzender Richter am Oberlandesgericht Oldenburg a. D., Rechtsanwalt in Oldenburg

Dr. Matthias Wendland, LL.M.
Privatdozent an der Universität München

Dr. Domenik H. Wendt, LL.M.
Professor an der Frankfurt University of Applied Sciences

Dr. Olaf Werner
Professor an der Universität Jena, Richter am Thüringer Oberlandesgericht Jena a. D.

Dr. Daniel Wiegand, LL.M.
Rechtsanwalt in München

Dr. Wolfgang Wiegand
Professor an der Universität Bern

Dr. Peter Winkler von Mohrenfels
Professor an der Universität Rostock, Richter am Oberlandesgericht Rostock a. D.

Dr. Felix Wobst
Notarassessor

Dr. Hans Wolfsteiner
Notar a. D., Rechtsanwalt in München

Heinz Wöstmann
Richter am Bundesgerichtshof, Karlsruhe

Redaktorinnen und Redaktoren

Dr. Christian Baldus

Dr. Dr. h. c. mult. Christian von Bar, FBA

Dr. Michael Coester, LL.M.

Dr. Heinrich Dörner

Dr. Hans Christoph Grigoleit

Dr. Johannes Hager

Dr. Dr. h. c. mult. Dieter Henrich

Dr. Carsten Herresthal, LL.M.

Sebastian Herrler

Dr. Dagmar Kaiser

Dr. Dr. h. c. Manfred Löwisch

Dr. Ulrich Magnus

Dr. Peter Mankowski

Dr. Heinz-Peter Mansel

Dr. Peter O. Mülbert

Dr. Gerhard Otte

Dr. Lore Maria Peschel-Gutzeit

Dr. Peter Rawert, LL.M.

Dr. Volker Rieble

Dr. Christian Rolfs

Dr. Dr. h. c. Herbert Roth

Dr. Markus Stoffels

Dr. Wolfgang Wiegand

J. von Staudingers
Kommentar zum Bürgerlichen Gesetzbuch mit Einführungsgesetz und Nebengesetzen

Buch 2
Recht der Schuldverhältnisse
§§ 255–304
(Leistungsstörungsrecht 1)

Neubearbeitung 2019
von
Claudia Bittner
Georg Caspers
Cornelia Feldmann
Sebastian Kolbe
Roland Schwarze

Redaktor
Manfred Löwisch

Sellier – de Gruyter · Berlin

Die Kommentatorinnen und Kommentatoren

Neubearbeitung 2019
§§ 255–274: Claudia Bittner/Sebastian Kolbe
§§ 270a und 271a: Sebastian Kolbe
Vorbem zu §§ 275–278; §§ 275–278; § 285: Georg Caspers
Vorbem zu §§ 280–285; §§ 280–284: Roland Schwarze
Vorbem zu §§ 286–292; §§ 286–292: Cornelia Feldmann
Vorbem zu §§ 293–304; §§ 293–304: Cornelia Feldmann

Neubearbeitung 2014
§§ 255–274: Claudia Bittner
Vorbem zu §§ 275–278; §§ 275–278; § 285: Georg Caspers
Vorbem zu §§ 280–285; §§ 280–284: Roland Schwarze
Vorbem zu §§ 286–292; §§ 286–292: Manfred Löwisch/Cornelia Feldmann
Vorbem zu §§ 293–304; §§ 293–304: Cornelia Feldmann

Neubearbeitung 2009
§§ 255–274: Claudia Bittner
§§ 275–278; § 285: Manfred Löwisch/Georg Caspes
Vorbem zu §§ 280–285; §§ 280 u 284: Hansjörg Otto
§§ 281–283: Hansjörg Otto/Roland Schwarze
§§ 286–304: Manfred Löwisch/Cornelia Feldmann

Sachregister

Claudia Ehrenfeuchter, Dachau

Zitierweise

Staudinger/Feldmann (2019) Vorbem 1 zu §§ 286 ff
Staudinger/Bittner/Kolbe (2019) § 255 Rn 1
Staudinger/Schwarze (2019) § 281 Rn A 1

Zitiert wird nach Paragraph bzw Artikel und Randnummer.

Hinweise

Das Abkürzungsverzeichnis befindet sich auf www.staudingerbgb.de.

Der **Stand der Bearbeitung** ist Juni 2019.

Am Ende eines jeden Bandes befindet sich eine Übersicht über den aktuellen Stand des „Gesamtwerk Staudinger".

MIX Papier aus verantwortungsvollen Quellen FSC® C016439 FSC www.fsc.org

Die Deutsche Nationalbibliothek verzeichnet diese Publikation in der Deutschen Nationalbibliografie; detaillierte bibliografische Daten sind im Internet über http://dnb.dnb.de abrufbar.

ISBN 978-3-8059-1281-5

Satz: jürgen ullrich typosatz, Nördlingen.

Druck und Bindearbeiten: Hubert & Co., Göttingen.

Umschlaggestaltung: Bib Wies, München.

∞ Gedruckt auf säurefreiem Papier, das die DIN ISO 9706 über Haltbarkeit erfüllt.

Inhaltsübersicht

* Zitiert wird nicht nach Seiten, sondern nach Paragraph bzw Artikel und Randnummer; siehe dazu auch „Zitierweise“.

Vorwort

Das Recht der Leistungsstörungen hat sich seit der im März 2014 abgeschlossenen Bearbeitung in vielen Punkten weiterentwickelt. Die im Jahr 2011 neu gefasste Zahlungsverzugsrichtlinie ist durch das Gesetz zur Bekämpfung von Zahlungsverzug im Geschäftsverkehr und zur Änderung des Erneuerbare-Energien-Gesetzes vom 22. 7. 2014 mit Wirkung zum 29. 7. 2014 umgesetzt worden. § 271a wurde neu in das BGB eingefügt, die § 286 und § 288 BGB wurden geändert und ergänzt. Im Zuge der Umsetzung der Zweiten Zahlungsdiensterichtlinie wurde zudem mit § 270a BGB eine neue Vorschrift zu Vereinbarungen über die Entgelte für die Nutzung bargeldloser Zahlungsmittel geschaffen. Schließlich war die Kommentierung an mehreren Stellen an die am 1. 1. 2018 in Kraft getretene Reform des Kauf- und Werkvertragsrechts anzupassen und galt es, weitere Änderungen im BGB sowie die neuere Rechtsprechung und Literatur zu berücksichtigen. Dem allem trägt die Neubearbeitung Rechnung mit dem Ziel, das Leistungsstörungsrecht auch weiterhin wissenschaftlich fundiert und zugleich praxisorientiert zu kommentieren.

Für die Neubearbeitung konnte als weiterer Autor Sebastian Kolbe gewonnen werden. Er führt die Kommentierung von Claudia Bittner (§§ 255–274) fort, der wir für die langjährige wertvolle Mitarbeit am Staudinger danken. Auch Manfred Löwisch ist aus dem Kreis der Autoren ausgeschieden. Über vier Jahrzehnte hat er das Leistungsstörungsrecht im Staudinger maßgeblich geprägt. Wir schulden ihm großen Dank.

Oktober 2019

Georg Caspers
Cornelia Feldmann
Sebastian Kolbe
Roland Schwarze

Allgemeines Schrifttum

Das Sonderschrifttum ist zu Beginn der einzelnen Kommentierungen bzw in Fußnoten innerhalb der Kommentierung aufgeführt.

1. Zur und nach der Schuldrechtsreform

BAMBERGER/ROTH/HAU/POSECK, Kommentar zum Bürgerlichen Gesetzbuch Band 1: §§ 1–480 (4. Aufl 2019); zitiert: BAMBERGER/ROTH/BEARBEITER

BAUR/STÜRNER, Sachenrecht (18. Aufl 2009); zitiert: BAUR/STÜRNER, SaR

BAUMGÄRTEL/LAUMEN/PRÜTTING, Handbuch der Beweislast – Band 1: Grundlagen; Band 2: §§ 1–811 BGB; Band 3: §§ 812–2385 BGB (4. Aufl 2019); zitiert: BAUMGÄRTEL/LAUMEN/PRÜTTING/BEARBEITER

Beck'scher Online Großkommentar BGB; zitiert: BeckOGK/BEARBEITER

Beck'scher Online Kommentar zum BGB; zitiert: BeckOK/BEARBEITER

BRÖMMELMEYER, Schuldrecht Allgemeiner Teil (2014)

BROX/WALKER, Allgemeines Schuldrecht (43. Aufl 2019); zitiert: BROX/WALKER, SchR I

dies, Besonderes Schuldrecht (43. Aufl 2019); zitiert: BROX/WALKER, SchR II

CANARIS, Schuldrechtsmodernisierung 2002 (2002)

ders, Die Neuregelung des Leistungsstörungs- und des Kaufrechts – Grundstrukturen und Problemschwerpunkte, in: Karlsruher Forum 2002 (2003)

DAUNER-LIEB, Das neue Schuldrecht in der anwaltlichen Praxis (2002); zitiert: DAUNER-LIEB, AnwPrax

dies, Das neue Schuldrecht. Ein Lehrbuch (2002); zitiert: DAUNER-LIEB, Lehrbuch

DAUNER-LIEB/KONZEN/SCHMIDT, Das neue Schuldrecht in der Praxis (2003); zitiert: DAUNER-LIEB, Praxis

DAUNER-LIEB/LANGEN, s unten Nomos Kommentar BGB

Deutscher Juristentag, „Empfiehlt sich die von der Schuldrechtskommission vorgeschlagene Neuregelung des allgemeinen Leistungsstörungsrechts, der Mängelhaftung bei Kauf- und Werkvertrag und des Rechts der Verjährung?", Verhandlungen des 60. Deutschen Juristentags (1994), Band 1 Gutachten, Band 2 Sitzungsberichte

DORNBUSCH/FISCHERMEIER/LÖWISCH, Kommentar zum gesamten Arbeitsrecht (9. Aufl. 2019); zitiert: AR/BEARBEITER

EHMANN/SUTSCHET, Modernisiertes Schuldrecht (2002)

EMMERICH, Das Recht der Leistungsstörungen (6. Aufl 2005); zitiert: EMMERICH, Leistungsstörungen

ders, Schuldrecht, Besonderer Teil (15. Aufl 2018); zitiert: EMMERICH, BT

ERMAN, Bürgerliches Gesetzbuch, Bände 1 und 2 (15. Aufl 2017); zitiert: ERMAN/BEARBEITER

ERNST/ZIMMERMANN, Zivilrechtswissenschaft und Schuldrechtsreform: zum Diskussionsentwurf eines Schuldrechtsmodernisierungsgesetzes des Bundesministeriums der Justiz (2001)

FIKENTSCHER/HEINEMANN, Schuldrecht (11. Aufl 2017); zitiert: FIKENTSCHER/HEINEMANN

HAAS/MEDICUS/ROLLAND/SCHÄFER/WENDTLAND, Das neue Schuldrecht (2002)

HABERMANN/HORN/LÖWISCH/MARTINEK/REUTER, Das Schuldrechtsmodernisierungsgesetz – Seine Auswirkungen auf J. von Staudingers Kommentar zum BGB. Benutzeranleitung (2002)

HELMS/NEUMANN/CASPERS/SAILER/SCHMIDT-KESSEL (Hrsg), Das neue Schuldrecht, Jahrbuch Junger Zivilrechtswissenschaftler 2001 (2001)

HENSSLER/vWESTPHALEN, Praxis der Schuldrechtsreform (2. Aufl 2003)

HENSSLER/WILLEMSEN/KALB, Arbeitsrecht Kommentar (8. Aufl. 2018); zitiert: HWK/BEARBEITER

HIRSCH, Schuldrecht Allgemeiner Teil (11. Aufl 2018)

Historisch-kritischer Kommentar zum BGB, Band II Schuldrecht: Allgemeiner Teil, 1. Teilband, §§ 241–304, hrsgg v SCHMOECKEL/RÜCKERT/ZIMMERMANN (2007); zitiert: HKK/BEARBEITER
HUBER/FAUST, Schuldrechtsmodernisierung. Einführung in das neue Recht (2002)
JACOBY/vHINDEN Studienkommentar BGB (16. Aufl 2018)
JAUERNIG, Bürgerliches Gesetzbuch (17. Aufl 2018); zitiert: JAUERNIG/BEARBEITER
JOUSSEN, Schuldrecht I – Allgemeiner Teil (5. Aufl 2018)
juris PraxisKommentar BGB, Band 1, Allgemeiner Teil (8. Aufl 2017); Band 2, Schuldrecht (8. Aufl 2017); zitiert: jurisPK-BGB/BEARBEITER
KITTNER, Schuldrecht (3. Aufl 2003)
KÖTZ, Vertragsrecht (2. Aufl 2012)
KOTHE/MICKLITZ/ROTT/TONNER/WILLINGMANN, Das neue Schuldrecht, Kompaktkommentar (2003)
LOOSCHELDERS, Schuldrecht Allgemeiner Teil (16. Aufl 2018)
LORENZ/RIEHM, Lehrbuch zum Neuen Schuldrecht (2002)
MAGNUS, Europäisches Schuldrecht. Verordnungen und Richtlinien (2002)
MEDICUS/LORENZ, Schuldrecht I, Allgemeiner Teil (21. Aufl 2015); zitiert: MEDICUS/LORENZ, SchR I
dies, Schuldrecht II, Besonderer Teil (18. Aufl 2018); zitiert: MEDICUS/LORENZ, SchR II
MEDICUS/PETERSEN, Bürgerliches Recht (26. Aufl 2017); zitiert: MEDICUS/PETERSEN, BR
MÜLLER-GLÖGE/PREIS/SCHMIDT, Erfurter Kommentar zum Arbeitsrecht (19. Aufl 2019); zitiert: ErfK/BEARBEITER
Münchener Handbuch zum Arbeitsrecht, Band 1 und 2 (4. Aufl 2018), Band 3 und 4 (4. Aufl 2019); zitiert: MünchArbR/BEARBEITER
Münchener Kommentar zum BGB, Band 1 Allgemeiner Teil, §§ 1–240 (8. Aufl 2018); Band 2 Schuldrecht Allgemeiner Teil I, §§ 241–310 (8. Aufl 2019); Band 3 Schuldrecht Allgemeiner Teil II, §§ 311–432 (8. Aufl 2019); Band 3 Schuldrecht Besonderer Teil I, §§ 433–534 (7. Aufl 2016); Band 6 Schuldrecht Besonderer Teil IV, §§ 705–853 (7. Aufl 2017); zitiert: MünchKomm/BEARBEITER
NomosKommentar BGB, Band 2, Teilband 1, Schuldrecht §§ 241–610 (3. Aufl 2016); zitiert: NK-BGB/BEARBEITER
OECHSLER, Vertragliche Schuldverhältnisse (2. Aufl 2017)
OETKER/MAULTZSCH, Vertragliche Schuldverhältnisse (5. Aufl 2018)
OLZEN/WANK, Die Schuldrechtsreform: eine Einführung (2002)
PALANDT, Bürgerliches Gesetzbuch (78. Aufl 2019); zitiert: PALANDT/BEARBEITER
ders, Gesetz zur Modernisierung des Schuldrechts (2002); zitiert: PALANDT/BEARBEITER
PRÜTTING/WEGEN/WEINREICH, BGB Kommentar (13. Aufl 2018); zitiert: PWW/BEARBEITER
SCHELLHAMMER, Schuldrecht nach Anspruchsgrundlagen (10. Aufl 2018)
SCHIMMEL/BUHLMANN, Frankfurter Handbuch zum neuen Schuldrecht (2002)
SCHLECHTRIEM, Schuldrecht Besonderer Teil (6. Aufl 2003); zitiert: SCHLECHTRIEM, SchR II
SCHLECHTRIEM/SCHMIDT-KESSEL, Schuldrecht Allgemeiner Teil (6. Aufl 2005); zitiert: SCHLECHTRIEM/SCHMIDT-KESSEL, SchR I
SCHLECHTRIEM/SCHWENZER/SCHROETER, Kommentar zum UN-Kaufrecht (7. Aufl 2019); zitiert: SCHLECHTRIEM/SCHWENZER/SCHROETER/BEARBEITER, CISG
SCHMIDT-RÄNTSCH, Das neue Schuldrecht – Anwendung und Auswirkungen in der Praxis (2002)
ders, Das neue Schuldrecht. Einführung, Texte, Materialien (2002)
SCHULZE/DÖRNER/EBERT ua, Bürgerliches Gesetzbuch (10. Aufl 2019); zitiert: Hk-BGB/BEARBEITER
SCHULZE/SCHULTE-NÖLKE, Die Schuldrechtsreform vor dem Hintergrund des Gemeinschaftsrechts (2001)
SCHWAB/WITT, Einführung in das neue Schuldrecht (2002)
dies, Examenswissen zum neuen Schuldrecht (2. Aufl 2003)
SCHWARZE, Das Recht der Leistungsstörungen (2. Aufl 2017); zitiert: SCHWARZE, Leistungsstörungen
SOERGEL, Bürgerliches Gesetzbuch (13. Aufl 1999 ff); zitiert: SOERGEL/BEARBEITER

Allgemeines Schrifttum

STAUB, Handelsgesetzbuch (5. Aufl 2008 ff); zitiert: STAUB/BEARBEITER

STEIN/JONAS, Kommentar zur Zivilprozessordnung (23. Aufl 2014 ff); zitiert: STEIN/JONAS/BEARBEITER

TONNER/WILLINGMANN/TAMM, Vertragsrecht (2010)

WEILER, Schuldrecht Allgemeiner Teil (4. Aufl 2017)

WESTERMANN, Das Schuldrecht 2002 (2002)

WESTERMANN/BYDLINSKI/WEBER, BGB-Schuldrecht Allgemeiner Teil (8. Aufl 2013)

WOLF/NEUNER, Allgemeiner Teil des Bürgerlichen Rechts (11. Aufl 2016); zitiert: WOLF/NEUNER

ZÖLLER, Zivilprozessordnung (32. Aufl 2018); zitiert: ZÖLLER/BEARBEITER

Zeitschriften- und Festschriftenbeiträge zur Schuldrechtsreform finden sich in den Schrifttumsangaben zu den einzelnen Abschnitten und Vorschriften der Kommentierung.

2. Vor der Schuldrechtsreform

ACHILLES/GREIFF, Bürgerliches Gesetzbuch (21. Aufl 1958 mit Nachtrag 1963)

Alternativkommentar zum BGB, Band 2, Allgemeines Schuldrecht (1980); zitiert: AK-BGB/BEARBEITER

BLOMEYER, Allgemeines Schuldrecht (4. Aufl 1969)

DE BOOR, Bürgerliches Recht, Band I, Allgemeiner Teil, Recht der Schuldverhältnisse, Sachenrecht (2. Aufl 1954)

DÖLLE, Kommentar zum einheitlichen Kaufrecht (1976); zitiert: DÖLLE/BEARBEITER

ENNECCERUS/LEHMANN, Lehrbuch des Bürgerlichen Rechts, Band 2: Recht der Schuldverhältnisse (15. Bearbeitung 1958); zitiert: ENNECCERUS/LEHMANN

ENNECCERUS/NIPPERDEY, Allgemeiner Teil des Bürgerlichen Rechts (15. Bearbeitung 1960)

ESSER/SCHMIDT, Schuldrecht, Band 1, Allgemeiner Teil, 1. Teilband (8. Aufl 1995); 2. Teilband (8. Aufl 2000); zitiert: ESSER/SCHMIDT I 1 und I 2

ESSER/WEYERS, Schuldrecht, Band 2, Besonderer Teil, 1. Teilband (8. Aufl 1998); 2. Teilband (8. Aufl 2000); zitiert: ESSER/WEYERS II 1 und II 2

FLUME, Allgemeiner Teil des Bürgerlichen Rechts, Band 2, Das Rechtsgeschäft (4. Aufl 1992); zitiert: FLUME, AT Bd II

GERNHUBER, Das Schuldverhältnis (1989)

ders, Die Erfüllung und ihre Surrogate (2. Aufl 1994)

vGIERKE, Deutsches Privatrecht, Band 3, Schuldrecht (1917); zitiert: GIERKE III

HECK, Grundriß des Schuldrechts (1929; unveränderter Nachdruck 1994)

HEDEMANN, Schuldrecht des BGB (3. Aufl 1949)

HENLE, Schuldrecht (1932)

HUBER, Leistungsstörungen, Bände I und II (1999); zitiert: HUBER I, II

JAKOBS/SCHUBERT, Die Beratung des Bürgerlichen Gesetzbuchs, Recht der Schuldverhältnisse I, §§ 241–432 (1978); zitiert: JAKOBS/SCHUBERT, SchR

KRESS, Lehrbuch des Allgemeinen Schuldrechts (1919, unveränderter Neudruck 1974)

ders, Lehrbuch des Besonderen Schuldrechts (1934)

LARENZ, Lehrbuch des Schuldrechts, Band I, Allgemeiner Teil (14. Aufl 1987); Band II Halbband 1, Besonderer Teil (13. Aufl 1986); zitiert LARENZ I und LARENZ II 1

LARENZ/CANARIS, Lehrbuch des Schuldrechts, Band II Halbband 2, Besonderer Teil (13. Aufl 1994); zitiert: LARENZ/CANARIS

LEONHARD, Band I, Allgemeines Schuldrecht des BGB (1929); Band II, Besonderes Schuldrecht des BGB (1931); zitiert: LEONHARD I und LEONHARD II

OERTMANN, Bürgerliches Gesetzbuch, Recht der Schuldverhältnisse, Band I (5. Aufl 1928); Band II (5. Aufl 1929); zitiert: OERTMANN

PLANCK, Bürgerliches Gesetzbuch nebst Einführungsgesetz, Band II, Recht der Schuldverhältnisse, 1. Hälfte, Allgemeiner Teil, bearbeitet von SIBER (1914); 2. Hälfte, Einzelne Schuldverhältnisse bearbeitet von FLAD, GREIFF, KNOKE, LANDOIS, OEGG (4. Aufl 1928); zitiert: PLANCK/BEARBEITER

Reichsgerichtsräte-Kommentar, Das Bürgerliche Gesetzbuch mit besonderer Berücksichtigung der Rechtsprechung des Reichsgerichts und des Bundesgerichtshofes, Kommentar herausgegeben von den Mitgliedern des Bundesgerichtshofes (12. Aufl 1974 ff); zitiert: BGB-RGRK/BEARBEITER

Reichsgerichtsräte-Kommentar zum Handelsgesetzbuch (3. Aufl 1967 ff; teilweise 4. Aufl 1985 ff); zitiert: GroßKomm HGB/BEARBEITER

SCHOLLMEYER, Recht der Schuldverhältnisse, Allgemeiner Teil des Rechts der Schuldverhältnisse (§§ 241–432) (1900)

SIBER, Schuldrecht (1931)

SOERGEL, Bürgerliches Gesetzbuch (12. Aufl 1987 ff; teilweise 13. Aufl 1999 ff); zitiert: SOERGEL/BEARBEITER

TITZE, Bürgerliches Recht, Recht der Schuldverhältnisse (4. Aufl 1932; unveränderter Nachdruck 1948)

vTUHR, Der Allgemeine Teil des Deutschen Bürgerlichen Rechts, Band I (1910); Band II, 1. Halbband (1914); 2. Halbband (1918); (unveränderter Nachdruck 1957); zitiert: vTUHR I, II

WARNEYER, Das BGB, Band I Allgemeiner Teil und Recht der Schuldverhältnisse, bearbeitet von BOHNENBERG (11. Aufl 1950)

WINDSCHEID/KIPP, Lehrbuch des Pandektenrechts (9. Aufl 1909)

Weiteres Schrifttum aus der Zeit vor der Schuldrechtsreform im Schrifttumsverzeichnis der 13. Bearbeitung.

3. Materialien zur Schuldrechtsreform

Gutachten und Vorschläge zur Überarbeitung des Schuldrechts, Bände 1–3 (1981 ff)

Abschlussbericht der Kommission zur Überarbeitung des Schuldrechts (1992); zitiert: BGB-KE

Diskussionsentwurf eines Schuldrechtsmodernisierungsgesetzes des Bundesjustizministeriums, BMJ I B 2 – 3420/22 vom 4. 8. 2000, in: CANARIS, Schuldrechtsmodernisierung 2002 (2002); zitiert: Diskussionsentwurf (DE)

Konsolidierte Fassung eines Schuldrechtsmodernisierungsgesetzes des Bundesjustizministeriums, in: CANARIS, Schuldrechtsmodernisierung 2002 (2002) 349; zitiert: Konsolidierte Fassung (KF)

Entwurf der Bundesregierung für ein Schuldrechtsmodernisierungsgesetz, BT-Drucks 14/6857 vom 31. 8. 2001, Anl 1 ohne Abdruck mit Hinweis auf den gleichlautenden (Koalitions-) Entwurf, BT-Drucks 14/6040 vom 14. 5. 2001, S 3 ff; zitiert: RE

Stellungnahme des Bundesrats vom 13.7. 2001, abgedruckt als Anlage 2 in BT-Drucks 14/6857 vom 31. 8. 2001; zitiert: Stellungnahme des BR

Gegenäußerung der Bundesregierung, abgedruckt als Anlage 3 in BT-Drucks 14/6857 vom 31. 8. 2001; zitiert: Gegenäußerung d BReg

Beschlussempfehlung und Bericht des Rechtsausschusses zum Entwurf eines Gesetzes zur Modernisierung des Schuldrechts, BT-Drucks 14/7052 vom 9. 10. 2001; zitiert: Beschlussempfehlung und Bericht d Rechtsausschusses.

§ 255*
Abtretung der Ersatzansprüche

Wer für den Verlust einer Sache oder eines Rechts Schadensersatz zu leisten hat, ist zum Ersatz nur gegen Abtretung der Ansprüche verpflichtet, die dem Ersatzberechtigten auf Grund des Eigentums an der Sache oder auf Grund des Rechts gegen Dritte zustehen.

Materialien: E I § 223; II § 218; Jakobs/Schubert, SchR I 118.

Schrifttum

Altmeppen, Konkurrenz zwischen Erstattungshaftung von Geschäftsleitern und Anfechtungsschuldnern bei verbotenen Zahlungen, ZIP Beilage zu Heft 22/2016, 3

Bangha-Szabo, Keine Berücksichtigung von Insolvenzanfechtungsansprüchen im Rahmen der Masseschmälerungshaftung des Geschäftsleiters, KTS 2015, 165

Börnsen, Strukturen der Gesamtschuld, Versuch einer Präzisierung (Diss Kiel 1969)

Dilcher, Zu Begriff und Funktion der Gesamtschuld, JZ 1967, 110

ders, Zum Gesamtschuldausgleich in Schadensersatzfällen, JZ 1973, 199

Ehmann, Die Gesamtschuld (1972)

Frotz, Dogmatische Fortschritte im Verständnis der Regreßmethoden bei Schuldnermehrheit?, JZ 1964, 665

Glöckner, Gesamtschuldvorschriften und Schuldnermehrheiten bei unterschiedlichen Leistungsinhalten (1997)

Goette, Gesamtschuldbegriff und Regreßproblem (1974)

ders, Konkurrenz der Regreßwege über § 255 BGB und § 426 BGB? Zugleich ein Beitrag zum Verständnis des § 255 BGB, VersR 1974, 526

Habersack/Förster, Austauschgeschäfte der insolvenzreifen Gesellschaft, ZHR 178 (2014), 387

Hanau, Hinkende Gesamtschulden, VersR 1967, 516

Hillenkamp, Zur Lehre von der unechten Gesamtschuld (Diss Hamburg 1966)

Hüffer, Der Rückgriff gegen den deliktisch handelnden Schädiger bei Entschädigungsleistungen Dritter (1970)

Jürgens, Teilschuld – Gesamtschuld – Kumulation (1988)

G Kaiser, Struktureigenschaften der Gesamtschuld, BauR 1984, 32

Klingmüller, Unechte Gesamtschuldverhältnisse, JherJb 64 (1914) 31

Kohler, Schadensersatz statt der Leistung bei Besitzherausgabeansprüchen, NZM 2014, 729

Kolbe, Unzumutbarer Beseitigungsaufwand?, NJW 2008, 3618

Korintenberg, Echte und unechte Gesamtschuld, Sächs Archiv 1931, 1

Kretschmer, Überhöhte Sachverständigenkosten im Verkehrsunfallprozess und Regress des Haftpflichtversicherers, jM 2017, 310

Kühne, Anmerkung zu BGHZ 52, 39, JZ 1969, 565

Lange, Schadenersatz (3. Aufl 2003) § 11

Last, Anspruchskonkurrenz und Gesamtschuldverhältnis (1908)

Lippmann, Das BGB über Einheits- und Mehrheitsschuld in Bürgschaft und Gesamtschuld, AcP 111 (1914) 135

Marcuse, Zur Auslegung des § 843 Abs 4 BGB, JW 1915, 264

* Für ihre wertvolle Hilfe bei der Überprüfung von Zitaten danken wir Frau Ass iur Annika Brandt und Herrn Ass iur Lars Tangemann.

Marschall von Bieberstein, Reflexschäden und Regreßrechte (1967)
Metzler, Der praktische Fall: Bürgerliches Recht – Das gestohlene Farbfernsehgerät –, JuS 1971, 589
Mirow, Die sogenannten unechten und scheinbaren Gesamtschulden bei Ansprüchen auf Schadenersatz (Diss Würzburg 1970)
Mitteis, Zur Lehre von den passiven Gesamtschuldverhältnissen, GrünhutsZ 14 (1987) 419
Münchbach, Regreßkonstruktionen in Schadensfällen (1976)
Nicknig, Die Haftung der Mitglieder einer BGB-Gesellschaft für Gesellschaftsschulden (1972)
Oertmann, Die Vorteilsausgleichung beim Schadenersatzanspruch im römischen und deutschen bürgerlichen Recht (1901)
Petersen, Der gesamtschuldnerische Ausgleich bei einer Mehrheit polizeirechtlich verantwortlicher Personen (Diss Hamburg 1991)
Prediger, Zur Auslegung und Anwendung der Regelung im BGB über die Gesamtschuld (1988)
Preisser, Grundfälle zur Gesamtschuld im Privatrecht, JuS 1987, 208 ff, 289
Rabel, Ausbau oder Verwischung des Systems? Zwei praktische Fragen, RheinZ 10 (1919/20) 89
Raisch, Zur Begriffsbestimmung der Gesamtschuld, JZ 1965, 703
Reeb, Der Ausgleich bei Doppelbefriedigung des bestohlenen Eigentümers durch Dieb und Abnehmer des Diebes – BGHZ 52, 39, JuS 1970, 214
D Reinicke/Tiedtke, Gesamtschuld und Schuldsicherung durch Bürgschaft, Hypothek, Grundschuld, Pfandrecht an beweglichen Sachen und Rechten (2. Aufl 1988)
H Roth, Zessionsregreß nach § 255 BGB und gesamtschuldnerischer Ausgleich, in: FS Medicus (1999) 495
Rüssmann, Noch einmal: Das gestohlene Farbfernsehgerät, JuS 1972, 44
ders, Die Abgrenzung der Gesamtschuld von anderen Schuldnermehrheiten – BGHZ 59, 97, JuS 1974, 292
R Schmidt, Unechte Solidarität, JherJb 72, 1
ders, Rezension der Studie von Selb, AcP 163 (1964) 530
W Schmidt, Gesamtschuld und Gesamtschuldregreß (Diss Köln 1973)
F Schulz, Rückgriff und Weitergriff, Studien zur gesetzlichen und notwendigen Zession (1907)
Selb, Schadensbegriff und Regreßmethoden (1963)
ders, Individualschaden und soziale Sicherung, VersR 1964 (Beiheft) 3
ders, Entstehungsgeschichte und Tragweite des § 255, in: FS Larenz (1973) 517
Stamm, Regreßfiguren im Zivilrecht (2000)
ders, Die Gesamtschuld auf dem Vormarsch, NJW 2003, 2940
Thiele, Gesamtschuld und Gesamtschuldnerausgleich, JuS 1968, 149
ders, Gedanken zur Vorteilsausgleichung, AcP 167 (1967) 193
Wacke, Der Erlaß oder Vergleich mit einem Gesamtschuldner, AcP 170 (1970) 42
Wernecke, Die Gesamtschuld (Diss Kiel 1990)
Winter, Teilschuld, Gesamtschuld und unechte Gesamtschuld (1985)
M Wolf, Gesamtschuld und andere Schuldnermehrheiten, JA 1985, 369 ff, 628 ff, 710 ff, 797 ff, 961 ff.

Systematische Übersicht

Alphabetische Übersicht

I. Grundlagen

1. Notwendige Zession und Legalzession

1 § 255 BGB ordnet – nach römisch- und gemeinrechtlichem Vorbild – **eine notwendige Zession** (beneficium cedendarum actionum) an: Der Schuldner ist zur Leistung an den Gläubiger nur verpflichtet, wenn dieser Gläubiger ihm eine gegen einen Dritten gerichtete Forderung abtritt. Im Ansatz vergleichbar ist die Legalzession, die funktionale Ähnlichkeit zeigt sich, wenn die Legalzession fehlt und (die Analogie zu) § 255 dasselbe wirtschaftliche Ergebnis erreicht (vgl Rn 69). Dogmatisch indes bleibt die notwendige Zession des § 255 gewillkürte, auch wenn sie zumindest durch ein Zurückbehaltungsrecht erzwingbar ist – demgegenüber wird die Legalzession fingiert. Eine solche Fiktion findet sich etwa beim Gesamtschuldausgleich nach § 426 Abs 2 S 1 BGB, beim Bürgenrückgriff nach § 774 BGB, beim Rückgriff des Ablösungsberechtigten nach den §§ 268, 1150, 1249 BGB sowie beim Rückgriff des Grundstücks- und des Pfandeigentümers, der nicht persönlicher Schuldner ist, nach den §§ 1143, 1225 BGB ua. Eine wichtige Rolle spielt die Legalzession auch in Nebengebieten des Zivilrechts, etwa beim Rückgriff des Sozialversicherungsträgers nach § 116 SGB X, beim Rückgriff des Privatversicherers nach § 86 VVG, beim Rückgriff des Arbeitgebers nach § 6 EFZG, beim Rückgriff des Pensionssicherungsvereins nach § 9 Abs 2 S 1 BetrAVG und in vielen anderen Fällen.

2 Einen ähnlichen Gedanken zeigt auch § 285 BGB (§ 281 BGB aF), indes sind die Rollen dort umgekehrt verteilt: Während § 255 BGB den Fall eines vom Gläubiger an den Schuldner abzutretenden Anspruchs gegen einen Dritten regelt, behandelt § 285 BGB mit dem **stellvertretenden Commodum** den Fall eines vom Schuldner anstelle der unmöglich gewordenen Leistung für den geschuldeten Gegenstand erlangten Ersatzanspruchs gegen einen Dritten, welcher an Stelle der unmöglichen Leistung an den Gläubiger abzutreten ist (näher zur ratio des § 285 Staudinger/Caspers § 285 Rn 3 ff). Ist der Gläubiger seinerseits, etwa nach § 326 BGB Abs 2, 3 zur Gegenleistung verpflichtet (dazu Staudinger/Schwarze [2015] § 326 Rn D 1 ff), ist der Gläubiger zu dieser Gegenleistung nur Zug um Zug gegen Abtretung der Forderung gegen den Dritten verpflichtet (Thiele 153). Anders als beim Übergang des Ersatzanspruchs durch Legalzession sichert das Erfordernis der Abtretung nach § 285 BGB dem Schuldner seine Zug-um-Zug-Einrede, die ihm gemäß § 320 BGB gegenüber dem Gläubiger zusteht (Stamm 206).

3 Die unterschiedlichen Fälle der notwendigen Zession und der Legalzession lassen sich nicht aus einem allgemeinen Prinzip ableiten und nicht in einer einzigen Regel zusammenfassen. Die **ratio legis des § 255 BGB** liegt in der Vermeidung von Doppelbefriedigungen, wenn etwa der Sacheigentümer andernfalls Schadensersatz verlangen und die verlorene Sache zurückfordern könnte (noch Rn 4). Das wird deutlich

sichtbar, wenn man § 255 BGB mit einer Mindermeinung auf Fälle beschränkt, in denen wegen einer noch existierenden Sache Ersatz zu leisten ist, die als Gegenstand eines Herausgabeanspruchs in Betracht kommt (Soergel/Forster § 255 Rn 3; Münchbach 14 f; Stamm 83). Zieht man mit der herrschenden Meinung den Anwendungsbereich weiter und sieht in § 255 BGB eine Regressnorm bei Schuldnermehrheit, wird die Abgrenzung zur Gesamtschuld (noch Rn 13) und zur (über eine Analogie zu § 285 BGB begründeten) Drittschadensliquidation (vgl hierzu Stamm 213 ff) unsicher.

2. Funktion des § 255

Ihre Wurzeln hat die Bestimmung des § 255 BGB in einem gemeinrechtlichen Satz, der sich ebenso auf Vindikations- wie auf Schadensersatzfälle stützt (näher Staudinger/Selb [1995] § 255 Rn 2; Selb, in: FS Larenz 526 ff). Systematisch gehört die Bestimmung zum Schadensrecht der §§ 249 f BGB, regelt also den **Inhalt eines Schadensersatzanspruches**. Dabei besagt § 255 BGB zunächst implizit, dass bei Verlust einer Sache unabhängig von der Möglichkeit der Rückverschaffung dem Geschädigten ein Schadensersatzanspruch auf das volle Wertinteresse zusteht (bzw zustehen kann). Explizit spricht § 255 BGB den Fall an, dass der Gläubiger vom Schuldner Schadensersatz verlangt, und regelt eine Pflicht des Gläubigers zur Abtretung der ihm gegen den Dritten zustehenden Ansprüche, um eine doppelte Befriedigung zu vermeiden. Diese Funktion des § 255 BGB als **Regressnorm** knüpft an die durch § 255 BGB vorgenommene Inhaltsbestimmung des Schadensersatzanspruches an (Stamm 31 f, 72). 4

Durch die notwendige Zession nach § 255 BGB erhält der gegenüber dem Eigentümer oder Rechtsinhaber zum vollen Ersatz des Sach- oder Rechtswerts Verpflichtete im Gegenzug einen Anspruch gegen einen Dritten. Je nachdem, ob es ihm gelingt, diesen Anspruch ganz oder zum Teil durchzusetzen, trägt der Ersatzverpflichtete im Ergebnis den vollen Schaden, einen Teil des Schadens oder gar keinen Schaden. Das Liquidationsrisiko für den abgetretenen Anspruch liegt bei ihm. Der von ihm letztlich zu tragende Verlustschaden entspricht damit nicht notwendig dem vollen Sachwert oder Rechtswert, den der Eigentümer oder Rechtsinhaber von ihm beanspruchen kann. 5

Nach der von Staudinger/Selb (1995) § 255 vertretenen Deutung des § 255 BGB als Inhaltsbestimmung eines Schadensersatzanspruchs geht die Bestimmung von einer vorgegebenen **besonderen beschränkten Art der Ersatzpflicht** aus, bei der der Verpflichtete nach der zugrundeliegenden Ersatznorm nicht schlechthin vollen Sachwert- oder Rechtswertersatz zu leisten habe, wie zB der Täter in den Fällen der Sachzerstörung oder Sachbeschädigung nach § 823 Abs 1 BGB. Vielmehr behandele sie ausschließlich Fälle, in denen hinsichtlich der Sache Ansprüche gegen Dritte bestehen, der für den Verlust Ersatzpflichtige iS des § 255 BGB aber gerade dafür einzustehen habe, dass der Berechtigte nicht mehr die Sache oder das Recht selbst, sondern nur noch diese Ansprüche gegen Dritte habe. Darin liege eine beschränkte Haftung gegenüber bspw. der zur Herausgabe der Sache nach § 985 BGB oder zum Ersatz des vollen Sachwerts nach § 823 Abs 1 BGB. Die zu § 255 BGB gebildeten Beispiele seien daher auch immer wieder jene, dass der Entleiher oder Verwahrer den Diebstahl der Sache durch einen Dritten schuldhaft nicht 6 verhindert habe (Enneccerus/Lehmann [1958] § 17 II 2; Larenz, SchuldR I § 32 I; Roth 496). Die Bestimmung des § 255 BGB befasse sich nun lediglich mit eben dieser *vorgegebenen* beschränkten Haftung und verwirkliche sie **technisch** auf dem **Weg, das Liquidationsrisiko zu überbürden**. Sie sage keineswegs etwas darüber aus, **wann** denn im Einzelnen jemand in solcher Weise beschränkt für Sach- oder Rechtsverlust hafte. Diese Aussage sei denjenigen Rechtsnormen zu entnehmen, welche die besondere Schadensersatzpflicht für den Verlust der Sache oder des Rechts begründeten.

7 Diese „beschränkte Haftung" lässt sich den Haftungsnormen, etwa § 823 BGB oder § 280 Abs 1 BGB (früher: positive Vertragsverletzung), nicht entnehmen. Im Fall des nachlässigen Verwahrers haftet dieser dem Eigentümer aus § 280 BGB und gegebenenfalls § 823 BGB ebenso wie der Dieb auf den vollen Schadensersatz. Das Verhältnis dieser Ansprüche zueinander zu bestimmen, ist nur erforderlich, weil dem Geschädigten wegen desselben Schadensereignisses Schadensersatzansprüche auf das ganze Interesse gegen zwei verschiedene Personen zustehen. Konkret ist dann zu entscheiden, wer von den beiden dem Geschädigten zum vollen Ersatz Verpflichteten den Schaden letztlich tragen soll.

8 Als schadensersatzrechtliche Norm macht § 255 BGB hierzu dreierlei deutlich. Erstens, Ansprüche des Geschädigten (zB des Eigentümers) gegen einen Dritten (zB einen Dieb) mindern nicht den Ersatzanspruch gegen den Schädiger (zB den nachlässigen Verwahrer), dieser haftet voll. Deshalb ist es auch irreführend von einer „beschränkten Haftung" (Staudinger/Selb [1995] § 255 Rn 3) des Ersatzpflichtigen zu sprechen; dieser schuldet dem Geschädigten vollen Schadensersatz, kann allerdings im Gegenzug Abtretung der Ansprüche gegen Dritte verlangen (BGH 20. 11. 1992 – V ZR 279/91, BGHZ 120, 268). Zweitens, da der Geschädigte nicht doppelt entschädigt werden soll, ist er zur Abtretung des Anspruchs gegen den Dritten an den Schädiger verpflichtet (Rechtsgedanke des § 255 als Ausdruck eines schadensersatzrechtlichen Bereicherungsverbotes: BGH 17. 1. 2013 – III ZR 11/12, NJOZ 2013, 1383; 15. 4. 2010 – IX ZR 223/07, NJW 2010, 1964; 8. 10. 2003 – VIII ZR 55/03, NJW 2004, 1042; OLG Köln 27. 1. 2004 – 3 U 71/03, NJW-RR 2004, 1391; Planck/Siber § 255 Anm 2a; Esser/Schmidt I 2 § 33 V 2 c „Verbot doppelter Liquidation"). Drittens, im Verhältnis zum Schädiger wird der Dritte allein belastet (Roth 496).

9 Mit dieser letzten Aussage (soeben Rn 8) gibt § 255 BGB das Verhältnis der beiden zum Schadensersatz Verpflichteten vor – zeigt mithin, wer „begrenzt haftet" und (nur) das Liquidationsrisiko übernehmen muss, und wer als Dritter „voll haftet" und nicht die Abtretung der Ansprüche gegen den anderen Verpflichteten verlangen kann, sondern den Schaden letztlich tragen soll. Diese Wertung passt aber nur in Fällen, in denen die beiden Schädiger nicht gleichrangig haften, sondern gestuft. Wann ein solches Stufenverhältnis gegeben ist, ergibt sich aus dem Haftungsrecht, die rechtslogisch nachgelagerte Rechtsfolgenanordnung des § 255 BGB trifft dazu keine Aussage. Die gestufte Haftung zeigt sich darin, wie sich die **Leistung auf eine der konkurrierenden Verbindlichkeiten auf die andere Verbindlichkeit auswirkt** (OLG Hamm 2. 2. 1999 – 27 U 246/98, NJW-RR 1999, 1276). Leistet im Beispielsfall der beim Entleiher gestohlenen Sache der Dieb vollen Schadensersatz an den Verleiher, gibt die Sache oder ihren Wert zurück, so wird auch der Entleiher von seiner Ersatzpflicht befreit. Leistet jedoch der Entleiher vollen Schadensersatz, so wird dadurch der Dieb nicht befreit. Nach der schadensrechtlichen Lehre zum Vorteilsausgleich (vgl Staudinger/Schiemann [2017] § 249 Rn 132 ff) wird die Leistung des Entleihers nicht auf die Ersatzschuld des Diebes angerechnet. Die nur einseitige Anrechnung der Schuldnerleistungen ergibt sich daraus, dass einer der Schuldner dem Schaden näher steht, und also die Verpflichtung zu tragen hat. Trotz der Leistung des Entleihers bleibt damit die Forderung des Gläubigers gegen den Dieb erhalten. Da der Gläubiger aber nur (einmal) Anspruch auf vollen Wertersatz hat, kann der Entleiher verlangen, dass diese Forderung nach § 255 BGB auf ihn übertragen wird.

Die Abstufung der Haftung nach der **Schadensnähe**, also danach, wer für den Schaden unmittelbar und wer für ihn mittelbar verantwortlich ist, erklärt freilich nicht alle Anwendungsfälle des § 255 BGB: Veräußert der Dieb die entwendete Sache an einen gutgläubigen Vierten weiter, muss der Eigentümer die Veräußerung nicht genehmigen und kann vom Dieb Schadensersatz fordern. In diesem Fall geht es im Verhältnis des Vierten zum Dieb nicht um ein Stufenverhältnis zwischen zwei Schädigern. Leistet der Dieb, wird der Empfänger, der dem Anspruch aus § 985 BGB ausgesetzt ist, nicht frei. Dann muss der Dieb Schadensersatz nach § 255 BGB nur gegen Übertragung des Eigentums an der gestohlenen Sache durch den Eigentümer auf ihn leisten, obwohl der Dieb der Schadensnähere ist (Roth 498). Ein Regress über § 255 BGB zugunsten des Schadensnäheren ist somit nicht immer ausgeschlossen (Roth 498 f). Allerdings kann der Vierte dem Dieb den Arglisteinwand (dolo agit, qui petit, quod statim redditurus est) aus § 242 BGB entgegenhalten (Stamm 82). Leistet dagegen der Vierte und gibt die Sache an den Eigentümer heraus, kann er Abtretung des fortbestehenden Schadensersatzanspruchs gegen den Dieb verlangen (**aA** Stamm 81, der einen Regressanspruch des Vierten für überflüssig hält, weil diesem ein vertraglicher Schadensersatzanspruch gegen den Dieb zustehe). Hier ist das Kriterium für die Anwendung des § 255 BGB in beide Richtungen, dass der Geschädigte nicht die volle Ersatzleistung erhalten und das Eigentum behalten soll. Da die Sache und ein auf die Herausgabe dieser Sache gerichteter Anspruch trotz einer Ersatzleistung in Geld erhalten bleiben, ergibt sich hier die Anwendung des § 255 BGB aus der **Art der konkurrierenden Ansprüche**, nicht aber aus einer Abstufung der Haftung nach der Schadensnähe. 10

3. Abgrenzung zum Vorteilsausgleich

Die Bestimmung des § 255 BGB ist nicht der Lehre vom Vorteilsausgleich zuzuordnen (**so aber** Fikentscher/Heinemann, SchuldR Rn 708: „Sonderfall der Vorteilsausgleichung"; weiter RG 21. 1. 1903 – I 258/02, RGZ 53, 327; OLG Düsseldorf 7. 5. 1999 – 14 U 221/98, NZG 1999, 895, rechnet bei einem Schadensersatzanspruch gegen einen Kapitalanlageberater wegen schuldhafter Verletzung der Beratungs- und Anlagepflicht die aus dem Erwerb der Kapitalanlage erwachsenen Vermögensvorteile analog § 255 schadensmindernd an; auch MünchKomm/Oetker § 255 Rn 1 sieht einen „sachlichen Zusammenhang"; **dagegen** grenzt BGH 12. 5. 1958 – II ZR 103/57, BGHZ 27, 241 Vorteilsausgleichung und § 255 wie hier voneinander ab). Denn es wird bei § 255 BGB kein gerade auf der schädigenden Handlung selbst beruhender Vorteil des Geschädigten angerechnet (zustimmend Hüffer 115). Auch wird die Schadensersatzpflicht des Verpflichteten nicht um den Anspruch gegen den Dritten gekürzt (BGH 17. 1. 2013 – III ZR 11/12, NJOZ 2013, 1383). Freilich besteht insoweit erhebliche Rechtsunsicherheit, weil die Rechtsprechung für die Vorteilsausgleichung danach fragt, ob Vorteil und 11

Schaden bei wertender Betrachtung zu einer Einheit verbunden sind (etwa BGH 16. 1. 1990 – VI ZR 170/89, NJW 1990, 1360).

12 Die technische Lösung der Übernahme des Liquidationsrisikos nach § 255 BGB **ähnelt dem schadensrechtlichen Abzug „neu für alt"**, die vom Problem des Vorteilsausgleichs abzugrenzen ist (richtig Esser/Schmidt I 2 § 33 V 2 a). Dort kann sich bei der Beschädigung einer gebrauchten Sache ergeben, dass eine gleichwertige gebrauchte Sache nicht beschafft werden kann – etwa, weil es dafür keinen Markt gibt – oder doch den Interessen des Geschädigten nicht genügt – etwa, weil es ihm nicht zuzumuten ist, von anderen gebrauchte Sachen zu verwenden. Geldwertersatz aber würde oft seinen Interessen widersprechen, weil er den zusätzlichen Betrag, der zur Neubeschaffung erforderlich ist, nicht aufzubringen vermag. Es bleibt nur, den Schädiger zum Ersatz einer neuen Sache zu verpflichten und ihn gegenüber dem Geschädigten auf einen billigen Kapitalausgleich zu verweisen. Ebenso **korrigiert auch § 255 BGB eine überschießende Ausgleichsleistung** (Esser/Schmidt § 33 V 2 b; **aA** Staudinger/Selb [1995] § 255 Rn 5). Der Verpflichtete muss den vollen Nominalwert einer Forderung bzw den vollen Sachwert ersetzen, kann aber Zug um Zug die Abtretung eben dieser Forderung bzw die Abtretung des Anspruchs auf Herausgabe der Sache verlangen – erhält also eine Regressmöglichkeit. Freilich trifft ihn das Einziehungsrisiko für diese Forderung bzw das Rechtsverfolgungsrisiko hinsichtlich der Sache. Leistet der zum Schadensersatz Verpflichtete vor, kann er sein Abtretungsverlangen noch im Nachhinein gerichtlich durchsetzen (Esser/Schmidt I 2 § 33 V 2 b). Bspw darf der Geschädigte bei einem Kfz-Schaden das beschädigte Fahrzeug zu dem vom Sachverständigen ermittelten Restwert veräußern. Den Restwert muss sich der Geschädigte von seinem auf den Wiederbeschaffungswert gerichteten Anspruch gegen den Schädiger (bzw Haftpflichtversicherer) abziehen lassen. Um Streit mit dem Haftpflichtversicherer des Schädigers darüber zu vermeiden, ob jener über einen künstlich niedrig gehaltenen Restwert zu überhöhten Schadensersatzleistungen (Wiederbeschaffungswert abzüglich Restwert) veranlasst werden soll, kann der Haftpflichtversicherer Übernahme des beschädigten Fahrzeugs verlangen und dieses selbst verwerten (Grunsky JZ 1997, 826: entsprechende Anwendung des § 255).

4. Abgrenzung zur Gesamtschuld

13 Ebenso wie die **Gesamtschuld** betrifft § 255 BGB stets – und nicht nur bei Herausgabeansprüchen gegen Dritte – **konkurrierende Verpflichtungen**. Der Gesamtschuldner-Innenausgleich nach § 426 BGB BGB und der Zessionsregress in anderen Fällen der Schuldnerkonkurrenz sind alternative Regresswege (Larenz, SchuldR I § 32 I; Esser/Schmidt I 2 § 33 V 2 b; Lange § 11 A I 2, B I; **aA** Fikentscher/Heinemann, SchuldR Rn 708). Der Umstand, dass im Anwendungsbereich des § 255 BGB dem Geschädigten eine Person für den Verlust einer Sache oder eines Rechts Schadensersatz zu leisten hat, eine andere daneben aber auf Grund des Eigentums Herausgabe, Schadensersatz oder etwas anderes (s unten Rn 23) schuldet, erfordert eine **Abgrenzung** des Anwendungsbereichs des § 255 BGB von dem der Gesamtschuld (§§ 421 ff BGB). Schuldet ein Schuldner dingliche Herausgabe und der andere Schadensersatz, sind die Ansprüche nicht leistungsidentisch, sodass eine Gesamtschuld ausscheidet (Staudinger/Looschelders [2017] § 421 Rn 26). In diesem unstrittigen Kernanwendungsbereich des § 255 BGB, also bei einem dinglichen Herausgabeanspruchs wegen der in Streit befindlichen Sache, ist der Zessionsregress nach § 255 BGB also nicht etwa *lex*

specialis im Verhältnis zur Regressregelung der Gesamtschuld in § 426 BGB (Stamm 83 ff, der den Anwendungsbereich des § 255 unter Hinweis auf die Gesetzgebungsgeschichte sogar auf diese Fälle beschränken will), sondern allein anwendbar.

Geht es hingegen nicht um den Eigentumsherausgabeanspruch selbst, ist strittig, welcher Regressweg im Einzelfall den Vorzug verdient (für einen Vorrang der Vorschriften über den Zessionsregress, auch im Wege einer Gesamtanalogie zu den Legalzessionsvorschriften, etwa Thiele 155; Börnsen 183 ff, 187; **dagegen** für einen Vorrang der Gesamtschuldregeln, die eine sachgerechtere Lösung ermöglichten, etwa Stamm 72 ff, 83 und NJW 2003, 2940 ff; Rüssmann JuS 1974, 292, 298; Glöckner 36 ff, 50; Staudinger/Looschelders [2017] § 421 Rn 30). Der in der Literatur vorgeschlagene Verzicht auf oder eine Aufweichung des ungeschriebenen Tatbestandsmerkmals der Gleichstufigkeit der Verpflichtungen bei der Gesamtschuld entzieht der Regressfigur des § 255 BGB weitgehend ihren Anwendungsbereich (hierzu Stamm NJW 2003, 2940 ff; Staudinger/Looschelders [2017] § 421 Rn 30). § 255 BGB wird in diesem Bereich zu einem Sonderfall der Gesamtschuld, dessen besondere Behandlung der Rechtfertigung bedarf: Die mögliche Abstufung der Haftung im Innenverhältnis der Gesamtschuldner, die einen Teilregress zulässt, macht die Gesamtschuldregelung flexibler gegenüber § 255 BGB, der nur den Totalregress kennt. Zudem hat der Gläubiger auf den Ausgleichsanspruch nach § 426 Abs 1 BGB keinen Einfluss, sodass auch in Fällen, in denen ein Ausgleich nach § 255 BGB scheitern würde, weil etwa der Gläubiger auf seine Forderung gegen den anderen Schuldner verzichtet hat, ein Ausgleich über § 426 Abs 1 BGB möglich ist (BGH 29. 6. 1972 – VII ZR 190/71, BGHZ 59, 97; Schlechtriem/Schmidt-Kessel, Schuldrecht AT Rn 859; näher zu Vorteilen der Ausgestaltung der Gesamtschuld gegenüber dem Zessionsregress Stamm 47 ff). Dass einer der Verpflichteten nach § 255 BGB schlechter steht als bei der Gesamtschuld, folgt aus dem Stufenverhältnis der Haftung (s oben Rn 9), das die Gesamtschuld gerade ausschließt. Id Sinne scheidet eine Gesamtschuld bspw. richtigerweise aus, wenn ein Schuldner aus Bereicherungsrecht und ein anderer auf Schadensersatz haftet; hier ist die Herausgabe der Bereicherung vorrangig und beseitigt ggf den Schaden (MünchKomm/Bydlinski § 421 Rn 56). Dass der BGH (27. 3. 1969 – VII ZR 165/66, BGHZ 52, 39) einen solchen Fall bereits als Gesamtschuld behandelt hat, überzeugt nicht (noch Rn 26). 14

Erfordert die Gesamtschuld mithin eine gleichstufige Haftung Mehrerer (BGH 22. 12. 2011 – VII ZR 7/11, BGHZ 192, 182; dazu etwa Staudinger/Looschelders [2017] § 421 Rn 21, 27), ist der Anwendungsbereich des § 255 BGB wie der vieler Legalzessionsvorschriften – zB gesetzlicher Forderungsübergang auf den Schadensversicherer (§ 86 VVG), den Sozialleistungsträger (§ 115 f SGB X), den Arbeitgeber (§ 6 EFZG), den Träger der Insolvenzsicherung (§ 9 BetrAVG), den Hilfe gewährenden Träger der Sozialhilfe (§§ 93, 94 SGB XII), das Ausbildungsförderung zahlende Land (§ 37 BAföG) – gegenüber der Gesamtschuld danach abzugrenzen, ob mehrere Schuldner nebeneinander (nicht gleichrangig, sondern abgestuft und also) derart haften, dass der eine nur für den anderen **in Vorlage tritt** und dem Gläubiger damit das Risiko abnimmt, von dem (anderen) Schuldner, der nach der gesetzlichen Wertung die Verpflichtung letztlich tragen soll, keine Leistung zu erlangen (MünchKomm/Bydlinksi § 421 Rn 60 f). Dieser Gedanke prägt den unstrittigen Anwendungsbereich (Rn 19) der notwendigen Zession nach § 255 BGB: Ist die Sachverfolgung schwierig und ist unklar, in wessen Besitz und wo die Sache ist, soll der wegen des Sachverlusts zum Schadensersatz Verpflichtete gegen Abtretung des Herausgabeanspruchs in Vorlage 15 treten. Ihm bleibt es dann überlassen, (die Sache zu finden und) beim derzeitigen Besitzer der Sache Regress zu nehmen. Der Gläubiger kann den auf Schadensersatz haftenden Schuldner auf vollen Wertersatz in Anspruch nehmen, und das Risiko der dinglichen Rechtsverfolgung auf diesen abwälzen. Auch jenseits dieses Kernbereichs kann § 255 BGB greifen, wenn eine nach der Schadensnähe abgestufte Haftung oder andere Wertungsgesichtspunkte dafür sprechen, dass der zunächst in Anspruch genommene Schuldner das Risiko der Durchsetzung des abgetretenen Anspruchs voll tragen soll.

16 In der **Rechtsprechung** lässt sich eine Tendenz beobachten, § 255 BGB weit und auch analog auf konkurrierende Schadensersatzpflichten anzuwenden, die nicht in einem Sach- oder Rechtsverlust begründet sind, bei denen aber im Innenverhältnis ein Schuldner allein den Schaden tragen soll (unten Rn 45). Gleichzeitig gibt es die Tendenz, § 255 BGB als gegenüber § 426 BGB subsidiär zu behandeln, weil die Gesamtschuld als flexibler und „sachgerechter" angesehen wird; in der Sache geht es dabei insbesondere um die Möglichkeit des Teilregresses und den Ausgleichsanspruch nach § 426 Abs 1 BGB (BGH 29. 6. 1972 – VII ZR 190/71, BGHZ 59, 102; analoge Anwendung der Gesamtschuldregeln: BGH 27. 3. 1969 – VII ZR 165/66, BGHZ 52, 39). Zuweilen dient der Hinweis auf § 255 BGB auch nur zur Begründung, dass ein Geschädigter mit Blick auf die Frage, ob überhaupt ein Schaden eingetreten ist, nicht darauf verwiesen werden könne, er habe gegen einen Dritten einen Anspruch, der zum Ausgleich seiner Vermögensbeeinträchtigung führen könne (so etwa BGH 17. 1. 2013 – III ZR 11/12, NJOZ 2013, 1383; 17. 2. 1982 – IVa ZR 284/80, NJW 1982, 1806).

II. Anwendungsbereich des § 255 im Einzelnen

17 Der Anwendungsbereich des § 255 BGB ist umstritten. Streit besteht sowohl darüber, was unter dem Schadensersatz für den Verlust einer Sache oder eines Rechts zu verstehen ist, als auch darüber, welche Ansprüche abzutreten sind. Restriktiv verstanden betrifft § 255 BGB nur die Abtretung des sachenrechtlichen (Soergel/Forster § 255 Rn 3; Stamm 91, 94) oder auch des deliktischen Herausgabeanspruchs (Lange § 11 A III), nicht aber die Abtretung von Ansprüchen, die sich ergeben, wenn der Verlust letztlich zum Untergang der Sache oder des Rechts geführt hat. Etwas weiter geht die Auffassung, der Zessionsregress nach § 255 BGB betreffe Herausgabeansprüche nach § 985 BGB bei (möglicherweise) noch vorhandenen Sachen sowie surrogierende Ansprüche auf Herausgabe des Veräußerungserlöses, zB nach § 816 Abs 1 S 1 BGB, nicht dagegen Schadensersatzansprüche wegen untergegangener Sachen (Roth 511). Nach der weitesten Lesart meint § 255 BGB sämtliche Ansprüche auf Herausgabe, Schadensersatz oder andere Ziele, die dem Ersatzberechtigten auf Grund des Eigentums an der Sache oder auf Grund des Rechtes gegen den Dritten zustehen und den Sach- oder Rechtswert irgendwie repräsentieren (Staudinger/Selb [1995] § 255 Rn 4). Dieses weite Verständnis des § 255 BGB hat sich oft auch die Rechtsprechung zu Eigen gemacht hat, die § 255 BGB darüber hinaus auch häufig analog anwendet (näher Rn 45 ff).

18 Der **Grund, aus dem jemand** für den Verlust einer Sache oder eines Rechts **haftet**, ist prinzipiell **gleichgültig**. Die Haftung kann sich aus Vertrag (etwa ein Leih- oder Verwahrungsvertrag), Delikt (etwa ein Diebstahl), Quasikontrakt (etwa eine Geschäftsführung ohne Auftrag) oder aus den §§ 989, 990 BGB ergeben. Ohne Bedeutung ist auch, ob der Verpflichtung zum Schadensersatz eine vorsätzliche (vgl Rn 10 zum Diebstahl) oder fahrlässige Handlung zugrunde liegt, und ob es um Zufalls- oder Erfolgshaftung geht (ebenso MünchKomm/Oetker § 255 Rn 6). Steht allerdings dem Eigentümer sowohl gegen den Schädiger als auch gegen den Dritten ein deliktischer Schadensersatzanspruch wegen des Verlustes der Sache oder des Rechts zu, kommt es nach § 840 Abs 1 BGB zur Gesamtschuld. Statt einer notwendigen Zession ordnet das Gesetz dort die Legalzession an, § 426 Abs 2 S 1 BGB. Auch beim Zusammentreffen deliktischer Ansprüche mit solchen aus § 280 Abs 1 BGB (pVV) nimmt die Rechtsprechung zuweilen eine Gesamtschuld an und entzieht diese Fälle damit dem Anwendungsbereich des § 255 BGB (BGH 29. 6. 1972 – VII ZR 190/71, BGHZ 59, 97; OLG Düsseldorf 11. 11. 1994 – 22 U 73/94, NJW 1995, 2565). Auf Erfüllungsansprüche aus Vertrag ist § 255 BGB nicht anzuwenden. Eine Bank, welche die Vornahme einer Überweisung schuldet, kann sich daher bei einer von einem Betrüger ausgelösten Fehlüberweisung nicht auf § 255 BGB berufen (OLG Koblenz 24. 2. 1989 – 2 U 376/87, WM 1989, 1278).

1. Besitzverlust

a) Unstrittiger Anwendungsbereich des § 255

Unstrittig anwendbar ist § 255 BGB in Fällen, in denen Schadensersatz für den **19**
bloßen Verlust des Sachbesitzes zu leisten und der Geschädigte weiterhin Eigentümer der Sache ist. Befindet sich die verlorene Sache bei einem Dritten, so kann der Verlustschaden, soweit er nicht bloße Gebrauchsvorteile erfasst, sondern die Sache selbst, **nicht schlechthin mit dem Sachwert gleichgesetzt werden**. Hier gibt es graduelle Unterschiede, zu welchem Restwert der dem Geschädigten verbliebene Herausgabeanspruch aus § 985 BGB zu bewerten ist. Die Entscheidung wird etwa davon abhängen, ob der Besitzer der Sache bekannt, leicht oder schwer auszuforschen oder unbekannt ist, ob eine Klage gegen ihn mit geringeren oder größeren Schwierigkeiten betrieben werden kann, ob er mit der Sache sorgsam oder leichtfertig umgehen wird, bis die Zwangsvollstreckung zur Rückgewähr der Sache führt, und ob er sich dieser Zwangsvollstreckung entziehen kann oder wird. Andererseits verhindert ein Herausgabeanspruch den Verlustschaden nicht schlechthin, selbst wenn die Durchsetzung naheliegt; der Besitzverlustnachteil wird erst durch die tatsächliche Herausgabe der Sache ausgeglichen. Das als Schaden zu bemessende Liquidationsrisiko kann aber nicht in Geld berechnet, auch nicht nach § 287 ZPO geschätzt werden. § 255 BGB trägt dem Rechnung, indem der Geschädigte den vollen Verlustschaden ersetzt bekommt, im Gegenzug aber den Herausgabeanspruch abtreten muss, sodass es dem Schadensersatz Leistenden überlassen bleibt, den abgetretenen Anspruch zu liquidieren, dh die Herausgabe der Sache zu erreichen und damit den Besitzverlustnachteil auszugleichen.

Ist der Geschädigte weiterhin Eigentümer der Sache, steht ihm gegen den Besitzer **20**
jedenfalls der Anspruch aus § 985 BGB, gegen den Schädiger ein vertraglicher und/oder deliktischer Schadensersatzanspruch zu. Leistet im Beispielsfall der beim Entleiher gestohlenen Sache der Dieb vollen Schadensersatz an den Verleiher, gibt die Sache oder ihren Wert zurück, so wird auch der Entleiher von seiner Ersatzpflicht befreit. Leistet jedoch der Entleiher vollen Schadensersatz, so wird dadurch der Dieb nicht befreit. Die Forderung des Gläubigers gegen den Dieb bleibt erhalten. Da der Gläubiger aber nur einmal Anspruch auf vollen Wertersatz hat, kann der

Entleiher verlangen, dass sie nach § 255 BGB auf ihn übertragen wird. Der Entleiher hat Anspruch auf Abtretung der Ansprüche, die dem Ersatzberechtigten auf Grund seines Eigentums gegen den Dieb zustehen. Das ist zum einen der deliktische Schadensersatzanspruch aus § 823 BGB, zum anderen der Anspruch aus § 985 BGB.

b) Anspruch auf Abtretung des Anspruchs aus § 985 und auf Übereignung

21 Die **Verpflichtung zur Abtretung** des **Herausgabeanspruchs** des ersatzberechtigten Eigentümers nach § 985 BGB wirft die sachenrechtliche Frage auf, ob dieser isoliert abgetreten werden kann oder die Verpflichtung zur Abtretung die Pflicht zur Eigentumsübertragung meint. Bei einer beabsichtigten Übereignung des verloren gegangenen Gegenstandes kann mit dieser Abtretung die an sich zur Übereignung erforderliche Übergabe (§ 929 BGB) ersetzt werden (§ 931 BGB). Strittig ist, ob mit der Pflicht zur Abtretung des Herausgabeanspruchs in jedem Fall auch die Pflicht zur Übereignung der Sache (Abandon) einhergeht. Dies ist mit der wohl hM zu bejahen (RG 19. 12. 1904 – VI 241/04, RGZ 59, 367; Soergel/Forster § 255 Rn 9; Enneccerus/Lehmann § 17 II 2; Lange[2] § 11 B I; BGB-RGRK/Alff § 255 Rn 6; Palandt/Grüneberg § 255 Rn 9; Stamm 94). Eigentum und Herausgabeanspruch können sich nur in einer Hand befinden (Baur/Stürner, Lehrbuch des Sachenrechts [18. Aufl 2009] § 11 C I 3 Rn 44; Westermann, Lehrbuch des Sachenrechts [8. Aufl 2011] § 29 Rn 5): Der Vindikationsanspruch ist wie der Beseitigungsanspruch aus § 1004 Abs 1 BGB unmittelbarer Ausdruck des dinglichen Rechts (Kolbe NJW 2008, 3618 mwNw). Die Gegenmeinung, die unter Berufung auf die anerkannte Möglichkeit der Trennung von Inhaberschaft und Einziehungsermächtigung nach § 185 BGB (BGH 5. 2. 1964 – VIII ZR 156/62, WM 1964, 426; vgl dazu Baur/Stürner Lehrbuch des Sachenrechts [18. Aufl 2009] § 11 C I 3 Rn 44; Medicus/Petersen, BR Rn 446) eine Trennung des Anspruchs aus § 985 BGB vom Eigentum zulässt (Selb, in: FS Larenz 517, 534 ff; Erman/Ebert § 255 Rn 5; Larenz, SchuldR I § 32 I Fn 6; MünchKomm/Oetker § 255 Rn 18), verneint demgegenüber eine Übereignungspflicht. Der Abandon sei zum Schadensausgleich nicht erforderlich. Aus der Abtretung könne noch nicht geschlossen werden, der zur Abtretung Verpflichtete wolle auch das Eigentum an der verlorengegangenen Sache aufgeben. Den Interessen des Zessionsberechtigten sei auch mit einer **Abtretung ohne Übereignungswirkung** gedient. Das bedeutet freilich, der Ersatzberechtigte könnte das Eigentum an der Sache behalten, dem Ersatzverpflichteten lediglich die Ausübung des dinglichen Rechts überlassen und trotzdem vollen Wertersatz geltend machen.

22 Praktisch wird das, wenn der Geschädigte die Sache später nur beschädigt zurückerlangen kann. Hält man den Abandon im Fall des § 255 BGB für zwingend, kann der Ersatzpflichtige die Sache dann als neuer Eigentümer nach § 985 BGB herausverlangen. Die **Wertminderung** geht zu seinen Lasten, sie ist Element des ihm zugewiesenen Liquidationsrisikos. Zwar muss der Geschädigte Zug um Zug gegen Rückgewähr der Schadensersatzleistung die Rückübereignung der Sache verlangen können (Soergel/Forster § 255 Rn 9), weil es keinen Grund gibt, dem Ersatzverpflichteten eine spätere Wertsteigerung als Zufallsgewinn zu belassen. Das wird der Geschädigte regelmäßig aber nur wollen, wenn der Wert der Sache nicht gemindert ist. Nach der Gegenmeinung (Staudinger/Selb [1995] § 255 Rn 14) kann der Ersatzverpflichtete den Herausgabeanspruch für den Eigentümer geltend machen (wenn dieser hiermit einverstanden ist, § 185 BGB), und könnte der Geschädigte und Eigentümer im Falle erfolgreicher Sachverfolgung seine Sache Zug um Zug gegen

Rückerstattung der Ersatzleistung vom Ersatzverpflichteten vindizieren. Der Unterschied der beiden Ansätze liegt nun darin, dass nunmehr auch der Ersatzverpflichtete seine Ersatzleistung Zug um Zug gegen Herausgabe der Sache kondizieren könnte (Larenz, SchuldR I § 32 I Fn 6). Das eröffnet Streit darüber, in welcher Höhe dieser Kondiktionsanspruch angesichts einer Wertminderung der Sache zu kürzen ist. Dann aber besteht auch die Gefahr, dass dieses Wertminderungsrisiko nicht allein den Ersatzverpflichteten trifft, sondern zumindest teilweise – entgegen der Wertung des § 255 BGB (Rn 6 ff) – auch den Geschädigten belastet.

c) Folgeansprüche aus dem Eigentum bei Weitergabe der Sache (§§ 986 ff)

Dem ersatzberechtigten Eigentümer können **neben dem Herausgabeanspruch** nach § 985 BGB **noch andere Ansprüche aus dem Eigentum** nach den §§ 986 ff BGB zustehen (zum Untergang der Sache Rn 29). Ist die Sache zunächst an einen Dritten verlorengegangen – etwa an einen Dieb – und hat dieser die Sache an einen Vierten – etwa einen Hehler – **weitergegeben**, so haftet der Dritte dem Eigentümer auch dafür, dass die Sache von ihm nicht herausgegeben werden kann (§§ 992, 990, 989 BGB). Auch diese Ansprüche folgen aus dem Eigentum. Deshalb kann der für den ursprünglichen Sachverlust Ersatzpflichtige – etwa der Entleiher, dem die Sache gestohlen wurde – auch die **Abtretung dieser Ansprüche** nach § 255 BGB verlangen (**aA** Staudinger/Looschelders [2017] § 421 Rn 30: Gesamtschuld; Stamm 82 beschränkt die Anwendung des § 255 auf die Abtretung des Herausgabeanspruchs aus § 985 gegen den Vierten). Er trägt damit nicht nur das Risiko, die Sache selbst nicht mehr zu erlangen, sondern auch das Risiko, dass er die nach den §§ 992, 990, 989 BGB bestehenden Ansprüche gegen Zwischenbesitzer nicht durchzusetzen vermag. Es spielt dabei grundsätzlich keine Rolle, dass der aus den §§ 992, 990, 989 BGB haftende Dieb sich seinerseits wieder auf § 255 BGB berufen kann. Nimmt der Eigentümer unmittelbar den Dieb aus Delikt in Anspruch, so kann dieser aus § 255 BGB die Abtretung des Herausgabeanspruchs gegen den derzeitigen Besitzer nach § 985 BGB und Übereignung der Sache (Rn 10) verlangen. Geht aber der Eigentümer zuerst gegen den Entleiher und dieser anschließend auf Grund der Übereignung und Abtretung des Anspruchs aus § 985 BGB nach § 992 BGB gegen den Dieb vor, so kann der Dieb vom Entleiher verlangen, dass ihm der Herausgabeanspruch aus § 985 BGB weiter zediert werde. 23

2. Eigentumsverlust durch Übergang des Eigentums

Unter dem Verlust einer Sache ist auch der **Verlust des Eigentums** zu verstehen, dadurch dass ein anderer die Sache erwirbt (OLG Hamm 2. 2. 1999 – 27 U 246/98, NJW-RR 1999, 1276; MünchKomm/Oetker § 255 Rn 10; Erman/Ebert § 255 Rn 2; Palandt/Grüneberg § 255 Rn 5). Der Verlust des Eigentumsrechts muss von einem anderen – vom Ersatzpflichtigen – mittelbar zu verantworten sein. Beispiele dafür bieten die §§ 932 ff, 946 ff BGB und die vom Eigentümer genehmigte Verfügung eines Nichtberechtigten (§ 185 Abs 2 BGB). An die Stelle der Sache treten in diesen Fällen die **bereicherungsrechtlichen Eigentumssurrogatsansprüche** aus **§§ 816 oder 951 Abs 1 BGB**. Sie gehören zu den **abzutretenden „Ansprüchen" iS des § 255 BGB**, die dem Ersatzberechtigten auf Grund des Eigentums an der verlorenen Sache gegen Dritte zustehen (MünchKomm/Oetker § 255 Rn 15; **aA** Stamm 83). An die Stelle der Sachverfolgung tritt dann aus sachenrechtlichen Gründen die Verfolgung des Sachwertes. Der Schaden des ehemaligen Eigentümers besteht in dem Risiko, den an die Stelle der Sache 24 getretenen Sachwert beim Schuldner realisieren zu können. Wer als für den Eigentumsverlust Verantwortlicher Schadensersatz zum vollen Sachwert leistet, kann daher **Zug um Zug Abtretung der Bereicherungsansprüche** verlangen (BGH 8. 1. 1959 – VII ZR 26/58, BGHZ 29, 157).

25 Im Fall der gestohlenen und vom Dieb an einen Dritten veräußerten Sache, haftet der Dieb auch für die weiteren Folgen des Sachverlustes (vgl §§ 992, 989 BGB); die Notmaßnahme des geschädigten Eigentümers, der die Weiterverfügung des Abnehmers genehmigt, um den Sachwert verfolgen zu können, unterbricht den Zurechnungszusammenhang zwischen dem Diebstahl und dem Rechtsverlust nicht. Der Schaden, für den der Dieb letztlich einzustehen hat, besteht dann in dem Risiko des Geschädigten, den Sachwert über den Bereicherungsanspruch nach § 816 Abs 1 BGB (gegen den Abnehmer) zu realisieren. Erweist sich der bereicherte Abnehmer als solvent, entsteht dem Eigentümer kein Schaden, wenn Bereicherung und Sachwert übereinstimmen (Goette VersR 1974, 526; ders, Gesamtschuldbegriff und Regressproblem 161). Das technische Mittel, dem ersatzpflichtigen Dieb das Risiko der Insolvenz des Bereicherten zu überbürden, bietet wiederum § 255 BGB (**aA** Stamm 80: Anwendung der Gesamtschuldregelung). Der Dieb hat demnach Schadensersatz zum vollen Sachwert nur Zug um Zug gegen Abtretung der Bereicherungsansprüche zu leisten. Das unbefriedigende Ergebnis, dass der Dieb damit Ansprüche gegen seinen Abnehmer gewinnt, wird dadurch korrigiert, dass der Abnehmer einwenden kann, der Dieb habe intern (etwa aus einem Kaufvertrag zwischen Dieb und Abnehmer) die Verpflichtung, ihn von der Verbindlichkeit zu entlasten (Palandt/Grüneberg § 255 Rn 4). Umgekehrt kann der aus § 816 BGB haftende Abnehmer nicht vom Geschädigten die Abtretung des Anspruchs gegen den zum Schadensersatz verpflichteten Dieb verlangen (BGH 8. 1. 1959 – VII ZR 26/58, BGHZ 29, 157; **aA** Reeb 216 f); die Bereicherungshaftung ist gerade keine Haftung auf Schadensersatz, zudem hätte sich der Abnehmer auch gegen eine Vindikation vor der Genehmigung nicht mit dem Argument verteidigen können, er sei nur gegen die Abtretung der Ansprüche gegen den Dieb zur Herausgabe bereit. Zu weit geht es freilich, generell zu unterstellen, der Ersatzberechtigte genehmige mit der Annahme des Ersatzbetrages die Verfügungen des Diebes (so aber R Schmidt AcP 175, 165, 172; generell dagegen, die Surrogatsschuld nach §§ 816 Abs 1, 687 Abs 2, 681 S 2, 667, 951 Abs 1, 812 Abs 1 S 1, 818 Abs 2 BGB für § 255 BGB wie die Pflicht zur Herausgabe der Sache einzuordnen: Lange § 11 B II; wie hier: Goette 161; Reinicke/Tiedtke JZ 1984, 232 f; Jürgens 177 ff; Roth 498, 511).

26 In einer späteren Entscheidung (BGH 27. 3. 1969 – VII ZR 165/66, BGHZ 52, 39; so schon vCaemmerer JR 1959, 462, 463; zust unter Hinweis auf § 840 Abs 1 auch Kühne 565 f; eine Gesamtschuld, bei der § 255 für den Dieb anwendbar sei, nimmt Metzler 589 ff an; im Wesentlichen zust auch Medicus/Petersen, BR Rn 927; abl etwa Dilcher JZ 1973, 199, 201) hat der BGH indes angenommen, der für den Sachverlust ersatzpflichtige Dieb und der nach § 816 Abs 1 BGB bereicherte Abnehmer – der Eigentümer hatte die Weiterverfügung des Abnehmers genehmigt – hafteten als **Gesamtschuldner** (ebenso Stamm 80). Die Entscheidung wird ganz überwiegend abgelehnt, sie überzeugt nicht: Gegen die Annahme einer Gesamtschuld spricht schon, dass es an der Gleichrangigkeit der Verpflichtungen fehlt, weil das Liquidationsrisiko den Dieb allein treffen soll (vgl Rn 14 f zur Abgrenzung von § 255 gegen die Gesamtschuld; mwNw zum Meinungsstand Altmeppen ZIP Beilage zu Heft 22/2016, 3, 4 f). Dass § 426 BGB als „flexiblere" Regel § 255 BGB vorgehen soll (so auch Goette 155 Fn 64), ist vom Ergebnis her gedacht: Zahlt der Dieb

vollen Schadensersatz, wirkte dies bei einer Gesamtschuld nach § 422 BGB auch zugunsten des Abnehmers der Sache, der eine Leistung an den früheren Eigentümer direkt bei diesem kondizieren könnte.

27 Auch das BAG (10. 5. 1990 – 8 AZR 209/89, NJW 1990, 3228) versteht § 426 BGB als gegenüber § 255 BGB „speziellere Regelung" und teilt deshalb den Schaden zwischen einer Diebin und dem Land, dessen Beamte den endgültigen Verlust des Eigentums an der gestohlenen Sache im Wege der Pfandversteigerung herbeigeführt hatten, nach § 426 Abs 1 S 1 BGB auf. Der Weg über die Gesamtschuld erscheint immer dann verlockend, wenn über §§ 426 Abs 1 S 1, 254 BGB eine „Schadensteilung" im Innenverhältnis der Gesamtschuldner erreicht werden soll. Überzeugend ist der Ansatz gleichwohl nicht: Vor dem Verlust der Sache ist § 255 BGB unstrittig spezieller, dass die Vorschrift danach weitgehend verdrängt werden sollte, ist nicht zu begründen (bereits Rn 13 ff).

28 Beim **ermächtigungswidrigen Einbau von Vorbehaltsmaterial** in ein Bauwerk (dazu Sundermann WM 1989, 1197 ff) schuldet der einbauende Handwerker Schadensersatz nach § 823 Abs 1 BGB, der bösgläubige Bauauftraggeber aber Wertersatz nach §§ 951 Abs 1, 812 Abs 1 S 1 Alt 2, 818 Abs 2 BGB. Der ersatzpflichtige einbauende Handwerker hat aber nur das Risiko des Vorbehaltsverkäufers zu tragen, keinen Wertersatz vom Bauauftraggeber zu erlangen; daher schuldet er Zahlung, dh vollen Sachwertersatz, nur gegen Abtretung der Ansprüche auf Wertersatz gemäß § 255 BGB (Sundermann 1204 zu dem Fall aus OLG Koblenz 11. 1. 1989 – 1 U 1654/87, WM 1989, 535, in dem ein Dritter [Geschäftsführer des Handwerkers, einer GmbH] aus § 823 Abs 1 verpflichtet war; für einen Gesamtschuldausgleich in solchen Einbaufällen Lange § 11 B II).

3. Eigentumsverlust durch Untergang der Sache

29 Ob unter den „Verlust einer Sache" auch der Verlust des Eigentums durch **Zerstörung der Sache** zu fassen ist, lässt sich nicht begrifflich damit entscheiden, dass nach dem physischen Untergang einer Sache „logischerweise" keine Ansprüche aus dem Eigentum mehr bestehen könnten (Planck/Siber § 255 Anm 1). Denn der Gesetzgeber spricht in den §§ 986 ff BGB von Ansprüchen des „Eigentümers", auch wenn er vom Untergang der Sache und damit des Eigentums ausgeht. Der Wortlaut des § 255 BGB erlaubt es durchaus, dass neben Ansprüchen aus § 985 BGB auch solche aus den §§ 989 ff BGB abzutreten sind (Thiele 154). Entscheidend für die Anwendung des § 255 BGB ist, dass **eine klare Grenze zwischen Besitz- und Eigentumsverlust im Zeitpunkt der Geltendmachung des Schadensersatzanspruchs oft nicht gezogen werden kann**. Der Besitzverlust geht ohne scharfe Abgrenzung in den Untergang über, etwa sobald es ausgeschlossen erscheint, eine gewiss noch existierende Sache wiederzufinden, sodass eine Sachverfolgung ausscheidet. Deshalb ist es gerechtfertigt, dem in Anspruch genommenen Verwahrer gegen den Eigentümer auch dann einen Anspruch auf Übereignung und Abtretung des Anspruchs aus § 985 BGB (Rn 21) zu geben, wenn die Sache nur möglicherweise noch existiert. Ist die Sache allerdings gewiss untergegangen, ist einem Anspruch auf Abtretung des Schadensersatzanspruchs aus §§ 992, 990, 989 BGB die Anwendung der Legalzessionsregeln nach § 426 Abs 2 S 1 BGB vorzuziehen. Der Grundgedanke des § 255 BGB – Ersatz des vollen Sachwerts gegen Abtretung des Anspruchs aus § 985 BGB und Übereignung der Sache, dh Überbürdung des Risikos der Rechtsverfolgung auf den neuen

Eigentümer – greift nicht, wenn die Sache nicht mehr existiert. Mit Roth (501 f) lässt sich daher nach dem Kenntnisstand im Prozess wie folgt unterscheiden:

30 Dass **im Prozess gegen den zum Schadensersatz Verpflichteten ungewiss** ist, ob die Sache noch vorhanden oder bereits untergegangen ist, ist der typische Fall des § 255 BGB. Das Verlustrisiko, also die Aussicht, die Sache von einem bekannten oder unbekannten Dritten wiederzuerlangen, durch Schätzung nach § 287 ZPO zu bewerten, ist hoch spekualtiv und eher theoretisch. Der volle Ersatz gegen Abtretung der nicht bewertbaren riskanten Ansprüche entlastet den Geschädigten von dem Liquidationsrisiko und bürdet dieses dem Zessionar auf. Im Fall der beim Verwahrer gestohlenen Sache sollte der vom Eigentümer auf Schadensersatz in Anspruch genommene Verwahrer daher stets auf der Abtretung des Herausgabeanspruchs und der Übertragung des Eigentums an der Sache bestehen. Der Eigentümer kann sich unproblematisch hierauf einlassen (Roth 502).

31 Für den Fall, dass schon **im Prozess gegen den nachlässigen Verwahrer feststeht**, dass die Sache untergegangen ist, ist für die Abwicklung der Schadensersatzansprüche gegen ihn (§§ 280, 823 BGB) und den Dieb (§§ 823, 992 BGB) die Anwendung der Gesamtschuldregeln vorzuziehen (generell für diesen Weg Stamm 76 ff). Für die Anwendung des § 255 BGB besteht kein Bedürfnis (Roth 501 f), da die für § 255 BGB typische Unsicherheit über das Schicksal der Sache gerade nicht besteht. Auch im Wege der Gesamtschuld ist ein Totalregress des nachlässigen Verwahrers gegen den Dieb möglich (§§ 426 Abs 1, Abs 2 S 1, 254 BGB). War im Prozess des Eigentümers gegen den Verwahrer das Schicksal der Sache noch ungewiss, stellt sich aber im Folgeprozess des Verwahrers gegen den Dieb oder dessen Abnehmer heraus, dass die Sache im Zeitpunkt der Abtretung nach § 255 BGB bereits untergegangen war, sind die Abtretung und Eigentumsübertragung ins Leere gegangen. Auch in diesem Fall ist richtigerweise (nunmehr) eine Legalzession nach § 426 BGB anzunehmen, sodass der Verwahrer den Schadensersatzanspruch schon kraft Gesetzes erworben hat (Roth 502).

31a Der Anspruch des durch Diebstahl, Brandlegung, Sachbeschädigung usw Geschädigten aus seiner **Versicherung** ist kein mit einem besonderen Liquidationsrisiko behafteter Anspruch. § 255 BGB ist unanwendbar, weil der Deckungsanspruch gegen die Versicherung auf Vertrag und Prämienzahlung (RG 4. 3. 1924 – VII 348/23, RGZ 108, 110 zur Diebstahlsversicherung) und nicht auf dem Eigentum an der Sache beruht. Vor allem aber wird § 255 BGB durch die Legalzessionsnorm des **§ 86 VVG** verdrängt, die die Verteilung des Risikos abschließend regelt. Der Dieb, Brandstifter, Unfallverursacher usw muss nicht etwa nur gegen Abtretung der Ansprüche aus dem Versicherungsvertrag zahlen (BGH 30. 3. 1965 – VI ZR 257/63, VersR 1965, 523; Palandt/Grüneberg § 255 Rn 8).

4. Eigentumsbeeinträchtigung durch bloße Beschädigung der Sache

32 § 255 BGB spricht nur vom Verlust einer Sache oder eines Rechts. Die **bloße Beeinträchtigung**, etwa die Beschädigung einer Sache ohne Besitzverlust (zur Beschädigung nach Besitzverlust s oben Rn 22) ist vom **Wortlaut** der Bestimmung **nicht** erfasst. Sind mehrere Personen nebeneinander ursächlich und verantwortlich für eine Sachbeschädigung, so greifen die Gesamtschuldregeln. Ermöglicht etwa der Entleiher fahr-

lässig, dass ein Dritter die entliehene Sache beschädigt, so haften beide als **Gesamtschuldner**. Dass uU der eine Anspruch auf Vertrag, der andere auf Delikt beruht, steht der Annahme einer Gesamtschuld nicht entgegen (BGH 29. 6. 1972 – VII ZR 190/71, BGHZ 59, 97; Palandt/Sprau § 840 Rn 1; Soergel/Gebauer § 421 Rn 6). Im Innenverhältnis zwischen den beiden kann der größere Verursachungs- und Verantwortungsbeitrag des einen über §§ 426 Abs 1, 254 BGB berücksichtigt werden (Stamm 78 ff). Bei Anwendung des § 255 BGB wären dagegen Differenzierungen in der Verantwortlichkeit im Wege eines Teilregresses allenfalls über § 242 BGB möglich (Lange § 11 B II).

5. Rechtsverlust

Geht es um den **Verlust eines Rechtes**, gilt grundsätzlich dasselbe wie beim Verlust einer Sache. Wer für den Verlust eines Rechts Schadensersatz zu leisten hat, muss den vollen Rechtswert leisten – gegen Abtretung der Ansprüche, die dem Ersatzberechtigten auf Grund des Rechts gegen Dritte zustehen. Der Ersatzverpflichtete trägt das Risiko, diese Ansprüche gegen Dritte durchsetzen zu können. Nach der von Stamm vertretenen Konzeption, der in § 255 BGB einen reinen „Übereignungsregress" sieht, dürfte § 255 BGB trotz seines Wortlauts auf den Rechtsverlust überhaupt nicht anwendbar sein (zurückhaltender aber Stamm 31 Fn 3). **33**

§ 255 BGB gibt dem Ersatzverpflichteten ein Recht auf **Abtretung** des dinglichen oder obligatorischen Anspruchs und damit zur **Übertragung des Rechts selbst** (aA Staudinger/Selb [1995] § 255 Rn 16: auch insoweit gebe es keinen Abandon). Unstrittig ist das bei Rechten, die letztlich zur Geldleistung führen, da sie wegen des reinen Geldwertinteresses des Gläubigers mit der erlangten Ersatzleistung übereinstimmen. **34**

Der Rechtsverlust kann **dingliche oder obligatorische Rechte** betreffen (RG 15. 5. 1914 – III 2/14, RG LZ 1914, 1543 Nr 3). Verlust meint dabei, dass das Recht „tatsächlich" untergegangen ist, etwa mit der Sache, an der es bestand, oder weil der Schuldner einer Forderung nicht mehr liquide und mit der Durchsetzung des Rechts nicht mehr zu rechnen ist (Palandt/Grüneberg § 255 Rn 6; MünchKomm/Oetker § 255 Rn 11). Zwar wird die bloße Entwertung einer Forderung ebenso wie die bloße Sachbeschädigung vom Wortlaut des § 255 BGB nicht erfasst. Allerdings können Verlust und bloße Beeinträchtigung (Entwertung) eines Rechts in ihren Folgen nicht voneinander geschieden werden (MünchKomm/Oetker § 255 Rn 11). Rechtsverlust iS des § 255 BGB ist ferner der Rechtsübergang durch Genehmigung der Verfügung eines Nichtberechtigten (§ 185 Abs 2 BGB), sodass an die Stelle des Rechts der Bereicherungsanspruch aus § 816 BGB getreten ist, oder ein Dritter eine Sache lastenfrei erworben hat. Hindert eine dauernde Einrede die Durchsetzung des Rechts, ist auch das als Verlust zu erfassen. **35**

Abzutreten sind Zug um Zug (§ 274 BGB) gegen vollen Wertersatz Rechte, die an die Stelle des verlorengegangenen Rechts getreten sind; insofern gilt nichts anderes als beim Sachverlust. Abzutreten sind im Falle der Entwertung aber auch die entwerteten Rechte gegen Dritte selbst. **36**

III. Geltendmachung des Rechts auf Abtretung

37 Die **Regresstechnik** des § 255 BGB ist seit der römischen Klassik bekannt (bereits Rn 1). Der Ersatzpflichtige leistet ohne Einrede einer Vorausklage (RG 22. 6. 1909 – III 398/08, RG WarnR 1909 Nr 482) vollen Ersatz für den Sach- oder Rechtswert, erhält selbst aber durch Zession die Möglichkeit der riskanten Liquidation und trägt damit im Ergebnis das Liquidationsrisiko.

38 Der Ersatzpflichtige **kann die Abtretung lediglich möglicher Ansprüche verlangen** (BGH 30. 4. 1952 – II ZR 143/51, BGHZ 6, 55; 25. 1. 1990 – IX ZR 65/89, NJW-RR 1990, 407). Den **Nachweis, dass solche Ansprüche bestehen**, hat der Zessionsberechtigte nicht gegenüber dem zur Zession Verpflichteten zu führen, sondern erst im Verfahren gegen den Schuldner der abgetretenen Forderung (BGH 25. 1. 1990 – IX ZR 65/89, NJW-RR 1990, 407 = WuB/E IV A § 255 1 90 m Anm Emmerich). Freilich müssen die behaupteten Ansprüche aus sachenrechtlichen Gründen inhaltlich und nach der Person des Schuldners hinreichend bestimmt oder bestimmbar sein. Vor Gericht ist es Sache des Ersatzpflichtigen, darzulegen, welche Ansprüche der Geschädigte abtreten soll (RG 29. 6./24. 9. 1921 – V 504/20, RG Recht 1922 Nr 201).

39 Bei **Teilersatz**, aber voller Ersatzpflicht, kann keine Teilabtretung verlangt werden, wenn die Teilzession dem Zessionar erlaubte, dem Gläubiger bei der Durchsetzung seiner Restforderung Konkurrenz zu machen. Das in Legalzessionsfällen (§ 268 Abs 3 S 2 BGB; vgl § 268 Rn 21 f) geltende Prinzip des nemo subrogat contra se – niemand lässt ein Recht so auf einen andern übergehen, dass der ihm verbleibende Teil des Rechts dadurch geschmälert werden kann – muss auch für die Zessionspflicht nach § 255 BGB gelten. Ist aber bei **voller Ersatzleistung** durch den Verpflichteten die abzutretende Forderung umfangreicher (etwa wegen Minderung der Ersatzpflicht des Verpflichteten nach § 254 BGB), so bestehen gegen die (Pflicht zur) Teilabtretung keine Bedenken.

40 Der Ersatzpflichtige hat die **Einrede des Zurückbehaltungsrechts aus § 273 BGB**, um die Abtretung zu erzwingen (RG 19. 12. 1904 – VI 241/04, RGZ 59, 367; OLG Stuttgart 25. 11. 2009 – 20 U 5/09, NZG 2010, 141; MünchKomm/Oetker § 255 Rn 13). Zessionspflicht und Zurückbehaltungsrecht schließen nicht aus, dass der zum Ersatz Verpflichtete leistet, ohne auf der Abtretung des Herausgabeanspruchs zu bestehen. Die **Abtretung ist zwar notwendig, aber doch gewillkürt**; sie geschieht – anders als im Falle des § 426 Abs 2 S 1 BGB – nicht kraft Gesetzes. Die Rechtsprechung lässt zu, dass der Ersatzverpflichtete, der schon geleistet hat, die **Abtretung noch nachträglich** geltend macht (RG 28. 6. 1927 – II 4/27, RGZ 117, 335; BGH 27. 3. 1969 – VII ZR 165/66, BGHZ 52, 39; 15. 4. 2010 – IX ZR 223/07, NJW 2010, 1961; zust Soergel/Forster § 255 Rn 8; Esser/Schmidt I 2 § 33 V 2 b). Dass das Zurückbehaltungsrecht nicht geltend gemacht wird, bedeutet keinen Verzicht auf die Abtretung (richtig BGH 27. 3. 1969 – VII ZR 165/66, BGHZ 52, 39; OLG Stuttgart 25. 11. 2009 – 20 U 5/09, NZG 2010, 141). Die Abtretung setzt aber jedenfalls voraus, dass der Ersatzberechtigte seine Ansprüche geltend macht. Der Ersatzpflichtige kann nicht etwa seinerseits die Abtretung Zug um Zug gegen Ersatzleistung verlangen (LG Berlin 5. 6. 1958 – 14 O 41/58, NJW 1958, 1877).

41 Die **Abtretbarkeit der Ansprüche** des Ersatzberechtigten beurteilt sich zwar nach § 400 BGB, doch wird sie dem Sinn der Abtretungsverbote entsprechend entgegen

§ 400 BGB zulässig sein, wenn der Ersatzverpflichtete gerade für die Liquidation der abzutretenden Ansprüche eine wirtschaftlich gleichwertige Leistung erbringt (vgl Staudinger/Busche [2017] § 400 Rn 4, 11 f; insbes für § 255: BGH 31. 5. 1954 – GSZ 2/54, BGHZ [GS] 13, 360). Ein ähnlicher Rechtsgedanke liegt § 53 SGB I zugrunde. Deshalb kann ein Unterhaltsverpflichteter trotz der Beschränkung der Abtretbarkeit sozialrechtlicher Ansprüche nach § 53 Abs 2 Nr 2 SGB I die Abtretung des Anspruchs auf eine beantragte, aber noch nicht bewilligte Erwerbsminderungsrente verlangen, wenn und soweit diese seine Unterhaltspflicht rückwirkend entfallen lässt. Voraussetzung ist allerdings, dass der zuständige Leistungsträger festgestellt hat, dass die Übertragung im wohlverstandenen Interesse des Berechtigten liegt (BGH 23. 3. 1983 – IVb ZR 358/81, NJW 1983, 1481).

Die Durchsetzung eines vorgeblich „nach § 255 BGB abgetretenen Anspruchs" kann 42 daran scheitern, dass sich aus dem **Verhältnis zwischen dem Zessionar**, der Schadensersatz geleistet hat, **und dem Dritten** etwas anderes ergibt. Haftet ein Notar wegen vereinbarungswidriger Auszahlung der ihm von der Bank treuhänderisch zur Verfügung gestellten Gelder an den Grundstücksverkäufer sowohl gegenüber dem Käufer als auch gegenüber der Bank und begleicht der Notar seine Schadensersatzverpflichtung gegenüber der Bank, worauf diese ihm ihre Darlehensforderung gegen den Käufer „entsprechend § 255 BGB" abtritt, kann er diese nicht gegen den Käufer durchsetzen (OLG Hamm 17. 8. 1998 – 31 U 37/98, WM 1999, 491). Hier war die Abtretung des Darlehensanspruchs an den Notar, der letztlich den entstandenen Schaden zu tragen hatte, in der Sache richtigerweise keine Abtretung nach § 255 BGB, weil dessen Voraussetzungen nicht vorlagen (vgl Maass WuB/E IV A 255 BGB 1 99).

Mit der Abtretung des Herausgabeanspruchs erwirbt der Ersatzpflichtige gemäß 43 §§ 929, 931 BGB das Eigentum (Rn 21). Erlangt der Ersatzberechtigte den Besitz der **Sache wieder, nachdem er den** Herausgabeanspruch an den Ersatzverpflichteten abgetreten hatte, kann der Ersatzpflichtige die Herausgabe der Sache aus § 985 BGB verlangen, nicht aber seine Schadensersatzleistung zurückfordern (**aA** für Rückgewähr der Ersatzleistung MünchKomm/Oetker § 255 Rn 14 mwNw; Bamberger/Roth/Hau/Poseck/Lorenz § 255 Rn 10). Der Ersatzberechtigte kann aber Zug um Zug gegen Rückgewähr der Schadensersatzleistung die Rückübereignung der Sache verlangen (wie hier Soergel/Forster § 255 Rn 9 mwNw; s auch oben Rn 22).

Hat der Ersatzberechtigte den Herausgabeanspruch noch nicht abgetreten und er- 44 langt er den Besitz der **Sache wieder**, so verbleibt sie bei ihm als dem bisherigen Eigentümer. Da der Ersatzpflichtige seiner Schadensersatzverpflichtung unter der nicht zur Bedingung erhobenen Voraussetzung genügt hat, der Berechtigte werde die Sache selbst nicht mehr zurückerlangen, kann er die **Ersatzleistung** nach § 812 Abs 1 S 2 Alt 1 **kondizieren** (RG 4. 3. 1924 – VII 348/23, RGZ 108, 110; Kappesser HansRGZ 1926, 121; Soergel/Forster § 255 Rn 9; **aM** Weimar JR 1959, 92).

IV. Analoge Anwendung des § 255

Die Rechtsprechung wendet **§ 255 BGB** im Falle **konkurrierender Schadensersatz-,** 45 **aber auch sonstiger Ansprüche** zuweilen **analog** oder seinem Rechtsgedanken nach an (zust Staudinger/Selb [1995] § 255 Rn 20). Abzutreten sind danach auch Ansprüche, die **nicht „auf dem Eigentum beruhen"**, wie es für § 985 BGB unstrittig ist und für die

§§ 986 ff, § 816, §§ 951, 812 BGB hier bejaht wird. Es wird damit eine Lücke im Regresssystem geschlossen, wenn weder § 255 BGB direkt noch eine spezielle Legalzessionsnorm eingreift und auch die Regeln über die Gesamtschuld nicht greifen, weil es an der Gleichstufigkeit oder Gleichrangigkeit der Verpflichtungen im Außenverhältnis fehlt. Wer dagegen die Gesamtschuld als allgemeine Ausgleichs- und Regressregelung sieht, deren Begriff sich allein aus § 421 S 1 BGB ergibt, kann auf eine analoge Anwendung des § 255 BGB verzichten (Stamm 54 ff, 337). Ist die Gleichstufigkeit der Haftung keine Tatbestandsvoraussetzung der Gesamtschuld, kann etwa der Dombrandfall (RG 26. 4. 1913 – VI 572/12, RGZ 82, 206) – das Reichsgericht begründete seine Entscheidung noch über Geschäftsführung und ungerechtfertigte Bereicherung – über die §§ 421 ff BGB gelöst werden (Stamm 96 ff; ders Jura 2002, 730, 372; dagegen für eine Analogie zu den Legalzessionsvorschriften [cessio legis des Anspruchs gegen den Brandstifter auf den kirchenbaulastpflichtigen Fiskus] Thiele 154; Larenz, SchuldR I § 32 II; für eine Analogie zu § 255 Staudinger/Selb [1995] § 255 Rn 43; ders, Schadensbegriff und Regressmethoden 77).

46 Nach **aA** ist der analogen Anwendung der Bestimmung über die notwendige Zession eine **Gesamtanalogie zu den Legalzessionsvorschriften**, etwa den §§ 86 VVG, 116 SGB X ua, vorzuziehen (Roth 510; Thiele 154). De lege ferenda empfehle es sich ohnehin, auch in Fällen des § 255 BGB den Anspruch kraft Gesetzes übergehen zu lassen; einen einleuchtenden Grund für den unterschiedlichen rechtstechnischen Weg des § 255 BGB und der cessio legis gebe es nicht (MünchKomm/Oetker § 255 Rn 20; auch die Vermeidung einer Eigentümergemeinschaft ist wegen § 426 Abs 2 S 2 kein zwingendes Argument, vgl Stamm 86). Zuzustimmen ist dem de lege ferenda, soweit sich aus dem Charakter einer Verpflichtung als Versicherungs-, Sozial- oder Fürsorgeleistung (vgl dazu Selb VersR 1964 Beiheft 9 ff) ergibt, dass der Gläubiger vorrangig auf diese zugreifen können soll und den Ersatzverpflichteten das Liquidationsrisiko im Regress trifft (vgl Wenner, SGb 2013, 162, 169, der allerdings § 255 als Legalzessionsnorm missversteht).

47 **Aus der Rechtsprechung**: Hat ein Inkassounternehmer **Schadensersatz für eine verlorengegangene Wechselurkunde** zu leisten, so besteht der Schaden nicht schlechthin im Verlust der Wechselforderung. Der Inkassounternehmer muss zwar zum Nominalwert der Wechselforderung Schadensersatz leisten, soll aber letztlich nur das Risiko für die sich aus den Art 39 und 90 WG ergebende Verzögerung der Einziehung samt allen Liquidationsrisiken, die daraus folgen, tragen (RG 29. 12. 1905 – VII 480/05, RG JW 1906, 109). Aus der Überbürdung der Liquidationsrisiken folgt in analoger Anwendung von § 255 BGB, dass die volle Ersatzleistung nur Zug um Zug gegen Abtretung der Forderung, deren Einziehungsrisiko überbürdet wird, zu erbringen ist. Nicht entscheidend ist mit dem RG, dass von einem endgültigen Verlust der Wechselforderung nicht die Rede sein konnte (dagegen für eine direkte Anwendung des § 255: Lange § 11 B III; Soergel/Forster § 255 Rn 7).

48 Haftet eine **Bank** auf **Schadensersatz wegen verzögerter Scheckeinlösung** und wurde das Schuldnerkonto mittlerweile gesperrt (BGH 30. 4. 1952 – II ZR 143/51, BGHZ 6, 55 = LM Nr 2 zu § 276 m Anm v Lersch), so besteht der Schaden wie im Fall des Wechselverlustes in der Erschwerung der Rechtsverfolgung. Es tritt kein Rechtsverlust ein. Daher wendet der BGH § 255 BGB zu Recht nur analog an (**aA** für direkte Anwendung: Soergel/Forster § 255 Rn 7; MünchKomm/Oetker § 255 Rn 11, weil § 255 keinen endgültigen Verlust voraussetze).

49 Hat ein Vertragspartner **vertragliche Ansprüche auf Schadensersatz**, weil er **veranlasst** wurde, einem anderen ein **Darlehen zu gewähren**, das nicht zurückgezahlt wurde, so besteht der Schaden im Risiko der Einbringbarkeit, nicht im Nominalwert der Darlehensforderung. Das meint das RG (24. 4. 1941 – II 110/40, DR 1941, 1959), wenn es sagt, der Schaden werde jedenfalls durch eine Darlehensrückzahlung gemindert. Das RG wendet § 255 BGB an; der Ersatzpflichtige muss nur Zug um Zug gegen Abtretung der bisher uneinbringbaren Darlehensforderung leisten (zust PALANDT/GRÜNEBERG § 255 Rn 7; MünchKomm/OETKER § 255 Rn 11, die die Zahlungsunfähigkeit des Schuldners als Rechtsverlust iS des § 255 werten). Entscheidend ist für die analoge Anwendung, dass der Ersatzpflichtige gerade dafür einzustehen hat, dass der Ersatzberechtigte an Stelle eines greifbaren Vermögenswertes nur noch riskante Ansprüche aus besonderer schuldrechtlicher Beziehung – sei es aus Delikt, sei es aus Vertrag – hat.

50 Haften **Mitglieder eines Gläubigerausschusses** auf **Schadensersatz**, weil sie es ermöglicht haben, dass der Insolvenzverwalter Mittel aus der Insolvenzmasse an andere Insolvenzmassen verschoben hat (§ 71 InsO), so besteht der Schaden im Risiko, die Mittel wieder zurückzuführen. Die Mitglieder des Gläubigerausschusses sind analog § 255 BGB nur Zug um Zug gegen Abtretung der Bereicherungsansprüche gegen die anderen Insolvenzmassen zum Schadensersatz verpflichtet (RG 1. 7. 1937 – VI 26/37, RG JW 1937, 2776 wendet § 255 direkt an, weil bei Bargeldtransaktionen Sachverlust anzunehmen sei; **aA** BLEY JW 1937, 2778 f).

51 Hat ein **Verkäufer** den erlangten **Kaufpreis zurückzugewähren**, weil der Vertrag wegen arglistiger Täuschung angefochten wurde (§§ 123, 142, 812 BGB), und hat **daneben der täuschende Vermittler** dem Käufer nach §§ 823 Abs 2, 826 BGB **Schadensersatz zu leisten**, so sind Verkäufer und Vermittler hinsichtlich der Kaufpreisrückzahlung nicht Gesamtschuldner (OLG Karlsruhe 26. 1. 1968 – 10 U 57/67, MDR 1968, 755). Der Schaden des Käufers besteht darin, dass er einen Bereicherungsanspruch statt Geld hat, dessen Verwirklichung offen ist. Der Vermittler ist nur zum Schadensersatz Zug um Zug gegen Abtretung des Bereicherungsanspruchs verpflichtet.

52 **Haftet eine Bank wegen nicht anlegergerechter Beratung** bei Zeichnung einer Bond-Anleihe, kann der Schadensersatzanspruch gegen die Bank nur Zug um Zug gegen Herausgabe etwaiger Prospekthaftungsansprüche gegen die Emittentin der Anleihe nach § 255 BGB geltend gemacht werden (OLG Braunschweig 13. 9. 1993 – 3 U 11/93, ZIP 1993, 1462).

53 **Hat** die **Hinterlegungsstelle zu erfüllen**, der **Gläubigerausschuss** aber nach § 71 InsO **Schadensersatz zu leisten**, weil die Erfüllung durch die Hinterlegungsstelle nicht gesichert war (zu § 89 KO RG 7. 11. 1935 – VI 188/35, RGZ 149, 182), so besteht der vom Gläubigerausschuss zu ersetzende Schaden lediglich im Liquidationsrisiko. Die Mitglieder des Ausschusses schulden analog § 255 BGB Zahlung Zug um Zug gegen Abtretung der Ansprüche gegen die Hinterlegungsstelle. Dass der BGH (12. 5. 1958 – II ZR 103/57, BGHZ 27, 241) mit der Vorteilsausgleichung argumentiert, wenn eine Bank die Überweisung an eine Hinterlegungsstelle nicht verhindert hat und dafür ersatzpflichtig ist, überzeugt nicht, weil der Vorteil nicht auf der schädigenden Handlung selbst beruht (Rn 11).

54 Ein **Konkursverwalter**, der unter Verstoß gegen § 170 KO die **Konkursmasse** durch Zahlungen **verkürzte**, schuldete in der Weise Schadensersatz, dass ihm entsprechend § 255 BGB das Recht auf Abtretung der Bereicherungsansprüche gegen die Empfänger der Zahlungen zustand (BGH 5. 10. 1989 – IX ZR 233/87, DB 1989, 2375). Gleiches gilt für den **Insolvenzverwalter**, der sich bei der Verteilung der Insolvenzmasse schadensersatzpflichtig macht, aber auch in sonstigen Fällen einer persönlichen Haftung des Verwalters gegenüber Dritten für die Erfüllung von deren Insolvenzforderungen (zu einem prozessualen Kostenerstattungsanspruch OLG München 9. 9. 2014 – 5 U 3864/11, ZInsO 2015, 1679). Bei einer Innenhaftung des Verwalters zugunsten der Masse, etwa mit Blick auf die Folgen anfechtbarer Vermögensverschiebungen, kann der Verwalter die eigene Leistung nach § 255 BGB zurückhalten, bis ihm der Erstattungsanspruch der Masse abgetreten wird (vgl BGH 21. 1. 2016 – IX ZB 24/15, ZIP 2016, 437).

55 War ein **Rechtsanwalt** zum **Schadensersatz** verpflichtet, weil er es zu vertreten hatte, dass durch den zu spät eingezahlten Kostenvorschuss für den Scheidungsantrag der Ausschluss des Versorgungsausgleichs nicht gemäß § 1408 Abs 2 S 2 BGB aF unwirksam wurde, konnte er analog § 255 BGB vom Geschädigten verlangen, dass dieser ihm in gleicher Höhe die zeitlich korrespondierenden nachehelichen Unterhaltsansprüche abtrat, die ihm als Folge des Ausschlusses gegen den anderen Ehegatten zustanden (BGH 24. 9. 2009 – IX ZR 87/08, FamRZ 2009, 2075).

56 **Schuldet** der **Vertragspartner** einer Genossenschaft **Erfüllung** eines Kaufvertrages, ein **Dritter aber** wegen dieses Kaufvertragsabschlusses der Genossenschaft **Schadensersatz** nach §§ 34 Abs 3, 41 Abs 3 GenG, und besteht der Schaden der Genossenschaft im Risiko, Erfüllung vom Vertragspartner zu erlangen, so ist § 255 BGB auf die Schadensersatzpflicht des Dritten analog anzuwenden (RG 19. 10. 1937 – II 59/37, RG JW 1938, 516)

57 **Schuldet** ein **Darlehensnehmer Rückzahlung eines Darlehens**, der Notar aber, der die Sicherung seines Klienten, des Darlehensgebers, versäumt hat, **Schadensersatz wegen fehlender Sicherheit**, so besteht der Schaden im Liquidationsrisiko für die Darlehensrückzahlung. Der BGH hat den Notar nur Zug um Zug gegen Abtretung der Darlehensforderung zu Schadensersatz verpflichtet (BGH 22. 11. 1966 – VI ZR 49/65, NJW 1967, 930).

58 Zahlt ein **Notar** unter Verletzung eines **Treuhandvertrages** aus einem Anderkonto einen Kaufpreis aus, und löst damit weisungswidrig vorzeitig Grundpfandrechte an dem Kaufobjekt ab, so ist er, wenn der Kaufvertrag nicht zur Durchführung kommt, der finanzierenden Bank nach § 255 BGB zum Schadensersatz nur Zug um Zug gegen Abtretung der Rückzahlungsansprüche gegen den Käufer und etwaiger Bereicherungs- und Aufwendungsersatzansprüche gegen den Verkäufer verpflichtet (BGH 25. 1. 1990 – IX ZR 65/89, NJW-RR 1990, 407 m Anm Emmerich WuB/E IV A § 255 1 90).

59 Ist ein Land nach §§ 1 ff **StrEG** verpflichtet, einem freigesprochenen Inhaftierten Entschädigung zu gewähren, und haftet daneben eine Bank dem Inhaftierten wegen unberechtigter Kündigung eines Kreditvertrages mit der Folge der Eröffnung des Insolvenzverfahrens über sein Vermögen, so ist das Land nach § 255 BGB nur Zug um Zug gegen Abtretung der Forderung gegen die Bank zur Entschädigung verpflichtet (noch zur KO BGH 26. 1. 1989 – III ZR 192/87, BGHZ 106, 313 m Anm Selb EWiR

1989, 655). Der BGH lehnt eine Gesamtschuld ausdrücklich ab und bejaht eine abgestufte Verpflichtung der beiden Schuldner, wie sie sonst in vergleichbaren Fällen durch eine Legalzessionsnorm geregelt ist. Deshalb wäre eine Gesamtanalogie zu den Fällen der Legalzession auch vorzuziehen gewesen (Roth 510; MünchKomm/Oetker § 255 Rn 20).

Wer nach § 945 ZPO zum Schadensersatz verpflichtet ist, weil er eine **einstweilige Anordnung** auf Zahlung von Wohngeldvorschüssen vollstrecken lässt, die sich nachträglich als von Anfang an ungerechtfertigt erweist, kann von den Betroffenen grundsätzlich verlangen, dass ihm die Ansprüche auf Rückzahlung der Vorschüsse nach § 812 BGB samt Zinsen abgetreten werden (zu § 44 Abs 3 WEG aF BGH 20. 11. 1992 – V ZR 279/91, NJW 1993, 593) 60

Der **Leasinggeber** muss etwaige Ersatzansprüche gegen Dritte insbesondere aus § 823 Abs 1 BGB wegen der Verletzung seines Eigentums auch ohne besondere Vereinbarung dem Leasingnehmer abtreten oder sonst anrechnen, wenn er gegen diesen den leasingtypischen Ausgleichsanspruch geltend macht (BGH 8. 10. 2003 – VIII ZR 55/03, NJW 2004, 1042; OLG Düsseldorf 22. 2. 1990 – 10 U 142/89, NJW-RR 1990, 666). 61

Ein dem **Versicherten** zum Schadensersatz verpflichteter **Schiedsgutachter**, der einen Brandschaden zu niedrig eingeschätzt hat, haftet nur gegen Abtretung der Ansprüche gegen die Brandversicherung (OLG Hamm 1. 12. 1988 – 17 U 209/87, NJW-RR 1989, 681). 62

Erstattet ein Gutachter (Architekt) einer kreditgewährenden Bank **unrichtige Auskünfte** über den für die Kreditauszahlung bedeutsamen Baustand und erleidet die Bank einen Schaden in der Zwangsversteigerung, so kann sie vom Gutachter nach § 255 BGB analog nur Schadensersatz Zug um Zug gegen Abtretung des Darlehensanspruchs verlangen (OLG Köln 20. 10. 1987 – 15 U 55/87, NJW-RR 1988, 335; dazu Müssig NJW 1989, 1697, 1701). 63

Hat der Geschädigte bei einem Kfz-Unfall **Mietwagenkosten** aufgewendet, die objektiv zu hoch sind, ihm aber mangels Verletzung seiner Schadensminderungspflicht voll zu erstatten sind, können der Schädiger und seine Haftpflichtversicherung in analoger Anwendung des § 255 BGB Abtretung eventueller Schadensersatzansprüche des Geschädigten aus Vertrag oder aus § 826 BGB gegen den Autovermieter verlangen (BGH 7. 5. 1996 – VI ZR 138/95, JZ 1996, 1075; 15. 2. 1996 – I ZR 10/94, NJW 1996, 1965; zust Kirchhoff MDR 1999, 278; Schiemann JZ 1996, 1077, 1078 zweifelt am Bestehen eines abtretungsfähigen Schadensersatzanspruchs; **aA** LG Essen 14. 5. 1993 – 15 [19] O 42/93, NZV 1993, 355; Schlüszler NJW 2006, 532 zum Anspruch des Geschädigten aus einer Aufklärungspflichtverletzung des Autovermieters bei Vertragsverhandlungen). Ebenso können bei Geltendmachung überhöhter **Sachverständigenkosten** des Geschädigten gegen den Schädiger oder seine Haftpflichtversicherung diese sich etwaige Ansprüche des Geschädigten gegen den Sachverständigen analog § 255 BGB abtreten lassen (etwa OLG Naumburg 20. 1. 2006 – 4 U 49/05, NZV 2006, 548 m Anm Leinenbach; LG Saarbrücken 19. 1. 2012 – 13 S 38/12, NJW-RR 2013, 275; OLG München 12. 3. 2015 – 10 U 579/15, Schaden-Praxis 2015, 200). Dass der BGH in solchen Fällen mit Blick auf § 249 Abs 2 S 1 BGB ein Zurückbehaltungsrecht gegenüber dem Geschädigten versagt (etwa BGH 16. 9. 2008 – VI ZR 226/07, NJW-RR 2009, 130), überzeugt nicht: Dass es nicht um Wertersatz geht, sondern um 64

„Naturalrestitution mit anderen Mitteln", zwingt das nicht dazu, dem Ersatzpflichtigen das zentrale Druckmittel für die Durchsetzung der Abtretung zu nehmen. Erst recht nicht begründen ließe sich, dass schon kein Anspruch auf Abtretung besteht und der Schädiger (bzw seine Haftpflichtversicherung) sich insoweit auf den guten Willen des Geschädigten verweisen lassen müsste (id Sinne versteht den BGH Kretschmer jM 2017, 310, 314). § 255 BGB in solchen Fällen nicht anzuwenden, wäre ein Freibrief für die bei der Schadensabwicklung beteiligten Dritten.

65 Ist eine **Bank** zum Schadensersatz verpflichtet, weil sie dem Vorbehaltsverkäufer gegenüber ihre **Vertragspflicht verletzt** hat, **die Verkaufserlöse auf einem Sonderkonto zu verwahren**, so haftet sie neben dem Verkaufskommissionär, der Verkaufserlöse veruntreut hat. Der BGH hat hier eine Gesamtschuld bejaht und die Anwendung des § 255 BGB abgelehnt (BGH 29. 6. 1972 – VII ZR 190/71, BGHZ 59, 97; **aA** Häsemeyer MDR 1973, 210; vgl auch Dilcher JZ 1973, 194 ff und Rüssmann JuS 1974, 292), weil § 426 BGB als „flexiblere" Regel § 255 BGB vorgehe. Die vom Ergebnis her gedachte Entscheidung nach „Flexibilität" ist aber generell kein überzeugendes Abgrenzungskriterium zwischen § 255 BGB und der Gesamtschuld, zu fragen ist nach einem Stufenverhältnis der Haftung (Rn 13 ff), das hier mit Blick auf die Straftat des Verkaufskommissionärs zu bejahen ist.

66 Für die **Insolvenzverschleppungshaftung** des GmbH-Geschäftsführers wird die analoge Anwendung des § 255 BGB in zwei Fallgestaltungen befürwortet: (1.) Nimmt ein Insolvenzverwalter einen Geschäftsführer wegen Zahlungen, die geleistet werden, nachdem dieser einen Antrag auf Eröffnung des Insolvenzverfahrens hätte stellen müssen, nach **§ 64 GmbHG** (§ 64 Abs 2 GmbHG aF) in Anspruch, muss dieser nur gegen Abtretung des Rückgewähranspruchs aus § 143 Abs 1 S 1 InsO leisten. § 129 InsO ist teleologisch zu reduzieren, sodass auch der Geschäftsführer den abgetretenen Anspruch geltend machen kann (Glöckner JZ 1997, 625 ff, der eine Gesamtschuld ablehnt; ähnlich schon Müller ZIP 1996, 1153, 1154 f). Id Sinne hat der BGH (8. 1. 2001 – II ZR 88/99, BGHZ 146, 264; dazu Altmeppen ZIP Beilage zu Heft 22/2016, 3 ff; vgl auch BGH 9. 10. 2014 – IX ZR 140/11, KTS 2015, 179 m insoweit zust Anm Becker zu einem Fall, in dem der Insolvenzverwalter Mitglieder des Gläubigerausschusses in Haftung nimmt; **aA** Habersack/Förster ZHR 178 [2014] 387, 409, die eine Gesamtschuld sehen; wieder **anders** Bangha-Szabo KTS 2015, 165, 174 ff, der § 255 nicht anwenden und den Geschäftsführer auf eine ungesicherte Insolvenzforderung verweisen will) entschieden, dass etwaige Erstattungsansprüche der Masse entsprechend § 255 BGB Zug um Zug gegen Erfüllung des Ersatzanspruchs aus § 64 GmbHG an den Geschäftsführer abzutreten sind, wenn dieser verbotswidrig geleistete Zahlungen zu erstatten hat. (2.) Weiter sollen Neugläubiger analog § 255 BGB ihren Kontrahierungsschaden (negatives Interesse) sogleich beim nach **§ 823 Abs 2 iVm § 64 GmbHG** persönlich haftenden Geschäftsführer (dazu BGH 6. 6. 1994 – II ZR 292/91, ZIP 1994, 1103) geltend machen können, aber eben nur Zug um Zug gegen Abtretung ihrer auf das Erfüllungsinteresse gerichteten Insolvenzforderung an den Geschäftsführer (Altmeppen ZIP 1997, 1181 f, 1185; zust Meyke ZIP 1998, 1179). Dies sieht der BGH inzwischen ebenso. Die deliktische Schadensersatzpflicht des Geschäftsführers einer GmbH gegenüber Neugläubigern ist nicht um die auf diese entfallende Insolvenzquote zu kürzen (Abweichung von BGH 6. 6. 1994 – II ZR 292/91, ZIP 1994, 1103); vielmehr hat der Geschäftsführer entsprechend § 255 BGB Anspruch auf Abtretung der Insolvenzforderung des Neugläubigers gegen die Gesellschaft (BGH 5. 2. 2007 – II ZR 234/05, BGHZ 171, 46; 27. 4. 2009 – II ZR 253/07, DB 2009, 1287).

Werden **kartellrechtswidrig überhöhte Nutzungsentgelte für die Nutzung von Stromnetzen** am Markt durchgesetzt, können Stromnetzbetreiber sowohl durch ihre unmittelbaren Kunden (Netznutzer) aus Bereicherungsrecht, als auch von Endkunden (nach § 33 GWB sowie) auf Schadensersatz in Anspruch genommen werden. Der Netzbetreiber, der wirtschaftlich allein belastet sein soll und also vorrangig haftet, ist vor einer doppelten Inanspruchnahme insofern geschützt, als Endkunden ihm eventuelle Ausgleichsansprüche gegen den Netznutzer abtreten müssen, ehe sie ihre Schadensersatzansprüche gegen den Netzbetreiber durchsetzen können (BGH 22. 7. 2014 – KZR 27/13 – Stromnetznutzungsentgelt IV, NJW 2014, 3089). 67

Diskutieren lässt sich auch eine **analoge Anwendung des § 255 BGB auf andere als Schadensersatzpflichten** (Staudinger/Selb [1995] § 255 Rn 43) oder ähnliche Ersatzansprüche (vgl BGH 8. 1. 2001 – II ZR 88/99, BGHZ 146, 264 zu einem Anspruch nach § 64 GmbHG). Durch sie mutiert § 255 BGB zwar zu einer Generalregressnorm für alle Fälle einer Schuldnermehrheit, in denen im Außenverhältnis gleichrangig gehaftet wird, der Gläubiger sich also an den einen oder an den anderen Schuldner halten kann, im Innenverhältnis aber nur ein Schuldner letztlich haften soll. Dem Gerechtigkeitsgedanken der Norm (Rn 4 ff, 15) entspricht das aber durchaus. Wie stets (Rn 45) gilt auch hier, dass sich das gleiche Ergebnis auch über eine extensive Anwendung der Gesamtschuldregeln erreichen lässt. Haftet etwa der Werkbesteller neben dem Eigentümer (§§ 994 ff BGB) wegen vom Unternehmer erbrachter Werkleistungen (Verwendungen), kann man eine Gesamtschuld sehen (Furtner MDR 1962, 95, 97) oder eine analoge Anwendung des § 255 BGB befürworten (Staudinger/Selb [1995] § 255 Rn 42; Raiser JZ 1958, 681, 685). 68

Analog § 255 BGB lösen ließen sich auch Fälle, in denen der Arbeitgeber dem von einem Dritten geschädigten Arbeitnehmer **Entgeltfortzahlung** nicht nach dem EFZG, sondern etwa **nach § 616 S 1 BGB** (bspw für den einmaligen Arztbesuch) oder freiwillig leistet. Id Sinne hat der BGH früher für die (seinerzeit) gesetzlich nicht vorgeschriebene Entgeltfortzahlung für Angestellte entschieden (BGH 23. 5. 1989 – VI ZR 284/88, NJW 1989, 2062). Methodisch geht es um die Frage, ob die Analogie zu den Legalzessions-Tatbeständen (MünchKomm/Oetker § 255 Rn 20) oder zu § 255 BGB vorzugswürdig ist. Für Ersteres spricht, dass § 255 BGB mit der angesprochenen Ausdehnung jenseits der Schadensersatzansprüche (Rn 68) kaum mehr Konturen aufweist. 69

Ähnlich liegt es mit Blick auf eine analoge Anwendung des § 255 BGB in Fällen, in denen überhaupt **kein Dreipersonenverhältnis** vorliegt. Dies wird diskutiert für die sog „Zwangskauf"-Problematik, wenn der Schuldner zur Besitz-Rückgewähr einer Sache verpflichtet ist und der Eigentümer-Gläubiger nach §§ 280 Abs 1, Abs 3, 281 BGB auf Schadensersatz statt der Leistung in Höhe des Verkehrswertes der Sache übergeht. Hier soll Schadensersatz statt der Leistung nur Zug um Zug gegen Übertragung des Eigentums verlangt werden können (MünchKomm/Ernst § 281 Rn 122 ff auch zu anderen Lösungsvorschlägen; Palandt/Grüneberg § 281 Rn 4). Setzt der Eigentümer statt seines Besitzanspruches gegen den Schuldner nach fruchtlosem Ablauf der Räumungsfrist einen Schadensersatzanspruch in Höhe des Grundstückswertes durch, wäre dem Räumungsschuldner in entsprechender Anwendung des § 255 BGB ein Eigentumsübertragungsanspruch einzuräumen (OLG Brandenburg 24. 10. 2013 – 3 U 106/11 IMR 2013, 79 m zust Anm Brinkmann). Zweifelhaft ist diese Lösung vor allem, wenn 70 der Schadensersatzberechtigte Gläubiger nicht Eigentümer ist; freilich ist diese Position zur Sache dann auch im Rahmen der Schadensermittlung zu berücksichtigten (näher KOHLER NZM 2014, 729 ff).

§ 256
Verzinsung von Aufwendungen

Wer zum Ersatz von Aufwendungen verpflichtet ist, hat den aufgewendeten Betrag oder, wenn andere Gegenstände als Geld aufgewendet worden sind, den als Ersatz ihres Wertes zu zahlenden Betrag von der Zeit der Aufwendung an zu verzinsen. Sind Aufwendungen auf einen Gegenstand gemacht worden, der dem Ersatzpflichtigen herauszugeben ist, so sind Zinsen für die Zeit, für welche dem Ersatzberechtigten die Nutzungen oder die Früchte des Gegenstands ohne Vergütung verbleiben, nicht zu entrichten.

Materialien: JAKOBS/SCHUBERT, SchR I 124.

Schrifttum

BEUTHIEN, Leistung und Aufwendung im Dreiecksverhältnis – Grenzen des Handelns im Doppelinteresse, JuS 1987, 841

BÖCKEL, Die Schadensersatzpflicht des Auftraggebers gegenüber dem Beauftragten, AcP 96 (1905) 376, 397

FUCHS, Haftung für Verwendungsersatzansprüche nach erfolgtem Rücktritt im Rahmen des § 327 S 2 BGB, NJW 1960, 2177

KÖHLER, Arbeitsleistungen als Aufwendungen, JZ 1985, 359

KREMER, Die Mitbürgschaft (1902) 141

LANGE, Schadensersatz § 25 II 3

MÜLLER, Der Anspruch auf Aufwendungsersatz im Rahmen von Schuldverhältnissen, JZ 1968, 769

vPETRAZYCKI, Einkommen II 105 ff, 163

SIMON, Geltendmachung des Verwendungsanspruchs (Diss Erlangen 1897)

vTUHR, Die actio de in rem verso (1895) 39.

Vgl auch das Schrifttum bei STAUDINGER/GURSKY (2013) Vorbem zu §§ 994 ff.

Systematische Übersicht

Alphabetische Übersicht

I. Normzweck

1 Während die §§ 249–255 BGB den Inhalt der Schadensersatzpflicht allgemein regeln, geben die §§ 256–261 BGB (gleichfalls allgemein) vor, welchen **Inhalt** die dort angesprochenen Ansprüche haben. In § 256 BGB geht es um die Verpflichtung zum Ersatz von Aufwendungen. § 256 BGB setzt voraus, dass (aus einer anderen Norm) ein Aufwendungsersatzanspruch besteht, und ist Anspruchsgrundlage für die **Verzinsung** dieses Anspruchs (SOERGEL/FORSTER § 256 Rn 1; MünchKomm/KRÜGER § 256 Rn 1). Der Zinsanspruch soll dem zum Aufwendungsersatz Berechtigten einen Ausgleich dafür geben, dass er den aufgewendeten Geldbetrag oder den ihm zustehenden Wertersatz für aufgewendete Gegenstände nicht selbst nutzen konnte. § 256 BGB impliziert mithin, dass dieser Geldbetrag angelegt worden wäre und Zinsen abgeworfen hätte; der entgangene Zins wird so zum Element der Aufwendung.

II. Aufwendungsersatz

2 **Wann jemand zum Ersatz von Aufwendungen verpflichtet ist**, bestimmt nicht die Rechtsfolgenregelung in § 256 BGB. Insoweit kommt es auf die haftungsbegründende Abrede oder Norm an: Zum Ersatz von Aufwendungen kann jemand auf Grund einer **Vereinbarung** (§ 652 Abs 2 BGB) oder auf Grund **gesetzlicher Vorschrift** verpflichtet sein. Letzteres betrifft etwa § 284 BGB (Aufwendungsersatz an Stelle von Schadensersatz), § 304 BGB (Mehraufwendungen im Falle des Gläubigerverzugs), § 347 Abs 2 BGB (Verwendungen [als Sonderfall der Aufwendungen, noch Rn 4] bei Unmöglichkeit der Rückgabe einer Sache im Falle des Rücktritts), § 459 S 1 BGB (Verwendungen auf den gekauften Gegenstand beim Wiederkauf), § 526 S 2 BGB (durch Vollziehung einer Auflage verursachte Aufwendungen bei Schenkung), § 536a Abs 2 BGB (Aufwendungen bei Verzug des Vermieters bei Mängelbeseitigung), § 539 Abs 1 BGB (Ersatz sonstiger Aufwendungen des Mieters), § 555a Abs 3 S 1 BGB (Aufwendungen des Mieters infolge zu duldender Erhaltungsmaßnahmen des Vermieters), § 581 Abs 2 BGB (Pachtvertrag, verweist auf § 536a), §§ 590b, 591 BGB (notwendige und wertverbessernde Verwendungen des Pächters), § 637 Abs 3 BGB (erforderliche Aufwendungen bei Selbstvornahme der Mängelbeseitigung durch den Werkbesteller), § 670 BGB (Aufwendungen zum Zweck der Ausführung eines Auftrags), § 693 BGB (Aufwendungen des Verwahrers zum Zwecke der Verwahrung), § 970 BGB (Aufwendungen des Finders), §§ 994 ff BGB (Verwendungen des Besitzers auf eine Sache), § 1445 Abs 1 BGB (Verwendungen aus dem Gesamtgut in Vorbehalts- oder Sondergut), § 1648 BGB (Aufwendungen für das Kind bei elterlicher Sorge), § 2022 Abs 1 S 1 BGB (Verwendungen des Erbschaftsbesitzers), § 2124 Abs 2 S 2 BGB (Aufwendungen des Vorerben) sowie § 2381 BGB (Verwendungen des Erbschaftsverkäufers). Häufig ist eine Regelung durch **Verweisung**, vor allem auf

§ 670 BGB (auch mittelbar über den Verweis auf die Geschäftsführung ohne Auftrag) und die **§§ 994 ff BGB**, die damit als gesetzliche Schnittmuster des Auf- bzw Verwendungsersatzes angesehen werden können. Id Sinne verweisen auf § 670: §§ 27 Abs 3 S 1, 86 S 1 BGB (Aufwendungsersatz im Vereins- und Stiftungsrecht), § 601 Abs 2 S 1 BGB (Verwendungen des Entleihers), § 683 S 1 BGB (Aufwendungen des Geschäftsführers), § 1049 Abs 1 BGB (Verwendungen des Nießbrauchers), § 1216 S 1 BGB (Verwendungen des Pfandgläubigers), § 1629a Abs 1 S 2 BGB (Aufwendungen des volljährig Gewordenen bei Haftungsbeschränkung, Verweis auf §§ 1991 Abs 1, 1978 Abs 1 S 1, 670 BGB), § 1835 Abs 1 S 1 BGB (Aufwendungen für das Mündel), § 1978 Abs 3 BGB (Aufwendungen des Erben bei Haftungsbeschränkung), § 1991 BGB (Aufwendungen des Erben bei Unzulänglichkeitseinrede, verweist auf §§ 1978 Abs 1 S 1, 670 BGB), § 2125 Abs 1 BGB (Verwendungen des Vorerben auf die Erbschaft) und § 2218 Abs 1 BGB (Aufwendungen des Testamentsvollstreckers wie eines Beauftragten). Auf die §§ 994 ff BGB verweisen § 292 Abs 2 BGB (Verwendungen des Herausgabepflichtigen), § 850 BGB (Verwendungen auf die entzogene Sache) und § 2185 BGB (Verwendungen und Aufwendungen des mit einem Vermächtnis Beschwerten).

3 Darüber hinaus kann sich eine Verpflichtung zum Aufwendungs- oder Verwendungsersatz **in jedem Schuldverhältnis** ergeben (Müller 769 ff). Für das HGB vgl die §§ 87d, 396 Abs 2 HGB (Aufwendungen des Handelsvertreters und des Kommissionärs). Auch auf öffentlich-rechtliche Aufwendungsersatzansprüche aus Geschäftsführung ohne Auftrag gegen einen Träger öffentlicher Verwaltung ist § 256 BGB anwendbar (BVerwG 6. 9. 1988 – 4 C 5/86, NJW 1989, 922; allgemein zur Verzinslichkeit von Aufwendungen im öffentlichen Recht Friedrichs ArchBürgR 42, 34). Dabei kommt es nicht darauf an, ob es beim Aufwendungsersatz um Ansprüche oder um Abzugsposten geht, die einen anderen Anspruch mindern (Gernhuber, Schuldverhältnis § 25 II 1).

4 § 256 BGB kennt weiter **keine Definition der „Aufwendungen"**. Der Begriff wird, wie auch der Begriff der Verwendungen, vom BGB nicht bestimmt, sondern vorausgesetzt (vgl Mot III 30, 411, dazu Böckel 398). Dabei ist die **Aufwendung der weitere Tatbestand und umfasst die Verwendung als Sonderfall**. Verwendungen sind Auslagen und Kosten, die auf eine Sache oder einen Gegenstand gerichtet sind; für Aufwendungen gilt die inhaltliche Beschränkung nicht. Das BGB spricht von Verwendungen auf eine Sache und von Aufwendungen zu irgendeinem Zweck. Der Unterschied ist derselbe, den die gemeinrechtliche Wissenschaft durch *expensae* (Aufwendungen) und *impensae* (Verwendungen) im engeren Sinne bezeichnet (vgl auch Wächter I § 67). Die Reparatur eines Hauses, das Düngen eines Feldes und wegen § 995 BGB auch die Zahlung der auf einem Grundstück lastenden Abgaben (ebenso Soergel/Forster § 256 Rn 3; **aA** Staudinger/Selb [1995] § 256 Rn 3) sind also Verwendung. Eine Aufwendung, keine Verwendung, ist demgegenüber ein freiwilliges Vermögensopfer im Interesse eines anderen, das nicht einer Sache zugutekommt. Beispiel sind Kosten für die Geltendmachung oder Erhaltung eines fremden Rechts (ebenso Soergel/Wolf § 256 Rn 3).

5 Aufwendungen sind nach der üblichen Definition **freiwillige Vermögensopfer im Interesse eines anderen** (vgl Staudinger/Martinek/Omlor [2017] § 670 Rn 7; **aA** Beuthien JuS 1987, 841, 842, der auch das freiwillige Vermögensopfer im Eigeninteresse unter den Begriff Aufwendung fasst und die Interessen eines anderen erst bei der Frage des Aufwendungsersatzes

relevant werden lässt; GERNHUBER, Schuldverhältnis § 25 I 1, der darauf hinweist, dass Verwendungen des redlichen unrechtmäßigen Eigenbesitzers auch dann Aufwendungen sind, wenn dieser sie allein im eigenen Interesse vornimmt). Im Einzelfall kommen in Frage: Geldaufwendungen, Sachaufwendungen, eingegangene Verpflichtungen, übernommene Belastungen, riskierte Schäden an Gesundheit (noch Rn 9) und Vermögen, uU kann auch ein aufgezehrter Gewinn berücksichtigt werden (MünchKomm/KRÜGER § 256 Rn 10 mwNw). **Freiwillig** in diesem Sinne ist die Aufwendung, wenn sie auf einer Leistung beruht, mag ihr auch eine rechtliche Verpflichtung (zB Auftrag) oder eine sachliche Notwendigkeit zugrunde liegen. Dadurch unterscheidet sie sich vom deliktischen Zugriff durch einen Dritten (Schaden als unfreiwilliges Vermögensopfer). Nicht im Interesse eines anderen, sondern im eigenen Interesse und im Interesse des Kindes handelt etwa der Elternteil, der allein die Unterhaltspflicht gegenüber dem gemeinsamen Kind erfüllt; der familienrechtliche Ausgleichsanspruch gegen den anderen Elternteil fällt daher nicht unter § 256 BGB (BGH 26. 4. 1989 – IVb ZR 42/88, NJW 1989, 2816; MünchKomm/KRÜGER § 256 Rn 6). Insgesamt kann es für „Aufwendung" keine allgemeingültige Definition geben, die unterschiedlichen Zwecke der Aufwendungsersatz iwS anordnenden Anspruchsnormen erfordern teils unterschiedliche Auslegungen. Dazu sei auf die Erl zu den einzelnen Regeln über Aufwendungsersatz verwiesen. (Zur Unterscheidung von Aufwendung und Zufallsschaden vgl STAUDINGER/MARTINEK/OMLOR [2017] § 670 Rn 17 und unten Rn 9.)

Ob auch für den Einsatz der **eigenen Arbeitskraft** ein Aufwendungsersatzanspruch 6
besteht, richtet sich daher nach der maßgeblichen Anspruchsgrundlage (BGH 12. 10. 1972 – VII ZR 51/72, BGHZ 59, 328; KÖHLER JZ 1985, 359 ff): Bspw zielt der Auftrag auf eine gerade unentgeltliche Tätigkeit, die Arbeitsleistung des Beauftragten kann dann nicht ersatzfähige Aufwendung iS des § 670 BGB sein (ebenso SOERGEL/FORSTER § 256 Rn 9; MünchKomm/KRÜGER § 256 Rn 9; einschränkend KÖHLER JZ 1985, 359, 360, der auf den wirklichen oder mutmaßlichen Parteiwillen abstellt). Bei der entgeltlichen Geschäftsbesorgung ist die Arbeitsleistung nicht ersatzfähige Aufwendung iS der §§ 675, 670, BGB weil sie durch die Vergütung abgegolten ist. Sonst kann die Arbeitsleistung aber durchaus unter den Begriff der Aufwendung fallen, vgl etwa § 1835 Abs 3 BGB für berufsspezifische Arbeiten des Vormunds (dazu ferner DORN JZ 1964, 93, der Arbeitsleistungen im Rahmen der Geschäftsführung ohne Auftrag als Aufwendung iS der §§ 683, 670 ersetzen möchte).

Vorsorgeaufwendungen des Geschädigten vor dem Schadensereignis, die einen Scha- 7
den verhindern oder mindern sollen, fallen nicht unter § 256 BGB, da sie im eigenen Interesse getätigt werden (MünchKomm/KRÜGER § 256 Rn 6; SOERGEL/FORSTER § 256 Rn 5; die Rechtsprechung hat aber solche Vorhalte- oder Vorsorgeaufwendungen unter den zu ersetzenden Schaden gefasst, etwa BGH 10. 5. 1960 – VI ZR 35/59, NJW 1960, 1339; **kritisch** dazu MünchKomm/OETKER § 249 Rn 199 ff).

Auf den **Schadensersatz** ist § 256 BGB **nicht** anzuwenden (vgl Rn 5 zur Abgrenzung); 8
eine Verzinsungspflicht mag sich auch dort ergeben, aber eben nicht aus § 256 BGB. Werden bspw Geldzahlungen zu Unrecht (vorläufig) vollstreckt, hat § 256 BGB mit dem Schadensersatzanspruch des Vollstreckungsschuldners (§ 945 ZPO) nichts zu tun (**unrichtig** OVG Münster 17. 12. 1959 – VIII B 1186/58, JZ 1960, 545; **abl** Anm BETTERMANN JZ 1960, 545 mit dem Hinweis auf § 291).

9 Die sogenannten **Rettungsschäden** (Selbstopferung) sind zwar Aufwendungen (schon RG 7. 5. 1941 – VI 72/40, RGZ 167, 85), aber keine Schäden iS der §§ 249 ff BGB (BGH 27. 11. 1962 – VI ZR 217/61, BGHZ 38, 270; vgl zu § 670 CANARIS NJW 1963, 655 ff; zu **betrieblich veranlassten Eigenschäden** des Arbeitnehmers, die analog § 670 ersatzfähig sind, etwa BAG 10. 11. 1961 – GS 1/60, BAGE 12, 15; 11. 8. 1988 – 8 AZR 721/85, BAGE 59, 203; REICHOLD NZA 1994, 488 ff). Von „Wertersatz" kann aber keine Rede sein, wenn nicht „Gegenstände" aufgewendet werden (§ 256 BGB), sondern das Risiko der Gesundheitsbeschädigung oder gar des Todes übernommen wurde – und sich dann verwirklicht. § 256 BGB könnte allenfalls entsprechend angewendet werden, der einzusetzende „Wert" müsste materiell nach den Vorschriften der §§ 249 ff BGB bestimmt werden. Dagegen spricht, dass im Schadensersatzrecht die Verzinsung (§ 849 BGB) genau wie im Regelfall des § 256 BGB auf den Tatbestand des Verlustes oder der Beschädigung von geldwerten Sachen beschränkt ist. Maßgeblich für den Zinsanspruch des § 849 BGB ist idR der Zeitpunkt des Schadensereignisses. Neben den Zinsen kann eine Nutzungsausfallentschädigung nicht verlangt werden (BGH 24. 2. 1983 – VI ZR 191/81, BGHZ 87, 38). Das kommt in § 256 S 2 BGB nochmals in dem Gedanken zum Ausdruck, dass Zinsen die Alternative zur Nutzung sind.

10 Zum Aufwendungsersatzanspruch gehört auch anfallende **Umsatzsteuer**, wenn keine Möglichkeit zum Vorsteuerabzug besteht (OLG Düsseldorf 16. 8. 1995 – 22 U 256/93, OLGR 1996, 3; PALANDT/GRÜNEBERG § 256 Rn 2; MünchKomm/KRÜGER § 256 Rn 10).

11 § 256 BGB sagt zwar nicht explizit, ob der Aufwendungsersatz für **andere Gegenstände als Geld** in natura oder in Geld zu gewähren ist. Indes kann die Frage, ob Wertersatz oder Naturalersatz für Aufwendungen zu gewähren ist, nicht anhand der Regeln entschieden werden, die den Aufwendungsersatz anordnen (für diesen Ansatz **aber** STAUDINGER/SELB [1995] § 256 Rn 6; PALANDT/GRÜNEBERG § 256 Rn 2; MünchKomm/KRÜGER § 256 Rn 8), da diese in aller Regel zum Inhalt des Anspruchs keine Aussage treffen. § 257 BGB bildet hier für die Eingehung von Verbindlichkeiten eine Ausnahme. Ein Wahlrecht des Ersatzverpflichteten (SOERGEL/FORSTER § 256 Rn 8), ginge zulasten des Ersatzberechtigten, weil der vom diesem aufgewendete Gegenstand dem Interesse des Ersatzverpflichteten diente, für den Ersatzberechtigten aber von geringem oder keinem Interesse sein kann. Richtigerweise muss der Anspruch auf Aufwendungsersatz **grundsätzlich** auf **Geldersatz** gerichtet sein (BGH 27. 2. 1952 – II ZR 191/51, BGHZ 5, 197). Dass S 1 „den als Ersatz ihres Wertes zu zahlenden Betrag" anspricht, gibt zwar zunächst nur den Bezugspunkt der Verzinsungspflicht bei Geldersatz an, und bedeutet noch keine gesetzliche Entscheidung für den Geldersatz (**aA** LARENZ, SchuldR I § 13 I; ESSER/SCHMIDT I 1 § 13 III 1; PALANDT/GRÜNEBERG § 256 Rn 2). Die Regelung lässt aber erkennen, dass § 256 BGB auf einen umfassenden, wirtschaftlich vollwertigen Ersatz für fremdnützige Ausgaben uÄ zielt (ERMAN/ARTZ § 256 Rn 6), den der Geldersatz idR bietet. Im Einzelfall, wenn zB wegen Währungsverfalls Geldersatz zu einer Entwertung des Aufwendungsersatzanspruches führen würde, kann aber Naturalersatz (Sachersatz für Sachaufwendungen) geschuldet sein (OLG Braunschweig 14. 10. 1947 – 1 U 43/47, MDR 1948, 112; MünchKomm/KRÜGER § 256 Rn 9; BAMBERGER/ROTH/HAU/POSECK/LORENZ § 256 Rn 7; SCHREIBER Jura 1997, 443).

III. Anspruch auf Verzinsung

Nach **§ 256 BGB schließt** eine Verpflichtung zum Ersatz von Aufwendungen die **Verpflichtung zur Zinszahlung ein**. Der Zinsanspruch setzt also nicht den Verzug des Ersatzpflichtigen voraus (RG 20. 1. 1921 – VI 415/20, Recht 1921 Nr 1605). Die Verzinsung beginnt mit dem Tage der Aufwendung. Der Zinsfuß bestimmt sich nach § 246 BGB (4 %), bei beiderseitigen Handelsgeschäften nach § 352 Abs 1 S 1 HGB (5 %). Spätere Geldentwertungen oder Werterhöhungen bleiben unberücksichtigt (MünchKomm/Krüger § 256 Rn 10). Soweit Aufwendungen nur in beschränktem Umfang, insbesondere nur für den Betrag zu erstatten sind, um den der Wert des Gegenstandes erhöht ist (zB §§ 591 Abs 1 aE, 996, 2381 Abs 2 BGB), ist selbstverständlich auch die Zinsverbindlichkeit auf den zu erstattenden Betrag beschränkt (Friedrichs ArchBürgR 42, 34). Wird ein Geldbetrag aufgewendet, der aus einem Darlehen stammt, so sind die Darlehenszinsen selbst Teil des Aufwandes; § 256 BGB gilt für die Aufwendung eigener Barmittel (BVerwG 6. 9. 1988 – 4 C 5/86, NJW 1989, 922), hinter der Norm steht der – für Fremdkapital (noch) weniger zwingende – Gedanke, dass die aufgewendeten Mittel andernfalls angelegt worden wären (Rn 1). 12

Für die Frage der **Verzinsung von zu erstattenden Prozesskosten** über die späte Verzinsung nach § 104 Abs 1 S 2 ZPO hinaus ist zu unterscheiden (Soergel/Forster § 256 Rn 5): Wird ein Rechtsstreit in Ausführung eines Auftrags oder einer Geschäftsbesorgung geführt, sind die Prozesskosten Aufwendungen iS von § 670 BGB. Die ratio legis des § 256 BGB, dass der dem Berechtigten entgehende Zins mit-aufgewendet wird (Rn 1), trifft hier zu; die Prozesskosten sind daher zu verzinsen. Wird der Prozess dagegen im eigenen Interesse geführt, macht der Umstand, dass ein anderer, ein Prozessgegner, Anzeiger etc, die Ursache für den Prozess ist, die eigenen investierten Kosten nicht zu Aufwendungen im Interesse eines anderen (MünchKomm/Krüger § 256 Rn 6). Die Prozesskosten werden auf Grund des Prozessrechts, nicht aber als eine Folge einer Verpflichtung zum Ersatz von Aufwendungen geschuldet (etwa OLG München 30. 11. 2016 – 7 U 2038/16, NJW-RR 2017, 437; **abl** Salinger Recht 1922, 22). § 256 BGB setzt aber voraus, dass ein Aufwendungsersatzanspruch besteht (**aA** Tschischgale NJW 1969, 221; wohl auch LG München II 2. 5. 1963 – I Qs 79/63, NJW 1963, 1795 für die Kostenfestsetzung in Strafsachen). Auch soweit ein solcher Anspruch gegeben ist, etwa hinsichtlich der Kosten lauterkeitsrechtlicher Abmahnungen nach § 12 Abs 1 S 2 UWG, geht es bei den Kosten der Rechtsverfolgung im Eigeninteresse nicht um die fremdnützigen Aufwendungen, auf die § 267 BGB zielt (richtig LG Kiel 12. 12. 2014 – 17 O 164/14, BeckRS 2016, 3739). Im Einzelfall kann der Ersatz der Prozesskosten materiellrechtlich als Schadensersatz geschuldet sein (vgl Staudinger/Schiemann [2017] § 249 Rn 233; § 251 Rn 114), die Verzinsung kann sich dann als Verzugsfolge (§ 288 BGB) ergeben (MünchKomm/Krüger § 256 Rn 6). 13

In AGB vereinbarte nicht laufzeitabhängige Zinsen, wie etwa das in einem Zinssatz ausgedrückte Entgelt für den Einsatz von Kreditkarten im Ausland, fallen nicht unter § 256 BGB (OLG Hamburg 15. 5. 1996 – 5 U 246/95, NJW 1996, 1902). 14

Auf den Zinsanspruch ist die dreijährige **Regelverjährungsfrist** des § 195 BGB anzuwenden. Allerdings verjährt der Zinsanspruch nach § 217 BGB spätestens mit dem Aufwendungsersatzanspruch (Bamberger/Roth/Hau/Poseck/Lorenz § 256 Rn 8). 15

16 **Eine Ausnahme von der Pflicht zur Verzinsung** macht Satz 2 für den Fall, dass Aufwendungen auf einen Gegenstand gemacht wurden, der dem Ersatzberechtigten herauszugeben ist. In diesem Falle sind für die Zeit, für die dem Ersatzberechtigten die Nutzungen oder die Früchte des Gegenstandes verbleiben, keine Zinsen zu zahlen. Zinsen sind die Alternative zur Nutzung. Der Ersatzberechtigte, dem die Nutzungen des herauszugebenden Gegenstandes unentgeltlich zukommen (zB der Nießbraucher, § 1049 BGB), hat in der Regel in den von ihm kostenlos gezogenen Nutzungen und Früchten einen ausreichenden Ersatz für die Zinsen, die ihm der aufgewendete Geldbetrag gebracht hätte. Die Verzinsungspflicht entfällt auch dann, wenn der Berechtigte die Nutzungen oder Früchte schuldhaft nicht zieht (MünchKomm/Krüger § 256 Rn 12; Bamberger/Roth/Hau/Poseck/Lorenz § 256 Rn 9). Die Wertung des § 256 S 2 BGB passt aber nicht mehr, wenn der Ersatzberechtigte für die Nutzungen und Früchte eine Vergütung entrichten muss. Daher kann er für die vergütungspflichtige Zeit auch die Zinsen des aufgewendeten Betrages verlangen.

§ 257
Befreiungsanspruch

Wer berechtigt ist, Ersatz für Aufwendungen zu verlangen, die er für einen bestimmten Zweck macht, kann, wenn er für diesen Zweck eine Verbindlichkeit eingeht, Befreiung von der Verbindlichkeit verlangen. Ist die Verbindlichkeit noch nicht fällig, so kann ihm der Ersatzpflichtige, statt ihn zu befreien, Sicherheit leisten.

Materialien: E I §§ 595 Abs 3, 621 Abs 2; II §§ 601 Abs 2, 633, 1289 Abs 1 S 2, 1997 Abs 2 S 3; III § 251; Mot II 542; Prot II 366 f und 479 f; Jakobs/Schubert, SchR I 124.

Schrifttum

Bischof, Der Freistellungsanspruch, ZIP 1984, 1444

Bischoff, Der Befreiungsanspruch – materielle und prozessuale Probleme, ZZP 120 (2007) 237–251

Bittner, Die Erfüllung des arbeitsrechtlichen Freistellungsanspruchs, NZA 2002, 833

Dörr, Rechtsprobleme bei treuhänderischen Kapitalanlagemodellen, MDR 2011, 333

Gerhardt, Der Befreiungsanspruch, zugleich ein Beitrag zum arbeitsrechtlichen Freistellungsanspruch (1966)

Goebel, Kann ein unbemittelter Schadensersatzberechtigter Befreiung von Schulden verlangen, die ihm durch das schadenstiftende Ereignis entstanden sind?, DJ 1933, 707

Görmer, Die Durchsetzung von Befreiungsansprüchen im zivilprozessualen Erkenntnis- und Vollstreckungsverfahren (1992)

ders, Der Befreiungsanspruch, JuS 2009, 7

Güntner, Der Anspruch auf Befreiung von einer Verbindlichkeit (Diss München 1967)

Helm, Der arbeitsrechtliche Freistellungsanspruch, AcP 160 (1961) 134

Hilgard, Der Freistellungsanspruch beim Unternehmenskauf, BB 2016, 1218

Jagersberger, Die Verjährung von Freistellungsansprüchen, NZG 2010, 136

Kretschmer, Kann sich der Befreiungsanspruch des Bürgen in einen Zahlungsanspruch verwandeln?, NJW 1962, 141

ders, Der Schuldbefreiungsanspruch im Kon-

kurs des Befreiungsgläubigers (Diss Freiburg 1977)
LINK, Die Verjährung von Freistellungsansprüchen – Auswirkungen auf die M & A-Praxis, BB 2012, 856
MANGOLD, Worin besteht der Schaden bei auf Schuldbefreiung gerichteten Schadenersatzansprüchen?, LZ 1915, Sp 1365
MÖLLER, Die Überwindung der Haftpflichtversicherung, JW 1934, 1076
OLSHAUSEN, Zur Aufrechnung gemäß § 406 BGB gegen Geldbefreiungsansprüche nach deren Abtretung an den Drittgläubiger, AcP 182 (1982) 254
PREDIGER, Vorabausgleichungsanspruch gem § 426 Abs 1 S 1 BGB – ein Befreiungsanspruch?, NJW 1970, 126
RIMMELSPACHER, Die Durchsetzung von Befreiungsansprüchen, JR 1976, 89 ff und 183
SCHULTE, Zwangsvollstreckung aus Befreiungstiteln, NJW 1960, 902
SCHWEER/TODOROW, Freistellungsansprüche bei strittiger Hauptforderung, NJW 2013, 2072
TRINKL, Befreiungsanspruch und Aufrechnung, NJW 1968, 1077
ZEISING, Das fiduziarische Treuhandverhältnis in Personen-Publikumsgesellschaften, DZWIR 2016, 301.

Systematische Übersicht

Alphabetische Übersicht

I. Zweck der Vorschrift

1 § 257 BGB ist eine Sondervorschrift über den Inhalt der Verpflichtung zum Ersatz von Aufwendungen (allgemein § 256 Rn 4 ff) für den Fall, dass die **Aufwendung** gerade darin besteht, dass eine **Verbindlichkeit** eingegangen wurde. Der Berechtigte kann nach § 257 BGB **Befreiung** von der eingegangenen und noch nicht erfüllten Verbindlichkeit fordern.

II. Anwendungsbereich

2 Der Befreiungsgläubiger muss eine **Verbindlichkeit eingegangen** sein. Schließt der Ersatzberechtigte – zB der Besitzer nach § 994 BGB – mit einem Dritten einen Werkvertrag über die Ausbesserung einer beschädigten Sache, besteht die Aufwendung – solange der Werklohn nicht gezahlt wurde – in der Verpflichtung, den Werklohn zu zahlen. **Weitere Beispielsfälle**: Verpflichtung des Einkaufskommissionärs, den Kaufpreis an den Verkäufer zu zahlen (BGH 8. 10. 1964 – II ZR 132/64; NJW 1965, 249); Verpflichtung des Gefälligkeitsakzeptanten nach Art 28 WG (RG 24. 2. 1928 – II 420/27, RGZ 120, 205; BGH 16. 12. 1955 – I ZR 134/54, BGHZ 19, 282); uU Zahlungsverpflichtung des Bürgen, etwa einer Bank, die als Wechselbürgin gegen Avalprovision für ihren Kunden gebürgt hat, dem Gläubiger gegenüber (vCaemmerer NJW 1955, 41 ff), oder Verbindlichkeiten aus der Bürgschaft einer Schwester, die ohne eigenes wirtschaftliches Interesse ihrem Bruder zuliebe Gesellschafterin einer GmbH wird und eine Bürgschaft für alle Kreditverbindlichkeiten dieser Gesellschaft übernimmt (BGH 18. 12. 1997 – IX ZR 271/96, BGHZ 137, 329); zur Nachbesserung auf Herstellergarantie eingegangene Verbindlichkeit des Vertragshändlers (vWestphalen NJW 1980, 2227, 2234); zur Mängelbeseitigung nach § 633 Abs 3 BGB aF (§§ 634 Nr 2, 637 BGB) eingegangene Verpflichtung des Bestellers (OLG Düsseldorf 25. 6. 1968 – 21 U 27/68, NJW 1968, 2061); dingliche Haftung, die ein Dritter für den Schuldner übernimmt (BGH 17. 12. 1954 – V ZR 77/53, MDR 1955, 283; 10. 2. 1998 – XI ZR 72/97, ZIP 1998, 858); Mithaftung des Arbeitnehmers, der Geschäftsspesen über eine vom Arbeitgeber zur Verfügung gestellte Kreditkarte abwickelt (BAG 30. 4. 1975 – 5 AZR 171/74, NJW 1975, 2359); Speditionskostenverpflichtung, die der Verkäufer für den Käufer eingeht (OLG München 6. 12. 1912 – 223/12, SeuffA 68 Nr 148); Verbindlichkeiten eines Reisebüros gegenüber Dritten aus Buchungen seiner Kunden (BGH 30. 11. 1972 – VII ZR 239/71, BGHZ 60, 22); Verbindlichkeiten, die der Vergleichsverwalter zum Vergleichsvorschlag eingeht (OLG Stuttgart 14. 7. 1988 – 11 U 73/87, ZIP 1988, 1344); Haftung des Treuhandgesellschafters aus § 128 HGB (Brömmelmeyer NZG 2006, 529 ff); Anspruch des Betriebsrats gegen den Arbeitgeber aus § 40 Abs 1 BetrVG (BGH 8. 11. 2017 – VII ZB 9/15, NZA 2018, 126).

3 Das Eingehen einer Verbindlichkeit iS des § 257 BGB setzt nicht zwingend ein rechtsgeschäftliches Handeln voraus. § 257 BGB kann auch anwendbar sein, wenn der Befreiungsgläubiger mit einer **Schadensersatzpflicht** einem Dritten gegenüber belastet ist (MünchKomm/Keller[3] § 257 Rn 2; Soergel/Forster § 257 Rn 4; **aA** MünchKomm/

Krüger § 257 Rn 3). Ausdrücklich sagt das etwa § 31a Abs 2 BGB. Soweit im Rahmen des § 670 BGB auch die Belastung mit einer Schadensersatzpflicht gegenüber einem Dritten als Aufwendung anerkannt wird (vgl Staudinger/Martinek/Omlor [2017] § 670 Rn 7; Palandt/Sprau § 670 Rn 11), greift für die Befreiung von dieser Verbindlichkeit auch § 257 BGB. Das gilt etwa für den Freistellungsanspruch des nicht vorsätzlich oder grob fahrlässig handelnden Arbeitnehmers bei Schädigung eines betriebsfremden Dritten gegen seinen Arbeitgeber analog § 670 BGB (Preis, Individualarbeitsrecht 486; weiter Rn 23). Entscheidend für die Anwendung von § 257 BGB spricht in beiden Fällen die **fremdnützige Risikoübernahme**. Beschädigt oder zerstört jemand eine fremde Sache, um eine durch die Sache drohende Gefahr von einem Dritten abzuwenden, die er selbst verschuldet hat, scheitert eine Befreiung von der Schadensersatzpflicht allerdings schon daran, dass er nach § 228 S 2 BGB den Schaden wegen seines Verschuldens selbst tragen muss (Soergel/Forster § 257 Rn 4). Anwendbar ist § 257 BGB auch auf den Schadensersatzanspruch des Geschädigten, der etwa für die Reparatur seiner beschädigten Sache eine Verbindlichkeit eingeht; indes kann Befreiung nur in Höhe der ersatzfähigen Kosten verlangt werden, der Geschädigte kann den Schädiger nicht darauf verweisen, sich mit dem Drittgläubiger über die Höhe der Kosten auseinanderzusetzen (OLG Düsseldorf 5. 3. 2019 – 1 U 74/18, juris).

Auch die **Übernahme einer dinglichen Belastung**, etwa die Bestellung von Grundpfandrechten, ist Eingehung einer Verbindlichkeit iS des § 257 BGB (Bestellung einer Hypothek für eine fremde Schuld: BGH 17. 12. 1954 – V ZR 77/53, MDR 1955, 283, 285; Grundschuldbestellung: BGH 5. 4. 1989 – IVb ZR 35/88, NJW 1989, 1920; OLG Karlsruhe 29. 11. 1989 – 1 U 167/89, WM 1991, 1161). 4

Für die Anwendung des § 257 BGB ist es an sich **gleichgültig, auf welchem Rechtsgrund der Anspruch auf Aufwendungsersatz beruht**. Der Rechtsgrund des Aufwendungsersatzanspruchs kann aber Differenzierungen verlangen, insbesondere beim Zeitpunkt, zu dem die Befreiung begehrt werden kann (BGH 17. 12. 1954 – V ZR 77/53, MDR 1955, 283). Bei vertraglicher Verpflichtung zum Aufwendungsersatz kann zB über § 257 BGB hinaus eine Verpflichtung bestehen, dem Ersatzberechtigten einen Vorschuss zu gewähren, damit er die Verbindlichkeit beruhigt eingehen kann (RG 10. 12. 1900 – I 397/00, RGZ 47, 118 für den Kommissionär; BGH 2. 3. 1967 – VII ZR 215/64, BGHZ 47, 272 zur Beauftragung eines anderen Unternehmers zur Mängelbeseitigung beim Bau; vgl dazu Wussow NJW 1967, 956). Andererseits mag die vertragliche Abrede über Aufwendungsersatz Ansprüche auch erst nach Erfüllung der Verbindlichkeit durch den Schuldner gewähren: Der Anspruch auf Befreiung ist bspw im Regelfall der vertraglich übernommenen Bürgschaft ausgeschlossen. Insoweit ist § 257 BGB dispositiv. 5

Ein Anspruch auf Befreiung von einer Verbindlichkeit kann sich auch bei **Scheitern einer Ehe** ergeben. Hat ein Ehegatte die persönliche Haftung für Kredite des anderen übernommen, so kann sich ein Aufwendungsersatzanspruch nach Kündigung des Auftrags aus wichtigem Grund (§§ 670, 671 Abs 3 BGB) ergeben, der zu einem Befreiungsanspruch nach § 257 BGB führt. Weder der noch offene Zugewinnausgleich noch die Regeln über den Gesamtschuldausgleich stehen dem entgegen. Doch ist dem anderen Ehegatten entsprechend § 671 Abs 2 S 1 BGB die Möglichkeit einzuräumen, einen seinen finanziellen Möglichkeiten entsprechenden Tilgungs- bzw Umschuldungsplan zu entwickeln (BGH 5. 4. 1989 – IVb ZR 35/88, NJW 1989, 1920 m Anm Henrich EWiR 1989, 539). 6

III. Inhalt des Anspruchs

7 Der Berechtigte (Befreiungsgläubiger) kann nach § 257 BGB **Befreiung** von der eingegangenen und noch nicht erfüllten Verbindlichkeit fordern, **nicht aber den zur Tilgung** seiner Verbindlichkeit **erforderlichen Geldbetrag**. Es gilt also wie im Schadensersatzrecht (§ 249 BGB) der Grundsatz der Naturalherstellung (vgl MÖLLER 1076, 1077). Der Anspruch aus § 257 BGB entspricht dem Liberationsregress des gemeinen Rechts (vgl vTUHR, Actio de in rem verso [1895] 82 ff). Die Befreiungs- oder Freistellungsverbindlichkeit ist daher nicht von vornherein eine Geldschuld iS des § 270 BGB (vgl § 270 Rn 12; **aA** GERNHUBER, Erfüllung § 2 VII 1 a; STAUDINGER/SELB [1995] § 270 Rn 5). Dem ersatzpflichtigen Befreiungsschuldner bleibt es überlassen, auf welche Weise er die Befreiung von der Verbindlichkeit bewirken will (RG 10. 12. 1900 – I 397/00, RGZ 47, 118; BGH 8. 10. 1964 – II ZR 132/64; NJW 65, 249; OLG Hamm 23. 10. 2012 – I-4 U 134/12, 4 U 134/12, CR 2013, 247). Denkbar sind etwa eine Zahlung an den Gläubiger der Verbindlichkeit nach § 267 BGB, die befreiende Übernahme der Verbindlichkeit (§§ 414, 415 BGB), ein Aufrechnungsvertrag oder eine Hinterlegungsvereinbarung mit dem Gläubiger oder eine andere Leistung, die der Gläubiger an Erfüllungs statt annimmt (§ 364 BGB).

8 Ein **Erlassvertrag** nach § 328 BGB mit Verfügungswirkung zugunsten eines Dritten ist zwar nicht möglich (BGH 21. 6. 1994 – XI ZR 183/93, BGHZ 126, 261; GERNHUBER, Erfüllung § 16 I 12). Tritt allerdings der Befreiungsschuldner als bevollmächtigter Vertreter des Befreiungsgläubigers/Schuldners auf und schließt mit dem verfügungsberechtigten Gläubiger einen Erlassvertrag oder genehmigt der Befreiungsgläubiger nachträglich einen solchen Erlassvertrag, ist Befreiung durch Erlass möglich (STAUDINGER/RIEBLE [2017] § 397 Rn 31 f; MünchKomm/KRÜGER § 257 Rn 4; SOERGEL/FORSTER § 257 Rn 5). Möglich ist auch ein **pactum de non petendo**, in dem der Gläubiger auf die Inanspruchnahme des Befreiungsgläubigers verzichtet (RG 27. 1. 1930 – VI 267/29, RGZ 127, 126; BGH 18. 9. 1957 – V ZR 209/55, LM § 328 BGB Nr 15; 21. 6. 1994 – XI ZR 183/93, BGHZ 126, 261). Die Zahlung an den Gläubiger ist nur eine Möglichkeit der Erfüllung. Sie ist allerdings die einzige Möglichkeit, bei welcher der Befreiungsschuldner nicht auf das Einverständnis des Gläubigers angewiesen ist, um seine Befreiungsverpflichtung gegenüber dem Befreiungsgläubiger zu erfüllen. Damit wird der Befreiungsanspruch zwar nicht zum Anspruch auf Zahlung an einen Dritten. Der Dritte, dh der Gläubiger des Befreiungsgläubigers, hat es aber in der Hand, nur diesen Weg der Erfüllung der Befreiungsverpflichtung zuzulassen (vgl GÜNTNER 201 ff).

9 Hat der ersatzberechtigte Befreiungsgläubiger die Verbindlichkeit gegenüber dem Dritten selbst erfüllt, wandelt sich der Befreiungs- in einen **Zahlungsanspruch** um (RG 5. 2. 1909 – VII 186/08, RGZ 70, 257; 8. 10. 1919 – II 302/12, RGZ 80, 183; BGH 22. 1. 1954 – I ZR 34/53, BGHZ 12, 136; jurisPK-BGB/TOUSSAINT, § 257 Rn 10; nur iE ebenso MünchKomm/KRÜGER § 257 Rn 5: die Aufwendung, auf die der Aufwendungsersatzanspruch gerichtet sei, bestehe jetzt nicht mehr in der Eingehung der Verbindlichkeit, sondern in der Zahlung). Der Inhalt des Anspruchs muss stets dem Risiko oder dem bereits entstandenen Vermögensnachteil adäquat sein; er passt sich daher dem jeweiligen Stand des Risikos und seiner Verwirklichung an (GERHARDT 35; BISCHOF 1147; SOERGEL/FORSTER § 255 Rn 6). Ob der Berechtigte, wenn die Inanspruchnahme durch den Dritten mit Sicherheit zu erwarten ist, nach erfolgloser Setzung einer angemessenen Frist wie in § 281 Abs 1 BGB oder unter den Voraussetzungen des § 281 Abs 2 BGB auch schon **Zahlung** an sich

begehren kann (OLG Köln 12. 10. 2007 – 6 U 76/07, OLGR Köln 2008, 430; weitergehend OLG München 5. 10. 2010 – 20 U 1940/10, BeckRS 2010, 24643), ist zweifelhaft: Damit wird ein dem schadensrechtlichen § 250 BGB vergleichbarer Mechanismus eröffnet, den § 257 BGB für den Aufwendungsersatz gerade nicht kennt (AG Hamburg 6. 2. 2015 – 36a C 38/14, BeckRS 2015, 12311). Den mit Sicherheit zu erwartenden Zugriff des Drittgläubigers sogar ohne Fristsetzung ausreichen zu lassen (BGH 13. 11. 2014 – IX ZR 277/13, NZI 2015, 277; 19. 10. 2017 – III ZR 495/16, NJW 2018, 1873), überzeugt freilich noch weniger, weil dem Befreiungsschuldner seine Wahlmöglichkeiten (soeben Rn 7) auf Basis hypothetischer Überlegungen aus der Hand geschlagen werden, ohne dass er dies überhaupt abwenden könnte. Ganz ausnahmsweise soll der Befreiungsgläubiger auch unmittelbar Befriedigung seiner Gläubiger verlangen können (RG 28. 1. 1913 – I 395/12, RGZ 81, 250), etwa wenn er vorprozessual vergeblich versucht hat, unter Hinweis auf seinen Befreiungsanspruch ein Ablassen seiner Gläubiger zu erreichen (BGH 14. 2. 2000 – II ZR 155/98, ZIP 2000, 716 m zust Anm Pfeiffer EWiR 2001, 267).

Eine **Aufrechnung** des Befreiungsschuldners mit einer eigenen Zahlungsforderung 10
gegenüber dem Befreiungsgläubiger zwecks Erfüllung der Befreiungsverbindlichkeit scheitert mangels Gleichartigkeit der Forderungen (BGH 28. 6. 1983 – VI ZR 285/81, ZIP 1983, 1087; 5. 4. 1989 – IVb ZR 35/88, BGH NJW 1989, 1920; Soergel/Forster § 257 Rn 5; **aA** Staudinger/Selb [1995] § 257 Rn 6; BGH 11. 4. 1984 – VIII ZR 302/82, BGHZ 91, 73; Staudinger/Gursky [2016] § 387 Rn 86). Zur Umdeutung der Aufrechnung gegen und mit dem Befreiungsanspruch in ein Zurückbehaltungsrecht vgl Rn 19. Eine Aufrechnung des Befreiungsschuldners mit einer eigenen Forderung gegenüber dem Gläubiger gegen die Forderung des Gläubigers gegen den Befreiungsgläubiger scheitert an der fehlenden Wechsel- oder Gegenseitigkeit der Verpflichtungen. Zwar lässt das Gesetz in § 268 Abs 2 BGB und weiteren Bestimmungen (vgl § 268 Rn 3) die Aufrechnung eines Nichtschuldners zu. Alle diese Bestimmungen sehen aber vor, dass die Forderung des Gläubigers auf den Aufrechnenden übergeht. Im Falle eines Befreiungsanspruchs soll aber gerade der Befreiungsgläubiger durch den Befreiungsschuldner befreit werden und nicht die Forderung des Gläubigers auf den Befreiungsschuldner übergehen. Eine analoge Anwendung von § 268 Abs 2 BGB scheidet schon aus diesem Grunde aus. Möglich ist aber ein **Aufrechnungsvertrag** zwischen dem Befreiungsschuldner und dem Gläubiger, weil die Rechtsprechung im Falle einer einverständlichen Aufrechnung durch Vertrag auf das Erfordernis der Gegenseitigkeit verzichtet (BGH 27. 3. 1985 – VIII ZR 5/84, BGHZ 94, 132). In einem solchen Vertrag kann eine Forderung des Befreiungsschuldners (Ersatzverpflichteten) gegen den Gläubiger gegen eine Forderung des Gläubigers gegen den Befreiungsgläubiger (Ersatzberechtigten) aufgerechnet werden.

Der Befreiungsschuldner kann dem Befreiungsgläubiger auch nicht den Betrag zur 11
Verfügung stellen, den dieser zu seiner Befreiung benötigt, sofern der Befreiungsgläubiger dieser Schuldänderung nicht zustimmt. Einerseits leistet zwar der Befreiungsschuldner mehr als geschuldet. Andererseits riskiert aber der Befreiungsgläubiger, dass anderen Gläubigern der Zugriff auf den Geldbetrag eröffnet wird, dass zur Unzeit (BGH 30. 10. 1954 – II ZR 131/53, BGHZ 15, 154: kurz vor Währungsreform) geleistet wird, dass die Leistung ins Devisenausland sodann von ihm selbst zu bewirken ist (BGH 19. 6. 1957 – IV ZR 214/56, BGHZ 25, 1), oder dass ihm die Leistungsgefahr (Transportgefahr nach § 270 BGB) überbürdet wird. In allen diesen Fällen wird die Befreiungswirkung der Leistung gefährdet.

12 Der Befreiungsanspruch ist an die Person des Befreiungsgläubigers gebunden, der mit der Aufwendung zum Schuldner eines Dritten geworden ist. Daher kann der Befreiungsanspruch nach § 399 BGB wegen unzulässiger Inhaltsveränderung grundsätzlich weder **abgetreten** noch verpfändet oder gepfändet (§ 851 Abs 1 ZPO) werden (RG 5. 2. 1909 – VII 186/08, RGZ 70, 257; 8. 10. 1919 – II 302/12, RGZ 80, 183; BGH 22. 1. 1954 – I ZR 34/53, BGHZ 12, 136; 27. 2. 1964 – II ZR 179/62, BGHZ 41, 203). Der neue Gläubiger könnte andernfalls auch nur Freistellung des ursprünglichen Befreiungsgläubigers verlangen, nicht etwa Zahlung an sich selbst (RG 5. 2. 1909 – VII 186/08, RGZ 70, 257). Eine **Ausnahme** hiervon ist zu machen, wenn der Ersatzberechtigte (Befreiungsgläubiger) den **Anspruch** auf Befreiung von der Verbindlichkeit **an seinen (Dritt-)Gläubiger abtritt**. Praktisch wird das etwa, wenn ein Betriebsrat einen Rechtsanwalt mandatiert und seinen Befreiungsanspruch gegen den Arbeitgeber aus § 40 Abs 1 BetrVG an den Anwalt abtritt (dazu nur BAG 13. 5. 1998 – 7 ABR 65/96, NZA 1998, 900). Zwar wandelt sich auch hier der Anspruch auf Befreiung von der Verbindlichkeit in einen Anspruch auf Zahlung gegen den Befreiungsschuldner um, so als sei bereits erfüllt worden (RG 5. 2. 1909 – VII 186/08, RGZ 70, 257; BGH 22. 1. 1954 – I ZR 34/53, BGHZ 12, 136; 20. 3. 1978 – II ZR 19/76, BGHZ 71, 167; 19. 10. 2017 – III ZR 495/16, NJW 2018, 1873; Gerhardt 78 ff; Bischof 1448 mwNw). Diese Abtretung unter Inhaltsänderung ist aber ausnahmsweise zuzulassen, weil der (Haupt-)Gläubiger ein eigenes Interesse hat, die Befriedigung der Forderung herbeizuführen und die Abtretung der Abkürzung im Dreiecksverhältnis dient. Wird der Anspruch vom (Haupt-)Gläubiger wieder an den Befreiungsgläubiger zurückübertragen, so wandelt sich der abgetretene Anspruch wieder in einen Befreiungsanspruch um (Dörr MDR 2011, 333, 334). Die Abtretung des im Verhältnis von (Haupt-)Gläubiger zu Befreiungsschuldner auf Zahlung gerichteten Befreiungsanspruchs an einen Vierten scheidet aus. Die gleichen Überlegungen sprechen für eine Ausnahme von der Unpfändbarkeit des Befreiungsanspruchs, wenn die Pfändung gerade für den Gläubiger erfolgt, dessen Forderungen durch Drittschuldnerleistung getilgt werden soll (BGH 16. 9. 1993 – IX ZR 255/92, ZIP 1993, 1656; 8. 11. 2017 – VII ZB 9/15, NZA 2018, 126). Der Erwerb eines bereits titulierten Befreiungsanspruchs durch den (Haupt-)Gläubiger führt jedoch nicht zur Anwendung des § 727 ZPO. Zwar wandelt sich der titulierte Befreiungsanspruch durch die Pfändung in der Hand des Hauptgläubigers in einen Zahlungsanspruch um; § 727 ZPO gilt aber nur für die Personennachfolge, nicht für eine Titeländerung. Der Hauptgläubiger muss daher einen Zahlungstitel erwirken (Bischof 1448).

13 Obgleich der Befreiungsanspruch kein Schadensersatzanspruch ist, können die Grundsätze der **Vorteilsausgleichung** auf ihn angewendet werden (BGH 17. 12. 1954 – V ZR 77/53, MDR 1955, 283, 286). Drittleistungen auf die Schuld sind deshalb daraufhin zu untersuchen, ob sie dem Befreiungsgläubiger oder dem Befreiungsschuldner zugutekommen sollen.

14 Da es dem Ersatzpflichtigen überlassen bleibt, auf welche Weise er die Befreiung bewirken will (Rn 7 ff), hat der **Klageantrag** des Ersatzberechtigten lediglich auf Verurteilung zur Befreiung von der Verbindlichkeit zu lauten. Ein gemäß solchem Klageantrag ergehendes **Urteil wird nach § 887 ZPO durch Ersatzvornahme vollstreckt** (RG 20. 1. 1936 – VI 345/35, RGZ 150, 77; BGH 19. 6. 1957 – IV ZR 214/56, BGHZ 25, 1. Zur Diskussion um die Anwendung der §§ 887 oder 803 ZPO vgl Gerhardt 14 f und Bischof 1445 mit Nachw Fn 13 f). Auch nach einer Anordnung nach § 887 Abs 2 ZPO auf Vorschusszahlung für die Ablösung der Schuld kann der Befreiungsschuldner noch

eine andere Form der Ablösung wählen (RG 27. 1. 1922 – VII 481/21, RGZ 104, 15; KG 17. 7. 1970 – 1 W 6313/70, MDR 1970, 1018; die vom KG genannte „Verrechnung" mit einem Anspruch gegen den Drittgläubiger kann aber nur im Wege eines Aufrechnungsvertrages erfolgen, vgl Rn 10) und die erfolgreiche Befreiung im Wege der Vollstreckungsabwehrklage geltend machen. Ebenso kann er nach einer Anordnung zur Sicherheitsleistung nach § 887 Abs 1 ZPO noch eine andere Form der Sicherheit nach § 257 S 2 BGB wählen.

Befreiung von einer Verbindlichkeit kann **auch** verlangen, **wer** durch diese wegen seiner schlechten Vermögenslage **wirtschaftlich nicht belastet ist**. Das gilt allgemein, etwa auch bei einem auf Befreiung gerichteten Schadensersatzanspruch (BGH 24. 11. 1975 – II ZR 53/74, BGHZ 66, 1 [zum arbeitsrechtlichen Freistellungsanspruch]. Die Belastung mit der Verbindlichkeit bleibt auch in diesem Fall materieller Schaden und mutiert nicht zum bloß ideellen. Dass der Drittgläubiger überhaupt erst infolge des Befreiungsanspruchs Befriedigung erlangt, die er sonst vom mittellosen Befreiungsgläubiger nicht erlangt hätte, ist unbedenklich: Der Drittgläubiger hätte – bis zur Grenze des Pfändungsschutzes – auch in alle anderen Ansprüche seines Schuldners vollstrecken können, eine Ausnahme für Befreiungsansprüche ist nicht zu begründen. 15

Wird der **Gläubiger des Befreiungsanspruches insolvent**, so verwandelt sich der Befreiungsanspruch grundsätzlich in einen Anspruch auf Zahlung in voller Höhe der zu tilgenden Schuld an die Insolvenzmasse (RG 21. 6. 1918 – VII 140/18, RGZ 93, 209; 2. 2. 1933 – VI 346/32, RGZ 139, 315; BGH 22. 9. 1971 – VIII ZR 38/70, BGHZ 57, 78; 22. 9. 1971 – VIII ZR 38/70, BGHZ 57, 78; bestätigt BGH 16. 9. 1993 – IX ZR 255/92, NJW 1994, 49; weiter Gerhardt 100 ff, 110; MünchKomm/Krüger § 257 Rn 11; **aM** Staudinger/Gursky [2016] § 387 Rn 86; Gursky KTS 1973, 27; Kretschmer, Der Schuldbefreiungsanspruch 37 ff, 62). Jede andere Lösung müsste dem Dritten, also dem Gläubiger des Insolvenzschuldners/Befreiungsgläubigers, ein Insolvenzvorrecht gewähren, würde also der Masse zulasten der Gläubigergesamtheit Mittel entziehen. Nur in der **Insolvenz des Versicherungsnehmers** kann der Dritte/Geschädigte abgesonderte Befriedigung aus dem Freistellungsanspruch des Versicherungsnehmers gegen den Haftpflichtversicherer verlangen (§ 110 VVG). Die Folge der Umwandlung des Befreiungsanspruchs, dass der Gläubiger des Anspruchs, von dem der Gemeinschuldner zu befreien war, infolge der Insolvenz nur eine Forderung auf die Insolvenzquote hat, während der Schuldner der Befreiungsverbindlichkeit den vollen Betrag an die Insolvenzmasse zahlen muss, ist hinzunehmen (BGH 16. 9. 1993 – IX ZR 255/92, NJW 1994, 49, 51). Die Umwandlung des Befreiungs- in einen Zahlungsanspruch in der Insolvenz des Befreiungsgläubigers darf aber dann nicht eintreten, wenn Befreiungsgläubiger und Befreiungsschuldner Gesamtschuldner des Gläubigers sind, der Befreiungsschuldner also unmittelbar gemäß § 43 InsO (§ 68 KO aF) auch dem Gläubiger haftet. Andernfalls bestünde das Risiko, dass der Befreiungsschuldner doppelt in Anspruch genommen wird, nämlich vom Insolvenzverwalter und vom Gläubiger, soweit dieser aus der Masse nicht befriedigt wurde (BGH 16. 9. 1993 – IX ZR 255/92, NJW 1994, 49; KG Berlin 20. 8. 2012 – 22 W 37/12, ZInsO 2012, 1616; OLG Hamburg 25. 2. 1994 – 11 U 208/93, NJW-RR 1995, 673; LG Kleve 5. 5. 2010 – 2 O 443/09, RNotZ 2010, 651 m Anm Leitzen; MünchKomm/Krüger § 257 Rn 11). 16

In der **Insolvenz des Befreiungsschuldners** gilt demgegenüber § 45 InsO, der § 69 KO entspricht (MünchKomm/Krüger § 257 Rn 11): Der Befreiungsanspruch wird kapitalisiert und nimmt als Insolvenzforderung (auf Zahlung) am Verfahren teil. 17

18 Die **Aufrechnung** mit einem und gegen einen Befreiungsanspruch ist grundsätzlich ausgeschlossen (Rn 10). Der Befreiungsgläubiger könnte sonst damit die Zahlung erzwingen, die ihm nicht zusteht. Anderes gilt wiederum in der **Insolvenz** des Befreiungsgläubigers: Da sich der Befreiungsanspruch hier in einen Anspruch auf Zahlung in voller Höhe der zu tilgenden Schuld an die Insolvenzmasse wandelt (vgl Rn 16), kann der Insolvenzverwalter mit diesem aufrechnen. Dagegen kann ein Insolvenzgläubiger mit einem Befreiungsanspruch in der Insolvenz des Befreiungsschuldners nicht aufrechnen (§ 95 Abs 1 S 1 und 2 InsO).

19 Ein fälliger Befreiungsanspruch kann ein **Zurückbehaltungsrecht** des Befreiungsgläubigers nach § 273 BGB gegen einen Zahlungsanspruch seines Gläubigers/Befreiungsschuldners begründen (BGH 5. 3. 1981 – III ZR 115/80, NJW 1981, 1666 zur Gesamtschuld; 11. 4. 1984 – VIII ZR 302/82, BGHZ 91, 73 zu einem vertraglichen Befreiungsanspruch; 3. 5. 1999 – II ZR 32/98, NJW 1999, 2438 zum Befreiungsanspruch aus § 738 BGB; Bischof 1446 f). Umgekehrt kann der Befreiungsschuldner ein Zurückbehaltungsrecht aus seinem fälligen Zahlungsanspruch gegen den Befreiungsgläubiger geltend machen, wenn Konnexität zu bejahen ist. Eine unzulässigerweise (oben Rn 10) erklärte Aufrechnung kann dementsprechend **umgedeutet** werden (BGH 28. 6. 1983 – VI ZR 285/81, NJW 1983, 2438). In Betracht kommt auch ein Zurückbehaltungsrecht aus dem fälligen Befreiungsanspruch gegen einen anderen Befreiungsanspruch, so etwa bei wechselseitigen Befreiungsansprüchen gegenüber Dritten aus einer gescheiterten Ehe (BGH 5. 4. 1989 – IVb ZR 35/88, NJW 1989, 1920).

20 **Solange** die eingegangene **Verbindlichkeit noch nicht fällig** ist, kann der Ersatzpflichtige nach S 2 statt der Befreiung von der Verbindlichkeit **Sicherheit** leisten. Das Gesetz setzt in § 257 S 2 BGB die sofortige Fälligkeit (§ 271 BGB) des Befreiungsanspruchs auch bei erst künftiger Fälligkeit der Drittforderung voraus, ohne die Fälligkeit des Befreiungsanspruchs in § 257 BGB selbst zu regeln (MünchKomm/Krüger § 257 Rn 8). Notwendig, aber auch ausreichend ist für die Fälligkeit des Befreiungsanspruchs mithin, dass die Verbindlichkeit, von der der Befreiungsgläubiger zu befreien ist, eingegangen wurde (BGH 4. 5. 2017 – I ZR 113/16, MDR 2017, 1314). Der Ersatzpflichtige soll nicht gezwungen werden, die noch nicht fällige Verpflichtung vorzeitig zu tilgen. Der Ersatzberechtigte hat gleichwohl auch hier ein Interesse an der sofortigen Entlastung vom Risiko der Inanspruchnahme. Daher kann auch bei noch nicht fälliger Hauptschuld schon in Form der Leistungsklage auf Freistellung geklagt werden (Bischof 1448). Die Sicherheit ist nach den §§ 232 ff BGB zu leisten. Sie muss dem Ersatzberechtigten geleistet werden, nicht etwa seinem Gläubiger, demgegenüber er die Verbindlichkeit eingegangen ist. Ist die Verbindlichkeit einmal fällig geworden, so kann der Ersatzpflicht nur durch Befreiung von der Verbindlichkeit genügt werden. Wird sie nach der Sicherheitsleistung fällig, entsteht damit der Befreiungsanspruch (RG 22. 9. 1904 – VI 542/03, RGZ 59, 10); der Befreiungsschuldner hat zu befreien, kann den Befreiungsgläubiger also nicht etwa auf die Sicherheitsleistung verweisen. Die Sicherheitsleistung ist keine (endgültige) Ersetzungsbefugnis, sondern wendet den Zugriff des Befreiungsgläubigers nur vorläufig ab (Gerhardt 17 ff; Hahn, Die zivilrechtliche Ersetzungsbefugnis [2011] 251; MünchKomm/Krüger § 257 Rn 15: zeitlich beschränkte facultas alternativa); vgl § 262 Rn 12.

21 Für den Befreiungsanspruch gilt die regelmäßige **Verjährungsfrist** des § 195 BGB. Daran ändert sich durch die Umwandlung des Befreiungsanspruchs in einen Erstat-

tungsanspruch nichts. Seit die regelmäßige Verjährungsfrist durch das Schuldrechtsmodernisierungsgesetz auf 3 Jahre verkürzt wurde, stellt der BGH hinsichtlich des **Verjährungsbeginns** (§ 199 Abs 1 Nr 1 BGB) des Befreiungsanspruchs nicht (mehr) auf den Schluss des Jahres ab, in dem der Freistellungsanspruch fällig geworden ist, sondern auf den Schluss des Jahres, in dem die Drittforderung, von der zu befreien ist, fällig wird (BGH 5. 5. 2010 – III ZR 209/09, BGHZ 185, 310; 22. 3. 2011 – II ZR 224/08, BB 2011, 1807; 4. 5. 2017 – I ZR 113/16, MDR 2017, 1314; **abl** Zeising DZWIR 2016, 301, 312, der keinen Korrekturbedarf sieht). Diese Rechtsfortbildung schützt den Befreiungsgläubiger, der seinen Befreiungsanspruch nicht soll verlieren können, ehe seine Verbindlichkeit fällig wird. Das ist schon deshalb richtig, weil so vermieden werden kann, dass Befreiungsgläubiger ihren Anspruch mit Blick auf die Verjährung zu einem Zeitpunkt geltend machen, in dem (zumindest noch) keine wirtschaftliche Notwendigkeit dazu erkennbar ist (BGH 19. 10. 2017 – III ZR 495/16, NJW 2018, 1873). Hat sich der Befreiungsanspruch in einen Zahlungsanspruch umgewandelt (Rn 9 ff), entfällt diese Unsicherheit; konsequent muss die Verjährung mit Schluss des Jahres beginnen, in dem die Umwandlung erfolgt (BGH 19. 10. 2017 – III ZR 495/16, NJW 2018, 1873).

Hat der Befreiungsschuldner es versäumt, den Befreiungsgläubiger rechtzeitig frei- 22
zustellen und ist diesem hierdurch eine weitere Schuld entstanden, so ist der Befreiungsschuldner nach den Regeln des **Schuldnerverzugs** zum Ersatz dieses Verzögerungsschadens verpflichtet (OLG Saarbrücken 31. 3. 2004 – 5 U 527/02, OLGR Saarbrücken 2004, 546). Auch die wegen des Verzugs (mit der Befreiung von einer Verbindlichkeit) dem Befreiungsgläubiger aus einer Klage seines Gläubigers entstandenen Prozesskosten sind als Verzögerungsschaden zu ersetzen (LG Hannover 18. 1. 1952 – 9 S 569/50, VRS 4, 84). Zahlt der Gläubiger des Befreiungsanspruchs selbst an seinen Gläubiger oder tritt er den Anspruch auf Befreiung von der Verbindlichkeit an seinen Gläubiger ab (Rn 12), wandelt sich der Befreiungsanspruch in einen Zahlungsanspruch um. War der Befreiungsschuldner mit der Erfüllung des Befreiungsanspruchs nach § 286 Abs 1 oder 2 BGB bereits in Verzug, ist fraglich, ob mit der Umwandlung des Befreiungs- in einen Zahlungsanspruch (zB durch Insolvenz des Befreiungsgläubigers, Abtretung des Anspruchs an den Gläubiger) dann auch automatisch Verzug des Geldersatzanspruchs eintritt, mit der Folge, dass ab dem Zeitpunkt der Umwandlung Zinsen nach § 288 BGB zu entrichten sind. Gegen den automatischen Verzugseintritt spricht, dass der Befreiungsschuldner bei Nichterfüllung seiner Verbindlichkeit Gefahr läuft, Verzugszinsen für eine Geldforderung zahlen zu müssen, für deren Begleichung keine Zeit nach dem Kalender bestimmt ist und für die er weder eine Mahnung nach § 286 Abs 1 BGB noch eine Zahlungsaufforderung nach § 286 Abs 3 BGB, also keine der für die drohende Zinszahlungspflicht typischen Warnungen, erhalten hat (Staudinger/Feldmann § 286 Rn 28, 69).

IV. Sonstige gesetzliche und vertragliche Befreiungs-/Freistellungsansprüche

Eine **Pflicht zur Befreiung** von einer Verbindlichkeit kann sich nicht nur bei **einer** 23
Verpflichtung zum Aufwendungsersatz aus § 257 BGB, sondern auch auf Grund anderer vertraglicher oder gesetzlicher Rechtsgrundlagen ergeben. Im Falle einer vertraglichen Vereinbarung sprechen die Parteien meist von Freistellung (dazu etwa Hilgard BB 2016, 1218 ff) statt von Befreiung. Soweit sich der Befreiungsanspruch aus anderen Rechtsgrundlagen ergibt, ist für die Anwendung von § 257 S 1 BGB kein Raum (zust MünchKomm/Krüger § 257 Rn 2; ebenso Soergel/Forster § 257 Rn 2), sie wäre

tautologisch. Der **Inhalt** der Befreiungspflicht, von welcher Verpflichtung also zu befreien ist, ergibt sich hier aus dem speziellen Schuldverhältnis, zB aus einer Haftpflichtversicherung (vgl Eichler, Versicherungsrecht [1966] 270 ff; Buechner, Zur Theorie der obligatorischen Haftpflichtversicherungen [1970] 5 ff), aus der vertraglichen oder gesetzlich angeordneten (§ 415 Abs 3 BGB) Erfüllungsübernahme iS des § 329 BGB, aus einer Analogie zu § 670 BGB bei Schädigung eines Dritten durch den Arbeitnehmer (mit zweifelhafter Argumentation aus der „Fürsorgepflicht" des Arbeitgebers: BAG 23. 6. 1988 – 8 AZR 300/85, AP Nr 94 zu § 611 BGB Haftung des Arbeitnehmers; 25. 6. 2009 – 8 AZR 236/08, AP Nr 40 zu § 70 BAT), aus § 249 BGB, aus einem Testament, aus § 738 BGB (dazu BGH 14. 2. 2000 – II ZR 155/98, ZIP 2000, 716); aus § 775 BGB (Knütel, Probleme des Bürgenregresses JR 1985, 6 ff; zur vergleichbaren Kreditabsicherung durch einen GmbH-Gesellschafter BGH 9. 10. 1986 – II ZR 58/86, NJW 1987, 1080), aus einem Vertrag über die Zuordnung von Erschließungsbeiträgen (BGH 12. 6. 1992 – V ZR 106/91, NJW 1992, 2817) oder aus Scheidungsvereinbarungen mit Abreden über die Unterhaltspflicht gegenüber Kindern (KG 3. 5. 1974 – 18 U 274/74, FamRZ 1974, 449; weitere Fälle bei Bischof 1452 f. Zu Ansprüchen aus Delikt oder Vertragsverletzung, die auf Befreiung von einer Unterhaltsverpflichtung lauten [Fälle fehlgeschlagener Sterilisation] vgl Rimmelspacher 89 ff und 193 ff; Bischof 1449 f). Die vertragliche Freistellungsverpflichtung umfasst auch die Verpflichtung, unbegründete Ansprüche Dritter vom Freistellungsberechtigten abzuwehren (BGH 19. 4. 2002 – V ZR 3/01, WM 2002, 1358).

24 Der Ausgleichsanspruch des **Gesamtschuldners** nach § 426 Abs 1 S 1 BGB entsteht nicht erst mit der Befriedigung des Gläubigers, sondern als Befreiungsanspruch bereits mit der Entstehung der Gesamtschuldverhältnisses und ist zunächst darauf gerichtet, dass der andere Gesamtschuldner seinem Anteil entsprechend zur Befriedigung des Gläubigers beiträgt, also bei Fälligkeit der Schuld einen seinem Anteil entsprechenden Betrag an den Gläubiger zahlt und dadurch einen Rückgriff überflüssig macht (BGH 10. 12. 2002 – X ARZ 208/02, BGHZ 153, 173). Dieser Befreiungsanspruch umfasst nach Auffassung des BGH ebenso wie die vertragliche Freistellungsverpflichtung auch die Verpflichtung, unbegründete Ansprüche vom Freistellungsgläubiger abzuwehren (BGH 15. 10. 2007 – II ZR 136/06, JZ 2008, 362). Das ist schon deshalb zweifelhaft, weil ohne einen Anspruch des Gläubigers gar kein Gesamtschuldverhältnis besteht, sodass sich die Freistellungsverpflichtung im Fall der unberechtigten Inanspruchnahme allenfalls aus einem anderen Rechtsgrund ergeben könnte (Schweer/Todorow NJW 2013, 2072, 2075). Zur Fälligkeit dieses Befreiungsanspruchs noch Rn 27.

25 Der gesetzliche Befreiungsanspruch nach § 257 BGB als Folge eines vertraglichen Aufwendungsersatzanspruchs und ein vertraglicher Befreiungs- oder Freistellungsanspruch sind **funktionsäquivalent**, wie § 652 Abs 2 BGB zeigt. Nach dieser Vorschrift sind Aufwendungen dem Makler nur zu ersetzen, wenn dies vereinbart ist. Der Aufwendungsersatzanspruch des Maklers beruht also stets auf einer Vereinbarung. Liegt eine solche Vereinbarung über den Ersatz von Aufwendungen vor und ist der Makler zum Zwecke seiner Maklertätigkeit eine Verbindlichkeit eingegangen, besteht nach § 257 BGB ein **gesetzlicher Befreiungsanspruch**. Vereinbaren Makler und Interessent dagegen unmittelbar, dass der Interessent den Makler von bestimmten Verbindlichkeiten, die der Makler in Ausführung seiner Maklertätigkeit eingeht, freizustellen hat, ist das ein **vertraglicher Freistellungsanspruch**. Diese Funktionsäquivalenz zeigt, dass die Befreiungs- oder Freistellungsverpflichtung in allen

Fällen gesetzlicher und vertraglicher Befreiungsansprüche strukturell den gleichen Inhalt haben muss. Das betrifft etwa Erfüllungsmodalitäten, insbesondere die Umwandlung in einen Zahlungsanspruch (Rn 7 ff); hier kann für andere gesetzliche oder vertragliche Befreiungsansprüche nichts anderes als für § 257 BGB gelten, soweit sich nicht aus besonderen gesetzlichen Regelungen oder vertraglichen Absprachen ausnahmsweise ein anderer Inhalt und Umfang der Befreiungspflicht ergibt.

Daher kommt auch eine Analogie zu § 257 S 2 BGB (Möglichkeit zur Sicherheitsleistung bei aufgeschobener Fälligkeit der Verbindlichkeit) – vorbehaltlich anderer gesetzlicher oder vertraglicher Regelungen – in Betracht (Bischof 1449; Soergel/Forster § 257 Rn 2; MünchKomm/Krüger § 257 Rn 2, 16). Zur Anwendung der Bestimmung im öffentlichen Recht vgl Friedrichs ArchBürgR 42, 34; zur Anwendung auf Befreiungsansprüche im Rahmen der prozessualen Kostenerstattung etwa LSG Berlin-Brandenburg 24. 10. 2018 – L 32 AS 523/18 NZB, juris. 26

Problematisch ist die **Fälligkeit eines vertraglichen Befreiungs- oder Freistellungsanspruchs**. Während § 257 S 2 BGB die sofortige Fälligkeit des Befreiungsanspruchs auch bei erst künftiger Fälligkeit der Drittforderung voraussetzt (BGH 12. 11. 2009 – III ZR 113/09, NZG 2010, 192), ist dies im Falle eines vertraglichen Befreiungsanspruchs nicht ohne weiteres anzunehmen (BGH 20. 7. 2006 – IX ZR 44/05, NJW-RR 2006, 1718 zum Sicherungs[schuld]beitritt mit Bespr Piekenbrock NZI 2007, 348). Solange der Dritte den Befreiungsgläubiger, zB den Gläubiger eines Freistellungsanspruchs in einem Unternehmenskaufvertrag, nicht in Anspruch nimmt oder zumindest in Anspruch zu nehmen droht, ist uU ungewiss, ob der Anspruch, von dem freizustellen ist, überhaupt und wenn ja in welcher Höhe entstehen wird. In dieser Lage wäre es unsinnig, die sofortige Fälligkeit des Befreiungsanspruchs anzunehmen, es sei denn die Parteien wollten bewusst über die sofortige Fälligkeit und einen hieran geknüpften Verjährungsbeginn eine zeitliche Haftungsbegrenzung des Freistellungsschuldners erreichen. Die den jeweiligen Umständen angemessene Regelung der Fälligkeits- und Verjährungsfrage muss bei vertraglichen Befreiungsansprüchen, soweit diese sich auf künftige oder ungewisse, jedenfalls aber noch nicht fällige Forderungen beziehen, der Disposition der Parteien überlassen bleiben. Id Sinne hat der BGH entschieden, dass sich die Fälligkeit eines vertraglichen Freistellungsanspruchs und eines solchen aus einem Gesamtschuldverhältnis nach den Umständen richte, insbesondere nach den Vereinbarungen der Beteiligten (BGH 11. 4. 1984 – VIII ZR 302/82, BGHZ 91, 73; 20. 7. 2006 – IX ZR 44/05 ZIP 2006, 1591). Für eine angemessene vertragliche Risikoverteilung sind daher Fälligkeit, Verjährungsbeginn und -dauer des vertraglichen Freistellungsanspruchs durch Parteivereinbarung zu regeln (näher Link BB 2012, 856, 858 ff; Jagersberger NZG 2010, 136, 138). Ist dies unterblieben, ist regelmäßig davon auszugehen, dass der Befreiungsanspruch des Gesamtschuldners und der vertragliche Freistellungsanspruch fällig werden sollen, sobald der Freistellungsgläubiger berechtigt oder unberechtigt in Anspruch genommen wird oder eine solche Inanspruchnahme konkret droht. Ist den Umständen des Falles auch diese Lösung der Fälligkeitsfrage nicht zu entnehmen, ist nach § 271 Abs 1 BGB freilich von der sofortigen Fälligkeit des Befreiungsanspruchs auszugehen (BGH 11. 4. 1984 – VIII ZR 302/82, BGHZ 91, 73; Keller JR 1985, 64). Mit der neueren Rechtsprechung des BGH zu § 257 BGB ist für den Verjährungsbeginn jedoch auf den Schluss des Jahres abzustellen, in dem die Drittforderung fällig wird, von der freigestellt werden soll (BGH 5. 5. 2010 – III ZR 209/09, BGHZ 185, 310; 22. 3. 2011 – II ZR 224/08, BB 2011, 1807). Geht man 27 davon aus, dass diese Befreiungsverpflichtungen auch dazu anhalten, unbegründete Ansprüche Dritter vom Freistellungsberechtigten abzuwehren (BGH 19. 4. 2002 – V ZR 3/01, NJW 2002, 2382; 15. 10. 2007 – II ZR 136/06, JZ 2008, 362; bereits Rn 23 f), kann insoweit die Fälligkeit des Befreiungsanspruchs nicht von der Fälligkeit des Anspruchs des Gläubigers abhängen (**so aber** BGH 7. 11. 1985 – III ZR 142/84, NJW 1986, 978; STAUDINGER/LOOSCHELDERS [2017] § 426 Rn 98; CRANSHAW jurisPR-InsR 13/2007 Anm 1), sondern nur von der hypothetisch eintretenden Fälligkeit, wäre die Forderung berechtigt.

28 Von einer vertraglichen Freistellungsverpflichtung ist eine sogenannte **harte Patronatserklärung** gegenüber einem abhängigen Unternehmen zu unterscheiden. Hier schuldet der Patron dem abhängigen Unternehmen nicht Freistellung von einer Verbindlichkeit, sondern ist verpflichtet, das abhängige Unternehmen mit ausreichender Liquidität auszustatten und damit die Erfüllung der durch die Patronatserklärung gesicherten Forderungen der Gläubiger gegen das abhängige Unternehmen zu ermöglichen (zu den verschiedenen Formen harter Patronatserklärungen: HABERSACK ZIP 1996, 257 ff).

§ 258
Wegnahmerecht

Wer berechtigt ist, von einer Sache, die er einem anderen herauszugeben hat, eine Einrichtung wegzunehmen, hat im Falle der Wegnahme die Sache auf seine Kosten in den vorigen Stand zu setzen. Erlangt der andere den Besitz der Sache, so ist er verpflichtet, die Wegnahme der Einrichtung zu gestatten; er kann die Gestattung verweigern, bis ihm für den mit der Wegnahme verbundenen Schaden Sicherheit geleistet wird.

Materialien: E I §§ 479 Abs 3, 514 Abs 2, 533 Abs 2, 936 Abs 3, 1010 Abs 1, 1815; II §§ 435 Abs 2, 491 Abs 2 S 2, 3, 541 Abs 2 S 1, 910 Abs 1 S 2, 959 S 3, 1125, 1989 S 3; III § 251; JAKOBS/SCHUBERT, SchR I 126.

Schrifttum

BAUR/WOLF, Bereicherungsansprüche bei irrtümlicher Leistung auf fremde Schuld – Das Wegnahmerecht des Nichtbesitzers, JuS 1966, 393, 398

BEIL/WÜSTENBERG, Das Wegnahmerecht bei Rechtsverlust durch Verbindung, JuS 2019, 205

BREETZKE, Der Bau auf dem Mietgrundstück als Verwendung, NJW 1954, 171

BRINKMANN, Das Wegnahmerecht des Mieters, Rechtswissenschaftliche Studien 19 (1922)

KLEIN, Zu BGB § 258, JW 1902, 646

RUGE, Das Wegnahmerecht (jus tollendi) (1905)

WEIMAR, Zweifelsfragen zum Wegnahmerecht des Mieters in den weißen Kreisen, NJW 1965, 1164

ders, Wegnahmerecht des Mieters von Geschäftsräumen, DB 1971, 1756.

Systematische Übersicht

Alphabetische Übersicht

I. Normzweck und Anwendungsbereich

1 § 258 BGB regelt den **Inhalt des Wegnahmerechts** auf Rechtsfolgenseite, ist aber keine Anspruchsgrundlage, sagt also nicht, wann ein solches Recht besteht. Die Wegnahme einer Einrichtung ist eine Alternative zum Verwendungsanspruch gegen den Eigentümer (§§ 994 ff BGB), der nicht immer ideell oder wirtschaftlich befriedigen mag (§ 996 BGB), oder nicht stets gegeben ist, etwa bei Verwendungen, die weder notwendig noch nützlich sind. Das Wegnahmerecht ist, wenn der Wegnahmeberechtigte nicht schon Eigentümer ist, ein dingliches Aneignungsrecht (§ 258 S 1 BGB, zB iVm § 997 BGB). Mit Ausübung des Wegnahmerechts macht der Wegnahmeberechtigte also sein Eigentum geltend oder erlangt verlorenes Eigentum zurück. Solange der Wegnahmeberechtigte die (Haupt-)Sache besitzt, bedarf er zur Wegnahme nicht der Zustimmung desjenigen, der Anspruch auf die Sache hat. Das ergibt sich aus dem Charakter des Aneignungsrechts. Hat der Herausgabeberechtigte den Besitz an der Sache erlangt, wird das Wegnahmerecht nach § 258 S 2 BGB zum dinglichen (BGH 8. 7. 1981 – VIII ZR 326/80, BGHZ 81, 146; 13. 5. 1987 – VIII ZR 136/86, BGHZ 101, 37 = JR 1988, 323 m abl Anm Haase) Anspruch auf Gestattung der Wegnahme gegen den Besitzer (MünchKomm/Krüger § 258 Rn 6; anders Soergel/Forster § 258 Rn 11: das Recht auf Trennung aus S 1 werde nach S 2 um einen Anspruch auf Gestattung der Wegnahme ergänzt). Das Wegnahmerecht nach S 1 und das Recht auf Gestattung der Wegnahme nach S 2 schließen das **Recht zur Trennung** ein, wenn die „Einrichtung" mit der herauszugebenden Sache verbunden ist (Esser/Schmidt I 1 § 13 IV). Andernfalls würde der Bestimmung der eigentliche Anwendungsbereich genommen.

2 **Wegnahmerechte** kennt das BGB etwa nach § 459 S 2 BGB (Wiederverkäufer), § 539 Abs 2 BGB (Mieter; hierzu OLG Düsseldorf 5. 10. 2009 – I-24 U 17/09, ZMR 2010, 959) und §§ 581 Abs 2 iVm 539 Abs 2 BGB (Pächter; hierzu BGH 8. 7. 1981 – VIII ZR 326/80, BGHZ 81, 146 zu § 547a aF). Diese Bestimmungen greifen, wenn der Vertrag nicht regelt, ob ein Mieter oder Pächter überhaupt berechtigt ist, an der Miet- oder Pachtsache Einrichtungen anzubringen, und ob er bei Rückgabe der Sache zur Beseitigung der Einrichtung verpflichtet ist (BGH 8. 7. 1981 – VIII 326/80, BGHZ 81, 146), sind also insofern dispositiv. Weiter ist ein Wegnahmerecht vorgesehen nach § 601 Abs 2 S 2 BGB (Entleiher), § 997 Abs 1 BGB (Besitzer im Eigentümer-Besitzer-Verhältnis), § 1049 Abs 2 BGB (Nießbraucher), §§ 1093 Abs 1 S 2 BGB iVm 1049 Abs 2 BGB (Inhaber eines Wohnungsrechts), § 1216 S 2 BGB (Pfandgläubiger), § 2125 Abs 2 BGB (Vorerbe), mittelbar auch nach §§ 292, 850, 2023 Abs 2 BGB und § 2185 BGB (jeweils Verweis auf das Eigentümer-Besitzer-Verhältnis und damit auf § 997 Abs 1 BGB). Zu Einzelheiten vgl die Erl zu diesen Bestimmungen.

3 Wie § 258 BGB sprechen die Bestimmungen, die ein Wegnahmerecht gewähren – § 997 Abs 1 BGB ausgenommen – von einer **„Einrichtung"**, mit der die herauszugebende Sache „versehen" ist. In den meisten Fällen sind Einrichtungen bauliche Anlagen, zB ein Anbau an ein Gebäude, eine Badeeinrichtung (RG 2. 12. 1922 – V 162/22, RGZ 106, 49), eine Röhrenleitung, eine Zentralheizung, Beleuchtungsanlagen samt Installationen, Einbaumöbel, Bahnanschlussgleise (BGH 9. 2. 1966 – VIII ZR 19/64, MDR 1966, 489). Doch sind „Einrichtungen" auch bei beweglichen Sachen denkbar, zB die Benzinpumpe bei einem Kraftfahrzeug. Voraussetzung ist aber immer, dass die **hinzugefügte Sache ihrer wirtschaftlichen Bestimmung nach der Sache, der sie hinzugefügt wurde, untergeordnet ist** (Klein 646; MünchKomm/Krüger § 258 Rn 3; Bamberger/Roth/Hau/Poseck/Lorenz § 258 Rn 3); andernfalls ist die der Wegnahme immanente Wertvernichtung nicht gerechtfertigt und bleibt derjenige, der die Einrichtung angebracht hat, auf den Verwendungsersatz verwiesen. Ob die Verbindung nur vorübergehend ist oder die Einrichtung wesentlicher Bestandteil der Hauptsache geworden ist (§§ 93, 94 BGB), ist für § 258 BGB unerheblich (MünchKomm/Krüger § 258 Rn 3; Bamberger/Roth/Hau/Poseck/Lorenz § 258 Rn 3; Palandt/Grüneberg § 258 Rn 1). Anders ist es nur im Anwendungsbereich des § 997 Abs 1 BGB, der (gerade keine „Einrichtung" voraussetzt, sondern) verlangt, dass mit der Hauptsache eine andere Sache als wesentlicher Bestandteil verbunden wurde; eben deshalb muss § 997 Abs 1 S 2 BGB für die Ausübung des Wegnahmerechts ausdrücklich auf § 258 BGB verweisen (MünchKomm/Raff § 997 Rn 7). Bspw ist ein Fabrikgebäude, das auf einem unbebauten Grundstück errichtet wurde, keine auf das Grundstück gemachte Verwendung und damit auch keine „Einrichtung" des Grundstücks (BGH 10. 7. 1953 – V ZR 22/52, BGHZ 10, 171; **aM** Breetzke 171 ff; Soergel/Forster § 258 Rn 8). Etwas anderes kann für Bauten gelten, die nach der Verkehrsauffassung eine dem Grundstück gegenüber untergeordnete wirtschaftliche Bedeutung haben, wie zB Baracken, Holzschuppen, Lichtmasten oder eine Pflasterung (BGH 8. 7. 1981 – VIII ZR 326/80, BGHZ 81, 146; Soergel/Forster § 258 Rn 8).

II. Instandsetzung nach Wegnahme, Satz 1

4 Übt der Wegnahmeberechtigte sein Wegnahmerecht aus, hat er die Sache nach Wegnahme der Einrichtung in **dem Zustand herauszugeben**, in dem sie sich vor der Verbindung mit der Einrichtung befunden hatte. Diesen früheren Zustand hat

er auf seine Kosten herzustellen, allerdings nicht sofort mit Wegnahme der Einrichtung, sondern erst mit der späteren Herausgabe der Sache (Mot II 395). Das (ausgeübte) Wegnahmerecht ist an eine Naturalherstellung („Wegnahmepflicht") gekoppelt, kann anders gewendet also nur „ganz oder gar nicht" ausgeübt werden (vgl Beil/Wüstenberg JuS 2019, 205): Wer die Schienen eines Anschlussgleises wegnimmt, hat auch den Schotter zu entfernen (BGH 9. 2. 1966 – VIII ZR 19/64, MDR 1966, 498). Der Berechtigte darf sich nicht darauf beschränken, die verwertbaren Bauteile wegzunehmen und den Rest liegen zu lassen (BGH 5. 12. 1969 – V ZR 24/67, NJW 1970, 754). Dieser Rechtsgedanke des § 258 S 1 BGB ist verallgemeinerungsfähig.

Übt der Insolvenzverwalter ein Wegnahmerecht des Gesamtschuldners aus, ist die Pflicht zur Instandsetzung Massverbindlichkeit nach § 55 Abs 1 Nr 1 InsO (KG Berlin 25. 2. 2019 – 8 U 6/18, ZInsO 2019, 794). **4a**

Ist es **unmöglich, die Sache** in **den früheren Stand zurückzuversetzen** (§ 251 Abs 1 Alt 1 BGB analog), oder wäre die Naturalherstellung nur mit unverhältnismäßigem Aufwand möglich (§ 251 Abs 2 S 1 BGB analog), so entfällt nicht etwa das Wegnahmerecht. Der Eigentümer ist vielmehr entsprechend § 251 BGB (Wertersatz anstelle der ausgeschlossenen Naturalherstellung) **in Geld zu entschädigen**, sofern die Wertminderung in Geld ausgeglichen werden kann (OLG Frankfurt 6. 5. 1986 – 8 U 164/65, ZMR 1986, 358). Kann die durch die Wegnahme entstandene Wertminderung aber mit Geld nicht angemessen ausgeglichen werden oder überwiegt das Interesse des Herausgabeberechtigten am unversehrten Erhalt der Hauptsache das Interesse des Wegnahmeberechtigten an der Wegnahme, kann das Wegnahmerecht nach § 242 BGB insgesamt entfallen (Soergel/Forster § 258 Rn 17; MünchKomm/Krüger § 258 Rn 8). Überwiegende Interessen des Herausgabegläubigers sind freilich nur ausnahmsweise anzuerkennen: Im Grundsatz belegt ein gesetzlich vorgesehenes Wegnahmerecht gerade, dass das Interesse am unveränderten Erhalt der mit der Einrichtung verbundenen Sache nicht ausreicht, den Wegnahmeberechtigten auf wertmäßigen Verwendungsersatz zu beschränken. **5**

Wird durch die Naturalherstellung ein **besserer Zustand** hergestellt als bei Anbringen der Einrichtung (Neuanstrich einer Wand nach Wegnahme der Einrichtung), ist ein (bereicherungsrechtlicher) Geldausgleich nach den Grundsätzen des Ersatzes „Neu für Alt" beim Schadensersatz vorzunehmen (Soergel/Forster § 258 Rn 16). **6**

III. Gestattung und Verweigerung der Gestattung der Wegnahme, Satz 2

Hat derjenige, dem die mit der Einrichtung versehene Sache herauszugeben ist, den **Besitz der Sache erlangt, bevor die Einrichtung weggenommen wurde**, so bedarf der Berechtigte zur Wegnahme der Einwilligung des anderen. Das wird in § 258 S 2 BGB als selbstverständlich vorausgesetzt. Der Gestattungsanspruch nach § 258 S 2 BGB setzt voraus, dass dem Besitzer vor Besitzerlangung ein Herausgabeanspruch, dem Berechtigten ein Wegnahmerecht zustand. Unerheblich ist, ob die mit der Einrichtung verbundene Sache durch Herausgabe oder ohne den Willen des Wegnahmeberechtigten in den Besitz des Besitzberechtigten gelangt ist. Der Anspruch nach § 258 S 2 BGB ist auf die Gestattung der Wegnahme gerichtet. Der Besitzer muss weder die Sache noch die Einrichtung herausgeben, auch wenn letztere als nicht wesentlicher Bestandteil der Sache im Eigentum des Wegnahmeberechtigten ver- **7** blieben ist. Der Besitzer hat ein **Recht zum Besitz** (§ 986 BGB) auch an der Einrichtung, bis sie weggenommen wird. Daher ist er auch nicht zur Herausgabe der Nutzungen verpflichtet. Räumt der Besitzer den unmittelbaren Besitz an der Sache einem Dritten ein, so hat auch dieser nach § 986 Abs 1 S 1 BGB ein Recht zum Besitz an der Einrichtung gegenüber dem Wegnahmeberechtigten. Ebenso wirkt das Besitzrecht gegenüber einem Erwerber der Einrichtung (RG 4. 11. 1924 – VI 82/24, RGZ 109, 128; BGH 8. 7. 1981 – VIII 326/80, BGHZ 81, 146).

8 Der nach § 258 S 2 BGB zur **Gestattung** der Wegnahme verpflichtete Besitzer kann nach S 2 HS 2 seine Einwilligung einredeweise solange **verweigern**, bis ihm Sicherheit für den mit der Wegnahme etwa verbundenen Schaden geleistet ist. Die Sicherheit wird nach den §§ 232 ff BGB geleistet. Sie kann gem § 258 S 2 BGB **nur vor der Ausübung des Wegnahmerechts** verlangt werden. Gegenüber einem Anspruch auf Herausgabe der Einrichtung, etwa nach § 985 BGB, der von der Ausübung des Wegnahmerechts zu unterscheiden ist, kann der Eigentümer der mit der Einrichtung versehenen Sache die Einrede der fehlenden Sicherheitsleistung gem § 258 S 2 HS 2 nicht geltend machen (RG 4. 11. 1924 – VI 82/24, RGZ 109, 128). Er kann sich aber auf sein Recht zum Besitz (Rn 7) berufen und den Eigentümer der Einrichtung damit auf den Anspruch aus § 258 S 2 BGB verweisen.

9 Die **Verjährung** des Anspruchs auf Wegnahme unterliegt den allgemeinen Regeln. Praktisch wichtig ist die Ausnahme, dass der Anspruch des Mieters auf Gestattung der Wegnahme von Einrichtungen aus § 539 Abs 2 BGB in 6 Monaten nach Beendigung des Mietverhältnisses verjährt, § 548 Abs 2 BGB. § 548 Abs 2 BGB erfasst den Anspruch auf Gestattung der Wegnahme (BGH 8. 7. 1981 – VIII ZR 326/80, BGHZ 81, 146; MünchKomm/Krüger § 258 Rn 10), aber auch den Gegenanspruch des duldungspflichtigen Vermieters auf Instandsetzung (BGH 29. 4. 1970 – VIII ZR 29/69, NJW 1970, 1182). Die Verjährung des Anspruchs auf Duldung der Wegnahme führt zu einem dauernden Recht zum Besitz. Gleiches gilt wegen § 581 Abs 2 BGB für die Pacht. Für die Landpacht greift § 591b Abs 1 BGB. Ist der Anspruch auf Duldung der Wegnahme verjährt, steht auch dem korrespondierenden Anspruch auf Naturalherstellung oder Geldentschädigung (Rn 4 ff) die Einrede der Verjährung entgegen (Bamberger/Roth/Hau/Poseck/Lorenz § 258 Rn 8).

10 **Gehen Verwendungsersatzanspruch und Wegnahmerecht** des Vindikationsbesitzers durch die wirksame Weiterveräußerung der Sache **unter**, mindern sie gleichwohl die Bereicherung des ehemaligen Eigentümers: Dieser kann sie von dem nach § 816 Abs 1 S 1 BGB herauszugebenden Veräußerungserlös abziehen (Gursky JR 1971, 363). Gleiches gilt für die Berechnung eines an die Stelle des Herausgabeanspruchs getretenen Schadensersatzanspruchs (Soergel/Forster § 258 Rn 22).

§ 259
Umfang der Rechenschaftspflicht

(1) Wer verpflichtet ist, über eine mit Einnahmen oder Ausgaben verbundene Verwaltung Rechenschaft abzulegen, hat dem Berechtigten eine die geordnete Zusammenstellung der Einnahmen oder der Ausgaben enthaltende Rechnung mitzuteilen und, soweit Belege erteilt zu werden pflegen, Belege vorzulegen.

(2) Besteht Grund zu der Annahme, dass die in der Rechnung enthaltenen Angaben über die Einnahmen nicht mit der erforderlichen Sorgfalt gemacht worden sind, so hat der Verpflichtete auf Verlangen zu Protokoll an Eides statt zu versichern, dass er nach bestem Wissen die Einnahmen so vollständig angegeben habe, als er dazu imstande sei.

(3) In Angelegenheiten von geringer Bedeutung besteht eine Verpflichtung zur Abgabe der eidesstattlichen Versicherung nicht.

Materialien: E I § 591 S 2; II §§ 597, 698; Jakobs/Schubert, SchR I 128. Vgl Staudinger/BGB-Synopse (2006) § 259.

Schrifttum

Bähr, Über die Verpflichtung zur Rechnungsablage, JherJb 13 (1874) 251
Büttner, Durchsetzung von Auskunfts- und Rechnungslegungstiteln, FamRZ 1992, 629
Crome, Geordnete und ungeordnete Buchführung, AcP 99 (1906) 131
Derleder/Wosnitza, Auskunftspflichten der Banken beim Teilzahlungskredit, ZIP 1990, 901
Gaede, Die vertragliche Haftung der Banken für Kreditauskünfte, NJW 1972, 926
Gernhuber, Schuldverhältnis, in: Handbuch des Schuldrechts (1989) § 24 IV
Gottwald, Zur Wahrung von Geschäftsgeheimnissen im Zivilprozess, BB 1979, 1780
Habscheid, Das Ende des Offenbarungseides, NJW 1970, 1669
Haeffs, Der Auskunftsanspruch im Zivilrecht (2010)
Hellmann, Materiellrechtlicher Auskunftsanspruch und prozessuale Auskunftspflicht (1978)
Hepp, „Baubetreuungsvertrag" und Auskunftsanspruch des „Betreuten", NJW 1971, 11
Hinz, Die Kautionsabrechnung in der Wohnraummiete, NZM 2019, 76
Huber, Das Auskunftsrecht des Kommanditisten, ZGR 1982, 539
Ikels, Die Rechnungslegung gemäß § 259/I BGB (Diss Hamburg 1976)
Isay, Geschäftsführung nach dem Bürgerlichen Gesetzbuch (1900) 128
Köhler, Der Schadensersatz-, Bereicherungs- und Auskunftsanspruch im Wettbewerbsrecht, NJW 1992, 1477
Locher, Auskunfts- und Rechenschaftspflicht des Architekten und Baubetreuers, NJW 1968, 2324
S Lorenz, Auskunftsansprüche im Bürgerlichen Recht, JuS 1995, 569
Lüke, Der Informationsanspruch im Zivilrecht, JuS 1986, 2
Lützenkirchen, Belegeinsicht im „papierlosen Büro", NZM 2018, 266
Pietzner, Auskunft, Rechnungslegung und Schadenersatz bei wettbewerbswidrigen Eingriffen in fremde Firmenrechte, GRUR 1972, 151
Reichel, Prozessuale Behandlung der Klagen auf Rechnungslegung und Auskunftserteilung, ZZP 37 (1908) 49
Rosenthal, Der Anspruch auf Rechnungslegung, HansRZ 1919, 119
Schmid, Die Anforderungen an die Nebenkostenabrechnung bei vermietetem Wohnungseigentum, ZMR 1983, 41
Stürner, Die Aufklärungspflicht der Parteien des Zivilprozesses (1976)
Treitel, Rechenschaftsablegung, ArchBürgR 14 (1898) 1
Winkler von Mohrenfels, Abgeleitete Informationsleistungspflichten im deutschen Zivilrecht (1986)
Wolff, Auskunftsrecht des Handelsvertreters zur Berechnung des Ausgleichsanspruchs, BB 1978, 1246
Wussow, Auskunfts- und Vorlegungspflicht des Haftpflichtversicherers gegenüber dem Versicherungsnehmer?, NJW 1962, 420.

Systematische Übersicht

Alphabetische Übersicht

I. Normzweck und Abgrenzung zu § 260

1 Das BGB kennt verschiedentlich Informationspflichten, die dem Gläubiger die Durchsetzung von Ansprüchen erleichtern sollen. Mit den verbraucherschutzrechtlichen Informationspflichten, die eine informierte Vertragsentscheidung (bzw eine informierte Entscheidung über deren Korrektur durch Widerruf) gewährleisten sollen (etwa MünchKomm/Wendehorst § 312d Rn 2), hat das nichts zu tun. Die §§ 259, 260 BGB regeln den Inhalt zweier dieser durchsetzungsbezogenen Informationspflichten. § 259 betrifft den **Inhalt einer Verpflichtung, Rechenschaft über eine Verwaltung abzulegen**, die mit Einnahmen oder mit Ausgaben oder mit beidem verbunden ist, § 260 BGB den Inhalt einer Verpflichtung, Auskunft zu erteilen. Beide Pflichten werden durch die weitere Pflicht zur Abgabe einer eidesstattlichen Versicherung flankiert, die der Durchsetzung der (ihrerseits dienenden) Rechschafts- oder Auskunftspflicht dient.

2 Die Grenze zwischen den Informationsverschaffungsansprüchen der §§ 259, 260 BGB ist im Einzelfall schwer zu bestimmen (BGH 6. 2. 1957 – V ZR 126/55, LM Nr 4 zu § 1042 ZPO). Das gilt vor allem, wenn die Verpflichtung von der Rechtsprechung nur in Anlehnung an eine gesetzliche Verpflichtung oder aus § 242 BGB entwickelt wird. Systematisch ist § 259 BGB die speziellere Norm gegenüber § 260 BGB (Soergel/Forster § 259 Rn 3; MünchKomm/Keller[3] § 259 Rn 4; **dagegen** für Identität: Treitel 14 und 41; Planck/Siber 1 zu § 259; **wieder anders** Gernhuber, Schuldverhältnis § 24 I 2: Abgrenzung nach dem Zweck der jeweiligen Informationsansprüche begründenden Normen): Der Anspruch auf Rechnungslegung geht inhaltlich über den Anspruch auf Auskunft hinaus. Soweit die Auskunft den Informationsinteressen des Berechtigten nicht genügt, kann auch nach Erteilung der Auskunft noch Rechnungslegung verlangt werden (RG 11. 3. 1927 – II 223/26, RG WarnR 1927 Nr 90; BGH 13. 7. 1973 – I ZR 101/72, NJW 1973, 1837 zum Übergang auf eine andere Berechnungsmethode für den Schaden bei Verletzung eines gewerblichen oder urheberrechtlichen Ausschließlichkeitsrechts). Umgekehrt kommt, sobald Rechnung gelegt ist, ein Auskunftsanspruch über denselben Informationsgegenstand nicht mehr in Frage. Die Auskunft ist in der umfassenderen Rechnungslegung mitenthalten (BGH 29. 1. 1985 – X ZR 54/83, BGHZ 93, 327 = WuB/E IV A §§ 259 ff 1 86 Schebesta).

II. Anwendungsbereich

1. Begründung der Rechenschaftspflicht

3 § 259 BGB selbst begründet **keinen Anspruch, Rechenschaft abzulegen oder Rechnung zu legen**. Eine entsprechende Pflicht kann auf Grund besonderer gesetzlicher Anordnung aus einem **Verwaltungs- oder Treuhandverhältnis** folgen, kann aber auch nach **§ 242 BGB** aus einem derartigen Verhältnis abgeleitet werden. Angesichts der Verschiedenartigkeit solcher Rechtsverhältnisse reicht die in § 259 BGB recht allgemein gehaltene inhaltliche Definition der Rechenschaft nicht in jedem Fall aus, sondern muss ggf – je nach der Rechtsgrundlage sowie Art und Umfang der Verwaltung – modifiziert werden. § 259 BGB bezieht sich jedenfalls auf die **umfassendere Verwaltung fremden Vermögens**, nicht auf Einzelgeschäfte (Esser/Schmidt I 1 § 13 V).

4 Das BGB benutzt die unterschiedlichen Begriffe „Rechenschaft ablegen" und „Rechnung legen" ohne klar erkennbare Unterscheidung. Wird der letztere Ausdruck

verwendet, ist nur ein Teil der inhaltlichen Konkretisierung in der Verpflichtung mitgenannt (vgl Rother AcP 164 [1964] 97, 99 zur weiteren Unterscheidung von der Rechnungserteilung durch den Gläubiger). Andere Gesetze (zB § 87c Abs 1 HGB, § 28 Abs 3 WEG) sprechen auch von einer „Abrechnung", die der Gläubiger verlangen kann und die zu erfolgen hat, ohne dass dies die Anwendung des § 259 BGB ausschließt (MünchKomm/Krüger § 259 Rn 4; zu § 87c HGB vgl BGH 16. 5. 1960 – VII ZR 206/59, BGHZ 32, 302; vgl weiter BAG 29. 7. 1993 – 2 A ZR 110/93, NJW 1994, 2041: § 87c HGB ist entsprechend anwendbar im Rahmen des § 615 S 2 BGB; zu § 28 WEG vgl BayObLG 2. 2. 1979 – 2 Z 11/78, BayObLGZ 1979, 30; zum Verhältnis von Abrechnung und Rechnungslegung nach § 28 Abs 3 und 4 WEG Staudinger/Häublein [2018] § 28 WEG Rn 12). Aus der Pflicht, Rechenschaft abzulegen – nicht aber aus jeder Pflicht zur Rechnungslegung – folgt die Verpflichtung zur Abgabe einer eidesstattlichen Versicherung unter den Voraussetzungen des Abs 2 (noch Rn 33 ff).

5 Die **Verpflichtung**, Rechenschaft abzulegen oder Rechnung zu legen, findet sich im **BGB** häufig: für den Vereinsvorstand (sofern die Satzung nichts anderes bestimmt, § 40 BGB) über eine Verweisung auf § 666 BGB in § 27 Abs 3 BGB; ebenso für den Vorstand einer Stiftung, § 86 BGB (der auf § 27 Abs 3 BGB verweist); für den Vermieter, § 556 Abs 3 BGB (zu den Besonderheiten der Abrechnung von Betriebskosten durch den Vermieter vgl Staudinger/Artz [2018] § 556 Rn 82 ff); für den Beauftragten, § 666 BGB; für den Geschäftsbesorger, § 675 BGB (Verweis auf § 666 BGB; speziell zum Girovertrag mit Kontokorrentabrede bei pflichtgemäßer Erteilung von Kontoauszügen und Rechnungsabschlüssen: BGH 4. 7. 1985 – III ZR 144/84, NJW 1985, 2699 m Anm Köndgen EWiR 1985, 741; umfangreiche besondere Informationspflichten treffen Zahlungsdienstleister nach § 675d Abs 1 BGB iVm Art 228 EGBGB); für den Geschäftsführer ohne Auftrag, § 681 BGB (Verweis auf § 666 BGB); für den vermeintlichen Geschäftsführer, § 687 Abs 2 BGB (Verweis auf §§ 681, 666 BGB; RG 30. 9. 1919 – III 106/19, RGZ 96, 282; BGH 25. 2. 1960 – II ZR 125/58, BGHZ 32, 76); für den geschäftsführenden Gesellschafter, § 713 BGB (Verweis auf § 666 BGB), sofern sich aus dem Gesellschaftsverhältnis nichts anderes ergibt; für die übrigen Gesellschafter gegenüber dem ausgeschiedenen, § 740 Abs 2 BGB (BGH 9. 7. 1959 – II ZR 252/58, NJW 1959, 1963; zustimmend Soergel/Forster § 259 Rn 5); ein ausgeschiedener Gesellschafter hat gegenüber einem früheren, ebenfalls aus der Gesellschaft ausgeschiedenen Mitgesellschafter einen Auskunftsanspruch zur Berechnung eines vertraglichen Abfindungsanspruchs insoweit, als dieser die fraglichen Auskünfte auf Grund eigener Kenntnis erteilen kann (BGH 8. 5. 2000 – II ZR 302/98, ZIP 2000, 1005); für den Nutzpfandgläubiger, § 1214 Abs 1 BGB; für die Kindesvermögen verwaltenden Eltern nach Anordnung des Vormundschaftsgerichts, § 1667 Abs 1 S 1 BGB; für den volljährig Gewordenen nach § 1629a Abs 1 S 2 BGB über den Verweis auf die §§ 1991 Abs 1, 1978 Abs 1 BGB (Verweis auf § 666 BGB); ferner nach § 1698 Abs 1 BGB beim Ende der elterlichen Vermögensverwaltung (OLG Hamm 27. 4. 1999 – 29 U 177/98, OLGR Hamm 1999, 292); für den Vormund, §§ 1840 ff, 1890 BGB; für den Betreuer § 1908i Abs 1 S 1 BGB (Verweis auf Vormundschaftsrecht); für den Pfleger, § 1915 Abs 1 S 1 BGB (Verweis auf Vormundschaftsrecht); für den Erben gegenüber den Nachlassgläubigern, §§ 1978 Abs 1, 1991 Abs 1 BGB (Verweis auf § 666 BGB); für den Vorerben, § 2130 Abs 2 BGB; für den Testamentsvollstrecker, § 2218 Abs 1 BGB (Verweis auf § 666 BGB). Soweit der Anspruch auf Auskunft (§ 260 BGB) und Rechnungslegung (§ 259 BGB) **aus einem Vertragsverhältnis** folgt, geht er nicht mit dem Vertragsende unter. Gegebenenfalls muss der Anspruchsinhaber dem Verpflichteten zum Zweck der Rechnungslegung bzw der Auskunftserteilung Einsicht in

Schriftstücke gewähren (zum Verwaltervertrag nach dem WEG OLG Frankfurt 25. 3. 2013 – 20 W 121/12, ZMR 2013, 647).

6 Außerhalb des BGB finden sich Rechenschaftspflichten iS des § 259 BGB etwa für den Verwalter gemeinschaftlichen Eigentums, § 28 Abs 3 u 4 WEG; für den Unternehmer gegenüber dem Handelsvertreter, § 87c Abs 1 HGB; für den Inhaber gegenüber dem stillen Gesellschafter, § 235 Abs 3 HGB (MünchKomm/Schmidt, HGB § 235 Rn 50 mwNw); für den Insolvenzverwalter, § 66 Abs 1 S 1 InsO (für die Schlussrechnung des Konkursverwalters nach § 86 KO vgl RG 15. 4. 1935 – VI 561/34, RGZ 147, 366); für Makler, Bauträger und Baubetreuer, § 8 Abs 1 MaBV, sowie für Zwangsverwalter, § 154 S 2 ZVG.

7 Die Rechnungslegungspflicht kann sich auch unmittelbar oder mittelbar **aus einer vertraglichen Vereinbarung** ergeben. So ist bei der Vereinbarung eines umsatzabhängigen Pachtzinses Rechenschaft über den Umsatz zu legen (OLG Düsseldorf 8. 2. 1990 – 10 U 112/89, MDR 1990, 720). Mit Blick auf die Mietkaution folgt die Rechnungslegungspflicht aus einer neben dem Mietvertrag geschlossenen Sicherungsabrede (eingehend zur Kautionsabrechnung Hinz NZM 2019, 76 ff). Auch ein Vergleich kann Grundlage einer Pflicht zur Rechenschaftslegung sein (RG 19. 10. 1920 – II 199/20, RGZ 100, 150; 10. 10. 1941 – VII 42/41, RGZ 167, 328). Zum Anspruch des Kunden gegen die Bank auf Neuberechnung der Tilgung eines Kredits als Anspruch auf Rechnungslegung Metz NJW 1991, 668, 673 f.

8 **Weiter gehen die Verpflichtungen** des Kommissionärs gegenüber dem Geschäftsherrn nach § 384 Abs 2 HGB, da sie auch die Pflicht zur Rechtfertigung der getroffenen Maßnahmen umfassen (Baumbach/Hopt, HGB § 384 Rn 8). **Anders** geregelt (nämlich auf Selbsthilfe ausgerichtet) sind das Unterrichtungs- und Einsichtsrecht nach § 118 HGB, das Informationsrecht des Kommanditisten nach § 166 Abs 1 HGB und das Auskunfts- und Einsichtsrecht der GmbH-Gesellschafter nach § 51a Abs 1 GmbHG. Das Auskunftsrecht des Aktionärs richtet sich nur nach § 131 AktG (Grigoleit/Herrler, AktG § 131 Rn 1; noch zu § 112 AktG aF BGH 30. 3. 1967 – II ZR 245/63, NJW 1967, 1462). Die öffentlich-rechtlichen Regeln für die Gewinn- und Verlustrechnung von Handelsgesellschaften in den §§ 275 ff HGB sind nicht nur strukturell anders ausgestaltet, sondern verfolgen auch einen anderen Transparenzzweck: Sie richten sich primär an potentielle Gläubiger der Publizitätspflichtigen.

9 Die Vielzahl gesetzlicher Vorschriften belegt in der Gesamtschau den **allgemeinen Grundsatz, dass jedermann zur Rechenschaftsablegung verpflichtet ist, der Angelegenheiten besorgt, die fremde oder zumindest eigene und fremde zugleich sind** (RG 23. 4. 1910 – I 217/09, RGZ 73, 286; 30. 10. 1923 – II 898/22, RGZ 108, 20; 5. 11. 1930 – I 150/30, RGZ 130, 196; 8. 8. 1940 – VIII 380/39, RGZ 164, 348; BGH 28. 10. 1953 – II ZR 149/52, BGHZ 10, 385 [ohne klare Unterscheidung zwischen Rechenschaftslegung und Auskunft]; 9. 7. 1959 – II ZR 252/58, NJW 1959, 1963 und ständig, etwa BGH 6. 12. 1978 – VIII ZR 273/77, WM 1979, 472). Da die Rechtsprechung zur Entwicklung dieses Grundsatzes auch § 242 BGB heranzieht, wird teilweise auch der Inhalt der Rechenschaftsablegungspflicht „nach § 242 BGB" abweichend von § 259 BGB ausgestaltet. Hierbei ist häufig eine Abgrenzung zu bloßen Auskunftsverpflichtungen zu vermissen, insoweit ist stets auch auf die Erl zu § 260 BGB zu verweisen.

10 Die Pflicht zur Rechenschaftsablegung besteht bei jedem Rechtsverhältnis, das zur Besorgung (auch) fremder Angelegenheiten verpflichtet, wenn es die Eigenart des Rechtsverhältnisses mit sich bringt, dass der **Berechtigte in entschuldbarer Weise über Bestehen und Umfang seines Rechtes im Ungewissen** ist, der **Verpflichtete dagegen die Kenntnis der Tatsachen besitzt**, die für den Berechtigten erforderlich wäre (RG 19. 11. 1938 – II 69/38, RGZ 158, 377: Auskunftsanspruch als Hilfsanspruch zu negatorischem Beseitigungsanspruch aus § 1004; BGH 28. 10. 1953 – II ZR 149/52, BGHZ 10, 385; 8. 7. 1985 – II ZR 150/84, WM 1985, 1346). Letzteres ist einschränkende Voraussetzung, nicht aber Grund der Rechenschaftspflicht. Insbesondere gibt es keinen allgemeinen Rechtssatz, dass jeder Informationsvorsprung den Kläger vom Prozessrisiko entlasten müsste, indem der Beklagte generell verpflichtet wird, den Kläger bei der Beweisführung zu unterstützen. Das muss auch ein Dritter nicht, der Kenntnis von Tatsachen haben könnte, die für die Rechte eines anderen von Bedeutung sein könnten (OLG Koblenz 17. 6. 1992 – 5 U 68/92, ZMR 1993, 66). Ähnliche Probleme ergeben sich mit Blick auf die Fragen nach (vor)vertraglichen Aufklärungspflichten (MünchKomm/Emmerich § 311 Rn 64) und nach einer Beweiserleichterung nach den Grundsätzen der sekundären Darlegungslast (dazu etwa BGH 17. 1. 2008 – III ZR 239/06, NJW 2008, 982). Stets muss sichergestellt bleiben, dass ein Informationsgefälle per se keine allgemeine Rechtsfürsorgepflicht auslösen kann. Bedenklich ist es daher, den Informationsvorsprung heranzuziehen, um einem Kläger Informationen für seinen Unterhaltsanspruch zu gewähren (vgl J Lange MDR 1965, 95).

11 Näher zu den Grenzen der Verpflichtung zur Rechenschaftslegung Rn 29 f.

2. Einzelfälle aus der Rechtsprechung

12 Die Rechtsprechung hat etwa einen **Anspruch auf Rechenschaftslegung bejaht**, wenn ein Arbeitnehmer am Umsatz beteiligt wird (etwa über Bonuszahlungen, die – zumindest auch – von der wirtschaftlichen Entwicklung des Arbeitgebers abhängen, vgl ArbG Frankfurt aM 21. 2. 2017 – 10 Ca 7468/16, BeckRS 2017, 145502 [nicht rkr]); sein Anspruch auf Auskunft und Rechenschaftsablegung eröffnet aber keinen Einfluss auf die Geschäftsführung (BAG 21. 11. 2000 – 9 AZR 665/99, BAG AP Nr 35 zu § 242 BGB Auskunftspflicht; **aA** noch zur Gewinnbeteiligung eines Angestellten [Tantieme] Crome, Partiarische Rechtsgeschäfte 223). Der Arbeitnehmererfinder hat, wenn der Arbeitgeber eine Diensterfindung unbeschränkt in Anspruch genommen hat, zur Berechnung seines Vergütungsanspruchs wie auch zur Berechnung eines Schadensersatzanspruchs Anspruch auf Rechnungslegung (BGH 17. 5. 1994 – X ZR 82/92, BGHZ 126, 109; 13. 11. 1997 – X ZR 132/95, BGHZ 137, 162; 13. 11. 1997 – X ZR 6/96, NZA 1998, 313; 6. 2. 2002 – X ZR 215/00, NJW-RR 2002, 978 insbes zum Umfang der Rechnungslegungspflicht; zur Rechenschaftslegung des Arbeitgebers bei der Lohnabrechnung Rother AcP 164 [1964] 97, 99).

13 Ein Anspruch auf Rechnungslegung wurde ferner **bejaht** bei einem Darlehen mit **Gewinnbeteiligung** (RG 23. 4. 1910 – I 217/09, RGZ 73, 286). Dabei ist es gleichgültig, ob eine Verlustbeteiligung vereinbart oder ausgeschlossen wurde (Soergel/Forster § 259 Rn 9; MünchKomm/Krüger § 259 Rn 8; Palandt/Grüneberg § 259 Rn 5). Ebenso entschieden wurde bei einem Schuldner, der dem Gläubiger das einen bestimmten Betrag übersteigende Einkommen abzuliefern hat (RG 12. 11. 1912 – II 379/12, JW 1913, 130); bei einer bruchteilsmäßig am Gewinn oder Lieferpreis eines abgeschlossenen Geschäfts ausgerichteten Maklergebühr (RG 1. 7. 1930 – VIII 332/30, JW 1930, 3769); bei einem

Generalvertreter mit Alleinverkaufsrecht für einen bestimmten Bezirk, wenn der Auskunftsanspruch aus § 260 BGB nicht ausreicht (RG 12. 2. 1918 – III 254/17, RGZ 92, 201); bei einem Gläubiger, der Forderungen seines Schuldners gepfändet und sich zur Einziehung hat überweisen lassen (RG 8. 8. 1940 – VIII 380/39, RGZ 164, 348); bei an sich rechenschaftspflichtiger Verwaltung auf Grund nichtigen Vertrages (RG 30. 4. 1932 – IX 15/32, HRR 1933, 3); bei vertraglicher oder Zwangslizenz (RG 12. 2. 1930 – I 171/29, RGZ 127, 243), Auskunft ist hier über die abgeschlossenen Geschäfte zu erteilen (BGH 2. 4. 1957 – VIII ZR 60/56, NJW 1957, 1026). Eine Rechenschaftspflicht kann sich aus einem **Baubetreuungsvertrag** ergeben (Locher 2324). Kapitalanleger können Rechenschaftsansprüche aus einem Mittelverwendungskontrollvertrag ableiten, auch wenn sie nicht Vertragspartei werden; denkbar ist das beim echten Vertrag zugunsten Dritter, aber auch beim Vertrag mit Schutzwirkung zugunsten Dritter – zur Vorbereitung eines Schadensersatzanspruchs (BGH 9. 11. 2017 – III ZR 610/16, ZIP 2017, 2476). Für einen inhaltlich § 2314 BGB entsprechenden Auskunftsanspruch des **Pflichtteilsberechtigten** gegen den vom Erblasser beschenkten Dritten aus § 242 BGB BGH 8. 7. 1985 – II ZR 150/84, NJW 1986, 127; gegen den beschenkten Erben: BGH 8. 7. 1985 – II ZR 150/84, BGHZ 108, 393. Die Chance des Drittberechtigten aus einem echten Vertrag zugunsten Dritter auf den Todesfall, noch offene Raten eines Kaufpreises zu erhalten, bahnt Rechtsbeziehungen an, die zur Auskunft berechtigen, auch wenn die Chance durch Vertragsänderung entfällt (BGH 19. 2. 1982 – V ZR 234/81, NJW 1982, 1807). Ebenso besteht ein Rechnungslegungsanspruch des Vermächtnisnehmers beim Quotenvermächtnis, beim Vermächtnis eines Sachinbegriffs oder bei einem Vermächtnis, dessen Höhe sich aus anderen unbestimmten Vermögensteilen ergibt; der Anspruch richtet sich gegen den Testamentsvollstrecker oder gegen den Beschwerten, weil hier Gegenstand und Umfang des Vermächtnisses nur auf Grund einer derartigen Auskunft bestimmt werden können. In solchen Fällen ist anzunehmen, dass der Anspruch mit vermacht ist (BGH 1. 6. 1964 – III ZR 151/63, WM 1964, 950; Soergel/Forster § 259 Rn 9; **aA** MünchKomm/Krüger § 259 Rn 14, weil keine fremdnützige Besorgung von Angelegenheiten des Gläubigers durch den Schuldner vorliege); zur Rechenschaftslegung im **Mietverhältnis** ausführlich Staudinger/Artz (2018) § 556 Rn 82 ff.

Dagegen hat die (zum Teil ältere) Rechtsprechung einen **Anspruch auf Rechen- 14
schaftslegung** in folgenden Fällen **verneint**: Keinen Anspruch hat der Eigentümer, dem Nutzungen herauszugeben sind (RG 5. 3. 1932 – V 74/30, RGZ 137, 206: uU Auskunftsanspruch). Erhebt jemand Schadensersatzansprüche gegen einen anderen wegen von diesem mit Dritten geschlossener Geschäfte, so ergibt sich daraus noch keine Rechnungslegungspflicht dieses anderen (OLG Posen 8. 11. 1901 – IV ES, OLGE 4, 52; RG 4. 12. 1936 – VII 105/36, HRR 1937 Nr 292). Der bloße Verdacht von Vermögensverschiebungen zu Lasten der Konkursmasse gab dem Konkursverwalter noch keinen Auskunftsanspruch (BGH 15. 1. 1987 – IX ZR 4/86 WM 1987, 269), das muss auch für den anfechtungswilligen Insolvenzverwalter gelten. Der Bezug von Fernwärme zu einem Preis, der nach bestimmten Kriterien angepasst wird („Änderungsformel"), berechtigt den Bezieher nicht, allgemein Rechnung über die Gestehungskosten der Wärmeherstellung und -lieferung zu verlangen (BGH 6. 12. 1978 – VIII ZR 273/77, NJW 1979, 1304). Keinen Anspruch auf Rechnungslegung nach § 259 BGB gibt es für den einzelnen Versicherungsnehmer einer Lebensversicherung, Rechnungsabschluss und Gewinnermittlung sind abschließend durch die Vorschriften der §§ 38 f VAG (iVm dem HGB) geregelt (BGH 8. 6. 1983 – IVa ZR 150/81, NJW 1984, 55). Verlangte der Träger

eines Heims von einem Bewohner nach § 4c HeimG aF eine Erhöhung des Entgelts, hatte der Heimbewohner keinen Auskunfts- und Rechenschaftsanspruch aus § 242 BGB, der über die Begründungspflicht aus § 4c Abs 3 HeimG aF hinausging (BGH 19. 1. 1995 – III ZR 108/94, NJW 1995, 1222; 22. 6. 1995 – III ZR 239/94, NJW 1995, 2923 nur zum Auskunftsanspruch, aber § 259 BGB zitierend); für landesrechtliche Nachfolgevorschriften wie § 23 Abs 2 BremWoBeG kann nichts anderes gelten.

15 **Aus unerlaubter Handlung oder Vertragsverletzung** resultiert **keine allgemeine Verpflichtung** zur Rechenschaftsablegung über eine dabei erzielte Bereicherung. Im Einzelfall kann sich allerdings eine **Pflicht zur Rechenschaftsablegung aus § 249 BGB** ergeben. Vereitelt jemand durch eine unerlaubte Konkurrenzhandlung einen Vertrag, bei dessen Zustandekommen eine Rechenschaftslegungspflicht entstanden wäre, gehört der Anspruch auf Rechenschaftslegung zum Inhalt des Schadensersatzanspruches (RG 4. 5. 1923 – II 310/22, RGZ 89, 99; BGH 19. 12. 1962 – VIII ZR 116/61, MDR 1963, 300). Davon zu unterscheiden ist der Auskunftsanspruch als Hilfs- und Nebenanspruch zur Vorbereitung eines Schadensersatzanspruchs etwa nach § 9 UWG (vgl BGH 22. 3. 1976 – GSZ 2/75, BGHZ [GS] 67, 81). Der Hauptanwendungsbereich des § 259 BGB in Fällen unerlaubter Handlung oder einer Vertragsverletzung ist der gewerbliche Rechtsschutz. In Fällen der Urheberrechts- und Patentverletzung und der Verletzung gewerblicher Schutzrechte wurde eine Verpflichtung iS des § 259 BGB aus § 687 Abs 2 BGB angenommen (RG 4. 5. 1923 – II 310/22, RGZ 108, 1 zum Warenzeichenrecht; BGH 7. 12. 1979 – I ZR 157/77, DB 1980, 682). Zu unterscheiden sind die Auskunftspflicht bei Geltendmachung der entgangenen Lizenzgebühr und die Rechenschaftsablegungspflicht zur Vorbereitung eines Anspruchs auf den konkreten eigenen Verlust oder den vom Verletzer gezogenen Gewinn (BGH 13. 7. 1973 – I ZR 101/72, NJW 1973, 1837). Der Verletzte muss sich dabei nicht vorweg für eine der Berechnungsarten entscheiden; er kann vielmehr alle Angaben verlangen, die notwendig sind, um seinen Schaden nach jeder der drei Berechnungsarten zu berechnen (BGH 13. 7. 1973 – I ZR 101/72, NJW 1973, 1837; 7. 12. 1979 – I ZR 157/77, DB 1980, 682; 16. 9. 1982 – X ZR 54/81, MDR 1983, 128; dazu Köhler NJW 1992, 1477 ff, 1481. Zu den verschiedenen Berechnungsmethoden etwa Däubler JuS 1969, 49 und Schmidt/Salzer JR 1969, 81). Anspruch auf Rechnungslegung besteht auch mit Blick auf Schadensersatzansprüche aus § 97 Abs 2 UrhG; dass die partielle Regelung in § 97 Abs 1 S 2 UrhG gestrichen wurde, sollte daran nichts ändern (Dreier/Schulze/Specht, UrhG § 97 Rn 100). Rechenschaft ist abzulegen bei einer Kundenschutzklausel (BAG 26. 11. 1971 – 3 AZR 220/71, AP Nr 26 zu § 611 BGB Konkurrenzklausel m Anm Küchenhoff; BGH 19. 12. 1962 – VIII ZR 116/61, MDR 1963, 300), einem Alleinverkaufsrecht (BGH 23. 3. 1966 – VIII ZR 295/63, NJW 1966, 1117, aus anderen Gründen verneint), einem Patentrecht (BGH 13. 3. 1962 – I ZR 108/60, LM Nr 15 zu § 47 PatG; 3. 7. 1984 – X ZR 34/83, NJW 1984, 2822) oder einem Gebrauchs- und Geschmacksmusterrecht (BGH 13. 7. 1973 – I ZR 101/72, MDR 1973, 914). Die Auskunft ist dabei an die Besonderheiten des Schadensersatzanspruchs anzupassen, muss sich bspw ggf auch auf die Gestehungskosten beim Verletzer erstrecken (BGH 3. 7. 1984 – X ZR 34/83, NJW 1984, 2822, 2824). Der Verletzer muss andererseits nicht seine Kundenbeziehungen offenlegen; daher kann ihm im Urteil vorbehalten werden, die entsprechenden Angaben statt durch den Verletzten durch einen Wirtschaftsprüfer überprüfen zu lassen (BGH 22. 11. 1957 – I ZR 144/56, GRUR 1958, 346; 7. 12. 1979 – I ZR 157/77, DB 1980, 682; OLG Koblenz 25. 10. 1990 – 5 U 1818/88, DB 1991, 852). Der Wirtschaftsprüfer darf dem Kläger dann nur das Ergebnis mitteilen. Die Kosten des Wirtschaftsprüfers trägt nach Gottwald BB 1979, 1785 analog § 87c Abs 4 HGB der Verletzer.

Zu § 259 BGB im Verhältnis zwischen Patient und Arzt bzw Krankenhaus grundlegend: BGH 23. 11. 1982 – VI ZR 222/79, NJW 1983, 328 mwNw (näher § 260 Rn 25). Zu § 259 BGB im Verhältnis von Anwalt und Mandant: BGH 30. 11. 1989 – III ZR 112/88, NJW 1990, 510; zu § 259 BGB im Verhältnis von Notar und Mandant: BGH 20. 11. 1979 – VI ZR 248/77, NJW 1980, 1106 (nur zu Rechtswegfragen). 16

III. Verhältnis zum Hauptanspruch

Der Anspruch auf Rechnungsablegung ist **selbstständiger Anspruch, wenn auch dienender Hilfs- oder Nebenanspruch** (BGH 2. 11. 1960 – V ZR 124/59, BGHZ 33, 373). Haupt- und Hilfsanspruch verjähren daher selbstständig und nicht notwendigerweise einheitlich (zum Auskunftsanspruch des § 84a AMG OLG Brandenburg 15. 8. 2011 – 6 U 53/10, PharmR 2011, 419). Die früher vertretene Auffassung, der Hilfsanspruch verjähre spätestens mit dem Hauptanspruch (BGH 2. 11. 1960 – V ZR 124/59, BGHZ 33, 373), hat der BGH aufgegeben (BGH 3. 10. 1984 – IVa ZR 56/83, NJW 1985, 384; 4. 10. 1989 – IVa ZR 198/88, BGHZ 108, 393). Wird aber gegen den Hauptanspruch wirksam die Einrede der Verjährung erhoben, kann der Gläubiger mit der Rechnungslegung in aller Regel nichts mehr anfangen. In diesem Fall wird auch der noch nicht verjährte Hilfsanspruch gegenstandslos, eine Klage auf Rechnungslegung ist als unbegründet abzuweisen (BGH 1. 12. 1978 – I ZR 7/77, WM 1979, 305; 31. 1. 1979 – I ZR 8/77, WM 1979, 304; BAG 1. 8. 1995 – 9 AZR 378/94, NZA 1996, 311; vgl **aber** BGH 4. 10. 1989 – IVa ZR 198/88, BGHZ 108, 393: hier waren trotz Verjährung des Hauptanspruchs [Pflichtteilsanspruchs] die verlangten Auskünfte noch von Nutzen, um Ansprüche gegen Dritte geltend zu machen). Gleiches gilt für die Verwirkung des Hauptanspruchs (Soergel/Forster § 259 Rn 20). Dass Haupt- und Hilfsanspruch selbstständig verjähren, sagt noch nichts darüber, welcher **Verjährungsfrist** der Hilfsanspruch unterliegt. Mangels Sonderregelungen gilt die Regelverjährung von 3 Jahren nach § 195 BGB, auch wenn der Hauptanspruch der 30-jährigen Verjährungsfrist des § 197 BGB unterliegt. Das entwertet den Hilfs- und Hauptanspruch; für die Länge der Verjährungsfrist ist ein Gleichlauf von Haupt- und Hilfsanspruch zwingend (im Anschluss an MünchKomm/Krüger § 259 Rn 19; so auch schon zum alten Recht LG Düsseldorf 17. 4. 2007 – 4b O 158/06, juris). 17

Steht fest, dass der Kläger **keinen Hauptanspruch** geltend machen kann, **fehlt es am Rechtsschutzbedürfnis** für eine Klage auf Rechnungslegung (so schon RG 30. 4. 1932 – IX 15/32, HRR 1933 Nr 3 aE). Generell muss sich der Inhalt der Rechnungslegung nach dem Inhalt des Hauptanspruches richten, der Anspruch auf Rechnungslegung ist akzessorisches Nebenrecht. Wegen der Begrenzung des Hauptanspruches muss etwa der Inhaber der elterlichen Gewalt, dem selbst die Nutznießung des Kindesvermögens zustand, nur über das Stammvermögen Rechenschaft ablegen, aber nicht über die Nutzungen (RG 29. 3. 1940 – IV 347/39, HRR 1940 Nr 1054). Ein Urteil, das den Rechnungslegungsanspruch auf Grund einer Stücklizenz abweist, schafft **keine Rechtskraft für einen späteren Rechnungslegungsanspruch**, der damit begründet wird, der Kläger könne auf Grund einer Lizenz Gebühren nach dem Preis der lizenzpflichtigen Gegenstände verlangen (RG 3. 11. 1939 – I 60/39, HRR 1940 Nr 244). Ebenso wenig hindert die Rechtskraft des Urteils über eine Auskunft für Lizenzgebühren den Ergänzungsanspruch, mit dem die Klage auf Herausgabe des Verletzergewinnes vorbereitet werden soll (BGH 13. 7. 1973 – I ZR 101/72, NJW 1973, 1837). Erklärt sich der Gläubiger hinsichtlich des Rechtsverhältnisses für „voll befriedigt", so ist auch der Rechenschaftsanspruch getilgt (RG 9. 1. 1913 – I ZR 101/72, LZ 1913, 292 Nr 13). Richtet 18 sich der Anspruch auf Rechnungslegung gegen eine Körperschaft des öffentlichen Rechts, so ist er als Anspruch zur Vorbereitung der Amtshaftungsklage privatrechtlich, wenn die Körperschaft auf dem Gebiet des Privatrechts tätig geworden ist (BGH 22. 3. 1979 – GSZ 2/75, BGHZ [GS] 67, 81 unter Verweis auf BVerwG 6. 5. 1960 – VII C 57.59, BVerwGE 10, 274).

19 Die Pflicht zur Rechenschaftslegung kann gegenüber **mehreren Gläubigern** bestehen. Haben mehrere gemeinschaftlich einen Auftrag zu treuhänderischer Verwaltung erteilt, so sind sie für den Hauptanspruch Gesamtgläubiger oder gemeinschaftliche Gläubiger; das gilt dann auch für den Rechnungslegungsanspruch (**aM** RG 19. 5. 1941 – II 107/40, HRR 1941 Nr 997). Für Gesamtgläubiger oder Gesamthandsgläubiger des Hauptanspruchs gelten §§ 428 bzw 432 BGB (RG 3. 10. 1915 – VII 271/14, Recht 1916 Nr 200) auch für den Hilfsanspruch (Soergel/Forster § 259 Rn 18; MünchKomm/Krüger § 259 Rn 20). Es ist grundsätzlich Sache der Gesamtgläubiger (§ 428 BGB), die einem von ihnen gelegte Rechnung allen zugänglich zu machen. Das gilt auch für gemeinschaftliche Gläubiger, wenn die Vervielfältigung der Unterlagen dem Schuldner nicht zuzumuten ist. Der Verwalter einer Wohnungseigentumsanlage, der nach § 28 Abs 3 oder 4 WEG Rechenschaft zu legen hat, muss jedem Wohnungseigentümer nach §§ 675, 666 BGB iVm dem Verwaltervertrag Einsicht in die Belege gewähren, nicht aber zwingend Kopien zur Verfügung stellen. Ob es sich dabei um ein aus dem Anspruch auf Abrechnung (§ 28 Abs 3 WEG) und Rechnungslegung (§ 259 BGB) abgeleitetes Recht handelt, oder ob sich das Einsichtsrecht analog § 24 Abs 6 S 3, Abs 7 S 8 WEG oder § 716 Abs 1 BGB ergibt, hat der BGH offengelassen (BGH 11. 2. 2011 – V ZR 66/10, NJW 2011, 1137). Zum Ort der Einsichtnahme vgl Rn 31. Der Verwalter muss auch eine Liste der Wohnungseigentümer mit Namen und Anschriften zur Verfügung stellen (LG Düsseldorf 4. 10. 2018 – 25 S 22/18, juris: aber nicht eine Liste mit E-Mail-Adressen).

20 Ohne den Anspruch, den er vorbereiten soll, kann der Rechenschaftsanspruch als Nebenanspruch **nicht isoliert übertragen** werden (BGH 28. 2. 1989 – XI ZR 91/88, BGHZ 107, 104; so schon RG 9. 3. 1917 – II 516/16, RGZ 90, 19) oder gesetzlich übergehen. Eine Abtretung, Verpfändung oder Pfändung nur des Hilfsanspruchs scheidet grundsätzlich aus, da dieser der Vorbereitung für einen Hauptanspruch dient und nur in diesem Kontext sinnvoll ist (BGH 8. 11. 2005 – XI ZR 90/05, BGHZ 165, 53; Heim WM 1987, 1180). Ausnahmsweise wird eine isolierte Abtretung zugelassen, wenn der Gläubiger seinerseits einem anderen rechenschaftspflichtig ist, wie zB der Erbe dem Pflichtteilsberechtigten (BGH 28. 2. 1989 – XI ZR 91/88, BGHZ 107, 104; Bamberger/Roth/Hau/Poseck/Lorenz § 259 Rn 14). Andererseits geht der Rechenschaftsanspruch als akzessorischer Hilfsanspruch bei **Abtretung des Hauptanspruches** mit über, § 401 BGB. Ebenso geht er über bei **gesetzlicher Übertragung** oder bei **Pfändung** (BGH 8. 11. 2005 – XI ZR 90/05, BGHZ 165, 53) **und Überweisung**. Der Pfändungsgläubiger erwirbt daher mit dem Anspruch des Pfändungsschuldners auch dessen Rechenschaftsanspruch (RG 8. 10. 1915 – 271/14, Recht 1916 Nr 200). Soweit die Geltendmachung gepfändeter Zahlungsansprüche, auch solcher aus einem Girovertrag, eine Rechnungslegung erfordert, folgt der Hilfsanspruch dem gepfändeten Hauptanspruch (BGH 8. 11. 2005 – XI ZR 90/05, BGHZ 165, 53). Dieser Hilfsanspruch ist von dem Anspruch gegen die Bank auf Rechenschaftslegung durch Überlassung von Kontoauszügen und Überweisungsbelegen zu unterscheiden, der sich unmittelbar aus dem Bankvertrag als Rahmenvertrag ergibt, keinen anderen (Haupt-)Anspruch voraussetzt (BGH 8. 11. 2005 – XI ZR

90/05, BGHZ 165, 53), nach § 613 S 2 BGB nicht übertragbar und damit nach § 851 Abs 1 ZPO auch nicht pfändbar ist (MünchKomm/Krüger § 259 Rn 18; LG Itzehoe 10. 5. 1988 – 1 S 292/87, ZIP 1988, 1540).

Im **Erbfall** gehen die Nebenverpflichtung auf Rechenschaftslegung mit der Hauptverpflichtung (BGH 5. 6. 1985 – IVa ZR 257/83, NJW 1985, 3068; 8. 6. 1988 – IVa ZR 57/87, ZIP 1988, 1058 m Anm Keller EWiR 1988, 867) und der Rechenschaftsanspruch mit dem Hauptanspruch über. Der Erbe erwirbt daher einen Auskunftsanspruch von Todes wegen, der sich nach §§ 675, 666 BGB aus der Geschäftsverbindung des Erblassers ergibt (BGH 28. 2. 1989 – XI ZR 91/88, BGHZ 107, 104). Wird der Erbe von Todes wegen rechenschafts- oder auskunftsverpflichtet, kann der Anspruch nach § 275 BGB entfallen, wenn dem Erben notwendige Kenntnisse fehlen (Bamberger/Roth/Hau/Poseck/Lorenz § 259 Rn 15). Der Gläubiger eines Gesellschafters, der dessen Anteil nach § 859 Abs 1 S 1 ZPO gepfändet hat, muss zugleich den Anspruch auf Rechenschaft gegen die übrigen Gesellschafter erwerben, um den Vollstreckungszugriff zu ermöglichen (Soergel/Forster § 259 Rn 17; **aA** RG 1. 4. 1919 – II 227/18, RGZ 95, 231). Der Zugriff auf einzelne Verwaltungsrechte des Schuldners im Zwangsvollstreckungsverfahren ist wegen des Abspaltungsverbots ausgeschlossen (Staudinger/Habermeier [2003] § 717 Rn 9). 21

Sind **Ansprüche** gegen den Berechtigten nach ihrem Umfang von der Rechnungslegung abhängig, so werden sie **erst mit der ordnungsgemäßen Rechnungslegung fällig** (BGH 23. 11. 1981 – VIII ZR 298/80, NJW 1982, 573). Deshalb kann etwa der Mieter nicht mit der Erstattung von Betriebskosten in Verzug geraten, wenn die Rechnungslegung nicht den Erfordernissen des § 259 Abs 1 BGB genügt. 22

Da der Anspruch auf Rechenschaftslegung die Geltendmachung des Hauptanspruchs vorbereiten soll, besteht ein **Zurückbehaltungsrecht gegen einen Anspruch auf Rechenschaftslegung** in aller Regel **nicht** (näher § 273 Rn 83 f). Sehr wohl aber kann der Berechtigte seinen Anspruch auf Rechenschaftslegung mit einem Zurückbehaltungsrecht durchsetzen (BGH 24. 11. 1971 – VIII ZR 81/70, BGHZ 57, 292; Bamberger/Roth/Hau/Poseck/Lorenz § 259 Rn 17); praktisch wichtig ist etwa das Zurückbehaltungsrecht des Mieters gegen Nachforderung von Betriebskosten vor der prüfbaren Abrechnung (BGH 7. 2. 2018 – VIII ZR 189/17, NJW 2018, 1599). 23

IV. Inhalt und Umfang der Rechenschaftspflicht

§ 259 BGB legt zwar den **Inhalt der Rechenschaftspflicht** allgemein fest, die Verpflichtung muss sich aber im Einzelfall dem zugrundeliegenden Rechtsverhältnis anpassen. In diesen Fällen kann ihr Inhalt hinter § 259 BGB zurückbleiben, aber auch darüber hinausgehen. Das Wort „Verwaltung“ ist dabei weit auszulegen: Es muss bspw nicht um eine fortlaufende Verwaltung gehen, verwalten iS des § 259 BGB kann auch derjenige, der in einer erheblichen Anzahl von Fällen und auf Grund eines jeweils besonders gegebenen Auftrags Geschäfte führt, die mit Einnahmen oder Ausgaben verbunden sind (OLG Neustadt 16. 10. 1964 – 1 U 142/64, MDR 1965, 293). Vereinnahmt werden muss nicht unbedingt Geld; auch Forderungen, Rechte oder Kundenstände, also der „good will“ eines Geschäfts, reichen aus. Vergleichbar meint „Ausgaben“ nicht nur, dass Eigenmittel ausgelegt werden, und ist gleichfalls nicht auf Geld beschränkt. 24

25 Ob von einer „Verwaltung“ auszugehen ist, ist vor allem dann schwer zu bestimmen, wenn die Fremdnützigkeit des geschäftlichen Handelns nicht unmittelbar hervortritt. Das betrifft etwa das Verhältnis zwischen Geschäftsinhaber und stillem Gesellschafter (§ 235 Abs 3 HGB), den geschäftsführenden Gesellschafter einer OHG, den Abwickler einer OHG, das Verhältnis der verbliebenen Gesellschafter einer OHG gegenüber dem ausgeschiedenen (§ 140 Abs 2 HGB) oder das Verhältnis der geschäftsführenden Gesellschafter einer OHG gegenüber dem von der Geschäftsführung ausgeschlossenen Gesellschafter über § 118 HGB hinaus, wenn der Zustand der Bücher keinen ausreichenden Aufschluss gibt (RG 30. 6. 1931 – II 477/30, WarnR 1931 Nr 202).

26 **Rechenschaft ablegen heißt** zunächst einmal **Rechnung legen**, dh eine geordnete Zusammenstellung der Einnahmen oder/und der Ausgaben mitteilen (BGH 3. 7. 1984 – X ZR 34/83, BGHZ 92, 62), die in verständlicher, der Nachprüfung auf ihre Richtigkeit und Vollständigkeit zugänglicher Kundgebung der Tatsachen besteht (RG 12. 2. 1930 – I 171/29, RGZ 127, 243). Die Rechnung ist schriftlich zu erteilen (RG 4. 7. 1901 – VI 128/1901, JW 1901, 662); das ergibt sich daraus, dass sie eine Nachprüfung ermöglichen muss. Weil die typische Warnfunktion der zivilrechtlichen Schriftform also nicht angesprochen ist und es nur um Dokumentation geht, muss aber richtigerweise nicht § 126 BGB greifen; eine verlässliche Möglichkeit der Zuordnung reicht aus, jedenfalls die **Textform** des § 126b BGB muss genügen (vgl die Argumentation des BAG zur „schriftlichen“ Zustimmungsverweigerung des Betriebsrats, etwa BAG 11. 6. 2002 – 1 ABR 43/01, NZA 2003, 226). Ein Anspruch auf eine Rechnungslegung in gerade elektronischer Form besteht aber nicht (OLG Karlsruhe 24. 2. 2016 – 6 U 51/14, BeckRS 2016, 14986; **aA** LG Düsseldorf 21. 9. 2017 – 4a O 18/16, MittdtschPatAnw 2018, 73). **Geordnet** ist die Rechnung, wenn sie eine Übersicht der Zahlungsströme bietet, anhand derer ohne Beiziehung eines Sachverständigen das Ergebnis nachvollzogen werden kann (vgl RG 9. 1. 1903 – III 316/02, RGZ 53, 252; BayObLG 6. 10. 1975 – BReg 2 Z 67/75, BayObLGZ 1975, 369; OLG Saarbrücken 25. 8. 1999 – 1 U 1004/98 – 181 u 1 U 1004/98, NZM 1999, 1008). Ein Kontobuch vorzulegen, reicht dafür uU nicht aus (RG 19. 10. 1920 – II 199/20, RGZ 100, 150). Müsste sich der Berechtigte die Übersicht erst erarbeiten, so genügt die Übergabe von Unterlagen nicht (BGH 31. 1. 1963 – VII ZR 284/61, BGHZ 39, 87; OLG Saarbrücken 25. 8. 1999 – 1 U 1004/98 – 181 u 1 U 1004/98, NZM 1999, 1008). Wenn von dem Erklärenden eine konkrete Antwort auf eine Frage erwartet wird (BGH 24. 3. 1959 – VIII ZR 39/58, NJW 1959, 1219), kann die Rechnungslegung auch in der Erklärung bestehen, dass keine Einnahmen vorhanden seien. Diese Erklärung kann mündlich abgegeben werden (KG 12. 1. 1914, Recht 1914 Nr 1797), weil die „schriftliche“ Form ohnehin nur einen Dokumentationszweck verfolgt, der in diesem Sonderfall nicht interessiert. Wesentliche und offensichtliche Lücken in der Rechnungslegung – etwa für bestimmte Zeiträume – führen zur formalen Unvollständigkeit (für Provisionslisten LAG Rheinland-Pfalz 31. 7. 1986 – 1 Ta 117/86, BB 1987, 1038) und zu einem Anspruch auf Ergänzung. Zur Mitteilung der Tatsachengrundlagen für Schätzungen vgl BGH 3. 7. 1984 – X ZR 34/83, BGHZ 92, 62. Zur Rechnung sind **Belege** vorzulegen, soweit solche Belege im Geschäftsleben erteilt zu werden pflegen, dh geschäftsüblich sind; das gilt zB nicht für Trinkgelder oder Portoauslagen, wohl aber für Taxifahrten. Nicht maßgebend ist demgegenüber, ob die Vorlage von Belegen im Rahmen der geschuldeten Rechnungslegung üblich ist (BGH 16. 5. 2017 – X ZR 85/14 – Sektionaltor II, GRUR 2017, 890); dass andere flächig gegen die Anforderungen des § 259 BGB verstoßen, kann den Rechenschaftspflichtigen nicht entlasten. Auch für Ausgaben sind ggf Belege vorzulegen

(aM Dernburg, Bürgl Recht [3. Aufl] § 39 II 5). Eine Sammlung von Belegen vorzulegen und anzubieten, diese mündlich zu erläutern, ist aber keine Rechnungslegung (OLG Köln 30. 11. 1988 – 2 W 228/88, MDR 1989, 451; ähnlich für die Überlassung einer Buchungsübersicht zu einem Bankkonto OLG München 6. 12. 2017 – 7 U 1519/17, ZEV 2018, 149). Rechenschaftspflichtige müssen nicht von sich aus anbieten, die Bücher durch einen unparteiischen Sachverständigen überprüfen zu lassen (OLG Frankfurt 14. 8. 1963 – 6 W 362, 509/62, NJW 1964, 821). Auch kann der Berechtigte nicht verlangen, dass der Rechenschaftspflichtige erlaubt, die Rechnungslegung durch einen Wirtschaftsprüfer nachprüfen zu lassen, indem dieser Einblick in die Geschäftsunterlagen nimmt und sich ergänzend Fragen beantworten lässt (BGH 3. 7. 1984 – X ZR 34/83, BGHZ 92, 62). Das Vertragsverhältnis kann jedoch ergeben, dass Rechnung durch Führung von Büchern und Listen zu legen ist (OLG Celle 23. 9. 1911 – IV ZS, OLGE 28, 57). Was zur Rechnungslegung im Einzelnen erforderlich ist, bestimmt sich (im unbestimmten Rahmen des § 242 BGB) nach den Umständen des Einzelfalls (RG 12. 2. 1930 – I 171/29, RGZ 127, 243). Ein Anspruch auf Überlassung von Kopien der Abrechnungsbelege folgt zwar nicht generell aus § 259 BGB, kann sich aber aus speziellen gesetzlichen Bestimmungen (zB § 29 Abs 2 S 1 NMV) ergeben (BGH 8. 3. 2006 – VIII ZR 78/05, WuM 2006, 202). Zur Belegvorlage im „papierlosen Büro" vgl Lützenkirchen NZM 2018, 266 ff.

Die Pflicht, Belege vorzulegen, kann **wegen Unmöglichkeit** nach § 275 BGB **entfallen**. 27
Dass eine Festplatte, auf der die Daten (zB Belegung einer Ferienwohnung) gespeichert waren, irreparabel beschädigt ist, muss aber noch keine Unmöglichkeit begründen (BGH 3. 11. 2011 – III ZR 105/11, VersR 2012, 63). Mit der Unmöglichkeit der Vorlagepflicht kann uU die Rechenschaftspflicht entfallen, etwa wenn sich die Verwaltung auf eine lange zurückliegende Zeit erstreckt und der Verpflichtete die Aufstellung nicht aus dem Gedächtnis fertigen kann (RAG 14. 4. 1937 – 258/36, ArbRS 30, 34 mit zust Anm Volkmar), oder wenn der Erbe die Verwaltung, die der Erblasser geführt hat, nicht überblicken kann (RG 24. 10. 1932 – IV 223/32, HRR 1933 Nr 569). Sind Aufzeichnungen und andere Hilfsmittel vorhanden, befreien Erinnerungslücken indes nicht (OLG Saarbrücken 25. 8. 1999 – 1 U 1004/98 – 181 u 1 U 1004/98, NZM 1999, 1008; OLG Frankfurt 25. 3. 2013 – 20 W 121/12, ZMR 2013, 647).

Einzelfälle: Eine **Betriebskostenabrechnung** des Wohnraumvermieters ist formell 28
ordnungsgemäß, wenn sie eine geordnete Zusammenstellung der Einnahmen und Ausgaben enthält, die den Mieter in die Lage versetzt, die zur Verteilung anstehenden Kostenpositionen zu erkennen und anhand des ihm mitgeteilten Verteilerschlüssels den auf ihn entfallenden Anteil an diesen Kosten gedanklich und rechnerisch nachzuprüfen. Bei Gebäuden mit mehreren Wohneinheiten gehört zu den Mindestangaben regelmäßig eine Zusammenstellung der Gesamtkosten, die Angabe und – soweit erforderlich – Erläuterung der zugrunde gelegten Verteilerschlüssel, die Berechnung des Anteils des Mieters und der Abzug seiner Vorauszahlungen (st Rspr, BGH 23. 6. 2010 – VIII ZR 227/09, WuM 2010, 493 mwNw; 9. 10. 2013 – VIII ZR 22/13, MDR 2014, 19; 7. 2. 2018 – VIII ZR 189/17, NJW 2018, 1599; zur Heizkostenabrechnung BGH 3. 7. 2013 – VIII ZR 322/12, NJW 2013, 3234). Zu weiteren Einzelheiten der Betriebskostenabrechnung des Vermieters vgl Staudinger/Artz (2018) § 556 Rn 82 ff. Zur **Nebenkostenabrechnung** für die anteilige Miete eines Parkhauses: BGH 2. 10. 1991 – XII ZR 92/90, WM 1991, 2069, 2071; für die Nebenkostenabrechnung für eine Wohnung oder einen gewerblich genutzten Raum in einem großen Gewerbe- und Wohnzentrum: BGH 23. 11. 1981 – VIII ZR 298/80, NJW 1982, 573; zur Nichtberücksichtigung von Soll-

vorschüssen: BerlVerfGH 11. 10. 2001 – VerfGH 7/01, NJW-RR 2002, 80; zur Nebenkostenabrechnung für die Nutzer einer Golfanlage: OLG Düsseldorf 28. 4. 1999 – 11 U 69/98, OLG Rp 1999, 413. Ordnungsgemäß ist dabei nur eine Abrechnung, die aus sich heraus nachvollziehbar ist, auf eine beigefügte Erläuterung kommt es nicht an (BGH 28. 5. 2008 – VIII ZR 261/07, NJW 2008, 2261). Übertrieben wäre es freilich, dem Pächter einer Gaststätte, der über seinen Umsatz Rechnung zu legen hat, die Einrichtung einer Registrierkasse aufzuerlegen (OLG Düsseldorf 8. 2. 1990 – 10 U 112/89, EWiR 1990, 655 [Eckert]). Der Treuhänder bei Errichtung mehrerer Wohnungen (**Bauherrengemeinschaft)** muss seiner umfassenden Rechtsmacht entsprechend eine Gesamtabrechnung über das Vorhaben, nicht nur über die einzelne Wohnung des Berechtigten geben (OLG Köln 17. 2. 1989 – 20 U 103/88, NJW-RR 1989, 528; OLG München 17. 4. 1986 – 1 U 6053/85, DB 1986, 1970). Zu einer **Provisionsrechnung** gehören zB Angaben über Art und Menge der Waren und über die Käufer, nicht aber ein Buchauszug gemäß § 87c Abs 2 u 4 HGB (BAG 25. 6. 1964 – 2 AZR 135/63, AP Nr 3 zu § 242 „Auskunftspflicht"; speziell zur Art der Provisionsabrechnung nach § 87c Abs 1 HGB Stötter DB 1983, 867 ff). Der Verwalter eines Geschäfts muss am Ende der Geschäftsführung die vorhandenen Waren und Einrichtungsgegenstände aufzeichnen (RG 1. 12. 1924 – VI 1004/23, Recht 1925 Nr 6). Mit Blick auf Auskunftsansprüche von Genussscheininhabern reicht die Mitteilung des Jahresabschlusses der Aktiengesellschaft aus (BGH 14. 6. 2016 – II ZR 121/15, NZG 2016, 983).

29 **Der Umfang und damit auch die Grenzen der Pflicht zur Rechnungslegung** ergeben sich im Einzelfall unter Berücksichtigung des Grundsatzes von Treu und Glauben, § 242 BGB (BGH 15./16. 6. 1970 – V ZR 90/67, LM zu § 242 [Be] Nr 25; 7. 12. 1977 – VIII ZR 164/76, BGHZ 70, 86; 23. 11. 1981 – VIII ZR 298/80, NJW 1982, 573; 17. 5. 1994 – X ZR 82/92, NJW 1995, 386). Stehen die Parteien im geschäftlichen Wettbewerb, kann Rechenschaft nicht in einer Weise gefordert werden, welche in diesem Wettbewerb missbräuchlich ausgenutzt werden kann (OLG Dresden 9. 3. 1916 – 1 O 26/15, SeuffA 72 Nr 17; RG 28. 9. 1934 – II 72/34, SeuffA 89 Nr 25; BGH 28. 10. 1953 – II ZR 149/52, BGHZ 10, 385 = LM Nr 1 zu § 259 mit Anm Benkard; vgl auch Köhler NJW 1992, 1477, 1481). Das gilt insbesondere bei Wettbewerbsverletzungen iwS (vgl auch oben Rn 15). Grundsätzlich hat der Patentverletzer etwa auch Namen und Anschriften der Abnehmer anzugeben (mit Blick auf Internetwerbung auch die Domain, Zugriffszahlen und Schaltungszeiträume, OLG Karlsruhe 24. 2. 2016 – 6 U 51/14, BeckRS 2016, 14986). Damit er dabei aber den Konkurrenten im Wettbewerb nicht über seinen Kundenstamm informieren muss, genügt es, wenn man ihm auferlegt, die Namen einem unabhängigen Wirtschaftsprüfer zur Überprüfung der Rechnung mitzuteilen und die Nachprüfbarkeit der Rechenschaftslegung durch den Wirtschaftsprüfer sicherzustellen und die Kosten zu tragen (sog **„Wirtschaftsprüfervorbehalt"**; BGH 22. 11. 1957 – I ZR 144/56, BGH LM 260 Nr 6; ähnlich BGH 23. 3. 1966 – VIII ZR 295/63, NJW 1966, 1117 bei Verletzung eines Alleinverkaufsrechts; vgl auch oben Rn 15; ähnlich OLG Koblenz 25. 10. 1990 – 5 U 1818/88, DB 1991, 852 [Wettbewerbsverbot]; Köhler NJW 1992, 1477, 1481; Stürner 372; zur Kostentragung BGH 2. 4. 1957, I ZR 58/56, LM PatG § 47 Nr 5 m zust Anm Nastelski). Dieses Geheimnisschutzmodell wendet der BGH (für den Auskunftsanspruch eines Drehbuchautors gegen einen privaten Fernsehsender BGH 4. 9. 2014 – I ZR 30/14, ZUM 2015, 53) auch außerhalb direkter Wettbewerbsverhältnisse an, Rechnung wird dann gegenüber einer zur Berufsverschwiegenheit verpflichteten Person gelegt.

30 Die Verpflichtung zur Rechenschaftslegung **entfällt** gemäß **§ 242 BGB** ausnahmsweise, wenn der Berechtigte sich unschwer hinreichende Informationen selbst ver-

schaffen kann (BGH 15./16. 6. 1970 – V ZR 90/67, LM § 242 [Be] Nr 25; MünchKomm/Krüger § 259 Rn 35), sich etwa leicht aus eigenen Unterlagen informieren kann (BGH 24. 6. 1971 – VII ZR 68/70, WM 1971, 1196) oder wenn er die Informationen bereits hat (Soergel/Forster § 259 Rn 37; MünchKomm/Krüger § 259 Rn 35). Nicht generell ausgeschlossen ist der Anspruch, weil sich der Verpflichtete darin einer strafbaren Handlung selbst bezichtigen müsste (BGH 30. 4. 1964 – VII ZR 156/62, BGHZ 41, 318). Ein Zwang zur Selbstbezichtigung ist trotz Beeinträchtigung des allgemeinen Persönlichkeitsrechts dann nicht unzumutbar, wenn schutzwürdige Belange Dritter betroffen sind, vgl etwa § 97 Abs 1 InsO. Dabei muss freilich ausgeschlossen sein, dass die Informationen in einem Strafverfahren gegen den Rechenschaftspflichtigen verwendet werden; auch die Anordnung von Zwangsmitteln im Einzelfall unverhältnismäßig sein. Deshalb ist immer zu prüfen, ob gegenüber der Erzwingung der Auskunft eines bestimmten Inhalts, die der Verpflichtete vorgibt, so nicht erteilen zu können, die eidesstattliche Versicherung (§§ 259, 260 BGB) das mildere Mittel wäre (BVerfG 13. 1. 1981 – 1 BvR 116/77, BVerfGE 56, 37; 28. 10. 2010 – 2 BvR 535/10, BVerfGK 18, 144). Der Anspruch auf Auskunft und Rechnungslegung geht nicht zwingend mit dem Ende des Vertrages, aus dem er sich ergibt, unter (wohl aber zusammen mit dem Hauptanspruch, Rn 18). Er kann allerdings, wenn er jahrelang nicht geltend gemacht worden ist, durch Zeitablauf entfallen, seine Geltendmachung nach Treu und Glauben verwirkt sein (OLG Koblenz 17. 10. 2002 – 5 U 1735/01, WuM 2002, 616). An dem für die Verwirkung erforderlichen Umstandsmoment fehlt es, wenn der Anspruchsberechtigte Tatsachen nachweist, die geeignet sind, nachträglich Zweifel an der Zuverlässigkeit des Pflichtigen zu erwecken, also den Verdacht begründen, dass sein Vertrauen nicht angebracht war (BGH 31. 1. 1963 – VII ZR 284/61, BGHZ 39, 87; OLG Saarbrücken 25. 8. 1999 – 1 U 1004/98 – 181 u 1 U 1004/98, NZM 1999, 1008). Das Datenschutzrecht kann den Anspruch ebenso begrenzen wie berufliche Schweigepflichten; insbesondere für Letztere kommt es aber darauf an, in wessen Interesse die Pflicht besteht (BGH 30. 11. 1989 – III ZR 112/88, BGHZ 109, 260). Ist der Rechenschaftspflichtige aus Alters- oder Krankheitsgründen zur Eigenleistung nicht mehr in der Lage, kann er zur Rechnungslegung Dritte heranziehen (noch Rn 38).

Leistungsort ist grundsätzlich – dh, vorbehaltlich abweichender Vereinbarungen – 31
der der Hauptverpflichtung. Für die Pflicht eines Verwalters von Eigentumswohnungen zur Rechnungslegung gemäß §§ 675, 666 BGB, § 28 Abs 3 u 4 WEG (oben Rn 19) ist der Leistungsort damit grundsätzlich in den Geschäftsräumen des Verwalters, weil hier der Schwerpunkt der Verwaltertätigkeit liegt (BGH 11. 2. 2011 – V ZR 66/10, NJW 2011, 1137), nicht am Ort der Wohnhausanlage (**aA** OLG Karlsruhe 21. 8. 1969 – 3 W 47/69, NJW 1969, 1968). Bei Abrechnung von Mietnebenkosten ist es der Ort der überlassenen Mietsache (AG Mönchengladbach-Rheydt 14. 11. 1978 – 11 C 438/78, MDR 1979, 1024; LG Hanau 19. 2. 1980 – 2 S 297/79, WoM 1981, 102; AG Wuppertal 6. 1. 1982 – 93 [33] C 542/81, WoM 1983, 208). Dort ist die Rechnung mitzuteilen und sind Belege vorzulegen, nicht aber diese zu überlassen. Id Sinne muss der Vermieter die Unterlagen über die Heizkostenabrechnung nicht allen Mietern überlassen oder gar in die Wohnung zusenden; es genügt, wenn er sie in seinem nahegelegenen Büro oder an einem anderen geeigneten (dh: ortsnahen) Platz zur Einsichtnahme bereitstellt. **Herausgabe der Belege** kann jedoch verlangt werden, wenn sich das aus dem zugrundeliegenden Rechtsverhältnis, zB § 667 BGB, ergibt; doch ist der Verpflichtete auch dann nicht gezwungen, die Belege herauszugeben, bevor ihm Entlastung erteilt worden ist: Er müsste sonst uU die eigene Beweisführung vereiteln.

V. Ansprüche bei mangelhafter Rechnungslegung

1. Ergänzungsanspruch wegen formeller Mängel

32 Ist die mitgeteilte Rechnung (mit Blick auf die Rn 24, 26 erläuterten Anforderungen) **formell unzureichend**, kann der Berechtigte entweder eine neue, ordnungsgemäße Rechnung verlangen, aber auch (nur) **Ergänzung der Rechnung und Vorlage der Belege** (RG 12. 1. 1914 – IV 492/13, RGZ 84, 41; 19. 10. 1920 – II 199/20, 100, 150). Der Berechtigte kann bei nachweisbar oder offensichtlich unvollständiger Rechnungslegung (formeller Mangel) nicht auf die Möglichkeit verwiesen werden, eine eidesstattliche Erklärung zu verlangen. Vielmehr besteht ein gegebenenfalls nach § 888 ZPO zu vollstreckender Anspruch auf Ergänzung der Auskunft (BGH 16. 9. 1982 – X ZR 54/81, GRUR 1982, 723 zu geschätzten Angaben statt eines konkreten Zahlenwerks; OLG Hamburg 31. 1. 2002 – 3 U 72/01, NJW-RR 2002, 1292). Das gilt etwa, wenn ein ganzer Vermögensteil ausgelassen ist. Hier kann hinsichtlich dieses Teiles eine weitere Klage auf Rechnungslegung erhoben werden, weil insoweit auch formell noch nicht Rechnung gelegt ist (RG 12. 1. 1914 – IV 492/13, RGZ 84, 41). Dasselbe muss gelten, wenn der Verpflichtete ersichtlich rechtsirrig den Umfang seiner Verpflichtung falsch bestimmt hat, oder wenn er die Rechenschaft in Teilakten für abgrenzbare Gegenstände gibt (BGH 18. 10. 1961 – V ZR 192/60, NJW 1962, 245). Anders zu behandeln sind Fälle, in denen die ganze (formal ansonsten korrekte) Rechnungslegung auf Grund gefälschter Bücher erstellt wurde (**aA** RG 7. 7. 1932 – IV 162/32, HRR 1933 Nr 465): Hier geht es um einen inhaltlichen Mangel. Ob die Rechnung **inhaltlich richtig und vollständig** ist (zur Frage inhaltlich unrichtiger Rechnungslegung RG 10. 10. 1941 – VII 42/41, RGZ 167, 328), kann mit Blick auf die formalen Anforderungen des Abs 1 schon systematisch keine Rolle spielen: Aus Abs 2 (noch Rn 33 ff) folgt insoweit ein eigenes Rechtsfolgenregime. Erkennt der Rechenschaftspflichtige die Unrichtigkeit der Rechnung, kann er diese durch eine berichtigte Rechnung ersetzen und letztere für maßgeblich erklären (BGH 16. 9. 1982 – X ZR 54/81, MDR 1983, 128). Dass der Rechenschaftsberechtigte die inhaltliche Unrichtigkeit oder Unvollständigkeit der Rechnung unterstellt, berechtigt ihn nicht dazu, Ergänzung der Rechnung zu fordern, sondern löst allenfalls den Anspruch auf Abgabe einer eidesstattlichen Versicherung iS des Abs 2 aus (RG 12. 1. 1914 – IV 492/13, RGZ 84, 41; BAG 26. 11. 1971 – 3 AZR 220/71, AP Nr 26 zu § 611 BGB Konkurrenzklausel mit Anm Küchenhoff; BGH 29. 10. 1957 – I ZR 192/56, LM Nr 3 und 6 zu § 254 ZPO; **aM** OLG Kassel 7. 3. 1921 – I ZS, OLGE 41, 131). Dogmatisch ist nur die formell unzureichende Rechnungslegung erfüllungsuntaugliches aliud, die Verpflichtung nach Abs 1 ist aber (wenngleich schlecht) erfüllt, wenn eine formell ordnungsmäßige Rechnung gelegt, eine Zusammenstellung der Einnahmen und Ausgaben usw übergeben ist (RG 16. 5. 1917 – VI 117/17, LZ 1917, 1251). Die Abgrenzung zwischen einer den Ergänzungsanspruch auslösenden offensichtlichen Unvollständigkeit und einer den Anspruch auf Abgabe einer eidesstattlichen Versicherung auslösenden sorgfaltswidrigen Unrichtigkeit, die immer (auch) eine Unvollständigkeit ist, weil die richtigen Angaben fehlen, kann problematisch sein und ist unter Abwägung der Interessen der Parteien vorzunehmen (BGH 16. 9. 1982 – X ZR 54/81, MDR 1983, 128). Bereitet die Abgrenzung im Einzelfall Schwierigkeiten, hat das Gericht vor dem Hintergrund des Persönlichkeitsrechts des Rechenschaftspflichtigen eine Verhältnismäßigkeitsprüfung vorzunehmen, ob die eidesstattliche Versicherung über die Richtigkeit und Vollständigkeit der Rechnungslegung als milderes Mittel genügt, um das Interesse des Gläubigers zu wahren, oder ob es des schärferen Mittels der Zwangsgeldfest-

setzung nach § 888 ZPO bedarf (zum Auskunftsanspruch nach § 260 BVerfG 28. 10. 2010 – 2 BvR 535/10, BVerfGK 18, 144).

2. Anspruch auf Abgabe einer eidesstattlichen Versicherung wegen mangelnder Sorgfalt

Unter Umständen schuldet der Rechenschaftspflichtige nach Abs 2 auch die **Abgabe einer eidesstattlichen Versicherung** (früher: „Offenbarungseid"; die ältere Judikatur zum Offenbarungseid kann weiter herangezogen werden, da sich am Rechtscharakter der nach § 156 StGB strafbewehrten Versicherung nichts geändert hat). Voraussetzung ist ein **Grund zu der Annahme, dass** die in der Rechnung enthaltenen **Angaben über die Einnahmen nicht mit der erforderlichen Sorgfalt** gemacht und, wie selbstverständlich zu ergänzen ist, infolgedessen inhaltlich unvollständig und damit auch **unrichtig** sind. Unvollständigkeit allein genügt also nicht; sie muss auf mangelnder Sorgfalt des Verpflichteten beruhen (BGH 3. 7. 1984 – X ZR 34/83, BGHZ 92, 62). Insoweit sind die subjektiven Möglichkeiten des Rechenschaftspflichtigen zu berücksichtigen (RG 16. 1. 1922 – IV 445/21, LZ 1922, 406). Die Ausgaben richtig und vollständig anzugeben, liegt grundsätzlich im Eigeninteresse des Rechenschaftspflichtigen (vgl dazu BAG 16. 6. 1976 – 3 AZR 370/66, AP Nr 2 zu § 195 BGB m Anm Herschel) und muss nicht sanktioniert werden. Anders verhält es sich aber bei der Rechnungslegung über die Schulden einer Gesellschaft, bei der der Auskunftsverpflichtete Schuldenstand und Schuldenhaftung darlegen muss (OLG Köln 11. 6. 1990 – 2 U 246/89, FamRZ 1990, 1128). Ausnahmen gelten auch beim Testamentsvollstrecker, um sicherzustellen, dass die interne Schuldenhaftung nicht falsch dargestellt wird (RG 20. 9. 1913 – IV 243/13, Gruchot 58, 441), und beim Schadensersatzpflichtigen, bei dem sich die Versicherung an Eides Statt auch auf seinen Gewinn mindernde Kosten erstreckt (BGH 3. 7. 1984 – X ZR 34/83, BGHZ 92, 62). Auf die Annahme, die Rechenschaft sei zu einem falsch errechneten Stichtag abgelegt worden, kann das Verlangen einer eidesstattlichen Versicherung nicht gestützt werden (OLG Hamm 8. 7. 1992 – 5 UF 282/90, FamRZ 1993, 194; Bamberger/Roth/Hau/Poseck/Lorenz § 259 Rn 27). 33

Da die Pflicht zur Abgabe einer eidesstattlichen Versicherung voraussetzt, dass Grund zu der Annahme besteht, das Einnahmenverzeichnis sei unvollständig, kann die eidesstattliche Versicherung niemals verlangt werden, bevor die Rechnung gelegt ist (allg Meinung, etwa BGH 28. 10. 1953 – II ZR 149/52, BGHZ 10, 385; Bamberger/Roth/Hau/Poseck/Lorenz § 259 Rn 27). Deshalb kann ein Antrag auf Verurteilung zur Abgabe einer eidesstattlichen Versicherung allenfalls im Wege der Stufenklage des § 254 ZPO mit der Klage auf Rechnungslegung verbunden werden. 34

Ist Rechnung gelegt, genügt ein auf Tatsachen gegründeter **Verdacht, dass die Einnahmen sorgfaltswidrig unvollständig angegeben sind**, um den Anspruch auf Abgabe einer eidesstattlichen Versicherung zu begründen. Die mangelnde Sorgfalt kann darin liegen, dass die Rechnung sich nicht auf alle Gebiete erstreckt, auf die sie sich hätte erstrecken müssen (RG 27. 11. 1942 – VII 49/42, DR 1943, 407), zB wenn der Verkaufskommissionär nur Nettoeinnahmen angibt (BGH 8. 5. 1961 – II ZR 205/59, LM Nr 6 zu § 254 ZPO). Da Abs 2 den Verdacht mangelnder Sorgfalt genügen lässt, berechtigt ein Grund zur Annahme vorsätzlicher Unvollständigkeit des Einnahmeverzeichnisses erst recht dazu, eine eidesstattliche Versicherung zu fordern (vgl RG 10. 3. 1919 – IV 373/18, WarnR 1919 Nr 117: „mangelnder Sorgfaltswille"). Der Anspruch ist aber 35 nicht schon deshalb gegeben, weil die den Rechnungslegungsanspruch begründende Handlung schuldhaft war (BGH 23. 3. 1966 – VIII ZR 295/63, NJW 1966, 1117).

36 Dass ein **Grund zu der Annahme** besteht, die Einnahmen seien ohne Sorgfalt unvollständig angegeben, **muss der Berechtigte**, der die eidesstattliche Versicherung verlangt, (darlegen und ggf) **beweisen** (Hanseatisches OLG 14. 4. 2011 – 4 UF 163/10, FamRZ 2011, 1741). Er muss aber nicht etwa die tatsächliche Unvollständigkeit der Einnahmen beweisen, sondern nur Tatsachen, welche die Annahme der Unvollständigkeit, also den **Verdacht** begründen. Ob der Verdacht begründet ist, ist im Wesentlichen Tatfrage (BayObLG 7. 3. 1923, BayObLGZ 22 A, 188; OLG Düsseldorf 8. 8. 2013 – I-2 U 8/13, BeckRS 2014, 1153). Der Verdachtsgrund muss nicht notwendig aus der Rechnung selbst und ihren Anlagen abgeleitet werden, sondern kann sich auch aus anderen Tatsachen ergeben, zB aus dem augenscheinlichen Bemühen eines wenig vertrauenswürdigen Schuldners, die Ansprüche des Gläubigers als nicht vorhanden hinzustellen, iVm einer tiefgehenden Verstimmung zwischen den Parteien (RG 10. 3. 1919 – IV 373/18, WarnR 1919 Nr 117). Sogar die ständige unberechtigte Weigerung des Schuldners, Rechnung zu legen, soll die Besorgnis der Unvollständigkeit der schließlich gelegten Rechnung rechtfertigen können (KG 20. 5. 1920 – 19 U 1585 19, KGBl 1920, 91). Auch darin, dass der Schuldner seine Angaben zunächst unvollständig oder unrichtig gemacht und erst später vervollständigt oder berichtigt hat, kann ein Grund für die Annahme liegen, dass die schließlich vorliegende Rechnung nicht mit der erforderlichen Sorgfalt aufgestellt worden ist. Diese Annahme kann nicht dadurch ausgeräumt werden, dass der Schuldner im Rechtsstreit über die Verpflichtung zur Abgabe einer eidesstattlichen Versicherung versichert, er habe die schließlich als endgültig vorgelegte Zusammenstellung so vollständig als möglich gefertigt (BGH 4. 12. 1959 – I ZR 135/58, DB 1960, 85).

37 Steht im Zeitpunkt der letzten mündlichen Verhandlung über die Klage auf Abgabe der eidesstattlichen Versicherung fest, dass die Rechnung richtig und vollständig ist, so kann die Versicherung nicht mehr verlangt werden, auch wenn zuvor der Verdacht der Unvollständigkeit der Rechnung begründet war (OLG Naumburg 12. 2. 1926 – 3 U 145/25, JW 1927, 866).

38 Die Verpflichtung zur Rechnungslegung wie auch zur Abgabe einer eidesstattlichen Versicherung ist grundsätzlich eine **höchstpersönliche Verpflichtung des Schuldners**, eine **nicht vertretbare Handlung** (zur Rechnungslegungspflicht aus § 28 Abs 4 WEG BayObLG 18. 4. 2002 – 2 Z BR 9/02, NZM 2002, 489, aber anders zur Jahresabrechnung nach § 28 Abs 3 WEG; KG 30. 6. 1972 – 1 W 1386/71, NJW 1972, 2093; Soergel/Forster § 259 Rn 44; MünchKomm/Krüger § 259 Rn 41 zur eidesstattlichen Versicherung). Gleichwohl meint der BGH, Rechenschaftspflichtige könnten zur Rechnungslegung auch Dritte heranziehen, wenn sie aus Alters- oder Krankheitsgründen zur Eigenleistung nicht mehr in der Lage sind (BGH 5. 2. 2001 – II ZB 7/00, NJW 2001, 1284); das setzt voraus, dass der Rechenschaftspflichtige dem Dritten zumindest noch erforderliche Kenntnisse über die eigene Verwaltung verschaffen kann, andernfalls tritt – wie im Erbfall (Rn 21) – Unmöglichkeit ein. Die Übergabe der Rechnung mit Belegen kann nicht durch Vernehmung der Hilfspersonen des Rechnungspflichtigen, welche die Rechnung tatsächlich gefertigt haben, als Zeugen für die Richtigkeit der Rechnung ersetzt werden. Ein solcher Zeugenbeweis kann aber als Gegenbeweis gegen die Behauptung in Betracht kommen, dass begründeter Anlass zur Annahme der Unvollstän-

digkeit der Angaben über die Einnahmen bestehe (RG 6. 4. 1927 – I 272/26, RG Recht 1927 Nr 1401). Andererseits kann die eidesstattliche Versicherung nicht verlangt werden, wenn der Gläubiger einen vertraglichen Anspruch auf Einsicht der Bücher durch einen Sachverständigen hat und diesen Anspruch noch nicht geltend gemacht hat (OLG Hamburg 14. 7. 1961 – 1 U 42/16, MDR 1961, 1012). Bei einer Gesellschaft hat nach hM der Geschäftsführer oder der Vorstand die eidesstattliche Erklärung abzugeben (RG 22. 6. 1929 – I 327/28, RGZ 125, 256; BGH 8. 12. 1960 – II ZR 223/59, BB 1961, 190). Das ist zwar insofern unbefriedigend, als Geschäftsführer und Vorstand dann strafrechtlich verantwortlich sind, regelmäßig aber nicht über die entsprechenden Detailkenntnisse verfügen, sondern nur versichern können, was andere für sie aufbereitet haben (kritisch Brandi/Dohrn GRUR 1999, 131, 132, die dem Gesellschaftsorgan eine Ersetzungsbefugnis zur Leistung der Versicherung durch den Autor der Auskunft zugestehen möchten). Eine Abwälzung des strafrechtlichen Risikos auf Arbeitnehmer der Gesellschaft oder andere Dritte ist jedoch abzulehnen (OLG Düsseldorf 8. 8. 2013 – I-2 U 8/13, 2 U 8/13, BeckRS 2014, 1153).

Stirbt der zur Rechnungslegung Verpflichtete **nach Rechnungslegung, aber vor Abgabe der eidesstattlichen Versicherung**, so geht die Pflicht zur Abgabe einer eidesstattlichen Versicherung ebenso wie vor Rechnungslegung die Rechnungslegungspflicht (Rn 21) auf den Erben als Nachlassverbindlichkeit über (BGH 8. 6. 1988 – IVa ZR 57/87, BGHZ 104, 369 mit krit Anm Keller EWiR 1988, 867; MünchKomm/Krüger § 259 Rn 41). Der Erbe kann die Richtigkeit und Vollständigkeit der noch vom Erblasser gelegten Rechnung allerdings nur im Rahmen seiner uU beschränkten Kenntnis und Prüfungsmöglichkeiten versichern (MünchKomm/Krüger § 259 Rn 41). Räumt der Erbe durch eigene Ergänzungen und Berichtigungen alle Mängel der Abrechnung des Erblassers – von sich aus und vor Verurteilung zur Abgabe der eidesstattlichen Versicherung – aus, kann der Anspruch auf die eidesstattliche Versicherung nach dem Rechtsgedanken des § 259 Abs 3 BGB nachträglich entfallen (BGH 8. 6. 1988 – IVa ZR 57/87, ZIP 1988, 1058). 39

Inhaltlich muss an Eides Statt versichert werden, dass der zur Rechenschaftslegung Verpflichtete die Einnahmen so vollständig angegeben habe, als er dazu imstande sei (§ 259 Abs 2 BGB). Besteht die Rechnung aus mehreren selbstständigen Teilen, kann die eidesstattliche Versicherung auf einzelne Teile der Rechnung beschränkt werden (OLG Naumburg 12. 2. 1926 – 3 U 145/25, JW 1927, 866). Geht der Anspruch nur auf Vervollständigung einer Rechnung, kann die eidesstattliche Versicherung dem angepasst werden (RG 27. 11. 1942 – VII 49/42, DR 1943, 407). Das Gericht kann ohnehin eine den Umständen entsprechende Änderung der eidesstattlichen Versicherung beschließen (§ 261 Abs 2 BGB). 40

In **Angelegenheiten von geringer Bedeutung** besteht kein Anspruch auf die eidesstattliche Versicherung, § 259 **Abs 3 BGB**. Von geringer Bedeutung ist eine Angelegenheit, wenn der ganze Gegenstand der Rechenschaftsablegung geringfügig ist, aber auch dann, wenn dieser Gegenstand zwar an sich bedeutend ist, aber nur Verdacht auf eine geringfügige Unvollständigkeit besteht (MünchKomm/Krüger § 259 Rn 43; Soergel/Forster § 259 Rn 46; Bamberger/Roth/Hau/Poseck/Lorenz § 259 Rn 28). In letzterem Falle ergibt sich schon aus § 242 BGB, dass die eidesstattliche Versicherung nicht verlangt werden kann. 41

42 Die Verpflichtung zur Abgabe der eidesstattlichen Versicherung nach § 259 Abs 2 BGB ist zwar Ausfluss der Verpflichtung zur Rechenschaftsablegung, zugleich aber **selbstständige Verpflichtung neben** die Pflicht zur Rechnungslegung. Hieraus ergibt sich, dass die Pflicht zur Abgabe der eidesstattlichen Versicherung **nicht aus jeder Verpflichtung zur Rechnungslegung** folgt, sondern nur, soweit diese Verpflichtung zur Rechnungslegung gerade auf einer Pflicht zur Rechenschaftsablegung beruht (zur Abgrenzung s oben Rn 4). Ordnet das Gesetz also eine unmittelbare Verpflichtung zur Rechnungslegung an, besteht daher nicht ohne weiteres auch eine Pflicht zur Abgabe der eidesstattlichen Versicherung (Soergel/Forster § 259 Rn 39).

43 Die Ansprüche eines Auskunftsberechtigten auf Leistung der eidesstattlichen Versicherung nach § 259 Abs 2 BGB und auf **Bucheinsicht aus § 810 BGB** stehen grundsätzlich gleichrangig nebeneinander, das Recht auf Bucheinsicht ist gegenüber der eidesstattlichen Versicherung in der Regel weder vorrangig noch subsidiär (BGH 20. 1. 1971 – VIII ZR 251/69, BGHZ 55, 201 zum Verhältnis von §§ 260 und 810 BGB; unentschieden für ein vertragliches Bucheinsichtsrecht BGH 18. 2. 1998 – VIII ZR 376/96, NJW 1998, 1636). Allerdings fehlt einer Klage auf Abgabe der eidesstattlichen Versicherung das Rechtsschutzbedürfnis, wenn die gesetzliche oder vertragliche Bucheinsicht das Begehren des Klägers voraussichtlich schneller, besser und ohne zusätzliche Inanspruchnahme gerichtlicher Hilfe erreicht (BGH 20. 1. 1971 – VIII ZR 251/69, BGHZ 55, 201; 18. 2. 1998 – VIII ZR 376/96, NJW 1998, 1636, 1637). Besonderheiten gelten im **Handelsvertreterrecht**: Ein Handelsvertreter kann in entsprechender Anwendung der §§ 259, 260 BGB uU die eidesstattliche Versicherung über die Richtigkeit des ihm gemäß § 87c Abs 2 HGB zu erteilenden Buchauszugs fordern. Doch ist der Anspruch auf die eidesstattliche Versicherung gegenüber dem Recht auf Bucheinsicht nicht gleichrangig, tritt hinter dieses als subsidiär zurück (BGH 16. 5. 1960 – VII ZR 206/59, BGHZ 32, 302; 20. 1. 1971 – VIII ZR 251/69, BGHZ 55, 201).

VI. Prozessuale Durchsetzung

44 Mit der Klage auf Rechnungslegung kann die Klage auf Abgabe der eidesstattlichen Versicherung sowie die Klage auf Herausgabe desjenigen verbunden werden, was der Beklagte gemäß einer richtigen Rechnung aus dem zugrunde liegenden Rechtsverhältnis schuldet (sog **Stufenklage** gem § 254 ZPO; vgl hierzu bes Reichel ZZP 37, 49 ff). In diesem Fall kann die Leistungsklage auf Herausgabe ausnahmsweise unbestimmt erhoben werden, bis die Rechnung mitgeteilt oder die eidesstattliche Versicherung geleistet worden ist (vgl Reichel ZZP 37, 49, 56). Bei solchen Verfahren wird über die Verpflichtung zur Rechnungslegung oder Abgabe der eidesstattlichen Versicherung durch **Teilurteil** entschieden, § 301 ZPO. Dass ein positives Urteil auf Abgabe der eidesstattlichen Versicherung nicht ergehen kann, bevor die Rechnung gelegt ist, ergibt sich aus dem materiellen Recht. Der Übergang von der Klage auf Rechenschaftslegung zur Zahlungsklage ist gem § 264 Nr 2 u 3 ZPO keine Klageänderung und damit jederzeit zulässig (BGH 8. 11. 1978 – VIII ZR 199/77, NJW 1979, 925). Eine Berufung des rechnungslegungspflichtigen Vermieters ist nicht deshalb unzulässig, weil er sie mit dem Ziel einlegt, die als nicht prüffähig zurückgewiesene Abrechnung aufzuschlüsseln (OLG Dresden 12. 3. 2002 – 5/23 U 2557/01, NJW-RR 2002, 801).

45 Kommt der Beklagte einer Verpflichtung zur Auskunftserteilung und Rechnungslegung erst nach rechtskräftiger Verurteilung nach, und ergibt die schuldhaft erst

nach Erhebung der Stufenklage erfolgte Rechnungslegung, dass dem Kläger kein Zahlungsanspruch zusteht, steht dem Kläger gegen den Beklagten ein materiellrechtlicher Anspruch auf Erstattung der durch die verspätete Auskunft entstandenen Verfahrenskosten aus §§ 280 Abs 1 und 2, 286 BGB zu (BGH 5. 5. 1994 – III ZR 98/93, JZ 1994, 1009 zu § 286 aF).

Über die Pflichten des Verwalters gegenüber der Wohnungseigentümergemeinschaft zur Auskunft und **Rechnungslegung nach dem WEG** wird seit dem 1. 7. 2007 auf Grund des Gesetzes zur Änderung des Wohnungseigentumsgesetzes und anderer Gesetze (BGBl I 370) im ZPO-Verfahren entschieden. Der Anspruch der Wohnungseigentümergemeinschaft auf Auskunft und Rechnungslegung gegen den Verwalter ist ein praktisch wichtiges Anwendungsfeld der §§ 259, 260 BGB. 46

Die **Zwangsvollstreckung aus einem Urteil auf Rechenschaftsablegung** ist nur nach **§ 888 ZPO**, nicht nach § 887 ZPO möglich, da die Verpflichtung nur von dem Rechenschaftspflichtigen in Person erfüllt werden kann (zur Rechnungslegungspflicht aus § 28 Abs 4 WEG BayObLG 18. 4. 2002 – 2 Z BR 9/02, NZM 2002, 489; KG 30. 6. 1972 – 1 W 1386/71, NJW 1972, 2093; vgl dazu Büttner 629 ff). Soweit der Verpflichtete, zB aus Alters- oder Gesundheitsgründen auf die Mitwirkung Dritter, zB eines Steuerberaters, angewiesen ist, muss er durch Finanzierung der Dienste des Dritten die Rechnungslegung ermöglichen. Geben beteiligte Dritte Urkunden nicht heraus oder verweigern notwendige Mitwirkungshandlungen, ist das im Rahmen des § 888 ZPO zu berücksichtigen (KG 30. 6. 1972 – 1 W 1386/71, NJW 1972, 2093; LG Aurich 20. 9. 1972 – 3b T 121/72, MDR 1973, 144; OLG Köln 9. 9. 1991 – 2 W 126/91, NJW-RR 1992, 633). Ist ein Vollstreckungsantrag nach § 888 ZPO rechtskräftig abgewiesen worden, weil die Verpflichtung aus dem Titel entgegen der Auffassung des Gläubigers als erfüllt erachtet wurde, kann der Gläubiger nicht auf die Feststellung klagen, der Schuldner habe seine Pflicht zur Rechnungslegung bisher nicht erfüllt (RG 10. 10. 1941 – VII 42/41, RGZ 167, 328). Eine einstweilige Einstellung der Zwangsvollstreckung (§§ 707, 719 ZPO) einer Verurteilung zur Auskunftserteilung kommt grundsätzlich nicht in Betracht, wenn der Schuldner in der Berufungsinstanz weder einen ihm zumutbaren Vollstreckungsschutzantrag nach § 712 ZPO gestellt, noch auf die Aufnahme eines Wirtschaftsprüfervorbehalts in die Verurteilung hingewirkt hat (BGH 16. 9. 1998 – X ZR 107/98, NJW 1998, 3570). 47

Die Zwangsvollstreckung aus einem Urteil auf Abgabe der eidesstattlichen Versicherung erfolgt nach §§ 889, 888 ZPO. Der Schuldner ist von der eidesstattlichen Versicherung nicht deshalb befreit, weil er sich darin einer strafbaren Handlung bezichtigen müsste (BGH 30. 4. 1964 – VII ZR 156/62, NJW 1964, 1469). Mit Blick auf Zuständigkeit und Kosten vgl § 261 BGB. 48

Für den **Streitwert** einer Klage auf Rechnungslegung wird nach § 3 ZPO ein Bruchteil (höchstens $1/2$) des Anspruchs angesetzt, dessen Geltendmachung er vorbereiten soll. Maßgeblich ist insoweit das Interesse des Klägers an der begehrten Information zur Erleichterung der Geltendmachung des Leistungsanspruchs (Schneider MDR 1974, 271, 273). Die **Beschwer** (iS des § 511 ZPO) des zur Rechnungslegung verurteilten Gläubigers richtet sich dagegen nach dem Interesse, die Rechenschaft nicht ablegen zu müssen. Zeit- und Kostenaufwand für eine sorgfältige Rechnungslegung sind zu schätzen (BGH 24. 11. 1994 – GSZ 1/94, BGHZ 128, 85). Deshalb kann sie sich auch nach 49 den Kosten der Fremdleistung eines hinzugezogenen Steuerberaters oder Rechtsanwalts bemessen (BGH 5. 2. 2001 – II ZB 7/00, NJW 2001, 1284; MünchKomm/Krüger § 259 Rn 49). Auch ein etwaiges Geheimhaltungsinteresse des zur Rechnungslegung Verurteilten kann ausnahmsweise berücksichtigt werden (in concreto ablehnend BGH 30. 6. 1993 – XII ZB 18/93, NJW-RR 1993, 1313).

VII. Anwendung im öffentlichen Recht

50 Über **Anwendung** der §§ 259–261 BGB **im öffentlichen Recht** vgl im Allgemeinen Friedrichs ArchBürgR 42, 35. Eine allgemeine öffentlich-rechtliche Auskunftspflicht gegenüber der Verwaltung besteht nicht. Wohl aber besteht eine weitgehende Auskunftspflicht im Steuerrecht (§§ 93 ff AO). Auch im Sozialverwaltungsverfahren gibt es verschiedene Auskunfts-, Mitteilungs- und Vorlagepflichten (zB § 60 SGB I, §§ 56 ff SGB II); § 259 BGB ist entsprechend anwendbar (LSG Nordrhein-Westfalen 16. 5. 2012 – L 1 [16] KR 265/09, NZS 2012, 917). Auch die Kartellbehörde kann ggf Auskunft verlangen, § 59 GWB (vgl BGH 15. 12. 1960 – KVR 1/60, BGHZ 34, 42 zum im Wesentlichen inhaltsgleichen § 46 GWB aF). Bei einem öffentlich-rechtlichen Verwahrungsverhältnis besteht Rechnungslegungspflicht auf Grund entsprechender Anwendung des § 259 BGB (LG Aachen 30. 9. 1949 – 5 S 106/48, NJW 1950, 114). Zum Rechnungslegungsanspruch zur Vorbereitung einer Amtshaftungsklage vgl Rn 18. Zu den Voraussetzungen einer Versicherung an Eides statt vgl § 27 Abs 1 VwVfG und die entsprechenden Landesgesetze.

§ 260
Pflichten bei Herausgabe oder Auskunft über Inbegriff von Gegenständen

(1) Wer verpflichtet ist, einen Inbegriff von Gegenständen herauszugeben oder über den Bestand eines solchen Inbegriffs Auskunft zu erteilen, hat dem Berechtigten ein Verzeichnis des Bestands vorzulegen.

(2) Besteht Grund zu der Annahme, dass das Verzeichnis nicht mit der erforderlichen Sorgfalt aufgestellt worden ist, so hat der Verpflichtete auf Verlangen zu Protokoll an Eides statt zu versichern, dass er nach bestem Wissen den Bestand so vollständig angegeben habe, als er dazu imstande sei.

(3) Die Vorschrift des § 259 Abs. 3 findet Anwendung.

Materialien: E I § 777 Abs 1; II § 699; III § 253; Jakobs/Schubert, SchR I 134. Vgl Staudinger/BGB-Synopse (2006) § 260.

Schrifttum

Breit, Agent und Geschäftsherr, HoldhMSchr 1905, 225
Bunte, Die Auslage von Tarifverträgen, RdA 2009, 21
Carlebach, Das materielle Vermögensverzeichnis, DNotV 1903, 10
Coing, Zur Auslegung des § 2314 BGB, NJW 1983, 1298

DERLEDER/WOSNITZA, Auskunftspflichten der Banken beim Teilzahlungskredit, ZIP 1990, 901
EICHMANN, Die Durchsetzung des Anspruchs auf Drittauskunft, GRUR 1990, 575
FLOHR, Das Auskunftsrecht des Aktionärs in der Hauptversammlung, JA 1982, 380
FLORSTEDT, Zu Auskunfts- und Kontrollrechten von Genussrechtsinhabern, ZIP 2017, 49
GERNHUBER, Schuldverhältnis, in: Handbuch des Schuldrechts (1989) § 24
GOLDMANN, Auskunftsklagen, JW 1930, 1052
GRUNEWALD, Auskunftserteilung und Haftung des Vorstandes im bürgerlich-rechtlichen Verein, ZIP 1989, 962
dies, Einsichts- und Auskunftsrecht des GmbH-Gesellschafters nach neuem Recht, ZHR 146 (1982) 211
GUDIAN, § 2314 und der pflichtteilsberechtigte Miterbe, JZ 1967, 591
HAEFFS, Der Auskunftsanspruch im Zivilrecht (2010)
HAHN, Das Informationsrecht des Kommanditisten, BB 1997, 741
HELLMANN, Materiellrechtlicher Auskunftsanspruch und prozessuale Auskunftspflicht (1978)
vHARTZ/SCHUSTER, Ist ein allgemeiner komplementärer Auskunftsanspruch zur Informationsbeschaffung im Zivilprozess erforderlich?, VersR 2003, 1366
HEPP, „Baubetreuungsvertrag" und Auskunftsanspruch des „Betreuten", NJW 1971, 11
U HUBER, Das Auskunftsrecht des Kommanditisten, ZGR 1982, 539
KILIAN, Melde- und Auskunftspflichten des Arbeitgebers im Personalbereich, BB 1977, 1153
KILIAN/TAEGER, Gegenwärtiger Stand der Melde- und Auskunftspflichten des Arbeitgebers im Personalbereich, BB 1984, Beil 12
KÖHLER, Der Schadensersatz-, Bereicherungs- und Auskunftsanspruch im Wettbewerbsrecht, NJW 1992, 1477
KOLLER, Zur Aufklärung über die Schadensentstehung im Straßentransportrecht, VersR 1990, 555
KUCHINKE, Die Klage des Pflichtteilsberechtigten gegen den Erben auf Auskunft und Leistung des Offenbarungseides, NJW 1957, 1175
LANG, Das Recht auf informationelle Selbstbestimmung des Patienten und die ärztliche Schweigepflicht in der gesetzlichen Krankenversicherung (1997)
LARSSEN, Rechtliche Natur und Inhalt des im § 561 Abs 2 BGB dem Vermieter gegebenen Anspruchs auf „Herausgabe zum Zwecke der Zurückschaffung"; die Geltendmachung dieses Anspruchs im Wege der Klage und seine Befriedigung im Wege der Zwangsvollstreckung, ArchBürgR 30, 263, 273
LAUFS/UHLENBRUCK/UHLENBRUCK, Handbuch des Arztrechts (2. Aufl 1999) § 60
LOCHER, Auskunfts- und Rechenschaftspflicht des Architekten und Baubetreuers, NJW 1968, 2324
S LORENZ, Auskunftsansprüche im Bürgerlichen Recht, JuS 1995, 569
G LÜKE, Der Informationsanspruch im Zivilrecht, JuS 1986, 2
W LÜKE, Die Stufenklage, JuS 1995, 143
NEUMANN-DUESBERG, Die Beweislast im Kaufmängelprozeß, BB 1967, 1457
OTTO, Schranken der Kündigungsfreiheit außerhalb des allgemeinen Kündigungsschutzes, in: FS WIESE (1998) 353
PIETZNER, Auskunft, Rechnungslegung und Schadenersatz bei wettbewerbswidrigen Eingriffen in fremde Firmenrechte, GRUR 1972, 151
PREIS, Der Kündigungsschutz außerhalb des Kündigungsschutzgesetzes, NZA 1997, 1256
PULS, Geltendmachung von Unterhaltsansprüchen für Kinder gegen ihre Eltern während und nach der Ehescheidung, Der Amtsvormund 1976, 538, 550
REISCHL, Materielle und prozessuale Aspekte zivilrechtlicher Rechenschafts- und Auskunftsansprüche, JR 1997, 404
ROTH/STIELOW, Vermögensrechtliche Streitfragen nach der Scheidung, NJW 1970, 1032
SCHILKEN, Ansprüche auf Auskunft und Vorlegung von Sachen im materiellen Recht und im Verfahrensrecht, JuS 1988, 525
SCHLITT, Der Umfang des Auskunftsanspruchs des Pflichtteils- und Pflichtteilsergänzungsberechtigten gegenüber dem Erben wegen des Bankvermögens des Erblassers, ZEV 2007, 515
SCHRADER/THOMS/MAHLER, Auskunft durch den Arbeitnehmer: Was darf er? Was muss er?, NZA 2018, 965

SCHULTZENSTEIN, Die Erteilung von Auskunft auf dem Gebiete des Rechts, DJZ 1916, 662
SPECKMANN, Der Anspruch des Miterben auf Auskunft über den Bestand des Nachlasses, NJW 1973, 1869
SPICKHOFF, Die Auskunftspflicht des Lieferanten, NJW 1992, 2055
STÜRNER, Die Aufklärungspflicht der Parteien des Zivilprozesses (1976)
WINKLER VON MOHRENFELS, Abgeleitete Informationsleistungspflichten im deutschen Zivilrecht (1986)
ders, Die Auskunfts- und Wertermittlungspflicht des vom Erblasser Beschenkten, NJW 1987, 2557.

Vgl auch Schrifttum zu § 259.

Systematische Übersicht

Alphabetische Übersicht

I. Anwendungsbereich

1. Normzweck und Inhalt

1 § 260 BGB regelt den Inhalt einer Verpflichtung, **Auskunft zu erteilen**, also eine bestimmte Wissenserklärung (BGH 9. 11. 2017 – III ZR 610/16, ZIP 2017, 2476) abzugeben, um dem Gläubiger die Durchsetzung seines Anspruchs zu erleichtern. Die Vorschrift bestimmt **allgemein**, dass ein Bestandsverzeichnis vorzulegen ist, wenn ein „Inbegriff von Gegenständen" herauszugeben ist oder wenn über den „Bestand eines solchen Inbegriffs" Auskunft zu erteilen ist.

2 Abs 1 **Alt 1** gibt als **eigenständige Anspruchsgrundlage** einen Anspruch auf Auskunftserteilung durch Inventarvorlage gegenüber demjenigen, der einen Inbegriff von Gegenständen herauszugeben hat (Haeffs 71 ff; **aA** Lorenz 569). Abs 1 **Alt 2** setzt demgegenüber – wie § 259 BGB – einen Anspruch auf Auskunft über den Bestand eines Inbegriffs von Gegenständen auf anderer Grundlage voraus (MünchKomm/Krüger § 260 Rn 2; G Lüke 2 f; Reischl 404). In welchen Fällen die Pflicht zur Herausgabe eines Inbegriffs von Gegenständen gegeben ist oder sonst über den Bestand eines solchen Inbegriffs Auskunft zu erteilen ist (Abs 1 2. Alt), sagt die § 260 BGB nicht (RG 4. 4. 1917 – I 185/16, RGZ 90, 137). Die beiden Alternativen des Abs 1 überlappen sich, soweit es um Fälle geht, in denen ein Herausgabeanspruch (zB § 1378 Abs 1 BGB) durch einen gesetzlichen Auskunftsanspruch flankiert wird (zB § 1379 BGB). In beiden Fällen zielt die **Auskunftspflicht inhaltlich** auf die **Vorlage eines Bestandsverzeichnisses.**

2. Verhältnis zu § 259

3 Im engen Anwendungsbereich des Wortlauts ist § 260 BGB von § 259 BGB klar abzugrenzen (bereits § 259 Rn 2). Während es in § 259 BGB um Rechenschaft über eine fremdnützige Verwaltung geht, die mit Einnahmen und Ausgaben verbunden ist und eine Entwicklung umfasst, handelt § 260 BGB selbst iwS nur von einem Bestand eines Inbegriffs von Gegenständen. Die Rechnungslegung nach § 259 BGB kann eine Bestandsauskunft umfassen, zwingend ist das aber nicht. Erweiterungen der beiden Verpflichtungen nach den §§ 157, 242 BGB auf andere Informationen als Rechenschaft und Bestandsauskunft gehen jedoch ineinander über. Zahlreiche Entscheidungen sprechen von Auskunftspflichten und zitieren §§ 259, 260 BGB ununterschieden nebeneinander oder auch nur § 259 BGB. Eine strikte Abgrenzung von

§ 259 BGB und § 260 BGB danach, dass nur § 259 BGB zur Vorlage von Belegen verpflichtet, während § 260 BGB es dem Gläubiger nur ermöglicht, durch eigene Nachschau den Wahrheitsgehalt erteilter Informationen nachzuprüfen (Reischl 404), wird von der Rechtsprechung nicht durchgeführt (vgl etwa RG 4. 5. 1923 – II 310/22, RGZ 108, 1, das eine beschränkte Vorlegepflicht nach § 260 sieht; zum Stand der Diskussion OLG Düsseldorf 6. 7. 2018 – I-7 U 9/17, 7 U 9/17, ErbR 2018, 605 mit Blick auf § 2314). Im Rahmen des aus Treu und Glauben abgeleiteten Auskunftsanspruchs wird ausnahmeweise auch ein Anspruch auf Vorlage von Belegen angenommen, wenn der Gläubiger hierauf angewiesen ist und dem Schuldner diese zusätzliche Verpflichtung zugemutet werden kann (BGH 12. 6. 1954 – II ZR 154/53, BGHZ 14, 53; 17. 5. 2001 – I ZR 291/98, BGHZ 148, 26 zum Auskunftsanspruch aus § 19 Abs 2 MarkenG).

3. Auskunftspflicht als Folge einer Herausgabepflicht, Abs 1 Alt 1

a) Herausgabe und Bestand eines Inbegriffs von Gegenständen

4 „Inbegriff", „Gegenstände", „Herausgabe" und „Bestand" werden in § 260 BGB im weitesten Sinne verstanden. Damit ist auch das vorzulegende „Verzeichnis des Bestandes" jeweils den „Gegenständen" entsprechend weit zu verstehen. **„Gegenstände"** sind schon nach allgemein anerkannter Terminologie nicht nur Sachen als körperliche Gegenstände. „Inbegriff von Gegenständen" können daher nicht nur Sachgesamtheiten wie Viehherden, Warenlager, Bibliotheken oder Gutsinventar sein, sondern auch Rechte, insbesondere Forderungen (RG 12. 11. 1912 – II 379/12, JW 1913, 130), und sonstige Vermögensbestandteile wie Unternehmen, Praxen, der Kundenstamm oder der „good will" (MünchKomm/Krüger 260 Rn 5). Auch Online-Nutzerdaten (OLG Dresden 8. 2. 2012 – 4 U 1850/11, ZD 2012, 388) sind Gegenstände in diesem Sinne. Diese weite Auslegung der „Gegenstände" erfordert, auch „Herausgabe" nicht eng zu verstehen, etwa nur iS des § 985 BGB. Vielmehr fallen darunter Leistungspflichten im weitesten Sinne, selbst Schadensersatz- oder Unterlassungspflichten.

5 Ein **„Inbegriff von Gegenständen"** setzt voraus, dass mehrere „Gegenstände" **über ein einheitliches Rechtsverhältnis zusammengefasst** werden (RG 4. 4. 1917 – I 185/16, RGZ 90, 137; Enneccerus/Lehmann [15. Bearb] § 20, 2; G Lüke 2, 4). Es genügt also nicht schon, dass jemand mehrere Gegenstände herauszugeben hat oder aus verschiedenen Verkäufen mehrere Sachen schuldet. Zudem müssen die Sachen oder sonstigen Gegenstände gewissermaßen „in der Menge untergehen", sodass der **Berechtigte nicht in der Lage ist, die einzelnen „Gegenstände" von sich aus zu bezeichnen** (RG 4. 4. 1917 – I 185/16, RGZ 90, 137; OLG Hamburg 21. 2. 1925 – 6 ZS, OLGE 45, 184). Beispiel ist die Pflicht, bei der Schrottverwertung anfallende Metalle bestimmter Art oder aus bestimmten Sachen herrührenden Schrott zu liefern (RG 3. 6. 1921 – II 590/20, RGZ 102, 235; Larsen ArchBürgR 30, 274 ff). „Inbegriff" sind auch die Gesamtheit der unter Eigentumsvorbehalt gelieferten Waren (BGH 30. 10. 1967 – VIII ZR 176/65, BGHZ 49, 11) oder die Gesamtheit der aus ihrem Weiterverkauf entstandenen, abgetretenen Kundenforderungen (BGH 7. 5. 1980 – VIII ZR 120/79, WM 1980, 771; 18. 6. 1986 – VIII ZR 165/85, ZIP 1986, 1052; 9. 7. 1986 – VIII ZR 232/85, NJW 1986, 2948). Dasselbe gilt für die Gesamtheit der Schadensersatzansprüche gegen einen früheren Agenten aus von ihm verbotswidrig getätigten Geschäften (RG 15. 5. 1928 – II 191/28, HRR 1928 Nr 1726), eine Gesamtheit von Papieren, die jemand widerrechtlich in Besitz genommen hat (OLG Hamburg 21. 2. 1925 – 6 ZS, OLGE 45, 184), die einzelnen Bestandteile einer Handakte (vgl BGH

7. 2. 2019 – IX ZR 5/18, WM 2019, 732), den „Gesamtverdienst", der vertraglich abzüglich bestimmter Spesen und eines freien Betrages abzuführen ist (RG 12. 11. 1912 – II 379/12, JW 1913, 130), die individuellen Gewinnanteile nach Fertigstellung der Bilanz, von denen ein Prozentsatz auszuzahlen ist (BAG 9. 3. 1993 – 9 AZR 19/92, BeckRS 1993, 30919543), die Nutzungen eines gekauften und wieder zurückgekauften Geschäfts (RG 21. 9. 1922 – IV 759/21, LZ 1923, 24), die nach § 987 BGB herauszugebenden Nutzungen einer an den Eigentümer herauszugebenden Sache (OLG Düsseldorf 17. 2. 1993 – 11 U 55/92, OLGR 1993, 155), die Gesamtheit der Provisionsforderungen eines Agenten (offengelassen in BGH 20. 1. 1971 – VIII ZR 251/69, BGHZ 55, 201; vgl auch Breit 225 ff), die „Kundschaft", also den gesamten Kundenstamm (BGH 19. 5. 2004 – IXa ZB 181/03, MDR 2004, 1444; 23. 5. 1991 – III ZR 123/90, BGHR BGB § 260 Auskunftsanspruch 1), „Vermittlungsgebühren" oder „Verkaufserlöse" (RG 15. 10. 1930 – I 129/30, RG LZ 1931, 372), die Gesamtheit der Zahlungen im Rahmen eines Inkassoauftrags (BGH 16. 5. 1984 – IVa ZR 106/82, MDR 1985, 31), die Gesamtheit der Werklohnforderungen, die ein Architekt (mit verdeckten Zuschlägen für sich) zu Lasten des Bauherrn begründet hatte (BGH 30. 4. 1964 – VII ZR 156/62, BGHZ 41, 318), den Verletzergewinn bei der Verletzung gewerblicher Schutzrechte (vgl unten Rn 29 f) oder die Gesamtheit der durch illegale Kohleförderung über längere Zeit erlangten Vermögensvorteile (RG 20. 12. 1924 – V 846/23, RGZ 110, 1). Auch die Zugangsdaten für eine Internetseite sind als Inbegriff von Gegenständen zu verstehen (OLG Düsseldorf 3. 2. 2011 – I-20 W 141/10, 20 W 141/10, InstGE 13, 113); das notwendige einheitliche Rechtsverhältnis ergibt sich aus dem Betrieb der Internetseite. Um einen Inbegriff von Gegenständen handelt es sich auch bei einem Sondervermögen, das herauszugeben ist. Das beträfe etwa die Herausgabepflicht des Vorerben hinsichtlich der noch vorhandenen Erbschaftsgegenstände nach § 2138 Abs 1 S 1 BGB, für die freilich in den §§ 2121, 2122 und 2127 BGB besonders geregelte Auskunfts- und Mitteilungsrechte des Nacherben bestehen (BGH 4. 12. 1980 – IVa ZR 46/80, JZ 1981, 229).

Nahezu aufgelöst werden die Begriffe **„Bestand"** und **„Herausgabe"** in § 260 BGB, 6
wenn der Unterhaltspflichtige über sein Einkommen Auskunft erteilen soll, um eine Leistungsklage des Unterhaltsberechtigten zu ermöglichen (vgl Rn 14). Ähnliches gilt, wenn über die Geschäftsführung Auskunft zu erteilen ist, damit die eigene Leistungspflicht des Auskunftsberechtigten bestimmt werden kann (OLG Karlsruhe 15./16. 7. 1970 – V ZR 90/67, WarnR 1970 Nr 154), oder wenn die Konditionen, zu denen ein Dritter in einen Vertrag eintreten darf, offengelegt werden sollen (RG 5. 11. 1929 – VII 184/29, RGZ 126, 123).

b) Herausgabepflichten iS von Abs 1 Alt 1

Abs 1 Alt 1 **bindet die Pflicht zur Vorlage eines Verzeichnisses des Bestandes (Aus- 7
kunftspflicht) an die Pflicht zur Herausgabe eines Inbegriffs** von Gegenständen. Als **gesetzliche Herausgabepflichten** kommen in erster Linie Ansprüche auf Vermögensinbegriffe nach den §§ 985 ff und 812 ff BGB (RG 4. 4. 1917 – I 185/16, RGZ 90, 137; BGH 8. 1. 1986 – VIII ZR 292/84, NJW-RR 1986, 874) in Frage. Die Auskunftsverpflichtung durch Inventarvorlage ist hier nicht gesondert angeordnet und ergibt sich allein aus Abs 1 Alt 1. Die Rechtsprechung erkennt aber auch Auskunftsansprüche aus § 242 BGB an (noch Rn 18 ff). Bei entsprechend großzügiger Interpretation der „Herausgabe" (vgl Rn 6) könnte ein Auskunftsanspruch zur Vorbereitung von Schadensersatzansprüchen nach §§ 249 ff BGB auf Abs 1 Alt 1 gestützt werden (Soergel/Forster § 260 Rn 14; MünchKomm/Krüger § 260 Rn 6), die Rechtsprechung bevorzugt auch

hier die Begründung des Auskunftsanspruchs aus Treu und Glauben (BGH 13. 6. 1985 – I ZR 35/83, BGHZ 95, 285 [gewerblicher Rechtsschutz]; 28. 11. 1989 – VI ZR 63/89, NJW 1990, 1358 [Anspruch aus § 823 BGB]; 25. 9. 1980 – III ZR 74/78, NJW 1981, 675; 4. 6. 1981 – III ZR 31/80, BGHZ 81, 21 [Schadensersatzansprüche aus Amtshaftung]).

8 Weitere gesetzliche Herausgabeansprüche iS des Abs 1 Alt 1, bei denen begleitende Auskunftspflichten nicht schon gesondert angeordnet sind, finden sich etwa in §§ 1476 Abs 1, 1478 Abs 1 BGB zur Auseinandersetzung des Gesamtguts. Auch die Rückgewähr von „Inbegriffen" im Rahmen der vollstreckungsrechtlichen Gläubigeranfechtung gehört hierher, gleichviel, ob der Rückgewähranspruch aus § 143 Abs 1 S 1 InsO (Insolvenzanfechtung) oder aus § 11 Abs 1 S 1 AnfG folgt (MünchKomm/Krüger § 260 Rn 6; Soergel/Forster § 260 Rn 14; **aM** KG 12. 2. 1910 – VII ZS, OLGE 22, 183). Weiter kann im Falle des § 285 BGB eine Auskunftspflicht in Frage kommen (Haselhoff NJW 1947/48, 286 ff, 289), oder wenn der Erbe dem Hoferben weicht und es um die Bemessungsgrundlagen der Abfindung geht (OLG Oldenburg 10. 2. 1972 – 1 Wlw 36/71, NdsRpfl 1972, 88).

9 **Vertragliche Verpflichtungen** zur „Herausgabe" von „Gegenständen" kommen als Grundlage einer Auskunftspflicht in Frage, ohne dass eine solche im Gesetz eigens angeordnet wäre. Das betrifft etwa die Verkäuferpflichten aus dem Kauf eines Vermögens oder Vermögensteiles oder Nachlasses, und beträfe eigentlich § 667 BGB, doch geht dort die Rechenschaftspflicht nach § 666 BGB (zur Auskunftspflicht des Vereins nach §§ 27 Abs 3, 666 BGB gegenüber dem Mitglied Grunewald 962 ff; ähnlich §§ 713, 666 BGB) vor. Bei vertraglichen Verpflichtungen über Sachinbegriffe liegt ein Bestandsverzeichnis in aller Regel bereits dem Verpflichtungsgeschäft bei, andernfalls wird es oft an der Bestimmtheit der Leistungsverpflichtung fehlen.

9a Im **Handels- und Gesellschaftsrecht** richtet sich das Recht für die Gesellschafter, Geschäftsunterlagen einzusehen, um sich einen Überblick über den Stand des Gesellschaftsvermögens zu verschaffen, nach § 716 Abs 1 BGB für die BGB-Gesellschafter, nach § 118 Abs 1 HGB für die OHG-Gesellschafter und die Komplementäre der KG, nach § 166 Abs 1 HGB („ähnlich § 118 Abs 1 HGB und § 716 BGB", BGH 20. 6. 1983 – II ZR 85/82, WM 1983, 910 zum Auskunftsrecht) für die Kommanditisten der KG, nach § 51a Abs 1 GmbHG für die Gesellschafter der GmbH (Auskunfts- und Einsichtsrecht) und nach § 131 AktG (Auskunftsrecht) für die Aktionäre der AG (zur Abgrenzung zu den Ansprüchen nach §§ 259, 260 BGB BayObLG 17. 7. 2002 – 3 Z BR 394/01, BayObLGZ 2002, 227; zu Auskunftsrechten von Genussrechtsinhabern etwa Florstedt ZIP 2017, 49).

10 Sind zwar mehrere Gegenstände herauszugeben, diese aber **nicht durch einen einheitlichen Rechtsgrund** (oben Rn 5) **verbunden**, gibt es **keine** Auskunftspflicht nach § 260 Abs 1 Alt 1 BGB (RG 6. 4. 1903 – IV 414/02, Gruchot 47, 910 zu § 1362 Abs 1, § 45 KO). Daher gibt es etwa keine Verpflichtung der im Güterstand der Gütertrennung lebenden Ehefrau, in der Insolvenz des Mannes Auskunft über die zur Zeit der Eröffnung des Insolvenzverfahrens in ihrem Besitz befindlichen Sachen Auskunft zu geben. Die sittenwidrige und also unwirksame Vereinbarung von Schmiergeldzahlungen ist kein einheitlicher Rechtsgrund id Sinne (BGH 8. 5. 1985 – IVa ZR 138/83, BGHZ 94, 268), mehrere in Einzelfällen gezahlte Schmiergelder bilden keinen „Inbegriff" (schon RG 21. 11. 1919 – III 99/19, MuW 19, 146). Um einen „Inbegriff" geht es

auch nicht, wenn ein Miterbe einzelne Sachen des Nachlasses an sich genommen hat, solange er sich damit nicht das alleinige Erbrecht anmaßt (RG 28. 11. 1912 – IV 256/12. RGZ 81, 30). Mehrere „Zuwendungen" iS der §§ 2050, 2053 BGB werden hingegen schon dadurch zu einem „Inbegriff", dass sie insgesamt gesetzlich ausgeglichen werden müssen. Entsprechendes gilt für „Geschenke" iS des § 2325 Abs 1 BGB beim Pflichtteilsergänzungsanspruch (RG 7. 3. 1910 – IV 113/09, RGZ 73, 369) oder ebenso ein „Handelsgeschäft", soweit der Unternehmenswert zur Pflichtteilsberechnung ermittelt werden soll (BGH 10. 7. 1975 – II ZR 154/72, NJW 1975, 1774). Als „Herausgabepflicht" behandelt wird hier die Pflicht, die Anrechnung bei der Auseinandersetzung geschehen zu lassen. Für die Auskunftspflicht des Erben gegenüber dem nicht erbenden Pflichtteilsberechtigten aus § 2314 Abs 1 BGB geht es nicht nur um den „Nachlass als Inbegriff", sondern auch um sonstige Berechnungsfaktoren einschließlich der auszugleichenden (§§ 2315 Abs 1, 2327 Abs 1 BGB) Zuwendungen des Erblassers, zB durch Übertragung von Immobilien oder Gesellschaftsanteilen (BGH 2. 11. 1960 – V ZR 124/59, BGHZ 33, 373; 18. 10. 1961 – V ZR 192/60, NJW 1962, 245; Kuchinke NJW 1957, 1175; für die Pflicht, auch Bankunterlagen des Erblassers vorzulegen, Schlitt ZEV 2007, 515, 519). Vom Beschenkten kann der Erbe hingegen keine Auskunft verlangen (RG 19. 2. 1914 – IV 498/13, RGZ 84, 204; BGH 6. 7. 1955 – IV ZR 34/55, BGHZ 18, 67), auch nicht der Vermächtnisnehmer vom Erben (Ferid NJW 1960, 121 ff), wenn nicht gerade ein „Inbegriff" geschenkt bzw vermacht worden ist. Wohl aber besteht ein Auskunftsanspruch des pflichtteilsberechtigten Erbe gegen den Beschenkten (BGH 27. 6. 1973 – IV ZR 50/72, BGHZ 61, 180). Mit der Frage, ob ein eigener Auskunftsanspruch in der letztwilligen Verfügung vermacht worden ist, hat das nichts zu tun (Ferid NJW 1960, 121 ff).

4. Gesetzlich angeordnete oder vertraglich begründete Auskunftspflichten, Abs 1 Alt 2

In vielen Fällen ist einem **Herausgabeanspruch** (im weiten Sinne des Abs 1 Alt 1, 11
Rn 6) im Gesetz eine **besondere Auskunftspflicht zugeordnet**. Hier ergibt sich der Auskunftsanspruch nicht aus Abs 1 Alt 1, sondern aus der spezielleren Anordnung des Auskunftsanspruchs in Abs 1 Alt 2. Das gilt etwa für die Ausgleichsforderung des Ehegatten bei Beendigung des Güterstandes durch Scheidung aus § 1378 Abs 1 BGB, hier ist die Auskunftspflicht in § 1379 BGB besonders angeordnet. Gesetzliche **Auskunftspflichten über den Bestand, ohne** dass von einer begleitenden **Herausgabepflicht** die Rede wäre, finden sich etwa in den §§ 1377, 1435 S 2, 1493 Abs 2 S 1, 1802 Abs 1 S 1 und 1839 BGB, doch ist die Auskunftspflicht jeweils gegenüber der aus § 260 BGB besonders geregelt. § 260 BGB ist aber auch auf zahlreiche **Fälle gesetzlicher Anordnung einer Auskunftspflicht** anzuwenden, in denen es auch im weitesten Sinne **nicht** um **Auskünfte über Sachinbegriffe** geht. Das betrifft zB §§ 402, 799 Abs 2 S 1, 1799 Abs 2, 2003 Abs 2, 2011 S 2 BGB, § 840 Abs 1 ZPO (in BGH 1. 12. 1980 – VIII ZR 279/81, BGHZ 86, 23 aus dem Inhalt des übertragenen Anspruchs bejaht; in BGH 17. 4. 1984 – IX ZR 153/83, BGHZ 91, 126 allein aus § 840 ZPO verneint), die Herstellerermittlung nach § 4 Abs 3 ProdHaftG (hierzu Spickhoff NJW 1992, 2055 ff) ua. Sonderregeln über Informationen bieten auch die §§ 809, 810 BGB, § 101 HGB (Vorlegung von Sachen und Urkunden), § 809 BGB (Gestattung der Besichtigung einer Sache), § 469 Abs 1 BGB (Mitteilungen), §§ 166 Abs 1, 338 Abs 1 HGB, § 19 Abs 1 MarkenG (BGH 17. 5. 2001 – I ZR 291/98, BGHZ 148, 26), §§ 8 Abs 1, 10 Abs 1 UmweltHG (Auskunftsanspruch des Geschädigten gegen Inhaber einer Anlage und gegen Behörden sowie Aus-

kunftsanspruch des Inhabers einer Anlage gegen den Geschädigten), § 84a Abs 1 AMG (Auskunftsanspruch des Geschädigten gegen den pharmazeutischen Unternehmer, BGH 26. 3. 2013 – VI ZR 109/12, NJW 2013, 2901), Art 15 DSGVO (datenschutzrechtlicher Auskunftsanspruch, noch zum BDSG aF BGH 19. 5. 1981 – VI ZR 273/79, BGHZ 80, 311; 15. 12. 1983 – III ZR 187/12, BGHZ 89, 218; 28. 1. 2014 – VI ZR 156/13 – Schufa, NJW 2014, 1235; LG Ulm 1. 12. 2004 – I 2 89/04, DuD 2005, 100) und die sondergesetzlichen Auskunftsansprüche von Arbeitnehmern gegen den Arbeitgeber, etwa nach § 13 AÜG (Auskunftsanspruch des Leiharbeitnehmers gegen den Entleiher, um die wesentlichen Arbeitsbedingungen mit Blick auf den Gleichbehandlungsgrundsatz zu ermitteln), § 4a BetrAVG (zu Anwartschaften aus betrieblicher Altersversorgung) oder § 10 Abs 1 S 1 EntgTranspG (Auskunft über das Entgelt vergleichbarer Arbeitnehmer des jeweils anderen Geschlechts).

12 Die im BGB und in zivilrechtlichen Nebengesetzen ausdrücklich geregelten Auskunftsansprüche werden **nach ihrem Ursprung und Zweck** üblicherweise in **vier Gruppen** eingeteilt (zuerst Stürner 287 ff; Lorenz 569; Haeffs 95 ff): Auskunftsansprüche (1.) aus Rechtsverhältnissen, die auf die Wahrnehmung (auch) fremder Interessen zielen (zB §§ 666, 681 S 2 BGB), (2.) auf Grund unberechtigten Eingriffs in den Rechtskreis einer Person (zB §§ 687 Abs 2 iVm 681 S 2, 666; 2027 Abs 1; 2362 Abs 2 BGB), (3.) zur Klärung des Inhalts eines dem Grunde nach bereits feststehenden Anspruchs bzw von Einwendungen (zB § 1379 Abs 1 S 1 BGB, § 74c Abs 2 HGB) sowie (4.) zur Sicherung des Leistungsinteresses (zB § 402 BGB). Dazu kommen noch Einzelfälle von Informationsrechten aus besonderem sozialen Kontakt, zB §§ 809 Alt 2, 2028 Abs 1 BGB (Stürner 291 f).

13 Systematisieren lassen sich die Auskunftspflichten auch danach, ob der **Inhalt der Auskunftspflicht** sich allein aus § 260 BGB ergibt, oder ob die Norm, die die Auskunftspflicht anordnet, diese auch **näher ausgestaltet**. Insbesondere im **Familienrecht** gibt es eine Reihe von Auskunftsansprüchen, die ihrer Zwecksetzung entsprechend besonders ausgeformt wurden. Der Auskunftsanspruch nach § 1379 Abs 1 BGB dient der Vorbereitung des **Zugewinnausgleichs** nach Beendigung des Güterstandes (BGH 1. 12. 1983 – IX ZR 41/83, BGHZ 89, 137; Dethloff, FamR Rn 142): Auskunft zu geben ist (wechselseitig) über den Bestand des Vermögens im Zeitpunkt der Trennung sowie über das Vermögen, soweit dies für die Berechnung des Anfangs- (§ 1374 BGB) oder Endvermögens (§ 1375 BGB) erforderlich ist. Zu der Frage, ob die Ehegatten ein Zurückbehaltungsrecht geltend machen können, um die Gegenauskunft zu erzwingen, § 273 Rn 84. Eine Besonderheit liegt darin, dass jeder Ehegatte nach § 1379 Abs 1 S 2 BGB die Vorlage von Belegen verlangen kann; zudem besteht ein Anspruch nach § 1379 Abs 1 S 3 BGB, bei der Erstellung des Verzeichnisses zugezogen zu werden, und kann die Ermittlung des Vermögenswerts verlangt werden. Die Kosten der Auskunft trägt der Schuldner, die der Wertermittlung ebenso. Der Gläubiger ist nur mit den (Zusatz-)Kosten belastet, die er durch sein Verlangen nach einem amtlichen Verzeichnis (§ 1379 Abs 1 S 4 BGB) auslöst. Ein entgegen § 1379 Abs 1 S 3 BGB ohne den Berechtigten erstelltes Bestandsverzeichnis ist keine Erfüllung des Anspruchs; wohl aber, wenn der Berechtigte trotz entsprechenden Verlangens nicht an der Erstellung des Verzeichnisses mitwirkt.

14 Auch für **Unterhaltsforderungen** ist dem Herausgabeanspruch iS des Abs 1 Alt 1 im Gesetz eine besondere Auskunftspflicht zugeordnet. Die §§ 1580, 1605 Abs 1 BGB regeln die Auskunftspflicht teilweise abweichend von § 260 BGB. Der Auskunftsanspruch der Verwandten in gerader Linie nach § 1605 Abs 1 S 1 BGB dient der Vorbereitung eines Unterhaltsanspruches und bezieht sich auf „Einkünfte" und „Vermögen" als Berechnungsgrundlagen. Dasselbe gilt für den Unterhaltsanspruch unter geschiedenen Ehegatten nach §§ 1580, 1605 Abs 1 S 1 BGB (BGH 29. 6. 1983 – IVb ZR 391/81, NJW 1983, 2243). Insbesondere kann nach § 1605 Abs 1 S 2 BGB verlangt werden, Belege vorzulegen. Die Auskünfte müssen für den Unterhaltsanspruch relevant sein; kommt ein Unterhaltsanspruch unabhängig von den Einkommens- und Vermögensverhältnissen nicht in Betracht, zB wegen eines vertraglichen Verzichts (§ 1585c BGB), oder weil ein Ausschlusstatbestand des § 1579 BGB greift, besteht auch kein Auskunftsanspruch (BGH 29. 6. 1983 – IVb ZR 391/81, NJW 1983, 2243). Dasselbe gilt, wenn nach den bereits bekannten Verhältnissen der Bedarf des Berechtigten gedeckt ist (BGH 23. 2. 1983 – IVb ZR 362/81, NJW 1983, 1429). Der Anspruch auf Auskunft ist wechselseitig, ohne Rücksicht darauf, wer Unterhaltsansprüche geltend macht; der Unterhaltspflichtige kann so zur Vorbereitung einer Abänderungsklage den Unterhaltsberechtigten auf Auskunft verklagen (Anrechnung von Erträgen aus dem Zugewinnausgleich: OLG Karlsruhe 13. 3. 1990 – 18 UF 156/89, NJW-RR 1990, 712). Bei einem gesetzlichen Übergang des Unterhaltsanspruchs auf einen anderen Verwandten nach §§ 1607 Abs 2 S 2, Abs 3, 1608 S 3 BGB geht der Auskunftsanspruch aus § 1605 BGB als Hilfsanspruch mit über. Bei der Legalzession von Unterhaltsansprüchen an Sozialhilfeträger ordnet § 94 Abs 1 S 1 SGB XII das ausdrücklich an. Zu sonstigen Forderungsübergängen nach öffentlichem Recht Staudinger/Klinkhammer (2018) § 1605 Rn 4. Als **Beleg** kann die Vorlage des Einkommensteuerbescheides von einem selbstständigen Gewerbetreibenden verlangt werden (BGH 4. 11. 1981 – IVb ZR 624/80, FamRZ 1982, 151; 13. 4. 1983 – IVb ZR 374/81, MDR 1983, 920; OLG München 8. 7. 1992 – 12 UF 776/92, FamRZ 1993, 202: eventuell auch die Steuererklärung). Der Beleganspruch ist ein eigener Anspruch, der getrennt geltend gemacht werden kann (OLG München 8. 7. 1992 – 12 UF 776/92, FamRZ 1993, 202). Der Klagantrag muss angeben, welche Belege verlangt werden (BGH 26. 1. 1983 – IVb ZR 355/81, MDR 1983, 650).

Eine besondere Auskunftspflicht kennt auch der **Versorgungsausgleich** nach § 1587 BGB iVm § 4 VersausglG, § 1605 Abs 1 S 2 u 3 BGB. Kann die Auskunft nicht von dem anderen Ehegatten oder seinen Hinterbliebenen oder Erben erlangt werden, besteht gem § 4 Abs 2 VersausglG ein subsidiärer Auskunftsanspruch gegen die betroffenen Versorgungsträger, die nach § 4 Abs 3 VersausglG ihrerseits Auskunftsansprüche gegen die Ehegatten, deren Hinterbliebene oder Erben sowie gegen andere Versorgungsträger geltend machen können. § 260 BGB greift für alle diese Ansprüche über die Verweisung in § 4 Abs 4 VersausglG auf § 1605 Abs 1 S 3 BGB, wird dabei aber nach § 1605 Abs 1 S 2 BGB um die Pflicht erweitert, Belege vorzulegen. **15**

Im **Erbrecht** ist die Auskunftspflicht beim **Pflichtteilsanspruch** gemäß § 2314 Abs 1 BGB (vgl BGH 6. 3. 1952 – IV ZR 16/51, JZ 1952, 492; 28. 2. 1989 – XI ZR 91/88, NJW 1989, 1601; 4. 10. 1989 – IVa ZR 198/88, NJW 1990, 180) gegenüber § 260 BGB abweichend gestaltet: Es besteht ein Recht des Pflichtteilsberechtigten, bei der Aufnahme des Nachlassverzeichnisses zugezogen zu werden, § 2314 Abs 1 S 2 HS 1 BGB; weiter folgt ein Recht auf Wertermittlung aus § 2314 Abs 1 S 2 HS 2 BGB (vgl dazu Coing 1298). Hinzukommen der Anspruch auf Erbschaftsherausgabe nach § 2018 BGB mit besonderer Gestaltung der Auskunftspflicht nach § 2027 Abs 1 BGB, der Anspruch **16** gegen den Testamentsvollstrecker nach Ablauf der Testamentsvollstreckung mit Verweis auf den Auftrag (§ 2218 BGB) und das Recht des Nacherben gegen den Nacherben-Testamentsvollstrecker auf Auskunft über den Bestand des Nachlasses bei Amtsübernahme (BGH 9. 11. 1994 – IV ZR 319/93, BGHZ 127, 360). Schließlich kann auch der Testamentsvollstrecker von den Erben Auskunft verlangen (MünchKomm/Zimmermann § 2218 Rn 9).

17 Wird **vertraglich** eine nicht näher präzisierte **Auskunftspflicht begründet**, kann § 260 BGB zur Auslegung herangezogen werden, wenn die Verpflichtung einen „Inbegriff von Gegenständen" betrifft. Dasselbe gilt bei Verpflichtungen auf Auskunft aus letztwilligen Verfügungen (vgl Schultzenstein 662) und bei Auskunftspflichten, die in einem gerichtlichen Vergleich begründet werden (BGH 28. 11. 2007 – XII ZB 225/05, FamRZ 2008, 600). Ist die Auskunftserteilung Hauptpflicht eines Vertrages, handelt es sich um einen Auskunftsvertrag, der – Entgeltlichkeit vorausgesetzt – nach § 675 Abs 2 BGB zu beurteilen ist.

II. Auskunftspflichten aus Treu und Glauben (§§ 242, 157)

1. Allgemeines

18 Das BGB kennt – ohne einen besonderen Rechtsgrund – **keine allgemeine Rechtspflicht, Auskünfte zu erteilen** (st Rspr; RG 3. 6. 1921 – II 590/20, RGZ 102, 235; BGH 28. 10. 1953 – II ZR 149/52, BGHZ 10, 385; 22. 1. 1957 – VI ZR 334/55, NJW 1957, 669; 18. 2. 1970 – VIII ZR 39/68, NJW 1970, 751; MünchKomm/Krüger § 260 Rn 13; Soergel/Forster § 260 Rn 23; BeckOGK-BGB/Kähler [15. 4. 2019] § 242 Rn 593). Wer Kenntnis davon hat, wo sich eine Sache befindet, die einem anderen abhandengekommen ist, ist nicht schon deshalb verpflichtet, diesem Auskunft zu erteilen (in BGH 22. 1. 1957 – VI ZR 334/55, NJW 1957, 669 hatte jemand erfahren, wo sich ein während des Krieges verschlepptes wertvolles Bild befand). Auch gibt es keinen allgemeinen Auskunftsanspruch eines Klägers, um Beweismittel zu gewinnen (BGH 18. 2. 1970 – VIII ZR 39/68, NJW 1970, 751; st Rspr). Ein Gläubiger, der einen Anfechtungsanspruch vorbereiten will, kann sich vom möglichen Anfechtungsgegner nicht über eine Auskunftsklage Tatsachen und Beweismittel verschaffen, wenn der Grund des Anspruchs noch nicht feststeht (OLG Düsseldorf 16. 1. 1985 – 12 W 66/84, EWiR 1985, 459 [Grunsky]); für die Insolvenzanfechtung kann nichts anderes gelten (noch zur KO BGH 6. 6. 1979 – VIII ZR 255/78, BGHZ 74, 379). Das Interesse an der eigenen Rechtsdurchsetzung erzeugt keinen Auskunftsanspruch; deshalb kann der Erbe des Darlehensgebers vom Darlehensnehmer grundsätzlich keine Auskunft über die Höhe des Darlehens verlangen, wenn es nur darum geht, Beweisunterlagen für die Durchsetzung des Rückzahlungsanspruchs zu gewinnen (BGH 18. 2. 1970 – VIII ZR 39/68, WM 1970, 387).

19 Auskunft wird aber nach **Treu und Glauben** geschuldet, wenn sich aus der „Natur der Sache" oder dem „Wesen des zugrundeliegenden Rechtsverhältnisses" ergibt, dass der Berechtigte in entschuldbarer Weise über das Bestehen oder den Umfang seines Rechts im Ungewissen, der Verpflichtete aber in der Lage ist, unschwer solche Auskünfte zu erteilen, die zur Beseitigung jener Ungewissheit geeignet sind (BGH 18. 10. 1953 – II ZR 149/52, BGHZ 10, 385; 22. 3. 1954 – IV ZR 137/53, JR 1954, 460; 30. 4. 1964 – VII ZR 156/62, BGHZ 41, 318; 4. 6. 1981 – III ZR 31/80, BGHZ 81, 21; 8. 1. 1986 – VIII ZR 292/84, NJW-RR 1986, 874). Dieser Rechtsgrundsatz gilt inzwischen als **Gewohnheitsrecht** (BGH 6. 5. 2004 –

III ZR 248/03, VIZ 2004, 494; Lorenz 573; MünchKomm/Krüger § 260 Rn 12; Palandt/Grüneberg § 260 Rn 4 jeweils mwNw; systematische Aufarbeitung der Kasuistik und Vorschlag der gesetzliche Normierung eines allgemeinen Auskunftsanspruchs Haeffs 125 ff, 156 ff, 187; eingehend zu Informationsansprüchen aus § 242 BeckOGK-BGB/Kähler [15. 4. 2019] § 242 Rn 596 ff, 626 ff).

Als Nebenpflicht setzt die Auskunftspflicht – zumindest grundsätzlich – einen **dem Grunde nach feststehenden Leistungsanspruch** voraus. In (vor-)vertraglichen Beziehungen kann ein Auskunftsanspruch aber schon bei begründetem Verdacht einer Pflichtverletzung gegeben sein, etwa zur Vorbereitung eines Schadensersatzanspruchs. Das gilt insbesondere im Rahmen von Dauerschuldverhältnissen, Geschäftsbesorgungsverträgen und anderen Rechtsbeziehungen, die von der Inanspruchnahme gegenseitigen Vertrauens gekennzeichnet sind (BAG 12. 5. 1972 – 3 AZR 401/71, DB 1972, 1831 [Verpflichtung, Wettbewerb zu unterlassen]; BGH 22. 1. 1964 – Ib ZR 199/62, LM § 242 BGB [Be] Nr 19; näher MünchKomm/Krüger § 260 Rn 15 ff; Soergel/Forster § 260 Rn 25, 27; Bamberger/Roth/Hau/Poseck/Lorenz § 260 Rn 9 ff; Palandt/Grüneberg § 260 Rn 4). Auch **Dritte** eines berechtigenden Vertrages zugunsten Dritter oder eines Vertrages mit Schutzwirkung zugunsten Dritter können in entschuldbarer Weise im Ungewissen über Bestand und Umfang von Ansprüchen aus der Vertragsbeziehung sein (erwogen, aber abgelehnt in BGH 7. 5. 1980 – VIII ZR 120/79, WM 1980, 771; bejaht in BGH 19. 2. 1982 – V ZR 234/81, NJW 1982, 1807; LG Köln 26. 2. 1986 – 13 S 367/85, NJW-RR 1986, 832; weiter Soergel/Forster § 260 Rn 25). 19a

Im Wege einer an § 242 BGB orientierten Auslegung des Vertrages kann eine Auskunftspflicht etwa angenommen werden, wenn der Gläubiger das **Ausmaß seiner unzweifelhaft eingeräumten Forderung** anders nicht bestimmen kann. Bspw kann die Erbin eines Gesellschafters einer OHG, die einen Anspruch auf Abfindung hat, die zur Berechnung ihres Anspruchs erforderliche Auskunft verlangen (OGHBrZ 25. 5. 1950 – I ZS 85/49, NJW 1950, 781); ebenso kann der Gesellschafter einer Gesellschaft bürgerlichen Rechts Auskunft über Verträge der Gesellschaft verlangen, die über den Tag der Auflösung hinaus laufen (RG 7. 6. 1943 – II 34/43, RGZ 171, 129), und kann der zur Übernahme eines Untermietverhältnisses verpflichtete Vermieter vom Mieter Auskunft über das Untermietverhältnis verlangen (AG Köln 5. 3. 1990 – 207 C 589/89, MDR 1990, 637). Jede Gewinnbeteiligungszusage enthält so auch ein Aufklärungsversprechen (ArbG Bochum 30. 7. 1971 – 2 Ca. 168/70, DB 1971, 729). Der am Absatz beteiligte Verfasser eines Buches kann Auskunft verlangen, wenn er glaubt, der Verleger habe mehr Exemplare abgesetzt, als er abgerechnet hat (RG 15. 10. 1930 – I 129/30, LZ 1931, 372). Hat sich der „Kaufanwärter für eine Wohnung" einer Preiserhöhung wegen Erhöhung des Baupreises unterworfen, so folgt daraus auch ein Auskunftsanspruch (BGH 13. 12. 1968 – V ZR 80/67, LM § 125 BGB Nr 29), dessen Abbedingung gegen Treu und Glauben verstößt (vBarby NJW 1972, 11). Aus dem Innenverhältnis bei der Kreditbürgschaft folgt, dass der Bürge vom Schuldner über die Kredithöhe Auskunft verlangen kann (OLG Naumburg 1. 10. 1929 – 7 U 246/29, Recht 1930 Nr 12), ebenso darf der Grundschuldbesteller von der Bank Auskunft über die Kredithöhe verlangen (OLG Oldenburg 28. 3. 1985 – 3 W 22/85, WM 1985, 748). 20

Der Informationsmangel des Auskunftsberechtigten muss **entschuldbar** sein. Weder darf der Berechtigte einen anderen, näher liegenden und leichteren Weg zur Beseitigung seines Informationsdefizits, noch darf er seine Unkenntnis selbst verschuldet haben (Haeffs 140 ff; zur Entschuldbarkeit des Informationsmangels des Ratenkreditnehmers 20a vgl Derleder/Wosnitza ZIP 1990, 901 ff). Verschulden liegt etwa vor, wenn eine zuvor bestehende Informationsmöglichkeit nicht genutzt wurde, obschon sie sich aufdrängt (BGH 28. 11. 1989 – VI ZR 63/89, NJW 1990, 1358; 22. 12. 1958 – V ZR 154/57, WM 1959, 206).

21 Die Auskunftserteilung muss für den Verpflichteten **zumutbar** sein. Die Zumutbarkeit wirkt insoweit anspruchsbegründend (MünchKomm/Krüger § 260 Rn 20, 45). **„Unschwer"** kann die Auskunft erteilt werden, wenn die mit der Vorbereitung und Erteilung der Auskunft verbundenen Belastungen entweder nicht ins Gewicht fallen oder aber, obwohl sie beträchtlich sind, dem Schuldner in Anbetracht der Darlegungs- und Beweisnot des Gläubigers und der Bedeutung zumutbar sind, die die verlangte Auskunft für die Darlegung der für Grund und Höhe des Hauptanspruchs wesentlichen Umstände hat. Die Zumutbarkeit ist aufgrund einer Abwägung aller Umstände des Einzelfalles zu beurteilen (BGH 6. 2. 2007 – X ZR 117/04, NJW 2007, 1806).

21a Die Abwägung der beiderseitigen Interessen kann im **Einzelfall** ergeben, dass ein **Auskunftsanspruch zu verneinen ist**. Man ist nicht verpflichtet, einen Dritten einer strafbaren Handlung zu bezichtigen (BGH 4. 7. 1975 – I ZR 115/73, JZ 1976, 318; **aM** Stürner JZ 1976, 321; Haeffs 144 ff). Andererseits befreit die Gefahr, sich selbst zu belasten, nicht (BGH 30. 4. 1964 – VII ZR 156/62, BGHZ 41, 318). Eine Grenze für die Auskunftserteilung kann auch die persönliche oder geschäftliche Geheimsphäre ziehen (Gottwald BB 1979, 1784 ff; G Lüke 2, 6). Der Verpflichtete, der als Anwalt gehandelt hat, kann sich aber nicht auf seine Verschwiegenheitspflicht berufen (OLG Hamburg 2. 4. 1964 – 3 U 276/63, MDR 1964, 672 f).

2. Einzelfälle

a) Arbeitsverhältnis

22 Macht der Arbeitnehmer gegen den Arbeitgeber, der in Annahmeverzug geraten ist, Ansprüche auf Fortzahlung seiner Vergütung aus § 615 BGB geltend, ist er dem **Arbeitgeber** analog § 74c Abs 2 HGB zur Auskunft über die Höhe seines anderweitigen Verdienstes im Verzugszeitraum verpflichtet und hat im Falle einer unvollständigen Auskunft analog § 260 Abs 2 BGB eine eidesstattliche Versicherung abzugeben (BAG 27. 3. 1974 – 5 AZR 258/73, NJW 1974, 1348; 29. 7. 1993 – 2 AZR 110/93, NJW 1994, 2041). Auch über erhaltene Schmiergelder sind Arbeitnehmer auskunftspflichtig (LAG Köln 31. 10. 2018 – 6 Sa 652/18, FA 2019, 78 [LS]: Auskunftsanspruch aus §§ 666 iVm 687 Abs 2, 681 S 2 BGB). Generell sind Arbeitnehmer dem Arbeitgeber zur Auskunft verpflichtet, soweit sich das Auskunftsbegehren auf den Tätigkeitsbereich bezieht (eingehend Schrader/Thoms/Mahler NZA 2018, 965 ff, auch zu der strittigen Frage, ob der Arbeitnehmer die Auskunft verweigern kann, wenn er sich selbst bezichtigen müsste). Zum Sonderfall der Frage nach der Gewerkschaftszugehörigkeit vgl Löwisch/Rieble TVG § 3 Rn 339 ff (sowie Rn 364 zur Frage des Arbeitnehmers nach der Mitgliedschaft im Arbeitgeberverband). Nichts mit einem Auskunftsanspruch zu tun haben Fragerecht des Arbeitgebers und Notwehrlügerecht des Arbeitnehmers im Bewerbungsgespräch.

23 Umgekehrt kann der eine KG beherrschende Unternehmensgesellschafter von den **Arbeitnehmern** der KG auf Auskunft und Rechnungslegung in Anspruch genommen werden, wenn dies die Durchsetzung von Zahlungsansprüchen nach den Grundsätzen der Haftung im Konzern im Rahmen einer Stufenklage vorbereitet (BAG 1. 8. 1995 – 9 AZR 378/94, NZA 1996, 311). Bei arbeitsvertraglicher Bezugnahme auf Tarifverträge

kann sich ein Auskunftsanspruch des nichtorganisierten Arbeitnehmers ergeben (näher BUNTE RdA 2009, 21, 23 f). Arbeitnehmer können vom Arbeitgeber Auskunft über das Trinkgeldaufkommen verlangen, sofern die Trinkgelder erkennbar „dem gesamten Team" zugutekommen sollen (ArbG Gelsenkirchen 21. 1. 2014 – 1 Ca 1603/13, LAGE § 107 GewO 2003 Nr 1 für eine „Toiletten-Sitzerin" im Einkaufszentrum). Dagegen kann ein Arbeitnehmer, der vergessen hat, sich eigene Überstundennotizen zu machen, sich die nötigen Unterlagen für die Klage auf Lohnzahlung nicht durch eine Auskunft des Arbeitgebers verschaffen (LAG Hamm 15. 9. 1967 – 5 Sa 298/67, DB 1967, 1900). Abzulehnen ist ferner ein Auskunftsanspruch des Arbeitnehmers, der „außerhalb des KSchG" gekündigt wird, und herausfinden möchte, ob diese Kündigung womöglich treuwidrig war (**aA** OTTO in: FS Wiese, 353, 370 ff; im Einzelfall auch BeckOGK-BGB/KÄHLER [15. 4. 2019] § 242 Rn 1716). Das Kündigungsrecht (§ 1 Abs 3 S 1 HS 2 KSchG, § 626 Abs 2 S 3 BGB) zeigt gerade, dass der Arbeitgeber seine Kündigung gegenüber dem gekündigten Arbeitnehmer allenfalls erklären muss, wenn diese an einen Sachgrund gebunden ist; zu helfen ist dem Arbeitnehmer beweisrechtlich, vor allem mit den Grundsätzen der abgestuften Darlegungs- und Beweislast (PREIS NZA 1997, 1256, 1269 f; vgl weiter MünchArbR/WANK[4] § 110 Rn 32, 35 ff). Dass das BAG (19. 1. 1995 – 8 AZR 914/93, NZA 1996, 585) einen materiellrechtlichen Auskunftsanspruch in einem Sonderfall anerkannt hat, ist nur deshalb zu rechtfertigen, weil sich dort ein Sachgrunderfordernis für die Kündigung aus dem Einigungsvertrag ergab. Selbst bei Diskriminierungsverdacht erzwingt das Unionsrecht keinen Auskunftsanspruch des jedenfalls vermeintlichen Opfers (EuGH 19. 4. 2012 – C-415/10 – Meister, NZA 2012, 493). Das ändert sich erst, wenn die Richtlinie (EU) 2019/1152 über transparente und verträgliche Arbeitsbedingungen umgesetzt sein muss. Nichts mit § 260 BGB zu tun hat der Abrechnungsanspruch nach § 108 Abs 1 GewO, der gerade nicht eine Zahlungsklage vorbereiten sollen, sondern den Arbeitnehmer über die tatsächlich durchgeführte Entgeltabrechnung unterrichten soll (AR/KOLBE § 108 GewO Rn 3).

b) Arztvertrag

Arzt oder Krankenhaus haben eine Verpflichtung zur Dokumentation der ärztlichen Behandlung. Die **Dokumentationspflicht** folgt als selbstständige **vertragliche Nebenpflicht aus dem Behandlungsvertrag**, vgl § 630f BGB. Sie dient der notwendigen Aufklärung des Patienten über seinen Zustand, der eventuellen Weiterbehandlung des Patienten und der Verwirklichung von Schadensersatzpflichten (vgl die Erl zu § 630f BGB). Nur wenn eine ausreichende Dokumentation vorliegt, ist ein Recht des Patienten auf Einsicht von Belang. Fehlt es daran, können Rechte des Patienten als Schadensersatzansprüche entstehen; auch können sich Beweisschwierigkeiten bezüglich etwaiger Kunstfehler bei der zu dokumentierenden Behandlung ergeben. 24

Hand in Hand mit der Anerkennung einer Dokumentationspflicht ging die – zunächst richterrechtliche – Entwicklung eines **Rechts des Patienten auf Einsicht in den Inhalt der Dokumentation**. Dieses Einsichtsrecht ist heute in § 630g Abs 1 S 1 BGB besonders geregelt. Zu Einzelheiten vgl die Erl dort. 25

c) Erbrecht

Umstritten ist der Auskunftsanspruch des Vertragserben **gegen den Beschenkten** wegen Verletzung des Erbrechts nach § 2287 Abs 1 BGB. Eine ältere Auffassung verneinte eine Auskunftspflicht, weil § 2287 BGB sie nicht vorsehe (vgl die Nachweise in BGH 26. 2. 1986 – IVa ZR 87/84, BGHZ 97, 188). Die auf § 242 BGB gestützte neuere 26

Auffassung lässt den Anspruch zu (BGH 26. 2. 1986 – IVa ZR 87/84, BGHZ 97, 188 = JZ 1987, 250 m Anm Kuchinke; vgl auch Mohrenfels NJW 1987, 2557 f). Vergleichbar wurden dem Nacherben ein Auskunftsanspruch gegen den vom Vorerben Beschenkten und dem pflichtteilsberechtigten Erben gegen den vom Erblasser Beschenkten zuerkannt (BGH 15. 3. 1972 – IV ZR 131/70, BGHZ 58, 237; 27. 6. 1973 – IV ZR 50/72, BGHZ 61, 180; 8. 7. 1985 – II ZR 150/84, NJW 1986, 127; 26. 2. 1986 – IVa ZR 87/84, NJW 1986, 1755); Beweiserleichterungen für den Benachteiligten (vgl BGH 26. 11. 1975 – IV ZR 138/74, BGHZ 66, 8; 23. 9. 1981 – IVa ZR 185/80, BGHZ 82, 274) wurden als nicht ausreichender Schutz erachtet. Zur Ausforschung möglicher Schenkungen ist der Auskunftsanspruch hingegen nicht zu gewähren; stets müssen bereits greifbare Anhaltspunkte gegeben sein (vgl dazu vor allem Kuchinke, JZ 1987, 252, 253). Ist der Beschenkte selbst pflichtteilsberechtigt, folgt sein (Gegen-)Anspruch auf Auskunft, welche pflichtteilserheblichen Schenkungen es sonst noch gibt, aus § 2314 Abs 1 S 1 BGB, nicht aus § 242 BGB (BGH 4. 10. 1989 – IVa ZR 198/88, NJW 1990, 180). Der Anspruch auf Wertermittlung nach § 2314 Abs 1 S 2 BGB ist ein eigener Anspruch neben dem auf Auskunft.

27 Ergibt sich der Auskunftsanspruch aus § 242 BGB, ist sein Inhalt ebenfalls nach den Grundsätzen von Treu und Glauben zu bestimmen. Umstritten ist danach ein gesonderter Anspruch auf **Wertermittlung**, wie ihn die §§ 1379 Abs 1 S 3 und 2314 Abs 1 S 2 BGB, nicht aber § 260 BGB kennen (für einen Anspruch des pflichtteilsberechtigten Erben gegen den vom Erblasser Beschenkten [Sachverständigengutachten über den Wert von Gesellschaftsanteilen] auf Kosten des Beklagten, nicht des Nachlasses wie in § 2314 Abs 2 BGB: BGH 8. 7. 1985 – II ZR 150/84, NJW 1986, 127 – im konkreten Fall erklärte sich der klagende Erbe indessen bereit, die Kosten aus dem Nachlass zu tragen; für einen Anspruch auf Kosten des Nachlasses: BGH 4. 10. 1989 – IVa ZR 198/88, NJW 1990, 180, da sich die Haftung des Beschenkten auch nach § 2329 BGB auf den Fehlbetrag beschränke und nicht die Kosten der Ermittlung umfasse). Ein Miterbe kann von den anderen Miterben aber keine Auskünfte (und keine Einwilligung für Drittauskünfte) begehren, die sich auf die Testierfähigkeit des Erblassers beziehen (BGH 7. 12. 1988 – IVa ZR 290/87, NJW-RR 1989, 450 = JR 1990, 16 f m Anm Wassermann).

28 Aus der gesamthänderischen **Miterbengemeinschaft** (§ 2038 BGB) folgt nach hM keine Auskunftspflicht der Miterben untereinander (RG 28. 11. 1912 – IV 256/12, RGZ 81, 30; BGH 7. 12. 1988 – IVa ZR 290/87, NJW-RR 1989, 450; Staudinger/Werner [2010] § 2038 Rn 18; **aA** MünchKomm/Gergen § 2038 Rn 48, der eine „allgemeine" Auskunftspflicht über § 242 BGB herleiten will).

d) Gewerblicher Rechtsschutz, Wettbewerbsrecht und Verbraucherschutz

29 Der **Inhaber einer Marke, eines Warenzeichens, Patentes, Gebrauchsmusters, Urheberrechts oder eines anderen Immaterialgüterrechts** hat ein Auskunftsrecht gegen den Verletzer eines solchen Rechtes (st Rspr; BGH 13. 6. 1985 – I ZR 35/83, BGHZ 95, 285; 5. 6. 1985 – I ZR 53/83, NJW 1986, 1244; 4. 6. 1981 – III ZR 31/80, BGHZ 81, 21); bei § 26 UrhG auch gegen den Händler, der das Geschäft vermittelt hat (BGH 7. 6. 1971 – I ZR 32/70, BGHZ 56, 256). Sofern nicht Rechenschaftsablegung gefordert werden kann (vgl § 259 Rn 15), ist zumindest Auskunft zu erteilen, und zwar für entgangenen Gewinn oder Lizenzgebühr (OLG Frankfurt 13. 7. 1972 – 6 U 105/71, WRP 1972, 474 noch zu § 14 GeschMG). Auch zur Vorbereitung eines gesetzlichen Vergütungsanspruchs nach dem ArbNErfG nach den Grundsätzen der Lizenzanalogie kann dem Arbeitnehmer ein Auskunftsanspruch zustehen (BGH 6. 3. 2012 – X ZR 104/09, NZA-RR 2012, 646). Die neuere Judikatur zu Sonderfragen geht ohne Diskussion von diesem Stand aus.

30 Der gewohnheitsrechtliche Auskunftsanspruch aus § 242 BGB wird ergänzt durch spezialgesetzliche Auskunftsansprüche, etwa § 19 MarkenG (näher Fezer, MarkenR § 19 Rn 2 ff), § 140b PatG, § 24b GebrMG, § 101 UrhG, § 9 Abs 2 HalbleiterschutzG oder § 37b SortschG. Dem **Verbraucherschutz** dienen die Auskunftsansprüche nach §§ 13, 13a UklaG von Verbraucherschutzverbänden und sonstigen Betroffenen.

31 Die auf dem Gebiet des gewerblichen Rechtsschutzes entwickelten Aussagen wurden auch allgemein auf das **Wettbewerbsrecht** übertragen. Ein Auskunftsanspruch aus § 242 BGB gilt – über das Schadensersatzrecht hinaus – auch für die Vorbereitung negatorischer Beseitigungsansprüche (BGH 3. 5. 1958 – I ZR 26/57, NJW 1958, 1486: aus anderen Gründen abgelehnt) und von Bereicherungsansprüchen (BGH 24. 11. 1981 – X ZR 7/80, BGHZ 82, 299). Voraussetzung des Auskunftsanspruchs ist stets, dass ein vorzubereitender Schadensersatz- oder Bereicherungsanspruch, also ein die Anwendung des § 242 BGB rechtfertigendes gesetzliches Schuldverhältnis, glaubhaft gemacht wird (BGH 4. 3. 1977 – I ZR 117/75, GRUR 1978, 54). Die Grenzen der Auskunftspflicht ergeben sich aus einer Interessenabwägung zwischen den Bedürfnissen des Verletzten und den Belangen des Verletzers.

32 **Beispiele aus der Rechtsprechung**: Eine Körperschaft des öffentlichen Rechts, die eine Boykottaufforderung ausgesandt hat, ist zur Auskunft verpflichtet, wer die Empfänger der Aufforderung waren (BGH 22. 3. 1967 – GSZ 2/75, BGHZ GS 67, 81). Ein einem Wettbewerbsverbot unterliegender früherer Angestellter muss über die abgeschlossenen verbotenen Geschäfte Auskunft geben (BGH 22. 1. 1964 – Ib ZR 199/62, LM § 242 BGB [Be] Nr 19; BAG 19. 4. 1967 – 3 AZR 347/66, BB 1967, 839; 12. 5. 1972 – 3 AZR 401/71, DB 1972, 1831), oder angeben, wer der neue Arbeitgeber ist (BAG 22. 4. 1967 – 3 AZR 347/66, AP Nr 12 zu § 242 BGB Auskunftspflicht m Anm Lüderitz). Verletzt jemand ein vertragliches Alleinverkaufsrecht, hat er Auskunft über die abgeschlossenen verbotenen Geschäfte zu erteilen (BGH 2. 4. 1957 – VIII ZR 60/56, NJW 1957, 1026); ebenso, wenn ein Gesellschafter in verbotener Weise Geschäfte für eigene Rechnung macht (RG 17. 11. 1916 – II 395/16, RGZ 89, 99). Bei kreditschädigenden Behauptungen ist Auskunft geschuldet, wem gegenüber sie aufgestellt wurden (BGH 6. 2. 1962 – VI ZR 193/61, MDR 1962, 393), und welche Verbreitung sie gefunden haben (BGH 6. 2. 1972 – VI ZR 193/61, NJW 1962, 731). Bei einem Vertrauensbruch bei Handhabung einer informellen Absprache („gentlemen's agreement") über eine „Meistbegünstigungsklausel" kann Auskunft über die Auftragsvergabe geschuldet sein (BGH 22. 1. 1964 – Ib ZR 199/62, MDR 1964, 570).

e) Verteilung der Haushaltsgegenstände

33 Haushaltsgegenstände (früher: Hausrat) im Miteigentum beider Ehegatten unterliegen nicht dem Zugewinnausgleich (str, dazu MünchKomm/Wellenhofer § 1568b Rn 31) und daher auch nicht der Auskunftspflicht nach § 1379 BGB. Ehegatten, die getrennt leben, können im Verfahren nach § 1361a Abs 2, Abs 3 BGB eine vorläufige Verteilung der Haushaltsgegenstände vornehmen, bis anlässlich der Scheidung eine endgültige Regelung nach § 1568b BGB erfolgt. Die Rechtsprechung hat für die gegenseitigen Auskunftspflichten der Ehegatten auf die nach § 242 BGB entwickelte allgemeine Auskunftspflicht zurückgegriffen (KG 5. 11. 1981 – 15 WF 4935/81, FamRZ 1982, 68 noch zur alten Rechtslage unter Geltung der HausratsV).

f) Insolvenz

34 Aus Geschäftshandlungen des Schuldners ist der **Insolvenzverwalter** anstelle des Schuldners zur Auskunft verpflichtet, wenn er mit der Auskunft eine Verwaltungshandlung vornimmt, also dann, wenn der Hauptanspruch die Insolvenzmasse betrifft und gegen den Insolvenzverwalter geltend zu machen ist (BGH 30. 10. 1967 – VIII ZR 176/65, NJW 1968, 300 zum Konkurs). Entsprechendes gilt, wenn Absonderungs- und Aussonderungsrechte geltend gemacht werden, bei Masseschulden (vgl BGH 30. 10. 1967 – VIII ZR 176/65, BGHZ 49, 11 = LM § 6 KO Nr 11 mit zust Anm Mezger; kritisch Kuhn WM 1969, 226), uU aber auch bei der Eigenhaftung des Verwalters (zur Wegnahme von Bürounterlagen durch den Insolvenzverwalter OLG Hamm 22. 9. 2016 – I-5 U 129/15, 5 U 129/15, ZInsO 2017, 96). Umgekehrt kann der Insolvenzverwalter aber nicht die womöglich anfechtbar begünstigte Ehefrau auf Auskunft verklagen, wenn er gegen den Schuldner (Ehemann) dessen Auskunftspflicht nach §§ 20 Abs 1, 97 ff InsO durchsetzen kann (BGH 18. 1. 1978 – VIII ZR 262/76, NJW 1978, 1002; 6. 6. 1979 – VIII ZR 255/78, BGHZ 74, 379 = JuS 1979, 906 m Anm K Schmidt zum Konkursverfahren und der Auskunft nach § 100 KO). Zur Auskunftspflicht des Schuldners im Insolvenzverfahren vgl §§ 97, 98 InsO.

III. Inhalt und Grenzen der Auskunftspflicht

35 Soweit nicht besondere gesetzliche Ausgestaltungen des Auskunftsrechts greifen (bereits Rn 11 ff), hat **der Auskunftspflichtige** dem Berechtigten ein **Verzeichnis des Bestandes** vorzulegen. Darunter versteht man eine genaue schriftliche Zusammenstellung der einzelnen „Gegenstände" im bisher beschriebenen Sinne, die zu dem „herauszugebenden Inbegriff" gehören. Diese Zusammenstellung muss so gestaltet werden, wie sie der Gläubiger benötigt, um den „Herausgabeanspruch" (ohne übermäßigen eigenen Arbeitsaufwand) zu substantiieren (vgl BGH 12. 5. 1966 – II ZR 254/63, WM 1966, 876). Die **Schriftform des § 126 BGB** muss **nicht** eingehalten sein, die Auskunft kann auch durch Boten übermittelt werden (BGH 28. 11. 2007 – XII ZB 225/05, NJW 2008, 917 mNw zur Gegenmeinung). Maßgebend sind die Umstände des Einzelfalles unter Berücksichtigung der Verkehrssitte: Kann der mit der Auskunft zu erreichende Zweck anders erreicht werden, etwa durch Einblick in staatsanwaltliche Ermittlungsakten, so entfällt nach § 242 BGB der Auskunftsanspruch (BGH 15. 6. 1970 – V ZR 90/67, LM § 242 BGB [Be] Nr 25). Zu modifizieren ist er uU, wenn die Parteien im geschäftlichen Wettbewerb stehen; insbesondere kommt dann in Betracht, dass die Auskunft nur einer Vertrauensperson beider Parteien zu erteilen ist (BGH 15. 6. 1970 – V ZR 90/67, LM § 47 PatG Nr 5 m Anm Nastelski), die ihrerseits dem Kläger den daraus abzuleitenden „Herausgabeanspruch" ermittelt (vgl § 259 Rn 15, 27). Die Zusammenstellung ist bestimmt genug, wenn der Berechtigte daraus selbst das „herauszugebende" Vermögen ermitteln kann (OLG Celle 2. 1. 1975 – 7 U 70/74, NJW 1975, 1568). Sie ist nicht schon im Prozessvortrag zu finden, wenn der Auskunftspflichtige behauptet, nichts zu wissen (BGH 14. 12. 1970 – III ZR 206/67, WM 1971, 443), wohl aber in der Erklärung, keine Gegenstände zu besitzen, auf die der Berechtigte Anspruch erheben könne (BGH 24. 3. 1959 – VIII ZR 39/58, LM § 260 BGB Nr 7; OLG München 16. 6. 1915 – 316/15 I, Recht 1915 Nr 1739; KG 12. 1. 1914 – XVI ZS, OLGE 28, 95). Soll der Auskunftspflichtige über Verhältnisse zu Dritten Auskunft geben, die ihrerseits zur Auskunft verpflichtet sind, so kommt neben der Abtretung des Auskunftsanspruchs (BGH 28. 2. 1989 – XI ZR 91/88, NJW 1989, 1601) auch eine Einwilligung in die Auskunftserteilung in Frage (BGH 7. 12. 1988 – Iva ZR 290/87, JR 1990, 16 m Anm Wassermann). Der Verpflichtete kann sich bei der Auskunftserteilung auch eines Erfüllungsgehilfen bedienen (OLG

Karlsruhe 19. 1. 2001 – 2 WF 52/00, 2 WF 53/00, OLGR 2001, 424). Die Auskunft kann (ebenso wie die Versicherung an Eides statt) in mehreren Teilakten über jeweils einen anderen Auskunftsgegenstand erfolgen; die Summe der Teilauskünfte muss dann die Auskunft im geschuldeten Gesamtumfang abdecken (BGH 18. 10. 1961 – V ZR 192/60, NJW 1962, 245), außerdem muss die Gesamtauskunft noch hinreichend übersichtlich sein (LG Berlin 3. 2. 2015 – 22 O 377/13, juris).

Die **inhaltliche Unrichtigkeit** des Verzeichnisses ist von der **formalen Unvollständigkeit** 36
der Auskunft zu unterscheiden. Nur erstere führt zur Versicherung an Eides statt nach Abs 2, die voraussetzt, dass eine in formaler Hinsicht vollständige Auskunft erteilt ist (OLG Naumburg 4. 12. 2006 – 4 UF 29/06, OLGR Naumburg 2007, 585). Bei formaler Unvollständigkeit der Auskunft ist nicht erfüllt, es besteht ein Auskunftsergänzungsanspruch (dogmatisch der – eben noch nicht erfüllte – Auskunftsanspruch) auf ordnungsgemäße Mitteilung aller auskunftspflichtigen Umstände (OLG Hamburg 31. 1. 2002 – 3 U 72/01, NJW-RR 2002, 1292). Im Einzelfall kann die Abgrenzung zwischen formeller Unvollständigkeit und materieller Unrichtigkeit schwierig sein. Geht es etwa um die vollständige Auskunft über anderweitigen Verdienst, so kann die Nichtangabe einzelner Bezüge die Auskunft sowohl formell unvollständig als auch inhaltlich unrichtig machen. Ist dem Auskunftspflichtigen hier der Vorwurf mangelnder Sorgfalt zu machen, besteht ein Anspruch auf eine eidesstattliche Versicherung (BAG 27. 3. 1974 – 5 AZR 258/73, NJW 1974, 1348; 29. 7. 1993 – 2 AZR 110/93, NJW 1994, 2041 zu einem selbstständigen Auskunftsanspruch aus § 74c Abs 2 HGB, § 615 S 2 BGB). Ein Ergänzungsanspruch ist dagegen gegeben, wenn rechtsirrtümlich eine Mehrheit von Gegenständen nicht angegeben worden ist (BGH 6. 3. 1952 – IV ZR 45/50 u 16/51, LM § 260 BGB Nr 1). Es gelten dieselben Abgrenzungskriterien wie im Rahmen des § 259 BGB (vgl § 259 Rn 32 f).

Gegen die Rechtsprechung, nach der eine Erklärung als zur Erfüllung des Aus- 36a
kunftsanspruchs **nicht** als **genügend** zu erachten ist, wenn sie „nicht ernst gemeint, unvollständig oder von vornherein unglaubhaft" ist (BGH 24. 3. 1994 – I ZR 42/93, BGHZ 125, 322; 17. 5. 2001 – I ZR 291/98, BGHZ 148, 26), bestehen zwar keine verfassungsrechtlichen Bedenken. Die Anordnung von Zwangsmitteln muss jedoch verhältnismäßig sein. Daher ist immer zu prüfen, ob gegenüber der Erzwingung der Auskunft eines bestimmten Inhalts die eidesstattliche Versicherung (§§ 259, 260 BGB, noch Rn 41) das mildere Mittel wäre (BVerfG 28. 10. 2010 – 2 BvR 535/10, BVerfGK 18, 144), wenn der Verpflichtete vorgibt, die Auskunft nicht erteilen zu können, weil er etwa den Datenträger nicht in Besitz habe, über dessen Inhalt er Auskunft zu geben verpflichtet ist. Damit wird letztlich die Anwendung des Abs 2 auch für die Fälle der formalen Unvollständigkeit eröffnet, da auch über den Einsatz von Zwangsmitteln dem Schuldner nichts ihm Unmögliches abverlangt werden darf. Der effektive Gewinn an Rechtsschutz auf Seiten des Auskunftsberechtigten durch die Zwangsgeldfestsetzung zur Durchsetzung des Anspruchs auf formale Vollständigkeit ist ohnehin vergleichsweise gering: Bezweifelt der Auskunftsgläubiger die Vollständigkeit der Angaben, ist er darauf verwiesen, sich über die Abgabe der eidesstattlichen Versicherung über diese zu vergewissern.

Der Anspruch auf Auskunft ist ein **selbstständiger Anspruch, aber doch ein akzesso-** 37
rischer Hilfsanspruch. Besteht kein Hauptanspruch oder steht ihm eine dauernde Einrede entgegen, besteht auch kein Auskunftsanspruch. Hat der Erwerber eines Geschäfts wegen der Nichtigkeit des Vertrages die gezogenen Nutzungen heraus-

zugeben, so gibt es keine Verpflichtung zur Auskunft über durch eigene Geschäftsabschlüsse gezogene Gewinne (BGH 25. 9. 1952 – IV ZR 22/52, BGHZ 7, 208). Ebenso wenig kann Auskunft über den Inhalt eines nicht geschuldeten Inventars verlangt werden (RG 10. 7. 1936 – VII 268/1935, RGZ 151, 381). Der Eigentümer, der sein Grundstück unter Berufung auf einen „Schwarzverkauf" zurückfordert, hat keinen Anspruch auf Auskunft über „Nutzungen" (RG 6. 3. 1930 – VI 372/29, HRR 1930 Nr 966).

38 Der Auskunftsanspruch als Hilfsanspruch **verjährt** an sich nicht später als der Hauptanspruch, da er nur zu dessen Verwirklichung gegeben wird (vgl BGH 22. 5. 1981 – I ZR 34/79, NJW 1982, 235; OLG Düsseldorf 19. 3. 1987 – 10 U 119/86, ZIP 1988, 1134). Wird der Hilfsanspruch benötigt, um Einwendungen, Einreden oder Drittansprüchen zu erheben, kann er aber noch nach Verjährung des Hauptanspruches geltend gemacht werden. Wird also der vom Erblasser Beschenkte auf Pflichtteilsergänzung in Anspruch genommen und stand dem Beschenkten seinerseits ein (verjährter) Anspruch auf Pflichtteilsergänzung zu, so kann der Beschenkte Auskunft nach § 2314 Abs 1 BGB begehren, weil diese auch für den Anspruch gegen ihn von Bedeutung sein kann (BGH 4. 10. 1989 – IVa ZR 198/88, NJW 1990, 180). Wird nur der Auskunftsanspruch als Hilfsanspruch klagweise geltend gemacht, unterbricht das nicht die Verjährung des Hauptanspruchs (BGH 24. 1. 2019 – IX ZR 233/17, NJW 2019, 1219; OLG Koblenz 6. 5. 2002 – 5 U 1287/01, ZERB 2002, 233).

39 Der Auskunftsanspruch aus einer Geschäftsverbindung des Erblassers (etwa nach §§ 675, 666 BGB) geht auf den **Erben** über (BGH 28. 2. 1989 – XI ZR 91/88, NJW 1989, 1601; OLG Frankfurt 7. 5. 1965 – 15 W 40/65, MDR 1966, 503; ebenso geht die Auskunftspflicht kraft Universalsukzession über: OLG Nürnberg 16. 9. 1980 – 1 W 1404/80, OLGZ 1981, 115; OLG München 31. 10. 1986 – 25 W 1652/86, MDR 1987, 416). Das gilt auch für die Universalsukzession in den bloßen Erbschaftsbesitz, da der Erbe keine dem Wesen nach anderen Kenntnisse als der Erblasser hat (für § 2027 BGB: BGH 5. 6. 1985 – IVa ZR 257/83, NJW 1985, 3068 m Anm DIECKMANN FamRZ 1985, 1246).

40 Der Auskunftsanspruch kann ebenso wie der Anspruch nach § 259 BGB als Hilfsanspruch grundsätzlich **nicht ohne den Hauptanspruch abgetreten** werden (RG 7. 10. 1930 – VII 609/29, HRR 1931 Nr 107). Doch gilt eine Ausnahme, wenn der Berechtigte mit der Abtretung einer eigenen Auskunftspflicht genügt (so im Ergebnis BGH 28. 2. 1989 – XI ZR 91/88, BGHZ 107, 104; unter Hinweis auf die Abtretung des Befreiungsanspruchs an den Gläubiger: BGH 22. 1. 1954 – I ZR 34/53, BGHZ 12, 136; 20. 12. 1956 – II ZR 177/55, BGHZ 23, 17; unter Hinweis auf die Abtretung des Anspruchs aus einem Vertrag zugunsten Dritter an den Dritten: RG 27. 1. 1936 – IV 246/35, RGZ 150, 129). Schuldet der gegenüber der Bank der Erblasserin auskunftsberechtigte Erbe seinerseits (zB nach § 2314 Abs 1 S 1 BGB) Auskunft, kann er daher seinen noch nicht befriedigten Auskunftsanspruch an den Pflichtteilsberechtigten zur Erfüllung abtreten. Dem Auskunftsanspruch gegen die Bank steht in diesem Falle weder das Bankgeheimnis zugunsten der Erblasserin noch das zugunsten des Zuwendungsempfängers im Wege (BGH 28. 2. 1989 – XI ZR 91/88, BGHZ 107, 104; OLG Bremen 8. 2. 2001 – 2 U 101/99, OLGR Bremen 2001, 201).

IV. Versicherung an Eides statt

41 Der zur Auskunft Verpflichtete hat nach Abs 2 eine **Versicherung an Eides statt** abzugeben, wenn der Berechtigte Umstände darlegt, aus denen sich ergibt, dass der

Verpflichtete das Verzeichnis **nicht mit der erforderlichen Sorgfalt** erstellt hat (BGH 4. 12. 1959 – I ZR 135/58, LM § 259 BGB Nr 8; 23. 3. 1966 – VIII ZR 295/63, NJW 1966, 1117; KG 21. 10. 1948 – 5 W 1105/48, JR 1949, 410), sodass dessen **Unrichtigkeit** anzunehmen ist. Im Falle bloßer Unvollständigkeit besteht dagegen grundsätzlich ein Auskunftsergänzungsanspruch, der uU aber nicht durch Zwangsmittel durchsetzbar ist (oben Rn 36). Grund zu der Annahme, dass ein Nachlassverzeichnis gem § 2314 BGB nicht mit der notwendigen Sorgfalt iS von § 260 Abs 2 aufgestellt wurde, kann auch dann bestehen, wenn sich aus dem prozessualen Verhalten des verpflichteten Erben das Bestreben ergibt, die Auskunftserteilung mit allen juristischen Mitteln zu verhindern oder zumindest zu verzögern, und dies auch aus dem vorprozessualen Verhalten bereits erkennbar wurde (OLG Frankfurt 16. 9. 1992 – 17 U 152/91, NJW-RR 1993, 1483). Ähnlich ist zu entscheiden, wenn der Auskunftspflichtige nicht alle zumutbaren Anstrengungen unternommen hat, Lücken in der Datenlage zu schließen (OLG München 17. 2. 2016 – 10 U 126/15, FamRZ 2016, 1877). Dass ein notarielles Nachlassverzeichnis nach § 2314 Abs 1 S 3 BGB vorgelegt wird, schließt einen Anspruch auf Abgabe der Versicherung an Eides statt (mit Blick auf die dem Notar gegenüber gemachten Angaben) nicht aus (KG 12. 6. 2014 – 1 U 32/13, ErbR 2016, 278). Das weite Verständnis des „Inbegriffs von Gegenständen" erfordert, dass in jedem Einzelfall der „Bestand" dem Rechtsverhältnis entsprechend angegeben wird. Eine klare Trennung von Einnahmen und Ausgaben wie in § 259 BGB (vgl § 259 Rn 26) wird nicht möglich sein (vgl RG 20. 9. 1913 – IV 243/13, Gruchot 58, 441). Der Inbegriff von Gegenständen erfasst auch die Passiva, auf die sich deshalb auch die eidesstattliche Versicherung erstreckt (BGH 2. 11. 1960 – V ZR 124/59, BGHZ 33, 373 zum Auskunftsanspruch des Pflichtteilsberechtigten über den Bestand des Nachlasses nach § 2314 BGB). Hat sich der Verpflichtete rechtzeitig bereit erklärt, zur freiwilligen Leistung der Versicherung zu erscheinen, gibt er keine Veranlassung zur Klage (OLG Nürnberg 1. 10. 1985 – 10 WF 2204/85, NJW-RR 1986, 159). Wie der Auskunftsanspruch ist auch die Verpflichtung vererblich, eine eidesstattliche Versicherung abzugeben (OLG München 31. 10. 1986 – 25 W 1652/86, MDR 1987, 416).

V. Prozessuale Durchsetzung

Einen **allgemeinen prozessualen Auskunftsanspruch** eines Klägers, um Beweismittel 42 zu gewinnen, gibt es **nicht** (BGH 18. 2. 1970 – VIII ZR 39/68, WM 1970, 387, st Rspr; Haeffs 32 ff; **aA** Stürner 92 ff). Aus dem Prozessrechtsverhältnis folgt keine Auskunftspflicht iS des § 260 BGB, auch wenn etwa die prozessuale Verpflichtung, sich auf Behauptungen des Gegners wahrheitsgemäß zu erklären (§ 138 Abs 1 ZPO), einer materiellen Auskunftspflicht praktisch nahekommen kann.

Für die prozessuale **Durchsetzung** eines materiellrechtlichen Auskunftsanspruchs, 43 die Abgabe einer eidesstattlichen Versicherung und die Verbindung mit dem Herausgabeanspruch im Wege der Stufenklage (§ 254 ZPO), sowie für die Vollstreckung eines Urteils auf Auskunft und Abgabe einer eidesstattlichen Versicherung nach § 888 ZPO gilt grundsätzlich das zu § 259 BGB Gesagte (§ 259 Rn 44 ff). Zuständig zur Entscheidung über den Auskunftsanspruch ist dasselbe Gericht, das über den Hauptanspruch zu entscheiden hat, der vorbereitet werden soll. Die Auskunftserteilung ist unvertretbare Handlung, auch wenn sie durch einen Dritten, zB einen Rechtsanwalt, erbracht werden kann, weil es letztlich darauf ankommt, dass die Erklärung vom Auskunftspflichtigen selbst herrührt (BGH 28. 11. 2007 – XII ZB 225/

05, NJW 2008, 917). Für den Streitwert gilt, dass der anzusetzende Bruchteil umso höher ausfallen muss, je weniger der Kläger über den Sachverhalt weiß, aus dem er seinen Leistungsanspruch herleiten kann (BGH 19. 4. 2018 – IX ZB 62/17, NJW-RR 2018, 1265).

44 Die **Stufenklage** birgt ein **Kostenrisiko** für den Kläger, wenn sich nach Auskunftserteilung herausstellt, dass das rechtshängige Leistungsbegehren unbegründet ist. Der BGH gibt dem Kläger im Fall einer einseitigen Erledigungserklärung einen materiellrechtlichen Kostenerstattungsanspruch (BGH 5. 5. 1994 – III ZR 98/93, BGH JZ 1994, 1009 m krit Anm Bork = LM § 254 ZPO Nr 18 m zust Anm Wax; ebenso OLG Düsseldorf 29. 3. 1996 – 7 U 168/95, OLGR 1996, 162; OLG Koblenz 5. 2. 1996 – 13 WF 10/96, NJW-RR 1997, 7 zur Berücksichtigung eines materiellrechtlichen Kostenerstattungsanspruchs nach § 91a ZPO bei übereinstimmender Erledigungserklärung).

45 Kommt es zum Urteil über die Auskunftserteilung, so folgt die **Vollstreckung**, da es sich um eine unvertretbare Handlung handelt (BGH 28. 11. 2007 – XII ZB 225/05, NJW 2008, 917; 13. 9. 2018 – I ZB 109/17, NJW 2019, 231), **§ 888 ZPO**. Das gilt auch, wenn wegen Unvollständigkeit ein Anspruch auf Ergänzung der Auskunft tituliert wird (OLG Hamburg 31. 1. 2002 – 3 U 72/01, NJW-RR 2002, 1292). Ein Schiedsspruch, durch den jemand zur Auskunft über eine Mehrheit von Geschäften verurteilt ist, kann so lange für vollstreckbar erklärt werden, als nicht über alle Geschäfte Auskunft erteilt ist (BGH 6. 2. 1957 – V ZR 126/55, LM § 1042 ZPO Nr 4).

46 Nach der Rechtsprechung des BGH erfüllt eine zum Zweck der Auskunft gegebene Erklärung den Auskunftsanspruch nicht, wenn sie „nicht ernst gemeint, unvollständig oder von vornherein unglaubhaft" ist (BGH 24. 3. 1994 – I ZR 42/93, BGHZ 125, 322; 17. 5. 2001 – I ZR 291/98, BGHZ 148, 26). Hier ist die Festsetzung von Zwangsgeld das geeignete, erforderliche und verhältnismäßige Mittel zur Durchsetzung des Auskunftsanspruchs. Ist dagegen die Auskunft in formaler Hinsicht vollständig und hinreichend substantiiert, steht aber ihre inhaltliche Richtigkeit in Zweifel, kann der Gläubiger, wenn die Angelegenheit nicht von geringer Bedeutung ist, die Abgabe der eidesstattlichen Versicherung (§ 261 BGB) verlangen. Die Abgrenzung kann schwierig sein; so etwa, wenn der Schuldner, der zur Auskunft über die bislang nicht herausgegebenen Firmenunterlagen verurteilt ist, die Auskunft gibt, er könne über mitgenommene Unterlagen keine Auskunft geben, weil er solche nicht mitgenommen habe, er habe die benutzten Kundendaten vielmehr aus dem Gedächtnis mit Hilfe von Telefonbüchern und Internet rekonstruiert. Hier hat das Gericht eine **Verhältnismäßigkeitsprüfung** vorzunehmen, ob die eidesstattliche Versicherung über die Richtigkeit und Vollständigkeit der Rechnungslegung als milderes Mittel genügt, um das Interesse des Gläubigers zu wahren, oder ob es des schärferen Mittels der Zwangsgeldfestsetzung nach § 888 ZPO bedarf (BVerfG 28. 10. 2010 – 2 BvR 535/10, BVerfGK 18, 144; OLG Düsseldorf 8. 9. 2001 – I-2 W 26/11, 2 W 26/11, GRUR-RR 2012, 406; bereits Rn 32).

47 Für den Anspruch auf eine eidesstattliche Versicherung fehlt das **Rechtsschutzinteresse**, wenn der Gläubiger auf einfachere Weise, Klarheit erlangen kann, etwa durch Bucheinsicht (BGH 20. 1. 1971 – VIII ZR 251/69, BGHZ 55, 201; OLG Köln 25. 11. 1970 – 2 U 33/70, BB 1971, 331).

Ist die Erteilung der Auskunft oder die Abgabe der entsprechenden eidesstattlichen Versicherung keine berufstypische Leistung und hat sie keinen Verdienstausfall zur Folge, ist der **Zeitaufwand** in Anlehnung an den Stundensatz zu bewerten, den der Auskunftspflichtige als Zeuge im Zivilprozess nach dem JVEG erhalten würde, unabhängig von der Höhe des Einkommens des Pflichtigen (BGH 23. 3. 2011 – XII ZB 436/10, FamRZ 2011, 882; 28. 11. 2012 – XII ZB 620/11, NJW-RR 2013, 257). **48**

§ 261
Abgabe der eidesstattlichen Versicherung

(1) Das Gericht kann eine den Umständen entsprechende Änderung der eidesstattlichen Versicherung beschließen.

(2) Die Kosten der Abnahme der eidesstattlichen Versicherung hat derjenige zu tragen, welcher die Abgabe der Versicherung verlangt.

Materialien: E I § 177 Abs 2 S 1; II § 700; III § 254; Jakobs/Schubert, SchR I 134; BT-Drucks 16/6308, S 344. Vgl zu den Änderungen bis 2005 auch Staudinger/BGB-Synopse (2006) § 261.

Schrifttum

Bütner, Durchsetzung von Auskunfts- und Rechnungslegungstiteln, FamRZ 1992, 629

Habscheid, Das Ende des Offenbarungseides, NJW 1970, 1669.

Systematische Übersicht

I. Anwendungsbereich und zuständiges Gericht

1 Ist nach §§ 259 Abs 2 oder 260 Abs 2 BGB eine eidesstattliche Versicherung abzugeben, so ergibt sich grundsätzlich aus dem Gesetz, was der Verpflichtete zu versichern hat. Hat das Prozessgericht im Tenor konkretisiert, worauf die Versicherung sich im Einzelnen zu beziehen hat, muss diese Formel uU den Umständen angepasst oder präziser gefasst werden. Rechtsgrundlage hierfür ist § 261 Abs 1 BGB, der es dem zuständigen Gericht ermöglicht, durch Beschluss eine neue Formel für die Versicherung an Eides statt festzulegen. Ob das zuständige Gericht in diesem Sinne nur das Gericht ist, vor dem die eidesstattliche Versicherung abzugeben ist (§§ 411 Abs 1, 410 Nr 1 FamFG), auch das Prozessgericht oder auch das Gericht, das die Abgabe der eidesstattlichen Versicherung zwangsweise durchsetzt (Vollstreckungsgericht, § 889 Abs 1 S 1 ZPO), ist strittig (näher Rn 5).

2 Seit der zum 1. 9. 2009 in Kraft getretenen FGG-Reform gehört nach § 410 Nr 1 FamFG zu den weiteren Angelegenheiten der freiwilligen Gerichtsbarkeit die Abgabe einer nicht vor dem Vollstreckungsgericht zu erklärenden eidesstattlichen Versicherung nach den §§ 259, 260, 2028 und 2057 BGB. **Zuständig** für die **freiwillige Abgabe** einer eidesstattlichen Versicherung ist nach § 411 Abs 1 FamFG, der den Regelungsgehalt des früheren § 261 Abs 1 BGB übernommen hat, das Gericht, in dessen Bezirk die Verpflichtung zur Auskunft, zur Rechnungslegung oder zur Vorlegung des Verzeichnisses zu erfüllen ist (Gericht des Leistungsorts). Die Zuständigkeit des Amtsgerichts ergibt sich aus § 23a Abs 1 S 1 Nr 2 GVG (eine notarielle Erklärung reicht nicht: OLG Zweibrücken 12. 1. 1979 – 1 U 77/78, MDR 1979, 492 noch zu § 79 S 2 FGG). Ergänzend ist § 3 Nr 1 Buchst b RPflG wegen der funktionellen Zuständigkeit des Rechtspflegers heranzuziehen. **Freiwillig** in diesem Sinne ist die Abgabe auch noch nach Verurteilung, sofern sie nicht qua Zwangsvollstreckung erzwungen wird (MünchKomm/Krüger § 261 Rn 3). Hat der Verpflichtete seinen Wohnsitz oder seinen Aufenthalt im Inland, kann er die Versicherung nach § 411 Abs 1 S 2 FamFG (auch) vor dem Amtsgericht seines Wohnsitzes oder Aufenthaltsortes abgeben. Nach § 413 S 1 FamFG können sowohl der Verpflichtete als auch der Berechtigte, die nach § 412 Nr 1 FamFG beide Beteiligte des Verfahrens sind, die Abgabe der eidesstattlichen Versicherung beantragen. Der Berechtigte hat ein Recht darauf, dass der Verpflichtete die eidesstattliche Versicherung in seiner Gegenwart abgibt; Letzterer ist gemäß § 413 S 2 FamFG persönlich zu laden.

3 **Zuständig** für die Abnahme der **erzwungenen Versicherung** ist das Vollstreckungsgericht (§ 889 ZPO). Kommt es nach einer Weigerung des Verpflichteten zu dessen Verurteilung, eine eidesstattliche Versicherung abzugeben, und muss diese Verurteilung **zwangsweise** durchgesetzt werden, so ist die eidesstattliche Versicherung vor dem Vollstreckungsgericht am Wohnsitz des Schuldners abzulegen. Zuständig ist auch hier der Rechtspfleger (§ 20 Abs 1 Nr 17 RPflG). Die Anordnung von Erzwingungshaft ist aber dem Richter vorbehalten (§ 4 Abs 2 Nr 2 Buchst c RPflG). Mit diesem Fall befasst sich § 261 Abs 1 BGB nicht.

II. Änderung der eidesstattlichen Versicherung, Abs 1

4 **Abs 1** befasst sich unstrittig mit dem Verfahren zur Abgabe einer nach §§ 259 Abs 2 oder 260 Abs 2 BGB geschuldeten, aber freiwillig (soeben Rn 2) abgegebenen eidesstattlichen Versicherung im Verfahren vor dem nach FamFG zuständigen Gericht. An sich ist der Inhalt der Versicherung in den §§ 259 Abs 2, 260 Abs 2 BGB bestimmt. Er kann gegebenenfalls durch das Prozessgericht konkretisiert und durch dieses auch noch später angepasst werden. Die Rechtsprechung sieht auch in einer solchen späteren Anpassung durch das erkennende Gericht einen Anwendungsfall des § 261 Abs 1 BGB (BGH 2. 11. 1960 – V ZR 124/59, BGHZ 33, 373 zu § 261 Abs 2 aF), während nach aA insoweit nicht auf § 261 Abs 1 BGB zurückgegriffen werden muss (MünchKomm/Krüger § 261 Rn 6). Für Letzteres spricht, dass sich Abs 2 mit den Kosten der Abnahme der eidesstattlichen Versicherung befasst, die Bestimmung insgesamt also das Verfahren vor dem hierfür zuständigen Gericht nach dem FamFG erfasst, nicht das Verfahren vor dem Prozessgericht. Zur Bestimmtheit des Titels Bütner 629 f.

Ob auch das **Vollstreckungsgericht** die im Urteil getroffenen Vorgaben zur Abgabe der eidesstattlichen Versicherung gestützt auf § 261 Abs 1 BGB **ändern** darf, ist umstritten. Grundsätzlich ist das Vollstreckungsorgan im Vollstreckungsverfahren an den Titel gebunden. Daran ändert auch § 261 Abs 1 BGB nichts. Überwiegend wird jedoch vertreten, selbst die in einem rechtskräftigen Urteil festgelegte Formel der eidesstattlichen Versicherung dürfe geändert werden, wenn das Festhalten an ihrem Inhalt den Schuldner, der eine unrichtige Auskunft berichtigen möchte, aus formellen Gründen zur Abgabe einer falschen Versicherung an Eides statt (§ 156 StGB) zwänge (OLG Bamberg 20. 2. 1969 – 1 W 6/69, NJW 1969, 1304 [Meineid] m abl Anm Winter NJW 1969, 2244; OLG Köln 11. 6. 1990 – 2 U 246/89, FamRZ 1990, 1128; Zöller/Seibel § 889 ZPO Rn 3; Musielak/Voit/Lackmann § 889 ZPO Rn 3; Soergel/Forster § 261 Rn 4; Bamberger/Roth/Hau/Poseck/Lorenz § 261 Rn 4; Stein/Jonas/Bartels § 889 ZPO Rn 9 Fn 13; Erman/Artz § 261 Rn 1). Auch der BGH hat die Abänderungsbefugnis ins Vollstreckungsverfahren verlagert: Gibt der Schuldner im Verfahren nach § 889 ZPO eine geänderte Auskunft oder Rechnungslegung ab und besteht Grund für die Annahme, dass auch diese Auskunft oder Rechnungslegung wiederum unrichtig ist, kann das Vollstreckungsgericht selbst verlangen, dass der Schuldner seine bisher unrichtige Auskunft und Rechnungslegung gemäß §§ 259 Abs 2, 260 Abs 2 BGB nachbessert und erneut an Eides statt versichert (BGH 19. 5. 2004 – IXa ZB 181/03, NJW-RR 2005, 221; bestätigt BGH 12. 6. 2014 – I ZB 37/13, NJW-RR 2015, 58). Da sich der Verpflichtete bei nachträglichen tatsächlichen Veränderungen mit der Vollstreckungsgegenklage wehren und eine einstweilige Einstellung der Zwangsvollstreckung der Versicherung der ursprünglich geschuldeten und ausgeurteilten Rechnungslegung oder Auskunft erreichen kann (§§ 767, 769 ZPO; näher Winter NJW 1969, 2244, 2245; MünchKomm/Krüger § 261 Rn 5 mwNw), ist eine Befugnis des Vollstreckungsgerichts, gestützt auf Abs 1 eine Änderung der Versicherung an Eides statt zu beschließen, jedoch nicht geboten. 5

III. Kosten, Abs 2

Abs 2 befasst sich mit den Kosten einer im FamFG-Verfahren freiwillig (Rn 2) abgegebenen eidesstattlichen Versicherung. Abweichend von dem allgemeinen Grundsatz, dass der Schuldner die Kosten der Erfüllung seiner Verpflichtung zu tragen hat, fallen nach Abs 2 die Kosten dem zur Last, der die eidesstattliche Versicherung verlangt. Gleiches gilt, wenn die eidesstattliche Versicherung vor dem Vollstreckungsgericht abgegeben wird, solange die Abgabe nicht erzwungen werden muss (BGH 30. 3. 2000 – III ZB 2/00, NJW 2000, 2113; MünchKomm/Krüger § 261 Rn 7). Dazu gehören aber nicht die Kosten, die durch die unberechtigte Verweigerung der eidesstattlichen Versicherung entstanden sind und über die nach den §§ 91 ff ZPO im Prozess zu erkennen war. Abs 2 ist keine Grundlage für diese gerichtliche Kostenentscheidung (BGH 30. 3. 2000 – III ZB 2/00, NJW 2000, 2113; LG Bochum 24. 2. 1994 – 7 T 1113/93, Rpfleger 1994, 451 m Anm Meyer/Stolte; MünchKomm/Krüger § 261 Rn 7). 6

Nicht anwendbar ist Abs 2, wenn das Urteil über die eidesstattliche Versicherung vollstreckt werden muss. Weigert sich der Schuldner, die eidesstattliche Versicherung abzugeben (§ 889 Abs 2 ZPO), geht das Gericht nach § 888 ZPO vor. Die Kosten der Erzwingung fallen nach § 788 ZPO als Vollstreckungskosten dem Verpflichteten zur Last (BGH 30. 3. 2000 – III ZB 2/00, NJW 2000, 2113; Erman/Artz § 261 Rn 2; MünchKomm/Krüger § 261 Rn 7). 7

8 Auch eine entsprechende Anwendung des § 261 Abs 2 BGB zur Begründung einer Kostenerstattung für die Erklärung des Drittschuldners nach § 840 ZPO scheidet aus (BGH 13. 12. 1984 – IX ZR 89/84, NJW 1985, 1155; BAG 31. 10. 1984 – 4 AZR 535/82, NJW 1985, 1181).

9 Der Wert für die Abgabe einer eidesstattlichen Versicherung entspricht regelmäßig demjenigen für die Erteilung der vorangegangenen Auskunft. Dies gilt allerdings nicht für ein etwaiges Geheimhaltungsinteresse, soweit es sich mit der Auskunftserteilung bereits erledigt hat (BGH 24. 11. 1994 – GSZ 1/94, BGHZ 128, 85; 28. 11. 2012 – XII ZB 620/11, NJW-RR 2013, 257)

§ 262
Wahlschuld; Wahlrecht

Werden mehrere Leistungen in der Weise geschuldet, dass nur die eine oder die andere zu bewirken ist, so steht das Wahlrecht im Zweifel dem Schuldner zu.

Materialien: E I § 207; II § 219; III § 225; Jakobs/Schubert, SchR I 145.

Schrifttum

Zum hier nicht aufgeführten älteren Schrifttum Staudinger/A Werner[10/11].

Bachmann, Die elektive Konkurrenz, Eine systematische Untersuchung der Gläubigerrechte bei Leistungsstörungen im BGB, CISG, in den PECL und im DCFR (2010)

Büdenbender, Der Nacherfüllungsanspruch des Käufers – Wahlschuld oder elektive Konkurrenz?, AcP 205 (2005) 386

Bülow, Bindung des Gläubigers an seine Wahlausübung nach Schuldnerverzug oder Unmöglichkeit der Leistung, JZ 1979, 430

Erler, Wahlschuld mit Wahlrecht des Gläubigers und Schuld mit Ersetzungsbefugnis des Gläubigers (1964)

Gernsheim, Die Ersetzungsbefugnis im deutschen bürgerlichen Recht (1906)

Gernhuber, Schuldverhältnis, in: Handbuch des Schuldrechts (1989) § 11 I–III

Hahn, Die zivilrechtliche Ersetzungsbefugnis (2010)

Litten, Die Wahlschuld in dem bürgerlichen Recht (1903)

Pöschke, Die elektive Konkurrenz, JZ 2010, 349

Rieble/Gutfried, Spezifikationskauf und BGB-Schuldrecht, JZ 2008, 593

Samhat, Die Abgrenzung der Wahlschuld von der elektiven Konkurrenz nach dem BGB (2012)

Skamel, Das Wahlrecht des Käufers zwischen Nachbesserung und Ersatzlieferung, ZGS 2006, 457

Spickhoff, Der Nacherfüllungsanspruch des Käufers: Dogmatische Einordnung und Rechtsnatur, BB 2003, 589

Wagner, Die Wahlschuld im System der unbestimmten Leistungen (2010)

Weitnauer, Die elektive Konkurrenz, in: FS Hefermehl (1976) 467

Ziegler, Die Wertlosigkeit der allgemeinen Regeln des BGB über die sogenannte Wahlschuld (§§ 262–265 BGB), AcP 171 (1971) 193.

Systematische Übersicht

Alphabetische Übersicht

I. Allgemeines

Die §§ 262–265 BGB befassen sich mit den **Konsequenzen** gesetzlich oder rechtsgeschäftlich begründeter **Wahlschulden. Die Bestimmung des § 262 BGB regelt insofern, dass die Wahl dem Schuldner zusteht, wenn das Gesetz oder der Vertrag Zweifel darüber lassen**. Die Bedeutung der §§ 262–265 BGB ist recht begrenzt: Zum einen spielen Wahlschulden iS der §§ 262–265 BGB in der Praxis keine erhebliche Rolle, zum anderen erfassen die §§ 262 ff BGB die Interessenlage nur unzureichend (aA Samhat 437, der aber doch Korrekturbedarf auf der Rechtsfolgenseite etwa bei § 265 S 2 BGB sieht, Samhat 335). Letzteres führt dazu, dass vielfach versucht wird, die Defizite der Regelung der Wahlschuld zu überwinden: durch eine etwas gezwungene Vertragsauslegung, durch Vertragsergänzung contra legem, durch Gesetzesauslegung iS abweichender Ordnungsvorstellungen oder gar durch die Entwicklung alternativer Rechtsfiguren, die den Anwendungsbereich der Wahlschuld einengen. Eine pandektistische Traditionen fortführende Rechtswissenschaft freilich hat sich dem Thema erstaunlich ausführlich gewidmet (vgl für das ältere Schrifttum Staudinger/A Werner[10/11] § 262). Auch sind die Regelungsmechanismen der Wahlschuld im Zuge der Schuldrechtsmodernisierung wieder neu diskutiert worden, obschon sich längst die Auffassung 1 durchgesetzt hatte, dass die Lösungen, die sich der Gesetzgeber vorgestellt hat, den Interessenkonflikten nicht gerecht werden und deshalb beiseitegeschoben werden müssen (Ziegler AcP 171 [1971] 193 ff).

II. Begriff der Wahlschuld und Abgrenzung

2 § 262 BGB versucht zunächst eine **begriffliche Definition der Wahlschuld**: Mehrere Leistungen werden in der Weise geschuldet, dass nur eine von ihnen erbracht werden muss; die Wahl liegt bei einer der Parteien, also dem Gläubiger oder dem Schuldner. Das eingeräumte Wahlrecht kann sich nicht nur auf den **Gegenstand der Leistung** beziehen, sondern auch auf die **Modalitäten der Leistung** (Soergel/Forster § 262 Rn 5; MünchKomm/Krüger § 262 Rn 3; Esser/Schmidt, SchuldR I 1 § 14 II 1, S 243). Es gilt dann nichts Besonderes gegenüber der Wahl des Leistungsgegenstandes (Esser/Schmidt I § 14 II mit Mot II 6; **aM** Larenz, SchuldR I § 11 II). Damit ist freilich nicht gesagt, dass die Regeln der §§ 262–265 BGB undifferenziert sinnvolle Regeln für Wahlschulden bieten, bei denen die Wahl nur Modalitäten der Leistung betrifft, zumal sie schon bei Hauptinhalten nicht für interessengemäß gehalten werden. Beispiele für ein Wahlrecht hinsichtlich der Modalitäten der Leistung sind etwa die Lieferzeit, die Transportart, die Zahlungsweise, die Art der Auseinandersetzung bei einer Gesellschaft (Esser/Schmidt I 1 § 14 II 1; MünchKomm/Krüger § 262 Rn 3; **aA** RG 15. 10. 1926 – II 119/26, RGZ 114, 393, das § 315 BGB anwendet), die Wahl zwischen verschiedenen Erzeugnissen oder Verfahren bei einem Bauauftrag (Dausner BauR 1999, 715, 717), die Wahl zwischen verschiedenen Erfüllungsmodalitäten, wenn ein vollstreckbares Urteil nur einen Handlungserfolg (Grundstücksbefestigung) bezeichnet (offengelassen in BGH 22. 6. 1995 – IX ZR 100/94, NJW 1995, 3189), oder die Bevollmächtigung eines von mehreren in Frage kommenden Anwälten nach entsprechender Verurteilung (BGH 11. 11. 1994 – V ZR 276/93, NJW 1995, 463). Gegenstand der Wahlschuld kann auch eine Verpflichtung sein, alternativ verschiedene Rechtsgeschäfte (zB Kauf oder Miete eines Hauses) abzuschließen (Samhat 100).

3 Die recht vage Definition der Wahlschuld in § 262 BGB erfordert eine **Abgrenzung zu mehreren verwandten Rechtsfiguren**, zur Gattungsschuld, insbesondere zur begrenzten Gattungsschuld, zum Spezifikationskauf, zur subjektiven Wahlschuld, zur bedingten Schuld, zur Konkurrenz sich ausschließender Gläubigerrechte und zur Ersetzungsbefugnis. Die Abgrenzungen sind in Lehre und Praxis zumeist von der Frage mitbestimmt, ob die Rechtsfolgenregelungen der Wahlschuld im Ergebnis für angemessen erachtet werden oder nicht. Ähnlich ist die Wahlschuld auch der einseitigen Leistungsbestimmung des § 315 BGB, weil in beiden Fällen ein Vertrag nachträglich vervollständigt wird; indes ist die Abgrenzung hier insofern klar, als bei der Wahlschuld sämtliche Leistungsalternativen konsentiert sind, sodass auch kein Bedürfnis zu Ausübungskontrolle und richterlicher Korrektur besteht (dazu Staudinger/Rieble [2015] § 315 Rn 171 f).

1. Gattungsschuld

4 **Von der Gattungsschuld** lässt sich die Wahlschuld dadurch **abgrenzen**, dass die Vertragsparteien bei der Gattungsschuld den Leistungsrahmen, innerhalb dessen der Schuldner wählen soll, als Menge gleichartiger Gegenstände verstehen, während es bei der Wahlschuld um eine Menge individueller Gegenstände oder gesonderter

Gattungen geht (Enneccerus/Lehmann § 7; Larenz, SchuldR I § 11 II; Esser/Schmidt I § 14 II; Gernhuber, Schuldverhältnis § 11 I 3). Bei der Wahlschuld kann der Schuldner – wenn die Wahl bei ihm liegt – jeden beliebigen Gegenstand dieser Menge als Leistungsgegenstand wählen. Demgegenüber muss der Schuldner bei der Gattungsschuld Sachen von mittlerer Art und Güte auswählen, § 243 Abs 1 BGB. Zugleich wird die Abgrenzung von Mengen gleichartiger oder individueller Gegenstände zumeist danach erfolgen, ob man sich bei den Gegenständen überhaupt solche „mittlerer Art und Güte" vorstellen kann oder nicht. Die individuelle Bezeichnung eines Leistungsgegenstands und der Umstand, dass es sich bei den zur Wahl stehenden Leistungen um nicht vertretbare Sachen (§ 91 BGB) handelt, sind jedenfalls Indiz für eine Wahlschuld (Gernhuber, Schuldverhältnis § 11 I 3; MünchKomm/Krüger § 262 Rn 5; Bamberger/Roth/Hau/Poseck/Lorenz § 262 Rn 3). Freilich ist uU auch dann, wenn man individuell bestimmte Leistungsgegenstände zur Verpflichtung summiert, die Auswahl eines minder tauglichen Gegenstandes ein Verstoß gegen § 242 BGB. Ob im Einzelfall eine Gattungsschuld, insbesondere in Form einer beschränkten Gattungs- oder Vorratsschuld, gewollt ist, oder aber eine Wahlschuld, ist in erster Linie eine Frage des Parteiwillens (Samhat 8). Auch eine Kombination von Wahl- und Gattungsschuld ist möglich (BGH 2. 2. 1960 – VIII ZR 59/59, NJW 1960, 674; Samhat 8; Ziegler AcP 171 [1971] 193, 206). Wahlschuld und Gattungsschuld unterscheiden sich wesentlich in den Rechtsfolgen: Während § 263 Abs 2 BGB die Rückwirkung der Konkretisierung durch Wahlerklärung anordnet (vgl § 263 Rn 11 f), führt § 243 Abs 2 BGB zu einer Wirkung des Realaktes der Aussonderung und Bereitstellung nur ex nunc. Gerade die Rechtsfolge des § 263 Abs 2 BGB für die Wahlschuld wird als oft nicht interessengerecht angesehen.

2. Spezifikationskauf

Von der Wahlschuld zu unterscheiden ist der **Spezifikationskauf**, bei dem „Form, Maß oder ähnliche Verhältnisse" der Leistung erst noch zu bestimmen sind, also nicht die Wahl zwischen verschiedenen, bereits vorab festgelegten, Leistungen oder Leistungsmodalitäten besteht. Liegt ein auch nur einseitiger Handelskauf (§ 345 HGB) beweglicher Sachen vor, greift hier die Sonderregel des **§ 375 HGB**, wenn die nähere Leistungsbestimmung dem Käufer überlassen ist. Ist der Verkäufer oder ein Dritter bestimmungsberechtigt, greifen die §§ 315, 317 (Rieble/Gutfried JZ 2008, 593, 595, auch zu der Ansicht, der Spezifikationskauf sei Sonderfall der Wahlschuld mit Blick auf Leistungsmodalitäten). Steht dem Käufer aber die Wahl zwischen schon – über in Bezug genommene Preislisten – bestimmten Warensorten mit unterschiedlicher Beschaffenheit zu, ist das kein Spezifikationskauf, sondern eine Wahlschuld mit einer von § 262 BGB abweichenden Bestimmung des Wahlberechtigten (BGH 2. 2. 1960 – VIII ZR 59/59, NJW 1960, 674; MünchKomm/Krüger § 262 Rn 7; Bamberger/Roth/Hau/Poseck/Lorenz § 262 Rn 4). 5

3. Subjektive Wahlschuld

Bezieht sich die Wahlbefugnis auf die **Person des Gläubigers oder des Schuldners**, wie etwa bei § 2151 Abs 1 BGB, so spricht man von einer (gesetzlich nicht geregelten) **subjektiven Wahlschuld**, im Unterschied zu der „objektiven" Wahlschuld iS des § 262 BGB, bei der die Wahl den Gegenstand der Leistung betrifft. Nicht um eine subjektive Wahlschuld geht es, wenn dem Schuldner erlaubt wird, an den Gläubiger 6 oder an eine andere Person (Zahlstelle) zu erfüllen: Bei der subjektiven Wahlschuld muss (erst) die Wahl konkretisieren, wer zur Leistung verpflichtet oder berechtigt ist. Kraft Gesetzes entsteht ein solches Wahlschuldverhältnis nach § 659 Abs 2 S 2 BGB; die Wahl geschieht hier durch das Los. Es entstehen bei der subjektiven Wahlschuld zum Teil ähnliche Fragen wie bei der objektiven Wahlschuld, doch verbietet sich der Zugriff auf die gesetzlichen Lösungen der §§ 262–265 BGB schon deshalb, weil sie nicht einmal für die objektive Wahlschuld interessengerecht sind. Die Frage ist freilich ohne große praktische Bedeutung.

4. Elektive Konkurrenz

7 Von der Wahlschuld ist das Schuldverhältnis zu unterscheiden, bei dem einem Gläubiger mehrere Ansprüche zustehen, die sich gegenseitig ausschließen, zwischen denen er aber wählen kann **(elektive Konkurrenz)**. Solche Wahlrechte sind gesetzlich zwar nicht geregelt, in Rechtsprechung und Lehre aber anerkannt (Soergel/Forster § 262 Rn 8; Gernhuber, Schuldverhältnis § 11 I 6). **AA** ist Samhat, demzufolge es sich bei der Wahlschuld um einen Anspruch mit alternativem Leistungsinhalt oder um eine alternative Anspruchsmehrheit handeln kann; das entscheidende Abgrenzungskriterium liege in der nur bei der Wahlschuld bestehenden Wahlpflicht des Wahlberechtigten als einer echten Rücksichtspflicht iS von § 241 Abs 2 BGB (Samhat 107 ff, 216 ff). Wieder **anders** Pöschke JZ 2010, 349, 354, der die elektive Konkurrenz als Sammelbegriff für alle Fälle konkurrierender Gläubigerrechte versteht, die nicht als Wahlschuld oder Ersetzungsbefugnis einzuordnen sind. Im Fall konkurrierender Forderungsrechte des Gläubigers bestehe (entgegen der Vermutungsregel des § 262 BGB) stets eine Wahlschuld mit Gläubigerwahlrecht.

8 Die **Rechtsfolgen**, die sich aus der Einordnung eines Schuldverhältnisses als elektive Konkurrenz ergeben, sind nicht klar definiert. Im Ergebnis besteht der Unterschied zwischen der Wahlschuld mit Gläubigerwahlrecht (das nach § 262 BGB im Zweifel nicht besteht) und dem Schuldverhältnis mit konkurrierenden Gläubigerrechten darin, dass bei letzterem die Wahl kein Gestaltungsakt ist, der Gläubiger folglich nicht wie im Fall des § 263 BGB an die von ihm getroffene Wahl gebunden ist (ius variandi); ferner darin, dass der Schuldner dem Gläubiger keine Frist nach § 264 Abs 2 BGB zur Vornahme der Wahl setzen kann; schließlich auch darin, dass der Gläubiger nicht alternativ klagen kann. Begrenzt wird das Wahlrecht aus elektiver Konkurrenz allerdings durch den Grundsatz von Treu und Glauben (§ 242 BGB) und hier insbesondere durch das Verbot widersprüchlichen Verhaltens (Spickhoff BB 2003, 593). Elektive Konkurrenz ist letztlich eine Kategorisierung, die es erlaubt, die als unpassend angesehenen Rechtsfolgen der Wahlschuld zu vermeiden und wertende Entscheidungen zu treffen (zutreffend Pöschke JZ 2010, 349, 350), die bei Annahme einer Wahlschuld nur über eine teleologische Reduktion der §§ 262 ff BGB erreicht werden könnten (vgl zu § 439 Abs 1 Pöschke JZ 2010, 349, 354; Samhat 325).

9 **Elektive Konkurrenz** und kein Wahlschuldverhältnis besteht zB hinsichtlich der für das Immaterialgüterrecht anerkannten drei Möglichkeiten der Schadensberechnung (konkret entgangener Gewinn, Verletzergewinn, Lizenzanalogie, vgl etwa BGH 24. 6. 1993 – I ZR 148/91, NJW-RR 1993, 1321); daher steht dem Gläubiger der Übergang von der einen zur anderen Berechnungsart frei (BGH 12. 1. 1966 – Ib ZR 5/64, BGHZ 44, 372; Erman/Artz § 262 Rn 3).

Ähnliches gilt für das System des **Leistungsstörungsrechts** im Kauf- und Werkvertragsrecht, auf das die Regeln über die Wahlschuld nicht angewendet werden können (NK-BGB/Büdenbender § 437 Rn 81 zum Kaufrecht; Erman/Artz § 262 Rn 3; **anders** offenbar OLG Köln 22. 6. 2016 – 11 U 100/15, BeckRS 2016, 15589, das ein Wahlrecht des „Auftraggebers" nach § 262 BGB sieht). Sowohl nach altem wie auch nach neuem Schuldrecht gibt das Gesetz dem Gläubiger hier eine Reihe von Rechten und versperrt im Fall der Wahl eines Rechts diesem Gläubiger bestimmte andere Rechte, erlaubt aber teilweise auch einen Übergang von einem Gläubigerrecht zu einem anderen. Insbesondere das europäische Kaufrecht zeigt eine Gemengelage konkurrierender, sich nur teilweise ausschließender Rechte, bei denen ein Übergang von einem zum anderen Recht im Sinne elektiver Konkurrenz teilweise erlaubt ist, teilweise aber wie bei der Wahlschuld durch die gestaltende Ausübung des Wahlrechts versperrt. In welchen Fällen die Wahl den Gläubiger bindet, ist dabei aus Wortlaut und Systematik des Leistungsstörungsrechts herzuleiten, und kann nicht mit der begrifflichen Einordnung eines gesetzlichen Wahlrechts zwischen Gläubigerrechten als Wahlschuld im Sinne der §§ 262–265 BGB (mit deren rigiden Rechtsfolgen) entschieden werden. Insbesondere auf das gestufte Verhältnis von Primär- und Sekundäransprüchen passt der Begriff der Wahlschuld nicht, weil es hier nicht um von Anfang an alternative Leistungsansprüche geht (Kleine/Scholl NJW 2006, 3462; Larenz, SchuldR I 1, 1987, § 11 II 2 mit der Begründung, eine Wahlschuld liege schon deshalb nicht vor, weil keine verschiedenen Leistungsgegenstände geschuldet seien). Die Schuldrechtsreform hat in § 325 BGB die Alternativität von Schadensersatz und Rücktritt beseitigt (Staudinger/Schwarze [2015] § 325 Rn 2; NK-BGB/Dauner-Lieb/Dubovitskaya § 325 Rn 1), hier muss der Gläubiger nicht mehr im Sinne eines Entweder-Oder wählen. Der Anspruch auf Erfüllung wird durch die Entscheidung des Gläubigers für einen Sekundäranspruch auf Schadensersatz statt der Leistung nach § 281 Abs 4 BGB oder für eine Rückabwicklung des Vertrages nach § 323 Abs 1 BGB ausgeschlossen. Damit hat die Entscheidung des Gläubigers für eines dieser Rechte zwar rechtsgestaltende Wirkung, umgekehrt lässt sein Erfüllungsverlangen aber grundsätzlich seine Befugnis unberührt, zu einem Schadensersatzanspruch statt der Leistung überzugehen oder den Rücktritt zu erklären, selbst wenn es nach fruchtlosem Fristablauf nochmals geltend gemacht wird (BGH 20. 1. 2006 – V ZR 124/05, NJW 2006, 1198; Bressler NJW 2004, 3383). Auch das Wahlrecht des Käufers bei einem **Nacherfüllungsanspruch aus § 439 BGB** ist im Sinne elektiver Konkurrenz und nicht als Wahlschuld zu interpretieren, schon um in Fällen der nachträglichen Unmöglichkeit des gewählten Nacherfüllungswegs noch einen Wechsel zu erlauben (BGH 24. 10. 2018 – VIII ZR 66/17, BB 2019, 330; ausführlich Spickhoff BB 2003, 590 ff; Schroeter NJW 2006, 1761 f; NK-BGB/Arnold § 262 Rn 5; Skamel ZGS 2006, 457, 461; **aA** Samhat, der § 439 als Wahlschuld interpretiert, § 265 S 2 BGB dann aber durch § 439 Abs 1 BGB und den Grundsatz des Vorrangs der Nacherfüllung modifiziert, und damit die Rechtsfolge eines Wahlrechts zwischen der noch möglichen Nacherfüllung und dem Schadensersatz statt der unmöglichen Leistung vermeidet; auch Pöschke JZ 2010, 349, 254 sieht in der Wahl zwischen Mängelbeseitigung und Lieferung prima facie eine Wahlschuld mit Gläubigerwahlrecht, wobei die §§ 262 ff BGB teleologisch zu reduzieren seien). Das Verhältnis von Rücktritt und Minderung (§§ 437 Nr 2, 634 Nr 3 BGB) ist ein Verhältnis ausschließender Konkurrenz, die Ausübung des einen oder des anderen Rechts ändert die Rechtsbeziehung jeweils unmittelbar und einseitig (NK-BGB/Büdenbender § 437 Rn 88). Nur wegen der rechtsgestaltenden Wirkung der Ausübung dieser Sekundärrechte des Gläubigers insoweit von einer Wahlschuld zu sprechen, überzeugt aber nicht: Die Regeln der Wahlschuld sind auf ein Wahlrecht des Schuldners und auf mehrere Leistungen zugeschnitten, nicht auf mehrere Sekundärrechte. 9a

10 **Beispiele** für **elektive Konkurrenz**: Sich ausschließende Rechte liegen vor, wenn der Mieter wegen einer an der Mietsache angebrachten Einrichtung sowohl einen Aufwendungsersatzanspruch nach § 539 Abs 1 BGB als auch ein Wegnahmerecht nach § 539 Abs 2 BGB hat (Staudinger/Emmerich [2018] § 539 Rn 28; BGH 23. 10. 1953 – V ZR 38/52, NJW 1954, 265 zu § 547a aF; vgl auch Schuler NJW 1962, 1842, 1844). Das gilt auch, wenn dem Rechtsanwalt nach Teil 7 VV 7001, 7002 Abs 1 RVG (früher § 26 BRAGO) eingeräumt wird, entweder seine tatsächlichen Auslagen oder einen Pauschalsatz geltend zu machen (OLG Stuttgart 23. 9. 1969 – 8 W 143/69, NJW 1970, 287), wenn die Kündigung durch den Vermieter nach § 573 BGB oder nach § 573a BGB „zur Wahl" steht (OLG Hamburg 7. 4. 1982 – 4 U 167/81, NJW 1983, 182 zu § 564b Abs 1, 4 aF), oder wenn der leistende Bürge die Wahl hat, seinen Rückgriffsanspruch gegen den Schuldner auf den übergegangenen Anspruch oder auf das Innenverhältnis zum Schuldner zu stützen (OLG Köln 26. 1. 1989 – 1 U 97/88, WM 1989, 1883). Trotz des Ausdruckes „nach dessen Wahl" geht es auch im Fall des **§ 179 Abs 1 BGB** um zwei einander ausschließende und verschiedenartige Rechte auf Erfüllung oder Schadensersatz (elektive Konkurrenz), nicht um eine Wahlschuld, bei der der Gläubiger einen bestimmten Anspruch gestaltet (Erler 67 f; Hilger NJW 1986, 2237; Gernhuber, Schuldverhältnis § 11 I 6; MünchKomm/Krüger § 262 Rn 12; Erman/Artz § 262 Rn 3; Samhat 314 f, 440; **aA** für Wahlschuld RG 16. 2. 1937 – VII 216/36, RGZ 154, 58; Soergel/Forster § 262 Rn 24).

5. Ersetzungsbefugnis (facultas alternativa)

11 Von der Wahlschuld mit Wahlrecht des Schuldners ist weiter die **Ersetzungsbefugnis des Schuldners** zu unterscheiden (alternative Ermächtigung, **facultas alternativa**). Während bei der Wahlschuld die mehreren zur Wahl stehenden Leistungen geschuldet sind, ist bei der Ersetzungsbefugnis nur eine Leistung geschuldet, der Schuldner hat aber die Befugnis, die geschuldete Leistung durch eine andere zu ersetzen. Die Ersetzungsbefugnis ist ein akzessorisches Gestaltungsrecht, das seinen Inhaber ermächtigt, einseitig auf die geschuldete Leistung einzuwirken (Hahn 43). Vereinbart bspw der Grundstückseigentümer mit dem Erbbauberechtigten statt des festgesetzten Geldbetrages jeweils eine bestimmte Menge Roggen verlangen zu können, liegt eine Ersetzungsbefugnis des Gläubigers mit Wertsicherungscharakter vor (BGH 3. 7. 1981 – V ZR 100/80, BGHZ 81, 135; dazu: Frielingsdorf DB 1982, 789, 792; BGH 30. 5. 1962 – V ZR 172/60, NJW 1962, 1568). Gesetzliche Fälle der (im Gesetz nicht definierten) facultas alternativa finden sich in den §§ 244 Abs 1 BGB (RG 24. 1. 1921 – II 13/20, RGZ 101, 312; Staudinger/Omlor [2016] § 244 Rn 31; Soergel/Forster § 262 Rn 18), 528 Abs 1 S 2, 1973 Abs 2 S 2 (**aM** Steiner, Zum Begriff der facultas alternativa, in: FS Cohn [1915] 303 ff, 319), 1992 S 2, 2170 Abs 2 S 2 und 2329 Abs 2 BGB (Soergel/Forster § 262 Rn 18). Die §§ 257 S 2, 775 Abs 2 BGB regeln keine endgültige Ersetzungsbefugnis, sondern nur eine vorläufige Abwendung des Zugriffs. Nach ständiger Rechtsprechung ist der Kfz-Kauf mit Inzahlungnahme eines Gebrauchtwagens einheitlicher Kaufvertrag mit (partieller) Ersetzungsbefugnis des Käufers (BGH 18. 1. 1967 – VIII ZR 209/64, BGHZ 46, 338; 30. 11. 1983 – VIII ZR 190/82, JZ 1984, 376 m abl Anm Schulin [typengemischter Vertrag]). Keine Ersetzungsbefugnis des Schuldners regelt § 1087 Abs 2 BGB, weil der Nießbraucher allein berechtigt ist, den gegen den Besteller gerichteten Anspruch zu erfüllen, womit der gegen ihn gerichtete Anspruch nach Abs 1 erlischt (Hahn 258).

12 Steht dem **Gläubiger** eine **Ersetzungsbefugnis** zu, hat dieser das Recht, statt der an sich geschuldeten Leistung eine andere zu fordern (Palandt/Grüneberg § 262 Rn 8;

SOERGEL/FORSTER § 262 Rn 20; MünchKomm/KRÜGER § 262 Rn 10; **aM** STAUDINGER/SELB [1995] § 262 Rn 7, der für eine Ersetzungsbefugnis des Gläubigers generell keinen Raum sieht). Anders als im Falle **elektiver Konkurrenz** (oben Rn 7) stehen bei der Ersetzungsbefugnis dem Gläubiger nicht mehrere sich gegenseitig ausschließende Ansprüche zu, sondern nur ein Anspruch auf eine Leistung, hinsichtlich dessen er aber die Befugnis hat, an Stelle der geschuldeten Leistung eine andere zu fordern, also den Forderungsinhalt auszutauschen. Dagegen meint die **Leistung an Erfüllungs statt** lediglich die Berechtigung des Schuldners, die bestehende Forderung mit einer nicht geschuldeten Leistung zu tilgen, § 364 Abs 1 BGB (zur Abgrenzung von Leistung an Erfüllungs statt und Ersetzungsbefugnis HAHN 63 ff, 75). Anders als im Falle einer Wahlschuld muss der Schuldner nicht die Erklärung des ersetzungsbefugten Gläubigers abwarten oder eine Frist nach § 264 Abs 2 BGB setzen, sondern kann die primär geschuldete Leistung erbringen (ERLER 42). Beispiele sind: §§ 249 Abs 2 S 1 (BGH 8. 2. 1952 – V ZR 122/50, BGHZ 5, 105 zu § 249 S 2 aF; SOERGEL/FORSTER § 262 Rn 21; MünchKomm/KRÜGER § 262 Rn 10; **aA** STAUDINGER/SELB [1995] § 262 Rn 7: elektive Konkurrenz), 340 Abs 2 S 1, 843 Abs 3 BGB (ERLER 76 f) ggf iVm § 13 Abs 2 StVG (**aA** STAUDINGER/SELB [1995] § 262 Rn 11: Wahlschuld) und § 1585 Abs 2 BGB. Im Fall des § 249 Abs 2 S 1 BGB etwa kann der Gläubiger – anders als bei einer Wahlschuld – nicht alternativ auf Naturalersatz oder Geldentschädigung klagen (BGH 8. 2. 1952 – V ZR 122/50, BGHZ 5, 105; HASELHOFF NJW 1947/48, 286 ff, 289; OLG Celle 18. 11. 1948 – 5 U 75/48, NJW 1949, 223; ähnlich KG 13. 6. 1966 – 12 U 2483/65, NJW 1966, 2167 für die Wahl zwischen Mietwagenkosten und Nutzungsausfall). Eine Ersetzungsbefugnis des Gläubigers ergibt sich im Recht der Bodenreform nach Art 233 § 11 Abs 3 S 4 EGBGB (vgl BGH 14. 2. 1997 – V ZR 32/96, DtZ 1997, 193; **aA** STAUDINGER/RAUSCHER [2016] Art 233 § 11 EGBGB Rn 55), im Wiedergutmachungsrecht bei der Ersetzung der Kapitalentschädigung durch eine Rente nach § 81 S 1 BEG (BSG 7. 9. 1982 – 1 RA 21/81, SozR 2200 § 1265 Nr 67; ERLER 77 f; ZIEGLER 215 f).

Eine Ersetzungsbefugnis (des Gläubigers wie auch des Schuldners) kann **vertraglich**, **13**
auch **kollektivvertraglich**, begründet werden (BAG 17. 1. 1995 – 3 AZR 399/94, NZA 1995, 1000 zur tarifvertraglichen Ersetzungsbefugnis des Arbeitgebers und des Arbeitnehmers beim Ausgleich von Mehrarbeit durch bezahlte Freizeit statt durch Geld).

Die praktisch bedeutsamen **Folgerungen** aus der Annahme einer Ersetzungsbefugnis **14**
des Schuldners bzw des Gläubigers sind: Die §§ 262–265 BGB sind unanwendbar. Die Erbringung der geschuldeten Leistung (vor Ausübung der Ersetzungsbefugnis) erfüllt und hebt das Schuldverhältnis auf. Im Falle einer Ersetzungsbefugnis des Gläubigers muss der Schuldner nicht die Erklärung des Gläubigers abwarten oder eine Frist nach § 264 Abs 2 BGB setzen. Ist die geschuldete Primärleistung von Anfang unmöglich oder wird diese Leistung unmöglich, wird der Schuldner von seiner Leistungspflicht frei, die akzessorische Ersetzungsbefugnis entfällt. Dass der Schuldner noch jene Leistung erbringen könnte, die der Ersetzungsbefugte wählen hätte können, spielt insofern keine Rolle (HAHN 204 f). Hat der Schuldner in Unkenntnis seiner Ersetzungsbefugnis erfüllt, kann er nicht kondizieren. Vor allem gilt im Fall der Ersetzungsbefugnis nicht die in § 263 Abs 2 BGB angeordnete Rückwirkung der Wahl (RG 17. 3. 1932 – IV 391/31, RGZ 136, 127). Die Konzentration tritt auch erst mit Ausübung der Ersetzungsbefugnis, zB durch tatsächliche Wegnahme, ein, nicht schon mit der Erklärung, diese ausüben zu wollen, also zB mit Geltendmachung des Wegnahmeanspruchs (BGH 23. 10. 1953 – V ZR 38/52, LM Nr 6 zu § 946). Beruft sich der Schuldner auf eine Ersetzungsbefugnis, so trifft ihn die Beweislast

dafür, dass diese besteht. Die Behauptung des Schuldners, es liege eine Wahlschuld mit Schuldnerwahlrecht (§ 262 BGB) vor, leugnet demgegenüber den Klagegrund und belässt dem Gläubiger die Beweislast für den Inhalt der Verpflichtung. Auch hier gilt, dass die Wahl der Ersetzungsbefugnis im Einzelfall oft von der Vorstellung diktiert sein wird, die genannten praktischen Folgerungen seien interessengerecht. Die Vertragspraxis mag begrifflich schwer erfassbare Zwischenformen bieten.

6. Bedingte Schuld

15 Die Wahlschuld ist schließlich von der **bedingten Schuld** zu unterscheiden. Die Verwandtschaft zeigt sich in Fällen, in denen sich einander entgegengesetzte, vom Willen des Gläubigers oder des Schuldners abhängige Potestativbedingungen auswirken können. Behält bspw der Gläubiger seinen Wohnsitz bis zum vereinbarten Liefertermin bei, schuldet der Schuldner Anlieferung der Ware, verlegt der Gläubiger seinen Wohnsitz, schuldet der Schuldner Versendung. Stets ist hier nur eine einzige Leistung geschuldet und stets nur eine einzige Möglichkeit zu erfüllen gegeben. Nicht die §§ 262–265 BGB, sondern die §§ 158–162 BGB sind anzuwenden. Ist die Wahl durch einen Dritten zur Bedingung erhoben, greifen hingegen die §§ 317–319 BGB (unter Verweis auf die Materialien Rieble/Gutfried JZ 2008, 593, 595; iE auch MünchKomm/Krüger § 262 Rn 4; Soergel/Forster § 262 Rn 6: Wahlschuld, aber analoge Anwendung der §§ 317 ff BGB).

III. Begründung einer Wahlschuld

16 Eine **Wahlschuld kann auf einer privaten Willenserklärung beruhen**, etwa einem Vertrag oder Testament. Beispiele sind Wandelanleihen, Münzautomaten, Menübestellungen mit variabler Speisezusammenstellung, Fahrscheine mit dem Aufdruck verschiedener Zielorte, Fahrscheine, die lediglich eine bestimmte Kilometerzahl nennen, Fahrscheine, die eine Wahl zwischen verschiedenen Beförderungsmitteln lassen, Skipässe, die für eine Region mit mehreren Liftanlagen gelten, etc. In Einzelfällen wurde eine Wahlschuld angenommen, wenn Schulden mit alternativer Währungsklausel begründet wurden (RG 17. 3. 1932 – IV 391/31, RGZ 136, 127; 15. 1. 1942 – V 97/41, RGZ 168, 240; vgl dazu Mann, Das Recht des Geldes [1960] 162 ff), wenn einem Vertragspartner eingeräumt wurde, nach seiner Wahl mit dem Anbietenden eine OHG oder eine KG zu gründen (RG 27. 11. 1940 – II 67/40, RGZ 165, 260), wenn der Verpächter eines landwirtschaftlichen Grundstücks zwischen Geld- oder Naturalpacht wählen durfte (BGH 7. 7. 1953 – V BLw 26/53, BGH LM Nr 2 zu § 6 LPG), oder wenn ein Käufer nach Wahl und Abruf in bestimmter Zeit eine bestimmte Menge von Waren zum Listenpreis des Verkäufers beziehen sollte (BGH 2. 2. 1960 – VIII ZR 59/59, NJW 1960, 674). Wahlschuld wurde auch angenommen bei einer Klausel „Lieferung April/Mai, Verschiffung von Japan, monatlich gleiche Raten oder entsprechende Lieferung ab Lager Hamburg" (RG 29. 1. 1918 – I 252/18, WarnR 1916 Nr 158, unentschieden RG 9. 5. 1916 – II 8/16, JW 1919, 306). Weitere Beispiele, in denen eine Wahlschuld bejaht wurde: Recht eines Eigentümers, bei der Kreditsicherungsgrundschuld nach Kredittilgung Abtretung der Grundschuld an sich selbst oder einen von ihm zu benennenden Dritten, Verzicht oder Löschung der Grundschuld zu verlangen (BGH 24. 4. 2018 – XI ZR 207/17, NJW 2018, 3098; Räbel NJW 1953, 1247 ff, 1248); Pfandbriefdarlehen, bei dem der Schuldner die Wahl hat, Geld oder Pfandbriefe zu leisten (KG 15. 11. 1923 – I ZS, OLGE 43, 230; Ziegler 193 ff, 201); Recht eines Garanten, einen Dritten (Bank) durch Zahlung schadlos zu

halten oder im Versteigerungstermin ein die Forderungen der Bank deckendes gültiges Gebot abzugeben (OLG Köln 19. 4. 1991 – 19 U 163/90, VersR 1993, 321); Wahlrecht des Gläubigers, den Erbbauzins in Geld oder Naturalien zu verlangen (OLG Schleswig 23. 7. 1951 – 2 W 357/51, MDR 1951, 679). Zu Anleihen mit Tilgungswahlrecht des Emittenten vgl Kilgus WM 2001, 1324 ff. Eine Wahlschuld kann auch durch Tarifvertrag begründet werden (Niedersächsisches FG 10. 6. 2004 – 11 K 408/02, juris).

Keine Wahlschuld wird vereinbart, wenn der Schuldner „bankmäßige Sicherheit" nach den Vorschriften der §§ 232 ff BGB zu leisten hat und unter den mehreren Arten solcher Sicherheit wählen kann (BGH 15. 11. 1960 – V ZR 35/59, BGHZ 33, 389; OLG Saarbrücken 15. 4. 2015 – 5 W 24/15, NJW-RR 2015, 1206 wendet aber gleichwohl § 264 Abs 1 BGB entsprechend an). Dagegen hat der Sicherungsnehmer im Fall einer nicht nur vorübergehenden nachträglichen **Übersicherung** einen Ermessensspielraum iS des § 262 BGB bei der Entscheidung, welche von mehreren Sicherheiten er freigeben will. Die Ausübung nach Treu und Glauben bedeutet nicht, dass der Wahlberechtigte bei Verwertung mehrerer Sicherheiten verpflichtet ist, ausschließlich die vorrangige Sicherheit zu seinen Gunsten einzusetzen und die nachrangige Sicherheit freizugeben (BGH 3. 7. 2002 – IV ZR 227/01, ZIP 2002, 1390 m zust Anm Weber/Madau EWiR 2002, 849, 850; Rimmelspacher WuB I F 3 Grundpfandrechte 1. 03). Hinsichtlich des der Freigabeentscheidung vorgelagerten „Ob" der (Teil-)Freigabe von Sicherheiten hat der Sicherungsnehmer dagegen keinen Ermessensspielraum (BGH [GS] 27. 11. 1997 – GSZ 1/97, GSZ 2/97, BGHZ 137, 212; zum Auswahlermessen nach § 262 BGB ferner Pfeiffer ZIP 1997, 49, 53). 17

Die **Wahlschuld kann auch auf Gesetz beruhen**. Allerdings ist bei praktisch allen der insoweit in Literatur und Rechtsprechung angeführten Vorschriften der Wahlschuldcharakter strittig (Ziegler 216). Die Unterscheidung wird oft mehr oder weniger offen im Hinblick auf die Interessenlage getroffen, je nachdem, ob die Rechtsfolgen der einen oder anderen Kategorie das brauchbarere Ergebnis bieten (vgl Rn 1). Als Fälle gesetzlich angeordneter Wahlschulden sind etwa §§ 281 Abs 1 S 2 und 546a Abs 1 BGB zu nennen. Eine Wahlschuld besteht auch, wenn bei Verletzung eines Konkurrenzverbots der Geschäftsherr nach § 61 Abs 1 HGB Schadensersatz fordern oder sein Eintrittsrecht geltend machen kann (Weimar JR 1978, 274 f; MünchKomm/Krüger § 262 Rn 13; Soergel/Forster § 262 Rn 24); dem Rechtsgedanken nach wendet das BAG die Regelung des § 264 Abs 2 BGB auf Arbeitnehmer an, die ein nach § 74 Abs 2 HGB unverbindliches Wettbewerbsverbot befolgen und vom Arbeitgeber Karenzentschädigung verlangen oder sich auf die Unverbindlichkeit berufen können (BAG 22. 5. 1990 – 3 AZR 647/88, JZ 1991, 880 m Anm Wertheimer). Wahlschulden sind ferner das Wahlrecht des Sicherungsgebers (Eigentümers) zwischen Rückübertragung, Verzicht oder Aufhebung gegenüber dem Sicherungsnehmer (Grundschuldgläubiger), wenn die durch die Grundschuld zu sichernde Forderung nicht entsteht oder die gesicherte Forderung erlischt (BGH 24. 4. 2018 – XI ZR 207/17, WM 2018, 1501; MünchKomm/Krüger § 262 Rn 13; Soergel/Forster § 262 Rn 24; **aA** Samhat 432), sowie das Wahlvermächtnis iS des § 2154 Abs 1 S 1 BGB (OLG München 15. 7. 2014 – 34 Wx 243/14, FamRZ 2015, 530; zur erbschaftsteuerrechtlichen Bewertung BFH 6. 6. 2002 – II R 14/00, BFHE 195, 419). Auch bei der Gewährung freier Tage oder eines Entgeltzuschlags für geleistete Nachtarbeit nach § 6 Abs 5 ArbZG handelt es sich um eine Wahlschuld, bei der das Wahlrecht für jede Entgeltperiode neu entsteht (BAG 9. 12. 2015 – 10 AZR 423/14, NZA 2016, 426). § 320b Abs 1 S 3 AktG gibt dem ausgeschiedenen Aktionär, wenn die Hauptgesellschaft eine abhängige Gesellschaft ist, ein Wahlrecht auf eigene Aktien 18 der Hauptgesellschaft oder auf eine angemessene Barabfindung, das ebenfalls als Wahlschuld einzuordnen ist. Auch das Wahlrecht zwischen einfachem und qualifiziertem Arbeitszeugnis nach § 109 Abs 1 S 2, S 3 GewO wird als Wahlschuld behandelt (Sächsisches LAG 26. 3. 2003 – 2 Sa 875/02, LAGReport 2004, 187). Dagegen handelt es sich bei § 179 BGB (vgl Rn 10; **aA** RG 16. 2. 1937 – VII 216/36, RGZ 154, 58; Soergel/Forster § 262 Rn 24; Erman/Artz § 262 Rn 3), §§ 81 ff BEG und § 843 Abs 3 BGB ggf iVm § 13 StVG (BGH 13. 7. 1972 – III ZR 107/69, NJW 1972, 1711: nur „vergleichbare Frage") nicht um Fälle einer Wahlschuld.

19 Die Wahlschuld kann auch auf einem **Urteil** beruhen, etwa wenn dieses den Arbeitgeber verpflichtet, gegenüber dem Arbeitnehmer ein Angebot auf Abschluss eines Arbeitsvertrages für verschiedene Tätigkeiten abzugeben (LAG Berlin 1. 3. 2002 – 2 Sa 2316/01, BeckRS 2002, 30455010).

IV. Wahlberechtigter

20 § 262 BGB ordnet an, **dass im Zweifel dem Schuldner das Wahlrecht zusteht.** Ist etwas anderes vereinbart oder gesetzlich angeordnet, wird § 262 BGB verdrängt. Ergibt die Auslegung des Vereinbarten keine Lösung oder haben die Parteien die Frage ungeregelt gelassen, soll § 262 BGB als **Auslegungsregel** die Auslegung erleichtern (Bamberger/Roth/Hau/Poseck/Lorenz § 262 Rn 1) oder den Parteiwillen ergänzen (Soergel/Forster § 262 Rn 26; MünchKomm/Krüger § 262 Rn 15). Nach der Regel des § 262 BGB trägt jedenfalls der Gläubiger die Darlegungs- und Beweislast dafür, dass einem anderen als dem Schuldner das Wahlrecht zusteht (Soergel/Forster § 262 Rn 34; MünchKomm/Krüger § 262 Rn 15). In der Praxis entspricht wird vielfach ein Wahlrecht des Gläubigers verabredet, es entspricht den Interessen der Parteien idR eher (vgl dazu Ziegler 193). Die Regel des § 262 BGB wird in Rechtsprechung und Schrifttum daher oft einfach übergangen (vgl Ziegler 193 ff).

21 Das **Wahlrecht** könnte rechtsgeschäftlich nicht nur einer der beiden Parteien, sondern auch **einem Dritten überlassen** werden. Davon ist zu unterscheiden, dass der wahlberechtigte Teil die Wahl vertragsgemäß einem Dritten überlassen kann; hier handelt der Dritte nur als Vertreter des Wahlberechtigten. Haben beide Vertragsteile dem Dritten die Wahl überlassen, liegt ein bedingtes Rechtsgeschäft vor. Freilich kommt das Wahlrecht des Dritten dem Fall des § 317 BGB so nahe, dass die Regeln der §§ 317–319 BGB analog anwendbar sind, nicht die §§ 158 ff BGB (mit Verweis auf die Materialien Rieble/Gutfried JZ 2008, 593, 595; iE ebenso Soergel/Forster § 262 Rn 6; Bamberger/Roth/Hau/Poseck/Lorenz § 262 Rn 18; MünchKomm/Krüger § 262 Rn 4). Enneccerus/Lehmann (§ 8 III 3) will die Bestimmungen der §§ 317–319 BGB direkt anwenden, doch sind sie für Fälle gedacht, in denen der Leistungsgegenstand überhaupt nicht – auch nicht zur Wahl – bestimmt ist; grundsätzlich gegen eine direkte oder analoge Anwendung der §§ 317–319 BGB Gernhuber, Schuldverhältnis § 11 II 2 c.

22 Umfasst **bei gegenseitigen Schuldverhältnissen** die Wahl nicht nur die geschuldete Leistung des einen, sondern auch die Gegenleistung, hilft § 262 BGB nicht weiter: Hat ein Käufer etwa die Wahl zwischen einem Motorrad zum Preis von 1. 000 Euro und einem Pkw zum Preis von 1. 500 Euro, ist er zugleich als Schuldner und Gläubiger angesprochen. Ist in einem solchen Fall unklar, wer die Wahl treffen darf, ist

mit § 262 BGB nichts gewonnen. Stattdessen ist die wahlberechtigte Partei unter Berücksichtigung der konkreten Umstände nach §§ 157, 242 BGB zu ermitteln.

V. Ausübung, Übertragbarkeit, Pfändbarkeit

Über die Rechtsnatur des Wahlrechts sagt § 262 BGB nichts (hierzu SAMHAT 216 ff, der das Wahlrecht zugleich als Wahlpflicht interpretiert). Es handelt sich um ein **Gestaltungsrecht**, da durch die Ausübung des Wahlrechts das Schuldverhältnis in seinem Bestand unmittelbar verändert, nämlich konkretisiert wird. Der bisher noch unbestimmte Gegenstand der Leistung wird bestimmt. Das Wahlrecht ist kein höchstpersönliches Recht, sondern geht auf den Rechtsnachfolger des Wahlberechtigten über. Im Fall der Schuldübernahme kann das Wahlrecht des Schuldners vom neuen Schuldner ausgeübt werden, im Falle der Zession das Wahlrecht des Gläubigers vom Zessionar. Ist jedoch der Anspruch auf eine der mehreren zur Wahl stehenden Leistungen unübertragbar, weil etwa diese Leistung höchstpersönlicher Art ist, ist die gesamte aus dem Wahlschuldverhältnis entspringende Forderung unübertragbar, solange nicht die übertragbare Leistung gewählt wurde (**aM** BERGK, Übertragung und Pfändung künftiger Rechte 53 f, der in diesem Fall das Wahlschuldverhältnis zerreißen will). Die künftige und bedingte Forderung auf eine zu wählende übertragbare Leistung kann jedoch abgetreten werden (GERNHUBER, Schuldverhältnis § 11 II 2; SOERGEL/FORSTER § 262 Rn 29). 23

Steht eine **Mehrheit von Personen auf der Schuldnerseite**, kommt es darauf an, ob zwischen ihnen eine Rechtsgemeinschaft besteht oder nicht. Im Fall der Rechtsgemeinschaft steht das Wahlrecht im Zweifel dieser zu, muss also einheitlich ausgeübt werden. Andernfalls steht das Wahlrecht jedem einzelnen zu. Wahlberechtigte Gesamtschuldner erklären sich nur für die eigene Schuld, erfüllen aber mit Gesamtwirkung (GERNHUBER, Schuldverhältnis § 11 II 2 b). Wahlberechtigte Gesamtgläubiger (§ 428 BGB) können idR die Wahl einzeln, aber mit Wirkung für den oder die anderen vornehmen (**aA** GERNHUBER, Schuldverhältnis § 11 II 2 b: nur gemeinschaftliche Wahl). 24

Steht das **Wahlrecht dem Gläubiger** zu, folgt aus der **Übertragbarkeit** und dem **Hilfscharakter des Wahlrechts**, dass mit der Wahlforderung auch das Gestaltungsrecht gepfändet ist. Ist die gepfändete Forderung unübertragbar, scheidet auch eine Pfändung des Wahlrechts aus. Ist eine der zur Wahl stehenden Leistungen höchstpersönlicher Art und deshalb unübertragbar und unpfändbar, zB wenn ein Altenteilsberechtigter nach Wahl Wohnung und Beköstigung oder Geldleistungen beanspruchen kann, ist schon die Ausübung des Wahlrechts höchstpersönlich. Die Forderung ist unpfändbar, solange der Gläubiger der Altenteilsforderung nicht die Geldforderung gewählt hat (OLG Hamburg 20. 3. 1886, SeuffA 41, Nr 318; FALKMANN Recht 1911, 1 ff). Die Auffassung, die Pfändung sei zulässig, werde aber durch die Wahl der unpfändbaren Leistung gegenstandslos (LANGHEINEKEN, Der verhaltene Anspruch, in: FS Brünneck [1912] 27, 45 ff), führt praktisch zu demselben Ergebnis: Auch unter dieser Prämisse ist erst dann endgültig wirksam gepfändet, wenn der Vollstreckungsschuldner die Geldforderung gewählt hat. Nicht haltbar ist die Idee, die Pfändung sei an sich zulässig, der Gläubiger könne aber nur die pfändbare Leistung „wählen" (ECKSTEIN SeuffBl 75, 349). Das nimmt dem Gläubiger der Wahlforderung (Vollstreckungsschuldner) sein Wahlrecht, ohne dass dafür eine gesetzliche Grundlage ersichtlich wäre. Das Gleiche gilt für die Auffassung, der Vollstreckungsgläubiger könne von vornherein pfänden, aber nur die pfändbare Leistung (CITRON DJZ 1910, 196, allerdings mit einer Ausnahme in dem hier erörter- 25 ten Fall, in dem die Unpfändbarkeit im Interesse des Berechtigten liegt; abweichend auch Planck/Siber Anm 2mwNw; OLG Braunschweig 16. 9. 1920 – IV 92/21, SoergRspr 1922, 56, Nr 262).

VI. Prozessuale Durchsetzung

26 Bei einer Wahlschuld mit Wahlrecht des Schuldners kann der **Klageantrag** nur auf eine **alternative** Verurteilung gerichtet werden. Die Wahl wird damit bis zur Zwangsvollstreckung offengehalten, § 264 BGB. Bei der facultas alternativa ist demgegenüber auf die an sich geschuldete Leistung vorbehaltlich der Ersetzungsbefugnis des Schuldners zu klagen.

27 Die **Beweislast** dafür, dass eine Wahlschuld vereinbart ist, trifft keineswegs immer denjenigen, der diese Behauptung aufstellt. Wird nämlich die Behauptung vom Beklagten Schuldner aufgestellt, liegt in ihr ein qualifiziertes Bestreiten des Klagegrundes. In diesem Fall hat der klagende Gläubiger entweder zu beweisen, dass der Beklagte zu der verlangten Leistung verpflichtet ist, oder dass ihm (dem Kläger) entgegen der Regel des § 262 BGB das Wahlrecht zusteht, oder dass der Beklagte nach § 263 Abs 1 BGB die eingeklagte Leistung gewählt hat (Soergel/Forster § 262 Rn 34; ähnlich MünchKomm/Krüger § 262 Rn 15). Behauptet dagegen der Schuldner seine Ersetzungsbefugnis, so trifft ihn hierfür die Beweislast (vgl Rosenberg AcP 94, 81).

§ 263
Ausübung des Wahlrechts; Wirkung

(1) Die Wahl erfolgt durch Erklärung gegenüber dem anderen Teil.

(2) Die gewählte Leistung gilt als die von Anfang an allein geschuldete.

Materialien: E I §§ 208, 209; II § 220; III § 256; Jakobs/Schubert, SchR I 147.

Schrifttum

Wie bei § 262.

Systematische Übersicht

Alphabetische Übersicht

I. Ausübung des Wahlrechts

Abs 1 regelt, wie bei Wahlschulden die **Wahl ausgeübt werden muss, um wirksam zu sein**. Die „Wahl" besteht in einer einseitigen empfangsbedürftigen Willenserklärung des Wahlberechtigten. Sie gestaltet die Leistungspflicht, ist also Gestaltungserklärung. Den Zeitpunkt der Wahl stellt § 263 BGB zwar frei. Freilich ist die Bestimmung (auch insoweit) dispositiv (RG 17. 3. 1932 – IV 391/31, RGZ 136, 127): Die Parteien können festlegen dass das Wahlrecht nur in einem bestimmten Zeitfenster ausgeübt werden kann, können aber auch die Wahlerklärung formalisieren. Insbesondere kann vereinbart werden, dass die Wahlerklärung erst im Leistungsangebot oder erst in der vollzogenen Leistung liegt. Zur historischen Entwicklung des Abs 1 vgl STAUDINGER/A WERNER[10/11] Rn 1 f. 1

Die **Wahlerklärung** ist **einseitige empfangsbedürftige Willenserklärung** (§§ 130–132 BGB). Sie kann ohne Einwilligung des Gegners nicht widerrufen werden. Die in E I u II enthaltene ausdrückliche Bestimmung der Unwiderruflichkeit wurde als selbstverständlich gestrichen: Als Gestaltungserklärung ist die Wahlerklärung per se **unwiderruflich**. Die Parteien können § 263 BGB aber auch dahin abbedingen, dass dem Wahlberechtigten ein ius variandi zur Abänderung der einmal getroffenen Wahl eingeräumt wird (RG 17. 3. 1932 – IV 391/31, RGZ 136, 127). Die Anfechtung nach §§ 119 ff BGB ist nicht schlechthin ausgeschlossen (unten Rn 14). Erwidert der Empfänger der Wahlerklärung hinterher, dass er den Wählenden an seiner Entscheidung nicht festhalten wolle, so liegt darin ein neues, annahmebedürftiges Vertragsangebot, gerichtet auf Wiedereinräumung des verloren gegangenen Wahlrechts. Zudem kann ein Wahlrecht nach der zugrundeliegenden rechtsgeschäftlichen Abrede periodisch neu entstehen (für das Wahlrecht des Arbeitnehmers nach § 6 Abs 5 ArbZG BAG 9. 12. 2015 – 10 AZR 423/14, NZA 2016, 426). 2

Die Wahlerklärung kann, wie jede Willenserklärung, für die keine bestimmte Form vorgeschrieben ist, auch durch schlüssiges Verhalten des Wahlberechtigten abgegeben werden, zB durch Erbringung oder Annahme einer der geschuldeten Leistungen oder durch gerichtliche Geltendmachung. Auch wenn ein Teil einer der wahlweise geschuldeten Leistungen erbracht wird, kann darin – unabhängig davon, ob der Schuldner zur Teilleistung berechtigt ist (vgl § 266 BGB) – eine Ausübung des Wahlrechts gesehen werden (RG 16. 2. 1937 – VII 216/36, RGZ 154, 58), ebenso in der Einleitung der Zwangsvollstreckung, nicht aber schon in der Kündigung eines Darlehens mit alternativer Währungsklausel (RG 17. 3. 1932 – IV 391/31, RGZ 136, 127). Vorausgesetzt ist aber stets, dass der Wahlberechtigte in Kenntnis seines Wahlrechts und mit dem Willen handelt, die Wahl auszuüben, also mit Erklärungsbewusstsein. 3

Hat der wahlberechtigte und sich seines Wahlrechts bewusste Schuldner dem Gläubiger eine der zur Wahl stehenden Leistungen so angeboten, dass der Gläubiger in Annahmeverzug gerät, wenn er nicht annimmt (§ 293 BGB), hat er damit die Wahl ausgeübt. Das folgt aus der Auslegung der konkludenten Willenserklärung des Schuldners, und nicht etwa aus dem im Falle einer Wahlschuld unanwendbaren § 243 Abs 2 BGB (vgl zur Abgrenzung zur Gattungsschuld § 262 Rn 3).

4 Der Wahlberechtigte ist bei Ausübung seiner Wahl an Treu und Glauben gebunden (BGH 9. 6. 1983 – III ZR 105/82, WM 1983, 926 zur Sicherheitenfreigabe). Er darf daher das Wahlrecht nicht zur Unzeit ausüben, der Verpächter von Agrarland zB das Wahlrecht zwischen Geld- und Naturalpacht nur zu Beginn eines Pachtjahres (BGH 7. 7. 1953 – V BLw 26/53, LM § 263 Nr 1). Das bedeutet aber nicht, dass der Wahlberechtigte bei der Verwertung mehrerer Sicherheiten verpflichtet wäre, ausschließlich die vorrangige Sicherheit zu seinen Gunsten einzusetzen und die nachrangige Sicherheit freizugeben (bereits § 262 Rn 17).

5 In der **Klage des wahlberechtigten Gläubigers** liegt stets die nach Abs 1 erforderliche Erklärung der Wahl. Nimmt der Gläubiger seine auf eine der wahlweise geschuldeten Leistungen gerichtete Klage zurück, bleibt er an seine Wahl trotz § 269 Abs 3 S 1 ZPO gebunden. Die Rückwirkung des § 269 Abs 3 S 1 ZPO hat für die materielle Rechtslage keine Bedeutung, soweit diese nicht durch die Rechtshängigkeit verändert wird (§ 262 ZPO), wie zB im Falle der §§ 987, 818 Abs 4 BGB. Wird die Klage mit Einwilligung des Beklagten zurückgenommen, kann darin aber die Einräumung eines neuen Wahlrechts gesehen werden. Begründet erst ein Urteil die Wahlschuld, etwa des Arbeitgebers, dem Arbeitnehmer gegenüber ein Angebot auf Abschluss eines Arbeitsvertrages für verschiedene Tätigkeiten nach dessen Wahl abzugeben, so muss der Arbeitnehmer sein Wahlrecht ausüben, damit das Urteil vollstreckbar wird; § 894 ZPO ist unanwendbar (LAG Berlin 1. 3. 2002 – 2 Sa 2316/01, BeckRS 2002, 30455010).

6 Die **Wahlerklärung** als Gestaltungsakt ist **bedingungsfeindlich**. Das Gesetz hebt das hier, anders als in § 388 S 2 BGB für die Aufrechnung, zwar nicht besonders hervor (vgl Bruck, Bedingungsfeindliche Rechtsgeschäfte [1904] 127). § 388 S 2 BGB zeigt aber nur das allgemeine Prinzip, dass Gestaltungsgeschäfte keine Rechtsunsicherheit vertragen. Bei bedingten oder befristeten Wahlschulden kann die Erklärung bereits vor Eintritt der Bedingung oder Ablauf der Frist abgegeben werden; sie ist dadurch nicht etwa selbst bedingt oder befristet.

7 Bei **Personenmehrheit auf der Seite des Wahlberechtigten oder des Empfängers der Wahlerklärung** ist zu unterscheiden, welcher Art die Schuldner- oder Gläubigermehrheit ist (**aM** MünchKomm/Krüger § 263 Rn 6: Ausübung von allen und/oder gegen alle unabhängig von der Art der Personenmehrheit; Soergel/Forster § 263 Rn 4). Liegt eine Gesamthandsgemeinschaft oder eine schlichte Rechtsgemeinschaft auf Schuldner- oder Gläubigerseite vor, kann das Wahlrecht nur einheitlich ausgeübt und nur allen Empfängern gegenüber einheitlich erklärt werden.

8 **Gesamtschuldnern** steht ein Schuldnerwahlrecht in der Weise zu, dass wegen der notwendigen Gesamtwirkung der Erfüllung die Erklärung jedes Gesamtschuldners gegen alle Gesamtschuldner wirkt, wenn der Erklärende entsprechend seiner Wahl

erfüllt hat. Zuvor wirkt die Wahlerklärung nur persönlich, jeder Gesamtschuldner kann sie anders ausüben. Solange keiner der Gesamtschuldner geleistet hat, ist der Gläubiger demnach nicht sicher, welche Leistung er von welchem Schuldner erhalten wird (GERNHUBER, Schuldverhältnis § 11 II 2 b; SOERGEL/FORSTER § 262 Rn 26, § 263 Rn 4). Auch die Wahl eines wahlberechtigten Gläubigers gegenüber einem Gesamtschuldner hat Einzelwirkung nur gegenüber diesem (§ 425 Abs 1 BGB), solange noch nicht erfüllt wurde (STAUDINGER/LOOSCHELDERS [2017] § 425 Rn 1, 107; **aA** MünchKomm/KRÜGER § 263 Rn 6: das Wahlrecht könne nur von allen Gesamtschuldnern und/oder gegen alle ausgeübt werden).

Gesamtgläubiger können das ihnen zustehende Wahlrecht als Vorbereitung ihrer Befugnis, das Recht allein geltend zu machen, auch allein ausüben (**aA** STAUDINGER/LOOSCHELDERS [2017] § 429 Rn 32 f: die Wahl durch einen Gesamtgläubiger entfalte weder Einzel- noch Gesamtwirkung für die übrigen Gläubiger, die Wahl müsse vielmehr übereinstimmend durch alle Gläubiger ausgeübt werden; GERNHUBER, Schuldverhältnis § 11 II 2 b; die dort zitierte Entscheidung KG 3. 10. 1975 – 18 U 830/75, NJW 1976, 522 betrifft einen Fall elektiver Konkurrenz). Anders sieht das der BGH im Anwendungsbereich des § 843 Abs 3 BGB (keine Wahlschuld, dieser nur vergleichbar): Sind mehrere Sozialversicherungsträger durch Legalzession Gesamtgläubiger einer Rentenforderung nach StVG geworden (BGH 27. 6. 1958 – VI ZR 98/57, BGHZ 28, 68), können sie nur alle gemeinsam die Wahl der Renten- oder Kapitalform bestimmen, da die Aufspaltung einer Schadensersatzforderung in eine Renten- neben einer Kapitalforderung nicht zulässig ist, diese Gefahr aber bei divergierenden Bestimmungen drohe (BGH 13. 7. 1972 – III ZR 107/69, BGHZ 59, 187). Macht der wahlberechtigte Schuldner die Wahl gegenüber einem der Gesamtgläubiger geltend, hat diese Einzelwirkung (§§ 429 Abs 3, 425 BGB), solange noch erfüllt ist, §§ 429 Abs 3, 422 BGB (**aA** MünchKomm/KRÜGER § 263 Rn 6). 9

Ist eine **Bürgschaft für die Wahlschuld** (mit Wahlrecht des Schuldners) versprochen, kann der Gläubiger bei selbstschuldnerischer Bürgschaft auch gegen den Bürgen alternativ klagen. Der Bürge kann jedoch das Wahlrecht für den Schuldner nicht ausüben. Es kommt zu einer alternativen Verurteilung, bei deren Durchsetzung gegenüber dem Bürgen § 264 Abs 1 BGB entsprechend angewandt werden muss (vgl auch WESTERKAMP, Bürgschaft und Schuldbeitritt [1908] 377 ff; REICHEL, Schuldmitübernahme [1909] 375 ff). 10

II. Rechtsfolge der Wahl

Die wirksame Wahl hat zur Folge, dass die **gewählte Leistung als von Anfang an geschuldet** gilt, Abs 2. Die Wahl bewirkt somit nicht nur die Konzentration der Schuld auf einen bestimmten Leistungsgegenstand, sondern sie wirkt auf den Zeitpunkt der Entstehung des Schuldverhältnisses zurück. In dieser **Rückwirkung** liegt ein wesentlicher Unterschied der Wahlschuld gegenüber der Gattungsschuld (bereits § 262 Rn 4). Mit der Rückwirkung fingiert § 262 Abs 2 BGB, dass der Schuldner von vornherein auf die gewählte Leistung beschränkt gewesen ist. Deshalb muss das Schuldverhältnis mit Ausübung der Wahl als Schuldverhältnis mit von Anfang an bestimmtem Leistungsgegenstand behandelt werden; der Schuldner wird von der Schuld auf die nicht gewählte Leistung befreit, als wäre er diese Leistung niemals schuldig gewesen (vgl auch PHILIPPSBORN Gruchot 64, 10, 22). 11

12 Die **Konsequenzen der Rückwirkung** zeigen sich etwa bei der Wahl einer verjährten Forderung. Ist das Schuldverhältnis als von Anfang an auf die bereits bei Entstehung der Wahlschuld oder danach verjährte Forderung beschränkt anzusehen, kann sich der Schuldner auf die Verjährung berufen, gleich welche andere Forderung zur Wahl stand (OLG München 29. 12. 1909, Recht 1910 Nr 1496; Erman/Artz § 263 Rn 4; MünchKomm/Krüger § 263 Rn 7). Auch gilt die Rückwirkungsfiktion für die erbschaftsteuerrechtliche Beurteilung eines Wahlvermächtnisses (BFH 6. 6. 2001 – II R 14/00, BFHE 195, 419: steht das Wahlrecht dem Bedachten zu, richtet sich die Wahlschuld bereits vom Erbfall an ausschließlich auf den Gegenstand, für den sich der Bedachte entscheidet). In anderen Fällen erweist sich die Rückwirkung jedoch als fragwürdig (Ziegler AcP 171 [1971] 193, 201 f). Bereits im Wortlaut des § 265 BGB ist für die praktisch bedeutsamsten Fälle der Unmöglichkeit angeordnet, dass für eine – rückwirkende – Wahlerklärung kein Raum mehr ist, weil sich das Schuldverhältnis auf die übrigen zur Wahl stehenden Leistungen beschränkt, es sei denn, eine Sekundärverpflichtung (§§ 283–285 BGB) tritt an die Stelle der unmöglich gewordenen Leistung (vgl § 265 Rn 3).

13 **Solange die Wahl noch nicht ausgeübt** ist, ist der Leistungsgegenstand nicht bestimmt, und kann die Schuld noch nicht erfüllt werden. Ist der Schuldner wahlberechtigt, wird seine (zur Wahl stehende) Leistung oder zumindest Teilleistung in aller Regel aber auch eine Wahl bedeuten (bereits Rn 3). Wird ersichtlich in Unkenntnis des Wahlrechts geleistet, zB durch einen über das Wahlrecht nicht aufgeklärten Rechtsnachfolger, kann das freilich nicht gelten. Ist der Gläubiger wahlberechtigt, wird in aller Regel die Annahme der angebotenen (Teil-)Leistung gleichzeitig die Ausübung des Wahlrechts bedeuten. Auch hier kommt es aber darauf an, ob der wahlberechtigte Gläubiger die Leistung in Kenntnis seines Wahlrechts annimmt.

14 Liegt in der Leistung des wahlberechtigten Schuldners nicht zugleich die Wahl (soeben Rn 13), hat er – je nach den Umständen des Falles – entweder noch keine Gestaltungserklärung abgegeben, oder kann die (schlüssig) abgegebene Erklärung nach § 119 Abs 1 BGB **anfechten**. Nach wirksamer Anfechtung kann er seine Leistung nach den §§ 812 ff BGB kondizieren, ist aber dem Gläubiger zum Schadensersatz nach § 122 Abs 1 BGB verpflichtet, es sei denn, dieser kannte den Grund der Anfechtbarkeit (wusste also, dass der Schuldner in Unkenntnis des Wahlrechts handelt) oder musste ihn kennen, § 122 Abs 2 BGB (**aA** MünchKomm/Krüger § 263 Rn 4 der entgegen den allgemeinen Grundsätzen für Willenserklärungen bei Kenntnis des Adressaten vom Irrtum des Erklärenden schon die Wahlerklärung verneint; unter Berufung auf Soergel/Forster § 263 Rn 5). Spiegelbildlich hat der wahlberechtigte Gläubiger, dessen Annahme noch keine Wahl bedeutet (vgl Rn 13), entweder noch keine Gestaltungserklärung abgegeben, oder kann eine (schlüssig) abgegebene Erklärung anfechten. Dann kann der Schuldner die Leistung kondizieren, solange der Gläubiger nicht nachträglich die erbrachte Leistung wählt (Erman/Artz § 263 Rn 2; MünchKomm/Krüger § 263 Rn 4). Das Anfechtungsrecht des Gläubigers ist allerdings nach § 242 BGB ausgeschlossen, wenn er nicht in der Lage ist, die zuvor empfangene Leistung zurückzugewähren (Larenz, SchuldR I § 11 II, 158; MünchKomm/Krüger § 263 Rn 4).

§ 264
Verzug des Wahlberechtigten

(1) Nimmt der wahlberechtigte Schuldner die Wahl nicht vor dem Beginn der Zwangsvollstreckung vor, so kann der Gläubiger die Zwangsvollstreckung nach seiner Wahl auf die eine oder auf die andere Leistung richten; der Schuldner kann sich jedoch, solange nicht der Gläubiger die gewählte Leistung ganz oder zum Teil empfangen hat, durch eine der übrigen Leistungen von seiner Verbindlichkeit befreien.

(2) Ist der wahlberechtigte Gläubiger im Verzug, so kann der Schuldner ihn unter Bestimmung einer angemessenen Frist zur Vornahme der Wahl auffordern. Mit dem Ablauf der Frist geht das Wahlrecht auf den Schuldner über, wenn nicht der Gläubiger rechtzeitig die Wahl vornimmt.

Materialien: E I § 210; II § 221; III § 257;
Jakobs/Schubert, SchR I 153.

Schrifttum

Wie bei § 262, und
Riess, Die Zwangsvollstreckung einer Alternativobligation bei Wahlrecht des Schuldners, Gruchot 48, 489.

Systematische Übersicht

Alphabetische Übersicht

I. Regelungsgegenstand

1 § 264 BGB betrifft die **Verzögerung der Wahl**. Die Leistung kann nicht erbracht werden, solange nicht wenigstens gleichzeitig mit der Leistung das Wahlrecht ausgeübt wird; § 264 BGB regelt, wie diese Schwebephase ohne Zutun des Wahlberechtigten beendet werden kann. Abs 1 befasst sich mit der dem Schuldner, Abs 2 mit der dem Gläubiger zustehenden Wahl.

2 Die Verzögerung der dem **Schuldner zustehenden Wahl** kann zum Schuldnerverzug iS der §§ 286 ff BGB (mit der Leistung) führen. Die Folgen der Verzögerung der Wahl selbst sind aber von denen des Schuldnerverzugs zu unterscheiden: Die Wahl wird dem Schuldner noch bis in die Zwangsvollstreckung belassen, der Schuldnerverzug wird durch die bis dahin noch mögliche Wahl aber nicht etwa ausgeräumt. Daneben kann der Schuldner mit einer Pflicht zur Wahl (sogleich Rn 5) in (Schuldner-)Verzug geraten, die von der zu wählenden Leistungspflicht leistungsstörungsrechtlich zu unterscheiden ist. Gläubigerverzug nach den §§ 293 ff BGB kann bei einer Verzögerung der Schuldnerwahl nicht eintreten, weil es am Angebot der Leistung fehlt.

3 Die Verzögerung der dem **Gläubiger zustehenden Wahl** begründet nur bei einem Angebot sämtlicher alternativ geschuldeter Leistungen zugleich den Gläubigerverzug (näher Rn 11). Schuldnerverzug mit der Leistung kann bei einer Verzögerung der Gläubigerwahl nicht eintreten, da es noch an der Konkretisierung der Leistungspflicht fehlt. Sehr wohl kann der Gläubiger mit einer Pflicht zur Wahl (sogleich Rn 5) in Verzug geraten; dann geht es dogmatisch um seinen (des Gläubigers) Schuldnerverzug.

4 **Für die Ausübung** des gesetzlich oder vertraglich eingeräumten Wahlrechts **setzt das Gesetz keine Frist**. Die Parteien eines Vertrages oder der Verfasser eines Testaments können aber eine Frist für die Ausübung setzen, die vor Eintritt des Verzugs ablaufen kann.

5 Die Vereinbarung einer **Wahlpflicht** des Gläubigers vor der Leistungszeit erspart dem Schuldner Vorbereitungshandlungen für die Leistungsalternativen; die Vereinbarung einer Wahlpflicht des Schuldners gibt dem Gläubiger frühzeitig Klarheit über die zu erwartende Leistung. In der Vereinbarung einer Erklärungsfrist ist regelmäßig zugleich die Vereinbarung einer die Leistung vorbereitenden Wahlpflicht zu sehen (Gernhuber, Schuldverhältnis § 11 II 3 Fn 51; MünchKomm/Krüger § 264 Rn 15; **aA** Samhat 216 ff, 244, der stets eine Wahlpflicht des Wahlberechtigten annimmt). Die Wahlausübung gehört dann zur Leistungspflicht iS einer nicht (isoliert) einklagbaren Nebenpflicht des wahlberechtigten Schuldners oder Gläubigers. Ihre Verzögerung ist nach den §§ 286 ff BGB zu beurteilen (MünchKomm/Krüger § 264 Rn 14). Ansonsten bleibt es bei den Folgen des § 264 BGB, der sich mit Fällen der Fristbestimmung für die Wahl weder in Abs 1 noch in Abs 2 befasst. Für eine selbstständig einklagbare und nach § 888 ZPO vollstreckbare Pflicht zur Wahl (als eigenständige Verpflichtung zur Bewirkung einer Leistung [nämlich der Wahl] iS des § 241 BGB) wird wegen der Rechtsfolgenregelung des § 264 BGB überwiegend kein Interesse gesehen (Soergel/Forster § 264 Rn 1; auch RG 8. 12. 1882 – III 120/82, RGZ 8, 353 hat eine solche Klage in einem analogen Falle [auf Grund des früheren Rechts] versagt; differenzierend MünchKomm/Krüger § 264 Rn 14; Litten 188, wonach § 264 BGB den Fall einer besonderen Verpflichtung zur Wahl nicht erfasse). Das überzeugt insofern nicht, als gerade die Durchsetzungsmechanismen in § 264 BGB belegen, dass die Wahl keine bloße Obliegenheit im Eigeninteresse sein kann, sondern für den Wahlunterworfenen durchsetzbar sein muss. Dafür spricht vor allem, dass von der Wahl des Schuldners die eigene Leistungspflicht abhängt, und von der des Gläubigers zumindest bei gegenseitigen Verträgen die eigene Gegenleistungspflicht (Rieble/Gutfried JZ 2008, 593, 597 f).

II. Wahlrecht des Schuldners, Abs 1

Steht dem Schuldner das Wahlrecht zu, muss der **Gläubiger** vor der Wahl **alternativ klagen**; das Urteil muss auf die alternativen Leistungen lauten. Auf Grund dieses Urteils kann der Gläubiger dann die Zwangsvollstreckung nach seiner Wahl auf die eine Leistung, und wenn diese nicht eintreibbar ist, auf die andere Leistung richten (Soergel/Forster § 264 Rn 3; Erman/Artz § 264 Rn 1). Bis zum Beginn der Zwangsvollstreckung hat der Schuldner noch das uneingeschränkte Wahlrecht (Soergel/Forster § 264 Rn 3; Erman/Artz § 264 Rn 1). Vom Beginn der Zwangsvollstreckung an verliert der Schuldner zwar das Recht auf die Ausübung der Wahl durch Erklärung (§ 263 Abs 1 BGB), kann sich aber noch solange von seiner Verbindlichkeit befreien, indem er eine der übrigen Leistungen erbringt, bis der Gläubiger die von ihm zur Vollstreckung gewählte Leistung ganz oder teilweise empfangen hat (RG 26. 11. 1902 – V 283/02, RGZ 53, 80). Gepfändetes Geld gilt schon mit der Wegnahme durch den Gerichtsvollzieher als vom Gläubiger empfangen, § 815 Abs 3 ZPO. Weil der Schuldner sein Wahlrecht bis zum Beginn der Zwangsvollstreckung noch durch Erklärung ausüben kann, besteht mit (Zugang) dieser Erklärung kein Recht zur alternativen Vollstreckung mehr. Nach Beginn der alternativen Vollstreckung und bis zu dem Zeitpunkt, zu dem diese Vollstreckung wenigstens teilweise zum Erfolg des Leistungsempfangs geführt hat, gibt es nur noch eine Wahl des Schuldners durch Erbringung der (ggf anderen) Leistung. 6

Der Beginn der alternativen Zwangsvollstreckung führt aber weder zu einem Übergang des Wahlrechts vom Schuldner auf den Gläubiger (BGH 22. 6. 1995 – IX ZR 100/94, MDR 1995, 1060), noch mutiert das Wahlrecht des Schuldners von diesem Zeitpunkt an zu einer Ersetzungsbefugnis hinsichtlich der vom Gläubiger gewählten Leistung. Ein Übergang des Wahlrechts auf den Gläubiger führte dazu, dass dieser die nunmehr ihm zustehende Wahl mit der Vollstreckung ausgeübt hat, sodass sich das Schuldverhältnis nach § 263 Abs 2 BGB auf den gewählten Vollstreckungsgegenstand beschränkt. Bei fruchtloser Vollstreckung könnte der Gläubiger die Vollstreckung dann nicht mehr auf einen anderen der ursprünglich alternativ geschuldeten Gegenstände richten. Das paradoxe Ergebnis, dass der Gläubiger damit infolge des Schuldnerverzugs schlechter gestellt wäre, kann nicht richtig sein: Das Wahlrecht muss beim Schuldner verbleiben. Der Gläubiger kann in jeden der alternativ geschuldeten Gegenstände vollstrecken, bis der Schuldner das ihm verbliebene Wahlrecht dadurch ausübt, dass er einen der geschuldeten Gegenstände tatsächlich leistet (hM, Soergel/Forster § 264 Rn 4; MünchKomm/Krüger § 264 Rn 4 f; Erman/Artz § 264 Rn 1; Planck/Siber § 264 Rn 2; **aA** Litten 173). 7

Den **Beginn der Zwangsvollstreckung** markiert, soweit die Zwangsvollstreckung wie bei der Pfändung beweglicher Sachen durch den Gerichtsvollzieher auszuführen ist, die erste gegen den Schuldner oder dessen Sachen gerichtete Vollstreckungshandlung. Soweit die Zwangsvollstreckung dem Vollstreckungsgericht obliegt (§§ 828 f, 887 f ZPO), beginnt die Vollstreckung in dem Zeitpunkt, in dem das Gericht die Vollstreckungsmaßnahme verfügt, also nicht schon mit dem Vollstreckungsauftrag des Gläubigers und nicht erst mit der Zustellung des Pfändungsbeschlusses, des besonderen Strafandrohungsbeschlusses im Falle des § 890 ZPO usw (Erman/Artz § 264 Rn 2). 8

9 Besteht eine der alternativ geschuldeten Leistungen in der **Abgabe einer Willenserklärung**, so ist der „Beginn" der Zwangsvollstreckung nicht schon in der gesetzlichen Fiktion des § 894 ZPO zu sehen, die Willenserklärung sei mit Rechtskraft des Urteils abgegeben. Weder ist der Schuldner gehindert, das Wahlrecht zu diesem Zeitpunkt auszuüben, noch ist der Gläubiger gehindert, die Vollstreckung der alternativen Leistung zu betreiben. Ist der Schuldner zB nach seiner Wahl zur Bewilligung der Eintragung einer Hypothek oder Zahlung einer Geldsumme verurteilt, gilt das Urteil in seiner ersten Alternative trotz Rechtskraft nicht von selbst gemäß § 894 ZPO als vollstreckt; vielmehr hat, wenn der Schuldner nicht leistet, der Gläubiger die Wahl, auf welche Leistung er die Vollstreckung richten will. Wählt er die Zahlung, kann er die Vollstreckung durch Eintragung einer Sicherungshypothek bewirken lassen. Der Gläubiger kann aber auch auf Grund der ersten Alternative des Urteils die Hypothek eintragen lassen, zu deren Einräumung der Schuldner alternativ verurteilt ist. Mit der Vorlage des Urteils an das Grundbuchamt mit einem Antrag auf Eintragung der Hypothek hat dann der Gläubiger die Vollstreckung iS des § 264 BGB auf die erste Leistung „gerichtet". Solange aber die Hypothek noch nicht eingetragen ist, kann sich der verurteilte Schuldner durch die Geldleistung gemäß § 264 Abs 1 HS 2 BGB befreien. Damit wird die von § 894 ZPO angeordnete Fiktion der Eintragungsbewilligung hinfällig (KG 17. 6. 1905 – I ES, OLGE 11, 188; hierzu auch RIESS 502; RG 26. 11. 1902 – V 283/02, RGZ 53, 80; OLG Köln 17. 9. 1974 – 2 W 83/74, MDR 1975, 586).

10 Ob eine alternative Verurteilung (wie bei der Wahlschuld mit Schuldnerwahlrecht) gegeben ist, wenn ein vollstreckbares Urteil nur einen Handlungserfolg verlangt, zB die Absicherung eines Grundstücks, und die Wahl zwischen verschiedenen Erfüllungsmodalitäten dem Schuldner überlässt, wird von der Rechtsprechung offengelassen (BGH 22. 6. 1995 – IX ZR 100/94, NJW 1995, 3189 mNw zum Streitstand). Dass der Gläubiger die Zwangsvollstreckung betreibt, und zwar in einer bestimmten Art und Weise, hindert schuldrechtlich den Schuldner weder an der freiwilligen Erfüllung noch an der Erfüllung in einer anderen Art und Weise, als es der Gläubiger mit der Zwangsvollstreckung erreichen will. Allerdings kann der Schuldner die Wahl nicht mehr – wie in § 263 BGB vorgesehen – durch Erklärung, sondern nur noch durch tatsächliche Leistung ausüben, insofern ist § 264 Abs 1 BGB (analog) anzuwenden (RG 13. 5. 1903 – V 108/1903, Gruchot 47, 916 stützt das gleiche Ergebnis ausdrücklich nicht auf § 264 BGB). Bei Verurteilung zu einer Sicherheitsleistung begründet die Auswahlberechtigung nach § 232 BGB kein Wahlschuldverhältnis, das gilt auch, wenn die Verpflichtung zur Sicherheitsleistung auf Gesetz oder Vereinbarung beruht. Muss aber die Sicherheitsleistung im Wege der Zwangsvollstreckung verwirklicht werden, ist § 264 Abs 1 BGB entsprechend anzuwenden (STAUDINGER/REPGEN [2014] § 232 Rn 12; MünchKomm/KRÜGER § 264 Rn 8).

III. Wahlrecht des Gläubigers, Abs 2

11 Der **wahlberechtigte Gläubiger** gerät nach hM nur im Fall des Annahmeverzugs in **„Verzug" mit der Wahl**. Das ist konsequent, wenn man keine Wahlpflicht und also keinen Leistungsverzug mit der Wahlerklärung sieht (MünchKomm/KRÜGER § 264 Rn 10). Bejaht man eine Wahlpflicht mit der hier (Rn 5) vertretenen Ansicht (etwa SAMHAT, 216 ff, 244), liegt es aber näher, auf den Schuldnerverzug des Gläubigers als Wahlpflichtigen abzustellen (RIEBLE/GUTFRIED JZ 2008, 593, 597): Insbesondere müsste der Annahmeverzug mit dem Übergang der Leistungsgefahr nach § 300 Abs 2 BGB

zur Konkretisierung führen – die aber soll erst durch Ausübung des übergeleiteten Wahlrechts eintreten. Zum Annahmeverzug des Gläubigers führte daher nur das Angebot sämtlicher alternativ geschuldeter Leistungen, für das sich der Schuldner hinsichtlich aller wählbaren Leistungen leistungsfähig halten müsste (§ 297 BGB), auch wenn das wirtschaftlich unsinnig wäre. Dass ein wörtliches Angebot des Schuldners ausreichte, weil die Wahlerklärung des Gläubigers als Mitwirkungshandlung zur Bewirkung der Leistung erforderlich ist (vgl STAUDINGER/FELDMANN § 295 Rn 14), ist zweifelhaft, da diese „Obliegenheit" erst die Leistungspflicht konkretisiert und mit der „Bewirkung" der Leistung nur sehr mittelbar zu tun hat (auch dazu RIEBLE/GUTFRIED JZ 2008, 593, 597).

Die **Fristsetzung** nach Abs 2 kann mit dem verzugsbegründenden Tatbestand verbunden werden. Nicht ausreichend ist eine bloße Aufforderung des Schuldners an den Gläubiger, das Wahlrecht auszuüben. Hat der Gläubiger sich ohne rechtfertigenden Grund vom Vertrag losgesagt (RG 27. 5. 1930 – VII 486/29, RGZ 129, 143) oder die Ausübung der Wahl endgültig und ernsthaft verweigert (MünchKomm/KRÜGER § 264 Rn 11), braucht ihm der Schuldner nicht noch eine Frist zur Ausübung des Wahlrechts zu setzen. Mit dem Ablauf der gesetzten Frist geht das Wahlrecht auf den Schuldner über, wenn der Gläubiger keinen Gebrauch davon gemacht hat. Eine Klage des Schuldners auf Vornahme der Wahl ist ausgeschlossen, da auch eine Wahlpflicht nicht selbstständig klagbar wäre (SAMHAT 244, 436: nicht einklagbare Wahlpflicht). 12

Bei einer **Ersetzungsbefugnis** kann § 264 Abs 2 BGB nicht angewendet werden, auch nicht seinem Rechtsgedanken nach (aA OETKER NJW 1985, 345, 350). Der ersetzungsbefugte der Schuldner muss – anders als bei der Wahlschuld – selbst keine Wahlerklärung abgeben oder eine Erklärung des ersetzungsbefugten Gläubigers abwarten und eine Frist nach § 264 Abs 2 BGB setzen. Er kann die primär geschuldete Leistung erbringen (ERLER 42; HAHN 184). 12a

Ist der **Aufenthalt des Gläubigers unbekannt**, kann der Schuldner die Fristsetzung nach § 132 BGB öffentlich zustellen lassen. Zu einer Abänderung der Schuldnerrechte für diesen Fall besteht kein Anlass. Dem Schuldner kann also nicht etwa nach § 242 BGB gestattet werden, über die Leistungsgegenstände bis auf einen zu verfügen und den letzten nach § 372 BGB zu hinterlegen oder nach § 383 BGB zu versteigern – obschon der nach hM erforderliche Annahmeverzug des Gläubigers (Rn 11) beides erlaubte. 13

IV. Beweislast

Der wahlberechtigte Schuldner, der der Zwangsvollstreckung den Einwand entgegensetzt, dass er eine andere der geschuldeten Leistungen vor dem Beginn der Zwangsvollstreckung gewählt habe, ist für diese Erklärung darlegungs- und beweispflichtig. Dagegen trifft, wenn der wahlberechtigte Schuldner nach dem Beginn der Zwangsvollstreckung sich durch eine der übrigen Leistungen befreien will, den die Annahme verweigernden Gläubiger die Beweislast dafür, dass er die von ihm zur Vollstreckung gewählte Leistung schon ganz oder teilweise empfangen habe. Der Einwand des Schuldners, er habe eine andere der geschuldeten Leistungen vor dem Beginn der Zwangsvollstreckung gewählt oder nach Beginn der Zwangsvollstreckung bewirkt, ist mit der Vollstreckungsabwehrklage nach § 767 ZPO geltend zu 14 machen (KG 1. 3. 1938 – 8 W 552/38, HRR 1938 Nr 704; Soergel/Forster § 264 Rn 7; Erman/Artz § 264 Rn 3; MünchKomm/Krüger § 264 Rn 16).

§ 265
Unmöglichkeit bei Wahlschuld

Ist eine der Leistungen von Anfang an unmöglich oder wird sie später unmöglich, so beschränkt sich das Schuldverhältnis auf die übrigen Leistungen. Die Beschränkung tritt nicht ein, wenn die Leistung infolge eines Umstands unmöglich wird, den der nicht wahlberechtigte Teil zu vertreten hat.

Materialien: E I § 210; II § 222; III § 258; Jakobs/Schubert, SchR I 157.

Schrifttum

Wie bei § 262.

Systematische Übersicht

Alphabetische Übersicht

I. Allgemeines

1 § 265 BGB regelt abweichend von § 263 Abs 2 BGB die **Folgen**, wenn **eine der geschuldeten Leistungen** aus der Wahlschuld **von Anfang an** unmöglich war oder **nachträglich**, jedenfalls aber vor der Wahl **unmöglich wurde.** § 265 BGB ist **dispositiv** und gilt – wie auch die §§ 262, 263 und 264 BGB – nur, wenn die Parteien nichts anderes vereinbart haben. Der Gesetzgeber hat es im Zuge der Schuldrechtsreform versäumt, die Bestimmung auf den neuen § 275 BGB abzustimmen. Sie enthält daher keine Regelung für den Fall, dass die Leistung unzumutbar iS des § 275 Abs 2 oder 3 BGB ist (dazu Rn 16).

II. Anfängliche Unmöglichkeit

Sind bei einer Wahlschuld **sämtliche Leistungen von Anfang an unmöglich**, ist der Vertrag zwar nach § 311a Abs 1 BGB wirksam, jedoch sind nach § 275 Abs 1 BGB die wahlweise geschuldeten Primärleistungspflichten ausgeschlossen. Schon damit scheidet eine Wahlmöglichkeit aus (MünchKomm/Krüger § 265 Rn 2). 2

Sind dagegen **eine oder mehrere Leistungen**, nicht aber alle, **von Anfang an unmöglich**, so beschränkt sich das Schuldverhältnis auf die noch möglichen Leistungen, § 265 S 1 BGB. Ob die Leistungen objektiv oder nur subjektiv unmöglich sind, spielt keine Rolle. Tritt allerdings nach § 311a Abs 2 BGB ein Sekundäranspruch (Schadensersatz statt der Leistung oder Aufwendungsersatz) an die Stelle des Leistungsanspruchs, weil der Schuldner das Leistungshindernis kannte oder es kennen musste, kommt es nicht zu dieser Beschränkung. Das Wahlschuldverhältnis erlaubt dann die Wahl zwischen der oder den noch möglichen Leistung(en) und dem Schadensersatz- bzw Aufwendungsersatzanspruch (MünchKomm/Krüger § 265 Rn 4 mwNw zur Gegenmeinung; Bamberger/Roth/Hau/Poseck/Lorenz § 265 Rn 4). § 265 S 2 BGB steht dem nicht entgegen: Der Wortlaut passt ersichtlich nicht für die anfängliche Unmöglichkeit. Ein anfängliches Leistungshindernis hat keine Vertragspartei zu vertreten, weil vor Vertragsschluss keine Pflicht bestand, die Leistungsfähigkeit zu erhalten. Dann aber kann es auch nicht darauf ankommen, ob das Wahlrecht dem Schuldner oder dem Gläubiger zusteht: Der Gerechtigkeitsgedanke des § 265 S 2 BGB, dass das Wahlrecht vom Wahlunterworfenen nicht vorwerfbar soll vereitelt werden können, ist nicht angesprochen. 3

§ 265 S 1 BGB ist freilich **allenfalls im Falle einer Schuldnerwahl interessengerecht**, die Vorschrift bewirkt dann ein ähnliches Ergebnis wie bei der Gattungsschuld (Kritik auch bei Gernhuber, Schuldverhältnis § 11 III 3). Bei Gläubigerwahl wird es häufig an der – anders als in § 139 BGB nicht der Vertragsauslegung und dem mutmaßlichen Parteiwillen überlassenen, sondern in § 265 BGB vorausgesetzten – Teilbarkeit des Interesses fehlen. Hinter § 265 BGB steht der Grundgedanke, dem Gläubiger bei Unmöglichkeit der einen Leistung wenigstens die noch mögliche andere zu sichern. Häufig wird dem Gläubiger aber mehr an der Wahl zwischen mehreren Leistungen liegen. Der Gläubiger kann etwa gute Gründe gehabt haben, sich die Wahl der Leistung bis zu einem späteren Zeitpunkt vorzubehalten, zu dem sich sein Interesse an der einen oder anderen Leistung herausstellt (zB behält er sich die Wahl eines Rüden oder einer Hündin aus einem Wurf vor, weil er erst erfahren wird, ob er von anderer Seite einen Rüden oder eine Hündin erhält, und er eine Zucht beginnen will; der Wurf aber hatte nur Hündinnen oder nur Rüden gebracht). Umgekehrt wird sich der Schuldner häufig nur deshalb zur Wahlschuld verpflichten, weil er davon ausgeht, dass ihm einer der zur Wahl gestellten Gegenstände verbleiben wird. Wer dem Gläubiger erlaubt, sich eine der Dubletten aus seiner Briefmarkensammlung zu nehmen, wird sich nur unter dem Vorbehalt der Fortdauer der Wahlmöglichkeit verpflichten. Bleibt ihm von zwei Exemplaren einer bestimmten Briefmarke aus irgendeinem Grund nur noch eine, passt § 265 BGB nicht. Auch mangels ausdrücklicher oder konkludenter Vereinbarung wird die ergänzende Auslegung des Vertrages (§ 157 BGB) hier ergeben, dass die Rechtsfolge des § 265 S 1 BGB nicht gewollt, der Vertrag insgesamt nichtig ist (MünchKomm/Krüger § 265 Rn 3; noch weitergehend Gernhuber, Schuldverhältnis § 11 III 7a.). 4

5 Entsprechend anwendbar ist § 265 BGB, wenn eine der zur Wahl stehenden **Leistungen gegen ein gesetzliches Verbot verstößt** (OLG Kiel, SchlHA 1925, 134) oder wegen **Formmangels** nichtig ist; allerdings muss auch hier feststehen, dass die verbleibende Leistung auch ohne die andere vereinbart worden wäre (RG 6. 6. 1904 – IV 225/1904, Gruchot 48, 970: formunwirksames Grundstücksversprechen und Zahlungsversprechen als Mitgift). Dann ist auch das Geschäft als Ganzes nicht formbedürftig und beschränkt sich analog § 265 BGB auf die nicht an § 134 BGB oder § 125 BGB gescheiterte Wahlleistung (OLG Köln 19. 4. 1991 – 19 U 163/90, VersR 1993, 321 in einem Fall, in dem eine der Leistungen als Ersteigerungspflicht zur Form nach § 311b BGB führen musste, die nicht gewahrt war). Verstößt die Vereinbarung einer der wahlweise geschuldeten Leistungen gegen die **guten Sitten** (§ 138 BGB), gilt dasselbe (**aA** MünchKomm/Krüger § 265 Rn 14: idR Nichtigkeit des ganzen Wahlschuldverhältnisses; Soergel/Forster § 265 Rn 12). Wäre das Geschäft ohne die Wahlmöglichkeit nicht zustande gekommen, ist Nichtigkeit des ganzen Wahlschuldverhältnisses anzunehmen (RG 6. 6. 1904 – IV 225/1904, Gruchot 48, 970).

III. Nachträgliche Unmöglichkeit

6 Tritt die **Unmöglichkeit nachträglich**, aber noch vor der Ausübung der Wahl ein, so unterscheidet § 265 BGB danach, ob der **nicht wahlberechtigte** Teil den Umstand zu vertreten hat, der zur Unmöglichkeit der einen Leistung führt (S 2).

7 Ist die Unmöglichkeit **weder vom Schuldner noch vom Gläubiger zu vertreten**, beschränkt sich die Schuld auf die noch mögliche Leistung (§ 265 S 1 BGB). Ist der Gläubiger wahlberechtigt, kann er gleichwohl von § 285 BGB Gebrauch machen und statt der unmöglich gewordenen Leistung Herausgabe des Ersatzes oder Abtretung des Ersatzanspruchs verlangen (Gernhuber, Schuldverhältnis § 11 III 7 b; MünchKomm/Krüger § 265 Rn 7; Bamberger/Roth/Hau/Poseck/Lorenz § 265 Rn 5). Insoweit ist eine Ausnahme zu machen, weil § 265 S 1 BGB den Wahlberechtigten schützen soll (Rn 4), nicht seine Rechtsstellung beschneiden. Ist der Schuldner wahlberechtigt, kann die Wahl des Surrogats im Einzelfall treuwidrig sein, wenn das Interesse des Gläubigers dadurch erkennbar nicht befriedigt wird (MünchKomm/Krüger § 265 Rn 7).

8 Ist die Unmöglichkeit **vom wahlberechtigten Schuldner** oder vom **wahlberechtigten Gläubiger** zu vertreten, beschränkt sich die Schuld ebenfalls auf die noch mögliche Leistung (§ 265 S 1 BGB). Ist der Gläubiger wahlberechtigt, kann er auch in diesem Fall von § 285 BGB Gebrauch machen und das stellvertretende commodum wählen, da es für die Anwendung dieser Bestimmung keine Rolle spielt, ob der Gläubiger die Unmöglichkeit zu vertreten hat (Gernhuber, Schuldverhältnis § 11 III 7 b; MünchKomm/Krüger § 265 Rn 8; Staudinger/Selb [1995] § 265 Rn 7 erwägt, den Gläubiger auf ein Teilinteresse zu beschränken, wenn er selbst den Umstand zu vertreten hat, der die Unmöglichkeit herbeiführt). Bei Schuldnerwahl wäre es allerdings überzeugender, dem Gläubiger ein Wahlrecht zwischen der verbleibenden Leistung und dem Surrogat einzuräumen. In einem Fall, in dem der wahlberechtigte Schuldner erkennbar von zwei wahlweise zur Leistung vorgesehenen Gegenständen einen behalten will (Briefmarkendubletten, vgl Rn 4), passt die Rechtsfolge des § 265 S 1 BGB ebenfalls nicht. Die Vertragsauslegung führt hier zu einem Freiwerden des Schuldners von der Leistungspflicht; er hat allerdings Schadensersatz zu leisten, wenn er den Untergang des einen Leistungsgegenstandes zu vertreten hat, §§ 280, 283 BGB (Gernhuber, Schuldverhältnis § 11 III 7 c).

9 Hat der **nicht wahlberechtigte** Schuldner oder der nicht wahlberechtigte Gläubiger den Eintritt der Unmöglichkeit zu vertreten, greift § 265 S 2 BGB: Ist der **Schuldner wahlberechtigt**, die eine Leistung aber infolge eines **vom Gläubiger zu vertretenden Umstandes** unmöglich geworden, so verbleibt dem Schuldner das Wahlrecht. Er kann die möglich gebliebene Leistung wählen sowie Schadensersatz für die alternativ geschuldete Leistung, deren Untergang der Gläubiger zu vertreten hat, verlangen (§§ 280 Abs 1, 823 BGB) oder sich durch Wahl der unmöglich gewordenen Leistung befreien (§§ 265, 275 BGB). Der Gläubiger trägt hier im Synallagma die Preisgefahr (§ 326 Abs 2 S 1 Alt 1 BGB); der Schuldner behält also auch bei Wahl der unmöglich gewordenen Leistung den Anspruch auf die Gegenleistung (MünchKomm/Krüger § 265 Rn 10; Bamberger/Roth/Hau/Poseck/Lorenz § 265 Rn 6). Hat der Schuldner durch den Umstand, der die von ihm gewählte Leistung unmöglich macht, einen Ersatz oder Ersatzanspruch erlangt, kann der Gläubiger, wenn der Schuldner die unmöglich gewordene Leistung wählt, hierauf nach § 285 BGB zugreifen (Gernhuber, Schuldverhältnis § 11 III 8).

10 Ist der **Gläubiger wahlberechtigt**, die Leistung aber infolge eines **vom Schuldner zu vertretenden Umstandes** unmöglich geworden, tritt nach § 265 S 2 BGB ebenfalls keine Beschränkung auf die noch mögliche Leistung ein. Der Gläubiger kann eine der noch möglichen Leistungen wählen oder den an die Stelle der unmöglich gewordenen Leistung getretenen Schadensersatzanspruch nach §§ 280 Abs 1, Abs 3 iVm 283 (Bamberger/Roth/Hau/Poseck/Lorenz § 265 Rn 6; MünchKomm/Krüger § 265 Rn 11) oder den Aufwendungsersatzanspruch nach §§ 280, 283, 284 BGB geltend machen. Hat der Schuldner durch den Umstand, der die vom Gläubiger gewählte Leistung unmöglich macht, einen Ersatz oder Ersatzanspruch erlangt (§ 285 BGB), so kann der Gläubiger zwischen der verbleibenden Leistung und diesem Ersatz oder Ersatzanspruch wählen (Gernhuber, Schuldverhältnis § 11 III 8; MünchKomm/Krüger § 265 Rn 11).

11 Haben **beide Parteien den Umstand zu vertreten**, der die eine Leistung **unmöglich** macht, hilft § 265 BGB nicht weiter. Eine Beschränkung der Leistungspflicht auf die noch mögliche Leistung nach S 1 ist nur anzunehmen, wenn sie dem Gläubigerinteresse auch ohne Wahlmöglichkeit entspricht. In allen anderen Fällen der Schuldner- und der Gläubigerwahl ist dem Gläubiger ein Schadensersatzanspruch wegen Nichterfüllung der ganzen Verbindlichkeit nach §§ 280, 283 BGB zu geben, für den freilich § 254 BGB gilt (zur Anwendung des § 254 in Fällen von beiden Seiten zu vertretender Unmöglichkeit Staudinger/Schwarze § 283 Rn 48).

12 **Werden sämtliche Leistungen nach der Entstehung des Schuldverhältnisses, aber vor der Wahl** gleichzeitig oder sukzessiv **unmöglich**, bleibt es bei den allgemeinen Regeln der §§ 275 ff BGB. Ist das Interesse an den zur Wahl stehenden Leistungen teilbar, das Interesse also auch ohne die Wahlmöglichkeit gegeben, bleibt die Wahlmöglichkeit erhalten, bezieht sich aber nunmehr auf die alternativen Ersatzleistungen.

13 **Wird die gewählte Leistung nach der Wahl unmöglich**, so gilt nichts Besonderes gegenüber Fällen, in denen von vornherein nur eine einzige Leistung geschuldet war. Das Schuldverhältnis beschränkt sich von Anfang an auf die gewählte Leistung, das Schicksal der anderen Leistung interessiert von der Wahl an nicht mehr (§ 263 Abs 2 BGB). Wird die gewählte Leistung unmöglich, ist ein Rückgriff auf die noch

mögliche andere Leistung ausgeschlossen. Für die gewählte und danach unmöglich gewordene Leistung gelten die allgemeinen Bestimmungen (§§ 275, 280, 283–285, 326 BGB). Den Parteiinteressen wird diese Konsequenz des § 263 Abs 2 BGB nicht immer gerecht: Oftmals liegt es näher, die Wahl bis zum Zeitpunkt der Leistung offenzuhalten (Ziegler AcP 171 [1971] 193, 210 f; Esser/Schmidt I 1 § 14 II 1 a; Gernhuber, Schuldverhältnis § 11 III 7).

14 **§ 265 BGB** ist **unanwendbar** in Fällen der **Ersetzungsbefugnis** (facultas alternativa). Ist hier die **(Primär-)Leistung** von Anfang oder wird sie unmöglich, wird der Schuldner frei, § 275 Abs 1 BGB. Denn der Schuldner schuldet hier nur eine Leistung. Mit dem Freiwerden des Schuldners von seiner Leistungspflicht entfällt auch die Ersetzungsbefugnis. Ob zumindest die Ersetzungsbefugnis des Schuldners erhalten bleiben könnte, interessiert nicht, weil der Schuldner nicht ersetzen muss. Ein Schadensersatzanspruch des Gläubigers richtet sich nach § 311a Abs 2 BGB, wenn die Primärleistung von Anfang unmöglich war, und nach §§ 280 Abs 1, Abs 3, 283 BGB, wenn die Primärleistung nachträglich unmöglich wird (Hahn 205 ff, 226). Die Ersetzungsbefugnis richtet sich nicht etwa statt auf die ursprünglich geschuldete Leistung auf die an deren Stelle getretene Sekundärleistung Schadensersatz (Hahn 203 ff; **aA** MünchKomm/Krüger § 265 Rn 15, der dem ersetzungsbefugten Schuldner, wenn er die Unmöglichkeit zu vertreten hat, zugesteht, die unmögliche Leistung zu ersetzen. Hat der Gläubiger die Ersetzungsbefugnis, habe er bei Verschulden des Schuldners die Wahl, ob er die Sekundärrechte wegen zu vertretender Unmöglichkeit geltend machen oder ob er von seiner Ersetzungsbefugnis Gebrauch machen wolle).

15 Ist oder wird die Leistung, die in Fällen der Ersetzungsbefugnis **ersatzweise** zu erbringen ist, vor Ausübung der Ersetzungsbefugnis unmöglich, entfällt die Ersetzungsmöglichkeit des Schuldners bzw Gläubigers nach § 275 Abs 1 BGB. Die Ersetzung der Primärverbindlichkeit durch eine Nichtschuld kommt nicht in Betracht (MünchKomm/Krüger § 265 Rn 15; **aA** mit einer differenzierenden Lösung Hahn 209 ff, 226 ff). Ist oder wird die gewählte Ersatzleistung nach Ausübung der Ersetzungsbefugnis unmöglich, wird der Schuldner von dieser nunmehr allein bestehenden Verpflichtung nach § 275 Abs 1 BGB frei (MünchKomm/Krüger § 265 Rn 15; Hahn 240).

IV. Unzumutbarkeit

16 Soweit ersichtlich hat sich der Gesetzgeber bei der Neufassung des § 275 BGB keine Gedanken über die Auswirkungen des Tatbestands der **Unzumutbarkeit** auf die Wahlschuld gemacht. Ist eine der Leistungen iS des § 275 Abs 2 oder Abs 3 BGB dem Schuldner unzumutbar und besteht deshalb in Bezug auf diese Leistung ein Leistungsverweigerungsrecht (Staudinger/Caspers § 275 Rn 88, 114), so ist zu unterscheiden: Seinem Wortlaut nach erfasst § 265 BGB diesen Fall nicht. Eine Beschränkung des Wahlschuldverhältnisses auf die noch mögliche und auch zumutbare Leistung tritt demnach nicht ein, das Wahlschuldverhältnis besteht fort. Wählt der **wahlberechtigte Gläubiger** die mögliche, dem Schuldner aber unzumutbare Leistung, hat der Schuldner ein Leistungsverweigerungsrecht, das er einredeweise geltend machen muss. Das Schuldverhältnis beschränkt sich dann aber bereits auf die gewählte, einredebehaftete Leistung (§ 263 Rn 11). Ist allerdings im Fall einer vom Schuldner zu vertretenden Unzumutbarkeit an die Stelle der unzumutbaren Leistung unter den Voraussetzungen der §§ 280, 283 BGB ein Anspruch auf Schadensersatz statt der

Leistung oder gem § 285 Abs 1 BGB ein Anspruch auf Herausgabe eines vom Schuldner für den geschuldeten Gegenstand erlangten Ersatzes oder Ersatzanspruchs getreten, hat der Gläubiger die Wahl zwischen der zumutbaren Leistung und dem Sekundäranspruch.

Ist der **Schuldner wahlberechtigt**, kann er sich durch die Wahl der zwar möglichen, ihm aber unzumutbaren Leistung, von jeder Verpflichtung frei machen, wenn er anschließend die Einrede aus § 275 Abs 2 oder Abs 3 BGB erhebt. Das gilt jedenfalls, wenn der Schuldner die Unzumutbarkeit nicht verschuldet hat, denn dann stehen dem Gläubiger keine Sekundär- oder Surrogatsansprüche an Stelle der unzumutbaren Leistung zu und das Schuldverhältnis beschränkt sich ex tunc auf die unzumutbare Leistung. Diese Konsequenz ist aber fragwürdig (vgl oben § 263 Rn 12). Es ist daher vorzugswürdig, dem Schuldner nach § 242 BGB die Wahl der unzumutbaren Leistung zu verwehren, da diese Wahl einem venire contra factum proprium gleichkommt. 17

§ 266
Teilleistungen

Der Schuldner ist zu Teilleistungen nicht berechtigt.

Materialien: E I § 211; II § 222; III § 258; Jakobs/Schubert, SchR I 171.

Schrifttum

Baumgärtel, Das Problem der Klageveranlassung (§ 93 ZPO) bei Teilleistungen (§ 266 BGB) in Kraftfahrzeug-Haftpflichtprozessen, VersR 1970, 969

Boetzinger, Pflicht zur Annahme von Teilleistungen bei Unfallschäden, VersR 1968, 1124

Coing, Zum Begriff der Teilerfüllung, SJZ 1949, 532

Eccius, Zur Lehre von der Zurückweisung von Teilzahlungen, Gruchot 49 (1905) 469

Gernhuber, Die Erfüllung und ihre Surrogate sowie das Erlöschen der Schuldverhältnisse aus anderen Gründen, in: Handbuch des Schuldrechts (2. Aufl 1994) § 8, 141

Fuchs, Der Leistungsbegriff des Architektenvertrags, NZBau 2019, 25

Hahn, Die Zahlung der laufenden Miete durch den Grundsicherungsträger, NZM 2018, 177

Heinzelmann, Teilleistung des Schuldners nach § 266 BGB bei bestrittener Restforderung?, NJW 1967, 534

Hensen, Die Klage auf Zahlung teilweise freiwillig geleisteten Unterhalts, NJW 1966, 920

Lehmann, Die Unterlassungspflicht im Bürgerlichen Recht (1906) 197

Leonhard, Welche Teilleistungen sind zulässig?, VersR 1967, 534

Lorenz, Zur Abgrenzung von Teilleistung, teilweiser Unmöglichkeit und teilweiser Schlechtleistung im neuen Schuldrecht, NJW 2003, 3097

Nacken, Teilleistung und teilbare Leistung (Diss Köln 1976)

Oswald, Das Teilzahlungsverbot des § 266 BGB, VP 1978, 49

Pentz, Die Aufrechnung bei einer Teilklage, NJW 1966, 2392

Reichel, Die nichtspezifizierte Gesamtrechnung, AcP 130 (1929) 169, 176

Roidl, Teilleistung, Teilanerkenntnis, Teilerledigung, NJW 1968, 1865

Rother, Zur Zulässigkeit von Teilleistungen, NJW 1965, 1749

Ruhkopf, Zur Problematik der Klaglosstellung VersR 1960, 13

ders, Nochmals: Teilleistung und Klaglosstellung, VersR 1967, 927

Rümelin, Zur Lehre von der Teilung der Rechte, Bedeutung der Begriffsbildung und legislatorische Behandlung, JherJb 28, 386, 434

Schmalzl, Die vom Haftpflichtversicherer ohne nähere Bestimmung an den Geschädigten gezahlten Vorschüsse und ihre Verrechnung auf den Schaden, VersR 1965, 423

Schmidt, Zur Teilleistung des Haftpflichtversicherers, VersR 1966, 226

Steinlehner/Stelzner, Die Teilleistung (§ 266) (Diss München 1984)

Stolte, Bestimmungsrecht des Schuldners contra § 168 Abs 2 GVGA, DGVZ 1988, 145

R Weber, Hauptforderung und Verzugszinsen: eine einheitliche Forderung oder selbständig iSv § 266 BGB?, MDR 1992, 828

Weigelin, Die Replik der Aufrechnung, JW 1938, 1152.

Systematische Übersicht

Alphabetische Übersicht

I. Normzweck

1 § 266 BGB **schützt den Gläubiger** vor Belastungen, wie sie eine unvollständige Leistung (Schuldzerstückelung, Weber MDR 1992, 828) mit sich bringen kann (ganz hM; Coing 532 f; Lehmann 202, speziell für die Unterlassung). Ist nichts anderes gesetzlich bestimmt (noch Rn 21 ff) oder von den Parteien vereinbart (näher Rn 18 ff), ist der Schuldner verpflichtet, die gesamte geschuldete Leistung vollständig auf einmal zu erbringen.

2 Erbringt der Schuldner die Leistung nicht vollständig, stellt § 266 BGB die Teilleistung der Nichtleistung in den Rechtsfolgen gleich (Esser/Schmidt I 1 § 15 III). Der Gläubiger kann Teilleistungen nach § 266 BGB ablehnen, ohne in Annahmeverzug (§§ 293 ff BGB) zu geraten. Die Nichterfüllungs- oder Verzugsfolgen treten in vollem Umfang der Leistungspflicht ein. Der Schuldner hat iS des § 93 ZPO zur Klage über den Gesamtbetrag Veranlassung gegeben, wenn er nur einen Teilbetrag zu leisten angeboten und im Prozess diesen Teilbetrag oder die Gesamtsumme anerkannt hat. Entsprechendes wie für die Teilerfüllung gilt für die Teilhinterlegung (BGH 3. 11. 1961 – V ZR 10/60, MDR 1962, 120). Auch die dem Schuldner eingeräumte Fälligkeitskündigung (RG 11. 11. 1925 – V 22/25, RGZ 111, 397) kann grundsätzlich nur einheitlich, nicht für Teilbeträge ausgeübt werden. Für ablöseberechtigte Dritte gilt dasselbe, §§ 1142 Abs 1, 1192 Abs 1, 1150, 268 Abs 1 BGB (BGH 28. 9. 1989 – V ZB 17/88, JR 1990, 366).

II. Begriff der Teilleistung

3 Teilleistung iS des § 266 BGB ist **jede Leistung, die hinter der geschuldeten Leistung objektiv zurückbleibt**, gleich ob es um Haupt- oder Nebenleistungen oder auch nur um die Modalitäten der Leistung geht. Es geht also iS des § 266 BGB nicht nur dann um eine Teilleistung, wenn die geleistete oder zu leistende Einheit wesensmäßig dem Ganzen entspricht (zu § 36 VerglO vgl BGH 21. 10. 1976 – VII ZR 335/75, NJW 1977, 50).

4 Der Begriff der **Teilleistung** in § 266 BGB ist nicht mit dem der **teilbaren Leistung** in den §§ 420, 427, 431, 432 BGB identisch (MünchKomm/Krüger § 266 Rn 2 f; Soergel/Forster § 266 Rn 9; Palandt/Grüneberg § 266 Rn 3; Erman/Artz § 266 Rn 1; **aA** Staudinger/Selb [1995] § 266 Rn 3). Während es bei der teilbaren Leistung iS der §§ 420 ff BGB darum geht, ob und in welchem Verhältnis eine Leistung zwischen mehreren Schuldnern oder Gläubigern aufgeteilt werden kann, regelt § 266 BGB die Unzulässigkeit der vollständig möglichen (zur teilweisen Unmöglichkeit Rn 40 f), aber in irgendeiner Hinsicht nur unvollständig erbrachten Leistung. Auch bei einer iS der §§ 420 ff BGB unteilbaren Leistung kann somit eine hinter der vollständigen Leistung zu-

rückbleibende Teilleistung iS von § 266 BGB erfolgen, die der Gläubiger als Nichterfüllung zurückweisen darf. Der Begriff der teilbaren Leistung iS der §§ 420 ff BGB hat nur insofern für § 266 BGB Bedeutung, als eine **ausnahmsweise Berechtigung** zu Teilleistungen (näher Rn 17 ff) nur bei iS der §§ 420 ff BGB teilbaren Leistungen in Frage kommt (Palandt/Grüneberg § 266 Rn 3; Soergel/Forster § 266 Rn 9), etwa bei Geldschulden und Schulden, die auf Mengen vertretbarer Sachen lauten (Staudinger/Looschelders [2017] § 420 Rn 14). Denn nur hier kommt auch eine Teilerfüllung in Betracht (§ 362 Abs 1 BGB), wenn etwa eine geringere als die geschuldete Menge geliefert wird, wenn die Hauptschuld, nicht aber die gesetzlichen Verzugszinsen bezahlt werden (dazu noch Rn 9), wenn die Ziegel vor dem Grundstück abgeladen werden, nicht aber – wie vereinbart – am Anfang der Baustelle, oder bei Leistungshandlungen, die vereinbarungsgemäß nacheinander vorgenommen werden können, wie zB Lieferung und Einbau (Modalitäten). Nichts mit § 266 BGB zu tun hat ferner der (deutlich weitere) Teilbarkeitsbegriff des § 105 InsO (zu ihm etwa MünchKomm/Kreft InsO § 105 Rn 14 ff), der auf Masseschutz im Interesse der Gläubigergleichbehandlung zielt.

5 Grundsätzlich kann jede unvollständige Leistung Teilleistung iS des § 266 BGB sein, sei es eine quantitative Minderleistung oder eine qualitative Minderleistung, etwa die Lieferung von Baumaterial vor, nicht auf das Baugrundstück. Der Teilleistungsbegriff des § 266 BGB und der der §§ 281 Abs 1 S 2, 323 Abs 5 S 1 BGB sind identisch (MünchKomm/Krüger § 266 Rn 3). Auch Dienstleistungen (RG 23. 6. 1911 – III 424/10, JW 1911, 756) und die Arbeitsleistung sind teilbar, das Angebot einer 38- statt einer 40-Stunden-Woche ist daher das Angebot einer (idR allerdings unzulässigen) Teilleistung (AR/Löwisch § 266 Rn 1). Die Rechtsprechung hat Leistungen nur mit Rücksicht auf „die rechtliche Natur und die besondere Eigenart der auf den Leistungsgegenstand gerichteten Forderung“ als unteilbar erachtet (BGH 20. 10. 1952 – IV ZR 44/52, NJW 1953, 58). Verneint man auf dieser Grundlage bei Werkleistungen die Teilbarkeit, weil hier ein einziger finaler Erfolg geschuldet wird (MünchKomm/Krüger § 266 Rn 7; noch Rn 12), und keine teilbare Abfolge mehrerer Handlungen, wie zB Materiallieferung und Einbau, bedeutet es stets eine Nichtleistung, wenn der Erfolg ausbleibt; auf § 266 BGB kommt es dann nicht an. **Teilbarkeit iS des § 266 BGB** zu bejahen, heißt insofern, im Fall einer Minderleistung nicht zwingend Nichterfüllung anzunehmen, sondern die Prüfung zu eröffnen, ob ausnahmsweise eine zulässige Teilleistung vorliegt.

6 Ob mit einer Leistung eine **einheitliche Verpflichtung** nur unvollständig erfüllt wird, sodass der Gläubiger sie nach § 266 BGB zurückweisen kann, oder ob diese Leistung eine von mehreren selbstständigen Verpflichtungen vollständig erfüllt, sodass § 266 BGB nicht greift, ist eine Frage der Auslegung der zugrundeliegenden Verbindlichkeit(en) nach ihrem gesetzlichen oder vertraglichen Zweck. Bei Vertragspflichten entscheiden die erkennbar gewordenen Vorstellungen der Parteien bei Vertragsschluss (RG 18. 8. 1937 – I ZR 23/37, RGZ 155, 306: über die gesamte Vertragsdauer andauerndes Gesamtverhalten als teilbare Leistung beim Lizenzvertrag). Mitunter sind „an sich teilbare“ Leistungen mit Rücksicht auf „die rechtliche Natur und die besondere Eigenart der auf den Leistungsgegenstand gerichteten Forderung“ als unteilbar erachtet worden (BGH 20. 10. 1952 – IV ZR 44/52, NJW 1953, 58). Geldschulden hingegen sind immer teilbar (RG 19. 12. 1907 – VI 178/07, RGZ 67, 260).

Ist der Schuldner dem Gläubiger **aus mehreren Schuldverhältnissen** (bei der Verpflichtung zu gleichartigen Leistungen iS des § 366 Abs 1 BGB) **verpflichtet**, greift § 266 BGB grundsätzlich nicht. Jedes Schuldverhältnis erlischt selbstständig, wenn die geschuldete Leistung an den Gläubiger bewirkt wird (§ 362 Abs 1 BGB). Id Sinne beruht der Anspruch auf Erstattung der Prozesskosten auf dem besonderen Prozessrechtsverhältnis und dem Urteil im Kostenausspruch; Urteilsschuld und Kostenschuld können daher vom Schuldner getrennt angeboten werden. Die Parteien haben es in der Hand, mehrere selbstständige Verpflichtungen durch Vereinbarung so miteinander zu verbinden, dass im Ergebnis die eine Leistung nicht ohne die andere erbracht werden kann, dh nicht erfüllt. Für Mischmietverhältnisse (Wohnung mit Praxis) vgl SCHMIDT/FUTTERER NJW 1966, 583 und GERNHUBER, Erfüllung § 8, 3. 7

Schwierigkeiten bereitet die Abgrenzung **mehrerer selbstständiger Verpflichtungen aus mehreren Schuldverhältnissen** von der **Verpflichtung zu Haupt- und Nebenleistungen aus demselben Schuldgrund**. In letzterem Fall geht es um einen einheitlichen Anspruch, der die mehreren Leistungsteile umfasst, sodass das Teilleistungsverbot des § 266 BGB greift. Bspw lässt sich darüber streiten, ob der Darlehensnehmer eine grundsätzlich unzulässige Teilleistung erbringt, wenn er die vertraglichen Zinsen, nicht aber das Darlehenskapital bezahlt (STAUDINGER/SELB [1995] § 266 Rn 3: Einheit des Schuldgrundes der Haupt- und Nebenleistung), oder eine vollständige, selbstständige Leistung (SOERGEL/FORSTER § 266 Rn 7). Überzeugender ist Letzteres: Zwar ist die vertragliche Zinsschuld akzessorisch zur Hauptschuld. Sie ist aber keine unselbstständige Nebenleistungspflicht, sondern als Entgelt für die Kapitalüberlassung eine selbstständige, für vertragliche Abreden offene Hauptleistung des Darlehensnehmers, die neben der Pflicht zur Darlehensrückzahlung steht. Daran ändern auch die Anrechnungsbestimmungen der §§ 367 und 497 Abs 3 S 1 BGB nichts, und auch der Schutzzweck des § 266 BGB verlangt keine andere Entscheidung, weil bei Geldzahlungsleistungen dem Gläubiger in aller Regel eine Zahlung auch nur der Zinsen lieber ist als gar keine Leistung (MEDICUS/LORENZ, SchuldR I Rn 151). Der Streit spielt für den Verbraucherdarlehensvertrag keine Rolle mehr, seit § 497 Abs 3 S 2 BGB ausdrücklich bestimmt, dass der Darlehensgeber Teilleistungen nicht zurückweisen darf. Vergleichbare Fragen stellen sich aber bei Erstattung von Vertragskosten und der Zahlung einer Vertragsstrafe (MünchKomm/KRÜGER § 266 Rn 6; SOERGEL/FORSTER § 266 Rn 7; BAMBERGER/ROTH/HAU/POSECK/LORENZ § 266 Rn 8; GERNHUBER, Erfüllung § 8, 2; OLG Hamburg 21. 2. 1905 – II ES, OLGE 10, 250). 8

Die **gesetzlichen Verzugszinsen** (RG 21. 9. 1933 – VI 13/35, RGZ 147, 377; BAG 30. 5. 1975 – 3 AZR 280/74, AP Nr 2 zu § 284 BGB) oder ein über die Zinsen hinausgehender **Schadensersatz wegen Verzögerung der Leistung** nach §§ 280 Abs 1, 2, 286 BGB und die Hauptschuld werden teilweise als einheitlicher Anspruch gesehen. Der Schuldner könne nicht die Hauptschuld oder die Zinsen getrennt anbieten (Mot II 66 f; weiter RG 21. 9. 1933 – VI 13/35, RGZ 147, 377), weil die ratio des § 266 BGB, auf den Schuldner einen gewissen Druck zu vollständiger Leistung auszuüben, um den Gläubiger davor zu bewahren, Restforderungen gerichtlich eintreiben zu müssen, auch hier zutreffe. Hiergegen lässt sich zunächst einwenden, dass zwar der Anspruch auf Ersatz der Verzugszinsen oder des Verzögerungsschadens vom Bestehen der Hauptforderung abhängig ist, beide Ansprüche aber auf verschiedenen Anspruchsgrundlagen basieren, sodass auch von verschiedenen Rechtsgründen ausgegangen werden kann 9

(Beuthien Anm zu BAG 30. 5. 1975 – 3 AZR 280/74, AP Nr 2 zu § 284 BGB; Weber MDR 1992, 829; Soergel/Forster § 266 Rn 7; inzwischen auch Staudinger/Feldmann § 286 Rn 127). Entscheidend ist aber das berechtigte Interesse des Schuldners, seine strenge Verzugshaftung durch Leistung des ursprünglich Geschuldeten so schnell wie möglich zu beenden. Das liegt wirtschaftlich betrachtet auch im Interesse des Gläubigers, weil dessen Chancen auf Befriedigung mit einem Anwachsen des Verzögerungsschadens nicht steigen. **Hauptleistung** einerseits sowie **Verzugszinsen** und **Verzögerungsschaden** andererseits sind daher als selbstständige Leistungen zu behandeln, für die § 266 BGB nicht greift (Staudinger/Olzen [2016] § 367 Rn 2; Gernhuber, Erfüllung § 8 2; MünchKomm/Krüger § 266 Rn 6; **aA** Bamberger/Roth/Hau/Poseck/Lorenz § 266 Rn 9). Die Anrechnung von Leistungen richtet sich dann nach § 367 BGB, sodass der Schuldner, solange er Prozess- und Vollstreckungskosten und Zinsen nicht beglichen hat, gegen den Willen des Gläubigers die verzugsbegründende Hauptschuld nicht tilgen kann. § 367 BGB erfasst aber nicht den Verzugsschaden, der folglich nach der Hauptschuld beglichen werden kann. Auch die Gegenmeinung räumt ein, dass es Fälle gibt, in denen es dem Gläubiger nach Treu und Glauben zuzumuten ist, Teilleistungen anzunehmen, etwa wenn der Verzugsschaden zweifelhaft ist (BAG 30. 5. 1975 – 3 AZR 280/74, AP Nr 2 zu § 284 BGB; Staudinger/Feldmann § 286 Rn 130).

10 Anders als beim Verzug liegt es bei teilweiser Nichterfüllung für den **Schadensersatz statt der Leistung** nach §§ 280 Abs 1, 3, 283 BGB, wenn der Gläubiger an dem noch möglichen Teil der Leistung noch Interesse hat und neben dieser Restforderung Schadensersatz statt der (Teil-)Leistung verlangt. Hier bilden der Resterfüllungsanspruch und der Anspruch auf Schadensersatz statt der Leistung einen einheitlichen Anspruch, der nur zusammen erfüllt werden kann. § 266 BGB ist anwendbar (MünchKomm/Krüger § 266 Rn 6; vgl auch Rn 41).

11 Für die Abgrenzung einer einheitlichen Verpflichtung von mehreren selbstständigen Verpflichtungen kommt es nicht auf die subjektive Sicht des Schuldners an, sondern auf die **objektive Lage** (Soergel/Forster 266 Rn 4). Eine nach § 266 BGB grundsätzlich unzulässige Teilleistung kann daher sowohl vorliegen, wenn der Schuldner die angebotene objektiv unvollständige Leistung als Gesamtleistung ansieht und deshalb jede weitere Leistung ablehnt, oder feststeht, dass der Rest nicht geleistet werden kann (OLG Hamburg, HansGZ 1922, 198), als auch, wenn der Schuldner mit der angebotenen Teilleistung bereits teilweise erfüllen und die restliche Leistung nachreichen will. § 266 BGB greift auch, wenn der Schuldner einen Teil der geschuldeten Leistung mit der ausdrücklichen oder stillschweigenden Erklärung anbietet, dass der Rest nicht nachgeliefert werden solle (RG 30. 1. 1906, II 255/05, Recht 1906 Nr 602). Vgl aber zur Teilunmöglichkeit Rn 40 f.

12 Für Leistungen auf Grund eines **Werkvertrages** gilt § 266 BGB nicht. Man kann das an der Unteilbarkeit der Leistung festmachen (Soergel/Forster § 266 Rn 10) oder darauf abstellen, dass die „an sich teilbare" Leistung mit Rücksicht auf die rechtliche Natur und die besondere Eigenart der auf den Leistungsgegenstand gerichteten Forderung als unteilbar zu erachten ist. Ein Haus ohne Dach ist nicht Teil-, sondern Nichtleistung; dass der Werkunternehmer teilweise befreit sein sollte, ist abseitig. Zieht sich die Ausführung einer Werkleistung notwendigerweise über einige Zeit hin, sind die einzelnen Erfüllungshandlungen nicht als Teilleistungen gedacht; auch insofern ist § 266 BGB unanwendbar (Esser/Schmidt I 1 § 15 III; anders liegt es bei vereinbarter Abnahme nach Bauabschnitten: GERNHUBER, Erfüllung § 8, 1). Soll ein Heizkessel eingebaut werden, soll die Anlieferung des Heizkessels nach dem Vertrag keine Teilleistung sein; ebenso geht es nicht um eine Teilleistung iS des § 266 BGB, wenn der Verfasser einer geschlossenen Abhandlung dem Verlag aus Zeitgründen bereits vor Abschluss der Arbeit einige Kapitel zum Druck überlässt. Die Frage, ob der Baumeister seine Arbeiter für einige Tage an einen anderen Bau abziehen darf, ob der Heizungsinstallateur den Heizungskessel sofort bei Lieferung einbauen muss oder ob Baggerarbeiten statt mit zwei auch mit nur einem Bagger ausgeführt werden dürfen, ist nicht anhand von § 266 BGB zu entscheiden.

Auch die **Rückgabeverpflichtung** nach § 546 Abs 1 BGB ist nicht teilbar. Es ist keine Teilleistung, sondern Nichtleistung, wenn der Pächter oder Mieter dem Verpächter oder Vermieter zwar die Schlüssel aushändigt, seine Einrichtung aber in den Pacht- oder Mieträumen belässt, oder umgekehrt zwar die Räume räumt, aber die Schlüssel behält. Lässt der Pächter oder Mieter nur einzelne Sachen zurück, ist das ebenfalls keine Teilleistung, sondern eine zwar vollständige Rückgabe iS des § 546 BGB, aber auch ein Fall der Schlechtleistung. Nur das entspricht auch der Unterscheidung zwischen Nichterfüllung und Schlechterfüllung von Speziesschulden im Zivilrecht (BGH 10. 1. 1983 – VIII ZR 304/81, JR 1983, 362; **aA** HAASE JR 1983, 364, 365, der für die Erfüllung der Rückgabepflicht in jedem Fall eine Rückgabe in vertragsgemäßem Zustand fordert). 13

Vor der Schuldrechtsmodernisierung war die **Schlechtleistung** keine Teilleistung. Sie war nach den Regeln des Gewährleistungsrechts oder der positiven Vertragsverletzung zu behandeln. Ebenso wenig war die Lieferung eines **aliud** Teilleistung, sondern Nichtleistung, weil sie nicht durch weitere Leistungshandlungen zur vollständigen Leistung ergänzt werden konnte (SOERGEL/FORSTER § 266 Rn 5 f). Nach geltendem Recht wird in Bezug auf die Schlechtleistung von einer „qualitativen Teilleistung" gesprochen, auf die § 266 BGB anzuwenden sei (etwa MünchKomm/KRÜGER § 266 Rn 4; JUD JuS 2004, 844 f). Dass der Gläubiger die mangelhafte Sache zurückweisen kann, ergibt sich aber schon daraus, dass sie keine gehörige Erfüllung darstellt (STAUDINGER/FELDMANN § 293 Rn 14); § 266 BGB braucht es hierzu nicht. Dass § 434 Abs 3 BGB die Lieferung einer zu geringen Menge als Schlechtleistung erfasst, spielt daher insoweit keine Rolle. Weitere Rechtsfolgen wie der Rücktritt im Falle einer Teilleistung und einer teilweisen Schlechtleistung (hierzu LORENZ NJW 2003, 3098) werden in § 323 Abs 1 u 5 BGB abschließend geregelt. Auch hier bedarf es keines Rückgriffs auf § 266 BGB. 14

Unteilbar ist die Verpflichtung, über mehrere Geschäfte Auskunft zu erteilen (BGH 6. 2. 1957 – V ZR 126/55, NJW 1957, 793), ebenso die Verpflichtung des Erben, dem Pflichtteilsberechtigten gem § 2314 Abs 1 BGB ein Verzeichnis der Nachlassgegenstände vorzulegen (offengelassen in BGH 2. 11. 1960 – V ZR 124/59, BGHZ 33, 373), und generell jede Verpflichtung, nach § 260 BGB ein Verzeichnis vorzulegen. 15

Keine Ausnahme von der Regel des § 266 BGB enthält § 420 BGB. Denn jeder der mehreren Schuldner einer teilbaren Leistung schuldet nur seinen Anteil. Leistet er ihn, leistet er nicht teilweise, sondern ganz. 16

Ob die Ansprüche teilweise **strittig** sind, spielt für § 266 BGB grundsätzlich keine Rolle. Die Bestimmung unterscheidet nicht zwischen strittigen und unstrittigen For- 17 derungen, sondern verbietet die Teilleistung generell. Der Schuldner hätte sonst die Möglichkeit, durch einfaches Bestreiten § 266 BGB auszuschalten und den Gläubiger mit Teilleistungen zu belästigen. Der Gläubiger läuft allerdings Gefahr, in Annahmeverzug zu geraten, wenn er den ihm vom Schuldner angebotenen unstrittigen Teil nicht annimmt und die Forderung sich als im Übrigen nicht bestehend herausstellt (hM, etwa Ruhkopf VersR 1960, 13 und 1967, 927; Nacken 9; Soergel/Forster § 266 Rn 15). Der Gläubiger wird aber nach Treu und Glauben (§ 242 BGB) verpflichtet gesehen, eine Teilleistung anzunehmen, wenn sich der genaue Umfang einer Schadensersatzforderung erst durch ein Sachverständigengutachten ermitteln lässt (OLG Düsseldorf 25. 2. 1965 – 1 U 243/64, NJW 1965, 1763; OLG Hamm 14. 10. 1966 – 9 U 135/66, VersR 1967, 383) und nur der Spitzenbetrag der Forderung strittig ist (näher Rn 31).

III. Ausnahmen von § 266

1. Parteivereinbarungen über die Zulässigkeit von Teilleistungen

18 Die Parteien haben es in der Hand, **entgegen § 266 BGB zu vereinbaren, dass Teilleistungen erbracht werden dürfen und zur teilweisen Erfüllung führen**. Fehlt es an einer ausdrücklichen Vereinbarung, kann sich die Zulässigkeit der Teilleistung doch durch Auslegung des Geschäftes ergeben. Ist § 266 BGB id Sinne abbedungen, gilt die Bestimmung gleichwohl noch für die vereinbarten Teilleistungen, die ihrerseits im jeweiligen Zeitpunkt die volle geschuldete Leistung sind, und daher nicht nur zum Teil erbracht werden dürfen. Umkehrt können durch Vereinbarung auch selbstständige Leistungen in einer **Unteilbarkeitsabrede** so zusammengefasst werden, dass § 266 BGB auf die Gesamtheit Anwendung findet (Gernhuber, Erfüllung § 8, 3) und bei einem Leistungshindernisses für eine der Leistungen § 275 BGB wie bei vollständiger Unmöglichkeit greift. Vgl zu konkludenten Unteilbarkeitsabreden Staudinger/Schwarze § 283 Rn 38 ff.

19 **Beispiele**: Wird bei einem **Sukzessivlieferungsvertrag** die Abnahme einer Gesamtmenge in Teilen vereinbart, ist § 266 BGB zwar insoweit abbedungen. Das Teilleistungsverbot greift aber sehr wohl für jede einzelne der Raten, die jeweils vollständig angeboten werden müssen (OLG Düsseldorf 25. 7. 2014 – I-22 U 192/13, 22 U 192/13, CR 2015, 215). Bei einem derartigen Kaufgeschäft kann der Verkäufer auch nach Ablauf der Lieferfrist noch Teilleistungen („ganze Raten“) anbieten, die früher fällig waren (RG 18. 12. 1903 – II 163/253/03, JW 1904, 90). Der Gläubiger einer in Raten zu liefernden Leistung kann die gerade gelieferte Rate nicht deshalb zurückweisen, weil bereits mehrere Raten fällig sind. Ein Vertrag auf Lieferung einer bestimmten Menge von einem Unternehmer herzustellender Sachen „bis zu einem bestimmten Termin“ ist aber kein Sukzessivlieferungsgeschäft; der Unternehmer ist hier gem § 266 BGB zu Teillieferungen nicht berechtigt (RG 18. 11. 1932 – II 140/32, RGZ 138, 331). Spiegelbildlich ist jede **Ratenzahlungsvereinbarung** immer eine Teilleistungsvereinbarung, ob die Ratenzahlungsvereinbarung entgeltlich oder unentgeltlich erfolgt, spielt insoweit keine Rolle. Auch beim Mietvertrag als einem **Dauerschuldverhältnis** wird in der Regel periodische Erfüllung (Mietzinsraten) vereinbart. Indes geht es hier nicht um eine in Teile „gestückelte“ Gesamtleistung, sondern um einen regelmäßig wiederkehrenden Zahlungsanspruch, der im jeweiligen Zeitpunkt als die „ganze“ geschuldete Leistung anzusehen ist (Mülbert, in: FS Westermann 491, 499 f; nur iE u iS einer Ausnahme von § 266 BGB bei Dauerschuldverhältnissen, die notwendig Teilleistungen erfordern:

BAG 21. 3. 1984 – 4 AZR 375/83, NJW 1985, 2156; GERNHUBER, Erfüllung § 8, 1: vereinbarungsgemäß „kontinuierlich anwachsende Teilerfüllung"). Der Vermieter kann deshalb, wenn der Mieter eine von mehreren rückständigen Mietzinsraten anbietet, die Annahme dieser Rate nicht nach § 266 BGB ablehnen (KG 23. 1. 1905 – XIV ES, OLGE 22, 290). Insofern ergibt sich im Ergebnis kein Unterschied zwischen Dauerschuldverhältnis und Sukzessivlieferungsgeschäft (vgl BGH 21. 10. 1976 – VII ZR 335/75, NJW 1977, 50).

Auch bei einer Verpflichtung zur Lieferung von Waren ganz verschiedener Art kann 20 die Zulässigkeit zu getrennter Lieferung jeder Warenart als stillschweigend vereinbart gelten (OLG Dresden, SächsA 1914, 517). Eine „Finanzierungsklausel" für den „Restkaufpreis" löst § 266 BGB ab („Rest durch Finanzierung" oder „Restfinanzierung Sache des Käufers"); hier muss der Verkäufer den teilweise angebotenen Kaufpreis abweichend von § 266 BGB annehmen (HERETH NJW 1971, 1705 zu KG 11. 1. 1971 – 12 U 1565/70, NJW 1971, 1139). Die Gruppenversicherung erlaubt jedoch keine Teilprämienzahlung des Gruppenmitgliedes (MILLAUER VersR 1964, 16 ff).

2. Gesetzliche Ausnahmen

Gesetzliche Ausnahmen von § 266 BGB finden sich nicht nur im BGB: Die **Aufrechnung** ist nicht nur Leistung, sondern zugleich zwangsweise Einziehung der dem Schuldner gegen den Gläubiger zustehenden Forderung. Verwendet der Schuldner eine geringere eigene Forderung zur Aufrechnung, tilgt er die dem Gläubiger zustehende höhere Forderung zu dem Teilbetrag, zu dem sich die Forderungen decken, § 389 BGB. Die **zulässige volle Einziehung der eigenen Forderung** bedeutet damit indirekt eine ausnahmsweise zulässige Teilleistung an den Gläubiger. Verwendet der Schuldner id Sinne eine geringere Forderung gegen den Gläubiger zur Aufrechnung, muss er diese aber in ihrem vollen Betrag aufrechnen, wenn dem Gläubiger durch eine Teilaufrechnung Belästigungen entstehen würden (MünchKomm/KRÜGER § 266 Rn 8; PALANDT/GRÜNEBERG § 266 Rn 6; BAMBERGER/ROTH/HAU/POSECK/LORENZ § 266 Rn 12; weiter RG 15. 5. 1912 – Rep V 59/12, RGZ 79, 359 wegen der den Hypothekengläubiger nach §§ 1144, 1145 Abs 1 S 2 BGB treffenden Verpflichtungen; **aA** GERNHUBER, Erfüllung § 8, 5: generelle Unzulässigkeit der Teilaufrechnung). Eine weitere Einschränkung gilt im Grundstücksrecht: Ist ein Grundstück mit einer Hypothek oder Grundschuld belastet, kann der Eigentümer durch Aufrechnung mit einer Gegenforderung gegen den Hypotheken- oder Grundschuldgläubiger das Grundpfandrecht ablösen. Das gilt aber nur, wenn die Gegenforderung hoch genug ist, um das Grundpfandrecht abzulösen; eine Teilzahlung kann der Gläubiger nach §§ 1142 Abs 1, 266 BGB ablehnen (BGH 16. 7. 2010 – V ZR 215/09, NJW 2011, 451). 21

§ 16 Abs 1 Nr 1, Abs 2 Nr 1 VOB/B und (der in Anlehnung hieran geschaffene) 21a § 632a BGB sehen Abschlags- und Vorauszahlungen als zulässige Teilleistungen vor. In ähnlicher Weise isoliert § 650p Abs 1 BGB die **Planungs- und Überwachungsleistungen des Architekten**, die als zulässige Teilleistung geschuldet werden (näher FUCHS NZBau 2019, 25, 28). Beim **Mietvertrag** kann der Mieter die Kaution nach § 551 Abs 2 S 1 BGB in drei Raten bezahlen. Überweist der Grundsicherungsträger die Miete, ist eine Teilzahlung sozialrechtlich erlaubt, wenn der leistungsberechtigte Mieter in einer Bedarfsgemeinschaft lebt; andernfalls erforderte die sozialrechtlich erlaubte Direktzahlung unabhängig vom Willen des Mieters wegen § 266 BGB eine Teilzahlungsabrede zwischen Mieter und Vermieter (HAHN NZM 2018, 177, 180).

22 Eine praktisch bedeutsame Einschränkung des § 266 BGB regelt § 497 Abs 3 S 2 BGB für den **Verbraucherdarlehensvertrag**. Dass der Darlehensgeber Teilzahlungen nicht zurückweisen darf, dient zusammen mit der Änderung der Anrechnungsreihenfolge des § 367 Abs 1 BGB durch § 497 Abs 3 S 1 BGB der Entlastung des Darlehensnehmers (NK-BGB/Müller § 497 Rn 9). § 497 Abs 3 S 2 BGB erlaubt nicht nur die Rückzahlung der Hauptschuld ohne die aufgelaufenen Zinsen zwecks Beendigung des Verzugs, sondern auch eine Teilleistung bezogen nur auf den Betrag der Hauptschuld.

23 Nach Art 39 Abs 2 WG darf der Inhaber eines **Wechsels** eine ihm angebotene Teilzahlung nicht zurückweisen. Dasselbe gilt nach Art 34 Abs 2 ScheckG für den Scheckinhaber.

24 In der **Zwangsvollstreckung** ergibt sich die Teilleistung häufig schon daraus, dass eine Vollstreckungsmaßnahme nur zur teilweisen Befriedigung des Gläubigers führt. Doch ist der Schuldner in der Zwangsvollstreckung auch zu Teilleistungen berechtigt (Stolte 148): Zwar kann man das nicht eindeutig aus dem Wortlaut des § 757 Abs 1 ZPO schließen; der Schuldner muss in der Zwangsvollstreckung aber die Möglichkeit haben, den drohenden Zugriff im Rahmen seiner Möglichkeiten – dh: ggf durch Teilleistungen – abzuwehren. Zudem ist die Teilleistung des Vollstreckungsschuldners für den Gläubiger, der seinen Anspruch ohnehin gerichtlich durchsetzen und vollstrecken musste, kaum eine darüberhinausgehende Belästigung. Schließlich kann auch der Gerichtsvollzieher gem § 802b Abs 2 S 1 ZPO Teilzahlungen bewilligen (MünchKomm/Krüger Rn § 266 Rn 9; Soergel/Forster § 266 Rn 18; Stolte 148). In der Insolvenz muss der Gläubiger ebenfalls Teilleistungen im Wege der Abschlagsverteilung annehmen (§ 187 Abs 2 InsO, früher § 149 KO).

25 Nimmt ein Arbeitnehmer an einem **zulässigen Streik** teil, handelt es sich bei der ansonsten erbrachten Arbeitsleistung nicht um eine Teilleistung iS des § 266 BGB. Die Bestimmung ist unanwendbar, wenn die Arbeitsleistung wegen des zulässigen Arbeitskampfes nicht „vollständig“ erbracht wird (BAG 21. 3. 1984 – 4 AZR 375/83, NJW 1985, 2156); richtigerweise ist die erbrachte Arbeit für den jeweiligen Zeitabschnitt als vollständige Leistung einzuordnen. Arbeitnehmer, die an einem Tag im Monat an einem rechtmäßigen Arbeitskampf teilnehmen, leisten nicht etwa teilweise für diesen Monat, sondern an dem Streiktag nicht, ansonsten aber ordnungsgemäß und vollständig. Eine (nach § 266 BGB unzulässige) Teil-Arbeitsleistung bieten demgegenüber Arbeitnehmer an, die statt der vereinbarten Vollzeit nur noch in Teilzeit arbeiten wollen (LAG Hessen 20. 10. 2014 – 16 Sa 738/14, BeckRS 2015, 70679; LAG Rheinland-Pfalz 21. 4. 2016 – 5 Sa 243/15, BeckRS 2016, 68966, beide im Anschluss an BAG 9. 4. 2014 – 10 AZR 637/13, NZA 2014, 719 [dort obiter, weil vollständig vertragsgemäße Leistung nicht möglich war]).

3. Teilweise gesicherte Forderungen

26 Ist eine **Forderung** nur **teilweise dinglich gesichert**, ergibt sich eine weitere Ausnahme: Der Gläubiger muss gegen Zahlung des durch eine **Hypothek** gesicherten Betrages durch den Grundeigentümer (§ 1142 Abs 1 BGB) die Löschung der Hypothek bewilligen, kann die Annahme des gesicherten Teilbetrages also nicht nach § 266 BGB ablehnen. Die **aM** (Gernhuber, Erfüllung § 8, 8) sichert überschießend die Gesamtforderung, obschon die dingliche Sicherheit nur für einen Teil bestellt ist. Dasselbe

gilt, wenn ein durch Höchstbetragshypothek (§ 1190 BGB) bis zu einem bestimmten Betrag gesicherter Kredit, zB durch Anwachsen von Zinsen (§ 1190 Abs 2 BGB), über den Höchstbetrag hinausgewachsen ist. Dagegen kann aus § 1145 BGB nicht geschlossen werden, dass bei der Briefhypothek generell ein Recht auf Teilleistungen bestünde; § 1145 BGB setzt voraus, dass der Gläubiger nur teilweise befriedigt worden ist, sagt aber nichts darüber, unter welchen Voraussetzungen der Gläubiger anzunehmen verpflichtet ist. Die Teilleistung könnte von vornherein vereinbart sein, oder der Gläubiger könnte die Teilleistung freiwillig angenommen haben (Soergel/Forster § 266 Rn 17). Zum Problem einer nur teilweisen hypothekarischen Sicherung einer Forderung infolge des Aufwertungsgesetzes nach dem ersten Weltkrieg vgl Staudinger/Selb [1995] § 266 Rn 10 mwNw.

Ist die **Forderung** nur **teilweise durch Bürgschaft gesichert**, ist der Gläubiger demgegenüber nicht verpflichtet, vom Hauptschuldner Teilleistung in Höhe des gesicherten Teiles der Schuld anzunehmen. Dass Hauptschuldner den Bürgen nach § 775 Abs 1 BGB von der Bürgschaft befreien muss, ändert daran nichts. Wenn Befreiung nur erreicht werden kann, indem die Hauptschuld vollständig, also einschließlich des ungesicherten Teils, erfüllt wird, ist der Hauptschuldner gegenüber dem Bürgen eben dazu verpflichtet. Ist aber die für einen Teil der Hauptschuld eingegangene Bürgschaft eine selbstschuldnerische iS des § 773 Abs 1 Nr 1 BGB, muss der Gläubiger von dem Bürgen den verbürgten Teil der Schuld annehmen: Für den selbstschuldnerischen Bürgen ist dies die vollständige Schuld, nicht anders als wenn einer von mehreren Schuldnern nur für einen Teil einer gesamten Forderung als Gesamtschuldner verpflichtet ist (ebenso Soergel/Forster § 266 Rn 17). 27

Rn 28 bleibt frei. 28

4. Teilurteil

Eine Ausnahme von § 266 BGB begründet der Erlass eines Teilurteils nach § 301 ZPO (MünchKomm/Krüger § 266 Rn 11; **aA** Soergel/Forster § 266 Rn 26: keine Ausnahme, weil das Urteil nicht auf dem einseitigen Verhalten des Schuldners beruhe). Das Gericht hält den Rechtsstreit nur über einen Teil des Anspruchs für entscheidungsreif und entscheidet nur über diesen. Ein solches Urteil gestaltet zwar nicht die materielle Rechtslage. Dem Kläger wird aber die Möglichkeit eröffnet, wegen des eingeklagten Teilbetrages zu vollstrecken. Daher muss der Schuldner auch die Möglichkeit haben, diese Zwangsvollstreckung aus dem Teilurteil durch eine entsprechende (Teil-)Zahlung abzuwenden (BGH 2. 4. 1991 – VI ZR 241/90, ZIP 1991, 611). Müsste er die gesamte Schuld bezahlen, um die Vollstreckung abzuwenden, würde der Titel faktisch erweitert. Der Gläubiger kann daher kein Recht haben, die Teilleistung abzulehnen; § 266 BGB ist unanwendbar. Hat der Kläger selbst (mit einer Teilklage) von einer größeren Forderung nur einen Teilbetrag eingeklagt, ergeht kein Teilurteil, sondern ggf ein Endurteil über den eingeklagten Teilbetrag. Diesen Teilbetrag, den allein er verlangt hat, muss der Kläger auch annehmen – alles andere wäre widersprüchlich. Durch die Teilklage erlangt die Teilforderung also eine gewisse Selbstständigkeit, § 266 BGB ist unanwendbar (RG 25. 1. 1907 – Rep VII 99/06, RGZ 66, 266; BGH 1. 7. 1971 – VII ZR 224/69, NJW 1971, 1800). 29

5. Treu und Glauben, § 242

30 Die **praktisch wichtigsten Ausnahmen** von § 266 BGB werden aus § 242 BGB hergeleitet. Der Gläubiger darf entgegen dem Wortlaut des Gesetzes eine Teilleistung nicht ablehnen, wenn ihm die Annahme bei verständiger Würdigung des Falles (BGH 27. 9. 1973 – III ZR 131/71, BGHZ 61, 240), mit Blick auf die Lage des Schuldners und seine eigenen schutzwürdigen Interessen, zuzumuten ist (BGH 28. 4. 1954 – VI ZR 38/53, VersR 1954, 297; OLG Nürnberg 13. 4. 1965 – 3 U 161/64, VersR 1965, 1184; OLG Düsseldorf 11. 1. 1966 – 1 W 40/65, VersR 1966, 1055; OLG Stuttgart 4. 10. 1971 – 5 U 66/71, VersR 1972, 448; OLG Karlsruhe 2. 11. 1972 – 4 U 149/71, NJW 1973, 851; MünchKomm/Krüger § 266 Rn 13 „bei Gründen von einigem Gewicht"; Soergel/Forster § 266 Rn 11; AR/Löwisch § 266 Rn 3). Ob § 266 BGB gelten soll, ergibt sich dann aus einer wenig vorhersehbaren Interessenabwägung im Einzelfall. Feste Prozentsätze werden nicht anerkannt; vielmehr komme es darauf an, ob im konkreten Einzelfall der Fehlbetrag sowohl absolut als auch relativ geringfügig ist (BGH 12. 9. 2013 – V ZB 161/12, MDR 2013, 1490). Nicht ausreichen kann jedenfalls, dass dem Gläubiger eine Teilleistung vorerst zumutbar wäre (BeckOGK-BGB/Kähler [15. 4. 2019] § 242 Rn 1382).

31 Immerhin lassen sich einige **Fallgruppen** erkennen, in denen die Begrenzung des § 266 BGB durch § 242 BGB allgemein anerkannt ist: In den meisten Schadensersatzfällen ist gerade die **Höhe der Schadensersatzforderung strittig**. Selbst wenn sich die Parteien bei der Gesamtforderung oder den einzelnen Schadensrechnungsposten nahekommen, gibt es häufig **Spitzenbeträge**, über die sie sich nicht einigen können. Solange der Schuldner nun nicht auch noch diesen Spitzenbetrag anbietet, ist der Gläubiger bei Anwendung des § 266 BGB berechtigt, den angebotenen Betrag als Teilleistung abzulehnen. Ein besonderes Interesse an der Nichtannahme muss der Gläubiger nicht dartun (BGH 13. 4. 1970 – III ZR 75/69, AnwBl 1973, 397; Palandt/Grüneberg § 266 Rn 8). Der Schuldner riskiert dann, auf die volle Schadensersatzsumme verklagt zu werden und die volle Kostenlast im Prozess nicht einmal durch sofortiges Anerkenntnis (§ 93 ZPO) abwehren zu können, wenn er wegen des nicht angebotenen Spitzenbetrages im Unrecht ist. Er wird in seiner Verteidigung dadurch behindert, weil er damit rechnen muss, dass er nur teilweise obsiegt und seine Kostenlast den zu Unrecht geforderten Betrag übersteigt (Heinzelmann NJW 1967, 534 f). Die hM verlangt daher vom Gläubiger, eine Teilleistung anzunehmen, die nur noch einen geringen Rest der Forderung offenlässt (Rother 1750; RG, SeuffA 61 Nr 149; 21. 9. 1921 – I 26/1921, SeuffA 77 Nr 22). Das kann zwar im Ergebnis auf einen Rabatt für den Schädiger hinauslaufen, wenn der ausstehende Spitzenbetrag die Klage nicht mehr lohnt (vgl LG Köln 27. 4. 1966 – 13 S 11/66, VersR 1966, 966); der Schuldner ist aber gleichwohl schutzwürdig, weil er die Möglichkeit haben muss, die Prozessführung ökonomisch zu gestalten (OLG Düsseldorf 25. 2. 1965 – 1 U 243/64, NJW 1965, 1763). Auch wenn der Schuldner voll auf selbstständige Schadensposten leistet, soll der Gläubiger zur Annahme verpflichtet sein (LG Kreuznach 5. 7. 1961 – 3 O 70/60, VersR 1961, 863; LG Augsburg 16. 5. 1968 – 2 O 332/67, VersR 1968, 1152; LG Nürnberg-Fürth 10. 6. 1966 – 10 O 233/65, VersR 1967, 511; Baumgärtel 966 ff). Der Gläubiger verliert zwar mit der Annahme der Teilleistung wegen der degressiven Gestaltung der Gebührentabelle den Vorteil günstigerer Kostenverteilung, sofern er im Streit über die Restleistung teilweise unterliegt (Boetzinger VersR 1968, 1124; Rother NJW 1965, 1751 ff; LG Nürnberg-Fürth 18. 12. 1964 – 11 S 289/63, VersR 1965, 1060, 1062); ein Gläubigerinteresse am höheren Streitwert wird jedoch nicht anerkannt (Baumgärtel aaO). Durfte der Schuldner der Meinung sein, er leiste mit der

angebotenen Leistung vollständig, darf der Gläubiger die Teilleistung nicht ablehnen (OLG Düsseldorf 25. 2. 1965 – 1 U 243/64, NJW 1965, 1763; OLG Hamm 14. 10. 1966 – 9 U 135/66, VersR 1967, 383). Jede andere Auffassung drängte ihn, auch überhöhten Forderungen des Gläubigers mit Blick auf die drohende Kostenlast nachzugeben. Ist der Schuldner nicht imstande, die vollständige Leistung zu erbringen, und hat der Gläubiger auch an der Teilleistung ein objektives Interesse, das insbesondere bei Geldforderungen regelmäßig bestehen wird, muss dem Schuldner wie in der Vollstreckung (vgl Rn 24) zu erlauben, den Gläubigerzugriff wenigstens insoweit abzuwehren, als die Leistung möglich ist. Hatte der Geschädigte auf eine vorschussweise Regulierung Wert gelegt, ist der Rechtsnachfolger nach Treu und Glauben zur Annahme einer erheblichen Teilleistung verpflichtet (OLG Nürnberg 24. 1. 1964 – 1 U 107/63, VersR 1964, 834). Dass der Gläubiger eine Leistung (ggf als Teilleistung) annehmen müsste, wenn die Höhe seines Schadens gerichtlich geschätzt werden muss, lässt sich zumindest solange nicht sagen, als ihm die vollständige Tatsachenbasis für die Schätzung noch nicht bekannt ist (für den Fall, dass der Gläubiger noch keine Gelegenheit hatte, den anspruchsbegründenden Sachverhalt durch Einsicht in die Akten des Schuldners zu klären, VG Freiburg [Breisgau] 15. 4. 2016 – 5 K 1177/14, BeckRS 2016, 45628). Praktisch wird das alles insbesondere im Haftpflichtprozess (dazu Baumgärtel).

Trotz der Einschränkung des § 266 BGB unter Berufung auf Treu und Glauben bleibt es bei der Anwendung der Norm, wenn für den Gläubiger das Risiko gegeben ist, dass seine Annahme der Teilleistung als **Verzicht** auf weitergehende Schadensersatzansprüche gedeutet wird (OLG Düsseldorf 11. 1. 1966 – 1 W 40/65, VersR 1966, 1055; Bamberger/Roth/Hau/Poseck/Lorenz § 266 Rn 17, Fikentscher/Heinemann, SchuldR Rn 265). Dieses Risiko besteht nicht, wenn der Schuldner das Teilleistungsangebot klar als solches kennzeichnet und es nicht von einer Verzichts- oder Abfindungserklärung abhängig macht (OLG München 12. 8. 1958 – 5 U 980/58, VersR 1959, 550, 551). Zwar könnte auch der Gläubiger den Teilleistungscharakter bei Annahme seinerseits klarstellen, er will dann aber ohnehin nicht von seinem Recht Gebrauch machen, die Teilleistung mit Blick auf § 266 BGB zurückzuweisen. Die dem Gläubiger/Geschädigten obliegende Beweislast für einen Haftpflichtanspruch kehrt sich nicht schon mit der Annahme einer Teilleistung der Haftpflichtversicherung des Anspruchsgegners um, wenn diese ohne Anerkennung einer Rechtspflicht einen Vorschuss leistet (OLG Frankfurt 14. 11. 1973 – 19 U 1/72, VersR 1974, 553). 32

Ähnlich wird § 266 BGB von der hM für die Leistung von **„Spitzenbeträgen" an Unterhalt** nach § 242 BGB eingeschränkt. Der Unterhaltsgläubiger darf eine Teilleistung nicht ablehnen, wenn ihm durch die Annahme und gegebenenfalls die Titulierung des Sockelbetrages keine ersichtlichen Nachteile erwachsen (Thüringer OLG 17. 7. 1996 – WF 16/96, FamRZ 1997, 1016). Die Zahlung des Sockelbetrages ist nicht ohne weiteres unzulässige Teilleistung: Leistet der Unterhaltsschuldner freiwillig zumindest den unstrittigen Teil des Unterhalts, liegt das im Interesse beider Unterhaltsparteien und darf nicht einseitig zum Nachteil des Unterhaltsschuldners gehen (OLG Düsseldorf 23. 6. 1993 – 5 WF 85/93, FamRZ 1994, 117). Die Rechtsprechung geht zwar grundsätzlich davon aus, dass der Unterhaltsschuldner Anlass zur Klageerhebung iS von § 93 ZPO über den vollen Unterhalt gegeben hat, wenn er mit seiner freiwilligen und regelmäßigen Leistung unter dem vollen Unterhaltsbetrag geblieben ist (OLG Stuttgart 7. 10. 1977 – 16 WF 89/77, NJW 1978, 112 m ablehnender Anm Winter NJW 1978, 706 f; OLG Hamburg 7. 1. 1981 – 2 WF 135/80 U, FamRZ 1981, 583; OLG Koblenz 28. 2. 1986 – 15 WF 33

970/85, FamRZ 1986, 826; OLG Köln 26. 3. 1986 – 27 UF 28/86, FamRZ 1986, 827; Göhlich FamRZ 1988, 561). Das soll aber nur gelten, wenn die Unterhaltsleistung offensichtlich und erheblich unter dem vollen Unterhaltsbetrag liegt (OLG Karlsruhe 24. 4. 1985 – 18 WF 33/85, FamRZ 1985, 955: fehlender Spitzenbetrag 10 Prozent; OLG Schleswig 14. 4. 1983 – 8 WF 228/80, FamRZ 1984, 187: 20 Prozent; OLG Bremen 15. 3. 1989 – 4 WF 14/89, FamRZ 1989, 876: 15 Prozent; sehr weitgehend OLG Düsseldorf 23. 6. 1993 – 5 WF 85/93 FamRZ 1994, 117: 32 Prozent) und der Unterhaltspflichtige zuvor zur Beischaffung eines kostengünstiger zu erlangenden außergerichtlichen Titels aufgefordert worden ist (Künkel NJW 1985, 2665, 2669 ff). Richtigerweise lässt sich die Frage, ob die Teilleistung eines Sockelbetrags Anlass zur Klage iS von § 93 ZPO über den vollen Betrag gibt, nicht anhand von § 266 BGB beantworten (etwa Göppinger/Wax/Vogel, Unterhaltsrecht[7] Rn 2115). Ebenso wenig entscheidet § 266 BGB, ob ein „Mit-Einklagen" des freiwillig gezahlten Unterhaltssockels mutwillig iS von § 114 ZPO ist. Praktisch wird das ohnehin nicht, weil Unterhaltsberechtigte solche Teilleistungen in aller Regel keineswegs zurückweisen (KG 14. 1. 1988 – 19 WF 6593/87, FamRZ 1988, 518; Winter NJW 1978, 706 f; Künkel NJW 1985, 2272). Von vornherein keine Teilleistung iS des § 266 BGB ist es, wenn bei periodisch zu leistendem Unterhalt eine von mehreren rückständigen Raten angeboten wird (Palandt/Grüneberg § 266 Rn 4; zu weit OLG Hamm 24. 3. 2017 – II-3 UF 225/16, 3 UF 225/16, BeckRS 2017, 129175: § 266 BGB sei auf Unterhaltsleistungen nicht anwendbar); insofern gilt das zu Dauerschuldverhältnissen Gesagte (Rn 19) entsprechend.

34 Regelmäßig unzulässig ist die **Teilrückgabe** einer Miet- oder Pachtsache. Lässt der Mieter einen Untermieter zurück, ist das eine unzulässige Teilräumung (AG Miesbach 25. 2. 1982 – C 560/81, WuM 1983, 151; Staudinger/Rolfs [2018] § 546 Rn 32). Im Einzelfall darf der Vermieter freilich auch eine teilweise Rückgabe der Mietsache nicht ablehnen, wenn ihm die Teilleistung zumutbar ist (Staudinger/Rolfs [2018] § 546 Rn 34). Nimmt der Vermieter eine Teilrückgabe widerspruchslos hin, wird der Mieter im Umfang seiner Teilleistung von der Mietzinszahlung frei (KG Berlin 29. 9. 2005 – 12 U 266/04, KGR Berlin 2006, 125).

6. Rechtsfolgen der ausnahmsweise zulässigen Teilleistung

35 Ist der Schuldner ausnahmsweise zur Teilleistung berechtigt (oder nimmt der Gläubiger eine Teilleistung trotz § 266 BGB an), vollzieht sich bei teilbaren Gesamtleistungen die **Erfüllung** (§ 362 Abs 1 BGB) statt in einer einzigen Erfüllungshandlung **in mehreren Abschnitten**. Diese Teilerfüllungen haben die (Teil-)Wirkung des § 362 Abs 1 BGB.

IV. Berechtigung des Gläubigers, Teilleistungen zu fordern

36 Das BGB kennt zwar kein ausdrückliches Pendant zu § 266 BGB für den Gläubiger. Da aber das Recht auf das maius dasjenige auf das minus einschließt, ist der **Gläubiger einer teilbaren Leistung** grundsätzlich **berechtigt, Teilleistungen zu fordern und einzuklagen** (allg M; zur zulässigen Teilklage auf Übereignung eines Grundstücksteils BGH 11. 11. 1977 – V ZR 235/74, WM 1978, 192), sofern dem nicht der Grundsatz von Treu und Glauben entgegensteht. Daher ist eine AGB-Klausel eines Luftverkehrsunternehmens nach § 307 Abs 1 iVm Abs 2 Nr 1 BGB unwirksam, der zufolge der Flugschein seine Gültigkeit verliert, wenn nicht alle Flight Coupons in der im Flugschein angegebenen Reihenfolge genutzt werden (BGH 29. 4. 2010 – Xa ZR 5/09, NJW 2010, 1958; vgl zu diesem sog „Cross-Border-Selling“ und zum sog „Cross-Ticketing“ GREINER RRa 2009, 121). Das Einklagen nur einer Teilforderung (Teilklage) empfiehlt sich häufig aus Kostengründen. Das deutsche Recht kennt das in den angelsächsischen Rechten geläufige Verbot des „splitting of actions“ nicht.

Der Gläubiger muss den eingeklagten Teil als Erfüllung annehmen (RG 25. 1. 1907 – 37
VII 99/06, RGZ 66, 266; BGH 15. 11. 1965 – VII ZR 184/63, WM 1966, 160; MünchKomm/KRÜGER § 266 Rn 21; ERMAN/ARTZ § 266 Rn 7; PALANDT/GRÜNEBERG § 266 Rn 11; bereits Rn 29), kann den zahlenden oder aufrechnenden Beklagten also nicht auf den nicht eingeklagten Teil der Forderung verweisen. Bei Teilerfüllung oder Teilaufrechnung vor Klageerhebung kann der Gläubiger den verbleibenden Rest ganz oder teilweise geltend machen und die Teilleistung auf den nicht eingeklagten Forderungsteil anrechnen (BGH 15. 11. 1965 – VII ZR 184/63, WM 1966, 160).

Das **Recht des Gläubigers, Teilleistungen zu verlangen**, kann ausdrücklich oder nach 38
der Natur des Schuldverhältnisses **ausgeschlossen** sein. Eine Aufspaltung der Forderung in viele kleine Teile kann Schikane iS des § 226 BGB sein oder sonst gegen Treu und Glauben verstoßen, zumal sie den Schuldner mit erhöhten Kosten belasten kann. Ist dies aber nicht der Fall, ist der Schuldner auch nicht berechtigt, eine vom Gläubiger geforderte Teilleistung zu verweigern. Bietet er auf bloße Teilforderung des Gläubigers hin die ganze Leistung an, gerät der Gläubiger wegen des abgelehnten Teiles in Annahmeverzug, wenn bezüglich der Gesamtforderung die Voraussetzungen der §§ 293 ff BGB erfüllt sind, insbesondere nicht § 299 BGB den Gläubigerverzug ausschließt. Jedenfalls zieht die Ablehnung des nicht geforderten Teiles der Leistung nur einen Teilverzug des Gläubigers nach sich. Sie gewährt dem Schuldner nicht das Recht, den vom Gläubiger verlangten Teil zurückzuhalten und dadurch den Gläubiger in Gesamtverzug zu setzen (vgl THIESING Recht 1902, 369). Der Gläubiger einer **teilbaren Leistung** kann auch über einen Teil der Forderung durch Abtretung verfügen.

V. Unzulässige Teilleistung, teilweise Unmöglichkeit, Zuvielleistung

Eine nach § 266 BGB **unzulässige Teilleistung** steht der Nichtleistung gleich (SOERGEL/ 39
FORSTER § 266 Rn 2; MünchKomm/KRÜGER § 266 Rn 18), der Gläubiger gerät daher nicht in Annahmeverzug, wenn er die Teilleistung zurückweist. Den Schuldner treffen die Rechtsfolgen der vollständigen Nichterfüllung (etwa §§ 280, 281, 323 BGB). Wie weit die bloße Teilleistung beim gegenseitigen Vertrag die Einrede des nichterfüllten Vertrages rechtfertigt, regelt § 320 Abs 2 BGB.

In Fällen **teilweiser Unmöglichkeit** tritt § 266 BGB hinter die spezielleren Regelun- 40
gen der §§ 275 Abs 1 („soweit“), Abs 2 und 3, 283 S 2, 281 Abs 1 S 2, 326 Abs 1 S 1 HS 2 BGB, zurück (MünchKomm/KRÜGER § 266 Rn 11; anders zum alten Schuldrecht RG 30. 1. 1906 – II 255/05, Recht 1906 Nr 602: § 266 BGB wird auch im Falle teilweiser Unmöglichkeit angewendet, aus Treu und Glauben aber der in § 280 Abs 2 S 1 BGB aF formulierte Gedanke herleitet). § 266 BGB setzt eine noch vollständig mögliche Leistung voraus (bereits Rn 4; MünchKomm/KRÜGER § 266 Rn 2; LORENZ NJW 2003, 3098). § 275 Abs 1 BGB befreit den Schuldner nur, „soweit“ die Leistung unmöglich wird; im Übrigen muss er weiter leisten. Damit wird eine Teilleistung gesetzlich verlangt, allerdings mit der Einschränkung, dass der Schuldner uU der Verpflichtung, den noch möglichen Teil

der Leistung zu erbringen, ein Leistungsverweigerungsrecht nach Abs 2 und 3 wegen Unzumutbarkeit entgegenhalten kann (näher Staudinger/Caspers § 275 Rn 57). Hat der **möglich gebliebene Teil der Leistung für den Gläubiger keinen Wert**, behandeln die §§ 283 S 2, 281 Abs 1 S 2 BGB die ganze Leistung als unmöglich. Hat der Schuldner die teilweise Unmöglichkeit zu vertreten, kann der Gläubiger, wenn er kein Interesse an der Teilleistung hat (Unteilbarkeitsabrede), daher die möglich gebliebene Teilleistung ablehnen und Schadensersatz statt der ganzen Leistung verlangen, §§ 280 Abs 1, 3, 283 S 2, 281 Abs 1 S 2 BGB (Staudinger/Caspers § 275 Rn 57; Staudinger/Schwarze § 283 Rn 39). Im gegenseitigen Vertrag kann der Gläubiger bei Teilunmöglichkeit vom ganzen Vertrag zurücktreten (§§ 326 Abs 5, 323 Abs 5 S 1 BGB), wenn er an der noch möglichen Teilleistung kein Interesse hat.

41 Hat der **Gläubiger** dagegen **an dem noch möglichen Teil** der Leistung unter Berücksichtigung des Vertragszwecks **Interesse**, spaltet sich die einheitliche Forderung auf. Ein Teil der Leistung ist bleibt geschuldet, für den anderen, unmöglich gewordenen Teil der Leistung kann der Gläubiger nach §§ 280 Abs 1, 3, 283 Schadensersatz statt der Leistung fordern. **§ 266 BGB ist anwendbar**. Dh vor allem, dass der Gläubiger den möglich gebliebenen Teil nicht annehmen muss, wenn der Schuldner nicht gleichzeitig Schadensersatz für den unmöglich gewordenen Teil anbietet (OLG Hamburg 10. 12. 1910 – VI ZS, OLGE 22, 184; MünchKomm/Krüger § 266 Rn 6; Bamberger/Roth/Hau/Poseck/Lorenz § 266 Rn 9; **aA** Palandt/Grüneberg § 266 Rn 4: die noch mögliche Teilleistung und der Schadensersatz wegen des unmöglichen Teils seien zwei getrennte Ansprüche). Dasselbe gilt, wenn der Anspruch auf Erfüllung des noch möglichen Teiles mit dem Teilanspruch aus § 285 BGB (vgl Staudinger/Caspers § 275 Rn 57) zusammentrifft, auch insoweit darf der Gläubiger auf einheitlicher Erfüllung bestehen. Keine Teilleistung ist es demgegenüber, wenn die Parteien für den Fall der Teilunmöglichkeit eine Beschränkung der Leistungspflicht auf den noch möglichen Rest vereinbart haben und dann der Schuldner diesen Rest anbietet (OLG München 27. 12. 1916 – 1 ZS 196/16, JW 1917, 617: „Lieferungseinstellung, soweit durch den Krieg gehindert").

42 **Zuvielleistungen** des Schuldners oder die Beimischung anderer Leistungen sind nach wie vor im BGB nicht geregelt. Auch § 434 Abs 3 BGB regelt nur die Lieferung einer zu geringen Menge beim Kauf. Ist die angebotene Mehrleistung teilbar, muss der Gläubiger die gesamte Leistung annehmen, wenn ihm durch die Trennung keine unzumutbaren Aufwendungen entstehen und der Schuldner zur Rücknahme der Mehrleistung bereit ist (Palandt/Grüneberg § 266 Rn 10; Bamberger/Roth/Hau/Poseck/Lorenz § 266 Rn 23; kein Recht zur Ablehnung, wenn eine Aussonderung beigemischter Waren leicht möglich ist, sieht Staudinger/Feldmann § 294 Rn 8; einschränkungslos **hingegen** MünchKomm/Krüger § 266 Rn 22). Eine angebotene unteilbare Mehrleistung kann der Gläubiger indes unstrittig zurückweisen, ohne in Annahmeverzug zu geraten (Staudinger/Feldmann § 294 Rn 8; Bamberger/Roth/Hau/Poseck/Lorenz § 266 Rn 23; Palandt/Grüneberg § 266 Rn 10; MünchKomm/Krüger § 266 Rn 22; Soergel/Forster § 266 Rn 23; Werner BB 1984, 221).

VI. Verfahrensfragen

43 Der **Gläubiger** ist berechtigt, Teilbeträge der Forderung einzuklagen, ohne dass der Schuldner mit Blick auf § 266 BGB die sachliche Unzuständigkeit des Gerichts rügen könnte, weil im Fall der Geltendmachung des ganzen Betrags ein anderes Gericht

(Landgericht) zuständig wäre. Der Kläger kann ein berechtigtes Interesse daran haben, zunächst nur für einen Teilbetrags einen Vollstreckungstitel zu erlangen (Zeitersparnis, Kostenrisiko). Behauptet der **Schuldner**, zu Teilleistungen berechtigt zu sein, trifft ihn die Beweislast für die begründenden Umstände (Rosenberg AcP 94, 1, 101 ff). Das Prozessgericht kann ausnahmsweise nach § 242 BGB Teilleistungen bewilligen (RG [GS] 30. 6. 1939 – V 50/38, RGZ 161, 52 zum nicht leichtfertig handelnden Opfer eines Wucherdarlehens für die Rückzahlung des Kapitals). Insbesondere kann das Familien- bzw Nachlassgericht auf Grund besonderer Bestimmungen ausnahmsweise Teilzahlungen bewilligen, und den Rest der Forderung stunden (beim Zugewinnausgleich § 1382 Abs 1 BGB, beim Pflichtteilsanspruch § 2331a Abs 1 BGB; MünchKomm/Krüger § 266 Rn 10). Zur Teilzahlungsbewilligung durch den Gerichtsvollzieher vgl § 802b Abs 2 ZPO.

Nimmt der Gläubiger eine Teilleistung trotz § 266 BGB an, erhält er zwar die Leistung nicht so, wie sie ihm zusteht. Weil sich der Gläubiger aber durch Zurückweisung hätte schützen können, und sich dagegen entschieden hat, sind vom Gläubiger als solche akzeptierte Teilleistungen in der Insolvenz des Schuldners nicht als inkongruente Deckungen iS des § 131 Abs 1 InsO zu werten (richtig OLG Saarbrücken 24. 6. 2008 – 8 U 324/07, NZI 2008, 687). **43a**

VII. Öffentliches Recht, Enteignung

Für die historischen Vorläufer des § 266 BGB und spätere kriegswirtschaftliche Ausnahmen wird auf die 10./11. Aufl (Rn 3) verwiesen. Im **öffentlichen Recht** ist § 266 BGB nur mit Vorbehalten anwendbar; vgl allgemein dazu Friedrichs ArchBürgR 42, 37. Im Enteignungsverfahren ist das Angebot der durch Verwaltungsakt festgesetzten, objektiv zu niedrigen Enteignungsentschädigung auch dann kein Angebot einer Teilleistung, wenn der Betroffene die Entscheidung angefochten hat, weil ihm die Entschädigung zu niedrig erscheint (BGH 21. 6. 1965 – III ZR 8/64, BGHZ 44, 52; mit abl Anm Schneider MDR 1965, 890, da nur der Restbetrag an der Wertsteigerung teilnehme); § 266 BGB ist insofern unanwendbar. Das Angebot oder die Hinterlegung des von der Enteignungsbehörde festgesetzten Entschädigungsbetrags ist selbst dann keine „Teilleistung", wenn die Entschädigung später im gerichtlichen Verfahren erhöht wird, da es sich bei der angebotenen Leistung um den Betrag handelt, den die Enteignungsbehörde als volle Entschädigung bestimmt hat (BGH 22. 5. 1967 – III ZR 145/66, NJW 1967, 2011). Liegt allerdings der tatsächlich angebotene Betrag unter dem festgesetzten, ist die Annahme der Zahlung dem Enteigneten unzumutbar; § 266 BGB ist anzuwenden. Das soll nach Auffassung des BGH aber nur gelten, wenn die angebotene Leistung zugleich nicht nur geringfügig unter dem tatsächlich angemessenen Betrag liege, der niedriger sein könne als der festgesetzte (BGH 27. 9. 1973 – III ZR 131/71, BGHZ 61, 240). **44**

§ 267
Leistung durch Dritte

(1) Hat der Schuldner nicht in Person zu leisten, so kann auch ein Dritter die Leistung bewirken. Die Einwilligung des Schuldners ist nicht erforderlich.

(2) Der Gläubiger kann die Leistung ablehnen, wenn der Schuldner widerspricht.

Materialien: E I § 227; II § 224; III § 260; Jakobs/Schubert, SchR I 174.

Schrifttum

Auer, Neuanfang beim Bereicherungsausgleich in Dreipersonenverhältnissen, ZfPW 2016, 479
Bauknecht, Die Pfändung des Anwartschaftsrechts aus bedingter Übereignung, NJW 1954, 1749
Baur/Wolf, Bereicherungsansprüche bei irrtümlicher Leistung auf fremde Schuld. – Das Wegnahmerecht des Nichtbesitzers – BGHZ 40, 272, JuS 1966, 393
Berg, Bereicherung durch Leistung und in sonstiger Weise in den Fällen des § 951 Abs 1 BGB, AcP 160 (1961) 505
Beuthien, Zuwendender und Leistender, JZ 1968, 323
Braun, Das dingliche Anwartschaftsrecht beim Eigentumsvorbehaltskauf, NJW 1962, 382
Breit, Das Vinkulationsgeschäft (1908) 181
ders, Sicherungseigentum, Ablösungsrecht und Reichsgericht, SeuffBl 76, 559
Buciek, Drittschuldnerzahlung und Bereicherungsausgleich, ZIP 1986, 890
vCaemmerer, Bereicherungsansprüche und Drittbeziehung, JZ 1962, 385 = Ges Schr I (1968) 321
ders, Irrtümliche Zahlung fremder Schulden, in: FS Dölle I (1963) 135 = Ges Schr I (1968) 336
Canaris, Der Bereicherungsausgleich im Dreipersonenverhältnis, in: FS Larenz (1973) 799
Denck, Bezahlung fremder Schulden aus sozialrechtlicher Sicht, JZ 1987, 127
Ehmann, Die Funktion der Zweckvereinbarung bei der Erfüllung, JZ 1968, 549
ders, Über den Begriff des rechtlichen Grundes im Sinne des § 812 BGB, NJW 1969, 398
Flume, Anmerkung zu BGHom 5. 10. 1961 – VII ZR 207/60, JZ 1962, 281
Flume, Der Bereicherungsausgleich im Mehrpersonenverhältnis, AcP 199 (1999) 1
Gernhuber, Die Erfüllung und ihre Surrogate, in: Handbuch des Schuldrechts (2. Aufl 1994) § 21
Hahn, Die Zahlung der laufenden Miete durch den Grundsicherungsträger, NZM 2018, 177
Kellmann, Erfüllungsgehilfen kondizieren nicht, JR 1988, 97
Koppensteiner/Kramer, Ungerechtfertigte Bereicherung (2. Aufl 1988) § 6
dies, Zum Bereicherungsausgleich bei Zahlungen in Drei-Personen-Verhältnissen, NJW 1991, 2521
Kresse, Die mangelhafte oder schadenstiftende Leistung durch Dritte, VersR 2007, 452
Kretschmar, Beiträge zur Erfüllungslehre, JherJB 85 (1935) 184
Kunisch, Die Voraussetzungen für Bereicherungsansprüche in Dreiecksverhältnissen (1968)
Kupisch, Gesetzespositivismus im Bereicherungsrecht. Zur Leistungskondiktion im Drei-Personen-Verhältnis (1978) 85
Landschein, Die Direktkondiktion gegen den Überweisungsempfänger bei der Rückabwicklung von Fehlüberweisungen – Ein Schritt zur Verwirklichung eines einheitlichen europäischen Zahlungsverkehrsraums?, BKR 2016, 457
Letzgus, Die Anwartschaft des Käufers unter Eigentumsvorbehalt (1938)
Lorenz, Zur Frage des bereicherungsrechtlichen „Durchgriffs" in Fällen des Doppelmangels, JZ 1968, 51
ders, Gläubiger, Schuldner, Dritte und Bereicherungsausgleich, AcP 168 (1968) 286
ders, Bereicherungsrechtliche Drittbeziehungen, JuS 1968, 441
ders, Anmerkung zu BGHom 30. 5. 1968 – VII ZR 2/66, JZ 1969, 149
Martinek, Der Bereicherungsausgleich bei veranlaßter Drittleistung auf fremde nicht bestehende Schuld, JZ 1991, 395
Möschel, Fehlerhafte Banküberweisung und Bereicherungsausgleich, JuS 1972, 297
Oertmann, Die Zahlung fremder Schulden, AcP 82 (1894) 367
Pinger, Was leistet der Leistungsbegriff im Bereicherungsrecht?, AcP 179 (1979) 301, 326
Pfister, Zum Bereicherungsanspruch im Dreiecksverhältnis bei Fehlen einer Anweisung, JR 1969, 47

Raab, Austauschverträge mit Drittbeteiligung (1999)
Raiser, Dingliche Anwartschaften (1961)
Reeb, Grundprobleme des Bereicherungsrechts (1975) 29
ders, Grundfälle zum Bereicherungsrecht, JuS 1972, 581
Rieble, Die schlechte Drittleistung, JZ 1989, 830
ders, Mietzahlungsverzögerung durch Sozialbehörde, NJW 2010, 816
Rühl, Eigentumsvorbehalt und Abzahlungsgeschäfte einschließlich des Rechts der Teilzahlungsfinanzierung (1930)
Schlechtriem, Rechtsprechungsbericht zum Bereicherungsrecht – Teil 1, JZ 1993, 24
Schlinker, Die Sachmängelrechte im Kauf und Werkvertragsrecht im Falle mangelhafter Drittleistung, AcP 207 (2007) 399
E Schmidt, Der Bereicherungsausgleich beim Vertrag zu Rechten Dritter, JZ 1971, 601
Schnauder, Grundfragen zur Leistungskondiktion bei Drittbeziehungen (1981)
Serick, Eigentumsvorbehalt und Sicherungsübereignung, IV (1976) 651
Sieg, Die Bedeutung der Leistungen Vierter für den Schadenersatzanspruch des Dritten, JZ 1964, 14
Sinn, Zum Rückgriff bei ungewollter Zahlung fremder Schulden (§ 267 BGB), NJW 1968, 1857
Thomä, Tilgung fremder Schuld durch irrtümliche Eigenleistung, JZ 1962, 623
Weitnauer, Die bewusste und zweckgerichtete Vermehrung fremden Vermögens, NJW 1974, 1729
ders, Zum Stand von Rechtsprechung und Lehre zur Leistungskondiktion, NJW 1979, 2008
Wieling, Empfängerhorizont: Auslegung der Zweckbestimmung und Eigentumserwerb, JZ 1977, 291
ders, Drittzahlung, Leistungsbegriff und fehlende Anweisung, JuS 1978, 801
Wilhelm, Rechtsverletzung und Vermögensentscheidung als Grundlagen und Grenzen des Anspruchs aus ungerechtfertigter Bereicherung (1973)
ders, Die Zurechnung der Leistung bei Widerruf einer Anweisung, insbesondere eines Schecks, AcP 175 (1975) 304
ders, Zahlungsdiensterichtlinie und Leistungskondiktion in Mehrpersonenverhältnissen, BKR 2017, 8
ders, „Upon the cases" bei der Leistungskondiktion in Dreiecksverhältnissen, JZ 1994, 585
Wittmann, Begriff und Funktionen der Geschäftsführung ohne Auftrag (1981) § 5
Wobst, Mindestlohn und Trinkgeld, RdA 2016, 110
C Wolf, Drittleistung und Leistungsmittlung (Diss München 1995)
Wollschläger, Die Geschäftsführung ohne Auftrag (1976) § 5
Zeiss, Leistungsverhältnis und Insolvenzrisiko bei irrtümlicher Tilgung fremder Schulden, AcP 165 (1965) 332.

Systematische Übersicht

Alphabetische Übersicht

I. Allgemeines

1. Normzweck

1 § 267 BGB betrifft die **Leistung durch andere Personen als den Schuldner**. Dabei geht das BGB davon aus, dass im Regelfall der Schuldner auch durch die Leistung eines Dritten befreit werden kann. Dies gilt allerdings nicht, wenn nach dem Inhalt des Schuldverhältnisses der Schuldner die Leistung in Person zu erbringen hat („höchstpersönliche" Leistung). Auch wenn der Schuldner die Leistung in Person zu erbringen hat, kann er sich, wenn sich nicht wiederum etwas anderes aus dem Schuldver-

hältnis ergibt, bei der Erfüllung Hilfspersonen bedienen (§ 278 S 1 Alt 2 BGB). Diese sind aber ebenso wenig **Dritte iS des § 267 BGB** wie Drittpersonen, derer sich der Schuldner bei der Erfüllung nicht höchstpersönlich zu bewirkender Leistungen bedient. § 267 BGB behandelt vielmehr nur den Fall, dass ein **Dritter** die Leistung an den Gläubiger **aus eigenem Antrieb für den Schuldner bewirkt, nicht** aber den Fall, dass der **Schuldner selbst mit Hilfe eines Dritten leistet** (vgl Beuthien JZ 1968, 323, 326; Lorenz AcP 168 [1968] 286, 299 f; MünchKomm/Krüger § 267 Rn 9).

2 Im Zusammenhang mit § 241 BGB betrachtet privilegiert § 267 BGB den Schuldner, der die Leistung nicht persönlich erbringen muss, wenn sich aus dem Schuldverhältnis nicht etwas anderes ergibt. Der Gläubiger dagegen kann nach § 241 BGB die Leistung nur vom Schuldner fordern (Medicus JuS 1974, 613, 620). Zur Drittleistung im Sinne des § 267 BGB ist **keine besondere Einwilligung des Gläubigers** erforderlich (Abs 1 S 1). Der Inhalt der Schuld wird, wenn sie nicht höchstpersönlich ist, durch die Drittleistung nicht berührt. Auch bei einer Grundschuld bedeutet die Drittleistung keine Inhaltsänderung (BGH 19. 9. 1969 – V ZR 59/66, NJW 1969, 2237; dazu Coester NJW 1984, 2548, 2550). Ebenso ist **keine besondere Einwilligung des Schuldners** zur Drittleistung erforderlich. Die Erfüllungswirkung tritt selbst gegen den Willen des Schuldners ein, wenn nur der Gläubiger die Leistung annimmt (Abs 1 S 2), kann doch auch sonst der Gläubiger ohne Zustimmung des Schuldners über die Forderung verfügen. Der Gläubiger kann bei einem Widerspruch des Schuldners die Drittleistung ablehnen (Abs 2), ohne dadurch – wie sonst – in Annahmeverzug zu geraten. Die Drittleistung kann also nur am vereinten Widerstand von Gläubiger und Schuldner scheitern (Staudinger/Lorenz [2007] § 812 Rn 42).

2. Praktischer Anwendungsbereich

3 Abs 1 S 1 sagt nicht, welche Schulden höchstpersönlich zu erbringen sind, und gibt insofern eher eine Selbstverständlichkeit wieder. Die Regelungen in Abs 1 S 2 und Abs 2 wirken lebensfremd: Welcher Schuldner wird sich schon weigern, einen Dritten für sich erfüllen zu lassen, welcher Gläubiger wird die von einem Dritten angebotene Leistung nicht annehmen? Praktisch wird § 267 BGB aber gleichwohl, etwa mit Blick auf dingliche Anwartschaften (vgl Rn 50) und die Abwicklung ungerechtfertigter Bereicherung in Dreiecksverhältnissen (vgl Rn 33 ff). Daneben ergeben sich bei Schuldnerkonkurrenz Abgrenzungsprobleme zwischen der echten „Drittleistung" und der bloßen „Mittilgung" fremder Verbindlichkeiten (vgl Rn 14 ff).

II. Drittleistung

1. Keine höchstpersönlich zu bewirkende Leistung

4 § 267 Abs 1 S 1 BGB setzt voraus, dass der Schuldner nicht in Person zu leisten hat. **Ob eine Leistung höchstpersönlich zu erbringen ist**, ergibt sich aus dem jeweiligen Schuldverhältnis: entweder aus dem Gesetz (Strafzweck: BGH 31. 1. 1957 – II ZR 41/56, BGHZ 23, 222) oder bei rechtsgeschäftlichen Verpflichtungen aus dem erklärten oder nach dem jeweiligen Inhalt des Schuldverhältnisses zu vermutenden Willen der Parteien. Es steht zur Disposition der Parteien, ob sie eine höchstpersönliche Schuld vereinbaren und damit § 267 BGB ausschließen (MünchKomm/Krüger § 267 Rn 6; Erman/Artz § 267 Rn 2; Soergel/Forster § 267 Rn 8: § 267 selbst sei dispositiv). Für den Dienst-

vertrag (§ 613 S 1 BGB), den Auftrag (§ 664 Abs 1 S 1 BGB), die Verwahrung (§ 691 S 1 BGB) und – jeweils über einen Verweis auf § 664 Abs 1 S 1 BGB – für den Pflichtenkreis des geschäftsführenden Gesellschafters (§ 713 BGB), des Vereinsvorstandes (§ 27 Abs 3 BGB) und des Testamentsvollstreckers (§ 2218 Abs 1 BGB) bestimmen gesetzliche Auslegungsregeln (Palandt/Grüneberg § 267 Rn 1), dass im Zweifel der Schuldner (höchst)persönlich zu leisten hat. Man spricht hier auch von einer unvertretbaren Leistung (iS des § 888 ZPO). Unvertretbar wird jede Leistung genannt, die **nicht ohne Veränderung ihres Inhalts durch einen anderen** als den Schuldner **bewirkt werden kann**. Übliche Beispiele sind die Herstellung eines Gemäldes durch einen berühmten Maler oder zumindest in seinem Atelier, die Operation durch einen berühmten Chirurgen oder sein Team. In diesen Fällen ist die Leistung nach dem Parteiwillen in Person zu leisten, wenn auch uU unter Heranziehung von Hilfspersonen, die dann nicht Dritte iS des § 267 BGB sind. Ist der Schuldner zur höchstpersönlichen Leistung verpflichtet, ist § 267 BGB unanwendbar. Die Leistung eines Dritten an Stelle des Schuldners ist keine Erfüllung (Soergel/Forster § 267 Rn 3), der Schuldner bleibt verpflichtet, der Dritte mag seine Leistung kondizieren.

2. Erfüllungsgehilfen und Dritte

5 Auch soweit keine höchstpersönliche Schuld vorliegt und § 267 BGB daher greift, erfasst die Bestimmung nicht alle Leistungen durch „Dritte“ im weitesten Sinn. **Dritter iS des § 267 BGB** ist nur, wer die Leistung an den Gläubiger **aus eigenem Antrieb für den Schuldner bewirkt**, nicht aber, wer dem Schuldner bei dessen Leistung Hilfe leistet (vgl Beuthien JZ 1968, 323, 326; Lorenz AcP 168, 286, 299 f; MünchKomm/Krüger § 267 Rn 9). Zieht der Schuldner etwa bei der Erfüllung Arbeiter seines Betriebes oder mithelfende Familienmitglieder heran, leisten nicht diese Helfer als Dritte iS des § 267 BGB an den Gläubiger, sondern der Schuldner leistet mit ihrer Hilfe selbst. Auch mit Hilfe eines selbstständigen Dritten kann der Schuldner solchermaßen selbst leisten. Entscheidend ist letztlich nur, ob der „Dritte“ Erfüllungsgehilfe des Schuldners iS des § 278 S 1 Fall 2 BGB ist oder nicht. Für die Eigenleistung des Schuldners genügt es, dass der Schuldner den Dritten zur Leistung veranlasst. Es kommt nicht darauf an, ob der Dritte gerade „im Namen“ des Schuldners leistet. Denn die Leistungshandlung ist an sich kein Rechtsgeschäft, sondern ein Realakt. Stellvertretung braucht es bei der Erfüllung allenfalls, wenn der Schuldner zur Abgabe einer rechtsgeschäftlichen Erklärung verpflichtet ist. Entscheidend kann auch nicht sein, ob die Hilfe des Dritten bei der Erfüllung von vornherein Vertragsinhalt ist – etwa bei einer Vereinbarung, die Ware werde dem Kunden direkt vom Lieferanten des Verkäufers zugestellt. Es genügt, dass sich die Hilfe des Dritten aus einer nachträglichen Disposition des Schuldners ergibt, etwa durch eine Anweisung an einen eigenen Schuldner, an den Gläubiger zu leisten (vgl Lorenz JZ 1968, 51 ff; Beuthien JZ 1968, 323, 326). **Dritter iS des § 267 BGB ist also nur, wer nicht Erfüllungsgehilfe ist**, sondern aus eigenem Antrieb handelt und doch mit Rücksicht auf eine „fremde Schuld“ leistet. Demnach müsste ein Träger der Grundsicherung, der auf Antrag des Leistungsberechtigten bspw den laufenden Mietzins zahlt, als Erfüllungsgehilfe eingestuft werden, und wäre zivilrechtlich nur bei antragsunabhängiger Zahlung aus eigenem Antrieb Dritter (Rieble NJW 2010, 816 f). Der BGH (29. 6. 2016 – VIII ZR 173/15, NJW 2016, 2805; 31. 1. 2018 – VIII ZR 39/17, NZM 2018, 195; zust Hahn NZM 2018, 177, 181 f) sieht hier freilich eine Hoheitstätigkeit, die in keinem Fall § 278 BGB unterfällt; Ziel ist va, den leistungsberechtigten Mieter vor den Folgen verspäteter

Zahlung zu schützen. Für eine sinngemäße Heranziehung des § 267 BGB auf freiwillige Hilfsmaßnahmen Dritter aus Anlass von Schadensfällen vgl BÜDENBENDER JZ 1995, 920, 923: Es sei Sache des Hilfeleistenden, zu bestimmen, wem die Hilfe zugutekommen soll: dem Geschädigten oder dem Schädiger.

3. Fremdtilgungswille des Leistenden

Der Dritte muss eine fremde Schuld tilgen wollen. Zahlt etwa ein Sohn eine Summe an den Gläubiger des Vaters, nur damit dieser einige Zeit „still hält", verfolgt er damit einen eigenen Zweck, will aber nicht die Schuld des Vaters tilgen. Das ist keine Drittleistung iS des § 267 BGB (OLG Hamm 2. 7. 1971 – 11 U 86/71, NJW 1971, 1810). Ebenso wenig wollen zufriedene Gäste mit einem Trinkgeld an den Kellner die Entgeltzahlungspflicht des Arbeitgebers erfüllen (WOBST RdA 2016, 110, 111). **Nicht** um eine **Drittleistung** iS des § 267 BGB geht es ferner, **wenn der Dritte in der Absicht zahlt, die Forderung des Gläubigers zu erwerben**, wenn er sich also die Forderung spätestens mit der Zahlung abtreten lässt. So etwa, wenn er die Forderung kauft (OLG Posen PosMSchr 1913, 314; DEMPEWOLF NJW 1956, 851, 853). Gleiches gilt, wenn der Dritte den Zweck verfolgt, sein Recht an einem Gegenstand oder den Besitz einer Sache zu schützen, und die Forderung des Gläubigers mit der Zahlung kraft Gesetzes (zB nach §§ 774 Abs 1, 268 Abs 3, 1225 BGB) erwirbt (MünchKomm/KRÜGER § 268 Rn 1 ff). Es fehlt dann am Fremdtilgungswillen, weil nicht die Tilgungsfolge des § 362 BGB zugunsten des Schuldners, sondern der Forderungsübergang erreicht werden soll. 6

Leisten **Erfüllungsgehilfen** des Schuldners, haben diese gleichfalls keinen eigenen Fremdtilgungswillen, sondern vollziehen den Tilgungswillen des selbst leistenden Schuldners. Das gilt selbst dann, wenn der Handelnde gar nicht weiß, dass er durch sein Handeln eine Verbindlichkeit des Geschäftsherrn erfüllt (BGH 21. 4. 1954 – VI ZR 55/53, BGHZ 13, 111; STAUDINGER/CASPERS § 278 Rn 18 f; zur Rückabwicklung, wenn sich der Handelnde für den Schuldner hält, noch Rn 41 ff). § 267 BGB ist unanwendbar. 7

Ob der Dritte iS des § 267 BGB für den Schuldner leistet, also eine **fremde Schuld tilgen will**, ist danach zu entscheiden, **ob eine entsprechende Absicht des Dritten von außen zu erkennen ist**. Will er eine fremde Schuld tilgen, muss er diesen Willen auch zum Ausdruck bringen (BGH 6. 3. 1985 – IVb ZR 74/83, NJW 1985, 1339 mit Verweis auf BGH 8. 11. 1979 – VII ZR 337/78, BGHZ 75, 299; 27. 6. 2008 – V ZR 83/07, WM 2008, 1703; 20. 7. 2011 – XII ZR 149/09, NJW 2012, 523), bspw durch Überweisung auf ein bestimmtes Konto unter Angabe einer Rechnungsnummer (vgl LG Itzehoe 10. 7. 2015 – 9 S 34/14, ZMR 2016, 34). Praktisch wichtig ist etwa die Zahlung des Haftpflichtversicherers, der die Schuld des Versicherungsnehmers gegenüber dem Geschädigten tilgt; hier ist die Drittzahlung auf fremde Schuld für den Zahlungsempfänger evident (BGH 28. 11. 1990 – XII ZR 130/89, BGHZ 113, 62; hierzu SCHNAUDER JuS 1994, 113, 542; LORENZ JuS 1968, 441, 446). Demgegenüber mag ein Bürge als Bürge auf eigene Schuld zahlen (mit der Folge des § 774 Abs 1 S 1 BGB; noch Rn 16), oder als Dritter iS des § 267 BGB auf eine fremde Schuld, die damit durch Erfüllung untergeht; für die Abgrenzung kommt es dann auf die Willensrichtung des Bürgen an, die vom **Empfängerhorizont** aus bewertet werden muss (BGH 26. 9. 1985 – IX ZR 180/84, WM 1985, 1449). Ob die Tilgungsbestimmung des Dritten als eine einseitige empfangsbedürftige Willenserklärung oder als rechtsgeschäftsähnliche Handlung (SOERGEL/FORSTER § 267 Rn 9; GERNHUBER, Erfüllung § 5 III 2) 8 einzuordnen ist, ist strittig. Sie hat jedenfalls verfügungsähnliche Wirkung (und kann daher im Insolvenzverfahrens über das Vermögen des Leistenden nicht mehr wirksam getroffen werden, BGH 13. 3. 2014 – IX ZR 147/11, NZI 2014, 607; vgl noch Rn 50 zur Verfügungswirkung des Schuldnerwiderspruchs), die §§ 116 ff BGB sind zumindest analog anwendbar. Maßgeblich ist daher nicht allein der innere Wille des Leistenden, sondern die Frage, als wessen Leistung die Zuwendung bei objektiver Betrachtungsweise aus der Sicht des Zuwendungsempfängers einzustufen ist (BGH 31. 10. 1963 – VII ZR 285/61, BGHZ 40, 272; 26. 10. 1978 – VII ZR 71/76, BGHZ 72, 246; 26. 9. 1985 – IX ZR 180/84, ZIP 1985, 1465; 18. 3. 1987 – IVa ZR 20/86, WM 1987, 663; 16. 6. 1989 – V ZR 85/88, NJW-RR 1989, 1036; 26. 9. 1994 – II ZR 166/93, NJW 1995, 128; 28. 10. 1997 – X ZR 157/96, BGHZ 137, 89; OLG Köln 22. 6. 1999 – 15 U 170/98, NJW 2000, 1044; Soergel/Forster § 267 Rn 9; MünchKomm/Keller[3] § 267 Rn 7; Bamberger/Roth/Hau/Poseck/Lorenz § 267 Rn 8; **aA** MünchKomm/Krüger § 267 Rn 11 unter Hinweis auf den Anweisungsfall BGH 20. 3. 2001 – XI ZR 157/00, BGHZ 147, 145). Nach den allgemeinen Grundsätzen der Rechtsscheinlehre kann es auf den Empfängerhorizont allerdings nur insoweit ankommen, als der Leistende zurechenbar einen Rechtsschein gesetzt hat (BGH 20. 3. 2001 – XI ZR 157/00, BGHZ 147, 145; 13. 3. 2014 – IX ZR 147/11, NZI 2014, 607). **Fehlt subjektiv der Fremdtilgungswille**, kommt eine Drittleistung also nur in Betracht, wenn der Empfänger die Leistung als Zahlung eines Dritten auf fremde Schuld verstehen musste, und der Zahlende diesen **Eindruck zurechenbar** hervorgerufen hat. Der leistende Dritte kann die irrtümlich bei der Leistung getroffene Tilgungsbestimmung, er leiste auf fremde Schuld, wegen Inhalts- oder Erklärungsirrtums nach § 119 Abs 1 BGB (zumindest analog) anfechten (BGH 6. 12. 1988 – XI ZR 81/88, BGHZ 106, 163 = JR 1989, 200 f m zust Anm Eckert; OLG Hamm 9. 2. 1988 – 26 U 109/87, NJW-RR 1989, 700).

9 Für den Fremdtilgungswillen reicht es aus, dass der Dritte die Leistung zumindest auch für den Schuldner, im Übrigen aber für sich selbst erbringen will (BGH 23. 2. 1978 – VII ZR 11/76, BGHZ 70, 389; 26. 10. 1978 – VII ZR 71/76, BGHZ 72, 246; 28.10 1997 – X ZR 157/96, BGHZ 137, 89). Deshalb ist eine Leistung des Haftpflichtversicherers, der auf die Verbindlichkeit seines Versicherungsnehmers leistet, Drittleistung iS des § 267 BGB, obwohl die Versicherung zugleich ihrer Freistellungsverpflichtung gegenüber dem Versicherungsnehmer nachkommen will (BGH 28. 11. 1990 – XII ZR 130/89, BGHZ 113, 62; hierzu Schnauder JuS 1994, 113, 542). Zum Rückgriff des Dritten in diesen Fällen Rn 30 ff. Zur Frage einer nachträglichen Änderung der Tilgungsbestimmung Rn 45.

10 Auch bei der **Erfüllungsübernahme nach § 329 BGB** kommt es zur Drittleistung iS des § 267 BGB, weil der Dritte nicht nur im Kausalverhältnis zum Schuldner seine Verpflichtung erfüllen, sondern zugleich zweckgerichtet einen Tilgungseffekt in der Valutabeziehung zwischen Schuldner und Gläubiger erreichen will (Staudinger/Lorenz [2007] § 812 Rn 45). Zahlt der „Schuldübernehmer", bevor die Schuldübernahme vom Gläubiger genehmigt wird (§§ 415 Abs 3, 329 BGB), an den Gläubiger, leistet er damit an den Schuldner. Die Absicht, die eigene Schuld aus der Erfüllungsübernahme zu tilgen, schließt die Absicht nicht aus, (auch) die Schuld des Schuldners zu tilgen. Anders zu entscheiden ist nur, wenn der Dritte etwas anderes unmissverständlich zum Ausdruck gebracht hat (BGH 26. 10. 1978 – VII ZR 71/76, BGHZ 72, 246). Ist die Erfüllungsübernahme unwirksam, hat der Übernehmer im Verhältnis zum Schuldner ohne Rechtsgrund geleistet und kann bei diesem kondizieren.

Verwechselt ein Gläubiger seine Schuldner (Stromkunden) bei der Verrechnung des Strombezugs (Vertauschung der Stromzähler), zahlen diese nicht jeweils auf die fremde Schuld (KG 19. 3. 1984 – 22 U 894/83, NJW 1985, 1714: Bereicherungsausgleich nur zwischen dem Gläubiger und dem jeweiligen Schuldner, nicht zwischen den Schuldnern). 11

Sind bei der **Arbeitnehmerüberlassung** Leiharbeitsverträge nach § 9 Abs 1 Nr 1–1b AÜG unwirksam und kommt es daher zum fingierten Arbeitsverhältnis zwischen „Leiharbeitnehmer" und „Entleiher" nach § 10 Abs 1 AÜG, wird – bis dieses gesetzliche Arbeitsverhältnis geltend gemacht wird – häufig der „Verleiher" weiterhin das Entgelt bezahlen. Er begleicht damit eine Schuld des zahlungspflichtigen „Entleihers" und hat einen Bereicherungsanspruch gegen diesen (str; noch zum AÜG aF BGH 8. 11. 1979 – VII ZR 337/78, NJW 1980, 452; 18. 7. 2000 – X ZR 62/98, NJW 2000, 3492; **aA** mit Blick auf ein fehlerhaftes Arbeitsverhältnis zum Verleiher SCHÜREN/HAMANN AÜG § 9 Rn 61, 30 f mwNw zum Streitstand). 12

Bei fehlerfreier Leistungsabwicklung spielt es im Verhältnis zum Empfänger/Gläubiger keine Rolle, ob der Leistende auf eine eigene Schuld, aus eigenem Antrieb zumindest auch auf eine fremde Schuld (§ 267 BGB) oder als Erfüllungsgehilfe des Schuldners die Schuld getilgt hat. Besteht aber die Verbindlichkeit, auf die geleistet wird, nicht, entscheidet sich die Rückabwicklung im Dreiecksverhältnis nach der Stellung des Leistenden und nach seiner – aus Sicht des Empfängers auszulegenden – Tilgungsbestimmung (unten Rn 33 ff). 13

4. Abgrenzung von der Mittilgung bei Schuldnerkonkurrenz

Keine Drittleistung nach § 267 BGB liegt vor, **wenn einer der Schuldner konkurrierender Verbindlichkeiten leistet** und damit eine allseitige Tilgung herbeiführt (schon SIEG 14, 16). Dass § 267 BGB bei Schuldnerkonkurrenzen teilweise angewendet wird, soll vor allem demjenigen den Regress im Wege einer Rückgriffskondiktion ermöglichen, der der endgültigen Belastung mit der Schuld „ferner steht", wenn es an einer Legalzessionsnorm fehlt (dazu grundsätzlich SELB, Schadensbegriff und Regressmethoden [1963]). Um § 267 BGB auszuschließen, genügt es jedoch, wenn der Leistende eine konkurrierende eigene Verbindlichkeit annimmt, auf die allein er zahlen will, auch wenn sie in Wirklichkeit nicht gegeben ist. 14

Bspw leistet ein **Gesamtschuldner** auf eine eigene Schuld; die Mit-Tilgung der Verbindlichkeit der anderen Gesamtschuldner folgt allein aus § 422 Abs 1 S 1 BGB – mit der Besonderheit der Legalzession nach § 426 Abs 2 BGB. Das gilt selbst dann, wenn der andere Schuldner intern (§ 426 Abs 1 BGB) allein verpflichtet ist. Behebt aber ein Bauträger nach Abtretung der Gewährleistungsansprüche gegen den Bauunternehmer und den die Bauaufsicht schuldenden Architekten an die Erwerber etwaige Mängel selbst, leistet er zumindest auch als Dritter nach § 267 BGB, nicht als Gesamtschuldner (BGH 23. 2. 1978 – VII ZR 11/76, BGHZ 70, 389; zustimmend JAGENBURG NJW 1979, 793, 799; ebenso für den Fall, dass der Endhersteller einen Mangel behebt, für den ein Zulieferer verantwortlich ist [„Rückholaktion"], HERRMANN/FINGERHUT BB 1990, 725 ff). 15

Der **Bürge** leistet id Regel (vgl aber Rn 8) nicht als Dritter, sondern auf die eigene Bürgenverpflichtung (vgl KUPISCH 89 f; EHMANN NJW 1969, 398, 403 Fn 58; **anders** LORENZ AcP 168 [1968] 286, 298, der einen dem Normalfall des § 267 BGB verwandten Drittzahlungsfall 16 annimmt). Dann tritt – anders als bei § 267 BGB – keine Tilgungswirkung ein, sondern geht die Forderung nach § 774 Abs 1 S 1 BGB auf den Bürgen über (BGH 15. 6. 1964 – VIII ZR 305/62, BGHZ 42, 53). Bestehen die Hauptschuld und damit auch die akzessorische Bürgenschuld nicht, so bedarf es keiner Umdeutung der Bürgenleistung in eine spontane Drittleistung nach § 267 BGB, um dem Bürgen die Kondiktion gegen den Empfänger zu gewähren (vgl Kupisch 89 f). Der Ausfallbürge zahlt jedoch als Dritter iS des § 267 BGB, wenn er den Gläubiger befriedigt, bevor ein Ausfall feststeht (Schuler NJW 1953, 1689, 1691; vgl auch RG 20. 5. 1935 – VI 43/35, RGZ 148, 65; 20. 9. 1935 – VII 42/35, RGZ 153, 338). Zahlt der Bürge, der kein Wechselbürge ist (BGH 6. 4. 1961 – II ZR 119/60, BGHZ 35, 19 unter Berufung auf die Rechtsprechung des RG), sondern der nur einem Indossatar gegenüber eine bürgerlich-rechtliche Bürgschaft für die Schuld des Akzeptanten übernommen hat, leistet er nicht als Dritter für irgendeinen der Schuldner (Akzeptanten oder Nachmänner), sondern als Bürge des Akzeptanten. Die Verbindlichkeiten der Nachmänner erlöschen dann wie bei der Leistung des Akzeptanten selbst; die Forderung gegen den Akzeptanten erwirbt der Bürge gemäß § 774 BGB (**aA** Jerusalem NJW 1962, 725: die Verbindlichkeiten der Nachmänner blieben bestehen und gingen auf den Bürgen gem §§ 774, 401, 412 BGB über; die Bürgenleistung sei für die Nachmänner keine relative Erfüllung nach § 267 BGB – das ist sie jedoch auch nach der Meinung des BGH nicht). Hat der Leistende, der die Leistung entweder als Bürge oder als Dritter bewirken konnte, diese ohne Zweckbestimmung erbracht, richtet sich diese nicht nach seinem inneren Willen, sondern danach, als wessen Leistung die Zuwendung bei objektiver Betrachtungsweise aus der Sicht des Zuwendungsempfängers einzuordnen ist (BGH 26. 9. 1985 – IX ZR 180/84, WM 1985, 1449, 451). Insofern braucht es deutliche Hinweise darauf, dass der Bürge (ausnahmsweise) als Dritter iS des § 267 BGB zahlen will – etwa durch den vorhergehenden Schriftwechsel mit dem Gläubiger.

17 Eine **harte Patronatserklärung** verpflichtet den Patron, das abhängige Unternehmen mit ausreichender Liquidität auszustatten und damit die Erfüllung der durch die Patronatserklärung gesicherten Forderungen der Gläubiger gegen das abhängige Unternehmen zu ermöglichen. Zahlt der Patron unmittelbar an einen Gläubiger des abhängigen Unternehmens, ist das eine Drittleistung iS des § 267 BGB (Habersack ZIP 1996, 257, 258; **aA** Larenz/Canaris, Schuldrecht II/2[13] § 64 V 1, wonach der Patron bei einer Direktzahlung an den Gläubiger keine Drittleistung nach § 267 Abs 1 BGB erbringe, sondern eine Ersetzungsbefugnis wahrnehme).

18 Ein der Bank beim Kundenfinanzierungsvertrag mithaftender Verkäufer zahlt die Darlehensschuld ebenfalls nicht als Dritter nach § 267 BGB (Möllers NJW 1955, 1421, 1423). Auch der Wechselregressschuldner (Art 43, 47 WG) zahlt grundsätzlich auf seine eigene Schuld, die Auslegung seines Verhaltens kann freilich auch ergeben, dass er (ausnahmsweise) die Schuld des Akzeptanten zahlen will (vgl RG 24. 2. 1928 – II 420/27, RGZ 120, 205: Gefälligkeitsakzept).

19 Zahlt ein Drittschuldner auf Grund eines **Pfändungs- und Überweisungsbeschlusses** an den Pfändungsgläubiger, leistet er ebenfalls nicht als Dritter nach § 267 BGB (LG Bremen 18. 12. 1970 – 1 S 406/70, NJW 1971, 1366 m zust Anm Medicus), sondern auf die eigene Verbindlichkeit (Schlosser ZZP 1976, 73, 79; Canaris, in: FS Larenz 799, 836 zu Fn 98; NK-BGB/Schwab § 267 Rn 8; MünchKomm/Krüger § 267 Rn 13). War der Pfändungs- und Überweisungsbeschlusses unwirksam, richtet sich der Bereicherungsanspruch des leistenden Drittschuldners daher gegen den pfändenden Gläubiger als Leistungsempfänger (Staudinger/Lorenz [2007] § 812 Rn 41 aE). Genauso leistet der Schuldner bei **Verpfändung** einer Forderung auf die eigene Schuld und nicht als Dritter an den Pfandgläubiger (Schlosser ZZP 1963, 73, 79).

Zahlt ein **Haftpflichtversicherer** an den geschädigten Gläubiger eines Versicherungsnehmers, ist das eine Drittzahlung im Sinne des § 267 BGB solvendi causa auf die Valutaschuld, auch wenn der Haftpflichtversicherer dem Versicherungsnehmer gegenüber zur Freistellung verpflichtet ist (Deckungsverhältnis; bereits Rn 9). Besteht keine Verpflichtung des Versicherungsnehmers gegenüber dem Scheingläubiger, kann der Versicherer direkt von diesem kondizieren (BGH 28. 11. 1990 – XII ZR 130/89, BGHZ 113, 62; zustimmend Staudinger/Lorenz [2007] § 812 Rn 44 mwNw). Entschädigt ein Haftpflichtversicherer den Geschädigten, obwohl er weiß, dass er dem Versicherungsnehmer gegenüber nach § 103 VVG nicht zur Deckung verpflichtet ist, weil dieser den Schaden vorsätzlich herbeigeführt hat, steht einem Regress § 814 Alt 1 BGB entgegen. Leistet der Haftpflichtversicherer dagegen an einen Sozialversicherungsträger auf Grund eines Teilungsabkommens, leistet er auf eine eigene, selbstständige vertragliche Verbindlichkeit. Besteht kein Teilungsabkommen und wird die Leistung irrigerweise an den Sozialversicherungsträger erbracht, findet die bereicherungsrechtliche Rückabwicklung nur zwischen Haftpflichtversicherer und Sozialversicherungsträger statt (BGH 8. 10. 1969 – IV ZR 633/68, NJW 1970, 134). 20

Unterhält ein Ehegatte die gemeinsamen Kinder nach der Scheidung allein, weil der andere Ehegatte mangels Unterhaltsfähigkeit nicht unterhaltspflichtig ist oder seiner Unterhaltspflicht nicht nachkommt, erfüllt der betreuende Ehegatte seine eigene Verbindlichkeit gegenüber den Kindern (Ausfallhaftung, §§ 1603 Abs 1, 1607 Abs 1 BGB). Ihm steht gegen den anderen Elternteil ein familienrechtlicher Ausgleichsanspruch zu; mit § 267 BGB hat das nichts zu tun. 21

III. Wirkung der Leistung

1. Erfüllungswirkung

Bewirkt der Dritte iS des § 267 BGB an Stelle des Schuldners die Leistung, tritt Erfüllung ein. Für die **Erfüllungswirkung** im Verhältnis zwischen Schuldner und Gläubiger spielt es keine Rolle, ob der Schuldner selbst, oder mit Hilfe des Dritten oder ob der Dritte nach § 267 BGB für den Schuldner leistet: Der Schuldner wird von seiner Verbindlichkeit gegenüber dem Gläubiger befreit. Die dem Dritten **fremde Schuld erlischt** nach § 362 Abs 1 BGB. Dass die Forderung des Gläubigers nicht werthaltig war, ändert zwar erfüllungsrechtlich nichts, indes kommt in der Insolvenz des Dritten eine Anfechtung der Drittleistung als Schenkung gegenüber dem Gläubiger in Betracht (BGH 16. 11. 2007 – IX ZR 194/04, BGHZ 174, 228). 22

Auch die Leistung an einen Dritten durch einen Dritten kann, wenn die Voraussetzungen des § 185 BGB (Einwilligung, Genehmigung, Vererbung) eintreten, den Schuldner befreien. In jedem Fall erlischt das Schuldverhältnis aber erst, wenn der Dritte die Leistung bewirkt hat. Bei Überweisung auf ein vom Gläubiger bezeichnetes Bankkonto ist das erst dann der Fall, wenn die kontoführende Bank den Betrag auf dem Konto des Gläubigers gutgeschrieben hat (§ 270 Rn 24). Die Erfül- 23 lungswirkung kann regelmäßig nur eintreten, wenn der Dritte eine Tilgungsbestimmung abgegeben hat, weil der Gläubiger die Leistung andernfalls kaum einer bestimmten Forderung zuordnen wird können (Braun ZIP 1996, 617 f: im Fall der Drittleistung gemäß § 267 BGB hielten selbst die Anhänger der Theorie der realen Leistungsbewirkung, die sonst den bloßen Empfang der geschuldeten Leistung genügen ließen, eine Tilgungsbestimmung für erforderlich). Ist die Zuordnung einer Zahlung unklar und wird die Tilgungsbestimmung nachgeholt, tritt die Tilgungswirkung ex nunc ein (LG Karlsruhe 24. 1. 2002 – 5 S 133/01, NJW-RR 2002, 1572 im Anschluss an Braun ZIP 1996, 617, 619). Der Dritte kann bei der Leistung einseitig auch Bedingungen für die Tilgungswirkung setzen, die sich nicht auf den Bestand der Forderung selbst, sondern auf den Eintritt weiterer, außerhalb der eigentlichen Forderung liegender Umstände beziehen. Weist der Gläubiger eine solche Leistung nicht zurück, sondern lässt er sich darauf ein, tritt der Leistungserfolg erst mit Erfüllung der zusätzlichen Bedingungen ein (BGH 10. 10. 1984 – VIII ZR 244/83, BGHZ 92, 280; 15. 7. 1997 – XI ZR 145/96, NJW 1997, 2597). Zu anfechtungsrechtlichen Problemen der Leistung durch Dritte an Dritte in der Insolvenz Lüke ZIP 2001, 1 ff.

24 Weil mit der Drittleistung nach § 267 BGB die dem Dritten fremde Schuld erlischt, geht die Forderung, wenn nicht eine besondere Regelung – etwa § 268 Abs 3 BGB – greift, weder auf den Dritten über (RG 26. 6. 1919 – VI 139/19, RGZ 96, 136; 3. 10. 1941 – VII 53/41, RGZ 167, 298), noch steht dem Dritten ein Anspruch auf Abtretung der Forderung zu. Mit der Leistung erwirbt der Dritte auch nicht das Recht auf eine Gegenleistung (OLG Breslau, Recht 1902 Nr 2563; Schlinker AcP 207 [2007] 399, 413). Der Dritte hat eine Rückgriffskondiktion gegen den befreiten Schuldner (Medicus/Petersen, BR Rn 684).

25 Nimmt der Gläubiger eine Drittleistung (als prinzipiell erfüllungstauglich) an, die ihm als Erfüllung angeboten wird, trifft ihn die Beweislast für eine etwaige Einrede des nicht erfüllten Vertrages (§ 363 BGB). Das gilt auch dann, wenn eine Leistung des Dritten ausnahmsweise an Erfüllungs statt gem § 364 BGB angenommen wird (noch Rn 29). Für die Anrechnung der Drittleistung auf mehrere Schuldverhältnisse sowie auf Zinsen und Kosten gelten die §§ 366, 367 BGB (Soergel/Forster § 267 Rn 18), ebenso die des § 266 BGB über Teilleistungen. Ferner gelten die Vorschriften über die Quittung (§§ 368–371 BGB).

26 **Heilt** die **Erfüllung** eines wegen Formmangels nichtigen Vertrages die **Formnichtigkeit** (zB nach §§ 518 Abs 2, 766 S 3 BGB), tritt diese Wirkung auch ein, wenn die Erfüllung gemäß § 267 BGB durch einen Dritten bewirkt wird (MünchKomm/Krüger § 267 Rn 15; **aM** Reichel AcP 104, 1, 13). Andernfalls könnte der Dritte ein formloses Schenkungsversprechen des Schuldners nicht erfüllen, das Schenkungsversprechen könnte noch geltend gemacht werden, und die geleistete Sache müsste als Geschenk des Dritten eingeordnet werden. Das ist weder aus Sicht des Beschenkten gerechtfertigt, noch aus der eines Dritten, der nicht selbst den Gläubiger beschenken, sondern das formlose Schenkungsversprechen des Schuldners erfüllen will. Der Wortlaut des § 518 Abs 2 BGB verlangt nur, dass die versprochene Leistung bewirkt wird, nicht, dass sie durch den Schuldner persönlich bewirkt wird. Dass dem Schuldner hier die Freiheit der Entscheidung genommen wird, ob er das formnichtige Versprechen erfüllt, weil § 267 BGB nicht einmal seinen Widerspruch gelten lässt, muss (nur) im Innenverhältnis zwischen dem Schuldner und dem Dritten beachtet werden. In den Fällen des § 311b Abs 1 S 2 BGB und des § 15 Abs 4 S 2 GmbHG kann sich die Frage der Heilung durch Drittleistung nur stellen, wenn der Dritte Eigentümer des versprochenen Grundstücks oder der versprochenen Geschäftsanteile ist, und leistet, ohne dazu angewiesen worden zu sein (s oben Rn 5); das wird nicht praktisch (MünchKomm/Krüger § 267 Rn 15).

Ist ein Anteilsübertragungsvertrag bezüglich eines GmbH-Anteils formnichtig (§ 15 Abs 3 GmbHG), haben Leistungen des Erwerbers auf den noch nicht voll eingezahlten Anteil mit Blick auf die gesamtschuldnerische Haftung von Veräußerer und Erwerber iS von § 16 Abs 2 GmbHG keine Erfüllungswirkung. In Frage kommt aber eine Erfüllung der Leistungsverpflichtung des Veräußerers durch den potentiellen Erwerber, wenn dessen Leistung als Leistung durch einen Dritten nach § 267 BGB qualifiziert werden kann. Das hängt davon ab, ob die Leistung bei objektiver Betrachtungsweise aus Sicht des Zuwendungsempfängers so anzusehen ist, dass sie mit dem Willen erbracht wurde, die fremde Einlageverpflichtung zu erfüllen (BGH 26. 9. 1994 II ZR 166/93, NJW 1995, 128; dazu Hirte NJW 1996, 2827, 2847). 27

2. Leistung und Erfüllung auf andere Weise

Der Dritte kann für den Schuldner nur die Leistung bewirken, ohne Zustimmung des Gläubigers aber **nicht** dessen Schuld durch **Hinterlegung** oder **Aufrechnung** tilgen (ebenso Soergel/Forster § 267 Rn 15; MünchKomm/Krüger § 267 Rn 14; Bamberger/Roth/Hau/Poseck/Lorenz § 267 Rn 7; zur Aufrechnung Staudinger/Gursky [2016] § 387 Rn 7; Palandt/Grüneberg § 267 Rn 4; **aM** Rosenberg JherJb 43, 141, 225 ff; KG 9. 5. 1928 – 16 U 14098/27, JW 1928, 2563 f; **aM** bezüglich der Hinterlegung Mot II 98; Mühsam, Hinterlegung [1900] 33) und keine **Leistung an Erfüllungs statt** erbringen (MünchKomm/Krüger § 267 Rn 14; Palandt/Grüneberg § 267 Rn 4). Will das BGB eine Befriedigung durch Hinterlegung oder durch Aufrechnung zulassen, ist dies im Gesetz ausdrücklich hervorgehoben (vgl §§ 268 Abs 2, 1142 Abs 2 BGB ua). Das Hinterlegungsrecht ist nur dem Schuldner eingeräumt, § 372 S 1 BGB. Die Aufrechnung setzt grundsätzlich voraus, dass der Aufrechnende und der andere Teil einander Leistungen schulden. Allerdings verzichtet das Gesetz etwa in § 268 Abs 2 BGB auf die Gegenseitigkeit der Forderungen. Entscheidend ist aber, dass dem Aufrechnungsgegner eine Forderung verloren ginge, ohne dass ihm der Gegenwert in Form einer effektiven Leistung zufließt; eben dies setzt § 267 BGB voraus (RG 11. 11. 1927 – II 102/27, RGZ 119, 1; Staudinger/Gursky [2016] § 387 Rn 7; Habersack JuS 1997, 1058). Eine Leistung des Dritten **an Erfüllungs statt** (§ 364 BGB) kann der Gläubiger daher auch dann ablehnen, wenn der Schuldner nicht widerspricht (vgl § 267 Abs 2 BGB), weil damit eben nicht die Leistung iS des § 267 Abs 1 BGB bewirkt, sondern die Schuld mit einem Erfüllungssurrogat zum Erlöschen gebracht wird. 28

Stimmt der Gläubiger zu, ist die Erfüllung der fremden Schuld durch den Dritten mit Erfüllungssurrogaten aber nicht ausgeschlossen. Nimmt der Gläubiger die Leistung des Dritten an Erfüllungs statt an, erlischt die Schuld des Schuldners (soeben Rn 28). Dass der Gläubiger ein vom Dritten angebotenes Surrogat an Erfüllungs statt annimmt, kann bei der Übernahme einer Verbindlichkeit zum Zwecke der Befriedigung im Zweifel nicht angenommen werden, § 364 Abs 2 BGB. Entsprechendes muss gelten, wenn der Gläubiger einen Aufrechnungsvertrag mit dem Dritten schließt (BGH 28. 9. 1981 – II ZR 223/80, NJW 1982, 386; Soergel/Forster § 267 Rn 16; Staudinger/ 29

Gursky [2016] § 387 Rn 7; MünchKomm/Krüger § 267 Rn 14). Zu weit geht es, mit Kohler (ZZP 24, 1, 6; Jahrbuch des Deutschen Rechts 1, 172 Nr 4 zu § 267 BGB) anzunehmen, bei der Erfüllungsübernahme könne der Übernehmer stets aufrechnen, auch wenn ihn der Gläubiger nicht als Schuldübernehmer an Stelle des bisherigen Schuldners angenommen hat (§§ 415 Abs 3, 329 BGB). Der Dritte kann aber an Stelle des Schuldners einen Erlassvertrag (§ 397 BGB) mit dem Gläubiger schließen, wenn dieser Erlassvertrag keinerlei den Schuldner belastende Vereinbarungen enthält (MünchKomm/Krüger § 267 Rn 14; ablehnend im Rahmen eines gerichtlichen Vergleichs, weil der Vergleich immer ein gegenseitiges Nachgeben voraussetze RG 27. 1. 1930 – VI 267/29, RGZ 127, 126). Möglich ist auch ein pactum de non petendo zugunsten des Schuldners (vgl § 257 Rn 8).

3. Wirkung im Verhältnis zwischen Schuldner und Drittem

30 Die Wirkung der Drittleistung auf das Rechtsverhältnis zwischen Schuldner und Drittem richtet sich im Einzelfall nach diesem Verhältnis. Handelt der Dritte etwa als Geschäftsführer ohne Auftrag, kann er von dem Schuldner Ersatz seiner Aufwendungen nach §§ 683 S 1, 670 BGB verlangen (OLG Saarbrücken 3. 8. 2004 – 4 U 627/03, OLGR Saarbrücken 2005, 139). Entspricht die Zahlung des Dritten nicht dem Willen oder dem Interesse des Schuldners, ist der Schuldner dem Dritten nach den §§ 684 S 1, 812 ff BGB zum Ausgleich für die Befreiung von der Verbindlichkeit verpflichtet (Dörner MDR 1976, 708, 712). Der Dritte kann auch mit Fremdtilgungswillen nach § 267 BGB leisten, um zugleich eine eigene Schuld gegenüber dem Schuldner zu erfüllen (Haftpflichtversicherer). Besteht zwischen dem Schuldner und dem Dritten ein Auftrags- oder Gesellschaftsverhältnis, richten sich die Rückgriffsrechte des Dritten nach diesem Rechtsverhältnis.

31 Beabsichtigt der Dritte mit der Leistung an den Gläubiger eine Schenkung an den Schuldner, greift § 516 Abs 2 BGB: Die Schenkung wird erst perfekt, wenn der Schuldner sie annimmt; der zuwendende Dritte kann ihn unter Bestimmung einer angemessenen Frist zur Erklärung über die Annahme auffordern. Nach dem Ablauf der Frist gilt die Schenkung als angenommen, wenn der Schuldner sie nicht vorher abgelehnt hat. Lehnt der Schuldner ab, kann der Dritte vom ihm nach den §§ 818 ff die Herausgabe des Zugewendeten verlangen, dh vollen Wertersatz der an den Gläubiger bewirkten Leistung. Das Geschenk vom Gläubiger zurückfordern kann der Dritte aber nur, wenn er sich das für den Fall der Nichtgenehmigung der Schenkung durch den Schuldner vorbehalten hat. Der Gläubiger ist nicht ungerechtfertigt bereichert, die Leistung des Dritten hat eine ihm gegenüber bestehende Schuld (des Schuldners) getilgt.

32 Besteht zwischen dem Schuldner und dem Dritten kein Rechtsverhältnis oder ist es nichtig, hat der Dritte im Verhältnis zum Schuldner ohne Rechtsgrund geleistet. Dem Dritten steht eine Rückgriffskondiktion gegen den befreiten Schuldner zu. § 814 Alt 1 BGB schließt die Rückabwicklung nicht aus (BGH 22. 10. 1975 – VIII ZR 80/74, MDR 1976, 220 m Anm Olshausen MDR 1976, 662; Soergel/Forster § 267 Rn 23 f; MünchKomm/Krüger § 267 Rn 21), weil der Drittschuldner mit seiner Leistung einen anderen Zweck verfolgt, als eine Verbindlichkeit (gegenüber dem Schuldner) zu erfüllen (vgl BGH 20. 6. 1968 – VII ZR 170/66, WPM 1968, 1201).

IV. Störungsfälle

1. Verbindlichkeit des Schuldners gegenüber dem Gläubiger besteht nicht

Die Drittleistung iS des § 267 BGB berührt die in bereicherungsrechtlichen Dreiecksverhältnissen relevante Risikozuweisung: **Besteht die Verbindlichkeit des Schuldners gegenüber dem Gläubiger nicht**, können Drittleistungen iS des § 267 BGB nach hM stets durch eine Direktkondiktion des Dritten beim Leistungsempfänger zurückgefordert werden (BGH 28. 11. 1990 – XII ZR 130/89, BGHZ 113, 62; MEDICUS/PETERSEN, BR Rn 685; STAUDINGER/LORENZ [2007] § 812 Rn 43 m umfassenden Nachw; **aA** etwa FLUME AcP 199 [1999] 23 f), während in den Fällen der vom Schuldner veranlassten und ihm zurechenbaren Drittleistung in der Regel eine Kondiktion des Anweisenden iwS beim Leistungsempfänger greift und dem Dritten ein Kondiktionsanspruch (nur) gegen den Anweisenden zusteht (WILHELM JZ 1994, 585, 592 f). Kommt ausnahmsweise eine Direktkondiktion des angewiesenen Dritten in Betracht, mutiert dieser dadurch nicht zum Dritten iS des § 267 BGB. 33

a) Drittleistung iS des § 267

Bestand die Verbindlichkeit zwischen Schuldner und Gläubiger (Valutabeziehung) nicht, kann der **Dritte** seine Drittleistung nach § 267 BGB direkt vom **Leistungsempfänger** kondizieren (schon RG 18. 3. 1905 – I 574/04, RGZ 60, 284; hM in der Literatur; Übersicht bei KUPISCH 85 ff; MEDICUS/PETERSEN, BR Rn 684 f; SOERGEL/FORSTER § 267 Rn 25). Es gilt bei der Drittzahlung die gleiche Wertung wie bei der Schuldübernahme nach § 417 Abs 1 BGB (vgl LORENZ AcP 168, 286, 298): Das Risiko der Insolvenz des Empfängers liegt beim Dritten. 34

Leistet der **Haftpflichtversicherer** an den vermeintlichen Gläubiger seines Versicherungsnehmers, dem in Wirklichkeit keine Forderung zusteht, setzt er eine eigene Tilgungsbestimmung gegenüber dem Scheingläubiger. § 267 BGB ist anwendbar, der Haftpflichtversicherer kann direkt beim Scheingläubiger kondizieren (BGH 28. 11. 1990 – XII ZR 130/89, BGHZ 113, 62: der Haftpflichtversicherer zahlt an einen Scheinzessionar des Scheingläubigers, der Haftpflichtversicherer konnte bei dem vermeintlichen Zessionar kondizieren; zustimmend STAUDINGER/LORENZ [2007] § 812 Rn 44 mwNw; kritisch CANARIS NJW 1992, 868 ff; SCHNAUDER JuS 1994, 542; bestätigt in BGH 29. 2. 2000 – VI ZR 47/99, BGH NJW 2000, 1718). 35

b) Veranlasste Drittleistung

Hat der **Schuldner die Leistung veranlasst**, etwa durch eine **Anweisung** an den Dritten, setzt der Dritte keine eigene Tilgungsbestimmung auf die Valutaschuld. **§ 267 BGB** ist **unanwendbar** (LARENZ/CANARIS, SchuldR II/2[13] § 70 V 3 a; REUTER/MARTINEK, Ungerechtfertigte Bereicherung [1983] § 11; KOPPENSTEINER/KRAMER § 6 III–V). Der Dritte leistet hier an den Anweisenden und dieser an den Leistungsempfänger. Bestand die Verbindlichkeit zwischen Schuldner und Gläubiger (Valutabeziehung) nicht, kommt nur eine Kondiktion des Anweisenden beim Empfänger in Betracht, wenn die Deckungsbeziehung zwischen Anweisendem und Angewiesenem in Ordnung ist (näher STAUDINGER/LORENZ [2007] § 812 Rn 49). Das Risiko der Insolvenz des Empfängers trifft den, für den (im Valutaverhältnis) geleistet wurde. 36

Geht der **Dritte irrig** davon aus, der Schuldner habe die Leistung **veranlasst**, kommt gleichfalls nur eine Kondiktion im Verhältnis zwischen vermeintlich Anweisendem 37 und Empfänger in Betracht. Eine Bank, die einen Scheck einlöst, will keine fremde Schuld nach § 267 BGB tilgen, wenn die Beteiligten nicht erkennen, dass der Scheck nicht unterschrieben ist (BGH 31. 5. 1976 – VII ZR 218/74, BGHZ 66, 362; vgl MÜHL NJW 1968, 1868; MÖSCHEL JuS 1972, 297, 302). Wie im Fall der von vornherein fehlenden Anweisung ist zu entscheiden, wenn die Anweisung rechtzeitig widerrufen wird (BGH 28. 10. 1973 – VII ZR 8/73, BGHZ 61, 289; OLG Düsseldorf 14. 12. 1973 – 7 U 81/73, NJW 1974, 1001 unter Berufung auf EHMANN NJW 1969, 398 ff), die Bank aber dennoch versehentlich auf die Anweisung zahlt, oder wenn die Anweisung wegen Geschäftsunfähigkeit des Anweisenden nichtig ist (BGH 20. 6. 1990 – XII ZR 98/89, BGHZ 111, 382) oder von einem vollmachtlosen Vertreter des Kontoinhabers abgegeben worden ist (BGH 20. 3. 2001 – XI ZR 157/00, BGHZ 147, 145: „Scheinanweisung"; 5. 11. 2002 – XI ZR 381/01, ZIP 2003, 69, 70 m Anm HÄUSLER EWiR 2003, 215; **aA** FLUME AcP 199 [1999] 35: in den Fällen fehlender, nichtiger oder widerrufener Anweisung sei das Leisten des nur vermeintlich Angewiesenen an den vermeintlichen Anweisungsempfänger dem nur vermeintlich Anweisenden nicht als Leistung zuzurechnen und wird so zur Leistung des vermeintlich Angewiesenen). Freilich ist für den unbaren **Zahlungsverkehr** unklar geworden, ob es ua auf das „Veranlassungsprinzip" noch ankommen kann, oder ob die bereicherungsrechtliche Rückabwicklung in solchen Anweisungsfällen durch das unionsrechtlich harmonisierte **Zahlungsdiensterecht** überlagert wird, konkret: ob die §§ 675u S 2, 651j BGB in allen Fällen fehlender oder sonst fehlerhafter Anweisung eine Direktkondiktion der Bank beim Empfänger erzwingen (etwa BGH 16. 6. 2015 – XI ZR 243/13, NJW 2015, 3093 m abl Anm KIEHNLE; zust etwa LANDSCHEIN BKR 2016, 457 ff; MEDICUS/PETERSEN, BR Rn 678; MünchKomm/ZETSCHE § 675u Rn 29 ff mwNw zum Meinungsstand; eingehend AUER ZfPW 2016, 479 ff). Dagegen spricht jedoch, dass das Zahlungsdiensterecht auf das Vertragsverhältnis zwischen Bank und Anweisendem zielt, nicht auf das Verhältnis zwischen Letzterem und Dritten (etwa WILHELM BKR 2017, 8 ff; MünchKomm/SCHWAB § 812 Rn 139 f mwNw).

38 **Weiß der Empfänger**, dass es an einer Anweisung fehlt, wird die Leistung trotz der irrigen Tilgungsbestimmung nicht dem Schuldner und Kunden der Bank als Anweisendem zugerechnet (ausdrücklich offengelassen in BGH 18. 10. 1973 – VII ZR 8/73, BGHZ 61, 289), weil das Vertrauen des Empfängers keinen Schutz verdient. Hier muss die Bank beim Empfänger kondizieren; zur Drittleistung iS des § 267 BGB wird die Überweisung durch die Bank damit aber nicht (näher STAUDINGER/LORENZ [2007] § 812 Rn 53; **aA** AUER ZfPR 2016, 479, 489 f: „zentrale Leistungsbeziehung [...] im Zuwendungsverhältnis zwischen Angewiesenem und Anweisungsempfänger"). Auf die §§ 675u S 2, 651j BGB kommt es – insoweit – zwar im Ergebnis nicht an, es bleibt aber die Frage, ob die Perspektive des Zahlungsempfängers angesichts der Vorschriften noch eine Rolle spielen kann. Entsprechendes gilt, wenn eine **Bank irrig** einen Geldbetrag an einen falschen Empfänger **überweist** (BGH 31. 5. 1976 – VII ZR 260/75, BGHZ 66, 372), wenn sie dem richtigen Empfänger einen zu hohen Betrag überweist (BGH 25. 9. 1986 – VII ZR 349/85, BGH NJW 1987, 185), wenn sie das falsche Konto belastet, sofern der Empfänger auf Grund der von ihm ausgefüllten und vorgelegten Lastschrift erkennen konnte, dass die Gutschrift von der Bank irrtümlich veranlasst wurde (OLG Hamm 25. 10. 1990 – 22 U 5/90, WM 1991, 670), oder wenn die Bank einen Wechsel noch nach der Eröffnung des Insolvenzverfahrens über das Vermögen des Kunden einlöst (noch zur KO BGH 1. 7. 1976 – VII ZR 333/75, BGHZ 67, 75). In keinem dieser Fälle will die Bank eine fremde Schuld nach § 267 BGB erfüllen, vielmehr will sie dem Bankkunden bei seiner Leistung helfen. Ohne Veranlassung durch den Schuldner, dh ohne entsprechende Anweisung, geht dieser Versuch fehl.

Auch bei **Abtretung einer nicht bestehenden Forderung** (RG 15. 3. 1938 – VII 221/37, JW 1938, 1329; ebenso KÖNDGEN, in: FS Esser [1975] 55, 66 f) ist die Zahlung des Pseudo-Schuldners an den Pseudo-Zessionar nicht Drittleistung iS des § 267 BGB auf die Schuld des Pseudo-Zedenten (STAUDINGER/LORENZ [2007] § 812 Rn 41 m umfassenden Nachweisen; **aA** insbes FLUME AcP 199 [1999] 18 ff, 23 f: der Pseudo-Schuldner könne nachträglich bestimmen, dass die Leistung als Leistung auf die Schuld des Pseudo-Zedenten gegenüber dem Pseudo-Zessionar zu gelten habe). Die hM gibt dem Zahlenden auf Grund von Risikoerwägungen, die der Argumentation in Fällen unwirksamer Anweisungen vergleichbar sind, eine Kondiktion gegen den Zedenten (BGH 2. 11. 1988 – IVb ZR 102/87, BGHZ 105, 365: der Zahlende [eine Versicherung] müsse das Risiko der Insolvenz des Zedenten [ihres Versicherungsnehmers] tragen; bestätigt BGH 10. 3. 1993 – XII ZR 253/91, BGHZ 122, 46 = JZ 1993, 1116 m Anm NICOLAI: Kondiktion beim Versicherungsnehmer [= Leasingnehmer], der einen Diebstahl vorgetäuscht hatte, nicht beim Leasinggeber, an den ausgezahlt wurde; **aA** FLUME AcP 199 [1999] 18 ff, 36, der grundsätzlich einen Anspruch gegen den Zessionar bejaht; ein Anspruch gegen den Zedenten bestehe nur im Fall einer nachträglichen Fremdtilgungsbestimmung nach § 267). 39

Nicht um eine Drittleistung (und die Erfüllung durch einen Dritten) nach §§ 267 Abs 1 S 1, 362 Abs 1 BGB geht es, wenn der Gläubiger selbst die geschuldete vertretbare Handlung vornimmt, sodass sich die Leistung des Schuldners erübrigt. Zu der Frage, ob in einem solchen Fall der Selbstvornahme ein Bereicherungsanspruch des Gläubigers gegen den Schuldner gegeben ist GURSKY NJW 1971, 782 ff. 40

2. Irrtümliche Bezahlung fremder Schulden als eigene Schuld (Putativschuldner)

Hält der Leistende sich selbst irrtümlich für den Schuldner (der bestehenden Verpflichtung eines anderen), ist seine Leistung mit entsprechender Tilgungsbestimmung **keine Drittleistung** nach § 267 BGB. Im Regelfall wird der wirkliche Schuldner durch die Leistung des Dritten nicht frei. Der Leistende hat daher auch keinen Bereicherungsanspruch gegen den Schuldner, sondern muss vom Gläubiger und Empfänger der Leistung kondizieren. Dogmatisch ist das die Leistung auf eine Nichtschuld vor (MünchKomm/KRÜGER § 267 Rn 23; SOERGEL/FORSTER § 267 Rn 9). 41

Anders sind Fälle zu beurteilen, in denen der Leistende sich selbst für den Schuldner hält (fehlender Fremdtilgungswille), seine Leistung aber **aus Sicht des Empfängers** (Empfängerhorizont) auf die Tilgung einer bestehenden fremden Schuld zielt, weil der Leistende diesen Eindruck **zurechenbar** erweckt hat. Dem leistenden Dritten bleibt – wie auch in sonstigen Fällen der Tilgung fremder Schulden – nur die Kondiktion beim nach §§ 267, 362 BGB befreiten Schuldner (bereits Rn 32), wenn der Dritte im Verhältnis zum Schuldner ohne Rechtsgrund leistet. Ein Bereicherungsanspruch gegen den Empfänger der Leistung steht ihm wegen des gesetzten Rechtsscheins nicht zu („Veranlasserprinzip"; etwa BGH 26. 10. 1978 – VII ZR 71/76, BGHZ 72, 246: Der Käufer eines Grundstücks hatte vor Genehmigung der **Grundschuldübernahme**, also auf eine objektiv fremde Schuld, Zinsen an den Grundschuldgläubiger [Bank] gezahlt. Nach Verweigerung der Genehmigung konnte er die Zinsen nicht bei diesem kondizieren. Er musste sich an den Schuldner [Verkäufer] halten, da er den Willen, eine eigene Schuld zu tilgen, dem Empfänger gegenüber nicht unmissverständlich zum Ausdruck gebracht hatte; vgl weiter BGH 23. 2. 1978 – VII ZR 11/76, BGHZ 70, 389 zu einer doppelten Tilgungsbestimmung: dem Leistenden, der nicht nur auf eine eigene, sondern auch auf die Schuld des Schuldners leistete, stand die Kondiktion gegen 42 diesen zu). Die vom Leistenden so nicht gewollte Tilgungsbestimmung mit dem objektiven Erklärungswert „Leistung auf fremde Schuld" kann von diesem wegen Inhaltsirrtums angefochten werden (näher STAUDINGER/LORENZ [2007] § 812 Rn 61; LARENZ/CANARIS, SchuldR II/2[13] § 70 III 3; **aA** MünchKomm/KRÜGER § 267 Rn 11, demzufolge es allein auf den fehlenden Fremdtilgungswillen des Leistenden und nicht auf den Empfängerhorizont des Leistungsempfängers ankommt).

43 Leistet ein Bauunternehmer an den Kunden einer Wohnungsbaugesellschaft in der falschen Annahme, diese habe den Werkvertrag für den Kunden abgeschlossen, leistet er nicht etwa für den wirklichen Schuldner (Wohnungsbaugesellschaft) nach § 267 BGB (BGH 5. 10. 1961 – VII ZR 207/60, BGHZ 36, 30); er will auch nicht als Erfüllungsgehilfe des Schuldners tätig werden, sondern auf eine eigene Schuld leisten. Muss der Kunde aber seinerseits eine Leistung nach § 267 BGB annehmen und ist dies dem Bauunternehmer zurechenbar, muss dem Bauunternehmer die Kondiktion gegen die Wohnungsbaugesellschaft, nicht aber gegen den Kunden zustehen (**aA** FLUME JZ 1962 281 f, der dem Bauunternehmer mit der alten Rechtsprechung aus RG 3. 7. 1899 – I 171/99, RGZ 44, 136; 20. 1. 1920 – II 286/19, RGZ 98, 64 die direkte Kondiktion gegen den Kunden gibt; vgl dazu auch BERG NJW 1962, 101; ders JuS 1964, 137). Nimmt der Kunde dagegen an, der Bauunternehmer leiste als Erfüllungsgehilfe des Wohnbauunternehmens, ist § 267 BGB unanwendbar. So war es in BGH 31. 10. 1963, VII ZR 285/61, BGHZ 40, 272 (mAnm BERG NJW 1964, 720): Dort hatte es ein Bauherr abgelehnt, die Auftragsbestätigung eines einzelnen Bauhandwerkers zu unterzeichnen, da er die gesamten Bauarbeiten einem einzigen Bauunternehmer übertragen hatte. Als nun der Handwerker gleichwohl die Leistung erbrachte, durfte der Bauherr annehmen, der Handwerker leiste als Erfüllungsgehilfe des Bauunternehmers. Im Ergebnis wird damit das Vertrauen des Empfängers darauf geschützt, es liege eine Leistung des (wirklichen) Schuldners vor. Auch nach der Gegenmeinung, die die Leistung nicht nach dem „Empfängerhorizont" dem Schuldner zurechnet, wird dieses Vertrauen des Leistungsempfängers allerdings geschützt: Der Empfänger könne sich gegen die Kondiktion des Leistenden auf § 818 Abs 3 BGB berufen, wenn er die eigene Leistung nicht vom Schuldner zurückerlangen kann (vgl dazu die Nachweise bei LARENZ/CANARIS, SchuldR II/2[13] § 70 III 3; zum Meinungsstand STAUDINGER/LORENZ [2007] § 812 Rn 61).

44 **Beispielsfälle für die Direktkondiktion des Putativschuldners beim Gläubiger (kein Fall des § 267 BGB)**: Zahlt der vermeintliche Erbe eine Nachlassschuld, leistet er nicht für den wirklichen – weder als Erfüllungsgehilfe noch als Dritter iS des § 267 BGB (Bsp bei LARENZ, SchuldR II § 68 III e 1). Leistet der Scheinvater Unterhalt in der Annahme, er sei der Vater (BGH 21. 12. 1966 – IV ZR 224/65, NJW 1967, 559; vgl dazu die reiche Literatur, wie sie bei BEITZKE/LÜDERITZ, Familienrecht [26. Aufl 1992] 273 angegeben ist; ferner SINN NJW 1968, 526, 528 und DEUBNER NJW 1967, 1947 f), oder erbringt er in dieser Lage Leistungen an den Träger der Sozialhilfe, der dem Kind Hilfe gewährt und auf den der Unterhaltsanspruch gem § 94 Abs 1 S 1 SGB XII übergegangen ist (BGH 8. 10. 1980 – IVb ZR 533/80, BGH JR 1981, 197 m zust Anm SCHUBERT sieht einen Kondiktionsanspruch des Scheinvaters gegen den Sozialhilfeträger), ist das kein Fall des § 267 BGB.

45 Strittig ist, ob der Leistende, der zunächst eine eigene (nicht bestehende) Schuld zu tilgen glaubt, die Leistung noch **nachträglich** zur Drittleistung nach § 267 BGB machen kann, um die Erfüllungswirkung im Verhältnis von Schuldner und Gläubiger auszulösen (dafür BGH 14. 7. 1964 – VI ZR 129/63, NJW 1964, 1898; 18. 1. 1983 – VI ZR 270/80, NJW 1983, 812; 15. 5. 1986 – VII ZR 274/85, NJW 1986, 2700; LG Stuttgart 4. 1. 2018 – 22 O 48/17, juris; vCaemmerer, in: FS Dölle 135 ff; Flume JZ 1962, 281 f; ders AcP 199 [1999] 23, 36; Sinn NJW 1968, 1857; Thomä JZ 1962, 623, 627; Reuter/Martinek, Ungerechtfertigte Bereicherung [1983] 472 f; Schlechtriem NJW 1966, 1796; Zeiss AcP 165 [1965] 337 f; Soergel/Forster § 267 Rn 9). Eine solche **Umwidmung** der irrtümlichen Leistung eines Putativschuldners in eine Drittleistung ist abzulehnen. Sie privilegiert den Putativschuldner, der sich aussuchen kann, von wem er kondizieren möchte (Lorenz JZ 1968, 51 ff; ders AcP 168 [1968] 286, 306 ff; Medicus/Petersen, BR Rn 951; Derleder AcP 169 [1969] 103 ff; Meyer, Der Bereicherungsausgleich in Dreiecksverhältnissen [1979] 100 ff; Hassold, Zur Leistung im Dreipersonenverhältnis [1981]; Staudinger/Lorenz [2007] § 812 Rn 60; abl auch MünchKomm/Krüger § 267 Rn 23). Die nachträgliche Tilgungsbestimmung passt auch nicht dazu, dass es für die Anwendung des § 267 BGB nicht nur auf den Fremdtilgungswillen des Leistenden, sondern auch darauf ankommt, ob die Leistung aus Sicht des Empfängers dem Leistenden zurechenbar als Drittleistung einzuordnen ist. Ist die Leistung nach dieser Maßgabe Eigenleistung, gibt es keinen Grund, dem Leistenden im Nachhinein zu ermöglichen, sich in der Person des befreiten Schuldners einen neuen Kondiktionsschuldner zu verschaffen. Erst recht kann die „Umwidmung" bei fristgebundenen Leistungspflichten nicht zurückwirken (LG Itzehoe 10. 7. 2015 – 9 S 34/14, ZMR 2016, 34).

3. Sach- und Rechtsmängel der Drittleistung

Leistet der Dritte – etwa auf die fremde Schuld eines Verkäufers – eine Sache, die **46**
Sach- oder Rechtsmängel aufweist, gelingt mit Rücksicht auf § 433 Abs 1 S 2 BGB zwar **keine Erfüllung**, wohl aber wird der Erfüllungsanspruch des Käufers durch den Nacherfüllungsanspruch verdrängt (Staudinger/Beckmann [2014] § 433 Rn 132; **aA** MünchKomm/Krüger § 267 Rn 15: bloße Modifikation des Erfüllungsanspruchs). Schlinker (AcP 207 [2007] 399, 408 ff) hat überzeugend dargelegt, dass auch nach neuem Schuldrecht dem Käufer im Falle mangelhafter Drittleistung die Mängelrechte gegen den Verkäufer, nicht gegen den Dritten zustehen. Ein Nacherfüllungsverlangen – sei es als Nachlieferung oder als Nachbesserung – ist gegen den Verkäufer zu richten, nicht gegen den Dritten, der keine Erfüllung schuldet. Auch die **Rückgabe** der mangelhaften Sache hat nach Schlinker (AcP 207 [2007] 399, 415 ff) als synallagmatische Pflicht im Falle der Nacherfüllung durch Nachlieferung oder des Rücktritts vom Gläubiger an den Schuldner zu erfolgen. Diesem steht die Sache zwar wirtschaftlich nicht zu und er wird damit belastet, eine mangelhafte Sache abholen und in Empfang nehmen zu müssen, deren Leistung an den Gläubiger er nicht veranlasst haben muss (**aA** NK-BGB/Schwab § 267 Rn 21, wonach die Rückgewähr an den Dritten zu erfolgen hat; so auch Kresse VersR 2007, 454 f, der überdies vertritt, nur der Anspruch auf Ersatzlieferung richte sich gegen den Verkäufer, der Anspruch auf Mängelbeseitigung dagegen gegen den Dritten). Der Schuldner hat sich aber vertraglich an den Gläubiger gebunden, muss daher ggf auch die Lasten aus einer Störung der Vertragsabwicklung tragen, und kann nicht verlangen, aus der Auseinandersetzung um die ordnungsgemäße Erfüllung seiner Pflichten herausgehalten zu werden. Demgegenüber kann der Gläubiger nicht auf den Dritten verwiesen werden, den er sich gerade nicht als Vertragspartner ausgesucht hat. Der weitere Ausgleich hat dann zwischen Verkäufer und Drittem nach den Regeln der Geschäftsführung ohne Auftrag oder nach Bereicherungsrecht zu erfolgen. Besteht ein Verwendungsersatzanspruch des Käufers gegen den Verkäu-

fer, kann dieser nach § 257 BGB vom Dritten Befreiung verlangen (Schlinker AcP 207 [2007] 399, 418). Im Werkvertragsrecht gilt Entsprechendes, auch hier sind Mängelrechte gegen den Unternehmer, nicht gegen den Dritten geltend zu machen.

47 Da ein **Schadensersatzanspruch** neben der Pflichtverletzung grundsätzlich Verschulden voraussetzt, wird ein Anspruch des Gläubigers auf Schadensersatz statt der Leistung wegen eines Mangels der Sache im Fall der Drittleistung zumeist ausscheiden: Der Dritte schuldet nicht Erfüllung und kann deshalb nicht auf das positive Interesse in Anspruch genommen werden, den Schuldner trifft kein Verschulden an der Schlechtleistung des Dritten (Schlinker AcP 207 [2007] 399, 422). Freilich mag der Schuldner eine Garantie übernommen oder den Mangel sonst verschuldensunabhängig zu vertreten haben. Den Dritten können bei schuldhafter Verletzung einer Schutz-, Aufklärungs- oder Rücksichtspflicht bei der Drittleistung Schadensersatzpflichten aus §§ 280 Abs 1, 241 Abs 2 BGB und aus Delikt (Schlinker AcP 207 [2007] 399, 420; NK-BGB/Schwab § 267 Rn 23) oder aus culpa in contrahendo (§§ 280 Abs 1, 311 Abs 2, Abs 3, 241 Abs 2 BGB) treffen (MünchKomm/Krüger § 267 Rn 15; Rieble JZ 1989, 830, 835; Soergel/Forster § 267 Rn 18). Gleiches gilt im Fall von sogenannten Weiterfresserschäden bei Schäden an anderen Rechtsgütern des Käufers, wenn der Dritte in Kenntnis des Sachmangels liefert (Schlinker AcP 207 [2007] 422).

V. Widerspruch des Schuldners

48 **Erhebt der Schuldner Widerspruch** dagegen, dass ein Dritter die Leistung für ihn bewirkt, kann der Gläubiger die Leistung des Dritten ablehnen (Abs 2). Der Widerspruch wird durch formlose Erklärung erhoben, die sowohl gegenüber dem Gläubiger als auch gegenüber dem Dritten abgegeben werden kann. Er ist dogmatisch einseitige empfangsbedürftige Willenserklärung. Das Widerspruchsrecht des Abs 2 ist kein pfändbares Recht iS des § 857 Abs 1 ZPO, doch liegt bei Kauf unter Eigentumsvorbehalt im Widerspruch des Schuldners gegen die Zahlung des Restkaufpreises eine Verfügung über ein Anwartschaftsrecht, die nach der Rechtspfändung nicht mehr zulässig ist (vgl unten Rn 50). Ohne Widerspruch des Schuldners kann ein Ablehnungsrecht des Gläubigers nur ausnahmsweise nach § 242 BGB gegeben sein, etwa wegen Unzumutbarkeit der Person des Leistenden (MünchKomm/Krüger § 267 Rn 16). Da bei höchstpersönlichen Leistungspflichten des Schuldners eine Drittleistung ohnehin ausscheidet (oben Rn 4), können sich Unzumutbarkeitsgründe nur aus dem Verhältnis von Gläubiger und Drittem ergeben.

49 Nimmt der Gläubiger die Leistung des Dritten trotz des Widerspruchs des Schuldners an, ist der Widerspruch bedeutungslos Das Schuldverhältnis erlischt, der Schuldner wird trotz seines Widerspruchs befreit. Lehnt der Gläubiger die Leistung des Dritten ab, gerät er dadurch nicht in Annahmeverzug. Widerspricht der Schuldner, nachdem der Gläubiger die Leistung bereits abgelehnt hat, ist der Widerspruch als Verzicht des Schuldners auf die bereits eingetretenen Wirkungen des Annahmeverzugs auszulegen. Zum Vorausverzicht des Schuldners auf den Widerspruch vgl Schuler NJW 1960, 1293; ders NJW 1961, 2281.

50 Leistet der Dritte auf eine Kaufpreisschuld und hat der Käufer eine Sache **unter Eigentumsvorbehalt erworben**, geht mit der Drittleistung das Eigentum auf den Käufer über (BGH 15. 6. 1964 – VIII ZR 305/62, BGHZ 42, 53). Die Drittleistung wird hier häufig geschehen, um eine Drittwiderspruchsklage des Verkäufers nach § 771 ZPO zu verhindern, weil der Dritte beabsichtigt, die Sache wegen einer eigenen Forderung gegen den Käufer zu pfänden und der Restkaufpreis im Verhältnis zur durchzusetzenden Forderung gering ist. Hat der Dritte die Sache bereits vor Zahlung des Restkaufpreises pfänden lassen, kann er mit der Zahlung das Widerspruchsrecht des Verkäufers beseitigen (§ 771 ZPO). Gleichzeitig entsteht dann mit Wirkung ex nunc ein Pfändungspfandrecht für den Dritten, das durch den Eigentumsübergang auf den Käufer aufschiebend bedingt war. Käufer und Verkäufer könnten hier jedoch ein Interesse daran haben, den Zugriff des Dritten zu vereiteln; nach § 267 Abs 1 S 2 und Abs 2 BGB könnten sie die Tilgung des Restkaufpreises durch den Dritten unmöglich machen. Die hM spricht sich deshalb dafür aus, zusätzlich zur Sachpfändung eine Pfändung des aus der bedingten Übereignung resultierenden Anwartschaftsrechts zuzulassen. Eine solche Pfändung (nach § 857 ZPO) verhindert jede Verfügung des Anwartschaftsberechtigten über dieses Recht, auch seinen Widerspruch gegen die Dritttilgung der Forderung. Eine Ablehnung des Gläubigers könnte die Restkaufpreiszahlung und damit den Bedingungseintritt dann nicht mehr verhindern (BGH 24. 10. 1979 – VIII ZR 289/78, BGHZ 75, 221; vgl zum Meinungsstand zur Doppelpfändung Baur/Stürner, Sachenrecht [18. Aufl 2009] § 59 B IV 4a Rn 41, der selbst freilich gegen die hM die Pfändung des Anwartschaftsrechts genügen lässt und keine zusätzliche Sachpfändung fordert; die bloße Sachpfändung ausreichen lassen Raacke NJW 1975, 249; Kupisch JZ 1976, 417, 426 f). Bei einer Anwartschaft aus auflösend bedingten Sicherungsübereignungen gilt dasselbe (Derleder BB 1969, 725, 727); nicht aber, wenn lediglich ein Rückübereignungsanspruch besteht.

§ 268
Ablösungsrecht des Dritten

(1) Betreibt der Gläubiger die Zwangsvollstreckung in einen dem Schuldner gehörenden Gegenstand, so ist jeder, der Gefahr läuft, durch die Zwangsvollstreckung ein Recht an dem Gegenstand zu verlieren, berechtigt, den Gläubiger zu befriedigen. Das gleiche Recht steht dem Besitzer einer Sache zu, wenn er Gefahr läuft, durch die Zwangsvollstreckung den Besitz zu verlieren.

(2) Die Befriedigung kann auch durch Hinterlegung oder durch Aufrechnung erfolgen.

(3) Soweit der Dritte den Gläubiger befriedigt, geht die Forderung auf ihn über. Der Übergang kann nicht zum Nachteil des Gläubigers geltend gemacht werden.

Materialien: E III § 261; Jakobs/Schubert, SchR I 178.

Schrifttum

Breit, Sicherungseigentum, Ablösungsrecht und Reichsgericht, SeuffBl 76, 559
Emmerich, Pfandrechtskonkurrenzen (1909)
Herpers, Über den Nachteil des Gläubigers bei der Legalzession, AcP 166 (1966) 454
vOlshausen, Gläubigerrecht und Schuldner-

schutz bei Forderungsübergang und Regreß (1988)
Proskauer, Über relative Beschränkungen des Rechtsgebrauchs, JherJb 69, 316
Schulz, Rückgriff und Weitergriff (1907) 88
Storz, Die Gläubigerablösung in der Zwangsversteigerung, ZIP 1980, 159
Weissbart, Das Befriedigungsrecht Dritter in der Zwangsvollstreckung (1899)
Zeising, Cessio legis und Gläubigerschutz bei Regress des Bürgen, WM 2010, 2204
ders, Benachteiligungsverbot und Befriedigungsvorrecht bei Legalzession im Gesamtschuldverhältnis, DZWIR 2010, 316.

Systematische Übersicht

Alphabetische Übersicht

I. Allgemeines

§ 268 BGB gibt Dritten unter bestimmten Voraussetzungen – über die bloße Befugnis des § 267 BGB hinaus – ein **eigenes Recht, den Gläubiger zu befriedigen**. Ein Widerspruch des Schuldners ist dann unbeachtlich; der Gläubiger kann die Leistung nicht ablehnen, ohne in Annahmeverzug zu geraten. Diese Verbesserung der Rechtsstellung des Dritten folgt aus seinem Interesse, den Gläubigerzugriff abzuwehren: Der Dritte zahlt also trotz des ähnlichen Gesetzeswortlautes nicht wie in § 267 BGB für den Schuldner, sondern in Ausübung seines eigenen Ablösungsrechts (RG 7. 1. 1936 – VII 170/35, RGZ 150, 58). Die Befriedigung führt auch nicht wie bei § 267 BGB zum Untergang der Forderung, sondern zum Übergang der Forderung auf den Ablösenden, Abs 3 S 1. Dem in § 268 BGB verallgemeinerten ius offerendi (Recht zur Befriedigung) des römischen Pfandrechts entspricht konsequenterweise ein ius succedendi (Eintrittsrecht) (vgl Windscheid/Kipp I [9. Aufl 1906] § 233b 4). § 268 BGB lässt sich als erzwungener Forderungskauf verstehen. Der Erwerb der Forderung ist von einer anderen Intention getragen als die Zahlung nach § 267 BGB (vgl § 267 Rn 6), gleichwohl leistet der Dritte auf eine (fremde) Verbindlichkeit. Während § 267 BGB nur eine Regressmöglichkeit gegen denjenigen eröffnet, für den die Verbindlichkeit eine materiell (nicht nur formell) eigene war, der also im Verhältnis zwischen leistendem Dritten und befreitem Schuldner die Last endgültig tragen soll, macht § 268 Abs 3 BGB von dieser Regel eine Ausnahme (Olshausen JR 1995, 243, 245 in seiner Anm zu BGH 14. 6. 1994 – XI ZR 4/94, JR 1995, 242): Besteht die (fremde) Verbindlichkeit nicht, kann der Dritte direkt vom Empfänger kondizieren (vgl § 267 Rn 33). 1

Das **Ablösungsrecht** steht nach § 268 Abs 1 BGB **einem Dritten** zu, der, sollte ein Gläubiger in einen dem Schuldner gehörigen Gegenstand vollstrecken, **Gefahr läuft, ein Recht am Gegenstand** (Abs 1 S 1) **oder zumindest den Besitz** (Abs 1 S 2) **zu verlieren**. 2

Ein vergleichbares, besonders geregeltes Ablösungsrecht hat nach § 1142 Abs 1 BGB der Eigentümer eines mit einer Hypothek belasteten Grundstücks, wenn er nicht auch der persönliche Schuldner ist. Dieses Recht besteht – anders als bei § 268 BGB – freilich schon, bevor der Gläubiger die Zwangsvollstreckung in das Grundstück betreibt. Für die Ablösungsrechte Dritter (also anderer Personen als der des Eigentümers, zB auch nachrangiger Grundschuldgläubiger; dazu BGH 11. 5. 2005 – IV ZR 279/04, NJW 2005, 2398) verweist im Hypothekenrecht § 1150 BGB auf § 268 BGB. Auch für dieses Recht muss aber ausreichen, dass der Gläubiger Befriedigung aus dem Grundstück verlangt; er muss – abweichend von § 268 BGB – nicht schon die Zwangsvollstreckung betreiben, weil schon sein Verlangen die Zwangsvollstreckung nahe rücken lässt (Hager ZIP 1997, 134; Soergel/Konzen § 1150 Rn 1). Ein Ablösungsrecht hat auch der Verpfänder einer beweglichen Sache oder eines Rechts, der nicht persönlicher Schuldner ist, § 1223 Abs 2 BGB. Vergleichbar ist den §§ 268 und 1142 Abs 1 BGB insoweit der Fall, dass der Verpfänder Eigentümer der Sache (oder Inhaber des Rechts, § 1273 Abs 2 S 1 BGB) ist. Ist der Verpfänder weder Eigentümer noch persönlicher Schuldner, geht sein Ablösungsrecht nach § 1223 Abs 2 BGB über die §§ 268, 1142 Abs 1 BGB hinaus. Wie § 1142 Abs 1 BGB gelagert ist wiederum der Fall, dass der Eigentümer weder Verpfänder noch persönlicher Schuldner ist: § 1249 S 1 BGB. Jedoch gilt § 1249 BGB auch für Ablösungsrechte Dritter, wie sie im Hypothekenrecht in § 1150 BGB behandelt sind. Sofern das Recht des Dritten 3 nicht infolge der Befriedigung untergeht, sondern bestehen bleibt und die „Veräußerung" hindert, kann der Dritte der Zwangsvollstreckung nach § 771 ZPO widersprechen, nicht aber nach § 268 BGB „ablösen". § 268 Abs 3 BGB regelt nicht allgemein die Befriedigung des Gläubigers durch einen von mehreren Sicherungsgebern; insoweit ist § 426 BGB die richtige Ausgleichsnorm (STAUDINGER/LOOSCHELDERS [2017] § 426 Rn 267 ff; weiter KG 29. 9. 1960 – 1 W 1755/60, NJW 1961, 414; BECKER NJW 1971, 2151; HÜFFER AcP 171 [1971] 470, 479 f; PAWLOWSKI JZ 1974, 124 ff; FINGER BB 1974, 1416 ff).

II. Voraussetzungen des Ablösungsrechts

1. Zwangsvollstreckung

4 **Voraussetzung** eines Ablösungsrechts nach § 268 Abs 1 BGB ist, dass ein **Gläubiger** die **Zwangsvollstreckung** in einen dem Schuldner gehörenden Gegenstand **betreibt**. Wann die Zwangsvollstreckung betrieben wird, ergibt sich aus ZPO (§§ 808 ff, 828 ff, 866 ff ZPO) und ZVG (§§ 15 ff, 146 ff, 162 ff ZVG). Es genügt ein Vollstreckungsantrag des Gläubigers; das Vollstreckungsorgan muss noch nicht tätig geworden sein (MünchKomm/KRÜGER § 268 Rn 3; PALANDT/GRÜNEBERG § 268 Rn 2). Nicht (mehr) „betrieben" wird die Zwangsvollstreckung, sobald der Gläubiger die einstweilige Einstellung des Zwangsversteigerungsverfahrens bewilligt (BGH 10. 6. 2010 – V ZB 192/09, WM 2010, 1703). Die Rechtsprechung hat ausreichen lassen, dass die Zwangsvollstreckung unmittelbar droht (ebenso SOERGEL/FORSTER § 268 Rn 5). Wird zB in der Satzung einer Hypothekenbank für den Fall unpünktlicher Zinszahlung sofortige Zwangsvollstreckung angedroht und hat die Bank in anderen Fällen diese Satzungsbestimmung streng angewandt, ist im Falle unpünktlicher Zahlung des Zinses für einen nachstehenden Hypothekengläubiger das Ablösungsrecht gegeben (RG 12. 11. 1919 – V 217/19, Recht 1920 Nr 667). Freilich hätte hier nach §§ 1150, 268 BGB ohnehin bereits ein Verlangen der Bank nach Befriedigung aus dem Grundstück genügt (oben Rn 3), der Ausnahme bedarf es nicht (vgl MünchKomm/KRÜGER § 268 Rn 3).

2. Zwangsvollstreckung wegen Geldforderung

5 Die Zwangsvollstreckung muss grundsätzlich **wegen einer Geldforderung** betrieben werden, §§ 802a ff ZPO. Wird die Zwangsvollstreckung wegen dinglicher Rechte am Gegenstand betrieben, gehen die Rn 3 genannten Sondervorschriften vor (für die Grundschuld offengelassen: BGH 19. 9. 1969 – V ZR 59/66, NJW 1969, 2237; OLG Saarbrücken 14. 7. 1966 – 5 W 37/66, OLGZ 1967, 102). Auch bei der Vollstreckung von Geldstrafen gibt es ein Ablösungsrecht: Das private Interesse an der Ablösung geht dem staatlichen Interesse an der höchstpersönlichen Erfüllung durch den Schuldner vor, der Dritte muss seine Rechte nicht dem Strafzweck opfern. Generell kommt es nicht darauf an, ob der Gläubiger eine öffentlichrechtliche oder eine private Forderung geltend macht. Ablösungsrechte entstehen auch, wenn die Zwangsvollstreckung wegen Steuerforderungen erfolgt, oder wenn sie öffentliche Grundstückslasten durchsetzen soll (SCHWARZ NJW 1954, 1867, 1869; weiter BGH 12. 7. 1996 – V ZR 106/95, NJW 1996, 2791 zur Zahlung auf eine noch nicht bestandskräftige Erschließungskostenbeitragsschuld). Auch bei der Durchsetzung von Grundstücksbelastungen kann § 268 BGB greifen, § 1150 BGB geht nicht generell vor (KG 14. 6. 1933 – 12 U 2357/33, JW 1934, 2793; MÖNCH DJ 1937, 1774, 1777; FISCHER NJW 1955, 1583, 1585; **aM** RG 18. 1. 1935 – V 347/34, RGZ 146, 317). Auch bei

einer Zwangsvollstreckung wegen Zollforderungen ist § 268 BGB anzuwenden (BGH 24. 2. 1956 – I ZR 82/54, NJW 1956, 1197).

3. Gegenstand des Schuldners

6 Der Gläubiger muss die Zwangsvollstreckung **in einen Gegenstand** betreiben, **der dem Schuldner seiner Geldforderung gehört**. Gehört der Gegenstand nicht dem Schuldner, kann der gefährdete Dritte eventuell nach § 771 ZPO, nicht aber nach § 268 BGB vorgehen (Soergel/Forster § 268 Rn 6; MünchKomm/Krüger § 268 Rn 5; **aA** Emmerich, Pfandrechtskonkurrenzen 280). Wird die Zwangsvollstreckung in einen Herausgabeanspruch des Schuldners betrieben, während der Dritte ein Recht an der Sache selbst hat, greift § 268 BGB nur, wenn der Herausgabeanspruch dem Schuldner gerade als Eigentümer zusteht; auf dem Eigentum beruhen muss der Anspruch aber nicht: Die Zwangsvollstreckung in den Herausgabeanspruch lässt Rechte an der Sache letztlich ebenso untergehen wie die Zwangsvollstreckung in die Sache selbst. Die Vollstreckung in den Herausgabeanspruch bereitet den Vollstreckungszugriff auf die Sache vor (§§ 846, 847 ZPO), leitet insofern also bereits die Zwangsvollstreckung in die Sache ein. Ist der Dritte Schuldner des Herausgabeanspruchs, gilt ohnehin § 268 Abs 1 S 2 BGB (vgl Rn 8). Ist der Vollstreckende Eigentümer (Vorbehaltsverkäufer) der Sache, in die vollstreckt wird, kommt § 268 BGB nicht zum Zuge (BGH 31. 5. 1965 – VIII ZR 302/63, NJW 1965, 1475); anders, wenn der Eigentümer in das Anwartschaftsrecht des Käufers vollstreckt (Soergel/Forster § 268 Rn 6).

4. Dingliches Recht des Dritten

7 Der Dritte muss ein **Recht an dem Gegenstand der Zwangsvollstreckung** haben. Rechte „an" Gegenständen meinen nach dem Sprachgebrauch des BGB **dingliche** Rechte, etwa den Nießbrauch (vgl den Fall des OVG Münster 30. 9. 1971 – III A 1206/69, MDR 1972, 358) oder ein Anwartschaftsrecht. Auch das Recht aus einer Vormerkung, die den durch sie geschützten Anspruch zumindest teilweise verdinglicht, reicht für § 268 BGB aus (BGH 1. 3. 1994 –XI ZR 149/93, NJW 1994, 1475). Das Ablösungsrecht nach § 268 BGB steht dem Gläubiger eines Grundpfandrechts an dem Grundstück des Schuldners auch dann zu, wenn das Grundpfandrecht erst nach der Anordnung der Zwangsversteigerung entstanden ist. Die Beschlagnahme hindert das Entstehen der Grundschuld nicht, daher erlaubt auch ein solchermaßen nachträglich begründetes Recht dem Rechtsinhaber, die Forderung des Vollstreckungsgläubigers nach § 268 BGB abzulösen (BGH 5. 10. 2006 – V ZB 2/06, NJW-RR 2007, 165). Ein Miteigentümer kann das Recht aus § 268 BGB geltend machen (RG, WarnR 1911 Nr 11), nicht aber ein Miterbe mit Blick auf sein Vorkaufsrecht hinsichtlich der Erbteile anderer Miterben nach § 2034 BGB (RG 3. 10. 1941 – VII 53/41, RGZ 167, 298): Ein obligatorischer Anspruch des Dritten auf den Gegenstand genügt eben nicht. Der Berechtigte eines Schenkungsversprechens hat danach ebenfalls kein Ablösungsrecht (**aM** Eckstein AcP 107, 384, 408), ebenso wenig derjenige, dem ein abgetretenes Recht auf die Rückübertragung einer Grundschuld zusteht (OLG Köln 29. 2. 1988 – 2 W 163/87, Rpfleger 1988, 324).

5. Besitz des Dritten

8 Zur Ablösung berechtigt auch der **Besitz einer Sache**, wenn er **durch die Zwangsvollstreckung gefährdet** ist, Abs 1 S 2. Ob der Dritte unmittelbarer oder mittelbarer

Besitzer (§ 868 BGB) ist, spielt keine Rolle (aM WEISSBART 24). Das Recht des § 268 BGB steht also auch dem Pächter und dem Mieter zu, der Gefahr läuft, durch die Zwangsvollstreckung den Besitz an der Sache zu verlieren (GLOTZBACH/APP ZMR 2002, 254, 255). Das droht insbesondere in der Zwangsversteigerung wegen § 57a S 1 ZVG. Der unrechtmäßige Besitz ist hingegen nicht geschützt, er gibt dem Besitzer keine nach § 268 BGB zu verteidigende Rechtsposition (GERNHUBER, Erfüllung § 21 II 2; MünchKomm/KRÜGER § 268 Rn 8; SOERGEL/FORSTER § 268 Rn 4; PALANDT/GRÜNEBERG § 268 Rn 4).

9 Nach § 268 BGB ablösen darf ggf auch ein **Drittschuldner**, der dem Schuldner zur Herausgabe einer Sache verpflichtet ist. Er droht den Besitz der Sache zu verlieren, wenn der Schuldner zur Zahlung einer Geldschuld verurteilt und die Zwangsvollstreckung in den **Herausgabeanspruch** betrieben wird: Wird der Anspruch gepfändet, muss der Drittschuldner die Sache nach §§ 847, 848 ZPO an einen Gerichtsvollzieher oder Sequester herausgeben. Gegenstand der Zwangsvollstreckung ist zwar auch hier (vgl Rn 6) im strengen Sinne der Herausgabeanspruch, doch führt sie letztlich planmäßig zur Vollstreckung in die Sache selbst.

6. Gefahr des Rechts- oder Besitzverlustes

10 Es muss die **Gefahr** bestehen, dass der Dritte durch die Zwangsvollstreckung das Recht bzw den Besitz **verliert**. Dies kann bei den Rechten geschehen, die dem Recht des die Zwangsvollstreckung betreibenden Gläubigers im Range gleichstehen oder nachgehen, vgl §§ 44, 52, 91 ZVG sowie §§ 1242 Abs 2, 1257, 1273 BGB (BGH 1. 3. 1994 – XI ZR 149/93, NJW 1994, 1475 zu einer Auflassungsvormerkung, die nicht in das geringste Gebot fällt). Das Recht des § 268 BGB besteht nur, solange der Dritte noch „Gefahr läuft", sein Recht oder seinen Besitz zu verlieren. Sind das Recht bzw der Besitz bereits verloren, geht das Ablösungsrecht unter. Ist ein Recht an einem Grundstück etwa durch Zuschlag erloschen, kann nicht mehr nach § 268 BGB abgelöst werden (RG 27. 2. 1929 – V 200/28, HRR 1929 Nr 1100; aM EMMERICH 266). Kein Ablösungsrecht steht dem Dritten zu, der Drittwiderspruchsklage nach § 771 ZPO erheben kann, denn die Möglichkeit der Drittwiderspruchsklage schließt die Gefahr des Rechtsverlustes aus.

11 Besteht objektiv die Gefahr des Rechts- oder Besitzverlustes, kommt es für § 268 BGB nicht darauf an, ob der Ablösende mit der Leistung an den Gläubiger (subjektiv) die Zwangsvollstreckung abwenden will (BGH 1. 3. 1994 – XI ZR 149/93, NJW 1994, 1475;10. 6. 2010 – V ZB 192/09, NJW-RR 2010, 1314; 6. 10. 2011 – V ZB 18/11 NJW-RR 2012, 87; MünchKomm/KRÜGER § 268 Rn 10; aA SOERGEL/FORSTER § 268 Rn 8). Die Motivation des Ablösenden spielt nach dem Gesetzeswortlaut und im Interesse der Rechtssicherheit keine Rolle (STORZ ZIP 1980, 159 ff; MünchKomm/KRÜGER § 268 Rn 10) Das Ablösungsrecht steht dem Ablösenden deshalb auch dann zu, wenn er sich selbst der Zwangsvollstreckung anschließt, die Zwangsvollstreckung weiterbetreibt und durch die Ablösung nur seine Erlösaussichten verbessern will.

III. Befriedigung des Gläubigers

12 Unter den Voraussetzungen des Abs 1 hat der Dritte das **Recht, den Gläubiger zu befriedigen**. Ob er dieses eigene Ablösungsrecht mit der Zahlung geltend macht oder

als Dritter für den Schuldner nach § 267 BGB leistet, ist eine Frage der Auslegung der bei seiner Leistung getroffenen Tilgungsbestimmung (BGH 28. 9. 1961 – VII ZR 22/60, WM 1961, 1330). Wie für § 267 BGB gilt aber, dass er „als Dritter" leisten muss, nicht als Bürge, Gesamtschuldner, Forderungskäufer, etc. Leistet der Dritte erkennbar auf ein irrig unterstelltes Ablösungsrecht, kann er die Leistung vom Gläubiger kondizieren. Es tritt nicht etwa Erfüllungswirkung im Verhältnis von Gläubiger und Schuldner nach § 267 BGB ein.

Befriedigt ist der Gläubiger, wenn der Dritte erfüllt, also die gesamte geschuldete Leistung erbringt, deretwegen die Vollstreckung betrieben wird (ähnlich BGH 28. 9. 1989 – V ZB 17/88, JR 1990, 366 m Anm Probst). Eine Zahlung in bar oder durch Überweisung muss grundsätzlich an den Gläubiger selbst erfolgen, bei Zahlungen (des Dritten) an Dritte tritt die Folge des § 268 Abs 3 BGB nur ein, wenn der Zuwendungsempfänger kraft Gesetzes oder auf Grund einer Bestimmung durch den Gläubiger dessen Zahlstelle ist – andernfalls erst mit Weiterleitung der Zahlung an den Gläubiger. Bei mehreren Dritt-Zahlungen hängt die Rechtsfolge des § 268 Abs 3 BGB davon ab, welche Zahlung den Gläubiger zuerst erreicht (BGH 6. 10. 2011 – V ZB 68/11, NJW-RR 2012, 442). Beantragt der Gläubiger die Zwangsversteigerung eines Grundstücks auch wegen der Kosten der gegenwärtigen Rechtsverfolgung, umfasst der zu seiner Befriedigung erforderliche Betrag als einheitliche Forderung im Sinne des Abs 1 nach § 10 Abs 2 ZVG auch die vom Gläubiger verauslagten Kosten des Zwangsversteigerungsverfahrens (BGH 12. 9. 2013 – V ZB 161/12, WM 2013, 2072). Teilleistungen sind nach § 266 BGB regelmäßig unzulässig. Abweichend von § 267 BGB (§ 267 Rn 28) erlaubt § 268 Abs 2 BGB aber, dass der Dritte die Leistung durch Hinterlegung (§§ 372 ff BGB) oder durch Aufrechnung (§§ 387 ff BGB) erbringt. Eine Hingabe an Erfüllungs statt ist aber nur unter der Voraussetzung des § 364 BGB Befriedigung; ist der Gläubiger mit einer solchen Leistung einverstanden, ist der Fall nicht mehr vom Forderungskauf durch den Dritten abzugrenzen. Für die Hinterlegung oder Aufrechnung müssen deren gesetzliche Voraussetzungen gegeben sein (BGH 8. 11. 1994 – XI ZR 85/94, ZIP 1994, 1839, 1840 zur Hinterlegung); allerdings kann es für Aufrechnung nicht auf die Gegenseitigkeit der Forderungen ankommen (die Passivforderung ist ja gerade eine für den Dritten fremde Schuld; MünchKomm/Krüger § 268 Rn 11), für Hinterlegung nicht auf die Schuldnerstellung des Hinterlegenden. Zahlt der Dritte nach § 75 ZVG an das Gericht, um die einstweilige Einstellung des Vollstreckungsverfahrens zu erreichen, liegt auch darin eine zulässige Hinterlegung. Die Befriedigung und damit die Ablösungswirkung (Abs 3) richten sich nach dem Umfang, in dem der Gläubiger die Zwangsvollstreckung betreibt. Vollstreckt der Gläubiger etwa nur wegen eines Teiles einer umfangreicheren Forderung, besteht das Ablösungsrecht nur für diesen Teil (OLG München 12. 12. 2007 – 34 Wx 118/07, Rpfleger 2008, 253). 13

Wie bei § 267 BGB (§ 267 Rn 23) kann der Dritte bei Erbringung der Leistung im Fall des § 268 BGB einseitig **Bedingungen** (nicht hinsichtlich der Erfüllungswirkung, sondern) **hinsichtlich der Ablösungswirkung** nach Abs 3 setzen. Weist der Gläubiger eine solche Leistung nicht zurück, sondern lässt er sich darauf ein, tritt die Ablösungswirkung erst mit Erfüllung der zusätzlichen Bedingungen ein (BGH 15. 7. 1997 – XI ZR 145/96, NJW 1997, 2597). 14

IV. Wirkung des Forderungsübergangs

15 Die **Befriedigung** des Gläubigers **bewirkt** im Gegensatz zur Befriedigung nach § 267 BGB **kein Erlöschen des Schuldverhältnisses** durch Erfüllung. Soweit der ablösungsberechtigte Dritte den Gläubiger befriedigt, geht **die Forderung** des Gläubigers auf ihn **über**, Abs 3 S 1. Es kommt zum Gläubigerwechsel kraft Gesetzes. **Ein gutgläubig einredefreier Erwerb** scheidet dabei aus (BGH 12. 12. 1985 – IX ZR 15/85, NJW 1986, 1487 zum Erwerb eines Grundpfandrechts nach §§ 1150, 268 m abl Anm Canaris; bestätigt BGH 24. 9. 1996 – XI ZR 227/95, ZIP 1996, 1981; zustimmend Bamberger/Roth/Hau/Poseck/Lorenz § 268 Rn 11; **aA** die wohl hL Hager ZIP 1997, 133; Bülow, Kreditsicherheiten Rn 442 f; Reischl JR 1998, 405; Staudinger/Wolfsteiner [2015] § 1150 Rn 40; Medicus/Petersen, BR Rn 547).

16 Auch nach §§ 399, 400 BGB nicht übertragbare Forderungen gehen über. Zwar ist bei unübertragbaren Forderungen grundsätzlich auch die Legalzession ausgeschlossen, doch ist bei § 268 Abs 3 BGB eine Ausnahme zu machen, weil der Gläubiger mit der Erfüllung erhält, was ihm gesichert werden soll (vgl BGH 10. 12. 1951 – GSZ 3/51, BGHZ 4, 153; Nörr/Scheyhing/Pöggeler, Sukzessionen [2. Aufl 1999] § 3 III 3 zu sozialrechtlichen Vorschriften, zB §§ 115, 116 SGB X, § 94 SGB XII, die einen Forderungsübergang anordnen; einschränkend MünchKomm/Krüger § 268 Rn 13).

17 An der bisherigen Gerichtszuständigkeit ändert sich durch die Legalzession grundsätzlich nichts (BGH 28. 9. 1972 – II ZR 6/71, BGHZ 59, 242; vgl aber unten Rn 18 zur Ablösung öffentlich-rechtlicher Forderungen), auch sonst verändert der übergegangene Anspruch seinen Charakter nicht. Die Verjährungsfrist bleibt dieselbe (anders bei Ansprüchen des öffentlichen Rechts unten Rn 18), wie bei der Zession bleiben Einreden des Schuldners gegenüber dem Altgläubiger erhalten, §§ 412 BGB iVm 404, 406 BGB. Die Forderung geht also so über, wie sie ist; die Rechtslage entspricht der bei Legalzession nach § 426 Abs 2 BGB (zu dieser Staudinger/Looschelders [2017] § 426 Rn 134 ff). War der Anspruch des Gläubigers rechtshängig, greift § 265 ZPO (BGH 4. 7. 1963 – VII ZR 41/62, NJW 1963, 2067). Der ablösende Dritte wird in einer laufenden Zwangsvollstreckung erst dann zum betreibenden Gläubiger nach ZVG, wenn er die Vollstreckungsklausel auf sich überschreiben lässt (OLG Düsseldorf 22. 10. 1986 – 3 W 309/86, NJW-RR 1987, 247).

18 Auch **öffentlich-rechtliche Ansprüche**, etwa Zoll- oder Steuerforderungen, können auf den leistenden Dritten übergehen (BGH 9. 5. 1963 – II ZR 124/61, BGHZ 39, 319; 24. 2. 1956 – I ZR 82/54, NJW 1956, 1197 zu Zollforderungen, die der Spediteur als Inhaber eines Pfandrechts nach § 464 HGB ablöst; 18. 6. 1979 – VII ZR 84/78, BGHZ 75, 23 zu einer Steuerforderung; 12. 7. 1996 – V ZR 106/95, NJW 1996, 2791 zum Übergang einer Erschließungskostenbeitragsforderung auf den ablösenden Käufer eines Grundstücks; Rimmelspacher ZZP 1982, 280 ff). Hier verändert sich der Anspruch insofern, als an die Stelle des Hoheitsträgers eine Privatperson getreten ist, die keine Hoheitsrechte ausüben, etwa keinen konkretisierenden Verwaltungsakt erlassen oder die Forderung im Verwaltungsverfahren beitreiben kann. Die Forderung wird aus ihrer hoheitlichen Beziehung gelöst und erhält privatrechtlichen Charakter (MünchKomm/Krüger § 268 Rn 4), der Kläger ist auf den Zivilrechtsweg verwiesen (Stolterfoht JZ 1975, 658 f). Mit dem Wegfall der hoheitlichen Beziehung endet materiell die Mithaftung gesetzlicher Vertreter des Steuerschuldners (BGH 18. 6. 1979 – VII ZR 84/78, BGHZ 75, 23; zustimmend Rimmelspacher ZZP

1982, 285); die Verjährungsfrist ändert sich nicht notwendigerweise (OLG Nürnberg 26. 11. 1974 – 7 U 135/74, NJW 1975, 501).

Mit der Forderung gehen nach §§ 412, 401 BGB auch die für die Forderung bestehenden **Hypotheken und Pfandrechte** über, ferner die Rechte aus einer für die Forderung bestellten **Bürgschaft**. Löst im Zwangsversteigerungsverfahren der Inhaber eines sog Zwischenrechts, also eines Rechts im Rang zwischen dem zurücktretenden und dem vortretenden Recht, die Forderung ab, wird dessen Recht nach § 880 Abs 5 BGB von den Rangänderungen nicht berührt. Daher geht das abgelöste Recht gemäß § 1150 BGB mit dem Inhalt und dem Rang auf den Ablösenden über, den es vor der Eintragung des Zwischenrechts hatte (BGH 14. 6. 2012 – V ZB 194/11, BGHZ 196, 243). 19

Die Legalzession ist nicht ausgeschlossen, wenn **der** zur Ablösung berechtigte **Dritte dem Schuldner gegenüber zur Leistung an den Gläubiger verpflichtet ist**, etwa im Fall der Erfüllungsübernahme. Jedoch kann sich der Schuldner gegen die übergegangene Forderung mit einer aus der Erfüllungsübernahme abgeleiteten Einrede verteidigen. Umgekehrt kann aus dem Innenverhältnis von Schuldner und Drittem ein direkter Ausgleichsanspruch des Dritten resultieren und mit dem übergeleiteten Anspruch konkurrieren. 20

V. Gläubigerschutz: Nemo subrogat contra se

1. Bedeutung der Regel

Der **Übergang kann nicht zum Nachteil des Gläubigers geltend gemacht werden**, Abs 3 S 2. Die gleiche Bestimmung findet sich auch bei anderen Legalzessionen: § 426 Abs 2 S 2 BGB (hierzu Zeising DZWIR 2010, 316), § 774 Abs 1 S 2 BGB (hierzu Zeising WM 2010, 2204; weiter BGH 30. 10. 1984 – IX ZR 92/83, BGHZ 92, 374), §§ 1164 Abs 1 S 2, 1607 Abs 4 BGB; durch Verweisung ferner in §§ 1143 Abs 1 S 2, 1150, 1176, 1225 S 2, 1249 S 2 BGB; auch ohne ausdrückliche Verweisung in § 1173 Abs 2 BGB; weiter § 86 Abs 1 S 2 VVG, § 8 Abs 2 S 3 BEG, § 59 Abs 1 S 2 RVG. 21

Der Grundgedanke des § 268 Abs 3 S 2 BGB ist, dass niemand gegen seine eigenen Interessen zediert: Nemo subrogat contra se. Der vom Dritten teilweise befriedigte Gläubiger soll nicht schlechter stehen, als er stünde, hätte der Schuldner selbst geleistet. Das könnte bei **teilweiser Befriedigung** und Ablösung jedoch der Fall sein, wenn der Gläubiger mit seiner Restforderung und der Ablösende mit seiner durch Legalzession erworbenen Teilforderung einander bei der Durchsetzung ihrer Forderungen gegen den Schuldner im Wege ständen. 22

2. Konkurrenz mit der Restforderung desselben Gläubigers

Befriedigt der Dritte den Gläubiger nur teilweise, etwa weil der Gläubiger nur wegen eines Teilanspruches vollstreckt (Rn 13, § 266 Rn 27) oder trotz § 266 BGB eine Teilleistung auf die Vollstreckungssumme annimmt, und ist die Forderung voll durch eine Hypothek gesichert, steht die Hypothek damit nach §§ 268, 412, 401 BGB teilweise dem ablösenden Dritten, teilweise dem Gläubiger zu. Die beiden Hypothekengläubiger stehen jedoch nach § 268 Abs 3 S 2 BGB nicht gleichrangig nebeneinander: Der 23

Ablösende darf dem Restgläubiger bei der Befriedigung aus dem Grundstück keine Konkurrenz machen (BGH 4. 2. 2010 – V ZB 129/09, NJW 2010, 3169; 30. 10. 1984 – IX ZR 92/83, BGHZ 92, 374 zu der Parallelvorschrift des § 774 Abs 1 S 2). Der Restgläubiger erhält demnach vorweg Befriedigung aus dem Grundstück, so als ob die abgelöste Teilforderung untergegangen wäre. Im Rang nach ihm, aber noch vor anderen (nachrangigen) Hypothekengläubigern, wird dann der Ablösende aus dem Grundstück befriedigt. Dieselbe einheitliche Hypothek wird also gewissermaßen in Teilhypotheken mit verschiedenem Rang aufgespalten (BGH 4. 2. 2010 – V ZB 129/09, NJW 2010, 3169). Dasselbe gilt beim Pfandrecht an beweglichen Sachen (OLG Celle 29. 2. 1968 – 7 U 64/67, NJW 1968, 1139). Geschützt ist der Restgläubigers aber nur mit seiner Restforderung: Hat der Dritte eine von mehreren Forderungen abgelöst, die der Gläubiger vollstrecken lässt, nehmen die übrigen Forderungen nicht am Vorrang nach § 268 Abs 3 S 2 BGB teil. Dass eine nachrangig gesicherte Forderung des Gläubigers gegenüber derjenigen, die infolge einer Ablösung auf den Dritten übergegangen ist, nachrangig bleibt, ist kein Nachteil iS von § 268 Abs 3 S 2 BGB (BGH 10. 6. 2010 – V ZB 192/09, NJW-RR 2010, 1314; 6. 10. 2011 – V ZB 18/11, NZI 2011, 939; MünchKomm/Krüger § 268 Rn 16).

24 Wird vom Gläubiger wegen eines vollstreckbaren Teilanspruches (Grundschuld) vollstreckt („zuletzt zu zahlender Teilbetrag"), muss der Dritte die fällige Grundschuld in voller Höhe ablösen, wenn auch der Eigentümer selbst die Grundschuld nur in voller Höhe hätte ablösen können (BGH 28. 9. 1989 – V ZB 17/88, NJW 1990, 258 m Anm Müth EWiR 1989, 1243). Der Dritte wird damit so behandelt, als sei die volle Grundschuld vollstreckbar (vgl auch OLG Celle 7. 4. 1989 – 4 U 57/88, EWiR 1990, 557 [Storz]). Unter den Teilansprüchen entsteht kein Rang durch die nur teilweise Vollstreckbarkeit (OLG Hamm 30. 10. 1986 – 15 W 129/86, NJW 1987, 1090 unter Aufgabe der früheren gegenteiligen Rechtsprechung).

25 Um die Durchsetzung der Teilansprüche geht es auch, wenn der Restgläubiger und der Ablösende nebeneinander, dh als insolvenzrechtlich gleichrangige Gläubiger, am **Insolvenzverfahren** über das Vermögen des Schuldners teilnehmen. Unproblematisch ist das bei Masseverbindlichkeiten, die voll bedient werden. Hat aber der Ablösungsberechtigte den Gläubigerzugriff vor Insolvenzverfahrenseröffnung teilweise abgewendet, kann er gleichrangiger Insolvenzgläubiger neben dem Gläubiger sein, der seine Restforderung geltend macht (MünchKomm/Krüger § 268 Rn 17). § 268 Abs 3 S 2 BGB kann den Ablösenden nicht aus dem Insolvenzverfahren ausschließen, um die Chancen des Restgläubigers nicht zu gefährden. Selbst wenn derzeit keine anderen Insolvenzgläubiger ersichtlich sind, können sich (auch noch nach dem Prüfungstermin, vgl § 177 Abs 1 S 2 InsO) im Verlauf des Verfahrens noch andere Gläubiger melden. Diesen sonstigen Insolvenzgläubigern käme der Rückzug des Ablösenden ebenso zugute wie dem Restgläubiger; ihnen gegenüber aber hat der Ablösende nicht zurückzustehen. Zudem profitierte der Restgläubiger nur sehr eingeschränkt, weil die Insolvenzquote für alle verbleibenden Gläubiger steigt, wenn die Zahl der Insolvenzgläubiger abnimmt. Richtigerweise folgt aus Abs 3 S 2 eine Verpflichtung des Ablösenden, im Insolvenzverfahren erlangte Zahlungen an den Restgläubiger abführen, bis dieser voll befriedigt ist (Palandt/Grüneberg § 268 Rn 7; JurisPK/Kerwer § 268 Rn 9; tendenziell auch BGH 19. 12. 1996 – IX ZR 18/96, NJW 1997, 1014 zu § 426 Abs 2 S 2 BGB; **aA** MünchKomm/Krüger § 268 Rn 17). Diese Pflicht ergibt sich aus dem materiellrechtlichen Innenverhältnis der beiden Teilgläubiger und hat nichts mit dem (gleichen) insolvenzrechtlichen Rang zu tun. Es steht dem Ablösenden frei, seine Forderung angesichts dieser wenig aussichtsreichen Perspektive nicht zur Insolvenztabelle anzumelden; § 268 Abs 3 S 2 BGB zwingt nicht zum Dienst am Restgläubiger. Die Bestimmung schafft auch keine Gesamtgläubigerschaft der Beteiligten mit internem Ausgleichsvorrecht des teilweise befriedigten Gläubigers. Um die Durchsetzung der Teilansprüche geht es schließlich, wenn sich beide Teilgläubiger am Verfahren der **Verteilung einer unzureichenden Haftpflichtversicherungssumme** (§ 118 VVG) beteiligen. Das Problem ist dasselbe wie das bei der Beteiligung am Insolvenzverfahren. Aus § 268 Abs 3 S 2 BGB ergibt sich kein Zwang für den Ablösenden, sich am Verteilungsverfahren zu beteiligen, wohl aber muss der Ablösende, wenn er sich entscheidet, teilzunehmen, einen dort erlangten Betrag an den Restgläubiger abführen, bis dieser voll befriedigt ist.

3. Konkurrenz mit anderen Forderungen desselben Gläubigers

§ 268 Abs 3 S 2 BGB erfordert **nicht, den Gläubiger vor der Geltendmachung konkurrierender Forderungen schlechthin** zu schützen. Der Ablösende kann mit der erworbenen Teilforderung konkurrierend neben andere Forderungen des Restgläubigers treten (Rn 23), aber auch mit anderen Forderungen, die er gegen den Schuldner hat, konkurrierend neben die Teilforderung des Restgläubigers (und dessen andere Forderungen). Id Sinne kann der Ablösende mit weiteren Forderungen an einem Zwangsversteigerungsverfahren über ein Grundstück des Schuldners (BGH 10. 6. 2010 – V ZB 192/09, WM 2010, 1703) oder das Insolvenzverfahren über das Vermögen des Schuldners teilnehmen. An den Restgläubiger auskehren muss er insoweit nichts. Ist mit der abgelösten Forderung ein Pfandrecht (Hypothek) übergegangen und steht dem Gläubiger gegen den Schuldner eine andere Forderung zu, für die an demselben Gegenstand ein nachrangiges Pfandrecht (Hypothek) begründet ist, geht zwar die Restforderung des Gläubigers der Teilforderung des Ablösenden bei der Befriedigung aus dem Pfandgegenstand vor, nicht aber die andere Forderung des Gläubigers (RG 2. 4. 1913 – V 504/12, RGZ 82, 133; 21. 3. 1932 – VIII 11/32, RGZ 136, 40 für § 774 Abs 1 S 2; bereits Rn 23). 26

4. Durchsetzungsvorrecht – Quotenvorrecht

Mit dem Durchsetzungsvorrecht aus § 268 Abs 3 S 2 BGB und ähnlichen Vorschriften **hat das** zu den Legalzessionsvorschriften des § 86 VVG und des § 87a BBG aF erörterte **Quotenvorrecht nichts zu tun** (st Rspr BGH 17. 3. 1954 – VI ZR 162/52, BGHZ 13, 28; 9. 11. 1956 – VI ZR 196/55, NJW 1957, 182; 29. 10. 1968 – VI ZR 280/67, NJW 1969, 98). Letztere Frage stellt sich, wenn die Höhe der zu zedierenden Forderung nicht ausreicht, um die kumulierten Interessen des Zessionars und des Zedenten voll zu decken (vgl Selb, Das Quotenvorrecht der Sozialversicherungsträger [1974]; Marschall von Bieberstein VersR 1978, 485 ff mit weiteren Hinweisen). Die Konkurrenz führt dazu, dass einer der Beteiligten hinter den anderen in der Weise zurücktritt, dass er gar nicht erst Gläubiger wird oder die Forderung verliert. Nur soweit die Beteiligten (nach Erörterung des Quotenvorrechts) konkurrierend Gläubiger geworden sind, kann die Frage des Durchsetzungsvorrechts überhaupt entstehen. Nach dem Sinn des Versicherungsvertrages (BGH 17. 3. 1954 – VI ZR 162/52, BGHZ 13, 28, 31) tritt zB der Versicherer derart hinter den Versicherten zurück (Quotenvorrecht des Versicherten), dass er in die Schadensersatzforderung nur eintritt, soweit sie der Versicherte nicht selbst zur Deckung seines Restschadens benötigt (zB Schaden 100, Versicherungs- 27 deckung 50, Schadensersatzanspruch 70: Der Versicherte behält den Schadensersatzanspruch über 50, der Versicherer erwirbt ihn zum Rest, also 20). Soweit Versicherter und Versicherer bei der Durchsetzung der Schadensersatzforderung konkurrieren (im Beispiel: 50 neben 20), gilt § 86 Abs 1 S 2 VVG (Durchsetzungsvorrang des Versicherten), wenn die Haftpflichtversicherungssumme (zB in Höhe von 60) nicht zur vollen Befriedigung beider (in Höhe von 70) ausreicht.

VI. Analogiefälle

28 Zum Schutz von **Mitgliedschaftsrechten** kann § 268 BGB analog angewendet werden. Ist Gegenstand der Zwangsvollstreckung der Anteil eines Gesellschafters (§ 135 HGB, § 725 Abs 1 BGB), die Zwangsvollstreckung also auf das Auseinandersetzungsguthaben gerichtet, und kündigt der Privatgläubiger das Gesellschaftsverhältnis, können die übrigen Gesellschafter die Auflösung der Gesellschaft abwenden, indem sie die Forderung des Gläubigers analog § 268 BGB ablösen (Furtner MDR 1965, 613, 615; Clasen NJW 1965, 2141 f; Schönle NJW 1966, 1797; MünchKomm/Krüger § 268 Rn 6; Soergel/Forster § 268 Rn 4; Bamberger/Roth/Hau/Poseck/Lorenz § 268 Rn 6; offen gelassen: BGH 21. 4. 1986 – II ZR 198/85, BGHZ 97, 392; LG Hannover 23. 8. 1990 – 19 O 68/90, EWiR 1991, 29 [Krafczyk]). Für eine analoge Anwendung des § 268 Abs 3 BGB bei Pfändung eines Anteils an einer Erbengemeinschaft zugunsten eines der Miterben: OLG Karlsruhe 10. 12. 1991 – 18a U 230/90, MDR 1992, 588.

29 Bringt ein Mieter (pfändbare) Sachen ein, die er unter Eigentumsvorbehalt erworben hat, und zahlen er oder ein Dritter den Restkaufpreis, entsteht damit ein **Vermieterpfandrecht** an den Sachen gem § 562 Abs 1 S 2 BGB. Zahlt ein Dritter den Restkaufpreis gegen vorherige Sicherungsübereignung der Sachen, ist § 268 Abs 3 BGB **unanwendbar**: Der Dritte zahlt nicht, um den Zugriff des Vermieter(pfandrecht)s abzuwenden. Zwar wird das Eigentum des Dritten durch das Vermieterpfandrecht belastet, dem Dritten steht deshalb aber kein Ablösungsrecht zu (BGH 31. 5. 1965 – VIII ZR 302/63, NJW 1965, 1475).

30 Hat die Bundesagentur für Arbeit im Wege der Gleichwohlgewährung Arbeitslosengeld gezahlt (§ 157 Abs 3 SGB III) und ist damit der Lohnanspruch des Arbeitnehmers im Wege der Legalzession auf sie übergegangen, ist ihre Forderung in der Insolvenz des Arbeitgebers Masseforderung nach § 55 Abs 1 Nr 2 InsO (OLG Düsseldorf 27. 1. 2012 – I 22 U 49/11, 22 U 49/11, NZI 2012, 675), die gleichrangig neben dem Lohnanspruch des Arbeitnehmers steht. Dass der Arbeitnehmer einen Ausgleich für die durch den Anspruch der BA geschmälerte (und von vornherein unzulängliche) Masse analog § 268 Abs 3 S 2 BGB, § 426 Abs 2 S 2 BGB oder § 774 Abs 1 S 2 BGB verlangen könnte, ist abseitig (LAG Hamm 29. 4. 1982 – 10 Sa 82/82, ZIP 1982, 979).

31 Abzulehnen ist auch ein Regressanspruch des Sicherungszedenten gegen den Drittschuldner bei einer Sicherungsabtretung zur Sicherung einer Verbindlichkeit des Drittschuldners analog §§ 774 Abs 1, 268 Abs 3, 1225 BGB, wenn der Sicherungsfall eintritt und die abgetretene Forderung vom Sicherungsnehmer zur Tilgung der Forderung des Drittschuldners verwertet wird (**aA** AG Pinneberg 28. 8. 1998 – 60 C 189/98, NJW 1999, 1721). Es fehlt eine Regelungslücke, die durch Analogie zu schließen wäre, weil in der Verwertung der freiwillig zedierten Forderung durch den Sicherungsnehmer eine freiwillige Leistung des Sicherungsgebers an den Drittschuldner

nach § 267 BGB zu sehen ist. Der Sicherungsgeber kann sich mit der Rückgriffskondiktion an den begünstigten Drittschuldner halten. Freilich greift dann § 818 Abs 3 BGB – anders als bei einem Übergang der Hauptforderung analog § 268 Abs 3 BGB.

§ 269
Leistungsort

(1) Ist ein Ort für die Leistung weder bestimmt noch aus den Umständen, insbesondere aus der Natur des Schuldverhältnisses, zu entnehmen, so hat die Leistung an dem Orte zu erfolgen, an welchem der Schuldner zur Zeit der Entstehung des Schuldverhältnisses seinen Wohnsitz hatte.

(2) Ist die Verbindlichkeit im Gewerbebetrieb des Schuldners entstanden, so tritt, wenn der Schuldner seine gewerbliche Niederlassung an einem anderen Orte hatte, der Ort der Niederlassung an die Stelle des Wohnsitzes.

(3) Aus dem Umstand allein, dass der Schuldner die Kosten der Versendung übernommen hat, ist nicht zu entnehmen, dass der Ort, nach welchem die Versendung zu erfolgen hat, der Leistungsort sein soll.

Materialien: E I §§ 229, 230 Abs 1; II § 225; III § 223; Jakobs/Schubert, SchR I 180.

Schrifttum

Zur und nach der Schuldrechtsreform

Brors, Die Bestimmung des Nacherfüllungsorts vor dem Hintergrund der Verbrauchsgüterkaufrichtlinie, NJW 2013, 3329
Buchwitz, Handelsklauseln und Erfüllungsort im materiellen Recht und IZVR, IHR 2013 108
Hahn, Der einheitliche Erfüllungsort beim Bauvertrag – ein Trugbild, NZBau 2006, 555
Siemon, Der Gerichtsstand für anwaltliche Honorarklagen, MDR 2002, 366
Stöber, Der Gerichtstand des Erfüllungsortes nach Rücktritt des Käufers vom Kaufvertrag NJW 2006, 2661
Weber, Zum Gerichtsstand des Außendienstmitarbeiters, in: FS Leinemann (2006) 655.
Vgl auch die Literatur zu § 439 zum Leistungsort bei Nacherfüllung.

Vor der Schuldrechtsreform

Bengelsdorf, Schadenersatz bei Nichtantritt der Arbeit, BB 1989, 2390
Döll, Nacherfüllungsverlangen und Erfüllungsort beim Autokauf, DAR 2015, 671
Döhmel, Der Leistungsort bei Rückabwicklung von Verträgen (1997)
Emge, Der Vollzugsort beim gegenseitigen Vertrage (1910)
Faust, Haftungsprobleme beim Versendungskauf, DB 1991, 1556
Hirsch, Erfüllungsort und Gerichtsstand, LZ 1912, 373
Hüffer, Rechtsfragen des Handelskaufs (2. Teil), JA 1981, 143 ff, bes 147
Kaiser, Die Rückabwicklung gegenseitiger Verträge wegen Nicht- und Schlechterfüllung nach BGB (2000)
Kanold, Akkreditiv und Erfüllungsort, JW 1924, 163
Kerszenbohm, Der Leistungsort (1904)
Köhler, Der Leistungsort bei Rückgewährschuldverhältnissen, in: FS Heinrichs (1998) 367

Leonhard, Erfüllungsort und Schuldort (1907)
Lewald, Ausländischer Zahlungsort nach dem Londoner Schuldenabkommen, NJW 1959, 1017
Nemeczek, Der Anspruch auf Ersatz von Transportkosten im Kaufrecht und sein Verhältnis zum Nacherfüllungsort, NJW 2016, 2375
Oertmann, Zur Lehre vom Leistungsort, SeuffBl 73, 385
Piltz, Der Gerichtsstand des Erfüllungsortes nach dem EuGVÜ, NJW 1981, 1876
Prechtel, Der Gerichtsstand des Erfüllungsorts bei anwaltlichen Gebührenforderungen, NJW 1999, 3617
Rieck, Der Leistungsort des Bürgen (1907)
Roussos, Kostenerstattungsansprüche des Käufers nach der Wandelung, BB 1986, 10
Schack, Der Erfüllungsort im deutschen, ausländischen und internationalen Privat- und Zivilprozeßrecht (1985)
Schmid, Einsicht in die Verwaltungsunterlagen, ZWE 2014, 389
Staub, Der Leistungsort des Bürgen nach dem BGB, Gruchot 45, 219
Strausz, Der Erfüllungsort des Bürgen, AcP 134 (1931) 235
Türk, Leistungsort des Bürgen, Gruchot 44, 837
ders, Was ist unter dem jeweiligen Bestande der Hauptverbindlichkeit im § 767 BGB zu verstehen?, Gruchot 46, 49
Wieacker, Zum Verhältnis von Leistungshandlung und Leistungserfolg, in: FS Nipperdey (1965) 783
Wieluner, Akkreditivstellung und Erfüllungsort, JW 1921, 1304 f und JW 1924, 1136
Wrangel, Der Gerichtsstand des Erfüllungsorts im deutschen, italienischen und europäischen Recht (Diss Freiburg 1988)
Zander, „Franko“ und „frachtfrei“, JW 1913, 407.

Zum **gemeinrechtlichen Schrifttum** vgl Staudinger/A Werner[10/11].

Systematische Übersicht

Alphabetische Übersicht

I. Normzweck

§ 269 BGB betrifft die Frage, wo eine geschuldete Leistung zu erbringen ist. Nur an diesem Ort, dem **Leistungsort**, kann der Schuldner die Schuld tilgen, den Annahmeverzug des Gläubigers auslösen, den Schuldnerverzug vermeiden und eine Gattungsschuld konkretisieren. Für den Fall, dass der Leistungsort nicht durch gesetzliche Sonderregeln, Parteivereinbarung oder die Umstände festgelegt wird, ordnet § 269 Abs 1 BGB subsidiär an, dass der Schuldner an dem Ort leisten muss, an dem er im Zeitpunkt der Entstehung des Schuldverhältnisses seinen Wohnsitz hatte. 1

II. Leistungsort und Wohnsitz des Schuldners

Das Gesetz spricht vom „Ort für die Leistung" (Abs 1) oder vom „Leistungsort" (Abs 3). Darunter versteht man den Ort, an dem der Schuldner die **Leistungshandlung** zu erbringen hat, an dem er also überhaupt oder doch abschließend *tätig* werden soll. Davon ist der Ort des Leistungserfolges (Erfolgsort) zu unterscheiden, wenn auch beide Orte oft zusammenfallen (bei der **„Holschuld"** regelmäßig am Wohn-/Geschäftssitz des Schuldners, bei der **„Bringschuld"** am Wohn-/Geschäftssitz des Gläubigers). Fallen die Orte auseinander (bei der **„Schickschuld"** ist Leistungsort der Wohn-/Geschäftssitz des Schuldners, Erfolgsort aber der des Gläubigers), hat der Schuldner mit der Leistungshandlung zumeist trotzdem alles getan, wozu er nach dem Schuldverhältnis verpflichtet war. Id Sinne haben der Verkäufer beim Versendungskauf (§ 447 Abs 1 BGB) und der Hersteller eines zu versendenden Werkes (§ 644 Abs 2 BGB) mit der Übergabe der Ware bzw des Werkes an den Spediteur, Frachtführer oder eine andere Beförderungsperson alles getan, was von ihm erwartet wird; nur der Erfolg der Erfüllungshandlung (Erfüllung, Besitz- und Eigentumsübertragung) tritt anderswo ein. Das Gesetz nennt den Leistungsort dabei in den 2

§§ 447 Abs 1 und 644 Abs 2 BGB – terminologisch misslungen – „Erfüllungsort“, meint damit aber gerade nicht den Ort, an dem Erfüllung iS des § 362 BGB eintreten, also der Leistungserfolg bewirkt werden soll. Auch der Gerichtsstand des **§ 29 ZPO** wird am „Erfüllungsort“ festgemacht, gemeint ist auch dort nach fast allgM in Inlandsfällen (zu Fällen mit Auslandsberührung unten Rn 60) der Leistungsort iS des § 269 BGB (vgl Rosenberg/Schwab/Gottwald, Zivilprozessrecht [2018] § 36 II Rn 12; OLG Stuttgart 24. 3. 2004 – 14 U 21/03, NJOZ 2004, 2124). Im Einheitlichen UN-Kaufrecht wird vom „Lieferungsort“ gesprochen, **Art 31 CISG**. Weil es im Regelungskontext darum geht, durch welche Handlung der Verkäufer seine Lieferpflicht erfüllt, kann auch hier nicht der Ort des Leistungserfolges angesprochen sein, sondern nur der Leistungsort des § 269 BGB, an dem der Verkäufer durch Übergabe seine Verpflichtung erfüllt, soweit die Parteien nicht etwas anderes vereinbart haben (vgl Staudinger/Magnus [2018] Art 31 CISG Rn 24). Gelegentliche Versuche der Lehre, bessere oder differenzierende Bezeichnungen einzuführen (vgl Enneccerus/Lehmann § 23), haben sich nicht durchgesetzt.

3 Der „Ort“, an dem mangels besonderer Bestimmung die Leistung zu bewirken ist, ist nach Abs 1 mit dem **„Wohnsitz“** des Schuldners. „Wohnsitz“ ist mit § 7 BGB der Ort im politischen Sinne, also die kleinste politische Einheit, idR die Gemeinde oder Stadt, in der die Wohnung liegt (BGH 9. 3. 1983 – VIII ZR 11/82, BGHZ 87, 104; Palandt/Ellenberger § 7 Rn 1). In größeren politischen Gemeinden mit mehreren Bezirken ist Wohnort id Sinne der Bezirk (Palandt/Ellenberger § 7 Rn 1). Schon die Variabilität der politischen Ortsgliederung (Groß- oder Kleingemeinde, Ein- oder Ausgliederung von Orten) zeigt, dass die konkrete Leistungsstelle damit nicht hinreichend bestimmbar ist. Bspw sind in Großstädten sog **„Platzgeschäfte“** (dh: Leistungs- und Erfolgsort liegen in derselben Gemeinde) häufig, auf die dann § 269 BGB zumindest analog angewendet werden muss (Soergel/Forster § 269 Rn 3; MünchKomm/Krüger § 269 Rn 3), um Hol-, Schick- und Bringschulden abzugrenzen: Insofern bestimmt die **Wohnung** des Schuldners auch dann den Leistungsort, wenn der Gläubiger seinen Wohnsitz am gleichen Ort, im gleichen Bezirk oder im gleichen Ortsteil hat. Entscheidend ist allein, ob sich aus der Verschiedenheit der Wohnung von Gläubiger und Schuldner nach dem Inhalt der Leistungspflicht ähnliche Probleme wie bei politischer Ortsverschiedenheit ergeben (vor allem: Transportgefahr; RG 11. 1. 1912 – VI 480/10, RGZ 78, 137; BGH 15. 4. 1959 – V ZR 21/58, NJW 1959, 1176; 9. 3. 1983 – VIII ZR 11/82, BGHZ 87, 104).

4 Hat der Schuldner nach § 7 Abs 2 BGB mehrere Wohnsitze, ergibt sich ggf aus § 269 BGB eine Wahlmöglichkeit der Leistungsmodalitäten für den Schuldner, dogmatisch eine Wahlschuld nach den §§ 262 ff BGB (MünchKomm/Krüger § 269 Rn 49). Hat der Schuldner keinen Wohnsitz (Landfahrer, Obdachlose), tritt ggf analog § 269 Abs 1 BGB an die Stelle des Wohnsitzes der gewöhnliche Aufenthaltsort und mangels eines solchen der Aufenthaltsort zur Zeit der Entstehung des Schuldverhältnisses.

5 Bei Verbindlichkeiten, die im **Gewerbebetrieb des Schuldners** entstehen, ist der Ort (Rn 3) der gewerblichen Niederlassung maßgebend (Abs 2), sofern er vom Wohnsitz verschieden ist. Der Begriff der gewerblichen Niederlassung hat die gleiche Bedeutung wie in § 6 Abs 1 UklaG, der inhaltsgleich mit dem früheren § 14 Abs 1 AGBG ist (Soergel/Forster § 269 Rn 36; MünchKomm/Krüger § 269 Rn 49). Entscheidend ist, ob

von der Niederlassung aus Geschäfte getätigt werden. Zweigstellen reichen aus, sofern es um ein dort getätigtes Geschäft geht.

Bei **juristischen Personen** ist deren „Sitz" an Stelle eines Wohnsitzes maßgebend, also der Ort (Rn 3), an welchem die Verwaltung geführt wird (§ 24 BGB), sofern nicht auch hier § 269 Abs 2 BGB dem Ort der gewerblichen Niederlassung Vorrang einräumt. **6**

Maßgebend sind Wohnsitz, Sitz oder Ort der gewerblichen Niederlassung **zur Zeit der Entstehung des Schuldverhältnisses**. § 269 BGB knüpft an die Entstehung des Schuldverhältnisses an, regelt selbst aber nicht, in welchem Zeitpunkt Schuldverhältnisse entstehen. Insofern ist nach dem Entstehungsgrund des Schuldverhältnisses zu unterscheiden: Beruht das Schuldverhältnis auf Gesetz, entsteht es, wenn die Tatbestandsvoraussetzungen gegeben sind. Beruht es auf Vertrag, entsteht es mit der Annahme des Vertragsantrages nach § 151 BGB (beim Maklervertrag ist bspw nicht erst das die Provision auslösende Geschäft bedeutsam: OLG Stuttgart 13. 2. 1987 – 2 U 53/86, NJW-RR 1987, 1076), eine vereinbarte Rückwirkung bleibt außer Betracht, sofern sie nicht auch als Vereinbarung über den Leistungsort zu verstehen ist. Beruht das Schuldverhältnis auf einem Vermächtnis, entsteht es mit dem Erbfall, § 2176 BGB. Aufschiebend bedingte und befristete Schuldverhältnisse entstehen nicht erst mit dem Bedingungseintritt oder dem Anfangstermin, sondern bspw bereits mit Vertragsschluss (RG 29. 5. 1908 – III 558/07, RGZ 69, 9). Auch bei Dauerschuldverhältnissen verbleibt es regelmäßig bei der Anknüpfung an den Schuldnerwohnsitz zur Zeit der Entstehung des (Dauer-)Schuldverhältnisses, auf die Entstehung der einzelnen aus diesem Schuldverhältnis erwachsenden Leistungsverpflichtungen kommt es nicht an (BGH 30. 3. 1988 – I ARZ 192/88, NJW 1988, 1914). **7**

Eine **nachträgliche Veränderung des Wohnsitzes**, des Sitzes bzw der gewerblichen Niederlassung **ändert den Leistungsort** daher grundsätzlich **nicht** (BGH 29. 9. 1961 – IV ZR 59/61, NJW 1962, 109; OLG Koblenz 10. 6. 1949 – 2 U 136/48, MDR 1950, 45 m krit Anm Blomeyer; OLG Nürnberg 31. 3. 1955 – 4 U 37/55, BayJMBl 1956, 14). Ausnahmsweise kann sich aus § 242 BGB etwas anderes ergeben, etwa wenn sich die Verhältnisse, von denen beide Parteien bei Entstehung des Schuldverhältnisses ausgegangen sind, völlig geändert haben, und dem Schuldner die Einhaltung des Leistungsortes gemessen am Vorteil des Gläubigers daraus unverhältnismäßig große Schwierigkeiten bereiten würde („wirtschaftliche Unmöglichkeit"; vgl RG 19. 9. 1923 – I 164/22, RGZ 107, 121). Andererseits muss gelegentlich auch der Schuldner an einem anderen Ort erfüllen, wenn es die Interessen des Gläubigers mit Rücksicht auf Treu und Glauben verlangen (RG, BayZ 1923, 93). Ob der Leistungsort vereinbart ist, den Umständen zu entnehmen oder durch Gesetz (etwa § 269 Abs 1 BGB) bestimmt, spielt insofern keine Rolle. So können etwa Währungsgesetze die vertragliche Grundlage der Bestimmung des Leistungsortes aufheben (RG 5. 12. 1922 – III 105/22, JW 1924, 1357), ebenso eine politische Gebietsveränderung und Vertreibung (OLG Celle 18. 9. 1953 – 4 W 318/53, NJW 1953, 1831), der Umzug ins Ausland (BGH 20. 5. 1955 – V ZR 197/54, DB 1955, 942; **anders** zum Umzug aus der ehemaligen DDR in die BRD: BGH 29. 9. 1961 – IV ZR 59/61, NJW 1962, 109). Als neuer Leistungsort kommen bei Abänderung der derzeitige Wohnsitz des Schuldners oder der derzeitige Wohnsitz des Gläubigers in Frage (OGH 10. 3. 1949 – I ZS 218/48, OGHZ 1, 363; OLG Celle 18. 9. 1953 – 4 W 318/53, NJW 1953, 1831). **8**

9 **Gesetzliche Sonderregelungen** (neben Abs 1) für den Leistungsort finden sich etwa in den §§ 374 Abs 1, 604 (OLG Köln 8. 11. 1972 – 2 U 93/71, BB 1972, 1526), 697, 700 Abs 1 S 3 (Verweis auf § 697 BGB), 811 Abs 1, 1194, 1200 Abs 1 BGB (Verweis auf § 1194 BGB), Art 2 Abs 2, 3 und Art 8 ScheckG, Art 2 Abs 3, (75 Nr 4 iVm) 76 Abs 3 WG, und in § 36 VVG für die Prämienzahlung des Versicherungsnehmers. Auch eine gewohnheitsrechtliche Vorgabe kommt in Betracht (AG Garmisch-Partenkirchen 2. 12. 1970 – 4 C 508/70, NJW 1971, 762). Nach der hier vertretenen Auffassung regelt § 270 BGB den Leistungsort für die Geldschuld (soweit nicht Sonderregelungen greifen) und bestimmt den Wohnsitz des Gläubigers zum Leistungsort (näher § 270 Rn 2 f).

III. Bestimmung durch Parteierklärung

10 § 269 BGB BGB ist **dispositiv**. Bei Rechtsgeschäften bestimmen in erster Linie die Parteien den Leistungsort. Das kann ausdrücklich geschehen, aber auch konkludent, etwa aus der bereits erbrachten Leistung (RG 17. 6. 1921 – II 519/20, RGZ 102, 282). Eine ergänzende Vertragsauslegung (§§ 157, 242 BGB) braucht es insoweit nicht, weil Abs 1 ohnehin auf die „Umstände" und die „Natur des Schuldverhältnisses" abhebt, soweit eine Regelung fehlt (dazu Rn 18 ff).

11 Für die **ausdrückliche Vereinbarung** in allgemeinen Geschäftsbedingungen ist die Auslegungsregel des § 305b BGB – Vorrang der Individualabrede – zu beachten. Unangemessene Benachteiligung iS des § 307 Abs 2 BGB kann eine Leistungsortbestimmung sein, die der Natur des Schuldverhältnisses zuwiderläuft (MünchKomm/Krüger § 269 Rn 13; BGH 6. 11. 2013 – VIII ZR 353/12, MDR 2014, 137; strenger OLG Koblenz 14. 4. 1989 – 2 U 1874/87, WM 1989, 892: generell unangemessene Benachteiligung des nichtkaufmännischen Kunden).

12 **Warenschulden im Handelsverkehr** sind im Zweifel und typischerweise Schickschulden (Staudinger/Beckmann [2014] § 447 Rn 6). Freilich ist § 447 BGB Gefahrtragungsregel und regelt nicht den Leistungsort. Insoweit bietet **§ 269 Abs 3 BGB** eine **negative Auslegungsregel**: Allein daraus, dass der Schuldner die Versendungskosten übernommen hat, kann noch nicht auf eine Verlagerung des Leistungsorts an den Wohnsitz des Gläubigers (oder einen sonstigen Bestimmungsort der Leistung) geschlossen werden. Umgekehrt kann die kalkulatorische Überbürdung der Transportkosten auf den Käufer bei diesem nicht die schutzwürdige Erwartung hervorrufen, Leistungsort sei nicht der Wohnsitz des Schuldners/Verkäufers und er (der Schuldner) müsse die Transportgefahr nicht tragen (BGH 5. 12. 1990 – VIII ZR 75/90, BGHZ 113, 106). Andererseits ist eine Bringschuld zumindest indiziert, wenn der Gläubiger die Versendungskosten trägt (Schildt JR 1995, 89, 90 f).

12a Beim **Versandhandel mit Verbrauchern** greift § 447 BGB wegen § 475 Abs 2 BGB nur in dem Ausnahmefall, dass der Käufer die Transportperson beauftragt, ohne dass ihm der Unternehmer diese zuvor benennt. Für die vorgelagerte Frage nach dem Leistungsort ist das freilich nicht maßgebend. Insoweit bleibt es – unabhängig davon, ob der Verkäufer oder der Käufer die Versandkosten trägt – ggf bei der Vermutung des Abs 1. Leistungsort ist im Zweifel der Sitz des Verkäufers, es geht dann um eine Schickschuld, nicht um eine Bringschuld (BGH 16. 7. 2003 – VIII ZR 302/02, NJW 2003, 3341; 23. 8. 2018 – III ZR 192/17, NJW 2019, 47). Etwas anderes gilt nach der

Rechtsprechung des VIII. Senats des BGH, wenn auch Montage geschuldet ist. Hier sei abweichend vom Regelfall des Versandhandels von einer Bringschuld auszugehen (BGH 6. 11. 2013 – VIII ZR 353/12, MDR 2014, 137). Überzeugender ist es, mit dem I. BGH-Senat beim Verbrauchsgüterkauf generell den Erfüllungsort beim Käufer zu sehen, also eine Bringschuld anzunehmen (BGH 26. 2. 2014 – I ZR 77/09, NJW 2014, 3243). Ob man insoweit generell von einer konkludenten Vereinbarung ausgehen (AG Rastatt 4. 10. 2001 – 1 C 249/01, NJW-RR 2002, 199) oder auf Interessenlage und Verkehrsanschauung abstellen möchte, ist nur von dogmatischem Interesse. Das entscheidende Sachargument ist, das der Verbraucher dem Transportrisiko in der Regel nicht durch Abholung der Ware ausweichen, der Verkäufer es aber günstig versichern kann (MünchKomm/Krüger § 269 Rn 20).

Der Leistungsort ist Gegenstand üblicher **Vertragsklauseln**, etwa der national wie international benutzten internationalen Handelsklauseln (International Commercial Terms – Incoterms). Die beim Überseekauf verwendete Klausel **„cif“** (cost, insurance, freight) zielt aber nur auf eine Übernahme der Transportkosten, nicht auf eine Veränderung des Leistungsorts (ROHG 20. 6. 1874, SeuffA 37 Nr 137; OLG Hamburg 24. 10. 1906 – V ZS, OLGE 13, 419; Soergel/Forster § 269 Rn 18; MünchKomm/Krüger § 269 Rn 17; Buchwitz JZ 2013, 108, 112). Anders ist das regelmäßig (zu Ausnahmen etwa RG 10. 7. 1917 – II 153/17, WarnR 1917 Nr 198; 10. 7. 1917 – II 67/17, JW 1918, 92) bei Abladegeschäften, in denen der Abladeort (nicht aber der Bestimmungsort) auch Leistungsort für den Verkäufer ist (RG 2. 7. 1915 – II 162/15, RGZ 87, 134; Soergel/Forster § 269 Rn 19). In der Incoterm Klausel **„DDP“** (delivered duty paid) sieht der BGH (anders als in „frei“-Klauseln, vgl Rn 14) eine Vereinbarung des Erfüllungsortes beim Käufer, also die einer Bringschuld des Verkäufers (BGH 7. 11. 2012 – VIII ZR 108/12, ZIP 2013, 44; vgl zu weiteren Erfüllungsortvereinbarungen durch Handelsklauseln Buchwitz JZ 2013, 108, 112 f). 13

Die Klausel **„fob“** (free on board) bedeutet nur eine Kostenübernahme, allenfalls noch darüber hinaus eine Regelung der Gefahrtragung; der Leistungsort wird nicht verändert (für Kostenübernahme: OLG Hamburg 29. 3. 1901 – IV ES, OLGE 3, 92; MünchKomm/Krüger § 269 Rn 17; für Gefahrtragung: OLG Hamburg, HansGZ 1924 Hauptbl 72; Soergel/Forster § 269 Rn 18). Dass Kostentragung und Gefahrübernahme einerseits und Leistungsort andererseits unabhängig geregelt werden können, zeigt sich nach der Auffassung, die Geldschuld sei qualifizierte Schickschuld, auch in § 270 Abs 4 BGB (§ 270 Rn 1). Ähnlich sind „frei“-Klauseln wie „franko Hamburg“, „frei Hamburg“, „frei Grenzort“, „frei Bahn“, „lieferbar in …“, „frei … Bestimmungsort“ (BGH 19. 9. 1983 – VIII ZR 195/81, NJW 1984, 567: Übergang der Transportgefahr) oder auch „Ablieferung in …“ nicht als Veränderung des Leistungsorts verstanden worden (RG 16. 10. 1926 – I 448/25, RGZ 114, 405; Buchwitz JZ 2013, 108, 112). 14

Auch Vereinbarungen über die **Zahlungsweise** betreffen, wenn man in der Geldschuld eine qualifizierte Schickschuld sieht, allenfalls die Gefahrtragung (§ 270 Abs 1–3), lassen aber den Leistungsort wegen § 270 Abs 4 BGB unberührt (zur hier vertretenen Gegenmeinung und der danach eng begrenzten Funktion des § 270 Abs 4 BGB vgl § 270 Rn 2). Zur älteren Rechtsprechung zu Klauseln wie „zahlbar in …“, „über Nachnahme“, „Kassa vor Verladung“, „Zahlung beim Verkäufer gegen Vorlage des Duplikatfrachtbriefes“, „auf Girokonto des Gläubigers“, „Bankakkreditiv vor Lieferung“ uä vgl Staudinger/Bittner [2009] § 269 Rn 15 mwNw. 15

16 Auch aus einer **Gerichtsstandsvereinbarung** ist nicht auf eine Regelung des Leistungsortes zu schließen (OLG Braunschweig 17. 11. 1922 – 1 ZS, OLGE 43, 25). Umgekehrt darf die Vereinbarung eines Leistungsorts („Erfüllungsorts") grundsätzlich nicht als bloße Prorogation verstanden werden (vgl dazu ADLER GrünhutsZ 38, 719 ff). Zur (nur noch) beschränkten Wirkung einer Vereinbarung über den Leistungsort auf den Gerichtsstand vgl unten Rn 58.

17 Bei Verträgen ist die **bloß einseitige Bestimmung** des Leistungsortes durch eine Vertragspartei bedeutungslos, zumal wenn sie erst nach Vertragsabschluss auf Rechnungen, Lieferscheinen und Lieferbegleitscheinen getroffen wird. Bei Vermerken auf Kostenvoranschlägen und Preislisten ist entscheidend, ob die Parteien bei den Vertragsverhandlungen auf die Vermerke Bezug genommen haben, sodass diese Vertragsbestandteil geworden sind. Beim Schweigen auf ein kaufmännisches Bestätigungsschreiben, in dem einseitig ein „Erfüllungsort" bestimmt wurde, bedeutet das Schweigen freilich (ausnahmsweise) rechtsgeschäftliche Zustimmung (RG 22. 4. 1904 – II 570/03, RGZ 57, 408). Für das Schweigen auf die Schlussnote des Handelsmaklers gilt das aber nicht (RG 10. 1. 1905 – II 294/04, RGZ 59, 350), es bleibt bei der unbeachtlichen einseitigen Bestimmung. Stets möglich ist es, dass die Parteien hinsichtlich des Leistungsortes ein Leistungsbestimmungsrecht vereinbaren; dann kann der Bestimmungsberechtigte vorbehaltlich § 315 Abs 3 BGB den Leistungsort wirksam einseitig festsetzen.

IV. Bestimmung durch die Umstände

1. Allgemeines

18 Zu den **„Umständen"**, die nach Abs 1 zu beachten sind, gehören die **Natur des Schuldverhältnisses**, also sein Charakter (Typus) sowie die **besonderen Verhältnisse des Einzelfalles**. Auch Verkehrssitte und Handelsbrauch können eine Rolle spielen (zum Handelsbrauch in den Weinbaugebieten an Rhein und Mosel, dass bei Weinverkäufen, die beiderseitige Handelsgeschäfte sind, der Wohnsitz des Verkäufers Leistungsort [„Erfüllungsort"] für Lieferung und Zahlung ist OLG Köln 17. 10. 1922 – 7 U 259/20, JW 1923, 311; LG Landau 15. 1. 1951 – O 99/50, NJW 1952, 789; LÜTTGER JW 1927, 1404).

19 Verschiedene Verpflichtungen aus demselben Schuldverhältnis können unterschiedliche Leistungsorte aufweisen. Bei **zweiseitigen Verträgen**, selbst bei gegenseitigen, kann der Leistungsort für beide Parteien verschieden sein (zum Kaufvertrag: BGH 2. 10. 2002 – VIII ZR 163/01, DB 2003, 272). Sogar für mehrere Leistungen derselben Partei können verschiedene Leistungsorte gegeben sein (zB OLG Hamm 16. 8. 1951 – 7 W 369/51, JMBl NRW 1951, 247).

20 Die ältere Rechtsprechung hat oft versucht, eine **Spaltung des Leistungsortes** bei zweiseitigen, insbesondere synallagmatischen Verträgen zu vermeiden versucht. Um einen einheitlichen Leistungsort zu finden, wurde dann nach einem Schwerpunkt des Schuldverhältnisses gesucht (BÖTTICHER SJZ 1948, 738; GAMILLSCHEG RabelsZ 1958, 334; MünchKomm/KRÜGER § 269 Rn 19). Ein solcher Schwerpunkt wird heute nur noch erkannt, wenn über die vertragstypische Leistung hinaus weitere Umstände festgestellt werden, damit nicht bei jedem entgeltlichen Vertrag der einheitliche Leistungsort auch für die untypische Zahlungspflicht erfasst (zum Honoraranspruch des

Rechtsanwalts BGH 24. 1. 2007 – XXII 168/04, NJW-RR 2007, 777; zum Zahlungsanspruch eines Reisebüros BGH 11. 11. 2003 – X ARZ 91/03, BGHZ 157, 20). Bei der Rückabwicklung eines Kaufs wird dabei eher auf die Warenleistung als auf die Preiszahlung geachtet (vgl aber Rn 27 ff), bei Arbeits- oder Dienstverträgen eher auf die Tätigkeit des Arbeits- oder Dienstnehmers (vgl Rn 25). Bei Unterrichtsverträgen ist, wenn ein bestimmter Unterrichtsort vereinbart ist, dort ein einheitlicher Erfüllungsort auch für die Zahlungsverpflichtung anzunehmen (offengelassen OLG Zweibrücken 28. 10. 2008 – 2 AR 36/08, OLGR Zweibrücken 2009, 209). Der Leistungsort für **Nebenleistungspflichten** ist grundsätzlich der der jeweiligen Hauptleistungspflicht (BGH 30. 9. 1976 – II ZR 107/74, WM 1976, 1230; 7. 5. 2002 – XI ZR 197/01, MDR 2002, 1135; OLG Dresden 23. 3. 2001 – 8 U 2844/00, ZIP 2001, 1531).

2. Einzelfälle

Bei **Ladenkäufen**, bei denen der Kunde die Kaufsache mitnehmen kann, ist der Ort der gewerblichen Niederlassung des Verkäufers Leistungsort auch für die Zahlungspflicht (OLG Stuttgart 18. 5. 1921 – 1 ZS, OLGE 41, 244), freilich nur bei Waren, die üblicherweise bar bezahlt werden. Dass nach besonderer Vereinbarung oder aus den besonderen Umständen nur gegen **Barzahlung** geleistet werden soll, ist etwa auch dann entscheidend, wenn Kunden an ihnen fremden Orten, an denen sie nicht bekannt sind (etwa am Urlaubsort), einkaufen oder Leistungen örtlicher Handwerker oder Dienstleistungsbetriebe wie zB Kfz-Werkstattleistungen (OLG Düsseldorf 4. 8. 1975 – 5 U 39/75, MDR 1976, 4969) oder auch eine privatärztliche Behandlung in Anspruch nehmen. 21

Bei der **Grundstücksmiete** oder -pacht ist zwar der Ort der Überlassung des Miet- oder Pachtobjektes vorgegeben, muss aber nicht zugleich Leistungsort für die Miet- oder Pachtzinszahlung sein, da das Inkasso vor Ort nur noch ausnahmsweise vorkommt. Grundsätzlich greift daher für die Miet- oder Pachtzinszahlung § 270 BGB. Für Mietschulden von durchreisenden Hotelgästen (AG St Blasius 22. 6. 1982 – C 24/82, MDR 1982, 1017), Feriengästen, Ferienhausmietern (AG Neuss 27. 3. 1986 – 36 C 74/86, NJW-RR 1986, 1210) und Campingreisenden wird jedoch der Ort der Beherbergung für maßgebend gehalten (LG Kempten 17. 12. 1986 – S 2154/86, BB 1987, 929 m zust Anm Nettesheim; dazu ders BB 1986, 547 ff; AG Grafenau 18. 3. 1958 – C 20/58, MDR 1958, 610; AG Garmisch-Partenkirchen 2. 12. 1970 – 4 C 508/70, NJW 1971, 762); das überzeugt in dem typischen Fall, dass eine Zahlung „vor Ort" in bar, per Scheckübergabe oder mit EC- oder Kreditkarte vorausgesetzt wird. Dass der Gast die Buchung storniert und nicht anreist, ändert insofern nichts (LG Münster 26. 2. 2018 – 3 S 126/17, Mietrecht kompakt 2018, 74 mwNw auch zur **Gegenmeinung**). 22

Der Leistungsort bei **Leasingraten** für bewegliche Sachen liegt am anfänglichen, nicht am jeweiligen Schuldnerwohnsitz (BGH 30. 3. 1988 – I ARZ 192/88, NJW 1988, 1914 m Anm Eckert EWiR 1988, 757). Demgegenüber kann die **Rückgabepflicht nach § 546 Abs 1** BGB bei Vertragsende (wie bei der Miete von beweglichen Sachen) nach den konkreten Umständen des Falles auch Bringschuld sein. Das ist zwar nicht zwingend, weil § 546 Abs 1 BGB über den Ort der Rückgabe nichts sagt (BGH 18. 1. 2017 – VIII ZR 263/15, NZM 2017, 412 mwNw zur **Gegenmeinung**), wird aber etwa bei geleasten Kraftfahrzeugen regelmäßig der Verkehrserwartung entsprechen. 23

24 Leistungsort bei **Bauverträgen** ist für beide Leistungen regelmäßig der Ort des Bauwerkes (BGH 5. 12. 1985 – I ARZ 737/85, JZ 1986, 252; BayObLG 10. 3. 1983 – Allg Reg 9/83, MDR 1983, 583; krit HAHN NZBau, 2006, 556 ff, der aber de lege ferenda eine gerichtliche Zuständigkeit für die Werklohnforderung am Ort des Bauwerks befürwortet). Argument ist vor allem, dass auch der Besteller hier eine seiner Hauptpflichten am Ort des Bauwerks erfüllen muss, nämlich die Abnahme des Werks. Anderes gilt für Ansprüche von Subunternehmern gegen den Hauptunternehmer (Arge) (BGH 10. 9. 1985 – Allg Reg 38/85, EWiR 1985, 845 [HOCHSTEIN] für den „Sitz" der Arge). Beim Architektenvertrag liegt in der Regel kein gemeinsamer Erfüllungsort am Sitz des Bauvorhabens vor, wenn der Architekt im Wesentlichen mit Planungsleistungen beauftragt war (LG Heidelberg 18. 12. 2006 – 2 O 245/06, NJW-RR 2007, 1030).

25 Der gemeinsame Leistungsort bei **Arbeits- und Dienstverhältnissen** für die beiderseitigen Leistungsverpflichtungen bestimmt sich nach der Rechtsprechung des **BAG** nach dem Schwerpunkt des Vertragsverhältnisses, der durch die Arbeitsleistung innerhalb eines Betriebes bestimmt wird (BAG 3. 12. 1985 – 4 AZR 325/84, NZA 1986, 366). Leistungsort auch für die Entgeltzahlung ist damit regelmäßig der Ort der betrieblichen Niederlassung (BAG 19. 3. 1996 – 9 AZR 656/94, NZA 1997, 334), in der der Arbeitnehmer seiner Tätigkeit zumindest überwiegend nachgeht: Muss der Arbeitnehmer bspw in verschiedenen Staaten arbeiten, ist Erfüllungsort der Ort, der den tatsächlichen Mittelpunkt der Tätigkeit bildet (LAG Nürnberg 24. 4. 2001 – 6 Sa 662/00, AR-Blattei ES 160. 5. 5 Nr 4). Das gilt auch für Außendienstler, die funktional in einen Heimatbetrieb eingegliedert bleiben, bspw Monteure (AR/LÖWISCH §§ 269, 270 Rn 2). Werden Außendienstmitarbeiter hingegen von ihrem Wohnsitz aus tätig (etwa Handelsvertreter), ist Leistungsort der beiderseitigen Verpflichtungen aus dem Arbeitsverhältnis der Wohnort des Arbeitnehmers; das gilt selbst dann, wenn er nicht täglich zu seinem Wohnsitz zurückkehrt (BAG 12. 6. 1986 – 2 AZR 398/85, AP Art 5 Brüsseler Abkommen Nr 1; ArbG Bayreuth 11. 8. 1993 – 4 Ca 653/93, NZA 1993, 1055; **aA** ArbG Leipzig 14. 2. 2002 – 17 Ca 52/02, BB 2002, 683; OSTRUP/ZUMKELLER NZA 1994, 644 ff; krit WEBER, in: FS Leinemann [2006] 655, 663 ff). Dass im Arbeitsvertrag von Flugbegleitern ein Einsatzort (homebase) festgeschrieben ist, soll nicht den Leistungsort für die Arbeitspflicht vorgeben (BAG 22. 4. 1998 – 5 AZR 478/97, NZA 1998, 936); hier wird regelmäßig vereinbart sein, dass der Leistungsort vom Arbeitgeber im Rahmen des Direktionsrechts vorgegeben werden kann (AR/KOLBE § 106 GewO Rn 25). Im Leiharbeitsverhältnis kommt ist die Arbeitspflicht am Einsatzort (Entleiherbetrieb) zu erbringen, für die Zahlung durch den Verleiher sollte vom einheitlichen Leistungsort abgewichen und auf dessen Niederlassung abgestellt werden. Sein **Arbeitszeugnis** muss der Arbeitnehmer grundsätzlich in dieser Niederlassung abholen (Holschuld; BAG 8. 3. 1995 – 5 AZR 848/93, NJW 1995, 2373); ausnahmsweise ist eine Schickschuld anzunehmen, wenn die räumliche Entfernung und der Abholaufwand den Arbeitnehmer übermäßig belasten (AR/KOLBE § 109 GewO Rn 11). Für **Nebenleistungspflichten des Arbeitnehmers** muss der Leistungsort dem der Arbeitspflicht folgen (allgemein Rn 20): Arbeitsmittel (etwa Akten, Diensthandy oder -laptop) müssen im Einsatzbetrieb zurückgegeben werden (Bringschuld); größere Warenbestände, die beim Arbeitnehmer gelagert wurden, muss sich der Arbeitgeber aber holen (LAG Niedersachsen 4. 11. 2003 – 13 Sa 423/03, BeckRS 2003 30464603). Auch der Büroschlüssel muss in den Einsatzbetrieb zurückgebracht werden (LAG Köln 10. 8. 2017 – 7 Sa 1073/16, BeckRS 2017, 140511), für den Dienstwagen kann nichts anderes gelten. Dass der Arbeitnehmer arbeitsunfähig erkrankt ist und nicht in den Betrieb kommen kann, betrifft dogmatisch nicht den

Leistungsort der Rückgabeverpflichtung, sondern die subjektive Möglichkeit zur Leistung (**anders** wohl LAG Berlin-Brandenburg 10. 1. 2013 – 10 Sa 1809/12, BeckRS 2013, 73508 mit Verweis auf § 269 Abs 1 BGB m zust Anm Hoppe ArbRAktuell 2013, 637).

Demgegenüber stellt der **BGH** entscheidend auf den Ort ab, an dem sich die betriebliche Einrichtung zur Lohnbuchhaltung und -auszahlung befindet. Leistungsort für Arbeitsvergütungen ist danach grundsätzlich der Betriebssitz des Arbeitgebers, und zwar auch dann, wenn es der Arbeitgeber übernimmt, bargeldlos zu überweisen, oder der Arbeitnehmer auswärts beschäftigt ist (BGH 26. 11. 1984 – II ZR 20/84, NJW 1985, 1286). Mit der Entscheidung, die Lohnschuld als Schickschuld zu behandeln, ist jedoch noch keine Aussage darüber getroffen, wer die Kosten der Überweisung oder gar die Kosten der Kontenführung bei der Bank trägt (vgl dazu § 270 BGB). Im Handelsvertreterrecht trennt der BGH die Leistungsorte für die beiderseitigen Verpflichtungen. Für die Tätigkeit des Handelsvertreters wird auf seinen Tätigkeitsort, für die Leistungen des Unternehmers auf dessen Sitz abgestellt (BGH 22. 10. 1987 – I ZR 224/85, ZIP 1988, 436 m Anm vKüstner/vManteuffel NJW 1988, 966 f; 12. 5. 1993 – VIII ZR 110/92, NJW 1993, 2753). 26

Der Leistungsort der gegenseitigen Rückgewährpflichten bei **Rückgewährschuldverhältnissen** war und ist umstritten (ausführlich zum Streitstand mit umfassenden Nachweisen Staudinger/Kaiser [2012] § 346 Rn 81 ff). Klar ist nur, dass der Leistungsort für die Rückgewähr einer schon aus ihrer Beschaffenheit folgen kann (Grundstücke). Jenseits dessen wird zum Teil nach gesetzlichem und vertraglichem Rücktritt (zB MünchKomm/Krüger § 269 Rn 42) unterschieden, zum Teil danach, ob der Rücktritt nach freiem Belieben erfolgen kann oder ein Vertretenmüssen des anderen Teils voraussetzt (zB MünchKomm/Gaier § 346 Rn 40; jurisPK/Faust § 346 Rn 32). Weiter ist strittig, ob (und ggf in welchen Fällen) der Leistungsort für die Rückgewähr der Geldleistung dem Leistungsort für die Rückgewähr der Sachleistung folgt (generell gegen eine Differenzierung Staudinger/Kaiser [2012] § 346 Rn 84). 27

Voraussetzung des **gesetzlichen Rücktritts** ist allein die nicht oder nicht vertragsgemäß erbrachte Leistung, ob der Schuldner diese Pflichtverletzung zu vertreten hat, spielt keine Rolle; dass der Gläubiger den Rücktrittsgrund zu verantworten hat, ist nach § 323 Abs 6 BGB Ausschlussgrund und nicht Voraussetzung. Schon deshalb überzeugt es nicht, für den Leistungsort danach zu fragen, ob eine der Vertragsparteien und welche „den Rücktritt zu vertreten“ hat. Rücktrittsberechtigt kann im praktisch häufigsten Fall einer gestörten Kaufvertragsbeziehung der Käufer (§§ 437 Nr 2, 323, 326) oder auch der Verkäufer sein (§§ 449, 323 BGB). Entsprechend der früher von der ganz hM zur Wandelung des Käufers vertretenen Position ist eine gelieferte Sache grundsätzlich an dem Ort zurückzugewähren, **an dem sie sich auf Grund des Vertrages bestimmungsgemäß befindet** (OLG München 13. 1. 2014 – 19 U 3721/13, MDR 2014, 450; MünchKomm/Krüger § 269 Rn 42; Palandt/Grüneberg § 269 Rn 16; **aA** Bamberger/Roth/Hau/Poseck/Lorenz § 269 Rn 36: ursprünglicher Leistungsort; Staudinger/Kaiser [2012] § 346 Rn 84). Das ist im Regelfall der Ort, an dem der Käufer oder ein von ihm benannter Dritter die Sache gemäß dem Vertrag erhalten hat (Köhler 371). Nur ausnahmsweise unterscheidet sich der Rückgabeort vom Empfangsort, wenn die Kaufsache im Rahmen des bestimmungsgemäßen Gebrauchs an einen anderen Ort verbracht worden ist (BGH 9. 3. 1983 – VIII ZR 11/82, BGHZ 87, 104: Dachziegel; vertragsgemäßer Bestimmungs- und Leistungsort der Rückgewähr sei das Dach des Hauses, auf dem sich die 28

Ziegel bei Vollziehung der Wandelung befanden). Allerdings kann nicht jede Weiterveräußerung als bestimmungsgemäßer Gebrauch aufgefasst werden (KÖHLER 370), weil man sonst den Verkäufer unkalkulierbaren Risiken aussetzt. Es ist daher für den bestimmungsgemäßen Gebrauch der Sache auf den objektiven Verwendungszweck abzustellen, der nur bei Fahrzeugen, Booten, Flugzeugen etc auf einen Ortswechsel zielt (KÖHLER 374; gegen die Differenzierung nach dem objektiven Verwendungszweck KAISER 424 Fn 36). Hat der Käufer die Sache an seinen (Wohn-)Sitz verbracht, braucht er sie nur dort zurück zu gewähren, muss sie nicht etwa an einen hiervon verschiedenen Empfangsort zurück transportieren (KÖHLER 373, 380). Das gilt auch für den zur Rückgewähr verpflichteten Vorbehaltskäufer. Zum einheitlichen Erfüllungsort bei Rückabwicklung eines Software-Erstellungsvertrages am Ort des Servers, auf dem sich die Software vertragsgemäß befindet: OLG Bamberg 18. 8. 2010 – 8 U 51/10, CR 2010, 630.

29 Nach hM wird über den Belegenheitsort der zurück zu gewährenden Sache auch der **Leistungsort für die Geldrückzahlung** bestimmt (MünchKomm/KRÜGER § 269 Rn 42; PALANDT/GRÜNEBERG § 269 Rn 16; jurisPK/FAUST § 346 Rn 33; **aA** SOERGEL/FORSTER § 269 Rn 30; STAUDINGER/KAISER [2012] § 346 Rn 84 f). Das überzeugt vor allem bei Rückgewähr in bar, trifft aber auch sonst die Rückabwicklung Zug um Zug (OLG Hamm 20. 10. 2015 – 28 U 91/15, NJW-RR 2016, 177; OLG München 4. 10. 2018 – 24 U 1279/18, juris – jeweils mwNw zum Meinungsstand).

30 *Rn 30 bleibt frei.*

31 Für das **Widerrufs- und Rückgaberecht** des **Verbrauchers** nach (iS der §§ 355 ff BGB) ist der Erfüllungsort für die Rückgewähr durch Rücksendung mittelbar über die Kosten- und Gefahrtragungsregelung, in § 357 Abs 4–6 BGB geregelt. Der Leistungsort liegt am Wohnsitz des zur Rücksendung verpflichteten Verbrauchers; die Rücksendeverpflichtung ist Schickschuld (NK-BGB/RING § 357 Rn 19; BAMBERGER/ROTH/HAU/POSECK/MÜLLER-CHRISTMANN § 357 Rn 9; PALANDT/GRÜNEBERG § 357 Rn 7). Hat der Unternehmer angeboten, die Waren abzuholen (§ 357 Abs 5 BGB), oder sind bei außerhalb von Geschäftsräumen geschlossenen Verträgen nicht postversandfertige Waren zur Wohnung des Verbrauchers geliefert worden (§ 357 Abs 6 S 3 BGB), geht es aber um eine Holschuld (PALANDT/GRÜNEBERG § 357 Rn 7; NK-BGB/RING § 357 Rn 19 – jeweils zu § 357 Abs 6 S 3 BGB).

32 Beim **vertraglichen Rücktrittsrecht** kann der Leistungsort für die Rückgewährverpflichtungen vereinbart werden. Lässt sich der Parteiabrede, auch etwaigen Kosten- und Gefahrtragungsabreden für die Bestimmung des Leistungsortes nichts entnehmen, greift § 269 BGB. Dann ist im Zweifel anzunehmen, dass der vertragliche Erfüllungsort auch für die beiderseitigen Rückgewährpflichten maßgeblich sein soll (OLG Hamm 14. 9. 1981 – 2 U 43/81, MDR 1982, 141; PALANDT/GRÜNEBERG § 269 Rn 16; BAMBERGER/ROTH/HAU/POSECK/LORENZ § 269 Rn 37; MünchKomm/KRÜGER § 269 Rn 42). Nach anderer Ansicht kommt es auch hier auf den Belegenheitsort der Sache an (ERMAN/RÖTHEL § 346 Rn 5; einschränkend MünchKomm/GAIER § 346 Rn 40).

33 Für die Rückgabe des Geleisteten nach **Aufhebung des Vertrages** nach Art 81 Abs 2 CISG zieht die hM die gesetzlichen Erfüllungsortregeln für die ursprünglichen Leistungspflichten spiegelbildlich heran. Der Erfüllungsort für die Rückzahlungspflicht

des Verkäufers wie auch für die Warenrückgabe des Käufers liegt daher im Zweifel am Niederlassungsort des Käufers (näher STAUDINGER/MAGNUS [2018] Art 81 CISG Rn 19 mwNw; **aA** zur Vorläuferbestimmung des Art 78 EKG BGH 22. 10. 1980 – VIII ZR 264/79, BGHZ 78, 257: Erfüllungsort für die Rückgewähr des Kaufpreises nach Art 78 Abs 2 EKG sei der Ort der gewerblichen Niederlassung des Verkäufers).

Für die **Rückabwicklung nichtiger Verträge nach Bereicherungsrecht** spielt die vertragliche (ebenfalls nichtige) Vereinbarung des „Erfüllungsortes" nach hM keine Rolle (**aM** LG Hamburg 12. 3. 1963 – 10 O 284/62, MDR 1963, 758). Leistungsort sei der Wohnsitz des Rückgewährschuldners in dem Zeitpunkt, in dem die Rückzahlungsverpflichtung entsteht (RG 26. 10. 1901 – II 219/01, RGZ 49, 421; MünchKomm/KRÜGER § 269 Rn 44; PALANDT/GRÜNEBERG § 269 Rn 16), oder der Ort, an dem sich die Sache vertragsgemäß befindet, bei Veräußerung im regelmäßigen Geschäftsbetrieb etwa am Geschäftssitz des Abkäufers (BGH 20. 11. 1961 – VIII ZR 167/60, MDR 1962, 399; SOERGEL/FORSTER § 269 Rn 30; ERMAN/ARTZ § 269 Rn 13; im Grundsatz ebenso DÖHMEL 191 f; **anders** KÖHLER 378 ff; KAISER 451 ff will nach dem Grund der bereicherungsrechtlichen Rückabwicklung unterscheiden; MünchKomm/KRÜGER § 269 Rn 44 zur Eingriffskondiktion). 34

Der für die Hauptverpflichtung maßgebliche Leistungsort ist nach hM auch Leistungsort für die Verpflichtung zum **Schadensersatz statt der Leistung** (etwa MünchKomm/KRÜGER § 269 Rn 43; zum Schadensersatz wegen Nichterfüllung nach altem Recht RG 27. 10. 1903 – II 155/03, RGZ 55, 423; BayObLG 30. 10. 1980 – Allg Reg 101/80, MDR 1981, 233 [Anwaltsvertrag]; zum Schadensersatz wegen Schlechterfüllung BayObLG 16. 8. 1995 – 1 Z AR 35/95, NJW-RR 1996, 52 [Anwaltsvertrag]; bestätigt in BayObLG 21. 3. 2002 – 1 Z AR 17/02, AnwBl 2002, 430). Beim („großen") Schadensersatz statt der ganzen Leistung unter beiderseitiger Rückgewähr der Leistungen nach Rücktrittsvorschriften (Differenzmethode) gilt das zum gesetzlichen Rücktrittsrecht Gesagte (oben Rn 27 f) auch für die beiderseitigen Rückgewährpflichten (MünchKomm/KRÜGER § 269 Rn 43). Schadensersatz aus **unerlaubter Handlung** ist nach § 249 BGB dort zu leisten, wo die Wiederherstellungspflicht erfüllt werden kann, also regelmäßig dort, wo sich die Sache befindet (PALANDT/GRÜNEBERG § 269 Rn 12; MünchKomm/KRÜGER § 269 Rn 43). 35

Die **werkvertragliche Nachbesserung** ist im Zweifel dort zu erbringen, wo sich das nachzubessernde Werk vertragsgemäß befindet. Welche Handlungen hier im Einzelnen zur Nachbesserung geschuldet sind, ist damit nicht gesagt (TRÖGER AcP 212 [2012] 296, 312 f). Dass der Unternehmer nach § 635 Abs 2 BGB die Transportkosten zu tragen hat, ist insoweit unerheblich (BGH 8. 1. 2008, X ZR 97/05 Rn 13, NJW-RR 2008, 724, 725). 36

Zur **kaufvertraglichen Nacherfüllung** nach § 439 BGB hat der BGH dagegen entschieden, dass in erster Linie auf die Vereinbarungen der Parteien und mangels solcher (nach § 269 Abs 1 BGB) auf die Natur des Schuldverhältnisses abzustellen sei. Danach entziehe sich der Erfüllungsort einer allgemeinen Festlegung, er sei weder generell mit dem Erfüllungsort des Anspruchs aus § 433 Abs 1 S 1 BGB (so **aber** OLG Köln 14. 2. 2006 – 20 U 188/05, Schaden-Praxis 2007, 302; OLG München 20. 6. 2007 – 20 U 2204/07, NJW 2007, 3214) noch generell mit dem bestimmungsgemäßen Belegenheitsort (so **aber** OLG München 12. 10. 2005 – 15 U 2190/05, NJW 2006, 449) der mangelhaften Kaufsache identisch und könne in vielen Fällen, aber zB nicht bei Einbau und erschwertem Rücktransport (LG Frankfurt 28. 8. 2015 – 2-24 O 201/13, DAR 2016, 528 für 36a den fahruntüchtigen PKW), am Sitz des Verkäufers zur Zeit der Entstehung des Schuldverhältnisses (§ 269 Abs 2 BGB) liegen (BGH 13. 4. 2011 – VIII ZR 220/10 – Faltanhänger, BGHZ 189, 196; 19. 12. 2012 – VIII 96/12, NJW 2013, 1074; 19. 7. 2017 – VIII ZR 278/16, NJW 2017, 2758). Damit muss der Käufer also die Sache „zur Nacherfüllung bringen" (zum Ersatz der Transportkosten vgl Nemeczek NJW 2016, 2375 ff), wenn die Verkehrsauffassung das erwartet: Das wird man bspw annehmen können, wenn gekaufte Kleidung Mängel aufweist; soll der Verkäufer einen fehlenden Knopf annähen, setzt das voraus, dass der Käufer das Kleidungsstück hierzu ins Ladengeschäft des Verkäufers bringt. Diese flexible Bestimmung des Leistungsortes erlaubt, die am Erfüllungsort im Einzelnen zur Nacherfüllung geschuldeten Handlungen auf diesen abzustimmen, beeinträchtigt aber die Rechtssicherheit (Ayad/Schnell, BB 2011, 1683 f; Eisenberg BB 2011, 2634, 2635 f; Gsell JZ 2011, 988, 991 f). Im Hinblick auf die Entscheidung des EuGH vom 16. 6. 2011 (C-65/09 und C-87/09 – Weber/Putz, NJW 2011, 2269) zu Art 3 Verbrauchsgüterkaufrichtlinie wird für den Verbrauchsgüterkauf vertreten, Nachfüllungsort sei der Ort, an dem die Kaufsache sich bestimmungsgemäß befindet, weil ein Rücktransport zum Verkäufer für den Käufer mit erheblichen Unannehmlichkeiten belastet wäre (Brors NJW 2013, 3329, 3332; Döll DAR 2015, 671, 672 ff). Für den Regelfall wird man allerdings nicht sagen können, der Käufer wäre schon dann erheblich belastet, wenn er die Kaufsache zum Verkäufer zurückbringen muss (für den Gebrauchtwagenkauf OLG Naumburg 19. 5. 2017 – 7 U 3/17, MDR 2017, 1357); das AG Norderstedt (27. 12. 2017 – 47 C 317/16, juris) hat die Frage dem EuGH vorgelegt, Generalanwalt Wahl (Schlussantrag 15. 1. 2019 – C 52/18 – Fülla, BeckRS 2019, 102) sieht in einer möglichen Obliegenheit des Käufers zum Rücktransport der Kaufsache indes keinen Verstoß gegen die Verbrauchsgüterkaufrichtlinie.

37 Der für die Hauptverpflichtung maßgebliche Leistungsort soll auch Leistungsort für eine **Vertragsstrafe** sein (RG 29. 5. 1908 – III 558/07, RGZ 69, 9; OLG München 30. 6. 2011 – 29 U 5499/10, IPRspr 2011, Nr 204, 534). Das überzeugt nur, wenn eine Geldstrafe versprochen ist; andernfalls geht es um einen zwar bedingten, aber eben doch eigenständigen Anspruch, für den der Leistungsort unabhängig von der Hauptverpflichtung bestimmt werden muss (Staudinger/Rieble [2015] § 339 Rn 537 mwNw). Ob generell auf den Sitz des Schuldners bei Entstehung des Schuldverhältnisses abgestellt werden soll, spielt keine Rolle, wenn auch die Hauptverbindlichkeit, also die vertragliche Unterlassungspflicht, dort zu erfüllen ist (LG München I 21. 2. 2007 – 21 O 10626/06, InstGE 9, 22; LG Köln 26. 6. 2013, 28 O 80/12 – ZUM-RD 2014, 114).

38 Die Verpflichtung zur **Abgabe einer rechtsgeschäftlichen Erklärung** ist am Wohnsitz des Erklärungsempfängers zu erfüllen (OLG Stuttgart 24. 3. 2004 – 14 U 21/03, RIW 2004, 711; Breit Gruchot 55, 30). Ausnahme sind bspw Verpflichtungen zur Auflassung oder Hypothekenbestellung, die am Ort des Grundbuchamtes zu erfüllen sind (OLG Stuttgart 21. 11. 1907, Recht 1908 Nr 3399).

39 Bei **Benachrichtigungspflichten** kommt es darauf an, in wessen Interesse die Benachrichtigung liegt. Liegt sie primär im Interesse des Benachrichtigungspflichtigen, liegt eine Bringschuld nahe; liegt sie primär im Interesse des zu Benachrichtigenden, ist eine Schickschuld anzunehmen (Einsele JZ 2003, 100). Die Benachrichtigungspflicht aus Nr 15 Abs 2 der Sonderbedingungen für Wertpapiergeschäfte, die als Erinnerungshilfe für den Kunden dient, ist daher als Schickschuld einzuordnen (iE BGH 7. 5. 2002 – XI ZR 197/01, BKR 2002, 682 m Anm Leitz BKR 2002, 685 ff = JZ 2003, 97, 98 m insoweit zust Anm Einsele JZ 2003, 100 f). Ist die Benachrichtigungspflicht Nebenpflicht zu einer Holschuld als Hauptpflicht, kann sie gleichwohl nicht selbst Holschuld sein: Der zu Informierende kann typischerweise nicht wissen, wann eine relevante Mitteilung auf ihn wartet, die er sich abholen könnte (vgl Einsele JZ 2003, 100).

Bei **Bürgschaftsverträgen** steht die Zahlungspflicht des Bürgen im Vordergrund. Auf der Grundlage der hM zu § 270 BGB (§ 270 Rn 1) ist der Leistungsort der Hauptschuld nicht zugleich der der Bürgenverpflichtung (RG 14. 4. 1932 – IV 306/31, RGZ 137, 1; MünchKomm/Krüger § 269 Rn 28), ebenso wenig der für die kumulativ übernommene Schuld (OLG Frankfurt 6. 11. 1979 – 5 U 39/79, MDR 1980, 318). Weiter muss der Leistungsort nicht für alle Gesamtschulden derselbe sein (vgl RG 4. 10. 1894 – VI 407/93, RGZ 34, 15; OLG Schleswig 27. 3. 1952 – 1 U 34/52, NJW 1952, 1018; Türk Gruchot 44, 837; Strauss AcP 134, 236). Der Leistungsort für den Regressanspruch des in Anspruch genommenen Bürgen gegen den Schuldner aus § 774 Abs 1 BGB ist hingegen der der Hauptschuld (MünchKomm/Krüger § 269 Rn 28). Die Verpflichtung eines Gläubigers gegenüber dem Bürgen, eine zur Sicherung der Hauptforderung bestellte Grundschuld Zug um Zug gegen Zahlung der Bürgschaftssumme an den Bürgen analog §§ 774 Abs 1, 412, 401 BGB abzutreten, ist am Sitz des Gläubigers zu erfüllen (BGH 9. 3. 1995 – IX ZR 134/94, NJW 1995, 1546). 40

Bei **Gefälligkeitsverträgen** ist Leistungsort der Wohnsitz dessen, der die Gefälligkeit gewährt. Leihsachen müssen am Wohnsitz des Verleihers abgeholt und zurückgegeben werden. Die Rückgabeverpflichtung aus § 604 Abs 1 BGB ist daher in der Regel eine Bringschuld, kann im Einzelfall aber auch Schickschuld sein (BGH 19. 9. 2001 – I ZR 343/98, NJW-RR 2002, 1027; **aM** OLG Nürnberg 31. 3. 1955 – 4 U 37/55, BayJMBl 1956, 14). Dasselbe gilt beim unentgeltlichen Darlehen. 41

Beim **entgeltlichen Darlehen** ist – zum Zweck der Bestimmung des Gerichtsstands nach § 270 Abs 4 BGB (vgl § 270 Rn 11) – der Wohnsitz des Darlehensnehmers zZ der Darlehensgewährung Leistungsort für die Rückzahlung (BayObLG 31. 1. 1996 – 1 Z AR 62/95, NJW-RR 1996, 956); das gilt auch bei Bankdarlehen, wenn nichts anderes vereinbart ist (OLG Stuttgart 27. 10. 1992 – 9 AR 3/92, BB 1992, 2386; Palandt/Grüneberg § 269 Rn 12; MünchKomm/Krüger § 269 Rn 25). 42

Der **Kommissionär** oder **Beauftragte** hat grundsätzlich dort zu leisten, wo der Auftrag auszuführen ist; die Herausgabe des Erlangten aber schuldet er an seinem Wohnsitz. Der Kommittent oder Geschäftsherr schuldet dagegen nach älterer Auffassung Aufwendungsersatz am Wohnsitz des Kommissionärs oder Beauftragten (RG 5. 12. 1896 – I 243/96, RGZ 38, 194); nach heute hM ist Leistungsort für die Leistung des Kommittenten aber dessen Niederlassung – jedenfalls, wenn er ein Gewerbe betreibt (BGH 28. 3. 1996 – III ZR 95/95, NJW 1996, 1819). Zum Leistungsort für einen vertraglich geschuldeten Buchauszug vgl OLG Düsseldorf 18. 6. 1974 – 23 U 170/73, NJW 1974, 2185. 43

Für **Unterlassungspflichten** bleibt es bei § 269 BGB (RG 17. 4. 1917 – VII 45/17, RGZ 90, 162; BGH 6. 11. 1973 – VI ZR 199/71, NJW 1974, 410), wenn nicht von vornherein nach der Art der geschuldeten Unterlassung feststeht, dass die Zuwiderhandlung nur an einem anderen Ort stattfinden kann (BGH 6. 11. 1973 – VI ZR 199/71, NJW 1974, 410 m abl Anm Geimer NJW 1974, 1045). Der Schuldner, der die Handlung überall zu unter- 44 lassen hat, ist nach § 29 Abs 1 ZPO iVm § 269 BGB an seinem Wohnsitz zu verklagen.

45 Bei **Lieferungsverträgen**, die üblicherweise mit Einlagerungsleistungen des Lieferanten verbunden sind (Kohlen, Koks, Holzpellets, Heizöl in größeren Mengen, Baumaterialien etc), ist der Wohnsitz des Empfängers Leistungsort. Aus der Natur eines **Energieversorgungs- und Wasserlieferungsvertrags** ergibt sich ein einheitlicher Erfüllungsort am Ort der Energie- bzw Wasserabnahme (BGH 17. 9. 2003 – VIII ZR 321/02, NJW 2003, 3418). Für die Einspeisung erzeugten Stroms in das Netz des Energieversorgers ist der Einspeisungsort Erfüllungsort (BGH 29. 9. 1993 – VIII ZR 107/93, MDR 1994, 319). Ist bei einem Zeitungsabonnement Lieferung „frei Haus" vereinbart, ist Erfüllungsort nicht ein anzubringender Behälter (Briefkasten, Zeitungsrohr) an der Grundstücksgrenze, sondern ein solcher am Haus, es sei denn, dieser ist nicht frei zugänglich oder liegt in sehr weiter Entfernung von einem öffentlichen Zugang (MünchKomm/Krüger § 269 Rn 20; **aA** AG Hanau 28. 1. 1988 – 30 C 3613/87, NJW 1989, 398; Bamberger/Roth/Hau/Poseck/Lorenz § 269 Rn 18: Grundstücksgrenze ist ausreichend).

46 Eine **Akkreditivabrede** lässt regelmäßig nicht den Schluss zu, der Sitz der Akkreditivbank als Leistungsort für das Akkreditiv sei auch für den Anspruch maßgebend, für den das Akkreditiv erfüllungshalber gegeben wurde (BGH 3. 12. 1992 – IX ZR 229/91, NJW 1993, 1073; 16. 1. 1981 – I ZR 84/78, NJW 1981, 1905; MünchKomm/Krüger § 269 Rn 17). Auslegung oder besondere Umstände können aber durchaus ergeben, dass für die konkurrierenden Verpflichtungen ein einheitlicher Leistungsort gelten soll (OLG Schleswig 27. 3. 1952 – 1 U 34/52, NJW 1952, 1018). Bei **befreiender Schuldübernahme** ändert sich am Leistungsort der übernommenen Verpflichtung nichts (OLG Hamburg 9. 11. 1906 – OLGE 14, 21; Staudinger/Rieble [2017] § 414 Rn 83; **aA** BayObLG 12. 8. 1998 – 1 Z AR 52/98, BeckRS 1998, 07820); auch nicht bei Abtretung einer Forderung (BGH 20. 12. 1956 – VII ZR 279/56, BGHZ 23, 53). Bei einer **Sicherungsabtretung**, die es dem Sicherungsnehmer ermöglicht, unter bestimmten Voraussetzungen die bestellte Sicherheit zu verwerten, und ihm als Kehrseite die Pflicht auferlegt, die Sicherheit nicht zu verwerten, solange diese Voraussetzungen nicht erfüllt sind, ist der Leistungsort für die Unterlassungspflicht der Ort, an dem der Drittschuldner den zedierten Anspruch zu erfüllen hat (OLG Dresden 23. 3. 2001 – 8 U 2844/00, ZIP 2001, 1531). Bei verschiedenen Verpflichtungen aus demselben Wechsel muss kein einheitlicher Leistungsort gegeben sein.

47 Der **Herausgabeanspruch** nach § 985 BGB ist grundsätzlich dort zu erfüllen, wo die Sache ist. Wird die Sache aber nach Eintritt der Bösgläubigkeit an einen anderen Ort verbracht, so ist der Anspruch am früheren Belegenheitsort zu erfüllen (BGH 12. 1. 1981 – VIII ZR 184/79, BGHZ 79, 211 m zust Anm Berg NJW 1981, 752 f).

48 Leistungsort für die beiderseitigen Verpflichtungen aus der **Zusendung unbestellter Waren** (§ 241a Abs 1 und 2 BGB) ist der Wohn- oder Niederlassungsort des Empfängers der Waren (OLG Dresden 19. 12. 1919 – 7 ZS, OLGE 41, 245). Eine wettbewerbswidrig aufgedrängte Ware hat der Versender selbst abzuholen, selbst wenn er das Rückporto beilegt (**aA** BGH 9. 4. 1992 – I ZR 173/90, NJW 1992, 3040; **wie hier** die Anm Paefgen EWiR 1992, 1229).

49 Beim **Anwaltsvertrag** war nach früher hM Leistungsort für die beiderseitigen Verpflichtungen der Ort der Kanzlei, an dem der Anwalt seine Tätigkeit entfaltet und der

Vertrag daher seinen Schwerpunkt hat (anders zum Leistungsort der Wirtschaftsprüferleistung am Sitz der zu prüfenden Gesellschaft LG Bonn 16. 3. 2005 – 2 O 7/01, BB 2005, 994). Für anwaltliche Honorarklagen begründet das einen Klägergerichtsstand (etwa BGH 31. 1. 1991 – III ZR 150/88, NJW 1991, 3095; **aM** für jeweils eigenen Leistungsort der beiderseitigen Verpflichtungen etwa OLG Dresden 11. 1. 2002 – 1 AR 0228/01, 1 AR 228/01, NJW-RR 2002, 929; Schmid MDR 1993, 410; Prechtel NJW 1999, 3617 ff; Einsiedler NJW 2001, 1549 f; Siemon MDR 2002, 366 ff). Dass der Vertrag seinen Schwerpunkt am Kanzleiort hat, kann aber schon deshalb kein schlagendes Argument sein, weil dieser Gedanke beliebig auf alle entgeltlichen Verträge ausgedehnt werden kann. Der Leistungsort kann sich nur für die vertragscharakteristische Leistung aus deren Beschaffenheit (also: ihrer Ortsbindung, die auch dann gegeben ist, wenn der Anwalt telefonisch oder per Internet berät, vgl LG Waldshut-Tiengen 24. 5. 2016 – 1 O 247/15, VersR 2016, 1333) ergeben, nicht aber für die Zahlungsverpflichtung (Prechtel NJW 1999, 3617, 3618). Für Letztere greift § 270 Abs 1 BGB, wenn nicht der Vertrag – wie regelmäßig beim Arbeitsverhältnis (Rn 25) oder stationärer Behandlung im Krankenhaus (sogleich Rn 50) – einen für beide Parteien „gemeinsamen" Schwerpunkt aufweist. Die Frage ist mit der zunehmenden überörtlichen Tätigkeit der Anwälte virulent geworden. In der Sache geht es um die Folgefrage des Gerichtsstands für Honorarklagen, die richtigerweise ohnehin nach den §§ 270 Abs 4, 269 BGB iVm § 29 ZPO dahin zu entscheiden ist, dass am Wohnsitz des Schuldners, also des honorarzahlungspflichtigen Mandanten, geklagt werden muss (iE [aber unter Verweis auf § 269 Abs 1 BGB] jetzt auch BGH 4. 3. 2004 – IX ZR 101/03, NJW-RR 2004, 932 im Anschluss an BGH 11. 11. 2003 – X ARZ 91/03, BGHZ 157, 20). Entsprechendes gilt für Verträge mit Notaren (wie die früher hM Jacobsohn DJZ 1918, 1492; **aM** Josef Gruchot 65, 453), Steuerberatern (LG Berlin 2. 5. 2001 – 54 S 28/01, NJW-RR 2002, 207: Erfüllungsort der Honorarleistungspflicht am Wohnort des Mandanten) und Wirtschaftsprüfern.

Bei einem Vertrag über eine **stationäre Behandlung im Krankenhaus** ergibt sich aus der Natur des Schuldverhältnisses im Sinne des § 269 Abs 1 BGB ein einheitlicher Leistungsort am Ort des Krankenhauses, der auch den Vergütungsanspruch des Krankenhauses umfasst (zum Streitstand bei ambulanter Behandlung im Krankenhaus AG Münster 15. 1. 2019 – 48 C 3429/18, juris): Der Patient kann die Behandlung nur dort entgegennehmen und an ihr mitwirken. Die gesamte Durchführung des Vertrags ist an seine persönliche Anwesenheit im Krankenhaus gebunden. Das muss für den Leistungsort ebenso relevant sein (BGH 8. 12. 2011 – III ZR 114/11, NJW 2012, 860) wie einzelne Mitwirkungspflichten des Bestellers beim Bauwerkvertrag (Rn 24) oder des Abnehmers beim Energielieferungsvertrag (Rn 45). Bei **Internat**saufnahme ist der Internatsort (OLG Hamm 12. 7. 1989 – 25 U 254/88, NJW-RR 1989, 1530), bei „Kursgebühren" der Kursort des Lehrgangs (OLG Karlsruhe 18. 10. 1984 – 4 U 85/83, NJW-RR 1986, 351) Leistungsort. 50

Kommt der Kaufvertrag durch Bieten und Zuschlagserteilung in einer Versteigerung zustande, ist ein einheitlicher Leistungsort am Ort der Versteigerung anzunehmen, so zB beim **Kunstauktionskauf** mit Barzahlung und sofortiger Übernahme. Hier ist Leistungsort der Auktionsort. Anders liegt es bei telefonischem oder schriftlichem Mitbieten (Wohnsitz des Bieters: OLG Düsseldorf 15. 3. 1990 – 6 U 215/89, NJW 1991, 1492), aber auch, wenn sich im Rahmen laufender Geschäftsbeziehungen die Übung entwickelt hat, dass der Käufer die Ware sofort übernimmt, der Verkäufer jedoch erst anschließend seine Rechnung stellt und der Käufer diese Rechnung vom Ort seiner Niederlassung aus bargeldlos begleicht. Erfüllungsort für die Kaufpreisschuld als 51

Geldschuld ist hier nach der Schickschuldtheorie der Ort der Niederlassung des Käufers (BGH 2. 10. 2002 – VIII ZR 163/01, NJW-RR 2003, 192), nach der hier vertretenen Bringschuldtheorie der Ort der Niederlassung des Verkäufers (vgl § 270 Rn 1 f).

51a Der Verwalter einer Wohnungseigentumsanlage hat die **Einsichtnahme** in sämtliche Unterlagen in den Geschäftsräumen des Verwalters zu ermöglichen, weil hier der Schwerpunkt der Verwaltertätigkeit liegt (BGH 11. 2. 2011 – V ZR 66/10, NJW 2011, 1137; näher Schmid ZWE 2014, 389 ff), nicht am Ort der Wohnhausanlage (so **aber** OLG Karlsruhe v 21. 8. 1969, 3 W 47/69, NJW 1969, 1968).

52 Zum Leistungsort bei **Geldschulden** allgemein vgl § 270 Rn 1 ff, 11.

V. Bedeutung des Leistungsortes

53 Der Leistungsort hat **Folgen** im materiellen wie auch im Prozessrecht.

54 Im **materiellen Recht** bestimmen sich nach dem Leistungsort Maß, Gewicht, Währung, Zeitrechnung und Entfernung (§ 361 HGB). Dasselbe gilt für Verkehrssitten und Auslegungsgewohnheiten. Vor allem aber hat der Schuldner am Leistungsort die Leistung zu bewirken. Bewirkt er sie an einem anderen Ort, ist das eine Leistungsstörung, wenn dadurch die Leistung am richtigen Ort unterbleibt (Verzug oder Unmöglichkeit). Der Gläubiger kann die in einer Modalität veränderte Leistung an Erfüllungs statt annehmen, verweigert er aber die Annahme, gerät er dadurch nicht in Annahmeverzug. Bei gegenseitigen Verträgen hat der Schuldner der Gegenleistung die Einrede des nicht erfüllten Vertrages nach § 320 Abs 1 S 1 BGB, so lange nicht am richtigen Ort geleistet wird. Bei unvollkommen zweiseitig verpflichtenden Verträgen kann bis zur Leistung am rechten Ort ein Zurückbehaltungsrecht nach § 273 BGB in Betracht kommen. Für die Frage nach der rechtzeitigen Leistung ist der Leistungsort ebenfalls bedeutsam. Zur Rechtzeitigkeit der Leistung bei Geldschulden (Verzögerungsgefahr), vgl § 270 Rn 29 ff.

55 Haben die Parteien eine Schickschuld vereinbart, wird man mangels besonderer Abrede annehmen dürfen, dass die **Transportkosten** dem Schuldner anfallen (OLG Karlsruhe 11. 3. 1970 – 5 U 120/69, MDR 1970, 587). Zu den Transportkosten können handelsüblich auch die Verpackungskosten gehören (OLG Köln 19. 3. 1963 – 9 U 151/62, DB 1963, 860). Umgekehrt kann aus einer Transportkostenabrede zulasten des Schuldners nicht auf eine Verlagerung des Leistungsorts an den Bestimmungsort der Leistung geschlossen werden, § 269 Abs 3 BGB. Zum Zusammenhang zwischen der Übernahme der Transportkosten und dem Leistungsort bereits Rn 12.

56 Der Leistungsort bestimmt auch, wer die **Gefahr des Transports** trägt, auch wenn umgekehrt aus einer besonderen Gefahrübernahme durch den Schuldner oder den Gläubiger nicht auf eine Abänderung des Leistungsorts geschlossen werden darf. Zu den Besonderheiten bei Geldschulden vgl § 270 BGB.

57 Seit der Reform des **Internationalen Privatrechts** von 1986 spielt der Leistungsort für die Bestimmung des auf einen Vertrag anwendbaren Rechts keine maßgebliche Rolle mehr. Vielmehr wird bei Schuldverträgen in erster Linie an den gewöhnlichen Aufenthalt oder, wenn es sich um eine Gesellschaft, einen Verein oder eine juris-

tische Person handelt, an die Hauptverwaltung des Erbringers der charakteristischen Leistung angeknüpft, sofern die Parteien keine Rechtswahl getroffen haben (früher Art 28 Abs 2 EGBGB; seit 17. 12. 2009 Art 4 Abs 1 und 2 Verordnung [EG] Nr 593/2008). Auch für Arbeitsverträge kommt es formal nicht auf den Leistungsort iS des § 269 BGB an; in der Sache liegt dieser freilich in aller Regel an dem Ort, an dem der Arbeitnehmer zumindest überwiegend verrichtet (Rn 25) – das ist der gewöhnliche Arbeitsort des Arbeitnehmers, an dem das Internationale Arbeitsrecht primär anknüpft (früher Art 30 Abs 2 Nr 1 EGBGB; seit 17. 12. 2009 Art 8 Abs 2 Verordnung [EG] Nr 593/2008).

Hinsichtlich der **prozessualen Folgen** steht der Gerichtsstand des Erfüllungsortes nach § 29 Abs 1 ZPO im Vordergrund, der auf den Leistungsort des § 269 BGB abhebt. Soweit aber (die Zweifelsregel des § 269 Abs 1 BGB verdrängt und) der Erfüllungsort individualvertraglich, durch AGB oder auch tarifvertraglich vereinbart wird, begründet eine solche Vereinbarung, wenn sie vom ansonsten maßgeblichen gesetzlichen Erfüllungsort abweicht, keinen besonderen Gerichtsstand (§§ 29 Abs 2, 38 ZPO). Nur wenn die Parteien Kaufleute sind (vgl zu diesem Personenkreis MünchKommZPO/Patzina § 29 Rn 101, § 38 Rn 15) oder juristische Personen des öffentlichen Rechts oder öffentlich-rechtliche Sondervermögen, können sie nach der ZPO einen vom gesetzlichen Gerichtsstand abweichenden Gerichtsstand vereinbaren. Ein Umgehungsverbot gibt es aber nicht: Auch Parteien, die das Prorogationsverbot trifft, können die „Natur des Schuldverhältnisses" und die „sonstigen Umstände des Einzelfalls" so gestalten, dass dies im Ergebnis einer Gerichtsstandsvereinbarung gleichkommt (OLG Karlsruhe 18. 10. 1984 – 4 U 83/83, NJW-RR 1986, 351; OLG Stuttgart 24. 3. 2004 – 14 U 21/03, NJOZ 2004, 2124). Noch weitergehend wird vertreten, das Prorogationsverbot erfasse lediglich abstrakte Erfüllungsortvereinbarungen, die die Parteien nicht im Hinblick auf den Inhalt des zwischen ihnen geschlossenen Vertrages treffen, sondern allein um die prozessualen Wirkungen einer Gerichtsstandsvereinbarung herbeizuführen (MünchKommZPO/Patzina § 29 Rn 98 mwNw). In Fällen mit Auslandsberührung gelten für Gerichtsstandsvereinbarungen freilich ohnehin Art 25 VO (EU) Nr 1215/2012 [Brüssel Ia-VO] sowie ggf das HGÜ. 58

Der Leistungsort nach § 269 BGB bestimmt auch den Gerichtsstand bei Geldschulden, § 270 Abs 4 BGB. Ob man die Geldschuld als Schick- oder Bringschuld ansieht (vgl § 270 Rn 1 ff), tut insoweit nichts zur Sache. 59

Für die **internationale Zuständigkeit** hat § 269 BGB nur noch eingeschränkte Bedeutung, nämlich dann, wenn die Kollisionsnormen des angerufenen Gerichts zum deutschen Sachrecht als der lex causae zur Beurteilung der strittigen Verpflichtung führen. Das ist dann der Fall, wenn der Beklagte seinen Wohnsitz außerhalb eines Mitgliedstaates der EU hat und sich die internationale Zuständigkeit nach § 29 ZPO richtet (etwa BGH 8. 12. 2011 – III ZR 114/11, NJW 2012, 860). Hat der Beklagte aber seinen Wohnsitz in einem Mitgliedstaat der EU, greift Art 7 Nr 1 der Brüssel Ia-VO (VO [EU] Nr 1215/2012 vom 12. 12. 2012). Für die wichtigsten Bereiche des Warenkaufs und der Dienstleistungen regelt Art 7 Nr 1 Buchst b Brüssel Ia-VO den „Erfüllungsort" autonom; § 269 BGB ist nicht heranzuziehen. Maßgeblich ist der Ort, an dem die charakteristische Leistung erbracht worden ist oder hätte erbracht werden müssen. Dieser Erfüllungsort begründet einen einheitlichen internationalen Gerichtsstand für sämtliche Klagen aus dem Vertrag. Der EuGH hat die (Vorgänger-)Be- 60 stimmung dahingehend ausgelegt, dass Erfüllungsort der Ort der körperlichen Übergabe der Waren ist, durch die der Käufer tatsächlich den Besitz der Waren erhält oder nach dem Vertrag erhalten sollte (EuGH 25. 2. 2010 – C-381/08 – Car Trim GmbH/Key Safety Systems Srl, NJW 2010, 1059). Anders als im UN-Kaufrecht nach Art 31 Buchst a CISG ist der Erfüllungsort der Brüssel-Ia VO also nie der Ort der Übergabe an den ersten Beförderer (vgl STAUDINGER/MAGNUS [2018] § Art 31 CISG Rn 24). Nur für Klagen aus anderen Verträgen bleibt es bei der Bestimmung über die lex causae, also bei § 269 BGB, wenn deutsches Sachrecht zur Anwendung kommt (noch zu Art 5 Nr 1 EuGVÜ BGH 7. 12. 2004 – XI ZR 366/03, NJW-RR 2005, 581; zum Ganzen KROPHOLLER, Internationales Privatrecht [6. Aufl 2006] § 58 III 2). Das gilt auch für weltweit zu erfüllende Unterlassungspflichten, deren Erfüllungsort iS des § 269 BGB grundsätzlich am Wohnort des Schuldners liegt (oben Rn 39; **aA** EuGH 19. 2. 2002 – C-256/00 – Besix, IPRax 2002, 392 m krit Anm HESS IPRax 2002, 376 ff). Hat der Beklagte seinen Wohnsitz in der Schweiz, ist nicht die Brüssel Ia-VO, sondern das LugÜ anzuwenden, § 64 Abs 2 lit a LugÜ. Enthält ein Vertrag mehrere Hauptpflichten mit Erfüllungsorten in unterschiedlichen Staaten, lässt sich für eine Klage auf Feststellung der Wirksamkeit des gesamten Vertrags aus Art 5 Abs 1 LugÜ keine einheitliche internationale Zuständigkeit herleiten (BGH 27. 4. 2010 – IX ZR 108/09, BGHZ 185, 241).

§ 270
Zahlungsort

(1) Geld hat der Schuldner im Zweifel auf seine Gefahr und seine Kosten dem Gläubiger an dessen Wohnsitz zu übermitteln.

(2) Ist die Forderung im Gewerbebetrieb des Gläubigers entstanden, so tritt, wenn der Gläubiger seine gewerbliche Niederlassung an einem anderen Orte hat, der Ort der Niederlassung an die Stelle des Wohnsitzes.

(3) Erhöhen sich infolge einer nach der Entstehung des Schuldverhältnisses eintretenden Änderung des Wohnsitzes oder der gewerblichen Niederlassung des Gläubigers die Kosten oder die Gefahr der Übermittlung, so hat der Gläubiger im ersteren Falle die Mehrkosten, im letzteren Falle die Gefahr zu tragen.

(4) Die Vorschriften über den Leistungsort bleiben unberührt.

Materialien: E I § 230 Abs 2; II § 226; III § 236; JAKOBS/SCHUBERT, SchR I 180.

Schrifttum

ASPÖCK, Der Kommissionsvorschlag zur Reform der Zahlungsverzugsrichtlinie und allfälliger Umsetzungsbedarf in Deutschland und Österreich, GPR 2009, 270
BEER, Die Verteilung der Beweislast bei Verlust einer Geldsendung, Recht 1902, 504
BOEHLKE, Die Haftung im Postscheckdienst, NJW 1973, 357
BUCH, Wer trägt bei Zahlungen mit Postscheckzahlkarten die Gefahr?, BB 1951, 770
vCAEMMERER, Zahlungsort, in: FS Mann (1977) 3

Canaris, Bankvertragsrecht I (3. Aufl 1988)
Coing, Zum Geldherausgabeanspruch gegenüber dem Treuhänder, JZ 1970, 245
Einsele, Haftung der Kreditinstitute bei nationalen und grenzüberschreitenden Banküberweisungen, AcP 199 (1999) 145
Gernhuber, Die Erfüllung und ihre Surrogate, in: Handbuch des Schuldrechts (2. Aufl 1994) § 2 VII, § 11
Gösele, Erfüllung und Verzug bei Banküberweisungen, in: FS Gerd Nobbe 75
Grothe, Fremdwährungsverbindlichkeiten (1999)
Grunz, Das Kammergericht über steckengebliebene Banküberweisungen, JR 1949, 28
Gsell, Rechtzeitigkeit der Zahlung per Banküberweisung und Verzugsrichtlinie GPR 2008, 165
Herresthal, Die Rechtzeitigkeit der Leistungshandlung bei der Erfüllung von Geldschulden, ZGS 2007, 48
ders, Fälligkeit der Miete unter dem neuen Recht des Zahlungsverkehrs, NZM 2011, 833
Heyers, Rechtsnatur der Geldschuld und Überweisung – welche Konsequenzen sind aus der Rechtsprechung des EuGH für das nationale Recht zu ziehen?, JZ 2012, 398
Himmelreich, Finanzierungskosten – ein Albtraum der Kfz-Haftpflichtversicherer, NJW 1973, 978
Huber, Grenzüberschreitender Zahlungsverkehr und Valutaverhältnis (underlying obligation), in: Hadding/Schneider, Rechtsprobleme der Auslandsüberweisung, Bd 82/I der Reihe Untersuchungen über das Spar-, Giro- und Kreditwesen (1992) 33
Jakobs, Gesetzgebung im Banküberweisungsrecht, JZ 2000, 641
Josef, Der Einfluss der kassatorischen Klausel auf den Leistungsort, KGBl 1914, 32
Kemmler, Geldschulden im öffentlichen Recht (Habil Tübingen 2013)
Klimke, Die Bedeutung der Zahlungsverzugsrichtlinie 2000/35/EG für die Prämienschuld des Versicherungsnehmers, VersR 2010, 1259
Langenbucher, Die Risikozuordnung im bargeldlosen Zahlungsverkehr (2001)
Lewald, Ausländischer Zahlungsort nach dem Londoner Schuldenabkommen, NJW 1959, 1017
Mann, Das Recht des Geldes (1960)
Meyer/Cording, Das Recht der Banküberweisung (1951)
Nobbe, Die Rechtsprechung des Bundesgerichtshofs zum Überweisungsverkehr, WM 2001, Sonderbeilage 4, 2–28
Ostler, Umfang der Herausgabepflicht des Anwalts nach § 667 BGB für Fremdgelder auf Geschäfts- oder Anderkonten, NJW 1975, 2273
K Schmidt, Geld und Geldschuld im Privatrecht, JuS 1984, 737
ders, Das Geld im BGB und im Staudinger, in: Staudinger-Symposion 1998, 76
Schoele, Das Recht der Banküberweisung (1937)
Schön, Prinzipien des bargeldlosen Zahlungsverkehrs, AcP 198 (1998) 401
Schoenfeld, Die Verteilung der Beweislast bei Verlust einer Geldsendung, Recht 1902, 393
Schwab, Geldschulden als Bringschulden?, NJW 2011, 2833
Schwarz, Schuldner- und Gläubigerverzug im Lastschriftverfahren, ZIP 1989, 1442
Vollrath, Die Endgültigkeit bargeldloser Zahlungen 1997
vWestphalen, Verspätete Überweisungen – Einige Bemerkungen zur neuen Rechtslage, BB 2000, 157.

Systematische Übersicht

Alphabetische Übersicht

I. Normzweck und Charakter der Geldschuld

1 Die Auslegungsregel des § 270 BGB betrifft Modalitäten der Erfüllung von Zahlungsverbindlichkeiten, nämlich den Leistungsort für die Geldzahlung, die Gefahrtragung für Verlust und Verzögerung sowie die Kosten der Zahlung. Dass nach Abs 4 die Regeln über den Leistungsort (§ 269 BGB) unberührt bleiben, bedeutete für die früher ganz hM, insbesondere auch die höchstrichterliche Rechtsprechung (BGH 9. 3. 1995 – IX ZR 134/94, BB 1995, 898), dass bei einer Geldschuld im Zweifel (§ 269 Abs 1 BGB) der Leistungsort am Wohn-/Geschäftssitz des Schuldners, der Erfolgsort aber am Wohn-/Geschäftssitz des Gläubigers liegt (Schickschuld) – mit der Besonderheit, dass der Schuldner nach Abs 1 die Verlustgefahr bei der Übermittlung tragen muss (**qualifizierte Schickschuld**; MünchKomm/Krüger § 270 Rn 1 f; NK-BGB/Schwab § 270 Rn 1, 13; Bamberger/Roth/Hau/Poseck/Lorenz § 270 Rn 1; Siemon MDR 2002, 366, 368; Erman/Artz § 270 Rn 1; Lorenz WuM 2013, 202, 205; Grothe 470 f: „eigentümliche Kombination aus Schickschuld und Bringschuld"). Nach dieser Auffassung entlastet § 270 Abs 1 BGB den Gläubiger, der bei der Schickschuld sonst die Gefahr tragen müsste, dass das Geld nach der Leistungshandlung am Wohnsitz des Schuldners und während des Transports verloren geht. Weil das nur „im Zweifel" gilt und die Parteien ohne weiteres etwa vereinbaren können, dass das Geld dem Gläubiger zu bringen

oder bei der Bank des Gläubigers an dessen Wohnsitz bar einzuzahlen ist (Bringschuld), spielte § 270 BGB angesichts solcher Abreden keine Rolle mehr: Die Verlustgefahr trifft den Schuldner dann schon als Folge der Bestimmung des Leistungsorts.

Die in jüngerer Zeit verstärkt und auch hier vertretene Gegenauffassung sieht in der Geldschuld demgegenüber eine **modifizierte Bringschuld**, bei der Leistungs- und Erfolgsort am Wohn-/Geschäftssitz des Gläubigers zusammenfallen (Schön 444 f; ihm folgend Staudinger-Symposion 1998/Schmidt [1998] 76 ff; Staudinger/Omlor [2012] Vorbem 84 zu §§ 675c–676c; Einsele 184 f zu Geldüberweisungen; Jakobs 645 f; Langenbucher 42 ff und passim; Herresthal ZGS 2007, 49 ff; ders NZM 2011, 833, 838; Gsell GPR 2008, 169 ff, die historische, rechtsvergleichende und praktische Gründe anführt; Soergel/Forster § 270 Rn 1; Prütting/Wegen/Weinreich/Zöchling-Jud § 270 Rn 1). Das entspricht der auch schon vor und bei Inkrafttreten des BGB allgemein vertretenen Meinung (Schön 443 f; differenzierend Grothe 472). Die Bedeutung des § 270 Abs 4 BGB war danach von vorneherein eingeschränkt, sein Wortlaut zu weit geraten und teleologisch zu reduzieren. Nachdem die international-privatrechtliche Bedeutung durch die Änderung der Anknüpfungspunkte im Zuge der IPR-Reform entfallen ist, ist § 270 BGB heute in erster Linie für den Gerichtsstand relevant (§ 29 ZPO): Obwohl der Schuldner die Leistungsgefahr trägt, soll der Gerichtsstand sich nicht nach dem Wohnort/Geschäftssitz des Gläubigers richten. Gerichtsstand ist auch bei Geldschulden der Wohnort des Schuldners (Schön 443). Darüber hinaus kann Abs 4 Bedeutung für Handelsbräuche, Feiertagsregelungen und den Hinterlegungsort haben, die sich im Zweifel nach dem Wohnsitz des Schuldners richten (Grothe 472; s auch Staudinger-Symposion 1998/Schmidt 85). 2

Die **Geldschuld ist** (durch § 270 Abs 4 BGB) **modifizierte Bringschuld**. Die qualifizierte Schickschuldtheorie führt zu verschiedenen Ungereimtheiten (näher Schön 443), die sich etwa bei den Einreden der §§ 273, 320 BGB zeigen: Versteht man die Geldschuld als Bringschuld, hat der Geldgläubiger im gegenseitigen Vertrag die Zug-um-Zug-Einrede, bis die Leistung an seinem Wohn-/Geschäftssitz bewirkt ist. Versteht man die Geldschuld dagegen als Schickschuld, würde die Einrede mit der Leistungshandlung am Wohnort des Schuldners, dh zB mit dem Absenden des Geldes, zunächst entfallen, im Fall des Untergangs des Geldes auf dem Transport aber wiederaufleben (§ 270 Abs 1 BGB). Vor allem aber zwingt die Schickschuldtheorie zu einer fragwürdigen Differenzierung zwischen Verlust- und Verzögerungsgefahr, die das BGB sonst nicht kennt (kritisch zur Aufteilung der Gefahrtragung nach Verlust- und Verzögerungsgefahr auch Grothe 472 f, der allerdings angesichts der gefestigten Rechtsprechung Rechtsänderungen nur de lege ferenda für möglich hält; näher Rn 29 ff). 3

Zudem spricht die **2. Zahlungsverzugsrichtlinie** (Richtlinie 2011/7/EU v 16. 2. 2011 zur Bekämpfung von Zahlungsverzug im Geschäftsverkehr, ABl Nr L 48, 1) dafür, die Geldschuld als Bringschuld einzuordnen. Art 3 Abs 1 Buchst b RL 2011/7/EU zwingt die Mitgliedstaaten, einen mahnungsunabhängigen Anspruch auf Verzugszinsen anzuordnen, wenn der Gläubiger eine fällige Zahlung nicht rechtzeitig erhalten hat. Um dieser Vorgabe gerecht zu werden, muss dem Schuldner das Verzögerungsrisiko zugewiesen werden: Die Richtlinie fragt nicht danach, ob der Schuldner die Zahlung rechtzeitig veranlasst hat, sondern stellt allein darauf ab, ob das Geld bereits beim Gläubiger eingegangen ist, also im Falle einer Überweisung seinem Konto bereits 4 gutgeschrieben. Das gilt zwar nur im Anwendungsbereich der Zahlungsverzugsrichtlinie, also im „Geschäftsverkehr", vor allem zwischen Unternehmen (dazu STAUDINGER/FELDMANN Vorbem 6 ff zu §§ 286–292). Will man aber (**entgegen** BGH 5. 10. 2016 – VIII ZR 222/15, NJW 2017, 1569 m Anm BRUNS: der BGH betont, dass der Gesetzgeber die Rechtsstellung von Verbrauchern bei der Umsetzung der Richtlinie nicht verschlechtern wollte) kein „gespaltenes" System, in dem das Unionsrecht das deutsche Zivilrecht nur partiell überformt, erlaubt ein Verständnis der Geldschuld als Bringschuld, konsistent zu erklären, dass der Schuldner dafür einstehen muss, dass das Geld beim Gläubiger zum Fälligkeitszeitpunkt ankommt. Die Alternative wäre eine Lösung über den Verzugsbegriff (vgl OLG Hamm 23. 9. 2014 – 32 SA 59/14, MDR 2014, 1247: „richtlinienkonforme Auslegung […] lediglich im Rahmen der Verzugsregeln"; NK-BGB/SCHWAB § 270 Rn 13); insbesondere dürfte erst der Eintritt des Leistungserfolgs den Verzug beenden, nicht schon die Vornahme der geschuldeten Leistungshandlung (SCHWAB NJW 2011, 2833; 2834 ff, der damit an der Geldschuld als qualifizierter Schickschuld festhält; HEYERS JZ 2012, 398, 400 ff; LORENZ WuM 2013, 202, 205). Das verträgt sich nicht mit der Wertung, dass der Schuldner das Risiko der Verzögerung eigentlich nicht tragen soll. Zudem wäre entweder eine „gespaltene Lösung" hinzunehmen, oder der allgemeine Verzugstatbestand dem Sonderfall des Zahlungsverzugs anzupassen. Stimmiger ist es, die Geldschuld als Bringschuld zu verstehen, weil nur dieses Verständnis es erlaubt, die Verlust- und Verzögerungsgefahr in eindeutiger Weise dem Schuldner zuzuweisen. Zu den Modifikationen der Verzögerungsgefahr im **öffentlichen Recht** vgl KEMMLER, Geldschulden im öffentlichen Recht Teil 2 B. IV. 4.

5 Auch nach Art 57 CISG, ebenso nach der Vorläuferregelung des Art 59 EKG (BGH 28. 3. 1979 – VIII ZR 37/78, NJW 1979, 1782) sowie in fast allen ausländischen Rechtsordnungen ist die Zahlungspflicht im Zweifel Bringschuld (GROTHE 470; HEYERS JZ 2012, 398, 400). Anders als nach § 270 Abs 4 BGB ist nach der Regelung des Art 57 CISG, ebenso wie schon nach Art 59 EKG (BGH 28. 3. 1979 – VIII ZR 37/78, NJW 1979, 1782) der Bringschuldcharakter auch maßgeblich für den Gerichtsstand (STAUDINGER/MAGNUS [2018] Art 57 CISG Rn 2, 14; vCAEMMERER/SCHLECHTRIEM, Kommentar zum Einheitlichen UN-Kaufrecht – CISG [1995] Art 57 Rn 4 ff; SCHÖN 444 f).

6 Die Regelungen des § 270 BGB zum Leistungsort und zur Gefahr- und Kostentragung sind **dispositiv**. Ausdrückliche oder konkludente Vereinbarungen der Parteien gehen vor, das gilt auch, sofern sich eine abweichende Risikoverteilung aus dem vereinbarten Übermittlungsweg (vgl Rn 15 ff) ergibt (MünchKomm/KRÜGER § 270 Rn 1; OLG Koblenz 13. 10. 1992 – 3 U 637/02, NJW-RR 1993, 583; RIECKE WE 2002, 126; K SCHMIDT JuS 1984, 742). Bspw wurde dem Gläubiger das Transportrisiko zugewiesen, weil er auf der Überweisung durch die Post bestanden hatte, obwohl – im April 1945 – auf diesem Weg mit dem Verlust gerechnet werden musste (AG Freiberg/Sa 2. 1. 1947 – 1 C 240/46, NJW 1947/48, 300 m zust Anm KREKELS). Wird bei einem Grundstückskauf verabredet, dass der Kaufpreis durch den Käufer bei einem Notar hinterlegt werden soll, kann darin auch die Vereinbarung liegen, dass ab Auszahlungsreife der Verkäufer die Verlustgefahr (Auszahlungsfehler des Notars, Fehlüberweisung der Bank) tragen soll, weil von diesem Zeitpunkt an der Notar treuhänderisch für ihn verwahrt (PREUSS JuS 1996, 103 f; **aA** BGH 17. 2. 1994 – IX ZR 158/93, NJW 1994, 1403).

II. Geldschulden

Abs 1 spricht von **„Geld"**, Abs 2 von einer **„Forderung"**. Gemeint sind damit alle Forderungen, die auf Geld lauten, Geldsummen- und Geldwertschulden (zu dieser Unterscheidung etwa Soergel/Arnold § 244 Rn 14; MünchKomm/Grundmann § 245 Rn 87 f) werden nicht unterschieden (Gernhuber, Erfüllung § 2 VII 1 a). Die Herausgabe oder Lieferung identifizierbarer Münzen fällt hingegen nicht darunter, selbst wenn die Münzen noch als Zahlungsmittel gelten. 7

§ 270 BGB ist unanwendbar auf die Verpflichtung des **Beauftragten**, Geschäftsführers oder Kommissionärs, aus der Geschäftsbesorgung erlangtes Geld nach den §§ 667, 675, 681 S 1 BGB oder § 384 Abs 2 HGB **herauszugeben** (BGH 14. 7. 1958 – VII ZR 99/57, BGHZ 28, 123; 15. 9. 2005 – III ZR 28/05, NJW 2005, 3709; Coing 245 f; Ostler 2273 ff; MünchKomm/Krüger § 270 Rn 5; Staudinger/Martinek/Omlor [2017] § 667 Rn 22; Soergel/Forster § 270 Rn 3). Hier kann nicht der Schuldner, sondern muss der Gläubiger die Gefahr tragen, dass das Geld auf dem Wege vom Leistungsort (§ 269 BGB) zum Wohnsitz des Gläubigers zufällig verloren geht. Zwar liegt eine Geldschuld vor, auf die § 270 BGB dem Wortlaut zutrifft. Indes berief sich schon die Rspr des ROHG zur (gleichlautenden) Vorläuferbestimmung in § 325 ADHGB auf die mit Blick auf die Transportgefahr abweichende Verkehrssitte bei Geschäftsbesorgungen. Die allgemeine Risikoordnung spricht gegen eine Belastung des Beauftragten mit der Kostenlast und der Verlustgefahr auf dem Transport bzw bei der Übermittlung (K Schmidt JuS 1984, 742; Soergel/Forster § 270 Rn 3), schließlich hat der Beauftragte schon nicht für das Risiko einzustehen, dass das Erlangte bei ihm selbst zufällig untergeht (Staudinger/Martinek/Omlor [2017] § 667 Rn 17 f). Auch die Kostenlast nach § 270 Abs 1 BGB passt nicht für die bloße „Weitergabe" des Geldes in fremdem Interesse, weil der Schuldner gerade für solche Aufwendungen nach § 670 BGB Ersatz verlangen kann (MünchKomm/Krüger § 270 Rn 5). Dieser Aufwendungsersatzanspruch hingegen ist eine Geldforderung wie jede andere auch, für die § 270 BGB ohne weiteres gilt (**aA** Fikentscher/Heinemann, SchuldR § 35 II Rn 284). 8

Für **Bereicherungsansprüche**, die auf Geld lauten, ist nach Gefahrtragungs- und Kostenregelung sowie danach zu unterscheiden, ob der Bereicherungsschuldner verschärft haftet. Die Verteilung der Transportgefahr nach Abs 1 passt nicht zur Wertung des § 818 Abs 3 BGB (Gernhuber, Erfüllung § 2 VII 1 a), weil die Bereicherung uU gerade deshalb wegfallen kann, dass das Geld beim Transport verloren geht. Kann sich der Bereicherungsschuldner auf § 818 Abs 3 BGB berufen, ist er jedenfalls um die von ihm nach § 270 Abs 1 BGB zu tragenden Übermittlungskosten entreichert (Palandt/Grüneberg § 270 Rn 2; Soergel/Forster § 270 Rn 4; MünchKomm/Krüger § 270 Rn 5). Bei verschärfter Haftung nach §§ 818 Abs 4, 819 BGB trägt der Bereicherungsschuldner dagegen ohnehin die Transportgefahr, auf § 270 Abs 1 kommt es insoweit nicht an. 9

Für die Zahlungsverpflichtung aus einem **(Geld-)Schenkungsversprechen** gilt § 270 BGB. Ausnahmsweise mag der missglückte Übermittlungsversuch die finanzielle Situation des Schenkers so verschlechtern, dass ihm die Einrede des § 519 BGB zusteht. 10

11 Mit der Entscheidung des Gesetzgebers für die Konsensualvertragstheorie des Darlehensvertrages in § 488 Abs 1 S 1 BGB ist klargestellt, dass § 270 BGB auf die **Pflicht des Darlehensgebers zur Auszahlung** des Darlehensbetrags (Geldschuld) anzuwenden ist (MünchKomm/Krüger § 270 Rn 3; Palandt/Grüneberg § 270 Rn 2; Soergel/Forster § 270 Rn 2). Das gilt auch schon für die Verpflichtung des Darlehensgebers aus einem Darlehensvorvertrag, da mit dem Antrag auf Abschluss des Vertrages die Klage auf die aus dem Vertrag geschuldete Leistung verbunden werden kann (BGH 14. 10. 1988 – V ZR 175/87, NJW 1989, 2129 [zu einem Kaufvertrag] mwNw; MünchKomm/Krüger § 270 Rn 3; schon zum Realvertrags-Darlehen Neumann-Duesberg NJW 1970, 1403, 1404 f). Der für den Gerichtsstand nach § 29 ZPO maßgebliche Erfüllungsort für die Rückzahlung eines Gelddarlehens ist, auch nach Fälligstellung des Kredits, der Wohnsitz des Darlehensnehmers zum Zeitpunkt des Vertragsschlusses (OLG Stuttgart 27. 10. 1992 – 9 AR 3/92, WM 1993, 17 = WuB/E VII A § 29 ZPO 1 93 Zoller; BayObLG 31. 1. 1996 – 1 Z AR 62/95, NJW-RR 1996, 956; Palandt/Grüneberg § 269 Rn 11; MünchKomm/Krüger § 269 Rn 25; vgl § 269 Rn 42).

12 Wer zur **Befreiung oder Freistellung von einer Geldverbindlichkeit** verpflichtet ist, kann selbst entscheiden, wie er das bewirken will. Insbesondere muss er nicht notwendigerweise das vom Befreiungsgläubiger geschuldete Geld dessen Drittgläubiger übermitteln (vgl § 257 Rn 7). Die Befreiungs- oder Freistellungsverbindlichkeit ist daher nicht von vornherein eine Geldschuld iS des § 270 BGB, sondern nur, wenn der Befreiungsschuldner Zahlung an den Drittgläubiger wählt, oder sich (vgl § 257 Rn 9, 12, 16) der Befreiungsanspruch in einen Zahlungsanspruch gewandelt hat (ebenso MünchKomm/Krüger § 270 Rn 4; **aA** Gernhuber, Erfüllung § 2 VII 1 a).

III. Zahlungsort

13 Für den **Wohnsitz** (Abs 1) und die Niederlassung des Gläubigers (Abs 2) gilt das zu § 269 BGB Gesagte (vgl § 269 Rn 2 ff). Aus Abs 3 ergibt sich, dass es auf den Wohnsitz bzw die Niederlassung zur Zeit der Geldübermittlung ankommt, nicht aber im Zeitpunkt der Entstehung der Verbindlichkeit. Auch § 270 BGB erfasst den Platzverkehr innerhalb derselben Ortschaft oder politischen Gemeinde (RG 11. 1. 1912 – 480/10, RGZ 78, 137). Freilich haben Wohnsitz und Niederlassung des Gläubigers heute nur noch subsidiär Bedeutung. Im üblichen bargeldlosen Zahlungsverkehr wird ein Zahlungsort regelmäßig zumindest konkludent verabredet, bei der Überweisung etwa am Sitz der Bank des Empfängers.

14 **Spezielle gesetzliche Regeln** zum Zahlungsort finden sich etwa in § 1194 BGB für Grundschulden, in §§ 797, 801 BGB sowie Art 28, 29 ScheckG und Art 38 WG für Präsentationspapiere (Holschulden), in § 224 AO für Zahlungen an Finanzbehörden (Bringschulden; auch die Steuererstattung durch die Behörde als Bringschuld sieht FG Münster 21. 1. 2016 – 6 K 3303/14 AO, DStRE 2017, 1190) und in Art 57 Abs 1 CISG für den Kaufpreis (Bringschuld; zur Vorläuferregelung in Art 59 EKG BGH 4. 4. 1979 – VIII ZR 199/78, NJW 1979, 1782). Bei Zahlung aus öffentlichen Kassen gilt für die Gefahrtragung aber nichts anderes als sonst bei Geldschulden nach § 270 Abs 1 BGB (BSG 11. 12. 1987 – 12 RK 40/85, BSGE 63, 1 auf der Grundlage der Schickschuldtheorie); insbesondere wird durch § 2 des Gesetzes über Zahlung aus öffentlichen Kassen vom 21. 12. 1938 (RGBl I 1899) nichts anderes bestimmt (BGH 7. 2. 1952 – III ZR 30/50, LM § 2 des Gesetzesüber Zahlung aus öffentlichen KassenNr 1; Tappermann NJW 1973, 2095 f). Zu den Besonderheiten von **Geldschulden im öffentlichen Recht** vgl Kemmler.

IV. Zahlungsart

Über die **Art der Übermittlung** des geschuldeten Geldes entscheidet der Schuldner, soweit es nicht eine ausdrückliche oder konkludente Parteiabsprache über die Zahlung durch Bargeld oder Buchgeld – hierzu gehört auch das sog elektronische Geld (MünchKomm/Grundmann § 244 Rn 9) – gibt. Die Übermittlung an einen Dritten ist erforderlich, wenn sie vereinbart ist. Gibt der Gläubiger das Konto eines Dritten zum Zwecke der Erfüllung an, muss der Dritte instandgesetzt werden, über den Betrag zu verfügen (vgl BGH 29. 10. 1971 – V ZR 65/70, WM 1971, 1500). 15

Ist **Barzahlung** vereinbart, scheidet jede Überweisung oder sonstige bargeldlose Zahlung als Erfüllung aus. Der Gläubiger ist nur verpflichtet, gesetzliche Zahlungsmittel entgegenzunehmen, die Kraft staatlicher Anordnung angenommen werden müssen (nicht mehr als 50 Münzen bei der einzelnen Zahlung, Art 11 S 3 VO [EG] 974/98 [Euro-II-VO]). Als Barzahlung gilt auch die Übermittlung des Geldes durch den Postbank Minuten Service (früher: Postanweisung) oder durch andere Anbieter (Staudinger/Olzen [2016] Vorbem 19 zu §§ 362 ff). Bei Distanzgeschäften kommt die Barzahlung allerdings so gut wie nicht mehr vor, bei Platzgeschäften ist sie zumindest bei größeren Beträgen selten (Palandt/Grüneberg § 270 Rn 4) – jedenfalls im legalen Rechtsverkehr. 16

Zieht der Gläubiger den geschuldeten Geldbetrag durch **„Nachnahme"** ein, versendet der Schuldner das Geld nicht. Er ist berechtigt, schuldtilgend an die Post als Zahlstelle des Gläubigers zu zahlen. Die Geldschuld wird damit zur Holschuld, der Gläubiger muss sich an die „Post" halten und trägt grundsätzlich die Übermittlungs- und Verlustgefahr (AG Leipzig 2. 6. 1950 – 18 C 1376/49, NJ 1950, 504; AG Speyer 17. 6. 1947 – C 7/47, Speyer DRZ 1948, 212 m abl Anm Jagusch; Soergel/Forster § 270 Rn 11; **aA** Gernhuber, Erfüllung § 2 VII 2 b, der die Vereinbarung der Nachnahme als bloße Fixierung des Geldübermittlungswegs deutet). 17

Schecks braucht der Gläubiger grundsätzlich nicht anzunehmen (OLG Frankfurt 22. 9. 1986 – 2 Ws [B] 151/86, NJW 1987, 455). Ist **Scheckzahlung** vereinbart, liegt in der Hingabe des Schecks eine Leistung erfüllungshalber (§ 364 Abs 2 BGB), mit der der Schuldner eine neue Verbindlichkeit übernimmt (BGH 11. 1. 2007 – IX ZR 31/05, BGHZ 170, 276). Ist der gedeckte Scheck dem Zahlungsempfänger übermittelt, hat der Schuldner damit die ihm obliegende Leistungshandlung erbracht (Staudinger/Feldmann § 286 Rn 118). Der Zahlungsempfänger muss den Scheck der bezogenen Bank (Zahlstelle) selbst oder beim Scheckinkasso über seine eigene Bank vorlegen. Die Geldschuld aus Scheck ist dann Holschuld (Soergel/Forster § 270 Rn 6; Nobbe, in: Bankrechts-Hdb I § 60 Rn 262; **aA** Canaris, Bankvertragsrecht I Rn 764, aber Annahmeverzug des Gläubigers, wenn er den Scheck nicht rechtzeitig vorlegt und damit seine Mitwirkungsobliegenheit verletzt). Der Zahlungsempfänger trägt dann das Risiko verspäteter Einlösung. Zu Zahlungen über Internetkonten, die nach dem Modell eines elektronischen Schecks (Holschuld) ausgestaltet sind, vgl Langenbucher 337. 18

Auch wenn ein **Lastschriftverfahren** (Abbuchungsauftrags- und Einzugsermächtigungsverfahren) vereinbart wird, ist § 270 BGB verdrängt. Die Geldschuld ist hier nach allg M **Holschuld**, der Zahlungsort ist beim Schuldner (BGH 7. 12. 1983 – VIII ZR 257/82, NJW 1984, 871; 30. 1. 1985 – IVa ZR 91/83, WM 1985, 461; Staudinger/Omlor [2012] 19

Vorbem 103 zu §§ 675c–676c; Canaris, Bankvertragsrecht I Rn 629; Hadding, in: FS Bärmann [1975] 375, 381 ff; ders WM 1978, 1379; Soergel/Forster § 270 Rn 11; MünchKomm/Krüger § 270 Rn 11; **dagegen** Gernhuber, Erfüllung § 2 VII 4 c). Das gilt auch für das **SEPA-Lastschriftverfahren**. Durch die im Valutaverhältnis getroffene Lastschriftabrede wird die Zahlungsverpflichtung des Schuldners zur Holschuld. Erteilt der Schuldner das SEPA-Mandat, nimmer er damit die für eine Erfüllung erforderliche Leistungshandlung vor. Er hält den Leistungsgegenstand zur Abholung durch den Gläubiger bereit, wenn er dafür sorgt, dass ausreichend Deckung auf seinem Konto vorhanden ist (BGH 19. 10. 1977 – IV ZR 149/76, BGHZ 69, 361). Durch den Zahlungsauftrag, den er mit dem SEPA-Mandat erteilt, autorisiert der Schuldner den Zahlungsvorgang vorab. Damit bewirkt er, dass die Belastung seines Kontos von Anfang an wirksam ist. Die Gutschrift auf dem Gläubigerkonto beruht daher auf einer Leistungshandlung des Schuldners (BGH 20. 7. 2010 – XI ZR 236/07, BGHZ 186, 269). Der Gläubiger trägt hier die Verlust- und die Verzögerungsgefahr, denn er hat es in der Hand, wann abgebucht oder eingezogen wird (Canaris, Bankvertragsrecht I Rn 641, 645). Unterlässt der Gläubiger seine Mitwirkungshandlung, zieht also die Forderung nicht ein, kann der Schuldner nicht in Schuldnerverzug geraten, auch wenn das Schuldnerkonto zum Fälligkeitstermin keine ausreichende Deckung aufweist (OLG Stuttgart 2. 6. 2008 – 5 U 20/08, OLGR Stuttgart 2008, 858; Staudinger/Feldmann § 286 Rn 58). Statt dessen kann der Gläubiger in Annahmeverzug geraten, wenn er die Ermächtigung nicht rechtzeitig einlöst, obwohl das Konto gedeckt war. Freilich beschränkt sich die Wirkung des Annahmeverzugs dann auf den Wegfall der Verzinsungspflicht (Staudinger/Feldmann § 300 Rn 19, § 301 Rn 1). Der Schuldner wird nicht etwa frei, weil sein Konto nicht mehr ausreichend gedeckt ist, wenn der Gläubiger die Forderung endlich einziehen will (Staudinger/Feldmann § 300 Rn 20; **aA** Sick, NJ 2011, 441, 449). Mit dem BGH (7. 12. 1983 – VIII ZR 257/82, NJW 1984, 871) ist davon auszugehen, dass sich der Gläubiger grundsätzlich nicht einseitig vom Lastschriftverfahren lösen kann (so **aber** Canaris, Bankvertragsrecht I Rn 649: freie Widerruflichkeit). Immer möglich sind aber eine einvernehmliche Abrede oder eine Kündigung aus wichtigem Grund iS des § 314 Abs 1 BGB (OLG Stuttgart 2. 6. 2008 – 5 U 20/08, ZMR 2008, 967). Ein solcher Grund ist etwa gegeben, wenn es zu wiederholten Rücklastschriften gekommen ist. Löst der Gläubiger sich einseitig vom Lastschriftverfahren, hat er dies dem Schuldner so rechtzeitig mitzuteilen, dass diesem für zukünftige Fälligkeitstermine die Möglichkeit zur rechtzeitigen Zahlung verbleibt; andernfalls scheidet Zahlungsverzug wegen § 286 Abs 4 BGB aus.

20 Auch die **Kreditkartenzahlung** führt zur Holschuld (offengelassen BGH 30. 4. 2009 – 23 U 243/08, BGHZ 185, 359). Sobald das Vertragsunternehmen den ausgefüllten Leistungsbeleg erhalten hat, muss es ihn auf eigene Verantwortung dem Kreditkartenunternehmen übermitteln und dann auch das Transportrisiko tragen (Langenbucher 283). Das Gleiche gilt für den Transport der Zahlungsanweisung zur Zahlstelle durch den Zahlungsempfänger bei der **Debitzahlung** durch Girokarte („EC-Karte") oder Geldkarte (MünchKomm/Krüger § 270 Rn 11; Langenbucher 296 f).

21 Gibt der Gläubiger auf einer Rechnung seine Bankverbindungsdaten an, bringt er damit zum Ausdruck, dass er mit einer **Überweisung** des Geldbetrags („Zahlungsdienst" iS des § 657c Abs 3 BGB iVm § 1 Abs 1 Nr 3 Buchst c ZAG) einverstanden ist. Macht der Schuldner hiervon durch Überweisung Gebrauch, ist das eine stillschweigende Abrede über den Übermittlungsweg. In der Eröffnung eines Girokontos bei einer Bank liegt freilich noch kein solches Einverständnis (BGH 13. 3. 1953 – V ZR 92/51, BGH NJW 1953, 897). Ist der Gläubiger mit einer Zahlung durch Überweisung einverstanden, spielt es keine Rolle, ob man diese Zahlung als Leistung oder als Leistung an Erfüllungs statt qualifiziert (vgl STAUDINGER/OLZEN [2016] Vorbem 22 f zu §§ 362 ff). Die Überweisung führt nach inzwischen wohl überwiegend vertretener Auffassung zu einer **Bringschuld** (noch Rn 35 ff). Zu Zahlungen über Internetkonten, die nach dem Modell einer elektronischen Überweisung (Bringschuld) ausgestaltet sind, vgl LANGENBUCHER 337.

Bei **falscher Art der Geldübermittlung** – der Schuldner zahlt nicht bar, sondern überweist an ein mittlerweile gesperrtes Konto des Gläubigers – tritt keine Erfüllungswirkung ein. Auch besteht hier kein Zweifel, dass die falsche Übermittlung stets auf Kosten und Gefahr des Schuldners geht. Greift der Gläubiger aber in die vom Schuldner gewählte Art der Geldübermittlung ein, lässt er etwa die zu versendende Post abholen, trägt er im Rahmen der Abänderung auch die Transportgefahr (RG 7. 7. 1908 – II 64/08, RGZ 69, 137) und muss die Kosten übernehmen. 22

V. Transportgefahr

1. Verlustgefahr

Abs 1 bestimmt, dass **auch das auf die richtige Art übermittelte Geld auf Gefahr des übermittelnden Schuldners** reist. Der Schuldner, der die von ihm geschuldete Leistungshandlung erbracht hat, trägt also bis zur Erfüllung (§ 362 BGB) beim Gläubiger das Verlustrisiko. Kommt das Geld nie beim Gläubiger an, wird der Schuldner nicht frei (schon RG 11. 1. 1912 – VI 480/10, RGZ 78, 137; BGH 15. 5. 1952 – IV ZR 157/51, BGHZ 6, 121). Ist ein Mittler (Post, überweisende Bank) eingeschaltet, muss sich folglich der Schuldner, nicht der Gläubiger mit dem Übermittler auseinandersetzen. 23

Bei **Überweisungen** liegt nach der neueren Rechtsprechung Erfüllung (§ 362 Abs 1 BGB), nicht nur eine Leistung an Erfüllungs statt vor (BGH 23. 1. 1996 – XI ZR 75/95, NJW 1996, 1207). Es ist nicht schon mit der Gutschrift des Überweisungsbetrags auf dem Konto der Empfängerbank, sondern nur dann **erfüllt**, wenn der Empfänger endgültig, also vorbehaltlos, eine Gutschrift auf seinem Konto bei der Empfängerbank erlangt (BGH 20. 11. 1970 – IV ZR 58/69, NJW 1971, 380; NOBBE WM 2001, SB 4, 21; MünchKomm/KRÜGER § 270 Rn 13; BUSCH BB 1951, 770; vCAEMMERER JZ 1953, 332; **aA** LANGENBUCHER 159; dies, in: LANGENBUCHER/BLIESENER/SPINDLER, Bankrechtskommentar [2016] § 675y Rn 24; STAUDINGER/OMLOR [2012] Vorbem 78 zu §§ 675c–676c für die institutsfremde Überweisung: Erfüllung der Forderung im Valutaverhältnis schon, wenn der geschuldete Betrag bei dem Kreditinstitut des Begünstigten eingegangen ist). Auf die Gutschriftanzeige an den Empfänger kommt es nicht an (RG 23. 6. 1926 – I 347/25, RGZ 114, 139; STAUDINGER/OMLOR [2012] Vorbem 77 zu §§ 675c–676c). Solange der Überweisungsbetrag noch nicht auf dem Konto des Empfängers gutgeschrieben ist und dem Schuldner noch eine Widerrufsmöglichkeit verbleibt, die freilich seit der Umgestaltung des Überweisungsrechts durch die §§ 675a–675z BGB iS einer Weisungskonstruktion durch § 675p BGB eng begrenzt wird (STAUDINGER/OMLOR [2012] Vorbem 97 zu §§ 675c–676c), ist nicht erfüllt (BGH 20. 11. 1970 – IV ZR 58/69, NJW 1971, 380; MünchKomm/KRÜGER § 270 Rn 13; GRUNZ 28; **aA** LANGENBUCHER, in: LANGENBUCHER/BLIESENER/SPINDLER, Bankrechtskommentar [2016]§ 675y Rn 24: Erfüllung bereits mit dem Eintreffen des angewiesenen Betrags bei der Bank des Zahlungsempfängers, 24 weil in diesem Moment zu Gunsten des Überweisungsempfängers der Anspruch aus § 675t Abs 1 S 1 BGB entsteht). Von der Erfüllung im Valutaverhältnis zwischen Schuldner und Gläubiger ist die bankseitige Erfüllung zu unterscheiden (STAUDINGER/OMLOR [2012] Vorbem 77 zu §§ 675c–676c). Gibt der Gläubiger das Konto eines Dritten zum Zwecke der Erfüllung an, muss der Dritte in die Lage versetzt werden, über den Betrag zu verfügen (BGH 29. 10. 1971 – V ZR 65/70, WM 1971, 1500). Mit anderen Worten gilt parallel zu der Überweisung an den Gläubiger selbst, dass der Betrag muss dem Konto des Dritten bei der Empfängerbank vorbehaltlos gutgeschrieben worden sein muss.

25 Die **Hingabe eines Schecks** selbst ist keine Geldzahlung, sondern eine Leistung erfüllungshalber (vgl § 364 Abs 2 BGB). Ist ein Scheck übermittelt worden, ist der Geldzahlungspflicht noch nicht genügt, weil der Scheck nur zahlungshalber angenommen wird (BGH 16. 4. 1996 – XI ZR 222/95, BGH WM 1996, 1037 mwNw), die Erfüllung also erst mit der Barauszahlung oder mit der vorbehaltlosen Gutschrift auf dem Empfängerkonto eintritt. Deshalb ist die Schuld nicht erfüllt, wenn der Schuldner den Scheck nach Hingabe, aber vor Einlösung hat sperren lassen. Es kann dem Gläubiger aber nach § 242 BGB verwehrt sein, sich hierauf zu berufen, wenn er die Vorlage des Schecks zur Einlösung als die ihm obliegende Mitwirkungshandlung etwa durch wahrheitswidriges Leugnen des Eingangs des Schecks treuwidrig unterlassen hat (hierzu BGH 7. 3. 2002 – IX ZR 293/00, NJW 2002, 1788). Der BGH wendet § 270 Abs 1 BGB auf Schecks insofern analog an (BGH 12. 7. 2000 – VIII ZR 99/99, ZIP 2000, 1719 = WuB I D 3. Scheckverkehr 1. 01 m Anm MÜLLER/CHRISTMANN; **aA** SCHNAUDER WM 1998, 1901, 1906), als der Schuldner die Gefahr des Verlustes des übersandten Schecks auf dem Transportweg tragen muss. Kommt der Scheck nie beim Empfänger an, muss der Schuldner eine erneute Leistungshandlung zur Zahlung vornehmen. Analog § 270 Abs 1 BGB geht mit dem Zugang eines Schecks die Verlustgefahr auf den Gläubiger als Schecknehmer über. Dieser haftet deshalb für das Abhandenkommen des Schecks nach Zugang auch dann, wenn ihn kein Verschulden trifft (BGH 16. 4. 1996 – XI ZR 222/95, JZ 1996, 804; die Beweislast für einen Zugang im Postschließfach des Gläubigers trägt jedoch der Schuldner: LG Braunschweig 18. 4. 1978 – 9b O 147/77, WM 1979, 735; CANARIS, Bankvertragsrecht I Rn 775). Hat der Gläubiger den Scheck entgegengenommen und ist dadurch der Scheckbegebungsvertrag zustande gekommen, gibt die Scheckzahlungsabrede dem Scheckaussteller das Recht, die Bezahlung der Kausalforderung bis zur Rückgabe des unversehrten, insbesondere unbezahlten, erfüllungshalber hingegebenen Schecks zu verweigern (BGH 12. 7. 2000 – VIII ZR 99/99, ZIP 2000, 1719).

26 Abs 1 meint mit **„Gefahr“** das Risiko, dass ein Barbetrag verloren geht, im Überweisungsverkehr aber auch das Risiko, dass die Überweisung nicht oder unrichtig aufgeführt wird. Dass sich diese Gefahr auch in einem Geldwertverfall durch Inflation oder einem Währungsrisiko aus der Umrechnung in eine andere Währung realisiert, ist zweifelhaft (vgl näher STAUDINGER/K SCHMIDT [1997] Vorbem C 28 zu §§ 244 ff); richtigerweise widerspräche die Risikozuweisung an den Schuldner hier dem Gedanken der Geldschuld als (grundsätzlicher) Nominalwertschuld (zu diesem Gedanken etwa SCHULZE/SCHULZE § 244 Rn 6; JAUERNIG/BERGER § 245 Rn 9).

27 Maßgeblich für die Risikozuweisung des Abs 1 ist nach **Abs 3** der **jeweilige Wohnsitz des Gläubigers**. Hat sich in der Zeit zwischen der Entstehung des Schuldverhältnisses

und der Übermittlung des Geldbetrages der Wohnsitz des Gläubigers oder der Ort seiner gewerblichen Niederlassung geändert und hat sich dadurch die Gefahr erhöht, muss der Gläubiger die Gefahr der Übermittlung tragen (Abs 3). Führt etwa ein Nachsendeauftrag zum Verlust der Geldübersendung, trägt dieses Risiko der Gläubiger (AG Berlin-Neukölln 26. 10. 1966 – 2 C 431/66, VersR 1967, 176). Ändert der Gläubiger nach der der Entstehung des Schuldverhältnisses nur sein Bankkonto und teilt dies dem Schuldner mit, ist § 270 Abs 3 BGB aber nicht anzuwenden (BGH 15. 5. 1952 – IV ZR 157/51, BGHZ 6, 121): Ist keine Überweisung vereinbart, kann der Schuldner dann immer noch am unveränderten Wohn- bzw Geschäftssitz des Gläubigers leisten; ist Überweisung vereinbart, erhöht sich die Gefahr nicht, wenn auf ein anderes Bankkonto überwiesen wird.

Nach dem **Rechtsgedanken des §§ 270 Abs 3 iVm 242 BGB** geht in Ausnahmefällen, 28
in denen es unangemessen wäre, den Schuldner für Gefahren haften zu lassen, die der Gläubiger durch ein allein seiner Sphäre zuzurechnendes Verhalten geschaffen hat, die Gefahr des Verlustes bei der Geldübermittlung auf den Gläubiger über. Das gilt nicht nur zugunsten der öffentlichen Hand, auch wenn die Rechtsprechung hier ihren Ursprung hat (Schleswig-Holsteinisches OLG 21. 12. 2005 – 4 U 113/05, OLGR Schleswig 2006, 345 allerdings zu einem Verzögerungsfall; BFH 12. 4. 2001 – 4 K 330/98, EFG 2001, 901 in concreto einen solchen Ausnahmefall verneinend; 10. 11. 1987 – VII R 171/84, BFHE 151, 123: bezeichnetes Konto war schon vorher aufgelöst und von der Bank sodann auf eine andere Person umgeschrieben worden; FG Hessen 28. 6. 1993 – 2 K 4907/92, NJW 1995, 80: Leistung mit schuldbefreiender Wirkung auf das bisherige Konto einer GmbH, wenn lediglich das Ausscheiden der GmbH aus dem Konzern, nicht aber die neue Bankverbindung mitgeteilt wurde).

2. Verzögerungsgefahr

Die Frage nach dem Charakter der Geldschuld als qualifizierte Schick- oder modi- 29
fizierte Bringschuld (oben Rn 1 ff) betrifft in der Sache **Zahlungsverzögerungen**. Dabei geht es vor allem um den Eintritt oder die Beendigung des Schuldnerverzugs. **Vorrangig** sind allerdings ausdrückliche oder konkludente **Abreden der Parteien** zum Verzögerungsrisiko, etwa indem der Leistungsort, zB die Bank des Empfängers, und die geschuldete Leistungshandlung konkretisiert werden, zB die Aufgabe eines Schecks zur Post oder den Eingang einer Überweisung auf dem Konto des Zahlungsempfängers (zu AGB über Gewerberaummietverträge BGH 24. 6. 1998 – XII 195/96, BGHZ 139, 123). Wird Zahlung durch Lastschrift oder mittels Kredit-, Giro-, oder Geldkarte vereinbart, verabreden die Parteien damit regelmäßig eine Holschuld (oben Rn 19 f); dann trägt der Gläubiger die Verzögerungsgefahr, sofern das Schuldnerkonto bei Fälligkeit der Geldforderung entsprechende Deckung aufweist. Nur wenn auch konkludente Abreden der Parteien nicht zu erkennen sind, kommt es auf die gesetzliche Verteilung des Verzögerungsrisikos an (sogleich Rn 30 ff).

Sieht man in der Geldschuld eine durch § 270 Abs 1 BGB nur hinsichtlich der 30
Verlustgefahr **qualifizierte Schickschuld**, genügt die Vornahme der Leistungshandlung am Wohnort des Schuldners, um Verzug auszuschließen (MünchKomm/Krüger § 270 Rn 16; Soergel/Benike/Nalbantis § 286 Rn 198 f). Kommt das Geld bei einer unbaren Zahlung irgendwann bei der Gläubigerbank an, hat sich die in § 270 Abs 1 BGB geregelte Transportgefahr dann nicht verwirklicht (LG Frankfurt 22. 9. 1993 – 2/1 S 78/93, NJW-RR 1994, 305); ob die Verzögerung zu Lasten des Schuldners geht und ihn

Verzugsfolgen treffen, entscheidet sich nur danach, ob der Schuldner die Leistungshandlung verspätet vorgenommen hat oder nicht. Dass der Schuldner das Verzögerungsrisiko nicht tragen muss, ist demnach die zentrale Besonderheit der Geldschuld; dieses Risiko darf ihm dann auch nicht in AGB überbürdet werden (unangemessene Benachteiligung; BGH 5. 10. 2016 – VIII ZR 222/15, NJW 2017, 1596 m Anm Bruns). Nach dieser Auffassung ist also streng zu trennen zwischen den Rechtsfolgen der zeitweisen Verzögerung (kein Verzug bei Rechtzeitigkeit der Leistungshandlung am Wohnort des Schuldners) und dem endgültigen Verlust (Transportgefahr beim Schuldner auch bei Rechtzeitigkeit der Leistungshandlung). Für die Verzögerung wird die Lösung über den regelmäßigen Leistungsort am Wohnsitz des Schuldners nach § 269 BGB, für den Verlust über die Zuweisung des Transportrisikos nach § 270 Abs 1 BGB gesucht. Diese Differenzierung zwischen Verzögerungs- und Verlustgefahr überzeugt nicht (Rn 3); hinzu kommt das praktische Problem, festzustellen, wann die Verzögerung in den Verlust umschlägt (vCaemmerer, in: FS Mann 10; Schön 443).

31 Sieht man die Geldschuld mit der hier vertretenen Ansicht als **modifizierte Bringschuld**, liegen Leistungs- und Erfolgsort beim Gläubiger. Der Schuldner trägt dann auch die Verzögerungsgefahr (Staudinger-Symposion 1998/Schmidt 85; Langenbucher 157 ff; zur vereinbarten Bringschuld Einsele AcP 199 [1999] 156). § 270 Abs 4 BGB lässt sich für die Behandlung des Verspätungsrisikos keine Aussage entnehmen (ausführlich Schön AcP 198 [1998] 442 ff; Staudinger-Symposion 1998/Schmidt 82 ff). Ist die Geldschuld modifizierte Bringschuld, sind Verlust- und Verzögerungsgefahr mithin gleich zu behandeln, soweit sie sich realisieren, bevor das Bargeld bei dem Gläubiger eingegangen, der Scheck dem Gläubiger zugegangen oder die Überweisung durch die Schuldnerbank ausgeführt und der Geldbetrag dem Gläubiger vorbehaltlos gutgeschrieben ist. Für die Rechtzeitigkeit der Leistung gilt nichts anderes als für das Verlustrisiko (Rn 23 ff).

32 Mit Blick auf die Prämienzahlung nach §§ 37, 38 VVG heißt das, dass es für Eintritt und Ende des Verzugs auf den Eingang der Prämie bei dem Versicherer ankommt (ebenso, allerdings nur im Anwendungsbereich der Zahlungsverzugs-Richtlinie 2000/35/EG vom 29. 6. 2000, nicht bei der Zahlung der Versicherungsprämie durch den Verbraucher Klimke VersR 2010, 1259, 1264 f).

a) Barzahlung

33 Bei der Barzahlung muss der Schuldner dem Gläubiger den Geldbetrag vor Ablauf der Zahlungsfrist oder am bestimmten Zahlungstermin selbst aushändigen oder sonst in bar übermitteln (geschuldete Leistungshandlung). Geht der Geldbetrag nicht rechtzeitig bei dem Gläubiger an dessen Wohnsitz oder Niederlassung ein, trägt der Schuldner das Verzögerungsrisiko. Hat der Schuldner das Geld versandt, sind die objektiven Verzugsvoraussetzungen mit dem Ablauf der Zahlungsfrist bis zum Eingang des Geldes beim Gläubiger (Nichtrechtzeitigkeit der Leistungshandlung) gegeben. Die Verzugshaftung des Schuldners hängt nurmehr vom Vertretenmüssen ab, zB hinsichtlich der Auswahl des Beförderungsmittels (Staudinger/Feldmann § 286 Rn 138 f). Nach der Schickschuldtheorie käme es für die Rechtzeitigkeit der Leistungshandlung dagegen darauf an, ob der Schuldner das Geld termingerecht abgesandt hat (RG 11. 1. 1912 – VI 480/10, RGZ 78, 137), teilweise wird auch danach unterschieden, ob der Schuldner das Geld so rechtzeitig abgesandt hat, dass es nach

normalem Verlauf fristgerecht beim Gläubiger hätte ankommen müssen (Canaris, Bankvertragsrecht I Rn 480; MünchKomm/Krüger § 270 Rn 18).

b) Scheckzahlung

33a Ist Zahlung durch Scheck (oder Wechsel) vereinbart, ist der Zahlende verpflichtet, dem Zahlungsempfänger das Papier erfüllungshalber innerhalb der Zahlungsfrist zu übermitteln (Langenbucher 42 ff [zum Wechsel], 95 [zum Scheck]), also persönlich oder durch Boten zu übergeben oder durch einen Briefdienstleister zu übersenden. Noch weitergehend wird in der Literatur verlangt, dass fristgerecht nur eine Übersendung sein könne, bei der der Empfänger den Scheck noch innerhalb der Zahlungsfrist einlösen kann (Bamberger/Roth/Hau/Poseck/Lorenz § 270 Rn 17; Palandt/Grüneberg § 270 Rn 5; Herresthal NZM 2011, 833, 841). Leistungsstörungsrechtlich überzeugt diese Einschränkung nicht, weil mit der Übergabe des Schecks die Leistungshandlung des Zahlenden erbracht ist, wenn auch die Erfüllungswirkung erst mit der Einlösung des Schecks eintritt. Da die Scheckzahlung nicht in den Anwendungsbereich der Zahlungsverzugsrichtlinie fällt (vgl Rn 36), lässt sich aus der Richtlinie insoweit nichts herleiten (zutreffend OLG Jena 13. 7. 2011 – 7 U 949/10, OLG Report Ost 33/2011 Anm 7; **aA** OLG Jena 11. 5. 2011 – 2 U 1000/10, NJOZ 2012, 481).

34 Dagegen sieht die Rechtsprechung – auf der Grundlage der Schickschuldtheorie und soweit anderslautende Vereinbarungen fehlen – schon das Absenden des Schecks als verzugsbeendende Leistungshandlung. Die Verzögerungsgefahr soll danach den Gläubiger treffen (RG 11. 1. 1912 – VI 480/10, RGZ 78, 137; BGH 29. 1. 1969 – IV ZR 545/68, NJW 1969, 875; OLG Frankfurt 7. 1. 1999 – 3 U 184/98, MDR 1999, 667; ebenso MünchKomm/Krüger § 270 Rn 22). Das bedeutet bei Skontoabreden, dass der Abzug bereits gewährt werden muss, wenn der Scheck noch in der Skontofrist abgesendet wurde (BGH 11. 2. 1998 – VIII ZR 287/97, NJW 1998, 1302; **aA** Langenbucher 95, 42 ff; **strenger** Canaris, Bankvertragsrecht I Rn 780: Leistungshandlung dann rechtzeitig, wenn der Scheck so früh abgesandt wurde, dass er bei normalem Verlauf der Dinge im Fälligkeitszeitpunkt – im Fall der Skontoabrede innerhalb der Skontofrist – eingelöst werden kann), obschon der Gläubiger noch keine Zahlung erhalten hat und der Rechnungsbetrag uU erst deutlich später tatsächlich verfügbar ist. Das ist abzulehnen, der Schuldner muss hier nicht nur das Risiko tragen, dass der Scheck nie ankommt, sondern auch das Risiko, dass er mit Verzögerung, also erst nach Ablauf der Skontofrist eintrifft. Maßgebend ist auch insoweit der Zugang des Schecks (Rn 33). Die Auslegung der individuellen Skontoabrede kann freilich eine andere Risikoverteilung ergeben: Ist der Vereinbarung und den Umständen zu entnehmen, dass der Vorleistende die Zeit von der Absendung bis zum Eingang des Schecks im normalen Gang der Dinge zu berücksichtigen bereit ist, kann sein Interesse an einer beschleunigten Zahlung auch gewahrt sein, wenn der Schuldner den Scheck nur innerhalb der Skontofrist absendet. Verzögert sich der Eingang des Schecks aber unplanmäßig, ist das Interesse des Gläubigers an beschleunigter Zahlung gerade nicht gewahrt, und es bedarf besonderer Anhaltspunkte, um anzunehmen, der Gläubiger wolle auch dieses Verzögerungsrisiko tragen.

c) Überweisung

35 Auf welchen Zeitpunkt es für die rechtzeitige, also verzugsausschließende bzw -beendende Leistungshandlung, bei der Überweisung ankommt, ist umstritten: Nach der Schickschuldtheorie ist das (frühestens) die Absendung des ordnungsgemäß – vor allem unter Angabe von IBAN und BIC ausgefüllten – Überweisungsauftrags

durch den Schuldner an seine Bank (Nobbe WM 2001, SB 4, 22), nach der Bringschuldtheorie entscheidet der Eingang des Überweisungsbetrags auf dem Konto des Gläubigers. Mit der Umsetzung der EU-Zahlungsdiensterichtlinie in den §§ 675c bis 676c BGB wurde das zwar Überweisungsrecht (erneut) umgestaltet. Richtlinie und Umsetzungsrecht entscheiden aber jedenfalls nicht ausdrücklich über die Rechtzeitigkeit der Verzug ausschließenden bzw beendigenden Leistungshandlung im Valutaverhältnis zwischen Geldschuldner und -gläubiger (näher Staudinger/Omlor [2012] Vorbem 3, 11 ff, 82 zu §§ 675c–676c).

36 Der **EuGH** hat in seinem Urteil vom 3. 4. 2008 (C-306/06 – Telecom, EuZW 2008, 277) zur Auslegung von Art 3 Abs 1 Buchst c Ziff ii der (alten) Zahlungsverzugs-Richtlinie 2000/35/EG vom 29. 6. 2000 entschieden, dass bei einer Zahlung durch Banküberweisung der geschuldete Betrag dem Konto des Gläubigers rechtzeitig gutgeschrieben sein muss, wenn die Verpflichtung, Verzugszinsen zu zahlen, vermieden oder beendet werden soll. Bereits diese Entscheidung sprach dafür, die Geldschuld als Bringschuld einzuordnen (Palandt/Grüneberg § 270 Rn 1; Gösele, in: FS Nobbe 75, 90; Herresthal ZGS 2008, 259, 260, 264 f; Staudinger/Omlor [2012] Vorbem 84 zu §§ 675c–676c; Prütting/Wegen/Weinreich/Zöchling-Jud § 270 Rn 1; jurisPK-BGB/Kerwer § 270 Rn 11; **aA** etwa Bamberger/Roth/Hau/Poseck/Lorenz § 270 Rn 16). Zwar ist der Anwendungsbereich der Zahlungsverzugs-Richtlinie (Neufassung 2011/7/EU vom 16. 2. 2011; vgl Rn 4) auf den Geschäftsverkehr zwischen Unternehmen (und öffentlichen Stellen) beschränkt und hat das Urteil des EuGH daher auch keine weitergehende Bindungswirkung. Sachliche Gründe, die Gefahrtragung bei durch Überweisung beglichenen Geldschulden anders einzuordnen, je nachdem in welchem Schuldverhältnis geleistet wird, sind aber nicht ersichtlich (LG Wuppertal 20. 6. 2011 – 9 S 149/08, NZM 2011, 85). Insoweit die Zahlungsverzugsrichtlinie sachlich nicht anwendbar ist, etwa bei der Zahlung durch Scheck und Wechsel (vgl Erwägungsgrund 13 der Richtlinie 2000/35/EG v 29. 6. 2000; Erwägungsgrund 8 der Richtlinie 2011/7/EU v 16. 2. 2011 29. 6. 2000), lässt sich dagegen für das Verständnis der Geldschuld als Bringschuld aus der Entscheidung des EuGH nichts herleiten (zutreffend OLG Jena 13. 7. 2011 – 7 U 949/10, OLG Report Ost 33/2011 Anm 7; **aA** OLG Jena 11. 5. 2011 – 2 U 1000/10, NJOZ 2012, 481).

37 Allerdings hat der EuGH in seinem Urteil vom 3. 4. 2008 (C-306/06 – Telecom, EuZW 2008, 277) für die Frage der Haftung auf Verzugszinsen darauf abgestellt, ob der Schuldner bei Einreichung seiner Überweisung den üblicherweise für die Durchführung einer Banküberweisung erforderlichen Fristen sorgfältig Rechnung getragen hat, die Zahlung also, wenn alles wie im Bankverkehr üblich abgewickelt worden wäre, rechtzeitig dem Konto des Empfängers gutgeschrieben worden wäre. Mit dieser Modifikation lässt sich die Perspektive des EuGH daher auch mit dem Verständnis der Geldschuld als qualifizierte Schickschuld vereinbaren, weil der Schuldner weder für zufällige Verspätungen noch für schuldhafte Verzögerungen der beteiligten Kreditinstitute einzustehen hat (Gsell GPR 2008, 172; MünchKomm/Krüger § 270 Rn 17). Man darf dann aber (in Abkehr von dem Urteil des BGH 7. 10. 1965 – II ZR 120/63, BGHZ 44, 178) für die Rechtzeitigkeit der Leistung nicht auf den termingerechten Zeitpunkt der Leistungshandlung selbst, sondern auf den erwarteten Erfolgseintritt bei gewöhnlichen Verlauf der Dinge abstellen.

38 Das Problem der Bringschuldtheorie bei Überweisungen liegt darin, dass der Schuldner nicht ohne Mitwirkung der Empfängerbank erfüllen kann (vorbehaltlose Gutschrift, vgl Rn 24). Deshalb muss es als verzugshindernde oder -beendende **vollständige Leistungshandlung** des Geldschuldners am Leistungsort ausreichen, dass die kontoführende Stelle der Empfängerbank die Unterlagen für die Gutschrift erlangt hat (dahingestellt in BGH 15. 5. 1952 – IV ZR 157/51, BGHZ 6, 121) bzw die Überweisungsdaten bei der Empfängerbank eingegangen sind (Einsele AcP 199 [1999] 155). Demgegenüber legt die Entscheidung des EuGH (soeben Rn 37) auch außerhalb des persönlichen Anwendungsbereichs der Zahlungsverzugsrichtlinie nahe, dass erst mit der Gutschrift auf dem Empfänger-Konto und der Verfügungsmacht des Empfängers die Leistungshandlung des Zahlungsschuldners erbracht ist (Herresthal NZM 2011, 833, 841). Da der Bank des Empfängers nach § 675t Abs 1 S 1 BGB nur eine äußerst kurze Ausführungsfrist bleibt („unverzüglich"), werden der Eingang des Überweisungsbetrags auf dem Konto der Empfängerbank und auf dem Konto des Empfängers in der Regel nur unwesentlich auseinanderfallen. Erfolgt die Gutschrift auf dem Empfängerkonto nach dem Leistungstermin, obwohl der Überweisungsbetrag rechtzeitig auf dem Konto der Empfängerbank eingetroffen war, hat der Zahlende die so verstandene Leistungshandlung zwar nicht vollständig erbracht, haftet aber nicht auf Verzugszinsen, weil die Zahlung bei üblicher, also unverzüglicher Abwicklung rechtzeitig gewesen wäre. Dieses Ergebnis hat der EuGH für den Anwendungsbereich der Zahlungsverzugsrichtlinie vorgegeben, es ist dogmatisch aber richtigerweise (nicht mit einer Erweiterung der geschuldeten Leistungshandlung, sondern) damit zu begründen, dass der Empfänger sich ein vorwerfbares Verhalten seiner Bank (keine unverzügliche Gutschrift des Überweisungsbetrags trotz Eingangs bei der Bank) analog § 278 BGB zurechnen lassen muss (vWestphalen WM 2000, 161 f; § 278; **aA** Kümpel WM 2000, 797; Schneider WM 1999, 2189, 2194), sodass der Gläubiger in Annahmeverzug gerät und der Schuldner daher keine Verzugszinsen bezahlen muss (Staudinger/Feldmann § 301 Rn 3). Das Risiko der Zahlungsunfähigkeit der Empfängerbank trägt der Gläubiger, sobald seine Bank Deckung erhalten hat (MünchKomm/Krüger § 270 Rn 14), sofern nur dem Schuldner die Überweisung an die Bank erlaubt war und er nicht dolos gehandelt hat (Canaris, Bankvertragsrecht I Rn 478). Nach dem EuGH haftet der Zahlende auch bei einem nicht ordnungsgemäßen Verhalten seiner eigenen Bank (oder eines zwischengeschalteten Zahlungsdienstleisters) nicht auf Verzug, wenn seine Überweisung ohne das Fehlverhalten rechtzeitig gewesen wäre. Das ist insofern inkonsequent, als der Zahlende doch andererseits die Gutschrift auf dem Gläubigerkonto schuldet. Eine übermäßige Härte liegt darin nicht, da der Schuldner die eigene Bank in Regress nehmen könnte (Langenbucher, in: Langenbucher/Bliesener/Spindler, Bankrechtskommentar [2016] § 675s Rn 11 und § 675y Rn 7 ff; Gösele 90).

VI. Kostenlast

Die Geldübermittlung geschieht **auf Kosten des Schuldners** (Abs 1). Haben sich aber 39
der Wohnsitz oder die Niederlassung des Gläubigers nach Entstehung des Schuldverhältnisses geändert und erhöhen sich dadurch die Übermittlungskosten, trägt der Gläubiger die aus der Veränderung entstehenden Mehrkosten (Abs 3). Zu den Kosten gehören die Überweisungskosten, Versendungs- und Zustellungskosten, nicht aber die Kontoführungsgebühr, die der Empfänger seiner kontoführenden Bank schuldet (BAG 15. 12. 1976 – 4 AZR 531/75, AP § 1 TVG Arbeitsentgelt Nr 1 m Anm Wiedemann; OVG Bremen 2. 12. 1975 – I BA 10/75, ZBR 1976, 90). Auch insoweit sind abweichende Parteivereinbarungen möglich (zu einer Regelung durch Tarifvertrag BAG 12. 9. 1984 – 4 AZR 336/82, WM 1985, 176). Eventuelle Kosten bei der Entgegennahme

von Bargeld hat der Gläubiger zu tragen (BGH 30. 11. 1993 – XI ZR 80/93, BGHZ 124, 254 zu unwirksamen Gebührenklauseln für Ein- und Auszahlungen am Bankschalter).

VII. Beweislast

40 Der Schuldner trägt die **Beweislast** dafür, dass das geschuldete Geld in die Verfügungsgewalt des Gläubigers gelangt ist. Auf der Grundlage der Geldschuld als Bringschuld muss der Schuldner auch beweisen, dass das Geld rechtzeitig beim Gläubiger eingetroffen ist. Nach der Schickschuldtheorie genügt dagegen der Beweis der Rechtzeitigkeit der Absendung, wenn das Geld überhaupt eingetroffen ist und dies vom Gläubiger nicht bestritten wird (MünchKomm/Krüger § 270 Rn 27). Auch die Kosten- und Gefahrerhöhung (Abs 3) ist vom Schuldner zu beweisen.

41 Wird Geld in einem Einschreibebrief verschickt, führt die Vorlage des Aufgabescheins noch nicht zu einem Beweis des ersten Anscheins, der Brief sei auch angekommen (BGH 27. 5. 1957 – II ZR 132/56, BGHZ 24, 308, 312). Stellt allerdings der Adressat der Einschreibesendung deren Empfang nicht innerhalb der zweijährigen Aufbewahrungsfrist für den Ablieferungsschein in Abrede, obwohl er rechtzeitig vorher von der Absendung Kenntnis erhalten hat, kann er nach Ablauf der Frist nicht mehr damit gehört werden, dass er die Sendung nicht erhalten habe (BGH 27. 5. 1957 – II ZR 132/56, BGHZ 24, 308). Die Vorlage des Postanweisungsabschnitts bei einer Postüberweisung und des Einlieferungsscheins bei einem Wertbrief kann als Grundlage für den Anscheinsbeweis ausreichen, dass das Geld beim Adressaten eingegangen ist (MünchKomm/Krüger § 270 Rn 27; Soergel/Forster § 270 Rn 24).

§ 270a
Vereinbarungen über Entgelte für die Nutzung bargeldloser Zahlungsmittel

Eine Vereinbarung, durch die der Schuldner verpflichtet wird, ein Entgelt für die Nutzung einer SEPA-Basislastschrift, einer SEPA-Firmenlastschrift, einer SEPA-Überweisung oder einer Zahlungskarte zu entrichten, ist unwirksam. Satz 1 gilt für die Nutzung von Zahlungskarten nur bei Zahlungsvorgängen mit Verbrauchern, wenn auf diese Kapitel II der Verordnung (EU) 2015/751 des Europäischen Parlaments und des Rates vom 29. April 2015 über Interbankenentgelte für kartengebundene Zahlungsvorgänge (ABl. L 123 vom 19. 5. 2015, S. 1) anwendbar ist.

Schrifttum

Buchmüller/Burke, Zahlungsmittelentgelte im E-Commerce, MMR 2017, 728
Omlor, Entgelte im Zahlungsverkehr nach Umsetzung der Zweiten Zahlungsdiensterichtlinie (PSD II), WM 2018, 937
ders, Schuldrecht AT: Zahlungsentgelte bei PayPal und „Sofortüberweisung", JuS 2019, 384
Spitzer, Gesetz zur Umsetzung der Zweiten Zahlungsdiensterichtlinie, MDR 2018, 561
Wüstenberg, Taxitarifordnungen und Zweite Zahlungsdiensterichtlinie, LKV 2018, 60.

Systematische Übersicht

Alphabetische Übersicht

I. Normzweck und Hintergrund

1 Eingeführt wurde § 270a BGB mit Art 3 des Gesetzes zur Umsetzung der 2. Zahlungsdiensterichtlinie v 17. 7. 2017 (BGBl I 2513). Konkret setzt § 270a BGB Art 62 Abs 4 der Richtlinie (EU) 2015/2366 v 25. 11. 2015 über Zahlungsdienste im Binnenmarkt, zur Änderung der Richtlinien 2002/65/EG, 2009/110/EG und 2013/36/EU und der Verordnung (EU) Nr 1093/2010 sowie zur Aufhebung der Richtlinie 2007/64/EG (ABl Nr L 337, 35) um, demzufolge Zahlungsempfänger für die Nutzung bestimmter Zahlungsinstrumente keine Entgelte verlangen dürfen. **Intertemporal** ist § 270a BGB nach der Übergangsvorschrift in Art 229 § 45 Abs 5 EGBGB auf alle Schuldverhältnisse anzuwenden, die ab dem 13. 1. 2018 entstanden sind.

2 **Zweck** der Vorschrift ist es, für Geldschuldner bestimmte, **besonders gängige Zahlungsmittel kostenfrei** zu halten. Damit soll vor allem das „Surcharging" verhindert werden, also Entgeltvereinbarungen von Zahlungsgläubigern mit ihren Schuldnern, mit denen der Gläubiger Kosten auf den Schuldner überwälzt, die ihm entstehen, wenn der Schuldner bargeldlos zahlt (BT-Drucks 18/11495, 83, 145 ff). Solche Zusatzkosten fallen Zahlungsempfängern in der Praxis etwa an, wenn mit Kreditkarte gezahlt wird; dass sie an Kunden weitgegeben werden, spielt vor allem im Online-Handel („E-Commerce"; Buchmüller/Burke MMR 2017, 728) eine Rolle. Das Surcharging war bei Verbraucherverträgen zwar schon vor Inkrafttreten des § 270a BGB nach § 312a Abs 4 BGB unter bestimmten Voraussetzungen (zu ihnen etwa MünchKomm/Wendehorst § 312a Rn 81 ff) verboten, die 2. Zahlungsdiensterichtlinie fordert indes unbedingte Kostenfreiheit für die Zahlenden. Insbesondere dürfen auch kostendeckende Aufschläge (§ 312a Abs 4 Nr 2 BGB) nicht mehr verlangt werden. **Geschützt werden sollen primär Verbraucher**, auf die keine unerwarteten Zusatzkosten zukommen können,

wenn sie ihre Verbindlichkeiten mit verbreitet genutzten Zahlungsmitteln oder -diensten begleichen. Freilich setzt nur S 2 die Verbrauchereigenschaft des Schuldners (für das Verbot bei Kartenzahlungen) voraus (Omlor WM 2018, 937, 938; MünchKomm/Krüger § 270a Rn 9), SEPA-Überweisungen und Lastschriften müssen hingegen auch für Unternehmer als Geldschuldner kostenfrei bleiben (Spitzer MDR 2018, 561, 562; Buchmüller/Burke MMR 2017, 728, 729).

II. Entgeltvereinbarungen

3 Wirtschaftlich trifft das Verbot des S 1 **Geldgläubiger**, denen Zahlungsdienstleister weiterhin Entgelte für die Übermittlung der Zahlung in Rechnung stellen können, ohne dass die Gläubiger diese Kosten an die eigenen Kunden weiterreichen könnten; aus Sicht des Zahlungsmittelrechts geht es also nur um das Valutaverhältnis. Dabei zeigt schon die systematische Stellung des § 270a BGB, dass das Verbot gerade nicht nur für Schuldverhältnisse über Zahlungsdienste gelten soll, sondern für **sämtliche Schuldverhältnisse**, insbesondere für jeden Gläubiger einer Entgeltforderung (Spitzer MDR 2018, 561, 562). Der Sache nach verbietet § 270a BGB bestimmte Nebenabreden zu einem Geldschuldverhältnis (Omlor WM 2018, 937, 941). Dieser umfassende Zugriff des § 270a BGB bedeutet auch, dass für § 312a Abs 4 BGB nur noch ein eingeschränkter Anwendungsbereich verbleibt, etwa mit Blick auf Zahlungsmittel, für die § 270a BGB nicht gilt; ähnlich ist es mit Blick auf § 675f BGB.

4 Ob die (zusätzliche) **Entgeltabrede** ausdrücklich, konkludent oder in AGB getroffen wird, spielt keine Rolle: Zumindest in richtlinienkonformer Auslegung sind auch „verdeckte" Vereinbarungen erfasst, die Bestandteil der Preiskalkulation bei Waren und Dienstleistungen sind und als solcher nicht gesondert ausgewiesen werden (Spitzer MDR 2018, 561, 562). Dass die Schuldner in solchen Fällen die Zusatzentgelte kaum erkennen und ihre Rechte (Rn 11 f) ausüben können, ist nicht nur ein rechtstatsächliches Problem, sondern berührt die effektive Umsetzung der Richtlinie (Art 103 Abs 1 RL [EU] 2015/2366; auch hierzu Spitzer MDR 2018, 561, 568). Keine Rolle spielt ferner, ob die Abrede zwischen Geldgläubiger und Geldschuldner vereinbart wird, oder die Entgelte aufgrund einer Vereinbarung des Gläubigers mit einem Dritten gezahlt werden sollen (MünchKomm/Krüger § 270a Rn 2). § 270a BGB greift auch, wenn Sonderentgelte für unbare Zahlung öffentlichrechtlich vorgeschrieben sind; soweit etwa Tarifordnungen für Taxifahrten noch nicht an § 270a BGB angepasst sind, dürfen solche Zuschläge etwa von Verbrauchern, die mit Kreditkarte (Rn 9 f) bezahlen, nicht erhoben werden (Wüstenberg LKV 2018, 60 ff).

5 Auch wenn ein Umgehungsschutz nicht ausdrücklich angeordnet ist, soll das Verbot **Ausweichgestaltungen** – etwa über Ermäßigungen – ebenfalls erfassen (vgl BT-Drucks 18/11495, 146). Insofern belegt zwar schon der Vergleich mit § 675f Abs 6 BGB, dass der Zahlungsempfänger nach wie vor die Möglichkeit haben soll, für die Nutzung bestimmter Zahlungsmittel einen Preisnachlass zu gewähren; ein Skontoabzug (vgl § 271 Rn 20) bei Barzahlung etwa bleibt erlaubt (MünchKomm/Krüger § 270a Rn 10). Andererseits dürfen solche Preisgestaltungen im wirtschaftlichen Ergebnis nicht zu einem Aufschlag für gerade die nach § 270a BGB privilegierten Zahlungsmittel führen. Methodisch ist das eine Frage der Normgeltung (vgl etwa Teichmann, Die Gesetzesumgehung [1962] 43 ff; Benecke, Die Gesetzesumgehung im Zivilrecht [2004] 181 ff), konkret

eine Frage der Auslegung von und Analogie zu § 270a BGB. Insofern ist insbesondere der Skontoabzug, der vor allem die frühzeitige Zahlung sichern soll, der verbotenen Gestaltung wertungsmäßig kaum vergleichbar.

III. Erfasste Zahlungsmittel

1. SEPA-Lastschriften und SEPA-Überweisungen

S 1 betrifft nur SEPA-Lastschriften und SEPA-Überweisungen. Gemeint sind Zahlungsmittel, die unter die **SEPA-Verordnung** (VO [EU] Nr 260/2012 v 14. 3. 2012 zur Festlegung der technischen Vorschriften und der Geschäftsanforderungen für Überweisungen und Lastschriften in Euro und zur Änderung der Verordnung [EG] Nr 924/2009, ABl Nr L 94, 22) fallen. Das ist der Fall, wenn in Euro gezahlt wird und entweder beide oder der einzige am Zahlungsvorgang beteiligte Zahlungsdienstleister auf dem Gebiet der Union ansässig ist, Art 1 Abs 1 SEPA-VO (vgl Buchmüller/Burke MMR 2017, 728). 6

Auf die Unterscheidung zwischen Lastschriften (allg zur Lastschrift § 270 Rn 19) und Überweisungen (allg zu Überweisungen § 270 Rn 21) kommt es für den Tatbestand des § 270a BGB nicht an, ebenso wenig auf die Unterscheidung zwischen SEPA-Basislastschriften und SEPA-Firmenlastschriften (zu dieser Unterscheidung vgl etwa MünchKomm/Krüger § 270a Rn 6 f). Es spielt ferner keine Rolle für § 270a BGB, ob bspw eine Überweisung vor Lieferung erfolgt, oder – etwa beim „Rechnungskauf" – erst nach Erhalt der Ware mit anliegender Rechnung (Buchmüller/Burke MMR 2017, 728, 729). 7

Umstritten ist, ob die Zahlung mit dem Online-Zahlungsdienst **PayPal** unter § 270a S 1 BGB fällt. § 270a BGB sagt dazu nichts. Zwar werden PayPal-Konten häufig mit den in § 270a BGB angesprochenen Mitteln gespeist (Buchmüller/Burke MMR 2017, 728, 729 f sprechen sich daher für eine Analogie auf), der eigentliche Transfer vom virtuellen PayPal-Konto auf das des Zahlungsempfängers hat damit aber nichts zu tun, wird mithin auch nicht von § 270a BGB erfasst (Omlor WM 2018, 937, 942; **anders** LG München I 13. 12. 2018 – 17 HK O 7439/18, WRP 2019, 399; **dagegen wiederum** Omlor JuS 2019, 384, 385). Sehr wohl erfasst sind **Zahlungsauslösedienste** wie „Sofortüberweisung", die gerade auf eine SEPA-Überweisung zielen (LG München I 13. 12. 2018 – 17 HK O 7439/18, WRP 2019, 399; Omlor WM 2018, 937, 941 f). 8

2. Kartenzahlung

Das Verbot, beim Geldschuldner Entgelte für die Kartenzahlung zu erheben, hat nach S 2 einen doppelt eingeschränkten Anwendungsbereich: Es gilt persönlich nur, wenn der Schuldner Verbraucher ist (auf die Qualifikation des Gläubigers kommt es nicht an: MünchKomm/Krüger § 270a Rn 9), und greift sachlich grundsätzlich (aber Rn 10) **nur für Kartenzahlverfahren im Vier-Parteien-System**, wenn also auf Seiten des Schuldners und des Gläubigers jeweils verschiedene Zahlungsdienstleister beteiligt sind. Nur diese Zahlverfahren sind in Kapitel II der MIF-Verordnung (Verordnung [EU] Nr 2015/751 v 29. 4. 2015 über Interbankenentgelte für kartengebundene Zahlungsvorgänge, ABl Nr L 123, 1) reguliert; in der Sache bedeutet das, dass bei entsprechenden Kartenzahlungen von Verbrauchern die Interbankenentgelte beschränkt werden. Der Gesetzgeber geht davon aus (BT-Drucks 18/11495, 146), dass der Kostenvorteil an die Zahlungsempfänger weitergegeben wird, sodass diesen keine Zusatzkosten 9 anfallen und sich das Surcharging (Rn 2) erübrigt. Praktisch sind damit die in Deutschland wohl populärsten Kreditkarten (etwa VISA oder MasterCard) angesprochen (Omlor WM 2018, 937, 941), aber auch die Zahlung mit Girocard (MünchKomm/Krüger § 270a Rn 8).

10 Unregulierte Kartenzahlverfahren (Drei-Parteien-System, bei dem nur ein einziger Zahlungsdienstleister beteiligt ist) sind **von § 270a BGB ausgenommen**. Die dort uU hohen Zusatzkosten für Zahlungsempfänger darf also der Gläubiger gezielt dem Schuldner und Kartennutzer überbürden. Dahinter steht die Überlegung, dass diese Kosten andernfalls womöglich über generelle Preiserhöhungen zu Lasten (auch) aller Verbraucher refinanziert worden wären (BT-Drucks 18/11495, 146 f). In der Praxis betrifft das etwa Kreditkarten von American Express oder Diner's Club (Omlor WM 2018, 937, 941; MünchKomm/Krüger § 270a Rn 8). Ausnahmsweise gilt das Verbot auch für Kartenzahlungen im Drei-Parteien-System, wenn sich der Zahlungsdienstleister anderer Zahlungsdienstleiser iS des Art 1 Abs 5 S 1 MIF-VO bedient; dann sind die Kartenzahlverfahren unionsrechtlich als solche im Vier-Parteien-System zu behandeln und muss § 270a BGB dementsprechend richtlinienkonform ausgelegt werden (MünchKomm/Krüger § 270a Rn 8; auf Erwägungsgrund 28 der MIF-VO verweist Omlor WM 2018, 937, 941).

IV. Verstoßfolgen

11 § 270a BGB ist Verbotsgesetz iS des § 134 BGB, **unzulässige Entgeltabreden sind nichtig** (MünchKomm/Krüger § 270a Rn 11). Gesamtnichtigkeit des Vertrags (§ 139 BGB) anzunehmen, kommt mit Blick auf den spezifischen Schuldnerschutzzweck des Verbots nicht in Betracht (Palandt/Grüneberg § 270a Rn 1; MünchKomm/Krüger § 270a Rn 11). Damit müssen die verabredeten Entgelte nicht bezahlt werden und kann der Geldgläubiger seine nach dem Vertrag geschuldete Leistung nicht zurückbehalten, um seine nicht bestehende Forderung durchzusetzen. Zu wettbewerbsrechtlichen Folgen unwirksamer Entgeltvereinbarungen etwa Buchmüller/Burke MMR 2017, 728, 730.

12 Zahlt der Schuldner auf eine nach § 270a BGB unwirksame Entgeltabrede, kann er die Zahlung nach § 812 Abs 1 S 1 Alt 1 BGB rückabwickeln (zur Herausgabe von Geldleistungen nach Bereicherungsrecht etwa Staudinger/Lorenz [2007] § 818 Rn 25). § 818 Abs 3 BGB schützt den Empfänger nicht, wenn er (§ 270a BGB und damit) iS des § 819 Abs 1 BGB die Unwirksamkeit des Kausalgeschäfts kennt.

§ 271
Leistungszeit

(1) Ist eine Zeit für die Leistung weder bestimmt noch aus den Umständen zu entnehmen, so kann der Gläubiger die Leistung sofort verlangen, der Schuldner sie sofort bewirken.

(2) Ist eine Zeit bestimmt, so ist im Zweifel anzunehmen, dass der Gläubiger die Leistung nicht vor dieser Zeit verlangen, der Schuldner aber sie vorher bewirken kann.

Materialien: E I § 231; II § 227; III § 264; JAKOBS/SCHUBERT, SchR I 192.

Schrifttum

BEATER, Die Skontoabrede – Eine besondere Form des Zusammenspiels von Vorleistung und Gegenleistung, AcP 1991, 346
BOECKLER, Die Bezahlung von Geldschulden, VerkRdsch 2, 247
DE CLAPARÈDE, Beiträge zur Lehre vom Leistungsverzuge (1903) 39
FAHL, Zur Zulässigkeit der einseitigen kalendermäßigen Bestimmung des Verzugszeitpunkts, JZ 1995, 341
KLEIN, Ein Beitrag zur Lehre von der rechtlichen Bedeutung der Vorbereitungshandlungen zur Leistung, SeuffBl 73, 312
KOHLER, Fälligkeit beim Verbrauchsgüterkauf, NJW 2014, 2817
KRAFKA, Vertragliche Bestimmung der Leistungszeit – Fälligkeit, Vorleistung, Verzug und Erfüllbarkeit –, MittBayNot 2011, 459
LANGHEINEKEN, Der verhaltene Anspruch, in: FG Wilhelm von Brünneck (1912) 27
NASTELSKI, Die Zeit als Bestandteil des Leistungsinhalts, JuS 1962, 289
PRESSMAR, Zum Inhalt einer Mahnung, JA 1999, 593
ROTHER, Die Bedeutung der Rechnung für das Schuldverhältnis, AcP 164 (1964) 97
WAGNER, Prozeßverträge: Privatautonomie im Verfahrensrecht (1998)
WALCHSHÖFER, Leistungsfristen in Allgemeinen Geschäftsbedingungen, WM 1986, 1541
WERNER, Rechtsfolgen einer unwirksamen förmlichen Abnahme des Gemeinschaftseigentums im Rahmen eines Bauträgervertrags, NZBau 2014, 80
vWESTPHALEN, Misslungene Umsetzung der Zahlungsverzugs-Richtlinie – § 271a BGB-E, BB 2013, 515
WELLER/HARMS, Die Kultur der Zahlungstreue im BGB, WM 2012, 2305
WINDORFER, Neue Fälligkeitsregelung im Recht über den Verbrauchsgüterkauf, VuR 2014, 216.

Systematische Übersicht

Alphabetische Übersicht

I. Allgemeines

1 § 271 BGB regelt mit der **Leistungszeit** eine **Modalität der Leistung**. Dabei sagt **Abs 1**, dass Forderungen **sofort** mit ihrer Entstehung geltend gemacht (Fälligkeit) und erfüllt (Erfüllbarkeit) werden können, sofern es an einer anderen Bestimmung der Leistungszeit fehlt und sich die Leistungszeit auch nicht aus den Umständen ergibt. Vorbehaltlich anderer Abreden, gesetzlicher Bestimmungen oder sonstiger Anhaltspunkte für eine abweichende Regelung fallen nach Abs 1 die Fälligkeit und die Erfüllbarkeit der Forderung also zusammen. Eine „Leistung [...] bewirken" meint dabei iS des Abs 1 nicht die Erfüllung des § 362 Abs 1 BGB, sondern die Leistungshandlung vornehmen (zum Verzögerungsrisiko, das sich aus dem zeitlichen Auseinanderfallen von Leistungshandlung und Leistungserfolg ergibt, vgl Rn 29). Allerdings können die Parteien vereinbaren, dass eine rechtzeitige Leistung erst mit dem Empfang durch den Gläubiger anzunehmen ist.

2 Ist eine Leistungszeit bestimmt, soll sie nach der Auslegungsregel des **Abs 2 im Zweifel nur zugunsten des Schuldners** vereinbart sein, nicht zu seinem Nachteil. Es ist dem Schuldner im Zweifel nicht verwehrt, auf eine noch nicht fällige Forderung zu leisten; die Erfüllbarkeit liegt dann vor der Fälligkeit (BGH 24. 6. 2002 – II ZR 256/01, NZG 2002, 1072).

3 Gegenüber der **Regelung** des § 271 Abs 1 BGB gibt es zahlreiche **speziellere gesetzliche Vorschriften**; aus dem BGB: §§ 556b Abs 1 (Wohnraummiete), 579 (Miete anderer Sachen), 581 Abs 2 (Pacht, Verweis auf das Mietrecht), 604 (Rückgabe bei der Leihe), 488 (Gelddarlehen), 608 u 609 (Sachdarlehen), 614 (Dienstvertrag), 641 Abs 1 und Abs 2 S 1 (Werkvertrag), 695 S 1, 696 S 1 u S 2, 699 (Verwahrung), 721 (Gesellschaftsvertrag), 760 (Leibrente), 1360a Abs 2 S 2, 1361 Abs 4 S 2, 1585 Abs 1 S 2, 1612 Abs 3 S 1 (Unterhaltspflicht; für den Versorgungsausgleich spezialgesetzlich in §§ 20 Abs 2 u 3 VersAusglG), 2181 BGB (Vermächtnis). Eine Modifikation der Leistungszeit bewirkt auch § 193 BGB. Speziellere Regelungen enthalten zB auch die § 798 ZPO, § 41 Abs 1 InsO, § 111 S 1 ZVG, § 235 Abs 1 HGB (vgl BGH 6. 12. 2016 – II ZR 140/15, NZG 2017, 339) und § 41 SGB I für Ansprüche auf Sozialleistungen, § 23

Abs 1 VerlG, § 14 Abs 1 VVG (freilich nur für Geldleistungen des Versicherers, bei Sachleistungen bleibt es bei § 271, vgl OLG Brandenburg 11. 2. 2014 – 11 U 92/13, ZFS 2014, 517 für medizinische Notfallhilfe), § 17 Abs 1 S 1 StromGVV, § 73 Abs 2 S 2 GenG (dazu BGH 24. 6. 2002 – II ZR 256/01, NZG 2002, 1072), § 8 ff GNotKG, §§ 6 ff GKG, Art 58 f CISG. Nicht hierher gehört § 46 Nr 2 GmbHG: Die Bestimmung bedeutet nur, dass die Einziehung eines Beschlusses der Gesellschafterversammlung bedarf, ändert aber nichts daran, dass die Verpflichtung zur Leistung der Stammeinlage schon mit der Entstehung der Gesellschaft fällig wird (RG 12. 11. 1935 – II 48/35, RGZ 149, 293). Auf die Fälligkeit einer Ersatzleistung nach dem BLG findet § 271 Abs 1 BGB sinngemäß Anwendung (BGH 13. 3. 1969 – III ZR 85/68, NJW 1969, 1214). Keine Sonderregelung gibt es für Schadensersatzansprüche, auch nicht für solche aus Delikt; insbesondere bedarf es nicht erst einer gerichtlichen Feststellung der Ansprüche (vgl RG 4. 4. 1916 – III 438/15, LZ 1916, 1185; für Besatzungsschäden nach dem Gesetz vom 1. 12. 1955 [BGBl I 734] nahm das BVerwG 7. 6. 1958 – V C 272/57, NJW 1958, 1744 Fälligkeit allerdings erst mit unanfechtbarer Festsetzung an). Auch für Urlaubsabgeltungsansprüche von Arbeitnehmern gibt es keine besondere gesetzliche Fälligkeitsregelung (BAG 8. 4. 2014 – 9 AZR 550/12, NZA 2014, 852). Eine tarifliche Leistung wird frühestens mit Wirksamwerden des Tarifvertrages durch Unterzeichnung fällig (BAG 1. 6. 1995 – 6 AZR 926/94, NZA 1996, 323; 9. 8. 1995 – 6 AZR 1047/94, NZA 1996, 994; 20. 3. 1997 – 6 AZR 865/95, NZA 1997, 896).

Herausgehobene praktische Bedeutung hat die gesetzliche Festlegung der **Leistungszeit beim Verbrauchsgüterkauf** nach § 475 Abs 1 S 1 u S 2 BGB (vgl im Einzelnen die Erl zu § 475): Während § 475 Abs 1 S 3 BGB nur die sofortige Erfüllbarkeit der beiderseitigen Ansprüche anordnet, die § 271 Abs 2 BGB zumindest im Zweifel auch vorsieht (MünchKomm/Lorenz § 475 Rn 37; näher zu § 271 Abs 2 vgl Rn 33 ff), weichen S 1 und S 2 des § 475 BGB von der sofortigen Fälligkeit des § 271 Abs 1 BGB ab: Eine Leistung aus dem Verbrauchsgüterkaufvertrag kann der Gläubiger (sofern nicht anders vereinbart) „nur unverzüglich verlangen", § 475 Abs 1 S 1 BGB. Auf ein entsprechendes Verlangen des Verbraucher-Käufers hin muss der Unternehmer die Kaufsache dann spätestens 30 Tage nach Vertragsschluss übergeben, § 475 Abs 1 S 2 BGB. Das bedeutet eine Verschlechterung der Rechtsposition des Gläubigers gegenüber der sofortigen Fälligkeit des § 271 Abs 1 BGB, weil unverschuldete Verzögerungen (vgl § 121 Abs 1 S 1 BGB) die Fälligkeit hinausschieben (nach Windorfer VuR 2014, 216, 219 unionsrechtlich zwingend auch bei der – an sich vorrangigen – Bestimmung der Leistungszeit durch die Parteien oder Umstände). Gedacht war insofern an Fälle, in denen die Kaufsache erst noch beschafft oder an Sonderwünsche des Käufers angepasst werden muss (BT-Drucks 17/12637, 70). Richtigerweise ergibt sich die Leistungszeit dann freilich schon aus einer zumindest konkludenten Parteiabrede oder den Umständen des Kaufs (Kohler NJW 2014, 2817, 2819; allg zur Bestimmung der Leistungszeit durch Vereinbarungen oder die Umstände Rn 8 ff, 23 ff). Dass damit ggf auch der Verbraucher als Käufer belastet wird, überzeugt teleologisch nicht (Kohler NJW 2014, 2817, 2819), ist aber hinzunehmen, weil die Abweichung von der vollharmonisierenden Verbraucherrechte-Richtlinie (Richtlinie 2011/83/EU v 25. 10. 2011 über die Rechte der Verbraucher) gefordert wird (MünchKomm/Lorenz § 475 Rn 33). 3a

Die **Zahlungsverzugsrichtlinie** 2011/7/EU vom 16. 2. 2011 (vgl § 270 Rn 4) ändert in ihrem Anwendungsbereich – also im Geschäftsverkehr zwischen Unternehmen und im Geschäftsverkehr zwischen Unternehmen und öffentlichen Stellen (vgl zum Anwendungsbereich und zur unmittelbaren Geltung der Richtlinie nach Ablauf der Umsetzungsfrist mit 4

Blick auf öffentliche Stellen Staudinger/Feldmann Vorbem 6 ff zu § 286–292) nichts an **der sofortigen Fälligkeit vertraglicher Ansprüche nach Abs 1** (Gesetzesbegründung BT Drucks 17/10491, 11; Weller/Harms WM 2012, 2305, 2310; Freis-Janik/Stumpf FLF 2013, 53; **aA** vWestphalen BB 2013, 515). Der Begriff „Fälligkeit" wird in der Richtlinie nicht definiert, ihr Eintritt nicht geregelt. Nach Art 2 Nr 8 der Richtlinie ist „fälliger Betrag" die Hauptforderung, die innerhalb der vertraglich oder gesetzlich vorgesehenen Zahlungsfrist hätte gezahlt werden müssen. Erwägungsgrund 17 der Richtlinie bestimmt, dass die Zahlung eines Schuldners als verspätet in dem Sinne betrachtet werden sollte, dass ein Anspruch auf Verzugszinsen entsteht, wenn der Gläubiger zum Zeitpunkt der Fälligkeit nicht über den geschuldeten Betrag verfügt, vorausgesetzt, er hat seine gesetzlichen und vertraglichen Verpflichtungen erfüllt. Die englische Fassung der Richtlinie („A debtor's payment should be regarded as late, for the purposes of entitlement to interest for late payment, where the creditor does not have the sum owed at his disposal on the due date provided that he has fulfilled his legal and contractual obligations.") macht besonders deutlich, dass es hier nicht um eine abstrakte Definition der Fälligkeit geht, sondern allein um eine Anknüpfung für den Anspruch auf Verzugszinsen. Es ist somit nicht ausgeschlossen, (auch) im Anwendungsbereich der Richtlinie weiterhin von dem Grundsatz der sofortigen Fälligkeit von Zahlungsforderungen auszugehen. Die Gegenmeinung (vWestphalen BB 2013, 515) vernachlässigt, dass die Zahlungsverzugsrichtlinie eine Beschleunigung von Zahlungen erreichen soll. Dieser Zweck würde ad absurdum geführt, verstünde man die Zahlungshöchstfristen in Art 3 und 4 der Richtlinie als generelle Regelung der Fälligkeit von Zahlungspflichten (im Geschäftsverkehr zwischen Unternehmen und im Geschäftsverkehr zwischen Unternehmen und öffentlichen Stellen) – und nicht als Regelung über den Eintritt der Verpflichtung, Verzugszinsen zu zahlen. Soweit das mitgliedstaatliche Recht die Fälligkeit strenger regelt (wie in Deutschland nach § 271 Abs 1 BGB), bedeutete die Richtlinie sonst hinsichtlich der Fälligkeit eine Vergünstigung zugunsten der erfassten Zahlungsschuldner.

5 Weil weder die Zahlungsverzugsrichtlinie noch § 271a BGB etwas daran ändern, dass Zahlungsansprüche nach dem gesetzlichen Leitbild des § 271 Abs 1 BGB sofort fällig sind, können im Rahmen einer **AGB-Kontrolle** vorformulierter Zahlungsfristen nach §§ 310 Abs 1, 307, 308 Nr 1–1b BGB auch kürzere als die in (der Richtlinie und) § 271a BGB festgelegten 30- bzw 60-Tageshöchstfristen als unangemessene Benachteiligung des Vertragspartners gewertet werden, wenn sich der Verwender selbst von der sofortigen Zahlung freizeichnen will (Weller/Harms WM 2012, 2305, 2313; Teichmann/Rojahn ZVertriebsR 2014, 359, 365; weiter § 271a Rn 3).

6 Kann nur **Leistung Zug um Zug** verlangt werden kann, zB bei der bereicherungsrechtlichen Rückgewähr ungleichartiger Leistungen (BGH 24. 6. 1963 – VII ZR 229/62, NJW 1963, 1870), ändert dies nichts an der Fälligkeit der Ansprüche. Die Technik der Rückabwicklung ändert nichts an der Einheitlichkeit des Anspruchs. Er bleibt fällig, durchsetzbar und ist deshalb nach § 291 BGB zu verzinsen (BGH 27. 9. 2013 – V ZR 52/12, WM 2013, 2315). Dasselbe gilt, wenn ungleichartige „Vorteile" bei Schadensersatzansprüchen im Rahmen der Vorteilsausgleichung zu berücksichtigen sind (BGH 12. 5. 1958 – II ZR 103/57, BGHZ 27, 241).

7 § 271 BGB passt nicht auf sog **„verhaltene Ansprüche"**, also Ansprüche, bei denen der Gläubiger zwar jederzeit befugt ist, die Leistung zu verlangen, der Schuldner vor

dieser Anforderung aber weder leisten muss noch leisten darf. Der verhaltene Anspruch (oder die ihm entsprechende Verbindlichkeit) kann also nicht gegen den Willen des Gläubigers befriedigt, erfüllt werden (begriffsbildend Langheineken 33; weiter Soergel/Forster § 271 Rn 24). Allerdings hängt die Fälligkeit des Anspruchs nicht notwendigerweise von dem Verlangen des Gläubigers ab (so aber Langheineken 33). Sie kann auch zuvor eintreten, mit der Folge, dass der Anspruch entstanden ist und die Verjährung (gegebenenfalls mit dem Schluss des Jahres) zu laufen beginnt. Der Gläubiger hat dann mit seinem Leistungsverlangen nicht zugleich auch den Verjährungsbeginn in der Hand (Gernhuber, Erfüllung § 3 I 7 a; MünchKomm/Krüger § 271 Rn 4). Ein verhaltener Anspruch kann auf besonderer Abrede beruhen, um dem Gläubiger etwa eine Kontrollmöglichkeit über die Tätigkeit des Schuldners zu geben (Gernhuber, Erfüllung § 3 I 7 a). In der Wirkung kommt das beim verzinslichen Darlehen der dem Gläubiger frei zugestandenen Fälligkeitskündigung gleich. Gesetzliche Beispiele verhaltener Ansprüche sind ua §§ 259 Abs 2, 260 Abs 2, 285, 368, 416 Abs 3 S 1, 629, 630 S 2 (parallel für Arbeitsverträge § 109 Abs 1 S 3 GewO), 695 S 1, 696 S 2, 2217 Abs 1 S 1, 2314 Abs 1 BGB (Langheineken 35; MünchKomm/Krüger § 271 Rn 4; Soergel/Forster § 271 Rn 24).

II. Bestimmung der Leistungszeit

1. Im Rechtsgeschäft

a) Durch beide Parteien

§ 271 Abs 1 BGB ist **dispositiv**, die Parteien können die **Leistungszeit im Rechtsgeschäft selbst festlegen**. Bestimmt id Sinne ist die Leistungszeit, wenn ein Kalendertag angegeben ist, an dem die Leistung erbracht werden soll. Auch eine genaue Uhrzeit kann ebenso vorgegeben werden wie eine Frist, innerhalb deren oder nach deren Ablauf die Leistung erfolgen muss (zur Verladefrist bei Verpflichtungen zur „Verschiffung" BGH 2. 10. 1963 – VIII ZR 64/62, MDR 1964, 48). Bei Dauerschuldverhältnissen liegt eine solche Bestimmung schon in der Angabe eines Anfangs- und Endtermins oder doch wenigstens eines Anfangstermins bei Abschluss auf unbestimmte Zeit. Sollen Versicherungsfolgeprämien nicht jährlich im Voraus, sondern unterjährig (monatlich, viertel- oder halbjährlich) bezahlt werden, wird damit kein Zahlungsaufschub vereinbart, sondern werden Leistungszeit und damit Fälligkeit der Versicherungsprämien abweichend von der nachgiebigen Regel des § 271 Abs 1 BGB geregelt (BGH 6. 2. 2013 – IV ZR 230/12, BGHZ 196, 150; Looschelders VersR 2010, 977, 980; **aA** Schürnband WM 2011, 481, 483). Zur Bestimmung genügt schon die **Bestimmbarkeit**. So kann die Leistungszeit von einem anderen Ereignis abhängig gemacht werden: ein Werk soll etwa „4 Wochen nach Materialzulieferung durch den Besteller" geliefert werden, ein Feld soll „alsbald nach dem nächsten Regen" gepflügt werden, der Mähdrescher soll demnächst „am ersten sonnigen Tag" zur Verfügung stehen, der Kaufpreis ist zwei Wochen nach Eintragung der bewilligten Vormerkung im Grundbuch zu zahlen, usw. Ein durch unbestimmte Formulierungen („alsbald", „baldmöglichst", etc) verbleibender Beurteilungsspielraum soll nach billigem Ermessen auszufüllen sein (LSG München 30. 11. 2018 – L 16 AS 205/16, juris im Anschluss an Palandt/Grüneberg § 271 Rn 4); richtigerweise geht es aber nicht um eine einseitige Festsetzung der Leistungszeit, sondern um eine Auslegungsfrage. Bei bedingten Verpflichtungen kann sich die Leistungszeit am Eintritt der aufschiebenden Bedingung orientieren, etwa „sofort mit Bedingungseintritt" oder „1 Jahr nach Bedin- 8 gungseintritt"; im ersten Fall ist „sofortige Leistung" vereinbart, weil vorher keine Verpflichtung besteht. Dasselbe gilt bei Verpflichtungen, die irgendeiner Genehmigung bedürfen oder doch irgendwie von Genehmigungen abhängig sind (Baugenehmigung: BGH 21. 3. 1974 – VII ZR 139/71, NJW 1974, 1080), und bei befristeten Verpflichtungen, die erst mit einem bestimmten Zeitpunkt entstehen. Davon ist die betagte Verpflichtung zu unterscheiden, die sofort entsteht, deren Leistungszeit jedoch hinausgeschoben ist (BGH 19. 3. 2002 – X ZR 125/00, NJW 2002, 2640; mit Blick auf die rechtlich wesentliche Unterscheidung zwischen Entstehung und Fälligkeit von Forderungen sind AGB intransparent, die nicht hinreichend erkennen lassen, an welchem dieser Zeitpunkte angeknüpft werden soll, vgl für eine arbeitsvertragliche Ausschlussfrist BAG 19. 2. 2014 – 5 AZR 700/12, NZA 2014, 1097). Bei dieser kann die Erstattung von Zwischenzinsen nach § 272 BGB nicht verlangt und die vorzeitige Leistung des Schuldners wegen § 813 Abs 2 BGB nicht nach § 812 BGB kondiziert werden. Für die befristete Verbindlichkeit gilt dieser Kondiktionsausschluss nach hM nicht (Staudinger/Lorenz [2007] § 813 Rn 17). Auch ein echter Schiedsgutachtenvertrag enthält eine Regelung der Leistungszeit iS von § 271 BGB; die Fälligkeit der Forderung wird aufgeschoben, bis das Gutachten vorgelegt wird (BGH 4. 7. 2013 – III ZR 52/12, WM 2013, 1452).

9 Bei **Gegenleistungen** kann die Zahlungszeit durch den Zeitpunkt der Leistung bestimmt sein; etwa bei Abreden „bar Kassa gegen Lieferung", „Ziel 3 Monate nach Lieferung" oder „Ziel 3 Monate und Dreimonatsakzept" (zur Auslegung vgl OLG Hamburg 18. 1. 1913, HansGZ 1913 Hauptbl 154). Die Fälligkeit der Gegenleistung kann auch ohne Rücksicht auf die Leistung durch den Zeitpunkt des Rechnungszugangs bestimmt werden („Kassa gegen Faktura", RG 30. 6. 1908 – II 27/08, RGZ 69, 125), sodass ohne Rücksicht auf die Leistung vorausgezahlt werden muss. Wird zugleich ein Zahlungsziel ab Zugang der Rechnung bestimmt, liegt darin eine Fälligkeitsbestimmung nach § 271 Abs 2 BGB (BGH 1. 2. 2007 – III ZR 159/06, BGHZ 171, 33). Zur Klausel „Netto Kasse gegen Dokumente" vgl BGH 17. 2. 1972 – VIII ZR 4/70, BGHZ 55, 340; zur Klausel „Netto Kasse gegen Konnossement" vgl RG 27. 9. 1904 – II 597/03, RGZ 59, 23.

10 In **Abzahlungsgeschäften** wird die Fälligkeit einzelner Raten (Teilzahlungen) gestaffelt. Übliche Klauseln lassen die Fälligkeit der gesamten noch offenen Restschuld eintreten, wenn fällige Teilzahlungen nicht erbracht werden. In anderen Fällen wird durch eine solche Verfallklausel eine Stundung auf Raten aufgehoben. Der Inhaltskontrolle nach § 307 BGB hält eine solche Klausel nur stand, wenn wie in § 498 Abs 1 S 1 Nr 1 BGB („Verzug") ein Zahlungsrückstand zur Voraussetzung der Gesamtfälligkeit gemacht wird, den der Schuldner zu vertreten hat (BGH 19. 6. 1985 – VIII ZR 238/84, NJW 1985, 2329 noch zu § 9 AGBG). Die Zahlungsverzugsrichtlinie 2011/7/EU vom 16. 2. 2011 berührt in ihrem Anwendungsbereich – also im Geschäftsverkehr zwischen Unternehmen und im Geschäftsverkehr zwischen Unternehmen und öffentlichen Stellen (vgl zum Anwendungsbereich näher Staudinger/Feldmann Vorbem 6 ff zu §§ 286–292) – gemäß ihrem Art 5 S 1 nicht die Möglichkeit der Vertragsparteien, Ratenzahlungen zu vereinbaren. Dementsprechend stellt § 271a Abs 5 Nr 1 BGB sicher, dass die Einschränkungen des § 271a Abs 1 bis 3 BGB für die Vereinbarung der Fälligkeit der einzelnen Raten nicht greifen (noch § 271a Rn 18).

11 Soweit das Gesetz keine zwingenden Vorgaben enthält, können die Parteien eine einmal eingetretene Fälligkeit nachträglich **Hinausschieben** (RG 28. 4. 1908 – II 529/07,

RGZ 68, 305), mit der Wirkung, dass die bislang eingetretenen Fälligkeitsfolgen entfallen und die Forderung bis zu dem späteren Zeitpunkt nicht fällig wird. Sie können auch vereinbaren, dass eine einmal eingetretene Fälligkeit zu einem bestimmten Zeitpunkt **beendet** wird, und einen späteren Zeitpunkt bestimmen, zu dem die Forderung wieder fällig sein soll; Folge ist dann, dass für die Zwischenzeit keine Fälligkeit gegeben ist, im Zeitpunkt der Abrede bereits eingetretene Fälligkeitsfolgen bleiben aber bestehen.

b) Durch eine Partei oder einen Dritten

Bestimmt ist die Leistungszeit auch, wenn die **Bestimmung vertraglich dem Gläubiger, dem Schuldner oder einem Dritten überlassen** ist. Die Parteien können den Spielraum des Bestimmungsberechtigten einengen, indem sie etwa einen Rahmen vorgeben, doch auch die Bestimmung nach „freiem Ermessen" kommt vor. Für die Bestimmung der Leistungszeit durch eine der Parteien gilt dann § 315 BGB, für die Bestimmung durch einen Dritten gelten die §§ 317 ff BGB. Während die Leistungsbestimmung durch eine der Vertragsparteien im Zweifel „billigem Ermessen" entsprechen muss, wird die Ermessensentscheidung eines Dritten nach § 319 Abs 1 BGB nur auf offensichtliche Unbilligkeit kontrolliert (RG 12. 5. 1920 – I 23/20, RGZ 99, 105 zur Kontrolle auf offensichtliche Unbilligkeit nach § 319 Abs 1; vgl NASTELSKI JuS 1962, 289, 290; eingehend STAUDINGER/RIEBLE [2015] § 319 Rn 2 ff). Kann der Dritte nach freiem Belieben bestimmen (§ 319 Abs 2 BGB), entfällt auch diese grobmaschige Kontrolle; nur eine gesetz- oder sittenwidrige oder willkürliche Leistungsbestimmung ist nicht verbindlich (STAUDINGER/RIEBLE [2015] § 319 Rn 2). Wird die (Dritt-)Leistungsbestimmung wegen Unbilligkeit kassiert, erfolgt die Zeitbestimmung durch Urteil, §§ 315 Abs 3 S 2, 319 Abs 1 S 2 BGB. Vor Rechtskraft einer solchen Entscheidung kann dann keine Fälligkeitsfolge eintreten (RG 22. 9. 1906 – V 1/06, RGZ 64, 114). Bei Drittbestimmung über die Leistungszeit ist § 319 Abs 2 BGB (Unwirksamkeit des Vertrages, wenn der Dritte die Bestimmung nach freiem Belieben nicht treffen kann oder will) nur anzuwenden, wenn die Leistungszeit so wesentlich ist, dass ohne ihre Festlegung der Vertrag nicht zustande gekommen wäre. **12**

„Abnahme bis spätestens …" bedeutet, dass der Gläubiger die Ware abrufen wird. Der Abruf ist dabei bis zum letzten Zeitpunkt der Frist möglich (OLG Stuttgart 22. 6. 1915 – U 103/15, Recht 1915 Nr 1956; KG 22. 4. 1918 – 6 U 1026/18, LZ 1919, 545). Nichtabruf führt zum Gläubigerverzug (RG 15. 1. 1907 – II 246/06, SeuffA 63 Nr 6), bei Abnahmepflicht zugleich zum Schuldnerverzug des Abnahmeverpflichteten. Nach Warenart und Lieferungszweck kann auch ein Abruf in Teilmengen gemeint sein, die auf die gesamte Lieferfrist angemessen verteilt werden müssen. Der Abruf kann mit einer Frist verbunden sein, nach deren Ablauf dann der Schuldner zu leisten hat (OLG Karlsruhe 16. 5. 1916 – 2 ZS, OLGE 36, 34). Zu der Klausel „Abruf nach Marktverhältnissen" vgl OLG Frankfurt 16. 9. 1980 – 5 U 178/78, BB 1980, 1823. Kann der Schuldner die Leistungszeit „nach […] Belieben" bestimmen oder sind Klauseln vereinbart wie „Leistungszeit freibleibend", „Leistung möglichst bald" oder „Leistung ehestens", ist bei der Leistungszeitbestimmung Treu und Glauben zu wahren (RG 22. 9. 1906 – V 1/06, RGZ 64, 114). Eine generelle Analogie zu § 2181 BGB – ein Vermächtnis mit freigestellter Leistungszeit wird im Zweifel mit dem Tod des Schuldners fällig – ist nicht möglich (ebenso SOERGEL/FORSTER § 271 Rn 21). Ist hingegen die Leistung selbst in das Belieben des Schuldners gestellt, geht es nicht um eine Abrede über die Leistungszeit, sondern es fehlt schon an einer bindenden Verpflichtung. **13**

14 In **allgemeinen Geschäftsbedingungen** getroffene Bestimmungen über die Fälligkeit unterfallen der AGB-Kontrolle nach den §§ 305 ff BGB. Nicht hinreichend bestimmte Lieferfristen sind nach § 308 Nr 1 BGB (zu Zahlungsfristen und § 308 Nr 1a, 1b BGB noch § 271a Rn 3) unwirksam, zB wenn die Lieferung in bestimmter Frist nach einem vom Verwender der Klausel frei bestimmbaren „Aufmaß" stattfinden soll (OLG Stuttgart 19. 12. 1980 – 2 U 122/80, NJW 1981, 1105). Nach § 306 Abs 2 BGB greift anstelle unwirksamer Klauseln § 271 BGB; das bedeutet in einem solchen Fall, dass das „Aufmaß" als erster Teil der Leistung „sofort" stattzufinden hat. Eine AGB-Klausel, die die Festlegung des Fälligkeitszeitpunkts in das freie Belieben des Verwender-Schuldners stellt, ist unwirksam. Denn damit behält sich der Schuldner eine unangemessen lange Frist für die eigene Leistung vor, § 308 Nr 1 BGB. Auch könnte er sonst den Folgen einer Leistungsverzögerung selbst dann noch entgehen, wenn er die Haftung wegen Pflichtverletzung § 309 Nr 8 BGB weder ausschließen noch einschränken kann (BGH 28. 6. 1984 – VII ZR 276/83, BGHZ 92, 24). Zum Ankaufsangebot eines Erbbauberechtigten hat der BGH eine unangemessene Benachteiligung im Sinne des AGB-Rechts gesehen, wenn der Kaufpreis mangels abweichender Regelungen gemäß §§ 433 Abs 2, 271 Abs 1 BGB mit der Annahme des Kaufangebots ohne Ankündigungsfrist sofort fällig wird (BGH 1. 3. 2013 – V ZR 31/12, NJW-RR 2013, 1028). Das ist abzulehnen, weil der Verwender insoweit gerade nicht vom dispositiven Gesetzesrecht (sofortige Fälligkeit) abweichen will, sondern durch die §§ 307 ff BGB dazu gezwungen würde.

c) Durch Kündigung

15 Die **Leistungszeit** kann auch **durch eine rechtsgeschäftlich oder gesetzlich vorgesehene Kündigung** bestimmt werden, wenn durch die rechtsgestaltende Erklärung die Fälligkeit selbst bestimmt wird (**„Fälligkeitskündigung"**, zB § 488 Abs 3 S 1 BGB), oder das Schuldverhältnis mit der Wirkung beendet wird, dass sofort Rückgewähransprüche ausgelöst und fällig werden (zB Kündigung des Mietverhältnisses mit der Folge des § 546 BGB). Eine teilweise Fälligkeitskündigung durch den Schuldner könnte zur Umgehung des § 266 BGB führen und ist deshalb nicht zulässig (RG 11. 11. 1925 – V 22/25, RGZ 111, 397). Dem Gläubiger, der Teilleistungen verlangen darf (§ 266 Rn 36 ff), ist die Teilkündigung aber nicht verwehrt (Soergel/Forster § 271 Rn 11; MünchKomm/Krüger § 271 Rn 30; **aM** Enneccerus/Lehmann § 24 II 4). Auch die isolierte Abtretung des ordentlichen Kündigungsrechts für Darlehensteilbeträge ist möglich (Staudinger/Freitag [2015] § 488 Rn 307).

d) Stundung

16 Wird die durch Rechtsgeschäft, Gesetz oder Richterspruch bestimmte **Fälligkeit hinausgeschoben**, so ist die Forderung gestundet (Nastelski JuS 1962, 289). Die **Stundung** kann ihrerseits auf Rechtsgeschäft, Gesetz oder Richterspruch beruhen. Eine Stundungsabrede kann schon bei Vertragsschluss getroffen werden (Esser/Schmidt I 1 § 15 II 2), muss dann die Fälligkeit über den nach dem Vertrag an sich naheliegenden und üblichen Zeitpunkt hinausschieben, etwa wenn die Vertragsparteien die Fälligkeit abweichend von dem Grundsatz der Leistung Zug um Zug regeln (BGH 2. 4. 2004 – V ZR 105/03, DNotZ 2005, 375; MünchKomm/Krüger § 271 Rn 22). Gesetzliche Stundungen finden sich oft in wirtschaftlichen Krisenzeiten zur Schuldnerentlastung (gesetzliche Moratorien). Eine Ermächtigung zur richterlichen Stundung von an sich sofort fälligen Ansprüchen findet sich etwa in den §§ 1382 Abs 1 S 1, 2331a BGB. Ohne gesetzliche Ermächtigung darf kein Gericht eine Stundung aussprechen (Es-

SER/SCHMIDT I 1 § 15 II 2); auch eine durch privatrechtsgestaltenden Verwaltungsakt bewirkte Stundung braucht eine Ermächtigungsgrundlage im Gesetz (BGH 12. 3. 2013 – XI ZR 227/12, BGHZ 197, 21).

Die **Wirkung** der Stundung liegt darin, dass sie die Fälligkeit des Anspruchs hinausschiebt, aber die Erfüllbarkeit (wie § 271 Abs 2 BGB) unberührt lässt. Dem Schuldner gibt sie eine **Einrede** (GERNHUBER, Erfüllung § 3 V 2a). 17

Ein **pactum de non petendo** ist eine Vereinbarung, in der der Gläubiger sich verpflichtet, die ihm zustehende Forderung nicht oder bis zu einem bestimmten Zeitpunkt nicht oder bis zu einem bestimmten Ereignis nicht geltend zu machen (PALANDT/GRÜNEBERG § 271 Rn 13; MünchKomm/KRÜGER § 271 Rn 18), etwa bis ein Gutachten vorgelegt wird (BGH 4. 7. 2013 – III ZR 52/12, WM 2013, 1452). Ob damit die Fälligkeit hinausgeschoben wird (für den Fall der Schiedsgutachtenvereinbarung BGH 4. 7. 2013 – III ZR 52/12, WM 2013, 1452) oder nicht (für den Fall einer Zusage des Gläubigers gegenüber dem Eigentümer, die Hypothek während einer gewissen Zeit nicht geltend zu machen, vgl ENNECCERUS/WOLFF/RAISER, Sachenrecht § 139 III 1; BAUR/STÜRNER, Sachenrecht [18. Aufl 2009] § 38 VII 1 d Rn 67), ist nach der Rechtsprechung Auslegungsfrage (zust MünchKomm/KRÜGER § 271 Rn 18). Jedenfalls gibt der pactum de non petendo dem Schuldner eine **Einrede**, mit der entweder der zeitweilige Ausschluss der Klagbarkeit (BGH 14. 6. 1989 – IVa ZR 180/88, BGH NJW-RR 1989, 1048) geltend gemacht wird oder die fehlende Fälligkeit. Ersteres bedeutete, dass eine Klage als zur Zeit unzulässig abzuweisen ist, Zweiteres, dass die Klage zulässig, aber wegen der materiell-rechtlichen Einrede zur Zeit unbegründet ist (so generell WAGNER 417 ff, 419, der den pactum de non petendo auf eine materiellrechtliche Vereinbarung beschränkt, die mit einem zeitweiligen Ausschluss der Klagbarkeit, also einem dilatorischen Klageverzicht, nichts zu tun hat). 18

Ist dem Schuldner bis zur Besserung seiner wirtschaftlichen Verhältnisse gestundet („Besserungsklausel"), hat er ohne Aufforderung zu leisten, wenn er unter Berücksichtigung des zu seinem eigenen Unterhalt Notwendigen leisten kann; er hat auch Ratenzahlungen anzubieten, wenn er dazu in der Lage ist (RG 22. 1. 1919 – I 216/18, RGZ 94, 290; BGH 26. 5. 1975 – III ZR 76/72, WM 1975, 974). Bei Stundung auf unbestimmte Zeit wird der Anspruch fällig, wenn der Gläubiger entsprechend §§ 316, 315 BGB einen neuen Leistungstermin einseitig bestimmt. 19

Die **Einräumung eines Skontos** enthält keine Stundungsabrede, die Fälligkeit der Forderung wird nicht hinausgeschoben (BGH 6. 5. 2010 – IX ZR 114/08, ZInsO 2010, 1090 zur Leistung vor Fälligkeit zur Ausnutzung eines Skontoabzugs; nach BEATER AcP 191 [1991] 347, 357 f kann es aber der Verkehrssitte einer bestimmten Branche entsprechen, dass Fälligkeit erst mit Ablauf der Skontofrist eintritt; vgl auch § 272 Rn 2). Die Skontoabrede ist nur als Anreiz zu beschleunigter Zahlung gedacht. Die vorleistende Partei will eine beschleunigte Zahlung des anderen Teils erreichen, dabei geht es vor allem darum, den Verlust an Liquidität auszugleichen, der aus der Kreditierung folgt; darüber hinaus bezweckt die Skontogewährung auch den reibungslosen Erhalt der Gegenleistung (BGH 11. 2. 1998 – VIII ZR 287/97, NJW 1998, 1302 unter Hinweis auf BEATER, AcP 1991, 346, 349; BGH 6. 5. 2010 – IX ZR 114/08, ZInsO 2010, 1090; OLG Hamm 9. 5. 1957 – 17 W 10/57, BB 1957, 627; MünchKomm/KRÜGER § 271 Rn 23). Mit dem Skontoabzug wird unter der aufschiebenden Bedingung fristgerechter Zahlung ein Nachlass auf den vereinbarten Preis gewährt (BGH 11. 2. 1998 – VIII ZR 287/97, BGH NJW 1998, 1302), während der „Rabatt" (früher 20

§ 1 RabattG) ein Nachlass auf den vom Unternehmer angekündigten oder allgemein geforderten Preis ist (vgl Senne JA 1998, 832). Mit der Abschaffung der gesetzlichen Beschränkungen des RabattG hat die nicht immer einfache Abgrenzung an Bedeutung verloren.

21 Wird ein gestundeter Anspruch **bestritten**, ist die selbstverständliche Grundlage der Stundung, nämlich die Anerkennung des Anspruchs, entfallen; auch ist der Anspruch mit dem Bestreiten gefährdet (BGH 5. 3. 1981 – III ZR 115/80, NJW 1981, 1666; OLG Celle 16. 2. 1962 – 7 W 1/62, MDR 1962, 569). UU kann auch eine beim Schuldner nachträglich eintretende Verschlechterung der Vermögenslage die Stundung aufheben (RG 24. 10. 1908 – I 681/07, JW 1908, 711; 10. 4. 1920 – V 450/19, JW 1920, 705): § 321 BGB ist nur Ausfluss der in § 313 BGB kodifizierten Lehre von der Geschäftsgrundlage; daher ist von Fall zu Fall zu prüfen, ob die **Grundlage der Stundung entfallen** ist und damit die Stundung wegfallen muss (BGH 29. 5. 1974 – IV ZR 65/72, FamRZ 1974, 652).

22 Keine Stundung und damit auch kein Hinausschieben der Fälligkeit liegt in der Zusage einer Prozesspartei, bis zum rechtskräftigen Abschluss des Verfahrens **nicht zu vollstrecken** (BGH 11. 12. 1967 – III ZR 115/67, NJW 1968, 700); Verzugsfolgen bleiben hier unberührt. Freilich kann die Auslegung der Abrede anderes ergeben (BGH 29. 4. 1987 – VIII ZR 258/86, JR 1987, 505 m zust Anm Haase). Ebenso bedeuten im Vollstreckungsverfahren gewährte Zahlungsfristen (zB § 802b Abs 2 S 1 ZPO) oder Räumungsfristen (zB §§ 721, 794a ZPO) keine richterliche Stundung (BGH 27. 6. 1953 – VI ZR 235/52, NJW 1953, 1586; Wieser NJW 1988, 665, 667).

2. Bestimmung durch die Umstände

23 Die **Leistungszeit** kann auch **durch die Umstände bestimmt** sein. Sofortige Leistung ist etwa bestimmt, wenn die Leistung am Automaten begehrt wird, wenn der Kunde im Geschäft die Ware ersichtlich zum Mitnehmen aussucht (Selbstbedienungsgeschäft), wenn an der Abendkasse eines Theaters eine – undatierte – Eintrittskarte erworben wird, oder wenn kurz vor einer Sportveranstaltung am Eingangstor des Stadions eine – undatierte – Eintrittskarte erworben wird. Bei Werkleistungen (vgl Kühne BB 1988, 713) kann sich die Leistungszeit aus dem Arbeitsablauf ergeben oder aus der Beschaffenheit des Materials. So kann frühestens tapeziert werden, wenn die Mauern getrocknet sind; ein Werbefoto kann erst hergestellt werden, wenn die Witterungsverhältnisse günstig sind; ein Garten kann erst angelegt werden, wenn die Pflanzzeiten gekommen sind. Weihnachtsgratifikationen sind so rechtzeitig zu zahlen, dass mit ihnen noch vor dem Fest eingekauft werden kann (BAG 29. 6. 1954 – 2 AZR 13/53, NJW 1954, 1343). Beim Werkvertrag hat der Unternehmer im Zweifel alsbald nach Vertragsschluss mit der Herstellung zu beginnen und sie in angemessener Zeit zügig zu Ende zu führen; mit Ablauf der angegebenen Fertigstellungsfrist tritt Fälligkeit ein (BGH 8. 3. 2001 – VII ZR 470/99, NJW-RR 2001, 806). Ein Wohnrecht, das den Wiederaufbau voraussetzt, kann zu dem Zeitpunkt verlangt werden, in dem der Bau frühestens errichtet sein kann (OLG Düsseldorf 13. 12. 1950 – 9 U 511/48, ZMR 1952, 152). Bei Abschluss eines Abfindungsvergleichs kann sich, wenn der Zeitpunkt der Fälligkeit nicht bestimmt ist, aus den Umständen ergeben, dass Fälligkeit mit Beendigung des Arbeitsverhältnisses eintritt, nicht schon mit Vergleichsabschluss (BAG 15. 7. 2004 – 2 AZR 630/03, NJW 2005, 171).

24 Ein **Rückforderungsanspruch** wegen überzahlten Arbeitsentgelts wird fällig, sobald es dem Gläubiger tatsächlich möglich ist, seinen Zahlungsanspruch wenigstens annähernd zu beziffern (BAG 27. 3. 1996 – 5 AZR 336/94, NZA 1997, 45). Ebenso ist der Anspruch auf Rückzahlung einer Kaution erst fällig, wenn die Ansprüche des Gesicherten im Betrag feststehen (LG Stuttgart 25. 2. 1977 – 6 S 346/76, NJW 1977, 1885). Der Anspruch auf Architektenhonorar (§§ 7 ff HOAI) ist erst fällig, wenn der Architekt eine prüfbare Honorarschlussrechnung erteilt hat (BGH 19. 6. 1986 – VII ZR 221/85, NJW-RR 1986, 1279). Dasselbe gilt für Ansprüche aus einem Bauvertrag, die nicht schon mit der Abnahme des Bauwerkes, sondern erst mit der prüfbaren Schlussrechnung (§ 16 Abs 3 Nr 1 VOB/B) fällig werden – auch bei Einheitspreis- oder Pauschalverträgen (BGH 20. 10. 1988 – VII ZR 302/87, BGHZ 105, 290 m umfass Nachw zu älterer Judikatur und Literatur). Dasselbe gilt für Nachforderungen aus der Elektrizitätsversorgung (§ 40 EnWG, §§ 12 ff StromGVV; vgl BGH 8. 7. 1981 – VIII ZR 222/80, NJW 1982, 930; allg zur Nachforderung bei Messfehlern OLG Düsseldorf 27. 4. 2016 – I-27 U 24/15, BeckRS 2016, 21107), für Arzthonorare nach § 12 Abs 1 GOÄ (Palandt/Grüneberg § 271 Rn 7) und für Anwaltshonorare nach § 10 Abs 1 S 1 RVG. Auch umlegungsfähige Mietnebenkosten sind fällig erst mit dem Eingang einer nachprüfbaren Abrechnung beim Mieter (BGH 23. 11. 1989 – VIII ZR 298/80, NJW 1982, 573; OLG Frankfurt 14. 4. 1983 – 1 U 208/82, MDR 1983, 757), ebenso Abschlagszahlungszahlungen auf die erwartete Einspeisevergütung nach dem EEG (zu § 16 Abs 1 S 3 EEG 2012 BGH 19. 11. 2014 – VIII ZR 79/14, NJW 2015, 873 m Anm Althammer: „jedenfalls […] fällig, wenn für die Bekl. nach den Umständen die Möglichkeit besteht, die Höhe der von ihr zu leistenden Abschläge auf Grund der dazu erforderlichen Nachweise zu ermitteln"). Hier zeigt sich die generelle Tendenz, die Fälligkeit an eine „konstitutive Rechnung" zu binden, wenn der Schuldner den zu zahlenden Betrag nicht allein ermitteln kann, oder dem Gläubiger die Ermittlung oder Festsetzung des Betrages ausdrücklich übertragen ist (Gernhuber, Erfüllung § 3 IV 7 a).

25 Ein **Befreiungsanspruch** nach § 257 BGB wird mangels anderer Bestimmung nach § 271 Abs 1 BGB sofort fällig, auch wenn der Anspruch des Dritten gegen den Befreiungsgläubiger noch nicht fällig ist. Hiervon geht § 257 S 2 BGB aus (BGH 12. 11. 2009 – III ZR 113/09, NZG 2010, 192). Der 8. Senat des BGH hatte zuvor allerdings Zweifel geäußert, ob diese Regel als allgemeiner Rechtsgedanke für alle gesetzlichen Befreiungsansprüche gelten kann. Erst recht haben im Falle rechtsgeschäftlicher Befreiungsvereinbarungen (oder wie es in der Praxis meist heißt: Freistellungsvereinbarungen) der Parteiwille und die Umstände des Falles hinsichtlich der Fälligkeitsfrage Vorrang. Rechtliche und praktische Schwierigkeiten der Durchsetzung des Befreiungsanspruchs, wenn die Drittforderung noch nicht fällig und in ihrer Höhe noch ungewiss ist, legen einen späteren Fälligkeitszeitpunkt des Befreiungsanspruchs nahe (BGH 11. 4. 1984 – VIII ZR 302/82, BGHZ 91, 73 = JR 1985, 60 m zust Anm Keller: Auslegungsfrage). Der Freistellungsanspruch des Arbeitnehmers gegen seinen Arbeitgeber wegen der Schädigung eines Dritten wird fällig, wenn feststeht, dass der schädigende Arbeitnehmer von dem Geschädigten mit Erfolg in Anspruch genommen werden kann (BAG 25. 6. 2009 – 8 AZR 236/08, AP Nr 40 zu § 70 BAT).

3. Sofortige Leistung nach Abs 1

26 **Mangels besonderer Bestimmung** ist nach § 271 Abs 1 BGB **„sofort" zu leisten**. Das ist nicht iS einer unverzüglichen Leistung „ohne schuldhaftes Zögern" (vgl § 121 Abs 1 S 1 BGB) zu verstehen, weil das Verschulden für die Leistungszeit keine Rolle spielt.

Daher hindert bspw ein von den Parteien nicht zu vertretendes Transferverbot des Devisenrechts die Fälligkeit nicht (BGH 12. 7. 1963 – Ia ZR 134/63, NJW 1964, 100). Ein mäßiger Zeitraum zur Bewirkung der Leistung kann sich allerdings – außer bei Geldschulden – aus Treu und Glauben unter Berücksichtigung der Verkehrssitte ergeben (§§ 157, 242 BGB). Insofern ist „sofort" in § 271 BGB weniger streng zu lesen als in § 859 Abs 3 BGB, insbesondere bei Lieferverpflichtungen (zB Lieferung eines nicht vorrätigen Nutzfahrzeugs in „angemessener Zeitspanne": OLG München 21. 11. 1991 – 25 U 4121/91, NJW-RR 1992, 818; Abrechnung von Erschließungsbeiträgen in „angemessener Frist": OVG Münster 19. 8. 1988 – 3 A 2570/86, NJW 1989, 1879; bei Kauf von Möbeln „baldigst" zu liefern: OLG Nürnberg 13. 11. 1980 – 8 U 1237/80, NJW 1981, 1104). Für Handelsgeschäfte ist § 358 HGB zu beachten; „sofort" iS des § 271 BGB kann dort nur „innerhalb der üblichen Geschäftszeit" bedeuten (Baumbach/Hopt, HGB § 358 Rn 3). Aber auch sonst braucht der Schuldner nicht zur Unzeit, im Regelfall also nicht nachts zu leisten (Palandt/Grüneberg § 271 Rn 3).

27 Auf **Dauerschuldverhältnisse** passt § 271 BGB insofern nicht, als er auf einmalige Leistungshandlungen zugeschnitten ist, und Leistungspflichten nicht richtig erfassen kann, die in einem andauernden Verhalten bestehen (dazu ausführlich Esser/Schmidt I 1 § 15 II 4). Deshalb ist die Fälligkeit der Leistungen im Dauerschuldverhältnis häufig spezieller geregelt. Id Sinne bestimmt § 614 BGB, dass die Vergütung erst nach der Arbeitsleistung fällig ist, und dass eine nach Zeitabschnitten bemessene Vergütung nach Ablauf der einzelnen Zeitabschnitte zu entrichten ist. Bei einem monatlichen Entgelt, ist die Vergütung daher am 1. des Folgemonats zu entrichten (BAG 3. 8. 2005 – 10 AZR 559/04, EzA § 4 TVG Bewachungsgewerbe Nr 3). Dagegen bestimmt § 556b BGB für die Wohnraummiete, dass die Miete zu Beginn der einzelnen Zeitabschnitte, spätestens bis zum dritten Werktag zu entrichten ist. Ein einheitliches Leitbild der Fälligkeit im Dauerschuldverhältnis kennt das BGB nicht. Aus § 271 BGB lässt sich insofern entnehmen, dass bei positiven Handlungspflichten aus einem auf Dauer angelegten Schuldverhältnis „sofort" der erste Akt der Erfüllung erfolgen muss, und dass bei Unterlassungspflichten die Dauerverpflichtung „sofort" einsetzt (MünchKomm/Krüger § 271 Rn 34; Soergel/Forster § 271 Rn 3; Gernhuber, Erfüllung § 3 II 4). Das Gleiche gilt für Nebenpflichten zu Hauptverpflichtungen, die an sich durch einmalige Leistungen erfüllt werden, wenn die Nebenpflichten Dauerpflichten sind, etwa Schutzpflichten oder Unterlassungspflichten. Ist die Fälligkeit nicht speziell für den Vertragstyp geregelt, muss sich die sofortige Leistungspflicht nach § 271 Abs 1 BGB auf jeden wie auch immer definierten neuen Teilabschnitt beziehen. Es spielt hierfür keine Rolle, ob man das Dauerschuldverhältnis als einen Vertragstyp versteht, bei dem notwendiger- und damit zulässigerweise Teilleistungen zu erbringen sind, oder im jeweiligen Zeitpunkt jeweils die volle geschuldete Leistung sieht (vgl § 266 Rn 19). Bleibt der Schuldner im Falle einer Handlungspflicht zur Leistungszeit untätig, wird die gesamte von ihm geschuldete Leistung rückständig (Gernhuber, Erfüllung § 3 II 4; MünchKomm/Krüger § 271 Rn 34).

III. Folgen der Zeitbestimmung

28 **Folgen** zeitigt die Leistungszeit zunächst im Recht des Verzugs (§§ 286 ff, 293 ff BGB), im Handelsrecht ist auch an die Zinspflicht des § 353 S 1 HGB zu denken. Der **Verzug** setzt aber daneben voraus, dass der Schuldner die Nichtleistung zu vertreten hat (§ 286 Abs 4 BGB), sowie – außer im Fall des § 286 Abs 2 BGB –

noch eine Mahnung (§ 286 Abs 1 BGB) oder im Falle von Entgeltforderungen alternativ eine Rechnung nach § 286 Abs 3 BGB (STAUDINGER/FELDMANN § 286 Rn 95 f). Die Mahnung kann mit der Erklärung verbunden werden, die die Fälligkeit erst herbeiführt (STAUDINGER/FELDMANN § 286 Rn 44). Damit mahnungsunabhängig Verzug nach § 286 Abs 2 Nr 1 BGB eintritt, muss die kalendermäßig bestimmte Leistungszeit zwischen Gläubiger und Schuldner vereinbart sein; dass der Gläubiger bspw auf der Rechnung einseitig eine Leistungszeit vorgibt, reicht nach ganz hM nicht aus (STAUDINGER/FELDMANN § 286 Rn 71; BGH 25. 10. 2007 – III ZR 91/07, BGHZ 174, 77: sofern der Gläubiger nicht nach § 315 zur Bestimmung der Leistung[szeit] berechtigt ist; **aA** FAHL JZ 1995, 341 ff). Wird einseitig ein Zahlungsziel vorgegeben, ist das eher als Angebot auf Abschluss eines pactum de non petendo (Rn 18) zu deuten, die schon fällige Forderung bis zu dem gesetzten Datum nicht geltend zu machen. Auf den Zugang der Annahmeerklärung durch den Schuldner verzichtet der Vorleistende nach § 151 S 1 BGB. Wird mit der Angabe des Zahlungsziels gleichzeitig eine Rechnung oder Zahlungsaufstellung übersandt, ist aber ggf der Verzugstatbestand des § 286 Abs 3 BGB erfüllt (STAUDINGER/FELDMANN § 286 Rn 71; **anders** PRESSMAR JA 1999, 593 ff, der die frühere Auffassung, § 271 Abs 1 BGB statuiere keine sofortige Leistungspflicht des Schuldners, sondern lediglich ein Forderungsrecht des Gläubigers, wiederbeleben möchte).

Das Risiko, dass trotz rechtzeitiger Leistungshandlung der Leistungserfolg verspätet eintritt, ist in § 271 BGB nicht geregelt. § 271 BGB regelt nur die Leistungszeit. Erst durch das Zusammenspiel von §§ 269, 270 und 271 BGB und die Bestimmung des Charakters der Schuld ergibt sich die **Verteilung der Verspätungs- oder Verzögerungsgefahr**. Bei der Schickschuld hat der Schuldner die Leistungshandlung an seinem Wohnsitz zu erbringen, § 269 Abs 1 BGB. Rechtzeitig erbracht ist die Leistung, wenn die Leistungshandlung zur vorgesehenen Leistungszeit (§ 271 BGB) vorgenommen wurde. Der Gläubiger trägt die Gefahr, dass sich der Eintritt des Leistungserfolgs verzögert. Auch bei Holschulden hat der Schuldner die Leistungshandlungen an seinem Wohnsitz zu erbringen, § 269 Abs 1 BGB, muss also die Leistungshandlung zur vorgesehenen Leistungszeit an seinem Wohnsitz vornehmen. Auch hier geht eine anschließende Verzögerung zu Lasten des Gläubigers, der nicht rechtzeitig beim Schuldner vorstellig wird, um dort die Leistung abzuholen. Anders ist es bei der Bringschuld, insbesondere bei einer Geldschuld nach § 270 BGB (str, vgl § 270 Rn 1 ff): Hier hat der Schuldner die Leistung am Wohnsitz des Gläubigers zu erbringen, bis zum Angebot der Leistung an den Gläubiger geht jede Verzögerung zu Lasten des Schuldners. So ist der Überweisende für den rechtzeitigen Transport der Valuta verantwortlich. Geleistet ist, wenn der Überweisungsbetrag bei der Gläubigerbank eingeht. Die kontoführende Bank wiederum hat eingehende Überweisungsaufträge für ihre Kunden entgegenzunehmen und sie nach Maßgabe des § 675t Abs 1 BGB unverzüglich dem Empfängerkonto gutzuschreiben (zum alten Recht BGH 6. 5. 1997 – XI ZR 208/96, JR 1998, 148 m Anm LINDACHER). 29

In besonderen Fällen hat die Leistungszeit insofern eine herausgehobene Bedeutung, als nach dem (id Regel vertraglich) bestimmten Zeitpunkt die Leistung dauernd objektiv unmöglich wird, also die Folgen der §§ 275, 280, 283, 326 BGB eintreten (vgl NASTELSKI JuS 1962, 289, 294 ff). So liegt es beim **absoluten Fixgeschäft** (BGH 30. 11. 1972 – VII ZR 239/71, BGHZ 60, 14; näher STAUDINGER/CASPERS § 275 Rn 16 f; STAUDINGER/SCHWARZE [2015] § 323 Rn B 100 f; weiter BGH 28. 8. 2012 – X ZR 128/11, NJW 2013, 378 zur Bereitstellung einer Hotelunterbringung sowie von Mahlzeiten und Getränken für die Zeit bis zur 30

Teilnahme an einem Ersatzflug nach Art 8 Abs 1 VO [EG] Nr 261/2004 [Fluggastrechte-VO]); wichtiges Praxisbeispiel ist die Arbeitsschuld des Arbeitnehmers, die nach ganz hM Fixschuldcharakter hat (BAG 19. 8. 2015 – 5 AZR 975/13, NJW 2015, 3678; STAUDINGER/RICHARDI/FISCHINGER [2016] § 611 Rn 1064). Bleibt die Leistung nach dem bestimmten Zeitpunkt objektiv möglich, können die Parteien den Leistungszeitpunkt gleichwohl so in den Vordergrund rücken, dass eine verspätete Leistung nicht mehr als Erfüllung angesehen werden soll (§ 323 Abs 2 Nr 2 BGB, § 376 HGB; **relatives Fixgeschäft**). Der Gläubiger kann dann bei nicht rechtzeitiger Leistung vom Vertrag zurücktreten (näher STAUDINGER/SCHWARZE [2015] § 323 Rn B 102 f). Außerdem gibt die Nichteinhaltung der Leistungszeit Veranlassung zur Klage (mit Kostenfolge bei Erledigung der Hauptsache) iS des § 91a ZPO, und muss der Versicherer nach § 37 Abs 2 S 1 VVG nicht eintreten, wenn die Erstprämie nicht gezahlt wird und der Versicherungsnehmer dies zu vertreten hat.

31 Im **Insolvenzrecht** lehnt der BGH ab, Fälligkeit und Zahlungsunfähigkeit schematisch zu koppeln, obwohl der Schuldner nach § 17 Abs 2 S 1 InsO zahlungsunfähig ist, wenn er nicht in der Lage ist, seine fälligen Zahlungspflichten zu erfüllen. Der BGH verlangt für Zahlungsunfähigkeit jedoch aus insolvenzrechtlichen Überlegungen eine Art verstärkte Fälligkeit, die neben der Fälligkeit nach § 271 BGB noch eine Gläubigerhandlung voraussetzt, aus der sich der Wille ergibt, vom Schuldner Erfüllung zu verlangen. Daran fehlt es etwa, wenn der Gläubiger in eine spätere oder nachrangige Befriedigung eingewilligt hat (BGH 19. 7. 2007 – IX ZB 36/07, BGHZ 173, 286 mit zust Anm ERDMANN NZI 2007, 695); umgekehrt wird einer solchen Abrede aber regelmäßig nicht zu entnehmen sein, dass damit die zivilrechtliche Fälligkeit hinausgeschoben (oder ein pactum de non petendo vereinbart) werden soll (LG Hechingen 11. 12. 2015 – 1 O 87/15, BeckRS 2015, 118493).

32 Mit der Fälligkeit des Anspruchs iS des § 271 BGB ist der Anspruch auch iS des § 199 Abs 1 Nr 1 BGB entstanden (BGH 19. 12. 1990 – VIII ARZ 5/90, BGHZ 113, 188; BAMBERGER/ROTH/HAU/POSECK/HENRICH § 199 Rn 4), sodass die **Verjährungsfrist** zu laufen beginnen kann – im Fall des § 195 BGB freilich erst mit dem Schluss des Jahres.

IV. Regelungsgehalt des Abs 2

33 Die **Bestimmung** einer Leistungszeit **wirkt im Zweifel nur zugunsten des Schuldners**, Abs 2. Die Regel entspricht dem Satz des gemeinen Rechts diei adiectio pro reo est (D 45, 1, 41, 1). Der Schuldner kann die Leistung vor der bestimmten Zeit bewirken, der Gläubiger sie aber nicht vorher verlangen. Lehnt der Gläubiger die Annahme der noch nicht fälligen Leistung ab, gerät er in Annahmeverzug (OGH 23. 2. 1950 – I ZS 80/49, OGHZ 3, 305; für die Rückgabe der Mietsache [Schlüsselübergabe] vor Vertragsende LG Bonn 5. 6. 2014 – 6 S 173/13, NJW-RR 2014, 1420). Abweichendes kann sich aus dem Gesetz (§ 696 BGB), der Parteivereinbarung oder aus den Umständen ergeben. Auch können Treu und Glauben verlangen, dass nicht vorzeitig geleistet werde (§ 242 BGB). Schon nach § 14 VerbrKrG war das Recht des Verbrauchers zur vorzeitigen Erfüllung der Raten aus einem Abzahlungsgeschäft zwingendes Recht (BÜLOW NJW 1991, 129, 133); für „Teilzahlungsgeschäfte“ regeln dies heute die §§ 506 Abs 3, 500 Abs 2 S 1 BGB. Nach § 296 Abs 2 S 2 SGB III darf der private Arbeitsvermittler keine Vorschüsse auf seine Vergütung entgegennehmen. Für Wechselschulden gilt nicht § 271 Abs 2 BGB, sondern Art 40 Abs 1 WG (BGH 29. 9. 1969 – II ZR 51/67, NJW 1970, 41).

34 **Eine verzinsliche Schuld darf der Schuldner grundsätzlich nicht vorzeitig zahlen**, da der Gläubiger ein Interesse an der Kapitalanlage hat (RG, BayZ 1923, 195; OLG Naumburg 22. 12. 1911 – II ZS, OLGE 28, 90; BGH 24. 4. 1975 – III ZR 147/72, BGHZ 64, 278; OLG Hamm 18. 11. 1960 – 8 U 138/60, NJW 1961, 1311 m Anm Rötelmann). Das gilt auch für die verzinsliche Stundung einer unverzinslichen Forderung (Hammen NJW 1987, 2856, 2857). Beim **Darlehen** ist, wenn der Rückzahlungszeitpunkt nicht bestimmt ist, die Fälligkeit von der Kündigung einer der Vertragsparteien abhängig, § 488 Abs 3 S 1 BGB. Beim **unverzinslichen Darlehen** kann der Schuldner nach § 488 Abs 3 S 3 BGB auch ohne Kündigung zurückzahlen, das entspricht § 271 Abs 2 BGB. Das Gleiche gilt für den Verbraucherdarlehensvertrag nach § 500 Abs 2 S 1 BGB, der die Verbraucherkreditrichtlinie 2008/48/EG in deutsches Recht umsetzt. § 502 BGB tritt als lex specialis für den Verbraucherdarlehensvertrag an die Stelle der allgemeinen Regelung zur Vorfälligkeitsentschädigung in § 490 Abs 2 S 3 BGB (Staudinger/Kessal-Wulff [2012] § 502 Rn 1; zu Vorfälligkeitszinsen nach § 233a AO vgl Kemmler Teil 2 H. III. 2.). Eine Schuld darf auch dann nicht vor Fälligkeit getilgt werden, wenn der Gläubiger **andere als Zinsinteressen** an der Schuld hat, etwa wenn mit einem Baudarlehen ein Belegungsrecht verbunden ist (BGH 15. 1. 1970 – III ZR 212/66, NJW 1970, 603), oder wenn der Erwerber eines Bauwerks vor Fertigstellung abnehmen will, um trotz Verjährung des Erfüllungsanspruchs noch Mängelrechte gegen den Bauträger geltend zu machen (dazu Werner NZBau 2014, 80, 84). Dass ein späterer Zahlungszufluss für den Gläubiger steuerlich günstiger wäre, kann aber nicht ausreichen, schon weil der Schuldner regelmäßig keinen Einblick in die steuerliche Situation des Gläubigers haben wird (für eine Abfindungszahlung an Arbeitnehmer BAG 23. 6. 2016 – 8 AZR 757/14, NJW 2017, 104).

35 Für **Hypothekenforderungen**, also auch für das Einlösungsrecht eines Dritten, gilt § 271 Abs 2 BGB grundsätzlich nicht, es sei denn, die Hypothekenforderung ist schon gekündigt, die Frist aber noch nicht abgelaufen. Bei Grundschulden gilt, wenn auf die Grundschuld selbst geleistet wird, § 271 Abs 2 BGB ebenfalls nicht (KG 31. 1. 1935 – 1 Wx 7/35, JW 1935, 1641; Klee NJW 1951, 580). Wird über die Fälligkeitszeit hinaus das Kapital der Hypothekenforderung belassen und werden weiterhin Zinsen gezahlt, gilt § 271 Abs 2 BGB ebenfalls nicht; es bedarf einer neuen Kündigung, deren Frist durch den Richter festgesetzt wird (OLG Halle 3. 4. 1951 – 2 U 4/51, NJ 1951, 471).

36 Ein rechtlich geschütztes **Interesse** des Gläubigers, entgegen § 271 Abs 2 BGB eine vorzeitige Tilgung der Schuld zurückzuweisen, kann sich **auch bei einer Währungsreform** ergeben. So wurde bei der Währungsumstellung 1948 teils ein Recht des Schuldners verneint, dem Gläubiger durch vorzeitige Zahlung noch schnell das Wechselrisiko zu überbürden (vCaemmerer SJZ 1948, 513 ff; Duden WRZ 1948, 338 ff; Petersen MDR 1948, 20; Reinicke MDR 1948, 195; Rechtsprechungsnachweise bei Staudinger/Bittner [2009] § 271 Rn 23).

37 Eine Vorausleistung ist auch im Wege der **Aufrechnung** möglich, wenn die Forderung, gegen die aufgerechnet wird (Hauptforderung), erfüllbar ist (RG 28. 6. 1943 – III 5/43, RGZ 171, 215). Soweit sich nicht aus besonderen Abreden und Umständen etwas anderes ergibt, ist eine Forderung nach § 271 Abs 2 BGB vorzeitig erfüllbar. Die Voraussetzungen der Fälligkeit der Aktivforderung und der Erfüllbarkeit der Passivforderung greifen auch im Falle eines Aufrechnungsvertrages, wenn nicht nach

Vertragsinhalt und Interessenlage etwas anderes gelten soll (OLG Frankfurt 8. 5. 1998 – 24 U 111/96, WuB/E IV A. § 389 BGB 1 99 [Fleischer]).

38 Der Gläubiger eines monatlich fälligen Anspruchs auf nachehelichen **Unterhalt** soll Vorauszahlungen nur für einen Zeitraum von 6 Monaten entgegennehmen müssen, weil der Unterhaltsanspruch seinen laufenden Lebensbedarfs in den jeweiligen Zeitabschnitten sichert (BGH 16. 6. 1993 – XII ZR 6/92, BGHZ 123, 49). Gleiches gilt nach ständiger Rechtsprechung für Vorausleistungen auf ein monatlich fälliges vertragliches Ruhegehalt (BGH 15. 3. 2006 – VIII ZR 120/04, NJW-RR 2006, 1185 mit abl Anm Schneider/Brouwer GmbHR 2006, 1019; 28. 10. 1971 – II ZR 49/70, NJW 1972, 154). Noch weitergehend muss nach BGH 25. 10. 1989 – IVa ZR 221/88, NJW-RR 1990, 159 der Gläubiger einer betrieblichen Zusatzversorgungsrente aus einer Sozialeinrichtung überhaupt keine Vorauszahlungen auf monatlich fällige Rentenschulden entgegennehmen. Ob eine Sozialeinrichtung zur Durchführung der Altersversorgung eingeschaltet wird, kann indessen für die Zulässigkeit von Vorausleistungen keine Rolle spielen. Insgesamt lässt sich bezweifeln, dass Rentengläubigern auf diesem Weg das Risiko eigener Fehldispositionen abgenommen werden müsste.

V. Beweislast

39 Nach hM trägt der Schuldner die **Beweislast**, wenn er sich darauf beruft, die Leistung sei noch nicht zu bewirken. Sich auf die mangelnde Fälligkeit zu berufen, wird also als Einwand gesehen (Einwandstheorie), dessen Voraussetzungen (anderweitige Bestimmung, Umstände des Falles) der Schuldner zu beweisen hat (Enneccerus/Lehmann § 24 I mwNw; MünchKomm/Krüger § 271 Rn 37; differenzierend Erman/Artz § 271 Rn 18: Beweislast ausnahmsweise beim Gläubiger, wenn eine Zeitbestimmung im Gläubigerinteresse getroffen ist). Nach der Gegenmeinung leugnet der Schuldner die Anspruchsvoraussetzung der Fälligkeit (Leugnungstheorie), für die der Gläubiger die Beweislast trägt (Staudinger/Selb[12] § 271 Rn 13; BGB-RGRK/Alff § 271 Rn 3).

40 Für die Einwandstheorie spricht, dass gesetzlicher Regelfall iS des § 271 Abs 1 BGB die sofortige Fälligkeit ist. Erst recht gilt das, wenn spezielle gesetzliche Bestimmungen, generelle vertragstypische und übliche Abreden, spezielle Umstände oder besondere Vereinbarungen die Fälligkeit abweichend von § 271 Abs 1 BGB bestimmen. Wer zu seinen Gunsten eine Abweichung von der spezialgesetzlichen oder vertragstypischen oder üblichen Fälligkeit durch besondere Abrede oder aufgrund besonderer Umstände behauptet, trägt die Beweislast für diese Abrede oder Umstände. Freilich spielt es insofern keine Rolle, ob der Gläubiger eine frühere oder der Schuldner eine spätere Fälligkeit behauptet. In allen anderen Fällen muss aber der Schuldner die Beweislast dafür tragen, dass aufgrund einer rechtsgeschäftlichen Abrede oder besonderer Umstände des Falles die Fälligkeit hinausgeschoben ist (ähnlich BGH 21. 10. 2003 – X ZR 218/01, NJW-RR 2004, 209), weil es bei der sofortigen Fälligkeit nach § 271 Abs 1 BGB bleiben muss, wenn keine andere Bestimmung dargelegt und ggf nachgewiesen ist. Unrichtig ist danach die Entscheidung des BGH, gegenüber der Behauptung des Kaufpreisschuldners, es liege ein Ratenkauf vor, trage der Verkäufer als Gläubiger die Beweislast für einen Barkauf (BGH 18. 11. 1974 – VIII ZR 125/73, NJW 1975, 206; LG Tübingen 29. 1. 1990 – 1 S 352/89, NJW 1990, 1185). Sind sowohl Bar- als auch Ratenzahlungskäufe üblich (im konkreten Fall eines Wohnwagens), muss der Schuldner die zu seinen Gunsten wirkende Ratenzahlung beweisen.

Behauptet der Schuldner, die einmal durch Rechtsgeschäft, Gesetz, Richterspruch oder § 271 BGB bestimmte Fälligkeit sei nachträglich hinausgeschoben worden (**„Stundung"**, vgl Rn 11, 16 f) oder später wieder entfallen, trägt er insoweit unstrittig die Beweislast (MünchKomm/Krüger § 271 Rn 38; Erman/Artz § 271 Rn 19; Bamberger/Roth/Hau/Poseck/Lorenz § 271 Rn 26; NK-BGB/Schwab § 271 Rn 39). Für die Behauptung, er brauche die ihm vom Schuldner uU vorzeitig angebotene Leistung noch nicht anzunehmen, trägt der Gläubiger wegen der sofortigen (Abs 1) bzw vorzeitigen Erfüllbarkeit (Abs 2) die Beweislast (MünchKomm/Krüger § 271 Rn 39). 41

§ 271a
Vereinbarungen über Zahlungs-, Überprüfungs- oder Abnahmefristen

(1) Eine Vereinbarung, nach der der Gläubiger die Erfüllung einer Entgeltforderung erst nach mehr als 60 Tagen nach Empfang der Gegenleistung verlangen kann, ist nur wirksam, wenn sie ausdrücklich getroffen und im Hinblick auf die Belange des Gläubigers nicht grob unbillig ist. Geht dem Schuldner nach Empfang der Gegenleistung eine Rechnung oder gleichwertige Zahlungsaufstellung zu, tritt der Zeitpunkt des Zugangs dieser Rechnung oder Zahlungsaufstellung an die Stelle des in Satz 1 genannten Zeitpunkts des Empfangs der Gegenleistung. Es wird bis zum Beweis eines anderen Zeitpunkts vermutet, dass der Zeitpunkt des Zugangs der Rechnung oder Zahlungsaufstellung auf den Zeitpunkt des Empfangs der Gegenleistung fällt; hat der Gläubiger einen späteren Zeitpunkt benannt, so tritt dieser an die Stelle des Zeitpunkts des Empfangs der Gegenleistung.

(2) Ist der Schuldner ein öffentlicher Auftraggeber im Sinne von § 99 Nummer 1 bis 3 des Gesetzes gegen Wettbewerbsbeschränkungen, so ist abweichend von Absatz 1

1. **eine Vereinbarung, nach der der Gläubiger die Erfüllung einer Entgeltforderung erst nach mehr als 30 Tagen nach Empfang der Gegenleistung verlangen kann, nur wirksam, wenn die Vereinbarung ausdrücklich getroffen und aufgrund der besonderen Natur oder der Merkmale des Schuldverhältnisses sachlich gerechtfertigt ist;**
2. **eine Vereinbarung, nach der der Gläubiger die Erfüllung einer Entgeltforderung erst nach mehr als 60 Tagen nach Empfang der Gegenleistung verlangen kann, unwirksam.**

Absatz 1 Satz 2 und 3 ist entsprechend anzuwenden.

(3) Ist eine Entgeltforderung erst nach Überprüfung oder Abnahme der Gegenleistung zu erfüllen, so ist eine Vereinbarung, nach der die Zeit für die Überprüfung oder Abnahme der Gegenleistung mehr als 30 Tage nach Empfang der Gegenleistung beträgt, nur wirksam, wenn sie ausdrücklich getroffen und im Hinblick auf die Belange des Gläubigers nicht grob unbillig ist.

(4) Ist eine Vereinbarung nach den Absätzen 1 bis 3 unwirksam, bleibt der Vertrag im Übrigen wirksam.

(5) Die Absätze 1 bis 3 sind nicht anzuwenden auf

1. die Vereinbarung von Abschlagszahlungen und sonstigen Ratenzahlungen sowie

2. ein Schuldverhältnis, aus dem ein Verbraucher die Erfüllung der Entgeltforderung schuldet.

(6) Die Absätze 1 bis 3 lassen sonstige Vorschriften, aus denen sich Beschränkungen für Vereinbarungen über Zahlungs-, Überprüfungs- oder Abnahmefristen ergeben, unberührt.

Schrifttum

Christiansen, 60–30-15 – zur neuen „Inhaltskontrolle" von bauvertraglichen Leistungszeitbestimmungen, ZfBR 2015, 211

Faust, Das Gesetz zur Bekämpfung von Zahlungsverzug im Geschäftsverkehr, DNotZ 2015, 644

Haspl, Der Entwurf eines Gesetzes zur Bekämpfung von Zahlungsverzug im Geschäftsverkehr – engere Schranken für die Vertragsfreiheit, BB 2014, 771

Spitzer, Das Gesetz zur Bekämpfung von Zahlungsverzug im Geschäftsverkehr, MDR 2014, 933

Teichmann/Rojahn, Die Umsetzung der Zahlungsverzugsrichtlinie im europäischen Vergleich, ZVertriebsR 2014, 359

Thiergart, Gesetz zur Bekämpfung von Zahlungsverzug im Geschäftsverkehr – Neue gesetzliche Regelungen erfordern die Anpassung allgemeiner Geschäftsbedingungen und individualvertraglicher Vereinbarungen, GWR 2014, 342

Verse, Das Gesetz zur Bekämpfung von Zahlungsverzug im Geschäftsverkehr, ZIP 2014, 1809

Willems, Rückzahlung in Gutscheinform beim Verbraucherwiderruf, NJW 2018, 1049.

Systematische Übersicht

Alphabetische Übersicht

I. Normzweck und Hintergrund

1 § 271a BGB ist mit dem Gesetz zur Bekämpfung von Zahlungsverzug im Geschäftsverkehr und zur Änderung des EEG v 22. 7. 2014 (BGBl I 1218) ins BGB gekommen, das Vergaberechtsmodernisierungsgesetz v 17. 2. 2016 (BGBl I 203) hat Abs 2 S 1 Eingangssatz an die Neufassung des GWB angeglichen. Die Vorschrift gehört zum Umsetzungsrecht der 2. Zahlungsverzugsrichtlinie (§ 270 Rn 4), zielt insbesondere auf Art 3 Abs 5 RL 2011/7/EU (Bamberger/Roth/Hau/Poseck/Lorenz § 271a Rn 1). **Intertemporal** gilt § 271a BGB nach Art 229 § 34 EGBGB für Schuldverhältnisse, die nach dem 28. 7. 2014 entstanden sind; für bereits vorher entstandene Dauerschuldverhältnisse greift § 271a BGB, soweit die geschuldete Gegenleistung (Entgelt) nach dem 30. 6. 2016 erbracht wird.

2 Die Vorschrift soll dem verbreiteten **Zahlungsverzug im Geschäftsverkehr entgegenwirken**, ein Anliegen, dass das BGB verschiedenen Mitteln zu erreichen sucht (vgl etwa auch § 288 Abs 2 BGB). **Geschützt werden** sollen vor allem kleinere und mittlere Betriebe als **Geldgläubiger**, deren Schuldner teilweise die Marktmacht haben, späte Zahlungen durchzusetzen, oder den Verzug schlicht in Kauf nehmen. § 271a BGB spricht Ersteres an und begrenzt Vereinbarungen, die längere **Zahlungsfristen für die Schuldner von Entgeltforderungen** (zu diesen sogleich Rn 5) vorsehen. In Abs 3 (noch Rn 16 f) sind Fälle besonders geregelt, in denen die Zahlung eine Abnahme oder Prüfung der Leistung durch den Geldschuldner voraussetzen soll.

3 Flankiert wird § 271a BGB durch **§ 308 Nr 1a, 1b BGB**, die der Sache nach für AGB kürzere Höchstfristen vorsehen (dazu etwa Christiansen ZfBR 2015, 211 ff). Trotzdem ist § 271a BGB auch für die AGB-Kontrolle relevant, weil die strengeren Vorgaben in § 308 BGB nur für die Einkaufsbedingungen des Schuldners gelten, § 271a BGB aber auch die eigenen AGB des Zahlungsgläubigers betrifft (Verse ZIP 2014, 1809, 1810; Teichmann/Rojahn ZVertriebsR 2014, 359, 365). Gesetzliches Leitbild bleibt indes auch dann die sofortige Fälligkeit des § 271 Abs 1 BGB (Faust DNotZ 2015, 644, 656; bereits § 271 Rn 5). Ebenfalls in Zusammenhang mit § 271a BGB zu sehen ist **§ 286 Abs 5 BGB**, der insofern eine Art Umgehungsschutz regelt, als die Grenzen für Abreden über Zahlungsfristen auch auf Vereinbarungen über den Verzugseintritt erstreckt werden. Geldgläubiger sollen nicht die Möglichkeit haben, sich von den Rechtsfolgen verspäteter Zahlungen freizuzeichnen. Mit Blick auf die Verzugsfolgen sagt das **§ 286 Abs 6 BGB**.

4 Nach **Abs 6** verdrängt § 271a BGB **andere gesetzliche Beschränkungen für Zahlungs-, Abnahme- oder Prüffristen** nicht. Es gilt die kürzeste Frist. Angesprochen sind damit vor allem § 308 Nr 1a, 1b BGB (bereits Rn 3).

5 § 271a BGB gilt nur für **Entgeltforderungen**. Sachlich anwendbar ist das Verbot längerer Zahlungsfristen also gerade nicht auf jede Geldforderung, sondern nur auf

vertragliche Ansprüche, die auf eine – häufig, aber nicht zwingend synallagmatische – Gegenleistung in Geld gerichtet sind (etwa BGH 21. 4. 2010 - XII ZR 10/08, NJW 2010, 1872; 16. 6. 2010 – VIII ZR 259/09, NJW 2010, 3226; weiter STAUDINGER/FELDMANN § 286 Rn 97).

II. Höchstgrenzen für Zahlungsfristen

1. Zahlungsfristen

a) Höchstfrist von 60 Tagen, Abs 1

6 Abs 1 S 1 verbietet grundsätzlich jede Vereinbarung, nach der die Erfüllung einer Entgeltforderung erst nach **mehr als 60 Tagen nach Empfang der Gegenleistung** verlangt werden kann. Sachlich ist das eine **Höchstvorgabe für die** nach § 271 Abs 1 BGB dispositive Leistungszeit unter dem Aspekt der **Fälligkeit** (FAUST DNotZ 2015, 644, 647; MünchKomm/KRÜGER § 271a Rn 6; allg zu Fälligkeitsvereinbarungen § 271 Rn 8 ff). Die nach § 271 Abs 2 BGB ebenfalls gestaltbare Erfüllbarkeit der Entgeltforderung bleibt unberührt und wird mit den in § 271a BGB angesprochenen Fristen ohnehin nicht geregelt. Für die Fristberechnung gelten die §§ 187 Abs 1, 188 Abs 1 BGB (MünchKomm/KRÜGER § 271a Rn 7).

7 Die **Vereinbarung** muss nicht explizit auf eine Zahlungsfrist gerichtet sein. Die offene Formulierung des Abs 1 S 1 („Vereinbarung, nach der […] verlangen kann") bewirkt insofern Umgehungsschutz, als Abreden vergleichbarer Wirkung von vorneherein erfasst sind (aber Rn 18 f zur Ausnahme für Ratenzahlungen). Ggf unzulässig sind damit etwa Klauseln, in denen sich der Gläubiger verpflichtet, seine Rechnung nicht vor einem bestimmten Datum zu stellen (vgl BT-Drucks 18/1309, 15; zweifelnd TEICHMANN/ROJAHN ZVertriebsR 2014, 359, 364 f); freilich entstünde dem Schuldner bei einem Verstoß des Gläubigers gegen solche Vertragspflichten in aller Regel ohnehin kein Schaden und käme ein Zurückbehaltungsrecht nicht in Betracht. Nicht hierher gehören Skontoabreden, mit denen die Zahlung nur beschleunigt werden soll (vgl § 271 Rn 20). Sehr wohl betroffen sein können demgegenüber **nachträgliche Stundungsvereinbarungen** (tendenziell auch FAUST DNotZ 2015, 644, 647 f; jedenfalls für anfängliche Stundungsvereinbarungen: BAMBERGER/ROTH/HAU/POSECK/LORENZ § 271a Rn 8. 1; zweifelnd VERSE ZIP 2014, 1809, 1811; **anders** BT-Drucks 18/1309, 15; PALANDT/GRÜNEBERG § 271a Rn 3; MünchKomm/KRÜGER § 271a Rn 6), mit denen die bereits eingetretene Fälligkeit hinausgeschoben werden soll (§ 271 Rn 16 ff). Wenn der Gläubiger vor der Marktmacht seiner Entgeltschuldner geschützt werden soll, kann es auch keinen Unterschied machen, ob die Stundungsabrede bereits mit dem Vertrag oder nachträglich abgeschlossen wird. Eine finanzielle Notlage des Schuldners ist (nur) im Rahmen der „groben Unbilligkeit" (zu ihr Rn 12) zu berücksichtigen.

8 **Empfangen** ist eine Gegenleistung iS des Abs 1 S 1 (parallel zu § 286 Abs 3 S 2 BGB, MünchKomm/KRÜGER § 271a Rn 7; dazu eingehend FAUST DNotZ 2015, 644, 650), wenn eine gegenständliche Leistung dem Schuldner der Entgeltforderung übergeben oder eine ungegenständliche Leistung sonst erbracht wird. Auf eine Abnahme oÄ kommt es demgegenüber nicht an, andernfalls hätte der Schuldner der Entgeltforderung die Möglichkeit, § 271a BGB durch vertragswidriges Verhalten zu umgehen. Weiter müssen Rechte, insbesondere das Eigentum, noch nicht erworben sein; ausreichend ist eine gesicherte Rechtsposition des Schuldners, insbesondere ein Anwartschafts-

recht beim Verkauf unter Eigentumsvorbehalt (den § 271a BGB sonst von vornherein nicht erreichen könnte). Nicht ausreichend sind Leistungen, die der Schuldner zwar id Sinne empfangen hat, die aber entweder nicht vollständig oder nicht vertragsgemäß waren (Faust DNotZ 2015, 644, 650 f).

Nach **S 2** löst ausnahmsweise ein späterer Zeitpunkt die Frist aus, nämlich der, in **9**
dem der Schuldner eine **Rechnung** oder vergleichbare Zahlungsaufstellung (auch insoweit hat die Auslegung parallel zu § 286 Abs 3 S 1 BGB zu erfolgen, MünchKomm/Krüger § 271a Rn 10; zur Auslegung des § 286 BGB vgl Staudinger/Feldmann § 286 Rn 103 ff) des Gläubigers erhält. Die Richtlinie spricht insofern dafür, nicht auf den Zugang nach § 130 f BGB abzustellen, sondern den bloßen „Eingang" beim Schuldner ausreichen zu lassen, ohne dass es darauf ankommt, ob und wann nach gewöhnlichem Geschäftsgang mit der Kenntnisnahme zu rechnen ist (Faust DNotZ 2015, 644, 652 f). Die Parteien können im Vertrag an den jeweils späteren Zeitpunkt anknüpfen (vgl Verse ZIP 2014, 1809, 1810: „60 Tage nach Empfang der Gegenleistung und Zugang einer Rechnung"). Insoweit wird nach S 3 widerleglich vermutet, dass Rechnungseingang und Empfang der Gegenleistung zeitlich zusammenfallen; der Schuldner kann nachweisen, dass er die Rechnung erst später erhalten hat, der Gläubiger kann einen späteren, dann fristauslösenden Zeitpunkt des Zugangs der Rechnung einseitig „benennen".

Weil die Frist des § 271a Abs 1 S 1 BGB damit in jedem Fall durch ein ungewisses **10**
Ereignis ausgelöst wird, das in nahezu allen Fällen nach dem Vertragsschluss liegen wird, sind **Zahlungsfristen für die Kautelarpraxis riskant**: Die Wirksamkeit der Vereinbarung lässt sich bei Vertragsschluss nicht abschätzen (vgl Haspl BB 2014, 771, 772 f; Faust DNotZ 2015, 644, 649 f). Das betrifft nicht nur kalendermäßig bestimmte Zahlungstermine, sondern auch Fristen, die ab (Empfang der Gegenleistung und) Zugang einer Rechnung bestimmt werden; bleibt die Rechnung aus, kommt es für die Fristberechnung nach Abs 1 S 1 auf den Empfang der Gegenleistung an. Hinzukommt, dass der Gläubiger die Gegenleistung wegen § 271 Abs 2 BGB auch vor dem hierfür vertraglich vorgesehenen Fälligkeitszeitpunkt erbringen kann (zu solchen Fällen noch Rn 12). In der Praxis des unternehmerischen Geschäftsverkehrs, auf den § 271a BGB zielt, wird sich der Schuldner immerhin helfen können, indem er die Zahlung verweigert (und zugleich den Zahlungsverzug verhindert), bis der Gläubiger eine Rechnung nach § 14 Abs 2 S 1 UStG gestellt hat (Haspl BB 2014, 771, 773; zu dem entsprechenden Zurückbehaltungsrecht noch § 273 Rn 26). Dass umgekehrt eine unerlaubt lange, vom Empfang der Gegenleistung an bestimmte Frist bei Vertragsschluss nur schwebend unwirksam ist und geheilt wird, wenn der Gläubiger eine späte Rechnung stellt, ist zumindest solange hinzunehmen, als der Gläubiger diesen Zahlungsaufschub selbst verursacht hat (Christiansen ZfBR 2015, 211, 217).

Längere Fristen können **nur ausdrücklich** (zur unionsrechtskonformen Auslegung etwa **11**
Willems NJW 2018, 1049, 1050 f) vereinbart werden; eine besondere Form verlangt Abs 1 S 1 aber nicht. In der Sache ist das wenig bedeutsam, weil eine konkludente Vereinbarung über Zahlungsfristen von mehr als 60 Tagen nur schwer denkbar ist. Gleichwohl muss das Ausdrücklichkeitserfordernis nicht als besonderes, über den Vertragskonsens hinausgehendes Zustimmungserfordernis für den Gläubiger (Faust DNotZ 2015, 644, 654: „etwa durch gesonderte Unterschrift") interpretiert werden; auch das Unionsrecht verlangt das nicht (Teichmann/Rojahn ZVertriebsR 2014, 359, 363).

12 Zudem ist eine Abrede über längere als die ohnehin erlaubten Fristen nur wirksam, wenn sie „im Hinblick auf die Belange des Gläubigers **nicht grob unbillig“** ist. Angesichts der negativen Formulierung wird die grobe Unbilligkeit vermutet, der Schuldner ist mit dem Nachweis (der Tatsachengrundlage) des Gegenteils belastet. Insofern kommt es auf eine Abwägung im Einzelfall an, in der auch die Interessen des Schuldners zu berücksichtigen sind. Vor dem Hintergrund der Zahlungsverzugsrichtlinie sind insbesondere eine grobe Abweichung von der üblichen Handelspraxis, die Art der Leistung des Gläubigers sowie ein objektiver Grund für die Abweichung abwägungsrelevant (Teichmann/Rojahn ZVertriebsR 2014, 359, 362). Zu beachten ist außerdem, ob der Gläubiger die Abweichung selbst vorgeschlagen (Handelskredit, bei dem der Schuldner die Möglichkeit haben soll, sich noch vor der Zahlung durch Weiterverkauf zu refinanzieren) oder selbst veranlasst (Erbringung der Gegenleistung vor Fälligkeit; Faust DNotZ 2015, 644, 649 f) hat.

b) Sonderregelung für öffentliche Auftraggeber, Abs 2

13 **Abs 2 S 1** verschärft die Anforderungen des Abs 1, wenn **Schuldner der Entgeltforderung** ein **öffentlicher Auftraggeber** iS des § 99 Nr 1–3 GWB ist. Damit sind vor allem Gebietskörperschaften des öffentlichen Rechts und deren Sondervermögen angesprochen, aber auch andere juristische Personen (auch des Privatrechts), die von solchen Gebietskörperschaften oder Sondervermögen (finanziell oder organisatorisch) abhängig sind. Zudem sind Verbände aus Körperschaften, Sondervermögen und/oder abhängigen juristischen Personen erfasst.

14 Diesen öffentlichen Auftraggebern unterstellt das Gesetz größere Finanzkraft und **untersagt** ihnen daher ausnahmslos, sich **Zahlungsfristen von mehr als 60 Tagen**, gerechnet vom Empfang der Gegenleistung (Rn 8) an, auszubedingen, Abs 2 S 1 **Nr 2**. Auch hier sind Vereinbarungen vom Verbot erfasst, die wirtschaftlich dasselbe Ergebnis erreichen sollen (vgl Rn 7). Nur grundsätzlich verboten sind solche Vereinbarungen nach Abs 2 S 1 **Nr 1**, wenn sich der öffentliche Auftraggeber eine Frist von **mehr als 30 Tagen** für die Erfüllung der Entgeltforderung vorbehalten möchte. Wirksam sind dann nur ausdrückliche Abreden (Rn 11), für die es inhaltlich nicht auf die grobe Unbilligkeit des Abs 1 S 1 ankommt, sondern darauf, ob die Vereinbarung „aufgrund der besonderen Natur oder der Merkmale des Schuldverhältnisses **sachlich gerechtfertigt** ist“. Systematisch liegt nahe, dass damit auch inhaltlich ein gegenüber Abs 1 S 1 strengerer Maßstab vorgegeben werden soll (Verse ZIP 2014, 1809, 1812). Rechtfertigen lassen sich längere Zahlungsfristen etwa angesichts der Komplexität des Vertragsgegenstands und des damit verbundenen Aufwands bei der Prüfung der Rechnung (Faust DNotZ 2015, 644, 656; MünchKomm/Krüger § 271a Rn 9). Der Gesetzgeber hat daneben noch an Fälle gedacht, in denen der öffentliche Auftraggeber Wert auf eine dauerhafte Vertragsbeziehung legt (BT-Drucks 18/1309, 16); dass Vertragspartner der öffentlichen Hand deshalb länger auf ihre Zahlungen sollten warten müssen, ist jedoch nicht zu erklären (Verse ZIP 2014, 1809, 1812; Faust DNotZ 2015, 644, 656; Bamberger/Roth/Hau/Poseck/Lorenz § 271a Rn 20; **aA** Thiergart GWR 2014, 342, 343; Palandt/Grüneberg § 271a Rn 4).

15 Die Regelungen über einen späteren Fristbeginn bei Erhalt einer Rechnung des Gläubigers nach Abs 1 S 2 und S 3 gelten nach Abs 2 **S 2** für öffentliche Auftraggeber entsprechend. Insoweit ist auf die Erl zu Rn 9 zu verweisen.

2. Abnahme- und Prüffristen, Abs 3

16 Für private und öffentliche Entgeltschuldner gleichermaßen gilt **Abs 3**. Die Regelung soll offenbar verhindern, dass die Schranken für Vereinbarungen über Zahlungsfristen unterlaufen werden, indem eine **an längere Fristen gebundene Überprüfung oder Abnahme der Gegenleistung** des Gläubigers zur Fälligkeitsvoraussetzung der Entgeltforderung erhoben wird (MünchKomm/Krüger § 271a Rn 12). Mit § 377 Abs 1 HGB hat das nichts zu tun, dort geht es nicht um die Fälligkeit des Kaufpreises (Faust DNotZ 2015, 644, 660; MünchKomm/Krüger § 271a Rn 13).

17 Grundsätzlich verboten sind sämtliche Fristen (und Vereinbarungen mit gleicher Wirkung; vgl Rn 7), die für die Überprüfung oder Abnahme eine Frist von **mehr als 30 Tagen** vorsehen, gerechnet (ausnahmslos) vom Empfang der Gegenleistung an. **Ausnahmsweise** zulässig sind solche Fristen, wenn sie ausdrücklich vereinbart (Rn 11) und mit Rücksicht auf die Belange des Gläubigers nicht grob unbillig (Rn 12) sind. Für den Empfang der Gegenleistung ist hier allerdings – abweichend von Abs 1 S 1 (Rn 8) – darauf abzustellen, ob der Schuldner die Leistung prüfen kann; das wird regelmäßig Besitz voraussetzen (Faust DNotZ 2015, 644, 660). Weil auch Vereinbarungen, mit denen die Fälligkeit der Entgeltforderung an eine Prüfung oder Abnahme gebunden wird, ohne Weiteres von Abs 1 S 1 (und Abs 2 S 1) erfasst werden (vgl Rn 7), muss die strengere Regelung des Abs 3 insofern spezieller sein. Ein Grund dafür, dass bei einer solchen Abrede kürzere Höchstfristen gelten müssten, ist freilich nicht zu erkennen (Faust DNotZ 2015, 644, 661: „nicht erkennbare[r] Normzwec[k]“). Keinesfalls müssen die Fristen nach Abs 1 S 1 u Abs 3 zusammengerechnet werden (Spitzer MDR 2014, 933, 936).

III. Ausnahmen, Abs 5

18 Abs 5 regelt eine sachlich und eine persönlich angeknüpfte Ausnahme von § 271a Abs 1–Abs 3 BGB. **Sachlich** gilt die Beschränkung von Zahlungs-, Abnahme- und Prüffristen nicht für die Vereinbarung von **Abschlags- und sonstigen Ratenzahlungen (Nr 1)**. Damit greifen die Vorgaben des § 271a BGB schon dann nicht mehr, wenn die Entgeltforderung in zwei Raten zu bezahlen ist; auf die Entgeltlichkeit des Zahlungsaufschubs kommt es nicht an (Faust DNotZ 2015, 644, 648; MünchKomm/Krüger § 271a Rn 15). Praktisch wichtig sind in diesem Kontext etwa Vereinbarungen über Abschlagszahlungen nach § 16 Abs 1 VOB/B, die ohne Rücksicht auf § 271a Abs 1–Abs 3 BGB möglich sind (Faust DNotZ 2015, 644, 648).

19 Die Ausnahme nach Abs 5 Nr 1 ist zu weit geraten und muss restriktiv ausgelegt werden. Schuldner, die durch ihre Marktmacht lange Zahlungsfristen durchsetzen können, werden auch Ratenzahlung faktisch erzwingen können (Faust DNotZ 2015, 644, 648). Insofern ist ein Sachgrund für Ratenzahlungsvereinbarungen iS des Abs 5 Nr 1 zu verlangen (Christiansen ZfBR 2015, 211, 220), zumindest aber die Kontrolle auf (vermutete) grobe Unbilligkeit (Rn 12) auch auf diese Abreden zu erstrecken.

20 In **persönlicher** Hinsicht greifen die Vorgaben des § 271a BGB nicht, wenn der **Schuldner** der Entgeltforderung **Verbraucher** iS des § 13 BGB ist (Abs 5 **Nr 2**). Verbraucher als Gläubiger von Entgeltforderungen sind aber von § 271a BGB geschützt; insofern hat Deutschland die (nur mindestharmonisierende) Zahlungsverzugsricht-

linie überschießend umgesetzt (Faust DNotZ 2015, 644, 646; MünchKomm/Krüger § 271a Rn 3).

IV. Verstoßfolgen

21 Vereinbaren die Parteien eine unzulässig lange Zahlungsfrist für den Schuldner, ist die entsprechende **Abrede unwirksam**. § 271a BGB (Abs 1–3) ist Verbotsgesetz iS des § 134 BGB. Dass der **Vertrag im Übrigen wirksam** bleibt, insbesondere nicht die Zahlungsfrist des Schuldners entfallen kann, regelt **Abs 4** ausdrücklich. Das ist insofern deklaratorisch, als sich dasselbe bereits aus dem Gläubigerschutzzweck des Verbots ergibt.

22 An die Stelle der unwirksamen Abrede tritt das dispositive Recht, das eigentlich abbedungen werden sollte. Für Zahlungen greift also die sofortige Fälligkeit des § 271 Abs 1 BGB (§ 271 Rn 1), bei beiderseitigen Handelsgeschäften setzt damit auch die Verzinsungspflicht (§ 271 Rn 28) ein; zudem kommt der Geldschuldner unter den Voraussetzungen des § 286 BGB in Zahlungsverzug (Thiergart GWR 2014, 342, 344, auch zu denkbaren wettbewerbsrechtlichen Konsequenzen).

§ 272
Zwischenzinsen

Bezahlt der Schuldner eine unverzinsliche Schuld vor der Fälligkeit, so ist er zu einem Abzug wegen der Zwischenzinsen nicht berechtigt.

Materialien: E I § 232; II § 239; III § 268; Jakobs/Schubert, SchR I 192.

Schrifttum

Bischoff, Rechtsfragen um den Skontoabzug bei der Sachentschädigung, VersR 1962, 293

Hammen, Vorzeitige Darlehenstilgung und Zinspflicht, DB 1991, 953

Peters, Skonti, NZBau 2009, 584

Wilk, Zinsfortzahlungsklausel und vorzeitige Darlehenstilgung, DB 1991, 1207.

1 Nach § 272 BGB darf ein Schuldner, der eine unverzinsliche Schuld **vor Fälligkeit** bezahlt, **keine Zwischenzinsen abziehen**. Unter Zwischenzinsen versteht man dabei Zinsen, die der gezahlte Betrag vom Zeitpunkt der Zahlung bis zum Zeitpunkt der Fälligkeit getragen hätte. Ob eine vorzeitige Leistung erlaubt ist, wie etwa im Falle von Zahlungen des Bestellers vor Abnahme des hergestellten Werks (BGH 19. 3. 2002 – X ZR 125/00, NJW 2002, 2640: angebliche Nutzungsvorteile des Unternehmers bei Abschlagszahlungen vor Fälligkeit sind auch nicht nach Bereicherungsrecht zu ersetzen), bestimmt sich nach § 271 Abs 2 BGB (§ 271 Rn 33 ff). Ist bei einer verzinslichen Schuld die vorzeitige Zahlung erlaubt (etwa nach § 500 Abs 2 S 1 BGB), entfällt mit der Rückzahlung auch die vertragliche Zinspflicht (Hammen 958: Umkehrschluss aus § 272); die Zinsfortzahlung kann in diesen Fällen in AGB nicht wirksam vereinbart werden

(WILK DB 1991, 1207, 1212). Vgl zum Ausschluss der Erstattung von Zwischenzinsen auch § 813 Abs 2 BGB (dazu STAUDINGER/LORENZ [2007] § 813 Rn 16 ff).

Ein **Abzug von Zwischenzinsen kann vereinbart werden**, § 272 BGB ist dispositiv. Id 2
Sinne lässt sich eine Skontoabrede, die eine Zahlung vor Fälligkeit vorsieht, als Vereinbarung über den Abzug von Zwischenzinsen verstehen (vgl BISCHOFF VersR 1962, 293), etwa, wenn Versicherungsbeiträge oder Nutzungsgebühren in einer Gesamtsumme vorab statt monatlich entrichtet werden (PETERS NZBau 2009, 584). Allerdings gehört es nicht zum Begriff des Skontos, dass vor Fälligkeit gezahlt wird (§ 271 Rn 20); die Skontoabrede ist aufschiebend bedingter Teilerlass der Forderung für den Fall fristgerechter Zahlung (BGH 11. 2. 1998 – VIII ZR 287/97, BGH NJW 1998, 1302). Die entsprechende Frist ergibt sich aus der Skontovereinbarung. Über Skonti kann der sachleistende Teil auch in seinen AGB einen Anreiz an den Zahlungsschuldner setzen, pünktlich (und dann mit Abschlag) zu zahlen. Durchsetzen kann er die pünktliche Zahlung nicht, die Zahlung von Verzugszinsen nur ausnahmsweise (näher PETERS NZBau 2009, 584 ff). Einen allgemeinen Handelsbrauch des Skontos gibt es nicht (MünchKomm/KRÜGER § 272 Rn 6; PALANDT/GRÜNEBERG § 272 Rn 1; BAMBERGER/ROTH/HAU/POSECK/LORENZ § 272 Rn 4).

Gesetzliche Ausnahmen vom Verbot des Abzugs von Zwischenzinsen finden sich in 3
einigen Fällen, in denen der Schuldner gesetzlich zu vorzeitiger Leistung gezwungen wird; so in den Fällen der §§ 1133 S 3 (vorzeitige Befriedigung des Gläubigers aus dem Grundstück bei Gefährdung der Sicherheit der Hypothek) oder 1217 Abs 2 S 2 BGB (vorzeitige Rückgabe des Pfandes bei Rechtsverletzung durch den Pfandgläubiger). Dasselbe gilt nach den §§ 41 Abs 2 S 2, 46 S 1 InsO, § 111 S 2 ZVG, wenn betagte Forderungen in die Vollstreckung einbezogen werden. In diesen Fällen kann der Schuldner die (gesetzlichen, § 246 BGB) Zwischenzinsen abziehen. Der Abzug von Zwischenzinsen ist auch geboten, wenn ein Schadensersatzanspruch auf Ersatz zukünftigen Gewinns, zB wegen eines endgültig gescheiterten Bauvorhabens, schon ab einem Zeitpunkt zugesprochen wird, zu dem der Gewinn noch gar nicht hätte erzielt werden können, etwa weil der geplante Fertigstellungstermin später lag (BGH 10. 10. 1991 – III ZR 308/89, BGHZ 115, 307; BAMBERGER/ROTH/HAU/POSECK/LORENZ § 272 Rn 4).

Für die **Berechnung der Zwischenzinsen** werden drei Methoden vorgeschlagen: 4

Nach BENEDIKT CARPZOW (1654) werden vom Nennbetrag der Forderung die (gesetzlichen) Zinsen für die Zeit von der Zahlung bis zur Fälligkeit abgezogen. Diese Methode ist außerordentlich einfach, aber unrichtig. Das zeigt sich schon daran, dass der Gläubiger nach dieser Methode von seiner Forderung gar nichts erhalten würde, wenn 25 Jahre vor der Fälligkeit gezahlt und der gesetzliche Zinsfuß von 4 Prozent (§ 246 BGB) zugrunde gelegt würde.

Nach G W vLEIBNIZ (1683) muss ermittelt werden, wie viel die vorausbezahlte 5
Forderung im Zeitpunkt der Vorauszahlung wert ist. Nach vLEIBNIZ ist das diejenige Summe, die zuzüglich des Ertrags an Zinsen und Zinseszinsen aus eben dieser Summe für die Zeit von der Zahlung bis zur Fälligkeit den Nennbetrag der Forderung ergibt. Ist x die gesuchte Summe, n der Nennbetrag der Forderung, t die Zahl der Jahre, nach deren Ablauf die Forderung fällig wird, z der Zinsfuß (nach § 246 BGB: 4 Prozent), so berechnet sich die gesuchte Summe x nach folgender Formel:

$$x \cdot z^t = n;$$

also: $\log x + t \cdot \log z = \log n$,

somit: $\log x = \log n - t \cdot \log z$

Die LEIBNIZ'sche Methode ist mathematisch unanfechtbar, setzt aber voraus, dass der Gläubiger auch die aus dem vorausbezahlten Betrag gezogenen Zinsen wieder verzinslich anlegt. Das trifft nach der Erfahrung des Lebens mindestens bei kleinen Beträgen im Allgemeinen nicht zu und kann deshalb auch nicht vermutet werden. Dem Geist des BGB entspricht die Methode schon im Hinblick auf § 248 Abs 1 BGB nicht.

6 Nach G A HOFFMANN (1713) ist von der Idee vLEIBNIZ auszugehen, wie viel die vorausbezahlte Forderung im Zeitpunkte der Vorauszahlung wert ist, aber von der Berücksichtigung von Zinseszinsen abzusehen; also die Summe zu ermitteln, die zuzüglich des Zinsertrags aus eben dieser Summe ohne Berücksichtigung von Zinseszinsen den Nennbetrag der Schuld ergibt (BGH 10. 10. 1991 – III ZR 308/89, BGHZ 115, 307 m Anm KELLER EWiR 1991, 1169 für Schadensersatzansprüche). Das führt (bei Anwendung der gleichen Benennungen wie in Rn 5) zu der Formel:

$$x + \frac{x \cdot t \cdot z}{100} = n; \quad \text{also: } x = \frac{100 \cdot n}{100 + t \cdot z}$$

Schreibt das Gesetz den Abzug von Zwischenzinsen vor, verlangt es die Anwendung der HOFFMANN'schen Methode. Wegen § 246 BGB kann für z dann 4 eingesetzt werden. Haben die Parteien den Abzug von Zwischenzinsen verabredet, können sie selbstverständlich auch eine andere Berechnungsmethode und einen anderen Zinssatz vereinbaren.

7 Wer eine Vereinbarung des Abzugs von Zwischenzinsen entgegen der gesetzlichen Regel behauptet, trägt die Beweislast hierfür (MünchKomm/KRÜGER § 272 Rn 10).

§ 273
Zurückbehaltungsrecht

(1) Hat der Schuldner aus demselben rechtlichen Verhältnis, auf dem seine Verpflichtung beruht, einen fälligen Anspruch gegen den Gläubiger, so kann er, sofern nicht aus dem Schuldverhältnis sich ein anderes ergibt, die geschuldete Leistung verweigern, bis die ihm gebührende Leistung bewirkt wird (Zurückbehaltungsrecht).

(2) Wer zur Herausgabe eines Gegenstands verpflichtet ist, hat das gleiche Recht, wenn ihm ein fälliger Anspruch wegen Verwendungen auf den Gegenstand oder wegen eines ihm durch diesen verursachten Schadens zusteht, es sei denn, dass er den Gegenstand durch eine vorsätzlich begangene unerlaubte Handlung erlangt hat.

(3) Der Gläubiger kann die Ausübung des Zurückbehaltungsrechts durch Sicherheitsleistung abwenden. Die Sicherheitsleistung durch Bürgen ist ausgeschlossen.

Materialien: E I §§ 233, 234 S 2 und 3, 235; II § 230; III § 267; Jakobs/Schubert, SchR I 200.

Schrifttum

Abel, Zurückbehaltungsrecht an der Arbeitsleistung?, JW 1922, 554
Ahrens, Zivilrechtliche Zurückbehaltungsrechte (2003)
Arz, Das sofortige Anerkenntnis im Rahmen von Zug-um-Zug-Verurteilungen, NJW 2014, 2828
Auerswald, Das Zurückbehaltungsrecht gegenüber Lohnforderungen, GewKfmG 14, 166
Bendix, Geltendmachung des Zurückbehaltungsrechts nach zwangsweiser Beitreibung des Schuldbetrags, JW 1915, 693
Beisiegel, Aufrechnung und Zurückbehaltung, Recht 1917 Nr 40
Bergwitz, Zurückbehalten von Geschäftsunterlagen, NZA 2018, 333
Blank, Zurückbehaltungsrecht des Arbeitnehmers an seiner Arbeitsleistung bei Betriebsfortführung durch den „starken" vorläufigen Insolvenzverwalter trotz Sicherstellung des Lohnanspruchs über das demnächst zu erwartende Insolvenzgeld (§ 273 BGB), ZInsO 2007, 426
Böckmann/Kluth, Die Behandlung des Zurückbehaltungsrechts im Falle vorläufiger Zwangsvollstreckung, MDR 2002, 1042
Böttcher, Gemeinsame Ausübung eines Zurückbehaltungsrechts (1986)
Bovensiepen, Die Einrede des Zurückbehaltungsrechts gegenüber unpfändbaren Forderungen insonderheit Lohnforderungen vom Standpunkt der Lehre des richtigen Rechtes betrachtet, ZfRphil 1, 201
Breit, Vinkulation und Zurückbehaltungsrecht, LZ 1908, 886
vBrünneck, Bemerkungen zur Lehre von den Verwendungen, deren Erstattung der Besitzer eines Grundstücks vom Eigentümer verlangt, Gruchot 51, 299
Coing, Die Geltendmachung von Forderungen gegen das Reich gegenüber Ansprüchen aus dem Reichsvermögen, NJW 1949, 203
Dernburg, Kompensation (2. Aufl 1904) 365: „Kompensation und Retention"
Diederichsen, Das Zurückbehaltungsrecht im Familienrecht, in: FS Heinrichs (1998) 181
Dodos, Der Anspruch auf Ausstellung einer Rechnung und seine prozessuale Durchsetzung, MwStR 2015, 329
Dütz, Das Zurückbehaltungsrecht des § 273 Abs 1 BGB bei Erbauseinandersetzungen, NJW 1967, 1105
Eufinger, Weisungen des Arbeitgebers mit gesetzeswidrigem Inhalt, RdA 2018, 224
Flatow, Das Zurückbehaltungsrecht an unpfändbaren Forderungen, LZ 1917, 450
Freymuth, Zur Auslegung des § 273 BGB: Zurückbehaltungsrecht ohne Anspruch, BayZ 1917, 139
Gernhuber Das Schuldverhältnis, in: Handbuch des Schuldrechts (1989) § 30
Gilgan, Zum Recht der Steuerberater und Steuerbevollmächtigten, Arbeitsergebnisse und Mandantenunterlagen wegen rückständiger Gebühren zurückzuhalten, Der Steuerberater 1988, 225
Gröschler, Zur Wirkungsweise und zur Frage der Geltendmachung von Einrede und Einwendung im materiellen Zivilrecht, AcP 201 (2001) 48
Habermalz, Das Akteneinsichtsrecht des Patienten und seine zivilprozessuale Durchsetzung, NJW 2013, 3403
Hartmann, Zurückbehaltungsrecht gegenüber Lohn- und Gehaltsforderungen, JW 1915, 210
Hempel, Die Einstellung der Versorgung in der öffentlichen Versorgungswirtschaft, NJW 1989, 1652
Hergenröder, Das Zurückbehaltungsrecht an Leistungen aus dem Arbeitsverhältnis, AR-Blattei SD 1880
Hunold, Insolvenzgeld und Insolvenzgeldvorfinanzierung als Sanierungsinstrument, NZI 2015, 785
Jahr, Die Einrede des bürgerlichen Rechts, JuS 1964, 125 ff, 218 ff, 293
Keller, Das Zurückbehaltungsrecht nach § 273 BGB, JuS 1982, 665

LANGHEINEKEN, Anspruch und Einrede (1903) 327
LEHMANN, Die Unterlassungspflicht (1906) 304
LESSER, Hat der Vorleistungspflichtige bei Erfüllungsverweigerung des Nachleistungspflichtigen ein Zurückbehaltungsrecht?, JW 1914, 508
LOBE, Das Zurückbehaltungsrecht des Angestellten an der Offenlegung von Diensterfindungen, GRUR 24, 1
MAIER, § 215 BGB und die verjährte „dolo agit"-Einrede, VuR 2015, 407
MANKOWSKI, Der Rechnungsberichtigungsanspruch und das aus ihm fließende Zurückbehaltungsrecht, BB 2011, 1097
MAROTZKE, Das Zurückbehaltungsrecht im Konkurs des Gegners, JA 1988, 117 ff, 176
ders, Gegenseitige Verträge im neuen Insolvenzrecht (3. Aufl 2001)
MOLKENTIN, Das Recht auf Arbeitsverweigerung bei Gesundheitsgefährdung des Arbeitnehmers, NZA 1997, 849
OERTMANN, Zivil- und handelsrechtliches Pfand- und Zurückbehaltungsrecht im Bankverkehr, BankArch 1906/07, 137
OESTERLE, Pfandrückgabe und Zurückbehaltungsrecht des Schuldner-Verpfänders, JZ 1979, 634
PARTSCH, Das Zurückbehaltungsrecht (1938)
PETERSHAGEN, Die Nebenforderung im schriftlichen Vorverfahren, NJW 2018, 1782
RECH, Das Rechtsverhältnis, ein Beitrag zur Lehre von der Kompensation und dem Zurückbehaltungsrecht (1904)
REICHHELM, Untergang des Zurückbehaltungsrechts durch Zufall und unerlaubte Handlung?, DJZ 1913, 861
REUTER, Die Verurteilung zur Leistung Zug um Zug (1909)
ROTH, Die Einrede des Bürgerlichen Rechts (1988) bes 183
SCHACK, Aufrechnung und Zurückbehaltung, Recht 1917, 190
SCHÄFER, Das Zurückbehaltungsrecht in der zweiten Instanz, JW 1915, 207
SCHLEGELBERGER, Das Zurückbehaltungsrecht (1904) Fischers Abhandlungen VII 1
SCHREIBER, Schuld und Haftung (1914) I 348
SCHWABE, Kaufmännisches Zurückbehaltungsrecht an zu Erfüllungszwecken angebotenen Waren und Wertpapieren, insbesondere an erfüllungs- oder sicherungshalber angebotenen Wechseln, JherJb 58, 303
SEIDEL, Das Zurückbehaltungsrecht als Recht zum Besitz im Sinne des § 986 BGB, JZ 1993, 180
SÖLLNER, Das Zurückbehaltungsrecht des Arbeitnehmers, ZfA 1973, 1
ULRICHS, Das Recht der Zurückbehaltung und Aufrechnung beim gewerblichen Arbeitsvertrage (1910)
WARNECKE, Lohnzurückbehaltung und Aufrechnung, ArbR 1927, 333
WOLFF, Das Zurückbehaltungsrecht im Konkurse, LZ 1908, 36 ff, 107
ZEILER, Zurückbehaltungsrecht des Steuerberaters an Geschäftsunterlagen des Mandanten bei offenstehenden Honorarforderungen, DB 1987, 2136.

Systematische Übersicht

Alphabetische Übersicht

I. Funktion und Anwendungsbereich des Zurückbehaltungsrechts aus § 273

1 Das in § 273 BGB legal definierte **Zurückbehaltungsrecht** geht wie die Aufrechnung von einer **Doppelstellung des Schuldners** aus. Der Schuldner muss dem Gläubiger gegenüber selbst Gläubiger eines Anspruchs sein. Er kann dann die geschuldete Leistung so lange zurückbehalten, bis er vom Gläubiger wegen seiner eigenen Forderung befriedigt worden ist.

2 § 273 BGB ist zu der **Einrede nach § 320 BGB abzugrenzen**: Bei manchen Schuldverhältnissen ergibt sich die Doppelstellung von Schuldner und Gläubiger geradezu institutionell, nämlich bei allen „notwendig zweiseitig", „gegenseitig", **„synallagmatisch"** oder „auf Austausch gerichtet" genannten Verträgen, bei denen jeder Vertragspartner seine eigene Leistungspflicht gerade deshalb übernimmt, weil er die Verpflichtung des anderen erreichen möchte. Bei derart enger Verbindung der Leistungspflichten greifen vorrangige Sonderregelungen für das Zurückbehaltungsrecht in den §§ **320–322** BGB oder in spezielleren Vorschriften wie § 641 Abs 3 BGB (hierzu Kohler BauR 2003, 1806 ff). Die Ansprüche sind hier kraft Gesetzes (nur) auf Leistung Zug um Zug gerichtet. Diese Verbindung bleibt nach § 348 BGB grundsätzlich auch bei der Rückabwicklung des gegenseitigen Vertrags erhalten (allerdings ordnet § 357 Abs 4 S 1 beim widerrufenen Verbrauchsgüterkauf eine Vorleistungspflicht des Verbrauchers an; vgl dazu noch Rn 49). Dagegen wird diese Verbindung der selbstständigen, aber konnexen Leistungspflichten beim allgemeinen Zurückbehaltungsrecht des § 273 BGB erst nachträglich hergestellt – durch eine Einrede des Schuldners (Roth 183 f; st Rspr, etwa BGH 26. 9. 2013 – VII ZR 2/13, NZBau 2013, 760). Praktische Unterschiede zwischen beiden Regelungen ergeben sich beim Verzug (vgl Rn 121), aber auch mit

Blick auf die Möglichkeit, die Einrede nach § 273 BGB durch Sicherheitsleistung abzuwenden (vgl §§ 273 Abs 3, 320 Abs 1 S 3; dazu Rn 128 f). Im Übrigen ist die Frage, ob § 320 BGB ein Unterfall des § 273 BGB oder eine eigenständige Regelung ist, ohne Belang (vgl MünchKomm/Krüger § 273 Rn 101 mNw zum Streitstand). Das Zurückbehaltungsrecht begründet wie § 320 BGB nur eine **aufschiebende** (dilatorische), keine dauernde **Einrede** (jurisPK-BGB/Kerwer § 273 Rn 26), Bedeutung hat das etwa für § 813 S 1 BGB.

Eine Doppelstellung der beteiligten Parteien als Gläubiger und Schuldner erlaubt, 3 wenn **beiderseits Geldleistungen oder doch sonst gleichartige Leistungen** geschuldet sind, regelmäßig keine Zurückbehaltung, sondern (nur) die Aufrechnung nach den §§ 387 ff BGB. Die bloße Zurückbehaltung verrechenbarer Leistungen führte dazu, dass beiderseits Zug um Zug geleistet werden müsste. Soweit sich die Leistungen decken, ist das wirtschaftlich sinnlos; insoweit ist die **Aufrechnung grundsätzlich vorrangig** (näher Rn 104 ff).

Das **Zurückbehaltungsrecht** ist funktional **Druckmittel** gegen den Gläubiger und steht 4 insofern den **Sicherungsrechten** nahe. Lautet nämlich die eigene Verpflichtung des Schuldners auf Herausgabe von Sachen, so führt das Zurückbehaltungsrecht dem Gläubiger gegenüber zum gleichen Ergebnis wie das historische Retentionspfand. Auch dieses Pfand war nur Druckmittel, gab also kein Recht zur Verwertung des zurückbehaltenen Gegenstandes und damit zur direkten Durchsetzung des eigenen Anspruchs. Ähnlich gelagert sind gesetzliche Pfandrechte, bei denen die Verwertung der Sachen regelmäßig uninteressant sein wird, etwa das Pfandrecht des Gastwirts an eingebrachten Sachen nach § 704 BGB. Ein Zurückbehaltungsrecht – nicht aber ein dinglich wirkendes Retentionspfand – kann auch heute noch vertraglich unter Hingabe eines Gegenstandes zur Zurückbehaltung begründet werden. Wegen der funktionalen Vergleichbarkeit hat die Rechtsprechung (RG 17. 4. 1907 – V 505/06, RGZ 66, 24 und OGH 4. 5. 1950 – I ZS 57/49, I ZS 75/49, OGHZ 4, 138, 146) eine missglückte Pfandrechtsbestellung als Begründung eines Zurückbehaltungsrechts gedeutet.

Verschiedentlich ordnet das Gesetz ein Zurückbehaltungsrecht ausdrücklich an. 5 Beispiel ist das **kaufmännische Zurückbehaltungsrecht** (§§ 369–372 HGB), das im Gegensatz zu § 273 BGB (BGH 13. 7. 1954 – V ZR 9/53, DB 1954, 740; OLG Köln 10. 6. 1998 – 26 U 3/98, MDR 1999, 319) ein Recht zur Befriedigung aus dem zurückbehaltenen Gegenstand gibt (§ 371 Abs 1 S 1 HGB). Das Gleiche gilt für die Sonderfälle der Zurückbehaltung wegen Verwendungen auf den zurückbehaltenen Gegenstand (§§ 1000, 1003 Abs 1 S 2 oder 2022 Abs 1 S 2, 1003 Abs 1 S 2 BGB), nicht aber für das ebenfalls eigenständig geregelte Zurückbehaltungsrecht des Verkäufers beim widerrufenen Verbrauchsgüterkauf (§ 357 Abs 4 S 1 BGB).

Von der Zurückbehaltung verschieden ist **die Berechnung des Schadensersatzes** bei 6 gegenseitigen Verträgen nach der **Differenztheorie** (vgl Larenz, SchuldR I § 22 II). Dasselbe gilt für die **„Vorteilsausgleichung"** im Schadensersatzrecht.

Unanwendbar ist § 273 BGB (insbesondere die Einschränkung des Abs 2) weiter für 7 die **Berechnung der Bereicherung** bei beiderseits zurückzugewährenden Geldleistungen oder sonst gleichartigen Leistungen nach der **Saldotheorie** (Honsell NJW 1973, 350; Weintraud, Die Saldotheorie [1931] 39, 52, 84). Hier sind die wechselseitigen Bereicherungsansprüche von vornherein Zug um Zug miteinander verknüpft, die Saldotheorie führt zu einer ipso iure Saldierung (RG 14. 3. 1903 – V 458/02, RGZ 54, 137). Zur beiderseitigen Rückgewähr ungleichartiger Leistungen noch Rn 39 und Staudinger/Lorenz (2007) § 818 Rn 47. Vgl auch § 274 Rn 15.

8 Auch die §§ 273, 274 regeln eine **allgemeine Inhaltsbestimmung** für Leistungsverpflichtungen. Allerdings wird der Anspruch des Gläubigers nicht schon durch den entgegenstehenden Anspruch des Schuldners eingeschränkt, sondern erst dadurch, dass der Schuldner daraufhin die anspruchsändernde Einrede des Zurückbehaltungsrechts erhebt. Wird die Einrede erhoben (Siber, SchuldR [1931] 69; Larenz, SchuldR I § 16, 212), ist der Anspruch nur noch auf Leistung Zug um Zug gerichtet, § 274 BGB. Das Zurückbehaltungsrecht konkretisiert das allgemeine Prinzip von Treu und Glauben: Wer aus einem Rechtsverhältnis eine Leistung fordert, während er selbst eine aus demselben Rechtsverhältnis ihm obliegende Verpflichtung nicht erfüllt, handelt arglistig (BGH 24. 10. 1962 – V ZR 1/61, BGHZ 38, 122; 26. 9. 2013 – VII ZR 2/13, NZBau 2013, 760; vgl auch BeckOGK-BGB/Kähler [15. 4. 2019] § 242 Rn 1139).

9 Unanwendbar ist § 273 BGB im Rahmen des UN-Kaufrecht, da dieses für die Zurückbehaltung konventionsinterner Ansprüche eigene Regeln vorsieht (Piltz NJW 1994, 110, 1103; Staudinger/Magnus [2018] Art 4 CISG Rn 47a; für eine subsidiäre Anwendung von Leistungsverweigerungsrechten aus dem nationalen Recht Hartmann IHR 2006, 181 ff).

10 Zurückbehaltung iS des § 273 BGB ist prinzipiell auch im **öffentlichen Recht** denkbar, kann aber durch die Besonderheiten öffentlich-rechtlicher Ansprüche ausgeschlossen sein (OVG Hamburg 18. 1. 1977 – Bf III 4/76, NJW 1977, 1251; Fischer JuS 2002, 446, 449 f; MünchKomm/Krüger § 273 Rn 5). Ein auf den Rechtsgedanken des § 273 BGB gestütztes Zurückbehaltungsrecht lässt sich in der Regel nur dann begründen, wenn sich auch die Leistungspflicht aus einer (entsprechenden) Anwendung bürgerlichrechtlicher Vorschriften ergibt (VGH Kassel 7. 11. 1995 – 11 UE 2669/94, NJW 1996, 2746), nicht aber bei hoheitlichen Ansprüchen (VGH München 7. 2. 1990 – 3 B 89.00806, NVwZ-RR 1990, 625). So verbietet die öffentlich-rechtliche Zweckbestimmung des Reisepasses, den Pass zurückzubehalten (LG Baden-Baden 9. 8. 1977 – 1 T 76/77, NJW 1978, 1750; zum „Pferdepass" vgl OLG Hamm 16. 4. 2015 – I-5 U 99/14, 5 U 99/14, RdL 2015, 229; OLG Stuttgart 16. 3. 2017 – 7 U 155/16, MDR 2017, 692); ebenso kann ein Fahrschulinhaber den Führerschein nicht zurückbehalten (LG Limburg 4. 4. 1990 – 3 S 373/89, NJW-RR 1990, 1079) und kann die Bewirtschaftung einer Mülldeponie nicht zurückbehalten werden (OLG Koblenz 26. 1. 1989 – 5 U 232/88, NVwZ 1989, 1198). Gegen Kirchensteuerforderungen kann ein Anspruch auf Unterlassung theologisch oder kirchenpolitisch beanstandeter Äußerungen oder Handlungen nicht geltend gemacht werden (VGH Kassel 5. 7. 1994 – 5 UE 1747/90, NVwZ 1995, 815; weiter Stober DVBl 1973, 351 ff). Ein Zurückbehaltungsrecht gegenüber einer Abgabenforderung setzt einen unbestrittenen oder rechtskräftig festgestellten Gegenanspruch voraus (BayVGH 4. 2. 2002 – 23 ZS 01. 3171, BeckRS 2002, 32043). Bei Ansprüchen auf Sozialleistungen gelten die Beschränkungen für die Aufrechnung gegen Sozialleistungsansprüche nach § 51 SGB I entsprechend, da andernfalls der Schutz des § 51 SGB I umgangen würde (Krauskopf/Baier SGB I § 51 Rn 32). Entsprechendes muss für § 43 SGB II gelten.

II. Voraussetzungen des Zurückbehaltungsrechts nach Abs 1

1. Gegenanspruch gegen den Gläubiger (Gegenseitigkeit der Ansprüche)

Der **Anspruch** des Schuldners, auf den er sein Zurückbehaltungsrecht stützt, muss sich **gerade gegen den Gläubiger** richten. Diese Gegenseitigkeit oder Wechselseitigkeit der Ansprüche (der Ausdruck von Medicus/Lorenz, SchuldR I Rn 223 verdeutlicht die Abgrenzung zum Synallagma [oben Rn 2] sprachlich, hat sich aber nicht durchgesetzt) entspricht nur weitgehend der in den §§ 387 ff BGB für die Aufrechnung vorausgesetzten (Gernhuber, Schuldverhältnis § 30 II 1) und wird von der Rechtsprechung bei der Zurückbehaltung weniger streng als bei der Aufrechnung gehandhabt (BGH 24. 10. 1962 – V ZR 1/61, BGHZ 38, 122 zur Erbengemeinschaft; die Wechselseitigkeit fehlte aber etwa in BGH 19. 5. 2000 – V ZR 322/98, NJW 2000, 3065). 11

Wie der Schuldner nur eine eigene Forderung zur Aufrechnung verwenden kann, kann er auch nur wegen eines **eigenen Gegenanspruchs** ein Zurückbehaltungsrecht geltend machen. Als Gegenanspruch kommt jeder Anspruch iS des § 194 Abs 1 BGB in Betracht. Auch der durch das SchuldrechtsmodernisierungsG neu geschaffene Anspruch auf Zustimmung zur Vertragsanpassung aus § 313 Abs 1 BGB ist ein Gegenanspruch, der einredeweise dem Gläubiger entgegengehalten werden kann (Schmidt-Kessel/Baldus NJW 2002, 2076 ff). Ist der Schuldner hinsichtlich des Gegenanspruchs **Gesamtgläubiger**, kann er (alleine) bei gleichartigen Leistungen aufrechnen (Staudinger/Gursky [2016] § 387 Rn 28) und ansonsten das Zurückbehaltungsrecht nach § 273 BGB geltend machen, da er auch Leistung an sich verlangen könnte (§ 428 BGB). 12

Problematischer ist das, wenn der Gegenanspruch dem Schuldner neben anderen **zur gesamten Hand** zusteht, etwa neben Miterben. Nimmt ein Nachlassgläubiger einen Miterben als Gesamtschuldner einer Nachlassverbindlichkeit (§ 2058 BGB) in Anspruch, kann dieser Miterbe den der Erbengemeinschaft gesamthänderisch zustehenden Anspruch aber gleichwohl einredeweise gegen den Nachlassgläubiger geltend machen (BGH 15. 2. 1952 – V ZR 54/51, BGHZ 5, 173; 24. 2. 1962 – V ZR 1/61, BGHZ 38, 122 = JZ 1963, 475 m Anm Scheyhing; 6. 10. 2004 – XII ZR 323/01, NJW-RR 2005, 375). Den Grund sieht die Rechtsprechung darin, dass die Gegenseitigkeit in § 273 BGB weniger streng als bei der Aufrechnung zu handhaben sei (BGH 24. 2. 1962 – V ZR 1/61, BGHZ 38, 122 m Zust Dütz NJW 1967, 1105, 1109), oder darin, dass § 2039 S 1 BGB den Miterben ohnehin zur Geltendmachung des Anspruchs – wenngleich nur zugunsten der Gesamthand – legitimiert (BGH 15. 2. 1952 – V ZR 54/51, BGHZ 5, 173). Auch könnten § 770 Abs 2 BGB und § 129 Abs 3 HGB (Einrede, weil sich der Gläubiger durch Aufrechnung befriedigen kann) analog angewandt werden (BGH 24. 2. 1962 – V ZR 1/61, BGHZ 38, 122): Der Miterbe müsse die Befriedigung des Gläubigers verweigern können, solange und soweit sich der Gläubiger durch eine Aufrechnung gegen eine fällige Forderung der Erbengemeinschaft befriedigen kann (kritisch zu dieser Begründung Staudinger/Selb [1995] § 273 Rn 6). Entscheidend ist, dass die Entscheidung des BGB, Nachlassforderungen zwar der Gesamthand „Erbengemeinschaft", Nachlassschulden aber auch den einzelnen Erben als Gesamtschuldnern zuzuweisen, nur das Liquidationsinteresse der Nachlassgläubiger sichern soll, nicht aber den materiellen Inhalt ihrer Forderungen verbessern. Hätte der Gegenanspruch dem Erblasser Zurückbehaltung erlaubt, kann der Erbfall diese latent schwächere Stellung des 13

Nachlassgläubigers nicht (aus Sicht des Gläubigers zufällig) aufbessern. Das Zurückbehaltungsrecht kann deshalb auch der einzelne Miterben geltend machen, wenn der Gegenanspruch der Erbengemeinschaft gesamthänderisch zusteht. Ist der Nachlassgläubiger auch Miterbe, gilt zumindest vor der Auseinandersetzung nichts Besonderes (vgl Staudinger/Marotzke [2016] § 2058 Rn 92). Die Gegenseitigkeit ist auch dann gegeben, wenn ein Miterbe als Nachlassschuldner den Auseinandersetzungsanspruch einredeweise geltend macht, oder wenn gegenüber einem Miterben, der eine Forderung gegen den Nachlass geltend macht, der Auseinandersetzungsanspruch geltend gemacht wird. Daher können die übrigen Miterben die Befriedigung des Miterbengläubigers gem § 273 Abs 1 BGB verweigern, bis dieser seinen Mitwirkungspflichten bzgl der Auseinandersetzung nachkommt (Dütz NJW 1967, 1105, 1109 f; **aA** Staudinger/Marotzke [2016] § 2058 Rn 95, der ein Zurückbehaltungsrecht ablehnt, weil die einzelnen Miterben aus dem Nachlass vor der Teilung „zunächst" die Verbindlichkeiten zu berichtigen haben [§ 2046 Abs 1 S 1 BGB], also auch der Anspruch des Miterbengläubigers.) Zu anderen Einschränkungen der Zurückbehaltung im Erbrecht vgl Rn 16, 95.

14 Der **Gesellschafterklage** (actio pro socio) eines Gesellschafters wegen unberechtigter Entnahmen eines Gesellschafters aus dem Gesellschaftsvermögen kann der beklagte Gesellschafter kein Zurückbehaltungsrecht entgegenhalten, weil gegen den klagenden Gesellschafter vergleichbare Sozialansprüche der Gesamthand bestehen. Es fehlt an der Gegenseitigkeit der Ansprüche (BGH 8. 11. 1999 – II ZR 197/98, ZIP 2000, 136; Schultzky JA 2000, 448 ff).

15 Auch die **Mitgläubigerschaft** (§ 432 BGB) des Schuldners an der Gegenforderung reicht aus, um ein Zurückbehaltungsrecht zu begründen (RG 29. 3. 1917 – IV 4/17, Recht 1917 Nr 1021; BayObLG 26. 3. 1993 – 2 Z BR 122/92, WuM 1993, 482; letztlich nicht tragende Erwägung zu § 432 BGB bei Miteigentümern in BGH 17. 5. 1988 – IX ZR 5/87, NJW-RR 1988, 1146), obwohl eine Aufrechnung ausgeschlossen ist (Staudinger/Gursky [2016] § 387 Rn 25). Für die Wohnungseigentümergemeinschaft gilt die Besonderheit, dass ein einzelner Wohnungseigentümer einen der Gemeinschaft zustehenden Anspruch gegen den Verwalter oder gegen einen anderen Wohnungseigentümer oder einen Dritten nur dann geltend machen kann, wenn er dazu von den anderen Wohnungseigentümern ermächtigt worden ist. Diese Einschränkung betrifft auch Fälle, in denen ein solcher Anspruch über ein Zurückbehaltungsrecht einredeweise geltend gemacht werden soll (BayObLG 26. 3. 1993 – 2 Z BR 122/92, WuM 1993, 482).

16 Macht der **Nachlassschuldner** ein Zurückbehaltungsrecht gegenüber dem Miterben geltend, der eine Nachlassforderung nach § 2039 S 1 BGB einzieht, bestehen ebenso wenig Bedenken wie gegen eine Aufrechnung. Dagegen kann der Nachlassschuldner ein Zurückbehaltungsrecht nicht auf eine persönliche Forderung gegen einen Miterben stützen (arg e § 2040 Abs 2 BGB; RG 7. 3. 1931 – V 268/30, RGZ 132, 81; BGH 7. 1. 1960 – 7 ZR 220/58, RdL 1960, 100; OLG München 19. 9. 1956 – 7 U 710/56, MDR 1957, 103). Macht der Testamentsvollstrecker eine Nachlassforderung gegen einen Miterben geltend, kann dieser kein Zurückbehaltungsrecht wegen einer Forderung ausüben, die ihm gegen die Erbengemeinschaft, aber nicht gegen den Nachlass zusteht (BGH 2. 10. 1957 – IV ZR 217/57, BGHZ 25, 275). Umgekehrt kann der Testamentsvollstrecker mit einem Zurückbehaltungsrecht durchsetzen, dass Vermächtnisnehmer testamentarische Auflagen erfüllen (OLG Karlsruhe 18. 4. 2017 – 9 W 4/17, FamRZ 2017, 1975).

Bei **Sondervermögen** fragt sich, ob Gegenseitigkeit iS einer Personengleichheit zwischen Gläubiger und Schuldner besteht, wenn die aktiv- und passivbeteiligten Vermögensmassen nicht identisch sind (vgl RG 8. 5. 1931 – VII 504/30, RGZ 132, 355 zum Fideikommiss, der inzwischen Rechtgeschichte ist: Gesetz zur Aufhebung von Fideikommiss-Auflösungsrecht vom 23. November 2007, BGBl I 2614, 2622). Die für gesonderte Vermögensmassen teilweise notwendigen Einschränkungen von Aufrechnung und Zurückbehaltungsrechten, etwa in der Insolvenz, lassen sich allerdings auch ohne Rückgriff auf eine Rechtszuständigkeit der Vermögensmassen selbst anstelle der Personen von Gläubiger und Schuldner begründen (zur Aufrechnung STAUDINGER/GURSKY [2016] § 387 Rn 30 mwNw; zum Zurückbehaltungsrecht in der Insolvenz unten Rn 50, 60 f, 124 f). 17

Hat bei einem echten berechtigenden **Vertrag zugunsten Dritter** der Versprechende ein Zurückbehaltungsrecht gegenüber dem Versprechensempfänger, kann er es dem Dritten gegenüber nach § 334 BGB einwenden (BGH 9. 11. 1979 – V ZR 226/77, NJW 1980, 450). Ebenso kann der Versprechensempfänger die Verpflichtung des Versprechenden zur Leistung an den Dritten gegenüber dem Versprechenden im Rahmen des § 335 BGB einredeweise geltend machen. Beide Male geht die Leistung Zug um Zug an einen anderen als den Gläubiger. 18

Hat der Schuldner seinen Gegenanspruch voll – nicht etwa nur „zur Einziehung“ – abgetreten, kann er ihn auch nicht mehr einredeweise geltend machen. Wohl aber kann er, wenn der Gegenanspruch einem Dritten als Pfändungsgläubiger **zur Einziehung überwiesen** ist, ein Zurückbehaltungsrecht mit dem Ziel der Leistung Zug um Zug an den Dritten geltend machen (OLG Braunschweig 23. 11. 1954 – 1 U 38/54, JR 1955, 342 m zust Anm BLOMEYER). 19

Wird eine **Forderung abgetreten**, kann deren Schuldner ein gegen den bisherigen Gläubiger gerichtetes Zurückbehaltungsrecht nach § 404 BGB auch gegenüber dem neuen Gläubiger geltend machen (BGH 28. 11. 1955 – II ZR 153/54, BGHZ 19, 153; 27. 4. 1962 – II ZR 122/70, BGHZ 58, 327; 17. 3. 1975 – VIII ZR 245/73, BGHZ 64, 122 zu § 986 Abs 2). Die einmal durch die „Zurückbehaltungslage“ hergestellte Verbindung der Ansprüche wird durch die Abtretung nicht beseitigt (zur Frage der Fälligkeit vgl jedoch Rn 25 ff). Auch bei der Sicherungsabtretung bleibt das Zurückbehaltungsrecht bestehen, wenn der Zedent ermächtigt ist, auf Leistung an den Zessionar zu klagen. Freilich fehlt es an der für die Aufrechnung erforderlichen Gegenseitigkeit, sodass auch bei gleichartigen Leistungen – ausnahmsweise (Rn 3) – nur ein Zurückbehaltungsrecht in Frage kommt (BGH 1. 10. 1999 – V ZR 162/98, ZIP 1999, 2156 = LM § 273 Nr 54 m Anm WIELING). Anders ist das bei der Übertragung von Grundpfandrechten (OLG Hamburg 9. 4. 1968 – 12 U 117/67, MDR 1969, 139). Schafft erst die Abtretung die Gegenseitigkeit, dürfte es in der Regel an der Konnexität der Ansprüche fehlen (RG 5. 7. 1929 – II 587/28, RGZ 126, 383; BGH 23. 3. 1956 – I ZR 111/55, BGHZ 20, 231). 20

Nach der **Schuldübernahme** kann der Übernehmer ein dem bisherigen Schuldner gegen den Gläubiger zustehendes Zurückbehaltungsrecht nicht als Einrede geltend machen. Insofern muss wie für die Aufrechnung gelten, dass der Übernehmer Forderungen des bisherigen Schuldners nicht geltend machen kann (STAUDINGER/RIEBLE [2017] § 417 Rn 19; jurisPK-BGB/ROSCH § 417 Rn 17). Ein Recht des Schuldübernehmers, nicht übergegangene Einreden im Drittinteresse geltend zu machen, kennt § 417 BGB nicht (**anders** noch die Bearbeitung 2014). Stellt die Schuldübernahme die Gegen- 21 seitigkeit der Forderungen des Schuldübernehmers und des Gläubigers her, wird es in aller Regel an der Konnexität der Ansprüche (unten Rn 38 ff) fehlen. Anders liegt es nach dem Rechtsgedanken des § 404 BGB beim **Übergang des Vertragsverhältnisses**, etwa beim Betriebsübergang nach § 613a BGB, weil hier auch der Gläubiger wechselt. Damit geht auch ein Zurückbehaltungsrecht des Alt-Arbeitgebers gegen einen vom Betriebsübergang erfassten Arbeitnehmer auf den Betriebsübernehmer über und kann ein Arbeitnehmer sein Zurückbehaltungsrecht gegen den Betriebsveräußerer auch gegenüber dem Betriebserwerber geltend machen. Dasselbe gilt für den Übergang des Gas-Tarifkundenverhältnisses bei Übertragung der Gasversorgung (Schleswig-Holsteinisches OLG 10. 1. 2006 – 6 U Kart 58/05, NVwZ-RR 2006, 811), aber nicht für den Fall des § 566 BGB, in dem der Erwerber nur in Rechte und Pflichten aus dem Mietverhältnis eintritt, die sich ergeben, während er Eigentümer ist. Damit verliert der Mieter auch ein Zurückbehaltungsrecht an der rückständigen Miete gegen den Veräußerer, weil dieser keine Mängelbeseitigung mehr schuldet, der Erwerber aber nicht Gläubiger der rückständigen Mietzinsforderungen wird. Vom Zeitpunkt der Veräußerung an ist nur noch der Erwerber zur Mangelbeseitigung verpflichtet und kann der Mieter auch nur die Leistung der dem Erwerber geschuldeten Miete bis zur Mangelbeseitigung verweigern (BGH 19. 6. 2006 – VIII ZR 284/05, NZM 2006, 696).

22 Ein **vertragliches Zurückbehaltungsrecht** kann sich über das Erfordernis der Gegenseitigkeit hinwegsetzen; Ergebnis ist ein Zurückbehaltungsrecht sein, das zur Leistung Zug um Zug an einen Dritten führt. Zumindest ähnlich ist das, wenn der Schuldner einen gegen den Gläubiger gerichteten Anspruch auf Befreiung von einer Verbindlichkeit gegenüber einem Dritten einredeweise geltend macht; auch auf solche Befreiungsansprüche kann ein Zurückbehaltungsrecht gestützt werden (BGH 22. 2. 1967 – IV ZR 331/65, NJW 1967, 1275). Kann hingegen der Gläubiger Befreiung verlangen, führt ein Gegenanspruch des Schuldners auf Zahlung nicht zur Aufrechnung, sondern nur zur Zurückbehaltung (BGH 28. 6. 1983 – VI ZR 285/81, NJW 1983, 2438; vgl Rn 107); der Befreiungsanspruch ist (jedenfalls zunächst) kein Geldzahlungsanspruch (vgl § 257 Rn 7; § 270 Rn 10, 12).

23 Der **Bürge** kann gegen seine akzessorische Verpflichtung (§ 767 Abs 1 S 1 BGB) auch die **dem Hauptschuldner zustehenden Einreden** geltend machen, § 768 Abs 1 S 1 BGB. Dazu gehört auch die Einrede aus § 273 BGB (RG 16. 6. 1932 – VIII 662/31, RGZ 137, 34). Wegen der rein persönlichen Rechtskraftwirkung des Urteils schadet es dem Bürgen nicht, wenn der Hauptschuldner bereits ohne Rücksicht auf sein Zurückbehaltungsrecht verurteilt worden ist (BGH 11. 4. 1957 – VII ZR 212/56, BGHZ 24, 97 = LM Nr 2 zu § 768 m zust Anm Rietschel). Das gleiche Problem stellt sich bei der Haftung des **Gesellschafters** nach den §§ 128 S 1, 129 HGB und bei der BGB-Gesellschaft. Davon zu unterscheiden ist, dass der Bürge oder Gesellschafter eine eigene Leistungsverweigerungsrecht hat, wenn sich der Gläubiger durch Aufrechnung gegenüber dem Hauptschuldner bzw der Gesellschaft befriedigen könnte (§ 770 Abs 2 BGB, § 129 Abs 3 HGB). Im Falle des § 768 Abs 1 BGB führt die Einrede zur Verurteilung Zug um Zug gegen Leistung an den Hauptschuldner, im Falle des § 770 Abs 2 BGB führt die Einrede zur Klagabweisung.

24 Zum **Zurückbehaltungsrecht für Forderungen gegen das Deutsche Reich** Staudinger/Selb (1995) § 273 Rn 7.

2. Fälligkeit des Gegenanspruchs

25 Der **Gegenanspruch**, den der Schuldner mit der Zurückbehaltung einredeweise geltend macht, muss **fällig** sein (BGH 18. 10. 1985 – V ZR 82/84, NJW-RR 1986, 543 = WuB/E IVA § 273 1 86 [Deuchler]; 28. 10. 1988 – V ZR 94/87, NJW-RR 1989, 201, 202; allg zur Fälligkeit § 271 Rn 1 ff, 8 ff). Für einen (wegen § 1001 BGB) noch nicht fälligen Gegenanspruch auf Verwendungsersatz gibt es die Sonderregel des § 1000 BGB (Palandt/Bassenge § 1000 Rn 1). Wegen bedingter oder künftiger Ansprüche gibt es kein zeitweiliges Zurückbehaltungsrecht bis zur Klärung der Ansprüche (BGH 11. 4. 1984 – VIII ZR 302/82, NJW 1984, 2151; 18. 10. 1985 – V ZR 82/84, NJW-RR 1986, 543; OLG Köln 10. 7. 1974 – 2 U 151/73, DB 1974, 2301).

26 § 273 BGB setzt aber nicht voraus, dass der Gegenanspruch schon vor der Leistung des Schuldners besteht und fällig ist. Es genügt, dass der **Gegenanspruch zeitgleich mit dem Anspruch fällig wird oder mit der Erfüllung des Anspruchs entsteht** (RG 11. 3. 1913 – II 644/12, RGZ 82, 24; 25. 8. 1938 – V 32/38, RGZ 158, 145; OLG Celle 9. 1. 1970 – 8 U 146/69, OLGZ 1970, 357; OLG Hamburg 11. 2. 1971 – 6 U 70/70, NJW 1971, 1317). Beispiele für mit der Erfüllung entstehende Gegenansprüche sind der Anspruch auf eine Rechnung mit gesondertem Umsatzsteuerausweis nach § 14 Abs 2 S 1 UStG (Peusquens NJW 1974, 683; Dodos MwStR 2015, 329 ff; zu umstrittener Umsatzsteuerpflicht BGH 24. 2. 1988 – VIII ZR 64/87, BGHZ 103, 284; 26. 6. 2014 – VII ZR 247/13, NJW-RR 2014, 1520), auf Erteilung einer Quittung nach § 368 S 1 BGB oder auf Rückgabe eines Schuldscheins nach § 371 S 1 BGB (RG 11. 3. 1913 – II 644/12, RGZ 82, 25), auf Abtretung von Drittansprüchen nach § 255 BGB (BGH 15. 4. 2010 – IX ZR 223/07, NJW 2010, 1961), auf Rückgabe eines Pfandes nach § 1223 Abs 2 BGB (RG 2. 3. 1918 – V 329/17, RGZ 92, 280; BGH 14. 2. 1979 – VIII ZR 284/78, BGHZ 73, 317 = LM § 1223 BGB Nr 3 m Anm Middemann), und zwar ohne Rücksicht darauf, ob der Verpfänder Eigentümer ist oder nicht (BGH 14. 2. 1979 – VIII ZR 284/78, BGHZ 73, 317 = JuS 1979, 905 m zust Anm K Schmidt; zustimmend auch Hofmann NJW 1980, 381 f; **gegen** die hM Oesterle 1979, 634 ff), auf Löschungsbewilligung und Herausgabe des Hypothekenbriefs nach §§ 1144, 1145 Abs 1 S 2, 1167 BGB oder auf Rückübertragung von Sicherungsgut nach Erfüllung der gesicherten Forderung (**aM** noch RG 11. 10. 1913 – VI 323/13, JW 1914, 76), auf Herausgabe eines kaufmännischen Orderpapiers (§ 364 Abs 3 HGB) oder eines Ladescheins (§ 445 Abs 2 S 1 HGB) oder eines Wechsels (Art 39 Abs 1 WG), auf Heizkostenabrechnung für die Vergangenheit gegenüber dem rückständigen Anspruch auf Heizkostenvorschuss (LG Mannheim 31. 1. 1974 – 12 S 14/73, MDR 1974, 934) oder auf Angabe der Berechnungsgrundlagen gegenüber einem Anspruch auf Mieterhöhung (vgl Schmidt/Futterer NJW 1972, 86 ff). Die beiden letztgenannten Fälle sind insofern besonders, als die Einrede nicht zur Verurteilung Zug um Zug führt, sondern zur Klagabweisung als derzeit unbegründet. Hierher gehören ferner der Anspruch auf Herausgabe der Massebereicherung nach § 144 Abs 2 S 1 InsO nach Insolvenzanfechtung (noch zur KO BGH 29. 4. 1986 – IX ZR 145/85, NJW-RR 1986, 991) und der Anspruch auf Heimfallvergütung nach § 32 Abs 1 S 1 ErbbauRG bei dinglichem Vollzug des Heimfallanspruchs (BGH 20. 4. 1990 – V ZR 301/88, BGHZ 111, 154). Bei einem Anspruch auf Nachbesserung gegen Mitbeteiligung des Nachbesserungsberechtigten sind auf die Mitbeteiligung (Zusatzarbeiten) §§ 273, 274 BGB analog anzuwenden; nach § 242 BGB muss der Besteller dem Unternehmer aber nur ausreichende Sicherheitsleistung bieten (BGH 22. 3. 1984 – VII ZR 50/82, BGHZ 90, 344).

27 Eine **Ausnahme** vom Erfordernis der Fälligkeit des Gegenanspruchs kann vertraglich vereinbart werden (RG 31. 1. 1923 – I 786/22, RGZ 106, 247), in allgemeinen Geschäftsbedingungen kann darin aber eine unangemessene Benachteiligung iS des § 307 Abs 2 Nr 1 BGB liegen.

28 Gegenansprüche auf ein dauerndes, in die Zukunft reichendes Verhalten (Handeln, Dulden, Unterlassen) begründen kein Zurückbehaltungsrecht; bspw kann der Erbe gegen den Testamentsvollstrecker keinen Anspruch auf ordnungsgemäße Führung der Nachlassverwaltung im Wege der Zurückbehaltung geltend machen (RG 29. 3. 1917 – IV 4/17, Recht 1917 Nr 1093).

29 Im Falle der **Abtretung** eines fälligen Anspruchs muss sich der Zessionar ein Zurückbehaltungsrecht, das sich aus einem Anspruch gegen den Zedenten ergibt, nur dann nach § 404 BGB entgegengehalten lassen, wenn auch der Gegenanspruch schon im Zeitpunkt der Abtretung fällig war (BGH 28. 11. 1955 – II ZR 153/54, BGHZ 19, 153 = JZ 1956, 280, 282 m krit Anm Westermann). War der abgetretene Anspruch noch nicht fällig, reicht es aus, dass der Gegenanspruch jedenfalls nicht später fällig wurde. Der Schuldner wird in seinem berechtigten Interesse geschützt, im Zeitpunkt der Fälligkeit einen bis dahin ebenfalls fälligen, bereits entstanden Gegenanspruch geltend machen zu können (BGH 27. 4. 1972 – II ZR 122/70, BGHZ 58, 327; 17. 3. 1975 – VIII ZR 245/73, BGHZ 64, 122; vgl dazu Kornblum BB 1981, 1307).

30 Ein Zurückbehaltungsrecht wegen eines **fälligen Befreiungsanspruchs** (zur Frage der Fälligkeit § 257 Rn 27, § 271 Rn 25) kann der Befreiungsschuldner durch Sicherheitsleistung (§ 257 S 2 BGB) vorläufig abwenden (BGH 11. 4. 1984 – VIII ZR 302/82, BGHZ 91, 73 zur Befreiung von Verbindlichkeiten aus Betriebsrentenanwartschaften).

31 Dass der Schuldner eine erhaltene vertragsgemäße Leistung aus ideellen Gründen ablehnt, rechtfertigt die Zurückbehaltung nicht: Ein Stromkunde kann sich nicht dem Zahlungsanspruch des Stromlieferanten entziehen, der den gelieferten Strom aus Kernkraft gewonnenen hat (Nachweise in BVerfG 29. 9. 1982 – 1 BvR 1353/81, NJW 1983, 32; MünchKomm/Krüger § 273 Rn 27; weiter LG Dortmund 10. 10. 1980 – 3 O 673/79, NJW 1981, 764; iE auch OLG Hamm 1. 7. 1981 – 8 U 19/81, NJW 1981, 2473; **aA** AG Stuttgart 20. 7. 1979 – 7 C 4632/79, NJW 1979, 2047).

32 Weil Ansprüche aus Spiel, Wette oder andere **Naturalobligationen** nur erfüllbar, aber nicht erzwingbar sind, kann auch kein Zurückbehaltungsrecht auf sie gestützt werden, durch das die Leistung indirekt doch erzwungen werden könnte. Das Gleiche gilt für eine Sperrabrede zu Lasten des Handlungsgehilfen iS des § 75 f HGB oder zu Lasten eines nicht-kaufmännischen Arbeitnehmers analog § 75 f HGB (BGH 27. 9. 1983 – VI ZR 294/81, BGHZ 88, 260); § 75 f S 2 HGB sagt sogar ausdrücklich, dass aus der Vereinbarung keine Einrede hergeleitet werden kann.

33 Die **Verjährung des Gegenanspruchs** schließt ein Zurückbehaltungsrecht nach § 215 BGB nicht aus, wenn der Anspruch noch nicht verjährt war, als die Leistung erstmals verweigert werden konnte. Es genügt, dass die Verjährung des Gegenanspruchs noch nicht eingetreten war, als der Anspruch des Gläubigers entstand (BGH 16. 6. 1967 – V ZR 122/64, BGHZ 48, 116; Bamberger/Roth/Hau/Poseck/Henrich § 215 Rn 3). Nicht erforderlich ist, dass sich die Ansprüche in unverjährter Zeit vollgültig und fällig

gegenübergestanden haben (BGH 19. 5. 2006 – V ZR 40/05, NJW 2006, 2773 zum Zurückbehaltungsrecht aus § 320). § 215 BGB wurde im Zuge der Schuldrechtsmodernisierung eingeführt und entspricht der zuvor hM, die bei verjährten Gegenansprüchen eine Parallele zur Aufrechnung zog und § 390 S 2 BGB aF analog anwendete (BGH 16. 6. 1967 – V ZR 122/64, BGHZ 48, 116; 15. 12. 1969 – VII ZR 148/67, BGHZ 53, 122; Regelsberger JherJb 41, 334; Keller 665, 666; **aA** Canaris JZ 1967, 756 ff). Dahinter steht die Entscheidung, Gleichlauf mit den Ergebnissen zu § 404 BGB (vgl Rn 20, 29) herzustellen. Darüber hinaus muss man dem Schuldner bei der Aufrechnung wie der Zurückbehaltung gleichermaßen zugestehen, mit seiner Verteidigung zuzuwarten, bis der Gegner seine Ansprüche geltend macht. Ob die Ansprüche gleichartig oder ungleichartig sind, kann insoweit keinen Unterschied machen.

Nach § 215 BGB kann der **verjährte kauf- oder werkvertragliche Anspruch auf Nacherfüllung** auch im Bereich der Bauleistungen (§ 13 Abs 5 Nr 1 VOB/B) noch einredeweise geltend gemacht werden (MünchKomm/Krüger § 273 Rn 35; **anders** noch BGH 15. 12. 1969 – VII ZR 148/67, BGHZ 53, 122: erforderlich sei ein rechtzeitiges Mängelbeseitigungsverlangen vor Ablauf der Verjährungsfrist). 34

Ist der **Gegenanspruch selbst einredebehaftet**, kann der Gläubiger die Einrede des Zurückbehaltungsrechts durch Replik ausräumen (ähnlich wie in § 390 S 1 BGB; vgl dazu Jahr 298; Schlosser JuS 1966, 266; Keller 665, 666), etwa die Replik der Verjährung (bereits Rn 33). Deshalb kann sich der Grundstückskäufer gegen den Rückzahlungsanspruch des Darlehensgebers nicht auf ein Zurückbehaltungsrecht wegen eines ihm vom Verkäufer abgetretenen Anspruchs auf Eigentumsverschaffung gegen den Darlehensgeber berufen, wenn diesem, der seinerseits an den Zedenten verkauft hatte, wegen des Kaufpreises die Einrede des nicht erfüllten Vertrages (§ 320 BGB) zusteht (BGH 19. 5. 2000 – V ZR 322/98, NJW 2000, 3065). Die verzögernde Einrede aus § 2014 BGB („Dreimonatseinrede"), die der Erbe gegen Nachlassverbindlichkeiten vorbringen kann, hindert den Gläubiger einer solchen Verbindlichkeit aber nicht, seine Forderung einredeweise gegen eine zum Nachlass gehörende Forderung zu stellen (Schoenenberg, Die Voraussetzungen der in § 273 Abs 1 BGB geschaffenen Retentionsbefugnis [1901] 14). 35

Macht der Schuldner ein Zurückbehaltungsrecht geltend, kann der Gläubiger dieses Zurückbehaltungsrecht nicht ausräumen und eine uneingeschränkte Verurteilung erzwingen, indem er seinerseits gegenüber dem Gegenanspruch des Schuldners wieder ein Zurückbehaltungsrecht aus einem anderen konnexen Anspruch geltend macht – **„Zurückbehaltungsrecht gegen Zurückbehaltungsrecht"** (MünchKomm/Krüger § 273 Rn 81). Auch das zweite Zurückbehaltungsrecht erlaubt nur, die eigene Leistung vorläufig zu verweigern, beschränkt das Forderungsrecht des Gegners ansonsten aber nicht, und hindert diesen deshalb nicht, wegen dieses Forderungsrechts seine Leistung zurückzuhalten. Prozessual führt das zweite Zurückbehaltungsrecht zu einer doppelten, wechselseitigen Verurteilung zur Leistung Zug um Zug (BGH 22. 3. 1984 – VII ZR 286/82, BGHZ 90, 354 zu einem Werklohnanspruch, dem der Besteller ein Zurückbehaltungsrecht wegen eines Mängelbeseitigungsanspruchs entgegenhält, dem der Unternehmer wiederum einen Anspruch auf Beteiligung an den Mängelbeseitigungskosten einredeweise entgegensetzt; weiter RG 29. 11. 1927 – II 532/26, RGZ 118, 295; 22. 10. 1931 – VI 183/31, RGZ 134, 83; MünchKomm/Krüger § 273 Rn 81 u § 274 Rn 8; dazu noch § 274 Rn 10). 36

37 Eine objektiv unmögliche Leistung (§ 275 BGB) kann auch nicht mehr im Wege der Zurückbehaltung durchgesetzt werden (RG 19. 11. 1918 – III 307/18, JW 1919, 105). Allerdings kann der Anspruch auf das stellvertretende Commodum nach § 285 Abs 1 BGB Gegenanspruch iS des Zurückbehaltungsrechts sein. Kann ein Gegenanspruch in absehbarer Zeit nicht durchgesetzt werden, kommt das der Unmöglichkeit gleich (BGH 17. 1. 1956 – I ZR 3/55, DB 1956, 277). Nach § 817 S 2 BGB ausgeschlossene Ansprüche können auch nicht einredeweise nach § 273 BGB geltend gemacht werden, weil das Zurückbehaltungsrecht nur besteht, soweit sich aus dem Schuldverhältnis nicht ein anderes ergibt: hier verweigert die Rechtsordnung dem missbilligten Kondiktionsanspruch den Rechtsschutz (etwa MünchKomm/Schwab § 817 Rn 10).

3. Anspruch aus demselben rechtlichen Verhältnis (Konnexität)

a) Voraussetzungen der Konnexität

38 Die Ansprüche müssen aus **demselben rechtlichen Verhältnis** stammen, also **„konnex"** sein. Mit dem rechtlichen Verhältnis meint § 273 Abs 1 BGB nicht nur ein und dasselbe schuldrechtliche Rechtsverhältnis (vgl Prot I 312). Rspr und Lehre stellen vielmehr darauf ab, ob die beiderseitigen Ansprüche in einem **derart engen natürlichen und wirtschaftlichen Zusammenhang** stehen, **dass die einseitige Anspruchsverfolgung treuwidrig erschiene** (BGH 17. 12. 1962 – VIII ZR 143/61, LM Nr 16 zu § 273; Larenz, SchuldR I § 16; Esser/Schmidt I 1 § 16 II; dazu, dass es der Sache nach um denselben „rechtlichen Zusammenhang" geht, den § 302 Abs 1 ZPO aF voraussetzte, BGH 22. 10. 1957 – VIII ZR 67/56, BGHZ 25, 360). Es genügt eine natürliche oder wirtschaftliche, gewollte oder als gewollt vorauszusetzende Einheitlichkeit des Lebensverhältnisses, aus dem sich die entgegenstehenden Ansprüche ergeben. Soweit die Rechtsprechung eine umfassende Interessenabwägung verlangt, etwa bei der Frage, ob der Vermieter trotz Vertragsbeendigung noch die Versorgung des Mietobjekts mit Wasser, Heizung und Strom schuldet (BGH 6. 5. 2009 – XII ZR 137/07, BGHZ 180, 300), können die einzustellenden Interessen (Räumung, weitere Versorgung) auch als konnexe Pflichten begriffen werden (Streyl NZM 2011, 765). Erst wenn es nicht mehr treuwidrig wäre, den einen Anspruch ohne den anderen zuzulassen, wird der Lebensvorgang nicht mehr als einheitlich eingestuft. Dass bspw zwei Forderungen in demselben gerichtlichen Vergleich geregelt sind (zB Zugewinnausgleichsforderung und Kostenerstattungsanspruch), kann per se nicht zur Konnexität der Ansprüche führen (BGH 6. 10. 2004 – XII ZR 323/01, NJW-RR 2005, 375). Insgesamt gilt, dass die abstrakten Formeln der Rechtsprechung (zur Entwicklung der allgemein gebräuchlichen Formulierungen vgl etwa RG 19. 10. 1909 – II 662/08, RGZ 72, 61; 9. 11. 1931 – VI 268/31, RGZ 134, 144; 27. 5. 1938 – VII 16/38, RGZ 158, 6; BGH 22. 10. 1957 – VIII ZR 67/56, BGHZ 25, 360; 22. 2. 1967 – IV ZR 331/65, BGHZ 47, 157; 20. 12. 1978 – VIII ZR 236/77, BGH NJW 1979, 811) wenig sagen, Konturen gewinnen sie allenfalls in der reichhaltigen Kasuistik. Freilich hätten zahlreiche Entscheidungen, in denen die Konnexität verneint wurde, auch anders begründet werden können.

b) Einzelfälle

39 Konnexität besteht in Fällen, in denen Parteien **auf einen nicht zustande gekommenen, angefochtenen, nichtigen, nicht genehmigten oder mangels Bedingungseintritt nicht wirksam gewordenen Vertrag beiderseits geleistet** haben. Der Leistungsaustausch auf der Grundlage des angebahnten vertraglichen Kontakts wird zum einheitlichen Rechtsverhältnis. Der den Leistungen unterstellte, nicht gegebene Vertrag

bildet ein wirtschaftliches Band, das auch die beiderseitigen Rückgewährverpflichtungen nach Bereicherungsrecht verknüpft (etwa RG 30. 6. 1924 – V 648/23, RGZ 108, 329; MünchKomm/Krüger § 273 Rn 23). Dass der klagende Bereicherungsgläubiger im Falle ungleichartiger Leistungen die Rückgewähr seiner Gegenleistung Zug um Zug anbieten muss, folgt allerdings schon aus der Saldotheorie (krit etwa Honsell NJW 1973, 350, 351), die Wertungswidersprüche zwischen Vindikations- und Bereicherungsrecht vermeiden will: Der rechtsgrundlos besitzende Eigentümer soll im Ergebnis nicht schlechter stehen als andere rechtsgrundlose Besitzer (BGH 7. 3. 2002 – IX ZR 457/99, BGHZ 150, 138; 10. 2. 1999 – VIII ZR 314/97, NJW 1999, 1181; 14. 7. 1995 – V ZR 45/94, NJW 1995, 2627). Ist die Saldotheorie aber unanwendbar, weil einer der beiden Kondiktionsschuldner verschärft haftet oder der Geschäftsunfähigenschutz dies verlangt, können die gegenseitigen Kondiktionsansprüche über Zurückbehaltungsrechte nach § 273 BGB in eine Zug-um-Zug-Verknüpfung gebracht werden (BGH 29. 9. 2000 – V ZR 305/99, NJW 2000, 3562; MünchKomm/Krüger § 273 Rn 23; dagegen für Analogie zu §§ 320, 322 Bodenbenner JZ 2002, 186 f). Ob mit dem Bereicherungsanspruch ein Anspruch aus § 985 BGB auf einer oder beiden Seiten konkurriert, ändert an der Konnexität der Ansprüche nichts (MünchKomm/Krüger § 273 Rn 23, 20). Soweit die Rechtsprechung eine umfassende Interessenabwägung verlangt, etwa bei der Frage, ob der Vermieter trotz Vertragsbeendigung ausnahmsweise noch die Versorgung des zurückzugewährenden Mietobjekts mit Wasser, Heizung und Strom schuldet (BGH 6. 5. 2009 – XII ZR 137/07, BGHZ 180, 300), sind die nachvertragliche Versorgungspflicht und die Pflicht zur Räumung nicht konnex iS des § 273 BGB, sondern stehen in einem Regel-Ausnahmeverhältnis (vgl Streyl NZM 2011, 765).

Auch **gegenüber einem Grundbuchberichtigungsanspruch** nach § 894 BGB kann, sofern nicht § 1144 BGB eingreift, ein **Zurückbehaltungsrecht** bestehen (BGH 22. 1. 1964 – V ZR 25/62, BGHZ 41, 30 = LM § 273 Nr 17 zu § 273 II m Anm Rothe; 28. 10. 1988 – V ZR 94/87, EWiR 1989, 235 [Hegmanns]: Bewilligung zur Löschung der Auflassungsvormerkung nur Zug um Zug gegen Erfüllung der Rückzahlungsansprüche des Käufers aus dem beendeten Kaufvertrag; 9. 1. 1990 – II ZR 115/89, NJW 1990, 1171: Bewilligung nur Zug um Zug gegen Erfüllung der Ansprüche des ausgeschiedenen Gesellschafters auf Abfindung; 23. 3. 1990 – V ZR 233/88, NJW-RR 1990, 847 = WuB/E IV A § 273 2 90 m Anm Herrmann/Smid: Bewilligung nur Zug um Zug gegen Erfüllung von Ansprüchen wegen Täuschung im Zusammenhang mit dem Grundstückskauf). 40

Wichtige Fallgruppe sind **„dauernde Geschäftsverbindungen"**. Zwar führt eine wiederholte oder dauernde Geschäftsverbindung nicht per se zur Konnexität sämtlicher Verpflichtungen aus den verschiedenen Geschäften (BGH 13. 7. 1970 – VII ZR 176/68, BGHZ 54, 244). Möglich und praktisch häufig ist aber, dass die Parteien mehrere Bestellungen oder Aufträge als wirtschaftliche Einheit angesehen haben (RG 18. 2. 1908 – II 431/07, RGZ 68, 32 zu mehreren Bestellungen aus einer Geschäftsverbindung; 27. 3. 1939 – IV 275/38, RGZ 160, 52 [eingeschränkt auf dasselbe umfangreichere Geschäftsbesorgungsverhältnis]; BGH 22. 1. 1958 – V ZR 52/56, LM Nr 15 zu § 313 [mehrere Geschäftsbesorgungen]; OLG Hamburg 17. 10. 1913 – I ZS, OLGE 28, 386 [Zurückbehaltungsrecht des Kommittenten abgelehnt bei mehreren Ausführungsgeschäften]; OLG Düsseldorf 24. 5. 1996 – 22 U 240/95, NJW 1997, 1156 [Konnexität bejaht beim wiederholten Kauf von Kunstwerken desselben Künstlers innerhalb eines Jahres]), die Forderungen aus unterschiedlichen Geschäften verknüpft. Konnexität setzt insoweit voraus, dass ein Vertrag als Fortsetzung früherer Vertragsabschlüsse anzusehen ist (OLG Naumburg 30. 9. 1996 – 1 U 76/96, BauR 1997, 1049 [im konkreten Fall abgelehnt]). Allein 41 die Aufnahme verschiedener Geschäfte in ein Kontokorrentverhältnis begründet daher noch kein Zurückbehaltungsrecht für Forderungen aus den verschiedenen Geschäften. Anders ist das, wenn ein Partner die Fortsetzung einer Geschäftsverbindung – also den Neuabschluss selbst, nicht die Erfüllung nach einem Neuabschluss – davon abhängig macht, dass der andere Partner ältere Verbindlichkeiten erfüllt. Die Abschlussfreiheit erlaubt, jede Verbindlichkeit unabhängig von der Konnexität durchzusetzen, indem weitere Geschäfte von der Erfüllung rückständiger Ansprüche abhängig gemacht werden. Auch wenn die Parteien ein **vertragliches Zurückbehaltungsrecht** vereinbaren, indem die Erfüllung einer gerade eingegangenen Verpflichtung (auch) davon abhängig gemacht wird, dass der andere Teil seine älteren, rückständigen Verbindlichkeiten erfüllt, können sie sich über Erfordernis der Konnexität hinwegsetzen, und ein Zurückbehaltungsrecht auch für Forderungen aus früheren Aufträgen begründen (BGH 14. 7. 1987 – X ZR 38/86, NJW 1987, 2818).

42 Bei **Raten- und Sukzessivlieferungsverträgen** stehen die gesamten beiderseitigen Leistungen im Gegenseitigkeitsverhältnis des § 320 BGB (RG 7. 2. 1908 – II 450/07, RGZ 68, 17; Esser/Schmidt I 1 § 16 II), § 273 BGB ist verdrängt.

43 Hat der Gläubiger einen Scheck entgegengenommen und ist dadurch der Scheckbegebungsvertrag zustande gekommen, steht seinem Zahlungsanspruch die **Einrede der Scheckhingabe** analog §§ 273 Abs 1, 270 Abs 1 BGB entgegen. Der Scheckaussteller hat das Recht, die Bezahlung der Kausalforderung bis zur Rückgabe des unversehrten, insbesondere unbezahlten, erfüllungshalber hingegebenen Schecks, zu verweigern (BGH 16. 4. 1996 – XI ZR 222/95, WM 1996, 1037 mwNw). Ist die Verlustgefahr auf den Schecknehmer übergegangen und kann dieser den Scheck nicht unbezahlt zurückgeben, etwa weil der Scheck von der bezogenen Bank inzwischen eingelöst worden ist, ergibt sich ein dauerhaftes Leistungsverweigerungsrecht des Scheckausstellers (BGH 12. 7. 2000 – VIII ZR 99/99, ZIP 2000, 1719; dazu kritisch Müller/Christmann WuB I D 3 Scheckverkehr 1. 01).

44 Besteht für einen Vertragspartner ein **Kontrahierungszwang**, etwa ein gesetzlicher Anspruch auf Wasser- oder Energieversorgung, darf durch eine Liefersperre zwar die Bezahlung rückständiger Lieferungen erzwungen werden (vgl dazu Malzer NJW 1974, 1899; jedoch nicht bei zwei räumlich und gegenständlich voneinander unabhängigen Versorgungsverträgen: BGH 3. 7. 1991 – VIII ZR 190/90, BGHZ 115, 99; LG Frankfurt aM 15. 5. 1998 – 2/17 S 465/97, NJW-RR 1998, 1467), nicht aber die Zustimmung zu einem neuen und ungünstigeren Tarif (vgl Malzer aaO) oder zu ungünstigeren Lieferungsmodalitäten (LG Braunschweig 10. 10. 1973 – 5 O 173/73, NJW 1974, 800 unter Hinweis auf Art 20 Abs 3 GG). Soweit Versorgungspflicht besteht, darf die Versorgung freilich ohnehin nur nach Maßgabe der ergänzenden spezialgesetzlichen Vorgaben unterbrochen werden, vgl etwa § 19 Abs 2 StromGVV, § 19 Abs 2 GasGVV.

45 Die (aufgehobene) **eheliche Lebensgemeinschaft** wird als verbindendes Element für die aus ihr entstehenden vermögensrechtlichen Ansprüche angesehen (zu den verschiedenen Erscheinungsformen der Konnexität Diederichsen 182 ff). Konnexität wurde bejaht zwischen einem Anspruch auf Räumung der Ehewohnung und einem Zahlungsanspruch (RG 9. 4. 1923 – IV 415/22, JW 1923, 749), zwischen einem Anspruch auf Umschreibung eines Wertpapierdepots und einer mit Rücksicht auf die Ehe gestundeten Forderung (RG 2. 1. 1936 – VI 312/35, JW 1936, 1827), zwischen dem Anspruch der

Manneserben auf Herausgabe des Nachlasses und dem der Ehefrau des Erblassers auf Herausgabe eingebrachten Vermögens (KG 14. 1. 1916 – 3 U 4262/15, KGBl 1916, 41), zwischen dem Anspruch des Ehemannes auf Herausgabe ehelichen Gesamtguts und dem der Ehefrau auf Herausgabe des Vorbehaltsguts (OLG Hamburg 28. 2. 1918, HansGZ 1918 Beibl 137) sowie zwischen dem Anspruch der Ehefrau auf Herausgabe von Möbeln und dem des Ehemannes auf Rückzahlung des zum Möbelkauf gewährten Darlehens (RG 20. 12. 1918 – VII 274/18, JW 1919, 242). Ebenfalls als konnex eingestuft hat die Rechtsprechung den Anspruch des geschiedenen Ehegatten auf Zustimmung zur Auszahlung eines hinterlegten Erlöses und einen fälligen Anspruch auf Zugewinnausgleich (BGH 15. 11. 1989 – IVb ZR 60/88, NJW-RR 1990, 133; dazu Dörr NJW 1991, 1093; bestätigt BGH 17. 11. 1999 – XII ZR 281/97, NJW 2000, 948), den Zahlungsanspruch eines Ehegatten aus § 50 Abs 1 S 1 ZVG gegen den anderen, der das gemeinsame Hausgrundstück ersteigert hat, und das Verlangen auf Herausgabe eines Grundschuldbriefs (OLG Hamm 27. 1. 1993 – 33 U 100/92, FamRZ 1994, 247), das Übernahmerecht nach § 1477 Abs 2 und den Anspruch auf Wertersatz (OLG München 12. 7. 1995 – 12 UF 691/95, FamRZ 1996, 170) sowie einen der Höhe nach noch nicht feststehenden Zugewinnausgleichsanspruch des ehemaligen Ehegatten nach § 1372 BGB und einen bereits feststehenden Individualanspruch des anderen ehemaligen Ehegatten (BGH 17. 11. 1999 – XII ZR 281/97, NJW 2000, 948 = LM § 273 Nr 55 m Anm Hohloch). Zu Fällen, in denen Konnexität bei Ansprüchen aus der ehelichen Lebensgemeinschaft verneint wurde, vgl Rn 59.

Im **Gesellschaftsrecht** sind **konnex** etwa Ansprüche auf Herausgabe von Aktien gegen eine AG und Schadensersatzansprüche der AG, wenn beide im Gründungsvorgang wurzeln (RG 24. 6. 1912 – I 71/12, LZ 1912, 752), der Anspruch des ausgeschiedenen Gesellschafters auf Befreiung von Verbindlichkeiten und Ablösung gegebener Sicherheiten und ein Ausgleichsanspruch der anderen Gesellschafter (BGH 14. 2. 1974 – II ZR 83/72, NJW 1974, 899), der Anspruch des ausgeschiedenen Gesellschafters gegen die Gesellschaft auf Herausgabe des Eigentums und eine Nachschusspflicht des zur Herausgabe berechtigten Gesellschafters (BGH 17. 3. 1975 – VIII ZR 245/73, BGHZ 64, 122; 29. 6. 1981 – II ZR 165/80, NJW 1981, 2802 zur nur vorübergehenden Natur des Zurückbehaltungsrechts bis zur unverzüglichen Belegung eines wahrscheinlichen Ausgleichsanspruchs), bei Auflösung einer Gesellschaft der Rückgewähranspruch des ausscheidenden Gesellschafters nach § 732 S 1 BGB und die mit großer Wahrscheinlichkeit bestehenden Verbindlichkeiten des Gesellschafters gegenüber der (Liquidations-)Gesellschaft sowie der Anspruch auf Auszahlung des Abfindungsguthabens des ausgeschiedenen BGB-Gesellschafters und der Anspruch der übrigen Gesellschafter auf Grundbuchberichtigung (OLG Köln 26. 8. 1994 – 19 U 5/94, ZIP 1994, 1770). Bei einer **Gemeinschaft** von Erbbauberechtigten folgt die Konnexität der zurückgehaltenen Leistung (zB Warmwasserversorgung) mit der Verpflichtung, zu deren Durchsetzung das Zurückbehaltungsrecht ausgeübt wird (zB Zahlung anteiliger Verwaltungskosten), aus der Berechtigung aller Mitglieder der Gemeinschaft zur Teilhabe an den gemeinschaftlichen Leistungen und den damit korrespondierenden Verpflichtungen gegenüber allen anderen Mitgliedern (BGH 10. 6. 2005 – V ZR 235/04, NJW 2005, 2622, 2623). 46

Konnex sind die Nachforderung des **Vermieters** und der Anspruch des **Mieters** auf Überprüfung der Abrechnung durch Einsichtnahme in die Abrechnungsunterlagen (BGH 8. 3. 2006 – VIII ZR 78/05, NJW 2006, 1419; 29. 3. 2006 – VIII ZR 191/05, NJW 2006, 2552). Nach § 273 Abs 1 BGB zurückhalten kann der Mieter auch laufende Nebenkosten- 47 vorauszahlungen für Heizung und Warmwasser, solange der Vermieter nicht Einsicht in den zugrundeliegenden Wärmeliefervertrag gewährt (BGH 22. 6. 2010 – VIII ZR 288/09, WuM 2010, 630; 22. 11. 2011 – VIII ZR 38/11, WuM 2012, 276). Konnex sind auch der Anspruch des Eigentümers gegen den **Nießbraucher** wegen unberichtigter Hypothekenzinsen und der Gegenanspruch aus einem Werkvertrag für Bauführung auf dem zur Nutzung überlassenen Grundstück (RG 23. 10. 1909 – V 569/08, RGZ 72, 101).

48 Konnexität besteht zwischen dem Anspruch eines Beklagten auf **Erstattung von Prozesskosten** und einem materiellen Anspruch des Klägers aus dem Rechtsverhältnis, aus dem dieser unberechtigt geklagt hatte (RG 16. 6. 1914 – III 137/14, WarnR 1914 Nr 241; **aM** anscheinend OLG Braunschweig 28. 10. 1910 – II ZS, OLGE 22, 188).

49 Beim **Kauf** sind konnex der Anspruch auf Zahlung rückständigen Kaufpreises und ein Anspruch wegen Verletzung eines mit dem Kaufvertrag zusammenhängenden Wettbewerbsverbotes (RG, Recht 1909 Nr 2921 u 3738), beim Kauf einer mangelhaften Sache auch der Kaufpreisanspruch und der Schadensersatzanspruch des Käufers aus der Belastung mit einer Schadensersatzforderung seines eigenen Abnehmers (BGH 17. 3. 1999 – VIII ZR 2/98, NJW 1999, 1541 unter Berufung auf BGH 22. 2. 1967 – IV ZR 331/65, BGHZ 47, 157). Auch das Recht des Verkäufers, vom Käufer nach § 375 HGB Spezifikation zu verlangen, kann ein Zurückbehaltungsrecht begründen (RG 27. 1. 1925 – II 28/24, JR 1925 Nr 857). Weiter ist dem – nach § 357 Abs 4 S 1 BGB hinsichtlich der Rückgewähr vorleistungspflichtigen – Käufer beim widerrufenen Verbrauchsgüterkauf ein Zurückbehaltungsrecht iS des § 273 Abs 1 BGB zuzugestehen, mit dem er seinen Rückzahlungsanspruch sichern kann, wenn die Wirksamkeit des Widerrufs in Streit steht (Kohler VuR 2018, 203, 204 ff; zust MünchKomm/Fritsche § 357 Rn 15; **aA** Jauernig/Stadler § 357 Rn 6 mit dem Hinweis auf BT-Drucks 17/12637, 63).

50 Konnex sind der **Anspruch des Insolvenzverwalters auf Rückgewähr** nach § 143 InsO und der Anspruch des Rückgewährpflichtigen auf Erstattung der in der Insolvenzmasse vorhandenen Gegenleistung, um die die Masse bereichert ist (zu § 37 KO BGH 29. 4. 1986 – IX ZR 145/85, ZIP 1986, 787; bestätigt BGH 11. 5. 2000 – IX ZR 262/98, NJW 2000, 3777; dazu Schmidt JuS 2001, 188, 189). Vgl aber Rn 61 zur fehlenden Konnexität, wenn sich der Anspruch des Rückgewährpflichtigen gegen die Masse auf eine Leistung bezieht, die nicht wie eine Gegenleistung in engem Zusammenhang mit dem Rückforderungsanspruch des Insolvenzverwalters steht.

51 Wird ein Fahrzeug polizeilich abgeschleppt, sind konnex der von dem beeinträchtigten, das Abschleppen veranlassenden Dritten an den Abschleppunternehmer abgetretene Anspruch auf Ersatz der **Abschleppkosten** und der Herausgabeanspruch des Fahrzeughalters gegen den Unternehmer (OLG Karlsruhe 18. 11. 1977 – 10 W 65/77, OLGZ 1978, 206; ebenso MünchKomm/Krüger § 273 Rn 20; differenzierend Wien DAR 2001, 60 ff; **aA** Fischer JuS 2002, 446, 449 f, der ein Zurückbehaltungsrecht nur sieht, soweit es das Landesvollstreckungsrecht vorsieht).

52 Konnexität auf Grund eines **einheitlichen Lebensverhältnisses** ist zu bejahen, wenn sowohl der Anspruch auf Aufhebung einer bestehenden Bruchteilsgemeinschaft als auch der einredeweise geltend gemachte Pflichtteilsanspruch darauf beruhen, dass der Anspruchssteller testamentarischer Alleinerbe geworden ist (BGH 25. 4. 2001 – IV ZR 281/99, ZEV 2001, 313).

c) Beispiele für fehlende Konnexität

Keine Konnexität besteht zwischen einem Anspruch des Eigentümers auf Berichtigung eingetragener Hypotheken und dem Gegenanspruch wegen Aufgabe des Rechts, das Grundstück durch Vertrag zu erwerben (RG 9. 11. 1931 – VI 268/31, RGZ 134, 144) sowie zwischen einem Anspruch auf Löschungsbewilligung – eine Hypothek war zur Eigentümergrundschuld geworden – und aus Verwendungen auf das Grundstück (BGH 22. 1. 1964 – V ZR 25/62, BGHZ 41, 30; § 273 Abs 2 BGB scheidet wegen fehlender Identität von Gegenstand und Verwendungsobjekt aus). 53

Nicht konnex sind der Anspruch eines Bankkunden und der der Bank (Gesellschaft) gegen den Kunden als Gesellschafter der Bank (RG 29. 11. 1927 – II 532/26, RGZ 118, 295). Werden bei einer Bank als Zeichnungsstelle Anleihen gezeichnet, darf die Bank die gezeichneten Stücke nicht wegen ihrer Forderungen gegen den Anleihezeichner und Bankkunden zurückbehalten (RG 28. 11. 1934 – I 112/34, RGZ 146, 57). Die bankübliche Erklärung, nach der eine Grundschuld zur Sicherung aller bestehenden oder künftigen Ansprüche dient, begründet kein Zurückbehaltungsrecht für deliktische oder bereicherungsrechtliche Ansprüche (BGH 21. 12. 1984 – V ZR 204/83, NJW 1985, 849: einschränkende Auslegung der Nr 21 V AGB-Sparkassen und Nr 19 IV AGB-Banken). Zur Konnexität im **Bankverkehr** vgl Oertmann 137 ff; Klein ZHR 55, 181 ff. 54

Keine Konnexität besteht zwischen dem Vergütungsanspruch des entlassenen Testamentsvollstreckers und Ansprüchen auf Rechnungslegung und Herausgabe (OLG Düsseldorf 4. 12. 1923 – 8 U 376 u 402/24, JW 1925, 2147; richtigerweise ergibt sich der Ausschluss eher aus der Natur des Schuldverhältnisses, vgl Rn 83). Gleichfalls fehlt es an der Konnexität, wenn Miterben, Vermächtnisnehmer oder Pflichtteilsberechtigte ihre Rechte einer Nachlassforderung des Erben oder der Erbengemeinschaft gegenüber einredeweise geltend machen wollen (vgl Rn 95). 55

Nicht konnex sind der Anspruch auf Herausgabe von Lebensversicherungspolicen und Ansprüche aus einem Gesellschaftsverhältnis, wenn nicht auch der Herausgabeanspruch mit dem Gesellschaftsverhältnis zusammenhängt (OLG Hamburg 27. 6. 1962 – 4 U 32/62, VersR 1962, 1169) sowie Ansprüche aus einer dem Verletzten überwiesenen Haftpflichtversicherung (heute: Direktansprüche bei der Pflicht-Haftpflichtversicherung) und Ansprüche des Versicherers, die nicht aus dem Versicherungsverhältnis resultieren (RG 27. 5. 1938 – VII 16/38, RGZ 158, 6). 56

Keine Konnexität besteht ferner zwischen Schadensersatz- und Herausgabeansprüchen sowie zwischen Schadensersatzansprüchen des Vollstreckungsschuldners aus **§ 717 Abs 2 oder Abs 3 ZPO** wegen Wegfalls der vorläufigen Vollstreckbarkeit und Ansprüchen aus dem materiellrechtlichen Verhältnis (RG 26. 2. 1929 – II 336/28, RGZ 123, 388). Dass Einreden, die der Gläubiger gerade durch die Vollstreckung erhalten hat, nicht geltend gemacht werden können, liegt aber nicht daran, dass die Konnexität fehlt, sondern folgt aus der Schutzrichtung des § 717 Abs 2 ZPO (LG Berlin 14. 5. 2003 – 6 O 515/02, MDR 2003, 1200). 57

Konnexität durch eine **dauernde Geschäftsverbindung** (bereits Rn 41) entsteht nicht schon, wenn mehrere gleichartige Aufträge an denselben Bauträger (der eher an einer getrennten Behandlung seiner verschiedenen Bauvorhaben interessiert sein wird) vergeben werden, sondern erst, wenn ein Vertrag als Fortsetzung früherer 58

Vertragsabschlüsse anzusehen ist (OLG Naumburg 30. 9. 1996 – 1 U 76/96, BauR 1997, 1049). Auch die Aufnahme verschiedener Geschäfte in ein Kontokorrentverhältnis allein begründet noch kein Zurückbehaltungsrecht für Forderungen aus den verschiedenen Geschäften. Zurückbehaltung wegen der Rückforderung eines Darlehens scheitert mangels Konnexität auch gegenüber Ansprüchen aus einem anderen Darlehensvorvertrag (OLG Kiel 28. 6. 1907, SeuffA 63 Nr 8).

59 Konnexität für Ansprüche aus der **ehelichen Lebensgemeinschaft** (oben Rn 45) wurde im konkreten Fall verneint in OLG München 9. 8. 1989 – 15 U 2012/89, FamRZ 1990, 884. Auch kann der Erwerber sich im Rahmen der Revokationsklage des einen Ehegatten nach § 1368 BGB **nicht** wegen der Rückforderung einer bereits an den anderen Ehegatten erbrachten Gegenleistung auf § 273 BGB berufen (Wolf JZ 1997, 1087, 1093; Palandt/Brudermüller § 1368 Rn 4; Staudinger/Thiele [2017] § 1368 Rn 51 mwNw auch zur Gegenmeinung).

60 Durch die Anordnung der vorläufigen **Insolvenzverwaltung** und die Erklärung des vorläufigen Insolvenzverwalters, für künftige Forderungen persönlich zu haften, wird der zwischen Forderung (rückständiges Entgelt für erfolgte Wasserlieferungen) und Gegenforderung (Fortsetzung der Wasserversorgung) bestehende wirtschaftliche Zusammenhang (Konnexität) unterbrochen (LG Magdeburg 22. 4. 1997 – 2 S 698/96, ZIP 1997, 896 [Sequestration]).

61 Ein anfechtungsrechtlicher Rückgewähranspruch des Insolvenzverwalters und Aus- und/oder Absonderungsrechte des Anfechtungsgegners sowie ein diese vorbereitender Auskunftsanspruch stehen nicht in dem rechtlich engen Verhältnis zueinander, das § 273 BGB voraussetzt (BGH 11. 5. 2000 – IX ZR 262/98, NJW 2000, 3777; dazu Schmidt JuS 2001, 188, 189).

62 Keine Konnexität bestehen soll zwischen einer Beitragsnachforderung der Gesellschaft und dem Anspruch des Kommanditisten auf Mitwirkung an der Handelsregistereintragung als Kommanditist, weil sich Letzterer gegen die Mitgesellschafter, nicht gegen die Gesellschaft richtet (OLG München 28. 3. 2001 – 7 U 5341/00, OLGR München 2001, 251). Dann fehlt es freilich schon an der Gegenseitigkeit.

4. Zurückbehaltungsfähige Leistungen

63 Zurückbehaltungsfähig sind grundsätzlich alle geschuldeten Leistungen, sofern sie **vermögensrechtlicher Art** sind. Im Einzelfall kann ein Zurückbehaltungsrecht wegen der besonderen Art der geschuldeten Leistung ausscheiden (näher Rn 67 ff). Geschuldete Leistungen iS des Abs 1 sind **auch vermögensrechtliche Handlungspflichten** (dazu noch Rn 64 f), zB Dienst- oder Arbeitsleistungen (RG 6. 10. 1904 – IV 96/04, RGZ 59, 200; abl Abel JW 1922, 554). Die Zurückbehaltung besteht dann in der Nichtvornahme der Handlung (BAG 20. 12. 1963 – 1 AZR 428/62, NJW 1964, 883 auch zur Abgrenzung zum Streik). Dass die Dienste später nicht mehr erbracht werden können (insbesondere die Arbeitspflicht als absolute Fixschuld, vgl § 271 Rn 30), hindert die Zurückbehaltung nicht (LAG Baden-Württemberg 28. 9. 1970 – 4 Sa 43/70, DB 1970, 2177): Dass die Zurückbehaltung ausnahmsweise zur Unmöglichkeit führt, kann Leistungsverweigerungsrechte zumindest im Dauerschuldverhältnis nicht von vornherein ausschließen (vgl aber Rn 64 für Unterlassungen); den Entgeltausfall verhindert in der Regel § 298 BGB (zur Zurückbehaltung der Arbeitsleistung durch den Arbeitnehmer etwa MünchKomm/Müller-Glöge § 611 Rn 9 ff; MünchArbR/Reichold § 41 Rn 12 ff). Die Tätigkeitsverweigerung eines Schiedsrichters bis zur Vorschussleistung behandeln BGH 22. 2. 1971 – VII ZR 110/69, BGHZ 55, 344 m Anm Breetzke NJW 1971, 1457; 10. 4. 1980 – III ZR 47/79, BGHZ 77, 65; 7. 3. 1085 – III ZR 169/83, BGHZ 94, 92 = JR 1986, 67 m Anm Waldner; vgl auch Raeschke-Kessler NJW 1988, 3047. Die Entscheidungen betreffen zwar Fälle des § 320 BGB, ihre Erwägungen gelten jedoch auch für § 273 BGB.

Auch **Duldungen** können zurückbehalten werden, etwa die Duldung eines Notweges gegen Zahlung der Notwegrente (BGH 28. 5. 1976 – V ZR 195/74, MDR 1976, 917). Dasselbe gilt für **Unterlassungen** (Soergel/Forster § 273 Rn 6), zB die Erfüllung eines Wettbewerbsverbotes (**aA** RG 6. 7. 1911 – IV 683/10, Recht 1911 Nr 3427, weil die einmal geschehene Handlung nicht mehr ungeschehen gemacht werden kann, die Erfüllung der Unterlassungspflicht also nicht nur vorläufig zurückbehalten wird). Nach Treu und Glauben ausgeschlossen ist die Zurückbehaltung, wenn das (Zuwider-)Handeln die Unterlassung auf Dauer unmöglich machen und zu einer dauernden Vereitelung des Rechts führen würde (RG 21. 7. 1936 – II 30/36, RGZ 152, 71); Beispiel ist das Unterlassen eines Baus auf dem Nachbargrundstück. Bei einander gegenüberstehenden Unterlassungspflichten wäre die Zurückbehaltung durch Zuwiderhandeln bei Dauerunterlassungen, etwa aus einem Wettbewerbsverbot, sinnwidrig (vgl dazu RG 22. 4. 1921 – II 492/20, RGZ 102, 127; Geyershöfer BayZ 1906, 353; Lehmann 304 ff). 64

Auch **Willenserklärungen** sind zurückbehaltungsfähig. Ein Teilhaber kann hinsichtlich eines hinterlegten Erlöses aus der Aufhebung einer Gemeinschaft seine **Zustimmung** zur Auszahlung eines Erlösanteils gegen die Zustimmung des anderen Teilhabers zurückbehalten (BGH 20. 2. 1984 – II ZR 112/83, BGHZ 90, 194), jedoch nicht für Ansprüche, die keine Zuteilung aus dem Erlös rechtfertigen (BGH 14. 4. 1987 – IX ZR 237/86, NJW-RR 1987, 890). 64a

Die **Versorgung gemieteter Räume** mit Heizung und Wasser kann bei erheblichen Wohngeldrückständen eines Wohnungseigentümers gegenüber der Wohnungseigentümergemeinschaft durch diese auch gegenüber dem Mieter unterbunden werden (KG Berlin 21. 5. 2001 – 24 W 94/01, NJW-RR 2001, 1307; Deckert WE 2001, 68 f zum säumigen Mieter; **aA** OLG Köln 15. 3. 2000 – 2 U 74/99, NJW-RR 2001, 301: Gegenseitigkeit und Konnexität verneint; Suilmann ZWE 2001, 476, 478 gegen das KG Berlin). Gleiches gilt bei einem Zahlungsrückstand des Vermieters und Eigentümers gegenüber dem Energieversorgungsunternehmen (LG Frankfurt/Oder 1. 2. 2002 – 6a S 75/01, NJW-RR 2002, 803; AG Neuruppin 12. 4. 2002 – 42 C 79/02, WuM 2002, 314); freilich werden hier vielfach spezialgesetzliche Regelungen greifen, etwa § 19 Abs 2 StromGVV, § 19 Abs 2 GasGVV. 65

Auch an **Tieren** (§ 90a BGB) kann grundsätzlich ein Zurückbehaltungsrecht bestehen. Im Einzelfall anders zu entscheiden ist, wenn mit Blick auf die Wertung des § 1 TierSchG eine möglicherweise irreversible Einwirkung auf das Tier erfolgt, etwa weil es bei besonderer Anhänglichkeit vom Herausgabeberechtigten durch die Trennung psychischen Schaden nehmen könnte (ein Zurückbehaltungsrecht im konkreten Fall ab lehnen LG Mainz 30. 4. 2002 – 6 S 4/02, NJW-RR 2002, 1181; AG Bad Homburg 11. 4. 2002 – 2 C 1180/01 [10], NJW-RR 2002, 894; LG Stuttgart 22. 5. 1990 – 21 O 161/90, NJW-RR 1991, 446). 66

66a **Nicht** gegeneinander zurückhalten lassen sich die wechselseitigen schuldrechtlichen Pflichten aus einem **Tarifvertrag**, insbesondere nicht Friedens- und Durchführungspflicht (LÖWISCH/RIEBLE, TVG[4] § 1 Rn 1432 mit Blick auf § 320 BGB; allg zu schuldrechtlichen Pflichten aus dem Tarifvertrag dies § 1 Rn 1134 ff). Dass Arbeitgeber den Tarifvertrag trotz vertragswidrigem Verhalten der Gewerkschaft (bis zu einer Kündigung) anwenden müssen, folgt schon aus der Normwirkung des § 4 Abs 1 S 1 TVG. Umgekehrt darf die Gewerkschaft keinen Arbeitskampf führen, um die Tarifanwendung zu erreichen, weil Arbeitskämpfe zur Rechtsdurchsetzung kampfrechtlich unzulässig sind. Diese kollektivarbeitsrechtlichen Vorgaben dürfen nicht über § 273 BGB unterlaufen werden.

III. Ausschluss oder Beschränkung des Zurückbehaltungsrechts

67 Das Zurückbehaltungsrecht ist **ausgeschlossen, wenn sich aus dem Schuldverhältnis etwas anderes ergibt**, dh wenn speziellere gesetzliche Vorschriften, vertragliche Abreden, die Natur des Schuldverhältnisses generell oder die besonderen Umstände des Einzelfalles es nach Treu und Glauben verbieten.

1. Auf Grund gesetzlicher Bestimmungen

68 Das Zurückbehaltungsrecht aus Abs 1 scheidet analog **§ 393 BGB** regelmäßig aus, wenn der Schuldner den zurückzubehaltenden **Gegenstand durch eine vorsätzlich begangene unerlaubte Handlung erlangt** hat (näher Rn 110). Demgegenüber betrifft **§ 273 Abs 2 BGB aE** nur den Sonderfall eines Zurückbehaltungsrechts wegen Verwendungen oder erlittener Schäden (SOERGEL/FORSTER § 273 Rn 27; MünchKomm/KRÜGER § 273 Rn 85 f; BODENBENNER JZ 2002, 186; str).

69 **Gesetzlich ausgeschlossen** ist die Zurückbehaltung einer Vollmachturkunde, § 175 HS 2 BGB. Ein Miet- oder Pachtgrundstück darf nach Beendigung des Miet- oder Pachtverhältnisses nicht zurückbehalten werden, §§ 570, 581 Abs 2 BGB; der Ausschluss des Zurückbehaltungsrechts besteht aber nur gegenüber dem Rückgabeverlangen des Vermieters bzw Verpächters (STAUDINGER/ROLFS [2018] § 570 Rn 3). Analog gilt § 570 BGB im Fall eines sittenwidrigen und damit nichtigen Bordellpachtvertrags (OLG Naumburg 30. 1. 1913 – 5a U 149/12, Recht 1913 Nr 815; zu der Frage, in welchen Fällen ein Bordellpachtvertrag heute noch sittenwidrig ist PALANDT/ELLENBERGER § 138 Rn 52). Nicht analog anwendbar ist § 570 BGB hingegen, wenn ein Grundstück herauszugeben ist und der bislang infolge einer Grunddienstbarkeit Nutzungsberechtigte etwa Verwendungsersatz geltend machen will. Hinter der Norm steht die Überlegung, dass Gegenansprüche des Mieters oder Pächters regelmäßig deutlich hinter dem Wert der Mietsache zurückbleiben werden; für dingliche Nutzungsrechte lässt sich das jedenfalls nicht allgemein sagen (zu einem Fall, in dem die Dienstbarkeit auf Duldung des Betriebs einer Golfanlage gerichtet war, BGH 27. 6. 2014 – V ZR 51/13, NZM 2014, 790). Ein Zurückbehaltungsrecht in der Nachlassinsolvenz schließt § 323 InsO aus. Zu § 75 f HGB bereits Rn 32.

70 **Gesetzliche Beschränkungen** des Zurückbehaltungsrechts ergeben sich etwa aus § 632a Abs 1 S 2 BGB oder analog § 19 Abs 2 S 2 GmbHG bei gegenständlichen Stammeinlagen. Indirekt folgt aus § 19 Abs 2 GmbHG, dass auch gegenüber der Forderung auf Einzahlung der Stammeinlage in Geld kein Zurückbehaltungsrecht

gegeben sein kann (RG 7. 11. 1913 – II 370/13, RGZ 83, 266; OLG Hamm 25. 2. 2010 – 27 U 24/09, GmbHR 2010, 707). Die § 88a Abs 2 HGB, §§ 4 Abs 1 S 2 (iVm 9 oder 30 Abs 2) DepotG beschränken das Zurückbehaltungsrecht auf bestimmte Gegenforderungen.

Der Stromlieferant kann – jedenfalls in der Grundversorgung – wegen eines Zahlungsrückstands ein Zurückbehaltungsrecht nur nach den besonderen Anforderungen des § 19 Abs 2 StromGVV geltend machen. Der damit bezweckte Schutz des Stromkunden (Verhältnismäßigkeitsvorbehalt, § 19 Abs 2 S 2 StromGVV) muss auch dann greifen, wenn die Rückstände noch aus einem früheren Vertragsverhältnis stammen. Der Anspruch des Kunden auf Stromlieferung für die Privatwohnung und der Anspruch des Versorgers auf Bezahlung von Rückständen aus einem Versorgungsvertrag für den örtlich getrennten Gewerbebetrieb des Kunden sind dagegen ohnehin nicht konnex iS des § 273 Abs 1 BGB (BGH 3. 7. 1991 – VIII ZR 190/90, BGHZ 115, 99). **71**

Rn 72 bleibt frei. **72**

Dass der Gläubiger dem Schuldner nach § 368 S 1 BGB „gegen Empfang der Leistung" **Quittung zu erteilen** hat, verbindet diesen Anspruch auf Quittung (nur) mit einer ganz bestimmten Leistung. Ist diese Leistung erbracht, kann die Quittung allenfalls wegen der nach § 369 Abs 1 vorzuschießenden Quittungskosten zurückbehalten werden, sofern der Schuldner versäumt hat, nur gegen Quittung zu leisten. Die Quittung kann nicht wegen anderer Ansprüche zurückbehalten werden, auch wenn es konnexe Ansprüche sind (RG 7. 7. 1911 – III 276/10, JW 1911, 808). ebenso wenig kann der Gläubiger die Quittung wegen anderer Forderungen als der zu tilgenden zurückbehalten. Dasselbe gilt für den Schuldschein bzw das negative Anerkenntnis nach § 371 S 1 BGB, für das kaufmännische Orderpapier nach § 364 Abs 3 HGB, für den Ladeschein nach § 445 Abs 2 S 1 HGB und für den Wechsel nach Art 39 Abs 1 WG, auch wenn der Wechsel herauszugeben ist, weil es an einem wirksamen Grundgeschäft fehlt (BGH 10. 10. 1958 – VIII ZR 141/57, NJW 1958, 2112; 27. 4. 1983 – VIII ZR 24/82, WM 1983, 729). Ähnlich kann der Gläubiger Löschungsbewilligung und Hypothekenbrief (§§ 1144, 1145 Abs 1 S 2, 1167 BGB) nicht wegen anderer als der gesicherten Forderung zurückbehalten (RG 21. 3. 1931 – V 256/30, RGZ 132, 9). Das gilt nach dem Rechtsgedanken des § 1144 BGB auch, wenn eine die Hypothek sichernde Forderung nicht entstanden ist und nicht mehr entstehen wird (BGH 24. 2. 1978 – V ZR 182/75, BGHZ 71, 19 = LM § 607 BGB Nr 27 m Anm Linden; 25. 4. 1988 – II ZR 17/87, NJW 1988, 3260). Die Grenzen zum vertraglichen Ausschluss und zum Ausschluss aus der Natur des Schuldverhältnisses sind hier fließend. Wohl aber gibt es ein Zurückbehaltungsrecht an den Unterlagen über eine Grundbuchberichtigung wegen der Kosten der Berichtigung (§ 897 BGB; OLG Köln 21. 3. 1983 – 2 W 13/83, ZIP 1983, 627). Dem Anspruch des Verpfänders auf Pfandrückgabe nach § 1223 Abs 2 BGB und analog dem Anspruch des Sicherungsgebers auf Rückübertragung des Sicherungsgutes nach Tilgung der gesicherten Forderung kann keine andere (als die gesicherte) Forderung im Wege eines Zurückbehaltungsrechts entgegengehalten werden (iE BGH 19. 6. 1968 – VIII ZR 97/66, NJW 1968, 2139). **73**

Besondere gesetzliche Regelungen finden sich ferner in § 50 Abs 3 u 4 BRAO (BGH 3. 7. 1997 – IX ZR 244/96, NJW 1997, 2944), § 66 Abs 2 u 4 StBerG und § 51b Abs 3 u 6 **74**

WPO für das Zurückbehaltungsrecht an Handakten uÄ, in § 7 EFZG zum Zurückbehaltungsrecht des Arbeitgebers gegenüber dem Anspruch des Arbeitnehmers auf Entgeltfortzahlung sowie in § 11 Abs 2 S 1 BBesG und § 51 Abs 2 S 1 BeamtVG zur Beschränkung des Zurückbehaltungsrecht des Dienstherrn auf den pfändbaren Teil der Bezüge bzw Versorgungsbezüge.

2. Auf Grund besonderer Vereinbarung

75 Ein Zurückbehaltungsrecht kann **durch vertragliche Vereinbarung ausgeschlossen werden**; arg e § 88a Abs 1 HGB, weil dort sogar der Vorausverzicht besonders ausgeschlossen werden muss. Diese Vereinbarung kann, wie alle Rechtsgeschäfte, ausdrücklich oder konkludent getroffen werden (RG 6. 6. 1932 – VIII 91/32, RGZ 136, 407 [„Aufrechnung ausgeschlossen"]; 28. 11. 1934 – I 112/34, RGZ 146, 57; vgl auch Emmerich, Grundlagen des Vertrags- und Schuldrechts [1974] § 9 I 1; **aM** Walsmann, Der Verzicht [1912] 236 f, 318). Die Zurückbehaltung auszuschließen ist nicht per se sittenwidrig, wohl aber können im Einzelfall die Vereinbarung oder zumindest die spätere Berufung auf den Ausschluss gegen Treu und Glauben verstoßen (BGH 18. 9. 1967 – VII ZR 52/65, BGHZ 48, 264; Möllers NJW 1954, 214, 216; Köbl DNotZ 1973, 389, 401; Brych DNotZ 1974, 413, 417). Vereinbaren Parteien für entstandene oder künftige Ansprüche die Vorleistungspflicht einer Seite, ist damit für den Vorleistungspflichtigen ein Zurückbehaltungsrecht ausgeschlossen (vgl aber Rn 89 zum Zurückbehaltungsrecht des Arbeitnehmers).

76 Wegen § 309 Nr 2 Buchst b BGB kann ein Zurückbehaltungsrecht des Vertragspartners des Verwenders aus demselben Vertragsverhältnis in **Allgemeinen Geschäftsbedingungen** nicht eingeschränkt oder ausgeschlossen werden. Eine formularmäßige Garantie, Abschlagszahlungen nach Baufortschritt allein auf Grund eines Bautenstandsberichts des Bauunternehmers zu zahlen, ist als (nach § 306a BGB verbotene) Umgehung des Verbots, § 273 BGB formularmäßig auszuschließen, unwirksam (BGH 21. 4. 1986 – II ZR 126/85, NJW-RR 1986, 959). Dasselbe gilt, wenn die Parteien 90 Prozent der Zahlung bei Rohmontage eines Fertighauses vereinbaren (BGH 10. 7. 1986, III ZR 19/85, NJW 1986, 3199, 3200 f unter zusätzlicher Berufung auf § 9 AGBG, jetzt § 307), oder 80 Prozent des Werklohns bei Anlieferung der Ware (OLG Zweibrücken 14. 10. 2001 – 4 U 115/00, NJW-RR 2002, 274).

77 Erlöschen Ansprüche, für die **Sicherheit** gewährt wurde, oder können Ansprüche, für die Sicherheit gewährt wurde, nicht mehr entstehen, kann die Herausgabe der Sicherheit nicht unter Berufung auf andere Ansprüche aus dem Hauptvertrag verweigert werden. Insoweit ein Zurückbehaltungsrecht geltend zu machen, verstößt gegen die **Sicherungsabrede** (BGH 19. 7. 2001 – IX ZR 149/00, WM 2001, 1756; zur Bürgschaft BGH 8. 3. 2001 – IX ZR 236/00, BGHZ 147, 99; zur Sicherungsgrundschuld BGH 9. 5. 2000 – XI ZR 299/99, NJW 2000, 2499). Entsprechendes gilt, wenn das Sicherungsrecht nicht wirksam bestellt worden ist: Bspw kann bei einer nichtigen Grundschuldbestellung dem Grundbuchberichtigungsanspruch aus § 894 BGB kein Zurückbehaltungsrecht wegen Schadensersatzansprüchen des Buchberechtigten entgegengehalten werden (BGH 25. 4. 1988 – II ZR 17/87, NJW 1988, 3260). Hat der Schuldner für seinen Gegenanspruch schon volle anderweitige Sicherung, zB eine Hypothek, ist die Zurückbehaltung wegen § 273 Abs 3 BGB ausgeschlossen (BGH 14. 7. 1952 – IV ZR 28/52, BGHZ 7, 123 = LM Nr 5 zu § 14 UmstG m Anm Ascher).

Bei Treuhandkonten kann die Bank dem Treuhänder gegenüber nur ein Zurückbehaltungsrecht geltend machen, wenn sich ihr Gegenanspruch gerade auf die Führung des Treuhandkontos bezieht (allgemein ablehnend für persönliche Ansprüche gegen den Treuhänder BGH 25. 6. 1973 – II ZR 104/71, BGHZ 61, 72). Dasselbe gilt für die treuhänderische Übertragung einer Grundschuld (BGH 23. 5. 1989 – IX ZR 57/88, NJW-RR 1990, 48). 78

Werden Waren zur Ansicht überlassen, besteht an diesen Waren kein Zurückbehaltungsrecht (BGH 17. 2. 1962 – VIII ZR 143/61, LM Nr 16 zu § 273), jedenfalls keines nach Abs 1. 79

Wird ein Scheck für eine bestimmte „rückständige Miete" gegeben, dann aber eben dieser Mietbetrag bar bezahlt, kann der Scheck nicht wegen weiterer mittlerweile fällig gewordener Mietbeträge zurückbehalten werden (LG Mannheim 23. 8. 1973 – 12 S 25/73, MDR 1974, 141). Zum Ausschluss des Zurückbehaltungsrechts eines Wohnungseigentümers gegen Wohngeldforderungen der übrigen Wohnungseigentümer in der Gemeinschaftsordnung BayObLG 27. 6. 2001 – 2 Z BR 24/01, WuM 2001, 501. 80

3. Auf Grund der Natur des Schuldverhältnisses

Ein Zurückbehaltungsrecht scheidet aus, wenn es allgemein dem Zweck („Wesen") der Verpflichtung widersprechen würde, die der Schuldner zu erfüllen hat. In solchen Fällen schließen die **Art des rechtlichen Verhältnisses** oder die besondere Art des Anspruchs die Zurückbehaltung aus. Auf sachenrechtliche, familienrechtliche und erbrechtliche Ansprüche etwa ist § 273 BGB nur anwendbar, soweit dies mit der Eigenart des Rechtsverhältnisses vereinbar ist (Diederichsen 181 ff; weiter BGH 27. 9. 1984 – IX ZR 53/83, BGHZ 92, 194 zum Zugewinnausgleichsanspruch; 31. 1. 2007 – XII ZR 131/04, BGHZ 171, 24 zur Auseinandersetzung in der Gütergemeinschaft). Die Rechtsprechung macht das zumeist an dem Erfordernis des vermögensrechtlichen Charakters des Anspruchs fest. Danach kommt **gegenüber oder mit nichtvermögensrechtlichen Ansprüchen** Zurückbehaltung **nicht** in Betracht. Das gilt insbesondere in Kindschaftssachen (zu Ansprüchen auf Kindesherausgabe OLG Hamburg 6. 5. 1904 – V ES, OLGE 8, 430; OLG Jena, DJZ 1914, 447; OLG Düsseldorf 30. 4. 1940 – 9 U 156/39, HRR 1940 Nr 1104), in denen der Vorrang des Kindeswohls der Zurückbehaltung entgegensteht (dazu BVerfG 4. 2. 2011 – 1 BvR 303/11, FamRZ 2009, 676; auch schon Diederichsen 199 ff). 81

Vermögensrechtlichen Charakter haben uU auch **Verpflichtungen zur Herausgabe von Urkunden**, ob es um verbriefte Rechte geht oder lediglich um Beweisurkunden, spielt keine Rolle: Herausgabe einer Versicherungspolice (RG 14. 3. 1902 – II 416/01, RGZ 51, 83), eines Hypotheken- oder Grundschuldbriefs (RG 11. 3. 1913 – II 644/12, RGZ 82, 25; vgl weiter Kluckhohn ArchBürgR 43, 380), eines Sparkassenbuchs (RG 3. 4. 1908 – VII 249/07, RGZ 68, 277), einer Urkunde über ein Recht auf Freigabe von Sicherheiten (BGH 7. 3. 1985 – III ZR 90/83, WM 1985, 866) oder eines Kraftfahrzeugbriefs. Ob in solchen Fällen ein Zurückbehaltungsrecht in Frage kommt, entscheidet sich nach den Umständen. Dient die Urkunde der Sicherung eines Anspruchs, ist entscheidend, ob sie (noch) als Sicherungsmittel in Frage kommt. Das ist nicht mehr der Fall, wenn der zu sichernde Anspruch nicht mehr entstehen kann (vgl oben Rn 77); dann kann es auch kein Zurückbehaltungsrecht geben. Zur Zurückbehaltung von Arbeitspapieren vgl Rn 89c. 82

83 Gegenüber Ansprüchen auf **Rechnungsablegung** oder **Auskunft** kann ein Zurückbehaltungsrecht regelmäßig nicht geltend gemacht werden (RG 19. 4. 1921 – III 543/20, RGZ 102, 110; MünchKomm/Krüger § 273 Rn 50). So darf der Beauftragte die geschuldete Rechnungsablegung nicht vom Ersatz seiner Aufwendungen abhängig machen, da der Aufwendungsersatzes gerade anhand der Rechnungslegung beziffert werden muss. Dasselbe gilt für die Erteilung eines Buchauszuges oder die Gewährung von Bucheinsicht (KG 21. 6. 1917 – 6790/16, LZ 1918, 66). Der Arzt oder Heilpraktiker kann wegen eines Vergütungsanspruchs gegen seinen Patienten diesem gegenüber nicht die Aushändigung von Krankenunterlagen verweigern (AG Freiburg 4. 12. 1989 – 3 C 4196/89, NJW 1990, 770), die nach § 630g Abs 2 S 1 BGB geschuldeten Abschriften dürfen aber zurückbehalten werden, bis der Patient nach § 630g Abs 2 S 2 BGB die Kosten erstattet hat (vgl Habermalz NJW 2013, 3403, 3405; noch zum alten Recht LG Essen 29. 9. 2010 – 1 O 219/10, BeckRS 2014, 18246). Auch können Auskunftspflichten oder ähnliche Pflichten gegeneinander zurückgehalten werden (OLG Braunschweig 8. 3. 1956 – 2 U 91/35, BB 1956, 903; MünchKomm/Krüger § 273 Rn 50; **aA** OLG Hamm 10. 5. 1976 – 8 U 37/76, FamRZ 1976, 631; Bamberger/Roth/Hau/Poseck/Lorenz § 273 Rn 33).

84 Die Frage, ob **Auskunftspflichten gegeneinander** zurückgehalten werden können, also die Gegenauskunft durch ein Zurückbehaltungsrecht erzwungen werden kann, stellt sich insbesondere beim wechselseitig bestehenden Auskunftsanspruch nach Beendigung der Zugewinngemeinschaft nach **§ 1379 BGB**. Solche wechselseitigen Zurückbehaltungsrechte der Ehegatten könnten am ehesten die beiderseitige Erfüllung der Informationspflichten gewährleisten (Zurückbehaltungsrecht daher **bejahend**: OLG Stuttgart 2. 10. 1981 – 15 UF 157/81, FamRZ 1982, 282; Staudinger/Thiele [2017] § 1379 Rn 6; Gernhuber NJW 1991, 2238, 2240; MünchKomm/Krüger § 273 Rn 50). Indes hätte es dann auch jeder Ehegatte in der Hand, die Abwicklung auf unabsehbare Zeit zu verzögern, obwohl der Auskunftsanspruch nur vorbereitendes Hilfsmittel für die Berechnung des Ausgleichsanspruchs ist und familienrechtlichen Charakter hat. Ein Zurückbehaltungsrecht widerspricht der Beweislastverteilung im Zugewinnausgleichsverfahren: Die Anspruch stellende Partei muss das Endvermögen beider Seiten darlegen und beweisen. Meint der auf Auskunft in Anspruch genommene Ehegatte, der Anspruch stellende Ehegatte habe sein Endvermögen nicht zutreffend dargelegt, muss er hierzu konkrete Angaben machen und gegebenenfalls selbst Auskunft verlangen (OLG Düsseldorf 25. 9. 2006 – II-2 UF-78/06, FamRZ 2007, 830; OLG Stuttgart 22. 12. 1983 – 16 UF 315/83, FamRZ 1984, 273; OLG Frankfurt 17. 12. 1984 – 3 WF 88/84, NJW 1985, 3083; OLG Jena 10. 10. 1996 – WF 189/96, NJW-RR 1997, 578; MünchKomm/Koch § 1379 Rn 34; Palandt/Brudermüller § 1379 Rn 6). Die gleiche Frage stellt sich beim nachehelichen Unterhalt, **§ 1580 BGB** (**gegen** ein Zurückbehaltungsrecht OLG Köln 9. 12. 1986 – 14 UF 233/86, FamRZ 1987, 714; OLG Bamberg 19. 9. 1984 – 2 WF 173/84, FamRZ 1985, 610).

85 Gegenüber dem Ausgleichsanspruch eines Ehegatten wegen einer unberechtigten Verfügung des anderen Ehegatten über das Gemeinschaftskonto hat der rechtswidrig verfügende Ehegatte kein Zurückbehaltungsrecht. Andernfalls dürfte er sich gerade den Vorteil erhalten, den er sich durch den rechtswidrigen Eingriff in die Vermögenswerte des anderen Teils verschaffen wollte (OLG Düsseldorf 27. 1. 1999 – 11 U 67/98, NJW-RR 1999, 1090).

86 Verlangt die Eigentümergemeinschaft nach § 16 Abs 2 WEG **„Hausgeld"** für die laufende Verwaltung, darf ein Wohnungseigentümer der Gemeinschaft nicht durch ein Zurückbehaltungsrecht die notwendigen liquiden Mittel entziehen (BayObLG 27. 10. 1971 – BReg 2 Z 85/70, BayObLGZ 1971, 313). Die Gemeinschaft der Wohnungseigentümer darf aber durchaus einen Wohnungseigentümer bei erheblichen Wohngeldrückständen von der Belieferung mit Wasser und Heizungsenergie ausschließen (BayObLG 16. 1. 1992 – BReg 2 Z 162/91, MDR 1992, 967; näher zu dieser „Versorgungssperre" Bärmann/Becker, WEG [14. Aufl 2018] § 28 Rn 80 ff).

Genormte Paletten und Gitterboxen als Transportmittel dürfen nicht zurückbehalten werden, wenn sonst eine empfindliche Störung des Warenumschlags eintritt (OLG Frankfurt 14. 2. 1985 – 12 U 44/84, MDR 1985, 502; **aM** für leere Kabeltrommeln des mit der Verlegung von Kabeln beauftragten Unternehmers wegen fälliger Werklohnansprüche, auch wenn die Trommeln im Eigentum des Herstellers, nicht des Auftraggebers stehen: OLG Düsseldorf 16. 10. 1992 – 22 U 85/92, NJW-RR 1993, 886). **87**

Wird eine Sicherheit zur Urteilsvollstreckung **hinterlegt**, gibt es daran kein Zurückbehaltungsrecht wegen anderer Forderungen (RG 21. 10. 1910 – IV 728/09, Recht 1911 Nr 293). Vgl Rn 77: Kein Zurückbehaltungsrecht an einem Sicherungsgegenstand, wenn dies der Sicherungsabrede zuwiderläuft. **88**

Der nach § 614 BGB (vorbehaltlich abweichender Vereinbarungen, in der Praxis aber typischerweise) vorleistungspflichtige **Arbeitnehmer** kann **rückständige Entgelte** durchsetzen, indem er seine **Arbeitsleistung** nach § 273 BGB (und nicht etwa § 320 Abs 1 S 1 BGB, soweit wie üblich „post numerando" gezahlt werden muss; dazu etwa Staudinger/Richardi/Fischinger [2016] § 611 Rn 1118 ff; nach **aA** folgt das Zurückbehaltungsrecht aus § 320 Abs 1 S 1 BGB, etwa MünchArbR/Reichold[4] § 41 Rn 12) zurückhält (etwa BAG 20. 12. 1963 – 1 AZR 428/62, BAGE 15, 174; 14. 2. 1978 – 1 AZR 76/76, BAGE 30, 50; 25. 10. 1984 – 2 AZR 417/83, ZIP 1985, 302 = EWiR 1985, 49 [Löwisch]; 9. 5. 1996 – 2 AZR 387/95, NZA 1996, 1085); Disziplinarmaßnahmen (Abmahnung, Kündigung) wegen „Arbeitsverweigerung" sind dann rechtswidrig (BAG 9. 5. 1996 – 2 AZR 387/95, ZIP 1996, 1841; LAG Köln 19. 5. 1999 – 2 Sa 1149/98, Die Personalvertretung 1999, 525). Dass die Vorleistung des Arbeitnehmers implizit oder sogar ausdrücklich verabredet wird, kann hier – anders als sonst (Rn 75) – nicht dahin verstanden werden, dass der Arbeitnehmer auch über die jeweilige Vergütungsperiode hinaus auf Kredit leisten wollte (richtig MünchArbR/Reichold[4] § 41 Rn 12 mwNw). Die Zurückbehaltung scheidet analog § 320 Abs 2 BGB aus, wenn der Arbeitgeber mit der Zahlung des Arbeitsentgelts nur geringfügig im Rückstand ist (BAG 25. 10. 1984 – 2 AZR 417/83, AP § 273 BGB Nr 3; AR/Löwisch §§ 273, 274 Rn 1). Zudem steht die Ausübung des Zurückbehaltungsrechts unter dem Vorbehalt von Treu und Glauben (AR/Löwisch §§ 273, 274 Rn 6); der Sache nach geht es vor allem darum, die Zurückbehaltung der Arbeitsleistung auszuschließen, wenn die Interessen des Arbeitnehmers nur geringfügig betroffen sind (zu einer Beleidigung BAG 7. 6. 1973 – 5 AZR 563/72, AP Nr 28 zu § 615 BGB; zur Meldung an die Sozialversicherung [nicht geringfügig bei lebensgefährlichen Tätigkeiten von Zirkusartisten] LAG Sachsen-Anhalt 9. 1. 2014 – 3 Sa 444/12, juris [aus anderen Gründen aufgehoben in BAG 11. 8. 2015 – 9 AZR 98/14, NZA-RR 2016, 288]; str etwa für die Nichterfüllung der Nachweispflicht vgl Preis NZA 1997, 10, 12; ablehnend Feldgen, NachweisG Rn 69; zur Verletzung der Informationspflicht bei Umstellung auf Telearbeit Wedde NJW 1999, 529, 530). Insofern kann ein Zurückbehaltungsrecht des Arbeitnehmers etwa bei anderweitiger Sicherung nicht in Betracht kommen. Das **Insolvenzgeld** nach den §§ 165 ff SGB III ist aber keine derartige Sicherung, solange der Zeitpunkt der Eröffnung des Insolvenzverfahrens unsicher ist (BAG 25. 10. 1984 – 2 AZR 417/83, ZIP **89**

1985, 302 zum Insolvenzausfallgeld nach § 141a AFG). In der Praxis ist das eher die Ausnahme, weil der vorläufige Insolvenzverwalter das Insolvenzgeld regelmäßig über einen Massekredit vorfinanziert, der durch Vorausabtretung der künftigen Insolvenzgeldansprüche der Arbeitnehmer an den Kreditgeber gesichert wird, und im Eröffnungsverfahren dringend benötigte Liquidität schafft (hierzu etwa Hunold NZI 2015, 785 ff); dann wird der Zeitpunkt der Verfahrenseröffnung mit dem Insolvenzgericht abgestimmt und achtet der Verwalter darauf, den insolvenzgeldgeschützten Dreimonatszeitraum zwar auszureizen, aber nicht zu überschreiten. Die sozialrechtlich gesicherten Ansprüche der Belegschaft werden in solchen Fällen freilich ohnehin erfüllt, Zurückbehaltungsrechte kommen allenfalls mit Blick auf rückständige Entgeltforderungen in Betracht, die nicht in den Insolvenzgeldzeitraum fallen.

89a Bei Nichtbeschäftigung (MünchArbR/Reichold § 92 Rn 15) oder wegen rückständiger Entgelte (Becker/Schaffner DB 1993, 2078, 2079) soll dem Arbeitnehmer jedenfalls dann ein Zurückbehaltungsrecht an einem Firmenfahrzeug zustehen, wenn ihm das Fahrzeug auch zur privaten Nutzung überlassen wurde (insoweit **aA** Schmiedl BB 2002, 992, 994). Diese Unterscheidung überzeugt nicht: Entscheidend muss sein, dass der Arbeitnehmer ihm überlassene **Arbeitsmittel** (Akten, aber auch elektronische Dokumente auf dem Dienstlaptop oder -smartphone) nach Treu und Glauben nicht zurückbehalten darf, wenn diese für den Betriebsablauf benötigt werden und keine überwiegenden Eigeninteressen des Arbeitnehmers (etwa an der Sicherung von Beweismitteln für eigene Ansprüche) entgegenstehen (in diese Richtung auch Bergwitz NZA 2018, 333, 335 ff; vgl zu Mandantenunterlagen in der Hand von Steuerberatern und Rechtsanwälten Rn 97 f). Ob der Arbeitnehmer die Arbeitsmittel auch privat nutzen durfte (Dienstwagen, Laptop, Smartphone), kann keine Rolle spielen.

89b Treu und Glauben (§ 242 BGB; vgl Rn 89) verlangen auch, dass ein Arbeitnehmer, der gegenüber dem Arbeitgeber ein Zurückbehaltungsrecht geltend macht, seine Gegenforderung so konkret benennt, dass der Arbeitgeber den Anspruch prüfen und ggf erfüllen kann (BAG 22. 10. 2015 – 2 AZR 569/14, NZA 2016, 417). Relevant ist etwa für einen Hauptanwendungsfall des § 273 BGB im Individualarbeitsrecht: die **Verletzung von (Arbeits-)Schutzpflichten** durch den Arbeitgeber. Der Arbeitnehmer hat bspw ein Leistungsverweigerungsrecht, wenn die vom Arbeitgeber zur Verfügung gestellten technischen Geräte nicht den gesetzlichen Anforderungen entsprechen (Kollmer NJW 1997, 2015, 2018; Staudinger/Oetker [2016] § 618 Rn 257 ff). Auch dürfen Arbeitnehmer die Arbeit in Räumen verweigern, die über das baurechtlich zulässige Maß mit Gefahrstoffen belastet sind (BAG 2. 2. 1994 – 5 AZR 273/93, NZA 1994, 610; 19. 2. 1997 – 5 AZR 982/94, NZA 1997, 821), nicht aber in Räumen, die zwar gefahrstoffbelastet sind, sich aber nicht in einem ordnungswidrigen Zustand befinden (BAG 8. 5. 1996 – 5 AZR 315/95, NZA 1997, 86; dazu Molkentin NZA 1997, 849, 852 ff). Sind gewöhnliche Arbeitsräume im Sommer kurzzeitig überhitzt, wird das Zurückbehaltungsrecht vielfach wegen Geringfügigkeit ausscheiden (Kolbe BB 2010, 2762, 2764). Ein Zurückbehaltungsrecht des Arbeitnehmers wird auch bei gesetzwidrigen Weisungen des Arbeitgebers diskutiert (Eufinger RdA 2018, 224, 227 f mwNw), indes fehlt es hier bereits an einer wirksamen Konkretisierung der Arbeitspflicht, mithin an einer geschuldeten Leistung, die der Arbeitnehmer verweigern könnte.

89c Der **Arbeitgeber** darf Arbeitspapiere, die er dem Arbeitnehmer mit dessen Ausscheiden aus dem Betrieb aushändigen muss, nicht zurückbehalten (BAG 20. 12. 1958 –

2 AZR 336/56, NJW 1959, 453; näher MünchArbR/Francke § 139 Rn 4); das gilt auch für das Arbeitszeugnis (AR/Löwisch §§ 273, 274 Rn 5), das der Arbeitnehmer freilich schon früher verlangen kann (hierzu AR/Kolbe § 109 GewO Rn 9). Kann der Arbeitgeber, etwa aufgrund einer vertraglichen Änderungsklausel oder aus Treu und Glauben, verlangen, dass der Arbeitnehmer einer Vertragsänderung zustimmt (BAG 30. 5. 1980 – 7 AZR 215/78, NJW 1981, 646), berechtigt ihn dieser Anspruch zur Zurückbehaltung eines Teils des Arbeitsentgelts. Dass er das gleiche Ergebnis auch im Wege einer Änderungskündigung erreichen könnte, steht dem nicht entgegen, weil die Änderungskündigung für den Arbeitnehmer zumindest das Risiko des Arbeitsplatzverlustes bedeutet. Umgekehrt braucht der Arbeitnehmer kein Druckmittel, wenn er ein gesetzliches Vertragsänderungsrecht (etwa den Teilzeitanspruch des § 8 TzBfG oder den Anspruch auf Brückenteilzeit nach § 9a TzBfG) durchsetzen will, soweit das Gesetz die Zustimmung des Arbeitgebers ohnehin fingiert (vgl etwa § 8 Abs 5 S 2 TzBfG). Dem Anspruch des Arbeitnehmers auf Tarifentgelte kann der Arbeitgeber eigene Ansprüche gegen die tarifschließende Gewerkschaft nicht entgegenhalten (LAG Hessen 16. 5. 2014 – 14 Sa 937/13, BeckRS 2014, 72012; 28. 8. 2015 – 3 Sa 295/14, BeckRS 2016, 67441), es fehlt an der Gegenseitigkeit.

Mieter können die Mietkaution wegen des bereits bei Mietbeginn und vor Übergabe 90
der Mietsache bestehenden Sicherungszwecks nicht wegen Mängeln der Mietsache zurückbehalten (BGH 21. 3. 2007 – XII ZR 255/04, NJW-RR 2007, 884; OLG Karlsruhe 11. 5. 2006 – 9 U 204/05, Die Justiz 2007, 139). Wohl aber hat der Mieter (sogar über die Dauer des Mietverhältnisses hinaus) ein Zurückbehaltungsrecht an seinen laufenden Mietzahlungen, wenn der Vermieter die Kaution nicht nach den Vorgaben des § 551 Abs 3 BGB anlegt; der Höhe nach ist die Zurückbehaltung auf die Kaution beschränkt (BGH 20. 12. 2007 – IX ZR 132/06, NZM 2008, 203; 9. 6. 2015 – VIII ZR 324/14, NZM 2015, 736). Dass der Mieter so auch seinen Anspruch darauf durchsetzen könnte, dass ihm der Vermieter die gesetzeskonforme Anlage der Kaution nachweist, ist damit nicht gesagt; hier ist die Zurückbehaltung richtigerweise auszuschließen (LG Darmstadt 8. 11. 2001 – 6 S 282/01, NJW-RR 2002, 155) oder jedenfalls der Höhe nach (deutlich) zu begrenzen. Dem Anspruch des Vermieters auf Zustimmung zur Mieterhöhung nach § 558 Abs 1 S 1 BGB kann der Mieter kein Zurückbehaltungsrecht wegen einer mangelbedingten Minderung (LG Berlin 11. 1. 1999 – 62 S 389/98, NZM 1999, 368 mwNw; 28. 5. 2014 – 65 S 148/14, WuM 2014, 690) oder wegen eines Mängelbeseitigungsanspruchs entgegenhalten (OLG Frankfurt 29. 7. 1999 – 20 ReMiet 1/96, NJW 2000, 2115 ebenfalls mit umfassenden Nachweisen). Der Mieter hat aber ein Zurückbehaltungsrecht hinsichtlich laufender Nebenkostenvorauszahlungen, wenn der Vermieter die Betriebskostenabrechnung nicht fristgerecht vorlegt (BGH 29. 3. 2006 – VIII ZR 191/05, NJW 2006, 2552; 20. 10. 2010 – VIII ZR 73/10, NJW 2011, 368; ebenso, wenn ein Mieterhöhungsverlangen nach §§ 8 ff WoBindG nicht erläutert ist, LG Dortmund 27. 1. 2015 – 1 S 220/14, WuM 2015, 287; **anders** AG Dortmund 29. 4. 2016 – 436 C 9/16, WuM 2016, 359: das Zurückbehaltungsrecht müsse in solchen Fällen ausnahmsweise die Fälligkeit der Vermieterforderung hinausschieben, damit der Mieter die Abrechnung und mögliche Einwendungen daraus prüfen kann), und kann die Duldung von Modernisierungsarbeiten verweigern, solange der Vermieter keine angemessene Ersatzunterkunft stellt (LG München I 11. 11. 2015 – 14 S 4128/15, NZM 2016, 259).

Gegenüber einem **Gemeinschaftsaufhebungsanspruch** nach § 749 Abs 1 BGB gibt es 91
keine Zurückbehaltung, da die Aufrechterhaltung einer Gemeinschaft auch nicht indirekt erzwungen werden darf (BGH 19. 12. 1974 – II ZR 118/73, BGHZ 63, 348 **gegen** RG

4. 11. 1924 – II 183/24, RGZ 109, 167). Dasselbe wurde bei einem Anspruch auf Wohnungsräumung gegen den Partner einer nichtehelichen Lebensgemeinschaft angenommen, der Geldansprüche geltend machte (OLG Hamm 29. 8. 1985 – 5 U 238/84, NJW 1986, 728).

92 Ausgeschlossen ist die Zurückbehaltung gegenüber gesetzlichen **Unterhaltsforderungen** oder Altenteilsforderungen (RG 21. 7. 1936 – II 30/36, RGZ 152, 71 [obiter]; OLG Hamburg 30. 6. 1910 – VI ZS, OLGE 21, 240), da die Lebensgrundlage „Unterhalt" nicht entzogen werden darf (vgl dazu auch § 394 BGB, §§ 850 ff ZPO); dasselbe gilt für den „Dreißigsten" nach § 1969 Abs 1 S 1 BGB, für den „Voraus" des Ehegatten nach § 1932 Abs 1 BGB, für den Unterhaltsanspruch der werdenden Mutter nach § 1963 S 1 BGB (vgl Dütz 1105, 1107) und für Ansprüche auf vorläufige Verteilung der Haushaltsgegenstände (noch zum „Hausrat" des alten Rechts BayObLG 9. 9. 1960 – 2 Z 121/60, BayObLGZ 1960, 370; OLG Hamm 30. 6. 1981 – 2 WF 221/81, FamRZ 1981, 875).

93 Die Abstraktheit der **Wechselforderung** hindert nicht, dass im Wechselnachverfahren ein Zurückbehaltungsrecht aus dem Grundgeschäft auch der Wechselforderung gegenüber geltend gemacht wird (BGH 24. 11. 1971 – VIII ZR 81/70, BGHZ 57, 292; 9. 2. 1976 – II ZR 162/74, NJW 1976, 1451 m krit Anm Bulla; vgl auch Bulla DB 1975, 191; **aM** OLG Oldenburg 14. 11. 1969 – 6 U 50/69, NJW 1970, 667; krit dazu Miller DB 1970, 1370 ff; Reinicke DB 1970, 1368, 1370; für eine Begründung aus § 242 Stötter NJW 1971, 359). Die Umstände der Wechselbegebung können jedoch ergeben, dass das Zurückbehaltungsrecht ausgeschlossen ist.

94 Ein Versicherungsvertreter darf eingezogene Prämien nicht zurückbehalten (LG Bonn 25. 11. 1970 – 11 O 92/68, VersR 1971, 543; Höft VersR 1970, 461). Das Mitglied eines VVaG darf die Prämienzahlung nicht zurückhalten, da die laufend erforderlichen Mittel des Vereins nicht geschmälert werden dürfen (vgl das Aufrechnungsverbot des § 181 VAG und Krekeler VersR 1967, 1137).

95 Werden **Vermächtnisnehmer** oder **Pflichtteilsberechtigte** vom Erben nach den §§ 2018 ff BGB auf Herausgabe von Nachlassgegenständen in Anspruch genommen, können sie ihren Vermächtnis- oder Pflichtteilsanspruch nicht einredeweise geltend machen, da erst die Herausgabe des Nachlasses dem Erben erlaubt, die Erbschaft zu regulieren (BGH 28. 10. 1992 – IV ZR 221/91, BGHZ 120, 96; 25. 4. 2001 – IV ZR 281/99, ZEV 2001, 313). Dasselbe muss gelten, wenn der **Miterbe** einem Herausgabeanspruch Auseinandersetzungsansprüche entgegenhalten möchte. An der Konnexität fehlt es in diesen Fällen nicht, wohl aber würden die Tilgung von Nachlassverbindlichkeiten unmöglich gemacht (RG, WarnR 1910 Nr 141; RG 19. 2. 1927 – V 395/26, Gruchot 68, 66) und damit die Auseinandersetzung blockiert. Dagegen fehlt es bereits an der Konnexität, wenn Miterben, Vermächtnisnehmer oder Pflichtteilsberechtigte ihre Rechte dem Anspruch des Erben oder der Erbengemeinschaft gegenüber einredeweise geltend machen wollen, sobald diese eine gegen den Miterben etc bestehende Nachlassforderung durchsetzen möchten. Ob die Erben den Nachlass erst regulieren können, wenn die Nachlassforderung befriedigt ist, spielt insoweit keine Rolle (so **aber** Dütz NJW 1967, 1105). Bestand das Zurückbehaltungsrecht bereits gegenüber dem Erblasser, können der Erbfall und die Schwierigkeit seiner Regulierung nicht dazu führen, dass der Schuldner einer Nachlassforderung schlechter steht; das muss auch dann gelten, wenn der Schuldner zugleich Miterbe, Vermächtnisnehmer oder Pflichtteils-

berechtigter ist – und erst recht, wenn das Zurückbehaltungsrecht erst durch Verwaltungshandlungen des Erben oder Testamentsvollstreckers entsteht (Dütz NJW 1967, 1105, 1106). Dazu, dass der Besitzer eines Erbhofs gegenüber dem Bauern kein Zurückbehaltungsrecht geltend machen kann RG 21. 12. 1942 – V 81/42, RGZ 170, 257.

Ausgeschlossen ist ein Zurückbehaltungsrecht des Enteignenden, der die Zahlung der Enteignungsentschädigung bis zum Eigentumsübergang zurückbehalten möchte (BGH 21. 6. 1965 – III ZR 8/64, BGHZ 44, 52). 96

Hat ein **Steuerberater** einen Hauptabschlussbericht für seinen Mandanten erstellt, hindert ihn die „Natur des Schuldverhältnisses" nicht, ein Zurückbehaltungsrecht an seiner Werkleistung geltend zu machen, um eine fällige Honorarforderung durchzusetzen (BGH 17. 2. 1988 – IVa ZR 262/86, NJW 1988, 2607 = EWiR 1988, 435 [zust Keller]; OLG Hamburg 9. 8. 1983 – 9 W 47/83, NJW 1983, 2455; KG 5. 1. 1984 – 12 U 2733/83, StB 1984, 388; Soergel/Forster § 273 Rn 40; **aM** OLG Düsseldorf 27. 1. 1977 – 13 U [E] 146/76, NJW 1977, 1201). Abzulehnen (wegen § 242 BGB) ist aber ein Zurückbehaltungsrecht an den überlassenen Unterlagen der Buchhaltung, die für den weiteren Betrieb benötigt werden (offengelassen in BGH 17. 2. 1988 – IVa ZR 262/86, NJW 1988, 2607; nur für den Ausnahmefall KG 5. 1. 1984 – 12 U 2733/83, StB 1984, 388). Zu diesen Unterlagen gehören auch vom Steuerberater selbst hergestellte Computerlisten (OLG Stuttgart 1. 12. 1981 – 12 U 147/81, ZIP 1982, 80: Ablehnung des Zurückbehaltungsrecht aus konkursrechtlichen Erwägungen; ebenso für andere Buchhaltungsausdrucke: OLG Düsseldorf 12. 3. 1982 – 24 U 81/82, ZIP 1982, 471; **aM** Zurückbehaltungsrecht auch für Unterlagen des Kunden OLG Hamburg 9. 8. 1983 – 9 W 47/83, NJW 1983, 2455; OLG Nürnberg 11. 4. 1990 – 8 W 1069/90, MDR 1990, 820; ebenso Gilgan StB 1988, 227; Brenner BB 1984, 842: Einschränkung nur im besonderen Fall; Zeiler BB 1987, 2136 ff). Bei einer Pflicht zur Herausgabe von Unterlagen, die vernichtet werden müssen, scheidet die Zurückbehaltung aus, weil sie die missbräuchlichen Verwendung begünstigte (OLG Karlsruhe 6. 6. 1991 – 4 U 28/89, MDR 1992, 450). 97

Trotz eines einheitlichen Lebensverhältnisses auf Grund eines langfristigen Beratungsvertrags hat der **Rechtsanwalt** wegen eines offenen Honoraranspruchs kein Zurückbehaltungsrecht an Geschäftspapieren, die für die ordnungsgemäße Bearbeitung der Angelegenheiten, auf die sie sich beziehen, alsbald benötigt werden (BGH 3. 7. 1997 – IX ZR 244/96, NJW 1997, 2944: Argument aus der Natur des Schuldverhältnisses, auf dem der Herausgabeanspruch der Bank beruhte). Ein **Notar**, der mit dem Vollzug des von ihm beurkundeten Kaufvertrages beauftragt worden ist, kann ein Zurückbehaltungsrecht wegen seiner Gebührenansprüche nicht in der Weise geltend machen, dass er die Eigentumsumschreibung nicht beantragt und die erforderlichen Unterlagen beim Grundbuchamt nicht einreicht (OLG Düsseldorf 26. 10. 1998 – 3 Wx 391/98, MDR 1999, 771). 98

Gegenüber einer **Klage auf Feststellung** des Nichtbestehens einer Verbindlichkeit kann der Beklagte kein Zurückbehaltungsrecht geltend machen: der Kläger begehrt von ihm keine Leistung (RG 26. 2. 1940 – V 147/39, RGZ 163, 62; BGH 25. 1. 1961 – IV ZR 224/60, MDR 1961, 395). Gegenüber einem auf **richterlicher Gestaltung** beruhenden Anspruch kann es eine Zurückbehaltung geben (Ferge NJW 1949, 229 gegen LG Mönchengladbach 23. 6. 1948 – 5 S 144/48, NJW 1949, 229). 99

4. Aus Treu und Glauben

100 Die **Ausübung** des Zurückbehaltungsrechts steht unter dem Vorbehalt von **Treu und Glauben** (§ 242 BGB). Praktisch wird das etwa für Zurückbehaltungsrechte von Arbeitnehmern (Rn 89 ff). Im Einzelfall kann freilich auch das Zurückbehaltungsrecht an sich aus Treu und Glauben **ausgeschlossen** sein (RG 28. 11. 1934 – I 112/34, RGZ 146, 57 zu einem vertraglich vereinbarten Zurückbehaltungsrecht; RG 21. 7. 1936 – II 30/36, RGZ 152, 71). So verstößt etwa ein Schuldner, der unberechtigt die Herausgabe einer Sache verweigert, gegen die Grundsätze von Treu und Glauben, wenn er sich gegenüber dem Herausgabeanspruch auf ein Zurückbehaltungsrecht wegen einer Gegenforderung beruft, die erst infolge seiner Herausgabeverweigerung durch Verwendungen auf die Sache entstanden ist (BGH 8. 6. 2004 – X ZR 173/01, NJW 2004, 3484).

101 Eine **wertvolle Leistung** darf nicht wegen einer verhältnismäßig geringfügigen Leistung zurückbehalten werden. Dieser Grundsatz ist in **§ 320 Abs 2 BGB** für gegenseitige Verträge geregelt, gilt nach Treu und Glauben (oder analog § 320 Abs 2 BGB) aber auch für § 273 BGB (BAG 25. 10. 1984 – 2 AZR 417/83, NZA 1985, 355). Im Einzelfall kann daher die Zurückbehaltung hoher Gegenansprüche gegen Treu und Glauben verstoßen (RG 8. 11. 1911 – V 146/11, JW 1912, 139: reicht die Zurückbehaltung des nicht eingeklagten Teils einer Forderung als Sicherung für die Gegenforderung des Schuldners aus, besteht kein Zurückbehaltungsrecht gegenüber dem eingeklagten Teil), indes kommt es stets darauf an, weshalb die qua Zurückbehaltung durchzusetzende Forderung nicht (voll) erfüllt wurde (dazu BeckOGK-BGB/Kähler [15. 4. 2019] § 242 Rn 1407 f). Einen fälligen Kaufpreis nur wegen nicht erfolgter (OLG München 25. 9. 1987 – 7 W 2791/87, NJW 1988, 270) oder fehlerhafter Rechnungslegung (Mankowski BB 2011, 1097 ff) vollständig zurückzuhalten, ist selbst dann unverhältnismäßig, wenn man einen Druckzuschlag erlaubt, der das Durchsetzungsinteresse des Schuldners berücksichtigt. Andererseits kann beim Neuwagenkauf uU schon ein kleinerer Lackschaden die Zurückbehaltung des gesamten Kaufpreises rechtfertigen (BGH 26. 10. 2016 – VIII ZR 211/15, NJW 2017, 1100, freilich nur mit Rücksicht auf das Verhalten des Verkäufers im konkreten Fall). Die Zurückbehaltung eines (nach Treu und Glauben bestimmten) verhältnismäßigen Teils eines teilbaren Gegenanspruchs kann vom Gläubiger durch Sicherheitsleistung in entsprechender Höhe nach § 273 Abs 3 BGB abgewendet werden (Mankowski BB 2011, 1097, 1099). Ein Zurückbehaltungsrecht am Werk eines Steuerberaters kann ausgeschlossen sein, wenn die Honorarforderung unverhältnismäßig gering ist, gemessen am möglichen Schaden des Vertragspartners (BGH 17. 2. 1988 – IVa ZR 262/86, NJW 1988, 2607; bereits Rn 97). Hält der Gläubiger eine eigene Leistung zurück, obwohl der Geschäftsbetrieb des Schuldners auf diese Lieferung angewiesen ist, darf er nicht zugleich darauf bestehen, dass der Schuldner sich an ein vereinbartes Verbot des Bezugs von Konkurrenzprodukten hält; andernfalls drohte die Vernichtung der wirtschaftlichen Existenz des Schuldners (zur Tankstellenbelieferung BGH 11. 1. 2006 – VIII ZR 396/03, NJW-RR 2006, 615); das Zurückbehaltungsrecht ist in solchen Fällen aber nicht ausgeschlossen (vgl BeckOGK-BGB/Kähler [15. 4. 2019] § 242 Rn 1231).

102 Das Zurückbehaltungsrecht kann auch ausgeschlossen sein, wenn der Schuldner bereits **anderweitig gesichert** ist (RG 12. 6. 1914 – III 47/14, RGZ 85, 133; BGH 14. 7. 1952 – IV ZR 28/52, BGHZ 7, 123 = LM Nr 5 zu § 14 UmstG m Anm Ascher). Ist gegenüber einem Anspruch die Zurückbehaltung ausgeschlossen, gilt das auch, wenn an seine Stelle ein Schadensersatzanspruch tritt (BGH 19. 3. 1975 – VIII ZR 250/73, WM 1975, 424).

Zurückbehaltungsrechte wegen eines gesetzlichen **Befreiungsanspruchs** nach § 257 BGB oder eines rechtsgeschäftlichen Freistellungsanspruchs (vgl § 257 Rn 23) dürfen nur zur Sicherung des eigenen Anspruchs ausgeübt werden, aber nicht zur faktischen Vereitelung der Durchsetzung der Gegenforderung führen (vgl OLG Nürnberg 10. 10. 2014 – 14 U 1994/13, MDR 2014, 1403, allerdings zur dolo-agit-Einrede; eben deshalb krit Maier VuR 2015, 407, 408). Es kann gegen Treu und Glauben verstoßen, die Erfüllung einer nach Grund und Höhe unbestrittenen Forderung wegen Gegenforderungen zu verweigern, deren Klärung schwierig und zeitraubend ist, und dadurch die Durchsetzung der Forderung des Gegners auf unabsehbare Zeit zu verhindern (BGH 11. 4. 1984 – VIII ZR 302/82, BGHZ 91, 73 unter Berufung auf BGH 19. 6. 1968 – VIII ZR 97/66, NJW 1968, 2139; im konkreten Fall einen Verstoß gegen Treu und Glauben verneinend BGH 17. 11. 1999 – XII ZR 281/97, NJW 2000, 948 = LM § 273 Nr 55 m Anm Hohloch zur Ausübung eines Zurückbehaltungsrechts wegen eines noch nicht titulierten Anspruchs auf Zugewinnausgleich); richtigerweise wird man dazu aber verlangen müssen, dass dem Gläubiger der Gegenforderung ein weitergehender Vorwurf entgegenzuhalten ist, etwa weil er selbst dafür verantwortlich ist, dass sein Anspruch nur schwer zu klären ist (BeckOGK-BGB/Kähler [15. 4. 2019] § 242 Rn 1409 f). 103

IV. Zurückbehaltung und Aufrechnung

Sowohl beim Zurückbehaltungsrecht als auch bei der Aufrechnung haben die beteiligten Parteien eine Doppelstellung als Gläubiger und Schuldner. Anders als die schuldtilgende Aufrechnung ist die Zurückbehaltung indes nur Druck- und Sicherungsmittel, durch das der Gläubiger veranlasst werden soll, seinerseits zu erfüllen, wenn er auf der Erfüllung seiner eigenen Forderung bestehen möchte. Angesichts dieser unterschiedlichen Rechtsfolgen muss nicht zwingend ein Gleichlauf hergestellt werden: Wird etwa ein Zurückbehaltungsrecht vertraglich ausgeschlossen, schließt das die Aufrechnung mit deliktischen Ansprüchen nicht aus (RG 22. 2. 1919 – I 248/18, Recht 1919 Nr 1052). Dass die Aufrechnung nach dem BGB Gestaltungsgeschäft (zum Gestaltungsgeschäft vgl RG 13. 1. 1911 – III 620/09, JW 1911, 215), das Zurückbehaltungsrecht aber Einrede ist, macht keinen entscheidenden Unterschied; in bescheidenerem Ausmaß gestaltet auch die Einrede des Zurückbehaltungsrechts. Der wesentliche Unterschied zwischen Aufrechnung und Zurückbehaltung liegt in der Art der einander gegenüberstehenden Ansprüche, ihrer Gleichartigkeit bzw Ungleichartigkeit. 104

Schulden **beide Parteien Geldleistungen oder doch sonst gleichartige Leistungen**, kommt regelmäßig nicht Zurückbehaltung in Betracht, sondern nur **Aufrechnung** nach den §§ 387 ff BGB. Durch die Aufrechnung wird die eigene Verpflichtung des Schuldners erfüllt; die Leistung des Gegners wird zwangsweise eingezogen (§ 389 BGB). Bei einer bloßen Verweigerung verrechenbarer Leistungen ist die Zurückbehaltung daher regelmäßig als Aufrechnung(serklärung) zu interpretieren (BGH 1. 10. 1999 – V ZR 162/98, NJW 2000, 278; RG 30. 9. 1913 – III 233/13, RGZ 83, 138; MünchKomm/Krüger § 273 Rn 8; Soergel/Forster § 273 Rn 49; Erman/Artz § 273 Rn 6; Staudinger/Gursky [2016] § 388 Rn 13 mwNw). 105

Schulden die Parteien einander gleichartige Leistungen, mag der Schuldner freilich gleichwohl eindeutig erklären, dass er nur ein Zurückbehaltungsrecht ausüben, nicht aber die Aufrechnung erklären will. Eine **Umdeutung** der Ausübung des Zurückbehaltungsrechts in eine Aufrechnungserklärung nach § 140 BGB scheidet dann aus, 106 auch weil die Aufrechnung weitergehende Rechtswirkungen entfaltete (Staudinger/Gursky [2016] § 388 Rn 14). Entgegen der wohl hM, die in einem solchen Fall das Zurückbehaltungsrecht durch die spezielle, aber vom Schuldner nicht gewollte Aufrechnung verdrängt sieht (Nachweise bei Staudinger/Gursky [2016] § 388 Rn 14), sodass die Einrede des Schuldners ins Leere geht, ist dem Forderungsinhaber das Recht zuzugestehen, sich auf das Zurückbehaltungsrecht zu beschränken, um die Forderung wirtschaftlich anders verwerten zu können, zB abzutreten. Dies gilt umso mehr, als der Gegner den Schwebezustand ja seinerseits durch Aufrechnung beseitigen kann; die Ausübung des Zurückbehaltungsrechts führt nicht zum Ausschluss der Aufrechnung des Gegners nach § 390 BGB (BGH 27. 3. 1956 – I ZR 191/54, LM § 355 HGB Nr 12). Andererseits ist die Zurückbehaltung zu versagen, wenn der Schuldner die Einrede nur erhebt, um Aufrechnungsverbote zu umgehen (BGH 18. 10. 1985 – V ZR 82/84, NJW-RR 1986, 543 für ein vertragliches Aufrechnungsverbot; vgl Rn 108).

107 Umgekehrt kann in einer unzulässigen Aufrechnung die Ausübung des Zurückbehaltungsrechts liegen. Fehlt es an den Voraussetzungen der Aufrechnung, kann die Aufrechnungserklärung in eine Zurückbehaltung **umgedeutet** werden (BGH 25. 2. 1959 – V ZR 139/57, BGHZ 29, 337). So ist eine Aufrechnung eines Zahlungsanspruchs gegenüber einem Anspruch auf Befreiung von einer Geldverbindlichkeit ausgeschlossen (vgl § 387 BGB); die Einrede eines Zurückbehaltungsrechts führt jedoch zum nahezu gleichen Ergebnis und kann deshalb in die Aufrechnungserklärung interpretiert werden (BGH 28. 6. 1983 – VI ZR 285/81, NJW 1983, 2438). Fehlt es im Falle einer Sicherungsabtretung durch den Schuldner an der für die Aufrechnung erforderlichen Gegenseitigkeit, kommt auch bei beiderseits gleichartigen Leistungen ein Zurückbehaltungsrecht des Schuldners gegenüber einer Forderung des Gläubigers in Frage, wenn der Schuldner berechtigt ist, aus der abgetretenen Forderung auf Leistung an den Zessionar zu klagen (BGH 1. 10. 1999 – V ZR 162/98, ZIP 1999, 2156 = LM § 273 Nr 54 m Anm Wieling).

108 Nach **§ 394 S 1 BGB** findet **gegen** eine **Forderung, soweit sie unpfändbar ist**, eine Aufrechnung nicht statt. Für ein Zurückbehaltungsrecht, das gegenüber unpfändbaren Ansprüchen ausgeübt wird, fehlt eine allgemeine Parallelvorschrift. Nur spezialgesetzlich ist ein vergleichbarer Ausschluss von Zurückbehaltungsrechten geregelt, etwa in § 11 Abs 2 S 1 BBesG und § 51 Abs 2 S 1 BeamtVG. Vor diesem Hintergrund hat die früher hM eine entsprechende Anwendung des § 394 S 1 BGB auf das Zurückbehaltungsrecht abgelehnt (Nachweise bei Staudinger/Bittner [2001] § 273 Rn 100). Aufrechnungsverbote können aber **auch Zurückbehaltungsverbote** sein, wenn sie gerade die Effektiverfüllung der Forderung sichern sollen und bereits ein zeitweiliger Leistungsaufschub diesem Zweck widerspricht (Gernhuber, Schuldverhältnis 30 V 2 b). Richtigerweise ist daher eine Analogie zu § 394 BGB für das Zurückbehaltungsrecht geboten, wenn auf beiden Seiten fällige Geldforderungen oder andere gleichartige Forderungen stehen. Kann der Schuldner seinen Gegenanspruch nicht durchsetzen, weil der Gläubiger nur seine unpfändbare Forderung als Zugriffsobjekt hat, und ist der Gläubiger durch das Zurückbehaltungsrecht des Schuldners an der Durchsetzung seiner Forderung gehindert, läuft das Zurückbehaltungsrecht auf eine nach § 394 S 1 BGB unzulässige Aufrechnung hinaus und ist daher gleichfalls unzulässig (BGH 12. 6. 1967 – VIII ZR 61/65, BB 1967, 1143; 13. 12. 1973 – VII ZR 40/72, NJW 1974, 367; MünchKomm/Krüger § 273 Rn 79; Staudinger/Gursky [2016] Vorbem 101 zu §§ 387 ff und § 394 Rn 13). Einer Umdeutung der Ausübung des Zurückbehaltungsrechts in eine unzulässige Aufrechnungserklärung (so die ältere Rechtsprechung, zB RG 30. 9. 1913 – III 233/13, RGZ 83, 138, und Lehre, zB GERNHUBER, Schuldverhältnis 30 V 2 e) bedarf es nicht. Bei Pflichtteilansprüchen endet der Ausschluss der Zurückbehaltung wegen Unpfändbarkeit mit der Rechtshängigkeit, § 852 Abs 1 ZPO. **Ausnahmsweise zulässig** ist die Zurückbehaltung gegenüber unpfändbaren Ansprüchen nach § 242 BGB, wenn Ansprüche aus vorsätzlich begangener unerlaubter Handlung einredeweise geltend gemacht werden. Freilich ist dann auch die Aufrechnung möglich (BGH 22. 4. 1959 – IV ZR 255/58, BGHZ 30, 36) – und regelmäßig vorrangig (Rn 105 f).

§ 394 S 1 BGB ist auf das Zurückbehaltungsrecht nicht analog anzuwenden, wenn sich ungleichartige Ansprüche gegenüberstehen (STAUDINGER/GURSKY [2016] § 394 Rn 13; GERNHUBER, Schuldverhältnis 30 V 2 d; MünchKomm/KRÜGER § 273 Rn 79), etwa wenn der Schuldner dem Gläubiger gehörende Werkzeuge zurückzugeben, Geschäftsunterlagen herauszugeben, verbotenen Wettbewerb zu unterlassen oder eine Dienstwohnung zu räumen hat. Im Einzelfall kann die Zurückbehaltung indes gleichwohl an § 242 BGB scheitern, etwa gegenüber gesetzlichen Unterhaltsforderungen (vgl dazu Rn 92) oder gegenüber dem Anspruch auf das laufende Arbeitsentgelt als Lebensgrundlage (generell für analoge Anwendung des § 394 S 1 BGB auf das Zurückbehaltungsrecht des Arbeitgebers AR/LÖWISCH §§ 273, 274 Rn 5). 109

Nach **§ 393 BGB** ist eine Aufrechnung **gegen** eine **Forderung aus vorsätzlich begangener unerlaubter Handlung** nicht zulässig. Auch insoweit kennt das BGB keine Parallelregelung hinsichtlich der Einrede der Zurückbehaltung und stellt sich die Frage nach einer Analogie. Grundgedanke des § 393 BGB ist, dass der Schuldner nach § 362 Abs 1 BGB (allenfalls noch durch Hinterlegung) erfüllen, seine eigene Forderung aber gesondert einziehen soll. Damit ist aber **auch** die **Einrede des Zurückbehaltungsrechts ausgeschlossen** (BAG 16. 10. 1967 – 5 AZR 464/66, NJW 1968, 565; MünchKomm/KRÜGER § 273 Rn 77; **aM** für eine Würdigung der Gesamtumstände: RG 19. 19. 1909 – II 662/08, RGZ 72, 61; GERNHUBER, Schuldverhältnis 30 V 2 b–c zu § 273 Abs 1 BGB mit einem Umkehrschluss aus § 273 Abs 2 BGB). Von einer analogen Anwendung des § 393 BGB auf das Zurückbehaltungsrecht gegen einen Anspruch aus unerlaubter Handlung geht auch BGH 29. 4. 1986 – IX ZR 145/85, NJW-RR 1986, 991 aus, sieht den Rückgewähranspruch aus § 37 KO (heute § 143 Abs 1 S 1 InsO) aber nicht als deliktischen Schadensersatzanspruch. **Ausnahmsweise zulässig** ist die Zurückbehaltung, wenn auch das Zurückbehaltungsrecht auf einem Anspruch aus unerlaubter Handlung beruht (sogleich Rn 111). Sind die Forderungen gleichartig, gilt das zu § 394 S 1 BGB Gesagte (vgl Rn 108 f). Für Herausgabeansprüche hat § 273 Abs 2 BGB den Zurückbehaltungsausschluss besonders angeordnet, wenn der Schuldner den herauszugebenden Gegenstand durch eine vorsätzlich begangene unerlaubte Handlung erlangt hat. 110

Demgegenüber können Ansprüche **aus** einer **vorsätzlich begangenen unerlaubten Handlung** grundsätzlich einredeweise geltend gemacht werden. Das gilt selbst dann, wenn der Anspruch, gegen den das Zurückbehaltungsrecht geltend gemacht wird, ebenfalls aus einer (konnexen) vorsätzlich begangenen unerlaubten Handlung herrührt. Freilich erlaubt die wohl hM bei solchen beiderseitigen Ansprüchen aus vorsätzlich begangenen unerlaubten Handlungen weder (bei Gleichartigkeit) die Aufrechnung (RG 6. 12. 1928 – VI 229/28, RGZ 123, 6; weitere Nachweise bei STAUDINGER/GURSKY [2016] § 393 Rn 32) noch (bei Ungleichartigkeit) die Zurückbehaltung. Gegen die ana- 111 loge Anwendung des § 393 BGB auf das Zurückbehaltungsrecht auch in diesem Fall spricht jedoch, dass beide Parteien gleichermaßen schutzunwürdig sind. Keine Seite verdient es, durch einen Ausschluss des Zurückbehaltungsrechts begünstigt zu werden (Larenz, SchuldR I[14] § 18 VI b 1 zur Aufrechnung; iE auch MünchKomm/Krüger § 273 Rn 77; zur entsprechenden Einschränkung des § 394 BGB RG 26. 5. 1914 – III 62/14, RGZ 85, 108; BGH 22. 4. 1959 – IV ZR 255/58, BGHZ 30, 36).

112 Das **gesetzliche Aufrechnungsverbot** des **§ 181 VAG** schließt nach seinem Zweck, dem Verein liquide Mittel zur Geschäftsführung zu sichern, auch ein Zurückbehaltungsrecht aus (BGH 18. 12. 1954 – II ZR 206/53, BGHZ 16, 37 = LM Nr 3 zu § 2 der 32. DVO z UmstG m Anm Haidinger; Krekeler VersR 1967, 1137 f). Auch das Aufrechnungsverbot des **§ 395 BGB** (auf Gläubiger- und Schuldnerseite stehen verschiedene Kassen desselben öffentlichen Rechtsträgers) untersagt die Zurückbehaltung (BGH 18. 2. 1955 – V ZR 33/54, LM Nr 2 zu § 395). Ist die Aufrechnung **vertraglich** ausgeschlossen, ist damit aber nicht zwingend § 273 BGB ausgeschlossen, es sei denn, es handelte sich beiderseits um Geldforderungen (BGH 13. 12. 1973 – VII ZR 40/72, NJW 1974, 367). Das gilt auch umgekehrt (RG 22. 2. 1919 – I 248/18, Recht 1919 Nr 1052; bereits Rn 104). Ist das Zurückbehaltungsrecht der Disposition der Parteien entzogen (zB § 88a Abs 1 HGB), kann immer noch ein vertragliches Aufrechnungsverbot vereinbart werden (OLG Köln 14. 5. 1969 – 2 U 1/69, VersR 1970, 53; **aM** Höft VersR 1970, 461; Schneider DB 1969, 1229).

V. Zurückbehaltungsrecht gegen Herausgabeansprüche, Abs 2

113 **§ 273 Abs 2 BGB regelt einen Sonderfall der Konnexität gesetzlich.** Ist ein Gegenstand herauszugeben, sind fällige Ansprüche des Herausgabepflichtigen wegen Verwendungen auf den Gegenstand (zB auf Grund einer Aufwendungskondiktion: Canaris JZ 1996, 344, 349) oder wegen eines durch den Gegenstand verursachten Schadens von Gesetzes wegen stets konnex. Konnex sind danach etwa der Anspruch auf Berichtigung der Eintragung des Eigentümers und der Anspruch des Eingetragenen auf Erstattung zwischenzeitlich gezahlter Hypothekenzinsen (RG 12. 7. 1911 – V 90/11, WarnR 1911 Nr 391). Ob in Fällen des Abs 2 auch die Konnexität iS des Abs 1 bejaht werden kann (so BGH 17. 3. 1975 – VIII ZR 245/73, BGHZ 64, 122; MünchKomm/Krüger § 273 Rn 82), spielt daher keine Rolle. Nur Sonderfälle des § 273 Abs 2 BGB regeln §§ 1000 S 1 und 2022 Abs 1 BGB; diese Vorschriften ergänzen § 273 Abs 1 BGB, schließen aber nicht aus, dass bei Herausgabeansprüchen andere Gegenansprüche als solche auf Ersatz von Verwendungen oder Schäden zur Zurückbehaltung geltend gemacht werden (vgl Dütz NJW 1967, 1105, 1106).

114 **Herausgabe** iS des § 273 Abs 2 BGB ist **weiter zu verstehen als in den §§ 985, 1000 S 1** BGB **oder §§ 2018, 2022 Abs 1 S 1** BGB. Erfasst sind auch schuldrechtliche Herausgabepflichten, etwa nach § 695 S 1 BGB, oder familienrechtliche, etwa nach § 1890 S 1 BGB, aber auch Leistungspflichten, die Gegenstände betreffen, etwa nach § 433 Abs 1 BGB. So hat der Verkäufer ein Zurückbehaltungsrecht nach § 273 Abs 2 BGB, wenn er vor Übergabe, aber nach Gefahrübergang Verwendungen auf den Kaufgegenstand gemacht hat. Weil der Bucheintrag für den Gegenstand selbst steht, versteht man unter einem Herausgabeanspruch iS des Abs 2 auch den Anspruch auf Auflassung eines Grundstücks (BGH 16. 5. 1956 – V ZR 183/55, LM § 273 Nr 6), den Anspruch auf Berichtigung der Eigentümereintragung im Grundbuch nach § 894

BGB (BGH 22. 1. 1964 – V ZR 25/62, BGHZ 41, 30; 5. 10. 1979 – V ZR 71/78, BGHZ 75, 288; vgl auch Rn 40), den Anspruch des aus einer Auflassungsvormerkung gegenüber einem Erwerber Berechtigten (BGH 6. 5. 1959 – V ZR 80/58, BGH WM 1959, 1069), den Anspruch des aus einem gesetzlichen Vorkaufsrecht gegenüber einem Erwerber Berechtigten (OLG Hamburg 11. 2. 1971 – 6 U 70/70, NJW 1971, 1317 m Anm Meyer) sowie den Anspruch auf Löschung einer Auflassungsvormerkung (RG 26. 2. 1940 – V 147/39, RGZ 163, 62). Auch im letzten Fall repräsentiert die Buchberechtigung noch das Grundstück, auf das die Verwendungen gemacht worden sind; die **Identität von Herausgabe- und Verwendungsgegenstand** ist gewahrt. Sie ist auch noch anzunehmen, wenn der Nießbraucher auf Löschungsbewilligung in Anspruch genommen wird und demgegenüber Verwendungen auf das Grundstück als Nießbrauchsgegenstand geltend macht (RG 21. 6. 1933 – V 419/32, RGZ 141, 220). Selbstverständlich können Verwendungen in allen diesen Fällen geltend gemacht werden, wenn der Anspruch auf Herausgabe des Grundstücks selbst gerichtet ist (RG 28. 3. 1925 – V 323/24, RGZ 110, 356). An der Identität von Herausgabe- und Verwendungsgegenstand fehlt es dagegen, wenn dem Anspruch auf Löschung einer Grundschuld (RG 21. 6. 1933 – V 419/32, RGZ 141, 200) oder einer zur Eigentümergrundschuld gewordenen Hypothek (BGH 22. 1. 1964 – V ZR 25/62, BGHZ 41, 30 = LM Nr 17 zu § 273 m Anm Rothe; 2. 10. 1970 – V ZR 15/68, DB 1970, 2434) Ansprüche aus Verwendungen auf das belastete Grundstück entgegengesetzt werden.

Gegenstände iS des Abs 2 sind **nicht nur körperliche Sachen** iS des § 90 BGB, sondern auch herauszugebende Rechte oder Forderungen. Buchrechte repräsentieren dagegen den Gegenstand selbst (BGH 22. 1. 1964 – V ZR 25/62, BGHZ 41, 30; soeben Rn 114). Bei Rechten und Forderungen sind Verwendungen auf den Gegenstand keineswegs ausgeschlossen, zu denken ist etwa an Kosten zur Erhaltung oder Durchsetzung eines Rechts. § 273 Abs 2 BGB definiert weder den Begriff der Verwendungen auf einen Gegenstand, noch regelt die Norm, in welchem Umfang solche Verwendungen erstattet werden müssen. Insofern ist etwa auf §§ 256, 304, 347 Abs 2 S 1, 539 Abs 1, 601 Abs 2 S 1, 850, 970, 994 ff, 2022 Abs 1 BGB zu verweisen. 115

Der Schuldner kann die Herausgabe auch verweigern, wenn ihm durch den herauszugebenden Gegenstand ein **Schaden** verursacht wurde, für den der Gläubiger einzustehen hat. Ob das der Fall ist, richtet sich wiederum nicht nach § 273 Abs 2 BGB, sondern etwa nach den §§ 823 ff BGB. Beim Ersatz von Rettungsschäden geht es um Aufwendungsersatz (vgl § 256 Rn 9). 116

Hat der Schuldner den **Gegenstand durch eine vorsätzlich begangene unerlaubte Handlung erlangt** (Diebstahl, Raub, Erpressung, Betrug), ist nach § 273 Abs 2 BGB aE das Zurückbehaltungsrecht wegen Verwendungen oder erlittener Schäden ausgeschlossen. Der Schuldner ist für seine Gegenansprüche auf Verwendungs- oder Schadensersatz auf den Klageweg verwiesen. Das soll auch gelten, wenn die unerlaubte Handlung durch einen Vertreter des Schuldners begangen wurde (BGH 16. 5. 1956 – V ZR 183/55, LM § 273 Nr 6: „entspricht der Billigkeit"); richtigerweise kommt eine entsprechende Zurechnung aber nur unter den Voraussetzungen des § 831 BGB oder analog § 31 BGB in Betracht. Das Zurückbehaltungsrecht des Deliktstäters aus Abs 1 wird zwar nicht durch Abs 2 ausgeschlossen, regelmäßig aber analog § 393 BGB (vgl Rn 68). 117

118 Auf **vorsätzlich begangene Vertragsverletzungen** ist der Ausschluss des Zurückbehaltungsrechts nach Abs 2 aE nicht entsprechend anwendbar (zustimmend Erman/Artz § 273 Rn 29; Bamberger/Roth/Hau/Poseck/Lorenz § 273 Rn 46; **aM** OLG Schleswig 2. 3. 1972 – 5 U 184/71, WM 1972, 1257). Das gilt zwar auch in Fällen arglistiger Täuschung (Honsell NJW 1973, 350, 351; MünchKomm/Krüger § 273 Rn 87), indes wird es dann oft auch um eine vorsätzliche unerlaubte Handlung (Betrug) des Schuldners gehen, deretwegen Abs 2 aE direkt anwendbar ist (Soergel/Forster § 273 Rn 28: im Übrigen sei nach § 242 BGB abzuwägen).

VI. Ausübung und Wirkung des Zurückbehaltungsrechts

119 Das Zurückbehaltungsrecht **gewährt eine Einrede**. Der Schuldner muss sein Leistungsverweigerungsrecht erst ausüben, um den Vorteil zu erlangen, der sich aus der Zug-um-Zug-Verbindung der entgegenstehenden Leistungspflichten ergibt. Vorher ist er uneingeschränkt zur Leistung verpflichtet, wird also etwa durch die bloße Mahnung des Gläubigers in Verzug gesetzt, wenn er trotz Fälligkeit nicht leistet, und diese Verzögerung zu vertreten hat; auf die Leistungsbereitschaft des Gläubigers kommt es dann nicht an (Staudinger/Feldmann § 286 Rn 17). Anders ist das, wenn die Leistungen von vornherein miteinander verbunden sind, etwa über die Einrede des nicht erfüllten Vertrages nach § 320 Abs 1 S 1 BGB. Will der Gläubiger hier den Schuldner in Verzug setzen, muss er seine eigene Leistung zumindest so anbieten, dass sein Gläubiger in Annahmeverzug gerät. Andernfalls hindert das Leistungsverweigerungsrechts des Schuldners aus § 320 BGB den Eintritt des Schuldnerverzugs, auch wenn es noch nicht geltend gemacht wurde (BGH 26. 10. 1965 – V ZR 87/63, NJW 1966, 200; 14. 1. 1993 – VII ZR 185/91, NJW 1993, 2674; MünchKomm/Emmerich § 320 Rn 49; Jauernig/Stadler § 320 Rn 18; Staudinger/Schwarze [2015] § 320 Rn 44; Gröschler AcP 201 [2001] 77 ff mwNw, der dieses Ergebnis allerdings anders als die hM auf das Institut unzulässiger Rechtsausübung stützt).

120 Die Einrede muss **dem Gläubiger gegenüber erhoben** werden, damit dieser in die Lage versetzt wird, die Ausübung des Zurückbehaltungsrechts nach Abs 3 abzuwenden (RG 1. 12. 1911 – II 225/11, RGZ 77, 436; zu Abs 3 noch Rn 128 f). Dass die Einrede erhoben wird, ändert nichts an der Fälligkeit des Anspruchs, gegen den sie erhoben wurde. Sie hemmt auch nicht dessen Verjährung: § 202 Abs 2 BGB aF regelte das ausdrücklich, die Nachfolgebestimmung des § 205 BGB beschränkt die Hemmung der Verjährung ohnehin auf vereinbarte Leistungsverweigerungsrechte.

121 Hat der Schuldner die Einrede nach § 273 BGB erhoben, so kommt er aber nicht in **Verzug** (Staudinger/Löwisch/Feldmann § 286 Rn 20), es sei denn, der Gläubiger wendet die Einrede durch Sicherheitsleistung nach Abs 3 ab. Dass die Einrede erhoben werden könnte, schließt den Verzug – anders als bei § 320 BGB (Rn 119) – nicht aus (Staudinger/Löwisch/Feldmann § 286 Rn 19). Ist der Schuldner bereits in Verzug geraten und erhebt die Einrede nachträglich, beseitigt er den Verzug damit nicht vollständig: Zum einen muss der Schuldner mit der Einrede die eigene Leistung zumindest Zug um Zug anbieten (BGH 25. 11. 1970 – VIII ZR 101/69, NJW 1971, 421; OLG Düsseldorf 30. 4. 1987 – 10 U 220/86, DB 1988, 1693; MünchKomm/Krüger § 273 Rn 93), zum anderen entfällt der Verzug durch die nachträgliche Einrede nur für die Zukunft, nicht für die Vergangenheit. Dass das Zurückbehaltungsrecht bereits vor Verzugseintritt bestand und ausgeübt hätte werden können, ändert daran nichts (Staudinger/

Feldmann § 286 Rn 19; BGH 26. 9. 2013 – VII ZR 2/13, ZInsO 2013, 2209; OLG Frankfurt 14. 11. 2013 – 15 U 80/12, BeckRS 2014, 3146; **aA** Jahr 293, 301; Emmerich, Grundlagen des Vertrags- und Schuldrechts [1974] § 9 I 3; Soergel/Forster § 273 Rn 55; MünchKomm/Krüger § 273 Rn 93).

Das Zurückbehaltungsrecht ist lediglich ein **Druck- und Sicherungsmittel**. Beruft sich der beklagte Besitzer auf ein Zurückbehaltungsrecht, wird er zur Herausgabe Zug um Zug gegen Zahlung verurteilt. Die Einrede gibt mithin **kein Recht zum Besitz iS des § 986 BGB** (MünchKomm/Krüger § 273 Rn 92; ArbG Berlin 19. 1. 1968 – 2 Ca 390/67, MDR 1968, 531 mit Diederichsen, Das Recht zum Besitz aus Schuldverhältnissen [1965] 7, 21; Scherk JherJb 67, 301, 354; wohl auch Soergel/Forster § 273 Rn 60; Palandt/Herrler § 986 Rn 5; **aM freilich die ständige Rspr**, etwa RG 21. 6. 1932 – VII 467/31, RGZ 136, 422 zum vertraglichen Zurückbehaltungsrecht; BGH 17. 3. 1975 – VIII ZR 245/73, BGHZ 64, 122; 25. 9. 1985 – VIII ZR 270/84, WM 1985, 1421; zust Seidel 180, 182 ff; demgegenüber spricht OLG Zweibrücken 14. 1. 1999 – 4 U 86/98, OLGR 1999, 362 von einem nach § 986 Abs 1 BGB ebenfalls zu beachtenden obligatorischen Zurückbehaltungsrecht). In der Sache besteht Einigkeit, dass die Erhebung der Einrede nicht zur vollen Klagabweisung, sondern zur Verurteilung zur Leistung Zug um Zug führt. Dass ein Recht zum Besitz schon deshalb nicht bestehen könnte, weil sonst auf Klageabweisung erkannt werden müsste, ist allerdings reine Begriffsjurisprudenz (Peters JZ 1995, 390, 392). Entscheidend ist, dass die Einrede kein Recht gibt, den zurückbehaltenen Gegenstand (weiter) zu nutzen (MünchKomm/Krüger § 273 Rn 92). Dann müssen richtigerweise auch die §§ 987 ff BGB greifen, wenn der Besitzer ein Zurückbehaltungsrecht ausübt. Selbst der BGH, der ein Besitzrecht aus § 273 BGB bejaht, will die §§ 987 ff BGB nicht vollständig ausschließen: Soweit das Rechtsverhältnis, aus dem sich das Besitzrecht ergibt, keine Regelung der Ansprüche auf Nutzungsherausgabe und Verwendungsersatz enthalte, sei ergänzend auf die §§ 987 ff BGB zurückzugreifen; ein Zurückbehaltungsrecht des Besitzers und damit ein Recht zum Besitz gegenüber dem Herausgabeanspruch des Eigentümers gebe es nur in Höhe eines zu seinen Gunsten bestehenden Saldos (sog entsprechende Anwendung der Saldotheorie, BGH 14. 7. 1995 – V ZR 45/94, JZ 1996, 151 m Anm Medicus = LM § 100 BGB Nr 4 unter Berufung auf BGH 2. 10. 1970 – V ZR 125/68, WM 1970, 1366; 25. 9. 1985 – VIII ZR 270/84, WM 1985, 1421; **kritisch** Gursky JZ 1997, 1154, 1155). 122

Jedenfalls gibt das Zurückbehaltungsrecht kein Recht, den zurückbehaltenen Gegenstand unentgeltlich zu nutzen (BGH 30. 11. 1960 – V ZR 131/59, NJW 1961, 452; MünchKomm/Krüger § 273 Rn 92). Ein Mieter mag ein Zurückbehaltungsrecht an der Mietsache geltend machen können, darf die Mietsache aber nicht weiter gebrauchen, nachdem er dieses Recht ausgeübt hat (BGH 2. 7. 1975 – VIII ZR 87/74, NJW 1975, 1773). Ein Wechsel, der zurückbehalten wird, darf nicht verwertet werden (KG 12. 10. 1957 – 10 U 766/57, NJW 1958, 27). 123

Das Zurückbehaltungsrecht des § 273 **Abs 1** BGB hat **keine dingliche Wirkung**, im **Insolvenzverfahren** über das Vermögen des Schuldners der Gegenforderung spielt es daher regelmäßig keine Rolle. Das Zurückbehaltungsrecht ist ein wirtschaftliches Druckmittel, mit dem eine persönliche Gegenforderung durchgesetzt werden soll. Ist diese Gegenforderung insolvenzrechtlich als Insolvenzforderung iS des § 38 InsO zu qualifizieren, kommt eine Zurückbehaltung nur unter den Voraussetzungen von § 51 Nr 2, 3 InsO in Betracht. Jenseits dieser engen Grenzen verstößt eine Sonderbehandlung für qua Zurückbehaltungsrecht durchsetzungsfähige Gläubiger gegen den Gläubigergleichbehandlungsgrundsatz des Insolvenzrechts (BGH 13. 12. 2012 – IX ZR 9/ 124

12, WM 2013, 138 zum Anspruch des Schuldners auf vertragsgemäße Anlage der Mietsicherheit; 7. 3. 2002 – IX ZR 457/99, BGHZ 150, 138; MünchKommInsO/Ganter § 51 Rn 242; MünchKomm/Krüger § 273 Rn 56; **aA** HK-InsO/Marotzke [9. Aufl] § 103 Rn 107 f; ders, Gegenseitige Verträge im neuen Insolvenzrecht [3. Aufl] Rn 2. 46 ff u Rn 2. 63 ff): § 273 BGB ist der Aufrechnung insofern vergleichbar, als beide Male die Gegenforderung geltend gemacht wird, um sie durchzusetzen (näher Rn 104 ff); eben das ist für Insolvenzforderungen, die nach Verfahrenseröffnung auch nicht mehr mit der Leistungsklage durchgesetzt werden könnten, nur noch in den von der InsO benannten Sonderfällen erlaubt, ansonsten aber grundsätzlich ausgeschlossen. Für Altmasseverbindlichkeiten bei Masseunzulänglichkeit gilt Entsprechendes (BAG 8. 5. 2014 – 6 AZR 246/12, NZI 2014, 660). Damit darf etwa der vor Insolvenzeröffnung eingezogene Mieter nicht Mietzahlungen zurückhalten, um durchzusetzen, dass die Kaution (aus der Masse) ordnungsgemäß nach § 551 Abs 3 BGB angelegt wird (MünchKommInsO/Eckert § 108 Rn 81a; vgl Rn 90 zur Situation außerhalb der Insolvenz). War dem Mieter hingegen im Zwangsverwaltungsverfahren die Wohnung schon vor der Beschlagnahme überlassen, kann er dem Zwangsverwalter gegenüber sehr wohl ein Zurückbehaltungsrecht an der laufenden Miete geltend machen, wenn die Mietkaution noch nicht ordnungsgemäß angelegt wurde. Argument ist vor allem, dass der Zwangsverwalter nach § 152 Abs 2 ZVG der Verwalter anstelle des Schuldners dessen Vermieterrechte zu verfolgen und dessen Pflichten zu erfüllen hat (BGH 9. 3. 2005 – VIII ZR 330/03, NJW-RR 2005, 1029).

125 Das Zurückbehaltungsrecht nach **Abs 2** wegen Verwendungen auf einen Gegenstand kann **gegenüber dem jeweiligen Eigentümer** geltend gemacht werden, nicht nur gegenüber dem, der zur Zeit der Verwendungen Eigentümer war (§§ 999 Abs 2, 1000 S 1 BGB analog). Zum Verwendungsersatzanspruch in Zwangsvollstreckung und Insolvenz Staudinger/Gursky (2012) Vorbem 70 ff zu §§ 994–1003.

126 Der Schuldner **kann nur zurückbehalten, was er noch hat**. Eine Zug-um-Zug-Verurteilung iS des § 274 BGB ist ausgeschlossen, wenn die Leistung aufgrund eines vorläufig vollstreckbaren Titels bereits bewirkt worden ist (BGH 11. 6. 2003 – VIII ZR 160/02, BGHZ 155, 141; LAG Köln 10. 2. 2006 – 11 [13] Sa 1214/05, NZA-RR 2006, 660); ob der Schuldner gerade zur Abwendung der vorläufigen Zwangsvollstreckung gezahlt hat oder nicht, tut insoweit nichts zur Sache. Insbesondere kann der Schuldner seine Leistung nicht etwa nach §§ 812, 813 Abs 1 S 1 BGB zurückfordern, wenn er in Unkenntnis der Einredemöglichkeit geleistet hat (RG 1. 11. 1924 – V 322/23, RGZ 109, 104): § 273 BGB gibt keine dauernde, sondern nur eine „verzögerliche" Einrede; iS des § 813 Abs 1 S 1 BGB kondizieren kann der Leistende aber nur, wenn der Anspruch durch die Einrede für immer ausgeschlossen ist, weil auch nur dann von einem indebitum gesprochen werden kann (Staudinger/Lorenz [2007] § 813 Rn 6). Muss der Gläubiger die geleistete Sache freilich – etwa nach § 717 Abs 2 S 1 oder Abs 3 S 2 ZPO, nachdem ein bereits vollstrecktes Leistungsurteil gegen den Schuldner im Rechtszug aufgehoben wird – an den Schuldner zurückgewähren, kann dieser das Zurückbehaltungsrecht aus § 273 BGB erneut geltend machen (LAG Köln 10. 2. 2006 – 11 [13] Sa 1214/05, NZA-RR 2006, 660). Da § 717 Abs 3 S 3 ZPO Rechtsfolgenverweisung auf das Bereicherungsrecht ist, steht dem Rückgewähranspruch aus § 717 Abs 3 S 2 ZPO auch nicht der nur dilatorische Charakter der Einrede aus § 273 BGB entgegen (vgl dazu RG 24. 11. 1932 – VIII 331/32, RGZ 139, 17). Hat der Schuldner den Besitz an einer dem Gläubiger geschuldeten Sache zufällig und ohne seinen Willen an den Gläubiger verloren, kann er sein Zurückbehaltungsrecht nicht mehr ausüben. Bei einem vertraglich vereinbarten Zurückbehaltungsrecht kann er aber verlangen, dass der status quo ante wiederhergestellt wird, er die Sache also zurückerhält (RG 16. 5. 1908 – V 492/07, RGZ 68, 386; MünchKomm/Krüger § 273 Rn 90). Hat der Vorbehaltsverkäufer aufschiebend bedingt übereignet, hat er seine geschuldete Leistungshandlung bereits vollständig erbracht; den ebenfalls geschuldeten Leistungserfolg (§ 433 Abs 1 S 1 BGB) kann er schon wegen des Anwartschaftsrechts des Käufers nicht mehr über § 273 BGB zurückhalten (Serick, Eigentumsvorbehalt und Sicherungsübertragung I [1963] 125).

Die **Einrede** selbst ist ein einseitiges **Rechtsgeschäft, das eine Modalität** des gegen den Schuldner gerichteten Anspruchs **gestaltet**. Sie wird erhoben durch einseitige empfangsbedürftige Willenserklärung des Schuldners an den Gläubiger. Diese Gestaltungserklärung ist bedingungsfeindlich (AG Bremen 22. 11. 2012 – 10 C 33/11, WuM 2012, 16), arg e § 388 S 2 BGB. Die Einrede kann ausdrücklich oder konkludent vor Gericht oder außergerichtlich (vgl statt aller Jahr 293, 295; Schlosser JuS 1966, 257, 264) erklärt werden. Die Gegenforderung muss dabei so bestimmt angegeben werden, dass der Gläubiger von seiner Abwendungsmöglichkeit nach § 273 Abs 3 BGB Gebrauch machen kann (BGH 27. 3. 1985 – VIII ZR 75/84, NJW 1985, 2417; zweifelhaft insofern LAG Rostock 21. 7. 2015 – 2 Sa 140/14, NZA-RR 2016, 133: der Arbeitnehmer – der Anspruch auf rückständige Entgelte hat – weist darauf hin, er könne nicht zur Arbeit kommen, weil er sich die Tankfüllung für seinen PKW nicht mehr leisten könne). Ausnahmsweise muss sich der Schuldner nicht auf das Leistungsverweigerungsrecht berufen, wenn der Gläubiger dieses Gegenrecht des Schuldners im Klageantrag insofern vorwegnimmt, als er Verurteilung nur Zug um Zug gegen Erbringung der Gegenleistung begehrt (BGH 16. 3. 1973 – V ZR 118/71, BGHZ 60, 319; bestätigt BGH 25. 11. 1998 – VIII ZR 323/97, EWiR 1999, 105 [Reinking]; zu Verzugszinsen bei einem solchen Antrag Petershagen NJW 2018, 1782, 1783 f). Für den Gläubiger ist das mit Rücksicht auf das Kostenrisiko bei Teilunterliegen (vgl etwa Arz NJW 2014, 2828 ff; weiter § 274 Rn 6) taktisch sinnvoll, aber keineswegs zwingend: Er kann ebenso auf unbedingte Leistung klagen und darauf hoffen, dass der Schuldner von seinem Leistungsverweigerungsrecht keinen Gebrauch machen wird. Die Einrede kann hilfsweise erhoben werden, verbunden mit der Hauptverteidigung, die Schuld bestehe nicht (RG 24. 4. 1917 – II 593/16, LZ 1917, 853); gegenüber einem Anspruch auf Vertragserfüllung kann der Schuldner jedoch nicht gleichzeitig die Erfüllung verweigern, die Leistung des Gegners ablehnen und die Einrede der Zurückbehaltung geltend machen (RG 27. 5. 1904 – VII 3/04, RGZ 58, 173; KG 27. 10. 1916 – 7 ZS, OLGE 34, 20). 127

VII. Abwendung des Zurückbehaltungsrechts, Abs 3

Den **Sicherungszweck** des Zurückbehaltungsrechts belegt **Abs 3**: Die Ausübung des Zurückbehaltungsrechts kann durch Sicherheitsleistung abgewendet werden (Abs 3 S 1), jedoch nicht durch Bürgenbestellung (Abs 3 S 2). Darin liegt eine Abweichung von den an sich sonst anwendbaren §§ 232 ff BGB. § 320 BGB erlaubt demgegenüber nicht, die Einrede des nichterfüllten Vertrags durch Sicherheitsleistung abzuwenden; ebenso wenig kommt eine Abwendungsbefugnis in Frage, wenn das spezielle werkvertragliche Zurückbehaltungsrecht aus § 641 Abs 3 BGB geltend gemacht wird (Kohler BauR 2003, 1807 f). Die Höhe der Sicherheit muss grundsätzlich dem Wert der rechtmäßig zurückbehaltenen Leistung entsprechen (RG 30. 11. 1927 – V 135/27, RGZ 119, 163); darf der Schuldner nach Treu und Glauben nur einen Teil der 128 geschuldeten Leistung zurückbehalten, bestimmt auch nur dieser Teil den Wert der Sicherheitsleistung (Mankowski BB 2011, 197, 1099). Soweit der Wert zurückbehaltener Gegenstände geringer ist, kann auch dieser niedrigere Wert maßgebend sein (RG 9. 7. 1932 – VI 205/32, 137, 324).

129 Das **Angebot der Sicherheitsleistung genügt noch nicht**. UU ist es aber zulässig, die Vollstreckung eines Urteils unter der Bedingung zu gestatten, dass die (bereits erfolgte) Sicherheitsleistung nachgewiesen wird (RG 9. 7. 1932 – VI 205/32, RGZ 137, 324). Die Hinterlegung des strittigen Betrages beim eigenen Anwalt genügt nicht, da § 232 BGB nur die Hinterlegung nach den Hinterlegungsgesetzen der Länder meint (vgl auch MünchKomm/Grothe § 232 Rn 5; noch zu Zeiten der HintO BGH 20. 10. 1987 – X ZR 49/86, NJW 1988, 484). Fehlen dem Gläubiger die Mittel, um die Zurückbehaltung nach § 273 Abs 3 BGB durch Sicherheitsleistung abzuwenden, muss sich der Zurückbehaltungsberechtigte allenfalls ausnahmsweise mit einer Drittverwahrung oder einem Pfandrecht begnügen (BGH 21. 6. 1972 – IV ZR 110/71, MDR 1972, 936 für ein gegenüber dem Nachlasspfleger geltend gemachtes Zurückbehaltungsrecht).

130 *Rn 130 bleibt frei.*

VIII. Beweislast und Prozessuales

131 Der **Schuldner trägt nach allgemeinen Grundsätzen die Beweislast für die positiven Voraussetzungen** der Zurückbehaltungseinrede. Der Gläubiger muss hingegen die Tatsachenbasis von Ausschlussgründen darlegen und ggf nachweisen, etwa die besonderen Umstände, die ein Zurückbehaltungsrecht ausschließen, oder dass die Gegenforderung aus einer vorsätzlich begangenen unerlaubten Handlung resultiert. Beim Werkvertrag muss der Unternehmer (Gläubiger) dartun, dass der vom Besteller einbehaltene Betrag auch mit Rücksicht auf das Durchsetzungsinteresse (sog Druckzuschlag) des Bestellers (Schuldners) unverhältnismäßig hoch ist (BGH 4. 7. 1996 – VII ZR 125/95, NJW-RR 1997, 18). Zahlt der Gläubiger zur Abwendung eines vom Schuldner überraschend geltend gemachten und daher ungeprüften Zurückbehaltungsrechts, etwa weil er auf den ihm geschuldeten Gegenstand dringend angewiesen ist, hat im Rückforderungsfall der Bereicherungsschuldner das Bestehen der Gegenforderung, auf die er sein Zurückbehaltungsrecht gestützt hatte, zu beweisen. Das gilt auch dann, wenn die Zahlung ohne ausdrücklichen Vorbehalt erfolgt war (OLG Koblenz 23. 1. 2002 – 9 U 1616/00, NJW-RR 2002, 784).

132 Die Einrede kann im **Prozess** hilfsweise erhoben werden (bereits Rn 127), dh für den Fall, dass das Gericht die Forderung des Gläubigers ansonsten begründet sehen sollte (BGH 29. 4. 1986 – IX ZR 145/85, NJW-RR 1986, 991). Die Einrede muss nicht im Grundurteil nach § 304 Abs 1 ZPO erledigt werden (RG 6. 12. 1928 – VI 229/28, RGZ 123, 6), weil sie den Anspruch dem Grunde nach unberührt lässt und nur die Art der Leistung (Zug um Zug) betrifft (vgl Rn 1). Die Gegenforderung kann aber nicht analog § 145 Abs 3 ZPO abgetrennt und in einen besonderen Rechtsstreit verwiesen werden (RG 4. 2. 1926 – IV 206/25, JR 1926 Nr 1016; zur hM im Prozessrecht, die eine Analogie zu § 145 Abs 3 ZPO auf Zurückbehaltungsrechte oÄ ablehnt, etwa MünchKommZPO/Fritsche § 145 Rn 6 mwNw auch zur **Gegenmeinung**). Die Konnexität ist Rechtsfrage, keine Tatfrage (Werner Anm zu RG 17. 1. 1928 – II 307/27, JW 1928, 892). In der Berufungsinstanz kann ein Zurückbehaltungsrecht nur unter den Voraussetzungen des § 531 ZPO noch geltend

gemacht werden (Zöller/Hessler, ZPO § 533 Rn 17). Zur Überprüfung des Urteils Zug um Zug in der Revisionsinstanz, wenn nur der Gegenanspruch zur Debatte steht, vgl BGH 2. 6. 1966 – VII ZR 162/64, BGHZ 45, 287; 16. 9. 1966 – VI ZR 264/64, NJW 1966, 2356. Die mit der Entscheidung über das Zurückbehaltungsrecht implizierte Entscheidung über die Gegenforderung nimmt nicht an der Rechtskraft der Entscheidung über die Forderung des Gläubigers teil (BGH 19. 6. 1984 – IX ZR 89/83, FamRZ 1984, 878; 23. 5. 1989 – IX ZR 57/88, NJW-RR 1990, 48 = WuB/E VII § 767 ZPO 2. 89 [Huff]; noch § 274 Rn 2). Die Gegenforderung selbst kann zwar durch (Arrest oder) einstweilige Verfügung gesichert werden (§§ 916 ff, 935 ZPO), nicht aber die Einrede des Zurückbehaltungsrechts (vgl OLG Schleswig 10. 2. 1954 – 4 U 297/53, JR 1954, 305). Die ausschließliche Zuständigkeit des Familiengerichts (§ 23a Abs 1 S 2, S 1 Nr 1 GVG, § 111 FamFG) für den Anspruch, der einredeweise geltend gemacht wird, hindert die Einrede der Zurückbehaltung vor einem anderen Gericht nicht (BGH 27. 9. 1984 – IX ZR 53/83, BGHZ 92, 194 zu 621 Abs 1 Nr 8 ZPO aF).

In der **Zwangsvollstreckung** ist die – nicht titulierte – Einrede nicht zu beachten, da sie **133** sich gegen den materiellen Anspruch richtet, § 767 Abs 1 ZPO (OLG Hamm 8. 3. 1968 – 14 W 130/67, NJW 1968, 1241). Sie kann daher mit der Vollstreckungsgegenklage geltend gemacht werden, sofern § 767 Abs 2 ZPO nicht entgegensteht (RG 25. 8. 1938 – V 32/38, RGZ 158, 145); insofern kommt es darauf an, ob der Schuldner die Einrede aus § 273 BGB schon im Prozess erheben hätte können. Hat der Gläubiger ein erstinstanzliches Urteil im Wege der **vorläufigen Zwangsvollstreckung** vollstreckt und hat der Schuldner damit unfreiwillig den Besitz der Sache eingebüßt, scheidet ein Zurückbehaltungsrecht in der 2. Instanz aus (bereits Rn 126). Einen Anspruch auf Wiederherstellung eines gesetzlichen Zurückbehaltungsrechts aus § 717 Abs 2 und 3 ZPO iVm §§ 249 ff BGB gibt es nicht (RG 1. 11. 1924 – V 322/23, RGZ 109, 105; Palandt/Grüneberg § 273 Rn 19; MünchKomm/Krüger § 273 Rn 90; **aA** Böckmann/Kluth MDR 2002, 1042 ff, die es sogar genügen lassen wollen, wenn die Einrede des Zurückbehaltungsrechts erstmals nach Erlass des für vorläufig vollstreckbar erklärten Urteils, aber vor der vorläufigen Zwangsvollstreckung erhoben wird), wohl aber kann der Schuldner verlangen, dass bei einem vertraglich vereinbarten Zurückbehaltungsrechts nach vorläufiger Vollstreckung die frühere Zurückbehaltungslage wiederhergestellt wird (Rn 126).

Wird in der Rechtsmittelinstanz der Klageanspruch in der Sache bestätigt, die **Widerklage**, mit der ein Zurückbehaltungsrecht nach § 273 BGB geltend gemacht wird, **134** aber an die Vorinstanz zurückverwiesen, muss auch die stattgebende Entscheidung über das Klagebegehren aufgehoben werden, weil eine Vollstreckung zu einem endgültigen Verlust des Zurückbehaltungsrechts führen würde (BGH 26. 2. 1964 – V ZR 105/61, NJW 1964, 1125). In der Vorinstanz darf dann aber bezüglich des Klaganspruchs keine andere Entscheidung mehr ergehen.

Ist der Klageanspruch unstrittig, das Zurückbehaltungsrecht dagegen strittig, veranlasst allein das Zurückbehaltungsrecht die Klage. Mit der Sicherheitsleistung nach **135** § 273 Abs 3 BGB räumt der Kläger den Anlass der Klage aus. Die Kostenentscheidung richtet sich allein nach dem Schicksal der Gegenforderung (Hensen NJW 1999, 395, 397).

§ 274
Wirkungen des Zurückbehaltungsrechts

(1) Gegenüber der Klage des Gläubigers hat die Geltendmachung des Zurückbehaltungsrechts nur die Wirkung, dass der Schuldner zur Leistung gegen Empfang der ihm gebührenden Leistung (Erfüllung Zug um Zug) zu verurteilen ist.

(2) Auf Grund einer solchen Verurteilung kann der Gläubiger seinen Anspruch ohne Bewirkung der ihm obliegenden Leistung im Wege der Zwangsvollstreckung verfolgen, wenn der Schuldner im Verzug der Annahme ist.

Materialien: E I § 234 S 1; II § 231; III § 268; Jakobs/Schubert, SchR I 200.

Schrifttum

Blunck, Die Bezeichnung der Gegenleistung bei der Verurteilung zur Leistung Zug um Zug, NJW 1967, 1598

Gabius, Die Vollstreckung von Urteilen auf Leistung nach Empfang der Gegenleistung, NJW 1971, 866

Hensen, Die Kostenlast beim Zug-um-Zug-Urteil, NJW 1999, 395

Koenigk, Verfahrensrechtliche Wirkungen des Zurückbehaltungsrechts, NJW 1960, 2180

ders, Die Einreden des Zurückbehaltungsrechts und des nichterfüllten Vertrages im Prozess, NJW 1961, 542

Münzberg, Die Einreden des Zurückbehaltungsrechts und des nicht erfüllten Vertrags im Prozess, NJW 1961, 540

Neumann, Zur Zwangsvollstreckung aus Urtheilen auf Leistungen Zug um Zug, JW 1901, 740

Schilken, Wechselbeziehungen zwischen Vollstreckungsrecht und materiellem Recht bei Zug-um-Zug-Leistungen, AcP 181 (1981) 355

Schneider, Die Einrede aus §§ 274, 322 BGB im Prozess, MDR 1964, 732.

Systematische Übersicht

Alphabetische Übersicht

I. Zug-um-Zug-Einrede im Erkenntnisverfahren

§ 274 BGB regelt in Abs 1 die **prozessuale Wirkung der erhobenen Einrede** (nach § 273 BGB) im Erkenntnisverfahren. Setzt ein Schuldner dem eingeklagten Anspruch eine Einrede entgegen, können sich im Erkenntnisverfahren verschiedene Konsequenzen ergeben. Abs 1 bestimmt insofern, dass durch die wirksam erhobene Einrede aus dem vorbehaltlosen Anspruch ein Anspruch auf **Leistung Zug um Zug** wird; die wirksam erhobene Einrede hat damit materiellrechtlich rechtsgestaltende Wirkung (Gröschler AcP 201 [2001] 59). Damit ist auch gesagt, dass die Einrede des Zurückbehaltungsrechts – im Gegensatz zu anderen Einreden – weder zur endgültigen Klagabweisung noch zur Abweisung der Klage als derzeit unbegründet führt (vgl aber zu § 273 BGB verwandten Einreden unten Rn 13). 1

Erhebt der Schuldner wirksam die Einrede aus § 273 BGB, ist er auf **Leistung Zug um Zug** (§ 274 Abs 1 BGB) zu verurteilen. Der Tenor muss so formuliert werden, dass der Schuldner nicht um den Erfolg der Einrede gebracht und zur Vorleistung gezwungen wird. Rechtskräftig entschieden wird aber nur über den Klageanspruch, nicht über den einredeweise geltend gemachten Gegenanspruch (bereits § 273 Rn 132). Dazu bedarf es der Widerklage. 2

Die eingeschränkte Verurteilung des Schuldners geht im Regelfall **„gegen Empfang der ihm gebührenden Leistung" des Gläubigers** (§ 274 Abs 1 BGB). Bietet der Gläubiger Zug um Zug weniger an, als er dem Schuldner schuldet, ist seine Klage abzuweisen. Die vom Gläubiger angebotene Leistung Zug um Zug kann aber noch vom Verhalten Dritter abhängig sein, etwa bei Übertragung einer Fondsbeteiligung des Gläubigers Zug um Zug auf den schadensersatzpflichtigen Schuldner, wenn die Übertragung von der Zustimmung Dritter abhängig ist (BGH 10. 7. 2012 – XI ZR 272/10, WM 2012, 1589). 3

Resultiert das Zurückbehaltungsrecht des Schuldners aus einem Rechtsverhältnis mit einem **Dritten**, lautet die Verurteilung des Schuldners auf Leistung Zug um Zug gegen Leistung durch bzw an den Dritten, etwa im Fall der Abtretung (§ 404 BGB) „gegen Leistung durch den Zedenten", oder im Falle der Schuldübernahme (§ 417 BGB) „gegen Leistung an den befreiten Schuldner". Ähnlich ist zu tenorieren beim berechtigenden Vertrag zugunsten Dritter (§§ 334, 335 BGB), bei Pfändung mit Überweisung des Schuldneranspruchs an einen Dritten, bei der Bürgenhaftung (§ 767 Abs 1 BGB), bei der Gesellschafterhaftung (§ 129 Abs 1 HGB), oder wenn der Miterbe Zug um Zug gegen Leistung an die Erbengemeinschaft verurteilt wird (BGH 15. 2. 1952 – V ZR 54/51, BGHZ 5, 173; MünchKomm/Krüger § 274 Rn 9; **aA** BGH 24. 10. 1962 – V ZR 1/61, BGHZ 38, 122: Klagabweisung, weil sich der Nachlassgläubiger durch Aufrechnung gegenüber der Erbengemeinschaft befriedigen könne). Vgl auch § 273 Rn 16 ff. 4

Damit § 274 Abs 1 BGB greift, muss die Einrede des § 273 BGB nicht im Prozess erhoben werden; es genügt, dass sie außergerichtlich erhoben wurde und diese Tatsache in den Prozess eingeführt wird (RG 1. 12. 1911 – II 225/11, RGZ 77, 436). Trägt der Kläger bei Säumnis des Beklagten selbst vor, die Einrede sei außergerichtlich erhoben worden, kann kein echtes Versäumnisurteil mehr ergehen (vgl Münzberg NJW 1961, 540, 542). Nicht ausreichend ist aber, dass der Beklagte im Prozess einfach beantragt, die Klage abzuweisen; er muss sich zumindest darauf stützen, der Kläger habe selbst nicht geleistet, und die Gegenleistung genau bezeichnen (BGH 27. 9. 1984 – IX ZR 53/83, NJW 5

1985, 189; BLUNCK NJW 1967, 1598, 1599). Wird die Einrede **im Prozess** in erster Instanz erhoben, muss sie in der Berufungsinstanz nicht erneut geltend gemacht werden, um berücksichtigt zu werden (BGH 29. 4. 1986 – IX ZR 145/85, NJW-RR 1986, 991). Sie kann erstmals auch noch in der Berufungsinstanz erhoben werden, soweit die §§ 529 Abs 1 Nr 2, 531 ZPO dies zulassen (MünchKomm/KRÜGER § 274 Rn 6), in der Revisionsinstanz indes nur, wenn die das Zurückbehaltungsrecht tragenden Tatsachen tatrichterlich gewürdigt worden sind (BayObLG 28. 5. 1982 – RREg 1 Z 166/81, Rpfleger 1982, 337).

6 Die **Verurteilung Zug um Zug** gegen Empfang der Gegenleistung gegenüber der unbeschränkten Verurteilung **Minus, nicht aliud** (vgl BLUNCK NJW 1967, 1598; SCHNEIDER MDR 1964, 732 f; weiter MÜNZBERG NJW 1961, 540, 541 f **gegen** KOENIGK NJW 1960, 2180). Daher müssen weder der Kläger (§ 273 Rn 127) noch der Beklagte ausdrücklich die Verurteilung Zug um Zug beantragen (für den Beklagten **anders** KOENIGK NJW 1960, 2180; BGB-RGRK/ALFF § 274 Rn 2; **wie hier** SOERGEL/FORSTER § 274 Rn 4). Auch können der Einwand der Aufrechnung oder eine Aufrechnungserklärung im Prozess in eine Einrede nach § 273 BGB umgedeutet werden (BGH 25. 2. 1959 – V ZR 139/57, BGHZ 29, 337; vgl § 273 Rn 107), wenn die Aufrechnungslage nicht gegeben ist. Besteht der Kläger trotz der Einrede aus § 273 BGB auf uneingeschränkter Verurteilung des Beklagten, wird die Klage teilweise kostenpflichtig (§ 92 ZPO) abgewiesen, wenn der Klageanspruch und das Zurückbehaltungsrecht bestehen (OLG Hamburg 10. 7. 1956 – 7 U 39/56, MDR 1957, 169; bereits § 273 Rn 127). Für die nach § 92 ZPO erforderliche Bewertung des Teilunterliegens ist eine wirtschaftliche Betrachtungsweise geboten, die den Wert der beantragten und der zugesprochenen Leistung wie auch den Wert des geltend gemachten und des zuerkannten Anspruchs, auf den das Zurückbehaltungsrecht gestützt wurde, ins Verhältnis setzt (näher HENSEN 397 f).

7 Die Klage ist auch dann nicht völlig abzuweisen, wenn der Kläger erkennen lässt, dass er an einer Verurteilung Zug um Zug kein Interesse hat (BGH 2. 2. 1951 – V ZR 15/50, NJW 1951, 517 = LM Nr 1 zu § 497; MÜNZBERG NJW 1961, 540, 541; BLUNCK NJW 1967, 1598). Beantragt der Kläger Verurteilung Zug um Zug und erkennt der Beklagte an, ist § 93 ZPO anzuwenden – nicht aber, wenn der Kläger unbeschränkte Verurteilung beantragt und der Beklagte anerkennt, Zug um Zug zu schulden. Der Beklagte erkennt den Klageantrag damit gerade nicht sofort an, sondern gibt mit der Einschränkung Grund zu weiterem Streit (HENSEN 396; **aA** SCHNEIDER MDR 1964, 732 f).

8 Keine Besonderheiten gelten insoweit, wenn der Gläubiger nur einen **Teil** seines Anspruchs einklagt (RG 28. 5. 1902 – V 92/02, RGZ 51, 367; BGH 20. 12. 1961 – V ZR 65/60, NJW 1962, 628). Dass die Einrede erhoben wird bedeutet dann nur, dass der Schuldner zur Erfüllung des Teilanspruchs Zug um Zug gegen Erbringung der gesamten Gegenleistung verurteilt wird. Keinesfalls kann der Kläger dem Beklagten unter Hinweis auf den nicht eingeklagten Teil seiner Forderung die Einrede nehmen. Dasselbe gilt für ein Teilurteil.

9 Auch wenn der **Schuldner bereits im Annahmeverzug** ist, kann er nur zur Leistung Zug um Zug verurteilt werden; der Annahmeverzug wirkt sich (arg e Abs 2; unten Rn 12) erst für die Zwangsvollstreckung aus (RG 28. 5. 1902 – V 92/02, RGZ 51, 367; BGH 22. 3. 1984 – VII ZR 286/82, BGHZ 90, 354; **aA** SCHILKEN AcP 181 [1981] 355, 376 ff: Entlastung des Vollstreckungsverfahrens). Erkennt der Beklagte in solchen Fällen an, hat er freilich Anlass zur Klage gegeben (§ 93 ZPO).

Auch eine **wechselseitige Verurteilung zur Leistung Zug um Zug** ist möglich, wenn dem Gläubiger, dem der Schuldner ein Zurückbehaltungsrecht entgegenhält, ein weiterer Anspruch gegen den Schuldner zusteht. Wendet etwa der Besteller im Werklohnprozess erfolgreich ein, er sei nur gegen Beseitigung von Werkmängeln zur Zahlung verpflichtet, wird er zur Leistung Zug um Zug verurteilt. Wendet demgegenüber der Unternehmer ein, der Besteller habe sich nach dem Rechtsgedanken des § 254 BGB an der Nachbesserung durch einen Kostenbeitrag zu beteiligen, weil er für die Entstehung der Mängel mitverantwortlich sei, ist eine doppelte Zug-um-Zug-Verurteilung auszusprechen (BGH 22. 3. 1984 – VII ZR 286/82, BGHZ 90, 354). Der Besteller muss dann den Kostenbeitrag bereits zu Beginn der Mängelbeseitigung bereitstellen; geschieht das, muss der Unternehmer insgesamt vorleisten (vgl näher H Roth, Die Einrede des bürgerlichen Rechts [1988] 190 f). 10

II. Zug-um-Zug-Einrede im Vollstreckungsverfahren

Die **Zwangsvollstreckung aus einem auf Leistung Zug um Zug lautenden Urteil** richtet sich nach den §§ 726 Abs 2, 756, 765 ZPO, ergänzend nach § 274 Abs 2 BGB. Danach kann die vollstreckbare Ausfertigung eines Urteils auf Leistung Zug um Zug dem Gläubiger ohne weiteres erteilt werden, es sei denn, die Leistung des Titelschuldners besteht in der Abgabe einer Willenserklärung, §§ 726 Abs 2, 894 S 2 ZPO. Die Vollstreckung aber kann erst beginnen, wenn bewiesen ist, dass der Gegenanspruch des Schuldners erfüllt oder der Schuldner im Verzug der Annahme ist (§ 274 Abs 2 BGB; zur Beweisführung vgl §§ 756, 765 ZPO). Ist der Schuldner auf Leistung Zug um Zug gegen Zahlung eines Geldbetrages verurteilt, muss ihm dieser Geldbetrag angeboten werden. Eine Aufrechnung durch den Gläubiger widerspräche dem Titel und auch der Gerichtsvollzieher kann nach § 756 ZPO nicht die Aufrechnung erklären (LG Hildesheim 17. 7. 1958 – 5 T 469/58, NJW 1959, 537). 11

Ist der Schuldner bereits im **Annahmeverzug**, kann der Gläubiger aus einem Zug-um-Zug-Urteil vollstrecken, ohne selbst leisten zu müssen (§ 756 Abs 1 ZPO; RG 23. 2. 1914 – VI 557/13, RGZ 84, 228). Ist der Annahmeverzug des Schuldners bereits in den Entscheidungsgründen festgestellt, erfüllt die Urteilsausfertigung die Beweisanforderungen der §§ 756 Abs 1, 765 Nr 1 ZPO (RG 3. 7. 1909 – V 395/08, JW 1909, 463). 12

III. Entsprechende Anwendung des § 274

Die vergleichsweise eingeschränkte Wirkung des § 274 BGB ist eine Sonderreglung für Zurückbehaltungsrechte iS des § 273 BGB, **für andere Einreden** gilt sie **grundsätzlich nicht**. Das gilt auch, wenn es um anderweitig geregelte Zurückbehaltungsrechte oder funktionell vergleichbare Einreden geht: So führt etwa die Einrede des Bürgen nach § 770 Abs 2 BGB zur Klagabweisung als derzeit unbegründet, ebenso die des Gesellschafters oder ausgeschiedenen Gesellschafters nach § 129 Abs 3 HGB. Zwar wäre es denkbar, den Bürgen oder Gesellschafter (wie in den Rn 4 behandelten Fällen) Zug um Zug gegen eine Leistung des Gläubigers an einen Dritten (Hauptschuldner bzw Gesellschaft) zu verurteilen. Doch dürfen beide die fremde Gegenforderung nicht einziehen, auch nicht indirekt; Hauptschuldner bzw Gesellschaft könnten zB die eigene Forderung erlassen oder anderweitig darüber verfügen, ohne dass es Bürge bzw Gesellschafter verhindern könnten. 13

14 Das BGB kennt Zurückbehaltung auch bei Gegenleistungen, auf die kein eigener Anspruch besteht. So kann der Schuldner nach § 410 Abs 1 S 1 BGB die Leistung verweigern, bis ihm die Abtretungsurkunde ausgehändigt wird. Hier kommt eine andere Verurteilung als die zur Leistung Zug um Zug gegen Aushändigung der Abtretungsurkunde nicht in Frage, will man nicht den materiellen Anspruch erweitern (RG 11. 1. 1904 – VI 301/03, RGZ 56, 301). Ähnlich kann nach **§ 255 BGB** der Ersatzpflichtige nicht seinerseits die Abtretung (Zug um Zug gegen Ersatzleistung) verlangen (vgl § 255 Rn 40). Gleichwohl muss man auch hier seine Klage nicht abweisen, solange dem Abtretungsbegehren nicht entsprochen wird, sondern kann § 274 BGB analog anwenden.

15 Etwas Besonderes ergibt sich aus der **Saldotheorie** bei der Rückgewähr der Bereicherung, wenn die beiderseits erbrachten Leistungen ungleichartig sind. Der Bereicherungskläger muss hier die ungleichartige Gegenleistung derart im Klageantrag berücksichtigen, dass er nur Leistung Zug um Zug gegen Gegenleistung begehrt. Der Beklagte ist nicht darauf angewiesen, ein Zurückbehaltungsrecht einredeweise geltend zu machen (BGH 24. 6. 1963 – VII ZR 229/62, NJW 1963, 1870). Die Technik der Rückabwicklung verlangt aber auch in diesen Fällen die Verurteilung zur Leistung Zug um Zug. An der Einheitlichkeit des Anspruchs ändert das nichts. Dieser bleibt fällig und durchsetzbar und ist deshalb nach § 291 S 1 BGB zu verzinsen (BGH 27. 9. 2013 – V ZR 52/12, WM 2013, 2315). Dasselbe gilt, wenn ungleichartige „Vorteile" im Rahmen der schadensrechtlichen Vorteilsausgleichung zu berücksichtigen sind (BGH 12. 5. 1958 – II ZR 103/57, BGHZ 27, 241).

16 Wird ein Zurückbehaltungsrecht **vertraglich vereinbart** (RG 17. 4. 1907 – V 505/06, RGZ 66, 24), richten sich seine Rechtsfolgen grundsätzlich nur nach dem Vertrag. Bspw ist § 273 Abs 3 BGB ausgeschlossen, wenn „Rückgabe nur gegen Leistung" verabredet wird, soll die „Rückgabe nur nach Vorleistung" erfolgen, ist damit auch § 274 BGB ausgeschlossen. Fehlt es an einer besonderen Abrede, greifen freilich die dispositiven §§ 273, 274 BGB (RG 18. 10. 1930 – V 267/29, HRR 1931 Nr 105).

Vorbemerkungen zu §§ 275–278*

Schrifttum

1. Zur und nach der Schuldrechtsreform

Ahrens, Unmöglichkeit, Leistungsstörung, Pflichtverletzung. Eine Teilkritik am Entwurf der Kommission zur Überarbeitung des Schuldrechts, ZRP 1995, 417

Altmeppen, Schadensersatz wegen Pflichtverletzung – Ein Beispiel für die Überhastung der Schuldrechtsreform, Betrieb 2001, 1131

ders, Untaugliche Regeln zum Vertrauensschaden und Erfüllungsinteresse im Schuld-

* Für ihre wertvolle Mitarbeit an der Neubearbeitung danke ich meinen wissenschaftlichen Mitarbeitern Lisa Seifried (Vorbem zu §§ 275–278, 275, 285), Tanja Waldmann (§§ 276, 277) und Alexander Schuhmann (§ 278) sowie den studentischen Hilfskräften Jörg Bloss und Bastian Müller.

rechtsmodernisierungsentwurf, Betrieb 2001, 1399
ders, Nochmals: Schadensersatz wegen Pflichtverletzung, anfängliche Unmöglichkeit und Aufwendungsersatz im Entwurf des Schuldrechtsmodernisierungsgesetzes, Betrieb 2001, 1821
ANDERS, Der zentrale Haftungsgrund der Pflichtverletzung im Leistungsstörungsrecht des Entwurfs für ein Schuldrechtsmodernisierungsgesetz, ZIP 2001, 184
ARMBRÜSTER, Reform des Schuldrechts – Die Vorschläge der Schuldrechtskommission, JR 1991, 322
ARNOLD/BUDZIKIEWICZ, Die Beschaffungspflicht des Beschwerten beim Vermächtnis, in: GS Hübner (2012) 357
ARTZ, Die Schuldrechtsreform vor dem Hintergrund des Gemeinschaftsrechts, NJW 2001, 1703
AUER, Digitale Leistungen, ZfPW 2019, 130
BACH, Neue Richtlinien zum Verbrauchsgüterkauf und zu Verbraucherverträgen über digitale Inhalte, NJW 2019, 1705
vBAR/SCHULTE-NÖLKE, Gemeinsamer Referenzrahmen für europäisches Schuld- und Sachenrecht, ZRP 2005, 165
BASEDOW, Grundlagen des europäischen Privatrechts, JuS 2004, 89
ders, Ein optionales Europäisches Vertragsgesetz – opt-in, opt-out, wozu überhaupt?, ZEuP 2004, 1
ders, Kodifikationsrausch und kollidierende Konzepte – Notizen zu Marktbezug, Freiheit und System im Draft Common Frame of Reference, ZEuP 2008, 673
BRAUN, Vom Beruf unserer Zeit zur Überarbeitung des Schuldrechts, JZ 1993, 1
BRÜGGEMEIER, Überarbeitung des Schuldrechts. Herausforderung oder Überforderung des Gesetzgebers, KritJ 16 (1983) 386
BRÜGGEMEIER/REICH, Europäisierung des BGB durch große Schuldrechtsreform?, BB 2001, 213
CANARIS, Die Reform des Rechts der Leistungsstörungen, JZ 2001, 499
ders, Schadensersatz wegen Pflichtverletzung, anfängliche Unmöglichkeit und Aufwendungsersatz im Entwurf des Schuldrechtsmodernisierungsgesetzes, Betrieb 2001, 1815
DÄUBLER, Neues Schuldrecht – ein erster Überblick, NJW 2001, 3729
DÄUBLER-GMELIN, Die Entscheidung für die so genannte Große Lösung bei der Schuldrechtsreform – zum Entwurf eines Gesetzes zur Modernisierung des Schuldrechts, NJW 2001, 2281
DAUNER-LIEB, Die geplante Schuldrechtsmodernisierung – Durchbruch oder Schnellschuß?, JZ 2001, 8
dies, Viereinhalb Jahre Gesetz zur Modernisierung des Schuldrechts. Das neue Schuldrecht und der BGH – eine Zwischenbilanz, AnwBl 2006, 430
DEDEK, Die Konsumtion des § 283 aF BGB durch § 281 BGB, in: DAUNER-LIEB ua, Das neue Schuldrecht in der Praxis (2003) 183
DIEDERICHSEN, Zur gesetzlichen Neuordnung des Schuldrechts, AcP 182 (1982) 101
DÖRNER/STAUDINGER, Schuldrechtsmodernisierung. Systematische Einführung und synoptische Gesamtdarstellung (2002)
DÖTSCH, Schuldrechtsmodernisierung und öffentliches Recht, NWVBl 2001, 385
DÜCHS, Die Behandlung von Leistungsstörungen im Europäischen Vertragsrecht (2006)
EHMANN, Garantie- oder Verschuldenshaftung bei Nichterfüllung und Schlechtleistung?, in: FS Canaris (2007) I 165
EIDENMÜLLER/FAUST/GRIGOLEIT/JANSEN/WAGNER/ZIMMERMANN, Der Gemeinsame Referenzrahmen für das Europäische Privatrecht, JZ 2008, 529
ERNST, Zur Regelung des Versendungskaufs im Entwurf der Kommission zur Überarbeitung des Schuldrechts, ZIP 1993, 481
ders, Zum Kommissionsentwurf für eine Schuldrechtsreform, NJW 1994, 2177
ders, Kernfragen der Schuldrechtsreform, JZ 1994, 801
ders, Die Schuldrechtsreform 2001/2002 – zum Diskussionsentwurf des Schuldrechtsmodernisierungsgesetzes, ZRP 2001, 1
ders, Der ‚Common Frame of Reference' aus juristischer Sicht, AcP 208 (2008) 248
ders, Zum Fortgang der Schuldrechtsreform, in: ERNST/ZIMMERMANN, Zivilrechtswissenschaft und Schuldrechtsreform (2001) 559

Ernst/Gsell, Kaufrechtsrichtlinie und BGB, ZIP 2000, 1410
dies, Kritisches zum Stand der Schuldrechtsmodernisierung. Beispiele fragwürdiger Richtlinienumsetzung, ZIP 2001, 1389
dies, Nochmals für die „kleine Lösung“, ZIP 2000, 1812
Geis, Die Schuldrechtsreform und das Verwaltungsrecht, NVwZ 2002, 385
Gotthardt, Arbeitsrecht nach der Schuldrechtsreform (2. Aufl 2003)
Grigoleit, System der Leistungsstörungen. Einheitlichkeit und Differenzierung im kaufrechtlichen Leistungsstörungsrecht, in: Artz/Gsell/Lorenz (Hrsg), Zehn Jahre Schuldrechtsmodernisierung (2014) 55
Grundmann/Medicus/Rolland, Europäisches Kaufgewährleistungsrecht. Reform und Internationalisierung des deutschen Schuldrechts (2000)
Grunewald, Vorschläge für eine Neuregelung der anfänglichen Unmöglichkeit und des anfänglichen Unvermögens, JZ 2001, 433
Grunsky, Vorschläge zu einer Reform des Schuldrechts, AcP 182 (1982) 453
Gsell, Der Schadensersatz statt der Leistung nach dem neuen Schuldrecht, Jahrbuch Junger Zivilrechtswissenschaftler (2001) 105
dies, Rechtskräftiges Leistungsurteil und Klage auf Schadensersatz statt der Leistung, JZ 2004, 110
Harke, Pflichtverletzung und Nichterfüllung, JR 2006, 485
Heinrichs, Die Pflichtverletzung, ein Zentralbegriff des neuen Leistungsstörungsrechts, in: FS Schlechtriem (2003) 503
Henssler, Arbeitsrecht und Schuldrechtsreform, RdA 2002, 129
Henssler/Muthers, Arbeitsrecht und Schuldrechtsmodernisierung, ZGS 2002, 219
Huber, Leistungsstörungen, in: Gutachten und Vorschläge zur Überarbeitung des Schuldrechts, Bd I (1981) 647 (zit: Gutachten)
ders, Die Unmöglichkeit der Leistung im Diskussionsentwurf eines Schuldrechtsmodernisierungsgesetzes, ZIP 2000, 2137
ders, Die Pflichtverletzung als Grundtatbestand der Leistungsstörung im Diskussionsentwurf eines Schuldrechtsmodernisierungsgesetzes, ZIP 2000, 2273
ders, Das geplante Recht der Leistungsstörungen, in: Ernst/Zimmermann, Zivilrechtswissenschaft und Schuldrechtsreform (2001) 31
ders, Schadensersatz statt der Leistung, AcP 210 (2010) 319
Jansen/Zimmermann, Grundregeln des bestehenden Gemeinschaftsprivatrechts?, JZ 2007, 1113
Joussen, Arbeitsrecht und Schuldrechtsreform, NZA 2001, 745
J Kaiser, Schuldrechtsreform – Der „Einwand des Unvermögens“ und der „unechte Hilfsantrag“ nach Wegfall des § 283 BGB aF, MDR 2004, 311
Kindl, Das Recht der Leistungsstörungen nach dem Schuldrechtsmodernisierungsgesetz, WM 2002, 1313
Kley, Unmöglichkeit und Pflichtverletzung – Die Funktion der Unmöglichkeitstatbestände im BGB und der Reformversuch der Schuldrechtskommission (2001)
Krebs, Die große Schuldrechtsreform, Betrieb 2000, Beilage 14
Kriechbaum, Pflichtverletzung und Rücktritt vom Vertrag. Zum Anwendungsbereich der Regelungen über Teil-Leistungsstörungen nach BGB und Kommissionsentwurf, JZ 1993, 642
Koller, Recht der Leistungsstörungen, in: Koller/Roth/Zimmermann, Schuldrechtsmodernisierungsgesetz 2002 (2002) 45
Kuhlmann, Leistungspflichten und Schutzpflichten – ein kritischer Vergleich des Leistungsstörungsrechts des BGB mit den Vorschlägen der Schuldrechtskommission (2001)
Leible, Was tun mit dem Gemeinsamen Referenzrahmen für das Europäische Vertragsrecht? Plädoyer für ein optionales Instrument, BB 2008, 1469
ders, Europäisches Privatrecht am Scheideweg, NJW 2008, 2558
Lieb, Grundfragen einer Schuldrechtsreform, AcP 183 (1983) 327
Lindemann, Neuerungen im Arbeitsrecht durch die Schuldrechtsreform, AuR 2002, 81
Löwisch, Zweifelhafte Folgen des neuen Leis-

tungsstörungsrechts für das Arbeitsvertragsrecht, NZA 2001, 465
ders, Auswirkungen der Schuldrechtsreform auf das Recht des Arbeitsverhältnisses, in: FS Wiedemann (2002) 311
St Lorenz, Schadensersatz wegen Pflichtverletzung – ein Beispiel für die Überhastung der Kritik an der Schuldrechtsreform, JZ 2001, 742
ders, Neues Leistungsstörungsrecht und Kaufrecht: Eine Zwischenbilanz (2004)
ders, Schuldrechtsmodernisierung – Erfahrungen seit dem 1. Januar 2002, in: Karlsruher Forum 2005 (2006) 5
ders, Fünf Jahre „neues" Schuldrecht im Spiegel der Rechtsprechung, NJW 2007, 1
ders, Das Kaufrecht und die damit verbundenen Dienstverträge im Common European Sales Law, AcP 212 (2012) 702
Mansel, Kaufrechtsreform in Europa und die Dogmatik des deutschen Leistungsstörungsrechts, AcP 204 (2004) 396
Marotzke, BGB und InsO: zwei neue Leistungsstörungsrechte im Widerstreit, KTS 2002, 1
Mattheus, Schuldrechtsmodernisierung 2001/2002 – Die Neuordnung des allgemeinen Leistungsstörungsrechts, JuS 2002, 209
Mayerhöfer, Die Integration der positiven Forderungsverletzung in das BGB, MDR 2002, 549
Medicus, Vorschläge zur Überarbeitung des Schuldrechts: Das allgemeine Recht der Leistungsstörungen, NJW 1992, 2384
ders, Zum Stand der Überarbeitung des Schuldrechts, AcP 188 (1988) 168
ders, Die Leistungsstörungen im neuen Schuldrecht, JuS 2003, 521
ders, Zur Anwendbarkeit des allgemeinen Schuldrechts auf Schutzpflichten, in: FS Canaris (2007) I 835
Mitzkait, Leistungsstörung und Haftungsbefreiung (2008)
Motsch, Die Modernisierung des Schuldrechts, NJ 2002, 1
Mückl, Unmöglichkeit und Pflichtverletzung – Zum Begriff der „Pflichtverletzung" im Leistungsstörungsrecht des BGB, JA 2004, 928
Münch, Die „nicht wie geschuldet" erbrachte Leistung und sonstige Pflichtverletzungen, Jura 2002, 361
vOlshausen, Das Neben-, Nach-, Mit- und Gegeneinander mehrerer Rechte wegen Leistungsstörungen nach dem Schuldrechtsmodernisierungsgesetz, in: FS Huber (2006) 471
Otto, Die Grundstrukturen des neuen Leistungsstörungsrechts, Jura 2002, 1
Pfeiffer, Methodik der Privatrechtsangleichung in der EU. Der gemeinsame Referenzrahmen zum europäischen Vertragsrecht, AcP 208 (2008) 227
Piegsa, Teilleistungsstörungen bei Verträgen über mehrere körperliche Gegenstände (2005)
Rabe, Pflichtverletzung als Grundtatbestand des Leistungsstörungsrechts, ZIP 1996, 1652
ders, Drei Jahre Schuldrechtsmodernisierungsgesetz – eine Entgegnung, AnwBl 2005, 239
Reichenbach, Das Tatbestandsmerkmal der Pflichtverletzung im neuen Leistungsstörungsrecht, Jura 2003, 512
Reichold, Anmerkungen zum Arbeitsrecht im neuen BGB, ZTR 2002, 202
Richardi, Leistungsstörungen und Haftung im Arbeitsverhältnis nach dem Schuldrechtsmodernisierungsgesetz, NZA 2002, 1004
Riehm, Der Grundsatz der Naturalerfüllung (2015)
Rolland, Schuldrechtsreform – Allgemeiner Teil, NJW 1992, 2377
ders, Risikoverlagerung nach den Vorschlägen der Schuldrechtskommission, in: FS Medicus (1999) 469
Schapp, Probleme der Reform des Leistungsstörungsrechts, JZ 1993, 637
ders, Empfiehlt sich die „Pflichtverletzung" als Generaltatbestand des Leistungsstörungsrechts?, JZ 2001, 583
Schlechtriem, Schuldrechtsreform. Voraussetzungen, Möglichkeit und Gegenstände (1987)
ders, Rechtsvereinheitlichung in Europa und Schuldrechtsreform in Deutschland, ZEuP 1993, 217
ders, 10 Jahre CISG – Der Einfluß des UN-Kaufrechts auf die Entwicklung des deutschen und des internationalen Schuldrechts, IHR 2001, 12
Schlodder, Der Arbeitsvertrag im neuen Schuldrecht (2004)
Schmidt-Räntsch, Der Entwurf eines Schuldrechtsmodernisierungsgesetzes, ZIP 2000, 1639

ders, Zehn Jahre Schuldrechtsreform, in: Artz/Gsell/Lorenz (Hrsg), Zehn Jahre Schuldrechtsmodernisierung (2014) 141
Schultz, Leistungsstörungsrecht, in: Westermann (Hrsg), Das Schuldrecht (2002) 17
Schulze/Ebers, Streitfragen im neuen Schuldrecht, JuS 2004, 265, 366, 462
Schulze/Schulte-Nölke, Schuldrechtsreform und Gemeinschaftsrecht, in: Schulze/Schulte-Nölke, Die Schuldrechtsreform vor dem Hintergrund des Gemeinschaftsrechts (2001) 1
Schur, Schadensersatz nach rechtskräftiger Verurteilung zur Leistung, NJW 2002, 2518
M Schwab, Das neue Schuldrecht im Überblick, JuS 2002, 1
Schwarze, Unmöglichkeit, Unvermögen und ähnliche Leistungshindernisse im neuen Leistungsstörungsrecht, Jura 2002, 73
ders, Das Recht der Leistungsstörungen (2. Aufl 2017)
Hans Stoll, Notizen zur Neuordnung des Rechts der Leistungsstörungen, JZ 2001, 589
Stürner, Empfiehlt sich die von der Schuldrechts-Kommission vorgeschlagene Neuregelung des allgemeinen Leistungsstörungsrechts, der Mängelhaftung bei Kauf- und Werkvertrag und des Rechts der Verjährung?, NJW 1994 Beilage zu Heft 25, 2
ders, Einige Bemerkungen zum Stand der Schuldrechtsreform, in: FS Brandner (1996) 635
Teichmann, Strukturveränderungen im Recht der Leistungsstörungen nach dem Regierungsentwurf eines Schuldrechtsmodernisierungsgesetzes, BB 2001, 1485
Tröger, Arbeitsteilung und Vertrag (2012)
Unberath, Die Vertragsverletzung (2007)
Wallenberg, Rechtsfolgen bei anfänglicher Unmöglichkeit der Leistung – geltendes Recht und Vorschlag der Schuldrechtskommission, ZRP 1994, 306
Wank, Das Recht der Leistungsstörungen im Arbeitsrecht nach der Schuldrechtsreform, in: FS Schwerdtner (2003) 247
vWestphalen, Das Moderne Schuldrecht und seine Bewährung in der anwaltlichen Praxis, in: Artz/Gsell/Lorenz (Hrsg), Zehn Jahre Schuldrechtsmodernisierung (2014) 187
Wieser, Eine Revolution des Schuldrechts, NJW 2001, 121
Wilhelm, Schuldrechtsreform 2001, JZ 2001, 861
ders, Die Pflichtverletzung nach neuem Schuldrecht, JZ 2004, 1055
vWilmowsky, Pflichtverletzungen im Schuldverhältnis – Die Anspruchs- und Rechtsgrundlagen des neuen Schuldrechts, Beilage zu JuS Heft 1/2002
Zimmer, Das neue Recht der Leistungsstörungen, NJW 2002, 1
Zimmermann, Konturen eines europäischen Vertragsrechts, JZ 1995, 477
ders, Schuldrechtsmodernisierung?, JZ 2001, 171
Zöchling-Jud, Das neue Europäische Gewährleistungsrecht für den Warenhandel, GPR 2019, 115.

Zu neuerem Schrifttum s außerdem noch die Übersichten bei den einzelnen Vorschriften.

2. Vor der Schuldrechtsreform

Bittner, Die Auswirkungen des Irak-Embargos auf Warenlieferungsverträge: Zivilrechtliche Folgen von Handelsbeschränkungen, RIW 1994, 458
Blaurock, Culpa-Haftung und nachträgliche Unmöglichkeit, in: FS vCaemmerer (1983) 51
Bullinger, Leistungsstörungen beim öffentlich-rechtlichen Vertrag, DÖV 1977, 812
Caytas, Der unerfüllbare Vertrag. Anfängliche und nachträgliche Leistungshindernisse und Entlastungsgründe im Recht der Schweiz, Deutschlands, Österreichs, Frankreichs, Italiens, Englands, der Vereinigten Staaten, im Völkerrecht und im Internationalen Handelsrecht (Wilmington 1984)
Evans-vKrbek, Nichterfüllungsregeln auch bei weiteren Verhaltens- oder Sorgfaltspflichtverletzungen?, AcP 179 (1979) 85
Fabricius, Leistungsstörungen im Arbeitsverhältnis (1970)
Friedrich, Der Vertragsbruch, AcP 178 (1978) 468
Huber, Einige Probleme des Rechts der Leistungsstörungen im Licht des Haager einheitlichen Kaufrechts, JZ 1974, 433
ders, Allgemeine Haftungsprinzipien des Rechts der Leistungsstörungen in der höchstrichterli-

chen Rechtsprechung, in: FG 50 Jahre Bundesgerichtshof (2000) Bd I 251
Hüffer, Leistungsstörungen durch Gläubigerhandeln (1976)
H H Jakobs, Unmöglichkeit und Nichterfüllung (1969)
ders, Gesetzgebung im Leistungsstörungsrecht. Zur Ordnung des Rechts der Leistungsstörungen im BGB und nach einheitlichem Kaufrecht (1985)
Jones/Schlechtriem, Breach of Contract (Deficiencies in a Party's Performance), International Encyclopedia of Comparative Law (1999)
Medicus, Gesetzgebung und Jurisprudenz im Recht der Leistungsstörungen, AcP 186 (1986) 268
Meyer, Das neue öffentliche Vertragsrecht und die Leistungsstörungen, NJW 1977, 1705
Motzer, Schutzpflichtverletzung und Leistungsunmöglichkeit, JZ 1983, 884
Picker, Positive Forderungsverletzung und culpa in contrahendo – Zur Problematik der Haftungen „zwischen" Vertrag und Delikt, AcP 183 (1983) 369
Rabel, Das Recht des Warenkaufs I (1936)
Schlechtriem, Aufhebung des Vertrages als Rechtsbehelf bei Leistungsstörungen, in: FS Müller-Freienfels (1986) 525
Staub, Die positiven Vertragsverletzungen (1904; 2. Aufl 1913) besorgt von Müller mit Einschluss von Staubs Aufsatz, in: FS Erster Juristentag (1902) 29 ff, (Neudruck 1969) mit einem Nachwort von E Schmidt
Heinrich Stoll, Abschied von der Lehre von der positiven Vertragsverletzung, AcP 136 (1932) 257
ders, Die Lehre von den Leistungsstörungen (1936)
Thiele, Leistungsstörung und Schutzpflichtverletzung, JZ 1967, 649
Vollkommer, Die Konkurrenz des allgemeinen Leistungsstörungsrechts mit den Leistungsstörungsinstituten der besonderen Schuldvertragstypen, AcP 183 (1983) 525
De Wall, Die Anwendbarkeit privatrechtlicher Vorschriften im Verwaltungsrecht (1999)
Wieacker, Leistungshandlung und Leistungserfolg im Bürgerlichen Schuldrecht, in: FS Nipperdey I (1965) 783
Wiedemann, Das System der Leistungsstörungen im deutschen Vertragsrecht, in: FS Rechtswiss Fakultät Köln (1988) 367.

Zum älteren Schrifttum vgl Staudinger/Löwisch (2001) Vorbem zu §§ 275–283.

S außerdem Schrifttum zu § 275, zu § 276, zu den Vorbem zu §§ 280 ff, zu den Vorbem zu §§ 286 ff und zu § 286.

Systematische Übersicht

Alphabetische Übersicht

I. Das Leistungsstörungsrecht nach der Schuldrechtsreform

1 Das BGB behandelt in §§ 241–265 den Inhalt der geschuldeten Leistung, insbesondere die verschiedenen vornehmlich wichtigen oder der Regelung bedürftigen Leistungsgegenstände (Gattungsschuld, Geldschuld, Zinsschuld, Schadensersatz, Aufwendungen, Rechenschaftsablegung, Wahlschuld), und in §§ 266–274 Ort, Zeit und Art der Leistung, dh wo, wann und wie sie zu bewirken ist. Die normale Entwicklung des Schuldverhältnisses besteht darin, dass die Forderung des Gläubigers am rechten Ort, zur rechten Zeit und in der richtigen Weise erfüllt wird. Damit hat dann das Schuldverhältnis seine Funktion erfüllt und erlischt (§ 362 BGB). Das Schuldverhältnis kann sich aber auch *regelwidrig entwickeln:* Die Leistung wird nicht am gehörigen Ort, nicht zur gehörigen Zeit oder nicht in der gehörigen Art erfüllt oder sie bleibt ganz aus. Auch für diese seit Heinrich Stoll sog **Leistungsstörungen** muss das Gesetz Vorsorge treffen.

2 **Vor der Schuldrechtsreform** hatte das BGB lediglich *zwei* Gruppen dieser Leistungsstörungen behandelt, nämlich die nachträgliche Unmöglichkeit (§§ 275–283 aF, 323–325 aF) und den Verzug (§§ 284–292 aF, 326 aF). Seit Staub wusste man, dass diese Sachbehandlung insofern *nicht erschöpfend* war, als sie eine Reihe von Fällen regelwidriger Entwicklung eines Schuldverhältnisses nicht erfasste, die weder der Unmöglichkeit noch dem Verzug untergeordnet werden können. Man bezeichnete diese Fälle, die Staub positive Vertragsverletzung genannt hatte, auch als positive Forderungsverletzung oder Schlechtleistung.

3 Im Zuge der am 1. Januar 2002 in Kraft getretenen **Schuldrechtsreform** (zu ihrer Entwicklung in Bezug auf das Leistungsstörungsrecht Staudinger/Otto [2009] Vorbem 2 ff zu §§ 280–

285; STAUDINGER/SCHWARZE Vorbem B 1 ff zu §§ 280 ff sowie STAUDINGER/LÖWISCH [2001] Vorbem 5 ff zu §§ 275–283; synoptischer Überblick zu den alten und neuen Regelungen bei HABERMANN/HORN/LÖWISCH/MARTINEK/REUTER, Das Schuldrechtsmodernisierungsgesetz – seine Auswirkungen auf J VON STAUDINGERS Kommentar zum BGB [2002]) hat der Gesetzgeber mit der Neufassung der §§ 275–292 BGB und 323–326 BGB die Regelung der Leistungsstörungen unter dem Dach eines einheitlichen Instituts der **Pflichtverletzung** zusammengeführt. Ausgehend von der Neufassung des § 241 BGB, der nicht mehr nur in seinem Abs 1 die (Haupt-)Leistungspflicht als Inhalt des Schuldverhältnisses formuliert, sondern in Abs 2 auch bestimmt, dass das Schuldverhältnis (Neben-)Pflichten zur Rücksichtnahme auf die Rechtsgüter und Interessen des anderen Teils enthalten kann, wird einerseits das Schicksal der Leistungspflichten im Falle von Unmöglichkeit und Unzumutbarkeit in §§ 275, 285 Abs 1 BGB geregelt (dazu Rn 17 ff). Andererseits werden die Folgen einer Verletzung dieser Pflichten in den §§ 280–284, 285 Abs 2 BGB und §§ 323–326 BGB bestimmt (Überblick zu diesen Regelungen bei STAUDINGER/SCHWARZE Vorbem C 1 ff und D 1 ff zu §§ 280 ff).

Die Schuldrechtsreform hat auch das Institut des **Verschuldens bei Vertragsschluss** 4
kodifiziert. Nach § 311 Abs 2 BGB entsteht ein Schuldverhältnis mit Pflichten nach § 241 Abs 2 auch durch die Aufnahme von Vertragsverhandlungen und die Anbahnung eines Vertrags oder ähnliche geschäftliche Kontakte. Nach § 311 Abs 3 BGB ist die Entstehung eines solchen Schuldverhältnisses auch zu Dritten möglich, wenn diese in besonderem Maße für sich Vertrauen in Anspruch nehmen und dadurch die Vertragsverhandlungen oder den Vertragsschluss erheblich beeinflussen (dazu CANARIS JZ 2001, 499, 519 f; krit zur Neuregelung RIEBLE, Die Kodifikation der culpa in contrahendo, in: DAUNER-LIEB ua, Das neue Schuldrecht in der Praxis [2003] 137). S im Einzelnen STAUDINGER/FELDMANN (2018) § 311 Rn 98 ff, 183 ff.

Das neue Leistungsstörungsrecht hat die bisherige Nichtigkeitsfolge bei **anfänglicher** 5
objektiver Unmöglichkeit in den §§ 306 ff aF beseitigt: Nach § 311a Abs 1 BGB steht es der Wirksamkeit eines Vertrages nicht entgegen, dass der Schuldner nach § 275 Abs 1–3 BGB nicht zu leisten braucht und das Leistungshindernis schon bei Vertragsschluss vorliegt. Auch kann der Gläubiger in diesem Fall in gleicher Weise wie bei der nachträglich eingetretenen Unmöglichkeit oder Unzumutbarkeit Schadensersatz statt der Leistung oder Ersatz seiner Aufwendungen in dem in § 284 BGB bestimmten Umfang verlangen (§ 311a Abs 2 S 1 BGB). Lediglich für das Vermächtnis hat § 2171 BGB die Unwirksamkeitsfolge aufrechterhalten.

Wie sich aus §§ 280 Abs 1 S 2, 286 Abs 4 BGB und § 311a Abs 2 S 2 BGB ergibt, 6
wird das Recht der Leistungsstörungen vom **Prinzip der Verantwortlichkeit des Schuldners** als Zurechnungsgrund beherrscht. S dazu Rn 24 ff und § 276 Rn 1 ff.

Ersatzlos gestrichen hat die Schuldrechtsreform die bisherige Bestimmung des § 283 7
aF, nach welcher der Gläubiger dem **rechtskräftig zur Leistung verurteilten Schuldner** eine Frist mit der Erklärung bestimmen konnte, dass er die Annahme der Leistung nach dem Ablauf der Frist ablehne, und danach Schadensersatz wegen Nichterfüllung verlangen konnte. Der Gesetzgeber hielt die Bestimmung für überflüssig, weil der Gläubiger dem Schuldner nunmehr gem § 281 BGB allgemein eine Frist setzen und nach deren erfolglosem Ablauf Schadensersatz statt der Leistung verlangen kann (vgl Begr RE BT-Drucks 14/6040, 137). Konsequenz der Aufhebung ist freilich,

dass der Schuldner nunmehr auch nach rechtskräftiger Verurteilung zur Leistung gegen einen danach geltend gemachten Anspruch auf Schadensersatz statt der Leistung noch einwenden kann, dass bereits vor Rechtskraft eine von ihm *nicht* zu vertretende Unmöglichkeit oder Unzumutbarkeit eingetreten war; das war ihm früher verschlossen (vgl Staudinger/Löwisch [2001] § 283 Rn 1 ff; Dedek 193; zur Aufhebung Gsell JZ 2004, 110 ff; J Kaiser MDR 2004, 311 ff; Schur NJW 2002, 2518 ff).

8 Im Wesentlichen unberührt geblieben von der Schuldrechtsreform sind die §§ 293–304 BGB über den **Gläubigerverzug**. Lediglich die Regelung des § 296 BGB über die Entbehrlichkeit des Angebots ist verändert worden (s Staudinger/Feldmann Vorbem 2 zu §§ 293 ff).

9 Für das Recht der Leistungsstörungen gilt die allgemeine **Überleitungsvorschrift** des Art 229 § 5 EGBGB. Maßgebend für die Anwendung des neuen Rechts ist danach, ob das Schuldverhältnis als Ganzes am 1. 1. 2002 oder später entstanden ist (vgl Staudinger/Löwisch [2016] Art 229 § 5 EGBGB Rn 5 ff, 9 ff). Eine Abweichung von den Überleitungsgrundsätzen des Art 229 § 5 EGBGB durch die Wahl des alten oder neuen Rechts ist grundsätzlich möglich (Staudinger/Löwisch [2016] Art 229 § 5 EGBGB Rn 46 ff).

10 Für grenzüberschreitende **Kaufverträge** ist das **CISG** zu beachten. Danach haftet der Verkäufer für die Unmöglichkeit der Leistung der Kaufsache wie für jede andere Verletzung seiner Leistungspflicht: Der Käufer kann nach näherer Bestimmung der Art 45 ff CISG verlangen, dass der Vertrag mit den Folgen der Art 81 ff CISG aufgehoben wird. Ihm steht der in Art 74 ff CISG näher geregelte Schadensersatzanspruch zu, der allerdings gem Art 79 CISG ausgeschlossen ist, wenn der Hinderungsgrund außerhalb des Einflussbereichs des Verkäufers liegt. Zum Anwendungsbereich des CISG vgl Staudinger/Magnus (2018) Wiener UN-Kaufrecht (CISG) Erl zu Art 1–6; zum CISG s weiter Schlechtriem/Schwenzer/Schroeter, CISG, insbesondere Erl zu Art 45 ff (Müller-Chen), zu Art 61 ff (Mohs), zu Art 74 ff (Schwenzer).

11 Das heutige Recht der Leistungsstörungen wird zunehmend durch **Rechtsakte der EU** geprägt. Zu nennen sind insbesondere die Richtlinie 2011/7/EU zur Bekämpfung von Zahlungsverzug im Geschäftsverkehr (zuvor RL 2000/35/EG) und die Richtlinie 1999/44/EG zu bestimmten Aspekten des Verbrauchsgüterkaufs und der Garantien für Verbrauchsgüter, deren Umsetzung auch § 275 BGB dient und die durch die Richtlinie 2011/83/EU in wenigen Punkten geändert wurde. Die Verbrauchsgüterkaufrichtlinie 1999/44/EG wird durch die Richtlinie (EU) 2019/771 abgelöst und zum 1. 1. 2022 aufgehoben (Rn 16). Zudem hat es in den vergangenen zwei Jahrzehnten unterschiedliche Vorarbeiten und Entwürfe zu einer europäischen Rechtsvereinheitlichung gegeben.

12 Am 12. 2. 2003 legte die EG-Kommission dem Europäischen Parlament und dem Rat einen **Aktionsplan** für „Ein kohärenteres Europäisches Vertragsrecht" vor (KOM [2003] 68 endg; dazu Staudenmayer, Der Aktionsplan der EG-Kommission zum Europäischen Vertragsrecht, EuZW 2003, 165; Najork/Schmidt-Kessel, Der Aktionsplan der Kommission für ein kohärenteres Vertragsrecht: Überlegungen zu den von der Kommission vorgeschlagenen Maßnahmen, GPR 2003/2004, 5). Darin schlug sie insbesondere vor, einen **„Gemeinsamen Referenzrahmen"** (GRR) zu schaffen, der bei der Systematisierung des vorhandenen

Gemeinschaftsrechts helfen und die Basis für weitere Überlegungen zu einem „optionalen Instrument" als einer von den Vertragsparteien wählbaren oder abwählbaren Vertragsrechtsordnung liefern sollte (KOM [2003] 68 endg). Die wichtigsten **Vorarbeiten** zu Referenzrahmen und optionalem Instrument finden sich im Entwurf eines Code Européen des Contrats (s GANDOLFI, Code Européen des Contrats [2002]) und vor allem in den Principles of European Contract Law (LANDO/BEALE, Principles of European Contract Law, Parts I and II [1999] [deutsche Fassung: vBAR/ZIMMERMANN, Grundregeln des Europäischen Vertragsrechts, Teile I und II (2002)] sowie LANDO/CLIVE/PRUM/ZIMMERMANN, Principles of European Contract Law, Part III [2003]) und den darauf aufbauenden Arbeiten der Study Group on a European Civil Code. S im Einzelnen STAUDINGER/OLZEN (2019) Einl 280 ff zum Schuldrecht.

Ende des Jahres 2007 erhielt die Kommission von der beauftragten Forschergruppe 13 den Zwischenentwurf **des Gemeinsamen Referenzrahmens** (Draft Common Frame of Reference [Interim Outline Edition]), dem Anfang 2009 die endgültige Fassung des Textes folgte (Outline Edition). Der Entwurf ist in mehrere Bücher gegliedert und sieht in Book III, Chapter 3 „Remedies for non-performance", also Rechtsbehelfe bei Pflichtverletzung vor (s allgemein zum DCFR SCHMIDT-KESSEL [Hrsg], Der Gemeinsame Referenzrahmen – Entstehung, Inhalte, Anwendung [2009]; WAGNER [Hrsg], The Common Frame of Reference: A View from Law & Economics [2009]). Dem gemeinsamen Referenzrahmen, der als Grundlage für die Schaffung eines optionalen Instruments sowie als „Werkzeugkasten" bei der europäischen Gesetzgebung dienen soll (vBAR/SCHULTE-NÖLKE ZRP 2005, 165, 167; LEIBLE BB 2008, 1469, 1470 f; ders NJW 2008, 2558, 2561; zu Funktion und Rechtsstatus auch ERNST AcP 208 [2008] 248, 258 ff, 277 f; PFEIFFER AcP 208 [2008] 227, 242 f), wurde entgegengehalten, dass er viele Wertungswidersprüche aufweise, die Regelungen nicht aufeinander abgestimmt seien und die Privatautonomie beschnitten werde, sodass er keine Grundlage eines künftigen optionalen Instruments sein könne (EIDENMÜLLER/FAUST/GRIGOLEIT/JANSEN/WAGNER/ZIMMERMANN JZ 2008, 529, 549 f). S zum DCFR auch STAUDINGER/LOOSCHELDERS/OLZEN (2019) § 242 Rn 1235 ff.

Im Oktober 2011 veröffentlichte die Kommission den **Entwurf einer Verordnung über** 14 **ein Gemeinsames Europäisches Kaufrecht** (CESL), das als optionales Instrument neben die nationalen Kaufrechte treten sollte (KOM [2011] 635 endg). Für den Fall, dass die Parteien die Anwendung des CESL vereinbaren (Art 3 CESL), war vorgesehen, dass für Fragen, die in den Anwendungsbereich des Verordnungsentwurfs fallen, nur dessen Bestimmungen gelten, während für die nicht geregelten Bereiche weiterhin das Vertragsrecht der Mitgliedstaaten maßgebend sein sollte (KOM [2011] 635 endg, 6 f). Der Entwurf enthält unter anderem Regelungen zur Nichterfüllung (Art 87 f CESL) und zur Vertragswidrigkeit der gekauften Ware (Art 99 ff CESL). Auch sieht er vor, dass der Käufer Erfüllung nicht fordern kann, wenn die Nichterfüllung des Verkäufers entschuldigt ist (Art 106 Abs 4 CESL), und dass Erfüllung nicht verlangt werden kann, „wenn die Erfüllung unmöglich wäre oder rechtswidrig geworden ist, oder die Erfüllung im Vergleich zu dem Vorteil, den der Käufer dadurch erlangen würde, unverhältnismäßig aufwändig oder kostspielig wäre" (Art 110 Abs 3 CESL). Zu Entwicklung, Anwendungsbereich und materiellen Regelungen des Verordnungsentwurfs s im Einzelnen STAUDINGER/BECKMANN (2014) Vorbem 119 ff zu §§ 433 ff; STAUDINGER/OLZEN (2019) Einl 305 f zum Schuldrecht; zu den Verpflichtungen der Parteien und zur Gefahrtragung ausf auch ST LORENZ AcP 212 (2012) 702, 716 ff, 821 ff.

15 Das Europäische Parlament hat den Verordnungsentwurf am 26. 2. 2014 grundsätzlich befürwortet, aber auch eine Vielzahl von Änderungen, insbesondere eine Beschränkung auf Fernabsatzverträge, gefordert (P7_TA[2014]0159; hierzu Schmidt-Kessel/Herden GPR 2014, 120). Daraufhin hat die EU-Kommission mit Mitteilung vom 16. 12. 2014 angekündigt, den Entwurf **durch einen neuen Vorschlag zu ersetzen**, um das Potential des elektronischen Handels im digitalen Binnenmarkt voll zur Geltung zu bringen (KOM [2014] 910 endg, Annex 2, Nr 60). Die Kommission hat sodann von dem Ziel eines optionalen Instruments in Form einer unmittelbar geltenden Verordnung Abstand genommen und schließlich am 9. 12. 2015 den Entwurf einer Richtlinie über bestimmte vertragsrechtliche Aspekte der Bereitstellung digitaler Inhalte (KOM [2015] 634 endg) sowie den Entwurf einer Richtlinie über bestimmte vertragsrechtliche Aspekte des Online-Warenhandels und anderer Formen des Fernabsatzes von Waren (KOM [2015] 635 endg) bekanntgegeben (s zu den Entwürfen im Einzelnen Maultzsch JZ 2016, 236 ff; Schmidt-Kessel/Erler/Grimm/Kramme GPR 2016, 2 ff [Teil 1], 54 ff [Teil 2]). Letzterer ist im Oktober 2017 noch einmal überarbeitet und auf den stationären Handel ausgeweitet worden (KOM [2017] 637 endg).

16 Am 20. 5. 2019 haben das Europäische Parlament und der Rat die **Richtlinie über bestimmte vertragsrechtliche Aspekte des Warenkaufs**, zur Änderung der Verordnung (EU) 2017/2394 und der Richtlinie 2009/22/EG sowie zur Aufhebung der Richtlinie 1999/44/EG erlassen (RL [EU] 2019/771 [ABl L 136/28]). Mit dieser wird ua die bisherige Verbrauchsgüterkaufrichtlinie abgelöst. Die Richtlinie zielt auf eine Vollharmonisierung (Art 4 RL [EU] 2019/771) und ist nach ihrem Art 24 bis zum 1. 7. 2021 in das nationale Recht umzusetzen. Sie regelt die Rechte des Verbrauchers im Fall der Vertragswidrigkeit der gekauften Ware und sieht ua vor, dass der Verkäufer die Herstellung des vertragsgemäßen Zustands der Ware verweigern kann, wenn ihm sowohl Nachbesserung als auch Ersatzlieferung unter Berücksichtigung aller Umstände unmöglich wären oder unverhältnismäßige Kosten verursachen würden, Art 13 Abs 3 RL (EU) 2019/771 (im Einzelnen Zöchling-Jud, Das neue Europäische Gewährleistungsrecht für den Warenhandel, GPR 2019, 115 ff, insbes 119 ff). Zudem wurde am 20. 5. 2019 die **Richtlinie über bestimmte vertragsrechtliche Aspekte der Bereitstellung digitaler Inhalte und digitaler Dienstleistungen** erlassen (RL [EU] 2019, 770 [ABl L 136/1], die ebenfalls bis zum 1. 7. 2021 umzusetzen ist (Art 24) und auf eine Vollharmonisierung zielt (Art 4). Sie gilt für alle Verträge, auf deren Grundlage der Unternehmer dem Verbraucher digitale Inhalte oder digitale Dienstleistungen bereitstellt oder deren Bereitstellung zusagt und der Verbraucher einen Preis zahlt oder dessen Zahlung zusagt (Art 3 Abs 1 RL [EU] 2019/770). In der Sache geht es der Richtlinie um die Gewährleistungsrechte im Fall der Vertragswidrigkeit der digitalen Inhalte und Dienstleistungen (näher Auer ZfPW 2019, 130 ff; zur Abgrenzung der beiden Richtlinien Bach NJW 2019, 1705 f; Zöchling-Jud GPR 2019, 115, 118 f).

II. Unmöglichkeit und Unzumutbarkeit der Leistung

17 Nach § 275 Abs 1 BGB ist der Anspruch auf Leistung ausgeschlossen, soweit diese für den Schuldner oder für jedermann unmöglich ist. Gemeint ist damit, dass der Gläubiger im Falle der Unmöglichkeit keinen Anspruch auf Erbringung der ursprünglich geschuldeten Leistung mehr hat. Nicht etwa wird infolge der Unmöglich-

keit der Schuldner überhaupt von seiner Leistungspflicht frei (§ 275 Rn 79 ff). Diese verwandelt sich nur unter den zusätzlichen Voraussetzungen der §§ 280 ff BGB in Ansprüche auf Schadensersatz statt und neben der Leistung (s dazu Staudinger/Schwarze Vorbem C 1 ff, C 6 ff zu §§ 280 ff). Außerdem hat der Gläubiger gem § 285 Abs 1 BGB den Anspruch auf Herausgabe eines vom Schuldner für den geschuldeten Gegenstand erlangten Ersatzes oder Ersatzanspruchs.

§ 275 Abs 1 BGB betrifft nur die eigentliche Unmöglichkeit der Leistung. Deren **Unzumutbarkeit** hat durch die Schuldrechtsreform in § 275 Abs 2 und 3 BGB eine ausdrückliche Regelung gefunden, die von der früheren parallelen Behandlung zur Unmöglichkeit abweicht. Der Anspruch auf die ursprüngliche Leistung ist bei Unzumutbarkeit nicht ausgeschlossen. Vielmehr erhält der Schuldner ein Leistungsverweigerungsrecht, dessen Voraussetzungen unterschiedlich ausgestaltet sind, je nach dem, ob es sich um eine persönlich zu erbringende Leistung handelt oder nicht. Auch liegt es am Schuldner, das Leistungsverweigerungsrecht durch Einrede geltend zu machen (§ 275 Rn 114 ff). **18**

Die Regelung des § 275 BGB gilt für rechtsgeschäftlich begründete wie für gesetzliche Schuldverhältnisse. Die Rechtsfolgen von Unmöglichkeit und Unzumutbarkeit sind in der Vorschrift aber nicht erschöpfend behandelt. Für **gegenseitige Verträge gilt ergänzend § 326 BGB**. Besonders geregelt sind weiter die (anfängliche und nachträgliche) Unmöglichkeit bei der Wahlschuld (§ 265 BGB), die Unmöglichkeit der Rückgabe einer durch eine unerlaubte Handlung entzogenen Sache (§ 848 BGB) und der Herausgabe beim Bereicherungsanspruch (§§ 818 ff BGB) sowie die Folgen der Unmöglichkeit der Rückgewähr im Falle eines Rücktrittsrechts (§ 346 Abs 2 und 3 BGB). Eine § 275 Abs 2 BGB verdrängende Sonderregelung für anfängliche Verschaffungshindernisse findet sich in § 2170 Abs 2 BGB für das Verschaffungsvermächtnis (dazu Arnold/Budzikiewicz, in: GS Hübner [2012] 357, 363 ff; Staudinger/Otte [2013] § 2170 Rn 4 ff). **19**

Die Regelungen des BGB über Voraussetzungen und Folgen von Unmöglichkeit und Unzumutbarkeit sind mit Ausnahme des § 276 Abs 3 BGB **dispositiv**. Doch richten die §§ 305 ff BGB für Abmachungen in **Allgemeinen Geschäftsbedingungen** Schranken auf. Insbesondere ist eine Bestimmung unwirksam, die für den Fall der vom Verwender der AGB zu vertretenden Pflichtverletzung – und damit auch der vom Verwender zu vertretenden Unmöglichkeit oder Unzumutbarkeit – das Recht des anderen Vertragsteils einschränkt, sich vom Vertrag zu lösen, § 309 Nr 8a BGB (s dazu Staudinger/Coester-Waltjen [2013] § 309 Nr 8 Rn 5 ff). **20**

§ 275 BGB betrifft nur die Fälle der unmöglich oder unzumutbar gewordenen, *nicht* die der bloß *verspäteten* Leistung. Die Leistungsverspätung ist in den Vorschriften über den Schuldnerverzug (§§ 280 Abs 2, 286–292 BGB) geregelt. Im Einzelfall kann aber auch die Verspätung der Leistung zu deren Unmöglichkeit führen, nämlich dann, wenn die Einhaltung der vorgesehenen Leistungszeit unverzichtbar ist, um dem Interesse zu genügen, welches der Gläubiger nach dem Inhalt des Schuldverhältnisses mit der Leistung verbindet. Vgl zur Abgrenzung zwischen bloßer Leistungsverzögerung und Unmöglichkeit sowie Unzumutbarkeit im Einzelnen Staudinger/Feldmann Vorbem 16 ff und 25 ff zu §§ 286 ff. **21**

22 Ist die Leistung dauernd unmöglich geworden oder hat der Schuldner die Leistung nach § 275 Abs 2 oder 3 BGB verweigert, schließt das Annahmeverzug aus (vgl dazu Staudinger/Feldmann Vorbem 5 ff zu §§ 293 ff).

23 Zur Anwendbarkeit des § 275 BGB auf den öffentlich-rechtlichen Vertrag und sonstige öffentlich-rechtliche Schuldverhältnisse s § 275 Rn 11.

III. Verantwortlichkeit des Schuldners

24 Der Schuldner haftet für die Pflichtverletzungen nur, wenn er diese zu verantworten hat. Dieses Prinzip folgt aus den §§ 276–278 BGB. Im Vordergrund steht dabei die **Verantwortung für eigenes Verschulden**: Nach § 276 Abs 1 S 1 BGB hat der Schuldner regelmäßig Vorsatz und Fahrlässigkeit zu vertreten. Nach § 276 Abs 1 S 2 BGB scheidet eine Haftung aus, wenn es dem Schuldner an der Verschuldensfähigkeit mangelt (dazu § 276 Rn 105 ff).

25 Nach der Neufassung von § 276 Abs 1 S 1 BGB wird die Verantwortlichkeit für Vorsatz und Fahrlässigkeit verdrängt, wenn eine **strengere oder mildere Haftung** bestimmt oder aus dem sonstigen Inhalt des Schuldverhältnisses, insbesondere aus der Übernahme einer Garantie oder eines Beschaffungsrisikos zu entnehmen ist. Mit dieser Regelung nimmt die Vorschrift einerseits auf die Fälle Bezug, in denen Gesetz oder Vertrag einen **anderen Verschuldensmaßstab** als Vorsatz oder Fahrlässigkeit iS des Außerachtlassens der verkehrserforderlichen Sorgfalt (§ 276 Abs 2 BGB) festlegen, insbesondere die Haftung auf grobe Fahrlässigkeit oder die eigenübliche Sorgfalt (§ 277 BGB) beschränken (zu diesen Fällen § 276 Rn 110 ff und 114 ff). Andererseits werden so die Fälle in § 276 BGB einbezogen, in denen der Schuldner die Verletzung einer Pflicht ohne Rücksicht auf Verschulden zu verantworten hat, insbesondere weil er eine Garantie übernommen hat oder ihn das Beschaffungsrisiko trifft. Damit hat auch die früher in dem durch die Schuldrechtsreform aufgehobenen § 279 aF enthaltene verschuldensunabhängige Verantwortlichkeit des Schuldners für die Leistung aus der Gattung nunmehr ihren Platz in § 276 Abs 1 S 1 BGB gefunden. S im Einzelnen § 276 Rn 147 ff und 153 ff.

26 Die Verantwortlichkeit des Schuldners **für seinen gesetzlichen Vertreter und seine Erfüllungsgehilfen** ist wie bisher in § 278 BGB geregelt. Wenn dabei auch der Wortlaut unverändert geblieben ist, muss doch beachtet werden, dass infolge des Verweises auf das Verschulden des gesetzlichen Vertreters oder der Erfüllungsgehilfen die Neuregelung des § 276 BGB auch für die Haftung für diese gilt (§ 278 Rn 60 ff und Rn 123 ff).

27 Zur Geltung des Verschuldensprinzips und damit zur Anwendung des § 276 BGB im öffentlichen Recht s § 276 Rn 11; zur Anwendung des § 278 BGB im öffentlichen Recht s § 278 Rn 12 ff.

§ 275*
Ausschluss der Leistungspflicht

(1) Der Anspruch auf Leistung ist ausgeschlossen, soweit diese für den Schuldner oder für jedermann unmöglich ist.

(2) Der Schuldner kann die Leistung verweigern, soweit diese einen Aufwand erfordert, der unter Beachtung des Inhalts des Schuldverhältnisses und der Gebote von Treu und Glauben in einem groben Missverhältnis zu dem Leistungsinteresse des Gläubigers steht. Bei der Bestimmung der dem Schuldner zuzumutenden Anstrengungen ist auch zu berücksichtigen, ob der Schuldner das Leistungshindernis zu vertreten hat.

(3) Der Schuldner kann die Leistung ferner verweigern, wenn er die Leistung persönlich zu erbringen hat und sie ihm unter Abwägung des seiner Leistung entgegenstehenden Hindernisses mit dem Leistungsinteresse des Gläubigers nicht zugemutet werden kann.

(4) Die Rechte des Gläubigers bestimmen sich nach den §§ 280, 283 bis 285, 311a und 326.

Materialien: E I § 237; II §§ 232, 235 S 1; III § 269; Jakobs/Schubert SchR I 209; KE 117; DE 16, 306; KF 10; RE BT-Drucks 14/6040, 6, 126; Beschlussempfehlung und Bericht d Rechtsausschusses, BT-Drucks 14/7052, 17, 271.

Schrifttum

1. Zur und nach der Schuldrechtsreform

Ackermann, Die Nacherfüllungspflicht des Stückverkäufers, JZ 2002, 378

Arnold, Die vorübergehende Unmöglichkeit nach der Schuldrechtsreform, JZ 2002, 866

Arnold/Budzikiewicz, Die Beschaffungspflicht des Beschwerten beim Vermächtnis, in: GS Hübner (2012) 357

Balthasar/Bolten, Untergang der verkauften Sache: Unmöglichkeit oder Ersatzlieferungsanspruch?, ZGS 2004, 411

Bartels, Über die magische Macht der Karten und gegen die vom BGH aus dem Hut gezauberte Rechtsfigur der „bewusst sinnlosen, aber zu entgeltenden Leistung", ZGS 2011, 355

Becker, Unmöglichkeit im Medizinrecht, RW 2013, 123

Bernhard, Das grobe Missverhältnis in § 275 Abs 2 BGB, Jura 2006, 801

Bitter, Der Nachlieferungsanspruch beim Stück-, Vorrats- und Gattungskauf in Sachmängelfällen sowie beim Untergang der Sache, ZIP 2007, 1881

Bitter/Meidt, Nacherfüllungsrecht und Nacherfüllungspflicht des Verkäufers im neuen Schuldrecht, ZIP 2001, 2114

Canaris, Die Reform des Rechts der Leistungsstörungen, JZ 2001, 499

ders, Die Nacherfüllung durch Lieferung einer

* Amtlicher Hinweis: Diese Vorschrift dient auch der Umsetzung der Richtlinie 1999/44/EG des Europäischen Parlaments und des Rates vom 25. Mai 1999 zu bestimmten Aspekten des Verbrauchsgüterkaufs und der Garantien für Verbrauchsgüter (ABl EG Nr L 171 S 12).

mangelfreien Sache beim Stückkauf, JZ 2003, 831
ders, Die Behandlung nicht zu vertretender Leistungshindernisse nach § 275 Abs 2 BGB beim Stückkauf, JZ 2004, 214
ders, Die einstweilige Unmöglichkeit der Leistung, in: FS Huber (2006) 143
ders, Der Vertrag mit ersetzbarer Primärleistung als eigenständige Rechtsfigur und die Zentralprobleme seiner Ausgestaltung, in: FS Westermann (2008) 137
ders, Die Bedeutung des Kriteriums der Unteilbarkeit der Leistung oder der Gegenleistung im modernisierten Leistungsstörungsrecht, in: FS Medicus (2009) 17
ders, Gläubigerverzug und Unmöglichkeit, in: Liber Amicorum Prölls (2009) 21
ders, Das Leistungsverweigerungsrecht wegen Unzumutbarkeit der Leistung in einer Kollisions- oder Konfliktlage nach deutschem Recht, in: FS Cian (2010) 383
Coester-Waltjen, Verzögerungsgefahr, Sachgefahr, Leistungsgefahr, Jura 2006, 829
Costede, Fragen zur Reichweite vertraglicher Leistungspflicht (§§ 275, 313 BGB), in: FS Deutsch (2009) 1037
Däubler, Die vorübergehende Unmöglichkeit der Leistung, in: FS Heldrich (2005) 55
Dieckmann, Erfüllungszwang und Unmöglichkeit, ZGS 2008, 14
Dötsch, Schuldrechtsmodernisierung und öffentliches Recht, NWVBl 2001, 385
Dötterl, Wann ist der Gläubiger für die Unmöglichkeit verantwortlich? Zugleich eine Untersuchung des Verhältnisses zwischen Unmöglichkeit und Verzögerung der Leistung (2008)
Emmerich, Unmöglichkeit, Leistungserschwerung und Opfergrenze – im Mietrecht und anderswo, NZM 2010, 497
Fehre, Unmöglichkeit und Unzumutbarkeit der Leistung. Voraussetzungen und Rechtsfolgen nach Inkrafttreten des Schuldrechtsmodernisierungsgesetzes (2005)
Finn, Erfüllungspflicht und Leistungshindernis. Die Bestimmung der Grenzen vertraglicher Primärpflichten nach §§ 275 Abs 1 und 2, 313 BGB (2007)
Fischer, Der Ausschluss der Leistungspflicht im Falle der Unmöglichkeit im Entwurf des Schuldrechtsmodernisierungsgesetzes (§ 275 BGB RegE), Betrieb 2001, 1923
Freitag, Rechtsfolgen der Unmöglichkeit und Unzumutbarkeit der Leistung, NJW 2014, 113
Geis, Die Schuldrechtsreform und das Verwaltungsrecht, NVwZ 2002, 385
Gotthardt/Greiner, Leistungsbefreiung bei Krankheit des Arbeitnehmers nach § 275 Abs 1 oder 3 BGB, Betrieb 2002, 2106
Greiner, Ideelle Unzumutbarkeit. Dogmatik und Praxis der Leistungsverweigerung bei Rechtsgüter- und Pflichtenkollisionen im Zivilrecht (2004)
Gruber, Das drohende Ende der Stückschuld, JZ 2005, 707
Gsell, Zeitweilige Unmöglichkeit und prozessuale Durchsetzung des Leistungsanspruchs, in: FS Buchner (2009) 267
Heckel, Anspruch und Einrede im „neuen“ Leistungsstörungsrecht, JZ 2012, 1094
Helm, Die Einordnung wirtschaftlicher Leistungserschwerungen in das Leistungsstörungsrecht nach der Schuldrechtsreform (2005)
Henssler/Muthers, Arbeitsrecht und Schuldrechtsmodernisierung, ZGS 2002, 219
Heyers/Heuser, Qualitative Unmöglichkeit – eine verkannte Rechtsfigur, NJW 2010, 3057
Huber, Die Schadensersatzhaftung des Verkäufers wegen Nichterfüllung der Nacherfüllungspflicht und die Haftungsbegrenzung des § 275 Abs 2 BGB neuer Fassung, in: FS Schlechtriem (2003) 521
Jäpel, Rechtliche Unmöglichkeit und gesetzliches Verbot (2014)
Joussen, Arbeitsrecht und Schuldrechtsreform, NZA 2001, 745
Kaiser, Zeitweilige Unmöglichkeit, in: FS Hadding (2004) 121
Klausch, Unmöglichkeit und Unzumutbarkeit im System des allgemeinen Leistungsstörungsrechts nach der Schuldrechtsmodernisierung 2002 (2004)
Knütel, Zur Gleichstellung von zu vertretender und nicht zu vertretender Unmöglichkeit in § 275 im Regierungsentwurf zur Schuldrechtsmodernisierung, JR 2001, 353
Köndgen, Die Entlastung des Schuldners wegen Unmöglichkeit der Leistung – Versuch einer

Ehrenrettung des § 275 Abs 2 BGB, in: FS H-B Schäfer (2008) 275
Kohler, Bestrittene Leistungsunmöglichkeit und ihr Zuvertretenhaben bei § 275 BGB – Prozesslage und materielles Recht, AcP 205 (2005) 93
Kolbe, Unzumutbarer Beseitigungsaufwand?, NJW 2008, 3618
Kuhn, Unmöglichkeit der Lieferung einer mangelfreien Ersatzsache wegen Unzumutbarkeit für den Käufer, ZGS 2007, 290
Latzel, Rückbewirkte Leistungsstörungen, AcP 216 (2016) 674
Lobinger, Die Grenzen rechtsgeschäftlicher Leistungspflichten. Zugleich ein Beitrag zur Korrekturbedürftigkeit der §§ 275, 311a, 313 BGB nF (2004)
Löhning, Die Voraussetzungen des Leistungsverweigerungsrechts nach § 275 Abs 2 BGB, ZGS 2005, 459
Looschelders, Unmöglichkeit – ein Störenfried in der Dogmatik des Leistungsstörungsrechts? in: Remien (Hrsg), Schuldrechtsmodernisierung und europäisches Vertragsrecht (2008) 63
ders, „Unmöglichkeit" und Schadensersatz statt der Leistung, JuS 2010, 849
ders, Unmöglichkeit als Leistungsstörungskategorie, in: Artz/Gsell/Lorenz (Hrsg), Zehn Jahre Schuldrechtsmodernisierung (2014) 213
St Lorenz, Zur Abgrenzung von Teilleistung, teilweiser Unmöglichkeit und teilweiser Schlechtleistung im neuen Schuldrecht, NJW 2003, 3097
ders, Neues Leistungsstörungsrecht und Kaufrecht: Eine Zwischenbilanz (2004)
Maier-Reimer, Totgesagte leben länger! Die Unmöglichkeit aus der Sicht der Praxis, in: Dauner-Lieb ua (Hrsg), Das neue Schuldrecht in der Praxis (2003) 291
Maultzsch, Die Grenzen des Erfüllungsanspruchs aus dogmatischer und ökonomischer Sicht, AcP 207 (2007) 530
Medicus, Bemerkungen zur „vorübergehenden Unmöglichkeit", in: FS Heldrich (2005) 347
Musielak, Die Nacherfüllung beim Stückkauf, NJW 2008, 2801
Otto, Der Ausschluss der Leistungspflicht gemäß § 275 Abs 2 und 3 im Schwebezustand, in: FS Canaris (2007) I 945
Picker, Schuldrechtsreform und Privatautonomie – zur Neuregelung der Schuldnerpflichten bei zufallsbedingter Leistungsstörung nach § 275 Abs 2 und § 313 BGB, JZ 2003, 1035
ders, Die Mehrleistungspflicht bei nicht zu vertretender Leistungserschwerung nach Allgemeinem Schuldrecht und Kaufrecht – Zur Kritik der §§ 275 Abs 2 und 439, in: FS Konzen (2006) 687
ders, Nachlieferung beim Stückkauf – Zu Grund, Gegenstand und Umfang der Leistungsverpflichtung, in: FS Westermann (2008) 583
ders, Befreiung von der Primärleistungspflicht bei Leistungserschwerung, in: Artz/Gsell/Lorenz (Hrsg), Zehn Jahre Schuldrechtsmodernisierung (2014) 1
Rauscher, Die von beiden Seiten zu vertretende Unmöglichkeit im neuen Schuldrecht, ZGS 2002, 333
Riehm, Der Grundsatz der Naturalerfüllung (2015)
ders, Rechtsgrund – Pflicht – Anspruch. Zur Dogmatik des Schuldverhältnisses, in: FS Canaris (2017) 34
Scheuren-Brandes, Fehlendes Eigentum des Verkäufers – Rechtsmangel oder Unmöglichkeit?, ZGS 2005, 295
Schlechtriem, Die Unmöglichkeit – ein Wiedergänger, in: FS Sonnenberger (2004) 125
Schlüter, Leistungsbefreiung bei Leistungserschwerungen. Zur Konkurrenz der Befreiungstatbestände im neuen Schuldrecht (§§ 275, 313, 314 BGB), ZGS 2003, 346
P Schmidt, Die Unmöglichkeit der Erfüllung in Ansehung der Zeit (2007)
Schmidt-Recla, Echte, faktische, wirtschaftliche Unmöglichkeit und Wegfall der Geschäftsgrundlage, in: FS Laufs (2006) 641
Scholl, Die Unzumutbarkeit der Arbeitsleistung nach § 275 Abs 3 BGB, Jura 2006, 283
Spoerr/Schlösser, Sanktionswidrig erteilte Gutschriften im bargeldlosen Zahlungsverkehr: Zivilrechtliche Folgen öffentlich-rechtlicher Vorgaben des Außenwirtschaftsrechts, WM 2016, 1323
Hans Stoll, Notizen zur Neuordnung des Rechts der Leistungsstörungen, JZ 2001, 589

M Stürner, Der Grundsatz der Verhältnismäßigkeit im Schuldvertragsrecht (2010)
ders, „Faktische Unmöglichkeit" (§ 275 II BGB) und Störung der Geschäftsgrundlage (§ 313 BGB) – unmöglich abzugrenzen? Jura 2010, 721
ders, Grenzen des privatrechtlichen Eigentumsschutzes. § 275 Abs 2 BGB als Schranke negatorischer Ansprüche?, in: FS vBrünneck (2011) 360
Tröger, Arbeitsteilung und Vertrag (2012)
Wagner, Studien zum Recht der Unmöglichkeit: Eine Untersuchung der Besonderheiten des Römischen Rechts und des BGB vor und nach der Schuldrechtsmodernisierung (2007)
Treichel, Zeitweilige Leistungshindernisse (2010)
ders, Nochmals: Das Leistungsverweigerungsrecht nach § 275 III BGB im Spannungsfeld von Familie und Beruf, NZA 2016, 459
Wieser, Schuldrechtsreform – Die Unmöglichkeit der Leistung nach neuem Recht, MDR 2002, 858
Wilhelm, Einrede des Verkäufers gegen die Leistungspflicht gem § 275 Abs 2, 439 BGB bei nachträglichem Verlust oder Beschädigung der Kaufsache: Vorrang der schuldvertraglichen Vereinbarung, Betrieb 2004, 1599
Wilhelm/Deeg, Nachträgliche Unmöglichkeit und nachträgliches Unvermögen, JZ 2001, 223
Xander, Die Auswirkungen der Schuldrechtsreform auf die Gattungsschuld (2006).

2. Vor der Schuldrechtsreform

Ballerstedt, Zur Lehre vom Gattungskauf, in: FS Nipperdey (1955) 261
Beuthien, Zweckerreichung und Zweckstörung im Schuldverhältnis (1969)
Bittner, Zivilrechtliche Folgen von Handelsbeschränkungen, ZVglRWiss 93 (1994) 268
Bullinger, Leistungsstörungen beim öffentlich-rechtlichen Vertrag, DÖV 1977, 812
Coing, Zum Begriff der Teilerfüllung, SJZ 1949, 532
Ehmann/Kley, Unmöglichkeitslehre, JuS 1998, 481
Fabricius, Leistungsstörungen im Arbeitsverhältnis (1970)
Golde, Nachträgliche Unmöglichkeit oder Verzug bei Unterlassungsverbindlichkeiten?, AcP 99 (1906) 306
Gsell, Beschaffungsnotwendigkeit und Leistungspflicht: Die Haftung des Gattungsverkäufers beim Eintritt nachträglicher Erfüllungshindernisse (1998)
Hofherr, Die illegale Beschäftigung ausländischer Arbeitnehmer und ihre arbeitsvertragsrechtlichen Folgen (1999)
Huber, Verpflichtungszweck, Vertragsinhalt und Geschäftsgrundlage, JuS 1972, 57
ders, Zur Auslegung des § 275 BGB, in: FS Gaul (1997) 217
H H Jakobs, Unmöglichkeit und Nichterfüllung, 1969 (mit Besprechung E Lopau AcP 174 [1974] 78)
Kaiser, Die Rückabwicklung gegenseitiger Verträge wegen Nicht- und Schlechterfüllung nach BGB (2000)
Kaplan, Die teilweise Unmöglichkeit der Leistung nach dem Recht des Bürgerlichen Gesetzbuchs (1904)
Köhler, Unmöglichkeit und Geschäftsgrundlage bei Zweckstörungen und im Schuldverhältnis (1971)
ders, Vertragliche Unterlassungspflichten, AcP 190 (1990) 496
Krückmann, Unmöglichkeit und Unmöglichkeitsprozeß, AcP 101 (1907) 1
H Lehmann, Unterlassungspflicht (1906)
ders, Die positiven Vertragsverletzungen, AcP 96 (1905) 60
Lemppenau, Gattungsschuld und Beschaffungspflicht (1972)
vMaydell, Geldschuld und Geldwert (1974)
Medicus, „Geld muß man haben". Unvermögen und Schuldnerverzug bei Geldmangel, AcP 188 (1988) 489
Meincke, Rechtsfragen nachträglicher Unmöglichkeit der Leistung beim gegenseitigen Vertrag, AcP 171 (1971) 19
Meyer, Das neue öffentliche Vertragsrecht und die Leistungsstörungen, NJW 1977, 1705
Mommsen, Unmöglichkeit der Leistung (1853)
Motzer, Schutzpflichtverletzung und Leistungsunmöglichkeit, JZ 1983, 884
Nastelski, Die Zeit als Bestandteil des Leistungsinhalts, JuS 1962, 289

Nipperdey, Vertragstreue und Nichtzumutbarkeit der Leistung (1921)
Rabel, Unmöglichkeit der Leistung, in: FS E J Bekker (1907) 171
ders, Über Unmöglichkeit der Leistung und heutige Praxis, RheinZ 1911, 467
Rogowski, Die Zuwiderhandlung gegen die Unterlassungsverbindlichkeiten und ihre Rechtsfolgen (1907)
Roth, Das nachträgliche Unvermögen des Schuldners, JuS 1968, 101
Scherner, Qualifizierte Teilnichterfüllung als Vollunmöglichkeit oder Quasi-Vollunmöglichkeit der geschuldeten Leistung, JZ 1971, 533
Schnorr vCarolsfeld, Zur objektiven und zur subjektiven Unmöglichkeit, in: FS R Reinhardt (1972) 151
Simitis, Bemerkungen zur rechtlichen Sonderstellung des Geldes, AcP 159 (1960/61) 406
Titze, Die Unmöglichkeit der Leistung nach deutschem Bürgerlichen Recht (1900)
Wieacker, Leistungshandlung und Leistungserfolg im Bürgerlichen Schuldrecht, in: FS Nipperdey I (1965) 783.

Zum älteren Schrifttum vgl außerdem Staudinger/Löwisch (2001) § 275.

Vgl außerdem das Schrifttum zu den Vorbem zu §§ 275–278.

Systematische Übersicht

Alphabetische Übersicht

I. Allgemeines

§ 275 BGB betrifft den Anspruch auf die **ursprünglich geschuldete Leistung**. Dieser wird ausgeschlossen, wenn die Erbringung der Leistung unmöglich ist (Abs 1). Seine Erfüllung kann verweigert werden, wenn sie für den Schuldner unzumutbar ist (Abs 2 und 3). Dabei spielt keine Rolle, ob die Leistungsverpflichtung auf Vertrag oder gesetzlicher Grundlage beruht. 1

Hat der Schuldner die Unmöglichkeit **nicht zu vertreten**, hat es mit dem Ausschluss des Anspruchs auf die geschuldete Leistung grundsätzlich sein Bewenden. Die „Leistungsgefahr" trägt nicht der Schuldner, sondern der Gläubiger. Dieser kann lediglich gem Abs 4, § 285 BGB Herausgabe eines etwaigen Ersatzes oder Abtretung eines etwaigen Ersatzanspruchs verlangen. Gleiches gilt, wenn der Schuldner das Leistungsverweigerungsrecht nach Abs 2 oder 3 geltend macht. Beim **gegenseitigen Vertrag** korrespondiert der Vorschrift nach Abs 4 allerdings § 326 BGB. Danach entfällt im Falle der nicht zu vertretenden Unmöglichkeit oder Unzumutbarkeit der Leistung auch der Anspruch des Schuldners auf die Gegenleistung, sodass die „Gegenleistungsgefahr" nicht der Gläubiger, sondern der Schuldner trägt. Zur Leistungsgefahr im Falle der Unzumutbarkeit s noch Rn 86 ff. 2

3 Hat der Schuldner die Unmöglichkeit der Leistung **zu vertreten**, ist der Anspruch auf die Leistung nach Abs 1 ebenfalls ausgeschlossen (hM; SOERGEL/EKKENGA/KUNTZ Rn 113; MünchKomm/ERNST Rn 8, 60; BAMBERGER/ROTH/LORENZ Rn 56; BeckOGK/RIEHM [1. 7. 2019] Rn 141; offengelassen BGH 16. 12. 2009 – VIII ZR 313/08 Rn 22, NJW 2010, 1068, 1070; **aA** KOHLER AcP 205 [2005] 93, 118 f, 122; LOBINGER 249 ff, 256 ff). An seine Stelle tritt nach Abs 4, §§ 280 Abs 1, 3, 283 BGB aber der Anspruch auf Schadensersatz statt der Leistung, an dessen Stelle der Gläubiger nach Maßgabe des § 284 BGB auch Ersatz seiner vergeblichen Aufwendungen verlangen kann. Gleiches gilt, wenn der Schuldner die Einrede nach Abs 2 oder 3 erhebt und die Unzumutbarkeit zu vertreten hat. Zum Schicksal der Gegenleistung bei vom Schuldner zu vertretender Unmöglichkeit oder Unzumutbarkeit der Leistung STAUDINGER/SCHWARZE (2015) § 326 Rn B 5 mwNw.

4 Neben dem Schadensersatz statt der Leistung bzw dem Ersatz vergeblicher Aufwendungen kann der Gläubiger nach Abs 4 iVm § 280 Abs 1 BGB den Ersatz von **Schäden an sonstigen Rechtsgütern** verlangen, die infolge der Pflichtwidrigkeit, die zur Unmöglichkeit oder Unzumutbarkeit geführt hat, eingetreten sind. Hat etwa die fehlerhafte Verpackung der Ware sowohl deren Zerstörung verursacht als auch zur Verletzung des Gläubigers beim Abladevorgang geführt, kann neben dem Schadensersatz für die zerstörte Ware Schadensersatz wegen der Verletzung verlangt werden. S dazu STAUDINGER/SCHWARZE § 280 Rn C 37 ff.

5 Unabhängig von Abs 4, §§ 280 Abs 1, 3, 283 BGB kann der Gläubiger Schadensersatz statt der Leistung nach §§ 280 Abs 1, 3, 281 BGB verlangen, wenn er dem Schuldner erfolglos eine **angemessene Frist zur Leistung** bestimmt hat (§ 281 Abs 1 S 1 BGB) oder wenn dieser die Leistung ernsthaft und endgültig verweigert oder besondere Umstände vorliegen, die unter Abwägung der beiderseitigen Interessen die sofortige Geltendmachung des Schadensersatzanspruchs rechtfertigen (§ 281 Abs 2 BGB). Dieser Weg kann für den Gläubiger vorteilhaft sein, weil er den Nachweis der Unmöglichkeit oder Unzumutbarkeit der Leistung nicht voraussetzt. Im Falle der Verletzung einer Pflicht nach § 241 Abs 2 BGB kommt zudem nach §§ 280 Abs 1, 3, 282 BGB ein Anspruch auf Schadensersatz statt der Leistung auch in Betracht, wenn dem Gläubiger die Leistung durch den Schuldner nicht mehr zuzumuten ist (s hierzu STAUDINGER/SCHWARZE § 282 Rn 15 ff, 21 ff).

6 Die Schuldrechtsreform hat die unterschiedliche Regelung **nachträglicher und anfänglicher Unmöglichkeit** im Prinzip aufgegeben (Vorbem 5 zu §§ 275 ff). Dementsprechend erfasst § 275 BGB die anfängliche Unmöglichkeit grundsätzlich in gleicher Weise wie die nachträgliche Unmöglichkeit. Eine Sonderregel enthält aber der in Abs 4 in Bezug genommene § 311a Abs 2 BGB. Danach kann der Gläubiger Schadensersatz statt der Leistung oder Ersatz seiner Aufwendungen dann verlangen, wenn der Schuldner das Leistungshindernis bei Vertragsschluss kannte oder kennen musste (s dazu STAUDINGER/FELDMANN [2018] § 311a Rn 34 ff, 46 ff). Zu den Fällen der von Anfang an verbotenen Leistung s Rn 40.

7 Große praktische Bedeutung hat § 275 BGB in den Fällen, in denen das Gesetz dem Schuldner wegen **mangelhafter Leistung** eine Verpflichtung zur Nacherfüllung oder zur Abhilfe auferlegt. Ist dem Verkäufer die bei einem Mangel der Kaufsache nach §§ 437 Nr 1, 439 Abs 1 BGB geschuldete Nachbesserung oder Ersatzlieferung unmöglich oder unzumutbar, kann der Käufer nur die andere Art der Nacherfüllung

verlangen. Handelt es sich aber um eine **Stückschuld** und ist die Beseitigung des Mangels unmöglich oder unzumutbar, hat es damit sein Bewenden; die Nacherfüllung ist insgesamt unmöglich (Ackermann JZ 2002, 378, 379 ff; Huber, in: FS Schlechtriem [2003] 521, 523 Fn 9; Musielak NJW 2008, 2801, 2804 ff; Bamberger/Roth/Faust § 439 Rn 47 ff; BeckOGK/Höpfner [1. 7. 2019] § 439 Rn 100 ff; sehr str). Allerdings vertritt der BGH im Gefolge zahlreicher Stimmen in der Literatur die Auffassung, auch bei der Stückschuld sei nicht von vornherein die Unmöglichkeit der Nacherfüllung insgesamt anzunehmen. Vielmehr sei zu fragen, ob auch die ersatzweise Lieferung einer anderen Sache nacherfüllungstauglich sei, weil die geschuldete Sache nach den Vorstellungen der Parteien durch eine gleichartige und gleichwertige ersetzt werden könne (BGH 7. 6. 2006 – VIII ZR 209/05 Rn 17 ff, 22 ff, BGHZ 168, 64 = NJW 2006, 2839 [dort zu Recht verneint für den Kauf eines zuvor persönlich besichtigten Gebrauchtwagens]; s auch BGH 29. 11. 2006 – VIII ZR 92/06 Rn 17, BGHZ 170, 86 = NJW 2007, 1346; BGH [Hinweisbeschluss] 8. 1. 2019 – VIII ZR 225/17 Rn 31 ff, NJW 2019, 1133, wonach die Unterscheidung zwischen Stückkauf und Gattungskauf für die Frage, ob eine Ersatzlieferung unmöglich ist, nicht maßgebend sei [zur VW-Dieselproblematik]; Staudinger/Matusche-Beckmann [2014] § 439 Rn 60 ff; weitergehend Bitter/Meidt ZIP 2001, 2114, 2120; Canaris JZ 2003, 831, 836 f; ausf zum Streitstand Picker, in: FS Westermann [2008] 583, 584 ff).

Dem ist nicht zu folgen. Bei einer mangelhaften Stückschuld **kommt eine Ersatzlieferung nicht in Betracht**, da eine andere Sache nicht geschuldet ist (Ackermann JZ 2002, 378, 379; Bamberger/Roth/Faust § 439 Rn 47; Jacobs, Die kaufrechtliche Nacherfüllung, in: Dauner-Lieb ua, Das neue Schuldrecht in der Praxis [2003] 371, 377 ff). Richtig ist allerdings, dass es sich beim Kauf einer **objektiv austauschbaren Sache**, etwa im Selbstbedienungsladen, mag sie auch der Käufer vor Abschluss des Vertrages selbst ausgesucht haben, um einen (auf den Vorrat beschränkten) **Gattungskauf** und nicht um einen Stückkauf handelt, bei dem dann auch Ersatzlieferung möglich ist (Ackermann JZ 2002, 378, 381; Musielak NJW 2008, 2801, 2804 ff; Bamberger/Roth/Faust § 433 Rn 50; BeckOGK/Höpfner [1. 7. 2019] § 439 Rn 102). Dies ist mit Art 3 Abs 3 der Verbrauchsgüterkaufrichtlinie vereinbar (Ackermann JZ 2002, 378, 381 f). Darüber hinaus bedarf es keiner dritten Kategorie (**aA** Canaris, in: FS Westermann [2008] 137, 140 ff, der von einer eigenständigen Rechtsfigur der ersetzbaren Primärleistung ausgeht). Geht beim Stückkauf das geschuldete Stück unter, muss der Verkäufer keine andere Sache liefern (Gruber JZ 2005, 707, 709 ff; Bamberger/Roth/Faust § 439 Rn 48; **aA** Balthasar/Bolten ZGS 2004, 411, 413 ff und Bitter ZIP 2007, 1881, 1886 ff, die § 439 Abs 1 2. Alt BGB auf den Untergang einer Stückschuld entsprechend anwenden wollen). Zur Unmöglichkeit bei der Gattungsschuld unten Rn 20 ff. 8

Steht fest, dass **beide Arten der Nacherfüllung unmöglich** oder unzumutbar sind, liegt ein **unbehebbarer Mangel** vor; der Käufer kann nach §§ 437 Nr 2, 326 Abs 5, 323 BGB vom Kaufvertrag zurücktreten oder nach §§ 437 Nr 2, 441 BGB den Kaufpreis mindern. Außerdem kann er nach §§ 437 Nr 3, 280 Abs 1, 3, 283 BGB und im Fall eines anfänglich unbehebbaren Mangels nach §§ 437 Nr 3, 311a Abs 2 BGB Schadensersatz statt der Leistung oder nach § 284 BGB Ersatz vergeblicher Aufwendungen fordern (vgl BGH 28. 11. 2007 – VIII ZR 16/07 Rn 12, BGHZ 174, 290 = NJW 2008, 911; im Einzelnen Bamberger/Roth/Faust § 437 Rn 8 ff, 54 ff). Gleiches gilt hinsichtlich der in § 635 BGB geregelten Nacherfüllungsverpflichtung des Werkunternehmers durch Mängelbeseitigung oder Neuherstellung nach § 634 Nr 3 und 4 BGB (dazu im Einzelnen Staudinger/Peters/Jacoby [2014] § 634 Rn 97 ff, 108 ff, 119 ff). Schließlich ist § 275 BGB auch auf die Verpflichtung des Vermieters zur Erhaltung der Mietsache in vertrags- 9 gemäßem Zustand (§ 535 Abs 1 S 2 BGB) anwendbar (vgl BGH 20. 7. 2005 – VIII ZR 342/03, NJW 2005, 3284 und EMMERICH NZM 2010, 497 ff).

10 Weitgehend anerkannt ist, dass § 275 BGB auf die Leistungspflichten aus einer **Reallast** (§§ 1105 ff BGB) und die Unterhaltungspflichten bei der **Grunddienstbarkeit** (§§ 1021, 1022 BGB) anzuwenden ist, wenn deren Erfüllung dem Eigentümer teilweise unmöglich wird (ebenso BGB-RGRK/ALFF § 275 Rn 5; offengelassen RG 1. 4. 1922 – V 590/21, LZ 1922, 328). Darüber hinaus entnimmt der BGH nunmehr Abs 2 den von ihm früher aus § 251 Abs 2 S 1 BGB abgeleiteten Rechtsgedanken, dass alle Leistungspflichten unabhängig von ihrer Rechtsgrundlage unter dem Gesichtspunkt der Zumutbarkeit begrenzt sind (BGH 30. 5. 2008 – V ZR 184/07 Rn 17, NJW 2008, 3122; BGH 18. 7. 2008 – V ZR 171/07 Rn 18 f, NJW 2008, 3123). Insbesondere seien **Beseitigungsansprüche**, allen voran der aus § 1004 Abs 1 BGB, unter dem Gesichtspunkt der Zumutbarkeit begrenzt (BGH 18. 7. 2008 – V ZR 171/07 Rn 18, NJW 2008, 3123; BGH 23. 10. 2009 – V ZR 141/08 Rn 14 ff, NJW-RR 2010, 315; BGH 21. 5. 2010 – V ZR 244/09 Rn 9, NJW 2010, 2341). Diese Auffassung ist einschränkend dahin zu präzisieren, dass die Anwendung von Abs 2 auf § 1004 Abs 1 BGB nicht dazu führen darf, dass zugleich auch der Unterlassungsanspruch entwertet wird. Abs 2 ist deshalb nur dann auf § 1004 Abs 1 BGB anzuwenden, wenn der dinglich Berechtigte im Vorfeld keinen Unterlassungsanspruch hatte oder auf diesen vertraglich verzichtet hat (KOLBE NJW 2008, 3618, 3620 f).

11 Im Bereich des **öffentlichen Rechts** sind die Vorschriften über die Unmöglichkeit und Unzumutbarkeit gem der ausdrücklichen Regelung des § 62 VwVfG und der entsprechenden Verwaltungsverfahrensgesetze der Länder auf öffentlich-rechtliche Verträge ergänzend anzuwenden (hierzu ausführlich DE WALL, Die Anwendbarkeit privatrechtlicher Vorschriften im Verwaltungsrecht [1999] 368 ff, 376 ff; MEYER NJW 1977, 1711 f und – einschränkend – BULLINGER DöV 1977, 812, 820 ff; GEIS NVwZ 2002, 385, 386 f; vgl auch DÖTSCH NWVBl 2001, 385, 386 f). Gleiches gilt nach § 17 Abs 2 Bundesleistungsgesetz (BLG) für die Nichterfüllung von Leistungen, die nach diesem Gesetz angefordert worden sind. Im Übrigen muss bei sonstigen öffentlich-rechtlichen Schuldverhältnissen von Fall zu Fall festgestellt werden, ob nach dem Sinn und Zweck der entsprechenden Gesetze die Vorschrift des § 275 BGB anwendbar sein soll. So ist die Anwendung bei öffentlich-rechtlichen Verwahrungsverhältnissen regelmäßig zu bejahen. Auch auf Leistungspflichten aus dem öffentlich-rechtlichen Mitgliedschaftsverhältnis des Jagdgenossen zur Jagdgenossenschaft ist § 275 BGB anzuwenden (Hess VGH 17. 2. 2016 – 4 A 961/14, juris Rn 44, juris). Auf den Anspruch auf frühkindliche Förderung in einer Tageseinrichtung oder in Kindertagespflege nach § 24 Abs 2 SGB VIII ist § 275 BGB dagegen nicht anzuwenden (Sächsisches OVG 16. 6. 2017 – 4 B 104/17 juris Rn 7, juris). Auch auf die Verpflichtung zur Rückgabe einer nach dem BLG angeforderten Sache kann § 275 BGB nicht angewandt werden, weil insoweit § 26 BLG eine abschließende Regelung trifft.

II. Unmöglichkeit

1. Tatsächliche Unmöglichkeit

12 Unmöglich ist eine Leistung, die nach den Naturgesetzen oder nach dem Stand der Erkenntnis von Wissenschaft und Technik tatsächlich nicht erbracht werden kann (BGH 13. 1. 2011 – III ZR 87/10 Rn 10, BGHZ 188, 71 = NJW 2011, 756; BGH 8. 5. 2014 – VII ZR

203/11 Rn 23, BGHZ 201, 148 = NJW 2014, 3365; krit Soergel/Ekkenga/Kuntz Rn 30 ff). Dafür muss, soweit erforderlich, im Wege der Auslegung zunächst ermittelt werden, was der geschuldete Leistungsgegenstand ist.

Hierher gehört zunächst der Fall, dass der geschuldete Gegenstand schon beim Vertragsschluss **nicht existiert oder später untergeht**, insbesondere vom Schuldner oder von Dritten zerstört wird (BGH 5. 6. 1951 – I ZR 109/50, BGHZ 2, 268, 270). Das gilt auch bei Zerstörung einer vermieteten Sache (BGH 14. 4. 1976 – VIII ZR 288/74, BGHZ 66, 349, 352 f; OLG Karlsruhe 30. 12. 1994 – 19 U 113/94, NJW-RR 1995, 849). Verspricht der Schuldner im Rahmen eines Dienstvertrages, gestützt auf Erkenntnisse über die Zukunft, die er beim Kartenlegen gewinnt, den Gläubiger in Lebensfragen zu beraten und ihm durch seine „übernatürlichen, magischen Kräfte“ zu helfen, ist auch dies tatsächlich unmöglich (BGH 13. 1. 2011 – III ZR 87/10 Rn 10, BGHZ 188, 71 = NJW 2011, 756; Staudinger/Feldmann [2018] § 311a Rn 17 f; PWW/Schmidt-Kessel/Kramme Rn 8; Erman/Westermann Rn 5; **aA** AG Bad Segeberg 5. 3. 2015 – 17a C 87/14 juris Rn 65 ff, 77 ff, juris, für eine esoterische Dienstleistung; Schermaier JZ 2011, 633, 636 f). Anders liegt es aber, wenn nicht der Einsatz „magischer Kräfte“, sondern lediglich eine jahrmarktähnliche Unterhaltung erwartet und geschuldet wird (BGH 13. 1. 2011 – III ZR 87/10 Rn 10 f, BGHZ 188, 71 = NJW 2011, 756). 13

Verschlechterungen des Leistungsgegenstandes sind der vollständigen Unmöglichkeit gleichzusetzen, wenn dieser infolge der Verschlechterung wirtschaftlich ein völlig anderer Gegenstand ist (OLG Oldenburg 4. 6. 1975 – 2 U 51/75, NJW 1975, 1788 f für das Verrottenlassen eines PKW durch den Schuldner; OLG Zweibrücken 3. 11. 1969 – 2 U 39/69, OLGZ 1970, 306, 309; Bamberger/Roth/Lorenz Rn 22; Erman/Westermann Rn 5). Dabei muss freilich abgegrenzt werden, ob sich der Gegenstand noch in seinen ursprünglichen Zustand zurückversetzen lässt; in diesem Fall kommt nur ein Leistungsverweigerungsrecht nach Abs 2 (dazu Rn 85 ff) in Betracht (PWW/Schmidt-Kessel/Kramme Rn 27). Im Übrigen kann die Verschlechterung eine teilweise Unmöglichkeit darstellen (s Rn 60). 14

Andere Veränderungen des Leistungsgegenstandes, insbesondere seine **Verarbeitung**, führen in der Regel ebenfalls zur Unmöglichkeit der Leistung. Hat etwa der Verkäufer eines gebrauchten Elektromotors diesen auf einen anderen Maschinentyp umgerüstet, so ist die Leistung unmöglich, wenn der Käufer mit dem umgerüsteten Motor nichts anfangen kann. Allerdings tritt wie im Falle der Verschlechterung (Rn 14) dann keine Unmöglichkeit ein, wenn der ursprüngliche Zustand des Leistungsgegenstandes wiederhergestellt werden kann; auch hier kann es nur um das Leistungsverweigerungsrecht nach Abs 2 gehen. Auch tritt keine Unmöglichkeit ein, wenn die Leistung trotz der Veränderung ihren Zweck erfüllen kann. Wollte im Beispielsfall der Gläubiger den Motor in gleicher Weise umrüsten, wie es der Schuldner getan hat, wäre es ein Verstoß gegen Treu und Glauben, wenn er sich unter Hinweis auf die Veränderung auf die Unmöglichkeit der Leistung (und damit für die Gegenleistung auf § 326 Abs 1 S 1 BGB) berufen wollte. Ist die Leistung auch nach einer Veränderung möglich geblieben, so ist sie ggf nach § 313 BGB an die vertraglich vorgesehene Leistung anzupassen. Etwa wird die Leistung einer bestimmten Menge von auf dem Stamm verkauftem Holz durch zwischenzeitlichen Zuwachs nicht unmöglich, wohl aber ist die zu schlagende Waldfläche entsprechend anzupassen (vgl BGH 3. 12. 1957 – VIII ZR 401/56, BB 1958, 281 = LM BGB § 242 [Ba] Nr 18). 15

16 Tatsächliche Unmöglichkeit liegt auch in dem Fall vor, dass bei einem **absoluten Fixgeschäft** die festgesetzte Leistungszeit nicht eingehalten wird. Das absolute Fixgeschäft wird dadurch charakterisiert, dass nach dem Vertragsinhalt die Leistungszeit so wesentlich ist, dass eine spätere (oder frühere) Erbringung der Leistung diese *zu einer anderen* als der ursprünglich geschuldeten macht. In diesen Fällen ist nach Verstreichen der Leistungszeit die Erbringung der geschuldeten Leistung und nicht nur ihre geplante Verwendung unmöglich geworden (Huber I 157 ff; Köhler 94 f).

17 **Beispiele** für absolute Fixgeschäfte sind die Busfahrt zu einem bestimmten Sportereignis, der Druck eines Programms für ein bestimmtes Fest oder die Erstellung eines Video-Clips zu einem Firmenjubiläum (OLG Köln 14. 11. 2018 – 11 U 71/18 juris Rn 17, juris). Bei der auf einen ganz bestimmten Zeitraum festgelegten Urlaubsreise handelt es sich ebenfalls um ein absolutes Fixgeschäft (BGH 30. 11. 1972 – VII ZR 239/71, BGHZ 60, 14, 16), während es sich beim Flugbeförderungsvertrag in der Regel nicht um ein solches handelt (BGH 28. 5. 2009 – Xa ZR 113/08 Rn 12, NJW 2009, 2743; BGH 29. 4. 2010 – Xa ZR 5/09 Rn 26, NJW 2010, 1958). Hingegen führt die Nichterfüllung der Pflicht gem Art 9 FluggastrechteVO, den Reisenden für die Zeit bis zu einem Ersatzflug in einem Hotel unterzubringen, mit dem Verfehlen der Leistungszeit zur Unmöglichkeit (BGH 28. 8. 2012 – X ZR 128/11 Rn 34, NJW 2013, 378). Auch die Verpflichtung eines Steuerberaters, eine Steuererklärung abzugeben, stellt dann ein absolutes Fixgeschäft dar, wenn sie die Pflicht beinhaltet, so rechtzeitig tätig zu werden, dass die Steuererklärung beim Finanzamt eingeht, bevor dieses die Besteuerungsgrundlagen für den Steuerschuldner unanfechtbar und unabänderbar geschätzt hat (BGH 9. 6. 1982 – IVa ZR 9/81, BGHZ 84, 244, 249 = NJW 1982, 2238); allerdings wird im Regelfall eine solche zusätzliche Pflicht vom Steuerberater nicht übernommen (BGH 17. 10. 1991 – IX ZR 255/90, BGHZ 115, 382, 386 ff = NJW 1992, 307 in Abweichung von BGH 9. 6. 1982 – IVa ZR 9/81, BGHZ 84, 244, 248). Hingegen macht der Umstand, dass Software rasch veraltet, deren Verkauf noch nicht zu einem absoluten Fixgeschäft. Es besteht kein Anlass, in solchen Fällen den Anwendungsbereich der Verzugsvorschriften einzuschränken (zutr Huber II 713 gegen OLG Frankfurt 4. 7. 1997 – 24 U 215/95, NJW 1998, 84 f). Gemeinhin wird auch der Arbeitsleistung des Arbeitnehmers der Charakter einer absoluten Fixschuld beigemessen (BAG 15. 9. 2011 – 8 AZR 846/09 Rn 37, NZA 2012, 377; BAG 23. 9. 2015 – 5 AZR 146/14 Rn 25 f, NZA 2016, 293; BAG 27. 1. 2016 – 5 AZR 9/15 Rn 22 ff, NZA 2016, 691; Staudinger/Richardi/Fischinger [2016] § 611 Rn 1064). S zu nicht rechtzeitig erbrachten Dienst- und Arbeitsleistungen auch Staudinger/Feldmann Vorbem 19 f zu §§ 286 ff.

18 Die absolute Befristung der Leistung kann sich nicht nur aus Vertrag, sondern auch aus **Gesetz** ergeben. Beispiel ist die Befristung des Urlaubsanspruchs nach § 7 Abs 3 BUrlG (BAG 10. 5. 2005 – 9 AZR 251/04 Rn 36, NZA 2006, 439; Leinemann/Linck, Urlaubsrecht [2. Aufl 2001] BUrlG § 1 Rn 89). Zur teilweisen Unmöglichkeit infolge Zeitablaufs s Rn 62; zum relativen Fixgeschäft Staudinger/Schwarze (2015) § 323 Rn B 99 ff.

19 Die Leistung ist auch dann tatsächlich unmöglich, wenn eine erst herzustellende Sache **nicht mehr hergestellt** werden kann. Stellt der Lieferant seine Produktion ein oder wird seine Produktionsstätte zerstört, so wird dem Verkäufer der herzustellenden Sache die Erfüllung des Kaufvertrages unmöglich, wenn nur der Lieferant die geschuldete Sache herstellen konnte, etwa, weil nur er über das hierfür notwendige Geheimverfahren verfügt (RG 23. 2. 1904 – II 398/03, RGZ 57, 116, 119).

20 Auf **Gattungsschulden** kann Abs 1 grundsätzlich solange keine Anwendung finden, wie diese noch nicht nach § 243 Abs 2 BGB oder § 300 Abs 2 BGB konkretisiert sind. Etwas anderes gilt nur dort, wo die Leistung *aus der Gattung überhaupt objektiv unmöglich* ist. Dies ist dann der Fall, wenn kein Stück der geschuldeten Gattung mehr vorhanden ist.

21 Die Frage, ob die Leistung aus der Gattung möglich ist, hängt davon ab, wie die Vertragsparteien den **Umfang der Gattung** bestimmt haben. Haben sie die Verpflichtung zur Lieferung auf einen *bestimmten Vorrat,* auf eine *bestimmte Produktion* oder auf einen *bestimmten Beschaffungsort begrenzt,* so bleibt der Anspruch auf die Leistung nur solange bestehen, wie die Leistung aus der begrenzten Gattung möglich ist.

22 Unter diesem Vorbehalt ist auf die folgenden, in der **Rechtsprechung** entschiedenen **Fälle** zu verweisen: Ist Ware aus einer bestimmten Ernte verkauft, so braucht nach deren Verbrauch nicht aus der nächsten Ernte geliefert zu werden (RG 16. 1. 1924 – I 167/23, JW 1924, 807, 808). Ist Kohle einer bestimmten Zeche verkauft, so erlischt der Lieferanspruch mit deren Stilllegung (OLG Karlsruhe 2. 3. 1971 – 11 U 77/70, JZ 1972, 120 f; s auch RG 15. 6. 1891 – I 133/91, RGZ 28, 220, 221). Auch die Beschlagnahme des Lieferwerks durch eine Besatzungsmacht kann nach Abs 1 zum Ausschluss des Anspruchs führen (OLG Braunschweig 20. 1. 1948 – 1 U 120/47/45, NJW 1948, 425). Gleiches gilt beim Brand der Fabrik, deren Erzeugnisse allein Gegenstand des Vertrages waren (OLG Hamburg 23. 5. 1914 – OLGE 33, 208 f). Sind Holzmasten ab Lagerplatz der X-Werke verkauft, so beschränkt sich die Lieferverpflichtung auf Masten der X-Werke (RG 19. 9. 1924 – VII 719/23, RGZ 108, 419, 420). Sollen Rohstoffe aus einem bestimmten Ursprungsland geliefert werden, das etwa aufgrund von kriegerischen Ereignissen auf unabsehbare Zeit nicht mehr produziert oder mit dem aufgrund eines Embargos Handelsbeziehungen nicht möglich sind (dazu Huber I 584 ff; Bittner ZVglRWiss 93 [1994] 268, 280 ff), bleibt eine Leistung aber solange möglich, wie Rohstoffe aus diesem Land auf dem Markt noch erhältlich sind (RG 4. 2. 1916 – II 409/15, RGZ 88, 71, 75). Hat der Schuldner seine Verpflichtung auf einen bestimmten Vorrat begrenzt, muss dieser von ihm allerdings auch dann nicht ergänzt werden, wenn ihm dies an sich möglich ist (aA Gsell 142 ff). Auch der Kauf eines Neufahrzeugs ist regelmäßig – ohne anderslautende Vereinbarung der Parteien – Gattungsschuld (BGH 17. 10. 2018 – VIII ZR 212/17 Rn 20, NJW 2019, 80). Dass der Verkäufer eines Neufahrzeugs nur das Nachfolgemodell mit einer aktualisierten Software, einer höheren Motorleistung oder mit sonstigen Änderungen liefern kann, schließt den Anspruch des Käufers auf Ersatzlieferung aus §§ 437 Nr 1, 439 Abs 1 Alt 2 BGB als solches nicht aus (BGH 24. 10. 2018 – VIII ZR 66/17 Rn 37 ff, 41, NJW 2019, 292 [Software-Update]; BGH [Hinweisbeschluss] 8. 1. 2019 – VIII ZR 225/17 Rn 24 ff, NJW 2019, 1133 [zweite Generation des VW-Tiguan mit höherer Motorleistung und veränderten Fahrzeugmaßen], wobei das Gericht die Unterscheidung zwischen Stückkauf und Gattungskauf als insoweit nicht maßgebend eingestuft hat; s auch oben Rn 7 ff).

23 Hat sich der Schuldner zur Leistung aus einem **begrenzten Vorrat mehreren Gläubigern** gegenüber verpflichtet und reicht der Vorrat nicht für die Belieferung aller Gläubiger aus, so soll er nach der Rechtsprechung des Reichsgerichts und der hL gem § 242 BGB zur verhältnismäßigen Verteilung der verfügbaren Ware an alle Abnehmer verpflichtet und im Übrigen der Anspruch auf die Leistung nach Abs 1 ausgeschlossen sein (vgl RG 3. 2. 1914 – II 625/13, RGZ 84, 125, 128 f für den Fall einer Miss-

ernte; RG 26. 1. 1918 – I 188/17, Recht 1918 Nr 306, OLG Hamburg 20. 1. 1916 – OLGE 32, 314, 315 und OLG Augsburg 10. 3. 1919 – L 25/16, JW 1919, 736 f, alle für Rohstoffmangel im Krieg; RG 15. 4. 1919 – II 435/18, RGZ 95, 264, 268 für die Beschlagnahme von Rohhäuten im Krieg; aus der Literatur Lehmann, Kriegsbeschlagnahme [1916] 39; Gsell 159 ff; Huber I 601 f; Medicus/Petersen, BR Rn 256; Palandt/Grüneberg § 243 Rn 3; auch noch Staudinger/Löwisch [2004] Rn 16; einschränkend MünchKomm/Emmerich § 243 Rn 17 mwNw). Dem ist nicht zu folgen: Zum einen weiß der Schuldner häufig nicht, welche Gläubiger ihren Anspruch überhaupt geltend machen und insbesondere gerichtlich durchsetzen werden. Auch besteht kein sachlicher Grund, die Gläubiger vergleichbar einem Konkurs- oder Insolvenzverfahren gemeinschaftlich zu befriedigen und die verfügbare Ware verhältnismäßig zuzuteilen. Vielmehr gilt im Privatrecht das Prioritätsprinzip. Das bedeutet, dass diejenigen Gläubiger, die ihren Anspruch als erste verfolgen, diesen voll durchsetzen können. Ist der Vorrat durch freiwillige Erfüllung oder Zwangsvollstreckung aufgebraucht, sind Lieferansprüche der leer ausgegangenen Gläubiger ausgeschlossen (zutr OLG Dresden 19. 10. 1916 – 1 O 10/16, JW 1917, 978; ähnlich Staudinger/Schiemann [2015] § 243 Rn 20; auch Schürnbrand, in: FS Stilz [2014] 569, 580 f für die überzeichnete Kapitalerhöhung bei der Aktiengesellschaft).

24 Dass bei einer Gattungsschuld nach dem in Rn 20 bis 23 Gesagten der Anspruch auf die Leistung nach Abs 1 ausgeschlossen ist, bedeutet nicht, dass auch ein Anspruch auf **Schadensersatz statt der Leistung** nach Abs 4, §§ 280 Abs 1, 3, 283 BGB nicht in Betracht käme. Vielmehr richtet sich die Entscheidung dieser Frage nach dem jeweiligen Umfang der verschuldensunabhängigen Einstandspflicht des Gattungsschuldners, dazu § 276 Rn 153 ff.

25 Bei der Zuwiderhandlung gegen eine **Unterlassungspflicht** ist zu differenzieren, ob die Unterlassungspflicht – wie meist – Fixschuldcharakter hat. Kann das auf Unterbleiben der Zuwiderhandlung gerichtete Gläubigerinteresse infolge der Zuwiderhandlung nicht mehr verwirklicht werden, ist die Erfüllung der Unterlassungspflicht tatsächlich unmöglich (RG 31. 3. 1909 – I 276/08, RGZ 70, 439, 441; BGH 23. 5. 1962 – V ZR 123/60, BGHZ 37, 147, 151; H H Jakobs 30 ff; Nastelski JuS 1962, 289, 294; Lehmann AcP 96 [1905] 60, 73; krit hierzu Huber II 715 ff, der zum früheren Recht für die Anwendung der Grundsätze über die positive Forderungsverletzung eintrat). Das ist etwa der Fall, wenn der Schuldner versprochen hat, an einer bestimmten Abstimmung oder Versteigerung nicht teilzunehmen und dem zuwiderhandelt (Beispiel von RG 31. 3. 1909 – I 276/08, RGZ 70, 439, 441). Gleiches gilt regelmäßig auch bei Unterlassungspflichten, die auf Dauer angelegt sind, etwa bei einem Wettbewerbsverbot. Hier begründet wegen des typischerweise gegebenen Fixschuldcharakters des Wettbewerbsverbots jede Zuwiderhandlung eine teilweise Unmöglichkeit (RG 17. 4. 1903 – II 536/02, RGZ 54, 286, 288; BAG 19. 1. 1956 – 2 AZR 123/54, NJW 1956, 606; BAG 7. 7. 2015 – 10 AZR 260/14 Rn 29 f, NZA 2015, 1253; MünchKomm/Ernst § 286 Rn 45).

26 Kann die *Zuwiderhandlung rückgängig gemacht werden,* zB der trotz eines Verkaufsverbots veräußerte Gegenstand zurückerworben werden, ändert das nichts an der teilweisen Unmöglichkeit (**aA** Köhler AcP 190 [1990] 496, 516 f; Palandt/Grüneberg Rn 15; Bamberger/Roth/Lorenz Rn 38). Eine Verpflichtung zur Rückgängigmachung folgt aus der Schadensersatzpflicht des Abs 4, §§ 280 Abs 1, 3, 283, 249 Abs 1 BGB nur unter der Voraussetzung, dass der Schuldner die Zuwiderhandlung zu vertreten hat. Sie ohne Rücksicht auf das Vertretenmüssen aus dem Schuldverhältnis abzuleiten, stellt eine Umgehung des Verschuldensprinzips dar. Hat die Unterlassungsverpflichtung hingegen ausnahmsweise keinen Fixschuldcharakter, weil das ursprüngliche Gläubigerinteresse auch bei verspäteter Unterlassung noch voll verwirklicht werden kann, liegt kein Fall der Unmöglichkeit, sondern ein solcher des Schuldnerverzugs vor (Staudinger/Feldmann Vorbem 21 f zu §§ 286 ff mit einem anschaulichen Beispiel).

Als tatsächlich unmöglich hat **entgegen der hM** auch die Leistung zu gelten, der Hindernisse entgegenstehen, deren Überwindung nach der Anschauung des Lebens so fernliegt, dass sie **schlechterdings von niemandem erwartet** wird. Deshalb braucht der Schuldner, um sich die geschuldete Ware zu beschaffen, weder Amtsträger zu bestechen (Rn 43) noch den auf den Meeresboden gefallenen Ring heraufzuholen noch das über der vergrabenen Goldmünze von einem Dritten erbaute Haus diesem für irgendeinen Preis abzukaufen und es dann abzureißen, um die Goldmünze liefern zu können. Auf derartige Extremfälle passt der strikte Ausschluss der Leistungspflicht nach Abs 1 besser als das von einer Interessenabwägung abhängige Leistungsverweigerungsrecht nach Abs 2. Dies gilt umso mehr, als die Zuordnung zum Leistungsverweigerungsrecht Probleme aufwirft, wenn der Schuldner im Prozessfall säumig ist: Streng genommen müsste dann ein Leistungsurteil ergehen, das vom Gläubiger ohne Rücksicht auf die extreme Höhe des Schuldneraufwands vollstreckt werden könnte (zum Ringfall im Ergebnis wie hier Fischer Betrieb 2001, 1923, 1925 f; Otto Jura 2002, 1, 3; Schmidt-Recla, in: FS Laufs [2006] 641, 645, 663; **aA** Canaris JZ 2001, 499, 501 f; Soergel/Ekkenga/Kuntz Rn 120; MünchKomm/Ernst Rn 38; Finn 133 ff; Palandt/Grüneberg Rn 22; Kaiser, in: Staudinger/Eckpfeiler [2018] I. Rn 85; Bamberger/Roth/Lorenz Rn 58; BeckOGK/Riehm [1. 7. 2019] Rn 86; Schwarze, Leistungsstörungen [2017] § 4 Rn 3; PWW/Schmidt-Kessel/Kramme Rn 27; Jauernig/Stadler Rn 24; vgl auch die Gesetzesmaterialien BT-Drucks 14/6040, 129 f: Ring auf dem Grund des Sees). 27

2. Unmöglichkeit bei Wegfall des Leistungssubstrats

Zahlreiche Leistungen setzen das Vorhandensein und -bleiben des **Leistungssubstrats** voraus. Vor allem bei **Dienst- und Werkleistungen** ist dies häufig der Fall: Reparaturarbeiten sind an einem Haus des Gläubigers, ärztliche Leistungen an einem Patienten, häusliche Pflegedienste an einem Angehörigen, Abschleppdienste an einem festgefahrenen Schiff oder an einem liegengebliebenen Kraftfahrzeug zu erbringen. Fällt das Leistungssubstrat weg (das Haus oder der Betrieb brennen ab, der Patient wird gesund, sei es von selbst, sei es durch die Maßnahmen eines anderen Arztes, die häusliche Pflege ist wegen der Schwere der Gebrechlichkeit nicht mehr möglich, das Schiff wird frei oder das liegengebliebene Kraftfahrzeug springt wieder an), kann die geschuldete Leistung, so wie sie zu bewirken war, nicht mehr erbracht werden. Sie ist objektiv unmöglich geworden (BGH 17. 7. 2007 – X ZR 31/06 Rn 21, NJW 2007, 3488 und BGH 14. 1. 2010 – VII ZR 106/08 Rn 11, NJW 2010, 1282 für das Ausbaggern eines Hafenbeckens; BGH 19. 12. 2012 – IV ZR 207/12 Rn 6 ff, ZEV 2013, 330 und OLG Hamm 29. 2. 1996 – 22 U 84/95, NJW-RR 1996, 1360 für den Fall der Pflegedienste). Dass diese auch mit der Bezeichnung *Zweckvereitelung* und anderweitige *Zweckerreichung* belegten Fälle den Unmöglichkeitsregeln und nicht etwa denen über den Gläubigerverzug zuzuordnen sind, hat sich im Gefolge von Beuthien (230 ff) in Rechtsprechung und Literatur durchgesetzt (s dazu im Einzelnen Staudinger/Feldmann Vorbem 6 ff zu §§ 293 ff). 28

29 Fälle eines Wegfalls des Leistungssubstrats sind auch außerhalb des Bereichs von Werk- und Dienstverträgen denkbar. So kann ein **Stipendium** für einen bestimmten Studiengang nicht mehr gewährt werden, wenn der Förderzeitraum abgelaufen ist und der Student den geförderten Studiengang ohne die Inanspruchnahme des Stipendiums bereits absolviert hat (vgl BGH 15. 12. 2016 – I ZR 63/15 Rn 32, BGHZ 213, 179 = ZIP 2017, 764, der zusätzlich noch einen Vergleich zum absoluten Fixgeschäft zieht). Auch wird mit Recht angenommen, dass die Erfüllung eines **Stromlieferungsvertrages** unmöglich wird, wenn der Gläubiger die Betriebsräume, in welche die Stromlieferung erfolgen sollte, an ein anderes Unternehmen übergibt, das seinerseits für seinen Betrieb dort Strom bezieht (BGH 14. 2. 1958 – VIII ZR 18/57, BB 1958, 392). Hierher rechnet auch der Fall, dass sich ein Erbanwärter gegenüber dem Erblasser zum Abschluss eines **Erbverzichtvertrages** verpflichtet: Stirbt der Erblasser, so wird die Erfüllung der Pflicht zum Abschluss des Vertrages unerfüllbar und damit unmöglich, weil nur der Erblasser, nicht aber seine Erben ein sinnvolles Interesse an einer Änderung der Personen der Erbanwärter haben (BGH 4. 7. 1962 – V ZR 14/61, BGHZ 37, 319, 329). Dagegen kann nicht nach § 275 BGB beurteilt werden, ob bei Untergang des Substrats eines **dinglichen Rechts**, etwa bei der Zerstörung eines Hauses, für das ein Wohnrecht besteht, das dingliche Recht untergeht oder der Eigentümer zur Wiederherstellung des Substrats verpflichtet ist. Dies kann nur nach dem Sinngehalt der Vorschrift über das betreffende dingliche Recht entschieden werden (zutr insoweit BGH 10. 10. 1952 – V ZR 159/51, BGHZ 7, 268, 272 ff).

30 Kein Fall der Unmöglichkeit wegen Wegfalls des Leistungssubstrats ist der, dass der Käufer die mangelhafte Kaufsache selbst nachbessert oder von einem Dritten nachbessern lässt, nicht aber dem Verkäufer eine angemessene Frist zur Nachbesserung setzt. Durch die **eigenmächtige Selbstvornahme des Käufers** kann eine Nachbesserung an der zuvor mangelhaften Sache vom Verkäufer nicht mehr erbracht werden, was zunächst für Unmöglichkeit wegen Wegfalls des Leistungssubstrats spricht (etwa PWW/Schmidt-Kessel/Kramme Rn 12). Jedoch ist Abs 1 nicht einschlägig (offengelassen BGH 23. 2. 2005 – VIII ZR 100/04, BGHZ 162, 219, 225 = NJW 2005, 1348), weil der in §§ 437 Nr 1, 439 Abs 1 BGB geregelte Anspruch auf Nacherfüllung sowohl für die Nachbesserung als auch für die Ersatzlieferung voraussetzt, dass die im Zeitpunkt des Gefahrübergangs mangelhafte Sache auch im Zeitpunkt des Nacherfüllungsverlangens des Käufers noch mangelhaft ist. Zu diesem Zeitpunkt ist die Sache aufgrund der Selbstvornahme jedoch bereits mangelfrei und damit die zentrale Tatbestandsvoraussetzung des Nacherfüllungsanspruchs insgesamt nicht mehr gegeben (Schroeter JR 2004, 441, 442 f; mit anderer Begründung Kaiser, in: Staudinger/Eckpfeiler [2018] I. Rn 62, die insoweit von einer Erfüllung der Leistungspflicht des Verkäufers durch den Käufer selbst ausgeht). Folgerichtig ist auch § 326 BGB nicht anwendbar, sodass der Käufer vom Verkäufer die von Letzterem ersparten Aufwendungen weder nach § 326 Abs 2 S 2 BGB vom Kaufpreis abziehen noch, wenn er diesen bereits entrichtet hat, nach § 326 Abs 4, 346 Abs 1 BGB herausverlangen kann. Zudem wäre § 326 BGB auch deshalb nicht anwendbar, weil nach Abs 1 S 2 dieser Vorschrift der automatische Ausschluss des Anspruchs auf die Gegenleistung dann nicht eintritt, wenn der Schuldner im Fall der nicht vertragsgemäßen Leistung die Nacherfüllung nach § 275 Abs 1–3 BGB nicht zu erbringen braucht. Der Anspruch des Verkäufers auf den Kaufpreis besteht, ohne dass es auf § 326 Abs 1, 2 BGB ankommt (Kaiser, in: Staudinger/Eckpfeiler [2018] I. Rn 62; **aA** St Lorenz NJW 2003, 1417, 1418 f; zu § 324 Abs 1 S 2 BGB aF bei voreiliger Selbstvornahme beim Werkvertrag schon Rieble Betrieb 1989, 1759, 1760 f).

Auch analog ist § 326 Abs 2 S 2 BGB nicht anzuwenden, da keine Regelungslücke ersichtlich ist (BGH 23. 2. 2005 – VIII ZR 100/04, BGHZ 162, 219, 224 ff = NJW 2005, 1348; BGH 7. 12. 2005 – VIII ZR 126/05 Rn 13 ff, NJW 2006, 988, 989; BGH 20. 1. 2009 – X ZR 45/07 Rn 14, NJW-RR 2009, 667; OLG Koblenz [Hinweisbeschluss] 18. 6. 2009 – 5 U 319/09, VersR 2009, 1542 für den Behandlungsvertrag mit einem Zahnarzt; sehr str; **aA** STAUDINGER/SCHWARZE [2015] § 326 Rn C 99 mwNw). Denn mit dem kaufrechtlichen System des Vorrangs der Nacherfüllung nach §§ 437 Nr 1, 439 BGB einerseits und der allgemeinen Bestimmung des § 326 Abs 1 S 2 BGB andererseits ist die Frage abschließend entschieden (s im Einzelnen zum Streit um den Ersatz der Selbstvornahmekosten KAISER, in: STAUDINGER/Eckpfeiler [2018] I. Rn 61 f; NK-BGB/DAUNER-LIEB § 326 Rn 23 ff und SCHROETER JR 2004, 441, 442 f, alle mwNw).

Zu den Fällen, in denen das Leistungssubstrat schon *bei Abschluss des Vertrags* nicht vorhanden ist oder der Zweck des Vertrags von vornherein nicht erreicht werden kann, s STAUDINGER/FELDMANN (2018) § 311a Rn 14 ff. 31

3. Unmöglichkeit und Zweckverfehlung

Von den Fällen eines Wegfalls des Leistungssubstrats zu unterscheiden sind diejenigen Fälle, in denen der Zweck ganz oder teilweise nicht mehr erreicht werden kann, zu dem die Leistung dem Gläubiger dienen sollte (sog **Zweckstörung** oder **Zweckverfehlung**). Hier ist es grundsätzlich nicht Sache des Schuldners, sondern Sache des Gläubigers, ob und wie er die Leistung des Schuldners verwenden kann. Hat der Gläubiger eine Wohnungseinrichtung bestellt, muss er diese abnehmen, auch wenn er sich aus nicht vorhersehbaren finanziellen Gründen einschränken und in eine kleinere Wohnung ziehen muss, in der er die Möbel nicht aufstellen kann. Hat der Gläubiger ein Grundstück gekauft in der Hoffnung, es werde in ein künftiges Baugebiet fallen, so fällt seine Abnahmepflicht nicht dadurch weg, dass das Grundstück wider sein Erwarten nicht in den Bebauungsplan einbezogen wird. So wenig ein entsprechender Irrtum als Motivirrtum zur Anfechtung des Vertrages berechtigt (STAUDINGER/SINGER [2017] Vorbem 32 zu §§ 116 ff und § 119 Rn 2 ff), so wenig vermag im Ausgangspunkt der Wegfall des Verwendungszwecks etwas an der beiderseitigen Pflicht zur Erfüllung des Vertrages zu ändern (BGH 1. 6. 1979 – V ZR 80/77, BGHZ 74, 370, 375 f = NJW 1979, 1818 für den Kauf von Bauerwartungsland; BGH 27. 9. 1991 – V ZR 191/90, NJW-RR 1992, 182 f für den Zweck, das gekaufte Grundstück mit einem anderen tauschen zu können; OLG Stuttgart 21. 12. 1973 – 2 U 105/73, BB 1974, 199, 200 für den Fall, dass die bestellten Waren wegen eines Brandes in den Lagerhallen des Käufers nicht verwendet werden können). 32

Allerdings muss geprüft werden, ob diese Zuordnung des Verwendungsrisikos an den Gläubiger auch im jeweiligen Fall gilt. So steht es den Vertragsparteien frei, den Zweck, zu dem die Leistung dem Gläubiger dienen soll, zum **Gegenstand ihrer vertraglichen Einigung** zu machen: Etwa können sie die Zweckerreichung zur Bedingung für die Wirksamkeit des Vertrages erheben oder vereinbaren, dass die Zweckverfehlung bestimmte Folgen für die Vertragsabwicklung haben soll. Ist nur der Verwendungszweck zum Vertragsinhalt gemacht, aber zu den *Rechtsfolgen* nichts geregelt worden, können nicht ohne Weiteres die Regeln zur Unmöglichkeit herangezogen werden. Das hat allerdings das OLG Hamm (12. 10. 1971 – 4 U 68/71, WM 1972, 1323) angenommen in einem Fall, in dem die Absicht eines Pächters, in den 33 gepachteten Räumen eine Gaststätte zu betreiben, ausdrücklich als „Geschäftsgrundlage" in dem schriftlichen Pachtvertrag festgehalten worden war. Dies wurde dahingehend ausgelegt, dass die Parteien nach ihrem gemeinsamen Willen die Errichtung und den Betrieb der Gaststätte als Zweckvereinbarung zum wesentlichen Inhalt des Vertrages gemacht und nicht nur als erkennbar gewordene Erwartung an den Verwendungszweck formuliert hatten. Entgegen dem OLG Hamm (12. 10. 1971 – 4 U 68/71, WM 1972, 1323) ist damit jedoch noch nicht entschieden, dass der Schuldner auch das Verwendungsrisiko zu tragen hat (vgl BGH 27. 9. 1991 – V ZR 191/90, NJW-RR 1992, 182, 183). Auch dies bedarf der Regelung durch die Vertragsparteien. Nur wenn sich der vertraglichen Abmachung ausdrücklich oder im Wege der Auslegung entnehmen lässt, dass die Parteien abweichend von der in Rn 32 geschilderten Zuordnung das Verwendungsrisiko ausnahmsweise zu Lasten des Schuldners regeln wollten, kann Unmöglichkeit der Leistung angenommen werden, wenn sich der Verwendungszweck, dort der Betrieb der Gaststätte, nicht realisieren lässt. Dementsprechend liegt Unmöglichkeit vor, wenn die Parteien die Bebaubarkeit des Grundstücks ausnahmsweise zu Lasten des Verkäufers geregelt haben (vgl BGH 1. 6. 1979 – V ZR 80/77, BGHZ 74, 370, 377 f = NJW 1979, 1818). Denn dann ist Vertragsinhalt die Veräußerung eines bebaubaren Grundstücks.

34 Differenziert zu lösen sind die Fälle, in denen der vom Gläubiger mit der Leistung verfolgte **Zweck zwar nicht Vertragsinhalt** wird, aber beim Abschluss des Vertrages *offengelegt und als für den Gläubiger wesentlich vom Schuldner erkannt* wird. Das ist zB der Fall, wenn eine Wohnung in der erklärten Absicht gemietet wird, die Fensterplätze an die Schaulustigen eines bestimmten, dann aber ausgefallenen Ereignisses weiterzuvermieten (vgl zu den englischen Krönungszugsfällen Schmidt-Kessel, Standards vertraglicher Haftung nach englischem Recht [2003] 58 f, 75 ff). Gleiches gilt, wenn ein Omnibus für eine Sonderfahrt zu einem später abgesagten Fußballspiel gemietet wird. Auch die Fälle, in denen ein Saal wegen des Gastspiels eines bestimmten Stars gemietet wird und dann das Gastspiel wegen Erkrankung des Stars ausfällt (vgl OLG Bremen 18. 3. 1952 – 2 U 375/51, NJW 1953, 1393, 1394) oder dass Waren in der erklärten Absicht eingekauft werden, sie in ein anderes Land zu exportieren, was dann an einem nachträglichen Ausfuhrverbot scheitert, zählen hierher.

35 In diesen Fällen kann entgegen der Grundregel, dass es Sache des Gläubigers ist, ob und wie er die Leistung des Schuldners verwenden kann (Rn 32), der Gläubiger nur dann uneingeschränkt am Vertrag festgehalten werden, wenn trotz der Offenlegung des von ihm verfolgten Zwecks davon ausgegangen werden muss, dass das Risiko der Zweckerreichung *nach dem Willen der Vertragsparteien* beim Gläubiger verbleiben soll. Das ist beim Kauf von Bauerwartungsland regelmäßig anzunehmen (BGH 1. 6. 1979 – V ZR 80/77, BGHZ 74, 370, 374 f = NJW 1979, 1818) und gilt auch dann, wenn der mit einem Grundstückskauf verfolgte Zweck nur deshalb ausdrücklich in die Vertragsurkunde aufgenommen wird, um die behördliche Genehmigung des Grundstückskaufs leichter zu erreichen (BGH 27. 9. 1991 – V ZR 191/90, NJW-RR 1992, 182, 183). Auch der Fall, dass ein Saal zwar für einen bestimmten Auftritt, aber zu ganz normalen Bedingungen gemietet wird, gehört hierher.

36 *Fehlt es an einem solchen Willen* der Vertragsparteien, kann der Gläubiger hingegen nicht uneingeschränkt am Vertrag festgehalten werden. Hatte sich der besondere Verwendungszweck der Leistung auch zugunsten des Schuldners ausgewirkt, etwa

weil der Vertragsschluss, wie im Fall der Fenstermiete, überhaupt nur wegen dieses Zwecks möglich war oder weil die Gegenleistung mit Rücksicht auf den Verwendungszweck besonders hoch ausfiel, darf die Zweckverfehlung nicht allein den Gläubiger, aber auch nicht allein den Schuldner treffen. Deshalb sind diese Fälle weder dem Sachmängelrecht (so aber Esser/Schmidt I 2 § 23 III 2) noch den Vorschriften über die Unmöglichkeit der Leistung (so Beuthien 145 ff, 163 ff; Wieacker, in: FS Nipperdey I [1965] 783, 811) zuzuordnen, sondern unter Anwendung der Regelung über die **Störung der Geschäftsgrundlage** (§ 313 BGB) zu lösen (BGH 16. 1. 1953 – I ZR 42/52, MDR 1953, 282, 283; BGH 1. 6. 1979 – V ZR 80/77, BGHZ 74, 370, 374 ff = NJW 1979, 1818; Fabricius 47 ff; Köhler 81 ff, 100 ff; Larenz I § 21 II 1; Palandt/Grüneberg Rn 20). Was eine Lösung über die Vorschriften wegen *Sachmängeln* angeht, wird verkannt, dass die Eignung zu der nach dem Vertrag vorausgesetzten Verwendung nur an dem Vertragszweck gemessen werden kann, wie er sich bei Abschluss des Vertrags darstellt, nicht aber an nachträglichen Änderungen der Realisierbarkeit des Vertragszwecks. Denn dies würde dem Schuldner zu Unrecht einseitig ein Risiko aufbürden, das ihm nicht zukommen kann. Und *§ 275 BGB* ist deshalb *nicht anwendbar,* weil der Begriff der Leistung, von dem die Vorschrift ausgeht, durch die Hereinnahme des Verwendungszwecks überdehnt würde. Dies zeigt sich insbesondere daran, dass der in Abs 1 angeordnete Ausschluss des Leistungsanspruchs in den in Rn 34 geschilderten Fällen keineswegs stets das angemessene Ergebnis ist. Findet das ausgefallene Ereignis, zu dem die Fensterplätze oder der Omnibus gemietet waren, später doch noch statt, so kann es je nach Lage des Falles angemessen sein, die Pflicht zur Überlassung der Fensterplätze oder zur Durchführung der Sonderfahrt zu gleichen oder geänderten Bedingungen für den späteren Zeitpunkt aufrechtzuerhalten, was nur über § 313 BGB möglich ist (**aA** insoweit ausdrücklich Beuthien 163 ff). Auch für die Frage der Gegenleistung bietet § 313 BGB die elastischeren Lösungswege.

Nach dem in Rn 32 bis 36 Gesagten erscheint es zweifelhaft, ob die Parteien in dem **37**
in Rn 33 geschilderten Fall tatsächlich die Realisierbarkeit des Betriebs einer Gaststätte zum Vertragsinhalt machen wollten, wie das OLG Hamm (12. 10. 1971 – 4 U 68/71, WM 1972, 1323) angenommen hat, oder ob sie, da zu den Rechtsfolgen nichts geregelt war, nicht vielmehr die Anwendung der Grundsätze über die Störung der Geschäftsgrundlage herbeiführen wollten. Ist bei einem Dauerschuldverhältnis die Anpassung des Vertrags nicht möglich, kann es außerordentlich gekündigt werden (§ 313 Abs 3 S 2 BGB). Das wäre auch bei dem in Rn 33 geschilderten Fall die richtige Lösung gewesen.

4. Rechtliche Unmöglichkeit

Kann eine Leistung vom Schuldner **aus rechtlichen Gründen** nicht erbracht werden, **38**
ist sie unmöglich. Hierher gehört zunächst der Fall, dass ein *zu übertragendes Recht vor* der Übertragung *untergeht.* Das liegt etwa vor, wenn eine Hypothek, zu deren Abtretung sich der Schuldner verpflichtet hat, vor der Abtretung gelöscht wird (vgl RG 29. 5. 1918 – V 24/18, Recht 1918 Nr 1126), eine abzutretende Forderung vom Zedenten selbst eingezogen worden ist oder die Forderung, von der freizustellen ist, aufgrund der Nichtigkeit des ihr zugrunde liegenden Vertrags nicht existiert (BGH 30. 11. 2011 – XII ZR 170/06 Rn 27 f, WM 2012, 1091). Das Gleiche gilt in dem Fall, dass ein Scheck entgegen § 667 BGB nicht mehr herausgegeben werden kann, weil er eingelöst worden ist (BGH 14. 11. 1991 – III ZR 145/90, NJW 1992, 904, 905) oder verkaufte Aktien

für wertlos erklärt wurden und nicht mehr gehandelt werden (OLG München 30. 11. 2011 – 7 U 330/11, WM 2012, 649). Rechtliche Unmöglichkeit liegt auch dann vor, wenn das zu übertragende Recht in seinem **Charakter so verändert** wird, dass seine Übertragung nicht mehr als die geschuldete Leistung angesehen werden kann. Etwa ist die Erfüllung eines Kaufvertrages über ein noch zu bestellendes Erbbaurecht objektiv unmöglich, wenn im Zeitpunkt der Bestellung das Erbbaugrundstück infolge eines Bebauungsplans nicht mehr bebaut werden darf (BGH 20. 12. 1985 – V ZR 263/83, BGHZ 96, 385, 388 = NJW 1986, 1605). Zu den Fällen fehlender Verfügungsmacht des Schuldners s Rn 71.

39 Rechtlich unmöglich ist auch eine Leistung, deren Inhalt überhaupt **nicht** oder nicht in der gewählten Form zum **Inhalt privatrechtlicher Abmachungen** gemacht werden kann. Etwa ist die Verpflichtung, dem Vertragspartner zur Sicherheit für die Kaufpreisforderung den Reisepass zu überlassen, objektiv unmöglich. Beim Reisepass handelt es sich um ein im Eigentum des Staates stehendes Ausweispapier, über das der Einzelne nicht verfügen kann (AG Heilbronn 17. 7. 1974 – 3 C 2653/74, NJW 1974, 2182, 2183; MünchKomm/Ernst Rn 42). Weitere Fälle, in denen die Rechtsordnung den angestrebten Erfolg nicht anerkennt, sind etwa die Veräußerung eines Nießbrauchs (Bamberger/Roth/Lorenz Rn 27) oder die Veräußerung einer Firma ohne das zugehörige Handelsgeschäft, § 23 HGB (BGH 12. 5. 1977 – II ZR 49/76, MDR 1977, 1000).

40 Ist die Leistung **gesetzlich verboten**, so ist sie rechtlich unmöglich. Unmöglichkeit in diesem Sinne hat die **Rechtsprechung** bejaht bei der durch den Versailler Friedensvertrag angeordneten Auslieferung verkaufter Schiffe an eine Siegermacht (vgl RG 27. 5. 1921 – II 525/20, RGZ 102, 203, 204 f), bei dem durch das Gesetz zum Schutze des Einzelhandels angeordneten Verbot der Errichtung von Verkaufsstellen (RG 29. 11. 1934 – IV 258/34, RGZ 146, 60, 64), bei der Hinderung des in der sowjetischen Zone ansässigen Schuldners an der Leistung an den in der Bundesrepublik ansässigen Gläubiger aufgrund öffentlich-rechtlicher Vorschriften (BGH 28. 1. 1965 – Ia ZR 273/63, MDR 1965, 361 = LM BGB § 275 Nr 15) und bei der nachträglich durch das Mietrechtsverbesserungsgesetz verbotenen Verpflichtung eines Grundstückserwerbers, einen bestimmten Architekten in Anspruch zu nehmen (BGH 24. 6. 1982 – VII ZR 244/81, NJW 1982, 2190, 2191). Rechtliche Unmöglichkeit liegt auch vor, wenn ein Wirtschaftsprüfer wegen § 319 Abs 3 Nr 3 lit a) HGB nicht an dem geschuldeten Prüfungsbericht mit Bestätigungsvermerk (§§ 321, 322 HGB) mitwirken darf (BGH 21. 1. 2010 – Xa ZR 175/07 Rn 15, 23, WM 2010, 410). Ein Handelsembargo wird heute zumeist im Wege des gesetzlichen Verbots – regelmäßig eine EU-Verordnung – durchgesetzt (dazu Bittner ZVglRWiss 93 [1994] 268, 273 ff). Tatsächliche und nicht rechtliche Unmöglichkeit liegt nach einem Urteil des OLG Frankfurt vor, wenn eine Fluggesellschaft die Beförderung eines Fluggastes wegen eines aufgrund eines Boykottgesetzes gegen einen anderen Staat bestehenden Einreiseverbots, welches auch Transitaufenthalte umfasst, für dessen Staatsangehörige verweigert, dem ausländischen Boykottgesetz als Eingriffsnorm nach Art 9 Abs 3 Rom-I-VO (VO [EG] Nr 593/2008) aber keine Wirkung für den deutschem Recht unterliegenden Vertrag zu verleihen ist (OLG Frankfurt 25. 9. 2018 – 16 U 209/17 Rn 29 ff, 42 ff, NJW 2018, 3591 [kuwaitisches Einheitsgesetz zum Israel-Boykott]; dazu Mäsch JuS 2019, 386, 387 f; Mankowski RIW 2019, 180, 182 f; Freitag NJW 2018, 430, 433 [zur Vorinstanz]; **aA** Weller/Lieberknecht JZ 2019, 317, 324 f, nach denen das OLG die sich erst auf der Vollstreckungsebene stellenden Fragen vorweggenommen habe). Rechtlich unmöglich ist die Leistung, wenn eine Forderung aufgrund eines gesetzlichen

Abtretungsverbots, etwa nach § 49b Abs 4 BRAO, nicht wirksam abgetreten werden kann. Auch liegt rechtliche Unmöglichkeit vor, wenn der Schuldner bei der Leistung gegen ein Strafgesetz verstoßen müsste (OLG Rostock 7. 5. 2010 – 7 U 67/09, FamRZ 2010, 1117 f für einen drohenden Verstoß gegen § 4 Abs 1 Nr 3 Embryonenschutzgesetz; auch OLG München 22. 2. 2017 – 3 U 4080/16 juris Rn 28, FamRZ 2017, 904). Rechtlich unmöglich wird die Leistung schließlich bei *Dauerschuldverhältnissen,* wenn eine Erlaubnis, die aufgrund eines gesetzlichen Verbots mit Erlaubnisvorbehalt erteilt ist, ausläuft (vgl zu solchen Fällen für den Bereich des Unvermögens Rn 68 f).

Wird die Leistung **durch Verwaltungsakt untersagt**, begründet das ebenfalls die rechtliche Unmöglichkeit der Leistung (vgl RG 27. 5. 1933 – I 16/33, RGZ 140, 378, 381: Abdruckverbot durch die frühere Reichsrundfunkgesellschaft). In Betracht kommt insoweit insbesondere eine Beschlagnahme aufgrund von Kriegsvorschriften (vgl RG 13. 7. 1916 – II 168/16, JW 1916, 1333, 1334; Lehmann, Kriegsbeschlagnahme [1916]), der das Gebot zur Lieferung an bestimmte Stellen gleichsteht (RG 18. 2. 1919 – II 369/18, RGZ 95, 20, 23). Ein weiteres Beispiel ist eine Inanspruchnahme nach dem Bundesleistungsgesetz (oben Rn 11). Auch der Fall, dass die BaFin ein Zahlungs- und Veräußerungsverbot erlässt, gehört hierher (BGH 12. 3. 2013 – XI ZR 227/12 Rn 26, 52, BGHZ 197, 21 = NJW 2013, 3437). 41

Bedarf die Erbringung der Leistung einer **behördlichen Genehmigung**, so ist die Leistung unmöglich, wenn die Genehmigung endgültig versagt wird oder wenn ihre Erteilung völlig unwahrscheinlich ist (RG 24. 6. 1921 – II 80/21, RGZ 102, 292, 294; RG 22. 11. 1935 – II 148/35, RGZ 149, 348, 349; BGH 20. 6. 1962 – V ZR 219/60, BGHZ 37, 233, 240 = NJW 1962, 1715; BGH 7. 2. 1969 – V ZR 112/65, NJW 1969, 837 f; BGH 4. 6. 1975 – V ZR 184/73, BGHZ 64, 322 = NJW 1975, 1510; BGH 7. 10. 1977 – V ZR 131/75, WM 1978, 18, 19; BGH 17. 2. 1995 – V ZR 267/93, NJW-RR 1995, 853, 854; BGH 28. 1. 1997 – XI ZR 42/96, NJW-RR 1997, 686, 688 [Verweigerung eines behördlichen Dispenses]; OLG Hamm 8. 11. 2011 – 7 U 43/11 juris Rn 53, 60, juris; einschränkend BGH 25. 6. 1976 – V ZR 121/73, BGHZ 67, 34, 36 = NJW 1976, 1939). Dies gilt auch für die Verweigerung der erforderlichen Genehmigung der Aufsichtsbehörde zu der von einer Gemeinde geschuldeten Leistung (BGH 17. 2. 1997 – II ZR 259/96, NJW-RR 1997, 670). Ob die Genehmigungspflicht schon zum Zeitpunkt des Abschlusses des Vertrages bestand oder erst nachträglich eingeführt worden ist, ist gleichgültig. Kann die Genehmigung noch eingeholt werden, trifft den Schuldner die Pflicht, alles zu tun, was zur **Erwirkung der Genehmigung** erforderlich ist (RG 16. 3. 1936 – IV 293/35, RGZ 151, 35, 39). Führt die Untätigkeit des Schuldners dazu, dass die Genehmigung endgültig versagt wird, hat der Schuldner die eintretende Unmöglichkeit zu vertreten und haftet dem Gläubiger nach §§ 280 Abs 1, 3, 283 BGB auf Schadensersatz statt der Leistung. Ausnahmsweise kann die Pflicht zur Beschaffung der behördlichen Genehmigung aber auch den Gläubiger treffen mit der Folge, dass seine Untätigkeit seinerseits eine Pflichtverletzung und im Falle der endgültigen Versagung der Genehmigung eine von ihm zu vertretende Unmöglichkeit darstellt, für die § 326 Abs 2 BGB gilt (Staudinger/Schwarze [2015] § 326 Rn C 10). Wird eine behördliche Genehmigung zurückgenommen, tritt in diesem Zeitpunkt Unmöglichkeit ein (BGH 15. 7. 2009 – VIII ZR 217/06 Rn 11 ff, NJOZ 2009, 3882 für die Rücknahme einer Bankerlaubnis durch die BaFin). 42

Dass der Schuldner **behördlichen Ausfuhr- oder Handelsverboten zuwiderhandelt** oder sie *umgeht,* kann von ihm nicht verlangt werden. So ist er insbesondere nicht 43 verpflichtet, sich die Ware auf nicht vorgesehenen Schleichwegen zu verschaffen (RG 28. 6. 1918 – II 69/18, RGZ 93, 182, 184; BGH 8. 6. 1983 – VIII ZR 77/82, NJW 1983, 2873, 2874; Huber I 585). Vor allem kann vom Schuldner nicht verlangt werden, dass er sich strafbar macht, etwa der Bestechung inländischer oder ausländischer Amtsträger (§§ 334, 335a StGB), wenn er dadurch die Ware unschwer erhalten könnte, um sie dem Gläubiger zu liefern. Deshalb müssen auch nicht mehr die in manchen Ländern „landesüblichen Trinkgelder" für eine „nötige Bevorzugung" gegeben werden (so aber RG 26. 9. 1919 – II 54/19, JW 1920, 138, 139 zu einem Trinkgeld an bulgarische Beamte). Hier liegt ein Fall des Abs 1 und nicht des Abs 2 vor, da das durch eine Interessenabwägung geprägte Leistungsverweigerungsrecht des Abs 2 für die Überwindung von Hindernissen nicht passt, die schlechterdings von niemandem erwartet werden können (vgl Rn 27). Für eine Interessenabwägung ist in diesen Fällen kein Raum. Die Leistung ist rechtlich unmöglich.

44 Nicht zu verwechseln mit dem Fall, dass die Leistungserbringung wegen eines gesetzlichen oder behördlichen Verbotes oder wegen der Versagung einer Genehmigung rechtlich unmöglich ist, ist der Fall, dass schon das **Verpflichtungsgeschäft selbst gesetzlich verboten** ist oder einer behördlichen Genehmigung bedarf. Der Verstoß des Verpflichtungsgeschäfts gegen ein gesetzliches Verbot ist in § 134 BGB geregelt mit der Folge, dass der Vertrag nichtig ist, wenn sich nicht aus dem Gesetz ein anderes ergibt; die §§ 275 Abs 1, 311a BGB finden in diesem Fall keine Anwendung (Staudinger/Feldmann [2018] § 311a Rn 7, 62 ff; BeckOGK/Riehm [1. 7. 2019] Rn 109). Ist das Rechtsgeschäft genehmigungsbedürftig, bleibt es bis zur Erteilung oder Versagung der Genehmigung schwebend unwirksam (RG 29. 10. 1921 – V 227/21, RGZ 103, 104, 106; RG 23. 2. 1942 – V 110/41, RGZ 168, 346, 351; BGH 28. 4. 1953 – I ZR 64/52, LM BGB § 134 Nr 7; BGH 20. 2. 1957 – V ZR 125/55, BGHZ 23, 342, 348; Staudinger/Sack/Seibl [2017] § 134 Rn 103 ff), nach deren endgültiger Versagung wird es endgültig unwirksam (Staudinger/Feldmann [2018] § 311a Rn 70).

45 Der Umstand, dass bei schuldrechtlichen, auf Verschaffung eines Gegenstandes gerichteten Verträgen der **geschuldete Gegenstand nicht dem Schuldner gehört**, begründet idR keine Unmöglichkeit. Diese tritt nur dann ein, wenn es objektiv ausgeschlossen ist, dass sich der Schuldner den Gegenstand verschaffen kann (dazu noch Rn 71 f). Ist das vermachte oder verkaufte Grundstück enteignet und in Volkseigentum überführt worden, ist die Übereignung ab dem Zeitpunkt der Verstaatlichung des Grundeigentums endgültig unmöglich geworden (BGH 16. 3. 2005 – IV ZR 272/03, NJW-RR 2005, 953, 954 = WM 2005, 1230, 1231; BGH 16. 3. 2005 – IV ZR 246/03, WM 2005, 1232; BGH 15. 6. 2012 – V ZR 240/11 Rn 9, NJW 2012, 3096; OLG Brandenburg 23. 10. 1996 – 3 U 20/94, VIZ 1997, 360, 361 und OLG Brandenburg 10. 4. 1997 – 5 U 84/96, VIZ 1998, 464, 465). Sind Anteile an einem Unternehmen des Finanzsektors iS des § 2 Abs 1 des Finanzmarktstabilisierungsfondsgesetzes iVm § 2 des Restrukturierungsfondsgesetzes verkauft, ist die Übertragung der Anteile unmöglich, wenn die bisherigen Anteilseigner nach dem Rettungsübernahmegesetz (Art 3 des Finanzmarktstabilisierungsergänzungsgesetzes) enteignet worden sind.

46 Erwirbt der Gläubiger den geschuldeten Gegenstand nicht durch Verfügung des Schuldners, sondern durch die **Verfügung eines Dritten** oder durch Verbindung, Vermischung oder **Verarbeitung**, so ist zu unterscheiden: Erfolgt der Erwerb aufgrund des Leistungsverhältnisses zwischen Schuldner und Gläubiger, wie das der Fall ist, wenn der Dritte gem § 267 BGB leistet oder der Erwerb durch Verbindung, Vermischung, Verarbeitung zu dem Zweck erfolgt, der mit der Leistung beabsichtigt ist, so liegt Erfüllung iS des § 362 BGB vor. Ist dies nicht der Fall, handelt es sich um Unmöglichkeit, und zwar im Sinne eines Wegfalls des Leistungssubstrats (s oben Rn 28; RG 14. 6. 1910 – II 489/09, JW 1910, 805 zum nachträglichen Erwerb des Grundstücks von einem Dritten). Rechtliche Unmöglichkeit liegt dagegen dann vor, wenn der Vertrag auf die Verschaffung des Eigentums an einer dem Käufer bereits gehörenden Sache gerichtet ist (RG 7. 5. 1904 – V 494/03, Gruchot 48, 880).

Nicht mit dem Fall der rechtlichen Unmöglichkeit zu verwechseln ist der Fall, dass bestimmte Ereignisse für den Schuldner zu einem **Konflikt** dergestalt führen, dass er, wenn er die Leistung erbringt, *andere Rechtspflichten verletzen* muss. Derartige Fälle gehören, was die Leistungspflicht angeht, nicht in den Anwendungsbereich des Abs 1, sondern in den des Abs 3. Dem Schuldner kann je nach den Umständen die Erbringung der Leistung unzumutbar sein, sodass er sie verweigern kann (vgl unten Rn 109). Ob der Schuldner zum Schadensersatz statt der Leistung verpflichtet ist, hängt davon ab, ob er die Nichterbringung der Leistung zu vertreten hat, insbesondere ob ihn ein Übernahme-, Vorsorge- oder Abwendungsverschulden trifft (s dazu § 276 Rn 17 ff). Zum Fall des Unvermögens bei rechtlichen Verboten s Rn 68 f. 47

5. Zeitweilige und dauernde Unmöglichkeit

a) Zeitweilige Unmöglichkeit

Ist die Leistung dem Schuldner **zeitweilig unmöglich**, so führt das in der Regel dazu, 48
dass der Anspruch des Gläubigers auf die Leistung für die Zeit der Unmöglichkeit ausgeschlossen ist (BGH 12. 3. 2013 – XI ZR 227/12 Rn 26, 52, BGHZ 197, 21 = NJW 2013, 3437; BAG 3. 11. 2011 – 2 AZR 748/10 Rn 22, NZA 2012, 607; Arnold JZ 2002, 866, 870; Canaris, in: FS Huber [2006] 143, 145 ff; Däubler, in: FS Heldrich [2005] 55, 59 f; Gsell, in: FS Buchner [2009] 267, 270 ff; Huber I 66 ff und II 790; Lobinger 304 ff; Schlechtriem, in: FS Sonnenberger [2004] 125, 129 f; **aA** Kaiser, in: FS Hadding [2004] 121, 127 ff; P Schmidt 77 ff; Treichel 135 ff). Unerheblich ist dabei, ob das Leistungshindernis von gewisser oder ungewisser Dauer ist, solange nur damit zu rechnen ist, dass es irgendwann wieder entfällt (Canaris, in: FS Huber [2006] 143, 145). Klagt der Gläubiger während der Schwebezeit auf die Leistung, ist die Klage als „zur Zeit unbegründet" abzuweisen (BGH 16. 9. 2010 – IX ZR 121/09 Rn 22, WM 2010, 2081; Otto, in: FS Canaris [2007] I 945, 952; MünchKomm/Ernst Rn 141; Schwarze, Leistungsstörungen [2017] § 4 Rn 25; **aA** Gsell, in: FS Buchner [2009] 267, 272 ff). Nach der Beseitigung des Leistungshindernisses kann die Leistung wieder durchgesetzt werden (vgl RG 21. 5. 1927 – I 19/27, RGZ 117, 127, 130). Bei Dauerverpflichtungen ist die Leistung für den verflossenen Zeitraum allerdings in der Regel nicht nachholbar. Besteht etwa der die vorübergehende Unmöglichkeit begründende Umstand darin, dass ein Haus „besetzt" worden ist, ist die Leistung des Vermieters zur Gebrauchsüberlassung für die Zeit der Besetzung unmöglich (vgl hierzu auch Staudinger/Feldmann Vorbem 18 zu §§ 286 ff).

Der Anwendung des Abs 1 auf die zeitweilige bzw vorübergehende Unmöglichkeit 49
steht es nicht entgegen, dass im Gesetzgebungsverfahren das Wort „solange" wieder aus dem Gesetzentwurf gestrichen worden ist. Vielmehr sollte die Frage der Einordnung vorübergehender Leistungshindernisse Rechtsprechung und Wissenschaft überlassen werden (Beschlussempfehlung und Bericht d Rechtsausschusses BT-Drucks 14/7052,

183; zur Entstehungsgeschichte im Einzelnen Staudinger/Schwarze § 283 Rn 7 f). Vom Wortlaut könnte Abs 1 direkt angewendet werden, insbesondere, weil die Vorschrift in der Rechtsfolge nicht zu einer Befreiung von der Leistungspflicht insgesamt führt, sondern nur deren Durchsetzbarkeit blockiert (dazu Rn 79). Wegen des systematischen Zusammenhangs mit § 326 BGB und insbesondere den §§ 283 und 311a BGB, die auf die zeitweilige Unmöglichkeit überwiegend nicht anwendbar sind (Rn 50), kann aber letztlich nur von einer **entsprechenden Anwendung** des § 275 BGB ausgegangen werden (Staudinger/Schwarze § 283 Rn 34; PWW/Schmidt-Kessel/Kramme Rn 6; für eine analoge Anwendung auch BGH 12. 3. 2013 – XI ZR 227/12 Rn 26, 52, BGHZ 197, 21 = NJW 2013, 3437).

50 Die vorübergehende Unmöglichkeit der Leistung hat zur Konsequenz, dass der Schuldner für die Dauer der Unmöglichkeit entsprechend § 326 Abs 1 S 1 BGB auch den Anspruch auf die **Gegenleistung** nicht durchsetzen kann. Hat der Schuldner das Leistungshindernis zu vertreten, kann der Gläubiger wegen Nichtleistung ab Fälligkeit nach §§ 280 Abs 1, 3, 281 BGB zum **Schadensersatz** statt der Leistung gelangen, nicht aber nach §§ 280 Abs 1, 3, 283 BGB oder § 311a Abs 2 BGB (Arnold JZ 2002, 866, 869 f; MünchKomm/Ernst 153 ff; Staudinger/Schwarze § 283 Rn 34; Schwarze, Leistungsstörungen [2017] § 4 Rn 26, 28). Auch kann der Gläubiger nach §§ 280 Abs 1, 2, 286 BGB den Verzögerungsschaden geltend machen (Arnold JZ 2002, 866, 869; Staudinger/Schwarze § 283 Rn 34; Schwarze, Leistungsstörungen [2017] § 4 Rn 28) und unabhängig vom Vertretenmüssen des Schuldners unter den Voraussetzungen des § 323 BGB vom Vertrag **zurücktreten**, nicht aber nach § 326 Abs 5 BGB, weil die Entbehrlichkeit der Fristsetzung für den Fall der vorübergehenden Unmöglichkeit nicht passt (MünchKomm/Ernst Rn 150 ff; Schwarze, Leistungsstörungen [2017] § 4 Rn 26, 28; insoweit zutr auch Kaiser, in: FS Hadding [2004] 121, 134 f; ausf Canaris, in: FS Huber [2006] 143, 151 ff; Lobinger 312 ff, 317 ff).

51 Nach einer von Kaiser vertretenen Auffassung soll bei einem vorübergehenden Leistungshindernis kein Fall der Unmöglichkeit, sondern stets nur eine *Leistungsverzögerung* vorliegen (Kaiser, in: FS Hadding [2004] 121, 127 ff, 134 ff; im Ergebnis zust Soergel/Ekkenga/Kuntz Rn 68; Treichel 139 ff). Könne ein Leistungshindernis innerhalb des vom Vertrag vorgegebenen Erfüllungszeitraums behoben werden, bleibe die Leistung möglich und werde auch nicht für die Dauer des Hindernisses nach Abs 1 suspendiert (Kaiser, in: FS Hadding [2004] 121, 134). Der Gläubiger sei nicht darauf beschränkt, ein Urteil auf künftige, durch den Wegfall des Leistungshindernisses bedingte Leistung gem § 259 ZPO zu erstreiten, sondern könne ein unbedingtes Leistungsurteil erwirken. Der Schuldner werde durch das Zwangsvollstreckungsverfahren hinreichend geschützt, da die Vollstreckung unzulässig sei (§ 888 ZPO) oder fehlschlage (§§ 883, 887 ZPO), solange die Leistung unmöglich sei (Kaiser, in: FS Hadding [2004] 121, 130 f). Die Ablehnung der Unmöglichkeit begründet Kaiser unter anderem mit den Schwierigkeiten, die eine Anwendung des Unmöglichkeitsrechts für den Anspruch des Gläubigers auf Schadensersatz und das Recht zum Rücktritt bedeute. Die Leistungspflicht zu suspendieren und so zu tun, als sei die Leistung gleichwohl fällig und durchsetzbar, sei mit dem Gesetz nicht vereinbar (Kaiser, in: FS Hadding [2004] 121, 134 ff). Zudem beschwöre die Notwendigkeit mehrfacher Leistungsklagen die Gefahr unnötiger Kosten herauf (Kaiser, in: FS Hadding [2004] 121, 128, 132), was insoweit aber auch für vergebliche Vollstreckungsversuche gilt, wie Kaiser selbst zugesteht.

Richtig ist, dass man mit einer Klage auf künftige Leistung gem § 259 ZPO nicht weiterkommt, wenn der Schuldner an sich leisten will, dies aber vorübergehend nicht kann. Es fehlt dann schon an der von § 259 ZPO geforderten Besorgnis, dass sich der Schuldner der rechtzeitigen Leistung entziehen werde (s näher Kaiser, in: FS Hadding [2004] 121, 128 ff; Huber II 790 f). Da der Schuldner zur Primärleistung nicht in der Lage und der Anspruch nicht durchsetzbar ist, kann der Schuldner aber richtigerweise auch nicht dazu verurteilt werden (Schwarze, Leistungsstörungen [2017] § 4 Rn 25; Huber II 790 f). Die dogmatischen Ungereimtheiten bei den Schadensersatzansprüchen und beim Recht zum Rücktritt halten sich in Grenzen, wenn man davon ausgeht, dass Abs 1 generell nur die Durchsetzbarkeit des Anspruchs blockiert, nicht aber den Schuldner von seiner Leistungspflicht insgesamt befreit (unten Rn 79 ff). Und der Überlegung, dass der Gläubiger mit unnötigen Klagekosten belastet wird, kann dadurch begegnet werden, dass nach dem in Rn 84 Gesagten der Schuldner verpflichtet ist, sowohl den Eintritt der Unmöglichkeit als auch die Behebung des Hindernisses dem Gläubiger mitzuteilen. Kommt der Schuldner dem nicht nach, liegt darin regelmäßig eine von ihm zu vertretende Pflichtverletzung, die ihn zum Schadensersatz verpflichtet. 52

b) Gleichstellung mit der dauernden Unmöglichkeit

Ein zeitweiliges Erfüllungshindernis ist einem *endgültigen dann gleich zu achten,* wenn *dem Schuldner* wegen der **Ungewissheit der Behebung der Unmöglichkeit** die Einhaltung des Vertrages nicht zugemutet werden kann. Dann ist der Anspruch auf die Leistung nach Abs 1 dauerhaft und nicht nur zeitweilig ausgeschlossen, selbst wenn die Leistung eines Tages wieder möglich werden sollte. Das hat der BGH zu Recht entschieden in einem Fall, in dem eine Tierkörperverwertungsanlage in den Iran zu liefern und dort zu montieren war und die Lieferung auch erfolgte, die Montage aber wegen politischer Unruhen im Iran unterblieb (BGH 11. 3. 1982 – VII ZR 357/80, BGHZ 83, 197, 201 f = NJW 1982, 1458). Da die Beendigung der Unruhen unabsehbar war, konnte dem Schuldner die weitere Bindung an die Montageverpflichtung, auf die er in seinen betrieblichen Dispositionen hätte Rücksicht nehmen müssen, nicht zugemutet werden. Auch im Falle eines Embargos, dessen Ende nicht absehbar ist, ist ein Festhalten an der Lieferungsverpflichtung regelmäßig unzumutbar (Bittner ZVglRWiss 93 [1994] 268, 280 ff). Gleiches gilt, wenn Gegenstand des Kaufvertrags ein Grundstück ist, das zu Zeiten der ehemaligen DDR in Volkseigentum überführt worden ist. Niemand konnte im Zeitpunkt dieser Überführung damit rechnen, dass die DDR und mit ihr das Volkseigentum enden würde (vgl OLG Brandenburg 10. 4. 1997 – 5 U 84/96, VIZ 1998, 464, 465; BGH 15. 6. 2012 – V ZR 240/11 Rn 9, NJW 2012, 3096; s auch BGH 16. 3. 2005 – IV ZR 272/03, NJW-RR 2005, 953, 954 = WM 2005, 1230, 1231 und BGH 16. 3. 2005 – IV ZR 246/03, WM 2005, 1232 für Ansprüche aus einem Vermächtnis). Hier müssen die Parteien Gewissheit darüber haben, ob sie an den Vertrag gebunden sind oder nicht (vgl RG 27. 9. 1938 – I 36/38, RGZ 158, 321, 331; BGH 30. 10. 1953 – V ZR 76/52, BB 1953, 1028 = LM BGB § 275 Nr 4; Larenz I § 21 I a; Bittner ZVglRWiss 93 [1994] 268, 280 ff; Schwarze, Leistungsstörungen [2017] § 4 Rn 23; **aA** Leonhard I 301 f). 53

Teilweise wird vertreten, dass die in Rn 53 genannten Fälle der Unzumutbarkeit für den Schuldner nicht über eine Gleichstellung der zeitweiligen mit der dauernden Unmöglichkeit, sondern über die Grundsätze der *Störung der Geschäftsgrundlage* gem § 313 BGB zu lösen seien (Arnold JZ 2002, 866, 871; Canaris, in: FS Huber [2006] 143, 157 ff; Treichel 145 ff). Dem ist nicht zu folgen: Das Bedürfnis, den Schuldner von der 54

Durchsetzbarkeit der Leistung durch den Gläubiger dauerhaft zu befreien, besteht nicht nur dann, wenn beide Vertragsteile vorausgesetzt haben, es werde nicht zu der dann eingetretenen zeitweiligen Leistungsverhinderung kommen, sondern auch dann, wenn lediglich der Schuldner davon ausgegangen ist. Zudem betrifft § 313 BGB nur den Fall vertraglicher Schuldverhältnisse. Eine zeitweilige Unmöglichkeit, die wegen ihrer Unabsehbarkeit der dauernden Unmöglichkeit gleichzustellen ist, kann aber auch bei einem nicht vertraglichen Schuldverhältnis, etwa einem Vermächtnis oder einer Schadensersatzverpflichtung auf Naturalrestitution, gegeben sein. Dementsprechend ist der BGH in den Fällen, in denen das vermachte Grundstück in Volkseigentum überführt worden war, von Unmöglichkeit ausgegangen und hat einen Anspruch des Gläubigers aus § 285 BGB auf das stellvertretende commodum bejaht (BGH 16. 3. 2005 – IV ZR 272/03, NJW-RR 2005, 953, 954 = WM 2005, 1230, 1231; BGH 16. 3. 2005 – IV ZR 246/03, WM 2005, 1232; s auch § 285 Rn 30).

55 Das in Rn 53 Gesagte gilt auch dann, wenn beiden Parteien das Festhalten am Vertrag wegen der Ungewissheit über die Beseitigung des Leistungshindernisses nicht zugemutet werden kann. Auch ist ein zeitweiliges Erfüllungshindernis einem dauernden dann gleich zu achten, wenn die *Erreichung des Vertragszwecks* durch die zeitweilige Unmöglichkeit so in Frage gestellt wird, dass **dem Gläubiger** nach Treu und Glauben unter Abwägung der Belange beider Vertragsteile die Einhaltung des Vertrages nicht zugemutet werden kann (st Rspr RG 20. 2. 1917 – III 384/16, RGZ 89, 203, 206; RG 12. 11. 1923 – VI 1286/22, RGZ 107, 156, 159; s auch BGH 11. 3. 1982 – VII ZR 357/80, BGHZ 83, 197, 200 f = NJW 1982, 1458, wo allerdings auch dem Schuldner das Festhalten am Vertrag nicht zumutbar war; jetzt wieder OLG Karlsruhe 14. 9. 2004 – 8 U 97/04, NJW 2005, 989, 990; BGH 19. 10. 2007 – V ZR 211/06 Rn 24 f, BGHZ 174, 61 = NJW 2007, 3777 [dort verneint für ein Leistungshindernis aufgrund unklarer Grundbuchlage]; BGH 8. 5. 2014 – VII ZR 203/11 Rn 22 f, BGHZ 201, 148 = NJW 2014 3365 für die Unmöglichkeit der Beseitigung eines Baumangels [Glasfassade]; BAG 22. 10. 2015 – 2 AZR 381/14 Rn 15, NZA 2016, 482 für den Fall einer mehrjährigen Freiheitsstrafe des Arbeitnehmers; Palandt/Grüneberg Rn 11; s auch Medicus, in: FS Heldrich [2005] 347, 350 f). Der Gläubiger muss in einem solchen Fall gem § 326 Abs 1 S 1 BGB automatisch vom Anspruch des Schuldners auf die Gegenleistung befreit sein. Das nach altem Schuldrecht bestehende Problem, dass der Gläubiger nur zurücktreten konnte, wenn der Schuldner das Leistungshindernis zu vertreten hatte (§§ 325, 326 aF), besteht zwar heute mit § 323 BGB nicht mehr (Kaiser, in: FS Hadding [2004] 121, 123 f). Den Gläubiger hingegen in jedem Fall auf das Rücktrittsrecht zu verweisen (in diesem Sinne Arnold JZ 2002, 866, 870 f), wird der Tatsache nicht gerecht, dass es für den Gläubiger fernliegt, in Fällen einer als dauernd erachteten Unmöglichkeit vorsorglich den Rücktritt für den Fall zu erklären, dass sich die Unmöglichkeit nachträglich nur als zeitweilige herausstellt. Allerdings ist hier *Zurückhaltung geboten.* Denn die Annahme eines dauerhaften und nicht nur vorübergehenden Ausschlusses der beiderseitigen Ansprüche schon ab dem Zeitpunkt, zu dem die Unmöglichkeit eingetreten ist (vgl Rn 56), nimmt dem Gläubiger das Recht, selbst zu entscheiden, ob er an einer künftigen Vertragsdurchführung festhalten will oder nicht (insoweit zutr Arnold JZ 2002, 866, 870 f). So kann der Gläubiger auch nach Wegfall des Leistungshindernisses noch Interesse an der Leistung haben. Dann aber muss von ihm eine Entscheidung darüber auch verlangt werden, ob er auf seinem Erfüllungsanspruch besteht oder vom Vertrag zurücktritt und unter den Voraussetzungen der §§ 280 Abs 1, 3, 281 BGB Schadensersatz statt der Leistung begehrt (Rn 50).

56 Für die Beurteilung der Frage, ob im konkreten Fall die zeitweilige der dauernden Unmöglichkeit gleichzustellen ist, muss immer auf den **Zeitpunkt** abgestellt werden, in dem die **Unmöglichkeit eingetreten** ist (BGH 15. 6. 2012 – V ZR 240/11 Rn 9, NJW 2012, 3096; KG 4. 9. 1998 – 17 U 3053/97, VIZ 2000, 677, 678). Entscheidend ist also, ob bei der Sachlage, wie sie sich unmittelbar nach Eintritt des Leistungshindernisses darstellt, dem Schuldner ein abwartendes Festhalten am Vertrag zuzumuten ist oder nicht (RG 16. 3. 1936 – IV 293/35, RGZ 151, 35, 39 [bejaht für ein durch die Devisengesetzgebung begründetes Leistungshindernis]; BGH 30. 10. 1953 – V ZR 76/52, BB 1953, 1028 = LM BGB § 275 Nr 4; BGH 9. 7. 1955 – VI ZR 108/54, WM 1955, 1346, 1347 = LM BGB § 275 Nr 7; BGH 11. 3. 1982 – VII ZR 357/80, BGHZ 83, 197, 200 = NJW 1982, 1458; BGH 19. 10. 2007 – V ZR 211/06 Rn 24, BGHZ 174, 61 = NJW 2007, 3777).

6. Vollständige und teilweise Unmöglichkeit

57 Abs 1 schließt den Anspruch des Gläubigers nur aus, **„soweit"** die Leistung unmöglich wird. Wird dem **Schuldner einer teilbaren Leistung** die Leistung nur teilweise unmöglich, kann er etwa Sachen nur zum Teil liefern oder Dienst- oder Werkleistungen nur zum Teil erbringen, so ist der Anspruch nur hinsichtlich des unmöglich gewordenen Teils ausgeschlossen; im Übrigen muss der Schuldner weiter leisten. Die Verpflichtung, den noch möglichen Teil der Leistung zu erbringen, wird aber durch die Abs 2 und 3 begrenzt: Etwa kann vom Vermieter eines durch Brand teilweise zerstörten Gebäudes die Wiederherstellung der nur beschädigten Gebäudeteile regelmäßig nicht verlangt werden, wenn die Wiederherstellungskosten in krassem Missverhältnis zum Wert des Mietobjekts und den aus ihm zu ziehenden Einnahmen stehen (OLG Karlsruhe 30. 12. 1994 – 19 U 113/94, NJW-RR 1995, 849, 850). Dass der Anspruch des Gläubigers nur zum Teil durch Abs 1 ausgeschlossen wird, bedeutet auf der anderen Seite, dass er auch nur teilweise Anspruch auf Ersatzherausgabe gem § 285 BGB hat und beim gegenseitigen Vertrag nur teilweise von der Gegenleistungspflicht befreit wird, die Gegenleistung im Übrigen aber nach näherer Maßgabe des § 326 Abs 1 S 1 HS 2 BGB erbringen muss. Nur wenn der Gläubiger an der Teilleistung kein Interesse hat, kann er vom ganzen Vertrag zurücktreten (§§ 326 Abs 5, 323 Abs 5 S 1 BGB). Bei zu vertretender teilweiser Unmöglichkeit kann er, wenn er kein Interesse an der Teilleistung hat, Schadensersatz statt der ganzen Leistung verlangen, §§ 280 Abs 1, 3, 283 S 2, 281 Abs 1 S 2 BGB. Zum Verhältnis der Teilunmöglichkeit zum Recht des Gläubigers, Teilleistungen nach § 266 BGB zurückzuweisen Staudinger/Bittner/Kolbe § 266 Rn 4 und 40 f.

58 Für das frühere Recht hat die hM in Rechtsprechung und Literatur vollständige Unmöglichkeit trotz an sich gegebener Teilbarkeit der Leistung dann angenommen, „wenn nach Inhalt und Zweck des Vertrages **nur an der vollständigen Erfüllung ein Interesse** besteht" (so die Formulierung BGH 17. 2. 1995 – V ZR 267/93, NJW-RR 1995, 853, 854; s weiter RG 27. 5. 1933 – I 16/33, RGZ 140, 378, 383; RG 21. 12. 1942 – V 81/42, RGZ 170, 257, 259; OGH 19. 9. 1949 – IIb ZS 55/49, NJW 1949, 943, 944; BGH 30. 11. 1972 – VII ZR 239/71, BGHZ 60, 14, 16; Titze 48 ff; Coing SJZ 1949, 532, 534; Scherner JZ 1971, 533, 534 f; Beuthien 165 f; BGB-RGRK/Alff Rn 33; zum neuen Recht wieder Palandt/Grüneberg Rn 7; Jauernig/Stadler Rn 8). Dem hatte Kaiser (S 143 ff) entgegengehalten, dass die Annahme einer solchen „Quasi-Vollunmöglichkeit" der gesetzlichen Interessenwertung deshalb nicht gerecht wurde, weil, anders als für die Teilunmöglichkeit, bei der § 280 Abs 2 S 2 aF eingriff, für die Vollunmöglichkeit eine Vorschrift fehlte, nach der der Gläubiger im Falle des

Schadensersatzverlangens eine von ihm bereits empfangene Teilleistung zurückzugewähren hatte. Zwar besteht dieses Problem heute nicht mehr, weil § 283 S 2 iVm § 281 Abs 5 BGB auch im Falle des Schadensersatzes statt der ganzen Leistung den Schuldner zur Rückforderung des seinerseits Geleisteten berechtigt. Die hM wirft aber gleichwohl nach wie vor Abwicklungsprobleme auf und wird der gesetzlichen Interessenwertung nicht gerecht. Denn bei Annahme von Vollunmöglichkeit muss der Schuldner entgegen der Wertung des § 326 Abs 1 S 1 2. HS BGB auf die Teil-(Gegen-)leistung für die erbrachte Leistung verzichten, auch wenn er die Unmöglichkeit nicht zu vertreten hat. Auch wird dem Gläubiger, der Interesse an dem möglich gebliebenen Teil der Leistung hat, der Anspruch auf diesen versagt, obwohl Abs 1 den Anspruch nur ausschließt, **„soweit"** der Schuldner nicht leisten kann. Dem Gläubiger insoweit ein im Gesetz nicht vorgesehenes „Wahlrecht" einzuräumen (so Bamberger/Roth/Unberath [3. Aufl 2012] Rn 49), stellt einen überflüssigen Umweg dar. Deshalb ist mit Kaiser die gesetzliche Regelung der Teilunmöglichkeit immer dann anzuwenden, wenn bei einer *objektiven* Betrachtung ein Teil der Leistung möglich bleibt (MünchKomm/Ernst Rn 132; Huber II 724 f; BeckOGK/Riehm [1. 7. 2019] Rn 297; **aA** Soergel/Ekkenga/Kuntz Rn 72). Von den gesetzlichen Bestimmungen abweichende Rechtsfolgen können nur dann gelten, wenn *diese* von den Parteien vereinbart sind.

59 Nach dem Gesagten sind auch Fälle, in denen es unmöglich wird, **Nebenabreden** zu erfüllen, zB verkaufte Ware ins Ausland zu verschiffen (RG 4. 1. 1918 – II 250/17, RGZ 92, 14, 17; s aber auch den Fall RG 14. 1. 1916 – II 372/15, RGZ 88, 37, 38), der Teilunmöglichkeit zuzuordnen (MünchKomm/Ernst Rn 130; Bamberger/Roth/Lorenz Rn 55). Dem Interesse des Gläubigers ist in diesen Fällen auch dann, wenn der Schuldner die Unmöglichkeit nicht zu vertreten hat, dadurch genügend Rechnung getragen, dass sich die von ihm zu erbringende Gegenleistung nach § 326 Abs 1 S 1 2. HS BGB entsprechend – gegebenenfalls bis auf null – mindert.

60 Auch **Verschlechterungen** des geschuldeten Gegenstandes können grundsätzlich als teilweise Unmöglichkeit aufgefasst werden. Etwa bleibt bei der Beschädigung eines vermachten Gegenstandes durch den Erben der Anspruch des Vermächtnisnehmers auf Leistung des – verschlechterten – Gegenstandes bestehen und kann von ihm Schadensersatz statt der ganzen Leistung gem §§ 280 Abs 1, 3, 283 S 2, 281 Abs 1 S 2 BGB nur verlangt werden, wenn er an der Leistung des verschlechterten Gegenstandes kein Interesse hat. Allerdings gehen insoweit die Vorschriften über die Mängelhaftung in ihrem Anwendungsbereich den Unmöglichkeitsregeln vor. Zu Fällen, in denen Verschlechterung als vollständige Unmöglichkeit aufzufassen ist, vgl oben Rn 14. S auch Staudinger/Schwarze (2015) § 326 Rn B 48.

61 Der Inhalt der Leistungspflicht erstreckt sich auch auf den **Leistungsort**. Kann die Leistung nicht an dem Ort erfolgen, an dem sie nach dem Inhalt des Schuldverhältnisses erfolgen sollte, so ist die Leistung teilweise unmöglich (zust MünchKomm/Ernst Rn 130). Folge ist, dass der Gläubiger sie nicht am vereinbarten Ort verlangen kann, wohl aber an einem Ersatzort, der gem §§ 133, 157 BGB durch ergänzende Vertragsauslegung zu ermitteln ist (zu Rücktritt und Schadensersatz Rn 57). Teilunmöglichkeit in diesem Sinne ist etwa gegeben, wenn die vom Verkäufer zu beschaffende Ausfuhrbewilligung nicht erteilt wird, einer Lieferung im Inland aber kein Hindernis entgegensteht. Kann ein Bauwerk nicht an dem vorgesehenen Platz errichtet werden, liegt Teilunmöglichkeit vor, wenn die Errichtung, wie das auf Container oder andere nicht unterkellerte Normbauwerke regelmäßig zutrifft, an einem anderen Platz möglich ist. Vollständige Unmöglichkeit liegt dagegen vor, wenn das Bauwerk, etwa ein Wohnhaus oder auch ein Verwaltungsgebäude, so wie geplant nur auf dem vorgesehenen Grundstück errichtet werden könnte. Zur Bedeutung des Leistungsorts im Rahmen der Unzumutbarkeit s Rn 86 f.

Wird die **Leistungszeit** nicht eingehalten, so führt das, abgesehen von den Fällen des absoluten Fixgeschäfts (s Rn 16 f), nur zum Verzug, wenn nicht ein Fall der vorübergehenden Unmöglichkeit gegeben ist (Rn 48 ff). Bei einer Leistung, die, insbesondere bei Dauerschuldverhältnissen, nicht nachholbar ist, liegt teilweise Unmöglichkeit vor (s dazu Staudinger/Feldmann Vorbem 18 ff zu §§ 286 ff). Das hat das OLG Saarbrücken (8. 3. 2006 – 5 U 178/05, NJW-RR 2006, 1602, 1603) in einem Fall angenommen, in dem die Schuldnerin die in einem Mietverwaltungsvertrag von ihr übernommene Verpflichtung, gegenüber den Mietern die gesetzlich zulässigen Mieterhöhungen durchzusetzen, nicht rechtzeitig erfüllt hatte. Richtigerweise ist hier vom Schuldnerverzug auszugehen, weil der vertraglichen Verpflichtung zur Durchsetzung der Mieterhöhungen kein Dauerrechtscharakter beigemessen werden kann, auch wenn es sich bei dem Mietverwaltungsvertrag insgesamt um ein Dauerschuldverhältnis handelt. 62

Entgegen der Auffassung des BGH (30. 10. 1998 – V ZR 367/97, NJW-RR 1999, 346, 347 mwNw; ebenso Bamberger/Roth/Faust § 433 Rn 31) liegt Teilunmöglichkeit und nicht Vollunmöglichkeit vor, wenn dem Gläubiger einer zu übereignenden und zu übergebenden Sache zwar der Besitz, nicht aber das Eigentum verschafft werden kann, etwa weil das geschuldete Gebäude wesentlicher Bestandteil eines im Eigentum eines Dritten stehenden Grundstücks ist (ebenso Canaris, in: FS Medicus [2009] 17, 20 f). In einem solchen Fall Vollunmöglichkeit anzunehmen, ließe den Schuldner, der den Besitz dem Gläubiger überlassen hat, schutzlos: Einen Anspruch auf Wertersatz gewährt ihm das Gesetz nur dann, wenn der Gläubiger vom Vertrag zurücktritt – was dieser nicht zu tun braucht. Richtig ist es deshalb, dem Schuldner gem § 326 Abs 1 S 1 2. HS BGB den Anspruch auf die Gegenleistung teilweise zu belassen. Diese ist lediglich in dem Verhältnis herabzusetzen, in welchem zur Zeit des Vertragsschlusses der Wert von Eigentum und Besitz zum Wert des Besitzes allein steht. Die Minderung ist, soweit erforderlich, durch Schätzung zu ermitteln (§ 441 Abs 3 BGB). Bei Annahme von Vollunmöglichkeit ist dieser Weg dagegen verschlossen (s dazu für das frühere Recht auch Kaiser 152 ff). 63

7. Unvermögen

Abs 1 stellt der Unmöglichkeit das Unvermögen zur Leistung gleich (subjektive Unmöglichkeit). Für den in Abs 1 angeordneten Ausschluss des Anspruchs auf die Leistung ist es gleichgültig, ob das Leistungshindernis in objektiven Umständen oder in der **Person des Schuldners** zu suchen ist. 64

Unvermögen liegt einmal vor, wenn dem Schuldner die Fähigkeit fehlt oder verloren geht, die geschuldete Leistung tatsächlich zu erbringen. Dies kann insbesondere bei **persönlichen Leistungsverpflichtungen**, vor allem bei Dienst- und Werkverträgen, der Fall sein, die man allerdings auch der objektiven Unmöglichkeit zuordnen kann, da die Erbringung einer an die Person geknüpften Leistung auch für jedermann ausgeschlossen ist (PWW/Schmidt-Kessel/Kramme Rn 13). Gleichwohl können die Fälle, in 65 denen eine persönlich zu erbringende Leistung nicht erbracht werden kann, auch weiterhin dem Unvermögen zugeordnet werden, da hier letztlich die Person des Schuldners im Vordergrund steht. Im Ergebnis war die Unterscheidung früher relevant für § 306 aF; heute kommt es darauf nicht mehr an.

66 Unvermögen ist gegeben, wenn der **Dienstverpflichtete**, insbesondere ein Arbeitnehmer, erkrankt und dadurch außer Stande ist, seine Arbeitsleistung zu erbringen, während Unzumutbarkeit iS des Abs 3 vorliegt, wenn der Arbeitnehmer trotz Erkrankung die Arbeitsleistung objektiv gesehen erbringen kann (s im Einzelnen Rn 113). Umgekehrt kann der Beschäftigungsanspruch des Arbeitnehmers ausgeschlossen sein, wenn der Arbeitgeber nicht über die Möglichkeit einer leidensgerechten Beschäftigung dieses Arbeitnehmers verfügt (PWW/Schmidt-Kessel/Kramme Rn 8 unter Bezugnahme auf LAG Hamm 20. 12. 2005 – 19 Sa 1375/05 juris Rn 60 ff, juris). Unmöglichkeit der Arbeitsleistung nach Abs 1 hat das BAG auch angenommen, wenn der Arbeitsplatz des Arbeitnehmers infolge einer Umstrukturierung wegfällt (BAG 21. 3. 2018 – 10 AZR 560/16 Rn 16 ff, NZA 2018, 1071 mit zu Recht krit Anm Pallasch, AP ZPO § 767 Nr 9, da die Zuweisung einer anderweitigen vertragsgemäßen Beschäftigung gem § 106 GewO möglich war) oder wenn der im Rahmen eines Aufstockungsverlangens eines teilzeitbeschäftigten Arbeitnehmers nach § 9 TzBfG begehrte Arbeitsplatz bereits mit einem anderen Arbeitnehmer besetzt ist (BAG 18. 7. 2017 – 9 AZR 259/16 Rn 17 f, NZA 2017, 1401 [rechtliche Unmöglichkeit]). Auch hat das BAG Unmöglichkeit bejaht, wenn bei einem von der Witterung abhängigen Unternehmen die Arbeit vom Arbeitgeber nur mit wirtschaftlich nicht sinnvollen und damit nicht zumutbaren Mitteln aufrechterhalten werden kann (BAG 9. 7. 2008 – 5 AZR 810/07 Rn 23, NZA 2008, 1407). Unvermögen liegt ferner dann vor, wenn der Dienstverpflichtete tatsächlich verhindert ist, an den Ort zu gelangen, an dem die Leistung zu erbringen ist (BGH 11. 7. 1953 – II ZR 126/52, BGHZ 10, 187, 188 f; LAG Bremen 24. 8. 2000 – 4 Sa 68/00, NZA-RR 2000, 632 für den Fall eines Hausverbots). Ebenso liegt Unvermögen vor, wenn der zur persönlichen Herstellung eines Werkes verpflichtete Werkunternehmer die dazu notwendigen Fähigkeiten verliert, etwa ein Maler erblindet oder gelähmt wird.

67 Verpflichtet sich jemand **zwei Gläubigern gegenüber** zu einer persönlichen Leistung, die er nur einmal erbringen kann, so führt dies nicht automatisch zum Ausschluss der Ansprüche aus beiden Verträgen, denn es steht bei deren Abschluss noch keineswegs fest, welchen Vertrag der Schuldner erfüllen wird (BGH 25. 10. 2012 – VII ZR 146/11 Rn 33, BGHZ 195, 195 = NJW 2013, 152; BGH 6. 7. 2017 – I ZB 11/16 Rn 13 ff, WM 2017, 2391). Schließt etwa ein Arbeitnehmer mit zwei Arbeitgebern Arbeitsverträge, die seine Zeit jeweils voll in Anspruch nehmen (vgl BAG 26. 3. 1965 – 3 AZR 248/63, AP BGB § 306 Nr 1 = BB 1965, 948; Schnorr vCarolsfeld, in: FS Reinhardt [1972] 151, 162 ff), tritt Unvermögen soweit und solange ein, als die Erbringung der Arbeitsleistung nach § 3 Arbeitszeitgesetz rechtlich verboten ist (Franke, Arbeits- und sozialrechtliche Fragen von Zweitarbeitsverhältnissen [2003] 90 f). Wird die Arbeitsleistung aufgrund des einen Vertrages tatsächlich erbracht, ist die Leistung aufgrund des zweiten Vertrages unmöglich.

68 Unvermögen kann auch in **Rechtsvorschriften** begründet sein. Auch hier stehen im *Vordergrund die Fälle der persönlichen Leistungsverpflichtung.* Zu denken ist insbesondere daran, dass einem Arbeitnehmer aus Gründen des Schutzes Dritter die Arbeitsleistung, zu der er verpflichtet ist, untersagt wird (vgl etwa die Tätigkeits- und Beschäftigungsverbote nach § 42 Infektionsschutzgesetz). Allerdings gilt dies nicht, wenn schon bei Vertragsschluss feststeht, dass der Schuldner die Leistung, zu der er verpflichtet ist, nicht erbringen darf. Dann nämlich ist der Vertrag auf eine von vornherein verbotene Leistung gerichtet und damit gem § 134 BGB nichtig (s auch Rn 44). Der Schuldner haftet dann im Falle des Vertretenmüssens nicht auf das Erfüllungsinteresse, sondern gem §§ 280 Abs 1, 311 Abs 2 BGB nur auf das negative Interesse (Canaris JZ 2001, 499, 506). Insofern setzt sich die früher in § 309 iVm § 307 aF zum Ausdruck gekommene Wertung auf anderem Wege wieder durch (s im Einzelnen Staudinger/Feldmann [2018] § 311a Rn 7, 62 ff). Demgegenüber begreift Jäpel die Vorschrift des § 311a BGB als andere Bestimmung iS von § 134 HS 2 BGB, sodass, wenn nicht eine Unrechtsabrede zwischen Gläubiger und Schuldner vorliege, der Vertrag regelmäßig wirksam und die Unmöglichkeitsvorschriften der §§ 275 Abs 1, 311a Abs 2, 326 BGB anzuwenden seien (Jäpel 100 ff, 102, 129 ff). Dem ist letztlich nicht zu folgen, da diese Lösung in dem Fall, dass die verbotswidrige Leistung dennoch erbracht wird, dem Vertrag in etlichen Konstellationen zum wirtschaftlichen und, wenn man wie Jäpel die Erfüllungswirkung einer dennoch erbrachten verbotswidrigen Leistung in bestimmten Fallsituationen für möglich hält (Jäpel 141 ff), zum in der Sache vollständigen Erfolg verhilft (Jäpel 145, wonach insoweit kein Unterschied zur Situation idealer Vertragserfüllung bestehe). Das aber ist mit der gesetzgeberischen Entscheidung für das jeweilige Verbot schwer zu vereinbaren.

Ist für die Erfüllung einer persönlichen Leistungsverpflichtung eine **behördliche Erlaubnis** erforderlich, zB eine Aufenthaltserlaubnis zur Ausübung einer Beschäftigung nach §§ 4, 39 AufenthG oder eine Nebentätigkeitsgenehmigung nach Beamtenrecht, wird der Schuldner, wenn die Genehmigung vor Arbeitsaufnahme versagt wird oder schon wieder erloschen ist, zur Leistung unvermögend (vgl auch BGH 1. 2. 2007 – V ZB 110/06 Rn 12 ff, NJW 2007, 1461 für eine anwaltliche Tätigkeit, die der nicht postulationsfähige Anwalt nicht erfüllen kann). Dementsprechend ist der Vertrag wirksam und kann nur durch Rücktritt oder bei Dauerschuldverhältnissen, etwa dem Arbeitsverhältnis, durch Kündigung aufgelöst werden. Die Entgelt- und Schadensersatzansprüche richten sich nach § 326 BGB und §§ 280 Abs 1, 3, 283 BGB sowie § 628 BGB. Auch hier gilt aber: Kann mit der Erteilung der behördlichen Erlaubnis **schon bei Abschluss des Arbeitsvertrages** nicht gerechnet werden, sei es, dass sie schon endgültig versagt ist, sei es, dass sie nach den Gegebenheiten des Falles unter keinen Umständen erteilt werden wird, ist der Arbeitsvertrag gem § 134 BGB nichtig. So hat das BAG einen Arbeitsvertrag für nichtig gehalten, nach dem jemand als Arzt tätig war, der nicht über die nach § 2 BÄO erforderliche Approbation oder Erlaubnis verfügte und diese auch nicht erlangen konnte (BAG 3. 11. 2004 – 5 AZR 592/03, NZA 2005, 1409, 1410; **aA** Jäpel 118 ff, der von anfänglich rechtlicher Unmöglichkeit ausgeht). Dementsprechend muss Nichtigkeit des Arbeitsvertrags nach § 134 BGB und nicht nur Unmöglichkeit der Leistung auch angenommen werden, wenn feststeht, dass die **Aufenthaltserlaubnis zur Ausübung einer Beschäftigung** nach den Gegebenheiten des Falles unter keinen Umständen erteilt werden wird. Die Auffassung, der Vertrag sei gültig, da nur so der Arbeitnehmer geschützt werden und insbesondere § 326 Abs 2 BGB auf seinen Entgeltanspruch Anwendung finden könne (so zur früheren Rechtslage Gagel, Kommentar zum AFG [Loseblatt] § 19 Rn 34), verkennt, dass die Gültigkeit des Vertrages für den Arbeitnehmer möglicherweise belastend sein kann, nämlich dann, wenn er einem Anspruch des Arbeitgebers auf Ersatz des Erfüllungsinteresses ausgesetzt ist. Sachgerecht ist in diesen Fällen allein, beide Seiten auf den Ersatz ihres Vertrauensschadens gem §§ 280 Abs 1, 311 Abs 2 BGB zu beschränken. 69

70 Ein weiterer Fall des Unvermögens ist der **Verlust der Gewerbeerlaubnis** bei einem Gastwirt, der gegenüber dem Vermieter der Gaststätte zu deren Betrieb verpflichtet ist (BGH 27. 5. 1953 – VI ZR 230/52, LM BGB § 275 Nr 3). Verneint hat dies der BGH allerdings in einem Fall, in dem keine Verpflichtung zu persönlicher Tätigkeit bestand und die Einsetzung eines Treuhänders möglich war (BGH 22. 10. 1957 – VIII ZR 295/56, LM BGB § 323 Nr 5). Demgegenüber unterfällt die **Beendigung des Hauptmietverhältnisses** in Bezug auf die Verpflichtung des Hauptmieters zur Erfüllung des Untermietverhältnisses als Rechtsmangel § 536 Abs 3 BGB und damit den spezielleren Vorschriften der §§ 536 ff BGB (s Staudinger/Emmerich [2018] § 536 Rn 84, 88). Letzteres gilt auch im Fall der Doppelvermietung (BGH 10. 5. 2006 – XII ZR 124/02 Rn 10, BGHZ 167, 312 = NJW 2006, 2323; zur Anwendbarkeit des § 285 BGB in diesen Fällen s dort Rn 18). Unvermögen liegt dagegen für die Zeit vor, in welcher der Vermieter dem Mieter die gemietete Sache nicht überlassen kann, weil sie der Vormieter noch nicht zurückgegeben hat (BGH 10. 11. 1982 – VIII ZR 252/81, BGHZ 85, 267, 271 = NJW 1983, 446).

71 Bei Schuldverhältnissen, die auf Verschaffung eines Gegenstandes gerichtet sind, begründet der Umstand, dass der Schuldner die **rechtliche Verfügungsmacht über den Gegenstand ganz oder teilweise verliert** (etwa, weil er ihn an einen Dritten veräußert oder diesem ein Recht an dem Gegenstand einräumt), nicht ohne weiteres Unvermögen (s auch Rn 45). Dieses ist nur dann gegeben, wenn feststeht, dass der Schuldner die Verfügungsmacht nicht wiedererlangen kann. Solange dies noch offen ist, liegt kein Unvermögen vor und bleibt der Erfüllungsanspruch bestehen (OLG Stuttgart 26. 3. 1918 – U 41/18, Recht 1918 Nr 974; RG 13. 3. 1918 – I 171/17, Recht 1918 Nr 978; RG 16. 2. 1921 – V 398/20, RGZ 101, 389, 390 f; RG 7. 3. 1923 – V 473/22, JW 1924, 292, 294, OLG Oldenburg 14. 1. 1998 – 2 U 259/97, MDR 1998, 1406, 1407 und BGH 20. 11. 2015 – V ZR 217/14 Rn 9, NJW-RR 2016, 717 für den Grundstückskauf; BGH 2. 10. 1987 – V ZR 140/86, NJW 1988, 699, 700 für eine Verpflichtung zur Herausgabe eines Grundstücks, das nachträglich mit einer Auflassungsvormerkung zugunsten eines Dritten belastet worden ist; BGH 30. 10. 2009 – V ZR 42/09 Rn 11, NJW 2010, 1074 [für die Verpflichtung zur Einräumung eines Wegerechts]; BGH 16. 12. 2009 – VIII ZR 313/08 Rn 22 f, NJW 2010, 1068, 1070 für die Wiedereinräumung des Besitzes an einer Wohnung im Rahmen der Naturalrestitution). Dabei kommt es auf die Frage an, ob der Dritte bereit ist, dem Schuldner die Verfügungsmacht über den geschuldeten Gegenstand, uU gegen einen Aufpreis, wieder einzuräumen (BGH 2. 10. 1987 – V ZR 140/86, NJW 1988, 699, 700; Roth JuS 1968, 101, 106 f). Zur Frage der Unzumutbarkeit des Wiedererwerbs iS von Abs 2 noch unten Rn 99 und 107, zur Beweislast s Rn 126.

72 **Fehlt** dem Schuldner die **Verfügungsmacht von Anfang an** oder benötigt er für die Verfügung die **Zustimmung eines Dritten**, liegt kein Unvermögen vor, wenn der Schuldner die Zustimmung erreichen kann. Es tritt erst ein, wenn die Zustimmung endgültig verweigert ist. Das wurde in der Rechtsprechung angenommen für die nach §§ 1365, 1366 BGB und § 1424 BGB erforderliche Zustimmung des Ehegatten (RG 26. 10. 1912 – V 185/12, RGZ 80, 247, 249; BGH 24. 2. 1967 – V ZR 75/65, BGHZ 47, 266, 269), für die persönliche Verpflichtung des Geschäftsführers einer GmbH, einen Dritten am Reingewinn der GmbH zu beteiligen (RG 22. 6. 1920 – III 68/20, RGZ 99, 232, 234), für die Verpflichtung zur Übertragung von Namensaktien, die an die Genehmigung des Aufsichtsrats der AG gebunden ist (RG 31. 3. 1931 – II 222/30, RGZ 132, 149, 157), für die Verpflichtung zur Abtretung einer Grundschuld, für die die Herausgabe des Grundschuldbriefs erforderlich ist, den eine Ostberliner Stelle verwahrte (BGH 31. 3. 1953 – I ZR 74/52, LM BGB § 275 Nr 2 = JZ 1953, 513) und für die Rückgabepflicht des Mieters,

wenn diese davon abhängt, dass weitere Mieter zur Räumung bewegt werden (BGH 22. 11. 1995 – VIII ARZ 4/95, NJW 1996, 515, 516 f). Kann der Schuldner die Zustimmung nur vorübergehend nicht erreichen, zB weil sich der Dritte auf einer mehrmonatigen Expedition befindet, liegt vorübergehendes Unvermögen vor (vgl Rn 48 ff).

Dem Fall, dass die Verfügung der Zustimmung eines Dritten bedarf, ist das Bestehen eines **relativen Veräußerungsverbots** (§§ 135, 136 BGB) oder einer Vormerkung (§ 883 BGB) gleich zu achten. Da die Verfügung vollwirksam wird, wenn der Geschützte sie genehmigt, tritt dauerhaftes Unvermögen erst und nur dann ein, wenn dieser die Genehmigung endgültig verweigert (vgl BVerfG 31. 3. 1992 – 1 BvR 720/90, BVerfGE 86, 46, 51 = NJW-RR 1992, 898 für das relative Veräußerungsverbot). Auch Fälle, in denen der Schuldner der sonstigen **Mitwirkung eines Dritten** bedarf, gehören hierher. So muss der Werkunternehmer, der ein mangelhaftes Getriebe nicht selbst reparieren kann, sich der Hilfe eines Dritten bedienen oder ein Ersatzgetriebe auf dem freien Markt beschaffen (OLG München 24. 1. 2012 – 9 U 3012/11, NJW-RR 2012, 826, 827). Ist eine **Information** geschuldet, über die nicht der Schuldner, jedoch ein Dritter verfügt, muss der Schuldner alles Zumutbare tun, um die Information zu erhalten (BGH 2. 7. 2014 – XII ZB 201/13 Rn 19, NJW 2014, 2571; OLG Hamm 6. 2. 2013 – 14 U 7/12, NJW 2013, 1167, 1170; auch BAG 29. 6. 2004 – 1 ABR 32/99, NZA 2005, 118, 120 ff, wonach vom Schuldner erforderlichenfalls auch der Klageweg beschritten werden muss). Erst wenn endgültig feststeht, dass der Schuldner die Information nicht erteilen kann, ist der Anspruch des Gläubigers nach Abs 1 dauerhaft ausgeschlossen (BGH 2. 7. 2014 – XII ZB 201/13 Rn 19, 25, NJW 2014, 2571). Auch kann es so liegen, dass, zB weil Akten beschlagnahmt sind, die die Information enthalten (vgl BGH 16. 9. 2010 – IX ZR 121/09 Rn 21 f, WM 2010, 2081), nur vorübergehendes Unvermögen eintritt (vgl Rn 48 ff). 73

Dass dem Schuldner die **finanziellen Mittel fehlen**, um die Leistung zu erbringen, schließt den Anspruch des Gläubigers nicht aus. Wer die Verpflichtung zu einer vermögenswerten Leistung übernimmt, muss in der geltenden Wirtschaftsordnung für die finanzielle Leistungsfähigkeit einstehen, die die Erfüllung dieser Verpflichtung erfordert. Dieser Grundsatz, den die Rechtsprechung früher § 279 aF entnommen hat (RG 8. 2. 1911 – V 690/09, RGZ 75, 335, 337; RG 9. 1. 1923 – VII 403/22, RGZ 106, 177, 181; BGH 14. 7. 1958 – VII ZR 99/57, BGHZ 28, 123, 128; BGH 25. 3. 1982 – VII ZR 60/81, BGHZ 83, 293, 298 ff = NJW 1982, 1585; BGH 17. 12. 1998 – V ZR 200/97, BGHZ 140, 223, 238 ff = NJW 1999, 1470; BGH 4. 2. 2000 – V ZR 260/98, BGHZ 143, 373, 378 f = NJW 2000, 1496; zustimmend Huber I 627 ff), ist richtigerweise auf das der geltenden Wirtschaftsordnung zugrundeliegende, im Zwangsvollstreckungs- und Insolvenzrecht niedergelegte Prinzip der unbeschränkten Vermögenshaftung zurückzuführen. Dieses Prinzip kann nur funktionieren, wenn der **Schuldner einer Geldleistung**, in die sich letztlich alle Schuldverpflichtungen umwandeln können, für seine Zahlungsfähigkeit stets einzutreten hat (BGH 28. 2. 1989 – IX ZR 130/88, BGHZ 107, 92, 102 = NJW 1989, 1276; BGH 4. 2. 2015 – VIII ZR 175/14 Rn 18 ff, BGHZ 204, 134 = NJW 2015, 1296; BGH 7. 4. 2016 – VII ZR 56/15 Rn 59, BGHZ 210, 1 = NJW 2016, 1945; Staudinger/Omlor [2016] Vorbem B 58 f zu § 244–248; Simitis AcP 159 [1960/61] 406, 413; Lemppenau 109 ff; vMaydell 10 ff; Ballerstedt, in: FS Nipperdey [1955] 261, 267 f; Medicus AcP 188 [1988] 489 ff; Larenz I § 21 I d; Esser/Schmidt I 1 § 13 II 3; Fikentscher/Heinemann Rn 259; Palandt/Grüneberg Rn 24). 74

Konsequenz ist, dass der Schuldner auch bei einer **anderen Schuld als einer Geldschuld**, die er wegen mangelnder finanzieller Leistungsfähigkeit nicht erfüllen kann, 75 nicht zur Leistung unvermögend wird, sondern der Gläubiger nach wie vor den Erfüllungsanspruch hat. Einen Nachteil erleidet der Gläubiger dadurch nicht, denn er kann über §§ 280 Abs 1, 3, 281 BGB zum Schadensersatz statt der Leistung und über § 323 BGB zum Rücktritt gelangen, wenn der Schuldner nicht leistet, wobei bei behaupteter Leistungsunfähigkeit des Schuldners die Notwendigkeit der Nachfristsetzung regelmäßig entfällt, § 281 Abs 2 BGB und § 323 Abs 2 Nr 1 BGB (zur Rechtslage vor der Schuldrechtsreform Staudinger/Löwisch [2001] Rn 55 mwNw). Ist das Unvermögen des Schuldners hingegen in anderen Umständen begründet, bleibt es beim Ausschluss des Anspruchs gem Abs 1 (wie hier zum alten Recht Coester-Waltjen, Die Bedeutung des § 279 BGB für Leistungsverzögerungen, AcP 183 [1983] 279, 283 ff; Weber-Will/Kern, Ein Beitrag zur Dogmatik des § 279 BGB, JZ 1981, 257, 258; Larenz § 21 I d; **aA** Roth JuS 1968, 101, 105). Auch liegt Unvermögen vor, wenn die einem Treuhänder anvertrauten Gelder infolge Diebstahls oder Insolvenz der Anlagebank von diesem nicht mehr herausgegeben werden können (BGH 21. 12. 2005 – III ZR 9/05, BGHZ 165, 298, 301 f = NJW 2006, 986; s zur Haftung in diesem Fall § 276 Rn 165).

76 Soweit gegen das Prinzip der unbeschränkten Vermögenshaftung sozialpolitische Bedenken angemeldet werden und diesen auf dem Weg über den Gedanken der begrenzten Gattungsschuld (vgl Rn 21) Bahn gebrochen werden soll (vgl insbes Reifner, Alternatives Wirtschaftsrecht am Beispiel der Verbraucherverschuldung [1979] 308 ff und AK-BGB/Dubischar Rn 6 für den Konsumentenkredit), kann dem nicht gefolgt werden (vgl ausführlich Medicus AcP 188 [1988] 489, 493 ff und Staudinger/Omlor [2016] Vorbem B 59 zu §§ 244–248). Der richtige systematische Zusammenhang, um berechtigten sozialpolitischen Anliegen Rechnung zu tragen, ist das Insolvenzrecht, das hierfür den Weg der Restschuldbefreiung bereithält (vgl §§ 286 ff InsO).

77 Im Gegensatz zur Auffassung des RG (25. 6. 1934 – VI 120/34, RGZ 145, 40, 43) ist auch der Fall, dass eine in **ausländischer Währung zu erfüllende Geldschuld** in dieser Währung wegen eines devisenrechtlichen Verbots nicht erfüllt werden kann, nicht über Abs 1 zu lösen. Dass der Schuldner hier in inländischer Währung zu zahlen hat, ergibt sich aus einer sinnentsprechenden Auslegung des § 244 Abs 1 BGB. Die dort eingeräumte Möglichkeit, durch eine entsprechende vertragliche Vereinbarung von dem Grundsatz abzuweichen, dass auch in inländischer Währung bezahlt werden kann, besteht im Interesse des Gläubigers. Sie im Falle eines devisenrechtlichen Verbots zu seinem Nachteil ausschlagen zu lassen, wäre nicht gerechtfertigt (hierzu ausf Staudinger/Omlor [2016] Vorbem B 57 zu §§ 244–248 und § 244 Rn 89 ff).

78 Bei der **Geldsortenschuld** ist zu unterscheiden. Handelt es sich um eine „echte" Geldsortenschuld, geht es den Parteien also darum, dass der Schuldner bestimmte Geldzeichen leistet – etwa weil der Gläubiger sie sammelt oder sie für eine bestimmte Auslandsreise braucht, so liegt eine Gattungsschuld vor (vgl Staudinger/Omlor [2016] Vorbem B 8 zu §§ 244–248). Hingegen ist die „unechte" Geldsortenschuld, bei der die Verpflichtung des Schuldners lediglich in einer bestimmten in erster Linie zu zahlenden Geldsorte ausgedrückt ist, eine normale Geldschuld (Staudinger/Omlor [2016] Vorbem B 8 zu §§ 244–248 und § 245 Rn 6). Der Unterschied wird praktisch, wenn die Geldsorte insgesamt untergeht. Bei der „echten" Geldsortenschuld kann der Gläubiger vom Schuldner die Leistung nicht verlangen (vgl oben Rn 20). Dagegen wandelt sich die Verpflichtung des Schuldners der „unechten" Geldsortenschuld gem § 245 BGB in eine normale Geldschuld um.

8. Rechtsfolge: Automatischer Ausschluss des Anspruchs auf die Leistung

Ist die Leistung für jedermann oder auch nur für den Schuldner unmöglich, ist der Anspruch des Gläubigers auf die Leistung automatisch ausgeschlossen. Die Leistung kann nicht mehr in Natur durchgesetzt werden, eine auf sie gerichtete Klage ist abzuweisen (dazu Rn 124). Dass der Schuldner die Leistung eigens verweigert, ist nicht erforderlich. Im Übrigen lässt Abs 1 nach der Konzeption des neuen Schuldrechts die dem Anspruch zugrundeliegende Pflicht des Schuldners unberührt. Die Unmöglichkeit bringt die Pflicht des Schuldners nicht als solche zum Erlöschen, ihre **Durchsetzbarkeit wird nur blockiert** (Schlechtriem, in: FS Sonnenberger [2004] 125, 129 f; Kötz, Vertragsrecht [2. Aufl 2012] § 10 Rn 789; PWW/Schmidt-Kessel/Kramme Rn 5, 14 f; ähnlich Riehm S 221 f, 247 ff und ders, in: FS Canaris [2017] 345, 361 ff, der dies als „kupierte" Pflicht bezeichnet). Die amtliche Überschrift („Ausschluss der Leistungspflicht") ist insoweit missverständlich. 79

Nach Abs 4 bestimmen sich die **Rechte des Gläubigers** nach §§ 280, 283 bis 285, 311a und 326 BGB. Die Verweisung des Abs 4 ist nicht abschließend. Der Gläubiger kann auch über die Fristsetzung gem § 281 Abs 1 BGB zum Schadensersatz statt der Leistung und gem § 323 Abs 1 BGB zum Rücktritt gelangen, weil es diesen Vorschriften auf die Ursache, weshalb der Schuldner nicht leistet, nicht ankommt; §§ 281 und 283 BGB einerseits und §§ 326 Abs 5, 323 BGB andererseits sind nicht streng voneinander zu trennen (PWW/Schmidt-Kessel/Kramme § 281 Rn 14 und § 283 Rn 1; Schlechtriem/Schmidt-Kessel, SchR AT Rn 519 ff, 523; s auch Staudinger/Schwarze § 281 Rn A 21). 80

Dass Abs 1 nur die Durchsetzung des Anspruchs blockiert, nicht aber die Pflicht des Schuldners als solche zum Erlöschen bringt, wird von Freitag als mit dem herkömmlichen Prinzip, dass der Anspruch des Gläubigers die exakte Kehrseite der Verpflichtung des Schuldners sei, für nicht vereinbar gehalten. Zur Begründung verweist er auf § 241 Abs 1 S 1 BGB, der mit dem Begriff des Schuldverhältnisses einerseits auf die Sicht des Schuldners abstelle, diesen Begriff indes andererseits aus der Perspektive des Gläubigers, dem aus dem Schuldverhältnis ein Leistungsanspruch zustehe, erläutere (Freitag NJW 2014, 113, 115). Weiter verweist Freitag auf § 326 Abs 1 S 1 HS 1 BGB, der für den gegenseitigen Vertrag den Entfall des Gegenleistungsanspruchs bei Unmöglichkeit und Unzumutbarkeit einer Leistung (zur Unzumutbarkeit Rn 85 ff) einheitlich vorsehe, wenn der Schuldner nach § 275 Abs 1 bis 3 BGB nicht zu leisten braucht, was ersichtlich das Fehlen einer Leistungspflicht des Schuldners auch in Fällen des Abs 1 unterstelle (Freitag NJW 2014, 113, 115). Dabei geht Freitag davon aus, dass den Einreden nach Abs 2 und 3 (zu diesen unten Rn 85 ff, 108 ff) Gestaltungswirkung zukomme (ebenso MünchKomm/Schwab § 813 Rn 7): Räume man in den Fällen des Abs 2 und 3 dem Schuldner ein Gegenrecht gegen den Anspruch ein, das ersichtlich auch seine Leistungspflicht aufheben solle, habe andernfalls doch der weniger starke Einwand gegen die Forderung (Unzumutbarkeit) weitergehende Folgen als der stärkere der Unmöglichkeit (Freitag NJW 2014, 113, 114 f). Die von ihm angenommene Gestaltungswirkung der Einreden nach Abs 2 und 3 wird von Freitag auch damit begründet, dass, wenn der Schuldner in Unkenntnis der Unzumutbarkeit nach Abs 2 oder 3 geleistet habe, für eine Rückforderung des Geleisteten nach § 813 Abs 1 S 1 BGB kein Raum sei (Freitag NJW 2014, 113, 114 f). Letztlich soll es sich nach Freitag bei Abs 1–3 durchweg um Einwendungen handeln, die sowohl den An- 81 spruch des Gläubigers auf die Leistung als auch die Verpflichtung des Schuldners zu ihrer Erbringung vernichteten (Freitag NJW 2014, 113, 117).

82 Diese Argumentation vermag die hier vertretene Auffassung **nicht zu widerlegen**. Ersichtlich hat der Gesetzgeber in Abs 1 gegenüber § 275 Abs 1 aF eine andere Formulierung gewählt, was nicht erforderlich gewesen wäre, wenn er am alten Rechtszustand, wonach der Schuldner von der Verpflichtung zur Leistung frei wurde, hätte festhalten wollen (PWW/Schmidt-Kessel/Kramme Rn 5). Abs 2 und 3 sind hingegen klar als Leistungsverweigerungsrecht ausgelegt (unten Rn 114 ff). Der Fall, dass der Schuldner in Unkenntnis der Unzumutbarkeit die Leistung erbringt, ändert daran nichts: Abgesehen davon, dass dieser Fall für Abs 3 theoretischer Natur ist und auch bei Abs 2 nur selten vorliegen dürfte, weil von einer Unzumutbarkeit regelmäßig dann nicht gesprochen werden kann, wenn der Schuldner, in dessen Sphäre die Voraussetzungen der Unzumutbarkeit ja begründet sein müssen, dennoch zur Tat geschritten ist, wie Freitag selbst schreibt (NJW 2014, 113, 115), ist es nicht richtig, dem Schuldner den Bereicherungsanspruch des § 813 Abs 1 BGB aus der Hand zu schlagen, wenn dieser in Unkenntnis der Unzumutbarkeit geleistet hat, zumal dieser Anspruch nicht die Höhe der zusätzlichen Aufwendungen des Schuldners erfasst, sondern sich auf das Geleistete bzw dessen Wert beschränkt (MünchKomm/Schwab § 813 Rn 7 mwNw); eine erbrachte Gegenleistung kann vom Gläubiger nach Maßgabe des § 326 Abs 4 BGB zurückgefordert werden. Weiß der Schuldner hingegen, wie meist, dass ihm die Leistung unzumutbar ist, und leistet er dennoch, steht schon § 814 Alt 1 BGB der Rückforderung entgegen (zutr Freitag NJW 2014, 113, 114; MünchKomm/Schwab § 814 Rn 6). Im Übrigen ist es auch eine typische Konsequenz von Gestaltungsrechten, dass sie bei Ausübung nach Erfüllung Rückabwicklungsansprüche begründen.

83 Der Wortlaut des § 326 Abs 1 S 1 HS 1 BGB wiederum ist dem Umstand geschuldet, dass der Gesetzgeber alle Fälle von Abs 1–3 in einer knappen Formulierung erfassen wollte. Neben der Bestimmung des § 285 BGB und der Situation vorübergehender Unmöglichkeit (zu diesen Argumenten Schlechtriem, in: FS Sonnenberger [2004] 125, 129 f; **abl** Freitag NJW 2014, 113, 116), streiten vor allem die Schadensersatzregeln der §§ 280 Abs 1, 3, 281, 283 BGB für die hier vertretene Lösung, da der Gesetzgeber, anders als im alten Schuldrecht, von einem **einheitlichen Haftungstatbestand der Pflichtverletzung** ausgeht. Die Pflichtverletzung liegt demnach auch im Fall der Unmöglichkeit in der Nichtleistung des Schuldners (Canaris JZ 2001, 499, 512; Looschelders, in: Remien, Schuldrechtsmodernisierung und Europäisches Vertragsrecht [2008] 63, 68 ff; NK-BGB/Dauner-Lieb § 283 Rn 4 f; MünchKomm/Ernst § 280 Rn 10 ff, 18 ff; Bamberger/Roth/Lorenz § 280 Rn 20; BeckOGK/Riehm [1. 7. 2019] Rn 6; Staudinger/Schwarze § 280 Rn C 13, alle mwNw; **aA** Freitag NJW 2014, 113, 116, der an zeitlich vorgelagerte Umstände anknüpfen will), was das Fortbestehen der Pflicht zur Leistung voraussetzt (zutr Schlechtriem, in: FS Sonnenberger [2004] 125, 129; PWW/Schmidt-Kessel/Kramme Rn 14). Dass das Konzept eines einheitlichen Haftungstatbestands entgegen der herkömmlichen Vorstellung in Fällen der Unmöglichkeit nach Abs 1 zu einer Entkopplung von Anspruch und Verpflichtung führt (PWW/Schmidt-Kessel/Kramme Rn 14; im Ansatz auch Lorenz/Riehm, Lehrbuch zum neuen Schuldrecht [2002] Rn 319), hat der Gesetzgeber der Schuldrechtsreform hingenommen.

84 Die **übrigen Pflichten** aus dem Schuldverhältnis werden von der Unmöglichkeit nicht tangiert, soweit nicht ausnahmsweise deren Erfüllung sinnlos wird. Auch ist der

Schuldner aus § 241 Abs 2 BGB zur unverzüglichen Anzeige der eingetretenen Unmöglichkeit an den Gläubiger verpflichtet (dazu RG 4. 1. 1918 – II 250/17, Recht 1918, Nr 204; OLG Hamburg 13. 5. 1901 – OLGE 3, 8, 9; KRÜCKMANN AcP 101 [1907] 1, 181 ff, 203 ff, 284 f; PALANDT/GRÜNEBERG Rn 31; BAMBERGER/ROTH/LORENZ Rn 65; ausdrücklich geregelt ist diese Pflicht in Art 79 Abs 4 CISG). Das gilt auch im Fall der vorübergehenden Unmöglichkeit (Rn 48 ff). Bei ihr ist der Schuldner außerdem zur Mitteilung an den Gläubiger verpflichtet, wenn er wegen vorübergehender Unmöglichkeit nicht geleistet hat und nun das Leistungshindernis wieder behoben ist. Verletzt der Schuldner diese Pflichten, kann der Gläubiger gem § 280 Abs 1 BGB Schadensersatz verlangen. Etwa sind ihm die Kosten einer vergeblichen Klage auf die unmögliche Leistung zu ersetzen.

III. Unzumutbarkeit

1. Allgemeines

85 Der Gesetzgeber hat die im Zuge der Schuldrechtsreform geschaffene **ausdrückliche Regelung der Unzumutbarkeit** der Leistung differenziert ausgestaltet: Abs 2 stellt die Leistungspflicht unter den allgemeinen Vorbehalt eines groben Missverhältnisses zwischen dem für die Erfüllung notwendigen Aufwand und dem Leistungsinteresse des Gläubigers. Abs 3 bestimmt für persönlich zu erbringende Leistungen, dass jedes der Leistung entgegenstehende Hindernis die Unzumutbarkeit der Leistung begründen und diese sich dabei aus einer bloßen Abwägung mit dem Leistungsinteresse des Gläubigers ergeben kann, ohne dass ein grobes Missverhältnis vorliegen müsste.

86 Aus den Abs 2 und 3 folgt, dass der Gläubiger im Falle der Unzumutbarkeit die Leistungsgefahr nur mit der Einschränkung trägt, dass der Schuldner auch unter Berücksichtigung der ihm zuzumutenden Anstrengungen nicht in der Lage ist, die Leistung zu erbringen. PICKER (JZ 2003, 1035, 1038 ff; ders, in: FS Konzen [2006] 687 ff; ders, in: ARTZ/GSELL/LORENZ [Hrsg], Zehn Jahre Schuldrechtsmodernisierung [2014] 1, 9 ff, 26 ff; krit zu ihm CANARIS JZ 2004, 214 ff) hält diese Einschränkung für **systemwidrig**. Sie lasse den Schuldner grundlos für Zufall haften und entmachte die Parteien, indem sie dem Richter die Bestimmung der beiderseitigen Leistungspflichten übertrage. PICKER führt als Beispiel den vom Verkäufer nicht verschuldeten Diebstahl eines von Privat an Privat verkauften, am Wohnort des Verkäufers zu übergebenden Pkw an. Werde der Pkw später in einer weit entfernt liegenden Stadt im Ausland wieder aufgefunden, könne es nicht von Zumutbarkeitskriterien, etwa den Rückführungskosten, dem Kaufpreis und einem etwaigen Gewinn des Verkäufers abhängen, ob dieser von der Leistungspflicht befreit werde. Da der Käufer kein Beschaffungsgeschäft, sondern ein Platz- oder Übergabegeschäft abgeschlossen habe, müsse er die Gefahr tragen und sich mit einem etwaigen Anspruch auf Ersatzherausgabe begnügen.

87 An dieser Auffassung ist richtig, dass für das Ausmaß der Leistungspflicht des Schuldners **vorrangig der (übereinstimmende) Wille der Vertragsparteien maßgebend** ist (diesen Vorrang betont auch LOBINGER 139 ff, 257 f, 362). Insofern können die in Abs 2 und 3 genannten Merkmale (Inhalt des Schuldverhältnisses, Gebot von Treu und Glauben, grobes Missverhältnis zu dem Leistungsinteresse des Gläubigers, Vertretenmüssen des Leistungshindernisses durch den Schuldner; dazu im Einzelnen unten Rn 92 ff, 98 ff, 108 ff) nur Gesichtspunkte sein, welche im Falle fehlender Bestimmung

durch die Vertragsparteien die **ergänzende Vertragsauslegung** nach § 157 BGB tragen (ebenso M Stürner 178; Tröger 323, 349). An der Beachtung dieser Gesichtspunkte aber kommt man nicht vorbei, wie gerade das von Picker ins Feld geführte Beispiel des Leistungsorts zeigt: Platz- oder Übergabegeschäft und Beschaffungsgeschäft sind keine eindeutigen, einander ausschließende Begriffe. Vielmehr ist es eine Frage der ergänzenden Vertragsauslegung, inwieweit auch bei einem Platz- oder Übergabegeschäft den Schuldner die Verpflichtung trifft, nachträglich notwendig werdenden Leistungsaufwand zu erbringen. Wäre in dem von Picker angeführten Fall der Pkw im nur wenige Kilometer entfernten Nachbarort aufgefunden worden, führt eine ergänzende Vertragsauslegung in der Regel zu der Verpflichtung des Verkäufers, den Pkw abzuholen und dem Käufer am vereinbarten Ort zur Verfügung zu stellen. Bis zu welcher Entfernung eine solche Pflicht angenommen werden kann, ist eine Frage des Einzelfalls, für welche die in Abs 2 genannten Merkmale maßgeblich sind. Liegt dagegen nach dem Vertrag tatsächlich ein „Platzgeschäft“ in dem Sinne vor, dass der Pkw nach dem Parteiwillen nur übereignet werden muss, wenn er am Ort vorhanden ist, gilt Abs 1. Die Parteien haben es insoweit in der Hand, ein „Platzgeschäft“ unter Ausschluss einer Beschaffungspflicht des Verkäufers zu vereinbaren (St Lorenz 10; M Stürner 179; Unberath 275 f).

88 Anders als die Unmöglichkeit iS des Abs 1 schließt die Unzumutbarkeit iS der Abs 2 und 3 den Anspruch des Gläubigers auf Erfüllung nicht automatisch aus (dazu oben Rn 79), sondern begründet für den Schuldner nur ein **Leistungsverweigerungsrecht** (dazu unten Rn 114 ff).

89 Auch die Unzumutbarkeit der Leistung nach Abs 2 und 3 kann **nur vorübergehend** sein. Der Aufwand, um die Leistung zu beschaffen oder herzustellen, der durch eine Veränderung der Verhältnisse gestiegen war, kann wieder unter das unzumutbare Maß sinken. Das der persönlichen Leistung entgegenstehende Hindernis kann wieder entfallen. Das Leistungsverweigerungsrecht des Schuldners *beschränkt sich dann auf den Zeitraum,* in dem die Leistung unzumutbar ist. Eine von ihm erhobene Einrede verliert ihre Wirksamkeit, wenn Zumutbarkeit wieder eintritt. Hat der Schuldner die Einrede erhoben, kann der Gläubiger, solange die Unzumutbarkeit besteht, nach §§ 280 Abs 1, 3, 281 BGB Schadensersatz statt der Leistung verlangen (vgl Rn 50). Eine Fristsetzung ist in einem solchen Fall nicht erforderlich, wenn in der Einrede zugleich die ernsthafte und endgültige Verweigerung der Leistung liegt (in diesem Sinne allg PWW/Schmidt-Kessel/Kramme § 281 Rn 15). Gerade bei der vorübergehenden Unzumutbarkeit wird es aber häufig anders liegen. Rechnet der Schuldner damit, dass die Unzumutbarkeit in absehbarer Zeit vorübergehen wird und erklärt deshalb, „derzeit“ zur Leistung nicht bereit zu sein, hat er die Leistung noch nicht endgültig verweigert. Dann ist eine Fristsetzung notwendig.

90 Auch die zeitweilige Unzumutbarkeit ist **der dauernden dann gleich zu achten**, wenn dem Schuldner oder dem Gläubiger wegen der Ungewissheit ihrer Behebung die Einhaltung des Vertrages nach Treu und Glauben nicht zugemutet werden kann. Insoweit gelten die gleichen Grundsätze wie für die Abgrenzung zwischen vorübergehender und dauernder Unmöglichkeit (oben Rn 48 ff, 53 ff).

91 Abs 2 gibt dem Schuldner nur ein Leistungsverweigerungsrecht, **soweit** ihm die Leistung unzumutbar ist. Etwa kann der Schuldner die Ablieferung der Ware an den in einem Kriegsgebiet liegenden Leistungsort verweigern, muss diese aber außerhalb des Kriegsgebiets bereitstellen, wenn der Gläubiger sie dort abholen will. Auch für den Fall des Abs 3 kommt Teilunzumutbarkeit in Betracht, denn es ist kein Grund ersichtlich, warum der Schuldner, der nur teilweise an einer persönlichen Leistung gehindert ist, diese zu ihrem zumutbar bleibenden Teil nicht erbringen soll. So mag es sein, dass im Schulfall der Sängerin, die ihr krankes Kind zu betreuen hat (unten Rn 109), eine andere Betreuung des Kindes nur für einen Auftritt nicht gefunden werden kann, für andere Auftritte aber schon. Zum Zusammentreffen von Teilunmöglichkeit und Teilunzumutbarkeit s Rn 57.

2. Grobes Missverhältnis zwischen Aufwand und Leistungsinteresse (Abs 2)

a) Leistungsinteresse

Bezugspunkt für die Beurteilung des Missverhältnisses zwischen Schuldneraufwand 92
und Gläubigerinteresse ist das Letztere: Um die dem Schuldner zuzumutenden Anstrengungen zu bestimmen, muss zunächst das Interesse ermittelt werden, welches der Gläubiger nach dem Inhalt des Vertrages an der Erfüllung des Primäranspruchs hat (Canaris JZ 2001, 499, 501 f; Jauernig/Stadler Rn 25).

Das Leistungsinteresse des Gläubigers kann in erster Linie ein **wirtschaftliches Inte-** 93
resse sein. Der Gläubiger kann aus der geplanten Weiterveräußerung einer gekauften oder für ihn hergestellten Sache einen Gewinn erwarten. Er kann die bestellte oder gekaufte Sache in seinem Betrieb einsetzen wollen, um wirtschaftlich verwertbare Güter oder Dienstleistungen zu erbringen. Auch bei Ausbleiben der Leistung drohende Schäden, insbesondere Schadensersatzverpflichtungen gegenüber Dritten (BGH 21. 5. 2010 – V ZR 244/09 Rn 20, NJW 2010, 2341), bestimmen das Gläubigerinteresse. Insoweit sind bei einer etwaigen Bezifferung des Gläubigerinteresses ein im Falle des Ausbleibens der Leistung entgangener Gewinn, Kosten einer Ersatzbeschaffung oder einer anderweitigen Erbringung der geschuldeten Dienstleistung durch Dritte sowie aus der Nichterfüllung drohende Folgeschäden zugrunde zu legen (Bernhard Jura 2006, 801, 802 f; MünchKomm/Ernst Rn 84; Erman/Westermann Rn 24).

Einfluss auf das Gewicht des Leistungsinteresses des Gläubigers hat, wenn dieses 94
wirtschaftlicher Natur ist, auch seine Möglichkeit, gem § 285 BGB **Herausgabe eines Ersatzes** oder Abtretung eines Ersatzanspruchs zu verlangen. Hat der Schuldner das Leistungshindernis **zu vertreten**, ist auch die Möglichkeit, **Schadensersatz statt der Leistung** zu verlangen, in Rechnung zu stellen (wie hier Bamberger/Roth/Lorenz Rn 61; Tröger 330 f; **aA** Soergel/Ekkenga/Kuntz Rn 135). Wenn Abs 2 S 2 anordnet, dass bei der Bestimmung der dem Schuldner zuzumutenden Anstrengungen auch zu berücksichtigen ist, ob er das Leistungshindernis zu vertreten hat, kann das nicht so verstanden werden, dass die Berücksichtigung der aus dem Vertretenmüssen folgenden Sekundäransprüche bei der Bestimmung des Leistungsinteresses des Gläubigers auf Erfüllung in Natur gesperrt wäre. Insoweit steht einer Berücksichtigung der Sekundäransprüche nicht entgegen, dass die Schwelle für das Leistungsverweigerungsrecht eines Schuldners, der das Leistungshindernis zu vertreten hat, niedriger liegen kann als für einen Schuldner, dem insoweit nichts vorzuwerfen ist (so aber MünchKomm/Ernst Rn 86; Fehre 43). Denn eine „Geldersatzleistung" wird dem Gläubigerinteresse gerecht, wenn dieses überwiegend wirtschaftlicher Natur ist, etwa wenn der Gläubiger die geschuldete Sache nur weiterveräußern will. Anders kann es liegen, wenn

der Gläubiger die Sache bereits weiterverkauft *hat,* weil die Nichterfüllung seiner eigenen Verbindlichkeiten seine Reputation schädigen kann.

95 Auch weitere dem Gläubiger zur Verfügung stehende Rechtsbehelfe wie **Rücktritt oder Minderung** können beim Gläubigerinteresse berücksichtigt werden (Bamberger/Roth/Lorenz Rn 61; **aA** Soergel/Ekkenga/Kuntz Rn 135). Dementsprechend hat der BGH bei der Frage, ob der Käufer eines Rauhaardackels, der wegen eines genetischen Defekts eine Fehlstellung des Sprunggelenks aufwies, Nachbesserung gem §§ 437 Nr 1, 439 Abs 1 BGB im Wege einer Operation des Dackels verlangen konnte, zugunsten des Verkäufers unter anderem in die Waagschale geworfen, dass das Interesse des Käufers durch sonstige Rechte wie Rücktritt vom Kaufvertrag oder Minderung des Kaufpreises – wie vom Verkäufer angeboten – ausreichend gewahrt werden könne (BGH 22. 6. 2005 – VIII ZR 281/04, BGHZ 163, 234, 246 f = NJW 2005, 2852).

96 Nach **Treu und Glauben** muss bei der Bestimmung des Gläubigerinteresses auch berücksichtigt werden, ob und welche Möglichkeiten der Gläubiger hat, die *Auswirkungen des Ausbleibens der Erfüllung auf sein Leistungsinteresse zu minimieren.* Kann sich der Gläubiger die gekaufte Sache oder das für ihn herzustellende Werk ohne Weiteres zu vergleichbaren Konditionen beschaffen, ist sein Leistungsinteresse geringer, als wenn er dafür allein auf den Schuldner angewiesen ist. Der Gedanke der Schadensminderungspflicht, wie er in § 254 Abs 2 S 1 BGB zum Ausdruck kommt, beansprucht auch hier Geltung (zust M Stürner 176; Tröger 332).

97 Das Gläubigerinteresse kann auch ein **immaterielles Interesse**, insbesondere ein Affektionsinteresse sein (Soergel/Ekkenga/Kuntz Rn 134; MünchKomm/Ernst Rn 85; Finn 296 f; BeckOGK/Riehm [1. 7. 2019] Rn 194; PWW/Schmidt-Kessel/Kramme Rn 21; Jauernig/Stadler Rn 25; Tröger 332; Erman/Westermann Rn 24; mit Einschränkungen NK-BGB/Dauner-Lieb Rn 44; **aA** Ehmann/Sutschet, Modernisiertes Schuldrecht [2002] 53 f). Hat sich der Schuldner verpflichtet, dem Gläubiger eine Eintrittskarte für ein entscheidendes Aufstiegsspiel des heimatlichen Fußballvereins zu verschaffen, beschränkt sich das Leistungsinteresse des Gläubigers, der glühender Anhänger des Vereins ist, nicht auf den üblichen Preis einer solchen Eintrittskarte. Dementsprechend hoch ist dann auch der dem Schuldner zuzumutende Aufwand für die Beschaffung der Karte außerhalb des regulären Verkaufs.

b) Schuldneraufwand

98 Mit Aufwand meint das Gesetz den für die Beschaffung oder Herstellung des geschuldeten Gegenstandes erforderlichen Aufwand. Gemeint ist damit wiederum in erster Linie der **wirtschaftliche Aufwand**. Muss der Verkäufer eine verkaufte Sache erst einkaufen, besteht der Aufwand in dem Preis dieses Einkaufs. Ist die zu liefernde Sache herzustellen, geht es um die Kosten dieser Herstellung (Personalkosten, Materialkosten usw). Ist im Wege des Auskunftsanspruchs eine Information geschuldet, die sich der Schuldner von einem Dritten erst noch beschaffen muss, zählen die Kosten des Auskunftsbegehrens gegen den Dritten zum Schuldneraufwand (vgl BAG 29. 6. 2004 – 1 ABR 32/99, NZA 2005, 118, 122).

99 Den beim Schuldner entstehenden wirtschaftlichen Aufwand **kann der Gläubiger mindern**, indem er sich bereit erklärt, seinerseits einen Beitrag zur Beschaffung oder

Herstellung des geschuldeten Gegenstands zu leisten (Huber/Faust Kap 2 Rn 38 f; Finn 453 ff; Schwarze, Leistungsstörungen [2017] § 5 Rn 23; M Stürner 181 f; NK-BGB/Dauner-Lieb Rn 57; Soergel/Ekkenga/Kuntz Rn 147; MünchKomm/Ernst Rn 91; Jauernig/Stadler Rn 25; krit Lobinger 219 f; **aA** BeckOGK/Riehm [1. 7. 2019] Rn 224 ff). Ist der Gläubigerin ein diamantbesetztes Familiengeschmeide vermacht, das der Erbe an einen Dritten veräußert hat, der es nur zu einem weit überhöhten Preis zurückzugeben bereit ist, kann die Vermächtnisnehmerin, wenn sie auf das Geschmeide großen Wert legt, sich an dem Wiederbeschaffungsaufwand in der Weise beteiligen, dass der Aufwand des Erben sich auf das zumutbare Maß beschränkt.

Aufwand können auch der **Zeitaufwand** und zur Erfüllung notwendig in Kauf zu nehmende **Gefahren** für den Schuldner und seine Leute sein (wie hier BeckOGK/Riehm [1. 7. 2019] Rn 189; **aA** Soergel/Ekkenga/Kuntz Rn 140; MünchKomm/Ernst Rn 90). Ist ein Geländewagen mit Fahrer für eine Safarireise angemietet worden, kann die Erfüllung des Mietvertrags durch den Schuldner unzumutbar sein, wenn die Fahrt durch ein Aufstands- und Räubergebiet führen soll und damit Fahrer und Fahrzeug gefährdet werden. Für Konfliktsituationen bei persönlichen Leistungspflichten gilt Abs 3 (dazu unten Rn 109 ff). 100

c) Grobes Missverhältnis

Unzumutbarkeit nach Abs 2 setzt voraus, dass zwischen dem Leistungsinteresse des Gläubigers und dem erforderlichen Aufwand des Schuldners ein **grobes Missverhältnis** besteht. Ob das zutrifft, lässt sich nur nach den Umständen jedes einzelnen Falles beurteilen. Faustformeln wie die, dass bei einem Aufwand des Schuldners von mehr als 110 Prozent, im Falle des Verschuldens von mehr als 150 Prozent des Leistungsinteresses des Gläubigers Unzumutbarkeit gegeben sei (Huber/Faust Kap 2 Rn 68 mit noch weitergehenden Abstufungen; Jauernig/Stadler Rn 26) sind willkürlich (zutr Picker JZ 2003, 1035, 1037; ders, in: FS Konzen [2006] 687, 690; dagegen auch Maultzsch AcP 207 [2007] 530, 557 aus rechtsökonomischer Sicht; Lobinger 119 ff hält das Kriterium als solches für verfehlt; krit auch Tröger 328). Sie passen schon gar nicht, wenn das Interesse des Gläubigers ein immaterielles ist (Rn 97). Ein grobes Missverhältnis **indiziert eine Überschreitung** der Zumutbarkeitsgrenze, aufgrund der Umstände des Einzelfalls (Inhalt des Schuldverhältnisses; Gebote von Treu und Glauben) kann aber die Erbringung der Leistung für den Schuldner gleichwohl zumutbar sein (BGH 21. 4. 2010 – VIII ZR 131/09 Rn 24, NJW 2010, 2050). 101

Allgemein lassen sich der **Rechtsprechung** nur äußerste Grenzen entnehmen, etwa wenn der BGH einen Ausschluss der Leistungspflicht des Vermieters in einem Fall angenommen hat, in dem die Reparatur eines vermieteten Muldenkippers 150.000 DM gekostet hätte, während der monatliche Mietzins nur 10.830 DM betrug (BGH 26. 9. 1990 – VIII ZR 205/89, NJW-RR 1991, 204, 205 = LM BGB § 537 Nr 44). Ähnlich hat das OLG Karlsruhe entschieden, dass vom Vermieter eines Gebäudes, das durch einen Brand teilweise zerstört worden ist, die Wiederherstellung der nur beschädigten Gebäudeteile nicht verlangt werden kann, wenn die Kosten der Wiederherstellung in einem krassen Missverhältnis zum Wert des Mietobjekts und den aus ihm zu erzielenden Einnahmen stehen. Die Opfergrenze sei jedenfalls überschritten, wenn die Reparaturkosten den Zeitwert des Mietobjekts erheblich überstiegen (OLG Karlsruhe 30. 12. 1994 – 19 U 113/94, NJW-RR 1995, 849, 850). 102

103 Dementsprechend hat der BGH **gem Abs 2** es als für den **Vermieter** unzumutbar angesehen, 95. 000–170. 000 Euro an Sanierungskosten für das vermietete Haus aufzuwenden, wenn dessen Verkehrswert nur 28. 000 Euro beträgt (BGH 21. 4. 2010 – VIII ZR 131/09 Rn 25, NJW 2010, 2050). Auch hat der BGH in einem Fall, in dem eine Wohnung mit Kellerraum und zwei Pkw-Stellplätzen vermietet war und in dem es um die Beseitigung von Feuchtigkeitsschäden im Durchgang zum Keller und zur Tiefgarage des Mietshauses ging, ausgeführt, es dürfe kein krasses Missverhältnis zwischen dem Reparaturaufwand einerseits und dem Nutzen der Reparatur für den Mieter und dem Wert des Mietobjekts und den aus ihm zu ziehenden Einnahmen andererseits entstehen. Nach einem Gutachten sollten die Kosten der Sanierung 100. 000 Euro, ohne Erdarbeiten rund 65. 000 bis 75. 000 Euro betragen (BGH 20. 7. 2005 – VIII ZR 342/03, NJW 2005, 3284). Unzumutbar ist es auch, wenn die Mängelbeseitigung durch den Vermieter den Teilabriss eines neu errichteten Gebäudes erfordert, der sich auf einen namhaften sechsstelligen Betrag beläuft, auch wenn der Vermieter den zum Mangel der Mietsache führenden Umstand durch die Errichtung des Neubaus direkt an der Grundstücksgrenze vorsätzlich herbeigeführt hat (BGH [Hinweisbeschluss] 22. 1. 2014 – VIII ZR 135/13 Rn 5 ff, NJW 2014, 1881). Das AG Köpenick hat es als unzumutbar angesehen, vom Vermieter zu verlangen, dass er 10. 000 Euro aufwendet, um den Standort der Mülltonnen (235 m von der Wohnung des Mieters entfernt) an den alten Standort (85 m entfernt) zurückzuverlegen (AG Köpenick 28. 11. 2012 – 6 C 258/12, BeckRS 2013, 02819). Der BGH hat die Unzumutbarkeit nach Abs 2 in einem Fall verneint, in dem die **Kosten der Ersatzlieferung** mehr als 200 Prozent des Werts der mangelfreien Ware betrugen (BGH 14. 1. 2009 – VIII ZR 70/08 Rn 16, 18, NJW 2009, 1660). Hingegen hat der BGH einen Nachbesserungsaufwand von 12. 900 Euro bei einem Zeitwert des gekauften Bootes von 1. 400 Euro als unzumutbar angesehen (BGH 19. 12. 2012 – VIII ZR 96/12 Rn 27, NJW 2013, 1074). Ferner ist es nach dem OLG München für einen **Bauunternehmer** unzumutbar, 68. 500 Euro für den Abriss und Wiederaufbau eines Hallenanbaus aufzuwenden, der lediglich 18 cm zu kurz bei einem Verlust von ca 4,5 qm Nutzfläche ausgefallen ist, wenn keine weiteren erheblichen Baumängel vorliegen (OLG München 24. 4. 2013 – 13 U 1800/12, NJW-RR 2013, 1036, 1037). Ebenso kann der Werkunternehmer die Mängelbeseitigung verweigern, wenn sich der Nachbesserungsaufwand für eine nicht fachgerecht durchgeführte Dämmung auf einer Wasserleitung auf ca 44. 000 Euro beläuft und dem zu erwartende Energiemehrkosten von jährlich ca 50 Euro gegenüberstehen (OLG Oldenburg 11. 12. 2014 – 8 U 141/09 Rn 44 ff, BauR 2016, 124). Dazu, dass in Fällen, in denen die Überwindung des Leistungshindernisses schlechterdings von niemandem erwartet wird, von vornherein nicht von Unzumutbarkeit, sondern von Unmöglichkeit nach Abs 1 auszugehen ist, s oben Rn 27. S auch noch Rn 107.

104 Bei der Feststellung des groben Missverhältnisses **im Einzelfall** sind nach Abs 2 S 1 der **Inhalt des Schuldverhältnisses** und die Gebote von **Treu und Glauben** zu beachten. Was die Letzteren angeht, kann sich vor allem der Vertrauensschutzgedanke auswirken: Bestärkt der Schuldner den Gläubiger in der Annahme, er werde trotz gestiegenen Aufwands seine Schuld erfüllen, kann das den Aufwand erhöhen, der ihm tatsächlich zuzumuten ist (BGH 21. 4. 2010 – VIII ZR 131/09 Rn 29, NJW 2010, 2050 für die Zusage, das vermietete Haus zu sanieren [im entschiedenen Fall verneint]). Umgekehrt kann der dem Schuldner zuzumutende Aufwand geringer sein, wenn die das grobe Missverhältnis begründenden Umstände vom Gläubiger verursacht worden sind (MünchKomm/Ernst Rn 93).

Mit der Bezugnahme auf den **Inhalt des Schuldverhältnisses** bringt das Gesetz zum Ausdruck, dass nicht nur das Leistungsinteresse des Gläubigers, sondern *alle Rechte und Pflichten* von Gläubiger und Schuldner zu berücksichtigen sind. Insbesondere muss in die Bewertung des Verhältnisses von Leistungsinteresse des Gläubigers und Aufwand des Schuldners eine geschuldete **Gegenleistung** einbezogen werden (zust Looschelders JuS 2010, 849, 852). Die gegenteilige Auffassung der Literatur (Canaris JZ 2001, 499, 502; MünchKomm/Ernst Rn 80; Bamberger/Roth/Lorenz Rn 60; PWW/Schmidt-Kessel/Kramme Rn 21; Jauernig/Stadler Rn 25; Tröger 334) führt zu evident unbilligen Ergebnissen. Es ist nicht einzusehen, dass einem Schuldner, der eine niedrige oder überhaupt keine Gegenleistung erhält, der gleiche Aufwand zumutbar sein soll wie einem Schuldner, der Anspruch auf eine hohe Gegenleistung hat. Dementsprechend hat auch der BGH in dem Rn 102 berichteten Fall des Muldenkippers ganz selbstverständlich die dem Schuldner zukommende Gegenleistung, nämlich den Mietzins, in Relation zum Reparaturaufwand gesetzt. Ob diese Gegenleistung bei ungestörter Abwicklung des Geschäfts zu einem Gewinn des Schuldners geführt hätte, ist allerdings nicht entscheidend. Auch dem Schuldner, der nur ein Verlustgeschäft abgeschlossen hat, wird der erhöhte Aufwand zugemutet (MünchKomm/Ernst Rn 110). Zum Verhältnis von § 275 Abs 2 BGB zu § 313 BGB s unten Rn 117 ff. **105**

Der Inhalt des Schuldverhältnisses bestimmt sich auch nach **dessen Charakter**. Zur Erfüllung der Beitragspflichten zu einer Gesellschaft oder zur Erfüllung der Beseitigungsverpflichtung nach § 1004 Abs 1 BGB kann ein höherer Aufwand geboten sein als zur Erfüllung eines Kaufvertrags oder eines Mietvertrags. **106**

Nach Abs 2 S 2 ist bei der Bestimmung der dem Schuldner zuzumutenden Anstrengungen auch zu berücksichtigen, ob der Schuldner das Leistungshindernis iS des § 276 BGB zu vertreten hat. Dem Schuldner, der die Unzumutbarkeit selbst verschuldet hat, wird ein höherer Aufwand zugemutet als einem Schuldner, der ohne **Verschulden** in die Situation der Unzumutbarkeit geraten ist. Etwa kann ein vom Vermieter zu vertretener Reparaturstau, der die Sanierungskosten für den Vermieter erheblich erhöht, zu dessen Lasten berücksichtigt werden (BGH 21. 4. 2010 – VIII ZR 131/09 Rn 27 f, NJW 2010, 2050). Auch in dem in Rn 99 geschilderten Beispielsfall des Familiengeschmeides macht es einen Unterschied, ob der Erbe zu dem Zeitpunkt, als er das Geschmeide veräußerte, von dem Testament, in dem das Vermächtnis angeordnet war, wusste oder wissen musste, oder ob es ihm unbekannt war, ohne dass ihn daran ein Verschulden trifft. Dementsprechend hat der BGH in einer Entscheidung zu einem zu beseitigenden Überbau das Leistungsverweigerungsrecht wegen Vertretenmüssen des Schuldners an Abs 2 S 2 scheitern lassen, obwohl der Beseitigungsaufwand des Schuldners den Wert der überbauten Fläche um mehr als das Vierfache überstieg (BGH 30. 5. 2008 – V ZR 184/07 Rn 18 f, NJW 2008, 3122; ähnlich BGH 23. 10. 2009 – V ZR 141/08 Rn 18 ff, NJW-RR 2010, 315 für die Pflasterung einer Zufahrt auf fremdem Grundstück; OLG Brandenburg 4. 11. 2010 – 5 U 39/09, BauR 2011, 705, 708 für den Abriss eines über die Grundstücksgrenze gebauten Parkhauses). Dass der Schuldner das Leistungshindernis vorsätzlich herbeigeführt hat, schließt die Einrede des Abs 2 aber nicht von vornherein aus (BGH [Hinweisbeschluss] 22. 1. 2014 – VIII ZR 135/13 Rn 7 ff, NJW 2014, 1881 für die Errichtung eines Neubaus direkt an der Grundstücksgrenze als ein zum Mangel der Mietsache führender Umstand). Umgekehrt kann Abs 2 S 2 zwar nicht entnommen werden, dass dem Schuldner, wenn er das **Leistungshindernis nicht zu vertreten** hat, überhaupt keine oder nur ganz geringe Anstrengungen zumutbar sind **107** (zutr Bamberger/Roth/Lorenz Rn 61). Jedoch hat der BGH in dem in Rn 95 geschilderten Fall des Rauhaardackels zugunsten des Schuldners zu Recht berücksichtigt, dass dieser die anlagebedingte Fehlentwicklung des Knochenwachstums des Hundes nicht zu vertreten hatte (BGH 22. 6. 2005 – VIII ZR 281/04, BGHZ 163, 234, 246 = NJW 2005, 2852). Zu der Frage, inwieweit Schadensersatzansprüche des Gläubigers und dessen Recht zum Rücktritt oder zur Minderung schon das Leistungsinteresse als solches mindern können, s Rn 94 f.

3. Persönliche Leistungshindernisse (Abs 3)

108 Abs 3 enthält eine Sonderregel für **Fälle persönlicher Leistungspflicht**. Erfasst werden in erster Linie Verpflichtungen zu Dienstleistungen (einschließlich Geschäftsbesorgungen), Arbeitsleistungen und Verpflichtungen zur persönlichen Herstellung von Werkleistungen, etwa von Kunstwerken und Grabmälern. Aber auch Verpflichtungen zu Nebenleistungen können als persönlich zu erbringende Verpflichtung ausgestaltet sein. Etwa kann eine Informations- oder Aufklärungspflicht persönlich übernommen sein. In allen diesen Fällen besteht Unzumutbarkeit dann, wenn der persönlichen Leistung ein Hindernis entgegensteht, hinter welchem das Leistungsinteresse des Gläubigers in der Abwägung zurückzustehen hat. Die Vorschrift löst das Spannungsverhältnis von Vertragstreue und Unzumutbarkeit der Leistung (nur) dann zugunsten des Schuldners auf, wenn für diesen die Leistungserbringung in hohem Maße belastend ist (BAG 13. 8. 2010 – 1 AZR 173/09 Rn 12, NZA-RR 2010, 640; BAG 22. 10. 2015 – 2 AZR 569/14 Rn 26, NZA 2016, 417; MünchKomm/Ernst Rn 121).

109 Nach Abs 3 zu lösen sind vor allem **rechtliche Konfliktsituationen**. Kann der Schuldner die Verpflichtung aus dem Schuldverhältnis nur um den Preis der Verletzung einer anderen Pflicht erfüllen, wird diese Pflichtenkollision unter dem Gesichtspunkt der Zumutbarkeit dahin gelöst, dass der Schuldner einer höherwertigen Pflicht zu Lasten seiner Pflicht aus dem Schuldverhältnis folgen darf. Muss die Sängerin ihr plötzlich erkranktes Kind versorgen, braucht sie die Verpflichtung zum Auftritt nicht zu erfüllen. Ist der Werkunternehmer als Zeuge vor Gericht geladen, ist ihm die Erfüllung der Werkleistung insoweit nicht zumutbar, als er sie nur unter Verletzung seiner Zeugenpflicht erfüllen könnte. Gleiches gilt bei der Wahrnehmung **höherwertiger Interessen**. Wer arbeitsvertraglich zur Sonntagsarbeit verpflichtet ist, kann der Arbeit fernbleiben, um von seinem Wahlrecht Gebrauch zu machen. Der Unternehmer braucht Lieferverpflichtungen nicht zu erfüllen, wenn er sich in Wahrnehmung seiner Sozialpartnerfunktion bei einem Streik nicht einfach auf die Forderung der Streikenden einlässt oder eine Aussperrung vornimmt. Das Bankgeheimnis kann im Einzelfall nach einer Güterabwägung eine an sich gebotene Aufklärung unzumutbar machen (BGH 27. 11. 1990 – XI ZR 308/89, NJW 1991, 693, 694). Hingegen begründet der Wunsch des Arbeitnehmers zur Teilnahme an einer Ortsvorstandssitzung seiner Gewerkschaft während der Arbeitszeit kein Leistungsverweigerungsrecht nach Abs 3 (BAG 13. 8. 2010 – 1 AZR 173/09 Rn 12, NZA-RR 2010, 640).

110 Auch der **Glaubens- und Gewissenskonflikt** fällt unter Abs 3 (Canaris in: FS Cian [2010] 383, 390, 402 ff; Soergel/Ekkenga/Kuntz Rn 171; BeckOGK/Riehm [1. 7. 2019] Rn 270; M Stürner 190 f; **aA** Greiner 135 ff, 160 ff, der die Leistungsverweigerung wegen eines Gewissenskonflikts § 616 BGB und im Übrigen § 242 BGB unterstellen will). Ein Arbeitnehmer braucht eine Arbeit, zu der er an sich verpflichtet ist, nicht zu leisten, wenn ihn das in

Gewissensnot bringt; ihm gegenüber kommt dann keine verhaltensbedingte, sondern nur eine personenbedingte Kündigung in Betracht, wenn keine andere Beschäftigungsmöglichkeit besteht (BAG 24. 5. 1989 – 2 AZR 285/88, NZA 1990, 144, 145 f; BAG 24. 2. 2011 – 2 AZR 636/09 Rn 41, NJW 2011, 3319). § 106 GewO ist nur dann vorrangig einschlägig, wenn der Arbeitgeber im Zeitpunkt der Ausübung des Direktionsrechts den Gewissenskonflikt des Arbeitnehmers kennt (AR/Kolbe [9. Aufl 2019] § 106 GewO Rn 59, 65; undifferenziert für einen Vorrang des § 106 GewO BAG 24. 2. 2011 – 2 AZR 636/09 Rn 30 f, NJW 2011, 3319). Erfährt der Arbeitgeber nach erteilter Weisung von dem Gewissenskonflikt des Arbeitnehmers, muss er gem § 241 Abs 2 BGB das Weisungsrecht erneut ausüben (BAG 24. 2. 2011 – 2 AZR 636/09 Rn 25, NJW 2011, 3319); in der Zwischenzeit gilt Abs 3 (AR/Kolbe [9. Aufl 2019] § 106 GewO Rn 59).

Auch in Konfliktsituationen ist zu beachten, dass das *Leistungsinteresse des Gläubigers überwiegen kann:* So muss die Pflegerin jedenfalls kurzzeitig ihr erkranktes **111**
Kind alleine lassen, um dem von ihr zu betreuenden Patienten ein lebenserhaltendes Medikament zu verabreichen. Dazu, dass bei der Wahrnehmung höherwertiger Pflichten und Interessen ein Übernahme-, Vorsorge- oder Abwendungsverschulden vorliegen kann, das zwar nichts an der Unzumutbarkeit der Primärerfüllung ändert, aber Schadensersatzpflichten auslöst, s § 276 Rn 18 ff.

Unzumutbar kann dem Schuldner die Erfüllung der persönlichen Leistungspflicht **112**
auch dort sein, wo diese ihn in eine **Gefahr für Leib, Leben oder Freiheit** führt (Henssler/Muthers ZGS 2002, 219, 222 f; auch Canaris, in: FS Cian [2010] 383, 410). In dem oben in Rn 100 geschilderten Fall der Safarifahrt ist auch der Fahrer gegenüber dem den Geländewagen vermietenden Unternehmer nicht zur Leistung verpflichtet. Ein Arbeitnehmer braucht nicht in einem Prozess seines Arbeitgebers im Ausland auszusagen, wenn ihm dort die Verhaftung droht. Dies war im Übrigen schon die Auffassung des Allgemeinen Preußischen Landrechts. Teil I Titel 5 § 376 bestimmte: „Doch kann der Verpflichtete zur Erfüllung auf die bestimmte Art gar nicht angehalten werden, wenn damit eine wahrscheinliche Gefahr des Lebens, der Gesundheit oder der Freiheit für ihn verbunden sein würde."

Abs 3 ist auch der Fall zuzuordnen, dass ein Arbeitnehmer wegen **Krankheit** arbeits- **113**
unfähig ist, ohne dass dies zu einer objektiven Unmöglichkeit der Erbringung der Arbeitsleistung führt (dazu auch oben Rn 66). Das BAG hat diesen Fall zwar bisher als einen solchen des Unvermögens, das zu Abs 1 gehört, aufgefasst (BAG 21. 5. 1992 – 2 AZR 399/91, NZA 1993, 497, 499). Aber man darf nicht die Möglichkeit außer Acht lassen, dass der kranke Arbeitnehmer trotz seiner Erkrankung – ganz oder teilweise – arbeitet. Derartiges ist bei Arbeitnehmern in verantwortlichen Positionen durchaus nicht selten. Auf diese Situation ist das Leistungsverweigerungsrecht des Abs 3 geradezu zugeschnitten (Henssler/Muthers ZGS 2002, 219, 223; im Wesentlichen auch Lindemann AuR 2002, 81, 82; Gotthardt Rn 100 ff; Greiner 296 ff). Stattdessen von einem Ausschluss der Leistungspflicht wegen Unmöglichkeit auszugehen und im Falle trotzdem erfolgter Arbeitsleistung einen Entgeltanspruch aus Treu und Glauben zu begründen (so Joussen NZA 2001, 745, 747), erscheint als überflüssiger Umweg. Die Regeln über die Unmöglichkeit greifen erst, wenn die Arbeitsleistung tatsächlich nicht erbracht wird. Sie ist dann für die Zeit, für die sie versprochen war, nachträglich unmöglich geworden.

4. Rechtsfolge: Leistungsverweigerungsrecht

114 Abs 2 und 3 begründen für den Schuldner lediglich ein **Leistungsverweigerungsrecht**, das er durch Einrede geltend machen muss (hM, BGH 19. 12. 2012 – VIII ZR 96/12 Rn 28, NJW 2013, 1074; BAG 14. 12. 2017 – 2 AZR 86/17 Rn 43 f, NZA 2018, 646; Soergel/Ekkenga/Kuntz Rn 166, 182; MünchKomm/Ernst Rn 102; PWW/Schmidt-Kessel/Kramme Rn 28; Erman/Westermann Rn 34). Die Gegenauffassung, nach der auch in den Fällen der Unzumutbarkeit der Anspruch auf die Leistung automatisch ausgeschlossen sein soll (Teichmann BB 2001, 1485, 1487 zu § 275 Abs 2 BGB-RE), lässt sich mit dem klaren Wortlaut von Abs 2 und Abs 3 nicht vereinbaren. Dabei ist den Einreden nach Abs 2 und 3 auch keine Gestaltungswirkung beizumessen (**aA** Freitag NJW 2014, 113, 114 f; MünchKomm/Schwab § 813 Rn 7; dazu im Einzelnen oben Rn 81 f).

115 Die Ausgestaltung als Leistungsverweigerungsrecht bedeutet auf der einen Seite, dass der Gläubiger mit dem Anspruch durchdringt, wenn der Schuldner die **Einrede nicht erhebt**. Auf der anderen Seite kann der Schuldner, indem er die Einrede nicht erhebt, vermeiden, dass dem Gläubiger der Anspruch auf Herausgabe des Ersatzes oder Abtretung des Ersatzanspruchs zuwächst (vgl § 285 Rn 27). Entgegen einer weit verbreiteten Auffassung (Palandt/Grüneberg Rn 32; Bamberger/Roth/Lorenz Rn 66; Erman/Westermann Rn 35) geht er dabei aber das Risiko ein, in Schuldnerverzug zu geraten, weil das bloße Bestehen der Einrede den Verzug nicht hindert (s näher Staudinger/Feldmann Vorbem 25 ff zu §§ 286 ff und § 286 Rn 12 ff, 17; Otto, in: FS Canaris [2007] I 945, 947; Soergel/Ekkenga/Kuntz Rn 168). Auch kann der Schuldner, indem er trotz Bestehens des Leistungsverweigerungsrechts leistet, einer Verpflichtung zum Schadensersatz statt der Leistung entgehen. Um dieses Ziel zu erreichen, kann er grundsätzlich auch eine schon erhobene Einrede wieder zurücknehmen (zur Möglichkeit, erhobene Einreden zurückzunehmen, allgemein Kipp, in: FG Koch [1903] 134 f; vTuhr I 296; Roth, Die Einrede des Bürgerlichen Rechts [1988] 132 ff). Dies kommt allerdings dann nicht in Betracht, wenn in der Erhebung der Einrede zugleich die ernsthafte und endgültige Erfüllungsverweigerung iS der §§ 281 Abs 2 Alt 1, 323 Abs 2 Nr 1 BGB liegt. Dann stellt die Rücknahme ein widersprüchliches Verhalten iS von § 242 BGB dar. Bei der dauernden Unzumutbarkeit ist in der Erhebung der Einrede regelmäßig die endgültige Leistungsverweigerung zu erblicken (vgl insoweit PWW/Schmidt-Kessel/Kramme § 281 Rn 14). Anders kann es aber bei vorübergehender Unzumutbarkeit liegen. Auch dort geht eine mögliche Rücknahme der Einrede aber dann ins Leere, wenn der Gläubiger bereits nach § 323 BGB vom Vertrag zurückgetreten ist oder nach §§ 280 Abs 1, 3, 281 BGB Schadensersatz statt der Leistung verlangt hat (vgl Rn 50). Denn dann hat der Rücktritt bzw das Schadensersatzverlangen gem § 281 Abs 4 BGB den Erfüllungsanspruch bereits entfallen lassen.

116 Macht der Schuldner sein Leistungsverweigerungsrecht geltend, führt dies wie bei Abs 1 nur dazu, dass der Anspruch auf die Leistung **nicht durchgesetzt** werden kann. Eine entsprechende Klage ist abzuweisen. Nicht aber führt die Einrede dazu, dass die zugrundeliegende Pflicht des Schuldners erlischt (vgl Rn 79 ff).

5. Verhältnis zu anderen Vorschriften

117 Die Leistungsverweigerungsrechte nach Abs 2 und 3 berühren sich mit dem Recht der Parteien, gem § 313 Abs 1, 2 BGB wegen **Störung der Geschäftsgrundlage** die

Anpassung eines Vertrages zu verlangen, wenn ihnen das Festhalten am unveränderten Vertrag nicht zugemutet werden kann, und dort, wo eine Anpassung nicht möglich oder nicht zumutbar ist, vom Vertrag zurückzutreten oder diesen zu kündigen (§ 313 Abs 3 BGB). Im Einzelnen gilt für das Verhältnis von § 275 Abs 2 und 3 BGB zu § 313 BGB Folgendes:

Ausschließlich in den Anwendungsbereich von § 275 Abs 2 und 3 BGB fallen **nichtvertragliche Schuldverhältnisse**, weil bei ihnen eine gemeinsame Geschäftsgrundlage von Schuldner und Gläubiger von vornherein nicht gegeben ist. Etwa kann bei einer Vermächtnisforderung keine Anpassung der Leistungspflicht erfolgen, sondern diese nur nach Abs 2 unzumutbar sein. **118**

Ausschließlich in den Anwendungsbereich des § 313 BGB gehört die Konstellation einer **Entwertung der Gegenleistung**. Denn eine solche Entwertung ändert für sich genommen nichts an dem Aufwand des Schuldners für die Leistung. Hier kann in erster Linie eine Anpassung des Vertrages verlangt werden; ein Ausschluss der Leistungspflicht kommt nur in Betracht, wenn die Anpassung nicht möglich oder nicht zumutbar ist und der Schuldner deshalb vom Vertrag zurücktritt. **119**

Zu einer **Überschneidung der Anwendungsbereiche** von § 275 Abs 2, 3 BGB und § 313 BGB kann es kommen, wenn die Unzumutbarkeit die Leistungsseite betrifft. Der in Ansehung des Gläubigerinteresses für den Schuldner unzumutbare Leistungsaufwand kann zugleich von dem nach dem Vertrag vorausgesetzten notwendigen Leistungsaufwand so gravierend abweichen, dass aus dieser Abweichung auch eine unzumutbare Äquivalenzstörung resultiert. Erhöht sich der Einkaufspreis einer vom Verkäufer im Ausland zu beschaffenden Maschine exorbitant, kann einerseits ein grobes Missverhältnis zwischen dem notwendigen finanziellen Aufwand für die Beschaffung und dem Interesse des Gläubigers an der Lieferung dieser Maschine bestehen. Andererseits kann die Erhöhung des Beschaffungspreises zugleich zu einer Störung der Äquivalenz zwischen Leistung und Gegenleistung führen. Dem Schuldner steht in einem solchen Fall die Wahl offen, ob er von seinem Leistungsverweigerungsrecht nach Abs 2 oder 3 Gebrauch macht oder eine Anpassung des Vertrages verlangt (Soergel/Ekkenga/Kuntz Rn 126; MünchKomm/Ernst Rn 23; Palandt/Grüneberg Rn 29; BeckOGK/Riehm [1. 7. 2019] Rn 255; **aA** M Stürner 260 f; ders Jura 2010, 721, 723 f). Auf der anderen Seite hat der Gläubiger die Möglichkeit, seinerseits die Anpassung zu verlangen und damit zugleich die Unzumutbarkeit für den Schuldner zu beseitigen (wie hier Schwarze, Leistungsstörungen [2017] § 6 Rn 38; PWW/Schmidt-Kessel/Kramme Rn 20; Jauernig/Stadler Rn 3). Ihm steht aber auch die Möglichkeit offen, den Aufwand des Schuldners durch das Angebot eines eigenen Beitrags zu vermindern, sodass die Schwelle der Unzumutbarkeit iS des Abs 2 unterschritten wird (s dazu oben Rn 99). **120**

Eine **Sonderregel** hat die Unzumutbarkeit des Leistungsaufwands bei einem Anspruch auf Nacherfüllung im Rahmen der *Mängelhaftung* beim Kaufvertrag und beim Werkvertrag gefunden. Nach § 439 Abs 4 BGB kann der Verkäufer die vom Käufer gewählte Art der Nacherfüllung schon dann verweigern, wenn sie nur mit unverhältnismäßigen Kosten möglich ist. Nach § 635 Abs 3 BGB kann der Unternehmer die Nacherfüllung überhaupt verweigern, wenn sie nur mit unverhältnismäßigen Kosten möglich ist. Das sind deutlich geringere Voraussetzungen als bei § 275 Abs 2 BGB, wo ein grobes Missverhältnis zwischen Schuldneraufwand und **121**

Gläubigerinteresse verlangt wird (BGH 14. 1. 2009 – VIII ZR 70/08 Rn 18, NJW 2009, 1660). Die Leistungsverweigerungsrechte nach § 439 Abs 4 BGB und § 635 Abs 3 BGB lassen die Leistungsverweigerungsrechte nach § 275 Abs 2 und 3 BGB unberührt. Das ist von praktischer Bedeutung in Fällen, in denen der unzumutbare Aufwand nach § 275 Abs 2 BGB nicht in einem finanziellen Aufwand besteht (dazu oben Rn 100) oder es um ein immaterielles Leistungshindernis nach § 275 Abs 3 BGB geht (dazu oben Rn 109 ff). S dazu auch Staudinger/Matusche-Beckmann (2014) § 439 Rn 101 und Staudinger/Peters/Jacoby (2014) § 635 Rn 8 f.

122 Ein dem Abs 3 ähnliches Leistungsverweigerungsrecht enthält **§ 2 Abs 1 PflegeZG**. Nach dieser Vorschrift haben Beschäftigte das Recht, bis zu zehn Arbeitstage der Arbeit fernzubleiben, wenn dies erforderlich ist, um für einen pflegebedürftigen nahen Angehörigen in einer akut aufgetretenen Pflegesituation eine bedarfsgerechte Pflege zu organisieren oder eine pflegerische Versorgung in dieser Zeit sicherzustellen. Dieses Leistungsverweigerungsrecht, das von einer Einzelfallabwägung mit dem Leistungsinteresse des Arbeitgebers unabhängig ist, steht neben Abs 3 und verdrängt diesen nicht als speziellere Norm. Etwa kann im Einzelfall auch nach Ablauf des Zeitraums von zehn Tagen das Recht zur Verweigerung der Arbeitsleistung nach Abs 3 in Betracht kommen (Preis/Nehring NZA 2008, 729, 731; Staudinger/Richardi/Fischinger [2016] § 611 Rn 1111).

123 **Schadensersatzansprüche auf Naturalrestitution** nach § 249 Abs 1 BGB finden ihre Grenze nicht an § 275 Abs 2 oder 3 BGB, sondern an § 251 Abs 2 BGB: Danach kann der Ersatzpflichtige den Gläubiger in Geld entschädigen, wenn die Herstellung nur mit unverhältnismäßigen Aufwendungen möglich ist (Staudinger/Schiemann [2017] § 251 Rn 16 ff).

IV. Prozessuales

124 Aus dem Umstand, dass im Falle der Unmöglichkeit oder des Unvermögens der Anspruch des Gläubigers nach Abs 1 ausgeschlossen ist, folgt, dass eine Klage des Gläubigers auf eine Leistung, deren Unmöglichkeit feststeht, abzuweisen ist (RG 4. 2. 1916 – II 378/15, RGZ 88, 76, 77 f; RG 16. 5. 1923 – I 441/22, RGZ 107, 15, 17 [gegen dieses Urteil Jakobi JW 1923, 826, 827]; RG 5. 4. 1939 – II 155/38, RGZ 160, 257, 263; BGH 4. 11. 1971 – VII ZR 175/69, NJW 1972, 152; BGH 21. 6. 1974 – V ZR 164/72, BGHZ 62, 388, 393 = NJW 1974, 1552; BGH 9. 10. 1974 – VIII ZR 113/72, NJW 1974, 2317; BGH 21. 2. 1986 – V ZR 226/84, BGHZ 97, 178, 181 = NJW 1986, 1676; Meincke AcP 171 [1971] 19, 22 ff). Es handelt sich um eine echte Einwendung, die von Amts wegen zu berücksichtigen ist (Baumgärtel/Laumen/Prütting/Repgen Rn 4). Demgegenüber muss der Schuldner das Leistungsverweigerungsrecht nach Abs 2 oder 3 geltend machen. Liegen seine Voraussetzungen vor, ist die Klage ebenfalls abzuweisen. Im Fall der vorübergehenden Unmöglichkeit ist die Klage „als zur Zeit unbegründet" abzuweisen (dazu oben Rn 48).

125 Sind die **Unmöglichkeit** oder das Unvermögen zwischen dem Schuldner und dem Gläubiger streitig, so ist über deren Vorliegen *Beweis zu erheben* und darf der Schuldner zur ursprünglichen Leistung nur dann verurteilt werden, wenn ihm dieser Beweis misslingt. Auch wenn feststeht, dass der Schuldner eine etwaige Unmöglichkeit unter allen Umständen zu vertreten hat, kann ein Urteil auf die ursprüngliche Leistung ohne diese Beweiserhebung nicht ergehen. Das frühere Bedürfnis, ein sol-

ches Urteil zuzulassen, um dem Gläubiger den Weg über § 283 aF freizuhalten (dazu Staudinger/Löwisch [2001] Rn 62), ist mit der Aufhebung dieser Vorschrift weggefallen. Über die Frage, ob eine **Unzumutbarkeit** iS des Abs 2 oder 3 vorliegt, ist Beweis nur dann zu erheben, wenn der Schuldner die entsprechende Einrede erhoben hat und die Tatsachen, auf die sich die Unzumutbarkeit gründen soll, streitig sind.

Den **Beweis** für das Vorliegen von Unmöglichkeit oder Unzumutbarkeit muss *derjenige* führen, der aus ihr *günstige Rechtsfolgen* ableiten will. Dies ist im Fall des Ausschlusses des Anspruchs nach Abs 1 oder des Leistungsverweigerungsrechts nach Abs 2 und Abs 3 der Schuldner (BGH 10. 10. 2012 – XII ZR 117/10 Rn 53, NJW 2013, 44; BGH 21. 5. 2010 – V ZR 244/09 Rn 9, NJW 2010, 2341 zu Abs 2). Dabei indiziert eine fehlende Verfügungsmacht noch nicht die Unmöglichkeit. Vielmehr muss der Schuldner nachweisen, dass er die Verfügungsmacht nicht wiedererlangen und insbesondere auch keine Genehmigung des berechtigten Dritten erlangen kann (BGH 20. 11. 1981 – V ZR 155/80, BGHZ 82, 292, 296 = NJW 1982, 881; BGH 26. 3. 1999 – V ZR 368/97, BGHZ 141, 179, 183 = NJW 1999, 2034 = LM BGB § 275 Nr 27; s auch BGH 19. 1. 2018 – V ZR 273/16 Rn 25, MDR 2018, 589 für die Verschaffung einer Grunddienstbarkeit). Wenn der BGH von dieser Beweislastverteilung für den Fall einer Verurteilung zur Auflassung eines Grundstücks eine Ausnahme machen will, wenn der Schuldner nicht mehr als Eigentümer im Grundbuch eingetragen ist (BGH 26. 3. 1999 – V ZR 368/97, BGHZ 141, 179, 183 = NJW 1999, 2034 = LM BGB § 275 Nr 27), kann dem nicht gefolgt werden. Dass eine Auflassungserklärung mit der Rechtskraft als abgegeben gilt, hindert nicht, dem Schuldner und nicht dem Gläubiger auch hier die Beweislast für die „Endgültigkeit" des Unvermögens aufzuerlegen, also von ihm den Nachweis zu verlangen, dass weder eine Einwilligung des Dritten vorliegt noch erwartet werden kann, dass dieser die Übereignung an den Gläubiger genehmigt oder der Schuldner das Eigentum von ihm zurück erwirbt (s näher Löwisch Anm zu BGH v 26. 3. 1999, V ZR 368/97, LM BGB § 275 Nr 27). 126

Ist die **Unmöglichkeit anspruchsbegründende Voraussetzung**, wie zB bei einem Anspruch auf Schadensersatz statt der Leistung aus §§ 280 Abs 1, 3, 283 BGB, nimmt der BGH an, dass die Weiterveräußerung die Unmöglichkeit indiziert, solange der Schuldner nicht darlegt, dass er zur Erfüllung willens und in der Lage ist (BGH 1. 10. 1992 – V ZR 36/91, NJW 1992, 3224, 3225; BGH 15. 6. 2005 – VIII ZR 271/04, NJW-RR 2005, 1534, 1535 f; BGH 21. 1. 2015 – VIII ZR 51/14 Rn 25, NJW 2015, 1516; vgl auch BGH 20. 11. 2015 – V ZR 217/14 Rn 9, NJW-RR 2016, 717). 127

Die Beweislast für die Unmöglichkeit der Leistung *aus der Gattung* trifft den Schuldner (RG 4. 4. 1919 – III 502/18, JW 1919, 570). Behauptet der Schuldner, es habe von vornherein keine Gattungsschuld, sondern eine Stückschuld vorgelegen, deren Erfüllung ihm unmöglich geworden sei, hat er dies ebenfalls zu beweisen, da er sich auf den Ausschlusstatbestand des Abs 1 beruft. 128

§ 276
Verantwortlichkeit des Schuldners

(1) Der Schuldner hat Vorsatz und Fahrlässigkeit zu vertreten, wenn eine strengere oder mildere Haftung weder bestimmt noch aus dem sonstigen Inhalt des Schuldverhältnisses, insbesondere aus der Übernahme einer Garantie oder eines Beschaf-

fungsrisikos, zu entnehmen ist. Die Vorschriften der §§ 827 und 828 finden entsprechende Anwendung.

(2) Fahrlässig handelt, wer die im Verkehr erforderliche Sorgfalt außer Acht lässt.

(3) Die Haftung wegen Vorsatzes kann dem Schuldner nicht im Voraus erlassen werden.

Materialien: E I § 144 Abs 1, § 224 Abs 1 S 2, 3, § 225; II § 233 Abs 1, 3; III § 270; JAKOBS/SCHUBERT, SchR I 236; RE BT-Drucks 14/6040, 131; Beschlussempfehlung und Bericht d Rechtsausschusses BT-Drucks 14/7052, 184.

Schrifttum

1. Zur und nach der Schuldrechtsreform

BENEDICT, Die Haftung des Anlagevermittlers: Von der Vertrags-, Vertrauens- und Garantiehaftung zu einer Berufshaftung?, ZIP 2005, 2129

BINDER, Geschäftsleiterhaftung und fachkundiger Rat, AG 2008, 274

BRAUN, Leistung und Sorgfalt – Gedanken anläßlich des gleichnamigen Buches von Wolfgang Schur, AcP 205 (2005) 127

BRUNS, Haftungsbeschränkung und Mindesthaftung (2003)

Bundesministerium der Justiz (BMJ), Stellungnahme zu § 444 BGB, abgedruckt in: ZGS 2003, 307

CANARIS, Die Reform des Rechts der Leistungsstörungen, JZ 2001, 499

ders, Die Einstandspflicht des Gattungsschuldners und die Übernahme eines Beschaffungsrisikos nach § 276 BGB, in: FS Wiegand (2005) 179

DÄUBLER, Die Auswirkungen der Schuldrechtsmodernisierung auf das Arbeitsrecht, NZA 2001, 1329

DAUNER-LIEB/THIESSEN, Garantiebeschränkungen in Unternehmenskaufverträgen nach der Schuldrechtsreform, ZIP 2002, 108

DERLEDER, Beschaffungsrisiko, Lieferungsengpass und Leistungsfrist – Vom Smartphone zum Solarmodul, NJW 2011, 113

DEUTSCH, Die Fahrlässigkeit im neuen Schuldrecht, AcP 202 (2002) 889

ders, Die neuere Entwicklung der Rechtsprechung zum Haftungsrecht, JZ 2005, 987

DRUEY, Sorgfaltspflicht als Selbstbindung, in: FS Köndgen (2016) 149

EINSELE, Verhaltenspflichten im Bank- und Kapitalmarktrecht – öffentliches Recht oder Privatrecht?, ZHR 180 (2016) 233

ENGERT, Der Rechtsirrtum in der Verschuldenshaftung, in: GS Unberath (2015) 91

FATEMI, Die Obliegenheit zur Due Diligence beim Unternehmenskauf – eine Rekapitulation der Fahrlässigkeit (2009)

FISCHINGER, Haftungsbeschränkung im Bürgerlichen Recht (2015)

FRANCK, Marktordnung durch Haftung (2016)

GRIGOLEIT, Unentgeltliche Verträge und Gefälligkeitsverhältnisse – Die Perspektive des Haftungsrechts, VersR 2018, 769

GRUNDMANN, Das Verschuldensprinzip im Vertragsrecht zwischen Ethik und Markt, in: FS Schwark (2009) 21

HEESE, Beratungspflichten: Eine rechtswissenschaftliche Abhandlung zur Dogmatik der Beratungspflichten und zur Haftung des Ratgebers im Zivil- und Wirtschaftsrecht (2015)

JANSEN, Die Struktur des Haftungsrechts: Geschichte, Theorie und Dogmatik außervertraglicher Ansprüche auf Schadensersatz (2003)

KATZENSTEIN, Haftungsbeschränkungen zugunsten und zulasten Dritter – Zugleich ein Beitrag zur Systematik des Schadenshaftungsrechts (2004)

KLEIN, Haftungsbeschränkungen zugunsten und zu Lasten Dritter und ihre Behandlung in der Schuldrechtsreform, JZ 1997, 390
LAUMEN, Die Beweislastumkehr für die haftungsbegründende Kausalität bei groben Pflichtverletzungen, MDR 2017, 797
LITTBARSKI, Interdependenz zwischen Gefälligkeit, Haftung und Haftpflichtversicherung?, VersR 2004, 950
MEIER, Haftungsfreizeichnungsklauseln, in: Liber Amicorum E Schmidt (2005) 223
OTTO/SCHWARZE/KRAUSE, Die Haftung des Arbeitnehmers (4. Aufl 2014)
R SAILER, Die Schadensersatzhaftung des Verkäufers bei Schlechtlieferung und ihre Grenzen (2003)
SCHELM, Sorgfalts- und Loyalitätspflichten im Investmentrecht – Eine rechtsvergleichende Untersuchung des Investmentrechts in den Vereinigten Staaten von Amerika und in Deutschland (2008)
SCHLECHTRIEM, Rechtsvereinheitlichung und Schuldrechtsreform, ZEuP 1993, 217
SCHMIDT-KESSEL, Standards vertraglicher Haftung nach englischem Recht. Limits of Frustration (2003) (zit: SCHMIDT-KESSEL, Standards)
SCHNAUDER, Sorgfalts- und Aufklärungspflichten im Kreditgeschäft, JZ 2007, 1009
SPALLINO, Haftungsmaßstab bei Gefälligkeit (2016)
SPINDLER, Haftungsrisiken und Beweislast bei ec-Karten, BB 2004, 2766
ders, Haftung und Verantwortlichkeit im IT-Recht: ein Rück- und Ausblick zu den Bewährungsproben der allgemeinen Grundsätze des Haftungsrechts, Computer und Recht (CR) 2005, 741
SPINDLER/RIEKERS, Die Auswirkungen der Schuld- und Schadensrechtsreform auf die Arzthaftung, JuS 2004, 272
STÖBER, Beschaffenheitsgarantien des Verkäufers (2006)
SUTSCHET, Garantiehaftung und Verschuldenshaftung im gegenseitigen Vertrag (2006)
TIEDEMANN, Strafrechtliche Bemerkungen zu den Schutzgesetzen bei Verletzung des Bankgeheimnisses, ZIP 2004, 294
WALKER, Haftungsvereinbarungen im Arbeitsrecht unter besonderer Berücksichtigung der Schuldrechtsreform, in: FS Canaris (2007) Bd I 1503
WALTER, Spezialisierung und Sorgfaltsstandard im Arzt- und Anwaltshaftungsrecht (2004)
WEBER, Das Schadensersatzrecht als richtiger Ort zur Umsetzung der Gebr. Weber-Entscheidung des EuGH, ZGS 2011, 539
vWESTPHALEN, Nach der Schuldrechtsreform: Neue Grenzen für Haftungsfreizeichnungs- und Haftungsbegrenzungsklauseln, BB 2002, 209
WIEDEMANN, Schadensersatz und Freizeichnung in Allgemeinen Geschäftsbedingungen und Individualverträgen, in: FS Ulmer (2003) 1273
WIENHAUS, Haftungsfreizeichnungsklauseln – eine Analyse aus juristischer und ökonomischer Perspektive (2003).

2. Vor der Schuldrechtsreform

AEBI, Der Begriff des Verschuldens im Privatrecht und im Strafrecht (1957)
BÄLZ, Zum Strukturwandel des Systems zivilrechtlicher Haftung (1991)
BALLERSTEDT, Zur Lehre vom Gattungskauf, in: FS Nipperdey (1955) 261
BAUMANN, Schuldtheorie und Verbotsirrtum im Zivilrecht, AcP 155 (1956) 495
vCAEMMERER, Das Verschuldensprinzip in rechtsvergleichender Sicht, RabelsZ 42 (1978) 5
COESTER-WALTJEN, Die Bedeutung des § 279 für Leistungsverzögerungen, AcP 183 (1983) 279
DEUTSCH, Die Fahrlässigkeit als Außerachtlassung der äußeren und inneren Sorgfalt, JZ 1988, 993
ders, Fahrlässigkeitstheorie und Behandlungsfehler, NJW 1993, 1506
ders, Fahrlässigkeit und erforderliche Sorgfalt (2. Aufl 1995)
ders, Allgemeines Haftungsrecht (2. Aufl 1996)
ders, Haftungserhebliche Standards, JZ 1997, 1030
ders, Zivilrechtliche Verantwortlichkeit ärztlicher Sachverständiger, Recht und Politik im Gesundheitswesen (RPG) 1999, 3
ENGISCH, Untersuchungen über Vorsatz und Fahrlässigkeit (1930)
ESSER, Unrecht, Schuld und Strafe im Lichte der materiellen Wertlehre, in: FS Rittler (1946) 7
ders, Handlung-Tatbestandsmäßigkeit-Rechts-

widrigkeit-Verschulden, Karlsruher Forum 1959, 15
ders, Wahrnehmung berechtigter Interessen als allgemeiner Rechtfertigungsgrund (1969)
Fabarius, Äußere und innere Sorgfalt (1991)
H Fischer, Die Rechtswidrigkeit unter besonderer Berücksichtigung des Privatrechts (1911)
Geilen, Strafrechtliches Verschulden im Zivilrecht?, JZ 1964, 6
Goldschmidt, Die Schuld im Straf- und Zivilrecht (1934)
Grossmann, Die Grenze von Vorsatz und Fahrlässigkeit (1924)
Grunewald, Zur Haftung von Fachleuten im Zivilrechtsverkehr, JZ 1982, 627
Grunsky, Zur Haftung bei Sportunfällen, JZ 1975, 109
Gsell, Beschaffungsnotwendigkeit und Leistungspflicht: Die Haftung des Gattungsverkäufers beim Eintritt nachträglicher Erfüllungshindernisse (1998)
G Hager, Zum Begriff der Rechtswidrigkeit im Zivilrecht, in: FS E Wolf (1985) 133
Hanau, Die Kausalität der Pflichtwidrigkeit (1971)
Heinitz, Das Problem der materiellen Rechtswidrigkeit (1926)
Hohenleitner, Schuld als Werturteil, in: FS Rittler (1957) 185
U Huber, Fahrlässigkeit und Voraussehbarkeit, in: FS H Heimpel (1972) III 440
ders, Zivilrechtliche Fahrlässigkeit, in: FS E R Huber (1973) 253
ders, Verschulden, Gefährdung und Adäquanz, in: FS Wahl (1973) 301
Jhering, Das Schuldmoment im römischen Privatrecht (1867)
Kipp, Über den Begriff der Rechtsverletzung, in: FS Kuhlenbeck (1912)
Knauth, Zur Bedeutung des Unrechtsbewusstseins für den Vorsatz im Zivilrecht (1977)
Köhler, Die bewußte Fahrlässigkeit (1982)
Kötz, Haftung für besondere Gefahr – Generalklausel für die Gefährdungshaftung, AcP 170 (1970) 1
ders, Ziele des Haftungsrechts, in: FS Steindorff (1990) 643
Konzen, Gesellschaftspflicht und Abgeordnetenmandat, AcP 172 (1972) 317
Koziol, Objektivierung des Fahrlässigkeitsmaßstabs im Schadensersatzrecht?, AcP 196 (1996) 593
Kreissl, Die Gattungsschuld im Arbeitskampf – Zur Anwendung des § 279 BGB bei arbeitskampfbedingten Lieferstörungen, MDR 1994, 958
Larenz, Rechtswidrigkeit und Handlungsbegriff im Zivilrecht, in: FS Dölle (1963) I 169
ders, Über Fahrlässigkeitsmaßstäbe im Zivilrecht, in: FS Wilburg (1965) 119
Lemppenau, Gattungsschuld und Beschaffungspflicht (1972)
vLiszt, Die Deliktsobligationen im System des BGB (1898)
Löwisch, Rechtswidrigkeit und Rechtfertigung von Forderungsverletzungen, AcP 165 (1965) 421
ders, Arbeitskampf und Vertragserfüllung, AcP 174 (1974) 202
ders, Arbeitskampfklauseln in Allgemeinen Geschäftsbedingungen, BB 1974, 1493
Mann, Recht des Geldes (1960)
Marburger, Die haftungs- und versicherungsrechtliche Bedeutung technischer Regeln, VersR 1983, 597
Marton, Verschuldensprinzip – Verursachungsprinzip (1926)
vMaydell, Geldschuld und Geldwert (1974)
Mayer-Maly, Die Wiederkehr der culpa levissima – Diagnosen und Reflexionen zur Lehre von den Fahrlässigkeitsstufen, AcP 163 (1964) 114
Meder, Schuld, Zufall, Risiko – Untersuchungen struktureller Probleme privatrechtlicher Zurechnung, 1993
Medicus, Reichweite gesetzlicher Haftungsmilderungen, in: FS Odersky (1996) 589
ders, „Geld muß man haben“. Unvermögen und Schuldnerverzug bei Geldmangel, AcP 188 (1988) 489
Möllers, Zu den Voraussetzungen einer Dritthaftung des Wirtschaftsprüfers bei fahrlässiger Unkenntnis der Testatverwendung, JZ 2001, 909
Münzberg, Verhalten und Erfolg als Grundlagen der Rechtswidrigkeit und Haftung (1966)

ders, Rechtswidrigkeit, Sozialadäquanz, Fahrlässigkeit, Schuld im Zivilrecht, NJW 1957, 1777
ders, Rechtswidrigkeit und Schuld im Zivilrecht, in: Karlsruher Forum 1959, 3
Pellegrino, Subjektive oder objektive Vertragshaftung?, ZEuP 1997, 41
Rabel, Das Recht des Warenkaufs I (1936)
Räcke, Haftungsbeschränkungen zu Gunsten und zu Lasten Dritter (1995)
Reifner, Alternatives Wirtschaftsrecht am Beispiel der Verbraucherverschuldung (1979)
Rittner, Rechtswissen und Rechtsirrtum im Zivilrecht, in: FS vHippel (1967) 391
Röhl, Zur Abgrenzung der groben von der einfachen Fahrlässigkeit, JZ 1974, 521
Rother, Die Begriffe Kausalität, Rechtswidrigkeit und Verschulden in ihrer Beziehung zueinander, in: FS Larenz (1983) 537
Sandmann, Die Haftung von Arbeitnehmern, Geschäftsführern und leitenden Angestellten – zugleich ein Beitrag zu den Grundprinzipien der Haftung und Haftungsprivilegierung (2001)
R Schmidt, Die Obliegenheiten (1953)
Schroth, Die Differenz von dolus eventualis und bewußter Fahrlässigkeit, JuS 1992, 1
Schur, Leistung und Sorgfalt. Zugleich ein Beitrag zur Lehre von der Pflicht im Bürgerlichen Recht (2001)
Siber, Zur Theorie von Schuld und Haftung nach Reichsrecht, JherJb 50, 55
Spindler, Haftungsklauseln in Provider-Verträgen, Computer und Recht (CR) 1999, 626
Stathopoulos, Bemerkungen zum Spannungsverhältnis von Fahrlässigkeit und Rechtswidrigkeit im Zivilrecht, in: FS Larenz (1983) 631
Steindorff, Fahrlässigkeit der Arbeitnehmer, JZ 1959, 1
U Stelkens, Die persönliche Verantwortlichkeit der Bediensteten für fehlerhafte Vergabe von Zuwendungen in den neuen Bundesländern, Landes- und Kommunalverwaltung (LKV) 1999, 161
Stoll, Unrechtstypen bei Verletzung absoluter Rechte, AcP 162 (1963) 203
Weber-Will/Kern, Ein Beitrag zur Dogmatik des § 279 BGB, JZ 1981, 257
Weitnauer, Gedanken zum Problem der Rechtswidrigkeit und des Verschuldens, VersR 1961, 1057
ders, Finalität, Sozialadäquanz und Schuldtheorie als zivilrechtliche Strukturbegriffe, in: FS Welzel (1974) 227
Welzel, Fahrlässigkeit und Verkehrsdelikte (1961)
H P Westermann, Die Konzernverschaffungsschuld als Beispiel einer beschränkten Gattungsschuld, JA 1981, 599
Wieacker, Rechtswidrigkeit und Fahrlässigkeit im Bürgerlichen Recht, JZ 1957, 535
Wiethölter, Rechtfertigungsgrund des verkehrsrichtigen Verhaltens (1960)
Zacher, Verschulden im Sozialrecht – eine Skizze, in: FS Weidner (1983) 171
Zeuner, Gedanken über Bedeutung und Stellung des Verschuldens im Zivilrecht, JZ 1966, 1
Zippelius, Erfolgsunrecht oder Handlungsunrecht, NJW 1957, 1707
ders, Die Rechtswidrigkeit von Handlung und Erfolg, AcP 157 (1958/1959) 390.

Zum älteren Schrifttum vgl außerdem Staudinger/Löwisch (2001) §§ 276, 279.

Vgl außerdem das Schrifttum zu den Vorbem zu §§ 275–278.

Systematische Übersicht

Alphabetische Übersicht

I. Allgemeines

1 § 276 BGB legt die Verantwortlichkeit des Schuldners für Pflichtverletzungen fest. Zurechnungsgrund ist dabei auch nach der Schuldrechtsreform in erster Linie das **Verschulden**. Nach Abs 1 S 1 hat der Schuldner **Vorsatz und Fahrlässigkeit** zu vertreten. Nach Abs 1 S 2 scheidet eine Verantwortlichkeit aus, wenn es dem Schuldner an der Verschuldensfähigkeit mangelt. Zum Verschuldensprinzip s im Einzelnen Rn 3 ff.

2 Nach Abs 1 S 1 hat der Schuldner Vorsatz und Fahrlässigkeit nur zu vertreten, wenn eine **strengere oder mildere Haftung** weder bestimmt noch aus dem sonstigen Inhalt des Schuldverhältnisses, insbesondere aus der Übernahme einer Garantie oder eines Beschaffungsrisikos, zu entnehmen ist. Mit dieser Regelung nimmt die Vorschrift nicht nur, wie vor der Schuldrechtsreform, auf die Fälle Bezug, in denen Gesetz oder Vertrag einen anderen Verschuldensmaßstab als Vorsatz oder Fahrlässigkeit im Sinne des Außerachtlassens der verkehrserforderlichen Sorgfalt (Abs 2) festlegen, insbesondere die Haftung auf grobe Fahrlässigkeit oder die eigenübliche Sorgfalt (§ 277 BGB) beschränken. Vielmehr werden so in § 276 BGB auch die Fälle einbezogen, in denen der Schuldner eine Pflichtverletzung ohne Verschulden zu vertreten hat. Erfasst werden dabei sowohl die Fälle, in denen vertraglich eine verschuldensunabhängige Einstandspflicht übernommen worden ist (Rn 147 ff), als auch die, in denen sich diese Einstandspflicht aus dem Inhalt des Schuldverhältnisses ergibt (Rn 153 ff), wie das auf Gattungs- und Geldschulden zutrifft. Schließlich sind diejenigen Fälle erfasst, in denen gesetzlich eine solche Einstandspflicht festgelegt ist (Rn 143 ff).

II. Verantwortlichkeit für Verschulden

1. Das Verschulden als Zurechnungsgrund

Indem Abs 1 S 2 für Pflichtverletzungen des Schuldners das Verschulden als regelmäßigen Zurechnungsgrund festlegt, nimmt er eine Wertung vor: Dem Schuldner wird nicht einfach die ordnungsgemäße Erfüllung des Schuldverhältnisses aufgebürdet. Vielmehr muss er für die Pflichtverletzung nur eintreten, wenn ihm vorgeworfen werden kann, dass er den Anforderungen, die nach der Verkehrsanschauung üblicherweise an ihn gestellt werden dürfen, nicht gerecht geworden ist. Im Übrigen soll das Risiko der Erfüllung des Schuldverhältnisses, die „Leistungsgefahr", der Gläubiger tragen (s dazu § 275 Rn 2). An dem Verschuldensprinzip (zu ihm grds vCAEMMERER RabelsZ 1978, 5 ff; DEUTSCH, Fahrlässigkeit und erforderliche Sorgfalt 420 ff) hat auch die Schuldrechtsreform festgehalten (NK-BGB/DAUNER-LIEB Rn 3; GRUNDMANN, in: FS Schwark [2009] 21, 22; gegen das Verschuldensprinzip in der vertraglichen Haftung PWW/SCHMIDT-KESSEL/KRAMME Rn 3). 3

Das deutsche Recht unterscheidet sich durch das Verschuldensprinzip in seinem Ausgangspunkt grundlegend von **anderen Rechtsordnungen**, die, wie insbesondere die angelsächsischen, den Schuldner für die Nichterfüllung als solche haften lassen (vgl näher RABEL 369 ff; vCAEMMERER RabelsZ 1978, 5 ff; PELLEGRINO ZEuP 1997, 41 ff; SCHMIDT-KESSEL, Standards 32 ff; UNBERATH 331 ff; ZIMMERMANN, The Law of Obligations [1992] 814 ff; ZWEIGERT/KÖTZ, Einführung in die Rechtsvergleichung auf dem Gebiete des Privatrechts [3. Aufl 1996] 501 ff). Freilich erfährt auch diese strenge Haftung heute Ausnahmen und Korrekturen, nach denen der Schuldner lediglich für das Fehlen der vernünftigerweise zu erwartenden Sorgfalt haftet; dies gilt insbesondere für den großen Bereich der professionellen Dienstleistungen etwa von Anwälten oder Ärzten (s section 13 Supply of Goods and Services Act 1982; PEEL, The Law of Contract [13. Aufl 2011] 836 ff; PELLEGRINO ZEuP 1997, 41 ff; SCHMIDT-KESSEL, Standards 293 ff; ZWEIGERT/KÖTZ, Einführung in die Rechtsvergleichung auf dem Gebiete des Privatrechts [3. Aufl 1996] 503). Auch das **CISG** setzt für die Haftung kein Verschulden voraus, sondern entlastet nach seinem Art 79 den Schuldner nur bei unüberwindlichen, nicht voraussehbaren und nicht beherrschbaren Leistungshindernissen (vgl etwa SCHLECHTRIEM ZEuP 1993, 217, 228 f; SCHLECHTRIEM/SCHWENZER/SCHROETER/MÜLLER-CHEN CISG Art 45 Rn 8, 10; SCHLECHTRIEM/SCHROETER, Internationales UN-Kaufrecht [6. Aufl 2016] Rn 641 ff; STAUDINGER/MAGNUS [2018] Wiener UN-Kaufrecht [CISG] Art 45 Rn 11). 4

Das Verschuldensprinzip stellt im deutschen Recht nur die Regel dar, die **zahlreiche Ausnahmen** kennt. Aus vertraglicher Vereinbarung, dem Inhalt eines Schuldverhältnisses oder einer gesetzlichen Bestimmung kann sich, wie Abs 1 S 1 jetzt auch ausdrücklich sagt (oben Rn 2), eine Verantwortung ohne Verschulden ergeben. Garantieelemente sind auch im objektiven Verständnis des Fahrlässigkeitsbegriffs (vgl Rn 29 ff) und in der unbedingten Verantwortlichkeit des Schuldners für Dritte (§ 278 BGB) enthalten (§ 278 Rn 1). Eine Eingrenzung des Verschuldensprinzips bedeuten schließlich auch die Vorschriften über die Umkehrung der Beweislast für das Verschulden, wie sie sich nunmehr allgemein für Pflichtverletzungen aus § 280 Abs 1 S 2 BGB sowie für den Verzug aus § 286 Abs 4 BGB ergibt (in diesem Sinne auch SCHUR 81 f). Diese Eingrenzungen nähern das deutsche Recht im praktischen Ergebnis den ausländischen Rechtsordnungen stark an (PELLEGRINO ZEuP 1997, 41 ff; SCHLECHTRIEM ZEuP 5

1993, 217, 228 f; Schmidt-Kessel, Standards 505 ff, 510 f). Eine über diese Eingrenzungen hinausgehende richterrechtliche Aufhebung des Verschuldensprinzips ist aber nicht zulässig.

6 Zurechnungsgrund ist das Verschulden nicht nur für die Verletzung der eigentlichen Leistungspflicht, sondern auch für die Verletzung von **Nebenpflichten**, insbesondere die Pflicht zur Rücksichtnahme auf die Rechte, Rechtsgüter und Interessen des anderen Teils (§ 241 Abs 2 BGB). Allerdings rücken bei solchen Nebenpflichten Verletzungstatbestand und Verschulden nahe zusammen. Einerseits wird das Ausmaß der sich aus einem Schuldverhältnis ergebenden Pflichten von der Verkehrsanschauung bestimmt, die so die Verantwortungskreise von Schuldner und Gläubiger gegeneinander abgrenzt. Andererseits ist die verkehrserforderliche Sorgfalt nach Abs 2 Maßstab der Fahrlässigkeit (Deutsch AcP 202 [2002] 889, 899 f). Die Verschuldensvoraussetzung korrigiert insoweit nur noch die sich aus dem Schuldverhältnis ergebende konkrete Pflichtenordnung nach allgemeinen Maßstäben der Verkehrserforderlichkeit (s allgemein zur Sorgfalt als konstituierendem Merkmal des Verletzungstatbestandes und als Maßstab der Fahrlässigkeit Schur 75 ff, 95 ff, 207 ff).

7 § 276 BGB gilt sowohl **für vertragliche als auch für gesetzliche Schuldverhältnisse**, insbesondere für aus Delikt entstandene Schadensersatzverpflichtungen (MünchKomm/Grundmann Rn 2; Erman/Westermann Rn 7, 10; **aA** PWW/Schmidt-Kessel/Kramme Rn 2; Jauernig/Stadler Rn 4), Verpflichtungen aus ungerechtfertigter Bereicherung oder aus Geschäftsführung ohne Auftrag. Im Deliktsrecht bildet das Verschulden darüber hinaus auch den Zurechnungsgrund für das Entstehen eines Schuldverhältnisses. Dort ist die Schadensersatzhaftung vielfach davon abhängig, dass den Schädiger der Vorwurf von Vorsatz oder Fahrlässigkeit trifft (vgl insbes § 823 Abs 1 BGB). Das Verschuldensprinzip stellt sich hier als Kompromiss zwischen dem Rechtsgüterschutz auf der einen und der Wahrung der Handlungsfreiheit des Einzelnen auf der anderen Seite dar. Nicht jede Handlung, welche Schädigungen bei Dritten hervorruft, soll unter der Sanktion einer Ersatzpflicht stehen, sondern nur diejenige, die dem Handelnden vorwerfbar ist. In diesem **außervertraglichen Bereich** ist das Verschuldensprinzip in noch stärkerem Maße verdrängt als im vertraglichen Bereich. Einmal ist die Objektivierung des Fahrlässigkeitsbegriffs hier noch weiter fortgeschritten, insbesondere durch die Ausbildung zahlreicher Verkehrssicherungspflichten. Zweitens wird das Verschuldensprinzip im Bereich technischer Risiken durch das Prinzip der **Gefährdungshaftung** weitgehend ersetzt, insbesondere im StVG, LuftVG, AtomG, HaftPflG, WHG, ProdHaftG, ArzneimittelG (hierzu ausführlich Dietz, Technische Risiken und Gefährdungshaftung [2006] 35 ff, 42 ff). Eine praktische Einschränkung des Verschuldensprinzips bedeutet im Rahmen der über das ProdHaftG hinausgehenden Produzentenhaftung nach §§ 823 ff BGB auch die Beweislastumkehr hinsichtlich des Verschuldens (dazu Staudinger/J Hager [2009] § 823 Rn F 38, F 43 ff; Staudinger/Bernau [2018] § 831 Rn 24).

8 **Anspruchsbegrenzende Funktion** kommt dem Verschuldensprinzip im Rahmen von **Obliegenheitsverletzungen** zu; das gilt für Leistungs- wie für Schadensersatzansprüche: Nach § 254 BGB sind Schadensersatzansprüche ausgeschlossen oder beschränkt, wenn an der Entstehung des Schadens ein Verschulden des Geschädigten mitgewirkt hat. Der Anspruch auf Fortzahlung der Vergütung im Falle vorübergehender Verhinderung an der Dienstleistung ist ausgeschlossen, wenn den Dienst-

verpflichteten ein Verschulden trifft (§ 616 S 1 BGB). Gleiches gilt nach § 3 EntgeltfortzahlungsG bei Erkrankung eines Arbeitnehmers, wobei in den Fällen des § 616 S 1 BGB und des § 3 EntgeltfortzahlungsG der Verschuldensmaßstab ein von § 276 BGB abweichender ist (BAG 7. 10. 1981 – 5 AZR 1113/79, NJW 1982, 1013; zuletzt BAG 18. 3. 2015 – 10 AZR 99/14 Rn 14, NJW 2015, 2444 und BAG 26. 10. 2016 – 5 AZR 167/16 Rn 36, NJW 2017, 1129; STAUDINGER/OETKER [2016] § 616 Rn 109 ff: Verschulden gegen sich selbst). Im Rahmen des Privatversicherungsvertrages führt die Obliegenheitsverletzung in der Regel nur dann zum Ausschluss oder zur Einschränkung von Ansprüchen auf Versicherungsleistungen, wenn die Obliegenheit vorsätzlich oder grob fahrlässig verletzt worden ist und dies für den Eintritt oder die Feststellung des Versicherungsfalls oder für die Feststellung oder den Umfang der Leistungspflicht des Versicherers ursächlich gewesen ist (§ 28 Abs 2, 3 VVG). Bei der Schadensersatzhaftung relativiert damit die anspruchsbegrenzende Funktion des Verschuldensprinzips dessen haftungsbegründende Wirkung. Dieser Zusammenhang wird von der Rechtsprechung genutzt, um als zu weitgehend empfundene Auswirkungen des Verschuldensprinzips auf der haftungsbegründenden Seite durch Verschärfung der Sorgfaltsanforderungen auf der Seite des Geschädigten abzumildern. In diesem Sinne hat es etwa das BAG im Bereich der von Arbeitnehmern verursachten Schäden an Kraftfahrzeugen als Mitverschulden des Arbeitgebers gewertet, wenn dieser den Abschluss einer Kaskoversicherung unterlassen hat, weswegen der Arbeitnehmer nur in Höhe einer Selbstbeteiligung haftet, die bei Versicherungsabschluss zu vereinbaren gewesen wäre (BAG 24. 11. 1987 – 8 AZR 66/82, NJW 1988, 2820, 2822; MünchArbR/REICHOLD § 57 Rn 53 f; STAUDINGER/RICHARDI/FISCHINGER [2016] § 619a Rn 84; OTTO/SCHWARZE/KRAUSE/SCHWARZE, Die Haftung des Arbeitnehmers [4. Aufl 2014] § 9 Rn 31, § 10 Rn 17 aF).

Besonders ausgeformt ist die anspruchsbegrenzende Funktion des Verschuldensprinzips im Rahmen der Haftung für den **Vertrauensschaden**. Bei der Irrtumsanfechtung und der Vertretung ohne Vertretungsmacht wird der Ersatzanspruch bei fahrlässiger Unkenntnis des Irrtums beziehungsweise fahrlässiger Unkenntnis des Mangels der Vertretungsmacht ausgeschlossen (§§ 122 Abs 2, 179 Abs 3 S 1 BGB). Gleiches gilt für den Schadensersatz statt der Leistung oder den Ersatz der Aufwendung nach § 284 BGB im Falle schon bei Vertragsschluss bestehender Unmöglichkeit oder Unzumutbarkeit der Leistung (§ 311a Abs 2 S 2 BGB). 9

Schließlich entfaltet das Verschuldensprinzip eine weitere Funktion im Rahmen des **gutgläubigen Erwerbs** von beweglichen Sachen und Wechseln. Dieser scheidet aus, wenn der Erwerber grob fahrlässig nicht weiß, dass der Veräußerer nicht Eigentümer ist (§ 932 Abs 2 BGB, Art 16 Abs 2 WechselG). 10

Auch im **öffentlichen Recht** gilt regelmäßig das Verschuldensprinzip, etwa im Bereich der Haftung des Beamten gegenüber dem Dienstherrn bei Dienstpflichtverletzungen (vgl § 75 Abs 1 S 1 BBG und § 48 BeamtenstatusG; zur entsprechenden Anwendung von § 48 BeamtenstatusG auf die Haftung des ehrenamtlich tätigen Vorsitzenden eines Schulzweckverbandes in Sachsen BGH 2. 3. 2017 – III ZR 271/15 juris Rn 14 f, juris), bei der Amtshaftung (Art 34 GG iVm § 839 BGB) und bei der durch Satzung festgelegten Sanktionierung von Mitgliedschaftspflichten, etwa von Verstößen Hochschulangehöriger gegen die Regeln guter wissenschaftlicher Praxis. Soweit in den betreffenden Vorschriften auf Vorsatz und Fahrlässigkeit oder grobe Fahrlässigkeit abgestellt wird, sind dann, wenn nichts Besonderes bestimmt ist, die zivilrechtlichen Maßstäbe des § 276 BGB an- 11 wendbar (vgl BGH 2. 3. 2017 – III ZR 271/15 juris Rn 25 ff, juris; zum Verschuldensprinzip im Verwaltungsrecht allg De Wall, Die Anwendbarkeit privatrechtlicher Vorschriften im Verwaltungsrecht [1999] 351 ff).

2. Rechtswidrigkeit und Verschulden

12 In dem Vorwurf schuldhaften Verhaltens steckt ein Werturteil der Rechtsordnung: Dem Handelnden wird vorgeworfen, dass er vorsätzlich oder fahrlässig gegen die Rechtsordnung verstoßen hat (BGH 13. 5. 2015 – XII ZR 65/14 Rn 37, BGHZ 205, 300 = NJW 2015, 2419; Aebi 31 ff; Deutsch AcP 202 [2002] 889, 894 f; Engisch 15 ff; **aA** PWW/Schmidt-Kessel/Kramme Rn 3, die das Verschuldensprinzip in diesem Sinne als Voraussetzung einer Haftung für Vertragsverletzungen ablehnen). **Verschulden setzt Rechtswidrigkeit voraus** (BGH 13. 5. 2015 – XII ZR 65/14 Rn 37, BGHZ 205, 300 = NJW 2015, 2419). Darüber besteht in Rechtsprechung und Literatur ebenso Einigkeit wie darüber, dass Rechtswidrigkeit in diesem Sinne im Zivilrecht die von der Rechtsordnung missbilligte Verletzung des geschützten Interesses eines Anderen voraussetzt. Im Deliktsrecht ist dies die über eine Rechtsgutsverletzung, eine Schutzgesetzverletzung oder eine sittenwidrige Verhaltensweise erfolgende Schädigung, im Vertragsrecht die missbilligte Verletzung der Leistungspflicht oder die Schädigung infolge einer sonstigen Pflichtverletzung. Streitig ist aber, welche Anforderungen an die Missbilligung der Interessenverletzung durch die Rechtsordnung im Fall der Rechtsgüterverletzung und Leistungsstörung zu stellen sind. Herkömmlicherweise will man es mit der bloßen Feststellung bewenden lassen, dass der Handelnde eine Verletzung des Rechtsguts adäquat kausal verursacht bzw seine Vertragspflichten nicht erfüllt hat. Lediglich bestimmte Rechtfertigungsgründe sollen ausnahmsweise die Rechtswidrigkeit ausschließen (NK-BGB/Dauner-Lieb Rn 7; Palandt/Grüneberg Rn 8; Bamberger/Roth/Lorenz Rn 8; Weitnauer VersR 1961, 1057 ff; vermittelnd Schur 107 ff, der das die Rechtswidrigkeit begründende sorgfaltspflichtwidrige Verhalten am Schutz von Rechtsgütern orientieren will).

13 Diese Lehre vom **sog Erfolgsunrecht** wird dem Zusammenhang zwischen Verschulden und Rechtswidrigkeit nicht gerecht. Der im Verschuldensurteil liegende Vorwurf geht dahin, dass sich der Betreffende „nicht rechtmäßig verhalten, daß er sich für das Unrecht entschieden hat, obwohl er sich rechtmäßig verhalten, sich für das Recht hätte entscheiden können" (BGH 18. 3. 1952 – GS St 2/51, BGHSt 2, 194, 200). Zur Grundlage dieses Urteils kann deshalb nicht allein die Missbilligung des Ergebnisses einer Handlung, sondern nur das *Verhalten* gemacht werden, welches einer erkennbaren Vorschrift der Rechtsordnung zuwiderläuft. **Jedenfalls im Bereich der Verschuldenshaftung** muss deshalb die Rechtswidrigkeit von einer umfassenden Beurteilung des Verhaltens abhängig gemacht werden (vCaemmerer, in: FS DJT [1960] II 128; G Hager, in: FS E Wolf [1985] 133 ff; Löwisch AcP 165 [1965] 421, 424 ff; Stathopoulos, in: FS Larenz [1983] 631, 636 ff). Dies ist für den hier interessierenden Zusammenhang der richtige Kern der im Anschluss an den Beschluss des Großen Senats in Zivilsachen des BGH (4. 3. 1957 – GSZ 1/56, BGHZ 24, 21 ff) entwickelten Lehre vom **sog Verhaltensunrecht** (Wiethölter, passim; Nipperdey Karlsruher Forum 1959, 3 ff; Zeuner JZ 1961, 41 ff; Stoll AcP 162 [1963] 203, 209 ff; Zippelius AcP 157 [1958/59] 390 ff; Esser/Schmidt I 2 § 25 IV 1; einschränkend Deutsch, Allg Haftungsrecht Rn 246 ff; Larenz, in: FS Dölle [1963] I 169 ff; Fikentscher/Heinemann Rn 636 ff). Dass das Rechtswidrigkeitsurteil an das Verhalten anknüpft, gilt dabei nicht nur für den Bereich sog mittelbarer Rechtsverletzungen, also der Fälle, in denen an sich erlaubte Handlungen andere beeinträchtigen oder Verkehrssicherungspflichten

verletzt werden (so statt vieler Bamberger/Roth/Lorenz Rn 8; Staudinger/J Hager [2009] § 823 Rn H 16 mNw: Kombinationslehre). Auch bei den sog unmittelbaren Rechtsverletzungen geht es um ein Verhalten insofern, als die Handlung des Schädigers final auf die Verletzung des Rechts gerichtet ist (vgl näher Löwisch, Der Deliktsschutz relativer Rechte [1970] 48 ff, 59 ff; G Hager, in: FS E Wolf [1985] 133 ff).

Auch das **Schuldverhältnis** muss, soweit es unter dem Verschuldensprinzip steht, als Ordnung von Verhaltenspflichten des Schuldners begriffen werden (Wieacker, Leistungshandlung und Leistungserfolg im bürgerlichen Schuldrecht, in: FS Nipperdey I [1965] 783 ff). Dabei muss freilich bei *vertraglichen Schuldverhältnissen* auch das verhaltensbezogene Unrechtsurteil die Eigenart des Vertrages, seinen Typus und seinen besonderen Inhalt berücksichtigen. Maßgeblich können nicht die allgemeinen Verhaltenspflichten der Deliktsordnung sein, sondern nur die Anforderungen, welche der Vertrag nach dem Willen der Parteien an das Verhalten der Vertragsparteien stellt (Löwisch AcP 165 [1965] 421, 428 ff; BGH 1. 2. 1996 – I ZR 90/94, NJW-RR 1996, 1121, 1122, der im konkreten Fall nur einen Verstoß gegen eine allgemeine Rechtspflicht angenommen, jedoch eine Vertragspflichtverletzung verneint hat). 14

Der auf das Verhalten bezogene Rechtswidrigkeitsbegriff ist im Bereich des **Deliktsrechts** nur in den Fällen der Haftung für eigenes vermutetes Verschulden von praktischer Bedeutung (§§ 831 ff BGB). Er verhindert den Eintritt einer allein an den schädlichen Erfolg geknüpften Haftung, wenn sich der den Erfolg Verursachende so verhalten hat, wie es die Rechtsordnung von ihm verlangt (BGH 4. 3. 1957 – GSZ 1/56, BGHZ 24, 21 für den Fall, dass sich ein Verrichtungsgehilfe im Straßen- oder Eisenbahnverkehr verkehrsrichtig verhalten hat; s hierzu ausf Staudinger/Bernau [2018] § 831 Rn 109 ff). Im Bereich der normalen Verschuldenshaftung tritt zur Widerrechtlichkeit als weitere Haftungsvoraussetzung das Verschulden hinzu, sodass, wer einen erfolgsbezogenen Rechtswidrigkeitsbegriff vertritt, die Frage, ob sich der in Anspruch Genommene richtig verhalten hat, hier zum Tragen bringen kann (zutr Deutsch, Allg Haftungsrecht Rn 249). 15

Wichtiger ist der Rechtswidrigkeitsbegriff im Bereich der **Vertragshaftung**. Verantwortlich für eine Vertragsverletzung ist der Schuldner nur dann, wenn er sich (vertrags-)rechtswidrig verhalten hat. Hinsichtlich der Erfüllung der eigentlichen Leistungspflicht fehlt es an dieser Rechtswidrigkeit, wenn der Schuldner die Leistung nicht erbringt, weil dem die Notwendigkeit entgegensteht, andere höherwertige Pflichten zu erfüllen oder andere höherwertige Interessen wahrzunehmen (Löwisch AcP 165 [1965] 421, 424 ff; ders AcP 174 [1974] 202, 240 ff; Konzen AcP 172 [1972] 317 ff). Das Gesetz hat diesen Konflikt für den *Erfüllungsanspruch* nunmehr in § 275 Abs 3 BGB geregelt, der dem Schuldner ein Leistungsverweigerungsrecht gewährt, wenn ihm die Erbringung der eigentlichen Leistung „unzumutbar" ist: Unzumutbar ist gerade auch eine Leistung, die nur um den Preis der Verletzung höherwertiger Pflichten bzw der Nichtwahrnehmung höherwertiger Interessen erbracht werden kann (s dazu § 275 Rn 109). Damit ist die Bestimmung der Rechtswidrigkeit für den Bereich der *Haftung aus dem Vertrag* aber nicht präjudiziert. Insoweit sind zwar Überlegungen und Wertungen anzustellen, die denjenigen nach § 275 Abs 3 BGB parallel laufen; diese können jedoch im Rahmen von Abs 2 zu abweichenden Ergebnissen führen. Das Gesetz bringt dies indirekt in § 275 Abs 4 BGB zum Ausdruck: Wenn es dort darauf hinweist, dass sich die Rechte des Gläubigers nach den §§ 280, 283–285, 311a und 16

326 BGB bestimmen, wird vorausgesetzt, dass es trotz Unzumutbarkeit der Erfüllung der eigentlichen Leistungspflicht nach § 275 Abs 3 BGB zu Schadensersatzverpflichtungen des Schuldners kommen kann, die wiederum ein schuldhaftes rechtswidriges Verhalten voraussetzen.

17 Insbesondere ist für die Frage der Rechtswidrigkeit keineswegs allein auf den letztmöglichen **Zeitpunkt** rechtzeitiger Erfüllung der in Rede stehenden Vertragspflicht abzustellen. Denn der Schuldner ist im Regelfall nicht nur zu einer Leistungshandlung, sondern zur Herbeiführung des Leistungserfolges verpflichtet. Deshalb muss auch gefragt werden, ob in der Zeit zuvor der Schuldner sich im Hinblick auf seine Verpflichtung sorgfältig verhalten hat. Sein Verhalten muss für jede Phase zwischen Eingehen der Verpflichtung und letztmöglichem Erfüllungszeitpunkt bewertet werden, wobei für jede dieser Phasen und für jedes in Betracht kommende, der Erfüllung dienende Verhalten (positives Tun oder Unterlassen) gesondert nach der Rechtswidrigkeit zu fragen ist (Löwisch AcP 165 [1965] 421, 424 ff; ders AcP 174 [1974] 202, 240 ff; Konzen AcP 172 [1972] 317 ff).

18 Eine solche vor dem letztmöglichen Erfüllungszeitpunkt liegende Rechtswidrigkeit ist insbesondere dann gegeben, wenn der Schuldner die Vertragsverpflichtung übernommen hat, obwohl er damit rechnen musste, sie nicht erfüllen zu können und er eine ihm mögliche und zumutbare Vorsorge nicht getroffen hat oder eine Möglichkeit, den Schaden auf eine Weise abzuwenden, die ihn nicht in Konflikt mit der Wahrnehmung höherwertiger Pflichten und Interessen gebracht hätte, nicht genutzt hat. Man spricht – insoweit an dieser Stelle nicht ganz korrekt, weil es sich hier um eine Frage der Rechtswidrigkeit handelt – von **Übernahmeverschulden, Vorsorgeverschulden** und **Abwendungsverschulden**. Derselbe Gedanke drückt sich in Art 79 Abs 1 CISG aus, wonach eine Partei für die Nichterfüllung nur dann nicht einzustehen hat, wenn sie beweist, dass die Nichterfüllung auf einem außerhalb ihres Einflussbereichs liegenden Hinderungsgrund beruht und dass von ihr vernünftigerweise nicht erwartet werden konnte, den Hinderungsgrund bei Vertragsabschluss in Betracht zu ziehen oder den Hinderungsgrund oder seine Folgen zu vermeiden oder zu überwinden (Schlechtriem/Schwenzer/Schroeter/Schwenzer CISG Art 79 Rn 10 ff).

19 Um an die in § 275 Rn 109 genannten **Beispiele** anzuknüpfen: War das Kind der Sängerin schon längere Zeit kränklich, sodass man mit einer persönliche Aufsicht erfordernden Verschlechterung rechnen musste, oder hat es der bei Gericht als Zeuge geladene Handwerksmeister unterlassen, durch eine ihm zumutbare Einstellung weiterer Arbeitskräfte oder die Beauftragung von Subunternehmern die termingerechte Durchführung des Auftrags doch noch sicherzustellen, so liegt trotz Unzumutbarkeit der Leistungserbringung eine rechtswidrige Vertragsverletzung vor. Auch im Falle von Arbeitskämpfen wird man ein Übernahmeverschulden des Unternehmers vor allem dann bejahen müssen, wenn dieser ohne Vereinbarung einer entsprechenden Freizeichnungsklausel eine Vertragsverpflichtung eingeht, obwohl er damit rechnen muss, dass es in der Zeit, in der der Vertrag zu erfüllen ist, zu einem Arbeitskampf kommen kann (vgl näher Löwisch AcP 174 [1974] 202, 247 ff; ders, Arbeitskampfklauseln in Allgemeinen Geschäftsbedingungen, BB 1974, 1493, 1495 f; Löwisch/Rieble, Arbeitskampf- und Schlichtungsrecht [1997] SD 170. 7 Rn 6, 12 ff). Schließlich kann auch in Fällen des Gewissenskonflikts ein Übernahme- bzw Abwendungsverschulden vorliegen, wenn der Arbeitnehmer nämlich schon vorher wusste oder wissen musste, dass von ihm Arbeiten verlangt werden würden, die ihn in eine Gewissensnot führen (Kohte, Gewissenskonflikte am Arbeitsplatz, NZA 1989, 161, 168). Allerdings dürfen die Verhaltensanforderungen an den Schuldner insoweit nicht überdehnt werden. Etwa kann dem Arbeitnehmer nicht zugemutet werden, im Hinblick auf seine Arbeitspflicht einer möglichen Grippe durch eine Impfung vorzubeugen. Dies würde zu weitgehend in seine Lebensführung eingreifen (vgl Huber I 672).

Das Rechtswidrigkeitsurteil in der in Rn 17 geschilderten Weise bei Vertragsverlet- **20**
zung gewissermaßen *schichtweise* zu fällen, schärft den Blick für den eigentlichen Punkt der Vorwerfbarkeit und führt so zu einer exakten Beurteilung der Rechtswidrigkeit im konkreten Einzelfall. Es macht auch klar, dass in solchen Fällen die Freizeichnung nicht etwa an Abs 3 scheitert. Denn hinsichtlich von Übernahme-, Vorsorge- und Abwendungsverschulden wird in aller Regel nur Fahrlässigkeit vorliegen.

3. Vorsatz

§ 276 BGB unterscheidet als Schuldformen Vorsatz und Fahrlässigkeit. Die **Bedeu- 21**
tung dieser Unterscheidung ist, verglichen mit dem Strafrecht, im Zivilrecht nur *gering* (Tiedemann ZIP 2004, 294, 295). Denn in den meisten Fällen der Verschuldenshaftung genügt auch Fahrlässigkeit. Eine Rolle spielt die Unterscheidung einmal dort, wo ausnahmsweise eine Haftung nur bei Vorsatz eintritt, wie bei § 826 BGB, und in den Fällen, in denen die Haftung für Fahrlässigkeit vertraglich ausgeschlossen ist. Zum anderen ist sie von Bedeutung für die Unzulässigkeit eines vorherigen *Haftungsausschlusses* für Vorsatz (Abs 3), weiter für die Zulässigkeit der *Aufrechnung* in den Fällen der §§ 393 und 394 BGB, für die Subsidiarität der *Amtshaftung* gem § 839 Abs 1 S 2 BGB, für den Haftungsausschluss des Versicherers (§§ 81, 103, 161, 183, 201 VVG), bei einem Arbeitsunfall für die Haftung des Unternehmers oder anderer im Betrieb tätiger Personen (§§ 104, 105 SGB VII) und für den Anspruchsausschluss des Verletzten und seiner Hinterbliebenen (§ 101 SGB VII). Im Übrigen hat die Unterscheidung Bedeutung bei § 823 Abs 2 BGB, da die deliktische Haftung hier Vorsatz voraussetzt, wenn das Schutzgesetz nur vorsätzlich verletzt werden kann (dazu Staudinger/J Hager [2009] § 823 Rn G 37).

Das Gesetz gibt keine Begriffsbestimmung des Vorsatzes, doch ist man sich einig, **22**
dass auch im Zivilrecht, wie es die Motive (I 280) formulieren, vorsätzlich gleichbedeutend ist mit **wissentlich und willentlich**. Der Handelnde muss also die haftungsbegründenden Umstände kennen und gleichwohl seine Handlung wollen (BGH 20. 12. 2011 – VI ZR 309/10 Rn 10, NJW-RR 2012, 404; Palandt/Grüneberg Rn 10). Der Vorsatz umfasst dabei sowohl den Fall, dass der Handelnde gerade den missbilligten Erfolg erreichen will *(Absicht),* als auch den Fall, dass der Erfolg von ihm zwar nicht beabsichtigt, jedoch als notwendigerweise eintretend gedacht wird *(direkter Vorsatz),* als auch den Fall, dass der missbilligte Erfolg nur für möglich gehalten, aber doch vom Handelnden zustimmend in Kauf genommen wird *(bedingter Vorsatz).* Denn auch im letzten Fall setzt sich der Handelnde zugunsten der von ihm verfolgten Ziele bewusst über die geschützten Interessen anderer hinweg, sodass die mit der Vorsatzhaftung verbundenen besonderen Sanktionen angemessen sind. Auch dort, wo von „Absicht" die Rede ist, muss gefragt werden, ob damit wirklich die stärkste Vorsatzform gemeint ist. So genügt für die nach § 103 SGB VI zum Rentenausschluss führende absichtliche Minderung der Erwerbsfähigkeit direkter Vorsatz (Kreikebohm/Kühn,

Sozialgesetzbuch VI [5. Aufl 2017] § 103 Rn 4; s auch BSG 25. 6. 1964 – 4 RJ 425/63, NJW 1964, 2035 zur Vorgängervorschrift § 1277 RVO). Hingegen ist in § 1375 Abs 2 S 1 Nr 3 BGB Absicht im technischen Sinne zu verstehen (Staudinger/Thiele [2017] § 1375 Rn 31 mNw).

23 Ob **bedingter Vorsatz** oder nur Fahrlässigkeit vorliegt, kann im einzelnen Fall nur schwer festzustellen sein. Was das Wissenselement des Vorsatzes angeht, so kommt es darauf an, ob der Handelnde sich den Eintritt des missbilligten Erfolges tatsächlich als möglich und nicht nur ganz fernliegend vorgestellt hat. Dass die relevanten Tatumstände lediglich objektiv erkennbar waren und der Handelnde sie hätte kennen können oder kennen müssen, reicht nicht aus (BGH 20. 12. 2011 – VI ZR 309/10 Rn 10, NJW-RR 2012, 404 mNw). Liegt das Wissenselement vor, so muss weiter gefragt werden, ob der Handelnde den tatsächlichen Eintritt des rechtlich missbilligten Erfolges bewusst in Kauf genommen hat (dann bedingter Vorsatz), oder ob er davon ausgegangen ist, der Erfolg werde nicht eintreten (dann nur bewusste Fahrlässigkeit). Ein Kraftfahrer etwa, der in äußerst gefährlicher Weise mit hoher Geschwindigkeit durch die Straßen einer Stadt fährt und sich dabei bewusst ist, dass es im Falle eines Zusammenstoßes mit einem aus einer Seitenstraße einbiegenden Fahrzeug zu Verletzungen oder sogar zum Tode von Insassen kommen kann und dem dies an sich gleichgültig ist, hat nicht den bedingten Verletzungs- oder Tötungsvorsatz, wenn er darauf *vertraut*, dass die „wenn auch in hohe Gefahr gebrachten" Fahrer der anderen Fahrzeuge noch rechtzeitig würden anhalten oder ausweichen können (BGH 9. 2. 1968 – 4 StR 582/67, NJW 1968, 660, 661; s zum bedingten Vorsatz im Straßenverkehr auch BGH 18. 10. 1952 – II ZR 72/52, BGHZ 7, 311, 313; BGH 27. 10. 1954 – VI ZR 132/53, LM VVG § 152 Nr 2 = BB 1954, 1011; BGH 15. 12. 1970 – VI ZR 97/69, NJW 1971, 459, 460 = LM BGB § 823 [F] Nr 29; s auch BGH 1. 3. 2018 – 4 StR 399/17 Rn 12 ff, 20 ff, BGHSt 63, 88 = NJW 2018, 1621 [„Berliner-Raser-Fall"]; zur Abgrenzung Jäger JA 2018, 468, 470 f; Schroth JuS 1992, 1 ff; Walter NJW 2017, 1350 ff).

24 Der Vorsatz muss sich regelmäßig **nur auf den Haftungstatbestand**, also im Deliktsrecht auf die Rechtsguts- oder die Schutzgesetz- bzw Amtspflichtverletzung und im Vertragsrecht auf den Verstoß gegen die Vertragspflicht, nicht aber auf den Schaden beziehen (BGH 10. 5. 1951 – III ZR 102/50, NJW 1951, 596, 597; BGH 20. 3. 1961 – III ZR 9/60, BGHZ 34, 375, 381 = NJW 1961, 1157; BGH 30. 5. 1972 – VI ZR 6/71, BGHZ 59, 30, 39 = NJW 1972, 1366; BGH 8. 2. 1972 – VI ZR 173/70, VersR 1972, 491, 492 für § 839 Abs 1 S 2 BGB; Deutsch, Allg Haftungsrecht Rn 342 ff; Hanau 86; BeckOGK/Schaub [1. 3. 2019] Rn 46). Eine Ausnahme bildet insoweit § 826 BGB, bei dem erst die vorsätzliche Schadenszufügung das Delikt ausmacht (Staudinger/Oechsler [2018] § 826 Rn 61 ff). Eine Ausnahme bilden auch die §§ 104, 105 SGB VII (früher §§ 636, 637 RVO), die die persönliche Haftung des Unternehmers oder anderer im Betrieb tätiger Personen für einen Arbeitsunfall nicht schon bei vorsätzlicher Verletzung einer Arbeitsschutzbestimmung, sondern erst bei vorsätzlicher Herbeiführung des Arbeitsunfalls eintreten lassen; der Vorsatz des Schädigers muss hier auch den Verletzungserfolg umfassen, um ihm das Haftungsprivileg zu nehmen (BGH 11. 2. 2003 – VI ZR 34/02, BGHZ 154, 11, 13 = NJW 2003, 1605 und BGH 8. 3. 2012 – III ZR 191/11 Rn 14, VersR 2012, 724 für Schulunfälle; BAG 27. 6. 1975 – 3 AZR 457/74, AP RVO § 636 Nr 9 = BB 1975, 1640; BAG 10. 10. 2002 – 8 AZR 103/02, NJW 2003, 1890 f; BAG 28. 4. 2011 – 8 AZR 769/09 Rn 50, NZA-RR 2012, 290). Der sachliche Grund für diese Ausnahme liegt darin, dass diese Vorschriften nicht die vorsätzliche Vertragsverletzung, sondern – wie auch § 81 Abs 1 VVG – die vorsätzliche Herbeiführung des Versicherungsfalls sanktionieren. Nach Auffassung des BAG muss sich auch bei der Arbeitnehmer-

haftung der Vorsatz auf den Schaden beziehen, wenn ein vorsätzlicher Pflichtenverstoß uneingeschränkt zur vollen Haftung des Arbeitnehmers führen soll. Die Gründe für die Beschränkung der Arbeitnehmerhaftung, nämlich die notwendige Entlastung des Arbeitnehmers von der vollen Risikozurechnung des Schadens, tragen nach Auffassung des BAG auch eine Erstreckung des Vorsatzes auf den Schaden (BAG 18. 4. 2002 – 8 AZR 348/01, NJW 2003, 377, 379; zustimmend DEUTSCH AP BGB § 611 Arbeitnehmerhaftung Nr 122 und STAUDINGER/RICHARDI/FISCHINGER [2016] § 619a Rn 77; krit KRAUSE, Geklärte und ungeklärte Probleme der Arbeitnehmerhaftung, NZA 2003, 577, 583; OTTO, Neujustierung der Risikoverteilung bei der Arbeitnehmerhaftung, in: FS 50 Jahre BAG [2004] 97, 103 f).

Anders als die hM im Strafrecht verlangt die hM im Zivilrecht für den Vorsatz 25 regelmäßig auch das **Bewusstsein der Rechtswidrigkeit**. Es soll die Vorsatztheorie, nicht die Schuldtheorie gelten (RG 29. 9. 1909 – I 310/08, RGZ 72, 4, 6; RG 16. 2. 1914 – VI 599/13, RGZ 84, 188, 194; BGH 10. 5. 1951 – III ZR 102/50, NJW 1951, 596, 597; BGH 12. 5. 1992 – VI ZR 257/91, BGHZ 118, 201, 208 = NJW 1992, 2014; BGH 16. 7. 2002 – X ZR 250/00, NJW 2002, 3255, 3256; BGH 15. 5. 2012 – VI ZR 166/11 Rn 22, NJW 2012, 3177; BGH 16 5. 2017 – VI ZR 266/16 Rn 16, NJW 2017, 2463; BAUMANN AcP 155 [1956] 495, 510; LARENZ I § 20 II; FIKENTSCHER/HEINEMANN Rn 649; ESSER/SCHMIDT I 2 § 26 I 2; NK-BGB/DAUNER-LIEB Rn 10; SOERGEL/PFEIFFER Rn 61; PWW/SCHMIDT-KESSEL/KRAMME Rn 8; ERMAN/WESTERMANN Rn 8; **aA** BAG 15. 9. 1954 – 1 AZR 258/54, AP BetrVG § 66 Nr 1 = NJW 1954, 1702 im Zusammenhang mit § 66 BetrVG 1952; ENNECCERUS/NIPPERDEY § 210 I 2). Für das Bewusstsein der Rechtswidrigkeit soll dabei genügen, dass der Handelnde mit der Rechtswidrigkeit gerechnet und sie gebilligt hat; bedingter Vorsatz genügt also auch insoweit (BGH 16. 6. 1977 – III ZR 179/75, BGHZ 69, 128, 142 f = NJW 1977, 1875).

Im Ergebnis trifft dies das Richtige, weil in der Mehrzahl der Fälle, in denen es auf 26 den Vorsatz ankommt, die angeordneten besonderen Rechtsfolgen nur angemessen sind, wenn der Handelnde bewusst gegen die allgemeinen Rechtsvorschriften oder seine Vertragspflichten verstoßen hat. Das gilt sowohl für Abs 3, der nur verhindern will, dass der Gläubiger der Willkür des Schuldners ausgesetzt ist (zutr DEUTSCH, Allg Haftungsrecht Rn 355; MünchKomm/GRUNDMANN Rn 159; s auch noch Rn 121), als auch im Bereich des Aufrechnungsverbots des § 393 BGB und der Durchbrechung des Aufrechnungsschutzes von § 394 BGB, der Schadenshaftung nach §§ 104, 105 SGB VII, wo es um besondere Sanktionen geht, sowie bei den Haftungsausschlüssen des Versicherers nach dem VVG (oben Rn 21), die nur angemessen sind, wenn der Versicherungsnehmer seine Obliegenheiten bewusst verletzt hat.

Anders liegt es im Bereich des **Deliktsrechts** bei § 826 BGB, wo die Schadensersatz- 27 haftung schon dann angemessen ist, wenn der Handelnde nur die die Sittenwidrigkeit begründenden Umstände kennt (hierzu näher STAUDINGER/OECHSLER [2018] § 826 Rn 61 ff), bei § 823 Abs 2 BGB, soweit als Schutzgesetze Straf- und Ordnungswidrigkeitstatbestände in Betracht kommen (BGH 15. 5. 2012 – VI ZR 166/11 Rn 22, NJW 2012, 3177; BGH 16. 5. 2017 – VI ZR 266/16 Rn 16, NJW 2017, 2463; STAUDINGER/J HAGER [2009] § 823 Rn G 38; MünchKomm/GRUNDMANN Rn 159), sowie bei der Haftung nach § 830 Abs 2 BGB, der mit den Begriffen Anstifter und Gehilfe nach hM an das Strafrecht anknüpft (STAUDINGER/EBERL-BORGES [2018] § 830 Rn 27 ff). Und anders kann es auch in den Fällen liegen, in denen die Haftung für ein anderes Verschulden als Vorsatz vertraglich ausgeschlossen ist. Hier kann nur die Auslegung der entsprechenden **Freizeichnungsvereinbarung** ergeben, ob der Schuldner nur dann haften soll, wenn er sich der Pflichtwidrigkeit seines Verhaltens bewusst ist, oder schon dann, wenn er die die Pflichtwidrigkeit begründenden Umstände kennt.

28 In den Fällen, in denen zum Vorsatz das Bewusstsein der Rechtswidrigkeit gehört, kann sich der Schuldner nicht damit entschuldigen, dass er sich des Verstoßes gegen eine spezielle Norm nicht bewusst gewesen ist, sofern er nur gewusst hat, dass sein Verhalten gegen elementare Verhaltensnormen verstößt (BGH 18. 2. 1970 – IV ZR 1005/68, NJW 1970, 1082 für einen Versicherungsnehmer, der Verkehrsunfallflucht begeht und sich darauf beruft, dass er sich eines Verstoßes gegen seine versicherungsrechtliche Aufklärungspflicht nicht bewusst gewesen sei). Denn die Vorsatzhaftung darf nicht auf den besonders Rechtskundigen beschränkt bleiben, sondern muss jeden treffen, der sich nur allgemein der Rechtswidrigkeit seines Tuns bewusst ist.

4. Fahrlässigkeit

a) Normale Fahrlässigkeit

aa) Verkehrserforderliche Sorgfalt als objektiver Maßstab

29 Anders als für den Vorsatz definiert das Gesetz selbst, was Fahrlässigkeit ist, nämlich das Außerachtlassen der im Verkehr erforderlichen Sorgfalt (Abs 2). Das Gesetz hat sich damit im Grundsatz für einen **objektiven Fahrlässigkeitsmaßstab** entschieden: Nicht die – größere oder geringere – individuelle Fähigkeit zur Voraussicht und Vermeidung des missbilligten Erfolges, sondern die im Verkehr verlangten Fähigkeiten entscheiden als maßgeblicher Standard über die Sorgfaltsanforderungen (RG 15. 2. 1919 – I 207/18, RGZ 95, 16, 17; RG 4. 3. 1930 – VII 397/29, RGZ 127, 313, 315; BGH 4. 3. 1957 – GSZ 1/56, BGHZ 24, 21, 27; BGH 31. 5. 1994 – VI ZR 233/93, NJW 1994, 2232, 2233; BGH 13. 2. 2001 – VI ZR 34/00, NJW 2001, 1786, 1787; BGH 27. 3. 2003 – IX ZR 399/99, NJW 2003, 2022, 2024; Deutsch AcP 202 [2002] 889, 903 f; Zeuner JZ 1966, 1, 8; Fatemi 71 ff; Fikentscher/Heinemann Rn 651; Larenz I § 20 III; Esser/Schmidt I 2 § 26 II; Palandt/Grüneberg Rn 15; MünchKomm/Grundmann Rn 55 f; BeckOGK/Schaub [1. 3. 2019] Rn 72; Erman/Westermann Rn 10; **aA** Enneccerus/Nipperdey § 213 III 3; Nipperdey NJW 1957, 1777, 1781). Den tragenden Gesichtspunkt hierfür liefert der *Vertrauensgrundsatz*. Jeder Teilnehmer am Rechtsverkehr muss darauf vertrauen können, dass jeder andere Teilnehmer mit derjenigen Sorgfalt vorgeht, die normal ist (Prot II 604; BFH 20. 2. 2019 – X R 29/16 Rn 29, NJW 2019, 2262). Bei der Konkretisierung der im Verkehr erforderlichen Sorgfalt findet eine Typisierung nach Verkehrskreisen statt (dazu Rn 32 ff).

30 Die objektiven Sorgfaltsanforderungen können wegen **besonderer Kenntnisse und Fähigkeiten erhöht** sein. Wer über solche besonderen Kenntnisse und Fähigkeiten verfügt, handelt fahrlässig, wenn er diese nicht einsetzt (Deutsch NJW 1987, 1480, 1481; Grunewald JZ 1982, 627, 630; Palandt/Grüneberg Rn 15; MünchKomm/Grundmann Rn 56; Soergel/Pfeiffer Rn 84 f; Erman/Westermann Rn 11 f). Etwa muss ein Arzt über den normalen Standard hinausgehende Spezialkenntnisse und Fähigkeiten zugunsten seines Patienten einsetzen, wenn er über diese verfügt (BGH 10. 2. 1987 – VI ZR 68/86, NJW 1987, 1479, 1480). Ebenso erfordert die Rücksichtnahme auf die übrigen Teilnehmer am Straßenverkehr, dass individuelle Kenntnisse – etwa von der besonderen Gefährlichkeit eines bestimmten Straßenabschnitts (Öllache) – umgesetzt werden (vgl BGH 6. 12. 1957 – VI ZR 270/56, VersR 1958, 94, 95 für eine nasse Brücke). Das gilt insbesondere dann, wenn der Schädiger zuvor auf eine besondere Gefahr hingewiesen worden ist (OLG Nürnberg 28. 4. 2006 – 5 U 130/06, NJW-RR 2006, 1170). Auch wird von einer Bank erwartet,

dass sie ihr konkretes Wissen über spezielle Risiken gerade des in Rede stehenden Geschäfts einsetzt (BGH 10. 10. 1985 – III ZR 92/84, WM 1986, 6, 7; BGH 1. 6. 1989 – III ZR 277/87, NJW 1989, 2881). Dementsprechend ist ein Anlageberater, der gerade wegen seiner individuellen Kenntnisse des betreffenden Marktes beauftragt wird, auch verpflichtet, diese Kenntnisse einzusetzen. Ein Architekt kann sich nicht darauf berufen, dass ihm an der Universität die für die Erfüllung der Aufgaben notwendigen Fachkenntnisse nicht vermittelt worden sind (BGH 10. 7. 2003 – VII ZR 329/02, NJW-RR 2003, 1454, 1455).

Im Übrigen spielt die **individuelle persönliche Sorgfalt** nur ausnahmsweise eine Rolle. **31** Zu nennen sind die Bemessung des Schmerzensgeldes nach § 253 Abs 2 BGB, die Abwägung des Mitverschuldens nach § 254 BGB, die Herabsetzung des Unterhalts wegen sittlichen Verschuldens nach § 1611 BGB sowie die Entziehung des Pflichtteils und die Erbunwürdigkeit nach § 2333 BGB und § 2339 BGB (Larenz, in: FS Wilburg [1965] 119, 125; Deutsch, Allg Haftungsrecht Rn 401; ders, Fahrlässigkeit und erforderliche Sorgfalt 372 ff). Einen subjektiven Fahrlässigkeitsmaßstab stellt auch die konkrete Fahrlässigkeit des § 277 BGB dar, s dazu die Erl dort.

bb) Typisierung nach Verkehrskreisen

Der objektive Fahrlässigkeitsmaßstab bedarf der **Konkretisierung**. Es gibt keine **32** verkehrserforderliche Sorgfalt schlechthin. Vielmehr muss für das jeweilige Geschehen gefragt werden, welche Anforderungen an das Verhalten der Beteiligten nach der Anschauung des betreffenden Verkehrskreises **typischerweise** gestellt werden (BGH 15. 11. 1971 – VIII ZR 62/70, NJW 1972, 150, 151; BGH 31. 5. 1994 – VI ZR 233/93, NJW 1994, 2232, 2233; BGH 29. 1. 1991 – VI ZR 206/90, BGHZ 113, 297, 301 ff = NJW 1991, 1535; Deutsch, Allg Haftungsrecht Rn 403 ff; MünchKomm/Grundmann Rn 57 ff).

Im **Geschäftsleben** bestimmen sich die typischen Sorgfaltsanforderungen vor allem **33** nach dem Leistungsstandard der betreffenden **Berufsgruppe**: Wer mit einem Kaufmann ein Handelsgeschäft abschließt, darf darauf vertrauen, dass sein Kontrahent mit der *Sorgfalt eines ordentlichen Kaufmanns* (§ 347 Abs 1 HGB) vorgeht. Das Vorstandsmitglied einer Aktiengesellschaft hat die Sorgfalt eines ordentlichen und gewissenhaften Geschäftsleiters anzuwenden (§ 93 Abs 1 AktG), dasselbe gilt für ein Aufsichtsratsmitglied (§ 116 AktG). Der Geschäftsführer einer GmbH hat die Sorgfalt eines ordentlichen Geschäftsmannes anzuwenden (§ 43 Abs 1 GmbHG). Dasselbe gilt für den Vorstand einer Genossenschaft (§ 34 Abs 1 GenG). Der Kunde eines Gewerbetreibenden kann sich auf die Anwendung der Sorgfalt eines ordentlichen Gewerbetreibenden verlassen, wobei der Sorgfaltsmaßstab nicht nach der Personengruppe der beauftragten Hilfspersonen, etwa der Lehrlinge, sondern nach den Grundsätzen ordnungsgemäßer gewerblicher Leistung zu bemessen ist (BGH 15. 12. 1959 – VI ZR 222/58, BGHZ 31, 358, 367 = LM BGB § 278 Nr 30 [nur Leitsätze] mit Anm Hauss; s auch § 278 Rn 64). Wer ein Frachtgeschäft abschließt, darf sich darauf verlassen, dass der Frachtführer seine Aufgabe mit der größtmöglichen Sorgfalt eines ordentlichen Frachtführers (§ 426 HGB) erfüllt. Entsprechendes gilt nach § 461 Abs 2 S 2 HGB für den Spediteur, der die Sorgfalt eines ordentlichen Kaufmanns zu beachten hat. Wertpapierdienstleistungsunternehmen müssen ihre Wertpapierdienstleistungen und Wertpapiernebendienstleistungen ehrlich, redlich und professionell im bestmöglichen Interesse ihrer Kunden erbringen (§ 63 Abs 1 WertpapierhandelsG). Der Insolvenzverwalter hat für die Sorgfalt eines ordentlichen und gewissenhaften Insolvenzverwalters einzustehen (§ 60 Abs 1 S 2 InsO).

34 Im gleichen Sinne kann man von der Sorgfalt eines *ordentlichen Arztes* und eines *ordentlichen Rechtsanwalts* sprechen. Wer einen **Rechtsanwalt** aufsucht, kann verlangen, dass dieser die einschlägigen Gesetze und Verordnungen kennt (BAG 18. 1. 2000 – 9 AZN 959/99, NJW 2000, 1669, 1670). Dabei muss der Rechtsanwalt bei der Frage der Anwendbarkeit eines neuen Gesetzes auch die Übergangsvorschriften kennen; für ein rechtsirriges Verständnis der Verfahrensvorschriften muss er einstehen (BGH 3. 11. 2010 – XII ZB 197/10, NJW 2011, 386, 387 f). Gleiches gilt für die Kenntnis der einschlägigen Rechtsprechung (BGH 30. 9. 1993 – IX ZR 211/92, NJW 1993, 3323, 3324; MünchKomm/GRUNDMANN Rn 132; **aA** ERNST ZIP 1994, 605, 606 ff). Der Rechtsanwalt kann sich nicht damit entlasten, dass er keine Zeit habe, die Rechtsprechung zu studieren. Übernimmt er eine Rechtssache auf einem Spezialgebiet, so handelt er nicht sorgfältig, wenn er sich damit begnügt, die amtlichen Entscheidungssammlungen durchzusehen; er muss auch Spezialzeitschriften verfolgen (BGH 18. 4. 1958 – IV ZB 44/58, LM ZPO § 102 Nr 4 = MDR 1958, 496; BGH 21. 9. 2000 – IX ZR 127/99, NJW 2001, 675, 678 für ein ersichtlich in der Entwicklung begriffenes Rechtsgebiet; BGH 10. 12. 1957 – VIII ZR 243/56, NJW 1958, 825: Fahrlässigkeit verneint, weil die dem Rechtsanwalt unbekannt gebliebene Entscheidung des BGH erst einen Monat zuvor veröffentlicht worden war).

35 Ein **Arzt** verletzt die einem ordentlichen Arzt obliegende Sorgfaltspflicht, wenn er sich nicht durch Studium von Fachzeitschriften über den Fortgang der medizinischen Wissenschaft auf dem Laufenden hält (BGH 29. 1. 1991 – VI ZR 206/90, BGHZ 113, 297, 304 f = NJW 1991, 1535). Maßgeblich sind die im Zeitpunkt der Behandlung bestehenden medizinischen Standards, die Auskunft darüber geben, welches Verhalten von einem gewissenhaften und aufmerksamen Arzt in der konkreten Behandlungssituation aus der berufsfachlichen Sicht seines Fachbereichs erwartet werden kann (BGH 22. 9. 1987 – VI ZR 238/86, BGHZ 102, 17, 24 f = NJW 1988, 763; BGH 21. 12. 2010 – VI ZR 284/09 Rn 12 f, BGHZ 188, 29 = NJW 2011, 1672; BGH 15. 4. 2014 – VI ZR 382/12 Rn 11, NJW-RR 2014, 1053). Diese medizinischen Standards dürfen nicht ohne Weiteres mit den Handlungsanweisungen in den Leitlinien ärztlicher Fachgremien oder Verbände gleichgesetzt werden (BGH 15. 4. 2014 – VI ZR 382/12 Rn 17, NJW-RR 2014, 1053). Der Arzt kann ggf auch zur Wahrung von Vermögensinteressen des Patienten verpflichtet sein, etwa wenn er eine medizinisch nicht anerkannte und zugleich teure Krebstherapie empfiehlt (OLG Hamm 15. 6. 1994 – 3 U 31/94, NJW 1995, 790). Gibt er einem Kranken zB ein schmerzstillendes Mittel, von dem während seines Urlaubs in der Fachpresse veröffentlicht wurde, dass es gewisse schädigende Wirkungen auslöst, so kann er sich nicht damit entlasten, dass der Kranke ihn unmittelbar nach seiner Rückkehr aus dem Urlaub aufgesucht und er inzwischen keine Gelegenheit gehabt habe, die Fachpresse durchzulesen. Denn der Kranke muss sich darauf verlassen können, dass ein praktizierender Arzt den aktuellen Kenntnisstand hat. Zur Problematik mangelnder Berufserfahrung s noch Rn 44.

36 Im Rahmen der Vertragshaftung ist immer zu beachten, dass sich das Ausmaß der Sorgfaltsanforderungen in erster Linie nach dem **Inhalt des jeweiligen Vertrages** richtet. Etwa gelten bei der Überprüfung der Echtheit einer Unterschrift für einen eigens damit beauftragten Schriftsachverständigen schärfere Anforderungen als für eine Bank bei der Einreichung eines Schecks (OLG Köln 4. 5. 1983 – 16 U 3/82, WM 1983, 1025, 1026; SOERGEL/PFEIFFER Rn 96 f). Dabei sind die Höhe von Leistung und Gegenleistung ebenso zu berücksichtigen (RG 14. 5. 1926 – VI 587/25, RGZ 113, 425, 426; BGH 15. 11. 1971 – VIII ZR 62/70, NJW 1972, 150, 151; BGH 24. 3. 1977 – III ZR 198/74, NJW 1978, 41,

42) wie die Stellung der Vertragspartner im arbeitsteiligen Wirtschaftsprozess (BGH 14. 6. 1977 – VI ZR 247/75, BB 1977, 1117, 1118). Auch die unterschiedliche Geschäftserfahrung der Vertragsparteien ist in Rechnung zu stellen (OLG Braunschweig 27. 5. 1947 – 1 U 58/46, HEZ [1948] 1, 135, 137). Die Sorgfaltspflichten einer Bank hinsichtlich einer Anlageberatung sind unterschiedlich, je nachdem, ob es sich um einen professionellen Kunden oder um einen Privatkunden iS des § 67 Abs 2, 3 und 4 WertpapierhandelsG handelt (dazu Assmann/Schneider/Mülbert/Koller, Wertpapierhandelsrecht [7. Aufl 2019] § 67 Rn 6 ff; 14 ff, 17 ff, § 68 Rn 1 ff; vgl aus der früheren Rspr BGH 6. 7. 1993 – XI ZR 12/93, BGHZ 123, 126, 128 f = NJW 1993, 2433 [anlegergerechte Beratung]; OLG München 16. 9. 1993 – 6 U 4724/92, ZIP 1994, 125 [„nicht gänzlich unerfahrener Anleger"]).

Wer am **Straßenverkehr** teilnimmt, hat sich so zu verhalten, dass kein anderer **37**
geschädigt, gefährdet oder mehr, als nach den Umständen unvermeidbar, behindert oder belästigt wird (§ 1 Abs 2 StVO). Insoweit sind die Anforderungen maßgebend, die von einem mit normalen Fähigkeiten ausgestatteten Kraftfahrer, Radfahrer und Fußgänger erwartet werden. So ist dem Kraftfahrer der Einwand abgeschnitten, er habe infolge eines ihm unbekannten Sehfehlers einen anderen Verkehrsteilnehmer nicht gesehen, denn von jedem Kraftfahrer muss verlangt werden, dass er die Grenzen seiner Fahrtüchtigkeit erkennt (BGH 9. 6. 1967 – VI ZR 11/66, JZ 1968, 103). Das gilt auch für alters- und krankheitsbedingte Ausfallerscheinungen, die die Fahrtüchtigkeit beeinträchtigen (BGH 20. 10. 1987 – VI ZR 280/86, NJW 1988, 909, 910; OLG Köln 18. 1. 1995 – 11 U 179/94, VersR 1996, 208 f). Beim Fußgänger, der einen Unfall verursacht, kann man so weit nicht gehen. Insbesondere kann es bei einer Schreckreaktion in einer plötzlichen Gefahrensituation an einem Verschulden des Fußgängers auch dann fehlen, wenn die konkrete Handlung – Schritt zur Seite – zur Abwendung der Gefahr objektiv nicht notwendig war (OLG Karlsruhe 7. 1. 2015 – 9 U 9/14 Rn 16 ff, NJW-RR 2015, 1059). Auch kann ein Fahrlässigkeitsvorwurf nicht damit begründet werden, dass ein überdurchschnittlicher, etwa besonders reaktionsschneller Kraftfahrer den Unfall vermieden hätte. Trägt ein Radfahrer infolge eines Unfalls im Straßenverkehr Kopfverletzungen davon, liegt ein Mitverschulden nicht allein deshalb vor, weil kein Fahrradhelm getragen wurde (vgl BGH 17. 6. 2014 – VI ZR 281/13 Rn 9 ff, NJW 2014, 2493 [jedenfalls bei Unfallereignissen bis zum Jahr 2011]; anders für das Tragen eines Helms beim Skilaufen OLG München 25. 11. 2011 – 8 U 3652/11, SpuRt 2014, 26); (s zur Haftung im Straßenverkehr ausf Greger/Zwickel Haftungsrecht des Straßenverkehrs [5. Aufl 2014] § 10 Rn 48 ff sowie unten Rn 100).

In ähnlicher Weise sind auch in anderen Lebenssituationen die Sorgfaltsanforde- **38**
rungen festzulegen. Man wird etwa bei *Sport und Spiel* in der **Freizeit** zugrunde legen müssen, was von einem sich fair verhaltenden, durchschnittlich befähigten Teilnehmer erwartet werden darf, wobei wieder unterschieden werden muss zwischen reiner Freizeitbetätigung und Vereinssport, für den Regelwerke gelten (dazu unten Rn 42). In der **Landwirtschaft** genügt es, Kinder aus dem Gefahrenbereich von Maschinen fortzuweisen, eine besondere Aufsicht oder besondere Absperrungsmaßnahmen sind nicht erforderlich (BGH 4. 2. 1953 – VI ZR 106/52, LM BGB § 276 [Cd] Nr 1). Die **Schifffahrt** verlangt bei ihrem Betrieb eine besondere Rücksichtnahme auf die mit ihrer Natur verbundenen Gefahren (RG 7. 12. 1929 – I 192/99, RGZ 126, 329, 331). Ein **Gaststättenbesucher**, der einen anderen Gast verletzt, handelt fahrlässig, wenn er die Sorgfalt außer Acht lässt, die man von einem normal achtsamen Gaststättenbesucher erwarten kann (vgl OLG Nürnberg 8. 6. 1970 – 5 U 15/70, VersR 1970, 1060 für das Verschütten

von heißem Tee). Auf der anderen Seite verlangt jedenfalls in Deutschland der Verkehr nicht, dass der Besucher einer **Privatwohnung** vor dem Betreten seine Schuhe zusätzlich zum Abtreten auf verbliebene Steinchen unter der Sohle überprüft (AG Siegburg 16. 1. 2001 – 4 C 53/01, NJW-RR 2001, 1390, 1391).

39 Wo bestimmte, der Sicherheit und dem Schutz anderer dienende **Regelwerke** bestehen, sind sie Maßstab für die verkehrserforderliche Sorgfalt (Soergel/Pfeiffer Rn 92 ff). Solche Regelwerke können einmal in Rechtsvorschriften niedergelegt sein, die dann meist zugleich Schutzgesetze im Sinne des § 823 Abs 2 BGB sind. Zu nennen sind etwa die einschlägigen Vorschriften der StVO, des Gentechnikgesetzes, des Produktsicherheitsgesetzes, des Lebensmittelrechts, der GefahrstoffVO, der ArbeitsstättenVO sowie die Unfallverhütungsvorschriften der Berufsgenossenschaften (BGH 11. 12. 1956 – VI ZR 20/56, NJW 1957, 499; BGH 19. 1. 1962 – VI ZB 11/61, VersR 1962, 358, 359; BGH 20. 6. 1978 – VI ZR 18/77, VersR 1978, 869; OLG Hamburg 23. 1. 1980 – 13 U 51/79, VersR 1982, 561; OLG Koblenz 25. 10. 1990 – 5 U 1753/89, VersR 1992, 893; OLG Celle 21. 1. 1998 – 9 U 153/97, OLGR 1998, 83; OLG Brandenburg 15. 1. 2002 – 11 U 57/01, NJW-RR 2004, 97, 99). Aber auch Regeln ohne Rechtsnormcharakter gehören hierher. Insbesondere ergeben sich aus anerkannten technischen Regelwerken wie den DIN-Normen (BGH 11. 12. 1979 – VI ZR 141/78, NJW 1980, 1219, 1221; BGH 1. 3. 1988 – VI ZR 190/87, BGHZ 103, 338, 341 = NJW 1988, 2667; BGH 3. 11. 2004 – VIII ZR 344/03, NJW-RR 2005, 386, 387; OLG Koblenz 18. 11. 2009 – 1 U 491/09, BauR 2010, 258), den VDE-Bestimmungen (BGH 1. 3. 1957 – VIII ZR 33/56, VersR 1957, 269, 270; OLG Hamm 21. 12. 2010 – 21 U 14/08, NJW-RR 2011, 893 f) und den Technischen Anleitungen zur Reinhaltung der Luft (TA Luft) und zum Schutz gegen Lärm (TA Lärm) nach § 48 BImSchG (dazu Staudinger/Kohler [2017] Einl 23 f zum UmwHR) sorgfaltsrelevante Sicherheitsmaßstäbe (vgl allg Marburger VersR 1983, 597 ff; ausführlich zum technischen Sicherheitsrecht Vieweg, in: Schulte/Schroeder [Hrsg], Handbuch des Technikrechts [2. Aufl 2011] 337, 361 ff).

40 Solche Regelwerke begründen allerdings **keinen absoluten Sorgfaltsmaßstab**. Vielmehr kann sich aus besonderen Umständen einerseits ergeben, dass die Beachtung der Regelwerke im konkreten Fall nicht ausreicht, um der verkehrserforderlichen Sorgfalt zu genügen (BGH 23. 10. 1984 – VI ZR 85/83, NJW 1985, 620, 621: Pistensicherungspflicht eines Schleppliftunternehmens). Das kommt in Betracht, wenn angesichts der konkreten Situation besondere Vorsichtsmaßnahmen angezeigt sind oder wenn die angewandte Regel erkennbar sicherheitstechnisch unzureichend ist (Marburger VersR 1983, 597, 602). Andererseits kann trotz Nichtbeachtung solcher Regeln sorgfältig gehandelt worden sein. Das ist insbesondere der Fall, wenn eine andersartige, aber gleichwertige oder bessere sicherheitstechnische Lösung gewählt worden ist (Marburger VersR 1983, 597, 603). Die Regelwerke haben insoweit aber Indizwirkung (PWW/Schmidt-Kessel/Kramme Rn 14). Beweispflichtig für die Gleichwertigkeit der anderen Lösung ist der, der diese Lösung wählt (einschränkend Baumgärtel/Laumen/Prütting/Repgen Rn 7).

41 Bloßen **Gebrauchsanweisungen** kommt der Charakter von Sorgfaltsmaßstäben nicht zu. Wer einer Gebrauchsanweisung folgt, ist nicht von der Verpflichtung entbunden, die erforderliche Vorsicht gegenüber anderen walten zu lassen (BGH 1. 3. 1966 – VI ZR 209/64, MDR 1966, 492). Soweit allerdings die Gebrauchsanweisung den einschlägigen sicherheitsrelevanten technischen Regeln folgt, gilt das in Rn 39 f Gesagte.

Anforderungen, die **Regelwerke der Sportverbände** an faires Verhalten der *Wettkampfsportler* stellen, dürfen nicht ohne Weiteres mit Anforderungen an die verkehrserforderliche Sorgfalt iS des § 276 BGB gleichgesetzt werden. Solche Regeln sollen zwar auch die anderen Sportteilnehmer vor Gefährdungen schützen, sie dienen aber in erster Linie der Sicherung des chancengleichen Wettkampfablaufs. Deshalb begründet bei kampfbetonten, in der Gruppe ausgeübten Sportarten wie Fußball, Eishockey oder Basketball nicht jedes Foulspiel, sondern erst ein grober Verstoß den Vorwurf der Fahrlässigkeit. Auch bei einem objektiven Regelverstoß ist ein Verschulden nur dann gegeben, wenn die durch den Spielzweck gebotene Härte die Grenze zur Unfairness überschreitet (vgl BGH 10. 2. 1976 – VI ZR 32/74, NJW 1976, 957, 958 [Fußball]; BGH 16. 3. 1976 – VI ZR 199/74, NJW 1976, 2161 f [Basketball]; BGH 27. 10. 2009 – VI ZR 296/08 Rn 10 ff, NJW 2010, 537 [Fußball]; OLG Düsseldorf 22. 10. 1999 – 22 U 73/99, NJW-RR 2000, 1115, 1116 [Fußball]; OLG Hamm 22. 5. 1997 – 6 U 56/96, VersR 1998, 68, 69 [Fußball]; OLG Düsseldorf 29. 11. 1996 – 22 U 114/96, NJW-RR 1997, 408 [Unfall auf einer Go-Kart-Bahn]; OLG Hamm 22. 10. 2012 – 6 U 241/11, SpuRt 2013, 123 [Fußball]; OLG Koblenz 17. 7. 2015 [Hinweisbeschluss] – 3 U 382/15 Rn 13, NJW-RR 2016, 536 [Fußball]; OLG Hamm 7. 2. 2017 – 9 U 197/15 juris Rn 16 ff, juris [Fußball]; ausf Scheffen, Zivilrechtliche Haftung im Sport, NJW 1990, 2658 ff). Bei Motorsportveranstaltungen mit zugelassenen Kfz geht der BGH inzwischen von einer stillschweigenden Haftungsbeschränkung der Teilnehmer auf Vorsatz und grobe Fahrlässigkeit aus; nur gewichtige Verstöße gegen die Regeln des Veranstalters genügen diesem Haftungsmaßstab (BGH 1. 4. 2003 – VI ZR 321/02, BGHZ 154, 316, 322 ff = NJW 2003, 2018; BGH 29. 1. 2008 – VI ZR 98/07, NJW 2008, 1591, 1592 f; zum Haftungsausschluss s auch Rn 120). Soweit die Sportverbände für den Individualsport Verhaltensregeln entwickelt haben, die der Sicherheit anderer dienen und allgemein anerkannt werden, sind diese ähnlich wie technische Regelwerke als Sorgfaltsmaßstäbe anzusehen (OLG Hamm 23. 3. 1998 – 13 U 187/97, VersR 1999, 1115, 1116; Siedhoff, Keine Rechtspflicht des Skiläufers zum Notsturz?, VersR 1996, 34 f). Das gilt etwa für die FIS-Regeln im Skisport (OLG Hamm 17. 5. 2001 – 27 U 209/00, NJW-RR 2001, 1537; OLG Brandenburg 10. 1. 2006 – 6 U 64/05, NJW-RR 2006, 1458; OLG München 30. 11. 2016 – 3 U 2750/16 juris Rn 16 f, RuS 2017, 660) und ebenso beim Klettern für die Regeln der Benutzerordnung des DAV (OLG Brandenburg 17. 3. 2011 – 12 U 82/09, SpuRt 2012, 27, 29). 42

Bei der Bestimmung der Sorgfaltsanforderungen nimmt die Verkehrsanschauung auf die jeweilige **Altersgruppe** Rücksicht. Kindern und Jugendlichen wird ein größerer Freiraum zugebilligt als Erwachsenen (BGH 23. 10. 1952 – III ZR 273/51, LM BGB § 828 Nr 1; BGH 30. 1. 1968 – VI ZR 150/66, VersR 1968, 470, 472; BGH 27. 1. 1970 – VI ZR 157/68, VersR 1970, 374, 375; BGH 10. 3. 1970 – VI ZR 182/68, NJW 1970, 1038; BGH 29. 4. 1997 – VI ZR 110/96, NJW-RR 1997, 1110, 1111; BAG 18. 1. 1972 – 1 AZR 125/71, BB 1972, 660, 661; OLG Düsseldorf 3. 4. 1998 – 22 U 192/97, NJW-RR 1999, 608, 609; OLG Nürnberg 28. 4. 2006 – 5 U 130/06, NJW-RR 2006, 1170; OLG Saarbrücken 24. 4. 2012 – 4 U 131/11, NJW 2012, 3245, 3247; Deutsch, Allg Haftungsrecht Rn 407; Erman/Westermann Rn 13). Entsprechende Rücksicht nimmt die Verkehrsanschauung auf **alte und behinderte Menschen** (Deutsch, Allg Haftungsrecht Rn 407). Auch diese Rücksichtnahme führt aber nicht zu einem individuellen Sorgfaltsmaßstab. Vielmehr ist die *typischerweise* von der betreffenden Altersgruppe zu erwartende Sorgfalt maßgebend (BGH 28. 2. 1984 – VI ZR 132/82, NJW 1984, 1958, 1959). In diesem Sinne hat das BVerfG entschieden, dass bei der Würdigung der Frage eines Mitverschuldens eines schwerbehinderten Menschen gem § 254 Abs 1 BGB die Wertung des Art 3 Abs 3 S 2 GG zu berücksichtigen ist (BVerfG [2. Kammer des Ersten Senats] 24. 3. 2016 – 1 BvR 2012/13 Rn 11 f, NJW 2016, 43

3013 für die Haftung einer Gemeinde wegen der nicht rollstuhlgerechten Ausgestaltung eines Behindertenparkplatzes).

44 Die Eigenschaft als **Berufsanfänger** vermindert die Sorgfaltsanforderungen hingegen nicht. Der Verkehr darf erwarten, dass jeder, der einen bestimmten Beruf ausübt, über die dafür erforderlichen Kenntnisse und Fähigkeiten verfügt (RG 14. 1. 1928 – I 119/27, RGZ 119, 397, 400 f; **aA** BGH 27. 9. 1983 – VI ZR 230/81, BGHZ 88, 248, 257 ff = NJW 1984, 655; Druey, in: FS Köndgen [2016] 149, 153; Erman/Westermann Rn 13; offengelassen von BGH 26. 4. 1988 – VI ZR 246/86, NJW 1988, 2298, 2299). Es ist Sache des Berufsanfängers, gegebenenfalls die notwendige Unterstützung durch einen Berufserfahrenen sicherzustellen (BGH 26. 4. 1988 – VI ZR 246/86, NJW 1988, 2298, 2300; BGH 10. 3. 1992 – VI ZR 64/91, NJW 1992, 1560, 1561; BGH 15. 6. 1993 – VI ZR 175/92, NJW 1993, 2989, 2991 für einen noch in der Weiterbildung zum Facharzt stehenden Assistenzarzt). Etwas anderes kann sich nur aus dem konkreten Vertrag ergeben (s unten Rn 137 f).

45 Die Sorgfaltsanforderungen, die in vergleichbaren Situationen gestellt werden, können **örtlich und zeitlich verschieden** sein. So können sich die Sorgfaltsanforderungen an einen ordentlichen Kaufmann je nach den örtlichen Handelsbräuchen unterscheiden. Etwa können in einer Großstadt andere Sorgfaltsmaßstäbe gelten als in einer Kleinstadt (RG 14. 5. 1926 – VI 587/25, RGZ 113, 425, 426). Und so kann ein Verhalten, das in der Vergangenheit noch als sorgfältig gelten konnte, später als fahrlässig zu betrachten sein, etwa wegen eines inzwischen eingetretenen Fortschritts der Erkenntnisse oder der Technik (BGH 13. 6. 1960 – III ZR 54/59, NJW 1961, 600 f).

46 Die Sorgfaltsanforderungen können auch nach dem Schutzbedürfnis der von einem Verhalten **betroffenen Personen** variieren. So erhöht § 3 Abs 2a StVO die Sorgfaltspflicht von Fahrzeugführern gegenüber Kindern, Hilfsbedürftigen und älteren Menschen (s aber BGH 10. 10. 2000 – VI ZR 268/99, NJW 2001, 152 mwNw: Anforderungen an die Sorgfalt dürfen nicht überspannt werden). Das gilt auch im Bereich der Vertragshaftung (s oben Rn 36 zur Aufklärung bei Anlageberatung und Rn 33 zu derjenigen bei Wertpapierdienstleistungen), allerdings nicht in jedem Fall. So wird vom Vermieter einer Wohnung nicht verlangt, dass er mit Glas ausgestattete Zimmertüren, die den baurechtlichen Vorschriften entsprechen, bei einer Vermietung an eine Familie mit Kleinkindern mit Sicherheitsglas nachrüstet (BGH 16. 5. 2006 – VI ZR 189/05 Rn 13, NJW 2006, 2326).

47 Bei der Festlegung der Sorgfaltsanforderungen dürfen auch die **Besonderheiten der jeweiligen Situation** nicht außer Acht gelassen werden. Unrichtiges und sachwidriges Handeln in plötzlicher Gefahr stellt nicht immer ein Verschulden dar. Geistesgegenwart kann nicht von jedermann unter allen Umständen verlangt werden (RG 28. 1. 1915 – VI 457/14, RGZ 86, 149, 151; RG 16. 2. 1917 – III 373/16, JW 1917, 461, 462; BGH 18. 10. 1951 – III ZR 138/50, NJW 1952, 217; BGH 27. 10. 1952 – III ZR 134/51, VersR 1953, 65, 66). Das gilt etwa, wenn ein Kraftfahrer auf das plötzliche Platzen eines Reifens falsch reagiert (BGH 16. 3. 1976 – VI ZR 62/75, NJW 1976, 1504 f). Auch liegt keine Fahrlässigkeit vor, wenn eine Fußgängerin, die plötzlich und unerwartet von einem Hund angebellt wird, in einer Schreckreaktion in die Fahrbahn eines herannahenden Fahrzeugs tritt, obwohl dies zur Abwendung einer Gefahr nicht notwendig war, weil sich der Hund hinter einem Zaun befand (OLG Karlsruhe 7. 1. 2015 – 9 U 9/14 Rn 16 ff, NJW-RR 2015, 1059).

Ist eine Tätigkeit **typischerweise** mit **besonderer Gefährlichkeit** verbunden, so erhöhen sich die Sorgfaltsanforderungen. Das gilt sowohl, wenn mit einem Verhalten die erhöhte Wahrscheinlichkeit eines Schadenseintritts verbunden ist, wie bei einer besonders gefährlichen Operation oder der Unterhaltung einer Hochspannungsleitung (RG 11. 4. 1935 – VI 540/34, RGZ 147, 353, 356), als auch dann, wenn das bedrohte Rechtsgut besonders wertvoll ist, es insbesondere um Leben und Gesundheit, aber auch um wertvolle Sachgüter geht (BGH 18. 1. 1983 – VI ZR 97/81, NJW 1983, 1108, 1109 zu den Kontrollpflichten eines Tankwagenfahrers beim Befüllen eines Heizöltanks; BGH 25. 3. 1986 – VI ZR 33/85, NJW-RR 1986, 899, 900 für die Entscheidung eines Tierarztes über den Transport eines wertvollen Turnierpferdes; Soergel/Pfeiffer Rn 101). Dementsprechend sind die Anforderungen geringer, wenn die Wahrscheinlichkeit eines Schadenseintritts niedrig ist und der erforderliche Aufwand, die Gefahr des Eintritts des schädigenden Ereignisses zu verringern, im Verhältnis zu dem bestehenden Risiko nicht zumutbar ist (BGH 31. 10. 2006 – VI ZR 223/05 Rn 15, NJW 2007, 762 für die Explosion einer Limonadenflasche). Ebenso muss jemand, der die Vermögensinteressen eines anderen wahrzunehmen hat, diesen nicht auf Schadensabwendungsmöglichkeiten aufmerksam machen, deren Kosten außer Verhältnis zu dem denkbaren Schaden stehen (vgl BGH 25. 3. 1986 – VI ZR 33/85, NJW-RR 1986, 899, 900). 48

Mit Blick auf die Vermeidung von Sachschäden kann zur Bestimmung der Sorgfaltsanforderungen auch eine **Nutzen-Kosten-Analyse** dergestalt mit herangezogen werden, dass jedenfalls solche Maßnahmen ergriffen werden müssen, deren „Aufwand geringer ist als der durch ihre Nichtanwendung möglicherweise entstehende Schaden“ (Palandt/Grüneberg Rn 19; ausf zu dieser sog „Learned-Hand-Formel“ MünchKomm/Grundmann Rn 62 ff). Lässt sich das Risiko, dass von einem mit Pflanzenschutzmitteln behandelten Anbaugebiet Herbizide auf ein Areal mit ökologischem Agraranbau eines landwirtschaftlichen Betriebs mit Bio-Siegel gelangen, dadurch deutlich verringern, dass die Herbizide in den Abendstunden ausgebracht werden, und muss der die Herbizide ausbringende Landwirt dies erkennen, wird von ihm verlangt, sich entsprechend sorgfältig zu verhalten (OLG Rostock 20. 7. 2006 – 7 U 117/04, NJW 2006, 3650, 3653). Umgekehrt darf dies nicht dahin verstanden werden, dass *ausschließlich* Sorgfaltsanforderungen für erforderlich gehalten werden, deren Aufwand geringer ist als der durch ihre Nichtanwendung möglicherweise entstehende Schaden. Denn das liefe auf einen Freibrief zur Schädigung anderer hinaus, wenn nur die Vermeidung des Schadens teurer ist als dieser selbst. Das lässt sich mit dem Prinzip, dass – abgesehen von wenigen Ausnahmefällen wie Notwehr und Notstand – niemand einen anderen schädigen darf, nicht vereinbaren. 49

Die im Verkehr erforderliche Sorgfalt betrifft einen **äußeren** und einen **inneren** Sachverhalt. Der Vorwurf fahrlässigen Handelns oder Unterlassens setzt einmal voraus, dass dieses selbst als verkehrswidrig erscheint. Hinzukommen muss aber, dass auch der das Handeln oder Unterlassen auslösende Entschluss bereits die nötige Sorgfalt vermissen lässt (zur Unterscheidung von äußerer und innerer Sorgfalt in diesem Sinne Deutsch, Fahrlässigkeit und erforderliche Sorgfalt 468 ff; ders AcP 202 [2002] 889, 903 f; Stathopoulus, in: FS Larenz [1983] 631, 634 ff; krit zu dieser Unterscheidung Fabarius, passim). Regelmäßig wird bei Verletzung der äußeren Sorgfalt auch eine solche der inneren gegeben sein, weil Teilnehmer am Rechtsverkehr Entschlüsse vermeiden müssen, die zum äußerlich sorgfaltswidrigen Verhalten führen. Die Rechtsprechung nimmt deshalb an, dass die Verletzung der äußeren Sorgfalt einen Anscheinsbeweis 50 auch für die Verletzung der inneren begründet (BGH 17. 3. 1981 – VI ZR 191/79, BGHZ 80, 186, 197 ff = NJW 1981, 1603; BGH 12. 3. 1986 – IVa ZR 183/84, VersR 1986, 766, 767; einschränkend aber BGH 31. 5. 1994 – VI ZR 233/93, NJW 1994, 2232, 2233). Es kann aber auch einmal anders liegen. Etwa schließen die Nichterkennbarkeit eines Sorgfaltsgebots (ein Verkehrsschild ist unerkennbar verdeckt) oder ein sonst unvermeidbarer Rechtsirrtum die Fahrlässigkeit aus (Deutsch JZ 1988, 993, 996; vgl dazu noch Rn 55 ff). Nicht hierher gehören allerdings die von Deutsch (JZ 1988, 993, 995) und Soergel/Pfeiffer (Rn 123) genannten Beispiele von Kraftfahrern, die unvorhersehbar einen Krampf, einen Schlaganfall oder einen Schock erleiden oder von plötzlicher, nicht beherrschbarer Übelkeit befallen werden: Hier fehlt es schon am willkürlichen, zweckhaften Verhalten, das Grundvoraussetzung jeder Verhaltenshaftung ist (Esser/Schmidt I 2 § 25 III 1; vgl Stathopoulus, in: FS Larenz [1983] 631, 635 ff; s hierzu auch noch unten Rn 105 ff; s zu alters- und krankheitsbedingten Ausfallerscheinungen aber Rn 37).

51 Auch abgesehen von der Unterscheidung zwischen äußerer und innerer Sorgfalt muss bei der Beurteilung der Frage, ob jemand fahrlässig gehandelt hat, sein **gesamtes Verhalten** ins Auge gefasst werden. Häufig ist der Fahrlässigkeitsvorwurf nicht in dem Handeln oder Unterlassen begründet, welches unmittelbar den missbilligten Erfolg herbeigeführt hat, und auch nicht in dem Entschluss dazu, sondern in einem *Verhalten, das vor diesem Zeitpunkt* liegt. Zu denken ist insoweit zunächst an gefährliche Tätigkeiten. Verwirklicht sich die Gefahr in einem Schadensfall, so wird die Frage des Verschuldens meist danach zu beurteilen sein, ob der Handelnde ausreichend Vorsorge für die Schadensverhütung getroffen hat. Im **Deliktsrecht** hat dieser Gesichtspunkt zur Ausbildung ins Einzelne gehender Verkehrssicherungspflichten geführt (dazu näher Staudinger/J Hager [2009] § 823 Rn E 1 ff).

52 Im Bereich der **Vertragshaftung** kann die Fahrlässigkeit zunächst schon darin liegen, dass der Schuldner die Vertragspflicht überhaupt übernommen hat, obwohl er wissen musste, dass er zur Erfüllung nicht in der Lage sein würde, etwa weil bei ihm die notwendigen persönlichen Fähigkeiten fehlen, seine Produktionskapazität oder seine apparative Ausstattung nicht ausreicht (vgl hierzu den Fall BGH 30. 5. 1989 – VI ZR 200/88, NJW 1989, 2321, 2322) oder die Möglichkeit eines Arbeitskampfes besteht, sog *Übernahmeverschulden* (Geilen JZ 1964, 6, 11 ff; Deutsch, Fahrlässigkeit und erforderliche Sorgfalt 307 ff; ders JZ 1988, 993, 995; MünchKomm/Grundmann Rn 58). Weiter kommt in Betracht, dass dem Schuldner *mangelnde Vorsorge* für die Möglichkeit der vertragsgemäßen Erfüllung, etwa durch nicht ausreichende Lagerhaltung, oder gegen einen drohenden Schadensfall vorzuwerfen ist (vgl etwa BGH 15. 11. 1971 – VIII ZR 62/70, NJW 1972, 150, 152, wo die Haftung des Betreibers einer Tiefgarage mit der Begründung verneint wurde, die Vollkaskoversicherung des parkenden Fahrzeugs stelle in ihrem konkreten Umfang eine ausreichende Schadensvorsorge dar). Auch ein *Abwendungsverschulden* kommt in Betracht (vgl im Übrigen auch noch oben Rn 18 ff).

cc) Irrtum

53 Dass sich die Fahrlässigkeitsprüfung auf das gesamte Verhalten bezieht, das zur Haftung führen soll, bedeutet auch, dass der **Irrtum** über tatsächliche Gegebenheiten oder die Rechtslage vor dem Vorwurf der Fahrlässigkeit nur insoweit schützt, als er nicht seinerseits auf Fahrlässigkeit beruht.

Was den **Tatsachenirrtum** angeht, so können hier insbesondere Fälle praktisch werden, in denen der Schuldner irrtümlich das Vorliegen einer Gefahr oder Notlage annimmt, die zum Eingreifen berechtigt (vgl RG 21. 2. 1916 – VI 412/15, RGZ 88, 118, 120 für die vermeintliche Notwehrlage). Dabei ist zu beachten, dass auch dort, wo der Haftungsmaßstab in einer Gefahrenlage eingeschränkt ist, wie etwa bei § 680 BGB, hinsichtlich der Annahme der Gefahrenlage einfache Fahrlässigkeit zur Begründung des Verschuldens genügt (vgl BAG 11. 9. 1975 – 3 AZR 561/74, NJW 1976, 1229, 1230). Der Schuldner kann sich in diesem Fall nur dann auf die Haftungsprivilegierung berufen, wenn ihn an der fehlerhaften Beurteilung der Situation keine Fahrlässigkeit trifft (sehr str; wie hier Fikentscher/Heinemann Rn 1276; BeckOGK/Schaub [1. 3. 2019] Rn 61; enger Staudinger/Bergmann [2015] § 680 Rn 12 f mwNw, der das tatsächliche Vorliegen der Gefahrenlage für das Eingreifen der Haftungsprivilegierung verlangt). 54

Schwierigkeiten bereitet die Behandlung des **Rechtsirrtums**, der vor allem im Bereich des Schuldnerverzugs große praktische Bedeutung hat (im Einzelnen Staudinger/Feldmann § 286 Rn 162 ff). Einerseits kann es nicht zweifelhaft sein, dass auch der unverschuldete Rechtsirrtum die Fahrlässigkeit ausschließen muss (RG 19. 10. 1934 – II 100/34, RGZ 146, 133, 144 f; RG 12. 11. 1937 – VII 22/37, RGZ 156, 113, 120; BGH 18. 5. 1955 – I ZR 8/54, BGHZ 17, 266, 295; BGH 9. 2. 1951 – I ZR 35/50, NJW 1951, 398; BGH 4. 3. 1969 – VI ZR 274/67, MDR 1969, 470, 471; BAG st Rspr, vgl nur BAG 1. 2. 1960 – 5 AZR 20/58, BAGE 9, 7, 18 = NJW 1960, 838; BAG 14. 12. 1999 – 3 AZR 713/98, NZA 2000, 1348, 1350; BAG 15. 9. 2011 – 8 AZR 846/09 Rn 42, NZA 2012, 377; Rittner, in: FS vHippel [1967] 391, 413 ff; Deutsch, Allg Haftungsrecht Rn 409). Andererseits muss vermieden werden, dass Rechtsunkenntnis zu einer bequemen Ausrede für den Schuldner wird, weswegen schon das RG betont hat, dass an den unverschuldeten Rechtsirrtum besonders strenge Anforderungen zu stellen sind (RG 15. 12. 1927 – VI 209/27, RGZ 119, 265, 268; so auch BGH 14. 6. 1994 – XI ZR 210/93, NJW 1994, 2754, 2755; BGH 15. 7. 2014 – XI ZR 418/13 Rn 14 f, NJW 2014, 2951). Der Schuldner muss die Rechtslage sorgfältig prüfen, soweit ersichtlich Rechtsrat einholen und die höchstrichterliche Rechtsprechung sorgfältig beachten (BGH 4. 7. 2001 – VIII ZR 279/00, NJW 2001, 3114, 3115; BGH 25. 10. 2006 – VIII ZR 102/06 Rn 13, NJW 2007, 428; BGH 29. 6. 2010 – XI ZR 308/09 Rn 3, NJW 2010, 2339; BGH 5. 4. 2017 – IV ZR 437/15 Rn 19, NJW 2017, 2268; BAG 19. 8. 2015 – 5 AZR 975/13 Rn 31, NJW 2015, 3678, wonach der Schuldner aber vom Fortbestehen einer höchstrichterlichen Rechtsprechung ausgehen darf). Ein Irrtum ist nur dann unverschuldet, wenn der Schuldner nach einer solchen Prüfung mit einem Unterliegen in einem Rechtsstreit nicht zu rechnen braucht (BGH 6. 12. 2006 – IV ZR 34/05 Rn 15, NJW-RR 2007, 382; BGH 24. 9. 2013 – I ZR 187/12 Rn 18 f, NJW-RR 2014, 733; OLG Hamm 28. 9. 2012 – I-20 U 42/12, NJW-RR 2013, 407, 408; BAG 22. 10. 2015 – 2 AZR 569/14 Rn 43, NJW 2016, 1754). Musste der Schuldner dagegen mit der Möglichkeit rechnen, dass das zuständige Gericht einen anderen Rechtsstandpunkt einnehmen würde als er selbst, ist ihm regelmäßig ein Verschulden anzulasten (BGH 30. 4. 2014 – VIII ZR 103/13 Rn 24, BGHZ 201, 91 = NJW 2014, 2720; BGH 11. 6. 2014 – VIII ZR 349/13 Rn 32 ff, 36, NJW 2014, 2717; BGH 23. 2. 2018 – V ZR 101/16 Rn 83 ff, NJW 2018, 2550). Im Einzelnen gilt: 55

Die **Unkenntnis einschlägiger Rechtsvorschriften** ist stets als fahrlässig anzusehen, denn die Verschaffung der notwendigen Rechtskenntnisse gehört in allen Bereichen zu dem, was die Verkehrsanschauung verlangt. So kann weder die Unkenntnis der StVO (hierzu BGH 30. 9. 1958 – VI ZR 193/57, NJW 1958, 2066; einschränkend Mayer-Maly, Rechtskenntnis und Gesetzesflut [1966] 44 ff) noch die Unkenntnis der Reinigungs- und Streupflicht (OLG Bremen 17. 2. 1955 – 2 U 196/53, NJW 1956, 27, 28) von der Deliktshaftung 56 entbinden. Auch die Unkenntnis eines Gesetzes, das für den Gewerbebetrieb des Zuwiderhandelnden wichtig ist, wie zB des Gesetzes gegen den unlauteren Wettbewerb, ist nicht unverschuldet, auch wenn der Zuwiderhandelnde Ausländer ist, seinen Gewerbebetrieb aber in Deutschland ausübt (LG Düsseldorf 17. 2. 1959 – 40/59, nv, für einen Verstoß gegen das RabattG). Ebenso muss ein Unternehmer die für seinen Betrieb geltenden Arbeitsschutzbestimmungen kennen. Gleiches gilt für die Kenntnis einer in der Satzungsbestimmung einer Anstalt des öffentlichen Rechts (VBL) geregelten Ausschlussfrist, innerhalb derer der Antrag auf die Betriebsrente zu stellen ist (OLG Karlsruhe 20. 9. 2018 – 12 U 28/18 juris Rn 50 ff, VersR 2019, 188).

57 Zur verkehrserforderlichen Sorgfalt gehört es auch, dass der Schuldner die **Bestimmungen des Vertrages kennt**, den er abgeschlossen hat. Das gilt auch für allgemeine Geschäftsbedingungen, auf die der Vertrag Bezug nimmt. Sind allgemeine Geschäftsbedingungen nach den §§ 305 Abs 2 und 3, 305c Abs 1 BGB wirksam in den Vertrag einbezogen, so kann sich der Schuldner nicht auf die Unkenntnis der AGB berufen.

58 Bezieht sich die Rechtsunkenntnis darauf, dass die **Auslegung einer Rechtsvorschrift** oder einer Vertragsbestimmung zweifelhaft ist, so ist Orientierungspunkt für die Frage der Fahrlässigkeit das Vorhandensein einer höchstrichterlichen Rechtsprechung. Dabei ist der im Verkehr erforderlichen Sorgfalt Genüge getan, wenn die zu beurteilende Rechtslage in besonderem Maße unklar ist und der Schuldner sorgfältig prüft, ob dem eigenen Rechtsstandpunkt und der darauf beruhenden Anspruchsberühmung eine vertretbare rechtliche Beurteilung zugrunde liegt (BGH 18. 1. 2011 – XI ZR 356/09 Rn 31, NJW 2011, 1063). Zu beachten sind auch eine vollkommen gefestigte Meinung des Schrifttums und die Möglichkeit der Einholung von Rechtsauskünften und deren Ergebnis (oben Rn 55). Dazu besteht umso mehr Veranlassung, wenn sich die Gesetzeslage gerade geändert hat (BGH 3. 11. 2010 – XII ZB 197/10, NJW 2011, 386, 387 f).

59 Die in Rn 58 genannten Grundsätze gelten auch im Verhältnis des Bürgers **gegenüber einem öffentlichen Rechtsträger**, so etwa des Arbeitgebers und der Beschäftigten gegenüber den Sozialversicherungsträgern. In Betracht kommt hier insbesondere die Verletzung von Auskunftspflichten. Dabei können jedoch geäußerte Rechtsauffassungen des Sozialversicherungsträgers Zweifel an der Auslegung einer Rechtsvorschrift noch nicht beseitigen (NEUMANN, Last Minute: Beitrags-Amnestie für Scheinselbstständige, BB 2000, 1138, 1140).

60 Auch der Fahrlässigkeitsvorwurf bezieht sich in der Regel nur auf die Erfüllung des **haftungsbegründenden Tatbestands**, nicht auf den daraus entstandenen Schaden (BGH 10. 11. 1992 – VI ZR 45/92, NJW-RR 1993, 345). Die Funktion der Haftungsbegrenzung übernehmen insoweit das Erfordernis adäquater Kausalität zwischen Haftungstatbestand und Schadensfolge sowie die Schutzzwecklehre (DEUTSCH, Fahrlässigkeit und erforderliche Sorgfalt 428 f).

dd) Einzelfälle

61 Über die Anwendung des Maßstabs der verkehrserforderlichen Sorgfalt auf den einzelnen Fall besteht eine kaum mehr zu überblickende Rechtsprechung. Soweit diese im Zusammenhang mit der *Deliktshaftung* steht, s STAUDINGER/J HAGER (2009)

§ 823 E-I. Hier ist deshalb nur eine **Auswahl aus der Rechtsprechung** wiederzugeben, in der eine vertragliche Haftung, vor allem für Nebenpflichtverletzungen, in Rede steht (dazu auch Staudinger/Schwarze § 280 Rn C 41, C 48 ff sowie Staudinger/Olzen [2019] § 241 Rn 388 ff, 434 ff). Ausgenommen sind die Arzthaftung (zu ihr Staudinger/J Hager [2009] § 823 Rn I 1 ff), Einzelheiten der Haftung von Arbeitnehmern und Arbeitgebern (dazu Staudinger/Richardi/Fischinger [2016] § 619a Rn 28 ff und Staudinger/Oetker [2016] § 618 Rn 280 ff) und die Haftung wegen Verschuldens bei Vertragsschluss (Staudinger/Feldmann [2018] § 311 Rn 106 ff). Im Übrigen ist auf die Erl zu den einzelnen besonderen Schuldverhältnissen zu verweisen.

Architekt: Lauer/Wurm, Haftung des Architekten und des Bauunternehmers (6. Aufl 2012); Motzke/Preussner/Kehrberg, Die Haftung des Architekten (11. Aufl 2018); Niestrate, Die Architektenhaftung (3. Aufl 2006); **Bauaufsicht**: BGH 20. 9. 1983 – VI ZR 248/81, NJW 1984, 360 (Sicherungspflicht bei Gerüständerung); BGH 11. 10. 1990 – VII ZR 120/89, NJW 1991, 562 (Überwachung von Isolierarbeiten); BGH 8. 11. 2018 – VII ZR 100/16, NZBau 2019, 100 (Überwachung der Fassadendämmung); OLG Braunschweig 28. 2. 1973 – 3 U 136/72, VersR 1974, 436; OLG Düsseldorf 17. 12. 1968 – 4 U 205/68, VersR 1969, 1051 (Abbrucharbeiten); OLG Braunschweig 29. 12. 2016 – 8 U 2/16, BauR 2017, 905 (Umfang der Objektbetreuungspflicht); OLG Karlsruhe 2. 3. 2017 – 8 U 152/15, NJW-RR 2017, 788 (Nichterkennen spiegelverkehrter Fundamente im Plan); OLG Brandenburg 30. 3. 2017 – 12 U 71/16, NZBau 2017, 612 (Abdichtung und Entwässerung des Balkons); **Baugrund**: BGH 15. 12. 1966 – VII ZR 151/64, VersR 1967, 260; OLG Oldenburg 20. 6. 1979 – 2 U 31/79, VersR 1981, 541; **Beratungspflicht**: BGH 3. 11. 1972 – VII ZR 197/71, BGHZ 60, 1 und OLG Düsseldorf 14. 11. 1989 – 21 U 303/88, NJW-RR 1991, 90 (steuerliche Vergünstigungen); BGH 24. 5. 1973 – VII ZR 92/71, NJW 1973, 1457; BGH 16. 3. 1978 – VII ZR 145/76, BGHZ 71, 144; BGH 26. 9. 1985 – VII ZR 50/84, NJW-RR 1986, 182 und BGH 26. 10. 2006 – VII ZR 133/04, NJW 2007, 365 (Sachmängelrechte); OLG Celle 20. 7. 2017 – 16 U 124/16, BauR 2018, 289 (Information über die Genehmigungsbedürftigkeit und -fähigkeit des Bauvorhabens); **Grundstücksvertiefung**: BGH 26. 11. 1982 – V ZR 314/81, BGHZ 85, 375 (Vorsorge gegen Abrutschen auf Nachbargrundstück); **Planung**: BGH 16. 1. 1961 – VII ZR 146/59, VersR 1961, 459 (Einhaltung der Höhenlage); BGH 19. 12. 1968 – VII ZR 23/66, BGHZ 51, 275 und OLG Naumburg 14. 1. 2003 – 1 U 80/02, NJW-RR 2003, 595 (Dacheindeckung); BGH 28. 10. 1986 – VI ZR 254/85, NJW 1987, 1013 (Feuchtigkeitsschaden); BGH 10. 7. 2003 – VII ZR 329/02, NJW-RR 2003, 1454 (Überprüfung eines Bodengutachtens/Regenwassereinwirkung); BGH 8. 2. 2001 – VII ZR 152/00, NJW-RR 2001, 737 (fehlerhafte Höheneintragungen bei Planergänzung); BGH 14. 2. 2001 – VII ZR 176/99, NJW 2001, 1276 (Schutz gegen Druckwasser/Hinzuziehung Sonderfachmann); OLG Düsseldorf 23. 10. 2014 – 5 U 84/10, NJW 2015, 882 (Schutz gegen Druckwasser/Berücksichtigung der höchsten bekannten Grundwasserstände); OLG Stuttgart 17. 10. 2011 – 5 U 43/11, NJW 2012, 539 (Schallschutz); **Prüfungspflicht**: BGH 7. 2. 2002 – III ZR 1/01, NJW 2002, 1196 und BGH 4. 4. 2002 – VII ZR 295/00, NJW-RR 2002, 1174 (Abschlagsrechnungen der Bauunternehmer). **62**

Arzt, Krankenhaus: umfassend zur Arzthaftung Staudinger/J Hager (2009) § 823 I; s allg auch Ehlers/Broglie, Arzthaftungsrecht (5. Aufl 2014); Giesen, Arzthaftungsrecht (5. Aufl 2009); Martis/Winkhart, Arzthaftungsrecht (5. Aufl 2018); Pauge/Offenloch, Arzthaftungsrecht (14. Aufl 2018). **63**

64 **Autowerkstatt**: BGH 14. 9. 2017 – VII ZR 307/16, NJW 2017, 3586 (Pflicht zum Hinweis auf unverhältnismäßigen Reparaturaufwand); OLG Oldenburg 23. 11. 1966 – 2 U 58/66, DAR 1967, 274 (Schließen der Motorhaube); BGH 18. 1. 1956 – VI ZR 75/55, VRS 10, 248 (Sorgfaltspflicht eines Angestellten bei Herausgabe reparierter Fahrzeuge); OLG Bremen 27. 12. 1968 – 3 U 158/67a, VRS 37, 252; OLG Düsseldorf 29. 8. 1974 – 13 U 172/73, NJW 1975, 1034 (Diebstahlsicherung); OLG Düsseldorf 7. 2. 1977 – 5 U 206/76, DAR 1977, 322 (Sorgfaltspflicht bei Inspektion/Ölstand).

65 **Autoverkäufer, Autovermieter**: BGH 15. 3. 1956 – II ZR 284/54, BB 1956, 320 (keine Untersuchungspflicht des Verkäufers vor Auslieferung); BGH 18. 6. 1969 – VIII ZR 148/67, NJW 1969, 1708 (Sorgfaltsanforderungen bei Ablieferungsinspektion); OLG Karlsruhe 14. 9. 2004 – 8 U 97/04, NJW 2005, 989 (Pflicht des Gebrauchtwagenhändlers zum Vergleich der Fahrzeugidentifikationsnummer im Kfz-Brief und Fahrzeug); BGH 28. 6. 2006 – XII ZR 50/04 Rn 29, BGHZ 168, 168, BGH 24. 10. 2007 – XII ZR 155/05 Rn 9 ff, NJW-RR 2008, 470 und BGH 25. 3. 2009 – XII ZR 117/07 Rn 13 ff, NJW-RR 2009, 1101 (Aufklärungspflicht des gewerblichen Vermieters eines Unfallersatzfahrzeugs bei Vermietung zum deutlich über dem Normaltarif liegenden „Unfallersatztarif", wenn die Gefahr besteht, dass die Haftpflichtversicherung nicht den vollen Tarif übernimmt); OLG Köln 23. 12. 1999 – 18 U 122/99, DAR 2000, 164 (Beratungspflicht des gewerblichen Autovermieters im Hinblick auf die Möglichkeit einer Haftungsfreistellung nach Art einer Vollkaskoversicherung).

66 **Bank**: vHeymann/Merz, Bankenhaftung bei Immobilienanlagen (18. Aufl 2010); Schimansky/Bunte/Lwowski, Bankrechts-Handbuch (5. Aufl 2017) Kap 7; Vortmann, Aufklärungs- und Beratungspflichten der Banken (12. Aufl 2018); **Anlageberatung**: BGH 4. 3. 1987 – IVa ZR 122/85, BGHZ 100, 117 (Kommanditbeteiligung an einem Immobilienfonds); BGH 18. 4. 1989 – XI ZR 133/88, BGHZ 107, 192 (Hinweis bei Aktienoptionsgeschäft); BGH 6. 7. 1993 – XI ZR 12/93, BGHZ 123, 126 (anlegergerechte und objektgerechte Beratung), BGH 26. 9. 2005 – II ZR 314/03, NJW-RR 2006, 178 (Aufklärung über Verlustbeteiligung und Nachschusspflicht); BGH 14. 6. 2004 – II ZR 393/02, BGHZ 159, 294 (Aufklärung über der Bank bekannte Risiken eines Immobilienfondsprojekts); BGH 29. 4. 2014 – XI ZR 477/12, BKR 2016, 35 (Pflicht zur Aufklärung über eine mögliche Aussetzung der Anteilsrücknahme bei Empfehlung einer Beteiligung an einem offenen Immobilienfonds); BGH 24. 1. 2006 – XI ZR 320/04, BGHZ 166, 56 (keine zivilrechtliche Pflicht oder Obliegenheit zur schriftlichen Dokumentation der Erfüllung der Beratungs- und Aufklärungspflichten gegenüber Kapitalanlegern); BGH 16. 5. 2006 – XI ZR 6/04, BGHZ 168, 1 und BGH 19. 9. 2006 – XI ZR 204/04, BGHZ 169, 109 (Aufklärungspflicht bei Wissensvorsprung wegen institutionalisierten Zusammenwirkens der kreditgebenden Bank mit dem Verkäufer oder Vertreiber des finanzierten Objekts); BGH 27. 11. 2014 – III ZR 294/13, NJW-RR 2015, 368 (unterlassene Aufklärung über die Beteiligungsverhältnisse an einer AG sowie die stark eingeschränkte Fungibilität der Aktien); BGH 27. 10. 2009 – XI ZR 338/08, ZIP 2009, 2380 (keine Aufklärungspflicht über korrekte Prospektangaben hinaus); BGH 29. 7. 2014 – II ZB 30/12, WM 2014, 2075 (Reichweite der Pflicht zur Aufklärung über die Risiken der steuerlichen Anerkennungsfähigkeit des konkreten Anlagemodells); BGH 29. 6. 2010 – XI ZR 308/09, NJW 2010, 2339, BGH 9. 3. 2011 – XI ZR 191/10, NJW 2011, 3227 und BGH 15. 7. 2014 – XI ZR 418/13, NJW 2014, 2951 (Hinweispflicht auf Rückvergütungen); BGH 3. 6. 2014 – XI ZR 147/12, NJW 2014, 2947 (Aufklärungspflicht der Bank über

versteckte Innenprovisionen bei ab dem 1. 8. 2014 abgeschlossenen Anlageberatungsverträgen); BGH 23. 6. 2016 – III ZR 308/15, NJW 2016, 3024 (Pflicht zur Aufklärung über eine Innenprovision von mehr als 15 Prozent des Kaufpreises der vermittelten Eigentumswohnung); BGH 8. 7. 2010 – III ZR 249/09, NJW 2010, 3292 (anlegergerechte Beratung bei Wunsch nach sicherer Anlage); BGH 5. 7. 2011 – XI ZR 306/10, ZIP 2011, 2001 (Wissensvorsprung im Hinblick auf prospektierte Mieterträge); OLG Saarbrücken 14. 1. 2003 – 7 U 278/02, OLGR 2003, 136 (aktueller Abwärtstrend des Anlagemodells zum Zeitpunkt der Anlageentscheidung); BGH 21. 3. 2006 – XI ZR 63/05, NJW 2006, 2041 (keine fortdauernden Überwachungs- und Beratungspflichten über den Zeitpunkt der Anlageentscheidung hinaus); **Bauherrenmodell**: BGH 1. 6. 1989 – III ZR 277/87, NJW 1989, 2881 (Aufklärungspflicht über erzielbare Mieteinnahmen kraft überlegenen Wissens); BGH 24. 4. 1990 – XI ZR 236/89, NJW-RR 1990, 876; BGH 17. 12. 1991 – XI ZR 8/91, NJW-RR 1992, 373 und BGH 31. 3. 1992 – XI ZR 70/91, NJW-RR 1992, 879 (Aufklärungspflicht bei Kenntnis besonderer Risiken); BGH 28. 4. 1992 – XI ZR 165/91, NJW 1992, 2146 (Aufklärungspflicht bei Kenntnis der Vermögenslosigkeit der Initiatoren); BGH 16. 6. 1992 – XI ZR 166/91, NJW 1992, 2148 (Bauherrenmodellfinanzierung); BGH 3. 6. 2008 – XI ZR 131/07, NJW 2008, 2572 und BGH 3. 6. 2008 – XI ZR 319/06, NJW 2008, 2576 (Aufklärung der finanzierenden Bank über Mietpoolrisiken); BGH 29. 6. 2010 – XI ZR 104/08, BGHZ 186, 96 (Aufklärungspflicht der Bank über eine von ihr erkannte arglistige Täuschung durch den Vertrieb über die Höhe der Vermittlungsprovisionen); **Beratung/Aufklärung**: RG 12. 12. 1932 – VIII 431/32, RGZ 139, 103 (Offenbarungspflicht bei Auskunft über Kunden, besonders bei eigener Verflechtung mit diesen); BGH 31. 1. 1957 – II ZR 41/56, BGHZ 23, 222 (Verpflichtung, Kunden auf devisenrechtliche Bedenken hinzuweisen); BGH 19. 12. 2017 – XI ZR 152/17, NJW 2018, 848 (Aufklärungspflicht bei Empfehlung eines wechselkursbasierten Darlehensvertrags); BGH 20. 10. 1960 – II ZR 141/59, MDR 1961, 115 (Sorgfaltspflicht bei Ausführung von Aufträgen zur Auslieferung von Dokumenten gegen Einholung von Akzepten); BGH 16. 4. 1964 – VII ZR 221/62, NJW 1964, 2058 (steuerbegünstigtes Sparen); BGH 27. 6. 1989 – XI ZR 52/88, NJW 1989, 2882 (Auskunftspflicht unter Banken bei Umschuldung); BGH 3. 4. 1990 – XI ZR 261/89, BGHZ 111, 117 (Risiken der Kombination von Kreditvertrag und Lebensversicherungsvertrag); BGH 1. 7. 2014 – XI ZR 247/12, NJW 2014, 3360 (keine Pflicht zur Aufklärung über Provision für Vermittlung einer Lebensversicherung); BGH 11. 12. 1990 – XI ZR 24/90, NJW-RR 1991, 501 (Hinweis auf die Mehrbelastung bei einer Umschuldung); BGH 21. 10. 1997 – XI ZR 25/97, NJW 1998, 305 (grundsätzlich keine Aufklärungspflicht der kreditgebenden Bank bei Gesetzesänderung, die sich steuerschädlich auf eingeräumte Sicherheiten auswirken kann); BGH 13. 10. 1992 – XI ZR 30/92, NJW 1993, 257; BGH 5. 10. 1999 – XI ZR 296/98, BGHZ 142, 345 und OLG Düsseldorf 10. 10. 1996 – 6 U 14/96, NJW-RR 1997, 1477 (Hinweis- und Aufklärungspflichten bei Options- oder Termingeschäften); BGH 22. 3. 2011 – XI ZR 33/10, BGHZ 189, 13, BGH 20. 1. 2015 – XI ZR 316/13, NJW 2015, 1095, BGH 28. 4. 2015 – XI ZR 378/13, BGHZ 205, 117 und BGH 20. 2. 2018 – XI ZR 65/16, BKR 2018, 338 (Aufklärungspflichten bei Swap-Geschäften); **Konto**: RG 27. 10. 1936 – VII 129/36, RGZ 152, 262 (Haftung bei Kontoerrichtung unter falschem Namen); **Scheck**: RG 28. 1. 1913 – III 295/12, RGZ 81, 254 (Aufbewahrung von Scheckformularen); RG 16. 1. 1918 – V 299/17, RGZ 92, 50 (mitwirkendes Verschulden des Bezogenen bei verfälschten Schecks); BGH 24. 4. 1954 – II ZR 178/53, BGHZ 13, 127 und BGH 6. 12. 1956 – II ZR 345/55, BGHZ 22, 304 (Fehlleitung eines Schecks); BGH 23. 1. 1958 – II ZR

166/56, BGHZ 26, 268 (Auszahlung von Verrechnungsscheck in bar an einen Handlungsbevollmächtigten des Scheckinhabers unter Buchung auf Konto Diverse); BGH 8. 12. 1960 – II ZR 2/60, NJW 1961, 672 (Barzahlung eines Verrechnungsschecks); BGH 8. 6. 1961 – II ZR 54/60, BGHZ 35, 217 (Schecksperre); BGH 16. 3. 1970 – II ZR 14/69, WM 1970, 710 (vertragswidrige Einlösung); BGH 25. 11. 1968 – II ZR 17/67, WM 1969, 111; BGH 21. 5. 1984 – II ZR 170/83, BGHZ 91, 229; BGH 9. 12. 1985 – II ZR 185/85, NJW 1986, 988; BGH 7. 12. 1987 – II ZR 157/87, NJW 1988, 911 und OLG Karlsruhe 2. 11. 1999 – 3 U 28/99, WM 2000, 953 (Scheckprüfung); **Schließfach**: OLG Düsseldorf 28. 2. 2012 – 24 U 193/11, MDR 2012, 757 (Nichtbeachtung des Widerrufs einer Schließfachvollmacht); OLG Karlsruhe 10. 1. 2012 – 17 U 31/11, WM 2012, 1529 (Pflicht zur Aufklärung über unterschiedliche Sicherheitsstandards); KG 2. 3. 2016 – 26 U 18/15, WM 2016, 923 (Schutz des Schließfachraums vor dem Zugang Unberechtigter); **Verschwiegenheit**: BGH 12. 5. 1958 – II ZR 103/57, BGHZ 27, 241; BGH 24. 1. 2006 – XI ZR 384/03, BGHZ 166, 84; BGH 27. 2. 2007 – XI ZR 195/05, BGHZ 171, 180; **Wechsel**: RG 25. 1. 1916 – III 286/15, JW 1916, 578 (Prüfung eines Protests); RG 2. 5. 1923 – I 778/22, RGZ 107, 229 (Prüfung von Papieren, Einlösung einer Tratte); BGH 29. 11. 1971 – V ZR 136/69, WM 1972, 72 (unterlassene Sicherstellung von Sicherungsgut für Wechselforderung); BGH 25. 11. 1976 – II ZR 3/75, WM 1977, 638 (Aufklärung bei Wechseldiskontierung); **Weisung des Kunden**: BGH 15. 12. 1975 – II ZR 28/74, WM 1976, 630 (Vermittlung ausländischer Investmentanteile).

67 **Datensicherung**: BGH 11. 4. 2000 – X ZR 19/98, NJW 2000, 2812 (Pflicht des Lieferanten einer Computeranlage, vollständig und wahrheitsgemäß über objektiv bestehende Möglichkeiten der Reparatur einer Festplatte und der Rückgewinnung von Daten zu informieren, und zwar auch über solche Möglichkeiten, die nur eine geringe Chance der Realisierung bieten); OLG Köln 2. 2. 1996 – 19 U 223/95, NJW-RR 1997, 558 (Pflicht zur Sicherung des aktuellen Datenbestandes im Rahmen eines Computerwartungsvertrages); OLG Hamburg 11. 4. 2018 – 8 U 69/16, NJW-RR 2018, 1175 (Pflichten eines Internet-Service-Providers beim Umzug von Kundendaten auf einen neuen Server).

68 **Fahrlehrer**: OLG Düsseldorf 26. 1. 1987 – 1 U 109/86, NJW-RR 1988, 24; OLG Frankfurt 14. 7. 1987 – 11 U 28/85, NJW-RR 1988, 26; OLG Schleswig 11. 3. 2016 – 17 U 112/14, NZV 2017, 34 (Sorgfaltspflichten des Fahrlehrers beim Fahrunterricht mit einem Motorrad).

69 **Friseur**: OLG Frankfurt 29. 1. 1981 – 15 U 55/80, VersR 1981, 579 (keine Pflicht zur Hautverträglichkeitsprüfung von Dauerwellenpräparaten).

70 **Frostwarndienst**: BGH 19. 10. 1956 – VI ZR 147/55, RdL 1957, 34; BGH 14. 3. 1961 – VI ZR 36/60, VersR 1961, 540 (Verpflichtung zur Frostwarnung).

71 **Garage**: OLG München 18. 3. 1958 – 5 U 1935/57, NJW 1959, 1226 (Einteilung eines Jugendlichen als Nachtwache); BGH 15. 11. 1971 – VIII ZR 62/70, NJW 1972, 150 (übliche Vollkaskoversicherung genügt); s noch Rn 100.

72 **Hausverwalter**: BGH 11. 11. 1999 – III ZR 98/99, NJW 2000, 947 (Pflicht, Heizungen und Wasserleitungen in leerstehenden Wohnungen vor Frost zu schützen); OLG Düsseldorf 2. 6. 1997 – 3 Wx 231/96, OLGR 1997, 265 (keine Pflicht, die für Sanie-

rungsarbeiten in Betracht gezogenen Firmen auf ihre wirtschaftliche Leistungsfähigkeit hin zu überprüfen, es sei denn, die wirtschaftliche Leistungsfähigkeit ist ein besonders herausragendes Kriterium für die Auftragsvergabe); OLG Köln 24. 8. 2005 – 16 Wx 80/05, NJW-RR 2006, 19 (Fortschreibung einer fehlerhaften Praxis des Vorgängers bei den Jahresabrechnungen).

Heilpraktiker: BGH 29. 1. 1991 – VI ZR 206/90, BGHZ 113, 297 (Pflicht zur Fortbildung); LG Bonn 19. 6. 2015 – 9 O 234/14, NJW 2015, 3461 (unzureichende Aufklärung über mögliche Nebenwirkungen einer Wärmebehandlung). 73

Kreditschutzsystem: BGH 17. 11. 1960 – VII ZR 124/59, BB 1961, 159 (Meldung von Abtretungen); BGH 10. 1. 1966 – VII ZR 58/64, BB 1966, 226 (Meldung eines Kunden als kreditunwürdig). 74

Makler: BGH 5. 5. 1970 – VI ZR 1/69, NJW 1970, 1314 (Bestellung einer vorbestraften Person zum Geschäftsführer des Maklergeschäfts); BGH 14. 1. 1987 – IVa ZR 130/85, NJW 1987, 2431 (Geheimhaltungspflicht des Kunden); BGH 8. 7. 1970 – IV ZR 1174/68, WM 1970, 1270 und BGH 17. 10. 1990 – IV ZR 197/89, NJW-RR 1991, 627 (Aufklärungspflicht Finanzierungsmakler); BGH 10. 5. 2000 – IV ZR 297/98, VersR 2000, 846 (Hinweispflicht auf baldiges Ende eines Versicherungsschutzes); BGH 28. 9. 2000 – III ZR 43/99, NJW 2000, 3642 (Pflicht, fehlerhafte Angaben über die Realisierbarkeit einer Einliegerwohnung im Untergeschoss eines Einfamilienhauses richtigzustellen); OLG München 10. 5. 1961 – 7 U 2203/60, NJW 1961, 1534 (Sorgfaltspflicht bei Auskunft über Grunderwerbsteuerfragen bei Vermittlung von Eigentumswohnungen); BGH 12. 7. 2018 – I ZR 152/17, NJW 2019, 1223 (keine allgemeine Pflicht des Immobilienmaklers zur Aufklärung darüber, dass ein realisierter Veräußerungsgewinn innerhalb der zehnjährigen Spekulationsfrist des § 23 Abs 1 EStG grundsätzlich zu versteuern ist); OLG München 8. 8. 1970 – 12 U 2560/65, NJW 1970, 1924 (Sorgfaltspflicht gegenüber Kreditinstitut); OLG Hamm 11. 5. 1995 – 18 U 57/94, MedR 1997, 463 und OLG Karlsruhe 1. 7. 2004 – 12 U 85/04, NJW-RR 2004, 1328 (Aufklärungspflicht Versicherungsmakler); BGH 30. 11. 2017 – I ZR 143/16, NJW 2018, 1160 und OLG Düsseldorf 13. 7. 2018 – 4 U 47/17, VersR 2019, 223 (Pflichten des Versicherungsmaklers bei der Schadensregulierung). 75

Mieter: BGH 5. 3. 2008 – VIII ZR 37/07, NJW 2008, 1439 und LG Hannover 29. 2. 2016 – 12 S 9/13, ZMR 2016, 958 (exzessives Rauchen in der Wohnung); OLG Hamm 27. 3. 1984 – 27 U 433/83, NJW 1985, 332 (Wasserschaden durch Waschmaschine); LG Cottbus 18. 6. 2010 – 5 S 46/09, Grundeigentum 2011, 54 (Wasserschaden durch Einbau einer ungeeigneten Mischbatterie); OLG Frankfurt 1. 8. 2014 – 2 U 17/14, juris (Reichweite der Obhutspflicht des Mieters eines Baugerüsts zur Verhinderung eines Diebstahls). 76

Patentanwalt: BGH 8. 10. 1969 – I ZR 149/67, BGHZ 52, 359 (Pflicht zur Forschung nach älteren Schutzrechten); BGH 30. 11. 1999 – X ZR 129/96, NJW-RR 2000, 791 (Aufklärungs- und Beratungspflichten des Patentanwalts bei Empfehlung eines Vergleichs). 77

Pferdepension: BGH 20. 6. 1990 – VIII ZR 182/89, NJW-RR 1990, 1422 (Hinweispflicht auf Erkrankungen von Pferden im Mietstall); OLG Frankfurt 24. 11. 1999 – 78

17 U 194/98, NJW-RR 2000, 614 (Sicherungspflicht des Betreibers einer Pferdepension für Einstellboxen).

79 **Rechtsanwalt**: Borgmann/Jungk/Grams, Anwaltshaftung (5. Aufl 2014); Fahrendorf/Mennemeyer, Die Haftung des Rechtsanwalts (9. Aufl 2017); Fischer/Fischer/Vill/Rinkler/Chab, Handbuch der Anwaltshaftung (4. Aufl 2015); Vollkommer/Greger/Heinemann, Anwaltshaftungsrecht (4. Aufl 2014). **Auskunft gegenüber Dritten**: BGH 18. 1. 1972 – VI ZR 184/70, NJW 1972, 678 (über Solvenz des Mandanten); **Beratung**: BGH 12. 12. 1957 – III ZR 155/56, VersR 1958, 127 (Belehrungspflicht nach Beendigung des Mandatsverhältnisses); BGH 9. 3. 1971 – VI ZR 156/69, VersR 1971, 641 und BGH 15. 4. 2010 – IX ZR 223/07, NJW 2010, 1961 (Verlust von Versorgungsansprüchen bei Scheidungsvereinbarung); BGH 22. 2. 1972 – VI ZR 135/70, NJW 1972, 1044 (ausländischer Vertrag); BGH 29. 4. 2003 – IX ZR 54/02, NJW-RR 2003, 1212 (Werklohnklage aus abgetretenem Recht trotz vertraglichen Abtretungsverbots); BGH 6. 2. 1992 – IX ZR 95/91, NJW 1992, 1159 (Belehrung über die mit einem Umgehungsgeschäft verbundenen Risiken); BGH 8. 12. 1983 – I ZR 183/81, BGHZ 89, 178, OLG Düsseldorf 16. 12. 2003 – 24 U 73/03, FamRZ 2004, 1647, OLG Düsseldorf 3. 6. 2013 – 9 U 147/12, NJW 2014, 399 und OLG Hamm 23. 8. 2016 – 28 U 57/15, MDR 2016, 1295 (Hinweis auf Prozessrisiko); BGH 14. 7. 2014 – IX ZR 291/14, NJW 2016, 3430, OLG Zweibrücken 11. 7. 2014 – 2 U 32/13, VersR 2015, 450 und OLG Düsseldorf 12. 2. 2015 – 24 U 35/14, VersR 2016, 1254 (Beratungspflichten beim Vergleich); BGH 21. 4. 1994 – IX ZR 123/93, NJW 1994, 2085 und BGH 8. 11. 2001 – IX ZR 64/01, NJW 2002, 292 (Beratung vor Abschluss eines bindenden Abfindungsvergleichs); BGH 18. 12. 2002 – IX ZR 365/99, NJW-RR 2003, 350 (unzureichende Belehrung über die Risiken einer fristlosen Arbeitsvertragskündigung durch den Arbeitgeber); BGH 8. 12. 2005 – IX ZR 188/04, NJW-RR 2006, 557 (Hinweispflicht abgelehnt für Abgabe einer Abschlusserklärung nach Zustellung einer einstweiligen Verfügung im gewerblichen Rechtsschutz); BGH 1. 3. 2007 – IX ZR 261/03, BGHZ 171, 261 (Aufzeigen von Handlungsalternativen und Vermutung beratungsgerechten Verhaltens); BGH 19. 3. 2009 – IX ZR 214/07, NJW 2009, 2949 und OLG Frankfurt 11. 7. 2018 – 4 U 116/17, DStR 2018, 2451 (steuerliche Risiken); BGH 14. 10. 2010 – I ZR 212/08, NJW 2011, 2138 (unvollständige Markenrecherche); BGH 7. 9. 2017 – IX ZR 71/16, NJW-RR 2017, 1459 (Pflicht zum Hinweis auf insolvenzrechtliche Anfechtbarkeit freiwilliger Zahlungen des Schuldners); OLG Hamm 18. 2. 1988 – 28 U 64/87, NJW 1988, 2383 (Hinweis auf Möglichkeit freiwilliger Weiterversicherung in der Krankenversicherung); OLG Bamberg 18. 7. 1988 – 4 U 60/88, NJW-RR 1989, 223 (Hinweis auf Möglichkeit eines Auflösungs- und Abfindungsantrags im KSchG); OLG Nürnberg 29. 6. 1995 – 8 U 4041/93, StV 1997, 481 (Pflicht des Verteidigers, Mandant und Gericht über einen besonderen Strafmilderungsgrund [konkret: Verlust der Ruhestandsbezüge bei zweijähriger Freiheitsstrafe] zu informieren); OLG Oldenburg 24. 1. 2003 – 6 U 142/02, VersR 2004, 1004 (Pflicht zur vorprozessualen Abwendung einer drohenden Klage bei erheblichem Prozessrisiko und mangelnder Erwartung, dass der Streit durch den Prozess geklärt wird); OLG Düsseldorf 18. 10. 2005 – 24 U 24/05, NJW-RR 2006, 343 (umfassende Beratung auch des scheidungswilligen Mandanten); OLG Karlsruhe 18. 3. 2010 – 12 U 218/09, NJW 2010, 1760 (Hinweispflicht auf versicherungsvertragliche Ausschlussfristen); KG 23. 9. 2013 – 8 U 173/12, NJW 2014, 397 (Abratepflicht trotz Deckungszusage); OLG Köln 26. 7. 2017 – 5 U 9/17, VersR 2018, 1264 (Falschberatung über den Anspruchsinhaber); BGH 21. 6. 2018 – IX ZR 80/17, NJW 2018, 2476 (Warn- und Hinweispflicht des

Anwalts außerhalb des ihm erteilten Mandats); **Fristwahrung**: RG 17. 2. 1921 – IV 326/20, JW 1921, 529 (rechtzeitige Beauftragung des Korrespondenzanwalts); RG 29. 10. 1937 – III 60/37, RGZ 156, 208 (Erinnerung des Mandanten an Fristen); BGH 22. 11. 1984 – VII ZR 160/84, NJW 1985, 1710, BGH 21. 3. 1990 – VIII ZB 40/89, NJW 1990, 2126, BGH 5. 3. 1991 – XI ZB 1/91, NJW 1991, 2082, BGH 2. 2. 2010 – VI ZB 58/09, NJW 2010, 1080, BGH 3. 12. 2015 – V ZB 72/15, NJW 2016, 874 und BGH 12. 6. 2018 – II ZB 23/17, NJW 2018, 2895 (organisatorische Vorkehrungen zur Fristwahrung); BGH 23. 2. 2016 – II ZB 9/15, NJW 2016, 1664, BGH 27. 9. 2018 – IX ZB 67/17, NJW-RR 2018, 1398 und BGH 23. 10. 2018 – III ZB 54/18, NJW-RR 2018, 1529 (Fristwahrung durch Telefax); BGH 29. 3. 2017 – XII ZB 567/16, NJW-RR 2017, 687 und BGH 8. 5. 2018 – VI ZB 5/17, NJW-RR 2018, 958 (fristwahrender Einwurf eines Schriftsatzes beim unzuständigen Gericht); BGH 10. 4. 2018 – VI ZB 44/16, NJW-RR 2018, 1210 (Vorkehrungen eines Einzelanwalts zur Wahrung von Fristen bei unvorhergesehenem Ausfall); BGH 14. 2. 2019 – IX ZR 181/17, NJW 2019, 1151 (Rechtsanwalt darf sich auf die Angaben des Mandanten über den Zugang einer Kündigung nicht verlassen, sondern muss sich durch Nachfragen selbst Klarheit verschaffen); **Hinweis zu Regress**: OLG Köln 22. 11. 2017 – 17 U 72/17 juris Rn 3, juris (keine Pflicht mehr zur Belehrung über den Regress gegen den Anwalt selbst, seitdem sich die Verjährung nach §§ 195, 199 Abs 1 BGB und nicht mehr nach § 51 BRAO aF bzw § 51b BRAO aF richtet; vgl zum früheren Sekundäranspruch noch BGH 23. 5. 1985 – IX ZR 102/84, BGHZ 94, 380, 385 ff, BGH 23. 6. 2005 – IX ZR 197/01 juris Rn 13, NJW-RR 2006, 279 und BGH 10. 5. 2012 – IX ZR 125/10 Rn 58, BGHZ 193, 193 [explizit zur Verjährung des primären Regressanspruchs nach dem vor dem 15. 12. 2004 geltenden Recht]); **Honorar**: BGH 13. 12. 2018 – IX ZR 216/17, NJW 2019, 676 (Hinweispflicht bei Honorarvereinbarung eines Pflichtverteidigers); **Klage**: BGH 23. 9. 2004 – IX ZR 137/03, NJW-RR 2005, 494 und OLG Düsseldorf 19. 6. 2012 – 24 U 215/11, VersR 2013, 458 (Versäumung rechtzeitiger Klageerhebung); BGH 15. 11. 2007 – IX ZR 44/04, BGHZ 174, 205 (Klageerweiterung); OLG Düsseldorf 16. 12. 1971 – 8 U 57/71, VersR 1973, 424 und OLG Bamberg 20. 11. 2018 – 6 U 19/18, NJW-RR 2019, 443 (Aussichtslosigkeit); OLG Koblenz 16. 2. 2006 – 5 U 271/05, NJW 2006, 3150 (fehlende Schlüssigkeit); **Mediation**: BGH 21. 9. 2017 – IX ZR 34/17, NJW 2017, 3442 (Pflichtverletzung des anwaltlichen Mediators bei Erarbeitung einer einverständlichen Scheidungsfolgenvereinbarung); **Prozessanwalt**: BGH 17. 12. 1987 – IX ZR 41/86, NJW 1988, 1079 und OLG Frankfurt 25. 2. 2003 – 8 U 154/02, NJW-RR 2003, 709 (Verantwortlichkeit auch bei Übernahme des Schriftsatzes eines Verkehrsanwalts); **Prozesskostenhilfe**: BGH 22. 9. 1958 – III ZR 16/58, NJW 1959, 141 (rechtzeitige Geltendmachung des Armengesuchs); **Prozessverhalten**: BGH 14. 1. 1993 – IX ZR 206/91, NJW 1993, 1323 (zweites Versäumnisurteil); BGH 4. 6. 1996 – IX ZR 51/95, NJW 1996, 2648 (Pflicht zum Hinweis des Gerichts auf die Unwirksamkeit einer Vertragsklausel); BGH 18. 12. 2008 – IX ZR 179/07, NJW 2009, 987 (Pflicht zum Hinweis des Berufungsgerichts auf ein die Rechtsauffassung des Mandanten stützendes Urteil des BGH); BGH 10. 12. 2015 – IX ZR 272/14, NJW 2016, 957 (Verpflichtung auch zu Rechtsausführungen, um einem Irrtum des Gerichts entgegenzuwirken); BGH 13. 6. 2013 – IX ZR 155/11, NJW 2013, 2965 (Umfang der Darlegungspflicht des Anwalts bei psychischen Unfallfolgeschäden); **Rechtskenntnisse**: BGH 29. 3. 1983 – VI ZR 172/81, NJW 1983, 1665 (Verschaffung erforderlicher Kenntnisse auf nicht vertrautem Rechtsgebiet); BGH 21. 9. 2000 – IX ZR 127/99, NJW 2001, 675 (Sichtung von Rechtsprechung und Literatur); BGH 13. 3. 2003 – IX ZR 181/99, NJW-RR 2003, 850 (Beachtung des Grundsatzes der obligatorischen Zivilehe bei der Rechtsberatung und vor Einreichung einer Ehescheidungsklage); BGH 3. 11. 2010 – XII ZB 197/10, NJW 2011, 386 (Übergangsvorschriften); OLG Koblenz 9. 6. 1989 – 2 U 1907/87, NJW 1989, 2699 (Kenntnis auch internationaler Regelungen); **Rechtsmittel**: BGH 20. 1. 1994 – IX ZR 46/93, NJW 1994, 1211 (pflichtwidrige Rücknahme); BGH 27. 3. 2003 – IX ZR 399/99, NJW 2003, 2022 (Empfehlung der Nichteinlegung der Nichtzulassungsbeschwerde); BGH 10. 7. 2003 – IX ZR 5/00, NJW 2003, 2986 (keine Schaffung vollendeter Tatsachen vor der Entscheidung des Mandanten über die Einlegung eines Rechtsmittels); BGH 29. 6. 2006 – IX ZR 176/04, NJW 2006, 2779 (keine Pflicht zur Nachfrage, wenn Mandant bereits durch Brief umfassend über Rechtsmittelmöglichkeiten unterrichtet ist); BGH 11. 4. 2013 – IX ZR 94/10, NJW 2013, 2036 (Umfang der Mandantenaufklärung vor Rücknahme eines Rechtsmittels); **Sachverhaltsaufklärung**: BGH 8. 10. 1981 – III ZR 190/79, NJW 1982, 437 (Dringen auf Vervollständigung der Information gegenüber dem Mandanten); BGH 15. 1. 1985 – VI ZR 65/83, NJW 1985, 1154 (Rechtsanwalt darf sich auf Richtigkeit der Mandantenangaben verlassen); BGH 2. 4. 1998 – IX ZR 107/97, NJW 1998, 2048 (Pflicht zur sorgfältigen Sachverhaltsaufklärung); **Verjährung**: BGH 7. 2. 1967 – VI ZR 101/65, VersR 1967, 704 (umfassende Anspruchsprüfung); BGH 18. 3. 1993 – IX ZR 120/92, NJW 1993, 1779 und BGH 14. 7. 1994 – IX ZR 204/93, NJW 1994, 2822 (drohende Verjährung); BGH 6. 7. 2000 – IX ZR 134/99, NJW 2000, 2661 (Verjährung wegen fehlerhaften Prozessverhaltens); BGH 13. 3. 2008 – IX ZR 136/07, NJW-RR 2008, 1235 (Gebot des sichersten Wegs bei der Prüfung von Verjährungsfristen); BGH 6. 2. 2014 – IX ZR 245/12 Rn 8 ff, BGHZ 200, 172 (Beginn der Verjährung des Regressanspruchs gegen den Anwalt nach § 199 Abs 1 BGB, wenn der Anwalt die Forderung hat verjähren lassen); OLG Köln 29. 1. 1975 – 17 U 61/74, VersR 1977, 438 (rechtzeitige Unterbrechung der Verjährung); **Weisung des Mandanten**: BGH 7. 10. 1976 – III ZR 110/74, VersR 1977, 421 (Pflicht, die Weisungen des Mandanten zu beachten); BGH 20. 3. 1984 – VI ZR 154/82, NJW 1985, 42 (muss aber auf Bedenken hinsichtlich der Weisungen aufmerksam machen); BGH 9. 11. 2017 – IX ZR 270/16, NJW 2018, 541 (Selbstanzeige gegenüber Finanzbehörde ohne Freigabe durch den Mandanten [kein Schaden]); **Zwangsvollstreckung**: RG 17. 4. 1912 – III 297/11, Recht 1912, 1583 (falsche Namensangabe bei Pfändung, Verzögerung); RG 23. 2. 1917 – III 387/16, RGZ 89, 426 (Rücknahme eines Versteigerungsantrags); RG 12. 1. 1934 – III 201/33, RGZ 143, 159 (Rechtsauskunft bezüglich Zwangsversteigerung); BGH 12. 12. 1957 – III ZR 155/56, VersR 1958, 127 (Abgabe eines Gebots im Zwangsversteigerungsverfahren durch Bürovorsteher); BGH 21. 11. 1960 – III ZR 160/59, NJW 1961, 601 (Vollstreckungsauftrag); BGH 14. 1. 1975 – VI ZR 102/74, MDR 1975, 480 (öffentlich beglaubigte Bietungsvollmacht im Versteigerungstermin); OLG Düsseldorf 26 1. 2016 – 24 U 190/14, VersR 2017, 430 (Hinweispflicht zur Vollstreckung in bereits gepfändete Forderung aus weiteren Titeln); OLG Koblenz 13. 9. 2017 – 13 W 271/17, FamRZ 2018, 941 (unterlassene Beantragung eines Pfändungsbeschlusses).

80 **Rechtsbeistand**: BGH 8. 6. 1971 – VI ZR 30/70, BB 1971, 981 (Anforderungen an Rechtskenntnisse).

81 **Rechtsberatung durch Gewerkschaften**: BGH 26. 2. 1981 – VII ZR 50/80, NJW 1981, 1553 (Verjährung einer Forderung); BGH 9. 7. 1984 – II ZR 60/84, NJW 1985, 44 (Sachprüfungspflicht); BGH 10. 1. 2002 – III ZR 62/01, NJW 2002, 1115 (gleiche Sorgfaltsanforderungen für Rechtssekretäre der Gewerkschaft wie für Rechtsanwälte, wenn sie Gewerkschaftsmitglieder im Prozess vertreten).

Reinigungsunternehmen: LG Freiburg 21. 8. 1986 – 3 S 86/86, NJW-RR 1987, 89. **82**

Reitlehrer: OLG Koblenz 6. 6. 1990 – 5 U 401/89, NJW-RR 1991, 150. **83**

Steuerberater: GRÄFE/LENZEN/SCHMEER, Steuerberaterhaftung (6. Aufl 2017); KRÜSKE, Die zivilrechtliche Haftung von Steuerberatern (2012); NICKERT/NICKERT/LIENHARD, Die Haftung des Steuerberaters (2. Aufl 2015); **Beratung**: BGH 18. 12. 1985 – IVa ZR 21/84, NJW-RR 1986, 646 und OLG Oldenburg 28. 6. 2000 – 4 U 35/00, Stbg 2000, 471 (Empfehlung steuerlich ungünstiger Gesellschaftsformen, Pflicht zur Empfehlung des „sichersten Weges"); BGH 12. 3. 1986 – IVa ZR 183/84, NJW-RR 1986, 1348 (unvollständige Angabe von Betriebsausgaben); BGH 25. 2. 1987 – IVa ZR 162/85, NJW-RR 1987, 1377 (Belehrung auch ungefragt, wenn in vergleichbaren Situationen Fehler häufig vorkommen); BGH 4. 3. 1987 – IVa ZR 222/85, NJW-RR 1987, 1375 (keine Mitverantwortung für unternehmerische Fehlentscheidung des Mandanten); BGH 7. 5. 1992 – IX ZR 151/91, NJW-RR 1992, 1110 (Veranlassung nachteiliger, wenn auch richtiger Änderung eines Steuerbescheids); BGH 26. 1. 1995 – IX ZR 10/94, BGHZ 128, 358 (Anforderungen an die Hinweispflicht des Steuerberaters auf offensichtlich steuerliche Fehlentscheidungen des Mandanten außerhalb des Mandatsauftrags); BGH 16. 10. 2003 – IX ZR 167/02, NJW-RR 2004, 1210 (Belehrung über alternative Möglichkeiten der Inanspruchnahme von Steuervergünstigungen); BGH 6. 2. 2003 – IX ZR 77/02, NJW-RR 2003, 1064 (Prüfungsvorbehalt bei der Veräußerung eines Betriebsgrundstücks); BGH 6. 6. 2013 – IX ZR 204/12, NJW 2013, 2345 (verspäteter Insolvenzantrag aufgrund fehlerhafter Auskunft zur Überschuldung); BGH 6. 2. 2014 – IX ZR 53/13, NJW-RR 2014, 827 (Hinweispflicht bei der Erörterung der Insolvenzreife der beratenen Gesellschaft); BGH 8. 9. 2016 – IX ZR 255/13, NJW-RR 2017, 566 (Umfang der Pflichten bei der Beratung einer Gesellschaft bürgerlichen Rechts); BGH 6. 12. 2018 – IX ZR 176/16, NJW-RR 2019, 373 (Pflicht des Steuerberaters zum Hinweis über seine wirtschaftliche Beteiligung an dem eine steuersparende Anlage vermittelnden Unternehmen); OLG Hamm 30. 1. 2002 – 25 U 11/00, GI 2002, 166 (Aufklärung über die Voraussetzungen für die Gewährung einer Investitionszulage); OLG Koblenz 27. 3. 2003 – 5 U 1328/02, VersR 2003, 1412 (beratungsresistentes Verhalten des Mandanten); OLG Düsseldorf 4. 11. 2014 – 23 U 168/13, DStRE 2015, 1085 (Aufklärung über Entstehung und Vermeidung von Nachzahlungszinsen); OLG München 23. 12. 2015 – 15 U 2063/14, MDR 2016, 424 (unzureichende Beratung eines italienischen Fußballprofis über Kirchensteuer); **Buchführung**: BGH 5. 10. 1967 – VII ZR 17/65, VersR 1968, 48 und BGH 24. 6. 1968 – VII ZR 50/66, BB 1968, 1263 (Verlust von Steuervergünstigungen); OLG Düsseldorf 30. 5. 1974 – 8 U 164/72, Betrieb 1974, 1616 (Überwachung); **Fristwahrung**: OLG Köln 13. 6. 1973 – 2 U 195/72, VersR 1974, 671 (Antrag auf Befreiung von der Krankenversicherungspflicht); BGH 9. 6. 1982 – IVa ZR 9/81, BGHZ 84, 244 und BGH 17. 10. 1991 – IX ZR 255/90, BGHZ 115, 382 (verspätete Einreichung der Steuererklärung); **Hinweis zu Regress**: BGH 7. 5. 2015 – IX ZR 186/14, NJW 2015, 2326 (keine Verpflichtung zum Hinweis auf einen möglichen Regressanspruch gegen einen früheren Steuerberater und dessen drohende Verjährung, wenn das Mandat nur den Einspruch gegen einen Steuerbescheid betrifft); s im Übrigen Rn 79 (Rechtsanwalt [Hinweis zu Regress]: das dort Ausgeführte gilt nach Aufhebung des § 68 StBerG aF auch für die Haftung des Steuerberaters); **Rechtsbehelf**: BGH 11. 5. 1999 – IX ZR 298/97, NJW 1999, 2435 (Pflicht zur Belehrung über die Frist zur Anfechtung eines Steuerbescheides, auch wenn der Steuerberater eine Klage für aussichtslos hält); KG 8. 9. 2006 – 4 U **84**

119/05, VersR 2007, 704 (Pflicht zur Einlegung eines Einspruchs bei tatsächlicher Kenntnis einer finanzgerichtlichen Entscheidung, in der wegen grundsätzlicher Bedeutung die Revision zugelassen wurde); BGH 6. 11. 2008 – IX ZR 140/07, BGHZ 178, 258 und OLG Köln 13. 9. 2007 – 8 U 19/07, VersR 2008, 790 (Anfechtung des Steuerbescheides, wenn sich die Feststellung der Verfassungswidrigkeit einer Rechtsnorm durch das BVerfG abzeichnet, insbes nach Veröffentlichung eines entsprechenden Vorlagebeschlusses durch den BFH); BGH 25. 9. 2014 – IX ZR 199/13, NJW 2015, 770 (Rücknahme eines Einspruchs ohne Zustimmung des Mandanten); **Rechtskenntnisse**: BGH 2. 7. 1959 – VII ZR 169/58, VersR 1959, 902 (Beachtung von Bilanz- und Steuervorschriften); BGH 3. 6. 1993 – IX ZR 173/92, NJW 1993, 2799 (Berücksichtigung höchstrichterlicher Rechtsprechung); BGH 25. 9. 2014 – IX ZR 199/13, NJW 2015, 770 (aber keine Verpflichtung, ohne besonderen Anlass die Jahresberichte des BFH einzusehen); BGH 15. 7. 2004 – IX ZR 472/00, NJW 2004, 3487 (Pflicht zum Hinweis auf in der Fachpresse berichtete Pläne zur Änderung des Steuerrechts [im konkreten Fall wegen überraschender Änderung verneint]); BGH 8. 2. 2007 – IX ZR 188/05, NJW-RR 2007, 1556 (Steuerberater muss bei zweifelhafter Rechtslage beim Finanzamt nachfragen); **Selbstanzeige**: RG 10. 6. 1942 – III 14/42, RGZ 169, 267 (Abhalten von Selbstanzeige); OLG Celle 11. 2. 2009 – 3 U 226/08, Betrieb 2009, 616 (Pflicht zum Hinweis auf die Gefahr der Festsetzung von Vermögenssteuer im Fall der Selbstanzeige); OLG Nürnberg 24. 2. 2017 – 5 U 1687/16, DStRE, 2017, 1531 (vom Steuerberater verzögerte Selbstanzeige); vgl aber auch BGH 9. 11. 2017 – IX ZR 270/16, NJW 2018, 541 (Abgabe der Selbstanzeige durch Berater [hier Rechtsanwalt] ohne Freigabe durch Mandanten [kein Schaden]).

85 **Treuhänder**: BGH 29. 10. 1952 – II ZR 283/51, BGHZ 7, 371 (Sorgfaltspflicht bei Auskunftserteilung); BGH 11. 5. 1989 – VII ZR 12/88, NJW-RR 1989, 1102 (Kontrollpflicht hinsichtlich Verwendung der anvertrauten Mittel); BGH 5. 7. 1990 – VII ZR 26/89, NJW 1990, 2464 (Prüfung öffentlich-rechtlicher Nutzungsbeschränkungen von Eigentumswohnungen); BGH 21. 12. 2005 – III ZR 9/05, BGHZ 165, 298 (unzureichende Insolvenzsicherung angelegter Gelder); BGH 12. 2. 2009 – III ZR 90/08, NJW-RR 2009, 613 (Pflicht zur Information über regelwidrige Auffälligkeiten, die sich so nicht aus dem Emissionsprospekt erschließen); BGH 12. 12. 2013 – III ZR 404/12, NJW-RR 2014, 559 (keine Aufklärungspflicht über Eigenkapitalvermittlungsprovision, wenn sich diese bereits aus dem Anlageprospekt ergibt); BGH 29. 7. 2014 – II ZB 1/12, WM 2014, 2040 (unrichtige Angaben im Anlageprospekt); OLG Frankfurt 16. 2. 2017 – 3 U 167/15, juris (Pflicht zum Hinweis auf Fehler im Emissionsprospekt); s zur uneigentlichen Prospekthaftung von Treuhändern STAUDINGER/FELDMANN (2018) § 311 Rn 213 ff.

86 **Unternehmenskauf**: OLG Oldenburg 22. 6. 2006 – 1 U 34/03, NZG 2007, 434 (unterlassene Durchführung einer Due Diligence durch die Geschäftsführung).

87 **Verleiher von Arbeitskräften**: BGH 13. 5. 1975 – VI ZR 247/73, NJW 1975, 1695 (sorgfältige Auswahl des Personals).

88 **Vermögensverwalter, Wertpapierdienstleister**: BGH 28. 10. 1997 – XI ZR 260/96, BGHZ 137, 69 und OLG Hamm 2. 2. 2012 – 34 U 122/10, BKR 2013, 159 (Anlageentscheidungen des Verwalters müssen sich im Rahmen vereinbarter Anlagerichtlinien halten); BGH 4. 4. 2002 – III ZR 237/01, NJW 2002, 1868 (Haftung des Ver-

walters wegen unzureichender Aufklärung beim Erwerb besonders risikobehafteter [„Marktenge"]Aktien an der NASDAQ-Computerbörse); BGH 8. 3. 2005 – XI ZR 170/04, BGHZ 162, 306 (Pflicht zur auf die Anlageziele des Kunden abgestimmten Empfehlung von Anlageprodukten); BGH 19. 12. 2006 – XI ZR 56/05, BGHZ 170, 226 und BGH 12. 5. 2009 – XI ZR 586/07, NJW 2009, 2298 (Aufklärungspflicht über verdeckte Rückvergütungen aus den Ausgabeaufschlägen und jährlichen Verwaltungsgebühren an den Verwalter); BGH 20. 1. 2009 – XI ZR 510/07, NJW 2009, 1416 (Aufklärungspflicht über Rückvergütungen bei der Vermittlung von Anteilen an Medienfonds); BGH 27. 11. 2014 – III ZR 294/13, NJW-RR 2015, 368 (vorsätzliches Organisationsverschulden durch unterlassene Anweisung an die Mitarbeiter, über Beteiligungsverhältnisse und Provisionsvereinbarungen wahrheitsgemäß zu informieren); OLG Frankfurt 27. 6. 1995 – 16 U 156/94, WM 1996, 665 (Pflicht, auch im Rahmen eines bloßen Depotverwaltungsvertrages für gebotene Risikostreuung zu sorgen); OLG Düsseldorf 15. 7. 2003 – 24 U 16/03, MDR 2004, 387 (Pflicht zur anlegergerechten Beratung und Investition); OLG München 5. 12. 2012 – 19 U 2682, WM 2013, 612 (Halteempfehlung); Die Verhaltens-, Organisations- und Transparenzpflichten des Wertpapierdienstleisters sind ua in §§ 63 ff WertpapierhandelsG geregelt (oben Rn 33). S näher Assmann/Schneider/Mülbert/Koller, Wertpapierhandelsgesetz (7. Aufl 2019) Erl zu §§ 63 ff.

89 **Waschanlage**: BGH 23. 1. 1975 – VII ZR 137/73, NJW 1975, 685 (Pflicht, geeignete Vorkehrungen gegen Beschädigungen zu ergreifen); BGH 19. 7. 2018 – VII ZR 251/17, NJW 2018, 2956 (Information über Verhaltensregeln); LG Bonn 22. 3. 1996 – 4 S 140/95, VersR 1997, 718, OLG Saarbrücken 28. 3. 2013 – 4 U 26/12, NJW-RR 2013, 660 (verkehrssichernde Maßnahmen); OLG Karlsruhe 24. 6. 2015 – 9 U 29/14, NJW-RR 2016, 146 (für Waschanlage ungeeigneter Pkw-Typ); OLG Frankfurt 14. 12. 2017 – 11 U 43/17, NJW 2018, 637 (defekter Sensor [hier: Entlastung des Waschanlagenbetreibers]).

90 **Wirtschaftsprüfer**: Meixner/Schröder, Wirtschaftsprüferhaftung (2013); BGH 21. 5. 1959 – VII ZR 66/58, BB 1959, 935 (Umfang der Beratung bei Kapitalerhöhung); BGH 10. 11. 1960 – VII ZR 112/59, VersR 1961, 117 (Schutz eines Wirtschaftsprüfungsunternehmens durch Vereinbarung unverzüglicher Schadensmeldung durch Auftraggeber); BGH 5. 12. 1972 – VI ZR 120/71, NJW 1973, 321 (Richtigkeit des Jahresabschlusses); BGH 20. 2. 1975 – III ZR 14/73, BB 1975, 1179 (Beteiligungsempfehlung); BGH 19. 3. 1986 – IVa ZR 127/84, NJW-RR 1986, 1307 (Auskunft über Bonität des Kreditnehmers); BGH 19. 11. 2009 – III ZR 109/08, NJW 2010, 1279 (Mittelverwendungskontrolle); BGH 19. 4. 2012 – III ZR 224/10, ZIP 2012, 1128 (fehlerhafte Beratung bei einer Fusion).

91 **Wohnungsverkäufer**: BGH 19. 10. 2007 – V ZR 211/06, BGHZ 174, 61 (Verkäufer muss darauf hinwirken, dass unrichtige Grundbuchpositionen beseitigt werden, die der Umschreibung des Eigentums entgegenstehen); BGH 10. 10. 2008 – V ZR 175/07, NJW 2008, 3699 (Verkäufer muss Käufer über Leerstand des Kaufobjekts auch bei Übernahme einer Mietgarantie aufklären).

b) Grobe Fahrlässigkeit

92 Das Gesetz hebt von der normalen, in Abs 2 definierten Fahrlässigkeit in einer Reihe von Bestimmungen auf die grobe Fahrlässigkeit ab. Innerhalb des BGB

begrenzt die grobe Fahrlässigkeit den Anwendungsbereich des konkreten Fahrlässigkeitsmaßstabes des § 277 BGB, erfüllt die Funktion von Haftungseinschränkungen bei bestimmten Schuldverhältnissen (§§ 300 Abs 1, 442 Abs 1 S 2, 521, 599, 680, 968 BGB), begrenzt die Möglichkeit von Haftungsausschlüssen (§ 309 Nr 7 lit b BGB) und bildet die Grenze des gutgläubigen Erwerbs beweglicher Sachen und von Wechseln sowie die Duldungspflicht beim Überbau (§§ 912 Abs 1, 932 Abs 2, 936 Abs 2 BGB, Art 16 Abs 2 WechselG). Vielfach dient die grobe Fahrlässigkeit auch dazu, den Geltungsbereich von Haftungsbeschränkungen einzugrenzen (§§ 675v Abs 3 Nr 2, 675z S 2 HS 2 BGB im Zahlungsdiensterecht, § 435 HGB, der den Begriff „leichtfertig" verwendet [dazu BGH 25. 3. 2004 – I ZR 205/01, BGHZ 158, 322, 326 ff = NJW 2004, 2445], §§ 46 Abs 2 S 2, 47 Abs 5 LuftVG), ist Maßstab für die Begrenzung von Regressrechten (zB § 110 Abs 1 SGB VII, Art 34 S 2 GG, § 75 Abs 1 S 1 BBG) und begrenzt die Leistungsverpflichtung des Versicherers bei Obliegenheitsverletzungen des Versicherungsnehmers (§§ 28 Abs 2 S 2 HS 1, 81 Abs 2, 137 Abs 1 VVG). Erhebliche Bedeutung hat der Begriff auch für die Haftung des Arbeitnehmers gegenüber dem Arbeitgeber und Arbeitskollegen erlangt. Er bezeichnet dort die Grenze, hinter der der Arbeitnehmer grundsätzlich voll haftet (st Rspr, s nur BAG 12. 11. 1998 – 8 AZR 221/97, NJW 1999, 966, 967; BAG 28. 10. 2010 – 8 AZR 418/09 Rn 17, NJW 2011, 1096; s auch noch Rn 135 ff). Im *öffentlichen Recht* begrenzt die grobe Fahrlässigkeit den Schutz des Vertrauens auf begünstigende Verwaltungsakte (§§ 48 Abs 2 S 3 Nr 3 VwVfG, § 45 Abs 2 S 3 Nr 2 und 3 SGB X). Mitunter kann der Begriff „Verschulden" iS von grober Fahrlässigkeit zu verstehen sein, so in Art 29 CMR (BGH 14. 7. 1983 – I ZR 128/81, BGHZ 88, 157, 159 ff = NJW 1984, 565).

93 Die grobe Fahrlässigkeit wird im Anschluss an Formulierungen in der Rechtsprechung des RG, aber auch des BGH als ein Verhalten definiert, durch das die im Verkehr erforderliche Sorgfalt **in besonders schwerem, ungewöhnlichem Maße** verletzt wird. Eine Begriffsbestimmung entsprechenden Inhalts enthält jetzt § 45 Abs 2 S 3 Nr 3 HS 2 SGB X. In der Rechtsprechung wird grob fahrlässiges Verhalten meist näher dahin beschrieben, dass „dasjenige unbeachtet geblieben ist, was im gegebenen Fall jedem einleuchten muss" (RG 26. 5. 1933 – VII 69/33, RGZ 141, 129, 131; RG 21. 3. 1940 – V 4/40, RGZ 163, 104, 106; BGH 11. 5. 1953 – IV ZR 170/52, BGHZ 10, 14, 16; BGH 29. 9. 1992 – XI ZR 265/91, NJW 1992, 3235, 3236; BGH 17. 10. 2000 – XI ZR 42/00, BGHZ 145, 337, 340 = NJW 2001, 286; BGH 11. 7. 2007 – XII ZR 197/05 Rn 15, NJW 2007, 2988; BGH 10. 10. 2013 – III ZR 345/12 Rn 26, NJW-RR 2014, 90; BGH 3. 11. 2016 – III ZR 286/15 Rn 17, NJW-RR 2017, 596). Diese Formulierungen treffen insofern zu, als sie zum Ausdruck bringen, dass die grobe Fahrlässigkeit in **objektiver** Hinsicht einen höheren Grad an Außerachtlassung der im Verkehr erforderlichen Sorgfalt bedeutet. In diesem Sinne legen vor allem klare Verstöße gegen eindeutig formulierte, dem Schutz anderer dienende Normen (etwa Unfallverhütungsvorschriften) das Vorliegen grober Fahrlässigkeit nahe (BGH 30. 1. 2001 – VI ZR 49/00, NJW 2001, 2092, 2093; MünchKomm/Grundmann Rn 99; Soergel/Pfeiffer Rn 135; s aber noch Rn 101).

94 Zu wenig deutlich wird in den genannten Formulierungen aber, dass die grobe Fahrlässigkeit, wie in der Rechtsprechung anerkannt, auch einen schweren **subjektiven** Vorwurf beinhaltet (BGH 11. 7. 1967 – VI ZR 14/66, VersR 1967, 909, 910; BGH 12. 1. 1988 – VI ZR 158/87, NJW 1988, 1265, 1266; BGH 10. 10. 2013 – III ZR 345/12 Rn 26 ff, NJW-RR 2014, 90; BAG 22. 2. 1972 – 1 AZR 223/71, AP BGB § 611 Haftung des Arbeitnehmers Nr 70 = NJW 1972, 1388; Soergel/Pfeiffer Rn 133; einschränkend MünchKomm/Grundmann Rn 95, 104 ff; **aA**

PWW/Schmidt-Kessel/Kramme Rn 20; **abl** auch Fatemi 107 ff, 129 f). Zweckmäßiger erscheint es daher, eine Formulierung zu wählen, wie sie das BSG (20. 9. 1977 – 8/12 RKg 8/76, NJW 1978, 1175, 1176 = Betrieb 1978, 307, 308) im Zusammenhang mit der Außerachtlassung von Unfallverhütungsvorschriften entwickelt hat. Danach erfordert grobe Fahrlässigkeit „eine besonders grobe und auch subjektiv schlechthin unentschuldbare Pflichtverletzung, die das gewöhnliche Maß an Fahrlässigkeit erheblich übersteigt", wobei „das Maß der Fahrlässigkeit insbesondere nach den persönlichen Umständen, der Kritikfähigkeit, dem Einsichtsvermögen des Beteiligten wie den besonderen Umständen des Falles zu beurteilen" ist (ähnlich jetzt auch BGH 8. 10. 1991 – XI ZR 238/90, NJW 1992, 316, 317; BGH 30. 1. 2001 – VI ZR 49/00, NJW 2001, 2092, 2093; BGH 29. 1. 2003 – IV ZR 173/01, NJW 2003, 1118, 1119; BGH 11. 7. 2007 – XII ZR 197/05 Rn 15, NJW 2007, 2988; BGH 10. 2. 2009 – VI ZR 28/08 Rn 34, NJW 2009, 1482; BGH 26. 1. 2016 – XI ZR 91/14 Rn 71, BGHZ 208, 331 = NJW 2016, 2024).

Die Notwendigkeit eines schweren auch subjektiven Vorwurfs bedingt eine Beurteilung der **individuellen Kenntnisse**, Erfahrungen und der Einsichtsfähigkeit des Handelnden. Unerfahrenheit und Unbeholfenheit können grobe Fahrlässigkeit ausschließen. Auch die konkrete Situation ist zu beachten, insbesondere kann eine plötzlich auftretende Gefahrenlage das Verschulden geringer erscheinen lassen. Dies gilt auch für ärztliche Behandlungsfehler (OLG München 18. 4. 1991 – 1 U 6113/90, NJW-RR 1991, 1432; **aA** MünchKomm/Grundmann Rn 95 unter Hinweis auf BGH 10. 5. 1983 – VI ZR 270/81, NJW 1983, 2080, 2081). Allerdings kann die Übernahme einer Behandlung durch einen unerfahrenen Arzt auch ein subjektiv grob fahrlässiges Verhalten darstellen. 95

Subjektive Vorwerfbarkeit kann *sinnvollerweise* nur dort verlangt werden, wo es um die Haftung einer **natürlichen Person** geht. Bei großen Unternehmen und Behörden muss der objektiv schwere Pflichtverstoß genügen, weil ihnen zugemutet werden kann, subjektives Fehlverhalten ihrer Bediensteten durch eine entsprechende Organisation zu vermeiden, und weil der Geschädigte, wenn ihm nicht die Beweislastregeln der §§ 280 Abs 1 S 2, 286 Abs 4 BGB zu Hilfe kommen, nur den Beweis objektiven Fehlverhaltens führen kann (Röhl JZ 1974, 521, 526; zust Baumgärtel/Laumen/Prütting/Repgen § 277 Rn 2). 96

Wann in objektiver und subjektiver Hinsicht grobe Fahrlässigkeit vorliegt, lässt sich **nur im einzelnen Fall** bestimmen. Die Regeln des *Anscheinsbeweises* sind hierfür wegen des subjektiven, auf die betreffende Person bezogenen Elements grundsätzlich nicht geeignet (s auch BGH 9. 4. 1968 – VI ZR 13/67, VersR 1968, 668 f; BGH 7. 5. 1974 – VI ZR 138/72, NJW 1974, 1377; BGH 29. 1. 2003 – IV ZR 173/01, NJW 2003, 1118, 1119; BGH 26. 1. 2016 – XI ZR 91/14 Rn 73, BGHZ 208, 331 = NJW 2016, 2024; OLG Düsseldorf 29. 9. 2005 – 10 U 203/04, NJW-RR 2006, 319; BAG 20. 3. 1973 – 1 AZR 337/72, AP BGB § 611 Haftung des Arbeitnehmers Nr 72 = BB 1973, 1396; **aA** Baumgärtel/Laumen/Prütting/Repgen § 277 Rn 3; zum Anscheinsbeweis in Fällen, in denen an Geldausgabeautomaten mit der EC-Karte unter Verwendung der zutreffenden Geheimnummer Geld abgehoben wird, s jedoch BGH 17. 10. 2000 – XI ZR 42/00, BGHZ 145, 337, 340 ff = NJW 2001, 286; BGH 5. 10. 2004 – XI ZR 210/03, BGHZ 160, 308, 312 ff = NJW 2004, 3623; OLG Karlsruhe 6. 5. 2008 – 17 U 170/07, WM 2008, 1549; LG Berlin 22. 6. 2010 – 10 S 10/09, NJW-RR 2011, 352, 353 f; LG Würzburg 29. 9. 2011 – 53 S 1573/11, BKR 2011, 526, 527 f; s auch BVerfG [3. Kammer des Ersten Senats] 8. 12. 2009 – 1 BvR 2733/06, NJW 2010, 1129, 1130). Ihre Feststellung ist deshalb auch in erster Linie Sache des Tatrichters (vgl 97 unten Rn 141). Die höchstrichterliche Rechtsprechung vermag also nur gewisse Anhaltspunkte zu geben.

Aus der **Rechtsprechung** zu nennen sind etwa:

98 **Bankgeschäfte: EC-Karte**: BGH 5. 10. 2004 – XI ZR 210/03, BGHZ 160, 308; OLG Karlsruhe 6. 5. 2008 – 17 U 170/07, WM 2008, 1549 und LG Würzburg 29. 9. 2011 – 53 S 1573/11, BKR 2011, 526 (Vermerken der Geheimzahl auf der EC-Karte oder gemeinsame Verwahrung); OLG Köln 25. 10. 1995 – 13 U 28/95, NJW-RR 1996, 619 (Zurücklassen einer Jacke mit Brieftasche, in der Ausweispapiere und EC-Karte aufbewahrt wurden, während zeitweiliger Abwesenheit in unverschlossenem Büro, selbst wenn nicht jedermann unkontrollierten Zugang hat); LG Hamburg 23. 11. 2001 – 313 S 116/01, NJW-RR 2002, 264 und LG Berlin 22. 6. 2010 – 10 S 10/09, NJW-RR 2011, 352 (Zurücklassen der EC-Karte im unbewachten Pkw); BGH 17. 10. 2000 – XI ZR 42/00, BGHZ 145, 337 (keine grobe Fahrlässigkeit beim Aufbewahren von EC-Karte und Geheimnummer an verschiedenen Stellen der Wohnung, sodass ein Unbefugter, der eines von beiden gefunden hat, weitersuchen muss, so beim Verwahren der Originalmitteilung der Geheimnummer in einer Plastikhülle, verborgen unter zahlreichen ungeordneten Papieren in einer unverschlossenen Schublade und Verwahren der EC-Karte in einem unverschlossenen Behältnis zwischen Briefen und Notizen); **Online-Banking**: BGH 26. 1. 2016 – XI ZR 91/14 Rn 69 ff, BGHZ 208, 331 (allein die Aufzeichnung der Nutzung eines Zahlungsauthentifizierungsinstruments und die Prüfung der Authentifizierung iS von § 675w S 3 Nr 4 BGB rechtfertigen nicht die Anwendung der Grundsätze des Anscheinsbeweises für eine grob fahrlässige Pflichtverletzung des Zahlers); OLG Oldenburg 21. 8. 2018 – 8 U 163/17, juris („Testüberweisung“: unzureichende Kontrolle einer SMS durch den Kunden); **Scheck**: BGH 30. 9. 2003 – XI ZR 232/02, NJW-RR 2004, 45 (Hereinnahme abhandengekommener Schecks durch eine Bank); OLG Frankfurt 17. 1. 2003 – 10 U 30/02, NJW-RR 2003, 555 (Verwahrung von Reiseschecks in einem Aktenkoffer unter dem Sitz eines auf öffentlichem Gelände abgestellten Fahrzeugs); **Schließfach**: OLG Koblenz 22. 2. 1996 – 5 U 929/95, NJW-RR 1997, 331 (unterlassene Warnung der Schließfachkunden durch Bankangestellte, obwohl das Wasser im Schließfachkeller bereits 1 cm hoch steht).

99 **Brandgefahren: Benzin**: OLG Hamm 4. 4. 2014 – 9 U 120/15, juris (unsachgemäße Entleerung eines Kraftfahrzeugtanks in einer Mietwerkstatt); **Feuerwerkskörper**: OLG Naumburg 28. 3. 2011 – 4 W 12/11, NJW-RR 2011, 901 (Katzenjagd mit zwei Feuerwerkskörpern im Keller mit anschließendem Hausbrand); **Feuerzeug**: OLG Hamm 15. 4. 1997 – 9 U 219/96, VersR 1998, 722 (Eltern handeln grob fahrlässig, wenn sie Wunderkerzen und Feuerzeug für ihre sechseinhalb Jahre alte Tochter ohne Weiteres erreichbar aufbewahren und zugleich zulassen, dass sich die Tochter gemeinsam mit Nachbarskindern ohne Aufsicht in der Wohnung aufhält); OLG Hamm 11. 2. 1998 – 30 U 167/97, VersR 1999, 843 (einmaliges offenes Liegenlassen eines Feuerzeuges auf dem Wohnzimmertisch ist nicht grob fahrlässig, wenn es sonst außer Reichweite des knapp fünfjährigen Kindes aufbewahrt wurde); **Kaminofen**: OLG Hamm [Hinweisbeschluss] 10. 2. 2016 – 20 U 207/15, VersR 2018, 997 (Selbsteinbau unter Missachtung der Installationsanleitung); **Küche**: BGH 10. 5. 2011 – VI ZR 196/10, NJW-RR 2011, 1055 (keine grobe Fahrlässigkeit der Brandverursachung durch einen im Kochen unerfahrenen Hausmann, wenn dieser während des Erhitzens von

Fett vorübergehend die Küche verlässt); OLG Karlsruhe 7. 2. 2008 – 12 U 126/07, VersR 2008, 639 (Verlassen der Küche für zirka zwei Minuten, während Fett auf dem Herd erhitzt wird, ist nicht grob fahrlässig; anders LG Göttingen 17. 9. 2015 – 8 O 170/14, RuS 2015, 611 [Erhitzen von Fett auf einem Gasherd]); OLG Düsseldorf 10. 12. 2009 – 10 U 88/09, NJW-RR 2010, 695 (keine grobe Fahrlässigkeit, wenn die Mieterin die Wohnung verlässt, ohne die Herdplatte mit einem Topf erhitztem Schmalz abzuschalten); OLG Naumburg 11. 11. 2013 – 6 U 21/13, NJW-RR 2014, 925 (versehentliches Einschalten des Ceranfeldes und vorübergehendes Verlassen der Küche ist nicht grob fahrlässig); **Sauna**: OLG Hamm [Hinweisbeschluss] 15. 1. 2016 – 20 U 219/15, NJW-RR 2016, 1179 (Ablage von entflammbaren Gegenständen auf dem Ofen einer als Abstellraum genutzten Sauna); **Schweißarbeiten**: OLG Düsseldorf 9. 3. 1995 – 13 U 70/94, VersR 1996, 512 (Schweißarbeiten an einem verschlossenen Stalltor ohne hinreichende Sicherungsmaßnahmen idR grob fahrlässig); OLG Oldenburg 25. 9. 2001 – 12 U 84/01, VersR 2003, 1262 (Schweißarbeiten im Sägewerk über einer Grube mit Sägespänen ist grob fahrlässig); LG Itzehoe 29. 8. 2003 – 3 O 108/02, NJW-RR 2004, 183 (Schweiß- und Flexarbeiten in drei Meter Entfernung von eingelagertem Stroh auch bei Aufstellen einer feuerfesten Platte ist grob fahrlässig); **Zigarette**: OLG Hamm 17. 12. 1999 – 9 U 150/99, NJW-RR 2000, 911 (Entsorgen eines fünf Minuten vorher auf einem Glasteller ausgedrückten Zigarettenrestes in eine mit Papierresten gefüllte Plastiktüte ist nur dann grob fahrlässig, wenn die Zündfähigkeit noch erkennbar war); LG Ansbach 1. 9. 1999 – 2 O 1141/97, NVersZ 2000, 240 (Entsorgen einer Zigarettenkippe in Plastikmülleimer ist grob fahrlässig).

Straßenverkehr einschließlich Kfz-Diebstahl: Greger/Zwickel Haftungsrecht des Straßenverkehrs (5. Aufl 2014) § 32 Rn 110 ff; **Alkohol**: BGH 7. 5. 1974 – VI ZR 138/72, NJW 1974, 1377 (Steuern eines Kfz unter Alkoholeinfluss kann grob fahrlässig sein, auch wenn der Entschluss zu fahren durch alkoholbedingte Enthemmung beeinflusst worden ist); BGH 22. 2. 1989 – IVa ZR 274/87, NJW 1989, 1612 (Fahren in absolut fahruntüchtigem Zustand ist grundsätzlich grob fahrlässig); BAG 15. 11. 2012 – 8 AZR 705/11, EzA BGB 2002 § 611 Arbeitnehmerhaftung Nr 4 (Blutalkoholkonzentration von 0,94 Promille zwei Stunden nach dem Unfall bei Ausfallerscheinungen des Fahrers); **Ampel**: BGH 8. 7. 1992 – IV ZR 223/91, BGHZ 119, 147, BGH 29. 1. 2003 – IV ZR 173/01, NJW 2003, 1118 und BGH 15. 7. 2014 – VI ZR 452/13, NJW 2014, 3234 (Überfahren einer Kreuzung bei Rotlicht ist nicht in jedem Fall grob fahrlässig); BAG 12. 11. 1998 – 8 AZR 221/97, NJW 1999, 966 (Nichtbeachten einer auf „Rot" geschalteten Lichtzeichenanlage durch einen Berufskraftfahrer ist in der Regel grob fahrlässig); OLG Koblenz 28. 10. 2010 – 2 U 1021/09, NJW-RR 2011, 465 (Fehlreaktion aufgrund akustischen Signals kann grobe Fahrlässigkeit ausschließen); **Diebstahl**: BGH 5. 2. 1959 – II ZR 69/57, MDR 1959, 373 und OLG Frankfurt 7. 2. 1997 – 24 U 108/95, OLGR 1997, 95 (Abstellen eines Lkw[-Anhängers] auf unbewachtem Parkplatz bzw auf öffentlicher Straße zur Nachtzeit ist nicht in jedem Fall grob fahrlässig); BGH 6. 2. 1974 – VIII ZR 12/73, NJW 1974, 900 (grobe Fahrlässigkeit eines Garagenbetreibers, der Schlüssel für bei ihm eingestellte Fahrzeuge nicht gegen Missbrauch durch sein Personal sichert); BGH 14. 7. 1986 – IVa ZR 22/85, NJW 1986, 2838 und OLG Koblenz 25. 4. 2002 – 2 U 1513/01, OLGR 2002, 318 (idR keine grob fahrlässige Herbeiführung einer Fahrzeugentwendung bei Zurücklassen von Fahrzeugschlüsseln im abgeschlossenen Handschuhfach); BGH 17. 4. 1997 – I ZR 97/95, NJW-RR 1997, 1392 (Sorgfaltsanforderungen an Frachtführer beim Abstellen eines voll beladenen Lkw auf einem 100 unbewachten Parkplatz in der Nähe von Mailand bei dort bestehender außergewöhnlich hoher Diebstahls- und Raubgefahr); OLG Düsseldorf 30. 7. 1997 – 4 W 32/97, VersR 1998, 236 (Abstellen zweier Lkw mit beladenen und durch je ein Vorhängeschloss gesicherten Kastenaufbauten auf einer belebten, beleuchteten Straße in einem Industriegelände schräg gegenüber einem Wohnhaus ist nicht grob fahrlässig); **Einnicken am Steuer**: BGH 5. 2. 1974 – VI ZR 52/72, NJW 1974, 948 und OLG Frankfurt 3. 7. 1997 – 3 U 109/96, MDR 1998, 215 (begründet für sich genommen keine grobe Fahrlässigkeit); **Fahrfehler**: BAG 28. 5. 1960 – 2 AZR 548/59, BAGE 9, 243 (Wechsel auf die linke Fahrbahnseite vor einer die Sicht hindernden Kuppe in der Regel grob fahrlässig); BAG 24. 1. 1974 – 3 AZR 488/72, AP BGB § 611 Haftung des Arbeitnehmers Nr 74 (grobe Fahrlässigkeit bei Verschweigen mangelnder Fahrpraxis); BAG 22. 2. 1972 – 1 AZR 223/71, AP BGB § 611 Haftung des Arbeitnehmers Nr 70 (Überholen bei dichtem Nebel mangels besonderer Umstände grob fahrlässig); BGH 11. 7. 2007 – XII ZR 197/05, NJW 2007, 2988 (Ausweichmanöver wegen eines die Fahrbahn überquerenden Fuchses nicht grundsätzlich grob fahrlässig); OLG Zweibrücken 12. 7. 1991 – I U 30/91, VersR 1993, 218 und OLG Hamm 16. 2. 1998 – 6 U 167/97, ZfS 1998, 262 (Überfahren eines Stoppschildes; aufgrund besonderer Umstände im Einzelfall anders OLG Hamm 16. 10. 1992 – 20 U 125/92, VersR 1993, 826); OLG Saarbrücken 26. 2. 2015 – 4 U 26/14, NJW-RR 2015, 1119 (unangepasste Geschwindigkeit bei regennasser Fahrbahn und Straßenverengung); KG 12. 6. 2008 – 22 U 64/07, NZV 2009, 142 (das Einfahren in einen Kreuzungsbereich mit überhöhter Geschwindigkeit durch einen Einsatzfahrer kann grob fahrlässig sein); OLG Rostock 15. 5. 2014 – 3 U 85/13 BeckRS 2015, 10680 (grobe Fahrlässigkeit verneint bei Blick auf Rücksitz wegen des plötzlich schreienden Kleinkindes); AG Bonn 26. 1. 2018 – 118 C 158/17, NJW-RR 2018, 537 (unachtsamer Genuss von Kaffee im Mietfahrzeug [grobe Fahrlässigkeit im konkreten Fall verneint]); **Fahrrad**: OLG Celle 11. 6. 2008 – 14 U 179/07, NJW 2008, 2353 (Transport eines fünfjährigen Kindes auf dem Kindersitz eines Fahrrades ohne Fahrradhelm ist nicht grob fahrlässig); BGH 10. 2. 2009 – VI ZR 28/08, NJW 2009, 1482 (Verstoß gegen Linksfahrgebot im Ausland ist objektiv grob sorgfaltswidrig [grobe Fahrlässigkeit im konkreten Fall verneint]); **Fahrzeugmängel**: BGH 16. 5. 1957 – II ZR 86/56, BB 1957, 598 (Fuhrunternehmen handelt grundsätzlich grob fahrlässig, wenn es trotz eines Hinweises die Bremse eines Lkw nicht reparieren lässt); **Fußgänger**: OLG München 10. 11. 2017 – 10 U 491/17, juris und OLG Düsseldorf 10. 4. 2018 – 1 U 196/14, NJW-RR 2018, 925 (grob fahrlässiges Überqueren der Fahrbahn); **Geschwindigkeitsüberschreitung**: OLG München 30. 12. 1982 – 24 U 527/82, DAR 1983, 78 (Überschreiten der Höchstgeschwindigkeit um mehr als 100 Prozent); OLG Düsseldorf 29. 9. 2005 – 10 U 203/04, NJW-RR 2006, 319 (Fahren 70 m vor einer roten Ampel mit 100 km/h bei einer erlaubten Geschwindigkeit von 60 km/h ist grob fahrlässig); **Mobiltelefon**: AG Berlin-Mitte 4. 11. 2004 – 105 C 3123/03, NJW 2005, 442 (Telefonieren mit dem Handy während der Fahrt).

101 **Unfallverhütung**: BGH 8. 10. 1968 – VI ZR 164/67, VersR 1969, 39 (Verstoß gegen Unfallverhütungsvorschrift nicht stets grob fahrlässig); BGH 18. 10. 1988 – VI ZR 15/88, NJW-RR 1989, 339 und BGH 30. 1. 2001 – VI ZR 49/00, NJW 2001, 2092 (Verstoß gegen Unfallverhütungsvorschrift, die vor tödlichen Unfällen schützen soll); BGH 18. 2. 2014 – VI ZR 51/13, VersR 2014, 481 (fehlende Kenntnis der für die Bauaufsicht zuständigen Person von den zu beachtenden Sicherheitsvorschriften); BGH 5. 5. 2011 – VI ZR 112/10, NZS 2012, 712 (Arbeiten auf dem Dach bei einem Körpergewicht von 110 kg); OLG Hamm 2. 9. 2016 – 9 U 75/15, NJW-RR 2017, 345 (unzureichende Schutzmaßnahmen bei Dacharbeiten); OLG Dresden 15. 8. 2018 – 1 U 242/18, NZA-RR 2019, 170 (unzureichende Schutzmaßnahmen bei Dacharbeiten [jedoch subjektive Komponente im Fall verneint]); OLG Düsseldorf 24. 9. 2003 – 15 U 188/02, VersR 2004, 65 (objektive Komponente der groben Fahrlässigkeit entfällt nicht dadurch, dass der Betrieb von der Aufsichtsbehörde regelmäßig überprüft wurde und die Behörde das unfallursächliche Fehlen von Schutzvorrichtungen einer Maschine nicht gerügt hat [jedoch subjektive Komponente im konkreten Fall verneint]); OLG Oldenburg 24. 2. 2011 – 1 U 33/10, RdL 2011, 322 (Baumfällarbeiten durch ungelernte, nicht qualifizierte Arbeiter); OLG Dresden 29. 9. 2011 – 8 U 374/11, RuS 2012, 623 (unterbliebene Abschaltung der Speiseleitung vor Beginn der Arbeiten an einer Eisenbahn-Oberleitung trotz vorherigen Hinweises).

Weitere Einzelfälle: BGH 13. 3. 1962 – VI ZR 142/61, NJW 1962, 959 und BGH **102**
23. 11. 2017 – III ZR 60/16, NJW 2018, 301 (grob fahrlässige Verletzung der Aufsicht bei der Überwachung eines Schwimmbadbetriebs); BGH 26. 7. 2016 – VI ZR 322/15, NJW-RR 2017, 146 (Havarie eines Fahrgastkabinenschiffs auf dem Rhein aufgrund grob fahrlässiger Kursänderung durch den Binnenlotsen); BSG 20. 9. 1977 – 8/12 RKg 8/76, NJW 1978, 1175 (Außerachtlassen von Gesetz oder von Verwaltungsvorschriften, auf die in einem Merkblatt besonders hingewiesen wird, im Allgemeinen grob fahrlässig, es sei denn, dass der Betreffende nach seiner Persönlichkeitsstruktur und seiner Bildung die Vorschrift nicht verstanden hat); BGH 20. 7. 2017 – III ZR 296/15, NJW 2017, 3367 (Unterzeichnung eines Beratungsprotokolls, ohne dieses gelesen zu haben, begründet nicht ohne Weiteres die grob fahrlässige Unkenntnis); OLG Hamm 28. 9. 1982 – 27 U 253/81, VersR 1983, 566 (Abfeuern einer für ungeladen gehaltenen Schusswaffe in Richtung eines Menschen ohne Nachprüfung); OLG München 13. 8. 1985 – 25 U 1696/85, VersR 1987, 596 (Fällen eines Baumes, in dessen Fallbereich sich Menschen aufhalten); KG 5. 10. 1995 – 12 U 2868/94, NZV 1996, 320 (nicht genügende Treibstoffmenge an Bord des Flugzeuges, weil der Charterer sich auf die Treibstoffanzeige verlässt); OLG Düsseldorf 24. 9. 1997 – 3 Wx 221/97, WM 1998, 663 (Einräumen uneingeschränkter Verfügungsmacht über das einer Eigentümergemeinschaft zustehende Rücklagenkonto durch Mitglieder des Verwaltungsbeirats gegenüber dem Verwalter; Verzicht auf die Kontrolle der Kontenbelege bei Prüfung der Jahresabrechnung); OLG München 12. 1. 1999 – 13 U 6012/97, IBR 2000, 114 (Abweichen von Vereinbarungen und behördlichen Auflagen, die für das Bauwerk eine „wasserdichte Wanne“ mit 30 cm dicker Bodenplatte vorsehen, bei Kenntnis von Hochwassergefährdung und problematischer Grundwassersituation des Baugrundstücks); OLG Oldenburg 5. 5. 2004 – 3 U 6/04, NJW-RR 2004, 1025 (Nichtüberwachung der Waschmaschinenschlauchverbindung); OLG Schleswig 4. 11. 2005 – 4 U 46/05, MDR 2006, 629 (Ankauf eines Kfz ohne eingehende Untersuchung durch eine Kfz-Werkstatt von einem Privatverkäufer, der einen größeren Schaden in teilweiser Eigenreparatur beseitigt hat); OLG Koblenz 11. 5. 2006 – 5 U 1805/05, NJW-RR 2006, 1241 (Missachtung einer Konkurrenzschutzklausel durch den Wohnungsverwalter kann grob fahrlässig sein [im konkreten Fall verneint]); OLG Düsseldorf 14. 1. 2010 – 10 U 97/09, MDR 2010, 504 (Notlandung auf Autobahn infolge Treibstoffmangels); OLG Brandenburg 17. 3. 2011 – 12 U 82/09, SpuRt 2012, 27 (grob sorgfaltswidriges Auslassen einer Zwischensicherung beim Klettern); OLG Koblenz 17. 1. 2013 (Hinweisbeschluss) – 5 U

983/12, NJW-RR 2013, 1041 (eine Mutter verletzt grob fahrlässig ihre Aufsichtspflicht, wenn sie ein vierjähriges Kind in der Wohnung zurücklässt und das Kind wegen eines nicht schließenden Fensterriegels aus dem Fenster stürzt); LG Osnabrück 30. 1. 1996 – 7 O 79/94, HVBG-Info 1996, 1655 (Entfernen einer Fritteuse in einem Imbisswagen vom Gasanschluss, ohne dafür Sorge zu tragen, dass der Zulaufhahn versperrt bleibt); LG Nürnberg-Fürth 19. 11. 2012 – 6 O 2345/12, NJW-RR 2013, 732 (unzureichende Sicherung beim Klettern).

103 Eine Besonderheit gilt für den Begriff der groben Fahrlässigkeit im Bereich des **gutgläubigen Erwerbs** (§ 932 Abs 2 BGB, Art 16 Abs 2 WechselG). Der Rechtsverkehr muss sich auf gleichmäßige Anforderungen an die Schutzwürdigkeit des Vertrauens auf den Rechtsschein einstellen können (Röhl JZ 1974, 521, 525 f; Deutsch, Allg Haftungsrecht Rn 425). Deshalb liegt bei Nichteinhaltung von Mindeststandards, etwa beim Erwerb von Gebrauchtfahrzeugen ohne Vorlage des Kfz-Briefs oder der Zulassungsbescheinigung II, grobe Fahrlässigkeit ohne Rücksicht auf die subjektive Situation vor (BGH 2. 12. 1958 – VIII ZR 212/57, BB 1959, 58; BGH 13. 5. 1996 – II ZR 222/95, NJW 1996, 2226, 2227; BGH 1. 3. 2013 – V ZR 92/12 Rn 13, NJW 2013, 1946, st Rspr). Im Übrigen gilt aber auch hier der allgemeine Begriff der groben Fahrlässigkeit (BGH 27. 1. 1965 – VIII ZR 62/63, LM HGB § 366 Nr 12; s im Einzelnen Staudinger/Wiegand [2017] § 932 Rn 44 ff; zur groben Fahrlässigkeit beim Erwerb von Wechseln Baumbach/Hefermehl/Casper, Wechselgesetz, Scheckgesetz, Recht der kartengestützten Zahlungen [23. Aufl 2008] Art 16 WG Rn 15 ff).

104 Grobe Fahrlässigkeit ist *nicht einfach mit bewusster Fahrlässigkeit gleichzusetzen* (zu dieser oben Rn 23). Zwar wird der Umstand, dass der Handelnde die Möglichkeit des Eintritts des missbilligten Erfolgs vorausgesehen hat, oft einen schweren Schuldvorwurf begründen (vgl BGH 30. 3. 1989 – I ZR 2/87, NJW-RR 1989, 991). Notwendig ist das aber nicht. Denn der Sorgfaltsverstoß, der darin liegt, dass darauf vertraut wird, der mögliche Erfolg werde doch nicht eintreten, kann je nach den Umständen gravierend oder weniger gravierend sein.

5. Handlungs- und Zurechnungsfähigkeit

105 Abs 1 S 2 zieht eine notwendige Konsequenz aus dem Verschuldensprinzip. Verschulden setzt auch im Zivilrecht Handlungsfähigkeit iS willkürlichen, zweckgerichteten Verhaltens und Zurechnungsfähigkeit voraus. Durch die Verweisung auf die §§ 827, 828 BGB wird zugleich ausgesprochen, dass Handlungs- und Zurechnungsfähigkeit bei vertraglichem Verschulden ebenso abgegrenzt werden **wie bei unerlaubter Handlung**.

106 Nach § 827 S 1 BGB schließt an sich auch **Trunkenheit** die Haftung sowohl für Vorsatz als auch für Fahrlässigkeit aus. § 827 S 2 BGB stellt aber klar, dass Fahrlässigkeit auch darin zu erblicken ist, dass jemand sich schuldhaft in einen derartigen Zustand versetzt hat („actio libera in causa"). Setzt allerdings die Vertragsverletzung vorsätzliches Handeln voraus, so genügt das bloß fahrlässige Versetzen in den Zustand der Unzurechnungsfähigkeit nicht, um eine Haftung zu begründen (BGH 22. 3. 1968 – V ZR 3/67, NJW 1968, 1132, 1133). S im Übrigen Staudinger/Oechsler (2018) § 827 Rn 16 ff, 38 ff.

107 § 828 Abs 1 BGB schließt das Verschulden von **Minderjährigen**, welche das siebte Lebensjahr noch nicht vollendet haben, aus. Dasselbe gilt nach § 828 Abs 2 BGB für Minderjährige zwischen sieben und zehn Jahren im Hinblick auf Schäden, die diese bei einem Unfall mit einem Kraftfahrzeug, einer Schienenbahn oder einer Schwebebahn einem anderen zufügen, sofern sie nicht vorsätzlich gehandelt haben (dazu im Einzelnen Staudinger/Oechsler [2018] § 828 Rn 14 ff, 19).

108 Nach § 828 Abs 3 BGB gilt bei Minderjährigen, deren Verantwortlichkeit nicht nach § 828 Abs 1 BGB oder § 828 Abs 2 BGB ausgeschlossen ist, an sich, dass sie dann nicht schuldhaft handeln, wenn sie nicht die zur Erkenntnis der Verantwortlichkeit erforderliche Einsicht haben. Die Rechtsprechung bejaht das Vorliegen der Einsicht regelmäßig und trägt der eingeschränkten Einsichtsfähigkeit bei der Prüfung des Verschuldens Rechnung (oben Rn 43; BGH 10. 3. 1970 – VI ZR 182/68, NJW 1970, 1038, 1039; BGH 29. 4. 1997 – VI ZR 110/96, NJW-RR 1997, 1110, 1111; OLG Köln 5. 5. 1993 – 11 U 5/93, NJW-RR 1993, 1498, 1499; OLG Nürnberg 28. 4. 2006 – 5 U 130/06, NJW-RR 2006, 1170; OLG Saarbrücken 24. 4. 2012 – 4 U 131/11, NJW 2012, 3245, 3247; ausf und krit Staudinger/Oechsler [2018] § 828 Rn 25 ff; Soergel/Spickhoff § 828 Rn 15 f). Zum Verhältnis von § 828 Abs 3 zur Haftungsbeschränkungseinrede des § 1629a im Falle vertraglicher Haftung Staudinger/Coester (2015) § 1629a Rn 42.

109 § 829 BGB wird in Abs 1 S 2 nicht angeführt. Mit der Zurechnungsfähigkeit hat § 829 BGB auch nichts zu tun. Durch die Nichterwähnung des § 829 BGB in Abs 1 S 2 entsteht aber die Frage, ob § 829 BGB bei vorsätzlicher oder fahrlässiger Verletzung vertraglicher Pflichten analog anzuwenden ist, mit anderen Worten, ob die in § 829 BGB für das Gebiet der unerlaubten Handlung angeordnete **Billigkeitshaftung** auch dann eingreift, wenn der Schuldner im Rahmen eines Vertragsverhältnisses nur wegen mangelnder Zurechnungsfähigkeit von einer an sich gegebenen Schadensersatzpflicht frei wäre. Die Frage ist bei Anspruchskonkurrenz, insbesondere aber auch im Falle bloßer Vermögensschädigung, bei der ein Deliktsschutz nicht eingreift, von Bedeutung. Für die Analogie wird angeführt, dass der BGH (10. 4. 1962 – VI ZR 63/61, BGHZ 37, 102, 105 = NJW 1962, 1199; BGH 9. 2. 1982 – VI ZR 59/80, NJW 1982, 1149, 1150) die Vorschrift auch bei § 254 BGB anwendet (Palandt/Grüneberg Rn 6; MünchKomm/Grundmann Rn 166; Soergel/Pfeiffer Rn 213). Für die Analogie spricht aber vor allem die ratio des § 829 BGB. Was nach dem modernen Rechtsbewusstsein gegenüber außergewöhnlichen Gefährdungen im außervertraglichen Verkehr billig ist, wird erst recht für den vertraglichen Verkehr Geltung beanspruchen dürfen. Sobald man anerkennt, dass der Bestimmung des § 829 BGB ein allgemeines Prinzip zugrunde liegt, steht seiner entsprechenden Anwendung auf § 276 BGB kein Bedenken im Wege (im Ergebnis wie hier neben den eben Genannten auch NK-BGB/Dauner-Lieb Rn 9; Leonhard, Zur Gefahr der Geschäftsabschlüsse mit heimlich Geisteskranken, BankArch 1905/06, 153 ff; **aA** Enneccerus/Lehmann § 229 VII; Bamberger/Roth/Lorenz Rn 6; Staudinger/Oechsler [2018] § 829 Rn 23; PWW/Schmidt-Kessel/Kramme Rn 16; Jauernig/Stadler Rn 12).

6. Modifikationen des Verschuldensmaßstabs

a) Gesetzliche Modifikationen

110 Nach Abs 1 S 1 hat der Schuldner Vorsatz und Fahrlässigkeit nur zu vertreten, wenn kein anderer Verschuldensmaßstab bestimmt ist. Für eine Reihe von Schuldverhältnissen enthält das **Gesetz** derartige Bestimmungen. So haften die Organmitglieder,

besonderen Vertreter und Mitglieder eines Vereins, sofern sie unentgeltlich tätig sind oder eine Vergütung erhalten, die 720 Euro jährlich nicht übersteigt, dem Verein für einen bei Wahrnehmung ihrer Pflichten verursachten Schaden nur bei Vorliegen von Vorsatz und grober Fahrlässigkeit (§§ 31a, 31b BGB). Weiter wird die Verantwortlichkeit des Schuldners im Falle des Annahmeverzugs des Gläubigers auf Vorsatz und grobe Fahrlässigkeit beschränkt (§ 300 Abs 1 BGB). Gleiches gilt für die Verantwortung des Schenkers (§ 521 BGB). Für Sachmängel hat der Schenker teils für grobe Fahrlässigkeit (§ 524 Abs 2 S 1 BGB), teils für Arglist einzustehen (§ 524 Abs 1, Abs 2 S 2 BGB). Auch der Verleiher hat nur Vorsatz und grobe Fahrlässigkeit zu vertreten (§ 599 BGB). Gleiches gilt für den Geschäftsführer ohne Auftrag bei der Geschäftsführung zur Gefahrenabwehr (§ 680 BGB) und für den Finder (§ 968 BGB). Im Zahlungsverkehr ist die Beschränkung der Haftung auf Vorsatz und grobe Fahrlässigkeit in § 675v Abs 2 BGB und § 675z S 2 HS 2 BGB zu beachten.

111 Auf die **eigenübliche Sorgfalt** im Sinne des § 277 BGB wird die Verantwortlichkeit beschränkt im Rückgewährschuldverhältnis nach Rücktritt (§§ 346 Abs 3 S 1 Nr 3, 347 Abs 1 S 2 BGB), bei der unentgeltlichen Verwahrung (§ 690 BGB), bei der Gesellschaft (§ 708 BGB) und darüber hinaus in der Ehe (§ 1359 BGB), im Eltern-Kind-Verhältnis (§ 1664 Abs 1 BGB), im Verhältnis zwischen Vorerbe und Nacherbe (§ 2131 BGB) und in der eingetragenen Lebenspartnerschaft (§ 4 LPartG). S dazu im Einzelnen § 277 Rn 1 ff.

112 **Gesetzliche Verschärfungen** des Verschuldensmaßstabs über die Fahrlässigkeit im Sinne des Abs 2 hinaus gibt es nicht; lediglich im Rahmen des Fahrlässigkeitsbegriffs werden die Anforderungen differenziert (dazu oben Rn 30 ff). Zu den Fällen der Verantwortlichkeit ohne Verschulden s Rn 143 ff.

113 Zur Möglichkeit der **vertraglichen Modifikation** des Verschuldensmaßstabs s unten Rn 114 ff. Im Übrigen schränken zahlreiche Bestimmungen eine vertragliche Modifikation der nach § 276 Abs 1 S 1 BGB für Vorsatz und Fahrlässigkeit gegebenen Verantwortlichkeit ein (s Rn 126 ff).

b) Vertragliche Modifikationen

aa) Beschränkung der Verantwortlichkeit

114 Abs 1 bringt auch zum Ausdruck, dass die Verantwortlichkeit des Schuldners für Vorsatz und Fahrlässigkeit durch Vertrag beschränkt werden kann. Dies ist insoweit Ausdruck der **Vertragsfreiheit** (zu ihr Staudinger/Feldmann [2018] § 311 Rn 1 ff).

115 Die Feststellung der **Reichweite einer vereinbarten Haftungsbeschränkung** bereitet oft Schwierigkeiten. Bei der erforderlichen Auslegung ist insbesondere darauf zu achten, welche Schäden die Vertragsparteien bei der Vereinbarung der Haftungsbeschränkung im Auge hatten. So bezieht sich der mit Rücksicht auf den schlechten Zustand eines Kfz erklärte Haftungsausschluss gegenüber einem Fahrgast nur auf die aus dem mangelhaften Zustand des Kfz hervorgehenden Schäden, erfasst diese aber insgesamt, ohne dass die Mängel im Einzelnen mitgeteilt sein müssen (BGH 3. 7. 1952 – III ZR 342/51, LM § 254 BGB [C] Nr 2). Grundsätzlich sind Haftungsbeschränkungen eng auszulegen (BGH 17. 5. 1960 – VIII ZR 61/59, NJW 1960, 1661 f; BGH 9. 1. 1980 – VIII ZR 36/79, VersR 1980, 355, 356; Bamberger/Roth/Lorenz Rn 47).

Eine Frage der Auslegung ist es auch, ob Freizeichnungsklauseln außer den Schuldner auch noch **andere Personen in ihren Schutzbereich** einbeziehen (BGH 17. 12. 2009 – VII ZR 172/08 Rn 13 ff, NJW 2010, 1592 für die Erstreckung eines zugunsten eines Bauunternehmers vereinbarten Haftungsausschlusses auf den von ihm beauftragten Bauleiter; s weiter KATZENSTEIN 123 ff; STAUDINGER/KLUMPP [2015] § 328 Rn 143 ff, 148 ff). Für die Arbeitnehmer des Schädigers ist dies regelmäßig auch ohne ausdrücklichen Hinweis der Fall (BGH 12. 3. 1985 – VI ZR 182/83, VersR 1985, 595, 596). Unter Hinweis darauf hat der BGH im Wege ergänzender Vertragsauslegung auch einem wirtschaftlich abhängigen Frachtführer die im Vertrag zwischen dem Versender und dem Spediteur vereinbarte Verkürzung der gesetzlichen Verjährungsfrist nach § 64 ADSp aF zugutekommen lassen, da der Versender mit der Einschaltung des Frachtführers habe rechnen müssen (BGH 6. 7. 1995 – I ZR 123/93, BGHZ 130, 223, 229 = NJW 1995, 2991). Nach § 436 HGB können sich die Leute des Frachtführers im Rahmen ihrer außervertraglichen Haftung bis zur Grenze der Leichtfertigkeit auf die im Frachtvertrag vorgesehenen Haftungsfreistellungen und -begrenzungen berufen. Gleiches gilt gem § 461 Abs 1 S 2 HGB für die Leute des Spediteurs. 116

Häufig konkurrieren mit vertraglichen Ansprüchen solche aus **Delikt**. Da auch in Bezug auf Deliktsansprüche die Zulässigkeit von Haftungsbeschränkungen mit der ganz hM zu bejahen ist (s hierzu STAUDINGER/J HAGER [2017] Vorbem 41 ff zu §§ 823 ff), entsteht die Frage, ob sich eine Modifikation des Verschuldensmaßstabs nur auf die vertraglichen oder *auch auf die deliktischen Ansprüche* bezieht. Die Frage kann nicht einfach mit der Überlegung im letzteren Sinne entschieden werden, dass andernfalls die Vereinbarung über eine Modifikation der Verantwortlichkeit leerliefe. Denn die vertraglichen und deliktischen Haftungsordnungen sind nach Voraussetzung und Umfang durchaus unterschiedlich ausgestaltet. Zu fragen ist deshalb, für welche möglichen Schäden die Vertragsparteien die Verantwortlichkeit begrenzen wollten. Ging es ihnen, wie etwa bei einem Beförderungsvertrag, um mögliche Körper- und Gesundheitsschäden oder Sachschäden, so wird man die Haftungsbeschränkung auch auf die hier einschlägigen Deliktsansprüche erstrecken müssen. Gilt die Haftungsbeschränkung hingegen der Beeinträchtigung der vom Vertrag berührten Vermögensverhältnisse, so muss hinsichtlich Körper- und Gesundheitsschäden sowie Sachschäden die Deliktshaftung, aber auch die Haftung wegen Vertragspflichtverletzung unberührt bleiben (s auch DEUTSCH, Allg Haftungsrecht Rn 619). 117

Denkbar ist auch eine **stillschweigende Beschränkung** der Verantwortlichkeit auf Vorsatz und grobe Fahrlässigkeit. Hauptanwendungsfall ist die (anteilige) Übernahme der Kosten einer Gebäudeversicherung durch den Mieter, der später fahrlässig einen Schaden herbeiführt (BGH 13. 12. 1995 – VIII ZR 41/95, BGHZ 131, 288, 294 = NJW 1996, 715; BGH 8. 11. 2000 – IV ZR 298/99, BGHZ 145, 393, 394 ff = NJW 2001, 1353; BGH 13. 9. 2006 – IV ZR 273/05 Rn 7 f, 19, BGHZ 169, 86 = NJW 2006, 3707; BGH 3. 11. 2004 – VIII ZR 28/04, NJW-RR 2005, 381, 383 und OLG Hamm 17. 12. 1999 – 9 U 150/99, NJW-RR 2000, 911, 912: Wohnungsmietverhältnis; BGH 26. 1. 2000 – XII ZR 204/97, NJW-RR 2000, 1110, BGH 12. 12. 2001 – XII ZR 153/99, NJW-RR 2002, 1243 und BGH 13. 9. 2006 – IV ZR 378/02 Rn 13 ff, NJW 2006, 3712: gewerbliches Mietverhältnis). Gleiches gilt für das Verhältnis zwischen Wohnungseigentümern, wenn die Wohnungseigentümergemeinschaft einen Gebäudeversicherungsvertrag abgeschlossen hat (BGH 10. 11. 2006 – V ZR 62/06 Rn 7 ff, NJW 2007, 292). Auf den Mietinteressenten, der eine Wohnung besichtigt, sind diese Grundsätze 118 aber schon mangels Beteiligung an den Kosten der Versicherung nicht anzuwenden (BGH 4. 3. 2009 – XII ZR 198/08 Rn 9, NZM 2009, 543).

119 Allgemein ist bei der Annahme stillschweigender Haftungsbeschränkungen **Vorsicht geboten**, weil die Annahme eines stillschweigenden Haftungsverzichts durch den Gläubiger häufig auf eine unzulässige Willensfiktion hinausläuft. Deshalb müssen entweder konkrete Anhaltspunkte für einen entsprechenden Vertragswillen der Parteien vorhanden sein, oder es muss sich mit Hilfe ergänzender Vertragsauslegung ergeben, dass der Schädiger, wäre die Frage vorher erörtert worden, eine Haftungsbeschränkung gefordert hätte und der Geschädigte diese billigerweise nicht hätte ablehnen dürfen (BGH 14. 11. 1978 – VI ZR 178/77, NJW 1979, 414, 415; BGH 14. 11. 2002 – III ZR 87/02, BGHZ 152, 391, 396 = NJW 2003, 578; BGH 10. 2. 2009 – VI ZR 28/08 Rn 16, NJW 2009, 1482 für das gemeinsame Anmieten und Führen eines Mietwagens im Ausland; BGH 26. 4. 2016 – VI ZR 467/15 Rn 10, NJW-RR 2017, 272 für das Bewässern des Nachbargartens; OLG Celle 26. 1. 2016 – 14 U 148/15 Rn 8 ff, RuS 2016, 370 für das Überlassen eines fremden Pkw zur Eigennutzung).

120 Die **versicherungsrechtlichen Gegebenheiten** sind hierbei von wesentlicher Bedeutung; besteht Haftpflichtversicherungsschutz für den Schädiger, spricht das regelmäßig gegen eine Haftungsbeschränkung (BGH 18. 12. 1979 – VI ZR 52/78, NJW 1980, 1681, 1682; BGH 13. 7. 1993 – VI ZR 278/92, NJW 1993, 3067, 3068; BGH 14. 11. 2002 – III ZR 87/02, BGHZ 152, 391, 396; BGH 10. 2. 2009 – VI ZR 28/08 Rn 16, NJW 2009, 1482; BGH 26. 4. 2016 – VI ZR 467/15 Rn 10, NJW-RR 2017, 272). Umgekehrt wird eine stillschweigende Beschränkung der Haftung regelmäßig bejaht, wenn ein Kraftfahrzeughändler einem Kaufinteressenten ein neues oder gebrauchtes Fahrzeug zu einer Probefahrt überlässt (BGH 7. 6. 1972 – VIII ZR 35/71, NJW 1972, 1363, 1364; OLG Koblenz 13. 1. 2003 – 12 U 1360/01, NJW-RR 2003, 1185, 1186; s auch OLG Karlsruhe 11. 2. 2000 – 10 U 250/99, DAR 2000, 307: Stillschweigende Haftungsbeschränkung zu Gunsten eines Neuwagenkunden für Schäden an dem während einer Garantiereparatur überlassenen, nicht vollkaskoversicherten Leihwagen; anders OLG Oldenburg 30. 3. 2006 – 8 U 6/06, NJW-RR 2006, 1534, 1535 für den Fall, dass für den zu reparierenden Pkw keine Kaskoversicherung besteht und kein neuwertiger Pkw überlassen wird). Eine stillschweigende Haftungsbeschränkung auf Vorsatz und grobe Fahrlässigkeit liegt auch vor bei der Teilnahme an Motorsportveranstaltungen mit zugelassenen Kfz (BGH 1. 4. 2003 – VI ZR 321/02, BGHZ 154, 316, 322 ff = NJW 2003, 2018). Das gilt allerdings nicht, wenn Haftpflichtversicherungsschutz für den eingetretenen Schaden besteht (BGH 29. 1. 2008 – VI ZR 98/07 Rn 10 ff, NJW 2008, 1591). Ebenso ist eine Haftungsbeschränkung auf Vorsatz und grobe Fahrlässigkeit beim Motorradfahren im Pulk (OLG Frankfurt 18. 8. 2015 – 22 U 39/14, NJW 2015, 3522) und beim Rennradfahren im Pulk (AG Nordhorn 7. 5. 2015 – 3 C 219/15, NJW 2015, 3524) anzunehmen. Unabhängig vom Bestehen einer Haftpflichtversicherung kommt beim Klettern ein stillschweigender Haftungsausschluss zwischen den Seilpartnern nicht in Betracht, weil die zu einem Wettkampfsport vergleichbare Konkurrenzsituation hier nicht besteht (OLG Karlsruhe 13. 10. 2004 – 7 U 207/02, VersR 2006, 228, 230; OLG Brandenburg 17. 3. 2011 – 12 U 82/09, SpuRt 2012, 27, 29).

121 Eine ausdrückliche **Grenze** zieht für solche vertraglichen Haftungsbeschränkungen Abs 3, nach dem dem Schuldner die Haftung **wegen Vorsatzes nicht im Voraus** (wohl aber nachträglich) erlassen werden kann. Der Grund dieser Bestimmung liegt darin, dass es für die Rechtsordnung nicht erträglich wäre, wenn sich ein Gläubiger von

vornherein der Willkür des Schuldners ausliefern würde. Auch die Tarifvertragsparteien können im Tarifvertrag den Arbeitsvertragsparteien die Haftung für Vorsatz nicht im Voraus erlassen, weil dies den jeweiligen Gläubiger ebenso der Willkür des Schuldners aussetzen würde (verfehlt BAG 18. 8. 2011 – 8 AZR 187/10 Rn 32 ff, EzA TVG § 4 Ausschlussfristen Nr 200, wonach tarifvertraglichen Ausschlussfristen, die Schadensersatzansprüche aus vorsätzlichem Handeln erfassen, § 202 Abs 1 nicht entgegensteht). Abs 3 ist den Fällen verwandt, in denen das Gesetz Haftungsbeschränkungen im Fall der Arglist die Wirksamkeit versagt (§§ 444, 639 BGB). Ihr Zweck deckt auch Vereinbarungen, durch die die Haftung für Vorsatz beschränkt, etwa auf eine bestimmte Haftungssumme begrenzt werden soll.

Abs 3 BGB greift nur gegen den Schuldner selbst. Deshalb ist der Ausschluss der Haftung wegen Vorsatzes für **Erfüllungsgehilfen** nach der ausdrücklichen Vorschrift des § 278 S 2 BGB möglich (KG 21. 11. 1959 – 10 U 1790/59, NJW 1960, 343; s dazu § 278 Rn 130 ff). Etwas anderes gilt allerdings für Haftungsbeschränkungen in Allgemeinen Geschäftsbedingungen: Nach § 309 Nr 7 lit b BGB kann die Verantwortlichkeit auch für grobes Verschulden des Erfüllungsgehilfen nicht ausgeschlossen werden (im Einzelnen Staudinger/Coester-Waltjen [2013] § 309 Nr 7 Rn 1 ff, 22 ff). Handelt es sich beim Schuldner um eine **juristische Person**, wird dieser das Verschulden ihrer Organe nach § 31 BGB zugerechnet, sodass sich die Problematik des § 278 S 2 BGB nicht stellt (str, s dazu § 278 Rn 124). **122**

Abs 3 steht einer Haftungsbeschränkung dann **nicht** entgegen, wenn der Schuldner zwar absichtlich Pflichten aus dem Schuldverhältnis nicht erfüllt, ihm aber dafür ein Rechtfertigungsgrund zur Seite steht (hierzu oben Rn 16). Das ist insbesondere von praktischer Bedeutung für die Zulässigkeit von Freizeichnungsklauseln für den Fall der Leistungsstörung infolge von Arbeitskämpfen. Die Freizeichnung ist auch möglich, soweit es sich um Leistungen handelt, die infolge einer vom Unternehmer vorgenommenen Aussperrung auftreten (Löwisch BB 1974, 1493, 1498 f; Wolf/Lindacher/Pfeiffer/Stoffels [6. Aufl 2013] Klauseln A 165). **123**

Parallel zu Abs 3 verbietet § 202 Abs 1 BGB in seiner Fassung durch die Schuldrechtsreform eine im Voraus vereinbarte Erleichterung der Verjährung bei einer Haftung wegen Vorsatzes. Damit ist die Rechtsprechung (RG 6. 2. 1932 – I 288/31, RGZ 135, 174, 176) korrigiert worden, die Abs 3 (früher Abs 2) nicht angewandt hatte. **124**

Ist durch Vereinbarung die Verantwortlichkeit für Haftung wegen Vorsatzes **unzulässigerweise ausgeschlossen** worden, so hat dies die Nichtigkeit des ganzen Rechtsgeschäfts zur Folge, wenn nicht anzunehmen ist, dass die Parteien das Rechtsgeschäft auch ohne die fragliche Vereinbarung vorgenommen haben würden (§ 139 BGB). In der Mehrzahl der Fälle wird aber letztere Annahme begründet sein. Sind in einem Vertrag „Schadensersatzansprüche wegen Ausbleibens oder Verzögerung der Leistung“ ausgeschlossen, so kann dies dahin ausgelegt werden, dass eine Haftungsbeschränkung nur in dem nach Abs 3 zulässigen Rahmen vereinbart sein soll (vgl BGH 27. 9. 1957 – VIII ZR 270/56, NJW 1957, 1760). Ist der umfassende Haftungsausschluss in *Allgemeinen Geschäftsbedingungen* enthalten, ist eine solche reduzierende Auslegung allerdings nicht möglich, § 306 Abs 2 BGB (BGH 12. 10. 1995 – I ZR 172/93, NJW 1996, 1407, 1408). Der Vertrag selbst bleibt im Übrigen wirksam, § 306 Abs 1 BGB. **125**

126 Weiterreichende Beschränkungen vertraglicher Modifikationen des Verschuldensmaßstabs finden sich in einer Reihe **gesetzlicher Sonderbestimmungen**. So schließt § 619 BGB die Beschränkung der Verantwortlichkeit des Dienstberechtigten für die Verletzung seiner Fürsorgepflichten gegenüber dem Dienstverpflichteten generell aus (s Staudinger/Oetker [2016] § 619 Rn 15, in Rn 12 auch zum Ausschluss der Haftung für Vermögensschädigungen des Dienstverpflichteten, der von § 619 BGB nicht erfasst wird). § 702a Abs 1 BGB beschränkt Haftungsausschlüsse von Gastwirten bei Verlust, Zerstörung oder Beschädigung der von dem Gast eingebrachten Sachen (s Staudinger/Werner [2015] § 702a Rn 3). § 651y BGB verbietet eine Haftungsbeschränkung des Reiseveranstalters, die weiter reicht als in § 651p BGB vorgesehen (s Palandt/Sprau § 651y Rn 1 ff; s zu den Vorgängerbestimmungen auch Staudinger/Staudinger [2016] § 651m Rn 7 ff). Auch die Haftung des Zahlungsdienstleisters gegenüber seinem Zahlungsdienstnutzer kann nur nach Maßgabe des § 675z BGB beschränkt werden (s Staudinger/Omlor [2012] § 675z Rn 9).

127 Nach § 512 BGB darf beim Verbraucherdarlehensvertrag, bei Finanzierungshilfen zwischen einem Unternehmer und einem **Verbraucher**, beim Ratenlieferungsvertrag zwischen einem Unternehmer und einem Verbraucher, beim Immobiliar-Verbraucherdarlehensvertrag sowie beim unentgeltlichen Darlehensvertrag und bei unentgeltlichen Finanzierungshilfen zwischen einem Unternehmer und einem Verbraucher nicht zum Nachteil des Verbrauchers von den Vorschriften der §§ 491–511, 514 und 515 BGB abgewichen werden. Das schließt die Feststellung eines abweichenden Verschuldensmaßstabs für den Eintritt des Verzugs aus, soweit dieser in den genannten Vorschriften, insbesondere in § 497 BGB, geregelt ist. Im Übrigen steht § 512 BGB einer abweichenden Regelung des Verschuldensmaßstabs nicht entgegen. Solche Regelungen finden aber ihre Grenze an den §§ 307 ff BGB. Beim Verbrauchsgüterkauf schließt § 476 Abs 1 BGB Abweichungen von den §§ 433–435, 437, 439–443 BGB aus. Deshalb ist es nicht möglich, in Abweichung von § 442 Abs 1 S 2 BGB dem Käufer Mängelrechte bei Arglist des Verkäufers oder Garantieübernahme durch diesen schon zu versagen, wenn ihm ein Mangel infolge leichter Fahrlässigkeit unbekannt geblieben ist. Hingegen kann für Ansprüche auf Schadensersatz im Rahmen des nach den §§ 307–309 BGB Zulässigen eine Beschränkung des Verschuldensmaßstabs vereinbart werden (§ 476 Abs 3 BGB). Für den Verbraucherbauvertrag schließt § 650o BGB abweichende Vereinbarungen von § 640 Abs 2 S 2 BGB, den §§ 650i–650l BGB und § 650n BGB zu Lasten des Verbrauchers aus.

128 *Weitere* gesetzliche Sonderbestimmungen finden sich in §§ 449, 451h und 466 HGB für die Haftung des Frachtführers und des Spediteurs, in den §§ 675u ff BGB für die Haftung der Bank im Zusammenhang mit Zahlungsvorgängen, in § 12 Abs 2 Nr 3 BBiG für den Ausschluss von Schadensersatzansprüchen im Rahmen von Berufsausbildungsverhältnissen, in § 2 Abs 5 S 1 Nr 3 Fern-USG für den Ausschluss oder die Beschränkung von Schadensersatzansprüchen der Teilnehmer am Fernunterricht, in § 49c LuftVG für den Ausschluss der Haftung des Luftfrachtführers sowie in § 7 HaftPflG und in § 8a StVG für den Ausschluss der dort geregelten Gefährdungshaftung. § 52 BRAO ermöglicht die Haftungsbeschränkung des Anwalts gegenüber dem Auftraggeber durch schriftliche Vereinbarung im Einzelfall bis zur Höhe der Mindestversicherungssumme, durch vorformulierte Vertragsbedingungen für Fälle einfacher Fahrlässigkeit auf den vierfachen Betrag der Mindestversicherungssumme, wenn insoweit Versicherungsschutz besteht. Gleiches gilt nach § 67a

StBerG für die Haftung des Steuerberaters und nach § 54a WPO für die Haftung des Wirtschaftsprüfers.

Für Haftungsausschlussklauseln in **Allgemeinen Geschäftsbedingungen** bestimmt § 309 Nr 7 lit b BGB allgemein, dass ein Ausschluss oder eine Begrenzung der Haftung für eine grob fahrlässige Vertragsverletzung des Verwenders oder seines Erfüllungsgehilfen unzulässig ist. Bei Verletzungen von Leben, Körper und Gesundheit ist selbst ein Ausschluss der Haftung für normale Fahrlässigkeit ausgeschlossen, § 309 Nr 7 lit a BGB. Darüber hinaus wird ein Haftungsausschluss für grobe Fahrlässigkeit von der Rechtsprechung in der Regel auch außerhalb des Anwendungsbereiches von § 309 Nr 7 lit b BGB wegen Verstoßes gegen den Gerechtigkeitsgehalt des dispositiven Rechts nach § 307 Abs 2 Nr 1 BGB für unzulässig gehalten (vgl BGH 2. 12. 1977 – I ZR 29/76, NJW 1978, 1918). Die Haftung für die Erfüllung wesentlicher Vertragspflichten kann selbst bei einfacher Fahrlässigkeit des AGB-Verwenders oder seines Erfüllungsgehilfen nicht formularmäßig ausgeschlossen werden, weil damit die Erreichung des Vertragszwecks iS von § 307 Abs 2 Nr 2 BGB gefährdet wird (BGH 14. 1. 2002 – II ZR 41/00, NJW-RR 2002, 915 für den in einem Fondsprospekt enthaltenen Haftungsausschluss; allgemein zum Fragenkreis der Haftungsbeschränkung in AGB Staudinger/Coester [2013] § 307 Rn 434 ff, 447 ff; MünchKomm/Wurmnest § 309 Abs 7 Rn 25 ff). 129

Im Übrigen können Haftungsbeschränkungen im einzelnen Fall wegen Verstoßes gegen § 138 BGB oder gegen § 242 BGB **nichtig sein**. Denkbar ist dies vor allem bei einem Schuldner, der gegenüber dem Gläubiger eine **Monopolstellung** innehat und der diese dazu ausnutzt, sich unter Missachtung der berechtigten Belange des Gläubigers einseitig und unberechtigt zu bevorzugen. Für die Beurteilung kann dabei wesentlich sein, ob die Betroffenen sich gegen Schäden, für welche die Haftung ausgeschlossen oder beschränkt wird, durch *Versicherung* des Risikos absichern können und dies normalerweise auch tun (BGH 29. 9. 1960 – II ZR 25/59, BGHZ 33, 216, 220 = NJW 1961, 212). 130

Haftungsbeschränkungen können nicht nur die Haftungsvoraussetzungen, insbesondere den Grad des Verschuldens, für den gehaftet werden soll, betreffen. Vielmehr ist es auch möglich, Vereinbarungen über den **Haftungsumfang** zu treffen. So kann die Ersatzpflicht etwa auf den unmittelbaren Schaden oder auf eine bestimmte Höchstsumme auch dort beschränkt werden, wo das gesetzlich nicht ohnehin vorgesehen ist (§ 702 BGB, § 10 ProdHaftG, § 15 UmweltHG). Auch die Beschränkung der Haftung auf bestimmte Vermögensteile des Schuldners ist möglich (Larenz I § 2 IV). Die Parteien können auch die **Beweislast** für die Haftungsvoraussetzungen abweichend vom Gesetz regeln, nach § 309 Nr 12 BGB aber nicht zum Nachteil des anderen Vertragsteils des Verwenders in Allgemeinen Geschäftsbedingungen (vgl dazu Staudinger/Schwarze § 280 Rn H 8 und Staudinger/Coester-Waltjen [2013] § 309 Nr 12 Rn 10). 131

bb) Erweiterung der Verantwortlichkeit

Eine vertragliche Erweiterung der Verantwortlichkeit des Schuldners ist möglich. So kann in den Fällen, in denen die Verantwortlichkeit nach dem Gesetz auf grobe Fahrlässigkeit oder eigenübliche Sorgfalt beschränkt ist, vertraglich eine Verantwortlichkeit schon für normale Fahrlässigkeit festgelegt werden. Auch ein Absehen von der Verschuldensvoraussetzung überhaupt kommt in Betracht. Die vertragliche 132

Erweiterung der Verantwortlichkeit des Schuldners verstößt nicht etwa grundsätzlich gegen die guten Sitten, sondern ist nach den gleichen Grundsätzen zu beurteilen, die für die Zulässigkeit von Haftungsbeschränkungen bestehen (BGH 16. 4. 1952 – II ZR 251/51, BB 1952, 385; BGH 25. 6. 1991 – XI ZR 257/90, BGHZ 115, 38, 43 = NJW 1991, 2414). Eine Grenze findet eine solche Erweiterung allerdings bei Allgemeinen Geschäftsbedingungen: Das Verschuldensprinzip gehört iS des § 307 Abs 2 Nr 1 BGB zu den wesentlichen Grundgedanken der gesetzlichen Regelung (BGH 5. 10. 2005 – VIII ZR 16/05 Rn 30, BGHZ 164, 196, 210 f = NJW 2006, 47 mwNw; Staudinger/Coester [2013] § 307 Rn 250). Deshalb ist eine Überbürdung der Haftung für einen Schaden, der auf einer nach Vertragsschluss eintretenden Geschäftsunfähigkeit beruht, unwirksam (BGH 25. 6. 1991 – XI ZR 257/90, BGHZ 115, 38, 43 ff; s auch BGH 23. 4. 1991 – XI ZR 128/90, BGHZ 114, 238, 243 = NJW 1991, 1886: verschuldensunabhängige Abwälzung des Kreditkartenmissbrauchsrisikos auf den Karteninhaber).

133 Der Hauptfall einer Haftungserweiterung ist die Vereinbarung von **Schadenspauschalierungen**, die dem Gläubiger den Beweis des Schadens erleichtern sollen (BGH 8. 10. 1969 – VIII ZR 20/68, NJW 1970, 29, 32; BGH 25. 11. 1982 – III ZR 92/81, NJW 1983, 1542; BGH 14. 4. 2010 – VIII ZR 123/09 Rn 13 ff, BGHZ 185, 178 = NJW 2010, 2122; BGH 27. 6. 2012 – VIII ZR 165/11 Rn 3 ff, NJW 2012, 3230; s im Einzelnen Staudinger/Coester-Waltjen [2013] § 309 Nr 5 Rn 1 ff, 14 ff, 19 ff; zur Abgrenzung von der Vertragsstrafe vgl Staudinger/Rieble [2015] Vorbem 53, 62 ff zu §§ 339 ff).

c) Modifikationen nach dem sonstigen Inhalt des Schuldverhältnisses

134 Nach Abs 1 S 1 kann sich eine Modifikation der Verantwortlichkeit für Vorsatz und Fahrlässigkeit auch aus dem „sonstigen Inhalt" des Schuldverhältnisses ergeben.

135 Hauptfall einer solchen Modifikation ist die **Beschränkung der Arbeitnehmerhaftung**: Das BAG (zuerst BAG 25. 9. 1957 – GS 4/56, GS 5/56, BAGE 5, 1 ff = NJW 1958, 235; BAG 12. 6. 1992 – GS 1/89, AP BGB § 611 Haftung des Arbeitnehmers Nr 101 = NJW 1993, 1732; BAG 23. 1. 1997 – 8 AZR 893/95, NZA 1998, 140 f; BAG 5. 2. 2004 – 8 AZR 91/03, NZA 2004, 649, 650; BAG 22. 6. 2011 – 8 AZR 102/10 Rn 36, NZA 2012, 91 mNw) unterscheidet in Bezug auf das Verschulden des Arbeitnehmers von der normalen Fahrlässigkeit eine Stufe **„leichtester Fahrlässigkeit"** (hierzu vor allem Mayer-Maly AcP 163 [1964] 114 ff). Mit ihr werden Fälle klassifiziert, in denen ihm eine vollständige Befreiung des Arbeitnehmers von der Haftung gegenüber dem Arbeitgeber trotz Verschuldens als angemessen erscheint. Dabei genügt es nach der Rechtsprechung des BAG (27. 9. 1994 – GS 1/89 [A], AP BGB § 611 Haftung des Arbeitnehmers Nr 103 = NJW 1995, 210, 211), der sich der BGH insoweit angeschlossen hat (21. 9. 1993 – GmS-OGB 1/93, AP BGB § 611 Haftung des Arbeitnehmers Nr 102 = NJW 1994, 856; BGH 21. 12. 1993 – VI ZR 103/93, AP BGB § 611 Haftung des Arbeitnehmers Nr 104 = NJW 1994, 852, 854), dass der Schaden bei der Ausführung von Arbeiten eingetreten ist, die betrieblich veranlasst sind (zur Abgrenzung BAG 18. 4. 2002 – 8 AZR 348/01, NZA 2003, 37, 38; BAG 28. 10. 2010 – 8 AZR 418/09 Rn 14, NJW 2011, 1096). Verschulden des Arbeitnehmers und Betriebsrisiko sind dann im Einzelfall gegeneinander abzuwägen (BGH 11. 3. 1996 – II ZR 230/94, AP BGB § 611 Haftung des Arbeitnehmers Nr 109 = NJW 1996, 1532; vgl hierzu im Einzelnen Staudinger/Richardi/Fischinger [2016] § 619a Rn 52 ff, 62 f). Ob die Arbeit, bei der der Schaden eingetreten ist, gefahrgeneigt war oder nicht, spielt für die Anwendung dieser Grundsätze keine Rolle mehr. Die bei einfacher Fahrlässigkeit infolge der Abwägung zwischen dem Verschulden und dem Betriebsrisiko bestehende **Schadensteilung** zwischen Arbeitnehmer und Arbeitgeber kann allerdings nicht über § 276 BGB, sondern auch weiterhin nur über eine entsprechende Anwendung des § 254 BGB begründet werden. Auch bei grober Fahrlässigkeit können im Einzelfall Haftungserleichterungen in Betracht kommen; eine feste summenmäßige Haftungshöchstgrenze besteht allerdings nicht (BAG 23. 1. 1997 – 8 AZR 893/95, NZA 1998, 140, 141; BAG 28. 10. 2010 – 8 AZR 418/09 Rn 25, NJW 2011, 1096; BAG 15. 11. 2012 – 8 AZR 705/11 Rn 24 ff, AP BGB § 611 Haftung des Arbeitnehmers Nr 137; BAG 15. 9. 2016 – 8 AZR 187/15 Rn 54 ff, AP BGB § 611 Haftung des Arbeitnehmers Nr 143).

In der Literatur ist verschiedentlich der Versuch gemacht worden, den Gesichtspunkt der **Schadensgeneigtheit** für eine allgemeine *Relativierung des Fahrlässigkeitsbegriffs* nutzbar zu machen: Bei einer Dauerbetätigung, die die Gefahr von Fehlleistungen notwendig steigere, müsse der Fahrlässigkeitsstandard gesenkt werden (Steindorff JZ 1959, 1, 5; Grunsky JZ 1975, 109, 111; Esser/Schmidt I 2 § 26 II 3 c). Dem ist nicht zu folgen. Eine solche Relativierung des Fahrlässigkeitsbegriffes könnte langfristig zu einer allgemeinen Aufweichung der Sorgfaltsanforderungen im Verkehr führen. Auch hängt die Angemessenheit einer Haftungsbeschränkung, wie die Entwicklung der Rechtsprechung zur Arbeitnehmerhaftung gezeigt hat, nicht entscheidend von der Schadensgeneigtheit der in Rede stehenden Tätigkeit ab. 136

Aus dem sonstigen Inhalt des Schuldverhältnisses kann sich eine Beschränkung der Verantwortlichkeit ergeben, soweit an diesem besonders **schutzbedürftige Personen** beteiligt sind. Bei der Annahme einer solchen besonderen Schutzbedürftigkeit ist aber Vorsicht geboten. Zu denken war bislang an ehrenamtlich tätige *Vereinsmitglieder,* die mit einer besonders risikobehafteten Aufgabe befasst sind, ohne eine entsprechende Position im Verein innezuhaben (BGH 5. 12. 1983 – II ZR 252/82, BGHZ 89, 153, 158 = NJW 1984, 789; OLG Saarbrücken 18. 3. 1994 – 4 U 315/93, VersR 1995, 832; OLG Schleswig 24. 9. 2009 – 11 U 156/08, NJW-RR 2010, 957, 958 f). Der Gesetzgeber hat eine Haftungsprivilegierung auf Vorsatz und grobe Fahrlässigkeit insoweit jetzt aber in §§ 31a Abs 1, 31b Abs 1 BGB umgesetzt (hierzu oben Rn 110). Bei aufgrund eines Dienstvertrages selbstständig Tätigen ist eine Haftungsbeschränkung nicht angebracht (vgl BGH 1. 2. 1963 – VI ZR 271/61, NJW 1963, 1100, 1102; BGH 7. 10. 1969 – VI ZR 223/67, NJW 1970, 34, 35; s auch BGH 25. 2. 1969 – VI ZR 225/67, VersR 1969, 474, 477, der die Anwendung der Grundsätze über die Beschränkung der Arbeitnehmerhaftung auf einen leitenden Angestellten verneint hat; anders aber BAG 11. 11. 1976 – 3 AZR 266/75, NJW 1977, 598, wenn die schädigende Handlung nicht in Wahrnehmung der spezifisch herausgehobenen Leitungsfunktion erfolgte; s im Einzelnen zum persönlichen Anwendungsbereich der Arbeitnehmerhaftung Staudinger/Richardi/Fischinger [2016] § 619a Rn 64 ff). 137

Die Beschränkung der Haftung nach dem sonstigen Inhalt des Schuldverhältnisses bezieht sich grundsätzlich nur auf das Verhältnis der schutzbedürftigen Person zu ihrem Vertragspartner. Ihre Haftung gegenüber Dritten bleibt unberührt; insoweit kommt lediglich ein **Freistellungsanspruch** in Betracht (BGH 19. 9. 1989 – VI ZR 349/88, BGHZ 108, 305, 307 = NJW 1989, 3273). Das gilt auch bei der Arbeitnehmerhaftung (BAG 25. 6. 2009 – 8 AZR 236/08, AP BAT § 70 Nr 40; BAG 15 9. 2016 – 8 AZR 187/15 Rn 41 ff, AP BGB § 611 Haftung des Arbeitnehmers Nr 143; im Einzelnen Staudinger/Richardi/Fischinger [2016] § 619a Rn 93 ff, 97). Für unentgeltlich oder nur gegen eine Vergütung von bis zu 720 Euro im Jahr tätige Organe und Mitglieder von Vereinen ist der Freistellungsanspruch in §§ 31a Abs 2, 31b Abs 2 BGB ausdrücklich geregelt. 138

139 Dass eine **Verpflichtung aus Gefälligkeit** übernommen wird, führt nicht ohne Weiteres zur Beschränkung der Verantwortlichkeit. Insbesondere kann bei der Übernahme einer Beförderung aus Gefälligkeit eine Beschränkung der Verantwortlichkeit für *Personenschäden* auf grobe Fahrlässigkeit weder wegen der Unentgeltlichkeit der Mitnahme noch wegen der Einsicht des Mitfahrers in die Beförderungsgefahr angenommen werden (BGH 13. 7. 1993 – VI ZR 278/92, NJW 1993, 3067, 3068). Vielmehr ist die Frage der Haftungseinschränkung in diesen Fällen in Anwendung des § 254 BGB zu lösen (BGH 5. 3. 1963 – VI ZR 123/62, BGHZ 39, 156, 159 f). Etwas anderes kann aber für bloße *Sachschäden* gelten (OLG Frankfurt 18. 11. 1997 – 17 U 103/96, NJW 1998, 1232 für das Überführen eines Kfz in eine Werkstatt; OLG Dresden 19. 10. 2010 – 5 U 300/10 juris Rn 17, 22, juris = BauR 2011, 305 [LS] für die unentgeltliche Beratung eines Bauherrn durch einen Architekten; anders OLG Oldenburg 25. 9. 2001 – 12 U 84/01, VersR 2003, 1262, 1263 f für die Durchführung von Schweißarbeiten, die zu einem Brand im Sägewerk geführt haben).

140 Ob der Verschuldensmaßstab bei Vorliegen einer Gefälligkeit eingeschränkt ist oder nicht, kann nicht davon abhängen, ob ein Gefälligkeits-Schuldverhältnis vorliegt oder – mangels Rechtsbindungswillens – nur eine **reine Gefälligkeit** (vgl BGH 26. 4. 2016 – VI ZR 467/15 Rn 8, NJW-RR 2017, 272; OLG Dresden 19. 10. 2010 – 5 U 300/10 juris Rn 17 ff, 21 ff, juris; Grigoleit VersR 2018, 769, 773). Die in Abs 1 S 1 mit dem Begriff „sonstiger Inhalt des Schuldverhältnisses" angelegte Möglichkeit der Beschränkung des Verschuldensmaßstabs muss auf reine Gefälligkeiten analog angewendet werden mit der Folge, dass die dort allein in Rede stehende Deliktshaftung entsprechend beschränkt wird (krit zu diesem Ansatz Spallino 292 ff). Ausführlich zur Frage der Haftungsbeschränkung bei Gefälligkeiten sowie zur vorgelagerten Frage, wann bei einer Gefälligkeit ein Rechtsbindungswille vorliegt, Staudinger/Olzen (2019) § 241 Rn 71 ff, 401 ff, 537 ff; Medicus/Petersen, BR Rn 365 ff; Spallino 21 ff, insbes 198 ff, 263 ff.

7. Prozessuales

141 Die Frage, ob in einem festgestellten Verhalten ein Verschulden zu erblicken ist, ist Rechtsfrage und damit der Nachprüfung durch das Revisionsgericht grundsätzlich zugänglich (RG 17. 10. 1913 – III 242/13, WarnR 1914 Nr 41; BGH 11. 5. 1953 – IV ZR 170/52, BGHZ 10, 14, 17; BGH 21. 5. 1953 – IV ZR 192/52, BGHZ 10, 69, 74; BGH 19. 1. 1959 – III ZR 194/57, LM BGB § 277 Nr 1 = MDR 1959, 374; BAG 28. 10. 2010 – 8 AZR 418/09 Rn 20, NJW 2011, 1096). Die Feststellung der Voraussetzungen liegt allerdings auf tatsächlichem Gebiet. Dem Tatrichter steht ein Beurteilungsspielraum zu. Das Revisionsgericht kann nur prüfen, ob der Tatrichter von richtigen Beurteilungsmaßstäben ausgegangen ist, die wesentlichen Umstände berücksichtigt und Denkgesetze, Erfahrungssätze und Verfahrensvorschriften nicht verletzt hat (BAG 15. 9. 2011 – 8 AZR 846/09 Rn 43, NZA 2012, 377; BAG 22. 3. 2018 – 8 AZR 779/16 Rn 52, NZA 2018, 1216). Auch prüft das Revisionsgericht eine Entscheidung, wonach *grobe Fahrlässigkeit* vorliegt, nur darauf nach, ob der Rechtsbegriff der groben Fahrlässigkeit verkannt worden ist (BGH 5. 12. 1983 – II ZR 252/82, BGHZ 89, 153, 160 = NJW 1984, 789, BGH 27. 2. 1992 – I ZR 35/90, NJW 1992, 2235, 2236; BGH 30. 1. 2001 – VI ZR 49/00, NJW 2001, 2092, 2093; BGH 29. 1. 2003 – IV ZR 173/01, NJW 2003, 1118, 1119, BGH 11. 7. 2007 – XII ZR 197/05, Rn 16, NJW 2007, 2988).

142 Zur Frage der *Beweislast* s Staudinger/Schwarze § 280 Rn F 1 ff.

III. Verantwortlichkeit ohne Verschulden

1. Gesetzliche Einstandspflicht

143 Gesetzliche Einstandspflichten enthalten § 536a BGB (Schadens- und Aufwendungsersatzanspruch des Mieters wegen eines anfänglichen Mangels der Mietsache) und § 675y Abs 1 BGB für die Haftung des Zahlungsdienstleisters gegenüber dem Zahler. Nach § 287 S 2 BGB haftet der Schuldner wegen der Leistung auch für Zufall, es sei denn, dass der Schaden auch bei rechtzeitiger Leistung eingetreten wäre. Gleiches gilt nach § 848 BGB für den Deliktsschuldner, der zur Rückgabe einer einem anderen durch unerlaubte Handlung entzogenen Sache verpflichtet ist.

144 Eine Haftung ohne (eigenes) Verschulden sieht das Gesetz in § 278 BGB vor, wenn es den Schuldner für das Verschulden seines gesetzlichen Vertreters und seiner **Erfüllungsgehilfen** verantwortlich macht (§ 278 Rn 1). Auch der Schadensersatzpflicht des Anfechtenden nach § 122 Abs 1 BGB und der Haftung des Vertreters ohne Vertretungsmacht nach § 179 BGB kommt der Charakter einer gesetzlichen Einstandspflicht in dem durch die Aufnahme des geschäftlichen Kontaktes entstandenen Schuldverhältnis zu. Zu den Fällen einer Haftung ohne Verschulden außerhalb des Leistungsstörungsrechts s oben Rn 7.

145 Eine verschuldensunabhängige Einstandspflicht kann sich grundsätzlich auch aus dem **Europarecht** ergeben (ausf Franck 287 ff, 435 ff). Etwa hat der EuGH die Gleichbehandlungsrichtlinie 76/207/EWG (heute Art 18 Richtlinie 2006/54/EG) dahin ausgelegt, dass ein Verstoß gegen das Diskriminierungsverbot für sich genommen ausreichen müsse, um die volle Haftung seines Urhebers auszulösen, ohne dass im nationalen Recht vorgesehene Rechtfertigungsgründe berücksichtigt werden könnten, wenn sich der Mitgliedstaat für eine zivilrechtliche Haftung des Arbeitgebers als Sanktion entscheide. Die Richtlinie stehe einer innerstaatlichen gesetzlichen Regelung entgegen, die, wie § 611a Abs 1 und 2 aF, für einen Anspruch auf Schadensersatz wegen Diskriminierung aufgrund des Geschlechts bei der Einstellung die Voraussetzung des Verschuldens aufstelle (EuGH 8. 11. 1990 – C-177/88 Rn 19 ff, 25 [Dekker] Slg 1990, I-3941, 3975 = NJW 1991, 628; EuGH 22. 4. 1997 – C-180/95 Rn 17 ff [Draehmpaehl] Slg 1997, I-2195, 2212 = NJW 1997, 1839).

146 In der Gebr Weber-Entscheidung hat der EuGH Art 3 der Richtlinie 1999/44/EG über den **Verbrauchsgüterkauf** dahingehend interpretiert, dass der Verkäufer den Ausbau einer von ihm gelieferten mangelhaften Sache und den Einbau der nachgelieferten Sache unabhängig davon vornehmen bzw die Kosten dafür tragen müsse, ob ihn ein Verschulden im Hinblick auf den Mangel treffe (EuGH 16. 6. 2011 – C-65/09 Rn 40 ff, 56 [Gebr Weber] Slg 2011, I-5257, 5269 = NJW 2011, 2269). Das hat bei der anschließenden Diskussion der Frage, wie diese Entscheidung umzusetzen ist, zu dem Vorschlag geführt, die Aus- und Einbaukosten dem Käufer als Mangelfolgeschaden nach §§ 437 Nr 3, 280 Abs 1 BGB zu ersetzen, auch wenn es am Verschulden des Verkäufers für die mangelhafte Lieferung fehlt. Das Unionsrecht habe hier einen vom Normalfall des § 276 BGB abweichenden Maßstab bestimmt, der allerdings strikt auf den unionsrechtlich zwingend vorgegebenen Umfang (konkret: die Ein- und Ausbaukosten beim Verbrauchsgüterkauf) zu beschränken sei (Weber ZGS 2011, 539 ff; ähnlich Purnhagen EuZW 2011, 626, 629, der von einem verschuldensunabhängigen Anspruch aus

§§ 280 Abs 1, 3, 281 BGB auf Schadensersatz statt der Leistung wegen nicht erbrachter Nacherfüllung ausgeht). Dem war nicht zu folgen, weil sich die Haftung des Verkäufers für Mangelfolgeschäden (und auch diejenige auf Schadensersatz statt der Leistung) nicht nach unterschiedlichen Haftungsmaßstäben aufspalten lässt. Der Schadensersatzanspruch nach §§ 437 Nr 3, 280 Abs 1 BGB erfasst alle adäquat kausal verursachten Schäden. Den Verkäufer aber generell für alle Mangelfolgeschäden, die der Verbraucher erleidet, verschuldensunabhängig haften zu lassen, geht angesichts der klaren Entscheidung in §§ 437 Nr 3, 280 Abs 1 S 2 iVm Abs 1 BGB für das Verschuldensprinzip nicht an (krit zu einer schadensrechtlichen Lösung auch Kaiser JZ 2011, 978, 982, 984). Mit einer am 1. 1. 2018 in Kraft getretenen Neufassung des § 439 Abs 3 BGB (BGBl 2017 I S 969) hat der Gesetzgeber die verschuldensunabhängige Verpflichtung des Verkäufers zum Ersatz der erforderlichen Aufwendungen für das Entfernen der mangelhaften und den Einbau der nachgebesserten oder nachgelieferten mangelfreien Sache – unabhängig von einer Verbrauchereigenschaft des Käufers – im Rahmen der Nacherfüllung nun explizit geregelt (im Einzelnen Bamberger/Roth/Faust § 439 Rn 37 ff, 84 ff; zum Streitstand vor Inkrafttreten des § 439 Abs 3 BGB nF ausf Staudinger/Matusche-Beckmann [2014] § 439 Rn 70 ff).

2. Vertragliche Übernahme einer Garantie oder eines Beschaffungsrisikos

147 Hauptfall der vertraglichen Übernahme einer Garantie ist der **Garantievertrag**, also das selbstständige Versprechen, einem anderen dafür einzustehen, dass ein bestimmter tatsächlicher oder rechtlicher Erfolg eintritt oder die Gefahr eines bestimmten künftigen Schadens sich nicht verwirklicht (Staudinger/Horn [2013] Vorbem 207 ff zu §§ 765 ff). Die Einstandspflicht aus einem Garantievertrag ist grundsätzlich verschuldensunabhängig (Staudinger/Horn [2013] Vorbem 238 zu §§ 765 ff).

148 Weiterer Fall einer Garantieübernahme ist die **Garantie für die Beschaffenheit einer Sache beim Kauf**. Sie gewährt dem Käufer die Mängelrechte einschließlich des Schadensersatzes ohne Rücksicht auf das Verschulden des Verkäufers. Der Funktion nach ersetzt die Garantie für die Beschaffenheit der Sache die früher in §§ 459 Abs 2, 463 aF geregelte verschuldensunabhängige Haftung für das Fehlen einer zugesicherten Eigenschaft (BGH 29. 11. 2006 – VIII ZR 92/06 Rn 20, BGHZ 170, 86 = NJW 2007, 1346; BGH 17. 3. 2010 – VIII ZR 253/08 Rn 15, NJW-RR 2010, 1329). Dementsprechend kann für die Frage, wann eine solche Garantie für die Beschaffenheit einer Sache übernommen ist und wann lediglich eine Beschaffenheitsangabe iS des § 434 Abs 1 S 1 BGB vorliegt, auf die Rechtsprechung zur zugesicherten Eigenschaft zurückgegriffen werden (NK-BGB/Dauner-Lieb Rn 23 ff; Sailer 49 ff). Hiervon zu unterscheiden ist die Beschaffenheitsgarantie nach § 443 Abs 1 BGB, die mit den dort genannten Leistungen des Garantiegebers neben die gesetzlichen Rechte des Käufers bei Mängeln tritt. Im Fall der Garantie stößt eine **Haftungseinschränkung** an die Grenze des § 444 Alt 2 BGB (dazu Bamberger/Roth/Faust § 444 Rn 20 ff; Staudinger/Matusche-Beckmann [2014] § 444 Rn 55 ff).

149 Von der Garantie für die Beschaffenheit der Sache im Sinne einer Gewährung der gesetzlichen Mängelrechte ohne Rücksicht auf Verschulden zu unterscheiden ist die bloße **Haltbarkeitsgarantie** iSd § 443 Abs 2 BGB. Sie gibt dem Käufer im Garantiefall zusätzlich die Rechte aus der Garantie, ohne etwas an den Voraussetzungen für die gesetzlichen Mängelrechte zu ändern, und erfasst vor allem auch Fälle, in denen ein Mangel erst nach Gefahrübergang auftritt (Bamberger/Roth/Faust § 443 Rn 14 f, 40, 44; Staudinger/Matusche-Beckmann [2014] § 443 Rn 14 ff).

Die Annahme einer besonderen Garantiehaftung für **Rechtsmängel**, wie sie nach früherem Recht gegeben war (vgl Staudinger/Köhler [1995] § 440 Rn 21 ff, 26), besteht nach der Neufassung des Kaufrechts durch die Schuldrechtsreform nicht mehr (dazu BGH 5. 10. 2005 – VIII ZR 16/05 Rn 28 ff, NJW 2006, 47). Deshalb muss jeweils durch Auslegung des Vertrages ermittelt werden, ob eine entsprechende Garantie übernommen worden ist. Gleiches gilt für die Haftung wegen anfänglicher Unmöglichkeit, die nach § 311a Abs 1 BGB nicht mehr zur Nichtigkeit des Vertrages führt, und für die Haftung wegen eines anfänglich nichtbehebbaren Mangels der Kaufsache gem §§ 437 Nr 3, 311a Abs 2 S 1 BGB. Ob von einer von § 311a Abs 2 S 2 BGB abweichenden Haftung ohne Verschulden auszugehen ist, muss die Auslegung des betreffenden Vertrages ergeben (BGH 19. 10. 2007 – V ZR 211/06 Rn 38 f, BGHZ 174, 61 = NJW 2007, 3777; Staudinger/Feldmann [2018] § 311a Rn 52; außerdem Sailer 43 ff). Entsprechendes wie für den Kaufvertrag gilt für den Werkvertrag. Dort stellt die Übernahme einer Garantie für die Beschaffenheit eine andere Bestimmung iSd § 634 BGB dar. Demgegenüber hat das Mietrecht für die Haftung des Vermieters überhaupt am Begriff der zugesicherten Eigenschaft festgehalten (§ 536 Abs 2 BGB). 150

Den Schuldner trifft auch dort eine Verantwortlichkeit ohne Verschulden, wo er ein **Beschaffungsrisiko** übernommen hat. Dabei ist durch Auslegung zu ermitteln, wie weit die Beschaffungspflicht im Einzelfall reicht (MünchKomm/Grundmann Rn 179). Insoweit ist anerkannt, dass sich das Beschaffungsrisiko bei Fehlen gegenteiliger Anhaltspunkte nicht darauf erstreckt, schlechthin für jedes Unvermögen zur Erfüllung der übernommenen Pflichten einstehen zu wollen, sondern nur auf die Fähigkeit zur Überwindung der typischen Beschaffungshindernisse bei Geschäften der fraglichen Art (BGH 29. 4. 2015 – VIII ZR 197/14 Rn 38, BGHZ 205, 177 = NJW 2015, 2177; BT-Drucks 14/6040 v 14. 4. 2001, 132; Bamberger/Roth/Lorenz Rn 42; BeckOGK/Schaub [1. 3. 2019] Rn 154; Erman/Westermann Rn 19). Verpflichtet sich der Verkäufer zur Lieferung eines Gegenstandes, den er erst noch beschaffen, etwa bei einer Auktion ersteigern muss, kann darin je nach den Umständen des Falles eine Risikoübernahme liegen, die den Verkäufer zum Schadensersatz ohne Rücksicht darauf verpflichtet, ob ihn an der Nichtbeschaffung ein Verschulden trifft (ausf Canaris, in: FS Wiegand [2005] 179, 214 ff). Eine verschuldensunabhängige Haftung für die Mangelfreiheit des geschuldeten Gegenstandes ist damit aber nicht verbunden (Canaris, in: FS Wiegand [2005] 179, 230 ff, 235; St Lorenz NJW 2002, 2497, 2503 f; Weller NJW 2012, 2312, 2314; Palandt/Grüneberg Rn 32; NK-BGB/Dauner-Lieb Rn 34; **aA** Medicus JuS 2003, 521, 528). Eine verschuldensunabhängige Haftung kommt auch beim Werkvertrag in Betracht, wenn der Unternehmer die Herstellung des Werks aus erst noch zu beschaffenden Gegenständen oder mit erst noch anzuwerbenden Gehilfen verspricht. Hauptanwendungsfall der Übernahme eines Beschaffungsrisikos ist die *Gattungsschuld;* s dazu Rn 153 ff. 151

Auch bei **Dienstüberlassungsverträgen** kann der Vertrag zwischen Verleiher und Entleiher so zu verstehen sein, dass der Verleiher verschuldensunabhängig dafür einstehen will, dem Entleiher die versprochenen Dienstkräfte tatsächlich zur Verfügung stellen zu können. Insbesondere bei termingebundenen Geschäften, etwa Dreharbeiten für einen Film, kann das Risiko der termingerechten Gestellung der 152

Kräfte – beispielsweise von Statisten – vom Verleiher übernommen sein. Wieweit die verschuldensunabhängige Einstandspflicht in solchen Fällen geht, etwa ob auch der Fall einer plötzlichen Erkrankung des Schuldners einbezogen ist, kann nur die Auslegung des betreffenden Vertrages ergeben.

3. Einstandspflicht nach dem sonstigen Inhalt des Schuldverhältnisses

a) Gattungsschulden

153 Die Einstandspflicht bei Gattungsschulden ist nicht mehr wie früher in einer eigenen Vorschrift (§ 279 aF) geregelt, sondern folgt gem Abs 1 S 1 aus dem besonderen Inhalt der Gattungsschuld (zu ihr § 275 Rn 20 sowie STAUDINGER/SCHIEMANN [2015] § 243 Rn 6 ff; krit dazu HECKEL JZ 2012, 1094, 1099). Im Einzelnen gilt Folgendes:

154 Dem Charakter der Gattungsschuld entspricht es, dass der Schuldner für die Leistung solange einstehen muss, wie diese aus der Gattung möglich ist. Ob ihn am Unvermögen zur Leistung ein Verschulden trifft, spielt grundsätzlich keine Rolle. Vielmehr garantiert der Schuldner, dass er über die persönlichen Fähigkeiten, den Apparat und die Geschäftsverbindungen verfügt, die notwendig sind, um den der – engeren oder weiter gefassten – Gattung nach geschuldeten Leistungsgegenstand zu beschaffen und dem Gläubiger zu liefern.

155 Ob man diese Einstandspflicht weiter differenzieren kann, je nach dem, welchem **Geschäftskreis** die Vertragsparteien angehören (in diesem Sinne MünchKomm/EMMERICH [2001] § 279 Rn 12), erscheint zweifelhaft. Verspricht der Schuldner die Lieferung einer erst in Übersee zu beschaffenden Sache, kommt es nicht darauf an, ob er auf Überseekäufe spezialisiert ist oder nicht. In jedem Fall muss von ihm erwartet werden, dass er, wenn er nicht selbst weiterkommt, sich der Hilfe eines Spezialisten bedient. Und der Hersteller, der die Lieferung von Ware aus eigener Produktion versprochen hat, kann nicht deshalb befreit werden, weil er sich beim Abschluss von Verträgen übernommen oder die Leistungsfähigkeit seines Produktionsbetriebs falsch eingeschätzt hat.

156 **Nicht** zu vertreten hat der Gattungsschuldner regelmäßig solche **Leistungshindernisse**, die nichts mit seinen gewöhnlichen Fähigkeiten, seinem Apparat und seinen Geschäftsverbindungen zu tun haben, sondern ihn **wie jeden anderen Schuldner treffen**. Krankheiten, Verhaftungen, Festsitzen im Ausland infolge kriegerischer Ereignisse oder das Ausfallen der Verkehrsverbindungen sowie Betriebsstörungen durch Gewalttaten Dritter muss auch der Gattungsschuldner nur vertreten, wenn ihn ein Verschulden, insbesondere ein Vorsorge- oder Abwendungsverschulden (dazu Rn 18) trifft. Dies gilt insbesondere beim Gattungsverkäufer, wenn er bei regelmäßigem Verlauf erfüllungsbereit und erfüllungsfähig gewesen wäre, aber durch ganz unerwartete Ereignisse an der beabsichtigten Erfüllung persönlich verhindert wurde (RG 12. 3. 1920 – II 362/19, RGZ 99, 1, 2). Auch insoweit ist aber immer zu fragen, ob der Schuldner das Leistungshindernis überwinden kann, indem er finanzielle Mittel einsetzt, etwa sich anderweitig eindeckt, Ersatzkräfte einstellt usw (BGH 1. 12. 1993 – VIII ZR 259/92, NJW 1994, 515, 516). Hierzu bleibt er bis zur Grenze der Unzumutbarkeit (dazu § 275 Rn 85 ff) verpflichtet. Deshalb führen solche Hindernisse regelmäßig nur zur – zeitweiligen – Befreiung von den Verzugsfolgen (vgl dazu STAUDINGER/FELDMANN § 286 Rn 137 ff, 150). Zur Abgrenzung von – zu vertretender oder nicht zu vertretender – Unzumutbarkeit und dem Wegfall der Geschäftsgrundlage iSd § 313 BGB s § 275 Rn 117 ff, insbesondere Rn 120.

Häufig wird der Umfang der Einstandspflicht in entsprechenden **Vertragsklauseln** eigens geregelt. Dabei hat die Klausel *„Richtige und rechtzeitige Selbstbelieferung vorbehalten"* regelmäßig die Bedeutung, dass der Verkäufer von der Lieferungspflicht frei sein soll, wenn und solange er ohne seine Schuld von seinem Vorlieferanten nicht beliefert wird (BGH 14. 11. 1984 – VIII ZR 283/83, BGHZ 92, 396, 401 = NJW 1985, 738; BGH 22. 3. 1995 – VIII ZR 98/94, NJW 1995, 1959, 1960). Voraussetzung ist allerdings, dass der Verkäufer bei Abschluss des Vertrags über einen „kongruenten Deckungskontrakt" verfügt, sodass bei normalem Verlauf die Erfüllung seiner Verpflichtung sichergestellt ist (BGH 14. 11. 1984 – VIII ZR 283/83, BGHZ 92, 396, 398 f = NJW 1985, 738; BGH 22. 3. 1995 – VIII ZR 98/94, NJW 1995, 1959, 1960; OLG München [Hinweisbeschluss] 3. 7. 2018 – 19 U 742/18 Rn 12, NJW-RR 2018, 1320; Huber I 612 ff; Derleder NJW 2011, 113, 115 ff; BeckOGK/Schaub [1. 3. 2019] Rn 158). 157

Nur eingeschränkte Bedeutung kommt hingegen der Klausel *„Lieferungsmöglichkeit vorbehalten"* zu. Sie befreit den Verkäufer nicht von der Beschaffungspflicht und dem Einstehenmüssen für die Lieferung durch den Vorlieferanten (BGH 12. 2. 1968 – VIII ZR 84/66, WM 1968, 400, 402; BGH 1. 12. 1993 – VIII ZR 259/92, NJW 1994, 515, 516). Vielmehr ist er verpflichtet, sich im Rahmen des Zumutbaren um die Realisierung der versprochenen Leistung zu bemühen. Verspricht etwa ein Autohändler Lieferung eines bestimmten Typs unter Vorbehalt der Liefermöglichkeit, wird er nicht schon dadurch frei, dass sich der Hersteller entschließt, diesen Typ unter Umgehung seiner Händlerorganisation selbst zu vermarkten. Vielmehr muss er sich bemühen, den Hersteller zu bewegen, ihm die Erfüllung seiner Verträge zu ermöglichen. Nur wenn auch das fehlschlägt, wird er frei (BGH 1. 12. 1993 – VIII ZR 259/92, NJW 1994, 515, 516). Die Beweislast trifft dabei ihn (vgl § 275 Rn 128). Letztlich hat die Klausel nur Sinn, wenn einem im konkreten Fall gegebenen besonderen Zweifel an der Liefermöglichkeit Rechnung getragen werden soll (Huber I 623 f). 158

Freizeichnungsklauseln in Bezug auf die *Lieferungsmöglichkeit aus eigener Produktion* sind möglich. So erfasst eine *„Arbeitskampfklausel"* auch bei Gattungsschulden das Risiko der Stilllegung der Produktion oder auch des Einkaufs oder des Versands infolge Streik und Aussperrung (Löwisch BB 1974, 1493, 1497; s zu Arbeitskampfklauseln näher Wolf/Lindacher/Pfeiffer/Stoffels [6. Aufl 2013] Klauseln A 164 ff). Dagegen ist für die finanzielle Leistungsfähigkeit auch dann einzustehen, wenn sie durch den Arbeitskampf beeinträchtigt wird (Löwisch BB 1974, 1493, 1497). 159

Auf die verschuldensunabhängige Einstandspflicht des Schuldners kann sich der **Gläubiger** dann nicht berufen, wenn er das **Unvermögen** des Schuldners zur Beschaffung der Gattungssache durch seine **eigene rechtswidrige Handlung** herbeigeführt hat (RG 17. 10. 1919 – II 107/19, RGZ 97, 6, 10). Das folgt aus § 242 BGB. Doch kann dem Gläubiger in diesem Sinne noch kein Vorwurf daraus gemacht werden, dass er bei Vertragsabschluss weiß, dass der Schuldner sich die Ware erst beschaffen muss. Denn das würde das Prinzip der verschuldensunabhängigen Einstandspflicht des Gattungsschuldners in sein Gegenteil verkehren (zutr BGH 12. 7. 1972 – VIII ZR 200/71, NJW 1972, 1702, 1703; BGH 1. 12. 1993 – VIII ZR 259/92, NJW 1994, 515, 516). 160

161 Da das **CISG** für die Haftung des Schuldners allgemein kein Verschulden voraussetzt, sondern diesen nur bei unüberwindlichen, nicht voraussehbaren und nicht beherrschbaren Leistungshindernissen befreit (vgl Rn 4), war dort eine § 279 aF und jetzt Abs 1 S 1 vergleichbare Vorschrift entbehrlich. Die fehlende Fähigkeit des Schuldners zur Beschaffung gehört von vornherein nicht zu den ihn entlastenden Umständen (s Staudinger/Magnus [2018] Art 45 CISG Rn 11, 18, 28).

162 Soweit **gesetzliche Schuldverhältnisse** ausnahmsweise einmal auf die Leistung von Gattungssachen gehen, wie das bei der *Naturalrestitution* zerstörter oder beschädigter vertretbarer Sachen gem § 249 Abs 1 BGB der Fall sein kann, ergibt sich die Einstandspflicht aus dem gesetzlichen Schuldverhältnis selbst, im Beispielsfall aus § 251 Abs 1 BGB (zutr Ballerstedt, in: FS Nipperdey [1955] 261, 268).

163 Soweit der BGH (25. 3. 1982 – VII ZR 60/81, BGHZ 83, 293, 299 = NJW 1982, 1585) früher § 279 aF als „allgemeine Vorschrift" für die verschärfte Haftung des *Bereicherungsschuldners* nach § 818 Abs 4 BGB ansehen wollte, ging das ins Leere. Denn dem Bereicherungsanspruch unterfällt immer der konkret geleistete Gegenstand und damit nicht ein nur der Gattung nach bestimmter. Kann der konkret geleistete Gegenstand nicht herausgegeben werden, müssen sich die Rechtsfolgen wie sonst auch nach § 292 BGB iVm den §§ 989 ff BGB bestimmen. Dem Bereicherungsschuldner zusätzlich eine Beschaffungspflicht aufzuerlegen, geht zu weit (Wilhelm AcP 183 [1983] 1 ff, insbes 12 f; Palandt/Grüneberg Rn 31; **aA** [wie der BGH] Jauernig/Stadler Rn 47).

b) Geldschulden

164 Der geltenden Wirtschaftsordnung entspricht es, dass der Schuldner mit dem Eingehen einer Zahlungspflicht auch eine **Garantie für sein Zahlungsvermögen** übernimmt (im Einzelnen § 275 Rn 74 ff). Dementsprechend haftet er auch ohne Verschulden, wenn er eine Leistung mangels finanzieller Mittel nicht oder nicht rechtzeitig erbringen kann.

165 Auch die **Einstandspflicht für die finanzielle Leistungsfähigkeit** kann aber nach dem Inhalt des jeweiligen Vertrages ausnahmsweise **begrenzt** sein. Etwa kann sich bei einem Geschäftsbesorgungsvertrag ergeben, dass der Verpflichtete für gegen ihn gerichtete Forderungen des Auftraggebers nur mit dem von ihm verwalteten Vermögen haften soll (Huber I 645 f). Das gilt etwa bei von dem Verpflichteten für den Auftraggeber entgegengenommenen Zahlungen, die er ohne Inanspruchnahme seines eigenen Vermögens lediglich weiterzureichen hat (§ 667 BGB). Bei einem Verlust der empfangenen Gelder infolge Insolvenz der Anlagebank oder infolge Diebstahls haftet der Beauftragte daher nicht verschuldensunabhängig wegen Übernahme eines Beschaffungsrisikos gem Abs 1 S 1, sondern allein bei von ihm zu vertretender Pflichtverletzung (BGH 21. 12. 2005 – III ZR 9/05 Rn 10 ff, BGHZ 165, 298, 301 ff = NJW 2006, 986). Hingegen kann man nicht annehmen, die Investitions- und Beschäftigungszusagen in Treuhandprivatisierungsverträgen stünden unter dem Vorbehalt ausreichender finanzieller Mittel der Investoren (Wächter/Stender, Die Rechtsprechung zu Investitions- und Beschäftigungszusagen in Treuhandprivatisierungsverträgen, NJW 2000, 395, 402 unter Hinweis auf OLG Celle 17. 12. 1998 – 10 U 65/94, und OLG Stuttgart 22. 7. 1999 – 7 U 226/98). Die Zahlungspflicht aus einem Ratenkauf wird nicht dadurch eingeschränkt, dass der Käufer durch Lohnverlust infolge Teilnahme an einem Arbeitskampf seine

Zahlungsfähigkeit einbüßt; auch Unzumutbarkeit kann insoweit nicht angenommen werden (Löwisch/Rieble, Arbeitskampf- und Schlichtungsrecht [1997] SD 170. 7 Rn 38).

Wieweit die Einstandspflicht bei **gesetzlich begründeten Geldschulden** geht, ist eine Frage der Interpretation der einschlägigen Gesetze. So hat der Schuldner das Unvermögen zur Herausgabe eines als Ersatz erlangten Geldbetrages im Rahmen von § 285 BGB nur in dem Umfang zu vertreten, in dem er auch das Unvermögen zur ursprünglichen Leistung zu vertreten hat (BGH 17. 12. 1998 – V ZR 200/97, BGHZ 140, 223, 240 = NJW 1999, 1470). Und so beschränkt sich die Einstandspflicht bei einem gesetzlich angeordneten Auftragsverhältnis auf verschuldetes Unvermögen (BGH 4. 2. 2000 – V ZR 260/98, BGHZ 143, 373, 379 = NJW 2000, 1496). 166

Auch der Bereicherungsschuldner hat für seine finanzielle Leistungsfähigkeit stets einzutreten. Bestand die herauszugebende Leistung allerdings von vornherein in einem bestimmten Geldbetrag, richtet sich die Haftung allein nach den §§ 818 Abs 4, 292, 989 BGB. Siehe dazu und zur eingeschränkten Einstandspflicht des Bereicherungsschuldners für eine Wertersatzschuld nach § 818 Abs 2 BGB ausf Staudinger/Lorenz (2007) § 818 Rn 50. 167

§ 277
Sorgfalt in eigenen Angelegenheiten

Wer nur für diejenige Sorgfalt einzustehen hat, welche er in eigenen Angelegenheiten anzuwenden pflegt, ist von der Haftung wegen grober Fahrlässigkeit nicht befreit.

Materialien: E I § 145; II § 233 Abs 2; III § 271; Jakobs/Schubert, SchR I 236.

Schrifttum

Deutsch, Abschied von der culpa in concreto?, JuS 1967, 496
ders, Fahrlässigkeit und erforderliche Sorgfalt (2. Aufl 1995) 151
Heller, Die „Diligentia quam in suis" und ihre Stellung unter den deutschen Haftungsprivilegien (1996)
Hoffmann, Die Fragwürdigkeit der Haftung für diligentia quam in suis, NJW 1967, 1207
Iden, § 277 BGB – Die Sorgfalt in eigenen Angelegenheiten, Jura 2013, 460
Kunschert, Die Haftung des Kfz-Halters gegenüber seinem Partner und seinem Kind als Insassen, NJW 2003, 950
Mutzenbecher, Beiträge zur Lehre von der culpa in concreto innerhalb obligatorischer Rechtsverhältnisse (1896)
Rother, Haftungsbeschränkung im Schadensrecht (1965) 185
Weyl, System der Verschuldensbegriffe (1905) 283.

Vgl außerdem das Schrifttum zu § 276.

Für eine Reihe von Rechtsverhältnissen (Rücktrittsschuldverhältnis, § 346 Abs 3 S 1 Nr 3 BGB und § 347 Abs 1 S 2 BGB; unentgeltliche Verwahrung, § 690 BGB; Ge- 1 sellschaft, § 708 BGB; Ehe, § 1359 BGB; Eltern-Kind, § 1664 Abs 1 BGB; Vorerbe-Nacherbe, § 2131 BGB; eingetragene Lebenspartnerschaft, § 4 LPartG) beschränkt das Gesetz die Haftung auf die Sorgfalt, die der Haftende in eigenen Angelegenheiten anzuwenden pflegt (**konkrete Fahrlässigkeit**, culpa in concreto, diligentia quam in suis). In diesen Rechtsverhältnissen gilt also, soweit nicht grobe Fahrlässigkeit vorliegt, nicht der objektive, typisierte, sondern ein **subjektiver**, auf die persönlichen Gepflogenheiten des Betreffenden abstellender **Fahrlässigkeitsmaßstab**. Persönlicher Schlendrian kommt dem Schuldner also bis zur Grenze der groben Fahrlässigkeit (dazu Rn 3) zugute (MünchKomm/Grundmann Rn 3; Bamberger/Roth/Lorenz Rn 8). Für „Ausreißer" muss er allerdings haften, denn es kommt nicht auf die von ihm im Einzelfall, sondern auf die von ihm üblicherweise angewandte Sorgfalt an.

2 Der **Zweck** dieser Haftungsbeschränkungen ist bei den einzelnen Rechtsverhältnissen **verschieden**. Bei § 346 Abs 3 S 1 Nr 3 BGB, bei § 347 Abs 1 S 2 BGB und bei § 690 BGB ist es die Überlegung, dass dem Rückgewährschuldner und dem unentgeltlichen Verwahrer nicht mehr Sorgfalt zugemutet werden kann, als er sie auf die eigenen Sachen zu verwenden pflegt. Hinter § 708 BGB steckt der Gedanke, dass derjenige, der sich – und sei es auch nur in einer Gelegenheitsgesellschaft (vgl Staudinger/Habermeier [2003] § 708 Rn 16) – gesellschaftsrechtlich mit einem anderen verbindet, den Partner vorher genau ansehen kann und ihn später dann so hinnehmen muss, wie er ist (RG 18. 1. 1934 – IV 369/33, RGZ 143, 212, 215). Die §§ 1359, 1664 BGB tragen dem Umstand Rechnung, dass die Wahrnehmung der Angelegenheiten von Ehegatten und von Kindern so eng mit der Wahrnehmung der eigenen Angelegenheiten verwoben ist, dass eine Trennung der Sorgfaltsanforderungen willkürlich und lebensfremd wäre. Entsprechendes gilt für § 2131 BGB und § 4 LPartG.

3 Die genannten Vorschriften über die konkrete Fahrlässigkeit beinhalten **nur eine Beschränkung** der Haftung gegenüber der verkehrserforderlichen Sorgfalt, keine Erweiterung. Ein Schuldner, der in eigenen Angelegenheiten besonders sorgfältig vorzugehen pflegt, haftet also bei Verletzung der bei ihm üblich eingehaltenen Sorgfalt nur dann, wenn er auch die verkehrserforderliche Sorgfalt verletzt. Die Haftungsbeschränkung findet ihre **Grenze** aber an der **groben Fahrlässigkeit**, für die der Schuldner ohne Rücksicht darauf, ob auch eine konkrete Fahrlässigkeit vorliegt, nach § 277 BGB stets einzutreten hat. Zum Begriff der groben Fahrlässigkeit s § 276 Rn 92 ff.

4 Angesichts der unterschiedlichen Gesetzeszwecke ist eine ausdehnende Anwendung der Vorschriften im Wege der **Analogie nur ausnahmsweise möglich**. So ist § 277 BGB weder auf den Auftrag noch auf die Gemeinschaft (BGH 26. 3. 1974 – VI ZR 103/72, BGHZ 62, 243, 245 = NJW 1974, 1189) anzuwenden. Auch bei einer (Gratis-)Behandlung von ärztlichen Kollegen gilt § 277 BGB nicht, da die Anforderungen an die ärztliche Sorgfalt unteilbar sind (BGH 7. 6. 1977 – VI ZR 77/76, NJW 1977, 2120). Keine Anwendung findet § 277 BGB ferner auf die partiarische Umsatzmiete (BGH 28. 10. 1987 – VIII ZR 383/86, NJW-RR 1988, 417, 418 f). Auf die Partner einer nichtehelichen Lebensgemeinschaft kann § 277 BGB dagegen entsprechend angewandt werden (OLG Oldenburg 26. 3. 1986 – 3 U 299/85, NJW 1986, 2259; Erman/Westermann Rn 1; MünchKomm/Roth § 1359 Rn 8).

5 Eine **vertragliche Beschränkung** der Haftung auf konkrete Fahrlässigkeit ist nicht grundsätzlich ausgeschlossen. Allerdings ist bei der Annahme einer stillschweigen-

den Vereinbarung Vorsicht geboten (BGH 23. 6. 1954 – VI ZR 34/53, BB 1954, 702; s allerdings auch OLG Frankfurt 28. 3. 2007 – 13 U 62/05, OLGR 2007, 697, das dies für die Haftung eines Architekten wegen der fehlerhaften Schätzung des Verkehrswerts eines Grundstücks aufgrund der Umstände des Einzelfalls angenommen hat). Der Maßstab des § 1036 Abs 2 BGB, nach welchem der Nießbraucher bei der Ausübung des Nutzungsrechts die bisherige wirtschaftliche Bestimmung der Sache aufrechtzuerhalten und nach den Regeln einer ordnungsgemäßen Wirtschaft zu verfahren hat, kann aufgrund des sachenrechtlichen Typenzwangs nicht mit dinglicher Wirkung auf die Sorgfalt des Nießbrauchers in eigenen Angelegenheiten beschränkt werden (KG 11. 4. 2006 – 1 W 609/03, DNotZ 2006, 470, 471 f; OLG Frankfurt 14. 1. 2014 – 20 W 349/13 juris Rn 11 ff, NotBZ 2014, 384; krit dazu J Frank DNotZ 2006, 472 ff; s auch Staudinger/Heinze [2017] § 1036 Rn 18).

Die Rechtsprechung hat die §§ 708, 1359 BGB für unanwendbar erklärt, soweit eine 6
Haftung aus Unfall im **Straßenverkehr** in Rede steht (BGH 20. 12. 1966 – VI ZR 53/65, BGHZ 46, 313, 317 f = NJW 1967, 558; BGH 11. 3. 1970 – IV ZR 772/68, BGHZ 53, 352, 355; BGH 18. 6. 1973 – III ZR 207/71, BGHZ 61, 101, 104 = NJW 1973, 1654; BGH 13. 1. 1988 – IVb ZR 110/86, NJW 1988, 1208; BGH 10. 2. 2009 – VI ZR 28/08 Rn 13, NJW 2009, 1482; anders BGH 25. 5. 1971 – VI ZR 248/69, MDR 1971, 918 für die Anwendung des § 708 BGB im Luftverkehr), und diese Rechtsprechung auch auf den Fall erstreckt, dass der Unfall mit einem motorgetriebenen Fahrzeug von vergleichbarer Gefährlichkeit, dessen Betrieb eine Lizenz erfordert, geschieht (BGH 24. 3. 2009 – VI ZR 79/08 Rn 10 ff, NJW 2009, 1875: Unfall beim Wasserski mit Motorboot). Dahinter steht der zutreffende, auch auf § 4 LPartG zu übertragende Gedanke, dass im Bereich des Straßenverkehrs angesichts der ins Einzelne gehenden gesetzlichen Regelungen für das Verhalten der Verkehrsteilnehmer individuelle Sorglosigkeit nicht geduldet werden kann. Diese Rechtsprechung gilt auch im Fall des § 1664 BGB, wenn ein Elternteil selbst am Straßenverkehr teilnimmt und dabei das Kind verletzt (vgl OLG Hamm 20. 1. 1992 – 6 U 183/91, NJW 1993, 542, 543; OLG Karlsruhe 3. 5. 2012 – 1 U 186/11, NJW 2012, 3043, 3044; Böhmer JZ 1967, 256). Dagegen ist § 1664 BGB anzuwenden, wenn das Kind am Straßenverkehr teilnimmt und es um die Frage geht, ob den Eltern, ohne eigenen Verstoß gegen Vorschriften des Straßenverkehrs, eine Verletzung der Aufsichtspflicht vorzuwerfen ist (OLG Hamm 20. 1. 1992 – 6 U 183/91, NJW 1993, 542, 543; OLG Hamm 17. 8. 1993 – 27 U 144/92, NJW-RR 1994, 415; OLG Karlsruhe 3. 5. 2012 – 1 U 186/11, NJW 2012, 3043, 3044; **aA** noch OLG Karlsruhe 8. 10. 1976 – 10 U 18/76, VersR 1977, 232, 233). Die Neufassung der §§ 7 Abs 2, 8a StVG hat an dieser Rechtslage nichts geändert (Palandt/Grüneberg Rn 2; PWW/Schmidt-Kessel/Kramme Rn 1; **aA** Kunschert NJW 2003, 950 f). Für den Ausschluss der Verpflichtung zum Wertersatz des Rückgewährschuldners nach § 346 Abs 3 S 1 Nr 3 BGB bleibt § 277 BGB aber grundsätzlich auch dann anwendbar, wenn die Unmöglichkeit der Rückgewähr aus einem Unfall im Straßenverkehr herrührt, da die die Teilnahme am allgemeinen Straßenverkehr regelnden Vorschriften nicht den Schutz des Rückgewährgläubigers im Rückgewährschuldverhältnis bezwecken (OLG Karlsruhe 12. 9. 2007 – 7 U 169/06, NJW 2008, 925, 926 f; zust Iden Jura 2013, 460, 463 f; krit Gsell NJW 2008, 912, 913).

Wo die Sonderbeziehung das Geschehen prägt, setzt sich der für sie geltende einge- 7
schränkte Haftungsmaßstab auch beim **Zusammentreffen mit der Deliktshaftung** durch, schlägt also auf diese durch (vgl für das parallele Problem der eingeschränkten Haftung des Schenkers nach § 521 BGB BGH 20. 11. 1984 – IVa ZR 104/83, BGHZ 93, 23, 29 = NJW

1985, 794; s weiter Staudinger/Habermeier [2003] § 708 Rn 10, Staudinger/Voppel [2018] § 1359 Rn 15, Staudinger/Heilmann [2016] § 1664 Rn 34 ff und Staudinger/Vieweg [2015] § 840 Rn 67 ff).

8 Wendet der Schuldner ein, dass er in seinen eigenen Angelegenheiten nur ein geringeres Maß an Sorgfalt beobachte, so muss er dies **beweisen** (vgl OLG Karlsruhe 3. 5. 2012 – 1 U 186/11, NJW 2012, 3043, 3044; Staudinger/Schwarze § 280 Rn F 25; MünchKomm/Grundmann Rn 4; Baumgärtel/Laumen/Prütting/Repgen Rn 6). Schädigt sich der Schuldner durch sein Fehlverhalten gleichzeitig selbst, lässt das in der Regel den Schluss zu, dass er die eigenübliche Sorgfalt beachtet hat (OLG Zweibrücken 11. 4. 2002 – 4 U 122/01, NJW-RR 2002, 1456, 1457; Soergel/Pfeiffer Rn 6; **aA** Palandt/Grüneberg Rn 3). Das gilt allerdings nicht für die Haftung der Gesellschafter nach § 708 BGB (BGH 24. 9. 2013 – II ZR 391/12 Rn 14, NJW 2013, 3572) und bei einem Unfall im Straßenverkehr (OLG Karlsruhe 12. 9. 2007 – 7 U 169/06, NJW 2008, 925, 927) und auch dann nicht, wenn der Schuldner gar nicht weiß, dass sein Verhalten auch eigene Güter oder Interessen beeinträchtigt.

§ 278
Verantwortlichkeit des Schuldners für Dritte

Der Schuldner hat ein Verschulden seines gesetzlichen Vertreters und der Personen, deren er sich zur Erfüllung seiner Verbindlichkeit bedient, in gleichem Umfang zu vertreten wie eigenes Verschulden. Die Vorschrift des § 276 Abs. 3 findet keine Anwendung.

Materialien: E I § 224 Abs 2; II § 234; III § 272; Jakobs/Schubert, SchR I 236; KE S 125; RegE 132.

Schrifttum

1. Zur und nach der Schuldrechtsreform

Griebeling, Die Zurechnung von Bevollmächtigtenverschulden im Kündigungsrecht, NZA 2002, 838

U Huber, Die Haftung des Vertragshändlers gegenüber seinem Abnehmer nach neuem Kaufrecht, in: FS Ulmer (2003) 1165

Kienzle, Haftungsfragen bei Schnittstellen in der ärztlichen Behandlung, in: FS Bergmann (2016) 113

Klees, Der Hersteller als Erfüllungsgehilfe des Verkäufers, MDR 2010, 305

Köndgen, § 278 – (k)ein universales Haftungsmodell für arbeitsteilige Vertragserfüllung?, in: FS W H Roth (2015) 311

Krahe, Die Haftungssystematik bei ärztlicher Arbeitsteilung und Zusammenarbeit in den Vereinigten Staaten von Amerika und in Deutschland (2004)

Lindemann/Polzer, Haftung des Arbeitgebers für Personenschäden des Arbeitnehmers bei (vorsätzlicher) Schädigung durch Arbeitskollegen, Vorgesetzte und Organmitglieder, Betrieb 2017, 1087

Ondreasova, Gehilfenhaftung (2013)

Peters, Die Erfüllungsgehilfen des Verkäufers neu hergestellter Sachen, ZGS 2010, 24

Rieble, Mietzahlungsverzögerung durch Sozialbehörde, NJW 2010, 816

Riechert, Haftung und Deckung des Anwalts bei Einschaltung von Spezialisten, AnwBl 2017, 664

R Sailer, Die Schadensersatzhaftung des Verkäufers bei Schlechtlieferung und ihre Grenzen (2003)
Schroeter, Untersuchungspflicht und Vertretenmüssen des Händlers bei der Lieferung sachmangelhafter Ware, JZ 2010, 495
Tröger, Arbeitsteilung und Vertrag (2012)
Weller, Die Verantwortlichkeit des Händlers für Herstellungsfehler, NJW 2012, 2312
Wendelstein, Zur Schadenshaftung für „Erfüllungs"-Gehilfen bei Verletzungen des Integritätsinteresses, AcP 215 (2015) 70
Werber, Voraussetzungen und Probleme einer Zurechnung von Maklerfehlern gegenüber dem Versicherer, VersR 2014, 412.

S auch das Schrifttum zu den Vorbem zu §§ 275–278 sowie zu §§ 276 und 277.

2. Vor der Schuldrechtsreform

F Becker, Haftungsfragen bei der gewerbsmäßigen Arbeitnehmerüberlassung, NJW 1976, 1827
Brodmann, Die Haftung des Schuldners nach § 278, insbesondere die Haftung des Versicherungsnehmers, JherJb 58 (1911) 187
Brückner, Die (privatrechtliche) Haftung für das rechtswidrige Verhalten anderer, insbesondere der Vertreter und Gehilfen nach dem BGB und nach anderen Reichsgesetzen, Recht 1901, 299, 338, 373
vCaemmerer, Verschulden von Erfüllungsgehilfen, in: FS Hauß (1978) 33
vCraushaar, Der Vorunternehmer als Erfüllungsgehilfe des Auftraggebers, in: FS Vygen (1999) 154
Delmere, Der Erfüllungsgehilfe in § 278 BGB – ein Beitrag zum Grund und zu den Voraussetzungen der Haftung für Hilfspersonen im Rahmen von Schuldverhältnissen (1989)
Erdsiek, Bedarf unser Haftungsrecht einer Überprüfung und in welchen Punkten?, Karlsruher Forum 1960, 3
Eubel, Die Haftung des Geschäftsherrn für den Gehilfen nach deutschem und japanischem Recht (1981)
Fischer, Die nicht auf den Parteiwillen gegründete Zurechnung fremden Verschuldens nach dem Bürgerlichen Gesetzbuch (1904)
Friehe, Haftet der Schuldner einer vertragsstrafebewehrten Unterlassungsverpflichtung für das Verschulden seiner Erfüllungsgehilfen?, WRP 1977, 158
Fuchs-Wissemann, Erfüllungsgehilfenschaft und Beweislast, VersR 1996, 686
Kaiser/Rieble, Haftet der Schuldner für das Ausbleiben seines Erfüllungsgehilfen?, NJW 1990, 218
Kamanabrou, Grenzen der Haftung für Schutzpflichtverletzungen Dritter, NJW 2001, 1187
Kleindienst, Zur Bedeutung des § 278 bei mitwirkendem Verschulden, JZ 1957, 457
Kleinewefers/Wilts, Schadensersatzansprüche bei Verletzung der ärztlichen Schweigepflicht, NJW 1963, 2345
dies, Die vertragliche Haftung bei gespaltenem Arzt-Krankenhaus-Vertrag, NJW 1965, 332
Knappmann, Zurechnung des Verhaltens Dritter zu Lasten des Versicherungsnehmers, VersR 1997, 261
Kniffka, Gewährleistung: Vorunternehmer als Erfüllungsgehilfe des Bauherrn?, BauR 1999, 1312
Krauskopf/Marburger, Die Haftung des Arztes für Behandlungsfehler (2001)
Kreissl, Haftung für Erfüllungsgehilfen im Arbeitskampf – ein Beitrag zur Dogmatik des § 278 BGB, ZfA 1996, 503
Kupisch, Die Haftung für Erfüllungsgehilfen (§ 278 BGB), JuS 1983, 817
Lambsdorff/Stüsser, Bankenhaftung bei gescheiterten Immobilientreuhandmodellen – Verschuldenszurechnung externer Vertriebsmitarbeiter, VuR 2001, 3
P Lamprecht, Haftung des Aktionärs für die treupflichtwidrige Stimmabgabe seines Stimmrechtsvertreters?, ZIP 1996, 1372
Looschelders, Die Haftung des Versicherungsnehmers für seinen Repräsentanten – eine gelungene Rechtsfortbildung?, VersR 1999, 666
E Lorenz, Die Haftung für Erfüllungsgehilfen, in: 50 Jahre Bundesgerichtshof (2000) Bd I 329
Lüderitz, Sind Amtsträger Erfüllungsgehilfen?, NJW 1975, 1
Maier/Bornheim, Das nachbarschaftliche Ge-

meinschaftsverhältnis – ein gesetzliches Schuldverhältnis?, JA 1995, 978
MELZER, Versäumung materiell-rechtlicher Fristen durch Vertreterverschulden, NJW 1959, 925
MENNEMEYER, Haftung des Schuldners für Gelegenheitsdelikte seiner Erfüllungsgehilfen (1983)
METZLER, Zur Substitution, insbesondere zu ihrer Abgrenzung von der Erfüllungsgehilfenschaft, AcP 159 (1960) 143
MÖLLER, Verantwortlichkeit des Versicherungsnehmers für das Verhalten Dritter (1939)
K MÜLLER, Die freiberufliche Hebamme als Erfüllungs- und Verrichtungsgehilfin des Belegarztes, MedR 1996, 208
OSTLER, Prozessuales Verschulden des Rechtsanwalts, NJW 1962, 896
OSTWALD, Der Erfüllungsdiener (1920)
PICKER, Positive Forderungsverletzung und culpa in contrahendo – Zur Problematik der Haftungen „zwischen" Vertrag und Delikt, AcP 183 (1983) 369
RATHJEN, Probleme der Haftung für den Erfüllungsgehilfen, BauR 2000, 170
REICHEL, Freizeichnung und Erfüllungsgehilfschaft, Recht 1924, 155
RIEBLE, Der schadensrechtliche Vertragsstrafenregreß gegenüber dem Erfüllungsgehilfen, Betrieb 1997, 1165
SAMWER, Die Störerhaftung und die Haftung für fremdes Handeln im wettbewerblichen Unterlassungsrecht, WRP 1999, 67
SCHÄFER, Zur Haftung für „Gelegenheitsdelikte" der Gehilfen, RabelsZ 1957, 409
E SCHMIDT, Zur Dogmatik des § 278 BGB, AcP 170 (1970) 502
ders, Schlechtleistung und Händlerrisiko, in: FS Heinrichs (1998) 511
K SCHMIDT, Gehilfenhaftung – Leutehaftung – Unternehmenshaftung, in: FS Raisch (1995) 189
R SCHMIDT, Die Obliegenheiten (1953) 283
H SCHNEIDER, Zur Haftung der Gemeinden für ihre öffentlichen Anstalten, NJW 1962, 705
SCHREIBER, Die Haftung für Hilfspersonen, Jura 1987, 647
SCHULTZ, Preisgefahr und Gehilfenhaftung beim Versendungskauf, JZ 1975, 240
SPIRO, Die Haftung für Erfüllungsgehilfen (1984)
STEINDORFF, Repräsentanten- und Gehilfenversagen und Qualitätsregelungen in der Industrie, AcP 170 (1970) 93
STÖTTER, Haftung des Bauherrn nach § 278 BGB für Planungsverschulden seines Architekten (im Verhältnis zum Bauunternehmer), BauR 1978, 18
STREIT, Erfüllungsgehilfenhaftung der Kreditinstitute für Vermittler von Immobilienanlagen?, ZIP 1999, 477
UHLENBRUCK, Die vertragliche Haftung von Krankenhaus und Arzt für fremdes Verschulden, NJW 1964, 2187
WAAS, Zum Anwendungsbereich des § 278 BGB im Verhältnis von Werkunternehmer und Besteller, VersR 1999, 1202
WEIMAR, Gilt der Rechtsgedanke des § 278 BGB auch für öffentlich-rechtliche Verhältnisse?, JR 1959, 334
ders, Haftet der Schuldner für Gelegenheitshandlungen seines Erfüllungsgehilfen?, JR 1982, 95
MANFRED WOLF, Schuldnerhaftung bei Automatenversagen, JuS 1989, 899
MARTIN WOLF, Die Haftung des Werkunternehmers für Lieferantenverschulden, ZIP 1998, 1657
ZUNFT, Erfüllungsgehilfen und Vertrag zugunsten Dritter im Mietrecht, AcP 153 (1954) 373.

Für ältere Literatur vgl die Vorauflagen.

Systematische Übersicht

Alphabetische Übersicht

I. Allgemeines

1. Grundgedanken

1 Das Verschuldensprinzip (§ 276 Rn 3 ff) müsste, konsequent zu Ende gedacht, an sich dazu führen, dass der Schuldner, der bei der Erfüllung seiner Verbindlichkeiten dritte Personen einschaltet, dem Gläubiger nur für die sorgfältige Auswahl und Überwachung dieser Personen einzustehen hätte. Dieses Ergebnis des Verschuldensprinzips erschien dem Gesetzgeber für die Haftung im Rahmen bestehender Schuldverhältnisse jedoch als unangemessen. Wenn der Schuldner eine Leistung versprochen hat, so erblickt die Verkehrsanschauung darin auch die Übernahme einer **Garantie für das ordnungsgemäße Verhalten von Hilfspersonen**. Wer sich der Hilfe Dritter bei der Bewirkung der Leistung bedient, tut dies zu eigenem Nutzen und muss infolgedessen auch das damit verbundene Risiko tragen (Mot II 30; BGH 24. 11. 1995 – V ZR 40/94, NJW 1996, 451; vCaemmerer, in: FS Hauß [1978] 33 f; ausf Spiro 51 ff). Wäre dem nicht so, könnte sich der Schuldner durch schlichte Delegation an einen Dritten von seiner Haftung befreien (vgl § 664 Abs 1 S 2 BGB sowie PWW/Schmidt-Kessel/Kramme Rn 1). Mit der durch die Schuldrechtsreform eingefügten amtlichen Überschrift „Verantwortlichkeit des Schuldners für Dritte" bringt das Gesetz diesen Gedanken nunmehr auch selbst zum Ausdruck.

2 § 278 BGB gestaltet die Verantwortlichkeit des Schuldners so aus, dass dieser ein Verschulden des Erfüllungsgehilfen **wie eigenes Verschulden** zu vertreten hat. Mit „Verschulden" des Erfüllungsgehilfen ist dabei nicht die schuldhafte Verletzung einer diesen selbst treffenden Pflicht gemeint, die sich aus dem Schuldverhältnis regelmäßig gar nicht ergibt. Vielmehr soll die Verantwortlichkeit des Schuldners in Anlehnung an das Verschuldensprinzip begrenzt werden: Er soll für den Erfüllungsgehilfen nur insoweit haften, als er auch haften müsste, wenn er selbst gehandelt hätte. Maßgebend ist deshalb auch der für ihn geltende Sorgfaltsmaßstab (s unten Rn 60 ff).

3 § 278 BGB betrifft ebenso die Haftung des Schuldners für seinen **gesetzlichen Vertreter**. Auch dahinter steht der Gedanke richtiger Risikozuordnung: Wenn das Gesetz dem Geschäftsunfähigen oder einem in der Geschäftsfähigkeit Beschränkten die Teilnahme am Rechtsverkehr mit Hilfe eines gesetzlichen Vertreters zur Wahrung seiner Interessen gestattet, so ist es geradezu zwingend, dass er auch das Haftungsrisiko dieser Tätigkeit trägt (s unten Rn 123 ff).

4 Die Haftung des Geschäftsherrn oder des gesetzlich Vertretenen ändert grundsätzlich nichts an der **Eigenhaftung** des Erfüllungsgehilfen oder des gesetzlichen Vertreters, wie sie sich insbesondere aus Deliktsrecht und aus §§ 280 Abs 1, 311 Abs 3 BGB ergeben kann (BGH 19. 9. 1989 – VI ZR 349/88, BGHZ 108, 305, 307 = NJW 1989, 3273; BAG 13. 12. 2005 – 9 AZR 436/04 Rn 23, NZA 2006, 729; krit hierzu insbes GEISSLER, „Vertrags- und Gesetzesprivilegien" mit Wirkung für den Erfüllungsgehilfen [1983]). Soweit allerdings dem Geschäftsherrn oder gesetzlich Vertretenen *Haftungsausschlüsse oder -einschränkungen* zugutekommen, entspricht es regelmäßig dem Willen der Vertragsparteien, diese auf den Erfüllungsgehilfen oder gesetzlichen Vertreter zu erstrecken. Für die Leute des Frachtführers und des Spediteurs bestimmen das ausdrücklich die §§ 436 und 461 Abs 1 S 2 HGB. Auch kann sich aus dem *Innenverhältnis* zwischen Geschäftsherrn und Erfüllungsgehilfen ergeben, dass der Erstere den Letzteren von der Haftung ganz oder teilweise freizustellen hat. Dies trifft insbesondere auf das Arbeitsverhältnis zu: Die von der Rechtsprechung entwickelte Beschränkung der Arbeitnehmerhaftung schlägt sich bei Schädigung eines Dritten in einem den gleichen Regeln folgenden *Freistellungsanspruch* des Arbeitnehmers gegen den Arbeitgeber nieder (BAG 18. 1. 1966 – 1 AZR 247/63, AP BGB § 611 Haftung des Arbeitnehmers Nr 37; BAG 23. 6. 1988 – 8 AZR 300/85, AP BGB § 611 Haftung des Arbeitnehmers Nr 94 = NJW 1989, 854; BAG 25. 6. 2009 – 8 AZR 236/08 Rn 24, AP BAT § 70 Nr 40; BGH 19. 9. 1989 – VI ZR 349/88, BGHZ 108, 305, 307 ff = NJW 1989, 3273; DENCK, Der Schutz des Arbeitnehmers vor der Außenhaftung [1980] 245 ff; s auch STAUDINGER/RICHARDI/FISCHINGER [2016] § 619a Rn 93 ff).

5 § 278 BGB betrifft lediglich die Haftung für vom Schuldner eingeschaltete natürliche und juristische Personen. Für vom Schuldner verwendete **Tiere und Maschinen** kann die Frage nach deren Verschulden nicht sinnvoll gestellt werden. Eine analoge Anwendung, wie sie von SPIRO (209 ff) und WOLF (JuS 1989, 899, 901 f) erwogen wird, scheidet deshalb aus. Die Haftung für das Risiko, das mit der Verwendung von Maschinen oder Tieren verbunden ist, richtet sich nach den allgemeinen Vorschriften, insbesondere kommt eine Haftung aus eigenem Verschulden des Schuldners und, wenn deren Tatbestand erfüllt ist, eine Gefährdungshaftung in Betracht (MünchKomm/GRUNDMANN Rn 46; MEDICUS/LORENZ, SchR I Rn 386; BeckOGK/SCHAUB [1. 3. 2019] Rn 17 f).

6 Die **Schuldrechtsreform** hat § 278 BGB in der Sache unverändert gelassen. Zu beachten ist aber, dass mit dem Verweis auf das Verschulden des gesetzlichen Vertreters und der Erfüllungsgehilfen die neue Regelung, welche die Verantwortlichkeit des Schuldners in § 276 BGB erhalten hat, auch für den Erfüllungsgehilfen gilt (s dazu im Einzelnen Rn 60). Ein Zuwachs an Bedeutung hat die Vorschrift durch die Neuregelung des Ersatzes immateriellen Schadens durch das 2. Gesetz zur Änderung schadensersatzrechtlicher Vorschriften vom 19. 7. 2002 (BGBl I 2674) erfahren. Dass nach § 253 Abs 2 BGB bei Verletzung des Körpers, der Gesundheit, der Freiheit oder der sexuellen Selbstbestimmung nunmehr ohne Rücksicht auf die Anspruchsgrundlage Schmerzensgeld zu zahlen ist, hat zur Folge, dass auch die

Haftung für den Erfüllungsgehilfen greift, dem Schuldner also der im Rahmen der Deliktshaftung nach § 831 BGB offenstehende Entlastungsbeweis praktisch nichts mehr nützt.

2. Anwendungsbereich

a) Privatrecht

Wenn nach § 278 BGB der *Schuldner* das Verschulden seines Erfüllungsgehilfen und seines gesetzlichen Vertreters wie eigenes Verschulden zu vertreten hat, so ist damit ausgedrückt, dass diese Haftung **nur im Rahmen eines bestehenden Schuldverhältnisses** Platz greifen soll. Ob es sich bei dem bestehenden Schuldverhältnis um ein rechtsgeschäftlich begründetes oder ein gesetzliches handelt, spielt hingegen keine Rolle. 7

§ 278 BGB gilt daher vor allem **nicht für** den Bereich **deliktischer Verantwortung** (BGH 25. 10. 1951 – III ZR 95/50, BGHZ 4, 1, 3 f). Die Haftung für Hilfspersonen richtet sich dort nach § 831 BGB, der, anders als § 278 BGB, eine Haftung für das eigene, vermutete Verschulden des Geschäftsherrn normiert. Zwar übernimmt § 278 BGB auf dem Weg über die Rücksichtnahmepflichten in bestehenden und angebahnten Schuldverhältnissen (§§ 241 Abs 2, 311 Abs 2 BGB) wie auch des Vertrages mit Schutzwirkung für Dritte (vgl Staudinger/Klumpp [2015] § 328 Rn 89 ff; MünchKomm/Gottwald § 328 Rn 166 ff) besonders auf dem Feld der Verkehrssicherungspflichten die Funktion einer verschuldensunabhängigen Gehilfenhaftung (dazu noch unten Rn 43 ff). Aber weiter konnte man angesichts der Existenz des § 831 BGB in der Korrektur dieser für verfehlt gehaltenen Vorschrift nicht gehen. Steht nicht einmal die Anbahnung eines geschäftlichen Kontakts zwischen den Beteiligten in Rede, muss es, auch im Bereich der Verkehrssicherungspflichten, bei der Anwendung des § 831 BGB bleiben (RG 9. 5. 1939 – VII 251/38, RGZ 160, 310, 314; BGH 1. 3. 1988 – VI ZR 190/87, BGHZ 103, 338, 342 ff = NJW 1988, 2667 für die parallele Frage der Anwendung des § 278 im Rahmen des § 254 BGB). Daran kann dann auch das Vorliegen einer tatsächlichen „Gemeinschaft", wie etwa im Verhältnis zwischen Fahrer und Fahrgast bei der Gefälligkeitsfahrt oder im Verhältnis von nebeneinander wohnenden Mietern, nichts ändern (**aA** Enneccerus/Lehmann § 276, die eine Anwendung des § 278 BGB bei der Gefälligkeitsfahrt befürworten). 8

Die bloße **Rechtsgemeinschaft** iS der §§ 741 ff BGB begründet als solche noch **kein** gesetzliches Schuldverhältnis, in dem § 278 BGB anwendbar wäre (BGH 26. 3. 1974 – VI ZR 103/72, BGHZ 62, 243, 246 = NJW 1974, 1189; OLG Frankfurt 12. 1. 2018 – 3 U 171/15 juris Rn 30, juris; Palandt/Grüneberg Rn 2; **aA** Schubert JR 1975, 363; Baur/Stürner, SaR § 5 II 1 c cc Rn 16). Anders liegt es nur dann, wenn es um einzelne obligatorische Verpflichtungen der Teilhaber untereinander geht, die auf den §§ 742–758 BGB oder besonderer gesetzlicher oder vertraglicher Regelung beruhen können (BGH 26. 3. 1974 – VI ZR 103/72, BGHZ 62, 243, 246 = NJW 1974, 1189; MünchKomm/Grundmann Rn 40; Bamberger/Roth/Lorenz Rn 4). So ist § 278 BGB auf das Verhältnis zwischen Wohnungseigentümern, das vom WEG als gesetzliches Schuldverhältnis ausgestaltet worden ist, anwendbar (BGH 22. 4. 1999 – V ZB 28/98, BGHZ 141, 224, 229 ff = NJW 1999, 2108; vgl auch BGH 10. 11. 2006 – V ZR 62/06 Rn 8, NJW 2007, 292; BayObLG 21. 5. 1992 – 2 Z BR 6/92, NJW-RR 1992, 1102). 9

Auf rein **sachenrechtliche Beziehungen** kann § 278 BGB **nicht** angewandt werden, 10
also zB nicht auf den Besitzererwerb durch den Besitzdiener (BGH 9. 2. 1955 – IV ZR

188/54, BGHZ 16, 259, 262). Entgegen einer verbreiteten Auffassung (MÜHL NJW 1960, 1133, 1136; WESTERMANN/GURSKY/EICKMANN, Sachenrecht [8. Aufl 2011] § 61 V 2 Rn 44; MAIER/BORNHEIM JA 1995, 978, 980 ff; vgl auch BAUR/STÜRNER, SaR § 5 II 1 c cc Rn 16) gilt § 278 BGB auch **nicht** für das **Verhältnis zwischen Nachbarn**. Die §§ 906 ff BGB regeln das Verhältnis der Nachbarn lediglich in sachenrechtlicher Hinsicht. Sie bieten keinen Ansatz, es als allgemeines gesetzliches Schuldverhältnis mit weitergehenden Rechten und Pflichten (zB Verkehrssicherungspflichten) aufzufassen (RG 19. 2. 1931 – VI 386/30, RGZ 132, 51, 56 f; BGH 25. 11. 1964 – V ZR 185/62, BGHZ 42, 374, 377 = NJW 1965, 389; BGH 10. 12. 1976 – V ZR 235/75, NJW 1977, 375; BGH 27. 1. 2006 – V ZR 26/05, NJW 2006, 992, 993; BGH 15. 7. 2011 – V ZR 277/10 Rn 17, NJW 2011, 3294; BÖHMER MDR 1959, 261 und 904; SOERGEL/BAUR § 903 Rn 48 ff, 57; PALANDT/GRÜNEBERG Rn 3; zweifelnd BGH 18. 4. 1997 – V ZR 28/96, BGHZ 135, 235, 244 = NJW 1997, 2234; **aA** OLG Hamm 3. 7. 2017 – 5 U 104/16 juris Rn 40 ff, ZfIR 2018, 107 für eine gemeinschaftliche Grenzeinrichtung [Giebelmauer]). Nur für den Fall, dass Nachbarn eine vertragliche Vereinbarung, etwa über die Errichtung oder Unterhaltung eines gemeinsamen Bauwerkes getroffen haben, kann man die Anwendbarkeit des § 278 BGB bejahen (vgl BGH 25. 11. 1964 – V ZR 185/62, BGHZ 42, 374, 375 = NJW 1965, 389: Giebelmauer; dazu auch OLG Düsseldorf 25. 11. 1958 – 4 U 135/58, NJW 1959, 580, das von einer ausdrücklich oder konkludent getroffenen Übereinkunft ausgeht).

11 Auf welchem Rechtsgrund ein **gesetzliches Schuldverhältnis** beruht, ist gleichgültig. Deshalb gilt § 278 BGB auch für die Freigabeverpflichtung des Pfändungsgläubigers gegenüber dem nach § 771 ZPO Drittberechtigten (BGH 7. 3. 1972 – VI ZR 158/70, BGHZ 58, 207, 214 f = NJW 1972, 1048), für das Verhältnis zwischen Eigentümer und dinglich Berechtigtem (BGH 28. 6. 1985 – V ZR 111/84, BGHZ 95, 144, 146 ff = NJW 1985, 2944; BGH 3. 2. 1989 – V ZR 224/87, BGHZ 106, 348, 350 = NJW 1989, 1607) und für den Fund (LG Frankfurt 28. 10. 1955 – 2/1 S 241/55, NJW 1956, 873). Auch im Eigentümer-Besitzer-Verhältnis ist § 278 BGB anwendbar, soweit es um Pflichtverletzungen geht (STAUDINGER/GURSKY [2013] Vorbem 37 zu §§ 987–993; MünchKomm/GRUNDMANN Rn 18; offengelassen von BGH 30. 9. 2003 – XII ZR 232/02, NJW-RR 2004, 45, 46). Nicht nach § 278 BGB richtet sich aber die Zurechnung der Bösgläubigkeit von Hilfspersonen im Rahmen von § 990 BGB (STAUDINGER/GURSKY [2013] § 990 Rn 43 ff).

b) Öffentliches Recht

12 Hinsichtlich der Anwendung des § 278 BGB im öffentlichen Recht besteht eine ausdrückliche Bestimmung nur für den **öffentlich-rechtlichen Vertrag**. Auf ihn sind nach den Verwaltungsverfahrensgesetzen (vgl § 62 S 2 VwVfG; § 61 S 2 SGB X) die Vorschriften des BGB und damit auch § 278 BGB ergänzend anzuwenden. **Im Übrigen** muss von Fall zu Fall festgestellt werden, ob in öffentlich-rechtlichen Rechtsbeziehungen eine strikte Haftung beider Seiten nach dem Vorbild des § 278 BGB angemessen ist, oder ob es bei den allgemeinen Grundsätzen einerseits der Staatshaftung, andererseits der Delikts- und Gefährdungshaftung des Bürgers bewenden soll. In der Regel wird danach eine Anwendung des § 278 BGB dort in Betracht kommen, wo der Einzelne in eine besonders enge, Leistungs- oder Obhutscharakter tragende rechtliche Beziehung zum Staat oder zu einer öffentlich-rechtlichen Körperschaft tritt (BGH 24. 4. 1952 – III ZR 78/51, BGHZ 6, 3, 26; BGH 9. 7. 1956 – III ZR 320/54, BGHZ 21, 214, 219 = NJW 1956, 1399; BGH 23. 11. 1995 – IX ZR 213/94, BGHZ 131, 200, 204 = NJW 1996, 464; BGH 15. 5. 1997 – III ZR 250/95, BGHZ 135, 341, 344 = NJW 1998, 298; BGH 1. 2. 2001 – III ZR 193/99, BGHZ 146, 365, 371 = NVwZ 2001, 1074; im Einzelnen DE WALL, Die Anwendbarkeit privatrechtlicher Vorschriften im Verwaltungsrecht [1999] 328 f, 357 ff).

Im Einzelnen gilt Folgendes: **§ 278 BGB ist anzuwenden** im Verhältnis zwischen *Beamten und Dienstherren,* insbesondere bei Verletzung der Fürsorgepflicht (RG 28. 6. 1932 – III 264/31, RGZ 137, 81; RG 19. 9. 1938 – III 45/38, RGZ 158, 235, 236; BGH 9. 3. 1965 – VI ZR 218/63, BGHZ 43, 178, 184 = NJW 1965, 1177; BVerwG 24. 8. 1961 – II C 165/59, BVerwGE 13, 20 = NJW 1961, 2364). § 278 BGB gilt im Falle der Unterbringung in einem Krankenhaus oder einer Heilanstalt aufgrund öffentlichen Rechts (BGH 13. 12. 1951 – III ZR 144/50, BGHZ 4, 138, 149). Liegt allerdings eine zwangsweise Einweisung vor, gelten Art 34 GG iVm § 839 BGB (BGH 24. 9. 1962 – III ZR 201/61, BGHZ 38, 49, 52 = NJW 1963, 40; anders noch BGH 9. 7. 1956 – III ZR 320/54, BGHZ 21, 214, 219 = NJW 1956, 1399). § 278 BGB gilt weiter für den Anschluss und die Benutzung gemeindlicher Einrichtungen (BGH 30. 9. 1970 – III ZR 87/69, BGHZ 54, 299, 303 = NJW 1970, 2208; BGH 28. 10. 1976 – III ZR 155/74, NJW 1977, 197; BGH 14. 12. 2006 – III ZR 303/05, NJW 2007, 1061 für den Anschluss an die Kanalisation; BGH 4. 10. 1972 – VIII ZR 117/71, BGHZ 59, 303, 305 = NJW 1972, 2300; BGH 2. 3. 1977 – VIII ZR 209/75, VersR 1977, 571 für den Bezug von Wasser; BGH 17. 5. 1973 – III ZR 68/71, BGHZ 61, 7, 11 = NJW 1973, 1741 für den kommunalen Schlachthof), für die öffentlich-rechtliche Verwahrung (BGH 27. 9. 1951 – IV ZR 155/50, BGHZ 3, 162, 172 f; zuletzt BGH 18. 2. 2014 – VI ZR 383/12 Rn 14, BGHZ 200, 188 = NJW 2014, 2577), für das Verhältnis zwischen Steuerpflichtigem und Fiskus (BFH 26. 8. 1987 – I R 144/86, Betrieb 1988, 688, 689: Steuerberater als Erfüllungsgehilfe des Steuerpflichtigen) sowie für das Verhältnis zwischen Straßenbaulastträger und Eisenbahnunternehmer bei einer Eisenbahnkreuzung (BGH 11. 1. 2007 – III ZR 294/05 Rn 8 ff, NJW-RR 2007, 457; s auch BVerwG 9. 2. 2017 – 3 C 9.15 Rn 13 ff, BVerwGE 157, 307). Auch das Verhältnis zwischen der Bundesrepublik Deutschland und dem Träger von Beschäftigungsstellen für Zivildienstleistende wird erfasst, so dass Sorgfaltspflichtverletzungen des Vorgesetzten einer Beschäftigungsstelle dem Träger zugerechnet werden können (vgl BGH 15. 5. 1997 – III ZR 250/95, BGHZ 135, 341, 349 ff = NJW 1998, 298). Ein verwaltungsrechtliches Schuldverhältnis besteht auch zwischen einem sächsischen Schulzweckverband und seinen Mitgliedsgemeinden, so dass ein Verschulden seines Vorsitzenden dem Verband nach § 278 BGB zuzurechnen ist (BGH 2. 3. 2017 – III ZR 271/15 juris Rn 25 ff, 31, juris). 13

Nicht anzuwenden ist § 278 BGB dagegen im Verhältnis einer Gemeinde zu einem Grundstückseigentümer, dem die Genehmigung zu einer Veräußerung nach dem BauGB aufgrund eines fehlerhaften Gutachtens des Gutachterausschusses rechtswidrig versagt worden ist (BGH 1. 2. 2001 – III ZR 193/99, BGHZ 146, 365, 371 = NVwZ 2001, 1074). § 278 BGB greift nicht im Verhältnis zwischen Wohnungseigentümer und Behörde bei der Einweisung eines Obdachlosen aufgrund polizeirechtlicher Vorschriften, wenn dieser durch unsachgemäßen Gebrauch der Wohnung oder mutwillig Schäden anrichtet (BGH 21. 12. 2005 – III ZR 148/05, NJW-RR 2006, 802, 803). Auch auf das Verhältnis zwischen *Vollzugsanstalt und Gefangenem* (der nur insoweit unfallversichert ist, als er wie ein Arbeitnehmer tätig wird, § 2 Abs 2 S 2 SGB VII), ist nach der Rechtsprechung des BGH § 278 BGB nicht anzuwenden (BGH 9. 7. 1956 – III ZR 320/54, BGHZ 21, 214, 219 = NJW 1956, 1399; BGH 26. 9. 1957 – III ZR 69/56, NJW 1957, 1925; BGH 18. 1. 1962 – III ZR 135/60, NJW 1962, 1053, 1054; **aA** OLG Hamburg 24. 9. 1954 – 1 U 30/54, MDR 1955, 111; krit auch De Wall, Die Anwendbarkeit privatrechtlicher Vorschriften im Verwaltungsrecht [1999] 416 f). 14

Im **Sozialrecht** ist § 278 BGB anzuwenden im Verhältnis zwischen Sozialversicherungsträger und Versichertem (RG 8. 11. 1930 – IX 46/30, RGZ 131, 67, 73; BSG 22. 10. 1968 – 9 RV 418/65, NJW 1969, 206, 207; LSG NRW 5. 7. 2018 – L 5 KR 771/17 juris Rn 39, juris), und 15 zwar auch hinsichtlich der Mitwirkungspflichten des Leistungsberechtigten nach den §§ 60 ff SGB I (BSG 20. 10. 1983 – 7 RAr 41/82, NZA 1984, 59). Im Verhältnis Kinder und Tageseinrichtung, Schüler und Schule, Studierende und Hochschule sowie der Kinder, Schüler und Studierenden untereinander ist die Haftung für Personenschäden durch die Unfallversicherung abgelöst (§§ 2 Abs 1 Nr 8, 104, 106 Abs 1 SGB VII). Die Frage, ob insoweit § 278 BGB anwendbar ist, hat deshalb nur noch für Sachschäden Bedeutung (verneint wurde sie von BGH 27. 6. 1963 – III ZR 5/62, NJW 1963, 1828). Keine Anwendung findet § 278 BGB auch im Verhältnis zwischen dem Träger des Jugendamts und einem auf der Grundlage der §§ 42, 43 SGB VIII vorläufig in einer Pflegefamilie untergebrachten Kind für das Verschulden der Pflegeeltern (BGH 23. 2. 2006 – III ZR 164/05, BGHZ 166, 268, 276 = NJW 2006, 1121). Übernimmt hingegen das Sozialamt für einen hilfebedürftigen Wohnungsmieter die Kosten der Unterkunft in der Weise, dass es die Miete direkt an den Vermieter überweist, ist es entgegen der Auffassung des BGH (BGH 21. 10. 2009 – VIII ZR 64/09 Rn 27 ff, NJW 2009, 3781; BGH 4. 2. 2015 – VIII ZR 175/14 Rn 20, BGHZ 204, 134 = NJW 2015, 1296; BGH 29. 6. 2016 – VIII ZR 173/15 Rn 16, NJW 2016, 2805) Erfüllungsgehilfe des Mieters im Verhältnis zum Vermieter bei der Mietzahlung; eine verspätete Zahlung durch das Sozialamt muss sich der Mieter zurechnen lassen (zutr Rieble NJW 2010, 816; Lorenz WuM 2013, 202, 205 f).

16 In Betracht kommt eine Anwendung des § 278 BGB auch in einer Sonderbeziehung **zwischen Trägern der öffentlichen Gewalt**, so etwa zwischen einem Landkreis und dem Staat (RG 26. 10. 1932 – V 265/32, RGZ 138, 114, 117; ähnlich RG 13. 7. 1934 – VII 33/34, RGZ 145, 107, 117) sowie zwischen einer Universität und dem Staat (OLG Karlsruhe 10. 4. 1974 – 12 U 111/73, NJW 1974, 1824). Im Verhältnis zwischen Sozialversicherungsträgern gilt § 278 BGB ebenfalls (vgl RG 20. 2. 1934 – VII 289/33, RGZ 144, 15, 18).

17 Unproblematisch ist die Anwendbarkeit des § 278 BGB, soweit die **öffentliche Hand in den Formen des Privatrechts** handelt. So findet bei privatrechtlicher Ausgestaltung der Benutzung eines Kinderhorts § 278 BGB unmittelbar Anwendung (KG 20. 9. 1973 – 12 U 1776/72, VersR 1974, 368, 369). Der Umstand, dass der Bund für Schäden, die ein Zivildienstleistender in Ausübung seines Dienstes Dritten zufügt, nach Amtshaftungsgrundsätzen einzustehen hat, schließt eine auf § 278 BGB gestützte Haftung des Trägers einer als Beschäftigungsstelle anerkannten privatrechtlichen Einrichtung, die sich des Zivildienstleistenden zur Erfüllung vertraglicher Pflichten bedient hat, nicht aus (BGH 14. 11. 2002 – III ZR 131/01, BGHZ 152, 380, 382 f = NJW 2003, 348). Für den Freiwilligendienst nach dem Bundesfreiwilligendienstgesetz gilt dies gleichermaßen.

II. Haftung für den Erfüllungsgehilfen

1. Einsatz durch den Schuldner

18 Die Garantiehaftung für den Erfüllungsgehilfen setzt voraus, dass der **Schuldner sich des Gehilfen bedient**. Grundsätzlich fallen unter § 278 BGB also nur solche Personen, die bei der Erfüllung **mit Willen des Schuldners** mitwirken (BGH 21. 4. 1954 – VI ZR 55/53, BGHZ 13, 111, 113; BGH 27. 3. 1968 – VIII ZR 10/66, BGHZ 50, 32, 35; BGH 8. 2. 1974 – V ZR 21/72, BGHZ 62, 119, 124 = NJW 1974, 692; BGH 9. 10. 1986 – I ZR 138/84, BGHZ 98, 330, 334 = NJW 1987, 1323; BGH 7. 12. 2004 – VI ZR 212/03, BGHZ 161, 255, 259 = NJW 2005, 888; BGH 5. 4. 2017 – IV ZR 437/15 Rn 23, NJW 2017, 2268; Huber I 679 f). Etwa setzt die

Haftung einer Bank für das Fehlverhalten eines Immobilienvermittlers voraus, dass dieser mit ihrem **Wissen und Wollen in ihrem Pflichtenkreis** tätig geworden ist (BGH 14. 11. 2000 – XI ZR 336/99, NJW 2001, 358; s dazu Rn 78). Beim Leasinggeschäft ist der Lieferant, welcher einem potentiellen Leasingnehmer Auskünfte über den Inhalt des Leasingvertrages erteilt, ohne dazu vom Leasinggeber beauftragt zu sein, nicht dessen Erfüllungsgehilfe (dazu Rn 98). Anderes gilt nur für Frachtführer und Spediteure, die gem §§ 428, 462 HGB für ihre Leute schlechthin haften.

Nicht erforderlich ist, dass der **Gehilfe weiß**, dass eine Verbindlichkeit des Geschäftsherrn bestand oder dass er durch sein Handeln eine Verbindlichkeit des Geschäftsherrn erfüllte: „Es kommt nicht auf Wissen und Willen des Gehilfen, sondern dessen an, der ihn zur Erfüllung seiner Verbindlichkeit für sich handeln lässt" (BGH 21. 4. 1954 – VI ZR 55/53, BGHZ 13, 111, 114). Der Erfüllungsgehilfe kann deshalb dem Schuldner auch vom Gläubiger gestellt sein, wenn nur der Schuldner mit dem Einsatz der betreffenden Person einverstanden ist (BGH 21. 4. 1954 – VI ZR 55/53, BGHZ 13, 111, 114; BGH 29. 10. 1975 – VIII ZR 103/74, Betrieb 1975, 2426; BGH 27. 10. 1978 – I ZR 114/76, NJW 1979, 493; OLG Hamm 8. 11. 1973 – 7 U 45/73, NJW 1974, 1090). 19

Zur Begründung des Erfüllungsgehilfenverhältnisses ist *nicht erforderlich,* dass der Schuldner eine *entsprechende Willenserklärung* gegenüber dem Gläubiger oder der Hilfsperson abgibt. Es genügt, dass er den **Willen**, die Hilfsperson an der Erfüllung seiner Verbindlichkeit mitwirken zu lassen, **tatsächlich hat** (BGH 20. 6. 1984 – VIII ZR 137/83, NJW 1985, 914, 915; BayObLG 8. 9. 2004 – 2 Z BR 144/04, NJW-RR 2005, 100; OLG Schleswig 18. 6. 2004 – 4 U 117/03, NJW 2005, 439, 440). Das aber ist auch erforderlich. Dass der Schuldner nur damit rechnen musste, ein Dritter werde sich in die Erfüllung der Verpflichtung einschalten, kann angesichts des klaren Wortlauts der Vorschrift („sich bedienen") nicht genügen (wohl **aA** Spiro 163, in dessen Beispielsfall aber vom Vorliegen eines entsprechenden Willens ausgegangen werden kann). 20

Zur **Beendigung** des Erfüllungsgehilfenverhältnisses reicht es aus, wenn der Schuldner diesen *Willen aufgibt;* ein irgendwie gearteter „Widerruf" ist nicht erforderlich. Allerdings ergibt sich gem § 241 Abs 2 BGB aus dem Schuldverhältnis die Pflicht des Schuldners, den Gläubiger auf die Beendigung des Erfüllungsgehilfenverhältnisses aufmerksam zu machen, wenn die Gefahr besteht, dass der bisherige Erfüllungsgehilfe die Interessen des Gläubigers beeinträchtigt. 21

Zum Schutz des **Geschäftsunfähigen** und des in der Geschäftsfähigkeit Beschränkten muss die Betätigung des Willens, ein Erfüllungsgehilfenverhältnis zu begründen oder zu beenden, den §§ 104 ff BGB unterstellt werden. Der Geschäftsunfähige haftet also nicht für einen von ihm selbst bestellten Gehilfen (Bamberger/Roth/Lorenz Rn 11). War jedoch der jetzt Geschäftsunfähige zum Zeitpunkt der Bestellung noch geschäftsfähig, so steht der Anwendung des § 278 BGB solange nichts entgegen, wie nicht der gesetzliche Vertreter das Erfüllungsgehilfenverhältnis beendet (zust Erman/Westermann Rn 15). 22

Der **Bevollmächtigte** ist hinsichtlich der Erfüllung von Neben- und Schutzpflichten Erfüllungsgehilfe des Vollmachtgebers. Gleiches gilt für den bei der Übermittlung einer Willenserklärung eingesetzten Boten. Bedient sich der Geschäftsherr eines **vollmachtlosen** Vertreters als Verhandlungsgehilfe, muss er für dessen Fehlauskünfte 23 nach § 278 BGB einstehen (OLG Hamm 18. 3. 2002 – 22 U 156/01, MDR 2002, 1053). Auch entfällt die Haftung eines Versicherungsunternehmens, das sich mit der Vermittlung von Vermögensanlagen befasst, für vom Generalagenten begangene Veruntreuungen nicht schon dann, wenn dieser für das vom Anlageinteressenten entgegengenommene Geld keine Inkassovollmacht hatte (BGH 10. 2. 2005 – III ZR 258/04, NJW-RR 2005, 756, 757 f). Für ein Verschulden des **Vertreters ohne Vertretungsmacht** haftet der Schuldner nur, wenn er dessen Verhalten nachträglich genehmigt hat (BGH 13. 11. 1954 – II ZR 23/54, NJW 1955, 297). Denn andernfalls beruht das Verhalten nicht auf seinem Willen.

24 Soweit eine vertragliche Bindung ohne Willen des Schuldners durch einen anderen herbeigeführt wird, wie das bei der **Anscheinsvollmacht** der Fall ist (s dazu Staudinger/Schilken [2019] § 167 Rn 28 ff), muss der andere konsequenterweise auch ohne Willen des Schuldners als Erfüllungsgehilfe aufgefasst werden können (LG Kleve 26. 1. 1954 – S 144/53, MDR 1954, 675). Das gilt auch, wenn sich der erweckte Anschein darauf beschränkt, dass der Schuldner den Gehilfen mit einer Dienstleistung im Zusammenhang mit dem Schuldverhältnis beauftragt hat (BGH 7. 5. 1965 – I b 108/63, NJW 1965, 1709, 1710). Auf der anderen Seite dürfen die Voraussetzungen für die Annahme einer Anscheinsvollmacht nicht mit Hilfe des § 278 BGB überspielt werden. Dies ist der wahre Grund, weshalb ein Angestellter, der unberechtigterweise Entgeltrückzahlungen von anderen Arbeitnehmern entgegennimmt und für sich verwertet, nicht als Erfüllungsgehilfe des Arbeitgebers im Verhältnis zu dessen Arbeitnehmern aufgefasst werden darf, sofern nicht der Arbeitgeber einen entsprechenden zurechenbaren Rechtsschein, etwa durch die Überlassung von Quittungen (vgl § 370 BGB), gesetzt hat (vgl BAG 11. 11. 1960 – 4 AZR 361/58, BAGE 10, 176, 182 = MDR 1961, 355; s weiter BGH 27. 6. 1963 – VII ZR 7/62, NJW 1963, 2166).

25 Schaltet sich jemand als **Geschäftsführer ohne Auftrag** in die Erfüllung einer schuldrechtlichen Verpflichtung ein, haftet der Schuldner für ihn, wenn die Übernahme der Geschäftsführung seinem *wirklichen oder mutmaßlichen Willen* entspricht. Dass der Schuldner, dem das Tätigwerden des Geschäftsführers zupasskommt, auch den Nachteil eines etwaigen Fehlverhaltens tragen muss, entspricht dem Grundgedanken des § 278 BGB (**aA** Medicus/Petersen, BR Rn 801). Fehlt es an dieser Voraussetzung, haftet der Schuldner grundsätzlich nur, wenn er das Tätigwerden des Geschäftsführers nachträglich *genehmigt* (RG 14. 2. 1913 – VII 470/12, LZ 1913, 466 f). Liegt allerdings ein Fall vor, in dem es auf den entgegenstehenden Willen des Schuldners nicht ankommt (§ 679 BGB), bedarf es einer solchen Genehmigung nicht. Das Risiko eines Fehlverhaltens des Geschäftsführers muss in einem solchen Fall billigerweise nicht vom Gläubiger, sondern vom Schuldner getragen werden (Spiro 172).

26 Im Gegensatz zur Haftung für den Verrichtungsgehilfen nach § 831 BGB kommt es für den Erfüllungsgehilfen im Sinne des § 278 BGB nicht darauf an, ob dieser von den **Weisungen des Schuldners** abhängig ist oder nicht (BGH 4. 3. 1987 – IVa ZR 122/85, BGHZ 100, 117, 122 = NJW 1987, 1815; BGH 24. 11. 1995 – V ZR 40/94, NJW 1996, 451; BGH 7. 12. 2004 – VI ZR 212/03, BGHZ 161, 255, 259 = NJW 2005, 888). Nach § 278 BGB soll der Schuldner das Risiko der Einschaltung von Hilfspersonen tragen, weil er daraus auch den Nutzen zieht (s oben Rn 1). Dann ist es aber gleichgültig, ob der Schuldner eine selbstständige oder eine von seinen Weisungen abhängige Person eingeschaltet hat und ob er zu deren Kontrolle imstande war (BGH 17. 12. 1992 – III ZR 133/91, NJW 1993,

1704, 1705). So kann der Spediteur Erfüllungsgehilfe des Verkäufers sein (BGH 27. 3. 1968 – VIII ZR 10/66, BGHZ 50, 32, 35) und der Transportunternehmer ein solcher des Kunden (BGH 19. 9. 2001 – I ZR 343/98, NJW-RR 2002, 1027, 1029). Ebenso steht die Selbstständigkeit eines Eisenbahninfrastrukturunternehmens seiner Eigenschaft als Erfüllungsgehilfe eines Eisenbahnverkehrsunternehmens nicht entgegen (BGH 17. 1. 2012 – X ZR 59/11 Rn 14, BGHZ 193, 60 = NJW 2012, 1083). Auch haftet der Vermieter dem Mieter gegenüber für den Werkunternehmer, den er mit der Ausführung von Reparaturen in der Mietsache betraut hat (OLG Düsseldorf 25. 10. 2001 – 10 U 67/00, ZMR 2002, 41, 45 = NZM 2002, 21: Haftung des Flughafenunternehmens gegenüber Flugunternehmen), und muss die Bank, die Arbeitnehmerbeteiligungen an der Arbeitgeberfirma finanziert und dem Arbeitgeber die Kreditverhandlungen überlässt, für sorgfaltswidrige Fehlinformationen des Arbeitgebers über die Risiken des Geschäfts einstehen (BGH 8. 6. 1978 – III ZR 136/76, BGHZ 72, 92, 97 f = NJW 1978, 2145). Aus dem gleichen Grund können auch Amtsträger Erfüllungsgehilfen sein (BGH 8. 2. 1974 – V ZR 21/72, BGHZ 62, 119, 121 f = NJW 1974, 692 für den Notar; einschränkend Lüderitz NJW 1975, 1 ff; zum Notar s im Einzelnen noch Rn 104).

Gibt der Schuldner dem Gehilfen Weisungen, führt die **Überschreitung dieser Weisungen** für sich genommen noch nicht dazu, dass eine Haftung aus § 278 BGB ausscheidet. Das Risiko solcher Abweichungen kann nicht den Gläubiger treffen. Erst wenn das Handeln des Erfüllungsgehilfen nicht mehr im Zusammenhang mit der ihm übertragenen Aufgabe steht, er vielmehr nur noch bei Gelegenheit dieser Aufgabe handelt, ist der Anwendungsbereich des § 278 BGB verlassen (BGH 15. 12. 1959 – VI ZR 222/58, BGHZ 31, 358, 366 = NJW 1960, 669; BGH 14. 5. 2012 – II ZR 69/12 Rn 12, NJW-RR 2012, 1316; vgl noch unten Rn 52 ff). 27

Ein **vom Erfüllungsgehilfen zugezogener weiterer Gehilfe** ist nicht ohne Weiteres Erfüllungsgehilfe des Schuldners. Der Schuldner haftet für das Verschulden dieses weiteren Gehilfen nicht nach § 278 BGB (s aber Rn 30). War allerdings der Erfüllungsgehilfe vom Schuldner **ermächtigt**, einen zweiten Erfüllungsgehilfen hinzuzuziehen, dann wirkt auch Letzterer mit Willen des Schuldners bei der Erfüllung mit. Er ist dann selbst Erfüllungsgehilfe des Schuldners (RG 3. 6. 1921 – III 470/20, RGZ 102, 231, 235: Haftung des Schuldners für den Schaden, den ein Angestellter des vom Schuldner beauftragten Handwerkers verschuldet hat; BGH 22. 9. 1977 – III ZR 146/75, VersR 1978, 38, 39: Haftung einer Gemeinde für einen Subunternehmer des von ihr beauftragten Bauunternehmers; BGH 18. 11. 1982 – VII ZR 25/82, BGHZ 85, 301, 303 = NJW 1983, 448: Haftung eines Reiseveranstalters für den Kapitän der von ihr beauftragten Fluggesellschaft; s noch unten Rn 111 f). So wird der Fall meist liegen, wenn der Assistenzarzt eines Chirurgen, der dessen Erfüllungsgehilfe gegenüber dem Kranken ist, eine technische Verrichtung einer Krankenschwester überträgt. Auch wenn sich die Hinzuziehung des zweiten Gehilfen als Geschäftsführung ohne Auftrag rechtfertigt, haftet der Schuldner für diesen nach § 278 BGB (vgl Rn 25). Wer einen selbstständigen Vermittler einschaltet, muss damit rechnen, dass dieser Untervermittler einsetzt, und sich deren Verhalten gem § 278 BGB zurechnen lassen (BGH 14. 11. 2000 – XI ZR 336/99, NJW 2001, 358, 359; BGH 11. 7. 2012 – IV ZR 164/11 Rn 51, BGHZ 194, 39 = NJW 2012, 3647). 28

Wer seinen Erfüllungsgehilfen allgemein **ermächtigt** hat, weitere Personen zur Erfüllung seiner Verbindlichkeit heranzuziehen, haftet für diese weiteren Personen als seine eigenen Erfüllungsgehilfen *auch dann, wenn er nicht erfahren hat, dass tatsäch-* 29 *lich* diese weiteren Personen zugezogen worden sind oder welche Personen zugezogen worden sind (BGH 18. 10. 1951 – III ZR 138/50, NJW 1952, 217). Es genügt, dass der Schuldner **damit rechnen muss**, dass der von ihm beauftragte Erfüllungsgehilfe seinerseits Erfüllungsgehilfen einsetzt (vgl BGH 9. 7. 1998 – III ZR 158/97, NJW 1998, 2898, 2899; BGH 8. 1. 2004 – VII ZR 181/02, NJW 2004, 2156, 2157 und BGH 14. 5. 2012 – II ZR 69/12 Rn 14, NJW-RR 2012, 1316 zur Haftung für selbstständige Vermittler und deren Untervermittler).

30 Abgesehen von dem Fall der Ermächtigung haftet der Schuldner für den von seinem Erfüllungsgehilfen zugezogenen weiteren Gehilfen nicht. Liegt freilich in der **Zuziehung des weiteren Gehilfen** selbst schon ein *Verschulden des Erfüllungsgehilfen,* so haftet der Schuldner für einen durch den weiteren Gehilfen angerichteten Schaden deshalb, weil er (mittelbar, aber adäquat) durch ein Verschulden seines Erfüllungsgehilfen verursacht worden ist. Das Gleiche gilt, wenn dem Erfüllungsgehilfen bei der Zuziehung des weiteren Gehilfen ein *Auswahl- oder Überwachungsverschulden* zur Last fällt. Überträgt etwa der Assistenzarzt eines Chirurgen einer Krankenschwester eine Verrichtung, die nur einem Arzt zusteht, so liegt darin ein Verschulden des Assistenzarztes. Richtet die Schwester einen Schaden an, so haftet der Chirurg auch dann, wenn er den Assistenzarzt zur Zuziehung von Krankenschwestern ohne seine besondere Zustimmung nicht ermächtigt hat: Er haftet nicht deshalb, weil die ohne oder sogar gegen seinen Willen mit der Verrichtung betraute Schwester seine Erfüllungsgehilfin wäre, sondern deshalb, weil der Schaden auf ein Verschulden des Assistenzarztes, der sein Erfüllungsgehilfe ist, zurückgeht.

31 Verpflichten sich mehrere Unternehmer *gemeinschaftlich* zur Herstellung eines einheitlichen Werks, so kann eine Haftung eines jeden Mitunternehmers für das Verschulden des von einem anderen Mitunternehmer bestellten Erfüllungsgehilfen in Betracht kommen, wenn davon auszugehen ist, dass unter den Mitunternehmern Einverständnis über die Einschaltung der Hilfsperson herrscht (BGH 18. 10. 1951 – III ZR 138/50, NJW 1952, 217). Hiermit nicht zu verwechseln ist die Frage, ob der eine Unternehmer für das Verschulden des anderen haftet. Das ist eine Frage der Gesamtschuld (vgl Staudinger/Looschelders [2017] § 425 Rn 44; ausf auch MünchKomm/Schäfer § 714 Rn 40 ff, 44). Zur Haftung der Mitglieder einer Anwaltssozietät und einer ärztlichen Gemeinschaftspraxis s noch unten Rn 110 bzw Rn 76.

32 Eines Dritten bedient sich der Schuldner zur Erfüllung nicht, wenn er sich zu einer Leistung kraft Auftrags verpflichtet, nach dessen Inhalt aber berechtigt ist, die Ausführung des Auftrags einem Dritten zu übertragen **(Substitution)**. Denn in diesem Falle hat er mit der Übertragung an den Dritten seine Verbindlichkeit bereits erfüllt und hat deshalb nur ein ihm *bei der Übertragung* zur Last fallendes Verschulden zu vertreten, § 664 Abs 1 S 2 BGB. Für das Verschulden eines Gehilfen ist er dagegen nach § 278 BGB verantwortlich, § 664 Abs 1 S 3 BGB (BGH 17. 12. 1992 – III ZR 133/91, NJW 1993, 1704, 1705). Das Gleiche gilt nach § 691 S 2 und 3 BGB grundsätzlich auch für den Verwahrer, dem die Hinterlegung bei einem Dritten gestattet ist (RG 2. 3. 1912 – I 147/11, RGZ 78, 310, 312 f). Auf *andere Schuldverhältnisse* sind die §§ 664, 691 S 2 und 3 BGB hingegen nicht anzuwenden, auch nicht auf die Fälle des § 675 BGB (RG 4. 7. 1939 – VII 4/39, RGZ 161, 68, 70; Metzler AcP 159 [1960] 143, 155; Kümpel WM 1996, 1893, 1896; Staudinger/Martinek/Omlor [2017] § 675 A 51 ff; Erman/Westermann Rn 26; **aA** BGH 14. 11. 1951 – II ZR 55/51, NJW 1952, 257). Ist bei solchen Schuldverhältnissen aber ausnahmsweise die Übertragung gestattet, gilt § 664 Abs 1

S 2 und 3 BGB analog (Huber I 684). Wenn umgekehrt der Schuldner sich bei der Erfüllung einer Verpflichtung eines **Erfüllungsgehilfen gar nicht bedienen darf**, sei es kraft Gesetzes (s zB RG 7. 9. 1936 – VI 73/36, RGZ 152, 125, 128), sei es aufgrund des Vertrages, so bedarf es der Anwendung des § 278 BGB nicht, weil die Einschaltung eines Gehilfen in einem solchen Fall bereits eine schuldhafte Verletzung der Verpflichtung des Schuldners darstellt.

33 Schlägt der vorgesehene Einsatz des Erfüllungsgehilfen fehl, weil der **Erfüllungsgehilfe** bei der Erfüllung der Verbindlichkeit **gar nicht tätig** wird, bleibt § 278 BGB grundsätzlich anwendbar (BGH 14. 2. 1957 – VII ZR 287/56, BGHZ 23, 319, 323; vgl auch BAG 21. 5. 2015 – 8 AZR 116/14 Rn 46, NZA 2015, 1517 zu § 254 Abs 2 BGB). Der Zweck der Vorschrift, den Schuldner und nicht den Gläubiger das Risiko tragen zu lassen, welches mit der Einschaltung eines Dritten in die Erfüllung des Schuldverhältnisses verbunden ist (s Rn 1), trifft auch in einem solchen Fall zu. Etwa macht es keinen Unterschied, ob der vom Schuldner beauftragte Transporteur den Transport unsorgfältig oder gar nicht durchführt. Jedes mal schaltet sich der Schuldner selbst aus der Erfüllung des Schuldverhältnisses aus und begründet damit ein zusätzliches Risiko (LG Frankfurt 12. 1. 1987 – 2/24 S 173/85, NJW-RR 1987, 823, 824; AG Duisburg 8. 4. 2002 – 3 C 654/02, RRa 2002, 171; Kaiser/Rieble NJW 1990, 218, 219 f; Spiro 138 Fn 41; PWW/Schmidt-Kessel/Kramme Rn 14; auch schon Oertmann § 278 Anm 3e und 3 f; **anders** noch Löwisch AcP 174 [1974] 202, 251 f).

34 Nicht richtig ist allerdings, daraus den Schluss zu ziehen, der Schuldner hafte nach § 278 BGB regelmäßig auch für seine **streikenden Arbeitnehmer** (so aber LG Frankfurt 12. 1. 1987 – 2/24 S 173/85, NJW-RR 1987, 823, 824; AG Duisburg 8. 4. 2002 – 3 C 654/02, RRa 2002, 171; Kaiser/Rieble NJW 1990, 218, 220 f; Kreissl ZfA 1996, 503, 517 ff; Spiro 138 Fn 41; nur für den rechtswidrigen Streik auch Palandt/Grüneberg Rn 8; PWW/Schmidt-Kessel/Kramme Rn 23). Der Unternehmer, der erfährt, dass seine Arbeitnehmer in Streik treten, wird zumeist davon absehen wollen, die Streikenden in die Erfüllung anstehender Verbindlichkeiten einzuschalten und stattdessen selbst die Verantwortung für die Leistungsbewirkung übernehmen, womit dann das Erfüllungsgehilfenverhältnis beendet ist (oben Rn 21). Eine Haftung kann hier nur noch aus eigenem Verschulden, etwa wegen falscher Auswahl, mangelnder Organisation des eigenen Leistungsbereichs oder aus dem Gesichtspunkt des Übernahme- oder Vorsorgeverschuldens (dazu § 276 Rn 18) in Betracht kommen (Löwisch AcP 174 [1974] 202, 251 f; Huber I 685).

2. Einsatz zur Erfüllung einer Schuldnerverbindlichkeit

35 Die Zurechnung nach § 278 BGB setzt voraus, dass der Gehilfe **bei der Erfüllung** einer Verbindlichkeit des Schuldners tätig wird. Dies ist dort unproblematisch, wo die Hilfsperson bei der Erbringung der *Hauptleistungs- oder Nebenpflicht* des Schuldners eingesetzt wird (BGH 19. 3. 2013 – XI ZR 46/11 Rn 17, NJW 2013, 2015). So sind, um einige Beispiele zu nennen, die Arbeiter des Bauunternehmers während des Einsatzes am Bau, der Lkw-Fahrer des Transporteurs während des Transports, die Sprechstundenhilfe des Arztes in der Sprechstunde, der kaufmännische Angestellte eines Großhandelsunternehmens bei der Ausführung der Lieferverträge zweifelsfrei Erfüllungsgehilfen. In welchem Zeitpunkt die Hilfspersonen für die Erfüllung tätig geworden sind, vor der Begründung, bei der Abwicklung oder unmittelbar bei der Erfüllung des Schuldverhältnisses, spielt keine Rolle (ebenso MünchKomm/Grundmann

Rn 23; Bamberger/Roth/Lorenz Rn 18). Auch wenn die Sprechstundenhilfe die Instrumente unzureichend gereinigt hatte, längst bevor der Patient kam, muss der Arzt nach § 278 BGB haften. Deshalb ist bei einer Auskunftserteilung auch das Verschulden zu vertreten, das einem Angestellten unterläuft, der mit der Herbeischaffung und Sichtung des Materials bei der Vorbereitung der Auskunft befasst ist (OLG Hamburg 1. 2. 1915 – OLGE 34, 60). Bei der Verwendung von EDV-Anlagen haftet der Schuldner für Programmierfehler seiner Hilfspersonen auch, wenn sie schon vor Anbahnung oder Aufnahme vertraglicher Beziehungen passiert sind (Köhler, Die Problematik automatisierter Rechtsvorgänge, insbesondere von Willenserklärungen, AcP 182 [1982] 126, 160 f).

36 Freilich muss es sich immer um eine **Leistungspflicht des Schuldners selbst** handeln. Man darf auf dem Weg über § 278 BGB Personen nicht für ein Verhalten haftbar machen, das nach ihrer Position im arbeitsteiligen Rechts- und Wirtschaftsverkehr nicht in ihren *Verantwortungsbereich* fällt. Erschöpft sich die Verpflichtung des Schuldners darin, dem Gläubiger einen Vertragspartner zu verschaffen, kann dieser nicht als Erfüllungsgehilfe des Schuldners gegenüber dem Gläubiger angesehen werden. Weder ist der Lieferant Erfüllungsgehilfe des Kommissionärs gegenüber dem Kommittenten, noch ist es der Geschäftspartner im Verhältnis des Handelsvertreters zum Unternehmen (Huber I 681 f). Nur dort, wo kraft Gesetzes oder im Wege richterlicher Inhaltskontrolle die vermittelte Leistung selbst als Vertragsgegenstand angesehen werden muss, wie etwa gem § 651b BGB, muss derjenige, der die Leistung erbringt, als Erfüllungsgehilfe des Schuldners aufgefasst werden (vgl zu § 651a Abs 2 aF BGH 9. 7. 1992 – VII ZR 7/92, BGHZ 119, 152, 166 = NJW 1992, 3158 zum Bereitstellen von Ferienunterkünften; s auch schon BGH 18. 10. 1973 – VII ZR 247/72, BGHZ 61, 275, 279: Ferienvermittler; BGH 21. 3. 1974 – VII ZR 87/73, NJW 1974, 1046, 1047: Flugvermittler; Esser/Schmidt I 2 § 27 I 3 b). Für die Haftung des Zahlungsdienstleisters für die nicht ordnungsgemäße Ausführung eines Zahlungsvorgangs ist die Zurechnung des Verschuldens einer zwischengeschalteten Stelle in § 675z S 3 BGB ausdrücklich geregelt (s Staudinger/Omlor [2012] § 675z Rn 11 ff; Erman/vWestphalen § 675z Rn 9).

37 Der **Hersteller** von Waren ist regelmäßig **kein Erfüllungsgehilfe des Verkäufers** (hM, BGH 21. 6. 1967 – VIII ZR 26/65, BGHZ 48, 118, 120 ff = NJW 1967, 1903; BGH 12. 1. 1989 – III ZR 231/87, NJW-RR 1989, 1189, 1190; BGH 15. 7. 2008 – VIII ZR 211/07 Rn 29, BGHZ 177, 224 = NJW 2008, 2837; BGH 14. 1. 2009 – VIII ZR 70/08 Rn 11, NJW 2009, 1660; BGH 2. 4. 2014 – VIII ZR 46/13 Rn 31 ff, BGHZ 200, 337 = NJW 2014, 2183 [auch für den Werklieferungsvertrag]; BGH 29. 4. 2015 – VIII ZR 104/14 Rn 13, NJW 2015, 224; NK-BGB/Dauner-Lieb Rn 15; Palandt/Grüneberg Rn 13; Bamberger/Roth/Lorenz Rn 27; Schwarze, Leistungsstörungen [2017] § 34 Rn 50, 54; Jauernig/Stadler Rn 16; Tröger 431 ff). Daran hat entgegen einer im Schrifttum geäußerten Auffassung auch die Schuldrechtsreform nichts geändert. Dass der Verkäufer nach § 433 Abs 1 S 2 BGB dem Käufer die Kaufsache frei von Mängeln zu verschaffen hat und bei Mangelhaftigkeit gem §§ 437 Nr 1, 439 Abs 1 BGB nach Wahl des Käufers die Beseitigung des Mangels schuldet, lässt keinen Gegenschluss zu (**aA** Klees MDR 2010, 305, 306 ff; Peters ZGS 2010, 24, 26 ff; Schroeter JZ 2010, 495, 497 ff; Weller NJW 2012, 2312, 2315; MünchKomm/Grundmann Rn 31; PWW/Schmidt-Kessel/Kramme Rn 21: Verkäufer müsse im Zweifel auch für die Herstellung der Kaufsache sorgen; diff Köndgen, in: FS W-H Roth [2015] 311, 339 ff, 344 f). Denn diese Pflicht macht den Verkäufer noch nicht zum Hersteller. Vielmehr werden nach der Gegenauffassung die Grenzen von Kauf- und Werkvertrag verwischt. Auch bedeutet die Gegenauffassung – konsequent zu Ende

gedacht – dass für die Lebenszeit eines Produkts der Hersteller zum Erfüllungsgehilfen eines jeden Verkäufers würde. Denn jeder Verkäufer schuldet die mangelfreie Verschaffung der Kaufsache und ggf die Mängelbeseitigung. Folge wäre, dass ein jeder Verkäufer, zB auch ein Verbraucher, für die vom Hersteller verschuldeten Mängel verschuldensunabhängig auf Schadensersatz haften würde (vgl Rn 1). So weit will § 278 BGB die typischerweise vom Verschulden abhängige Verantwortlichkeit des Schuldners (§ 276 Rn 3 ff) nicht ausdehnen. Vielmehr müssen auf Herstellungsmängeln beruhende Schäden über die Produkthaftpflicht (zu ihr Staudinger/J Hager [2009] § 823 Rn F 1 ff und Staudinger/Oechsler [2018] Erl zu § 1 ProdHaftG) gelöst werden. Im Haftungssystem ist es gerade nicht angelegt, dass die Haftung für fehlerhafte Produkte über das Vertragsrecht vom hierfür zuständigen Hersteller auf den Händler verlagert wird (so zutr U Huber, in: FS Ulmer [2003] 1165, 1187 f).

Aus den gleichen Gründen ist auch ein **Vorlieferant**, etwa ein Zwischenhändler, **nicht Erfüllungsgehilfe** des Verkäufers im Verhältnis zu dessen Käufer (vgl zum alten Recht BGH 25. 9. 1968 – VIII ZR 108/66, NJW 1968, 2238, 2239 für die Lieferung von mangelhaftem Dieselkraftstoff), obwohl der Vorlieferant dem Verkäufer gleichermaßen die Mangelfreiheit der Kaufsache und ggf die Beseitigung des Mangels schuldet (U Huber, in: FS Ulmer [2003] 1165, 1187; s auch R Sailer, 47, die zutr darauf hinweist, dass bei dieser Frage auch Wertungen im Spiel sind). Dass der Verkäufer nicht haftet, weil er die Herstellung oder Teile davon an Dritte „delegiert", sich also die Arbeitsteilung im Wirtschaftsleben zunutze macht, ist als Folge der von ihm übernommenen Pflichten hinzunehmen (für rechtspolitisch geboten erachten die Haftung für Zulieferer dagegen PWW/Schmidt-Kessel/Kramme Rn 21). **Hat sich dagegen der Verkäufer auch zur Herstellung verpflichtet**, geht es insoweit um die Erfüllung einer eigenen Schuldnerverbindlichkeit und muss er, soweit er die von ihm geschuldete Herstellung ganz oder teilweise auf Dritte delegiert, sich deren Verschulden nach § 278 BGB zurechnen lassen (Bamberger/Roth/Lorenz Rn 27). S auch noch Rn 39 und Rn 99. 38

Wer einem **Werkunternehmer** im Rahmen von dessen Gewährleistungsverpflichtungen ein Ersatzteil liefert, ist nicht Erfüllungsgehilfe des Werkunternehmers gegenüber dessen Besteller (BGH 9. 2. 1978 – VII ZR 84/77, NJW 1978, 1157; OLG Karlsruhe 27. 2. 1997 – 11 U 31/96, ZIP 1998, 1689, 1690 f; Huber I 680; R Sailer 47; **aA** Martin Wolf ZIP 1998, 1657, 1658 ff; PWW/Schmidt-Kessel/Kramme Rn 21). Fehler eines Vorunternehmers können dem Auftraggeber im Verhältnis zum Nachfolgeunternehmer regelmäßig nicht zugerechnet werden, weil es an einer entsprechenden Pflicht des Auftraggebers gegenüber dem Nachfolgeunternehmer fehlt (BGH 27. 6. 1985 – VII ZR 23/84, BGHZ 95, 128, 132 f = NJW 1985, 2475; OLG Saarbrücken 22. 2. 2011 – 4 U 155/09, NJW-RR 2011, 990, 992; OLG Oldenburg 21. 8. 2018 – 2 U 62/18 Rn 32, NJW 2019, 83; vCraushaar, in: FS Vygen [1999] 154). Auch wenn ein Nachunternehmer die Herstellung des ihm übertragenen Werks seinerseits nicht richtig organisiert, kann das dem Unternehmer im Rahmen seiner eigenen Organisationspflichten regelmäßig nicht nach § 278 BGB zugerechnet werden, da die ordnungsgemäße Organisation des Herstellungsprozesses beim Nachunternehmer regelmäßig allein dessen Angelegenheit ist und nicht im Fremdinteresse durchgeführt wird (BGH 11. 10. 2007 – VII ZR 99/06 Rn 18, BGHZ 174, 32 = NJW 2008, 145 für die Obliegenheit des Unternehmers im Rahmen des § 638 aF). Der vom Bauherrn beauftragte Statiker ist regelmäßig nicht Erfüllungsgehilfe des Bauherrn in dessen Vertragsverhältnis mit dem Architekten, sofern die Lieferung der Statik nicht zu den Pflichten des Bauherrn im Verhältnis zum Architekten gehört (vgl BGH 4. 3. 1971 – 39

VII ZR 204/69, VersR 1971, 667, 669; BGH 4. 7. 2002 – VII ZR 66/01, NJW-RR 2002, 1531 für die Frage des Mitverschuldens des Bauherrn; s auch noch Rn 75 und Rn 80).

40 Beauftragt der behandelnde Arzt ein pathologisches Institut mit der histologischen Untersuchung von Gewebeproben, so bedient er sich des Pathologen nicht zur Erfüllung seiner gegenüber dem Patienten bestehenden ärztlichen Pflichten und ist deshalb auch nicht gem § 278 BGB für dessen Verschulden verantwortlich (BGH 29. 6. 1999 – VI ZR 24/98, BGHZ 142, 126, 130 f = NJW 1999, 2731). Aus dem gleichen Grunde haftete ein Knappschaftsverein, der ein erkranktes Mitglied in einem Krankenhaus untergebracht hatte, nicht für dort bei der ärztlichen Behandlung oder Pflege vorgekommene Versehen (RG 1. 10. 1910 – V 175/09, RGZ 74, 163, 167).

41 Wer *Arbeitnehmer einem Dritten im Rahmen eines Leiharbeitsverhältnisses* überlässt, haftet nicht für ein Fehlverhalten der überlassenen Arbeitnehmer im Betrieb des Entleihers (BGH 9. 3. 1971 – VI ZR 138/69, NJW 1971, 1129; s hierzu noch unten Rn 72). Hingegen ist der Gesteller eines Krans mit Bedienungspersonal für Letzteres nach § 278 BGB verantwortlich, weil die Gestellung der Bedienung zu seinem Pflichtenkreis gehört (OLG München 1. 8. 1997 – 23 U 2895/97, BB 1997, 1918).

42 § 278 BGB ist auch anzuwenden auf Schuldverhältnisse, die auf eine **Unterlassung** gerichtet sind. Lässt der Schuldner in dem von der Unterlassungspflicht betroffenen Bereich einen anderen, etwa einen Angestellten tätig werden, so muss er in Anwendung des Risikozurechnungsgedankens des § 278 BGB dann haften, wenn der andere die untersagte Handlung vornimmt (RG 29. 3. 1906 – VI 276/05, RGZ 63, 116, 117 f; RG 9. 5. 1939 – VII 251/38, RGZ 160, 310, 313; MünchKomm/Grundmann Rn 22; Palandt/Grüneberg Rn 23; Soergel/Pfeiffer Rn 15). Von Bedeutung ist das insbesondere für **Wettbewerbsverbote**. Der zur Unterlassung Verpflichtete muss sich Wettbewerbsverstöße derjenigen zurechnen lassen, die für ihn verbotene Wettbewerbshandlungen vornehmen oder es versäumen, solche Handlungen zu verhindern (BGH 15. 5. 1985 – I ZR 25/83, NJW 1986, 127: beauftragte Werbeagentur missachtet das Verbot; BGH 30. 3. 1988 – I ZR 40/86, NJW 1988, 1907, 1908; BGH 22. 1. 1998 – I ZR 18/96, NJW 1998, 3342, 3343 f: Verlag verstößt bei Ausführung eines Anzeigenauftrags gegen Wettbewerbsverbot; BGH 30. 4. 1987 – I ZR 8/85, NJW 1987, 3253 f: Rechtsanwalt versäumt Maßnahmen zur Verhinderung weiterer Verstöße; OLG Frankfurt 6. 6. 1974 – 6 U [Kart] 15/74, NJW 1974, 2239: Verletzung eines Alleinvertretungsvertrages durch einen neu angestellten Vertreter; OLG Jena 5. 5. 2015 – 2 U 41/15 juris Rn 4, WRP 2015, 1016: Aufhängen eines Werbeplakats; Friehe WRP 1977, 158, 159; s auch Rn 121; **aA** Ulmer NJW 1974, 2239, 2240). Für die Verwirkung einer für einen solchen Fall vereinbarten **Vertragsstrafe** genügt ebenfalls das Verschulden des Erfüllungsgehilfen, sofern nicht ausnahmsweise vertraglich etwas anderes vereinbart ist (BGH 30. 4. 1987 – I ZR 8/85, NJW 1987, 3253, 3254; s ausf Staudinger/Rieble [2015] § 339 Rn 387 ff). Der Händler ist hier allerdings nicht Erfüllungsgehilfe des die Unterlassung schuldenden Herstellers, sofern er nicht entscheidend in dessen Vertriebsorganisation eingegliedert ist (OLG Frankfurt 23. 11. 2017 – 6 U 197/16 Rn 24 f, GRUR-RR 2018, 122). Auch ist der Vorbehaltskäufer nicht Erfüllungsgehilfe des Vorbehaltsverkäufers im Rahmen von dessen Unterlassungsverpflichtung (BGH 4. 5. 2017 – I ZR 208/15 Rn 22, NJW 2018, 155).

43 Schwierigkeiten bereitet die Abgrenzung des Pflichtenkreises des Schuldners dort, wo es sich nicht um Haupt- oder Nebenleistungspflichten, sondern um **Schutzpflichten** handelt. Hier wird § 278 BGB über §§ 280 Abs 1, 241 Abs 2 BGB und im Fall des

Verschuldens bei Vertragsschluss über §§ 280 Abs 1, 311 Abs 2, 241 Abs 2 BGB sowie den Grundsätzen des Vertrags mit Schutzwirkung zugunsten Dritter für eine vom Verschulden des Geschäftsherrn unabhängige Gehilfenhaftung nutzbar gemacht, die wegen § 831 BGB deliktsrechtlich nicht gewährt werden kann (oben Rn 8). Der dem § 278 BGB zugrundeliegende Gefahrtragungsgedanke verschiebt sich hier: Nicht so sehr der mit der Einschaltung der Hilfsperson für den Schuldner verbundene Nutzen, sondern der Umstand, dass der Gläubiger seine Rechtssphäre anlässlich des Schuldverhältnisses dem Schuldner und seinen Hilfspersonen öffnet, rechtfertigt es, dem Gläubiger und den seiner Fürsorge unterfallenden Personen über die Deliktshaftung gem § 831 BGB hinaus den besonderen Schutz einer Gehilfenhaftung zukommen zu lassen, die nicht auf das Verschulden des Geschäftsherrn abstellt (E Schmidt AcP 170 [1970] 502, 507 ff). Aus dieser Funktion des § 278 BGB folgt, dass der Gehilfe nicht speziell in den Pflichtenkreis des Schuldners gegenüber dem Gläubiger eingebunden sein muss, es vielmehr genügt, dass seine Tätigkeit schädliche Auswirkungen auf den Gläubiger haben kann. Ein Unternehmer haftet nicht nur für Arbeitnehmer, die er mit Schutzmaßnahmen zugunsten der übrigen Arbeitnehmer oder anderer Personen, die mit dem Betrieb in Kontakt kommen, betraut hat, sondern für alle Arbeitnehmer und sonstigen Gehilfen, die sich im Zuge ihrer betrieblichen Tätigkeit unsorgfältig verhalten und dadurch Schäden bei Dritten anrichten (BGH 20. 5. 1964 – VIII ZR 242/62, MDR 1964, 750; BGH 14. 11. 1989 – X ZR 106/88, NJW-RR 1990, 308, 309; **aA** hinsichtlich eines im Betrieb tätigen Werkunternehmers BAG 25. 5. 2000 – 8 AZR 518/99, NJW 2000, 3369, 3371; dem BAG folgend Kamanabrou NJW 2001, 1187, 1188). Dementsprechend ist der Leiharbeitnehmer Erfüllungsgehilfe des Entleihers, der ihn bei der Erfüllung seiner Verbindlichkeiten einsetzt.

Wie weit der **Kreis der Schutzpflichten** zu ziehen ist, in dem dann auch eine Haftung nach § 278 BGB eingreift, muss für *jedes Schuldverhältnis* selbstständig entschieden werden (Staudinger/Olzen [2019] § 241 Rn 418). Allgemein lässt sich nur sagen, dass der Pflichtenkreis des Schuldners aus dem Schuldverhältnis gegenüber seinen allgemeinen Verhaltenspflichten nicht überzogen werden darf, vgl dazu die Einzelbeispiele unten Rn 71 ff. **44**

Die Frage, ob § 278 BGB auf sog **Obliegenheiten**, also in dem Fall anzuwenden ist, in dem ein Sorgfaltsverstoß des Gläubigers bei Wahrung seiner eigenen Interessen seinen Anspruch ausschließt oder mindert, ist für das Mitverschulden durch § 254 Abs 2 S 2 BGB im positiven Sinne entschieden. Voraussetzung ist allerdings, dass zwischen Gläubiger und Schuldner bereits bei Schädigung ein Schuldverhältnis besteht (BGH 20. 5. 1980 – VI ZR 185/78, NJW 1980, 2080; BGH 22. 4. 1999 – V ZB 28/98, BGHZ 141, 224, 228 ff = NJW 1999, 2108; BGH 10. 11. 2016 – III ZR 235/15 Rn 37 f, BGHZ 213, 1 = VersR 2018, 108 für den haftungsbegründenden Vorgang des § 826 BGB; BAG 29. 5. 2002 – 5 AZR 105/01, EzA § 2 NachwG Nr 4; s im Einzelnen Staudinger/Schiemann [2017] § 254 Rn 95 ff; Palandt/Grüneberg § 254 Rn 48). Gleiches gilt beim Rücktritt für das die Pflicht zum Wertersatz ausschließende Vertretenmüssen des Gläubigers, § 346 Abs 3 S 1 Nr 2 BGB. Auch im Bereich des § 326 Abs 2 BGB ist § 278 BGB anwendbar (Staudinger/Schwarze [2015] § 326 Rn C 23). Gleiches gilt für die Mängelrüge nach § 377 HGB (BGH 14. 6. 1978 – VIII ZR 97/77, WM 1978, 1094, 1095; Soergel/Pfeiffer Rn 16). **45**

§ 278 BGB kann auch im Bereich der Obliegenheiten nur auf Personen angewandt werden, deren sich der Gläubiger zur **Erfüllung seiner Obliegenheit** bedient. Deshalb **46** ist der mit der Montage von Bauelementen beauftragte Unternehmer nicht Erfüllungsgehilfe des Käufers in Bezug auf dessen Anzeigepflicht nach § 377 HGB (BGH 14. 6. 1978 – VIII ZR 97/77, WM 1978, 1094, 1095). Auch der Kreis der Obliegenheiten darf nicht im Interesse einer Anwendung des § 278 BGB überdehnt werden. Dies ist insbesondere für die Anwendung des § 278 BGB im Rahmen des § 254 Abs 2 S 2 BGB zu beachten. Der BGH hat es aus diesem Grund mit Recht abgelehnt, aus der Benutzung eines Kinderspielplatzes ein Sonderrechtsverhältnis abzuleiten, aus dem sich ein Kind, das durch ein nicht verkehrssicheres Spielgerät verletzt wird, ein Mitverschulden seines gesetzlichen Vertreters nach § 278 BGB zurechnen lassen muss (BGH 1. 3. 1988 – VI ZR 190/87, BGHZ 103, 338, 342 ff = NJW 1988, 2667). Auf der anderen Seite muss sich der Mandant, der einen zweiten Anwalt einschaltet, um Fehler eines früheren Anwalts zu beheben, das Verschulden des Zweitanwalts als Mitverschulden anrechnen lassen (BGH 20. 1. 1994 – IX ZR 46/93, NJW 1994, 1211, 1212; BGH 14. 7. 1994 – IX ZR 204/93, NJW 1994, 2822, 2824; BGH 14. 10. 2010 – I ZR 212/08 Rn 19 f, NJW 2011, 2138). Ebenso muss sich ein Bauherr, der den bauaufsichtsführenden Architekten wegen eines Bauwerkmangels in Anspruch nimmt, der darauf zurückzuführen ist, dass die gelieferten Pläne mangelhaft sind und der bauaufsichtsführende Architekt dies pflichtwidrig nicht bemerkt hat, gem §§ 254 Abs 1, 278 BGB das mitwirkende Verschulden des planenden Architekten als seines Erfüllungsgehilfen zurechnen lassen (BGH 27. 11. 2008 – VII ZR 206/06 Rn 30 ff, BGHZ 179, 55 = NJW 2009, 582; zum Architekten auch noch Rn 75, zum Bauvertrag Rn 80).

47 Im Bereich der Obliegenheiten des **Versicherungsrechts** ist § 278 BGB dagegen nicht anwendbar. Der Versicherungsnehmer wird hier vielmehr nur für solche Hilfspersonen als haftbar angesehen, die seine **Repräsentanten** waren (BGH 25. 11. 1953 – II ZR 7/53, BGHZ 11, 120, 122 f; BGH 21. 4. 1993 – IV ZR 34/92, BGHZ 122, 250, 252 ff = NJW 1993, 1862; BGH 13. 9. 2006 – IV ZR 378/02, NJW 2006, 3712, 3714; BGH 14. 3. 2007 – IV ZR 102/03 Rn 8, BGHZ 171, 304 = NJW 2007, 2038; st Rspr zu § 61 VVG aF [heute § 81 VVG]). Die Begründung hierfür liegt in der Erwägung, dass bei Anwendung des § 278 BGB der Versicherungsschutz unangemessen eingeschränkt würde. Repräsentant in diesem Sinne ist nur derjenige, der – wenn auch nicht unbedingt mit rechtsgeschäftlicher Vertretungsmacht – in dem das versicherte Risiko betreffenden Geschäftskreis zu selbstständigem Handeln in nicht ganz unbedeutendem Umfang befugt ist, sog „Risikoverwaltung" (BGH 27. 2. 1964 – II ZR 65/61, VersR 1964, 475; BGH 21. 4. 1993 – IV ZR 34/92, BGHZ 122, 250, 252 f; BGH 10. 7. 1996 – IV ZR 287/95, NJW 1996, 2935). Der Versicherungsnehmer muss sich Repräsentantenverhalten aber nur insoweit zurechnen lassen, als er den Dritten an seine Stelle hat treten lassen. Betreffen die Befugnisse des Dritten nur einen bestimmten abgrenzbaren Geschäftsbereich, ist die Zurechnung darauf beschränkt und kann nicht auf andere Tätigkeitsbereiche ausgedehnt werden. Das kommt insbesondere bei Geschäfts- und Betriebsversicherungen in Betracht (BGH 14. 3. 2007 – IV ZR 102/03 Rn 9, BGHZ 171, 304 = NJW 2007, 2038).

48 In der **Kraftfahrzeugversicherung** ist Repräsentant derjenige, der die Wartung und die Verantwortung für die Verkehrssicherheit übernommen hat (BGH 1. 10. 1969 – IV ZR 632/68, NJW 1970, 43, 44; BGH 18. 12. 1974 – IV ZR 123/73, VersR 1975, 229, 231), etwa auch der Prokurist, der einen Geschäftswagen fährt in Bezug auf die Aufklärungsobliegenheit nach E. 1. 1. 3. AKB 2015 (vgl BGH 10. 7. 1996 – IV ZR 287/95, NJW 1996, 2935 zu § 7 Nr 1 Abs 2 S 3 AKB aF), nicht aber der bloße Fahrer (BGH 14. 4. 1971 – IV ZR 17/70, VersR 1971, 538, 539; OLG Frankfurt 11. 8. 2004 – 7 U 156/03, NJW-RR 2005, 262 für den

Ehemann der Versicherungsnehmerin; OLG Düsseldorf 27. 2. 2007 – 24 U 93/06, VersR 2007, 982, 983 für den Fahrer eines Mietwagens) oder Untermieter des Fahrzeugs (BGH 20. 5. 2009 – XII ZR 94/07 Rn 18, BGHZ 181, 179 = NJW 2009, 2881). In der **Rechtsschutzversicherung** ist der Anwalt des Versicherungsnehmers Repräsentant (OLG Hamm 13. 5. 1983 – 20 W 90/82, VersR 1984, 31, 32), nicht aber die Sekretärin des Versicherungsnehmers. In der **Feuerversicherung**, aber auch sonst in der Sachversicherung ist Repräsentant derjenige, der die versicherte Sache für den Versicherungsnehmer selbstständig verwaltet (BGH 21. 4. 1993 – IV ZR 34/92, BGHZ 122, 250, 252 ff = NJW 1993, 1862; OLG Hamm 10. 6. 1999 – 20 U 92/99, ZfSch 2000, 113: örtlicher Bauleiter, nicht aber Polier als Repräsentant des Bauunternehmers in der Bauleistungsversicherung), nicht aber der Mieter der versicherten Sache (BGH 26. 4. 1989 – IVa ZR 242/87, BGHZ 107, 229, 232 f = NJW 1989, 1861). Die vorsätzliche Brandstiftung durch einen Dritten, der nur für die Verwaltung des Versicherungsvertrages als Repräsentant anzusehen ist, braucht sich der Versicherungsnehmer nicht zurechnen zu lassen, weil sich hier die Stellung als Repräsentant nur auf einen bestimmten, abgrenzbaren Geschäftsbereich beschränkt (BGH 14. 3. 2007 – IV ZR 102/03 Rn 7, 9, BGHZ 171, 304 = NJW 2007, 2038). In der **Schiffskaskoversicherung** ist der Kapitän Repräsentant des Reeders (BGH 7. 2. 1983 – II ZR 20/82, VersR 1983, 479; LG Hamburg 10. 7. 2003 – 409 O 119/02, NJW-RR 2004, 677, 678). **Allgemein** als Repräsentant anzusehen ist der gesetzliche Vertreter des minderjährigen Versicherungsnehmers (RG 15. 3. 1932 – VII 247/31, RGZ 135, 370, 372), nicht aber ein Ehegatte, der zB während einer Reise des Versicherungsnehmers das Haus vorübergehend allein verwaltet (RG 28. 6. 1927 – [VII] VI 82/27, RGZ 117, 327, 329; OLG Köln 13. 11. 1968 – 2 U 43/68, VersR 1969, 1014, 1015), und auch nicht der Partner einer nichtehelichen Lebensgemeinschaft in vergleichbaren Situationen (OLG Karlsruhe 16. 5. 1991 – 12 U 25/91, VersR 1992, 1391, 1392 f). Anders kann dies bei einem Ehegatten liegen, der auf dem von seiner Ehefrau versicherten Grundstück eine Gaststätte betreibt und dem faktisch die beherrschende Stellung über das Grundstück übertragen ist (BGH 14. 5. 2003 – IV ZR 166/02, NJW-RR 2003, 1250, 1251). Das erwachsene Kind, dem ein Elternteil ein in seinem Eigentum stehendes Fahrzeug zur dauerhaften Nutzung überlässt, ist nicht Repräsentant dieses Elternteils (vgl OLG Koblenz 4. 2. 2005 – 10 U 1561/03, NJW-RR 2005, 828, 829).

Auf den Ausschluss des **Ausgleichsanspruchs des Handelsvertreters** wegen Kündi- **49**
gung des Handelsvertretervertrages aus wichtigem Grund durch den Unternehmer nach § 89b Abs 3 Nr 2 HGB aufgrund schuldhaften Verhaltens des Handelsvertreters ist § 278 BGB nicht anzuwenden; das Fehlverhalten seiner Angestellten ist dem Handelsvertreter insoweit nicht zuzurechnen (BGH 5. 2. 1959 – II ZR 107/57, BGHZ 29, 275, 278 = NJW 1959, 878; BGH 18. 7. 2007 – VIII ZR 267/05 Rn 7 f, NJW 2007, 3068; BAUMBACH/HOPT, Handelsgesetzbuch [38. Aufl 2018] § 89b Rn 65). Es kann nur bei der Frage, ob und in welchem Umfang dem Handelsvertreter ein Ausgleichsanspruch zusteht, im Rahmen der Billigkeit nach § 89b Abs 1 Nr 2 HGB berücksichtigt werden (BGH 5. 2. 1959 – II ZR 107/57, BGHZ 29, 275, 280).

Das **Verschulden des Prozessbevollmächtigten** bei einer Prozesshandlung wird der **50**
Partei nach § 85 Abs 2 ZPO und nicht nach § 278 BGB zugerechnet. Das gilt insbesondere für die Versäumung einer Notfrist und auch für die Versäumung der Klagefrist des § 4 KSchG. Denn § 85 Abs 2 ZPO betrifft nicht nur Prozesshandlungen innerhalb eines schon anhängigen Verfahrens, sondern auch solche, mit denen ein Verfahren eingeleitet wird. Daran ändert auch nichts, dass es sich bei der Drei-

wochenfrist zur Erhebung der Klage gegen eine Kündigung um eine materiell-rechtliche Ausschlussfrist handelt (BAG 11. 12. 2008 – 2 AZR 472/08 Rn 20 ff, NJW 2009, 2841; BAG 28. 5. 2009 – 2 AZR 548/08 Rn 12 ff, NJW 2009, 2971; BAG 24. 11. 2011 – 2 AZR 614/10 Rn 15, NJW 2012, 1467; Löwisch/Schlünder/Spinner/Wertheimer/Spinner, Kommentar zum Kündigungsschutzgesetz [11. Aufl 2018] § 5 Rn 6; **abl** Zöller/Althammer § 85 ZPO Rn 11 mwNw). Dass die Verjährung nicht nach § 206 BGB durch höhere Gewalt gehemmt ist, wenn der Gläubiger durch ein Verschulden seines Prozessbevollmächtigten an der Rechtsverfolgung verhindert war, folgt ebenfalls nicht aus § 278 BGB, sondern aus dem Gedanken richtiger Risikoverteilung (BGH 4. 5. 1955 – VI ZR 37/54, BGHZ 17, 199, 205 ff = NJW 1955, 1225; BGH 24. 9. 1981 – IX ZR 93/80, BGHZ 81, 353, 356 f = NJW 1982, 96; **aA** Staudinger/Peters/Jacoby [2014] § 206 Rn 27, die insoweit § 278 BGB entsprechend anwenden).

51 Soweit der **Beginn der Verjährung** nach § 199 BGB davon abhängt, dass der Gläubiger von den den Anspruch begründenden Umständen und der Person des Schuldners Kenntnis erlangt oder ohne grobe Fahrlässigkeit erlangen müsste, muss der Gläubiger sich Kenntnis und Kennenmüssen von Hilfspersonen zurechnen lassen, die er in die Abwicklung einer Verbindlichkeit eingeschaltet hat. Die rechtzeitige Geltendmachung der Ansprüche stellt eine Obliegenheit dar, auf deren Einhaltung § 278 BGB anwendbar ist (Löwisch, Auswirkungen der Schuldrechtsreform auf das Recht des Arbeitsverhältnisses, in: FS Wiedemann [2002] 311, 312 f; gegen jede Wissenszurechnung nach § 278 MünchKomm/Grundmann Rn 9; zweifelnd auch BeckOGK/Schaub [1. 3. 2019] Rn 13). Dem Gläubiger nur ein Fehlverhalten eines sogenannten Wissensvertreters analog § 166 BGB zuzurechnen (Palandt/Ellenberger § 199 Rn 24) wird dem Ausnahmecharakter von § 199 Abs 1 Nr 2 und Abs 2 BGB jedenfalls dann nicht gerecht, wenn man nach der gängigen Definition unter dem Wissensvertreter nur eine solche Person versteht, die, ohne Stellvertreter zu sein, nach der Arbeitsorganisation des Geschäftsherrn, dh nach außen, als dessen Repräsentant bestimmte Aufgaben in eigener Verantwortung zu erledigen und dabei angefallene Informationen zur Kenntnis zu nehmen hat, nicht aber eine solche Person, die den Geschäftsherrn lediglich rein intern berät (vgl insoweit die Abgrenzung von BGH 24. 1. 1992 – V ZR 262/90, BGHZ 117, 104, 106 f = NJW 1992, 1099; Palandt/Ellenberger § 166 Rn 6 f). Zählt man zum Wissensvertreter hingegen auch nicht nach außen auftretende Gehilfen (vgl etwa Larenz/Wolf, Allgemeiner Teil des Bürgerlichen Rechts [9. Aufl 2004] § 46 Rn 102 ff; **aA** jetzt Wolf/Neuner § 49 Rn 79 f), also auch interne Berater, gelangt man zum selben Ergebnis.

3. Fehlverhalten des Gehilfen bei der Erfüllung

52 Nach st Rspr des RG, des BGH und auch des BAG haftet der Schuldner nach § 278 BGB nur für ein solches Fehlverhalten seines Erfüllungsgehilfen, das in einem **unmittelbaren sachlichen Zusammenhang** mit den Aufgaben steht, die diesem im Hinblick auf die Erfüllung des Schuldverhältnisses zugewiesen sind. Der Gehilfe darf nicht nur bei Gelegenheit der Erfüllung einer Verbindlichkeit des Schuldners gehandelt haben, sondern sein schuldhaftes Fehlverhalten muss **in Ausübung** der ihm übertragenen Hilfstätigkeit erfolgt sein (st Rspr RG 29. 5. 1906 – III 465/05, RGZ 63, 341, 343 f; BGH 14. 2. 1957 – VII ZR 287/56, BGHZ 23, 319, 323; BGH 15. 12. 1959 – VI ZR 222/58, BGHZ 31, 358, 366 = NJW 1960, 669; BGH 24. 5. 1982 – II ZR 124/81, BGHZ 84, 141, 145 = NJW 1982, 2493; BGH 3. 6. 1993 – III ZR 104/92, BGHZ 123, 1, 14 = NJW 1993, 3061; BGH 29. 1. 1997 – VIII ZR 356/95, NJW 1997, 1233, 1234 f; BGH 15. 3. 2012 – III ZR 148/11 Rn 19, WM 2012, 837;

BAG 11. 11. 1960 – 4 AZR 361/58, BAGE 10, 176, 182 = NJW 1961, 622; BAG 25. 5. 2000 – 8 AZR 518/99, NJW 2000, 3369, 3371).

Eine Auffassung im Schrifttum stellt dieses Abgrenzungskriterium in Frage. Der Schuldner müsse sich alle schädigenden Handlungen zurechnen lassen, die der Gehilfe gegenüber dem Gläubiger begehe; der Gedanke, dass der Gläubiger dem Schuldner seine Rechtsgütersphäre im Zusammenhang mit der Erbringung der Leistung öffne, trage auch hier. Praktisch müsse gefragt werden, ob das gleiche Verhalten, vom Schuldner selbst begangen, diesem als Verletzung des Schuldverhältnisses zugerechnet werden würde. Sei das der Fall, so müsse die Haftung aus § 278 BGB eingreifen (Spiro 233 ff; E Schmidt AcP 170 [1970] 502, 509 f; Picker AcP 183 [1983] 369, 486 ff; Esser/Schmidt I 2 § 27 I 4; im Ergebnis auch Looschelders § 23 Rn 39; Medicus/Lorenz, SchR I Rn 381 f; BeckOGK/Schaub [1. 3. 2019] Rn 100 ff; MünchKomm/Grundmann Rn 47, der es genügen lassen will, dass die Einschaltung des Gehilfen „gefahrerhöhend" wirkt). 53

Dieser Auffassung kann in ihrem wesentlichen Punkt *nicht* gefolgt werden. Der Gedanke, dass der Gläubiger seine Rechtssphäre dem Schuldner und seinen Hilfspersonen wegen des Schuldverhältnisses öffnet und deshalb einen besonderen Vertrauensschutz verdient, trägt nicht so weit, dass man dem Schuldner auch solches Verhalten der Hilfsperson zurechnen könnte, das mit dem Schuldverhältnis in keinem inneren Zusammenhang mehr steht, sondern der **allgemeinen Lebensführung des Gehilfen** zugehört, in deren Rahmen er seine eigenen Interessen verfolgt. Dieser Bereich lässt sich vom Schuldner nicht besser beherrschen als vom Gläubiger. Die schadensrechtliche Abwicklung ist hier Sache des Verhältnisses zwischen Gläubiger und Erfüllungsgehilfe, nicht Sache des Verhältnisses zwischen Gläubiger und Schuldner, so dass auch der Gesichtspunkt nicht passt, dass der Schuldner, wenn er selbst gehandelt hätte, aus Vertrag haften würde. Wenn ein Friseurmeister einen Gehilfen in die Wohnung eines Kunden schickt, um diesem in der eigenen Wohnung die Haare zu schneiden, so kann der Meister nicht aus § 278 BGB haften, wenn der Gehilfe den Kunden beraubt und im Zusammenhang damit ermordet, obgleich alles dies nicht hätte passieren können, wenn sich der Kunde in den Laden des Friseurmeisters begeben hätte (zust Lorenz, in: 50 Jahre Bundesgerichtshof [2000] I 329, 358 f). Es darf auch nicht übersehen werden, dass § 831 BGB, dessen Funktion im Rahmen der Schutz- und Obhutspflichten sich mit § 278 BGB überschneidet, seinerseits Schädigungen *in Ausführung der Verrichtung* von solchen abgrenzt, die nur bei Gelegenheit der Verrichtung erfolgen (dazu Staudinger/Bernau [2017] § 831 Rn 123 ff). Es wäre ungereimt, wollte man auch in diesem Punkt die Haftung aus § 278 BGB schärfer fassen als die nach § 831 BGB. 54

Die Abgrenzung, ob der Erfüllungsgehilfe in Ausführung oder nur bei Gelegenheit der Erfüllung gehandelt hat, richtet sich danach, wie weit die **Schutz-, Obhuts- und Rücksichtnahmepflichten** des Schuldners unter Berücksichtigung der Verkehrsanschauung (§ 157 BGB) **im konkreten Fall** gehen und wie weit deshalb im Verhalten des Gehilfen ein Verstoß gegen die dem Schuldner obliegenden vertragsspezifischen Pflichten zu sehen ist. Nur wenn das Verhalten des Gehilfen, das den Vorwurf der Pflichtwidrigkeit begründen soll, aus dem allgemeinen Umkreis jenes Aufgabenkreises herausfällt, den der Erfüllungsgehilfe für den Schuldner wahrzunehmen hat, entfällt die Zurechnung nach § 278 BGB (BGH 15. 12. 1959 – VI ZR 222/58, BGHZ 31, 358, 366; BGH 29. 1. 1997 – VIII ZR 356/95, NJW 1997, 1233, 1234; OLG Köln 12. 5. 2017 – 19 U 84/16 55 juris Rn 32, VersR 2018, 550; Larenz I § 20 VIII, S 301 f; Fikentscher/Heinemann Rn 662; Palandt/Grüneberg Rn 20; zust auch PWW/Schmidt-Kessel/Kramme Rn 19). Andererseits muss der Schuldner für *jedes* Verschulden des Erfüllungsgehilfen einstehen, das sich in diesem Umkreis bewegt. Auch für vorsätzliches Fehlverhalten der Erfüllungsgehilfen muss der Schuldner unter dieser Bedingung eintreten; er hat nur die Möglichkeit, seine Haftung insofern auszuschließen (s Rn 130 ff). Ob der Erfüllungsgehilfe den Weisungen oder Interessen des Schuldners vorsätzlich zuwiderhandelt, um eigene Vorteile zu erzielen, spielt keine Rolle (RG 19. 2. 1921 – I 282/20, RGZ 101, 348, 350; BGH 12. 7. 1977 – VI ZR 159/75, NJW 1977, 2259; BGH 8. 2. 1989 – IVa ZR 197/87, NJW-RR 1989, 1183, 1185; BGH 19. 10. 1989 – III ZR 92/88, NJW-RR 1990, 484 f; BGH 8. 10. 1991 – XI ZR 207/90, NJW 1991, 3208, 3210; BGH 29. 1. 1997 – VIII ZR 356/95, NJW 1997, 1233, 1235; BGH 15. 3. 2012 – III ZR 148/11 Rn 19, WM 2012, 837; OLG Köln 12. 5. 2017 – 19 U 84/16 juris Rn 32, VersR 2018, 550; BAG 28. 4. 2011 – 8 AZR 769/09 Rn 41 ff, NZA-RR 2012, 290).

56 Ob ein Fehlverhalten des Gehilfen in Ausführung oder nur bei Gelegenheit der Erfüllung erfolgt, kann, da eine Frage des Einzelfalles, nur an **Beispielen** verdeutlicht werden. So ist es ein Fall des § 278 BGB, wenn der mit einer Reparatur beauftragte Arbeitnehmer im Zusammenhang mit der Reparatur eine Sache des Gläubigers beschädigt (RG 29. 5. 1906 – III 465/05, RGZ 63, 341, 343), auch wenn dies die Folge eines auf Neugierde beruhenden leichtsinnigen Versuchs mit einem Werkstoff ist (BGH 19. 9. 1966 – VII ZR 186/64, VersR 1966, 1154, 1155), nicht dagegen, wenn der gleiche Arbeitnehmer bei der Ausführung der Arbeit den Gläubiger bestiehlt (OLG Hamburg 26. 1. 1977 – 5 U 117/76, MDR 1977, 752) oder misshandelt (OLG München 10. 9. 2015 – 8 U 1555/15 Rn 11 ff, NJW-RR 2016, 472: sexueller Übergriff eines angestellten Physiotherapeuten gegenüber der Patientin). Auch dass ein Bote, der die Verspätung des Piloten entschuldigen soll, eigenmächtig selber als Pilot tätig wird und dabei Schaden anrichtet, kann dem Geschäftsherrn nicht mehr zugerechnet werden (BGH 14. 2. 1989 – VI ZR 121/88, NJW-RR 1989, 723, 725). Weil der Gläubiger gerade auch Schutz gegen diese Risiken erwarten kann, fallen dagegen unter § 278 BGB der Diebstahl eingelagerter oder beförderter Sachen durch den Arbeitnehmer des Lagerhalters (RG 19. 2. 1921 – I 282/20, RGZ 101, 348, 350; OLG Hamburg 9. 7. 1981 – 6 U 111/80, VersR 1983, 352) oder Transporteurs (BGH 17. 3. 1981 – VI ZR 287/79, VersR 1981, 732, 733; OLG Düsseldorf 14. 3. 1991 – 18 U 271/90, TransportR 1991, 235, 239), die Schwarzfahrt des Hotelangestellten, der den Pkw des Gastes in die Hotelgarage bringen soll (BGH 7. 5. 1965 – Ib ZR 108/63, NJW 1965, 1709, 1710; ähnlich OLG Nürnberg 19. 4. 2017 – 4 U 2292/16 Rn 19 ff, NJW-RR 2017, 1106 für die Schwarzfahrt durch den Nachtportier), nicht aber die Schwarzfahrt des Hotelangestellten, der den Pkw auf Bitten des Gastes bei einer entfernten Tankstelle betanken soll (BGH 15. 11. 1963 – Ib ZR 209/62, NJW 1964, 718, 720). Von § 278 BGB erfasst werden auch bei der Weitervermietung die Unterschlagung des gemieteten Pkw durch den Untermieter des Mieters (OLG München 5. 2. 1986 – 7 U 4904/85, NJW-RR 1987, 727, 728 f; OLG Düsseldorf 31. 10. 2016 – 24 U 74/16 juris Rn 24 ff, ZMR 2017, 559: Unterschlagung eines Gabelstaplers) und die Verzögerung eines Transports durch den Schmuggelversuch des Fahrers (BGH 27. 6. 1985 – I ZR 40/83, NJW-RR 1986, 248, 249 für Art 29 CMR).

57 Bei einem vom Schuldner wegen eines vertraglichen Zahlungsanspruchs erfüllungshalber übersandten Schecks ergeben sich für den Gläubiger Obhutspflichten, hinsichtlich derer die an seinem Geschäftssitz mit dem Posteingang befassten Mitarbeiter jedenfalls dann Erfüllungsgehilfen sind, wenn auch die Disposition über eingegangene Schecks zu ihrem Aufgabenbereich zählt, so dass der Gläubiger haftet, wenn der

Mitarbeiter den Scheck zur Gutschrift auf sein eigenes Konto einreicht (BGH 29. 3. 2007 – III ZR 68/06 Rn 15, NJW-RR 2007, 1118). Ebenso haftet die rechtlich verselbstständigte Vertriebsorganisation eines Versicherungskonzerns, wenn deren Handelsvertreter die Fondsanlage eines Kunden durch strafbareres Verhalten auflöst und den dabei erzielten Erlös veruntreut (BGH 15. 3. 2012 – III ZR 148/11 Rn 13 ff, WM 2012, 837). Auch fällt die Haftung einer Wach- und Schließgesellschaft gem § 278 BGB für einen durch einen Wächter begangenen Diebstahl nicht deshalb weg, weil der Diebstahl eine unerlaubte Handlung ist. Denn diese unerlaubte Handlung verstößt gerade gegen den Schutzzweck der vertraglichen Verbindlichkeit des Geschäftsherrn, zu deren Erfüllung sich dieser des Wächters bedient hat (BGH 11. 3. 1953 – II ZR 180/52, Betrieb 1953, 293, 294). Aus dem gleichen Grund haftet der Mieter von Geschäftsräumen dem Vermieter, wenn der mit Schlüsseln ausgestattete Prokurist die Räume anzündet (OLG Düsseldorf 20. 3. 1997 – 24 U 39/96, NJW-RR 1997, 1097, 1098).

Wer in die **Anbahnung oder Abwicklung von Rechtsgeschäften** eingeschaltet ist, 58
handelt in Ausführung der Verbindlichkeit des Schuldners (BGH 26. 4. 1991 – V ZR 165/89, BGHZ 114, 263, 270 = NJW 1991, 2556; BGH 29. 1. 1997 – VIII ZR 356/95, NJW 1997, 1233, 1235). Das gilt auch, wenn die eingeschaltete Person ihre Stellung missbraucht, so etwa im Fall unwahrer Erklärungen eines Juniorverkäufers einer Kfz-Niederlassung gegenüber dem Zweiterwerber beim Weiterverkauf eines Fahrzeugs, das er zuvor in seiner Eigenschaft als Verkäufer in der Niederlassung des Geschäftsherrn verkauft hatte (BGH 29. 1. 1997 – VIII ZR 356/95, NJW 1997, 1233, 1235). Weitere *Fälle aus der Rechtsprechung* sind die Überweisung von Fremdgeld auf ein eigenes Konto durch einen Bankangestellten (BGH 8. 10. 1991 – XI ZR 207/90, NJW 1991, 3208, 3210), die Fälschung eines Überweisungsauftrags durch den Angestellten eines Insolvenzverwalters, zu dessen Aufgaben das Ausfüllen der Überweisungsformulare gehört (BGH 19. 7. 2001 – IX ZR 62/00, NJW 2001, 3190 f), die Täuschung eines Bankkunden bei der Vermittlung eines Darlehensgeschäfts durch den Filialleiter einer Großbank (BGH 19. 10. 1989 – III ZR 92/88, NJW-RR 1990, 484, 485) und der Versicherungsbetrug durch den Verhandlungsgehilfen des Versicherungsnehmers, selbst wenn die Ermordung des Versicherungsnehmers durch den Verhandlungsgehilfen zum Plan gehört (BGH 8. 2. 1989 – IVa ZR 197/87, NJW-RR 1989, 1183, 1184). Richtigerweise muss auch ein ungetreuer Stadtinspektor, der Sozialhilfeleistungen auf ein eigenes Konto überweist, im Rahmen des § 254 Abs 2 S 2 BGB als Erfüllungsgehilfe der Stadt in deren Verhältnis zur Bank angesehen werden (**aA** BGH 3. 10. 1989 – XI ZR 163/88, BGHZ 108, 386, 392 = NJW 1990, 250). Die bloße Anmaßung rechtsgeschäftlicher Befugnisse ist hingegen nur ein Handeln bei Gelegenheit der Erfüllung (BGH 27. 6. 1963 – VII ZR 7/62, NJW 1963, 2166, 2167 für einen Bauführer, der, ohne damit betraut zu sein, Werkverträge mit Handwerkern abschließt; BGH 9. 7. 1984 – II ZR 193/83, NJW 1985, 2584, 2585 für den von einem Bankenkonsortium mit der internen Überwachung eines Stillhalteabkommens Beauftragten, der gegenüber Lieferanten irreführende Erklärungen abgibt).

Die Abgrenzung vom Verhalten des Erfüllungsgehilfen in Ausführung und dem bei 59
Gelegenheit der Erfüllung gilt auch im Rahmen der Anwendung des § 278 BGB auf **Obliegenheitsverletzungen** (s oben Rn 45 ff). So muss es sich eine Bank als Mitverschulden iSv § 254 Abs 1 BGB anrechnen lassen, wenn ihr Angestellter die Echtheit eines gefälschten Schecks nur oberflächlich geprüft hat (BGH 13. 5. 1997 – XI ZR 84/96, NJW 1997, 2236, 2237). Auf der anderen Seite braucht sich der Geschädigte im Rahmen des § 254 Abs 2 S 2 BGB ein Fehlverhalten, etwa eine strafbare Handlung seiner

Hilfsperson nicht zurechnen zu lassen, das mit seinen Obliegenheiten zur Vermeidung der Schadensentstehung oder zur Schadensabwendung nichts zu tun hat (BGH 3. 10. 1989 – XI ZR 163/88, BGHZ 108, 386, 392 = NJW 1990, 250). Allerdings muss der Schuldner auch hier einstehen, wenn er ein solches Fehlverhalten selbst veranlasst hat (BGH 8. 10. 1991 – XI ZR 207/90, NJW 1991, 3208, 3210).

4. Verschulden des Erfüllungsgehilfen

60 Wenn § 278 S 1 BGB bestimmt, dass der Schuldner ein Verschulden des Erfüllungsgehilfen in gleichem Umfang zu vertreten hat **„wie eigenes Verschulden"**, so verweist er auf § 276 Abs 1 und 2 BGB insoweit, als dort die Verschuldenshaftung des Schuldners geregelt ist. Anzunehmen, der Verweis erstrecke sich auch auf die Fälle, in denen der Schuldner ohne Verschulden, insbesondere aus der Übernahme einer Garantie oder eines Beschaffungsrisikos haftet, macht keinen Sinn. Denn in diesen Fällen muss der Schuldner in jedem Falle eintreten, ganz gleich, ob er einen Erfüllungsgehilfen eingeschaltet hat oder nicht und wie sich dieser verhalten hat.

61 Der Gläubiger darf nicht mehr und nicht weniger erwarten, als dass bei der Pflichterfüllung durch den Gehilfen die Sorgfalt angewandt wird, die von seinem Schuldner eingehalten werden kann (vgl Deutsch, Fahrlässigkeit und erforderliche Sorgfalt 312).

62 Ob der Erfüllungsgehilfe sich schuldhaft verhalten hat, richtet sich nach dem Verschuldensmaßstab, der für den Schuldner gilt, denn dieser hat das Verschulden des Erfüllungsgehilfen **in gleichem Umfang** zu vertreten wie eigenes. Normalerweise ist damit von einem Verschulden des Erfüllungsgehilfen auszugehen, wenn dieser vorsätzlich handelt oder die im Verkehr erforderliche Sorgfalt außer Acht lässt (§ 276 Abs 2 BGB). Soweit aber für den Schuldner ein strengerer oder milderer Verschuldensmaßstab gilt, ist dieser auch für die Beurteilung des Verhaltens des Erfüllungsgehilfen als schuldhaft maßgebend (BGH 15. 12. 1959 – VI ZR 222/58, BGHZ 31, 358, 367 = NJW 1960, 669).

63 Haftet der Schuldner nur für grobe Fahrlässigkeit, fällt ihm auch nur grob fahrlässiges Verhalten des Erfüllungsgehilfen zur Last (OLG Celle 3. 5. 2002 – 9 U 308/01, OLGR 2002, 244). Hat er nur für die Sorgfalt in eigenen Angelegenheiten einzustehen (§ 277 BGB), so ist er nur dafür verantwortlich, dass die Hilfspersonen nicht weniger sorgfältig handeln, als er selbst in seinen eigenen Angelegenheiten zu handeln pflegt (vgl RG 13. 12. 1906 – VI 130/06, RGZ 65, 17, 20). Die Einschränkung der Verschuldenshaftung des Arbeitnehmers kommt diesem auch insoweit zugute, als er, wie das beim mittelbaren Arbeitsverhältnis zutreffen kann, seinerseits Arbeitnehmer in die Erfüllung seiner Arbeitspflicht eingeschaltet hat und diese Fehler begehen. Sind dem Schuldner vertraglich höhere als die verkehrsüblichen Sorgfaltsmaßstäbe zur Pflicht gemacht, muss er es hinnehmen, dass diese auch an ein Verhalten seines Erfüllungsgehilfen angelegt werden. Auch im *öffentlichen Recht* gelten gesetzliche Haftungsmilderungen ebenso für den Erfüllungsgehilfen (VGH München 1. 7. 1997 – 3 B 95. 2452, NVwZ 1998, 421, 422).

64 Ob der Erfüllungsgehilfe die im Verkehr erforderliche Sorgfalt eingehalten hat, richtet sich grundsätzlich nach dem Maßstab, der insoweit entsprechend den zu § 276 Abs 2 BGB entwickelten Kriterien (§ 276 Rn 29 ff) **für den Schuldner** gilt (MünchKomm/

GRUNDMANN Rn 50; PWW/SCHMIDT-KESSEL/KRAMME Rn 7). Deshalb haftet der Handwerksmeister für eine Fehlleistung seines Lehrlings auch dann, wenn sie bei Anlegung des für Lehrlinge allgemein geltenden Sorgfaltsmaßstabes nicht als verschuldet anzusehen wäre (BGH 15. 12. 1959 – VI ZR 222/58, BGHZ 31, 358, 367 = NJW 1960, 669). Aus dem gleichen Grund kann sich eine Bank nicht darauf berufen, dass ein Angestellter von Umständen, die ihr bekannt waren, keine Kenntnis haben konnte (OLG Hamm 7. 6. 1989 – 31 U 157/88, NJW 1989, 2137, 2138).

Setzt ein **Insolvenzverwalter** *eigene Angestellte* als Erfüllungsgehilfen bei der Abwicklung insolvenzspezifischer Pflichten ein, wird ihm deren Verschulden im Rahmen der Insolvenzverwalterhaftung des § 60 Abs 1 S 1 InsO zugerechnet (vgl noch zu § 82 KO BGH 19. 7. 2001 – IX ZR 62/00, NJW 2001, 3190 f). Gleiches gilt, wenn der Insolvenzverwalter selbstständige Hilfspersonen bei der Erfüllung seiner insolvenzspezifischen Pflichten einsetzt (BGH 3. 3. 2016 – IX ZR 119/15 Rn 18 ff, NJW-RR 2016, 686 für die Beauftragung eines Rechtsanwalts mit dem Forderungseinzug). Insoweit gilt der Sorgfaltsmaßstab eines ordentlichen und gewissenhaften Insolvenzverwalters (§ 60 Abs 1 S 2 InsO) auch für den Erfüllungsgehilfen. Eine Einschränkung enthält § 60 Abs 2 InsO für den Fall, dass der Insolvenzverwalter zur Erfüllung der ihm obliegenden Pflichten *Angestellte des Schuldners* im Rahmen ihrer bisherigen Tätigkeit einsetzen muss und diese Angestellten nicht offensichtlich ungeeignet sind. In diesem Fall hat der Insolvenzverwalter ein Verschulden dieser Personen nicht nach § 278 BGB zu vertreten, sondern ist nur für deren Überwachung und für Entscheidungen von besonderer Bedeutung verantwortlich (zur Haftung des Insolvenzverwalters für Dritte s näher MünchKommInsO/SCHOPPMEYER [4. Aufl 2019] § 60 Rn 93 ff). 65

Hat der Schuldner in die Erfüllung der Verbindlichkeit einen **Fachmann eingeschaltet**, richtet sich das Maß der verkehrserforderlichen Sorgfalt, *soweit die besondere Fachkunde in Rede steht*, nach den Anforderungen, die typischerweise an einen solchen Fachmann gestellt werden. Die Einschaltung des Fachmanns begründet nämlich für den Gläubiger das berechtigte Vertrauen darauf, dass ihm auch mit der Sorgfalt eines Fachmannes begegnet wird (zutr SPIRO 248; im Ergebnis BGH 26. 4. 1991 – V ZR 165/89, BGHZ 114, 263, 272 = NJW 1991, 2556; BGH 7. 10. 2008 – XI ZR 89/07 Rn 17, BGHZ 178, 149 = NJW 2008, 3700). Deshalb hat der Krankenhausträger dafür einzustehen, dass ein behandelnder Arzt die an Ärzte typischerweise zu stellenden Sorgfaltsanforderungen beachtet (s Rn 95 f). 66

Soweit die im Verkehr erforderliche Sorgfalt auch die **Berücksichtigung individueller Fähigkeiten und Kenntnisse** verlangt (vgl § 276 Rn 30), kommt es ebenfalls auf die Person des Erfüllungsgehilfen an. Etwa muss der Krankenhausträger es sich zurechnen lassen, wenn der behandelnde Arzt seine individuellen, über den normalen Standard hinausgehenden Fähigkeiten nicht zugunsten des Patienten einsetzt. Umgekehrt haftet der Arzt nicht dafür, dass der von ihm angestellten Krankenschwester nicht auffiel, was ihm als erfahrenem Arzt aufgefallen wäre (SPIRO 247). 67

Da § 276 Abs 1 S 2 BGB die Vorschriften der §§ 827, 828 BGB für anwendbar erklärt, ergibt sich, dass der Schuldner auch für die von ihm zur Erfüllung befugterweise zugezogenen Hilfspersonen aufgrund des § 278 BGB *nicht haftet*, sofern die Verantwortlichkeit dieser Personen nach den Vorschriften der **§§ 827, 828 BGB** ausgeschlossen ist. Die Haftung für den Erfüllungsgehilfen setzt also dessen Zurech- 68 nungsfähigkeit voraus (BayObLG 18. 3. 1970 – BReg 2 Z 36/69, NJW 1970, 1550, 1554; OLG Düsseldorf 7. 4. 1995 – 3 Wx 472/94, NJW-RR 1995, 1165, 1166; Lorenz, in: 50 Jahre Bundesgerichtshof [2000] I 329, 377 f; Bamberger/Roth/Lorenz Rn 48). Ist zB der Erfüllungsgehilfe geisteskrank geworden und hat in diesem (seine freie Willensentscheidung ausschließenden) Zustand den Umstand, der zur Unmöglichkeit der Leistung geführt hat, verschuldet, so haftet der Schuldner für dieses Verschulden nicht (Mot II 30). Das wird heute vielfach mit der Erwägung in Frage gestellt, dem Risikogedanken entspreche es, den Schuldner auch für den zurechnungsunfähigen Erfüllungsgehilfen haften zu lassen (MünchKomm/Grundmann Rn 50; Larenz § 20 VIII S 303 f; Soergel/Pfeiffer Rn 57; Esser/Schmidt I 2 § 27 I 3 c; BeckOGK/Schaub [1. 3. 2019] Rn 88; zweifelnd auch Deutsch, Fahrlässigkeit und erforderliche Sorgfalt 313). Soweit will der dem Verschuldensprinzip (dazu § 276 Rn 3 ff) verpflichtete § 278 BGB das Personalrisiko indes nicht erstrecken (vCaemmerer, in: FS Hauß [1978] 33, 39). Allerdings ist stets darauf zu achten, ob nicht ein *eigenes Verschulden des Schuldners* wegen fahrlässiger Fehlauswahl seines Erfüllungsgehilfen vorliegt.

69 Haftet der Erfüllungsgehilfe persönlich für einen in Trunkenheit angerichteten Schaden aufgrund des § 827 S 2 BGB (actio libera in causa), so haftet derjenige, der sich des Trunkenen zur Erfüllung einer Verbindlichkeit bedient hatte, nach § 278 BGB iVm § 276 Abs 1 S 2 BGB (BGH 21. 3. 1956 – V ZR 224/54, VersR 1956, 307, 308).

70 Zur Anwendbarkeit des § 278 BGB im Innenausgleich bei der Gesamtschuld (Haftungseinheit) Staudinger/Looschelders (2017) § 426 Rn 103 und Bamberger/Roth/Gehrlein § 426 Rn 12.

III. Einzelfälle

71 **Anlage- und Finanzierungsberatung**: Der Anlage- und Finanzierungsberater des Käufers, der erkennbar gleichzeitig als Verhandlungsgehilfe des Verkäufers eines Anlageobjektes auftritt, ist Erfüllungsgehilfe dieses Verkäufers, wenn er mit der Schilderung von Steuervorteilen für die Anlage wirbt, da er diese Werbung nicht nur in seiner Funktion als Anlageberater, sondern auch in der des Verhandlungsgehilfen des Verkäufers tätigt (BGH 26. 4. 1991 – V ZR 165/89, BGHZ 114, 263, 270 ff = NJW 1991, 2556; BGH 1. 3. 2013 – V ZR 279/11 Rn 16 f, NJW 2013, 1873). Gleiches gilt für fehlerhafte Angaben eines Vermittlers, der für eine Immobiliengruppe auf der Grundlage von Geschäftsbesorgungsverträgen mit Erwerbsinteressenten in deren Namen Verträge über den Erwerb von Wohnungseigentum und die Finanzierung abschließt, wenn die Berechnungen über die Wirtschaftlichkeit des Anlageobjekts der Verkäuferin zuzurechnen sind (BGH 15. 6. 2000 – III ZR 305/98, NJW 2000, 3275, 3276). Klärt ein Anlagevermittler die Anlageinteressenten nicht zutreffend und vollständig über die Nachteile und Risiken des angebotenen Kapitalanlagemodells auf, etwa auch über eine Nachschusspflicht in erheblichem Umfang und eine gewinnunabhängige Entnahme, die zu einer deutlichen Verringerung des für Investitionen zur Verfügung stehenden Kapitals führt, ist dies der Fondsgesellschaft zuzurechnen (BGH 26. 9. 2005 – II ZR 314/03, NJW-RR 2006, 178, 180). Ebenso ist es zuzurechnen, wenn der Kunde einen Fonds aufgrund überzogener Angaben des Vermittlers zur Renditeerwartung zeichnet (BGH 14. 5. 2012 – II ZR 69/12 Rn 9 ff, NJW-RR 2012, 1316) oder der Vermittler eine zu positive Renditeerwartung für eine kapitalbildende Lebensversicherung als Anlagegeschäft abgibt (BGH 11. 7. 2012 – IV ZR 164/11 Rn 51 ff, BGHZ 194, 39 = NJW 2012, 3647; s in

Abgrenzung dazu BGH 5. 4. 2017 – IV ZR 437/15 Rn 23 ff, NJW 2017, 2268). In diesem Sinne haften die Gründungsgesellschafter einer Publikums-KG dem über einen Treuhänder beitretenden Anleger auf Schadensersatz aus Prospekthaftung im weiteren Sinne, wenn der Treugeber nach dem Gesellschaftsvertrag wie ein unmittelbar beitretender Gesellschafter behandelt werden soll und von den Mitarbeitern der Treuhandkommanditistin zu den Risiken der Anlage fehlerhaft beraten wird (BGH 4. 7. 2017 – II ZR 358/16 Rn 7 ff, NJW-RR 2017, 1117 mwNw). Der persönlich haftende Gesellschafter einer Publikums-KG, der Anlageinteressenten durch falsche Angaben zum Beitritt veranlasst, ist diesbezüglich nicht Erfüllungsgehilfe der Anlagegesellschafter, die früher, aber nach Gründung der Gesellschaft, beigetreten sind, da die Beitrittsverhandlungen ihrem Einflussbereich typischerweise entzogen sind (BGH 20. 1. 1992 – II ZR 90/91, NJW-RR 1992, 542, 543). Ein Finanzdienstleister haftet für seinen selbstständigen Handelsvertreter, wenn dieser den Kunden nicht auf eine negative Berichterstattung über die angebotene Kapitalanlage hinweist (LG Hannover 16. 11. 2001 – 13 O 2250/01, VuR 2002, 27, 29). Jedoch haftet der Finanzdienstleister nicht, wenn der selbstständige Handelsvertreter in wesentlichen Punkten von dem zuvor vorgestellten Anlagemodell des Finanzdienstleisters abweicht und dies für den Anleger erkennbar war (BGH 11. 7. 2013 – III ZR 31/12 Rn 14, NJW-RR 2013, 1513). S auch unter Bank Rn 78 und Versicherung Rn 120.

Arbeitnehmerüberlassung: Bei der Arbeitnehmerüberlassung hat der Verleiher lediglich für die sorgfältige Auswahl der überlassenen Arbeitnehmer, nicht aber dafür einzustehen, dass diese ihre Arbeit ordnungsgemäß verrichten (BGH 9. 3. 1971 – VI ZR 138/69, NJW 1971, 1129; BGH 13. 5. 1975 – VI ZR 247/73, NJW 1975, 1695, 1696; BGH 14. 7. 2016 – IX ZR 291/14 Rn 17, NJW 2016, 3430). Gleiches gilt bei Dienstverschaffungsverträgen (BGH 22. 5. 1968 – VIII ZR 21/66, MDR 1968, 918, Gestellung eines Raupenbaggers mit Bedienungsmann; s auch BGH 14. 7. 1970 – VI ZR 203/68, VersR 1970, 934, 935). Beim Lohnfuhrvertrag ist der Fahrer dagegen Erfüllungsgehilfe des zur Durchführung der Fahrt verpflichteten Unternehmers (BGH 17. 1. 1975 – I ZR 119/73, NJW 1975, 780, 781). S auch Rn 41. 72

Arbeitsverhältnis: Der Arbeitgeber kann sich bei der Erfüllung seiner Pflichten im Arbeitsverhältnis Dritter als Erfüllungsgehilfen bedienen. Das trifft insbesondere auf *Vorgesetzte* und Personalverantwortliche zu und gilt auch bei der Erfüllung von Fürsorgepflichten. Insoweit haftet der Arbeitgeber für Schäden, die einer seiner Arbeitnehmer dadurch erleidet, dass ihn ein Vorgesetzter in seinem Persönlichkeitsrecht verletzt, wenn die schuldhafte Handlung in einem inneren sachlichen Zusammenhang mit den Aufgaben steht, die der Schuldner dem vorgesetzten Arbeitnehmer im Hinblick auf die Vertragserfüllung zugewiesen hat. Letzteres kann angenommen werden, wenn jener die Fürsorgepflicht des Arbeitgebers gegenüber dem betroffenen Arbeitnehmer konkretisiert oder ihm gegenüber Weisungsbefugnis hat. Keine Zurechnung erfolgt, wenn gleichgestellte Kollegen den Arbeitnehmer beschimpfen oder ignorieren (BAG 16. 5. 2007 – 8 AZR 709/06 Rn 79 ff, NZA 2007, 1154; BAG 25. 10. 2007 – 8 AZR 593/06 Rn 79, NZA 2008, 223). Betraut ein Vorgesetzter Arbeitnehmer vorsätzlich mit Tätigkeiten, bei denen diese mit gesundheitsgefährdenden Materialien (Asbest) ohne die erforderlichen Schutzvorkehrungen in Berührung kommen, soll dies nach Auffassung des BAG dem Arbeitgeber nach § 278 BGB auch im Kontext des § 104 Abs 1 S 1 SGB VII zuzurechnen sein; die Haftungsprivilegierung greife hier wegen des Vorsatzes nicht (BAG 28. 4. 2011 – 8 AZR 769/09 Rn 41 ff, 45 ff, NZA-RR 2012, 290 [noch zu § 636 Abs 1 S 1 RVO]). Dem ist nicht zu folgen: 73

Richtigerweise muss auch bei der Vertragshaftung für Personenschäden wegen eines Versicherungsfalls der Vorsatz in der Person des Unternehmers selbst vorliegen, um ihm das Haftungsprivileg des § 104 Abs 1 S 1 SGB VII zu nehmen, wie das BAG zu einem Fall der deliktischen Haftung nach § 831 BGB richtig entschieden hat (BAG 10. 10. 2002 – 8 AZR 103/02, NZA 2003, 436, 438). Das Finanzierungsargument, wonach die Finanzierung der gesetzlichen Unfallversicherung durch die Arbeitgeber deren Enthaftung für Personenschäden rechtfertigt (zum Finanzierungsargument HWK/Giesen [8. Aufl 2018] SGB VII Vorbem 3 zu §§ 104 ff), trägt auch hier. Systematische Ableitungen aus den §§ 110, 111 SGB VII treten als weiteres Argument gegen eine Zurechnung des Vorsatzes im Fall des § 104 SGB VII hinzu (zum Ganzen Lindemann/Polzer Betrieb 2017, 1087, 1090 ff; ErfK/Rolfs [19. Aufl 2019] SGB VII § 104 Rn 12). Gehilfe bei der Erfüllung der Fürsorgepflicht ist auch ein *Betriebsarzt;* hat dessen Fehldiagnose zu Schäden beim Arbeitnehmer, etwa zu einer unberechtigten Kündigung geführt, haftet der Arbeitgeber deshalb nach §§ 280 Abs 1, 278 BGB auf Ersatz (LG Paderborn 15. 5. 2001 – 2 O 42/01, NJW-RR 2001, 1677, 1678). Indessen haftet der Arbeitgeber nicht für den Betriebsarzt, wenn er den Arbeitnehmern eine freiwillige Grippeschutzimpfung ermöglicht; der Arbeitgeber ist hier nur zur ordnungsgemäßen Auswahl verpflichtet (BAG 21. 12. 2017 – 8 AZR 853/16 Rn 22 ff, NZA 2018, 708). Der *Vorsitzende einer Mitarbeitervertretung* ist in dieser Funktion nicht Erfüllungsgehilfe des Arbeitgebers bei einem Aufhebungsvertrag, wenn er der Arbeitnehmerin zu dessen Abschluss rät (LAG Rheinland-Pfalz 23. 2. 2015 – 2 Sa 513/14 juris Rn 35 ff, juris).

74 Der Arbeitgeber kann auch für das Fehlverhalten eines *von ihm beauftragten Unternehmers* und dessen Leuten gegenüber seinen eigenen Arbeitnehmern haften (BGH 29. 4. 1957 – VII ZR 269/56, VersR 1957, 414 f; OLG Frankfurt 3. 2. 2017 – 8 U 128/16 juris Rn 43, RuS 2017, 501). So haftet der Arbeitgeber, der einem Arbeitnehmer eine vergleichende Modellrechnung voraussichtlicher Versorgungsansprüche aus zwei verschiedenen Versorgungssystemen vorlegt, für die Unrichtigkeit dieser Modellrechnung auch dann, wenn er die Modellrechnung von einem Berater hat erstellen lassen und der Arbeitnehmer aufgrund der Modellrechnung das für ihn letztlich schlechtere Versorgungssystem gewählt hat (BAG 21. 11. 2000 – 3 AZR 13/00, NZA 2002, 618, 620). Werkunternehmer, die auf dem Betriebsgelände Arbeiten ausführen und nur aufgrund besonderer Umstände mit dem Eigentum des Arbeitnehmers in Berührung kommen, sind aber regelmäßig keine Erfüllungsgehilfen des Arbeitgebers (BAG 25. 5. 2000 – 8 AZR 518/99, NJW 2000, 3369, 3370 f). Der Arbeitnehmer ist nicht Erfüllungsgehilfe von Mitarbeitnehmern gegenüber dem Arbeitgeber (BAG 2. 4. 1958 – 4 AZR 486/55, AP ZPO § 549 Nr 5). Auch ist nicht jeder Arbeitnehmer Erfüllungsgehilfe des Arbeitgebers gegenüber den übrigen Arbeitnehmern (s RG 13. 2. 1923 – III 395/22, RGZ 106, 293, 294) und auch nicht gegenüber einer Bank, etwa wenn ein in der Logistik und Lagerverwaltung beschäftigter Arbeitnehmer Schecks fälscht und diese zur Verrechnung auf sein eigenes Konto einreicht (BGH 30. 9. 2003 – XI ZR 232/02, NJW-RR 2004, 45, 46). Überträgt der Arbeitnehmer aber Dritten unbefugt seine Arbeit, wird ihm ein vom Dritten verschuldetes Verhalten entsprechend § 278 BGB zugerechnet (LAG Düsseldorf 16. 5. 1967 – 8 Sa 90/67, NJW 1967, 2177). Zur Rolle des Arbeitgebers als Erfüllungsgehilfe der Bank bei Kreditverhandlungen der Bank mit den Arbeitnehmern s Rn 79.

75 **Architekt**: Der Architekt ist Erfüllungsgehilfe des Bauherrn in Bezug auf dessen Verpflichtung gegenüber dem Bauunternehmer, diesem brauchbare Pläne und Aus-

führungsunterlagen zur Verfügung zu stellen (BGH 9. 1. 1964 – VII ZR 171/62, VersR 1964, 267, 268; BGH 23. 10. 1986 – VII ZR 267/85, NJW 1987, 644 f; BGH 24. 2. 2005 – VII ZR 328/03, NJW-RR 2005, 891, 893; BGH 27. 11. 2008 – VII ZR 206/06 Rn 29, BGHZ 179, 55 = NJW 2009, 582; BGH 16. 10. 2014 – VII ZR 152/12 Rn 24, NJW 2014, 3645), nicht aber, soweit es um die Verletzung der Bauaufsicht geht (BGH 29. 11. 1971 – VII ZR 101/70, NJW 1972, 447; BGH 20. 12. 1973 – VII ZR 153/71, WM 1974, 200; BGH 18. 4. 2002 – VII ZR 70/01, NJW-RR 2002, 1175, 1176). Der planende Architekt ist auch Erfüllungsgehilfe des Hauptunternehmers gegenüber dem Subunternehmer bezüglich fehlerhafter Planung (BGH 23. 10. 1986 – VII ZR 267/85, NJW 1987, 644, 645; OLG Oldenburg 24. 11. 2016 – 8 U 70/15 juris Rn 73, BauR 2018, 845). Ebenso ist der planende Architekt Erfüllungsgehilfe des Bauherrn gegenüber dem bauaufsichtsführenden Architekten bei der Obliegenheit, zuverlässige Pläne und Unterlagen zur Verfügung zu stellen (BGH 27. 11. 2008 – VII ZR 206/06 Rn 30 ff, NJW 2009, 582; BGH 14. 7. 2016 – VII ZR 193/14 Rn 14 ff, NZBau 2017, 164 für das Mitverschulden des Bauherrn gegenüber dem die Außenanlagen planenden Architekten; OLG Karlsruhe 2. 3. 2017 – 8 U 152/15 Rn 33, NJW-RR 2017, 788). Gleiches gilt, wenn der planende und zugleich bauaufsichtsführende Architekt einem von ihm namens und im Auftrag des Bauherrn mit der Statik beauftragten Tragwerksplaner fehlerhafte Informationen zu den Boden- und Grundwasserverhältnissen gibt; der Bauherr muss sich hier das Verschulden des Architekten als Mitverschulden zurechnen lassen (BGH 15. 5. 2013 – VII ZR 257/11 Rn 19 ff, NJW 2013, 2268). Schaltet der Bauherr einen Sonderfachmann ein, muss er sich dessen Verschulden im Verhältnis zum bauplanenden und überwachenden Architekten zurechnen lassen (OLG Hamm 24. 5. 2016 – 24 U 10/14 Rn 137, NJW 2017, 268 für ein fehlerhaftes Bodengutachten; anders noch BGH 10. 7. 2003 – VII ZR 329/02, NJW-RR 2003, 1454, 1455 f). Umgekehrt haftet der Architekt dem Bauherrn für Mängel eines von dem Architekten beauftragten Sonderfachmanns (Tragwerkplaners), wenn die vom Sonderfachmann begutachtete Frage zu dem vom Architekten geschuldeten Werkerfolg gehört (OLG Frankfurt 14. 4. 2015 – 15 U 189/12 Rn 37, NJW-RR 2015, 1165). Dagegen ist der bauüberwachende Architekt nicht Erfüllungsgehilfe des Bauherrn im Verhältnis des Bauherrn zum planenden Architekten (BGH 29. 9. 1988 – VII ZR 182/87, NJW-RR 1989, 86, 89). Der Architekt, der als Verhandlungsgehilfe des Bauherrn bei dessen Verhandlungen mit der Bauaufsichtsbehörde auftritt, ist Erfüllungsgehilfe des Bauherrn bezüglich dessen Informationspflichten gegenüber der Behörde (BGH 27. 2. 1992 – III ZR 204/90, BGHR BGB § 278 S 1 Architekt 2). Siehe auch noch Rn 39.

Arzt: S zunächst allgemein *Krankenhaus* (unten Rn 95 f). Ein *selbstständiger* Arzt haftet für eine Krankenschwester, die von ihm mit der Erfüllung einer aus dem Arztvertrag fließenden Verpflichtung betraut worden ist (BayObLG in Zivilsachen – XIX Abt A, 391 Nr 3; s dazu aber auch RG 19. 1. 1933 – VIII 448/32, RGZ 139, 255, 260: Grenzen der Verantwortung für eine Schwester, welche Röntgenbestrahlung durchführt), ebenso für seinen Kraftfahrer oder Kutscher (RG 20. 1. 1914 – III 451/13, JW 1914, 401, 402) sowie für seine Urlaubsvertretung (BGH 16. 5. 2000 – VI ZR 321/98, BGHZ 144, 296, 310 f = NJW 2000, 2737: auch der Belegarzt hat grundsätzlich für den Urlaubsvertreter einzustehen; OLG Stuttgart 19. 9. 2000 – 14 U 65/99, VersR 2002, 235, 237). Umgekehrt kann ein Arzt auch Erfüllungsgehilfe des Betreibers eines Geburtshauses sein, in dessen Prospekt neben der Betreuung durch Hebammen auch ärztliche Leistungen in Aussicht gestellt werden (BGH 7. 12. 2004 – VI ZR 212/03, BGHZ 161, 255, 258 ff = NJW 2005, 888). Besteht eine Gemeinschaftspraxis zur Erbringung gleichartiger Leistungen auf einem bestimmten Fachgebiet, so haften die Mitglieder von vornherein für die Versäumnisse des behandelnden Arztes, so 76 dass es einer Zurechnung über § 278 BGB nicht bedarf (BGH 29. 6. 1999 – VI ZR 24/98, BGHZ 142, 126, 136 f = NJW 1999, 2731; BGH 16. 5. 2000 – VI ZR 321/98, BGHZ 144, 296, 309 ff). Zur Sprechstundenhilfe des Arztes als Erfüllungsgehilfin bezüglich der ärztlichen Schweigepflicht s KLEINEWEFERS/WILTS NJW 1963, 2345, 2347. S noch Rn 30 und 40.

77 **Bahn** (s auch *Post* [Rn 108] und *Spediteur* [Rn 116]): Alle Angestellten der Bahn sind ihre Erfüllungsgehilfen in Bezug auf ihre Verbindlichkeiten aus dem *Beförderungsvertrag* (RG 9. 12. 1913 – VII 427/13, RGZ 83, 343, 347). Ist freilich das Abladen auf der Bestimmungsstation Sache des Empfängers des Frachtguts, so sind die Bahnangestellten, die ihm dabei helfen, als *dessen Leute* anzusehen (RG 25. 10. 1919 – I 128/19, RGZ 97, 16, 18). Ein Eisenbahninfrastrukturunternehmen, welches Bahnsteige für den Zu- und Abgang zum Zug bereitstellt, ist Erfüllungsgehilfe des Eisenbahnverkehrsunternehmens im Verhältnis zum Fahrgast (BGH 17. 1. 2012 – X ZR 59/11 Rn 10, NJW 2012, 1083). Die Betreiberin der Speisewagen ist demjenigen gegenüber, der im Speisewagen einen Gegenstand verliert, verpflichtet, den Gegenstand der Bahn-AG abzuliefern. Wird ihr die Erfüllung dieser Verpflichtung durch grobes Verschulden ihres Oberkellners unmöglich gemacht, wird ihr dies nach § 278 BGB zugerechnet (vgl LG Frankfurt 28. 10. 1955 – 2/1 S 241/55, NJW 1956, 873, 874).

78 **Bank**: Eine Bank, deren sich der Schuldner zur Erfüllung seiner Verbindlichkeit bedient, ist dessen Erfüllungsgehilfe. Der Schuldner haftet infolgedessen für die fahrlässige Fehlleitung von Geldern oder falsche Behandlung eines von ihm ausgestellten Schecks durch die Bankangestellten (RG 15. 6. 1922 – VI 370/21, RGZ 105, 32, 34 f; OLG Köln 3. 11. 1952 – 5 U 209/51, BB 1953, 305). Gleiches gilt für Falschauskünfte eines Bankmitarbeiters über einen Abrechnungskurs (LG Itzehoe 22. 3. 2001 – 6 O 396/00, ZIP 2001, 1000, 1001) und infolge eines Buchungsfehlers überhöhte Gewinnausweisungen (BGH 4. 6. 2003 – VIII ZR 91/02, NJW-RR 2003, 1192, 1195). Dagegen ist eine Bank, die der Gläubiger mit der Einlösung eines Schecks beauftragt hat, nicht Erfüllungsgehilfe des Gläubigers (OLG Braunschweig 28. 3. 1947 – 2 U 54/46, MDR 1947, 92, 93 f). Der *Verkäufer,* der als Vertrauensperson der Bank auftritt und den Kreditvertrag mit dem Käufer vermittelt, kann Erfüllungsgehilfe der Bank bei deren Pflicht sein, über Risiken des Vertrages aufzuklären (BGH 10. 7. 1980 – III ZR 177/78, NJW 1980, 2301). Fehlverhalten eines als Verhandlungsgehilfe eingesetzten selbstständigen *Vermittlers* ist der finanzierenden Bank nach § 278 BGB zuzurechnen (BGH 27. 6. 2000 – XI ZR 174/99, NJW 2000, 3558, 3559; BGH 19. 3. 2013 – XI ZR 46/11 Rn 15, 20 f, NJW 2013, 2015). Deshalb sind Vermittler eines finanzierten Immobilienkaufs Erfüllungsgehilfen der den Kredit gewährenden Bank nur insoweit, wie deren kreditbezogene Aufklärungspflichten in Rede stehen, nicht aber hinsichtlich der Immobilie, die Gegenstand des Kaufvertrags ist; möglicherweise fehlerhafte Erklärungen zum Wert des Objekts und zur monatlichen Belastung betreffen nicht den Darlehensvertrag, sondern die Rentabilität des Anlagegeschäfts und liegen damit außerhalb des Pflichtenkreises der Bank, sofern diese nicht auch in die Vermittlung der Kapitalanlage eingebunden war (BGH 12. 11. 2002 – XI ZR 47/01, BGHZ 152, 331, 333 = NJW 2003, 422; BGH 23. 3. 2004 – XI ZR 194/02, NJW 2004, 2378, 2380; BGH 16. 5. 2006 – XI ZR 6/04 Rn 63, BGHZ 168, 1 = NJW 2006, 2099; BGH 19. 3. 2013 – XI ZR 46/11 Rn 21, NJW 2013, 2015). Soweit die Beratung nicht zum Pflichtenkreis der Bank gehört, sind ihr Beratungs- und Aufklärungsfehler eines selbstständigen Wertpapierdienstleistungsunternehmens nicht zuzurechnen (OLG Düsseldorf 1. 9. 2014 – 9 U 46/13 juris Rn 39, ZIP 2014, 2434).

Eine Bank führt eine *Bonitätsprüfung* im Rahmen einer Kreditgewährung nicht in Erfüllung einer dem Kreditnehmer gegenüber bestehenden Verpflichtung, sondern im eigenen Interesse durch und haftet deshalb auch nicht für Fehler ihrer Angestellten bei der Bonitätsprüfung (OLG Oldenburg 27. 3. 2002 – 3 U 93/01, BKR 2002, 731, 735). Indessen kann schuldhaftes Verhalten der Bankmitarbeiter bei der Kreditprüfung der Bank nach §§ 254 Abs 2 S 2, 278 BGB zugerechnet werden (BGH 10. 11. 2016 – III ZR 235/15 Rn 37 ff, BGHZ 213, 1 = ZIP 2017, 273). Ein *Bankenkonsortium* haftet über § 278 BGB nicht für das Verschulden eines Dritten, den das Konsortium im Rahmen der Sanierung eines Unternehmens in die Geschäftsleitung des Unternehmens entsandt hat, um ein Stillhalteabkommen zu überwachen, wenn dieser Maßnahmen getroffen hat, die gar nicht zum Aufgabenkreis der Bankenvertreter gehörten (BGH 9. 7. 1984 – II ZR 193/83, NJW 1985, 2584, 2585). Der *Arbeitgeber,* der von der Bank in Kreditverhandlungen mit den Arbeitnehmern wegen einer finanzierten Unternehmensbeteiligung eingeschaltet wird, ist Erfüllungsgehilfe der Bank (BGH 8. 6. 1978 – III ZR 136/76, BGHZ 72, 92, 97 = NJW 1978, 2145). Der Kreditnehmer hingegen, der sich um die Mitunterschrift seines Ehegatten bemüht, ist nicht Erfüllungsgehilfe der Bank (LG Stuttgart 20. 6. 1984 – 14 O 148/84, WM 1985, 193, 194). Zur Anlage- und Finanzierungsberatung s noch Rn 71. 79

Bauvertrag: Der Bauunternehmer ist nicht Erfüllungsgehilfe eines anderen Bauunternehmers gegenüber dem Bauherrn (vgl BGH 1. 7. 1971 – VII ZR 224/69, Betrieb 1971, 1764, 1765); der Nachunternehmer, der die Herstellung des ihm übertragenen Werks nicht richtig organisiert, ist nicht Erfüllungsgehilfe des Unternehmers bei dessen eigenen Organisationspflichten, da die ordnungsgemäße Organisation des Herstellungsprozesses beim Nachunternehmer nicht im Fremdinteresse durchgeführt wird (BGH 11. 10. 2007 – VII ZR 99/06 Rn 18, BGHZ 174, 32 = NJW 2008, 145 für die Obliegenheit des Unternehmers im Rahmen des § 638 aF). Der Nachunternehmer ist auch nicht Erfüllungsgehilfe des Auftraggebers im Verhältnis zum Vorunternehmer (OLG Düsseldorf 16. 6. 2017 – 22 U 14/17 Rn 145, NJW 2018, 627 mwNw). Auch der Vorunternehmer ist in der Regel nicht Erfüllungsgehilfe des Bauherrn gegenüber dem Nachfolgeunternehmer; das ist ausnahmsweise dann anders, wenn der Auftraggeber durch eine ausdrückliche Risikoübernahme dem Nachfolgeunternehmer signalisiert hat, dass er für die mangelhafte Leistung des Vorunternehmers einstehen will (BGH 27. 6. 1985 – VII ZR 23/84, BGHZ 95, 128, 133 f = NJW 1985, 2475; BGH 21. 10. 1999 – VII ZR 185/98, BGHZ 143, 32, 37 f = NJW 2000, 1336). Dasselbe gilt für Generalunternehmer und Subunternehmer im Verhältnis zu einem weiteren Subunternehmer (OLG Oldenburg 21. 8. 2018 – 2 U 62/18 Rn 32, NJW 2019, 83). Der Projektsteuerer ist Erfüllungsgehilfe der Auftraggeberin im Verhältnis zu den anderen Beteiligten im Rahmen der die Auftraggeberin treffenden Obliegenheit, sich selbst vor den Schäden offenkundiger oder bekannter Risiken der Bauausführung zu bewahren, wenn sie den Projektsteuerer als Ansprechpartner und Entscheidungsträger einsetzt (BGH 12. 3. 2015 – VII ZR 173/13 Rn 46, NJW 2015, 1685). S im Übrigen auch Architekt Rn 75. 80

Buchmacher: Der Buchmacher ist uU Erfüllungsgehilfe des Totalisatorunternehmers (BGH 18. 1. 1956 – V ZR 219/54, LM § 278 BGB Nr 17). 81

Bürgschaft: Der Hauptschuldner ist nicht Erfüllungsgehilfe des Gläubigers gegenüber dem Bürgen, da es nicht Sache der Bank (Gläubiger) ist, den Bürgen beizubringen (BGH 5. 12. 1973 – VIII ZR 141/72, MDR 1974, 305, 306). 82

83 **Daseinsvorsorge**: Eine Gemeinde, die ein Elektrizitätswerk betreibt und auch Straßenbauarbeiten ausführt, zu deren Durchführung sie sich einer Baufirma bedient, haftet gem § 278 BGB für ein Verschulden dieser Baufirma, wenn diese schuldhaft ein Kabel zerstört, dadurch die Stromlieferung unterbrochen wird und dem Strombezieher Schaden entsteht (OLG Hamm 22. 9. 1961 – 8 U 84/61, NJW 1961, 2348, 2349). Das Ingenieurbüro ist Erfüllungsgehilfe der Gemeinde gegenüber Anschlussnehmern bei der Planung und Ausführung der Arbeiten an einer Abwasseranlage (BGH 28. 10. 1976 – III ZR 155/74, NJW 1977, 197, 198). Der planende Ingenieur und der ausführende Handwerker sind Erfüllungsgehilfen der Stadtwerke, wenn es im Rahmen eines Fernwärmelieferungsvertrags durch den Einbau kupferhaltiger Wärmetauscher vor den verzinkten Stahlrohrleitungen der Endabnehmer, der gegen DIN Normen verstößt, zu Korrosion durch Kupferlegierungen in den Rohrleitungen kommt (BGH 3. 11. 2004 – VIII ZR 344/03, NJW-RR 2005, 386, 387).

84 **Frachtgeschäft**: Der *Verfrachter* haftet grundsätzlich für schuldhaft unrichtige Angaben seines *Kapitäns* im Konnossement gem § 278 BGB (BGH 2. 2. 1961 – II ZR 178/59, BGHZ 34, 216, 218). Ebenso haftet der Verfrachter gem § 278 BGB für seinen Kapitän, wenn dieser die Güter dem Empfänger, der zum Empfang nur nach der Klausel „Kassa gegen Dokumente“ berechtigt war, ohne Rückgabe des Konnossements ausgeliefert hat (BGH 5. 2. 1962 – II ZR 141/60, BGHZ 36, 329, 338 f). Der Vercharterer ist nicht Erfüllungsgehilfe des Verfrachters, der das Schiff gechartert hat, gegenüber den Ladungsbeteiligten (OLG Hamburg 25. 9. 1969 – 6 U 90/69, MDR 1970, 56). Zur Leutehaftung von Frachtführern und Spediteuren s §§ 428, 462 HGB.

85 **Garagenunternehmer**: Der Garagenwärter ist Erfüllungsgehilfe des Garagenunternehmers auch im Falle einer Schwarzfahrt mit einem eingestellten Wagen (OLG Düsseldorf 9. 1. 1957 – 9 U 199/56, MDR 1959, 758).

86 **Gastwirt**: Der Wirt haftet schlechthin für die Schädigung von Gästen durch Kellner und ähnliche Angestellte (RG 10. 2. 1911 – III 671/09, JW 1911, 360; RG 3. 6. 1915 – IV 696/14, LZ 1915, 1525, 1526; Goldschneider Gruchot 60, 369, 377; Josef JW 1915, 952 f; einschränkend Fränkel Recht 1912, 315). Das „Ordnungspersonal“ ist Erfüllungsgehilfe des Gastwirts gegenüber den Gästen (BGH 13. 2. 1975 – VI ZR 175/72, VersR 1975, 520, 521). Er soll auch für Schäden einzustehen haben, die an Gäste-Fahrzeugen, die auf dem Hotelparkplatz abgestellt sind, dadurch entstehen, dass ein Angestellter des Gastwirts das Auto durch Dritte von Schnee befreien lässt (LG Frankfurt 22. 4. 1996 – 2/24 S 254/95, NJW-RR 1996, 1425 f). Zur Schwarzfahrt eines Hotelangestellten s Rn 56.

87 **Gerichtsvollzieher**: Der Gerichtsvollzieher ist nicht Erfüllungsgehilfe des Gläubigers, der ihn mit der Pfändung beauftragt hat (RG 10. 4. 1922 – VI 661/21, RGZ 104, 283, 285).

88 **Gesamtvertretung**: Der Geschäftsführer einer GmbH, für die nach ihrem Gesellschaftsvertrag entweder zwei Geschäftsführer oder ein Geschäftsführer mit einem Prokuristen zeichnen sollen, haftet nicht für einen beim Abschluss eines Geschäfts entstandenen Schaden, wenn seine Unterschrift unter dem zugrundeliegenden Vertrag in Übereinstimmung mit dem Gesellschaftsvertrag durch einen Prokuristen ersetzt wurde, da der Prokurist nicht als Erfüllungsgehilfe des Geschäftsführers, sondern in eigener Verantwortung handelt (BGH 31. 3. 1954 – II ZR 57/53, BGHZ 13, 61, 64 f).

Gewerkschaft: Eine Gewerkschaft haftet nach § 278 BGB für ihre Gewerkschaftssekretäre bei Verstoß gegen die tarifliche Friedenspflicht (BAG 8. 2. 1957 – 1 AZR 169/55, BAGE 3, 280, 284 = NJW 1957, 647; s auch BAG 31. 10. 1958 – 1 AZR 632/57, BAGE 6, 321, 370 = NJW 1959, 908). Rechtsberatungsstellen der Gewerkschaft sind Erfüllungsgehilfen der Gewerkschaft gegenüber dem beratenen Mitglied (HansOLG Bremen 8. 10. 1953 – 1 W 248/53, AP BGB § 675 Nr 1). 89

Hafenunternehmer: Im Hinblick auf die Pflicht, schädliche Einwirkungen von den in den Hafen verbrachten Schiffen und Gütern fernzuhalten, sind Erfüllungsgehilfen alle im Auftrag des Hafenunternehmers auf dem Hafengelände und im Zusammenhang mit dem Hafenbetrieb tätigen Personen (OLG Köln 2. 9. 1959 – 2 U 51/59, VersR 1960, 43). 90

Handelsvertreter: Der Handelsvertreter ist typischerweise Erfüllungsgehilfe des Unternehmers bei den Verhandlungen mit dem Kunden über den zwischen diesem und dem Unternehmer abzuschließenden Vertrag (vgl BGH 25. 4. 2006 – X ZR 198/04 Rn 12, NJW 2006, 2321 für die Vermittlung einer Reise). S auch Rn 71 und Rn 120. 91

Hausverwalter: Der Hausverwalter, der einen auch die Räum- und Streupflichten umfassenden Hausmeistervertrag mit einem Dritten nicht im Namen der Wohnungseigentümer, sondern im eigenen Namen abgeschlossen hat, bedient sich zur Erfüllung seiner Streupflicht des Dritten und haftet gem § 278 BGB für dessen Verschulden (OLG Karlsruhe 30. 12. 2008 – 14 U 107/07, NJW-RR 2009, 882, 883 f). 92

Hebamme: Eine selbstständige Hebamme kann Erfüllungsgehilfe eines Krankenhauses sein (OLG Celle 15. 12. 1954 – 9 U 179/53, VersR 1955, 408). Gleiches gilt für eine angestellte Hebamme. Deren Eigenschaft als Erfüllungsgehilfin des Krankenhauses endet mit der Übernahme der Geburtsleitung durch den Belegarzt, dessen Erfüllungsgehilfin sie ab diesem Zeitpunkt ist (BGH 16. 5. 2000 – VI ZR 321/98, BGHZ 144, 296, 302 = NJW 2000, 2737; OLG Karlsruhe 16. 5. 2001 – 7 U 46/99, VersR 2003, 116, 117 ff). S im Übrigen unter „Krankenhaus“ Rn 95 f. 93

Jagdgast: Ein Jagdgast ist nicht Erfüllungsgehilfe des Jagdherrn gegenüber anderen Jagdgästen (RG 17. 3. 1930 – VI 418/29, RGZ 128, 39, 42). 94

Krankenhaus: Der Inhaber und der Träger eines Krankenhauses haften nach feststehender Rechtsprechung für Verschulden von Ärzten und Pflegepersonal als ihren Erfüllungsgehilfen (RG 9. 7. 1913 – III 148/13, RGZ 83, 71, 74 f; RG 2. 11. 1917 – III 329/17, RGZ 91, 134, 137 f; BGH 11. 4. 1951 – II ZR 68/50, BGHZ 1, 383, 386; BGH 13. 12. 1951 – III ZR 144/50, BGHZ 4, 138, 151 f; BGH 16. 1. 1959 – VI ZR 179/57, BGHZ 29, 176, 179 = NJW 1959, 814; BGH 27. 9. 1983 – VI ZR 230/81, NJW 1984, 655; BGH 18. 6. 1985 – VI ZR 234/83, BGHZ 95, 63, 71 = NJW 1985, 2189; s aber noch Rn 96). Deshalb ist der Anstaltsinhaber auch für haftbar erklärt worden, wenn eine Wärterin mit einem geisteskranken Pflegling geschlechtlich verkehrt und durch den Verkehr ein Kind erzeugt wird. Diese Haftung umfasst besonders den Schaden, der dem geisteskranken Erzeuger durch die ihm erwachsende Unterhaltspflicht entsteht; die im Rahmen des § 827 BGB zu beurteilende Frage des Mitverschuldens des Erzeugers iS des § 254 BGB steht auf einem anderen Blatt (RG 22. 2. 1924 – III 259/23, RGZ 108, 86, 88 f; zur Frage des Schadens in solchen Fällen vgl Staudinger/Schiemann [2017] § 249 Rn 204 ff). Gegenüber Besuchern besteht keine ver- 95 tragliche Haftung des Krankenhausträgers (BGH 10. 5. 1951 – III ZR 102/50, BGHZ 2, 94, 97). Bei **ambulanten Behandlungen** im Krankenhaus kommt der Behandlungsvertrag grundsätzlich mit dem zur vertragsärztlichen Versorgung ermächtigten Krankenhausarzt zustande (BGH 20. 12. 2005 – VI ZR 180/04 Rn 8 ff, BGHZ 165, 290, 295 ff = NJW 2006, 767 zur Rechtslage ab dem 1. 1. 1993; ebenso BGH 28. 4. 1987 – VI ZR 171/86, BGHZ 100, 363, 367 ff = NJW 1987, 2289 und BGH 20. 9. 1988 – VI ZR 296/87, BGHZ 105, 189, 196 f = NJW 1989, 769 zur Rechtslage vor dem 1. 1. 1993), so dass dessen Verschulden dem Krankenhaus nicht nach § 278 BGB zugerechnet werden kann. Insoweit ist der Bereitschaftsarzt in der Ambulanz Erfüllungsgehilfe des Chefarztes (BGH 28. 4. 1987 – VI ZR 171/86, BGHZ 100, 363, 370; BGH 20. 9. 1988 – VI ZR 296/87, BGHZ 105, 189, 196 f; vgl auch BGH 20. 12. 2005 – VI ZR 180/04, BGHZ 165, 290, 296 = NJW 2006, 767). Werden allerdings im Krankenhaus von dort angestellten Ärzten ambulante Behandlungen durchgeführt, ohne dass die behandelnden Ärzte oder der Chefarzt die Ermächtigung zur vertragsärztlichen Versorgung haben, haftet das Krankenhaus (BGH 20. 12. 2005 – VI ZR 180/04 Rn 15 f, BGHZ 165, 290, 295 ff = NJW 2006, 767).

96 Liegt ein **sog gespaltener Arzt-Krankenhausvertrag** vor (zu ihm Staudinger/Richardi/Fischinger [2011] Vorbem 112 zu §§ 611 ff; Palandt/Weidenkaff § 630a Rn 4), ist der Belegarzt nicht Erfüllungsgehilfe des Krankenhausträgers (BGH 14. 2. 1995 – VI ZR 272/93, BGHZ 129, 6, 13 f = NJW 1995, 1611), wohl aber das angestellte Personal, solange es im Pflichtenkreis des Krankenhauses tätig ist (Palandt/Grüneberg Rn 29). Dementsprechend hat der Träger eines Belegkrankenhauses für die Fehler einer bei ihm angestellten Hebamme einzustehen, solange diese nicht wegen einer besonderen ärztlichen Weisungskompetenz oder der Übernahme der Geburtsleitung durch den Belegarzt diesem zugerechnet werden können (BGH 16. 5. 2000 – VI ZR 321/98, BGHZ 144, 296, 300 ff = NJW 2000, 2737; s auch Rn 93). Im Rahmen eines **sog totalen Krankenhausvertrages** (zu ihm Staudinger/Richardi/Fischinger [2011] Vorbem 111 zu §§ 611 ff; Palandt/Weidenkaff § 630a Rn 4) sind Ärzte und Klinikpersonal Erfüllungsgehilfen des Krankenhauses (BGH 14. 2. 1957 – VII ZR 287/56, BGHZ 23, 319, 321 f), und zwar auch dann, wenn sich der Patient durch einen privaten Arztzusatzvertrag mit einem liquidationsberechtigten Chefarzt einen zusätzlichen Schuldner für bestimmte ärztliche Leistungen verschafft (BGH 18. 6. 1985 – VI ZR 234/83, BGHZ 95, 63, 67 ff = NJW 1985, 2189; BGH 31. 1. 2006 – VI ZR 66/05 Rn 10 ff, NJW-RR 2006, 811). Ob ein als Konsiliararzt hinzugezogener niedergelassener Arzt bei einer Fehldiagnose Erfüllungsgehilfe der Klinik ist, hat der BGH zunächst offengelassen (BGH 15. 2. 2000 – VI ZR 135/99, BGHZ 143, 389, 392 f = NJW 2000, 1782), dies aber später für den Fall bejaht, dass der Konsiliararzt für ein umfassend zuständiges Krankenhaus tätig und von diesem auch honoriert wird (BGH 21. 1. 2014 – VI ZR 78/13 Rn 25 ff, 28, NJW-RR 2014, 1051). Vgl zur Haftung des Krankenhausträgers im Übrigen auch noch oben Rn 30.

97 **Ladenangestellte**: Ladenangestellte sind Erfüllungsgehilfen des Inhabers, soweit es um die Sicherungspflichten gegenüber Kunden geht (LG Karlsruhe 14. 8. 1980 – 7 O 151/80, VersR 1981, 583, 584).

98 **Leasing**: Der Lieferant, der es dem Leasinggeber gegenüber übernommen hat, die Leasingsache dem Leasingnehmer zu übergeben, ist Erfüllungsgehilfe des Leasinggebers bis zur vollständigen Übergabe, da die Übergabe vom Leasinggeber geschuldet wird (BGH 30. 9. 1987 – VIII ZR 226/86, NJW 1988, 198, 199). Der Lieferant, der vom Leasinggeber mit der Vorbereitung des Leasingvertrages betraut ist, ist Erfüllungsgehilfe des Leasinggebers bei dessen vorvertraglichen Aufklärungs- und Hinweispflichten gegenüber dem Leasingnehmer (BGH 3. 7. 1985 – VIII ZR 102/84, BGHZ 95, 170, 179 f = NJW 1985, 2258; BGH 4. 11. 1987 – VIII ZR 313/86, NJW-RR 1988, 241, 242; BGH 26. 8. 2014 – VIII ZR 335/13 juris Rn 11, juris; BGH 24. 3. 2016 – 2 StR 344/14 juris Rn 33, NStZ-RR 2016, 341; OLG Dresden 8. 3. 2000 – 8 U 3010/99, BB 2000, 1321). Indessen führt die allein vom Lieferanten beim Leasingnehmer erzeugte Bereitschaft, das Geschäft durch einen Leasingvertrag mit einem noch auszuwählenden Leasinggeber finanzieren zu lassen sowie die nach Abschluss des Geschäfts erfolgte Vermittlung eines Kontakts zu dem späteren Leasinggeber durch den Lieferanten ohne Hinzutreten weiterer Umstände nicht über § 278 BGB zur Haftung des Leasinggebers für schuldhafte Aufklärungspflichtverletzungen des Lieferanten (BGH 15. 6. 2011 – VIII ZR 279/10 Rn 23, NJW 2011, 2877). Für Angaben des Lieferanten hat der Leasinggeber nur dann einzustehen, wenn diese zum allgemeinen Umkreis des Aufgabenbereichs gehören, zu dessen Wahrnehmung der Lieferant bestimmt worden ist (BGH 30. 3. 2011 – VIII ZR 94/10 Rn 16, NJW 2011, 2874; BGH 18. 9. 2013 – VIII ZR 281/12 Rn 19, NJW-RR 2014, 622). Hinsichtlich einer vom Leasingnehmer abzugebenden Bestätigung der Übernahme des Leasingobjekts ist der Lieferant nicht Erfüllungsgehilfe des Leasinggebers, da die Abgabe einer solchen Bestätigung eine Verbindlichkeit des Leasingnehmers gegenüber dem Leasinggeber ist (BGH 20. 10. 2004 – VIII ZR 36/03, NJW 2005, 365, 366 f). Der Leasingnehmer ist Erfüllungsgehilfe des Leasinggebers bei dessen Abnahmepflicht gegenüber dem Lieferanten, wenn der Leasinggeber bestimmt hat, dass die Abnahme der Sache durch den Leasingnehmer an einem von diesem bestimmten Ort erfolgen soll (BGH 14. 3. 1984 – VIII ZR 284/82, BGHZ 90, 302, 308 f = NJW 1984, 2034). S auch Rn 18.

Lieferanten: Die Vorlieferanten des Verkäufers erfüllen im Allgemeinen nicht eine Pflicht des Schuldners (Verkäufers) gegenüber dem Gläubiger (Käufer) und sind deshalb grundsätzlich nicht Erfüllungsgehilfen des Verkäufers (dazu ausführlich Rn 37 f mwNw). Das Gleiche gilt für Zwischenspediteure (BGH 15. 3. 1956 – II ZR 284/54, Betrieb 1956, 348; BGH 21. 6. 1967 – VIII ZR 26/65, BGHZ 48, 118, 120 f). Das Lieferwerk des Verkäufers ist infolgedessen auch nicht dessen Erfüllungsgehilfe, wenn es einen anderen Käufer früher beliefert als den Besteller (OLG Hamm 6. 5. 1957 – 17 U 187/56, BB 1957, 945). Die Sachlage kann *aufgrund besonderer Umstände* aber anders zu beurteilen sein. So kann der Lieferant des Verkäufers, der zu dessen Käufer in unmittelbare Beziehung tritt, Erfüllungsgehilfe des Verkäufers hinsichtlich der Lieferung sein (RG 4. 1. 1921 – II 374/20, RGZ 101, 157, 158 f; RG 21. 9. 1923 – III 569/22, RGZ 108, 221, 223 f; RG 27. 9. 1943 – II 43/43, RGZ 172, 20, 24 f; BGH 16. 6. 1971 – VIII ZR 69/70, WM 1971, 1121, 1122; OLG Frankfurt 16. 11. 1976 – 5 U 256/75, BB 1977, 13; zust Erman/Westermann Rn 18). Versendet der Lieferant für eine ihn nach den Umständen des Einzelfalls treffende Verpflichtung zur Unterweisung des Käufers eine Bedienungsanleitung des Herstellers, so ist dieser insoweit sein Erfüllungsgehilfe (BGH 5. 4. 1967 – VIII ZR 32/65, BGHZ 47, 312, 316 = NJW 1967, 1805; OLG Düsseldorf 25. 2. 2003 – 23 U 35/02, NJW-RR 2004, 672, 673). Ebenso kann unter besonderen Umständen der Abnehmer des Käufers dessen Erfüllungsgehilfe gegenüber dem Verkäufer in Bezug auf die Abnahmeobliegenheit sein. Der Hersteller eines Kraftfahrzeugs wird hinsichtlich der ihm obliegenden Untersuchungspflicht nicht dadurch zum Erfüllungsgehilfen des Händlers, dass dessen eigene Untersuchungspflicht infolge seines gerechtfertigten Vertrauens auf die Zuverlässigkeit des Herstellers entfällt (BGH 15. 3. 1956 – II ZR 284/54, LM § 276 [Hb] Nr 2 = VersR 1956, 259, 260). Beim Werkvertrag ist der Zulieferer des 99

Unternehmers nicht dessen Erfüllungsgehilfe; anders liegt es aber, wenn er bei der Herstellung des Werkes mitwirkt (BGH 9. 2. 1978 – VII ZR 84/77, NJW 1978, 1157; OLG Hamm 8. 11. 1973 – 7 U 45/73, NJW 1974, 1090; OLG Koblenz 2. 11. 2017 – 1 U 725/16 juris Rn 43, juris). Ein Hersteller und Unternehmer haftet einem gekündigten Alleinvertriebspartner für neue Vertriebspartner nach § 278 BGB (OLG Frankfurt 6. 6. 1974 – 6 U [Kart] 15/74, NJW 1974, 2239 f mit krit Anm Ulmer). Zur Eigenschaft des Lieferanten als Erfüllungsgehilfe beim Leasinggeschäft s Rn 98.

100 **Lotto**: Der Bezirksstellenleiter der Lottogesellschaft ist deren Erfüllungsgehilfe (OLG Celle 26. 11. 1985 – 20 U 217/84, NdsRpfl 1986, 35, 36 und OLG Celle 26. 11. 1985 – 20 U 40/85, NJW-RR 1986, 833, 834).

101 **Makler**: Der Makler ist in der Regel nicht Erfüllungsgehilfe im Verhältnis der Vertragsparteien des vermittelten Vertrages zueinander, sondern nimmt grundsätzlich eigene Interessen wahr (BGH 17. 11. 1960 – VII ZR 115/59, BGHZ 33, 302, 309 = NJW 1961, 164; BGH 27. 5. 1964 – V ZR 146/62, WM 1964, 853, 854; BGH 24. 11. 1995 – V ZR 40/94, NJW 1996, 451). So werden das Exposé eines Maklers und seine Erklärungen zum Verkaufsgegenstand dem Verkäufer nicht zugerechnet (OLG Hamm 8. 6. 2000 – 22 U 172/99, NJW-RR 2001, 564 für fehlerhafte Angaben zum Alter des zu verkaufenden Hauses). Anders liegt es aber, wenn dem Makler von einer der späteren Vertragsparteien die wesentlichen Vertragsverhandlungen überlassen worden sind (BGH 26. 4. 1991 – V ZR 165/89, BGHZ 114, 263, 269 = NJW 1991, 2556) oder er sonst mit deren Wissen und Wollen Aufgaben übernimmt, die typischerweise der Vertragspartei obliegen (BGH 24. 11. 1995 – V ZR 40/94, NJW 1996, 451 f; BGH 24. 9. 1996 – XI ZR 318/95, NJW-RR 1997, 116; BGH 8. 1. 2004 – VII ZR 181/02, NJW 2004, 2156, 2157; BGH 22. 7. 2015 – V ZR 245/14 juris Rn 13, juris; KG 24. 3. 2003 – 12 U 194/01, NJW-RR 2003, 1137, 1138 für fehlerhafte Angaben zur Wohnfläche; OLG Stuttgart 24. 1. 2011 – 13 U 148/10, NJW-RR 2011, 918, 919 f für fehlerhafte Angaben zu Druckwasserschäden; OLG Brandenburg 19. 5. 2016 – 5 U 130/14 juris Rn 22, NJ 2016, 333 für eine unzureichende Aufklärung über den Verlauf der Grundstücksgrenze).

102 **Miete und Pacht**: Der **Mieter** oder **Pächter** muss sich das Verhalten derjenigen zurechnen lassen, die auf seine Veranlassung mit der Miet- und Pachtsache in Berührung kommen. Deshalb haftet der Mieter für seinen Spediteur (RG 2. 1. 1923 – III 151/22, RGZ 106, 133, 134), die von ihm bestellten Handwerker (OLG Düsseldorf 19. 5. 1961 – 10 U 193/60, ZMR 1965, 51), seine Angestellten (RG 20. 2. 1914 – III 528/13, RGZ 84, 222, 223 f; RG 5. 11. 1915 – III 45/15, RGZ 87, 276, 277; OLG Schleswig 29. 7. 2014 – 3 U 4/14, juris Rn 22, MDR 2014, 1442 für einen angestellten Fahrlehrer), seine Untermieter (BGH 11. 6. 2014 – VIII ZR 349/13 Rn 28, NJW 2014, 2717), seine Familienangehörigen, Gäste und Kunden (BGH 15. 5. 1991 – VIII ZR 38/90, NJW 1991, 1750, 1752), nicht dagegen für den Hauswart, auch wenn dieser in seinem Interesse tätig ist (KG 26. 4. 1976 – 8 U 1871/74, ZMR 1976, 204, 205). Eine fehlerhafte Beratung eines Mieterschutzvereins über ein tatsächlich nicht bestehendes Zurückbehaltungsrecht des Mieters ist diesem nach § 278 BGB zuzurechnen (BGH 25. 10. 2006 – VIII ZR 102/06 Rn 22 f, NJW 2007, 428). Gestattet der Pächter einem Dritten, auf dem gepachteten Grundstück Biodünger auszubringen und bringt dieser stattdessen dort Giftmüll aus, so ist dies dem Pächter nach § 278 BGB zuzurechnen (BGH 21. 5. 2010 – V ZR 244/09 Rn 19, NJW 2010, 2341). Das Sozialamt ist entgegen der Auffassung des BGH (21. 10. 2009 – VIII ZR 64/09 Rn 27 ff, NJW 2009, 3781; BGH 4. 2. 2015 – VIII ZR 175/14 Rn 20, BGHZ 204, 134 = NJW 2015, 1296; BGH 29. 6. 2016 – VIII ZR 173/15 Rn 16, NJW 2016, 2805) Erfüllungsgehilfe des Mieters bei der Mietzahlung,

wenn es die Kosten der Unterkunft in der Weise übernimmt, dass es die Miete direkt an den Vermieter des Hilfebedürftigen überweist (zutr Rieble NJW 2010, 816; Lorenz WuM 2013, 202, 205 f). Nach einer älteren Entscheidung des BGH soll der Entleiher einer Baracke für seine dort untergebrachten Arbeiter über § 278 BGB wegen Verletzung der dem Entleiher obliegenden und von diesem durch die in der Baracke nächtigenden Arbeiter zu erfüllenden Obhutspflicht auch dann haften, wenn ein dort untergebrachter Arbeiter ohne jeden Zusammenhang mit seiner Arbeitsleistung ein Rauchfeuer an die Baracke legt und diese dadurch zerstört (BGH 21. 3. 1956 – V ZR 224/54, VersR 1956, 307).

Erfüllungsgehilfe des **Vermieters** ist ein von ihm beauftragter Handwerker gegenüber allen durch die Arbeiten gefährdeten Mietern (RG 3. 6. 1921 – III 470/20, RGZ 102, 231, 234). Deshalb haftet der Vermieter für einen Brandschaden des Mieters, wenn der vom Vermieter beauftragte Handwerker brennbare Stoffe unsachgemäß lagert; das soll selbst dann gelten, wenn der Brand auf Brandstiftung zurückzuführen ist (BGH 12. 12. 2012 – XII ZR 6/12 Rn 21 ff, NJW-RR 2013, 333). Ein mit einer Reparatur beauftragter Werkunternehmer ist Erfüllungsgehilfe des Flughafenbetreibers gegenüber den Fluguntenehmen (OLG Düsseldorf 25. 10. 2001 – 10 U 67/00, ZMR 2002, 41, 45 = NZM 2002, 21). Der Vermieter haftet für das Verschulden eines Hauswarts (RG 4. 11. 1921 – III 140/21, RGZ 103, 140, 141 f) und für das Verschulden eines Hausverwalters (BGH 30. 4. 1968 – VI ZR 29/67, NJW 1968, 1323, 1324). Der Verwalter einer Wohnungseigentümergemeinschaft ist jedoch nicht Erfüllungsgehilfe des Wohnungseigentümers bei dessen mietvertraglichen Pflichten zur Abrechnung der Betriebskosten gegenüber den Mietern (BGH 25. 1. 2017 – VIII ZR 249/15 Rn 42 ff, NJW 2017, 2608). Arbeitnehmer des Vermieters, die in einem Gebäude tätig sind, in welchem ein Mieter Räume innehat, sind Erfüllungsgehilfen des Vermieters bei der Erfüllung der ihm gegenüber dem Mieter obliegenden Fürsorgepflicht (BGH 20. 5. 1964 – VIII ZR 242/62, VersR 1964, 828). Ein **Mitmieter** ist idR nicht als Erfüllungsgehilfe des Vermieters gegenüber dem Mieter anzusehen (BGH 12. 5. 1969 – VIII ZR 164/67, VersR 1969, 754; OLG Köln 15. 2. 1995 – 26 U 44/94, NJW-RR 1995, 1480). 103

Notar: Im Rahmen seiner Beurkundungstätigkeit ist der Notar nicht Erfüllungsgehilfe eines Beteiligten, da er insoweit nicht in Erfüllung von Verbindlichkeiten der Beteiligten tätig wird, sondern ausschließlich zur Ausübung seiner eigenen Amtspflichten (BGH 15. 10. 1992 – IX ZR 43/92, NJW 1993, 648, 652). Notare können aber Erfüllungsgehilfen sein, wenn sie außerhalb ihrer Beurkundungstätigkeit aufgrund eines besonderen Auftrags im Rahmen sonstiger Betreuung der Beteiligten auf dem Gebiet vorsorgender Rechtspflege tätig werden (BGH 8. 2. 1974 – V ZR 21/72, BGHZ 62, 119, 121 f = NJW 1974, 692; BGH 3. 6. 1993 – III ZR 104/92, BGHZ 123, 1, 13 = NJW 1993, 3061; BGH 17. 1. 2003 – V ZR 137/02, DNotZ 2003, 431, 433; LG Berlin 21. 7. 2016 – 67 S 82/16 juris Rn 24, NZM 2017, 646), zB beim Vollzug eines Grundstückskaufes durch Vertretung der Beteiligten bei Verwaltungsbehörden oder Mitwirkung bei der finanziellen Abwicklung des Vertrages. Dass der Notar bei dieser rechtsbetreuenden Tätigkeit auf der Grundlage des § 24 BundesnotarO und somit in Ausübung eines öffentlichen Amtes handelt (BGH 25. 3. 1983 – V ZR 168/81, BGHZ 87, 156, 163 = NJW 1983, 1605), steht dem nicht entgegen. Für § 278 BGB ist nämlich nicht erheblich, auf welcher Rechtsgrundlage der Notar tätig wird, sondern entscheidend, dass die Handlung objektiv zum Pflichtenkreis eines Beteiligten gehört (BGH 13. 1. 1984 – V ZR 205/82, NJW 1984, 1748, 1749). 104

105 **Orchester, Musiker**: Ein Orchester kann Erfüllungsgehilfe einer Konzertagentur gegenüber einem Konzertveranstalter sein (OLG München 26. 5. 2004 – 7 U 3802/02, NJW-RR 2005, 616 für den Ausfall des Dirigenten; offengelassen OLG Hamburg 6. 9. 2006 – 5 U 152/05, NJW 2007, 2860 f für die Frage, ob sich ein Konzertveranstalter das Nichterscheinen der Sängerin nach § 278 BGB zurechnen lassen muss).

106 **Parcourschef**: Der Parcourschef eines Reitvereins ist bei der Durchführung eines Springturniers dessen Erfüllungsgehilfe, so dass der Verein haftet, wenn die Hindernisse nicht den Anforderungen an eine geeignete Wettkampfanlage gerecht werden und infolgedessen ein Springpferd zu Schaden kommt (BGH 23. 9. 2010 – III ZR 246/09 Rn 17 f, NJW 2011, 139).

107 **Preisrichter**: Beauftragt eine Kommune einen Dritten mit der Durchführung eines von ihr ausgelobten Architektenwettbewerbs, so ist ihr der unberechtigte Ausschluss einer eingereichten Arbeit wegen Fristüberschreitung nach § 278 BGB zuzurechnen (BGH 23. 9. 1982 – III ZR 196/80, NJW 1983, 442, 443).

108 **Post**: Der Schuldner, der sich der Post *zur Versendung* des Schuldgegenstandes an den Gläubiger bedient, haftet für die Post als seinen Erfüllungsgehilfen. Bedient sich etwa der Vermieter zur Beförderung der Abrechnung der Post, hat er ein Verschulden der Post gem § 278 S 1 BGB auch dann zu vertreten, wenn auf dem Postweg für den Vermieter unerwartete und nicht vorhersehbare Verzögerungen oder Postverluste auftreten (BGH 21. 1. 2009 – VIII ZR 107/08 Rn 13 ff, NJW 2009, 2197). Dass der Schuldner unter Umständen auf die Post angewiesen ist und ihr keine Weisungen bei der Beförderung geben kann, ändert daran nach dem oben in Rn 26 Gesagten nichts.

109 **Rechtsanwalt**: Der Rechtsanwalt haftet für seine Büroangestellten (RG 28. 1. 1921 – III 342/20, RGZ 101, 248, 249 f: Bürovorsteher), die bei ihm angestellten Anwälte (BGH 23. 9. 2004 – IX ZR 137/03, NJW-RR 2005, 494, 495 ff) und seinen amtlich bestellten Vertreter (RG 19. 4. 1940 – III 127/39, RGZ 163, 377, 378 f). Er ist Erfüllungsgehilfe seines Mandanten bezüglich der Informationspflichten des Mandanten gegenüber der gegnerischen Partei, zu deren Erfüllung sich der Mandant des Rechtsanwalts bedient (OLG München 31. 5. 1990 – 24 U 808/89, NJW-RR 1991, 1460, 1462). Ebenso muss sich der Mandant ein Verschulden des zweiten Anwalts als eigenes zurechnen lassen, wenn ihn selbst aufgrund einer anderweitig erhaltenen Rechtsbelehrung die Obliegenheit trifft, sich darum zu bemühen, Schaden infolge eines Fehlers des ersten Anwalts zu vermeiden (BGH 14. 7. 1994 – IX ZR 204/93, NJW 1994, 2822, 2824; ähnlich BGH 14. 10. 2010 – I ZR 212/08 Rn 19 f, NJW 2011, 2138). Ist der Rechtsanwalt Erfüllungsgehilfe eines Beratungsunternehmens, haftet er persönlich nicht, sofern nicht ein besonderer Haftungstatbestand, zB aus Delikt oder aus §§ 280 Abs 1, 311 Abs 3 BGB, eingreift (vgl BGH 7. 12. 2017 – IX ZR 45/16 Rn 16, NJW 2018, 608; s auch Rn 4). Der Rechtsanwalt ist auch Erfüllungsgehilfe des Pfändungsgläubigers im Verhältnis zum Drittberechtigten (BGH 7. 3. 1972 – VI ZR 158/70, BGHZ 58, 207, 211 f = NJW 1972, 1048) und Erfüllungsgehilfe des Insolvenzverwalters im Verhältnis zu den Gläubigern, wenn er vom Insolvenzverwalter beauftragt ist, Forderungen beizutreiben (BGH 3. 3. 2016 – IX ZR 119/15 Rn 18 ff, NJW-RR 2016, 686). Dagegen ist der Prozessanwalt grundsätzlich nicht Erfüllungsgehilfe des Verkehrsanwalts und umgekehrt, da es sich um rechtlich selbstständige Mandate mit unterschiedlichen Pflichten handelt. So obliegt die Pflicht zu

ordnungsgemäßem prozessualen Handeln gegenüber dem Prozessgericht dem Prozess-, nicht dem Verkehrsanwalt, und zwar auch dann, wenn die Schriftsätze, die das Gericht beanstandet hat, vom Verkehrsanwalt entworfen worden sind (BGH 17. 12. 1987 – IX ZR 41/86, NJW 1988, 1079, 1082). Auch der erstinstanzliche und der Berufungsanwalt sind nicht Erfüllungsgehilfen des jeweils anderen in dessen Verhältnis zum Mandanten (OLG Koblenz 21. 3. 2002 – 5 U 908/01, BB 2002, 2089, 2091). Bedient sich jedoch der Mandant bei der Information des Prozessanwalts eines weiteren Anwalts, muss er sich dessen vorwerfbare und schadensursächliche Falschangabe als Mitverschulden zurechnen lassen (BGH 13. 3. 1997 – IX ZR 81/96, NJW 1997, 2168, 2170). Der Rechtsschutzversicherer ist nicht Erfüllungsgehilfe des Mandanten gegenüber dem Rechtsanwalt (OLG Hamburg 27. 9. 2018 – 1 U 2/18 juris Rn 31, MDR 2019, 64).

Anwälte einer **Anwaltssozietät** haften dem Mandanten für das Verschulden eines von ihnen grundsätzlich als Gesamtschuldner (§ 52 Abs 2 BRAO), ohne dass es des Rückgriffs auf § 278 BGB bedarf (vgl BGH 6. 7. 1971 – VI ZR 94/69, BGHZ 56, 355, 359 ff = NJW 1971, 1801; BGH 25. 6. 1992 – I ZR 120/90, NJW 1992, 3037, 3038 f; s auch STAUDINGER/LOOSCHELDERS [2017] § 425 Rn 41 f). Wird ein Mandat aber speziell nur einem Anwalt einer Anwaltssozietät erteilt und schaltet dieser gleichwohl ein anderes Mitglied der Sozietät ein, ist der Letztere der Erfüllungsgehilfe des Ersteren. Zur Fristversäumung durch den Anwalt im Zusammenhang mit § 233 ZPO vgl aber Rn 50. S auch Rn 46 zur Zurechnung des Verschuldens eines Zweitanwalts im Regressprozess des Mandanten gegen den Erstanwalt. 110

Reiseveranstalter: Der Betreiber des Hotels ist Erfüllungsgehilfe des Reiseveranstalters bei der Durchführung der Reise; für Verletzungen der Verkehrssicherungspflicht durch den Hotelbetreiber muss der Reiseveranstalter einstehen (OLG Köln 30. 3. 2009 – 16 U 71/08, MDR 2009, 973, 974; OLG Frankfurt 31. 5. 2012 – 16 U 169/11, NJW-RR 2013, 378, 379; OLG Celle 26. 3. 2015 – 11 U 249/14 Rn 27, NJW-RR 2015, 1463). Der von einem Reiseveranstalter für eine Transferfahrt vom Flughafen zum Hotel eingesetzte Fahrer ist dessen Erfüllungsgehilfe im Verhältnis zum Reisenden (OLG Celle 26. 9. 2002 – 11 U 237/01, NJW-RR 2003, 197, 199). Gleiches gilt für Animateure, wenn sie als Mitarbeiter des Reiseveranstalters bezeichnet werden (OLG Celle 18. 4. 2002 – 11 U 202/01, OLGR 2002, 232). Beleidigt und schlägt ein Hotelbediensteter einen Reisenden, fehlt regelmäßig der Zusammenhang mit der Erfüllung der Vertragspflichten des Reiseveranstalters, so dass dieser nicht nach § 278 BGB haftet (AG Hamburg 9. 1. 2002 – 18 A C 99/01, NJW-RR 2003, 63). Reisebüros sind nach getroffener Auswahlentscheidung des Kunden Erfüllungsgehilfen des Reiseveranstalters, soweit sie in dessen Pflichtenkreis tätig werden (BGH 25. 4. 2006 – X ZR 198/04 Rn 11, NJW 2006, 2321; OLG Dresden 24. 7. 2014 – 8 U 1974/13 juris Rn 19, MDR 2014, 1132). Dies gilt sowohl für die Aufklärung darüber, dass ein Reisepass zur Einreise in das Urlaubsland erforderlich ist (BGH 25. 4. 2006 – X ZR 198/04 Rn 14, NJW 2006, 2321), als auch darüber, dass ein Visumszwang für Nicht-EU-Bürger besteht (AG Frankfurt 3. 9. 2002 – 32 C 3051/01, RRa 2002, 267). Verpflichtet sich der Reiseveranstalter, bei der Beschaffung des Visums behilflich zu sein, ist es dem Reiseveranstalter zuzurechnen, wenn das von ihm insoweit eingeschaltete Reisebüro erforderliche Referenznummern nicht an den Reisenden weiterleitet (OLG Düsseldorf 16. 12. 2004 – 12 U 30/04, NJW-RR 2005, 644, 645). Schaltet ein Reisebüro bei der Rückabwicklung eines stornierten Fluges einen Tickethändler ein, so ist dieser sein Erfüllungsgehilfe, so dass begangene Veruntreuungen dem Reisebüro zuzurechnen sind (LG Gießen 17. 7. 2002 – 1 S 147/02, NJW-RR 2003, 58, 59). Die Deutsche Bahn AG ist Erfüllungsgehilfe des 111

Reiseveranstalters bei der Beförderung der Reisenden, wenn diese zu den Leistungen des Reiseveranstalters zählt (LG Hannover 27. 3. 2017 – 1 S 54/16 juris Rn 3 ff, RRa 2018, 144; AG Köln 29. 9. 2014 – 142 C 413/13 juris Rn 16 ff, NJW-RR 2015, 621).

112 Bucht der Reisende beim Reiseveranstalter für eine Rundreise ein Wohnmobil, so ist das Autovermietungsunternehmen Erfüllungsgehilfe des Reiseveranstalters (LG Frankfurt 26. 7. 2010 – 2/24 S 141/09, RRa 2010, 217). Der Schiffsarzt, der an Bord eines Kreuzfahrtschiffes tätig ist, ist in der Regel nicht Erfüllungsgehilfe des Reiseveranstalters (OLG Hamburg 2. 11. 1984 – 1 U 18/84, MDR 1985, 141; AG Rostock 2. 12. 2015 – 47 C 243/15 juris Rn 17, RRa 2016, 242). Hingegen hat der Reiseveranstalter gem § 278 BGB für die Besatzung bei Schiffbruch auf einer Segel-Kreuzfahrt einzustehen (OLG Frankfurt 15. 12. 1995 – 10 U 127/94, RRa 1996, 84). Ebenso haftet der Reiseveranstalter für Verletzungen der Verkehrssicherungspflicht durch das Reinigungspersonal an Bord eines Kreuzfahrtschiffs (OLG Koblenz 16. 12. 2009 – 2 U 904/09, MDR 2010, 630; LG Frankfurt 8. 8. 2011 – 2/24 O 126/10, RRa 2012, 51). Ist das Verlassen eines Kreuzfahrtschiffs nur dadurch möglich, dass ein anderes Schiff überquert wird, sind die Besatzungsmitglieder dieses Schiffes, wenn sie eine Brücke zum Festland angebracht haben, Erfüllungsgehilfen des Reiseveranstalters (LG München I 18. 7. 2002 – 31 S 21495/01, RRa 2002, 262).

113 **Sachverständiger**: Sachverständige können je nach Lage des Falls Erfüllungsgehilfen desjenigen sein, der sie bestellt hat. Hat etwa ein Bauherr einen Sachverständigen eingeschaltet, um Mängel festzustellen, und unterlaufen diesem bei der Feststellung Fehler, die zur Auseinandersetzung mit dem Bauunternehmer und bei diesem zu Vermögensschäden, etwa überflüssigen Aufwendungen führen, muss der Bauherr für diese Schäden nach § 278 BGB einstehen (s auch Architekt Rn 75). Beauftragt der Schuldner einen technischen Sachverständigen, um seine Leistungspflicht beurteilen zu können, so ist der Sachverständige Erfüllungsgehilfe des Schuldners, wenn dieser aufgrund eines falschen Gutachtens des Sachverständigen die Leistung nicht rechtzeitig erbringt (OLG Karlsruhe 22. 9. 2004 – 14 U 173/03, NJW 2005, 515, 516). Hingegen ist der von einer Haftpflichtversicherung bestellte Sachverständige nicht Erfüllungsgehilfe des Geschädigten im Rahmen von dessen Schadensminderungspflicht gegenüber dem Schädiger (AG Frankfurt 16. 11. 2001 – 32 C 2183/01, Schaden-Praxis 2002, 146).

114 **Schausteller und Sportveranstaltungen**: Einem Gastwirt, der einen Zauberkünstler zur Unterhaltung seiner Gäste beschäftigt, wird dessen schuldhaftes Fehlverhalten nach § 278 BGB zugerechnet (RG 19. 6. 1942 – VII 12/42, RGZ 169, 213, 215 f). Ein Rennfahrer ist Erfüllungsgehilfe des Veranstalters gegenüber den Zuschauern (RG 4. 3. 1930 – VII 397/29, RGZ 127, 313, 314) und der Rennleiter Erfüllungsgehilfe des Rennveranstalters bezüglich dessen Sicherungspflichten gegenüber den Rennteilnehmern (KG 9. 6. 1977 – 12 U 285/77, VersR 1977, 1102). Die Fahrgäste eines Autoskooters sind nicht Erfüllungsgehilfen des Schaustellers in dessen Verhältnis zu den anderen Fahrgästen (LG Hannover 15. 11. 1951 – 10 T 529/51, VersR 1952, 216).

115 **Schiffsverkehr**: Mitglieder einer Schiffsbesatzung sind Erfüllungsgehilfen des Reeders beim Beförderungsvertrag. So ist der Kapitän Erfüllungsgehilfe des Reeders bei der Herstellung der Seetüchtigkeit des Schiffs (BGH 28. 6. 1971 – II ZR 66/69, BGHZ 56, 300, 303 = VersR 1971, 833). Dagegen soll nach Auffassung des RG (19. 11. 1917 – I 140/17, RGZ 91, 243, 244 ff) der Schleppführer nicht Erfüllungsgehilfe des Frachtführers und Eigners des geschleppten Schiffes sein, weil zwischen diesem und dem Schleppführer kein Abhängigkeitsverhältnis bestehe; der Begriff des Erfüllungsgehilfen setzt aber eine wirtschaftliche und soziale Abhängigkeit grundsätzlich nicht voraus (oben Rn 26).

Spediteur: Der Frachtführer ist nicht Erfüllungsgehilfe des ihn beauftragenden Spediteurs (BGH 4. 6. 1987 – I ZR 159/85, NJW-RR 1987, 1252). Der Spediteur ist jedenfalls dann Erfüllungsgehilfe des Verkäufers, wenn dieser die Sorge für die Umladung der Waren an den vereinbarten Bestimmungsort übernommen hat und sich des Spediteurs hierfür bedient (OLG München 19. 12. 1957 – 6 U 1548/57, NJW 1958, 426). Im Übrigen lässt sich eine allgemeine Regel nicht aufstellen. Der Spediteur ist sehr häufig Erfüllungsgehilfe des verkaufenden Unternehmers (RG 21. 12. 1920 – VII 315/20, RGZ 101, 152, 153 f; RG 21. 10. 1926 – III 471/25, RGZ 115, 162, 164 f); der Sachverhalt kann aber auch gegen eine solche Auffassung sprechen (RG 4. 5. 1920 – II 541/19, RGZ 99, 56, 58 f). Der Zwischenspediteur ist im Allgemeinen nicht Erfüllungsgehilfe des Verkäufers (s oben „Lieferanten" Rn 99). 116

Tankstelle: Der Tankwart ist Erfüllungsgehilfe hinsichtlich der vom Inhaber der Tankstelle übernommenen Pflicht zur sicheren Aufbewahrung eines bei der Tankstelle abgegebenen Fahrzeugs (BAG 9. 11. 1967 – 5 AZR 147/67, BAGE 20, 142, 147 = NJW 1968, 717), nicht aber Erfüllungsgehilfe des Inhabers bei vom Kunden veranlasster Fahrt (BGH 30. 1. 1968 – VI ZR 151/66, VersR 1968, 472). Hängt der Kunde einer Tankstelle nach dem Betanken seines Fahrzeugs den Zapfhahn nicht ordnungsgemäß in die Halterung an der Zapfsäule zurück, so dass dieser herausfällt und den Lack des Fahrzeugs eines nachfolgenden Kunden schädigt, so ist dies dem Tankstellenbetreiber nicht nach § 278 BGB zuzurechnen (LG Limburg 18. 11. 2011 – 3 S 159/11, NJW-RR 2012, 156). 117

Theater: Der Theaterunternehmer haftet nach § 278 BGB für das Verschulden aller Personen, die bei der programmmäßigen Aufführung der Theatervorstellung mitwirken, vom Regisseur, Schauspieler usw bis zum Maschinisten (vgl OLG Dresden 10. 12. 1903 – OLGE 8, 431, 432 f: durch Explosion einer zu stark mit Kohlensäure gefüllten Flasche, die ein Artist bei der Aufführung benutzte, wurden Zuschauer in einem Varietétheater verletzt; ferner RG 27. 9. 1904 – III 81/04, RGZ 59, 22 f; RG 24. 9. 1906 – VI 618/05, Gruchot 51, 380, 384: Haftung einer Stadtgemeinde bei der Veranstaltung eines Feuerwerks; RG 27. 9. 1904 – III 81/04, JW 1904, 549; RG 4. 2. 1907 – VI 113/06, DJZ 1907, 481). Das RG (4. 2. 1907 – VI 113/06, SeuffBl 72, 537) hat die Haftung des Theaterinhabers auch gegenüber einem Theaterbesucher angenommen, der in einen Luftschacht gefallen war, mit der Begründung, dass der Kastellan des Theaters die ungenügende Sicherheit des Gitters über diesem Schacht kennen musste. 118

Touristeninformation: Eine Touristeninformation ist nicht Erfüllungsgehilfe eines Gewerbetreibenden, wenn sie Informationen unabhängig von dessen Willen in ein örtliches Gewerbeverzeichnis aufnimmt. Anders liegt es, wenn der Gewerbetreibende eine entsprechende Anweisung erteilt, die von der Touristeninformation nicht oder nicht zutreffend ausgeführt wird (BGH 9. 11. 2011 – I ZR 204/10 Rn 11 ff, juris). 119

Versicherung: Der Versicherer hat für das Verschulden von Versicherungsagenten beim Vertragsschluss einzustehen, zB für die unterlassene Aufklärung des Versicherungsnehmers über den Umfang der Versicherung (BGH 20. 6. 1963 – II ZR 199/61, NJW 1963, 1978, 1979), das schuldhaft falsche Ausfüllen eines vom Versicherungsnehmer 120 blanko unterschriebenen Versicherungsantrags (BGH 1. 3. 1972 – IV ZR 107/70, NJW 1972, 822, 824), das Unterlassen einer Beratung über bestehende Tarifalternativen (KG 27. 6. 2008 – 6 U 195/07, VersR 2009, 343, 344) oder über den Verzicht einer Absicherung bestimmter Risiken, der eine ganz erhebliche Prämienreduzierung zur Folge gehabt hätte (BGH 5. 2. 1981 – IVa ZR 42/80, VersR 1981, 621, 622). Dabei kann das Verhalten eines Versicherungsmaklers oder selbstständigen Vermittlers, der als Vertragspartner des Versicherungsnehmers für diesen tätig ist, ausnahmsweise dem Versicherer zuzurechnen sein, wenn der Vermittler zugleich Aufgaben, die typischerweise dem Versicherer obliegen, mit dessen Wissen und Wollen übernimmt und damit in dessen Pflichtenkreis tätig wird (BGH 11. 7. 2012 – IV ZR 164/11 Rn 51, BGHZ 194, 39 = NJW 2012, 3647; BGH 12. 3. 2014 – IV ZR 306/13 Rn 22, BGHZ 200, 286 = NJW 2014, 1452; BGH 5. 4. 2017 – IV ZR 437/15 Rn 23, NJW 2017, 2268; KG 30. 1. 2018 – 6 U 57/16 Rn 45, NJW-RR 2018, 608). Der Versicherer haftet für Aufklärungsfehler, wenn er Lebensversicherungen unter Verzicht auf ein eigenes Vertriebssystem im sog Strukturvertrieb über rechtlich selbstständige Vermittler und von diesen eingesetzte Untervermittler vertreibt, ohne selbst mit den Kunden in Kontakt zu treten (BGH 11. 7. 2012 – IV ZR 164/11 Rn 51, BGHZ 194, 39 = NJW 2012, 3647). Auch kann ein Versicherungsunternehmen, das die Vermittlung von Vermögensanlagen betreibt, haften, wenn sein Generalagent von Anlageinteressenten entgegengenommenes Geld veruntreut (BGH 10. 2. 2005 – III ZR 258/04, NJW-RR 2005, 756, 757 f). Zur Repräsentantenhaftung s Rn 47 f.

121 **Wettbewerbsverhalten**: Ein Unternehmen haftet für das Verschulden eines Presseverlages, dessen es sich für seine Werbung bedient, wenn eine vertraglich von dem Unternehmen übernommene wettbewerbsrechtliche Unterlassungspflicht bei der Werbung durch den Presseverlag bzw dessen Angestellte nicht beachtet wird (BGH 30. 3. 1988 – I ZR 40/86, NJW 1988, 1907, 1908). Der Rechtsanwalt ist Erfüllungsgehilfe des Mandanten hinsichtlich des Versprechens, wettbewerbswidrige Handlungen zu unterlassen (BGH 30. 4. 1987 – I ZR 8/85, NJW 1987, 3253, 3254). Dies gilt auch, wenn der Rechtsanwalt Maßnahmen zur Verhinderung weiterer Verstöße versäumt (BGH 30. 4. 1987 – I ZR 8/85, NJW 1987, 3253, 3254). Für die Verletzung eines Alleinvertretungsanspruchs durch einen neu angestellten Vertreter haftet der Geschäftsherr nach § 278 BGB (OLG Frankfurt 6. 6. 1974 – 6 U [Kart] 15/74, NJW 1974, 2239). Ein Hotelier, der sich durch eine Unterlassungserklärung dazu verpflichtet, eine bestimmte Marke im geschäftlichen Verkehr nicht mehr zu nutzen, haftet nicht, wenn die örtliche Touristeninformation die entsprechende Information zu der Marke unabhängig von seinem Willen im Gastverzeichnis aufführt (BGH 9. 11. 2011 – I ZR 204/10 Rn 11 ff, juris). S auch Rn 42.

122 **Wohnungseigentümer**: Der Dritte, dem die Wohnung überlassen ist, ist Erfüllungsgehilfe des Wohnungseigentümers gegenüber den anderen Wohnungseigentümern (BGH 5. 3. 2014 – VIII ZR 205/13 Rn 12, NJW 2014, 1653; BayObLG 18. 3. 1970 – BReg 2 Z 36/69, NJW 1970, 1550). Handwerker, Bauleiter oder Architekten, die der Verwalter zur Durchführung einer beschlossenen Sanierung im Namen der Wohnungseigentümergemeinschaft beauftragt, sind im Verhältnis zu den einzelnen Wohnungseigentümern nicht Erfüllungsgehilfen der Wohnungseigentümergemeinschaft (BGH 8. 6. 2018 – V ZR 125/17 Rn 38, BGHZ 219, 60 = NJW 2018, 3305). Das Verschulden seiner Angestellten wird dem Verwalter im Verhältnis zu den Wohnungseigentümern nach § 278 BGB zugerechnet (OLG München 24. 7. 2006 – 32 Wx 77/06, MDR 2007, 81 für die missbräuchliche Verwendung einer EC-Karte der WEG).

IV. Haftung für den gesetzlichen Vertreter

Nach § 278 BGB wird dem Schuldner auch das Verschulden seines gesetzlichen Vertreters zugerechnet (s Rn 3), wobei der Begriff des gesetzlichen Vertreters hier weit zu verstehen ist (JAUERNIG/STADLER Rn 17). Gemeint sind damit zunächst einmal die gesetzlichen Vertreter im **familienrechtlichen** Sinne, nämlich die Eltern (§§ 1626, 1629 BGB), der Vormund (§ 1793 BGB), der Betreuer (§ 1902 BGB), der Pfleger (§ 1909 BGB iVm §§ 1915 Abs 1, 1793 Abs 1 BGB), sowie der Beistand (§ 1716 BGB iVm §§ 1915 Abs 1, 1793 Abs 1 BGB). Auch die Schlüsselgewalt iS des § 1357 BGB ist ein Fall der gesetzlichen Vertretung iS des § 278 BGB, ebenso die Stellung der Pflegeperson im Rahmen der Familienpflege (§ 1688 BGB). Der Verwalter des Gesamtguts bei der Gütergemeinschaft (§§ 1422 ff BGB) zählt ebenfalls hierher. **123**

Der Vorstand eines Vereins (§ 26 BGB), einer Stiftung (§ 86 BGB) oder von Körperschaften und Anstalten des öffentlichen Rechts (§ 89 BGB) sowie die Organe sonstiger **juristischer Personen** sind nicht gesetzliche Vertreter iS des § 278 BGB, da nach §§ 31, 89 Abs 1 BGB das Handeln dieser Organe als unmittelbares Handeln der juristischen Person gilt. Dass § 26 Abs 1 S 2 BGB dem Vorstand des Vereins die Stellung eines gesetzlichen Vertreters zuweist, begründet nicht die Anwendbarkeit des § 278 BGB. Vielmehr wird der juristischen Person das Handeln ihrer Organe wie bei der außervertraglichen Haftung auch bei der vertraglichen Haftung nach § 31 BGB zugerechnet, weil in dieser Vorschrift ein allgemeines Prinzip der Zurechnung jeglichen Organverschuldens zum Ausdruck kommt (K SCHMIDT, Gesellschaftsrecht [4. Aufl 2002] § 10 IV 3; PALANDT/GRÜNEBERG Rn 6; MünchKomm/GRUNDMANN Rn 10, 42; BAMBERGER/ROTH/LORENZ Rn 10; JAUERNIG/STADLER Rn 17; ERMAN/WESTERMANN Rn 9, 51; **aA** RG 23. 11. 1928 – II 166/28, RGZ 122, 351, 355 ff; FLUME, Juristische Person [1983] § 11 III 5 S 397; auch noch STAUDINGER/LÖWISCH [2004] Rn 111; unentschieden STAUDINGER/SCHWENNICKE [2019] § 31 Rn 12). Zu dieser unbedingten Haftung passt § 278 BGB insofern nicht, als nach S 2 entgegen § 276 Abs 3 BGB die Haftung auch für Vorsatz von Erfüllungsgehilfen und gesetzlichen Vertretern im Voraus ausgeschlossen werden kann (Rn 130 ff), weshalb die Vertreter der Gegenauffassung S 2 für das Verschulden von Organen juristischer Personen ebenfalls nicht anwenden wollen (FLUME, Juristische Person [1983] § 11 III 5 S 397; auch noch ERMAN/WESTERMANN [12. Aufl 2008] Rn 9, 51 und STAUDINGER/LÖWISCH [2004] Rn 120). Zu einem praktischen Unterschied führen beide Auffassungen deshalb im Ergebnis nicht. **124**

Das in Rn 124 Gesagte gilt auch für die vertretungsberechtigten Gesellschafter einer OHG, KG, einer Partnerschaft und auch einer BGB-Gesellschaft, soweit diese nach außen am Rechtsverkehr teilnimmt. Auch hier ist inzwischen für die deliktische Haftung anerkannt, dass sich alle rechtsfähigen Verbände das Handeln ihrer Organe nach § 31 BGB zurechnen lassen müssen (BGH 24. 2. 2003 – II ZR 385/99, BGHZ 154, 88, 93 f = NJW 2003, 1445; BGH 24. 6. 2003 – VI ZR 434/01, NJW 2003, 2984, 2985), was dann aufgrund des allgemeinen Prinzips der Haftung für Organe, das in § 31 BGB zum Ausdruck kommt, auch für die vertragliche Haftung gelten muss (MünchKomm/GRUNDMANN Rn 10; STAUB/HABERSACK § 124 HGB Rn 13; SCHÜRNBRAND, Organschaft im Recht der privaten Verbände [2007] 99; JAUERNIG/STADLER Rn 17; ERMAN/WESTERMANN Rn 10; **aA** MünchKomm/SCHÄFER § 718 Rn 30). **125**

126 Seinem Sinn nach ist § 278 BGB anzuwenden, wenn eine Person aufgrund gesetzlicher Vorschriften mit Wirkung für andere als **Partei kraft Amtes** handelt. Deshalb wird der Testamentsvollstrecker als gesetzlicher Vertreter des Erben (im weiteren Sinne) verstanden (RG 9. 6. 1934 – I 20/34, RGZ 144, 399, 402; BGH 25. 1. 1957 – VI ZR 319/55, BB 1957, 346; Staudinger/Reimann [2016] § 2219 Rn 28). Gleiches muss für den Nachlassverwalter (§ 1985 BGB) und den Zwangsverwalter (§§ 150 ff ZVG) gelten. Auch die Insolvenzmasse haftet für eine Verletzung vertraglicher Pflichten des Insolvenzverwalters entsprechend § 278 BGB und nicht entsprechend § 31 BGB, da die Insolvenzmasse kein rechtsfähiges Subjekt ist und folglich der Insolvenzverwalter nicht ihr Organ (im Ergebnis auch Bamberger/Roth/Lorenz Rn 9; Jauernig/Stadler Rn 17; Erman/Westermann Rn 11; **aA** selbst auf der Grundlage der herrschenden Amtstheorie BGH 26. 4. 2018 – IX ZR 238/17 Rn 34, BGHZ 218, 290 = NJW 2018, 2125; Jaeger/Henckel, Insolvenzordnung [2004] § 55 Rn 11 ff, 17; MünchKommInsO/Hefermehl [4. Aufl 2019] § 55 Rn 28). Demgegenüber ist es nach dem oben Rn 124 Gesagten konsequent, wenn die Vertreter der (modifizierten) Organtheorie § 31 BGB in der Verbandsinsolvenz auch auf die Haftung der Masse für Vertragsverletzungen des Insolvenzverwalters anwenden (vgl zur Organtheorie Bötticher, Die Konkursmasse als Rechtsträger und der Konkursverwalter als ihr Organ, ZZP 77 [1964] 55, 71 ff [für die Zurechnung unerlaubter Handlungen]; zur modifizierten Organtheorie K Schmidt, Gesellschaftsrecht [4. Aufl 2002] § 11 VI 4 b cc [für die Zurechnung unerlaubter Handlungen und von Forderungsverletzungen]; außerdem Schürnbrand, Organschaft im Recht der privaten Verbände [2007] 202 ff, 207 f mwNw).

127 Wenn § 278 BGB davon spricht, dass der Schuldner das Verschulden seines gesetzlichen Vertreters „wie eigenes Verschulden" zu vertreten hat, so darf dies nicht wörtlich genommen werden. Auch wenn der Schuldner gar nicht **schuldfähig** ist, muss er für den schuldhaft handelnden gesetzlichen Vertreter haften. Fehlt allerdings auf Seiten des gesetzlichen Vertreters das Verschulden, etwa weil dieser unzurechnungsfähig ist, so haftet der Schuldner, wie sich aus § 276 Abs 1 S 2 BGB ergibt, nicht (Larenz I § 20 VIII). Hinsichtlich der **Anforderungen an die im Verkehr übliche Sorgfalt** muss wie beim Erfüllungsgehilfen (dazu oben Rn 60 ff) grundsätzlich auf die Person des Schuldners, nicht auf die des gesetzlichen Vertreters abgestellt werden. Denn der Gläubiger darf erwarten, dass die Sorgfalt angewandt wird, wie sie dem Geschäftskreis angemessen ist, dem der Schuldner angehört (**aA** insoweit E Schmidt AcP 170 [1970] 502, 515 f).

128 Nach einer insbesondere von E Schmidt (AcP 170 [1970] 502, 517 ff und Esser/Schmidt I 2 § 27 II 1; dagegen Larenz I § 20 VII) vertretenen Auffassung soll die Haftung des Schuldners für den gesetzlichen Vertreter nach § 278 BGB sich nur auf die Leistungserbringung einschließlich der Schlechtleistung beziehen. Dagegen soll für die Verletzung von **Schutzpflichten** allein der gesetzliche Vertreter aufgrund einer nach Vertragsgrundsätzen ausgestalteten Vertrauenshaftung einstehen. Diese Beschränkung der Einstandspflicht des Schuldners für den gesetzlichen Vertreter überzeugt nicht. Wenn der von rechtsgeschäftlichem Handeln ganz oder teilweise ausgeschlossene Schuldner über den gesetzlichen Vertreter handeln kann, so ist es nur billig, ihm ein Fehlverhalten des gesetzlichen Vertreters auch bei der Verletzung von Schutzpflichten zuzurechnen. Dem Schutzbedürfnis von Minderjährigen wird im Übrigen heute durch § 1629a BGB Rechnung getragen (dazu Staudinger/Coester [2015] § 1629a Rn 2 ff). Eine andere Frage ist, ob der gesetzliche Vertreter in bestimmten Fällen *neben* dem Schuldner kraft eigener Vertrauensstellung dem Gläubiger

nach Vertragsgrundsätzen haften kann. Dies ist von der Rechtsprechung unter engen Voraussetzungen bejaht worden (BGH 5. 4. 1971 – VII ZR 163/69, BGHZ 56, 81, 83 = NJW 1971, 1309; BGH 29. 1. 1975 – VIII ZR 101/73, NJW 1975, 642; BGH 14. 4. 1987 – IX ZR 260/86, BGHZ 100, 346, 352 = NJW 1987, 3133, wo der BGH eine solche persönliche Haftung für den Konkursverwalter im Regelfall abgelehnt hat) und ergibt sich heute aus § 311 Abs 3 BGB (s Staudinger/Feldmann [2018] § 311 Rn 183 ff).

Setzt der gesetzliche Vertreter einen Erfüllungsgehilfen ein, haftet der Schuldner für **129**
diesen immer nach § 278 BGB (vgl Rn 28 ff).

V. Haftungsausschluss

Da die Einstandspflicht nach § 278 BGB grundsätzlich die gleiche ist wie nach § 276 **130**
BGB, kann sie wie im unmittelbaren Anwendungsbereich des § 276 BGB **durch Vereinbarung ausgeschlossen** werden. Dabei geht die Dispositionsfreiheit der Parteien bei § 278 BGB sogar noch einen Schritt weiter als bei § 276 BGB, da hier auch die Haftung für Vorsatz im Voraus erlassen werden kann, **§ 278 S 2 BGB**. Ein entsprechender Haftungsausschluss, der nur bei einem besonderen Hinweis in der vertraglichen Vereinbarung angenommen werden kann (BAG 20. 6. 2013 – 8 AZR 280/12 Rn 22, NZA 2013, 1265), erübrigt dann die mitunter nicht leichte Abgrenzung zwischen grober (bewusster) Fahrlässigkeit und Eventualvorsatz.

Die Möglichkeit des Haftungsausschlusses **in Allgemeinen Geschäftsbedingungen** ist **131**
eingeschränkt: Nach § 309 Nr 7 lit b BGB kann auch hinsichtlich des Erfüllungsgehilfen des Verwenders die Haftung für Vorsatz oder grobe Fahrlässigkeit nicht durch AGB ausgeschlossen oder begrenzt werden (vgl im Einzelnen Staudinger/Coester-Waltjen [2013] § 309 Nr 7 Rn 1 ff, 22 ff).

Schließt der Schuldner seine Haftung für eigenes Verschulden durch Vereinbarung **132**
aus, so ist damit in der Regel auch die Haftung für seine Erfüllungsgehilfen ausgeschlossen (s Reichel Recht 1924, 155; OLG Hamm 2. 12. 1996 – 18 U 71/96, TranspR 1998, 311: Unwirksamer Ausschluss der Haftung für Erfüllungsgehilfen).

§ 278 S 2 BGB gilt auch für den **gesetzlichen Vertreter**. Insbesondere können Eltern **133**
oder Vormünder bei Geschäften, die sie im Namen der von ihnen vertretenen Minderjährigen abschließen, deren Haftung für ihren eigenen Vorsatz ausschließen (**aA** Esser/Schmidt I 2 § 27 II 1 a mit Fn 88). Zur Haftung von juristischen Personen für ihre Organe s Rn 124 f.

§ 279
(weggefallen)

Materialien: E I § 237 Abs 2; II § 235 S 2; III § 273; Jakobs/Schubert, SchR I 209; DE 312; KF 11; RE BT-Drucks 14/6040, 132; Beschlussempfehlung und Bericht d Rechtsausschusses BT-Drucks 14/7052, 184.

1 § 279 aF, der für **Gattungsschulden** eine vom Verschulden unabhängige Einstandspflicht des Schuldners für die Beschaffungsmöglichkeit festlegte, ist durch die Schuldrechtsreform aufgehoben worden. Der Gesetzgeber steht auf dem Standpunkt, dass die Einstandspflicht des Gattungsschuldners in der Neufassung des § 276 BGB genügend zum Ausdruck kommt (zur Entwicklung im Rahmen der Schuldrechtsreform s Staudinger/Löwisch [2001] § 279 Rn 8).

2 Die Erläuterungen zur Einstandspflicht für Gattungsschulden finden sich einerseits bei § 275 BGB, andererseits bei § 276 BGB. Im Rahmen von § 275 BGB ist der Eintritt der Unmöglichkeit bei Gattungsschulden erörtert (§ 275 Rn 20 ff). Die Einstandspflicht selbst ist im Rahmen des § 276 BGB behandelt (§ 276 Rn 153 ff). Dort ist auch zur Frage der Einstandspflicht bei Geldschulden Stellung genommen (§ 276 Rn 164 ff).

Vorbemerkungen zu §§ 280–285*

Schrifttum

1. Vor der Schuldrechtsreform

Glöckner, Positive Vertragsverletzung (2006)

Jakobs, Unmöglichkeit und Nichterfüllung (1969)

Koller, Die Risikozurechnung bei Vertragsstörungen in Austauschverträgen (1979)

Medicus, Gesetzgebung und Jurisprudenz im Recht der Leistungsstörungen, AcP 186 (1986) 268

Staub, Die positive Vertragsverletzung (1913)

Ernst Wolf, Rücktritt, Vertretenmüssen und Verschulden, AcP 153 (1954) 97.

2. Zur und nach der Schuldrechtsreform

C Ahrens, Mietrechtliche Garantiehaftung – Widersprüchlichkeiten im neuen Schuldrecht, ZGS 2003, 134

M Ahrens, Unmöglichkeit, Leistungsstörung, Pflichtverletzung, ZRP 1995, 417

Anders, Zur Reform des Kaufrechts, ZRP 2000, 293

ders, Der zentrale Haftungsgrund der Pflichtverletzung im Leistungsstörungsrecht des Entwurfs für ein Schuldrechtsmodernisierungsgesetz, ZIP 2001, 184

Canaris, Die Reform des Rechts der Leistungsstörungen, JZ 2001, 499

ders, Schadensersatz wegen Pflichtverletzung, anfängliche Unmöglichkeit und Aufwendungsersatz im Entwurf des Schuldrechtsmodernisierungsgesetzes, DB 2001, 1815

Dauner-Lieb, Drei Jahre Schuldrechtsmodernisierungsgesetz, AnwBl 2004, 597

Diederichsen, Zur Neugestaltung des Schuldrechts, AcP 182 (1982) 101

Düchs, Die Behandlung von Leistungsstörungen im Europäischen Vertragsrecht (2006)

Eidenmüller/Faust/Grigoleit/Jansen/Wagner/Zimmermann, Der gemeinsame Referenzrahmen für das Europäische Privatrecht – Wertungsfragen und Kodifikationsprobleme, JZ 2008, 529

Ehmann/Kley, Unmöglichkeitslehre, JuS 1998, 481

Ernst, Zur Regelung des Versendungskaufs im Entwurf der Kommission zur Überarbeitung des Schuldrechts, ZIP 1993, 481

---

* Für Unterstützung bei Überprüfung der Fundstellen, Erstellung der Verzeichnisse und Korrekturen dankt der Verfasser Wiss Mitarb Ass Joelle Kremser und Wiss Mitarb Ass Philipp Weyer.

ders, Kernfragen der Schuldrechtsreform, JZ 1994, 801
ders, Zum Kommissionsentwurf für eine Schuldrechtsreform, NJW 1994, 2177
Flume, Zu dem Vorhaben der Neuregelung des Schuldrechts, ZIP 1994, 1497
Grigoleit/Riehm, Die Kategorien des Schadensersatzes im Leistungsstörungsrecht, AcP 203 (2003) 727
Grundmann, Der Schadensersatzanspruch aus Vertrag, AcP 204 (2004) 569
Grunsky, Vorschläge zu einer Reform des Schuldrechts, AcP 182 (1982) 453
Haas, Vorschläge zur Überarbeitung des Schuldrechts – Die Mängelhaftung bei Kauf- und Werkverträgen, NJW 1992, 2389
Hartmann, Der Anspruch auf das stellvertretende commodum (2007)
Hellwege, Die §§ 280 ff. BGB – Versuch einer Auslegung und Systematisierung (2005)
Horst, Mietrechtliche Schnittstellen der Schuldrechtsreform, DWW 2002, 6
Huber, Leistungsstörungen, in: BJM (Hrsg), Gutachten und Vorschläge zur Überarbeitung des Schuldrechts, Bd I (1981)
ders, Die Pflichtverletzung als Grundtatbestand der Leistungsstörung im Diskussionsentwurf eines Schuldrechtsmodernisierungsgesetzes, ZIP 2000, 2273
ders, Das geplante Recht der Leistungsstörungen, in: Ernst/Zimmermann (Hrsg), Zivilrechtswissenschaft und Schuldrechtsreform (2001) 31
Jakobs, Gesetzgebung im Leistungsstörungsrecht (1985)
Kindl, Das Recht der Leistungsstörungen nach dem Schuldrechtsmodernisierungsgesetz, WM 2002, 1313
R Knütel, Zur Schuldrechtsreform, NJW 2001, 2519
Leible, Was tun mit dem Gemeinsamen Referenzrahmen für das Europäische Vertragsrecht? – Plädoyer für ein optionales Instrument, BB 2008, 1469
Lieb, Grundfragen einer Schuldrechtsreform, AcP 183 (1983) 327
Löwisch, Zweifelhafte Folgen des geplanten Leistungsstörungsrechts für das Arbeitsvertragsrecht, NZA 2001, 465
Looschelders, „Unmöglichkeit" und Schadensersatz statt der Leistung, JuS 2010, 849
St Lorenz, Schuldrechtsmodernisierung – Erfahrungen seit dem 1. Januar 2002, in: Karlsruher Forum 2005 (2006) 5
Magnus, Der Tatbestand der Pflichtverletzung, in: Schulte/Schulze-Nölke, Schuldrechtsreform (2001) 67
Mansel, Kaufrechtsreform in Europa und die Dogmatik des deutschen Leistungsstörungsrechts, AcP 204 (2004) 396
Medicus, Gesetzgebung und Jurisprudenz im Recht der Leistungsstörungen, AcP 186 (1986) 268
ders, Vorschläge zur Überarbeitung des Schuldrechts – Das allgemeine Recht der Leistungsstörungen, NJW 1992, 2384
Mitzkait, Leistungsstörung und Haftungsbefreiung (2008)
Münch, Die „nicht wie geschuldet" erbrachte Leistung und sonstige Pflichtverletzungen, Jura 2002, 361
Otto, Die Grundstrukturen des neuen Leistungsstörungsrechts, Jura 2002, 1
ders, Der Ausschluss der Leistungspflicht gemäß § 275 Abs 2 und 3 im Schwebezustand, in: FS Canaris (2007) I 945
Rabe, Pflichtverletzung als Grundtatbestand des Leistungsstörungsrechts, ZIP 1996, 1652
ders, Drei Jahre Schuldrechtsmodernisierungsgesetz – eine Entgegnung, AnwBl 2005, 239
Reinhardt, Die Gefahrtragung beim Kauf unter besonderer Berücksichtigung der Regelungsvorschläge des Schuldrechtsreformentwurfs (1998)
Rolland, Schuldrechtsreform – Allgemeiner Teil, NJW 1992, 2377
ders, Risikoverlagerung nach den Vorschlägen der Schuldrechtskommission, in: FS Medicus (1999) 469
Schäfer, Zum Begriff der Pflichtverletzung in § 280 I BGB, JA 2003, 600
Schapp, Probleme der Reform des Leistungsstörungsrechts, JZ 1993, 637
ders, Empfiehlt sich die „Pflichtverletzung" als Generaltatbestand des Leistungsstörungsrechts?, JZ 2001, 583
Schermaier, Was schuldet der Schuldner? Die „Pflicht zur Anstrengung" im modernisier-

ten Schuldrecht, in: GS Mayer-Maly (2011) 409
W-Th Schneider, Abkehr vom Verschuldensprinzip? – Eine rechtsvergleichende Untersuchung zur Vertragshaftung (BGB, Code civil und Einheitsrecht) (2007)
Schulte-Nölke, Arbeiten an einem europäischen Vertragsrecht – Fakten und populäre Irrtümer, NJW 2009, 2161
Schur, Der Anspruch des Käufers auf Schadensersatz wegen eines Sachmangels, ZGS 2002, 243
Schwarze, Unmöglichkeit, Unvermögen und ähnliche Leistungshindernisse im neuen Leistungsstörungsrecht, Jura 2002, 73
Staudenmayer, Vorschlag für eine Verordnung des Europäischen Parlaments und des Rates über ein gemeinsames Europäisches Kaufrecht (2011)
Teichmann/Weidmann, Paradigmenwechsel im Schadensersatzrecht durch die Schuldrechtsmodernisierung, in: FS Hadding (2004) 287
Tiedtke/Schmitt, Der Anwendungsbereich des kaufrechtlichen Schadensersatzes statt der Leistung nach §§ 437 Nr 3, 280 Abs 1 und 3, 281 Abs 1 BGB, BB 2005, 615
Unberath, Die Vertragsverletzung (2007)
Vollkommer, Die Konkurrenz des allgemeinen Leistungsstörungsrechts mit den Leistungsstörungsinstituten der besonderen Schuldvertragstypen, AcP 183 (1983) 525
Wahl, Schuldnerverzug – Bürgerliches Gesetzbuch, Rechtssystematik und Schuldrechtsreform (1998)
Westermann, Das Schuldrecht (2002)
Wiedemann, Das System der Leistungsstörungen im deutschen Vertragsrecht, in: FS Rechtswiss Fakultät Köln (1988) 367
Ernst Wolf, Kein Abschied vom BGB, ZRP 1982, 1.

Vgl ferner das Allgemeine Schrifttum.

Systematische Übersicht

Alphabetische Übersicht

A. Gegenstand der §§ 280 ff

I. Haftung für Pflichtverletzungen im Schuldverhältnis

A 1 In den §§ 280 ff BGB wird die Haftung des Schuldners für Pflichtverletzungen im Schuldverhältnis (§ 280 Rn B 1 ff) allgemein bestimmt. Die Normen haben einen denkbar weiten Anwendungsbereich: Sie gelten für alle privatrechtlichen Schuldverhältnisse (§ 280 Rn B 6 ff), soweit nicht besondere Regeln bestehen (Rn D 12), und sind auf öffentlich-rechtliche Schuldverhältnisse entsprechend anwendbar (§ 280 Rn B 29).

A 2 Die Regelung zielt im Kern auf den Schutz des Gläubigers gegen Störungen des Schuldverhältnisses und daraus resultierende Beeinträchtigungen seines durch das Schuldverhältnis abgesicherten Leistungsinteresses und Integritätsinteresses durch **Haftung des Schuldners auf Schadensersatz**. Nach Art der Pflichtverletzung und den sonstigen Umständen kommen neben der Haftung *weitere Rechtsfolgen* in Betracht (§§ 284, 285, 287–292 BGB), deren gemeinsames Ziel darin besteht, Nachteile auszugleichen, die den Gläubiger aus einer vom Schuldner zu vertretenden Pflichtverletzung treffen.

A 3 Den rechtsethischen Kern der Haftung bildet die **Schuldwidrigkeit** eines Zustandes (Eintritt/Nichteintritt eines Erfolges) oder eines Verhaltens, dh das Zurückbleiben des Ist-Zustandes bzw Ist-Verhaltens vom nach dem Schuldverhältnis gebotenen Soll-Zustand/Soll-Verhalten (vgl Begr RegE BT-Drucks 14/6014, 134 f) und die **Zurechnung** der Schuldwidrigkeit zum Schuldner. Das eine fasst das Gesetz in den Begriff der „Pflichtverletzung" (§ 280 Abs 1 S 1 BGB, § 280 Rn C 1 ff), das andere in den Begriff des „Vertretenmüssens" (§ 280 Abs 1 S 2 BGB, § 280 Rn D 1 ff). Das „Vertretenmüssen" kann in einem *Fehlverhalten* (Vorsatz oder Fahrlässigkeit) oder in der *vertraglichen Übernahme oder gesetzlichen Zuweisung der Verantwortung* für eine Schuldwidrigkeit ohne ein Verschulden bestehen (§ 276 Abs 1 S 1 BGB, Staudinger/Caspers § 276 Rn 143 ff, 147 ff).

A 4 Die §§ 280 ff BGB sollen aufgrund ihres allgemein-systematischen Charakters eine **vollständige Regelung** der Haftung für Störungen des Schuldverhältnisses verbürgen. Dieser Anspruch kann nach hier vertretener Auffassung nicht ganz eingelöst werden. Zwar gewährleistet § 280 Abs 1 BGB, dass jede Pflichtverletzung erfasst wird, nicht jedoch die einer Verletzung gleichstehende *Vertrags- bzw Leistungsgefährdung*. Insoweit ist eine Analogie erforderlich (§ 280 Rn C 17 f). Ferner ist die Haftung für eine vom Schuldner zu verantwortende „nachvertragliche" Verletzung des Leistungsinteresses („nachvertragliche Leistungstreuepflicht") nicht oder zumindest nicht klar zuzuordnen (§ 280 Rn C 19). Dasselbe gilt für eine vom Schuldner zu vertretende *Störung der Geschäftsgrundlage* (§ 280 Rn C 20).

II. Das Verhältnis der Haftung zur Schuld

A 5 Die §§ 280 ff BGB beruhen auf der dogmatischen Unterscheidung zwischen (primärer) Schuld und (sekundärer) Haftung (wohl hM s nur Unberath, Die Vertragsverletzung [2007] 194 ff; Schur ZGS 2002, 243; Looschelders JuS 2010, 849, 851). Die primäre Schuld meint das „Bekommensollen" des Gläubigers durch ein „Leistensollen" des Schuldners (MünchKomm/Ernst § 280 Rn 12), die Haftung meint das Einstehenmüssen des

Schuldners hierfür. Die §§ 280 ff BGB regeln das Einstehenmüssen in Gestalt der Pflicht zum Schadensersatz. Ihnen liegt ein Verständnis der Haftung zugrunde, dass die **Haftung als Ausgleich** für die Nichterfüllung der Schuld versteht, nicht dagegen als alternative oder substitutive Form der Erfüllung der Schuld. Das gilt auch für die ersatzweise Befriedigung des Leistungsinteresses, die durch § 280 Abs 3 BGB dem Haftungsschema unterworfen wird. Praktisch zeigt sich dies in den unterschiedlichen Voraussetzungen der Pflichten: Für das Bestehen der Leistungspflicht ist das Vertretenmüssen (der Störung) im Ausgangspunkt unerheblich und gewinnt allenfalls eine gewisse Bedeutung bei der Bemessung des dem Schuldner abzuverlangenden Aufwandes (§ 275 Abs 2 S 2 BGB). Die Schadensersatzpflicht dagegen setzt stets das Vertretenmüssen und damit idR (§ 276 Abs 1 S 1 BGB) ein Fehlverhalten des Schuldners voraus.

Das Gesetz entscheidet sich mithin gegen ein Verständnis der Leistungspflicht, das die ersatzweise Befriedigung des Leistungsinteresses als alternative oder substitutive Form der Erfüllung ansieht (**„Theorie der doppelten Obligation“**, insbes Jakobs, Unmöglichkeit und Nichterfüllung [1969]). Aus dieser Sicht wäre der Ersatz des Interesses ebenfalls „Schuld“ im Gleichlauf mit der primären Befriedigung und der Begriff „Haftung“ drückte nur den sekundären Charakter der Schuld aus (zu den Schlussfolgerungen für den Inhalt der Pflichten näher Schwarze, Leistungsstörungen [2017] § 3 Rn 6 ff mwNw). Diese Interpretation setzt voraus, dass beide Schuldinhalte denselben Entstehungsgrund haben, indem sie entweder auch die Haftung dem Leistungsversprechen als Inhalt zuordnet (der Schuldner verspricht sekundär die ersatzweise Befriedigung) oder sowohl Erfüllungsanspruch als auch Haftung als gesetzlich angeordnete Folge des Leistungsversprechens betrachtet. Eine praktische Auswirkung dieser Sicht besteht darin, dass das Vertretenmüssen für beide Schuldinhalte dieselbe Rolle spielen muss. Soweit die Primärschuld unabhängig von einem Vertretenmüssen besteht, müsste dies auch für die Haftung gelten. Oder umgekehrt müsste die Leistungspflicht entfallen, wenn der Schuldner sich hinsichtlich der Nichtleistung entlasten kann. **A 6**

Diese Sicht entsprach schon unter Geltung des alten Rechts (§§ 325, 326 BGB aF) nicht der herrschenden Meinung, wenngleich die alte Regelung in dieser Hinsicht deutbar war (Jakobs, Unmöglichkeit und Nichterfüllung [1969] 74 ff, 169 ff; s auch jetzt noch § 265 S 2 BGB). Die jetzige Regelung der §§ 280 ff BGB steht eindeutig nicht auf dem Standpunkt der doppelten Obligation (zu § 311a Abs 2 s Rn C 7 f). Die Vor- und Nachteile dieser Lösung für die ersatzweise Befriedigung des Leistungsinteresses sind in der langjährigen Vorgeschichte der jetzigen Regelung (Rn B 1 ff) eingehend erörtert worden, sodass man die in §§ 280 ff BGB getroffene gesetzgeberische Entscheidung schwerlich als unbedacht charakterisieren kann (so eine nach wie vor vorgetragene Kritik, HKK/Schermaier §§ 280–285 Rn 127). Im Übrigen sind die Parteien nicht gehindert, eine doppelte Obligation zu **vereinbaren**, dh die ersatzweise Befriedigung des Leistungsinteresses als alternative oder substitutive Form der Leistung zu vereinbaren. Die §§ 280 ff BGB beschränken sich als dispositive Regelung (§ 280 Rn H 1 ff) darauf, die Auslegung einer Leistungsabrede für den Regelfall dahingehend zu bestimmen, dass mit der Leistungspflicht nur die Primärleistung versprochen wird, während die Haftung als Ausgleich einer Verletzung dieser Pflicht zu verstehen ist. **A 7**

III. Die tatbestandliche Erfassung der Haftung in § 280 Abs 1

A 8 Die Schuldwidrigkeit (Rn A 3) ergibt sich aus dem Inhalt des Schuldverhältnisses, der somit den Maßstab für die formale und materielle Erfassung einer Störung bildet. Wird der Inhalt des Schuldverhältnisses tatbestandlich in Pflichten des Schuldners gegenüber dem Gläubiger erfasst (§ 241 BGB), ist die **Pflichtverletzung** der natürliche („spiegelbildliche") Begriff zur tatbestandlichen Erfassung dieser Abweichung (§ 280 Abs 1 BGB; zur Problematik und Mehrdeutigkeit des Begriffs Rn C 1 ff; scharf gegen durchgehende Strukturierung der Verbindlichkeit durch den Pflichtbegriff SCHERMAIER, in: GS Mayer-Maly [2011] 409 ff; s Rn B 12 f). Die Gliederung des Schuldinhalts in Leistungspflichten (§ 241 Abs 1 BGB) und Rücksichtnahmepflichten (§ 241 Abs 2 BGB) liefert sodann das Muster für die Auffächerung der Pflichtverletzungen und der daran anknüpfenden Haftungstatbestände der §§ 280 ff BGB (Rn C 1 ff). § 280 Abs 1 BGB bringt die Elemente der Haftung zusammen und bestimmt die **allgemeinen Voraussetzungen der Haftung**: (1) Schuldverhältnis, (2) Pflichtverletzung, (3) Keine Entlastung des Schuldners, (4) Schaden, (5) Kausalität/Zurechenbarkeit. Mit diesem Inhalt ist die Norm sowohl eigene – subsidiäre – Anspruchsgrundlage (Rn C 12 f u § 280 Rn C 22 ff) als auch Rahmenregelung für die mit ihr verknüpften besonderen Tatbestände in §§ 281–283 BGB (Rn C 10 ff).

IV. Die Systematik der §§ 280 ff

A 9 In den §§ 280–283, 286 BGB ist die Haftung des Schuldners auf Schadensersatz geregelt, in den §§ 284, 285, 287–292 BGB sind weitere Rechtsfolgen geregelt, die den Schuldner wegen einer Pflichtverletzung treffen können.

A 10 Der allgemeine Tatbestand der **Haftung auf Schadensersatz** aus dem Schuldverhältnis in § 280 Abs 1 BGB wird durch §§ 280 Abs 2, 286 ff BGB und §§ 280 Abs 3, 281 ff BGB in besondere Haftungstatbestände aufgefächert. Leitend für die Systematik der Regeln ist dabei *erstens* eine Unterscheidung nach **Schadensarten**, dh der Art der Beeinträchtigung des geschützten Gläubigerinteresses in § 280 Abs 3 BGB der Schadensersatz statt der Leistung (Rn C 3 ff, § 280 Rn C 8 ff), in § 280 Abs 2 BGB der Verzögerungsschaden (Rn C 11, § 280 Rn C 7) und in § 280 Abs 1 BGB alle übrig bleibenden Schadensarten, insbesondere sonstige Verletzungen des Leistungsinteresses (Rn C 12 u § 280 Rn C 23 ff) und der Integritätsschaden (Rn C 13 u § 280 Rn C 37 ff). In dieser Aufteilung spiegelt sich haftungsrechtlich eine mit Entstehung der Leistungspflicht einhergehende Zweiteilung der Interessensphäre des Gläubigers in den Anspruch auf die Leistung (Leistungsinteresse/das zu Erwerbende), der auf die „Veränderung der Güterlage" zielt (BT-Drucks 14/6040, 125) und das sonstige, außerhalb der Leistungspflicht liegende Interesse (Integritätsinteresse/das „schon Vorhandene"; zur Abgrenzung § 280 Rn C 38), die „gegenwärtige Güterlage". Innerhalb der Verletzung des Leistungsinteresses wird noch einmal nach dem Verhältnis des Schadens zur Primärleistungspflicht unterschieden, dh danach, ob der Schadensersatz die Primärleistungspflicht verdrängt (§ 280 Abs 3 BGB) oder neben sie tritt (§ 280 Abs 2 u § 280 Abs 1 BGB, soweit es um das Leistungsinteresse geht). *Zweitens* ist eine Unterscheidung nach Störungsarten bzw **Pflichtverletzungsarten** für die Systematik der §§ 280 ff BGB leitend, auf die der Schaden zurückzuführen ist: beim Schadensersatz statt der Leistung gem § 280 Abs 3 BGB die Unterscheidung in Nichtleistung trotz Erbringbarkeit der Leistung (§ 281 Abs 1 S 1, 1. Alt BGB, § 280 Rn C 9), behebbare Schlechtleistung (§ 281 Abs 1 S 1, 2. Alt BGB; § 280 Rn C 10), Verletzung einer Rücksichtnahmepflicht (§ 282 BGB; § 280 Rn C 15) und Nichtleistung infolge eines nach Entstehung des Schuldverhältnisses eintretenden Leistungshindernisses gem § 275 BGB bzw unbehebbare Schlechtleistung (§ 283 BGB; § 280 Rn C 12); beim Verzögerungsschaden (§ 280 Abs 2, §§ 288–292 BGB) der Schuldnerverzug (§ 286 BGB; § 280 Rn C 7). Bei den sonstigen Schäden, insbes dem Integritätsschaden, findet sich dem Auffangcharakter des § 280 Abs 1 BGB entsprechend keine Ausdifferenzierung der Pflichtverletzungsarten, sie ist aber für die dogmatische Strukturierung der Norm ebenfalls maßgeblich (s § 280 Rn C 23 ff).

Vervollständigt wird der Schutz des Gläubigers durch eine **Erweiterung der Rechtsfolgen** über den Schadensersatz ieS hinaus: durch § 284 BGB, der den Schuldner für vergebliche Aufwendungen des Gläubigers haften lässt, durch § 285 BGB, der im Falle der Nichtleistung wegen Leistungshindernisses gem § 275 BGB den Zugriff des Gläubigers auf Vermögenssurrogate des Schuldners ermöglicht, und durch § 287 BGB, der das Leistungsinteresse des Gläubigers im Falle des Schuldnerverzuges durch eine Verschärfung der Verantwortlichkeit schützt. Ergänzt werden die §§ 280 ff BGB durch **§ 311a Abs 2 BGB**, der die Haftung auf Schadensersatz statt der Leistung für bei Entstehung eines (vertraglichen) Schuldverhältnisses bereits bestehende („anfängliche") Leistungshindernisse gem § 275 BGB besonders regelt; die Regelung erklärt sich aus einem von § 280 Abs 1 BGB abweichenden Haftungsgrund (Rn C 7 f). **A 11**

V. Nutzung der Systematik für die Fallbearbeitung

In der Fallbearbeitung ist die Systematik der §§ 280 ff BGB zur Ermittlung der richtigen **Anspruchsgrundlage** nutzbar zu machen, indem das Begehren einer Partei in einem *ersten Schritt* einem der **Anspruchsinhalte** – Schadensersatz (§§ 280–283, 286, 288, 292 BGB), Aufwendungsersatz (§ 284 BGB), Herausgabe eines Ersatzes (§ 285 BGB) – zugeordnet wird. **A 12**

Wird Schadensersatz begehrt, ist in einem *zweiten Schritt* der von der Partei begehrte Ausgleich einer der in §§ 280 ff BGB unterschiedenen **Schadensarten** zuzuordnen: (1) Schadensersatz statt der Leistung (§§ 280 Abs 1, Abs 3, 281–283, § 311a Abs 2 BGB); (2) Verzögerungsschaden (§§ 280 Abs 1, Abs 2, 286, 288, 292 BGB); (3) Integritätsschaden (§ 280 Abs 1 BGB); (4) Sonstiger Schaden (§ 280 Abs 1 BGB). **A 13**

Wird Schadensersatz statt der Leistung begehrt, ist in einem *dritten Schritt* die **Art der Pflichtverletzung** zu bestimmen, auf die das Begehren sich stützt: (1) Nichtleistung trotz Erbringbarkeit der Leistung (§§ 280 Abs 1, Abs 3, 281 Abs 1 S 1, 1. Alt BGB); (2) Schlechtleistung trotz Behebbarkeit des Mangels (§§ 280 Abs 1, Abs 3, 281 Abs 1 S 1, 2. Alt BGB); (3) Nichtleistung infolge eines nachträglichen Leistungshindernisses (§§ 280 Abs 1, Abs 3, 283 BGB); (4) nachträglich unbehebbar gewordene Schlechtleistung (§§ 280 Abs 1, Abs 3, 283 S 2 BGB); (5) Nichtleistung infolge anfänglichen Leistungshindernisses (§ 311a Abs 2 BGB); (6) anfänglich unbehebbare Schlechtleistung (§ 311a Abs 2 S 3 BGB); (7) Unzumutbarkeit der weiteren Bindung an das Schuldverhältnis infolge Verletzung von Rücksichtnahmepflichten (§§ 280 Abs 1, Abs 3, 282 BGB); (8) Unzumutbarkeit der weiteren Bindung an das Schuldverhältnis infolge Gefährdung der Leistung (analog §§ 280 Abs 1, Abs 3, 281– **A 14**

283 BGB); (9) Unzumutbarkeit der Bindung an das Schuldverhältnis infolge nachvertraglicher Pflichtverletzungen (analog §§ 280 Abs 1, Abs 3, 281 BGB); (10) vom Schuldner zu vertretende Störung der Geschäftsgrundlage (§§ 280 Abs 1, Abs 3, 283 BGB analog; s § 280 Rn C 20).

B. Entstehungsgeschichte

B 1 Die jetzige Regelung der §§ 280 ff BGB ist das Ergebnis einer Reformdiskussion, in deren Mittelpunkt die Frage nach einem **einheitlichen Begriff, der alle vom Schuldner zu verantwortenden Störungen erfasst**, und damit verknüpft das Problem der Vollständigkeit der gesetzlichen Regelung stand. Die folgende Skizze beschränkt sich auf diesen Kern der Entstehungsgeschichte der jetzigen Regelung der §§ 280 ff BGB (zu weiteren Einzelheiten der Entstehungsgeschichte s Staudinger/Otto [2009] Vorbem 2 ff zu §§ 280–285).

I. Kritik des alten Rechts

B 2 Der Regelung des Leistungsstörungsrechts im BGB wurde schon bald nach Inkrafttreten der Vorwurf gemacht, infolge einer Beschränkung auf einzelne tradierte Störungstatbestände (Unmöglichkeit, Verzug) unvollständig zu sein. Aus dieser nicht unumstrittenen, aber wirkungsmächtigen Deutung des Gesetzes entstand mit der „positiven Forderungsverletzung/Vertragsverletzung“ (Staub, Die positive Vertragsverletzung [1913]) eine höchstrichterlich akzeptierte Figur, die die Unvollständigkeit und unzureichende begriffliche Systematisierung des alten Leistungsstörungsrechts zum Rechtsdogma erhob (umf Glöckner, Positive Vertragsverletzung [2006]). Dies befeuerte und bestimmte die Reformdebatten sowohl der dreißiger wie der achtziger Jahre des 20. Jh (s das Fazit von Huber, Gutachten 770 f).

II. Die radikale Abstraktion im Entwurf der Schuldrechtskommission (BGB-KE)

B 3 Die durch das Bundesministerium der Justiz (BMJ) initiierte, auf eine Reform des gesamten Schuldrechts zielende Diskussion Anfang der achtziger Jahre (Huber, Leistungsstörungen, in: BJM [Hrsg], Gutachten und Vorschläge zur Überarbeitung des Schuldrechts Bd I 647 ff; Diederichsen AcP 182 [1982] 101, 117 ff; Jakobs, Gesetzgebung im Leistungsstörungsrecht 10 ff, 19 ff; Lieb AcP 183 [1983] 327, 341 ff; Vollkommer AcP 183 [1983] 525 ff; Medicus AcP 186 [1986] 269, 276 ff; Wiedemann, in: FS Rechtswiss Fakultät Köln [1988] 367 ff) führte 1984 zur Einsetzung einer Kommission zur Überarbeitung des Schuldrechts (Schuldrechtskommission) durch das BMJ. Deren Reformvorschläge gab das BMJ 1992 in einem Abschlussbericht mit ausformuliertem Kommissionsentwurf (BGB-KE) heraus (dazu Medicus NJW 1992, 2384 ff; Rolland NJW 1992, 2377, 2380 ff; Schapp JZ 1993, 637 ff; Ernst JZ 1994, 801 ff; ders NJW 1994, 2177 ff; Flume ZIP 1994, 1497 ff; Rabe ZIP 1996, 1652 ff). Sie waren auch Gegenstand der zivilrechtlichen Abteilung des Deutschen Juristentages 1994 (Verhandlungen des 60. DJT, Bd II/1 Teil K, Beschlüsse K 103 ff; Bericht in NJW 1994, 3069 f). In seinem leistungsstörungsrechtlichen Teil sah der BGB-KE eine radikale **Vereinheitlichung der Störungstatbestände** vor (näher folgend Rn B 4). Sie wurde in der nachfolgenden literarischen Diskussion eher kritisch gesehen. Man bezweifelte, dass die sachliche Verschiedenheit der Störungen die begriffliche Zusammenfassung in einem

Tatbestand vertrage und kritisierte insbesondere die Beseitigung des Störungstatbestandes der (objektiven und subjektiven) Unmöglichkeit der Leistung (Flume ZIP 1994, 1497, 1500; Ernst NJW 1994, 2177, 2180; ders JZ 1994, 801, 805; M Ahrens ZRP 1995, 417, 419).

III. Die Übernahme des BGB-KE in den Diskussionsentwurf (DE)

Gleichwohl wurden die Regelungsvorschläge des BGB-KE zum allgemeinen Leistungsstörungsrecht vom BMJ übernommen in seinen **Diskussionsentwurf eines Schuldrechtsmodernisierungsgesetzes v 4. 8. 2000 (DE)** (s dazu Staudinger/Löwisch [2001] Vorbem 6 ff zu §§ 275–283; ferner Vorbem 3 f zu §§ 284–292; sowie Staudinger/Otto [2001] Vorbem 40 ff zu §§ 323–327), dem ersten Schritt zur gesetzlichen Umsetzung der Schuldrechtsreform. BGB-KE und DE zielten im Leistungsstörungsrecht darauf ab, einen einheitlichen Leistungsstörungstatbestand der „Pflichtverletzung" zu schaffen und die Aufgliederung in konkrete Störungstatbestände (Unmöglichkeit, Verzug) aufzugeben (§§ 280 Abs 1 S 1, 323 Abs 1 BGB-KE; dazu Abschlussbericht 29 ff, 129 f, 166 ff; zust Beschluss II 4 der zivilrechtlichen Abteilung des 60. DJT, II/1 K 103; so auch §§ 280 Abs 1 S 1, 323 Abs 1 DE). Die sachlich gebotene Differenzierung nach Art und Ausmaß der Pflichtverletzung sollte über den Tatbestand der *„unerheblichen" Pflichtverletzung* erfolgen (§ 323 Abs 3 Nr 1 BGB-KE = § 323 Abs 3 Nr 1 DE). Unerhebliche Pflichtverletzungen sollten den Gläubiger weder zum Rücktritt noch zum Schadensersatz wegen Nichtausführung des Vertrages berechtigen (§§ 280 Abs 2 S 3, 327 BGB-KE = §§ 280 Abs 2 S 3, 325 DE). Mit dieser Abkehr vom System konkreter Leistungsstörungstatbestände folgte die Schuldrechtskommission im Kern den am UN-Kaufrecht orientierten Vorschlägen von Huber (Gutachten 647, 699 ff, 751 ff; zum Begriff der Pflichtverletzung s noch Rn B 12). **B 4**

Auf der Rechtsfolgenseite zielte die in § 327 BGB-KE (= § 325 DE) vorgesehene Befugnis zur **Kumulation von Rücktritt und Schadensersatz** wegen „Nichtausführung des Vertrages" auf eine Abkehr der im alten Recht geltenden Alternativität von Rücktritt und Schadensersatz (dazu Abschlussbericht 31, 173 f; befürwortend auch Rolland, in: FS Medicus [1999] 469, 479 f), ja sogar zu einer Art Kumulationszwang, da Schadensersatz wegen Nichtausführung des Vertrages den Rücktritt voraussetzte. **B 5**

Von den Regelungen des besonderen Vertragsrechts über Gefahrtragung und Mängelhaftung (Rn D 8) sollte die **kauf- und werkvertragliche Mängelgewährleistung in das allgemeine Leistungsstörungsrecht integriert** werden (§§ 434 ff BGB-KE [im Kern identisch §§ 433 ff DE]; Abschlussbericht 32 f, 195 ff; dazu Haas NJW 1992, 2389 ff; zust Beschluss III 9 der zivilrechtlichen Abteilung des 60. DJT, II/1 K 104). **B 6**

Eine Folge der radikalen Vereinheitlichung wären viele Streitigkeiten zur Klärung der „Unerheblichkeit" einer Pflichtverletzung gewesen (so auch Ernst JZ 1994, 801, 807), wenn die Unerheblichkeit generell über Rücktrittsrecht und Schadensersatz wegen Nichtausführung entschieden hätte. **B 7**

Zu Schwierigkeiten hätte auch führen müssen, dass der Anspruch auf die Gegenleistung selbst im Fall eindeutiger Unmöglichkeit der Leistung entgegen § 323 aF erst infolge eines Rücktritts des Gläubigers untergehen sollte. Denn dem Schuldner der unmöglich gewordenen Leistung sollte gem § 275 S 1 BGB-KE (= § 275 S 1 DE) **B 8** lediglich ein Leistungsverweigerungsrecht zustehen. Er hätte also im Fall seiner Säumnis im Prozess zur – unmöglichen – Leistung verurteilt werden müssen, wenn er sich nicht gewehrt hätte. Die Schuldrechtskommission wollte hier mit der Einrede der unzulässigen Rechtsausübung bzw – sehr fragwürdig – dem fehlenden Rechtsschutzbedürfnis abhelfen (Abschlussbericht 121; abl Beschluss II 5 b der zivilrechtlichen Abteilung des 60. DJT, II/1 K 103). Nicht überzeugen konnte zudem die beabsichtigte Streichung der Gefahrtragungsregeln für den Fall der Versendung beim Kauf (§ 447 BGB) und Werkvertrag (§ 644 Abs 2 BGB) (s Ernst ZIP 1993, 481 ff; Reinhardt insbes 135 ff).

B 9 Die **Reaktionen** auf den leistungsstörungsrechtlichen Teil des DE waren daher ähnlich kritisch wie beim KE (vgl Referate zum Regensburger Symposion unter dem Titel „Schuldrechtsmodernisierung 2001", abgedr in: Ernst/Zimmermann [Hrsg], Zivilrechtswissenschaft und Schuldrechtsreform [2001], die Beiträge des Symposions in Münster mit dem Thema „Die Schuldrechtsreform vor dem Hintergrund des Gemeinschaftsrechts", hrsg von Schulze/Schulte-Nölke [2001], sowie die Vorträge und Berichte der Sondertagung „Schuldrechtsmodernisierung" der deutschen Zivilrechtslehrervereinigung in Berlin, JZ 2001, 473 ff). Insgesamt zeigte sich, dass die hohe Abstraktion der Störungstatbestände über alle Vertragstypen hinweg zu schwerwiegenden inhaltlichen Disharmonien im Vergleich mit dem Regelungsgehalt des geltenden Rechts führte (vgl zum Arbeitsrecht Löwisch NZA 2001, 465 ff). Hinzu kam eine wenig durchsichtige Verweisungstechnik.

IV. Die Hinwendung zur „mittleren Lösung" im geltenden Recht

B 10 Die Kritik am DE führte zu einer gründlichen Überarbeitung durch eine „Kommission Leistungsstörungsrecht" (s Canaris JZ 2001, 499 mit Fn 1), deren Ergebnis die sog **„Konsolidierte Fassung" (KF)** war (in Synopse zum DE abgedruckt in JZ 2001, 524 ff). Eine wesentliche Änderung zum DE bestand im Festhalten am Tatbestand der objektiven und subjektiven *Unmöglichkeit* mit dem automatischen Untergang des Leistungsanspruchs in § 275 Abs 1 KF (Stellungnahme des Bundesrates BT-Drucks 14/6857 Anl 2, Nr 19, 23, 32 und 52; Beschlussempfehlung und Bericht des Rechtsausschusses BT-Drucks 14/7052, 208). Außerdem fand der *automatische Untergang des Anspruchs auf die Gegenleistung* in § 326 Abs 1 S 1 BGB wieder seinen Platz. Die in § 325 DE vorgesehene Bindung des Schadensersatzes statt der Leistung an einen vorherigen Rücktritt entfiel. § 325 KF ließ aber die *Kumulation* beider Rechte zu. In § 311a KF kehrte man zudem zu einer gesonderten Regelung der *anfänglichen Unmöglichkeit* zurück, da man diese Störung schwerlich als Verletzung vertraglicher Pflichten seitens des Schuldners hätte auffassen können (vgl dazu Canaris DB 2001, 1815, 1818 und Begr BT-Drucks 14/6040, 165; s Rn C 7 f).

B 11 Die „Konsolidierte Fassung" wurde dann mit geringfügigen Änderungen Inhalt des **Regierungsentwurfs (RegE/RE)**, der dem Bundesrat zugeleitet wurde (BR-Drucks 338/01 v 11. 5. 2001). Gleichzeitig brachten die Koalitionsfraktionen *SPD* und *Bündnis 90/Die Grünen* den Regierungsentwurf in den Bundestag ein (BT-Drucks 14/6040 v 14. 5. 2001). Der Regierungsentwurf stieß auf *Kritik des Bundesrates,* zu der die Bundesregierung in ihrer Gegenäußerung zT zustimmend Stellung nahm (BT-Drucks 14/6857 v 31. 8. 2001 Anl 2 u 3). Die *Beschlussempfehlung des Rechtsausschusses* (BT-Drucks 14/7052 v 9. 10. 2001) führte infolgedessen noch einmal zu bedeutsamen Änderungen am Entwurf. Ua wurde die Gleichstellung von dauernder und zeitweiliger Unmöglichkeit in § 275 Abs 1 S 1 BGB und § 283 S 1 BGB aufgegeben, ferner – durch Einfügung des § 619a BGB – den Besonderheiten der arbeitsrechtlichen Haftung Rechnung getragen. Diese Fassung wurde am 11. 10. 2001 vom Bundestag angenommen (BR-Drucks 819/01 v 19. 10. 2001) und am 9. 11. 2001 vom Bundesrat gebilligt (BR-Drucks 819/01 [Beschluss]). Die Gesetz gewordene Fassung der §§ 280 ff BGB unterscheidet sich damit nicht nur grundlegend von dem Entwurf der Schuldrechtskommission von 1992 und dem ihm folgenden DE des BMJ aus dem Jahr 2000, sondern auch beträchtlich von der Konsolidierten Fassung bzw dem Regierungsentwurf.

V. Die „Pflichtverletzung" als haftungsrechtlicher Grundtatbestand

Die rechtspolitische Entscheidung über das **richtige Maß an Abstraktion** im allgemeinen Leistungsstörungsrecht ist verknüpft mit der Frage der Erfassbarkeit aller dem Schuldner zuzurechnenden Störungen in einem Grundbegriff. Dies bildet den Kristallisationspunkt der Diskussion um die Struktur der gesamten Regelung. Bereits innerhalb der Schuldrechtskommission wurde über die Wahl der richtigen Terminologie diskutiert. Zur Wahl standen seinerzeit der von Diederichsen (AcP 182 [1982] 101, 117 ff) vorgeschlagene Begriff der *Pflichtverletzung* und der von U Huber (in: Gutachten und Vorschläge zur Überarbeitung des Schuldrechts, Bd I 647, 699 ff) in Anlehnung an das UN-Kaufrecht vorgeschlagene Terminus der *Nichterfüllung*. Die Schuldrechtskommission entschied sich für die Pflichtverletzung (Abschlussbericht 29 f, 130 f), da sie den Begriff der Nichterfüllung für missverständlich hielt. Der Begriff der Nichterfüllung werde im Bürgerlichen Gesetzbuch bisher verwendet, wenn die Leistung ganz oder auf Dauer ausbleibe. Die bloße Abweichung der Leistung des Geschuldeten hinsichtlich der Zeit oder der Begleitumstände werde üblicherweise nicht als Nichterfüllung bezeichnet (Abschlussbericht 130 f). **B 12**

Dieser Argumentation ist letztlich auch der RegE (BT Drucks 14/6040, 133 f) und am Ende der Gesetzgeber gefolgt (nicht erfolgreich der Vorschlag einer kumulativen Verwendung beider Begriffe von Canaris JZ 2001, 490, 511 f, 523). Durch die gleichzeitige Beibehaltung konkreter Störungstatbestände (Rn C 3 ff) wird die Stringenz dieses Ansatzes allerdings relativiert (krit Grundmann AcP 204 [2004] 569, 576 ff, 602 ff). Mit ihr verbunden ist eine Spreizung des Begriffs, die der „Pflichtverletzung" einen nach Pflichtinhalt und Störungstatbestand **variierenden Bedeutungsgehalt** beilegt (§ 280 Rn D 8 f; zur Kritik an der Gesetzgebung Schultz, in: Westermann, Das Schuldrecht 2002, 21 ff; Faust, in: Huber/Faust, Schuldrechtsmodernisierung Rn 3/118 ff; Huber, in: Ernst/Zimmermann, Zivilrechtswissenschaft und Schuldrechtsreform 31, 93 f; Magnus, in: Schulze/Schulte-Nölke, Die Schuldrechtsreform vor dem Hintergrund des Gemeinschaftsrechts 67 ff; Schäfer JA 2003, 600, 601 ff; Schapp JZ 2001, 583, 593; befürwortend hingegen Anders ZIP 2001, 185). Dies ist vor allem mit Blick auf die Verteilung der **Darlegungs- und Beweislast** im Haftungsprozess geboten, die über die Abgrenzung der „Pflichtverletzung" (§ 280 Abs 1 S 1 BGB, Beweislast des Gläubigers, s BT-Drucks 14/6040, 136) zum Vertretenmüssen (§ 280 Abs 1 S 2 BGB, Beweislast des Schuldners) gesteuert wird (vgl Canaris JZ 2001, 490, 512). Hier ist von entscheidender Bedeutung, ob und in welchen Fällen die Pflichtverletzung bereits in einem **schuldwidrigen Zustand** (Eintritt/Nichteintritt eines Erfolges) zu sehen ist oder ein (äußeres) **schuldwidriges Verhalten** des Schuldners vom Gläubiger zu beweisen ist (s insbes § 280 Rn D 8 f, F 31 ff). **B 13**

VI. Perspektiven

B 14 Nach mehr als fünfzehnjähriger Anwendung wird man die überwiegende Einschätzung der Haftungsregelung der §§ 280 ff BGB in Praxis und Wissenschaft wohl als **verhalten positiv** bezeichnen dürfen. Mag man darüber streiten können, ob die Systematik des jetzigen Rechts weicher oder strenger als die des alten ist, zugänglicher ist sie jedenfalls. Das Verhältnis von Abstraktion und Konkretheit erscheint als nicht unausgewogen. Dass der Begriff der „Pflichtverletzung" in § 280 Abs 1 BGB nicht streng einheitlich im Sinne von „Fehlverhalten" des Schuldners zu interpretieren ist, sondern den Gegebenheiten der jeweiligen Störung entsprechend verstanden werden muss (Rn B 12 f), wird mit begrifflichem Pragmatismus zur Kenntnis genommen. Weniger günstig erscheint die Bilanz der Regelung in § 311a Abs 2 BGB. Sie sorgt nach wie vor für Irritationen, deren Kern die Unklarheit über den Haftungsgrund ist (Rn C 7 f). Ferner fehlt ein Verweis auf diese Regelung in § 280 Abs 3 BGB bzw eine Einschränkung des § 283 BGB auf nachträgliche Leistungshindernisse.

B 15 Die Bestrebungen zur Schaffung eines **unionsrechtlichen Zivil- bzw Vertragsrechts** sind für die §§ 280 ff BGB de lege ferenda nach derzeitigem Stand nicht von unmittelbarer Bedeutung. Sie zielen für die absehbare Zukunft mit Recht nicht darauf, ein „europäisches BGB" zu schaffen, das die nationalen Zivilgesetzbücher ersetzt. Vielmehr bescheidet man sich mit der Planung optionaler Regelwerke des Vertragsrechts, deren Anwendung in den Händen der Vertragsparteien liegt und vornehmlich auf den grenzüberschreitenden Verkehr zielt. Das gilt namentlich für den Vorschlag der EU-Kommission zur Verordnung über ein Gemeinschaftliches Europäisches Kaufrecht (KOM [2011] 635 endg; dazu STAUDENMAYER, Gemeinsames europäisches Kaufrecht [2011]), das zum einen nur grenzüberschreitende Verträge erfassen (Art 4) und zum zweiten von einer Vereinbarung der Parteien abhängen soll (Art 8). Rechtspolitische Schritte in diesem Bereich werden daher nach Lage der Dinge keine unmittelbare Rückwirkung auf die Regelung der §§ 280 ff BGB haben. Stärker ist und wird auch in Zukunft der Einfluss durch **punktuelle Normsetzungen der EU** und darauf basierende Rechtsprechungsakte des EuGH sein, die auf das nationale Zivilrecht einwirken, insbesondere durch *verbraucherrechtliche* Maßnahmen. Wenngleich diese Rechtsakte einen begrenzten Anwendungsbereich und oft einen „interventionistischen" Charakter haben, kommt ihnen durch die Verankerung des Verbrauchervertragsrechts im BGB und durch die Verzahnung der §§ 280 ff BGB mit Teilen des besonderen Vertragsrechts (Gewährleistungsrechts) eine latent allgemeine Bedeutung für die §§ 280 ff BGB und das Leistungsstörungsrecht zu, die der nationalen Dogmatik oft nur die Wahl lässt zwischen einer sachfremden Verallgemeinerung verbraucherrechtlicher Wertungen oder der Inkaufnahme von Doppeldeutigkeiten. Mit dem zum 13. 6. 2014 in Kraft tretenden Gesetz zur Umsetzung der Verbraucherrechte-Richtlinie 2011/83/EU hat der Gesetzgeber durch die Neufassung des § 323 Abs 2 BGB dem die kuriose Note hinzugefügt, ein und dieselbe Frage (die Entbehrlichkeit der Nachfristsetzung) im gerade erst neu systematisierten Leistungsstörungsrecht auf dreifach unterschiedliche Weise zu regeln: einmal in klassischer Terminologie (§ 281 Abs 2 BGB), einmal in „unionsrechtlicher" Terminologie (§ 323 Abs 2 nF) und ein drittes Mal gar nicht (die von § 323 Abs 2 nF nicht mehr erfasste Nichtleistung, die nun über § 242 BGB gelöst werden muss, vgl § 281 Rn B 100).

Eine diffuse, aber wohl nicht zu leugnende Wirkung des europäischen Rechtsdiskurses für die nationale Rechtsdogmatik geht schließlich von europäischen **Referenzwerken** wie dem („wissenschaftlichen") DCFR oder dem („politischen") CFR aus (zu den diversen Aktivitäten übersichtlich Schulte-Nölke NJW 2009, 2161 ff), die aus dem Fundus der nationalen Regelwerke gemeinsame oder beste Regeln zu einem einheitlichen Regelwerk zu formen versuchen und so die Idee eines europäischen Einheitsrechts auf dem „Vernunftwege" voranzutreiben suchen, wo der Wille dazu fehlt (beschwichtigend Schulte-Nölke NJW 2009, 2161, 2166; zu Stand und Diskussion Staudinger/Caspers Vorbem 11 ff zu §§ 275–278; Leible BB 2008, 1469 ff; Schulte-Nölke ZGS 2008, 201 ff mwNw; krit Eidenmüller/Faust/Grigoleit/Wagner/Zimmermann, Der gemeinsame Referenzrahmen für das Europäische Privatrecht – Wertungsfragen und Kodifikationsprobleme, JZ 2008, 529, insbes 537 ff, 544 f; Staudenmayer NJW 2011, 3491 ff; Düchs, Die Behandlung von Leistungsstörungen im Europäischen Vertragsrecht [2006]). Die „Anschlussfähigkeit" der §§ 280 ff BGB an solche „Regeln" kann aber wohl nicht mehr als ein Aspekt in der Interpretation der Normen sein. B 16

C. Überblick über die Regelung der §§ 280 ff

In den §§ 280–283, 286 BGB ist die Haftung des Schuldners auf Schadensersatz für Pflichtverletzungen in einem Schuldverhältnis geregelt, in den §§ 284, 285, 287–292 BGB sind zusätzliche Rechtsfolgen angeordnet, die darauf abzielen, den Gläubiger vor Nachteilen aus der Pflichtverletzung zu bewahren oder diese Nachteile auszugleichen. Innerhalb der Rechtsfolge **„Schadensersatz"** ist nach den Schadensarten (§ 280 Abs 1–3 BGB) und innerhalb derselben ggf nach den Pflichtverletzungsarten (insbes §§ 280 Abs 3, 281–283 BGB) zu unterscheiden. Unter den **weiteren Rechtsfolgen** ist der Aufwendungsersatz (§ 284 BGB) und die Pflicht zur Herausgabe eines Ersatzes (§ 285 BGB) von besonderer Bedeutung. C 1

I. Haftung auf Schadensersatz

Innerhalb der Rechtsfolge „Schadensersatz" ist nach den **Schadensarten** (§ 280 Abs 1–3 BGB) und innerhalb derselben ggf nach den **Pflichtverletzungsarten** (insbes §§ 280 Abs 3, 281–283 BGB) zu unterscheiden. Die Haftung setzt voraus, dass der Schuldner sich hinsichtlich der Pflichtverletzung nicht entlasten kann, dh nicht darlegen und ggf beweisen kann, dass er die Pflichtverletzung nicht zu vertreten hat (§ 280 Abs 1 S 2 BGB). C 2

1. Schadensersatz statt der Leistung

a) bei Nichtleistung trotz Erbringbarkeit der Leistung (§§ 280 Abs 1, Abs 3, 281 Abs 1 S 1, 1. Alt)

Wird die geschuldete Leistung nicht erbracht, obgleich sie erbringbar ist, dh ein Leistungshindernis gem § 275 BGB nicht besteht, unterscheidet § 280 BGB danach, ob die Nichtleistung vorübergehend oder endgültig ist. Die Nichtleistung wird *endgültig,* wenn der Gläubiger durch wirksames **Schadensersatzverlangen** (§ 281 Abs 4 BGB) und/oder durch Rücktritt (§ 323 Abs 1 BGB) die Leistungspflicht(en) beseitigt. Dann ist der Schuldner zum Schadensersatz statt der Leistung gem §§ 280 Abs 1, Abs 3, 281 Abs 1 S 1, 1. Alt BGB verpflichtet (§ 280 C 3 und § 281 Rn B 8 ff). Im Falle C 3 der *Teilnichtleistung* kann der Gläubiger Schadensersatz statt des nicht erbachten Leistungsteils verlangen („kleiner Schadensersatz"), Schadensersatz statt der *ganzen* Leistung nur bei fehlendem Interesse an der bewirkten Teilleistung geltend machen (näher § 281 Rn B 153 ff).

b) bei behebbarer Schlechtleistung (§§ 280 Abs 1, Abs 3, 281 Abs 1 S 1, 2. Alt)

C 4 Die Regelung des Schadensersatzes bei Schlechtleistung (mangelhafte Leistung) steht jener der Nichtleistung in Systematik und Durchsichtigkeit nach. So gibt es *erstens* keine für alle Schuldverhältnisse des BGB einheitliche Regelung: Die allgemeine Regelung der §§ 280 Abs 1, Abs 3, 281 Abs 1 S 1, 2. Alt BGB (§ 280 Rn C 10 f u § 281 Rn C 1 ff) wird in deren jeweiligem Anwendungsbereich verdrängt durch Schadensersatznormen des besonderen Gewährleistungsrechts, die teils die allgemeine Regelung wieder in Bezug nehmen (§§ 437 Nr 3, 634 Nr 4 BGB), teils die Schlechtleistung für besondere Schuldverhältnisse autark regeln (insbes § 524, § 536a, § 600, §§ 651i Abs 3 Nr 7 iVm 651n BGB, näher Rn D 9). *Zweitens* fällt bei gegebener Anwendbarkeit der §§ 280 ff BGB die *unbehebbare* Schlechtleistung nicht unter §§ 280 Abs 1, Abs 3, 281 Abs 1 S 1, 2. Alt BGB, sondern wird als Teilunmöglichkeit den §§ 280 Abs 1, Abs 3, 283 BGB bzw § 311a Abs 2 BGB zugeordnet (§ 280 Rn D 17 u § 283 Rn 41 ff). *Drittens* wirkt die unterschiedliche Bezeichnung der Schlechtleistung in § 281 BGB („nicht wie geschuldet erbrachte Leistung") und § 323 BGB („nicht vertragsgemäße Leistung") verwirrend, mag sie auch sachlich berechtigt sein. *Viertens* ist die vorübergehende Schlechtleistung nicht ausdrücklich geregelt (Rn C 12, § 280 Rn C 27 ff). *Fünftens* ist dem Gesetzeswortlaut nicht zu entnehmen, welchem Tatbestand die durch Schlechtleistung verursachten Integritätsschäden („Mangelfolgeschäden") zuzuordnen sind. Somit ist im Falle einer Schlechtleistung zuerst die Anwendbarkeit/Verdrängung der §§ 280 ff BGB zu klären, dann ist zu klären, ob die Schlechtleistung behebbar (§ 281 Abs 1 S 1, 2. Alt BGB) ist oder nicht (§ 283 S 2 BGB bzw § 311a Abs 2 BGB).

C 5 Im Falle der **endgültig nicht behobenen Schlechtleistung** geht es um Schadensersatz statt der (mangelfreien) Leistung. War die Schlechtleistung *behebbar,* richtet sich der Schadensersatzanspruch nach §§ 280 Abs 1, Abs 3, 281 Abs 1 S 1, 2. Alt (§ 281 Rn C 1 ff): Die Endgültigkeit der Schlechtleistung tritt mit dem Schadensersatzverlangen (§ 281 Abs 4 BGB) bzw dem Rücktritt (§ 323 Abs 1, 2. Alt) des Gläubigers ein, mit der zugleich der Anspruch auf Beseitigung des Mangels bzw auf Neuleistung untergeht (§ 281 Rn D 18). War die Schlechtleistung *nicht behebbar,* tritt der Schadensersatzanspruch ohne besondere Gläubigerhandlung mit der Schlechtleistung ein, §§ 280 Abs 1, Abs 3, 283 S 2 BGB (Rn C 6, § 280 Rn C 12 und § 283 Rn 41 ff), bei anfänglicher Unbehebbarkeit mit Vertragsschluss (§ 311a Abs 2 BGB, Rn C 7 u Staudinger/Feldmann [2018] § 311a Rn 6). Im Regelfall hat der Gläubiger das Recht, zwischen *großem und kleinem Schadensersatz* zu wählen (näher § 280 Rn E 6 und § 281 Rn C 24 f). Zur schlechten Erfüllung von *Nebenleistungspflichten* s § 281 Rn B 3, C 2; die Schlechterfüllung *leistungsbezogener Nebenpflichten*, durch die sich der Leistungsgegenstand verschlechtert oder zu verschlechtern droht, geht idR in der Störung bzw Gefährdung der Leistungspflicht auf (vgl § 281 Rn B 3, C 3), andernfalls kommt eine Haftung gem § 280 Abs 1 BGB in Betracht (Rn D 7, § 280 Rn C 33, C 36). Verursacht die Schlechtleistung Verletzungen des *Integritätsinteresses* („Mangelfolgeschäden", vgl BT-Drucks 14/6040, 225; Tiedtke/Schmitt BB 2005, 615, 617), ergibt sich die Haftung unmittelbar aus § 280 Abs 1 BGB (Rn C 13 u § 280 Rn C 39 ff, E 24).

c) bei Nichtleistung infolge eines Leistungshindernisses gem § 275/unbehebbarer Schlechtleistung

aa) bei nachträglichem Leistungshindernis (§§ 280 Abs 1, Abs 3, 283)

Gem den *§§ 280 Abs 1, Abs 3, 283 BGB* haftet der Schuldner für die Nichtleistung infolge eines nachträglichen Leistungshindernisses gem § 275 Abs 1 bis 3 BGB auf Schadensersatz statt der Leistung, wenn er nicht darlegt und beweist, dass er diese Nichtleistung und damit das Leistungshindernis nicht zu vertreten hat (§ 280 Rn C 12 und § 283 Rn 45 ff). Der Anspruch entsteht **ipso iure**, eine Erklärung wie in § 281 Abs 4 BGB ist nicht erforderlich. Steht nur einem Teil der Leistung ein Leistungshindernis gem § 275 BGB entgegen *(„quantitative Teilunmöglichkeit")* oder steht der Beseitigung eines Mangels ein Leistungshindernis gem § 275 BGB entgegen *(„qualitative Teilunmöglichkeit")* stellt sich die Frage, ob der Gläubiger Schadenersatz nur hinsichtlich der gestörten Teilleistung (kleiner Schadensersatz) oder hinsichtlich der Gesamtleistung (großer Schadensersatz) erhält. Dies regelt § 283 S 2 BGB durch einen Verweis auf § 281 Abs 1 S 2 u S 3 BGB (§ 280 Rn C 12 und § 283 Rn 41 ff). C 6

bb) bei anfänglichem Leistungshindernis (§ 311a Abs 2)

Die Haftung für ein bei Vertragsschluss bereits bestehendes (= anfängliches) Leistungshindernis (§ 275 BGB) unterscheidet sich in der Rechtsfolge nicht von der Haftung gem §§ 280 Abs 1, Abs 3, 283 BGB, wohl aber in den Voraussetzungen, weshalb das Gesetz hier eine besondere, von §§ 280 ff BGB verschiedene Regelung in § 311a Abs 2 BGB vorsieht. § 311a Abs 1 BGB stellt in Änderung des § 306 aF klar, dass das anfängliche Leistungshindernis nicht die Entstehung einer vertraglichen Verbindlichkeit hindert (näher zum Hintergrund der Regelung Staudinger/Feldmann [2018] § 311a Rn 19 ff). C 7

Die Haftung für anfängliche Leistungshindernisse ist besonders geregelt, weil sie sich nicht im Schema des § 280 Abs 1 BGB auf eine vom Schuldner zu vertretende Pflichtverletzung stützen lässt (so aber eine verbreitete Sicht, vgl Rechtsausschuss BT-Drucks 14/7052, 220 f; krit Grundmann AcP 204 [2004] 569, 580 ff). Denn das Fehlverhalten des Schuldners, das Leistungshindernis verursacht oder sein Vorliegen nicht erkannt zu haben, liegt vor Vertragsschluss und kann ihm daher nicht als Verletzung der Leistungspflicht zugerechnet werden (Otto Jura 2002, 1, 5 mwNw; undeutlich BGHZ 174, 61, 71 f, an das „Verschulden" anknüpfend, ohne die verletzte Pflicht zu benennen). Daran ließe sich nur eine Haftung auf den Vertrauensschaden knüpfen, den auf das Leistungsinteresse zu erstrecken nicht ohne dogmatische Friktionen möglich wäre. Der Haftungsgrund liegt vielmehr in einer im Leistungsversprechen enthaltenen **Garantie des Schuldners für das Nichtvorliegen bei Vertragsschluss erkennbarer Leistungshindernisse** (Schwarze Jura 2002, 73, 81). Dies entspricht konstruktiv der von der Rechtsprechung zum alten Recht befürworteten Haftung kraft Leistungsversprechens (bei anfänglichem Unvermögen [vgl BGHZ 174, 61, 71 f mwNw] und – unter Abbedingung des § 306 aF – oftmals auch bei anfänglicher objektiver Unmöglichkeit), abgemildert auf erkennbare Hindernisse. § 311a Abs 2 S 2 BGB zeigt sich so als eine sprachlich misslungene Regelung der Beweislast hinsichtlich der Erkennbarkeit des Leistungshindernisses. C 8

d) bei Unzumutbarkeit der Leistung infolge Verletzung einer Rücksichtnahmepflicht (§§ 280 Abs 1, Abs 3, 282)

Nach § **241 Abs 2 BGB** kann das Schuldverhältnis nach seinem Inhalt jeden Teil zur **Rücksicht auf die Rechte, Rechtsgüter und Interessen des anderen Teils** (Integritäts- C 9 interesse) verpflichten. Die Rücksichtnahmepflichten schützen die von der Leistungspflicht zu trennende Interessensphäre einer Partei, also jene Rechtsgüter, Rechte und Interessen, die schon vor Entstehung der Leistungspflicht existierten (vgl die Begr d Rechtsausschusses BT-Drucks 14/7052, 213 ff). Die Verletzung einer Rücksichtnahmepflicht führt im Hinblick auf den dadurch entstandenen Schaden an Rechten, Rechtsgütern und sonstigen Interessen zu einem Schadensersatzanspruch gem § 280 Abs 1 BGB, der über die Grundvoraussetzungen der Haftung (Rn A 8) hinaus an keine besonderen Voraussetzungen geknüpft ist. Die Verletzung der Rücksichtnahmepflicht kann überdies mittelbar die Leistungspflicht beeinträchtigen, und zwar dann, wenn dem Gläubiger infolge der Verletzung der Rücksichtnahmepflicht die weitere Durchführung des Schuldverhältnisses unzumutbar wird; dann kann der Gläubiger gem §§ 280 Abs 1, Abs 3, 282 BGB Schadensersatz statt der Leistung verlangen. Beide Anspruchsgrundlagen können nebeneinander anwendbar sein. Zum Schadensersatz statt der Leistung gem §§ 280 Abs 1 Abs 3, 281 u 283 BGB kann die Verletzung einer Pflicht zum Schutz des Integritätsinteresses führen, wenn diese Pflicht zur echten Leistungspflicht ausgestaltet ist (zB Bewachungsvertrag, § 280 Rn C 39).

e) bei nicht ausdrücklich geregelten Störungen

C 10 Eine analoge Anwendung der §§ 280 Abs 1, Abs 3, 281–283 BGB kommt in Betracht, wenn Pflichtverletzungen nicht von den besonderen Pflichtverletzungstatbeständen der §§ 281–283 BGB erfasst werden, aus ihnen aber eine Verletzung des Leistungsinteresses erwächst, die der in §§ 281–283 BGB unmittelbar geregelten gleichsteht. Ob dafür ein Bedarf besteht, hängt nicht zuletzt davon ab, welche Deutung man dem Tatbestand des § 282 BGB und der „Rücksichtnahmepflicht" (§ 241 Abs 2 BGB) gibt. Folgt man der hier vertretenen Auffassung, dass es sich dabei um Pflichten handelt, die das Integritätsinteresse schützen (§ 282 Rn 1), ergibt sich ein Bedarf für die Analogie jedenfalls für die **unzumutbare Leistungsgefährdung** durch eine drohende Pflichtverletzung, die im Gesetz nur fragmentarisch geregelt wird (insbes § 281 Abs 2 S 1, § 323 Abs 2 Nr 1, § 321 BGB). Nach hier vertretener Auffassung ist die sachgerechte Lösung in einer Analogie zu der Haftungsnorm zu sehen, die bei Eintritt der drohenden Pflichtverletzung einschlägig wäre, also bei einer drohenden Nichtleistung analog § 281 Abs 1 S 1, 1. Alt BGB, bei einer drohenden Schlechtleistung analog § 281 Abs 1 S 1, 2. Alt BGB (§ 281 Rn C 23) und bei der unzumutbaren Gefährdung des Integritätsinteresses wegen drohender Verletzung einer Rücksichtnahmepflicht zu § 282 BGB (§ 282 Rn 44 ff); zur parallel liegenden Problematik des vorübergehenden bzw drohenden Leistungshindernisses § 283 Rn 33 ff. Das Vorstehende gilt entsprechend für die Gefährdung/Verletzung des Leistungsinteresses durch **„nachvertragliche" Verletzungen der Leistungstreuepflicht**, dh nach Erbringung der Leistung (§ 280 Rn C 19). Schließlich kann eine vom Schuldner zu vertretende **Störung der Geschäftsgrundlage**, die gem § 313 BGB zum Rücktritt vom Vertrag führt, einen Haftungsschutz erfordern, der durch analoge Anwendung der §§ 280 ff BGB zu schaffen ist (§ 280 Rn C 20).

2. Ersatz des Verzögerungsschadens bei Schuldnerverzug (§§ 280 Abs 1, Abs 2, 286)

C 11 Solange der Gläubiger an der Leistungspflicht festhält, kann eine Nichtleistung trotz Erbringbarkeit der Leistung nur als vorübergehend betrachtet werden. Die Störung ist begrenzt auf einen Schuldnerverzug und der Gläubiger ist nur zum Ersatz des

Verzögerungsschadens gem §§ 280 Abs 1, 2, 286 BGB berechtigt. Die „zusätzlichen Voraussetzungen des Schuldnerverzugs" (§ 280 Abs 2 BGB) sind in § 286 BGB geregelt. Zu den Voraussetzungen gehört, dass die Leistung nicht wegen eines Umstandes unterbleibt, den er nicht zu vertreten hat (§ 286 Abs 4 BGB). Die sachlich mit § 280 Abs 1 BGB übereinstimmende Regelung ist – wie § 280 Abs 1 S 2 BGB – nicht nur als Beweislastregel, sondern als materiellrechtlicher Haftungsausschlussgrund aufzufassen. Es muss also für die Haftung das Vertretenmüssen des Schuldners nicht positiv festgestellt werden. Die Anspruchsvoraussetzungen der Haftung aus Schuldnerverzug sind in den §§ 280 Abs 2, 286 BGB an und für sich vollständig enthalten. Dennoch ist § 280 Abs 1 BGB Teil der Anspruchsgrundlage. Das ergibt der Wortlaut („zusätzliche Voraussetzungen", § 280 Abs 2 BGB), und es entspricht der systematischen Stellung des § 280 BGB (näher zum Verhältnis § 280 Abs 1 S 2 BGB zu § 286 Abs 4 BGB in § 280 Rn D 19).

3. Schadensersatz gem § 280 Abs 1

a) Verletzung des Leistungsinteresses

Für von § 280 Abs 2 oder Abs 3 BGB nicht erfasste Verletzungen des Leistungsinteresses wird gem § 280 Abs 1 BGB gehaftet. Das gilt insbes für Schäden, die aus einer vorübergehenden Schlechtleistung entstehen (§ 280 Rn C 27 ff). Dagegen sind von §§ 280 Abs 1, Abs 3, 281–283 BGB nicht erfasste Verletzungen des Leistungsinteresses, die einen Anspruch auf Schadensersatz statt der Leistung rechtfertigen, nicht auf § 280 Abs 1 BGB, sondern auf eine Analogie zu §§ 280 Abs 1, Abs 3, 281–283 BGB zu stützen (Rn C 10, § 280 Rn C 17 ff). **C 12**

b) Verletzung des Integritätsinteresses

Die Haftung für die Verletzung des Integritätsinteresses, also jener Rechtsgüter, Rechte und Interessen, die unabhängig von der Leistungspflicht und typischerweise vor ihrer Entstehung existierten (zur Abgrenzung § 280 Rn C 38), stützt sich stets auf § 280 Abs 1 BGB, gleichviel ob sie auf Verletzung einer Rücksichtnahmepflicht gem § 241 Abs 2 BGB (§ 280 Rn C 39) beruht oder Folge der Verletzung einer Leistungspflicht (§ 280 Rn C 43) ist. **C 13**

II. Ersatz vergeblicher Aufwendungen (§ 284)

„Anstelle des Schadensersatzes statt der Leistung" nach den §§ 280 Abs 1, Abs 3, 281 bis 283 BGB u 311a Abs 2 BGB kann der Gläubiger gem **§ 284 BGB „Ersatz der Aufwendungen"** verlangen, die er im Vertrauen auf den Erhalt der Leistung gemacht hat bzw billigerweise machen durfte. Dem Schadensersatz statt der Leistung sind solche Aufwendungen (zB Zubehör für das gekaufte Kfz) grundsätzlich nicht zurechenbar, weil der Gläubiger sie auch bei ordnungsgemäßer Erbringung der Leistung getätigt hätte. Vertrauensschäden wiederum werden vom Schadensersatz statt der Leistung nicht erfasst. Nur wenn der Gläubiger nachweisen kann, dass die Aufwendungen sich aufgrund der geplanten Verwendung der Leistung rentiert hätten, wären sie als Schadensersatz statt der Leistung ersatzfähig. Durch die Vermutung der Rentabilität der Aufwendungen hat die Rechtsprechung diese Konstruktion unter Geltung des alten Rechts zwar praktikabel gemacht (§ 280 Rn E 115 ff). Doch bleiben Lücken, die zu schließen ein wesentlicher Zweck des § 284 BGB ist (§ 280 Rn E 128, § 284 Rn 1 ff). **C 14**

III. Ersatzherausgabe (§ 285)

C 15 **§ 285 Abs 1 BGB** gibt in Fortschreibung des § 281 aF dem Gläubiger anstelle des gem § 275 Abs 1 bis 3 BGB ausgeschlossenen Anspruchs auf die primäre Leistung einen Anspruch auf Herausgabe des für den geschuldeten Gegenstand erlangten Ersatzes oder auf Abtretung des Ersatzanspruchs. Der Anspruch auf die Leistung weist den „Ersatz" für die untergegangene Leistung schuldrechtlich dem Gläubiger zu. Was als „Ersatz" zu betrachten ist, ob ggf Mehrwerte dem Gläubiger zufallen und die damit verknüpfte Frage der Anbindung des § 285 BGB an das Bereicherungsrecht, gehört zu den interpretatorischen Kernproblemen des § 285 BGB, ebenso die Frage, ob die Norm auf nichtgegenständliche Leistungen (insbes Tätigkeiten) anzuwenden ist (näher Staudinger/Caspers § 285 Rn 5, 11, 40; Schwarze, Leistungsstörungen [2017] § 26 Rn 3).

C 16 Macht der Gläubiger eines im Gegenseitigkeitsverhältnis stehenden Anspruchs den Anspruch aus § 285 BGB geltend, so muss er je nach dem Wert des Surrogats seine **Gegenleistung** ganz (§ 326 Abs 3 S 1 BGB) oder gemindert erbringen (Abs 3 S 2). Ist danach zu viel geleistet worden, greift § 326 Abs 4 BGB ein.

C 17 Hat der Schuldner das Leistungshindernis zu vertreten, kann der Gläubiger gem § 283 S 1 BGB bzw § 311a Abs 1 BGB iVm **§ 285 Abs 2 BGB** ein Surrogat als **Teil des Schadensersatzes statt der Leistung** oder neben dem Aufwendungsersatz gem § 284 BGB verlangen (§ 283 Rn 72, § 284 Rn 20).

IV. Weitere Rechtsfolgen (§§ 287–292)

C 18 **Vervollständigt** wird der Schutz des Gläubigers durch die **weiteren Rechtsfolgen** der §§ 287–292 BGB, die für den Fall des Schuldnerverzuges die Haftung auf Schadensersatz ergänzen und ausformen; zu Einzelheiten s die Erl zu §§ 287–292 BGB. Gewährt die Haftung keinen zufriedenstellenden Schutz der Gläubigerinteressen, kann dies im Einzelfall gem § 242 BGB besondere Rechtsfolgen auf der **Primärebene** rechtfertigen. Dazu gehört etwa der Einwendungsdurchgriff (BGH 19. 10. 2010 – XI ZR 376/09, DB 2011, 529) oder die dolo-agit-Einrede (BGH 6. 10. 2016 – VII ZR 185/13 Rn 16, NJW 2017, 386).

D. Die §§ 280 ff im System des Schuldrechts

I. Die §§ 280 ff als Teil des allgemeinen Leistungsstörungsrechts

D 1 Die Regelung der §§ 280 ff BGB gilt kraft ihrer tatbestandlichen Anknüpfung an den Grundbegriff des „Schuldverhältnisses" – vorbehaltlich spezieller Regelungen – für *alle privatrechtlichen Schuldverhältnisse* (§ 280 Rn B 6), überdies für *öffentlich-rechtliche Schuldverhältnisse,* soweit dies ausdrücklich angeordnet ist oder eine analoge Anwendung geboten erscheint (§ 280 Rn B 29). Sowohl regelungstechnisch als auch dogmatisch sind die §§ 280 ff BGB **Teil des allgemeinen Leistungsstörungsrechts**. Die §§ 280 ff BGB regeln eine der drei Fragen, die jede Störung des Schuldverhältnisses aufwirft: (1) die Bedeutung der Störung für das Fortbestehen der Leistungspflicht (insbes §§ 275, 313 BGB), (2) die Haftung des Schuldners für die Störung (§§ 280 ff BGB) und (3) die Auswirkung der Störung auf die Gegenleistungspflicht

(§§ 320 ff, 323 ff BGB). Durch die Inbezugnahme in §§ 437, 434 und §§ 634, 633 BGB sind die §§ 280 ff BGB zudem Teil des besonderen Gewährleistungsrechts.

Die „Pflichtverletzung" erfasst nicht alle Störungen des Schuldverhältnisses, namentlich nicht die in **Obliegenheitsverletzungen** erfassten Störungen (insbes §§ 293 ff BGB) und Störungen, die nicht den Inhalt, sondern die Grundlage des Schuldverhältnisses betreffen (§ 313 BGB). Sie ist also Allgemeinbegriff nur für die als Schuldner zu verantwortenden Störungen, nicht für alle vorkommenden Störungen. **D 2**

II. Anwendung auf gegenseitige Verträge

§§ 280 ff BGB gelten für alle Arten von Schuldverhältnissen (unzutr BAG 15. 9. 2011 – 8 AZR 846/09, NZA 2012, 377, 381; § 280 Rn B 5), also auch für gegenseitige Verträge bzw Schuldverhältnisse, für die es anders als im alten Recht (§§ 325, 326 aF) keine besonderen Schadensersatznormen mehr gibt. **D 3**

1. Besondere Regeln für den Schadensausgleich bei Austauschverträgen

Die Verbindung der Leistungspflicht mit der Gegenleistungspflicht macht trotz der allgemeinen Schadensersatzregelung die Ausformung von besonderen dogmatischen Regeln erforderlich (§ 280 Rn E 39 ff). Wenn der Gläubiger im Rahmen des Schadensersatzes statt der Leistung so zu stellen ist, wie er bei ordnungsgemäßer Erbringung der Leistung stünde, muss die Pflicht des Gläubigers zur Erbringung der **Gegenleistung** im Rahmen der Schadensermittlung Beachtung finden. Hier stellt sich insbes die Frage, ob der Gläubiger den Schadenersatz statt der Leistung unter Beibehaltung der Gegenleistungspflicht berechnen kann (Surrogationsmethode) oder – von Ausnahmefällen abgesehen – unter Beseitigung der Gegenleistungspflicht von vornherein auf eine zu seinen Gunsten bestehende Wertdifferenz zwischen Leistung und Gegenleistung beschränkt ist (Differenzmethode). **D 4**

2. Verhältnis zum Rücktritt gem §§ 323 ff

Das Recht, Schadensersatz, auch Schadensersatz statt der Leistung, verlangen zu können, wird durch einen Rücktritt des Gläubigers gem §§ 323, 324, 326 Abs 5 BGB nicht ausgeschlossen (§ 325 BGB). Darin liegt eine Besserstellung gegenüber dem alten Recht, das den Gläubiger vor die Wahl zwischen Rücktritt und Schadensersatz stellte (vgl § 325 Abs 1 S 1, § 326 Abs 1 S 2 aF). Da die zum Rücktritt berechtigenden Tatbestände im Wesentlichen denen für den Schadensersatz statt der Leistung entsprechen, aber unabhängig vom Vertretenmüssen des Schuldners sind, hat der Gläubiger bei Vorliegen der Voraussetzungen für einen Schadensersatz statt der Leistung die **Wahl**, zusätzlich den Rücktritt zu erklären. Praktisch wird dies mit Blick auf eine denkbare Exkulpation des Schuldners gem § 280 Abs 1 S 2 BGB sinnvoll sein, um das Risiko zu verringern, den Leistungsaustausch doch noch durchführen zu müssen. Ganz ohne Auswirkung auf die Schadensersatzbefugnis ist der Rücktritt nicht, da er eine Schadensberechnung nach der Surrogationsmethode ausschließt (§ 280 Rn E 49). Sind bereits Leistungen ausgetauscht worden, bedarf die Rückabwicklung gem §§ 323, 346 ff BGB der Abstimmung auf die Schadensberechnung (Staudinger/Schwarze [2015] § 325 Rn 32 ff). **D 5**

III. Verhältnis zu anderen Haftungsregelungen

D 6 Die §§ 280 ff BGB können aufgrund ihres allgemeinen Charakters besonderen Interessenlagen nicht immer genügen, die sich aus der Eigenart der geschuldeten Leistung, der Struktur des Schuldverhältnisses oder aus der Situation ergeben können. Infolgedessen existieren im Besonderen Schuldrecht ebenso wie in den anderen Teilen des BGB und des Sonderprivatrechts besondere Regelungen zur Haftung für Pflichtverletzungen in Schuldverhältnissen. Diese besonderen Regelungen sind teils in Tatbestand und Rechtsfolge vollständig und daher gegenüber §§ 280 ff BGB **autark** (zB § 536a BGB), teils mit den §§ 280 ff BGB auf Tatbestands- und Rechtsfolgenebene **verschränkt** (§§ 434, 437, 633, 634 BGB), so dass Tatbestand und Rechtsfolge aus beiden Vorschriftengruppen ermittelt werden müssen, teils erschöpfen sie sich in der **Modifizierung** eines einzelnen Tatbestandselements der §§ 280 ff BGB (zB § 521 BGB). Manchmal geschieht dies in ausdrücklicher Bezugnahme auf §§ 280 ff BGB, meistens nicht. Die Reichweite der besonderen Regelung und damit die ihres Vorrangs vor der allgemeinen Regelung ist ein Problem der besonderen Regelungen bzw ihrer Auslegung und hier nicht im Detail zu erörtern. Ein Überblick über die dogmatisch und/oder praktisch wichtigsten Regelungen des BGB, insbes des besonderen Vertragsrechts, ist aber angebracht (zum Verhältnis der Sonderregelungen zu § 281 s § 281 Rn A 27 ff).

1. Haftungsregelungen des Besonderen Vertragsrechts

a) Haftung für Nichtleistung

D 7 Schadensersatznormen im besonderen Vertragsrecht für Fälle der vorübergehenden oder endgültigen Nichtleistung trotz Erbringbarkeit der Leistung oder infolge Leistungshindernisses bestehen nur vereinzelt und bezogen auf situativ bestimmte Interessenlagen innerhalb besonderer Schuldverhältnisse. Teils handelt es sich um **autarke Regelungen**, die eigenständig von den §§ 280 ff BGB eine besondere Haftungssituation regeln und durchweg bereits vor der Schuldrechtsmodernisierung existierten: zB § 628, § 671 Abs 2 S 2, § 712 Abs 2 BGB iVm § 671 Abs 2 S 2, § 723 Abs 2 S 2 („Vertragsbruch"), § 546a Abs 2, § 584b BGB oder § 376 HGB (Fixhandelskauf). Ihr Verhältnis zu §§ 280 ff BGB bestimmt sich nach dem jeweiligen Zweck der Norm. Im Zweifel, wenn keine ausdrückliche Regelung getroffen ist (zB § 546a Abs 2, § 675v Abs 3 BGB) oder der Zweck der besonderen Norm anderes nicht verlangt, ist davon auszugehen, dass die §§ 280 ff BGB neben der speziellen Norm anwendbar bleiben. Von größerer Bedeutung ist die **Modifizierung** oder Konkretisierung der §§ 280 ff BGB auf der Tatbestandsseite, insbes durch besondere, meistens abmildernde Regelungen des Vertretenmüssens. Insbes bei unentgeltlichen Verträgen wird die Haftung auf grobe Fahrlässigkeit oder Verstöße gegen die eigenübliche Sorgfalt beschränkt (§ 521, § 599, § 690, § 691 BGB, s ferner § 708 BGB). Im Arbeitsverhältnis mildern richterrechtliche Regeln die Haftung des Arbeitnehmers (§ 280 Rn D 25); ferner gibt es Abweichungen von der in § 280 Abs 1 S 2 BGB vorgesehenen Beweislastverteilung (§ 619a BGB, vgl § 280 Rn F 49).

b) Haftung für Schlechtleistung

D 8 Für die Schlechtleistung („Sach- und Rechtsmangel") bei **Kauf** (§§ 433, 434 f BGB), **Tausch** (§§ 480, 434 f BGB) und **Werkvertrag** (§§ 631, 633, 650, 434 f, 650a, 650i BGB) bzw **werkähnliche Verträge** (§§ 650p, 650u BGB) sind die §§ 280 ff BGB nach

Gefahrübergang (§§ 446, 447 bzw § 640 BGB) nicht unmittelbar, sondern nur über Verweisungen im einschlägigen Mängelgewährleistungsrecht (§ 437 Nr 3, § 634 Nr 4 BGB) anwendbar. Dabei werden die §§ 280 ff BGB sowohl auf der Tatbestandsseite als auch auf der Rechtsfolgenseite modifiziert (näher § 281 Rn A 27 ff, A 36 ff). Unmittelbar anwendbar bleiben die §§ 280 ff BGB vor Gefahrübergang, dh praktisch vor allem in dem Fall, dass der Gläubiger (Käufer, Besteller) den ihm angebotenen Gegenstand wegen des Mangels zurückweist. Allerdings handelt es sich dann um eine Nichtleistung (§ 281 Abs 1 S 1, 1. Alt BGB; vgl dazu § 281 Rn A 28 u A 32; zur Einrede des nichterfüllten Vertrages Staudinger/Schwarze [2015] § 320 Rn 33 ff). Verdrängt wird nach – umstr – Auffassung der Rechtsprechung die vorvertragliche Haftung gem §§ 280 Abs 1, 311 Abs 2 BGB für fehlerhafte Informationen über Mängel ab Gefahrübergang durch das besondere Gewährleistungsrecht (§ 280 Rn C 62). Im Arbeitsverhältnis gelten besondere Regeln (s Rn D 7 aE).

Autarke Regelungen der Schadensersatzhaftung für Schlechtleistung (mangelhafte Leistung) gelten für **Miete** (§ 536a BGB) und **Pacht** (§§ 581 Abs 2, 536a BGB), **Landpacht** (§§ 586 Abs 2, 536a BGB), **Schenkung** (§§ 523, 524 BGB) und **Leihe** (§ 600 BGB) sowie den **Reisevertrag** (§ 651i Abs 3 Nr 7 iVm § 651n BGB). **D 9**

c) Haftung für Integritätsschaden

Regelungen, die die Haftung für Integritätsschäden für einzelne Vertragstypen besonders regeln, sind selten. Zu nennen ist hier vor allem die im Vergleich zu § 280 Abs 1 BGB strengere Haftung für Integritätsschäden in §§ 701 ff BGB. Im Übrigen können die zur Nicht- und Schlechtleistung genannten besonderen Haftungsnormen auch die Haftung für Integritätsschäden besonders regeln, soweit sie diese umfassen. Das ist im Zweifel durch Auslegung dieser Normen zu ermitteln (s zu § 536a BGB zB BGH 21. 7. 2010 – XII ZR 189/08, NJW 2010, 3152). Dasselbe gilt für besondere Regelungen des Haftungsmaßstabs (s zu § 521 BGB zB BGHZ 93, 23). **D 10**

d) Haftung für Auflösungsschaden

Schäden, die durch die vorzeitige Auflösung von Dauerschuldverhältnissen verursacht werden („Auflösungsschäden“) unterliegen zT besonderen, vertragstypenbezogenen Regelungen (insbes § 490, § 628, § 723 BGB; § 89b HGB), die §§ 280 ff BGB vorgehen. Fehlt es daran, ergibt sich der Haftungsanspruch aus §§ 280 ff BGB. Der Ersatz des Auflösungsschadens ist **Schadensersatz statt der Leistung** (näher § 280 Rn E 62 ff). **D 11**

2. Verhältnis zur Haftung aus gesetzlichen Schuldverhältnissen

§§ 280 ff BGB unterscheiden nicht nach dem Entstehungsgrund des Schuldverhältnisses und gelten daher auch für gesetzliche Schuldverhältnisse (§ 280 Rn B 8 ff). Soweit in diesen Schuldverhältnissen für alle oder bestimmte Schäden besondere Haftungsregeln vorgesehen sind, ist die Anwendbarkeit der §§ 280 ff BGB fraglich und darf jedenfalls den Zweck des besonderen Haftungsregimes nicht unterlaufen. Das gilt zB für die Schadensersatzhaftung des Besitzers gegenüber dem Eigentümer, die in §§ 989 ff BGB geregelt ist (s aber Becker, Schadensersatz nach Fristsetzung im Eigentümer-Besitzer-Verhältnis [2012] 173 ff). Es ist eine Frage der Auslegung der jeweiligen besonderen Regelung, ob und unter welchen Bedingungen die allgemeinen Haftungsregeln der §§ 280 ff BGB Anwendung finden (näher § 281 Rn B 5). **D 12**

3. Verhältnis zur deliktsrechtlichen Haftung

D 13 Die deliktsrechtliche Haftung gem §§ 823 ff BGB bleibt durch die Haftung gem §§ 280 ff BGB grundsätzlich unberührt. Sie kann aber durch sie beeinflusst werden: unmittelbar durch vertragliche Vereinbarungen über die deliktsrechtliche Verantwortlichkeit bzw Haftung oder durch die Übertragung im Schuldverhältnis geltender Haftungsmilderungen oder Haftungsverschärfungen auf die Deliktshaftung (vgl BGHZ 93, 23, 29); mittelbar dadurch, dass an die Begründung einer schuldvertraglichen Leistungspflicht oder zumindest deren tatsächliche Ausübung eine deliktsrechtliche Verantwortung (Verkehrssicherungspflicht) geknüpft sein kann.

§ 280
Schadensersatz wegen Pflichtverletzung

(1) Verletzt der Schuldner eine Pflicht aus dem Schuldverhältnis, so kann der Gläubiger Ersatz des hierdurch entstehenden Schadens verlangen. Dies gilt nicht, wenn der Schuldner die Pflichtverletzung nicht zu vertreten hat.

(2) Schadensersatz wegen Verzögerung der Leistung kann der Gläubiger nur unter der zusätzlichen Voraussetzung des § 286 verlangen.

(3) Schadensersatz statt der Leistung kann der Gläubiger nur unter den zusätzlichen Voraussetzungen des § 281, des § 282 oder des § 283 verlangen.

Materialien: § 280 aF BGB: E I § 240 Abs 1; E II § 242; E III § 274; Mot II 49 ff; Prot I 317 ff; BGB § 282 aF: E I § 239; E II § 238; E III §§ 276; Mot II 61; Prot I 326; BGB § 286 Abs 2 aF: E I § 247; E II § 242; E III § 280; Mot II 61; Prot I 326; **§ 325 aF BGB:** E I § 369 Abs 1 u 2; E II § 276; E III § 319; Mot II 209 ff; Prot I 639 f, 649; BGB § 326 aF: E I § 369 Abs 2; E II § 277; E III § 230; Mot II 209 ff; Prot I 642 ff; Jakobs/Schubert, SchR I 259 ff zu § 280 aF, 285 ff zu § 282 aF, 303 ff zu § 286 aF, 472 ff zu §§ 325, 326 aF; **§ 280 nF BGB:** BGB-KE §§ 280, 286, Abschlussbericht 128 ff, 139; DE § 280*; KF § 280* (*abgedr in: Canaris, Schuldrechtsmodernisierung 2002 [2002] 11 iVm 158 ff; 358); RegE § 280 BT-Drucks 14/6040, 7 iVm 133 ff, 135 ff; Stellungnahme d BR BT-Drucks 14/6857, Anl 2 Nr 21 u 25; Gegenäußerung d BReg BT-Drucks 14/6857, Anl 3 zu Nr 21 u 25; Beschlussempfehlung und Bericht d Rechtsausschusses BT-Drucks 14/7052, 191 ff, 210 f.

Schrifttum

1. Vor der Schuldrechtsreform

Adams, Irrtümer und Offenbarungspflichten im Vertragsrecht, AcP 186 (1986) 453

Assmann, Prospekthaftung (1985)

Ballerstedt, Zur Haftung für culpa in contrahendo bei Geschäftsabschluß durch Stellvertreter, AcP 151 (1950/1951) 501

vBar, „Nachwirkende" Vertragspflichten, AcP 179 (1979) 452

ders, Verkehrspflichten. Richterliche Gefahrsteuerungsgebote im deutschen Deliktsrecht (1980)

Bardo, Die abstrakte Berechnung des Schadensersatzes wegen Nichterfüllung beim Kaufvertrag (1989)

Beinert, Wesentliche Vertragsverletzungen und Rücktritt (1979)

Bötticher, Wesen und Arten der Vertragsstrafe sowie deren Kontrolle, ZfA 1970, 3
Brecht, System der Vertragshaftung (Unmöglichkeit der Leistung, positive Vertragsverletzungen und Verzug), JherJb 53, 213
ders, Die einfache und wiederholte positive Vertragsverletzung, JherJb 54, 83
Breidenbach, Die Voraussetzungen von Informationspflichten beim Vertragsschluß (1989)
Busche, Der Gerichtsstand bei Klagen aus culpa in contrahendo, DRiZ 1989, 370
vCaemmerer, Wandlungen des Deliktsrechts, in: FS zum 100-jährigen Bestehen des Deutschen Juristentages II (1960) 49
Canaris, Geschäfts- und Verschuldensfähigkeit bei Haftung aus „culpa in contrahendo", Gefährdung und Aufopferung, NJW 1964, 1987
ders, Ansprüche wegen „positiver Vertragsverletzung" und „Schutzwirkung für Dritte" bei nichtigen Verträgen, JZ 1965, 475
ders, Haftung Dritter aus positiver Forderungsverletzung, VersR 1965, 114
ders, Die Vertrauenshaftung im deutschen Privatrecht (1971)
ders, Der Zinsbegriff und seine rechtliche Bedeutung, NJW 1978, 1891
ders, Schutzgesetze – Verkehrspflichten – Schutzpflichten, in: FS Karl Larenz zum 80. Geburtstag (1983) 27
ders, Täterschaft und Teilnahme bei culpa in contrahendo, in: FS Giger (1989) 91
ders, Die Haftung des Sachverständigen zwischen Schutzwirkungen für Dritte und Dritthaftung aus culpa in contrahendo, JZ 1998, 603
Crezelius, Culpa in contrahendo des Vertreters ohne Vertretungsmacht, JuS 1977, 796
Derleder, Schadensersatzansprüche der Banken bei Nichtabnahme der Darlehensvaluta, JZ 1989, 165
Dörner, Dynamische Relativität (1985)
Emmerich, Zum gegenwärtigen Stand der Lehre von der cic, Jura 1987, 561
Evans-vKrbek, Nichterfüllungsregeln auch bei weiteren Verhaltens- oder Sorgfaltspflichtverletzungen?, AcP 179 (1979) 85
Fischer, Culpa in contrahendo im internationalen Privatrecht, JZ 1991, 168
Fleischer, Konkurrenzprobleme um die culpa in contrahendo – fahrlässige Irreführung versus arglistige Täuschung, AcP 200 (2000) 91
ders, Informationsasymmetrie im Vertragsrecht (2001)
Frost, „Vorvertragliche" und „vertragliche" Schutzpflichten (1981)
Frotz, Die rechtsdogmatische Einordnung der Haftung für culpa in contrahendo, in: Gedschr Gschnitzer (1969) 163
Gernhuber, Synallagma und Zession, in: FS Raiser (1974) 57
ders, Die endgültige Erfüllungsverweigerung, in: FS Medicus (1999) 145
Golla, Die Gläubigerrechte bei Leistungsstörung nach Abtretung (1995)
Grigoleit, Vorvertragliche Informationshaftung: Vorsatzdogma, Rechtsfolgen, Schranken (1997)
ders, Neuere Tendenzen zur schadensrechtlichen Vertragsaufhebung, NJW 1999, 900
Hadding, Schuldverhältnis und Synallagma beim Vertrag zu Rechten Dritter, in: FS Gernhuber (1993) 153
Hagen, Die neue Rechtsprechung des Bundesgerichtshofs zum Grundstückskauf, WM 1983, 638
Halfmeier, Der Anspruch der Verbraucherverbände auf Kostenerstattung, in: Brönneke, Kollektiver Rechtsschutz im Zivilprozeßrecht (2001) 137
Halfpap, Der entgangene Gewinn. Dogmatik und Anwendung des § 252 BGB (1999)
Heinemann, Baustein anwaltlicher Berufshaftung: Die Beweislast, NJW 1990, 2345
Hildebrand, Erklärungshaftung (Diss Heidelberg 1931)
Himmelschein, Erfüllungszwang und Lehre von den positiven Vertragsverletzungen, AcP 135 (1932) 255
Hofmann, Zur Beweislastumkehr bei Verletzung vertraglicher Aufklärungs- oder Beratungspflichten, NJW 1974, 1641
Horn, Neuverhandlungspflicht, AcP 181 (1981) 255
Huber, Allgemeine Haftungsprinzipien des Rechts der Leistungsstörungen in der höchstrichterlichen Rechtsprechung, in: 50 Jahre Bundesgerichtshof, Festgabe aus der Wissenschaft (2000) 251

JHERING, Culpa in contrahendo, JherJb 4, 1

M JUNKER, Der Umfang des einem Zessionar zu leistenden Schadensersatzes wegen Verzuges bei Abtretung vertraglicher Ansprüche, AcP 195 (1995) 1

KAISER, Die Rückabwicklung gegenseitiger Verträge wegen Nicht- und Schlechterfüllung nach BGB – Rücktritts-, Bereicherungs- und Schadensersatzrecht (2000)

KEUK, Vermögensschaden und Interesse (1972)

KIPP, Das Reichsgericht und die positiven Vertragsverletzungen, DJZ 1903, 253

ders, Worin besteht der Schadensersatzanspruch wegen Nichterfüllung eines gegenseitigen Vertrages?, 27. DJT (1904) I 249

KISCH, Der Schadensersatz wegen Nichterfüllung bei gegenseitigen Verträgen, JherJb 44, 68

KNOBBE-KEUK, Möglichkeiten und Grenzen abstrakter Schadensberechnung, VersR 1976, 401

KÖNDGEN, Selbstbindung ohne Vertrag (1981)

KOTULLA, Die historischen Voraussetzungen für die Entstehung des Rechtsinstituts der „positiven Forderungsverletzung" im 19. Jahrhundert, ZRG germ Abt 108 (1991) 358

KREBS, Sonderverbindung und außerdeliktische Schutzpflichten (2000)

KRÜCKMANN, Unmöglichkeit, AcP 101 (1907) 202, 232

ders, Nachlese zur Unmöglichkeitslehre, §§ 11 bis 13: Die positiven Vertragsverletzungen, JherJb 59, 233

LARENZ, Bemerkungen zur Haftung für „culpa in contrahendo", in: FS Ballerstedt (1975) 397

H LEHMANN, Die positiven Vertragsverletzungen, AcP 96 (1905) 60

M LEONHARD, Der Ersatz des Vertrauensschadens im Rahmen der vertraglichen Haftung, AcP 199 (1999) 660

LIEB, Vertragsaufhebung oder Geldersatz?, in: FS Rechtswiss Fakultät Köln (1988) 251

ders, Culpa in contrahendo und rechtsgeschäftliche Entscheidungsfreiheit, in: FS Medicus (1999) 337

LIEBS, „Fahrlässige Täuschung" und Formularvertrag, AcP 174 (1974) 26

LOBINGER, Rechtsgeschäftliche Verpflichtung und autonome Bindung (1999)

ST LORENZ, Der Schutz vor dem unerwünschten Vertrag (1997)

LÖWISCH, Die Zins- und Schadensersatzansprüche des Ratenkreditgebers bei Säumnis des Kreditnehmers, BB 1985, 959

vMAYR, Worin besteht der Schadensersatz wegen Nichterfüllung eines gegenseitigen Vertrages?, 27. DJT (1904) II 167

MEDICUS, Id quod interest (1962)

ders, Grenzen der Haftung für culpa in contrahendo, JuS 1965, 209

ders, Vertragliche und deliktische Ersatzansprüche für Schäden aus Sachmängeln, in: FS Kern (1968) 313

ders, Zur Entstehungsgeschichte der culpa in contrahendo, in: FS Kaser (1986) 169

ders, Gesetzgebung und Jurisprudenz im Recht der Leistungsstörungen, AcP 186 (1986) 268

ders, Die cic zwischen Vertrag und Delikt, in: FS Keller (1989) 205

ders, Zur Eigenhaftung des GmbH-Geschäftsführers aus Verschulden bei Vertragsverhandlungen, in: FS Steindorff (1990) 725

ders, Ansprüche auf das Erfüllungsinteresse aus Verschulden bei Vertragsverhandlungen, in: FS Lange (1992) 539

MESSER/SCHMITT, Zum Umfang der „Rentabilitätsvermutung" und zu vorvertraglichen und vordeliktischen Aufwendungen, in: FS Hagen (1999) 425

MOTZER, Die „positive Vertragsverletzung" des Arbeitnehmers (1982)

ders, Schutzpflichtverletzung und Leistungsunmöglichkeit, JZ 1983, 884

G MÜLLER, Der Ersatz entwerteter Aufwendungen bei Vertragsstörungen (1991)

ders, Beweislast und Beweisführung im Arzthaftungsprozeß, NJW 1997, 3049

MÜLLER-LAUBE, Vertragsaufwendungen und Schadensersatz wegen Nichterfüllung, JZ 1995, 538

MUSIELAK, Beweislastverteilung nach Gefahrenbereichen. Eine kritische Betrachtung der Gefahrenkreistheorie des BGH, AcP 176 (1976) 465

NIEDERLÄNDER, Rückforderung der Kaufsache und Schadensersatz, in: FS Wahl (1973) 243

NIRK, Culpa in contrahendo – eine richterliche Rechtsfortbildung in der Rechtsprechung des

Bundesgerichtshofes, in: 1. FS Möhring (1965) 385
ders, Culpa in contrahendo – eine geglückte richterliche Rechtsfortbildung – Quo vadis?, in: 2. FS Möhring (1975) 71
Nörr/Scheyhing/Pöggeler, Sukzessionen (2. Aufl 1999)
Oertmann, Ein Beitrag zur Frage der Haftung für Verschulden beim Vertragsschluß, LZ 1914, 513
Pawlowski, Der prima facie-Beweis bei Schadensersatzansprüchen aus Delikt und Vertrag, Göttinger rechtswissenschaftliche Studien Bd 60 (1966)
F Peters, Die Ablehnungserklärung des Gläubigers, JR 1998, 186
Picker, Positive Forderungsverletzung und culpa in contrahendo – Zur Problematik der Haftungen „zwischen" Vertrag und Delikt, AcP 183 (1983) 369
ders, Vertragliche und deliktische Schadenshaftung, JZ 1987, 1041
Pieper, Der Anspruch auf Schadensersatz wegen Nichterfüllung, JuS 1962, 409
Prölss, Die Beweislastverteilung nach Gefahrenbereichen, VersR 1964, 901
Prütting, Gegenwartsprobleme der Beweislast (1983)
Raab, Austauschverträge mit Drittbeteiligung (1999)
Raape, Die Beweislast bei positiver Vertragsverletzung, AcP 147 (1941) 217
Rabel, Das Recht des Warenkaufs I (1936)
Reischauer, Der Entlastungsbeweis des Schuldners (§ 1298 ABGB). Ein Beitrag zum Recht der Leistungsstörung mit rechtsvergleichenden Bezügen, Schriften zum Bürgerlichen Recht Bd 25 (1975)
Rengier, Die Abgrenzung des positiven Interesses vom negativen Vertragsinteresse und vom Integritätsinteresse (1977)
Rieble, Ansprüche des Darlehensgebers bei Verzug des Darlehensnehmers, ZIP 1988, 1027
Roth, Beweismaß und Beweislast bei der Verletzung bankvertraglicher Aufklärungs- und Beratungspflichten, ZHR 154 (1990) 513
Schlechtriem, Vertragsordnung und außervertragliche Haftung (1972)
E Schmidt, Die verpatzte Jubiläumsfeier, in: FS Gernhuber (1993) 423
K Schmidt, Zivilprozessuale und materiellrechtliche Aspekte des § 283 BGB, ZZP 87 (1974) 49
Schöller, Der Schadensersatz wegen Nichterfüllung bei gegenseitigen Verträgen nach dem BGB, Gruchot 44, 603
Schwarze, Vorvertragliche Verständigungspflichten (2001)
Schwenzer, Zession und sekundäre Gläubigerrechte, AcP 182 (1982) 214
Seetzen, Sekundäre Gläubigerrechte nach Abtretung des Hauptanspruchs aus einem gegenseitigen Vertrag, AcP 169 (1969) 352
Staffel, Zur Erläuterung der §§ 325, 326 BGB, AcP 92 (1901) 467
Staub, Die positiven Vertragsverletzungen (1904, 2. Aufl 1913, Neudruck 1969)
Steindorff, Abstrakte und konkrete Schadensberechnung, AcP 158 (1959/1960) 431
ders, Gewinnentgang und Schadensberechnung des Verkäufers, JZ 1961, 12
Stodolkowitz, Beweislast und Beweiserleichterungen bei der Schadensursächlichkeit von Aufklärungspflichtverletzungen, VersR 1994, 11
Hans Stoll, Die Beweislastverteilung bei positiven Vertragsverletzungen, in: FS vHippel (1967) 517
ders, Haftungsverlagerung durch beweisrechtliche Mittel, AcP 176 (1976) 145
ders, Die bei Nichterfüllung nutzlosen Aufwendungen des Gläubigers als Maßstab der Interessenbewertung. Eine rechtsvergleichende Studie zum Vertragsrecht, in: FS Duden (1977) 641
ders, Tatbestände und Funktionen der Haftung für culpa in contrahendo, in: FS vCaemmerer (1978) 433
ders, Vertrauensschutz bei einseitigen Leistungsversprechen, in: FS Flume Bd I (1978) 741
ders, Haftungsfolgen fehlerhafter Erklärungen beim Vertragsschluß, in: FS Riesenfeld (1983) 275
ders, Schädigung durch Vertragsschluß, in: FS Deutsch (1999) 361
Heinrich Stoll, Haftung für das Verhalten während der Vertragsverhandlungen, LZ 1923, 523

ders, Rücktritt und Schadensersatz, AcP 131 (1929) 141
ders, Abschied von der Lehre von der positiven Vertragsverletzung, AcP 136 (1932) 257
ders, Die Lehre von den Leistungsstörungen (1936)
Stürner, Der Anspruch auf Erfüllung von Treue- und Sorgfaltspflichten, JZ 1976, 384
Taupitz, Die zivilrechtliche Pflicht zur unaufgeforderten Offenbarung eigenen Fehlverhaltens (1989)
Teichmann, Leistungsstörungen und Gewährleistung (1976)
Thiele, Leistungsstörung und Schutzpflichtverletzung, JZ 1967, 694
Vollkommer, Beweiserleichterungen für den Mandanten bei Verletzung von Aufklärungs- und Beratungspflichten durch den Anwalt?, in: FS Baumgärtel (1990) 585
Wendehorst, Anspruch und Ausgleich (1999)
Wieacker, Leistungshandlung und Leistungserfolg im Bürgerlichen Schuldrecht, in: FS Nipperdey I (1965) 783
Wiedemann, Zur culpa in contrahendo beim Abschluß des Arbeitsvertrages, in: FS Herschel (1982) 463
ders, Das System der Leistungsstörungen im deutschen Vertragsrecht, in: FS Rechtswiss Fakultät Köln (1988) 367
Wiegand, Die „Sachwalterhaftung" als richterliche Rechtsfortbildung (1991)
L-C Wolff, Sollen impliziert Können: der Erfüllungsanspruch bei anfänglichem Unvermögen, JZ 1995, 280
Zitelmann, Nichterfüllung und Schlechterfüllung, in: FS Paul Krüger (1911) 265.

2. Zur und nach der Schuldrechtsreform

Anders, Der zentrale Haftungsgrund der Pflichtverletzung im Leistungsstörungsrecht des Entwurfs für ein Schuldrechtsmodernisierungsgesetz, ZIP 2001, 184
Arnold, Die vorübergehende Unmöglichkeit nach der Schuldrechtsreform, JZ 2002, 866
ders, Die eigenmächtige Mängelbeseitigung durch den Käufer, ZIP 2004, 2412
Arnold/Dötsch, Ersatz von „Mangelfolgeaufwendungen", BB 2003, 2250
Assmann/Sethe, Warn- und Hinweispflichten von Kreditinstituten gegenüber Kunden am Beispiel kundenschädigender Wertpapier- und Depotgeschäfte bankexterner Vermögensverwalter, in: FS Westermann (2008) 67
Ball, Nacherfüllung beim Autokauf, NZV 2004, 217
Benicke/Hellwig, Vorzeitiges Deckungsgeschäft und Schadensersatz – Eine dogmatische Aufarbeitung, ZIP 2015, 1106
Bergjan, Die Auswirkungen der Schuldrechtsreform 2002 auf den Unternehmenskauf (2003)
ders, Die Haftung aus culpa in contrahendo beim Letter of Intent nach neuem Schuldrecht, ZIP 2004, 395
Bernhard, Das grobe Missverhältnis in § 275 Abs 2 BGB, Jura 2006, 801
Borgmann, Die Rechtsprechung des BGH zum Anwaltshaftungsrecht von Ende 2005 bis Ende 2007, NJW 2008, 412
Brandt, Aufklärungs- und Beratungspflichten der Kreditinstitute bei der Kapitalanlage (2002)
Braun, Vom Beruf unserer Zeit zur Überarbeitung des Schuldrechts, JZ 1993, 1
ders, Zahlungsansprüche des Käufers bei Schlechtleistung des Verkäufers, ZGS 2004, 423
Brömmelmeyer, Der Nacherfüllungsanspruch des Käufers als trojanisches Pferd des Kaufrechts?, JZ 2006, 493
Brors, Vertrauen oder Vertrag – gibt es eine Haftung für Wertgutachten nach § 311 Abs 3 BGB?, ZGS 2005, 142
Brüggemeier/Reich, Europäisierung des BGB durch große Schuldrechtsreform?, BB 2001, 213
Bruns, Haftungsbeschränkungen und Mindesthaftung (2003)
Büdenbender, Der Nacherfüllungsanspruch des Käufers – Wahlschuld oder elektive Konkurrenz? – Zugleich ein Beitrag zur Dogmatik beider Institute, AcP 205 (2005) 386
Bydlinski, „Schwarze" Werkverträge und Allgemeines Deutsches Zivilrecht, in: FS Groth (2011) 79
Canaris, Wandlungen des Schuldvertragsrechts – Tendenzen zu seiner „Materialisierung", AcP 200 (2000) 273
ders, Das allgemeine Leistungsstörungsrecht im Schuldrechtsmodernisierungsgesetz, ZRP 2001, 329

ders, Die Reform des Rechts der Leistungsstörungen, JZ 2001, 499
ders, Schadensersatz wegen Pflichtverletzung, anfängliche Unmöglichkeit und Aufwendungsersatz im Entwurf des Schuldrechtsmodernisierungsgesetzes, Betrieb 2001, 1815
ders, Die Vermutung „aufklärungsrichtigen Verhaltens" und ihre Grundlagen, in: FS Hadding (2004) 3
ders, Bankgeheimnis und Schutzwirkungen für Dritte im Konzern, ZIP 2004, 1781
ders, Die Einstandspflicht des Gattungsschuldners und die Übernahme eines Beschaffungsrisikos nach § 276 BGB, in: FS Wiegand (2005) 179
ders, Die einstweilige Unmöglichkeit der Leistung, in: FS Huber (2006) 143
ders, Der Vertrag mit ersetzbarer Primärleistung als eigenständige Rechtsfigur und die Zentralprobleme seiner Ausgestaltung, in: FS Westermann (2008) 137
Choi, Mangelschaden, Mangelfolgeschaden und Folgeschaden ohne Mangel im Lichte typologischen Denkens (2003)
Coen, Vertragsscheitern und Rückabwicklung, Eine rechtsvergleichende Untersuchung zum englischen und deutschen Recht, zum UN-Kaufrecht sowie zu den Unidroit Principles und den Principles of European Contract Law (2003)
Coester-Waltjen, Verzögerungsgefahr, Sachgefahr, Leistungsgefahr, Jura 2006, 829
Cziupka/Klebisch, Die Beschädigung der Kaufsache bei der Nachbesserung, JuS 2008, 855
Däubler, Auswirkungen der Schuldrechtsmodernisierung auf das Arbeitsrecht, NZA 2001, 1329
Dauner-Lieb, Die geplante Schuldrechtsmodernisierung – Durchbruch oder Schnellschuß?, JZ 2001, 8
Dauner-Lieb/Dötsch, Schuldrechtsreform: Haftungsgefahren für Zwischenhändler nach neuem Recht?, Betrieb 2001, 2535
dies, § 326 II 2 BGB (analog) bei der Selbstvornahme?, NZBau 2004, 233
Dauner-Lieb/Khan, zwischen Vertragsfreiheit und Verbraucherschutz, in: FS Westphalen (2010) 55
Derleder, Sachmängel- und Arglisthaftung nach neuem Schuldrecht, NJW 2004, 969
Deutsch, Die Medizinhaftung nach dem neuen Schuldrecht und dem neuen Schadensrecht, JZ 2002, 588
Diederichsen, Zur gesetzlichen Neuordnung des Schuldrechts, AcP 182 (1982) 101
Döll/Rybak, Schadensersatz wegen Verzögerung bei mangelhafter Leistung im Kaufrecht?, Jura 2005, 582
Dopheide, Der Grobe Behandlungsfehler – eine Beweislastverteilung nach Kollektiven?, VersR 2007, 1050
Dötsch, Rechte des Käufers nach eigenmächtiger Mängelbeseitigung, MDR 2004, 975
Ebert, Das Recht des Käufers zur zweiten Andienung und seine Risiken für den Käufer, NJW 2004, 1761
Eckebrecht, Vertrag mit Schutzwirkung für Dritte – Die Auswirkungen der Schuldrechtsreform, MDR 2002, 425
Eggers/Goerth, Die Haftung des Bankkunden für unbefugte Abhebungen mittels ec-Karte und Pin – BGH, NJW 2004, 3623, JuS 2005, 492
Ehmann, Garantie- oder Verschuldenshaftung bei Nichterfüllung und Schlechtleistung, in: FS Canaris (2007) I 165
Ehmann/Sutschet, Schadensersatz wegen kaufrechtlicher Schlechtleistungen – Verschuldens- und/oder Garantiehaftung?, JZ 2004, 62
Einsele, Anlegerschutz durch Information und Beratung, JZ 2008, 477
Emmert, Vereinbarte Beschaffenheit der Kaufsache und Haftungsausschluss des Verkäufers, NJW 2006, 1765
Ernst, Zur Regelung des Versendungskaufs im Entwurf der Kommission zur Überarbeitung des Schuldrechts, ZIP 1993, 481
ders, Die Schuldrechtsreform 2001/2002, ZRP 2001, 1
ders, Zum Fortgang der Schuldrechtsreform, in: Ernst/Zimmermann, Zivilrechtswissenschaft und Schuldrechtsreform (2001) 559
ders, Sachmängelhaftung und Gefahrtragung – Abgrenzungen und Wechselwirkungen in der Dynamik des Vertragsvollzugs, in: FS Huber (2006) 165
Ernst/Gsell, Kaufrechtsrichtlinie und BGB, ZIP 2000, 1410

Faust, Die Rechtslage nach Ablauf der Nachfrist, in: FS Huber (2006) 239
ders, Pflichtverletzung und Vertretenmüssen als Voraussetzungen des Anspruchs auf Schadensersatz statt der Leistung, in: FS Canaris (2007) I 219
Fehre, Unmöglichkeit und Unzumutbarkeit der Leistung (2005)
Fest, Die Bezugspunkte des Vertretenmüssens im System der §§ 280 ff. BGB, Jura 2005, 734
Finn, Erfüllungspflicht und Leistungshindernis – Die Bestimmung der Grenzen vertraglicher Primärpflichten nach §§ 275 Abs 1 und 2, 313 BGB (2007)
Fischer, Der Ausschluß der Leistungspflicht im Falle der Unmöglichkeit im Entwurf des Schuldrechtsmodernisierungsgesetzes (§ 275 BGB RegE), Betrieb 2001, 1923
W Flume, Gesetzesreform der Sachmängelhaftung beim Kauf?, AcP 193 (1993) 89
J Flume, Der monetäre Wert des (Kauf-)Vertrags, AcP 215 (2015) 282
Freitag, Die Verteilung der Beweislast für Fehler in der Anlageberatung de lege lata und de lege ferenda – Gedanken zur privatrechtlichen Bedeutung von Beratungsprotokoll und Geeignetheitserklärung, ZBB 2016, 1
Freytag, Grundstrukturen des Kaufvertrages (2007)
Fuchs, Das Beweismaß im Arzthaftungsprozess (2005)
R Giesen, Verhältnis des Verzögerungsschadens zum Schaden statt der Leistung, in: FS Huber (2006) 263
Gietl, Auflösungsschäden bei elektronischen Dienstleistungen, ZGS 2010, 165
Gödicke, Aufgabe der Deliktshaftung für Behandlungsfehler, MedR 2008, 405
Gotthardt, Arbeitsrecht nach der Schuldrechtsreform (2. Aufl 2003)
Greiner, Direktionsrecht und Direktionspflicht, Schadensersatz und Annahmeverzug bei Leistungshinderung des Arbeitnehmers, RdA 2013, 9
Grigoleit, Leistungspflichten und Schutzpflichten, in: FS Canaris (2007) I 275
Grigoleit/Bender Der Diskurs über die Kategorien des Schadensersatzes im Leistungsstörungsrecht – Teleologische Dogmatisierung auf dem Prüfstand, ZfPW 2019, 1
Grigoleit/Riehm, Grenzen der Gleichstellung von Zuwenig-Leistung und Sachmangel, ZGS 2002, 115
dies, Der mangelbedingte Betriebsausfallschaden im System des Leistungsstörungsrechts, JuS 2004, 745
Gröschler, Die Pflicht des Verkäufers zur Aufklärung über Mängel nach neuem Kaufrecht, NJW 2005, 1601
Grundmann, Europäisches Schuldvertragsrecht, NJW 2000, 14
Grunsky, Vorschläge zu einer Reform des Schuldrechts, AcP 182 (1982) 453
Gsell, Der Schadensersatz statt der Leistung nach dem neuen Schuldrecht, Jahrbuch Junger Zivilrechtswissenschaftler 2001, 105
dies, Gespaltene Verjährung kaufvertraglicher Ansprüche auf Ersatz mängelbedingter Schäden?, JZ 2002, 1089
dies, Rechtskräftiges Leistungsurteil und Klage auf Schadensersatz statt der Leistung, JZ 2004, 110
dies, Das Verhältnis von Rücktritt und Schadensersatz, JZ 2004, 643
dies, Rechtlosigkeit des Käufers bei voreiliger Selbstvornahme der Mängelbeseitigung, ZIP 2005, 922
dies, Mängelleistung und verzögerte Nacherfüllung als einheitliche Pflichtverletzung im neuen Schuldrecht, in: FS Canaris (2007) I 329
dies, Rechtzeitigkeit der Zahlung per Banküberweisung und Verzugsrichtlinie, GPR 2008, 165
Gutzeit, Unverhältnismäßige Verkäuferhaftung beim „kleinen" Schadensersatz, NJW 2015, 445
Haas, Entwurf eines Schuldrechtmodernisierungsgesetzes: Kauf- und Werkvertragsrecht, BB 2001, 1113
Haberzettl, Verschulden und Versprechen – Zur Haftung des Schuldners für die Verzögerung der Leistung (2006)
Harke, Pflichtverletzung und Nichterfüllung, JR 2006, 485
Härting/Schirmbacher, Fernvertrieb von Finanzdienstleistungen an Verbraucher: Um-

setzung der Fernabsatzrichtlinie für Finanzdienstleistungen, Betrieb 2003, 1777
HARTMANN, Der Anspruch auf das stellvertretende commodum (2007)
HEIDELK, Gesundheitsverletzung und Gesundheitsschaden – Ärztliche Verantwortung im Kontext des § 280 Abs 1 BGB (2005)
HEIDERHOFF, Die Pflicht des Käufers zur Aufklärung über Mängel der Sache beim Kauf via Internet, BB 2005, 2533
HEIDERHOFF/SKAMEL, Teilleistung im Kaufrecht, JZ 2006, 383
HEINRICHS, Die Pflichtverletzung, ein Zentralbegriff des neuen Leistungsstörungsrechts, in: FS Schlechtriem (2003) 503
ders, Bemerkungen zur culpa in contrahendo nach der Reform – Die Tatbestände des § 311 Abs 2 BGB, in: FS Canaris (2007) I 421
HENCKEL, Neues Allgemeines Schuldrecht im Staudinger, JZ 2005, 606
HENSSLER, Arbeitsrecht und Schuldrechtsreform, RdA 2002, 129
HERRESTHAL, Der Ersatz des Verzugsschadens beim Rücktritt vom Vertrag, JuS 2007, 798
ders, Das ungeschriebene Tatbestandsmerkmal der Durchsetzbarkeit in den §§ 281 I, 323 I BGB, Jura 2008, 561
ders, Das Ende der Geldschuld als sog qualifizierte Schickschuld, ZGS 2008, 259
vHERTZBERG, Die Selbstvornahme des Käufers bei der Mängelbeseitigung, in: FS Huber (2006) 339
HESSELER/KLEINHENZ, Der kaufrechtliche Anspruch auf Schadensersatz für Weiterfresserschäden, JuS 2007, 706
HIRSCH, Schadensersatz statt der Leistung, Jura 2003, 289
ders, Schadensersatz statt oder neben der Leistung – Aktuelle Fragen der Abgrenzung, JuS 2014, 97
HOFMANN, Die Anspruchsberühmung, ZfPW 2018, 152
HOLZBORN/ISRAEL, Das neue Wertpapierprospektrecht, ZIP 2005, 1668
HÖRA, Haftung für fehlerhafte Informationen gegenüber Nichtvertragspartnern (2008)
HUBER, Leistungsstörungen, in: Gutachten und Vorschläge zur Überarbeitung des Schuldrechts, Bd I (1981) 647 (zitiert Gutachten)
ders, Die Unmöglichkeit der Leistung im Diskussionsentwurf eines Schuldrechtsmodernisierungsgesetzes, ZIP 2000, 2137
ders, Die Pflichtverletzung als Grundtatbestand der Leistungsstörung im Diskussionsentwurf eines Schuldrechtsmodernisierungsgesetzes, ZIP 2000, 2273
ders, Das geplante Recht der Leistungsstörungen, in: ERNST/ZIMMERMANN, Zivilrechtswissenschaft und Schuldrechtsreform (2001) 31
ders, Die Schadensersatzhaftung des Verkäufers wegen Nichterfüllung der Nacherfüllungspflicht und die Haftungsbegrenzung des § 275 Abs 2 BGB neuer Fassung, in: FS Schlechtriem (2003) 521
ders, Praktische Bedeutung des Anspruchs auf Schadensersatz statt der Leistung, AcP 210 (2010) 320
JAENSCH, Schadensersatz wegen berechtigter Leistungsverweigerung, NJW 2013, 1121
JANERT/SCHUSTER, Dritthaftung des Wirtschaftsprüfers am Beispiel der Haftung für Prospektgutachten, BB 2005, 987
JANZ, Die Rechte des Käufers bei eigener Mängelbeseitigung nach Ablauf der Nachfrist (2008)
JOUSSEN, Arbeitsrecht und Schuldrechtsreform, NZA 2001, 745
KAISER, Schadensersatz wegen fahrlässiger Rechtsanmaßung, in: FS Canaris (2007) I 531
dies, Schadensersatz neben oder statt der Leistung, in: FS Westermann (2008) 351
dies, Pflichtwidriges Mangelbeseitigungsverlangen, NJW 2008, 1709
KAMANABROU, Der Nachlieferungsanspruch beim Stückkauf, ZGS 2004, 57
KATZENMEIER, Schuldrechtsmodernisierung und Schadensersatzänderung – Umbruch in der Arzthaftung, VersR 2002, 1066
KATZENSTEIN, Kostenersatz bei eigenmächtiger Selbstvornahme der Mängelbeseitigung nach § 326 Abs 2 Satz 2 BGB, ZGS 2004, 144
ders, Kostenersatz bei eigenmächtiger Selbstvornahme der Mängelbeseitigung – ein Plädoyer für die Abkehr von einer gefestigten Rechtspraxis, ZGS 2004, 300
ders, Nochmals: Ersatz ersparter Aufwendun-

gen bei eigenmächtiger Selbstvornahme der Mängelbeseitigung – Zugleich eine Anmerkung zu LG Gießen, ZGS 2004, 238 –, ZGS 2004, 349
ders, Die Systematik des Schadenshaftungsrechts in Sonderverbindungen nach modernisiertem Schuldrecht, Jura 2004, 584
ders, Der Schadensersatz statt der Leistung nach §§ 280 Abs 1 und 3, 281 bis 283 BGB, Jura 2005, 217
ders, Ausbau- und Rücknahmepflichten des Verkäufers bei Ersatzlieferung, ZGS 2009, 29
Kau/Hänsel, Verzögerte Vergabe – Schadensersatz für die Verzögerung des Zuschlags?, NJW 2011, 1914
Keilmann, Dem Gefälligen zur Last – Untersuchungen zur Beweislastverteilung in § 280 I BGB (2006)
Kellner, Haftungsprobleme bei informellem Verwaltungshandeln – Zur Haftpflicht in den verwaltungsrechtlichen Anbahnungsverhältnissen (2004)
Kersting, Die Rechtsfolge vorvertraglicher Informationspflichtverletzungen – Vertragsaufhebungsanspruch oder „Minderung" aus cic?, JZ 2008, 714
ders, Informationshaftung Dritter: Vertrauen auf Verlässlichkeit, JR 2008, 312
Knops, Verjährungsbeginn durch Anspruchsentstehung – insbesondere nach den §§ 37a und d WpHG –, AcP 205 (2005) 821
C Knütel, Die Schwächen der „konkreten" und „abstrakten" Schadensberechnung und das positive Interesse bei Nichterfüllung, AcP 202 (2002) 555
Koch, § 311 Abs 3 BGB als Grundlage einer vertrauensrechtlichen Auskunftshaftung, AcP 204 (2004) 59
Kohler, Bemerkungen zur vorgeschlagenen Überarbeitung des Rücktrittsrechts, WM 1993, 45
ders, Das Vertretenmüssen beim verzugsrechtlichen Schadensersatz, JZ 2004, 961
ders, Pflichtverletzung und Vertretenmüssen – die beweisrechtlichen Konsequenzen des neuen § 280 Abs 1 BGB, ZZP 118 (2005) 25
ders, Bestrittene Leistungsunmöglichkeit und ihr Zuvertretenhaben bei § 275 – Prozesslage und materielles Recht, AcP 205 (2005) 93
Korch/Hagemeyer, Die ewige Frage: Schadensersatz statt oder neben der Leistung? – Die Abgrenzung vor dem Hintergrund des Biodiesel-Urteils des BGH, Jura 2014, 1077
Korth, Die Prospekthaftung am Grauen Kapitalmarkt nach dem Anlegerschutzverbesserungsgesetz (2008)
Krause, Die Leistungsverzögerungen im neuen Schuldrecht, Teil I Jura 2002, 217; Teil II Jura 2002, 299
ders, Geklärte und ungeklärte Probleme der Arbeitnehmerhaftung, NZA 2003, 577
Krebs, Die große Schuldrechtsreform, Betrieb 2000 Beil 14
Lange, Schadensersatz (3. Aufl 2003)
Lange/Widmann, Die Überprüfung der Mangelursache als Voraussetzung des Nacherfüllungsverlangens beim Verbrauchsgüterkauf, ZGS 2008, 329
Laufs/Uhlenbruck, Handbuch des Arztrechts (3. Aufl 2002)
Laumen, Beweisführungs- und Beweislastprobleme bei der zivilrechtlichen Haftung von Steuerberatern (Teil I und II), DStR 2015, 2514 und 2570
Lieb, Grundfragen einer Schuldrechtsreform, AcP 183 (1983) 327
Lobinger, Die Grenzen rechtsgeschäftlicher Leistungspflichten (2004)
Löhnig, Aufwendungsersatz bei der Zerstörung der Kaufsache vor Nachbesserung, ZGS 2007, 134
Looschelders, Der Bezugspunkt des Vertretenmüssens bei Schadensersatzansprüchen wegen Mangelhaftigkeit der Kaufsache, in: FS Canaris (2007) I 737
St Lorenz, Rücktritt, Minderung und Schadensersatz wegen Sachmängeln im neuen Kaufrecht: Was hat der Käufer zu vertreten?, NJW 2002, 2497
ders, Nacherfüllungskosten und Schadensersatz nach „neuem" Schuldrecht – was bleibt vom Dachziegelfall?, ZGS 2004, 408
ders, Voreilige Selbstvornahme der Nacherfüllung im Kaufrecht: Der BGH hat gesprochen und nichts ist geklärt, NJW 2005, 1321
ders, Schuldrechtsreform 2002: Problemschwerpunkte drei Jahre danach, NJW 2005, 1889
ders, Einmal Vertretenmüssen – immer Vertretenmüssen, in: FS Huber (2006) 423

ders, Nacherfüllungsanspruch und Obliegenheiten des Käufers, NJW 2006, 1175
ders, „Brauchen Sie eine Rechnung?“: Ein Irrweg und sein gutes Ende, NJW 2013, 3132
Löwisch, Zweifelhafte Folgen des neuen Leistungsstörungsrechts für das Arbeitsvertragsrecht, NZA 2001, 465
ders, Auswirkungen der Schuldrechtsreform auf das Recht des Arbeitsverhältnisses, in: FS Wiedemann (2002) 311
Madaus, Die Abgrenzung von leistungsbezogenen von den nicht leistungsbezogenen Nebenpflichten im neuen Schuldrecht, Jura 2004, 289
Magnus, Der Tatbestand der Pflichtverletzung, in: Schulze/Schulte-Nölke, Die Schuldrechtsreform vor dem Hintergrund des Gemeinschaftsrechts (2001) 67
Majer, Schadensersatz für Untersuchungskosten wegen unberechtigten Mangelbeseitigungsverlangens, ZGS 2008, 209
Mansel/Budzikiewicz, Das neue Verjährungsrecht (2002)
Manthe, Der Schatten, oder: Die Differenztheorie, in: FS Musielak (2004) 337
Masch/Herwig, Ad multos annos – die Haftung für Weiterfresser nach der Schuldrechtsmodernisierung, ZGS 2005, 24
Medicus, Vorschläge zur Überarbeitung des Schuldrechts: Das allgemeine Recht der Leistungsstörungen, NJW 1992, 2384
ders, Die Leistungsstörungen im neuen Schuldrecht, JuS 2003, 521
ders, Verschuldensabwägung bei Beweislastumkehr, in: FS Huber (2006) 437
ders, Zur Anwendbarkeit des Allgemeinen Schuldrechts auf Schutzpflichten, in: FS Canaris (2007) I 835
ders, Informationspflichten der finanzierenden Bank über Risiken aus dem finanzierten Geschäft, in: FS Westermann (2008) 447
Meier/Joachim, Die Rentabilitätsvermutung – Aufwendung als Schaden?, JuS 2018, 1168
B Mertens, Culpa in contrahendo bei zustande gekommenem Kaufvertrag nach der Schuldrechtsreform, AcP 203 (2003) 819
Mock, Die Beweislast bei der positiven Vertragsverletzung (2006)
Möllers, Haftung für fehlerhafte Kapitalmarktinformationen, in: RWS-Forum: Bankrecht 2002 (2003) 271
Mückl, Unmöglichkeit und Pflichtverletzung – Zum Begriff der „Pflichtverletzung“ im Leistungsstörungsrecht des BGB, JA 2004, 928
Mülbert, Die Auswirkungen der Schuldrechtsmodernisierung im Recht des „bürgerlichen“ Darlehensvertrags, WM 2000, 465
H-F Müller, Gewährleistung beim Tierkauf, in: FS Westermann (2008) 517
Müller/Hempel, Nebenpflichten des Verkäufers unter besonderer Berücksichtigung der Verjährung, AcP 205 (2005) 246
Münch, Die nicht wie geschuldet erbrachte Leistung und sonstige Pflichtverletzungen, Jura 2002, 361
Musielak, Die Nacherfüllung beim Stückkauf, NJW 2008, 2801
Oechsler, Praktische Anwendungsprobleme des Nacherfüllungsanspruchs, NJW 2004, 1825
ders, Vertragliche Schuldverhältnisse (2. Aufl 2007)
Oetker, Neues zur Haftung des Arbeitnehmers durch § 619a BGB?, BB 2002, 43
vOlshausen, Das Neben-, Nach-, Mit- und Gegeneinander mehrerer Rechte wegen Leistungsstörungen nach dem Schuldrechtsmodernisierungsgesetz, in: FS Huber (2006) 471
Ostendorf, Die Abgrenzung zwischen Schadensersatz statt und neben der Leistung – Versuch einer Neubetrachtung, NJW 2010, 2833
Otto, Die Grundstrukturen des neuen Leistungsstörungsrechts, Jura 2002, 1
ders, Der Ausschluss der Leistungspflicht gemäß § 275 Abs 2 und 3 BGB im Schwebezustand, in: FS Canaris (2007) I 945
Otto/Schwarze/Krause, Die Haftung des Arbeitnehmers (4. Aufl 2014)
Picker, Nachlieferung beim Stückkauf – Zu Grund, Gegenstand und Umfang der Leistungsverpflichtung, in: FS Westermann (2008) 583
Piegsa, Teilleistungsstörungen bei Verträgen über mehrere körperliche Gegenstände (2005)
Plötner, Die Rechtsfigur des Vertrags mit Schutzwirkung zugunsten Dritter und die sogenannte Expertenhaftung (2003)

RECKER, Schadensersatz statt der Leistung – oder: Mangel- und Mangelfolgeschaden, NJW 2002, 1247

REICHENBACH, Das Tatbestandsmerkmal der Pflichtverletzung im neuen Leistungsstörungsrecht, Jura 2003, 512

REGENFUS, Abwicklung, Sicherung des Leistungserfolgs und Rechtsgüterschutz: Entwicklung und Inhalt der Rechtsbeziehungen nach Erfüllung der Hauptleistungspflichten, Jura 2018, 214

REINELT, Haftung aus Prospekt und Anlageberatung bei Kapitalanlagefonds, NJW 2009, 1

REISCHL, Grundfälle zum neuen Schuldrecht, JuS 2003, 40, 250, 453, 667, 865, 1076

RIEHM, Pflichtverletzung und Vertretenmüssen – Zur Dogmatik der §§ 280 ff. BGB –, in: FS Canaris (2007) I 1079

ders, Der Grundsatz der Naturalerfüllung (2015)

RODEGRA, Reisevertragliche Ansprüche wegen Nichterfüllung und nutzlos aufgewendeter Urlaubszeit, MDR 2004, 550

ROLLAND, Schuldrechtsreform – Allgemeiner Teil, NJW 1992, 2377

RÖSLER, Arglist im Schuldvertragsrecht, AcP 208 (2008) 564

ROTH, Beweislastprobleme um Verletzungen der Aufklärungspflicht bei Kapitalanlagen, JZ 2015, 1081

SABBAGH-FARSHI, Die vorvertragliche Haftung im UN-Kaufrecht und in den Unidroit- und Lando-Prinzipien unter Einbeziehung des deutschen und englischen Rechts (2008)

SCHÄFER, Zum Begriff der Pflichtverletzung in § 280 I 1 BGB, JA 2003, 600

SCHAPP, Probleme der Reform des Leistungsstörungsrechts, JZ 1993, 637

ders, Empfiehlt sich die „Pflichtverletzung" als Generaltatbestand des Leistungsstörungsrechts?, JZ 2001, 583

SCHELM, Sorgfalts- und Loyalitätspflichten im Investmentrecht – Eine rechtsvergleichende Untersuchung des Investmentrechts in den Vereinigten Staaten von Amerika und Deutschland (2008)

SCHEUREN-BRANDES, EuGH kürt Geldschuld bei Banküberweisung zur Bringschuld?!, ZIP 2008, 1463

SCHLECHTRIEM, Rechtsvereinheitlichung in Europa und Schuldrechtsreform in Deutschland, ZEuP 1993, 217

ders, 10 Jahre CISG – Der Einfluß des UN-Kaufrechts auf die Entwicklung des deutschen und des internationalen Schuldrechts, IHR 2001, 12

SCHLITT/SCHÄFER, Drei Jahre Praxis unter dem Wertpapierprospektgesetz – eine Zwischenbilanz, AG 2008, 525

E SCHMIDT, Replik auf Gödicke, Aufgabe der Deliktshaftung für Behandlungsfehler, MedR 2008, 408

SCHMIDT-RÄNTSCH, Die Haftung des Verkäufers nach der Schuldrechtsreform am Beispiel des Unternehmenskaufs, AnwBl 2003, 529

SCHMIDT-RECLA, Surrogationstheorie, Schuldnerverschulden und § 326 BGB, ZGS 2007, 181

SCHNAUDER, Sorgfalts- und Aufklärungspflichten im Kreditgeschäft, JZ 2007, 1009

SCHNEIDER/KATERNDAHL, Ein- und Ausbaukosten mangelhafter Kaufsachen im unternehmerischen Rechtsverkehr – Vertragliche Vereinbarung einer Selbstvornahme durch den Käufer, NJW 2007, 2215

SCHOLLMEYER, Selbstverantwortung und Geschäftsgrundlage – Zur Zurechnung und Haftung bei Geschäftsgrundlagenstörungen gem § 313 BGB (2014)

SCHOLLMEYER/UTLU, Die Nacherfüllung im Kauf, Jura 2009, 721

SCHUBEL/KOCH, Die Nacherfüllung als Haftungsfalle: Das deutsche Kaufrecht auf dem Weg zum Garantiesystem, Betrieb 2004, 119

SCHULTZ, Leistungsstörungsrecht, in: WESTERMANN, Das Schuldrecht 2002 (2002) 17

SCHULZE/EBERS, Streitfragen im neuen Schuldrecht, JuS 2004, 265, 366 u 462

SCHULZE/SCHULTE-NÖLKE, Schuldrechtsreform und Gemeinschaftsrecht, in: SCHULZE/SCHULTE-NÖLKE, Die Schuldrechtsreform vor dem Hintergrund des Gemeinschaftsrechts (2001)

SCHWAB, Grundfälle zu culpa in contrahendo, Sachwalterhaftung und Vertrag mit Schutzwirkung für Dritte nach neuem Schuldrecht, JuS 2002, 773, 872

SCHWARZE, Unmöglichkeit, Unvermögen und ähnliche Leistungshindernisse im neuen Leistungsstörungsrecht, Jura 2002, 73

ders, Subsidiarität des vertraglichen Drittschutzes?, AcP 203 (2003) 348
ders, Die Kostentragung für die Untersuchung eines unbegründeten Störungsverdachts, NJW 2015, 3601
SCHWENKER, Die Änderung der Rechtsprechung zur Berechnung des Schadensersatzes bei nicht beseitigten Mängeln eines Bauwerks, MDR 2018, 640
SIOL, Die bürgerlich-rechtliche Prospekthaftung im engeren Sinn, DRiZ 2003, 204
SKAMEL, Nacherfüllung und Schadensersatz beim Einbau mangelhafter Sachen, NJW 2008, 2820
SPICKHOFF, Das System der Arzthaftung im reformierten Schuldrecht, NJW 2002, 2530
ders, Patientenrechte und Patientenpflichten – Die medizinische Behandlung als kodifizierter Vertragstypus, VersR 2013, 267
ders, Die Entwicklung des Arztrechts 2016/2017, NJW 2017, 1790
SPINDLER, Haftungsrisiken und Beweislast bei ec-Karten, BB 2004, 2766
SPINDLER/KLÖHN, Fehlerhafte Informationen und Software – Die Auswirkungen der Schuld- und Schadensrechtsreform, VersR 2003, 273 u 410
SPINDLER/RIEKERS, Die Auswirkungen der Schuld- und Schadensrechtsreform auf die Arzthaftung, JuS 2004, 272
STÖBER, Die Verjährung von Ansprüchen auf Schadensersatz statt der Leistung, ZGS 2005, 290
ders, Beschaffenheitsgarantien des Verkäufers (2006)
ders, Ansprüche auf Erstattung vorprozessualer Anwaltskosten bei unberechtigter Inanspruchnahme, AGS 2006, 261
STOPPEL, Untersuchungspflichten auf Verkäuferseite im Zusammenspiel mit Untersuchungsobliegenheiten auf Käuferseite, ZGS 2006, 49
STODOLKOWITZ, Rechte des Käufers bei Leistungsstörungen während der Nacherfüllung, ZGS 2010, 448
SUTSCHET, Garantiehaftung und Verschuldenshaftung im gegenseitigen Vertrag (2006)
ders, Austausch und Differenztheorie nach der Schuldrechtsreform, Jura 2006, 586
TETENBERG, Der Bezugspunkt des Vertretenmüssens beim Schadensersatz statt der Leistung, JA 2009, 1
TETTINGER, Zu den Freizeichnungsmöglichkeiten des Verkäufers einer mangelhaften Sache – Überprüfung der Kardinalpflichtenrechtsprechung zu fahrlässig verursachten Schäden, AcP 205 (2005) 1
ders, Nahe Mangelfolgeschäden nach der Schuldrechtsreform, ZGS 2006, 96
THODE, Freizeichnung aus der Verletzung von Aufklärungs-, Beratungs- und anderen Nebenpflichten, ZNotP 2007, 162
THÜRMANN, Der Ersatzanspruch des Käufers für Aus- und Einbaukosten einer mangelhaften Kaufsache, NJW 2006, 3457
TIEDTKE/MÖLLMANN, Auswirkungen der Schuldrechtsreform im Leasingrecht, Betrieb 2004, 583
TIEDTKE/SCHMITT, Probleme im Rahmen des kaufrechtlichen Nacherfüllungsanspruchs (Teil I u II), DStR 2004, 2016 und 2060
dies, Der Anwendungsbereich des kaufrechtlichen Schadensersatzes statt der Leistung nach §§ 437 Nr 3, 280 Abs 1 und 3, 281 Abs 1 BGB, Betrieb 2005, 615
dies, Probleme im Zusammenhang mit einer mangelhaften Montageanleitung, Betrieb 2005, 1555
TILLMANNS, Strukturfragen des Dienstvertrages (2007)
TIMME, Beschädigung der Mietsache – Schadensersatzansprüche des Vermieters ohne vorherige Fristsetzung, MDR 2018, 705
TODOROW, Der Bezugspunkt des Vertretenmüssens beim Schadensersatz statt der Leistung (2009)
TONNER/WIESE, Selbstvornahme der Mängelbeseitigung durch den Käufer, BB 2005, 903
TRÖGER, Arbeitsteilung und Vertrag (2012)
ULMER/BRANDNER/HENSEN, AGB-Recht – Kommentar zu den §§ 305–310 BGB und zum Unterlassungsklagengesetz (12. Aufl 2016)
UNBERATH, Die Vertragsverletzung (2007)
VOIT, Die neue Berechnung des Schadensersatzanspruchs bei Werkmängeln, NJW 2018, 2166
E WAGNER, Studien zum Recht der Unmöglichkeit – Eine Untersuchung der Besonderheiten des Römischen Rechts und des BGB vor

und nach der Schuldrechtsmodernisierung (2007)
G Wagner, Mangel- und Mangelfolgeschäden im neuen Schuldrecht?, JZ 2002, 475
ders, Schadensberechnung im Kapitalmarktrecht, ZGR 2008, 495
Walker, Die eingeschränkte Haftung des Arbeitnehmers unter Berücksichtigung der Schuldrechtsmodernisierung, JuS 2002, 736
ders, Haftungsvereinbarungen im Arbeitsrecht unter besonderer Berücksichtigung der Schuldrechtsreform, in: FS Canaris (2007) I 1503
Wendehorst, Das Vertragsrecht der Dienstleistungen im deutschen und künftigen europäischen Recht, AcP 206 (2006) 205
Wertenbruch, Zur Haftung aus culpa in contrahendo bei Abbruch von Vertragsverhandlungen, ZIP 2004, 1525
Westermann, Das neue Kaufrecht einschließlich des Verbrauchsgüterkaufs, JZ 2001, 530
ders, Das Recht des Verkäufers zur „zweiten Andienung“: bestimmende Leitidee des neuen Kaufrechts oder Ärgernis, in: FS Canaris (2007) I 1261
Wiedemann, Schadensersatz und Freizeichnung in Allgemeinen Geschäftsbedingungen und Individualverträgen, in: FS Ulmer (2003) 1279
Wilhelm, Die Pflichtverletzung nach neuem Schuldrecht, JZ 2004, 1055
ders, Einrede des Verkäufers gegen die Leistungspflicht gem § 275 Abs 2, § 439 BGB bei nachträglichem Verlust oder Beschädigung der Kaufsache: Vorrang der schuldvertraglichen Vereinbarung, Betrieb 2004, 1599
vWilmowsky, Pflichtverletzungen im Schuldverhältnis, Beil zu JuS Heft 1/2002, 3
Windel, „Unsinnige“, rechtlich unmöglich und verbotswidrige Leistungsversprechen, ZGS 2003, 466
ders, Mankoleistungen im modernisierten Schuldrecht, Jura 2003, 793
E Wolf, Kein Abschied vom BGB, ZRP 1982, 1
Wunderlich, Die kaufrechtliche Haftung beim asset deal nach dem SchRMoG, WM 2002, 981
Xander, Die Auswirkungen der Schuldrechtsreform auf die Gattungsschuld (2006)
Zieglmeier, Die neuen Spielregeln des § 280 Abs 1 S 2 BGB, JuS 2007, 701
Zimmer, Das geplante Kaufrecht, in: Ernst/Zimmermann, Zivilrechtswissenschaft und Schuldrechtsreform (2001) 191
ders, Konturen eines europäischen Vertragsrechts, JZ 1995, 477
ders, Schuldrechtsmodernisierung?, JZ 2001, 171
Zimmermann/Leenen/Mansel/Ernst, Finis Litium? Zum Verjährungsrecht nach dem Regierungsentwurf eines Schuldrechtsmodernisierungsgesetzes, JZ 2001, 6.

Vgl ferner das Allgemeine Schrifttum sowie die Schrifttumshinweise zu Staudinger/Caspers Vorbem zu §§ 275–278 bzw Staudinger/Schwarze Vorbem zu §§ 280–285 und jeweils zu §§ 281–285, außerdem zu Staudinger/Feldmann Vorbem zu §§ 286–292 und zu § 286.

Systematische Übersicht

Alphabetische Übersicht

A. Normzweck

A 1 § 280 BGB hat eine **doppelte Funktion**: Die Vorschrift liefert erstens als Haftungsgrundnorm den Kern der Anspruchsvoraussetzungen für die Schadensersatzansprüche, die durch Abs 2, § 286 und Abs 3, §§ 281–283 BGB „zusätzlichen“ Voraussetzungen unterworfen sind: (1) Schuldverhältnis, (2) Pflichtverletzung, (3) Keine Entlastung des Schuldners, (4) Schaden, (5) Kausalität/Zurechenbarkeit. Sie ist zweitens mit diesen Tatbestandselementen Anspruchsgrundlage für die Schäden, die nicht unter Abs 2 und Abs 3 fallen, insbes Integritätsschäden und Schäden, die aus vorübergehender Schlechtleistung oder anderen vorübergehenden Störungen, die nicht Schuldnerverzug sind, resultieren. Zu Normzweck und Entstehungsgeschichte s im Übrigen Vorbem B 1 ff zu §§ 280–285.

A 2 Die **Merkmale** des gesetzlichen Tatbestandes werden im Folgenden in der systematischen Reihenfolge erläutert: das *Schuldverhältnis* (unter B), die *Pflichtverletzung* (unter C) sowie die *Entlastung des Schuldners (Exkulpation)* (unter D), schließlich der *ersatzfähige Schaden* (unter E), dabei zuerst die Grundformen des Schadensersatzes (Rn E 2 bis 26), Umfang und Berechnung des Schadensersatzes und Durchführung des Schadensausgleichs (Rn E 27 bis 140). Schließlich werden die Verteilung der *Beweislast* (unter F), die *Verjährung* (unter G) und die *Abdingbarkeit* (unter H) erläutert.

B. Das Schuldverhältnis iS des § 280

I. Begriffliches

1. Schuldverhältnis ieS und iwS

B 1 Der Tatbestand des „Schuldverhältnisses“ iSv § 280 Abs 1 BGB ist erfüllt, wenn ein **Schuldverhältnis ieS** vorliegt, dh das Recht eines Gläubigers, vom Schuldner eine *Leistung* oder ein Unterlassen zu fordern (§ 241 Abs 1 BGB) oder die Pflicht einer

Partei zur *Rücksicht* (§ 241 Abs 2 BGB). Schuldverhältnis iSv § 280 Abs 1 BGB ist also zB der Anspruch auf Übergabe und Übereignung der Kaufsache oder auf Kaufpreiszahlung aus einem Kaufvertrag (§ 433 BGB). Der Zessionar, der lediglich einen einzelnen Anspruch (zB aus einem Kaufvertrag) in den Händen hält, kann daher bei Verletzung desselben Schadensersatz gem §§ 280 ff BGB verlangen. Gegen dieses Verständnis spricht nicht, dass § 280 Abs 1 BGB „Schuldverhältnis" und „Pflicht" unterscheidet, denn schon der einzelne Leistungsanspruch wird typischerweise von weiteren Pflichten (zB Rücksichtnahmepflichten) begleitet.

Auch die **Mitwirkung** des Gläubigers im Hinblick auf die von ihm zu beanspruchende Leistung kann Gegenstand eines „Schuldverhältnisses" sein, zB die Pflicht des Käufers zur Abnahme der Kaufsache (§ 433 Abs 2 BGB), die Pflicht des Arbeitgebers, dem nicht voll leistungsfähigen Arbeitnehmer einen leidensgerechten Arbeitsplatz zur Verfügung zu stellen (BAG 19. 5. 2010 – 5 AZR 162/09, NZA 2010, 1119; dazu Greiner RdA 2013, 9 ff) oder die Pflicht des Bestellers zur Abnahme des Werkes (§ 640 BGB). Verletzt der Gläubiger diese Pflicht, können daraus Schadensersatzansprüche gem §§ 280 ff BGB entstehen (s nur BAG 19. 5. 2010 – 5 AZR 162/09, NZA 2010, 1119). B 2

Das **Schuldverhältnis iwS**, also die übergeordnete schuldrechtliche Struktur, in die das einzelne Schuldverhältnis ieS eingebunden und in dem es mit weiteren Schuldverhältnissen ieS zu einem sinnhaften Gefüge verbunden ist (zB Kaufvertrag), ist gleichwohl für die Prüfung der tatbestandlichen Voraussetzungen des § 280 Abs 1 BGB erheblich, da das Bestehen des einzelnen Anspruchs aus dem wirksam bestehenden Schuldverhältnis iwS abgeleitet wird, sodass dessen wirksame Entstehung zum Prüfprogramm der §§ 280 ff BGB gehört. Ferner ist das Schuldverhältnis iwS in den Blick zu nehmen im Hinblick auf die Auswirkung, die die Verletzung der einzelnen Pflicht auf dieses hat (insbes bei gegenseitigen Verträgen). B 3

2. Art und Maß der schuldrechtlichen Bindung

Die aus dem Schuldverhältnis entstehende rechtliche Bindung bildet grundsätzlich eine ausreichende Grundlage für die Haftung gem §§ 280 ff BGB. Es gilt die Regel, dass mit dem Vorliegen eines Schuldverhältnisses die Anwendbarkeit der §§ 280 ff BGB einhergeht. Davon gibt es Ausnahmen. Die Primärverbindlichkeit kann so abgeschwächt (wirkungsgemindert) sein oder nur als „naturale Obligation" bestehen (vgl zu § 656 BGB Staudinger/Arnold [2016] § 656 Rn 12), dass ihre Verletzung keine Haftung gem §§ 280 ff BGB auslöst (so zB hinsichtlich der Leistungspflicht gem § 656 BGB; zur Ehe als Schuldverhältnis iSv § 280 BGB BGH 20. 2. 2013 – XII ZB 412/11, NJW 2013, 2108, 2110). Die **Einklagbarkeit** der Pflicht als solche ist weder begrifflich noch sachlich Voraussetzung für die Anwendung der §§ 280 ff BGB. Ob aus der ausdrücklichen Anordnung fehlender Klagbarkeit gleichwohl negative Konsequenzen für die Anwendung der §§ 280 ff BGB zu ziehen sind, ist durch Auslegung der entspr Regelung zu ermitteln. Im Übrigen kann es Sonderverbindungen geben, die nicht die Qualität eines Schuldverhältnisses haben und daher keine Haftung gem § 280 BGB begründen. Das gilt nach der Rspr namentlich für das nachbarschaftliche Gemeinschaftsverhältnis. Da sich die besondere rechtliche Beziehung darin erschöpft, Beschränkungen gesetzlicher Befugnisse (zB aus dem Eigentum) oder Ausgleichsansprüche im Einzelfall zu rechtfertigen, genügt dies nach der Rspr nicht für die B 4

Anwendung der §§ 280 ff BGB (vgl BGHZ 42, 374, 377 f; OLG Hamm 16. 6. 2009 – I-21 U 132/08, 21 U 132/08, NJW-RR 2009, 1616; anders uU beim Verhältnis zweier Straßenbaulastträger BGH 11. 1. 2007 – III ZR 294/05, juris).

B 5 Die Regelung des § 280 BGB gilt grundsätzlich – vorbehaltlich spezieller Regelungen – für **alle Schuldverhältnisse**, unabhängig vom Entstehungsgrund des Schuldverhältnisses (Rechtsgeschäft oder Gesetz), von der Struktur des Schuldverhältnisses (einseitig, unvollkommen zweiseitig, gegenseitig), von seinem Gegenstand (Leistungspflicht, Rücksichtnahmepflicht) oder seiner Zuordnung zur gesetzlichen Systematik (Schuldrecht, Sachenrecht, Familienrecht, Erbrecht, privates Sonderrecht). § 280 BGB gilt auch für Schuldverhältnisse außerhalb des BGB, soweit eine Regelungslücke besteht (vgl Staudinger/Olzen [2019] Einl 11, 21 f zu §§ 241 ff). Zu Entstehung und Abgrenzung des Schuldverhältnisses im Einzelnen Staudinger/Olzen (2019) Einl 11, 21 f zu §§ 241 ff BGB; zum öffentlich-rechtlichen Schuldverhältnis Rn B 29.

II. Rechtsgeschäftliche Schuldverhältnisse

1. Vertraglich begründete Schuldverhältnisse

B 6 Praktisch wie dogmatisch stehen bei der Haftung gem § 280 Abs 1 BGB die durch Rechtsgeschäft begründeten Schuldverhältnisse im Zentrum, und innerhalb derselben wiederum die durch Vertrag begründeten (s § 311 Abs 1 BGB). Der Vertrag muss grundsätzlich wirksam zustande gekommen sein. Ein von den Parteien vereinbartes, durch einseitige Gestaltungsbefugnis herbeigeführtes oder gesetzlich angeordnetes **Ruhen** der vertraglichen Leistungspflichten berührt nicht den Bestand des Vertrages. Eine Haftung gem § 280 Abs 1 BGB für die Verletzung vertraglicher Rücksichtnahmepflichten bleibt daher möglich (BAG 27. 11. 2008 – 2 AZR 193/07, NZA 2009, 671 ff). Ist der Vertrag **nichtig** (insbes nach § 134, § 138 BGB und §§ 142, 119 ff BGB), kann darauf grundsätzlich keine Haftung wegen Störungen der Leistung gestützt werden (zum Schutz des Integritätsinteresses Rn B 13). Praktisch erheblich wird dies vor allem bei Verstößen von Werk- oder Dienstverträgen gegen das SchwarzArbG („Ohne-Rechnung-Abreden“), die der BGH jedenfalls bei einem vorsätzlichen Verstoß des Unternehmers gegen das SchwarzArbG und Kenntnis sowie Ausnutzung des Verstoßes seitens des Bestellers für vollständig nichtig erachtet (BGH 1. 8. 2013 – VII ZR 6/13, BGHZ 198, 141 unter partieller Abkehr von BGHZ 176, 198; näher St Lorenz NJW 2013, 3132, 3134; krit Bydlinski, in: FS G Roth [2011] 79 ff; zur gleichwohl möglichen Haftung gem §§ 280 Abs 1, 311 Abs 2 BGB s Rn B 13). Soweit über längere Zeit durchgeführte nichtige Dauerschuldverhältnisse für die Zeit ihrer faktischen Durchführung als wirksam behandelt werden (insbes **faktische Gesellschafts- und Arbeitsverhältnisse**), kann daran eine Haftung für Störungen der Leistungen geknüpft werden, soweit dies mit dem Zweck der zur Unwirksamkeit führenden Norm nicht in Widerspruch steht (zu den Einzelheiten Staudinger/Olzen [2019] Einl §§ 241 ff Rn 227 ff und § 241 Rn 104 ff). Von der Haftung aus dem nichtigen Vertrag zu unterscheiden ist die Haftung wegen der Nichtigkeit des Vertrages aus §§ 280 Abs 1, 311 Abs 2 BGB (dazu Rn B 13).

2. Einseitig begründete Schuldverhältnisse

Schuldverhältnisse können durch einseitige Rechtsgeschäfte begründet werden, etwa durch einseitige Verpflichtungserklärungen (zB Auslobung gem § 657 BGB, Preisausschreiben gem § 661 BGB; BGH 23. 9. 2010 – III ZR 246/09, NJW 2011, 139, 140), durch Testament (zB hierdurch begründetes Vermächtnis gem § 2147 BGB) oder durch Gestaltungserklärungen aufgrund eines entsprechenden Gestaltungsrechts (zB Vorkaufsrecht). Für die Haftung gem §§ 280 ff BGB bei Störungen der daraus entstandenen Verpflichtung gelten keine Besonderheiten (BGH 23. 9. 2010 – III ZR 246/09, NJW 2011, 139, 140). **B 7**

III. Gesetzliche Schuldverhältnisse

§ 280 Abs 1 BGB erfasst – vorbehaltlich besonderer Haftungsregeln – alle durch Gesetz begründeten Schuldverhältnisse. Diese lassen sich nach ihrer Struktur in rechtsgeschäftsähnliche und sonstige gesetzliche Schuldverhältnisse aufteilen. **B 8**

1. Rechtsgeschäftsähnliche Schuldverhältnisse

Die rechtsgeschäftsähnlichen Schuldverhältnisse entstehen im Umfeld eines auf Rechtsgeschäfte abzielenden Handelns. Daraus und aus den vornehmlich auf das rechtsgeschäftliche Handeln bezogenen Pflichten ergibt sich ihr „rechtsgeschäftsähnlicher" Charakter. Andererseits erschöpfen sie sich in Rücksichtnahmepflichten gem § 241 Abs 2 BGB (§ 311 Abs 2 BGB). **B 9**

a) Vorvertragliches Schuldverhältnis (§ 311 Abs 2)

Ein Schuldverhältnis mit Pflichten iS von § 241 Abs 2 BGB kann gem § 311 Abs 2 BGB durch die *Aufnahme von Vertragsverhandlungen* (Nr 1), durch die *Anbahnung eines Vertrages,* bei der die Möglichkeit zur Einwirkung auf die Rechte, Rechtsgüter und Interessen des anderen Teils besteht (Nr 2), oder durch *ähnliche geschäftliche Kontakte* (Nr 3) begründet werden (im Einzelnen Staudinger/Feldmann [2018] § 311 Rn 98 ff; MünchKomm/Emmerich § 311 Rn 35 ff; Schwarze, Leistungsstörungen [2017] § 31 Rn 5 ff). Praktisch fällt darunter zB das *Betreten der Geschäftsräume,* etwa eines Kaufhauses durch einen Kunden (RGZ 78, 239; BGH 26. 9. 1961 – VI ZR 92/61, NJW 1962, 31), die Durchführung einer Probefahrt vor dem Kauf eines Kraftfahrzeugs (BGH 21. 5. 1968 – VI ZR 131/67, WarnR 1968 Nr 124), das Abstellen eines Bootes auf dem Gelände einer Bootswerft (BGH 2. 12. 1976 – VII ZR 302/75, NJW 1977, 376) oder die Einholung eines Kostenvoranschlags. **B 10**

b) Nachvertragliches Schuldverhältnis (§ 311 Abs 2)

Ein Schuldverhältnis mit Pflichten iS von § 241 Abs 2 BGB kann auch nach der Erfüllung der vertraglichen Leistungspflichten bzw Beendigung des Vertrages bestehen. Das gem § 311 Abs 2 BGB mit Aufnahme der Vertragsverhandlungen etc entstandene gesetzliche Schuldverhältnis, das nach Zustandekommen des Vertrages vom vertraglichen Pflichtenregime verdrängt wird, lebt nach Durchführung bzw Beendigung des Vertrages wieder auf und verpflichtet die Parteien zur Rücksichtnahme, soweit sich aus dem Zusammenhang Möglichkeiten zur Einwirkung auf die Integritätssphäre des anderen ergeben (die Rspr zieht den – nachwirkenden – Vertrag **B 11** als Grundlage heran: BGH 26. 6. 2018 – VI ZR 285/17 Rn 16, NJW 2018, 3382; BAG 16. 11. 2010 – 9 AZR 573/09, NZA 2011, 453, 455 f; dies offen lassend BT-Drucks 14/6040, 126).

Vom auf den Schutz des Integritätsinteresses beschränkten nachvertraglichen Schuldverhältnis zu trennen ist das **Abwicklungsverhältnis**, das sich an ein beendetes Dauerschuldverhältnis anschließen kann und gleichermaßen Leistungspflichten enthält (zB Rückgabe der Mietsache, BGH 27. 5. 2015 – XII ZR 66/13 Rn 21, NJW 2015, 2795; Regenfus Jura 2018, 214, 216 ff. mit Bestimmung des vertraglichen/gesetzlichen Charakters) wie auch Rücksichtnahmepflichten (zB sorgsamer Umgang mit der zurückzugebenden Mietsache, BGH 27. 6. 2018 – XII ZR 79/17 Rn 20, MDR 2018, 1050).

B 12 Gedanklich zu trennen ist das nachvertragliche Schuldverhältnis von der **Fortwirkung** („Nachwirkung") **vertraglicher Pflichten** über die Phase der Leistungserbringung bzw des Leistungsaustausches hinaus. Dies betrifft insbes Pflichten zur Absicherung der Leistung bzw des Leistungszwecks („Leistungstreuepflichten", Rn C 19; § 282 Rn 49 f). So kann auch nach der Leistungserbringung die Pflicht bestehen, alles zu unterlassen, was den Vertragszweck gefährden oder vereiteln könnte (grundlegend RGZ 161, 330, 337 ff, die Pflicht aber kaum auf ein gesetzliches Schuldverhältnis stützend; BGH 28. 5. 1952 – II ZR 253/51, LM § 362 BGB Nr 2; OLG Zweibrücken 12. 6. 2003 – 4 U 123/02, NJW-RR 2003, 1600). So darf der Verkäufer eines Unternehmens dem Käufer nach der Vertragserfüllung nicht gezielt Kunden abwerben (näher Staudinger/Olzen [2019] § 241 Rn 298).

c) Unwirksamkeit des Vertrages

B 13 Die Haftung gem §§ 280 Abs 1, 311 Abs 2 BGB greift auch, wenn der geschlossene Vertrag unwirksam ist (vgl Staudinger/Olzen [2019] § 241 Rn 407 f; MünchKomm/Emmerich § 311 Rn 183; BeckOGK-BGB/Herresthal [1. 1. 2019] § 311 Rn 228; Münch Jura 2002, 361, 363). Das die Rücksichtnahmepflichten (§ 241 Abs 2 BGB) gem § 311 Abs 2 BGB begründende Verhalten ist Realhandlung. Die Herbeiführung der Unwirksamkeit kann sogar eine Pflichtverletzung sein (Rn C 57). Eine Grenze ist zu Gunsten Geschäftsunfähiger und beschränkt Geschäftsfähiger zu ziehen: Die Haftung aus vorvertraglichem Schuldverhältnis darf nicht in Widerspruch zum Schutz gem §§ 105 ff BGB stehen. Deshalb kommt eine Haftung ohne Zustimmung des gesetzlichen Vertreters zur Begründung des vorvertraglichen Schuldverhältnisses nicht in Betracht (Staudinger/Feldmann [2018] § 311 Rn 119, 167). Ist der unwirksame Vertrag **vollzogen** worden, kann er uU eine Grundlage für die Haftung gem §§ 280 ff BGB sein (Rn B 2).

d) Gefälligkeitsverhältnis

B 14 Ob ein rechtsgeschäftliches Schuldverhältnis oder ein Gefälligkeitsverhältnis vorliegt, hängt davon ab, ob die Erklärung bzw das Verhalten einer Partei nach dem normativen Empfängerhorizont (§§ 133, 157 BGB) für die andere Seite als Erklärung eines **Rechtsbindungswillens** zu verstehen war (vgl BGHZ 21, 102, 107; BGH 18. 12. 2008 – IX ZR 12/05, NJW 2009, 1141; RGZ 162, 129, 156). Für den Rechtsbindungswillen spricht, wenn der Begünstigte sich erkennbar auf die Zusage verlässt und für ihn erhebliche Werte auf dem Spiel stehen (vgl zur Kulanzvereinbarung OLG München 1. 3. 2011 – 9 U 3782/10, NJW 2011, 1369 f). Ergibt die Auslegung nach dem Empfängerhorizont den Rechtsbindungswillen einer Partei, liegt ein Schuldverhältnis vor (BGHZ 21, 102, 107). Aber auch dann, wenn die Leistung nur aus Gefälligkeit erfolgt oder eine Leistung überhaupt nicht stattfindet, kann ein Schuldverhältnis vorliegen, das nur Rücksichtnahmepflichten gem § 241 Abs 2 BGB zum Inhalt hat (vgl BGHZ 21, 102, 107; RGZ 162, 129, 156). Ein **nur aus Rücksichtnahmepflichten** bestehendes Schuldverhältnis kann auf Vertrag beruhen, wenn ein entsprechender Rechtsbindungswille besteht (so zB beim Spielsperrvertrag, BGH 20. 10. 2011 – III ZR 251/10, NJW 2012, 48 ff). Praktisch häufiger wird es seine Grundlage im Gesetz (§ 311 Abs 2, Abs 3 BGB) haben.

Die **Unentgeltlichkeit** (insbes Fehlen einer Entgeltpflicht; näher zum Begriff Staudinger/Schwarze [2015] Vorbem 7 f zu §§ 320–326) schließt das Vorliegen eines Schuldverhältnisses nicht aus, umgekehrt die vereinbarte Entgeltlichkeit aber die Gefälligkeit (BGHZ 21, 107). Eine Geldzahlung als solche schließt die Unentgeltlichkeit nicht aus, da die Zahlung gefälligkeitshalber erfolgen kann. Unentgeltlichkeit führt bei Vorliegen eines Schuldverhältnisses oft zur *Milderung der Haftung* auf grobe oder eigenübliche Sorgfalt. In Ermangelung einer ausdrücklichen Regelung ist dies ein Problem der Auslegung oder einer möglichen Analogie zu einschlägigen Regelungen des besonderen Vertragsrechts (zB §§ 521, 599, 690 BGB). Eine an die Unentgeltlichkeit anknüpfende Haftungsmilderung wird idR auch für die deliktische Haftung gem §§ 823 ff BGB gelten, soweit sie an auf das Schuldverhältnis bezogene Handlungen anknüpft (Staudinger/Bork [2015] Vorbem 86 zu §§ 145 ff). *Haftungsverschärfende Normen* für unentgeltliche Verträge mit echter Leistungspflicht (wie zB § 603 BGB bei der Leihe) sind im Zweifel nicht analog anwendbar auf eine bloße gefälligkeitshalber erfolgende Leistung (BGH 4. 8. 2010 – XII ZR 118/08, NJW 2010, 3087). **B 15**

Besteht keinerlei schuldrechtliche Bindung und liegt somit eine **reine Gefälligkeitsbeziehung** vor, scheidet eine Haftung gem § 280 BGB aus, und es kann allenfalls zur deliktsrechtlichen Haftung kommen (BGHZ 21, 102, 106 f; BGH 9. 6. 1992 – VI ZR 49/91, NJW 1992, 2474, 2475; BGH 4. 8. 2010 – XII ZR 118/08, NJW 2010, 3087 mwNw), die uU abgeschwächt sein kann auf eigenübliches oder grobes Verschulden. **B 16**

2. Sonstige gesetzliche Schuldverhältnisse

§ 280 Abs 1 BGB gilt für alle sonstigen gesetzlichen Schuldverhältnisse (wie zB die Geschäftsführung ohne Auftrag; zu § 78a BetrVG BAGE 148, 299), soweit die Haftung nicht besonderen und ausschließlichen Regelungen unterworfen ist. Auf die Pflichten aus einem Rückgewährschuldverhältnis nach Rücktritt ist § 280 BGB ebenfalls anwendbar, wie sich aus der ausdrücklichen Anordnung in § 346 Abs 4 BGB ergibt. UU kann eine besondere bzw abschließende Regelung der Haftung bestehen, die die Anwendung der §§ 280 ff BGB ausschließt oder auf die die Haftung gem §§ 280 ff BGB abgestimmt werden muss. Es ist dies eine Frage der Anwendung und Auslegung der Vorschriften, die die Haftung besonders regeln. **B 17**

§ 280 BGB gilt unabhängig von der **systematischen Zuordnung** des Schuldverhältnisses, dh auch für Schuldverhältnisse des Besonderen Schuldrechts, des Sachenrechts, des Familien- und Erbrechts. Beispielhaft zu nennen ist etwa aus dem Sachenrecht der Anspruch gemäß § 1004 BGB (BGHZ 156, 170, 171), die Verpflichtungen des Finders zur Anzeige, Verwahrung und Herausgabe (§§ 965 ff BGB), die Verpflichtung eines zur Ausübung einer Dienstbarkeit Berechtigten, eine Anlage in ordnungsgemäßem Zustand zu erhalten (§ 1020 S 2 BGB – dazu BGHZ 161, 115), aus dem Familienrecht das gesetzliche Schuldverhältnis zwischen Ehegatten (Staudinger/Olzen [2019] § 241 Rn 63; s aber Rn B 4), insbesondere bei der Verpflichtung zur Her- **B 18** ausgabe von eigenem Hausrat an den anderen Ehegatten (§ 1361a Abs 1 S 2 BGB), aus dem Erbrecht das Vermächtnis (vgl BT-Drucks 14/6040, 135).

IV. Drittwirkungen des Schuldverhältnisses

B 19 Die Beteiligung Dritter am Schuldverhältnis, dh von Personen, denen nicht die (volle) Parteistellung zukommt (vgl § 311 Abs 3 S 1 BGB), ist für die Schadensersatzhaftung gem §§ 280 ff BGB mehrfach bedeutsam. Auf der **Gläubigerseite** kann die Drittbeteiligung wie folgt strukturiert werden: Erstens betrifft sie die Einbeziehung Dritter in die Primärpflichten des Schuldverhältnisses und stellt sich als Frage der Drittwirkung von Leistungspflichten (Schuldverhältnis zu Gunsten Dritter, § 328 BGB) oder von Rücksichtnahmepflichten (Schuldverhältnis mit Schutzwirkung für Dritte, § 328 BGB analog). Soweit Primärpflichten zu Gunsten eines Dritten bestehen, kommt der Dritte auch in den Genuss des sekundären haftungsrechtlichen Schutzes gem §§ 280 ff BGB (folgend unter 1.) Zweitens geht es um die Einbeziehung Dritter ausschließlich in den haftungsrechtlichen Schutz, dh um die Frage, ob und inwieweit der Integritätsschaden eines Dritten ersatzfähig gem §§ 280 ff BGB ist, obgleich diesem gegenüber keine primäre Leistungspflicht bestand (folgend unter 2.). Auf der **Schuldnerseite** bedarf es für eine Pflicht Dritter grundsätzlich der Zustimmung des Dritten (Unzulässigkeit des Rechtsgeschäfts zu Lasten Dritter). Dagegen können Rücksichtnahmepflichten (§ 241 Abs 2 BGB) des Dritten gegenüber einer Partei des Schuldverhältnisses ohne rechtsgeschäftliche Begründung, allein aufgrund tatsächlicher Erklärungen des Dritten entstehen (§ 311 Abs 3 S 1 BGB; folgend Rn B 25). Die folgenden Erläuterungen beschränken sich darauf, die Bedeutung der Drittbeteiligung aus der Perspektive der §§ 280 ff BGB zu strukturieren.

1. Primärpflichten zu Gunsten Dritter

a) Leistungspflichten zu Gunsten Dritter

B 20 Leistungspflichten zu Gunsten Dritter (insbes beim Vertrag zu Gunsten Dritter gem § 328 BGB) ziehen grundsätzlich den haftungsrechtlichen Schutz des Dritten gem §§ 280 ff BGB nach sich (zur Haftung bei einem nur von einer Partei geschlossenen Schiedsgutachtervertrag BGH 17. 1. 2013 – III ZR 10/12, NJW 2013, 1296, 1297). Anderes muss besonders vereinbart oder geregelt sein. Fraglich kann aber sein, wer **Berechtigter** des Schadensersatzanspruchs ist, dh wer aktiv legitimiert ist und den Schaden vom Schuldner ersetzt verlangen kann. Die Frage ist selbst dann nicht eindeutig im Sinne des Dritten zu beantworten, wenn der Dritte ein eigenes Recht hatte, die Leistung fordern zu können (§ 328 BGB). Das Verlangen von Schadensersatz statt der Leistung führt zum Fortfall des Leistungsanspruchs (§ 281 Abs 4 BGB) und bedeutet eine dem Rücktritt ähnliche Disposition über das Schuldverhältnis (§ 281 Abs 5 BGB). Diese Befugnis ist nicht zwangsläufig mit dem eigenen Leistungsforderungsrecht des Dritten verknüpft (s § 281 Rn D 16).

B 21 Eine weitere Drittwirkungsproblematik entsteht bei der **Abtretung** des Leistungsanspruchs. Der Zessionar erfährt als neuer Inhaber des Leistungsanspruchs fraglos den haftungsrechtlichen Schutz der §§ 280 ff BGB. Fraglich ist aber, ob die Haftung begrenzt werden muss auf das für den Schuldner bei Vertragsschluss erkennbare, mit der Person des Erstgläubigers verbundene Haftungsrisiko (Einzelheiten Rn E 141).

b) Schutzwirkung zu Gunsten Dritter

Ist der Dritte Begünstigter einer Leistungspflicht (Rn B 20), werden damit Rücksichtnahmepflichten (Schutzpflichten) gegenüber dem Dritten verbunden sein. Darüber hinaus ist in Rechtsprechung und Literatur eine Drittwirkung des Schuldverhältnisses anerkannt, die nur das Integritätsinteresse des Dritten schützt (Schuldverhältnis mit Schutzwirkung zu Gunsten Dritter). Die schützende Wirkung beruht meistens auf einer Drittschutzwirkung von Rücksichtnahmepflichten (§ 241 Abs 2 BGB); sie kann aber auch von Leistungspflichten (§ 241 Abs 1 BGB) ausgehen, wenn von einer unzureichenden Leistung Gefahren für das Integritätsinteresse des Dritten ausgehen (etwa BGH 7. 12. 2017 – IX ZR 25/17 Rn 11, WM 2018, 440; s Rn C 39 f). Ob die Drittschutzwirkung in § 311 Abs 3 S 1 BGB eine gesetzliche Grundlage findet, ist zweifelhaft (dafür wohl Canaris JZ 2001, 499, 520; Eckebrecht MDR 2002, 425, 427 f; Otto Jura 2002, 1, 6; dagegen Staudinger/Feldmann [2018] § 311 Rn 222 u Staudinger/Klumpp [2015] § 328 Rn 98 f jeweils mwNw). Die Voraussetzungen der Drittschutzwirkung sind aber ohnehin nicht geregelt, sondern ergeben sich aus der Dogmatik, derzufolge *(1) Leistungsnähe des Dritten, (2) Besonderes Einbeziehungsinteresse des Gläubigers und (3) Erkennbarkeit dieser Elemente für den Schuldner bei Vertragsschluss bzw Aufnahme des geschäftlichen Kontakts* zu fordern sind (Staudinger/Klumpp [2018] § 328 Rn 109 ff). Das *(4) Fehlen eigener vertraglicher Ansprüche des Dritten* wird vom BGH als weitere Voraussetzung gefordert (BGH 18. 4. 2014 – VI ZR 383/12 Rn 11, BGHZ 200, 188). Doch ist die damit bestehende Abhängigkeit der Dritthaftung von der Zufälligkeit einer anderweitig bestehenden Haftung nicht zu rechtfertigen (näher Schwarze AcP 203 [2003] 348 ff). Der Haftung liegt eine Pflicht zur Vermeidung des Drittschadens zugrunde, die nicht deshalb entfällt, weil zufällig eine weitere Person haftet. **Beispiele** für drittschützende Verträge: Pflicht des Vermieters zur mangelfreien Überlassung der Mietsache auch zu Gunsten von Arbeitnehmern des Mieters (BGH 21. 7. 2010 – XII ZR 189/08, NJW 2012, 3152 f), Übertragung der Streupflicht auch zu Gunsten des Mieters (BGH 22. 1. 2008 – VI ZR 126/07, NJW 2008, 1440, 1441 f), ein Behandlungsvertrag zur Schwangerschaftsverhütung auch mit Schutzwirkung zu Gunsten des nichtehelichen Partners (BGH 14. 11. 2006 – VI ZR 48/06, NJW 2007, 989) bzw die Schutzwirkung eines Gutachtenauftrags zur Grundstückswertermittlung sogar zu Gunsten einer Vielzahl namentlich nicht bekannter privater Kreditgeber oder Kapitalanleger (BGHZ 159, 1; s auch Brors ZGS 2005, 142 ff). Demgegenüber sind in den Schutzbereich eines Prüfvertrages im Rahmen einer Pflichtprüfung nach §§ 316 ff HGB Dritte grundsätzlich nicht einbezogen (BGHZ 167, 155; ZIP 2008, 2270). Im bargeldlosen Zahlungsverkehr – sowohl im Überweisungs- als auch im Lastschrift- und Scheckverkehr – entfalten nach Ansicht des BGH die Vertragsverhältnisse zwischen den beteiligten Banken keine Schutzwirkung zu Gunsten Dritter (BGHZ 176, 281, 288 ff unter Aufgabe von BGHZ 69, 82, 85 ff; BGHZ 96, 9, 17 und BGH 21. 12. 1987 – II ZR 177/87, NJW-RR 1988, 559). Drittschützende Wirkung können auch durch **einseitiges Rechtsgeschäft** begründete Schuldverhältnisse haben (BGH 23. 9. 2010 – III ZR 246/09, NJW 2011, 139, 140 – Preisausschreiben). **B 22**

Rechtsgeschäftsähnliche Schuldverhältnisse iS des § 311 Abs 2 BGB können ebenfalls eine Schutzwirkung zu Gunsten Dritter entfalten (BGHZ 66, 55 mwNw; für eine – alternative – Zuordnung zu § 311 Abs 2 Nr 3 Canaris JZ 2001, 499, 520). **B 23**

2. Haftpflicht zu Gunsten von Drittinteressen

B 24 Die Anknüpfung der Haftung gem §§ 280 ff BGB an eine Primärpflicht spricht prinzipiell dagegen, Interessen eines Dritten, denen gegenüber keine Leistungs- oder Rücksichtnahmepflicht des Schuldners besteht, in die Haftung einzubeziehen. In der Figur der Drittschadensliquidation geschieht dies gleichwohl, indem der Gläubiger dem Schuldner gegenüber den Nachteil eines Dritten als Schaden geltend machen kann, um seinerseits dem Dritten zur Auskehrung des Schadensersatzes bzw zur Abtretung des Schadensersatzanspruchs verpflichtet zu sein (Staudinger/Schiemann [2017] Vorbem 62 f zu §§ 249 ff; MünchKomm/Oetker § 249 Rn 289 ff; Jauernig/Teichmann Vorbem §§ 249 ff Rn 17 ff).

3. Pflichten zu Lasten Dritter (§ 311 Abs 3)

B 25 Für eine Verpflichtung Dritter bedarf es grundsätzlich dessen Zustimmung (Verbot des Rechtsgeschäfts zu Lasten Dritter). Allerdings können **Rücksichtnahmepflichten des Dritten** gegenüber einer Partei des Schuldverhältnisses ohne rechtsgeschäftliche Begründung, allein aufgrund tatsächlicher Erklärungen des Dritten nach § 311 Abs 3 S 1 BGB entstehen (s Staudinger/Feldmann [2018] § 311 Rn 183 ff; Schwarze, Leistungsstörungen [2017] § 33 Rn 59 ff). Dabei ist der Dritte in Bezug auf den Berechtigten streng genommen nicht mehr Dritter, sondern Verpflichteter aus einem eigenen Schuldverhältnis. Nach § 311 Abs 3 S 2 BGB ist dies *„insbesondere"* der Fall, *„wenn der Dritte in besonderem Maße Vertrauen für sich in Anspruch nimmt und dadurch die Vertragsverhandlungen oder den Vertragsschluss erheblich beeinflusst"*. Satz 1 erfasst Fälle der **„Eigenhaftung des Vertreters oder Verhandlungsgehilfen"**. Dabei lässt die Formulierung des § 311 Abs 3 BGB bewusst Raum für eine Weiterentwicklung dieses Rechtsinstituts durch Praxis und Wissenschaft (BT-Drucks 14/6040, 163). In Satz 2 wird die bisher wichtigste Fallgruppe beispielhaft aufgeführt („insbesondere"), nämlich die Inanspruchnahme von besonderem Vertrauen durch den Dritten. Die Gesetzesbegründung hebt hier wiederum die **Sachwalterhaftung** besonders hervor und versteht darunter die Haftung von Personen, die als Sachverständige oder andere Auskunftspersonen zwar kein eigenes Interesse am Vertragsschluss haben, die aber durch ihre Äußerungen entscheidend dazu beitragen, weil sich ein Verhandlungspartner auf die von ihnen in Anspruch genommene Objektivität und Neutralität verlässt. Die Vorschrift soll der Überspannung vertraglich begründeter Haftungen abhelfen (vgl BT-Drucks 14/6040, 163 unter Hinweis auf Sutschet, Der Schutzanspruch zugunsten Dritter [1999] 134 f u 137 f; Koch AcP 204 [2004] 59 ff). Grundsätzlich kommt es also nicht darauf an, ob der Dritte Vertretungsmacht hat oder nicht (ebenso Emmerich, Leistungsstörungen [6. Aufl 2005] § 7 Rn 84).

B 26 Die Eigenhaftung des Vertreters oder Verhandlungsgehilfen gem § 311 Abs 3 S 1 BGB, zB für die unterbliebene Aufklärung über bestimmte Risiken (dazu Rn C 54 ff), setzt voraus, dass er erstens im **Pflichtenkreis des einen Vertragspartners** tätig gewesen ist (BGH 14. 2. 1972 – II ZR 82/70, NJW 1973, 1604, 1605; BGH 20. 1. 1992 – II ZR 90/91, NJW-RR 1992, 542) und dass er zweitens ein für den anderen Vertragspartner erkennbar starkes **wirtschaftliches Eigeninteresse** an dem Geschäft hat (BGH 5. 10. 2001 – V ZR 75/00, NJW 2002, 208, 212). Für unveränderte Maßgeblichkeit dieser Umstände im Rahmen von § 311 Abs 3 BGB spricht der Umstand, dass sich der Gesetzgeber für die ausdrücklich erwähnte Sachwalterhaftung an den von der Rechtsprechung entwickelten Voraussetzungen orientiert hat (grundlegend BGHZ 56, 81). Der BGH hat die Eigenhaftung des Verhandlungsgehilfen nach den soeben genannten Kriterien zB für folgende, auf die neue Rechtslage zu übertragende Fallgestaltungen angenommen: für den verhandelnden Ehegatten (BGHZ 14, 313, 318 mwNw; BGH 15. 11. 1967 – 8 ZR 100/65, MDR 1968, 231), für den bei sog Agenturgeschäften als Vermittlungs- und Abschlussvertreter auftretenden Gebrauchtwagenhändler (BGHZ 79, 281, 283, 286; 87, 302, 304), für den Kraftfahrzeughändler, der durch seinen Angestellten nach dem Verkauf maßgebenden Einfluss auf den Weiterverkauf nimmt (BGH 29. 1. 1997 – VIII ZR 356/95, NJW 1997, 1233). Das wirtschaftliche Eigeninteresse des Gehilfen muss dabei allerdings über das Interesse am Entgelt für die Gehilfentätigkeit hinausgehen. Deshalb genügt etwa das Interesse des Vertreters an seiner Provision nicht (BGHZ 88, 67, 70; BGH 3. 10. 1989 – XI ZR 157/88, NJW 1990, 389, 390; BGH 29. 1. 1992 – VIII ZR 89/91, NJW-RR 1992, 605). Auch eine zusätzlich zum Gehalt eines GmbH-Geschäftsführers gezahlte Erfolgsbeteiligung begrenzten Umfangs begründet keine Haftung des Geschäftsführers wegen Eigeninteresses (BGH 16. 3. 1992 – II ZR 152/91, LM § 276 [Fa] BGB Nr 124), ebenso wenig, dass der Geschäftsführer der GmbH Sicherheiten aus eigenem Vermögen zur Verfügung gestellt hat (BGHZ 126, 181, 186 ff). Mit Recht verlangt der BGH auch für den Geschäftsführer einer GmbH, der zugleich Allein- oder Mehrheitsgesellschafter ist, besondere Umstände, da anderenfalls § 13 Abs 2 GmbHG konterkariert würde (BGHZ 126, 181, 183 ff; großzügiger BGH 27. 10. 1982 – VIII ZR 187/81, NJW 1983, 676, 677). Erst recht ist demnach eine generelle Eigenhaftung des Erfüllungsgehilfen oder gesetzlichen Vertreters abzulehnen.

Voraussetzung für die Eigenhaftung wegen der **Inanspruchnahme von besonderem** **B 27**
Vertrauen und damit vor allem für die Sachwalterhaftung nach § 311 Abs 3 S 2 BGB ist, dass der Dritte eine Position eingenommen hat, auf Grund derer der Geschäftspartner darauf vertrauen konnte, dass er gerade von dem Dritten die notwendigen Informationen erhalten werde. Das kann für die der Vertragspartei an sich ferner stehenden Sachverständigen und Auskunftspersonen gelten (Rn B 25). Der Begriff sollte aber nicht auf diese Personengruppe verengt werden (für ein weites Verständnis bei differenzierter Pflichtenbestimmung Kersting JR 2008, 312, 317). Entscheidend ist vielmehr, wem der Geschäftspartner sein besonderes Vertrauen schenken durfte (BGHZ 70, 337, 342 ff). Das ist anzunehmen, wenn der Dritte als *uneingeschränkter Sachwalter* des eigentlichen Vertragspartners auftritt. Vor allem sind dies Fälle, in denen die Sachwalterstellung auf der besonderen **Sachkunde** des Dritten beruht. Eine solche Sachkunde besitzt etwa der GmbH-Geschäftsführer, der für die Gesellschaft über die Verwertung eines von ihm entwickelten neuen Herstellungsverfahrens verhandelt (BGH 19. 2. 1990 – II ZR 41/89, NJW-RR 1990, 614, 615). Gleiches gilt für einen Unternehmensberater, der die Geschäftsführung eines sanierungsbedürftigen Unternehmens übernommen hat, wenn er bei Vertragsverhandlungen auf seine früheren Sanierungserfolge hinweist (BGH 3. 4. 1990 – XI ZR 206/88, NJW 1990, 1907, 1908; s auch BGH 1. 7. 1991 – II ZR 180/90, NJW-RR 1991, 1312). Ein Grund kann aber auch die besondere Sachkunde aufgrund der persönlichen Beziehung zwischen Vertragspartner und Vertrauensperson sein, wie zB zwischen Ehegatten (BGH 15. 11. 1967 – VIII ZR 100/65, MDR 1968, 231). Ein solches Vertrauen wird aber nicht dem an den Verhandlungen über ein Darlehen gar nicht beteiligten Vorstandssprecher einer Bank geschenkt (BGHZ 166, 84, 96 ff).

B 28 Erst recht liegt daher eine rechtsgeschäftsähnliche Eigenhaftung des Dritten nahe, wenn wirtschaftliches Eigeninteresse und die Inanspruchnahme von Vertrauen gleichzeitig zu bejahen sind.

V. Öffentlich-rechtliche Schuldverhältnisse

B 29 Wegen der in § 62 S 2 VwVfG angeordneten ergänzenden Anwendung der Vorschriften des BGB ist § 280 BGB auf **öffentlich-rechtliche Verträge (§§ 54 ff VwVfG)** entsprechend anzuwenden. Auch sonstige **öffentlich-rechtliche Sonderverbindungen** (Kellner, Haftungsprobleme bei informellem Verwaltungshandeln [2004] 85 ff) sind für eine rechtsgrundsätzliche Anwendung des Schuldrechts und damit eine entsprechende Anwendung des § 280 BGB offen, soweit mangels ausdrücklicher gesetzlicher oder sonstiger Regelungen ein Bedürfnis für eine angemessene Verteilung der Verantwortung vorliegt (BGH 18. 2. 2014 – VI ZR 383/12 Rn 13 f, BGHZ 200, 188; BGHZ 21, 214, 218 ff). Bejaht wurde dies etwa im Verhältnis eines Anschlussnehmers zur Gemeinde wegen der Abwasserkanalisation (BGHZ 59, 303, 305), für ein anstaltliches Nutzungsverhältnis mit einem kommunalen Schlachthof (BGHZ 61, 7, 11) oder für das öffentlich-rechtliche Verwahrungsverhältnis (BGH 18. 2. 2014 – VI ZR 383/12 Rn 13 f, BGHZ 200, 188), während es bei Pflichtverstößen von Bediensteten des Strafvollzuges gegenüber Strafgefangenen (BGHZ 21, 214, 220) oder zwischen Jugendamt und einem vorübergehend bei einer Pflegefamilie in Obhut gegebenen Kind (BGH 23. 2. 2006 – III ZR 164/05, NJW 2006, 1121, 1123 f) verneint wurde. Die praktisch relevanten Fälle der *Zwangseinweisung von Obdachlosen in Mietwohnungen* veranschaulichen, wie differenziert der BGH die staatliche Verpflichtung je nach der Ausgestaltung der Sonderbeziehung zwischen Einweisungsbehörde und Eigentümer sieht: Aufgrund der Einweisung ist die Behörde nach Ablauf des Einweisungszeitraums zwar verpflichtet, einen renitenten Mieter aus der Wohnung zu entfernen (BGHZ 130, 332, 334 ff). Da die Behörde aber nicht selbst über die Wohnung wie ein Nutzungsberechtigter verfügen kann, trifft sie nicht die Pflicht zur ordnungsgemäßen Nutzung, und der Eingewiesene ist daher im Schadensfall nicht ihr Erfüllungsgehilfe (BGH 21. 12. 2005 – III ZR 148/05, NJW-RR 2006, 802, 803). Gem § 40 Abs 2 S 1 1. HS VwGO ist für Schadensersatzansprüche aus der Verletzung öffentlich-rechtlicher Pflichten, die nicht auf einem öffentlich-rechtlichen Vertrag beruhen, der ordentliche **Rechtsweg** gegeben. Str ist, ob dies nur dann gilt, wenn ein enger Sachzusammenhang mit einem Amtshaftungsanspruch besteht (so BGH 3. 10. 1985 – III ZR 60/84, NJW 1986, 1109; ohne diese Einschränkung BeckOK/Reimer VwGO § 40 Rn 168 mwNw). Soweit Juristische Personen des öffentlichen Rechts **privatrechtliche** Verträge abschließen, gilt das allgemeine Leistungsstörungsrecht und damit § 280 BGB ohnehin (vgl BGHZ 6, 330; BAGE 2, 217; BAGE 14, 206).

C. Die Pflichtverletzung

I. „Pflichtverletzung" als Rahmenbegriff

C 1 § 280 Abs 1 S 1 BGB knüpft den Schadensersatzanspruch an eine **Pflichtverletzung** des Schuldners, dh an ein Zurückbleiben der Wirklichkeit hinter dem „Pflichtenprogramm des Schuldverhältnisses" (vgl RegE BT-Drucks 14/6040, 133, 135; Vorbem A 8, B 12 zu §§ 280–285), die Abweichung des Ist-Zustandes bzw Ist-Verhaltens vom nach dem Schuldverhältnis gebotenen Soll-Zustand bzw Soll-Verhalten (Vorbem A 8 zu

§§ 280–285). Die Schuldwidrigkeit ergibt sich aus dem Inhalt des Schuldverhältnisses, der den Maßstab für die formale und materielle Erfassung einer Störung bildet.

Die **Prüfung** der Pflichtverletzung beruht gedanklich auf zwei Schritten. In einem ersten Schritt ist der Inhalt des Schuldverhältnisses (Primärpflicht) zu ermitteln. Er ergibt sich aus dem Rechtsgeschäft oder dem Gesetz, auf dem das Schuldverhältnis beruht; die §§ 280 ff BGB tragen zum Inhalt der Primärschuld nichts bei, sie verhalten sich vielmehr akzessorisch zur Schuld und ergänzen diese um die Haftung (Vorbem A 5 zu §§ 280–285). C 2

In einem zweiten Schritt ist dann das „Zurückbleiben", die „Abweichung" von Soll und Ist, zu erfassen. Die Kernfrage ist, wie dieses „Zurückbleiben" hinter der Schuld beschaffen sein muss, ob ein **schuldwidriges Verhalten** des Schuldners erforderlich ist oder ein **schuldwidriger Zustand** (schuldwidriges Eintreten/Ausbleiben eines Erfolges) ausreichen kann. Die Antwort darauf ist nicht allein eine Frage des Begriffs der Pflichtverletzung in § 280 Abs 1 BGB und seiner Auslegung, also eine Frage danach, was das Gesetz als haftungsbegründendes Defizit betrachtet, sondern wegen des akzessorischen Charakters der Haftung (Vorbem A 5 zu §§ 280–285) und des ergänzend-dispositiven Charakters der §§ 280 ff BGB zuerst eine *Frage der Primärschuld.* Sind die §§ 280 ff BGB aufgrund ihres ergänzend-dispositiven Charakters als gesetzliches Zuendeführen des Parteiwillens zu verstehen, ist der Inhalt der Schuld von maßstäblicher Bedeutung für die Frage, wann eine für die Anwendung der §§ 280 ff BGB ausreichende Schuldwidrigkeit vorliegt. Dem entsprechend gilt: Wird der Eintritt/Nichteintritt eines Erfolges geschuldet (zB Besitz- und Eigentumserwerb des Gläubigers), ist im Zweifel im Ausbleiben desselben eine die Haftung grundsätzlich auslösende Schuldwidrigkeit, dh „Pflichtwidrigkeit" zu sehen. Ist nur ein Verhalten geschuldet, liegt eine haftungsbegründende Schuldwidrigkeit erst mit dem (äußeren) Ausbleiben dieses Verhaltens vor. Für den Begriff der „Pflichtverletzung" bedeutet dies, dass er jenseits des Begriffskerns „Schuldwidrigkeit" keine einheitliche Bedeutung hat, sondern als **Rahmenbegriff** oder „Sammelbegriff" (MünchKomm/Ernst Rn 10) verschiedene Sinngehalte hat und mit ihnen verschiedene Typen oder Arten der Pflichtverletzung erfasst. Dies bewahrt die Kontinuität zur alten Rechtslage, von der der Gesetzgeber nicht abweichen wollte. Dies dürfte die Position der überwiegenden Ansicht sein. Die **gegenteilige Ansicht**, die aus dem Begriff der Pflichtverletzung das Erfordernis des Fehlverhaltens ableitet, also auch bei erfolgsbezogenen Schuldinhalten die haftungsbegründende Pflichtwidrigkeit in einem Fehlverhalten des Schuldners sieht (Ehmann/Sutschet JZ 2004, 62, 71 f, im Ansatz auch Kohler ZZP 118 [2005] 25, 38 f, aber für Beweislastumkehr bei erfolgsbezogenen Leistungspflichten s dort S 42 f), unterstellt dem Gesetz eine programmatische Entscheidung für eine streng verhaltensbezogene Bestimmung der Schuldinhalte und der „Pflichtverletzung", die der Gesetzgeber weder in § 241 BGB noch in § 280 BGB beabsichtigt hat und die im Übrigen das Verhältnis von Privatautonomie und ergänzendem Gesetzesrecht verkehrt. C 3

Im Übrigen kommt eine unmittelbare **Subsumtion** unter das Tatbestandsmerkmal „Pflichtverletzung" in § 280 Abs 1 BGB nur für die nicht besonders geregelten Pflichtverletzungen in Betracht, für die § 280 Abs 1 BGB als Haftungstatbestand fungiert (Rn C 22 ff). Hinsichtlich der besonderen Pflichtverletzungstatbestände (§§ 281–283, 286 BGB) ist das Merkmal „Pflichtverletzung" nur begrifflicher Rahmen, der durch C 4 die besonderen Merkmale in § 286 BGB und §§ 281–283 BGB ausgefüllt wird. Diese bilden den Gegenstand der Subsumtion.

II. Konkretisierung durch besondere Pflichtverletzungstatbestände (§§ 280 Abs 2, Abs 3)

1. Gliederungsprinzip

C 5 Durch die Verweisung in § 280 Abs 2, Abs 3 BGB wird der Tatbestand der Pflichtverletzung in § 280 Abs 1 BGB in den §§ 281–283 BGB u § 286 BGB konkretisiert. Die Interpretation der besonderen Pflichtverletzungstatbestände muss sich im begrifflichen Rahmen der „Pflichtverletzung" halten (vgl § 280 Abs 2, Abs 3 BGB [„zusätzlich"]). Da der Begriff „Pflichtverletzung" in § 280 Abs 1 BGB weit zu fassen ist (Vorbem B 12 zu §§ 280–285), ergibt sich aus dem Merkmal „Pflichtverletzung" in § 280 Abs 1 BGB aber keine Voraussetzung für die Anwendung der besonderen Tatbestände, die nicht schon in den besonderen Tatbeständen selbst enthalten wäre, sodass sich die Bedeutung der „Pflichtverletzung" für die Subsumtion darin erschöpft, den begrifflichen Ausgangspunkt der Prüfung zu bilden, während die **Tatbestandsmerkmale** sich aus den besonderen Tatbeständen ergeben. Eine zweite Bedeutung des § 280 Abs 1 BGB betrifft die Verteilung der Darlegungs- und Beweislast. Grundsätzlich hat der Gläubiger alle sein Schadensersatzbegehren tragenden Voraussetzungen darzulegen und ggf zu beweisen. Das gilt nicht für das „Vertretenmüssen" (§ 280 Abs 1 S 2 BGB; Rn D 1 ff). Da sich die in §§ 281–283, 286 BGB geregelten „zusätzlichen Voraussetzungen" nicht auf das Vertretenmüssen beziehen, liegen sie in der Darlegungs- und Beweislast des Gläubigers.

C 6 Im Folgenden werden die besonderen Pflichtverletzungstatbestände im Überblick dargestellt, wobei der gesetzlichen Systematik folgend die Unterscheidung nach **Schadensarten** leitend ist. Die Darstellung beschränkt sich an dieser Stelle darauf, die spezifische Bedeutung des jeweiligen besonderen Tatbestandes im *inneren System* der §§ 280 ff BGB zu verdeutlichen (zur äußeren Systematik der §§ 280 ff Vorbem D 1 ff zu §§ 280–285 ff). Einzelheiten zu den besonderen Pflichtverletzungstatbeständen in den Erl zu §§ 281–283 BGB u § 286 BGB; s ferner Riehm, in: FS Canaris (2007) I 1079 ff; Grigoleit, in: FS Canaris (2007) I 275, 276 ff.

2. Ersatz des Verzögerungsschadens bei Schuldnerverzug (§§ 280 Abs 2, 286)

C 7 Wird die geschuldete Leistung nicht erbracht, obgleich sie erbringbar ist, dh ein Leistungshindernis gem § 275 BGB nicht besteht, unterscheidet § 280 Abs 2, Abs 3 BGB danach, ob die **Nichtleistung vorübergehend** oder endgültig ist. Endgültig wird die Nichtleistung, wenn der Gläubiger die Leistungspflicht durch ein wirksames Schadensersatzverlangen gem § 281 Abs 4 BGB oder durch Rücktritt gem § 323 Abs 1, 1. Alt beseitigt. Solange der Gläubiger die Leistungspflicht nicht beseitigt, kann die Nichtleistung nur als vorübergehend betrachtet werden, da die Leistung noch erbracht werden kann. Die **Pflichtverletzung** iSv § 280 Abs 1 BGB besteht in der *Nichtleistung trotz Fälligkeit und Durchsetzbarkeit* des Leistungsanspruchs. Hinzutreten als „zusätzliche Voraussetzungen" (§ 280 Abs 2 BGB) die vergebliche Mahnung (§ 286 Abs 1 BGB) oder einer der besonderen Umstände gem § 286 Abs 2 bzw Abs 3 BGB, der die Mahnung ausnahmsweise entbehrlich macht. Die Störung ist begrenzt auf einen Schuldnerverzug und der Gläubiger ist nur zum Ersatz des Verzögerungsschadens gem §§ 280 Abs 1, Abs 2, 286 BGB berechtigt, der trotz Fortbestand der Leistungspflicht – „neben der Leistung“ – verlangt werden kann. Der Verzögerungsschaden deckt einen Teil des Leistungsinteresses – das Interesse an der pünktlichen Leistung. Dieses kann uU auch ein Schadensposten im Rahmen des Schadensersatzes statt der Leistung sein (näher § 281 Rn B 134 ff; Unberath, Die Vertragsverletzung [2007] 341, 346). Die Anspruchsvoraussetzungen der Haftung aus Schuldnerverzug sind an und für sich in den §§ 280 Abs 2, 286 BGB vollständig enthalten, auch das Vertretenmüssen (§ 286 Abs 4 BGB). Dennoch ist § 280 Abs 1 BGB Teil der Anspruchsgrundlage. Das ergibt der Wortlaut („zusätzliche Voraussetzungen“, § 280 Abs 2 BGB), und es entspricht dem systematischen Anspruch der §§ 280 ff BGB (zum Verhältnis § 286 Abs 4 zu § 280 Abs 1 S 2 näher Rn D 19).

3. Schadensersatz statt der Leistung (§ 280 Abs 3)

Hinsichtlich des Schadensersatzes statt der Leistung normiert das Gesetz in §§ 281–283 BGB vier besondere Pflichtverletzungstatbestände, zu der die Sonderregelung in § 311a Abs 2 BGB hinzutritt. Der Zweck dieser Tatbestände besteht darin, den Fortfall der Primärleistungspflicht und ihre Ersetzung durch die Haftung durch „zusätzliche Voraussetzungen“ (§ 280 Abs 3 BGB) zu rechtfertigen (näher § 281 Rn A 8 ff). **Anspruchsgrundlage** für diese Form des Schadensersatzes ist nach hM § 280 Abs 1, Abs 3 BGB jeweils iVm § 281, § 282 oder § 283 BGB (vgl Begr d RegE BT-Drucks 14/6040, 137). Die Gegenposition, derzufolge §§ 281–283 BGB die Anspruchsgrundlage bilden (Hirsch Jura 2003, 289, 291; vWilmowsky Beil zu JuS Heft 1/2002, 3, 4, s auch Canaris, in: Karlsruher Forum 2002 [2003] 5, 35), ist angesichts des Wortlauts des § 280 Abs 3 BGB und der Systematik der §§ 280 ff BGB kaum vertretbar, im Übrigen ohne praktischen Sinn. Eine eigenständige Anspruchsgrundlage stellt **§ 311a Abs 2 BGB** für anfängliche Leistungshindernisse dar (s Vorbem C 7 zu §§ 280–285). C 8

a) Nichtleistung trotz Erbringbarkeit der Leistung (§ 281 Abs 1 S 1, 1. Alt)

Die Nichtleistung trotz Erbringbarkeit der Leistung, Fälligkeit und Durchsetzbarkeit des Anspruchs wird endgültig, wenn der Gläubiger durch wirksames Schadensersatzverlangen (§ 281 Abs 4 BGB) und/oder durch Rücktritt (§ 323 Abs 1, 1. Alt) die Leistungspflicht(en) beseitigt. Erst dann ist der Schuldner zum Schadensersatz statt der Leistung gem §§ 280 Abs 1, Abs 3, 281 Abs 1 S 1, 1. Alt BGB verpflichtet. Die **Pflichtverletzung** iSv § 280 Abs 1 BGB besteht wie bei der vorübergehenden Nichtleistung in der *Nichtleistung trotz Fälligkeit und Durchsetzbarkeit des Anspruchs.* Da die Leistung erbringbar ist, dh ein Leistungshindernis gem § 275 BGB nicht besteht, bedarf die Befugnis des Schuldners zum Schadensersatz statt der Leistung (ebenso zum Rücktritt) einer Rechtfertigung. Sie ergibt sich aus der Setzung einer angemessenen Frist zur Nachleistung samt deren fruchtlosen Ablauf. Dass der Schuldner sich vor der Nachfristsetzung im Schuldnerverzug befindet und vor der Nachfristsetzung eine Mahnung (§ 286 Abs 1 BGB) erhalten hat, ist nicht erforderlich. § 281 BGB trifft eine eigenständige, vom Schuldnerverzug losgelöste Regelung. Es gibt abweichend vom alten Recht (§ 326 aF) kein Abstufungsverhältnis zwischen den Tatbeständen. Die **Fristsetzung** ist somit die für die Herbeiführung der Schadensersatzbefugnis maßgebliche Gläubigerhandlung. Die Fristsetzung ist entbehrlich im Falle der endgültigen Leistungsverweigerung und bei überwiegendem Interesse des Gläubigers am Schadensersatz (§ 281 Abs 2 BGB). Soweit die Art der Leistungspflicht C 9 eine Nachleistung nicht erlaubt – insbes bei Unterlassungspflichten und bei Dauerschuldverhältnissen mit zeitgebundenen Leistungspflichten hinsichtlich einzelner Leistungen – tritt an die Stelle der Fristsetzung die auf die künftige Ordnungsgemäßheit der Leistung zielende **Abmahnung** (§ 281 Abs 3 BGB). Nach fruchtlosem Ablauf der Frist hat der Gläubiger die Wahl, weiterhin die Leistung zu fordern oder zum Schadensersatz statt der Leistung überzugehen. Einen automatischen Fortfall der Leistungspflicht mit Fristablauf gibt es nicht (anders § 326 Abs 1 S 2 2. HS aF). Im Falle der **Teilnichtleistung** kann der Gläubiger Schadensersatz statt des nicht erbachten Leistungsteils verlangen („kleiner Schadensersatz"), Schadensersatz statt der *ganzen* Leistung nur bei fehlendem Interesse an der bewirkten Teilleistung (näher § 281 Rn B 155).

b) Behebbare Schlechtleistung (§ 281 Abs 1 S 1, 2. Alt)

C 10 Im Falle der nicht wie geschuldet erbrachten Leistung („Schlechtleistung") geht es um Schadensersatz statt der (mangelfreien) Leistung, wenn es endgültig bei der Schlechtleistung bleibt (zu vorrangigen Regelungen des besonderen Vertragsrechts s Vorbem D 8 f zu §§ 280–285 und § 281 Rn A 27 ff). Die **Pflichtverletzung** iSv § 280 Abs 1 BGB besteht in der *Erbringung einer schlechten Leistung trotz Möglichkeit einer ordnungsgemäßen Leistung.* Der Schadensersatzanspruch richtet nach §§ 280 Abs 1, Abs 3, 281 Abs 1 S 1, 2. Alt BGB: Die Endgültigkeit der Schlechtleistung tritt mit dem wirksamen Schadensersatzverlangen des Gläubigers gem § 281 Abs 4 BGB ein, mit dem zugleich der Anspruch auf Beseitigung des Mangels bzw Neuleistung untergeht. Dies setzt idR eine fruchtlos gebliebene Fristsetzung zur Behebung des Mangels voraus. Die Fristsetzung kann ausnahmsweise entbehrlich sein (§ 281 Abs 2 BGB); in bestimmten Fällen tritt an ihre Stelle die Abmahnung (§ 281 Abs 3 BGB; vgl § 281 Rn B 53). Im Regelfall hat der Gläubiger das Recht, zwischen großem und kleinem Schadensersatz zu entscheiden. Nur bei unerheblicher Schlechtleistung (§§ 283 S 2, 281 Abs 1 S 3 BGB) ist er auf den kleinen Schadensersatz beschränkt. Ist die **Schlechtleistung nicht behebbar**, tritt der Schadensersatzanspruch ohne besondere Gläubigerhandlung mit der Schlechtleistung ein gem §§ 280 Abs 1, Abs 3, 283 BGB oder – bei anfänglicher Unbehebbarkeit – gem § 311a Abs 2 BGB. Der Schadensersatz statt der Leistung setzt voraus, dass die Leistung endgültig nicht mehr ordnungsgemäß erbracht werden kann. Wird der Mangel behoben, ist für den infolge der vorübergehenden Schlechtleistung eingetretenen Schaden § 280 Abs 1 BGB einschlägig (Rn C 27 ff). **Integritätsschäden**, die durch die Schlechtleistung verursacht werden, sind nach hier vertretener Auffassung nicht vom Schadensersatz statt der Leistung umfasst; hier ist § 280 Abs 1 BGB einschlägig (Rn 39 ff).

C 11 Die schlechte Erfüllung von **Nebenleistungspflichten** ist als eigene Schlechtleistung, nicht als Schlechterfüllung der Hauptleistungspflicht zu werten (vgl § 281 Rn B 3, C 2). Die Schlechterfüllung **leistungsbezogener Nebenpflichten**, durch die sich der Leistungsgegenstand verschlechtert oder zu verschlechtern droht, geht idR in der Störung bzw Gefährdung der Leistungspflicht auf (vgl § 281 Rn B 3, C 3); ansonsten ist § 280 Abs 1 BGB die maßgebliche Haftungsnorm (Rn C 36; C 63).

c) Nichtleistung infolge nachträglichen Leistungshindernisses/ Nachträglich unbehebbare Schlechtleistung (§ 283)

C 12 Der Fortfall der Leistungspflicht erklärt sich in § 283 BGB aus der Unerbringbarkeit der Leistung, weshalb weder eine Nachfristsetzung erforderlich ist noch ein Schadensersatzverlangen des Schuldners. Der Übergang von der Primärleistungspflicht zur Haftung vollzieht sich vielmehr *ipso iure* mit Vorliegen der Voraussetzungen des § 275 BGB; dazu ist allerdings in den Fällen des § 275 Abs 2 BGB („grobe Unverhältnismäßigkeit") und § 275 Abs 3 BGB („Unzumutbarkeit") die Erhebung der Einrede seitens des Schuldners erforderlich.

Die **Pflichtverletzung** iSv § 280 Abs 1 S 1 BGB liegt in der *Nichtleistung infolge eines nachträglich eingetretenen Leistungshindernisses gem § 275 BGB.* Ob das Leistungshindernis durch ein Fehlverhalten des Schuldners herbeigeführt wurde, ist für die Pflichtverletzung unerheblich und erst für die Entlastung des Schuldners gem Abs 1 S 2 bedeutsam. § 283 BGB erfasst entgegen seinem Wortlaut nur nachträgliche, dh nach Entstehung des Schuldverhältnisses entstandene Leistungshindernisse; für anfängliche Leistungshindernisse gilt die Sonderregelung des § 311a Abs 2 BGB (Vorbem C 7 zu § 280–285; Staudinger/Feldmann [2018] § 311a Rn 14 ff; Schwarze, Leistungsstörungen [2017] § 18 Rn 10 ff). Das Leistungshindernis muss grundsätzlich **dauerhaft** sein; für vorübergehende Leistungshindernisse ist § 283 BGB nur anwendbar, wenn daraus eine unzumutbare Situation für Gläubiger oder Schuldner erwächst (näher § 283 Rn 32 f). Ansonsten richtet sich der Schadensersatz statt der Leistung nach § 281 Abs 1 S 1 BGB (§ 283 Rn 34). **C 13**

Steht nur einem Teil der Leistung ein Leistungshindernis gem § 275 BGB entgegen *(„quantitative Teilunmöglichkeit")* oder steht der Beseitigung eines Mangels ein Leistungshindernis gem § 275 BGB entgegen *(„qualitative Teilunmöglichkeit"* = unbehebbare Schlechtleistung) stellt sich die Frage, ob der Gläubiger Schadensersatz nur hinsichtlich der gestörten Teilleistung (kleiner Schadensersatz) oder hinsichtlich der Gesamtleistung (großer Schadensersatz) erhält. Dies regelt § 283 S 2 BGB durch einen Verweis auf § 281 Abs 1 S 2 u 3 BGB. Im Fall der „quantitativen Teilunmöglichkeit" erhält der Gläubiger den großen Schadensersatz nur, wenn er kein Interesse an der noch möglichen Teilleistung hat (§ 283 Rn 68 ff u 78). Im Fall der „qualitativen Teilunmöglichkeit" ist die Grundregel umgekehrt: Der Gläubiger kann grundsätzlich den großen Schadensersatz verlangen, es sei denn, die Pflichtverletzung ist unerheblich (§ 280 Rn E 6 f; § 281 Rn B 153 ff, B 174; § 283 Rn 67 u 79). Dabei entsteht der Anspruch auf den großen Schadensersatz nicht ipso iure, sondern erst durch ein darauf gerichtetes Schadensersatzverlangen des Gläubigers analog § 281 Abs 4 BGB (§ 283 Rn 72) oder infolge eines Rücktritts gem § 326 Abs 5 BGB iVm § 323 Abs 5 S 1 u 2 BGB (dazu Staudinger/Schwarze [2015] § 323 Rn B 130, D 1 ff; § 326 Rn F 1 ff). § 283 BGB erfasst somit einen Teil der Fälle der Schlechtleistung. Zur analogen Anwendung der Vorschrift im Falle einer vom Schuldner zu vertretenden **Störung der Geschäftsgrundlage** Rn C 20. **C 14**

d) Unzumutbarkeit weiterer Bindung infolge Verletzung einer Rücksichtnahmepflicht (§ 282)

Nach § 241 Abs 2 BGB kann das Schuldverhältnis nach seinem Inhalt jeden Teil zur Rücksicht auf die Rechte, Rechtsgüter und Interessen des anderen Teils (Integritätsinteresse) verpflichten. Die Rücksichtnahmepflichten schützen die von der Leistungspflicht zu trennende Interessensphäre einer Partei, also jene Rechtsgüter, Rechte und Interessen, die schon vor Entstehung der Leistungspflicht existierten (vgl die Begr d Rechtsausschusses BT-Drucks 14/7052, 213 ff; Rn C 38). Trotz der gedanklichen Trennung beider Interessensphären (vgl BT-Drucks 14/6040, 141; s auch Müller/Hempel AcP 205 [2005] **C 15**

246, 258 ff; Madaus Jura 2004, 289 ff) und der daran anknüpfenden Unterscheidung von Leistungs- und Rücksichtnahmepflichten können Pflichtverletzungen in dem einen Bereich Auswirkungen auf den jeweils anderen Bereich haben: Die Verletzung der Leistungspflicht kann zu Integritätsschäden führen (zB unterlassene Einfüllung von Frostschutzmittel durch beauftragte Kfz-Werkstatt führt zu Frostschäden am Kfz-Kühler; näher Rn 39 ff). Umgekehrt kann die Verletzung von Rücksichtnahmepflichten die Leistungssphäre berühren, und zwar dann, wenn dem Gläubiger infolge der Verletzung der Rücksichtnahmepflicht die weitere Durchführung des Schuldverhältnisses **unzumutbar** wird. In dieser Situation kann der Gläubiger gem §§ 280 Abs 1, Abs 3, 282 BGB Schadensersatz statt der Leistung verlangen (zu Rücksichtnahmepflichten s Rn C 43 ff; zur Begründung der Unzumutbarkeit § 282 Rn 44 ff). §§ 280 Abs 1, Abs 3, 282 BGB beziehen sich nur auf den Schadensersatz statt der Leistung. Der Integritätsschaden selbst ist nach § 280 Abs 1 BGB zu erstatten (s noch Rn C 39 ff).

C 16 Ist der **Schutz der Integritätsinteressen Gegenstand einer Leistungspflicht** (zB Bewachungsvertrag), sind Störungen dieser Pflicht nach §§ 280 Abs 1, Abs 3, 281–283, 311a Abs 2 BGB zu behandeln; § 282 BGB kommt nur in Frage, wenn Integritätsinteressen außerhalb der Leistungspflicht verletzt werden (zB der Bewachungsunternehmer beleidigt den Auftraggeber). Keine Bedeutung hat § 282 BGB ferner für Schuldverhältnisse, die ausschließlich aus Rücksichtnahmepflichten bestehen. Das Gesetz regelt dies ausdrücklich für das durch Gesetz begründete vorvertragliche Schuldverhältnis (§ 311 Abs 2 BGB) und für die Einbeziehung Dritter in die Schutzwirkung solcher Pflichten (§ 311 Abs 3 BGB, vgl die Begr RegE BT-Drucks 14/6040, 162 f). Es wäre aber auch ein auf diesen Inhalt beschränkter Vertrag denkbar (in diese Richtung BGH 15. 12. 2005 – III ZR 65/05, JZ 2006, 468 m Anm Wagner-vPapp; BGH 20. 10. 2011 – III ZR 251/10, NJW 2012, 48, 49 zur vertraglichen Spielersperre; Rn C 44). Mangels Leistungsinteresses kann es hier nur Schadensersatzansprüche aus § 280 Abs 1 BGB geben. Nicht erfasst von § 282 BGB werden leistungsbezogene Nebenpflichten. Die Verletzung derartiger Pflichten ist je nach Eigenständigkeit der Pflicht als Störung der Leistungspflicht oder als eigene Nicht- oder Schlechtleistung zu werten (§ 282 Rn 12, § 281 Rn C 2 ff, § 280 Rn C 19). Allerdings kann von derselben Handlung sowohl eine unzumutbare Gefährdung des Leistungsinteresses als auch des Integritätsinteresses ausgehen. Dann liegt eine doppelte Pflichtverletzung vor, die jeweils nach den für sie maßgeblichen Regelungen zu Rechten des Gläubigers führt (vgl Rn C 39 ff).

e) Nicht ausdrücklich geregelte Störungen

C 17 Nicht unmittelbar erfasst von den zum Schadensersatz statt der Leistung führenden besonderen Haftungstatbeständen der §§ 281–283 BGB werden Störungen der Leistungsbeziehung, die nicht die Leistungspflicht verletzen. Es handelt sich um Vorgänge vor Fälligkeit der Leistung oder nach ordnungsgemäßer Erbringung der Leistung. Ergänzungsbedürftig ist ferner die Haftung bei Störung der Geschäftsgrundlage. Die dogmatische Aufgabe besteht darin, die Störung normativ und tatbestandlich zu erfassen und sie den Haftungsnormen der §§ 280 ff BGB zuzuordnen.

aa) Schadensersatz bei unzumutbarer Leistungsgefährdung

C 18 Die unzumutbare Leistungsgefährdung durch eine **drohende Pflichtverletzung** wird im Gesetz nicht allgemein geregelt, es gibt nur punktuelle Regelungen (insbes § 281 Abs 2, 1. Alt, § 323 Abs 2 Nr 1, § 321 BGB). Der Regelungsbedarf geht aber nach ganz allgemeiner Auffassung darüber hinaus. Zum Teil wird in §§ 280 Abs 1, Abs 3, 282 BGB die maßgebliche Anspruchsgrundlage gesehen. Nach hier vertretener Auffassung ist die sachgerechte Lösung in einer **Analogie** *zu der Haftungsnorm zu sehen, die bei Eintritt der drohenden Pflichtverletzung einschlägig wäre,* also bei einer drohenden Nichtleistung analog § 281 Abs 1 S 1, 1. Alt BGB (§ 281 Rn B 182), bei einer drohenden Schlechtleistung analog § 281 Abs 1 S 1, 2. Alt BGB (§ 281 Rn C 23) und bei der unzumutbaren Gefährdung des Integritätsinteresses wegen drohender Verletzung einer Rücksichtnahmepflicht zu § 282 BGB (§ 282 Rn 44 ff); zur parallel liegenden Problematik des vorübergehenden bzw drohenden Leistungshindernisses s § 283 Rn 32 ff. Bei *vorübergehender* Leistungsgefährdung ist § 280 Abs 1 BGB die richtige Anspruchsnorm (Rn C 34).

bb) „Nachvertragliche" Verletzung der Leistungstreuepflicht

Pflichten können auch **nach Erbringung der Leistung** („culpa post contractum finitum") bestehen. Sie beruhen auf dem Vertrag und sind daher nicht wirklich „nachvertraglich". Eine Verletzung der Leistungspflicht ist nach Erfüllung ausgeschlossen, da der Anspruch auf die Leistung erloschen ist (§ 362 Abs 1 BGB). Die – mögliche – begriffliche Unterscheidung zwischen Anspruch auf die Leistung und Leistungspflicht (Erlöschen nur des Anspruchs und ein Fortbestehen der Pflicht zur ordnungsgemäßen Leistung, die weiterhin verletzt werden könnte) bietet keinen geeigneten Ansatzpunkt für die dogmatische Erfassung nachvertraglicher Beeinträchtigungen des Leistungsgegenstandes durch den Schuldner. Wohl ist aber eine Beeinträchtigung des Leistungsinteresses möglich. Das Interesse wird maßgeblich durch die Verwendung der Leistung bestimmt. Störungen der Leistungsverwendung bzw des Leistungszwecks durch den Schuldner können auch nach Erbringung der Leistung als Verletzung des Vertrages gewertet werden. Gem § 242 BGB kann es eine Pflicht des Schuldners geben, die Verwendung der Leistung nicht zu vereiteln bzw erheblich zu stören. Ob eine **Leistungstreuepflicht** dieses Inhalts besteht und wie weit sie reicht, ist im Einzelfall durch Auslegung (§§ 133, 157 BGB) und nach Treu u Glauben (§ 242 BGB) zu bestimmen. Die Erkennbarkeit des Verwendungszwecks bei Vertragsschluss allein begründet nicht generell eine Leistungstreuepflicht. Ein wichtiges Kriterium für den vertraglichen Schutz des Verwendungszwecks ist die Bedeutung des Zwecks für die vom Gläubiger zu erbringende Gegenleistung. So ist der Verkäufer eines Lkw nicht gehindert, dem Wettbewerber des Käufers ebenfalls einen Lkw zu verkaufen. Andererseits darf der Verleger von Chiffre-Kontaktzeigen einer Partnervermittlung nicht Antwortanzeigen drucken, die zur Kontaktaufnahme unter Umgehung der Partnervermittlung auffordern. Hinsichtlich der **Anspruchsgrundlage** für die Haftung ist zu differenzieren: Ist dem Gläubiger wegen der Schwere der Pflichtverletzung das Festhalten am Vertrag und an der Leistung nicht mehr zumutbar, kann er *analog §§ 280 Abs 1, Abs 3, 281 Abs 1, 2. Alt BGB* Schadensersatz statt der Leistung verlangen (s § 281 Rn C 3). Bei geringerer Pflichtverletzung ist dieser Weg erst nach einer vorherigen vergeblichen Abmahnung analog § 281 Abs 3 BGB eröffnet. § 280 Abs 1 BGB ist dagegen maßgeblich, wenn das Festhalten am Vertrag zumutbar ist oder der Gläubiger trotz Unzumutbarkeit daran festhalten will, und es um den Ersatz der neben der Leistung entstehenden Schäden geht. Wird eine *Rücksichtnahmepflicht* nach Erbringung der Leistung verletzt, richtet sich der Schadensersatz statt der Leistung nach § 282 BGB (§ 282 Rn 36), die Haftung für den Integritätsschaden nach § 280 BGB (Rn C 63). C 19

cc) Haftung bei Störungen der Geschäftsgrundlage

C 20 Vom Gesetz nicht geregelt ist ferner die Haftung im Falle einer **vom Schuldner** wegen unzumutbaren Mehraufwands geltend gemachten Störung der Geschäftsgrundlage gem § 313 BGB. Der besondere Pflichtverletzungstatbestand gem §§ 280 Abs 1, Abs 3, 283 BGB ist nicht unmittelbar anwendbar, da die Störung der Geschäftsgrundlage nicht als Leistungshindernis oder ihm gleichgestellter Tatbestand aufgeführt ist. Einer Haftung bedarf es aber, wenn man dem Schuldner den Rücktritt bzw die Anpassung gem § 313 BGB auch dann nicht verwehrt, wenn er die Störung der Geschäftsgrundlage zu vertreten hat. Dies entspricht der Wertung des § 275 Abs 2 S 2 BGB und es wird von der Rechtsprechung letztlich für möglich erachtet (BGH 18. 12. 1956 – VIII ZR 5/56, BB 1957, 136; BGH 23. 2. 1968 – V ZR 166/64, MDR 1968, 482; näher Schwarze, Leistungsstörungen [2017] § 6 Rn 20 f; Analyse bei Schollmeyer, Selbstverantwortung u Geschäftsgrundlage [2014] 189 ff). Die Leistungserwartung des Gläubigers verdient in diesem Fall denselben Schutz wie bei § 275 BGB, wenn nicht ein Fall des gemeinsamen Irrtums vorliegt (zu dessen Behandlung Schollmeyer, Selbstverantwortung u Geschäftsgrundlage [2014] 32 ff, 107 ff). Die haftungsrechtliche Lücke ist durch eine **analoge Anwendung** der §§ 280 Abs 1, Abs 3, 283 u § 311a Abs 2 BGB zu schließen (Schollmeyer, Selbstverantwortung u Geschäftsgrundlage [2014] 144 ff, 399 ff, 410 ff; Schwarze, Leistungsstörungen [2017] § 6 Rn 36; für eine Lösung durch entsprechende Anpassung der Leistungspflicht noch Schwarze, Leistungsstörungen [2008] § 6 Rn 36). Die Schuldwidrigkeit liegt in der Nichtleistung infolge Störung der Geschäftsgrundlage; dass die Leistungspflicht infolge des Rücktritts des Schuldners entfallen ist, steht dem – wie bei § 275 BGB – nicht entgegen; dass die Störung der Geschäftsgrundlage wegen des Rücktritts den ganzen Vertrag fortfallen lässt, ebenfalls nicht (§ 325 BGB). *Verwendungsstörungen auf Seiten des Gläubigers* der Leistung, die eine Störung der Geschäftsgrundlage begründen, führen nicht zur Haftung gem § 280 BGB, sondern begründen ggf eine Aufrechterhaltung der Gegenleistungspflicht (Schollmeyer, Selbstverantwortung u Geschäftsgrundlage [2014] 221 ff).

C 21 Zu trennen ist diese Haftung von der Haftung für Unterlassung der Mitwirkung an einer gem § 313 Abs 2 BGB gebotenen Anpassung des Vertragsinhalts. Diese Haftung ergibt sich ohne Weiteres aus der Anwendung der §§ 280 ff BGB auf die Pflicht zur Mitwirkung, wobei entgegen der Auffassung des BGH (v 30. 9. 2011 – V ZR 17/11, NJW 2012, 373, 376) nicht § 280 Abs 1 BGB, sondern die §§ 280 Abs 1, Abs 2, 286 BGB bzw §§ 280 Abs 1, Abs 3, 281 ff BGB Anspruchsgrundlage sind, da es sich um eine klagbare Leistungspflicht handelt.

III. Von § 280 Abs 1 unmittelbar erfasste Pflichtverletzungen

C 22 Pflichtverletzungen, die nicht von einem der besonderen Pflichtverletzungstatbestände (§§ 280 Abs 1, Abs 2, 286 BGB u §§ 280 Abs 1, Abs 3, 281–283 BGB) erfasst werden, führen gem § 280 Abs 1 BGB zur Haftung des Schuldners. Dies kann Verletzungen des Leistungsinteresses und Verletzungen des Integritätsinteresses betreffen. Da die Schadensart für die Ordnung der besonderen gesetzlichen Pflichtverletzungstatbestände leitend ist (Vorbem A 10 zu §§ 280–285), ist sie auch als Ordnungskriterium für die von § 280 Abs 1 BGB als Haftungstatbestand erfassten Pflichtverletzungen zweckmäßig. Dementsprechend wird folgend nach der Schadensart (folgend 1 und 2) und innerhalb derselben nach dem Pflichtverletzungstatbestand unterschieden.

1. Verletzungen des Leistungsinteresses

Der haftungsrechtliche Schutz des Leistungsinteresses durch §§ 280 Abs 1, Abs 2, 286, §§ 280 Abs 3, 281–283, § 311a Abs 2 BGB ist nicht vollständig. Zum einen bleibt eine Lücke im Hinblick auf die Art der Störung: Es werden vorübergehende Störungen jenseits der vorübergehenden Nichtleistung (Schuldnerverzug) nicht erfasst (folgend unter a). Zum anderen wird die Verletzung *leistungsbezogener* Pflichten nicht erfasst, die nicht (einklagbare) Leistungspflichten sind. **C 23**

a) Vorübergehende Störungen des Leistungsinteresses

aa) Vorübergehender Charakter

Die vorübergehende Störung des Leistungsinteresses ist dadurch charakterisiert, dass das Leistungsinteresse am Ende befriedigt wird, dies aber nicht pünktlich geschehen ist. Diesbezüglich schützt der Schadensersatz statt der Leistung das Interesse des Gläubigers nicht ausreichend. Es bedarf einer zusätzlichen Regelung. Paradigmatisch ist die im Schuldnerverzug erfasste „vorübergehende Nichtleistung". Der vorübergehende Charakter der Störung lässt sich allerdings schlecht als Element des Pflichtverletzungstatbestandes erfassen, denn zum Zeitpunkt des Beginns der Pflichtverletzung – der Fälligkeit – ist über ihren vorübergehenden Charakter kein Urteil möglich. Dementsprechend ist beim Schuldnerverzug lediglich die „Nichtleistung" zum Zeitpunkt der Fälligkeit und Durchsetzbarkeit zu prüfen, nicht dagegen ihr vorübergehender Charakter. Dennoch ist das „Vorübergehende" ein Element des Verzugstatbestandes, und zwar beim Merkmal „Schaden": Ersatzfähig ist nur der Schaden, der aus der Verzögerung (der vorübergehenden Nichtleistung) resultiert (Staudinger/Feldmann § 286 Rn 181 ff). **C 24**

bb) Von § 280 Abs 1 erfasste vorübergehende Störungen

Eine solche vorübergehende Störung lässt sich nicht nur bei der Nichtleistung, sondern bei allen anderen Störungen des Leistungsinteresses, insbesondere den in besonderen Pflichtverletzungstatbeständen erfassten Störungen denken: bei der Nichtleistung infolge Leistungshindernisses, bei der Schlechtleistung sowie Manko- und Aliudleistung, aber auch bei der Unzumutbarkeit weiterer Durchführung des Schuldverhältnisses infolge Leistungsgefährdung oder infolge Verletzung einer Rücksichtnahmepflicht (§ 282 BGB). Über die grundsätzliche Berechtigung eines angemessenen haftungsrechtlichen Schutzes des Leistungsinteresses über den Schuldnerverzug hinaus dürfte mit Blick auf die vom Gesetzgeber angestrebte Vollständigkeit des Schutzes kein Zweifel bestehen. Weniger klar sind tatbestandliche Verortung und tatbestandliche Voraussetzungen. **C 25**

aaa) Vorübergehende Nichtleistung infolge vorübergehenden Leistungshindernisses

Die Haftung für ein vorübergehendes Leistungshindernis richtet sich nicht nach § 280 Abs 1 BGB, sondern nach den Vorschriften des **Schuldnerverzuges** gem §§ 280 Abs 1, Abs 2, 286 BGB. Die Erwähnung dieser Konstellation im Kontext des § 280 Abs 1 BGB ist gleichwohl angezeigt, weil die Zuordnung zum Schuldnerverzug **problematisch** ist, denn grundsätzlich setzt der Schuldnerverzug die Erbringbarkeit („Möglichkeit") der Leistung voraus, wäre also streng genommen zu verneinen, und es wäre § 280 Abs 1 BGB als Anspruchsgrundlage heranzuziehen. Doch ist die scharfe Ausschließlichkeit von Verzug und Leistungshindernis nur für das dauerhafte Leistungs- **C 26** hindernis selbstverständlich. Besteht das Hindernis dagegen nur vorübergehend und kann der Schuldner sich insoweit nicht entlasten, gibt es keinen Grund, ihn von einer Haftung zu verschonen und den Gläubiger im Hinblick auf die Verzögerung schutzlos zu stellen. Konstruktiv lässt sich dies dadurch erreichen, dass die aufhebende bzw suspendierende Wirkung des § 275 BGB bei einem vorübergehenden Hindernis telelogisch auf die Klagbarkeit der Leistungspflicht beschränkt wird, während die Leistungspflicht im Übrigen bestehen bleibt und daher Schadensersatzpflichten ua nach §§ 280 Abs 1, Abs 2, 286 BGB auslösen kann (im Ergebnis ebenso Schulze/Ebbers JuS 2004, 265, 267; Dedek, in: Henssler/Westphalen, Praxis der Schuldrechtsreform [2. Aufl] § 275 Rn 6; s auch Staudinger/Caspers § 275 Rn 49 f; in der Begründung anders MünchKomm/Ernst § 275 Rn 153 ff; Canaris, in: FS Huber [2006] 143, 162 f; undiff Suspendierung der Leistungspflicht annehmend Gsell JZ 2004, 111, 114). Tritt das Leistungshindernis während eines bereits eingetretenen Verzuges ein, hat der Schuldner dafür gem § 287 BGB auch ohne ein Verschulden einzustehen (Huber, Leistungsstörungen I § 21 II 3, 504; Schwarze, Leistungsstörungen [2017] § 28 Rn 57 ff). Im Übrigen bleibt dem Gläubiger die Befugnis, gem §§ 280, 281, 323 BGB vorzugehen (s noch § 283 Rn 32 ff; Schwarze, Leistungsstörungen [2017] § 4 Rn 21 ff).

bbb) Vorübergehende Schlechtleistung, Manko- und Aliudleistung

C 27 Solange die Schlechtleistung behoben werden kann und der Gläubiger nicht gem § 281 Abs 4 BGB Schadensersatz verlangt und damit die Leistungspflicht aufgehoben hat, ist die Schlechtleistung vorübergehend. Das dadurch verletzte Interesse des Gläubigers an der pünktlichen Erbringung der geschuldeten Qualität ist zwar durch §§ 280 Abs 1, Abs 3, 281 Abs 1 S 1, 2. Alt BGB geschützt (§ 281 Rn C 1 ff). Dieser Schutz hilft dem Gläubiger aber nicht, wenn er an der Leistungspflicht festhält und der Mangel letztlich behoben wird. Der nötige Schutz ist durch eine „Anpassung" der §§ 281–283 BGB nicht zu bewerkstelligen (in diese Richtung aber Huber/Faust, Schuldrechtsmodernisierung Rn 13/105 f; im Ergebnis wohl auch Recker NJW 2002, 1247; ausdrücklich dagegen Canaris, in: Karlsruher Forum 2002 [2003] 5, 37 f). Es wäre eine Anpassung der §§ 281–283 BGB auf Tatbestands- und Rechtsfolgenebene an die Interessenlage bei vorübergehender Störung erforderlich, die das Spezifische des Anspruchs, Schadensersatz „statt" der Leistung zu gewähren, außer Acht ließe. Deshalb bedarf es einer Haftungsgrundlage neben dem Schadensersatz statt der Leistung für den Ersatz der durch die vorübergehende Schlechtleistung (Manko-, Aliudleistung) verursachten Schäden, die durch die Behebung des Mangels (Unvollständigkeit bzw falsche Leistung) nicht behoben werden, insbes den sog **Nutzungsausfallschaden** (s Rn 25; Unberath, Die Vertragsverletzung [2007] 348 ff). Das dürfte weithin anerkannt sein (vgl BGHZ 174, 290 ff; BGH 9. 12. 2008 – VI ZR 173/07, NJW 2009, 1066 ff).

C 28 **Umstritten** ist aber die Anspruchsgrundlage. Eine unmittelbare Anwendung der §§ 280 Abs 1, Abs 2, 286 BGB scheidet aus, denn die hier vorausgesetzte „Nichtleistung" liegt nicht vor, wenn eine Schlechtleistung erfolgt ist. Es geht daher um die Frage, ob die richtige Anspruchsgrundlage in den §§ 280 Abs 1, Abs 2, 286 BGB analog oder in § 280 Abs 1 BGB zu finden ist. Praktisch geht es darum, ob der Schadensersatzanspruch eine Mahnung voraussetzt.

C 29 **Teile der Literatur** befürworten eine analoge Anwendung der §§ 280 Abs 1, Abs 2, 286 BGB: Der Schwerpunkt der Pflichtverletzung liege in der Unpünktlichkeit, weil der Schuldner es versäumt habe, die geschuldete „mangelfreie Sache" termingerecht zu liefern (Dauner-Lieb/Khan, in: FS Westphalen [2010] 55, 57 ff; Oetker/Maultzsch, Vertragliche Schuldverhältnisse [5. Aufl 2018] § 2 Rn 295 ff; Teichmann/Weidmann, in: FS Hadding [2004] 287, 301 ff, allerdings unter Verzicht auf eine Fristsetzung; Arnold/Dötsch BB 2003, 2250, 2253, die aber bei sog Mangelfolgeaufwendungen differenzieren [2251 f]). Danach entstünde eine Haftung nur, wenn der Gläubiger **gemahnt** hätte oder einer der mahnungsersetzenden Umstände gem § 286 Abs 2 BGB vorläge. Dies wird damit begründet, dass der Schuldner, der mangelhaft leiste, nicht schlechter gestellt werden dürfe als derjenige, der überhaupt nicht liefere (NK-BGB/Dauner-Lieb Rn 61 [ausgenommen Schäden an Rechtsgütern]; Faust, in: Huber/Faust, Schuldrechtsmodernisierung [2002] Rn 3/223; Teichmann, Diskussionsbeitrag in: Karlsruher Forum 2002 [2003] 162 ff).

Diese **Ansicht ist abzulehnen**: Die Mahnung ist Voraussetzung des Verzuges bei der Nichtleistung nur dann, wenn der Leistungszeitpunkt nicht exakt bestimmt ist (zB „Lieferung im Laufe der nächsten Woche"). Nur dann ist es geboten, den Inhalt der Schuld bzgl der Leistungszeit zwischen den Parteien *klarzustellen* und dem Schuldner noch einmal Gelegenheit zur Leistung zu geben, bevor die Haftung eintritt. Bei der exakt bestimmten Leistungszeit ist die Mahnung gem § 286 Abs 2 Nr 1 BGB entbehrlich und der Schuldner haftet schon mit der Abweichung vom Geschuldeten, also der Nichtleistung zum Zeitpunkt der Fälligkeit. Die *exakt bestimmte Leistung* erhält also einen lückenlosen haftungsrechtlichen Schutz. Nicht anders verhält es sich mit der Schlechtleistung: Die Qualität der Leistung ist im rechtlichen Sinne exakt bestimmt, die Leistungserwartung des Gläubigers verdient daher einen lückenlosen Schutz. Hinzu kommt, dass die Nichtleistung für den Gläubiger evident ist, die Schlechtleistung ist meistens nicht einmal erkennbar bzw wird es erst, wenn weiterer Schaden entsteht, sodass der Gläubiger nicht in gleicher Weise durch eine Mahnung vorkehren kann wie bei der Nichtleistung (so auch Medicus JuS 2003, 521, 528; iE wohl ebenso wie hier Kaiser, in: FS Westermann [2008] 351, 363 f; iE – keine Mahnung – Grigoleit/Riehm AcP 203 [2003] 727, 754 ff; dies JuS 2004, 745, 749). Schließlich wird allgemein angenommen, dass der Gläubiger ohne vorherige Mahnung aus § 280 Abs 1 BGB für durch die Schlechtleistung verursachte Integritätsschäden haftet; für das Leistungsinteresse kann schwerlich anderes gelten. Es besteht daher keine Regelungs- bzw Wertungsunvollständigkeit, die eine Analogie zu §§ 280 Abs 1, Abs 2, 286 BGB im Falle der Schlechtleistung geböte. Die *Kenntnis des Schuldners* vom Mangel ist (darauf abhebend Dauner-Lieb/Khan, in: FS Westphalen [2010] 55, 58) hier wie bei allen anderen Pflichtverletzungen unerheblich für die Begründung der Haftung. Auch die Mahnung beim Schuldnerverzug soll den Pflichtinhalt, nicht die Pflichtverletzung klarstellen. **C 30**

Die Haftung ergibt sich unmittelbar aus § 280 Abs 1 BGB nach dort geregelten Voraussetzungen. In diesem Sinn hat nunmehr auch der **BGH** entschieden (BGH 19. 6. 2009 – V ZR 93/08, NJW 2009, 2674 ff; BGH 14. 4. 2010 – VIII ZR 145/09, NJW 2010, 2426, 2427; s ferner BT-Drucks 14/6040, 225; ebenso BeckOK-BGB/Faust [1. 11. 2018] § 437 Rn 80 f; MünchKomm/Ernst Rn 58 ff; MünchKomm/Busche § 634 Rn 55; Soergel/Benicke/Hellwig Rn 405 ff; Döll/Rybak Jura 2005, 582, 586; Kaiser, in: FS Westermann [2008] 351, 361 ff; Canaris, in: Karlsruher Forum 2002 [2003] 5, 38 ff; Lorenz/Riehm, Schuldrecht [2002] Rn 546 f; Münch Jura 2002, 361, 368). Die **Pflichtverletzung** besteht darin, dass die Leistung bei Fälligkeit nicht wie geschuldet erbracht wird; für den Zeitraum vor dem Fälligkeitstermin haftet der Schuldner nicht. Das Vorübergehende der Störung erhält wie beim Verzug (Rn C 24) erst beim Schaden tatbestandliche Bedeutung: Ersatzfähig ist nur der **C 31**

Schaden, der infolge der Schlechtleistung ab Fälligkeit entsteht und verbleibt, auch wenn die Leistung doch noch ordnungsgemäß erbracht wird/worden wäre (Rn E 14). Fordert der Gläubiger am Ende doch Schadensersatz statt der Leistung, kann dieser Schaden zusätzlich – neben § 280 Abs 1 BGB – als Schadensersatz statt der Leistung verlangt werden.

C 32 Die vorstehenden Erwägungen gelten entsprechend für die **Manko- und Aliudleistung**, dh der vom Gläubiger nicht erkannten bzw nicht offenkundigen (vgl § 442 Abs 1 BGB) Abweichung der Leistung von der Schuld. Sie gleichen der Schlechtleistung darin, dass der Gläubiger die abweichende Leistung bei Entgegennahme nicht erkannt hat bzw dies nicht offenkundig war und der Gläubiger deshalb, anders als bei der erkannten/offenkundigen (Teil-)Nichtleistung, keine Veranlassung zu einer Mahnung hat. Entstehen infolge eines solchen Leistungsdefizits Schäden, die auch durch die nachträglich ordnungsgemäße Erbringung der Leistung nicht behoben werden, muss der Gläubiger sie gem § 280 Abs 1 BGB ersetzt erhalten, ohne zuvor eine Mahnung ausgesprochen zu haben. Der Tatbestand der §§ 280 Abs 1, Abs 2, 286 BGB ist entsprechend zu interpretieren: „Nichtleistung" meint die vom Gläubiger erkannte bzw für ihn offenkundige (Teil-)Nichtleistung (MünchKomm/Ernst § 286 Rn 6; Soergel/Benicke/Nalbantis § 286 Rn 11 f). Zu Umfang und Begrenzung des Schadensersatzes s Rn E 14.

ccc) Vorübergehende Verletzung von Nebenleistungspflichten

C 33 Ist die Nebenpflicht selbstständig **einklagbar** (der Kfz-Verkäufer hat sich verpflichtet, den Käufer in die Nutzung des Fahrzeugs einzuweisen), sind die §§ 280 ff BGB auf diese Nebenleistungspflicht selbstständig anzuwenden. Kann die Hauptleistung infolge vorübergehender Nichterfüllung der Nebenleistungspflicht nicht genutzt werden (der Verkäufer nimmt die Einweisung zur vorgesehenen Zeit nicht vor, der Käufer muss deshalb einen ihm vertrauten Ersatzwagen anmieten), ist der Schaden nach §§ 280 Abs 1, Abs 2, 286 BGB wegen Verzuges bezüglich Erfüllung der Nebenleistungspflicht zu ersetzen. Für die vorübergehende Schlechterfüllung der Nebenleistungspflicht (fehlerhafte erste Einweisung, der Käufer muss ihm vertrauten Ersatzwagen anmieten) wird gem § 280 Abs 1 BGB gehaftet nach Maßgabe des zu Rn C 27 ff Gesagten. Ist die Nebenpflicht *nicht selbstständig einklagbar*, wird ihre vorübergehende Nichtbeachtung zu einer vorübergehenden Störung der eigentlichen Leistungspflicht führen, dementsprechend als Schuldnerverzug bzw vorübergehende Schlechtleistung erfasst und nach §§ 280 Abs 1, Abs 2, 286 BGB bzw nach § 280 Abs 1 BGB ersatzfähig sein.

ddd) Vorübergehende Leistungsgefährdung

C 34 Begrifflich möglich ist auch eine vorübergehende Unzumutbarkeit der Bindung an das Schuldverhältnis infolge Leistungsgefährdung. Die Unzumutbarkeit ist zwar ein auf die Endgültigkeit der Nichtdurchführung zielender Tatbestand und hierdurch bestimmt. Hält der Gläubiger aber trotz der unzumutbaren Gefährdung am Schuldverhältnis fest und wird die Leistung schließlich erbracht, stellt sich die unzumutbare Gefährdung als vorübergehend dar. Schäden, die der vorübergehenden Gefährdung zurechenbar sind, die also trotz Erbringung der Leistung verbleiben, sind dann nach § 280 Abs 1 BGB erstattungsfähig. Dabei ist zu beachten, dass die Unzumutbarkeit uU eine auf Beseitigung der Gefährdung zielende **Fristsetzung** voraussetzt (§ 281 Rn B 193), sodass erst die Nichtbeseitigung der Gefährdung nach Abmahnung idR eine Haftung nach § 280 Abs 1 BGB begründet. Die Fallgestaltung wird keine erhebliche praktische Bedeutung haben. Einschlägige Schadenskonstellationen sind aber nicht undenkbar, zB die Kosten, die der Gläubiger während der Zeit bis zur Erbringung der Leistung zur Absicherung der Leistung gegen die unzumutbare Gefährdung (zB durch Versicherung) aufwendet.

Die vorstehenden Ausführungen gelten entsprechend, wenn die Unzumutbarkeit der weiteren Bindung an das Schuldverhältnis sich aus der **Verletzung von Rücksichtnahmepflichten** ergibt, der Gläubiger aber von seiner Schadensersatzbefugnis gem §§ 280 Abs 1, Abs 3, 282 BGB keinen Gebrauch macht und die Leistung am Ende erbracht wird. Auch hier wären Kosten für die Absicherung des Leistungsinteresses (zB Versicherung des Leistungsinteresses) gem § 280 Abs 1 BGB (idR nach vergeblicher Abmahnung) als Schaden zu ersetzen. C 35

b) Verletzung leistungsbezogener Nebenpflichten

§ 280 Abs 1 BGB kann ferner Anspruchsgrundlage sein für Schäden, die aus der Verletzung leistungsbezogener Nebenpflichten entstehen. Insoweit ist aber die subsidiäre Funktion des § 280 Abs 1 BGB zu beachten: Handelt es sich um eine selbstständig **einklagbare** Nebenleistungspflicht (zB Anspruch auf Einbau eines Zubehörs als Nebenleistungspflicht im Rahmen eines Kaufvertrages über Pkw), richtet sich die Störung dieser Pflicht haftungsrechtlich nach §§ 280 Abs 1, Abs 3, 281–283 BGB (im Beispiel: Schadensersatz gem §§ 280 Abs 1, Abs 3, 281 Abs 1 S 1, 1. Alt BGB bzw §§ 280 Abs 1, Abs 3, 283 BGB, wenn Käufer den Einbau nach vergeblicher Fristsetzung durch einen anderen vornehmen lasst; zur vorübergehenden Störung Rn C 33; zur Bedeutung der Pflichtverletzung für Schuldverhältnis iwS § 281 Rn D 19 ff). § 280 Abs 1 BGB kommt daher nur bei leistungsbezogenen Pflichten in Frage, die kein eigenes, einklagbares Leistungsinteresse definieren und in diesem Sinne unselbstständig sind, namentlich **nicht einklagbare** „Leistungstreuepflichten". IdR wird die Verletzung solcher Pflichten allerdings in der Störung der Hauptleistungspflicht aufgehen, dh zu einer Schlechtleistung oder einer unzumutbaren Gefährdung der Hauptleistung führen (Rn C 18). Nur wenn dies nicht der Fall ist, kommt eine Haftung nach § 280 Abs 1 BGB in Betracht. Das gilt insbes für die Verletzung von Leistungstreuepflichten nach ordnungsgemäßer Erbringung der Leistung, die wegen Erlöschens des Leistungsanspruchs nicht mehr als Verletzung der Leistungspflicht erfasst werden können (näher Rn C 19). Begehrt der Gläubiger hier Schadensersatz neben der Leistung, ist § 280 Abs 1 BGB die richtige Anspruchsgrundlage. C 36

2. Verletzung des Integritätsinteresses

§ 280 Abs 1 BGB fällt als eigenständige Anspruchsgrundlage für den haftungsrechtlichen Schutz des Leistungsinteresses eine rechtlich und praktisch nachgeordnete Rolle zu. Die wesentliche Bedeutung der Vorschrift liegt im Schutz des Integritätsinteresses. Dieses kann verletzt werden durch die Leistung bzw das Leistungsverhalten des Schuldners und durch das sonstige Verhalten des Schuldners. C 37

a) Integritätsinteresse

Mit dem Integritätsinteresse ist die *nicht durch die Leistungspflicht erfasste Interessensphäre* des Gläubigers umschrieben. Sie besteht aus Rechten, Rechtsgütern und sonstigen, (noch) nicht zur subjektiven Rechtsposition verfestigten „Interessen". Die C 38

Beschreibung als **„das schon Vorhandene"** im Gegensatz zum durch die Leistungspflicht noch zu Erwerbenden (Grigoleit/Riehm AcP 203 [2003] 727, 752 f) erfasst die typische Situation, kann aber nicht als Abgrenzungskriterium im strengen Sinne genommen werden. Denn auch nach Begründung der Leistungspflicht erworbene Rechtsgüter oder Rechte, die mit der Leistungspflicht nicht zusammenhängen, gehören zum geschützten Integritätsinteresse. Die Grenze des „vorhandenen" Vermögens verschwimmt zudem bei Rechten, die auf späteren Erwerb angelegt sind (zB Vorkaufsrecht, vgl BGH 21. 1. 2015 – VIII ZR 51/14 Rn 29, NJW 2015, 1516) und kann zu einem doppelten Schutz führen. Das Interesse (zB am Erwerb der Vorkaufssache zu Preis unter Marktwert) lässt sich einerseits als schon vorhandenes Vermögen (= Wert des Vorkaufsrechts) einordnen und einer entsprechenden Schutzpflicht unterstellen (Pflicht zur Aufklärung über Verkauf um Entwertung des Vorkaufsrechts durch Übereignung an Erstkäufer zu vermeiden, Haftung gem § 280 Abs 1 BGB, BGH 21. 1. 2015 – VIII ZR 51/14 Rn 29, NJW 2015, 1516; ähnlich BGH 24. 1. 2019 – I ZR 160/17 Rn 80 ff, NJW 2019, 1596). Andererseits lässt es sich als von der Leistungspflicht erfasst und geschützt denken, die aus dem durch Ausübung des Vorkaufsrechts entstehenden Kaufvertrag auf Übereignung der Wohnung gerichtet ist (Haftung gem §§ 280 Abs 1, Abs 3, 281 bzw 283 BGB, BGH 21. 1. 2015 – VIII ZR 51/14 Rn 27 f, NJW 2015, 1516). Anders als bei der deliktsrechtlichen Haftung ergibt sich aus § 280 Abs 1 BGB für die Haftung aus dem Schuldverhältnis ein umfassender Schutz des Vermögens (vgl BT-Drucks 14/6040, 126; der Hinweis auf die „Rechtsgüter" auf S 125 ist ein Redaktionsfehler; dazu Staudinger/Olzen [2019] § 241 Rn 423 u Erl zu § 282). Das Integritätsinteresse wird zum Gegenstand des Schuldverhältnisses aufgrund einer im Vergleich zum Zufallskontakt (§§ 823 ff BGB) **erhöhten Einwirkungsmöglichkeit** auf die Interessensphäre des anderen (vgl § 311 Abs 2 BGB; Frotz, in: GS Gschnitzer [1969] 163 ff). Diese Einwirkungsmöglichkeit ergibt sich einmal aus der Leistungsbeziehung, insbes Erbringung der Leistung, aber auch ohne Leistungspflicht aus der faktischen Nähe/Öffnung der Rechtssphären (§ 311 Abs 2 Nr 1–3 BGB). Der Leistungsgegenstand gehört nach Übergang in die Vermögenssphäre des Gläubigers zu dessen Integritätsinteresse. Beschädigungen des Leistungsgegenstandes durch den Schuldner können von diesem Zeitpunkt an nicht mehr zum Schadensersatz statt der Leistung gem §§ 280 Abs 1, Abs 3, 281, 283 BGB führen, sondern nur Schadensersatzansprüche gem § 280 Abs 1 BGB auslösen, vorausgesetzt sie beruhen auf Verletzung einer Pflicht aus dem Schuldverhältnis. Dies gilt auch dann, wenn die Beschädigung des Leistungsgegenstandes *im Zusammenhang mit der Leistungspflicht* steht: Wenn der Schuldner bei der Nacherfüllung der Leistungspflicht (insbes der Mangelbeseitigung) den in die Vermögenssphäre des Gläubigers übergegangenen Leistungsgegenstand beschädigt, haftet er nach Maßgabe des § 280 Abs 1 BGB (zum Kaufvertrag Stodolkowitz ZGS 2010, 448, 450). Das gilt auch, wenn die Pflichtverletzung in einem Mangel am Leistungsgegenstand selbst besteht und hieraus weitere Schäden am Leistungsgegenstand erwachsen, die mit dem Mangel nicht stoffgleich sind (**Weiterfresserschaden**, näher § 281 Rn C 10).

b) Verletzung durch Störungen der Leistung/leistungsbezogenes Verhalten

C 39 Das Integritätsinteresse kann durch Störungen im Bereich der Leistung bzw des Leistungsverhaltens des Schuldners verletzt werden, insbes durch **Schlechtleistung** (zB Lieferung verdorbenen Pferdefutters, an dessen Verzehr die Pferde des Käufers verenden, Speise im Restaurant versehen mit hartem Gegenstand, an dem sich der Gast verletzt, BGH 5. 4. 2006 – VIII ZR 283/05, NJW 2006, 2262, 2263; fehlerhafter Anschluss einer Leitung, der Wasserschäden im Haus verursacht, BGH 30. 6. 2011 – VII ZR 109/10,

NJW 2011, 2644, 2645; fehlerhafte Rechtsberatung führt zur Prozessniederlage, BGH 10. 3. 2011 – IX ZR 82/10, NJW 2011, 2649), aber auch durch **Nichtleistung**, wenn der Zweck der Leistung im Schutz des Integritätsinteresses liegt (zB geschuldete Bewachung wird unterlassen, infolgedessen Einbruch). Diese Schäden sind nicht dem Schadensersatz statt der Leistung zuzurechnen (so aber Recker NJW 2002, 1247, 1247 f), sondern nach § 280 Abs 1 BGB zu ersetzen (BGH 30. 6. 2011 – VII ZR 109/10, NJW 2011, 2644, 2645; s ferner BT-Drucks 14/6040, 225). Sie wären zwar von der für den Schadensersatz statt der Leistung maßgeblichen Differenzbetrachtung gedeckt (bei ordnungsgemäßer Erbringung der Leistung wäre der Integritätsschaden nicht eingetreten). Doch kann der Ersatz des Integritätsschadens nicht generell von einer vorherigen Fristsetzung abhängen. Der Rückgriff auf § 281 Abs 2, 2. Alt BGB (dafür Recker NJW 2002, 1247, 1247 f) wäre nur ein Behelf, denn § 281 Abs 2 BGB setzt als Ausnahmeregel voraus, dass die Fristsetzung generell auf die betr Konstellation anzuwenden ist. Überdies fördert es die Anwendungssicherheit, die an Schadensarten orientierte Systematik des § 280 Abs 2 und Abs 3 BGB (Vorbem A 10 zu §§ 280–285) auch für Abs 1 maßgeblich sein zu lassen und den **Integritätsschaden stets § 280 Abs 1 BGB zuzuordnen** (BGH 16. 2. 2017 – VII ZR 242/13 Rn 23, NJW 2017, 555; abw Faust, der nicht die Art des Schadens, sondern allein den Zeitpunkt seines Entstehens entscheiden lässt, in: BeckOK-BGB [1. 11. 2018] § 437 Rn 60 f: Danach soll der „einfache Schadensersatz" [s noch Rn E 23] nach § 280 Abs 1 für alle Schäden in Betracht kommen, die bis zum Wegfall der Nacherfüllungspflicht entstehen, während § 281 nach diesem Zeitpunkt auch Mangelfolgeschäden erfassen soll).

Die Pflichtverletzung iSv § 280 Abs 1 BGB besteht bei der Verletzung des Integritätsinteresses durch Störungen der Leistung *zum einen* in der Verletzung der **Leistungspflicht** (insbes Schlechtleistung u Nichtleistung). Die Verletzung der Leistungspflicht führt also nicht nur zum Schadensersatz statt der Leistung, sondern kann auch eine Haftung nach § 280 Abs 1 BGB auslösen (vgl BGH 12. 12. 2001 – X ZR 39/00, NJW 2002, 816 f). Fristsetzung bzw Abmahnung sind nicht Voraussetzung des Ersatzes des Integritätsschadens gem § 280 Abs 1 BGB, und zwar auch dann nicht, wenn der Schutz des Integritätsinteresses Gegenstand einer Leistungspflicht ist (Bewachungsvertrag); denn das bereits vorhandene Vermögen wird hier nicht zum Leistungsinteresse, sondern ist nur Bezugspunkt der Leistungserbringung. Ein Konflikt mit dem Nachleistungsrecht des Schuldners entsteht daraus nicht: Hätten Fristsetzung oder Abmahnung zu einer Behebung der Leistungsstörung geführt und wäre hierdurch der Eintritt des Integritätsschadens verhindert worden, ist der Integritätsschaden der Verletzung der Leistungspflicht nicht zuzurechnen und der Schuldner daher nicht gem § 280 Abs 1 BGB ersatzpflichtig. Eine an die Nichtleistung trotz Fälligkeit anknüpfende Haftung gem § 280 Abs 1 BGB für den Integritätsschaden muss mit der **Wertung des § 286 BGB** in Einklang gebracht werden, der eine Mahnung als Haftungsvoraussetzung fordert, wenn die Leistungszeit nicht kalendermäßig bestimmt ist. Die Haftung gem § 280 Abs 1 BGB setzt daher erst nach der Mahnung ein. Die Mahnung ist nicht erforderlich, wenn die Voraussetzungen des § 286 Abs 2 BGB vorliegen, also insbes bei exakt bestimmter Leistungszeit (§ 286 Abs 2 Nr 1 BGB), ferner, wenn bei Vertragsschluss für den Schuldner erkennbar war, dass Unpünktlichkeit einen Integritätsschaden nach sich ziehen würde (§ 286 Abs 2 Nr 4 BGB, s noch Rn E 13). **C 40**

Die Pflichtverletzung iSv § 280 Abs 1 BGB besteht *zum anderen* (idR nur im Falle der Schlechtleistung) in der Verletzung einer **Rücksichtnahmepflicht**, die parallel zur **C 41**

Leistungspflicht besteht (Canaris, in: Karlsruher Forum 2002 [2003] 5, 94 f; Münch Jura 2002, 361, 364 f; Reichenbach Jura 2003, 512, 518; Staudinger/Peters/Jacoby [2013] § 634 Rn 139, 160). Sie verpflichtet nicht – wie die Leistungspflicht – zu einer ordnungsgemäßen Leistung, sondern zum Unterlassen eines integritätsverletzenden Leistungsverhaltens. Ihr ist also schon mit dem Unterlassen der „gefährlichen Leistung" genügt. Die allgemeine Aufklärung des Gläubigers über die Gefährlichkeit der Leistung genügt allerdings nicht, da und soweit der Gläubiger durch sein Leistungsversprechen eine gegenläufige und konkrete Leistungserwartung geweckt hat. Allenfalls eine die Erwartung des Gläubigers an die Ungefährlichkeit der Leistung beseitigende Aufklärung kann genügen, vorausgesetzt, der Gläubiger kann die Information so umsetzen, dass er die von der Leistung ausgehende Gefahr beherrscht (auf Information des Gläubigers als Pflichtinhalt abhebend BeckOK-BGB/Faust [1. 11. 2018] § 437 Rn 62; Sutschet, Garantiehaftung und Verschuldenshaftung im gegenseitigen Vertrag [2006] 290 ff).

C 42 Sind beide Pflichten verletzt, führt dies mit Blick auf den eigenen Gehalt der Pflichten zu **zwei Ansprüchen** des Gläubigers aus § 280 Abs 1 BGB, die in Anspruchskonkurrenz stehen; Schadensersatz kann nur einmal begehrt werden. Abzulehnen ist die Auffassung, die Rücksichtnahmepflichtverletzung trete hinter die Verletzung der Leistungspflicht zurück (so MünchKomm/Ernst Rn 56 f; Gsell JZ 2002, 1089, 1091 f; Grigoleit, in: FS Canaris [2007] I 275, 296; St Lorenz NJW 2002, 2497, 2500; Schulze/Ebers JuS 2004, 462, 464). Ob die Verletzung der Rücksichtnahmepflicht den kurzen Verjährungsfristen der §§ 438, 634a BGB unterliegt, ist eine Frage der Auslegung dieser Vorschriften. Zielt der Wille des Gesetzgebers darauf, mängelbedingte Integritätsschäden („Mangelfolgeschäden") der kurzen Verjährung zu unterwerfen, spricht dies für eine analoge Anwendung der Normen über die kurze Verjährung (BT-Drucks 14/6040, 228 f; s auch Staudinger/Matusche-Beckmann [2014] § 438 Rn 30 f; BeckOK-BGB/Faust [1. 11. 2018] § 438 Rn 9; Staudinger/Peters/Jacoby [2013] § 634a Rn 8; krit und mit Überlegungen zu einer korrigierenden Gesetzesanwendung Canaris, in: Karlsruher Forum 2002 [2003] 5, 95, 98 ff, sowie G Wagner JZ 2002, 475, 479; BeckOGK-BGB/Arnold [1. 2. 2019] § 438 Rn 20; dazu Rn G 13 f). Zum Vertretenmüssen und zur Verteilung der Beweislast hinsichtlich beider Pflichtverletzungen s unten Rn F 15. Der Schadensersatz statt der Leistung richtet sich in Fällen, in denen die Verletzung der Leistungspflicht zugleich Verletzung einer Rücksichtnahmepflicht ist, nach §§ 281, 283 BGB, die § 282 BGB vorgehen (§ 282 Rn 28).

c) Verletzung durch sonstiges Verhalten

aa) Grund und Rechtfertigung von Rücksichtnahmepflichten (§ 241 Abs 2)

C 43 Das Integritätsinteresse kann neben dem leistungsbezogenen Verhalten durch jedes sonstige Verhalten des Schuldners verletzt werden (s BGH 28. 11. 2013 – I ZR 144/12, NJW 2014, 997). Der Schuldner hat insoweit Rücksicht auf die Rechte, Rechtsgüter und sonstigen (Integritäts-)Interessen des Gläubigers zu nehmen (§ 241 Abs 2 BGB). Es ist dies wohl der praktisch wichtigste Anwendungsfall des § 280 Abs 1 BGB. Die Pflicht zur Rücksichtnahme entsteht (ohne ausdrückliche Regelung) aufgrund der **erhöhten Einwirkung** (vgl § 311 Abs 2 BGB; Frotz, in: GS Gschnitzer [1969] 163 ff) auf das Integritätsinteresse, die die schuldrechtliche Verbindung dadurch entstehen lässt, dass der Gläubiger dem Schuldner seine Sphäre zugänglich macht, wenn zB der Schuldner zur Anlieferung des Möbels in das Haus des Gläubigers eintritt oder wenn der Gläubiger dem Schuldner zum Zwecke der steuerrechtlichen Beratung Informationen über seine Vermögenssituation überlässt. Diese Einwirkungsmöglichkeit wird durch eine – im Vergleich zur allgemeinen deliktsrechtlichen Verkehrspflicht (§§ 823 ff BGB) – erhöhten Pflicht zur Rücksichtnahme auf den anderen ausbalanciert. Fundamental für die praktische Bedeutung der Rücksichtnahmepflicht ist, dass sie eine (vertragliche/gesetzliche) Leistungsbeziehung nicht voraussetzt: Schon die faktische **Annäherung der Parteisphären** in geschäftlicher Absicht können diese besonderen Pflichten entstehen lassen (§ 311 Abs 2 Nr 1–3 BGB). Damit ist der Haftung aus § 280 Abs 1 BGB ein breiter, über den Vertrag weit hinausgehender Anwendungsbereich eröffnet (zur Bedeutung der Rücksichtnahmepflichtverletzung für die Leistungsbeziehung Rn C 15).

Das Schuldverhältnis bestimmt die Beziehungen der Parteien nicht total. Nicht jedes Verhalten der Parteien zueinander wird daher von Rücksichtnahmepflichten des Schuldverhältnisses bestimmt und nicht jeder Schaden, den die Parteien eines Schuldverhältnisses sich zufügen, führt zu einem Schadensersatzanspruch gem § 280 Abs 1 BGB. Vielmehr muss das Verhalten seinem Sinn nach einen (inhaltlichen, räumlich-zeitlichen) **Bezug zum Schuldverhältnis** haben, um es als von Rücksichtnahmepflichten aus dem Schuldverhältnis erfasst zu sehen. Fährt zB der Wohnungsmieter seinen Vermieter außerhalb des Mietgrundstücks im allgemeinen Straßenverkehr an, ist er allein aus Gesetz bzw Delikt zum Schadensersatz verpflichtet; eine mietvertragliche Rücksichtnahmepflicht ist nicht verletzt. Welches Verhalten der Parteien von den Rücksichtnahmepflichten erfasst und geregelt wird, ist eine Frage des Schutzbereiches des Schuldverhältnisses und der ihm entspringenden Rücksichtnahmepflichten. In **terminologischer** Hinsicht ist der Begriff der Rücksichtnahmepflicht als Rahmenbegriff für alle Pflichten dieser Art vorgesehen. Er drückt das Allgemeine der hier in Frage kommenden Pflichteninhalte wohl zutreffend aus. Andere Bezeichnungen als Allgemeinbegriff für die neben der Leistungspflicht existierenden Pflichten (nach wie vor verbreitet: „Sorgfaltspflichten", „Schutzpflichten") sind angesichts der gesetzlichen Terminologie unangebracht. Zweckmäßig dagegen ist die besondere Kennzeichnung typischer Konkretisierungen der Rücksichtnahmepflichten (folgende Rn), soweit sie aussagekräftig sind. Der Begriff **Nebenpflicht** bezeichnet nicht den Inhalt einer Pflicht (Rücksichtnahme- oder Leistungspflicht), sondern ihr Gewicht im Gefüge des Schuldverhältnisses im weiteren Sinne, insbes des Vertrages. Rücksichtnahmepflichten sind typischerweise Nebenpflichten: Sie stehen typischerweise nicht im Synallagma (zur Denkbarkeit solcher Verknüpfung s Staudinger/Schwarze [2015] Vorbem 10 zu §§ 320 ff) und bilden auch sonst nicht das Zentrum eines Vertrages. Bei einem Schuldverhältnis wiederum, dessen Inhalt sich in Rücksichtnahmepflichten erschöpft (§ 311 Abs 2 BGB; vgl BGH 20. 10. 2011 – III ZR 251/10, NJW 2012, 48 ff: Spielsperrvertrag), wäre die Aussage über deren „Hauptcharakter" ohne rechten Sinn, weil ohne Bedeutung für die Zuordnung von Rechtsfolgen. C 44

bb) Maßstab für Konkretisierung

Rücksichtnahmepflichten sind typischerweise in geringerem Maße durch Rechtsgeschäft und/oder Gesetz ausdrücklich und konkret geregelt (Rn C 64) als die Leistungsbeziehung. Die allgemeinen gesetzlichen Regelungen tragen ebenfalls wenig zur Konkretisierung bei. Die Generalklausel des § 241 Abs 2 BGB gibt nicht mehr als die allgemeine Richtung an („Rücksicht"). § 280 Abs 1 BGB verhält sich als Haftungsnorm akzessorisch zum Schuldinhalt und trägt daher nichts zur Bestimmung der Pflichten bei oder allenfalls mittelbar, indem die massive Rechtsfolge des § 280 Abs 1 BGB die Entscheidung darüber, ob ein Verhalten als haftungsbegründend zu C 45 betrachten ist, beeinflussen wird. So sind die Pflichteninhalte durch Auslegung gem §§ 133, 157 BGB (bei rechtsgeschäftlichen Schuldverhältnissen) und im Wege einer Konkretisierung des Grundgedankens der Rücksichtnahme unter Beachtung von **Treu und Glauben** (§ 242 BGB) zu bestimmen (vgl Grigoleit, in: FS Canaris [2007] I 275, 281 ff; Heinrichs, in: FS Canaris I 421, 428; Medicus, in: FS Canaris I 835, 838 f). Im Übrigen ist der Maßstab der im Verkehr **erforderlichen Sorgfalt** (§ 276 Abs 2 BGB) für die Konkretisierung der Verhaltensanforderungen heranzuziehen. Dabei spielt die konkrete Situation (BT-Drucks 14/6040, 126) eine entscheidende Rolle. Die Rücksichtnahmepflichten zielen überwiegend auf das äußere (wahrnehmbare) Sorgfaltsverhalten des Schuldners und sind insoweit praktisch identisch mit den Anforderungen der äußeren Sorgfalt in § 276 BGB (s aber noch Rn F 32 ff). Der Schuldner hat das Verhalten an den Tag zu legen, das nach den jeweiligen Umständen ein ordentlicher Schuldner beobachten würde, um das betreffende Integritätsinteresse des Gläubigers zu schützen. Faktoren der Pflichtenkonkretisierung sind unter Beobachtung der konkreten Situation insbesondere: Art und Dringlichkeit der Gefahr, Gefahrbeherrschung durch den Schuldner, Möglichkeiten des Gläubigers zur Gefahrvorsorge, Kenntnisstand bzw Sachkompetenz des Schuldners und Gläubigers, organisatorische und finanzielle Zumutbarkeit der Vorkehrungen für den Schuldner (Staudinger/Olzen [2019] § 241 Rn 172; BeckOK-BGB/Sutschet [1. 2. 2019] § 241 Rn 44). Das entspricht durchaus den Maßstäben, die für die deliktsrechtlichen Verkehrspflichten gelten. Gleichwohl ist zwischen beiden scharf zu trennen. Im Falle eines **Unterlassens** ist nach den erwähnten Kriterien das Bestehen einer Handlungspflicht zu begründen.

cc) Typische Inhalte in Schuldverhältnissen mit Leistungspflicht

C 46 So vielfältig wie die Integritätsinteressen des Gläubigers und die Art der Gefährdungen sind, so vielfältig ist der Inhalt von Rücksichtnahmepflichten, die dem Schutz des Integritätsinteresses dienen. Dem entspricht eine begriffliche Vielfalt zur Kennzeichnung solcher Pflichten. Der Inhalt von Rücksichtnahmepflichten wird davon beeinflusst, ob zwischen den Parteien bereits eine Leistungsbeziehung besteht (Rn C 48 ff), ob diese Leistungsbeziehung noch im Werden (Rn C 54 ff) oder bereits abgewickelt ist (Rn C 63).

C 47 Danach gliedert sich die folgende Übersicht (eingehende Darstellung der möglichen Pflichteninhalte bei Staudinger/Olzen [2019] § 241 Rn 434 ff; Staudinger/Feldmann [2018] § 311 Rn 121 ff; zum Kaufvertrag insbes Staudinger/Beckmann [2014] § 433 Rn 133 ff, 232 ff u Staudinger/Matusche-Beckmann [2014] § 437 Rn 53 ff; zum Werkvertrag Staudinger/Peters [2019] § 634 Rn 159 ff). Folgende typische Pflichteninhalte sind zu nennen:

C 48 **Schutzpflichten** verpflichten den Schuldner dazu, Rechtsgüter des Gläubigers oder dessen Vermögen vor Schädigung zu bewahren (MünchKomm/Ernst Rn 107 ff, 102 ff; Palandt/Grüneberg § 242 Rn 35; BGH 4. 7. 1983 – II ZR 235/82, NJW 1983, 2813, 2814): der mit Ausbesserungsarbeiten beauftragte Werkunternehmer muss Brandrisiken vermeiden (BGH 1. 10. 2013 – VI ZR 409/12, NJW-RR 2014, 270), der Betreiber einer Waschanlage darf das Kfz des Kunden nicht beschädigen (BGH 30. 11. 2004 – X ZR 133/03 Rn 15, NJW 2005, 422); der Zuschauer eines Fußballspiels darf nicht die Veranstaltung stören und dadurch Verbandsstrafen gegen den veranstaltenden Verein verursachen (BGH 22. 9. 2016 – VII ZR 14/16 Rn 17 f, BGHZ 211, 375). Deliktsrechtliche **Verkehrssicherungspflichten** werden innerhalb eines Vertragsverhältnisses zugleich zu vertraglichen Schutzpflichten (BGH 14. 3. 2013 – III ZR 296/11 Rn 16 ff, 25, BGHZ 196, 340). Pflichten, die die personale Beziehung zwischen den Parteien betreffen (Pflicht zur Unterlassung von Beleidigungen, übler Nachrede [RGZ 78, 385; 140, 378, 384 f mwNw], Tätlichkeiten [BGH 30. 6. 1972 – V ZR 118/70, NJW 1972, 1667]), spielen für die Haftung aus § 280 Abs 1 BGB eine geringere Rolle. Sie werfen eher die Frage nach einer Beendigung des Schuldverhältnisses und Schadensersatz statt der Leistung gem § 282 BGB auf. Praktisch kann aber immerhin auch bei § 280 Abs 1 BGB ein Anspruch auf Schmerzensgeld (§ 253 Abs 2 BGB) bestehen (vgl BAG 25. 10. 2007 – 8 AZR 593/06, NZA 2008, 223, 227; BAG 24. 4. 2008 – 8 AZR 347/07, NZA 2009, 38, 40 f [Mobbing]). Die Haftung kann sich auch aus einer Überschreitung vertraglicher Befugnisse ergeben. Sie ist nicht deswegen auf § 823 BGB beschränkt, weil der Schuldner außerhalb seiner Leistungspflicht handelt, wenn er sich im zeitlich-sachlichen Zusammenhang mit der Leistung zu Eigenmächtigkeiten hinreißen lässt (BGH 28. 11. 2013 – I ZR 144/12 Rn 24 ff, NJW 2014, 997).

Obhutspflichten bzw **Fürsorgepflichten** treffen den Schuldner, in dessen Einwirkungsbereich im Zuge der Erfüllung seiner Schuld Rechtsgüter des Gläubigers gelangen (BGH 5. 3. 2014 – VIII ZR 205/12 Rn 10, NJW 2014, 1653; BGH 28. 4. 2005 – III ZR 399/04, NJW 2005, 1937 f; MünchKomm/Ernst Rn 106; NK-BGB/Krebs § 242 Rn 44). Der Arbeitnehmer muss sorgfältig mit dem Werkzeug umgehen, dass ihm der Arbeitgeber überlassen hat, der Arbeitgeber muss sich um ausreichenden Schutz der Gesundheit des Arbeitnehmers sorgen (§ 618 BGB), der Mieter oder Entleiher muss sorgfältig mit dem ihm überlassenen Eigentum umgehen (§§ 536c, 541, 603 BGB; BGH 28. 2. 2018 – VIII ZR 157/17 Rn 23, NJW 2018, 1746; BGH 27. 6. 2018 – XII 79/17 Rn 20, MDR 2018, 922). C 49

Informationspflichten (Anzeige-, Aufklärungs-, Warnpflichten) verpflichten den Schuldner dazu, den Gläubiger auf Gefahren für Leib, Leben und andere Rechtsgüter oder das Vermögen hinzuweisen (BGH 19. 7. 2018 – VII ZR 251/17 Rn 24 f, NJW 2018, 2956; zur Inkorporation einer arbeitsgesetzlichen Informationspflicht BAG 13. 7. 2006 – 8 AZR 382/05, NZA 2006, 1406, 1411; ggf noch weiter gehend die Pflicht, eine Genehmigung einzuholen, BGH 15. 1. 1998 – I ZR 128/95, NJW-RR 1998, 752 f), insbesondere auf solche Gefahren, die aus dem unsachgemäßen Umgang mit der Leistung erwachsen können. Ferner ist der Schuldner verpflichtet, Fragen wahrheitsgemäß zu beantworten (BGHZ 74, 383, 392). Die Informationspflicht kann sich auf ein bevorstehendes (rechtmäßiges) Schuldnerverhalten beziehen (Ankündigungspflicht), um dem Gläubiger schadensvermeidende Maßnahmen zu ermöglichen; zB Ankündigung der rechtmäßigen Einstellung einer Leistung (BAG 14. 12. 2010 – 9 AZR 631/09, NJW 2011, 1469, Widerruf der Bereitstellung eines Firmenwagens). Zur Aufklärung über die **Rechtslage** im Allgemeinen (zB Bestehen von Ausschlussfristen) ist man der anderen Vertragspartei grundsätzlich nicht verpflichtet (BAG 15. 12. 2016 – 6 AZR 578/15 Rn 16, NZA 2017, 528), auf Verlangen erteilte Auskünfte müssen allerdings richtig sein (BAG 15. 12. 2016 – 6 AZR 578/15 Rn 22 f, NZA 2017, 528; BAG 21. 5. 2015 – 6 AZR 349/14 Rn 26, NZA-RR 2015, 588). C 50

Umgekehrt können den Schuldner **Verschwiegenheitspflichten** treffen, zB den Arbeitnehmer, Betriebsgeheimnisse zu wahren, um den Arbeitgeber vor Vermögensverlusten zu bewahren (BAG 16. 3. 1982 – 3 AZR 83/79, NJW 1983, 134 ff) oder die Bank, die finanzielle Situation eines Kunden nicht weiterzugeben (BGHZ 166, 84, 92 ff). C 51

Weitere Pflichten zur **Rücksicht auf die wirtschaftlichen Interessen**: Einhaltung von Wettbewerbsverboten (BAG 28. 10. 2010 – 8 AZR 547/09, NJW-RR 2011, 231) und Schweigepflichten; Unterlassen unlauterer Konkurrenz (RGZ 109, 54); Unterlassung von C 52

Schmiergeldzahlungen an Arbeitnehmer des Vertragsgegners (RGZ 149, 187); Unterlassen vertragswidriger Angaben der Herstellereigenschaft auf Fabrikaten (RGZ 130, 379); Unterlassung nachträglicher Bebauung eines Nachbargrundstücks durch den Verkäufer, wenn dessen Unbebaubarkeit vertraglich vorausgesetzt war (RGZ 161, 330, 337 ff); Unterlassung kreditgefährdender Tatsachenbehauptungen oder Werturteile durch die Bank des Kreditnehmers (BGHZ 166, 84, 92 ff). Der Schuldner kann verpflichtet sein, im Interesse des Gläubigers Rechtsmittel gegen einen (rechtswidrigen) Beitragsbescheid einzulegen, dessen finanzielle Folgen letztlich den Gläubiger treffen (BGH 14. 3. 2012 – VIII ZR 220/11, NJW 2012, 2184). Eine Verletzung der Rücksichtnahme auf die wirtschaftlichen Interessen kann ferner die **Geltendmachung von vermeintlichen Rechten** aus dem Schuldverhältnis sein (näher Rn D 26; für die unberechtigte Kündigung eines Dauerschuldverhältnisses BGH 16. 1. 2009 – V ZR 133/08, VersR 2009, 1378, 1379; BGH 18. 5. 2005 – VIII ZR 368/03, NJW 2005, 2395, 2396: der Auflösungsschaden betrifft allerdings das Leistungsinteresse, daher ist §§ 280 Abs 1, Abs 3, 281 ff BGB einschlägig, Rn E 62 ff). Die *gerichtliche* Geltendmachung von tatsächlich nicht bestehenden Rechten ist aber Pflichtverletzung nur, wenn sie im Wissen um die fehlende Berechtigung (Vorsatz) erfolgt (s Rn D 26). Nicht Pflicht-, sondern nur Obliegenheitsverletzung ist die Unterlassung der **Begründung** der Kündigung gem § 573 BGB (BGH 15. 12. 2010 – VIII ZR 9/10, NJW 2011, 914).

dd) Pflichten mit doppelter Schutzrichtung

C 53 Eine Verhaltenspflicht kann zugleich dem Schutz des Integritätsinteresses als auch dem des Leistungsinteresses dienen, also sowohl Rücksichtnahmepflicht als auch leistungsbezogene Nebenpflicht sein: zB wenn die Pflicht des Arbeitnehmers zur Unterlassung von Wettbewerb sowohl die bestehenden Geschäftsverbindungen des Arbeitgebers schützen soll (Integritätsinteresse, insoweit Rücksichtnahmepflicht) als auch die Nützlichkeit der vom Arbeitnehmer geschuldeten Arbeitsleistung für den Arbeitgeber (Leistungsinteresse, insoweit leistungsbezogene Nebenpflicht). Die Verletzung der Pflicht kann infolgedessen nach beiden Haftungsregimen behandelt werden: Nach § 280 Abs 1 BGB mit Blick auf den Schutz des Integritätsinteresses (so zB BAG 28. 10. 2010 – 8 AZR 547/09, NZA-RR 2011, 231) und nach §§ 280 Abs 1, Abs 3, 281 BGB analog (unzumutbare Leistungsgefährdung, Rn C 18) hinsichtlich des Leistungsinteresses.

ee) Vorvertragliche Rücksichtnahmepflichten (§§ 311 Abs 2, 241 Abs 2)

C 54 Das vorvertragliche Schuldverhältnis (§ 311 Abs 2 Nr 1–3, Abs 3 BGB) dient ausschließlich dem Schutz der Integritätsinteressen und besteht nur aus Rücksichtnahmepflichten. Die vorvertragliche Haftung hat zwei Schutzrichtungen: Ein Teil der vorvertraglichen Rücksichtnahmepflichten betrifft den Schutz der **Rechtsgüter** des Gläubigers (Leib, Leben, Eigentum usw) gegen Fehlverhalten des Schuldners, insbesondere eine unzureichende Verkehrssicherung. Die andere Schutzrichtung des vorvertraglichen Schuldverhältnisses bezieht sich auf die erstrebte vertragliche Leistungsbeziehung und schützt die rechtsgeschäftliche **Entscheidungsfreiheit** gegen Fehldispositionen, die der Gläubiger im Hinblick auf die erstrebte Leistungsbeziehung trifft. Mit diesem Schutz verbunden ist die Einbeziehung einer dritten Schadensart (neben dem Leistungsinteresse und dem Integritätsinteresse ieS) in die Haftung gem § 280 Abs 1 BGB: das **Vertrauensinteresse**. Die folgende Darstellung beschränkt sich auf einen Überblick, der die strukturelle Bedeutung der vorvertraglichen Haftung aufzeigt. Im Übrigen ist auf die Erl zu § 311 zu verweisen.

aaa) Schutz der Rechtsgüter

Der Schutz der Rechtsgüter (Leib, Leben, Eigentum usw) des Kontrahenten vollzieht sich nach denselben Maßstäben wie innerhalb eines Vertrages. Praktisch wird die Haftung zB bei unzureichender Verkehrssicherung in Geschäftsräumen (RGZ 78, 239 [Linoleumrolle]; BGH 26. 9. 1961 – VI ZR 92/61, NJW 1962, 31 [Bananenschale]; BGH 14. 3. 2013 – III ZR 296/11 Rn 25, BGHZ 196, 340). Der Nutzen der Haftung besteht für den Geschützten in der **Besserstellung** gegenüber der deliktsrechtlichen Haftung, die sich vor allem beim Einstehenmüssen des Schuldners für von ihm eingeschaltete Personen in § 278 BGB (gegenüber § 831 BGB; zu § 278 umf Tröger, Arbeitsverteilung und Vertrag [2012]) und in der Beweislast des Schuldners bezüglich des Vertretenmüssens (§ 280 Abs 1 S 2 BGB) zeigt (vgl zu Defiziten des deliktsrechtlichen Schutzes als Motiv vCaemmerer, in: FS zum 100-jährigen Bestehen des DJT II [1960] 49, 56 ff; Stoll, in: FS vCaemmerer [1978] 433, 437). Aufgrund drittschützender Wirkung kann diese Vergünstigung auch Dritten zukommen, an deren Einbeziehung der Gläubiger ein besonderes Interesse hat (Rn B 22 f; BGHZ 66, 51, 56 ff; **aA** Staudinger/Feldmann [2018] § 311 Rn 222 ff). Da auch auf der Seite des Schutzpflichtigen ein Dritter stehen kann (§ 311 Abs 3 BGB, Rn B 25 ff), kann die Haftung gem § 280 Abs 1 BGB folglich zwischen Personen entstehen, die sich aus der Perspektive der intendierten Leistungsbeziehung fern stehen. C 55

bbb) Schutz der rechtsgeschäftlichen Entscheidungsfreiheit

(1) Vertrauen auf Vertragsschluss/Vertragschance/Wirksamkeit des Vertrages („Ob“)

Der Schutz der rechtsgeschäftlichen Entscheidungsfreiheit bzw des Vermögens vor geschäftlichen Fehldispositionen ist die zweite Schutzrichtung. Gegenstand des Schutzes ist das rechtsgeschäftliche Vertrauen einer Partei (in der Terminologie des § 280 Abs 1 BGB des Gläubigers). Dieses Vertrauen (Erwartung) kann sich zum einen auf das „Ob“ eines Vertrages beziehen, dh das Vertrauen, dass ein Vertrag **wirksam zustande kommt** oder zumindest eine bestimmte Chance auf das Zustandekommen besteht. Für dieses Vertrauen ist der Schuldner dem Gläubiger gegenüber verantwortlich, wenn er das berechtigte Vertrauen weckt, es werde mit Sicherheit zum Abschluss des Vertrages kommen, und dann ohne einen triftigen Grund vom Vertragsschluss Abstand nimmt (Staudinger/Feldmann [2018] § 311 Rn 102, 143 ff; BGHZ 120, 281 ff; BGHZ 139, 259 ff; BAG 16. 3. 1989 – 2 AZR 325/88, AP Nr 8 zu § 1 BeschFG 1985; OGH 22. 3. 2005 – 10 Ob 10/05a, JBl 2005, 716). Dem steht gleich, wenn der Schuldner schon ein verbindliches Angebot (§ 145 BGB) erklärt hat, aber vor der Annahme durch den Gläubiger mitteilt, er werde sich daran nicht halten; dem Gläubiger ist die Annahme hier nicht zumutbar (BGH 24. 11. 2005 – VII ZR 87/04, WM 2006, 247). Die Vertrauen hervorrufende Partei muss sich diesem Vertrauen entsprechend verhalten oder rechtzeitig über anderweitige Absichten aufklären (vgl BAG 7. 6. 1963 – 1 AZR 276/62, NJW 1963, 1843; BGHZ 139, 259, 261 f; vgl Schwarze, Leistungsstörungen [2017] § 33 Rn 42). C 56

Ein Fehlverhalten liegt auch schon dann vor, wenn das Vertrauen geweckt wird, es bestehe eine bestimmte *Chance auf den Vertragsschluss* (Werbung des Supermarktes mit „Sonderangeboten“, die es gar nicht gibt; Nichteinhaltung eines Vergabeverfahrens, das einzuhalten der Schuldner verpflichtet ist und das die Chancen des Gläubigers beeinflusst, vgl BGHZ 173, 33; ferner BGHZ 139, 259, 262 ff; BGH 26. 3. 1981 – VII ZR 185/80, NJW 1981, 1673). Es liegt ferner vor, wenn der *Vertragsschluss pflichtwidrig verzögert* wird (zB Verstoß gegen Vorschriften für öffentliche Ausschreibungen, vgl Kau/Hänsel NJW 2011, 1914, 1916 f). Schließlich kann das Vertrauen auf das C 57 wirksame Zustandekommen des Vertrages trotz der vertraglichen Einigung durch Vorliegen eines *Wirksamkeitshindernisses* enttäuscht werden, für das der Schuldner verantwortlich ist, weil es in seiner Person bzw seiner Sphäre besteht oder weil er es kannte bzw kennen musste (BGH 17. 5. 1974 – V ZR 158/72, MDR 1974, 918 u 10. 6. 1999 – IX ZR 409/97, NJW 1999, 3335: Aufsichtsbehörde beim Grundstückskaufvertrag bzw der Bürgschaft einer Gemeinde; BGH 29. 1. 1968 – VII ZR 126/65, WM 1968, 531: Zustimmen zur sonst ausgeschlossenen Forderungsabtretung; BGH 12. 11. 1986 – VIII ZR 280/85, NJW 1987, 639, 640: Herbeiführung eines sittenwidrigen Vertrages).

C 58 Zu ersetzen ist das **Vertrauensinteresse**: Der Gläubiger ist so zu stellen, als hätte er nicht vertraut, dh er erhält Ersatz der Aufwendungen, die er im Vertrauen auf den Vertragsschluss betrieben hat, aber auch Ersatz des Nachteils, der ihm durch Ausschlagung eines Alternativangebots entstanden ist, wobei der Schadensersatz nicht auf das Leistungsinteresse an dem nicht zustande gekommenen Vertrag mit dem Schuldner begrenzt ist (Schwarze, Leistungsstörungen [2017] § 33 Rn 47 ff; anders § 122 I, § 179 II).

(2) Vertrauen auf Vertragsinhalt/Vertragsumfeld („Wie")

C 59 Das Vertrauen kann sich zum anderen auf das „Wie" des Vertrages erstrecken, dh auf den Vertragsinhalt oder das Vertragsumfeld, also darauf, dass der Vertrag mit einem bestimmten Inhalt wirksam zustande kommt (vgl BGH 2. 4. 1998 – IX ZR 79/97, ZIP 1998, 905, 906 – Bedeutung der Bürgschaft auf erstes Anfordern; BGH 11. 11. 1993 – VII ZR 47/93, NJW 1994, 850 f – Leistungsbeschreibung; Unwirksamkeit von AGB, vgl BGH 4. 5. 2011 – VIII ZR 195/10, NJW 2011, 1866; Schwarze, Leistungsstörungen [2017] § 33 Rn 3 ff) oder – praktisch wichtiger – das bestimmte Umstände aus dem Umfeld des Vertrages bzw der Leistung sich auf bestimmte Weise verhalten (BGH 1. 6. 2017 – VII ZR 95/16, BGHZ 215, 306: Erstattungsfähigkeit eines Gutachterhonorars durch Versicherung; BGH 31. 1. 1962 – VIII ZR 120/60, NJW 1962, 1196, 1198 f: Aufstellmöglichkeiten einer Reinigungsanlage; BGH 1. 2. 2013 – V ZR 72/11 Rn 9 f, NJW 2013, 1807 – Mietertrag). Der Gläubiger wird also geschützt vor einem **nicht erwartungsgerechten Vertrag.**

C 60 **Verantwortlich** für die diesbezügliche Erwartung des Gläubigers ist der Schuldner *erstens,* wenn der Vertrag auf unzureichender Kenntnis des Gläubigers beruht und der Schuldner für die unzureichende Kenntnis verantwortlich ist. Dies ist er entweder, wenn er das Vertrauen durch *positive Erklärung* hervorgerufen hat (zB BGH 31. 5. 2010 – II ZR 30/09, NJW 2010, 2506) oder wenn er verpflichtet ist, den Gläubiger über seine fehlerhaften Vorstellungen *aufzuklären,* ohne diese hervorgerufen zu haben. Letzteres ist zu bejahen, (1) wenn der Schuldner es durch entsprechende vertrauensbegründende Erklärung übernommen hat, für einen angemessenen Informationsstand des Gläubigers zu sorgen (zB „Wir beraten Sie"), (2) wenn der Gläubiger allgemein geschäftlich unerfahren ist (iSv § 138 Abs 2 BGB) oder (3) wenn der Schuldner positive Kenntnis von dem Umstand hat („Aufklärung kraft besseren Wissens"; zu den drei Gründen für Aufklärungspflichten näher Schwarze, Vorvertragliche Verständigungspflichten [2001] 208 ff; ders, Leistungsstörungen [2017] § 33 Rn 20 ff). Der unzureichende Kenntnisstand des Gläubigers und dessen Erheblichkeit für den Vertragsentschluss müssen für den Schuldner erkennbar sein (BGH 1. 2. 2013 – V ZR 72/11 Rn 10, NJW 2013, 1807). Dabei muss der Schuldner den Gläubiger nur auf seinen unzureichenden Wissensstand hinweisen, er ist nicht verpflichtet, mit Aufwand beschaffte Informationen kostenfrei zur Verfügung des Gläubigers zu stellen. Der Schuldner trägt die Beweislast dafür, dass die Aufklärung nicht kausal für den Vertragsschluss ist, der Gläubiger also auch bei richtiger Aufklärung den Vertrag abgeschlossen hätte (Rn F 42). Einen Informationsvorsprung gezielt **ausnutzen** darf jede Partei bezüglich der Marktverhältnisse (insbes die Marktgerechtigkeit des Preises; Grenze: § 138 Abs 2 BGB) und bei – grob gesagt – „innovativen Informationen" (zB Verkauf eines alten Kfz-Modells in Kenntnis anstehenden Modellwechsels; vgl Fleischer, Informationssymmetrie im Vertragsrecht [2001] 416 ff; Schwarze, Leistungsstörungen [2017] § 33 Rn 12).

Das zu ersetzende Vertrauensinteresse bedeutet hier: Der Gläubiger ist so zu stellen, wie er bei ordentlichem Verhalten des Schuldners stünde. Das führt idR zu einem Anspruch auf **Aufhebung** des nicht erwartungsgerechten Vertrages (§§ 280 Abs 1, 249 Abs 1 BGB), der nach – unzutr – Ansicht des BGH davon abhängen soll, dass der Vertrag für den Gläubiger einen Vermögensschaden bedeutet (BGH 26. 9. 1997 – V ZR 29/96, NJW 1998, 302, 304 m umf Nachw; 18. 9. 2001 – X ZR 107/00, NJW-RR 2002, 308, 310 [Drohung]; ebenso Emmerich, Leistungsstörungen [6. Aufl 2005] § 7 Rn 22; Lieb, in: FS Medicus [1999] 337 f; **abl** Staudinger/Singer/Finckenstein [2017] § 123 Rn 104; Fleischer 440 ff; Schwarze, Verständigungspflichten 86 f). Ausnahmsweise kann der Gläubiger **Anpassung** des Vertrages an seine Erwartung („nach oben") verlangen, wenn er beweisen kann, dass bei pflichtgemäßem Verhalten des Schuldners, also insbes bei richtiger Aufklärung des Gläubigers, der Vertrag mit diesem Inhalt zustande gekommen wäre (BGHZ 168, 35, 3. Leits mwNw). Die Anwendung der §§ 282, 324 BGB ist dagegen abzulehnen (näher § 282 Rn 10, 32). Ist die Aufhebung oder Anpassung des Vertrages nicht interessengerecht, kann der Schadensersatzanspruch stattdessen auf eine **Geldentschädigung** (§ 251 BGB) in Höhe der vom Gläubiger entrichteten bzw zu hoch entrichteten Gegenleistung bestehen, so zB, wenn die Leistung bereits erbracht, aber infolge der unzureichenden Aufklärung des Gläubigers durch den Schuldner unbrauchbar geworden ist (BGH 1. 10. 2013 – VI ZR 409/12, NJW 2013, 3725, 3726) oder wenn der belastende Vertrag nicht mit dem Schuldner, sondern mit einem Dritten geschlossen wurde und nicht aufgehoben werden kann (vgl BGH 18. 9. 2013 – VIII ZR 281/12, NJW-RR 2014, 622). C 61

Der Gläubiger wird neben dem Schutz vor unzureichender Kenntnis (Rn C 60 f) *zweitens* geschützt vor Beeinträchtigungen der **Willensfreiheit** bei seiner Vertragsentscheidung, insbes gegen *widerrechtliche Drohungen* (Haftung ggf ergänzend zu § 123 BGB, BGH 4. 4. 1968 – II ZR 68/66, WM 1968, 892, 893), ebenso vor einer durch den Schuldner gezielt herbeigeführten *Überrumpelung* (BAG 7. 2. 2019 – 6 AZR 75/18 Rn 30 ff, NJW 2019, 1666; OLG Bamberg 24. 9. 1996 – 5 U 104/95, NJW-RR 1997, 694, 695; Lorenz, Der Schutz vor dem unerwünschten Vertrag 445 ff, 487 ff; Schwarze, Leistungsstörungen [2017] § 33 Rn 34 f). Zum Inhalt des Schadensersatzanspruchs, insbes zum Anspruch auf Aufhebung des Vertrages, gilt das in Rn C 61 Gesagte entsprechend (vgl BGH 18. 9. 2001 – X ZR 107/00, NJW-RR 2002, 308, 310; zur Anwendbarkeit der Frist des § 124 BGH 10. 5. 1979 – V ZR 75/78, NJW 1979, 1983 f; BGH 18. 9. 2001 – X ZR 107/00, NJW-RR 2002, 308, 309 f; Rösler AcP 208 [2008] 564, 604 f einerseits, andererseits Grigoleit NJW 1999, 900, 902 f; Fleischer 448 f u Schwarze, Verständigungspflichten 309 ff; zu weiteren Einzelheiten, insbes zur Haftung bei Geldanlagen und zur Prospekthaftung, s Erl zu § 311). Umstr ist das Verhältnis der Haftung aus §§ 280 Abs 1, 311 Abs 2 BGB zur vertraglichen Haftung aus **besonderen Gewährleistungsregeln** (insbes §§ 434 ff BGB). Der BGH befürwortet eine Verdrängung der vorvertraglichen Haftung durch die Rechte gem §§ 434 ff BGB ab Gefahrübergang; nur im Fall der Arglist soll die vorvertragliche Haftung bestehen bleiben (BGH 27. 3. 2009 – V ZR 30/08, NJW 2009, 2120, 2121; BGH 14. 3. 2019 – V ZR 186/16, Rn 14, juris). C 62

ff) „Nachvertragliche" Rücksichtnahmepflichten

C 63 Pflichten können auch **nach Erbringung der Leistung** („culpa post contractum finitum") bestehen (Rn C 19). Zur Rücksichtnahme bleiben die Parteien auch nach Erfüllung der Leistungspflicht verpflichtet, solange der Grund der besonderen Rücksichtnahme – der geschäftliche Kontakt und die aus ihm resultierende erhöhte Einwirkung auf die Sphäre des anderen (Rn C 38) – bestehen bleiben (zB beim Kauf im Supermarkt die Phase nach Entgegennahme der Waren und Bezahlung bis zum Verlassen des Marktes bzw des Geländes). Sie können sich nunmehr auch auf den Leistungsgegenstand selbst beziehen, der mit der Erfüllung in die Integritätssphäre des Gläubigers eingegliedert ist und den dafür maßgeblichen Haftungsregeln unterliegt (zB Käufer rutscht nach Erwerb einer Flasche Champagner in Geschäftsräumen des Verkäufers auf Bananenschale aus, die Flasche wird zerstört). Die Verletzung „nachvertraglicher" Rücksichtnahmepflichten kann dem Gläubiger das weitere Festhalten an Vertrag und Leistung unzumutbar machen und ihm zum Schadensersatz statt der Leistung gem §§ 280 Abs 1, Abs 3, 282 BGB bzw zum Rücktritt gem § 324 BGB berechtigen (§ 282 Rn 36). Zur Beeinträchtigung des Leistungsinteresses durch Verletzung nachvertraglicher Leistungstreuepflichten s Rn C 19 u C 36.

gg) Ausdrücklich/speziell geregelte Rücksichtnahmepflichten

C 64 Besteht eine ausdrückliche vertragliche oder gesetzliche Regelung von Pflichten zur Rücksichtnahme, ist nicht selten auch eine **besondere Regelung der Rechtsfolgen** vorgesehen, etwa der Verlust von Rechten oder Vorteilen (zB Verlust von Versicherungsschutz; Fortfall der kurzen Verfristung des verbraucherrechtlichen Widerrufsrechts bei Unterlassung gebotener Belehrung des Verbrauchers über das Recht, § 356 Abs 3 S 1 BGB) oder eine besondere Entschädigung (zB § 15 AGG, § 21 Abs 2 AGG; §§ 97, 98 WpHG). Hier ist im Einzelfall – ggf durch Auslegung der betreffenden Regelung – zu ermitteln, ob die Verletzung der besonders geregelten Pflicht überdies eine Haftung gem § 280 Abs 1 BGB auslöst. Damit in Verbindung steht die Frage, ob die besondere Pflicht ein Schuldverhältnis konstituiert oder in ein Schuldverhältnis gem § 311 Abs 2, Abs 3 BGB einzubinden ist. Im BGB oder in Spezialgesetzen ausdrücklich geregelte Pflichten zum Schutz von Integritätsinteressen werden, wenn sie an ein bestehendes Schuldverhältnis anknüpfen, im Zweifel als gesetzliche Konkretisierungen der schuldrechtlichen Rücksichtnahmepflicht iSv § 280 Abs 1 BGB anzusehen sein mit der Folge der Schadensersatzhaftung. Methodisch ist auch dies eine Frage der Auslegung der jeweiligen speziellen Vorschrift (str zB bei § 21 Abs 2 AGG, vgl Staudinger/Rolfs [2018] § 21 AGG Rn 5 mwNw; zu § 81 SGB IX aF BAG 4. 10. 2005 – 9 AZR 632/04, NJW 2006, 1691, 1692 f; zu Unfallverhütungsvorschriften BAG 8. 5. 1996 – 5 AZR 315/95, AP § 618 BGB Nr 23; zur Unterrichtung des Arbeitnehmers über einen Betriebsübergang gem § 613a Abs 5 BGB BAG 20. 3. 2008 – 8 AZR 1022/06, NZA 2008, 1297, 1301; vgl Erl zu § 311). Handelt es sich um (einklagbare) Leistungspflichten, richtet sich die Haftung nach §§ 280 Abs 1, Abs 3, 281–283, § 311a Abs 2 BGB (so zB bei den Pflichten des Arbeitgebers nach §§ 1, 2 NachwG; dazu Schwarze ZfA 1997, 43 ff).

C 65 **Besonderen Schutz** bei der Vernachlässigung von Informationspflichten vor einem Vertragsschluss gewähren schließlich Widerrufs- und Rückgaberechte iS von § 355 BGB, zB für außerhalb von Geschäftsräumen geschlossene Verträge und Fernabsatzverträge die Informationspflichten gem § 312d BGB, die besonderen Pflichten im elektronischen Geschäftsverkehr gem § 312i BGB. Für den Verkauf von Wertpapieren gilt zT § 305 KAGB, für den Abschluss von Versicherungsverträgen vgl

§§ 8 f, 152 VVG. Solche Rechte schließen Ansprüche aus §§ 280 Abs 1, 311 Abs 2 BGB im Zweifel nicht aus (BGH 5. 7. 2016 – XI 254/15 Rn 21, BGHZ 211, 189).

IV. Mehrheit von Pflichtverletzungen

Begeht der Schuldner mehrere Pflichtverletzungen, sei es durch dasselbe Verhalten, sei es durch verschiedene Handlungen, begründet jede Pflichtverletzung die Haftung und führt zu einem Schadensersatzanspruch (Prinzip der Einzelbetrachtung, MünchKomm/Ernst Rn 22 u Vor § 275 Rn 1; vgl BGH 20. 1. 2016 – VIII ZR 77/15, Rn 14, NJW 2016, 2493). Das gilt auch für Pflichtverletzungen, die sich in ein Stufungsverhältnis bringen lassen, wie etwa Leistungsgefährdung und Pflichtverletzung, vorübergehende und endgültige Nichtleistung. Zu beachten ist allerdings, dass besondere Haftungsvoraussetzungen nicht unterlaufen werden. Da der Gläubiger den Schaden nur einmal fordern kann, ist eine Überwirkung des haftungsrechtlichen Schutzes ausgeschlossen. **C 66**

D. Keine Entlastung des Schuldners (§ 280 Abs 1 S 2)

Nach § 280 Abs 1 S 2 BGB ist die Haftung ausgeschlossen, „wenn der Schuldner die Pflichtverletzung **nicht zu vertreten** hat". Die Regelung in § 280 Abs 1 S 2 BGB gilt auch für Ansprüche gem §§ 280 Abs 2, 286 BGB u §§ 280 Abs 3, 281 bis 283 BGB, wie aus § 280 Abs 2 u Abs 3 BGB („zusätzlich") zu schließen ist (zu § 286 Abs 4 Rn D 19 u Staudinger/Feldmann § 286 Rn 139). **D 1**

I. Die Zurechnung der Pflichtverletzung

1. Rechtliche Grundlage und Formen des Vertretenmüssens

Die Haftung aus Schuldverhältnissen setzt somit neben der Pflichtverletzung deren Zurechnung zum Schuldner voraus (Vorbem A 3 zu §§ 280–285), dh die wertende Zuordnung des tatsächlichen Schadensgeschehens zur Person des Schuldners. Dem Rechtsgrund nach beruht die Zurechnung auf rechtsgeschäftlicher oder gesetzlicher Regelung (vgl § 276 Abs 1 S 1 BGB). Sachlich kann die Zurechnung auf einem Fehlverhalten (Verschulden) des Schuldners oder auf der rechtsgeschäftlichen oder gesetzlichen Zuweisung eines Störungsrisikos (insbes wegen dessen Verursachung oder Beherrschung) beruhen (§ 276 Abs 1 S 1 BGB; näher Staudinger/Caspers § 276 Rn 1 ff, 141 ff; ferner Deutsch, Haftungsrecht [2. Aufl 1996] Rn 9, 24; Canaris, Die Vertrauenshaftung im deutschen Privatrecht [1971] 473 ff; Koller, Die Risikozurechnung bei Vertragsstörungen in Austauschverträgen [1979] 99 ff und passim). Die Haftung für einen Rechtsschein ist dagegen typischerweise in besonderen Tatbeständen geregelt (zB §§ 122 Abs 1, 179 BGB), sodass sie für § 280 BGB keine erhebliche Rolle spielt. **D 2**

Eine allgemeine Regelung hat das Gesetz nur über das Einstehenmüssen für Verschulden getroffen (§ 276 Abs 1 S 1 BGB). Für andere Formen der Zurechnung gilt, dass sie rechtsgeschäftlich/vertraglich oder gesetzlich besonders geregelt sein müssen (§ 276 Abs 1 S 1 BGB). Solche Regelungen sind für § 280 BGB nur erheblich, wenn sie sich auf eine Regelung des „Vertretenmüssens" beschränken und im Übrigen an §§ 280 ff BGB anknüpfen (so zB § 287 S 1 BGB). **D 3**

2. Tatbestandliche Ausgestaltung als Haftungsausschlussgrund

D 4 Nach § 280 Abs 1 S 2 BGB haftet der Schuldner auf das Integritäts- oder Leistungsinteresse, wenn er nicht darlegt und beweist, dass er die Pflichtverletzung nicht zu vertreten hat. Diese Regelung deckt sich mit § 282 aF bzw § 325 aF, insoweit sie den Gläubiger vom Beweis des Vertretenmüssens (§ 276 BGB) entlastet. Sie regelt aber, anders als das alte Recht in § 282 aF, nicht lediglich die Verteilung der Beweislast, sondern einen *materiellrechtlichen Haftungsausschlussgrund,* vergleichbar der Regelung in § 831 Abs 1 S 2 BGB, also eine **Einwendung des Schuldners** (wohl auch BGH 21. 5. 2010 – V ZR 244/09, NJW 2010, 2341, 2342; wie hier auch Kohler ZZP 118 [2005] 25, 26; Zieglmeier JuS 2007, 701, 702; BeckOGK-BGB/Riehm [1. 12. 2018] Rn 166; unentschieden Baumgärtel/Repgen [4. Aufl 2019] Rn 49: „lediglich größere begriffliche Präzision"; **aA** – § 280 Abs 1 S 2 BGB als bloße Beweislastregel – die wohl überwiegende Meinung, vgl nur Palandt/Grüneberg Rn 34).

D 5 Dafür spricht die tatbestandliche Fassung des § 280 Abs 1 S 2 BGB und ihre Übereinstimmung mit § 831 Abs 1 S 2 BGB. Dafür spricht ferner der Wortlaut der Ausnahmeregelung in § 619a BGB. Die praktische Bedeutung der Frage ist überschaubar. Selbst die Anforderungen an den **Klägervortrag** unterscheiden sich idR nicht: Nach der hier vertretenen Auffassung ist die Klage schlüssig, wenn der Gläubiger als Kläger die Tatsachen zu Schuldverhältnis, Pflichtverletzung, ggf zusätzliche Voraussetzungen (§ 280 Abs 2, Abs 3 BGB), Schaden und Kausalität vorträgt (zust Kohler ZZP 118 [2005] 25, 28). Zum Vertretenmüssen muss der klagende Gläubiger nicht vortragen (zust Krause Jura 2002, 217, 222). Dies ist aber nach der überwiegenden beweisrechtlichen Theorie wegen der Vermutungswirkung des § 280 Abs 1 S 2 BGB nicht anders (vgl Münch Jura 2002, 361, 367 mwNw).

II. Haftung aufgrund Verschuldens

1. Die Verschuldenshaftung als Regelhaftung

D 6 Da der Schuldner ohne besondere rechtsgeschäftliche oder gesetzliche Regelung nur sein Verschulden zu vertreten hat (§ 276 Abs 1 S 1 BGB), ist in § 280 Abs 1 S 2 BGB iVm § 276 BGB die **Verschuldenshaftung als Regelhaftung** verankert (vgl iE Begr d Rechtsausschusses BT-Drucks 14/7052, 210 sowie die hM: BGHZ 164, 196, 210 f; Faust, in: Huber/Faust, Schuldrechtsmodernisierung Rn 3/16; MünchKomm/Ernst Rn 21; Soergel/Benicke/Hellwig Rn 147; zurückhaltender Canaris, in: Karlsruher Form 2005 [2006] 210 ff; Unberath, Die Vertragsverletzung [2007] 328 ff; diff Ehmann, in: FS Canaris [2007] I 165, 166 ff, 179 f, 199 f, 203 ff; ähnlich Sutschet, Garantiehaftung und Verschuldenshaftung im gegenseitigen Vertrag [2006] 268 ff einerseits, 291 ff andererseits). Den Regelcharakter des Verschuldens als Voraussetzung der Haftung normiert § 276 BGB. Daran ändert die hier vertretene Interpretation des § 280 Abs 1 S 2 BGB als Haftungsausschlussgrund nichts. Die Norm bezieht sich erstens auf das „Vertretenmüssen" insgesamt, nicht nur auf das Verschulden; ihr ist daher keine auf das Verschuldensprinzip beschränkte Aussage zu entnehmen. Zweitens belässt die Einordnung des Vertretenmüssens als Haftungsausschlussgrund dem Vertretenmüssen – und damit dem Verschulden als Regelfall des Vertretenmüssens – eine die Haftung konstituierende Bedeutung, nur dass sie das Vertretenmüssen bzw das **Verschulden vermutet**, wenn die in § 280 Abs 1 S 1 BGB normierten Voraussetzungen vorliegen (parallel zu § 831 Abs 1 S 2 BGB).

Kritik an der Verschuldenshaftung als Regel ist daher nur de lege ferenda möglich (s aber W-Th Schneider, Abkehr vom Verschuldensprinzip? [2007] 479 ff). Sie speist sich aus der Rechtsvergleichung, die insbes in den internationalen bzw einheitsrechtlichen Regelwerken Garantie- und Risikohaftung als Regel aufweist. Indessen werden diese prinzipiellen Unterschiede erheblich abgeschwächt durch Ausnahmen: Das BGB kennt Verschärfungen der Haftung (§ 276 Abs 1 S 1 BGB), an deren vertragliche Vereinbarung keine allzu hohen Anforderungen gestellt werden (s auch BGHZ 164, 196, 210 f). Umgekehrt kennen die internationalen bzw einheitsrechtlichen Regelwerke, die die Haftung des Schuldners im Ausgangspunkt als Garantie- bzw Risikohaftung auffassen, bedeutende Einschränkungen derselben (s nur Art 79 CISG; dazu Staudinger/Magnus [2018] Rn 7 ff; s auch Grundmann AcP 204 [2004] 569, 583 f; Düchs, Die Behandlung von Leistungsstörungen im Europäischen Vertragsrecht [2006] 110 ff). Hinzu kommt eine Verteilung der Darlegungs- und Beweislast in der Haftung nach § 280 BGB, die dem Schuldner den Exkulpationsbeweis aufbürdet und den Gläubiger von einer positiven Darlegung bzw Feststellung des Verschuldens entlastet. Zur milderen Regelung (Darlegungs- und Beweislast des Gläubigers/Arbeitgebers für das Verschulden des Schuldners/Arbeitnehmers) in § 619a BGB s Rn F 52; zur Verschärfung (Vermutung auch der Kausalität) im Behandlungsvertrag s Rn F 58. D 7

2. Der Tatbestand des Verschuldens

a) Pflichtverletzung als Bezugspunkt

Bezugspunkt des Verschuldens ist der haftungsbegründende Tatbestand und damit in § 280 Abs 1 BGB insbes die Pflichtverletzung, nicht dagegen die haftungsausfüllenden Elemente, insbes der Schaden (BGHZ 151, 337, 343 f; Staudinger/Caspers § 276 Rn 24). Für einige gesetzliche **Haftungsprivilegierungen** (zB §§ 708, 1359, 1664 Abs 1 BGB) wird demgegenüber der Schaden als Bezugspunkt vorgeschlagen, um eine angemessene Haftungsmilderung zu erreichen (Deutsch NJW 1966, 705, 708 u 709 f). Ausdrücklich bestimmt dies für die Haftung des ehrenamtlich tätigen Organs bzw besonderen Vertreters gegenüber dem Verein („Innenhaftung") § 31a Abs 2 BGB. Ebenso nimmt das BAG im Rahmen der *arbeitsrechtlichen Haftungsprivilegierung* zu Gunsten des Arbeitnehmers an, das Verschulden beziehe sich auch auf den Schadenseintritt (BAG 18. 4. 2002 – 8 AZR 348/01, NJW 2003, 377 ff; **aA** Otto/Schwarze/Krause, Die Haftung des Arbeitnehmers [2014] § 9 Rn 4 ff; zum str Bezugspunkt bei der Regresshaftung des Unfallversicherungsträgers gem § 110 SGB VII BGH 15. 7. 2008 – VI ZR 212/07, NJW 2009, 681 [Rechtsgutsverletzung] u BAG 10. 10. 2002 – 8 AZR 103/02, AP § 104 SGB VII Nr 1 [Pflichtverletzung]; Otto/Schwarze/Krause, Die Haftung des Arbeitnehmers [2014] § 25 Rn 6 f). D 8

b) Fehlverhalten des Schuldners als Gegenstand

Wenn durch Gesetz oder Vertrag nichts anderes bestimmt wird, hat der Schuldner nur sein Verschulden zu vertreten (§ 276 Abs 1 S 1 BGB). Das Gesetz unterscheidet zwei Verschuldensformen, Vorsatz und Fahrlässigkeit. Der Kern des Verschuldens besteht in einem Fehlverhalten des Schuldners. Das Fehlverhalten wiederum hat eine äußere Seite (wahrnehmbares Verhalten) und eine innere Seite (Haltung des Schuldners zum äußeren Verhalten). Beim **Vorsatz** gehört im Zivilrecht neben der zumindest billigenden Inkaufnahme des haftungsbegründenden Tatbestandes die billigende Inkaufnahme der Pflichtwidrigkeit („Vorsatztheorie"; BGHZ 67, 279, 280; BGHZ 118, 201, 208; für § 823 Abs 2 BGB bei Strafgesetzen einschränkend BGH 16. 5. 2017 – VI ZR 266/16 Rn 16 ff, NJW 2017, 2463; Staudinger/Caspers § 276 Rn 25 f). Die **Fahrlässigkeit** besteht in einer D 9

Außerachtlassung der erforderlichen Sorgfalt (§ 276 Abs 2 BGB): Die *äußere Sorgfaltswidrigkeit* betrifft das äußere, wahrnehmbare Verhalten des Schuldners. Die *innere Sorgfaltswidrigkeit* besteht aus einem kognitiven und einem voluntativen Element. In kognitiver Hinsicht hätte der Schuldner das von ihm geforderte äußere Verhalten bei Anwendung der im Verkehr geforderten Sorgfalt erkennen müssen *(Erkennbarkeit der Pflichtverletzung,* zB BGH 30. 6. 2011 – VII ZR 109/10, NJW 2011, 2644, 2645). Auch hier gilt jeweils ein objektiver Maßstab. Infolgedessen wird der Schuldner nicht durch einen Tatsachen- oder Rechtsirrtum entschuldigt, wenn die Kenntnis der betreffenden Information von einem ordentlichen Teilnehmer des betreffenden Verkehrskreises zu fordern war (näher Staudinger/Caspers § 276 Rn 32 ff, 53 ff, 61 ff). In voluntativer Hinsicht geht es um die *Vermeidbarkeit der Pflichtverletzung:* Unsorgfältig handelt nur der Schuldner, der trotz Möglichkeit und Zumutbarkeit normgemäßen Verhaltens die erforderliche Sorgfalt nicht beachtet (Staudinger/Caspers § 276 Rn 50; zu den Modifikationen des Sorgfaltsmaßstabes dort § 276 Rn 110 und § 277 Rn 4 f. Zur Haftung des Schuldners für Fehlverhalten seiner Erfüllungsgehilfen gem § 278 BGB s Staudinger/Caspers § 278 Rn 52 ff; umf Tröger, Arbeitsverteilung und Vertrag [2012].

c) Verteilung der Prüfung auf Pflichtverletzung und Verschulden

D 10 Da der Gläubiger die Pflichtverletzung darlegen und beweisen muss, während der Schuldner das Nichtvorliegen eines Verschuldens darzulegen und zu beweisen hat, ist für die praktische Durchsetzung der Haftung von entscheidender Bedeutung, **ob das äußere Verhalten des Schuldners schon beim Tatbestandsmerkmal „Pflichtverletzung" zu prüfen** ist. Dies ist abhängig vom Inhalt der Pflicht. Der Schuldner kann zur Herbeiführung/Verhinderung eines von seinem Verhalten unabhängigen Erfolges (Zustandes) (zB Besitz und Eigentum des Gläubigers am Leistungsgegenstand) verpflichtet sein. Dann besteht die Pflichtverletzung bereits im geschuldeten **Eintritt/Nichteintritt des Erfolges** (zB Ausbleiben des Eigentumserwerbs des Gläubigers) bzw Zustandes (zB Rückgabe einer eingelagerten Sache in beschädigtem Zustand, BGH 19. 3. 2014 – I ZR 209/12 Rn 15, NJW-RR 2014, 2015). Hier muss der Gläubiger nur den geschuldeten Eintritt/Nichteintritt des Erfolges bzw den Zustand darlegen und beweisen, während das (äußere und innere) Verhalten des Schuldners vollständig in dessen Exkulpationslast (§ 280 Abs 1 S 2 BGB) fällt (BGH 19. 3. 2014 – I ZR 209/12 Rn 15, NJW-RR 2014, 2015). Ist der Schuldner nur zu einem bestimmten Verhalten verpflichtet (zB sorgfältiger Umgang mit dem Eigentum des Gläubigers), **erfordert die „Pflichtverletzung" die Feststellung eines äußeren Fehlverhaltens des Schuldners**. Die Pflichtverletzung besteht in der Abweichung des tatsächlichen äußeren Verhaltens vom geschuldeten äußeren Verhalten. Da und soweit das geschuldete Verhalten nach dem Maßstab der im Verkehr erforderlichen Sorgfalt zu bestimmen ist (insbes bei Rücksichtnahmepflichten gem § 241 Abs 2 BGB), stimmt der beim Verschulden zu prüfende äußere Sorgfaltsverstoß mit der Prüfung der Verhaltenswidrigkeit („Rechts- bzw Vertragswidrigkeit") überein. Mit der Pflichtverletzung ist dann auch das „äußere Verschulden" festgestellt (s aber Schur, Leistung und Sorgfalt [2001] 86 ff, 114 ff; dazu Schwarze, Leistungsstörungen [2017] § 34 Rn 20). Exkulpieren kann sich der Schuldner nur bzgl des inneren Fehlverhaltens. Ein Unterschied zwischen rechtswidrigem und schuldhaftem „äußeren" Verhalten ist denkbar, wenn es vom Maß der erforderlichen Sorgfalt abweichende, besondere vertragliche oder gesetzliche Verhaltensanforderungen gibt. In der Regel wird die darin liegende Verschärfung oder Lockerung aber auch für das Verschulden gelten.

3. Verschulden bei Verletzung der Leistungspflicht

Beim Schadensersatz statt der Leistung infolge Verletzung der Leistungspflicht ordnet das Gesetz nach der Art der Pflichtverletzung (§§ 281–283 BGB). Dem entsprechend ist für die Verschuldensprüfung zu differenzieren. D 11

a) bei Nichtleistung trotz Erbringbarkeit der Leistung (§§ 280 Abs 1, Abs 3, 281 Abs 1 S 1, 1. Alt)

Bezugspunkt des Verschuldens im Falle der Nichtleistung trotz Erbringbarkeit der Leistung gem §§ 280 Abs 1, Abs 3, 281 Abs 1 S 1, 1. Alt BGB ist nach zutr Auffassung die Nichtleistung bei Fälligkeit oder die Nichtleistung trotz Ablauf der Nachfrist, dh es genügt, wenn **zu einem beliebigen Zeitpunkt zwischen Fälligkeit und Fristablauf** Vertretenmüssen gegeben ist (Huber, in: FS Schlechtriem [2003] 521, 528 ff; Soergel/Benicke/Hellwig Rn 158 ff; Erman/Westermann Rn 12). Die **Gegenansicht**, die das Versäumen der Nachleistung, also die Nichtleistung nach Ablauf der Nachfrist bzw nach Eintritt der Umstände, die die Nachfristsetzung entbehrlich machen, für haftungsbegründend und damit für den Bezugspunkt des Verschuldens hält (Münch Jura 2002, 361, 368; weit Nachw § 281 Rn B 85 ff), stellt den Gläubiger hinsichtlich solcher Schäden, die in der Zeit zwischen Fälligkeit und Ablauf der Nachfrist eintreten und nur als Schadensersatz statt der Leistung zu erfassen sind, schutzlos. Dafür gibt es keine Rechtfertigung. Ist die Fristsetzung gem **§ 281 Abs 2 BGB** entbehrlich, genügt es, wenn das Vertretenmüssen von Beginn der Nichtleistung oder später bis zum Eintritt der die Entbehrlichkeit begründenden Umstände irgendwann vorliegt (§ 281 Rn B 87). D 12

Der Schuldner muss somit die Umstände, die ursächlich für die Nichtleistung trotz Fälligkeit oder für die Nichtleistung trotz Ablauf der Nachfrist sind, vorsätzlich oder fahrlässig herbeigeführt haben. Zur **vorsätzlichen** Herbeiführung der Nichtleistung gehört, dass der Schuldner die Pflichtwidrigkeit seines Handelns zumindest billigend in Kauf nimmt, dh das Bestehen der Leistungspflicht und der Fälligkeit der Leistung kennt oder in Kauf nimmt (s Staudinger/Caspers § 276 Rn 23). Zur **fahrlässigen** Herbeiführung der Nichtleistung gehören äußere und innere Sorgfaltswidrigkeit (Rn D 16): Der Schuldner trägt somit die Darlegungs- und Beweislast dafür, dass die Nichtleistung nicht auf einem Fehlverhalten beruht. Der Schuldner muss Tatsachen darlegen und ggf beweisen, die ihn daran gehindert haben, die Leistungszeit einzuhalten und die ihrerseits nicht von ihm verschuldet sind (vgl Begr RegE BT-Drucks 14/6040, 135 f). Entsprechendes gilt für Umstände, die ihn gehindert haben, die vom Gläubiger gesetzte Nachfrist einzuhalten (näher § 281 Rn B 85 ff und C 22; zust wohl Gsell, in: FS Canaris [2007] I 337 ff). D 13

b) bei behebbarer Schlechtleistung (§§ 280 Abs 1, Abs 3, 281 Abs 1 S 1, 2. Alt)

Für den **Bezugspunkt des Vertretenmüssens** im Falle der behebbaren Schlechtleistung gelten die Ausführungen zur Nichtleistung (Rn D 12 f) entsprechend. Nach der hier vertretenen Auffassung genügt es, wenn das Vertretenmüssen des Schuldners zwischen Fälligkeit und Fristsetzung einmal vorlag, dh wenn der Schuldner sich für diesen Zeitraum nicht vollständig entlasten kann (näher § 281 Rn C 22). Zur Haftung für Integritätsschäden s Rn C 39 ff. D 14

c) bei Nichtleistung infolge nachträglichen Leistungshindernisses (§§ 280 Abs 1, Abs 3, 283)

D 15 Besteht die Pflichtverletzung in der Nichtleistung infolge eines nach Entstehung der Schuld eingetretenen Leistungshindernisses, ist zu prüfen, ob der Schuldner das Leistungshindernis bzw die das Hindernis begründenden Umstände vorsätzlich oder fahrlässig herbeigeführt hat (vgl RegE BT-Drucks 14/6040, 135 f). Dies gilt für alle Tatbestände des § 275 BGB (vgl auch Staudinger/Caspers § 276 Rn 16 ff). Die **vorsätzliche Herbeiführung des Leistungshindernisses** setzt voraus, dass der Schuldner die Pflichtwidrigkeit seines Verhaltens mindestens billigend in Kauf nimmt. Praktisch kommt dies ua in Betracht, wenn der Schuldner im Wissen um seine Leistungspflicht über den Leistungsgegenstand anderweitig verfügt, zB durch Veräußerung an eine andere Person (vgl BGH 21. 5. 1973 – II ZR 54/72, WM 1973, 1202) oder durch andere Form der Nutzung (vgl RG SeuffA 80 Nr 179: Verpachtung einer Fabrik ohne Rücksicht auf Lieferverträge mit Umsatzprovision; vgl OLG München Ufita 42, 194: Aufgabe eines Filmtheaters trotz Filmvorführvertrag) oder bei Pflicht zur Leistung in Person die Einschaltung einer dritten Person (vgl OLG Karlsruhe 20. 2. 1987 – 15 U 160/86, VersR 1988, 137: der zur Leistung in Person verpflichtete Chefarzt lässt die Operation durch anderen Arzt ausführen). Vorsatz liegt nicht vor, wenn der das Leistungshindernis bewusst herbeiführende Schuldner sich zu diesem Vorgehen für berechtigt hält (so wohl in den meisten der og Entscheidungen; ferner zB der Schuldner verfügt wegen Annahmeverzuges des Gläubigers anderweitig über den Gegenstand, ohne die §§ 372 ff BGB zu beachten, vgl BGH 18. 6. 1957 – VIII ZR 218/56, MDR 1958, 93; Staudinger/Schwarze [2015] § 326 Rn C 84).

D 16 Die **fahrlässige Herbeiführung des Leistungshindernisses** setzt einen diesbezüglichen Verstoß gegen die im Verkehr erforderliche Sorgfalt voraus. Zum einen muss das **äußere (wahrnehmbare) Verhalten** des Schuldners sorgfaltswidrig sein (zB Überschreitung der Höchstgeschwindigkeit auf der Anlieferungsfahrt zum Gläubiger). Zum anderen muss der Schuldner den äußeren Sorgfaltsverstoß erkennen und sich sorgfaltsgemäß verhalten können (**innere Sorgfaltswidrigkeit** [zB nicht gegeben, wenn das die Geschwindigkeitsbegrenzung vorschreibende Verkehrsschild verdeckt war]). Das Fehlverhalten des Schuldners liegt somit vollständig in der Darlegungs- und Beweislast des Schuldners, der darlegen und ggf beweisen muss, dass ein angesichts der konkreten Umstände in Betracht kommendes Fehlverhalten nicht vorliegt, indem er darlegt und beweist sich ordnungsgemäß verhalten zu haben (zB die vorgeschriebene Geschwindigkeit auf der Anlieferungsfahrt eingehalten zu haben). Das Fehlverhalten kann in einem pflichtwidrigen **Unterlassen** bestehen (RGZ 93, 17; 95, 264: Warenbeschaffung rechtzeitig vor drohender Beschlagnahme; RG 7. 1. 1919 – III 208/19, JW 1920, 436: rechtzeitiges Beschaffen von Rohstoffen; BGH 21. 3. 1974 – VII ZR 87/73, NJW 1974, 1046: Nichteinholung der erforderlichen Landegenehmigung für einen Charterflug). Die unterlassene **Aufklärung** des Gläubigers über den drohenden Eintritt eines Leistungshindernisses ist ein die Haftung gem §§ 280, 283 BGB begründendes Fehlverhalten, wenn bei rechtzeitiger Aufklärung das Hindernis nicht eingetreten wäre. Die vorstehenden Ausführungen gelten nicht für die Nichtleistung infolge eines anfänglichen Leistungshindernisses gem § 311a Abs 2 BGB (s Vorbem C 7 zu §§ 280–285).

d) bei unbehebbarer Schlechtleistung (§§ 280 Abs 1, Abs 3, 283)

D 17 Die gem § 275 BGB bzw §§ 439 Abs 4, 635 Abs 3 BGB unbehebbare Schlechtleistung wird als qualitative Teilunmöglichkeit behandelt (Rn C 12). Das Verschulden muss sich dementsprechend auf die Herbeiführung bzw Nichtverhinderung der mangelhaften Leistung und ihrer Nichtbehebbarkeit beziehen; die Erl Rn D 15 f gelten entsprechend. Tritt die Unbehebbarkeit erst nach erfolgter Schlechtleistung ein, kann eine Haftung uU sowohl gem §§ 280 Abs 1, Abs 3, 281 Abs 1 S 1, 2. Alt BGB als auch nach §§ 280 Abs 1, Abs 3, 283 BGB begründet sein (§ 283 Rn 41 ff; **aA** wohl BeckOK-BGB/Faust [1. 11. 2018] § 437 Rn 130). Der Bezugspunkt des Verschuldens richtet sich nach dem jeweiligen Haftungstatbestand.

e) bei nicht ausdrücklich geregelten Störungen (§§ 280 Abs 1, Abs 3, 281–283 analog)

In den nach hier vertretener Auffassung durch Analogie zu lösenden Störungen der unzumutbaren Leistungsgefährdung, der „nachvertraglichen" Verletzung leistungsbezogener Treuepflichten und der vom Schuldner zu vertretenden Störung der Geschäftsgrundlage (Rn C 18 ff) ist das Verschulden mit Blick auf die Herbeiführung des jeweiligen Störungstatbestandes zu prüfen. **D 18**

f) beim Schuldnerverzug/sonstige vorübergehende Störungen

Zum Vertretenmüssen des Schuldners beim **Schuldnerverzug** trifft § 286 Abs 4 BGB (im Anschluss an § 285 aF) eine besondere Regelung. Nach den Vorstellungen des Gesetzgebers bezieht sich § 286 Abs 4 BGB auf die Verzugsfolgen, die über die Rechtsfolge des § 280 Abs 1 S 1 BGB hinausgehen (§§ 287–292 BGB, insbes Verzugszinsen, Haftungsverschärfung). Für den Schadensersatzanspruch ist allein § 280 Abs 1 S 2 BGB einschlägig (Begr RegE BT-Drucks 14/6040, 148; Faust, in: Huber/Faust, Schuldrechtsmodernisierung Rn 3/80; MünchKomm/Ernst § 286 Rn 111; Schultz, in: Westermann, Das neue Schuldrecht 2002, 29; **aA** Otto Jura 2002, 1, 6; Kohler JZ 2004, 961 ff; HKK/Schermaier §§ 280–285 Rn 16: belanglose, historisch erklärbare Doppelung). Das Verschulden bezieht sich beim Verzug auf die Nichtleistung. **D 19**

Bei **anderen vorübergehenden Störungen** gem § 280 Abs 1 BGB (Rn C 25 ff) ist das Verschulden mit Blick auf den jeweiligen Störungstatbestand zu prüfen. Die Ausführungen zum Verschulden hinsichtlich der jeweils endgültigen Form der Störung (Rn D 12 ff) gelten entsprechend. **D 20**

4. Verschulden bei der Verletzung von Rücksichtnahmepflichten (§ 280 Abs 1 u §§ 280 Abs 1, Abs 3, 282)

Rücksichtnahmepflichten können den Schuldner – strukturell vergleichbar mit den Leistungspflichten – zum Eintritt/Nichteintritt eines „Erfolges" (zB Zustandes einer Sache) verpflichten oder nur zu einem bestimmten Verhalten (im Zweifel der im Verkehr erforderlichen Sorgfalt gem § 276 Abs 2 BGB). Die haftungsbegründende **Pflichtwidrigkeit** iSv § 280 Abs 1 S 1 BGB besteht je nach Inhalt der Pflicht in einem Zustand *(Nichteintritt/Eintritt des Erfolges)* – dann hat der Schuldner sich gem § 280 Abs 1 S 2 BGB für äußeres und inneres Verhalten zu entlasten – oder in der *Abweichung des tatsächlichen äußeren Verhaltens vom geforderten äußeren Verhalten* – dann hat der Gläubiger dieses zu beweisen (Einzelheiten s Rn F 31 ff), und der Schuldner trägt die Beweislast nur hinsichtlich des inneren Verschuldens (Erkennbarkeit/Vermeidbarkeit des äußeren Fehlverhaltens). **D 21**

5. Modifikationen der Verschuldenshaftung

D 22 Die Verschuldenshaftung kann durch Rechtsgeschäft oder durch Gesetz modifiziert werden. § 276 Abs 1 S 1 BGB ist abdingbar (iE Staudinger/Caspers § 276 Rn 110 ff u 114 ff).

a) Verschärfungen

D 23 **Verschärfungen** der Verschuldenshaftung sind denkbar. So könnte geregelt sein, dass der Schuldner über die erforderliche Sorgfalt hinaus die höchstmögliche Sorgfalt schuldet. Praktisch erheblich sind solche Gestaltungen nicht. Schon die Haftung für die erforderliche Sorgfalt ist mit Blick auf den objektiven Sorgfaltsmaßstab (Staudinger/Caspers § 276 Rn 130 f) streng. Verschärfungen der Haftung werden daher durchweg als verschuldensunabhängige Haftung gestaltet, dh die Verschärfung liegt darin, die Haftung vom Verschulden des Schuldners abzukoppeln.

b) Milderungen

D 24 **Milderungen** der Verschuldenshaftung sind von erheblicher praktischer Bedeutung. Ein gänzlicher **Ausschluss** der Haftung für Verschulden des Schuldners im Voraus ist gem § 276 Abs 3 BGB nicht zulässig. Für Einstehenmüssen für Erfüllungsgehilfen gilt dies gem § 278 S 2 BGB nicht, jedoch setzt diesbezüglichen Haftungsausschlüssen durch AGB-Verträge § 309 Nr 7 Buchst a BGB eine Grenze. Eine Begrenzung der Haftung auf **Vorsatz** ist grundsätzlich zulässig, nicht aber durch AGB (§ 309 Nr 7 Buchst a u b BGB). Von prägender Bedeutung ist dagegen die Begrenzung der Haftung auf **grobe Fahrlässigkeit** und Vorsatz, also der Ausschluss der Haftung für einfache Fahrlässigkeit. Im Gesetz steht sie meistens im Zusammenhang mit unentgeltlichen Leistungspflichten: zB § 690 BGB (unentgeltliche Verwahrung), § 521 BGB (Schenkung), § 599 BGB (Leihe), aber auch als störungsrechtliche Reaktion auf unzureichende Mitwirkung des Gläubigers (§ 300 Abs 1 BGB). Hinzu kommen spezialgesetzliche Milderungen mit einer jeweils speziellen Zweckrichtung (s zum Lotsenprivileg gem § 21 Abs 3 SeeLG BGH 26. 7. 2016 – VI ZR 322/15 Rn 17 ff, NJW-RR 2017, 146). In der Vertragspraxis ist bei professionell gestalteten Verträgen der Ausschluss der Haftung für einfache Fahrlässigkeit fast die Regel. Soweit es sich um **AGB-Verträge** (§ 305 BGB) handelt, ist die Begrenzung der Haftung auf grobe Fahrlässigkeit für Schäden an Leib und Leben des Gläubigers unzulässig, überdies für die Haftung aus sog „Kardinalpflichten" (s noch Rn H 3 ff u Staudinger/Caspers § 276 Rn 127). Die Haftungsmilderung kann auch konkludent vereinbart sein. So wird die mietvertragliche Verpflichtung des Wohnungsmieters, die (anteiligen) Kosten der Gebäudefeuerversicherung des Wohnungseigentümers zu zahlen, als stillschweigende Beschränkung seiner Haftung für die Verursachung von Brandschäden auf Vorsatz und grobe Fahrlässigkeit ausgelegt (BGHZ 131, 288), der Gebäudeversicherungsvertrag eines Vermieters iS eines konkludenten Regressverzichts des Versicherers zu Gunsten des Mieters für leichte Fahrlässigkeit, selbst wenn dieser eine eigene Haftpflichtversicherung abgeschlossen hatte (vgl BGHZ 146, 393; BGH 13. 9. 2006 – IV ZR 273/05, NJW 2006, 3707; BGH 20. 12. 2006 – VIII ZR 67/06, NJW-RR 2007, 684). Eine weitere Haftungsmilderung ist die Beschränkung der Haftung auf **eigenübliche Sorgfalt**. Sie ist im Gesetz ua vorgesehen, wenn das Schuldverhältnis eine personelle Verbindung zwischen den Parteien bedeutet (§§ 690, 708, 1359, 1664, 2131 BGB; § 4 LPartG). Für grobe Fahrlässigkeit bleibt der Schuldner verantwortlich (§ 277 BGB). Der Maßstab wird auch bei Gefälligkeitsbeziehungen mit rechtlichem Gehalt herangezogen (vgl Staudinger/Caspers § 276 Rn 137 f mwNw; AG Plettenberg 2. 12. 2005 – 1 C 345/05, NJW-RR 2007, 1038: Umzugshelfer).

Eine eigenartige Milderung der Verschuldenshaftung gilt für die **Haftung des Arbeitnehmers** im Arbeitsverhältnis. Der Sorgfaltsmaßstab bleibt zwar unverändert, der Arbeitnehmer schuldet die „im Verkehr erforderliche Sorgfalt". Aber die Verletzung dieser Sorgfalt führt nicht stets und in vollem Umfang zur Haftung, vielmehr wird bei *betrieblicher Tätigkeit* nach der Schwere des Sorgfaltsverstoßes vierfach abgestuft: (1) Der Arbeitnehmer haftet nicht bei „leichtester" Fahrlässigkeit. (2) Bei „mittlerer" Fahrlässigkeit wird nur anteilig gehaftet. (3) Bei grober Fahrlässigkeit wird die grundsätzlich volle Haftung im Einzelfall eingeschränkt, wenn der Haftungsumfang wirtschaftlich unzumutbar ist (BAG 18. 1. 2007 – 8 AZR 250/06, NZA 2007, 1230, 1233). (4) Bei Vorsatz hinsichtlich des Schadens(eintritts) haftet der Arbeitnehmer in vollem Umfang (BAG 18. 4. 2002 – 8 AZR 348/01, NZA 2003, 37; umf u krit Otto/Schwarze/Krause, Die Haftung des Arbeitnehmers [4. Aufl 2014] § 9 Rn 1 ff). Eigenartig ist die arbeitsrechtliche Haftungsmilderung auch hinsichtlich der Rechtsgrundlage. Sie ergibt sich entgegen einer in der Gesetzgebung zur Schuldrechtsmodernisierung geäußerten Ansicht nicht „aus dem Inhalt des Schuldverhältnisses" iSv § 276 Abs 1 S 1 BGB (so BReg auf die krit Frage d Bundesrates nach der Begrenzung der Arbeitnehmerhaftung, BT-Drucks 14/6857, Anl 3 zu Nr 21), sondern beruht auf einer richterrechtlichen Rechtsfortbildung der gesetzlichen Haftungsregeln (BAG [GS] 27. 9. 1994 – GS 1/89 [A] AP Nr 103 zu § 611 BGB Haftung des Arbeitnehmers), die im Kern nicht zum Nachteil des Arbeitnehmers abbedungen werden kann (BAG 5. 2. 2004 – 8 AZR 91/03, NZA 2004, 649; Walker, in: FS Canaris [2007] I 1503, 1511 ff; zu Mankovereinbarungen BAG 17. 9. 1998 – 8 AZR 175/97; BAG 2. 12. 1999 – 8 AZR 386/98, AP Nr 2 u 3 zu § 611 BGB Mankohaftung, Letztere m zust Anm Krause; Otto/Schwarze/Krause, Die Haftung des Arbeitnehmers [4. Aufl 2014] § 9 Rn 40). In den Arbeitsverhältnissen des öffentlichen Dienstes ist die Haftung durch tarifvertragliche Inbezugnahme der beamtenrechtlichen Haftungsregeln durchweg auf grobe Fahrlässigkeit beschränkt (Otto/Schwarze/Krause, Die Haftung des Arbeitnehmers [4. Aufl 2014] § 14 Rn 1 ff). D 25

Eine praktisch nicht unbedeutende, auf rechtsstaatlich-prozeduralen Erwägungen beruhende Haftungsmilderung erkennt die Rechtsprechung für die gerichtliche Durchsetzung von Rechten an. Grundsätzlich kann die **unberechtigte Geltendmachung** von vermeintlichen Rechten aus dem Schuldverhältnis eine Verletzung von Pflichten aus dem Schuldverhältnis sein und zur Haftung führen (BGH 23. 1. 2008 – VIII ZR 246/06, NJW 2008, 1147, 1148; BGH 16. 1. 2009 – V ZR 133/08, NJW 2009, 1262 ff; krit Sutschet JZ 2008, 637, 638 ff; für Verbrauchsgüterkauf abl Lange/Widmann ZGS 2008, 329 ff). Eine vorwerfbare Pflichtverletzung kann aber nicht schon darin liegen, dass der Gläubiger „objektiv" von falschen Tatsachen oder einer falschen Rechtsansicht ausgegangen ist. Andererseits würde eine generelle Beschränkung der Haftung auf vorsätzliches Handeln (der Gläubiger weiß um die Unbegründetheit seines Verlangens) dem Gläubiger leichtfertiges Handeln erlauben. Deshalb muss für die **außergerichtliche Geltendmachung** zumindest die grobe Fahrlässigkeit vermieden werden (der Sache nach – Begrenzung auf Evidenzkontrolle – Kaiser NJW 2008, 1709 ff; Schollmeyer/Utlu Jura 2009, 721, 730; s ferner Schwarze NJW 2015, 3601, 3602 f; vgl BGH 7. 6. 2005 – XI ZR 311/04, NJW 2005, 2779, 2780; zur Haftung bei arglistiger Vortäuschung von Kündigungsvoraussetzungen BGH 8. 4. 2009 – VIII ZR 231/07, NJW 2009, 2059; gegen Haftungsprivilegierung Thole AcP 209 [2009] 498 ff; für gleiche Privilegierung gerichtlicher wie außergerichtlicher Rechts- D 26 berühmung HOFMANN ZfPW 2018, 152 ff, der über die Berühmung hinausgehend „weitere Umstände“ als haftungsbegründend fordert; zu den Anspruchsgrundlagen BGH 12. 12. 2006 – VI ZR 224/05, NJW 2007, 1458; STÖBER AGS 2006, 261 ff; s noch Rn C 52; zu einem etwaigen Bereicherungsausgleich für vom Gläubiger betriebenen Untersuchungsaufwand SCHWARZE NJW 2015, 3601 ff). Für die **gerichtliche Geltendmachung** vermeintlicher Rechte (Klage oder die sonstige Inanspruchnahme eines staatlichen, gesetzlich geregelten Rechtspflegeverfahrens zur Durchsetzung vermeintlicher Rechte) soll die rechtsuchende Partei aber nur für Vorsatz (mind billigende Inkaufnahme der fehlenden Berechtigung) haften (BGH 23. 1. 2008 – VIII ZR 246/06, NJW 2008, 1147; BGH 12. 4. 2004 – V ZR 322/03, NJW-RR 2005, 315, 316; KAISER, in: FS Canaris [2007] I 531, 541 ff). Die fahrlässige Fehleinschätzung der Berechtigung ist danach weder eine schuldhafte Vertragsverletzung (BGHZ 20, 169, 172; BGH 12. 4. 2004 – V ZR 322/03, NJW-RR 2005, 315, 316) noch unerlaubte Handlung iS der §§ 823 ff BGB (BGHZ 74, 9, 16; 154, 269, 271 f; 164, 1, 6). Es gibt insoweit nur die kostenrechtliche Haftung (insbes §§ 91 ff ZPO). Im Falle einer *unberechtigten Leistungsverweigerung* bleibt es dagegen bei uneingeschränkter Haftung auch im Rahmen prozessualer Verteidigung. Zu unterscheiden von der Geltendmachung vermeintlicher Rechte ist die Geltendmachung von Rechten aufgrund des Verdachts einer Pflichtverletzung. Der Verdacht einer Pflichtverletzung kann einer Pflichtverletzung gleichstehen (s zur Verdachtskündigung im Arbeitsverhältnis BAG 27. 6. 2017 – 9 AZR 576/15, juris); der Gläubiger handelt hier berechtigt.

D 27 Da es sich um eine ihn begünstigende Regelung handelt, trägt der Schuldner für das Vorliegen der Voraussetzungen einer Haftungsmilderung die **Darlegungs- und Beweislast** (MünchKomm/ERNST Rn 38). An der Darlegungs- und Beweislast für das Verschulden selbst ändert sich idR nichts, wenn die betreffende Regelung nur den Haftungsmaßstab (abmildernd) regelt, sodass sich gem § 280 Abs 1 S 2 BGB der Schuldner hinsichtlich des maßgeblichen Verschuldensmaßes zu exkulpieren hat (**aA** für Vorsatz wohl MünchKomm/ERNST Rn 38). Wird die mildere Haftung dagegen von § 280 BGB losgelöst eigenständig geregelt, richtet sich die Darlegungs- und Beweislast nach dieser Regelung, nicht nach § 280 Abs 1 S 2 BGB (BGH 6. 6. 2008 – V ZR 52/07, NJW 2008, 2912, 2914: Haftung der Bank aus cic für arglistiges Verhalten des Vermittlers einer kreditfinanzierten Anlage; BGH 24. 11. 1998 – VI ZR 388/97, NJW 1999, 714: Untreue; BVerfG 29. 2. 2008 – 1 BvR 371/07, NJW 2008, 1726, 1727: Kapitalanlagebetrug). Für die Haftung des Arbeitnehmers gilt die Sonderregelung in § 619a BGB (Rn F 52).

III. Haftung ohne Verschulden

D 28 Der Schuldner kann die Pflichtverletzung unabhängig von einem Verschulden zu vertreten haben, wenn dies rechtsgeschäftlich/vertraglich oder gesetzlich bestimmt ist oder sich „aus dem Inhalt des Schuldverhältnisses“ ergibt (§ 276 Abs 1 S 1 BGB). Dies kann insbesondere bei der Übernahme einer **Garantie** oder des **Beschaffungsrisikos** der Fall sein (§ 276 Abs 1 S 1 BGB). Im Folgenden ein Überblick über die für §§ 280 ff BGB wichtigen Regelungen; Einzelheiten s STAUDINGER/CASPERS § 276 Rn 141 f.

1. Vertragliche Haftungsverschärfungen

a) Gegenstand der Regelung

D 29 Vertraglich kann die Haftung des Schuldners kraft Privatautonomie beliebig verschärft werden. Die Verschärfung kann generell (für alle Pflichten des Schuldverhältnisses), partiell (für bestimmte Bereiche oder Arten von Pflichten oder Pflichtverletzungen) oder punktuell (für einzelne Pflichten bzw Pflichtverletzungen) sein. Von § 276 Abs 1 S 1 BGB angesprochene typische Gestaltungen sind Garantie und Übernahme eines Beschaffungsrisikos. Als für die Haftung gem §§ 280 ff BGB relevante Verschärfungen sind nur solche Regelungen anzusprechen, die sich auf eine Regelung des Vertretenmüssens iSv §§ 280 Abs 1 S 2, 276 BGB beschränken und keine eigene, vollständige und abschließende Regelung der Haftung geben, sodass die §§ 280 ff BGB ergänzend als Haftungsnormen herangezogen werden müssen. Auszugrenzen ist vor allem der **eigenständige Garantievertrag**, in dem der Schuldner eine bestimmte Leistung für den Fall zusagt, dass ein bestimmter Erfolg eintritt oder nicht eintritt und der somit eine vollständige Regelung von Garantietatbestand und Garantiefolge enthält (vgl BGH 10. 2. 1999 – VIII ZR 70/98, NJW 1999, 1542 ff).

b) Leistungsversprechen als Anknüpfung

Die Verschärfung des Vertretenmüssens kann ausdrücklich oder konkludent erfolgen, sie kann sich ferner „aus dem Inhalt der Schuldverhältnisses" (§ 276 Abs 1 S 1 BGB) ergeben. Eine ausdrückliche Regelung der Haftungsverschärfung wird der seltenere Fall sein, sodass das praktisch wichtigste Problem darin besteht, konkludent vereinbarte Verschärfungen zu ermitteln. Den Ausgangspunkt der insoweit erforderlichen Auslegung nach dem Empfängerhorizont bildet die Aussage, dass der **Leistungszusage** als solcher keine Haftungsverschärfung für die von §§ 280 ff BGB erfassten Pflichtverletzungen zu entnehmen ist (BGH 19. 10. 2007 – V ZR 211/06, NJW 2007, 3777). Das ergibt sich im Gegenschluss zu § 311a Abs 2 BGB, der selbst für anfängliche Störungen an die Leistungszusage nur eine Haftung für erkennbare (fahrlässig nicht erkannte) Hindernisse knüpft und aus besonderen Regeln wie § 536a BGB, die zwar an das Leistungsversprechen eine Garantiehaftung knüpfen, dies aber als Ausnahme zur Regel und beschränkt auf bei Vertragsschluss bereits vorliegende Störungen tun. Es bedarf also entweder **besonderer Erklärungen** des Schuldners oder besonderer erklärungsrelevanter Umstände, die zum Leistungsversprechen hinzutreten, so zB wenn der Schuldner den Eindruck erweckt, zur Eigentumsverschaffung ohne Weiteres in der Lage zu sein (vgl BGHZ 129, 103; SCHWARZE JuS 1998, 13, 14; BGH 29. 4. 1970 – VIII ZR 120/68, WM 1970, 791, 792). Andererseits kann ein schärferer Haftungsmaßstab zum **typischen Inhalt** der betreffenden Schuld (kraft Verkehrsanschauung oder besonderer rechtlicher Wertungen) gehören (§ 276 Abs 1 S 1 BGB; vgl Beschlussempfehlung des Rechtsausschusses BT-Drucks 14/7052, 210; zu den Einzelheiten STAUDINGER/CASPERS § 276 Rn 151 ff). Besondere Erwähnung verdienen die folgenden Fallgestaltungen. D 30

c) Wichtige Fallgestaltungen

aa) Eigenschaftszusicherung

Die Übernahme einer Garantie kommt primär bei der **Zusicherung von Eigenschaften** im Kauf- und Werkvertragsrecht in Betracht (vgl §§ 442 Abs 1 S 2, 443, 444, 639 BGB; s BT-Drucks 14/6040, 132). Das Besondere dieser Art von Garantie ist ihre Unvollständigkeit, insbes das Fehlen einer Regelung der Rechtsfolgen, und ihre daraus folgende Anknüpfung an die §§ 280 ff BGB. Daraus ergibt sich das Problem, die Zusicherung von bloß informatorischen Mitteilungen der Eigenschaften abzugrenzen. So sieht der BGH in der Angabe „fahrbereit" keine Haltbarkeitsgarantie (BGHZ 170, 67), in der Angabe der Laufleistung eines Kfz beim Privatverkauf ebenfalls nur eine Beschaffenheitsangabe (BGHZ 170, 86), ebenso in der Angabe „Unfall- D 31 schäden laut Vorbesitzer: Nein" (v 12. 3. 2008 – VIII ZR 253/05, NJW 2008, 1517; Staudinger/Matusche-Beckmann [2014] § 443 Rn 17 ff; zur Übertragbarkeit der Rechtsprechung zu § 463 aF Staudinger/Caspers § 276 Rn 146). Im Übrigen kann der Schuldner die Zusicherung bzw Garantie beliebig einschränken und eine allgemeine Verschärfung der Haftung vermeiden (vgl BT-Drucks 14/7052, 210; Staudinger/Matusche-Beckmann [2014] § 434 Rn 40 ff; § 443 Rn 18, 21; in diesem Sinn auch die Differenzierung bei Staudinger/Peters/Jacoby [2013] § 633 Rn 171, § 639 Rn 18).

bb) Beschaffungsrisiko

D 32 Die Übernahme eines Beschaffungsrisikos (dazu Canaris, in: FS Wiegand [2005] 179, 202 ff; Freytag 358 ff) kann sich jenseits von ausdrücklichen Erklärungen des Schuldners aus den Erklärungsumständen ergeben, insbes wenn der Schuldner sich entgegen der Wirklichkeit als bereits verfügungsbefugt darstellt oder entsprechende Erklärungen über seine Leistungsfähigkeit abgibt (vgl BGHZ 129, 103; Schwarze JuS 1998, 13, 14). So weit das übernommene Beschaffungsrisiko reicht, hat der Schuldner für die Nichtleistung infolge Nichtbeschaffung oder Nichtbeschaffbarkeit zu haften. Umgekehrt kann sich aus der für den Gläubiger erkennbar mangelnden Beherrschung eines Beschaffungsrisikos eine entspr Beschränkung der Schuldnerhaftung ergeben: So ist die Verpflichtung des Verkäufers, Buchpositionen aus dem Grundbuch zu beseitigen, dem Grundstückskaufvertrag zwar immanent, nicht aber eine Garantie dafür (BGHZ 174, 61, 75 f; s dazu § 281 Rn B 12). Ohne besondere Erklärungen kann sich das Beschaffungsrisiko aus dem *„sonstigen Inhalt des Schuldverhältnisses"* (§ 276 Abs 1 S 1 BGB) ergeben, weil es typischerweise Teil der Schuld ist (vgl Begr RegE BT-Drucks 14/6040, 131). Dies ist idR zu bejahen, wenn sich jemand zur Beschaffung einer **Gattungssache** verpflichtet (Huber, in: FS Schlechtriem [2003] 521, 530 ff). Der Schuldner hat Beschaffungsschwierigkeiten zu vertreten, die mit dem Gattungscharakter zusammenhängen (vgl Staudinger/Caspers § 276 Rn 151 ff; Schwarze, Leistungsstörungen [2017] § 34 Rn 40 ff; Ehmann, in: FS Canaris [2007] I 165, 197). Auf die Qualität des gelieferten Gegenstandes erstreckt sich diese Risikotragung nicht (Canaris, in: FS Wiegand [2005] 179, 230 ff; St Lorenz NJW 2005, 1889, 1895; Xander, Die Auswirkungen der Schuldrechtsreform auf die Gattungsschuld [2006] 313). Liegen keine Anhaltspunkte für eine Haftungsbegrenzung vor, hat der Schuldner für seine Leistungsunfähigkeit uneingeschränkt einzustehen. Dies gilt auch dann, wenn der Schuldner die Primärleistung gem § 275 Abs 2 BGB verweigern kann, weil die Beschaffung gerade für ihn entsprechend aufwendiger geworden ist. Von der Verpflichtung zum Schadensersatz darf ihn dies nicht befreien, weil anderenfalls der Gläubiger das wirtschaftliche Risiko allein zu tragen hätte. UU kann der Schuldner die Leistungspflicht gem § 313 BGB beseitigen (vgl BGH 1. 12. 1993 – VIII ZR 259/92, NJW 1994, 515, 516; BGH 12. 7. 1972 – VIII ZR 200/71, NJW 1972, 1702; RGZ 57, 116, 118; Schwarze, Leistungsstörungen [2017] § 6 Rn 37 ff); hier ist ebenfalls eine Haftung möglich (näher Rn C 20).

D 33 Ist die Gattungsschuld begrenzt etwa auf den Vorrat oder die Produktion des Schuldners, steht der Schuldner nicht für die Beschaffung am Markt ein (Staudinger/Caspers § 276 Rn 156 f; zur Kürzung der Schuld Canaris, in: FS Wiegand [2005] 179, 195; vgl zu § 279 aF insbes RGZ 84, 125; Larenz I § 11 I aE; **aM** dezidiert E Wolf JuS 1962, 101 ff, 103 ff).

cc) Finanzielle Leistungsfähigkeit

D 34 Eine verschuldensunabhängige Einstandspflicht des Schuldners besteht bei Geldschulden, darüber hinaus auch für andere Leistungen, wenn die Erbringung dieser

Leistungen nur an den fehlenden Finanzmitteln scheitert (BGH 21. 12. 2005 – III ZR 9/05, NJW 2006, 986, 987; BGH 4. 2. 2000 – V ZR 260/98, NJW 2000, 1496 [auch unter Berufung auf § 279 BGB aF]). Dies ergibt sich ohne besondere Erklärung des Schuldners oder besondere Erklärungsumstände *„aus dem sonstigen Inhalt des Schuldverhältnisses"* (§ 276 Abs 1 S 1 BGB; zur ursprünglich vorgesehenen ausdrücklichen Regelung BT-Drucks 14/6040, 132 u Beschlussempfehlung des Rechtsausschusses BT-Drucks 14/7052, 209 f; s auch Ehmann, in: FS Canaris [2007] I 165, 199 f; zur Begründung entspr § 279 aF unter Geltung des alten Rechts BGHZ 107, 92, 102; ferner RGZ 75, 335; 106, 177, 181; BGHZ 36, 344, 345). Diese Interpretation des Schuldinhalts beruht letztlich auf dem **Prinzip der unbeschränkten Vermögenshaftung**, das dem Zwangsvollstreckungs- und Insolvenzrecht zugrunde liegt (vgl Staudinger/Caspers § 275 Rn 74 f, § 276 Rn 162 ff; BeckOGK-BGB/Riehm [1. 12. 2018] § 275 Rn 122; zur Anwendbarkeit des § 281 BGB auf Geldschulden § 281 Rn B 5).

dd) Darlegungs- und Beweislast

Die Beweislast für die Übernahme einer Garantie wie auch der anderen bisher behandelten Fallgestaltungen der **Haftungsverschärfung** wird man nach allgemeinen Grundsätzen dem Gläubiger auferlegen müssen (Rn F 18). Im Übrigen muss sich der Schuldner von der Verantwortlichkeit gem § 276 BGB entlasten. Die Frage nach der Geltung von Haftungsverschärfungen stellt sich daher immer dann, wenn dem Schuldner die Entlastung vom Verschuldensvorwurf gelingt. **D 35**

2. Gesetzliche Haftungsverschärfungen

Hier ist die Haftungsverschärfung gem **§ 287 BGB** zu nennen. Die Norm wurde durch das Schuldrechtsmodernisierungsgesetz erweitert und bezieht sich anders als § 287 aF nicht nur auf die während des Verzuges eintretende Unmöglichkeit, sondern ebenso auf andere Leistungsdefizite. Für die Verletzung von Schutz- und Rücksichtnahmepflichten iS von § 241 Abs 2 BGB haftet der Schuldner aber auch während des Verzuges nur, wenn er sie zu vertreten hat (vgl Begr RegE BT-Drucks 14/6040, 148, dazu Staudinger/Feldmann § 287 Rn 14). Die Regelung des *§ 536a Abs 1, 1. Alt BGB* im Mietrecht regelt nicht nur das Vertretenmüssen, sondern enthält eine vollständige und gegenüber §§ 280 ff BGB eigenständige Haftungsregelung. Die frühere Regelung der verschuldensunabhängigen Haftung für den Bestand eines verkauften Rechts (§ 437 aF) hat im jetzigen Recht keine Entsprechung. Sie wird mit Blick auf die vom Gesetzgeber gewollte Angleichung der Haftung von Sach- und Rechtsmängeln auch nicht zum *„sonstigen Inhalt des Schuldverhältnisses"* (§ 276 Abs 1 S 1 BGB) gerechnet werden können (vgl BT-Drucks 14/6040, 132 u BT-Drucks 14/6857; dazu näher Staudinger/Feldmann [2018] § 311a Rn 52; zur Bedeutung für die AGB-Kontrolle BGHZ 164, 196, 210 ff; krit St Lorenz NJW 2007, 1, 2). **D 36**

E. Der Schadensersatz

I. Voraussetzungen der haftungsausfüllenden Kausalität im Überblick

Liegen die Voraussetzungen des § 280 Abs 1 BGB vor, *„kann der Gläubiger Ersatz des hierdurch entstehenden Schadens verlangen"* (§ 280 Abs 1 S 1 BGB). Diese Regelung enthält einerseits die Rechtsfolge „Anspruch auf Schadensersatz", andererseits weitere tatbestandliche Voraussetzungen, die dogmatisch als „haftungsausfül- **E 1** lende Kausalität" einzuordnen sind: den Eintritt eines „Schadens", womit nicht nur die *Tatsache* eines beim Gläubiger eingetretenen Nachteils gemeint ist, sondern die *rechtliche Anforderung* formuliert ist, dass es sich um einen Schaden im Sinne des einschlägigen Haftungstatbestandes handelt, und den Zurechnungszusammenhang zwischen Pflichtverletzung und dem Schaden, dh die adäquate Kausalität zwischen Pflichtverletzung und Schadenseintritt und die objektive Zurechnung. Da die Anspruchsgrundlagen der §§ 280 ff BGB nach der Art des Schadensersatzanspruchs (Schadensart) unterscheiden, hat die Fallbearbeitung bei der Frage anzusetzen, *welcher Art des Schadensersatzes iSv §§ 280 ff BGB die vom Gläubiger geltend gemachte Schadensposition zuzuordnen* ist. Dem entsprechend werden die Schadensersatzarten im Folgenden erläutert (unter II). Es kann sein, dass eine Schadensposition grundsätzlich mehreren Schadensersatzarten zugerechnet werden kann; daher ist das Verhältnis der Schadensersatzarten zueinander zu klären (unter III).

II. Die Schadensersatzarten

E 2 Leitend für die Systematik der §§ 280 ff BGB ist eine Unterscheidung der Anspruchsgrundlagen nach **Arten des Schadensersatzes**: in § 280 Abs 3, §§ 281–283 u § 311a Abs 2 BGB der Schadensersatz statt der Leistung, in §§ 280 Abs 1, Abs 2, 286 BGB der Verzögerungsschaden und in § 280 Abs 1 BGB alle übrig bleibenden Schäden, insbesondere der Integritätsschaden (Vorbem C 1 ff zu §§ 280–285). Die Unterscheidung der Schadensersatzarten beruht auf zwei Kriterien: Erstens der Unterscheidung zwischen Leistungsinteresse und Integritätsinteresse (Rn E 3, E 15); zweitens – innerhalb des Leistungsinteresses – dem Schadensersatz statt der Leistung und dem Schadensersatz, der trotz Fortbestand der Leistungspflicht zu leisten ist, insbes der Verzögerungsschaden (Rn E 9, E 14). In diesem Abschnitt (unter II, Rn E 3 ff) wird der Inhalt der Schadensersatzansprüche und ihr Verhältnis zueinander im Grundsätzlichen erläutert, im darauffolgenden Abschnitt (unter III, Rn E 27 ff) im Detail. Zu weiteren Kategorisierungen s Rn E 21 ff.

1. Schadensersatz für Beeinträchtigungen des Leistungsinteresses

a) Schadensersatz statt der Leistung (§§ 280 Abs 1, Abs 3, 281–283)

aa) Inhalt

E 3 Der Schadensersatz statt der Leistung gem §§ 280 Abs 1, Abs 3, 281–283 BGB (zu den Anspruchsgrundlagen Rn C 8 ff) knüpft daran an, dass die Leistung ganz oder zum Teil endgültig nicht erbracht wird. Ersetzt werden Schäden, die durch das **endgültige Ausbleiben der Leistung** entstehen (vgl Vorbem C 3 ff zu §§ 280–285, oben Rn C 8 ff). Der Schadensersatzanspruch tritt an die Stelle der primär geschuldeten Leistung. Der Gläubiger erhält anstelle der Leistung einen Ausgleich in Geld. Dies schließt eine Naturalherstellung gem § 249 Abs 1 BGB hinsichtlich der ausgebliebenen Leistung grundsätzlich aus (dazu Rn E 37), nicht aber hinsichtlich etwaiger Folgeschäden. Im Übrigen richtet sich der Umfang des Anspruchs nach den §§ 249 ff BGB.

E 4 Der Anspruch ist auf den Ersatz des **Leistungsinteresses** („positives Interesse") gerichtet: Der Gläubiger ist wirtschaftlich so zu stellen, wie wenn der Vertrag ordnungsgemäß erfüllt worden wäre (grundlegend RGZ 91, 30, 33; BGHZ 2, 310, 313 f; BGH 11. 2. 2009 – VIII ZR 328/07, JZ 2012, 44, 45; BAGE 81, 294, 298; BGH 27. 5. 1998 – VIII ZR 362/96, NJW 1998, 2901, 2902 mwNw; Keuk 143 ff). Der Anspruch auf Schadensersatz statt der

Leistung entspricht im Kern dem Schadensersatz wegen Nichterfüllung alten Rechts (BT-Drucks 14/6040, 137, 225). Eine inhaltliche Änderung ist mit der begrifflichen Neuerung im Zuge der Schuldrechtsmodernisierung nach zutr hM nicht verbunden (NK-BGB/Dauner-Lieb Rn 64 ff; MünchKomm/Ernst § 281 Rn 1; Soergel/Benicke/Hellwig § 281 Rn 9; Faust, in: Huber/Faust, Schuldrechtsmodernisierung Rn 3/104 f). Es gibt keinen überzeugenden Grund, das Leistungsinteresse betreffende Schadenspositionen aus dem Anspruch herauszunehmen, wie dies vereinzelt vertreten wird, etwa den Anspruch auf das Äquivalenzinteresse zu beschränken und das Leistungsinteresse betreffende **Folgeschäden** (zB Betriebsausfallschaden, entgangener Gewinn) auf § 280 Abs 1 BGB zu stützen (so Schultz, in: Westermann, Das Schuldrecht 2002, 62 ff; in eine ähnliche Richtung bezüglich Abgrenzung von Mangel- und Mangelfolgeschaden Canaris, in: FS Wiegand [2005] 179, 236; krit auch Ostendorf NJW 2010, 2833, 2834). Zum Integritätsfolgeschaden s Rn E 8.

Zu den **typischen Schäden**, die das Leistungsinteresse betreffen, gehören der vom Gläubiger nicht erlangte Wert der ganz oder teilweise (in qualitativer wie quantitativer Hinsicht) ausbleibenden Leistung, ein entgangener Gewinn aus der Weiterverwendung der Leistung und etwaige Mehrkosten für ein Deckungsgeschäft, die zB daraus entstehen, dass der Käufer eine gleichartige Sache am Markt nur zu einem höheren Preis erhalten kann (zur Abgrenzung vom Schadensersatz nach § 280 Abs 1 BGB und Verzögerungsschaden Rn E 9, E 14). Ersatzfähig können auch Schadenspositionen sein, die aus der vorübergehenden Störung der Leistungspflicht entstanden sind (Verzögerungsschaden, Rn E 9; verzögerungsähnliche Schäden, Rn E 14), wenn aus der vorübergehenden Störung eine endgültige geworden ist (näher § 281 Rn B 137). **E 5**

bb) Schadensersatz bei Teilnichtleistung/Schlechtleistung

Im Fall einer **Teilstörung** – Teilnichtleistung oder Schlechtleistung – stellt sich die Frage, ob Schadenersatz statt der ganzen Leistung („großer Schadensersatz") oder nur hinsichtlich des ausgebliebenen Teils bzw hinsichtlich des Mangels („kleiner Schadensersatz") verlangt werden kann. Beim **kleinen Schadensersatz** (§§ 281 Abs 1 S 2 u 3, 283 S 2 BGB) behält der Gläubiger die Teil- bzw Schlechtleistung und kann als Ausgleich für die quantitative bzw qualitative Abweichung von der geschuldeten Leistung die Differenz zum vollen Leistungsinteresse in Geld ersetzt verlangen (dazu näher § 281 Rn B 153 ff, C 24 ff, § 282 Rn 59, § 283 Rn 65 ff; zu den Besonderheiten bei *Sukzessivlieferungsverträgen* § 281 Rn B 176 ff und *Dauerschuldverhältnissen* § 281 Rn C 29, § 282 Rn 60, § 283 Rn 36). Beim **großen Schadensersatz** entfällt die Leistungspflicht und der Gläubiger verlangt Schadensersatz statt der ganzen Leistung (§ 281 Abs 1 S 2 u 3 BGB). Die Teil- oder Schlechtleistung kann der Gläubiger zurückweisen (§ 281 Rn B 156 ff u C 25 ff), die bereits empfangene Leistung zurückgeben (§ 281 Abs 5 BGB). Ob der Gläubiger den großen Schadensersatz verlangen kann, entscheidet sich nach dem Interesse des Gläubigers an der vollständigen bzw mangelfreien Leistung: im Fall der quantitativen Teilleistung muss der Gläubiger das besondere Interesse an der Vollständigkeit der Leistung nachweisen (§ 281 Abs 1 S 2 BGB; näher § 281 Rn B 165 ff). Bei der Schlechtleistung verhält es sich umgekehrt: Das Interesse an der Mangelfreiheit wird vermutet und der Gläubiger ist nur ausnahmsweise, bei Unerheblichkeit des Mangels auf den kleinen Schadensersatz beschränkt (§ 281 Abs 1 S 3 BGB; § 281 Rn C 25 ff). Im *Kaufvertrags- und Werkvertragsrecht* wird die *unbewusste* Teilleistung **(Mankoleistung)** gem § 434 Abs 3 BGB bzw § 633 Abs 2 S 3 BGB dem Sachmangel gleichgestellt (Staudinger/Matusche-Beckmann [2014] § 434 Rn 154; Staudinger/Peters/Jacoby [2013] § 633 Rn 197). **E 6**

Das gilt nach richtiger Auffassung auch für die Anwendung des § 281 Abs 1 S 3 BGB (§ 281 Rn A 31; Staudinger/Matusche-Beckmann [2014] § 434 Rn 155; Canaris ZRP 2001, 329, 334 f; Grigoleit/Riehm ZGS 2002, 115 ff; Lorenz/Riehm, Schuldrecht [2002] Rn 221, 219; Reischl JuS 2003, 453, 457 f sowie vWilmowsky Beil zu JuS Heft 1/2002, 3, 25). Für die vom Gläubiger erkannte Teilleistung bleibt es dagegen bei § 281 Abs 1 S 2 BGB (Windel Jura 2003, 793 ff; Heiderhoff/Skamel JZ 2006, 383, 388 ff).

E 7 Das Vorstehende gilt entsprechend, wenn die Teilstörung auf einem Leistungshindernis (§ 275 BGB) beruht, dh ein Teil der Leistung gem **§ 275 BGB** nicht erbringbar ist (§ 283 S 2 BGB iVm § 281 Abs 1 S 2 BGB, vgl § 283 Rn 65 ff) bzw der Behebung des Mangels ein solches Hindernis entgegensteht (§ 283 S 2 BGB iVm § 281 Abs 1 S 3 BGB, vgl § 283 Rn 78 sowie Hirsch Jura 2003, 289, 294 ff). Bei anfänglichem Leistungshindernis ist § 311a Abs 2 S 3 BGB iVm § 281 Abs 1 S 2 u S 3 BGB maßgeblich. Der Unterschied zu § 281 BGB liegt allein darin, dass der Gläubiger keine Nachfrist setzen muss, um den großen Schadensersatz verlangen zu können.

cc) Verhältnis zu anderen Schadenersatzarten

E 8 **Integritätsschäden** sind nach der hier vertretenen Auffassung auch dann nicht dem Schadensersatz statt der Leistung zuzurechnen, wenn der Schaden auf die Verletzung einer Leistungspflicht zurückgeht. Sie sind ausschließlich nach § 280 Abs 1 BGB zu ersetzen (Rn C 39 ff). Das bedeutet eine Abweichung zum Begriff des Nichterfüllungsschadens nach altem Recht, soweit diesem Integritätsschäden ganz (bei § 463 aF, vgl Staudinger/Honsell [1995] § 463 Rn 49 ff u § 538 aF; BGHZ 50, 200, 204) oder teilweise (bei § 635 aF: „nächste Folgeschäden", Staudinger/Peters [2000] § 635 Rn 47 ff) zugerechnet wurden. Es kann auch eine Abweichung zum Begriff des *Nichterfüllungsschadens* in den Haftungsnormen bedeuten, die diesen Begriff weiterhin zur Kennzeichnung eines von den §§ 280 ff BGB autarken Schadensersatzanspruchs verwenden wie zB §§ 523 Abs 2, 524 Abs 2 BGB; Gleiches gilt für den unspezifischen Begriff in § 536a Abs 1 BGB. Die Reichweite des Schadensersatzanspruchs in diesen Normen ist nach deren jeweiligem Zweck und prinzipiell unabhängig von den §§ 280 ff BGB zu bestimmen. Keine Bedeutung für die Auslegung der §§ 280 ff BGB hat die Verwendung des Begriffs „Nichterfüllungsschaden" in Vorschriften, die auf die §§ 280 ff BGB als Haftungsnorm Bezug nehmen wie zB § 338, § 1585b Abs 2, Abs 3 BGB.

b) Schadensersatz für Verzögerungsschaden (§§ 280 Abs 1, Abs 2, 286)

aa) Inhalt

E 9 Der gem §§ 280 Abs 1, Abs 2, 286 BGB zu ersetzende Verzögerungsschaden (alternativ: Verzugsschaden) erfasst einen Schaden, der durch den Verzug des Schuldners adäquat verursacht wurde (RGZ 107, 149, 150) und dem Verzug objektiv zurechenbar ist. Das wird nach einer gängigen Formel bejaht, wenn der Schaden **bei rechtzeitiger Leistung nicht entstanden wäre und durch eine spätere Erbringung der Leistung nicht mehr beseitigt werden könnte** (BGH 3. 7. 2013 – VIII ZR 169/12, NJW 2013, 2959, 2960 f). Vermögensnachteile, die auf ein gesteuertes Verhalten des Gläubigers zurückgehen, namentlich Mehraufwendungen für *Deckungsgeschäfte,* zu denen sich der Gläubiger nach Ausbleiben der Leistung bei Fälligkeit entschließt, sind dem Verzug nur zurechenbar, wenn sie den vorübergehenden Bedarf bis zur (verspäteten) Erbringung oder endgültigen Nichterbringung der Leistung decken (zB Anmietung eines Ersatzwagens bei nicht rechtzeitig erfülltem Autokauf; in BGH 3. 7. 2013 – VIII ZR 169/12, NJW

2013, 2959 der Ankauf einer Menge Diesel zur Deckung des vorübergehenden Bedarfs bis zum Ablauf der Nachfrist). Nur zu solchen Deckungsgeschäften darf sich der Gläubiger berechtigt sehen, solange die Leistungspflicht fortbesteht (iE zutr daher BGH 3. 7. 2013 – VIII ZR 169/12, NJW 2013, 2959, 2960 f mwNw; s ferner Kaiser, in: FS Westermann [2008] 351, 352; zust Grigoleit/Bender ZfPW 2019, 1, 47 f; zu unterschiedlichen Begründungsansätzen Korch/Hagemeyer Jura 2014, 1077 ff; Hirsch JuS 2014, 97, 100 f; zT iE anders Benicke/Hellwig ZIP 2015, 1106 ff). Dies gilt auch, wenn die endgültige Befriedigung des Verwendungszwecks einen geringeren Aufwand erfordert als eine vorübergehende Maßnahme (zB Kauf eines Ersatzwagens ist billiger als Anmietung). Allerdings kann in solchen Fällen gem § 281 Abs 2 BGB die Fristsetzung entbehrlich und der eingetretene Schaden als Schadensersatz statt der Leistung liquidiert werden. Dem vorübergehenden Charakter des Verzuges entsprechend hat ferner bei der Berechnung des Verzögerungsschadens außen vor zu bleiben, dass die Leistung letztlich nicht erbracht wird (RGZ 94, 203; RG 22. 10. 31 – V 214/31, HRR 1932 Nr 437). Im Hinblick auf den zurechenbaren Schaden ist der Gläubiger so zu stellen, wie er stehen würde, wenn der Schuldner rechtzeitig ordnungsgemäß geleistet hätte (vgl BGH 17. 9. 1964 – VII ZR 70/63, WM 1964, 1168, 1169 zu § 286 aF).

Ein entgangener **Weiterveräußerungsgewinn** kann Verzögerungsschaden sein, wenn dem Gläubiger infolge des Verzuges ein gewinnbringendes Geschäft entgeht, das er trotz noch erfolgter Erbringung der Leistung nicht nachholen kann. Zum Verzögerungsschaden zählen die nach Eintritt des Verzuges entstandenen Aufwendungen, die der Gläubiger zur **Durchsetzung** seines Anspruchs betreiben musste, insbes Anwalts- und Detektivkosten (BGH 4. 5. 2011 – VIII ZR 171/10, NJW 2011, 2871 f). Zu den gem §§ 280 ff BGB ersatzfähigen Aufwendungen der Rechtsdurchsetzung können auch Prozesskosten gehören, die nicht gem §§ 91 ff ZPO erstattungsfähig sind; die verschuldensunabhängige prozessuale Kostenregelung schließt eine weiter gehende materiellrechtliche Haftung nicht aus. Ausnahmsweise kann die materiellrechtliche Haftung sogar zu einem gegenteiligen Ergebnis führen wie die prozessuale Kostenverteilung. Das gilt allerdings nicht, wenn der die Haftung begründende Sachverhalt derselbe ist, auf dem auch die prozessuale Kostenentscheidung beruht (BGH 16. 2. 2011 – VIII ZR 80/10, NJW 2011, 2368 mwNw). E 10

bb) Verhältnis zum Schadensersatz statt der Leistung

Das *Verhältnis des Verzögerungsschadens zum Schadensersatz statt der Leistung im Falle der Nichtleistung* (§ 281 Abs 1 S 1, 1. Alt BGB) wirft wegen der Anknüpfung beider Haftungstatbestände an die „Nichtleistung" die Frage nach dem Vorrang einer der beiden Regelungen auf. Die Antwort darauf ist **umstritten**. Nach hier vertretener Ansicht (näher § 281 Rn B 134 ff) gilt: (1) Mit dem Schadensersatzverlangen entfällt die Leistungspflicht und damit endet der Verzug. Ein bis dahin entstandener Anspruch auf den Verzögerungsschaden bleibt bestehen. Der Anspruch auf Schadensersatz statt der Leistung tritt hinzu. (2) Beide Schadensersatzansprüche entstehen und bestehen unabhängig voneinander. (3) Der Schadensersatz statt der Leistung kann nicht zugleich ersatzfähiger Verzögerungsschaden sein, da der Verzögerungsschaden dadurch definiert ist, dass er trotz Erbringung der Leistung fortbesteht. (4) Der Verzögerungsschaden ist nicht per se im Schadensersatz statt der nicht erbrachten Leistung enthalten. Es ist aber nicht ausgeschlossen, dass ein dem Verzögerungsschaden zuzurechnender Schadensposten zugleich dem Schadensersatz statt der Leistung unterfällt (§ 281 Rn B 137). (5) Kann die Schadensposition beiden Haftungsansprüchen E 11 zugerechnet werden, kann der Gläubiger den Schadensposten wahlweise als Schadensersatz statt der Leistung oder als Verzögerungsschaden geltend machen.

E 12 Für das *Verhältnis des Verzögerungsschadens zum Schadensersatz statt der Leistung wegen Nichtleistung infolge eines Leistungshindernisses* (§ 283 BGB) gilt: Der Eintritt des Leistungshindernisses (§ 275 Abs 1 BGB) beendet den Schuldnerverzug und lässt den Anspruch auf Schadensersatz statt der Leistung entstehen. Der entstandene Anspruch auf Ersatz des Verzögerungsschadens bleibt davon unberührt. Eine Überschneidung der haftungsbegründenden Tatbestände ist wegen der verzugsbeendenden Wirkung des Leistungshindernisses ausgeschlossen (§ 283 Rn 56). Da der Eintritt des Leistungshindernisses den maßgeblichen Zeitpunkt der Schadensberechnung für den Schadensersatz statt der Leistung bildet, ist eine Konkurrenz der Schadensersatzansprüche hinsichtlich einzelner Schadenspositionen praktisch ausgeschlossen (§ 283 Rn 57). Liegt das Leistungshindernis schon bei Entstehung des Schuldverhältnisses vor, kann Verzug nicht eintreten und eine Konkurrenz zur Haftung gem § 311a Abs 2 BGB von vornherein nicht entstehen. Für die durch Einrede geltend zu machenden Leistungshindernisse gem **§ 275 Abs 2 u Abs 3 BGB** ist allerdings umstritten, zu welchem Zeitpunkt der Verzug beendet wird: bereits zum Zeitpunkt des Eintritts des Leistungshindernisses, sodass die spätere Einrede zurückwirkt (MünchKomm/Ernst § 275 Rn 103, § 286 Rn 22; BeckOGK-BGB/Riehm [1. 12. 2018] § 275 Rn 226; Faust, in: Huber/Faust, Schuldrechtsmodernisierung Rn 3/184; Wieser NJW 2001, 121, 122) oder erst ab Erhebung der Einrede, sodass der Schuldner sich zuvor in Verzug befindet (Otto, in: FS Canaris [2007] I 945, 947, 948 f). Richtigerweise ist die Rückwirkung auf den Eintritt der Umstände grundsätzlich zu bejahen, jedoch davon abhängig zu machen, dass der Schuldner die Einrede unverzüglich nach Eintritt der Umstände erhebt (§ 283 Rn 56).

cc) Verhältnis zum Ersatz von Integritätsschäden

E 13 Führt der Verzug des Schuldners zu Integritätsschäden (zB Verzug des mit Dachreparatur beauftragten Dachdeckers, infolgedessen Wasserschaden am Haus), ist die Haftungsgrundlage umstritten. Ein Teil der Literatur rechnet den Integritätsschaden dem Verzögerungsschaden zu, sodass die Haftung sich nach §§ 280 Abs 1, Abs 2, 286 BGB richten würde. Transparenz und Handhabbarkeit sprechen gegen diese Ansicht und für die hier vertretene Position, die Haftungsgrundlage für den **Ersatz von Integritätsschäden** stets in **§ 280 Abs 1 BGB** zu verorten, auch dann, wenn der Integritätsschaden auf der Verletzung einer Leistungspflicht beruht (s zur parallelen Diskussion beim Schadensersatz statt der Leistung Rn C 39 ff). Praktische Auswirkungen hat der Streit nicht, da die besonderen Voraussetzungen des § 286 BGB heranzuziehen sind, soweit die Haftung für den Integritätsschaden auf die Nichterbringung der Leistung bei Fälligkeit gestützt wird (Rn C 40). Die Wertung des § 286 BGB, bei nicht exakt bestimmter Leistungszeit erst nach vergeblicher Mahnung haften zu sollen, gilt auch für den Integritätsschaden. Ist für den Schuldner bei Begründung der Schuld erkennbar, dass der Verzug zu Integritätsschäden führen kann (wie im Beispiel der Dachreparatur), ist die Mahnung gem § 286 Abs 2 Nr 4 BGB entbehrlich (s noch Rn C 40; Staudinger/Feldmann § 286 Rn 89). Ebenso heranzuziehen ist die haftungsverschärfende Regelung des § 287 BGB: Werden dem Dachdecker während des Verzuges Dachpfannen und Dichtungsmaterial entwendet und entsteht durch die daraus resultierende Verlängerung des Verzuges der Wasserschaden am Haus, haftet der Dachdecker gem § 280 Abs 1 BGB für diesen Schaden, wobei er sich wegen § 287

BGB nicht entlasten kann. Davon zu trennen ist die Haftung aufgrund einer vom Leistungsvorgang unabhängigen Verletzung einer Rücksichtnahmepflicht, für die § 287 BGB keine Anwendung findet.

c) Schadensersatz für verzögerungsähnlichen Schaden (§ 280 Abs 1)

Von den unter a) und b) erfassten Schadensersatznormen nicht erfasst werden Schäden, die weder auf das endgültige Ausbleiben der Leistung noch auf die vorübergehende Nichtleistung zurückzuführen sind. Sie gehen zurück auf **andere vorübergehende Störungen** der Leistungspflicht. Sie gleichen dem Verzögerungsschaden darin, dass der Schaden durch eine spätere (Nach-)Erfüllung nicht mehr zu kompensieren ist. Das gilt insbes für den Schaden, der in der vorübergehenden Nichtnutzbarkeit oder eingeschränkten Nutzbarkeit wegen eines vorübergehend bestehenden Mangels entsteht (zB dem Käufer entstehende Kosten eines Mietwagens zur Überbrückung der Zeit bis zur Beseitigung eines Fehlers im Bremssystem des gekauften Kfz). Maßgebliche Anspruchsgrundlage ist § 280 Abs 1 BGB (Rn C 25 ff). **E 14**

2. Schadensersatz für Integritätsschaden (§ 280 Abs 1)

a) Begriff und Abgrenzung zum Schadensersatz statt der Leistung

Der Ersatz des Integritätsschadens zielt auf Ausgleich der Schäden an Rechten, Rechtsgütern und sonstigen, (noch) nicht zur subjektiven Rechtsposition verfestigten „Interessen" des Gläubigers, die unabhängig von der Leistungspflicht bestehen (Rn C 38). Der Gläubiger ist so zu stellen, wie er bei ordnungsgemäßer Beachtung der verletzten Pflicht (insbes Rücksichtnahmepflicht) stünde, dh es ist der Güter- und Vermögensstand herzustellen, der vor der Pflichtverletzung bestand. Die Abgrenzung des Integritätsschadens zum Schadensersatz statt der Leistung erfordert eine genaue Ermittlung des Inhalts der Leistungspflicht. Muss der Schuldner schon aufgrund der (Nach-)Leistungspflicht einen für den Gläubiger eingetretenen Nachteil beheben, handelt es sich nicht um einen Integritätsschaden. Veranschaulicht am Problem der Aufwendungen für den **Ein- und Ausbau** einer mangelhaften Kaufsache (BGH 15. 7. 2008 – VIII ZR 211/07, NJW 2008, 2837): Der Käufer/Gläubiger kauft bei einem Holzhändler Parkettstäbe. Diese lässt er zu Hause durch einen Dritten verlegen. Dabei stellt sich heraus, dass die Parkettstäbe einen Materialfehler aufweisen und unbrauchbar sind. In der gesetzten Nacherfüllungsfrist liefert der Verkäufer/Schuldner neue Stäbe, die der Käufer wiederum einbauen lassen will. Der Käufer verlangt zum einen Ersatz der Kosten für den Ausbau des fehlerhaften Materials, zum zweiten Ersatz der Einbaukosten. **E 15**

Umfasst der Nacherfüllungsanspruch die Aufwendungen für den Ausbau des fehlerhaften Materials und für den Einbau des nachgelieferten fehlerfreien Materials (so nunmehr § **439 Abs 3 BGB**; s zur vormaligen Rechtslage EuGH 16. 6. 2011 – C 65/09, C 87/09, NJW 2011, 2269; BGH 21. 12. 2011 – VIII ZR 70/08, NJW 2012, 1073 ff), sind beim Ausbleiben oder Scheitern der Nacherfüllung die Ausbau- und Wiedereinbaukosten als Schadensersatz statt der Leistung gem §§ 281 Abs 1 S 1, 2. Alt, 280 Abs 1, Abs 3 BGB (iVm §§ 434, 437 Nr 3 BGB) zu ersetzen. Die frustrierten Aufwendungen für den Ersteinbau gehören, da der Einbau nicht Gegenstand der Leistungspflicht ist, zum Integritätsschaden (insoweit zutreffend BGH 15. 7. 2008 – VIII ZR 211/07, NJW 2008, 2837 ff; **aA** OLG Karlsruhe 2. 9. 2004 – 12 U 144/04, MDR 2005, 135, dazu krit St Lorenz ZGS 2004, 408 ff), der gem § 280 Abs 1 BGB (iVm §§ 434, 437 Nr 3 BGB) zu ersetzen ist (zutr **E 16**

OLG Düsseldorf 31. 1. 2008 – I-8 U 184/06, NJW-RR 2008, 1282). Allerdings muss sich der Gläubiger den Vorteil des Zweiteinbaus anrechnen lassen, sodass der Schuldner im Ergebnis den Einbau nur einmal zu zahlen hat bzw nur für den evtl Mehraufwand des Ersteinbaus aufkommen muss.

E 17 Fehlt es an einer die Kosten des Ausbaus und Zweiteinbaus umfassenden (Nach-) Leistungspflicht (so bei **Abbedingung des § 439 Abs 3 BGB** für den Kauf, der nicht Verbrauchsgüterkauf ist), sind die frustrierten Aufwendungen für den Ersteinbau und die Aufwendungen für den Ausbau des fehlerhaften Materials nur als Integritätsschaden ersatzfähig (§ 280 Abs 1 BGB, vgl OLG Oldenburg 23. 8. 2011 – 13 U 59/11, NJW-RR 2011, 1498, 1499). Die Aufwendungen für den Zweiteinbau sind vom Schuldner nur zu tragen, soweit sie die des Ersteinbaus übersteigen; denn der Gläubiger ist nicht von Aufwendungen zu entlasten, die er auch bei von vornherein ordnungsgemäßer Leistung zu tragen gehabt hätte (**aA** BGH 15. 7. 2008 – VIII ZR 211/07, NJW 2008, 2837, 2840 [nur iE abl mangels Verschuldens] m krit Anm Faust JuS 2008, 933, 935; s dazu auch § 284 Rn 19, 35; wohl auch Schneider/Katerndahl NJW 2007, 2215, 2216; wie hier St Lorenz ZGS 2004, 409 f). Ein weiteres Beispiel aus dem Werkvertragsrecht: Zur Leistungspflicht eines Unternehmers, der nach einem Wasserschaden in einem Gebäude damit beauftragt ist, den Fußbodenaufbau zu trocknen, gehört nicht die Beseitigung von weiteren Schäden, die der Unternehmer durch Wahl einer falschen Trocknungsmethode am Gebäude verursacht hat; der Schaden ist daher aus der Perspektive des Werkvertrages Integritätsschaden, für den gem § 280 Abs 1 BGB (ggf iVm §§ 634 Nr 4, 633 BGB) gehaftet wird (unklar BGH 8. 12. 2011 – VII ZR 198/10, NJW-RR 2012, 268 f). Dagegen liefert die Frage, ob der *Schaden durch Nachholung der Leistung verhindert worden wäre,* keine tragfähige Abgrenzung des Integritätsschadens (so aber BGH 22. 2. 2018 – VII ZR 46/17 Rn 58, NJW 2018, 1463; Tiedtke/Schmitt BB 2005, 615 ff u Skamel NJW 2008, 2820, 2822; ganz abl Hirsch JuS 2014, 97, 99). Beispiel: Es liefert der Verkäufer/Schuldner eine Maschine zur Frischobstverarbeitung mit einem Defekt, der Defekt wird innerhalb der gesetzten Frist nicht behoben. Nach Ablauf der Frist verderben die Birnen, die verarbeitet werden sollten. Hier handelt es sich um die Verletzung eines „sonstigen" (von der Leistung verschiedenen) Rechtsgutes des Gläubigers und daher um einen Integritätsschaden gem § 280 Abs 1 BGB. Man käme zu einem anderen und falschen Ergebnis, würde auf die Verhinderung des Schadens durch rechtzeitige Nachleistung abgestellt werden. Die hypothetische Verhinderung eines Schadens durch rechtzeitige Nachleistung ist kein hinreichendes Kriterium dafür, dass der Nichteintritt der Schadenssituation Gegenstand der Nachleistungspflicht ist.

E 18 Der **Integritätsschaden** kann in der **Belastung mit einer Leistungspflicht** bestehen, die der Geschädigte nicht oder nicht mit diesem Inhalt gewollt hat. Die schadensbegründende Leistungspflicht kann *gegenüber dem Schuldner/Schädiger* selbst bestehen: Der Schaden besteht in der Pflicht zur Erbringung der nicht gewollten (Gegen-) Leistung, der Schadensersatz besteht entweder gem § 249 Abs 1 BGB in der Befreiung von ihr durch einen Anspruch auf Zustimmung zur Vertragsaufhebung bzw Vertragsänderung oder im finanziellen Ausgleich der Mehrbelastung (zu Letzterem BGH 13. 11. 2012 – XI ZR 334/11, NJW 2013, 450 f). Praktisch betrifft dies vor allem die vorvertragliche Pflicht zur Aufklärung über für den Vertragsschluss erhebliche Umstände (Rn C 59 ff) und die Pflicht zur Aufklärung über entgeltrelevante Änderungen im Dauerschuldverhältnis (zB BGH 15. 3. 2012 – III ZR 190/11, NJW 2012, 2103: Aufklärung über Tarife für neue Dienstleistungen im Rahmen eines Telekommunikationsvertrages). Die schadensbegründende Leistungspflicht des Gläubigers/Geschädigten kann *gegenüber einem Dritten* bestehen: Veranlasst ein vom Kaufinteressenten/Gläubiger beauftragter Tierarzt durch unzureichende Untersuchung eines kranken Pferdes dessen Ankauf, haftet der Tierarzt für den in der kaufvertraglichen Zahlungspflicht liegenden Schaden seinem Auftraggeber gem § 280 Abs 1 BGB (BGH 22. 12. 2011 – VII ZR 136/11, NJW 2012, 1070 f).

Mit Bewirkung der Leistung und dem Erlöschen des Leistungsanspruchs (§ 362 BGB) geht der **Leistungsgegenstand in die Integritätssphäre** des Gläubigers über. Beschädigt der Schuldner ihn nach diesem Zeitpunkt, richtet sich die Haftung grundsätzlich nach § 280 Abs 1 BGB (BGH 19. 5. 2011 – VII ZR 24/08, NJW 2011, 3291). Das gilt auch, wenn die Beschädigung gelegentlich eines Nachbesserungsversuchs verursacht wird (zB Verkäufer verursacht anlässlich Behebung eines bei Lieferung vorhandenen Bremsdefekts einen Lackschaden am verkauften Kfz). Ggf kann es gem §§ 282, 324 BGB zum Schadensersatz statt der Leistung bzw zur Rückabwicklung des Vertrages kommen (Cziupka/Kliebisch JuS 2008, 855 ff). Führt die Nachbesserung zu einem neuen Mangel (im Beispiel: Austausch der defekten Bremsanlage gegen eine neue, aber ebenfalls defekte Bremse), ist das Leistungsinteresse betroffen und es sind §§ 281, 283 BGB einschlägig (§ 281 Rn B 62 ff). **E 19**

Ein Schaden an Rechtsgütern des Gläubigers (zB Beschädigung der Mietsache durch den Mieter) kann Integritätsschaden (im Beispiel: Verletzung des Eigentums des Vermieters) und Verletzung eines Leistungsinteresses (im Beispiel Schlechterfüllung der Leistungspflicht zur Rückgabe der Mietsache gem § 546 Abs 1 BGB) sein. Dem Gläubiger stehen dann Schadensersatzansprüche sowohl nach § 280 Abs 1 BGB als auch nach §§ 280 Abs 1, Abs 3, 281 ff BGB nach seiner Wahl zu Gebote, wenn nicht sachliche Gründe für den Vorrang einer Pflicht sprechen (im Beispiel für Vorrang des § 280 Abs 1 BGB BGH 28. 2. 2018 – VIII ZR 157/17 Rn 21 f, NJW 2018, 1746).

b) Inhalt des Schadensersatzes

Für den Inhalt des Anspruchs auf Schadensersatz gelten die §§ 249 ff BGB. Anders als beim Schadensersatz „statt" der Leistung kann der Gläubiger hier gem § 249 Abs 1 BGB Naturalrestitution verlangen. Zum ersatzfähigen Schaden gehören je nach dem Schutzbereich der verletzten Pflicht auch reine Vermögensschäden (MünchKomm/Ernst Rn 31). Als besondere Form dabei ist der **Vertrauensschaden** hervorzuheben, der insbes die vorvertragliche Haftung betrifft. Hier ist der Gläubiger so zu stellen, als hätte er nicht vertraut (in die Erklärungen des Schuldners oder auf eine falsche Vorstellung, die der Schuldner hätte beseitigen müssen). Besteht der Schaden in der Bindung an einen Vertrag mit dem Schuldner, der nicht den geschützten Erwartungen des Gläubigers entspricht, kann sich aus § 280 Abs 1 BGB iVm § 249 Abs 1 BGB ein *Anspruch auf Zustimmung zur Aufhebung des Vertrages* ergeben (BGH 17. 1. 2008 – III ZR 224/06, NJW-RR 2008, 564; Rn C 61). Der Anspruch auf Ersatz des Integritätsschadens ist unabhängig vom Schicksal der Leistungspflicht und daher auch bei Fortbestehen der Leistungspflicht möglich. Verursacht ein Mangel am Leistungsgegenstand selbst weitere Schäden, die mit dem Mangel nicht stoffgleich sind (Problem des **Weiterfresserschadens**), ist dies als Verletzung des Integritätsinteresses zu werten und kann daher einen Schadensersatzanspruch gem § 280 Abs 1 BGB auslösen (näher § 281 Rn C 10). **E 20**

3. Weitere Kategorisierungen

E 21 Nicht unmittelbar im Gesetz angelegt sind folgende in der Literatur verbreitete Kategorisierungen des Schadensersatzes. Dogmatisch ergiebig sind sie nur zum Teil.

a) Schadensersatz neben der Leistung

E 22 Die Kategorie *„Schadensersatz neben der Leistung"* bezeichnet, versteht man sie streng, alle Schadensersatzansprüche, die trotz Fortbestand der Leistungspflicht entstehen können (Hirsch Jura 2003, 289, 290; St Lorenz NJW 2002, 2497, 2500; vgl Schwarze, Leistungsstörungen [2017] § 30 Rn 1 ff; § 28 Rn 43 f). Das gilt für den Verzögerungsschaden (§ 280 Abs 2 BGB) und den verzögerungsähnlichen Schaden (§ 280 Abs 1 BGB) einerseits, den Integritätsschaden andererseits (§ 280 Abs 1 BGB). Darin erschöpft sich die strukturierende Wirkung der Kategorie. Unproblematisch ist sie nicht: Sie verleitet zu dem Missverständnis, dass die so bezeichneten Schadensarten das Fortbestehen der Leistungspflicht voraussetzen, was nicht der Fall ist. Sie verwischt die gebotene Trennung zwischen Integritätsschaden (§ 280 Abs 1 BGB) und das Leistungsinteresse betreffenden Schaden (§ 280 Abs 1 u Abs 2 BGB).

b) Einfacher Schadensersatz

E 23 Die Kategorie „einfacher Schadensersatz" knüpft an die Voraussetzungen der Haftung an und bezeichnet den **Schadensersatzanspruch aus § 280 Abs 1 BGB** in Gegenüberstellung zu den Ersatzansprüchen, die gem § 280 Abs 2, Abs 3 BGB an „zusätzliche Voraussetzungen" geknüpft sind. Eine dogmatische Bedeutung hat sie, wenn man den Anwendungsbereich des § 280 Abs 1 BGB zeitlich bestimmt und mit dem Eintritt der „zusätzlichen Voraussetzungen" (§ 280 Abs 3 BGB) die Haftung für alle ab dann eintretenden Schäden infolge Leistungspflichtverletzung – auch die für Integritätsschäden – nur noch nach §§ 280 Abs 1, Abs 3, 281–283 BGB bestimmt. Das entspricht nicht der hier und herrschend vertretenen Position, die den Anwendungsbereich der Haftungstatbestände nach der Art der Pflichtverletzung und dem daraus resultierenden Schaden bestimmt (Rn E 1 ff). Es entspricht ferner nicht der hier vertretenen Auffassung von der schadensersatzrechtlichen Bedeutung der Fristsetzung (Rn E 130, E 134 f). Im Übrigen werden mit dem „einfachen Schadensersatz" das Leistungsinteresse betreffende und das Integritätsinteresse betreffende Schäden vermengt.

c) Folgeschaden

E 24 Der Begriff des Folgeschadens bezeichnet zutreffend den Unterschied zwischen dem im Ausbleiben der Leistung selbst liegenden Schaden und den in den weiteren Folgen liegenden Schäden. Die weiteren Folgen können das Leistungsinteresse (zB entgangener Gewinn) oder das Integritätsinteresse betreffen. Teils wird der Begriff Folgeschaden auf das Leistungsinteresse beschränkt und ein aus der Verletzung der Leistungspflicht resultierender Integritätsschaden als **Begleitschaden** bezeichnet. Das Vorstehende gilt entsprechend für den Begriff des **Mangelfolgeschadens** (Pendantbegriff: Mangelschaden), eine auf den Fall der Mangelhaftigkeit gemünzte Konkretisierung des Begriffs. An diese Unterscheidung knüpft die Frage an, ob und inwieweit der Schadensersatz statt der Leistung Folgeschäden umfasst. Nach hier vertretener Auffassung sind das Leistungsinteresse betreffende Folgeschäden umfasst (etwa Rn E 78 ff, E 84 ff), Integritätsschäden dagegen nicht (Rn C 39 ff; zum Weiterfresserschaden s Rn C 38, E 20 und § 281 Rn C 10; zum Vertrauensschaden Rn E 20, E 29).

d) Nutzungsausfallschaden (Betriebsausfallschaden)

Eine verunklarende Rolle in der Dogmatik des Leistungsstörungsrechts spielt der „Nutzungsausfallschaden" (auch: Betriebsausfallschaden). Er bezeichnet Nachteile des Gläubigers, die aus der **fehlenden oder eingeschränkten Nutzbarkeit des Leistungsgegenstandes** resultieren (zB der infolge mangelhafter Lieferung eines Lkw entgangene Nutzungswert oder der entgangene Gewinn aus dessen unternehmerischem Einsatz). Die Diskussion um die Haftung in solchen Fällen wird verbreitet als Problem der „Haftung für Nutzungsausfallschäden" geführt (s Nachw Rn C 27 ff), was den unzutreffenden Eindruck entstehen lässt, es gehe ausschließlich um eine Problematik der haftungsausfüllenden Kausalität. Der leistungsstörungsrechtliche Aspekt der Haftung für Nutzungsausfallschäden liegt vielmehr in der Haftungsbegründung, genauer: in der haftungsrechtlichen Behandlung der vorübergehenden Störungen, die nicht unmittelbar vom Schuldnerverzug (§§ 280 Abs 1, Abs 2, 286 BGB) erfasst werden, insbes die vorübergehende Schlechtleistung (näher Rn C 27 ff). Der „Nutzungsausfall" als Schadensposten kann ebenso beim Schuldnerverzug oder bei der endgültigen Nichtleistung (zB BAG 19. 5. 2010 – 5 AZR 253/09, NJW 2010, 2827, 2828) auftreten. Der Begriff taugt somit zur typisierenden Ordnung der haftungsausfüllenden Kausalität (des Schadens), nicht aber zur Strukturierung der Haftungsbegründung. E 25

4. Beispielsfall

Die Schadensersatzarten werden im folgenden Beispielsfall veranschaulicht: E 26

Der Unternehmer U schuldet dem Besteller B Wartungs- und Aktualisierungsarbeiten an einem Computernetzwerk zu einem fest vereinbarten Termin. Schadensersatzansprüche können sich wie folgt ergeben: **(1)** U hat die Arbeiten zugesagt, obwohl ihm für das komplexe System von vornherein das erforderliche spezielle Know-how fehlt (**§ 311a Abs 2 BGB**; Vorbem C 7 zu §§ 280–285). **(2)** U verliert nach Vertragsschluss den einzigen für diese komplexe Aufgabe geeigneten Mitarbeiter und kann diesen in dem vorgesehenen Leistungszeitraum nicht ersetzen (**§§ 280 Abs 1, Abs 3, 283 BGB**; Rn E 3). **(3)** U hält trotz geeigneter Mitarbeiter den Termin nicht ein; dadurch entsteht infolge der Betriebsstörung zunächst ein Verzögerungsschaden (**§§ 280 Abs 1, Abs 2, 286 BGB**; Rn E 9). **(4)** Nach erfolgloser Setzung einer angemessenen Frist verlangt der B Schadensersatz statt der Leistung gem **§§ 280 Abs 1, Abs 3, 281 Abs 1 S 1, 1. Alt BGB**, darunter als Schadensposten auch Ersatz der weiteren durch den Nutzungsausfall entstandenen Verluste bzw Mehrkosten (Rn E 3, E 71 ff). **(5)** Die Arbeiten werden zunächst so mangelhaft ausgeführt, dass sich die neu aufgespielte Software nicht mit existierenden Komponenten verträgt, sodass das Netzwerk immer wieder zusammenbricht. Bis zur Behebung des Mangels verliert U Aufträge und daraus möglichen Gewinn (§ 634 Nr 4 BGB iVm **§ 280 Abs 1 BGB**; Rn E 14). **(6)** Dasselbe ereignet sich auch nach Ablauf der angemessenen Nacherfüllungsfrist (Schadensersatz gem § 634 Nr 4 BGB iVm **§§ 280 Abs 1, Abs 3, 281 Abs 1 S 1, 2. Alt BGB** auf Verlangen des B, Rn E 3, E 71 ff). **(7)** Während der Arbeiten versucht U, auf dem Betriebsrechner des B ein Computerspiel zu installieren; dadurch wird der auf der Festplatte des Systems befindliche Datenbestand weitgehend zerstört oder unbrauchbar und damit dessen Nutzung unmöglich (**§ 280 Abs 1 BGB** für den Integritätsschaden, der auch den Nutzungsausfall umfasst, Rn C 38, E 28). **(8)** Infolge des zuletzt geschilderten Vorfalls entfällt auch das Vertrauen in die ordnungsgemäße Durchführung eines weiteren bereits erteilten Auftrags (**§§ 280 Abs 1, Abs 3, 282 BGB**).

III. Berechnung und Durchführung des Schadensausgleichs

E 27 Der Schadensersatz ist Ausgleich für erlittenen Verlust. Das gilt auch für den Schadensersatz statt der Leistung. Der Inhalt des Schadensersatzes wird grundsätzlich durch die §§ **249 ff BGB** bestimmt. Sie beruhen auf der **Differenzhypothese** als der grundlegenden Methode zur Ermittlung des Schadens: einer Betrachtung der Ist-Situation (Rechtsgüter-/Vermögenslage nach Eintritt der Pflichtverletzung) und der Soll-Situation (Rechtsgüter-/Vermögenslage bei Nichteintritt der Pflichtverletzung). Im Folgenden geht es um die Anwendung dieser Methode und der §§ 249 ff BGB im Rahmen der in den §§ 280 ff BGB normierten Arten des Schadensersatzes (Rn E 2 ff) und um die sich insoweit ergebenden Besonderheiten, die teils Abweichungen, teils Konkretisierungen, teils Ergänzungen der allgemeinen Regeln (§§ 249 ff BGB) und allgemeinen Dogmatik sind. Die Ausführungen beziehen sich hier auf die Probleme, die bei Schäden gem §§ 280 ff BGB im Vordergrund stehen; im Übrigen ist auf die Erl zu §§ 249 ff BGB zu verweisen. Im Mittelpunkt steht dabei der Schadensersatz statt der Leistung (§ 280 Abs 3 BGB, Rn E 35 ff). Der Integritätsschaden (§ 280 Abs 1 BGB) ist hinsichtlich des Anspruchs auf Vertragsaufhebung zu erläutern (Rn E 28 ff). Hinsichtlich des Verzögerungsschadens (§ 280 Abs 2 BGB) wird auf die Erl zum Schuldnerverzug verwiesen (Staudinger/Feldmann § 286 Rn 181 ff).

1. Ersatz des Integritätsschadens nach § 280 Abs 1

a) Grundsatz

E 28 Inhalt und Umfang des Ersatzes des Integritätsschadens ergeben sich aus den §§ 249 bis 254 BGB. Insbes für Substanzschäden (Schäden an Leib, Leben, Eigentum) ist auf die entspr Erl zu §§ 249 ff BGB zu verweisen. Gem § 253 Abs 2 BGB umfasst der Schadensersatz zudem eine billige Entschädigung in Geld zum Ausgleich **immaterieller Schäden** bei der Verletzung des Körpers, der Gesundheit, der Freiheit oder der sexuellen Selbstbestimmung (über § 253 Abs 1 BGB hinaus für schadensersatzrechtlichen Schutz des Affektionsinteresses an der Leistung Maultzsch JZ 2013, 937 ff).

b) Aufhebung/Anpassung des Vertrages als Schadensersatz

E 29 Besonderheiten ergeben sich beim haftungsrechtlichen **Schutz der rechtsgeschäftlichen Entscheidungsfreiheit** durch vorvertragliche Verhaltenspflichten (Rn C 61). Hier bildet das **Vertrauen des Gläubigers** die Grundlage für den Inhalt des Schadensersatzanspruchs. Der Gläubiger ist so zu stellen, als hätte er nicht auf die Tatsache vertraut, die ihn zu seiner rechtsgeschäftlichen und ihn letztlich schadenden Disposition veranlasst hat. Zu ersetzen ist also der **Vertrauensschaden** oder das *negative Interesse* (st Rspr BGH 10. 6. 1999 – IX ZR 409, 97, NJW 1999, 3335, 3338; BGH 6. 4. 2001 – V ZR 394/99, NJW 2001, 2875, 2876; BGH 19. 5. 2006 – V ZR 264/05, NJW 2006, 3139, 3141; vgl auch § 21 WpHG). § 282 BGB findet auf das vorvertragliche Schuldverhältnis mangels Leistungspflicht keine Anwendung. Der Vertrauensschaden kann das Interesse an der Erfüllung des nicht zustande gekommenen Vertrages übersteigen, insbes wenn der Geschädigte nachweislich einen anderen Vertrag mit einem derartigen Erfolg abgeschlossen hätte. Anders als in den Fällen der Rechtsscheinhaftung (zB §§ 122, 179 BGB) ist der Schadensersatz nicht auf das Leistungsinteresse beschränkt (BGH 6. 4. 2001 – 1 V ZR 394/99, NJW 2001, 2875, 2876; BGH 19. 5. 2006 – V ZR 264/05, NJW 2006, 3139, 3141).

Von erheblicher praktischer Bedeutung ist der Anspruch auf **Aufhebung des nicht erwartungsgerechten Vertrages**, der sich konstruktiv aus § 249 Abs 1 BGB ergibt, wenn der Gläubiger bei pflichtgemäßem Verhalten des Schuldners den Vertrag nicht geschlossen hätte (Rn C 59 ff). Der Gläubiger kann Abgabe einer auf Aufhebung zielenden Willenserklärung des Schuldners und ggf Rückgewähr seiner Leistungen verlangen. Obgleich die **Kausalität** der Pflichtwidrigkeit zu den Haftungsvoraussetzungen gem § 280 Abs 1 S 1 BGB gehört, hat der aufklärungspflichtige Schuldner nach st Rspr darzulegen und zu beweisen, dass der aufklärungsbedürftige Gläubiger sich auch bei Kenntnis der betreffenden Umstände zum Vertrag entschlossen hätte (BGH 29. 9. 1997 – V ZR 29/96, NJW 1998, 302, 303; zuweilen wird diese Beweislastumkehr missverständlich als „Vermutung" gekennzeichnet, etwa BGH 24. 1. 2006 – XI ZR 405/04, juris, zuweilen mit der Einschränkung versehen, sie gelte nur wenn der Nichtabschluss des Vertrages vernünftigerweise die einzige Reaktionsmöglichkeit gewesen wäre, die Aufklärung also keinen Entscheidungskonflikt ausgelöst hätte, oder wenn vernünftigerweise mehrere Handlungsalternativen in Betracht kommen, deren Wahrnehmung jeweils geeignet wäre, den entstandenen Schaden zu vermeiden, BGHZ 151, 5, 12; BGH 24. 1. 2006 – XI ZR 405/04, juris; bei deliktischer Haftung gilt die Beweislastumkehr nicht, BGHZ 160, 134, 145 f; dazu G Wagner ZGR 2008, 495, 505 ff). Nach der – abzulehnenden – Rspr setzt der Aufhebungsanspruch voraus, dass der Vertrag für den Gläubiger einen **Vermögensschaden** bedeutet (BGH 29. 9. 1997 – V ZR 29/96, NJW 1998, 302, 304 m umf Nachw; BGH 18. 9. 2001 – X ZR 107/00, NJW-RR 2002, 308, 310 [Drohung]; Lieb, in: FS Medicus [1999] 337 f; **abl** Staudinger/Singer/Finckenstein [2017] § 123 Rn 104; Fleischer 440 ff; Schwarze 86 f). E 30

Bezweckte der Vertrag ua eine **Steuerersparnis** für den Gläubiger, können die Steuernachforderungen, die nach Rückabwicklung eines steuersparenden Rechtsgeschäfts zu erwarten sind, nicht als Schaden geltend gemacht werden, weil durch sie die aus dem Vertrag erwachsenen Steuervorteile kompensiert werden (BGH 13. 1. 2004 – XI ZR 355/02, NJW 2004, 1868, 1870). Ein entgangener Steuervorteil ist jedoch dann zu ersetzen, wenn der Gläubiger durch den Vertrag bzw die Disposition von einer zeitnah realisierbaren alternativen Anlageentscheidung mit entsprechendem Vorteil abgehalten wurde. Dies hat der Gläubiger hinreichend konkret (§ 252 S 2 BGB) darzulegen und zu beweisen (BGH 13. 1. 2004 – XI ZR 355/02, NJW 2004, 1868, 1870; BGH 6. 2. 2006 – II ZR 329/04, NJW 2006, 2042); denn einen Erfahrungssatz, dass der Gläubiger seine Geldmittel anderweitig steuerbegünstigt angelegt hätte, gibt es nicht (BGH 17. 11. 2005 – III ZR 350/04, NJW 2006, 499, 500; BGH 6. 2. 2006 – II ZR 329/04, NJW 2006, 2042). Spart der Gläubiger infolge der Leistungsstörung Steuern, sind diese ggf als Vorteil schadensmindernd zu berücksichtigen; jedoch nicht, soweit auch der Schadensersatz der Besteuerung unterliegt (BGH 28. 1. 2014 – XI ZR 495/12, NJW 2014, 994). E 31

Statt des Anspruchs auf Rückabwicklung soll dem Gläubiger wahlweise die Möglichkeit gegeben werden, im Rahmen des Schadensersatzes die **Herabsetzung der Gegenleistung** (zB des Kaufpreises) zu erreichen (BGH 6. 4. 2001 – V ZR 394/99, NJW 2001, 2875, 2877; BGH 19. 5. 2006 – V ZR 264/05, NJW 2006, 3139; BGH 6. 2. 2018 – II ZR 17/17 Rn 11 ff, NJW 2018, 1675; MünchKomm/Emmerich § 311 Rn 213 ff; krit Mertens ZGS 2004, 67, 69 ff; scharf **abl** Kersting JZ 2008, 714, 721). Nicht selten wäre die Rückabwicklung nicht interessengerecht (Beispiel: Unternehmenskauf). Auch hier muss der Gläubiger nicht beweisen, dass der Schuldner sich bei ordentlicher Aufklärung auf den niedrigeren Preis eingelassen hätte (BGH 19. 5. 2006 – V ZR 264/05, NJW 2006, 3139, 3141). Den Schadensumfang muss der Gläubiger dagegen darlegen und beweisen. Ersetzt wird nur E 32 der Betrag, um den der Leistungsgegenstand infolge der vorvertraglichen Pflichtverletzung „zu teuer" geworden ist (BGH 19. 5. 2006 – V ZR 264/05, NJW 2006, 3139, 3141). Der Schaden liegt also in der Differenz zwischen dem objektiven (Minder-)Wert der dem Gläubiger erbrachten Leistung und dem Wert, den diese bei der Erfüllung der vom Schuldner hervorgerufenen Erwartung hätte (BGH 6. 4. 2001 – V ZR 394/99, NJW 2001, 2875, 2877; **krit** B Mertens ZGS 2004, 67, 72). Dass dieser Betrag von der Höhe her zuweilen dem des Erfüllungsinteresses entspricht, rechtfertigt kein Absehen von dieser Haftung (BGH 10. 6. 1999 – IX ZR 409/97, NJW 1999, 3335, 3338 f).

E 33 Umstritten ist, nach welcher **Berechnungsweise** der Preis zu mindern ist. Erwogen wird die analoge Anwendung der Minderungsregel des § 441 Abs 3 BGB (Canaris AcP 200 [2000] 273, 316 zu § 472 aF) oder ein Abzug des ermittelten Vermögensschadens von der geschuldeten Gegenleistung (BGH 8. 12. 1988 – VII ZR 83/88, NJW 1989, 1793, 1794 f; B Mertens ZGS 2004, 67, 71; Theisen NJW 2006, 3102, 3105; MünchKomm/Emmerich § 311 Rn 214 f, der jedoch ausnahmsweise die „Minderung" beim Unternehmenskauf gelten lässt und diesbezüglich vorzieht). Durch die Schadensberechnung gem §§ 249 ff BGB gesichert ist die „Abzugsmethode". Doch kommt im Rahmen der Schadensschätzung gem § 287 ZPO auch eine Orientierung an § 441 Abs 3 BGB in Betracht (in Ausnahmefällen für Wertersatz gem § 251 BGB Kersting JZ 2008, 714, 719).

E 34 Jenseits der Minderung des Preises besteht ein Anspruch auf Herbeiführung des **vom Gläubiger gewünschten Vertrages oder Vertragsinhalts** ausnahmsweise dann, wenn der Gläubiger beweisen kann, dass der Schuldner den Vertrag bei richtigem Kenntnisstand des Gläubigers bzw bei dessen ordnungsgemäßer Aufklärung abgeschlossen hätte (vgl BGH 19. 5. 2006 – V ZR 264/05, NJW 2006, 3139, 3142; Palandt/Grüneberg § 311 Rn 57). Praktisch ist eine solche Situation etwa denkbar, wenn der Gläubiger unzureichend über das Produkt- oder Leistungsprogramm des Schuldners informiert war und bei richtigem Kenntnisstand eine andere Leistung des Schuldners gewählt hätte.

2. Schadensersatz statt der Leistung gem § 280 Abs 3

E 35 Der „Schadensersatz statt der Leistung" (§ 280 Abs 3 BGB) gewährt dem Gläubiger einen Ausgleich in Geld für die nicht oder schlecht erbrachte Leistung. Der Gläubiger ist nach Maßgabe der §§ 249 ff BGB und der Differenzhypothese vermögensmäßig so zu stellen, **wie er bei ordnungsgemäßer Erbringung der Leistung stünde** (BGH 11. 2. 2009 – VIII ZR 328/07, JZ 2010, 44, 45; weit Nachw s Rn E 4). Zu ermitteln ist, was die Leistung dem Gläubiger wert ist. Das schließt alle Vorteile ein, die der Gläubiger aus der Verwendung der Leistung gezogen hätte. Nicht erfasst vom Schadensersatz werden die Integritätsschäden, auch wenn sie auf Verletzung einer Leistungspflicht beruhen (Rn C 39 ff).

E 36 Der Inhalt des Schadensersatzes richtet sich grundsätzlich nach den allgemeinen Regeln der §§ 249 ff BGB und nach Maßgabe der **Differenzhypothese**. Der Schuldner muss den Wert ersetzen, den die Leistung gerade für den Gläubiger hatte. Besonderheiten ergeben sich beim Schadensersatz statt der Leistung vor allem hinsichtlich der *abstrakten Schadensberechnung* (Rn E 71, E 76 ff) und – bei gegenseitigen Leistungspflichten – der *Bedeutung der Gegenleistung* für die Schadensermittlung (Rn E 39 ff). Eine dritte Besonderheit betrifft das Verhältnis des Schadensersatzes statt der Leistung zu anderen Befugnissen des Gläubigers, namentlich die *Anrech-*

nung eines Ersatzes oder Ersatzanspruchs iS des § 285 Abs 1 BGB auf den Schadensersatz statt der Leistung gem § 285 Abs 2 BGB und zum *Rücktritt* (§ 325 BGB). Die folgenden Ausführungen gelten cum grano salis auch für die gesetzlichen Regelungen, die einen Anspruch auf „Schadensersatz wegen Nichterfüllung" gewähren (Rn E 4) und für gleich oder ähnlich lautende vertragliche Regelungen.

a) Grundsatz: Kein Anspruch auf Naturalrestitution (§ 249 Abs 1)

Abweichend von § 249 Abs 1 BGB gewährt der Schadensersatz „statt" der Leistung grundsätzlich keinen Anspruch auf Naturalrestitution (BGH 22. 7. 2010 – VII ZR 176/09, NJW 2010, 3085 f; BGH 11. 10. 2012 – VII ZR 179/11, NJW 2013, 370, 371 f; MünchKomm/Emmerich Vor § 281 Rn 7), dh weder auf Wiederherstellung des Anspruchs auf die Leistung noch auf den Leistungsgegenstand. Vielmehr kann der Gläubiger nur **Wertersatz gem § 251 BGB** verlangen. Die Leistungsgefahr und ihre Grenzen würden andernfalls überspielt (Soergel/Benicke/Hellwig § 281 Rn 242; Kaiser 79 ff; vgl auch Lobinger, Die Grenzen rechtsgeschäftlicher Leistungspflichten [2004] 249 ff; **aA** Riehm, Grundsatz der Naturalerfüllung [2014] 387 ff mit der Folge, dass die Leistung oder eine ihr gleiche/gleichwertige Leistung im Wege der schadensersatzrechtlichen Restitution verlangt werden kann). Ausnahmen sind aber entgegen einer in der Literatur vertretenen Ansicht (Kaiser [2000] 79 ff) nicht völlig ausgeschlossen, wenn der Gläubiger unter Berücksichtigung von Treu und Glauben ein berechtigtes Interesse an der Naturalrestitution hat (MünchKomm/Emmerich Vor § 281 Rn 7; wohl auch Faust, in: Huber/Faust, Schuldrechtsmodernisierung [2002] Rn 3/182). Die im Vergleich zum alten Recht neue Terminologie („statt") steht dem nicht zwingend entgegen, weil der Gesetzgeber keine grundlegende sachliche Änderung wollte (dazu bereits Rn E 4) und Ausnahmen von der Rechtsprechung anerkannt wurden. Zu diesen **Ausnahmen** gehört der Fall, dass der Schaden nicht anders als durch Naturalherstellung zu beheben ist (zB Aufhebung des Anspruchs auf die Gegenleistung, soweit Leistung nicht oder schlecht erbracht, vgl BGH 13. 9. 2018 – III ZR 294/16 Rn 13, 31, NJW 2018, 1373, unzutr § 280 Abs 1 zugeordnet; Wiederherstellung des infolge Verschuldens des Arbeitgebers verfristeten Urlaubsanspruchs, BAG 14. 5. 2013 – 9 AZR 760/11 Rn 8, 16, NZA 2014, 336; s zur Wiederherstellung des aufgelösten Dauerschuldverhältnisses im Rahmen des Auflösungsschadens Rn E 64) oder wenn der Gläubiger sich einen Ersatz auf dem Markt nicht beschaffen kann, der Schuldner dazu aber ohne Weiteres in der Lage ist (weiter gehend zB RG 16. 4. 1924 – 17 W 2342/24, JW 1924, 1441, und insbes Motzer, Die „positive" Vertragsverletzung des Arbeitnehmers [1982] 226 ff; Pieper JuS 1962, 414; strikt **abl** Huber II 686 ff). Das vom Gläubiger vorgenommene Deckungsgeschäft (Rn E 98 f) ist dagegen kein Fall der Naturalrestitution (anders Grigoleit/Riehm AcP 203 [2003] 731, 736; Riehm, Grundsatz der Naturalerfüllung [2014] 396 ff). E 37

b) Begrenzung des Wertersatzes gem § 251 Abs 2

Der Wertersatz gem § 251 BGB darf nicht zu einer **Umgehung** der durch § 275 Abs 2 BGB bzw § 439 Abs 4 BGB u § 635 Abs 3 BGB gezogenen Belastungsgrenze führen. Ist der Schuldner nach einer dieser Normen von der primären Leistungspflicht bzw der Mangelbeseitigungspflicht (§ 439 Abs 1 BGB, § 635 Abs 1 BGB) wegen (grober) Unverhältnismäßigkeit des Leistungsaufwandes befreit, ist der als Schadensersatz statt der Leistung geforderte Ersatz der Aufwendungen, die der Gläubiger zur eigenen Beschaffung der Leistung bzw Mangelbeseitigung aufwenden will oder aufgewendet hat, gem § 251 Abs 2 S 1 BGB parallel hierzu zu begrenzen (vgl BGH 11. 10. 2012 – VII ZR 179/11, NJW 2013, 370, 371 f). Da bei der Bestimmung der Belastungsgrenze gem § 275 Abs 2, § 439 Abs 4 BGB, § 635 Abs 3 BGB das Vertretenmüssen des E 38

Schuldners mit berücksichtigt wird, gibt es keinen Grund, die Belastungsgrenze bei der Haftung anders zu bemessen. Beim Grundstückskauf erachtet der BGH die Mangelbeseitigung für unverhältnismäßig, wenn die Aufwendungen den Verkehrswert des Grundstücks in mangelfreiem Zustand oder 200 % des mangelbedingten Minderwertes übersteigen (BGH 4. 4. 2014 – V ZR 275/12 Rn 41, BGHZ 200, 350). Eine Beschränkung des Schadensersatzanspruchs in diesen Fällen auf den Verkehrsminderwert (BGH 4. 4. 2014 – V ZR 275/12 Rn 34 ff, BGHZ 200, 350) geht zu weit: Wenn der Gläubiger die Mangelbeseitigung tatsächlich durchführt, sollte der ihm unterhalb der Grenze des § 251 Abs 2 BGB bleibende Betrag ersetzt werden (**aA** BGH 4. 4. 2014 – V ZR 275/12 Rn 34 ff, BGHZ 200, 350; ferner BGH 15. 10. 1991 – VI ZR 67/91, NJW 1992, 305; Jaensch NJW 2013, 1121, 1123; wie hier OLG München 21. 3. 1989 – 10 U 2646/88, NZV 1990, 69; Gutzeit NJW 2015, 445, 446).

c) Durchführung des Schadensausgleichs bei gegenseitigen Leistungspflichten

aa) Problemstellung

E 39 Ist der Gläubiger beim Schadensersatz statt der Leistung wirtschaftlich so zu stellen, wie wenn die gestörte Leistung ordnungsgemäß erbracht worden wäre (RGZ 91, 30, 33; weitere Nachw s Rn E 35), stellt sich bei gegenseitigen Verträgen die Frage nach dem Schicksal der vom Gläubiger der gestörten Leistung zu erbringenden Gegenleistung. Es sind zwei Methoden denkbar, die dem Gläubiger obliegende **Gegenleistung** bei der Berechnung und Durchführung des Schadensausgleichs zu berücksichtigen (folgend unter bb). Weder im alten noch im jetzigen Recht gab bzw gibt es eine ausdrückliche gesetzliche Regelung des Problems. Es ist also eine Frage der *Gesetzesauslegung.* Der Streit sowohl unter Geltung des alten Rechts (unter cc Rn E 43) wie unter dem jetzigen Recht (unter dd Rn E 44) geht darum, welche der beiden Methoden die richtige ist.

bb) Methoden der Schadensberechnung

E 40 Es sind zwei Methoden denkbar, die Gegenleistungspflicht bei der Berechnung und Durchführung des Schadensausgleichs beim Schadensersatz statt der Leistung (§§ 280 Abs 1, Abs 3, 281 ff BGB) zu berücksichtigen.

aaa) Surrogations- bzw Austauschmethode

E 41 Die Surrogations- bzw Austauschmethode (auch *Surrogations- bzw Austauschtheorie)* geht bei der Feststellung des Leistungsinteresses für alle Arten von Schuldverhältnissen vom **realen Fortbestand des Synallagmas** aus und setzt an die Stelle der gestörten Realleistung als deren Surrogat den Anspruch auf Schadensersatz, dessen Kern der Wert der Leistung in Geld ist. Es bleibt bei zwei im Gegenseitigkeitsverhältnis stehenden Ansprüchen, und es kommt zum realen Austausch dieser Leistungen (Schadensersatz für gestörte Leistung gegen Gegenleistung). Wird zB das für 5. 000 € verkaufte Gemälde (Wert: 6. 000 €) vor der Übergabe zerstört, tritt an die Stelle des Gemäldes der Anspruch auf Ersatz des Schadens (hier in Höhe von 6. 000 €). Besteht (wie im Beispiel) die Gegenleistung in einer Geldzahlung kann ein unnützer Austausch von Geldzahlungen nur durch Aufrechnung (§§ 387 ff BGB) vermieden werden.

bbb) Differenzmethode

E 42 Die Differenzmethode berechnet den Schaden aufgrund der Annahme, dass mit dem Schadensausgleich das reale Synallagma beseitigt wird. An die Stelle der gegenseitigen primären Leistungspflichten tritt der Schadensersatzanspruch des Gläubigers in Höhe der Differenz zwischen dem Interesse an der Leistung (= deren Wert u ggf weitere Schadenspositionen) und der ersparten Gegenleistung in Geld (RGZ 91, 30, 33 f; 141, 259, 261 f; BGH 21. 12. 1973 – V ZR 59/72, MDR 1974, 392; an die Differenzmethode anknüpfend § 376 Abs 2 HGB; § 104 Abs 2 InsO; Art 76 Abs 1 CISG; s auch § 281 Rn D 21). Das ursprüngliche **Synallagma** wird also nur **hypothetisch** für die Schadensersatzberechnung berücksichtigt. Gestörte Leistung und Gegenleistung kommen nur als Rechnungsposten in der Schadensberechnung vor. Der Vertrag wird aber nicht als aufgelöst betrachtet, sondern als durch den Übergang zum Schadensausgleich „in der Weise umgestaltet, dass an die Stelle der beiderseitigen Leistungspflichten ein einseitiges – am Leistungsinteresse ausgerichtetes – Abrechnungsverhältnis tritt, innerhalb dessen die einzelnen ‚Ansprüche' nur noch (unselbstständige) Rechnungsposten sind" (RGZ 50, 255, 264 ff; BGHZ 87, 156, 158 f; MünchKomm/Emmerich Vor § 281 Rn 14–16; zur Geschichte Manthe, in: FS Musielak [2004] 337 ff); ein Herausgreifen einzelner Positionen ist nicht zulässig (BGH 11. 2. 1983 – V ZR 300/81, WM 1983, 418). Etwaige **Sicherheiten** für die Primäransprüche haften weiter (Keuk [1972] 151). Im **Beispiel** (Rn E 41): Die Ansprüche auf das Gemälde und auf Zahlung des Kaufpreises werden aufgehoben bzw werden umgewandelt in einen Anspruch des Gläubigers der gestörten Leistung auf die Differenz von 1.000 € (= 6.000 € Wert der gestörten Leistung abzüglich 5.000 € Gegenleistung). Die Ermittlung der Differenz ist ein rechnerischer Vorgang, kein rechtsgeschäftlicher: also eine *Verrechnung* von Schadensposten, *keine Aufrechnung* von Forderungen. Der Schadensersatzanspruch des Gläubigers entsteht „ipso iure" und von vornherein nur in Höhe der Differenz (RGZ 83, 279, 281; 152, 111, 112). An die Stelle der gegenseitigen primären Leistungspflichten tritt ein einseitiger Anspruch auf die Erstattung der Differenz in Geld (RGZ 127, 245, 248; 141, 259, 261 f; BGH 21. 12. 1973 – V ZR 59/72, MDR 1974, 392). Der Gläubiger wird ebenso im Wege der Verrechnung und nicht der Aufrechnung von der Gegenleistungspflicht endgültig befreit (vgl BGH 19. 1. 1978 – VII ZR 175/75, NJW 1978, 814, 815 f).

cc) Meinungsstand zum alten Recht

Unter Geltung des alten Rechts war das Meinungsbild anfänglich geprägt von einer Gegenüberstellung der Berechnungsmethoden: Teile der Literatur hielten ausschließlich die Surrogationsmethode für die richtige Art der Schadensberechnung (*„Surrogationstheorie"*, vor allem Oertmann § 325 aF Anm 1b; vMayr 27. DJT [1904] II 167 ff; weitere Nachw Staudinger/Kaduk[10/11] Vorbem 52 zu §§ 323–327 aF; für partiellen Vorrang im Arbeitsverhältnis Motzer, Die „positive" Vertragsverletzung des Arbeitnehmers [1982] 223 ff). Teile der Literatur befürworteten ausschließlich eine Schadensberechnung nach der Differenzmethode (*„strenge Differenztheorie"*, Schöller Gruchot 44, 603 ff; Staffel AcP 92 [1901] 467 ff; weitere Nachw Staudinger/Kaduk[10/11] Vorbem 55 zu §§ 323–327 aF). Zur **herrschenden Meinung** entwickelte sich bald eine vermittelnde Ansicht, die *in der Regel* eine Schadensberechnung nach der *Differenzmethode* für richtig hielt und *ausnahmsweise* eine Schadensberechnung nach der *Surrogationsmethode* zuließ, wenn der Schadensausgleich nach der Differenzmethode die Gläubigerinteressen nicht befriedigte, namentlich wenn der Gläubiger die Gegenleistung noch erbringen wollte (praktisch: wenn die Gegenleistung nicht in einer Geldzahlung bestand) oder die Gegenleistung schon voll erbracht hatte (*„eingeschränkte Differenztheorie"*, RGZ 96, 20 für den Schadensausgleich nach vollzogener Wandlung; RG 15. 1. 1931 – VI 313/30, JW 1931, 1183, 1184 mwNw m Anm Oertmann; BGHZ 20, 338, 343; BGHZ 87, 156, 158 f; strenger Huber II 181 ff, 189 ff, 656 ff: Surrogationstheorie nur bei Tausch und tauschähnlichen Verträgen; s auch E 43

KAISER [2000] 87 ff, 93). *Umstritten* blieb innerhalb der herrschenden Meinung, ob der Gläubiger der gestörten Leistung nach bereits erbrachter Gegenleistung nur nach der Surrogationsmethode berechnen oder stattdessen die Gegenleistung zurückfordern und zur Regel des Schadensersatzes nach der Differenzmethode zurückkehren könne. Der sachlichen Notwendigkeit eines solchen Vorgehens in bestimmten Konstellationen stand die Vorgabe des Gesetzes über die Ausschließlichkeit von Rücktritt und Schadensersatz im Wege (vgl § 325, § 326 aF: *„Schadensersatz wegen Nichterfüllung verlangen oder zurücktreten …“).* Verbreitete Zustimmung fand die Berechnung nach der Differenzmethode daher nur in dem Fall, dass der Gläubiger seine (Sach-)Gegenleistung *noch nicht voll* erbracht hatte und daher ohne Rücktritt unter Berufung auf sein Eigentum die übergebene Sache gem § 985 BGB zurückfordern konnte (RGZ 141, 259, 260 f; BGHZ 87, 156, 159; BGHZ 171, 261, 267; SOERGEL/WIEDEMANN § 325 aF Rn 35; **abl** NIEDERLÄNDER, in: FS Wahl [1973] 248 ff). Im Übrigen blieb man ganz überwiegend dabei, dass eine Kombination von Rückgewähr der erbrachten Leistung und Ersatz des Differenzschadens nicht zulässig sei (RGZ 141, 259, 261; BGHZ 87, 156, 159; 126, 131, 136; LARENZ I § 22 II b [314 f]; SOERGEL/WIEDEMANN § 325 aF Rn 35). Dies war für den Gläubiger unbefriedigend, wenn der misslungene Austausch nicht immer mit Geld ausreichend wiedergutgemacht werden konnte (zur Kritik an dem Kumulationsverbot der hM nach alter Rechtslage vgl insbes SOERGEL/WIEDEMANN § 325 aF Rn 36).

dd) Gesetzliche Ausgangslage

E 44 Die Methode der Schadensdurchführung bei Verletzung einer gegenseitigen Leistungspflicht ist auch unter dem geltenden Recht umstritten. Der Kern des Streits liegt weniger in der Frage nach der besten Lösung, denn die Argumente der unter Geltung des alten Rechts herrschenden eingeschränkten Differenztheorie (Rn 43) haben ihren sachlichen Gehalt nicht eingebüßt: Dem Schuldner wird mit keiner der beiden Berechnungsmethoden eine ungerechtfertigte oder unzumutbare Last aufgebürdet, und eine strenge Beschränkung auf eine Berechnungsmethode wird den Interessen des Gläubigers nicht in jeder Schadenssituation gerecht. Daher ist die **Wahlbefugnis** des Gläubigers nach wie vor die beste Lösung. Sie entspricht zudem der Grundentscheidung des modernisierten Leistungsstörungsrechts, dem Gläubiger nicht ohne ausreichenden Grund die ihm zustehenden störungsrechtlichen Befugnisse zu nehmen. Der Streit geht mehr um die Frage, welche Bedeutung einigen Strukturelementen des geltenden Leistungsstörungsrechts für die Schadensberechnung zukommt: vor allem dem Nebeneinander von Rücktritt und Schadensersatz (§ 325 BGB; Rn E 45), ferner dem automatischen Fortfall des Gegenleistungsanspruchs auch im Falle des Vertretenmüssens seitens des Schuldners (§ 326 Abs 1 BGB; Rn E 47).

ee) Vorrang der Surrogationsmethode?

E 45 Ein **Teil der Literatur** zieht aus der Kumulierbarkeit von Rücktritt und Schadensersatz (§ 325 BGB) den Schluss, das Synallagma könne nur noch durch den Rücktritt aufgelöst werden (BeckOK-BGB/H SCHMIDT [1. 2. 2019] § 325 Rn 11; MünchKomm/ERNST § 325 Rn 5 ff; **aA** MünchKomm/EMMERICH Vor § 281 Rn 18; trotz dogmatischer Bedenken im Ergebnis FAUST, in: HUBER/FAUST, Schuldrechtsmodernisierung [2002] Rn 3/189 ff, 193). Mache der Gläubiger nicht vom Rücktritt Gebrauch, sei der Schaden ausschließlich nach der Surrogationsmethode zu berechnen, da die Gegenleistungspflicht trotz Störung der Leistungspflicht fortbestehe. Nur so könne dem Rücktritt die angemessene rechtliche Bedeutung zuteil werden. Nach Erklärung des Rücktritts sei wegen der Aufhebung des Synallagmas und der Gegenleistungspflicht eine Schadensberechnung nur noch nach der Differenzmethode möglich.

Aus der Gesetzesbegründung lässt sich kein unmittelbarer Beleg für diese Bedeutung des Rücktritts finden. Dort heißt es lediglich, der Gläubiger könne „vom Vertrag zurücktreten und gleichzeitig die Mehrkosten aus einem Deckungsgeschäft oder den entgangenen Gewinn ersetzt verlangen" (BT-Drucks 6040, 93). Ferner würde mit dieser Interpretation die mit § 325 BGB bezweckte Verbesserung für den Gläubiger zu einem privilegium odiosum. Der Gläubiger würde zum Rücktritt gezwungen, um eine ihm ggf günstige Schadensberechnung nach der Differenzmethode zu erreichen. Überdies müsste die konstruktive Strenge, mit der die Bedeutung des Rücktritts für die Schadensberechnung hier ausgemessen wird, im Falle des Schadensersatzes wegen Leistungshindernisses (§§ 275, 283 BGB) in gleicher Weise in Ansatz gebracht werden mit dem genau umgekehrten Ergebnis, dass wegen des gesetzlich angeordneten Fortfalls des Anspruchs auf die Gegenleistung (§ 326 Abs 1 BGB) stets die Differenzmethode anzuwenden wäre, was zu einer kaum überzeugenden Differenzierung der Schadensberechnung nach der Art der Pflichtverletzung führen würde. **E 46**

ff) Vorrang der Differenzmethode?

Für eine Schadensberechnung ausschließlich nach der Differenzmethode kann geltend gemacht werden, dass mit der Entstehung des Anspruchs auf Schadensersatz statt der Leistung die Gegenleistungspflicht und damit die rechtliche Grundlage für die Erbringung der vom Gläubiger geschuldeten Gegenleistung entfällt (so noch Schwarze Jura 2002, 73, 82). Das ergibt sich für den Fall des Leistungshindernisses (§§ 275, 283 BGB) aus § 326 Abs 1 BGB (abweichend zur alten Rechtslage, vgl § 323 aF; daran anknüpfend MünchKomm/Ernst § 326 Rn 14, der den Fortfall der Gegenleistungspflicht bei zu vertretender Unmöglichkeit im Wege der teleologischen Reduktion verneint). Für die anderen Pflichtverletzungen ergibt es sich durch eine entsprechende Anwendung des § 281 Abs 4 BGB auf die Gegenleistungspflicht, die sachlich geboten erscheint (§ 281 Rn D 21). Aus Letzterem ergibt sich aber bereits der Einwand, dass die Beschränkung auf die Differenzmethode wohl nicht als gesetzgeberische Entscheidung verstanden werden kann, denn § 281 Abs 4 BGB erstreckt sich nach seinem Wortlaut nicht auf den Gegenleistungsanspruch. **E 47**

gg) Wahlbefugnis des Gläubigers

Die wohl **hM** befürwortet daher zu Recht – in Anknüpfung an die herrschende Auffassung zum alten Recht (Rn 43) – ein **Recht des Gläubigers**, bei der Schadensberechnung zwischen der Differenz- oder Surrogationsmethode **zu wählen**, solange der Gläubiger nicht den Rücktritt erklärt (NK-BGB/Dauner-Lieb § 281 Rn 62; MünchKomm/Emmerich Vor § 281 Rn 18; BeckOGK-BGB/Herresthal [1. 1. 2019] § 325 Rn 44 f; Palandt/Grüneberg § 281 Rn 20 ff; Krause Jura 2002, 299, 304; Lorenz/Riehm, Schuldrecht Rn 208 ff, 332; zu § 283 OLG Schleswig 20. 2. 2003 – 5 U 160/01, NJW-RR 2004, 126, 129; § 283 Rn 54), also eine *„elektive Konkurrenz"* der Gläubigerbefugnisse (nicht Wahlschuld, vgl BGH 20. 1. 2006 – V ZR 124/05 Rn 17, NJW 2006, 1198; BGH 17. 1. 1979 – VIII ZR 304/77, NJW 1979, 762, 763). Konstruktiv steht dieser Wahlbefugnis kein unüberwindliches Hindernis im Wege: Mag der Gegenleistungsanspruch zunächst entfallen – im Falle des Gegenleistungshindernisses gem § 326 Abs 1 BGB, bei anderen Pflichtverletzungen mit dem Schadensersatzverlangen gem/entspr § 281 Abs 4 BGB (s § 281 Rn D 21) –, so kann er mit der Entscheidung des Gläubigers für eine Schadensabwicklung gem § 249 Abs 1 BGB **E 48** wieder entstehen. Denn die Schadensersatzpflicht wird nicht durch § 326 Abs 1 BGB, sondern durch §§ 280 Abs 1, Abs 3, 283 BGB geregelt, die keine spezifische Regelung hinsichtlich der Gegenleistungspflicht enthalten (vgl Staudinger/Schwarze [2015] § 326 Rn B 34 ff; Faust, in: FS Huber [2006] 239, 242; Schmidt-Recla ZGS 2007, 181, 183). Dem Gesetz ist das Wiederaufleben des Gegenleistungsanspruchs bei der Bestimmung der Störungsfolgen nicht fremd, wie § 326 Abs 3 BGB zeigt (dazu näher Staudinger/Schwarze [2015] § 326 Rn D 12 ff). In der Sache entspricht die Wahlbefugnis der Grundlinie des Gesetzes, die Regelung der Störungsfolgen dem Gläubiger nicht ohne zureichenden Grund aus der Hand zu nehmen (insbes § 325 u § 281 Abs 4 BGB). Der Gläubiger kann also beim Schadensersatz statt der Leistung unabhängig von der Art der Leistungsstörung frei wählen, ob er nach der Surrogationsmethode vorgeht (vgl Rn E 41) oder seinen Schaden nach der Differenzmethode (vgl Rn E 42) berechnet.

hh) Differenzmethode nach erklärtem Rücktritt

E 49 Tritt der Gläubiger vom Vertrag zurück, kann er nach allgemeiner Ansicht seinen Schaden nur noch nach der Differenzmethode berechnen (MünchKomm/Ernst § 325 Rn 6; BeckOGK-BGB/Herresthal [1. 1. 2019] § 325 Rn 68; Faust, in: FS Huber [2006] 239, 241 f). Das ist zwar nicht konstruktiv zwingend; § 325 BGB verbietet solche Schlussfolgerungen aus dem Rücktritt zu ziehen. Aber es ist sachlich geboten: Mit dem Rücktritt bringt der Gläubiger zum Ausdruck, die Gegenleistung nicht mehr erbringen bzw sie zurückverlangen zu wollen. Infolgedessen kann der Gläubiger nicht mehr auf dem Leistungsaustausch bestehen (im Ergebnis ebenso Gsell JbJZivRWiss [2001] 125; Krause Jura 2002, 299, 304; Lorenz/Riehm Schuldrecht Rn 214). Deshalb gibt es keine sachliche Rechtfertigung dafür, im Rahmen des Schadensersatzanspruchs den Gegenleistungsanspruch wieder aufleben zu lassen. Erforderlich kann ggf die Abstimmung des Schadensersatzes statt der Leistung mit den Rücktrittsfolgeansprüchen der **§§ 346 ff BGB** sein, die auf die vermögensmäßige Herstellung des genau entgegengesetzten Status zielen, nämlich den Leistungsaustausch ungeschehen zu machen. Hier gilt der **Vorrang des schadensersatzrechtlichen Schutzes**: Der Gläubiger muss so gestellt werden, wie er bei ordnungsgemäßer Leistung stünde (BGHZ 174, 290, 292; Staudinger/Schwarze [2015] § 325 Rn 33 ff). Unberührt vom Rücktritt bleibt der Anspruch auf Ersatz eines entstandenen Verzögerungsschadens (Staudinger/Feldmann § 286 Rn 186; dazu auch Herresthal JuS 2007, 798, 800 ff; Volshausen, in: FS Huber [2006] 471, 474 ff).

ii) Ius variandi

E 50 Ob der Gläubiger von einer dem Schuldner erklärten Schadensberechnung zur anderen wechseln kann („ius variandi"), ist davon abhängig, ob der Gläubiger zusätzlich zum Schadensersatzverlangen zurückgetreten ist.

aaa) Bindung an Differenzmethode nach Rücktritt

E 51 Ist der Gläubiger zurückgetreten – vor oder nach oder gleichzeitig mit dem Schadensersatzverlangen (zur Zulässigkeit Staudinger/Schwarze [2015] § 325 Rn 19 ff) –, findet der Schadensausgleich nach der Differenzmethode statt. Der Gläubiger könnte zur Schadensberechnung nach der Surrogationsmethode nur wechseln, wenn er zum „Widerruf" („Rücknahme") des Rücktritts befugt wäre. Ein **Teil der Literatur** gesteht dem Gläubiger dieses Recht grundsätzlich zu: Der Gläubiger könne den **Rücktritt** solange **widerrufen** und auf den Schadensersatz nach der Surrogationsmethode umschwenken, bis sich der Schuldner durch eine „konkrete Vertrauensinvestition auf den gewählten Rechtsbehelf eingestellt hat" (Soergel/Benicke/Hellwig § 281 Rn 261 ff; Krause Jura 2002,

299, 304; ähnlich GSELL JZ 2004, 643, 648 f; VOLSHAUSEN, in: FS Huber [2006] 471, 494 ff; noch weiter gehend CANARIS JZ 2001, 499, 501; großzügig auch MünchKomm/EMMERICH Vor § 281 Rn 23). Diese Auffassung ist **abzulehnen** (ebenso OLG Sachsen-Anhalt 24. 8. 2015 – 1 U 37/15, juris Rn 26, NJW 2016, 1102; implicite BGH 9. 5. 2018 – VIII ZR 26/17 Rn 19, BGHZ 218, 320, für Bindung an die Minderungserklärung, was „erst recht" für den Rücktritt gelten muss). Die Unwiderruflichkeit empfangsbedürftiger Willenserklärungen im Allgemeinen (Umkehrschluss § 130 Abs 1 S 1 BGB) und die einseitiger Gestaltungserklärungen im Besonderen ist für die Rechtssicherheit von Rechtsgeschäften schlicht konstituierend. Ausnahmen hiervon ließen sich nicht auf §§ 323 ff BGB beschränken, da die Situation des Gläubigers einer verletzten gegenseitigen Leistungspflicht keine Besonderheiten aufweist, die eine unterschiedliche Behandlung zu anderen Rücktrittsituationen rechtfertigen könnte, zumal wegen § 325 BGB ein „verfehlter" Rücktritt den Gläubiger lediglich an einer bestimmten Methode der Schadensberechnung hindert, nicht am Schadensersatz überhaupt. Außerdem stünden dem tiefen Einschnitt in die allgemeinen Grundsätze der Rechtsgeschäftslehre ein geringer praktischer Nutzen gegenüber: Der Gläubiger hätte die mangelnde Schutzwürdigkeit des Schuldners darzulegen und zu beweisen, was ihm selten gelingen dürfte. Folglich ist nach hier vertretener Auffassung der Gläubiger nach einem erklärten Rücktritt an einen Schadensausgleich nach der **Differenzmethode** gebunden (ebenso OLG Sachsen-Anhalt 24. 8. 2015 – 1 U 37/15, juris Rn 26, NJW 2016, 1102; zum Wechsel vom kleinen auf den großen Schadensersatz nach erklärter Minderung STAUDINGER/SCHWARZE [2015] § 325 Rn 41; anders insoweit BGH 9. 5. 2018 – VIII ZR 26/17 Rn 19, BGHZ 218, 320).

bbb) Änderung der Schadensberechnung bei Schadensersatzverlangen ohne Rücktritt

Verlangt der Gläubiger Schadensersatz statt der Leistung (§ 281 Abs 4 BGB) ohne zurückzutreten, ist der Wechsel von einer Methode der Schadensberechnung zur anderen grundsätzlich möglich. Es ist wie folgt abzuschichten: **E 52**

(1) Das **Schadensersatzverlangen** (§ 281 Abs 4 BGB) ist wegen seiner gestaltenden Wirkung nach hier vertretener Auffassung ebenso **unwiderruflich** wie der Rücktritt (§ 281 Rn D 9). Ein ius variandi ergibt sich also nicht aus der etwaigen Widerruflichkeit des Schadensersatzverlangens. Mit dem Zugang des Schadensersatzverlangens ist endgültig bestimmt, dass es nicht zum ursprünglich gewollten Leistungsaustausch, sondern stattdessen zum Schadensersatz bzw Aufwendungsersatz (§ 284 BGB) kommt. **E 53**

(2) Nach welcher Methode der Schadensausgleich stattfindet, bestimmt der Gläubiger durch eine zugangsbedürftige **Erklärung**. Sie kann im Schadensersatzverlangen selbst enthalten sein, muss dies aber nicht. Das Schadensersatzverlangen muss nur den Willen des Gläubigers erkennen lassen, Schadensersatz *statt* der Leistung verlangen zu wollen; Aussagen zum Umfang des Schadens und zur Schadensberechnung sind nicht erforderlich (§ 281 Rn D 10). Der insoweit bestehenden Offenheit der Erklärung entspricht eine Offenheit auf der Rechtsfolgenseite: Zwar entfällt mit Zugang des Schadensersatzverlangens der Anspruch auf die gestörte Leistung (§ 281 Rn D 18) und nach hier vertretener Auffassung auch der Anspruch auf die Gegenleistung (§ 281 Rn D 21). Die Methode der Schadensberechnung wird aber erst festgelegt, wenn der Gläubiger im Verlangen oder in einer ihm folgenden Mitteilung sich darüber erklärt, zB mit dem Angebot der Gegenleistung sich für die Surroga- **E 54**

tionsmethode erklärt (zum Wiederaufleben des Gegenleistungsanspruchs Rn E 48) oder mit der bloßen Schadensersatzforderung und ihrem Umfang erkennbar macht, dass der Schadensausgleich nach der Differenzmethode stattfinden soll.

E 55 (3) Die Erklärung des Gläubigers zur Methode der **Schadensberechnung** ist grundsätzlich **änderbar**, solange der Schuldner keine Dispositionen im Vertrauen auf eine bestimmte Form der Schadensabwicklung getroffen hat. Hat zB der Gläubiger bei einem Tauschvertrag „Gemälde gegen Pferd" erklärt, die Gegenleistung (Pferd) gegen Schadensersatz für das nicht gelieferte Gemälde erbringen zu wollen, kann er nicht mehr zum Schadensersatz nach der Differenzmethode wechseln, wenn der Schuldner nach der Erklärung des Gläubigers einen Stall angemietet hat.

ccc) Änderung der Schadensberechnung durch Rücktritt

E 56 Ob der Gläubiger die Methode der Schadensberechnung durch einen nach dem Schadensersatzverlangen erklärten Rücktritt ändern kann, hängt zunächst von der Zulässigkeit des **Rücktritts nach Zugang des Schadensersatzverlangens** ab. Die Zulässigkeit des „nachträglichen" Rücktritts ist grundsätzlich zu bejahen (Staudinger/Schwarze [2015] § 325 Rn 17 ff, 24). Sie bereitet im Übrigen keine schadensersatzrechtlichen Probleme, wenn der Gläubiger sich im Schadensersatzverlangen noch nicht über die Art der Schadensberechnung erklärt hatte oder Schadensersatz nach der Differenzmethode verlangt hatte. Eine Änderung der Schadensberechnung für den Schuldner ergibt sich nur, wenn der Gläubiger Schadensersatz nach der Surrogationsmethode verlangt hat. Der Rücktritt führt hier zum Wechsel zur Differenzmethode. Dies ist als Folge des Rücktritts grundsätzlich hinzunehmen. Doch entfällt das Rücktrittsrecht nach Treu und Glauben (§ 242 BGB), wenn der Schuldner im Vertrauen auf die zuerst erklärte Schadensberechnung Dispositionen getroffen bzw Aufwand betrieben hat.

kk) Einzelfragen des Schadensausgleichs bei gegenseitigen Leistungspflichten

aaa) Geldleistung als Gegenleistung

E 57 Besteht die vom Gläubiger der gestörten Leistung geschuldete Gegenleistung in einer Geldzahlung (zB Kaufpreis in Höhe von 20. 000 € für das nicht gelieferte Kfz im Wert von 25. 000 €) und hat der Gläubiger noch nicht geleistet, hat der Schadensausgleich idR nach der Differenzmethode stattzufinden, da und soweit der Gläubiger am Austausch von Geldleistungen kein Interesse hat. Insoweit ist die Wahlbefugnis (Rn E 48) einzuschränken. Wenn es sich ausnahmsweise anders verhält, muss der Gläubiger dagegen wieder wählen und ggf nach der Surrogationsmethode vorgehen können. Dies ist ua der Fall, wenn die **Gegenleistung in Raten** zu zahlen ist. **Beispiel**: G hat bei S für 9. 000 € einen Gebrauchtwagen (Wert: 10. 000 €) gekauft und mit ihm vereinbart, dass er den Kaufpreis nur ratenweise entrichten muss. Macht S die Lieferung des Kfz schuldhaft unmöglich (§§ 280 Abs 1, Abs 3, 283 BGB), schafft der Schadensersatz nach der Differenzmethode (= 1. 000 € Wertdifferenz) keinen Ausgleich für den in der Ratenzahlung liegenden Vorteil, der G die sofortige Nutzung des Fahrzeuges ermöglicht, ohne den Preis sofort zahlen zu müssen. G könnte sich ggf eine Kreditfinanzierung beschaffen und den dadurch verursachten Mehraufwand als weiteren Schadensposten abrechnen. Er kann aber auch nach der Surrogationsmethode berechnen: S muss dem G dann den vollen Wert (10. 000 €) ersetzen, um G die sofortige Anschaffung eines Ersatzwagens zu ermöglichen. Dafür zahlt G wie vereinbart in Raten den Kaufpreis (zu § 325 aF vgl Enneccerus 27. DJT [1904] IV 142; **aA** Huber II 195, einwendend, der Käufer verschaffe sich so ein vertraglich nicht vorgesehenes Darlehen des Verkäufers. Indessen liegt in der vertraglich vereinbarten Ratenzahlung doch ein Kredit des Verkäufers an den Käufer, und der skizzierte Schadensersatz nach der Surrogationsmethode gleicht exakt den Verlust des Kreditvorteils aus, das Kfz sofort nutzen zu können, aber erst nach und nach zahlen zu müssen). Sofern der Gläubiger die **Gegenleistung** bereits ganz oder zum Teil **erbracht** hat, ist (ua) deren Wert als Schaden zu ersetzen (zu weiteren Schadenspositionen Rn E 71 ff).

bbb) Naturalleistung als Gegenleistung

Besteht die vom Gläubiger der gestörten Leistung geschuldete Gegenleistung in einer Naturalleistung (Sachen, Rechte, Tätigkeiten wie Dienste, Arbeit, Werke usw), besteht die Wahlbefugnis bezüglich der Schadensberechnung uneingeschränkt. Paradigmatisch ist der Tauschvertrag (§ 480 BGB, zB A tauscht seinen Rappen gegen den Schimmel des B) und der Kaufvertrag im Falle der Verletzung der Kaufpreiszahlungspflicht durch den Käufer/Schuldner (Gegenleistung = Sach- oder Rechtsverschaffung durch den Verkäufer/Gläubiger). Im Einzelnen gilt: Hat der Gläubiger die ihm obliegende **Gegenleistung** ganz oder zum Teil schon **erbracht**, kann der Gläubiger zum einen gem § 325 BGB vom Vertrag zurückzutreten, die erbrachte Gegenleistung gem §§ 346 ff BGB zurückfordern und Schadensersatz nach der *Differenzmethode* fordern (vgl Rn E 49; ferner MünchKomm/Emmerich Vor § 281 Rn 31; Lorenz/Riehm, Schuldrecht Rn 212). Der Gläubiger kann den Schadensausgleich zum anderen nach der *Surrogationsmethode* durchführen: Die Gegenleistung verbleibt beim Schuldner und der Schadensersatz besteht (ua) im Wert der vom Schuldner nicht erbrachten Leistung. Hat der Gläubiger der gestörten Leistung die ihm obliegende **Gegenleistung noch nicht erbracht**, kann er einerseits nach der *Differenzmethode* vorgehen, sodass die Gegenleistung bei ihm verbleibt und nur die Differenz als Schaden zu zahlen ist. Er kann andererseits nach der *Surrogationsmethode* die Gegenleistung erbringen und Schadensersatz für die ausgebliebene Leistung (insbes deren Wert) verlangen (dazu bereits Rn E 48; § 281 Rn B 131 f, zugleich zur abw Auffassung des BGH für § 326 aF). Ist der Anspruch des Schuldners auf die Gegenleistung gem § 326 Abs 1 BGB untergegangen, lebt er mit der Entscheidung des Gläubigers für den Schadensausgleich nach der Surrogationsmethode wieder auf (Rn E 48). **E 58**

ccc) Besonderheiten bei der Beteiligung Dritter

Ist auf der Gläubigerseite ein Dritter am Schuldverhältnis beteiligt, stellt sich die Frage, wem die Wahlbefugnis (Differenz- oder Surrogationsmethode) zusteht. Soweit besondere Vereinbarungen nicht getroffen wurden, steht im Fall der **Zession** die Entscheidung für den Schadensausgleich nach der Surrogationsmethode allein dem Zessionar als neuem Inhaber des Anspruchs auf die gestörte Leistung zu (Golla [1995] 148 ff, 155 ff, 173; Seetzen AcP 169 [1969] 352, 363 f). Mit diesem Inhalt kann der Zessionar auch ein ggf erforderliches Schadensersatzverlangen (§ 281 Abs 4 BGB) allein erklären. Dem Zedenten geschieht kein Unrecht, wenn er zur Gegenleistung verpflichtet bleibt. Den Schadensausgleich nach der *Differenzmethode* kann der Zessionar in Ermangelung abweichender Abreden nur *mit Zustimmung des Zedenten* herbeiführen, da mit ihm die Liquidation des Synallagmas und damit der Fortfall der dem Zedenten obliegenden Pflicht zur Gegenleistung einhergeht (so auch Golla [1995] 172; **aA** Gernhuber, in: FS Raiser [1974] 88 ff; differenzierend Schwenzer AcP 182 [1982] 214, 240 ff; eingehend Dörner, Dynamische Relativität [1985] 304 ff, 306 f, der dem Zessionar beim Vorgehen nach der Differenztheorie einen Anspruch gegen den Zedenten aus §§ 677, 683 S 1, 670 BGB wegen Befreiung von der Verbindlichkeit zubilligt; zur vergleichbaren Problematik beim Rücktritt **E 59** s Staudinger/Schwarze [2015] § 323 Rn D 17). Das der Zession zugrunde liegende Schuldverhältnis entscheidet darüber, ob ein Anspruch des Zessionars auf die Zustimmung besteht. Bei der **Sicherungszession** verbleibt die Befugnis, Schadensersatz verlangen und die Methode der Schadensberechnung bestimmen zu können, bis zum Eintritt des Sicherungsfalls beim Zedenten, wenn anderes nicht vereinbart ist (vgl BGH 17. 1. 2002 – VII ZR 490/00, NJW 2002, 1568 f; Staudinger/Busche [2017] § 398 Rn 82).

E 60 Analog zur Zession verläuft die Lösung beim **echten Vertrag zu Gunsten Dritter**: Der berechtigte Dritte kann bei Unwiderruflichkeit des Anspruchs auf die Leistung (§ 328 Abs 2 BGB) ohne Zustimmung des Versprechensempfängers den Schadensausgleich nach der Surrogationsmethode verlangen (Staudinger/Jagmann [2015] § 335 Rn 10, 14; **aA** im Ausgangspunkt Raab [1999] 513 ff, 523, 525 ff m zahlreichen Nachw zu den sehr divergierenden Meinungen; allerdings gestattet auch Raab [1999] 528 dem Dritten das Vorgehen nach der Surrogationsmethode, solange sich der Versprechensempfänger nicht anders entscheidet; s auch § 281 Rn B 152). Will der Dritte hingegen nach der *Differenzmethode* (Rn E 42) vorgehen, so sind die Interessen des Versprechensempfängers mit betroffen, sodass die Zustimmung des Versprechensempfängers erforderlich ist. Ob ein Anspruch auf diese Zustimmung besteht, richtet sich nach dem ggf durch Auslegung zu ermittelnden Inhalt des zwischen Versprechensempfänger und Dritten bestehenden Rechtsverhältnisses. Ist der Anspruch des Dritten auf die Leistung widerruflich, liegen die schadensersatzrechtlichen Befugnisse beim Versprechensempfänger, wenn anderes nicht vereinbart ist.

ddd) Überschuss zu Gunsten des Schuldners

E 61 Die Schadensberechnung nach der Differenzmethode kann ausnahmsweise zu einem Überschuss für den Schuldner führen. Das ist insbes möglich, wenn der Schuldner bereits einen Teil der ihm obliegenden Leistung erbracht hat und der Teilbetrag den Schaden des Gläubigers übersteigt. Ebenso können im Wege der schadensrechtlichen Vorteilsausgleichung zu beachtende Verwendungen des Schuldners auf die Gegenleistung höher als der dem Gläubiger entstandene Schaden sein (BGH 1. 10. 1999 – V ZR 162/98, NJW 2000, 278, 279). Einen daraus entstehenden Überschuss kann der Schuldner im Rahmen der Schadensabwicklung gem § 346 Abs 1 BGB, § 281 Abs 5 BGB heraus verlangen (zum alten Recht BGH 1. 10. 1999 – V ZR 162/98, NJW 2000, 278, 279 unter Verweis auf § 812 BGB; Huber II 214; vgl RGZ 149, 135, 137; 135, 167, 172; anders wohl MünchKomm/Emmerich Vor § 281 Rn 16). Nicht auszukehren hat der Gläubiger den rechnerischen „Überschuss", der sich zu Gunsten des Schuldners aus dem Vergleich von Leistung und (höherem Wert der) Gegenleistung ergibt (insoweit zutr Emmerich, in: MünchKomm Vor § 281 Rn 16). Dem Schuldner steht wegen des Auskehrungsanspruchs gegen den Anspruch auf Rückgewähr der Gegenleistung die Einrede gem § 348 BGB iVm § 320 BGB zu (zu Einschränkungen der Einrede gegenüber der Rückforderung von Grundeigentum s Brambring EWiR 2/2000, 377 f).

d) Schadensersatz wegen vorzeitiger Vertragsauflösung bei Dauerschuldverhältnissen

E 62 Schäden, die durch die vorzeitige Auflösung von Dauerschuldverhältnissen verursacht werden („Auflösungsschaden") unterliegen zT besonderen, vertragstypenbezogenen Regelungen (Rn E 65), die §§ 280 ff BGB vorgehen. Fehlt es daran, ergibt sich der Haftungsanspruch aus §§ 280 ff BGB (BGH 16. 12. 2009 – VIII ZR 313/08, NJW 2010, 1068; BGH 24. 1. 2018 – XII ZR 120/16 Rn 23, NJW-RR 2018, 714). Es gibt mit Blick auf den umfassenden Charakter der §§ 280 ff BGB weder ein Bedürfnis noch eine Rechtfertigung für einen besonderen (ungeschriebenen) Schadensersatzanspruch für Auflösungsschäden (zum alten Recht etwa BGHZ 50, 190, 193).

Die haftungsbegründende Handlung besteht in einer vom Schuldner zu vertretenden vorzeitigen Auflösung des Dauerschuldverhältnisses. Praktisch bedeutsam sind zwei Konstellationen: Der Auflösungsschaden kann zurückgehen auf eine wirksame **Kündigung des Gläubigers**. Hier verlangt der Kündigende Schadensersatz, weil der Kündigungsgegner durch Pflichtverletzung (Nichtleistung, Schlechtleistung, Verletzung einer Rücksichtnahmepflicht, Leistungsgefährdung) die vorzeitige Beendigung durch Kündigung hervorgerufen hat. Die Vorzeitigkeit besteht in der außerordentlichen Kündigung vor Ablauf einer vereinbarten Mindestdauer des Schuldverhältnisses (zB außerordentliche Kündigung eines befristeten Mietvertrages wegen Zahlungsverzugs) oder bei ordentlich kündbaren Dauerschuldverhältnissen in der Beendigung vor Ablauf der für eine ordentliche Kündigung maßgeblichen Kündigungsfrist. Der Auflösungsschaden kann sodann zurückgehen auf eine unwirksame **Kündigung des Schuldners**: Die Vorzeitigkeit der Beendigung ergibt sich daraus, dass die Kündigungsbefugnis nicht besteht, der Gläubiger die Kündigung im Glauben an die Wirksamkeit der Kündigung aber „hingenommen" hat (zum möglichen Mitverschulden gem § 254 BGB BGH 8. 4. 2009 – VIII ZR 231/07, NJW 2009, 2059). Ein Auflösungsschaden kann sich auch bei wirksamer Kündigung des Schuldners daraus ergeben, dass der Schuldner verpflichtet gewesen wäre, dem Gläubiger eine Ersatzleistung anzubieten, (der Wohnungsvermieter hätte bei wirksamer Eigenbedarfskündigung eine Ersatzwohnung aus seinem Bestand anbieten müssen, BGH 14. 12. 2016 – VIII ZR 232/15 Rn 56, BGHZ 213, 136). **E 63**

Der **Auflösungsschaden** unterfällt nach hier vertretener Auffassung dem Schadensersatz statt der Leistung gem §§ 280 Abs 1, Abs 3, 281 ff BGB (auf § 280 Abs 1 abstellend dagegen BGH 16. 12. 2009 – VIII ZR 313/08, NJW 2010, 1068). Der Geschädigte ist vermögensmäßig so zu stellen, wie er bei Nichtauflösung (bei Verzicht des Kündigungsgegners auf die ordentliche Kündbarkeit, vgl BGH 16. 7. 2008 – VIII ZR 151/05, NJW 2008, 3436) bzw ordnungsgemäßer Auflösung des Dauerschuldverhältnisses stünde. Eine **Wiederherstellung** des aufgelösten Dauerschuldverhältnisses im Wege der schadensersatzrechtlichen Naturalrestitution (§ 249 Abs 1 BGB) ist nicht gänzlich ausgeschlossen, sollte aber auf Fälle beschränkt bleiben, in denen ein zufriedenstellender Schadensausgleich anders nicht zu bewerkstelligen ist, also zB der zu Unrecht gekündigte Wohnungsmieter einen adäquaten Ersatz für die Wohnung am Markt nicht findet (großzügiger wohl BGH 16. 12. 2009 – VIII ZR 313/08, NJW 2010, 1068). Die Anspruchsgrundlage innerhalb der §§ 280 ff BGB richtet sich nach Art der die Beendigung veranlassenden Pflichtverletzung: bei wirksamer Kündigung des Gläubigers die der Kündigung zugrunde liegende Pflichtverletzung, bei Beendigung infolge einer vorhergehenden unwirksamen Kündigung des Schuldners die §§ 280 Abs 1, Abs 3, 281 Abs 1 S 1, 1. Alt BGB (Nichtleistung). Wegen der wirksamen Beendigung sind Nachfristsetzung bzw Abmahnung (§ 281 Abs 1, Abs 3 BGB) gem bzw entspr § 281 Abs 2 BGB entbehrlich. **E 64**

Zu beachten sind hinsichtlich des Auflösungsschadens **Sonderregelungen** für gesetzlich typisierte Dauerschuldverhältnisse (insbes § 490 BGB, § 628 BGB, § 723 BGB, § 89b HGB). Sie knüpfen an vorherige Kündigungen an, deren Voraussetzungen **E 65** näher geregelt sind. Hier wird man bzgl der Kündigung idR von einer speziellen, das allgemeine Kündigungsrecht (§ 314 BGB) insoweit verdrängenden Wirkung auszugehen haben. Für den Schadensersatzanspruch ist im Einzelfall zu prüfen, ob und inwieweit diese besonderen Regelungen den allgemeinen vorgehen.

E 66 Als **Mindestschaden** steht dem Gläubiger der Gewinn zu, der ihm aus dem durch die vorzeitige Auflösung entgangenen Entgelt abzüglich ersparter Aufwendungen zugeflossen wäre. Schadensersatz für erst in der Zukunft fällige Entgeltteile sind abzuzinsen (BGH 20. 2. 2018 – XI ZR 445/17 Rn 38, NJW 2018, 1812; zum Dienstvertrag Gietl ZGS 2010, 165 ff). Die Ermittlung des Auflösungsschadens bringt die Frage mit sich, welche Dauer des Schuldverhältnisses als maßgeblich zugrunde zu legen ist. Bei einem **ordentlich kündbaren Dauerschuldverhältnis** ist auf den Zeitpunkt abzustellen, zu dem das Schuldverhältnis durch den Kündigungsgegner/Schuldner/Schädiger frühestens hätte rechtmäßig gekündigt werden können (BGHZ 122, 9, 14 f; BGH 25. 11. 2010 – Xa ZR 48/09, NJW 2011, 1438, 1440 f für Lizenzvertrag; BGH 10. 6. 1964 – VIII ZR 262/63, MDR 1964, 914, 915 für Miet- bzw Pachtverhältnis; im Grundsatz für Leasingverträge BGHZ 82, 121, 129 f; BGH 10. 10. 1990 – VIII ZR 296/89, NJW 1991, 221, 223; iE auch Oetker, Das Dauerschuldverhältnis und seine Beendigung [1994] 631 ff: Fehlen gesicherter Aussicht auf Vertragsfortbestand; Rieble ZIP 1988, 1027, 1032 f: Vorteilsausgleichung; ferner Krause JuS 1995, 291 ff; s aber LAG Berlin-Brandenburg 26. 11. 2008 – 15 Sa 517/08). Der Geschädigte erhält hier nur den sog *„Verfrühungsschaden"*, also die durch die Fristlosigkeit der Kündigung entgangene Vergütung. Dies gilt auch dann, wenn sich nicht mit der genügenden Wahrscheinlichkeit ermitteln lässt, ob der Schuldner von dieser Kündigungsbefugnis Gebrauch gemacht hätte (BGH 3. 3. 1993 – VIII ZR 101/92, NJW 1993, 1386, 1387). Bei einem **auf bestimmte Zeit** eingegangenen Dauerschuldverhältnis ist grundsätzlich der Zeitpunkt der vereinbarten Beendigung zugrunde zu legen (vgl BGHZ 122, 9; BGH 16. 7. 2008 – VIII ZR 151/05, NJW 2008, 3436). Auch hier kann ausnahmsweise eine (außerordentliche) Beendigungsbefugnis des Schuldners bestehen, die bei der Ermittlung des Auflösungsschadens begrenzend zu berücksichtigen ist.

E 67 Problematisch ist die schadensersatzrechtliche Einordnung der **Unauflösbarkeit** des Dauerschuldverhältnisses. Hier ist zu differenzieren: Beruht die Unauflösbarkeit auf einem wirksamen vertraglichen Ausschluss der ordentlichen Kündigung, haftet der Schuldner für die gesamte von ihm rechtsgeschäftlich konsentierte Dauer der Unkündbarkeit (in casu für Handelsvertreterverhältnis und § 89a HGB, aber verallgemeinerbar BGH 16. 7. 2008 – VIII ZR 151/05, NJW 2008, 3436 f, mwNw, zugl BGHZ 122, 9, 14 f klarstellend, das Begrenzung auf nächsten ordentlichen Kündigungstermin zu befürworten schien). Gesetzliche Beschränkungen der Kündigungsfreiheit können die ordentliche Kündigung nicht dauerhaft ausschließen, aber, soweit sie die Kündigung vom Vorliegen eines sachlichen Grundes abhängig machen, eine ähnliche Situation zur Folge haben, wenn zB im Arbeitsverhältnis ein Kündigungsgrund bis zur Beendigung des Erwerbslebens nicht eintritt. Das **BAG** verfolgt eine mittlere Linie: Demnach kann der Arbeitnehmer als Ersatzberechtigter über die bis zur nächsten ordentlichen Kündigungsmöglichkeit zu zahlende Vergütung hinaus *„eine den Verlust des Bestandsschutzes ausgleichende Entschädigung entsprechend §§ 9, 10 KSchG"* verlangen (BAG 26. 7. 2001 – 8 AZR 739/00, NJW 2002, 1593, 1597 f; zum Verhältnis der §§ 9, 10 KSchG zum Schadensersatz gem § 628 Abs 2 BGB bzw §§ 280, 281 BGB im Übrigen vgl BAG 12. 6. 2003 – 8 AZR 341/02, AP Nr 16 zu § 628 BGB. Zu den sonst ersatzfähigen Schadenspositionen s Staudinger/Preis [2019] § 628 Rn 45 ff). Beim **Wohnungsmietverhältnis** wird auf die längstmögliche Frist für eine ordentliche Kündigung abgestellt (= neun Monate, § 573c Abs 1 BGB; BeckOK-BGB/Wiederhold [1. 2. 2019] § 543 Rn 89).

Haben beide Teile das Vertrauensverhältnis schuldhaft **zerrüttet**, kann sich nicht nur der Schadensersatzanspruch des Kündigenden gem § 254 Abs 1 BGB mindern, sondern auch dem Gegner ein Schadensersatzanspruch zustehen, auf den wiederum § 254 Abs 1 BGB anzuwenden ist (BGH 4. 6. 1969 – VIII ZR 134/67, NJW 1969, 1845, 1846). Ein Schadensersatzanspruch ist zu versagen, wenn auch der andere Teil fristlos hätte kündigen können (vgl BGHZ 44, 271, 277; BGH 3. 3. 1993 – VIII ZR 101/92, NJW 1993, 1386, 1387; BAG 12. 5. 1966 – 2 AZR 308/65, NJW 1966, 1835; Hanau, Die Kausalität der Pflichtwidrigkeit [1971] 154 ff). **E 68**

Zu unterscheiden ist der Auflösungsschaden von einem Schaden, der dem Gläubiger daraus entsteht, dass der Schuldner es unterlässt, die von ihm rechtmäßig betriebene Beendigung der Leistungspflicht so rechtzeitig **anzukündigen**, dass der Gläubiger durch Ersatzmaßnahmen Schäden vermeiden kann (zB Ankündigung der rechtmäßigen Einstellung einer Leistung; BAG 14. 12. 2010 – 9 AZR 631/09, NJW 2011, 1469: Widerruf der Bereitstellung eines Firmenwagens). Hier wird nicht die berechtigte Leistungserwartung des Gläubigers enttäuscht, daher handelt es sich um einen Integritätsschaden. **E 69**

3. Schadensersatz und Ersatzherausgabe

Verlangt der Gläubiger bei Vorliegen eines Leistungshindernisses (§ 275 BGB) Herausgabe des stellvertretenden commodum gem § 285 BGB und zugleich Schadensersatz, mindert sich der Schadensersatzanspruch um den Wert des commodum (vgl Staudinger/Caspers § 285 Rn 55 ff). Dieses Vorgehen ist nur möglich bei einer Schadensberechnung nach der Surrogationsmethode, nach der der Gläubiger zur (ggf anteiligen) Erbringung der Gegenleistung verpflichtet ist (Rn E 41; s zu § 281 aF Huber II 671 ff). Dieses Vorgehen ist im Zweifel demjenigen nach § 326 Abs 3 BGB vorzuziehen (näher dazu Staudinger/Schwarze [2015] § 326 Rn D 1 ff). **E 70**

4. Abstrakte und konkrete Schadensberechnung

a) Wahlbefugnis des Gläubigers

Der Schadensersatz statt der Leistung begehrende Gläubiger muss den Schaden darlegen und ggf beweisen. Er kann dies nach seiner Wahl konkret oder abstrakt tun (BGHZ 29, 393, 399; Steindorff AcP 158 [1959/1960] 431 ff; zur dogmatischen Herleitung Bardo, Die „abstrakte" Berechnung des Schadensersatzes beim Kaufvertrag [1989] 57 ff; Huber II 231 ff; MünchKomm/Emmerich Vor § 281 Rn 24 ff; **aA** C Knütel AcP 202 [2002] 555, 571 ff, 597 ff). Im Falle der *konkreten Schadensberechnung* muss der Gläubiger den Schadensverlauf (reale Lage und hypothetischen Verlauf bei ordnungsgemäßer Leistung) konkret darlegen und ggf beweisen. Die *abstrakte Schadensberechnung* erleichtert diese Last: Denkbar ist zum einen eine beweisrechtliche Erleichterung, die dem Gläubiger die Darlegung eines typischen Verlaufs mithilfe von widerleglichen Vermutungen gestattet. Denkbar ist zum anderen – weiter gehend – die Ausformung schadensersatzrechtlicher Regeln, die es gestatten, für bestimmte Schadenspositionen unwiderleglich bestimmte Beträge als Mindestschaden ansetzen zu dürfen (Schwarze, Leistungsstörungen [2017] § 25 Rn 44 ff mwNw; s auch Staudinger/Schiemann [2017] **E 71**

§ 252 Rn 21 ff). Die **Rechtsprechung** scheint sich im Wesentlichen auf die beweisrechtliche Erleichterung zu beschränken, da sie die von ihr aufgestellten Regeln ganz überwiegend als widerlegliche Vermutungen einordnet (RGZ 68, 163, 165; RGZ 105, 285, 286; BGH 27. 5. 1998 – VIII ZR 362/96, NJW 1998, 2901, 2902; Palandt/Grüneberg § 281 Rn 31). Daran knüpfen die folgenden Erläuterungen an.

E 72 Ergibt sich der gesamte Schaden aus **mehreren** selbstständigen **Schadenspositionen**, so kann der Gläubiger für die Schadenspositionen je verschiedene Berechnungsmethoden (konkret oder abstrakt) wählen. Ein einheitlicher Schaden kann dagegen nur nach der einen oder anderen Berechnungsweise geltend gemacht werden (BGHZ 2, 310, 313; anders RG 22. 6. 1911 – II 33/11, LZ 1911, 850, 851 für die Berechnung der Selbstkosten des Geschädigten).

E 73 Der Gläubiger kann die Berechnungsmethode nicht nur wählen, sondern von einer Schadensberechnung zur anderen **wechseln**, da es sich nicht um einen rechtsgestaltenden Akt handelt. Er kann dies auch noch im Schadensersatzprozess tun, ohne dass eine Klageänderung iS des § 263 ZPO erforderlich wäre (BGH 22. 11. 1990 – IX ZR 73/90, NJW-RR 1991, 1279; BGHZ 115, 286, 291 f; BGH 19. 11. 1997 – VIII ZR 33/96, WM 1998, 931). Nach rechtskräftiger Entscheidung über einen nach einer der beiden Methoden berechneten Schaden ist ein Wechsel zur anderen nicht mehr zulässig (vgl OLG München 6. 12. 2016 – 28 U 2388/16 Rn 87 ff, juris).

E 74 Der Methode nach der abstrakten Schadensberechnung ähnlich ist die sog **Rentabilitätsvermutung**, derzufolge die vom Gläubiger in Erwartung der Leistung betriebenen Aufwendungen sich als wirtschaftlich sinnvoll erwiesen hätten und damit einen ersatzfähigen Schadensposten im Rahmen des Schadensersatzes statt der Leistung bilden (Rn E 115 ff, § 284 Rn 3 f). Zu trennen ist die abstrakte Schadensberechnung von der **Schadenspauschalierung**: Die abstrakte Schadensberechnung ist *Erkenntnisakt,* der den Schaden (typisierend) zu ermitteln sucht. Die Schadenspauschalierung beruht auf einem *Willensakt* (Rechtsgeschäft oder normative Regelung, zB § 376 Abs 2 HGB, §§ 288, 849 BGB), der die Zahlung einer Geldpauschale unabhängig von tatsächlichem oder typischem Schadensverlauf als Rechtsfolge einer Pflicht- oder Rechtsverletzung anordnet (vgl zur Schadenspauschalierung Staudinger/Schiemann [2017] § 252 Rn 21; Lange, Schadensersatz [3. Aufl 2003] 345 ff; Halfpap [1999] 145 ff).

E 75 Selbstverständlich ist die Wahl der Berechnungsmethode durch den Gläubiger nicht. Das **UN-Kaufrecht** sieht in Art 74, 75 CISG bei Durchführung eines Deckungsgeschäfts den Vorrang der konkreten Schadensberechnung vor (Staudinger/Magnus [2018] Art 75 CISG Rn 3, Art 76 CISG Rn 11). Die bei Unterbleiben eines Deckungsgeschäfts zulässige Abstraktion der Schadensberechnung beschränkt sich auf die höheren Kosten des Deckungsgeschäfts (Orientierung am Markteinkaufspreis). Sie gilt nicht für den Gewinn aus der Weiterveräußerung der Leistung (Schlechtriem/Schwenzer [6 Aufl 2013] Art 76 Rn 4). Inwieweit Art 76 CISG eine abstrakte Schadensberechnung im Rahmen von Art 74 CISG ausschließt, ist umstritten (Schlechtriem/Schwenzer [6 Aufl 2013] Art 74 Rn 41 mwNw).

b) Grundzüge der abstrakten Schadensberechnung

E 76 Praktisch bedeutsam ist die abstrakte Schadensberechnung infolge ihrer Anbindung an die Typizität von Verläufen vor allem bei Kaufverträgen über **marktgängige**

Waren, insbes zwischen Unternehmern bzw Gewerbetreibenden (BGH 8. 10. 1979 – II ZR 177/78, NJW 1980, 1741, 1742; MünchKomm/Emmerich Vor § 281 Rn 27; zu eng BGH 27. 5. 1998 – VII ZR 362/98, NJW 1998, 2901, 2902), aber auch bei Beteiligung von Verbrauchern (MünchKomm/Oetker § 252 Rn 46). Kaufverträge über **Immobilien** entziehen sich dagegen im Allgemeinen solch typisierenden Betrachtungen (BGH 2. 12. 1994 – V ZR 193/93, NJW 1995, 587, 588).

aa) Abstrakte Schadensberechnung des Käufers

aaa) Marktpreisregel

Der **Käufer** als Gläubiger der nicht erhaltenen Kaufsache kann nach der abstrakten Berechnungsmethode als Schaden die Differenz zwischen dem ersparten Kaufpreis und einem höheren Marktpreis für den ersatzweisen Einkauf der nicht oder mangelhaft gelieferten Ware verlangen (zB 1. 000 € Schaden, wenn eine für 7. 000 € gekaufte Sache einen Marktpreis von 8. 000 € hat, sog hypothetischer Deckungskauf; vgl als gesetzliches Vorbild § 376 Abs 2 HGB; BGH 19. 11. 1997 – VIII ZR 33/96, WM 1998, 931; BGH 27. 5. 1998 – VIII ZR 362/96, NJW 1998, 2901, 2902; Steindorff AcP 158 [1959/1960] 459 ff; Bardo [1989] 94 ff; R Giesen, in: FS Huber [2006] 263, 266). Diese Schadensberechnung muss auch möglich sein, wenn der Käufer den Kaufgegenstand zu einem privaten Zweck verwenden wollte (so mit Selbstverständlichkeit BGH 12. 11. 2014 – VIII ZR 42/14 Rn 7, 12, NJW 2015, 548), da die Wahrscheinlichkeit und Typizität eines Deckungsgeschäfts beim Kauf zu privatem Zweck nicht wesentlich anders als bei einem Kauf zu gewerblichem/kaufmännischem Zweck ist. Bei dem Kauf einer „Circa-Menge" bemisst sich der Schaden nach der versprochenen Mindestmenge (OLG München 16. 2. 1994 – 7 U 5659/92, BB 1994, 1169; zu den spezifischen Problemen der Berechnung im Kapitalmarktrecht vgl G Wagner ZGR 2008, 495, 520 ff). Ein Teil des Schrifttums versteht diese *Marktpreisregel* als materiellrechtliche Bestimmung des Mindestschadens, sodass der Verkäufer die Möglichkeit oder tatsächliche Durchführung der Ersatzbeschaffung zu einem niedrigeren Preis nicht einwenden können soll (Huber II 248 ff; Knobbe-Keuk, Vermögensschaden [1972] 119 ff, 189; dies VersR 1976, 401, 404 f; Rabel, Warenkauf Bd I 170 ff, 454 ff; in diesem Sinn auch Steindorff JZ 1961, 12, 13). Demgegenüber gestattet die Rechtsprechung dem Verkäufer den **Einwand eines günstigeren Deckungsgeschäfts** (so wohl BGH 19. 11. 1997 – VIII ZR 33/96, WM 1998, 931; iE ebenso, aber mit anderer Begründung Halfpap [1999] 150 f, 162; vgl Bardo [1989] 112 ff). Der Verkäufer/Schuldner trägt dann die Darlegungs- und Beweislast für die Möglichkeit oder tatsächliche Durchführung eines günstigeren Deckungsgeschäfts. Den niedrigeren Kaufpreis eines tatsächlich durchgeführten Deckungsgeschäfts kann der Schuldner aber nicht einwenden, wenn und soweit es auf überobligationsmäßige Bemühungen des Gläubigers zurückzuführen ist (BGH 19. 11. 1997 – VIII ZR 33/96, WM 1998, 931, 932). E 77

bbb) Entgangener Gewinn aus Weiterverkauf

Nach der Rechtsprechung gilt **im kaufmännischen Verkehr** zu Gunsten des Käufers (Gläubigers) aufgrund § 252 S 2 BGB die widerlegbare Vermutung, dass er bei vertragsgemäßer Lieferung des Verkäufers (Schuldners) in der Lage gewesen wäre, die Ware zum marktüblichen (Weiter-)Verkaufspreis, falls ein solcher nicht besteht, zu ihrem Verkehrswert (RGZ 68, 163, 165; RG 11. 10. 1928 – VI 137/28, HRR 1929 Nr 85), weiter zu verkaufen und auf diese Weise die Differenz zwischen vertraglichem Einkaufspreis und dem für den Weiterverkauf maßgeblichen Marktpreis als seinen Gewinn zu erzielen (RGZ 105, 293 mwNw; BGHZ 2, 310, 313; 62, 103, 105 f; BGH 18. 1. 1980 – E 78

V ZR 110/76, NJW 1980, 1742, 1743; **aA** OLG Düsseldorf 11. 6. 1987 – 6 U 46/86, NJW-RR 1988, 1382 ff, das den dieser Schadensberechnung zugrunde liegenden Verlauf für unwahrscheinlich hält, da der Käufer marktgängiger Ware diese anderweitig beschaffen werde; Soergel/Ekkenga/Kuntz § 252 Rn 50; BeckOGK-BGB/Brand [1. 7. 2018] § 252 Rn 70 f; s noch Rn E 82). Diese Berechnung kann der Käufer selbst dann zugrunde legen, wenn er den Deckungskauf schon vor Ablauf der nach § 281 Abs 1 S 1 BGB gesetzten Nachfrist vorgenommen hat, vorausgesetzt, der Verkäufer hat nicht vor Ablauf der Nachfrist noch geleistet (vgl BGH 27. 5. 1998 – VIII ZR 362/96, NJW 1998, 2901, 2903; MünchKomm/Emmerich Vor § 281 Rn 34). Ein Abzug in Höhe einer Quote der *allgemeinen Geschäftsunkosten* des Käufers ist nicht zulässig (OLG München 28. 8. 1958 – 6 U 931/58, MDR 1959, 300; zu General- und Spezialunkosten siehe auch Rn E 89).

E 79 Für den **Verbraucher**/privaten Gläubiger gilt die Weiterveräußerungsvermutung dagegen nicht (ebenso Bardo [1989] 125 ff [Weiterveräußerungsvermutung nur für Kaufleute als Händler und nicht bei Eigengebrauch, generell nicht für Endverbraucher, zB auch den Fiskus]; restriktiv auch Knobbe-Keuk VersR 1976, 401, 404 f; Steindorff AcP 158 [1959/1960] 459 ff). Der Weiterverkauf und ein daraus zu erzielender Gewinn entsprechen hier nicht dem wahrscheinlichen Verlauf (vgl MünchKomm/Emmerich Vor § 281 Rn 27; für die Anerkennung lediglich eines prima-facie Beweises MünchKomm/Oetker § 252 Rn 49). Dem Verbraucher ist es nicht verwehrt, geltend zu machen, dass der ihm nicht gelieferten Sache nach Maßgabe des Verkäufermarktes ein höherer Wert zukommt (vgl Bardo [1989] 123 ff, 132 f; Soergel/Benicke/Hellwig Rn 290; weiter gehend MünchKomm/Oetker § 252 Rn 48 f). Er wird aber konkrete Weiterveräußerungsabsichten darlegen und beweisen müssen.

E 80 Die **Weiterveräußerungsvermutung** kann widerlegt werden (MünchKomm/Emmerich Vor § 281 Rn 35; BeckOK-BGB/Lorenz [1. 2. 2019] § 281 Rn 48). Die Vermutung kann durch den Nachweis von Umständen entkräftet werden, die eine alsbaldige gewinnbringende Weiterveräußerung ausgeschlossen erscheinen lassen (zB Verpflichtung des Käufers, nicht weiter zu veräußern [RGZ 101, 219] oder Weiterveräußerung im vertraglich vorgesehenen Mindestumfang an die den Betrieb übernehmende Gesellschaft [BGH 22. 12. 1999 – VIII ZR 135/99, NJW 2000, 1409, 1411]). Nach der insoweit strengen Rechtsprechung des RG soll die Vermutung aber nicht durch die Tatsache entkräftet werden, dass die Ware ursprünglich nur zum eigenen Verbrauch durch den Käufer gekauft worden ist (RGZ 101, 217, 219; 105, 293, 294; krit Bardo [1989] 57 ff). Das erscheint überzogen. Ein Händler ist aber nicht zur abstrakten Berechnung gezwungen, weil er die Sache alsbald veräußert hätte (RG 16. 4. 1924 – 17 W 2342/24, JW 1924, 1441).

E 81 Der Verkäufer kann zudem die **Gewinnvermutung** entkräften (RGZ 99, 49; 100, 112; 105, 293), so wenn zB feststeht, dass die Ware nur zu einem bestimmten Preis weiterverkauft und dabei nur niedrigerer Gewinn erzielt worden wäre (RG 9. 1. 1926 – I 248/25, Recht 1926 Nr 239; Bardo [1989] 128 f).

E 82 Im Rahmen der abstrakten Schadensberechnung kann dem Käufer gem **§ 254 Abs 2 S 1 BGB** zur Verhinderung oder Minderung des Schadens nach Entstehung des Schadensersatzanspruchs die Vornahme eines **Deckungskaufs** obliegen (zur vorherigen Vornahme Rn E 110), deren Unterlassen zu Minderung bzw Fortfall des Schadensersatzanspruchs bzgl des entgangenen Gewinns führt. Dies steht zu einer auf Beweiserleichterung beschränkten, sich am typischen Verlauf orientierenden „Abstraktion" (Rn E 71) nicht in Widerspruch (zu pauschal abl OLG Düsseldorf 11. 6. 1987 – 6 U 46/86,

NJW-RR 1988, 1382 ff), da die Schadensvermutung entkräftet werden kann und dies auch die Zurechnung der Schadensfolgen betreffen kann. Fraglich ist allerdings, unter welchen Voraussetzungen dem Gläubiger die Vornahme eines Deckungsgeschäfts obliegt. Ursprünglich hatte der BGH nur ausnahmsweise eine Deckungspflicht im Handelsverkehr bejaht (BGHZ 62, 103, 107). Inzwischen formuliert der BGH vorsichtiger, der Gläubiger sei nicht stets zu Deckungsgeschäften verpflichtet (vgl BGH 26. 5. 1988 – III ZR 42/87, NJW 1989, 290; BGH 30. 11. 1989 – III ZR 197/88, NJW-RR 1990, 432, 434: „nicht stets gehalten" [Refinanzierung einer Bank]; verneinend OLG Nürnberg 24. 11. 2003 – 8 U 26/03, ZIP 2004, 846 [Nichtausführung einer Online-Order und einem Deckungskauf zu einem höheren Preis]; krit Bardo [1989] 133 ff; MünchKomm/Emmerich Vor § 281 Rn 34; MünchKomm/Oetker § 252 Rn 48; Halfpap [1999] 159; Huber II 254 ff; Knobbe-Keuk VersR 1976, 401, 404 f; Staudinger/Schiemann [2017] § 252 Rn 23; Steindorff AcP 158 [1959/1960] 459 ff, 463). Das Deckungsgeschäft muss von der Sache her geboten und dem Gläubiger unter Abwägung der Interessen zuzumuten sein (s auch Bardo [1989] 137). Handelt es sich um marktgängige Handelsware, die der Gläubiger leicht beschaffen kann (vgl OLG Düsseldorf 11. 6. 1987 – 6 U 46/86, NJW-RR 1988, 1382 ff), ist dies zu bejahen. Zur Kreditaufnahme ist der Gläubiger grundsätzlich nicht gehalten (BGH 18. 2. 2002 – II ZR 355/00, NJW 2002, 2553, 2555; BGH 26. 5. 1988 – III ZR 42/87, NJW 1989, 290; zust MünchKomm/Oetker § 254 Rn 97 ff, der Kreditaufnahme nur bei drohendem besonders hohen Schaden befürwortet). Der Gläubiger ist überdies nicht gehalten, Deckung beim Schuldner zu suchen (RG 6. 4. 1910 – V 261/09, JW 1910, 613; OLG Frankfurt 27. 4. 1976 – 5 U 3/74, NJW 1977, 1015). Nur wenn eine anderweitige Beschaffung unmöglich ist, kann der Gläubiger seinen Schaden auf den entgangenen Gewinn aus einem Weiterverkauf stützen (vgl Halfpap [1999] 158 ff).

Behält der Gläubiger im Falle der **Schlechtleistung** (§ 281 Abs 1 S 1, 2. Alt BGB) den mangelhaften Leistungsgegenstand, kann er die als „kleinen Schadensersatz" zu beanspruchende Geldzahlung nach seiner Wahl entweder nach dem mangelbedingten Minderwert des Werks oder nach den Kosten berechnen, die für eine ordnungsgemäße **Mängelbeseitigung** erforderlich sind (BGH 11. 12. 2015 – V ZR 26/15 Rn 20 f, MDR 2016, 482; BGH 22. 2. 2018 – VII ZR 46/17 Rn 45 f, NJW 2018, 1463). Die Kosten kann der Gläubiger der abstrakten Schadensberechnung entsprechend unabhängig davon ersetzt verlangen, ob er die Mängel tatsächlich beseitigen lässt (BGH 11. 12. 2015 – V ZR 26/15 Rn 20 f, MDR 2016, 482: beim Grundstückkauf sogar nach Weiterveräußerung des Grundstücks). Bei seit dem 1. 1. 2002 geschlossenen **Werkverträgen** und VOB/B-Verträgen lässt der BGH die Berechnung fiktiver Mangelbeseitigungskosten allerdings nicht mehr zu und verweist den Gläubiger/Besteller für die Vorfinanzierung der Mangelbeseitigung auf den Vorschussanspruch gem §§ 634 Nr 2, 637 BGB (BGH 22. 2. 2018 – VII ZR 46/17 Rn 31 ff, 52, NJW 2018, 1463; krit Voit NJW 2018, 2166, 2168; Schwenker MDR 2018, 640, 642 ff; zur früheren Rspr BGH 28. 6. 2007 – VII ZR 81/06, NJW 2007, 2695 f). bzw erstreckt den Schadensersatz auf die Vorfinanzierung in Form der vorherigen Zahlung eines zweckgebundenen und am Ende abzurechnenden Betrages (BGH 22. 2. 2018 – VII ZR 47/17 Rn 67, NJW 2018, 1463). Diese Rspr muss für die werkvertragsähnlichen Verträge nach §§ 650a ff. BGB gleichermaßen gelten. Für andere Vertragstypen dürfte die pauschale Ablehnung der Abrechnung fiktiver Kosten nicht sachgerecht sein (s die ausdr Beschränkung des Urteils auf Werkleistungen BGH 22. 2. 2018 – VII ZR 46/17 Rn 70, NJW 2018, 1463; die Ersatzfähigkeit fiktiver Mangelbeseitigungskosten beim Grundstückskauf auch nach der Schuldrechtsmodernisierung bejahend und ausweitend BGH 11. 12. 2015 – V ZR 26/15 Rn 20 f, MDR 2016, 482). Nicht zum ersatzfähigen abstrakten Schaden gehört E 83 die auf die fiktiven Mängelbeseitigungskosten fiktiv berechnete **Umsatzsteuer** (BGH 28. 6. 2007 – VII ZR 81/06, NJW 2007, 2695 f). Steht in einer Leistungskette von mehreren Schuldnern fest, dass der Gläubiger seinerseits als Schuldner von seinem Gläubiger wegen des Mangels nicht mehr in Anspruch genommen werden kann, muss er sich diesen Vorteil anrechnen lassen und kann die Mangelbeseitigungskosten nicht ersetzt verlangen (BGH 28. 6. 2007 – VII ZR 81/06, NJW 2007, 2695 f).

ccc) Nutzungsausfall

E 84 Die vorenthaltene oder eingeschränkte Nutzbarkeit der Kaufsache kann der Käufer abstrakt berechnen nach den gem §§ 249 ff BGB entwickelten Regeln zur „Kommerzialisierung" von Nutzungsmöglichkeiten (BGH 24. 1. 2013 – III ZR 98/12, NJW 2013, 1074; BGH 20. 2. 2014 – VII ZR 172/13 Rn 16 ff, BGHZ 200, 203; Staudinger/Schiemann [2017] § 253 Rn 15 ff).

bb) Abstrakte Schadensberechnung des Verkäufers

E 85 Der Verkäufer als Gläubiger des Kaufpreiszahlungsanspruchs kann seinen Schaden ebenfalls abstrakt berechnen. Praktisch wird dies, wenn der Verkäufer den Schaden nach der Differenzmethode (Rn E 42) berechnet. Zwei Möglichkeiten abstrakter Berechnung stehen dem Verkäufer hier zur Verfügung:

E 86 Der Verkäufer kann seine Berechnung *erstens* darauf stützen, dass er die nicht an den Käufer gelieferte Ware anderweitig nur zu einem niedrigeren Kaufpreis absetzen kann. Dieses Deckungsgeschäft muss der Verkäufer nicht konkret darlegen, sondern kann bei marktgängiger Ware ein hypothetisches Deckungsgeschäft zum im Vergleich zum Kaufpreis niedrigeren Marktpreis zugrunde legen. Der Schaden besteht in der **Differenz zwischen dem vom Käufer geschuldeten Preis und dem niedrigeren Marktpreis**. Bei dieser Marktpreisregel handelt es sich nach der Linie der Rechtsprechung (Rn E 71, E 77) nicht um einen feststehenden objektiven Mindestschaden (so aber Huber II 238), sondern um die widerlegliche Vermutung eines Mindestschadens. Deshalb kann der Käufer einwenden, der Verkäufer habe die Ware tatsächlich zu einem über dem Marktpreis liegenden Preis veräußert (im Ergebnis auch Bardo [1989] 161 ff), vorausgesetzt dies beruht nicht auf überobligationsmäßigen Anstrengungen des Verkäufers.

E 87 Der Verkäufer kann *zweitens* als Schaden die **Differenz** berechnen zwischen dem vom Käufer geschuldeten Kaufpreis und dem vom Verkäufer gezahlten niedrigeren Einkaufspreis (als Händler) oder niedrigeren Selbstkostenpreis (als Erzeuger) (RGZ 60, 346, 347; BGHZ 107, 67, 69; 126, 305, 308 f; Staudinger/Schiemann [2017] § 252 Rn 24; Halfpap [1999] 164 f; Steindorff JZ 1961, 12 ff; krit Keuk [1972] 137 ff zur Annahme eines selbstständigen Schadensbegriffs). Zu Gunsten des Verkäufers als Kaufmann wird aufgrund der Beweiserleichterung durch § 252 S 2 BGB **widerleglich vermutet, dass marktgängige Waren zum Marktpreis hätten verkauft werden können** (BGHZ 126, 305, 308; BGH 15. 11. 2011 – VI ZR 4/11, NJW 2012, 601 f; Huber II 240; gegen Widerlegbarkeit offenbar Steindorff JZ 1961, 12, 14). Ist der Verkäufer Kaufmann ist also jedenfalls die für das Geschäft mit dem Käufer übliche Handels- bzw Gewinnspanne als Schaden für das gescheiterte Geschäft zu ersetzen (vgl Steindorff 13 ff). Der Käufer kann nicht einwenden, dass der Verkäufer die Ware anderweitig hätte verkaufen können, da anzunehmen ist, dass der Verkäufer das Geschäft mit anderer Ware zusätzlich getätigt hätte (RG 17. 12. 1918 – II 374/18, JW 1919, 446; BGH 3. 5. 1960 – VIII ZR 88/59, JZ 1961, 27 [sogar bei unterschiedlicher Ware]; BGH 22. 12. 1999 – VIII ZR 135/99, NJW 2000, 1409, 1410 f [nicht bei gescheiterter Überleitung der Abnahmeverpflichtung auf Betriebsübernehmer]; s ferner BGH 2. 12. 1994 – V ZR 193/93, NJW 1995, 587, 588; BGH 2. 3. 1988 – VIII ZR 380/86, NJW 1988, 2234). Anderes muss gelten, wenn ein zusätzliches Geschäft nicht durchzuführen gewesen wäre (Rn E 89).

Zu den **marktgängigen Waren** zählt der BGH auch Gebrauchtwagen. Allerdings legt er zur Erleichterung des dem Käufer offenstehenden Einwandes, dass der Verkäufer zur Erfüllung eines zusätzlichen Vertrages nicht in der Lage gewesen wäre, dem Verkäufer einen Teil der Darlegungslast für den hypothetischen Verlauf auf (BGHZ 126, 305, 311). Soweit der Gewinn aus dem Zusatzgeschäft höher liegt, muss sich der Verkäufer diesen Vorteil nicht anrechnen lassen, wenn ihn keine Obliegenheit zum Deckungsverkauf traf (vgl näher BARDO [1989] 161 ff). Hingegen scheidet eine abstrakte Schadensberechnung unter Hinweis auf vermuteten Gewinnentgang bei Geschäften über eine bestimmte, nicht vertretbare Sache aus, weil der Verkäufer ohnehin nur ein einziges Geschäft abschließen konnte (HALFPAP [1999] 166). Hierzu sind regelmäßig Immobilien zu zählen (BGH 2. 12. 1994 – V ZR 193/93, NJW 1995, 587, 588; offen gelassen für standardisierte Grundstückangebote). E 88

Anrechnen lassen muss sich der Verkäufer schadensmindernd besondere Aufwendungen (Spezialunkosten), die gerade die Erbringung der Leistung an den Käufer erfordert, nicht hingegen die Generalunkosten (fixe Kosten, BGHZ 107, 67, 69 f; ferner BGH 10. 5. 1989 – VIII ZR 88/88, NJW-RR 1989, 1451, 1452 [näher zu Einzelposten]). Bei der abstrakten Berechnung des Schadens ist die Nichtwahrnehmung eines Deckungsgeschäfts dem Verkäufer nur dann gem § 254 Abs 2 S 1 BGB schadensmindernd anzulasten, wenn er dieses Geschäft nicht mit anderer Ware zu vergleichbaren Preisen hätte tätigen können (s oben Rn E 85; BARDO [1989] 178 ff, 180), was der Käufer zu beweisen hat. Vor allem schnell sinkende Preise können ein Handeln des Verkäufers erfordern (MünchKomm/EMMERICH Vor § 281 Rn 34). Eine „strenge", an der erforderlichen Sorgfalt orientierten Obliegenheit zur Vornahme eines Deckungsgeschäfts kann es allerdings erst ab Fortfall der Leistungspflicht geben; zuvor kann dem Gläubiger nur ein missbräuchliches Hinauszögern angelastet werden (s Rn 108). E 89

cc) Schadensberechnung bei Finanzierungsleasingverträgen

Die Kündigung eines Leasingvertrags wegen Zahlungsverzuges des Leasingnehmers gem § 506 BGB iVm § 498 BGB führt nach der Rechtsprechung zu einem Anspruch „eigener Art" auf Schadensersatz statt der Leistung („Nichterfüllung", BGHZ 118, 282, 295; BGH 10. 10. 1990 – VIII ZR 296/89, NJW 1991, 221, 222; BGH 8. 3. 1995 – VIII ZR 313/93, NJW 1995, 1541, 1543; s auch § 281 Rn C 29). Der Schadensersatz umfasst den **entgangenen Gewinn** des Leasinggebers abzüglich ersparter Aufwendungen wie Versicherungsprämien, Steuern oder Verwaltungskosten, dh bei einem auf längere Frist geschlossenen Vertrag den durch die vorzeitige Auflösung des Vertrages entstehenden Gewinnverlust („Auflösungsschaden", s Rn E 62 ff). Der Schadensersatz ist regelmäßig auf den Gewinn begrenzt, der vom Leasinggeber bis zum *Zeitpunkt einer zulässigen ordentlichen Kündigung des Leasingvertrages* durch den Leasingnehmer hätte erzielt werden können; hinsichtlich des weiteren Gewinnausfalls fehlt es an der Kausalität der Pflichtverletzung (BGHZ 82, 121, 129 f; BGH 4. 4. 1984 – VIII ZR 313/82, NJW 1984, 2687, 2689; BGH 10. 10. 1990 – VIII ZR 296/89, NJW 1991, 221, 223). Es obliegt dem Leasinggeber (§ 254 Abs 2 S 1 BGB), sich um eine bestmögliche **Verwertung des Leasingobjektes** E 90 zu bemühen (BGHZ 94, 195, 196; 95, 39, 53 f, 61; BGH 10. 10. 1990 – VIII ZR 296/89, NJW 1991, 221, 224). Hierzu kann auch die Veräußerung an den Leasingnehmer – trotz der von ihm begangenen Pflichtverletzung – gehören (BGH 5. 7. 1989 – VIII ZR 334/88, NJW 1989, 3222, 3223). Der Verwertungserlös ist zu 90 % auf die Schadensersatzforderung anzurechnen (BGHZ 95, 39, 56 f; 111, 237, 242 f; zu weiteren Einzelheiten s BGHZ 95, 39 ff). In Finanzierungsleasingverträgen werden oftmals sog abstrakte **Schadensersatzklauseln** verwendet, die der Inhaltskontrolle nach § 309 Nr 5 BGB unterliegen und denen die Rechtsprechung eher streng gegenübersteht (BGH 22. 11. 1995 – VIII ZR 57/95, NJW 1996, 456 ff). Ist eine solche Klausel unwirksam, so hat die Schadensberechnung konkret zu erfolgen. Hierbei darf nicht der intern kalkulierte Restwert eines Fahrzeugs berücksichtigt werden (BGH 14. 7. 2004 – VIII ZR 367/03, NJW 2004, 2823).

dd) Schadensberechnung bei entgeltlichen Darlehensverträgen

E 91 Darlehensgeber können ihren Schaden bei Nichtabnahme bzw verspäteter Rückzahlung des Darlehensbetrages nach § 252 S 2 BGB berechnen (BGHZ 62, 103; 104, 337, 345 mwNw; BGH 28. 4. 1988 – III ZR 120/87, NJW 1988, 1971; vgl zur Problematik ausführlich Staudinger/Kessal-Wulf [2012] § 497 Rn 10 ff; Rieble ZIP 1988, 1027 ff; Derleder JZ 1989, 165 ff jeweils mwNw), wobei ihnen die Vorteile zu ersetzen sind, die ihnen bei vertragsgemäßer Abnahme und Rückzahlung zugeflossen wären. Der BGH lässt mehrere Berechnungsarten zu.

E 92 Bei der **Nichtabnahme eines Darlehens** kann eine Bank den „branchenüblichen Durchschnittsnettogewinn" für den Zeitraum verlangen, für den sie eine rechtlich geschützte Zinserwartung hatte (BGH 13. 3. 1990 – XI ZR 235/89, NJW 1990, 2676, 2677; BGH 12. 3. 1991 – XI ZR 190/90, NJW 1991, 1817, 1818); bei konkreter – höherer – Schadensberechnung müssen als Abzugsposten vom Bruttozinssatz die Refinanzierungskosten, die Verwaltungskosten für die Laufzeit des Darlehens und die in dem Zinssatz enthaltene Risikoprämie näher spezifiziert werden. Für den Fall einer inzwischen erfolgten Refinanzierung kann die Bank zur Begründung eines höheren Schadens von der Differenz zwischen dem vereinbarten Vertragszins und dem niedrigeren tatsächlich erzielten Wiederanlagezins ausgehen (BGH 12. 3. 1991 – XI ZR 190/90, NJW 1991, 1817, 1818). In der Praxis sind AGB-Regelungen über **Nichtabnahmeentschädigungen** verbreitet (BGH 2. 11. 1989 – III ZR 143/88, NJW 1990, 981; BGH 13. 3. 1990 – XI ZR 235/89, NJW 1190, 2676; BGH 1. 6. 1989 – III ZR 219/87, ZIP 1989, 903, 906 [zwischen 2 u 4,5 %]; zweifelnd im Hinblick auf § 11 Nr 5 a AGBG, jetzt § 309 Nr 5 a BGB, BGH 12. 3. 1991 – XI ZR 190/90, NJW 1991, 1817).

E 93 Laut BGHZ 104, 337 kann die Bank bei **Verletzung der Rückzahlungspflicht** „die zur Zeit des Verzuges marktüblichen Bruttosollzinsen zugrunde legen, und zwar nach einem Durchschnittszinssatz, der sich nach der Zusammensetzung ihres gesamten Aktivkreditgeschäftes richtet". Sie kann anstelle dieses Verzögerungsschadens bei vom Darlehensnehmer verschuldeter vorzeitiger Fälligkeit der Rückzahlung die Weiterzahlung der Vertragszinsen auf das Darlehenskapital verlangen, jedoch längstens bis zur vorgesehenen Fälligkeit oder zum Termin der nächst zulässigen Kündigung durch den Darlehensnehmer (BGH 8. 2. 2000 – XI ZR 313/98, NJW 2000, 1408; Staudinger/Kessal-Wulf [2012] § 497 Rn 11; Canaris NJW 1978, 1891, 1897; Kilimann NJW 1987, 618, 622; im Grundsatz auch Mülbert WM 2002, 465, 472 f; Rieble ZIP 1988, 1027, 1032 f; **aA** Löwisch BB 1985, 959, 960); die zeitliche Beschränkung gilt idR nicht, wenn der Darlehensnehmer auf sein Recht zur ordentlichen Kündigung verzichtet hat (vgl – zu § 89b HGB, aber übertragbar – BGHZ 122, 9; BGH 16. 7. 2008 – VIII ZR 151/05, NJW 2008, 3436).

Der BGH stützt den Ersatz dieses „Auflösungsschadens" auf den Rechtsgedanken des § 628 Abs 2 BGB (s noch § 281 Rn A 37, C 29). AGB können keine darüber hinausgehende Zahlung von Vertragszinsen vorsehen (BGH 18. 3. 2003 – XI ZR 202/02, NJW 2003, 1801, 1802). Dem Darlehensgeber obliegt gem § 254 Abs 2 S 1 BGB nicht, sich auf andere Weise zu refinanzieren und dadurch den Schaden zu mindern (BGHZ 104, 346 f). Der Darlehensnehmer/Schuldner kann die Vermutung des entgangenen Gewinns nicht mit der Behauptung widerlegen, sie habe ohnehin im Wege der Refinanzierung alle Kreditwünsche erfüllen können; denn die Refinanzierung obliegt ihr nicht im Schuldnerinteresse (BGHZ 104, 348 f). Nach § 497 Abs 1 BGB sind die nach Eintritt des Verzuges geschuldeten Zahlungen des Verbrauchers gem § 288 Abs 1 S 1 BGB mit 5 Prozentpunkten über dem Basiszinssatz zu verzinsen, wenn nicht im Einzelfall der Kreditgeber einen höheren oder der Verbraucher einen niedrigeren Schaden nachweist. Davon macht § 497 Abs 1 S 2 BGB lediglich für grundpfandrechtlich abgesicherte Verbraucherdarlehen eine Ausnahme. E 94

ee) Gesetzes- oder sittenwidriger Gewinn

Ein gesetzes- oder sittenwidriger Gewinn kann nicht als abstrakter Schaden berechnet werden (RGZ 90, 305; 96, 284; 102, 254, 257: jeweils zur Gewinnberechnung unter Zugrundelegung eines gegen Preisvorschriften verstoßenden Kaufpreises; s auch BGH 28. 1. 1986 – VI ZR 151/84, NJW 1986, 1486 f: Verdienst, der nur unter Verstoß gegen die Arbeitszeitordnung hätte erzielt werden können, kein erstattungsfähiger Erwerbsschaden; grds ebenso BGH 11. 1. 1994 – VI ZR 143/93, NJW 1994, 851, 852; weitere Einzelheiten bei Staudinger/Schiemann [2017] § 252 Rn 10 ff). E 95

c) Konkrete Schadensberechnung

aa) Grundgedanke

Die konkrete Schadensberechnung ermittelt den Schaden aufgrund einer **Vermögenssaldierung**, die den Ist-Zustand des Vermögens des geschädigten Gläubigers mit der hypothetischen Vermögenslage vergleicht, die die jeweilige Schadensersatznorm für maßgeblich erklärt. Beim Schadensersatz statt der Leistung ist die maßgebliche hypothetische Lage im Ausgangspunkt die, die bei ordnungsgemäßer Erbringung der Leistung bestünde (Rn E 130). Der Gläubiger muss dazu alle Vermögensveränderungen darlegen, die im Falle der ordnungsgemäßen Leistung eingetreten wären, sowie diejenigen, die infolge des haftungsbegründenden Ereignisses bis zur letzten mündlichen Verhandlung in der Tatsacheninstanz eintreten. Es ist unzulässig, lediglich einen Posten herauszugreifen, ohne im Wege der Saldierung einen Gesamtvermögensvergleich vorzunehmen (BGH 11. 2. 1983 – V ZR 191/81, WM 1983, 418; s auch BGH 24. 9. 1999 – V ZR 71/99, NJW 1999, 3625 f). Der Schuldner kann gem § 242 BGB nach den Umständen des Falles zur **Auskunft** und Rechnungslegung verpflichtet sein, um dem Gläubiger die Berechnung des ihm entstandenen Schadens zu ermöglichen. Dazu gehören jedenfalls die Auskünfte, zu deren Erteilung der Schuldner aufgrund des Vertrages bei dessen ordnungsgemäßer Durchführung verpflichtet gewesen wäre (BGH 25. 11. 2010 – Xa ZR 48/09, NJW 2011, 1439, 1440 f). Zum konkreten Schaden gehören auch **Aufwendungen**, die der Gläubiger macht, um drohenden weiteren Schaden abzuwenden. So gehören die Kosten einer Abmahnung, die nach dem Verstoß gegen ein vertragliches Wettbewerbsverbot aufgewandt werden, um weitere Verstöße und damit einen größeren Schaden zu verhindern, zum Schadensersatz statt der Leistung E 96 gem § 280 Abs 1, Abs 3, 283 BGB (zur Anwendung des Unmöglichkeitstatbestandes hinsichtlich des begangenen Pflichtverstoßes vgl STAUDINGER/CASPERS § 275 Rn 25; BGHZ 52, 393, 398 ff lehnt zu Recht Ersatzfähigkeit als Verzögerungsschaden ab, rekurriert aber nur auf Geschäftsführung ohne Auftrag; wie hier HALFMEIER, Der Anspruch der Verbraucherverbände auf Kostenerstattung, in: BRÖNNEKE, Kollektiver Rechtsschutz im Zivilprozeßrecht [2001] 137, 153 ff).

E 97 Nach allgemeinen schadensrechtlichen Regeln muss sich der Gläubiger **Vorteile anrechnen** lassen, die ihm aus der Nichtdurchführung des Vertrages erwachsen (BGH 5. 6. 1981 – V ZR 170/80, NJW 1982, 326; BGH 24. 1. 1997 – V ZR 294/95, NJW-RR 1997, 654). Hierzu gehören zB die Nutzungen (§ 100 BGB), die der Käufer eines Grundstücks gezogen hat, bevor er den Schadensersatz bezüglich der ganzen Leistung nach der Differenzmethode verlangt (BGHZ 167, 108, 110 f; zum Verhältnis zu den §§ 346 ff im Fall des Rücktritts STAUDINGER/SCHWARZE [2015] § 325 Rn 32 ff). Ferner gehören dazu auf dem Erwerbsvorgang beruhende **Steuervorteile**, soweit sie dauerhaft beim Käufer verbleiben (KG 29. 4. 2011 – 6 U 26/10, NJW 2011, 3659 f). Dabei sind jedoch nur solche Vorteile anzurechnen, die mit einzelnen Schadensposten korrespondieren und zu einer **„Rechnungseinheit“** verbunden sind. Erforderlich ist insoweit eine wertende Zuordnung von Vor- und Nachteilen aus einem Schadensereignis (BGHZ 136, 52, 55). Dies ist bei einer beweglichen Sache die durch die vorübergehende Nutzung des Gläubigers eingetretene Wertminderung, bei einem Grundstück dessen objektiver Miet- oder Pachtwert; die Wertminderung ist bei einem Grundstück maßgeblich, wenn der Käufer seinen Schadensersatzanspruch auf die Rückabwicklung des Leistungsaustauschs beschränkt und nicht so gestellt werden will, als wäre der Vertrag erfüllt worden (BGHZ 167, 108: kongruente Vorteile). Eine solche Wertminderung kann „zeitanteilig linear“ berechnet werden (BGHZ 164, 235). Soweit der Vorteil in einem Schadensersatzanspruch gegen einen Dritten besteht, ist der Gläubiger jedoch in seiner Entscheidung frei, gegen welchen Schuldner er vorgeht (BGH 24. 1. 1997 – V ZR 294/95, NJW-RR 1997, 654, 655).

bb) Konkrete Schadensberechnung des Käufers

E 98 Der Schaden des Käufers ergibt sich vor allem aus den **Mehrkosten eines Deckungskaufs** (RGZ 90, 160, 161; SOERGEL/BENICKE/HELLWIG Rn 356), also aus einem Vermögensverlust iS der §§ 249, 251 Abs 1 BGB.

E 99 Der Käufer muss nicht ein besonderes Interesse an dem Deckungsgeschäft darlegen. Das Geschäft muss zum Zeitpunkt seiner Vornahme **nicht zum Zweck der Deckung** getätigt worden sein (RGZ 98, 271, 272: maßgeblich sei der nächstliegende Termin für bereits vorbestellte Ersatzware), es genügt, wenn die Ware letztlich zur Deckung verwendet wird. Das gilt auch, wenn die Ware ursprünglich zu Spekulationszwecken eingekauft wurde und nun zur Deckung verwendet wird (RGZ 93, 133; RG JW 1918, 557). Bei einem auf § 281 Abs 1 S 1 BGB gestützten Schadensersatzanspruch kann der Käufer die Mehraufwendungen aus einem Deckungskauf auch dann ersetzt verlangen, wenn er das Deckungsgeschäft **vor dem Ablauf der gesetzten Nachfrist** vorgenommen hat (BGH 27. 5. 1998 – VIII ZR 362/96, NJW 1998, 2901, 2903), vorausgesetzt der Schuldner leistet bis zum Ablauf der Frist nicht. Als Verzugsschaden gem §§ 280 Abs 1, Abs 2, 286 BGB sind die Mehrkosten des Deckungskaufs dagegen nicht ersatzfähig, da sie an die endgültige Nichterbringung der Leistung anknüpfen, der Verzugsschaden dagegen nur die Nachteile einer vorübergehenden Nichtleistung ersetzt (BGH 3. 7. 2013 – VIII ZR 169/12, NJW 2013, 2959, 2960 f; s noch Rn E 6).

Der Verkäufer kann nicht einwenden, dass der Käufer für die Ware ohnehin **keine Verwendung** gehabt hätte, weil die Beschaffungsentscheidung diesem allein überlassen bleiben muss (RG Recht 1923 Nr 187). Einen **Gewinn aus dem Weiterverkauf** der Ersatzware braucht der Käufer sich nicht anrechnen zu lassen, wenn der Käufer nur den durch die Ersatzbeschaffung entstandenen Schaden ersetzt verlangt, nicht aber entgangenen Gewinn (vgl RGZ 90, 160, 161). Ein Vorteilsausgleich findet insoweit mangels Kongruenz von Schaden und Vorteil nicht statt (krit Hagen WM 1983, 638, 649). Ausnahmsweise kann sich aus § 254 Abs 2 S 1 BGB iVm § 242 BGB eine Obliegenheit des Käufers ergeben, die nach Fortfall des Anspruchs gelieferte Ware abzusetzen, insbes dann, wenn der Gläubiger faktisch eine monopolähnliche Stellung für den Absatz solcher Waren hat (BGH 23. 2. 1978 – VII ZR 96/77, WM 1978, 640; MünchKomm/Emmerich Vor § 281 Rn 34). E 100

Zu den zu ersetzenden Mehrkosten des durchgeführten Deckungskaufs gehören auch **Preissteigerungen**. Der Käufer muss den Deckungskauf mit der gebotenen Sorgfalt durchführen, sonst kann ihm ein **Mitverschulden** (§ 254 Abs 2 BGB) angelastet werden (RG 18. 3. 1918 – VI 460/17, WarnR 1918 Nr 178). Der Käufer verletzt seine Obliegenheit zur Schadensminderung ua, wenn er die Möglichkeit eines Deckungskaufs unter Marktpreis nicht nutzt oder den ihm zumutbaren Deckungskauf bei schnell steigenden Preisen nicht alsbald vornimmt, nachdem er von der Unmöglichkeit der Leistung erfahren hat bzw im Fall des § 281 BGB zum Schadensersatz statt der Leistung übergegangen ist (BGH 23. 11. 1964 – VIII ZR 117/63, WM 1965, 102, 104; OLG Karlsruhe 16. 6. 1971 – 1 U 163/70, NJW 1971, 1809; OLG Nürnberg 6. 12. 2000 – 12 U 2953/00, NJW-RR 2002, 47, 48; MünchKomm/Emmerich Vor § 281 Rn 34). Ein Mitverschulden liegt insbes vor, wenn der Käufer auf Kosten des Verkäufers zu spekulieren versucht (RGZ 101, 90; RG 20. 9. 1910 – II 639/1909, Gruchot 55, 110; RG 11. 4. 1919 – II 424/18, WarnR 1919 Nr 133; OLG Nürnberg 6. 12. 2000 – 12 U 2953/00, NJW-RR 2002, 47, 48, bei schuldhafter Nichtausführung eines befristeten Aktienkaufvertrages). Umgekehrt kann eine **Eil- oder Notsituation** den Gläubiger von der Obliegenheit zur Erkundigung über die Marktverhältnisse entlasten (vgl BGH 9. 3. 2010 – VI ZR 6/09, NJW 2010, 2569). E 101

Hätte der Käufer den Kaufgegenstand weiterveräußert, kann er die Differenz zwischen dem von ihm geschuldeten Preis („Einkaufspreis") und dem Preis, zu dem er tatsächlich hätte weiterveräußern können („Verkaufspreis"), als **entgangenen Gewinn** (§ 252 BGB) verlangen. Den Ersatz entgangenen Gewinns bei marktgängiger Ware generell auszuschließen und den Gläubiger hier auf die Differenz zwischen Kaufpreis und Marktpreis (Rn E 77) zu beschränken (so J Flume AcP 215 [2015] 282, 315 f), ist nicht gerechtfertigt. Die Haftung gem §§ 280 ff BGB ist nicht alternative Form der Erfüllung, sondern Ausgleich für das verletzte Interesse an der Leistung (Rn E 3 ff; Vorbem A 5 zu §§ 280–285), das hier durch den entgangenen Gewinn markiert wird. Die Marktgängigkeit findet über § 254 Abs 2 BGB schadensmindernd Berücksichtigung: Bestand wegen der Marktgängigkeit für den Käufer die zumutbare Möglichkeit, sich anderweitig einzudecken und den Folgeverkauf mit der Ersatzware durchzuführen, mindert sich der Ersatz des entgangenen Gewinns entsprechend oder entfällt vollständig. Das so erzielte Ergebnis unterscheidet sich von dem nach der Marktpreisregel ermittelten Schaden, wenn der Käufer über dem Marktpreis weiterverkauft hat (**aA** offenbar J Flume AcP 215 [2015] 282, 316): Hat K eine Sache mit dem Marktpreis 12 zu 10 von V gekauft und zu 15 an D weiterverkauft, mindert sich der entgangene Gewinn des K in Höhe von (15 – 10 =) 5 auf 3, da und wenn K sich E 102 zu 12 hätte anderweitig eindecken und D hätte beliefern können. Der aus der Differenz zwischen Kauf- und Marktpreis ermittelte Schaden beläuft sich dagegen nur 2.

E 103 Wird der Kauf rückabgewickelt und verlangt der Käufer den großen Schadensersatz, gehören zum ersatzfähigen Schaden auch **Steuern**, die durch die Rückabwicklung dem Käufer auferlegt werden (BGH 26. 1. 2012 – VII ZR 154/10, NJW 2012, 1573 f – unzutr als Aufwendungen eingeordnet).

E 104 Behält der Gläubiger im Falle der **Schlechtleistung** den mangelhaften Leistungsgegenstand, kann er als „kleinen Schadensersatz" (§ 281 Abs 1 S 1 BGB bzw Umkehrschluss zu § 281 Abs 1 S 2 u 3 BGB) Zahlung oder Erstattung der Kosten verlangen, die für eine ordnungsgemäße Mängelbeseitigung erforderlich sind. Zu den **Kosten der Mängelbeseitigung** gehört auch eine von einem nicht vorsteuerabzugsberechtigten Gläubiger an den mit der Mängelbeseitigung beauftragten dritten Unternehmer zu zahlende Umsatzsteuer. Die Herstellung der Mangelfreiheit durch den Schuldner ist nicht Gegenstand des Schadensersatzanspruchs, da die Naturalherstellung beim Schadensersatz „statt" der Leistung grundsätzlich ausgeschlossen ist (BGH 22. 7. 2010 – VII ZR 176/09, NJW 2010, 3085; s Rn E 3). Der **merkantile Minderwert**, der einer Sache auch nach Behebung eines Mangels (insbes Unfallvorschäden bei Kfz) verbleibt, ist konkreter Schaden, sieht man den Schaden im Risiko fortbestehender bzw unentdeckter Mangelhaftigkeit (vgl BGHZ 27, 182, 184 f). Sieht man ihn in der schlechteren Verkaufbarkeit (vgl BGH 18. 9. 1979 – VI ZR 16/79, NJW 1980, 281), handelt es sich um einen abstrakten Schaden. Die Nutzungsmöglichkeit bei Nichtüberlassung eines Kfz bewertet das BAG nach der steuerlichen Bewertung der privaten Nutzungsmöglichkeit mit monatlich 1 % des Listenpreises des Kraftfahrzeugs im Zeitpunkt der Erstzulassung (BAG 19. 5. 2010 – 5 AZR 253/09, NJW 2010, 2827, 2828).

cc) Konkrete Schadensberechnung des Verkäufers

E 105 Der konkrete Schaden des Verkäufers besteht typischerweise in einem **Mindererlös** aus dem anderweitigen Verkauf der vom Käufer nicht abgenommenen Ware (BGHZ 126, 131, 134; BGH 24. 1. 1997 – V ZR 294/95, NJW-RR 1997, 654). Beim **Gattungskauf** setzt der Anspruch des Verkäufers auf Ersatz des konkreten Schadens nicht voraus, dass die Ware bereits ausgesondert war; er kann seinen konkreten Schaden in einem solchen Fall in der Weise berechnen, dass er aus seinem Gesamtvorrat eine entsprechende Menge anderweitig verkauft (BGH 14. 12. 1960 – VIII ZR 131/59, MDR 1961, 314). Werden die Kaufpreise aus ursprünglichem Kauf und aus dem Deckungsverkauf in ausländischer Währung bezahlt, ist der Kursverlust zu ersetzen, der zwischen dem Zahlungstermin des ursprünglichen Kaufvertrags und dem Zahlungstermin im Deckungsverkauf eintritt (BGH 18. 2. 1976 – VIII ZR 162/74, WM 1976, 352).

E 106 Solange die Leistungspflicht besteht und der Verkäufer an der Durchführung des Kaufvertrages festhält, ist eine Veräußerung der Ware nur im Wege des **Selbsthilfeverkaufs** oder der Versteigerung für Rechnung des Schuldners gem § 372 S 1 iVm §§ 383, 385 BGB bzw § 373 HGB zulässig (RGZ 110, 155, 157 ff). Gleichwohl kann ein aus vorzeitigem Deckungsverkauf entstandener etwaiger Mindererlös ersatzfähig sein, wenn der Verkäufer das Deckungsgeschäft vor Ablauf der nach § 281 Abs 1 S 1 BGB gesetzten Nachfrist vorgenommen hat (BGHZ 126, 131, 134 f): Zwar handelt der Verkäufer dann pflichtwidrig, die Pflichtverletzung ist aber unerheblich, da und wenn der Käufer die zur Zahlung des Kaufpreises gesetzte Nachfrist ungenutzt hat verstreichen lassen. Zahlt der Käufer doch noch vor Ablauf der Nachfrist den Kaufpreis, haftet der Verkäufer nun seinerseits ggf für die Veräußerung der Ware ohne Einhaltung der §§ 383 ff, 372 ff BGB bzw § 373 HGB auf den dadurch verursachten Mindererlös. Dabei kann ihm eine Haftungsmilderung gem § 300 Abs 1 BGB zugutekommen, wenn der Käufer sich zum Zeitpunkt des anderweitigen Verkaufs im Annahmeverzug befand. Die fahrlässige Nichtkenntnis der für den Verkauf einzuhaltenden Normen (§§ 382 ff, 372 ff BGB bzw § 373 HGB) darf den Verkäufer aber nicht von der Haftung entlasten, weil diese Normen dann praktisch bedeutungslos würden (Schwarze, Leistungsstörungen [2017] § 36 Rn 62).

Nach Ablauf der Nachfrist kann der Verkäufer zwischen Durchführung des Vertrages und Schadensersatz statt der Leistung wählen (§ 281 Rn D 2). Entsprechend hat er dann die Wahl zwischen Selbsthilfeverkauf und Deckungsverkauf (MünchKomm/Emmerich Vor § 281 Rn 41). **E 107**

Erfolgt der Deckungsverkauf ordnungsgemäß nach Beseitigung der Leistungspflichten bzw nach Eintritt der Befugnis des Gläubigers hierzu (Rücktritts- bzw Schadensersatzbefugnis gem § 281 Abs 4 BGB), verbleibt ein etwaiger **Mehrerlös** beim Verkäufer; dieser ist aber schadensmindernd zu berücksichtigen (RGZ 53, 11, 15; s dazu im Einzelnen Rn E 112). **E 108**

Für die **Art und Weise der Durchführung des Deckungsverkaufs** gilt: Ein freihändiger Verkauf ist zulässig und Grundlage für die Schadensberechnung, wenn der Verkäufer im Übrigen sorgfältig verfahren ist und die Interessen des Käufers nicht außer Acht gelassen hat (RGZ 61, 279, 281). Der Verkäufer hat grundsätzlich für Mitverschulden jeden Grades einzustehen (RG 15. 6. 1926 – II 457/25, Recht 1926 Nr 1937; BGH 7. 2. 1968 – VIII ZR 139/66, NJW 1968, 985 [insbes zur Beweiswürdigung und Schadensschätzung]). Eine Haftungsmilderung gem § 300 Abs 1 BGB kommt nicht mehr in Frage, da und soweit der Annahmeverzug beendet ist. Beendet ist der Annahmeverzug nicht erst mit Fortfall der dem Verkäufer obliegenden Leistungspflicht gem §§ 346 Abs 1, 323 ff BGB bzw § 281 Abs 4 BGB, dh mit Zugang der Rücktrittserklärung bzw des Schadensersatzverlangens, sondern schon dann, wenn der Verkäufer nach Ablauf der Nachfrist die vom Käufer angebotene Kaufpreiszahlung zurückweist (§ 281 Rn D 3, § 323 Rn D 3). Ersteigert der Verkäufer die Ware selbst, kann ihm der Käufer/Schuldner eventuell schadensmindernd (§ 254 Abs 2 BGB) entgegenhalten, dass sie an einen Dritten vorteilhafter hätte verkauft werden können (RGZ 110, 155, 159; RG 5. 7. 1918 – III 117/18, WarnR 1918 Nr 184). **E 109**

Eine „strenge" **Obliegenheit zur Vornahme eines Deckungsverkaufs** besteht nicht, solange die Leistungspflicht noch besteht. Der BGH bejahte zum alten Recht eine derartige Obliegenheit gem § 254 Abs 2 BGB (BGH 17. 1. 1997 – V ZR 285/95, NJW 1997, 1231, 1232; s auch OLG Hamburg 30. 1. 1923 – Bf VI 449/22, JW 1924, 549; MünchKomm/Emmerich Vor § 281 Rn 42), die den Gläubiger verpflichten soll, nicht durch Zuwarten den Schaden zu vergrößern. Sie führt tendenziell zu einer Obliegenheit, die für den Schadensersatzanspruch nötigen Erklärungen (Nachfristsetzung, Erklärung des Schadensersatzverlangens) so rechtzeitig vorzunehmen, dass es nicht zu vermeidbaren Schäden durch „verspätete" Deckungsverkäufe kommt. Indessen belässt die jetzige Regelung des § 281 Abs 4 BGB abweichend vom alten Recht (Vorbem C 6 zu §§ 280–285) dem **E 110**

Gläubiger selbst nach Ablauf der Nachfrist noch die Entscheidung über Leistung oder Schadensersatz. Damit ist eine „strenge", an der „erforderlichen Sorgfalt" orientierte Obliegenheit zur schadensmindernden Ausübung aller Gläubigerbefugnisse nicht zu vereinbaren. Die vom BGH (BGH 17. 1. 1997 – V ZR 285/95, NJW 1997, 1231, 1232) geforderte Interessenabwägung schwächt die Tendenz zu einer solchen Obliegenheit nicht wirklich. Richtigerweise kann es vor Erklärung des Schadensersatzverlangens nur eine Obliegenheit zur Unterlassung eines missbräuchlichen Hinauszögerns geben (insbes § 226 BGB), das insbes zu bejahen ist bei bewusster Spekulation auf Kosten des Schuldners und bei offensichtlichen und erheblichen Schadenserweiterungen ohne ein gegenläufiges Interesse des Gläubigers am Zuwarten. Schadensweiterungen, die durch solch missbräuchliches Hinauszögern der Nachfristsetzung oder des Schadensersatzverlangens verursacht werden, sind gem § 254 Abs 2 BGB nicht zu ersetzen. Selbst wenn man dem strengeren Ansatz des BGH folgt, ist eine Rücksichtnahme jedenfalls dann nicht gegenüber dem Käufer geboten, der schlicht die Kaufpreiszahlung verweigert oder schon bei Vertragsschluss seine Zahlungsunfähigkeit kannte (krit auch Huber II 169 ff, s ferner für Leistungsverweigerung § 281 Rn B 188). Nach Erklärung des Schadensersatzverlangens (§ 281 Abs 4 BGB) trifft den Gläubiger eine strenge Obliegenheit zum Deckungsverkauf.

E 111 Statt dem Verlust aus einem ungünstigeren Deckungsverkauf kann der Verkäufer den **entgangenen Gewinn** aus der Differenz zwischen dem vom Käufer geschuldeten Kaufpreis und den tatsächlichen Anschaffungskosten des Verkäufers verlangen (Soergel/Ekkenga/Kuntz § 252 Rn 46).

E 112 Schadensmindernd können sich **Vorteile** auswirken, die der Verkäufer im Zusammenhang mit der Pflichtverletzung des Käufers erlangt (s noch Schwarze, Leistungsstörungen [2017] § 25 Rn 23). Behält der Verkäufer die vom säumigen Käufer nicht abgenommene Ware, sind nach Beginn der Pflichtverletzung des Käufers und bis zur letzten mündlichen Tatsacheninstanz eintretende **Wertsteigerungen** der Ware schadensmindernd als Vorteil anzurechnen (BGH 11. 2. 1983 – V ZR 191/81, WM 1983, 418 f; RGZ 89, 282; 110, 155, 159; RG 5. 7. 1918 – III 117/18, WarnR 1918 Nr 184; zum Zeitpunkt vgl Rn E 130 ff). Ein den vom Käufer geschuldeten Kaufpreis übersteigender **Mehrerlös** aus dem Deckungsverkauf ist anzurechnen, wenn er auf einer allgemeinen Wertsteigerung beruht. Das ist der Fall, wenn der Verkaufserlös den Verkehrswert der Kaufsache nicht übersteigt (BGH 13. 3. 1981 – V ZR 46/80, NJW 1981, 1834; BGH 5. 6. 1981 – V ZR 170/80, NJW 1982, 326; BGHZ 136, 52, 53; Hagen WM 1983, 638, 649). Anzurechnen ist auch dann, wenn der Verkäufer die Ware zurückersteigert (so RGZ 110, 159). Der den Verkehrswert übersteigende Mehrerlös wird dagegen nicht schadensmindernd angerechnet, da er auf besonderen Anstrengungen des Gläubigers oder einem besonderen Erwerbsinteresse des Deckungskäufers beruht, das dem haftenden Käufer zugutekommen zu lassen kein Grund besteht (BGHZ 136, 52, 56; Halfpap [1999] 166).

E 113 Die **Vertragskosten** des gescheiterten Vertrages sind aufgrund der Rentabilitätsvermutung ersatzfähiger Schaden (näher Rn E 115 ff). Die Vertragskosten des Deckungsverkaufs sind ersatzfähiger Schaden nur, soweit der Erlös aus dem Deckungsgeschäft den ursprünglichen Kaufpreis *nicht* übersteigt (vgl BGH 24. 1. 1997 – V ZR 294/95, NJW-RR 1997, 654, 655 [Maklerkosten]). Soweit ein Mehrerlös erzielt wird, können sie von diesem abgezogen werden und mindern damit den Vorteilsausgleich (Rn E 108, 112; Otto LM § 326 [Eb] BGB Nr 10 [unter 2 d]).

dd) Konkrete Schadensberechnung für Kreditgeschäfte

Beim Darlehen kann der Darlehensgeber als Gläubiger den Schaden durch den entstehenden *Zinsverlust* konkret berechnen, zeitlich begrenzt auf den nächstmöglichen Zeitpunkt einer zulässigen ordentlichen Kündigung des Kreditnehmers (BGH 30. 11. 1989 – III ZR 197/88, NJW-RR 1990, 432, 433; BGHZ 104, 337; zur abstrakten Berechnung Rn E 91 ff). Bei vertraglich vereinbarter ordentlicher Befristung mit Ausschluss der ordentlichen Kündigung ist die vereinbarte Laufzeit maßgeblich (BGHZ 122, 9; BGH 16. 7. 2008 – VIII ZR 151/05, NJW 2008, 3436 jeweils zu § 89b HGB, übertragbar). In der Ablehnung eines vom Darlehensnehmer benannten Ersatzdarlehensnehmers kann ein Mitverschulden zu sehen sein (BGH 30. 11. 1989 – III ZR 197/88, NJW-RR 1990, 432, 433 f). E 114

d) Vertragsbezogene Aufwendungen als Schaden
aa) Rentabilität der Aufwendung als Vermögensposition

Ersatzfähig im Rahmen des Schadensersatzes statt der Leistung sind **Aufwendungen**, die der Gläubiger **zur Erlangung oder zur Verwendung der Leistung** betrieben hat im Vertrauen auf die ordnungsgemäße Erbringung der Leistung. Dazu gehören insbes die vom Gläubiger erbrachte Gegenleistung (zB beim Kauf eines Kfz der vom Verkäufer dem Käufer entrichtete Kaufpreis) und sonstige Erwerbskosten (zB Notarkosten). Ferner gehören dazu Aufwendungen, die der Gläubiger im Hinblick auf die spätere Verwendung der Leistung betrieben hat, worunter allgemeine, mit dem Erhalt der Sache unvermeidliche Kosten ebenso fallen wie Aufwendungen, die eine besondere Verwendung ermöglichen oder befördern sollen (zB Kauf von Zubehör für das gekaufte Kfz oder Anmietung einer Garage für das Kfz). Das haftungsrechtlich Problematische dieser Aufwendungen ist der *Zurechnungszusammenhang* mit der Verletzung der Leistungspflicht: Die Aufwendung wäre auch bei ordnungsgemäßer Erbringung der Leistung eingetreten (im Beispiel: der Kaufpreis für das Kfz wäre auch dann bezahlt worden, der Preis für das Zubehör oder die Garagenmiete wären auch bei Lieferung des Kfz zu zahlen gewesen). Gleichwohl bejaht die Rechtsprechung die Ersatzfähigkeit solcher Aufwendungen als Schaden im Rahmen der konkreten Berechnung des Schadensersatzes. E 115

Die Aufwendungen sind idR wirtschaftlich sinnvoll („rentabel“). Sie wären bei ordnungsgemäßer Erbringung der Leistung durch entsprechende wirtschaftliche Vorteile kompensiert worden (BGH 15. 3. 2000 – XII ZR 81/97, NJW 2000, 2342, 2343): die vom Gläubiger erbrachte Gegenleistung und die sonstigen Erstehungskosten schon durch das Bekommen der Leistung, die sonstigen Aufwendungen (im Beispiel: Zubehör oder Mietgarage für gekauftes Kfz) durch eine gewinnbringende Verwendung der Leistung, die durch die Aufwendungen ermöglicht oder gefördert worden wäre (zB das gekaufte Kfz sollte gewerblich vermietet werden, dieser Zweck wird durch Zubehör oder Mietgarage gefördert). Nachweisen muss der Gläubiger die skizzierte wirtschaftliche Sinnhaftigkeit bzw Amortisierbarkeit der Aufwendung nicht konkret, vielmehr besteht eine **widerlegliche Vermutung der Rentabilität der Aufwendung** (RGZ 127, 245, 248; BGH 15. 3. 2000 – XII ZR 81/97, NJW 2000, 2342, 2343). Durch die Verletzung der Leistungspflicht und das Ausbleiben der ordnungsgemäßen Leistung bleibt diese Kompensation bzw Kompensationsmöglichkeit aus und die Aufwendung wird wirtschaftlich sinnlos. Dies begründet den Schaden des Gläubigers (BGHZ 71, 234, 238; BGHZ 99, 182, 197; BGH 15. 3. 2000 – XII ZR 81/97, NJW 2000, 2342, 2343). E 116

bb) Voraussetzungen der Rentabilitätsvermutung

aaa) Gegenseitigkeit der Leistungspflicht

E 117 Die Rentabilitätsvermutung ist nach der Rechtsprechung von vornherein auf synallagmatische Leistungspflichten beschränkt. Das versteht sich von selbst, soweit es um Ersatz für die vom Gläubiger erbrachte Gegenleistung geht (vgl etwa BGHZ 71, 234, 238). Sonstige Aufwendungen auf die Leistung stehen dagegen außerhalb des Äquivalenzverhältnisses (anders wohl Messer/Schmitt, in: FS Hagen [1999] 425, 429), weshalb die Beschränkung der Rentabilitätsvermutung auf synallagmatische Leistungspflichten bei diesen Aufwendungen eher darin ihre Begründung findet, dass die Belastung des unentgeltlich leistenden Schuldners mit einer Haftung für nicht konkret nachgewiesene Schäden unangemessen wäre (für Anwendbarkeit auch bei nicht-gegenseitigen Schuldverhältnissen P Meier/Joachim JuS 2018, 1168, 1172).

bbb) Auf Gewinn zielende Verwendung der Leistung

E 118 Die **Rentabilitätsvermutung findet keine Anwendung**, wenn von der durch den Gläubiger beabsichtigten Verwendung der Leistung ein Gewinn von vornherein nicht zu erwarten war, namentlich wenn der Gläubiger die Leistung nicht zur Gewinnerzielung einsetzen wollte, insbes zu **ideellen oder privaten Zwecken**. So kann der Mieter einer Stadthalle Werbeaufwendungen für die von ihm geplante politische Veranstaltung, die wegen Nichtüberlassung der Halle ausfällt, nicht als Schadensersatz statt der Leistung verlangen, wenn nicht festgestellt werden kann, dass diese Kosten durch die Einnahmen aus der Veranstaltung kompensiert worden wären (BGHZ 99, 182, 195 ff; s auch § 284 Rn 3 ff). Der Käufer einer Eigentumswohnung kann bei verspäteter Übergabe nicht für die während der Verzugszeit vergeblich aufgewendeten Gemeinschaftskosten die Vermutung der Rentabilität geltend machen, wenn er die Wohnung selbst bewohnen wollte (BGHZ 71, 234, 239). Auch für Interventionskäufe, mit denen wirtschaftslenkende Zwecke verfolgt werden, gilt die Rentabilitätsvermutung nicht (BGH 18. 9. 1985 – VIII ZR 244/84, WM 1985, 1361, 1364 u BGH 18. 9. 1985 – VIII ZR 249/84, WM 1985, 1497, 1499). Die vom Gläubiger erbrachte **Gegenleistung** verliert dagegen ihren wirtschaftlichen Sinn nicht schon dadurch, dass der Gläubiger keinen erwerbswirtschaftlichen Zweck verfolgt.

ccc) Vertrauen des Gläubigers

E 119 Die Rentabilitätsvermutung setzt ein **schutzwürdiges Vertrauen** des Gläubigers auf Durchführung des Vertrages bzw den Erhalt der Leistung voraus. Daran fehlt es trotz wirksamem Vertragsschluss bei einer im freien Belieben des Vertragsgegners/Schuldners stehenden Rücktrittsmöglichkeit (BGHZ 123, 96, 101). Unschädlich ist dagegen, dass der Gläubiger die Aufwendungen zu einem Zeitpunkt tätigt, in dem der durch einen vollmachtlosen Vertreter geschlossene Vertrag noch schwebend unwirksam war, sofern später die Genehmigung erteilt worden ist (BGH 26. 3. 1999 – V ZR 364/97, JZ 2000, 100 m zust Anm Timme 100 ff).

ddd) Entwertung der Aufwendungen infolge Pflichtverletzung

E 120 Die vom Gläubiger betriebenen Aufwendungen müssen infolge der Pflichtverletzung nutzlos geworden sein. Daran fehlt es, wenn der Gläubiger durch ein Deckungsgeschäft die Aufwendungen ihrer Nutzung zugeführt hat (zB Kauf eines Ersatzwagens [Deckungsgeschäft], sodass gemietete Garage [Aufwendung] genutzt werden kann). Allerdings müssen die Vertragskosten des Deckungsgeschäfts in die Schadensberechnung einbezogen werden (ungenau Halfpap [1999] 162 Fn 533).

cc) Erfasste Aufwendungen

Die Rentabilitätsvermutung gilt erstens für alle Aufwendungen, die der Gläubiger **zur Erlangung der Leistung** macht: die an den Schuldner erbrachte Gegenleistung einschließlich der Kosten zu deren Finanzierung, alle weiteren Erwerbskosten wie zB eine auf das Vertragsobjekt selbst bezogene Maklergebühr, Vertragskosten ieS, insbes Beurkundungskosten (RG 23. 1. 1904 – V 307/1903, JW 1904, 140 Nr 6 [verauslagte Vertragskosten]; BGHZ 62, 119, 120; 114, 193, 197 mwNw; 138, 195, 209; BGH 12. 3. 2009 – VII ZR 26/06, NJW 2009, 1870, 1871 [Finanzierungskosten]). Sodann bezieht sich die Rentabilitätsvermutung auf solche Kosten, die mit Besitz und Eigentum notwendig verbunden sind oder dessen Erhaltung und Absicherung dienen (zB Erschließungs- und Vermessungskosten des Grundstücks, Grundsteuer, Brandversicherungsprämie; s ferner BGH 18. 9. 1985 – VIII ZR 249/84, WM 1985, 1497, 1499 [Aufwendungen für Interventionskauf unter Anrechnung des Erlöses aus dem Weiterverkauf nicht interventionsfähiger Ware]; BGH 21. 12. 1984 – V ZR 206/83, NJW 1985, 2697, 2698 [Vertragskosten]; BGH 7. 12. 1987 – II ZR 206/87, WM 1988, 298, 299 [anteiliges Arbeitsentgelt als Mindestschaden]). **E 121**

Problematisch ist die Erstreckung der Rentabilitätsvermutung auf Aufwendungen für die Nutzung oder Verwertung der Leistung durch **Folgegeschäfte**. Nach der Rechtsprechung soll die Rentabilitätsvermutung nur für solche Aufwendungen gelten, die im Zusammenhang mit dem Austausch von Leistung und Gegenleistung stehen, für außerhalb desselben stehende dagegen nicht. So kann sich der Käufer eines Grundstücks, dessen Nutzung zum Betrieb einer Diskothek der Verkäufer zugesichert hatte, nicht auf die Rentabilitätsvermutung berufen für den Kaufpreis (= Aufwendung), den er einem Dritten für die Diskothek gezahlt hat (BGHZ 114, 193, 197 f mwNw = JZ 1992, 464 ff m krit Anm Wiedemann/Müller; bestätigt durch BGH 17. 5. 1991 – V ZR 92/90, WM 1991, 1809 f; BGH 22. 10. 1999 – V ZR 401/98, NJW 2000, 506, 508; Messer/Schmitt, in: FS Hagen [1999] 425, 430 ff; die Begrenztheit dieses Ansatzes hervorhebend Leonhard AcP 199 [1999] 660, 672 ff; s auch Huber II 274 f). **E 122**

Im Ergebnis ist dem BGH zuzustimmen, doch ist das maßgebliche Kriterium nicht die Einbeziehung der fraglichen Aufwendung in das Austauschverhältnis. Keine der vom BGH für ersatzfähig gehaltenen Aufwendungen außer der vom Gläubiger geschuldeten Gegenleistung steht im Austauschverhältnis. Nicht einmal für die Vertragskosten (zB Notarkosten) trifft das zu. Es geht vielmehr darum, Aufwendungen aus der Rentabilitätsvermutung auszugrenzen, deren Amortisation nicht schon aufgrund der ordnungsgemäßen Erbringung der Leistung an den Gläubiger als wahrscheinlich angesehen werden kann. Die Rentabilitätsvermutung beruht bei allen Aufwendungen jenseits der vom Gläubiger erbrachten Gegenleistung auf der Annahme, dass die **Amortisation** dieser Aufwendung schon aufgrund der ordnungsgemäßen Leistung **wahrscheinlich** ist, weil die Leistung über ein entsprechendes Amortisationspotential verfügt. Das trifft für Aufwendungen nicht zu, deren Amortisation von einer Verwendung der Leistung abhängt, die mit einem erheblichen unternehmerischen Risiko verbunden ist: Im Diskothekenfall hätte der Erwerb des Grundstücks einschließlich der Befugnis zum Betrieb einer Diskothek nicht die Amortisation des einem Dritten entrichteten Kaufpreises für die Diskothek wahrscheinlich gemacht; diese war vom geschäftlichen Erfolg des Diskothekenbetriebs abhängig, der nicht gleichsam im Grundstück als wirtschaftliches Potenzial verkörpert war (ebenso mit Blick auf das unternehmerische Risiko der gewinnbringenden Verwertung der Arbeitskraft das BAG hinsichtlich Vermutung der Rentabilität der laufen- **E 123** den Kosten eines Betriebs bei Nichterbringung der Arbeitsleistung, BAG 5. 3. 1985 – 1 AZR 468/83, NJW 1985, 2545 ff; erstattungsfähig aufgrund konkreter Schadensberechnung sind Aufwendungen, die eindeutig allein wegen Nichterbringung der Arbeitsleistung des Streiks nutzlos werden, BAG 7. 6. 1988 – 1 AZR 372/86, NJW 1989, 63, 64 [zB Papierkosten einer gedruckten, aber nicht mehr vertriebenen Zeitung]; s dazu auch § 284 Rn 36). Nicht hinreichend wahrscheinlich und daher nicht von der Rentabilitätsvermutung erfasst ist ferner die Amortisation solcher Aufwendungen, die dem Gläubiger (bei pflichtgemäßem Verhalten des Schuldners) lediglich die Chance auf einen Vertragsschluss und damit auf einen Gewinn verschafft hätten wie zB die Aufwendungen für die Teilnahme an einer Ausschreibung bzw einem Preisausschreiben für Architekten (BGH 23. 9. 1982 – III ZR 196/80, NJW 1983, 442, 443).

dd) Inhalt der Rentabilitätsvermutung

E 124 Bei Vorliegen der Voraussetzungen (Rn E 117 ff) wird widerleglich vermutet, dass der Gläubiger mit Hilfe der ausgebliebenen Leistung mindestens Vorteile in Höhe der von der Rentabilitätsvermutung erfassten Aufwendungen **erwirtschaftet** hätte (RGZ 127, 245, 248 f; BGHZ 123, 96, 99; BGH 24. 9. 1999 – V ZR 71/99, NJW 1999, 3625, 3626; BGH 22. 10. 1999 – V ZR 401/98, NJW 2000, 506, 508; Kaiser [2000] 434 ff; krit zur Begr Keuk [1972] 155 ff; im Ergebnis MünchKomm/Emmerich Vor § 281 Rn 19; generell **abl** Müller-Laube JZ 1995, 538 ff). Der Gläubiger kann diese Aufwendungen als Mindestschaden erstattet verlangen (BGH 18. 9. 1985 – VIII ZR 249/84, WM 1985, 1497, 1499 [Aufwendungen für Interventionskauf unter Anrechnung des Erlöses aus dem Weiterverkauf nicht interventionsfähiger Ware]; BGH 21. 12. 1984 – V ZR 206/83, NJW 1985, 2697, 2698 [Vertragskosten]; BGH 7. 12. 1987 – II ZR 206/87, WM 1988, 298, 299 [anteiliges Arbeitsentgelt als Mindestschaden]).

ee) Widerlegung der Rentabilitätsvermutung

E 125 Die Rentabilitätsvermutung ist bloße Beweiserleichterung zum Nachweis des Schadens. Der Schuldner kann sie daher widerlegen (BGHZ 71, 234, 239; 99, 182, 197 f), indem er nachweist, dass der Vertrag über die gestörte Leistung für den Gläubiger ein **Verlustgeschäft** geworden wäre, dh aus der geplanten Leistungsverwendung kein die Aufwendung deckender Gewinn erzielt worden wäre. Ist die gestörte Leistung eine **Geldzahlung** (zB Ausbleiben der Bezahlung des Transportunternehmers für Transportauftrag), kann der Schuldner (im Beispiel der Auftraggeber) die Unrentabilität der Aufwendung (im Beispiel: Aufwand für Anschaffung eines Lkw abzüglich dessen Wertes) damit begründen, dass der Vertrag (im Beispiel Transportauftrag) ein Verlustgeschäft für den Gläubiger (Transportunternehmer) gewesen wäre (BGH 15. 3. 1990 – I ZR 149/88, NJW 1990, 2543, 2544). Zu berücksichtigen sind nicht alle im Vermögen des Gläubigers infolge des Vertrages mit dem Schuldner kausal-adäquat eingetretenen Nachteile. Die erforderliche wertende Betrachtung (BGHZ 98, 212, 217) verbietet es, Umstände, die außerhalb des Wirkungsbereichs der Rentabilitätsvermutung, des synallagmatischen Austauschs von Leistung und Gegenleistung, stehen, zu deren Widerlegung heranzuziehen. **Nachteile**, die dem Gläubiger dadurch erwachsen, dass er die Leistung (zB Kauf eines Grundstücks) zur Grundlage oder zum Gegenstand **eines Folgegeschäftes** macht (zB Nachteile aus Kauf und Betrieb einer Diskothek auf dem Grundstück), sei es mit dem bisherigen Vertragspartner, sei es mit einem Dritten, berühren die Vermutung, dass das gestörte Erstgeschäft ohne die Störung rentabel gewesen wäre, nicht (BGHZ 114, 193, 198; s auch BGH 5. 2. 1999 – V ZR 353/97, NJW 1999, 1702, 1704 [Sonderumlage für Modernisierungskosten]). Es gibt also keine „vertragsübergreifende“ Bilanz, die dem Schuldner die Widerlegung der

Rentabilität des Vertrages unter Hinweis auf spätere Fehlinvestitionen des Gläubigers erlauben würde.

Der Schuldner kann ferner einwenden, den vom Gläubiger geltend gemachten Aufwendungen hätte ein anzurechnender **Vorteil** gegenübergestanden. Dabei steht dem Schuldner die Darlegungs- und Beweiserleichterung des § 252 S 2 BGB zu Gebote (BGHZ 114, 193, 199 ff; ebenso BGH 22. 10. 1999 – V ZR 401/98, NJW 2000, 506, 508). Eine Vermutung dafür, dass Aufwendungen, die der Gläubiger für weitere Geschäfte im Vertrauen auf die zugesagte Leistung und damit deren Verwertung getätigt hat, ein Gegenwert gegenübergestanden hätte, gibt es aber nicht (BGHZ 114, 193, 199 ff). **E 126**

ff) Verhältnis zum Ersatz entgangener Vorteile

Ersatz der Aufwendungen aufgrund der Rentabilitätsvermutung kann der Gläubiger nicht verlangen, wenn er einen Ausgleich für die Vorteile verlangt, die ihm infolge des Ausbleibens der Leistung entgangen sind (BGH 24. 9. 1999 – V ZR 71/99, NJW 1999, 3625, 3627). Da die wirtschaftliche Entwertung der Aufwendungen mit dem Ausbleiben dieser Vorteile begründet wird (Rn E 124), würde der Gläubiger seinen Nachteil praktisch zweimal in Ansatz bringen. **E 127**

gg) Verhältnis der Rentabilitätsvermutung zu § 284

Die Rentabilitätsvermutung ist durch § 284 BGB **nicht gegenstandslos geworden** (str, näher § 284 Rn 16). § 284 BGB gewährt einen Anspruch auf Ersatz vergeblicher Aufwendungen auf die Leistung unabhängig von einem erwerbswirtschaftlichen („kommerziellen") Verwendungszweck, allerdings nur *alternativ* zum Schadensersatz statt der Leistung. Verstünde man die Norm als abschließende Regelung der Haftung für solche Aufwendungen, wäre der Gläubiger bei „kommerzieller" Verwendung der Leistung gegenüber der alten Rechtslage schlechter gestellt, da er zwischen Aufwendungs- und Schadensersatz wählen müsste. Dies lag nicht in der Absicht des Gesetzgebers (vgl BT-Drucks 14/6040, 142 ff; MünchKomm/Emmerich Vor § 281 Rn 20). Der Sinn des § 284 BGB liegt vielmehr darin, eine Mindesthaftung für Aufwendungen unabhängig vom erwerbswirtschaftlichen Charakter der geplanten Verwendung der Leistung zu schaffen und damit auch Aufwendungen für nicht auf Gewinnerzielung angelegte, insbes ideelle oder private Verwendungen zu schützen (BT-Drucks 14/6070, 142 ff; dazu noch Rn E 123 f; § 284 Rn 17). Der uU weiter gehende Schutz kommerziell motivierter Aufwendungen im Rahmen des Schadensersatzes statt der Leistung sollte davon unberührt bleiben. Damit ergibt sich für den Gläubiger bei erwerbswirtschaftlich motivierten Aufwendungen das Recht, deren Ersatz entweder aufgrund der Rentabilitätsvermutung als Schadensersatz statt der Leistung zu fordern oder anstelle des Schadensersatzes statt der Leistung gem § 284 BGB (§ 284 Rn 17). Die kommerzielle Verwendung muss nur im ersteren Fall vom Gläubiger dargelegt werden. Im Übrigen reicht der Schutzbereich des § 284 BGB bei Aufwendungen deutlich über die Rentabilitätsvermutung hinaus (§ 284 Rn 27 ff). **E 128**

hh) Anderweitige Ersatzansprüche

Die Aufwendungen des Gläubigers können auch als Vertrauensschaden ersatzfähig sein, da und soweit sie der Gläubiger ohne Vertrauen auf den Vertrag bzw dessen Durchführung nicht betrieben haben würde. Nach den jeweiligen Umständen des Einzelfalles kann ein Anspruch aus §§ 280 Abs 1, 311 Abs 2 BGB wegen Verletzung **E 129** vorvertraglicher Pflichten (BGH 15. 3. 1990 – I ZR 149/88, NJW 1990, 2543, 2544) oder gem § 122 BGB bei Nichtigkeit des Vertrages bzw Anfechtung der Willenserklärungen bzw gem § 179 BGB bei Unwirksamkeit des Vertrages in Betracht kommen.

e) Maßgeblicher Zeitpunkt für die Schadensberechnung

E 130 Der rechtlich maßgebliche Zeitpunkt für die Schadensberechnung (Gegenüberstellung der Ist- und Soll-Vermögenslage) kann nicht einheitlich für alle Pflichtverletzungen und Schäden bestimmt werden. Es ist vielmehr zu differenzieren nach der Art des Schadensersatzes (folgend Rn E 131, E 132 ff), innerhalb derselben zwischen der Art der Pflichtverletzung, ferner nach der Art der Schadensberechnung (konkret oder abstrakt, Rn E 71 ff). Zu trennen ist der für die Schadensberechnung maßgebliche Zeitpunkt von dem Zeitpunkt der für die Schadensberechnung erforderlichen Tatsachenfeststellung. Hier ist stets die letzte mündliche Verhandlung der letzten Tatsacheninstanz maßgeblich (vgl BGH 18. 1. 1980 – V ZR 110/76, NJW 1980, 1742, 1743; RGZ 149, 135, 137; BGHZ 136, 52, 55; Huber, Leistungsstörungen II § 38 II 1, S 234).

aa) Schadensersatz gem § 280 Abs 1

E 131 Beim Schadensersatz nach § 280 Abs 1 BGB kommt es bei **Integritätsschäden** grundsätzlich auf den Zeitpunkt der *Entstehung des Schadens* an. Der Eintritt eines Schadens ist regelmäßig anzunehmen, wenn es zu einer *konkreten Verschlechterung der Vermögenslage* des Gläubigers gekommen ist; der Eintritt einer risikobehafteten Situation genügt dafür grundsätzlich nicht (BGH 8. 7. 2010 – III ZR 249/09, NJW 2010, 3292; BGHZ 73, 363, 365; 100, 228, 231 f). Der Zeitpunkt ist für jeden Schadensposten gesondert zu bestimmen. Hinsichtlich der für die Berechnung zugrunde zu legenden Tatsachen ist die letzte mündliche Verhandlung in der Tatsacheninstanz maßgeblich (Rn E 130). Maßgeblicher Zeitpunkt für die Schadensberechnung bei Verletzungen des Leistungsinteresses (insbes **Nutzungsausfallschaden)** ist grundsätzlich die Fälligkeit der Leistung, da das Leistungsinteresse zeitlich durch die Fälligkeit bestimmt wird (Rn E 130) und nach hier vertretener Auffassung eine Mahnung zur Begründung der Haftung nicht erforderlich ist (Rn C 27 ff).

bb) Schadensersatz statt der Leistung gem §§ 280 Abs 1, Abs 3, 281–283

E 132 Für den Schadensersatz statt der Leistung ist der Zeitpunkt der Schadensberechnung von erheblicher Bedeutung, weil die Bewertung des hier im Vordergrund stehenden reinen Vermögensschadens stärker von Marktschwankungen abhängig ist, als der Substanzschaden, der bei der Haftung für Integritätsschäden gem § 280 Abs 1 BGB überwiegt. Denkbar sind folgende Zeitpunkte: der *Fälligkeitstermin* („Erfüllungszeitpunkt"), der *Eintritt der (jeweiligen) Pflichtverletzung* oder das *Vorliegen sämtlicher Voraussetzungen für die Geltendmachung des Schadensersatzanspruchs* (Schadensersatzbefugnis), dessen *Geltendmachung* (das Schadensersatzverlangen) oder die *Durchsetzung im Prozess* (s auch Soergel/Benicke/Hellwig Rn 290 f, 338 ff).

E 133 Den Ausgangspunkt bildet der Termin der **Fälligkeit** (vgl BGH 11. 2. 2009 – VIII ZR 328/07, JZ 2010, 44, 45; BGH 27. 5. 1998 – VIII ZR 362/96, NJW 1998, 2901; BGHZ 126, 131, 134): Das geschützte Leistungsinteresse wird in zeitlicher Hinsicht durch ihn bestimmt. Die generelle Anknüpfung an einen späteren Zeitpunkt würde zu einer Einschränkung des schadensersatzrechtlichen Schutzes des Leistungsinteresses führen, die nicht zu rechtfertigen ist. Der Gläubiger ist vermögensmäßig so zu stellen, wie er bei ordnungsgemäßer (= pünktlicher) Leistung gestanden hätte. Indessen muss die Verletzung des Leistungsinteresses in einem Zurechnungszusammenhang (insbes objektive Zurechenbarkeit) mit der die Haftung begründenden Pflichtverletzung stehen. Dies führt je nach Art der Pflichtverletzung, Methode der Schadensberechnung (konkret oder abstrakt) und geltend gemachter Schadensposition meistens dazu, dass für den Schadensersatz statt der Leistung auf einen anderen Zeitpunkt als den der Fälligkeit abzustellen ist. Im Einzelnen ergibt sich das Folgende (s auch noch § 281 Rn B 135 ff; § 282 Rn 58; § 283 Rn 50 ff):

aaa) Schadensersatz gem §§ 280 Abs 1, Abs 3, 281

Im Falle der Nichtleistung trotz Erbringbarkeit der Leistung bzw behebbarer Schlechtleistung (§§ 280 Abs 1, Abs 3, 281 BGB) ist für die **abstrakte Schadensberechnung** grundsätzlich der Zeitpunkt der Fälligkeit maßgeblich (vgl BGH 27. 5. 1998 – VIII ZR 362/96, NJW 1998, 2901; BGHZ 126, 131, 134; BGH 24. 9. 1999 – V ZR 71/99, NJW 1999, 3625, 3626; **abw** MünchKomm/Ernst § 281 Rn 60, 106: Zeitpunkt des Fristablaufs). Da die Pflichtverletzung bereits mit der Nichtleistung vorliegt, sind ab hier eintretende Schäden grundsätzlich zurechenbar (insbes entgangener Gewinn gem § 252 BGB). Das setzt allerdings voraus, dass der Schuldner sich hinsichtlich der Nichtleistung/Schlechtleistung auch für diesen Zeitpunkt nicht gem § 280 Abs 1 S 2 BGB entlasten kann. Für abstrakt berechnete Deckungsgeschäfte ist auf den Zeitpunkt des Untergangs des Leistungsanspruchs gem § 281 Abs 4 BGB abzustellen (§ 281 Rn B 146); denn die Vornahme des Deckungsgeschäfts erst zu diesem Zeitpunkt ist der reguläre Ablauf, der für die abstrakte Schadensberechnung zugrunde zu legen ist. Das gilt entsprechend für den Fall der Leistungsverweigerung durch den Schuldner (zur entspr Anwendbarkeit des § 281 Abs 4 BGB s § 281 Rn B 195; MünchKomm/Ernst § 281 Rn 60). Bei der Leistungsverweigerung vor Fälligkeit ist für die abstrakte Schadensberechnung auf den Zeitpunkt des Fortfalls des Leistungsanspruchs analog § 281 Abs 4 BGB (s aber § 281 Rn B 146) abzustellen, auch wenn dieser ggf vor Fälligkeit liegt. Wenn der Gläubiger zum Schadensersatz vor Fälligkeit befugt ist, muss er schadensersatzrechtlich entsprechend gestellt werden (MünchKomm/Ernst § 281 Rn 68). E 134

Im Falle der **konkreten Schadensberechnung** ist der konkrete Verlauf ab Fälligkeit bis zur letzten Tatsachenverhandlung maßgeblich. Indessen kann es bei konkreter Feststellung des Wertes der Leistung bei erheblichen Wertschwankungen angemessen sein, statt eines besonders hohen oder niedrigen Wertes zum Zeitpunkt der letzten mündlichen Verhandlung einen Durchschnittswert zu nehmen, wenn der Gläubiger den Gegenstand selbst nutzen und nicht veräußern wollte (RGZ 145, 296, 299; erst recht, wenn Spitzenwert zu einem vorher liegenden Zeitpunkt, RG 27. 10. 1926 – I 317/25, LZ 1927, 903). Im Falle eines konkreten Deckungsgeschäfts ist der für die Ermittlung der Preisdifferenz maßgebliche Zeitpunkt der Zeitpunkt der tatsächlichen Durchführung nach Fälligkeit (§ 281 Rn B 140 ff; ebenso MünchKomm/Emmerich Vor § 281 Rn 45 ff). Wurde das Deckungsgeschäft bereits *vor Fälligkeit* durchgeführt, sind die Vermögensnachteile, die vor Fälligkeit eingetreten sind, der Pflichtverletzung nicht zurechenbar; etwas anderes gilt nur im Falle der Leistungsverweigerung vor Fälligkeit oder einer vor Fälligkeit eintretenden unzumutbaren Leistungsgefährdung (Rn C 18, § 281 Rn B 182 ff). Wurde das Deckungsgeschäft nach Fälligkeit, aber *vor Ablauf der Nachfrist* bzw Vorliegen der Voraussetzungen des § 281 Abs 2 BGB durchgeführt, sind die Teile des Schadens nicht zurechenbar, die durch Abwarten der Nachfrist bzw Eintritt der Voraussetzungen des § 281 Abs 2 BGB vermieden worden wären. Die *nach Ablauf der Nachfrist,* aber vor Fortfall des Leistungsanspruchs gem § 281 Abs 4 BGB ein- E 135 getretenen Nachteile sind dagegen zurechenbar, wenn man der hier vertretenen Auffassung folgt, dass der Gläubiger nach Ablauf der Nachfrist/Eintritt der Voraussetzungen gem § 281 Abs 2 BGB befugt ist, die Leistung zurückzuweisen (§ 281 Rn D 3; zum maßgeblichen Zeitpunkt der Schadensberechnung bei § 281 BGB s noch § 281 Rn B 139 ff). Hinsichtlich der schadensmindernden **Anrechnung** der beim Gläubiger verbleibenden, diesem obliegenden Gegenleistung (zB Verkäufer eines Grundstücks fordert wegen Nichtzahlung des Kaufpreises Schadensersatz gem §§ 280 Abs 1, Abs 3, 281 BGB und behält infolge Nichtdurchführung das Grundstück) kommt es für deren Bewertung auf den Zeitpunkt der letzten mündlichen Tatsachenverhandlung an, sodass bis dahin eintretende Wertsteigerungen mindernd zu beachten sind (RGZ 141, 259, 262).

bbb) Schadensersatz gem §§ 280 Abs 1, Abs 3, 282

E 136 Die Ausführungen Rn E 134 f gelten entsprechend. Bei der Schadensberechnung nach Maßgabe eines abstrakten Deckungskaufs (Rn E 134) ist ebenfalls auf den Zeitpunkt des Untergangs des Leistungsanspruchs analog § 281 Abs 4 BGB (zur Anwendbarkeit § 282 Rn 53) abzustellen. Bei der Schadensberechnung wegen eines konkreten Deckungskaufs ist maßgeblich der Zeitpunkt der die **Unzumutbarkeit** begründenden Pflichtverletzung: Schäden, die vorher entstehen, muss der Schuldner nicht ersetzen, wenn sie bei Zuwarten des Gläubigers nicht entstanden wären. Die nach Eintritt der Unzumutbarkeit, aber vor Fortfall des Leistungsanspruchs gem § 281 Abs 4 BGB eingetretenen Nachteile sind dagegen zurechenbar, wenn man der hier vertretenen Auffassung folgt, dass der Gläubiger nach Eintritt der Unzumutbarkeit befugt ist, die Leistung zurückzuweisen (§ 282 Rn 55).

ccc) Schadensersatz gem §§ 280 Abs 1, Abs 3, 283

E 137 Auszugehen ist zunächst vom Zeitpunkt der Fälligkeit als maßgeblichem Zeitpunkt für das geschützte Leistungsinteresse (s Rn 133). Doch sind Schäden, die in der Zeit zwischen Fälligkeit und Eintritt des Leistungshindernisses (§ 275 BGB) entstehen, nicht kausal auf die gem § 283 BGB maßgebliche Pflichtverletzung (Nichtleistung infolge Leistungshindernisses) zurückzuführen. Infolgedessen kommt es für die **abstrakte Schadensberechnung** grundsätzlich auf den Zeitpunkt an, zu dem das Leistungshindernis (§ 275 BGB) eingetreten ist (MünchKomm/Ernst § 283 Rn 11; BeckOGK-BGB/Riehm [1. 12. 2018] § 283 Rn 33; Erman/Westermann § 283 Rn 9; Soergel/Benicke/Hellwig Rn 343 ff; Huber II 666 f; für abstrakt berechneten entgangenen Gewinn dagegen auf Fälligkeit abstellend Bardo [1989] 129 ff, 169 f). Fallen der Eintritt des Leistungshindernisses iS von § 275 Abs 2 u Abs 3 BGB und die Erhebung der Einrede zeitlich auseinander, so wirkt nach hier vertretener Auffassung die Einrede auf den Zeitpunkt des Eintritts des Leistungshindernisses zurück, wenn sie unverzüglich erhoben wurde. Der Zeitpunkt der tatsächlichen Erhebung ist dagegen maßgeblich, wenn sie nicht unverzüglich erfolgte (zu abw Auffassungen § 283 Rn 56). Schäden, die für den Zeitraum zwischen Fälligkeit und Eintritt des Leistungshindernisses berechnet werden (zB entgangener Gewinn gem § 252 BGB), können bei Vorliegen der Voraussetzungen erstattungsfähig sein gem §§ 280 Abs 1, Abs 2, 286 BGB (zum Verhältnis zu § 283 BGB s § 283 Rn 56 ff) oder gem §§ 280 Abs 1, Abs 3, 281 BGB (zum Verhältnis zu § 283 BGB s § 281 Rn B 56, B 147). Eine tatsächlich eingetretene Preissenkung nach Eintritt des Leistungshindernisses ist im Rahmen der abstrakten Schadensberechnung unbeachtlich, soweit es um die Schadensberechnung anhand der Marktpreisregel geht (KG 19. 5. 1925 – II 350/24, JW 1926, 2676; Huber II 667).

Der **konkrete Schaden** (auch der Mindestschaden, Rn E 86, E 124) berechnet sich nach dem konkreten Schadensverlauf ab **Eintritt des Leistungshindernisses (§ 275 BGB)** bis zum Zeitpunkt der Schadensermittlung, ggf also bis zur letzten gerichtlichen Tatsachenverhandlung (BGH 18. 1. 1980 – V ZR 110/76, NJW 1980, 1742, 1743; RGZ 149, 135, 137; MünchKomm/Emmerich Vor § 281 Rn 39). Die Vermögensdifferenz ergibt sich in aller Regel aus dem schlechteren Deckungsgeschäft (vgl dazu BGHZ 2, 310 sowie Rn E 106 u 109; OLG Karlsruhe 16. 6. 1971 – 1 U 163/70, NJW 1971, 1809). Dabei unterliegt der vom Gläubiger nach Eintritt des Leistungshindernisses gewählte Zeitpunkt des Deckungsgeschäfts einer Bewertung gem § 254 Abs 2 S 1 BGB (s Rn E 82). Auf den Zeitpunkt der Fälligkeit kann weder für den Wert der Leistung noch für den konkret entgangenen Gewinn noch für Deckungsgeschäfte abgestellt werden, da Vermögensnachteile, die zwischen Fälligkeit und Eintritt des Leistungshindernisses eingetreten sind, der „Nichtleistung infolge des Eintritts eines Leistungshindernisses" nicht zugerechnet werden können. Die vom BGH geäußerte Ansicht, es sei generell der Zeitpunkt der Fälligkeit maßgeblich (BGH 24. 9. 1999 – V ZR 71/99, NJW 1999, 3625, 3626 = LM § 325 BGB Nr 31 m insoweit krit Anm Schiemann), lässt dieses Erfordernis außer Acht. Etwas anderes gilt, wenn die Fälligkeit als für die Schadensberechnung maßgeblicher Zeitpunkt vertraglich vereinbart ist (s BGH 24. 9. 1999 – V ZR 71/99, NJW 1999, 3625, 3626). Ansonsten kommt für den Zeitraum zwischen Fälligkeit und Eintritt des Leistungshindernisses je nach Schadensposition nur eine Haftung gem §§ 280 Abs 1, Abs 2, 286 BGB oder §§ 280 Abs 1, Abs 3, 281 BGB in Betracht, wenn die entspr Voraussetzungen vorliegen. E 138

ddd) Analoge Anwendung der §§ 280 Abs 1, Abs 3, 281–283

Für den Fall der **unzumutbaren Leistungsgefährdung** gelten die Ausführungen Rn E 132 ff entsprechend. Bei der Schadensberechnung nach Maßgabe eines abstrakten Deckungskaufs (Rn E 134, E 136) ist parallel zu § 281 BGB bzw § 282 BGB auf den Zeitpunkt des Untergangs des Leistungsanspruchs analog § 281 Abs 4 BGB (zur Anwendbarkeit § 281 Rn B 195) abzustellen. Bei der Schadensberechnung wegen eines konkreten Deckungskaufs ist maßgeblich der Zeitpunkt der die Unzumutbarkeit begründenden Pflichtverletzung (§ 282 Rn 58): Schäden, die vorher entstehen, muss der Schuldner nicht ersetzen, wenn sie bei Zuwarten des Gläubigers nicht entstanden wären. Die nach Eintritt der Unzumutbarkeit, aber vor Fortfall des Leistungsanspruchs gem § 281 Abs 4 BGB eingetretenen Nachteile sind dagegen zurechenbar, wenn man der hier vertretenen Auffassung folgt, dass der Gläubiger nach Eintritt der Unzumutbarkeit befugt ist, die Leistung zurückzuweisen (§ 281 Rn D 3). Das Vorstehende gilt entsprechend bei Schadensersatz statt der Leistung wegen Unzumutbarkeit weiterer Bindung an den Vertrag wegen **„nachvertraglicher" Verletzung** einer Leistungstreuepflicht (Rn C 19). Bei der Haftung wegen **Störung der Geschäftsgrundlage** (Rn 20) gelten die Ausführungen zum Schadensersatz gem § 283 BGB entsprechend mit der Abweichung, dass hier nicht der Eintritt des Leistungshindernisses, sondern der Zugang der Rücktrittserklärung (§ 313 Abs 3 BGB) maßgeblich sein muss. E 139

5. Geltendmachung durch Dritte

Bei einem **echten Vertrag zu Gunsten Dritter** ist der Dritte der von den Vertragsparteien im Deckungsverhältnis gemeinsam bestimmte Leistungsberechtigte. Folglich ist sein Interesse an der Leistung maßgeblich für die Haftung und Berechnung des Schadensersatzes (Dörner, Dynamische Relativität [1985] 257, 307; Soergel/Hadding E 140

§ 328 Rn 46; insoweit im Ergebnis ebenso RAAB [1999] 525 f). Dies korrespondiert mit der Innehabung der schadensersatzrechtlichen Befugnisse (§ 281 Rn D 16). Macht der Dritte die durch vergebliche Aufwendungen auf die Leistung entstandenen Nachteile mit Hilfe der Rentabilitätsvermutung als Schaden geltend (oben Rn E 115 ff), ist zu differenzieren: Hinsichtlich der zur Erlangung der Leistung gemachten Aufwendungen (erbrachte Gegenleistung, Vertragskosten, Rn E 121) kann es nur Aufwendungen des Versprechensempfängers geben. Diese kann der Dritte als Schaden geltend machen, da ihm der aus den Aufwendungen erwachsende Vorteil (die ordnungsgemäße Leistung) zukommen sollte (zu diesem Zusammenhang Rn E 115 f). Aufwendungen des Dritten kann es im Hinblick auf die Verwendung der Sache geben. Diese kann der Dritte im Rahmen ihrer Ersatzfähigkeit (Rn E 117 ff) erstattet verlangen, da er insoweit die Position des Gläubigers einnimmt.

E 141 Im Falle der **Abtretung des Leistungsanspruchs** tritt der Zessionar hinsichtlich des „Bekommensollens" der Leistung in die Position des Gläubigers ein. Folglich ist sein Interesse an der Leistung für Haftung und Berechnung des Schadensersatzes maßgeblich, folglich kommt es auf die ihn treffenden Vermögensnachteile an (vgl BGH 25. 9. 1991 – VIII ZR 264/90, NJW-RR 1992, 219 [für erst nach Forderungsabtretung eingetretenen Verzug] mwNw; STAUDINGER/BUSCHE [2017] § 398 Rn 82; **aA** M JUNKER AcP 195 [1995] 1, 5 ff). Bei der Sicherungszession ist dagegen zumindest vor Eintritt des Sicherungsfalles die Person des Zedenten/Sicherungsgebers maßgeblich (BGHZ 128, 371, 376 f). Die Haftung gegenüber dem Zessionar ist nicht auf den Schaden begrenzt, der ohne Abtretung beim Zedenten entstanden wäre (für Vertrauensschutz des Schuldners hingegen RGZ 107, 187; für Begrenzung auf einen möglichen Schaden des Zedenten M JUNKER AcP 195 [1995] 1, 5 ff, für den Fall stiller Zession auch SEETZEN AcP 169 [1969] 357 ff, 360). Der Zessionar kann also zB einen höheren entgangenen Gewinn ersetzt verlangen, als ihn der Zedent erzielt hätte (anders wiederum für die Sicherungsabtretung BGHZ 128, 371, 376 f; dazu DÖRNER, Dynamische Relativität [1985] 257 ff mwNw; HUBER II 290 ff; STAUDINGER/BUSCHE [2017] § 398 Rn 82; SCHWENZER AcP 182 [1982] 214, 234 ff). Für eine Begrenzung der Haftung gibt es keine überzeugenden Gründe: Der Schuldner hat sich mit Unterlassung einer Unabtretbarkeitsabrede (§ 399 2. Var BGB) darauf eingelassen, dass es ohne seine Zustimmung zu einem Gläubigerwechsel und damit zu einer Veränderung des Haftungsrisikos kommt. Nach den Grundsätzen des Haftungsrechts muss für ihn voraussehbar nur die Rechtsgutsverletzung bzw die Pflichtverletzung sein, nicht der Schaden, der aus einer Pflichtverletzung resultiert (zu den Ausnahmen s Rn D 8). Macht der Zessionar die für die Abtretung der Forderung dem Zedenten aufgewendete Gegenleistung als Schaden geltend, kann er sich dafür nicht auf die Rentabilitätsvermutung (Rn E 115 ff) berufen (RGZ 127, 245). Das Rentabilitätskalkül knüpft an das Synallagma an. Eine synallagmatische Verbindung besteht aber bezüglich der für die Abtretung aufgewendeten Gegenleistung zwischen Zessionar und Schuldner nicht. Der Schuldner muss sich daher nicht das Rentabilitätskalkül des Zessionars aus dessen Austauschverhältnis zum Zedenten zurechnen lassen. Der Zessionar muss konkret nachweisen, dass die von ihm aufgewendete Gegenleistung durch Verwertung der Leistung wieder hereingebracht worden wäre, will er diese als Schaden geltend machen (RGZ 127, 249).

F. Beweislast

I. Die Verteilung der Darlegungs- und Beweislast

1. Ausgangspunkt: Darlegungs- und Beweislast des Gläubigers

Die Darlegungs- und Beweislast verteilt sich ohne gesetzliche Regelung nach der aus dem prozessualen Beibringungsgrundsatz abzuleitenden beweisrechtlichen Grundregel, dass jeder die tatbestandlichen Voraussetzungen für den Eintritt einer ihm günstigen Rechtsfolge darlegen und ggf beweisen muss (vgl nur BAUMGÄRTEL/REPGEN [4. Aufl 2018] Rn 48). Demnach hätte der Schadensersatz begehrende Gläubiger alle Haftungsvoraussetzungen darzulegen und zu beweisen: das Bestehen des Schuldverhältnisses, die Pflichtverletzung, das Vertretenmüssen und deren Kausalität für den Schaden sowie dessen Umfang. F1

2. Die Entlastung des Gläubigers durch § 280 Abs 1 S 2

§ 280 Abs 1 BGB weicht von dieser Verteilung ab, und zwar nach hier vertretener Auffassung nicht durch eine Beweislastregelung (wie §§ 282, 285 aF), sondern durch eine Fassung des die Haftung begründenden Tatbestandes (§ 280 Abs 1 S 1 BGB), die das Vertretenmüssen der Pflichtverletzung nicht zu den „positiven" Haftungsvoraussetzungen zählt, sondern das Nichtvertretenmüssen zur **Einwendung des Schuldners** macht, die dieser als ihm günstige Tatsache darlegen und beweisen muss (Rn D 4; so wohl auch BGH 21. 5. 2010 – V ZR 244/09, NJW 2010, 2341, 2342: mit Pflichtverletzung „grundsätzlich zum Schadensersatz verpflichtet"). Im Ergebnis kommt es damit zu einer **Teilung der Darlegungs- und Beweislast** hinsichtlich der für die Haftung aus Schuldverhältnissen maßgeblichen Umstände zwischen Gläubiger und Schuldner. F2

Der Erfolg einer Haftungsklage hängt bei der den Regelfall bildenden Verschuldenshaftung (§ 276 Abs 1 S 1 BGB) davon ab, in wessen Darlegungs- und Beweislast das äußere Fehlverhalten des Schuldners fällt. Hier führt § 280 Abs 1 BGB zu einer **Differenzierung nach dem Inhalt der Pflicht und der Art der Pflichtverletzung**. Die Mehrdeutigkeit des Tatbestandsmerkmals „Pflichtverletzung" (Vorbem B 12 zu §§ 280–285) bietet dafür die Grundlage. Sowohl der Gegenstand der Pflicht (Leistungspflicht, Rücksichtnahmepflicht), ihre inhaltliche Gestaltung (erfolgs- oder verhaltensbezogen) als auch die Art der Verletzung (Nichtleistung, Schlechtleistung, Leistungshindernis) sind für die Beweislastverteilung erheblich. Von daher steht die Regelung des § 280 Abs 1 BGB einer Anknüpfung an die zum alten Recht (§§ 282, 285 aF) entwickelte differenzierte Rechtsprechung nicht im Wege, zumal es die erklärte Absicht des Gesetzgebers war, mit der jetzigen Regelung keine sachliche Änderung bezwecken zu wollen (vgl Begr RegE BT-Drucks 14/6040, 136). F3

§ 280 Abs 1 S 2 BGB **gilt** für alle Schadensersatzansprüche, die unmittelbar oder wie im Kauf- und Werkvertragsrecht kraft Verweisung auf § 280 BGB gründen (zum Anwendungsbereich Rn B 1 ff). Wegen der Verweisungen in § 280 Abs 2 und Abs 3 BGB auf die §§ 281 bis 283 und 286 BGB bezieht sich die Beweislastregel zudem auf alle Arten des Schadensersatzes, also den Schadensersatz nach § 280 Abs 1 BGB, den Ersatz von Verzögerungsschäden und den Schadensersatz statt der Leistung (zu den verschiedenen Arten vgl Rn E 2 ff). Die Haftung für anfängliche Leistungs- F4 hindernisse wird von § 311a Abs 2 S 2 BGB hinsichtlich der Beweislast sachlich gleich geregelt.

F 5 Durch **analoge Anwendung** kann die durch § 280 Abs 1 S 2 BGB bewirkte Beweislastverteilung über den unmittelbaren tatbestandlichen Anwendungsbereich des § 280 Abs 1 S 2 BGB hinaus Bedeutung erlangen. Das gilt namentlich für autarke Schadensersatznormen (Vorbem D 6 zu §§ 280–285), soweit diesen keine besondere Beweislastregelung zu entnehmen ist. Insoweit ist die Rechtsprechung zur entsprechenden Anwendung des § 282 aF nach altem Recht im Zweifel zu übertragen. Wie bei § 282 aF ist bei **Herausgabeansprüchen** (BGH BGHR BGB § 282 Geschäftsbesorgung 1 [T]; OLG Frankfurt 31. 10. 1995 – 8 U 118/95, AgrarR 1996, 153; OLG Köln 2. 8. 1995 – 11 U 37/95, VersR 1996, 1375) und im Fall des § 989 BGB die in § 280 Abs 1 S 2 BGB geregelte Beweislastverteilung entsprechend heranzuziehen (s STAUDINGER/GURSKY [2012] § 989 Rn 38 f). Für die Feststellung des Mitverschuldens iS des § 254 BGB hat die Norm dagegen keine Bedeutung (BGHZ 46, 260, 268; **aA** MEDICUS, in: FS Huber [2006] 437 ff). Zur besonderen Anwendung des § 280 Abs 1 S 2 BGB im Rahmen eines *Gesamtschuldverhältnisses* s STAUDINGER/LOOSCHELDERS (2017) § 425 Rn 36 ff. Zur Geltung des § 280 Abs 1 S 2 BGB *im öffentlichen Recht* vgl Rn B 29. Zur Anwendung auf die Mankohaftung des Beamten s unten Rn F 54.

F 6 Eine **Ausnahme** zu § 280 Abs 1 S 2 BGB ist **§ 619a BGB** für die Haftung des Arbeitnehmers aus *betrieblicher Tätigkeit:* Der Schadensersatz fordernde Arbeitgeber (Gläubiger der Arbeitsleistung) hat die das Verschulden des Arbeitnehmers betreffenden Umstände vorzutragen und gegebenenfalls zu beweisen (s noch Rn F 52 f; so schon die Rechtsprechung zum alten Recht, BAG 17. 9. 1998 – 8 AZR 175/97, NJW 1999, 1049, 1052; zur Rechtsnatur der Regelung bereits in Rn D 4; im Einzelnen STAUDINGER/RICHARDI/FISCHINGER [2016] zu § 619a). Der Grund liegt – neben spezifisch arbeitsrechtlichen Wertungen – darin, dass die betriebliche Tätigkeit typischerweise im Herrschaftsbereich und unter der Organisationsgewalt des Arbeitgebers stattfindet, somit die § 280 Abs 1 S 2 BGB rechtfertigende Begründung hier nicht trägt.

3. Weitere Beweiserleichterungen

F 7 Dem Gläubiger können im Hinblick auf die nach § 280 Abs 1 S 1 BGB in seiner Darlegungs- und Beweislast verbleibenden Haftungsvoraussetzungen Erleichterungen zugute kommen. So kann sich nach ungeschriebenen Grundsätzen der Beweislastverteilung fallbezogen eine *Beweislastumkehr* zu Gunsten des Gläubigers ergeben oder es kann ihm der *Beweis des ersten Anscheins* zur Seite treten. Ferner kann es zu Erleichterungen kommen durch eine *sekundäre Darlegungslast* des Schuldners (BGHZ 145, 170, 184 f; BGH 18. 5. 2005 – VIII ZR 368/03, NJW 2005, 2395, 2397; BGH 15. 3. 2012 – III ZR 190/11, NJW 2012, 2103, 2105 jeweils mwNw; BAG 20. 11. 2003 – 8 AZR 580/02, NJW 2004, 2848, 2851) bzw durch eine Abstufung der Darlegungs- und Beweislast (BAG 17. 9. 1998 – 8 AZR 175/97, NJW 1999, 1049, 1052). Voraussetzung für diese Erleichterung ist nach der Rechtsprechung des BGH, dass der an sich Darlegungsbelastete außerhalb des für seinen Anspruch erheblichen Geschehensablaufs steht, der Gegner aber alle erheblichen Tatsachen kennt und ihm nähere Angaben zumutbar sind (BGH 6. 7. 2011 – VIII ZR 340/10, NJW 2011, 3028 f). Dann muss der Darlegungs- und Beweispflichtige zwar Indizien für die ihm günstigen Tatsachen schlüssig vorbringen und ggf unter Beweis stellen; es ist aber Sache des Prozessgegners, zur Aufklärung beizutragen, soweit nur er Zugang zu den maßgeblichen Informationen hat und ihm die Aufklärung zumutbar ist. Kommt der Gegner dieser Aufgabe nicht nach, gelten die für ihn ungünstigen Tatsachen als zugestanden (§ 138 Abs 3 ZPO), anderenfalls trifft die Beweispflichtigen wieder die volle Beweislast (vgl BAUMGÄRTEL/REPGEN [4. Aufl 2018] § 242 Rn 44). Beweiserleichterungen können auch vertraglich vereinbart sein, in Allgemeinen Geschäftsbedingungen nur begrenzt (Rn H 8 f).

Eine generelle Beweiserleichterung ergibt sich für den Gläubiger aus dem prozess- **F 8**
rechtlichen Institut der freien richterlichen **Schadensschätzung (§ 287 ZPO)** im Hinblick auf die vom Gläubiger darzulegende und zu beweisende haftungsausfüllende Kausalität (Schaden und Kausalität zwischen Schaden und Pflichtverletzung). Den Eintritt des Schadens und seinen Umfang kann der Tatrichter in freier richterlicher Beweiswürdigung schätzen (vgl BGH 28. 4. 1982 – IV a ZR 8/81, NJW 1983, 998 f; BAG 15. 9. 2011 – 8 AZR 846/09, NZA 2012, 377, 381, 382; STAUDINGER/SCHIEMANN [2017] Vorbem zu §§ 249 ff Rn 101 ff). Die Erleichterung gilt nicht für die haftungsbegründende Kausalität, insbesondere die Pflichtverletzung und deren Kausalität für den Verletzungserfolg (BGHZ 162, 259 264 f; Abgrenzung zu BGHZ 97, 163).

II. Die Verteilung der Beweislast in den einzelnen Haftungstatbeständen

1. Nichtleistung trotz Erbringbarkeit der Leistung/Behebbare Schlechtleistung (§§ 280 Abs 1, Abs 3, 281)

Verlangt der **Gläubiger** Schadensersatz statt der Leistung nach §§ 280 Abs 1, Abs 3, **F 9**
281 BGB (vgl Rn E 3 ff), muss er darlegen und beweisen, (1) dass der Schuldner die Leistung bei Fälligkeit nicht bzw nicht wie geschuldet erbracht hat, (2) dass der Gläubiger daraufhin fruchtlos eine angemessene Frist zur (Nach-)Erfüllung gesetzt und (3) nach Fristablauf Schadensersatz statt der Leistung verlangt hat. Beruft sich der Gläubiger auf die Entbehrlichkeit der Fristsetzung gem § 281 Abs 2 BGB hat er das Vorliegen der entsprechenden Tatsachen zum Zeitpunkt des Schadensersatzverlangens darzulegen und zu beweisen (§ 281 Rn F 1). Den Beweis für einen fälligen Leistungsanspruch kann der Gläubiger ggf durch Vorlegung eines rechtskräftig ergangenen Leistungsurteils aus einem vorherigen Verfahren erbringen (dazu näher § 281 Rn F 13 ff). Den Fortfall des Interesses an der ganzen Leistung im Falle der Teilleistung hat der Gläubiger zu beweisen (Rn E 6, § 281 Rn B 165 ff), ebenso die Voraussetzungen einer Verschärfung des Haftungsmaßstabes; die Ausführungen zu §§ 280 Abs 1, Abs 3, 283 BGB gelten entsprechend (vgl Rn F 17 f).

Für den **Entlastungsbeweis** des **Schuldners** (§ 280 Abs 1 S 2 BGB) gelten zunächst die **F 10**
Ausführungen zu §§ 280 Abs 1, Abs 3, 283 BGB entsprechend (Rn F 16 ff). Dies gilt insbesondere für das Verhalten des Erfüllungsgehilfen (Rn F 19), die Unaufklärbarkeit der Ursächlichkeit der Pflichtverletzungen für den Schaden (Rn F 22), die Anwendbarkeit der Grundsätze für den Beweis des ersten Anscheins (Rn F 23), die Reserveursachen (Rn F 24) oder für die Haftungsmilderungen zu Gunsten des Schuldners (Rn F 26 f).

Zusätzlich stellt sich bei der **Nichtleistung iS von § 281 Abs 1 S 1, 1. Alt BGB** die Frage **F 11**
nach dem **Bezugspunkt des** dem Schuldner gem § 280 Abs 1 S 2 BGB obliegenden **Entlastungsbeweises**. Hält man mit einem Teil der Literatur die *Versäumung der*

Nachfrist für die haftungsbegründende Pflichtverletzung (§ 281 Rn B 86), muss der Schuldner sich nur hierfür exkulpieren, dh Tatsachen darlegen und beweisen, die ihn im Hinblick auf die Versäumung der Nachfrist entlasten. Dass er die Nichtleistung bei Fälligkeit zu vertreten hat, schadet nicht. Folgt man der Ansicht, die *Kumulation der Nichtleistung bei Fälligkeit und Fristablauf* löse die Haftung aus (§ 281 Rn B 85), muss der Schuldner sich nur hinsichtlich des einen oder anderen entlasten, um der Haftung zu entgehen. Folgt man der hier vertretenen Auffassung (§ 281 Rn B 85), dass *die Nichtleistung bei Fälligkeit oder bei Ablauf der Nachfrist* die Haftung auslösen kann, muss der Schuldner sich für den gesamten Zeitraum vom Eintritt der Fälligkeit bis zum Ablauf der Nachfrist exkulpieren, dh darlegen und beweisen, dass er weder die Nichtleistung bei Fälligkeit noch die Versäumung der Frist zu vertreten hat.

F 12 Liefert zB ein Computerspezialist (Schuldner) die vertraglich vereinbarte, auf den Betrieb des Gläubigers zugeschnittene Software weder zum Fälligkeitstermin noch innerhalb der Nachfrist, so muss er sich für den gesamten Zeitraum vom Fälligkeitstermin bis zum Fristablauf entlasten. Der Schuldner ist daher nach hier vertretener Ansicht nicht entlastet, wenn er die Nachfrist zwar infolge einer Erkrankung nicht nutzen kann, den vorherigen Fälligkeitstermin aber wegen schlechten Zeitmanagements versäumt hat. Sieht man die haftungsbegründende Pflichtverletzung hingegen in der unterbliebenen Nachleistung (so Münch Jura 2002, 361, 368; für die Schlechtleistung St Lorenz NJW 2002, 2497, 2503; vgl Rn D 12 f; näher § 281 Rn B 85 ff), wäre der Schuldner entlastet. Dasselbe gölte, würde die Haftung nur durch Kumulation aus Nichtleistung bei Fälligkeit und Ablauf der Nachfrist ausgelöst werden.

F 13 Diese Grundsätze gelten entsprechend für den Entlastungsbeweis bei der **behebbaren Schlechtleistung**, sofern der Gläubiger Ersatz des Leistungsinteresses gem **§ 281 Abs 1 S 1, 2. Alt BGB** begehrt. Folgt man der hier vertretenen Auffassung, dass die Schlechtleistung ebenso wie die Versäumung der Nachfrist zur Behebung der Schlechtleistung jeweils eine haftungsbegründende Pflichtverletzung darstellen (vgl Rn D 14; § 281 Rn C 22), muss sich der Schuldner hinsichtlich beider Pflichtverletzungen entlasten (vgl MünchKomm/Ernst Rn 79), dh er haftet, wenn er sich hinsichtlich der Schlechtleistung oder ihrer Nichtbehebung nicht entlasten kann (vgl zum Fall der Rückgabe einer beschädigten Sache BGHZ 3, 162, 174; OLG Düsseldorf 5. 7. 1974 – 22 U 57/74, MDR 1974, 1017).

F 14 Wenn das auf §§ 280 ff BGB verweisende **besondere Gewährleistungsrecht** Beweiserleichterungen zugunsten des Gläubigers bezüglich des Vorliegens eines Mangels vorsieht (insbes § 477, § 650 S 1 BGB), gilt dies für die Haftung gem §§ 280 Abs 1, Abs 3, 281 S 1, 2. Alt BGB, soweit die haftungsbegründende „Pflichtverletzung" in dem Vorliegen des Mangels besteht.

F 15 Verlangt der Gläubiger gem § 280 Abs 1 BGB Ersatz für einen **durch mangelhafte Leistung verursachten Integritätsschaden** als Schadensersatz nach § 280 Abs 1 BGB (Rn E 15 ff, E 24), hat der Gläubiger Schuldverhältnis, Schlechtleistung, Schaden und Kausalität der Schlechtleistung für den Schaden nachzuweisen. Mit der Leistung verletzt der Schuldner wegen der von ihr ausgehenden Gefährdung bzw Verletzung des Integritätsinteresses nach hier vertretener Auffassung zugleich eine Rücksichtnahmepflicht gem § 241 Abs 2 BGB (vgl dazu Rn C 39, C 40 ff). Der Schuldner muss sich daher sowohl hinsichtlich der Schlechtleistung als auch hinsichtlich der Verletzung der Rücksichtnahmepflicht gem § 280 Abs 1 S 2 BGB entlasten; Letztere stellt geringere Anforderungen (Rn C 41). Folgt man dagegen der Ansicht, die Haftung werde allein durch die Schlechtleistung ausgelöst, so muss sich der Schuldner allein für die Schlechtleistung und damit die Lieferung der mangelhaften Sache oder die Verletzung einer leistungsbezogenen Nebenpflicht (zum Begriff Rn C 36) entlasten (aA MünchKomm/Ernst Rn 80, abgeschwächt in Rn 155 für die Lieferung einer mangelhaften Kaufsache; näher zur Beweislast für den Kaufvertrag Rn F 67 ff). Zur Exkulpation des Schuldners bei der Haftung für Verzögerungsschäden aus Schuldnerverzug Staudinger/Feldmann § 286 Rn 137 ff.

2. Nichtleistung infolge nachträglichen Leistungshindernisses/ Nachträglich unbehebbare Schlechtleistung (§§ 280 Abs 1, Abs 3, 283)

Bei der Klage auf Schadensersatz statt der Leistung aus §§ 280 Abs 1, Abs 3, 283 BGB muss der Gläubiger als Pflichtverletzung **darlegen und beweisen, dass die Leistung nicht erbracht wurde und ihr ein Leistungshindernis gem § 275 BGB dauerhaft entgegensteht**, dh dass die Leistung des Schuldners iS von § 275 Abs 1 BGB nachträglich objektiv oder subjektiv unmöglich geworden ist (so BGH 19. 11. 1999 – V ZR 321/98, NJW 2000, 803, 804 zu § 325 aF) oder dass der Leistungsaufwand den Schuldner grob unverhältnismäßig (§ 275 Abs 2 BGB) oder unzumutbar (§ 275 Abs 3 BGB) belasten würde und der Schuldner die entsprechende Einwendung erhoben hat (dazu § 283 Rn 89). Das Ausbleiben der Leistung allein beweist die Pflichtverletzung gem §§ 280 Abs 1, Abs 3, 283 BGB und die daraus resultierende Entbehrlichkeit der Nachfristsetzung nicht (so aber Palandt/Grüneberg Rn 35). Gelingt der Beweis nur hinsichtlich der Nichtleistung, nicht aber hinsichtlich des Leistungshindernisses gem § 275 BGB, so bleibt dem Gläubiger nur der Weg über § 281 BGB, um Schadensersatz statt der Leistung zu erlangen. Dafür muss er die vergebliche Setzung der Nachfrist oder die Voraussetzung ihrer Entbehrlichkeit gem § 281 Abs 2 BGB darlegen und beweisen (dazu § 281 Rn B 17 ff, B 88 ff; zu den Besonderheiten bei der gerichtlichen Durchsetzung wegen der Verknüpfung mit dem [Primär-]Leistungsanspruch § 281 Rn F 6 ff). Der Gläubiger muss für die Schlüssigkeit der Schadensersatzklage keine Angaben zum Vertretenmüssen des Schuldners machen, insbes nicht behaupten, dass das Leistungshindernis vom Schuldner zu vertreten ist (dazu bereits Rn D 5; zur evtl möglichen sekundären Darlegungslast Rn F 7). Steht der Behebung der **Schlechtleistung** ein Leistungshindernis entgegen (§ 275, §§ 439 Abs 4, 635 Abs 3, 651i Abs 3 Nr 1 iVm 651k Abs 1 S 2 BGB), ist die Schlechtleistung die gem §§ 280 Abs 1, Abs 3, 283 S 1 BGB haftungsauslösende Pflichtverletzung. **F 16**

Gem §§ 283 S 2, 281 Abs 1 S 2 BGB gilt § 280 Abs 1 S 2 BGB auch für das **Teil-Leistungshindernis** (vgl § 275 Abs 1 BGB: „soweit"; dazu Staudinger/Caspers § 275 Rn 57 ff). Über die unter Rn F 16 skizzierte Darlegungs- und Beweislast hinaus trifft den Gläubiger die Last, den Fortfall seines Interesses an der noch möglichen Teilleistung darzulegen und zu beweisen, wenn er gem §§ 280 Abs 1, Abs 3, 283 BGB iVm § 281 Abs 1 S 2 BGB den ganzen Vertrag liquidieren will (Baumgärtel/Repgen [4. Aufl 2018] § 281 Rn 3). Umgekehrt ist es beim qualitativen Leistungshindernis: Steht der Behebung der **Schlechtleistung** ein Leistungshindernis entgegen (§ 275, §§ 439 Abs 4, 635 Abs 3, 651i Abs 3 Nr 1 iVm 651k Abs 1 S 2 BGB), muss der Schuldner darlegen und beweisen, dass die Schlechtleistung unerheblich ist und daher nur ein Anspruch auf den kleinen Schadensersatz besteht (§§ 283 S 2, 281 Abs 1 S 3 BGB). **F 17**

F 18 Der Gläubiger trägt außerdem die Darlegungs- und Beweislast für das Vorliegen vertraglicher oder gesetzlicher **Haftungsverschärfungen** iS von § 276 Abs 1 BGB (vgl dazu bereits Rn D 22 f), im Falle des § 287 S 1 BGB etwa für den Verzug des Schuldners (§ 286 BGB) zum Zeitpunkt des Eintritts des Leistungshindernisses (vgl Staudinger/Feldmann § 287 Rn 3 ff). Ebenso hat der Gläubiger die Voraussetzungen einer vertraglich übernommenen Garantie (vgl Rn D 28 ff) oder eines vertraglich übernommenen Beschaffungsrisikos (vgl Rn D 28 ff) zu beweisen.

F 19 Die Beweislast des Schuldners erstreckt sich auf das sorgfältige Verhalten seiner **Erfüllungsgehilfen** (zu § 282 aF RGZ 101, 152; RGZ 138, 37, 39; BGHZ 59, 303, 309; BGH 12. 3. 1987 – VII ZR 172/86, NJW 1987, 1938, 1939). Für die exakte Verteilung der Beweislast zwischen Gläubiger und Schuldner gilt dasselbe, wie wenn der Schuldner selbst gehandelt hätte. Die Voraussetzungen der Erfüllungsgehilfenschaft muss der Gläubiger darlegen und beweisen, der den Schuldner für das Verhalten einer dritten Person gem § 278 BGB haftbar machen will.

F 20 Der Schuldner trägt die Darlegungs- und Beweislast dafür, dass das **Leistungshindernis** nicht auf einen von ihm zu vertretenden Umstand zurückzuführen ist. Die Beweislast bezieht sich korrespondierend zur Verantwortlichkeit des Schuldners (vgl Rn D 8 f) auf sämtliche Umstände, die zum Ausschluss der Leistungspflicht geführt haben (in diesem Sinn die st Rspr zu § 282 aF, vgl etwa BGH LM § 537 BGB Nr 44; s auch Baumgärtel/Repgen [4. Aufl 2018] Rn 274).

F 21 Steht fest, welcher Umstand für den Ausschluss der Leistung ursächlich gewesen ist, kann sich der Schuldner nach § 280 Abs 1 S 2 BGB nur entlasten, wenn er **nachweist**, dass weder er noch seine Erfüllungsgehilfen (RGZ 101, 152; RGZ 138, 37, 39; BGHZ 59, 303, 309) **diesen Umstand zu vertreten haben** (vgl dazu Rn D 15 f). Zur dabei zu beachtenden Sorgfalt gehört nicht nur das Unterlassen schädigender Einwirkungen auf den Leistungsgegenstand, sondern ebenso die zumutbare Vorsorge gegenüber Einwirkungen durch Naturereignisse oder durch Dritte wie auch sonstige Vorkehrungen zur Abwehr des Leistungshindernisses (vgl Rn D 15 f m Beispielen). Ist zB die geschuldete Sache gestohlen worden, muss der Schuldner beweisen, dass er die notwendige Diebstahlsvorsorge getroffen hat. Dabei kann die Verletzung der „äußeren" Sorgfalt (Sorgfaltswidrigkeit des äußeren Verhaltens) einen Anscheinsbeweis (Rn F 7) für die Verletzung der „inneren" Sorgfalt (Erkennbarkeit, Möglichkeit und Zumutbarkeit des sorgfaltsgemäßen Verhaltens) begründen (Rn D 16).

F 22 Lassen sich die Umstände, die für die Unmöglichkeit ursächlich waren, nicht oder jedenfalls nicht vollständig aufklären, kann der Schuldner den Entlastungsbeweis dadurch führen, dass er die lückenlose Beachtung aller gebotenen Sorgfaltsanforderungen nachweist (RGZ 74, 342, 344). Dabei muss der Schuldner die Beobachtung der Sorgfalt nicht hinsichtlich aller denkbaren Ursachen beweisen. Entsprechend den für den Beweis negativer Tatsachen geltenden Grundsätzen (RG 14. 1. 1918 – VI 351/17, Gruchot 62, 657; BGH 12. 11. 1952 – II ZR 67/52, NJW 1953, 59) genügt vielmehr der Nachweis, dass die für die Unmöglichkeit **ernstlich in Betracht kommenden Umstände** von ihm nicht zu vertreten sind (so bereits RGZ 126, 67, 69; BGH 12. 11. 1952 – II ZR 67/52, NJW 1953, 59; BGHZ 116, 334, 337 zu § 282 aF: kann die Ursache des Brandes, der zur Unmöglichkeit geführt hat, hinreichend wahrscheinlich festgestellt werden, ist vom Schuldner nicht zu verlangen, dass er sein mangelndes Verschulden für rein abstrakte Möglichkeiten anderer Brandursachen beweist). Besteht hingegen eine ernstliche Möglichkeit, dass der Ausschluss der Leistungspflicht auf einen vom Schuldner zu vertretenden Umstand zurückzuführen ist, so ist der Entlastungsbeweis als nicht geführt anzusehen (BGH 17. 4. 1952 – IV ZR 168/51, NJW 1952, 1170, wobei der dortige Schluss aus der Einleitung eines mit einem Freispruch endenden Strafverfahrens heute wegen Art 6 Abs 2 EMRK unzulässig wäre, vgl dazu BGH 14. 11. 1989 – X ZR 116/88, NJW-RR 1990, 446; BGH 29. 1. 69 – I ZR 18/67, WarnR 1969 Nr 41; BGH 1. 7. 1980 – VI ZR 112/79, NJW 1980, 2186: kann Ursache des Schadens sowohl die Verfütterung verdorbenen Hafers als auch die verdorbenen Strohs sein, genügt nicht der Beweis, dass den Schuldner hinsichtlich der Verfütterung des Hafers kein Verschulden trifft).

Bei dem von ihm zu führenden Entlastungsbeweis können dem Schuldner die Grundsätze über den **Beweis des ersten Anscheins** (Rn F 7) zugutekommen (so auch MünchKomm/Ernst Rn 37; BeckOGK-BGB/Riehm [1. 12. 2018] Rn 346). **F 23**

Hat der Schuldner das Leistungshindernis zu vertreten, kann er sich gem § 280 Abs 1 S 2 BGB nicht durch Darlegung einer **Reserveursache** entlasten, die das Leistungshindernis oder den Schaden auch bei sorgfältigem Verhalten des Schuldners hätte eintreten lassen. § 287 S 2 BGB ergibt, dass Reserveursachen ohne besondere vertragliche oder gesetzliche Regelung einen tatsächlich bestehenden haftungsbegründenden Zusammenhang nicht in Frage stellen (zu § 287 S 2 BGB näher Staudinger/Feldmann § 287 Rn 20 ff). Im Rahmen der haftungsausfüllenden Kausalität können Reserveursachen dagegen erheblich sein (s Staudinger/Schiemann [2017] § 249 Rn 92 ff). **F 24**

Ist für ein Schuldverhältnis eine **Milderung der Haftung** auf Vorsatz oder grobe Fahrlässigkeit oder eigenübliche Sorgfalt vereinbart oder gesetzlich bestimmt, kann der Schuldner sich durch Darlegung und Beweis von Tatsachen entlasten, welche die Feststellung des betreffenden Verschuldensgrades ausschließen. Praktisch bedeutsam ist dies bei der Beschränkung des Vertretenmüssens auf grobe Fahrlässigkeit (vgl zur Haftung für grobe Fahrlässigkeit BGHZ 46, 260, 267; BGH 19. 5. 1965 – I b ZR 97/63, NJW 65, 1583; BAG 6. 6. 1984 – 7 AZR 292/81, NJW 1985, 219), vor allem infolge entsprechender AGB-Regelungen (vgl Rn H 3 f). **F 25**

Die **Voraussetzungen der milderen Haftungsregelung** muss der Schuldner als ihm günstige Rechtsfolge darlegen und beweisen. Beruft sich der Schuldner zB darauf, dass zu seinen Gunsten die gesetzliche Haftungsmilderung in § 300 Abs 1 BGB eingreift, hat er die Voraussetzungen des Annahmeverzuges gem den §§ 293 ff BGB darzulegen und zu beweisen. Es ist ebenso Sache des Schuldners, im Falle einer von ihm behaupteten vertraglichen Haftungsmilderung die entsprechende Parteivereinbarung zu beweisen. **F 26**

Den **Schadensumfang** hat der Gläubiger darzulegen und zu beweisen, wobei § 287 ZPO den Beweis erleichtert (s Rn F 8): Der Gläubiger muss nur so viel darlegen und beweisen, dass der Richter den Schaden in freier Beweiswürdigung schätzen kann (vgl RG 22. 5. 1936 – VII 277/35, HRR 1936 Nr 1210; BGHZ 29, 393). Die Regelung kommt dem Schuldner zugute, wenn ein den Schaden ausweitendes Mitverschulden des Gläubigers feststeht und es um das Maß desselben geht (vgl BGH 7. 2. 1968 – VIII ZR 139/66, NJW 1968, 985; BGH 12. 10. 1977 – VIII ZR 73/76, NJW 1978, 103). **F 27**

3. Analoge Anwendung der §§ 280 Abs 1, Abs 3, 281–283

F 28 Die Beweislastverteilung gem § 280 Abs 1 BGB ist auch in den Fällen maßgeblich, in denen nach hier vertretener Auffassung Schadensersatz statt der Leistung in analoger Anwendung der §§ 280 Abs 1, Abs 3, 281–283 BGB in Betracht kommt (Rn C 18 ff). Der Gläubiger hat alle Haftungsvoraussetzungen zu beweisen mit Ausnahme des Vertretenmüssens (§ 280 Abs 1 S 2 BGB). Für die Beweislastverteilung hinsichtlich „Pflichtverletzung" und Vertretenmüssen bedeutet das: Bei unzumutbarer **Leistungsgefährdung** hat der Gläubiger diese zu beweisen, der Schuldner hat sich zu exkulpieren. Im Falle **„nachvertraglicher" Verletzung** von leistungsbezogenen Nebenpflichten/Leistungstreuepflichten hat der Gläubiger deren Verletzung zu beweisen, der Schuldner sich wiederum zu exkulpieren. Und im Falle der vom Schuldner zu vertretenden **Störung der Geschäftsgrundlage** hat der Gläubiger die Nichtleistung und den Rücktritt des Schuldners wegen der Störung gem § 313 BGB zu beweisen, der Schuldner hat sich wiederum zu exkulpieren.

4. Schuldnerverzug (§§ 280 Abs 1, Abs 2, 286) und andere vorübergehende Störungen (§ 280 Abs 1)

F 29 Die Beweislastregelung des § 280 Abs 1 S 2 BGB bezieht sich nach überwiegender Auffassung trotz der Regelung in § 286 Abs 4 BGB auch auf den Schuldnerverzug (zum Verhältnis der beiden Vorschriften bereits Rn D 19; Staudinger/Feldmann § 286 Rn 138). Macht der Gläubiger also einen Schaden für solche Vermögensnachteile geltend, die infolge des Verzuges entstanden und durch die spätere Erfüllung nicht mehr auszugleichen sind (vgl Rn E 9 ff), hat der Gläubiger die Voraussetzungen des Verzuges mit Ausnahme des Vertretenmüssens darzulegen und zu beweisen (vgl Staudinger/Feldmann § 286 Rn 137). Gelingt ihm dies, so wird auf der Grundlage von § 280 Abs 1 S 2 BGB das Vertretenmüssen des Schuldners vermutet. Es ist dann Sache des Schuldners, seine Verantwortlichkeit für den Eintritt des Verzuges zu widerlegen und sich insoweit zu entlasten. Der Schuldner hat darzulegen und zu beweisen, dass die Leistungsverzögerung und damit der Verzögerungsschaden auf Umständen beruhen, für die er nicht verantwortlich ist (vgl Rn D 19 u Staudinger/Feldmann § 286 Rn 179 f). Das Ausbleiben der Leistung selbst muss der Gläubiger hingegen nicht beweisen, weil dem Schuldner die Darlegungs- und Beweislast für die Erfüllung iS von § 362 BGB obliegt (vgl Staudinger/Feldmann § 286 Rn 180).

F 30 Im Falle **anderer vorübergehender Störungen** hat der Gläubiger neben den sonstigen Haftungsvoraussetzungen gem § 280 Abs 1 BGB die Störung (Rn C 24 ff) zu beweisen; der nur vorübergehende Charakter ist nicht zu beweisen, wohl aber, dass die geltend gemachte Schadensposition auf den vorübergehenden Charakter der Störung zurückgeht (vgl Rn C 24). Der Schuldner hat sich zu exkulpieren (§ 280 Abs 1 S 2 BGB).

5. Verletzung von Schutz- und Rücksichtnahmepflichten (§ 280 Abs 1 u §§ 280 Abs 1, Abs 3, 282)

F 31 Die Beweislastverteilung bei der Verletzung von Schutz- und Rücksichtnahmepflichten (§ 241 Abs 2 BGB) hängt zuerst vom **Inhalt der Pflicht** ab (im Ergebnis auch MünchKomm/Ernst Rn 143; unter Betonung der Gefahren- und Verantwortungsbereiche Palandt/

Grüneberg Rn 35 ff; s ferner Baumgärtel/Repgen [4. Aufl 2018] Rn 31; aus dem Schrifttum zum alten Recht, übertragbar Stoll AcP 176 [1976] 145, 149 ff; Pawlowski [1966] 80 ff; Reischauer [1975] 55 ff; Prütting [1983] 221 f; Musielak AcP 176 [1976] 482). Zuerst ist zu fragen, ob der Schuldner für einen bestimmten **Zustand** der Rechtsgüter bzw des vorhandenen Vermögens des Gläubigers („Erfolg") verantwortlich ist (folgend unter a). Schuldet er lediglich ein bestimmtes **Verhalten**, ist für die Verteilung der Beweislast erheblich, ob dieses Verhalten konkret und ausdrücklich bestimmt ist (folgend unter b) oder aus der allgemeinen Pflicht zu sorgfältigem Handeln abzuleiten ist (folgend unter c). Der Inhalt der Pflicht ergibt sich aus der vertraglichen oder gesetzlichen Regelung und ist ggf durch Auslegung zu ermitteln (RegE BT-Drucks 14/6040, 136). Die Verantwortung für einen bestimmten Zustand bzw zur Durchführung einer bestimmten Maßnahme wird idR eine ausdrückliche Regelung erfordern. Die folgenden Erörterungen beschränken sich auf die Verteilung der Beweislast bzgl der Verletzung der Rücksichtnahmepflicht, die Haftungsvoraussetzungen sowohl für den Ersatz des Integritätsschadens gem § 280 Abs 1 BGB als auch für den Ersatz des Leistungsinteresses gem §§ 280 Abs 1, Abs 3, 282 BGB (zur Beweislast hinsichtlich der zusätzlichen Voraussetzungen des § 282 s § 282 Rn 63).

a) Pflichtverletzung

aa) Verantwortlichkeit für einen bestimmten Zustand

Ist der Schuldner für einen bestimmten Zustand der Rechtsgüter bzw des bestehenden Vermögens des Gläubigers („Erfolg") verantwortlich, besteht die vom Gläubiger gem § 280 Abs 1 S 1 BGB darzulegende und zu beweisende „Pflichtverletzung" in der **Abweichung des tatsächlichen Zustandes vom „geschuldeten" Zustand**. Der Gläubiger genügt seiner Darlegungs- und Beweislast bereits mit der Darlegung der Schuldwidrigkeit des Zustandes. **F 32**

Im Beispiel: In einem Vertrag über umfangreichere Bauarbeiten in einem Schloss wird vereinbart, dass der Parkettboden nach Beendigung der Arbeiten keine Schäden aufweisen darf. Hier muss der Schadensersatz begehrende Gläubiger lediglich das Vorhandensein solcher Schäden beweisen, während der Schuldner gem § 280 Abs 1 S 2 BGB zu beweisen hat, dass die Schäden entweder nicht durch ihn oder nicht durch sein schuldhaftes Fehlverhalten verursacht wurde. **F 33**

Die vorstehende Verteilung der Beweislast gilt im Ergebnis ebenso, wenn der Schutz der Rechtsgüter und die Erhaltung eines bestimmten Zustandes Gegenstand einer **Leistungspflicht** ist. Dies ergibt sich bereits aus den Regeln der Beweislastverteilung, die für Nicht- und Schlechtleistung gelten (Rn F 9 ff; Stoll AcP 176 [1976] 145, 152 f). So lässt im Falle eines Bewachungsvertrages der Eintritt eines Diebstahls oder der Ausbruch eines Feuers auf eine sorgfaltswidrige Ausführung des Auftrags und also auf die Pflichtverletzung schließen. Dem Schuldner obliegt es, sich gem § 280 Abs 1 S 2 BGB zu entlasten, will er dem Schadensersatzanspruch seines Vertragspartners entgehen. **F 34**

Derart weitreichende Verantwortlichkeiten bedürfen **idR einer ausdrücklichen vertraglichen oder gesetzlichen Regelung**. Aus der allgemeinen Pflicht zur Sorgfalt lassen sie sich für gewöhnlich nicht herleiten. So kann man von dem Vermieter eines Lagerraums lediglich erwarten, dass er die üblichen Sicherungsvorkehrungen trifft, dagegen schuldet er ohne besondere Abrede nicht einen bestimmten Zustand der **F 35** eingelagerten Sachen. Die Beschädigung der Sache stellt daher noch nicht die „Pflichtverletzung" iSv § 280 Abs 1 S 1 BGB dar, vielmehr ist das Fehlverhalten – Nichtvornahme der üblichen Vorkehrungen – vom Gläubiger darzulegen und zu beweisen. Allerdings kann den Schuldner eine sekundäre Darlegungslast bezüglich der möglichen Ursachen treffen.

bb) Verantwortlichkeit für bestimmte Schutzmaßnahmen

F 36 Ist die Pflicht zur Rücksichtnahme durch ausdrückliche vertragliche oder gesetzliche Maßnahmen auf die Beobachtung bestimmter Schutzmaßnahmen konkretisiert, besteht die Pflichtwidrigkeit gem § 280 Abs 1 S 1 BGB im Zweifel bereits im Fehlen der betreffenden Schutzmaßnahme. Der Gläubiger muss nur das Fehlen beweisen, der Schuldner muss beweisen, dass das Fehlen der betreffenden Maßnahme nicht von ihm oder nicht durch sein Verschulden verursacht wurde.

F 37 Im Beispiel: In einem Vertrag über die Bauarbeiten in einem Schloss wird vereinbart, dass der Maler (Schuldner) den Parkettboden mit einer Schutzplane abzudecken hat. Der wegen Beschädigung des Bodens durch Farbaufträge Schadensersatz begehrende Gläubiger genügt seiner Darlegungs- und Beweislast noch nicht mit der Darlegung des Farbauftrags, aber immerhin damit, dass er darlegt und beweist, dass der Boden nicht oder nicht vollständig durch die Schutzplane abgedeckt war (zur Beweislast hinsichtlich Ursächlichkeit s Rn F 41).

cc) Verantwortlichkeit für Beobachtung der erforderlichen Sorgfalt

F 38 Fehlt eine ausdrückliche vertragliche oder gesetzliche Regelung über einen vom Schuldner sicherzustellenden Zustand der Rechtsgüter (Rn F 32, F 35) oder von ihm durchzuführende Schutzmaßnahmen (Rn F 36 f), muss der Inhalt der Rücksichtnahmepflichten durch Auslegung ua nach Maßgabe der Verkehrssitten (§ 157 BGB) bestimmt werden (RegE BT-Drucks 14/6040, 136). Dies führt dazu, dass der Schuldner im Zweifel die unter Beobachtung der jeweiligen Umstände *verkehrserforderliche Sorgfalt* (zum objektiven Maßstab Staudinger/Caspers § 276 Rn 29 ff) schuldet, dh ein äußeres Verhalten, dass diesen Anforderungen genügt. Pflichtwidrig handelt der Schuldner, wenn sein äußeres (wahrnehmbares) Verhalten nicht der verkehrserforderlichen Sorgfalt entspricht. Damit **überschneidet sich die Pflichtwidrigkeit gem § 280 Abs 1 S 1 BGB mit dem Vertretenmüssen/Verschulden** gem § 280 Abs 1 S 2 BGB: zum Verschulden gehört ein äußeres Fehlverhalten, im Falle der Fahrlässigkeit der Verstoß des äußeren Verhaltens gegen die im Verkehr erforderliche Sorgfalt (§ 276 Abs 2 BGB; Rn D 8 f). Infolgedessen verliert die Regelung des § 280 Abs 1 BGB für diese Fälle ihre Eindeutigkeit: Gem § 280 Abs 1 S 1 BGB hat der Gläubiger, nach § 280 Abs 1 S 2 BGB der Schuldner die Beweislast für das (Nicht-)Fehlverhalten des Schuldners. Die Beweislastverteilung wird in diesen Fällen somit durch die Unterscheidung Pflichtverletzung – Verschulden nicht definitiv bestimmt. Das eröffnet einen Auslegungsspielraum für genuin beweisrechtliche Wertungen, die unter Geltung des alten Rechts zu einer **Beweislastverteilung nach Gefahren- oder Verantwortungsbereichen** geführt hat und deren Fortbestand vom Gesetzgeber des Schuldrechtsmodernisierungsgesetzes gewollt ist (Vorbem B 12 f zu §§ 280–285). Dies bedeutet: Das für Pflichtverletzung und Verschulden gleichermaßen relevante äußere Fehlverhalten des Schuldners liegt gem § 280 Abs 1 S 1 BGB grundsätzlich in der Darlegungs- und Beweislast des Gläubigers.

Dagegen geht die Beweislast auf den Schuldner über und es hat dieser darzulegen und zu beweisen, dass die vom Gläubiger bewiesene Rechtsgutverletzung (bzw Schaden) nicht auf sein Verhalten zurückgeht oder das ursächliche Verhalten der Sorgfalt entsprach, wenn die Schadensursache aus dem von ihm zu beherrschenden **Gefahrenkreis** herrührt (RGZ 148, 149 f; BGHZ 8, 239, 241 f; 27, 236, 238 ff; BGH 12. 1. 2017 – III ZR 4/16 Rn 13, MDR 2017, 334; BGH 19. 7. 2018 – VII ZR 251/17 Rn 14 mwNw, NJW 2018, 2956; BAGE 19, 66, 70 mwNw; BAUMGÄRTEL/REPGEN [4. Aufl 2018] Rn 18 ff). Dementsprechend kann von einer Schädigung auf die Verletzung einer Rücksichtnahmepflicht geschlossen werden, wenn der Gläubiger darlegt und beweist, dass die Schadensursache allein in den Verantwortungsbereich des Schuldners fallen kann (BGH 10. 11. 2004 – XII ZR 71/01, NJW-RR 2005, 235 [Verantwortlichkeit des Mieters für einen Wasserschaden im Mietshaus]; BGH 12. 1. 2017 – III ZR 4/16 Rn 13, 15, MDR 2017, 334; BGH 19. 7. 2018 – VII ZR 251/17 Rn 14 f, NJW 2018, 2956 [keine Beweislastumkehr bei Mitverantwortlichkeit Dritter]). Der Eintritt eines Schadens als solcher kann dagegen nicht das Vorliegen einer Pflichtverletzung indizieren, wenn nicht ein bestimmter Erfolg, sondern lediglich ein Verhalten „geschuldet" wird (zB BGH 28. 4. 2005 – III ZR 399/04, NJW 2005, 1937, 1938 [Unfall beim Heimvertrag]; BGH 5. 4. 2006 – VIII ZR 283/05, NJW 2006, 2262 [herausgebrochener Zahn bei Bewirtungsvertrag]). F 39

Hat im Regelfall (ohne Beweiserleichterungen) der Gläubiger gem § 280 Abs 1 S 1 BGB die Pflichtverletzung zu beweisen und somit bei der Verletzung von Rücksichtnahmepflichten die äußere Sorgfaltswidrigkeit, verbleibt für den **Entlastungsbeweis** nur die „innere Seite" des Fahrlässigkeitsvorwurfs, dh die Erkennbarkeit und Vermeidbarkeit des äußeren Fehlverhaltens (s auch Rn D 16; selbst insoweit für Beweislast des Gläubigers REPGEN, in: BAUMGÄRTEL/LAUMEN/PRÜTTING, Beweislast [4. Aufl 2018] Rn 40 ff). F 40

b) Kausalität zwischen Pflichtverletzung und Schaden

Der **Gläubiger** muss darlegen und beweisen, dass die Pflichtverletzung für den von ihm geltend gemachten Schaden kausal gewesen ist, wobei die bloße Möglichkeit oder eine gewisse Wahrscheinlichkeit nicht genügen (BGH 23. 11. 2017 – III ZR 60/16 Rn 15, BGHZ 217, 50; BGH 14. 12. 2016 – VIII ZR 49/16 Rn 18, MDR 2017, 267; vgl auch MünchKomm/ERNST Rn 146 ff; BAUMGÄRTEL/REPGEN [4. Aufl 2018] Rn 79 ff; BGH 18. 12. 1990 – VI ZR 169/90, NJW 1991, 1540, 1541 mwNw). In den Fällen, in denen die vom Gläubiger zu beweisende Pflichtverletzung in einem vertragswidrigen **Zustand** der Rechtsgüter des Gläubigers besteht (Rn F 32 ff), wird mit Beweis dieses Zustandes nicht nur das Fehlverhalten des Schuldners, sondern auch dessen Kausalität für den Schaden gem § 280 Abs 1 S 2 BGB vermutet, sodass der Schuldner sich auch insoweit zu entlasten hat. Ist eine **ausdrücklich bestimmte Schutzmaßnahme** unterblieben (Rn F 36 f), ist gem § 280 Abs 1 S 2 BGB neben dem Fehlverhalten des Schuldners auch dessen Ursächlichkeit für den Schaden zu vermuten und der Schuldner muss sich gem § 280 Abs 1 S 2 BGB auch insoweit entlasten. F 41

Liegen keine besonderen Bestimmungen des Pflichtinhalts vor und richtet sich der Inhalt der Rücksichtnahmepflicht nach der jeweils verkehrserforderlichen Sorgfalt (Rn F 38), hat der Gläubiger gem § 280 Abs 1 S 1 BGB nicht nur das (äußere) Fehlverhalten des Schuldners darzulegen und zu beweisen, sondern auch dessen Kausalität für den Schaden. Eine Erleichterung kommt dem Gläubiger bei der Verletzung von **Aufklärungs-, Warn- oder Beratungspflichten** zugute. Hat der Gläubiger die Verletzung der Pflicht dargelegt und bewiesen, ist der Schuldner dafür darlegungs- und F 42 beweispflichtig, dass der Schaden auch bei pflichtgemäßem Verhalten eingetreten wäre, der Geschädigte also die Information unbeachtet gelassen hätte (BGHZ 151, 5, 12; BGH 9 3. 2011 – XI ZR 191/10, NJW 2011, 3227, 3229). Der Zweck der Informationspflicht, den Gläubiger vor Schäden durch uninformierte bzw unüberlegte Entscheidungen zu bewahren, gebietet diese **Umkehr der Beweislast** (grundlegend BGHZ 61, 118, 122; ferner BGHZ 124, 151, 159 f ausdrücklich in Abgrenzung zur rechtlichen Beratung; BeckOGK-BGB/Riehm [1. 12. 2018] Rn 354; krit Stodolkowitz VersR 1994, 11 ff; einschränkend Stoll AcP 176 [1976] 145, 158 ff; gegen einschränkende Tendenzen Canaris, in: FS Hadding [2004] 3, 23 f), zumindest die Anerkennung eines **Anscheinsbeweises** (Rn F 7; Palandt/Grüneberg Rn 39; Baumgärtel/Repgen [4. Aufl 2018] Rn 93; so zur rechtlichen Beratung BGHZ 123, 311, 314 f; BGHZ 126, 217, 223 f; BGH 23. 11. 2006 – IX ZR 21/03, NJW-RR 2007, 569, 571). Der Anscheinsbeweis kann durch einen Gegenbeweis erschüttert werden, er betrifft lediglich die Beweisführungslast, nicht die objektive Beweislast. Die Vermutung „aufklärungsrichtigen Verhaltens“ besteht nur in solchen Fällen, in denen es für den Gläubiger der Aufklärungspflicht entweder keine sinnvolle Handlungsalternative gibt (BGHZ 124, 151, 161; BGH 9. 6. 1998 – XI ZR 220/97, WM 1998, 1527, 1529) oder mehrere Reaktionsmöglichkeiten, die jeweils zur Schadensvermeidung geeignet sind (BGHZ 151, 5, 12; zurückhaltend bei rechtlicher Beratung BGH 23. 11. 2006 – IX ZR 21/03, NJW-RR 2007, 569, 571).

F 43 Gleiches muss gelten, wenn die Pflichtverletzung in der Fehlinformation über einen Umstand liegt, für den ursprünglich keine Aufklärungspflicht bestand. Dann trifft den Schuldner die Beweislast dafür, dass der Schaden auch bei richtiger Information eingetreten wäre, weil ein solches Fehlverhalten anderenfalls keine weitere Sanktion nach sich ziehen würde (BGH 20. 9. 1996 – V ZR 173/95, NJW-RR 1997, 144). Zur Umkehr der Beweislast kann es weiterhin im Bereich des Behandlungsvertrages kommen (s Rn F 56 ff).

F 44 Praktisch bedeutsam ist die Beweiserleichterung vor allem bei **vorvertraglichen Informationspflichten** (§ 311 Abs 2 BGB), die den Schuldner vor dem Abschluss eines nicht erwartungsgerechten Vertrages schützen sollen. Ist eine solche Pflichtverletzung (dazu Rn C 59 ff) nachgewiesen, obliegt dem Schuldner gem § 280 Abs 1 S 2 BGB der Beweis, dass er die Pflichtverletzung nicht zu vertreten hat (BGHZ 66, 51, 54). Dabei wird vermutet, dass der Gläubiger sich „aufklärungsgemäß“ verhalten hätte (Rn F 42). Der Schuldner kann sich entlasten, indem er nachweist, dass der Gläubiger auch bei erfolgter ordnungsgemäßer Aufklärung den Vertrag abgeschlossen hätte (BGH 24. 3. 1977 – III ZR 198/74, NJW 1978, 41, 42; BGH 16. 11. 1993 – XI ZR 214/92, NJW 1994, 512: Aufklärung bei Warentermingeschäften; BGH 11. 2. 2014 – II ZR 273/12 Rn 10 mwNw, MDR 2014, 602: Prospekthaftung; BGH 18. 6. 1996 – VI ZR 121/95, NJW 1996, 2503: Miete von Gaststättenräumen und Kauf einer Gaststätteneinrichtung aufgrund einer Falschinformation über Umsatzzahlen; krit Lieb, in: FS Rechtswiss Fakultät Köln [1988] 251, 265 ff).

c) Vertretenmüssen

F 45 Ist die Pflichtverletzung bewiesen, wird nach § 280 Abs 1 S 2 BGB die Verantwortlichkeit des Schuldners für die Pflichtverletzung indiziert. Der Schuldner kann sich in diesem Fall durch den Nachweis entlasten, dass der Umstand, der zu der objektiven Pflichtverletzung geführt hat, von ihm nicht zu vertreten ist. Der genaue Gegenstand des Vertretenmüssens und der Vermutungswirkung ist abhängig vom Inhalt der Pflichtwidrigkeit. In den Fällen, in denen die vom Gläubiger zu beweisende Pflichtverletzung in einem vertragswidrigen **Zustand** der Rechtsgüter des Gläubigers besteht (Rn F 32 ff), wird mit Beweis dieses Zustandes das (äußere und innere) Fehlverhalten des Schuldners dargelegt, so dass der Schuldner gem § 280 Abs 1 S 2 BGB darlegen und beweisen muss, dass das eine oder andere nicht vorliegt. Ist eine **ausdrücklich bestimmte Schutzmaßnahme** unterblieben (Rn F 36 f), wird vermutet, dass dies auf ein (äußeres und inneres) Fehlverhalten des Schuldners zurückgeht. Dieser hat also darzulegen und zu beweisen, dass ein äußeres oder inneres Fehlverhalten nicht vorliegt. Liegen keine besonderen Bestimmungen des Pflichtinhalts vor und richtet sich der Inhalt der Rücksichtnahmepflicht nach der jeweils **verkehrserforderlichen Sorgfalt** (Rn C 45), ist mit der vom Gläubiger zu beweisenden Pflichtwidrigkeit das äußere Fehlverhalten bewiesen. Das innere Fehlverhalten wird vermutet, der Schuldner muss sich gem § 280 Abs 1 S 2 BGB diesbezüglich entlasten (s Rn D 16; ebenso Spickhoff NJW 2002, 2530, 2535 f).

Hinsichtlich des inneren Verschuldens, insbes der **inneren Sorgfaltswidrigkeit** bei der praktisch im Vordergrund stehenden Fahrlässigkeit, wird sich der Schuldner wegen des auch hier grundsätzlich maßgeblichen objektiven, am ordentlichen Schuldner orientierten Sorgfaltsmaßstabs nur ausnahmsweise exkulpieren können wegen eines entschuldbaren Irrtums (vgl Deutsch JZ 2002, 588, 591; Huber, in: Ernst/Zimmermann, Zivilrechtswissenschaft und Schuldrechtsreform [2001] 31, 102 f; Spickhoff NJW 2002, 2530, 2537) oder wegen Unvermeidbarkeit des Verstoßes (zB BAG 3. 11. 2011 – 2 AZR 748/10, NZA 2012, 607, 609; näher Staudinger/Caspers § 276 Rn 53, 58 f). Der subjektive Fahrlässigkeitsmaßstab gilt nur bei besonderen vertraglichen Vereinbarungen (dazu Staudinger/Caspers § 276 Rn 30, 52) oder im Zusammenhang mit der eigenüblichen Sorgfalt gem § 277 BGB (zum Anwendungsbereich Staudinger/Caspers § 277 Rn 1). **F 46**

Besonders streng sind die Anforderungen an einen entschuldbaren **Rechtsirrtum** (BGH 3. 6. 2014 – XI ZR 147/12 Rn 23 ff, BGHZ 201, 310; BGH 11. 6. 2014 – VIII ZR 349/13 Rn 33 ff, NJW 2014, 2717; Staudinger/Caspers § 276 Rn 55 ff). Er kommt allenfalls in Betracht, wenn die Rechtslage in besonderem Maße unklar ist und keine gefestigte Rechtsprechung vorliegt (dazu im Einzelnen Staudinger/Feldmann § 286 Rn 165 ff). Geht es um den Entlastungsbeweis für *Schlechtleistungen im Dienstleistungsbereich,* so bilden typische Standards der Berufsgruppe, sofern solche wie im medizinischen Bereich mittels Sachverständigenbeweis festgestellt werden können, den Bezugspunkt für die Entschuldbarkeit des Irrtums. Es ist dann Sache des Schuldners darzulegen und zu beweisen, dass er trotz äußerem sorgfaltswidrigen Verhalten die damit korrespondierende innere Sorgfalt wegen nicht vorwerfbarer Unkenntnis eingehalten hat (für die Arzthaftung Spickhoff NJW 2002, 2530, 2537). **F 47**

Soweit der haftungsbegründende Tatbestand **Vorsatz oder Arglist** voraussetzt, greift die **Vermutung des § 280 Abs 1 S 2 BGB nicht ein** (BGH 1. 7. 2008 – XI ZR 411/06, NJW 2008, 2912, 2914: Haftung der Bank aus cic für arglistiges Verhalten des Vermittlers einer kreditfinanzierten Anlage); der Gläubiger muss also den Beweis der Arglist bzw des Vorsatzes führen. Im Übrigen gelten für die Verletzung von Schutz- und Rücksichtnahmepflichten iS von § 241 Abs 2 BGB die allgemeinen Grundsätze. Dies gilt insbesondere für die Zurechnung des Verhaltens des Erfüllungsgehilfen (Rn F 19), die Unaufklärbarkeit der Ursache der Pflichtverletzungen für den Schaden (Rn F 22), die Anwendbarkeit der Grundsätze über den Beweis des ersten Anscheins (Rn F 23), die Reserveursachen (Rn F 15) und die Besonderheiten bei Haftungsmilderungen zu Gunsten des Schuldners (Rn F 25). **F 48**

III. Beweislastverteilung bei wichtigen Vertragstypen

F 49 Die folgende alphabetisch geordnete Übersicht über die Verteilung der Beweislast nach Vertragstypen geht davon aus, dass die Rechtsprechung zum alten Recht (§ 282 aF, pVV) weiterhin gilt (s auch Baumgärtel/Repgen [4. Aufl 2018] Rn 160 ff), soweit nicht gesetzliche Änderungen eingetreten sind wie insbes § 619a BGB und die §§ 630a ff BGB. Die Einzelaussagen zur Beweislastverteilung leiten sich ab aus dem jeweiligen Inhalt der Rücksichtnahmepflicht; die Typisierung der Pflichteninhalte in Rn F 32 ff dient dabei als Folie.

F 50 **Arbeitsverhältnis**: Für die **Haftung des Arbeitgebers** wegen Verletzung der Fürsorgepflicht (zB zur ordnungsgemäßen Einrichtung der Betriebsräume oder Organisation des Arbeitsablaufs) muss der Arbeitnehmer lediglich den ordnungswidrigen Zustand der Betriebsräume oder des Arbeitsablaufs beweisen, während der Arbeitgeber gem § 280 Abs 1 S 2 BGB nachzuweisen hat, dass ihn an dieser Ordnungswidrigkeit kein Verschulden (äußeres/inneres Fehlverhalten) trifft (BAG 8. 6. 1955 – 2 AZR 468/71, AP Nr 1 zu § 618 BGB; diff bei Pflicht zur leidensgerechten Beschäftigung BAG 22. 8. 2018 – 5 AZR 592/17 Rn 26, NJW 2019, 171). Auch für den Schadensersatzanspruch des Arbeitnehmers wegen der Nichtanmeldung zu einer öffentlich-rechtlichen Pensionskasse genügt es, wenn der Arbeitnehmer die Nichtanmeldung beweist; der Arbeitgeber muss sich entlasten (vgl BAG 28. 7. 1972 – 3 AZR 468/71, AP Nr 7 zu § 282). Ist ein Lehrling mangelhaft ausgebildet worden, so steht fest, dass der Lehrherr die vertraglich geschuldete Leistung schlecht erbracht hat; er muss dann beweisen, dass ihn an der Mangelhaftigkeit der Ausbildung kein Verschulden trifft (BAG 11. 12. 1964 – 1 AZR 39/64, NJW 1965, 709, 710).

F 51 Bei der **Haftung des Arbeitnehmers** gilt: Für haftungsbegründende Handlungen, die **nicht betriebliche Tätigkeit** sind, also Handlungen, die der Arbeitnehmer aus eigenwirtschaftlichen Motiven vornimmt (zB Nichterscheinen am Arbeitsplatz, Arbeitsunterbrechung aus privaten Motiven oder wegen Streiks (Otto/Schwarze/Krause, Die Haftung des Arbeitnehmers [4. Aufl 2014] § 8 Rn 6; zweifelnd Baumgärtel/Repgen [4. Aufl 2018] Rn 204 m Fn 539]), oder die zwar aus betrieblichen Motiven erfolgen, aber als solche nicht dem erkennbaren Interesse des Arbeitgebers entsprechen (Otto/Schwarze/Krause, Die Haftung des Arbeitnehmers [4. Aufl 2014] § 8 Rn 5, 10 f), gilt nach überwiegender Lehre die Beweislastverteilung gem § 280 Abs 1 BGB: Der Arbeitgeber hat alle nach § 280 Abs 1 S 1 BGB erforderlichen Haftungsvoraussetzungen darzulegen und zu beweisen, der Arbeitnehmer hat sich hinsichtlich seines Verschuldens (äußeres und inneres Fehlverhalten) gem § 280 Abs 1 S 2 BGB zu entlasten (**aA** aber wohl **BAG** 26. 9. 2013 – 8 AZR 1026/12, juris Rn 28, das die Beweislast bei mutmaßlich vorgetäuschter Arbeitsunfähigkeit nicht durch § 280 Abs 1 BGB, sondern durch § 619a BGB bestimmt sieht).

F 52 Handelt es sich bei der haftungsbegründenden Handlung um **betriebliche Tätigkeit** (Erbringung der Arbeitsleistung und sonstige im erkennbaren Interesse des Arbeitgebers liegende Handlungen; zum Begriff näher Otto/Schwarze/Krause, Die Haftung des Arbeitnehmers [4. Aufl 2014] § 8 Rn 1 ff; zur Begrenzung des § 619a BGB auf betriebliche Tätigkeit s dort § 6 Rn 54 ff; Staudinger/Richardi/Fischinger [2016] § 619a Rn 11 ff; Löwisch, in: FS Wiedemann [2002] 311, 327 f; Oetker BB 2002, 43 ff; Walker JuS 2002, 736 ff) wird § 280 Abs 1 S 2 BGB durch die spezielle Regelung des **§ 619a BGB** verdrängt. Demnach muss der Arbeitgeber, der einen Arbeitnehmer auf Schadensersatz in Anspruch nimmt, nicht nur die Pflichtverletzung des Arbeitnehmers und den daraus erwachsenden Schaden, sondern auch dessen Verschulden nachweisen (BAG 21. 5. 2015 – 8 AZR 116/14 Rn 25, NZA 2015, 1517). Dabei kommen ihm die Grundsätze über die abgestufte Darlegungs- und Beweislast zugute, soweit es um Umstände aus der Sphäre des Arbeitnehmers geht, die für den Arbeitgeber nicht zugänglich sind bzw außerhalb seiner Wahrnehmung liegen. Es genügt, wenn der Arbeitgeber Indizien vorträgt, die auf ein haftungsbegründendes Verschulden des Arbeitnehmers hinweisen. Es ist dann an diesem, sich zu den Indizien substantiiert zu äußern, wenn er über die konkreten Umstände informiert ist (BAG 17. 9. 1998 – 8 AZR 175/97, NJW 1999, 1049, 1052; komplementär zum Beweis des arbeitgeberischen Mitverschuldens BAG 21. 5. 2015 – 8 AZR 116/14 Rn 34, NZA 2015, 1517). Der Arbeitgeber kann sein Vorbringen darüber hinaus auf die Grundsätze über den Beweis des ersten Anscheins stützen, wenn nicht die ernsthafte Möglichkeit eines abweichenden Geschehensablaufs nachgewiesen wird (BAG 30. 8. 1966 – 1 AZR 456/65, AP Nr 5 zu § 282 BGB).

§ 619a BGB gilt auch für die sog **Mankohaftung**, also die Haftung für Fehlbeträge in Kassen oder Fehlbestände in Warenlagern, die dem Arbeitnehmer zur alleinigen Verwahrung überlassen worden sind. Die Rechtsprechung zur alten Rechtslage, die die Pflichtverletzung in der Unmöglichkeit der Herausgabe des fehlenden Bestandes sah und damit die Beweislastregel des § 282 aF zu Lasten des Arbeitnehmers in Anschlag brachte (vgl dazu BAG 22. 5. 1997 – 8 AZR 562/95, AP Nr 1 zu § 611 BGB Mankohaftung m Anm KRAUSE) hat das BAG schon vor Inkrafttreten des SMG aufgegeben (BAG 17. 9. 1998 – 8 AZR 175/97, NJW 1999, 1049, 1052, u 2. 12. 1999 – 8 AZR 386/98, AP Nr 3 zu § 611 BGB Mankohaftung m Anm KRAUSE). Jedoch gelten die Regeln der **abgestuften Darlegungs- und Beweislast** für die außerhalb des Wahrnehmungsbereichs des Arbeitgebers liegenden Umstände, idR also die Tatsachen aus dem vom Arbeitnehmer verwalteten Geld- oder Warenbestand: Der Arbeitgeber hat konkrete Indizien vorzutragen, die auf das Vorliegen einer objektiven Pflichtverletzung (äußeres Fehlverhalten) seitens des Arbeitnehmers hindeuten (§ 138 Abs 1 ZPO). Der Arbeitnehmer muss zu den Indizien substantiiert vortragen (§ 138 Abs 2 ZPO), da andernfalls das Vorbringen des Arbeitgebers als zugestanden gilt (§ 138 Abs 3 ZPO). Ggf muss über Indiztatsachen Beweis erhoben werden, wobei die Beweislast hierfür den Arbeitgeber trifft. Bei einem ausschließlichen Zugang des Arbeitnehmers zu einer Kasse oder einem Warenlager begründet das Vorliegen eines Mankos einen **Anscheinsbeweis** für das Vorliegen eines Fehlverhaltens des Arbeitnehmers (OTTO/SCHWARZE/KRAUSE, Die Haftung des Arbeitnehmers [4. Aufl 2014] § 13 Rn 29 ff). **F 53**

Die **Mankohaftung eines Beamten** kann kaum anders als die des Arbeitnehmers behandelt werden. Vielmehr sollte die gesetzliche Beschränkung der Haftung auf grobe Fahrlässigkeit und Vorsatz (zB § 75 Abs 1 S 1 BBG) erst recht zu einer Beweislast des Dienstherrn wie in § 619a BGB führen, da sonst die Aushöhlung dieser Privilegierung drohte (näher OTTO/SCHWARZE/KRAUSE, Die Haftung des Arbeitnehmers [4. Aufl 2014] § 14 Rn 1 ff). Deshalb ist die Rechtsprechung des BGH und des BVerwG zum alten Recht kaum zu halten, die unter entsprechender Anwendung des § 282 aF dem Beamten den Exkulpationsbeweis auferlegte (BGHZ 5, 26; begrenzend BVerwGE 37, 199; BVerwGE 52, 255). **F 54**

Architektenvertrag: Beim Architektenvertrag (jetzt § 650p BGB) ist der Nachweis der Pflichtverletzung idR schon durch den Mangel des fertigen Bauwerkes erbracht, **F 55**

weil es Aufgabe des Architekten ist, „sowohl durch fachgerechte Planung als auch durch sorgfältige Überwachung der Bauhandwerker dafür zu sorgen, daß ein in jeder Hinsicht einwandfreies Bauwerk entsteht" (BGHZ 28, 251, 253). Gem § 280 Abs 1 S 2 BGB muss der Architekt dann sein mangelndes Verschulden nachweisen; dazu gehört der Nachweis, dass er den zum Bauzeitpunkt allgemein anerkannten bautechnischen Standard eingehalten hat. Bei Verletzung einer Aufklärungspflicht trifft den Architekten auch die Beweislast dafür, dass der Bauherr trotz der Aufklärung an einer fehlerhaften Konstruktion festgehalten hätte (BGH 5. 7. 1971 – VII ZR 98/69, WM 1971, 1271, vgl Rn F 42 f).

F 56 **Arzthaftung/Behandlungsvertrag**: Die Beweislastverteilung bei der vertraglichen Haftung für medizinische Behandlungen (§§ 630a ff BGB) richtet sich einerseits nach § 280 BGB, wird andererseits durch **§ 630h BGB** erheblich zu Gunsten des Patienten abgeändert. Den Ausgangspunkt bildet die Beweislastverteilung gem § 280 Abs 1 S 1 BGB, derzufolge der Patient (neben dem Vertrag) Pflichtverletzung, Schaden und Kausalität zu beweisen hat. Da im Regelfall nicht ein bestimmter Behandlungserfolg geschuldet ist, besteht die vom Patienten zu beweisende Pflichtverletzung iSv § 280 Abs 1 BGB idR nicht schon im Ausbleiben eines medizinischen Erfolges oder schlicht in der Verletzung des Patienten, sondern in einer **fehlerhaften Behandlung**, dh der Patient muss grundsätzlich ein fehlerhaftes (äußeres) Verhalten des Behandelnden beweisen (BGH 28. 8. 2018 – VI ZR 509/17 Rn 31, 33, MDR 2018, 1491). Dafür liefert die Abweichung von allgemein anerkannten medizinischen Standards zumindest ein Indiz (vgl Spickhoff NJW 2002, 2530, 2532 f); richtigerweise begründet der Nachweis der objektiven Abweichung von medizinischen Standards sogar den **Anschein** einer Pflichtverletzung (weiter gehend Baumgärtel/Repgen [4. Aufl 2018] § 630h Rn 4: wegen § 630a Abs 2 sei bei Abweichung von medizinischen Standards der Beweis der Pflichtverletzung erbracht). Über den medizinischen Standard darf der Richter nicht ohne Grundlage in einem Sachverständigengutachten urteilen (BGH 24. 2. 2015 – VI ZR 106/13 Rn 10, MDR 2015, 587). Dass die Anwendung der Standards wegen der individuellen Konstitution des Patienten im Einzelfall nicht angebracht war, ist dann im Rahmen des Entlastungsbeweises durch den Arzt zu beweisen. Dabei erhöhen sich die Anforderungen bei dem Heilversuch mit einem neuen Heilmittel (BGHZ 172, 1). An die Substantiierung im Arzthaftungsprozess sind nur maßvolle und verständige Anforderungen zu stellen, da vom Patienten regelmäßig keine genaue Kenntnis der medizinischen Vorgänge erwartet und gefordert werden kann. Erleichterungen von der Darlegungslast können sich ferner insoweit ergeben, als der Patient außerhalb des von ihm vorzutragenden Geschehensablaufs steht und ihm eine nähere Substantiierung nicht möglich oder nicht zumutbar ist, während der Prozessgegner alle wesentlichen Tatsachen kennt oder unschwer in Erfahrung bringen kann und es ihm zumutbar ist, nähere Angaben zu machen. Trägt der Patient in solchen Fällen konkrete Anhaltspunkte für einen Behandlungsfehler vor, so kann dies genügen, um eine sekundäre Darlegungslast des Behandelnden auszulösen; Beweiserleichterungen resultieren daraus allerdings nicht (BGH 28. 8. 2018 – VI ZR 509/17 Rn 33, MDR 2018, 1491).

F 57 Ist das allgemeine **Behandlungsrisiko** für den Behandelnden **voll beherrschbar**, wird bei Vorliegen einer Verletzung des Lebens, des Körpers oder der Gesundheit des Patienten ein Fehler des Behandelnden (= „Pflichtverletzung" iSv § 280 Abs 1 S 1 BGB = äußeres Fehlverhalten) vermutet, § 630h Abs 1 BGB. Voll beherrschbare Risiken sind dadurch gekennzeichnet, dass sie durch den Klinik- oder Praxisbetrieb gesetzt und durch dessen ordnungsgemäße Gestaltung objektiv voll ausgeschlossen werden können und müssen (BGH 28. 8. 2018 – VI ZR 509/17 Rn 31 f mwNw, MDR 2018, 1491). Voll beherrschbar sind etwa der Einsatz medizinisch-technischer Geräte (vgl BGH 11. 10. 1977 – VI ZR 110/75, JZ 1978, 275; BGH 24. 1. 1995 – VI ZR 60/94, NJW 1995, 1618), die Einhaltung hygienischer Standards (vgl BGHZ 171, 358), der Transport des Patienten (vgl BGH 18. 12. 1990 – VI ZR 169/9, NJW 1991, 1540) oder die ordnungsgemäße Lagerung von Patienten auf dem Operationstisch (BGH 26. 9. 2017 – VI ZR 529/16, MDR 2017, 1420). Der Behandelnde kann und muss den Gegenbeweis führen, die bloße Erschütterung der Vermutung genügt nicht (Spickhoff VersR 2013, 267, 279). Die **Kausalität** zwischen vermuteter Pflichtverletzung (Behandlungsfehler) und Schaden wird nicht vermutet, eine für die Erfolgsaussichten einer Haftungsklage erhebliche Begrenzung (zu Absenkungen des Beweismaßes auf überwiegende Wahrscheinlichkeit de lege ferenda Spickhoff NJW 2017, 1790).

Eine Beweislastumkehr hinsichtlich der Kausalität zwischen Behandlungsfehler und Schaden tritt ein, wenn der Patient einen **groben Behandlungsfehler** (grobes äußeres Fehlverhalten) darlegt und beweist, der grundsätzlich geeignet ist, die eingetretene Verletzung herbeizuführen (§ 630h Abs 5 BGB). „Grob" ist ein Behandlungsfehler, der aus objektiver Sicht nicht mehr verständlich erscheint, weil er einem Arzt schlechterdings nicht unterlaufen darf (BGH 26. 6. 2018 – VI ZR 285/17 Rn 18, NJW 2018, 3382), etwa die Unterlassung einer therapeutisch gebotenen Aufklärung (BGH 26. 6. 2018 – VI ZR 285/17, NJW 2018, 3382; BGHZ 107, 222), einer eindeutig gebotenen Untersuchung (OLG Karlsruhe 15. 10. 1986 – 13 U 52/84, NJW 1987, 718) oder einer sich aufdrängenden Erhebung eines Befundes (BGHZ 132, 47, 51 ff; 151, 133, 143 ff [unterlassener Schwangerschaftsabbruch]; s ferner BGHZ 159, 48). Die Umkehr der Beweislast bei groben Fehlern gilt auch für **tierärztliche Leistungen** (BGH 10. 5. 2016 – VI 247/15 Rn 14 ff, BGHZ 210, 197) und für **medizinähnliche Leistungen** (BGH 11. 5. 2017 – III ZR 92/16 Rn 24, BGHZ 215, 44: Hausnotrufvertrag). Eine weitere Erleichterung enthält § 630h Abs 5 S 2 BGB – ebenfalls in Anknüpfung an bisherige Rechtsprechung – hinsichtlich der fehlerhaften **Erhebung oder Sicherung des medizinischen Befundes**: Ein solcher Fehler begründet ebenfalls die Beweislastumkehr hinsichtlich der Kausalität der Behandlung für einen vorliegenden Verletzungserfolg, wenn bei ordentlich erhobenem Befund mit hinreichender Wahrscheinlichkeit ein Ergebnis zutage gekommen wäre, das weitere Behandlung veranlasst hätte und die Unterlassung dieser Behandlung ein grober Fehler gewesen wäre (krit Spickhoff VersR 2013, 267, 280 f). Beim Einsatz eines zur Behandlung **nicht befähigten Arztes** (= Pflichtverletzung iSv § 280 Abs 1 S 1 BGB) tritt hinsichtlich der Kausalität dieser vom Patienten zu beweisenden Pflichtverletzung für die eingetretene Verletzung des Lebens, Körpers oder der Gesundheit eine Beweislastumkehr ein (§ 630h Abs 4 BGB). **F 58**

Im Bereich der Nebenpflichten kommen dem Patienten weitere Beweiserleichterungen zugute: Zum einen wird bei Nichtbeachtung der Pflicht zur **Dokumentation** bzw zur Aufbewahrung der Dokumentation (§ 630 f BGB) über Behandlungsmaßnahmen deren Nichtvornahme vermutet (§ 630h Abs 3 BGB; aus der zugrunde liegenden Rspr etwa BGH LM § 823 [I] BGB Nr 43). Diese Beweislastumkehr reicht nur soweit, als der Befund ein für den Behandelnden reaktionspflichtiges Ergebnis erbracht hätte (Spickhoff VersR 2013, 267, 279 f). Entsprechendes gilt, wenn die zureichende Beaufsichtigung eines Anfängers nicht ausreichend präzise dokumentiert ist: Hier wird die unzureichende Beaufsichtigung vermutet (§ 630h Abs 3 BGB), zu der die Kausali- **F 59** tätsvermutung gem Abs 4 (s auch Rn F 42) hinzutreten kann. Zum anderen hat der Behandelnde zu beweisen, dass er seiner vertraglichen Pflicht zur Einholung der erforderlichen **Einwilligung** des Patienten (§ 630d BGB) und der Pflicht zu dessen **Aufklärung** (§ 630e BGB) nachgekommen ist (§ 630h Abs 2 BGB). Die darin liegende Abweichung von der Beweislast des Patienten für die Pflichtverletzung gem § 280 Abs 1 S 1 BGB erklärt sich aus der deliktsrechtlichen Bedeutung von Einwilligung und Aufklärung als vom Behandelnden zu beweisenden Voraussetzungen für die Rechtmäßigkeit des Eingriffs in den Körper des Patienten (vgl Staudinger/J Hager [2009] § 823 Rn I 76 ff, 126 ff mwNw; Spickhoff NJW 2002, 2530, 2534), die hier auf das Vertragsrecht „durchschlägt". § 630h Abs 2 S 2 BGB erlegt im Falle der unzureichenden Aufklärung dem Behandelnden die Beweislast dafür auf, dass die Einwilligung bei ordnungsgemäßer Aufklärung erteilt worden wäre (BGH 21. 5. 2019 – VI ZR 119/18 Rn 17 f juris). Die Umkehr der Beweislast gilt nicht für Informationsplichten gem § 630c Abs 2 BGB, soweit diese über die Pflichten gem § 630e BGB hinausgehen, also insbes die *Sicherheits- oder therapeutische Beratung* (aus der zugrunde liegenden Rechtsprechung des BGH etwa BGHZ 162, 320, 323; zum Umfang der Aufklärung bei medizinischem Neuland BGHZ 168, 103 und einer Außenseitermethode BGHZ 172, 254).

F 60 Da zur Pflichtverletzung beim Behandlungsvertrag das äußere Fehlverhalten (Behandlungsfehler) des Behandelnden (Schuldners) gehört, kann sich der **Entlastungsbeweis** gem § 280 Abs 1 S 2 BGB nur auf die Einhaltung der **inneren Sorgfalt** beziehen (ebenso Deutsch JZ 2002, 588, 591 f; krit Spickhoff NJW 2002, 2530, 2535 ff). Der Behandelnde kann insbes beweisen, dass sein Fehlverhalten auf einem entschuldbaren bzw unvermeidbaren Irrtum beruht (so Deutsch JZ 2002, 588, 591; vgl auch Rn F 46). So kann zB ein *Diagnoseirrtum* grundsätzlich einen Entlastungsbeweis iS von § 280 Abs 1 S 2 BGB für einen Behandlungsfehler rechtfertigen. Voraussetzung ist aber, dass der Arzt bei der Diagnose den zum Behandlungszeitpunkt üblichen medizinischen Standard eingehalten hat. Dies hat er wiederum darzulegen und zu beweisen (Spickhoff NJW 2002, 2530, 2536 f). Dabei muss dem Arzt für Diagnose und Therapie ein ausreichender Beurteilungs- und Entscheidungsspielraum verbleiben.

F 61 **Bankvertrag**: Die Beweislastverteilung für die Haftung aus Bankgeschäften folgt im Ausgangspunkt § 280 Abs 1 BGB. Das gilt auch für die Haftung der Bank für **Anlageentscheidungen** im Rahmen eines Vermögensverwaltungsvertrages. Das Kreditinstitut trifft keine *sekundäre Darlegungslast* (Rn F 7) zur Offenlegung interner Berichte und Entscheidungsabläufe und zur Begründung von Anlageentscheidungen (BGH 23. 10. 2007 – XI ZR 423/06, NJW-RR 2008, 1269). Abweichendes gilt im Fall der fehlerhaften Aufklärung oder **Beratung** des Kunden durch die Bank: Der Kunde hat zwar die Pflichtverletzung – die fehlerhafte Aufklärung oder Beratung – zu beweisen, doch trägt die Bank die Beweislast nicht nur für das Nichtvertretenmüssen (§ 280 Abs 1 S 2 BGB), sondern auch dafür, dass die Pflichtverletzung nicht **kausal** für den beim Kunden eingetretenen Schaden war, weil sich dieser über die Warnung hinweggesetzt hätte (BGH 8. 5. 2012 – XI ZR 262/10 Rn 28, BGHZ 193, 159; BGH 10. 1. 2017 – XI ZR 365/14 Rn 10, juris; Roth ZHR 147 [1990] 513, 527 ff), zB weil die Anlage der Steueroptimierung dienen sollte (BGH 28. 5. 2013 – XI ZR 148/11 Rn 27, juris; zur Beweisführung durch Parteivernehmung des Kunden BGH 26. 2. 2013 – XI ZR 318/10 Rn 23, juris; BGH 1. 4. 2014 – XI ZR 171/12 Rn 10, 17 ff, juris; zum Ganzen Roth JZ 2015, 1081 ff; Freitag ZBB 2016, 1 ff). Soweit die Bank verpflichtet ist, ihre Kunden rechtzeitig über den jeweils neuesten Stand der Gesetzgebung zu unterrichten, muss sie, wenn das Ausbleiben der Unterrichtung feststeht, beweisen, dass sie alle notwendigen organisatorischen Vorkehrungen getroffen hat, sich diese Kenntnisse zu verschaffen (BGH 16. 4. 1964 – VII ZR 221/62, NJW 1964, 2058).

Hinsichtlich der Pflicht des Bankkunden, eine *ec- oder Kreditkarte* getrennt von einer **PIN-Nummer** aufzubewahren, spricht nach Ansicht des BGH ein Anscheinsbeweis für eine grob fahrlässige Verletzung dieser Pflicht, wenn zeitnah nach einem Diebstahl einer ec-Karte Bargeld abgehoben wird (BGHZ 160, 308; dazu SPINDLER BB 2004, 2766 ff; EGGERS/GOERTH JuS 2005, 492 ff; zurückhaltend hinsichtlich der Sorgfaltspflichtverletzung BGHZ 145, 337). Angesichts des missbräuchlichen Datenhandels und neuer technischer Missbrauchsmöglichkeiten geht dies wohl zu weit (s auch AG Wiesloch 20. 6. 2008 – 4 C 57/08, ZIP 2008, 1467 zu einem möglichen Phishing-Angriff). F 62

Beherbergungs- und Gastaufnahmevertrag: Der Beherbergungs- und Gastaufnahmevertrag verpflichtet den Gastwirt, für den *gefahrlosen Zustand* der überlassenen *Einrichtungen und Räume* zu sorgen. Entsprechen Räume und Einrichtungen nicht diesen Anforderungen, so ist bereits darin eine Pflichtverletzung gem § 280 Abs 1 S 1 BGB zu sehen, für die sich der Wirt entlasten muss (RGZ 160, 153, 155; 169, 84, 97; ebenso BAUMGÄRTEL/REPGEN [4. Aufl 2018] § 280 Rn 229 ff). Zur Beweislast im Falle der Haftung für Schäden, die ein Kind in einer *Kinderaufbewahrung* in einem Kaufhaus erleidet, siehe OLG Koblenz 30. 3. 1965 – 6 a W 37/65, NJW 1965, 2347. Beim *Heimvertrag* ist das Pflegepersonal mit Blick auf den Schutz von Menschenwürde und persönlicher Freiheit nur in einer Gefahrensituation verpflichtet, freiheitsbeschränkende Sicherheitsvorkehrungen zu treffen (Gitterbett). Es ist gem § 280 Abs 1 S 1 BGB Sache des Geschädigten die konkrete Pflichtverletzung nachzuweisen (BGHZ 163, 58; dazu LANG/HERKENHOFF NJW 2005, 1905; BGH 14. 7. 2005 – III ZR 391/04, NJW 2005, 2613). F 63

Beförderungsvertrag: Beim Beförderungsvertrag übernimmt der Transporteur idR die Pflicht, den Fahrgast oder die beförderten Güter unversehrt ans Ziel zu bringen, da er den gesamten Geschehensablauf des Transports beherrscht (vgl BAUMGÄRTEL/REPGEN [4. Aufl 2018] Rn 209; STOLL, in: FS vHippel [1967] 517, 542 ff). Dementsprechend liegt die vom Gläubiger zu beweisende *Pflichtverletzung* gem § 280 Abs 1 S 1 BGB bereits vor, wenn die beförderte Person verletzt oder das beförderte Gut beschädigt oder zerstört wurde (zum alten Recht BGHZ 8, 239: für die Personenbeförderung; einschränkend BGH 16. 1. 1962 – VI ZR 133/61, VersR 1962, 325, welcher bei dem Sturz eines Kindes aus einem fahrenden Zug den Beweis verlangt, dass die Tür nicht ordnungsgemäß verschlossen war; hiergegen STOLL, in: FS vHippel [1967] 517, 544 Fn 107). Der Gläubiger muss also nicht das zur Verletzung führende äußere Fehlverhalten des Transporteurs beweisen. Vielmehr muss sich der Transporteur insoweit gem § 280 Abs 1 S 2 BGB entlasten. F 64

Wie weit die erfolgsbezogene Beförderungspflicht reicht, ist ggf durch Auslegung des Vertrages zu ermitteln. Bei einer lediglich verhaltensbezogenen Schutzpflichtverletzung muss der Gläubiger das Fehlverhalten des Schuldners beweisen (REPGEN, in: BAUMGÄRTEL/LAUMEN/PRÜTTING [4. Aufl 2018] Rn 210 ff). Gleiches gilt für die vertragliche Benutzung eines *Fahrstuhls* (STOLL, in: FS vHippel [1967] 517, 545) und eines *Skilifts* (BAUMGÄRTEL/REPGEN [4. Aufl 2018] Rn 222); beim *Skischlepplift* ist statt an eine mangelhafte Beförderungsleistung eher an eine Schutzpflichtverletzung zu denken (insoweit zutreffend BAUMGÄRTEL/REPGEN [4. Aufl 2018] Rn 221). F 65

F 66 Bei einem *Schiffsschleppvertrag* bejaht der BGH eine Beweislast des Schleppunternehmers für ordnungsgemäßes Schleppen erst, wenn der Besteller bewiesen hat, dass die Ursache für den eingetretenen Schaden weder in seinem Verantwortungsbereich noch in dem eines Dritten liegt, da der Erfolg des Schleppmanövers auch von dem geschleppten Schiff abhänge (BGHZ 27, 236, 238 f; krit hierzu Stoll, in: FS vHippel [1967] 517, 548). Hat der Empfänger bei der Beförderung von Gütern *Empfangseinrichtungen* zur Verfügung zu stellen, so ist er vertraglich verpflichtet, Gefahren für den Beförderer während des Entladevorganges vorzubeugen. Tritt während dessen ein Unfall ein, steht damit gleichzeitig die Pflichtverletzung fest, für die sich der Empfänger als Schuldner der Schutz- und Rücksichtnahmepflicht entlasten muss (BGH 7. 12. 1967 – VII ZR 142/65, VersR 1968, 350: für einen Unfall beim Abfüllen eines Tankschiffs).

F 67 **Kaufvertrag**: Verlangt der Käufer für Schäden an seinen Rechtsgütern (zu den sog Mangelfolgeschäden Rn E 15 ff, E 24) und damit für die Verletzung seines **Integritätsinteresses** Ersatz und sind diese Schäden infolge der Lieferung einer mangelhaften Sache entstanden, muss der Käufer als „Pflichtverletzung" iSv § 280 Abs 1 S 1 BGB nur beweisen, dass der Mangel der Kaufsache bereits im Zeitpunkt der Übergabe bestand. Dies gilt für beide Pflichtverletzungen: die Verletzung der Leistungspflicht und die Verletzung der parallel verlaufenden Rücksichtnahmepflicht (zur doppelten Anknüpfung Rn C 39 ff). Beim **Verbrauchsgüterkauf** (§ 474 BGB), für dessen Voraussetzungen der Käufer beweispflichtig ist (BGH 11. 7. 2007 – VIII ZR 110/06, NJW 2007, 2619), wird der Nachweis der durch Mangelhaftigkeit der Leistung begründeten Pflichtwidrigkeit iSv § 280 Abs 1 S 1 BGB durch die Beweislastumkehr nach **§ 477 BGB** erleichtert. Der Käufer muss lediglich beweisen, dass sich innerhalb von sechs Monaten ab Gefahrübergang ein mangelhafter Zustand (eine Mangelerscheinung, zB nicht funktionierender Leerlauf beim Kfz) gezeigt hat, der – unterstellt, er hätte seine Ursache in einem dem Verkäufer zuzurechnenden Umstand – dessen Haftung wegen Abweichung von der geschuldeten Beschaffenheit begründen würde. Kommen mehrere Ursachen für die sich nach Gefahrübergang zeigende Mangelerscheinung in Betracht, darunter auch solche, für die der Verkäufer nicht verantwortlich ist (zB Fehlverhalten des Käufers bei Bedienung der Schaltautomatik), gilt die Vermutung des § 477 BGB auch dafür, dass der Mangel auf eine Ursache zurückgeht, die ihrerseits eine Vertragswidrigkeit darstellt. Der Käufer muss weder darlegen und nachweisen, auf welche Ursache die Mangelerscheinung zurückzuführen ist, noch dass diese in den Verantwortungsbereich des Verkäufers fällt (BGH 12. 10. 2016 – VIII ZR 103/15 Rn 36, BGHZ 212, 224, im Anschluss an EuGH 4. 6. 2015 – C-497/13 *Faber Autobedrijf Hazet Ochten BV,* NJW 2015, 2237, und in Abkehr von früherer Rspr; dazu Gsell JZ 2017, 570). Ferner wird zu Gunsten des Käufers vermutet, dass die Mangelerscheinung schon bei Gefahrübergang bestanden hat (BGH 12. 10. 2016 – VIII ZR 103/15 Rn 46, BGHZ 212, 224 in Abkehr von früherer Rspr).

Die Beweislastumkehr ist nicht ausgeschlossen, weil der Mangel bei einer eingehenden Untersuchung hätte entdeckt werden können (BGH 14. 9. 2005 – VIII ZR 363/04, NJW 2005, 3490 [Karosserieschäden]). Geht von dem Mangel eine Gefahr für die Rechtsgüter des Käufers aus, greift die Vermutung des § 477 BGB auch für die dann in der Schlechtleistung liegende Verletzung der Rücksichtnahmepflicht gem § 241 Abs 2 BGB (Rn C 39 ff). Die Beweislast für die **Ursächlichkeit des Sachmangels** für den vom Käufer geltend gemachten Schaden liegt entsprechend den in Rn F 41 dargestellten Grundsätzen beim Käufer/Gläubiger (BGH 7. 1. 1958 – VIII ZR 428/56, VersR 1958, 216;

Stoll, in: FS vHippel [1967] 517, 538). Ferner hat der Käufer/Gläubiger gem § 280 Abs 1 S 1 BGB zu beweisen, dass der eingetretene Integritätsschaden in den Schutzbereich der verletzten Pflicht fällt.

Der **Entlastungsbeweis** des Schuldners gem § 280 Abs 1 S 2 BGB bezieht sich demnach bei Lieferung einer mangelhaften Sache darauf, dass den Verkäufer hinsichtlich der mangelhaften Leistung kein Verschulden trifft (zB Unterlassen einer Untersuchung vor Weiterverkauf trotz Anhaltspunkten für einen Mangel, BGH 8. 4. 2016 – V ZR 150/15 Rn 7, VersR 2017, 766; MünchKomm/Ernst Rn 79), dh ein äußeres oder inneres Fehlverhalten des Verkäufers nicht vorliegt. Dies gilt für beide haftungsbegründenden Pflichtverletzungen – für die Verletzung der Leistungspflicht und die Verletzung der parallel bestehenden Rücksichtnahmepflicht (Unterlassung einer die Rechtsgüter gefährdenden/verletzenden Leistung, Rn C 41). Der Verkäufer kann zB beweisen, dass er den Mangel trotz einer Endkontrolle vor Auslieferung nicht erkennen konnte (zu den Sorgfaltspflichten des Verkäufers im Einzelnen s Staudinger/Beckmann [2014] § 433 Rn 133 ff). **F 68**

Geht es um die Haftung für die Verletzung von **Aufklärungs-** oder **Warnpflichten** (etwa über eine von der verkauften Sache ausgehende Gefahr oder über technische Anforderungen der Inbetriebnahme) liegt in Ermangelung einer Gleichstellung mit der Schlechtleistung gem § 434 Abs 2 S 2 BGB ausschließlich die Verletzung einer Rücksichtnahmepflicht gem § 241 Abs 2 BGB vor (vgl MünchKomm/Ernst Rn 57; BeckOGK-BGB/Riehm [1. 12. 2018] Rn 163). Gem § 280 Abs 1 S 1 BGB hat der Käufer/Gläubiger die Voraussetzungen und die Nichterfüllung der betr Pflicht darzulegen und zu beweisen (BGH 15. 7. 2016 – V ZR 168/15 Rn 9 ff mwNw, BGHZ 211, 216). Das äußere Fehlverhalten – Unterlassung der Inkenntnissetzung oder unzureichende Inkenntnissetzung – hat also der Käufer/Gläubiger zu beweisen. Dagegen hat der Verkäufer/Schuldner darzulegen und zu beweisen, dass die Verletzung der Aufklärungspflicht nicht **kausal** für den eingetretenen Schaden ist (BGH 15. 7. 2016 – V ZR 168/15 Rn 9 ff mwNw, BGHZ 211, 216; vgl Rn F 42). Der Verkäufer kann sich gem § 280 Abs 1 S 2 BGB exkulpieren, indem er Nichterkennbarkeit oder Unvermeidbarkeit der Pflichtverletzung beweist. Insofern kann auf die zur Produzentenhaftung des Deliktsrechts entwickelten Grundsätze zurückgegriffen werden (vgl Staudinger/J Hager [2009] § 823 Rn F 38 ff, F 43 ff; BeckOK-BGB/Förster [1. 2. 2019] § 823 Rn 779 f). **F 69**

Mietvertrag: Verlangt der **Mieter** vom Vermieter Schadensersatz auf der Grundlage des § 280 BGB wegen eines Fehlverhaltens des Vermieters (zur Haftung wegen Mangelhaftigkeit gem § 536a BGB und zum Anwendungsbereich des § 280 BGB vgl Vorbem D 9 zu §§ 280–285), obliegt ihm gem § 280 Abs 1 S 1 BGB Darlegung und Beweis der Pflichtverletzung, des Schadens und insbesondere der Kausalität zwischen Pflichtverletzung und Schaden (vgl BGH 31. 5. 1978 – VIII ZR 263/76, NJW 1978, 2197). Geht es um ein Fehlverhalten, das infolge **Mangels der Mietsache** zu einem Schaden an den Rechtsgütern des Mieters führt, genügt für die Pflichtverletzung gem § 280 Abs 1 S 1 BGB der Beweis, dass sich der vermietete Raum in einem die Rechtsgüter des Mieters gefährdenden Zustand befindet; denn es ist Sache des Vermieters, dem Mieter die Mietsache so zu überlassen und zu erhalten, dass dieser keine Schäden erleidet. Der Vermieter hat sich dann gem § 280 Abs 1 S 2 BGB zu entlasten und das Fehlen eines äußeren oder inneren Fehlverhaltens zu beweisen (vgl BGH 16. 10. 1963 – VIII ZR 28/62, NJW 1964, 33; BGH 14. 6. 1976 – III ZR 81/74, VersR 1976, 1084, 1085). Geht es um **sonstige Pflichten**, hat der Mieter das äußere Fehlverhalten des Vermieters darzulegen und zu **F 70**

beweisen, zB bei der Pflicht des Vermieters zu wirtschaftlichem Verhalten hinsichtlich der Betriebskosten (BGH 6. 7. 2011 – VIII ZR 340/10, NJW 2011, 3028 f) oder bei der Pflicht des Vermieters zur Information über eine in einem Tierstall bestehende Ansteckungsgefahr (BGH 20. 6. 1990 – VIII ZR 182/89, NJW-RR 1990, 1422).

Fordert der **Vermieter** Schadensersatz wegen Verschlechterung der Mietsache, hat er gem § 280 Abs 1 S 1 BGB den verschlechterten Zustand zu beweisen, ferner, dass die Verschlechterung während der Mietzeit eingetreten ist (BGH 27. 4. 1994 – XII ZR 16/93, NJW 1994, 1880). Dafür kann uU ein **Anscheinsbeweis** genügen (s BGH 27. 4. 1994 – XII ZR 16/93, NJW 1994, 1880). Der Mieter muss gem § 280 Abs 1 S 2 BGB beweisen, dass die Verschlechterung nicht auf ein (äußeres/inneres) Fehlverhalten seinerseits zurückzuführen ist; denn der Mieter schuldet gem § 546 Abs 1 BGB die Rückgabe der Sache in ordnungsmäßigem Zustand (BGH 14. 6. 1976 – III ZR 81/74, VersR 1976, 1084 ff; BGHZ 66, 349). Der **Entlastungsbeweis** obliegt dem Mieter aber nur, wenn feststeht, dass andere Umstände als der Mietgebrauch für den Schaden nicht in Betracht kommen. Hat sich dagegen kein „im Gebrauch" der Mietsache liegendes Risiko verwirklicht und ist streitig, ob die vermieteten Räume infolge des Mietgebrauchs beschädigt worden sind, trägt der Vermieter die Beweislast dafür, dass die Schadensursache dem Obhutsbereich des Mieters entstammt; eine in seinen Verantwortungsbereich fallende Schadensursache muss der Vermieter ausräumen (BGH 18. 5. 1994 – XII ZR 188/92, NJW 1994, 2019, 2020 zu einem Brand in einem gemieteten Baumarkt; s auch OLG Karlsruhe 9. 8. 1984 – 3 REMiet 6/84, NJW 1985, 142; OLG München 12. 1. 1989 – 29 U 2366/88, NJW-RR 1989, 1499). Für andere Schäden, die nicht den Zustand der Mietsache betreffen, muss sich der Mieter gem § 280 Abs 1 S 2 BGB hinsichtlich des äußeren und inneren Fehlverhaltens entlasten, wenn die Schadensursache nur aus seinem Obhuts- und Gefahrenbereich kommen kann (BGH 16. 2. 2005 – XII ZR 216/02 Rn 13 f, juris). Die Verschuldensvermutung gem § 280 Abs 1 S 2 BGB gilt auch für den Kündigungsgrund gem § 573 Abs 2 Nr 1 BGB (BGH 13. 4. 2016 – VIII ZR 39/15 Rn 17, NJW-RR 2016, 849).

F 71 **Rechtsanwaltsvertrag**: Beim Vertrag mit einem Rechtsanwalt über die Beratung in Rechtsfragen kann allein der Umstand, dass der Mandant gerichtlich oder außergerichtlich unterliegt, noch nicht die Pflichtverletzung ausmachen. Wie im Bereich der Arzthaftung (Rn F 56 ff) richtet sich die Beurteilung der Pflichtverletzung danach, ob fachliche Standards bei der Beratung eingehalten worden sind (Soffner, Die Haftung des Rechtsanwalts für Rechtsfehler, 148 ff; OLG Karlsruhe 5. 8. 2004 – 10 U 247/01, Betrieb 2004, 2258). Wird Schadensersatz wegen eines **Beratungsfehlers** geltend gemacht, so trägt der Mandant die Beweislast für die Pflichtverletzung, den Schaden sowie die Kausalität zwischen beiden (BGH 14. 7. 2016 – IX ZR 291/14, NJW 2016, 472; Borgmann NJW 2008, 412 ff; Borgmann/Jungk/Schwaiger, Anwaltshaftung [5. Aufl 2014]; Fahrendorf/Mennemeyer, Die Haftung des Rechtsanwalts [9. Aufl 2017]; Fischer/Vill/Fischer/Rinkler/Chab, Handbuch der Anwaltshaftung [4. Aufl 2015]). Die Beweisführung wird dem Mandanten dadurch erleichtert, dass der Rechtsanwalt wie andere Dienstverpflichtete (zB Steuerberater) zunächst im Einzelnen darzulegen hat, in welcher Weise er seine Aufklärungs- und Beratungspflichten auch im Hinblick auf Handlungsalternativen erfüllt hat (BGHZ 171, 261, 265; BGH 14. 7. 2016 – IX ZR 291/14 Rn 8, NJW 2016, 472; BGH 21. 7. 2005 – IX ZR 49/02, NJW 2005, 3275, 3276; zust MünchKomm/Ernst Rn 157). Hat der Anwalt seine Beratungs- und Aufklärungspflichten verletzt, gilt zu Gunsten des Mandanten aufgrund des **Anscheinsbeweises** die Vermutung, er hätte sich beratungsgemäß verhalten, sofern im Hinblick auf die Interessenlage oder andere objektive Umstände bei sachgerechter Aufklärung aus der Sicht eines vernünftigen Menschen eindeutig eine bestimmte Reaktion nahegelegen hätte. Dieser Beweis kann durch die konkrete Möglichkeit eines anderen Kausalverlaufs im Einzelfall erschüttert werden (BGHZ 123, 311, 314 ff; BGH 15. 5. 2014 – IX ZR 267/12, NJW 2014, 2795; diff Vollkommer, in: FS Baumgärtel [1990] 585 ff: Beweislast beim Rechtsanwalt nur in „Ratschlagsfällen", nicht dort, wo der Mandant aufgrund der bloßen Information selbst entscheiden soll). Um beurteilen zu können, wie ein Mandant sich nach pflichtgemäßer Beratung verhalten hätte, müssen Handlungsalternativen geprüft, deren Rechtsfolgen ermittelt sowie untereinander und mit dem Handlungsziel des Mandanten verglichen werden (BGHZ 171, 261, 263 f). Für die Vermutung ist kein Raum, wenn der Mandant einen richtigen Vorschlag des Anwalts abgelehnt hat (BGHZ 171, 261, 275). Wären mehrere vernünftige Entscheidungen nach einer ordnungsgemäßen Beratung möglich gewesen, hat der Mandant im Haftungsprozess darzulegen, für welche er sich entschieden hätte. Lässt er dies offen, muss er für alle Varianten die Schadenswahrscheinlichkeit nachweisen (BGH 17. 3. 2016 – IX ZR 142/14 Rn 14 f, WM 2016, 2091).

Der Rechtsanwalt muss freilich den Gang der Besprechung im Einzelnen schildern, kann sich also nicht etwa damit begnügen, die Pflichtverletzung zu bestreiten (BGHZ 171, 261, 265; BGH 16. 7. 2015 – IX ZR 197/14 Rn 23, NJW 2015, 3447). Eine **Umkehr der Beweislast** hinsichtlich des Kausalverlaufs findet bei Verletzung der Aufklärungspflicht nicht statt (BGHZ 123, 311, 314 ff). Dies gilt auch, wenn der Anwalt untätig geblieben ist (BGHZ 126, 217, 221 ff). Selbst bei grober Pflichtverletzung des Anwalts kommt es nicht zur Umkehr der Beweislast (BGHZ 126, 217, 221 ff; **aA** wohl Palandt/Grüneberg Rn 38a). Auch hier kommen nur Beweiserleichterungen mit Hilfe des Anscheinsbeweises in Betracht (BGHZ 126, 217, 221 ff). Der Mandant ist beweisbelastet, wenn es um die Folgen einer nicht eindeutigen Vertragsformulierung durch einen Anwalt geht (BGH 1. 10. 1987 – IX ZR 117/86, NJW 1988, 200, 203; krit hierzu Heinemann NJW 1990, 2345, 2351). Diese Grundsätze gelten entsprechend für die Haftung des **Steuerberaters** (s nur BGH 16. 7. 2015 – IX ZR 197/14 Rn 23, NJW 2015, 3447; umf Laumen DStR 2015, 2514 ff, 2570 ff).

Macht der Mandant einen Anspruch auf Schadensersatz aus §§ 311 Abs 2, 280 Abs 1 BGB iVm 241 Abs 2 BGB geltend, weil ihn der Anwalt nicht ordnungsgemäß bezüglich der entstehenden **Kosten** aufgeklärt habe, so trifft ihn die Beweislast dafür, dass dieser seiner Hinweispflicht gem § 49b Abs 5 BRAO nicht nachgekommen ist; jedoch muss der Anwalt aufgrund der sekundären Darlegungslast konkret darlegen, in welcher Weise er belehrt haben will (BGH 11. 10. 2007 – IX ZR 105/06, NJW 2008, 371). F 72

Anders ist die Situation, wenn der Anwalt im Rahmen der **Prozessführung** seine Pflichten verletzt, zB indem er es versäumt, ein Privatgutachten vorzulegen; im Regressprozess geht hier die Ungewissheit über den Ausgang des Vorprozesses zu Lasten des Rechtsanwalts (BGHZ 163, 223). Es fehlt jedoch am Zurechnungszusammenhang, wenn das vertragsgerechte Verhalten nicht zu einer anderen Entscheidung im Vorprozess geführt hätte (BGHZ 174, 205). F 73

Steht die Pflichtverletzung fest, so wird das Verschulden des Rechtsanwalts vermutet. Ihm obliegt es dann, sich gem **§ 280 Abs 1 S 2 BGB zu entlasten** und nach- F 74 zuweisen, dass er die erforderliche innere Sorgfalt eingehalten hat (Rn F 46). Auch in diesem Bereich kommt dafür nur der entschuldigte Irrtum bei unklarer und umstrittener Rechtslage in Betracht. Der Anwalt müsste zB nachweisen, dass er den Mandanten umfassend über die zum Zeitpunkt des Beratungsgesprächs zu der bestimmten Rechtsfrage vertretenen Rechtsansichten einschließlich der eventuell bestehenden höchstrichterlichen Rechtsprechung beraten und die daraus resultierenden Alternativen für das weitere Vorgehen aufgezeigt hat.

F 75 **Werkvertrag**: Weist ein vom Unternehmer geliefertes Werk einen *Mangel* auf, aus welchem dem Besteller ein Schaden erwächst, so steht damit unter Berücksichtigung von § 633 Abs 1 BGB die Pflichtverletzung fest. Beim Nachweis des Mangels kann dem Besteller uU ein Anscheinsbeweis zu Hilfe kommen (BGH 10. 4. 2014 – VII ZR 254/13 Rn 9 f, MDR 2014, 1646). Der Unternehmer hat dann unter Berücksichtigung von § 280 Abs 1 S 2 BGB zu beweisen, dass er die Erstellung des Werkes mit diesen schädlichen Eigenschaften nicht zu vertreten hat (so bereits RGZ 148, 148, 150; RGZ 150, 134, 139; BGHZ 23, 288; 27, 238; zur Kausalität bei Prüfungs- bzw Hinweispflichten Staudinger/Peters/Jacoby [2013] § 634 Rn 125), bzw dass der Mangel auf verbindlichen Vorgaben des Bestellers beruht (BGH 29. 9. 2011 – VII ZR 87/11, NJW 2011, 3780, 3781). Der Unternehmer hat nachzuweisen, dass er bei der Herstellung des Werkes den zu diesem Zeitpunkt allgemein üblichen Leistungsstandard bzw Stand der Technik eingehalten hat. Individuelle Schwächen wie mangelhafte Ausbildung oder zu geringe Erfahrung sind nicht zur Entlastung geeignet (in diesem Sinn auch Staudinger/Peters/Jacoby [2013] § 634 Rn 127).

G. Verjährung

I. Allgemeine Verjährungsregeln

G 1 Schadensersatzansprüche aus §§ 280 ff BGB verjähren gem **§§ 195, 199 BGB** in drei Jahren. Dies gilt auch, wenn der der Haftung zugrunde liegende Primäranspruch einer längeren Verjährung unterliegt und anderes nicht angeordnet ist, so zB für den Anspruch auf Schadensersatz statt der Leistung, den der Inhaber eines grundstückbezogenen dinglichen Rechts erhebt, das der zehnjährigen Verjährungsfrist des § 196 BGB unterliegt (Palandt/Ellenberger § 196 Rn 6; Stöber ZGS 2005, 290, 292).

G 2 Die **Verjährungsfrist** beginnt mit dem Schluss des Jahres (Ablauf des 31. 12.), in dem der Anspruch entstanden ist und Kenntnis bzw grob fahrlässige Unkenntnis des Gläubigers von den anspruchsbegründenden Tatsachen und der Person des Schuldners vorliegt (gem § 199 Abs 1 BGB).

G 3 Unter der **Entstehung** des Anspruchs im verjährungsrechtlichen Sinn ist der Zeitpunkt zu verstehen, in dem dieser erstmals vom Gläubiger geltend gemacht und notfalls im Wege der Klage durchgesetzt werden kann, was insbesondere die Fälligkeit des Anspruchs (§ 271 BGB) voraussetzt (BGH 8. 7. 2008 – XI ZR 230/07, ZIP 2008, 1762, 1763; BGHZ 113, 188, 193; Palandt/Ellenberger § 199 Rn 3; Stöber ZGS 2005, 290, 293; Knops AcP 205 [2005] 821, 825 ff). Im Übrigen ist nach den einzelnen Schadensersatzansprüchen gem §§ 280 ff BGB wie folgt zu *differenzieren:*

G 4 Der Schadensersatzanspruch gem **§ 280 Abs 1 BGB** entsteht mit dem Vorliegen aller Haftungsvoraussetzungen, von denen die zeitlich letzte der **Eintritt eines Schadens** ist (BGH 16. 5. 2017 – XI ZR 430/16 Rn 18, NJW 2017, 2189). Dies gilt auch im Fall der culpa in contrahendo (§ 311 Abs 2 u Abs 3 BGB; s dazu BeckOK-BGB/Lorenz [1. 2. 2019] Rn 75 ff). Treten infolge der Pflichtverletzung mehrere Teilschäden ein, so ist der erste Schaden entscheidend (MünchKomm/Ernst Rn 45; Palandt/Ellenberger § 199 Rn 14). Der Eintritt eines Schadens ist regelmäßig anzunehmen, wenn es zu einer konkreten Verschlechterung der Vermögenslage des Gläubigers gekommen ist; der Eintritt einer risikobehafteten Situation genügt dafür grundsätzlich nicht (BGH 8. 7. 2010 – III ZR 249/09, NJW 2010, 3292; BGHZ 73, 363, 365; 100, 228, 231 f).

G 5 Bei den **Ansprüchen auf Schadensersatz statt der Leistung** gem §§ 280 Abs 1, Abs 3, 281–283 BGB führen die unterschiedlichen Entstehungsvoraussetzungen zu folgender Differenzierung: Im Fall des **§ 283 BGB** entsteht der Anspruch mit Eintritt der nachträglichen Unmöglichkeit oder der wirksamen Erhebung der Einreden iS von § 275 Abs 2 u Abs 3 BGB (s auch § 283 Rn 49, 21 ff; Stöber ZGS 2005, 290, 294). Der Anspruch auf Schadensersatz statt der Leistung gem **§ 281 BGB** entsteht nach hier vertretener Auffassung erst mit Zugang eines wirksamen Schadensersatzverlangens (§ 281 Rn D 17, G 1; § 282 Rn 56); der *Ablauf der Nachfrist* bzw der Eintritt der Umstände, die die Fristsetzung gem § 281 Abs 2 BGB (bzw §§ 440 S 1, 636 BGB) entbehrlich machen, lässt nur die Befugnis zum Schadensersatz entstehen (vgl § 281 Rn B 88 ff, C 21; **aA** – Verjährungsbeginn bereits mit Vorliegen der Voraussetzungen, die zum Schadensersatzverlangen berechtigen – MünchKomm/Ernst § 281 Rn 173 f; BeckOGK-BGB/Riehm [1. 12. 2018] Rn 317). Etwaigen Manipulationen durch Hinausschieben des Verlangens kann der Schuldner nach hier vertretener Auffassung durch Setzung einer Frist zur Ausübung der Schadensersatzbefugnis begegnen (§ 281 Rn D 6). Dasselbe gilt für den Schadensersatz gem **§ 282 BGB**, da der Anspruch auf Schadensersatz auch hier erst mit Zugang des Schadensersatzverlangens analog § 281 Abs 4 BGB entsteht (§ 282 Rn 56). Für den Aufwendungsersatz gem **§ 284 BGB** sind die vorgenannten Zeitpunkte ebenfalls maßgeblich wegen des gesetzlich bestimmten (§ 284 BGB: „anstelle") substitutiven Verhältnisses des Aufwendungsersatzes zum Schadensersatz statt der Leistung, in den Fällen des § 281 BGB und § 282 BGB auch dann, wenn das Verlangen gem/analog § 281 Abs 4 BGB auf Schadensersatz statt der Leistung gerichtet war und der Gläubiger danach zulässig („ius variandi", § 284 Rn 56 f) zum Aufwendungsersatz wechselt.

G 6 Der Anspruch auf Ersatz des **Verzögerungsschadens** gem **§§ 280 Abs 1, Abs 2, 286 BGB** entsteht frühestens mit Zugang der Mahnung bzw Eintritt der Voraussetzungen für die Entbehrlichkeit der Mahnung (§ 286 Abs 2 BGB), wenn zu diesem Zeitpunkt bereits ein Schaden vorliegt, sonst mit dem späteren Eintritt eines Schadens.

G 7 Hinsichtlich der **Kenntnis** greift der BGH auf seine Rechtsprechung zu § 852 Abs 1 aF zurück. Danach liegt die erforderliche Kenntnis vom Schaden und der Person des Ersatzpflichtigen im Allgemeinen vor, wenn dem Geschädigten die Erhebung der Schadensersatzklage, sei es auch nur als Feststellungsklage, Erfolg versprechend, wenn auch nicht risikolos möglich ist (BGH 9. 11. 2007 – V ZR 25/07, NJW 2008, 506, 507; BGH 27. 5. 2008 – XI ZR 132/07, NJW-RR 2008, 1495, 1497 f; zur Kenntnis bei Behörden, Versicherungen uä BGH 28. 2. 2012 – VI ZR 9/11, NJW 2012, 1789). Dafür ist die Kenntnis aller

Einzelumstände, die möglicherweise Bedeutung haben, nicht erforderlich, noch müssen bereits hinreichend sichere Beweismittel vorhanden sein (BGH 26. 2. 2013 – XI ZR 498/11 Rn 27, BGHZ 196, 233). Es genügt die Kenntnis der Tatsachen, die Kenntnis der Rechtslage (zutreffende rechtliche Würdigung der Tatsachen, BGH 15. 3. 2016 – XI ZR 122/14 Rn 28, NJW-RR 2016, 1187) ist nicht erforderlich. Im Falle einer Aufklärungspflicht muss der Gläubiger also nicht wissen, dass eine Aufklärungspflicht besteht, es genügt die Kenntnis der Tatsachen, die eine solche Pflicht begründen (BGH 26. 2. 2013 – XI ZR 498/11 Rn 28, BGHZ 196, 233).

G 8 Die relative, von der Kenntnis des Gläubigers abhängige Verjährung gem § 199 Abs 1 BGB wird durch die absoluten, von der Kenntnis des Gläubigers unabhängigen Fristen in § 199 Abs 2 u Abs 3 BGB ergänzt, die nach dem von der Pflichtverletzung betroffenen Rechtsgut, Recht oder sonstigen Interessen unterscheiden.

G 9 Hat der Schuldner das Leben, den Körper, die Gesundheit oder die Freiheit des Gläubigers verletzt, so verjähren die daraus resultierenden Schadensersatzansprüche ohne Rücksicht auf ihre Entstehung oder die Kenntnis des Gläubigers gem **§ 199 Abs 2 BGB** nach 30 Jahren von der Begehung der Pflichtverletzung an. Für diesen Verjährungsbeginn ist also die Pflichtverletzung entscheidend und nicht die Anspruchsentstehung oder der Schadenseintritt (ebenso MünchKomm/Ernst Rn 45).

G 10 Für Schäden an anderen als den in Abs 2 genannten Rechtsgütern bestimmt **§ 199 Abs 3 BGB** zwei Höchstfristen: Die Ansprüche sollen unabhängig von der Kenntnis des Schuldners in zehn Jahren nach ihrer Entstehung oder in 30 Jahren von der Begehung der Pflichtverletzung an verjähren. Nach § 199 Abs 3 S 2 BGB ist die „früher endende Frist" maßgeblich. Im Regelfall dürfte die zehnjährige Verjährungsfrist eingreifen.

II. Besondere Verjährungsregeln

G 11 Besondere Verjährungsregeln gelten für die Haftung gem §§ 280 ff BGB wegen Mängeln beim Kauf-, Tausch- und Werkvertrag. Außerdem bestehen kürzere Verjährungsfristen zB beim *Reisevertrag* (§ 651j BGB) und beim *Mietvertrag* (§ 548 BGB), bei der *Pacht* (§ 581 Abs 2 BGB) und bei der *Leihe* (§ 606 BGB). Die praktisch wichtige sechsmonatige Verjährungsfrist für Verschlechterungen der Miet- oder Pachtsache (§ 548 BGB, § 581 Abs 2 BGB) beginnt nach § 548 Abs 1 S 2 BGB mit der Rückgabe der Sache (dazu BGH 27. 2. 2019 – XII ZR 63/18, juris), selbst wenn ein Ersatzanspruch erst später entsteht, etwa weil für Schönheitsreparaturen keine Nachfrist gesetzt worden ist (BGHZ 162, 30); hinzutreten muss die Kenntnis des Vermieters von der Besitzaufgabe (BGH 23. 10. 2013 – VIII ZR 402/12, NJW 2014, 684). Der Ablauf der Frist wird durch die Schadensersatzklage auch dann gehemmt, wenn zu diesem Zeitpunkt noch nicht alle Schadensersatzvoraussetzungen (insbes Fristsetzung bzw Fristablauf) vorliegen (BGH 8. 1. 2014 – VII ZR 12/12, juris). Schließlich ist auf vertragliche und außervertragliche Ansprüche, die sich aus einer *Beförderungssituation* ergeben, grundsätzlich die Jahresfrist des § 439 Abs 1 S 1 HGB anwendbar (vgl BGH 10. 1. 2008 – I ZR 13/05, NJW-RR 2008, 1359, 1360 f).

G 12 Die Verjährungsfristen in den **§§ 438, 634a BGB** privilegieren den Verkäufer bzw Werkunternehmer bei Mängelrechten des Käufers bzw Bestellers im Vergleich zur

Regelverjährung zweifach: Die besondere Verjährungsfrist ist kürzer, und der Ablauf der Frist beginnt unabhängig von der Kenntnis des Gläubigers mit der Übergabe der Sache bzw Abnahme des Werkes. Eine grundsätzlich erlaubte weitere vertragliche Verkürzung der Verjährung ist beim Verbrauchsgüterkauf nur im Rahmen des § 476 Abs 2 BGB zulässig (BGHZ 170, 31, 39 ff [Tierkauf]).

Wie sich aus der Bezugnahme auf § 437 Nr 3 BGB in § 438 BGB bzw auf § 634 Nr 4 BGB in § 634a BGB ergibt, soll diese Privilegierung dem Verkäufer bzw Unternehmer stets zugute kommen, wenn der eingetretene Schaden auf einem Mangel der Kaufsache oder des Werkes beruht, gleich ob der Käufer bzw Besteller **Schadensersatz statt der Leistung** gem §§ 280 Abs 1, Abs 3, 281 BGB bzw 283 BGB (vgl Rn E 3 ff) oder den Ersatz seines **Integritätsschadens** (vgl Rn E 15 ff) als Schadensersatz nach § 280 Abs 1 BGB geltend macht, also für den Mangelschaden und Mangelfolgeschaden gleichermaßen (vgl BT-Drucks 14/6040, 228 f). Sie gilt zudem unabhängig davon, ob man die maßgebliche Pflichtverletzung bei Mangelfolgeschäden in der Schlechtleistung sieht, hinter der die gleichzeitig verwirklichte nichtleistungsbezogene Schutzpflichtverletzung iS von § 241 Abs 2 BGB regelmäßig zurücktritt, oder ob man – wie hier vertreten – von einem Nebeneinander beider Pflichtverletzungsarten ausgeht (vgl zur Problematik der Pflichtverletzungen Rn C 39 ff). Nach der zutr **hM** verjähren Schadensersatzansprüche, die mit einem Mangel im Zusammenhang stehen bzw auf diesen zurückgehen, gem §§ 438 bzw 634a BGB (vgl BeckOK-BGB/Faust [1. 11. 2018] § 438 Rn 9; MünchKomm/Ernst Rn 76; BeckOGK-BGB/Arnold [1. 2. 2019] § 438 Rn 20; Staudinger/Peters/Jacoby [2013] § 634a Rn 8; Gsell JZ 2002, 1089, 1091 f; P Huber, in: Huber/Faust Rn 14/17 ff [analoge Anwendung]; Lorenz/Riehm, Schuldrecht Rn 555). **G 13**

Die **abweichende Auffassung**, derzufolge die kurze Verjährung nur auf den Mangelschaden anzuwenden sein soll, während die durch Mängel verursachten Integritätsschäden nach §§ 195, 199 BGB verjähren sollen (Canaris, in: Karlsruher Forum 2002 [2003] 5, 95, 98 ff; G Wagner JZ 2002, 475, 479; Spindler/Klöhn VersR 2003, 273, 278) ist abzulehnen. Sie übergeht den Wortlaut des Gesetzes ebenso wie den Willen des Gesetzgebers, der trotz der im Gesetzgebungsverfahren vorgetragenen Bedenken (vgl Zimmermann/Leenen/Mansel/Ernst JZ 2001, 684, 699 f) die Rechtsprechung zur Anwendung des § 477 aF auf die pVV fortgesetzt sehen wollte. Sie belastet zudem die Anwendung der §§ 438, 634a BGB mit der zuweilen schwierigen Abgrenzung zwischen Äquivalenz- und Integritätsinteresse (Gsell JZ 2002, 1089, 1090 f). Im Übrigen kann der Schuldner für solche Schäden Ersatz nach § 823 Abs 1 BGB und damit nach Maßgabe der Regelverjährung verlangen, da sich § 438 BGB bzw § 634a BGB nach zutr Ansicht nicht auf die konkurrierenden Deliktsansprüche beziehen (Canaris, in: Karlsruher Forum 2002 [2003] 10, 96; **aA** Mansel/Budzikiewicz, Das neue Verjährungsrecht [2002] § 5 Rn 156 ff; überzeugend dagegen mit Hinweis auf die bewusste Entscheidung des Gesetzgebers gegen eine einheitliche Verjährungsfrist Canaris, in: Karlsruher Forum 2002 [2003] 10, 96). **G 14**

Keine Anwendung finden die kurzen Verjährungsfristen der §§ 438, 634a BGB auf die Ansprüche nach **§ 280 Abs 1 BGB** und **§§ 280 Abs 1, Abs 3, 282 BGB** bei Verletzung einer Rücksichtnahmepflicht iS von § 241 Abs 2 BGB, die nicht mit einem Mangel im Zusammenhang steht. Entsteht etwa ein Schaden, weil der Schuldner seine Aufklärungspflichten über den Umgang mit der mangelfreien Sache bzw über die von der mangelfreien Sache ausgehenden Gefahren verletzt hat, so verjährt der **G 15**

Schadensersatzanspruch aus § 280 Abs 1 BGB bzw gem §§ 280 Abs 1, Abs 3, 282 BGB gem §§ 195, 199 BGB (zu möglichen Abgrenzungsproblemen Gsell JZ 2002, 1089, 1092; BGHZ 107, 249). Für den Schadensersatzanspruch statt der Leistung gem §§ 280 Abs 1, Abs 3, 282 BGB ergibt sich dies schon aus der mangelnden Erwähnung des § 282 BGB in den §§ 437 Nr 4, 634 Nr 4 BGB, für den Schadensersatzanspruch nach § 280 Abs 1 BGB aus einer teleologischen Reduktion der §§ 438, 634a BGB, da die privilegierte Verjährung nur bei Vorliegen eines Mangels bzw eines Mangelbezugs gerechtfertigt ist (im Ergebnis Gsell JZ 2002, 1089, 1092; **aA** MünchKomm/Ernst § 282 Rn 12; vgl auch § 282 Rn 61).

G 16 Für Verzögerungsschäden gem §§ **280 Abs 1, Abs 2, 286 BGB** ist zu differenzieren: Soweit es sich um solche Schäden handelt, die bereits vor Übergabe bzw Ablieferung oder vor Abnahme entstanden sind und im Zusammenhang mit einer mangelhaften Lieferung bzw mit dem mangelhaften Werk auftreten (zB Verzug, weil Gläubiger die Annahme/Abnahme wegen eines Mangels ablehnt), kommen die kurzen Verjährungsfristen der §§ 438, 634a BGB nicht zur Anwendung. „Mangelbedingte" Schadensersatzansprüche iS der §§ 437 Nr 3, 634 Nr 4 BGB können grundsätzlich erst nach Gefahrübergang iS der §§ 446 f BGB bzw nach Abnahme (§ 640 BGB) entstehen. Nach Annahme/Abnahme einer mangelhaften Leistung unterliegen Ansprüche gem §§ 280 Abs 1, Abs 2, 286 BGB wegen Verzuges mit der Nacherfüllung ebenso der kurzen Verjährungsfrist der §§ 438, 634a BGB wie Ansprüche aus § 280 Abs 1 BGB wegen mangelbedingter verzögerungsähnlicher Schäden (Rn E 14).

H. Abdingbarkeit

H 1 Die vertragliche Abdingbarkeit der §§ 280 ff BGB wird im Folgenden mit Blick auf die *allgemeinen Haftungsvoraussetzungen* in § 280 Abs 1 BGB und die *Grundsätze der Schadensberechnung* erläutert. Für die Abdingbarkeit der besonderen Voraussetzungen des Schadensersatzes statt der Leistung in den §§ 281 bis 283 BGB sowie des Verzögerungsschadens in § 286 BGB wird auf die dortigen Erläuterungen verwiesen (§ 281 Rn B 206 ff, C 33; § 282 Rn 62; § 283 Rn 84 f; Staudinger/Feldmann § 286 Rn 209 f).

H 2 § 280 gehört zu den **dispositiven** Vorschriften. Die Norm kann hinsichtlich ihrer Voraussetzungen wie Rechtsfolgen abbedungen werden, durch vorformulierte allgemeine Geschäftsbedingungen (AGB) allerdings nur in den Grenzen der §§ 305 ff BGB.

H 3 Aus § 276 Abs 1 BGB ergibt sich, dass die **Verantwortlichkeit des Schuldners** für Pflichtverletzungen iS von § 280 Abs 1 S 1 BGB beschränkt oder erweitert werden kann (zu den Modifikationen bereits Rn D 22 ff). Nach § 276 Abs 3 BGB ist es aber nicht möglich, dem Schuldner die Haftung für Vorsatz im Voraus zu erlassen (dazu Staudinger/Caspers § 276 Rn 121 ff). Bei AGB-Regelungen verbietet **§ 309 Nr 7 Buchst a BGB** eine Beschränkung der Haftung für Körper- bzw Gesundheitsverletzungen oder den Todesfall infolge eigener fahrlässiger Pflichtverletzungen sowie vorsätzlicher und fahrlässiger Pflichtverletzungen eines gesetzlichen Vertreters bzw eines Erfüllungsgehilfen. Auch eine Abkürzung der Verjährungsfrist ist unzulässig (BGHZ 170, 31, 37 f). Für *„sonstige Schäden"* (insbes Sachschäden und primäre Vermögensschäden) erklärt **§ 309 Nr 7 BGB Buchst b** den Ausschluss oder die Begrenzung der Haftung für eine grob fahrlässige Pflichtverletzung des Verwenders oder für vorsätzliche oder grob fahrlässige Pflichtverletzungen eines gesetzlichen Vertreters oder Erfüllungsgehilfen des Verwenders für unwirksam (vgl BGH 18. 1. 1989 – VIII ZR 142/88, NJW-RR 1989, 625, 626 zu einem völligen Haftungsausschluss bei Leistungsverzug zu § 11 Nr 7 AGBG), die auch darin bestehen kann, dass der Haftungsumfang begrenzt wird (BGH 4. 7. 2013 – VII ZR 249/12 Rn 16 ff, BGHZ 198, 23). Zu Beschränkungen aus § 307 BGB im Bereich der Kardinalpflichten s Rn H 5. Diese Beschränkungen gelten auch bei **Verträgen unter Unternehmern**: Zwar ist die Klauselkontrolle gem § 309 BGB hier nicht anwendbar (§ 310 Abs 1 BGB), doch führt die Angemessenheitskontrolle gem § 307 BGB zum selben Ergebnis (BGH 19. 9. 2007 – VIII ZR 141/06, NJW 2007, 3774).

Besondere Vorschriften zum Haftungsausschluss finden sich zudem in den §§ **444, 639 BGB**, wonach sich der Schuldner im Rahmen eines Kauf- oder Werkvertrages auf eine Freizeichnung nicht berufen kann, wenn er den Mangel arglistig verschwiegen oder eine Garantie für die Beschaffenheit der Sache oder des Werkes übernommen hat. Der BGH korrigiert den Wortlaut insofern, als sich ein umfassender Gewährleistungsausschluss nicht auf eine vereinbarte Beschaffenheit (§ 434 Abs 1 S 1 BGB), sondern nur auf die Eignung zu der vertraglich vorausgesetzten oder gewöhnlichen Verwendung (§ 434 Abs 1 S 2 BGB) beziehen kann; der Vertragstext sei als Einheit auszulegen (BGHZ 170, 86, 97; zust Erman/Grunewald § 444 Rn 3; BeckOGK-BGB/Stöber [1. 8. 2018] § 444 Rn 16; **aA** Emmert NJW 2006, 1765, 1768). In der Tat wäre die Zusage einer Beschaffenheit und ein gleichzeitiger Haftungsausschluss mit Ausnahme der Arglist widersinnig. **H 4**

Sowohl im nichtunternehmerischen wie im unternehmerischen bzw kaufmännischen Bereich ist die Freizeichnung von einfacher Fahrlässigkeit bei **„Kardinalpflichten"**, dh den wesentlichen Pflichten, die sich aus der Natur des Vertrages ergeben, gem § 307 BGB ausgeschlossen (BGH 20. 7. 2005 – VIII ZR 121/04 Rn 83 ff, BGHZ 164, 11; zu § 9 AGBG aF BGHZ 103, 316, 321, 324 mwNw; Staudinger/Coester [2013] § 307 Rn 275 f; krit Tettinger AcP 205 [2005] 1 ff; zu Begrenzungen der Haftung für Betriebsausfallschäden Dauner-Lieb/Khan, in: FS Westphalen 55, 64 ff). Hierzu zählen in jedem Fall die vertraglichen Hauptleistungspflichten (BGH 11. 11. 1992 – VIII ZR 238/91, NJW 1993, 335; BGH 12. 1. 1994 – VIII ZR 165/92, NJW 1994, 1060, 1063; BGHZ 162, 67, 77 f: Beratungspflicht des Versicherungsmaklers). Darunter fallen ferner Nebenpflichten, die für den Schutz des Kunden von grundlegender Bedeutung sind (BGH 20. 6. 1984 – VIII ZR 137/83, NJW 1985, 914, 916; Palandt/Grüneberg § 307 Rn 35). Auch diese hängen von den vertragstypischen Erwartungen ab, zB wird eine solche Freizeichnung des Betreibers einer Autowaschanlage für Lackschäden, an dem gewaschenen Wagen abgelehnt (BGH 30. 11. 2004 – X ZR 133/03, NJW 2005, 422; Alexy VuR 2006, 86, 89). **H 5**

Jedoch wird man dem Verwender für den Bereich der einfachen Fahrlässigkeit weiterhin gestatten müssen, **Höchstsummen** für den Schadensersatz oder den Ausschluss bestimmter Schäden zu vereinbaren, weil die besondere Bedeutung einzelner Vertragspflichten nicht zwingend eine unbegrenzte Haftung erfordert (implicite BGH 4. 7. 2013 – VII ZR 249/12, NJW 2013, 2502, 2503; ferner Bruns, Haftungsbeschränkungen und Mindesthaftung [2003] 244; ausführlich Christensen, in: Ulmer/Brandner/Hensen, AGB-Recht [12. Aufl 2016] § 309 Nr 7 BGB Rn 39; strikter Dammann, in: Wolf/Lindacher/Pfeiffer, AGB-Recht [6. Aufl 2013] § 309 Nr 7 Rn 52). Die Orientierung der Höchstsumme an einem **H 6**

Vielfachen des Vergütungsbetrages ist bei der Reinigung von Textilien mit Blick auf die erheblich differierenden Werte des Reinigungsgutes nicht sachgerecht (BGH 4. 7. 2013 – VII ZR 249/12, NJW 2013, 2502, 2503 f). Der Hinweis auf eine mögliche Versicherung des Schadens ist jedenfalls bei AGB im Verkehr mit Verbrauchern kein ausreichender Schutz (BGH 4. 7. 2013 – VII ZR 249/12, NJW 2013, 2502, 2504).

H 7 Durch § 280 Abs 1 S 2 BGB iVm § 276 Abs 1 S 1 BGB wird die Verschuldenshaftung als Regelhaftung bestimmt (Rn D 6) und damit zum **Leitbild**: Deshalb ist es dem Gläubiger gem § 307 Abs 2 Nr 1 BGB verboten, in von ihm verwendeten AGB die Haftung des Schuldners für unverschuldete Mängel festzuschreiben (BGHZ 164, 196, 210 ff; s allg BRUNS, Haftungsbeschränkungen und Mindesthaftung [2003] 244 ff).

H 8 Die Beweislastverteilung durch § 280 Abs 1 S 2 BGB kann nach **§ 309 Nr 12 BGB** in allgemeinen Geschäftsbedingungen nicht zum Nachteil des anderen Vertragsteils verändert werden (MünchKomm/ERNST Rn 47; s näher STAUDINGER/COESTER-WALTJEN [2013] § 309 Nr 12 Rn 9 f).

H 9 Bei der Geltendmachung bzw Berechnung von Schadensersatzansprüchen ist weiterhin **§ 309 Nr 5 BGB** zu beachten. Die Vorschrift verbietet für den nichtunternehmerischen Verkehr Klauseln, mit denen der Verwender seinen etwaigen Schadensersatzanspruch in der Weise **pauschaliert**, dass die Pauschale typischerweise den Schaden übersteigt oder dass der Nachweis eines fehlenden oder geringeren Schadens ausgeschlossen ist. Erfasst werden so zB auch Stornopauschalen von Reisebüros aus § 651h BGB (BGH 26. 10. 1989 – VII ZR 332/88, NJW-RR 1990, 114, 115 zu § 11 Nr 5 AGBG). Für den gewöhnlichen Lauf der Dinge ist auf den branchentypischen Durchschnittsschaden abzustellen (zu § 11 Nr 5 AGBG: BGH 7. 10. 1981 – VIII ZR 229/80, NJW 1982, 331, 332 f; BGH 16. 1. 1984 – II ZR 100/83, NJW 1984, 2093, 2094; STAUDINGER/COESTER-WALTJEN [2013] § 309 Nr 5 Rn 14 f, Rn 27 [Einzelfälle]; FUCHS, in: ULMER/BRANDNER/HENSEN, AGB-Recht [12. Aufl 2016] § 309 Nr 5 BGB Rn 20 f; DAMMANN, in: WOLF/LINDACHER/PFEIFFER, AGB-Recht [6. Aufl 2013] § 309 Nr 5 Rn 60 ff). Unzulässig sind Klauseln, die durch ihre Fassung für den Rechtsunkundigen den **Gegenbeweis** ausschließen (BGH 26. 1. 1983 – VIII ZR 342/81, NJW 1983, 1320, 1322); zum Schutz des Verbrauchers erklärt § 309 Nr 5 Buchst b BGB eine derartige Klausel für unwirksam, wenn der andere Vertragsteil nicht ausdrücklich auf sein Recht zum Gegenbeweis hingewiesen wird (STAUDINGER/COESTER-WALTJEN [2013] § 309 Nr 5 Rn 19 f). Gem § 310 Abs 1 S 2 BGB iVm § 307 BGB sind die Grundsätze der Nr 5 auch unter **Unternehmern** mit zu berücksichtigen (BGHZ 113, 55, 61 f); in solchen Fällen kommt den Verbotsnormen Indizcharakter zu (BGHZ 90, 273, 278). Sonderregelungen enthalten **§ 497 Abs 1 BGB** für Verbraucherkreditverträge und § 2 Abs 5 Nr 2 **FernUSG** für Verträge über die Teilnahme am Fernunterricht. An § 307 BGB und dem Leitbild der §§ 280 ff BGB misst der BGH eine AGB-Regelung, die den Klauselgegner zur Zahlung der ihm obliegenden Geldleistung in vollem Umfang verpflichtet, auch wenn der Verwender die von ihm geschuldete Leistung (infolge eines dem Klauselgegner zuzurechnenden Umstandes) nicht erbracht hat. Von **entschädigungsähnlichen** Geldleistungen muss der Klauselgegner die vom Klauselverwender ersparten Aufwendungen abziehen können (BGH 22. 11. 2012 – VII ZR 222/12, NJW 2013, 856, 857 f). Dem ist im Ergebnis zuzustimmen; das richtige gesetzliche Leitbild dürfte aber eher § 326 Abs 2 BGB sein.

§ 281
Schadensersatz statt der Leistung wegen nicht oder nicht wie geschuldet erbrachter Leistung

(1) Soweit der Schuldner die fällige Leistung nicht oder nicht wie geschuldet erbringt, kann der Gläubiger unter den Voraussetzungen des § 280 Abs. 1 Schadensersatz statt der Leistung verlangen, wenn er dem Schuldner erfolglos eine angemessene Frist zur Leistung oder Nacherfüllung bestimmt hat. Hat der Schuldner eine Teilleistung bewirkt, so kann der Gläubiger Schadensersatz statt der ganzen Leistung nur verlangen, wenn er an der Teilleistung kein Interesse hat. Hat der Schuldner die Leistung nicht wie geschuldet bewirkt, so kann der Gläubiger Schadensersatz statt der ganzen Leistung nicht verlangen, wenn die Pflichtverletzung unerheblich ist.

(2) Die Fristsetzung ist entbehrlich, wenn der Schuldner die Leistung ernsthaft und endgültig verweigert oder wenn besondere Umstände vorliegen, die unter Abwägung der beiderseitigen Interessen die sofortige Geltendmachung des Schadensersatzanspruchs rechtfertigen.

(3) Kommt nach der Art der Pflichtverletzung eine Fristsetzung nicht in Betracht, so tritt an deren Stelle eine Abmahnung.

(4) Der Anspruch auf die Leistung ist ausgeschlossen, sobald der Gläubiger statt der Leistung Schadensersatz verlangt hat.

(5) Verlangt der Gläubiger Schadensersatz statt der ganzen Leistung, so ist der Schuldner zur Rückforderung des Geleisteten nach den §§ 346 bis 348 berechtigt.

Materialien: BGB § 283 aF: E I § 243; E II § 239 Abs 1 S 1 u 3, Abs 2; E III § 277; Mot II 53 ff; Prot I 321 ff; **BGB § 286 Abs 2 aF**: E I § 247; E II § 242; E III § 280; Mot II 61; Prot I 326; **BGB § 326 aF**: E I § 369 Abs 2; E II § 277; E III § 320; Mot II 209 ff; Prot I 642 ff; Jakobs/Schubert, SchR I zu § 283 aF 287 ff; zu § 286 aF 303 ff; zu § 326 aF 472 ff; **§ 281 nF BGB:** BGB-KE § 283, Abschlussbericht 132 ff; DE* § 282; KF* § 281 (*abgedr in: Canaris, Schuldrechtsmodernisierung 2002, 11 iVm 162 ff; 358 f); RegE § 281 BT-Drucks 14/6040, 7 iVm 137 ff; Stellungnahme d BR BT-Drucks 14/6857, Anl 2 Nr 26–31; Gegenäußerung d BReg BT-Drucks 14/6857, Anl 3 Zu Nr 26–31; Beschlussempfehlung u Bericht d Rechtsausschusses BT-Drucks 14/7052, 13 f iVm 211.

Schrifttum

1. Vor der Schuldrechtsreform

Basedow (Hrsg), Europäische Vertragsrechtsvereinheitlichung und deutsches Recht (2000)
Dörner, Dynamische Relativität (1985)
Enderlein, Die unterlassene Schönheitsreparatur bei fortbestehendem Mietverhältnis, AcP 192 (1992) 288
Gernhuber, Das Schuldverhältnis (1989)
ders, Erfüllung und ihre Surrogate (1994)
ders, Die endgültige Erfüllungsverweigerung, in: FS Medicus (1999) 145
Götz, Obliegenheiten und positive Forderungsverletzung, JuS 1961, 56
Hanau, Die Kausalität der Pflichtwidrigkeit (1971)
Huber, Zur Haftung des Verkäufers wegen

positiver Vertragsverletzung, AcP 177 (1977) 281
ders, Gutachten und Vorschläge zur Überarbeitung des Schuldrechts I (1981) 647
Hüttemann, Leistungsstörungen bei Personengesellschaften (1998)
Jakobs, Nichterfüllung und Rücktritt, in: FS Mann (1977) 35
Köhler, Forderungsabtretung und Ausübung von Gestaltungsrechten, JZ 1986, 516
Krause, Haftung wegen Auflösungsverschuldens – BGH, NJW 1994, 443, in: JuS 1995, 291
Kriechbaum, Pflichtverletzung und Rücktritt vom Vertrag, JZ 1993, 642
Lange, Die Auswirkungen von Leistungsstörungen beim echten Vertrage zugunsten Dritter im Rechtsbereich des Dritten, NJW 1965, 657
Leser, Der Rücktritt vom Vertrag (1975)
Lindacher, Definität und Revisibilität der Gläubigerentscheidungen nach § 326 BGB, JZ 1980, 48
E Lorenz, Der Tu-quoque-Einwand beim Rücktritt der selbst vertragsuntreuen Partei wegen Vertragsverletzungen des Gegners – BGH WPM 1970, 1246, in: JuS 1972, 311
Magnus, Probleme der Vertragsaufhebung nach dem UN-Kaufrecht (CISG) – OLG Düsseldorf, NJW-RR 1994, 506, in: JuS 1995, 870
Niederländer, Rückforderung der Kaufsache und Schadensersatz, in: FS Wahl (1973) 243
Müller-Laube, Die Verletzung der vertraglichen Unterlassungspflicht, in: FS Rolland (1999) 261
Oetker, Das Dauerschuldverhältnis und seine Beendigung (1994)
Peters, Schadensersatz wegen Nichterfüllung und Verzug beim gegenseitigen Vertrag, NJW 1979, 688
ders, Die Ablehnungserklärung des Gläubigers, JR 1998, 186
Picker, Fristlose Kündigung und Unmöglichkeit, Annahmeverzug und Vergütungsgefahr im Dienstvertragsrecht – Teil 1, JZ 1985, 641
Raab, Austauschverträge mit Drittbeteiligung (1999)
Rieble, Ansprüche des Darlehensgebers bei Verzug des Darlehensnehmers, ZIP 1988, 1027
Rückert, Ausgleich durch Auslegung, Schadensersatz oder Kondiktion?, AcP 184 (1984) 105
Schlechtriem, Zivilrechtliche Probleme des Kraftfahrzeugbriefs, NJW 1970, 1993
Seetzen, Sekundäre Gläubigerrechte nach Abtretung des Hauptanspruchs aus einem gegenseitigen Vertrag, AcP 169 (1969) 352
Stoll, Die Lehre von den Leistungsstörungen (1936)
Teubner, Gegenseitige Vertragsuntreue (1975)
Tiedtke, Verzugsschaden und Rücktritt vom Vertrag, NJW 1984, 767
Wellenhofer-Klein, Zulieferverträge im Privat- und Wirtschaftsrecht (1999)
Wertenbruch, Das Wahlrecht des Gläubigers zwischen Erfüllungsanspruch und den Rechten aus § 326 BGB nach einer Erfüllungsverweigerung des Schuldners, AcP 193 (1993) 191
Westermann, Der säumige Geldschuldner, in: FS Gernhuber (1993) 529
Westhelle, Nichterfüllung und positive Vertragsverletzung (1978)
Zander, Der Verkauf „auf Abruf", Gruchot 52, 304.

2. Zur und nach der Schuldrechtsreform

Ackermann, Die Nacherfüllungspflicht des Stückkäufers, JZ 2002, 378
Althammer, Bindendes Erfüllungsverlangen des Gläubigers nach Ablauf der Nachfrist, ZGS 2005, 374
ders, Ius variandi und Selbstbindung des Leistungsgläubigers, NJW 2006, 1179
Altmeppen/Reichard, Die aliud-Lieferung beim Kauf, in: FS Huber (2006) 73
Auktor, Die Verjährung der Gewährleistungsrechte bei mangelhafter Nacherfüllung nach § 439 BGB, NJW 2003, 120
Bassler/Büchler, Die Reform des Rücktrittsrechts – Anlass für eine überfällige Neujustierung der Fristsetzungsdogmatik, AcP 214 (2014) 888
Benicke/Hellwig Das System des Schadensersatzes wegen Leistungspflichtverletzung, NJW 2014, 1697
Bitter, Der Nachlieferungsanspruch beim Stück-, Vorrats- und Gattungskauf in Sachmängelfällen sowie beim Untergang der Sache –

Aufbruch zu neuem Denken im reformierten Schuldrecht, ZIP 2007, 1881
Bressler, Selbstvornahme im Schwebezustand nach Ablauf der Nacherfüllungsfrist, NJW 2004, 3382
Bruns, Haftungsbeschränkung und Mindesthaftung (2003)
Canaris, Das allgemeine Leistungsstörungsrecht im Schuldrechtsmodernisierungsgesetz, ZRP 2001, 329
ders, Die Reform des Rechts der Leistungsstörungen, JZ 2001, 499
ders, Schadensersatz wegen Pflichtverletzung, anfängliche Unmöglichkeit und Aufwendungsersatz im Entwurf des Schuldrechtsmodernisierungsgesetzes, DB 2001, 1815
ders, Die Neuregelung des Leistungsstörungs- und des Kaufrechts – Grundstrukturen und Problemschwerpunkte, in: Egon Lorenz (Hrsg), Karlsruher Forum 2002, 5
ders, Äquivalenzvermutung und Äquivalenzwahrung im Leistungsstörungsrecht des BGB, in: FS Wiedemann (2002) 3
ders, Die AGB-rechtliche Leitbildfunktion des neuen Leistungsstörungsrechts, in: FS Ulmer (2003) 1073
ders, Die Nacherfüllung durch Lieferung einer mangelhaften Sache beim Stückkauf, JZ 2003, 831
ders, Teleologie und Systematik der Rücktrittsrechte nach dem BGB, in: FS Kropholler (2008) 3
ders, Die Bedeutung des Kriteriums der Unteilbarkeit der Leistung oder der Gegenleistung im modernisierten Leistungsstörungsrecht, in: FS Medicus (2009) 17
Czeguhn, Das neue Kaufrecht – Fristsetzung zur Nacherfüllung trotz drohender Verjährung, MDR 2002, 1041
Dauner-Lieb, Im Labyrinth der Pflichtverletzungen – Schadensersatz bei Schlechtleistung, in: FS Konzen (2006) 63
dies, Viereinhalb Jahre Gesetz zur Modernisierung des Schuldrechts, AnwBl 2006, 430
dies, Zur Reichweite des Vorrangs der (Nach-)Erfüllung beim Kauf, in: FS Canaris (2007) 143
Dauner-Lieb/Arnold, Noch einmal: Die Falschlieferung beim Stückkauf, JuS 2002, 1175
Dauner-Lieb/Dötsch, Selbstvornahme im Kaufrecht?, ZGS 2003, 250
dies, Nochmals: Selbstvornahme im Kaufrecht?, ZGS 2003, 455
Derleder, Der Wechsel zwischen den Gläubigerrechten bei Leistungsstörungen und Mängeln, NJW 2003, 998
Derleder/Hoolmans, Vom Schuldnerverzug zum Gläubigerverzug und zurück – Eine Untersuchung der Neuregelung des verspäteten Leistungsangebots des Schuldners, NJW 2004, 2787
Derleder/Sommer, Die Nacherfüllung nach arglistiger Täuschung, JZ 2007, 338
Derleder/Zänker, Der ungeduldige Gläubiger und das neue Leistungsstörungsrecht – Das Verhältnis von Fristsetzung, Schadensersatzverlangen und Rücktritt, NJW 2003, 2777
Deutsch, Die Fahrlässigkeit im neuen Schuldrecht, AcP 202 (2002) 889
Dubovitskaya, Fristsetzung im Schuldrecht: Neue Obliegenheit für den säumigen Schuldner?, JZ 2012, 328
Eberl-Borges, Die Leistungsverzögerung bei mehrseitigen Vertragsverhältnissen – zugleich eine Typenbildung mehrseitiger Verträge, AcP 203 (2003) 632
Eckert/Maifeld/Matthiesen, Handbuch des Kaufrechts (2. Aufl 2014)
Eidenmüller/Faust/Grigoleit/Jansen/Wagner/Zimmermann, Der Gemeinsame Referenzrahmen für das Europäische Privatrecht: Wertungsfragen und Kodifikationsprobleme, JZ 2008, 529
Eidenmüller/Jansen/Kieninger/Wagner/Zimmermann Der Vorschlag für eine Verordnung über ein Gemeinsames Europäisches Kaufrecht, JZ 2012, 269
Engel, Sachmängelrecht des Leasingvertrags und Verbraucherleasing, ZAP 2008, 133
Ernst, Der „Common Frame of Reference“ aus juristischer Sicht, AcP 208 (2008) 248
ders, Miniatur: Die Rechtslage aufgrund Verbrauchs der Vindikation nach § 281 Abs. 4 BGB, ZfPW 2019, 122
Ernst/Gsell, Kaufrechtsrichtlinie und BGB, ZIP 2001, 1410
S Ernst, Gewährleistungsrecht – Ersatzansprüche des Verkäufers gegen den Hersteller

auf Grund von Mangelfolgeschäden, MDR 2003, 4

Faust, Die Rechtslage nach Ablauf der Nachfrist, in: FS Huber (2006) 239

ders, Pflichtverletzung und Vertretenmüssen als Voraussetzungen des Anspruchs auf Schadensersatz statt der Leistung, in: FS Canaris (2007) 219

Fest, Die Bezugspunkte des Vertretenmüssens im System der §§ 280 ff BGB, Jura 2005, 734

Finn, Kann der Gläubiger die (Nach-)Erfüllung zwischen Fristablauf und Schadensersatzverlangen zurückweisen?, ZGS 2004, 32

Fitzner/Petri, Leistungsstörungen bei Lizenzverträgen, in: FS Eisenhardt (2007) 219

Fliegner, Der Leistungsbegriff der §§ 280 ff. BGB und Fragen des Haftungsausschlusses, JR 2002, 314

Fries, Nacherfüllung in der vertragstypübergreifenden Absatzkette, AcP 217 (2017) 534

Gebauer, Naturalrestitution beim Schadensersatz wegen Nichterfüllung (2002)

Grigoleit, Dauerschuldverhältnisse und allgemeines Leistungsstörungsrecht, in: FS E Lorenz (2014) 795

Grigoleit/Riehm, Grenzen der Gleichstellung von Zuwenig-Leistung und Sachmangel, ZGS 2002, 115

Gröschler, Zur Wirkungsweise und zur Frage der Geltendmachung von Einrede und Einwendung im materiellen Zivilrecht, AcP 201 (2001) 48

Grunewald, Der Verdacht als Mangel, in: FS Konzen (2006) 131

Gsell, Der Schadensersatz statt der Leistung nach dem neuen Schuldrecht, in: Helms/Neumann/Caspers/Sailer/Schmidt-Kessel, Jahrbuch Junger Zivilrechtswissenschaftler 2001, Das neue Schuldrecht, 105

dies, Rechtskräftiges Leistungsurteil und Klage auf Schadensersatz statt der Leistung, JZ 2004, 110

dies, Das Verhältnis von Rücktritt und Schadensersatz, JZ 2004, 643

dies, Mängelleistung und verzögerte Nacherfüllung als einheitliche Pflichtverletzung im neuen Schuldrecht, in: FS Canaris (2007) 338

dies, Rechtzeitigkeit der Zahlung per Banküberweisung und Verzugsrichtlinie, GPR 2008, 165

Gutzeit, Der arglistig täuschende Verkäufer, NJW 2008, 1359

Haas, Entwurf eines Schuldrechtsmodernisierungsgesetzes: Kauf- und Werkvertragsrecht, BB 2001, 1313

Haberzettl, Der Ersatz von Schäden aus Deckungsgeschäften während der Leistungsverzögerung, NJW 2007, 1328

Heiderhoff/Skamel, Teilleistung im Kaufrecht, JZ 2006, 383

Heinrichs, Die Transformation des Erfüllungsanspruchs in einen Schadensersatzanspruch, in: FS Derleder (2005) 87

Hellwege, Die §§ 280 ff. BGB (2005)

Herresthal, Die Rechtzeitigkeit der Leistungshandlung bei der Erfüllung von Geldschulden, ZGS 2007, 48

ders, Das ungeschriebene Tatbestandsmerkmal der Durchsetzbarkeit in den §§ 281 I 1, 323 I BGB, Jura 2008, 561

Herrestahl/Riehm, Die eigenmächtige Selbstvornahme im allgemeinen und besonderen Leistungsstörungsrecht, NJW 2005, 1457

Heyers/Heuser, Qualitative Unmöglichkeit – eine verkannte Rechtsfigur. Das Verhältnis von allgemeinem Leistungsstörungsrecht und kaufvertraglicher Sachmängelhaftung, NJW 2010, 3057

Hoffmann, Die Teilbarkeit von Schuldverträgen, JuS 2017, 1045

Höpfner, Anforderungen an die Fristsetzung – Bestimmtheitsgebot und Angemessenheit der Frist, NJW 2016, 3633

Huber, Die Schadensersatzhaftung des Verkäufers wegen Nichterfüllung der Nacherfüllungspflicht und die Haftungsbegrenzung des § 275 Abs. 2 BGB neuer Fassung, in: FS Schlechtriem (2003) 521

ders, Die Pflichtverletzung als Grundtatbestand der Leistungsstörung im Diskussionsentwurf eines Schuldrechtsmodernisierungsgesetzes, ZIP 2000, 2273

Jacobs, Erfüllungsverlangen und Erfüllbarkeit nach Ablauf der Nachfrist, in: FS Otto (2008) 137

Jaensch, Der Gleichlauf von Rücktritt und Schadensersatz, NJW 2003, 3613

ders, Schadensersatz beim vorweggenommenen Vertragsbruch und relativen Fixgeschäft, ZGS 2004, 134
JANSEN, Nochmals: Gewährleistung trotz Annahmeverzugs und Untergangs der Kaufsache?, ZIP 2002, 1794
JANSEN/ZIMMERMANN, Grundregeln des bestehenden Gemeinschaftsprivatrechts?, JZ 2007, 1113
KAISER, Die Rückabwicklung gegenseitiger Verträge wegen Nicht- und Schlechterfüllung im BGB (2000)
dies, Rückkehr zur strengen Differenzmethode beim Schadensersatz wegen Nichterfüllung, NJW 2001, 2425
dies, Schadensersatz neben oder statt der Leistung, in: FS Westermann (2008) 351
KAMANABROU, Haftung des Rücktrittsberechtigten bei Untergang der empfangenen Leistung, NJW 2003, 30
KANDELHARD, Kurze Verjährung rügebelasteter Vermieteransprüche, NJW 2002, 3291 f
KANNOWSKI, Wiedergeburt des nahen und entfernten Mangelfolgeschadens?, ZGS 2005, 455
KATZENSTEIN, Übergang vom vindikatorischen Herausgabeanspruch auf Schadensersatz nach § 281 BGB?, AcP 206 (2006) 96
KOHLER, Kaufrechtliche Rückgewährpflicht bei Aliud- und Peius-Lieferung gemäß § 439 Abs 4 BGB im Konflikt mit § 241a BGB, AcP 204 (2004) 606
ders, Bestrittene Leistungsunmöglichkeit und ihr Zuvertretenhaben bei § 275 BGB – Prozesslage und materielles Recht, AcP 205 (2005) 93
ders, § 281 IV BGB und das Ende des Erfüllungsanspruchs, Jura 2014, 872
KRAUSE, Die Leistungsverzögerung im neuen Schuldrecht, Jura 2002, 217 u 299
KREBS, Die große Schuldrechtsreform, DB Beil Nr 14/2000 zu Heft 48, 1
KULKE, Entbehrlichkeit einer Nachfristsetzung wegen Arglist des Verkäufers – Ausnahmslos?, ZGS 2008, 169
LAMPRECHT, Nochmals: Gewährleistung trotz Annahmeverzugs und Untergangs der Kaufsache?, ZIP 2002, 1790
LANGENBERG, Schönheitsreparaturen nach der Schuldrechtsreform, NZM 2002, 972
LETTL, Die Falschlieferung durch den Verkäufer nach der Schuldrechtsreform, JuS 2002, 866
LOOSCHELDERS, Der Bezugspunkt des Vertretenmüssens bei Schadensersatzansprüchen wegen Mangelhaftigkeit der Kaufsache, in: FS Canaris (2007) 737
ders, Die neuere Rechtsprechung zur kaufrechtlichen Gewährleistung, JA 2007, 673
ST LORENZ, Aliud, peius und indebitum im neuen Kaufrecht, JuS 2003, 36
ders, Selbstvornahme der Mängelbeseitigung im Kaufrecht, NJW 2003, 1417
ders, Schadensersatz statt der Leistung, Rentabilitätsvermutung und Aufwendungsersatz im Gewährleistungsrecht, NJW 2004, 26
ders, Schuldrechtsreform 2002: Problemschwerpunkte drei Jahre danach, NJW 2005, 1890
ders, Schuldrechtsmodernisierung – Erfahrungen seit dem 1. Januar 2002, Karlsruher Forum (2005) 5
ders, Einmal Vertretenmüssen – immer Vertretenmüssen?, in: FS U Huber (2006) 423
ders, Arglist und Sachmangel – Zum Begriff der Pflichtverletzung in § 323 V 2 BGB, NJW 2006, 1925
ders, Recht des Käufers zur Zurückweisung einer mangelhaften Sache – Voraussetzungen und Grenzen, NJW 2013, 1341
MANKOWSKI, Wie setzt man eine Nachfrist richtig?, ZGS 2003, 451
MAROTZKE, Gegenseitige Verträge im neuen Insolvenzrecht (2001)
ders, BGB und InsO: zwei neue Leistungsstörungsrechte im Widerstreit, KTS 63 (2002) 1
MEDIGER, Die Abdingbarkeit der Mängelhaftung beim Rückgriff des Verkäufers in AGB, NJW 2018, 577
MICKLITZ/PFEIFFER/TONNER/WILLINGMANN, Schuldrechtsreform und Verbraucherschutz (2001)
MÜLLER, Gewährleistung beim Tierkauf, in: FS Westermann (2008) 517
MÜLLER/MATTHES, Notwendigkeit einer richtlinienkonformen Bestimmung der Leistung in § 323 V BGB bei Teilschlechtleistung und Teilleistung, AcP 204 (2004) 732
MÜNCH, Die „nicht wie geschuldet“ erbrachte Leistung und sonstige Pflichtverletzungen, Jura 2002, 361

MUSIELAK, Die Falschlieferung beim Stückkauf nach dem neuen Schuldrecht, NJW 2003, 89
ders, Die Nacherfüllung beim Stückkauf, NJW 2008, 2801
NIETSCH/OSMANOVIC, Die kaufrechtliche Sachmängelhaftung nach dem Gesetz zur Änderung des Bauvertragsrechts, NJW 2018, 1
ODEMER, Das Fristsetzungserfordernis der §§ 281, 323 BGB, Jura 2016, 842
OTTO, Die Grundstrukturen des neuen Leistungsstörungsrechts, Jura 2002, 1
ders, Der Ausschluss der Leistungspflicht gemäß § 275 Abs. 2 und 3 BGB im Schwebezustand, in: FS Canaris (2007) 945
OTTO/SCHWARZE/KRAUSE, Die Haftung des Arbeitnehmers (4. Aufl 2014)
PERKAMS, Die Haftung des Rücktrittsberechtigten im neuen Schuldrecht, Jura 2003, 150
PETERSEN, Die Nacherfüllung, Jura 2002, 461
PICKER, Nachlieferung beim Stückkauf – Zu Grund, Gegenstand und Umfang der Leistungsverpflichtung –, in: FS Harm Peter Westermann (2008) 583
RAMMING, Die Aufforderung zur Bestätigung der Leistungsbereitschaft und -fähigkeit als weiterer vorzeitiger „Rechtsbehelf" des Gläubigers, ZGS 2003, 209
RECKER, Schadensersatz statt der Leistung – oder: Mangelschaden und Mangelfolgeschaden, NJW 2002, 1247
RIEBLE/GUTFRIED, Spezifikationskauf und BGB-Schuldrecht, JZ 2008, 593
RIEHM, Pflichtverletzung und Vertretenmüssen – Zur Dogmatik der §§ 280 ff. BGB –, in: FS Canaris (2007) 1079
ders, Irrungen und Wirrungen zur Fristsetzung und ihrer Entbehrlichkeit, NJW 2014, 2065
RÖSLER, Arglist im Schuldvertragsrecht, AcP 207 (2007) 564
SCHALL, Nochmals: Die Anwendbarkeit des Sachmangelrechts im Falle unbehebbarer Mängel der Kaufsache, NJW 2011, 343
SCHMIDT-KESSEL (Hrsg) Der Gemeinsame Referenzrahmen (2009)
SCHMIDT-RÄNTSCH, Die unerhebliche Vertragsverletzung, in: FS Wenzel (2005) 409
SCHMITT, Die Änderungen beim Rücktrittsrecht nach § 323 BGB durch das Gesetz zur Umsetzung der Verbraucherrechterichtlinie, VuR 2014, 90
SCHÜTTLÖFFEL, Der nicht rechtzeitig leistende Sachschuldner zwischen Primär- und Schadensersatzhaftung (2006)
SCHUR, Schadensersatz nach rechtskräftiger Verurteilung zur Leistung, NJW 2002, 2518
SCHWAB, Leistungsstörungen im Sukzessivlieferungsvertrag nach neuem Schuldrecht, ZGS 2003, 73
ders, Schadensersatzverlangen und Ablehnungsandrohung nach der Schuldrechtsreform, JR 2003, 133
SCHWARZE, „Steht und fällt" – Das Rätsel der relativen Fixschuld, AcP 207 (2007) 437
SKAMEL, Nacherfüllung und Schadensersatz beim Einbau mangelhafter Sachen, NJW 2008, 2820
SPINDLER/KLÖHN, Fehlerhafte Informationen und Software – Die Auswirkungen der Schuld- und Schadensrechtsreform, VersR 2003, 273
STEMPEL, Nacherfüllung und Schadensersatz im Vorschlag eines Gemeinsamen Europäischen Kaufrechts – eine Annäherung, EUZW 2013, 174
SUTSCHET, Garantiehaftung und Verschuldenshaftung im gegenseitigen Vertrag (2006)
TEMMING, Zur Reform des § 323 BGB durch die Verbraucherrechterichtlinie, JA 2018, 1
THIER, Aliud- und Minus-Lieferung im neuen Kaufrecht des Bürgerlichen Gesetzbuches, AcP 203 (2003) 399
TIEDKE/SCHMITT, Die Falschlieferung durch den Verkäufer, JZ 2004, 1092
dies, Der Anwendungsbereich des kaufrechtlichen Schadensersatzes statt der Leistung nach §§ 437 Nr. 3, 280 Abs. 1 und 3, 281 Abs. 1 BGB, BB 2005, 615
TODOROW, Der Bezugspunkt des Vertretenmüssens beim Schadensersatz statt der Leistung (2009)
TRÖGER, Zum Systemdenken im europäischen Schuldvertragsrecht, ZEuP 2003, 525
ULRICI, Geschäftsähnliche Handlungen, NJW 2003, 2053
UNBERATH, Die richtlinienkonforme Auslegung am Beispiel der Kaufrechtsrichtlinie, ZEuP 2005, 5

Vorwerk, Mängelhaftung des Werkunternehmers und Rechte des Bestellers nach neuem Recht, BauR 2003, 1
G Wagner, Mangel- und Mangelfolgeschäden im neuen Schuldrecht?, JZ 2002, 475
Weidt, Antizipierter Vertragsbruch (2008)
Weiss, Das Verhältnis von Rücktritt und Schadensersatz statt der Leistung – Autonomie statt künstlicher Parallelität, NJW 2015, 3393
Weitemeyer, Der Vorschussanspruch des Vermieters für Schönheitsreparaturen im laufenden Mietverhältnis, NZM 2005, 646
Weller, Die Struktur des Erfüllungsanspruchs im BGB, common law und Draft Common Frame of Reference (DCFR), JZ 2008, 764
Wiedemann, Schadensersatz und Freizeichnung in Allgemeinen Geschäftsbedingungen und Individualverträgen, in: FS Ulmer (2003) 1272
Wiese, Der Rückgewähranspruch des Verkäufers bei aliud- und sonstigen mangelhaften Lieferungen, AcP 206 (2006) 902
Wieser, Gleichzeitige Klage auf Leistung und auf Schadensersatz aus § 281 BGB, NJW 2003, 2432
Windel, Mankoleistungen im modernisierten Schuldrecht, Jura 2003, 793
Wolffskeel von Reichenberg, Rücktritt und Schadensersatz bei Verjährung und absoluter Unverhältnismäßigkeit, NJW 2015, 2833
Zerres, Recht auf Nacherfüllung im deutschen und englischen Kaufrecht, RIW 2003, 746
Zimmer/Eckhold, Das neue Mängelgewährleistungsrecht beim Kauf, Jura 2002, 145

Im Übrigen wird verwiesen auf das Schrifttum zu § 280.

Systematische Übersicht

Alphabetische Übersicht

A. Überblick

I. Entstehungsgeschichte

A 1 § 281 BGB unterlag im gesamten Verlauf der Schuldrechtsmodernisierung einer ständigen Veränderung und erhielt seine endgültige Fassung erst durch die Beschlussempfehlung des Rechtsausschusses v 25. 9. 2001 (Vorbem B 11 zu §§ 280–285). Im Folgenden soll die Entwicklung der Norm kurz dargestellt werden.

A 2 Die Schuldrechtskommission schlug 1991 in ihrem Abschlussbericht (BGB-KE) mit § 280 BGB-KE einen einheitlichen Grundtatbestand der **Pflichtverletzung** vor (vgl BMJ [Hrsg], Abschlussbericht der Kommission zur Überarbeitung des Schuldrechts 128 ff). Eine Unterscheidung nach der Art der verletzten Pflicht (Haupt- oder Nebenpflicht) oder der Art der Leistungsstörung sollte nicht erfolgen. In § 283 BGB-KE sollte der Anspruch auf Schadensersatz statt der Leistung geregelt werden, für den der Ablauf einer vom Gläubiger bestimmten, angemessenen Frist die Regelvoraussetzung sein sollte. Eine **Ablehnungsandrohung**, dh die bestimmte Erklärung, dass der Gläubiger nach Ablauf der Frist die Leistung ablehnen werde, sollte mit der Aufforderung zur Leistung anders als in § 326 Abs 1 aF nicht mehr verbunden sein.

Der **Diskussionsentwurf** v 4. 8. 2000 (DE, s Vorbem B 4 ff zu §§ 280–285) übernahm in § 282 BGB das Konzept eines einheitlichen Grundtatbestandes mit folgender Fassung (abgedr m Begr bei CANARIS, Schuldrechtsmodernisierung 2002, 11; inhaltliche Änderungen im Verlauf der Schuldrechtsreform sind hervorgehoben): **A 3**

§ 282 Schadensersatz statt der Leistung

(1) Der Gläubiger kann statt der Leistung Schadensersatz nur verlangen, wenn er den Schuldner zuvor ohne Erfolg unter Setzung einer Frist zur Leistung aufgefordert hat. **Ist eine Frist nicht gesetzt oder die gesetzte Frist unangemessen kurz, gilt eine angemessene Frist als gesetzt.**

(2) **Der Aufforderung bedarf es nicht, wenn offensichtlich ist, daß sie keinen Erfolg hätte, insbesondere, wenn die Frist nach § 283 Abs. 3 ergebnislos verstrichen ist**, oder wenn besondere Umstände vorliegen, die unter Abwägung der beiderseitigen Interessen die sofortige Geltendmachung des Schadensersatzanspruchs rechtfertigen.

(3) Hat der Gläubiger wegen nicht vollständiger Leistung einen Anspruch auf Schadensersatz, so kann er statt der ganzen Leistung Schadensersatz verlangen, wenn er an der Teilleistung kein Interesse hat. Für die Rückgewähr der bereits erbrachten Leistung sind die §§ 346 bis 348 entsprechend anzuwenden.

(4) Der Anspruch auf die Leistung ist ausgeschlossen, sobald der Gläubiger statt der Leistung Schadensersatz verlangt hat.

Die **Konsolidierte Fassung** des Diskussionsentwurfs v 6. 3. 2001 (KF, s Vorbem B 10 zu §§ 280–285) führte den Begriff „Unmöglichkeit" wieder ein und schuf unterschiedliche Regelungen für Schadensersatzansprüche statt der Leistung wegen *nicht oder nicht wie geschuldet erbrachter Leistung* (§ 281 KF), wegen *Verletzung einer sonstigen Pflicht* (§ 282 KF) oder bei *Ausschluss der Leistungspflicht nach § 275 BGB* (§ 283 KF). § 281 KF entsprach von der Konzeption her schon grob der heutigen Regelung und enthielt folgende Fassung (abgedr bei CANARIS, Schuldrechtsmodernisierung 2002, 358): **A 4**

§ 281 Schadensersatz statt der Leistung wegen nicht oder nicht wie geschuldet erbrachter Leistung

(1) Soweit der Schuldner **die fällige Leistung nicht oder nicht wie geschuldet** erbringt, kann der Gläubiger unter den Voraussetzungen des § 280 Abs. 1 Schadensersatz statt der Leistung verlangen, wenn er dem Schuldner eine angemessene Frist zur Leistung bestimmt hat und die Frist erfolglos abgelaufen ist. **Satz 1 gilt nicht, wenn der Schuldner trotz der Fristsetzung mit dem Verlangen von Schadensersatz statt der Leistung nicht rechnen musste**. Hat der Schuldner teilweise oder **nicht wie geschuldet** geleistet, so kann der Gläubiger Schadensersatz statt der ganzen Leistung nur verlangen, wenn sein **Interesse** an der geschuldeten Leistung dies erfordert.

(2) (entspricht Abs 2 gF)

(3) **Der Gläubiger kann zwischen Leistung und Schadensersatz statt der Leistung wählen. Für die Ausübung des Wahlrechts kann der Schuldner dem Gläubiger eine angemessene Frist bestimmen. Wählt der Gläubiger die Leistung oder übt der Gläubiger innerhalb der ihm bestimmten Frist sein Wahlrecht nicht aus, so kann er Schadensersatz statt der Leistung erst nach erfolglosem Ablauf einer von ihm bestimmten angemessenen Frist verlangen.**

(4) Verlangt der Gläubiger Schadensersatz statt der ganzen Leistung, so ist der Schuldner zur Rückforderung des Geleisteten nach den §§ 346 bis 348 berechtigt, sobald der Schuldner nicht zu leisten braucht.

A 5 § 281 des **Regierungsentwurfs** (RegE, s Vorbem B 11 zu §§ 280–285) entsprach schon im Wesentlichen der heutigen Fassung, enthielt allerdings in Abs 1 nach wie vor den Zusatz, dass der Gläubiger – obgleich die gesetzte Frist erfolglos verstrichen ist – keinen Schadensersatz statt der Leistung verlangen könne, *wenn der Schuldner trotz der Fristsetzung mit dem Verlangen von Schadensersatz statt der Leistung nicht rechnen musste.*

A 6 Durch die **Beschlussempfehlung des Rechtsausschusses** wurde dieser Satz wieder gestrichen (BT-Drucks 14/7052, 185). Die Formulierung erwecke den Eindruck, als sei die bloße Fristsetzung lediglich eine „kleine Ablehnungsandrohung“, über die hinaus weiteres nötig sei, um Schadensersatz verlangen zu können. Die mit der Regelung erfassten Ausnahmefälle könnten über § 242 BGB angemessen gelöst werden (dazu noch Rn B 36). Der Rechtsausschuss fügte andererseits den heutigen Abs 3 mit der Abmahnung als Ersatz für die Nachfrist ein, formulierte die Absätze 1 u 4 des § 281 RE um und gab der Norm damit ihr heutiges Gesicht. Dabei berücksichtigte er auch die von der BReg zurückgewiesene Kritik des BR (BT-Drucks 14/6857, Anl 2 Nr 27 u dazu Anl 3 zu Nr 27) daran, dass sowohl im Fall einer teilweisen Erfüllung als auch einer Schlechterfüllung der Gläubiger Schadensersatz statt der ganzen Leistung nur dann sollte verlangen dürfen, „wenn sein Interesse an der geschuldeten Leistung dies erfordert“. Nunmehr wurde deutlich zwischen der teilweisen Bewirkung der Leistung und der nicht wie geschuldet bewirkten, also mangelhaften Leistung, unterschieden (§ 281 Abs 1 S 2 u 3 BGB).

A 7 Der Inhalt der Norm ist partiell vorgezeichnet durch die **EG-Richtlinie über den Verbrauchsgüterkauf** (Richtlinie 1999/44/EG ABl EG Nr L 171/12, geringf geändert durch Art 33 Richtlinie 2011/83/EU ABl Nr L 304 [„Verbrauchsgüterkauf-Richtlinie“]; hierzu Zerres RIW 2003, 746; Unberath ZEuP 2005, 5). Diese bestimmt in Art 3 Abs 2 u Abs 3, dass ein Verbraucher bei Vertragswidrigkeit vorrangig ein Recht auf Abhilfe durch Nachbesserung oder Ersatzlieferung hat und nachrangig angemessene Minderung oder Vertragsaufhebung verlangen kann. Art 3 Abs 5 gibt ein Recht zur Minderung, wenn der Verkäufer nicht innerhalb einer angemessenen Frist Abhilfe geschaffen hat, Rechte nach Abs 3 (etwa wegen Unmöglichkeit der Abhilfe) nicht bestehen oder – selbst wenn die Abhilfe gelingt – diese zu erheblichen Unannehmlichkeiten auf Seiten des Verbrauchers geführt hat (zT wird das „oder“ in Abs 5 als Redaktionsversehen qualifiziert und als „und“ gelesen, vgl Tröger ZEuP 2003, 525, 531 f; dagegen Ernst/Gsell ZIP 2001, 1410, 1417 f; MünchKomm/St Lorenz Vor § 474 Rn 22 mwNw). Liegt darüber hinaus eine nicht nur geringfügige Vertragswidrigkeit vor, kann der Verbraucher nach Art 3 Abs 6 die Auflösung des Vertrages verlangen. Der Anwendungsbereich der Richtlinie erfasst nicht Schadensersatzansprüche. Gleichwohl besteht ein mittelbarer Einfluss der Richtlinie auf § 281 BGB, soweit der Gesetzgeber unionsrechtliche Vorgaben für beide Befugnisse (Rücktritt und Schadensersatz) einheitlich umsetzt. Bei der Anpassung des BGB an die Verbraucherrechte-RL hat er dies nicht getan (Rn B 100, Vorbem B 15 zu §§ 280–285; Staudinger/Schwarze [2015] § 323 Rn A 7, A 42 ff).

II. Normzweck und systematische Einordnung

1. Ermöglichung des Schadensersatzes statt der Leistung trotz Erbringbarkeit der Leistung

§§ 280 Abs 1, Abs 3, 281 BGB gewähren **Schadensersatz statt der Leistung**, wenn eine Leistung **nicht** oder **nicht wie geschuldet** erbracht wird. Erfasst wird der Fall des Schadensersatzes statt der Leistung wegen zu vertretender *Nichtleistung trotz Erbringbarkeit der Leistung* und der Fall der *behebbaren Schlechtleistung*. Das Charakteristische der in § 281 BGB geregelten Tatbestände liegt darin, dass die Leistung trotz der eingetretenen Störung erbracht bzw ordnungsgemäß erbracht werden kann. Daher bedarf der Übergang vom Leistungsanspruch zum Schadensersatz über die eingetretene Nicht- oder Schlechtleistung hinaus besonderer Rechtfertigung (näher sogleich Rn A 9 ff; zur Systematik der Abkehrgründe CANARIS, in: FS Kropholler [2009] 3 ff), denn der Gläubiger könnte sein Interesse an der Leistung an und für sich mit Hilfe des Leistungsanspruchs im Wege der Leistungsklage durchsetzen. § 281 BGB regelt die Voraussetzungen, unter denen der Übergang zum Schadensersatz statt der Leistung trotz Erbringbarkeit der Leistung gerechtfertigt ist. A 8

2. Rechtfertigung des Übergangs zum Schadensersatz

a) Vergebliche Fristsetzung

Der Konflikt zwischen dem Leistungserbringungsinteresse des Schuldners und dem Liquidationsinteresse des Gläubigers wird durch § 281 Abs 1 S 1 BGB prozedural zum Ausgleich gebracht in der Weise, dass der Gläubiger *dem Schuldner eine angemessene Nachfrist zu setzen* hat und erst nach deren erfolglosem Ablauf Schadensersatz statt der Leistung verlangen kann. Diese Lösung beruht auf einem verbreiteten Rechtsgedanken (vgl die nahezu identischen Regelungen in §§ 250, 498 Abs 1 S 1 Nr 2, 543 Abs 3 S 1, 650 f Abs 5 S 1 BGB und § 30 VerlG sowie § 64 Abs 1 AktG u § 21 Abs 1 GmbHG, § 918 Abs 1 öABGB, Art 107 OR). Der Gesetzgeber hat damit zum einen dem Grundsatz des Vorrangs der Naturalerfüllung vor der Vertragsliquidierung Rechnung getragen. Der Schuldner soll nicht schon allein aufgrund der Nichterbringung der Leistung bzw der Schlechtleistung das Recht zur Durchführung des Vertrages verlieren. Ihm wird eine „zweite Chance“ eingeräumt, durch nachträgliche Erfüllung die Folgen des § 281 BGB abzuwenden (BGH 9. 1. 2008 – VIII ZR 210/06 Rn 19 NJW 2008, 1371; BGHZ 162, 227). Zum anderen wird dem Gläubiger – unter Abkehr vom gemeinen Recht, das lediglich ein Zurückweisungsrecht bei Nutzloswerden der Leistung für den Gläubiger anerkannt hatte – nach dem Vorbild des Art 356 ADHGB ein einfaches Mittel in die Hand gegeben, auf einen seinen Interessen entsprechenden Übergang zum Schadensersatz statt der Leistung hinzuwirken (zu den historischen Grundlagen JAKOBS, in: FS Mann [1977] 35, 49 ff; HUBER II [1999] 324 ff; LESER, Der Rücktritt vom Vertrag [1975] 1 ff; anders in der dogmatischen Einordnung PETERS JR 1998, 186, 188). Diese gläubigergünstige Wirkung wird noch dadurch erhöht, dass der Anspruch auf die Leistung nach Ablauf der Frist nicht wie in § 326 aF automatisch erlischt, sondern erst mit dem Schadensersatzverlangen des Gläubigers (§ 281 Abs 4 BGB); der Gläubiger kann auch nach Fristablauf noch an der Leistungspflicht festhalten und die Leistung fordern (Rn D 7). A 9

A 10 Die Nachfristsetzung findet sich auch in internationalen bzw einheitsrechtlichen Vertragsrechtswerken. Das **UN-Kaufrecht** kennt in Art 47 CISG für den Käufer im Fall der Nichtlieferung – nicht aber bei vertragswidriger Lieferung (Magnus JuS 1995, 870, 871 f gegen OLG Düsseldorf 10. 2. 1994 – 6 U 119/93, NJW-RR 1994, 506) – ebenfalls grundsätzlich das Rechtsinstitut der Nachfristsetzung. Aus dem fruchtlosen Ablauf der Nachfrist folgt nicht automatisch der Verlust des Erfüllungsanspruchs, sondern lediglich nach Art 49 Abs 1 lit b CISG ein Aufhebungsrecht (vgl Schlechtriem/Schwenzer/Müller-Chen, CISG Art 49 Rn 4 ff, 20). Dieses Recht steht dem Käufer bereits dann zu, wenn der Verkäufer erklärt, nicht innerhalb einer ihm gesetzten angemessenen Nachfrist zu liefern. Für den Fall einer Verletzung der Käuferpflichten enthalten Art 63 und Art 64 Abs 1 lit b CISG eine entsprechende Regelung. Ebenso hat das Rechtsinstitut der Nachfrist in die Prinzipien für ein europäisches Vertragsrecht (Art 8. 106 Abs 3 **Principles of European Contract Law)** sowie in die Grundregeln für internationale Handelsverträge (Art 7. 1. 5 **UNIDROIT-Prinzipien)** Eingang gefunden (abgedr in Basedow, Europäische Vertragsrechtsvereinheitlichung und deutsches Recht [2000]). Gleiches gilt für den Entwurf des **Gemeinsamen Referenzrahmens** für ein europäisches Vertragsrecht (Draft Common Frame of Reference [DCFR]; dazu Staudinger/Beckmann [2014] Vorbem §§ 433 ff Rn 68; Ernst AcP 208 [2008] 248 ff; Schmidt-Kessel [Hrsg], Der Gemeinsame Referenzrahmen [2009]; Remien GPR 2008, 155 ff; krit Weller JZ 2008, 764 ff; Eidenmüller/Faust/Grigoleit/Jansen/Wagner/Zimmermann JZ 2008, 529 ff). Dieser gibt dem Gläubiger im dritten Kapitel des dritten Buches („Remedies for non-performance") ein Recht auf vollständige oder teilweise Vertragsauflösung, wenn der Schuldner die Leistung innerhalb einer angemessenen Nachfrist nicht erbringt (Art III-503 Abs 1 DCFR). Steht dem Schuldner bezüglich der unterbliebenen Leistung kein Entlastungsgrund zur Seite, kann der Gläubiger wegen der Nichterfüllung Schadensersatz nach Art III–3:706 DCFR verlangen. Bei *nicht vertragsgemäßer Leistung* stehen dem Gläubiger Rechte wegen Nichterfüllung (Vertragsauflösung, Minderung, Schadensersatz) nur zu, wenn eine vom Gläubiger zur „Heilung" gesetzte angemessene Nachfrist erfolglos abgelaufen ist (Art III–3:202 Abs 2 DCFR). Die **Principles of Existing EC Contract Law** *(Acquis-*Grundregeln [ACQP]; dazu R Schulze [Hrsg], Common Frame of Reference and Existing EC Contract Law [2008] insbes 311 ff; Jansen/Zimmermann JZ 2007, 1113) kennen ein Erfordernis der Nachfristsetzung dagegen nicht. In Übereinstimmung mit Art 3 Abs 3 S 3 der Verbrauchsgüterkauf-Richtlinie (s bereits Rn A 6) soll es genügen, wenn der Schuldner die Naturalleistung *nicht innerhalb angemessener Zeit* erbracht hat (Art 8:301 Abs 1 Nr 2 ACQP). Der **Verordnungsvorschlag für ein Gemeinsames Europäisches Kaufrecht** (Common European Sales Law [CESL], KOM [2011] 635 endg; dazu Staudinger/Beckmann [2014] Vorbem 119 ff zu §§ 433 ff; sowie die Kritik bei Eidenmüller/Jansen/Kieninger/Wagner/Zimmermann JZ 2012, 269 ff; s auch Vorbem B 15 zu §§ 280–285) verzichtet im Verbrauchsgüterkauf auf das Erfordernis einer Nachfrist, wenn die gelieferten Waren nicht vertragsgemäß sind (Art 106 Abs 3 lit a VO-E). Der Verbraucher kann den Vertrag in diesem Fall sofort beenden, es sei denn, die Vertragswidrigkeit der Waren ist unerheblich (Art 114 Abs 2 VO-E; krit Stempel EuZW 2013, 174, 175), und er kann Schadensersatz verlangen, es sei denn, die Nichterfüllung ist entschuldigt (Art 159 Abs 1 VO-E). Der Unternehmer muss dem Verkäufer dagegen zunächst Gelegenheit zur „Heilung" einräumen (Art 106 Abs 2 lit a, 109 VO-E). Eine Beendigung wegen verspäteter Lieferung kommt auch im Verbrauchsgüterkauf nur nach Ablauf einer vom Käufer gesetzten angemessenen Frist in Betracht (Art 115 VO-E). Das CESL soll nur fakultativ, dh nach Parteivereinbarung, gelten (Optionales Instrument).

b) Vergebliche Abmahnung

Gemäß § 281 Abs 3 BGB ist die Abmahnung (s noch Rn B 54 f) als Alternative zur Nachfristsetzung vorgesehen, wenn diese „nach Art der Pflichtverletzung" nicht in Betracht kommt (ebenso § 323 Abs 3, § 314 Abs 2 S 1, 2. Alt). Wie die Nachfristsetzung (Rn A 9) zielt auch die Abmahnung auf einen prozeduralen Ausgleich zwischen dem Leistungserbringungsinteresse des Schuldners und dem Liquidierungsinteresse des Gläubigers. Anders als die Nachfristsetzung, die auf die Beseitigung einer eingetretenen Störung (Nichtleistung, Schlechtleistung) gerichtet ist, zielt die Abmahnung ausschließlich auf die **künftige Leistungstreue** des Schuldners. Sie tritt an die Stelle der Nachfristsetzung, wo eine Beseitigung der in der Vergangenheit liegenden Störung nicht möglich oder tunlich ist und daher allein die künftige Beobachtung der Pflichten angemahnt werden soll („Warnfunktion"). In Betracht kommt dies vor allem bei Unterlassungsleistungspflichten, Sukzessivleistungen und Dauerschuldverhältnissen (Rn B 54). Die praktische Bedeutung der Abmahnung liegt in der Vorbereitung einer Kündigung von Dauerschuldverhältnissen (§§ 323 Abs 3, 314 Abs 2 S 1, 2. Alt). In diesem Umfeld ist sie entstanden und schon vor ihrer Vergesetzlichung im allgemeinen Leistungsstörungsrecht in speziellen gesetzlichen Regelungen (§ 553 aF) oder richterrechtlich (BGH 11. 11. 1993 – VII ZR 66/92, NJW 1994, 443, 444; BAG 19. 6. 1967 – 2 AZR 287/66, AP Nr 1 zu § 124 GewO m Anm A Hueck; BAG 4. 6. 1997 – 2 AZR 526/96, NJW 1998, 554) anerkannt gewesen (unzutr BGH 14. 2. 2000 – II ZR 218/98, NJW 2000, 1638, 1639, wenn dort der Abmahnung ein spezieller arbeitsrechtlicher Schutzzweck beigemessen wird). A 11

c) Rechtfertigung aus anderen Gründen

Die **Nachfristsetzung ist entbehrlich**, wenn die Abkehr von der Leistungspflicht durch andere, besondere Gründe gerechtfertigt ist (§ 281 Abs 2 BGB). Dies ist zum einen der Fall, wenn der Schuldner die Leistung *ernsthaft und endgültig verweigert* (§ 281 Abs 2, 1. Alt, s Rn B 89 ff). Eine Fristsetzung ist zum anderen entbehrlich, wenn besondere Umstände vorliegen, die unter Abwägung der beiderseitigen Interessen die sofortige Geltendmachung des Schadensersatzanspruchs rechtfertigen (§ 281 Abs 2, 2. Alt). Der erste Tatbestand findet sich wortgleich in § 323 Abs 2 Nr 1 BGB, der zweite in Nr 3, aber beschränkt auf die nicht vertragsgemäße Leistung, dh die Schlechtleistung (näher Rn B 100). Als weiterer Ausnahmetatbestand wird in § 323 Abs 2 Nr 2 BGB das relative Fixgeschäft geregelt, beim *Fixhandelskauf* findet § 376 Abs 1 S 2 HGB Anwendung (näher Rn B 115 und Staudinger/Schwarze [2015] § 323 Rn B 99 ff). A 12

Auch das **UN-Kaufrecht** erlaubt die Abkehr von der Leistungspflicht ohne Nachfristsetzung. Art 49 Abs 1 lit a CISG billigt dem Käufer bei einer wesentlichen Vertragsverletzung iS des Art 25 CISG ein sofortiges Aufhebungsrecht zu. Wesentlich ist eine Vertragsverletzung nach Art 25 CISG, wenn sie für die andere Partei einen solchen Nachteil zur Folge hat, dass ihr im Wesentlichen das entgeht, was sie nach dem Vertrag hätte erwarten dürfen. Hierzu kann auch eine Leistungsverweigerung zählen (Staudinger/Magnus [2018] CISG Art 49 Rn 13). Diese Befugnis besteht allerdings nicht während einer vom Gläubiger selbst gesetzten Nachfrist (Art 47 Abs 2 S 1 CISG). Wenn der Schuldner einen **Teil der Leistung** bewirkt hat, bedarf die Abkehr von der ganzen Leistungspflicht nach § 281 Abs 1 S 2 BGB zusätzlicher Rechtfertigung (vgl Rn B 173 ff). Ähnliches gilt bei der **Schlechtleistung** nach § 281 Abs 1 S 3 BGB (dazu Rn C 25 ff). A 13

3. Beseitigung des Leistungsanspruchs

A 14 Besteht der Zweck des § 281 BGB in der Ermöglichung des Schadensersatzes statt der Leistung trotz Erbringbarkeit der Leistung (Rn A 8), ist der Fortfall des Leistungsanspruchs ein notwendiger Zwischenschritt hierzu. Dies regelt § 281 Abs 4 BGB. Anders als nach altem Recht geht der Leistungsanspruch nicht schon mit dem fruchtlosen Ablauf der Nachfrist (Staudinger/Otto [2001] § 326 aF Rn 149) bzw mit dem Wegfall des Interesses an der Leistung unter (Staudinger/Otto [2001] § 326 aF Rn 134, wobei hier zusätzlich eine Erklärung des Gläubigers notwendig war). Vielmehr ist ein Verlangen des Gläubigers auf Schadensersatz statt der Leistung erforderlich (näher Rn D 1 ff).

A 15 Im Falle gegenseitiger Leistungspflichten führt das Schadensersatzverlangen auch zum Fortfall der Gegenleistungspflicht. § 281 Abs 4 BGB sagt das nicht ausdrücklich, doch ergibt sich dies aus der synallagmatischen Verknüpfung der Leistungspflichten (Rn D 21).

4. Verhältnis des Schadensersatzanspruchs zum Rücktritts- und Kündigungsrecht

A 16 Während das alte Recht den Gläubiger dazu zwang, sich zwischen dem Schadensersatz wegen Nichterfüllung und dem Rücktritt zu entscheiden (Staudinger/Otto [2001] § 325 aF Rn 100 sowie § 326 aF Rn 178), können nach jetzigem Recht beide kumulativ geltend gemacht werden (§ 325 BGB, näher Erl dort). Das Gesetz eröffnet dem Gläubiger damit **drei Wege**. Er kann Schadensersatz statt der Leistung nach § 281 BGB und Rücktritt nach § 323 BGB jeweils alleine wählen oder beides miteinander verbinden. Dies gilt insbes auch bei Nutzungsausfallschäden, die infolge der Rückgabe der Sache entstanden sind; etwaige vermögensmäßige Folgen des Rücktritts sind dann als Abzugsposten in den Gesamtvermögensausgleich einzustellen (BGHZ 174, 290). Das UN-Kaufrecht lässt die Vertragsaufhebung und die Geltendmachung des Schadensersatzanspruchs ebenfalls grundsätzlich nebeneinander zu (Art 45 Abs 2, Art 81 Abs 1 CISG).

A 17 Die Voraussetzungen des Rücktrittsrechts wegen nicht oder nicht wie geschuldet erbrachter Leistung in § 323 BGB sind weitgehend mit § 281 BGB synchronisiert. Unterschiede gibt es zum einen bei den Entbehrlichkeitstatbeständen im jeweiligen Abs 2: § 281 Abs 2 BGB kennt das relative Fixgeschäft nicht (Rn B 113), und die Generalklausel („Interessenabwägung") gilt in § 281 Abs 2 BGB für Nicht- und Schlechtleistung, während sie in § 323 Abs 2 BGB in der seit dem 13. 6. 2014 geltenden Fassung zumindest nominell auf die Schlechtleistung beschränkt ist (s Rn B 100). Ferner kommt es für das Rücktrittsrecht nicht darauf an, ob der Schuldner sich von seiner Verantwortlichkeit **entlasten** kann oder nicht, wie es § 280 Abs 1 Satz 2 BGB bei dem Schadensersatzanspruch vorsieht (vgl für das relative Fixgeschäft § 376 Abs 1 S 1, 1. Alt HGB).

A 18 Das Nebeneinander von Schadensersatz statt der Leistung und Beendigung des Vertrages gilt erst recht für die nur ex nunc wirkende Kündigung. Praktisch wird die gleichzeitige Geltendmachung beider Rechte vor allem bei der **Kündigung** aus wichtigem Grund, da diese meistens an eine Pflichtverletzung anknüpft. Hier ordnet § 314 Abs 4 BGB allgemein an, dass die Berechtigung, Schadensersatz zu verlangen, nicht durch die Kündigung ausgeschlossen wird (BGH 16. 2. 2005 – XII ZR 162/01, NZM 2005, 340, 341). Es gilt dies aber auch für die *besonders geregelten Kündigungsbefugnisse,* namentlich § 490 BGB für den Darlehensvertrag, §§ 543, 569, 581 Abs 2 BGB für Miet- und Pachtverträge, §§ 626, 628 BGB für Dienst- und Arbeitsverträge und § 723 BGB bei der Gesellschaft. Schon nach altem Recht konnte der Gläubiger neben der Kündigung gem oder analog § 628 Abs 2 BGB Schadensersatz wegen Nichterfüllung geltend machen (BGHZ 51, 190, 192; 126, 96; BGH 15. 3. 2000 – XII ZR 81/97, NJW 2000, 2342; ausf hierzu HUBER II [1999] 446 ff). Das Nebeneinander von Schadensersatz und Kündigung gilt ebenso bei der *ordentlichen Kündigung,* so diese auf einer Pflichtverletzung beruht bzw durch sie verursacht wird (siehe noch Rn A 36 f u Rn C 29, ferner § 280 Rn E 62 ff).

III. Der Anwendungsbereich des § 281

Der Anwendungsbereich des § 281 BGB ist zunächst nach den Tatbeständen der Nichtleistung (folgend Rn A 20 ff) und der nicht wie geschuldet erbrachten Leistung (Rn A 24) zu gliedern. Hinzu tritt der Bereich der analogen Anwendung des § 281 BGB im Fall der Leistungsgefährdung (Rn A 26). Innerhalb dieser Unterteilung lässt sich die Reichweite des § 281 BGB jeweils im Hinblick auf drei Elemente bestimmen: die von der Norm erfassten Pflichten, die von ihr erfassten Störungen und die von ihr erfassten Schäden. **A 18a**

1. Nichtleistung trotz Erbringbarkeit der Leistung (§ 281 Abs 1 S 1, 1. Alt u S 2)

a) Erfasste Pflichten

§ 281 Abs 1 S 1, 1. Alt BGB gilt für alle (klagbaren) *Leistungspflichten;* es ist nicht erforderlich, dass diese im Gegenseitigkeitsverhältnis stehen oder „Hauptleistungspflicht" sind (näher Rn B 3 ff). Auch *Mitwirkungspflichten* des Gläubigers der Leistung können § 281 BGB unterfallen (Rn B 4). **A 19**

b) Erfasste Störungen

§ 281 Abs 1 S 1, 1. Alt BGB regelt den Schadensersatz statt der Leistung im Falle der **Nichtleistung trotz Erbringbarkeit, Fälligkeit und Durchsetzbarkeit** der Leistung, knüpft also an das vollständige oder teilweise Ausbleiben der Leistung zum Zeitpunkt der Fälligkeit an. Der Tatbestand ähnelt dem Schuldnerverzug (§ 286 BGB), ist mit ihm aber weder identisch, noch setzt er ihn voraus (s noch Rn B 8; anders der frühere § 326 aF, dazu STAUDINGER/OTTO [2001] § 326 Rn 55 ff). Auch die Leistung eines anderen als des geschuldeten Gegenstands **(Aliudleistung/Falschleistung)** ist „Nichtleistung", solange der Gläubiger das Aliud nicht als schuldgemäß oder an Erfüllungs statt bzw erfüllungshalber annimmt (anders die Begriffsbildung beim Schuldnerverzug, vgl SCHWARZE, Leistungsstörungen [2017] § 29 Rn 4; zur Sonderregelung des § 434 Abs 3, 1. Alt BGB s Rn A 29 f, zu § 633 Abs 3 S 3 BGB s Rn A 32). Das teilweise Ausbleiben einer Leistung ist „Teil-Nichtleistung"; für sie gilt zusätzlich die besondere Regelung in § 281 Abs 1 S 2 BGB (näher Rn B 153 ff; zur Sonderregelung des § 434 Abs 3, 2. Alt BGB s Rn A 31). **A 20**

Beruht die Nichtleistung auf einem **Leistungshindernis nach § 275 BGB**, ergibt sich der Schadensersatz statt der Leistung aus §§ 280 Abs 1, Abs 3, 283 BGB (vgl **A 21**

BT-Drucks 14/6040, 138). Ist *ungewiss,* ob ein Leistungshindernis iSv § 275 BGB besteht, so ist ein Vorgehen nach § 281 BGB möglich. Praktisch ist dem Gläubiger stets zur Nachfristsetzung zu raten, wenn das Vorliegen eines Leistungshindernisses nicht offensichtlich ist, um das Risiko zu vermeiden, den Ausschluss der Leistungspflicht des Schuldners nach § 275 BGB im Schadensersatzprozess nicht nachweisen zu können (s noch § 283 Rn 89).

c) Erfasste Schäden

A 22 § 281 BGB gewährt Schadensersatz statt der Leistung. Davon zu trennen ist der Schadensersatz, der wegen einer vorübergehenden **Verzögerung** der Leistung zusätzlich zur Leistung verlangt wird. Dieser ist nach Maßgabe der §§ 280 Abs 1, Abs 2, 286 BGB zu ersetzen (näher Staudinger/Feldmann § 286 Rn 181 ff). Der Verzögerungsschaden kann uU als Schadensposten im Rahmen des Schadensersatzes statt der Leistung ersatzfähig sein, wenn aus der vorübergehenden Verzögerung schließlich doch eine endgültige Nichtleistung wird (Rn B 134 ff, insbes Rn B 137 f). Führt die Nichtleistung oder Schlechtleistung zu einem **Integritätsschaden**, richtet sich dessen Ersatz ausschließlich nach § 280 BGB (§ 280 Rn E 15 ff).

2. Die nicht wie geschuldet erbrachte Leistung (§ 281 Abs 1 S 1, 2. Alt u S 3)

a) Erfasste Pflichten

A 23 Hier gilt für die Schlechtleistung dasselbe wie für den Tatbestand der Nichtleistung: § 281 Abs 1 S 1, 2. Alt BGB gilt für alle (einklagbaren) *Leistungspflichten;* es ist nicht erforderlich, dass diese im Gegenseitigkeitsverhältnis stehen oder „Hauptleistungspflicht" sind (näher Rn B 3).

b) Erfasste Störungen

A 24 Die *nicht wie geschuldet* erbrachte Leistung ist die mangelhafte, dh nicht in der geschuldeten Qualität erbrachte Leistung (Schlechtleistung). Die praktisch wichtigsten Fälle der Schlechtleistung werden allerdings nicht unmittelbar von § 281 BGB erfasst, sondern durch Vorschriften des besonderen Vertragsrechts abgedeckt (s im Einzelnen Rn A 27 ff), die teils auf die allgemeinen Regeln und damit auch auf § 281 BGB verweisen (§§ 437 Nr 3, 634 Nr 4 BGB), teils eine autarke, § 281 BGB ausschließende Regelung treffen (§§ 523, 536a, 600, 651n iVm 651i Abs 3 Nr 7 BGB). Über § 434 Abs 3 BGB wird der Anwendungsbereich des § 281 Abs 1 S 1, 2. Alt, Abs 3 BGB erstreckt auf die Aliudleistung und die Mankoleistung (Rn A 29 ff). § 281 BGB gilt nur für die **behebbare Schlechtleistung**. Steht der Behebung des Mangels ein Leistungshindernis iSv § 275 BGB entgegen, ist § 283 BGB anwendbar (s den Verweis in § 283 S 2 BGB auf § 281 Abs 1 S 2 BGB; näher Rn B 9 sowie § 283 Rn 77 ff u 86 ff).

c) Erfasste Schäden

A 25 § 281 BGB greift nur, wenn die Schlechtleistung **endgültig nicht beseitigt** wird. Schäden, die aus einer vorübergehenden Schlechtleistung resultieren und trotz Beseitigung des Mangels verbleiben, gehören nicht zum Schadensersatz statt der Leistung, sondern unterfallen § 280 Abs 1 BGB (§ 280 Rn C 27). Der **„Mangelfolgeschaden"** ist, soweit er durch die Schlechtleistung verursachte Integritätsschäden betrifft, ebenfalls nicht nach § 281 BGB, sondern nach § 280 BGB zu ersetzen (§ 280 Rn E 24). Sind dagegen Positionen betroffen, die dem Leistungsinteresse des Gläubigers zuzuordnen sind (zB entgangener Gewinn nach Fristablauf), so ist § 281 BGB anwendbar. Schäden, die durch die Schlechtleistung am Leistungsgegenstand selbst verursacht werden („Weiterfresserschäden") unterfallen, so sie nicht „stoffgleich" mit der Schlechtleistung sind, nicht § 281 BGB, sondern § 280 Abs 1 BGB (näher Rn C 10 u § 280 Rn C 38).

3. Leistungsgefährdung

Die unzumutbare Leistungsgefährdung ist im BGB nur fragmentarisch geregelt. **A 26**
Ordnet man sie mit der hier vertretenen Auffassung dem Störungstatbestand zu, dessen Eintritt droht, ist § 281 BGB analog anzuwenden auf die unzumutbare Leistungsgefährdung durch drohende Nichtleistung (Rn B 182 ff) oder drohende Schlechtleistung (näher Rn C 23).

4. Berücksichtigung/Vorrang von Sondervorschriften

Die Anwendung des § 281 BGB kann durch Sondervorschriften ausgeschlossen oder **A 27**
modifiziert sein. Dies gilt insbes für den Tatbestand der Schlechtleistung, kann aber auch die sonstigen Voraussetzungen des Schadensersatzanspruchs (Nachfristsetzung etc) betreffen. Der folgende Überblick zu den praktisch wichtigsten Sonderregelungen behandelt zunächst die Regeln der Schlechtleistung, sodann jene für Dauerschuldverhältnisse im Übrigen. Die jeweilige Untergliederung ist nach Vertragstypen geordnet.

a) Besondere Regeln für Schlechtleistung

aa) Kaufvertrag

Im Kaufvertrag (§ 433 BGB) und im Tauschvertrag (§ 480 BGB) wird die Anwen- **A 28**
dung des § 281 BGB durch besondere Regelungen über den Tatbestand des Sach- und Rechtsmangels beim **Sachkauf** modifiziert (§ 437 Nr 3 BGB). Die praktische Bedeutung der speziellen Regelung liegt insbes in der kürzeren Verjährung der Gläubigerrechte bei Mängeln (§ 438 BGB), in der Unabdingbarkeit bestimmter Gläubigerrechte im Verbrauchsgüterkauf (§ 476 BGB) und in der Erleichterung des Übergangs zum Schadensersatz statt der Leistung (§ 440 BGB, § 475 Abs 5 BGB). Hinzu tritt eine besondere Regelung des Tatbestandes der Schlechtleistung. Die Freiheit von Sach- und Rechtsmängeln gehört nach § 433 Abs 1 S 2 BGB zur Leistungspflicht des Verkäufers. Ob die Leistung „nicht so wie geschuldet" erbracht wurde, wird durch den Tatbestand des Sachmangels (§ 434 BGB) bzw des Rechtsmangels (§ 435 BGB) definiert. Nur die im Sinne dieser Vorschriften mangelhafte Leistung ist eine *nicht wie geschuldet* erbrachte Leistung iSd § 281 Abs 1 S 1, 2. Alt BGB. Dies gilt auch für den **Rechtskauf** (vgl die generelle Verweisung in § 453 Abs 1 BGB). In zeitlicher Hinsicht ist für das Vorliegen eines Mangels der Zeitpunkt des **Gefahrübergangs** maßgeblich (§§ 446, 447 BGB). Die Modifizierung der allgemeinen Regeln gem §§ 434 ff BGB setzt mit diesem Zeitpunkt ein (hM, vgl MünchKomm/Westermann § 437 Rn 6; anders – erst ab Lieferung – BeckOK-BGB/Faust [1. 11. 2018] § 437 Rn 4 ff; für uneingeschränkte Anwendung der allg Regeln beim gem § 275 BGB unbehebbaren Sachmangel Heyers/Heuser NJW 2010, 3057 ff; dagegen Schall NJW 2011, 343 ff; nach einzelnen Normen diff Soergel/Gsell Rn 51; zum Verhältnis der §§ 434 ff BGB zu einem Anspruch aus § 280 BGB nach Gefahrübergang vgl einerseits OLG Saarbrücken 25. 7. 2007 – 1 U 467/06, NJW 2007, 3503, 3504 f; Vorbem D 8 zu §§ 280–285, andererseits Klinck ZGS 2008,

217 ff). Zum *Fixhandelskauf* iSv § 376 HGB siehe bereits oben Rn A 12 sowie unten Rn B 115.

A 29 Eine weitere Modifizierung liegt darin, dass nach § 434 Abs 3 BGB ein Teil der Störungen, die bei unmittelbarer Anwendung des § 281 BGB als (Teil-) Nichtleistung zu qualifizieren wären, der Schlechtleistung iSv § 281 Abs 1, 2. Alt u S 3 BGB gleichgestellt werden. Dies gilt für die Leistung eines anderen als des geschuldeten Gegenstandes (**Aliudleistung**/Falschlieferung, folgend Rn A 30) und die Erbringung nur eines Teils der Leistung (**Mankoleistung**, dazu Rn A 31). Der Sinn dieser Gleichstellung liegt vor allem darin, die unterschiedliche Behandlung dieser Fälle und die damit verbundenen Abgrenzungsprobleme zu vermeiden. Voraussetzung ist, dass der Gläubiger – ohne Kenntnis des wahren Sachverhalts – die Leistung für den Schuldner erkennbar als schuldgemäße Leistung angenommen hat, dh in Anerkennung ihrer Ordnungsgemäßheit bzw Vollständigkeit (Kohler AcP 204 [2004] 606, 620; Oetker/Maultzsch, Vertragliche Schuldverhältnisse [5. Aufl 2018] § 2 Rn 166; Wiese AcP 206 [2006] 902, 920; es läuft auf dasselbe hinaus, wenn man auf die Vorstellung des Schuldners abhebt, diese aber für den Gläubiger erkennbar sein muss, vgl BT-Drucks 14/6040, 216; s ferner Erman/Grunewald § 434 Rn 61; St Lorenz JuS 2003, 36, 37 f; Tiedtke/Schmitt JZ 2004, 1092, 1095).

A 30 Bei der **Aliudleistung** ist umstritten, ob § 434 Abs 3 BGB auf die Lieferung eines Identitätsaliud beim **Spezieskauf** anzuwenden ist (so Grunewald, Kaufrecht [2006] § 7 Rn 34; Oetker/Maultzsch, Vertragliche Schuldverhältnisse [2018] § 2 Rn 165; Musielak NJW 2003, 89, 92; Staudinger/Matusche-Beckmann [2014] § 434 Rn 147; Wiese AcP 206 [2006] 902, 909) oder der ursprüngliche Leistungsanspruch fortbesteht (so Canaris, Schuldrechtsmodernisierung 2002, XXIII; Lettl JuS 2002, 866, 871; Grigoleit/Riehm ZGS 2002, 114, 115 Fn 2; Thier AcP 203 [2003] 399, 403). Für eine generelle Herausnahme des Spezieskaufs aus dem Anwendungsbereich des § 434 Abs 3 BGB gibt es keinen Anhalt (Oetker/Maultzsch, Vertragliche Schuldverhältnisse [2018] § 2 Rn 165; ebenso zu Art 46 Abs 2 CISG Staudinger/Magnus [2018] CISG Art 46 Rn 34). Für die grundsätzliche Anwendung der Norm spricht außerdem, dass bei der Lieferung einer wegen ihrer Beschaffenheit mangelhaften Stückschuld eine Nacherfüllung durch eine einwandfreie Sache gem §§ 437 Nr 1, 439 Abs 1, 2. Alt BGB in Betracht kommt und für den Verbrauchsgüterkauf gem Art 3 Abs 3 der Verbrauchsgüterkauf-Richtlinie vorausgesetzt wird (BGHZ 168, 64 Rn 18 ff; Bitter ZIP 2007, 1881, 1883 ff mwNw; **aA** Ackermann JZ 2002, 378, 379 ff; Musielak NJW 2008, 2801, 2806; restriktiv auch Picker, in: FS HP Westermann [2008] 583, 599 f). Ob § 434 Abs 3 BGB auch für „Extremabweichungen" gilt und welche Korrekturen hier im Einzelnen geboten sind, wird unterschiedlich beurteilt (vgl Dauner-Lieb/Arnold JuS 2002, 1175 ff; Thier AcP 203 [2003] 399, 403; Musielak NJW 2003, 89 ff). Für die Gleichstellung der Aliud-Leistung mit dem Sachmangel kommt es jedenfalls nicht darauf an, ob die Leistung genehmigungsfähig ist (Erman/Grunewald § 434 Rn 61; Staudinger/Matusche-Beckmann [2014] § 434 Rn 148; **aA** Altmeppen/Reichard, in: FS Huber [2006] 73, 76; zum alten Recht auch BGHZ 115, 286, 295 ff entspr § 378 HGB aF). Der Gesetzgeber hat dieses Merkmal in § 378 HGB aF vorgefunden, aber bewusst verworfen (BT-Drucks 14/6040, 216). Beim **Gattungskauf** erübrigt sich durch die Gleichstellung mit dem Sachmangel gem § 434 Abs 3 BGB die früher notwendige Abgrenzung der jeweiligen Gattung (vgl BGH 20. 11. 1967 – VIII ZR 126/65, NJW 1968, 640; BGH 23. 11. 1988 – VIII ZR 247/87, NJW 1989, 218, 219). Dies entspricht Art 46 Abs 2 CISG (vgl Staudinger/Magnus, CISG [2018] Art 46 Rn 33). Ist die Falschlieferung nach der Annahme der Leistung als nicht wie geschuldet erbrachte Leistung zu behandeln, hat die Rückgewähr der Leistung gem § 439

Abs 5 BGB nach Maßgabe der §§ 346 bis 348 BGB zu erfolgen, insbes also Zug-um-Zug, während ohne die Gleichstellung mit dem Sachmangel nur eine Leistungskondiktion des Schuldners in Betracht käme (Wiese AcP 206 [2006] 902, 909 f, 937; einschränkend Lettl JuS 2002, 866, 869; St Lorenz JuS 2003, 36, 37 f; Musielak NJW 2003, 89, 91; Oetker/Maultzsch, Vertragliche Schuldverhältnisse [2018] § 2 Rn 170 f: Ausgleich allein nach § 812 Abs 1 S 1, 1. Alt BGB, wenn ein Nachlieferungsbegehren des Käufers ausbleibt, idR also bei Lieferung eines höherwertigen Aliud).

Bei der **Mankoleistung** ist eine Anwendung des § 434 Abs 3 BGB im Rahmen der §§ 281, 323 BGB umstritten (vgl Staudinger/Matusche-Beckmann [2014] § 434 Rn 155), erscheint zur Vermeidung von Verwerfungen zum besonderen Gewährleistungsrecht und im Hinblick auf die Vorgaben des Art 3 Abs 6 der Verbrauchsgüterkauf-Richtlinie jedoch geboten (BT-Drucks 14/6040, 187; BeckOK-BGB/Faust [1. 11. 2018] § 434 Rn 117 f; Erman/Grunewald § 434 Rn 63; Palandt/Grüneberg Rn 38; Soergel/Benicke/Hellwig Rn 63 ff mwNw; **aA** Canaris ZRP 2001, 329, 334 f; Grigoleit/Riehm ZGS 2002, 115, 122; Heiderhoff/Skamel JZ 2006, 383, 388 ff). Verlangt der Käufer Schadensersatz statt der ganzen Leistung, muss der Verkäufer mithin darlegen und beweisen, dass die Pflichtverletzung unerheblich ist (§ 281 Abs 1 S 3 BGB); auf einen Interessenfortfall auf Käuferseite kommt es nicht an. Die hierin zum Ausdruck kommende Privilegierung des Käufers (vgl auch § 280 Rn E 6) ist in der gesetzgeberischen Wertung des § 434 Abs 3, 2. Alt BGB angelegt. Es ist kein überzeugender Grund ersichtlich, diese Wertung im allgemeinen Leistungsstörungsrecht unbeachtet zu lassen. Auch hier muss der Käufer die Leistung aber als schuldgemäß, dh als vollständig angenommen haben (Rn A 29). Ist das nicht der Fall, finden die Regelungen über die Teil-Nichtleistung Anwendung (§ 281 Abs 1 S 1, 1. Alt u S 2 BGB). Letzteres gilt auch dann, wenn mehrere Gegenstände als zusammengehörend verkauft werden. Das Fehlen eines Leistungsteils kann im Übrigen einen Sachmangel iSv § 434 Abs 1 BGB darstellen, ohne dass es der Gleichstellung nach § 434 Abs 3 BGB bedürfte, wenn der Gegenstand als **Teil einer Gesamtleistung** verkauft wurde und diese infolge des Fehlens mangelhaft ist. So verhält es sich beim Kauf von Software beim Fehlen einer Online-Hilfsfunktion (BGH 22. 12. 1999 – VIII ZR 299/98, NJW 2000, 1415, 1416 f = LM § 377 HGB Nr 42 m krit Anm Marly), während das Fehlen eines Handbuches nicht unmittelbar als Sachmangel zu werten ist (BGH 22. 12. 1999 – VIII ZR 299/98, NJW 2000, 1415, 1416 f; s ferner BGH 27. 6. 1990 – VIII ZR 72/89, NJW-RR 1990, 1462, 1465; BGH 1. 10. 1992 – V ZR 36/91, NJW 1992, 3224; Krause Jura 2002, 299, 303 f). A 31

bb) Werkvertrag und ähnliche Verträge

Ähnlich wie im Kaufrecht gelten auch beim Werkvertrag Sonderregeln für **Sach- und Rechtsmängel**; auch hier liegt die praktische Bedeutung in einer Reihe von Sonderregeln, insbes einer im Vergleich zum allgemeinen Recht kürzeren Verjährung der Mängelansprüche (§ 634a BGB). Die Vorschriften gelten für die werkvertragsähnlichen Verträge: kraft Regelungssystematik für den Bauvertrag (§ 650a BGB) und den Verbraucherbauvertrag (§ 650i BGB), kraft ausdrücklicher Regelung für den Architektenvertrag und den Ingenieurvertrag (§§ 650p, 650q BGB) sowie für den Bauträgervertrag (§ 650u BGB). A 32

Vor Abnahme finden die §§ 281, 323 BGB unmittelbar Anwendung, da eine Konkretisierung der Leistungspflicht des Unternehmers auf das hergestellte Werk nach den §§ 640, 644 BGB noch nicht erfolgt ist (BGH 19. 1. 2017 – VII ZR 301/13 Rn 32 ff, NJW

2017, 1604; Staudinger/Peters/Jacoby [2014] § 634 Rn 11; **aA** Vorwerk BauR 2003, 1, 8 ff). Nichts anderes gilt, wenn der Besteller die Mangelhaftigkeit des Werkes rügt und die Herstellung einer mangelfreien Leistung verlangt. Er verliert die Rechte aus den §§ 281, 323 BGB auch dann nicht, wenn er nach Ablauf der zur Nachbesserung gesetzten Frist die Annahme des mangelhaften Werkes ablehnt. Hierdurch tritt nicht etwa eine Konkretisierung auf dieses Werk ein, die zu einem Ausschluss des allgemeinen Leistungsstörungsrechts führte (BGH 17. 2. 1999 – X ZR 8/96, NJW 1999, 2046, 2048 = LM § 326 [D] BGB Nr 4 m insoweit zust Anm Peters). Eine entsprechende Anwendung der kurzen Verjährung des § 634a Abs 1 BGB kommt ebenfalls nicht in Betracht (so zu § 638 aF BGH 26. 9. 1996 – X ZR 33/94, NJW 1997, 50, 51; BGH 17. 2. 1999 – X ZR 8/96, NJW 1999, 2046, 2048). Praktisch wichtig ist die Fiktion der Abnahme gem § 640 Abs 2 S 1 BGB, wenn der Unternehmer dem Besteller erfolglos eine angemessene Frist zur Abnahme gesetzt hat und der Beststeller sie nicht unter Angabe mindestens eines Mangels verweigert hat; für Verbraucher gilt dies gem S 2 nur, wenn die Aufforderung mit einem Hinweis in Textform auf den Eintritt dieser Folge verbunden ist.

Nach Abnahme eines mangelhaften Werkes stehen dem Besteller die Rechte aus den §§ 281, 323 BGB nicht mehr direkt, sondern nur nach Maßgabe des § 634 BGB zu (Staudinger/Peters/Jacoby [2014] § 634 Rn 11; Palandt/Sprau § 634 Rn 6). Dies gilt gem § 633 Abs 3 S 3 BGB – wie beim Kauf (Rn A 29 ff) – auch für die **Aliud- und Mankoleistung**. Es bleibt aber bei dem Leistungsverweigerungsrecht nach § 320 BGB, weil der Anspruch auf Beseitigung des Mangels aus § 635 Abs 1 BGB ein modifizierter Erfüllungsanspruch ist (s BGHZ 61, 42, 45; 84, 42, 46 zu § 633 Abs 2 aF; ferner Ballerstedt, in: FS Larenz [1973] 717, 735). Der Besteller kann die Rechte aus der unmittelbaren Anwendung der §§ 281, 323 BGB nicht durch Verweigerung der Abnahme erhalten: Verweigert er die Abnahme, ohne zumindest einen Mangel anzugeben, kann ihm der Unternehmer nach § 640 Abs 2 S 1 BGB eine angemessene Frist zur Abnahme setzen, mit deren Ablauf die Abnahme fingiert wird; für Verbraucher gilt dies gem S 2 nur, wenn die Aufforderung mit einem Hinweis in Textform auf den Eintritt dieser Folge verbunden ist. Der Beststeller kann **ohne Abnahme** zu den Mängelrechten übergehen, wenn er zu Rechten greift, welche die Erbringung einer mangelfreien Werkleistung nicht mehr verfolgen (Minderung, kleiner Schadensersatz statt der Leistung) und das Vertragsverhältnis in ein „Abrechnungsverhältnis" übergehen lassen (BGH 19. 1. 2017 – VII ZR 301/13 Rn 44, NJW 2017, 1604).

Zu den Mitwirkungsobliegenheiten des Bestellers s Rn D 28 ff. Die §§ 280, 281 BGB werden verdrängt, wenn die §§ 5 Abs 4, 6 Abs 6 S 1 u 8 Abs 3 **VOB/B** anzuwenden sind (BGH LM § 326 [G] BGB Nr 1). Dies ist vor allem deshalb bedeutsam, weil § 8 Abs 3 Nr 2 S 2 VOB/B dem Auftraggeber nur dann einen Anspruch auf Ersatz des Nichterfüllungsschadens zubilligt, wenn er an der Ausführung des Auftrags kein Interesse mehr hat. Soweit diese Sonderbestimmungen trotz Vereinbarung der VOB/B die verzögerte Leistung nicht erfassen, bleibt es bei den §§ 280, 281 BGB (BGH 28. 3. 1996 – VII ZR 228/94, NJW-RR 1996, 853, 854).

A 33 Im **internationalen Straßengüterverkehr** schließen die Art 17 Abs 1, 23 Abs 5 CMR den Rückgriff auf die §§ 280 ff BGB aus (OLG Düsseldorf 9. 3. 1995 – 18 U 142/94, NJW-RR 1995, 1120, 1121).

cc) Reise- und Beförderungsverträge

Besondere Probleme bei der Abgrenzung des Anwendungsbereichs der §§ 280 ff u 323 ff BGB wirft das **Reisevertragsrecht** auf. Hierzu hatte sich schon vor der Schuldrechtsmodernisierung die Ansicht durchgesetzt, dass sämtliche Störungen nach Vertragsschluss, die sich auf den Nutzen der Reise auswirken und nicht allein auf Gründe in der Person des Reisenden zurückzuführen sind, Reisemängel darstellen und deshalb den §§ 651i ff BGB unterfallen (vgl BGHZ 97, 255 zu §§ 651c ff aF). Dies gilt auch für die Rechtslage nach der Schuldrechtsmodernisierung (BGH 11. 1. 2005 – X ZR 118/03, NJW 2005, 1047). Für andere Pflichtverletzungen gilt das allgemeine Leistungsstörungsrecht (vgl zum Schadensersatzanspruch wegen unterlassenen Hinweises auf einen Hurrikan im Zielgebiet OLG Frankfurt 24. 4. 2003 – 16 U 164/00, NJW-RR 2003, 1139). Der verschuldensunabhängige Mindestschutz des Fluggastes für gestörte Flugreisen gem Art 7 **EU-FluggastrechteVO** schließt eine weiter gehende Haftung gem §§ 280 ff BGB nicht aus (Art 12 FluggastrechteVO; vgl BGH 12. 11. 2009 – Xa ZR 76/07, NJW 2010, 1070, 1072; zur Einordnung höherer Gewalt, EuGH 17. 4. 2018 – C 195/17 Rn 31 ff, NJW 2018, 1592). Die pauschalierte Ausgleichszahlung gem § 7 Abs 1 FluggastrechteVO ist aber auf Schadensersatzansprüche gem § 651n oder §§ 280 ff BGB anzurechnen (§ 651p Abs 3 BGB); für vor dem 1. 7. 2018 geschlossene Reiseverträge ergibt sich dies aus dem Gebot der Vorteilsausgleichung (BGH 7. 8. 2019 – X ZR 128/18, juris). Etwas Anderes soll für die Haftung des Eisenbahnunternehmens für Verspätungen gem Art 15 ff der **EU-FahrgastrechteVO** iV mit den Einheitlichen Rechtsvorschriften für den Vertrag über die internationale Eisenbahnbeförderung von Personen und Gepäck (CIV) sowie gem § 17 **Eisenbahn-Verkehrsordnung** (EVO) gelten. Zwar hat der Bundesgesetzgeber den umfassenden Haftungsausschluss des bis zum 1. Juli 2006 geltenden § 17 S 1 EVO aF durch die Neufassung dieser Vorschrift revidiert. Damit sollte aber lediglich eine Schlechterstellung deutscher Reisender gegenüber der in Art 32 CIV vorgesehenen Haftung für Ausfall oder Verspätung der Beförderung vermieden werden (BT-Drucks 14/8172, 8 u 16/11607, 8). Darüber hinausgehende Ansprüche sollten nach wie vor ausgeschlossen sein (BT-Drucks 16/11607, 8; Tonner/Gaedke NZV 2006, 393, 395 mwNw). Einen weiter gehenden Gesetzesentwurf des Bündnis90/Grüne vom 5. April 2006, wonach dem Fahrgast bei Ausfall oder Verspätung der Rücktritt nach § 323 BGB sowie Schadensersatz gem §§ 280, 281 BGB zustehen sollte (BT-Drucks 16/1146, 5), hat der Rechtsausschuss abgelehnt, da der Fahrgast gem § 17 EVO nF hinreichend geschützt sei (BT-Drucks 16/12715, 2). Diese Begründung hat sich der Gesetzgeber durch Annahme der Beschlussempfehlung des Rechtsausschusses und der jetzt geltenden Fassung des § 17 EVO zu eigen gemacht. **A 34**

dd) Mietvertrag und andere Verträge

Für Miet- und Pachtvertrag ist die Gewährleistung für Mängel in besonderen Regeln autark geregelt (§§ 536 ff, 581 Abs 2 BGB; s noch Vorbem D 9 zu §§ 280–285). Weitere partielle Sonderregeln finden sich zB für die Schenkung (§§ 523, 524 BGB) und für die Leihe (§ 600 BGB). **A 35**

b) Besondere Regeln für Dauerschuldverhältnisse

Bei in Vollzug gesetzten Dauerschuldverhältnissen wird eine rückwirkende Beseitigung der Leistungspflicht nach § 281 Abs 4 BGB bzw ein rückwirkender Rücktritt vom Schuldverhältnis in den meisten Fällen ausscheiden, weil die jeweilige Pflichtverletzung für die Rückgängigmachung des in der Vergangenheit liegenden Leistungsaustausches typischerweise keine ausreichende Rechtfertigung liefert (vgl BGH **A 36**

11. 2. 1981 – VIII ZR 312/79, NJW 1981, 1264, 1265; BGH 17. 12. 1998 – I ZR 106-96, NJW 1999, 1177, 1178; Rn C 29, B 176 ff; Oetker, Dauerschuldverhältnis [1994] 265 ff, 366 ff; Grigoleit, in: FS E Lorenz [2014] 795 ff). Typischerweise ist den Interessen des Gläubigers im Falle einer Störung damit gedient, für die Zukunft vom Dauerschuldverhältnis loszukommen. Dies kann im Wege der ordentlichen Kündigung geschehen. Ist diese vertraglich ausgeschlossen oder dem Gläubiger das Einhalten der Kündigungsfrist nicht zumutbar, gewährt das Gesetz eine Befugnis zur vorzeitigen **außerordentlichen Kündigung**, die das Dauerschuldverhältnis ex nunc beendet (§ 314 BGB und Spezialregelungen zB §§ 490, 498, 543, 569, 626, 723 BGB u § 89b HGB).

A 37 Die Regelung des Schadensersatzes muss sich der Auflösung des Vertragsverhältnisses für die Zukunft anpassen: Der Gläubiger kann Schadensersatz statt der Leistung nur für die Zukunft fordern, dh dafür, dass das Schuldverhältnis vorzeitig aufgelöst wurde (**Auflösungsschaden**, vgl Vorbem D 11 zu §§ 280–285; § 280 Rn E 62 ff). Hierfür gibt es für einige Vertragstypen spezielle Anspruchsgrundlagen (folgend Rn A 38 ff). So es daran fehlt, kann der Schadensersatz auf eine Analogie zu diesen Normen oder auf §§ 280 Abs 1, Abs 3, 281 BGB gestützt werden mit der Maßgabe, dass Schadensersatz nur für die Zukunft verlangt werden kann. Ist die **rückwirkende** Beseitigung der Leistungspflicht bzw des Dauerschuldverhältnisses gerechtfertigt (vgl BGH 25. 3. 1987 – VIII ZR 43/86, NJW 1987, 2004, 2006; BGH 19. 2. 2002 – X ZR 166/99, NJW 2002, 1870 ff; Grigoleit, in: FS E Lorenz [2014] 795 ff; s noch Rn C 29), kann der Gläubiger Schadensersatz statt der ganzen Leistung gem §§ 280 Abs 1, Abs 3, 281 BGB fordern, dies allein oder neben dem Rücktritt (Rn A 15). Für alle anderen Störungen ergeben sich keine Besonderheiten: Für den bis zur Vertragsbeendigung entstandenen **Integritätsschaden** verbleibt es bei der Anwendung des § 280 Abs 1 BGB (insoweit zutr Palandt/Grüneberg § 314 Rn 11), wegen eines reinen Verzögerungsschadens sind §§ 280 Abs 1, Abs 2, 286 BGB einschlägig, wegen einer dauerhaften Beeinträchtigung des Leistungsinteresses durch eine nicht oder nicht wie geschuldet erbrachte Einzelleistung bei Durchführung des Dauerschuldverhältnisses §§ 280 Abs 1, Abs 3, 281 BGB (MünchKomm/Ernst Rn 15). Im Folgenden wird ein **Überblick** über praktisch wichtige Kündigungsbefugnisse gegeben, die den Schadensersatz für die vorzeitige Auflösung des Schuldverhältnisses gegenüber § 281 BGB vorrangig regeln.

A 38 **aa)** Für den **Dienstvertrag** des Selbstständigen und den **Arbeitsvertrag** enthalten die §§ 626, 628 BGB die einschlägigen Sondervorschriften (s BGH 29. 3. 2011 – VI ZR 133/10, NJW 2011, 1674; BGH 13. 9. 2018 – III ZR 294/16, NJW 2018, 1373). Die Kündigung ist bereits möglich, bevor das Rechtsverhältnis tatsächlich in Vollzug gesetzt worden ist. Zum Schadensersatzanspruch gem § 628 Abs 2 BGB s Rn C 29.

A 39 **bb)** Für den **Handelsvertreter** trifft § 89a HGB dieselbe Sonderregelung (vgl RGZ 92, 158, 160; BGHZ 122, 9; s Rn C 29). Abs 2 regelt den Schadensersatzanspruch des Kündigenden. § 89a HGB gilt nach der Rspr analog auch dann, wenn ein Unternehmer gegenüber einem sog „Alleinverkäufer" bzw „Eigen- oder Vertragshändler" die Verpflichtung übernommen hat, Waren zum kommissionsweisen Vertrieb zu liefern (RGZ 92, 158; BGH 19. 12. 1966 – VIII ZR 138/64, NJW 1967, 825; s auch BGH 27. 1. 1982 – VIII ZR 295/80, NJW 1982, 2432 zur Kündigung durch den Eigenhändler).

A 40 **cc)** Für die **Gesellschaft bürgerlichen Rechts** gibt die Kündigung gem § 723 BGB bzw der Ausschluss aus wichtigem Grund die Befugnis zur vorzeitigen Auflösung (RGZ 78,

303; 158, 321, 326). Stellt der den wichtigen Grund bildende Sachverhalt eine Pflichtverletzung dar, können die geschädigten Gesellschafter den durch die vorzeitige Auflösung verursachten Schaden gem §§ 280 Abs 1, Abs 3, 281 BGB ersetzt verlangen (vgl BGH 20. 12. 1962 – II ZR 79/61, WM 1963, 282; Hüttemann, Leistungsstörungen bei Personengesellschaften [1998] 404 ff). Für die Personengesellschaften des Handelsrechts gilt das ebenfalls (vgl zB BGH 28. 11. 1977 – II ZR 235/75, NJW 1978, 376, 377: Erbringung von Kapitalleistungen bei einer Massengesellschaft; s auch Eberl-Borges AcP 203 [2003] 632, 657 ff). Wegen der Kündigung ist eine Nachfristsetzung gem § 281 Abs 2, 2. Alt BGB entbehrlich.

dd) Für den **Miet- und Pachtvertrag** war stets anerkannt, dass die speziellen (wohnungs-)mieterschutzrechtlichen Vorschriften über die Vertragsbeendigung das Rücktrittsrecht für den Wohnungsmietvertrag ausschlossen (vgl zB RGZ 105, 167; 149, 88, 92). Der BGH hatte aber im Übrigen den Rücktritt auch noch nach der Übergabe der Mietsache zugelassen (BGH 13. 11. 1956 – VIII ZR 3/56, NJW 1957, 57: Verzug mit Baukostenzuschuss). Seit die Kündigung aus wichtigem Grund im Mietvertrag anerkannt (s jetzt § 543 BGB, § 569 BGB), schließt der BGH den Rücktritt nach der Überlassung der Mietsache jedenfalls dort aus, wo die Möglichkeit besteht, aus wichtigem Grund fristlos zu kündigen (BGHZ 50, 312). **A 41**

Die Rechtsprechung bejaht eine Schadensersatzforderung des Vermieters gegen den Mieter wegen des durch die Kündigung entstehenden **Mietausfallschadens**. Häufigster Anwendungsfall dieses Schadensersatzanspruchs war der Ersatzanspruch des **Leasinggebers** nach fristloser Kündigung aus § 554 aF (jetzt § 543 Abs 1, 2 S 1 Nr 3 BGB) wegen Zahlungsverzuges des Leasingnehmers (vgl BGHZ 84, 82, 121, 129; 94, 195, 215, BGH 10. 10. 1990 – VIII ZR 296/89, NJW 1991, 221, 222). Nach dieser Rechtsprechung handelt es sich um einen „Anspruch eigener Art“, dessen Geltendmachung keine vorherige Nachfristsetzung erfordert (RGZ 76, 367; BGHZ 95, 39, 44; BGH 4. 4. 1984 – VIII ZR 313/82, NJW 1984, 2687; BGH 16. 2. 2005 – XII ZR 162/01, NZM 2005, 340, 341; OLG München 25. 7. 2002 – 19 U 1819/02, WuM 2002, 492, 493 m Anm Fellner). Da das Leistungsinteresse des Vermieters betroffen ist, sind als Grundlage der Schadensersatzpflicht im Hinblick auf § 314 Abs 4 BGB die §§ 280 Abs 1, Abs 3, 281 BGB anzuwenden (so auch Staudinger/Emmerich [2018] § 543 Rn 45; **aA** Fellner WuM 2002, 492, 493, der für kündigungsbedingte Miet- und Pachtzinsausfälle allein auf § 280 Abs 1 BGB abstellt). § 281 BGB ist mit der Maßgabe anwendbar, dass wegen der Kündigung die Nachfristsetzung gem § 281 Abs 2, 2. Alt BGB entbehrlich ist (Staudinger/Emmerich [2018] § 543 Rn 45 mwNw). Integritätsschäden sind nach § 280 Abs 1 BGB zu ersetzen. **Kündigt der Mieter** wegen eines Mangels, kann er kündigungsbedingte Schäden nach § 536a BGB auch dann ersetzt verlangen, wenn die sachlich gerechtfertigte Kündigung aus einem formalen Grund unwirksam ist (BGH 3. 7. 2013 – VIII ZR 191/12, NJW 2013, 2660). **A 42**

ee) Bei **Sukzessivlieferungsverträgen** ähnelt die Schadensersatzregelung bei vorzeitiger Beendigung der beim Dauerschuldverhältnis. Ob es sich um einen *Ratenlieferungsvertrag* (echter Sukzessivlieferungsvertrag) oder um einen *Dauerlieferungsvertrag* (unechter Sukzessivlieferungsvertrag; zur Abgrenzung Staudinger/Olzen [2019] § 241 Rn 358 ff) handelt, macht dabei keinen grundsätzlichen Unterschied. Im Falle der vorzeitigen Beendigung kann der Gläubiger Schadensersatz statt der Leistung bezüglich der noch ausstehenden Teilleistungen nach §§ 280 ff BGB verlangen (BGH 5. 11. 1980 – VIII ZR 232/79, NJW 1981, 679); eine Nachfristsetzung ist im Falle der Kündigung gem § 281 Abs 2, 2. Alt BGB entbehrlich. Eher als beim Dauerschuld- **A 43**

verhältnis kann hier durch die vorzeitige Beendigung der Lieferungen auch das Interesse an Leistungen in der Vergangenheit entfallen. Ist dies der Fall, kann der Gläubiger gem § 281 Abs 1 S 2 BGB Schadensersatz bezüglich der in der Vergangenheit erbrachten Leistungen verlangen. Zum Sukzessivlieferungsvertrag noch Rn B 176 ff, zur Teilnichtleistung Rn B 165 ff; zur Leistungsgefährdung durch drohende Schlechtleistung Rn C 23. Kann der Schuldner eine Teilleistung oder die gesamte Leistung nach § 275 BGB verweigern, ist § 283 BGB einschlägig (vgl § 283 Rn 9 ff, 35 ff).

A 44 ff) Im **Versicherungsvertrag** gewährt § 38 VVG dem Versicherer ein Rücktrittsrecht bei der verspäteten Zahlung einer Folgeprämie nach Ablauf einer vergeblich gesetzten Zahlungsfrist. Der Versicherer kann Ersatz des ihm dadurch entstehenden Schadens nach §§ 280 Abs 1, Abs 3, 281 BGB sowie Verzugszinsen nach § 288 BGB verlangen (Prölss/Martin/Reiff § 38 VVG Rn 2).

B. Die Nichtleistung trotz Erbringbarkeit, Fälligkeit und Durchsetzbarkeit der Leistung (§ 281 Abs 1 S 1, 1. Alt)

Im Folgenden werden unter I die Voraussetzungen dargestellt, die gem § 281 Abs 1 S 1, 1. Alt BGB idR vorliegen müssen, damit die Rechtsfolge Schadensersatz statt der Leistung eintritt. Unter II (Rn B 88 ff) werden die Fallgruppen behandelt, bei denen eine Fristsetzung zur Leistung oder Nacherfüllung entbehrlich ist. Der Umfang des Schadensersatzes statt der Leistung wird unter III dargestellt (Rn B 127 ff), sodann unter IV der Tatbestand der Teilleistung (Rn B 153 ff). Schließlich werden unter V (Rn B 182 ff) die Voraussetzungen der analogen Anwendung des § 281 Abs 1 S 1, 1. Alt BGB im Fall der Leistungsgefährdung durch drohende Nichtleistung erörtert.

I. Regelvoraussetzungen

B 1 Der Gläubiger kann nach § 281 Abs 1 S 1, 1. Alt BGB Schadensersatz statt der Leistung unter folgenden Voraussetzungen fordern:

– ein Schuldverhältnis liegt vor,
– die Leistung wurde vom Schuldner trotz Fälligkeit nicht erbracht,
– ihr steht ein Leistungshindernis iS des § 275 BGB nicht entgegen,
– der Anspruch ist fällig,
– der Anspruch ist durchsetzbar,
– der Gläubiger hat dem Schuldner eine angemessene Nachfrist gesetzt,
– diese Nachfrist ist erfolglos abgelaufen,
– der Schuldner kann sich bezüglich der Nichtleistung nicht entlasten,
– infolgedessen ist dem Gläubiger ein Schaden entstanden.

1. Schuldverhältnis

a) Allgemeines

B 2 Unter den Anwendungsbereich der Norm fallen grundsätzlich alle Arten von Schuldverhältnissen mit einer **Leistungspflicht** bzw alle Leistungspflichten (näher dazu

§ 280 Rn B 1 ff). Es wird nicht nach vertraglichen und gesetzlichen Schuldverhältnissen oder nach gegenseitigen Verträgen bzw Leistungspflichten und Verträgen, bei denen die Leistungspflichten nicht in einem Gegenseitigkeitsverhältnis stehen, unterschieden. Deshalb bedeutet es lediglich eine Klarstellung, wenn § 346 Abs 4 BGB für die Verletzung einer Pflicht aus dem Rückgewährschuldverhältnis auf die §§ 280 bis 283 BGB verweist. Im Falle einer vertraglichen Leistungspflicht muss der Vertrag wirksam zustande gekommen sein, im Falle eines gesetzlichen Leistungsanspruchs müssen die tatbestandlichen Voraussetzungen für die Entstehung des Anspruchs vorliegen.

b) Erfasste Leistungspflichten

aa) Grundsatz: Alle Leistungspflichten

§ 281 BGB ist nur auf Leistungspflichten iSv § 241 Abs 1 BGB anwendbar. Welches **B 3** Gewicht einer Leistungspflicht für das Schuldverhältnis iwS (insbes für einen Vertrag) insgesamt zukommt, ist für die tatbestandliche Anwendbarkeit des § 281 BGB als solche unerheblich. Die Vorschrift gilt gleichermaßen für *gegenseitige* Leistungspflichten, für sonstige *Haupt*leistungspflichten und für *Neben*leistungspflichten (BT-Drucks 14/6040, 138; zur Terminologie vgl BGHZ 104, 6, 11; 107, 179, 183; § 280 Rn C 9 ff, 11).

Bedeutsam wird das **Gewicht einer Leistungspflicht** innerhalb des Schuldverhältnisses iwS erst bei der Bestimmung der aus § 281 BGB abzuleitenden Rechtsfolgen, also bei der Frage, ob das Verlangen nach Schadensersatz statt der Leistung (Abs 4) nur zur Beseitigung der betreffenden gestörten Leistungspflicht führt oder ob es automatisch Auswirkungen auf den Fortbestand anderer Leistungspflichten oder sogar auf den Bestand des gesamten Vertrages bzw Schuldverhältnisses iwS hat (Rn D 19 ff). Der Fortfall einer gegenseitigen Leistungspflicht gem § 281 Abs 4 BGB führt stets zum Fortfall der Gegenleistungspflicht (Rn D 21). Sonstige Hauptleistungspflichten bestimmen sich dadurch, dass ihr Fortfall ebenfalls die anderen Leistungspflichten bzw den Vertrag insgesamt berühren kann, ohne dass sie vollständig den Charakter einer gegenseitigen Leistungspflicht haben müssen. Der Fortfall einer Nebenleistungspflicht führt umgekehrt zum Fortfall anderer bzw aller weiteren Leistungspflichten nur, wenn das Interesse des Gläubigers daran entfällt (entspr § 281 Abs 1 S 2 BGB, dazu Rn C 3) oder wenn infolgedessen die Hauptleistung unzumutbar gefährdet wird (nach den Regeln der Leistungsgefährdung, vgl Rn B 182 ff).

Die Verletzung **leistungsbezogener Nebenpflichten**, die kein eigenes Leistungsinteresse definieren bzw nicht klagbar sind, sondern einer anderen Leistungspflicht dienend zugeordnet sind (zB Pflicht zur sorgfältigen Aufbewahrung der Leistung), geht entweder in einer daraus resultierenden Nichtleistung oder Schlechtleistung als Hauptstörung auf oder kann als Gefährdung der Leistung gewertet werden und analog § 281 BGB zum Schadensersatz statt der Leistung führen (vgl Rn B 182 ff; zur Einordnung in die §§ 280 ff BGB s § 280 Rn C 36). Die Verletzung einer auf den Schutz des Erhaltungsinteresses gerichteten **Rücksichtnahmepflicht** (§ 241 Abs 2 BGB) richtet sich, da diese nicht Leistungspflicht ist, ausschließlich nach §§ 280 Abs 1, Abs 3, 282 BGB (näher § 282 Rn 12). Ist der Schutz des Erhaltungsinteresses Gegenstand einer Leistungspflicht (zB Überwachungsvertrag), gilt für diese Pflicht § 281 BGB (näher Rn C 4).

bb) Mitwirkungs(leistungs)pflichten des Gläubigers

B 4 Echte Mitwirkungspflichten des Gläubigers werden ebenfalls von § 281 BGB erfasst. Daran besteht nach jetziger Rechtslage kein Zweifel. IdR besteht zwar nur eine Obliegenheit zur Mitwirkung (zB zur Annahme der Leistung), deren Verletzung durch spezielle Regelungen (insbes Gläubigerverzug, §§ 293 ff BGB) bestimmt wird. Punktuell ist die Mitwirkung des Gläubigers aber Gegenstand einer echten – vertraglich oder gesetzlich bestimmten – Rechtspflicht und der Gläubiger der Leistung dann Schuldner der betreffenden Mitwirkungshandlung (Schwarze, Leistungsstörungen [2017] § 36 Rn 76 ff). So verhält es sich zB mit der Abnahmepflicht gem § 433 Abs 2 BGB bzw § 640 BGB oder der Spezifikationspflicht gem § 375 Abs 1 HGB (s den Verweis in § 375 Abs 2 S 1 HGB; näher Koller/Kindler/Roth/Morck, HGB § 375 Rn 3; Schlegelberger/Hefermehl, HGB § 375 Rn 17 ff). Zur daran anknüpfenden Frage, ob solche Mitwirkungspflichten Hauptleistungspflichten sind Rn D 24 ff.

cc) Problemfälle

B 5 Die Anwendung des § 281 BGB auf Leistungspflichten bedarf der Nachsteuerung, wenn das Gesetz eine **spezielle Folgenregelung** für Störungen der Leistungspflicht vorsieht, die durch die Anwendung des § 281 BGB unterlaufen würde. Sie kann dazu führen, dass § 281 BGB überhaupt nicht auf die betreffende Leistungspflicht anzuwenden ist (hinsichtlich § 249 Abs 1 BGB für generellen Vorrang des § 250 BGB Palandt/Grüneberg Rn 6) oder dass die Anwendung zu modifizieren ist. So wird für die Herausgabepflicht aus § **985 BGB** die Anwendung des § 281 BGB zwar grundsätzlich bejaht, um dem Eigentümer bei Ungewissheit über den Besitz einen rechtssicheren Übergang zum Schadensersatz im Wege der Nachfrist zu ermöglichen, doch müssen die zum Schutz des redlichen Besitzers in den §§ 989, 990 BGB niedergelegten besonderen Voraussetzungen für einen Schadensersatzanspruch beachtet werden und vorliegen (BGH 9. 11. 2017 – IX ZR 305/16 Rn 15 ff, NJW 2018, 786; Heinrichs, in: FS Derleder [2005] 57, 94; Gebauer/Huber ZGS 2005, 103 ff mwNw; für uneingeschränkte Anwendbarkeit Vieweg/Werner, Sachenrecht [8. Aufl 2018] § 7 VI Rn 36; gänzl abl unter Hinweis auf die beschränkte Funktion des § 985 BGB [„Rechtsverwirklichung"] Staudinger/Gursky [2013] § 985 BGB Rn 82 ff mwNw; zur Rechtslage an der Sache Ernst ZfPW 2019, 122). Ebenso kann der **Bereicherungsschuldner** nur nach § 281 BGB schadensersatzpflichtig sein, wenn er nach §§ 818 Abs 4, 819, 989, 292 Abs 1 BGB einzustehen hat (Heinrichs, in: FS Derleder [2005] 57, 94; vgl auch BGH 26. 11. 1999 – V ZR 302/98, NJW 2000, 1031). Die Anwendung des § 281 BGB auf **Geldschulden** ist von geringer praktischer Bedeutung, aber nicht ausgeschlossen (BGH 20. 2. 2018 – XI ZR 445/17 Rn 31, NJW 2018, 1812; MünchKomm/Ernst Rn 10; PWW/Schmidt-Kessel Rn 2; **aA** Palandt/Grüneberg Rn 5).

B 6 Aus der Anwendung des § 281 Abs 1 BGB auf die **Rückgabepflicht aus Gebrauchsüberlassungsverträgen** (zB des Entleihers aus § 604 Abs 1 BGB, des Mieters aus § 546 Abs 1 BGB) kann eine unangemessene Belastung des Schuldners erwachsen, da der Gläubiger nach Ablauf der Nachfrist Schadensersatz statt der Leistung nicht nur hinsichtlich der in der Vergangenheit liegenden Zurückhaltung der Sache verlangen, sondern die Rückgabepflicht insgesamt in eine Schadensersatzpflicht wandeln könnte mit der Konsequenz, dass der Entleiher/Mieter den Wert des Gegenstandes ersetzen müsste (zutr gegen Beschränkung des Schadensersatzes auf die Besitzentziehung Jost, in: FS Otte [2005] 145, 147 f mwNw). Nach altem Recht konnte diese Folge nur eintreten, wenn infolge der Säumnis des Schuldners der Gläubiger das Interesse an der Rückgabe der Sache verloren hatte (§ 286 Abs 2 aF), was die Ausnahme ist. Eine daran anknüpfende generelle Auslegung des geltenden Rechts ist in Anbetracht des Wortlauts des § 281 Abs 1 S 1 BGB nicht möglich. Zum Teil wird vorgeschlagen, zumindest den gutgläubigen Mieter (Entleiher usw), der von seinem Recht zum weiteren Gebrauch der Sache ausgeht, etwa weil er die Wirksamkeit einer vom Vermieter ausgesprochenen Kündigung falsch einschätzt, vor einem solchen **„Zwangskauf"** dadurch zu schützen, dass der Gläubiger zunächst erfolgreich auf Leistung klagen muss und erst nach rechtskräftigem Leistungsurteil die Nachfrist setzen kann (Dedek, in: Dauner-Lieb/Konzen/Schmidt [2003] 186 ff; rechtspolitisch Huber, Gutachten und Vorschläge zur Überarbeitung des Schuldrechts I [1981] 647, 801 f). Doch begründet nicht das Risiko der rechtlichen Fehleinschätzung für sich genommen, sondern die mit ihr verbundene *unverhältnismäßige Belastung des Schuldners* einen Korrekturbedarf. Bei „großen" Rückgabeobjekten von erheblichem Wert (insbes Grundstücken) erscheint ein auf Schadensersatz für den überlassenen Gegenstand gerichtetes Schadensersatzverlangen gem § 281 Abs 1 S 1, 1. Alt BGB als missbräuchlich (§ 242 BGB), solange der Gläubiger das Interesse am Rückerhalt des Gegenstandes nicht infolge der Nichtrückgabe verloren hat (vgl § 281 Abs 2, 2. Alt BGB). Für eine solche Interpretation zeigt die Haltung des Gesetzgebers eine gewisse Offenheit (vgl BT-Drucks 14/6040, 138 f; wie hier Gsell JZ 2004, 110, 112; Jost, in: FS Otte [2005] 145 ff; Heinrichs, in: FS Derleder [2005] 57, 95 f; s ferner § 283 Abs 1 S 2 KE). Handelt der Schuldner *vorsätzlich,* dh nimmt er die Folgen der Nachfristsetzung im Wissen um die Rechtswidrigkeit seiner Weigerung billigend in Kauf, besteht kein Grund, ihn vor der Schadensersatzforderung zu schützen.

Problematisiert wird die Anwendung des § 281 BGB partiell für die dem Mieter **B 7**
vertraglich auferlegte Pflicht zur Erbringung von **Schönheitsreparaturen** in bestimmten Zeitabständen. Geht es um die Pflicht zur Schönheitsreparatur im *laufenden Mietverhältnis,* müsste der säumige Mieter uU Schadensersatz zahlen, ohne in den Genuss der Schönheitsreparaturen zu kommen. Deshalb soll die Anwendung des § 281 BGB bei fortbestehendem Mietverhältnis ausgeschlossen sein, dem Vermieter aus Gründen der „Billigkeit" indessen ein Kostenvorschuss für die Ersatzvornahme zustehen (BGH 6. 4. 2005 – VIII ZR 192/04, NJW 2005, 1862; BGHZ 111, 301, 305 ff jeweils zum alten Recht, aber übertragbar; **aA** Enderlein AcP 192 [1992] 288, 294 ff, 324). Ein geringerer Eingriff in die gesetzliche Struktur bestünde darin, § 281 BGB anzuwenden, den Schadensersatz aber auf die Erstattung der Kosten für die Durchführung der Schönheitsreparaturen zu beschränken (undiff Langenberg NZM 2002, 972, 973 f; für eine analoge Anwendung des § 538 aF [jetzt § 536a Abs 2 Nr 1 BGB] Sonnenschein JZ 1991, 567, 571; Weitemeyer NZM 2005, 646 f). Eine Liquidierung des gesamten Mietverhältnisses gem § 281 Abs 4 BGB durch den Vermieter wegen Nichtdurchführung der Schönheitsreparatur im laufenden Mietverhältnis kommt nicht in Betracht, soweit der Mieter Kündigungsschutz nach §§ 543, 569, 573 ff BGB genießt. Eine Teilkündigung wegen Teilnichtleistung (vgl Sonnenschein JZ 1991, 567, 568 f) scheidet mangels Teilbarkeit der Gegenleistung des Vermieters (zu diesem Erfordernis Rn B 160) aus. Für die Pflicht zur **Abschlussrenovierung** steht die Anwendbarkeit des § 281 BGB außer Frage (vgl BGH 22. 10. 2008 – VIII ZR 283/07, NJW 2009, 62; Kandelhard NJW 2002, 3291 f), ebenso für die Pflicht zu Schönheitsreparaturen während des laufenden Mietverhältnisses, deren Unterlassung sich nach Beendigung des Mietverhältnisses herausstellt. Hier fehlt es aber an einem Schaden, wenn der Vermieter einen Umbau der Mieträume plant, der die Schönheitsreparatur entbehrlich werden lässt. Der BGH befürwortet in diesem Fall in ergänzender Vertragsauslegung einen Ausgleichsanspruch für die nicht durch-

geführten Reparaturen, da sie Teil des Austauschverhältnisses seien (BGH 8. 10. 2008 – XII ZR 15/07, NJW 2009, 510).

2. Nichtleistung trotz Erbringbarkeit, Fälligkeit und Durchsetzbarkeit

B 8 Die Nichterbringung der Leistung kann Pflichtverletzung in Gestalt der **Nichtleistung** iSv § 281 Abs 1 S 1, 1. Alt BGB nur sein, wenn die Leistungspflicht besteht, fällig und durchsetzbar ist. Insofern decken sich die Voraussetzungen mit denen des Verzuges. Anders als § 326 aF setzt § 281 Abs 1 S 1, 1. Alt BGB nicht mehr den Schuldnerverzug (§ 286 BGB) voraus. Die Voraussetzungen des § 281 Abs 1 S 1, 1. Alt BGB und des § 286 BGB sind aber weitgehend deckungsgleich. Deshalb wird in aller Regel nach erfolglosem Fristablauf gleichzeitig Verzug nach § 286 BGB vorliegen (s aber noch Rn B 18; s ferner Staudinger/Feldmann Vorbem zu §§ 286–292 sowie § 286; noch weiter gehend Begr RegE, BT-Drucks 14/6040, 138).

a) Kein Leistungshindernis iSv § 275

B 9 Wenn ein Leistungshindernis gem § 275 Abs 1 bis 3 BGB vorliegt und im Falle des § 275 Abs 2, Abs 3 BGB zudem vom Schuldner geltend gemacht wird, entfällt die Leistungspflicht. Schadensersatz statt der Leistung kann der Gläubiger nach §§ 280 Abs 1, Abs 3, 283 bzw § 311a BGB verlangen (s § 283 Rn 14 f). Dies gilt auch dann, wenn die Leistungspflicht gem § 275 BGB erst entfällt, nachdem dem Schuldner bereits eine Frist gesetzt worden ist (vgl unten Rn B 56; ferner Emmerich, Leistungsstörungen [6. Aufl 2005] § 18 Rn 34; RG SeuffA 82 Nr 82). Zum maßgeblichen Zeitpunkt für den Fortfall der Leistungspflicht gem § 275 Abs 2, Abs 3 BGB s § 283 Rn 23 u Staudinger/Caspers § 275 Rn 109 ff.

Da der Anspruch auf die geschuldete Leistung mit Eintritt der Voraussetzungen gem § 281 Abs 1–Abs 3 BGB nicht ipso iure entfällt, sondern erst mit dem berechtigten Schadensersatzverlangen untergeht (§ 281 Abs 4 BGB; dazu Rn D 1 ff), kann ein Leitungshindernis gem § 275 BGB und somit ein Anspruch gem §§ 280 Abs 1, Abs 3, 283 BGB noch bis zum **Zeitpunkt des Schadensersatzverlangens** eintreten. Ein etwaiger Anspruch auf Ersatz des Verzögerungsschadens gem §§ 280 Abs 1, Abs 2, 286 BGB bleibt daneben bestehen (s dazu Rn B 143 u Staudinger/Feldmann § 286 Rn 183 ff).

b) Fälligkeit

B 10 Hierzu ist auf die Ausführungen zu § 286 BGB zu verweisen (Staudinger/Feldmann § 286 Rn 5 ff; s auch zur Neuregelung im Werkvertragsrecht Rn D 28 ff). Vor Fälligkeit ist ein Anspruch auf Schadensersatz statt der Leistung nur im Falle einer unzumutbaren Leistungsgefährdung gegeben (s Rn B 185 ff).

c) Durchsetzbarkeit

B 11 Der Leistungspflicht darf keine (sonstige) Einrede entgegenstehen (BGH 7. 3. 2013 – VII ZR 162/12, NJW 2013, 1432 Rn 20). Hat der Schuldner das Recht zur Verweigerung der Leistung, ist die Nichterbringung der Leistung keine Nichtleistung iSv § 281 Abs 1, S 1 1. Alt BGB. Es hängt von der Art der Einrede ab, ob ihre hemmende Wirkung erst zum Zeitpunkt der Geltendmachung eintritt oder bereits zum Zeitpunkt, zu dem die tatbestandlichen Voraussetzungen der Einrede vorlagen. Im Falle des **§ 320** BGB entfaltet die erhobene Einrede ihre Wirkung von Beginn an und nicht erst vom Zeitpunkt der Erhebung (Staudinger/Schwarze [2015] § 320 Rn 44). Anders verhält es sich im Fall des Zurückbehaltungsrechts gem **§ 273** BGB; hier tritt die Wirkung erst mit Geltendmachung desselben ein (BGH 4. 7. 2001 – VIII ZR 279/00, NJW 2001, 3114, 3115; Gröschler AcP 201 [2001] 48, 77). Die **Verjährungseinrede** gem § 214 BGB wirkt auf den Zeitpunkt zurück, in dem die Verjährung eingetreten ist (BGHZ 34, 191, 197 f; vgl Staudinger/Peters [2009] § 218 Rn 4; aA MünchKomm/Ernst Rn 21). Im Übrigen ist auf die entsprechend geltenden Ausführungen zu § 286 BGB zu verweisen (Staudinger/Feldmann § 286 Rn 12 ff). Dem Schuldner kann auch deswegen ein Leistungsverweigerungsrecht zustehen, weil der *Gläubiger selbst nicht vertragstreu* ist. Zu Einzelheiten vgl Rn B 70 ff. Die Durchsetzbarkeit des Leistungsanspruchs muss nach hier vertretener Ansicht zur Entstehung des Schadensersatzanspruchs (Rn D 17) bis zum **Zeitpunkt des Schadensersatzverlangens** (§ 281 Abs 4 BGB) vorliegen. Ist der Leistungsanspruch zu diesem Zeitpunkt verjährt, ist das Schadensersatzverlangen mangels Durchsetzbarkeit des Leistungsanspruchs unwirksam (parallel zum Rücktrittsrecht gem § 218 s Rn G 1).

d) Nichterbringung der Leistung

Der Schuldner leistet dann nicht, wenn die nach dem Schuldinhalt zu erbringende Leistung – zum Zeitpunkt der Fälligkeit – ausbleibt. Den gedanklichen Ausgangspunkt bildet die Erfüllung des Leistungsanspruchs (§ 362 Abs 1 BGB). Wird eine **Handlung** ohne besonderen Erfolg geschuldet (zB § 611 Abs 1 BGB), besteht die Nichterfüllung in der Nichtvornahme der Leistungshandlung. Ist ein **Erfolg** geschuldet (zB Übereignung eines Kfz, § 433 Abs 1 S 1 BGB, Reparatur eines Kfz, § 631 Abs 1 S 1 BGB), besteht die Nichterfüllung darin, dass der Schuldner den Erfolg nicht herbeigeführt hat. Auf ein Fehlverhalten des Schuldners kommt es für die Nichtleistung nicht an (s BT-Drucks 14/6040, 135 f; Canaris Karlsruher Forum 2002, 5, 30 f; Riehm, in: FS Canaris [2007] 1079, 1088 ff; **abw** für nicht erfolgsbezogene Leistungspflichten St Lorenz NJW 2005, 1889, 1890; Looschelders, in: FS Canaris [2007] 737, 739 f). Auch eine Nichterfüllung infolge „höherer Gewalt" bzw durch von keiner Seite zu verantwortende Umstände ist Nichtleistung. B 12

Die Nichtleistung ist nicht identisch mit dem Tatbestand der „Nichterfüllung" (vgl BGH 19. 10. 2007 – V ZR 211/06, NJW 2007, 3777; BGHZ 12, 267, 269; BGH 15. 4. 1959 – V ZR 21/58, NJW 1959, 1176; BeckOK-BGB/Lorenz [1. 2. 2019] Rn 21; Eisenhardt JuS 1970, 489, 491). Beruht die Nichterfüllung auf **unzureichender Mitwirkung** des Gläubigers, liegt keine Nichtleistung vor. Insoweit genügt es grundsätzlich, dass der Schuldner seine Leistung gem §§ 294 f BGB angeboten hat oder die Voraussetzungen des § 296 BGB vorliegen. Mit dem schuldgemäßen Angebot (in § 296 BGB mit Leistungsbereitschaft) entfällt der Tatbestand der Nichtleistung. Bei *erfolgsbezogenen Schuldinhalten* kann es unter diesem Gesichtspunkt ausreichen, dass der Schuldner die seinerseits erforderlichen Leistungshandlungen vorgenommen hat. An typischen Schuldinhalten verdeutlicht: Bei der *Bringschuld* muss die Leistung bis zum Ablauf der Nachfrist beim Gläubiger diesem angeboten werden, bei einem kaufmännischen Gläubiger innerhalb der gewöhnlichen Geschäftszeit (§ 358 HGB; vgl RGZ 92, 208, 210). Bei der *Holschuld* genügen die Bereitstellung und ein wörtliches Angebot (§ 295 BGB) an den Gläubiger. Der Tatbestand der Nichtleistung entfällt ferner ohne Erfüllung, soweit nach dem jeweiligen Schuldinhalt die **Gefahr** der nicht rechtzeitigen Erfüllung dem Gläubiger zugewiesen ist (so zum Versendungskauf BGHZ 12, 269; s auch BGH 12. 12. 1990 – VIII ZR 332/89, NJW 1991, 1292, 1294; Huber II [1999] 375 f; wegen

§ 475 Abs 2 BGB nicht mehr übertragbar auf den Verbrauchsgüterkauf; hier tritt Beendigung der Nichtleistung erst mit dem Angebot, also mit Ankunft der Ware beim Gläubiger ein). Zu weit ginge es aber, die Nichtleistung trotz Verpflichtung zu einem Leistungserfolg von vornherein auf die Nichtvornahme der *Leistungshandlung* zu beschränken (missverständlich Palandt/Grüneberg Rn 12) und den Schuldner einer erfolgsbezogenen Leistung damit generell vom Nichteintritt des Erfolges zu entlasten: Wer sich zur Reparatur einer lecken Wasserleitung verpflichtet hat, „leistet nicht", solange das Leck nicht beseitigt ist, mag er auch handwerksgemäß gearbeitet haben. Selbst wenn der Erfolg **von Dritten abhängt**, kann man nicht generell den Tatbestand der Nichtleistung verneinen, weil der Schuldner das seinerseits Erforderliche getan hat. So soll nach der Rechtsprechung bei einem **Grundstückskauf** eine Pflichtverletzung des Verkäufers (= Nichtleistung) schon dann ausgeschlossen sein, wenn der Verkäufer die Handlungen, die seinerseits zur Ermöglichung des Eigentumserwerbs erforderlich sind (insbes Auflassungserklärung), vorgenommen hat. Das Ausbleiben der Grundbucheintragung und damit der Eigentumsverschaffung stellten keine Pflichtverletzung (= Nichtleistung) dar (BGH 19. 10. 2007 – V ZR 211/06, NJW 2007, 3777; s ferner BGH 19. 7. 2011 – X ZR 140/10, NJW 2011, 3082; zuvor RGZ 118, 100, 102; BGH 18. 6. 1971 – V ZR 45/69, MDR 1971, 737). Dann dürfte der Käufer nicht einmal gem § 323 Abs 1 BGB zurücktreten, wenn die Eintragung auch nach längerer Zeit unterbliebe, und er könnte einen bereits gezahlten Kaufpreis nicht zurückverlangen. Das Ausbleiben der Übereignung über einen für die Eintragung als verkehrsüblich zu veranschlagenden Zeitraum hinaus gehört aber im Zweifel nicht zum Risiko des Käufers. Kommt es nach Ablauf dieser Zeit nicht zur Grundbucheintragung, liegt eine Nichtleistung vor. Der Verkäufer haftet zwar nicht, da er für das ordnungsgemäße Handeln des Grundbuchamtes nicht verantwortlich ist und keine Gewähr übernommen hat (§ 280 Abs 1 S 2 BGB); der Käufer kann aber vom Vertrag gem § 323 Abs 1 BGB zurücktreten. Für die **Einhaltung der Nachfrist** gelten vorstehende Erl entsprechend; s noch Rn B 57 f, dort auch zur Geldschuld.

B 13 Wird nur ein Teil der Leistung erbracht, liegt eine **Teil-Nichtleistung** vor (§ 281 Abs 1 S 2 BGB). Auch die Leistung eines **Aliud** ist Nichtleistung (zB der Vermieter liefert einen anderen als den vermieteten Pkw, der Mieter bemerkt dies erst nach der Entgegennahme; zur abweichenden Regelung im Kaufrecht Rn A 28 ff). Nichtleistung liegt ferner dann vor, wenn der Schuldner für die Leistungshandlung oder den Leistungserfolg den **falschen Ort** wählt, zB die Sache nicht wie geschuldet anliefert, sondern lediglich in seinem Geschäft bereitstellt oder umgekehrt entgegen der Vereinbarung zum Gläubiger bringt, während dieser zum vereinbarten Zeitpunkt das Geschäft des Schuldners aufsucht. Handeln entgegen einer **Unterlassungspflicht** ist nur dann Nichtleistung, wenn die Handlung reversibel ist; andernfalls liegt Unmöglichkeit vor und der Schadensersatz richtet sich nach §§ 280 Abs 1, Abs 3, 283 BGB.

B 14 Die Nichtleistung muss bis zum **Ablauf** der Nachfrist bzw bis zum Eintritt der nach § 281 Abs 2 BGB maßgeblichen Umstände anhalten, dh der Schuldner kann bis zu diesem Zeitpunkt den Tatbestand der Nichtleistung beseitigen (s noch Rn B 57 ff).

B 15 Eine nicht schuldgemäße Leistung kann der Gläubiger **zurückweisen**, die Nichtleistung dauert dann fort (RGZ 106, 89; Emmerich, Leistungsstörungen [6. Aufl 2005] § 18 Rn 35; Palandt/Grüneberg Rn 12). Das gilt für quantitative (§ 266 BGB) wie für qualitative

Defizite der Leistung (näher dazu Rn B 62 ff). Hinzunehmen hat der Gläubiger unerhebliche Qualitätsmängel (§ 281 Abs 1 S 3 BGB, dazu noch Rn C 25 ff) oder geringfügige Mengenabweichungen (s Rn B 156 ff). Bezüglich des nicht erhaltenen geringfügigen Teils kann der Gläubiger gegen den Schuldner vorgehen, also auf Leistung klagen oder bezüglich dieses Teils Schadensersatz statt der Leistung verlangen. Eine „Nichtleistung" liegt auch vor, wenn der Gläubiger die Annahme der Leistung ablehnt, weil die Leistung für ihn mit einer unzumutbaren Verletzung oder Gefährdung seines Integritätsinteresses einherginge, zB unter andauernden Beleidigungen seitens des Schuldners. § 282 BGB ist hier ebenfalls erfüllt; die Vorschrift gewährt Schadensersatz statt der Leistung allerdings unabhängig vom Vorliegen einer Nichtleistung und einer Fristsetzung.

Nimmt der Gläubiger die Leistung in **Kenntnis** der Schuldwidrigkeit an und ist darin eine einverständliche Änderung des Schuldinhalts zu sehen, entfällt die Nichtleistung. Dasselbe gilt, wenn eine nicht schuldgemäße Leistung an Erfüllungs Statt (§ 364 BGB) angenommen wird. Bei der *Annahme eines Schecks* erfüllungshalber, entfällt die Nichtleistung erst mit der erfolgreichen Einlösung; bis zu diesem Zeitpunkt hat der Schuldner eine dilatorische Einrede, die der Entstehung der Rechte aus § 281 BGB entgegensteht (vgl Rn B 11). Eine bereits gesetzte Nachfrist läuft, wenn anderes nicht vereinbart ist, weiter. Scheitert die Einlösung, kann der Gläubiger an den Ablauf der Nachfrist anknüpfen und Schadensersatz statt der Leistung fordern. Nimmt der Gläubiger eine nicht schuldgerechte Leistung in **Unkenntnis** dieses Umstandes oder unter Vorbehalt der Nachbesserung an, läuft die wegen der anfänglichen Nichtleistung gesetzte Nachfrist nach zutreffender Ansicht weiter, der Gläubiger muss keine neue Nachfrist setzen. Im Einzelnen s noch Rn B 62 ff, insbes Rn B 65.

Ist der Leistungsanspruch in einem rechtskräftigen **Leistungsurteil** tituliert, hindert **B 16**
dies nicht die Anwendung der §§ 280 Abs 1, Abs 3, 281 BGB. Der Gläubiger ist nicht zur Vollstreckung des Leistungsurteils verpflichtet, sondern kann gem § 281 BGB vorgehen (Verurteilung zum Schadensersatz allerdings nur Zug-um-Zug gegen Herausgabe des vollstreckbaren Leistungstitels, OLG Brandbg 16. 1. 2007 – 6 U 54/06 Rn 20, 44). Ist die Nachfrist auf Antrag des Gläubigers im Urteil gesetzt worden (Rn B 28, F 15), kann der Gläubiger nach deren erfolglosen Ablauf Schadensersatz verlangen. Ferner steht die Nachfristsetzung für den Schadensersatzprozess fest (näher Rn F 6 ff).

3. Fristsetzung oder Abmahnung

Will der Gläubiger das Vertragsverhältnis liquidieren, muss er dem säumigen Schuld- **B 17**
ner idR zur Bewirkung der Leistung oder Nacherfüllung noch eine angemessene Frist bestimmen (§ 281 Abs 1 S 1 BGB). Eine Erklärung, dass er die Leistung nach Ablauf der Frist ablehne *(Ablehnungsandrohung)*, ist nicht erforderlich (Rn B 36). Nach Ablauf der Frist kann der Gläubiger statt der Leistung Schadensersatz verlangen. Erst mit diesem berechtigten Verlangen (Abs 4), nicht schon mit dem fruchtlosen Fristablauf, verliert der Gläubiger den Erfüllungsanspruch und entsteht der Schadensersatzanspruch (näher dazu Rn D 1 ff). Zur Funktion der Nachfristsetzung vgl bereits Rn A 9 ff.

a) Unterschiede zur Mahnung

B 18 Ebenso wie beim Verzug bedarf es für § 281 BGB idR einer nachdrücklichen Erinnerung des Schuldners an seine Leistungspflicht. Allerdings verlangt das Gesetz in § 281 BGB mehr als die Mahnung (§ 286 Abs 1 BGB; dazu Staudinger/Feldmann § 286 Rn 28 ff). Der Gläubiger muss eine Frist zur (ordnungsgemäßen bzw vollständigen) Erbringung der Leistung setzen; die Fristsetzung muss der Schuldner im Zweifel auch als Mahnung verstehen. Die Gründe, unter denen Nachfristsetzung einerseits und Mahnung andererseits entbehrlich sind, sind nicht ganz deckungsgleich. Die in § 281 Abs 2 BGB geregelten Voraussetzungen für die Entbehrlichkeit (Leistungsverweigerung seitens des Schuldners oder besondere Umstände) finden sich bei der Mahnung (§ 286 Abs 2 Nr 3 u 4 BGB). Die Mahnung ist zudem entbehrlich, wenn die Leistungszeit nach dem Kalender feststeht oder errechnet werden kann (§ 286 Abs 2 Nr 1 u 2 BGB). Sie ist außerdem gem § 286 Abs 3 BGB entbehrlich, wenn bei nicht *wiederkehrenden und deshalb nicht terminierten Entgeltforderungen* der Verzug spätestens 30 Tage nach Fälligkeit und Zugang einer Rechnung oder einer gleichwertigen Zahlungsaufstellung eintritt (s Staudinger/Feldmann § 286 Rn 95 ff). Auf § 281 BGB sind diese beiden zusätzlichen Tatbestände nicht übertragbar, denn bei § 281 BGB geht es um die Liquidation der Leistungspflicht bzw des Vertrages und nicht lediglich um den Verzögerungsschaden (§§ 280 Abs 1, Abs 2, 286 BGB) und die sonstigen Verzugsfolgen (dazu Staudinger/Feldmann § 286 Rn 181 ff; sowie die Erl zu §§ 287 ff). Die Anforderungen an den Eintritt des Verzuges sind in Anbetracht der weniger einschneidenden Rechtsfolgen tendenziell geringer als die an die Nichtleistung iSd § 281 BGB.

b) Rechtsnatur

B 19 Die Fristsetzung ist eine einseitige **„geschäftsähnliche" Handlung** und keine Willenserklärung, weil das Entstehen des Schadensersatzanspruchs nicht von dem Geltungswillen des Erklärenden umfasst sein muss (Palandt/Grüneberg Rn 9; Wolf/Neuner, AT [10. Aufl 2012] § 22 Rn 15; Soergel/Benicke/Hellwig Rn 86; **aA** MünchKomm/Ernst Rn 23). Bei der Nachfristsetzung mit Ablehnungsdrohung iSv § 326 Abs 1 S 1 aF konnte man sich über die zutreffende Einordnung eher streiten, weil der Erfüllungsanspruch mit dem Ablauf der Frist unterging (für rechtsgeschäftlichen Charakter RGZ 53, 161, 167; BGHZ 114, 360, 366; Huber II [1999] 374 f mwNw; für geschäftsähnlichen Charakter BGH 15. 4. 1998 – VIII ZR 129/97, NJW 1998, 3058, 3059). Nach jetzigem Recht gibt es für die Einordnung als Rechtsgeschäft keinen überzeugenden Grund. Praktisch ist die Frage kaum erheblich, da auf die geschäftsähnlichen Handlungen die Normen über Rechtsgeschäfte analog anwendbar sind (Emmerich, Leistungsstörungen [6. Aufl 2005] § 18 Rn 24; MünchKomm/Ernst § 323 Rn 50). Weil die Fristsetzung nicht mehr automatisch zum Fortfall des Leistungsanspruchs führt, sondern nur die Befugnisse des Gläubigers vermehrt, ist sie für den Gläubiger lediglich rechtlich vorteilhaft (§ 107 BGB) und kann daher auch von einem **beschränkt Geschäftsfähigen** ohne Einwilligung seiner gesetzlichen Vertreter erklärt werden (Palandt/Grüneberg Rn 9). Dies gilt allerdings nicht, wenn die vom beschränkt Geschäftsfähigen gesetzte Frist über die „angemessene" Zeitspanne hinausgeht. Wegen der Bindung an die Frist (Rn B 20) wäre der beschränkt geschäftsfähige Gläubiger dann länger als nach dem Gesetz nötig am Schadensersatzverlangen gehindert (Soergel/Gsell § 323 Rn 58; PWW/Schmidt-Kessel Rn 6). Daher ist eine über das Angemessene hinausgehende Fristsetzung nicht lediglich rechtlich vorteilhaft und ohne Einwilligung des gesetzlichen Vertreters unwirksam (die Vorteilhaftigkeit der Fristsetzung generell verneinend Soergel/Gsell § 323 Rn 58;

PWW/Schmidt-Kessel Rn 6). Die Umdeutung einer über das Angemessene hinausgehenden Fristsetzung in eine solche zu angemessener Frist analog § 140 BGB würde den auf die Frist vertrauenden Gläubiger unverhältnismäßig belasten. Zwar ist der Minderjährigenschutz grundsätzlich nicht durch das Vertrauen des Geschäftsgegners begrenzt, dies kann aber nur im Hinblick auf das Vertrauen in die Wirksamkeit eines Rechtsgeschäfts gelten, nicht für das Vertrauen auf einen bestimmten Inhalt desselben, dh dieser darf nicht zum Zwecke des Minderjährigenschutzes zu Lasten des Geschäftsgegners verändert werden.

Der Gläubiger kann die Nachfristsetzung grundsätzlich **nicht widerrufen** (RGZ 53, 161, 167), denn sonst könnte er nach erfolgtem Widerruf eine neue, kürzere Frist setzen. Dies würde schutzwürdige Interessen des Schuldners beeinträchtigen, der sein Leistungsverhalten regelmäßig auf die Dauer der ursprünglich gesetzten Frist eingestellt haben wird (abw – Widerruf zulässig, nicht aber die Verkürzung der Frist – Lindacher JZ 1980, 48, 50; Emmerich, Leistungsstörungen[w] [6. Aufl 2005] § 18 Rn 25; Soergel/Benicke/Hellwig Rn 122; MünchKomm/Ernst Rn 25 u § 323 Rn 54 f). Nicht gehindert ist der Gläubiger, die Frist zu Gunsten des Schuldners zu **verlängern** (BGH 10. 1. 1990 – VIII ZR 337/88, NJW-RR 1990, 442, 444; s ferner Rn B 52). Im Übrigen ist eine Beseitigung der Nachfristsetzung analog §§ 119, 142 Abs 1 BGB möglich, wobei der Gläubiger die Folge des § 122 BGB gewärtigen muss. Ferner können die Parteien eine – ggf rückwirkende – Beseitigung des Schadensersatzverlangens oder seiner Rechtsfolgen vereinbaren (zu Beschränkungen bei Formbedürftigkeit des Vertrages s Rn D 9). Eine eigenmächtige, ohne Zustimmung des Gläubigers durchgeführte Behebung der Nicht- oder Schlechtleistung berührt die Wirksamkeit des Schadensersatzverlangens dagegen nicht (BGH 5. 11. 2008 – VIII ZR 166/07, NJW 2009, 508, 509). Erklärt sich der Gläubiger trotz wirksamem Schadensersatzverlangen mit der Nachleistung einverstanden, liegt darin idR die einvernehmliche Beseitigung des Verlangens unter der Bedingung der ordnungsgemäßen Nachleistung (zumindest für Treuwidrigkeit des Schadensersatzverlangens BGH 5. 11. 2008 – VIII ZR 166/07, NJW 2009, 508, 509). Schadensersatzansprüche wegen der trotz ordnungsgemäßer Nachleistung eingetretenen vorübergehenden Nicht- oder Schlechtleistung gem §§ 280 Abs 1, Abs 2, 286 BGB (§ 280 Rn C 24 ff) bleiben davon unberührt. **B 20**

Erfolgt die Fristsetzung durch einen **Stellvertreter**, so kann der säumige Schuldner Mängel der Vollmacht analog § 174 BGB beanstanden (RG Recht 1916 Nr 920). Umgekehrt kann der Gläubiger die Erklärung eines Vertreters ohne Vertretungsmacht unter den Voraussetzungen der §§ 180 S 2, 177, 184 BGB rückwirkend genehmigen (RGZ 66, 430, 432; Huber II [1999] 428 f; Soergel/Benicke/Hellwig Rn 125 f; **aA** BGHZ 143, 41, 46; BGH 15. 4. 1998 – VIII ZR 129/97, NJW 1998, 3058, 3060; BeckOK-BGB/Bub [1. 11. 2018] § 184 Rn 9; Erman/Maier-Reimer § 184 Rn 8 ff; MünchKomm/Ernst § 323 Rn 53). Die insoweit abweichende Rechtsprechung des BGH zu § 326 aF ist auf § 281 BGB nicht übertragbar (**aA** Staudinger/Gursky [2014] § 184 Rn 38b), da nunmehr nicht bereits die Fristsetzung, sondern erst das Schadensersatzverlangen Gestaltungswirkung entfaltet (§ 281 Abs 4 BGB, s Rn D 17 ff). Ferner ist der Schuldner in Ansehung des § 180 S 2 BGB nicht schützenswerter als in Fällen mehrseitiger Rechtsgeschäfte: Er hat die (zunächst) schwebend unwirksame Erklärung zu beachten, da und soweit er die vom Vertreter behauptete Vertretungsmacht nicht beanstandet hat oder mit dem Handeln ohne Vertretungsmacht einverstanden war. Bleibt eine Genehmigung aus, haftet der Vertreter dem Schuldner nach Maßgabe **B 21** des § 179 BGB. Bei einer Gesamtvertretung muss die Fristsetzung von allen Gesamtvertretern ausgehen.

c) Berechtigter und Adressat

B 22 **aa)** Sind **mehrere** hinsichtlich des Leistungsanspruchs berechtigt, so stehen ihnen auch die Rechte aus § 281 BGB nur gemeinschaftlich zu (s BGH 3. 11. 1983 – IV ZR 104/82, NJW 1984, 795; zur Verfolgung von Ersatzansprüchen durch Wohnungseigentümer BGH 10. 3. 1988 – VII ZR 171/87, NJW 1988, 1718; zur Erbengemeinschaft BGHZ 143, 41, 45 f; Huber II [1999] 428 f; Soergel/Benicke/Hellwig Rn 128 f; **aA** MünchKomm/Ernst § 323 Rn 52 unter Hinweis auf § 2039 BGB). Auch hier kommt jedoch eine rückwirkende Genehmigung durch die anderen Gläubiger in Betracht (vgl bereits Rn B 21).

B 23 Im Fall der endgültigen **Abtretung** des Leistungsanspruchs durch den ursprünglichen Vertragspartner steht das Recht zur Fristsetzung allein dem Zessionar als neuem Inhaber des Leistungsanspruchs zu (vgl RGZ 55, 402; BGHZ 114, 360, 365 f; Seetzen AcP 169 [1969] 352, 366 ff; Erman/Westermann § 398 Rn 29; für den Regelfall unter Betonung des Vorrangs vertraglicher Absprachen ebenso Huber II [1999] 428; **aA** für die Abtretung einer Geldforderung Nörr/Scheyhing/Pöggeler, Sukzessionen[2] [1999] § 4 IV 3 [49 f]). Eine andere Beurteilung ist idR bei der *Sicherungszession* geboten: Hier bleibt bis zum Eintritt des Sicherungsfalls der Zedent zur Fristsetzung berechtigt (BGH 17. 1. 2002 – VII ZR 490/00, NJW 2002, 1568 f; Staudinger/Busche [2017] § 398 Rn 82). Ist die Abtretung schwebend unwirksam, so bleibt die vom Zessionar erklärte Nachfristsetzung auch dann wirkungslos, wenn die Abtretung später genehmigt wird (BGHZ 114, 360, 365 f; Erman/Westermann § 398 Rn 29). Gleiches gilt, wenn ein aus anderen Gründen Nichtberechtigter eine Nachfristsetzung erklärt (BGH 15. 4. 1998 – VIII ZR 129/97, NJW 1998, 3058, 3060; BGH 22. 10. 1999 – V ZR 401/98, NJW 2000, 506, 507). Zur Geltendmachung der in § 281 BGB angeordneten Rechte, die auch den Zedenten berühren können, siehe unten Rn B 150.

B 24 Probleme ergeben sich, wenn bei einem echten **Vertrag zugunsten Dritter** der Versprechende nicht leistet. In dieser Konstellation stoßen das Interesse des begünstigten Dritten auf die Störung angemessen zu reagieren, das Interesse des Versprechensempfängers, zumindest über die Gesamtliquidation des Vertrages (mit) zu bestimmen, und das Interesse des Versprechenden an Klarheit über die Wirksamkeit der ihm gegenüber abgegebenen Erklärungen aufeinander. Die **hM** betont für den Fall, dass der Versprechensempfänger ein eigenes Forderungsrecht hat, dessen Stellung als Vertragspartner bzw als „Herr des Synallagmas" und ordnet ihm deshalb das Recht zur Nachfristsetzung zu (BGH 19. 6. 1966 – VIII ZR 202/64, NJW 1967, 2261; BGH 15. 1. 1974 – X ZR 36/71, NJW 1974, 502; Gernhuber, Das Schuldverhältnis [1989] 499), ggf mit Bindung an die Zustimmung des Dritten (Lange NJW 1965, 657, 663; in diesem Sinn auch Erman/Westermann § 328 Rn 8). Richtig erscheint es hingegen, eine Parallele zur Zession zu ziehen (s vorstehende Rn B 23) und den Dritten generell als zuständig für die Abgabe von Erklärungen anzusehen, die seinen Leistungsanspruch entfallen lassen (MünchKomm/Ernst Rn 24 u § 323 Rn 53; MünchKomm/Gottwald § 335 Rn 10; Dörner, Dynamische Relativität [1985] 305 ff; iE auch Hadding, in: FS Gernhuber [1993] 153, 159, 163 ff; Huber II [1999] 295, 428). Dies wird dem Interesse des Dritten an Klarheit über das weitere Schicksal des gesamten Vertragsverhältnisses am ehesten gerecht (s auch Rn B 152). Dabei ist nicht nach der Widerruflichkeit des Anspruchs des Dritten oder nach dem Bestehen eines eigenen Forderungsrechts des Versprechensempfängers zu differenzieren. Abzulehnen ist auch die nunmehr von Raab 533 bejahte „echte konkurrierende Zuständigkeit beider Gläubiger", zumal beim Wegfall des Interesses an der Leistung ohne Fristsetzung (§ 281 Abs 2, 2. Alt BGB) auch Raab 534 nur auf das Interesse des Dritten abstellt.

bb) Die Fristsetzung muss dem Geschäftsgegner oder einem legitimierten Vertreter **zugehen**; legitimiert ist auch der Handelsvertreter (§§ 55 Abs 4, 91 Abs 2 HGB), der Prozessbevollmächtigte, wenn die Erklärung im Prozess abgegeben wird (RGZ 63, 408, 413), nicht dagegen der versteigernde Gerichtsvollzieher (RGZ 70, 127, 131) oder der Auktionator. Bei Gesamtvertretung auf der Schuldnerseite kann die Erklärung wirksam an jeden einzelnen Vertreter gerichtet werden (vgl zB § 170 Abs 3 ZPO; ferner RGZ 53, 227, 230). Die Erklärung kann auch gegenüber einem zum Empfang ermächtigten Boten erfolgen, geht dem Schuldner dann aber erst nach Ablauf der für die Übermittlung vom Boten an den Adressaten üblichen Zeit zu (vgl BGH 15. 3. 1989 – VIII ZR 303/87, NJW-RR 1989, 757 f). **B 25**

Bei **Gesamtschuldnern** muss die Fristsetzung jedem Schuldner zugehen, denn das durch die Fristsetzung ggf ermöglichte Schadensersatzverlangen gem § 281 Abs 4 BGB entfaltet seine gestaltende Wirkung (Fortfall der Leistungspflicht) wie der Rücktritt gegenüber allen Schuldnern; deshalb muss allen die Gelegenheit zur Nachleistung gegeben werden (MünchKomm/Ernst § 323 Rn 52; ferner Huber II [1999] 429: § 356 aF [jetzt § 351] analog; ebenso für § 323 BGB, anders aber für § 281 BGB Staudinger/Looschelders [2017] § 425 Rn 30, 32 mwNw). Einen Schadensersatzanspruch hat der Gläubiger allerdings nur gegenüber dem Schuldner, in dessen Person alle Schadensersatzvoraussetzungen vorliegen. Insoweit kann für § 281 BGB nichts anderes gelten als für den Verzug (arg § 425 Abs 2 BGB, vgl RGZ 65, 26, 28 f). **B 26**

Hat der Schuldner seinen Anspruch auf die **Gegenleistung abgetreten**, bleibt er gleichwohl der richtige Adressat der Fristsetzung (Gernhuber, in: FS Raiser [1974] 82 Fn 50; Köhler JZ 1986, 516; Soergel/Gsell § 323 Rn 65; offen gelassen BGH 16. 10. 1985 – VIII ZR 287/84, NJW 1986, 919; **aA** – Erklärung auch ggü Zessionar zulässig – Neumann-Duesberg NJW 1971, 271 f; Nörr/Scheyhing/Pöggeler, Sukzessionen[2] [1999] § 4 III 2 b [41]). Hat im Gefolge der Zession des Gegenleistungsanspruchs eine *befreiende Schuldübernahme* stattgefunden, muss die Erklärung dem neuen Schuldner (und Zessionar des Gegenleistungsanspruchs) zugehen. **B 27**

d) Form

Eine Form ist für die Fristsetzung nicht vorgeschrieben. Sie sollte aber zweckmäßigerweise schriftlich erfolgen (zur Regelbarkeit der Form in AGB s Rn B 207). Die Erklärung kann auch im Prozess mündlich oder durch einen dem Gegner zugestellten Schriftsatz abgegeben werden (dazu RGZ 53, 148; 63, 411). Gem § 255 ZPO bzw § 510b ZPO kann sie auch im Urteil bestimmt werden (Rn F 15). **B 28**

e) Zeitpunkt

aa) Die Frist ist nach Eintritt der **Fälligkeit** des Anspruchs zu setzen (BGH 14. 6. 2012 – VII ZR 148/10, NJW 2012, 3714; Soergel/Benicke/Hellwig Rn 69 ff; zur Fristsetzung vor Fälligkeit wegen Leistungsgefährdung s Rn B 192 f). Eine Verbindung der Fristsetzung mit der den Verzug begründenden Mahnung ist zulässig, weil die Fristsetzung nicht den vorherigen Eintritt des Verzuges voraussetzt. **B 29**

B 30 Eine Fristsetzung **vor Fälligkeit** ist grundsätzlich unbeachtlich, erst recht, wenn die Frist vor Fälligkeit abläuft (BGH 14. 6. 2012 – VII ZR 148/10, NJW 2012, 3715 f; BGH 15. 3. 1996 – V ZR 316/94, NJW 1996, 1814). Nach verbreiteter Ansicht soll die Fristsetzung aber mit einer die Fälligkeit erst begründenden Erklärung des Gläubigers verbunden werden können (vgl BGH 17. 12. 1996 – X ZR 74/95, NJW-RR 1997, 622, 623; BGH 10. 1. 1990 – VIII ZR 337/88, NJW-RR 1990, 442, 444; ferner BeckOK-BGB/Lorenz [1. 2. 2019] Rn 20; MünchKomm/Ernst Rn 28 u § 323 Rn 57). Der Verkäufer soll daher zB bei einem Kauf „netto Kasse bei Empfang der Rechnung" mit dem Angebot der Ware die Nachfristsetzung verbinden können, weil der Kaufpreis idR mit dem Angebot fällig werde (RG Recht 1923 Nr 864). Eine solche Fristsetzung „auf Vorrat" wird jedoch kaum dem Zweck der Regelung gerecht, dem Schuldner eine „zweite Chance" zur Leistungserbringung einzuräumen, da er die erste noch gar nicht hat verstreichen lassen. Erst im Angesicht der eingetretenen Störung (Nichtleistung) hat die Fristsetzung die nötige Eindringlichkeit (zur Bedeutung der vor der Fälligkeit erklärten ernsthaften und endgültigen Leistungsverweigerung s Rn B 188).

B 31 Aus demselben Grund und mit Rücksicht auf die Rechtssicherheit sind auch **geringfügige Verfrühungen** der Fristsetzung nicht gem § 242 BGB als unerheblich anzusehen. Auch eine nur knapp vor der Fälligkeit gesetzte Frist ist als unwirksam zu betrachten (ebenso Lorenz/Riehm, Schuldrecht [2002] Rn 197; **aA** RG 15. 10. 1923 – 796/22 VI, JW 1924, 1246; im Grundsatz auch RGZ 93, 180, 182: Fristsetzung drei Tage vor Verzugseintritt allerdings verfrüht). Nicht ausgeschlossen ist, eine vor Fälligkeit erfolgte Fristsetzung bei der Auslegung des Gläubigerverhaltens nach Eintritt der Fälligkeit mit zu berücksichtigen, so dass das spätere Gläubigerverhalten vom Schuldner als erneute Fristsetzung zu dem in der verfrüht erklärten Fristsetzung erklärten Termin zu verstehen ist, wenn dieser Termin in einem angemessenen Abstand nach der Fälligkeit liegt (vgl RG 23. 1. 1914 – II 485/13, LZ 1914, 855, 857). Dies soll etwa anzunehmen sein, wenn der Gläubiger einen Prozess bis zur Fälligkeit fortführt (RG 26. 6. 1908 – II 574/07, LZ 1908, 854). Im Übrigen können die Parteien vertraglich zugleich mit dem Lieferungsvertrag eine Nachfrist iS des § 281 BGB vereinbaren und ihr Ende bestimmen (vgl RG HRR 1925, Nr 681; vgl zu den für AGB geltenden Grenzen Rn B 207).

B 32 Ist dem Schuldner bei der Vereinbarung der Fälligkeit eine zeitliche **Spanne** zur Leistung nach Eintritt der Fälligkeit eingeräumt worden, kann die Frist vor Ablauf der Zeitspanne gesetzt werden, doch rechnet die Angemessenheit der Frist erst vom Ablauf der Zeitspanne an (RGZ 69, 304: „Lieferung bis circa Ende Juni"). Kann der Schuldner nach der Parteivereinbarung den Leistungszeitpunkt selbst bestimmen, muss notfalls erst gem § 315 Abs 3 BGB der Richter angerufen werden (RGZ 64, 114; s auch für Handelssachen RGZ 90, 27, 30, wo aus Gründen der Praktikabilität von einem abweichenden Parteiwillen ausgegangen wird).

B 33 **bb)** Die Frage einer **verspäteten Fristsetzung** stellt sich grundsätzlich nicht. Es gibt keine gesetzliche Ausschlussfrist für die Fristsetzung. Auch eine Verwirkung (§ 242 BGB) der Befugnis zur Fristsetzung scheidet grundsätzlich aus. Da der Fristablauf im Unterschied zum alten Recht nicht automatisch zum Fortfall des Leistungsanspruchs führt, sollte eine etwaige Verwirkung bei den einzelnen aus dem Fristablauf resultierenden Befugnissen des Gläubigers (insbes Zurückweisungsbefugnis, Schadensersatzbefugnis; Rn D 1 ff) ansetzen, nicht bei der Fristsetzung selbst (deshalb nicht zu übertragen RG 28. 6. 1919 – I 75/19, WarnR 1919 Nr 204; gegen Verwirkung schon BGH 17. 1. 1997 – V ZR 285/95, NJW 1997, 1231, 1232). Der säumige Teil wird durch ein Abwarten des Gläubigers nicht unzumutbar beeinträchtigt, da er das Recht hat, solange zu erfüllen, bis die Nachfrist abgelaufen ist (§ 281 Abs 4 BGB, vgl RGZ 83, 176, 178; 91, 99, 101) und auf diese Weise jederzeit Klarheit erlangen kann (ebenso Huber II [1999] 148 f; wohl auch BGH 17. 1. 1997 – V ZR 285/95, NJW 1997, 1231, 1232). Wohl kann dem Gläubiger nach der Rspr aus der Schadensminderungsobliegenheit gem § 254 Abs 2 BGB mittelbar ein Nachteil daraus erwachsen, dass er die Nachfristsetzung hinauszögert, wenn eine frühere Nachfristsetzung ein günstiges Deckungsgeschäft ermöglicht und den eingetretenen Schaden vermieden oder gemindert hätte (BGH 17. 1. 1997 – V ZR 285/95, NJW 1997, 1231, 1232). Dies bedeutet indessen eine zu starke Beschränkung und Belastung des Gläubigers; eine Begrenzung des Hinauszögerns durch das Verbot des Rechtsmissbrauchs (§ 242 BGB) erscheint ausreichend (s näher § 280 Rn E 110). Auch eine nach Erhebung der **Schadensersatzklage** erklärte Frist ist wirksam und prozessual beachtlich, da die Tatsachenlage zum Zeitpunkt der letzten mündlichen Verhandlung der Tatsacheninstanz maßgeblich ist. Selbst eine infolge „Nachlässigkeit" erst in der Berufungsinstanz erklärte Fristsetzung ist nicht gem § 531 Abs 2 Nr 3 ZPO präkludiert, da die Erklärung als solche unstreitig ist und § 531 Abs 2 Nr 3 ZPO nur streitiges und beweisbedürftiges Vorbringen ausschließt (BGH 20. 5. 2009 – VIII ZR 247/06, NJW 2009, 2532, 2533).

Von der treuwidrig verspäteten Fristsetzung sind zu unterscheiden: Erlass und Ver- **B 34**
wirkung bezüglich des Leistungsanspruchs selbst oder Verzicht und Verwirkung bezüglich der nach Fristablauf eintretenden Befugnis, nach § 281 Abs 4 BGB Schadensersatz zu verlangen oder bezüglich des Schadensersatzspruchs selbst (vgl RGZ 107, 106 u 346, 348 f; 109, 184, 187; RG 1. 2. 1935 – II 223/34, WarnR 1935 Nr 49). Ein **Verzicht** auf die Schadensersatzbefugnis kann nicht schon darin gesehen werden, dass der Gläubiger zunächst noch Erfüllung verlangt, obwohl der Schuldner die Leistungserbringung endgültig verweigert hat (RGZ 102, 263, 264; näher Rn D 7). Eine **Verwirkung** kann uU eintreten, wenn der Gläubiger die ihm obliegende Gegenleistung vorbehaltlos erbringt.

f) Inhalt

Die Fristsetzung des Gläubigers muss die **Aufforderung** zur Leistungsbewirkung oder **B 35**
Nacherfüllung innerhalb der Frist, dh eines bestimmten Zeitraums, zum Ausdruck bringen. Die Fristsetzung kann unter Benennung einer Zeitspanne, also Wochen, Tage, Stunden (s RG 18. 11. 1910 – II 22/10, JW 1911, 92; BGH LM § 270 Nr 3: Stunden nur ausnahmsweise zulässig) oder eines bestimmten Termins erfolgen (MünchKomm/Ernst § 323 Rn 70; im Einzelnen noch Rn B 42 ff). Die *Nacherfüllung* stellt einen Unterfall der Leistung dar; sie ist nach der Begründung des RegE (BT-Drucks 14/6040, 138) aus Gründen der Zweckmäßigkeit eingefügt worden und nur für die *nicht wie geschuldet erbrachte Leistung* relevant. Vgl dazu unten Rn C 18 ff.

aa) Die Aufforderung muss ebenso wie die Abmahnung nach Abs 3 **nachdrücklich** **B 36**
erfolgen, so dass dem Schuldner mögliche Konsequenzen bewusst werden (BGH 25. 3. 2010 – VII ZR 224/08, NJW 2010, 2200 Rn 16; krit NK-BGB/Dauner-Lieb Rn 19). Rechtsfolgen müssen allerdings nicht angedroht werden (MünchKomm/Ernst Rn 32). Das Gesetz verlangt keine *Ablehnungsandrohung* mehr, dh die bestimmte Erklärung, dass der Gläubiger nach dem Ablauf der Frist die Leistung nicht annehmen werde (zur Ent-

stehungsgeschichte Rn A 2 ff; anders § 5 Abs 4, § 8 Abs 3 Nr 4 VOB/B). Andererseits darf der Gläubiger nicht den Eindruck hervorrufen, er werde auch nach Ablauf der Frist in jedem Fall am Leistungsanspruch festhalten, zB durch die Erklärung, er werde danach auf Leistung klagen. Er darf ferner nicht die „Bestimmtheit" und „Ernsthaftigkeit" der Frist durch Relativierungen **in Zweifel ziehen** (zB „eine Lieferung bis zum kommenden Wochenende wäre mir erwünscht" oder „die noch nicht vorgenommenen Arbeiten könnten am besten am 18. oder 19. 4. erfolgen, weil ich an diesem Tag noch Urlaub habe"). Tut er dies und musste der Schuldner deshalb nicht mit der Geltendmachung von Schadensersatz rechnen, liegt eine wirksame Fristsetzung nicht vor. Von einer ausdrücklichen Regelung dieser Frage hat der Gesetzgeber letztlich abgesehen, weil er die Lösung über § 242 BGB für ausreichend erachtete (vgl § 281 Abs 1 S 2 RE, ferner BT-Drucks 14/6040, 139 und oben Rn A 6). Die Einkleidung der Aufforderung in eine **Bitte** („Ich bitte um …") ist unschädlich, wenn mit einer bestimmten Frist verbunden (großzügiger – auch bei „Bitte" keine konkrete Frist erforderlich – BGH 13. 7. 2016 – VIII ZR 49/15 Rn 28, NJW 2016, 3654).

B 37 Die in der Praxis nicht seltene Aufforderung an den Schuldner zur Erklärung über seine **Leistungsbereitschaft** innerhalb einer bestimmten Frist genügt nicht, so dass die Schadensersatzbefugnis gem § 281 Abs 4 BGB bzw das Rücktrittsrecht gem § 323 Abs 1 BGB nach fruchtlosem Ablauf nicht entstehen (OLG München 16. 6. 2010 – 7 U 4884/09, NJW-RR 2010, 1716; RGZ 101, 397; BGH 9. 6. 1999 – VIII ZR 149/98, NJW 1999, 2884, 2886; **aA** Huber II [1999] 602 f; Peters JR 1998, 186, 189 f; vgl auch RG Recht 1922 Nr 415; RG 28. 3. 1925 – I 417/24, SeuffA 79 Nr 105). Dasselbe gilt für mit Frist versehenen Aufforderungen „zur Anerkennung der Schuld", „zur Benachrichtigung über den Lieferungszeitpunkt" (OLG München 16. 6. 2010 – 7 U 4884/09, NJW-RR 2010, 1716; RG 20. 5. 1913 – II 65/13, Recht 1913 Nr 2257) oder zum Eingeständnis einer Haftung (OLG Koblenz 1. 10. 2014 – 5 U 530/14 Rn 12, juris). Die Ungewissheit des Gläubigers über die Bewirkung der Leistung wird durch eine positive Antwort des Schuldners hinsichtlich seiner Leistungsbereitschaft nicht beseitigt (vgl aber Rn B 192 ff zur nicht wie geschuldet erbrachten Leistung bei berechtigten Zweifeln an der Leistungsfähigkeit oder -bereitschaft des Schuldners).

B 38 **bb)** Die Aufforderung muss die dem Schuldner innerhalb der Frist obliegende **Leistung** bestimmt **bezeichnen** (RGZ 114, 3, 8; BGH 5. 10. 2010 – IV ZR 30/10 Rn 7, NJW 2011, 224 f; OLG München 26. 2. 2009 – 29 U 3316/08 Rn 54, NJOZ 2009, 2535; s auch BGH 22. 10. 1987 – VII ZR 5/87, NJW 1988, 488, 489 f). Bestehen mehrere Forderungen, muss deutlich werden, welcher Forderung die Fristsetzung gilt. Beim *Sukzessivlieferungsvertrag* ist deshalb die genaue Bezeichnung der gerade fälligen Rate erforderlich (RG 8. 12. 1916 – II 382/16, WarnR 1917 Nr 51). Bei der *mangelhaften Leistung* ist die Fristsetzung allerdings nicht schon dann unwirksam, wenn der Gläubiger die Defizite der Leistung nicht im Einzelnen aufführt. Es genügt, wenn er die fehlende Funktionalität beanstandet und dem Schuldner daraus erkennbar ist, warum der Gläubiger die Leistung nicht als vertragsgemäß akzeptiert (BGH 25. 3. 2010 – VII ZR 224/08 Rn 16, NJW 2010, 2200: Aufforderung das Softwaresystem inklusive Schnittstellen vollständig und lauffähig zur Verfügung stellen; BGH 24. 11. 1998 – X ZR 21–96, NJW-RR 1999, 347, 348: Aufforderung die Basisversion einer Software im vereinbarten Umfang fertigzustellen).

B 39 Erfordert die Bewirkung der Leistung durch den Schuldner die **Mitwirkung des Gläubigers**, kann dies zum einen für die Wirksamkeit der Fristsetzung bedeutsam sein (dazu folgend), zum anderen kann – bei wirksamer Fristsetzung – die unterbliebene Mitwirkung den Schuldner hinsichtlich der von ihm zur Abwendung des Fristablaufs vorzunehmenden Handlungen entlasten (Rn B 57). Kann der Gläubiger die Leistung erst nach Vornahme oder zumindest konkretisierender Benennung der Mitwirkungshandlung hinreichend bestimmt bezeichnen, muss der Gläubiger die Mitwirkungshandlung vor oder zeitgleich mit der Fristsetzung vornehmen (missverständlich BGH 19. 12. 2012 – VIII ZR 96/12, NJW 2013, 1074 LS 1, der die Mitwirkung des Verkäufers/Gläubigers bzw die Erklärung hierüber generell zur Voraussetzung eines „tauglichen Nacherfüllungsverlangens" macht; dazu Rn B 58; klarstellend OLG Düsseldorf 8. 9. 2016 – I-5 U 99/15 Rn 27 ff, MDR 2017, 75). Ist zB bei einer Wahlschuld (§ 262 BGB) vereinbart, dass das Wahlrecht nach Verstreichen der Fälligkeit vom Schuldner auf den Gläubiger übergeht, kann der Gläubiger dem säumigen Schuldner eine wirksame Frist zur Leistung nur bestimmen, wenn er spätestens mit der Fristsetzung zur Leistung die Wahl erklärt (§ 263 Abs 1 BGB) und somit zu einer bestimmten Leistung auffordern kann. Bei der Pflicht zur Abgabe einer **Auflassungserklärung** muss der fristsetzende Gläubiger den Schuldner nicht zu einem bestimmten Auflassungstermin laden oder sich mit einem von diesem gewählten, innerhalb der Frist liegenden Auflassungstermin im Voraus einverstanden erklären (so noch RGZ 66, 430; 69, 103; RG 7. 5. 1913 – V 552/12, JW 1913, 856). Es genügt, dass der Verkäufer zu erkennen gibt, er selbst sei zur Auflassung innerhalb der Frist bereit, ohne dass Ort und Zeitpunkt ausdrücklich bestimmt zu werden brauchen (RGZ 108, 70; zust Fischer LZ 1924, 228; Soergel/Benicke/Hellwig Rn 115). Gibt der Gläubiger seine eigene Bereitschaft nicht hinreichend zu erkennen, kann sich der Schuldner nach Treu und Glauben (§ 242 BGB) nicht auf diesen Mangel berufen, wenn er selbst den Auflassungstermin bestimmt (RG 12. 10. 1910 – V 585/09, WarnR 1910 Nr 424). Hat der Käufer (als Schuldner) eine Fristverlängerung zur Abgabe der Auflassungserklärung erbeten und erhalten, ist es seine Sache, mit dem Notar einen auch dem Verkäufer genehmen Termin zu vereinbaren (RG 11. 2. 1913 – II 461/12, JW 1913, 487).

Eine **Zuvielforderung** macht die Fristsetzung grundsätzlich wirkungslos (BGH 19. 5. 1967 – V ZR 24/66, LM § 346 BGB Nr 6 zur Mahnung; MünchKomm/Ernst § 323 Rn 63; nur im Ausgangspunkt anders Palandt/Grüneberg Rn 9; Soergel/Gsell § 323 Rn 76; abw Soergel/Benicke/Hellwig Rn 111 f). Sie verfehlt den Zweck der Fristsetzung, denn der Schuldner darf davon ausgehen, dass der von der Richtigkeit der Zuvielforderung überzeugte Gläubiger die geringere und aus seiner Sicht nicht schuldgemäße Leistung nicht annehmen wird. Von einer „zweiten Chance", die tatsächlich geschuldete Leistung zu erbringen, kann daher kaum gesprochen werden. Etwas anderes gilt, wenn sich der Gläubiger für den Schuldner erkennbar im **Irrtum** befindet, der Schuldner also davon ausgehen muss, der Gläubiger werde die tatsächlich geschuldete und angebotene Leistung annehmen oder wenn der Gläubiger sonst zu erkennen gibt, auch eine geringere als die angemahnte Menge abnehmen zu wollen (RG 4. 2. 1925 – V 60/24, Recht 1925, 100 Nr 8; RGZ 68, 329, 331 f; RG 8. 1. 1904 – II 221/1903, SeuffA 59 Nr 219; RG 11. 12. 1920 – V 346/20, LZ 1921, 377; RG 15. 1. 1931 – VI 313/30, JW 1931, 1183). Praktisch wird dies vor allem bei geringen Mehrforderungen in Frage kommen (vgl BGH 13. 11. 1990 – XI ZR 217/89, NJW 1991, 1286, 1288 [zur Mahnung]). Wirksam bleibt die Fristsetzung auch dann, wenn die geforderte Schuld ursprünglich richtig, aber durch nachträgliche Veränderungen während des Fristablaufs unrichtig wird (BGH 12. 7. 2006 – X ZR 157/05, NJW 2006, 3271 zur Mahnung). Die Beweislast liegt insoweit bei dem zuviel fordernden Gläubiger. Die Nachfristsetzung ist ferner unwirksam, wenn B 40 der Gläubiger etwas ganz anderes als den geschuldeten Gegenstand oder Leistung an einen nicht vereinbarten Ort fordert (RG DRiZ 1925 Nr 414).

B 41 Fordert der Gläubiger **weniger** als die geschuldete Leistung, ist die Fristsetzung wirksam. Denn zum einen ist der Gläubiger grundsätzlich – in den Grenzen von Treu und Glauben (§ 242 BGB) – zur Forderung von Teilleistungen berechtigt (BGH 29. 4. 2010 – Xa ZR 5/09, NJW 2010, 1958, 1959). Zum anderen kann der Schuldner von der Annahme der Teilleistung ausgehen. Der Gläubiger darf die Annahme der Leistung hier nicht gem § 266 BGB zurückweisen. Tut er es dennoch, entfällt der Tatbestand der „Nichtleistung" bzgl der angebotenen Teilleistung und der Gläubiger gerät insoweit in Annahmeverzug. Erbringt der Schuldner den vom Gläubiger zur Frist gesetzten Teil der Leistung nicht, kann der Gläubiger aufgrund der vergeblichen Nachfristsetzung nur bezüglich der geforderten Teilleistung Schadensersatz verlangen. Schadensersatz statt der ganzen Leistung kann der Gläubiger nur unter der Voraussetzung verlangen, dass sein Interesse an der Leistung insgesamt entfallen ist (analog § 281 Abs 1 S 2 BGB).

g) Angemessenheit der Frist

B 42 Die Bestimmung der Frist stellt den Gläubiger vor Probleme. Einerseits wird ihm oftmals an einer möglichst kurzen Frist gelegen sein, zumal der Schuldner häufig schon im Verzug ist. Andererseits muss die Frist nach der Sachlage objektiv angemessen sein, um dem Schuldner bei Anspannung aller Mittel und Kräfte noch die rechtzeitige Leistung zu ermöglichen (RG 23. 11. 1910 – III 53/10, Recht 1911, 301). Der fehlende Einblick in den Bereich des Schuldners lässt indessen eine zutreffende Präzisierung nach Tagen oder gar Stunden oftmals nicht zu. Mit Recht wird es daher abgelehnt, den vertragstreuen Gläubiger mit dem Risiko zu belasten, dass seine Erklärung bei einer zu kurz bemessenen Frist völlig wirkungslos ist. Grundsätzlich wird auch bei **zu kurz bemessener Frist** eine angemessene Frist in Lauf gesetzt (Rn B 49 ff). Im Streitfall ist es Sache des Gerichts, die angemessene Frist für die rechtliche Beurteilung zugrunde zu legen (RGZ 56, 231, 234 f; 69, 304, 305; 106, 89; RG 29. 4. 1925 – I 378/24, LZ 1925, 856).

B 43 **aa)** Gleichwohl ist dem Gläubiger die **Angabe einer konkreten Frist** abzuverlangen, ist also bei Fehlen jedweder Fristangabe die Fristsetzung als unwirksam zu betrachten (ebenso OLG München 16. 6. 2010 – 7 U 4884/09, NJW-RR 2010, 1716; MünchKomm/Ernst § 323 Rn 70; PWW/Schmidt-Kessel Rn 6; Soergel/Gsell § 323 Rn 80; Koch NJW 2010 1636 ff; Höpfner NJW 2016, 3633 ff; Odemer Jura 2016, 842, 843). Nach der gegenteiligen Auffassung des **BGH** soll die Aufforderung zur „umgehenden", „unverzüglichen", „sofortigen" Leistung, zur Leistung „in angemessener Frist" oder eine vergleichbar formulierte Aufforderung genügen (BGH 12. 8. 2009 – VIII ZR 254/08, NJW 2009, 3153; BGH 18. 3. 2015 – VIII ZR 176/14 Rn 11, NJW 2015, 2564; zuvor bereits RGZ 75, 354, 357; zT abw RG Recht 1920 Nr 1497: Aufforderung zur „sofortigen" Leistung genügt nicht; der Rspr folgend Palandt/Grüneberg Rn 9; Soergel/Benicke/Hellwig Rn 90 f; Dubovitskaya JZ 2012, 328, 330; Schollmeyer ZGS 2009, 491 ff; Greiner/Hossenfelder JA 2010, 412 ff). Selbst die Aufforderung zur „schnellen Behebung des Mangels" (im Falle der Schlechtleistung) soll genügen, da mit ihr eine zeitliche Grenze gesetzt werde, die „aufgrund der jeweiligen Umstände bestimmbar sei" (BGH 13. 7. 2016 – VIII ZR 49/15 Rn 24 ff, NJW 2016, 3654). Der BGH begnügt sich sogar mit der bloßen Leistungsaufforderung, wenn sie entschieden genug formuliert wird, um als Aufforderung zur „umgehenden" Leistung verstanden werden zu können (BGH 18. 3. 2015 – VIII ZR 176/14 Rn 12 f, NJW 2015, 2564: Androhung rechtlicher Schritte für den Fall der Nichtleistung). Diese Rechtsprechung beseitigt ohne Not den praktischen Nutzen der Fristsetzung. Die Angabe einer Frist gibt dem Schuldner die Sicherheit, jedenfalls bis zum Ablauf dieser Frist leisten zu können, mag sie auch zu knapp bemessen sein. Sie entlastet ihn insoweit vom Risiko einer Fehlinterpretation der „Angemessenheit", ohne dem Gläubiger das Risiko einer Fehlinterpretation aufzubürden (Huber II [1999] 362 f; s Rn B 49 f). Diese „mittlere" Lösung würdigt der BGH in seiner Rechtsprechung nicht wirklich. Sie entspricht der hM zur vergleichbaren Regelung im CISG (Koch NJW 2010, 1636, 1639 mwNw).

Bei der **Schickschuld** darf der Gläubiger auch einen Zeitpunkt bestimmen, bis zu dem die Leistung am Bestimmungsort einzutreffen hat. Die Frist für die am Erfüllungsort vorzunehmende Leistungshandlung des Schuldners lässt sich hier unschwer errechnen, indem die Frist um die gewöhnliche Reisedauer vom Erfüllungsort zum Bestimmungsort gekürzt wird (für den Versendungskauf vgl RGZ 68, 329; RG 5. 5. 1908 – II 539/07, LZ 1908, 598; RG 11. 2. 1910 – II 252/09, JW 1910, 283; BGHZ 12, 267, 269). Die verbleibende Zeit muss allerdings angemessen sein. **B 44**

Die vom Gläubiger gesetzte **Frist beginnt**, wenn sich aus der Erklärung nichts anderes ergibt, in dem Augenblick zu laufen, in dem die Erklärung dem säumigen Schuldner zugeht (RG 15. 4. 1921 – II 518/20, WarnR 1921 Nr 131). Es genügt, wenn sie in der Weise gesetzt wird, dass der Schuldner die Lieferung binnen einer bestimmten Frist anzufangen und innerhalb angemessener Frist abzuschließen hat. Für den Lieferungsbeginn ist auf diese Weise eine bestimmte, für das Ende eine angemessene Nachfrist gesetzt (RG 2. 2. 1909 – VII 144/08, WarnR 1909 Nr 289). Die **Frist endet** zu dem vom Gläubiger bestimmten Zeitpunkt bei angemessener Zeitdauer. Ist die Frist länger als angemessen, so gilt sie gegen den Gläubiger (OLG Hamburg OLGE 6, 45, 47). Im Übrigen läuft die Frist idR nach angemessener Zeit ab (Rn B 49 ff). **B 45**

bb) Bei der Bemessung der Frist ist im Allgemeinen vorauszusetzen, dass die Leistung bereits im Großen und Ganzen vorbereitet ist (BGH 10. 2. 1982 – VIII ZR 27/81, NJW 1982, 1279, 1280; BGH 21. 6. 1985 – V ZR 134/84, NJW 1985, 2640). Der Schuldner muss nur in der Lage sein, seine **Leistung zu vollenden**. Hierbei kommt es darauf an, wie viel Zeit dem Schuldner schon bisher für die Erfüllung zur Verfügung gestanden hat. Ein Schuldner, der lange Zeit untätig geblieben ist, kann nicht erwarten, eine noch gar nicht begonnene Leistung erst anzufangen und innerhalb der Frist zu vollenden (so schon ROHG 13, 192; ferner RGZ 89, 123, 125; RG 5. 3. 1924 – I 656/23, JW 1924, 1246; BGH 6. 12. 1984 – VII ZR 227/83, NJW 1985, 855, 857; vgl auch BT-Drucks 14/6040, 138). Die angemessene Frist kann daher regelmäßig wesentlich kürzer sein als die vereinbarte Lieferfrist (BGH 18. 1. 1973 – VII ZR 183/70, NJW 1973, 456 [LS]; BGH 31. 10. 1984 – VIII ZR 226/83, NJW 1985, 320, 323). Deshalb ist auch eine Frist nach Stunden (RG 18. 11. 1910 – II 22/10, JW 1911, 92; einschränkend BGH LM § 270 Nr 3) oder ihre Festsetzung auf eine bestimmte Tagesstunde (OLG Dresden 19. 2. 1909 – 7 O 316/08, SeuffA 65 Nr 66) uU zulässig. Da der Schuldner für seine finanzielle Leistungsfähigkeit einzustehen hat, führen damit zusammenhängende Leistungshindernisse nicht zu einer Verlängerung der Frist (BGH 21. 6. 1985 – V ZR 134/84, NJW 1985, 2640 f). **B 46**

Im Übrigen ist die **Angemessenheit** einer Nachfrist nach den Umständen des Einzelfalles zu beurteilen. Deshalb ist zB bei einer zu „sofort" vereinbarten Lieferung eine **B 47** besonders kurze Frist gerechtfertigt (RG Recht 1916 Nr 921). Dasselbe gilt bei länger andauerndem Verzug (RG 7. 12. 1918 – I 107/18, Recht 1919 Nr 1766). Dagegen ist eine längere Frist zuzubilligen, wenn der Gläubiger zunächst selbst die Erfüllung eigener Pflichten verweigert hat (RG 2. 1. 1924 – V 378/23, Recht 1924 Nr 624) oder der Schuldner nach dem bisherigen Verhalten des Gläubigers mit einer Verständigung rechnen konnte (RG 18. 12. 1926 – I 142/26, LZ 1927, 1210). Außer dem Grad der Dringlichkeit des Geschäftes, der Dauer der Leistungsverzögerung oder des Verzuges, dem vorangegangenen Verhalten beider Vertragspartner können insbes ins Gewicht fallen: der Umfang der Leistung, eventuelle Vereinbarungen bei Vertragsschluss (zB der Verkauf von Lagerware) und die persönlichen Verhältnisse des Schuldners (s auch OLG Köln 15. 9. 1992 – 22 U 78/92, NJW-RR 1993, 949: angemessene Nachfrist von zwei Tagen bei Kenntnis vom Weiterverkauf). Bei allem ist zu beachten, dass ein säumiger Schuldner, dem noch dazu eine Nachfrist gesetzt werden musste, im Interesse des Gläubigers zu außerordentlichen Bemühungen verpflichtet ist.

B 48 Haben sich die Parteien über die Dauer der Frist **geeinigt**, ist ihre Angemessenheit nicht mehr nachzuprüfen (RG 20. 5. 1910 – VII 477/09, Recht 1910 Nr 2501). Desgleichen ist eine vom Schuldner selbst vorgeschlagene Frist als angemessen anzusehen, auch wenn sie objektiv zu kurz ist (vgl BGH 18. 1. 1973 – VII ZR 183/70, NJW 1973, 456 [LS]).

B 49 **cc)** Die Setzung einer **zu kurzen Nachfrist** setzt regelmäßig eine angemessene Nachfrist in Lauf (vgl RGZ 56, 231, 234; 62, 66, 68; 106, 89; BGH 21. 6. 1985 – V ZR 134/84, NJW 1985, 2640; BT-Drucks 14/6040, 138; insoweit lediglich klarstellend noch § 323 Abs 1 S 2 DE).

B 50 Die Fristsetzung ist dagegen unwirksam, wenn der Gläubiger eine **kürzere Frist** setzt, als sie in den von ihm gestellten AGB vorgesehen ist (OLG Hamm 10. 1. 1995 – 28 U 251/93, NJW-RR 1995, 503). Sie ist ferner unwirksam, wenn der Gläubiger zu erkennen gibt, dass er auch die innerhalb angemessener Frist erfolgende Leistung keinesfalls annehmen werde (RGZ 91, 204; RG 20. 6. 1911 – II 523/10, JW 1911, 755; BGH 21. 6. 1985 – V ZR 134/84, NJW 1985, 2640). Ebenso ist eine Fristsetzung dann unwirksam, wenn sie mit **Absicht** so kurz bemessen ist, dass der Schuldner sie unmöglich einhalten kann und wenn der Gläubiger sie nur zum Schein gesetzt hat, um unbedingt vom Vertrag loszukommen (RGZ 91, 204, 207; RG 18. 11. 1910 – II 22/10, JW 1911, 92; RG 29. 4. 1925 – I 378/24, SeuffA 79 Nr 146; BGH 21. 6. 1985 – V ZR 134/84, NJW 1985, 2640) oder weil er eine besondere Verlegenheit des Schuldners ausnutzen will (RG 12. 4. 1935 – II 193/34, JW 1935, 2624). In der absichtlich zu kurz gesetzten Frist und der folgenden Vertragsaufsage des Gläubigers kann uU sogar eine Pflichtverletzung gesehen werden (RG 12. 4. 1935 – II 193/34, JW 1935, 2624; Huber II [1999] 370).

B 51 Eine Obliegenheit des Schuldners, der Setzung einer zu kurzen Frist sofort zu **widersprechen**, besteht nicht (RG Recht 1917 Nr 1804; **aA** Wendt AcP 92 [1901] 1 ff, 193 f; Dubovitskaya JZ 2012, 328, 330). Aus seinem Schweigen, ja selbst aus einem entgegenkommenden Verhalten des Schuldners, ist noch keine Zustimmung zur Setzung einer zu kurzen Frist herzuleiten. Bietet der Schuldner in Reaktion auf die Fristsetzung seine Leistung innerhalb einer von ihm mitgeteilten Frist an und liegt diese außerhalb der „angemessenen Frist“, darf der Gläubiger gem § 281 Abs 2, 1. Alt BGB ohne weitere Nachfristsetzung Schadensersatz fordern, weil darin idR eine ernsthafte und endgültige Verweigerung der (pünktlichen) Leistung liegt (vgl Huber II [1999] 369).

Liegt die vom Schuldner selbst angekündigte Frist innerhalb der „angemessenen Frist", darf der Gläubiger nach Ablauf dieser Frist ohne eigene Nachfristsetzung Schadensersatz fordern, weil diese gem § 281 Abs 2, 2. Alt BGB entbehrlich ist (näher Rn B 120).

dd) Eine **nachträgliche Änderung** der ursprünglich gesetzten Frist kann sicherlich *vor Ablauf der Frist vereinbart* werden. Stets unzulässig ist eine einseitige Fristverkürzung (RGZ 53, 161, 167). Hingegen ist eine *einseitige Verlängerung vor Fristablauf* unbedenklich (BGH 10. 1. 1990 – VIII ZR 337/88, NJW-RR 1990, 442, 444, vgl auch Rn B 20). Dies gilt umso mehr, wenn der Schuldner selbst die Kürze der Frist beanstandet und eine längere Frist gefordert hat. Es verstößt jedoch grundsätzlich nicht gegen Treu und Glauben, wenn der Gläubiger die Bitte des säumigen Schuldners um Verlängerung der angemessenen Frist ablehnt. Da mit Fristablauf die Leistungsansprüche nicht mehr automatisch erlöschen, ist auch nach Fristablauf eine **erneute Fristsetzung** möglich. In diesem Fall würde sich der Gläubiger widersprüchlich und damit rechtsmissbräuchlich verhalten, wenn er vor dem Ablauf der neuen Frist Schadensersatz statt der Leistung verlangte, es sei denn, es stellte sich heraus, dass die Leistung keinesfalls mehr fristgerecht erbracht wird. Einen Verzicht auf das bereits entstandene Recht, Schadensersatz zu verlangen, wird man in der erneuten Fristsetzung nicht sehen können, wenn dies nicht ausnahmsweise zu einer Benachteiligung des Schuldners führt (MünchKomm/Ernst Rn 26). Der Gläubiger kann daher zB seinen Schaden nicht ohne Weiteres auf das Ende der nachträglich verlängerten Frist berechnen, wenn dies für den Schuldner nachteiliger ist (OLG Hamburg 14. 4. 1902 – SeuffA 57 Nr 238; **aA** Lindacher JZ 1980, 48, 51). B 52

h) Abmahnung

Kommt nach der Art der Pflichtverletzung eine Fristsetzung nicht in Betracht, so tritt an deren Stelle eine Abmahnung (§ 281 Abs 3 BGB). Anders als die Nachfristsetzung zielt die Abmahnung nicht auf Behebung einer eingetretenen Störung, sondern auf die Vermeidung **künftiger Störungen**. Eine Verknüpfung mit dem Tatbestand der Nichtleistung derart, dass allein wegen einer eingetretenen Nichtleistung und einer Abmahnung der Gläubiger zum Schadensersatz berechtigt wäre, ist deshalb nicht recht vorstellbar (krit Faust, in: Huber/Faust, Schuldrechtsmodernisierung [2002] 3/146 f, Krause Jura 2002, 299, 301; Lorenz/Riehm, Schuldrecht [2002] Rn 204; MünchKomm/Ernst Rn 44 u § 323 Rn 81). Das gilt auch für den in der Entstehungsgeschichte genannten Fall eines Verstoßes gegen eine **Unterlassungs(leistungs)pflicht**, für den eine Abmahnung insbesondere in Betracht kommen soll (vgl BT-Drucks 14/7052, 185). Wird zB gegen ein vertragliches Konkurrenzverbot verstoßen (vgl MünchKomm/Ernst Rn 44), liegt Unmöglichkeit vor, wenn der Verstoß nicht mehr rückgängig zu machen ist. Einschlägig wäre dann § 283 BGB. Ist der Verstoß dagegen rückgängig zu machen, ist dem Schuldner gem § 281 Abs 1 S 1 BGB eine Frist zur Beseitigung der eingetretenen Störung zu setzen (Krause Jura 2002, 299, 301; Lorenz/Riehm, Schuldrecht [2002] Rn 204). Eine wichtige Funktion der Abmahnung liegt aber im Bereich der **Leistungsgefährdung**: Hier kann sie bei auf Wiederholung angelegten Leistungspflichten **(Sukzessivleistung, Dauerschuldverhältnis)** die Unzumutbarkeit weiterer Bindung an die Leistungspflicht begründen, wenn der Schuldner trotz eingetretener (Teil-)Nichtleistung und Abmahnung weitere Teilnichtleistungen zulässt (s Rn B 173 ff). Diese Konstellation kann auch bei Unterlassungspflichten eintreten: Wird zB gegen ein Konkurrenzverbot verstoßen, kann die Abmahnung die Unzumutbarkeit des weiteren Festhal- B 53 tens begründen, wenn der Schuldner erneut dagegen verstößt. Der Gläubiger kann dann zum Schadensersatz auch für die Zukunft übergehen. Zur Abmahnung muss als weitere Voraussetzung für die Entstehung der Schadensersatzbefugnis deren *Erfolglosigkeit* hinzutreten, dh es muss nach Zugang der Abmahnung zu einer weiteren erheblichen Pflichtverletzung gekommen sein.

B 54 Im Falle einer **unberechtigten** Abmahnung lehnt der BGH einen Anspruch auf Widerruf bzw Beseitigung oder Unterlassung der Abmahnung mangels einer von ihr als solcher ausgehenden nachteiligen Wirkung auf die Interessen des Schuldners ab (BGH 20. 2. 2008 – VIII ZR 49/07, NJW 2008, 1301; anders die st Rspr des BAG zur Abmahnung des Arbeitgebers im Arbeitsverhältnis, BAG 27. 11. 1985 – 5 AZR 101/84, NJW 1986, 1065; dazu Kolbe NJW 2008, 2685).

4. Fruchtloser Fristablauf

B 55 Weitere Voraussetzung für die in § 281 Abs 1 S 1 BGB angeordnete Rechtsfolge ist, dass die Leistung objektiv nicht rechtzeitig, dh innerhalb der Frist, erfolgt ist. Auf ein Vertretenmüssen hinsichtlich der Versäumung der Nachfrist kommt es also grundsätzlich nicht an (str, s noch Rn B 85 ff).

B 56 Tritt vor Fristablauf ein **Leistungshindernis iSv § 275 BGB** ein, wird der Schuldner gem § 275 BGB von seiner Leistungspflicht frei; demzufolge richten sich die Rechtsfolgen nicht mehr nach § 281 BGB, sondern nach § 283 BGB. Dabei trifft den Schuldner gem § 287 S 2 BGB eine gesteigerte Verantwortlichkeit, da die Nichtleistung trotz Nachfristsetzung idR auch zum Schuldnerverzug führt (zum Eintritt des Leistungshindernisses nach Fristablauf s Rn B 147).

a) Leistungserbringung innerhalb der Frist

B 57 Die Nichtleistung entfällt, wenn der Schuldner innerhalb der Nachfrist die Leistung bewirkt. Er genügt schon die Vornahme der dem Schuldner obliegenden Leistungshandlungen innerhalb der Nachfrist, wenn die Erfüllung im Übrigen von der **Mitwirkung** des Gläubigers abhängt (vgl BGH 23. 1. 1996 – X ZR 105/93, NJW 1996, 1745; RG 15. 1. 1931 – VI 313/30, JW 1931, 1183 f; Erman/Westermann § 323 Rn 15; Soergel/Gsell § 323 Rn 77) oder wenn das **Risiko** der rechtzeitigen Erfüllung (insbes des Leistungserfolges) dem Gläubiger zugewiesen ist (die Erl zu Rn B 12 gelten entsprechend). Zu dieser Mitwirkung gehört bei der Nachleistung gem § 439 BGB, dass der Käufer (Gläubiger) dem Verkäufer (Schuldner) durch Zugänglichmachung der Sache die Prüfung des Sachmangels und die Mangelbeseitigung am Ort der Nachleistung ermöglicht (BGH 19. 12. 2012 – VIII ZR 96/12, NJW 2013, 1074 ff; BGH 19. 7. 2017 – VIII ZR 278/16 Rn 21 ff, NJW 2017, 2758), andernfalls der Tatbestand der „Nichtleistung“ nach Ablauf der Nachfrist nicht vorliegt. Der Ort der Nachleistung ist nicht per se der Ort der aktuellen Belegenheit der Kaufsache oder der Ort der ursprünglichen Leistung, sondern richtet sich bei Fehlen einer besonderen Abrede nach § 269 BGB (BGH 13. 4. 2011 – VIII ZR 220/10, NJW 2011, 2278 ff mwNw). Durch Unterlassung der Mitwirkung bzw Nichtannahme der ordnungsgemäßen Nachleistung kann der Gläubiger ggf auch nach Fristablauf in Annahmeverzug geraten, wenn er die Leistung trotz ordnungsgemäßem Angebot des Schuldners (§§ 294 f BGB) nicht annimmt (MünchKomm/Ernst Rn 45).

Bei der **Geldschuld** soll es nach bislang überwiegender Ansicht in Rechtsprechung und Literatur ausreichen, wenn der Schuldner die seinerseits *erforderliche Leistungshandlung* vornimmt, innerhalb der Frist am Leistungsort (§§ 269, 270 Abs 4 BGB) also alles tut, um dem Gläubiger den geschuldeten Betrag zur Verfügung zu stellen. Der Schuldner trage mithin nur die Gefahr des Untergangs der Leistung (§ 270 Abs 1 BGB: Transportgefahr), nicht aber die Gefahr der Verspätung (s BGHZ 44, 178, 179; BGH 29. 1. 1969 – IV ZR 545/68, NJW 1969, 875: Übergabe einer Scheckurkunde an die Postanstalt oder Einwurf in den Briefkasten des Zahlungsempfängers; OLG Köln 26. 5. 2006 – 18 U 78/05, NJOZ 2007, 667, 671; BeckOK-BGB/Lorenz [1. 2. 2019] § 270 Rn 12 ff; MünchKomm/Krüger § 270 Rn 12 ff). Bei Zahlung durch Banküberweisung ist die Frist daher gewahrt, wenn der Überweisungsauftrag vor Fristablauf bei dem Geldinstitut eingeht und auf dem Konto Deckung vorhanden ist oder eine Kreditzusage in ausreichender Höhe vorliegt (BGH 5. 12. 1963 – II ZR 219/62, NJW 1964, 499; OLG Köln 30. 8. 1999 – 16 Wx 123/99, NJW-RR 2000, 88; MünchKomm/Krüger § 270 Rn 22 mwNw; s ferner das Vorabentscheidungsersuchen des OLG Köln 26. 5. 2006 – 18 U 78/05, NJOZ 2007, 667, 671). Demgegenüber hat der **EuGH** (EuGH 3. 4. 2008 – C-306/06, NJW 2008, 1935) entschieden, dass Art 3 Abs 1 lit c ii der EG-Richtlinie über den Zahlungsverzug (Richtlinie 2000/35/EG v 29. 6. 2000 zur Bekämpfung von Zahlungsverzug im Geschäftsverkehr, ABl EG Nr L 200/35; nunmehr – insoweit ohne sachliche Änderung – RL 2011/7/EU, ABl EU Nr L 48/1) dahin zu verstehen ist, dass bei einer Zahlung durch Banküberweisung der geschuldete Betrag dem Konto des Gläubigers *rechtzeitig gutgeschrieben* sein muss, wenn das Entstehen von Verzugszinsen vermieden oder beendet werden soll. Mag diese Auslegung methodisch nicht vollends überzeugen (vgl Gsell GPR 2008, 165, 166 ff; Hilbig JZ 2008, 991, 992 f), ist sie für die nationalen Gerichte gleichwohl verbindlich. Zwar betrifft die Richtlinie 2000/35/EG nur Verzugszinsen in transnationalen Unternehmergeschäften; eine richtlinienkonforme Interpretation allein des § 288 BGB wird aber überwiegend abgelehnt. Vielmehr sei § 270 Abs 4 BGB einheitlich auszulegen mit der Folge, dass die Geldschuld nunmehr generell als **modifizierte Bringschuld** zu qualifizieren sei (Palandt/Grüneberg § 270 Rn 1; Hilbig JZ 2008, 991, 993; ebenso bereits Staudinger/Bittner/Kolbe § 270 Rn 31; Herresthal ZGS 2007, 48 f mwNw; zurückhaltender Gsell GPR 2008, 165, 170; Scheuren-Brandes ZIP 2008, 1463). Die *„Nichtleistung"* iSv § 281 BGB im Falle einer Geldschuld entfiele folglich erst mit der Gutschrift auf dem Konto. Damit wäre ein Gleichlauf zu Art 57 Abs 1 CISG hergestellt. **B 58**

Der EuGH hat allerdings klargestellt, dass der Schuldner **nicht haftet**, wenn er den üblicherweise für die Durchführung einer Banküberweisung erforderlichen Fristen sorgfältig Rechnung getragen hat (EuGH 3. 4. 2008 – C-306/06 Rn 30, NJW 2008, 1935). Insoweit fehlt es am Vertretenmüssen (§ 280 Abs 1 S 2 BGB). Zur Vermeidung der Haftung ausreichend ist es daher, dass der Schuldner die Leistungshandlung rechtzeitig genug vornimmt, damit der geschuldete Geldbetrag bei gewöhnlichem Lauf der Dinge vor Ablauf der Frist beim Gläubiger eintrifft (GroßKommHGB/Canaris, Bankvertragsrecht Rn 480; Palandt/Grüneberg § 270 Rn 5; deshalb weiterhin für Qualifizierung als Schickschuld Schwab NJW 2011, 2833 ff; s ferner Heyers JZ 2012, 398 ff). Im Übrigen muss der Schuldner uU etwaige banktechnische Hindernisse, auf die er Einfluss nehmen kann und die zu einer Verzögerung der Zahlung führen können, beseitigen (zB Verzicht auf ein ihm zustehendes Widerrufsrecht bzgl Überweisung). Tut er dies nicht, ist die nach Ablauf der Frist eingehende Zahlung nicht mehr als rechtzeitig anzusehen (BGH 15. 4. 1959 – V ZR 21/58, NJW 1959, 1176).

B 59 Unter Geltung des alten Rechts war umstritten, ob der Schuldner zur Beendigung der Nichtleistung nicht nur die eigentliche Leistung erbringen, sondern auch **Nebenansprüche** befriedigen muss, die aus der Verletzung des Leistungsanspruchs entstanden sind, etwa Verzugszinsen, Verzugsschäden oder verfallene Vertragsstrafen. Mag dies im Hinblick auf die Beendigung des Verzuges diskutiert werden können (vgl Staudinger/Feldmann § 286 Rn 130 ff mwNw), kommt Entsprechendes im Hinblick auf die einschneidenden Folgen bei § 281 BGB nicht in Betracht.

b) Fristversäumnis

B 60 Grundsätzlich führt jede **Überschreitung** der dem Schuldner gesetzten angemessenen Frist zu den einschneidenden Rechtsfolgen des § 281 BGB. Schließlich hat der säumige Schuldner den vorgesehenen Leistungszeitpunkt *und* die Nachfrist nicht eingehalten. Der Gläubiger muss die Leistung auch dann nicht als rechtzeitig bewirkt gelten lassen, wenn die *Überschreitung ganz geringfügig* ist und der Gläubiger an der genauen Einhaltung kein Interesse hat (so aber RG 21. 2. 1925 – I 240/24, SeuffA 79 Nr 91; zum Ablauf der Frist nach § 13 Abs 5 Nr 2 VOB/B; vgl BGH 27. 2. 2003 – VII ZR 338/01, NJW 2003, 1526). Schon gar nicht kann die Verzögerung als unerheblich eingestuft werden, wenn der Schuldner sie zu vertreten hat (BGH 7. 12. 1973 – V ZR 24/73, NJW 1974, 360; ebenso schon RG 25. 6. 1915 – II 120/15, JW 1915, 1004; RG 1. 10. 1921 – I 65/21, WarnR 1922 Nr 9; OLG Hamburg 16. 2. 1915 – Bf VI 390/14, Recht 1915 Nr 843; **aA** Huber II [1999] 380 f unter Betonung des § 242 BGB), selbst bei einer Überschreitung um lediglich einen Tag.

B 61 Allenfalls kann der Gedanke des **Rechtsmissbrauchs** (§ 242 BGB) in Ausnahmefällen den Gläubiger am Schadensersatzverlangen hindern (vgl den Sachverhalt BGH 2. 3. 1978 – VII ZR 240/77, WM 1978, 640, wo der Besteller von Kleidern [Gläubiger], die geringfügig verspätet hergestellt worden waren, allein über den Vertriebsweg verfügte, der Unternehmer [Schuldner] die Leistung also praktisch nicht mehr anderweitig verwenden konnte).

c) Schuldwidrigkeit der binnen Nachfrist angebotenen Leistung

aa) Nichtbeseitigung der ursprünglichen Nichtleistung

B 62 Bietet der Schuldner auf die Nachfristsetzung hin nur eine quantitative **Teilleistung** an, kann der Gläubiger die Annahme der Leistung ablehnen (zu Ausnahmen s Rn B 156 ff) und, wenn die vollständige Leistung nicht fristgemäß erbracht wird, zum Schadensersatz statt der Leistung übergehen; eine erneute Fristsetzung ist nicht erforderlich, da die ursprüngliche Störung nicht behoben wurde. Dasselbe gilt, wenn der Gläubiger die Teilleistung nur angenommen hat, weil er dazu in Ausnahme zu § 266 BGB nach Treu und Glauben verpflichtet war, um dem Schuldner erheblichen Aufwand zu ersparen (vgl Rn B 157).

Nimmt der Gläubiger die Teilleistung in Kenntnis, aber unter Vorbehalt, oder in Unkenntnis der Unvollständigkeit an, besteht der Tatbestand der „Nichtleistung" ebenfalls fort, es liegt nicht etwa eine neue Störung vor. Der Gläubiger kann daher nach Ablauf der Nachfrist unter Zurückgewährung des erbrachten Leistungsteils Schadensersatz statt der ganzen Leistung verlangen, wenn er an der erhaltenen Teilleistung kein Interesse hat (§ 281 Abs 1 S 2 BGB), andernfalls nur Schadensersatz bezüglich des nicht erbrachten Teils der Leistung. Zur Gleichstellung der Mankoleistung mit der Schlechtleistung im Kauf- und Werkvertrag s Rn A 28 ff.

Im Falle der **Aliudleistung** setzt sich die vollständige „Nichtleistung“ fort, der Gläubiger kann nach Ablauf der Frist zum Schadensersatz übergehen, ohne das Nichtbestehen seines Interesses an der Aliudleistung nachweisen zu müssen. Dagegen ist im Kaufvertrag bzw Werkvertrag die Aliudleistung gem § 434 Abs 3 Alt 1 BGB bzw § 633 Abs 2 S 3 BGB der Schlechtleistung gleichgestellt, es gelten die Regeln der §§ 434 ff bzw 633 ff BGB (Rn A 28 ff). **B 63**

bb) Neue Störung der Leistungspflicht bei Nachleistung

Bietet der Schuldner innerhalb der wegen der „Nichtleistung“ gesetzten Frist eine Leistung in **ungenügender Qualität**, kann der Gläubiger die Leistung zurückweisen (zu den Grenzen bei unerheblichen Mängeln iSv § 281 Abs 1 S 3 s Rn C 25 ff). Die wegen der „Nichtleistung“ gesetzte Frist läuft weiter und der Gläubiger kann Schadensersatz statt der Leistung fordern, wenn der Schuldner nicht vorher eine schuldgemäße Leistung anbietet. Ein etwaiger Schadensersatzanspruch statt der Leistung unterliegt dann nicht der kurzen Verjährung des Gewährleistungsrechts gem §§ 438 Abs 1, 634a Abs 1 BGB (BGH 4. 12. 1968 – VIII ZR 208/66, NJW 1969, 787 für die Falschlieferung), sondern der allgemeinen Verjährung gem §§ 195, 199 BGB (Palandt/Ellenberger § 195 Rn 4, 10). **B 64**

Umstritten ist die Rechtslage, wenn der Gläubiger die Leistung in ungenügender Qualität **annimmt**, sei es in Kenntnis dieses Umstandes, aber unter Vorbehalt der Nachbesserung, sei es in Unkenntnis der Qualitätsabweichung. Zum Teil wird die Ansicht vertreten, der Gläubiger müsse nunmehr eine neue Frist zur Behebung des Mangels setzen, da nicht mehr die ursprüngliche Störung (Nichtleistung), sondern eine neue Störung (Schlechtleistung) vorliege. Dem Prinzip der Einzelbetrachtung folgend sei für jede Störung die Fristsetzung erforderlich (vgl Palandt/Grüneberg Rn 12; Jauernig/Berger § 437 Rn 9; St Lorenz, Karlsruher Forum [2005] 5, 73). Dies müsste sich konsequenterweise wiederholen, wenn der Schuldner binnen der gesetzten Frist zwar den ersten Mangel beseitigt, die Leistung aber mit einem weiteren, anderen Qualitätsmangel behaftet ist; eine weitere Fristsetzung wäre nur entbehrlich, wenn die Voraussetzungen der § 281 Abs 2 bzw § 440 S 1 BGB vorlägen. Diese Lösung ist abzulehnen (ebenso NK-BGB/Dauner-Lieb Rn 27; PWW/Schmidt-Kessel Rn 11; Dauner-Lieb, in: FS Canaris [2007] 143, 152 ff). Mag die Frist auch zur Behebung der „Nichtleistung“ gesetzt worden sein, so ist doch der Sinn einer Fristsetzung dahin zu verstehen, dass bis zum Ablauf der Frist nicht nur die Behebung einer Störung, sondern eine insgesamt einwandfreie Leistung erwartet wird. Eine Obliegenheit zur Fristsetzung für jede Störung begünstigt die Nachlässigkeit des Schuldners und bürdet das Risiko der Erkennbarkeit des Schuldwidrigkeit dem Gläubiger auf. **B 65**

cc) Bei Fristsetzung bereits vorliegende, weitere Störung der Leistungspflicht

Das Vorstehende gilt grundsätzlich entsprechend, wenn die weitere Störung bereits zum Zeitpunkt der Fristsetzung vorlag: Haben die Parteien nur von einer Störung Kenntnis (zB von der Unvollständigkeit der Leistung, nicht aber von der Mangelhaftigkeit der erbrachten Teilleistung), setzt der Gläubiger wegen der bekannten Störung (Teilnichtleistung) eine Frist. Läuft diese ab, ohne dass beide Störungen beseitigt werden, kann der Gläubiger ohne Weiteres Schadensersatz statt der ganzen Leistung verlangen. Dem Schuldner muss hier nicht eine **weitere Frist** wegen der Mangelhaftigkeit der Leistung gesetzt werden, wenn diese sich inzwischen gezeigt **B 66** hat. Es genügt, wenn der Schuldner eine zweite Gelegenheit zur schuldgemäßen Erbringung der Leistung insgesamt erhält; nicht erforderlich ist, dass ihm bezüglich jeder Störung eine solche Gelegenheit eingeräumt wird (**aA** – gesonderte Fristsetzung für jeden Mangel – **BGH** 20. 1. 2016 – VIII ZR 77/15 Rn 20, NJW 2016, 2493; MünchKomm/Ernst § 323 Rn 63, 88 ff unter Hinweis auf Prinzip der Einzelbetrachtung; Soergel/Benicke/Hellwig Rn 154 f; dagegen zutr Dauner-Lieb, in: FS Canaris [2007] 143, 159 f). Das Risiko, dass eine Störung zunächst unentdeckt bleibt und zu deren Beseitigung daher uU keine angemessene Frist mehr bleibt, liegt insoweit beim Schuldner, nicht beim Gläubiger. Anders verhält es sich, wenn der Gläubiger durch die Fristsetzung einen konkreten **Vertrauenstatbestand** des Inhalts setzt, dass die Fristsetzung sich nur auf eine Störung bezieht. So etwa, wenn der Gläubiger ausdrücklich erklärt, dass bei Behebung einer bestimmten, in der Nachfristsetzung genannten Störung die Leistungspflicht im Übrigen ordnungsgemäß erfüllt sei. So verhält es sich ferner, wenn der Gläubiger in Kenntnis der mehreren Störungen gleichzeitig oder hintereinander gesonderte Fristen für jede Störung setzt (zB erst für die Beseitigung des Mangels, dann für die noch nicht erbrachte Teilleistung). Es ist ebenso der Fall, wenn der Gläubiger trotz Kenntnis beider Störungen eine Frist nur bezüglich einer der beiden Störungen setzt. Hier darf der Schuldner die Fristsetzung des Gläubigers so verstehen, dass innerhalb der Frist nur die benannte Störung zu beseitigen ist und dass ihm Schadensersatz statt der Leistung allein aufgrund fruchtlosen Verstreichens der Frist nur hinsichtlich der in der Fristsetzung benannten Störung droht. Unbenommen bleibt es dem Gläubiger jedoch auch hier, nach Ablauf der Frist Schadensersatz statt der ganzen Leistung zu fordern, wenn die Voraussetzungen gem § 281 Abs 1 S 2 BGB erfüllt sind (s Rn B 165 ff). Unter Kaufleuten kann sich der Gläubiger wegen § 377 HGB nicht mehr auf erkennbare Mängel berufen, die er nicht unverzüglich gerügt hat.

B 67 **dd) Mehrheit von Störungen**

Wenn der Gläubiger im Falle einer Mehrheit von Störungen Schadensersatz statt der ganzen Leistung ohne vorherige Fristsetzung gem § 281 Abs 2 BGB verlangt, genügt es, wenn die Voraussetzungen des **Abs 2** hinsichtlich *einer* Störung vorliegen. Handelt es sich bei der Störung, hinsichtlich derer die Voraussetzungen des § 281 Abs 2 BGB erfüllt sind, um eine Teil-Nichtleistung ist der Schadensersatz statt der ganzen Leistung nur unter der Voraussetzung des § 281 Abs 1 S 2 BGB gerechtfertigt; handelt es sich um eine Schlechtleistung, darf sie nicht unerheblich gem Abs 1 S 3 sein.

B 68 **ee) Verletzung des Integritätsinteresses**

Ohne Bedeutung für die Fristsetzung sind Verletzungen des Integritätsinteresses, die während des Fristablaufs bzw beim Versuch der Nacherfüllung zB am Eigentum des Gläubigers eintreten. Der Gläubiger kann wegen der Verletzung Schadensersatz gem § 280 Abs 1 BGB verlangen, ferner uU Schadensersatz statt der Leistung gem §§ 280 Abs 1, Abs 3, 282 BGB (vgl OLG Saarbrücken 25. 7. 2007 – 1 U 467/06, NJW 2007, 3503 ff).

B 69 **ff) Schlechtleistung**

Die vorstehenden Grundsätze gelten entsprechend für den Fall, dass die ursprüngliche bzw zuerst entdeckte Störung eine **Schlechtleistung** ist.

5. Bedeutung der Vertragstreue des Gläubigers

Nach der Rechtsprechung des RG und des BGH darf, wer selbst nicht vertragstreu ist, aus der Vertragsverletzung des Gegners keine Rechte herleiten – sog **„Tu-quoque-Grundsatz"** (vgl zB RGZ 67, 313; 152, 119, 123; BGH 29. 10. 1957 – VIII ZR 282/56, NJW 1958, 177; BGH 1. 10. 1986 – VIII ZR 132/85, NJW 1987, 251, 253; BGH 25. 2. 1991 – II ZR 46/90, NJW-RR 1991, 898; BGHZ 138, 195, 209; umf Nachw bei Teubner, Gegenseitige Vertragsuntreue [1975] 109 ff). In der Literatur ist diese Aussage unter Geltung des alten Rechts zT dahin verstanden worden, die Vertragstreue des Gläubigers sei eine ungeschriebene Voraussetzung für etwaige Schadensersatzansprüche oder Rücktrittsbefugnisse des Gläubigers bei gegenseitigen Leistungspflichten (vgl Palandt/Heinrichs[61] § 326 aF Rn 10 ff; abl E Lorenz JuS 1972, 311 ff; krit Teubner, Gegenseitige Vertragsuntreue [1975] 109 ff; Prölss ZHR 132 [1969] 69 ff). B 70

Dies ist in zweifacher Hinsicht problematisch: Zum einen kann das Missverständnis entstehen, es lasse jedwede Pflichtverletzung des Gläubigers dessen störungsrechtliche Befugnisse entfallen. In Wahrheit kann der Tu-quoque-Satz nur gelten, wenn es einen sachlichen Zusammenhang zwischen den verletzten Pflichten derart gibt, dass dem Schuldner wegen der dem Gläubiger zuzurechnenden Störung ein Leistungsverweigerungsrecht zusteht. Zum anderen gerät außer Blick, dass ein erheblicher Teil des Problems bereits in den §§ 320 ff BGB eine **spezielle Regelung** erfahren hat. Daher ist bei der Fallbearbeitung stets der Vorrang besonderer Regelungen zu beachten; fehlt eine solche, ist die Anwendung des § 242 BGB im Sinne des „tu-quoque" nicht allein schon wegen einer dem Gläubiger zuzurechnenden Störung gerechtfertigt, es bedarf vielmehr eines Zusammenhangs zwischen den Störungen, die eine Leistungsverweigerung des Schuldners und damit den Fortfall der Schadensersatzbefugnis des Gläubigers gerechtfertigt erscheinen lässt. Dies ist der Fall namentlich bei Gefährdungen des Leistungsaustausches, die vom Gläubiger zu verantworten sind. B 71

a) Fallgruppen

Die vorstehenden Ausführungen lassen sich in Fallgruppen konkretisieren, die nach der Art der verletzten Pflicht geordnet sind. Dabei ist im Folgenden mit *„Gläubiger"* die Partei gemeint, die den Anspruch aus §§ 280 Abs 1, Abs 3, 281 BGB geltend macht, *„Schuldner"* ist die Partei, die sich dagegen ua mit dem Einwand des „tu quoque" zur Wehr setzt. B 72

aa) Ist der Leistungsaustausch **Zug-um-Zug** abzuwickeln, kann die „Nichtleistung" des Schuldners gem § 281 Abs 1 S 1 BGB nicht eintreten, solange ihm die Gegenleistung nicht angeboten wird, da ihm die Einrede des nichterfüllten Vertrages gem §§ 320, 322 BGB zusteht (MünchKomm/Ernst Rn 20; BGH 28. 3. 1996 – VII ZR 228/94, NJW-RR 1996, 853, 854). B 73

bb) Ist der **Schuldner vorleistungspflichtig** und leistet nicht, wird die vom Gläubiger geschuldete Gegenleistung aber ihrerseits fällig *(unbeständige Vorleistungspflicht)*, bevor der Gläubiger nach § 281 Abs 4 BGB Schadensersatz gefordert hat, ändert sich die Vorleistungspflicht in eine Leistungspflicht Zug-um-Zug, so dass dem Schuldner mit Eintritt der Fälligkeit des Gegenleistungsanspruchs gem §§ 320, 322 BGB die Einrede des nicht erfüllten Vertrages zusteht (BGH 11. 7. 1989 – XI ZR 61/88, B 74

NJW-RR 1989, 1356, 1357; BGH 7. 12. 2004 – X ZR 12/03, NJW-RR 2005, 388, 389; Staudinger/Schwarze [2015] § 321 Rn 27 mwNw; **aA** Gernhuber, Schuldverhältnis [1989] 360); damit entfällt eine Voraussetzung der Schadensersatzbefugnis nach § 281 BGB (oben Rn B 11). Will der Gläubiger seine Rechte aus § 281 BGB ausüben, muss er seine eigene „Nichtleistung" beenden, indem er seine Leistung Zug-um-Zug anbietet (vgl RGZ 67, 313, 318; BGH 11. 10. 1967 – VIII ZR 143/65, NJW 1968, 103; anders bei Geringfügigkeit iSv § 320 Abs 2 BGB BGH 1. 10. 1986 – VIII ZR 132/85, NJW 1987, 251, 253), also zu einem vertragstreuen Verhalten zurückkehren (zur Beendigung der Nichtleistung s Rn B 57 ff). Dies gilt umgekehrt ebenso. Ein Rückgriff auf die „Tu-quoque"-Regel gem § 242 BGB ist entbehrlich (**aA** BGH 25. 5. 1965 – V ZR 142/63, LM § 326 [A] BGB Nr 12; BGH 27. 4. 1994 – VIII ZR 34/93, NJW 1994, 2025, 2026). Demgegenüber können bei einem **Sukzessivlieferungsvertrag** beide Parteien hinsichtlich unterschiedlicher Einzellieferungen unabhängig voneinander den Tatbestand der „Nichtleistung" gem § 281 Abs 1 BGB erfüllen, wenn diese nicht in einem unmittelbaren synallagmatischen Zusammenhang stehen; die zuerst in Verzug geratene Partei entgeht dann der Haftung nicht wegen des späteren Verzuges der anderen Partei (vgl BGH 10. 12. 1975 – VIII ZR 201/74, WM 1976, 124, 126). Auch hier wandelt sich aber eine Vorleistungspflicht auf Seiten des Lieferanten in eine lediglich Zug-um-Zug zu erbringende Pflicht, wenn der Käufer im Hinblick auf Teilzahlungen für bereits erbrachte Ratenlieferungen seinerseits in Verzug gerät (OLG Düsseldorf 15. 1. 1993 – 22 U 172/92, NJW-RR 1993, 1206; MünchKomm/Emmerich § 320 Rn 30 f).

B 75 **cc)** Ist der **Gläubiger** bzgl der von ihm geschuldeten Gegenleistung **vorleistungspflichtig** und leistet er bei Fälligkeit nicht, tritt entweder die Fälligkeit der dem Schuldner obliegenden Leistungspflicht nicht ein, sofern diese von der Vorleistung abhängt (*beständige Vorleistungspflicht,* vgl BGH 28. 3. 1996 – VII ZR 228/94, NJW-RR 1996, 853, 854; Staudinger/Schwarze [2015] § 321 Rn 23, 28). Ist die Vorleistungspflicht nicht beständig und wird später die dem Schuldner obliegende Leistung fällig, steht diesem die Einrede des nichterfüllten Vertrages zu (BGH 20. 12. 1985 – V ZR 200/84, NJW 1986, 1164 f; BGH 7. 12. 2004 – X ZR 12/03, NJW-RR 2005, 388, 389; MünchKomm/Emmerich § 320 Rn 35; **aA** Gernhuber, Erfüllung und ihre Surrogate[2] [1994] § 15 II 2b), so dass der Gläubiger keine Rechte aus § 281 BGB geltend machen kann, solange er nicht seine Leistung zuvor Zug-um-Zug angeboten hat. Ein Rückgriff auf die „Tu-quoque"-Regel gem § 242 BGB ist entbehrlich (**aA** BGH 25. 5. 1965 – V ZR 142/63, JZ 1965, 452; BGH 27. 4. 1994 – VIII ZR 34/93, NJW 1994, 2025, 2026). Allerdings kann eine der Nichterfüllung der Vorleistungspflicht vorhergehende Pflichtverletzung des Schuldners eine Vertragsuntreue des vorleistungspflichtigen Gläubigers mit der Folge ausschließen, dass einem Vorgehen des Gläubigers nach § 281 BGB bzgl der dem Schuldner obliegenden Leistungspflicht nichts im Wege steht (vgl den Sachverhalt BGH 15. 10. 1993 – V ZR 141/92, ZIP 1993, 1853, 1854 f).

B 76 **dd)** Die mangelnde Vertragstreue des Gläubigers kann schon darin liegen, dass er durch unzureichende Leistungsfähigkeit oder unzureichende Leistungsbereitschaft eine unzumutbare **Gefährdung** des dem Schuldner zustehenden Gegenleistungsanspruchs bzw des Leistungsaustausches (s Rn B 201) verursacht und es ihm deshalb nach § 242 BGB versagt ist, aus der „Nichtleistung" des Schuldners Rechte gem § 281 BGB für sich abzuleiten (BGH 12. 5. 1972 – V ZR 105/70, WM 1972, 1059: fehlende Erwerbsbereitschaft; BGH 26. 10. 1973 – V ZR 204/71, NJW 1974, 36: Grundstücksbelastung zugunsten eines Zweitkäufers; s auch BGH 19. 12. 2007 – XII ZR 13/06, NJW 2008, 1148: keine

Berufung des zahlungsunwilligen Mieters auf Fortfall des Mietzinsanspruchs gem § 537 Abs 2). Der Abschluss eines Deckungsverkaufsvertrages während der Nachfrist stellt allerdings keine erhebliche Vertragsuntreue dar (BGHZ 126, 131, 137 f).

Wird die Gefährdung der Gegenleistung bzw des Leistungsaustausches durch die unzureichende Leistungsfähigkeit eines vorleistungsberechtigten Gläubigers verursacht, steht dem Schuldner die Einrede aus **§ 321 BGB** zu (vgl Staudinger/Schwarze [2015] § 321 Rn 41 ff). § 321 BGB ist analog heranzuziehen, wenn der Gläubiger erklärt, er wolle die ihm obliegende Gegenleistung nicht mehr erbringen (vgl BGHZ 50, 175, 177; BGH 15. 5. 1990 – X ZR 128/88, NJW 1990, 3008, 3009; BGH 27. 4. 1994 – VIII ZR 34/93, NJW 1994, 2025, 2026; Teubner 70 ff; für eine unmittelbare Anwendung der §§ 320, 322 BGB BGH 8. 5. 1987 – V ZR 6/86, NJW-RR 1987, 1158, 1159). Wendet man § 321 BGB nicht an, muss man dem Schuldner eine Einrede zubilligen, die unmittelbar auf § 242 BGB gestützt werden kann, außerprozessual automatisch wirkt und erst im Prozess zu erheben ist. So oder so ist dem Gläubiger die Geltendmachung von Rechten aus § 281 BGB versagt, solange er nicht wieder vertragstreu wird, also Leistungsfähigkeit bzw Leistungsbereitschaft wiederherstellt (vgl BGHZ 88, 91, 96 f). **B 77**

ee) Auch die (drohende) Verletzung von nicht im Gegenseitigkeitsverhältnis stehenden Leistungspflichten, **Leistungstreuepflichten** oder von **Rücksichtnahmepflichten** kann dem Schuldner die Erbringung der Leistung unzumutbar machen (näher Rn B 185 ff, insbes Rn 190). Dann steht ihm eine Einrede gegen die Erbringung der Leistung analog § 320 BGB zu, die die Voraussetzungen des § 281 BGB entfallen lässt (vgl Rn B 11). So verhält es sich zB, wenn der Gläubiger dem Schuldner die Erbringung der Leistung dadurch erschwert, dass er die dafür erforderliche Kreditaufnahme des Schuldners verhindert (Huber II [1999] 353). Gleiches gilt, wenn durch Verletzung der Fürsorgepflicht des Arbeitgebers die Erbringung der Arbeitsleistung unzumutbar wird (Staudinger/Schwarze [2015] § 320 Rn 22). Macht die (drohende) Verletzung solcher Pflichten die Annahme der vom Gläubiger geschuldeten Gegenleistung für den Schuldner unzumutbar (zB Angebot der Gegenleistung unter wüsten Beschimpfungen, vgl Rn B 15), kann sich der Schuldner auf § 320 BGB berufen, womit eine Voraussetzung für den Schadensersatz nach § 281 BGB entfällt (zum Tu-quoque-Einwand wegen Verletzung einer vorvertraglichen Pflicht vgl BGH 1. 10. 1986 – VIII ZR 132/85, NJW 1987, 251, 252). **B 78**

ff) Beruht die vom Gläubiger zu verantwortende Störung in der Unterlassung einer **Mitwirkungshandlung**, auf die der Schuldner für seine Leistung angewiesen ist, muss der Schuldner nur das nach der vereinbarten Leistungsabwicklung bis zur Mitwirkung seinerseits Erforderliche tun bzw anbieten zu tun und begeht im Übrigen keine Pflichtverletzung (vgl BGH 23. 1. 1996 – X ZR 105/93, NJW 1996, 1745, 1746); auf den Einwand der Vertragsuntreue kommt es somit nicht an (unklar OLG Köln 8. 1. 1993 – 19 U 187/92, BB 1993 Beil 3 S 9, 10; OLG Köln 21. 1. 1994 – 19 U 100/93, NJW-RR 1994, 1207, 1208). Besteht die Vertragsuntreue darin, dass der Gläubiger die (Nach-)Leistung unmöglich macht, indem er sich die Leistung vor Ablauf der Frist selbst beschafft bzw den Mangel vor Fristablauf selbst behebt, so tritt Unmöglichkeit der (Nach-)Leistung ein; ein Schadensersatzanspruch des Gläubigers kann sich aus § 281 nicht mehr ergeben; aus §§ 280 Abs 1, Abs 3, 283 BGB nur, wenn der Schuldner die Selbstvornahme des Gläubigers zu vertreten hat. Ist Letzteres nicht der Fall, hat der Schuldner Anspruch auf die Gegenleistung, muss sich aber ent- **B 79**

sprechend § 326 Abs 2 S 2 BGB ersparte Aufwendungen für die Beschaffung der Leistung bzw Behebung des Mangels anrechnen lassen (s noch Rn C 21).

B 80 **gg)** Schließlich ist denkbar, dass der Gläubiger eine nicht im Gegenseitigkeitsverhältnis stehende Leistungspflicht nicht erfüllt oder eine sonstige Pflicht verletzt, die nicht die dem Gläubiger obliegende Gegenleistung bzw den Leistungsaustausch gefährdet (vgl BGH 1. 10. 1986 – VIII ZR 132/85, NJW 1987, 251, 253). Hier bleibt es beim „Grundsatz der Einzelbetrachtung" jeder Störung, dh der Schuldner hat für die von ihm zu vertretende Nichtleistung nach § 281 BGB einzustehen, ohne sich entlastend auf die vom Gläubiger begangene Pflichtverletzung berufen zu können (vgl BGH 15. 10. 1993 – V ZR 141/92, NJW-RR 1994, 372; Huber II [1999] 351; Teubner [1975] 77, 83 ff).

B 81 Im Falle einer vom Gläubiger zu vertretenden Verletzung einer **Rücksichtnahmepflicht** (§ 241 Abs 2 BGB) steht dem Schuldner stets ein Schadensersatzanspruch wegen etwaiger Integritätsschäden gem § 280 Abs 1 BGB zu, wie umgekehrt dem Gläubiger trotz dessen eigener Vertragsuntreue durch Pflichtverletzung kein Integritätsschaden zugefügt werden darf (vgl RGZ 123, 238, 242; Soergel/Wiedemann Vor § 323 aF Rn 141).

b) Berufung des Schuldners auf die Vertragsuntreue des Gläubigers

B 82 Der Schuldner muss sich auf die Vertragsuntreue des Gläubigers nicht unverzüglich berufen; er kann dies auch noch im Schadensersatzprozess tun (RGZ 152, 119, 123 f; s auch RGZ 59, 25; vgl Staudinger/Schwarze [2015] § 322 Rn 6). **Kausal** für die „Nichtleistung" des Schuldners muss die Vertragsuntreue des Gläubigers nicht gewesen sein (so aber RGZ 142, 268, 273 f; wohl auch BGH 1. 10. 1986 – VIII ZR 132/85, NJW 1987, 251, 253; BGH 15. 10. 1993 – V ZR 141/92, NJW-RR 1994, 372). Allerdings kann der Umstand, dass sich der Schuldner bei seiner Rücktrittserklärung nicht auf eine ihm bekannte Vertragsuntreue des anderen Teils beruft, dafür sprechen, dass sie den Vertragszweck nicht gefährdet hat (vgl RGZ 142, 268, 274). Hat der Schuldner die Vertragsuntreue des Gläubigers *geduldet,* kann er sich auf sie nicht mehr zur Rechtfertigung seines eigenen Fehlverhaltens stützen (RGZ 152, 124; BGH 1. 10. 1986 – VIII ZR 132/85, NJW 1987, 251, 253; für Lösung über einen Erlassvertrag iS des § 397 BGB Soergel/Wiedemann Vor § 323 aF Rn 139, doch dürfte dies auf Fiktionen hinauslaufen).

c) Rückkehr des Gläubigers zur Vertragstreue

B 83 Steht die Vertragsuntreue des Gläubigers der Geltendmachung des Schadensersatzes gem § 281 BGB nach den vorstehenden Grundsätzen entgegen, kann der Gläubiger durch Rückkehr zur Vertragstreue, dh durch ein seinen Pflichten und Obliegenheiten entsprechendes Verhalten, die dem Schuldner zustehende Einrede entfallen und so alle Voraussetzungen für den Schadensersatzanspruch entstehen lassen. Wenn der **Schuldner** erklärt, er werde die Erfüllung selbst dann verweigern, wenn der vertragsuntreue Gläubiger sein vertragswidriges Verhalten beende (RGZ 67, 313, 319; 171, 297, 303; BGH 29. 10. 1957 – VIII ZR 282/56, NJW 1958, 177; BGH 27. 4. 1994 – VIII ZR 34/93, NJW 1994, 2025, 2026) oder wenn der Schuldner zum Ausdruck bringt, auf die Einhaltung der verletzten Vertragspflicht keinen Wert zu legen (BGH 1. 10. 1986 – VIII ZR 132/85, NJW 1987, 251, 253; BGH 28. 3. 1996 – VII ZR 228/94, NJW-RR 1996, 853, 854), genügt es, wenn der Gläubiger leistungsbereit und leistungsfähig ist. Weitere Anstrengungen zur Erfüllung seiner Pflichten sind nicht erforderlich, weil sinnlos (vgl BGH 25. 5. 1965 – V ZR 142/63, JZ 1965, 452; BGH 7. 7. 1972 – V ZR 132/70, WM 1972, 1056,

1058). Sogar die mangelnde Fähigkeit zur Erbringung der ihm obliegenden Gegenleistung kann unschädlich sein, wenn diese durch eine vorausgehende endgültige Leistungsverweigerung des Schuldners zurechenbar verursacht worden ist (BGH 1. 1. 1976 – VIII ZR 266/75, NJW 1977, 580). Hat der bis dahin vertragstreue Verkäufer nach erklärter Leistungsverweigerung des Käufers die Kaufsache sogleich an einen Dritten veräußert, darf der Verkäufer Schadensersatz statt der Leistung fordern, auch wenn er dem Käufer zuvor eine Frist zur Erbringung seiner Leistung bzw zum Widerruf seiner Verweigerung nicht gesetzt hat, vorausgesetzt der Schuldner wäre trotz Fristsetzung nicht zur Vertragstreue zurückgekehrt (BGH 20. 5. 1994 – V ZR 64/93, NJW 1994, 2480, 2481; **aA** RG 17. 12. 1924 – I 238/24, JW 1925, 606). Die vorherige Fristsetzung bzw Ankündigung der anderweitigen Veräußerung liefe hier auf eine bloße Förmlichkeit hinaus. Da der Gläubiger die unwandelbare Haltung des Schuldners beweisen muss, geht er bei derartigem Vorgehen allerdings ein hohes Risiko ein.

6. Keine Entlastung des Schuldners (§ 280 Abs 1 S 2)

Der Schuldner haftet nicht auf Schadensersatz, wenn er die Nichtleistung **nicht zu vertreten** hat, da § 280 Abs 1 S 2 BGB Teil der Anspruchsgrundlage ist. Im Streitfall muss sich der Schuldner daher entlasten, ein Vertretenmüssen muss nicht positiv festgestellt werden (§ 280 Rn D 4 f, F 10). Trägt der Gläubiger selbst den Schuldner entlastende Umstände vor, muss das Gericht sie berücksichtigen. Die Entlastung hat den Charakter einer rechtsverneinenden Einwendung. Insofern geht die gesetzliche Regelung entgegen der Gesetzesbegründung (BT-Drucks 14/6040, 136) über eine bloße Regelung der Darlegungs- und Beweislast hinaus. Für welche Umstände der Schuldner verantwortlich gemacht werden kann und für welche er sich daher entlasten muss, ergibt sich vor allem aus den §§ 276 bis 278 BGB (vgl Staudinger/Caspers Erl zu §§ 276–278 sowie unten § 280 Rn D 6 ff). B 84

Der zeitliche **Bezugspunkt** des Vertretenmüssens ist bei der „Nichtleistung" **umstritten** (zur Schlechtleistung s noch Rn C 22; ferner § 280 Rn D 14). Nach § 326 aF konnte der Gläubiger eine Nachfrist nur setzen, wenn sich der Schuldner in Verzug befand. Da auch nach altem Recht der Schuldner nur dann in Verzug kam, wenn er die Leistungsverzögerung zu vertreten hatte (§ 285 aF), musste jedenfalls im Zeitpunkt der Fristsetzung Vertretenmüssen vorliegen (vgl Huber II [1999] 379 f; Staudinger/Otto [2001] § 326 aF Rn 114). § 281 BGB setzt Verzug nicht voraus, womit dem Zeitpunkt der Fristsetzung insoweit keine besondere Bedeutung mehr zukommt. Anknüpfen lässt sich zum einen an die *Nichterbringung der Leistung im Zeitpunkt der Fälligkeit* bzw *zwischen Fälligkeit und Fristablauf,* zum anderen daran, dass der Schuldner bei Entstehung der Schadensersatzbefugnis aus §§ 280 Abs 1, Abs 3, 281 Abs 1 S 1, 1. Alt BGB, also mit *Ablauf der ihm gesetzten Nachfrist,* noch nicht geleistet hat. B 85

ZT wird **allein auf den Zeitpunkt des Fristablaufs** abgestellt. Entscheidend sei, ob der Schuldner die ihm gegebene zweite Chance zurechenbar nicht genutzt habe (BeckOK-BGB/Lorenz [1. 2. 2019] Rn 14; Palandt/Grüneberg Rn 16; St Lorenz, in: FS Huber [2006] 423, 426 f; Münch Jura 2002, 361, 368; Todorow, Der Bezugspunkt des Vertretenmüssens beim Schadensersatz statt der Leistung [2009] 94 ff). Darüber hinaus wird sogar gefordert, das Vertretenmüssen müsse zugleich im Zeitpunkt der ursprünglichen Nichtleistung und bei Fristablauf vorliegen (Hirsch Jura 2003, 289, 293). Richtigerweise muss es genügen, wenn **zu einem beliebigen Zeitpunkt zwischen Fälligkeit und Fristablauf** Vertreten- B 86 müssen gegeben ist (Huber, in: FS Schlechtriem [2003] 521, 528 ff; Erman/HP Westermann Rn 1). Fehlendes Vertretenmüssen im Zeitpunkt der Fälligkeit steht einer Haftung aus § 281 BGB also nicht entgegen, wenn der Schuldner später die angemessene Nachfrist vorwerfbar hat verstreichen lassen. Doch ist ein Vertretenmüssen bei Fristablauf nicht erforderlich. Die Leistungspflicht ist von Beginn an voll wirksam; die Fristsetzung ist nicht dahin zu verstehen, dass eine voll wirksame Leistungspflicht erst mit Setzung oder nach Ablauf der Frist entsteht. Ebenso wenig ist der Schuldner bis zu diesem Zeitpunkt exkulpiert. Die „zweite Chance", die dem Schuldner mit der Fristsetzung gewährt werden soll, wird ihm durch die Haftung ab Fälligkeit nicht genommen (so bereits RG 12. 10. 1910 – V 585/09, WarnR 1910 Nr 424; bei der mangelhaften Leistung BGH 29. 4. 2015 – VIII ZR 104/14 Rn 12, NJW 2015, 2244; BGH 17. 10. 2012 – VIII ZR 226/11 Rn 11 ff, NJW 2013, 220; zum geltenden Recht Braun ZGS 2004, 423, 428 f; Looschelders, in: FS Canaris [2007] I 737, 749; HP Westermann, in: FS Canaris [2007] I 1269, 1263; Faust, in: FS Canaris [2007] I 219, 222; Gsell, in: FS Canaris [2007] I 337 ff). Trifft ein Verkäufer nach Abschluss eines Kaufvertrages keine Anstalten, um sich die Ware zu verschaffen, haftet er daher auch dann, wenn ihm das Versäumen der Nachfrist nicht vorgeworfen werden kann, weil sich zB die Lieferung vom Großhändler an ihn ohne sein Verschulden verzögert. Es wäre widersprüchlich, die Angemessenheit der Frist unter dem Gesichtspunkt notwendiger Vorbereitungshandlungen des Schuldners restriktiv zu bestimmen (Rn B 46 f), für die Verantwortlichkeit des Schuldners aber allein auf den Zeitpunkt des Fristablaufs abzustellen. Auf der anderen Seite ist kein vernünftiger Grund dafür ersichtlich, das Vertretenmüssen zwingend kumulativ zum Zeitpunkt der Fälligkeit und des Ablaufs der Nachfrist zu fordern. Genügt es also, wenn das Vertretenmüssen irgendwann nach Beginn der „Nichtleistung" eintritt, kann die Haftung doch *erst von diesem Zeitpunkt* an beginnen. Ob vorher eingetretene Schadenspositionen von der Ersatzpflicht erfasst werden, richtet sich nach den allgemeinen Regeln der Zurechnung im Rahmen der Haftungsausfüllung (§ 280 Rn E 132 ff).

Die **praktischen Unterschiede** zur Gegenansicht, die Vertretenmüssen hinsichtlich der „zweiten" Pflichtverletzung fordert, verlieren sich weitgehend, wenn der Schuldner vor oder mit der Fristsetzung in Schuldnerverzug gerät und nachfolgend gem § 287 S 2 BGB auch für Zufall einzustehen hat. Ein Vertretenmüssen im Zeitpunkt des Fristablaufs ist dann auch ohne Verschulden gegeben. Eine unterschiedliche Beurteilung ergibt sich dann lediglich, wenn das Vertretenmüssen zwischen Fälligkeit und Fristsetzung entfällt (St Lorenz, in: FS Huber [2006] 423, 426) oder – was selten vorkommen wird – der Gläubiger den verzugsbegründenden Tatbestand, nicht aber die Fristsetzung zurücknimmt (Faust, in: FS Canaris [2007] 219, 231 f). Diese Differenzen werden zusätzlich gemildert, bejaht man ein Vertretenmüssen bei Fristablauf bereits dann, wenn das mit dem ursprünglichen Leistungsdefizit vorwerfbar gesetzte Risiko in diesem Zeitpunkt fortwirkt (MünchKomm/Ernst Rn 51; Faust, in: FS Canaris [2007] 219, 232).

B 87 Ist die Fristsetzung gem **§ 281 Abs 2 BGB** entbehrlich, genügt es, wenn das Vertretenmüssen von Beginn der Nichtleistung oder später bis zum Eintritt der die Entbehrlichkeit begründenden Umstände irgendwann vorliegt. Dies muss auch gelten, wenn der Gläubiger dem Schuldner gleichwohl eine Frist gesetzt hat. Denn damit will er dem Schuldner noch die Gelegenheit zur Leistung geben, ihn aber nicht von einer bereits bestehenden Verantwortlichkeit iS des § 280 Abs 1 S 2 BGB freistellen.

II. Entbehrlichkeit der Fristsetzung (§ 281 Abs 2)

Ausnahmsweise kann der Gläubiger aufgrund der Nichtleistung seines Schuldners trotz Fälligkeit und Durchsetzbarkeit des Anspruchs statt der Leistung Schadensersatz verlangen, ohne dass er eine Frist zu setzen braucht. Nach § 281 Abs 2, 1. Alt BGB gilt dies, wenn der Schuldner die Leistung *ernstlich und endgültig verweigert*. Die Fristsetzung kann ferner aus sonstigen Gründen entbehrlich sein, wenn *„besondere Umstände"* vorliegen, *„die unter Abwägung der beiderseitigen Interessen die sofortige Geltendmachung des Schadensersatzanspruchs rechtfertigen"* (§ 281 Abs 2, 2. Alt BGB). **B 88**

1. Leistungsverweigerung nach Fälligkeit

a) Normzweck

Die *bestimmte, ernsthafte und endgültige Leistungsverweigerung* (synonym: Erfüllungsverweigerung) des Schuldners lässt eine Nachfristsetzung des Gläubigers als sinnlos erscheinen; sie ist dem Gläubiger angesichts der eindeutigen Leistungsunwilligkeit des Schuldners überdies nicht zuzumuten. Dies gilt auch dann, wenn ein Verwender von AGB sich als Verkäufer/Gläubiger die Pflicht auferlegt hat, seinem Vertragspartner trotz Verweigerung der Abnahme der Kaufsache eine Nachfrist zur Erfüllung einzuräumen (BGH 16. 6. 1982 – VIII ZR 89/81, NJW 1982, 2316). Aus demselben Grund wird für den Verzug nach § 286 Abs 2 Nr 3 BGB auf die Mahnung verzichtet. Eine entsprechende Regelung enthalten § 323 Abs 2 Nr 1 BGB und § 30 Abs 2 VerlG, ferner für die Nacherfüllung § 440 S 1, 1. Alt BGB und § 636 1. Alt BGB. Zur Bedeutung der Verbraucherrechte-Richtlinie s Rn B 100. **B 89**

b) Anwendungsbereich

§ 281 Abs 2, 1. Alt BGB gilt ebenso wie Abs 1 für alle **Leistungspflichten**, nicht nur für gegenseitige, sondern auch für nicht gegenseitige Hauptleistungspflichten und Nebenleistungspflichten; für die Auswirkungen einer auf eine Nebenleistungspflicht beschränkten Leistungsverweigerung auf den Fortbestand der Hauptleistungspflicht gilt das unter Rn B 3 Gesagte. Betrifft die Leistungsverweigerung eine unselbstständige leistungsbezogene **Nebenpflicht** ohne Leistungsanspruch (zB den Leistungsgegenstand ordnungsgemäß aufzubewahren), kann dies eine unzumutbare Leistungsgefährdung begründen und zum Schadensersatz statt der ganzen Leistung berechtigen (näher Rn B 192). Weigert sich der Schuldner, eine Rücksichtnahmepflicht iS von § 241 Abs 2 BGB zu beachten, kann dies zu einer unzumutbaren Gefährdung der Rechtsgüter und zu einem Schadensersatz analog § 282 BGB führen (näher § 282 Rn 44 ff). **B 90**

§ 281 Abs 2, 1. Alt BGB betrifft die **Leistungsverweigerung nach Fälligkeit**. Die vor Fälligkeit erklärte Leistungsverweigerung genügt nicht; sie kann allerdings eine unzumutbare Leistungsgefährdung begründen (näher Rn B 185) oder – nach Eintritt der Fälligkeit – ein Schadensersatzverlangen gem § 281 Abs 2, 2. Alt BGB rechtfertigen (Rn B 118). Zum Zeitpunkt der Leistungsverweigerung muss die Leistung noch erbracht werden können. Hat sich der Gläubiger die Leistung zu diesem Zeitpunkt anderweitig verschafft bzw die Mängel selbst beseitigt, ist § 281 Abs 2, 1. Alt BGB nicht gegeben, auch wenn die Erklärung des Schuldners an sich als endgültige Verweigerung gewertet werden könnte. Wie der Schuldner sich nach der Leistungsbeschaffung/Mängelbeseitigung durch den Gläubiger verhält, kann nur dann von

Bedeutung sein, wenn dieses Verhalten den sicheren Rückschluss erlaubt oder hierzu beiträgt, dass schon vor der Mängelbeseitigung die Nacherfüllung ernsthaft und endgültig verweigert war (BGH 20. 1. 2009 – X ZR 45/07, NJW-RR 2009, 667). Maßstab hierfür ist der Empfängerhorizont des Gläubigers (s folgende Rn B 91).

c) **Leistungsverweigerung**

B 91 Von einer Leistungsverweigerung kann nur die Rede sein, wenn der Schuldner die Leistung in bestimmter Weise endgültig verweigert (RGZ 102, 262, 266 f). Maßgeblich ist der Empfängerhorizont des Gläubigers. Die Weigerung muss als das **letzte Wort** des Schuldners aufzufassen sein, so dass eine Änderung des Entschlusses ausgeschlossen erscheint (st Rspr zB RGZ 51, 347; 53, 161, 167; BGH 16. 6. 1982 – VIII ZR 89/81, NJW 1982, 2316; BGH 22. 10. 1999 – V ZR 401/98, NJW 2000, 506, 508). An die Annahme, der Schuldner verweigere die Leistung endgültig, sind strenge Anforderungen zu stellen (BGH 19. 9. 1983 – VIII ZR 84/82, NJW 1984, 48, 49; BGHZ 104, 6, 13). Eine ernsthafte und endgültige Leistungsverweigerung ist nicht schon deshalb gegeben, weil der Schuldner seine Leistungspflicht (RG 26. 11. 1924 – I 651/23, LZ 1925, 970; BGH 21. 12. 2005 – VIII ZR 49/05, NJW 2006, 1195, 1197) oder im Falle der Schlechtleistung das Bestehen eines Mangels (OLG Düsseldorf 11. 10. 2013 – I-22 U 81/13 Rn 7 ff, NJW 2014, 1115) bestreitet. Es muss ausgeschlossen sein, dass der Schuldner sich – insbes durch Nachfristsetzung – umstimmen lässt (RGZ 90, 317; BGH 21. 12. 2005 – VIII ZR 49/05, NJW 2006, 1195, 1197). Die Ernstlichkeit muss im Zeitpunkt der Leistungsverweigerung für den Gläubiger *erkennbar* gewesen sein; es reicht nicht aus, wenn der Richter später aufgrund weiterer Anhaltspunkte feststellt, dass der Schuldner von seiner Weigerung nicht abgegangen wäre (RGZ 102, 266; RG JW 1918, 551). Dabei bedarf es einer Berücksichtigung sämtlicher Umstände des Einzelfalls (s dazu eingehend Huber II [1999] 590 ff). Nicht erforderlich für die Verweigerung ist ein Unrechtsbewusstsein des Schuldners, dh die Kenntnis der Pflichtwidrigkeit der Verweigerung. Der **Rechtsirrtum** entlastet den Schuldner also nicht per se (BGH 7. 3. 2013 – VII ZR 162/12, NJW 2013, 1431, offenlassend, ob Verweigerung allein aufgrund Rechtsirrtum Leistungsverweigerung begründet, da in casu weitere Umstände vorlagen). Die Ablehnung der Erfüllung im Glauben zu dem Geforderten nicht verpflichtet zu sein, dürfte vielmehr der praktisch häufigste Fall einer Leistungsverweigerung iSd § 281 Abs 2, S 1, 1. Alt BGB sein.

B 92 Indessen verweigert der Schuldner die Leistung oft nicht schlechthin, sondern stellt willkürlich **Bedingungen**, die die Durchführung des Vertrages wesentlich erschweren oder unmöglich machen (RG Gruchot 54, 628; OLG Hamburg 18. 5. 1915 – Bf VI 130/195, Recht 1915 Nr 1752; OLG Jena JW 1918, 380), erhebt unberechtigte Forderungen (RGZ 171, 297, 301; BGH 25. 6. 1953 – IV ZR 20/53, NJW 1953, 1347; BGH 27. 4. 1994 – VIII ZR 34/93, NJW 1994, 2025, 2026), gibt zu erkennen, dass er die Leistung wesentlich abweichend vom Vertrag erbringen will (RGZ 96, 343: vier Monate nach Fälligkeit; RG 8. 1. 1923 – VI 208/22, LZ 1923, 225: Angebot der Lieferung eines nicht betriebsfähigen Kfz und Beharren auf angeblich vertragsgemäßer Leistung) oder – unter Ablehnung jeder weiter gehenden Zahlung – nur einen Teil der Nachleistungskosten/Mangelbeseitigungskosten tragen will (OLG Naumburg 24. 2. 2004 – 11 U 94/03, ZGS 2004, 2022, 2024). Auch solches Verhalten ist Leistungsverweigerung. Das gilt auch für den praktisch häufig vorkommenden Fall der (subjektiven) **Unklarheit** über die Pflichtverletzung des Schuldners: Liegt objektiv eine Pflichtverletzung vor, darf der Schuldner die Erfüllung nicht von einer Erklärung des Gläubigers abhängig machen, für den Fall einer für den Schuldner günstigen Klärung des Sachverhalts für die Kosten der Untersuchung aufzukommen (vgl BGH 2. 9. 2010 – VII ZR 110/09, NJW 2010, 3649 – zur Haftung wegen der Weigerung, aber übertragbar).

Die Leistungsverweigerung ist als **geschäftsähnliche Handlung** einzuordnen, nicht nur als Realakt (vgl Ulrici NJW 2003, 2053; **aA** – Realakt – BGH 5. 7. 1990 – VII ZR 352/89, NJW-RR 1990, 1300, 1301). Die Anwendung der meisten rechtsgeschäftlichen Regeln erscheint sachgerecht: Die Erklärung muss vom Gläubiger oder einem Vertreter ausgehen, nicht lediglich von einem Erfüllungsgehilfen; letzterenfalls wäre nicht ausgeschlossen, dass die Leistung im Falle einer Fristsetzung gegenüber dem Gläubiger bzw dessen Vertreter doch noch erfolgt. Gleiches gilt für die Geschäftsfähigkeit; eine ohne Zustimmung des gesetzlichen Vertreters erklärte Verweigerung eines minderjährigen Schuldners schließt gerade nicht aus, dass im Falle einer Nachfristsetzung gegenüber dem gesetzlichen Vertreter (entspr § 130 Abs 2 BGB) doch noch die Leistung erfolgt (die Weigerung des Minderjährigen kann die Fristsetzung aber unter dem Gesichtspunkt der Nichterreichbarkeit des Leistungserfolges gem § 281 Abs 2, 2. Alt BGB entbehrlich machen). Umgekehrt muss die Verweigerung dem Gläubiger bzw einem Empfangsberechtigten des Gläubigers (vgl BGH 12. 3. 1993 – V ZR 69/92, NJW 1993, 2232, 2233) gegenüber erklärt werden; eine bloße Manifestation oder Äußerung gegenüber Dritten verbürgt nicht die Sicherheit, die eine Fristsetzung entbehrlich machen könnte. Es sind aber nicht notwendig alle rechtsgeschäftlichen Regeln entsprechend anzuwenden; die Frage der Widerruflichkeit der Leistungsverweigerung zB ist mit dieser Entscheidung nicht präjudiziert (insoweit zu eng BGH 12. 3. 1993 – V ZR 69/92, NJW-RR 1990, 1300, 1301; s noch Rn B 98). **B 93**

Die Leistungsverweigerung kann **konkludent** erklärt werden und aus *äußeren Umständen* zu schließen sein: Der Schuldner verkauft die zu liefernde Ware an Dritte (RG 14. 11. 1921 – VI 350/21, WarnR 1922 Nr 50); hier kann auch subjektive Unmöglichkeit eintreten, so dass § 283 BGB anwendbar ist (vgl RG 1. 12. 1932 – VI 315/32, WarnR 1933 Nr 144; zum Verhältnis des § 281 BGB zu § 283 BGB oben Rn B 9 und § 283 Rn 14 f). Aber uU ist ein Selbsthilfeverkauf iS des § 373 HGB beabsichtigt, mit dem der Verkäufer beim Vertrag stehen bleibt (RG JW 1921, 1359), selbst wenn die „Selbsthilfe“ unberechtigt ist (RG 12. 6. 1928 – VII 47/28, JW 1928, 2637). Der BGH will beim Mietvertrag den Auszug des Mieters ohne die Vornahme der ihm obliegenden Reparaturen jedenfalls bei starken Abwohnungserscheinungen als endgültige Leistungsverweigerung interpretieren (BGH 14. 7. 1971 – VIII ZR 28/70, NJW 1971, 1839; BGH 19. 10. 1988 – VIII ZR 22/88, NJW 1989, 451, 452; BGH 19. 11. 1997 – XII ZR 281/95, NJW 1998, 1303, 1304; krit MünchKomm/Ernst Rn 58 f); maßgeblich sind jedoch auch hier die Umstände des Einzelfalles (OLG Hamburg 8. 2. 1973 – 4 U 93/72, NJW 1973, 2211; vgl zur Frage der einschlägigen Leistungspflicht auch oben Rn B 7). Das bloße **Unterlassen** der Leistung kann im Regelfall nicht als Leistungsverweigerung gewertet werden (OLG Köln 20. 6. 2018 – 5 U 176/17 Rn 4, juris). **B 94**

Einige **Beispiele** aus der Rechtsprechung: **B 95**

Keine Leistungsverweigerung liegt in folgenden Fällen vor: Bitte um Stundung wegen augenblicklich fehlender Zahlungsmittel (RGZ 66, 430; RG 1. 12. 1932 – VI 315/32, WarnR 1933 Nr 144); Erklärung, zur pünktlichen Leistung voraussichtlich außerstande zu sein (BGH 10. 12. 1975 – VIII ZR 147/74, JR 1976, 282); „Vertrösten“ des Gläubigers wegen persönlicher Umstände (OLG München 16. 6. 2010 – 7 U 4884/09, NJW-RR 2010, 1716);

Äußerung rechtlicher Zweifel (BGH 11. 5. 1971 – V ZR 185/67, DB 1971, 1203); Widerspruch gegen eine (berechtigte) Vertragskündigung (BGH 20. 11. 2002 – VIII ZR 65/02, NJW-RR 2003, 416, 417); Meinungsverschiedenheiten über den Vertragsinhalt (RGZ 66, 419; RG 25. 6. 1918 – III 79/17, WarnR 1918 Nr 162; BGH 25. 2. 1971 – VII ZR 102/69, NJW 1971, 798); Ablehnung und gleichzeitig erklärte Verhandlungsbereitschaft (BGH 15. 12. 1998 – X ZR 90/96, NJW-RR 1999, 560); Angebot einer Teilleistung (RGZ 90, 317); Zurückweisung eines Schadensersatzbegehrens durch den Verkäufer mit der Begründung, bereits erfüllt zu haben, wenn der Käufer eine bereits erhaltene Leistung nachträglich als „aliud" ansieht und ohne Angabe von Gründen Schadensersatz fordert (BGH 18. 9. 1985 – VIII ZR 249/84, NJW 1986, 661); Unterlassen einer Urlaubsgewährung durch Arbeitgeber aufgrund der Fehlvorstellung, einem teilzeitbeschäftigten Studenten gegenüber dazu nicht verpflichtet zu sein (BAG 13. 5. 1992 – 7 AZR 284/91, NZA 1993, 360, 361); allein aus der Weigerung, die Kosten für die Selbstvornahme zu zahlen, kann nicht gefolgert werden, dass der Schuldner nicht bereit gewesen wäre, den Mangel selbst oder durch einen Dritten zu beseitigen (OLG Celle 10. 2. 2005 – 8 U 146/04, NJOZ 2005, 2025, 2027 f); das Bestreiten von Mängeln für sich genommen (BGH 12. 1. 1993 – X ZR 63/91, NJW-RR 1993, 882, 993; BGH 21. 12. 2005 – VIII ZR 49/05, NJW 2006, 1195, 1197); allein der Antrag auf Insolvenzeröffnung (OLG München 6. 7. 2001 – 25 U 1549/01, NJOZ 2002, 1561); Erklärung, der Übergabetermin könne nicht eingehalten werden (OLG Hamm 23. 2. 1996 – 33 U 67/95, NJW-RR 1996, 1098, 1099).

B 96 **Für** die Annahme einer ernsthaften und endgültigen **Leistungsverweigerung** spricht, wenn die Verweigerung schlechthin und stetig erfolgt (vgl OLG Stuttgart 17. 11. 2004 – 19 U 130/04, juris). Es kann uU genügen, wenn der Schuldner ungerechtfertigterweise erklärt, dass er von dem Vertrag zurücktrete (RGZ 57, 112; BGH 1. 12. 1976 – VIII ZR 266/75, NJW 1977, 580; BGH 1. 10. 1986 – VIII ZR 132/85, NJW 1987, 251, 253). Eine ernstliche Leistungsverweigerung kann auch in der Erhebung einer negativen Feststellungsklage liegen (RGZ 96, 292, 294), in einer nachdrücklichen Ablehnung noch im Prozess (RG 6. 10. 1916 – II 270/16, LZ 1917, 404) bzw in einem Klageabweisungsantrag, sofern die Klage auf Erfüllung gerichtet ist (BGH 8. 12. 1983 – VII ZR 139/82, NJW 1984, 1460; BVerfG 26. 9. 2006 – 1 BvR 2389/04, juris), nicht aber, wenn der Gläubiger sogleich Schadensersatz einklagt (BGH 18. 9. 1985 – VIII ZR 249/84, NJW 1986, 661, 662). Eine Leistungsverweigerung liegt auch darin, dass der Schuldner seine Leistung erst für einen Zeitpunkt ankündigt, der nach dem Ablauf einer an sich zu setzenden Nachfrist liegt (BGH 19. 9. 1983 – VIII ZR 84/82, NJW 1984, 48, 49). Anders ist dies wiederum, wenn der Schuldner sich auf die Äußerung beschränkt, dass er nicht wisse, ob er innerhalb einer Nachfrist werde leisten können (BGH 30. 1. 1991 – VIII ZR 9/91, NJW 1992, 235). Dies kann allerdings eine unzumutbare Leistungsgefährdung begründen (Rn B 188). Eine Leistungsverweigerung liegt vor, wenn der Schuldner die herauszugebende Sache an einen Dritten übergeben hat und erklärt, damit seine Schuld erfüllt zu haben (BAG 22. 3. 2018 – 8 AZR 779/16 Rn 42 f, NZA 2018, 1216). Das Bestreiten eines Mangels ohne jede Untersuchung und unter Hinweis auf eine andere Ursache (Verschleiß) kann eine Leistungsverweigerung darstellen (OLG Frankfurt 23. 2. 2016 – 4 U 214/15 Rn 5, juris).

d) Rechtsfolge der Leistungsverweigerung

B 97 Die Rechtsfolge der endgültigen Leistungsverweigerung im Rahmen des § 281 Abs 2 BGB ist die Entstehung der Schadensersatzbefugnis des Gläubigers: Da die Leistungsverweigerung die Fristsetzung entbehrlich macht, tritt mit Zugang der Leistungsverweigerung beim Gläubiger dieselbe Rechtslage ein wie beim fruchtlosen Ablauf der Frist gem § 281 Abs 1 S 1 BGB. Der Gläubiger behält also seinen Anspruch auf Erfüllung. Gleichzeitig entsteht das Recht, Schadensersatz statt der Leistung verlangen zu können (Rn B 127 ff). Zugleich erhält der Gläubiger die Befugnis, eine ihm doch noch angebotene Leistung des Schuldners zurückzuweisen (näher Rn D 3 ff). Für die Ausübung des Schadensersatzverlangens gelten die allgemeinen Regeln, s Rn D 8 ff.

Ob die Schadensersatzbefugnis gem § 281 Abs 2 BGB entfällt, wenn der Schuldner sich nunmehr doch **leistungsbereit** zeigt, ist zweifelhaft. Der BGH neigt dazu, dem Schuldner einen solchen Sinneswandel zuzugestehen mit der Folge, dass die Befugnis des Gläubigers, Schadensersatz gem § 281 Abs 4 BGB verlangen zu können, entfällt und der Gläubiger bei Ausbleiben der Leistung nun doch eine Nachfrist setzen muss (BGH 5. 7. 1990 – VII ZR 352/85, NJW-RR 1990, 1300). Dies steht nicht notwendig im Widerspruch zu der hier vertretenen Annahme, die Leistungsverweigerung sei geschäftsähnliche Erklärung; denn die Anwendung rechtsgeschäftlicher Regeln auf geschäftsähnliche Erklärungen unterliegt dem Vorbehalt der Sachgerechtigkeit im Einzelfall (zu eng insoweit BGH 5. 7. 1990 – VII ZR 352/85, NJW-RR 1990, 1300, 1301). Auch steht dies nicht im Widerspruch zu der hier vertretenen Auffassung, der Gläubiger könne nach Entstehung der Schadensersatzbefugnis gem § 281 Abs 4 BGB die Leistung zurückweisen (Rn D 3); denn die Zurückweisungsbefugnis setzt voraus, dass die Schadensersatzbefugnis besteht, was hier, nach dem Sinneswandel des Schuldners, gerade fraglich ist. Andererseits entsteht eine nicht unerhebliche Rechtsunsicherheit, wenn die Schadensersatzbefugnis vom Hin und Her des Schuldnerwillens abhängt. Von daher ist eine der „Ernsthaftigkeit" der Verweigerung entsprechende Bereitschaftserklärung zu verlangen. B 98

Fordert der Gläubiger trotz Leistungsverweigerung die Leistung, bleibt die aus der Leistungsverweigerung resultierende Schadensersatzbefugnis des Gläubigers bestehen; ein Verzicht liegt in dem Leistungsverlangen nicht (RGZ 102, 262, 264 f und Rn D 7; **aA** BGH 20. 9. 1996 – V ZR 191/95, NJW 1997, 51, 52). Allerdings muss der Gläubiger dem Schuldner die Gelegenheit zur sofortigen Leistung gewähren und darf solange von seiner Schadensersatzbefugnis nach § 242 BGB nicht Gebrauch machen (Rn D 7). Leistet der Schuldner nicht sofort, kann der Gläubiger ohne Fristsetzung Schadensersatz verlangen (s noch Rn B 127). Hat der Gläubiger sein Leistungsverlangen mit einer Frist verbunden, so muss er den Ablauf der Frist abwarten (vgl BGH 17. 2. 1995 – V ZR 267/93, NJW-RR 1995, 854, 855 f). Die Schadensersatzbefugnis wegen Leistungsverweigerung entfällt dagegen, wenn der Schuldner auf das Leistungsverlangen hin seine Verweigerungshaltung aufgibt (BGH 5. 7. 1990 – VII ZR 352/89, NJW-RR 1990, 1300, 1301; Gernhuber, in: FS Medicus [1999] 145, 158; Wertenbruch AcP 193 [1993] 191, 197). Begehrt der Gläubiger anschließend dennoch Schadensersatz statt der Leistung, müssen die Voraussetzungen des § 281 BGB erneut eintreten. Die bloße **Duldung** weiterer Nachleistungshandlungen des Schuldners durch den Gläubiger wird mit Blick auf die nach Ablauf der Nachfrist eintretende Befugnis des Gläubigers, die Leistung zurückweisen zu dürfen, idR nicht für eine Bindung des Gläubigers gem § 242 BGB genügen (vgl OLG Bremen 21. 6. 2007 – 2 U 5/07 Rn 14, juris). B 99

2. Überwiegendes Interesse des Gläubigers am Schadensersatz

B 100 § 281 Abs 2, 2. Alt BGB enthält eine Generalklausel für weitere Fälle, in denen *„unter Abwägung der beiderseitigen Interessen die sofortige Geltendmachung des Schadensersatzanspruchs“* gerechtfertigt ist. An ihr Vorliegen sind **strenge Anforderungen** zu stellen (vgl BGH 17. 12. 1996 – X ZR 74/95, NJW-RR 1997, 622, 623 f; BGH 19. 11. 1999 – V ZR 321/98, NJW 2000, 803, 804). § 281 Abs 2 BGB darf nicht dazu missbraucht werden, das versehentliche Unterlassen der Fristsetzung nachträglich zu heilen. Entgegen einem ersten RefE des BMJ wird die Norm durch das *Gesetz zur Umsetzung der Verbraucherrechte-Richtlinie* (BGBl 20. 9. 2013, BGBl I, 3642, Art 1) bzw Verbrauchsgüterkauf-Richtlinie nicht aufgehoben oder beschränkt. Anders als die neugefasste Parallelregelung in **§ 323 Abs 2 Nr 3 BGB**, derzufolge § 323 Abs 2 Nr 3 BGB auf den Fall der „nicht vertragsgemäßen Leistung“, also der Schlechtleistung, beschränkt ist, gilt § 281 Abs 2, 2. Alt BGB daher weiterhin für die Nichtleistung auch in Verträgen, die unter den Anwendungsbereich des Art 18 Verbraucherrechte-Richtlinie fallen. Das sind gem Art 3 Abs 1 S 1 u Art 17 Abs 1 Kaufverträge zwischen Unternehmern und Verbrauchern über die Übertragung des Eigentums an Waren gegen Entgelt einschließlich solcher Verträge, die sowohl Waren als auch Dienstleistungen zum Gegenstand haben (Art 2 Nr 3), wobei Art 18 Verbraucherrechte-Richtlinie sich auf die Pflicht zur Lieferung von Waren beschränkt. Im Übrigen ist mit der Beschränkung des § 323 Abs 2 Nr 3 BGB auf die Schlechtleistung eine sachliche Änderung für die Nichtleistung weder beabsichtigt noch bewirkt, da die bislang bei der Nichtleistung unter Nr 3 subsumierten Fälle der Entbehrlichkeit der Fristsetzung gem § 242 BGB beachtlich bleiben (vgl Begr RegE BT-Drucks 17/12637, 58 f; näher Staudinger/Schwarze [2015] § 323 Rn A 47 ff). Eine Ungleichbehandlung der beiden Störungstatbestände (Nichtleistung und Schlechtleistung) wäre wenig sachgerecht. Soweit sich aus der Exegese des Unionsrechts – insbes durch Rechtsprechungsakte des EuGH – eine von der bisherigen Praxis abweichende Interpretation des § 323 Abs 2 Nr 3 BGB ergeben sollte, würde dies die Anwendung des § 281 Abs 2, 2. Alt BGB jedenfalls nicht unmittelbar betreffen, da die insoweit maßgebliche Verbraucherrechte-Richtlinie nur den Rücktritt, nicht den Schadensersatzanspruch regelt und der Schadensersatzanspruch im Vergleich zum Rücktritt zusätzlich die Voraussetzung der fehlenden Exkulpation des Schuldners fordert (zu beidem **aA** Riehm NJW 2014, 2065, 2067, der den Rücktritt im Falle der Nichtleistung bei Art 18 Verbraucherrechte-Richtlinie unterfallenden Verträgen nur noch nach erfolgsloser Fristsetzung für zulässig hält und dies durch einschränkende Auslegung des § 281 Abs 2 BGB auf das Recht zum Schadensersatz überträgt; ebenso Palandt/Grüneberg Rn 15; noch anders Temming JA 2018, 1 ff, 7 mwNw, der die Divergenz durch Reduzierung des § 323 Abs 2 BGB beseitigen will; näher Staudinger/Schwarze [2015] § 323 Rn A 47 ff; wie hier Schmitt VuR 2014, 90 ff; bzgl § 281 Abs 2 BGB Weiss NJW 2015, 3393, 3395 ff).

a) Fortfall des Interesses an der Leistung

B 101 Der Tatbestand des § 281 Abs 2 BGB ist erfüllt, wenn der Gläubiger infolge der Nichtleistung das Interesse an der Leistung verliert.

aa) Das Interesse an der Leistung

B 102 Das alte Recht kannte als einzige geregelte Ausnahme zur Fristsetzung den Fortfall des Interesses an der Leistung (§ 326 Abs 2 aF; vgl dazu BGH 17. 12. 1996 – X ZR 74/95, NJW-RR 1997, 622, 623 f; BGH 19. 11. 1999 – V ZR 321/98, NJW 2000, 803, 804). Die Regelung des § 281 Abs 2, 2. Alt BGB ist nicht als Abkehr von dieser Regelung zu verstehen, sondern als Versuch, nicht nur dem Interessenfortfall, sondern allen sonstigen Fällen, in denen die Nachfristsetzung entbehrlich erscheint, eine gesetzliche Grundlage zu geben. Der Fortfall des Interesses an der Leistung ist daher auch unter dem geltenden Recht ein hinreichender Grund für die sofortige Abkehr vom Schuldverhältnis (wohl auch BGH 14. 6. 2012 – VII ZR 148/10 Rn 24, NJW 2012, 3714, der die Feststellung des Interessenfortfalls jedenfalls zur notwendigen Bedingung für die Entbehrlichkeit der Fristsetzung erklärt; ferner OLG Brandbg 17. 1. 2008 – 5 U 106/06 Rn 26 ff; BT-Drucks 14/6040, 186; MünchKomm/Ernst § 323 Rn 125 f; Soergel/Benicke/Hellwig Rn 169). Dies steht dem Gebot der Abwägung (§ 281 Abs 2 BGB) nicht entgegen (so aber Temming JA 2018, 1, 6), ist vielmehr das Ergebnis einer Abwägung: Die vom Schuldner allein verschuldete Sinnlosigkeit der Leistung für den Gläubiger ist als denkbar schwerste Verletzung des Gläubigerinteresses durch ein Interesse des Schuldners nicht aufzuwiegen. Anderes kann sich bei einem Mitverschulden des Gläubigers ergeben. Das Interesse an der Leistung wird durch die vom Gläubiger beabsichtigte **Verwendung** bestimmt, zB die gekaufte Sache weiterzuveräußern oder zu einem bestimmten Anlass zu nutzen. Ferner kann ein **Gewinninteresse** bzw Äquivalenzinteresse des Gläubigers zu beachten sein (Rn B 104 f).

bb) Fortfall des Interesses

Das Interesse des Gläubigers muss **objektiv entfallen** sein (BGH 25. 2. 1971 – VII ZR 102/69, NJW 1971, 798). IdR genügt dafür, dass die Leistung für den nachweislich vom Gläubiger vorgesehenen Zweck nicht mehr verwendbar ist (RG 7. 12. 1915 – II 356/15, JW 1916, 258; RG 20. 9. 1919 – I 92/19, 1920, 47). So verhält es sich zB, wenn eine Musikproduktionsverpflichtung innerhalb der Laufzeit des Vertrages nicht mehr erfüllt werden kann, und der Künstler bei einem anderen Produzenten eine Ausschließlichkeitsbindung eingegangen ist (BGH 25. 1. 2001 – I ZR 287/98, NJW 2001, 2878, 2879); wenn der Käufer Ware für eine bestimmte Saison, für die Weihnachtszeit, für den Osterbedarf (OLG Karlsruhe 7. 5. 1907 – II ZS, LZ 1907, 757) oder im Hinblick auf eine bestimmte Mode gekauft hat und während der Säumnis des Schuldners die Saison vorübergegangen ist oder die Mode gewechselt hat; wenn ein Landwirt gekaufte Düngemittel nach Ablauf der Lieferfrist für die Feldbestellung nicht mehr verwenden kann (RG 20. 9. 1919 – I 92/19, JW 1920, 47); wenn der Käufer infolge Verzuges des Verkäufers das bis dahin ohne eine Verwendung eigenen Kapitals gewinnbringend und risikolos zu erledigende Doppelgeschäft durch Weiterverkauf entweder überhaupt nicht mehr (dazu OLG Köln 15. 9. 1992 – 22 U 78/92, NJW-RR 1993, 949) oder nur noch mit Hilfe eigener Mittel unter erheblichem Risiko durchführen kann. Die Fristsetzung ist in diesen Fällen sinnlos, weil die verspätete Leistung das Interesse des Gläubigers an der Leistung nicht mehr befriedigen kann (weitere Beispiele Rn B 110). Der Gläubiger muss sich grundsätzlich nicht auf eine ihm mögliche, aber von ihm ursprünglich nicht beabsichtigte **andere Verwendung** der Leistung verweisen lassen (anders wohl Grigoleit/Riehm ZGS 2002, 115, 118). Es ist andererseits eine vom Gläubiger zum Zeitpunkt des Vertragsschlusses gar nicht beabsichtigte und erst später von ihm beschlossene Verwendung der Leistung für die Beurteilung des Interessenfortfalls unerheblich, wenn die ursprünglich geplante Verwendung weiterhin möglich ist. Der Fortfall des Interesses muss endgültig sein, er muss zum **Zeitpunkt** des Schadensersatzverlangens vorliegen. **B 103**

Zu differenzieren ist bei der Beurteilung des Interessenfortfalls, soweit es um das **Gewinninteresse** bzw Äquivalenzinteresse des Gläubigers geht. Dieses kann sich **B 104** unmittelbar aus dem Vertrag ergeben (zB für den Verkäufer als Gläubiger der Gewinn aus dem Verkauf) oder mittelbar aus Folgegeschäften (zB für den Käufer als Gläubiger aus dem Weiterverkauf). Die bloße Minderung des Gewinninteresses rechtfertigt den Fortfall des Interesses an der Leistung nicht; insoweit ist der Schutz durch den Anspruch auf Ersatz des Verzögerungsschadens ausreichend (vgl auch RG 8. 12. 1921 – VI 374/21, Warn 1922 Nr 51; insoweit zutr Huber II [1999] 508). Entfällt der Gewinn für den Gläubiger vollständig oder drohen sogar Verluste, ist ein Fortfall des Interesses dagegen zu bejahen (in diese Richtung, aber nicht eindeutig einzuordnen RG 9. 12. 1924 – II 855/23, JW 1925, 935, 936; s ferner RG 26. 10. 1923 – III 130/23, JW 1924, 536, 537; strenger Huber II [1999] 508). Es gibt angesichts der Verantwortlichkeit des Schuldners keinen Grund, den Gläubiger weiter mit den Risiken eines Leistungsaustausches zu belasten, an dem er infolge der Nichtleistung des Schuldners nicht mehr interessiert ist. Der Anspruch auf Ersatz des Verzögerungsschadens (darauf verweist Huber II [1999] 508) bietet dem Gläubiger keinen gleichwertigen Schutz. Auch bei Anwendung eines strengeren als des hier vertretenen Maßstabes darf der Gläubiger jedenfalls dann nach § 281 Abs 2 BGB vorgehen, wenn eine der Geschäftsgrundlagenstörung ähnliche Verwerfung des Äquivalenzverhältnisses eintritt (Huber II [1999] 508).

B 105 Der Fortfall des Interesses kann nicht damit begründet werden, dass durch eine während der Säumnis eingetretene Veränderung der Lage, der Kaufgegenstand anderweitig günstiger eingekauft (Käufer als Gläubiger, RG LZ 1918, 836 f; RG 8. 12. 1921 – VI 374/21, WarnR 1922 Nr 51) oder verkauft (Verkäufer als Gläubiger, BGH 7. 11. 1979 – VIII ZR 223/78, NJW 1980, 449) werden könnte. Solche Beeinträchtigungen des Äquivalenzinteresses ohne Fortfall einer eingeplanten Gewinnmöglichkeit sind erst dann erheblich, wenn sie die Grenze des Unzumutbaren (§ 313 BGB) überschreiten; ein Fortfall des Interesses nach § 281 Abs 2 BGB kann darauf aber nur gestützt werden, wenn die erhebliche Beeinträchtigung bei pünktlicher Leistung vermieden worden wäre (s noch Rn B 111). Ansonsten kann der Gläubiger nur nach § 313 BGB vorgehen.

B 106 Hat der Gläubiger einen (quantitativen) **Teil der Leistung** erhalten und bleibt der restliche Teil der Leistung aus, kann gem § 281 Abs 1 S 2 BGB Schadensersatz bzgl des ausbleibenden Teils verlangt werden, wenn das Interesse an diesem Teil entfallen ist (vgl RGZ 50, 142; RG JR 1926 Nr 244; Prot II 62–64) und Leistung sowie Gegenleistung teilbar sind. Ist auch das Interesse an dem bereits erhaltenen Teil entfallen, kann der Gläubiger gem § 281 Abs 2 BGB Schadensersatz wegen der ganzen Leistung fordern (s zur Teilleistung noch Rn B 153 ff; zur Abgrenzung von Teilleistung und Schlechtleistung vergleiche Rn C 7).

B 107 Das Interesse des Gläubigers an der Leistung muss bei Vertragsschluss nicht für den Schuldner **erkennbar** noch der Interessenfortfall vorhersehbar gewesen sein (BGH 25. 2. 1971 – VII ZR 102/69, NJW 1971, 798; BGH 5. 11. 1980 – VIII ZR 232/79, NJW 1981, 679, 680; RGZ 94, 326; Canaris, in: FS Wiedemann [2002] 3, 33; **aA** MünchKomm/Ernst § 323 Rn 128; BeckOK-BGB/H Schmidt [1. 2. 2019] § 323 Rn 38; Bassler/Büchler AcP 214, 888, 912 ff). Der Wortlaut der Norm sieht eine derartige Einschränkung nicht vor. Sie ist auch sachlich nicht geboten; denn die Haftung auf Schadensersatz statt der Leistung gem §§ 280 ff BGB ist Ausgleich für die dem Schuldner zuzurechnende Pflichtverletzung, nicht Erfüllung eines vertraglichen Versprechens auf ersatzweise Befriedigung des Leistungsinteresses (dazu Vorbem A 5 zu §§ 280–285). Im Rahmen der Haftung für

Pflichtverletzung aber genügt die Erkennbarkeit der Pflichten bzw der Pflichtverletzung, das Ausmaß der daraus resultierenden Interessenverletzung muss nicht erkennbar sein. Entgegen der Kritik von Huber (II [1999] 501 f) wird der Gläubiger damit nicht (ungerechtfertigt) einem Gläubiger gleichgestellt, der eine Fixklausel vereinbart hat, die allein aufgrund der Säumnis zum sofortigen Schadensersatz statt der Leistung berechtigt; denn im Falle einer solchen Klausel muss der Gläubiger nicht den Fortfall des Interesses nachweisen (zur relativen Fixschuld ohne besondere vertragliche Rechtsfolgenregelung s Rn B 113 ff). Die fehlende Voraussehbarkeit kann im Einzelfall immerhin im Rahmen eines Schadensersatzanspruchs von Bedeutung sein, wenn der Schuldner gemäß § 254 Abs 2 S 1 BGB einwenden kann, er hätte auf die Gefahr eines ungewöhnlich hohen Schadens hingewiesen werden müssen (BGH 25. 2. 1971 – VII ZR 102/69, NJW 1971, 798).

Demgegenüber schließt **Art 25 CISG** eine wesentliche Pflichtverletzung von vornherein aus, wenn die vertragsbrüchige Partei die der anderen Partei erwachsenden Nachteile nicht vorausgesehen hat und sie eine vernünftige Person auch nicht vorhergesehen hätte (ebenso Unidroit Principles Art 7. 3. 1. Abs 2 lit a, PECL Art 8: 103 lit b). Indessen versteht sich die Haftung nach diesen Regelungen als aus dem Leistungsversprechen abgeleitete (Garantie-)Haftung (vgl hierzu Sutschet, Garantiehaftung und Verschuldenshaftung im gegenseitigen Vertrag [2006] 192 ff), was die Begrenzung der Haftung auf das erkennbare Interesse wenn nicht erzwingt, so doch nahe legt. Die Schuldrechtskommission hatte sich in § 323 Abs 2 Nr 3 BGB-KE dieser Regelung entgegen dem Vorschlag von Huber (Gutachten und Vorschläge zur Überarbeitung des Schuldrechts I [1981] 647, 837) nicht angeschlossen. **B 108**

cc) Fortfall infolge Nichtleistung

Das Interesse muss infolge der Nichtleistung weggefallen sein. Zwischen der Nichtleistung des Schuldners trotz Fälligkeit und dem Wegfall des Interesses des Gläubigers muss ein **Zurechnungszusammenhang** bestehen, dh der Interessenfortfall muss durch die Nichtleistung verursacht (vgl RGZ 70, 127; RG 7. 1. 1910 – II 174/09, JW 1910, 147) und diesem objektiv zurechenbar sein. Dies ist erforderlich, um dem Gläubiger die Liquidation eines Vertrages ohne Nachfrist zu verwehren, der ihm möglicherweise aus ganz anderen Gründen lästig geworden ist. Die alleinige Ursache muss die Nichtleistung nicht sein (Soergel/Gsell § 323 Rn 115). Es genügt eine *Mitursächlichkeit,* solange nicht der Gläubiger für die andere Mitursache verantwortlich ist (dazu OLG Dresden 20. 3. 1908 – VII ZS, OLGE 18, 4: Während der Säumnis des Verkäufers mit der Lieferung von Maschinenteilen brennt die Fabrik des Käufers nieder, bei deren Wiederaufbau sind die Teile nicht mehr zu gebrauchen). **B 109**

Ein solcher **Zurechnungszusammenhang besteht** bei Nichtleistung des Verkäufers, wenn der Käufer die Ware für bestimmte Kunden gekauft hat, diese ihrerseits mit Recht wegen der Verspätung den Vertrag gelöst haben und eine andere vergleichbare Verkaufsmöglichkeit nicht besteht (RGZ 70, 132; 94, 326; 104, 373, 375). Er besteht auch, wenn vernünftige Gründe dafür sprechen, sich auf das Auflösungsbegehren des Zweitgläubigers einzulassen und das Folgegeschäft zu beenden (BGH 10. 3. 1998 – X ZR 7/96, NJW-RR 1998, 1489, 1491). Die bloße Möglichkeit, dass ein Zweitkäufer den mit dem Gläubiger geschlossenen Vertrag auflöst, genügt aber nicht (BGH 17. 12. 1996 – X ZR 74/95, NJW-RR 1997, 622, 624). Bei *Nichtleistung des Käufers* entfällt das Interesse des Verkäufers, wenn der Verkäufer die zu liefernde Ware nur **B 110** noch zu einem wesentlich höheren Preis von seinem Lieferanten bekommt (RG 9. 12. 1924 – II 855/23, JW 1925, 935). Die Frage hat die Rechtsprechung auch im Zusammenhang mit der Geldentwertung beschäftigt (verneinend RG 15. 10. 1924 – V 711/1923, BayZ 1925, 65; RG 24. 11. 1926 – III 187/26, SeuffA 81 Nr 44; bejahend RG 9. 12. 1924 – II 855/23, JW 1925, 935). Hier hängt die Antwort davon ab, ob man unter dem Gesichtspunkt des *Wegfalls der Geschäftsgrundlage* (§ 313 BGB) eine Anpassung des Vertrages bejaht; hinsichtlich des ursprünglichen Vertrages ist das Interesse entfallen.

B 111 Der **Zurechnungszusammenhang besteht nicht**, wenn das Interesse an der Leistung schon vor der pflichtwidrigen Säumnis weggefallen ist (RGZ 70, 127 f; RG 7. 5. 1926 – VI 54/26, WarnR 1926 Nr 115; BGH 18. 10. 1958 – VIII ZR 156/57, LM § 326 [Ed] BGB Nr 3: Fehleinschätzung beim Kauf von Sonnenbrillen als Saisongeschäft; vgl ferner BGH 10. 6. 1970 – VIII ZR 225/68, NJW 1970, 1502). Ebenso fehlt es am Zurechnungszusammenhang, wenn das Interesse an der Leistung aufgrund von Entwicklungen entfällt, die auch bei pünktlicher Leistung eingetreten wären (insbes allgemeine Marktentwicklungen, Absatzschwierigkeiten, sinkende Preise, die den Gläubiger auch bei pünktlicher Leistung getroffen hätten, vgl RGZ 96, 126, 129; RG LZ 1918, 836, 837; RG 8. 12. 1921 – VI 374/21, WarnR 1922 Nr 51). Nicht auf der Nichtleistung beruht der Interessenfortfall ferner, wenn der Käufer vor der Lieferung der Ware in Insolvenz geraten ist und der Insolvenzverwalter nun den bereits gezahlten Kaufpreis zurückfordert, weil er an der Erfüllung des Vertrages *infolge der Insolvenz* kein Interesse mehr hat (RG 7. 5. 1926 – VI 54/26, WarnR 1926 Nr 115).

B 112 Das Interesse an der Leistung entfällt grundsätzlich nicht dadurch, dass der Gläubiger ohne vorherige Fristsetzung oder vor Ablauf der Frist ein **Ersatzgeschäft** tätigt. Hat sich der **Gläubiger als Käufer** wegen nicht rechtzeitig erbrachter Leistung anderweitig eingedeckt, obwohl er zuvor eine Nachfrist hätte setzen können, hat er erst durch sein eigenes Deckungsgeschäft das Interesse an der Leistung beseitigt (RGZ 96, 126, 129; BGH 11. 2. 1971 – VII ZR 170/69, WM 1971, 615, 617; Peters NJW 1979, 688, 690). Der Interessenfortfall tritt nicht in erster Linie infolge der Verspätung ein, sondern aufgrund der eigenen Entscheidung des Gläubigers. Man würde die den Schuldner schützende Obliegenheit zur Nachfristsetzung unterlaufen, wenn der Gläubiger sich ohne Weiteres anderweitig eindecken könnte (im Grundsatz ebenso Huber II [1999] 509). Die Fälle, in denen dem Gläubiger die Fristsetzung bzw der Ablauf einer gesetzten Frist nicht zugemutet werden kann, sind im Rahmen des § 281 Abs 2 BGB nicht in die Fallgruppe des Interessenfortfalls einzuordnen, sondern bilden eine eigene Fallgruppe (Rn B 118, **aA** in der Zuordnung wohl Huber II [1999] 501). Ein Fortfall des Interesses liegt ebenfalls nicht vor, wenn der **Gläubiger als Verkäufer** ohne Fristsetzung bzw vor Fristablauf ein Ersatzgeschäft tätigt, dh den Kaufgegenstand anderweitig verkauft, mag dies auch zu günstigeren Bedingungen geschehen (RG 5. 3. 1924 – I 656/23, JW 1924, 1246; BGH 7. 11. 1979 – VIII ZR 223/78, NJW 1980, 449 f; BGH 5. 11. 1980 – VIII ZR 232/79, NJW 1981, 679).

dd) Die relative Fixschuld

B 113 In die Fallgruppe des Interessenfortfalls nach § 281 Abs 2, 2. Alt BGB kann auch die **relative Fixschuld** fallen. Bei ihr ist ein gesteigertes Interesse des Gläubigers an der Einhaltung der Leistungszeit gegeben. Dieses gesteigerte Interesse kann der Gläubiger bei Vertragsschluss einmal durch abstrakte Betonung des Leistungszeitpunktes deutlich machen („Leistungszeitpunkt unbedingt einhalten“ usw, Staudinger/

Schwarze [2015] § 323 Rn B 100 ff), zum anderen durch Erkennbarmachung eines konkreten zeitgebundenen Interesses (Verwendungszwecks) an der Leistung. Das Interesse an der Leistung muss dabei nicht mit Einhaltung der Leistungszeit „stehen und fallen" (so eine verbreitete Formel, s ROHGE II, 92, 93 f; RGZ 51, 347, 348; BGH 17. 1. 1990 – VIII ZR 292/88, NJW 1990, 2065, 2067; MünchKomm/Ernst § 323 Rn 113; Soergel/Benicke/Hellwig Rn 175, die aber die absolute Fixschuld kennzeichnet, Schwarze AcP 207 [2007] 437 ff), sondern es genügt, wenn es zum Zeitpunkt des Vertragsschlusses als **überwiegend wahrscheinlich** erscheint, dass das Interesse an der Leistung bei Nichteinhaltung der Leistungszeit entfällt, andererseits aber eine reale Möglichkeit besteht, dass das Interesse an der Leistung trotz Säumnis fortbesteht (näher Schwarze AcP 207 [2007] 437 ff), so zB bei der Bestellung eines für die Teilnahme an einer Hochzeitsfeier bestimmten Festkleides (bei dem Hochzeitskleid wäre dagegen idR eine absolute Fixschuld anzunehmen) oder bei „Just-in-time-Verträgen" (vgl BT-Drucks 14/6040, 125).

Ist diese relative Zeitgebundenheit des Interesses an der Leistung für den Schuldner bei Vertragsschluss erkennbar, darf der Gläubiger gem § 323 Abs 2 Nr 2 BGB bei Nichteinhaltung der Leistungszeit vom Vertrag zurücktreten, *ohne den Fortfall des Interesses an der Leistung konkret nachweisen* zu müssen. Anders verhält es sich beim Schadensersatz statt der Leistung: Da in § 281 BGB eine vergleichbare Regelung fehlt, muss der Gläubiger einer relativen Fixschuld wie der Gläubiger einer „Normalschuld" gem § 281 Abs 2 BGB den *Fortfall des Interesses an der Leistung konkret nachweisen,* wenn er Schadensersatz statt der Leistung begehrt. Die Rechtsfolge des Schadensersatzes statt der Leistung bindet das Gesetz insoweit an strengere Voraussetzungen als den Rücktritt. Es behandelt sie im Hinblick auf den Schadensersatz statt der Leistung wie eine „Normalschuld". Es ist daher zumindest missverständlich, die relative Fixschuld generell aus dem Anwendungsbereich des § 281 Abs 2 BGB auszuschließen (so aber Jauernig/Stadler Rn 10 f im Umkehrschluss zu § 323 Abs 2 Nr 2 BGB; MünchKomm/Ernst Rn 64), ebenso aber unzutreffend, das Vorliegen der Voraussetzungen des § 281 Abs 2 BGB bei der relativen Fixschuld ohne Prüfung des Interessenfortfalls zu bejahen, um einen Gleichlauf mit § 323 Abs 2 BGB zu ermöglichen (Jaensch NJW 2003, 3613, 3614). Ist das Interesse an der Leistung trotz Säumnis nicht entfallen, muss der Gläubiger der relativen Fixschuld die Frist gem § 281 Abs 1 S 1 BGB setzen, um zum Schadensersatz statt der Leistung zu gelangen; das ist nicht mehr möglich, wenn er zuvor zurückgetreten ist. Denkbar ist im Einzelfall eine *stillschweigende Abbedingung* des Interessenfortfalls als Voraussetzung für den Schadensersatz statt der Leistung. Dies wird man im Zweifel anzunehmen haben, wenn der Gläubiger bei Vertragsschluss nicht nur sein gesteigertes Interesse an der Einhaltung der Leistungszeit erkennbar macht, sondern auch erkennbar wird, dass bei Nichteinhaltung der Leistungszeit mit überwiegender Wahrscheinlichkeit erhebliche **Schäden** bei ihm eintreten werden (zB dem Gläubiger/Käufer droht für den Schuldner erkennbar bei Unpünktlichkeit Vertragsstrafe aus Folgegeschäft). **B 114**

Abweichend von der Regelung des BGB ist der **handelsrechtliche Fixkauf** nicht nur im Hinblick auf den Rücktritt, sondern auch im Hinblick auf den „Schadensersatz wegen Nichterfüllung" einer besonderen gesetzlichen Regelung unterworfen: Gem § 376 HGB genügt der vom Schuldner zu vertretende Verzug, um einen solchen Schadensersatzanspruch entstehen zu lassen, der Gläubiger muss den Fortfall des Leistungsinteresses nicht nachweisen. Der Gläubiger muss sogar sofort nach Verstreichen der Leistungszeit dem säumigen Teil anzeigen, dass er auf Erfüllung be- **B 115** steht; anderenfalls erlischt der Erfüllungsanspruch (§ 376 Abs 1 S 2 HGB). Dabei wird an die Rechtzeitigkeit des Erfüllungsverlangens, das auch durch eine Nachfristsetzung zum Ausdruck gebracht werden kann, ein strenger Maßstab angelegt (BGH 10. 3. 1998 – X ZR 7/96, NJW-RR 1998, 1489, 1490). Für die Anwendung der Norm genügt es, wenn der Kauf für einen Teil ein Handelsgeschäft ist (§ 345 HGB). Zur Rechtslage bei grenzüberschreitenden Kaufverträgen und Geltung des UN-Kaufrechts vgl bereits Rn A 10, A 16, A 17.

B 116 Es können auch einzelne **Elemente der Leistungsabwicklung** so an eine bestimmte Zeit gebunden sein, dass der Gläubiger bei Versäumnis ohne Fristsetzung zurücktreten darf (vgl RGZ 89, 419: Verladen der verkauften Ware auf Schiff zu bestimmtem Zeitpunkt; RGZ 92, 211; 96, 255, 257: Stellung eines Akkreditivs). Auch **Mitwirkungspflichten** des Gläubigers können derart zeitgebunden sein, dass bei Säumnis der Schuldner sofort vom Vertrag zurücktreten können soll (RG 29. 9. 1916 – II 163/16, JW 1917, 42: Abrufpflicht des Käufers). Der Sache nach haben die Parteien den genannten Pflichten Fixcharakter beigelegt (vgl BGH 12. 12. 1990 – VII ZR 332/89, WM 1991, 464, 466). Bezüglich der Schadensersatzpflicht gilt das unter Rn B 114 Gesagte, dh im Zweifel muss der Gläubiger der jeweiligen Pflicht gem § 281 Abs 2 BGB den Fortfall seines Interesses beweisen (weiter gehend, aber mit der jetzigen gesetzlichen Ausgangslage kaum vereinbar RGZ 96, 255, 257). Beim Handelskauf gilt dagegen § 376 HGB.

b) Funktionswidrigkeit der Fristsetzung

B 117 Trotz Fortbestand des Interesses an der Leistung darf der Gläubiger auch ohne vorherige Fristsetzung zum Schadensersatz statt der Leistung übergehen, wenn die Einhaltung des Fristsetzungsverfahrens der Funktion der Fristsetzung zuwiderliefe.

aa) Unzumutbarkeit der Fristsetzung

B 118 Entbehrlich ist die Fristsetzung, wenn sie dem Gläubiger trotz Fortbestand seines Interesses an der Leistung nicht zuzumuten ist. Dies ist einmal der Fall, wenn bei Einhaltung der Nachfristsetzung erhebliche **Schäden** an den Rechtsgütern des Gläubigers drohen (der Klempner erscheint bei Wasserrohrbruch nicht zum vereinbarten Zeitpunkt, es droht bei Setzung einer Nachfrist erheblicher zusätzlicher Schaden) oder erhebliche Schäden an dem bereits erhaltenen Leistungsgegenstand zu befürchten sind (BGH 22. 6. 2005 – VIII ZR 1/05, NJW 2005, 3211, 3212; BGH 7. 12. 2005 – VIII ZR 126/05, NJW 2006, 988, 989; zu tierärztlichen Notfallmaßnahmen Müller, in: FS Westermann [2008] 517, 525). Vergleichbar kann im Falle der Schlechtleistung die Gefahr, die von der Leistung für die Rechtsgüter des Gläubigers ausgeht, die Fristsetzung unzumutbar machen (BGH 26. 10. 2016 – VIII ZR 240/15 Rn 19 ff, NJW 2017, 1414 [zu § 440 S 1]. Entbehrlich ist die Fristsetzung wegen Unzumutbarkeit ferner, wenn der Schuldner die Vertrauensgrundlage für die Nachleistung durch **arglistiges Verhalten** zerstört hat, zB durch arglistiges Verschweigen eines Mangels (BGH 8. 12. 2006 – V ZR 249/05, NJW 2007, 835, 836 f; BGH 9. 1. 2008 – VIII ZR 210/06, NJW 2008, 1371; arglistige Veranlassung einer Vorleistung des Gegners, BGH 10. 3. 2010 – VIII ZR 182/08, NJW 2010, 2503; zu den Grenzen der Arglist bei sichtbaren Mängeln BGH 16. 3. 2012 – V ZR 18/11, NJW-RR 2012, 1078, 1079) oder Erklärungen über die Leistung/Mangelfreiheit „ins Blaue hinein" (OLG Hamm 2. 3. 2017 – I-22 U 82/16 Rn 48, NJW-RR 2017, 1013; hierzu und zum Problem der Wissenszurechnung beim Diesel-Abgas-Skandal verneinend OLG Köln 16. 7. 2018 – 5 U 82/17 Rn 6, juris [keine Zurechnung der Hersteller-Arglist zum Verkäufer]; Ring NJW 2016, 3121 mwNw zur Rspr; zur Arglist allg Rösler AcP 207 [2007] 564, 590 f; Derleder/Sommer JZ 2007, 338, 339 ff; gegen eine generelle

Entbehrlichkeit der Nachfristsetzung bei Arglist St Lorenz NJW 2004, 26, 27; Gutzeit NJW 2008, 1359; Kilian, Anm z BGH 8. 12. 2006, MittBayNot 2007, 309, 311 f; für Zuordnung zu § 324 BGB Temming JA 2018, 1, 6 f; für Unzumutbarkeit gem § 440 BGB Kulke ZGS 2008, 169, 172).

Auch **vorvertragliche Arglist** kann die Unzumutbarkeit begründen, denn das Vertrauen des Gläubigers unterscheidet nicht nach dem Zeitpunkt der Arglist. Ein Systembruch liegt darin nicht, die Haftung stützt sich nicht auf die Verletzung eines vorvertraglichen Fehlverhaltens, sondern auf die vertragliche Pflichtverletzung (Nichtleistung, Schlechtleistung). Setzt der Gläubiger in Kenntnis der Arglist eine Frist, muss er diese Frist abwarten und kann bei ordnungsgemäßer Leistung innerhalb derselben nicht mehr Schadensersatz statt der Leistung fordern (BGH 12. 3. 2010 – V ZR 147/09, NJW 2010, 1805). Unzumutbar ist das Verfahren der Fristsetzung für den Gläubiger ferner, wenn der Schuldner bereits **vor Eintritt der Fälligkeit** die Leistung ernsthaft und endgültig **verweigert** hat (in diese Richtung auch BGH 14. 6. 2012 – VII ZR 148/10, NJW 2012, 3714, 3716, zugl Anwendung des § 323 Abs 4 BGB zutr verneinend; ebenso Faust JuS 2012, 940, 942 f). Ein derartiges Verhalten rechtfertigt vor Eintritt der Fälligkeit ein sofortiges Schadensersatzverlangen wegen unzumutbarer Leistungsgefährdung analog § 281 BGB (Rn B 185). Da mit Eintritt der Fälligkeit die Leistungsgefährdung zur Pflichtverletzung erstarkt, muss diese Rechtsfolge nach Eintritt der Fälligkeit ebenfalls gelten, nunmehr gestützt auf den Tatbestand des § 281 Abs 2, 2. Alt BGB. Die Vertrauensgrundlage kann ausnahmsweise bereits durch **erstmalige** Nicht- oder Fehlleistung(en) zerstört sein. Bei Mängeln der Kaufsache ist dies nach der Rechtsprechung anzunehmen, wenn Art und Zahl der Fehler das Vertrauen des Käufers in eine ordnungsgemäße Herstellung der Sache („Montagsauto") bei verständiger Würdigung erschüttern (BGH 23. 1. 2013 – VIII ZR 140/12, NJW 2013, 1523, 1524). Ferner kommt dies in Betracht, wenn es sich um eine Leistungsbeziehung handelt, die ein gesteigertes Vertrauen voraussetzt und die Pflichtverletzung dieses Vertrauen zerstört (zB erheblicher Behandlungsfehler beim Behandlungsvertrag; weiter gehend – bei jedem Behandlungsfehler Fortfall des Vertrauens – Spickhoff NJW 2011, 1651, 1653; **aA** pauschal für Fristsetzung OLG Koblenz 18. 6. 2009 – 5 U 319/09, BeckRS 2009, 23854; bei Nichtnachholbarkeit der Behandlung kommt dagegen § 283 BGB in Betracht, nicht § 281 Abs 2 BGB, so aber OLG Jena 29. 5. 2012 – 4 U 549/11, NJW 2012, 2357). Die bloße Vermutung eines Fehlers genügt dagegen nicht (s aber Spickhoff NJW 2011, 1651, 1653); hier muss es bei der Regelung der §§ 627, 628 BGB bleiben. Nicht zur Unzumutbarkeit oder sonstwie begründeten Entbehrlichkeit der Fristsetzung führt ein (zB gem § 476 Abs 1 BGB) unzulässiger vertraglicher Ausschluss von Gläubigerrechten durch AGB. Die Folge der Unwirksamkeit besteht in der Anwendung des dispositiven Gesetzesrechts; eine darüber hinausgehende Besserstellung des Gläubigers ist weder durch AGB-rechtliche noch durch verbraucherrechtliche Wertungen gerechtfertigt (BGH 13. 7. 2011 – VIII ZR 215/10, NJW 2011, 3435, 3436 f).

bb) Leistung nicht binnen Nachfrist erbringbar

Die Nachfristsetzung ist entbehrlich, wenn der Schuldner die Leistung offensichtlich nicht binnen der Nachfrist erbringen kann (BGH 14. 6. 2012 – VII ZR 148/10, NJW 2012, 3714, 3717; zweifelhaft OLG Koblenz 13. 11. 2008 – 5 U 900/08, NJW-RR 2009, 1067). Kann oder wird der Schuldner die Leistung offensichtlich auch nach Ablauf der Nachfrist auf unabsehbare Zeit nicht erbringen können, liegt ein Fall der unzumutbaren Leistungsgefährdung vor (Rn B 187; so wohl OLG Köln 27. 3. 2018 – I-18 U 134/17 Rn 33, juris zum Diesel-Abgas-Skandal, allerdings als Element der Leistungsverweigerung qualifizierend). **B 119**

cc) Selbstfristsetzung des Schuldners

B 120 Mangels Schutzwürdigkeit des Schuldners ist die Fristsetzung entbehrlich, wenn dieser dem Gläubiger nach Eintritt der Fälligkeit die Leistung innerhalb einer bestimmten Frist zugesagt und den Gläubiger auf diese Weise von einer Fristsetzung abgehalten hat (vgl zur Selbstmahnung Staudinger/Feldmann § 286 Rn 90). Der Schuldner räumt beispielsweise die pflichtwidrige Nichtleistung ein, kündigt die Leistung jedoch bis zum Ablauf einer Frist oder zu einem bestimmten Termin an. Schadensersatz kann der Gläubiger hier gem § 281 Abs 2 BGB nach Ablauf der vom Schuldner selbst gesetzten Frist verlangen. Ob die Frist „angemessen" ist, ist unerheblich. Eine Ankündigung der Leistung zu „sofort" macht die Fristsetzung idR nicht entbehrlich; hier wird der Gläubiger nicht in erheblicher Weise von der Fristsetzung abgehalten, da sich ihm die Unwahrheit der Ankündigung sogleich offenbart. Entbehrlich ist die Fristsetzung ferner, wenn der Schuldner nach Eintritt der Fälligkeit auf eine Nachfrist einseitig **„verzichtet"**, sei es ausdrücklich, sei es konkludent, indem er den Gläubiger zur Geltendmachung des Schadensersatzes statt der Leistung auffordert (zur vertraglichen Abbedingung der Fristsetzung Rn B 123 ff). Ein konkludenter „Verzicht" auf die Fristsetzung ist im Zweifel auch nicht darin zu sehen, dass der Schuldner nach Streitigkeiten über die Konditionen seiner Leistungspflicht und vergeblichen Versuchen des Gläubigers nach anderweitiger Eindeckung sich auf einen **neuen Vertrag** einlässt, dessen Mehraufwand der Gläubiger nun als Schadensersatz statt der Leistung aus dem ersten Vertrag geltend macht. Vielmehr muss der Gläubiger bei Abschluss des zweiten Vertrages deutlich machen, dass er diesen als Deckungsgeschäft wegen der vertragswidrigen Nichterfüllung des ersten Vertrages betrachtet; nur dann kann im Vertragsschluss ein konkludenter „Verzicht" des Schuldners auf das Fristsetzungserfordernis liegen (vgl OLG Stuttgart 24. 4. 2013 – 3 U 184/12 Rn 56, juris).

c) Verhältnis zur Fristsetzung

B 121 Die Entbehrlichkeit der Nachfristsetzung gem § 281 Abs 2 BGB ist nicht per se deshalb ausgeschlossen, weil der Gläubiger eine **Nachfrist** gesetzt hat (RGZ 89, 123; **aA** Huber II [1999] 502 f unter Hinweis auf Art 47 Abs 2 u 63 Abs 2 CISG). Der Gläubiger verliert seine Rechte aus § 281 Abs 2 BGB nur dann, wenn der Schuldner die Setzung der Nachfrist so verstehen darf, dass der Gläubiger diese Frist trotz Vorliegen der Voraussetzungen nach § 281 Abs 2 BGB abwarten will. Das wiederum setzt voraus, dass der Tatbestand des § 281 Abs 2 BGB zum Zeitpunkt der Fristsetzung erfüllt ist und der Gläubiger die entsprechenden Umstände kennt. Der Gläubiger kann also in jedem Fall nach § 281 Abs 2 BGB Schadensersatz statt der Leistung verlangen, wenn die Umstände nach § 281 Abs 2 BGB erst nach Fristsetzung eintreten oder zur Kenntnis des Gläubigers gelangen. Setzt der Gläubiger die Nachfrist in Kenntnis der Pflichtverletzung, muss er diese abwarten und verliert seine Schadensersatzbefugnis, wenn der Schuldner fristgerecht nachleistet (BGH 12. 3. 2010 – V ZR 147/09 Rn 10, NJW 2010, 1805).

d) Rechtslage bei Eintritt der Voraussetzungen des § 281 Abs 2

B 122 Mit Eintritt der Voraussetzungen des § 281 Abs 2 BGB tritt dieselbe Rechtslage ein wie beim Ablauf der Frist gem § 281 Abs 1 S 1 BGB: Der Gläubiger hat die Befugnis, Schadensersatz statt der Leistung zu fordern (§ 281 Abs 4 BGB, näher Rn D 1 ff), er kann die angebotene Leistung zurückweisen (näher Rn D 3 ff). Er kann aber auch am Leistungsanspruch festhalten (Rn D 7). Die Voraussetzungen der Schadensersatzbefugnis nach § 281 Abs 2 BGB müssen zum Zeitpunkt des Schadensersatzverlangens noch vorliegen.

3. Vertragliche Abbedingung des Fristsetzungserfordernisses

Die Obliegenheit zur Fristsetzung nach § 281 Abs 1 S 1 BGB kann vertraglich im Voraus abbedungen werden, sei es ausdrücklich (ROHG 11, 425; OLG Dresden SächsA 1914, 517) oder stillschweigend (RGZ 96, 255, 257; RG 14. 1. 1925 – I 140/24, LZ 1925, 1222) mit der Folge, dass der Gläubiger sogleich mit Verstreichen des Fälligkeitszeitpunktes Schadensersatz fordern kann, ohne den Nachweis des Interessenfortfalls führen zu müssen (vgl RGZ 104, 373, 375). Dies kann auch nachträglich, dh nach Eintritt der Säumnis des Schuldners geschehen (RGZ 7, 79). Zu beachten ist, dass **§ 309 Nr 4 BGB** eine Abbedingung durch **AGB** im nichtunternehmerischen Verkehr (§ 310 Abs 1 BGB) generell nicht mehr zulässt (vgl auch Rn B 207). **B 123**

Ein **stillschweigender Ausschluss** des Fristsetzungserfordernisses mit der Folge, dass der Gläubiger bei Säumnis des Schuldners sogleich Schadensersatz statt der Leistung verlangen darf, kann sich bzgl der Schadensersatzpflicht gem § 281 BGB nicht schon daraus ergeben, dass der Gläubiger ein gesteigertes Interesse an der Einhaltung der Leistungszeit hat. Ein solches bei Vertragsschluss erkennbar werdendes Interesse führt zur Annahme einer relativen Fixschuld (Rn B 113 ff), an die wiederum die Rechtsfolgen aus § 323 Abs 2 Nr 2 bzw § 281 Abs 2 BGB zu knüpfen sind. Der Gläubiger kann dann zwar ohne Fristsetzung zurücktreten, bezüglich der Schadensersatzpflicht aus § 281 BGB hat er aber den Fortfall des Interesses an der Leistung gem § 281 Abs 2, 2. Alt BGB nachzuweisen (Rn B 114; anders nur gem § 376 HGB beim Handelskauf, s Rn B 115). Eine stillschweigende Abbedingung dieses Erfordernisses und damit eine Befugnis zur sofortigen Geltendmachung von Schadensersatz statt der Leistung wird man nur annehmen können, wenn der Gläubiger bei Vertragsschluss über sein gesteigertes Interesse an der Einhaltung der Leistungszeit hinaus erkennbar macht, dass bei Säumnis des Schuldners mit überwiegender Wahrscheinlichkeit erhebliche Schäden beim Gläubiger eintreten werden (s oben Rn B 114; s im Übrigen noch folgende Rn B 125). **B 124**

Auch ohne Vorliegen einer Fixschuld kann aus einem **gesteigerten Interesse an Pünktlichkeit** eine stillschweigende Abbedingung der Fristsetzung abzuleiten sein. Legen die Parteien besonderes Gewicht darauf, dass bei Entgegennahme der Leistung die Gegenleistung sofort angeboten wird, kann darin (auch ohne fixen Termin für Leistung oder Gegenleistung) eine Abbedingung der Fristsetzung bezüglich der Gegenleistung zu sehen sein mit der Folge, dass der Gläubiger der Gegenleistung ohne vorherige Fristsetzung zurücktreten darf, wenn die Gegenleistung nicht sogleich bei Erbringung der Leistung angeboten wird (vgl RG 26. 10. 1923 – III 130/23, JW 1924, 536, 537; RGZ 104, 39, 41). Bezüglich des Schadensersatzes gilt aber das zur Fixschuld Gesagte (Rn B 114). Das Vorstehende gilt entsprechend bei gesteigertem Interesse des Gläubigers bezüglich einzelner Elemente der Leistungsabwicklung oder bezüglich der zeitlichen Bindung von Mitwirkungspflichten und sonstigen Leistungspflichten (näher Rn B 116). **B 125**

Der Abbedingung der Fristsetzung steht die einvernehmliche Aufhebung des Fristsetzungserfordernisses **nach Eintritt der Säumnis** bzw nach einem Schadensersatz- **B 126** verlangen des Gläubigers gleich. Dem steht in der Wirkung ebenfalls gleich, wenn die Parteien sich wegen der Nichtleistung auf die **Rückabwicklung** des Vertrages geeinigt haben (vgl OLG Brandenburg 13. 2. 2008 – 7 U 158/07 Rn 27, juris): Die in der Vergangenheit liegende „Nichtleistung" wird damit nicht beseitigt (arg § 325 BGB) und bleibt Anknüpfungspunkt für einen Schadensersatz statt der Leistung; die Fristsetzung ist wegen Fortfalls der Leistungspflicht entbehrlich. Von der Abbedingung zu unterscheiden ist der einseitige **Verzicht** des Schuldners auf die Einhaltung des Fristsetzungserfordernisses. Er führt gem § 281 Abs 2 BGB zur Entbehrlichkeit der Fristsetzung. Das *Schweigen des Schuldners auf die Erklärung des Gläubigers,* dass er Schadensersatz statt der Leistung verlange, ist kein solcher Verzicht, ebenso wenig ist das Schweigen auf eine zu kurz gesetzte Frist eine Einwilligung in die Abkürzung der Frist (vgl RG 23. 1. 1925 – VI 365/24, WarnR 1925 Nr 129). Schweigen auf sonst rechtlich wirkungslose Erklärungen des Gläubigers ist ebenfalls nicht als Zustimmung zur Abweichung vom gesetzlichen Verfahren oder als Verzicht zu werten. Selbst bei einem an sich wirksamen Verzicht kann eine *Nachfristsetzung nach Treu und Glauben* geboten sein, wenn die Überschreitung der Leistungsfrist für den Gläubiger erkennbar auf unvorhergesehenen Umständen beruht (BGH 4. 1. 1967 – Ib ZR 48/65, WM 1967, 657, 659).

III. Rechtsfolge: Schadensersatz statt der Leistung

B 127 Mit fruchtlosem Ablauf der Frist bzw mit Eintritt der Voraussetzungen gem § 281 Abs 2 BGB entsteht die **Befugnis** des Gläubigers, **Schadensersatz statt der Leistung zu verlangen**. Die Entstehung des Schadensersatzanspruchs und die sonstige rechtliche Bedeutung des Schadensersatzverlangens gem § 281 Abs 4 BGB wird für alle durch § 281 BGB geregelten Störungstatbestände näher unter Rn D 1 ff erläutert. Inhalt und Umfang des Schadensersatzes statt der Leistung richten sich grundsätzlich nach den allgemeinen Regeln, die unter § 280 Rn E 3 ff, 35 ff dargestellt sind. Die folgenden Ausführungen ergänzen die Anmerkungen zu § 280 BGB im Hinblick auf die Schadensberechnung speziell bei der Nichtleistung.

1. Keine Naturalherstellung

B 128 Der Schadensersatzanspruch richtet sich inhaltlich grundsätzlich nach §§ 249 ff BGB. Aus dem *Ausschluss des Leistungsanspruchs* bei berechtigtem Schadensersatzverlangen gem § 281 Abs 4 BGB folgt, dass der Schadensersatzanspruch statt der Leistung grundsätzlich *nicht auf Naturalherstellung* gerichtet sein kann (näher § 280 Rn E 37; zum alten Recht krit Gebauer, Naturalrestitution beim Schadensersatz wegen Nichterfüllung [2002]). Im praktischen Regelfall kann der Gläubiger also eine Geldentschädigung (§ 251 BGB) verlangen; die vorherige Fristsetzung gem § 250 BGB ist entbehrlich, da die Naturalherstellung gem § 249 Abs 1 BGB grundsätzlich ausgeschlossen ist (BGH 12. 3. 1993 – V ZR 69/62, NJW 1993, 2232, 2233; zu Ausnahmen hinsichtlich Naturalherstellung s § 280 Rn E 37). Im Falle eines Freistellungsanspruchs kann der Gläubiger dementsprechend nicht mehr Befreiung von der Drittverbindlichkeit verlangen, sondern nur Zahlung des zur Ablösung der Verbindlichkeit aufzuwendenden Betrages (BGH 12. 3. 1993 – V ZR 69/62, NJW 1993, 2232, 2233). Ist die Freistellung von Erschließungskosten geschuldet, hat aber der Befreiungsgläubiger gegen den Beitragsbescheid Widerspruch eingelegt, so richtet sich der Schadensersatzanspruch auf Zahlung an den Beitragsgläubiger Zug-um-Zug gegen Abtretung der für den Fall eines Erfolges des Widerspruchs entstehenden Erstattungsforderung an den Schuldner (vgl BGH 12. 3. 1993 – V ZR 69/62, NJW 1993, 2232).

2. Differenz- und Surrogationsmethode

Im Falle eines gegenseitigen Vertrages steht es weitgehend im Ermessen des Gläubigers, auf welche Weise er den Schaden berechnet (§ 280 Rn E 48). B 129

Nach der **Differenzmethode** geht der Schadensersatzanspruch auf die Differenz zwischen dem Interesse des Gläubigers an der Leistung und der von ihm ersparten Gegenleistung (§ 280 Rn E 42). B 130

Hat der Gläubiger die ihm obliegende Gegenleistung bereits bewirkt und will es dabei belassen, geht der Anspruch auf den vollen Wert der nicht erbrachten Leistung; dieser tritt an die Stelle der Leistung **(Surrogationsmethode)**. Dies muss grundsätzlich auch dann gelten, wenn der Gläubiger die ihm obliegende Gegenleistung noch nicht erbracht hat, aber noch bewirken will (vgl § 280 Rn E 41, 58). Dies kommt insbesondere in Betracht, wenn der Gläubiger die ihm obliegende Gegenleistung anderweitig nicht absetzen kann, zB bei einem Grundstückstauschvertrag, bei dem der vertragstreue Teil sein Grundstück aufgrund der Lage praktisch nur an den vertragsbrüchigen Teil, nicht aber auf dem freien Markt an beliebige Dritte veräußern kann (vgl Huber II [1999] 191 ff). B 131

Der **BGH** hat dagegen bei § 326 aF in st Rspr (BGH 6. 10. 1994 – V ZR 92/94, NJW 1994, 3351; BGH 25. 6. 1999 – V ZR 190/98, NJW 1999, 3115, 3117; anders noch BGHZ 20, 338, 343) die Anwendung der Surrogationsmethode abgelehnt, sogar dann, wenn der Schadensersatz begehrende Verkäufer eines Grundstücks bereits den Besitz aufgegeben und die Auflassung erklärt hat und es nur an der Eintragung des Käufers im Grundbuch fehlt (BGH 25. 6. 1999 – V ZR 190/98, NJW 1999, 3115, 3117). Dies höhlt indessen die Befugnis des Gläubigers aus, den Schuldner mittels Fristsetzung unter Druck zu setzen; denn der Gläubiger könnte diesen Weg nur beschreiten um den Preis, eine seinen Interessen nicht gerecht werdende Berechnung des Schadensersatzes hinnehmen zu müssen. Dem Gläubiger ist es daher zu gestatten, Schadensersatz im Wege der Surrogationsmethode zu verlangen, auch wenn die Gegenleistung noch nicht erbracht worden ist oder sonst ein besonderer Grund vorliegt (ebenso Kaiser, Die Rückabwicklung gegenseitiger Verträge wegen Nicht- und Schlechterfüllung im BGB [2000] 94 ff; dies NJW 2001, 2425, 2426). Eine Beeinträchtigung schutzwürdiger Interessen des Schuldners ist nicht ersichtlich, weil er den Schadensersatz nach der Surrogationsmethode nur Zug-um-Zug zu erbringen hat, also keine Gefahr läuft, eine uU erhebliche Zahlung leisten zu müssen, ohne die Gegenleistung zu erhalten. B 132

Hat der Gläubiger den **Rücktritt** erklärt, steht dies zwar einem Schadensersatz statt der Leistung nicht entgegen (§ 325 BGB). Der Schaden kann dann aber nur noch nach der Differenzmethode berechnet werden, da das vertragliche Synallagma nicht mehr besteht (§ 280 Rn 49; vgl Krause Jura 2002, 299, 304; Gsell JZ 2004, 643, 645; **aA** Derleder NJW 2003, 998, 1001). ZB kann der Verkäufer einen noch ausstehenden Kaufpreisrest nicht mehr als Schadensersatz fordern (OLG Sachsen-Anhalt 24. 8. 2015 – 1 U 37/15 Rn 26, NJW 2016, 1102). B 133

3. Abgrenzung zum Verzögerungsschaden

B 134 Für die Abgrenzung des Schadensersatzes statt der Leistung von dem allein durch die Verzögerung der Leistung entstandenen Schaden (§ 280 Rn E 11) gilt: (1) Beide Schadensersatzansprüche entstehen und bestehen **unabhängig voneinander** (folgend Rn B 135). (2) Der Schadensersatz statt der Leistung kann nicht zugleich Verzögerungsschaden sein, da der Verzögerungsschaden dadurch definiert ist, dass er trotz Erbringung der Leistung fortbesteht. (3) Es ist aber nicht ausgeschlossen, dass ein dem Verzögerungsschaden zuzurechnender Schadensposten zugleich dem Schadensersatz statt der Leistung unterfällt (Rn B 137).

B 135 Der Anspruch auf Schadensersatz statt der Leistung entsteht nach hier vertretener Auffassung gem § 281 Abs 4 BGB mit Zugang eines berechtigten Schadensersatzverlangens (siehe § 281 Rn D 17; vgl zur Leistungsverweigerung Rn B 97; zu den besonderen Umständen Rn B 98 f). Der Anspruch auf Ersatz des Verzögerungsschadens ist im Verhältnis zum Anspruch auf Schadensersatz statt der Leistung nach § 281 Abs 1 S 1 BGB rechtlich autark: Er entsteht nach eigenen Voraussetzungen gem §§ 280 Abs 1, Abs 2, 286 BGB und besteht auch nach Entstehung eines Anspruchs auf Schadensersatz statt der Leistung fort (BGHZ 88, 46, 49; BGH 17. 12. 1996 – X ZR 74/95, NJW-RR 1997, 622, 624; BGH 26. 11. 1999 – V ZR 251/98, NJW 2000, 951, 952; s auch § 280 Rn E 11 u STAUDINGER/FELDMANN § 286 Rn 168 ff). Dementsprechend unterliegt der Anspruch einer eigenen Verjährung oder kann eine eigene, vom Schadensersatz statt der Leistung unabhängige Regelung durch AGB erfahren. Dieser formalen Eigenständigkeit entspricht eine inhaltliche: Der Verzögerungsschaden bezieht sich auf Schadenspositionen, die infolge der Säumnis des Schuldners entstehen und die auch dann bestehen bleiben, wenn die Leistung doch noch erbracht wird bzw würde. Schäden, die erst aus der endgültigen Nichtleistung entstehen, gehören nicht dazu (RGZ 94, 203; RG 22. 10. 1931 – VI 214/31, HRR 1932 Nr 437). Damit ist sichergestellt, dass die Voraussetzungen des Schadensersatzes statt der Leistung nicht unterlaufen werden (zur Abgrenzung vom Schadensersatz statt der Leistung zum Verzögerungsschaden im Einzelnen KAISER, in: FS Westermann [2008] 351 ff).

B 136 Ob umgekehrt der **Verzögerungsschaden** bzw einzelne dem Verzögerungsschaden zuzurechnende Schadenspostionen dem Schadensersatz statt der Leistung unterfallen, ist umstritten (vgl § 280 Rn E 11; SCHWARZE, Leistungsstörungen [2017] § 25 Rn 6 ff). Teils wird der Anspruch auf Schadensersatz statt der Leistung vom Zeitpunkt seines Eintritts auch für Verzögerungsschäden als vorrangig erachtet, um den Gläubiger vor ungerechtfertigten Nachteilen zu schützen (vgl HUBER II [1999] 301 ff; dazu SCHWARZE, Leistungsstörungen [2017] § 25 Rn 8). Teils wird umgekehrt ein genereller Vorrang des Verzögerungsschadensersatzanspruchs angenommen, um ein Unterlaufen der Voraussetzungen des Schuldnerverzuges zu verhindern (vgl FAUST, in: HUBER/FAUST, Schuldrechtsmodernisierung [2002] Rn 3/185; MünchKomm/ERNST Rn 118). Die Rechtsprechung hält es dagegen mit Recht grundsätzlich für möglich, dass der Verzögerungsschaden beiden Anspruchsgrundlagen unterfallen kann (RGZ 90, 423, 425; 94, 203, 206; 96, 158, 160; BGH 20. 10. 1994 – IX ZR 116/93, NJW 1995, 449, 450; BGH 17. 1. 1997 – V ZR 285/95, NJW 1997, 1231).

B 137 Davon zu trennen ist die Frage, ob der jeweilige Verzögerungsschaden konkret dem Schadensersatz statt der Leistung **zugerechnet** werden kann. Die Rechtsprechung zum alten Recht erweckt den Eindruck, als könne der Verzögerungsschaden stets und ohne Weiteres als Schadensposten innerhalb des Schadensersatzes statt der Leistung geltend gemacht werden (RGZ 90, 423, 425; 94, 203, 206; 96, 158, 160; BGH 20. 10. 1994 – IX ZR 116/93, NJW 1995, 449, 450; BGH 17. 1. 1997 – V ZR 285/95, NJW 1997, 1231; s aber BGH 13. 7. 1959 – II ZR 45/58, NJW 1959, 1819: keine Einbeziehung des Verzögerungsschadens, wenn dieser bereits verjährt ist). Dahinter steht wohl der Gedanke, der Verzögerungsschaden sei im Nichterfüllungsschaden einbegriffen (vgl Tiedtke NJW 1984, 767, 768 f). Das ist nicht haltbar: (1) Anders als im alten Recht (§ 326 aF) ist der Verzug im geltenden Recht nicht mehr tatbestandliche „Vorstufe" des Schadensersatzes wegen endgültiger Nichtleistung, sondern eigenständig geregelt. (2) Ist der Bezugspunkt für den Schadensersatz statt der Leistung die Fälligkeit der Leistung (BGHZ 126, 131, 134; BGH 27. 5. 1998 – VIII ZR 362/96, NJW 1998, 2901, 2903; BGH 24. 9. 1999 – V ZR 71/99, NJW 1999, 3625, 3626; Rn B 140), könnten vor Eintritt des Verzuges entstandene Posten als Schadensersatz statt der Leistung geltend gemacht werden und so die Voraussetzungen des Verzuges unterlaufen werden (zB Käufer macht Miete für Ersatzwagen geltend, die Anmietung fand vor der erforderlichen Mahnung des Käufers statt). (3) Ferner kann es Schadenspositionen geben, die nur der vorübergehenden, nicht der endgültigen Nichtleistung zurechenbar sind (zB vorübergehende Deckungsgeschäfte wie beim Kfz-Kauf die Anmietung eines Ersatzwagens, die sich aus der Perspektive der endgültigen Nichtleistung als nicht erforderlich erweist). Deshalb ist ein **Verzögerungsschaden** nicht per se als Schadensersatz statt der Leistung erstattungsfähig, sondern nur dann, wenn er erstens auch der **endgültigen Nichtleistung zugerechnet** werden kann (zB nicht belieferter Kfz-Käufer mietet bis zur Durchführung eines Ersatzkaufs einen Ersatzwagen, Anmietung war nicht nur zur Überbrückung bis zur noch erhofften Lieferung durch den Schuldner, sondern auch zur Überbrückung bis zum Ersatzkauf erforderlich), und wenn zweitens zum Zeitpunkt des Schadenseintritts die Voraussetzungen des Schuldnerverzuges erfüllt waren (unzutr die Wiedergabe der hier vertretenen Auffassung im Sinne einer generellen Einbeziehung des Verzögerungsschadens bei Klöhn JZ 2010, 46, Fn 10 u 47). Im **Beispiel**: Ein zum kalendermäßig bestimmten Lieferzeitpunkt (15. 3.) nicht belieferter Kfz-Käufer setzt Frist zur Lieferung zum 31. 3. und mietet sogleich (15. 3.) einen Ersatzwagen. Nach Ablauf der Nachfrist kauft er am 1. 4. anderweitig einen Ersatzwagen, der am 15. 4 geliefert werden soll. Bis dahin wird die Miete fortgesetzt. Am 16. 4. verlangt der Käufer Schadensersatz statt der Leistung (§ 281 Abs 4 BGB). Die Mietwagenkosten sind für die gesamte Zeit gem §§ 280 Abs 1, Abs 2, 286 Abs 2 Nr 1 BGB als Verzögerungsschaden ersatzfähig, da der Leistungsanspruch und mit ihm der Verzug erst mit Zugang des Schadensersatzverlangens am 16. 4. entfällt (Rn D 18). Dem Schadensersatz statt der Leistung sind die bis zum Ablauf der Nachfrist (31. 3.) entstandenen Mietkosten nicht zurechenbar, denn der Gläubiger hätte – aus der Warte des § 281 BGB – die Frist abwarten müssen (s Rn B 55). Die nach Ablauf der Nachfrist entstandenen Kosten sind dagegen gem §§ 280 Abs 1, Abs 3, 281 BGB ersatzfähig, so dass dem Gläubiger insoweit beide Anspruchsgrundlagen zu Gebote stehen.

Sind diese Voraussetzungen erfüllt, kann der Gläubiger den Schadensposten **wahlweise** als Schadensersatz statt der Leistung oder als Verzögerungsschaden geltend machen. Er muss sich allerdings für eine der Anspruchsgrundlagen entscheiden (BGH 20. 2. 2018 – XI ZR 445/17 Rn 34, NJW 2018, 1812; Staudinger/Löwisch [2001] § 286 Rn 175), wobei er bis zum Ende der letzten mündlichen Tatsachenverhandlung wech- **B 138** seln kann (BGH 29. 10. 1952 – II ZR 47/52, NJW 1953, 337). Der Gläubiger wird im Zweifel die für ihn günstigere Anspruchsgrundlage wählen (etwa im Hinblick auf Verjährung oder Absicherung des Anspruchs durch Bürgschaft oder Schuldbeitritt, vgl BGH 17. 1. 1997 – V ZR 285/95, NJW 1997, 1231).

4. Abstrakte und konkrete Schadensberechnung

B 139 Die Berechnung des Schadensersatzanspruchs statt der Leistung kann abstrakt oder konkret erfolgen (näher § 280 Rn E 71 ff). Hierbei macht vor allem der maßgebliche **Zeitpunkt** Schwierigkeiten. Dabei verbieten sich pauschale Aussagen. Die Fälligkeit des Leistungsanspruchs bestimmt das geschützte Leistungsinteresse und bildet daher den gedanklichen Ausgangspunkt, jedoch können sich aus der Art der haftungsbegründenden Pflichtverletzung, der objektiven Zurechnung und der Art der Schadensberechnung andere Zeitpunkte ergeben (s noch § 280 Rn E 132 ff).

a) Konkrete Schadensberechnung

B 140 Maßgeblicher Zeitpunkt für die Berechnung des konkreten Schadens ist im Ausgangspunkt die **Fälligkeit** des Leistungsanspruchs (BGH 11. 2. 2009 – VIII ZR 328/07, JZ 2010, 44, 45; BGHZ 126, 131; BAG 12. 12. 2007 – 10 AZR 97/07, NJW 2008, 872; Palandt/Grüneberg Rn 25, 29; § 280 Rn E 135). Der Gläubiger ist so zu stellen, wie er bei ordnungsgemäßer Leistung stünde (RGZ 91, 30, 33; BGH 17. 12. 1963 – V ZR 186/61, NJW 1964, 661). Ordnungsgemäß ist die Leistung aber nur, wenn sie zum Zeitpunkt der Fälligkeit erbracht wird. Von vornherein auf den späteren Zeitpunkt des Fristablaufs (so etwa Jauernig/Stadler Rn 19) oder auf den Zeitpunkt des Erlöschens des Erfüllungsanspruchs (so Faust, in: Huber/Faust, Schuldrechtsmodernisierung [2002] Rn 3/214, 216) abzustellen hieße, die in der Nichtleistung zum Zeitpunkt der Fälligkeit liegende Pflichtverletzung haftungsrechtlich für bedeutungslos zu erklären und das Leistungsinteresse insoweit schutzlos zu stellen. Folglich blieben schadensrelevante Vorgänge, die vor Ablauf der Nachfrist bzw Eintritt der Voraussetzungen nach § 281 Abs 2 BGB oder vor dem Schadensersatzverlangen lägen, ohne haftungsrechtlichen Schutz. Der nicht belieferte Käufer, der noch vor Ablauf der Nachfrist ein Ersatzgeschäft vornimmt, könnte den aus dem Mehraufwand entstehenden Schaden nicht ersetzt erhalten, auch wenn die Nachfrist erfolglos abliefe und der Schaden bei einem Deckungsgeschäft nach Ablauf der Nachfrist ebenso eingetreten wäre (zu Recht Ersatzfähigkeit bejahend BGHZ 126, 131, 134 f; **aA** Haberzettl NJW 2007, 1328; Klöhn JZ 2010, 44, 47, für eine entbehrliche und systemwidrige ad-hoc-Erweiterung des Verzögerungsschadens). Die Fristsetzung bzw die Voraussetzungen des § 281 Abs 2 BGB sind für den Schadensersatz statt der Leistung gleichwohl erheblich, da sie die objektive Zurechenbarkeit des **vor Ablauf der Nachfrist** bzw vor Eintritt der Voraussetzungen nach § 281 Abs 2 BGB eintretenden Schadens in Frage stellen können: Wäre der Schaden nicht oder in geringerem Umfang entstanden, wenn der Gläubiger bis zum Ablauf der Frist bzw bis zum Eintritt der Voraussetzungen des § 281 Abs 2 BGB gewartet hätte (zu diesem Zeitpunkt wäre ein Deckungsgeschäft ohne Mehraufwand möglich gewesen), ist der Schaden insoweit nicht ersatzfähig. Der Schuldner kann also generell den Nachweis führen, dass der Schaden zum Zeitpunkt des Ablaufs der Nachfrist bzw des Eintritts der Voraussetzungen nach § 281 Abs 2 BGB nicht oder in geringerem Umfang eingetreten wäre. Dementsprechend kann der Gläubiger von vornherein seinen Schaden für diesen Zeitpunkt berechnen. Der auf den Zeitpunkt der Fälligkeit berechnete Schaden ist dagegen ersatzfähig, wenn dem Schuldner der Nachweis nicht gelingt, dass der Schaden bzw der Schadensumfang zum Zeitpunkt des Ablaufs der Nachfrist bzw des Eintritts der Voraussetzungen gem § 281 Abs 2 BGB nicht oder in geringerem Umfang bestand bzw eingetreten wäre. Dem Gläubiger darf die vorzeitige Durchführung eines Deckungsgeschäfts in diesem Fall auch nicht pauschal als Mitverschulden angelastet werden, erst recht nicht, wenn er auf diese Weise den Schaden geringer halten konnte (vgl BGHZ 126, 131, 134 f; vgl ferner RGZ 102, 348; vgl auch RGZ 52, 150). Umgekehrt darf dem Gläubiger das Zuwarten bis zum Ablauf der Nachfrist grundsätzlich nicht als Mitverschulden angelastet werden (Huber II [1999] 164 ff; **aA** BGH 17. 1. 1997 – V ZR 285/95, ZIP 1997, 646, 648; s auch Rn B 33).

Im Übrigen kommt es bei Vornahme des **Deckungsgeschäfts** *nach Ablauf der Nachfrist* bzw nach Eintritt der Voraussetzungen des § 281 Abs 2 BGB, idR auf die Preisdifferenz zum Zeitpunkt der Vornahme des Deckungsgeschäfts an (hierzu BGH 19. 6. 1951 – I ZR 118/50, NJW 1951, 918). Den Zeitpunkt des Deckungsgeschäfts hat der Gläubiger so zu wählen, dass bei Aufwendung der erforderlichen Sorgfalt vermeidbare Mehrbelastungen des Schuldners vermieden werden (§ 254 Abs 2 BGB); ein insoweit vermeidbarer Mehraufwand ist vom Schuldner nicht zu ersetzen (vgl RGZ 50, 255, 268; 91, 99, 100; 149, 135, 138). **B 141**

Solange der Gläubiger trotz Ablauf der Frist bzw Eintritt der Voraussetzungen nach § 281 Abs 2 BGB am Leistungsanspruch festhält (Rn D 7), braucht er sich nicht anderweitig einzudecken, bevor der Gegner zur Lieferung verurteilt ist und sie gleichwohl unterlässt (für den Fall der Leistungsverweigerung RGZ 91, 99; zu den Grenzen des Zuwartens Rn D 7). **B 142**

Eine Frage des Vorteilsausgleichs ist die Anrechnung eines etwaigen **Mehrerlöses**, den der Verkäufer als Gläubiger aus dem anderweitigen Verkauf des Kaufgegenstandes erzielt. Diesen muss sich der Verkäufer anrechnen lassen, wenn es sich um die Realisierung des Verkehrswertes handelt, mag dieser auch nach Ablauf der Nachfrist gestiegen sein; denn diesen Mehrwert hätte bei ordnungsgemäßer Durchführung des Schuldverhältnisses der Schuldner erzielt (BGH 13. 3. 1981 – V ZR 46/80, NJW 1981, 1834; BGHZ 136, 52, 55; s auch § 280 Rn E 112). Soweit der Mehrerlös über den Verkehrswert hinausgeht und somit auf überobligationsmäßige Anstrengungen des Gläubigers zurückgeht, ist der Vorteil nicht anzurechnen und bleibt beim Gläubiger (vgl BGHZ 136, 52, 53, 56 f). **B 143**

Von dem für die Schadensberechnung maßgeblichen Zeitpunkt zu unterscheiden ist der Zeitpunkt, bis zu dem im Rahmen der Differenzbetrachtung die für den Schaden und den Schadensumfang maßgeblichen **Tatsachen** und weiteren Folgen zu berücksichtigen sind. Abzustellen ist grundsätzlich auf den *Zeitpunkt der letzten mündlichen Verhandlung* in der Tatsacheninstanz (vgl RGZ 149, 135, 138; § 280 Rn E 135). Der säumige Schuldner kann sich jedoch bei einem Schadensersatzanspruch, der eine vorübergehende Beeinträchtigung ausgleichen soll, nicht darauf berufen, der Schaden sei nach dem Leistungszeitpunkt durch den Wegfall der Beeinträchtigung geringer geworden oder entfallen (BGH 28. 10. 1993 – VII ZR 256/92, NJW 1994, 314). **B 144**

Der **Verkäufer** kann als Gläubiger seinen Schaden auch in der Weise berechnen, dass er einen nach § 373 HGB bzw §§ 383, 385 BGB vorgenommenen **Selbsthilfeverkauf** zugrunde legt, dh die Differenz zwischen dem hier erzielten Erlös, auf den **B 145** der Käufer/Schuldner nach einem Schadensersatzverlangen des Gläubigers keinen Anspruch mehr hat, und dem höheren Kaufpreis verlangt; darin, dass der Gläubiger mit einem solchen Selbsthilfeverkauf seine Rechte aus dem Annahmeverzug geltend gemacht hat, liegt nicht etwa ein Verzicht auf die Rechte aus §§ 280 ff BGB (vgl RG 4. 1. 1916 – II 259/15, Recht 1916 Nr 646; OLG Hamburg 16. 12. 1910 – V ZS, OLGE 22, 227). Ein echter Selbsthilfeverkauf kann allerdings nicht mehr nach einem berechtigten Schadensersatzverlangen (§ 281 Abs 4 BGB) durchgeführt werden; denn dieser setzt die Leistungspflicht des Gläubigers voraus. Gleichwohl kann eine als Selbsthilfeverkauf bezeichnete Versteigerung der Feststellung des durch die Nichterfüllung entstandenen konkreten Schadens dienen. Ersteigert aber der Verkäufer die Ware selbst, ist er nicht anders zu behandeln, als wenn er die Ware von vornherein behalten hätte (RGZ 110, 155). Er muss sich nach den Grundsätzen des Vorteilsausgleichs auf den ihm durch die Nichtabnahme der Ware entstandenen Schaden den Vorteil anrechnen lassen, der ihm dadurch zugefallen ist, dass er letztlich die Ware behalten hat (RGZ 89, 282; dazu Oertmann JW 1917, 355; RG 5. 7. 1918 – III 117/18, WarnR 1918 Nr 184). Handelt es sich hingegen um Gattungsware, die der Verkäufer selbst herstellt, und wählt dieser die abstrakte Schadensberechnung, muss davon ausgegangen werden, dass dieser alle übrigen sich ihm bietenden Verkaufsgelegenheiten durch die Produktion neuer Ware ausnutzen kann (RG Recht 1917 Nr 1391; RG 17. 12. 1918 – II 374/18, JW 1919, 445, 446).

b) Abstrakte Schadensberechnung

B 146 Auch für die abstrakte Schadensberechnung gilt: Maßgeblicher Zeitpunkt ist im Ausgangspunkt der **Zeitpunkt der Fälligkeit** (BGH 20. 2. 2018 – XI ZR 445/17 Rn 31, NJW 2018, 1812; s Rn B 140; § 280 Rn E 134). Auch hier kann der Schuldner einwenden, dass der Schaden zum Zeitpunkt des Ablaufs der Nachfrist bzw des Eintritts der Voraussetzungen nach § 281 Abs 2 BGB nicht eingetreten oder niedriger ausgefallen wäre (Rn B 140). Der Gläubiger kann daher letzteren Zeitpunkt von vornherein für die Schadensberechnung zugrunde legen (vgl RGZ 90, 423; 91, 30; 98, 213; zur Situation bei einseitiger Fristverlängerung s Rn B 52). Im Übrigen kann sich nach der Art der Schadensposition ein abweichender Zeitpunkt für die Schadensberechnung ergeben. So ist für Deckungsgeschäfte auf den Zeitpunkt nach Fortfall des Leistungsanspruchs (§ 281 Abs 4 BGB) abzustellen (§ 280 Rn E 134); denn die Vornahme des Deckungsgeschäfts erst zu diesem Zeitpunkt ist der reguläre Ablauf, der für die abstrakte Schadensberechnung zugrunde zu legen ist. Dabei ist der tatsächliche Zeitpunkt des Schadensersatzverlangens zugrunde zu legen, soweit die Wahl dieses Zeitpunkts nicht als missbräuchliche Manipulation des Schadensumfangs erscheint (vgl RG 27. 10. 1926 – I 317/25, Recht 1926 Nr 2418); ist dies der Fall, ist von einem sofortigen Schadensersatzverlangen als maßgeblichem Zeitpunkt auszugehen. Es ist dem Gläubiger nicht verwehrt, nachträglich noch auf einen anderen zulässigen Zeitpunkt für die Schadensberechnung überzugehen (vgl RG 27. 4. 1920 – II 520/19, WarnR 1920 Nr 153).

B 147 Tritt nach der Fristsetzung, aber vor dem Schadensersatzverlangen ein **Leistungshindernis iSv § 275 BGB** ein, entsteht ein Schadensersatzanspruch aus *§§ 280 Abs 1, Abs 3, 283 BGB;* denn der Leistungsanspruch entfällt erst mit Zugang des Schadensersatzverlangens (§ 281 Abs 4 BGB). Zeitlicher Ausgangspunkt für die Berechnung ist die Fälligkeit des Leistungsanspruchs (vgl RG 13. 5. 1919 – II 290/18, WarnR 1919 Nr 156); der Schuldner kann aber geltend machen, dass sich der Schaden zum Zeitpunkt des Fortfalls des Leistungsanspruchs gem § 275 BGB als niedriger erweist, da der Schuldner bis zum Ablauf der Frist Gelegenheit zur Nachleistung gehabt hätte (ebenso für die abstrakte Schadensberechnung auf den Tag des Eintritts der Unmöglichkeit bzw spätestens den nach Eintritt der Unmöglichkeit abstellend RGZ 91, 30 u 102). Der Schadensersatzanspruch darf nicht auf den Zeitpunkt nach Ablauf der Nachfrist berechnet werden, weil der Schadensersatzanspruch bereits mit dem Eintritt der Unmöglichkeit entstanden ist (Rn B 56). Daneben kann ein Schadensersatzanspruch statt der Leistung aus *§§ 280 Abs 1, Abs 3, 281 BGB* bestehen. Folgt man der Auffassung, dass dieser Anspruch bereits mit Ablauf der Nachfrist entsteht (Rn D 17), ist der Schadensersatzanspruch mit Fristablauf entstanden und bleibt vom Eintritt des Leistungshindernisses unberührt (vgl Bressler NJW 2004, 3382, 3384). Folgt man der hier vertretenen Auffassung, wonach der Schadensersatzanspruch aus § 281 BGB erst mit Zugang des Schadensersatzverlangens entsteht (Rn D 17), ergibt sich nichts anderes: Der Eintritt des Leistungshindernisses lässt den Leistungsanspruch für die Zukunft entfallen, ändert aber nicht die in der Vergangenheit liegende Pflichtverletzung und die Möglichkeit, daran eine Haftung zu knüpfen. Deshalb kann der Gläubiger auch jetzt noch Schadensersatz gem § 281 Abs 4 BGB verlangen (zum Eintritt des Leistungshindernisses vor Ablauf der Frist Rn B 56).

Zugunsten des Gläubigers wird vermutet, dass Leistung und Gegenleistung gleichwertig sind (**Rentabilitätsvermutung**, vgl § 280 Rn E 121). Der Gläubiger kann also einen der von ihm bereits erbrachten Gegenleistung entsprechenden Geldbetrag als Mindestschaden geltend machen (BGHZ 62, 119, 120; BGH 25. 3. 1998 – VIII ZR 185/96, NJW 1998, 2360, 2364). Hinzuzurechnen sind die Aufwendungen, die er in Erwartung der Leistung gemacht hat, da vermutet wird, dass sich diese bei ordnungsgemäßer Erfüllung rentiert hätten (BGHZ 114, 193, 196 f). Die Vermutung ist auf synallagmatische und kommerzielle Leistungspflichten beschränkt (§ 280 Rn E 117 f). Die Rentabilitätsvermutung ist widerleglich, so dass es dem Schuldner unbenommen bleibt nachzuweisen, dass der Gläubiger mit dem Geschäft Verlust gemacht hätte (BGHZ 123, 96, 99 f). **B 148**

5. Mitverschulden

Auf den Schadensersatzanspruch ist § 254 BGB zwar grundsätzlich anwendbar (vgl OLG Düsseldorf 13. 1. 1995 – 22 U 260/93, NJW-RR 1996, 41, 42: Mehraufwand eines Deckungsgeschäfts nur in angemessenen Grenzen). Eine Schmälerung des Anspruchs tritt aber nicht allein dadurch ein, dass der Gläubiger vorvertragliche Pflichten verletzt oder vor der Leistungsverweigerung seitens des Schuldners selbst zu wenig angeboten oder zu viel gefordert hat (BGH 1. 10. 1986 – VIII ZR 132/85, NJW 1987, 251, 253 f). **B 149**

6. Geltendmachung durch Dritte

a) Abtretung des Leistungsanspruchs

Im Fall der Abtretung des Leistungsanspruchs gegen den säumigen Teil steht nicht nur das Recht zur Fristsetzung (Rn B 23) und damit zur Ablehnung der Leistung, sondern auch der Schadensersatzanspruch statt der Leistung grundsätzlich allein dem **Zessionar** zu. Dieser hat daher auch darüber zu entscheiden, ob er nach der Surrogationsmethode vorgeht und damit das volle Interesse geltend macht, so dass der Zedent und Schuldner der Gegenleistung letzterenfalls zu einer etwaigen Ge- **B 150** genleistung verpflichtet bleibt (näher § 280 Rn E 59). Der Zessionar entscheidet auch, ob er den Schaden abstrakt oder konkret berechnet; zur Frage, ob sich der Schaden nach der potenziellen Schädigung des Zedenten oder nach der tatsächlichen Schädigung des Zessionars bemisst, siehe § 280 Rn E 141. Bei der *Sicherungszession* bleibt dagegen bis zum Eintritt des Sicherungsfalls der Zedent Inhaber der Fristsetzungsbefugnis (vgl § 280 Rn E 59). Die in *Leasingverträgen* übliche Abtretung der Gewährleistungs- und Schadensersatzansprüche des Leasinggebers gegen den Verkäufer an den Leasingnehmer erfasst im Regelfall nur den Anspruch auf Schadensersatz wegen Schlechtleistung gem § 281 Abs 1 S 1, 2. Alt BGB, nicht die Rechte aus § 281 Abs 1 S 1, 1. Alt BGB wegen Nichtleistung (so BGH 27. 6. 1990 – VIII ZR 72/89, LM § 326 [A] BGB Nr 29; vergleiche zur Abtretungsproblematik bei Leasingverträgen MünchKomm/Ernst § 323 Rn 165 mwNw sowie Engel ZAP 2008, 133 ff).

B 151 Hat der säumige Schuldner den Anspruch auf die **Gegenleistung abgetreten**, so ist der Gläubiger in seiner Eigenschaft als Schuldner der Gegenleistung berechtigt, sich gem § 404 BGB gegenüber dem Zessionar auf den Wegfall des Leistungsanspruchs bezüglich der Gegenleistung und das Entstehen des Schadensersatzanspruchs in Höhe der Differenz zu berufen, und zwar auch im Fall der Teilabtretung (BGH 21. 12. 1973 – V ZR 59/72, MDR 1974, 392).

b) Vertrag zugunsten Dritter

B 152 Beim *echten Vertrag zugunsten Dritter* (zur Interessenlage s bereits Rn B 24) steht der Schadensersatzanspruch statt der Leistung dem Dritten zu (Soergel/Hadding § 328 Rn 56; Dörner, Dynamische Relativität [1985] 305 ff; für den Anspruch aus § 325 aF bei einem Reisevertrag zugunsten eines Dritten ebenso BGHZ 93, 271, 277; MünchKomm/Gottwald § 335 Rn 10; **aA** Gernhuber, Das Schuldverhältnis [1989] § 20 IV 5b [501]; Raab, Austauschverträge mit Drittbeteiligung [1999] 517 ff; differenzierend Lange NJW 1965, 657, 663). Ebenso richtet sich die Ermittlung des ersatzfähigen Schadens nach den Verhältnissen des Dritten, denn der Versprechende/Schuldner hat sich zur Leistung an den Dritten verpflichtet. Hinsichtlich der Ausübung der Rechte ist jedoch zwischen dem Vorgehen nach der Surrogations- bzw Differenzmethode zu unterscheiden (näher dazu § 280 Rn E 140; zur Ausübung des Rücktrittsrechts vgl Staudinger/Schwarze [2015] § 323 Rn D 17). Der Versprechende/Schuldner kann sich gegenüber dem Dritten auf **§ 334 BGB** stützen, wenn der Versprechensempfänger/Gläubiger mit der ihm obliegenden Gegenleistung in Verzug gerät.

IV. Teilleistung

B 153 Hat der Schuldner eine teilbare Leistung nur teilweise bewirkt, kann der Gläubiger wegen des ausbleibenden Teils der Leistung unter den allgemeinen Voraussetzungen Schadensersatz statt der Teilleistung verlangen, den sog **kleinen Schadensersatz** (vgl § 280 Rn E 6; s auch § 283 Rn 65 ff). Die Anspruchsgrundlage für den kleinen Schadensersatz richtet sich nach der Art der Störung, die bzgl des nicht erbrachten Teils der Leistung vorliegt: Steht der ausbleibenden Teilleistung ein Leistungshindernis (§ 275 BGB) entgegen, ergibt sich der Schadensersatzanspruch aus §§ 280 Abs 1, Abs 3, 283 BGB (§ 283 Rn 35 ff, 65 ff; Staudinger/Schwarze [2015] § 326 Rn B 66 ff). Steht ihr dagegen kein Leistungshindernis entgegen, richtet sich der Schadensersatz nach § 281 Abs 1 S 1, 1. Alt BGB („soweit"): Der Gläubiger kann bzgl des ausbleibenden Teils eine angemessene Frist setzen und statt des ausgebliebenen Teils Schadensersatz verlangen (zur Minderung der Gegenleistung s §§ 323, 441 BGB u Erl hierzu). Schadensersatz statt der **ganzen** Leistung kann der Gläubiger hingegen gem § 281 Abs 1 S 2 BGB nur verlangen, wenn er an der Teilleistung kein Interesse hat. Dasselbe bestimmt § 323 Abs 5 S 1 BGB für das Recht zum Rücktritt vom gegenseitigen Vertrag.

Eine ähnliche Regelung enthält Art 51 Abs 1 CISG, der für Teilleistungen des Verkäufers grundsätzlich auf die allgemeine Regelung der Art 47–50 CISG verweist. Art 51 Abs 2 CISG hebt zusätzlich hervor, dass der Käufer die Aufhebung des gesamten Vertrages nur dann erklären kann, wenn die unvollständige Lieferung eine wesentliche Vertragsverletzung darstellt (dazu Staudinger/Magnus [2018] Art 51 CISG Rn 18 f). **B 154**

1. Tatbestand der Teilleistung

a) Erbringung eines Teils der Leistung

Eine „Teilleistung" setzt erstens voraus, dass ein quantitativer Teil der Leistung erbracht wurde, dh idR vom Gläubiger angenommen wurde. Ob dem Gläubiger bei der Annahme die Unvollständigkeit der Leistung bewusst war oder nicht, ist grundsätzlich unerheblich (zur Bedeutung für den Interessenfortfall s Rn B 167). Auch die Mankoleistung (der Gläubiger geht bei der Leistung von deren Vollständigkeit aus) ist also quantitative Teilleistung iSv § 281 Abs 1 S 2 BGB (zur abw Behandlung beim Kauf- und Werkvertrag s oben Rn A 29, 31, 32; zur abw Abgrenzung des Begriffs beim Verzug s Schwarze, Leistungsstörungen [2017] § 28 Rn 3, 40). Erbringt der Schuldner während einer wegen vollständiger Nichtleistung gesetzten Frist eine Teilleistung, ist dies kein neuer Störungstatbestand, der ein erneutes Fristsetzungserfordernis auslöst, vielmehr läuft die wegen der vollständigen Nichtleistung gesetzte Frist weiter (Rn B 62). Wird der noch ausstehende Rest der Leistung bis zum Ablauf der Frist nicht erbracht, darf der Gläubiger Schadensersatz statt der ganzen Leistung fordern, wenn er kein Interesse an der erlangten Teilleistung hat (§ 281 Abs 1 S 2 BGB; Dauner-Lieb, in: FS Canaris [2007] 143, 146 f). **B 155**

Der Gläubiger ist grundsätzlich befugt, eine **Teilleistung zurückzuweisen** (vgl § 266 BGB), es sei denn, sie ist vereinbart oder durch die besondere Interessenlage gerechtfertigt (vgl RGZ 106, 89, 90). Aus § 281 Abs 1 S 2 BGB lässt sich kein Recht zur Teilleistung ableiten (vgl Huber II [1999] 382; so aber Kriechbaum JZ 1993, 642, 646; Hoffmann JuS 2017, 1045, 1048 f mwNw). Der Gläubiger erhält sich mit der Zurückweisung der Teilleistung die Befugnis zur Fristsetzung gem § 281 Abs 1 S 1 BGB bzgl der vollständigen Leistung und damit zum Schadensersatz statt der ganzen Leistung ohne den Nachweis des Interessenfortfalls gem § 281 Abs 1 S 2 BGB. Mit der Annahme der Teilleistung verliert der Gläubiger diese Befugnis, wenn er sie sich nicht ausdrücklich vorbehält; dabei spielt es keine Rolle, ob der Gläubiger die Unvollständigkeit kennt oder nicht. Ohne Vorbehalt kann er eine Nachfrist nur noch bzgl des ausgebliebenen Teils setzen und nach deren erfolglosem Ablauf Schadensersatz statt der ganzen Leistung nur fordern, wenn das Interesse an der erhaltenen Teilleistung entfallen ist. **B 156**

Ist der Gläubiger **entgegen § 266 BGB** ausnahmsweise nach Treu und Glauben (§ 242 BGB) verpflichtet, eine ihm angebotene Teilleistung anzunehmen, um dem Schuldner eine nicht zu rechtfertigende erhebliche Belastung zu ersparen (vgl BGH 28. 4. **B 157**

1954 – VI ZR 38/53, VersR 1954, 297, 299; s auch § 320 Abs 2 BGB und die dortigen Erl), lässt dies die Befugnis zur Fristsetzung wegen vollständiger Nichtleistung nicht entfallen. § 266 BGB regelt nur das Leistungsprocedere; die hierzu von der Rechtsprechung anerkannten Lockerungen wollen dem Schuldner dieses Procedere erleichtern, nicht aber den gesetzlichen Schutz des Interesses an der Vollständigkeit der Leistung relativieren. Zudem liegt der materielle Grund für den Verlust der Fristsetzungsbefugnis bzgl der ganzen Leistung auf der freiwilligen Annahme der Teilleistung durch den Gläubiger (oben Rn B 156); eine ihm nach § 242 BGB zur Entlastung des Schuldners rechtlich auferlegte Annahme der Teilleistung steht dem nicht gleich.

B 158 Anders verhält es sich mit der **unerheblichen Quantitätsabweichung**. Hier ist der Gläubiger nicht nur im Hinblick auf die Erleichterung der Leistungsabwicklung entgegen § 266 BGB gezwungen, die Teilleistung erst einmal anzunehmen, es wird dem Gläubiger angesichts der unerheblichen Beeinträchtigung seines Interesses an der Vollständigkeit der Leistung angesonnen, das Ausbleiben der geringfügigen Restleistung **endgültig hinzunehmen**. Dies ist zum einen bei der „Teilunmöglichkeit" (§ 275 BGB) der Fall, vorausgesetzt das Interesse des Gläubigers an der Teilleistung ist nicht entfallen (§ 283 Rn 69 f; ebenso bei der nicht behebbaren unerheblichen Schlechtleistung gem § 281 Abs 1 S 3 BGB; s Rn C 28). Im Übrigen kann es sich aus der Vereinbarung der Parteien ergeben (vgl RGZ 76, 150, 152; RG 14. 11. 1927 – VI 138/27, SeuffA 82 Nr 82, 136, 138). Maßgeblich ist dabei das Verhältnis der Teilleistung zur gesamten Vertragsleistung. Dem Gläubiger bleibt das Recht, wegen der nicht erbrachten, als geringfügig erachteten Menge den kleinen Schadensersatz zu verlangen bzw die Gegenleistung entsprechend zu mindern (§§ 323, 441 BGB). Wann von einer solchen Geringfügigkeit zu sprechen ist, hängt von den Umständen des Einzelfalls ab (RGZ 76, 150, 154: 5% des Kaufpreises geringfügig; Gernhuber, Erfüllung und ihre Surrogate [1994] § 8, 7: bei Geldschulden bis zu 10%).

B 159 Die Regeln der quantitativen Teilleistung entscheiden auch über das Schicksal der Leistungspflicht, wenn bei einer teilbaren Leistung nur **ein Teil der Leistung mangelhaft** (Teilschlechtleistung, s noch Rn C 7) ist (zB von den verkauften 40 Fl einer bestimmten Sorte Wein sind 10 Fl verdorben). Bzgl des verdorbenen Teils kann der Gläubiger gem § 281 Abs 1 S 1, 2. Alt BGB (bei Unbehebbarkeit des Mangels gem § 283 BGB) Schadensersatz statt der Leistung fordern, bzgl der gesamten Leistung nur, wenn sein Interesse an der gesamten Leistung entfallen ist (§ 281 Abs 1 S 2 BGB). Ist das Interesse am Erhalt der Gesamtleistung bei Vertragsschluss erkennbar und somit in den Vertrag einbezogen worden, ist die Leistung im rechtlichen Sinne unteilbar (zB Gläubiger lässt erkennen, dass 40 Fl Wein einer bestimmten Sorte für ein Bankett benötigt werden, vgl Canaris JZ 2001, 499, 513). Hier kann der Gläubiger gem § 281 Abs 1 S 1 BGB Schadensersatz statt der ganzen Leistung fordern, wenn nicht binnen der gesetzten Frist vollständig geleistet wird. Zum Nacheinander und Nebeneinander von Teil- und Schlechtleistung näher Rn C 7; s auch Rn B 62 ff.

b) Teilbarkeit der Leistung

B 160 Die Teilleistung setzt zweitens die **Teilbarkeit der Leistung** voraus. Daran fehlt es, wenn die Leistung wegen ihrer *technischen Beschaffenheit* unteilbar ist oder nach dem *übereinstimmenden Willen der Beteiligten* als unteilbar behandelt werden soll (Unteilbarkeitsabrede, s im Einzelnen § 283 Rn 36 ff; vgl ferner BGH 7. 3. 1990 – VIII ZR 56/89, NJW 1990, 3011, 3012; BGH 27. 6. 1990 – VIII ZR 72/89, NJW-RR 1990, 1462, 1464 f; BGH 23. 1. 1996 –

X ZR 105/93, NJW 1996, 1745, 1747; s auch BGH 30. 10. 1998 – V ZR 367–97, NJW-RR 1999, 346: Untrennbarkeit von Eigentums- und Besitzverschaffung beim Kauf; gegen die Rechtsfigur der Unteilbarkeit kraft Parteiwillens Huber II [1999] 416 ff). Ist die Leistung unteilbar, bedeutet die Annahme von Teilen der Leistung keine Teilleistung, sondern vollständige Nichtleistung (BGH 27. 6. 1990 – VIII ZR 72/89, LM § 326 [A] BGB Nr 29). Im Falle der gegenseitigen Leistungspflicht setzt die Anwendung der Regelung über die Teil(-nicht) leistung die **Teilbarkeit der** dem Gläubiger obliegenden **Gegenleistung** voraus (BGH 16. 10. 2009 – V ZR 203/08 Rn 17, NJW 2010, 146; RGZ 50, 138, 143; Huber II [1999] 421).

c) Mehrheit von Leistungspflichten

B 161 Im natürlichen Sinne bezieht sich die „Teilleistung" auf *eine* Leistungspflicht. In einem weiteren Sinne kann von einer Teilleistung aber auch gesprochen werden, wenn mehrere Leistungspflichten nach dem Parteiwillen derart miteinander verknüpft sind, dass sie im rechtlichen Sinne eine **Einheit** bilden. Dabei ist die Frage nach der Einheit nach denselben Kriterien zu beurteilen, die für die Bestimmung der Einheitlichkeit eines Vertrages iS des § 139 BGB maßgebend sind (zu Lieferungsvertrag über Hardware u Software s BGH 7. 3. 1990 – VIII ZR 56/89, NJW 1990, 3011, 3012). Die Verknüpfung kann so eng sein, dass bei Fortfall einer Leistungspflicht die anderen Leistungspflichten automatisch entfallen. Sie kann aber auch etwas lockerer sein derart, dass bei Fortfall einer Leistungspflicht das Interesse des Gläubigers darüber entscheidet, ob die anderen Leistungspflichten auch entfallen (entspr § 281 Abs 1 S 2 BGB) oder aus der Verletzung der einen Leistungspflicht eine unzumutbare Gefährdung der anderen Leistungspflicht(en) abzuleiten ist (nach den Regeln der Leistungsgefährdung, vgl Rn B 182 ff). Das kann zum einen für das Verhältnis **mehrerer Leistungspflichten innerhalb desselben Vertrages** gelten. Die vollständige oder teilweise Nichterbringung der einen Leistung ist dann mit Blick auf die Leistungspflichten des Vertrages insgesamt (Schuldverhältnis iwS) als „Teilleistung" aufzufassen mit der Folge, dass Schadensersatz statt der Leistung auch im Hinblick auf die schon erbrachte (Teil-)Leistung verlangt werden kann, wenn daran kein Interesse mehr besteht. Das betrifft einmal Nebenleistungspflichten, die einer Hauptleistungspflicht „dienend" zugeordnet sind (zB beim Verkauf einer Anwaltspraxis als Nebenleistung zur Übertragung der Praxis die Pflicht, Konkurrenz in einem bestimmten Bereich zu unterlassen). Es kann aber auch mehrere Hauptleistungspflichten betreffen, die aufeinander inhaltlich bezogen sind, zB die Pflicht des Verkäufers zur Andienung einer vertragsgemäßen Probe, die die anschließende Pflicht zur Lieferung weiterer Gegenstände entfallen lassen kann (OLG Hamm 26. 11. 1993 – 11 U 72/93, BB 1995, 1925 f).

B 162 Auch **Leistungspflichten aus verschiedenen Verträgen** können auf die beschriebene Weise verknüpft sein, so dass der Gläubiger bei Ausbleiben der einen Leistung ohne vorherige Nachfristsetzung wegen Interessenfortfalls entspr § 281 Abs 1 S 2 BGB Schadensersatz statt der Leistung fordern kann (etwa die Pflicht zur Übereignung eines Grundstücks aus Kaufvertrag und Pflicht zur Errichtung eines Hauses auf diesem Grundstück, vgl OLG Hamm 27. 10. 1994 – 22 U 51/94, NJW-RR 1995, 1519). Der Unterschied zur Unteilbarkeitsabrede liegt darin, dass der Fortfall der einen Leistungspflicht nicht ohne Weiteres zum Fortfall der anderen Leistungspflicht führt, sondern es in der Hand des Gläubigers bleibt, trotz Fortfall des (ursprünglichen) Interesses an der Leistung an dieser festzuhalten. Ob das eine oder das andere vorliegt, richtet sich beim Fehlen ausdrücklicher Abreden danach, ob bei Vertragsschluss der Fortfall des Interesses als gewiss erscheint (dann Unteilbarkeitsabrede, vgl § 283 Rn 38 f) oder lediglich als wahrscheinlich (dann lediglich § 281 Abs 1 S 2 BGB entspr). Möglich ist die vorstehende Verknüpfung der Leistungen auch dann, wenn die verschiedenen Verträge mit verschiedenen Schuldnern geschlossen wurden (vgl OLG Hamm 27. 10. 1994 – 22 U 51/94, NJW-RR 1995, 1519).

d) Teil-Leistungshindernis

B 163 Die Anwendung des § 281 Abs 1 S 2 BGB setzt nicht zwingend voraus, dass ein Teil der Leistung erbracht worden ist. Eine Teilleistungsproblematik kann auch ohne Erbringung eines Teils der Leistung dadurch entstehen, dass ein Teil des Leistungsanspruchs vor Erbringung jedweder Leistung entfällt; hier ergibt sich ggf ein Anspruch auf Schadensersatz bzgl des nicht mehr erbringbaren Teils der Leistung aus § 283 BGB. Im Hinblick auf den noch möglichen Teil der Leistung verweist § 283 S 2 BGB auf § 281 Abs 1 S 2 BGB. Der Schadensersatzanspruch bzgl der ganzen Leistung kommt demnach in Frage, wenn das Interesse an dem noch möglichen Teil der Leistung infolge der teilweisen Unerbringbarkeit der Leistung entfallen ist. Der Schadensersatzanspruch bzgl der ganzen Leistung entsteht aber nicht nach § 283 BGB ipso iure, es bedarf vielmehr eines Schadensersatzverlangens gem § 281 Abs 4 BGB (s noch § 283 Rn 75). Zur Problemstellung bei Sukzessivleistungen vgl Rn B 176 ff.

2. Fristsetzung/Entbehrlichkeit der Fristsetzung hinsichtlich nicht erbrachter Teilleistung

B 164 Bzgl der ausgebliebenen Teilleistung muss der Gläubiger dem Schuldner eine Frist gesetzt haben; dafür gelten die allg Regeln (Rn B 17 ff; zum Problem der Ankündigung des Interessenfortfalls gem § 281 Abs 1 S 2 BGB s Rn B 169). Die Frist muss abgelaufen sein, ohne dass die noch offene Teilleistung erbracht worden wäre. Die Fristsetzung ist entbehrlich, wenn die Voraussetzungen nach § 281 Abs 2 BGB vorliegen; für die Entbehrlichkeit der Fristsetzung genügt es, wenn diese Voraussetzungen hinsichtlich des ausgebliebenen Leistungsteils vorliegen. Im Übrigen gelten auch hier die allg Regeln (Rn B 88 ff). Ist die erbrachte, vom Gläubiger angenommene **Teilleistung mangelhaft** und liegen somit mehrere Störungen gleichzeitig vor (Rn B 159), gelten für die Fristsetzung die unter Rn B 66 erläuterten Grundsätze.

3. Fortfall des Interesses an der erbrachten Teilleistung

B 165 **Schadensersatz statt der ganzen Leistung** unter Rückgabe der erhaltenen Teilleistung kann der Gläubiger nach Ablauf der für die nicht erbrachte Teilleistung gesetzten Frist gem § 281 Abs 1 S 2 BGB nur verlangen, wenn er kein Interesse an der erbrachten Teilleistung hat (vgl BGH 7. 3. 1990 – VIII ZR 56/89, NJW 1990, 3010, 3013; BGH 22. 7. 1998 – VIII ZR 220/97, NJW 1998, 3197, 3199; OLG Hamm 7. 2. 1975 – 20 U 215/74, NJW 1975, 1520, 1521). Für die Ermittlung der Interessenlage gelten dieselben Regeln wie beim Interessenfortfall gem § 281 Abs 2 BGB. Es ist also einerseits nicht erforderlich, dass das Interesse bei Vertragsschluss erkennbar war. Andererseits ist nicht der Wille des Gläubigers zum Zeitpunkt des Ablaufs der Frist maßgeblich, sondern es ist zu beurteilen, ob die bei Vertragsschluss vom Gläubiger intendierte Verwendung entfallen oder zumindest beeinträchtigt ist, dh ob die Zwecke des Gläubigers auch nicht zumindest teilweise erreicht werden können (vgl BGH 7. 3. 1990 – VIII ZR 56/89, NJW 1990, 3010, 3013; s im Übrigen Rn B 101 ff). Der Fortfall des Interesses an der erhaltenen Teilleistung muss gerade auf das Ausbleiben des noch nicht erbrachten Teils der Leistung **zurückzuführen** sein; ist die ursprünglich geplante Verwendung aus anderen Gründen entfallen, kann sich der Gläubiger darauf nicht berufen. Das Interesse an der Teilleistung entfällt in diesem Fall erst dann, wenn der Gläubiger infolge der Unvollständigkeit der Leistung überhaupt keine sinnvolle Verwendung mehr für die erbrachte Teilleistung hat.

Der Fortfall des Interesses an der erbrachten Teilleistung hängt auch davon ab, ob **B 166** der Gläubiger **Ersatz für den ausgebliebenen Leistungsteil** beschaffen kann und muss, um auf diese Weise die erbrachte Teilleistung doch noch verwendungsfähig zu machen (zB der Gläubiger/Käufer beschafft sich Ersatz für den ausgebliebenen Teil der Leistung und kann auf diese Weise die geplante Weiterveräußerung an einen Dritten „retten"). Dies wird von vornherein nur in Betracht kommen, wenn der Leistungsgegenstand nicht individuell bestimmt und das Interesse des Gläubigers nicht mit der Individualität des Leistungsgegenstandes verknüpft ist. Ist dies der Fall, ist dem Gläubiger grundsätzlich eine Ersatzbeschaffung abzuverlangen, wenn dies für ihn nicht mit erheblichen finanziellen oder sonstigen Belastungen (zB unzumutbar lange Lieferzeit) verbunden ist (vgl BGH 7. 3. 1990 – VIII ZR 56/89, NJW 1990, 3011, 3013). Dass die Ersatzbeschaffung etwas mehr kostet als der an den Schuldner zu entrichtende Preis, lässt diese Obliegenheit nicht von vornherein entfallen, da der Gläubiger den Mehraufwand als Schaden ersetzt verlangen kann. Andererseits ist zum Schutze des Schuldners eine Grenze dahin zu ziehen, dass der Gläubiger **unverhältnismäßige Mehraufwendungen** für die Ersatzbeschaffung der ausgebliebenen Teilleistung entsprechend § 251 Abs 1 S 2 BGB (vgl zur Anwendung der Norm BGH 10. 3. 2005 – VII ZR 321/03, NJW-RR 2005, 1039 f) nicht ersetzt verlangen kann, sondern dann den Weg des vollständigen Schadensersatzes zu gehen hat (insbes wenn ausnahmsweise die Ersatzbeschaffung einer vollständigen Leistung billiger ist als die Ersatzbeschaffung einer Teilleistung, denkbar bei mengenbezogenen Preisrabatten).

Der **Nachweis mangelnden Interesses** ist dem Gläubiger nicht wegen der Entgegen- **B 167** nahme der Teilleistung abgeschnitten (so aber Huber II [1999] 383), selbst wenn der Gläubiger die Unvollständigkeit zu diesem Zeitpunkt kannte. Ohne besondere Erklärung des Gläubigers oder besondere Umstände darf der Schuldner die Annahme der Teilleistung nicht als Verzicht des Gläubigers auf etwaige Rechte verstehen, da der Gläubiger bei Annahme erkennbar damit gerechnet hat, den Rest der Leistung noch zu erhalten (BGH 22. 7. 1998 – VIII ZR 220/97, NJW 1998, 3197, 3199; Soergel/Benicke/Hellwig Rn 282). Als **Verzicht** auf die Befugnis, den Fortfall des Interesses geltend zu machen (§ 283 S 2 BGB), darf der Schuldner die Annahme der Teilleistung dagegen verstehen, wenn er den Gläubiger zuvor darüber in Kenntnis gesetzt hat, dass die noch ausstehende Teilleistung gem § 275 BGB nicht mehr erbracht werden kann.

Wenn nur ein ganz **geringfügiger Teil** der Leistung ausbleibt, kann der Gläubiger sich **B 168** nicht auf den Fortfall des Interesses an der ganzen Leistung berufen, sondern bleibt mit seinen Rechten auf den nicht erbrachten Teil beschränkt (s oben Rn B 153; zur Annahme der Leistung in diesen Fällen s Rn B 158).

Es ist nicht zu verlangen, dass der Gläubiger in der Fristsetzung bzgl des nicht **B 169** erbrachten Teils der Leistung **ankündigt**, nach Ablauf der Nachfrist Schadensersatz hinsichtlich der ganzen Leistung fordern zu wollen (so zum alten Recht RGZ 61, 128, 131;

MünchKomm/Emmerich[1] § 326 aF Fn 229 „allgemeine Ansicht"; dagegen Huber II [1999] 423). Die einfache Fristsetzung ohne eine derartige Ankündigung begründet kein Vertrauen des Schuldners, der Gläubiger werde bzgl der erbrachten Teilleistung nicht zum Schadensersatz statt der Leistung übergehen. Denn *erstens* hat das SMG die früher erforderliche Ablehnungsandrohung (§ 326 aF) abgeschafft; es gehört daher nicht mehr zur Politik des Gesetzes, dass der Schuldner vor der Beseitigung der Leistungspflicht bzw vor dem Umfang der Beseitigung als mögliche Folge des fruchtlosen Fristablaufs gewarnt werden muss (auf die Ablehnungsandrohung abhebend RGZ 61, 128, 131). *Zweitens* muss der Schuldner gem § 281 Abs 2 BGB den Fortfall der Leistungspflicht sogar ohne vorherige Fristsetzung oder Ankündigung hinnehmen, wenn das Interesse an der Leistung entfallen ist. *Drittens* kommt hinzu, dass für den Fortfall des Interesses an der erbrachten Teilleistung der Zeitpunkt des Ablaufs der Frist maßgeblich ist. Ob das Interesse zu diesem Zeitpunkt entfallen sein wird, ist aber zum Zeitpunkt der Fristsetzung oft nicht vorhersehbar (zB der Gläubiger/Käufer kann zu diesem Zeitpunkt noch davon ausgehen, dass die von ihm zum Weiterverkauf bestimmte Leistung vom Dritterwerber auch als Teilleistung abgenommen wird, dies ändert sich während des Fristablaufs). **Anders** ist zu entscheiden, wenn der Schuldner aufgrund besonderer Umstände darauf vertrauen durfte, der Gläubiger werde nur bzgl der Teilleistung zum Schadensersatz statt der Leistung übergehen. So verhält es sich, wenn der Gläubiger bei der Fristsetzung durch zusätzliche, über die Fristsetzung hinausgehende Erklärungen den Eindruck erweckt, er werde bei erfolglosem Ablauf der Frist Schadensersatz nur bzgl des ausstehenden Teils der Leistung fordern.

B 170 Aus der bloß **faktischen Duldung von Teilleistungen** durch den Gläubiger mag der Schuldner uU schließen können, der Gläubiger werde auch künftige Teilleistungen annehmen; ein Vertrauen darauf, die wegen einer ausbleibenden Teilleistung gesetzte Frist solle allein der ausgebliebenen Teilleistung gelten, kann dagegen ebenso wenig entstehen wie bei der vereinbarten Sukzessivlieferung (dazu Rn B 179). Vielmehr darf der Gläubiger auch ohne besonderen Hinweis in der Fristsetzung zum Schadensersatz statt der ganzen Leistung übergehen (anders hinsichtlich Rücktritt RG JW 1918, 555).

B 171 Darlegungs- und **Beweislast** für den Fortfall des Interesses an der Leistung liegen beim Gläubiger, da dieser die Teilleistung angenommen hat (vgl Heiderhoff/Skamel JZ 2006, 383, 384; Erman/Westermann Rn 33; Palandt/Grüneberg Rn 39).

B 172 Da der Fortfall des Interesses an der Teilleistung nicht ipso iure zum Fortfall der ganzen Leistungspflicht führt, sondern dem Gläubiger lediglich eine Befugnis zum Schadensersatz statt der ganzen Leistung verschafft, kann der Gläubiger trotz Fortfall des ursprünglichen Interesses an der erbrachten Teilleistung **festhalten** und diese anders verwenden als ursprünglich geplant.

4. Unzumutbarkeit infolge Teilnichtleistung

B 173 Die Teilnichtleistung kann zur Liquidation der gesamten Leistungspflicht nicht nur wegen Fortfall des Interesses, sondern auch wegen Unzumutbarkeit der weiteren Durchführung des Schuldverhältnisses bzw der weiteren Bindung an das Schuldverhältnis führen. Zum einen kann sich aus der Teilnichtleistung eine unzumutbare

Gefährdung noch zu erbringender weiterer Teilleistung(en) ergeben (Leistungsgefährdung, näher allg Rn B 182 ff); dies betrifft vor allem die Sukzessivleistung (Rn B 180, B 181). Ferner kann sich aus der Teilnichtleistung eine unzumutbare Gefährdung des Integritätsinteresses ergeben, die den Gläubiger nach den dafür geltenden Regeln zum Schadensersatz befugen kann (näher allg § 282 Rn 44 ff).

5. Leistungsabwicklung

Für die Abwicklung der Leistungen ergibt sich folgendes: Der Gläubiger hat an der teilweisen gegenseitigen Leistung **Interesse**. In diesem Fall kann der Gläubiger gem §§ 280 Abs 1, Abs 3, 281 Abs 1 S 1 BGB nur für den nicht fristgemäß bewirkten Teil der Leistung Schadensersatz statt der (Teil-)Leistung verlangen oder hinsichtlich dieses Restteiles nach § 323 Abs 1 BGB zurücktreten (vgl Staudinger/Schwarze § 323 Rn B 151; RG 23. 10. 1925 – VI 243/25, Recht 1925 Nr 2407). Für den vom Schuldner bewirkten Teil der Leistung muss er dann den entsprechenden Teil der Gegenleistung erbringen. Verlangt er für den ausstehenden Teil Schadensersatz, kann er mit seiner Schadensersatzforderung gegen eine ihn treffende Gegenleistungspflicht in Geld aufrechnen; anders als bei der Liquidation des ganzen Vertrages nach der Differenzmethode sind beide Ansprüche selbstständig (BGHZ 36, 316; ebenso BGH 5. 6. 1991 – VIII ZR 168/90, NJW 1991, 2699 bei fehlenden oder mangelhaften Teillieferungen innerhalb eines Sukzessivlieferungsvertrages). **B 174**

Der Gläubiger hat **kein Interesse** an der teilweisen gegenseitigen Leistung. In diesem Fall kann er gem §§ 280 Abs 1, Abs 3, 281 Abs 1 S 2 BGB Schadensersatz statt der (ganzen) Leistung fordern und/oder vom ganzen Vertrag nach § 323 Abs 1 u Abs 5 S 1 BGB (vgl Staudinger/Schwarze § 323 Rn B 152) zurücktreten (zur Rückabwicklung s Rn E 1 ff). Der Gläubiger ist aber nicht gezwungen, das gesamte Vertragsverhältnis zu liquidieren. Dies wird er vor allem dann nicht tun, wenn er vorgeleistet hat und bei seinem Schuldner etwaige Ansprüche nicht erfolgreich durchgesetzt werden können. **B 175**

6. Sukzessivlieferungsverträge, Dauerschuldverhältnisse

a) Echte Sukzessivlieferungsverträge

Als *echte* Sukzessivlieferungsverträge werden hier solche Vertragsgestaltungen bezeichnet, bei denen **eine im Voraus bestimmte Gesamtleistung** im Rahmen eines einheitlichen Vertrages in Raten zu liefern ist (BGH 5. 11. 1980 – VIII ZR 232/79, NJW 1981, 679, 680; MünchKomm/Emmerich § 320 Rn 6; Gernhuber, Das Schuldverhältnis [1989] § 17 I 5 u 6; Wellenhofer-Klein, Zulieferverträge im Privat- und Wirtschaftsrecht [1999] 81 ff). Damit haben die Parteien eine *Gesamtleistung* bestimmt mit der Folge, dass das Ausbleiben einer einzelnen Leistungsrate den Teilleistungstatbestand der §§ 281 Abs 1 S 2, 323 Abs 5 BGB erfüllt und Folgen für den Rest des Vertrages haben kann. Da allerdings ein Teil dieser Leistung noch nicht fällig ist (die in der Zukunft fälligen Raten), ist durchaus fraglich, unter welchen Voraussetzungen der Gläubiger Schadensersatz statt der ganzen Leistung fordern kann. **B 176**

Für das jetzige Recht abzulehnen ist die zum alten Recht teilweise vertretene Auffassung, der Gläubiger könne nach fruchtlos gesetzter Frist Schadensersatz statt der ganzen Leistung verlangen, ohne den **Fortfall des Interesses** gem § 281 Abs 1 S 2 **B 177**

BGB an dem übrigen (in der Zukunft noch ausstehenden) Leistungsteil oder eine unzumutbare Gefährdung künftiger Teilleistungen nachweisen zu müssen (vgl RGZ 58, 419 ff; Huber II [1999] 344 ff). Es gibt keine Rechtfertigung dafür, von den allgemeinen Teilleistungsregeln abzuweichen (so offenbar auch die Schuldrechtskommission, vgl Abschlussbericht 167 f; vgl für § 323 Abs 4 S 1 BGB RE BT-Drucks 14/6040, 186).

B 178 Etwas anderes ergibt sich nur, wenn bei Vertragsschluss nicht nur eine Gesamtleistung bestimmt wird, sondern darüber hinaus eine **Unteilbarkeit der Leistung** derart verabredet wird, dass das Interesse des Gläubigers an den einzelnen Raten mit der Erbringung der Gesamtleistung „steht und fällt" (zB der Gläubiger hat eine in Raten zu liefernde Gruppe historischer Porzellanfiguren gekauft und deutlich gemacht, dass er nur an der vollständigen Gruppe interessiert ist; s noch § 283 Rn 39; vgl BGH 27. 6. 1990 – VIII ZR 72/89, NJW-RR 1990, 1462, 1464). Verlangt hier der Gläubiger nach Ablauf der hinsichtlich einer Teilleistung gesetzten Frist Schadensersatz statt der Leistung, entsteht der Schadensersatzanspruch gem § 281 Abs 1 S 1 BGB wegen der Unteilbarkeit der Leistungspflicht bzgl der gesamten Leistung, ohne dass es zusätzlicher Voraussetzungen bedarf.

B 179 Ist eine Gesamtleistung **ohne Unteilbarkeitsabrede** bestimmt (der Gläubiger hat eine in Raten zu liefernde Gruppe historischer Porzellanfiguren gekauft, ohne bei Vertragsschluss deutlich zu machen, nur an der Gesamtgruppe interessiert zu sein), kann der Gläubiger nach vergeblicher Setzung einer Frist bzgl einer Rate Schadensersatz statt der ganzen Leistung fordern, wenn er den **Fortfall des Interesses** an den übrigen Teilen der Leistung gem § 281 Abs 1 S 2 BGB nachweist; das gilt auch für die noch nicht fälligen Teilleistungen, wenn der Fortfall des Interesses bereits jetzt sicher zu beurteilen ist (ebenso Palandt/Grüneberg Überbl v § 311 Rn 31; BeckOK-BGB/Gehrlein [1. 2. 2019] § 311 Rn 13; Lorenz/Riehm, Schuldrecht [2002] Rn 248). Hat zB der Gläubiger die Gruppe Porzellanfiguren an einen Dritten weiterverkauft, der sie nur vollständig abnimmt und zerschlägt sich der Weiterverkauf infolge der Teilnichtleistung, kann er gem § 281 Abs 1 S 2 BGB Schadensersatz statt der ganzen Leistung verlangen. Diese Befugnis ist nicht davon abhängig, dass der Gläubiger bei der Fristsetzung auf den Fortfall des Interesses an der ganzen Leistung hinweist (so RGZ 61, 128, 131; BGH 31. 10. 1984 – VIII ZR 229/83, WM 1985, 61, 63); auch insoweit gelten die allgemeinen Regeln (Rn B 169; zur Deutlichkeit des Schadensersatzverlangens insoweit näher Rn D 10).

B 180 Der Fortfall des Interesses kann sich auf Teile der erhaltenen bzw noch nicht fälligen Teilleistungen beschränken; dann kann Schadensersatz statt der Leistung nur insoweit verlangt werden. Ist das Interesse an den bereits erhaltenen Teilleistungen **nicht entfallen**, kann der Gläubiger Schadensersatz statt der Leistung nur für die Zukunft verlangen. Diese Beschränkung kann der Gläubiger nicht dadurch umgehen, dass er vom Vertrag insgesamt gem § 323 BGB zurücktritt, um dann Schadensersatz statt der ganzen Leistung zu fordern; vielmehr ist der Rücktritt hier auf den künftigen Wegfall der Leistungspflicht beschränkt (vgl BGH 5. 11. 1980 – VIII ZR 232/79, NJW 1981, 679, 680; für Kündigung analog § 314 BGB Lorenz/Riehm, Schuldrecht [2002] Rn 250 f; s noch Rn A 43). Ebenso wenig kann der Gläubiger die Gesamtliquidation durch eine Schadensberechnung nach der Differenzmethode erreichen, die den in der Vergangenheit liegenden Austausch von Teilleistungen mit einbezieht; vielmehr beschränkt sich die Abwicklung nach der Differenzmethode auf die künftigen Teilleistungen (BGH 5. 6. 1991 – VIII ZR 168/90, NJW 1991, 2699). Nach Art 73 Abs 3 CISG ist der Käufer befugt, die Vertragsaufhebung über eine Teillieferung sowohl auf künftige wie auf bereits erhaltene Lieferungen auszudehnen, wenn diese Lieferungen wegen ihres inneren Zusammenhanges nicht mehr für den vertraglichen Zweck verwendet werden können (s ferner Art 9:302 PECL; Art 7. 3. 1 UNIDROIT). Auch wenn das Interesse des Gläubigers an erhaltenen bzw noch nicht fälligen Teilleistungen nicht entfallen ist, kann der Gläubiger Schadensersatz statt der ganzen Leistung fordern, wenn die Erbringung der künftigen, noch nicht fälligen Teilleistungen unzumutbar gefährdet erscheint, also insoweit die Voraussetzungen einer unzumutbaren **Leistungsgefährdung** vorliegen (vgl BGH 31. 10. 1984 – VIII ZR 229/83, WM 1985, 61, 63; wohl auch BGH 5. 11. 1980 – VIII ZR 232/79, NJW 1981, 679, 680; BGH 26. 10. 1994 – VIII ZR 150/93, NJW-RR 1995, 240, 243; näher Rn B 182 ff). Art 73 Abs 2 CISG gewährt bei Sukzessivlieferungsverträgen (zur Abgrenzung s Schiedsgericht der Handelskammer Hamburg 21. 3. 1996, NJW 1996, 3229, 3232; Staudinger/Magnus [2018] Art 73 CISG Rn 7) eine Aufhebung des Vertrages für die Zukunft, sofern die erfolgte Pflichtverletzung die Annahme rechtfertigt, dass auch hinsichtlich künftiger Teillieferungen eine wesentliche Vertragsverletzung zu erwarten ist (vgl dazu Schiedsgericht Hamburg 29. 12. 1998, NJW-RR 1999, 780, 782); ebenso Art 9:302 PECL und Art 7. 3. 1 Abs 2 Ziff d UNIDROIT.

b) Unechte Sukzessivlieferungsverträge

Bei unechten Sukzessivlieferungsverträgen (Dauerlieferverträgen) wird **keine Gesamtleistung** festgelegt (zB Zeitungsabonnement). Gleichwohl sind die einzelnen Leistungspflichten rechtlich miteinander verbunden und können daher als Teilleistungen aufgefasst werden. Wegen der fehlenden Festlegung einer Gesamtleistung sind aber die einzelnen Teilleistungen (zB tägliche Zeitungslieferung) nicht derart miteinander verknüpft, dass das Ausbleiben einer Teilleistung das Interesse an einer anderen schon erbrachten oder noch ausstehen Teilleistung gem § 281 Abs 1 S 2 BGB allein schon wegen der Unvollständigkeit der Gesamtleistung entfallen ließe (s oben Rn B 178). IdR bleibt es daher beim Schadensersatz bzgl der nicht erbrachten Teilleistung, ferner kann es bzgl der künftigen Teilleistung zum Schadensersatz statt der Leistung bzw zur außerordentlichen Kündigung (§ 314 BGB) nach den Grundsätzen der Leistungsgefährdung wegen unzumutbarer Gefährdung künftiger Teilleistungen kommen (näher Rn B 197; vgl Schwarze, Leistungsstörungen [2017] § 15 Rn 52 ff). Ausgeschlossen ist die Ausstrahlung einer Teilnichtleistung auf das Interesse an den anderen Teilleistungen aber nicht. Bleiben zB bei einem auf unbestimmte Dauer angelegten Abonnement eines Loseblattwerkes einige Teillieferungen endgültig aus, kann dies die Nutzbarkeit der schon erbrachten Teillieferungen so beeinträchtigen, dass von einem Fortfall des Interesses gem § 281 Abs 1 S 2 BGB an diesen schon erbrachten Teilleistungen auszugehen ist. S im Übrigen noch Rn C 29. Das Vorstehende gilt entsprechend für (sonstige) Dauerschuldverhältnisse; auch hier wird die Störung einer Einzelleistung nur ausnahmsweise das Interesse an den in der Vergangenheit störungsfrei erbrachten Einzelleistungen beeinträchtigen (dazu Grigoleit, in: FS E Lorenz [2014] 795, 805 f). B 181

V. Drohende Nichtleistung als unzumutbare Leistungsgefährdung

1. Dogmatische Einordnung

Das Gesetz knüpft Schadensersatzpflichten und sonstige Rechtsfolgen grundsätzlich an die eingetretene Pflichtverletzung. Es entspricht aber einem auf allen Gebieten B 182 des Rechts Anerkennung findenden Rechtsgedanken, dass uU schon die Gefahr einer Rechtsverletzung in ihren Auswirkungen der vollendeten Rechtsverletzung gleichkommen kann und dann rechtlich der Verletzung vollständig oder teilweise gleichzustellen ist. Im Leistungsstörungsrecht hat das BGB keine allgemeine Regelung dieses Inhalts getroffen, sondern nur vereinzelt Gefährdungstatbestände als rechtlich erheblich anerkannt (insbes § 323 Abs 4 BGB, § 321 BGB). Es hat sich aber schon unter Geltung des alten Rechts eine Dogmatik entwickelt und richterrechtliche Anerkennung gefunden, die über diese gesetzlichen Regelungen hinausgeht und annimmt, dass schon die **Gefahr einer bevorstehenden Pflichtverletzung** dem Gläubiger die weitere Bindung an das Schuldverhältnis bzw an die Leistungspflicht unter bestimmten Umständen **unzumutbar** machen kann (BGH 14. 6. 2012 – VII ZR 148/10, NJW 2012, 3714, 3715 f). Ist die Gefahr erheblich, bietet das Schuldverhältnis für die Befriedigung der Gläubigerinteressen nicht mehr die Verlässlichkeit, die ein wesentlicher Zweck der in der Leistungspflicht liegenden schuldrechtlichen Bindung ist. Es kann dem Gläubiger dann nicht angesonnen werden, bis zum Eintritt der Pflichtverletzung mit der Abkehr vom Vertrag warten zu müssen. Die unter Geltung des alten Rechts hierzu entwickelte Rechtsprechung ist auch für das jetzige Recht maßgeblich. Dies gilt gleichermaßen für die Gefährdung einer Leistung (§ 241 Abs 1 BGB) wie für die Gefährdung des Integritätsinteresses (§ 241 Abs 2 BGB). Die rechtsdogmatische Einordnung unzumutbarer Leistungsgefährdungen (synonym: Erfüllungsgefährdung, Vertragsgefährdung, Vertragszweckgefährdung, antizipierter Vertragsbruch) ist **umstritten** (dazu umf Weidt, Antizipierter Vertragsbruch [2008] 78 ff). Teils versucht man die Leistungsgefährdung in *Analogie zu § 282 BGB* bzw § 324 BGB zu behandeln (vgl Lorenz/Riehm, Schuldrecht [2002] Rn 361; wohl auch OLG Hamm 28. 11. 2012 – 12 U 115/12 Rn 56, juris; s noch § 282 Rn 49 ff; Ramming ZGS 2003, 209 ff). Doch steht der Anbindung an § 282 BGB bzw § 324 BGB entgegen, dass es dort um die Verletzung von Rücksichtnahmepflichten und den Schutz des Integritätsinteresses geht (s § 282 Rn 9 ff, 50). Teils wird eine *unmittelbare Anwendung des § 281 Abs 1 S 1 BGB* befürwortet mit dem Argument, die Fälligkeit der Leistung sei nicht zwingende Voraussetzung eines Anspruchs aus § 281 BGB, sondern nur Voraussetzung für eine wirksame Fristsetzung, welche aber im Falle der Leistungsgefährdung gem § 281 Abs 2 BGB entbehrlich sei (vgl Faust, in: Huber/Faust, Schuldrechtsmodernisierung [2002] Rn 3/138). Doch regelt § 281 Abs 1 S 1 BGB nicht nur die Fristsetzung, sondern auch die Art der Pflichtverletzung, an die ein Schadensersatz statt der Leistung zu knüpfen ist; daher gehört die „Fälligkeit" zum Haftungstatbestand. Teils wird eine *Analogie zu § 281 Abs 1 BGB* für richtig gehalten (MünchKomm/Ernst Rn 62; für eine analoge Anwendung von § 323 Abs 4 BGB NK-BGB/Dauner-Lieb Rn 39). Das ist für die Leistungsgefährdung zutreffend, kann aber für die Gefährdung des Integritätsinteresses nicht überzeugen. Vielmehr ergibt sich als „natürliche" Lösung die Anbindung des Gefährdungstatbestandes an den **jeweiligen gesetzlichen Pflichtverletzungstatbestand**, dessen Eintritt droht: die drohende Nichtleistung analog § 281 Abs 1 S 1, 1. Alt BGB, die drohende Schlechtleistung analog § 281 Abs 1 S 1, 2. Alt BGB, die drohende Rücksichtnahmepflichtverletzung analog § 282 BGB. Der drohende Eintritt eines nachträglichen Leistungshindernisses iSv § 275 BGB ist abweichend von diesem Grundsatz analog § 281 Abs 1 S 1, 1. Alt BGB zu behandeln, da der Schadensersatz nicht automatisch eintreten kann, solange ein Leistungshindernis nicht wirklich vorliegt (zu anfänglichen Gefährdungen s Schwarze, Leistungsstörungen [2017] § 21 Rn 2). Zur ähnlichen Problematik des zeitweiligen Leistungshindernisses s § 283 Rn 32 ff.

Die tatbestandliche Anbindung der Leistungsgefährdung an den jeweiligen Pflichtverletzungstatbestand bringt am besten zum Ausdruck, dass es um eine (partielle) **rechtliche Gleichstellung** der erheblichen Gefährdung mit der Verletzung geht. Die Leistungsgefährdung ist dagegen nicht als Leistungstreuepflichtverletzung zu erfassen (so oftmals die Rspr zum alten Recht zB BGH 19. 10. 1977 – VIII ZR 42/76, NJW 1978, 260 im Anschluss an Stoll, Die Lehre von den Leistungsstörungen [1936] 26 ff; dazu noch § 282 Rn 49 f; zur Einordnung in die pVV unter Geltung des alten Rechts Staudinger/Otto [2001] § 326 aF Rn 140). Die Heranziehung der Leistungstreuepflicht für die dogmatische Erfassung der Leistungsgefährdung ist nicht erforderlich, zudem missverständlich. Die Gefährdung ist als vielmehr eigenständiger Störungstatbestand auszuformen, wie es auch das Gesetz in den punktuellen Regelungen des § 321 BGB und des § 323 Abs 4 BGB tut. **B 183**

Die tragende Wertung für die selbstständige rechtliche Bedeutung der Gefährdung liegt in der **Unzumutbarkeit** der weiteren Bindung an das Schuldverhältnis bzw an die Leistungspflicht (vgl § 323 Abs 4 BGB), die aus einem erheblich gestiegenen Leistungsrisiko bzw – im Falle der Gefährdung des Integritätsinteresses – in einem erheblich gestiegenen Risiko für das Integritätsinteresse liegt (vgl BGH 14. 6. 2012 – VII ZR 148/10, NJW 2012, 3714, 3715 f; zum alten Recht RGZ 63, 297; 67, 5, 8; 93, 285; 161, 330, 337 f; BGHZ 11, 80, 84; BGHZ 59, 104, 105; BGH 26. 10. 1994 – VIII ZR 150/93, NJW-RR 1995, 240, 243). Die Haftung knüpft an die mindestens fahrlässige Herbeiführung oder Nichtbeseitigung der unzumutbaren Gefährdung. Die Aufgabe liegt darin, die Voraussetzungen einer unzumutbaren Gefährdung zu bestimmen. Im Folgenden werden diese Voraussetzungen für den Fall der Leistungsgefährdung durch drohende Nichtleistung bzw Nichtleistung infolge eines drohenden Leistungshindernisses dargestellt. Die Strukturierung des Gefährdungstatbestandes ist auf andere drohende Störungstatbestände übertragbar (zur drohenden Schlechtleistung Rn C 23; zur drohenden Rücksichtnahmepflichtverletzung § 282 Rn 44 ff; rechtsvergleichend Weidt, Antizipierter Vertragsbruch [2008]). **B 184**

2. Der Tatbestand der unzumutbaren Leistungsgefährdung durch drohende Nichtleistung

a) Die drohende Nichtleistung

aa) Anknüpfungssachverhalt

Die drohende Störung bzw drohende Pflichtverletzung seitens des Schuldners knüpft idR an einen Sachverhalt (objektiver Zustand oder Verhalten des Schuldners) an. Bzgl des Tatbestandes „Nichtleistung“ liegt ein solcher Anknüpfungssachverhalt vor, wenn bereits vor Fälligkeit die Erbringung der **Leistung** für den Zeitpunkt der Fälligkeit **fraglich** erscheint. Die Leistungsfähigkeit kann durch ein *Leistungshindernis (§ 275 BGB)* in Frage gestellt sein, das entweder bis zum Zeitpunkt der Fälligkeit einzutreten droht oder das bereits eingetreten ist und dessen Beseitigung bis zur Fälligkeit ungewiss erscheint (zum Problem des zeitweiligen Leistungshindernisses § 283 Rn 32 ff; zum Mangelverdacht s Rn C 23). Dasselbe gilt für sonstige objektive Schwierigkeiten, die unterhalb der Schwelle des Leistungshindernisses bleiben, aber die Vertragsgemäßheit der Leistung bedrohen. Die Leistungserbringung des Schuldners kann andererseits durch ein vor der Fälligkeit auftretendes *Verhalten des Schuldners* gefährdet sein. Der praktisch wichtigste Fall ist die vor Fälligkeit erklärte ernsthafte und endgültige Leistungsverweigerung (BGH 14. 6. 2012 – VII ZR 148/10, NJW 2012, 3714, **B 185**

3715 f; BGHZ 11, 80; BGH 5. 5. 1992 – X ZR 115/90, NJW-RR 1992, 1141, 1143 mwNw zur Rechtsprechung). Einzelheiten wegen des Zusammenhangs mit der negativen Prognose s folgende Rn, ferner Rn B 188.

bb) Negative Prognose

B 186 Aus dem Anknüpfungssachverhalt muss sich eine *Prognose über den Eintritt der Nichtleistung zum Zeitpunkt der Fälligkeit* ableiten lassen. Der Anknüpfungssachverhalt kann diese negative Prognose allein rechtfertigen, dann nämlich, wenn die Nichtleistung zum Zeitpunkt der Fälligkeit offensichtlich ist (folgend Rn B 187). Besteht lediglich eine Wahrscheinlichkeit, bedarf es einer vergeblich gesetzten Frist zur Beseitigung der Unsicherheit (folgend Rn B 193).

(1) Offensichtlichkeit

B 187 Ist die Nichtleistung „offensichtlich" zu erwarten, darf der Gläubiger zum Schadensersatz übergehen bzw zurücktreten, ohne dem Schuldner zuvor eine Frist zur Klärung der Leistungsbereitschaft oder Leistungsfähigkeit setzen zu müssen (arg § 323 Abs 4 BGB). An denselben Grad knüpft Art 72 Abs 1 CISG an, mildert diesen jedoch durch Abs 2 ausnahmsweise ab; ebenso Art 9. 304 PECL und Art 7. 3. 3 UNIDROIT. Offensichtlichkeit ist zu bejahen, wenn **sicher zu erwarten** ist (BGH 28. 1. 2003 – X ZR 151/00, NJW 2003, 1600, 1601; MünchKomm/Ernst § 323 Rn 136; Weidt, Antizipierter Vertragsbruch [2008] 130 f, 137 f; Soergel/Benicke/Hellwig Rn 77), dass die Leistung nicht oder nicht ordnungsgemäß erbracht werden wird. Es darf keinen vernünftigen Zweifel über den Eintritt der Pflichtverletzung geben; eine an Sicherheit grenzende Wahrscheinlichkeit genügt.

B 188 Der praktisch wichtigste und vom Gesetz geregelte (§ 323 Abs 4 BGB) Fall der offensichtlichen Gefährdung ist die vor Fälligkeit erklärte ernsthafte und endgültige **Leistungsverweigerung** (BGH 5. 5. 1992 – X ZR 115/90, NJW-RR 1992, 1141, 1143 mwNw zur Rechtsprechung). Bei der Beurteilung der Ernsthaftigkeit und Endgültigkeit der Leistungsverweigerung ist zu beachten, dass anders als bei der Leistungsverweigerung nach Fälligkeit, der Schuldner noch nicht säumig ist, also noch keine „Betätigung" der Verweigerung vorliegt (BGHZ 104, 6, 13 f; BGH 21. 10. 1992 – XII ZR 173/90, NJW-RR 1993, 139, 140; Huber II [1999] 589 ff). Insbesondere Meinungsverschiedenheiten über Inhalt und Umfang der Pflichten genügen bei der Leistungsverweigerung vor Fälligkeit nicht (BGH 11./12. 5. 1971 – V ZR 185/67, DB 1971, 1203; BGH 20. 11. 2002 – VIII ZR 65/02, NJW-RR 2003, 416, 417; BGH 25. 2. 1971 – VII ZR 102/69, NJW 1971, 798; RGZ 66, 419), wenn das „letzte Wort" noch nicht gesprochen ist und weitere Verhandlungen nicht ausgeschlossen sind. Der **Irrtum** (über die Tat- oder Rechtsseite) entlastet den Schuldner nicht (so aber Westhelle, Nichterfüllung und positive Vertragsverletzung [1978] 69 ff), ebenso nicht die Erklärung des Schuldners, er werde im Falle einer rechtskräftigen Verurteilung leisten (BGH 12. 12. 1991 – IX ZR 178/91, NJW 1992, 967, 971); denn unzumutbar muss für den Gläubiger nur das Abwarten der Fälligkeit bzw des Ablaufs der nach Fälligkeit zu setzenden Frist sein (zutr Weidt, Antizipierter Vertragsbruch [2008] 124). Eine endgültige Leistungsverweigerung kann auch in der **Ankündigung der Leistung** für einen Zeitpunkt liegen, der nach Ablauf einer angemessenen Frist nach dem Fälligkeitszeitpunkt (BGH 19. 9. 1983 – VIII ZR 84/82, NJW 1984, 48, 49) bzw – im Falle der relativen oder absoluten Fixschuld – nach dem Zeitpunkt der Fälligkeit liegt. Gleiches gilt für die Ankündigung, zur Leistung außerstande zu sein. Ob die Lage sich tatsächlich so verhält, ist in dieser Fallgruppe unerheblich (undiff BGH 30. 10. 1991 –

VIII ZR 9/91, NJW 1992, 235); der Gläubiger darf sich an die Erklärung des Schuldners halten. Anders verhält es sich, wenn der Gläubiger die entgegen der Ankündigung des Schuldners objektiv bestehende Leistungsfähigkeit des Schuldners kennt, die Ankündigung des Schuldners auf dessen Irrtum beruht und der Irrtum für den Gläubiger erkennbar ist. Die Ankündigung von **Leistungsschwierigkeiten** allgemein ist keine endgültige Leistungsverweigerung (vgl BGH 30. 10. 1991 – VIII ZR 9/91, NJW 1992, 235); allerdings kann sie ernsthafte Zweifel begründen (näher folgende Rn B 192). Nach Eintritt der **Fälligkeit** verliert die vor der Fälligkeit erklärte Leistungsverweigerung nicht ihre Bedeutung, sie begründet nunmehr – Nichtleistung vorausgesetzt – ein Schadensersatzverlangen ohne vorherige Fristsetzung gem § 281 Abs 2, 2. Alt BGB (Rn B 185). § 281 Abs 2, 1. Alt BGB ist dagegen nicht erfüllt, da die Leistungsverweigerung nach Maßgabe dieses Tatbestandes nach Eintritt der Fälligkeit erklärt worden sein muss (Rn B 90).

Nicht als Leistungsverweigerung einzuordnen ist nach richtiger Ansicht die Erfüllungsablehnung des Insolvenzverwalters gem **§ 103 InsO** bei noch nicht durchgeführten gegenseitigen Verträgen. Das RG hatte die Ablehnung der Erfüllung durch den Konkursverwalter nach dem früheren § 17 KO als positive Vertragsverletzung eingeordnet, um auf diese Weise eine Anspruchsgrundlage für einen Schadensersatzanspruch wegen Nichterfüllung zu gewinnen (RGZ 135, 167, 170). Der nunmehr ausdrücklich geregelte Anspruch gem § 103 Abs 2 S 1 InsO lässt sich aber nicht so deuten. Auch wenn man der verbreiteten, vom RG und vom BGH (jeweils zu § 17 KO) geteilten Auffassung folgt, dass erst die ablehnende Entscheidung des Insolvenzverwalters die Erfüllungsansprüche entfallen lässt (RGZ 135, 167, 170; BGHZ 68, 379, 380; MünchKommInsO/Kreft § 103 Rn 3 f) und nicht schon der Eintritt der Insolvenz ipso iure zum Fortfall der Leistungsansprüche führt (so zeitweilig der BGH: BGHZ 103, 250, 252, 254; 106, 236, 241 ff), kann man die Ablehnungsentscheidung des Insolvenzverwalters nicht als Pflichtverletzung („Leistungsverweigerung") werten. Dem Insolvenzverwalter wird durch § 103 Abs 2 S 1 InsO die *Befugnis* zu dieser Erfüllungsablehnung gegeben; die Ausübung einer gesetzlich eingeräumten Befugnis kann schwerlich eine Pflichtverletzung sein. Der dem Gläubiger des Insolvenzschuldners zustehende Anspruch auf Schadensersatz wegen Nichterfüllung gem § 103 Abs 2 S 1 InsO entspringt daher nicht einer Nichtleistung infolge Leistungsverweigerung, sondern beruht auf einer speziellen insolvenzrechtlichen Wertung (so auch Weidt, Antizipierter Vertragsbruch [2008] 127 ff; teilweise abweichend Marotzke, Gegenseitige Verträge im neuen Insolvenzrecht [2001] Rn 5, 14 ff), wobei der Umfang des Anspruchs sich nach bürgerlich-rechtlichen Regeln richtet (vgl BGH 13. 7. 1967 – II ZR 268/64, WM 1967, 929, 932; **aA** Kübler/Prütting/Tintelnot, InsO § 103 Rn 98 mwNw; Marotzke KTS 2002, 1, 20 ff). **B 189**

Die Offensichtlichkeit einer zu erwartenden Störung kann auch aus einer **persönlichen Unzuverlässigkeit** des Schuldners resultieren, die sich aus schwerem Fehlverhalten, insbes arglistigem bzw vorsätzlich pflichtwidrigem Verhalten des Schuldners ergibt, zB wenn der Schuldner im Rahmen der Leistungsvorbereitung mit Täuschungsabsicht auf einen vertragswidrigen Zustand der Leistung hinwirkt (Austausch neuer Teile gegen alte Teile an einem Auto, vgl BGH 19. 10. 1977 – VIII ZR 42/76, NJW 1978, 260) oder bei einem Anwaltsvertrag die schuldhafte Verursachung des Verdachts strafbarer Handlungen gegen andere Mandanten, so dass dem Auftraggeber die Fortsetzung des Vertrages mit einem derart unzuverlässigen Anwalt nicht **B 190** mehr zuzumuten ist (BGH 30. 3. 1995 – IX ZR 182/94, NJW 1995, 1954), oder die Bestechung der Angestellten der anderen Partei, um sie zu einem illoyalen Verhalten gegenüber ihrem Arbeitgeber zu veranlassen (RGZ 149, 187).

B 191 „Offensichtlich" kann die drohende Nichtleistung aber auch wegen eines **Leistungshindernisses** sein (zB Erkrankung des in Person leistungspflichtigen Schuldners), wenn dieses vor der Fälligkeit der Leistung eintritt, bis zur Fälligkeit offenkundig nicht überwunden werden kann und dessen spätere Beseitigung abzuwarten dem Gläubiger nicht zuzumuten ist. Die negative Prognose kann man zusätzlich darauf stützen, dass der Schuldner die Leistungsgefährdung durch sein Verhalten zurechenbar herbeigeführt und gegen eine der Leistungspflicht inhärente Nebenpflicht bzw Obliegenheit verstoßen hat, das zu tun oder zu unterlassen, was die Leistung ungewiss macht (Leistungstreuepflicht bzw -obliegenheit, vgl BGH 19. 10. 1977 – VIII ZR 42/76, NJW 1978, 260; BGHZ 93, 29, 39; BGH 28. 4. 1982 – IV a ZR 8/81, NJW 1983, 998).

(2) Ernsthafte Zweifel

B 192 Die Gefährdung der Leistung muss nicht offensichtlich sein. Wie § 321 Abs 1 u Abs 2 BGB zeigt, genügt bereits ein geringerer Gefährdungsgrad. Die Rechtsprechung lässt dafür genügen, dass die ordnungsgemäße Erbringung der Leistung **„ernsthaft in Frage gestellt"** ist (BGHZ 11, 80, 87; BGH 21. 10. 1982 – VII ZR 51/82, NJW 1983, 989, 990). Er wird sich praktisch etwa ergeben, wenn der Schuldner in schwierige finanzielle Verhältnisse geraten oder bei in Person zu erbringenden Leistungen schwer erkrankt ist, und die Wiederherstellung der Leistungsfähigkeit für den Zeitpunkt der Fälligkeit ungewiss ist. Ein Indiz dafür ist die **Ankündigung von Leistungsschwierigkeiten** durch den Schuldner (vgl BGH 6. 10. 1976 – VIII ZR 66/75, NJW 1977, 35; BGH 21. 10. 1982 – VII ZR 51/82, NJW 1983, 989, 990). Ferner können die ernsthaften Zweifel aus der Verletzung leistungsbezogener **Nebenpflichten** resultieren: wenn etwa der Verkäufer die Ware derart unsachgemäß lagert, dass ihre Zerstörung bis zum Zeitpunkt der Lieferung absehbar ist (vgl BGH 28. 1. 2003 – X ZR 151/00, NJW 2003, 1600 f). Schließlich können auch **fehlgeschlagene Leistungsversuche** eine unzumutbare Gefährdung erzeugen, etwa die Nicht- oder Schlechterbringung einer Teilleistung (BGH 1. 12. 1971 – VIII ZR 143/70, NJW 1972, 246, 247; RGZ 57, 105, 114) oder eine (versuchte) Falschlieferung. Praktisch wird dies vor allem, wenn diese Fehlversuche vor Fälligkeit stattfinden und der Gläubiger daher noch keine Nachfrist setzen kann. Bei allem muss die drohende Störung so erheblich sein, dass die weitere Bindung an die Leistungspflicht bzw das Schuldverhältnis für den Gläubiger **unzumutbar** ist (vgl BGH 28. 1. 2003 – X ZR 151/00, NJW 2003, 1600, 1601).

B 193 Ist die Erbringung der Leistung auf diese Weise ernsthaft gefährdet, darf der Gläubiger analog § 281 Abs 4 BGB zum Schadensersatz übergehen bzw analog § 321 Abs 2 BGB zurücktreten. Doch muss der Gläubiger dem Schuldner zuvor vergeblich eine **Frist zur Beseitigung der Gefährdung** bzw zu vorzeitiger Leistung gesetzt haben (BGH 10. 12. 1975 – VIII ZR 147/74, LM § 326 [Dc] BGB Nr 4; BGH 21. 10. 1982 – VII ZR 51/82, NJW 1983, 989, 990; dazu Ramming ZGS 2003, 209 ff, Weidt, Antizipierter Vertragsbruch [2008] 142 ff). Wahlweise kann dem Schuldner eine Frist zur Leistung einer Sicherheit gesetzt werden. Resultiert die Gefährdung aus einer Leistungsverweigerung des Schuldners ist der Schuldner unter Fristsetzung zur Erklärung der **Leistungsbereitschaft** aufzufordern. Die Unzumutbarkeit der Vertragsfortführung als materieller Auflösungsgrund lässt sich nämlich so lange nicht bejahen, wie „erwartet werden kann, dass der vertragsuntreue Teil innerhalb der Nachfrist seinen Verpflichtungen nachkommt und damit bei sachgerechter Würdigung der Interessen beider Parteien die Vertrauensgrundlage als wiederhergestellt anzusehen ist" (BGH 10. 11. 1976 – VIII ZR 112/75, LM § 326 [Dc] BGB Nr 5; BGH 16. 6. 1982 – VIII ZR 89/81, WM 1982, 907, 908; wohl auch für § 323 BGB bzw § 281 BGB: BGH 14. 6. 2012 – VII ZR 148/10 Rn 18, BGHZ 193, 315; OLG Stuttgart 30. 1. 2018 – 10 U 84/17 Rn 102 f, juris). Die rechtliche Grundlage dieser Fristsetzung liegt in einer analogen Anwendung des § 281 Abs 1 S 1 BGB (vgl BGH 6. 10. 1976 – VIII ZR 66/75, NJW 1977, 35, 36).

Der Gläubiger muss in der Fristsetzung die Umstände, die die ernsthaften Zweifel an **B 194** der ordnungsgemäßen Erbringung der Leistung begründen, so deutlich **benennen**, dass der Schuldner in die Lage versetzt wird, sie ggf ausräumen zu können (RAMMING ZGS 2003, 209, 210; SOERGEL/GSELL § 323 Rn 139). Andernfalls ist die Fristsetzung unwirksam. Nicht erforderlich ist, dass der Gläubiger in der Fristsetzung die Abkehr vom Vertrag (Schadensersatzverlangen bzw Rücktritt) oder zumindest deren Möglichkeit ankündigt (so aber MünchKomm/ERNST § 323 Rn 137; SOERGEL/GSELL § 323 Rn 139).

Der Schuldner darf die ernsthaften Zweifel binnen der Frist **nicht ausgeräumt** haben. **B 195** Das ist zu bejahen, wenn die Gefährdung nach dem Ablauf der Frist fortdauert bzw der Schuldner die Leistung nicht vorzeitig erbringt bzw nicht eine angemessene Sicherheitsleistung anbietet oder (im Falle der Leistungsverweigerung) seine Leistungsbereitschaft ernsthaft erklärt.

b) Unzumutbarkeit weiterer Bindung

Liegen die vorstehend (Rn B 185 ff) skizzierten Voraussetzungen vor, ist es dem **B 196** Gläubiger idR nicht zuzumuten, an der Leistungspflicht festzuhalten. Der Gläubiger kann **analog § 281 Abs 4 BGB** Schadensersatz statt der Leistung verlangen, und zwar bereits für den Zeitpunkt, zu dem die Voraussetzungen des Schadensersatzanspruchs vorlagen (KRAUSE Jura 2002, 299, 300; MünchKomm/ERNST § 281 Rn 68), nicht erst zum Zeitpunkt der hypothetischen Fälligkeit der Leistungspflicht (so BGH 18. 12. 1963 – VIII ZR 100/63, LM § 249 [Ha] BGB Nr 20).

Im Falle einer **Teilgefährdung**, dh der Gefährdung nur eines quantitativen Teils der **B 197** Leistung, kann der Gläubiger Schadensersatz nach den vorstehenden Regeln bezüglich des gefährdeten Teils verlangen. Schadensersatz statt der ganzen Leistung kann der Gläubiger verlangen, wenn entweder infolge des Fortfalls des gefährdeten Teils der Leistungspflicht das Interesse an der bereits erhaltenen Restleistung entfällt (entspr § 281 Abs 1 S 2 BGB; Rn B 165 ff) oder wenn aus der Teilgefährdung eine unzumutbare Gefährdung auch für den anderen, noch nicht erbrachten Teil der Leistungspflicht begründet wird (zur Leistungsgefährdung vgl Rn B 182). Besteht eine Gefährdung nur hinsichtlich eines quantitativ **unerheblichen** Teils der Leistung (Rn B 158), kann der Gläubiger stets Schadensersatz nur bzgl dieses Teils verlangen (vgl Rn B 158). Praktisch wird die Teilgefährdung insbes bei (echten) **Sukzessivleistungen** (s Rn B 180). Hier kann die Gefährdung oder – praktisch bedeutsamer – Störung einer einzelnen Teillieferung die Unzumutbarkeit der Bindung an den ganzen Vertrag begründen und zur Liquidation des ganzen Vertrages führen, wenn sich aus der Störung der Teilleistungspflicht bzw dem Fortfall der Teilleistungspflicht eine unzumutbare Gefährdung künftiger Teilleistungen ergibt, die die Fortsetzung des Vertrages unzumutbar machen (BGH 19. 2. 1969 – VIII ZR 58/67, NJW 1969, 975; BGH

5. 11. 1980 – VIII ZR 232/79, NJW 1981, 679; RGZ 104, 39, 41; iE auch BGH 26. 10. 1994 – VIII ZR 150/93, NJW-RR 1995, 240, 243; für die mangelhafte Teillieferung RGZ 57, 105, 114; BGH 6. 10. 1976 – VIII ZR 66/75, NJW 1977, 35; Huber AcP 177 [1977] 281, 339 ff; Soergel/Benicke/Hellwig Rn 79). Abzulehnen ist auch hier die Anwendung des § 282 BGB (so aber Schwab ZGS 2003, 73, 75; s noch § 282 Rn 49 f). Eine diesen Grundsätzen ähnliche Regelung sieht **Art 73 CISG** vor.

B 198 Im **Dauerschuldverhältnis** stellt sich das Problem ähnlich: Die gefährdete oder gestörte Einzelleistung kann hier die Unzumutbarkeit der fortbestehenden Bindung an den Vertrag begründen. Im Regelfall wird die außerordentliche Kündigung in Frage kommen (§ 314 BGB bzw Sonderregeln, s Rn A 36 ff). Auch sonstige Dauerbindungen, in denen es nicht zu wiederholten Einzelleistungen kommt, können durch punktuelle Störungen unzumutbar gefährdet werden (RGZ 54, 286: Alleinvertriebsabrede; BGH 19. 5. 1967 – V ZR 189/65, MDR 1967, 660: Gefährdung eines Wohnrechts durch übermäßige Beleihung eines Grundstücks; BGH 4. 12. 1981 – V ZR 37/81, WM 1982, 208, 209: Übergabevertrag mit Pflege- und Versorgungspflichten).

B 199 Bei einer **Mehrheit von Leistungspflichten** innerhalb eines Vertrages oder aus **mehreren Verträgen** kann die Gefährdung einer Leistungspflicht die Bindung an andere Leistungspflichten entfallen lassen, da und soweit diese aufeinander bezogen sind bzw eine rechtliche Einheit bilden (vgl RGZ 67, 5; RGZ 161, 100, 104; BGH 25. 3. 1958 – VIII ZR 62/57, MDR 1958, 423; BGH 19. 2. 1969 – VIII ZR 58/67, NJW 1969, 975; dagegen rechtliche Selbstständigkeit der Ansprüche von Kindern in einer Scheidungsvereinbarung, BGH 2. 11. 1966 – V ZR 203/63, NJW 1967, 152; s Rn B 161 f). Sind die verschiedenen Verträge rechtlich selbstständig, so berechtigt die Abwicklung eines Vertragsverhältnisses wegen Leistungsgefährdung den Gläubiger nicht dazu, sich auch von dem anderen Vertrag zu lösen. Dies gilt auch bei Lieferungsverträgen über gleichartige Sachen (BGH 26. 10. 1994 – VIII ZR 150/93, NJW-RR 1995, 240, 243). Das Vorstehende gilt entsprechend, wenn die Gefährdung sich auf eine **Nebenleistungspflicht** beschränkt (s zur Behandlung von Nebenleistungspflichten allgemein Rn B 3).

B 200 Bei Bewertung der Zumutbarkeit ist ein etwaiges **Mitverschulden** des Gläubigers zu Gunsten des Schuldners zu beachten; einem Gläubiger, der die Gefährdungssituation mitverursacht hat, ist mehr zuzumuten als einem nicht mitverantwortlichen Gläubiger. So kann zB einem Gläubiger, der die Leistungsverweigerung des Schuldners durch unnötig scharfes Auftreten mit verursacht hat, zuzumuten sein, trotz der Leistungsverweigerung eine Frist zur Klärung der Leistungsbereitschaft zu setzen.

c) Eigene Vertragstreue des Gläubigers

B 201 Die eigene „Vertragsuntreue" des Gläubigers, dh vom Gläubiger verursachte Verletzungen seiner eigenen Pflichten, kann sich nachteilig auf seine Schadensersatzbefugnis wegen Leistungsgefährdung auswirken. Die Ausführungen zur Bedeutung der Vertragstreue des Gläubigers bei der Nichtleistung (Rn B 70 ff; ferner BGH 1. 12. 1976 – VIII ZR 266/75, NJW 1977, 580) gelten entsprechend. Hervorzuheben ist, dass die dem Gläubiger anzulastende „Vertragsuntreue" ihrerseits in einer Leistungsgefährdung, der Gefährdung der dem Gläubiger obliegenden Gegenleistungspflicht, bestehen kann (s Rn B 76). Umgekehrt kann die vom Schuldner ausgehende Gefährdung Auswirkungen auf eigentlich bestehende (Vor-)Leistungspflichten des Gläubigers derart haben, dass der Schuldner sich insoweit nicht auf pflichtwidriges

Verhalten des Gläubigers berufen kann (vgl BGH 22. 10. 1999 – V ZR 401/98, NJW 2000, 506, 508).

d) Schadensersatzbefugnis/Fortfall der Gefährdung

Mit Eintritt der die unzumutbare Gefährdung begründenden Lage entsteht die **Schadensersatzbefugnis des Gläubigers** gem § 281 Abs 4 BGB (Rn D 2 ff). Die Voraussetzungen der unzumutbaren Gefährdung müssen aber zum Zeitpunkt des Schadensersatzverlangens gem § 281 Abs 4 BGB noch vorliegen (Rn D 14); es ist grundsätzlich vorstellbar, dass Veränderungen der Sachlage zwischenzeitlich die unzumutbare Gefährdung entfallen lassen. Dabei ist allerdings zu beachten, dass die aus der Ungewissheit begründete Unzumutbarkeit das tragende Element ist und dass die einmal eingetretene Unzumutbarkeit nicht schon deshalb entfällt, weil sich einzelne, die Gefährdung begründende Elemente geändert haben und die Grenze zur zumutbaren Gefährdung gerade unterschritten wird. Vielmehr muss der Schuldner darlegen, dass alle erheblichen Gefährdungsmomente entfallen sind und auch andere unzumutbarkeitsbegründenden Umstände nicht mehr vorliegen. Dies ist auch ein Gebot der Rechtssicherheit. Beruht die Gefährdung auf einer ernsthaften Leistungsverweigerung vor Fälligkeit, ist die Bedeutung eines Sinneswandels des Schuldners nach denselben Grundsätzen zu beurteilen wie bei der Leistungsverweigerung gem § 281 Abs 2, 1. Alt BGB (s Rn B 98). **B 202**

e) Keine Entlastung (§ 280 Abs 1 S 2 analog)

Das Vertretenmüssen kann sich entweder auf die Herbeiführung der Leistungsgefährdung oder auf die Nichtbeseitigung einer eingetretenen Gefährdung beziehen, wobei Letzteres ausreicht, wenn das Vertretenmüssen zum Zeitpunkt der Fristsetzung bzw des Fristablaufs vorliegt (vgl zur Nichtleistung Rn B 84 ff). Unterlässt der Schuldner auf eine ihm gesetzte Frist eine Antwort an den Gläubiger, kann daran allein eine Haftung nicht geknüpft werden, wenn die Gefährdung als solche dem Schuldner nicht zuzurechnen ist (unzutr Ramming ZGS 2003, 209, 211). **B 203**

f) Darlegungs- und Beweislast

Der Gläubiger hat alle Voraussetzungen der unzumutbaren Leistungsgefährdung darzulegen und zu beweisen, ferner die Voraussetzungen für eine die vollständige Leistungspflicht erfassende Unzumutbarkeit im Falle einer Teilgefährdung (Rn B 197). Der Schuldner hat analog § 280 Abs 1 S 2 BGB darzulegen und zu beweisen, dass er die Gefährdung nicht zu vertreten hat und ggf dass eine erhebliche eigene Vertragsuntreue des Gläubigers vorliegt. **B 204**

3. Der Verlust des subjektiven Vertrauens als Gefährdungstatbestand

Während die Leistungsgefährdung grundsätzlich „objektiv" vorliegen muss bzw an objektiven Tatbestandselementen festgemacht wird, kann ausnahmsweise schon der Verlust des subjektiven Vertrauens des Gläubigers in die Person des Schuldners, also ein rein subjektives Empfinden des Gläubigers ohne „objektive" Anknüpfung, insbes ohne vorhergehende oder drohende Pflichtverletzung seitens des Schuldners, zur Beendigung eines Vertrages berechtigen. Dazu ist grundsätzlich eine besondere vertragliche oder gesetzliche Regelung erforderlich. Die praktisch wichtigsten Fälle werden durch **§ 627 BGB** (ggf iVm § 630b BGB) erfasst (s Erl zu § 627; Schwarze, Leistungsstörungen [2017] § 21 Rn 12 f). Der Fortfall des subjektiven Vertrauens allein **B 205** wird idR nicht als Pflichtverletzung zu betrachten sein (vgl zu § 627 BGB die Folgenregelung in § 628 BGB).

VI. Abdingbarkeit

B 206 Die Regelungen des § 281 BGB sind grundsätzlich **abdingbar** (MünchKomm/Ernst Rn 169 ff; vgl RGZ 61, 348, 354; 96, 255, 257). Die Parteien können die gesetzlichen *Rechte des Gläubigers erweitern* (zB durch – auch stillschweigenden – Verzicht auf die Nachfristsetzung [RGZ 96, 255, 257; 104, 373; BGH 30. 6. 1972 – V ZR 118/70, NJW 1972, 1667, 1668] oder Verzicht auf den Verschuldensnachweis [BGH 23. 9. 1992 – XII ZR 44/91, NJW 1992, 3226, 3228]), *beschränken* (zB durch die Einräumung nur des Rücktrittsrechts [RGZ 114, 3, 7 f]), *ganz ausschließen* (zB durch die Beschränkung auf die Geltendmachung des Verzögerungsschadens gem §§ 280 Abs 1, Abs 2, 286 Abs 1 BGB [RG 10. 12. 1924 – I 689/23, LZ 1925, 371]) oder *sonst abweichend regeln* (zB durch eine im Voraus vereinbarte Nachfrist; durch besondere Anforderungen an die Nachfristsetzung etwa in Form eines eingeschriebenen Briefes; durch die Einschaltung eines Schiedsrichters [RGZ 61, 348]; durch die Vereinbarung eines Deckungsgeschäfts für Rechnung des säumigen Teils). Dabei kann es notwendig sein, den Verzicht auf Voraussetzungen des § 281 BGB von der Vereinbarung eines vertraglichen Rücktrittsrechts abzugrenzen (dazu BGH 4. 12. 1981 – V ZR 241/80, NJW 1982, 1036). Das Gebot der Unabdingbarkeit gem Art 25 **Verbraucherrechte-Richtlinie** für das Rücktrittsrecht bei Nichtleistungen in den von der Verbraucherrechte-Richtlinie erfassten Verbraucherverträgen gilt für die Schadensersatzhaftung gem §§ 280 ff BGB nicht (Staudinger/Schwarze [2015] § 323 Rn A 55).

B 207 Die Regelungen über die Gestaltung rechtsgeschäftlicher Schuldverhältnisse durch **AGB** setzen der Vertragsfreiheit im Zusammenhang mit § 281 Abs 1 BGB Schranken insbes für den nichtunternehmerisch geprägten *Bereich* (§ 310 Abs 1 BGB); hierunter fallen vor allem die Verbraucherverträge (§ 310 Abs 3 BGB) (s auch § 280 Rn H 2 ff). § 309 Nr 4 BGB erklärt eine Bestimmung für unwirksam, durch die der Verwender von der gesetzlichen Obliegenheit freigestellt wird, den anderen Vertragsteil zu mahnen oder ihm eine Frist zur Leistung oder Nacherfüllung zu setzen (zu § 11 Nr 4 AGBG BGH 26. 1. 1983 – VIII ZR 342/81, NJW 1983, 1320, 1322; OLG Hamm 18. 6. 2013 – 4 U 23/13 Rn 56 ff, juris). Gem **§ 309 Nr 13 BGB** nF sind Bestimmungen in AGB im nichtunternehmerisch geprägten Bereich (§ 310 Abs 1 S 1 BGB) unwirksam, die Anzeigen und Erklärungen (Fristsetzungen), die dem AGB-Verwender gegenüber abzugeben sind, an eine strengere Form binden als die schriftliche Form in einem Vertrag, für den durch Gesetz notarielle Beurkundung vorgeschrieben ist, oder an eine strengere Form als die Textform in anderen Verträgen oder an besondere Zugangserfordernisse. Die Regelung gilt gem Art 229 § 37 EGBGB für „Schuldverhältnisse, die nach dem 30. 9. 2016 entstehen" (näher Staudinger/Coester-Waltjen [2013] § 309 Nr 13 Rn 5.1). Ferner sind gem § 308 Nr 2 BGB idR solche Klauseln unwirksam, durch die sich der Verwender für die von ihm zu bewirkende Leistung entgegen § 281 Abs 1 BGB eine unangemessen lange oder nicht hinreichend bestimmte Nachfrist vorbehält (s zu § 10 Nr 2 AGBG BGH 31. 10. 1984 – VIII ZR 226/83, NJW 1985, 320, 323). § 309 Nr 7 u 8 Buchst a BGB gewährleisten weitgehend das Recht des Gläubigers, sich vom Vertrag zu lösen bzw Schadensersatz zu verlangen. Im *unternehmerischen Geschäftsverkehr* wird über die *Kontrolle* gem § 310 Abs 1 S 2 BGB iVm der Generalklausel des § 307 BGB ein Mindestschutz gewährleistet. So ist beispielsweise ein genereller Ausschluss der Obliegenheit des Verwenders zur Nachfristsetzung unwirksam (BGH 18. 12. 1985 – VIII ZR 47/85, NJW 1986, 842, 843; OLG Köln 7. 9. 1998 – 16 U 99/97, ZIP 1999, 355, 357). Ferner wird eine formularmäßige Haftungsfreizeichnung bei Kardinalpflichten, zu denen jedenfalls die Hauptleistungspflichten gehören (dazu § 280 Rn H 5), oder eine Begrenzung der Haftung auf einen Höchstbetrag, der die vertragstypischen, vorhersehbaren Schäden nicht abdeckt, für unzulässig gehalten (BGH 11. 11. 1992 – VIII ZR 238/91, NJW 1993, 335). Dagegen verstößt eine dem Gläubiger auferlegte Pflicht zur Ablehnungsandrohung nicht schon deshalb gegen § 307 Abs 2 Nr 1 BGB, weil das jetzige Recht bewusst darauf verzichtet (MünchKomm/Ernst Rn 170). Weitere Einzelheiten s Erl zu §§ 305 ff BGB.

Bei anderen Abweichungen ist vor allem an **§ 307 BGB** zu denken. Danach sind Bestimmungen in AGB unwirksam, wenn sie den Vertragspartner des Verwenders entgegen Treu und Glauben unangemessen benachteiligen. Dies ist gem § 307 Abs 2 BGB im Zweifel anzunehmen, wenn (Nr 2) wesentliche Rechte oder Pflichten, die sich aus der Natur des Vertrages ergeben, so eingeschränkt werden, dass die Erreichung des Vertragszwecks gefährdet ist. Hieraus folgt zB, dass das Recht auf Schadensersatz oder Rücktritt nicht versagt sein kann, wenn die Vertrauensgrundlage endgültig zerstört ist. Auch die Obliegenheit zur Abmahnung wird der Verwender nicht ohne Weiteres ausschließen können (vgl zum Haftungsausschluss in AGB auch Bruns, Haftungsbeschränkung und Mindesthaftung [2003] 300 ff; Fliegner JR 2002, 314, 320 ff; Pfeiffer/Schinkels, in: Micklitz/Pfeiffer/Tonner/Willingmann, Schuldrechtsreform und Verbraucherschutz [2001] 133 ff; Wiedemann, in: FS Ulmer [2003] 1273 ff). **B 208**

C. Die nicht wie geschuldet erbrachte Leistung (§ 281 Abs 1 S 1, 2. Alt)

I. Systematische Einordnung

Die „nicht wie geschuldet erbrachte Leistung" in § 281 Abs 1 S 1, 2. Alt BGB bezeichnet die Schlechtleistung, die Erbringung der Leistung in schlechter Qualität (vgl BT-Drucks 14/6040, 138). Sie ist strukturell **Teilstörung**, da nur ein Teil der Leistung (die geschuldete Qualität) nicht erbracht worden ist. Deshalb stellt sich wie bei der quantitativen Teilleistung die Frage, ob der Gläubiger Schadensersatz statt der ganzen Leistung (großer Schadensersatz) oder nur hinsichtlich der schlechten Qualität (kleiner Schadensersatz) beanspruchen kann. Die Interessenlage stellt sich bei der Schlechtleistung etwas anders dar als bei der quantitativen Teilleistung. Da die Qualität der Leistung typischerweise durch die vom Gläubiger beabsichtigte Verwendung der Leistung bestimmt wird (der gekaufte Pkw soll fahren), ist mit dem Fehlen der Qualität im Regelfall eine erhebliche Beeinträchtigung des Interesses an der erbrachten Leistung verbunden. Deshalb muss der Gläubiger im Falle der Schlechtleistung – anders als bei der quantitativen Teilleistung gem § 281 Abs 1 S 2 BGB – den Fortfall seines Interesses an der erbrachten Leistung nicht im Einzelfall nachweisen, um Schadensersatz statt der ganzen Leistung zu erhalten, sondern umgekehrt muss der Schuldner nachweisen, dass die Schlechtleistung ausnahmsweise unerheblich ist (§ 281 Abs 1 S 3 BGB) und deshalb eine Liquidation der gesamten Leistungspflicht nicht gerechtfertigt ist (anders noch der RegE, vgl Rn C 25). **C 1**

1. Erfasste Pflichten

C 2 Der Tatbestand der „nicht wie geschuldet erbrachten Leistung" gilt nur für **Leistungspflichten.** Nicht erforderlich ist, dass die Leistungspflicht gegenseitiger Natur ist; auch einfache Leistungspflichten werden erfasst (zB Pflicht zur Rückgabe der entliehenen Sache gem § 604 Abs 1 BGB; zur Problematik einer Überwirkung der Nachfristsetzung bei bestimmten Leistungspflichten s Rn B 6; die Ausführungen gelten für die Schlechtleistung entsprechend). Gibt es **mehrere** Leistungspflichten, ist jede Leistungspflicht eigenständig auf Schlechtleistung zu beurteilen, mögen die Leistungspflichten auch in einem hierarchischen bzw funktionalen Verhältnis zueinander stehen. Entfällt eine von mehreren Leistungspflichten gem § 281 Abs 1 S 1, 2. Alt, Abs 4 BGB wegen Schlechtleistung, richtet sich der Fortbestand der anderen Leistungspflichten zum einen danach, ob das Interesse des Gläubigers an deren Erfüllung fortbesteht (analog § 281 Abs 1 S 2 BGB, s oben Rn B 161). Andererseits kann die Schlechtleistung einer Leistungspflicht eine unzumutbare Gefährdung der anderen Leistungspflicht (en) bedeuten (nach den Regeln der Leistungsgefährdung Rn B 182 ff). Die Schlechterfüllung einer **Nebenleistungspflicht** ist Schlechterfüllung der Nebenleistungspflicht, nicht der Hauptleistungspflicht. Hat zB der Käufer der Waschmaschine bzgl der Nachbesserung der als Nebenleistung geschuldeten Installation vergeblich eine Frist gesetzt, kann er Schadensersatz auch bzgl der Waschmaschine nur verlangen, wenn das Interesse daran wegen der unzureichenden Installation entfallen ist. Die Auswirkung auf die Hauptleistung richtet sich wiederum entspr § 281 Abs 1 S 2 BGB bzw danach, ob in der Schlechterfüllung der Nebenleistungspflicht eine unzumutbare Gefährdung (Rn B 182 ff) der Hauptleistungspflicht liegt. Zum Zusammentreffen von Teilleistung und Schlechtleistung s Rn C 7.

C 3 Die Verletzung **leistungsbezogener Nebenpflichten**, die kein eigenes Leistungsinteresse definieren bzw keinen eigenen Leistungsanspruch gewähren, ist als solche nicht Schlechtleistung. Die Nebenpflicht definiert hier kein eigenes Leistungsinteresse, dessen Verletzung durch § 281 BGB gesichert sein könnte. Praktisch handelt es sich vor allem um Pflichten zum Schutz des Leistungssubstrates bei der Vorbereitung der Leistungserbringung durch den Schuldner (zB idR die ordnungsgemäße Lagerung der Ware) und um sonstige Leistungstreuepflichten, die idR nicht besonders als Leistungspflichten ausgestaltet sind. Wohl kann die Verletzung der Nebenpflicht einen Mangel der eigentlichen Leistung veranlassen (OLG Hamm 12. 10. 2010 – 19 W 33/10, NJW 2011, 237, 238: Mangelhaftigkeit der Bauleistung wegen Verletzung von Aufklärungspflicht hinsichtlich Fehlern von Vorleistungen), sie kann ferner als unzumutbare Leistungsgefährdung bewertet werden (analog § 281 BGB, Rn B 182 u 192; zur Nichtanwendbarkeit des § 282 BGB s § 282 Rn 49 f). Leistungsbezogene Nebenpflichten können auch nach vollständiger Erbringung der Leistung bestehen (ungenau: „culpa post contractum finitum"; s noch § 280 Rn B 11 f, C 19, C 63). Sie können sich, da die Leistung selbst erbracht ist, zumindest idR nicht mehr auf den Leistungsgegenstand selbst beziehen, wohl aber auf die Verwendung der Leistung durch den Gläubiger. So kann zB der Hersteller nach Belieferung des Händlers den Ruf seiner Produkte durch rassistische Äußerungen derart ruinieren, dass nun Boykottaufrufe folgen und die Waren kaum mehr absetzbar sind (Faust, in: Huber/Faust, Schuldrechtsmodernisierung [2002] Rn 3/179). In diesem Fall muss der Händler berechtigt sein, die Waren zurückzugeben und Schadensersatz statt der ganzen Leistung zu verlangen (insoweit zutr Faust, in: Huber/Faust, Schuldrechtsmodernisierung [2002] Rn 3/179; Münch Jura 2002,

361, 365), aber nicht nach § 282 BGB, sondern analog § 281 Abs 1 S 1, 2. Alt BGB, denn hier ist nicht das Integritätsinteresse, sondern das Leistungsinteresse beeinträchtigt (§ 280 Rn C 19).

Die Verletzung von **Rücksichtnahmepflichten**, die dem Schutz des Integritätsinteresses des Gläubigers dienen (§ 241 Abs 2 BGB), ist keine Schlechtleistung, da diese Pflichten idR nicht klagbar sind (s noch § 280 Rn C 43 ff; zur Klagbarkeit § 282 Rn 24). Davon zu trennen ist der Fall, dass der Schutz des Integritätsinteresses zum Gegenstand einer Leistungspflicht gemacht wird (zB Überwachungsvertrag). Auf die Schlechterfüllung dieser Leistungspflicht ist § 281 Abs 1 S 1, 2. Alt BGB anwendbar (zur Zuordnung der Schadensarten s § 280 Rn C 15 f). Aus dem Vorstehenden ergibt sich, dass die Schlechtleistung nicht in eins gesetzt werden darf mit dem unter Geltung des alten Rechts ausgeformten Sammeltatbestand der „positiven Vertragsverletzung" (pVV, vgl zu den Fallgruppen Staudinger/Otto [2001] § 326 aF Rn 209 ff). C 4

2. Abgrenzung zu anderen Störungstatbeständen

a) Nichtleistung

Ist überhaupt keine Leistung erfolgt, liegt eine Nichtleistung vor. Lehnt der Gläubiger die ihm angebotene Leistung wegen unzureichender Qualität berechtigterweise ab, bleibt es bei der Nichtleistung. C 5

Eine Nichtleistung liegt ebenfalls vor, wenn der Schuldner eine andere als die geschuldete Leistung erbringt und die Leistung vom Gläubiger in der irrtümlichen Vorstellung angenommen wird, es handele sich um die geschuldete **(Aliud-Leistung)**, zB ein Gebäudereinigungsunternehmen reinigt andere Räume als die, die der Dienstnehmer in Auftrag gegeben hatte. Bei der (echten) *Individualschuld* lässt sich die Aliud-Leistung relativ sicher dahin bestimmen, dass die erbrachte Leistung eine andere Identität als die geschuldete hat. Schwieriger kann sich die Abgrenzung bei *Gattungsschulden* gestalten. Hier entscheidet die vertragliche Interessenlage (BGH 12. 3. 1997 – VIII ZR 15/96, NJW 1997, 1914, 1915), im Zweifel die Verkehrsauffassung, ob die Abweichung der erbrachten Leistung von der geschuldeten als Aliud und damit als Nichtleistung oder als Schlechtleistung einzustufen ist. Insbesondere die **Gattungs- bzw Artabweichung** ist im Zweifel als Aliud-Leistung einzustufen (zB der Vermieter stellt statt des gemieteten Porsche einen VW Golf bereit). Dabei unterscheidet über die Klassifikation der Gattung wiederum die vertragliche Interessenlage, hilfsweise die Verkehrsanschauung. Liegt danach eine Gattungsabweichung vor, ist von einer Aliud-Leistung auszugehen. Ob die Abweichung vom Gläubiger genehmigt worden wäre, hätte er diese bei Entgegennahme der Leistung wahrgenommen, ist für die störungsrechtliche Beurteilung grundsätzlich unerheblich. Die darauf abhebende Regelung des § 378 HGB aF ist selbst für das Handelsrecht abgeschafft worden. Für die praktisch wichtigen Fälle des **Kaufvertrages** und des **Werkvertrages** ist dieses Abgrenzungsproblem durch § 434 Abs 3 BGB bzw § 633 Abs 2 S 3 BGB entschärft, der die Aliud-Leistung rechtlich mit dem Sachmangel gleichstellt. Gleichwohl gibt es auch hier Streit, insbes über die Anwendbarkeit des § 434 Abs 3 BGB auf Individualkäufe, bei der Lieferung höherwertiger Sachen, ferner bei „Extremabweichungen" (s dazu Rn A 30 u Erl zu § 434; ferner Eckert/Maifeld/Matthiessen, Handbuch des Kaufrecht [2014] Rn 391 ff; Musielak NJW 2003, 89, 92). C 6

b) Teilleistung und Teilschlechtleistung

C 7 Die quantitative **Unvollständigkeit** der Leistung wird grundsätzlich als Teilnichtleistung erfasst (s Rn B 159), nicht als Schlechtleistung. Fehlt dem Leistungsgegenstand ein von der Hauptsache abgrenzbarer *Bestandteil* (zB das vermietete Fahrzeug verfügt nicht über das versprochene eingebaute Navigationsgerät), ist im Zweifel von einem Defizit der Beschaffenheit und somit Schlechtleistung auszugehen, nicht von einer Teilnichtleistung; im Zweifel anders, wenn es um eine *eigenständige Sache* geht, mag diese auch der Nutzung der Hauptsache dienen (zB Ersatzrad). Für den Kaufvertrag und den Werkvertrag werden die Abgrenzungsprobleme gemindert durch die Gleichstellung der Mengenabweichung **(Mankoleistung)** mit dem Sachmangel (§ 433 Abs 3, § 633 Abs 2 S 3 BGB). Die Vorschriften greifen nur ein, wenn die Parteien bei der Leistungserbringung von der Vollständigkeit der Leistung ausgegangen sind (s Rn A 29, u 31). Ist dies nicht der Fall, bleibt es bei der Anwendung der allgemeinen Regeln über die Teilleistung (§ 281 Abs 1 S 2 BGB). Im Fall einer echten Sukzessivleistung (Rn B 176 ff) kann das Ausbleiben einer Teilleistung (dazu Rn B 178) eine Schlechtleistung bzgl der Gesamtleistung begründen, wenn die Teilleistungen am Ende zu einem Leistungsgegenstand zusammengefügt werden sollten und das Fehlen der Teilleistung zu einer defizitären Beschaffenheit des Gesamtleistungsgegenstandes führt.

Ist nur ein **Teil der Leistung** von schlechter Qualität und ist dieser Teil vom Rest der Leistung abtrennbar, greifen die Regeln über die Schlechtleistung nur für den schlechten Teil („kleiner Schadensersatz"). Werden beispielsweise 40 Fl Wein einer bestimmten Sorte gekauft und sind davon 10 Fl verdorben, kann der Käufer Schadensersatz statt der Leistung gemäß § 281 Abs 1 S 1, 2. Alt BGB nur hinsichtlich der schlechten 10 Fl verlangen. Schadensersatz statt der ganzen Leistung („großer Schadensersatz") kann der Gläubiger nur fordern, wenn er infolge des schlechten Teils das Interesse an der gesamten Leistung verloren hat (§ 281 Abs 1 S 2 BGB), wenn etwa im Beispiel der Käufer gerade die verkaufte Menge für ein Bankett benötigt (vgl Canaris JZ 2001, 499, 513; für das Rücktrittsrecht gem § 323 BGB ist diese, einen Teilrücktritt erfordernde Lösung nicht unumstritten, aber ebenfalls vorzuziehen und überdies für den Verbrauchsgüterkauf durch Art 3 der Verbrauchsgüterkauf-Richtlinie geboten, vgl Müller/Matthes AcP 204 [2004] 732 ff).

c) Kein Leistungshindernis (§ 275)

C 8 Die Schlechtleistung iSv § 281 Abs 1 S 1, 2. Alt BGB muss *behebbar* sein; nur hier ist die Setzung einer Frist gem § 281 Abs 1 S 1 BGB sinnvoll. Steht der Behebung ein Leistungshindernis gem § 275 BGB entgegen, liegt ein Fall der (qualitativen) Teilunmöglichkeit vor, für die § 283 BGB einschlägig ist (vgl § 283 Rn 41 ff; zu Arbeits- und Dienstleistungen Rn C 17).

3. Geschütztes Interesse

C 9 Der Schadensersatz statt der Leistung wegen nicht wie geschuldet erbrachter Leistung gem §§ 280 Abs 1, Abs 3 BGB iVm § 281 Abs 1 S 1, 2. Alt BGB erfasst nur das **Leistungsinteresse**, nicht auch das Integritätsinteresse. Für diese Schäden ist Anspruchsgrundlage allein § 280 Abs 1 BGB (aA Recker NJW 2002, 1247, 1247 f). Für den aus der Dogmatik des besonderen Gewährleistungsrechts kommenden Begriff des **Mangelfolgeschadens** ergibt sich daraus, dass, soweit man darunter die durch einen Mangel verursachte Schädigung des Integritätsinteresses des Gläubigers versteht, § 280 Abs 1 BGB einschlägig ist. Zum Integritätsschaden gehören beim Kauf einer Sache auch die Kosten des Ein- und Ausbaus, da und soweit diese nicht vom (Nach-)Erfüllungsanspruch gedeckt sind (näher § 280 Rn E 15 ff). Folgeschäden, die sich auf das Leistungsinteresse beziehen (so man diese auch als Mangelfolgeschäden bezeichnet), fallen unter die dafür jeweils einschlägigen Normen, dh beim Schadensersatz statt der Leistung (zB entgangener Gewinn infolge eines Mangels) unter § 280 Abs 1, Abs 3 iVm § 281 Abs 1 S 1, 2. Alt BGB, beim Schadensersatz neben der Leistung infolge Mangels aus § 280 Abs 1 BGB (näher § 280 Rn E 4, 24; Kaiser, in: FS Westermann [2008] 351, 358 f; OLG Saarbrücken 25. 7. 2007 – 1 U 467/06, NJW 2007, 3503, 3504). Jenseits der Zuordnung zur richtigen Schadensersatznorm hat die Unterscheidung zwischen Mangel- und Mangelfolgeschaden an praktischer Bedeutung verloren, da die kurze Verjährungsfrist für Mängel sowohl im Kaufvertragsrecht wie im Werkvertragsrecht für beide Schadensarten gilt (vgl die in § 437 BGB bzw § 634 BGB in Bezug genommenen Schadensersatznormen, s noch § 280 Rn G 13). Die tatbestandliche Trennung zwischen Schadensersatz statt der Leistung und Ersatz des Integritätsschadens wird von dem vom allgemeinen Recht abgekoppelten (autarken) **Gewährleistungsrecht** nicht mit derselben Konsequenz durchgeführt, da hier Schadensersatznormen zT auch Mangelfolgeschäden erfassen (insbes § 536a, §§ 523, 524, § 651n iVm § 651i Abs 3 Nr 7 BGB; s noch Schwarze, Leistungsstörungen [2017] § 25 Rn 14; vgl BGH 15. 7. 2008 – X ZR 93/07, NJW 2008, 2775, 2775; zur Abgrenzung von Mangelfolgeschäden von Mangelschäden s § 280 Rn E 24 ff).

Führt der Mangel der Leistung zu einem weiteren Schaden an dem Leistungsgegenstand selbst („**Weiterfresserschaden**“, zB der vom Schuldner gelieferte Austauschmotor erleidet infolge unzureichender Montage des Nockenwellensteuerrades später einen Totalschaden, BGH 24. 3. 1992 – VI ZR 210/91, NJW 1992, 1678), stellt sich die Frage, ob der Gläubiger auch im Hinblick auf die spätere Verschlechterung Ersatzlieferung bzw Mangelbeseitigung (im Beispiel also einen neuen Motor) verlangen kann. Von Teilen der Literatur wird dies bejaht: Zwar hat der „Weiterfresserschaden“ bei Gefahrübergang noch nicht vorgelegen, er sei aber schon wegen des ursächlichen Zusammenhangs mit dem Anfangsmangel als Schlechtleistung/Mangelunwert zu werten (BeckOK-BGB/Faust [1. 11. 2018] § 439 Rn 34; Hellwege, Die § 280 ff. BGB [2005] 59). Damit würde dem Schuldner das Risiko einer Verschlechterung des Leistungsgegenstandes nach Gefahrübergang zugewiesen, wenn diese auf eine Schlechtleistung zurückgeht. Folgt man der bisherigen Rechtsprechung des BGH, ist die weitere Verschlechterung des Leistungsgegenstandes nach Eigentumsübergang bzw Gefahrübergang nur dann als Schlechtleistung/Mangelunwert einzustufen, wenn sie mit dem anfänglichen Mangel „stoffgleich“ ist (BGHZ 86, 256, 258 ff; BGH 27. 1. 2005 – VII ZR 158/03 Rn 33, NJW 2005, 1423; zum jetzigen Recht OLG Koblenz 22. 1. 2014 – 5 U 1060/13 Rn 34, juris). Das ist insbesondere der Fall, wenn der anfängliche Mangel nicht bzw nicht mit verhältnismäßigen Mitteln zu beseitigen ist (BGHZ 86, 256, 262; BGH 24. 3. 1992 – VI ZR 210/91, NJW 1992, 1678), die spätere Verschlechterung also eine zwangsläufige Folge des Anfangsmangels ist. Im og Beispiel wäre der spätere Motorschaden nicht Schlechtleistung, sondern Verletzung des Integritätsinteresses, der Schuldner daher nicht aus der Nachleistungspflicht zur Lieferung eines neuen Motors verpflichtet (OLG Hamm 8. 9. 2005 – 28 U 60/05, NZV 2006, 421 f; s auch OLG Naumburg 19. 8. 2004 – 4 U 66/04, ZGS 2005, 77 f; abl dazu Kannowski ZGS 2005, 455 ff). Der Gläubiger kann bei nicht stoffgleichem Schaden einen Anspruch auf Schadensersatz aus § 280 Abs 1 BGB C 10 haben und über § 249 Abs 1 BGB Wiederherstellung verlangen. Dies setzt ein **Vertretenmüssen** des Schuldners voraus (§ 280 Abs 1 S 2 BGB).

II. Voraussetzungen

1. Schuldverhältnis

C 11 Der Schadensersatzanspruch gem § 281 Abs 1 S 1, 2. Alt BGB setzt ein Schuldverhältnis voraus, aus dem sich eine fällige Leistungspflicht ergibt (§ 280 Rn B 1 ff). Das vorvertragliche Schuldverhältnis gem § 311 Abs 2, Abs 3 BGB besteht nur aus Rücksichtnahmepflichten (§ 241 Abs 2 BGB) und fällt daher nicht unter § 281 Abs 1 S 1, 2. Alt BGB (s noch § 280 Rn B 10, C 38, C 54).

2. Schlechtleistung

C 12 Der Schuldner verletzt seine Pflichten aus dem Schuldverhältnis dadurch, dass er die fällige Leistung nicht wie geschuldet erbringt.

a) Tatbestand

C 13 Die Schlechtleistung setzt voraus, dass der Schuldner überhaupt eine bestimmte **Qualität schuldet**. Dies ergibt sich aus den Vereinbarungen der Parteien, in Ermangelung ausdrücklicher Abreden durch Auslegung. Dasselbe gilt für das Maß der geschuldeten Qualität. Dabei ist, wenn die Parteien keine ausdrückliche Abrede über die Beschaffenheit getroffen haben, die für den Schuldner bei Vertragsschluss erkennbare Verwendung der Leistung durch den Gläubiger von maßgeblicher Bedeutung. Ist eine solche nicht erkennbar, ist die (verkehrs-)übliche Verwendung und Beschaffenheit maßgeblich (vgl die exemplarische Durchstufung in § 434 Abs 1 S 1 u 2 BGB). Weitere allgemeine Aussagen lassen sich kaum treffen, da die Verpflichtung zu bestimmter Qualität vom **Vertragstyp** abhängig ist.

b) Vorrang des besonderen Gewährleistungsrechts

C 14 Die vertragstypenbezogenen Regeln des besonderen Gewährleistungsrechts stehen bei der Regelung der Schlechtleistung ganz im Vordergrund. Die besonderen Regeln enthalten idR eine vertragstypische Definition der Schlechtleistung, sie bestimmen ferner in besonderer Weise die Rechtsfolgen der Schlechtleistung. Zum Teil sind die besonderen Regeln **rechtlich autark**, dh sie regeln die Schlechtleistung eigenständig und losgelöst von den allgemeinen Regeln: so für den Miet- und Pachtvertrag (§§ 536 ff, 581 Abs 2 BGB), den Reisevertrag (§§ 651i ff BGB) und – partiell – für die Schenkung (§§ 523, 524 BGB) und für die Leihe (§ 600 BGB). Der Anwendungsbereich dieser Normen wird durch den jeweiligen Tatbestand der Schlechtleistung bestimmt, zB den Mietmangel (§ 536), den Reisemangel (§ 651i Abs 2 BGB). Auf die Erl zu den betreffenden Normen wird verwiesen. Zum anderen Teil verweisen die besonderen Regeln unter **Modifizierungen** und Ergänzungen auf das allgemeine Leistungsstörungsrecht. Auch hier wird der Anwendungsbereich der Modifizierung über den jeweiligen vertragstypischen Tatbestand der Schlechtleistung bestimmt, so in § 437 BGB für den Sach- und Rechtsmangel im Kaufvertrag (§ 434 BGB) bzw Tauschvertrag (§ 480) und in § 633 BGB für den Werkmangel im Werkvertrag (§ 631 BGB) bzw den Mangel in ähnlichen Verträgen (§ 651p, § 651u BGB). Im Kauf- und Werkvertrag gilt die modifizierte Anwendung kraft der Erweiterungen in § 434 Abs 3 BGB und § 633 Abs 2 S 3 BGB auch für die Aliud- und die Mankolieferung; insoweit verdrängt die über § 434 ff bzw § 633 ff BGB modifizierte Anwendung der Schlechtleistungsregeln die eigentlich anwendbare allgemeine Regelung über die Nichtleistung (s oben Rn A 29, C 6).

c) Unmittelbare Anwendung der allgemeinen Regeln

Eine unmittelbare Anwendung der allgemeinen Regeln kommt bei allen Vertragstypen mit besonderer (autarker oder an §§ 280 ff BGB angebundener) Regelung der Schlechtleistung für solche Leistungspflichten in Betracht, die von der jeweiligen, für den Vertragstyp charakteristischen (Sach-)Hauptleistungspflicht verschieden sind, also (wenig praktisch) etwaige Zahlungspflichten, Nebenleistungspflichten bzw sonstige von der besonderen Regelung nicht erfasste Leistungspflichten. Hierzu können auch auf Dauer angelegte *Unterlassungspflichten* gehören (vgl Müller-Laube, in: FS Rolland [1999] 261, 264 ff). **C 15**

Hinzu tritt die Anwendung der allgemeinen Regelung auf alle Vertragstypen, die keine besondere Regelung der Schlechtleistung kennen, zB Dienst- und Arbeitsvertrag (BGH 13. 9. 2018 – III ZR 294/16, NJW 2018, 1373), Geschäftsbesorgung (BayObLG 31. 10. 1994 – 2 Z BR 82/94, WM 1996, 653), Maklervertrag, Verwahrung, ferner auf Leistungspflichten aus gesetzlichen Schuldverhältnissen, soweit nicht Sonderregeln für die Verschlechterung des geschuldeten Gegenstandes gelten. **C 16**

Die praktisch größte Bedeutung dürfte den allgemeinen Schlechtleistungsregeln bei **Dienstleistungen** bzw **Arbeitsleistungen** (§§ 611, 675 BGB) und **Behandlungsleistungen** (§ 630a BGB) zukommen. Hier ist eine Vielzahl von Pflichtverletzungen vorstellbar, zB der Behandlungsfehler des Arztes bzw Zahnarztes, die fehlerhaft ausgeführte Überweisung der beauftragten Bank. Der leistungsbezogene Schaden des Gläubigers wird bei schlechter Leistung vor allem in der sinnlos aufgewendeten Gegenleistung bestehen (BGH 13. 9. 2018 – III ZR 294/16 Rn 13, 31, NJW 2018, 1373). Hinzutreten kann ein entgangener Gewinn aus der mangelnden Verwendbarkeit der Dienst- bzw Arbeitsleistung oder Behandlungsleistung. Im Falle der Arbeitsleistung sind die richterrechtlichen Grundsätze der Arbeitnehmerhaftung zu beachten (s § 280 Rn D 25; Otto/Schwarze/Krause, Die Haftung des Arbeitnehmers [4. Aufl 2014] §§ 9 u 10). Ist die Fehlerhaftigkeit der Dienst- bzw Arbeitsleistung oder Schlechtleistung **nicht behebbar**, ergibt sich der Schadensersatzanspruch wie auch sonst bei unbehebbaren Mängeln aus § 283 BGB (vgl Rn C 8; unzutr insoweit BGH 13. 9. 2018 – III ZR 294/16 Rn 13, 31, NJW 2018, 1373). Die Nichtbehebbarkeit wird sich vor allem bei Arbeitsleistungen oft aus einer **strikten Zeitgebundenheit** ergeben (absolute Fixschuld, BAG 15. 9. 2011 – 8 AZR 846/09, NZA 2012, 377, 380 f; Otto/Schwarze/Krause, Die Haftung des Arbeitnehmers [4. Aufl 2014] § 6 Rn 5 ff). Ist die Arbeitsleistung zB eines Vollzeitbeschäftigten an eine bestimmte, aufgrund der Betriebsorganisation nicht anders zu regelnde Arbeitszeit gebunden und arbeitet der Arbeitnehmer zB an einem Vormittag schlecht, so kann er die für diese Zeit zu erbringende Arbeitsleistung als einwandfreie nicht mehr erbringen (daher § 283 BGB, Schadensersatz statt der Leistung infolge nicht behebbarer Schlechtleistung). Dagegen lässt sich die Nichtbehebbarkeit nicht damit begründen, dass die aus der schlechten Arbeitsleistung resultierenden Schäden nicht mehr zu beseitigen sind: Baut der Maurer an einem Vormittag in vier Stunden eine Mauer schief, ist die fehlerhafte Arbeitsleistung behebbar (als ordentliche Arbeitsleistung nachholbar), wenn der Maurer aufgrund **C 17** flexibler Gestaltung der Arbeitszeit die betreffende Arbeitszeit nachholen kann. Der Maurer schuldet „vier Stunden fehlerfreies Arbeiten", diese Leistung kann er erbringen. Der Schaden, der in der Verschwendung der Baumaterialien und in den Aufwendungen für die Beseitigung der Mauer liegt, ist ein Integritätsschaden (§ 280 Abs 1 BGB) und deshalb für die Beurteilung der Behebbarkeit der fehlerhaften Arbeitsleistung (= Nachholung einer ordnungsgemäßen Arbeitsleistung) unerheblich. Geht dem Arbeitgeber wegen der fehlerhaften Arbeitsleistung der Auftrag über den Bau der Mauer verloren und kann der Arbeitnehmer infolgedessen die Mauer nicht noch einmal bauen, führt auch dies nicht zur Unbehebbarkeit des Fehlers, da und wenn die geschuldete Arbeitsleistung (im Regelfall) nicht an einen bestimmten Auftrag gebunden ist, sondern allgemein „die Arbeitsleistung eines Maurers" in bestimmtem zeitlichen Umfang geschuldet wird. Kann die Arbeitsleistung somit als ordentliche nachgeholt werden, stellt der erste Versuch, eine fehlerfreie Arbeitsleistung zu erbringen, eine vorübergehende Schlechtleistung dar; der daraus resultierende Schaden bzgl des Leistungsinteresses ist als verzögerungsähnlicher Schaden gem § 280 Abs 1 BGB ohne vorherige Fristsetzung ersatzfähig (näher § 280 Rn C 27 ff; für § 281 BGB ohne Begr PALANDT/GRÜNEBERG Rn 44; **aA** SPINDLER/KLÖHN VersR 2003, 273, 278 mwNw, die eine teleologische Reduktion des § 281 zugunsten von § 280 befürworten).

3. Fristsetzung oder Abmahnung/Entbehrlichkeit

C 18 S zunächst die allg Erl zur Fristsetzung (Rn B 17 ff) bzw zur Entbehrlichkeit der Fristsetzung (Rn B 88 ff) und zur Abmahnung (Rn A 11, B 53 f). Für die Fristsetzung sind im Falle der **Schlechtleistung** folgende Besonderheiten hervorzuheben: Mit der Aufforderung zur Leistung muss der Gläubiger die Pflichtverletzung benennen, so dass der Schuldner diese beheben kann. Im Kaufvertrag ist daher der Sach- oder Rechtsmangel genau zu bezeichnen (§ 434 BGB). Gleiches gilt im Werkvertrag (§ 633 BGB). Die zu § 323 Abs 2 Nr 3 BGB diskutierte Frage, ob die Verbrauchsgüterkauf-Richtlinie eine Auslegung des deutschen Rechts dahingehend erfordert und ermöglicht, dass der Käufer im Falle eines Mangels auch ohne Fristsetzung nach erfolglosem Ablauf „einer angemessenen Frist" seit dem Nacherfüllungsverlangen zurücktreten kann (vgl dazu MünchKomm/ERNST § 323 Rn 50a), stellt sich für § 281 BGB nicht, da die Richtlinie sich nicht auf Schadensersatzansprüche bezieht (SCHOLLMEYER ZGS 2009, 491, 494) und eine Extension sachlich nicht geboten ist, zumal das Gesetz selbst bei der relativen Fixschuld zwischen Rücktritt und Schadensersatz differenziert (Rn B 114).

C 19 Aufzufordern ist zur Leistung bzw Nacherfüllung. Die **Nacherfüllung** stellt einen Unterfall der Leistung dar und ist nach der Begründung des RegE aus Gründen der Zweckmäßigkeit eingefügt worden. Der Begriff solle verdeutlichen, dass der ausgebliebene Leistungsrest, zu dessen Erfüllung aufgefordert wird, einen anderen Inhalt haben könne, je nachdem, ob der Schuldner überhaupt nicht geleistet oder nur einen Teil der geschuldeten Leistung erbracht habe. Nur auf letzteren Fall und damit auf die *nicht wie geschuldet erbrachte Leistung* beziehe sich der Begriff Nacherfüllung (BT-Drucks 14/6014, 138). Eine Konkretisierung des Begriffs findet sich im Kaufrecht in § 439 BGB, im Werkvertragsrecht in § 635 BGB. Da der Käufer – anders als der Besteller beim Werkvertrag (§ 635 Abs 1 BGB: Wahlrecht des Unternehmers) – zwischen beiden Arten der Nacherfüllung nach § 439 Abs 1 BGB

(Beseitigung des Mangels oder Neulieferung) wählen kann, hat er außerdem seine **Wahl** mitzuteilen, sofern er nicht auf das Wahlrecht verzichten möchte. Der **Ort** der Nachleistung ist nicht per se der Ort der aktuellen Belegenheit der Kaufsache oder der Ort der ursprünglichen Leistung, sondern richtet sich bei Fehlen einer besonderen Abrede gem § 269 BGB (BGH 13. 4. 2011 – VIII ZR 220/10, NJW 2011, 2278 ff mwNw; näher UNBERATH/CZIUPKA JZ 2008, 867 ff; RINGE NJW 2012, 3393 ff).

Bei der **Angemessenheit der Frist** ist zu berücksichtigen, dass der Schuldner die Leistung – wenn auch mangelhaft – bereits erbracht hat und nur die Schlechterfüllung auszugleichen ist. Angemessen ist die Frist, wenn während ihrer Dauer die Mängel unter größten Anstrengungen des Schuldners beseitigt werden können. Dabei sind alle hierfür maßgeblichen Umstände des Einzelfalls zu berücksichtigen (OLG Düsseldorf 10. 5. 2016 – I-21 U 180/15 Rn 44, juris: 8 Tage zu kurz bei komplexer Mangelproblematik; OLG Koblenz 16. 5. 2018 – 5 U 1321/17 Rn 23, juris; MÜNCH Jura 2002, 361, 366). Wird innerhalb der Frist erneut schlecht geleistet, so ist mangels pflichtgemäßer Nacherfüllung eine erneute Frist nicht zu setzen. Ein Problem ergibt sich bei **Niedrigpreisartikeln**, bei denen es sich für den Käufer wegen des Zeitaufwandes kaum lohnt, die Ware zurückzubringen und eine Frist zur Nacherfüllung zu setzen (s noch Rn B 17 ff). Aufgrund des Missverhältnisses zwischen Zeitaufwand und Warenwert schlägt KREBS bei Waren bis 100 € daher de lege ferenda vor, der Nacherfüllung nur dann den Vorrang vor den anderen Rechten des Käufers zuzuerkennen, wenn diese sofort im Laden erfolgen kann (DB Beil Nr 14/2000 zu Heft 48, 1, 19). De lege lata ließe sich ein solches Ergebnis annähernd dadurch erzielen, dass man bei Waren von geringem Wert eine sehr kurze Frist für die Nacherfüllung als angemessen ansieht (Rn B 47) bzw ein weiteres Zuwarten als unzumutbar gem § 440 S 1 BGB bewertet (s noch Rn C 21). C 20

Über § 281 Abs 2 BGB hinaus ist die Fristsetzung im Kaufvertrag gem **§ 440 BGB** in drei weiteren Fällen entbehrlich. Gem § 440 S 1 BGB bedarf es der Fristsetzung für eine Nacherfüllung nicht, „wenn der Verkäufer beide Arten der Nacherfüllung gem § 439 Abs 4 verweigert" oder wenn die dem Käufer zustehende Art der Nacherfüllung fehlgeschlagen (konkretisiert in § 440 S 2 BGB) oder für ihn unzumutbar ist (zu Einzelheiten vgl STAUDINGER/MATUSCHE-BECKMANN [2014] § 439 Rn 103 ff u § 440 Rn 19 ff; OETKER/MAULTZSCH, Vertragliche Schuldverhältnisse [2018] § 2 Rn 270 ff; ZIMMER/ECKHOLD Jura 2002, 145, 148 ff). Nach der Begründung des RegE sind diese Sonderregelungen notwendig, weil vor allem bei einem Fehlschlagen der Nachbesserung eine weitere Fristsetzung dem Käufer nicht mehr zuzumuten sei. Nach vergeblichen Nachbesserungsversuchen weitere ungewisse Nachlieferungsversuche abwarten zu müssen, könne vom Käufer nicht verlangt werden. Die Abwägung der beiderseitigen Interessen in den §§ 281 Abs 2, 2. Alt, 323 Abs 2 Nr 3 BGB helfe nicht immer weiter, weil das Interesse des Verkäufers im Einzelfall gleichwohl überwiegen könne (BT-Drucks 14/6040, 233 f). Liegt der Mangel, dessen Beseitigung fehlgeschlagen ist, unter der Erheblichkeitsschwelle des § 281 Abs 1 S 3 BGB, kann der Käufer aus diesem Fehlschlagen nicht die Unzumutbarkeit der Fristsetzung hinsichtlich anderer Mängel herleiten (BGH 29. 6. 2011 – VIII ZR 202/10, NJW 2011, 2872). Das Vorstehende gilt gem **§ 636 BGB** auch für den Werkvertrag (STAUDINGER/PETERS/JACOBY [2014] § 634 Rn 58 ff) und ähnliche Verträge (§ 651p, § 651u BGB). Damit eröffnet die Verweigerung der Nacherfüllung wegen unverhältnismäßiger Kosten den direkten Weg zur Geltendmachung des Schadensersatzanspruchs statt der Leistung. Schließlich ist eine Fristsetzung beim C 21

Verbrauchsgüterkauf gem § 478 Abs 3 BGB nicht erforderlich beim Rückgriff des jeweiligen Verkäufers gegen den jeweiligen Lieferanten in der Lieferkette, wenn der Verbraucher erfolgreich Gewährleistungsrechte geltend gemacht hat. Das gilt gem § 445a Abs 2 BGB beim Verkauf neu hergestellter Sachen auch außerhalb des Verbrauchsgüterkaufs (Nietsch/Osmanovic NJW 2018, 1, 4). **Behebt der Gläubiger** den Mangel selbst und verursacht dadurch die Unmöglichkeit der Nacherfüllung, so verliert er hierdurch seine Gewährleistungsrechte und kann lediglich Ersatz seiner Nachbesserungsaufwendungen entsprechend § 326 Abs 2 S 2 BGB verlangen (St Lorenz NJW 2003, 1417, 1418 f; Herresthal/Riehm NJW 2005, 1457 ff; gegen Aufwendungsersatz aber BGH 23. 2. 2005 – VIII ZR 100/04, BGHZ 162, 219; BGH 7. 12. 2005 – VIII ZR 126/05, NJW 2006, 988, 989 f; näher Staudinger/Schwarze [2015] § 326 Rn C 97 ff). Nicht zur Unzumutbarkeit oder sonstwie begründeten Entbehrlichkeit der Fristsetzung führt ein unzulässiger (zB wegen § 476 Abs 1 BGB) vertraglicher **Ausschluss von Gewährleistungsrechten** durch AGB: Die Folge der Unwirksamkeit besteht in der Anwendung des dispositiven Gesetzesrechts; eine darüber hinausgehende Besserstellung des Gläubigers ist weder durch AGB-rechtliche noch durch verbraucherrechtliche Wertungen gerechtfertigt (BGH 13. 7. 2011 – VIII ZR 215/10, NJW 2011, 3435, 3436 f). Der Verkäufer kann im Verbrauchsgüterkauf nicht jedwede Nacherfüllung wegen Unverhältnismäßigkeit der Kosten gem § 439 Abs 4 BGB verweigern. Dies wäre mit Art 3 der Verbrauchsgüterkauf-Richtlinie nicht vereinbar. Vielmehr beschränkt sich das Recht des Verkäufers darauf, den Käufer bezüglich des Ausbaus der mangelhaften Kaufsache und des Einbaus der als Ersatz gelieferten Kaufsache auf die Kostenerstattung in Höhe eines angemessenen Betrags zu verweisen (§ 475 Abs 4 BGB, in Umsetzung von EuGH 16. 6. 2011 – C-65/09, NJW 2011, 2269; ferner BGH 21. 12. 2011 – VIII ZR 70/08, NJW 2012, 1073 ff; s noch § 280 Rn E 15 ff; dagegen künftig die Einrede der Unverhältnismäßigkeit jedweder Nacherfüllung vorsehend Art 13 Abs 3 Warenkauf-RL und Art 14 Abs 2 Digitale-Dienste-RL, die bis 2021 umzusetzen sind).

4. Keine Entlastung des Schuldners (§ 280 Abs 1 S 2)

C 22 Der Schuldner haftet auch für eine Pflichtverletzung in Gestalt der nicht wie geschuldet erbrachten Leistung grundsätzlich nur dann auf Schadensersatz statt der Leistung, wenn er sich bzgl der Pflichtverletzung nicht entlasten kann. Das ist der Fall, wenn er die Pflichtverletzung zu vertreten hat (§ 280 Abs 1 S 2 BGB; s Rn B 84 ff sowie § 280 Rn D 1 ff). Insofern gilt dieselbe Regelung wie für die Nichtleistung (dazu oben Rn B 84 ff), den nachträglichen Fortfall der Leistungspflicht infolge eines Leistungshindernisses (dazu § 283 Rn 45 ff) und nichtleistungsbezogene Pflichtverletzungen (§ 282 Rn 51). Für den **Bezugspunkt** des Vertretenmüssens gelten die Ausführungen zur Nichtleistung grundsätzlich entsprechend (Rn 85 ff): Auch hier steht zur Diskussion, ob schon die erstmalige Schlechtleistung die für § 280 Abs 1 S 2 BGB relevante Pflichtverletzung darstellen kann oder erst die Nichtbehebung der Schlechtleistung durch Nacherfüllung bis zum Ablauf der Frist. Allerdings verschiebt sich das Meinungsbild deutlich zu Gunsten der hier vertretenen Auffassung, wonach bereits das erste Verfehlen der Leistungspflicht als Pflichtverletzung und damit als möglicher Bezugspunkt des Vertretenmüssens zu werten ist (BGH 29. 4. 2015 – VIII ZR 104/14 Rn 23, NJW 2015, 2244; BGH 17. 10. 2012 – VIII ZR 226/11 Rn 11 ff, NJW 2013, 220; s Canaris DB 2001, 1815, 1816; Faust, in: FS Canaris [2007] 219, 231 f; Looschelders, in: FS Canaris [2007] 737, 746 ff; Tiedke/Schmitt BB 2005, 615, 621 ff; s auch § 280 Rn D 8 ff; Gsell, in: FS Canaris [2007] 338 ff: einheitliche Pflichtverletzung; Benicke/Hellwig NJW 2014, 1697, 1700 f; **aA** Dau-

NER-LIEB, in: FS Konzen [2006] 63 ff; ST LORENZ, in: FS Huber [2006] 423, 429; SCHUR JA 2006, 223, 226). Zur Frage der Darlegungs- und **Beweislast** noch § 280 Rn F 2 ff.

5. Drohende Schlechtleistung als unzumutbare Leistungsgefährdung

Die Grundsätze zum Schadensersatz statt der Leistung wegen unzumutbarer Leistungsgefährdung gelten für die Gefährdung durch eine drohende Schlechtleistung entsprechend. Dabei kann bereits der bloße Verdacht eines Mangels ausreichen (zB Verdacht der Gesundheitsschädlichkeit von einem Zwischenhändler gekaufter Lebensmittel, BGH 16. 4. 1969 – VIII ZR 176/66, NJW 1969, 1171; s ferner BGH 10. 7. 1987 – V ZR 152/86, NJW-RR 1987, 1415 f; BGH 22. 10. 2014 – VIII ZR 195/13, NJW 2015, 544; krit GRUNEWALD, in: FS Konzen [2006] 131 ff). Auf die Ausführungen bei Rn B 182 ff, die entsprechend gelten, wird verwiesen. C 23

III. Rechtsfolge: Schadensersatz statt der Leistung

1. Großer und kleiner Schadensersatz

Zum Schadensersatzanspruch statt der Leistung ist ergänzend (s bereits § 280 Rn E 3 ff, 11 f, 35 ff; oben Rn B 127 ff) Folgendes hervorzuheben. Der Schadensersatz statt der Leistung kann sich bei der nicht wie geschuldet erbrachten Leistung entweder auf den mangelhaften Teil der Leistung (kleiner Schadensersatz) oder auf die Gesamtleistung (großer Schadensersatz) beziehen. Schadensersatz statt der ganzen Leistung kann nicht verlangt werden, wenn die Pflichtverletzung nur unerheblich ist (§ 281 Abs 1 S 3 BGB, vgl Rn C 25 ff). **Anspruchsgrundlage** ist auch für den kleinen Schadensersatz § 281 Abs 1 S 1, 2. Alt BGB (iVm § 280 Abs 1, Abs 3 BGB) mit der Maßgabe, dass der Schaden dann nur „soweit" auszugleichen ist, als die Pflichtverletzung reicht. C 24

2. Kein großer Schadensersatz bei Unerheblichkeit der Pflichtverletzung

Schadensersatz statt der ganzen Leistung (großer Schadensersatz) kann **gem § 281 Abs 1 S 3 BGB** nicht verlangt werden, wenn die Pflichtverletzung unerheblich ist. Gleiches gilt für das Rücktrittrecht nach § 323 Abs 5 S 2 BGB. Der Zweck der Regelung liegt nicht darin, dem Gläubiger bei Bagatellmängeln den vertraglichen Schadensersatz zu nehmen (wie § 459 Abs 1 S 2 aF, so aber HAAS BB 2001, 1313, 1316), sondern bei kleineren Mängeln und Bagatellmängeln eine unverhältnismäßige Rechtsfolge durch die vollständige Liquidierung des Vertrages zu vermeiden (s MÜNCH Jura 2002, 361, 371; MünchKomm/ERNST § 323 Rn 246; FAUST, in: HUBER/FAUST, Schuldrechtsmodernisierung [2002] Rn 3/157 f; LORENZ/RIEHM, Schuldrecht [2002] Rn 218). Diese Gefahr entsteht daraus, dass der Gläubiger bei der Schlechtleistung anders als bei der quantitativen Teilleistung nicht den Fortfall seines Interesses an der Gesamtleistung nachweisen muss, um den Schadensersatz statt der ganzen Leistung fordern zu können (so noch § 281 Abs 1 S 3 RE, BT-Drucks 14/6040, 139 f; geändert mit der Beschlussempfehlung des Rechtsausschusses, BT-Drucks 14/7052, 185; zum RE ALTMEPPEN DB 2001, 1131, 1132). Eine vergleichbare Regelung findet sich bei den **verschuldensunabhängigen Rechten** des Gläubigers im Kaufvertrag: Hier kann der Gläubiger bei unerheblichem Mangel nicht zurücktreten (§ 323 Abs 5 S 2 BGB), das Minderungsrecht bleibt ihm aber (§ 441 Abs 1 S 2 BGB). Gleiches gilt für das Werkvertragsrecht (§ 638 Abs 1 BGB). Entscheidet sich der Gläubi- C 25 ger trotz Rücktrittsmöglichkeit für die **Minderung**, ist daneben nur der der kleine Schadensersatz zulässig (BGH 19. 1. 2017 – VII ZR 235/15 Rn 52 ff, BGHZ 213, 319).

C 26 Dem beschriebenen Zweck entsprechend ist der Begriff der Unerheblichkeit auszulegen. Er ist einerseits nicht gleich zu der **Bagatellgrenze** des § 459 Abs 1 S 2 aF, sondern großzügiger zu ziehen (MünchKomm/Ernst Rn 155 m Verweisung auf § 323 Rn 247; ebenso Henssler/vWestphalen/Dedek, Praxis der Schuldrechtsreform [2003] Rn 52; zur Anwendung des § 323 Abs 5 S 2 BGB in den früheren Fällen des § 459 Abs 1 S 2 aF BGH 8. 5. 2007 – VIII ZR 19/05, NJW 2007, 2111). Nach dieser Regelung war der Käufer bei Bagatellmängeln praktisch rechtlos gestellt, da er kein Recht zu Wandlung oder Minderung hatte und Schadensersatz nach § 463 aF nur bei Arglist oder dem Fehlen einer zugesicherten Eigenschaft möglich war. Daher wurde der Begriff so eng ausgelegt, dass die Norm praktisch funktionslos war (MünchKomm/Ernst Rn 155, § 323 Rn 247; vgl KG 23. 2. 1989 – 12 U 2500/88, NJW-RR 1989, 972).

C 27 Auf der anderen Seite geht es nicht um eine umfassende Interessenabwägung (so aber der Ansatz der Rspr: BGH 28. 5. 2014 – VIII ZR 94/13 Rn 16, 27, NJW 2014, 3229; BGH 26. 10. 2016 – VIII ZR 240/15 Rn 34, NJW 2017, 153). Es kommt vielmehr allein darauf an, wie stark die Gläubigerinteressen beeinträchtigt sind. Insbes auf das **Maß des Verschuldens** kann es so wenig ankommen wie bei § 281 Abs 1 S 2 BGB (anders aber BGH 24. 3. 2006 – V ZR 173/05, NJW 2006, 1960 ff – arglistiges Verschweigen eines objektiv unerheblichen Mangels beim Kaufvertrag begründet dessen Erheblichkeit; ebenso für falsche Angaben „ins Blaue hinein" OLG Hamm 2. 3. 2017 – I-22 U 82/16 Rn 48, NJW-RR 2017, 1013; Palandt/Grüneberg Rn 47; Rösler AcP 207 [2007] 564, 592 ff; wie hier Soergel/Gsell § 323 Rn 216; St Lorenz NJW 2006, 1925 ff mwNw). Erheblich ist die Schlechtleistung in jedem Fall, wenn eine vertraglich **vereinbarte Eigenschaft** fehlt oder die Leistung für eine vertraglich vorausgesetzte Verwendung nicht taugt (restriktiver Erman/Westermann Rn 9, der dies nur im Falle einer Garantie bejaht). Hier muss sich der Gläubiger auf verbleibende anderweitige Verwendungsmöglichkeiten nicht verweisen lassen (zB wenn der Speditionsunternehmer die für den Büchertransport gekauften, aber zu schwachen Kisten für leichtere Transporte verwenden könnte), ebenso wenig darauf, dass die Leistung „objektiv" ihren Preis wert sei (wenn etwa die zum Büchertransport ungeeigneten Kisten wegen ihrer anderweitigen Verwendbarkeit durchaus ihren Preis wert sind). Im Übrigen ist eine Bewertung des Mangels im Verhältnis zur ordnungsgemäßen Leistung erforderlich. Dabei spielt die Behebbarkeit des Mangels eine entscheidende Rolle. Ist der Mangel **nicht behebbar**, wird man nur Bagatellmängel als unerheblich betrachten können (BGH 12. 3. 2008 – VIII ZR 253/05, NJW 2008, 1517, 1518 f – 1 % des Kaufpreises als merkantiler Minderwert ist unerheblich – unter Aufgabe von BGH 10. 10. 2007 – VIII ZR 330/06, NJW 2008, 53, 55, wonach bei Unbehebbarkeit des Mangels ohne weiteres die Erheblichkeit des Mangels anzunehmen sein sollte; OLG Düsseldorf 8. 6. 2005 – I-3 U 12/04, NJW 2005, 2235, 2236; s ferner Rspr zu § 459 Abs 1 S 2 BGB aF; die vorübergehende Behebung führt nicht zur Unerheblichkeit, BGH 5. 11. 2008 – VIII ZR 166/07, NJW 2009, 508, 509: Feuchtigkeit im Innern eines Kfz). Denn hier muss der Gläubiger endgültig mit dem Mangel leben. Bei **behebbaren Mängeln** ist die Grenze großzügiger zu ziehen, da und soweit es „nur" um den Weg der Mangelbeseitigung geht (MünchKomm/Ernst § 323 Rn 251; St Lorenz NJW 2006, 1925 f). Dabei hat die Weigerung des Schuldners, den Mangel zu beseitigen, grundsätzlich keine erhebliche Bedeutung (OLG Koblenz 24. 1. 2008 – 5 U 684/07). Sodann ist die Funktionsbeeinträchtigung wegen der Behebbarkeit grundsätzlich unerheblich, es kommt nur auf die Kosten der Behebung an (BGH 29. 6. 2011 – VIII ZR 202/10, NJW 2011,

2872; **aA** Höpfner NJW 2011, 3693, 3694 f). Ein Mangel, dessen Behebung einen Betrag von **5% des Kaufpreises** übersteigt, ist nach der Rspr des BGH in der Regel nicht mehr unerheblich (BGH 28. 5. 2014 – VIII ZR 94/13 Rn 12, NJW 2014, 3229 m Anm Faust JZ 2015, 149; teilweise großzügiger – 10% – die zuvor ergangene obergerichtliche Rspr, etwa OLG Bamberg 10. 4. 2006 – 4 U 295/05, BeckRS 2006, 04936; deutlich großzügiger MünchKomm/Ernst Rn 243 [mind 20% Minderungsquote] mit zweifelhafter Parallele zur Rechtsprechung zu § 651e aF; dagegen Schmidt-Räntsch, in: FS Wenzel [2005] 409, 418 f; Soergel/Benicke/Hellwig Rn 307 ff; wNw zur Lit BGH 28. 5. 2014 – VIII ZR 94/13, NJW 2014, 3231). Unterhalb dieser Grenze ist der große Schadensersatz idR ausgeschlossen (vgl BGH 28. 5. 2014 – VIII ZR 94/13, NJW 2014, 3231; s ferner BGH 29. 6. 2011 – VIII ZR 202/10, NJW 2011, 2872). Diese Bestimmung der Unerheblichkeit steht nach Auffassung des BGH im Einklang mit den Vorgaben der Verbrauchsgüterkauf-Richtlinie (Art 3 Abs 6, BGH 28. 5. 2014 – VIII ZR 94/13, NJW 2014, 3232 f; zur Richtlinien-Konformität und zu etwaigen Auswirkungen auch auf § 281 Abs 1 S 3 BGB Müller/Matthes AcP 204 [2004] 733 ff). Die uU strengeren Maßstäbe des CISG hält der BGH für nicht übertragbar, da das CISG dem Grundsatz der Vertragserhaltung größeres Gewicht beilege (BGH 28. 5. 2014 – VIII ZR 94/13, NJW 2014, 3233). Ist die hinter einem Mangel(symptom) stehende Ursache (noch) **nicht aufgeklärt**, soll „regelmäßig" nur die vom Mangel(symptom) ausgehende Funktionsbeeinträchtigung für die Bewertung der Erheblichkeit maßgeblich sein (BGH 26. 10. 2016 – VIII ZR 240/15 Rn 27, NJW 2017, 153). Ist schon der Verdacht eines Mangels als Mangel zu werten (zB Salmonellenverdacht bei verkauftem Lebensmittel), muss es auf den von diesem Verdacht ausgehenden Funktionsverlust ankommen (im Beispiel völlige Unbrauchbarkeit des verdächtigen Lebensmittels).

Maßgeblicher **Zeitpunkt** für die Beurteilung der (Un-)Erheblichkeit ist der Zugang **C 28**
des Schadensersatzverlangens gem § 281 Abs 4 BGB (BGH 5. 11. 2008 – VIII ZR 166/07, NJW 2009, 508, 509; BGH 26. 10. 2016 – VIII ZR 240/15 Rn 34, NJW 2017, 153, jeweils zu § 323 Abs 5 S 2 BGB). Stellt sich nach Zugang des Verlangens die Unerheblichkeit des Mangels heraus, berührt dies die Wirksamkeit des Verlangens nicht. Zur Behebung des Mangels nach dem Schadensersatzverlangen Rn B 20. Stellt der Gläubiger bei der Anlieferung, aber vor Annahme der Leistung die Schlechtleistung fest, kann er die **Leistung nicht zurückweisen**, wenn es sich um eine zum Zeitpunkt des Angebots unerhebliche Schlechtleistung handelt und diese *nicht behebbar* ist. Hier wird der Schutz des Gläubigers vor einer mangelfreien Leistung infolge Beschränkung des Leistungsanspruchs gem § 275 BGB (und ggf §§ 439 Abs 4, 635 Abs 3 BGB) auf die mangelhafte Leistung unter gleichzeitiger Beschränkung der Rücktrittsbefugnis (§§ 326 Abs 5, 323 Abs 5 S 2 BGB) und der Befugnis zum großen Schadensersatz gem §§ 281 Abs 1 S 3, 323 Abs 5 S 2 BGB auf Minderung bzw kleinen Schadensersatz reduziert. Ist der Mangel dagegen behebbar, kann der Gläubiger entspr § 266 BGB die Leistung zurückweisen und mangelfreie Leistung fordern (vgl St Lorenz NJW 2013, 1341 ff mwNw). Bleibt das Angebot der mangelfreien Leistung aus, kann der Gläubiger wegen Nichtleistung Schadensersatz gem § 281 Abs 1 S 1, 1. Alt BGB verlangen bzw zurücktreten (§ 323 Abs 1, 1. Alt BGB).

3. Schadensersatz wegen vorzeitiger Vertragsauflösung bei Dauerschuldverhältnissen

Bei Dauerschuldverhältnissen kann der Gläubiger einerseits bzgl der **Einzelleistung** **C 29**
Schadensersatz statt der Leistung gem §§ 280 Abs 1, Abs 3, 281 Abs 1 S 1 BGB

fordern, wenn diese nicht oder nicht wie geschuldet erfolgt ist. Darüber hinaus kommt ein Schadensersatz statt der Leistung bezüglich der gesamten im Dauerschuldverhältnis angelegten Leistungspflicht in Betracht. Dies kann einmal die bereits einwandfrei erbrachten Einzelleistungen betreffen: Besteht ausnahmsweise ein **Gesamtleistungsinteresse**, das infolge einer einzelnen Schlechtleistung entfallen ist (zB auf Dauer abonniertes Loseblattwerk, wenn Einzellieferungen aufeinander aufbauen, eine Einzellieferung genügt nicht der geschuldeten Qualität), kann der Gläubiger gem §§ 280 Abs 1, Abs 3, 281 Abs 1 S 1 2. Alt, Abs 1 S 2 BGB Schadensersatz bezüglich der bereits erfolgten und noch zu erwartender Lieferungen fordern. IdR besteht bei Dauerschuldverhältnissen ein solches Gesamtleistungsinteresse nicht, so dass die in der Vergangenheit einwandfrei erbrachten Einzelleistungen von einer schlechten Einzelleistung nicht betroffen werden. Wohl aber kann eine gestörte Einzelleistung oder können mehrere gestörte Einzelleistungen die weitere Bindung an die Leistungspflicht unzumutbar machen (Rn B 173). Dann kann der Gläubiger Schadensersatz statt der Leistung im Hinblick (auch) auf die **künftigen Einzelleistungen** verlangen. Ein darauf gerichtetes Schadensersatzverlangen hat zwar nicht ohne Weiteres dieselbe Wirkung wie eine Kündigung des Dauerschuldverhältnisses, da es sich auf die jeweilige Leistungspflicht bzw Gegenleistungspflicht bezieht. Doch führt der Fortfall der wichtigsten Leistungspflichten und ggf auch noch etwaiger Nebenleistungspflichten (Rn D 19 f) idR zu einem vergleichbaren Resultat, dass nämlich der Schadensersatz statt der Leistung sich hier vor allem auf den durch die vorzeitige Beendigung der Leistungspflichten verursachten Schaden **(„Auflösungsschaden")** richtet (zur Einordnung in die §§ 280 ff und den Umfang näher § 280 Rn E 62 ff). Die Kündigung ist nicht Voraussetzung des Anspruchs auf Schadensersatz statt der Leistung (vgl § 314 Abs 4 BGB), solange es nicht um den Auflösungsschaden geht. Zu beachten sind hinsichtlich des Auflösungsschadens **Sonderregelungen** für gesetzlich typisierte Dauerschuldverhältnisse (insbes § 490 BGB, § 628 BGB, § 89b HGB). Sie knüpfen an vorherige Kündigungen an, deren Voraussetzungen näher geregelt sind. Hier wird man bzgl der Kündigung idR von einer speziellen, das allgemeine Kündigungsrecht (§ 314 BGB) insoweit verdrängenden Wirkung auszugehen haben. Für den Schadensersatzanspruch ist im Einzelfall zu prüfen, ob und inwieweit diese besonderen Regelungen den allgemeinen vorgehen.

IV. Abdingbarkeit

C 30 Zur Abdingbarkeit s die Ausführungen zu Rn B 206 ff. Bei der nicht wie geschuldet erbrachten Leistung sind im Bereich des **Verbrauchsgüterkaufs** (§ 474 BGB) dessen Besonderheiten zu beachten. Kauft ein Verbraucher von einem Unternehmer eine bewegliche Sache, so darf von den in § 476 BGB genannten Vorschriften vor Mitteilung des Mangels nicht zum Nachteil des Verbrauchers abgewichen werden. Dies gilt gem § 478 Abs 2 BGB auch für den Verkäufer gegenüber dem Verkäufer, der ihm die Sache verkauft hat (Lieferanten), wenn ihm nicht ein gleichwertiger Ausgleich eingeräumt worden ist. Dasselbe gilt wiederum für die Ansprüche des Lieferanten gegenüber seinem Lieferanten usf bis hin zum „Letztverantwortlichen", wenn der Lieferant jeweils als Unternehmer agiert (§ 478 Abs 3 BGB). Diese Abweichungsverbote gelten nach § 478 Abs 2 S 2 BGB nicht für einen Ausschluss oder die Beschränkung von Schadensersatzansprüchen. Der zum 1. 1. 2018 in Kraft getretene allgemeine Regress in der **Lieferkette** gem §§ 445a, 445b BGB, der für Kaufverträge über neu hergestellte Sachen unabhängig davon gilt, ob es sich um einen Verbrauchsgüterkauf handelt, ist dagegen abdingbar (krit Fries AcP 217, 534, 575; zu den Grenzen der Abdingbarkeit durch AGB Mediger NJW 2018, 577 ff).

D. Ausschluss des Leistungsanspruchs (§ 281 Abs 4)

I. Die Rechtslage nach Eintritt der Voraussetzungen gem § 281 Abs 1–Abs 3

1. Kein Fortfall des Leistungsanspruchs ipso iure

Der Anspruch des Gläubigers auf die (Primär-)Leistung entfällt gem § 281 Abs 4 BGB nicht ipso iure mit fruchtlosem Ablauf der Nachfrist (ebenso Art 47, 49 CISG) bzw Eintritt der Voraussetzungen gem § 281 Abs 2 u Abs 3 BGB bzw mit Eintritt einer unzumutbaren Gefährdung der Leistung (Rn B 182 ff u C 23), sondern erst mit dem Verlangen nach Schadensersatz statt der Leistung – im Unterschied zu § 326 Abs 1 S 2 aF, wonach bereits mit Fristablauf der Leistungsanspruch unterging. Der Gläubiger kann an der Leistungspflicht festhalten, ggf auf Leistung klagen und daneben ggf den Verzögerungsschaden ersetzt verlangen (§§ 280 Abs 1, Abs 2, 286 Abs 1 BGB). Er hat seinerseits dem Schuldner eine etwaige Gegenleistung anzubieten (§ 320 BGB). **D 1**

2. Schadensersatzbefugnis und Wahlrecht des Gläubigers

Mit Eintritt der Voraussetzungen gem § 281 Abs 1–Abs 3 BGB erhält der Gläubiger die **Befugnis**, Schadensersatz statt der Leistung verlangen zu können. Diese Befugnis ist zu unterscheiden von dem eigentlichen Schadensersatzanspruch. Der Schadensersatzanspruch entsteht nicht ipso iure mit Vorliegen der Voraussetzungen gem § 281 Abs 1–Abs 3 BGB, sondern erst mit dem Schadensersatzverlangen (unten Rn D 8 ff). Schon für die Befugnis, Schadensersatz verlangen zu können, müssen alle Voraussetzungen des Schadensersatzanspruchs (außer das Schadensersatzverlangen) vorliegen, auch die fehlende Exkulpation (Vertretenmüssen) des Schuldners gem § 280 Abs 1 S 2 BGB (zutr Kohler Jura 2014, 873, 875 f mwNw). Allerdings wird ein wegen Exkulpation unwirksames Schadensersatzverlangen oft zur Rücktritts- oder Kündigungserklärung umgedeutet (§ 140 BGB) werden können. Ein Verzicht auf den Erfüllungsanspruch liegt im unwirksamen Schadensersatzverlangen schon deshalb nicht, weil auf Ansprüche nicht einseitig verzichtet werden kann; ein Angebot auf einen Erlass (§ 397 BGB) im Regelfall auch nicht, da der Gläubiger bei Kenntnis der Unwirksamkeit des Verlangens im Zweifel am Erfüllungsanspruch würde festhalten wollen, wenn nicht das Verlangen sich in einen wirksamen Rücktritt umdeuten lässt. Unberührt von der Schadensersatzbefugnis bzw ihrer Geltendmachung bleibt ein Anspruch auf Ersatz des Verzögerungsschadens (vgl für den Schadensersatzanspruch statt der Leistung Rn B 146 f; vgl auch Derleder/Zänker NJW 2003, 2777 ff) oder des Integritätsschadens (vgl Rn B 3, C 2, 4). Die verschiedenen Rechte des Gläubigers aus der Verletzung der Leistungspflicht sind nicht Gegenstand einer Wahlschuld, sondern stehen in „elektiver Konkurrenz“ (vgl BGH 20. 1. 2006 – V ZR 124/05, NJW 2006, 1198 f; zum alten Recht RGZ 85, 280, 282; Bressler NJW 2004, 3382 f; für Wahlschuld Schwab JR 2003, 133, 134 f). **D 2**

3. Zurückweisungsbefugnis des Gläubigers

D 3 Ob der Gläubiger **nach Eintritt** der Voraussetzungen gem § 281 Abs 1–Abs 3 BGB eine ihm vor dem Schadensersatzverlangen angebotene ordnungsgemäße Leistung annehmen muss bzw die Schadensersatzbefugnis gem § 281 Abs 4 BGB mit dem Leistungsangebot des Schuldners entfällt, ist **umstritten**. Bei den an den Gesetzesberatungen Beteiligten herrschte wohl die Vorstellung vor, der Gläubiger müsse die Leistung annehmen (vgl BT-Drucks 14/6040, 140, wo die Leistungserbringung als Mittel zur Beseitigung der Schwebelage angesprochen wird; Finn ZGS 2004, 32, 37). Ein **Teil der Literatur** gewährt dementsprechend dem Schuldner die Befugnis, die Leistung bis zum Zugang des Schadensersatzverlangens erbringen zu dürfen (Erman/Westermann Rn 21; MünchKomm/Ernst Rn 89; Palandt/Grüneberg Rn 49; Heinrichs, in: FS Derleder [2005] 87, 107; Jacobs, in: FS Otto [2008] 137, 141 ff; relativierend Faust, in: FS Huber [2008] 239, 246 ff; dem Gläubiger eine „hinreichende Überlegungsfrist" zugestehend und erst danach die Erfüllungsbefugnis des Schuldners/Annahmeobliegenheit des Gläubigers bejahend Kohler Jura 2014, 873, 878 f). Dafür lässt sich anführen, dass der Leistungsanspruch erst mit dem Schadensersatzverlangen entfällt (Abs 4) und dass zum Anspruch grundsätzlich auch dessen Erfüllbarkeit gehört. Doch würde das Recht des Gläubigers, Schadensersatz verlangen zu können, damit von einer Voraussetzung abhängig gemacht, die der Gesetzeswortlaut (§ 281 Abs 1–Abs 3 BGB) nicht vorsieht, dass nämlich der Schuldner die Leistung nicht vor dem Schadensersatzverlangen angeboten haben darf. Vor allem aber stünde die Fortdauer der Erfüllbarkeit in einem **sachlichen Widerspruch** zu den Wertungen, auf denen die Schadensersatzbefugnis gem § 281 Abs 1–Abs 3 BGB beruht. Mit Vorliegen dieser Voraussetzungen steht fest, dass das Interesse des Schuldners an der Erbringung der Leistung nicht mehr schutzwürdig ist. Vielmehr soll jetzt allein das Interesse des Gläubigers bzw dessen Wille über den Fortbestand der Leistungspflicht entscheiden. Damit ist eine gleichwohl bestehende, noch dazu vom Zufall des zeitlichen Ablaufs abhängige Befugnis des Schuldners, die Leistung doch noch erbringen zu dürfen, nicht vereinbar. Dies wird besonders deutlich, wenn die Schadensersatzbefugnis gem § 281 Abs 2 BGB darauf beruht, dass das Interesse des Gläubigers an der Leistung entfallen ist oder die Entgegennahme ihm gem § 282 BGB nicht zuzumuten ist (§ 282 Rn 52): Hier zwänge man den Gläubiger zur Entgegennahme einer für ihn nutzlosen oder unzumutbaren Leistung nur deshalb, weil der Schuldner dem Schadensersatzverlangen mit seinem Angebot zuvorgekommen ist. Ein Erfüllungsrecht des Schuldners würde zudem einen **Anreiz** zu einem übereilten Schadensersatzverlangen setzen, da der Gläubiger befürchten müsste, seine Schadensersatzbefugnis im Wettlauf mit dem Schuldner zu verlieren. Die Abkehr des Reformgesetzgebers vom vormaligen automatischen Fortfall des Leistungsanspruchs (Rn A 14 u D 1) zielt aber gerade darauf, dem Gläubiger eine überlegte Entscheidung zu ermöglichen. Dem Gläubiger ist daher die **Befugnis zur Zurückweisung** der Leistung zuzubilligen (ebenso BGH 27. 2. 2003 – VII ZR 338/01, NJW 2003, 1526 f – auch für das neue Recht; Gsell JbJZivRWiss 2001, 105, 115; Canaris Karlsruher Forum 2002, 5, 49; Finn ZGS 2004, 32, 33 ff mwNw). Die Zurückweisung der Leistung ist nicht gleichbedeutend mit dem Schadensersatzverlangen. Der Gläubiger ist aus den vorgenannten Gründen nicht verpflichtet, sich bei Angebot der Leistung sofort für oder gegen den Schadensersatz zu entscheiden und gerät durch Zurückweisung ohne gleichzeitigem Schadensersatzverlangen auch nicht in Annahmeverzug (so aber Derleder/Hoolmans NJW 2004, 2787, 2790; wie hier Kohler Jura 2014, 873, 880). Das Risiko eines vergeblichen tatsächlichen Angebots liegt nach Eintritt der Voraussetzungen gem § 281 Abs 1–Abs 3 BGB beim Schuldner. Das richtige Mittel zur Beseitigung der Schwebelage ist die Fristsetzung durch den Schuldner (Rn D 6). Sie gibt dem Schuldner die Möglichkeit zur Klärung der Lage, ohne das Risiko eines vergeblichen Angebots auf sich nehmen zu müssen.

Die Zurückweisungsbefugnis besteht auch dann, wenn der Schuldner **erhebliche Nachteile** dadurch erleidet, dass er nach Entstehung der Schadensersatzbefugnis ohne Kenntnis des Gläubigers seine Leistung doch noch im Wesentlichen fertigstellt, ein Verbleiben der Leistung beim Schuldner aber nicht möglich bzw mit Zerstörung des Leistungssubstrats verbunden wäre (zB Lackierung eines Kfz, vgl Finn ZGS 2004, 32, 36 f). Fehldispositionen nach Eintritt der Voraussetzungen gem § 281 Abs 1–Abs 3 BGB sind grundsätzlich das Risiko des Schuldners, nicht des Gläubigers (iE **aA** Finn ZGS 2004, 32, 36 f). Andernfalls entstünden Wertungswidersprüche, zB wenn man den Gläubiger zur Entgegennahme einer Leistung zwänge, an der er infolge der Nichteinhaltung der Leistungszeit kein Interesse mehr hat (es handele sich im og Beispiel um eine Speziallackierung, die der Gläubiger nach Wünschen eines Drittkäufers anfertigen ließ, der Drittkäufer ist infolge der Verzögerung vom Kaufvertrag zurückgetreten). Eine Ausnahme ist zu machen, wenn die Zurückweisung der Leistung **rechtsmissbräuchlich** wäre. Davon ist im Falle der nicht mehr rückgängig zu machenden Leistung auszugehen, wenn das Interesse des Gläubigers an der Leistung trotz Ablauf der Nachfrist nicht entfallen ist (Rn B 101 ff) und die Annahme der Leistung ihm auch sonst zuzumuten ist (Rn B 182). Im Übrigen kann ein Ausgleich ggf nach §§ 812 ff BGB („aufgedrängte Bereicherung") erfolgen. **D 4**

Die Zurückweisungsbefugnis ist zu trennen von der Frage, ob eine einmal entstandene Schadensersatzbefugnis **wieder entfallen** kann, wenn einzelne tatbestandliche Voraussetzungen der Schadensersatzbefugnis fortfallen. Dies ist grundsätzlich zu bejahen, denn die Voraussetzungen des Schadensersatzanspruchs müssen zum Zeitpunkt des Schadensersatzverlangens gem § 281 Abs 4 BGB (noch) vorliegen. Das tatsächliche Angebot der Leistung durch den Schuldner hat auf das Vorliegen der tatbestandlichen Voraussetzungen aber grundsätzlich keinen Einfluss (zB wird der Fortfall des Leistungsinteresses nicht deshalb beseitigt, weil der Schuldner nun die Leistung anbietet; zur Bedeutung des Angebots für eine vorherige Leistungsverweigerung und die darauf gestützte Schadensersatzbefugnis s Rn B 98). **D 5**

4. Beendigung der Schwebelage durch den Schuldner

Die mit Eintritt der Voraussetzungen gem § 281 Abs 1–Abs 3 BGB entstehende Schadensersatzbefugnis (Rn D 2) ist nicht zeitlich befristet. Da der Schuldner die Schwebelage auch nicht durch Anbieten der Leistung beenden kann (Rn D 3), wäre der Schuldner über längere Zeit (bis zur Grenze des Missbrauchs) mit der Ungewissheit über die Entscheidung des Gläubigers belastet. In vergleichbaren Konstellationen gibt das Gesetz dem Schuldner das Recht, den Berechtigten unter Setzung einer angemessenen Frist zur Entscheidung aufzufordern mit der Folge, dass hernach die Befugnis des Gläubigers entfällt (vgl §§ 264 Abs 2, 350 BGB; s auch §§ 108 Abs 2, 177 Abs 2 BGB). Auf eine vergleichbare Regelung für § 281 BGB bzw § 323 BGB ist verzichtet worden in der unzutreffenden Annahme, der Schuldner könne die Schwebelage durch das Anbieten der Leistung beenden (s oben Rn D 3; vgl BT-Drucks 14/6040, 140; Finn ZGS 2004, 32, 37). Vor diesem Hintergrund erscheint es angesichts der **D 6** nicht zu rechtfertigenden Belastung des Schuldners mit einer über eine angemessene Frist hinausgehenden Ungewissheit geboten, den in den §§ 350, 264 Abs 2 BGB (siehe auch Art 73 Abs 2 CISG; Art 9:303 Abs 2 PECL; Art 7. 3. 2 Abs 2 UNIDROIT) zum Ausdruck kommenden Rechtsgedanken in der vorliegenden Situation zur Geltung zu bringen und dem Schuldner das Recht zu geben, dem Gläubiger eine angemessene **Frist zur Erklärung über das Schadensersatzverlangen** zu setzen. Wie dem Gläubiger die Ungewissheit nicht zuzumuten ist, ob er die Leistung erhält (Leistungsgefährdung, Rn B 182), so ist dem Schuldner die Ungewissheit nicht zuzumuten, ob er die Leistung erbringen darf. Wie der Gläubiger durch Setzung einer Frist Klärung erzielen darf (Rn B 193), muss dies auch dem Schuldner möglich sein. Lässt der Gläubiger demnach die angemessene Frist verstreichen, entfällt die Schadensersatzbefugnis und der Schuldner kann die Leistung erbringen (iE ebenfalls Krause Jura 2002, 299, 301; Schwab JR 2003, 133, 134 f, 136; Heinrichs, in: FS Derleder [2005] 57, 107; ebenfalls, aber beschränkt auf gegenseitige Verträge MünchKomm/Ernst Rn 105 u § 323 Rn 152; differenzierend NK-BGB/Hager § 350 Rn 1). An der **Gegenmeinung**, die die Schadensersatzbefugnis nur durch das Verbot des Rechtsmissbrauchs eingeschränkt sieht (BeckOK-BGB/H Schmidt [1. 2. 2019] § 323 Rn 39; Jacobs, in: FS Otto [2008] 137, 142 ff, anders aber für den Fall der Insolvenz des Schuldners, 149 f), ist zutreffend, dass das Schadensersatzverlangen gegen Treu und Glauben (§ 242 BGB) verstoßen kann, wenn der Gläubiger erhebliche Zeit verstreichen lässt und ausreichende Gründe dafür nicht vorliegen. Aber sie lässt das Problem der Ungewissheit für den Schuldner ungelöst. Die von Kohler vorgeschlagene Analogie zu **§ 314 Abs 3 BGB** (Kohler Jura 2014, 872, 883 f) kommt der hier vertretenen Lösung nahe, da der Gläubiger in „angemessener Frist" ab Kenntnis von der Schadensersatzbefugnis Schadensersatz verlangen muss, ist aber mit Nachteilen für beide Seiten verbunden. Dem Schuldner gewährt sie ein deutlich geringeres Maß an Kalkulierbarkeit. Den Gläubiger bringt sie um seine Rechte, ohne dass der Schuldner noch etwas unternehmen müsste, was sich weiter von der gesetzgeberischen Vorstellung, nach welcher der Schuldner am Zuge ist, entfernt als die hier vertretene Position, die dem Schuldner eine Fristsetzung abverlangt. Im Übrigen ist die zeitliche Beschränkung der Gläubigerbefugnis in § 314 Abs 3 BGB der besonderen Situation des Dauerschuldverhältnisses und dessen außerordentlicher Beendigung geschuldet.

5. Leistungsverlangen nach Entstehung der Schadensersatzbefugnis

D 7 Ein Leistungsverlangen des Gläubigers nach Entstehung der Schadensersatzbefugnis gem § 281 Abs 1–Abs 3 BGB **lässt die Schadensersatzbefugnis unberührt** (BGH 20. 1. 2006 – V ZR 124/05, NJW 2006, 1198 f; Althammer ZGS 2005, 375 ff; BeckOK-BGB/Lorenz [1. 2. 2019] § 262 Rn 7; MünchKomm/Ernst Rn 108; Palandt/Grüneberg Rn 49; PWW/Schmidt-Kessel Rn 24; **aA** OLG Celle 17. 5. 2005 – 16 U 232/04, NJW 2005, 2094, 2095; Schwab JR 2003, 133, 135). In Ermangelung einer besonderen gesetzlichen Regelung richtet sich die rechtliche Wirkung des Verlangens nach allgemeinen Regeln (im Ansatz verfehlt OLG Celle 17. 5. 2005 – 16 U 232/04, NJW 2005, 2094, 2095). Danach kann das Verlangen der Leistung nachteilige Auswirkungen auf die Schadensersatzbefugnis nur haben, wenn es als konkludent erklärter einseitiger Verzicht auf diese Befugnis zu verstehen ist. Das ist idR nicht der Fall, auch dann nicht, wenn der Gläubiger den Leistungsanspruch klageweise geltend macht (vgl aber – zum alten Recht – BGH 8. 11. 1984 – VII ZR 42/84, NJW 1985, 438; s auch Wertenbruch AcP 193 [1993] 191, 197): Zum einen besteht kein logischer Widerspruch zwischen diesem Verlangen und dem Fortbestehen der Schadensersatzbefugnis, zum anderen entspricht es den Interessen des Gläubigers, angesichts des ungewissen Erfolges des Leistungsverlangens nicht ohne Not die Befugnis zu sofortigem Schadensersatz aufzugeben (davon zu trennen die Bedeutung des Leistungsverlangens im Falle der Leistungsverweigerung, s Rn B 99). Allerdings muss sich der Leistung einfordernde Gläubiger insoweit an seine Erklärung binden lassen, dass er dem Schuldner auch tatsächlich die Gelegenheit gibt, die **Leistung zu erbringen**; während des Zeitraums, der ab Zugang des Leistungsverlangens zur sofortigen Erbringung der Leistung üblicherweise erforderlich ist, ist die Befugnis des Gläubigers, die ihm ordnungsgemäß angebotene Leistung zurückweisen zu dürfen bzw Schadensersatz verlangen zu können, nach Treu und Glauben (§ 242 BGB) suspendiert (MünchKomm/Ernst Rn 107; Althammer ZGS 2005, 375, 377; ders NJW 2006, 1179 ff; Jacobs, in: FS Otto [2008] 137, 153 f; vgl auch BT-Drucks 14/6040, 7 und BT-Drucks 14/7052, 185). Lehnt der Gläubiger die ihm während dieser Zeit angebotene Leistung ab, gerät er in Annahmeverzug (§§ 293 ff BGB), womit der Tatbestand der „Nichtleistung" bzw der „Schlechtleistung" im Sinne der §§ 281, 323 BGB entfällt und damit auch die Befugnis zum Schadensersatz bzw Rücktritt. Der Fortbestand des Leistungsanspruchs lässt einen etwaigen Anspruch auf **Ersatz des Verzögerungsschadens** unberührt (vgl RG 1. 6. 1910 – V 334/09, JW 1910, 751, 752). Aus dem Vorstehenden folgt, dass auch anderes Verhalten des Gläubigers, das nach Ablauf der Nachfrist auf Erlangung der Primärleistung gerichtet ist, im Zweifel nicht als Verzicht auf die entstandene Schadensersatzbefugnis zu verstehen ist. Erst recht gilt dies für Verhaltensweisen, die mehrdeutig sind und auch als Vorbereitung eines Schadensersatzprozesses verstanden werden können wie zB die Durchführung eines Beweissicherungsverfahrens oder **Güteverhandlungen** (OLG München 6. 12. 2016 – 28 U 2388/16 Rn 130, juris).

II. Das Schadensersatzverlangen

1. Rechtsnatur

Das Schadensersatzverlangen besteht in einer **Erklärung des Gläubigers** an den Schuldner. Es erzeugt rechtliche Wirkungen nur, wenn dem Gläubiger eine Schadensersatzbefugnis gem § 281 Abs 1–Abs 3 BGB zusteht. Ein unberechtigtes Verlangen kann, soweit der Gläubiger seinerseits Schuldner (der Gegenleistung) ist, nach allgemeinen Grundsätzen (Rn B 91 ff) uU eine Leistungsverweigerung darstellen und den Schuldner als Gläubiger der Gegenleistung zu Schadensersatz bzw Rücktritt berechtigen. D 8

Zweifelhaft ist, ob es sich bei dem Verlangen gem § 281 Abs 4 BGB um eine *Willenserklärung* handelt (dafür Krause Jura 2002, 299, 301). Dies setzt voraus, dass die Erklärung auf eine Rechtsfolge abzielt und die Rechtsfolge kraft des Rechtsfolgewillens eintritt. Der Vergleich zum Rücktrittsrecht gem § 323 BGB spricht dafür, das Schadensersatzverlangen nicht als Willenserklärung aufzufassen: Während das Gesetz beim Rücktritt nur die Folgen der Beseitigung der Leistungspflicht regelt (§ 346 BGB), nicht aber die Beseitigung selbst, wird beim Schadensersatzverlangen die Beseitigung der Leistungspflicht vom Gesetz angeordnet (Abs 4), ebenso die Entstehung des Schadensersatzanspruchs (Abs 1). Dies empfindet die typische Willenslage des Gläubigers nach: Beim Rücktritt will der Gläubiger die Beseitigung der Leistungspflicht als eigentliches Ziel, beim Schadensersatzverlangen ist dies und die Entstehung des Schadensersatzanspruchs nur ein dem Gläubiger idR nicht bewusster Zwischenschritt zum eigentlichen Ziel, den Schadensersatz zu erhalten. Das Schadensersatzverlangen ist somit lediglich eine **rechtsgeschäftsähnliche Erklärung** (MünchKomm/Ernst Rn 99; Palandt/Grüneberg Rn 50; BeckOK-BGB/Lorenz [1. 2. 2019] Rn 54). Gleichwohl kann man die Erklärung als gestaltende bezeichnen, da unzweifelhaft eine Gestaltungswirkung von ihr ausgeht, wenn auch kraft Gesetzes.

D 9 Das Schadensersatzverlangen wird **analog § 130 BGB** mit Zugang beim Schuldner wirksam. Es ist danach nicht mehr widerruflich. Einseitige Erklärungen des Gläubigers über die „Rücknahme" des Verlangens sind insoweit unerheblich, können aber als an den Schuldner gerichtetes Angebot auf einvernehmliche **Wiederherstellung** des untergegangenen Leistungsanspruchs und auf gleichzeitigen Erlass (§ 397 BGB) des Schadensersatzanspruchs gedeutet werden, die der Annahme durch den Schuldner bedarf. Lässt der Gläubiger nach erklärtem Schadensersatzverlangen die Beseitigung des Mangels durch den Schuldner geschehen, ohne seine Zustimmung erklärt zu haben, liegt darin keine Wiederherstellung des untergegangenen Leistungsanspruchs; der Gläubiger ist auch nicht gem § 242 BGB gehindert, am Schadensersatzverlangen festzuhalten (vgl BGH 5. 11. 2008 – VIII ZR 166/07, NJW 2009, 508, 509 – zum Rücktritt, übertragbar). Inwieweit bei einer einvernehmlichen Wiederherstellung einzelne **Formvorschriften** nach ihrem Sinn und Zweck Beachtung verlangen, muss nach Maßgabe der jeweiligen Norm entschieden werden (bejahend zu § 311b BGB = § 313 aF RGZ 107, 345, 349; BGHZ 20, 338; BGH 25. 6. 1999 – V ZR 190/98, NJW 1999, 3115, 3116; **aA** Peters JR 1998, 186, 190; vgl ferner für die insoweit parallele Situation beim Rücktritt Staudinger/Schwarze [2015] § 323 Rn D 8 ff). Der Gläubiger kann nach hier vertretener Auffassung vom zuerst verlangten kleinen Schadensersatz zum großen Schadensersatz **wechseln**, solange der Schuldner noch nicht disponiert bzw nicht nur unerhebliche Aufwendungen im Vertrauen auf die Rechtslage betrieben hat (vgl Staudinger/Schwarze [2015] § 325 Rn 49; **anders** BGH 9. 5. 2018 – VIII ZR 26/17 Rn 19, BGHZ 218, 320, allerdings fraglich, ob übertragbar wegen dort zugleich erklärter Minderung). Er kann dagegen nicht vom zuerst verlangten großen zum kleinen Schadensersatz wechseln, da dies auf einen Teil-Widerruf des Schadensersatzverlangens hinausliefe.

2. Inhalt des Schadensersatzverlangens

D 10 Das Verlangen kann ausdrücklich oder konkludent erklärt werden. Es muss deutlich machen, dass der verlangte Schadens- oder Aufwendungsersatz **statt der Leistung** verlangt wird; für die Wirksamkeit nicht erforderlich ist Benennung eines bestimmten Schadensbetrages oder der Art der Schadensberechnung (Austausch- oder Differenzmethode). Es muss nur deutlich werden, dass Schadensersatz gefordert wird und die Leistung nicht mehr erbracht werden soll. Erkennbar sein muss bei einer Teilstörung (Teilnichtleistung, Schlechtleistung), ob der Gläubiger Schadensersatz statt der **ganzen** Leistung oder nur bezüglich des gestörten Teils verlangt, wenn er auch den großen Schadensersatz zu fordern berechtigt ist (zum ius variandi Rn D 9). Die Erhebung der Schadensersatzklage bzw die Beantragung eines entsprechenden Mahnbescheides ist als Schadensersatzverlangen zu verstehen (zur Verbindung mit Klage auf Primärleistung s Rn F 16). Ebenso kann die **Aufrechnung** mit Mängelbeseitigungskosten als Schadensersatzverlangen zu werten sein (BGH 19. 6. 2013 – VII ZR 188/11, NJW-RR 2013, 1105; Palandt/Grüneberg Rn 50). Das Verlangen auf Ersatz des Verzögerungsschadens bzw verzögerungsähnlicher Schäden (§ 280 Rn E 14) oder auf Ersatz des Integritätsschadens ist dagegen kein Verlangen im Sinne des Gesetzes und lässt die Leistungspflicht nicht entfallen. Existieren **mehrere** Leistungspflichten oder soll Schadensersatz nur hinsichtlich eines Teils der Leistung gefordert werden, bedarf das Verlangen einer entsprechenden Spezifizierung. Bei einem **Sukzessivlieferungsvertrag** muss deutlich zum Ausdruck gebracht werden, ob sich das Schadensersatzverlangen zugleich auf alle zukünftigen Lieferungen beziehen soll (s Rn A 43 u B 176 ff). Eine irrtümlich zu weit gehende Erklärung kann der Gläubiger nicht nachträglich korrigieren, aber wegen Irrtums analog §§ 119 ff BGB anfechten, wenn es sich um einen nach diesen Vorschriften erheblichen Willensmangel handelt.

Die Erklärung darf die **Endgültigkeit** des Verlangens nicht in Frage stellen. Ankündigungen genügen nicht (zB weitere Rechte bis hin zum Schadensersatz geltend machen zu wollen, vgl BT-Drucks 14/6040, 141), ebenso nicht die Androhung, Schadensersatz verlangen zu wollen. **D 11**

Dem Schadensersatzverlangen steht es gleich, wenn der Gläubiger **Ersatz vergeblicher Aufwendungen** auf die Leistung verlangt (vgl § 284 Rn 55; Erman/Westermann § 284 Rn 4; MünchKomm/Ernst § 284 Rn 14), wobei es gleichgültig ist, ob er diese im Rahmen des Schadensersatzes statt der Leistung (§ 280 Rn E 115 ff) oder gem § 284 BGB abrechnen will. IdR wird aus der Art der Aufwendungen und der Vergeblichkeit für den Schuldner erkennbar sein, dass diese „statt" der Leistung verlangt werden. Für das Verlangen nach Aufwendungsersatz gem §§ 634 Nr 2, 637 Abs 1 BGB gilt dies nicht (vgl Staudinger/Peters/Jacoby [2014] § 634 Rn 73; **aA** Derleder NJW 2003, 998, 1003); der Ersatz dieser der Beseitigung von Mängeln dienenden Aufwendungen hat keinen Zusammenhang mit dem Fortfall der Leistungspflicht und kann daher auch nicht so verstanden werden. Dasselbe gilt für § 439 Abs 2, Abs 3 bzw § 445a BGB. **D 12**

Der Gläubiger kann das Schadensersatzverlangen mit dem **Rücktritt** vom Vertrag verbinden (§ 325 BGB); dann wird nicht nur die einzelne Leistungspflicht bzw Gegenleistungspflicht, sondern der Vertrag insgesamt aufgehoben; ferner hat der Rücktritt Auswirkungen auf die Berechnung des Schadensersatzes im gegenseitigen Vertrag (§ 280 Rn E 44 ff). **D 13**

3. Zeitpunkt des Schadensersatzverlangens

Das Schadensersatzverlangen ist grundsätzlich **nach Eintritt der Voraussetzungen** gem § 281 Abs 1–Abs 3 BGB zu erklären, also nach Ablauf der Frist bzw nach Eintritt der für die Entbehrlichkeit der Fristsetzung erheblichen Umstände gem § 281 Abs 2 BGB bzw nach nochmaligem Pflichtverstoß auf eine vorher erfolgte Abmahnung gem § 281 Abs 3 BGB. Im Falle der Leistungsgefährdung kann Schadensersatz nach Eintritt der Voraussetzungen für eine rechtlich erhebliche Gefährdung (Rn B 182 ff) verlangt werden. **D 14**

Der Gläubiger kann das Verlangen mit der **Fristsetzung** bzw der Abmahnung **verbinden**, wenn er das Verlangen einzig daran knüpft, dass der Schuldner nach Ablauf der Frist nicht ordnungsgemäß geleistet haben wird bzw dass nach Abmahnung eine weitere einschlägige Pflichtverletzung erfolgt. Der Eintritt der Voraussetzungen hängt hier allein vom Verhalten des Schuldners ab. Im Falle des § 281 Abs 2, 2. Alt **D 15**

BGB ist eine solches Schadensersatzverlangen „auf Vorrat" nicht anzuerkennen, denn die maßgeblichen Umstände liegen im Wesentlichen in der Sphäre des Gläubigers (Rn B 100 ff) und sind jedenfalls für den Schuldner nicht mit der nötigen Sicherheit zu erkennen.

4. Schadensersatzverlangen bei Drittbeteiligung

D 16 Zur Ausübung des Rechts, Schadensersatz zu verlangen, kann im Fall der **Abtretung** auf die Ausführungen zur Fristsetzung (Rn B 23) sowie zum Rücktrittsrecht (Staudinger/Schwarze [2015] § 323 Rn D 17 f) verwiesen werden. Beim **echten Vertrag zugunsten Dritter** steht das Recht entsprechend den obigen Überlegungen (s Rn B 24, B 152; zum Rücktrittsrecht Staudinger/Schwarze [2015] § 323 Rn D 20) dem Dritten zu (anders RGZ 101, 275, 176 f für das Rücktrittsrecht, wo der Rücktritt durch den Versprechensempfänger bei einem unwiderruflichen Recht des Dritten immerhin an dessen Zustimmung gebunden wird). Die Richtigkeit dieser Lösung ergibt sich daraus, dass es dem Dritten möglich sein muss, den Schadensersatz statt der Leistung nach der Differenzmethode zu berechnen.

III. Rechtsfolgen des Schadensersatzverlangens

1. Entstehung des Schadensersatzanspruchs

D 17 Sieht man den Schadensersatz statt der Leistung nicht als Teil der Leistungspflicht („Einheit der Obligation", näher Vorbem A 6 f zu §§ 280–285; Schwarze, Leistungsstörungen [2017] § 3 Rn 8), sondern als gesetzlich angeordnete Folge der Verletzung der Leistungspflicht, entsteht der Anspruch nicht bereits mit Begründung der Leistungspflicht, sondern erst mit Vorliegen der für den Schadensersatz erforderlichen Voraussetzungen. Str ist, welche Voraussetzungen im Falle des § 281 BGB exakt vorliegen müssen: Ein **Teil der Literatur** sieht den Schadensersatzanspruch bereits vor dem Schadensersatzverlangen mit dem *Vorliegen der Voraussetzungen gem § 281 Abs 1–Abs 3 BGB* als gegeben an (MünchKomm/Ernst Rn 72; BeckOK-BGB/Lorenz [1. 2. 2019] Rn 53; Heinrichs, in: FS Derleder [2005] 87, 105; im Anschluss an BT-Drucks 14/6040, 139). Dem Schadensersatzverlangen käme gestaltende Wirkung nur noch im Hinblick auf den Wegfall des Leistungsanspruchs zu. Für diese Sicht spricht der Wortlaut des § 281 Abs 4 BGB. Gegen sie spricht der Wortlaut des § 281 Abs 1 BGB („kann") und der Begriff des Schadensersatzes „statt" der Leistung, vor allem aber, dass ein Nebeneinander von Leistungsanspruch und Schadensersatz sachwidrig ist und unerklärt bleibt, was mit dem Schadensersatzanspruch geschieht, wenn der Gläubiger sich doch für die Leistung entscheidet. Der Schadensersatzanspruch entsteht also erst mit **Zugang des Schadensersatzverlangens** beim Schuldner (Rn D 9) kraft gesetzlicher Anordnung.

2. Wegfall des Leistungsanspruchs

D 18 Liegen die Voraussetzungen des Schadensersatzes statt der Leistung gem § 281 Abs 1–Abs 3 BGB vor und verlangt der Gläubiger statt der Leistung Schadensersatz, so entfällt der Anspruch auf die Leistung. Der Anspruch auf die Leistung ist mit dem Zugang des Schadensersatzverlangens ausgeschlossen (§ 281 Abs 4 BGB), nicht erst mit der Erfüllung des Schadensersatzanspruchs (BT-Drucks 14/6040, 140 f;

NK-BGB/Dauner-Lieb Rn 47; Jauernig/Stadler Rn 14). Überlegungen der Schuldrechtskommission, wonach der Leistungsanspruch erst mit dem Erhalt des Schadensersatzes untergehen sollte, sind nicht übernommen worden (vgl § 283 Abs 4 S 1 BGB-KE, vgl auch BT-Drucks 14/6040, 141). Gleiches gilt für das Kriterium der *Rechtshängigkeit* als Voraussetzung für den Untergang des Anspruchs (Canaris ZRP 2001, 329, 334).

3. Auswirkungen auf die übrigen Pflichten

a) Ausgangspunkt

Da § 281 Abs 4 BGB nicht das Schuldverhältnis iwS bzw den Vertrag insgesamt entfallen lässt, bestimmen sich die Auswirkungen des Fortfalls der Leistungspflicht danach, welche Bedeutung die gem § 281 Abs 4 BGB entfallene Leistungspflicht für die anderen Pflichten und für das Schuldverhältnis insgesamt hat (Rn D 19 ff). Steht die fortgefallene Leistungspflicht im **Gegenseitigkeitsverhältnis** mit einer anderen Leistungspflicht, entfällt jedenfalls die Gegenleistungspflicht automatisch (näher Rn D 21). War die gem § 281 Abs 4 BGB entfallene Leistungspflicht sonstige, nicht in Gegenseitigkeit stehende Hauptleistungspflicht, entfallen jedenfalls die hierauf bezogenen Nebenleistungspflichten automatisch, uU – je nach Gewicht und Zusammenhang – auch andere Leistungspflichten. Ist die gem § 281 Abs 4 BGB entfallene Leistungspflicht bloße **Nebenleistungspflicht**, entfallen die anderen Leistungspflichten, insbes Hauptleistungspflichten, nicht automatisch, sondern analog § 281 Abs 1 S 2 BGB nur, wenn das Interesse des Gläubigers an ihnen entfällt. **D 19**

Welche Bedeutung der fortgefallenen Leistungspflicht für den Fortbestand der anderen (Leistungs-)Pflichten zukommt, ist bei vertraglichen Schuldverhältnissen eine Frage des **Parteiwillens** bzw der Vertragsauslegung nach Maßgabe der erkennbaren Interessenlage (vgl BGH 30. 9. 1971 – VII ZR 20/70, NJW 1972, 99; BGH 22. 7. 1998 – VIII ZR 220/97, NJW 1998, 3197, 3199 [Kauf mit Montageverpflichtung]). Maßgeblich für die Einordnung als gegenseitige Leistungspflicht bzw sonstige Hauptleistungspflicht ist, ob einer Vertragsleistung von den Parteien wesentliche Bedeutung beigelegt wurde (RGZ 101, 429, 431), so dass mit dem Fortfall dieser Pflicht ohne Weiteres der Fortfall des gesamten Schuldverhältnisses (Vertrages) eintreten soll. Dabei kommt es nicht allein auf den objektiven Wert der Leistung an (s RGZ 118, 288, 293: Vorführung einer Kopie beim Filmkauf; RGZ 101, 429: Ausstellen einer Rechnung mit Gewichtsangaben als Hauptleistung, um eine Diebstahlskontrolle über eine mit der Bahn versandte Ware zu haben; RG 7. 9. 1942 – V 47/42, SeuffA 97 Nr 1: Beibringung der Grunderwerbsteuer-Bescheinigung durch den Käufer). Auch bei einer **Mitwirkungspflicht** des Gläubigers (s oben Rn B 4) ist die Frage, ob sie im Gegenseitigkeitsverhältnis steht oder sonst Hauptleistungscharakter hat, zuerst eine Frage des Parteiwillens bzw der Vertragsauslegung (Einzelfälle s Überblick Rn D 25 ff). **D 20**

b) Untergang des Anspruchs auf die Gegenleistung

Der *Gesetzeswortlaut* beantwortet *nicht* die Frage, was aus dem Anspruch des Schuldners auf die noch nicht erbrachte Gegenleistung wird. Die richtige Antwort ist deswegen problematisch, weil der Gläubiger bei dem Begehren von Schadensersatz statt der Leistung nach der Surrogationsmethode stets und nach der eingeschränkten Differenzmethode ausnahmsweise nach seiner Wahl zur Gegenleistung verpflichtet ist. Deshalb wäre es zweckmäßig, den Gegenleistungsanspruch bis zur **D 21**

Entscheidung des Gläubigers über die Art der Schadensabwicklung aufrechtzuerhalten (vgl Niederländer, in: FS Wahl [1973] 243, 251 f; s ferner Kaiser NJW 2001, 2425, 2426) oder den Gläubiger zu verpflichten, die Art der Schadensberechnung bereits mit dem Verlangen nach Schadensersatz anzugeben. Dennoch verdient die These der **hM**, dass der Anspruch auf die Gegenleistung im Hinblick auf das konditionelle Synallagma gleichzeitig mit dem Leistungsanspruch untergeht, den Vorzug (BGH 30. 6. 2017 – V ZR 134/16 Rn 20, BGHZ 215, 157; RGZ 107, 345, 347 f; BGHZ 20, 338, 343 f; BGH 1. 10. 1999 – V ZR 162/98, NJW 2000, 278, 279; zum jetzigen Recht Krause Jura 2002, 299, 304; Palandt/Grüneberg Rn 52; **aA** MünchKomm/Ernst Rn 12: Rücktritt erforderlich). Sie trägt der synallagmatischen Verknüpfung der Leistungspflichten Rechnung. Die Schadensberechnung nach der Surrogationstheorie wird damit nicht unmöglich; vielmehr ist in diesem Fall von einem Wiederaufleben des Gegenleistungsanspruchs auszugehen (s § 280 Rn E 48). Diese Lösung ist im Falle des § 283 BGB wegen des automatischen Fortfalls des Gegenleistungsanspruchs gem § 326 Abs 1 BGB unvermeidlich. Ihre Anwendung im Rahmen des § 281 Abs 4 BGB gewährleistet somit eine einheitliche Dogmatik für alle Störungsarten (§§ 281–283 BGB).

D 22 Es können **mehrere Hauptleistungspflichten** derart miteinander verbunden sein, dass der Fortfall der einen Leistungspflicht nach § 281 Abs 4 BGB den Fortfall der anderen nach sich zieht. Auch ein etwaiges Rücktrittsrecht nach § 323 BGB kann hier nur einheitlich ausgeübt werden (so BGH 30. 4. 1976 – V ZR 143/07, NJW 1976, 1931 bei einem Bauträgervertrag). Dies kann auch für die Hauptleistungspflichten aus formal **verschiedenen Verträgen** ggf sogar mit verschiedenen Beteiligten gelten (Staudinger/Feldmann [2018] § 311 Rn 54 ff; RGZ 62, 184, 186; BGHZ 50, 8, 13; BGHZ 78, 346, 349; 96, 275, 279; BGH 22. 7. 1998 – VIII ZR 220/97, NJW 1998, 3197, 3199; s zur Abgrenzung BGH 25. 3. 1987 – VIII ZR 43/86, NJW 1987, 2004, 2007: Getrenntheit eines kombinierten Vertrages über Computer-Hardware und Software; BGH 7. 3. 1990 – VIII ZR 56/89, NJW 1990, 3011, 3012: Trennung von Spezialsoftware einerseits und Standardsoftware und Hardware andererseits; BGH 23. 1. 1996 – X ZR 105/93, NJW 1996, 1745, 1747: Einheitlichkeit bei Willen, Leistungen von Hard- und Software „aus einem Guß" zu erhalten). Ein wirtschaftlicher Zusammenhang genügt nicht (RG 10. 11. 1923 – III 52/23, Recht 1924 Nr 6).

c) Auswirkung auf sonstige Pflichten

D 23 *Nebenpflichten,* die auf die entfallene Leistungspflicht bezogen sind (zB Pflicht zur sorgfältigen Lagerung), werden idR mit Fortfall der Leistungspflicht gegenstandslos. Dasselbe gilt idR für *Nebenleistungspflichten.* Rücksichtnahmepflichten gem § 241 Abs 2 BGB bestehen fort, soweit dies erforderlich ist insbes im Hinblick auf besondere Einwirkungsmöglichkeiten des Schuldners (BGH 3. 10. 1962 – VIII ZR 34/62, NJW 1962, 2198, 2199 f: wahre Mitteilung an Dritte mit unverhältnismäßiger Schadensfolge nach beiderseitiger Leistungsverweigerung). Erst recht bleibt ein bereits vor dem Schadensersatzverlangen entstandener Schadensersatzanspruch aus einer Vertragsverletzung, der auf das Erhaltungsinteresse gerichtet ist, unberührt (vgl BGH 14. 7. 1971 – VIII ZR 49/70, NJW 1971, 1747, 1748 mwNw: Verstoß gegen Wettbewerbsabrede).

d) Beispiele für Haupt- und Nebenleistungspflichten

D 24 Im Folgenden ein nach *Vertragstypen* geordneter Überblick über die rechtliche Einordnung von Leistungspflichten in der Rspr. Die Heranziehung der **Rspr** zur alten Rechtslage bedarf stets sorgfältiger Prüfung darauf hin, welche Rechtsfolge mit der Aussage, eine Pflicht sei „Hauptpflicht" bzw „gegenseitige Pflicht", gerechtfertigt werden sollte. Zuweilen geht es bei der Feststellung des „Hauptpflichtcharakters" nur darum, die Anwendung des Fristsetzungsverfahrens zu ermöglichen, das nach § 326 Abs 1 S 1 aF auf gegenseitige Leistungspflichten beschränkt war. Ob das entscheidende Gericht aus dem „Hauptpflichtcharakter" auch die Schlussfolgerung ziehen würde, dass bei Fortfall der betreffenden Leistungspflicht andere oder alle anderen Leistungspflichten ohne Weiteres entfallen, ist nicht immer zu sagen (s etwa BGHZ 107, 179, 183 f – Pflicht des Pächters zur Beseitigung von ihm montierter Anlagen bei Vertragsende, Schadensersatz statt der Leistung wird nur hinsichtlich Beseitigungskosten erörtert, nicht hinsichtlich Rückgabe der Pachtsache insgesamt). Unter diesem Vorbehalt steht die folgende Übersicht.

Soweit es beim **Kaufvertrag** um die Käuferpflichten geht, ist die Einordnung der **Abnahmepflicht** praktisch am bedeutsamsten (vgl Hüffer 37 ff; Jacobi JherJb 45, 259 ff). Obwohl § 433 Abs 2 BGB den Käufer nicht allein zur Zahlung, sondern auch zur Abnahme verpflichtet, steht im **Gegenseitigkeitsverhältnis** idR nur die Pflicht, den Kaufpreis zu zahlen, vor allem beim Kauf beweglicher Sachen (RGZ 53, 161; 57, 105, 108; 171, 297, 300; **aA** Huber II [1999] 406; zur anderen Situation bei der Auflassung RGZ 69, 103, 106 f). Die konditionelle Abhängigkeit der Abnahmepflicht fehlt ebenso im Handelsverkehr, selbst im Großhandel (RGZ 53, 161, 164; 92, 268, 270). Bei einem *Lizenz-* und *Vertriebsvertrag* steht die Abnahmepflicht dagegen im Zweifel im Gegenseitigkeitsverhältnis als Äquivalent für das alleinige Vertriebsrecht (vgl BGH 6. 2. 1985 – VIII ZR 15/84, NJW 1986, 124, 126; BGH 12. 7. 1995 – VIII ZR 219/94, NJW-RR 1995, 1327, 1329; OLG Frankfurt 10. 6. 1992 – 19 U 103/91, VersR 1993, 889; zu Leistungsstörungen bei Lizenzverträgen vgl Fitzner/Petri, in: FS Eisenhardt [2007] 219). Die Abnahmepflicht kann **Hauptleistungspflicht** sein, wenn ein im Vergleich zum Normalfall gesteigertes Interesse des Verkäufers an der Abnahme bei Vertragsschluss deutlich geworden ist (RG 13. 10. 1921 – VI 358/21, LZ 1922, 117), zB um ein Lager zu räumen oder um das Transportmittel, dessen Kosten der Verkäufer trägt, schnell zu entladen. Die *Schwierigkeiten der Lagerung und deren Kosten* sprechen überhaupt bei Massengütern für eine Hauptpflicht – zB bei der Lieferung von Kohlen (RG 11. 7. 1905 – II 641/04, Recht 1905 Nr 1835), Bausteinen (RG 11. 1. 1907 – II 314/06, Recht 1907 Nr 428 a, 430), Holz auf dem Stamm (RG Recht 1923 Nr 495), ganzen Lagerbeständen (vgl RG Recht 1923 Nr 1229) oder von Möbeln (RG 26. 10. 1923 – II 819/22, Recht 1924 Nr 165). Eine Hauptverpflichtung bildet auch die Verpflichtung zur Abnahme eines *Handelsbetriebes,* bei der zwecks Feststellung des Kaufpreises die Warenbestände aufzunehmen sind (RG 26. 5. 1910 – VI 295/09, JW 1910, 750). Ebenso liegt es nahe, dass bei einem *Verkauf auf Abbruch* der Abbruch und die Räumung des Grundstücks von den Materialien Hauptleistungspflichten sind (RG 31. 3. 1922 – VII 279/21, WarnR 1922 Nr 96). In diesen Fällen führt der **Fortfall der Abnahmepflicht** gem § 281 Abs 4 BGB im Zweifel zum Fortfall aller übrigen Leistungspflichten. Beim *grenzüberschreitenden Kauf* stellt die Abnahmepflicht gem Art 64 Abs 1 lit b CISG stets eine Hauptpflicht dar, die nach einer Nachfrist zur Vertragsaufhebung berechtigt. Beim *handelsrechtlichen Bestimmungs- oder Spezifikationskauf* wird die Bestimmungspflicht des Käufers gem § 375 Abs 1 HGB ausdrücklich (durch Inbezugnahme des § 323 BGB) in den Rang einer Hauptleistungspflicht erhoben (vgl Rieble/Gutfried JZ 2008, 593 ff). D 25

Besteht dagegen nicht schon bei Vertragsschluss ein gesteigertes Interesse an der Abnahme, ist die Abnahmepflicht nur **Nebenleistungspflicht**. Entfällt sie gem § 281 Abs 4 BGB, ist an einen Fortfall der übrigen Leistungspflichten analog § 281 Abs 2,

2. Alt BGB nur zu denken, wenn der Verkäufer das Interesse an der Durchführung des Kaufvertrages verloren hat.

D 26 Die **Verpflichtung zum Abruf der Leistung** ist im Zweifel nur Nebenleistungspflicht (RGZ 57, 105, 109; RG 15. 1. 1907 – II 246/06, LZ 1907, 287; RG Recht 1921 Nr 1323; BGH 30. 9. 1971 – VII ZR 20/70, NJW 1972, 99; nur für Obliegenheit zum Abruf ZANDER Gruchot 52, 304, 324 ff). Es bedarf wiederum eines bei Vertragsschluss erkennbaren gesteigerten Interesses des Gläubigers an der Abnahme bzw am Abruf, um die Abrufpflicht zur Hauptpflicht zu machen (RG 7. 7. 1916 – II 138/16, WarnR 1916 Nr 221, 273), zB bei einer Ware, die viel Lagerraum beansprucht, die verderblich ist, die Transportmittel blockiert (s ferner RG 1. 6. 1929 – I 362/28, SeuffA 83 Nr 182; RG JR 1927 Nr 117; BGH 10. 12. 1975 – VIII ZR 201/74, WM 1976, 124, 125). Eine weitere Hauptleistungspflicht des Käufers ist die **Bestellung eines Akkreditivs** für den Kaufpreis (OLG München 20. 2. 1958 – 6 U 2068/57, NJW 1958, 752).

D 27 Zu den **Hauptleistungspflichten des Verkäufers** gehört neben der Pflicht zur Erbringung des Leistungssubstrates zB beim Kraftfahrzeugkauf die Übergabe der Fahrzeugpapiere (BGH 25. 6. 1953 – IV ZR 20/53, NJW 1953, 1347; SCHLECHTRIEM NJW 1970, 1993, 1995), uU die Zulassung (OLG Karlsruhe, OLGZ 69, 316), die Übertragung der Taxikonzession beim Verkauf einer Taxe (OLG München 30. 10. 1979 – 25 U 1994/79, VersR 1980, 94, 95), bei einem Grundstückskauf die Beseitigung eines Pachtverhältnisses (BGH 17. 5. 1991 – V ZR 92/90, NJW 1991, 2700 f), im Übrigen überhaupt die Nachbesserung oder Nachlieferung bei mangelhafter Leistung gem § 439 BGB. Bei einem **Kauf auf Probe** stellt die Andienung einer vertragsgemäßen Ware eine Hauptleistungspflicht dar (OLG Hamm 26. 11. 1993 – 11 U 72/93, BB 1995, 1925).

D 28 Beim **Werkvertrag** ist die Pflicht des Bestellers zur **Abnahme** gem § 640 BGB unstreitig Hauptleistungspflicht, weil von ihr grundsätzlich die Fälligkeit der Zahlungspflicht abhängt (s BGH 23. 2. 1989 – VII ZR 89/87, NJW 1989, 1602, 1603; OLG Oldenburg 3. 7. 2008 – 8 U 64/08, juris; HÜFFER 35, 39 f). Daran hat die Verbesserung der Rechtsstellung des Werkunternehmers durch den Anspruch auf Abschlagszahlungen für in sich abgeschlossene Teile eines Werkes (§ 632a BGB) und durch Ersetzung der Abnahme gem § 640 Abs 2 BGB nichts geändert. Bei Verträgen über individuelle Software, die gemeinhin als Werkverträge eingestuft werden, ist die Lieferung der Dokumentation eine Hauptpflicht (BGH 10. 3. 1998 – X ZR 70/96, NJW 1998, 2132, 2133; ferner OLG Köln 3. 12. 1993 – 19 U 157/93, BB 1994 Beil 14 S 11: Pflichtenheft u Bedienungsanleitung als Hauptleistungen; s auch Rn A 32).

D 29 Die Vornahme einer **besonderen Mitwirkungshandlung** des Bestellers ist dagegen nach der gesetzlichen Ausgangslage nur eine *Obliegenheit* des Gläubigers, der Gläubiger gerät bei Nichtvornahme nur in Annahmeverzug (vgl §§ 642, 643 u RGZ 53, 221; HÜFFER 33 f, 40 ff, 49 ff), selbst wenn er schuldhaft handelt (RG 11. 1. 1921 – VII 282/20, JW 1921, 460). Hier bedarf schon die Annahme einer echten Leistungspflicht einer entsprechenden Vereinbarung oder einer besonderen gesetzlichen Regelung (allg zur Problematik SCHWARZE, Leistungsstörungen [2017] § 36 Rn 76 ff). Es ist allerdings zu beachten, dass in der Verweigerung der Mitwirkung, auch wenn diese nur Obliegenheit ist, zugleich eine Gefährdung des Anspruchs des Werkunternehmers auf die Vergütung liegen kann, wenn vom Ausbleiben der Mitwirkung auf unzureichenden Leistungswillen oder unzureichendes Leistungsvermögen bezüglich des Gegenleistungsanspruchs geschlossen werden kann. Dann kann der Schuldner nach den Grundsätzen der **Leistungsgefährdung** analog §§ 280, 281 BGB (Rn B 182) gegen den Gläubiger als Schuldner der Gegenleistung vorgehen (vgl zum alten Recht RGZ 152, 119, 122; BGHZ 11, 80; krit hierzu Götz JuS 1961, 56; Hüffer 49 ff, 55 f, 224 f; BGH 20. 6. 1960 – II ZR 117/59, VersR 1960, 693; BGH 15. 11. 1962 – VII ZR 113/61, BB 1963, 160; **aA** Staudinger/Peters/Jacoby [2014] § 643 Rn 23). Jedenfalls insoweit können die §§ 644, 645 BGB nicht als abschließende Regelung betrachtet werden (s auch BGHZ 50, 175; 88, 240, 247 f; BGH 29. 10. 1985 – X ZR 12/85, WM 1986, 73, 74; BGH 15. 4. 1990 – X ZR 128/88, NJW 1990, 3008, 3009; krit Hüffer 220 ff). Liegt eine **echte Pflicht** zur Vornahme der besonderen Mitwirkungshandlung vor, wird diese im Zweifel nur Nebenleistungspflicht sein. Der Werkunternehmer kann nach §§ 280 Abs 1, Abs 3, 281 BGB Schadensersatz statt der Leistung daher im Zweifel nur bzgl der ausgebliebenen Mitwirkung als solcher fordern (zB den vom Besteller nicht gelieferten Stoff selbst beschaffen und Ersatz des Preises verlangen). Eine Liquidierung des gesamten Vertrages kommt nur in Betracht, wenn der Schuldner infolge des Ausbleibens der Mitwirkung das Interesse an der Durchführung des Vertrages verloren hat (vgl BGH 30. 9. 1971 – VII ZR 20/70, NJW 1972, 99, 100 zu § 286 Abs 2 aF, insoweit übertragbar) oder die weitere Bindung an den Vertrag ihm nicht zuzumuten ist.

Zur Einordnung der Pflicht des **Mieters** zur Durchführung von Schönheitsreparaturen in § 281 BGB s Rn B 7; zur Einordnung der Rückgabepflicht des Mieters bzw **Pächters** s Rn B 6. Kommt der Pächter der Verpflichtung, *errichtete Anlagen* auf dem Pachtgrundstück bei Vertragsende *wieder zu beseitigen,* innerhalb der Frist gem § 281 Abs 1 S 2 BGB nicht nach, kann der Gläubiger Schadensersatz statt der Leistung bezüglich der Beseitigungspflicht verlangen (vgl BGHZ 107, 179, 183); ein Fortfall der Rückgabepflicht mit Schadensersatzpflicht bezüglich der ganzen Pachtsache wird aber nur in Frage kommen, wenn mit der Nichtbeseitigung das Interesse des Gläubigers an der Rückgabe der Pachtsache entfällt (Rn B 6). **D 30**

Bei einem verzinslichen **Darlehensvertrag** ist die Pflicht zur Abnahme des Darlehens eine Hauptleistungspflicht (BGH 30. 11. 1989 – III ZR 197/88, WM 1990, 174; OLG Köln 7. 9. 1998 – 16 U 99/97, ZIP 1999, 355). **D 31**

Die Verzögerung einzelner Rentenleistungen durch den **Leibrentenverpflichteten** gibt dem Berechtigten nicht ohne Weiteres die Befugnis, gem § 281 BGB den zugrunde liegenden Vertrag bzw die daraus resultierenden Leistungspflichten zu liquidieren. Die durch den Vertrag begründete Pflicht zur Bestellung des Leibrentenversprechens ist durch die Begründung des Stammrechts erfüllt (RGZ 106, 93; BGH 25. 4. 1991 – III ZR 159/90, DNotZ 1992, 297; **aA** Staudinger/Mayer [2015] Vorbem 34 ff zu §§ 759 ff). Die Nichterbringung einzelner Teilleistungen kann zur Gesamtliquidation mithin nur führen, wenn dadurch eine unzumutbare Gefährdung des mit dem Leibrentenversprechen verfolgten Versorgungszwecks begründet wird (ähnlich OLG Celle 27. 7. 1990 – 4 U 185/89, NJW-RR 1990, 1490; MünchKomm/Habersack § 759 Rn 27 ff, insbes Rn 28 mwNw; insoweit zu streng in der Trennung RGZ 106, 93; OLG Hamburg 17. 12. 1963 – 2 U 91/63, MDR 1964, 414; Palandt/Sprau § 759 Rn 4; für eine Liquidation lediglich ex nunc gem § 314 BGB analog Staudinger/Mayer [2015] Vorbem 36 zu §§ 759 ff). **D 32**

IV. Abdingbarkeit des Abs 4

D 33 Die Parteien können den Fortfall des Erfüllungsanspruchs nach § 281 Abs 4 BGB vertraglich ausschließen und das Wahlrecht des Gläubigers damit auch für die Zeit nach dem Schadensersatzverlangen erhalten (vgl Canaris, in: FS Ulmer [2003] 1073, 1095 f; ausdr § 283 Abs 4 S 1 BGB-KE). Jedoch ist das durch AGB erlaubte ius variandi, dh der Wechsel vom Schadensersatz zurück zum Leistungsanspruch, dahin zu begrenzen, dass der Schuldner noch keine Dispositionen im Vertrauen auf die Nichterbringung der Leistung getroffen haben darf, zB nicht anderweitig über den Leistungsgegenstand verfügt haben darf (s zur vergleichbaren Interessenlage bei der Schadensberechnung noch § 280 Rn E 55). Außerdem muss dem Schuldner das Recht verbleiben, die Ungewissheit beenden zu können (vgl Rn D 6); andernfalls liegt eine unangemessene Benachteiligung (§ 307 Abs 1 S 1 BGB) vor.

E. Rückforderung des vom Schuldner Geleisteten (§ 281 Abs 5)

I. Einordnung der Vorschrift

E 1 Mit dem berechtigten Schadensersatzverlangen entfällt die Leistungspflicht, je nach Reichweite des Verlangens („kleiner“ oder „großer“ Schadensersatz) teilweise oder vollständig. Soweit der Schuldner die ihm obliegende Leistung bereits erbracht hat, muss er sie zurückverlangen können, soweit die Leistungspflicht entfällt und der Schuldner statt der Leistung nunmehr Schadensersatz zu leisten hat. § 281 Abs 5 BGB ordnet für diese Rückgewähr der Leistung die Rückabwicklung nach den §§ 346 ff BGB an. Hat der Gläubiger die ihm obliegende **Gegenleistung** ebenfalls (teilweise oder vollständig) erbracht, wird der Schaden des Gläubigers bei von ihm bereits erbrachter Gegenleistung grundsätzlich nach der Surrogationsmethode (§ 280 Rn E 58) berechnet, also unter Verbleiben der Gegenleistung beim Schuldner; die Rückgewähr der Gegenleistung bedarf in diesem Fall keiner Regelung. Eine Rückgewähr der Gegenleistung ist nur erforderlich, wenn der Gläubiger den Schaden nach der Differenzmethode berechnet. Zum Teil wird der Rücktritt des Gläubigers für erforderlich gehalten (vgl § 280 Rn E 45 f), so dass sich die Rückgewähr von Leistung und Gegenleistung nach §§ 346 ff, 323 BGB richtet. Hält man die Schadensabwicklung nach der Differenzmethode auch nach bereits erfolgter Gegenleistung ohne vorherigen Rücktritt für zulässig, muss die Rückabwicklung der Gegenleistung analog § 281 Abs 5, §§ 346 ff BGB erfolgen.

II. Voraussetzungen des Rückgewähranspruchs

1. Leistung des Schuldners

E 2 Die vom Schuldner erbrachte Leistung wird idR nicht vollständig und ordnungsgemäß erbracht worden sein, da die haftungsbegründende „Pflichtverletzung“ des Schuldners sich in § 281 BGB auf die Leistung bezieht. Typischerweise wird nur ein Teil der geschuldeten Leistung (§ 281 Abs 1 S 1 1. Alt BGB; dazu Rn B 153 ff) oder eine mangelhafte Leistung (§ 281 Abs 1 S 1 2. Alt BGB; dazu Rn C 1 ff) erbracht worden sein. Ausnahmsweise kann auch eine vollständige Leistung vorliegen, wenn der Schuldner eine nachvertragliche leistungsbezogene Nebenpflicht (Rn C 3) oder eine nachvertragliche Rücksichtnahmepflicht verletzt hat (§ 282 Rn 36; zur Anwendbarkeit des § 281 Abs 5 BGB dort s § 282 Rn 59).

2. Schadensersatzverlangen des Gläubigers

Weiter wird vorausgesetzt, dass der Gläubiger wirksam Schadensersatz statt der Leistung bzw Aufwendungsersatz gem § 284 BGB verlangt hat (dazu oben Rn 8 D ff). Eine Rücktrittserklärung des Schuldners ist nicht erforderlich. Vielmehr entzieht der Gläubiger mit seinem Begehren der erfolgten Vermögensverschiebung den mit ihr durch den Schuldner verfolgten Leistungszweck, aber nicht den rechtlichen Grund iS des Bereicherungsrechts. Erklärt der Gläubiger zusätzlich zu seinem Verlangen nach Schadensersatz den Rücktritt (§ 349 BGB), sind die §§ 346 bis 348 BGB unmittelbar anwendbar. E 3

III. Rückforderungsanspruch nach den §§ 346 bis 348

Für den Rückforderungsanspruch des Schuldners gelten über § 281 Abs 5 BGB die für die Rückgewähr, die Herausgabe und den Schadensersatz beim Rücktritt geltenden Regeln (dazu Staudinger/Schwarze § 323 Rn D 21 ff; Staudinger/Kaiser [2012] §§ 346 ff). Dabei privilegiert § 346 Abs 3 S 1 BGB den zum Schadensersatzverlangen berechtigten Gläubiger durch die Einschränkungen des gegen ihn gerichteten Wertersatzanspruchs (dazu Kaiser JZ 2001, 1057, 1059 ff; Perkams Jura 2003, 150, 151; zur Haftung des Rücktrittsberechtigten bei Untergang der empfangenen Leistung Kamanabrou NJW 2003, 30 ff). Der Rückgewähr fordernde Schuldner muss die ihm obliegende Schadensersatzleistung Zug-um-Zug anbieten (§ 348 BGB). Zur Verjährung des Anspruchs aus dem Rückgewährschuldverhältnis s Staudinger/Schwarze (2015) § 323 Rn G 1 f. E 4

F. Beweislast und Prozessuales

I. Beweislast

1. Beweislast des Gläubigers

Der Schadensersatz verlangende Gläubiger trägt nach der Grundregel der Beweislastverteilung, dass jede Partei, die den Eintritt einer Rechtsfolge geltend macht, die Voraussetzungen des ihr günstigen Rechtssatzes zu beweisen hat (BGH 6. 10. 2016 – VII ZR 185/13 Rn 18, NJW 2017, 386), die Beweislast für alle Voraussetzungen der Schadensersatzpflicht, soweit diese nicht dem Schuldner zugewiesen ist. Dazu gehört das Entstehen der Leistungspflicht und die Fälligkeit der Leistung. Ferner gehört zur Darlegungs- und Beweislast das Setzen einer angemessenen Frist einschließlich Zugang der Fristsetzung bzw die Voraussetzungen für eine Entbehrlichkeit der Fristsetzung nach Abs 2. Bestehen Zweifel an der Angemessenheit der Nachfrist, muss der Gläubiger auch die Tatsachen beweisen, die dafür von Belang sind. Die Frage der Angemessenheit liegt im Wesentlichen auf tatsächlichem Gebiet (RG 28. 1. 1919 – III 315/18, Recht 1919 Nr 1606), ist indessen einer Nachprüfung durch die Revisionsinstanz nicht ganz entzogen (RG 4. 11. 1904 – II 111/04, JW 1905, 17). Zur Beweislast bei **Leistungsgefährdung** s bereits oben Rn B 204; s zudem die Erl zu § 280 Rn F 28. F 1

F 2 Hat der Gläubiger die **Leistung angenommen**, trifft ihn die Beweislast dafür, dass sie nicht vertragsgemäß war (§ 363 BGB). Das gilt gleichermaßen für die Unvollständigkeit wie für Qualitätsmängel. Den hinsichtlich der Gegenleistung vorleistungspflichtigen Gläubiger trifft diese Beweislast auch dann, wenn er die Leistung des Schuldners als mangelhaft abgelehnt hat (BGH 12. 4. 1965 – VIII ZR 67/63, NJW 1965, 1270). Für den **Verbrauchsgüterkauf** (§ 474 BGB) ordnet § 477 BGB eine Beweislastumkehr an, wenn sich ein Sachmangel innerhalb von sechs Monaten nach der Übergabe zeigt. Diese Umkehr ist nach der neueren, auf den EuGH zurückgehenden Rechtsprechung umfassend zu verstehen: Der Käufer muss nur beweisen, dass das verkaufte Gut sich in einem nicht vertragsgemäßen Zustand befindet (zB Motorschaden des verkauften Kfz) und dass sich die Vertragswidrigkeit innerhalb von sechs Monaten nach der Lieferung herausgestellt hat. Dass der betreffende Zustand zum Zeitpunkt der Lieferung noch nicht vorgelegen hat (Motor war zu diesem Zeitpunkt funktionsfähig), steht der Beweislastumkehr nicht entgegen. Es ist vielmehr auch in diesem Fall Sache des Verkäufers zu beweisen, dass der Ursprung der Vertragswidrigkeit in einem Umstand liegt, der nach der Lieferung eingetreten ist (zB Motorschaden geht auf Lockerung des Zahnriemens zurück, diese wiederum auf unsachgemäße Fahrweise des Käufers). Somit geht die Unbeweisbarkeit der „Letztursache" (Unklarheit darüber, ob Lockerung des Zahnriemens auf unsachgemäße Fahrweise des Käufers zurückgeht oder auf eine schon bei Lieferung bestehende Abnutzung des Zahnriemens) zu Lasten des Verkäufers (EuGH 4. 6. 2015 – C 497/13 Rn 70 ff, NJW 2015, 439; im Anschluss daran BGH 12. 10. 2016 – VIII ZR 103/15, NJW 2017, 109; anders die frühere Rspr des BGH: Beweislastumkehr nicht für die Vertragswidrigkeit, sondern nur für das Vorliegen zum Zeitpunkt des Gefahrübergangs, so dass die Beweislastumkehr nicht eingreift, wenn der vom Käufer geltend gemachte Mangel [zB Motorschaden] bei Lieferung nicht vorgelegen hat, BGH 2. 6. 2004 – VIII ZR 329/03, NJW 2004, 2299). Im Falle von **Teilleistungen** muss der Gläubiger beweisen, dass sein Interesse an der möglichen Leistung fortgefallen ist (Abs 1 S 2, s noch Rn B 171).

F 3 Ferner muss der Gläubiger beweisen, dass er **Schadensersatz verlangt** hat, dh dass das Schadensersatzverlangen dem Schuldner zugegangen ist. Bei der **gegenseitigen** Leistungspflicht muss der Gläubiger beweisen, dass er selbst ordnungsgemäß erfüllt oder angeboten hat bzw dass er leistungsbereit ist (RGZ 76, 409, 413; BGH 11. 3. 1964 – VIII ZR 90/62, JZ 1964, 425). Hat sich der Gläubiger vom Vertrag losgesagt, muss er, um den „Tu-quoque-Einwand" des Schuldners zu entkräften, die Berechtigung seiner Abstandnahme beweisen (vgl BGH 13. 11. 1998 – V ZR 386/97, NJW 1999, 352 f zum vertraglichen Rücktritt) oder darlegen, dass der Schuldner ohnehin endgültig nicht mehr zur Durchführung des Vertrages bereit war.

2. Beweislast des Schuldners

F 4 Der Schuldner muss beweisen, dass er die **Leistung erbracht** hat (Palandt/Grüneberg Rn 53) oder dass der Leistungsanspruch auf andere Weise (zB § 275 BGB) untergegangen ist. Behauptet der Schuldner, dass er innerhalb der Nachfrist erfüllt habe, muss er dies ebenfalls beweisen (BGH LM § 286 [B] ZPO Nr 39; BGH 29. 1. 1969 – IV ZR 545/68, NJW 1969, 875). Der Schuldner muss beweisen, dass die von ihm angebotene, vom Gläubiger zurückgewiesene Leistung mangelfrei war (BGH 12. 4. 1965 – VII ZR 67/63, NJW 1965, 1270). Bei einem Verbrauchsgüterkauf gilt dies im Rahmen des § 477 BGB auch bei Annahme der Leistung durch den Gläubiger. Der Schuldner trägt ferner die

Beweislast für die Unerheblichkeit einer Mengenabweichung (Rn B 158) und die Unerheblichkeit einer Schlechtleistung gem § 281 Abs 1 S 3 BGB (Rn C 25 ff).

Der Schuldner ist gem § 280 Abs 1 S 2 BGB ferner beweispflichtig dafür, dass er die Pflichtverletzung **nicht zu vertreten** hat (vgl näher § 280 Rn F 1 ff; BGH 15. 7. 2008 – VIII ZR 211/07, NJW 2008, 2837, 2840; **aA** – Beweislast des Gläubigers – für verhaltensbezogene Leistungspflichten Baumgärtel/Laumen/Prütting/Repgen § 281 Rn 2). Schließlich ist er für etwaige Einreden beweispflichtig. Das gilt auch für die Einrede mangelnder Vertragstreue des Gläubigers (Rn B 70 ff): Sagt sich zB ein Schuldner unberechtigt vom Vertrag los, muss er beweisen, dass der Gläubiger bis zum Zeitpunkt der Vertragsdurchführung nicht mehr hätte leistungsfähig werden können (BGH 14. 12. 1973 – V ZR 136/71, WM 1974, 327) oder zur Vertragsdurchführung nicht mehr bereit war. Die Beweislast für im Wege der Vorteilsausgleichung anzurechnende Vorteile des Gläubigers (Rn B 143, B 145) trifft ebenfalls den Schuldner (BGH 17. 7. 2001 – X ZR 71/99, ZIP 2001, 2053, 2054 f). S zur Beweislast noch § 280 Rn F 1 ff. **F 5**

II. Prozessuales

Besonderheiten bei der gerichtlichen Durchsetzung des Schadensersatzes statt der Leistung ergeben sich aus der Verknüpfung mit dem (Primär-)Leistungsanspruch. **F 6**

1. Gerichtliche Durchsetzung des Schadensersatzanspruchs

Der Anspruch auf Schadensersatz statt der Leistung ist im Wege der Leistungsklage geltend zu machen. Hat der Gläubiger bis zur Klageerhebung noch nicht gem § 281 Abs 4 BGB Schadensersatz „verlangt", ist die Erhebung der Klage als Schadensersatzverlangen anzusehen. Die Nachfrist kann der Gläubiger auch noch im Prozess setzen (s Rn B 33); allerdings würde die Leistung innerhalb der Frist die Klage unbegründet werden lassen. Verteidigt sich der Schuldner mit der Einwendung aus § 275 Abs 1 BGB bzw der Einrede aus § 275 Abs 2, Abs 3 BGB, kann das Vorliegen des behaupteten Leistungshindernisses im Prozess offen bleiben, wenn der vom Gläubiger verlangte Schaden bei unterstellter Richtigkeit des Schuldnervortrags aufgrund § 283 BGB ersatzfähig wäre, was voraussetzt, dass der Schuldner das Leistungshindernis zu vertreten hat und dass der Schaden auch im Übrigen zurechenbar ist (vgl Kohler AcP 205 [2005] 93, 98, 106 f; s noch zum Anerkenntnis bzgl des Leistungshindernisses § 283 Rn 29). Fehlt es an Voraussetzungen für den Schadensersatz statt der Leistung (insbes Schuldner kann sich entlasten), muss der Gläubiger im Zweifel den Weg der Klageänderung gem § 263 ZPO beschreiten und auf (Primär-)Leistung klagen, wenn dies Aussicht auf Erfolg bietet (Otto, in: FS Canaris [2007] 945, 961). Andernfalls ist ggf eine Erledigungserklärung (analog § 91 ZPO) möglich. **F 7**

2. Bedeutung der Klage auf Leistung für den Schadensersatzanspruch

Besondere prozessuale Fragen wirft die rechtliche Bedeutung einer auf die Primärleistung gerichteten Klage für den Schadensersatz gem § 281 BGB auf. **F 8**

a) Keine Auswirkung der Leistungsklage auf die materiellrechtliche Ausgangslage

Die Erhebung der Klage auf die (Primär-)Leistung hat als solche keine Auswirkun- **F 9** gen auf die materielle Rechtslage, sie knüpft vielmehr an diese an. Erfolgreich kann die Klage nur sein, solange der Leistungsanspruch nicht gem § 281 Abs 4 BGB entfallen ist. Eine bereits entstandene Schadensersatzbefugnis (insbes nach Ablauf der Frist) steht dem Erfolg der Klage nicht entgegen, da der Leistungsanspruch erst mit dem Schadensersatzverlangen gem § 281 Abs 4 BGB entfällt (Rn D 1, D 18). Andererseits hat die Klageerhebung keine nachteiligen Auswirkungen auf eine bereits entstandene Schadensersatzbefugnis, sie ist insbesondere nicht als Verzicht auf diese zu verstehen (Rn D 7).

b) Keine „Veränderungssperre" während des Leistungsprozesses

F 10 Die Erhebung der Leistungsklage hat keine „Veränderungssperre" im materiellen Recht zur Folge, die Rechtslage wird nicht bis zum Ende des Verfahrens „fixiert" (MünchKomm/Ernst Rn 182). Der Gläubiger kann dem Schuldner daher während des Prozesses eine Nachfrist setzen (außergerichtlich oder – mündlich oder durch einen dem Gegner zugestellten Schriftsatz – im Prozess, RGZ 53, 148; 63, 411). Der Ablauf einer vor oder während des Prozesses gesetzten Nachfrist wird nicht gehemmt oder unterbrochen, der Eintritt der Voraussetzungen gem § 281 Abs 2 BGB wird nicht gehindert. Der Gläubiger ist ferner nicht aus prozessualen Gründen gehindert, eine vor oder während des Leistungsprozesses entstandene Schadensersatzbefugnis während des laufenden Leistungsprozesses durch Schadensersatzverlangen geltend zu machen und damit den Leistungsanspruch gem § 281 Abs 4 BGB entfallen zu lassen. So wird ein nach Abschluss der ersten Instanz ausgesprochenes Schadensersatzverlangen nicht durch § 531 Abs 2 S 1 Nr 3 ZPO präkludiert (s BGH 17. 10. 2018 – VIII 212/17 Rn 24 ff, juris, zu § 323 BGB). Zu beachten ist lediglich die materiellrechtlich (§ 242 BGB) begründete Frist, die der Gläubiger nach einem Leistungsverlangen dem Schuldner zur sofortigen Erbringung der Leistung einzuräumen hat und die ihn solange hindert, Schadensersatz zu verlangen (Rn D 7).

c) Fortfall des Leistungsanspruchs während des Leistungsprozesses

F 11 Entfällt der Leistungsanspruch während des Leistungsprozesses infolge eines wirksamen Schadensersatzverlangens (§ 281 Abs 4 BGB) oder infolge des Eintritts eines Leistungshindernisses (§ 275 BGB) bzw stellt sich dieser Fortfall im Prozess heraus, kann der Gläubiger die Klage gem **§ 264 Abs 3 ZPO** auf Schadensersatz statt der Leistung umstellen und auf diese Weise den Prozess „retten". Dies gilt nicht, wenn der Gläubiger bei Klageerhebung hätte erkennen können, dass es zum Schadensersatzverlagen kommen würde und also die Leistungsklage vermeidbar gewesen wäre (vgl RGZ 26, 385, 387; RGZ 70, 337, 338; Kohler AcP 205 [2005] 93, 101; MünchKomm/Ernst Rn 181). Bei sofortigem Anerkenntnis des Schuldners auf die zulässige Umstellung hin trägt der Gläubiger die Kosten (§ 93 ZPO) (Gsell JZ 2004, 110, 120 m Fn 95).

d) Rechtslage nach dem Urteil auf Leistung

F 12 Das (rechtskräftige) Urteil auf (Primär-)Leistung hat keinerlei Auswirkungen auf die Schadensersatzbefugnis des Gläubigers. Es gibt keine Obliegenheit des Gläubigers zur Vollstreckung dieses Urteils, er kann vielmehr ungehindert gem § 281 BGB vorgehen (arg § 893 ZPO). **Vollstreckt** der Gläubiger das auf Leistung lautende Urteil, kann der Schuldner im Wege der Vollstreckungsgegenklage gem § 767 ZPO Einwendungen erheben, die nach der letzten mündlichen Verhandlung im Leistungsprozess entstanden sind, insbes dass der Gläubiger inzwischen Schadensersatz verlangt hat (§ 281 Abs 4 BGB) und der Leistungsanspruch infolgedessen entfallen ist.

Klagt der Gläubiger trotz einem vorliegenden Urteil auf die Leistung auf Schadensersatz statt der Leistung, kann die Verurteilung zum Schadensersatz nur Zug-um-Zug gegen Herausgabe des vollsteckbaren Leistungsurteils erfolgen (OLG Brandburg 16. 1. 2007 – 6 U 54/06 Rn 20, 44).

e) Nutzbarkeit der Klage auf Leistung für die Durchsetzung des Schadensersatzanspruchs

Das auf Leistung lautende Urteil ist unmittelbar für die Durchsetzung des Schadensersatzanspruchs nicht verwendbar; vielmehr muss mit einer neuen Klage auf Schadensersatz statt der Leistung geklagt werden. Doch ist das Urteil mittelbar, kraft seiner präjudizierenden Wirkung, für den Schadensersatzprozess von Nutzen (Rn F 14). Der Gläubiger kann den Nutzen des Leistungsprozesses darüber hinaus gezielt erhöhen (Rn F 15). **F 13**

Entscheidet sich der Gläubiger nach Erlass des Urteils auf Leistung doch für den Schadensersatz, entfaltet das Urteil **präjudizierende** Wirkung für den Schadensersatzprozess hinsichtlich der dem Urteil auf Leistung zugrunde liegenden Leistungspflicht und ihr entgegenstehender etwaiger Einwendungen und Einreden bis zum Zeitpunkt der letzten mündlichen (Tatsachen-)Verhandlung im Leistungsprozess (Schur NJW 2002, 2518, 2519). Die gem § 281 BGB erforderlichen (Rn B 1 ff) Voraussetzungen „Schuldverhältnis", „Leistungspflicht", „Nichtvorliegen eines Leistungshindernisses", „Fälligkeit" und „Durchsetzbarkeit" der Leistungspflicht können daher vom Schuldner im Schadensersatzprozess nicht mehr bestritten werden, soweit sie nicht auf Umstände gestützt werden, die nach der letzten mündlichen Verhandlung des Leistungsprozesses entstanden sind. Dasselbe kann auch für das „Vertretenmüssen" gelten, wenn dieses ausnahmsweise (wegen § 275 Abs 2 S 2 BGB) im Leistungsprozess erheblich war. Ist die Leistungsklage wegen eines Leistungshindernisses iSv § 275 BGB abgewiesen worden, muss der Gläubiger im anschließenden, auf § 283 BGB gestützten Schadensersatzprozess nicht mehr das Vorliegen eines Leistungshindernisses beweisen (zur Möglichkeit der Klageänderung für den Fall der Einreden nach § 275 Abs 2, Abs 3 BGB, § 283 Rn 31). **F 14**

Darüber hinaus kann der Gläubiger den Leistungsprozess im Hinblick auf die weitere Voraussetzung des § 281 BGB „Fristsetzung" nutzen. Hat der Gläubiger selbst (vor oder während des Leistungsprozesses) die Frist gem § 281 Abs 1 S 1 BGB noch nicht gesetzt, kann er gem § 255 ZPO beantragen, dass **im Urteil die Frist bestimmt** werde (vgl Baumbach/Lauterbach/Hartmann, ZPO § 255 Rn 3, 7; Wieser NJW 2003, 2432 f). Damit ist der Gläubiger für einen nachfolgenden Schadensersatzanspruch des (allerdings geringen, Rn B 42, B 49) Risikos enthoben, eine zu kurze Frist gesetzt zu haben. Die Frist läuft mit Rechtskraft des Urteils auf die Leistung (vgl Rn B 16). Trotz Fristablauf kann das Leistungsurteil weiter vollstreckt werden; denn erst das Schadensersatzverlangen führt zum Fortfall des Leistungsanspruchs (anders bei Klage auf künftigen Schadensersatz, folgende Rn). **F 15**

Der Gläubiger kann weiterhin mit der Klage auf Leistung die **Klage auf künftigen Schadensersatz** gem § 259 ZPO verbinden (s BGH 14. 12. 1998 – II ZR 330/97, NJW 1999, 954 f zu § 283 aF; OLG München 23. 4. 2008 – 15 U 5245/07 Rn 12; Dedek, in: Dauner-Lieb/Konzen/Schmidt [2003] 183, 194; Wieser NJW 2003, 2432, 2433; Gsell JZ 2004, 110, 115; **aA** Schur NJW 2002, 2518, 2520), vorausgesetzt er erklärt im Prozess Schadensersatz für **F 16** den Fall verlangen zu wollen, dass die Leistung nicht innerhalb einer vom Gericht gesetzten Nachfrist erfolgt (Wieser NJW 2003, 2432, 2433 f lässt Nachfristsetzung durch Gläubiger genügen, da die bedingte Schadensersatzklage das Schadensersatzverlangen darstelle). Der Gläubiger hat dann neben dem Leistungsantrag den Antrag gem § 255 ZPO auf Fristsetzung und den Antrag gem § 259 ZPO auf künftige Schadensersatzzahlung zu stellen. Dieses Vorgehen bietet ihm vor allem den Vorteil der Beschleunigung. Zwar ist die Klage gem § 259 ZPO nur zulässig, wenn die Besorgnis gerechtfertigt ist, der Schuldner werde sich der Erfüllung des Schadensersatzanspruchs zum Zeitpunkt von dessen Fälligkeit entziehen; diese Besorgnis ist aber schon mit dem Bestreiten des Leistungsanspruchs seitens des Schuldners grundsätzlich gerechtfertigt (vgl BGH 14. 12. 1998 – II ZR 330/97, NJW 1999, 954, 955; zurückhaltender Schur NJW 2002 2518, 2520; Wieser NJW 2003, 2432, 2433). Mit Ablauf der Frist ist die Vollstreckung des Leistungsurteils nicht mehr möglich; der zugrunde liegende Leistungsanspruch entfällt mit Fristablauf, da der Gläubiger im Prozess ein bedingtes Schadensersatzverlangen erklärt hat bzw die Klage auf künftigen Schadensersatz das zum Fortfall des Leistungsanspruchs führende, durch den Ablauf der Frist bedingte Schadensersatzverlangen enthält (BGH 9. 11. 2017 – IX ZR 305/16 Rn 16, NJW 2018, 786; **aA** Gsell JZ 2004, 110 115 f: zusätzliche Erklärung des Gläubigers erforderlich, dass er nach Ablauf der Frist an der Primärleistung nicht mehr festhalten will). Im Sonderfall des **§ 510b ZPO** (Verfahren vor dem Amtsgericht, Klage auf Vornahme einer Handlung gem §§ 887, 888 ZPO) ist die Verbindung von Leistungs- und Schadensersatzprozess auch ohne die Besorgnis zulässig. Der erforderliche Fortfall des Leistungsanspruchs kraft materiellen Rechts erfolgt nach Fristablauf gem § 281 Abs 4 BGB, da der Schadensersatzantrag ein bedingtes Schadensersatzverlangen enthält (BGH 9. 11. 2017 – IX ZR 305/16 Rn 17, NJW 2018, 786). Die Vollstreckung des Leistungsanspruchs ist allerdings gem § 888a ZPO unabhängig vom Ablauf der Frist ausgeschlossen.

G. Verjährung

G 1 Anspruchsgrundlage für den Schadensersatzanspruch statt der Leistung ist §§ 280 Abs 1, Abs 3, 281 BGB (vgl zur Verjährung § 280 Rn G 1 ff). Der Schadensersatzanspruch verjährt grundsätzlich gem § 195 BGB **in drei Jahren**. Folgt man der Auffassung, der Anspruch entstehe bereits mit Vorliegen der Voraussetzungen nach § 281 Abs 1–Abs 3 BGB, kann die Verjährung bereits dann beginnen (MünchKomm/Ernst Rn 165). Folgt man der hier vertretenen Auffassung, dass der Schadensersatzanspruch erst mit **Zugang des Schadensersatzverlangens** entsteht (Rn D 17), kann die Verjährung erst von diesem Zeitpunkt an laufen. Abzulehnen ist die Vorstellung, die Verjährung beginne bereits mit der Entstehung des Leistungsanspruchs (so ein Teil der Literatur, s Wolffskeel von Reichenberg NJW 2015, 2833, 2836 mwNw). Die Verjährung des Leistungsanspruchs ist aber durchaus erheblich für die Entstehung des Schadensersatzanspruchs: Verjährt der Leistungsanspruch vor Zugang des Schadensersatzverlangens und wird die Einrede gem § 214 Abs 1 BGB erhoben, entfällt die Durchsetzbarkeit des Leistungsanspruchs und mit ihr die Befugnis Schadensersatz verlangen zu können (Rn B 11). Das Schadensersatzverlangen ist somit unwirksam (parallel zur Unwirksamkeit des Rücktritts gem § 218 BGB). Die Gefahr, dass der Gläubiger den Beginn der Verjährung durch Zuwarten mit dem Schadensersatzverlangen hinauszögert (MünchKomm/Ernst Rn 165a), besteht also nicht. Der Schuldner kann ihr nach hier vertretener Auffassung außerdem durch Setzung einer Frist für das Schadensersatzverlangen begegnen (Rn D 6). Die **Frist beginnt** mit dem Schluss des Jahres, in dem der Schadensersatzanspruch entstanden ist (= Zugang eines wirksamen Schadensersatzverlangens) und der Gläubiger von den den Anspruch begründenden Umständen und der Person des Schuldners Kenntnis erlangt hat oder ohne grobe Fahrlässigkeit erlangt haben müsste (§ 199 Abs 1 BGB). Folgt man der Auffassung, der Anspruch entstehe bereits mit Vorliegen der Voraussetzungen nach § 281 Abs 1–Abs 3 BGB, kann die Verjährung bereits dann beginnen (MünchKomm/Ernst Rn 173). Folgt man der hier vertretenen Auffassung, der Anspruch entstehe erst mit **Zugang des Schadensersatzverlangens** (Rn D 17), kann die Verjährung erst von diesem Zeitpunkt an laufen. Außerdem entfällt mit der Verjährung des Leistungsanspruchs dessen Durchsetzbarkeit, die nach hier vertretener Ansicht zur Entstehung des Schadensersatzanspruchs (Rn D 17) für ein wirksames Schadensersatzverlangen gem § 281 Abs 4 BGB noch zum Zeitpunkt des Schadensersatzverlangens vorliegen muss (parallel zum Rücktrittsrecht, s Rn B 11). Bezüglich der Kenntnis des Gläubigers sind die Höchstfristen in § 199 Abs 2 u Abs 3 BGB zu beachten, die unabhängig von der Kenntnis laufen.

Für einige Vertragstypen bestehen besondere Verjährungsfristen. Für **Kaufverträge** **G 2**
sieht § 438 BGB eine kürzere Verjährungsfrist für Sach- und Rechtsmängel vor, die auch für den Schadensersatzanspruch aus §§ 280, 281 BGB gilt, wenn dieser an einen Sach- oder Rechtsmangel anknüpft. Hiernach gilt für die meisten Kaufverträge eine Verjährungsfrist von zwei Jahren ab der Ablieferung der Sache (§ 438 Abs 1 Nr 3, Abs 2 BGB), von fünf Jahren bei Bauwerken und für sie verwendete Sachen mit der Übergabe des Grundstücks (§ 438 Abs 1 Nr 2, Abs 2 BGB). Dasselbe gilt für den Tausch (§ 480 BGB). Wird Nacherfüllung verlangt, so ist für die Dauer des Nacherfüllungsversuchs die Verjährung gem § 203 BGB gehemmt. Reagiert der Verkäufer auf das Nacherfüllungsverlangen nicht, liegen keine *Verhandlungen* iS von § 203 BGB vor. Um die Nacherfüllung am Ende der Verjährungsfrist aber nicht leerlaufen zu lassen, sollte § 203 BGB analog angewendet werden (vgl Auktor NJW 2003, 120, 122; für Rechtsmissbräuchlichkeit der Einrede der Verjährung nach § 242 BGB Czeguhn MDR 2002, 1041, 1042). Die Hemmung gilt nach **§ 213 BGB** auch für den Schadensersatzanspruch statt der Leistung, der auf das gleiche Interesse gerichtet ist (BGH 29. 4. 2015 – VIII ZR 180/14 Rn 21 ff, NJW 2015, 2106; MünchKomm/Ernst Rn 177). Für den Rückgriff gegen Lieferanten ist § 445b BGB zu beachten. Hat der Schuldner den Anspruch bereits anerkannt, beginnt die Verjährung erneut (§ 212 Abs 1 Nr 1 BGB). Die Verjährung von Schadensersatzansprüchen aus **Werkverträgen** richtet sich ganz ähnlich nach § 634a BGB, wobei idR die Abnahme die Verjährung beginnen lässt.

Der Anspruch des Schuldners auf **Rückgewähr** des Geleisteten gem § 281 Abs 5 **G 3**
BGB verjährt ebenfalls gem §§ 195, 199 BGB. Entstanden im Sinne des § 195 BGB ist der Anspruch mit Zugang des Schadensersatzverlangens, das auf den „großen" Schadensersatz (vgl Rn C 25) gerichtet ist. Hat der Gläubiger zunächst den kleinen Schadensersatzanspruch verlangt und wechselt er danach im Rahmen des ius variandi zum großen Schadensersatz (vgl Rn C 24), beginnt die Verjährung mit Zugang des zweiten Verlangens. Der Anspruch unterliegt nicht der kurzen Verjährung des besonderen Gewährleistungsrechts (§ 438 BGB bzw § 634a BGB; MünchKomm/Ernst Rn 161), da er nur eine Folge der Mangelhaftung ist, nicht ihr unmittelbarer Gegenstand.

§ 282
Schadensersatz statt der Leistung wegen Verletzung einer Pflicht nach § 241 Abs. 2

Verletzt der Schuldner eine Pflicht nach § 241 Abs. 2, kann der Gläubiger unter den Voraussetzungen des § 280 Abs. 1 Schadensersatz statt der Leistung verlangen, wenn ihm die Leistung durch den Schuldner nicht mehr zuzumuten ist.

Materialien: KF § 282 (abgdr in: Canaris, Schuldrechtsmodernisierung 2002, 359); RegE § 282, BT-Drucks 14/6040, 7 iVm 141 f; Stellungnahme d BR BT-Drucks 14/6857, Anl 2 Nr 31; Gegenäußerung d BReg BT-Drucks 14/6857, Anl 3 Zu Nr 31; Beschlussempfehlung u Bericht d Rechtsausschusses BT-Drucks 14/7052, 14 iVm 212 ff.

Schrifttum

1. Vor der Schuldrechtsreform zur positiven Vertragsverletzung

Brecht, Die einfache und die wiederholte positive Vertragsverletzung, JherJb 54, 83
Freitag, Schlechterfüllung und Schlechterbringung. Zur Systematik der „positiven Vertragsverletzung“ (1932)
Glöckner, Positive Vertragsverletzung (2006)
Huber, Zur Haftung des Verkäufers wegen positiver Vertragsverletzung, AcP 177 (1977) 281
Köpcke, Typen positiver Vertragsverletzung (1965)
Krebs, Sonderverbindung und außerdeliktische Schutzpflichten (2001)
Motzer, Schutzpflichtverletzung und Leistungsunmöglichkeit, JZ 1983, 884
Schünemann, Die positive Vertragsverletzung – eine kritische Bestandsaufnahme, JuS 1987, 1
Staub, Die positiven Vertragsverletzungen (2. Aufl 1913)
Heinrich Stoll, Abschied von der Lehre von der positiven Vertragsverletzung, AcP 136 (1932) 257
Stürner, Der Anspruch auf Erfüllung von Treue- und Sorgfaltspflichten, JZ 1976, 384
Weilbauer, Die ergänzenden Leistungspflichten nach Treu und Glauben (1922)
Westhelle, Nichterfüllung und positive Vertragsverletzung (1978).

2. Zur und nach der Schuldrechtsreform

Canaris, Die Reform des Rechts der Leistungsstörungen, JZ 2001, 499
Ernst/Zimmermann, Zivilrechtswissenschaft und Schuldrechtsreform (2001)
Grigoleit/Riehm, Die Kategorien des Schadensersatzes im Leistungsstörungsrecht, AcP 203 (2003) 727
Grunewald, Die Loslösung vom nicht erwartungsgerechten Vertrag, in: FS Wiedemann (2002) 75
Hadding, Leistungspflichten und Leistungsstörungen nach „modernisiertem“Schuldrecht, in: FS Konzen (2006) 193
Kindl, Das Recht der Leistungsstörungen nach dem Schuldrechtsmodernisierungsgesetz, WM 2002, 1313
Kothe/Micklitz/Rott/Tonner/Willingmann, Das neue Schuldrecht – Kompaktkommentar (2003)
Kuhlmann, Leistungspflichten und Schutzpflichten – Ein kritischer Vergleich des Leistungsstörungsrechts des BGB mit den Vorschlägen der Schuldrechtskommission (2001)
Mattheus, Schuldrechtsmodernisierung 2001/2002 – Neuordnung des allgemeinen Leistungsstörungsrechts, JuS 2002, 209
Medicus, Der Regierungsentwurf zum Recht der Leistungsstörungen, Berliner Anwaltsblatt 2001, 637
Münch, Die „nicht wie geschuldet“ erbrachte Leistung und sonstige Pflichtverletzungen, Jura 2002, 361

Otto, Personale Freiheit und soziale Bindung (1978)

R Schaub, Beratungsvertrag und Sachmängelgewährleistung nach der Schuldrechtsmodernisierung, AcP 202 (2002) 757

Schwab, Leistungsstörungen im Sukzessivlieferungsvertrag nach neuem Schuldrecht, ZGS 2003, 73

Stodolkowitz, Rechte des Käufers bei Leistungsstörungen während der Nacherfüllung, ZGS 2010, 448

Hans Stoll, Überlegungen zu Grundfragen des Rechts der Leistungsstörungen aus der Sicht des Schuldrechtsmodernisierungsgesetzes, in: FS Werner Lorenz (2001) 287

Teichmann, Strukturveränderungen im Recht der Leistungsstörungen nach dem Regierungsentwurf eines Schuldrechtsmodernisierungsgesetzes, BB 2001, 1485

Teubner, Gegenseitige Vertragsuntreue (1975)

Zimmer, Das neue Recht der Leistungsstörungen, NJW 2002, 1.

Vgl ferner das Allgemeine Schrifttum sowie die Schrifttumshinweise zu Staudinger/Caspers Vorbem zu §§ 275–278 sowie zu Vorbem zu §§ 280–285, ferner zu §§ 280, 281, 283 u 284.

Systematische Übersicht

Alphabetische Übersicht

I. Allgemeines

§ 282 BGB regelt den Anspruch auf Schadensersatz statt der Leistung bei Verletzung von Rücksichtnahmepflichten, die dem Schutz des Integritätsinteresses (Erhaltungsinteresses) dienen. Dies wird durch die – vom Rechtsausschuss auf Anregung der Kommission „Leistungsstörungsrecht" vorgenommene – ausdrückliche Bezugnahme auf § 241 Abs 2 BGB unmissverständlich klargestellt. Die Abkehr von der Leistungspflicht und die daraus resultierende Schadensersatzpflicht ist hier *Mittel zum Schutz vor einer drohenden Verletzung des Integritätsinteresses.* Die Vorschrift hat in dem vor Inkrafttreten des Schuldrechtsmodernisierungsgesetzes geltenden Recht kein Vorbild, sie ist eine Neuschöpfung. Die „Parallelnorm" für das Rücktrittsrecht bildet der § 324 BGB. § 282 aF, der dem Schuldner die Beweislast dafür auferlegte, dass er die Unmöglichkeit der Leistung nicht zu vertreten hat, ist in § 280 Abs 1 S 2 BGB aufgegangen. 1

1. Entstehungsgeschichte

Bereits im alten Recht war in Rspr und Schrifttum anerkannt, dass das Institut der **positiven Vertragsverletzung** (pVV) ebenso wie Unmöglichkeit und Verzug im Einzelfall einen *Schadensersatzanspruch wegen Nichterfüllung* oder ein *Rücktrittsrecht* rechtfertigt, wenn die Pflichtverletzung den Vertragszweck derart gefährdet, dass dem anderen Teil ein Festhalten am Vertrag nach Treu und Glauben nicht zugemutet werden kann (RGZ 140, 378, 385; BGH 19. 2. 1969 – VIII ZR 58/67, NJW 1969, 975, 976; vgl Staudinger/Otto [2001] § 326 aF Rn 13 u 198 ff). Es ging dabei zwar vor allem um das wirtschaftliche Interesse an der Durchführung des Vertrages und Fälle, die man mit 2 den Stichworten „Verstoß gegen die Vertragstreue" oder „Gefährdung der Vertrauensgrundlage durch schwere Unzuverlässigkeit" kennzeichnen kann (vgl BGH 19. 2. 1969 – VIII ZR 58/67, NJW 1969, 975; BGH 19. 10. 1977 – VIII ZR 42/76, NJW 1978, 260; BGH 13. 3. 1996 – VIII ZR 99/94, NJW-RR 1996, 949; ausführlich dazu DAUNER-LIEB, in: ERNST/ZIMMERMANN, Zivilrechtswissenschaft und Schuldrechtsreform [2001] 314). Es wurde aber ein Schadensersatzanspruch wegen Nichterfüllung oder ein Rücktrittsrecht grundsätzlich auch in den Fällen einer **Schutzpflichtverletzung** anerkannt, zB bei schwerer Beleidigung des Vertragspartners (vgl RGZ 140, 379 ff). Mit den §§ 282, 324 BGB wird dieser Anwendungsfall der früheren positiven Vertragsverletzung ausdrücklich geregelt (Begr zu § 282 BGB BT-Drucks 14/6040, 142).

3 **§ 282 DE** (zum DE Vorbem B 4 zu §§ 280–285) regelte zwar die zusätzlichen Voraussetzungen für den Schadensersatz statt der Leistung vollständig, erwähnte aber noch nicht die Verletzung von nichtleistungsbezogenen Rücksichtnahmepflichten. Der Schadensersatzanspruch im Falle der Verletzung nichtleistungsbezogener Nebenpflichten sollte sich vielmehr aus §§ 280 Abs 1, Abs 2 S 1 iVm § 282 Abs 2 DE ergeben. Gem § 282 Abs 1 DE muss der Gläubiger dem Schuldner zuvor idR eine angemessene Frist zur Nacherfüllung setzen. Vom Erfordernis der Nachfristsetzung wird abgesehen, wenn deren Erfolglosigkeit offensichtlich ist oder „wenn besondere Umstände vorliegen, die unter Abwägung der beiderseitigen Interessen die sofortige Geltendmachung des Schadensersatzanspruchs rechtfertigen". Man wollte jedoch nicht einfach entspr dem bisherigen § 286 Abs 2 BGB auf den Wegfall des Gläubigerinteresses abstellen, da dieses Interesse vielfach nicht völlig weggefallen, sondern nur gemindert sei (so die Begr, abgedr in: CANARIS, Schuldrechtsmodernisierung [2002] 165). Das Bedürfnis des Gläubigers nach sofortigem Schadensersatz sollte gegenüber dem Interesse des Schuldners, sich durch nachträgliche Leistungserbringung noch vor der Schadensersatzpflicht zu schützen, abgewogen werden.

4 Erst die **Konsolidierte Fassung** (Vorbem B 10 zu §§ 280–285) enthielt mit **§ 282 KF** unter der Überschrift *„Schadensersatz statt der Leistung wegen Verletzung einer sonstigen Pflicht"* eine spezielle Rechtsgrundlage für den Schadensersatz statt der Leistung infolge der Verletzung von nichtleistungsbezogenen Rücksichtnahmepflichten:

„Verletzt der Schuldner eine sonstige Pflicht, kann der Gläubiger unter den Voraussetzungen des § 280 Abs 1 Schadensersatz statt der Leistung verlangen, wenn die Pflichtverletzung wesentlich ist und dem Gläubiger die Leistung durch den Schuldner nicht mehr zuzumuten ist."

Damit sollte auch die Verletzung *sonstiger Pflichten* einen Anspruch des Gläubigers auf Schadensersatz statt der Leistung zur Folge haben. Dieser sollte aber nach Meinung der Kommission „Leistungsstörungsrecht" an eine höhere Schwelle gebunden sein, nämlich an „die Schwelle der *Wesentlichkeit der Pflichtverletzung* und der *Zumutbarkeit der Leistung* durch den Schuldner" (CANARIS, Schuldrechtsmodernisierung [2002] 359 Fn 3). Gemeint war die Zumutbarkeit für den Gläubiger.

5 In **§ 282 RegE** (Vorbem B 11 zu §§ 280–285) wurde zur Konkretisierung der sonstigen Pflichten lediglich hinzugefügt, dass es sich um eine Verletzung einer sonstigen Pflicht aus dem Schuldverhältnis handeln müsse. Das Erfordernis des Merkmals der Wesentlichkeit der Pflichtverletzung wurde damit begründet, dass bei den Leis-

tungspflichten die Schwelle zur Wesentlichkeit durch das Erfordernis der erfolglosen Fristsetzung erreicht werde. Auch die Verletzung einer Nebenleistungspflicht erreiche dann den Rang einer wesentlichen, die Beendigung des Vertrages rechtfertigenden Pflichtverletzung, wenn der Schuldner trotz Einräumung einer weiteren Gelegenheit zur Erfüllung nicht leiste. Da § 282 RE wegen der Eigenart der verletzten Pflichten eine Fristsetzung nicht vorsehe, müsse das Erfordernis der Wesentlichkeit gesondert aufgeführt werden, um das unerwünschte Ergebnis zu vermeiden, dass jede Verletzung von Nebenpflichten ohne Weiteres den Vertrag zu beenden geeignet sei (BT-Drucks 14/6040, 142). Darüber hinaus wurde das zusätzliche Kriterium der Unzumutbarkeit der Leistung für den Gläubiger angesichts des Schuldnerverhaltens in Anlehnung an die bislang st Rspr zu den Auswirkungen der pVV beibehalten. In diesem Zusammenhang könne zu berücksichtigen sein, ob der Gläubiger dem Schuldner eine Abmahnung geschickt habe.

Der **Bundesrat** (Vorbem B 11 zu §§ 280–285) hielt allerdings § 282 RE in seiner Stellungnahme zum RegE für entbehrlich. Die Unterscheidung der Pflichtverletzung in § 281 RE und § 282 RE gestalte sich wegen der schwierigen Abgrenzung von leistungsbezogenen und nichtleistungsbezogenen Pflichtverletzungen problematisch, so dass viel dafür spreche, den Schadensersatz statt der Leistung in einer einheitlichen Vorschrift für beide Bereiche zu regeln (BT-Drucks 14/6857, Anl 2 zu Nr 31). Aus diesem Grund schlug die **BReg** eine Streichung des § 282 RE vor; „nicht wie geschuldet" in § 281 Abs 1 S 1 RE beziehe sich dann auch auf sämtliche Nebenpflichtverletzungen (Gegenäußerung der BReg BT-Drucks 14/6857, Anl 3 zu Nr 31). 6

Der **Rechtsausschuss** (Vorbem B 11 zu §§ 280–285) entschied sich aber dafür, § 282 RE in inhaltlich leicht veränderter Form beizubehalten (BT-Drucks 14/7052, 212 ff; vgl zur Notwendigkeit einer eigenständigen Regelung Rn 12). Die Abgrenzung leistungsbezogener und nichtleistungsbezogener Pflichtverletzungen sei entgegen der Ansicht des Bundesrates durchaus möglich (vgl dazu Rn 21 ff). Zudem sei eine eigenständige Regelung auch erforderlich, um klarzustellen, dass in diesen Fällen eine Fristsetzung bzw Abmahnung nicht immer ausreiche, um den Schadensersatz statt der Leistung zu rechtfertigen (vgl dazu Rn 5). Für den Zweck des § 282 RE sei die *Zumutbarkeit* anstelle der Fristsetzung oder Abmahnung das geeignetste Kriterium. Dies erläuterte der Rechtsausschuss an folgendem Beispiel: Ein Maler erbringt seine Malerarbeiten einwandfrei, raucht aber weiterhin als Gewohnheitsraucher trotz Abmahnung des Gläubigers in dessen Räumen. Es wäre in diesem Fall unverhältnismäßig, wenn der Besteller beim ersten Verstoß gegen die Abmahnung einen anderen Maler beauftragen und von dem Maler Ersatz der Mehrkosten verlangen könnte. Dazu würde aber eine Anwendung des § 281 BGB in diesen Fällen führen. Auf das zusätzliche Merkmal der *Wesentlichkeit der Pflichtverletzung* wurde jedoch verzichtet. Die „Kommission Leistungsstörungsrecht" (Vorbem B 10 zu §§ 280–285) habe zu Recht darauf hingewiesen, dass dieses Kriterium bereits vollständig im Element der Zumutbarkeit aufgehe und keinen eigenständigen Gehalt aufweise. Sei die Leistung dem Gläubiger nicht mehr zuzumuten, sei die Pflichtverletzung stets wesentlich (BT-Drucks 14/7052, 213). 7

Außerdem hat der Rechtsausschuss die *„sonstige Pflicht"* der besseren Verständlichkeit wegen durch eine **„Pflicht nach § 241 Abs 2"** ersetzt. Dadurch werde deutlicher, welche Pflichten in § 282 BGB gemeint seien, nämlich die nichtleistungsbezogenen Pflichten. In diesem Zusammenhang stellte man die Frage, ob die Bezugnahme auf 8

§ 241 Abs 2 RE zu dem Trugschluss verleiten könnte, dass nach § 282 RE Schadensersatz statt der Leistung auch *in Fällen der vorvertraglichen Pflichtverletzung* verlangt werden könne. Dies wäre ein nicht zu vertretendes Ergebnis (BT-Drucks 14/7052, 213). Schadensersatz „statt der Leistung" könne vielmehr nur verlangt werden, wenn ein Leistungsanspruch zunächst entstanden sei. § 282 RE regele dann den die Leistung ersetzenden Schadensersatzanspruch wegen „leistungsbegleitender" Pflichtverletzung. § 241 Abs 2 RE bestimme nur, dass es Rücksichtnahmepflichten gebe, und zwar sowohl im vorvertraglichen als auch im vertraglichen Schuldverhältnis.

2. Normzweck und systematische Einordnung

a) Rücktritt bei Verletzung nichtleistungsbezogener Rücksichtnahmepflichten

9 Der Zweck des § 282 BGB besteht darin, dem Gläubiger die nachteilsfreie Abkehr von der Leistungspflicht zu ermöglichen, um aus der Durchführung der Leistungspflicht *drohende (weitere) Verletzungen des Integritätsinteresses* zu vermeiden (abl MünchKomm/Ernst Rn 1). Bei (gegenseitigen) Verträgen kann der Gläubiger außerdem zurücktreten (§ 324 BGB). Die Durchführung der Leistungspflicht ist typischerweise damit verbunden, dass der Schuldner auf die Rechts- und Vermögenssphäre des Gläubigers in besonderer Weise einwirken kann. Hat der Schuldner eine Rücksichtnahmepflicht verletzt (zB der Maler beschädigt beim Streichen der Wände Möbel des Auftraggebers) und droht dem Gläubiger aus der weiteren Durchführung der Leistungspflicht die Gefahr weiterer Verletzungen seines Integritätsinteresses (zB weitere Beschädigungen), kann die weitere Durchführung der Leistungspflicht unzumutbar sein. Dem Gläubiger muss dann die Abkehr von der Leistungspflicht gestattet sein, ohne dass dies nachteilige Folgen für das Leistungsinteresse hat, vorausgesetzt der Schuldner hat dies zu vertreten (zum Rücktritt s Rn 14). § 282 BGB bzw § 324 BGB sollen dem Gläubiger ferner ermöglichen, sich bei **Zerstörung des persönlichen Vertrauensverhältnisses** vom Vertrag zu lösen; in dieser Fallgruppe kommt es auf die Gefahr künftiger Verletzungen nicht an (näher Rn 32, 35). Die Unzumutbarkeit der Leistungserbringung bezieht sich allein auf den Schutz der Integritätssphäre. Zu bewerten ist, ob die Leistungserbringung bzw deren Fortsetzung im Hinblick auf den Schutz des Integritätsinteresses des Gläubigers unzumutbar ist. Unerheblich ist dagegen, ob das Interesse des Gläubigers an der Leistung fortbesteht, im Gegenteil, es wird sogar in der Regel fortbestehen. § 282 BGB knüpft an die bereits eingetretene Verletzung einer Rücksichtnahmepflicht an. Doch kann auch schon die **drohende Verletzung** einer Rücksichtnahmepflicht allein die Erbringung der Leistung unzumutbar machen. § 282 BGB ist hier analog anzuwenden (Rn 44 ff). Grundlage für den Schadensersatz statt der Leistung sind die §§ 280 Abs 1, Abs 3, 282 BGB.

10 Bei der Verletzung **vorvertraglicher Rücksichtnahmepflichten** gilt ausschließlich § 280 Abs 1 BGB (s Rn 16, 32, 35; zur vorvertraglichen Haftung s § 280 Rn C 54 ff); denn § 282 BGB setzt die Entstehung eines Leistungsanspruchs des Gläubigers voraus.

b) Verhältnis zu § 280 Abs 1

11 Der aus der Verletzung der Rücksichtnahmepflicht resultierende Integritätsschaden (zB die vom Maler beschädigten Möbel des Auftraggebers) wird ausschließlich nach § 280 Abs 1 BGB ersetzt (§ 280 Rn C 39 ff). In **terminologischer** Hinsicht ist zu beachten: Der Anspruch aus § 282 BGB kann naturgemäß nur dem Gläubiger einer Leistungspflicht zukommen, die Begriffe „Gläubiger" und „Schuldner" werden also von

der Leistungspflicht her bestimmt. Dagegen bestimmen sich die Begriffe „Gläubiger“ und „Schuldner“ in § 280 Abs 1 BGB, soweit es um Schadensersatz für das Integritätsinteresse geht, von der betreffenden Rücksichtnahmepflicht her (zB der Maler rutscht bei der Arbeit auf einer vom Auftraggeber nicht beseitigten Bananenschale auf dem Küchenboden aus; hier ist der Maler „Gläubiger“ iSv § 280 Abs 1 BGB bzgl der verletzten Rücksichtnahmepflicht).

c) Verhältnis zu § 281

Sowohl § 281 BGB als auch § 282 BGB regeln die Voraussetzungen, unter denen bei Verletzungen von Pflichten aus einem Schuldverhältnis Schadensersatz statt der Leistung verlangt werden kann. § 281 BGB bezieht sich auf die Verletzung von Leistungspflichten (§ 241 Abs 1 BGB), auch Nebenleistungspflichten (§ 281 Rn B 3), § 282 BGB bezieht sich auf die Verletzung von **Rücksichtnahmepflichten (§ 241 Abs 2 BGB)**. Der Grund für die Regelung in verschiedenen Tatbeständen liegt darin, dass die Gesamtliquidation bei der Verletzung von Rücksichtnahmepflichten gem § 241 Abs 2 BGB nicht nach denselben Prinzipien zu begründen ist wie bei der Verletzung von Leistungspflichten. Eine Nachfristsetzung kommt hier ebenso wenig wie ein Fortfall des Interesses an der Leistung (§ 281 Rn B 101 ff) in Betracht. Vielmehr ist die Zumutbarkeit der Leistung maßgeblich, und zwar aus der Perspektive des Integritätsinteresses (vgl auch BT-Drucks 14/7052, 213 und oben Rn 7). Die Verletzung **leistungsbezogener Nebenpflichten** richtet sich ausschließlich nach § 281 BGB (§ 281 Rn C 3) bzw § 281 BGB analog (§ 281 Rn B 192). 12

Ist die Pflicht zum Schutz des Integritätsinteresses die **Hauptleistungspflicht** des Schuldverhältnisses (zB Vertrag über Bewachung eines Gebäudes, Vertrag über ärztliche Behandlung, Beratungsvertrag), ist bei Nicht- oder Schlechterfüllung der Pflicht hinsichtlich des Schadensersatzes statt der Leistung allein § 281 BGB anzuwenden, hinsichtlich des Integritätsschadens § 280 Abs 1 BGB (§ 280 Rn C 39; § 281 Rn A 22). Ist die Pflicht zum Schutz des Integritätsinteresses **klagbare Nebenleistungspflicht** (zB der Malermeister hat sich vertraglich verpflichtet, die Wohnungseinrichtung vor Beginn der Malerarbeiten mit Planen abzudecken), so kann der Gläubiger bei Nicht- oder Schlechterfüllung dieser Pflicht nach § 281 BGB vorgehen. Nach erfolglosem Ablauf der Nachfrist kann er gemäß § 281 Abs 1 BGB zum Schadensersatz statt der Nebenleistung übergehen. Schadensersatz statt der Hauptleistungspflicht (im Beispiel die Malerarbeiten) kann der Gläubiger auf zweifache Weise erlangen: entweder analog § 281 Abs 1 S 2 BGB, wenn sein Interesse an der Hauptleistung nach erfolglosem Ablauf der Nachfrist bezüglich der Nebenleistungspflicht entfallen ist oder wenn die Erbringung der Hauptleistung infolgedessen unzumutbar gefährdet ist (§ 281 Rn B 199); oder gemäß § 282 BGB, da und soweit das die Nichtdurchführung der Nebenleistungspflicht begründende Verhalten zugleich eine Rücksichtnahmepflichtverletzung bedeutet.

d) Verhältnis zu Sondervorschriften für Dauerschuldverhältnisse

Für die gesetzlich typisierten Dauerschuldverhältnisse existieren meist Sonderregeln, die den Gläubiger bei erheblicher Pflichtverletzung und Unzumutbarkeit der weiteren Fortsetzung des Dauerschuldverhältnisses einerseits zur vorzeitigen Kündigung, andererseits zum Ersatz des daraus entstehenden (Auflösungs-)Schadens berechtigen (s Vorbem D 11 zu §§ 280–285; § 280 Rn E 62 ff; § 281 Rn A 37 ff u B 29), insbes **§ 490 BGB** für den Darlehensvertrag, die **§§ 626, 628 BGB** für Dienst- u Arbeitsverträge 13 und **§ 723 BGB** bei der Gesellschaft. Diese Regeln sind nach ihrem Tatbestand nicht nur bei der Verletzung von Leistungspflichten anwendbar, sondern auch, wenn Kündigung und Schadensersatz an die Verletzung von Rücksichtnahmepflichten anknüpfen und die Unzumutbarkeit sich auf die Gefährdung des Integritätsinteresses gründet; denn die besonderen Tatbestände sehen eine Beschränkung auf Leistungspflichten idR nicht vor. Soweit die besonderen Regeln danach anwendbar sind, gehen sie den allgemeinen Regeln bzgl des Schadensersatzes statt der Leistung (§ 282 BGB) vor; der durch die Pflichtverletzung verursachte Integritätsschaden ist dagegen nach der allg Regelung des § 280 Abs 1 BGB zu ersetzen (Lorenz/Riehm, Schuldrecht Rn 247; Erman/Böttcher § 314 Rn 19; Palandt/Grüneberg § 314 Rn 11).

e) Verhältnis des Schadensersatzanspruchs zum Rücktritt

14 Unter fast denselben Voraussetzungen, die § 282 BGB an den Anspruch auf Schadensersatz statt der Leistung bei Verletzung einer Pflicht nach § 241 Abs 2 BGB stellt, kann der Gläubiger nach § 324 BGB im Falle einer solchen Pflichtverletzung vom *(gegenseitigen) Vertrag* zurücktreten; nur ein Vertretenmüssen des Schuldners ist nicht erforderlich. Im Gegensatz zum alten Recht kann der Gläubiger gem § 325 BGB Rücktritt und Schadensersatz statt der Leistung miteinander verbinden (vgl § 280 Rn E 49 ff sowie die Erl zu § 325). Er hat somit **drei Möglichkeiten**: Er kann *erstens* Schadensersatz statt der Leistung verlangen, *zweitens* vom Vertrag zurücktreten oder *drittens* Schadensersatz verlangen und zurücktreten.

II. Tatbestandsvoraussetzungen

1. Schuldverhältnis mit Leistungspflicht

15 *Erste Voraussetzung* für einen Anspruch aus §§ 280 Abs 1, Abs 3, 282 BGB ist das Bestehen eines Schuldverhältnisses (§ 280 Rn B 1 ff); denn es geht um die Verantwortlichkeit infolge einer Sonderbeziehung. Erforderlich ist ferner, dass das **Schuldverhältnis** iS des § 282 BGB den Anspruch auf eine Leistung zum Inhalt hat, da anderenfalls ein Schadensersatzanspruch *statt der Leistung* ausscheidet. Es kann auch ein ruhendes Vertragsverhältnis genügen, also ein Vertrag, dessen Leistungspflichten suspendiert sind, da Rücksichtnahmepflichten auch dann bestehen können (BAG 27. 11. 2008 – 2 AZR 193/07 Rn 35, NZA 2009, 671). Auf das nur aus Rücksichtnahmepflichten bestehende *vorvertragliche Schuldverhältnis* (§ 311 Abs 2 BGB) ist § 282 BGB daher nicht anzuwenden (davon zu trennen ist die Frage, ob die Verletzung vorvertraglicher Rücksichtnahmepflichten gem § 282 BGB Auswirkungen auf den späteren Vertrag haben kann, indem sie die Unzumutbarkeit des persönlichen Umgangs beeinflusst [Rn 32, 35]). § 282 BGB ist ebenfalls nicht anwendbar, wenn ein Vertrag nur Rücksichtnahmepflichten enthält (zB Vereinbarung einer Spielbank mit einem Spielsüchtigen, diesen in Zukunft nicht mehr zum Spiel zuzulassen, soweit diese Pflicht nicht als Leistungspflicht vereinbart ist, vgl BGH 19. 5. 2006 – V ZR 264/05, NJW 2006, 3139; BGH 22. 11. 2007 – III ZR 9/07, NJW 2008, 840; BGH 20. 10. 2011 – III ZR 251/10, NJW 2012, 48 ff).

16 § 282 BGB gilt ebenso wie § 281 BGB für vertragliche und gesetzliche Schuldverhältnisse. Da **gesetzliche Schuldverhältnisse** meistens auf Geldleistungen gehen, wird sich hier eine unzumutbare Gefährdung des Integritätsinteresses eher selten ergeben (vgl noch folgende Rn 17). Praktische Relevanz kann § 282 BGB aber etwa bei der Erfüllungshaftung nach § 179 Abs 1 BGB haben.

Bedeutsam wird § 282 BGB vor allem bei solchen Leistungen, deren Erbringung einen intensiveren Kontakt zwischen Gläubiger und Schuldner mit sich bringt, also insbes bei Dienst-, Arbeits- und Werkleistungen. Bei Geldleistungen dagegen dürfte eine unzumutbare Gefährdung des Integritätsinteresses die Ausnahme sein; resultiert sie aus den Umständen der Geldleistung (zB an gefährlich gewordenem Ort), wird idR an eine Anpassung der Leistungspflicht nach Treu und Glauben zu denken sein, die die Abkehr von der Leistungspflicht entbehrlich macht. 17

Eine Verstärkung der Einwirkungsmöglichkeiten zwischen Gläubiger und Schuldner gibt es typischerweise auch bei auf längere Zeit angelegten Schuldverhältnissen, insbes Dauerschuldverhältnissen und Sukzessivleistungen. 18

Zur Geltendmachung des Schadensersatzes statt der Leistung auch für den zukünftigen Schaden s unten Rn 60 u § 281 Rn D 10. 19

Bei **Sukzessivlieferungsverträgen** (zum Begriff näher § 281 Rn B 176) ergibt sich aus der gedanklichen Trennung zwischen Einzelleistungspflicht und Gesamtvertrag eine zweifache Anwendbarkeit des § 282 BGB: je nach den Umständen kann die Rücksichtnahmepflichtverletzung die weitere Bindung des Gläubigers im Hinblick auf einzelne künftige Lieferungen unzumutbar machen oder – praktisch häufiger – im Hinblick auf den Sukzessivlieferungsvertrag insgesamt. Besteht die Unzumutbarkeit nur im Hinblick auf eine einzelne Leistung, kann der gesamte Vertrag bzw die Gesamtheit der erbrachten bzw noch ausstehenden Einzelleistungspflichten gem bzw analog § 281 Abs 1 S 2 BGB entfallen, soweit die Beseitigung der Einzelleistungspflicht nach § 282 BGB das Interesse an anderen Einzelleistungen entfallen lässt. 20

2. Verletzung einer Rücksichtnahmepflicht iS des § 241 Abs 2

a) Abgrenzung zur Leistungspflicht

Zentrale – zweite – Voraussetzung für § 282 BGB ist – wie bei allen Schadensersatzansprüchen gem §§ 280 bis 283 BGB – das Vorliegen einer Pflichtverletzung (§ 280 Abs 1 S 1 BGB). Für einen Schadensersatzanspruch aus § 282 BGB muss der Schuldner eine Pflicht nach § 241 Abs 2 BGB verletzt haben. Gem § 241 Abs 2 BGB kann jedes (vertragliche oder gesetzliche) Schuldverhältnis nach seinem Inhalt den Gläubiger wie den Schuldner zur Rücksichtnahme auf die Rechte, Rechtsgüter und Interessen des anderen Teils verpflichten. § 241 Abs 2 BGB regelt die Rücksichtnahmepflichten, welche schon vor ihrer Normierung durch das Schuldrechtsmodernisierungsgesetz von Wissenschaft und Rspr herausgearbeitet und gewohnheitsrechtlich anerkannt (vgl Staudinger/Olzen [2019] § 241 Rn 388 ff) waren. 21

Für die Ordnung der einem Schuldverhältnis entspringenden Pflichten existierte **vor Inkrafttreten des SMG** keine einheitliche Dogmatik oder auch nur Terminologie. So unterschied Kress zwischen Pflichten bzgl der Erwerbsansprüche, den eigentlichen Leistungspflichten, und Pflichten bzgl der Schutzansprüche, den sog Schutzpflichten (Kress [1919] 1 ff; vgl hierzu auch Kuhlmann, Leistungspflichten und Schutzpflichten [2001] 36 ff). Dabei sind von dem Begriff „Schutzpflichten" bei Kress sowohl Nebenpflichten mit Leistungsbezug als auch solche ohne Leistungsbezug umfasst. Heinrich Stoll (AcP 136 [1932] 298 ff) beschränkte den Begriff der Schutzpflichten auf die nichtleistungsbezogenen Pflichten (vgl zur Bedeutung Stolls für die Begriffsbildung einerseits Gern- 22

HUBER, Das Schuldverhältnis [1989] § 2 IV 2a; MOTZER JZ 1983, 884; andererseits KUHLMANN, Leistungspflichten und Schutzpflichten [2001] 41). LARENZ differenzierte hingegen zwischen primären und sekundären Leistungspflichten und sog „weiteren Verhaltenspflichten", welche er nochmals in Schutz- und Loyalitätspflichten unterteilte (LARENZ I [1987] § 2 I [10]). Bei den „weiteren Verhaltenspflichten" handelt es sich um nichtleistungsbezogene Pflichten. STÜRNER unterschied zwischen Hauptleistungspflichten und daneben existierenden Treue- und Sorgfaltspflichten, wobei er Letztere nochmals in Schutzpflichten, Nebenpflichten und Sorgfaltspflichten unterteilte (JZ 1976, 384 ff). Nach dieser Einteilung fehlt lediglich bei den Sorgfaltspflichten der Leistungsbezug. ZT wurde die Unterscheidung zwischen Leistungspflichten und Schutzpflichten gänzlich abgelehnt, da das aufgrund der Schutzpflichten geforderte Verhalten insgesamt wiederum eine geschuldete Leistung darstelle (so MOTZER JZ 1983, 884 ff, der den Unterschied zwischen Leistungs- und Schutzpflichten insoweit leugnet und Schutzpflichten als „außervertragliche, gesetzliche Leistungspflichten eigener Art" bezeichnet). Die überwiegende Meinung in Lit und Rspr bezeichnete die nichtleistungsbezogenen Pflichten als **Schutzpflichten** (vgl KUHLMANN, Leistungspflichten und Schutzpflichten [2001] 45), die übrigen Nebenpflichten als „Leistungssicherungspflichten" oder „leistungsbezogene Nebenpflichten" (STAUDINGER/OLZEN [2015] § 241 Rn 142 ff, 153 ff, 265 ff).

23 **Mit Inkrafttreten des SMG** unterscheidet das BGB Leistungspflichten und Rücksichtnahmepflichten (§ 241 Abs 1 u Abs 2 BGB). Maßgebliches Ordnungskriterium für die Strukturierung der Pflichten sind somit die Interessensphären der Parteien. Die in § 282 BGB thematisierten Rücksichtnahmepflichten beziehen sich auf das Integritäts(Erhaltungs-, Schutz-)interesse einer Partei (BGH 28. 2. 2018 – VIII ZR 157/17 Rn 20, NJW 2018, 1746; dagegen leistungsbezogene Nebenpflichten einbeziehend BAG 16. 2. 2012 – 8 AZR 242/11 Rn 58, NZA 2012, 1307). Das sind die Rechtsgüter und sonstigen Vermögensinteressen, über die eine Partei verfügt, auch wenn eine Leistungspflicht nicht besteht bzw wenn man diese wegdenkt (vgl GRIGOLEIT/RIEHM AcP 203 [2003] 727, 752; näher § 280 Rn C 38). Ob bzw welche Verpflichtungen iS des § 241 Abs 2 BGB innerhalb eines Vertrages bestehen, ist durch Auslegung gem § 157 BGB zu ermitteln bzw gem § 242 BGB festzustellen (s noch § 280 Rn C 43 ff).

b) Klagbarkeit

24 Eng verflochten ist diese gegenständliche Abgrenzung der Rücksichtnahmepflicht zur Leistungspflicht mit der Frage der Klagbarkeit. Nach verbreiteter Auffassung ist die Rücksichtnahmepflicht **nicht klagbar**, während die Leistungspflicht sich durch die Klagbarkeit auszeichnet (vgl KREBS, Sonderverbindung und außerdeliktische Schutzpflichten [2001] 547 ff). Das trifft im Kern zu. Allerdings handelt es sich dabei *nicht* um einen *notwendigen Zusammenhang.* Denn es sind sowohl nicht klagbare Leistungspflichten denkbar, deren Verletzung nur zu einem Schadensersatzanspruch führt, wie es umgekehrt klagbare Rücksichtnahmepflichten gibt (so zB die dienst- bzw arbeitsvertragliche Schutzpflicht gem § 618 BGB, vgl STAUDINGER/OETKER [2019] § 618 Rn 248 f). Vielmehr ist die unterschiedliche Gestaltung der Klagbarkeit nur ein Gebot der *Sachgerechtigkeit:* Ein angemessener Schutz des Integritätsinteresses erfordert einerseits idR keinen klagbaren Anspruch. Es genügt der Schutz durch einen Schadensersatzanspruch. IdR können Rücksichtnahmepflichten iS des § 241 Abs 2 BGB auch nicht „fällig" werden, sondern sie bestehen permanent, so dass sie eigentlich gar nicht „erfüllt", sondern nur verletzt werden können. Sie passen daher nicht in das gedankliche Modell des § 281 BGB (vgl MÜNCH Jura 2002, 361, 366). Zudem lässt sich der Inhalt

der Rücksichtnahmepflicht meistens nicht mit der für eine Klage nötigen Bestimmtheit festlegen, da es oft viele Verhaltensweisen gibt, die zum intendierten Schutz taugen. Das geschuldete Verhalten ist dann spontan zu erbringen; wird es versäumt, kann es meist nicht nachgeholt werden. Die Klagbarkeit geriete hier auch mit der Gestaltungsfreiheit des Schuldners bei der Durchführung von Schutzmaßnahmen in Konflikt. Im Regelfall sind Rücksichtnahmepflichten daher nicht klagbar. Es bedarf dafür einer besonderen gesetzlichen oder vertraglichen Regelung bzw einer besonderen Interessenlage, die eine entsprechende Auslegung des Vertrages rechtfertigt. Insbes wenn die Rücksichtnahmepflicht eine bestimmte Maßnahme gebietet und der Verpflichtete sich weigert, diese vorzunehmen, um drohenden Schaden zu verhüten, ist an eine Klage auf Vornahme der betreffenden Maßnahme zu denken (Larenz I [1987] 12; Stürner JZ 1976, 384, 387). Auf die **Anwendbarkeit des § 282 BGB** hat die Klagbarkeit einer Rücksichtnahmepflicht grundsätzlich keine Auswirkung: Ist bereits eine Pflichtverletzung eingetreten und drohen künftige weitere Verletzungen, die für sich die Unzumutbarkeit der weiteren Bindung rechtfertigen, ist der Gläubiger zum Schadensersatz gem § 282 BGB bzw zum Rücktritt gem § 324 BGB berechtigt. Die Klagbarkeit soll die Rechtsstellung des Gläubigers verbessern und begründet daher keine Obliegenheit zu vorheriger Klage oder zu vorheriger Fristsetzung.

c) Ausgrenzung leistungsbezogener Nebenpflichten

25 Von den auf das Integritätsinteresse bezogenen Rücksichtnahmepflichten zu trennen sind die auf die (Haupt-)Leistungspflicht bezogenen Nebenpflichten. Der RegE (Vorbem B 11 zu §§ 280–285) sprach von „sonstigen Pflichten" und meinte „insbesondere" die Pflichten des § 241 Abs 2 BGB (vgl BT-Drucks 14/6040, 141); die Gesetz gewordene Fassung des § 282 BGB beschränkt sich auf die Rücksichtnahmepflichten.

26 Leistungsbezogene Pflichten sind zum einen *Nebenleistungspflichten,* zB Lieferung einer Gerätebeschreibung oder Erteilung einer Auskunft, zum anderen auf das Leistungsinteresse des Gläubigers bezogene *Nebenpflichten,* wie etwa leistungsbezogene Fürsorge-, Treue- und Obhutspflichten (zur Abgrenzung BGH 10. 3. 2010 – VIII ZR 182/08, NJW 2010, 2503 und die Kritik von Faust, JuS 2011, 713; Staudinger/Olzen [2019] § 241 Rn 142 ff, 153 ff). Zur Einordnung in § 281 BGB s näher § 281 Rn B 3.

d) Schutz des Integritätsinteresses als Gegenstand einer Leistungspflicht

27 Der Schutz eines Rechts, Rechtsguts oder Interesses kann Gegenstand einer *Hauptleistungspflicht* sein, wie zB in Bewachungs- und Beratungsverträgen, bei einem Vertrag über Altenpflege (vgl BGHZ 163, 53) oder bei einem Hausnotrufvertrag (BGHZ 215, 44). Hier ist der Schutz der Rechtsgüter die eigentliche Leistung, für die idR eine Gegenleistung zu erbringen ist. Der Schadensersatz statt der Leistung richtet sich hier nach §§ 281, 283 BGB, für den Ersatz des Integritätsschadens bleibt § 280 Abs 1 BGB einschlägig. Insbesondere dann, wenn der Schuldner eine Gegenleistung erhält, ist von einer Leistungspflicht auszugehen. Ebenso kann der Rechtsgüterschutz zum Gegenstand einer *Nebenleistungspflicht* gemacht werden (zu deren Einordnung in § 281 s § 281 Rn B 3; ferner Stürner JZ 1976, 384, 386).

e) Verletzung des Integritätsinteresses durch Nicht- oder Schlechtleistung

28 Die Nicht- oder Schlechterbringung einer Leistung kann zusätzlich zur Beeinträchtigung des Leistungsinteresses zu einem Integritätsschaden führen (das gelieferte

schlechte Pferdefutter vergiftet die Pferde des Käufers, die Nichtüberlassung des vermieteten Pferdestalls lässt die Pferde des Mieters erkranken). Man kann darüber streiten, ob die Haftung für den Integritätsschaden hier an die Verletzung der Leistungspflicht anknüpft oder an eine parallel dazu gedachte Rücksichtnahmepflicht (im Beispiel: kein schlechtes Futter in Umlauf zu bringen, näher § 280 Rn C 39 ff). In jedem Fall richtet sich der Schadensersatz statt der Leistung ausschließlich nach §§ 281, 283 BGB; die Vorschriften gehen im Hinblick auf den Ersatz des Leistungsinteresses § 282 BGB vor. Dafür spricht auch, dass § 437 Nr 3 BGB und § 634 Nr 4 BGB § 282 BGB nicht in Bezug nehmen und damit nicht der kurzen Verjährung gem § 438 BGB bzw § 634a BGB unterwerfen, was aber sachlich geboten wäre, würde die Norm bei mangelbedingten Integritätsschäden anzuwenden sein (s noch Rn 61). § 282 BGB zuzuordnen ist dagegen die Verletzung des Integritätsinteresses durch Verletzung einer Rücksichtnahmepflicht anlässlich der **Nacherfüllung** der Leistungspflicht (zB Verkäufer eines Kfz repariert mangelhafte Bremse und verursacht während der Reparatur durch Unachtsamkeit einen Lackschaden). Im Anwendungsbereich der VerbrGKRL stellt sich dabei die Frage einer Abschwächung der Anforderungen an die „Unzumutbarkeit" der weiteren Bindung an den Vertrag durch richtlinienkonforme Auslegung an die von Art 3 Abs 5 Spiegelstr 3 VerbrGKRL lediglich geforderten „Unannehmlichkeiten" für den Verkäufer. Sie stellt sich aber nur für § 324 BGB, nicht für § 282 BGB, da die VerbrGKRL nur das Rücktrittsrecht des Käufers regelt (Stodolkowitz ZGS 2010, 448, 452 mwNw). Der Ersatz des Integritätsschadens erfolgt in jedem Fall nach § 280 Abs 1 BGB.

f) Verhältnis der Rücksichtnahmepflichten zu den Verkehrssicherungspflichten

29 Rücksichtnahmepflichten iS des § 241 Abs 2 BGB unterscheiden sich nach ihrem rechtlichen Ursprung, nach Art, Intensität und Reichweite von den Verkehrssicherungspflichten. Sie setzen ein Schuldverhältnis voraus und bestehen nur gegenüber dem Partner des Schuldverhältnisses und besonders in die Schutzwirkung des Schuldverhältnisses einbezogenen Dritten (§ 280 Rn B 22 f). Hingegen bestehen die deliktischen Verkehrssicherungspflichten grundsätzlich gegenüber einem vorher in der Regel nicht überschaubaren Personenkreis und konkretisieren sich nicht im Zeitpunkt ihres Entstehens – der Eröffnung der Gefahr –, sondern jeweils erst durch die tatsächlichen Begebenheiten (zB das Herannahen an die jeweilige Gefahrenquelle) auf bestimmte Personen (Motzer JZ 1983, 884, 888). Sie begründen daher auch keine Sonderverbindung. Die Rücksichtnahme, die die Parteien eines Schuldverhältnisses sich schulden, umfasst, solange anderes nicht vereinbart ist, mindestens die kraft allgemeiner **Verkehrssicherung** zu beachtende Sorgfalt (vgl NK-BGB/Krebs § 241 Rn 53).

g) Typische Pflichteninhalte

30 Aus dem Schuldverhältnis folgen für die Beteiligten gem § 241 Abs 2 BGB unterschiedliche Rücksichtnahmepflichten, insbes **Schutz-, Fürsorge-, Obhuts-, Aufklärungs- und Verschwiegenheitspflichten** (vgl auch Rn 21 ff, § 280 Rn C 54 ff sowie Staudinger/Olzen [2019] § 241 Rn 437 ff; Schwarze, Leistungsstörungen [2017] § 30 Rn 7 ff; s BAG 23. 10. 2008 – 2 AZR 483/07, NJW 2009, 1897, 1899 ff). Ihr Inhalt richtet sich in erster Linie nach dem Zweck des betreffenden Schuldverhältnisses (Begr RegE, BT-Drucks 14/6040, 125 ff), aber auch nach der Schutzbedürftigkeit der Parteien und nach dem Risiko, das jede Partei nach Sinn und Zweck des Schuldverhältnisses selbst tragen muss,

weiter nach dem Ausmaß, in dem eine Partei auf die Fachkunde und die Loyalität der anderen angewiesen ist, sowie nach Art und Umfang der Zusammenarbeit der Vertragspartner. Je größer die einer Partei drohenden Gefahren sind und je enger ihre Zusammenarbeit ist, desto größer sind die die andere Partei nach Treu und Glauben treffenden Rücksichtnahmepflichten (§§ 241 Abs 2, 242 BGB). Zu einer Intensivierung der Rücksichtnahmepflichten kommt es typischerweise, wenn die Parteien auf längere Zeit rechtlich verbunden sind (insbes Dauerschuldverhältnisse) oder wenn die Leistungserbringung eine verstärkte Mitwirkung des Gläubigers erfordert und daher eine deutlich erhöhte Einwirkungsmöglichkeit des Schuldners besteht (insbes Dienst-, Arbeits- und Werkleistungen). Die Verletzung einer Rücksichtnahmepflicht kann auch in einem Verhalten gegenüber dritten Personen bestehen (BAG 27. 11. 2008 – 2 AZR 193/07, NZA 2009, 671, 672).

Von § 241 Abs 2 BGB erfasst sind alle zu den Schutzpflichten entwickelten **Fallgruppen** der pVV (vgl zur pVV STAUDINGER/SCHMIDT [1995] § 242 Rn 863 ff). Die gesetzliche Normierung in § 241 Abs 2 BGB soll aber nicht den Stand der Dogmatik fixieren, sie ist entwicklungsoffen. Als Beispiel für eine Schutzpflichtverletzung mit der Konsequenz der Unzumutbarkeit weiterer Leistung nennt der RE den Fall eines Malers, der auf dem Weg zu dem von ihm zu streichenden Teil einer Wohnung immer wieder Eingangstür und Einrichtungsgegenstände seines Vertragspartners beschädigt (BT-Drucks 14/6040, 141). Bei Dienst- und Arbeitsverträgen hebt das Gesetz in § 618 BGB die zentrale Rolle der Schutzpflichten des Dienstberechtigten hervor. Entsprechende Pflichten können dem Besteller beim Werkvertrag obliegen. Bei Verträgen über sportliche oder kulturelle Veranstaltungen bestehen vergleichbare Schutzpflichten des Veranstalters gegenüber den Teilnehmern und den Zuschauern. 31

h) Vorvertragliche Rücksichtnahmepflichten

Die Verletzung vorvertraglicher Rücksichtnahmepflichten (§§ 241 Abs 2, 311 Abs 2 BGB) erfüllt den Tatbestand des § 282 BGB nicht. Das gilt auch dann, wenn es infolge der vorvertraglichen Pflichtverletzung zu einem Vertrag gekommen ist und damit die Grundlage für einen Schadensersatz statt der Leistung bestünde. Denn der Ersatz des positiven Interesses kann aus vorvertraglichen Pflichtverletzungen nicht begründet werden (Rn 10). Mag die Durchführung des Vertrages wegen der vorvertraglichen Pflichtverletzung unzumutbar sein (zB der Verkäufer hat vor Vertragsschluss eine grobe Beleidigung über den Käufer gegenüber Dritten geäußert, der Käufer erfährt davon nach Vertragsschluss), steht dem Schuldner doch kein Anspruch aus §§ 280, 282 BGB zu (so aber R SCHAUB AcP 202 [2002] 757, 779 f; ERMAN/WESTERMANN Rn 2; BeckOGK-BGB/RIEHM [1. 12. 2018] Rn 34; GRUNEWALD, in: FS Wiedemann [2002] 75, 80 f; dagegen JAUERNIG/STADLER § 311 Rn 36). Der Anspruch auf Vertragsaufhebung aus §§ 280 Abs 1, 311 Abs 2 BGB gewährt einen ausreichenden Schutz (näher § 280 Rn C 61). 32

3. Unzumutbarkeit der Leistungsannahme für den Gläubiger

a) Ausgangspunkt

Der Gläubiger kann Schadensersatz statt der Leistung nach § 282 BGB nur verlangen, wenn ihm die Leistung durch den Schuldner wegen der Verletzung der Rücksichtnahmepflicht nicht mehr **zumutbar** ist. In der Unzumutbarkeit liegt die 33 materielle Rechtfertigung für die Abkehr von der Leistungspflicht. Die Verletzung der Rücksichtnahmepflicht bietet keinen ausreichenden Grund für die Beseitigung der schuldrechtlichen Bindung, zumal ein daraus resultierender Integritätsschaden bereits durch § 280 Abs 1 BGB ausgeglichen wird. Vielmehr bedarf es einer Bewertung der festgestellten Pflichtverletzung daraufhin, ob sie die (weitere) Erbringung der Leistung unzumutbar macht, also einer negativen Prognose darüber, dass bei der (weiteren) Erbringung der Leistung ein (weiterer) **Integritätsschaden droht** oder dem Gläubiger der **persönliche Umgang** mit dem Schuldner nicht mehr zuzumuten ist. Diese Bewertung der Unzumutbarkeit schließt eine **Abwägung** der Interessen beider Seiten ein (NK-BGB/Dauner-Lieb Rn 15; BeckOK-BGB/Lorenz [1. 2. 2019] Rn 3; MünchKomm/Ernst Rn 5). An die Unzumutbarkeit sind grundsätzlich hohe Anforderungen zu stellen. Die Pflichtverletzung muss die (weitere) Erbringung der Leistung für den Gläubiger unerträglich machen (BT-Drucks 14/6040, 141). Dabei muss die Unzumutbarkeit gerade auf die vom Schuldner begangene Pflichtverletzung zurückgehen (vgl BT-Drucks 14/6040, 142). Auf die frühere Rspr zur pVV kann zurückgegriffen werden, im Rahmen des § 282 BGB allerdings nur auf jene Entscheidungen, in denen die Verletzung bzw Gefährdung des Integritätsinteresses die Unzumutbarkeit begründet. Nimmt der Gläubiger die Leistung in **Kenntnis** der Pflichtverletzung entgegen, kann dies die Unzumutbarkeit entfallen lassen bzw als Verzicht auf ein bereits entstandenes Rücktrittsrecht gem § 324 BGB bzw eine Schadensersatzbefugnis gem § 282 BGB (Rn 52) gewertet werden. Dies gilt insbes, wenn der Gläubiger die Leistung zuvor in Kenntnis der Umstände verlangt hat. Bei Dauerschuldverhältnissen kann der Gläubiger sich auf die Pflichtverletzung trotz Annahme der Leistung jedenfalls dann bei weiteren Pflichtverletzungen zur Begründung der Unzumutbarkeit berufen, wenn er den Schuldner abgemahnt hat (vgl Rn 43).

b) Unzumutbarkeit wegen drohender Integritätsschäden

34 Unzumutbarkeit ist anzunehmen, wenn bei (weiterer) Erbringung der Leistung ein Schaden an Leben oder Gesundheit des Gläubigers oder eines geschützten Dritten iS von § 311 Abs 3 S 1 BGB droht (Münch Jura 2002, 361, 371). Diese Gefahr lässt sich vor allem aus der **Schwere der eingetretenen Pflichtverletzung** ableiten, die sich insbes aus dem Maß des äußeren Fehlverhaltens ergibt. Dabei spielt auch die **Häufigkeit** der Pflichtverletzung eine Rolle: Erscheint die Pflichtverletzung als einmaliger Ausrutscher, ist sie idR nicht geeignet, eine negative Prognose (s Rn 46) zu rechtfertigen. Häufige Fahrlässigkeitsfehler können aber schon ausreichend sein (vgl BGH 30. 3. 1995 – IX ZR 182/94, NJW 1995, 1954 f; BGH 19. 10. 1977 – VIII ZR 42/76, NJW 1978, 260 [zur Leistungsgefährdung]; Faust, in: Huber/Faust, Schuldrechtsmodernisierung [2002] Rn 3/174). Insbes die **Folgen** der Pflichtverletzung lassen entweder einen Rückschluss auf die Schwere der Pflichtverletzung zu oder sind für das Gewicht der negativen Prognose bedeutsam: Bei Folgen von nur geringem Gewicht ist es dem Gläubiger eher zumutbar, die Gefahr einer Wiederholung auf sich zu nehmen. Im Beispiel des Malermeisters oder seines Erfüllungsgehilfen, der das Eigentum des Gläubigers beschädigt, sind Kratzer und Verschmutzungen an den Türrahmen weniger gravierend als die Zerstörung von Einrichtungsgegenständen (Faust, in: Huber/Faust, Schuldrechtsmodernisierung [2002] Rn 3/173). Ebenso macht es einen erheblichen Unterschied, ob die Putzfrau über das Privatleben ihres Arbeitgebers mit ihrem Ehemann oder mit der Presse spricht (Faust, in: Huber/Faust, Schuldrechtsmodernisierung [2002] Rn 3/173).

Von Bedeutung ist ferner der **Verschuldensgrad**: Liegt Vorsatz bzw Arglist, also Wissen um die Pflichtwidrigkeit des Verhaltens vor, wird grundsätzlich die Unzuverlässigkeit des Schuldners und damit die Unzumutbarkeit anzunehmen sein (vgl BGH 30. 3. 1995 – IX ZR 182/94, NJW 1995, 1954 f; BGH 19. 10. 1977 – VIII ZR 42/76, NJW 1978, 260 [zur Leistungsgefährdung]).

c) Unzumutbarkeit des persönlichen Umgangs mit dem Schuldner

Die Unzumutbarkeit der Leistungserbringung kann sich auch ohne negative Prog- 35
nose über drohende weitere Pflichtverletzungen im Zuge der Leistungsdurchführung einstellen, wenn dem Gläubiger der persönliche Umgang mit dem Schuldner infolge einer Rücksichtnahmepflichtverletzung nicht zuzumuten ist. Dies kann zum einen den **persönlichen Umgang** im Zusammenhang mit der Leistungserbringung betreffen, etwa bei ungehörigem, insbesondere beleidigendem Benehmen oder Rücksichtslosigkeit des Schuldners gegenüber der anderen Partei (vgl RGZ 78, 385, 387 f; 140, 378, 384 f mwNw; BGH 30. 6. 1972 – V ZR 118/70, NJW 1972, 1667: Tätlichkeiten gegenüber dem Verkäufer einer Eigentumswohnung und vorgesehenen Verwalter vor der Eintragung des Käufers; BGH 30. 4. 1980 – V ZR 7/79, WM 1980, 826: beleidigende Äußerungen durch Erwerber eines gegen Pflegeleistungen übertragenen Grundstücks). Weitere Beispiele sind rassistische Bemerkungen oder das Singen ungehöriger Lieder oder die Behandlung einer Patientin durch einen Arzt, der sie zuvor belästigt hat (Faust, in: Huber/Faust, Schuldrechtsmodernisierung [2002] Rn 3/172; BeckOGK-BGB/Riehm [1. 12. 2018] Rn 71). Ist die Leistung nicht **in Person** zu erbringen, kann der Schuldner der Unzumutbarkeit uU dadurch begegnen, dass er einen Dritten schickt (Medicus Berliner Anwaltsblatt 2001, 637, 643). Beruht die Unzumutbarkeit auf vorvertraglichem Fehlverhalten des Schuldners (zB rassistische Bemerkungen vor Vertragsschluss, von denen der Schuldner erst nach Vertragsschluss erfährt), ergibt sich der Schadensersatzanspruch nicht aus § 282 BGB, sondern aus §§ 280 Abs 1, 311 Abs 2 BGB (Anspruch auf Aufhebung des Vertrages; s noch Rn 10 u 32).

Die Unzumutbarkeit des persönlichen Umgangs ist praktisch bedeutsam vor allem 36
dann, wenn das Vertragsverhältnis ein **besonderes Treueverhältnis** der Vertragsparteien erfordert bzw auf längere Zeit angelegt ist. Bei einfachen Güterumsatzverträgen wird die Unzumutbarkeit des persönlichen Umgangs seltener eintreten, da der persönliche Umgang mit dem Schuldner hier idR nur vorübergehender Natur ist, uU auch vermeidbar ist (vgl BGH 25. 5. 1951 – II ZR 113/50, BB 1951, 546; RGZ 102, 408, 409 f; s auch RG 18. 10. 1910 – II 201/1910, Gruchot 55, 629, 632; ferner Otto, Personale Freiheit und soziale Bindung [1978] zur Beendigung des Arbeitsverhältnisses 66 ff, des Mietverhältnisses 169 ff, zum Ausschluss aus Gesellschaften iwS 179 ff). Es ist aber nicht ausgeschlossen, dass selbst dieser sehr beschränkte Kontakt mit der Person des Schuldners unzumutbar ist, wenn zB der Verkäufer den Käufer bei der telefonischen Absprache des Liefertermins gröblichst beleidigt (vgl RGZ 140, 378, 384; BGH 25. 5. 1951 – II ZR 113/50, BB 1951, 546) oder gar tätlich wird (BGH 30. 6. 1972 – V ZR 118/70, NJW 1972, 1667, 1668) oder den Vertragspartner durch Bestechung seiner Mitarbeiter zu hintergehen versucht (Beispiel von MünchKomm/Ernst § 324 Rn 7a; in den Fällen personenbezogener Unzumutbarkeit ist entgegen der Kritik von Ernst auch nach hier vertretener Auffassung keine Prognose weiterer Pflichtverletzungen zu fordern). Es ist sogar denkbar, dass der Gläubiger nach § 282 BGB vorgehen kann, obgleich die **Leistung** bereits **vollständig erbracht** ist (zu „nachvertraglichen" Pflichten noch § 280 Rn B 11, C 19, C 63), dann nämlich, wenn ihm die Nutzung der Leistung wegen der Schwere der Pflichtverletzung nicht mehr zuzumuten ist (zB der

Maler hat die Auftraggeberin nach Fertigstellung der Malerarbeiten sexuell missbraucht; der Auftraggeberin ist nicht zuzumuten, durch den Anblick der Malerarbeiten täglich an das Verbrechen erinnert zu werden). Da § 282 BGB nicht ausdrücklich auf die Unzumutbarkeit der Leistungs*erbringung,* sondern nur der „Leistung“ abhebt, ist auch die *Nutzung* der Leistung darunter zu subsumieren. Davon zu trennen ist eine **nach Durchführung der Leistung** vom Schuldner verursachte Beeinträchtigung des *Leistungsinteresses,* die nicht nach oder analog § 282 BGB zu behandeln ist (s § 280 Rn C 19; § 281 Rn C 3).

37 Zu unterscheiden vom Tatbestand der Unzumutbarkeit des persönlichen Umgangs mit dem Schuldner infolge einer vom Schuldner verursachten Pflichtverletzung ist der **Verlust des subjektiven Vertrauens** des Gläubigers in die Person des Schuldners, also ein rein subjektives Empfinden des Gläubigers ohne „objektive“ Anknüpfung, insbes ohne vorhergehende oder drohende Pflichtverletzung seitens des Schuldners. Solche Störungen im „subjektiven“ Bereich sind rechtlich grundsätzlich unerheblich, werden aber vom Gesetz punktuell dort als rechtlich erheblich anerkannt, wo das subjektive Vertrauen des Gläubigers Voraussetzung für ein Gelingen der Schuldnerleistung ist (insbes § 627 BGB). Da dieser Tatbestand idR keine Pflichtverletzung des Schuldners darstellt, macht sich der Schuldner nicht schadensersatzpflichtig; im Gegenteil, der Schuldner erhält die vereinbarte Gegenleistung. Zudem dienen solche Regelungen eher dem Schutz des Leistungsinteresses als dem des Integritätsinteresses (s noch § 281 Rn B 205; Schwarze, Leistungsstörungen [2017] § 15 Rn 64).

d) Bedeutung der Abmahnung

38 Die Unzumutbarkeit erfordert nicht zwingend eine erfolglose Abmahnung des Gläubigers (MünchKomm/Ernst Rn 6; Erman/Westermann Rn 4; Palandt/Grüneberg Rn 4; Kindl WM 2002, 1313, 1322), dh eine Abmahnung und eine darauf folgende zweite Pflichtverletzung. Gleichwohl kann der Abmahnung eine Bedeutung zukommen. Abhängig ist dies von der **Schwere der Pflichtverletzung**. Bei schweren Pflichtverletzungen genügt für die Feststellung der Unzumutbarkeit ein einmaliger Verstoß; bei kleineren und mittleren Verletzungen ist dagegen idR ein zweiter Verstoß nach vorheriger Abmahnung erforderlich (vgl OLG Karlsruhe 24. 11. 2010 – 6 U 107/09, juris; ferner RegE BT-Drucks 14/6040, 141). **§ 281 Abs 3 BGB** ist insoweit analog anzuwenden. Diese Verknüpfung von Unzumutbarkeit und Abmahnung ist schon im alten Recht anerkannt gewesen (zB BGH 2. 7. 1968 – VI ZR 207/66, DB 1968, 1575; BGH 19. 10. 1977 – VIII ZR 42/76, NJW 1978, 260). Auch nach vorheriger Abmahnung können wiederholte Pflichtverletzungen immer noch so geringfügig sein, dass die Unzumutbarkeit nicht zu bejahen ist. Ein Beispiel hierfür wäre der Maler, welcher trotz einer Abmahnung weiter in den Räumen des Bestellers raucht (Rechtsausschuss BT-Drucks 14/7052, 213). Eine Fristsetzung (§ 281 Abs 1 S 1 BGB) kommt in § 282 BGB nicht in Betracht, da die Rücksichtnahmepflichtverletzung ebenso wenig wie ein daraus resultierender Integritätsschaden rückgängig gemacht werden kann.

e) Bedeutung des Zeitablaufs nach Eintritt der Unzumutbarkeit

39 § 282 BGB enthält keine Ausschlussfrist für die Geltendmachung des Schadensersatzes, wie sie in § 626 Abs 2 BGB bzw § 314 Abs 3 BGB für die Kündigung vorgesehen ist. Das Zuwarten des Gläubigers mit der Geltendmachung des Schadensersatzanspruchs hat auch keinen unmittelbaren Einfluss auf die Bewertung der Unzumutbarkeit dahingehend, dass das Urteil über die Unzumutbarkeit „zeitoffen“

wäre, mit der Folge, dass letztere allein aufgrund eines gewissen Zeitablaufs wieder entfiele. Eine Bedeutung hat ein längeres Zuwarten des Gläubigers aber durchaus im Hinblick auf die **Unzumutbarkeit des persönlichen Umgangs**: Auch wenn die Unzumutbarkeit normativ und insoweit „objektiv" festzustellen ist und nicht das individuelle subjektive Empfinden des Gläubigers zählt, kann ein längeres Zuwarten doch als Indiz dafür herangezogen werden, dass der Gläubiger abweichend vom typischen Fall die Situation subjektiv nicht als Zumutung empfindet und daher kein konkretes Schutzbedürfnis besteht. Im Übrigen kann der Zeitablauf nur nach allgemeinen Grundsätzen Bedeutung für den Schadensersatzanspruch nach § 282 BGB haben, dh unter dem Gesichtspunkt der **Verwirkung** der Schadensersatzbefugnis (§ 242 BGB). Dafür sind aber erheblich längere Fristen zu veranschlagen als die Zweiwochenfrist des § 626 Abs 2 BGB (ebenso BeckOGK-BGB/Riehm [1. 12. 2018] Rn 64; tendenziell anders aber Faust, in: Huber/Faust, Schuldrechtsmodernisierung [2002] Rn 3/176), da es in § 626 BGB nicht um die Unzumutbarkeit der Lösung vom Vertrag überhaupt geht, sondern nur um die Unzumutbarkeit des Zuwartens bis zum Ablauf der Kündigungsfrist bzw des vereinbarten Beendigungszeitpunktes. Im Übrigen kann der Schuldner einer unzuträglichen Unsicherheit über das weitere Schicksal des Vertrages mit Setzung einer angemessenen Frist zur Erklärung über das Schadensersatzverlangen begegnen (näher unten Rn 54).

f) Bedeutung der Vertragstreue des Gläubigers

40 Die eigene Vertragstreue des Gläubigers oder – genauer – vom Gläubiger begangene Pflichtverletzungen können wie in § 281 BGB von Bedeutung für die Entstehung des Schadensersatzanspruchs gem § 282 BGB sein (BGH 29. 10. 1957 – VIII ZR 282/56, NJW 1958, 177; BGH 19. 12. 1985 – VIII ZR 47/85, NJW 1986, 842, 843; hierzu insbes Teubner, Gegenseitige Vertragsuntreue [1975] 77 ff mwNw; vgl § 281 Rn B 70 ff), allerdings nicht im Sinne einer generellen Voraussetzung, die bei jedweder Pflichtverletzung die Schadensersatzbefugnis nach § 282 BGB hindert. Den Ausgangspunkt bildet vielmehr auch hier die „Einzelfallbetrachtung" jeder Störung (MünchKomm/Ernst Rn 5), dh beiderseitige Pflichtverletzungen werden nicht gegeneinander „aufgerechnet" oder nach „Treu und Glauben" miteinander verknüpft, sondern jede für sich rechtlich bewertet und mit den dafür vorgesehenen rechtlichen Folgen versehen: Verletzt der Gläubiger eine ihm obliegende Rücksichtnahmepflicht, macht er sich gem § 280 Abs 1 BGB schadensersatzpflichtig; kommt er der ihm obliegenden Gegenleistung nicht nach, ergeben sich die Rechtsfolgen aus §§ 280 Abs 1, Abs 3 iVm §§ 281 ff BGB.

41 Im Übrigen kann die Pflichtverletzung des Gläubigers wie folgt Auswirkungen auf dessen Befugnisse nach § 282 BGB haben: Nach **§§ 320 ff BGB** bzw **§ 273 BGB** können Pflichtverletzungen seitens des Gläubigers dazu führen, dass der Schuldner von Pflichten (vorübergehend) befreit wird. Dies bezieht sich aber vorrangig auf Leistungspflichten (§§ 320 ff BGB) und betrifft im Übrigen nur die Befreiung für die Zukunft. An den Folgen der eingetretenen, in der Vergangenheit liegenden Pflichtverletzung, an die § 282 BGB anknüpft, ändern die Vorschriften nichts.

42 Auswirkungen kann das eigene Fehlverhalten des Gläubigers auf die Bewertung der **Unzumutbarkeit** haben, die entscheidend für die Schadensersatzbefugnis gem § 282 BGB ist (Rn 33 ff): Hat der Gläubiger Rücksichtnahmepflichten verletzt, die ihm seinerseits obliegen und die **in einem sachlichen Zusammenhang** mit der Rücksicht-

nahmepflichtverletzung des Schuldners stehen (zB wechselseitige Beleidigungen), ist dies bei der Bewertung der Unzumutbarkeit zu Gunsten des Schuldners zu berücksichtigen. Soweit der Gläubiger durch eigene Pflichtverletzungen die Pflichtverletzung des Schuldners begünstigt hat, muss dies im Rahmen der Unzumutbarkeitsbewertung den Schuldner entlasten. Dasselbe kann auch bei der Verletzung einer dem Gläubiger obliegenden Mitwirkungspflicht oder (Gegen-)Leistungspflicht eintreten, wenn zB der Schuldner eine aufwendige Sicherungsmaßnahme zum Schutz des Integritätsinteresses des Gläubigers bei der Erbringung der Leistung deshalb unterlässt, weil der Gläubiger nicht die im Voraus geschuldete Gegenleistung erbracht hat, aus der der Schuldner die Sicherungsmaßnahme finanzieren wollte.

43 Hat der Gläubiger eine Leistungs- oder Rücksichtnahmepflicht verletzt, die mit der vom Schuldner begangenen Pflichtverletzung **in keinem sachlichen Zusammenhang** steht, wird dies grundsätzlich keine Auswirkung auf die Bewertung der Unzumutbarkeit haben können. Eine Einschränkung bleibt dann nur noch gem § 242 BGB, soweit die Ausübung der Schadensersatzbefugnis als treuwidrig erscheint. Dies kommt insbes in Betracht, wenn der Gläubiger sich vom Vertrag bzw der ihm obliegenden Leistungspflicht pflichtwidrig losgesagt hat (vgl BGH 1. 12. 1976 – VIII ZR 266/75, NJW 1977, 580, 581; BGH 26. 10. 1973 – V ZR 204/71, NJW 1974, 36, 37). Lässt sich auch insoweit kein Zusammenhang konstruieren, können beiderseitige Rücksichtnahmepflichtverletzungen ggf auf beiden Seiten eine Schadensersatzbefugnis gem § 282 BGB entstehen lassen (vgl als Parallele die beiderseitige Lösung von einem Mietvertrag, BGH 4. 6. 1969 – VIII ZR 134/67, NJW 1969, 1845 f).

4. Unzumutbare Gefährdung des Integritätsinteresses wegen drohender Rücksichtnahmepflichtverletzung

44 Die Bindung an Leistungspflicht und Schuldverhältnis kann für den Gläubiger nicht erst durch die vollendete Verletzung, sondern schon durch die **drohende Gefahr** einer Verletzung von Rücksichtnahmepflichten unzumutbar werden, wenn sich nämlich das Gefahrenpotenzial im Vergleich zum „Normalrisiko" erheblich erhöht hat (zu den Grundlagen der rechtlichen Gleichstellung der Gefährdung s § 281 Rn B 182 ff). So kann man dem Kunden angesichts der erheblichen Verletzungsgefahr nicht abverlangen, es bei einem angetrunkenen Friseur auf einen Versuch ankommen zu lassen. Die richterrechtliche Gleichstellung der erheblichen Gefährdung muss für die Gefährdung des Integritätsinteresses in gleicher Weise gelten wie für das Leistungsinteresse (dazu § 281 Rn B 182). Anders als in § 281 BGB ist diese Gefährdungsvorsorge in § 282 BGB schon in der Struktur des Tatbestandes angelegt; zwar knüpft der Tatbestand des § 282 BGB an die Verletzung einer Rücksichtnahmepflicht an, die Abkehr von der Leistungspflicht wird dem Gläubiger aber im Hinblick auf die künftige Gefährdung seines Integritätsinteresses gestattet (s noch Rn 34).

Die Voraussetzungen der unzumutbaren Gefährdung des Integritätsinteresses sind analog zum Tatbestand der Leistungsgefährdung (§ 281 Rn B 185 ff) zu bestimmen:

a) Anknüpfungssachverhalt

45 Erforderlich ist ein Anknüpfungssachverhalt, aus dem sich die Gefahr einer Rücksichtnahmepflichtverletzung ergibt für den Fall, dass das Schuldverhältnis durchgeführt und die Leistung erbracht wird. Er besteht entweder in einem Verhalten des

Schuldners oder objektiven Umständen, die auf eine bevorstehende Verletzung einer Rücksichtnahmepflicht durch den Schuldner in Zusammenhang mit der Erbringung der Leistung schließen lassen, zB Anzeichen für eine Überforderung des Schuldners, diese Pflichten einhalten zu können, oder unzureichende Vorkehrungen, die für die Einhaltung der Pflichten vorbereitend hätten getroffen werden müssen.

b) Negative Prognose

Ferner ist eine negative Prognose über den Eintritt der Gefahr einer bevorstehenden Rücksichtnahmepflichtverletzung für den Fall der Leistungserbringung erforderlich. Dies ist einmal zu bejahen, wenn der bevorstehende Eintritt der Verletzung bei Durchführung der Leistungspflicht **offensichtlich** ist (so zB wenn ein angetrunkener Friseur die Haare schneiden will). Dann kann der Gläubiger ohne Weiteres *analog § 282 BGB* zum Schadensersatz statt der Leistung übergehen bzw *analog § 324 BGB* vom Vertrag zurücktreten. Erscheint der Eintritt der Verletzung nicht offensichtlich, bestehen aber immerhin **ernsthafte Zweifel**, muss der Gläubiger dem Schuldner zunächst eine angemessene Frist zur Klärung der Gefährdungslage setzen und dem Schuldner Gelegenheit zur Beseitigung der Gefahr geben. Das setzt voraus, dass der Gläubiger die gefahrenbegründenden Momente so hinreichend genau benennt, dass der Schuldner die entsprechenden Vorkehrungen treffen kann bzw entspr Erklärungen abgeben kann. Erst nach vergeblichem Ablauf dieser Frist kann der Gläubiger analog § 282 BGB oder analog § 324 BGB vorgehen. 46

c) Unzumutbarkeit

Der tragende rechtliche Grund für die Lösung von der Leistungspflicht bzw vom Schuldverhältnis liegt im pflichtenbegrenzenden Prinzip der Unzumutbarkeit. Die Unzumutbarkeit der Durchführung des Schuldverhältnisses ist unter den og Voraussetzungen grundsätzlich zu bejahen. Besteht die Gefährdung des Integritätsinteresses nur im Hinblick auf einen **Teil der Leistungspflicht**, entscheidet sich der Fortbestand des anderen Teils der Leistungspflicht entspr § 281 Abs 1 S 2 BGB danach, ob der Gläubiger bei Fortfall des gefährdenden Teils am anderen Teil der Leistung weiterhin ein Interesse hat. Ist dies nicht der Fall, kann der Gläubiger sogleich Schadensersatz statt der ganzen Leistung fordern. Dasselbe gilt entspr bei einer rechtlich aufeinander bezogenen Mehrheit von Leistungspflichten im selben Schuldverhältnis oder in verschiedenen Schuldverhältnissen (s § 281 Rn B 161 f). Hat der Gläubiger die Gefährdung durch von ihm zu verantwortende Umstände mit verursacht, ist dies bei der Bewertung der Unzumutbarkeit zu berücksichtigen, dh es kann dem Gläubiger uU ein höheres Maß an Gefährdung zuzumuten sein als ohne die Mitverantwortung. Im Übrigen ist die Mitverantwortung gem § 254 BGB bei der Zumessung des Schadensersatzes zu berücksichtigen. 47

d) Mehrfachgefährdung durch dieselbe Handlung

So wie dieselbe Handlung des Schuldners mehrere Pflichten verletzen kann, kann sie auch mehrere rechtlich erhebliche Gefährdungen verursachen, insbes sowohl eine Leistungsgefährdung als auch eine Gefährdung des Integritätsinteresses (zB der Verkäufer lagert das Pferdefutter vor der Lieferung so unsachgemäß, dass das Futter zu verderben und eine Vergiftung der Pferde droht). Der Gläubiger hat dann wegen jeder rechtlich erheblichen Gefährdung die Befugnis zum Schadensersatz (im Beispiel analog § 281 Abs 1 S 1 2. Alt BGB und analog § 282 BGB). 48

Macht er von allen Befugnissen Gebrauch, ruht sein Schadensersatzanspruch auf mehreren Anspruchsgrundlagen; Schadensersatz muss aber selbstverständlich nur einmal geleistet werden.

e) Keine analoge Anwendung des § 282 auf Leistungstreuepflichten/ Leistungsgefährdung

49 Von Teilen der **Literatur** wird § 282 BGB als normative Grundlage für die Lösung der Leistungsgefährdung herangezogen (zu den Fallkonstellationen s § 281 Rn B 182). Den Ausgangspunkt dieser Theorie bildet die sog *Leistungstreuepflicht,* von der Rspr konstruiert als jede Partei eines Schuldverhältnisses treffende Pflicht, den Vertragszweck nicht zu gefährden oder zu vereiteln, insbes den anderen Vertragspartner nicht daran zu hindern, die von ihm mit dem Vertragsabschluss angestrebten Vorteile zu erlangen oder seine Ziele zu verwirklichen (BGH 28. 4. 1982 – IVa ZR 8/81, NJW 1983, 998; BGH 20. 6. 1989 – KZR 13/88, NJW-RR 1989, 1393, 1395; BGH 30. 3. 1995 – IX ZR 182/94, NJW 1995, 1954, 1955). Sie soll selbst bei bedingten Rechtsgeschäften während des Schwebezustands vor Bedingungseintritt bestehen (BGHZ 90, 302, 308; BGH 29. 9. 1989 – V ZR 198/87, NJW 1990, 507, 508). Die generalklauselartige Pflicht lässt sich in eine Reihe konkreterer Pflichteninhalte auffächern. Die Rspr hat sie unter Geltung des alten Rechts vor allem benutzt, um die Fälle der Leistungsgefährdung als Verhaltenspflichtverletzung (Gefährdung = Verletzung der Leistungstreuepflicht) zu erfassen und im Rahmen der pVV befriedigend lösen zu können (vgl Staudinger/Otto [2001] § 326 aF Rn 209 ff). Daran anknüpfend wird in der **Literatur** teilweise (Kindl WM 2002, 1313, 1322; Lorenz/Riehm, Schuldrecht Rn 361 aE; Münch Jura 2002, 361, 371; wohl auch OLG Hamm 28. 11. 2012 – 12 U 115/12 Rn 56, juris) die Ansicht vertreten, die Fälle der Leistungsgefährdung seien nach nunmehr geltendem Recht im Rahmen des § 282 BGB zu lösen. Vor Eintritt der Fälligkeit könne der Schuldner noch keine Leistungspflicht verletzen. Vielmehr handele es sich in solchen Konstellationen um die Verletzung einer Rücksichtnahmepflicht nach § 241 Abs 2 BGB, die dem Gläubiger ein Festhalten am Vertrag unzumutbar mache und ihn ohne Weiteres berechtige, gem **§ 282 BGB** Schadensersatz statt der Leistung zu verlangen. Maßgeblich sei der Verstoß des Schuldners gegen die Pflicht, keine Zweifel an seiner Vertragstreue aufkommen zu lassen. **Zum Teil** wird zwischen den Rechtsfolgen Rücktritt und Schadensersatz differenziert: Ein Anspruch auf Schadensersatz statt der Leistung richte sich nach den Voraussetzungen des § 282 BGB, während sich ein Rücktritt in diesen Fällen nach § 323 BGB bestimme. Diese Differenzierung sei aufgrund der divergierenden Rechtsfolgen durchaus sachlich gerechtfertigt (Lorenz/Riehm, Schuldrecht Rn 361 aE). Andere wiederum sehen es als notwendige Folge der Einordnung dieser Pflichtverletzung unter § 241 Abs 2 BGB an, dass dann auch das Rücktrittsrecht nicht auf § 323 Abs 4 BGB, sondern auf **§ 324 BGB** gestützt werden müsse (Kindl WM 2002, 1313, 1322).

50 Diesen **Ansichten ist nicht zu folgen**. Sie überdehnen den Anwendungsbereich des § 282 BGB und verursachen damit Unklarheit. Die Rücksichtnahmepflicht gem § 241 Abs 2 BGB bezieht sich ausschließlich auf den Schutz des Integritätsinteresses, also auf den Schutz des Vermögens und der Rechtsgüter, über die der Gläubiger jenseits der Leistungspflicht verfügt (näher Rn 23). Diese scharfe Begrenzung der Rücksichtnahmepflicht und die mit ihr verbundene Transparenz ginge verloren, würde man der Rücksichtnahmepflicht auch den Schutz des Leistungsinteresses vor Fälligkeit der Leistung zurechnen. Eine sachliche Notwendigkeit besteht nicht;

denn eine befriedigende Lösung der Leistungsgefährdungsproblematik ist durch Anknüpfung an § 281 BGB möglich (näher § 281 Rn B 182, § 323 Rn B 168 ff). Zudem entspricht die Ausformung der Gefährdung als eigenständigem Störungstatbestand den vorhandenen punktuellen gesetzlichen Regelungen der Leistungsgefährdung (§§ 323 Abs 4, 321 BGB; näher § 281 Rn B 183). Dies gilt auch für die Gefährdung im Hinblick auf **Nebenleistungspflichten** und **leistungsbezogene Nebenpflichten** (näher Rn 25 f).

5. Keine Entlastung des Schuldners (§ 280 Abs 1 S 2)

Für einen Schadensersatzanspruch statt der Leistung gem § 282 BGB ist ebenso wie für §§ 281, 283 BGB erforderlich, dass die Voraussetzungen des § 280 Abs 1 BGB vorliegen („unter den Voraussetzungen des § 280 Abs 1"). Es handelt sich bei dieser Voraussetzung entgegen der hM nicht lediglich um eine Regelung der Darlegungs- und Beweislast, sondern um ein Tatbestandsmerkmal (vgl § 280 Rn D 4 f). Was der Schuldner zu vertreten hat, ergibt sich vor allem aus §§ 276 bis 278 BGB, so dass auf die dortigen Erläuterungen verwiesen werden kann. Das **Vertretenmüssen** bezieht sich allein auf die Pflichtverletzung, nicht auf die Unzumutbarkeit; der Schuldner muss die Unzumutbarkeit der (weiteren) Leistungserbringung also nicht vorausgesehen haben. Die Unzumutbarkeit ist wie in § 281 BGB ein objektives, die Aufhebung der Leistungspflicht rechtfertigendes Element (zur Bedeutung des Verschuldensgrades für die Feststellung der Unzumutbarkeit s Rn 34). Im Fall der drohenden Pflichtverletzung (Rn 44 ff) bezieht sich das Vertretenmüssen auf die Herbeiführung bzw Nichtbeseitigung der Gefahr der Pflichtverletzung. **51**

III. Die Rechtsfolge

1. Die Rechtslage nach Eintritt der Voraussetzungen des § 282

a) Kein Fortfall des Leistungsanspruchs ipso iure und Schadensersatzbefugnis

Liegen die Voraussetzungen des § 282 BGB vor, kann der Gläubiger vom Schuldner Schadensersatz statt der Leistung verlangen. § 282 BGB regelt selbst nicht den Übergang vom Leistungsanspruch zum Schadensersatz statt der Leistung. Ein Übergang ipso iure wie in § 283 BGB wäre nicht sachgerecht, da die Leistung erbringbar ist; und wenn die Leistungspflicht bei den typischerweise schwerer wiegenden Pflichtverletzungen des § 281 BGB bestehen bleibt, muss dies „erst recht" für die Pflichtverletzungen des § 282 BGB gelten. Andererseits wäre es ein Systembruch und mit der Autarkie des Schadensersatzes statt der Leistung gegenüber dem Rücktritt (§ 325 BGB) nicht zu vereinbaren, den Gläubiger zum Rücktritt gem § 324 BGB zu zwingen, um den Leistungsanspruch entfallen und daran anschließend den Schadensersatzanspruch entstehen zu lassen. Die sachgerechte Lösung des Problems liegt in einer analogen Anwendung des **§ 281 Abs 4 BGB** (ebenso Faust, in: Huber/Faust, Schuldrechtsmodernisierung [2002] Rn 3/180; MünchKomm/Ernst Rn 12; Erman/Westermann Rn 6; Jauernig/Stadler Rn 7). Das bedeutet, dass mit Eintritt der Voraussetzungen des § 282 BGB nicht schon der Schadensersatzanspruch entsteht, sondern erst die Befugnis des Gläubigers **analog § 281 Abs 4 BGB** Schadensersatz statt der Leistung verlangen zu können (näher § 281 Rn D 1 ff). Damit entsteht ein **Wahlrecht** des Gläubigers: (1) Er kann weiterhin die Leistung verlangen, (2) er kann stattdessen Schadensersatz fordern, er kann ferner (3) gem § 324 BGB zurücktreten oder **52**

(4) zurücktreten und gleichzeitig Schadensersatz statt der Leistung verlangen. Hinzu tritt jeweils der Anspruch auf Ersatz eines etwaigen Integritätsschadens aus § 280 Abs 1 BGB.

b) Zurückweisungsbefugnis des Gläubigers

53 Mit der Entstehung der Schadensersatzbefugnis (Rn 52) darf der Gläubiger nach hier vertretener Auffassung die vom Schuldner angebotene Leistung zurückweisen (vgl die entsprechend geltenden Ausführungen zu § 281 Rn D 3). Die Ordnungsgemäßheit der Leistung als solche ändert nichts an der für § 282 maßgeblichen Unzumutbarkeit bezüglich des Integritätsinteresses (Rn 33 ff). Insoweit müssten auch die Teile der Literatur, die im Rahmen des § 281 BGB dem Gläubiger die Zurückweisung einer ordnungsgemäß angebotenen Leistung nicht gestatten (s § 281 Rn D 3), bei § 282 BGB eine Zurückweisungsbefugnis bejahen. Die Schadensersatzbefugnis und mit ihr die **Zurückweisungsbefugnis** entfällt, wenn der Schuldner die aus der Leistungserbringung resultierende Gefährdung des Integritätsinteresses in der Zeit nach Entstehung der Schadensersatzbefugnis, aber vor dem Schadensersatzverlangen des Gläubigers beseitigt. Denn die Voraussetzungen der Schadensersatzbefugnis müssen zum Zeitpunkt des Schadensersatzverlangens noch vorliegen.

c) Beendigung der Schwebelage durch den Schuldner

54 Die aus der Schadensersatzbefugnis entstehende Schwebelage (Rn 52) kann der durch sie belastete Schuldner nach hier vertretener Auffassung durch Setzung einer angemessenen Frist beenden, innerhalb derer der Gläubiger sich zu entscheiden und ggf den Schadensersatzanspruch durch Schadensersatzverlangen geltend zu machen hat. Verlangt der Gläubiger innerhalb der Frist nicht Schadensersatz statt der Leistung, entfällt die Schadensersatzbefugnis (näher § 281 Rn D 6).

d) Leistungsverlangen nach Entstehung der Schadensersatzbefugnis

55 Verlangt der Gläubiger nach Entstehung der Schadensersatzbefugnis die Leistung vom Schuldner, lässt dies die Schadensersatzbefugnis nicht entfallen (näher § 281 Rn D 7).

2. Rechtsfolgen des Schadensersatzverlangens

56 Der Schadensersatzanspruch entsteht, indem der zum Schadensersatz statt der Leistung berechtigte Gläubiger (Rn 52) vom Schuldner Schadensersatz statt der Leistung verlangt (§ 281 Abs 4 BGB analog); ein auf den Ersatz des Integritäts- oder Verzögerungsschadens beschränktes Verlangen genügt nicht. Gleichzeitig entfällt der Leistungsanspruch und – infolge des Synallagmas – der Anspruch auf die Gegenleistung (vgl § 281 Rn D 21 f). Das Schicksal der Nebenleistungspflichten bestimmt sich im Zweifel danach, ob diese eine existierende Hauptleistungspflicht voraussetzen bzw der Gläubiger trotz Fortfall der Hauptleistungspflicht ein Interesse an der Nebenleistung hat (vgl § 281 Rn D 19 u 23). Leistungsbezogene Nebenpflichten werden idR ohne Weiteres entfallen (§ 281 Rn D 23). Rücksichtnahmepflichten entfallen dagegen nicht ohne Weiteres (vgl BGH 3. 10. 1962 – VIII ZR 34/62, NJW 1962, 2198, 2199 f; näher § 281 Rn D 23); erst recht bleibt ein vor der Ablehnung der Leistung entstandener, gegen den Gläubiger gerichteter Schadensersatzanspruch aus § 280 Abs 1 BGB, der auf das Integritätsinteresse gerichtet ist, unberührt (vgl BGH 3. 10. 1962 – VIII ZR 34/62, NJW 1971, 1747 mwNw: Verstoß gegen Wettbewerbsabrede). Hinsichtlich der Anforderungen an das

Schadensersatzverlangen gelten die Ausführungen zu § 281 Abs 4 BGB entsprechend (näher § 281 Rn D 8 ff).

3. Schadensersatz statt der Leistung

a) Allgemeines

Der Gläubiger kann gem §§ 280 Abs 1, Abs 3, 282 BGB Schadensersatz statt der Leistung verlangen. Der Ersatz des Integritätsschadens richtet sich ausschließlich nach § 280 Abs 1 BGB (vgl § 280 Rn C 39 ff). Neben dem Schadensersatz statt der Leistung steht dem Gläubiger ein **Rücktrittsrecht** gem § 324 BGB zu. Hinsichtlich des Zusammenspiels von Schadensersatz statt der Leistung und Rücktritt wird auf die Erläuterungen zu **§ 325 BGB** verwiesen. Bei Dauerschuldverhältnissen kann zusätzlich zum Rücktrittsrecht oder an dessen Stelle die (außerordentliche) Kündigung treten (s Rn 60). 57

Hinsichtlich des Umfangs und der **Berechnung** des Schadensersatzanspruchs sowie der Durchführung des Schadensausgleichs nach der Surrogations- bzw Differenzmethode gilt grds dasselbe wie bei §§ 280 Abs 1, Abs 3, 281 BGB. Es wird auf die allgemeinen Erläuterungen verwiesen (§ 280 Rn E 35 ff, E 39 ff). Für die konkrete Berechnung des Schadens ist der **Zeitpunkt** der Pflichtverletzung maßgeblich, der die Unzumutbarkeit der Fortführung des Schuldverhältnisses begründet (dazu näher § 280 Rn E 132 ff). 58

b) Schadensersatz nach erbrachter Teilleistung

Problematisch ist der Umfang des Ersatzanspruchs, wenn bereits Teilleistungen erbracht worden sind. Diejenige Leistung, die der Gläubiger bereits erhalten hat, wird durch die Verletzung einer Rücksichtnahmepflicht idR nicht entwertet (vgl Faust, in: Huber/Faust, Schuldrechtsmodernisierung [2002] Rn 3/179; MünchKomm/Ernst Rn 10; hiervon scheint auch BT-Drucks 14/6040, 141 auszugehen). Gleichwohl will Dauner-Lieb (NK-BGB Rn 21) dem Gläubiger in derartigen Fällen grundsätzlich ein **Wahlrecht** einräumen. Angesichts der ohnehin hohen Schwelle der Unzumutbarkeit sei es dem Gläubiger überlassen, ob er Schadensersatz nur statt des noch ausstehenden Teils der Leistung oder statt der ganzen Leistung verlange. Da die (Teil-)Leistung aber korrekt erbracht worden ist, gibt es keinen Grund, sie in § 282 BGB anders zu behandeln als in § 281 BGB. Folglich ist aufgrund der vergleichbaren Interessenlage **§ 281 Abs 1 S 2 BGB analog** anzuwenden, so dass der Gläubiger Schadensersatz statt der ganzen Leistung nur fordern kann, wenn er an der erbrachten Teilleistung kein Interesse hat (ebenso BeckOGK-BGB/Riehm [1. 12. 2018] Rn 86). Darüber hinaus kann ausnahmsweise das Verbleiben der Teilleistung **unzumutbar** iSd § 282 BGB sein: So kann von der erbrachten Teilleistung bzw von der Unvollständigkeit der Leistung eine unzumutbare Gefährdung des Integritätsinteresses ausgehen oder der Verbleib der Teilleistung dem Gläubiger aus persönlichen Gründen nicht zuzumuten sein (missbraucht zB der Maler die Auftraggeberin sexuell, ist es dieser nicht zuzumuten, durch Anblick eines schon erbrachten Teils der Malerarbeiten an den Vorfall erinnert zu werden). Die bereits erbrachte Leistung des Schuldners ist analog § 281 Abs 5 BGB nach Rücktrittsrecht abzuwickeln (s noch § 281 Rn E 1 ff). Die vorstehenden Grundsätze gelten auch für den Verbleib von Einzelleistungen im Rahmen von Sukzessivlieferungsverträgen (s noch § 281 Rn B 179). 59

c) Schadensersatzanspruch statt der Leistung bei Dauerschuldverhältnissen

60 Dasselbe gilt im Ausgangspunkt für Dauerschuldverhältnisse, allerdings wird hier der Fortfall des Interesses an erbrachten Einzelleistungen die Ausnahme sein, so dass Schadensersatz statt der Leistung für die in der Vergangenheit erbrachten Einzelleistungen nur ausnahmsweise in Betracht kommt. Aus demselben Grund scheidet auch der Rücktritt idR aus. Zum Schadensersatz statt der Leistung gehört ggf auch der Schaden, den der Gläubiger durch die vorzeitige Beendigung des Leistungsaustausches erleidet (**„Auflösungsschaden“**, näher die entspr geltenden Ausführungen zu § 281 Rn C 29 ff). Insoweit greifen bei den gesetzlich typisierten Dauerschuldverhältnissen oft Spezialregelungen ein, die eine vorherige außerordentliche Kündigung voraussetzen (s § 281 Rn A 38 ff). Teils knüpfen diese Regelungen an die Verletzung besonderer Rücksichtnahmepflichten an (§ 628 Abs 2 BGB), teils wird generell an einen wichtigen Grund oder Pflichtverletzungen angeknüpft, worunter auch die Verletzung von Rücksichtnahmepflichten fallen kann (zB § 723 Abs 2 S 2 BGB). Soweit eine besondere Haftungsregelung fehlt, ist im Falle der durch schuldhafte Rücksichtnahmepflichtverletzung verursachten außerordentlichen Kündigung §§ 280 Abs 1, Abs 3 282 BGB als Haftungsgrundlage für den Auflösungsschaden heranzuziehen (zutr Lorenz/Riehm, Schuldrecht Rn 247; s ferner für Leistungspflichtverletzungen § 281 Rn A 37). Gleiches gilt, wenn die außerordentliche Kündigung wegen Rücksichtnahmepflichtverletzung auf die allg Regelung des § 314 BGB gestützt wird (vgl § 314 Abs 4 BGB).

d) Verjährung

61 Der Schadensersatzanspruch unterliegt grundsätzlich der **Regelverjährung** der §§ 195, 199 BGB. Der Anspruch entsteht nach hier vertretener Auffassung mit dem Zeitpunkt, in dem alle Voraussetzungen des § 282 BGB einschließlich des Schadensersatzverlangens des Gläubigers (Rn 52) vorliegen (parallel zu § 281 BGB, vgl § 281 Rn G 1, auch zur Gegenmeinung). Eine Anwendung der kurzen Verjährung gem §§ 438, 634a BGB ist – entgegen dem Wortlaut des § 437 Nr 3 BGB bzw § 634 Nr 4 BGB – nur in Betracht zu ziehen, soweit man die Schädigung bzw Gefährdung des Integritätsinteresses durch mangelhafte Kauf- oder Werkleistung nicht nur unter § 281 BGB, sondern auch unter § 282 BGB subsumiert (konsequent insoweit MünchKomm/Ernst Rn 12); nach hier vertretener Auffassung hat § 281 BGB bezüglich des Schadensersatzes statt der Leistung Vorrang vor § 282 BGB (Rn 28). Davon zu trennen ist der durch Mängel verursachte Integritätsschaden („Mangelfolgeschaden“). Dieser ist nach § 280 Abs 1 BGB ersatzfähig und gem § 437 Nr 3 BGB bzw § 634 Nr 4 BGB der kurzen Verjährung unterworfen.

e) Abdingbarkeit

62 Einzelvertraglich ist § 282 BGB frei abdingbar bis zur Grenze des § 276 Abs 3 BGB und § 278 S 2 BGB. Für Abbedingungen durch AGB gelten zusätzliche Einschränkungen. Für den **Schuldner als AGB-Verwender** ist zu beachten: Die Haftung für Vorsatz oder grobe Fahrlässigkeit kann durch AGB gegenüber *Verbrauchern* (§ 310 Abs 3, Abs 1 BGB) nicht ausgeschlossen werden (§ 309 Nr 7 Buchst b BGB). Die weiter gehende Beschränkung der AGB-Abdingbarkeit durch § 309 Nr 7 Buchst a BGB, wonach die Haftung für Schäden an Leib, Leben und Körper für einfache Fahrlässigkeit nicht ausgeschlossen werden kann, ist für § 282 BGB unmittelbar nicht relevant, wenn man mit der überwiegenden Ansicht diese Schäden ausschließlich dem Haftungstatbestand des § 280 Abs 1 BGB zuordnet (§ 280 Rn C 37 ff). Eine

mittelbare Bedeutung für die Abdingbarkeit des § 282 BGB ergibt sich aber daraus, dass § 282 BGB an die Verletzung von Rücksichtnahmepflichten anknüpft, deren AGB-Gestaltbarkeit durch § 309 Nr 7 Buchst a BGB mit beschränkt wird (dazu § 280 Rn H 1 ff). Das Vorstehende gilt cum grano salis auch für AGB gegenüber *Unternehmern/Kaufleuten* (§ 310 Abs 1 BGB): Die Freizeichnung von einfacher Fahrlässigkeit bei *„Kardinalpflichten"*, dh den wesentlichen Pflichten, die sich aus der Natur des Vertrages ergeben, ist gem § 307 BGB und damit auch bei der Verwendung von AGB gegenüber Unternehmern bzw Kaufleuten ausgeschlossen (BGH 20. 7. 2005 – VIII ZR 121/04 Rn 83 ff, BGHZ 164, 11; zu § 9 AGBG aF BGHZ 103, 316, 321, 324 mwNw; Staudinger/Coester [2013] § 307 Rn 275 f; krit Tettinger AcP 205 [2005] 1 ff; zu Begrenzungen der Haftung für Betriebsausfallschäden Dauner-Lieb/Khan, in: FS Westphalen [2010] 55, 64 ff). Zu diesen Pflichten zählen Rücksichtnahmepflichten, die für den Schutz des Geschäftsgegners von grundlegender Bedeutung sind (BGH 20. 6. 1984 – VIII ZR 137/83, NJW 1985, 914, 916; Palandt/Grüneberg § 307 Rn 35), was wiederum von den vertragstypischen Erwartungen abhängt (s etwa BGH 30. 11. 2004 – X ZR 133/03, NJW 2005, 422; Alexy VuR 2006, 86, 89). Für den **Gläubiger als AGB-Verwender** ist zu beachten, dass die Obliegenheit zur Abmahnung (Rn 38) nicht generell ausgeschlossen werden darf. Für die Schutzpflichtverletzung fehlt es zwar anders als bei den leistungsbezogenen Pflichten (§ 281 Abs 3 BGB) an einem unmittelbaren gesetzlichen Vorbild (§ 307 Abs 2 Nr 1 BGB); aber die Obliegenheit zur Abmahnung ist Ausdruck des Prinzips von Treu und Glauben und hat vielfach gesetzlichen Niederschlag gefunden (§ 281 Rn A 11).

IV. Beweislast

Der **Gläubiger** trägt die Darlegungs- und Beweislast für das Vorliegen der Voraus- 63
setzungen der §§ 280 Abs 1 S 1, 282, 241 Abs 2 BGB, insbes für die Verletzung einer Pflicht zur Rücksichtnahme durch den Schuldner, für die dadurch verursachte Unzumutbarkeit der Vertragsdurchführung und für den eingetretenen Schaden. Der Gläubiger hat insbes die Pflichtverletzung zu beweisen (Hans Stoll, in: FS Werner Lorenz [2001] 287, 295; vgl auch Canaris JZ 2001, 499, 512), dh idR die äußere Sorgfaltswidrigkeit des Verhaltens des Schuldners, wenn nicht zu seinen Gunsten Beweiserleichterungen eingreifen oder der Schuldner für einen schuldgemäßen Zustand verantwortlich ist (s § 280 Rn F 32 ff). Der Gläubiger trägt ferner die Darlegungs- und Beweislast für die Unzumutbarkeit des Festhaltens am Vertrag; dazu gehört ggf auch der Beweis einer Abmahnung. Eine Vermutung vorsätzlichen Verhaltens, die für die Bewertung der Unzumutbarkeit erheblich ist, lässt sich aus der Pflichtverletzung idR nicht begründen. Die Umstände der Pflichtverletzung können aber durchaus im Einzelfall eine derartige Vermutung ergeben, insbes im Hinblick auf das Bewusstsein der Pflichtwidrigkeit, das für vorsätzliches Verhalten erforderlich ist. Dann trägt der Schuldner gem § 280 Abs 1 S 2 BGB die Beweislast dafür, dass er keine positive Kenntnis hatte.

Der **Schuldner** ist gem § 280 Abs 1 S 2 BGB dafür darlegungs- und beweispflich- 64
tig, dass er die Pflichtverletzung nicht zu vertreten hat, dh er kann auf den erfolgreichen Beweis des Gläubigers hin darlegen und beweisen, dass er grundsätzlich die äußere Sorgfaltswidrigkeit seines Verhaltens nicht erkennen konnte bzw dass es ihm unmöglich bzw unzumutbar war, sich entsprechend zu verhalten (**aA** Baumgärtel/Laumen/Prütting/Repgen, Handbuch der Beweislast [2018] Rn 1 f: Beweislast des Gläubigers).

Im Übrigen ist nach dem Inhalt der Rücksichtnahmepflicht zu differenzieren (s näher § 280 Rn F 31 ff).

§ 283
Schadensersatz statt der Leistung bei Ausschluss der Leistungspflicht

Braucht der Schuldner nach § 275 Abs. 1 bis 3 nicht zu leisten, kann der Gläubiger unter den Voraussetzungen des § 280 Abs. 1 Schadensersatz statt der Leistung verlangen. § 281 Abs. 1 Satz 2 und 3 und Abs. 5 findet entsprechende Anwendung.

Materialien: BGB § 280 aF: E I § 240 Abs 1; E II § 242; E III § 274; Mot II 49 ff; Prot I 317 ff. **BGB § 325 aF**: E I § 369 Abs 1 u 2; E II § 276; E III § 319; Mot II 209 ff; Prot I 639 f, 649; JAKOBS/SCHUBERT, SchR I 259 ff zu § 280 aF, 472 ff zu § 325 aF. **BGB § 283 nF**: BGB-KE § 283, Abschlussbericht 132 ff; DE § 282*; KF § 283* (*abgedr in: CANARIS, Schuldrechtsmodernisierung [2002] 11 iVm 162 ff; 359); RegE § 283 BT-Drucks 14/6040, 7 iVm 137 u 142; Stellungnahme d BR BT-Drucks 14/6857, Anl 2 Nr 19 u 32; Gegenäußerung d BReg BT-Drucks 14/6857, Anl 3 Zu Nr 19 u 32; Beschlussempfehlung und Bericht d Rechtsausschusses BT-Drucks 14/7052, 174 f, 186.

Schrifttum

1. Vor der Schuldrechtsreform zu §§ 280, 283 und 325 aF

BEINERT, Wesentliche Vertragsverletzung und Rücktritt (1979)

BEUTHIEN, Zweckerreichung und Zweckstörung im Schuldverhältnis (1969)

BREHM, Der Anspruch auf die Primärleistung bei nachträglich zu vertretender Unmöglichkeit, JZ 1974, 573

DÖRNER, Dynamische Relativität (1985)

EVANS-vKRBEK, Gleichstellung des anfänglichen Schuldnerunvermögens mit dem nachträglichen?, AcP 177 (1977) 35

FABRICIUS, Leistungsstörungen im Arbeitsverhältnis (1970)

HARKE, Pflichtverletzung und Nichterfüllung, JR 2006, 485

HUBER, Zur Auslegung des § 275 BGB, in: FS H F Gaul (1997) 217

HUECK, Sukzessivlieferungsvertrag (1918)

M JUNKER, Der Umfang des einem Zessionar zu leistenden Schadensersatzes wegen Verzuges bei Abtretung vertraglicher Ansprüche, AcP 195 (1995) 1

KEUK, Vermögensschaden und Interesse (1972)

LANGE, Die Auswirkung von Leistungsstörungen beim echten Vertrag zugunsten Dritter im Rechtsbereich des Dritten, NJW 1965, 657

LOOSCHELDERS, Der Bezugspunkt des Vertretenmüssens bei Schadensersatzansprüchen wegen Mangelhaftigkeit der Kaufsache, in: FS Claus-Wilhelm Canaris zum 70. Geburtstag, Bd 1, 737 [München 2007]

MEINCKE, Rechtsfolgen nachträglicher Unmöglichkeit der Leistung beim gegenseitigen Vertrag, AcP 171 (1971) 19

MOTZER, Die „positive Vertragsverletzung“ des Arbeitnehmers (1982)

MÜLLER-LAUBE, Die Verletzung der vertraglichen Unterlassungspflicht, in: FS Rolland (1999) 261

OERTMANN, Leistungsunmöglichkeit und Annahmeverzug, AcP 116 (1918) 1

ders, Anfängliches Leistungsunvermögen, AcP 140 (1935) 129

PICKER, Fristlose Kündigung und Unmöglichkeit, Annahmeverzug und Vergütungsgefahr im Dienstvertragsrecht, JZ 1985, 641 u 693

ROGOWSKI, Auf welcher Grundlage beruht der Schadensersatzanspruch des Gläubigers im Falle der Zuwiderhandlung des Schuldners bei Unterlassungs-Obligationen und weshalb trifft den Gläubiger die Beweislast für die Zuwiderhandlung?, AcP 104 (1909) 303

Günter Roth, Das nachträgliche Unvermögen des Schuldners, JuS 1968, 101

Scherner, Qualifizierte Teilnichterfüllung als Vollunmöglichkeit oder Quasi-Vollunmöglichkeit der geschuldeten Leistung, JZ 1971, 533

Karsten Schmidt, Zivilprozessuale und materiellrechtliche Aspekte des § 283 BGB, ZZP 87 (1974) 49

Teubner, Gegenseitige Vertragsuntreue: Rechtsprechung und Dogmatik zum Ausschluß von Rechten nach eigenem Vertragsbruch (1975)

Wagner, Ansprüche auf Unmögliches?, JZ 1998, 482

Weimar, Die teilweise Unmöglichkeit der Leistung, MDR 1976, 550.

2. Zur und nach der Schuldrechtsreform

Ackermann, Die Nacherfüllungspflicht des Stückverkäufers, JZ 2002, 378

ders, Erwiderung auf Canaris, JZ 2002, 1154

Ahrens, Mietrechtliche Garantiehaftung – Widersprüchlichkeiten im neuen Schuldrecht, ZGS 2003, 134

Arnold, Die vorübergehende Unmöglichkeit nach der Schuldrechtsreform, JZ 2001, 866

Artz, Schuldrechtsmodernisierung 2001/2002 – Integration der Nebengesetze in das BGB, JuS 2002, 528

Canaris, Zur Bedeutung der Kategorie der „Unmöglichkeit" für das Recht der Leistungsstörungen, in: Schulze/Schulte-Nölke, Die Schuldrechtsreform vor dem Hintergrund des Gemeinschaftsrechts (2001) 43

ders, Sondertagung Schuldrechtsmodernisierung – Die Reform des Rechts der Leistungsstörungen, JZ 2001, 499

ders, Die Nacherfüllung durch Lieferung einer mangelfreien Sache beim Stückkauf, JZ 2003, 831

ders, Grundlagen und Rechtsfolgen der Haftung für anfängliche Unmöglichkeit nach § 311a Abs. 2 BGB, in: FS Heldrich (2005) 143

Cekovic-Vuletic, Haftung wegen Unmöglichkeit nach dem Schuldrechtsmodernisierungsgesetz (2003)

Däubler, Die vorübergehende Unmöglichkeit der Leistung, in: FS Heldrich (2005) 55

Faust, Grenzen des Anspruchs auf Ersatzlieferung bei der Gattungsschuld, ZGS 2004, 252

Haberzettl, Verschulden und Versprechen (2006)

Harke, Unmöglichkeit und Pflichtverletzung: Römisches Recht, BGB und Schuldrechtsmodernisierung, in: Jahrbuch junger Zivilrechtswissenschaftler 2001, 29

Huber, Die Unmöglichkeit der Leistung im Diskussionsentwurf eines Schuldrechtsmodernisierungsgesetzes, ZIP 2000, 2137

Peter Huber, Der Nacherfüllungsanspruch im neuen Kaufrecht, NJW 2002, 1004

Krause, Die Leistungsverzögerung im neuen Schuldrecht (Teil II), Jura 2002, 299

Looschelders, „Unmöglichkeit" und Schadensersatz statt der Leistung, JuS 2010, 849

Stephan Lorenz, Schadensersatz wegen Pflichtverletzung – ein Beispiel für die Überhastung der Kritik an der Schuldrechtsreform, JZ 2001, 742

ders, Zur Abgrenzung von Teilleistung, teilweiser Unmöglichkeit und teilweiser Schlechtleistung im neuen Schuldrecht, NJW 2003, 3097

Maier-Reimer, Totgesagte leben länger! Die Unmöglichkeit aus der Sicht der Praxis, in: Dauner-Lieb/Konzen/Schmidt, Das neue Schuldrecht in der Praxis (2002) 291

Matthes, Der Herstellerregress nach § 478 BGB in Allgemeinen Geschäftsbedingungen – ausgewählte Probleme, NJW 2002, 2505

Medicus, Bemerkungen zur „vorübergehenden Unmöglichkeit", in: FS Heldrich (2005) 347

Meier, Neues Leistungsstörungsrecht: Nachträgliche Unmöglichkeit und nachträgliches Unvermögen in der Fallbearbeitung, Jura 2002, 118

Otto, Die Grundstrukturen des neuen Leistungsstörungsrechts, Jura 2002, 1

ders, Der Ausschluss der Leistungspflicht gemäß § 275 Abs. 2 und 3 BGB im Schwebezustand, in: FS Canaris (2007) 945

Peters, Die Ablehnungserklärung des Gläubigers – Ein Beitrag zur Dogmatik des § 326 BGB und der ernsthaften und endgültigen Erfüllungsverweigerung des Schuldners, JR 1998, 186

Picker, Nachlieferung beim Stückkauf – Zu

Grund, Gegenstand und Umfang der Leistungsverpflichtung, in: FS HP Westermann (2008) 583
Reinking, Auswirkungen der geänderten Sachmängelhaftung auf den Leasingvertrag, ZGS 2002, 229
Roth, Stückkauf und Nacherfüllung durch Lieferung einer mangelfreien Sache, NJW 2006, 2953
Schapp, Empfiehlt sich die „Pflichtverletzung" als Generaltatbestand des Leistungsstörungsrechts, JZ 2001, 583
Schilken, Zum Handlungsspielraum der Parteien beim prozessualen Anerkenntnis, ZZP 90 (1977) 157
Schollmeyer/Utlu, Die Nacherfüllung im Kauf, Jura 2009, 721
Schulze/Ebbers, Streitfragen im neuen Schuldrecht, JuS 2004, 266
Schwab, Das neue Schuldrecht, JuS 2002, 1
Schwarze, Unmöglichkeit, Unvermögen und ähnliche Leistungshindernisse im neuen Leistungsstörungsrecht, Jura 2002, 73
Tetenberg, Der Bezugspunkt des Vertretenmüssens beim Schadensersatz statt der Leistung, JA 2009, 1
Wieser, Schuldrechtsreform – Die Unmöglichkeit der Leistung nach neuem Recht, MDR 2002, 858
vWilmowsky, Pflichtverletzungen im Schuldverhältnis, Beil zu JuS Heft 1/2002.

Vgl ferner das Allgemeine Schrifttum sowie die Schrifttumshinweise zu Staudinger/Caspers Vorbem zu §§ 275–278 sowie Vorbem zu §§ 280–285, außerdem zu §§ 280, 281 und 284.

Systematische Übersicht

Alphabetische Übersicht

I. Allgemeines

1 Nach **§ 283 S 1 BGB** kann der Gläubiger unter den Voraussetzungen des § 280 Abs 1 BGB Schadensersatz statt der Leistung verlangen, wenn der Schuldner nach § 275 Abs 1 bis Abs 3 BGB nicht zu leisten braucht. Die Vorschrift regelt somit den **Schadensersatzanspruch statt der Leistung im Fall des nachträglichen Untergangs der Leistungspflicht infolge eines Leistungshindernisses gem § 275 BGB**. Dieser tritt gem § 275 Abs 1 BGB bei dauernder objektiver und subjektiver Unmöglichkeit ein. § 283 BGB ersetzt **§ 280 aF**, welcher den Anspruch auf Schadensersatz bei vom Schuldner zu vertretender Unmöglichkeit einer nicht im Gegenseitigkeitsverhältnis stehenden Leistungsverpflichtung normierte, und **§ 325 aF**, wonach der Gläubiger bei vom Schuldner zu vertretender Unmöglichkeit bei gegenseitigen Verträgen Schadensersatz verlangen oder zurücktreten konnte. Letztere Vorschrift wird von § 283 BGB jedoch nur hinsichtlich der Schadensersatzberechtigung ersetzt, die Befreiung von der Gegenleistung in den Fällen von § 275 Abs 1 bis Abs 3 BGB wird in **§ 326 Abs 1 und Abs 5 BGB** normiert.

2 Zur Regelung des **§ 283 aF** hat der jetzige § 283 BGB keinen unmittelbaren Bezug. § 283 aF sollte dem Gläubiger den Übergang zum Schadensersatz erleichtern, wenn Unklarheit über das Vorliegen einer (objektiven oder subjektiven) Unmöglichkeit bestand: Der Gläubiger konnte zunächst auf die Primärleistung klagen, dann dem rechtskräftig verurteilten Schuldner eine Frist zur Bewirkung der Leistung setzen und nach erfolglosem Ablauf dieser Frist Schadensersatz wegen Nichterfüllung verlangen, ohne das Vorliegen der Unmöglichkeit beweisen zu müssen (vgl Staudinger/Löwisch [2001] § 283 aF Rn 2; Staudinger/Otto [2001] § 325 aF Rn 122). Die Vorschrift hatte jedoch geringe praktische Bedeutung, da der Gläubiger alternativ nach § 326 aF vorgehen konnte. Der Weg über § 283 aF war zudem umständlich, langwierig und kostspielig (so Begr RegE BT-Drucks 14/6040, 155). Deshalb wurde die Vorschrift im Zuge der Schuldrechtsmodernisierung beseitigt. Im jetzigen Recht findet sich keine unmittelbare Entsprechung. In der Sache verschafft § 281 BGB (wie schon § 326 aF) dem Gläubiger eine ausreichende Rechtsposition, bei Unklarheit über das Bestehen eines Leistungshindernisses nicht das unnötige Risiko einer an § 275 BGB scheiternden Leistungsklage eingehen zu müssen (dazu Dedek, in: Dauner-Lieb ua, Das neue Schuldrecht in der Praxis [2003] 183 ff; s ferner § 281 Rn F 8 ff).

1. Entstehungsgeschichte

3 Im **alten Recht** nahm die nachträgliche Unmöglichkeit im Rahmen der Leistungsstörungen eine zentrale Stellung ein und war in den §§ 275, 280 bis 283 und § 325 aF umfassend geregelt. Objektive und subjektive Unmöglichkeit wurden durch § 275 Abs 2 aF gleichgestellt. Im Falle der nachträglichen Unmöglichkeit der Leistung wurde bezüglich der Anspruchsgrundlage für Schadensersatz danach differenziert, ob die unmöglich gewordene Leistung im Gegenseitigkeitsverhältnis eines gegenseitigen Vertrages stand oder nicht. Im ersten Fall war § 325 aF einschlägig, wonach der Gläubiger zwischen fünf Rechten die Wahl hatte: Er konnte gem § 325 Abs 1 S 1 1. Alt aF Schadensersatz wegen Nichterfüllung verlangen oder vom Vertrag zurücktreten sowie gem § 325 Abs 1 S 3 iVm § 323 aF vom Vertrag Abstand nehmen, seine erbrachte Leistung zurückverlangen oder Ersatzherausgabe nach § 281 aF fordern (Staudinger/Otto [2001] § 325 Rn 28 ff). Für die Unmöglichkeit der Leistung

bei sonstigen Leistungspflichten war hingegen § 280 aF die richtige Anspruchsnorm.

4 In der zentralen Rolle der Vorschriften über die Unmöglichkeit hatte die Schuldrechtskommission (Vorbem B 3 zu §§ 280–285) die Hauptschwäche des alten Leistungsstörungsrechts gesehen. Deshalb sollte die Unmöglichkeit nicht nur ihre bisherige Stellung im System verlieren, vielmehr wurde die Verwendung des Begriffs „Unmöglichkeit" sowohl im Kommissionsentwurf (KE, Vorbem B 3 zu §§ 280–285) als auch im Diskussionsentwurf (DE, Vorbem B 4 zu §§ 280–285) sogar vollständig vermieden (s Abschlussbericht der Schuldrechtskommission 120; Begr DE, abgedr in: Canaris, Schuldrechtsmodernisierung [2002] 154 f). Die Unmöglichkeit sollte in der Figur der „Pflichtverletzung" aufgehen. Dementsprechend fand sie sich im Diskussionsentwurf nicht in einer besonderen Schadensersatznorm, sondern als bloßer Anwendungsfall des § 282 Abs 2 DE, der das Erfordernis der Fristsetzung für den Schadensersatz statt der Leistung gem § 282 Abs 1 DE ua bei offensichtlicher Erfolglosigkeit entfallen ließ.

5 In der **Konsolidierten Fassung** (KF, Vorbem B 10 zu §§ 280–285) erhielten die Unmöglichkeit und ihr gleichgestellte Leistungshindernisse wieder einen eigenständigen Schadensersatztatbestand in § 283 KF:

Schadensersatz statt der Leistung bei Ausschluss der Leistungspflicht

„Braucht der Schuldner nach § 275 Abs 1 oder 2 nicht zu leisten, kann der Gläubiger unter den Voraussetzungen des § 280 Abs 1 Schadensersatz statt der Leistung verlangen. § 281 Abs 1 Satz 3 und Abs 4 gilt entsprechend."

Die „Kommission Leistungsstörungsrecht" sah es mit Recht als unzweckmäßig an, die Unmöglichkeit als bloßen Unterfall der Entbehrlichkeit der Fristsetzung aufzufassen. Eine sachliche Veränderung im Vergleich zu § 282 DE war damit nicht bezweckt (Canaris, Schuldrechtsmodernisierung [2002] 359 Fn 4).

6 In den **Entwurf der Bundesregierung** (RegE, Vorbem B 11 zu §§ 280–285) wurde § 283 KF unverändert übernommen (BT-Drucks 14/6040, 7). § 283 RE regelte den Anspruch auf Schadensersatz statt der Leistung für sämtliche Fälle der Nichtleistung infolge eines Leistungshindernisses (§ 275 BGB). Der einzige Unterschied zu dem Schadensersatzanspruch aus § 281 Abs 1 S 1 RE lag in dem Verzicht auf das Tatbestandsmerkmal der hier sinnlosen Fristsetzung. Voraussetzung war, dass der Schuldner nach § 275 Abs 1 oder Abs 2 RE nicht zu leisten brauchte. § 275 Abs 2 RE war dabei als Einrede ausgestaltet, so dass die Befreiung von der Leistungspflicht erst mit Erhebung der Einrede eintrat (vgl § 275 Abs 2 RE, BT-Drucks 14/6040, 6). § 283 S 2 RE regelte die Teilunmöglichkeit und die Unmöglichkeit der Nacherfüllung bei einer Schlechtleistung, was sich aus der Verweisung auf § 281 Abs 1 S 3 RE ergab. Die dort genannten Kriterien sollten bei Unmöglichkeit eines Teils der Leistung oder der Nacherfüllung entsprechend anzuwenden sein.

7 Der **Bundesrat** wies in seiner Stellungnahme zum RegE darauf hin, dass die Folgen eines **vorübergehenden Leistungshindernisses** in § 283 RE nicht ausreichend geregelt seien (BT-Drucks 14/6857, Anl 2 zu Nr 32; Vorbem B 11 zu §§ 280–285). Diese Kritik

beruhte darauf, dass § 275 Abs 1 RE den Ausschluss der Leistungspflicht auch für die vorübergehende Unmöglichkeit („solange") vorsah. In diesem Fall sei es unangemessen, dem Gläubiger sofort ein umfassendes Recht auf Schadensersatz zuzuerkennen, vor allem wenn der Wegfall des Leistungshindernisses bereits erkennbar sei. Hier könne die Wertung des § 281 Abs 1 S 3 RE herangezogen werden, wonach der Gläubiger vollen Schadensersatz nur verlangen kann, wenn sein Interesse dies erfordert. Der Bundesrat schlug deshalb bezüglich vorübergehender Leistungshindernisse eine Verweisung auf § 281 Abs 1 S 3 BGB vor, der den Schadensersatz bei Teilleistungen regelte. Alternativ könne für vorübergehende Leistungshindernisse insgesamt auf § 281 RE verwiesen werden, da dieser ohnehin in den Fällen anwendbar sei, in denen der Schuldner die Einrede gem § 275 Abs 2 RE nicht erhebe (Stellungnahme d BR BT-Drucks 14/6857, Anl 2 zu Nr 32). In ihrer Gegenäußerung sah die BReg die bisherige Regelung der vorübergehenden Unmöglichkeit ebenfalls als unbefriedigend an (BT-Drucks 14/6857, Anl 3 Zu Nr 19).

Der **Rechtsausschuss** entschied sich dafür, dem Vorschlag der „Kommission Leistungsstörungsrecht" zu folgen und in § 275 Abs 1 und Abs 2 RE die Worte *„und solange"* zu streichen. Damit sollte die Einordnung vorübergehender Leistungshindernisse wie bislang Rechtsprechung und Wissenschaft überlassen werden (BT-Drucks 14/7052, 208). Damit erledigte sich die Problematik auch für § 283 BGB insofern, als die Norm grds nicht für vorübergehende (zeitweilige) Leistungshindernisse gilt. Eine Abgrenzung bleibt gleichwohl erforderlich (vgl Rn 32 ff). Im Übrigen wurde § 283 RE ohne inhaltliche Änderung an die geänderte Absatz- und Satzfolge in den §§ 275 und 281 BGB angepasst. **8**

2. Normzweck und systematische Einordnung

a) Nachträgliches Leistungshindernis im System der Pflichtverletzungen

Der Schadensersatzanspruch bei Nichtleistung wegen eines Leistungshindernisses (§ 275 BGB) nach § 283 BGB ist ein Unterfall des Schadensersatzes wegen Pflichtverletzung aus § 280 Abs 1 BGB, wie sich aus § 280 Abs 3 BGB und der Bezugnahme auf § 280 Abs 1 BGB in § 283 BGB ergibt. § 283 BGB ist nicht allein, sondern in Verbindung mit § 280 Abs 1, Abs 3 BGB die Anspruchsgrundlage. **9**

Die gem § 280 Abs 3 BGB erforderliche „zusätzliche Voraussetzung" ist im Falle des § 283 BGB die „Nichtleistung infolge eines Leistungshindernisses gem § 275". Das ist begrifflich nicht ganz einwandfrei (so auch NK-BGB/Dauner-Lieb Rn 3), aber in der Sache zutreffend. Die Inbezugnahme der „Voraussetzungen des § 280 Abs 1" in § 283 BGB ist sachlich unnötig, denn schon aus der von § 280 Abs 1, Abs 3 BGB entwickelten Systematik ergibt sich, „daß die Unmöglichkeit bzw die Einreden nach § 275 Abs 2 u Abs 3 BGB doch zu einem Schadensersatzanspruch führen, wenn der Schuldner sich hinsichtlich des Vertretenmüssens nicht entlasten kann" (Begr RegE BT-Drucks 14/6040, 142). **10**

Zweifelhaft ist, worin in § 283 BGB die **Pflichtverletzung** des Schuldners besteht (vgl hierzu § 280 Rn C 13). Sie in der Nichterbringung der Leistung zu sehen, stößt auf das Bedenken, dass der Schuldner durch § 275 BGB gerade von der Leistungspflicht befreit wird (vgl auch Begr RE BT-Drucks 14/6040, 165). Canaris hatte deshalb vorgeschlagen, die Nichterfüllung in § 280 Abs 1 BGB ausdrücklich neben der Pflichtver- **11** letzung aufzuführen (JZ 2001, 499, 523), was aber im Gesetz keinen Niederschlag gefunden hat. Gleichwohl sieht **eine Ansicht** im Schrifttum die Pflichtverletzung des Schuldners bei § 283 BGB wie im Fall des § 311a Abs 2 BGB in der *Nichterfüllung* (NK-BGB/Dauner-Lieb Rn 4 f). Eine **zweite Ansicht** betrachtet das *„Unmöglichmachen der Leistung"* durch den Schuldner, dh das Herbeiführen von Umständen, die eine Befreiung nach § 275 BGB zur Folge haben, bzw das Nichtabwehren des nachträglichen Leistungshindernisses, als Pflichtverletzung (Erman/Westermann Rn 1; Haberzettl, Verschulden und Versprechen [2006] 89; Harke JR 2006, 485, 486 f; Schapp JZ 2001, 583, 586; Schwab JuS 2002, 1, 3), rechnet also ein äußeres Fehlverhalten des Schuldners zur Pflichtverletzung. Nach einer **dritten Ansicht** besteht die Pflichtverletzung darin, *dass die geschuldete Leistung infolge eines Leistungshindernisses nicht erbracht wird* (Canaris JZ 2001, 499, 512; Schwarze Jura 2002, 73, 79; Looschelders, in: FS Canaris [2007] 737, 739; D Kaiser, in: Staudinger/Eckpfeiler [2018] I. Rn 9 f; MünchKomm/Ernst § 280 Rn 10 ff; Palandt/Grüneberg § 280 Rn 13).

12 Die verschiedenen Sichtweisen führen bei der **Darlegungs- und Beweislast** zu unterschiedlichen Ergebnissen. Da nach der zweiten Ansicht, welche die Pflichtverletzung in dem „Unmöglichmachen der Leistung", also in einem äußeren Fehlverhalten des Schuldners sieht, die Gründe für den Ausschluss der Leistungspflicht bereits im Rahmen der Pflichtverletzung relevant sind, muss der Gläubiger diese bzw ein *Fehlverhalten des Schuldners* darlegen und beweisen. § 280 Abs 1 S 2 BGB ordnet eine Beweislastumkehr nur hinsichtlich des Vertretenmüssens, nicht aber in Bezug auf das Vorliegen einer Pflichtverletzung an. Die Umstände, die zum Ausschluss der Leistungspflicht führen, liegen oftmals in der Sphäre des Schuldners, so dass es für den Gläubiger schwierig wird, dieser Darlegungs- und Beweislast nachzukommen (Faust, in: Huber/Faust, Schuldrechtsmodernisierung [2002] Rn 3/120). Nach den beiden anderen Auffassungen muss der Gläubiger hingegen nur die *Nichtleistung infolge eines Leistungshindernisses* beweisen. Die Gründe, welche zum Leistungshindernis geführt haben, sind erst für die vom Schuldner zu beweisende Entlastung gem § 280 Abs 1 S 2 BGB erheblich. Dies entspricht der Beweislastverteilung gem §§ 282, 285 aF.

13 Für die Auffassung, welche die Pflichtverletzung in der Nichtleistung infolge eines Leistungshindernisses sieht, spricht der *Wille des Gesetzgebers:* In der Begründung des RE heißt es ausdrücklich, dass die Pflichtverletzung iS von § 280 Abs 1 BGB im Falle des Ausschlusses der Leistungspflicht „ganz einfach" darin zu sehen sei, dass die geschuldete Leistung (infolge Leistungshindernisses) nicht erbracht werde; erst im Rahmen des Vertretenmüssens sei danach zu fragen, ob der Schuldner die Unmöglichkeit durch sein Verhalten herbeigeführt habe (BT-Drucks 14/6040, 135 f). Für diese Auffassung spricht ferner die sachgerechte Verteilung der Darlegungs- und Beweislast. Dass der Begriff der Pflichtverletzung dadurch mehrdeutig wird und in § 283 BGB das Fehlverhalten des Schuldners erst beim Verschulden zu prüfen ist, ist um der Sachgerechtigkeit willen hinzunehmen (vgl Vorbem B 12 f zu §§ 280–285).

b) Erforderlichkeit einer eigenständigen Regelung

14 In den Fällen, in denen das Ausbleiben der Leistung auf einem Leistungshindernis (§ 275 BGB) beruht, ist das Erfordernis einer Fristsetzung für den Anspruch auf Schadensersatz statt der Leistung sinnlos und eine besondere Rechtfertigung des Übergangs zum Schadensersatz wie in § 281 Abs 2 BGB nicht erforderlich. § 283

BGB sieht daher für diese Fälle einen eigenen, von diesen besonderen Voraussetzungen unabhängigen Schadensersatzanspruch vor.

Dennoch wird die Ansicht vertreten, § 283 BGB sei als Sondervorschrift für die Unmöglichkeit überflüssig (Palandt/Grüneberg Rn 1 f). Wenn die Voraussetzungen des § 283 BGB vorlägen, seien notwendig zugleich die des § 281 BGB erfüllt. Die Entbehrlichkeit der Fristsetzung ergebe sich dabei aus § 281 Abs 2, 2. Alt BGB; denn in der Unmöglichkeit der Leistungserbringung für den Schuldner könne durchaus ein besonderer Umstand gesehen werden, der unter Abwägung der beiderseitigen Interessen die sofortige Geltendmachung des Schadensersatzanspruchs rechtfertigen würde. Die Entbehrlichkeit der Fristsetzung beruht aber in § 283 BGB nicht wie in § 281 Abs 2, 2. Alt BGB auf einer Abwägung der Interessen, sondern auf der Sinnlosigkeit einer Fristsetzung. Wegen dieser Besonderheit erscheint eine eigene Regelung wie § 283 BGB jedenfalls dann gerechtfertigt, wenn man sich – wie das jetzige Recht – grundsätzlich für eine Ausdifferenzierung einzelner Störungstatbestände entscheidet (zu weiteren Gründen Looschelders JuS 2010, 855 f). Zur Bedeutung des § 283 BGB für die **unbehebbare Schlechtleistung** s Rn 77 ff. 15

c) Verhältnis zu § 311a Abs 2

§ 283 BGB erfasst lediglich den Eintritt des Leistungshindernisses *nach Entstehung der Leistungspflicht.* Das ergibt sich zwar nicht aus dem Wortlaut, aber aus dem Gegenschluss zu § 311a Abs 2 BGB, der den Schadensersatz statt der Leistung im Falle einer **von Anfang an** gem § 275 BGB verhinderten Leistung regelt (vgl Erl zu § 311a BGB). Die Regelung erklärt sich aus ihrem von §§ 280, 283 BGB abweichenden Haftungsgrund. Die Haftung beruht hier auf einer im Leistungsversprechen liegenden Garantie dafür, dass bei Vertragsschluss keine für den Schuldner erkennbaren Leistungshindernisse vorliegen (vgl Vorbem C 7 f zu §§ 280–285; BT-Drucks 14/6040, 165), und nicht wie bei §§ 283, 280 BGB auf der Verletzung der entstandenen Leistungspflicht (näher Erl zu 311a Abs 1 BGB; Schwarze, Leistungsstörungen [2017] § 18 Rn 10 ff). 16

d) Verhältnis des Schadensersatzanspruchs zum Rücktritt

Der Gläubiger kann vom Vertrag nach § 326 Abs 5 BGB zurücktreten, wenn der Schuldner gem § 275 Abs 1 bis 3 BGB nicht zu leisten braucht; ein Vertretenmüssen des Schuldners ist für den Rücktritt nicht Voraussetzung (vgl Staudinger/Schwarze [2015] § 326 Rn F 1 ff). Aufgrund § 325 BGB kann der Gläubiger Schadensersatz statt der Leistung und Rücktritt miteinander kombinieren (zur Bedeutung für die Schadensberechnung § 280 Rn E 49). Er hat folglich idR **drei Möglichkeiten**: Er kann *Schadensersatz statt der Leistung* verlangen, *vom Vertrag zurücktreten* oder *Schadensersatz und Rücktritt kumulieren.* Der Anspruch auf die Gegenleistung erlischt dabei – abgesehen vom Fall der nicht behebbaren Schlechtleistung – bereits ipso iure gem § 326 Abs 1 S 1 BGB. An Stelle des Schadensersatzes kann der Gläubiger gem § 284 BGB Aufwendungsersatz verlangen (dazu Rn 62). 17

II. Tatbestandsvoraussetzungen

1. Schuldverhältnis

Ebenso wie die Schadensersatzansprüche aus § 280 BGB iVm § 281 BGB oder § 282 BGB setzt auch § 283 BGB das Bestehen eines Schuldverhältnisses voraus (§ 280 18

Rn B 1 ff). § 283 BGB gilt für alle Schuldverhältnisse ohne Rücksicht auf ihren Entstehungsgrund und unabhängig davon, ob es sich um ein einseitiges bzw zweiseitiges Schuldverhältnis handelt oder um einen gegenseitigen Vertrag. Erforderlich ist, dass das Schuldverhältnis einen **Anspruch auf eine Leistung** zum Gegenstand hat, da ansonsten ein Schadensersatzanspruch statt der Leistung nicht in Betracht kommt.

2. Nichtleistung infolge eines nachträglichen Leistungshindernisses (§ 275)

19 Weitere Voraussetzung für einen Anspruch aus § 283 BGB ist, dass der Schuldner infolge des Ausschlusses der Leistungspflicht wegen eines Leistungshindernisses gem § 275 Abs 1 bis Abs 3 BGB nicht geleistet hat. § 275 BGB enthält **drei Tatbestände**: die objektive und subjektive Unmöglichkeit (Abs 1), den grob unverhältnismäßigen Leistungsaufwand (Abs 2) und die Unzumutbarkeit einer in Person zu erbringenden Leistung (Abs 3). Gem § 275 Abs 1 BGB entfällt die Leistungspflicht des Schuldners ipso iure; in den Abs 2 und Abs 3 muss sich der Schuldner dagegen auf sein Leistungsverweigerungsrecht berufen.

a) Nachträgliche Unmöglichkeit oder nachträgliches Unvermögen (§ 275 Abs 1)

20 Unter welchen Voraussetzungen ein Ausschluss der Leistungspflicht gem § 275 Abs 1 BGB vorliegt, ist im Einzelnen den Erl zu § 275 BGB zu entnehmen (Staudinger/Caspers § 275 Rn 12 ff; s ferner Schwarze, Leistungsstörungen [2017] §§ 3–5). Gem § 275 Abs 1 BGB entfällt die Leistungspflicht des Schuldners ipso iure. § 283 BGB greift nur ein, wenn das zum Ausschluss der Leistungspflicht führende Hindernis **nach Entstehung des Schuldverhältnisses** eingetreten ist. Im Falle des *anfänglichen* Leistungshindernisses haftet der Schuldner gem § 311a Abs 2 BGB (oben Rn 16).

b) Ausschluss der Leistungspflicht gem § 275 Abs 2, Abs 3

21 Gem § 275 Abs 2, Abs 3 BGB ist die Leistungspflicht ausgeschlossen, wenn der Schuldner die Leistung wegen **grob unverhältnismäßigen Leistungsaufwands** (Abs 2) oder wegen **persönlicher Unzumutbarkeit** (Abs 3) *verweigert*.

aa) Voraussetzungen des § 275 Abs 2, Abs 3

22 Zu den tatbestandlichen Voraussetzungen der Leistungsverweigerungsrechte gem § 275 Abs 2, Abs 3 BGB s Staudinger/Caspers § 275 Rn 85 ff; Schwarze, Leistungsstörungen (2017) § 5.

bb) Erhebung der Einrede

23 § 283 BGB setzt voraus, dass der Schuldner die nach § 275 Abs 2, Abs 3 BGB bestehende Einrede erhoben hat (vgl BGH 19. 12. 2012 – VIII ZR 96/12, NJW 2013, 1074 LS 2; Begr BT-Drucks 14/6040, 142; näher zur Geltendmachung s Staudinger/Caspers § 275 Rn 114 ff; Schwarze, Leistungsstörungen [2017] § 5 Rn 35 ff). Macht der Schuldner die Einrede gem § 275 Abs 2, Abs 3 BGB nicht geltend, kann der Gläubiger Schadensersatz statt der Leistung nur gem § 281 BGB – also idR erst nach erfolgloser Fristsetzung – verlangen. Der **Zeitpunkt** der Geltendmachung der Einrede ist für die Anwendbarkeit des § 283 BGB grundsätzlich unerheblich. Im Verhältnis zu **§ 311a BGB** ist der Zeitpunkt maßgeblich, in dem die das Leistungshindernis gem § 275 Abs 2, Abs 3 BGB begründenden Umstände vorliegen; denn die dem Leistungsversprechen zu

entnehmende eingeschränkte Garantie, auf der die Haftung gem § 311a BGB beruht, bezieht sich darauf, dass ein erkennbares Leistungshindernis zum Zeitpunkt des Vertragsschlusses nicht vorliegt. Beruft sich der Schuldner nach Vertragsschluss auf ein Leistungshindernis, das bei Vertragsschluss vorlag, richtet sich seine Haftung nicht nach § 283 BGB, sondern nach § 311a Abs 2 BGB. Für das Verhältnis des § 283 BGB zu § **281 BGB** gilt: Hat der Gläubiger nach Eintritt der Voraussetzungen des § 281 Abs 1–Abs 3 BGB Schadensersatz gem § 281 Abs 4 BGB verlangt, ist der Leistungsanspruch ausgeschlossen. Die Einrede gem § 275 Abs 2, Abs 3 BGB kann nicht mehr erhoben werden, die Haftung auf Schadensersatz statt der Leistung richtet sich nach § 281 BGB (s im Übrigen § 281 Rn B 56, B 147).

cc) Wiederherstellung der Leistungspflicht

Ob es nach Erhebung der Einrede gem § 275 Abs 2, Abs 3 BGB endgültig bei der **24** Haftung gem § 283 BGB bleibt, hängt davon ab, ob diese **widerruflich** ist. Die Frage ist umstritten (s Staudinger/Caspers § 275 Rn 115). Angesichts der gestaltenden Wirkung der Einrede (Fortfall des Leistungs- und ggf Gegenleistungsanspruchs) sprechen die überwiegenden Argumente gegen die Widerruflichkeit. Hält man die Erhebung der Einrede für widerruflich (so Staudinger/Caspers § 275 Rn 115), richtet sich die Haftung des Schuldners auf Schadensersatz statt der Leistung vom Zeitpunkt des Widerrufs an nach § 281 BGB.

Nach Fortfall der Leistungspflicht gem § 275 Abs 2, Abs 3 BGB ist eine **einver- 25 nehmliche** Wiederherstellung der Leistungspflicht grundsätzlich möglich (RG 21. 9. 1926 – VI 136/26, WarnR 1926 Nr 181). Versehen die Parteien die Wiederherstellung mit Rückwirkung, entfällt der entstandene Schadensersatzanspruch aus § 283 BGB schon deshalb, weil seine Voraussetzungen rückwirkend entfallen; andernfalls ist mit der Wiederherstellung im Zweifel ein konkludenter Erlassvertrag (§ 397 BGB) über den entstandenen Schadensersatzanspruch verbunden. Ob im Leistungsverlangen des Gläubigers nach Erhebung der Einrede gem § 275 Abs 2, Abs 3 BGB durch den Schuldner ein Angebot auf Wiederherstellung bzw Erlass zu sehen ist, hängt von den Umständen des Einzelfalles ab (RG 1917 Nr 1802). Ein derartiges Angebot bedarf der Annahme des Schuldners. An die auf Wiederherstellung der Vertragspflichten gerichteten Willenserklärungen sollten inhaltlich keine übertriebenen Anforderungen gestellt werden. Der Untergang des Schadensersatzanspruchs muss den Parteien nicht konkret bewusst sein; es genügt, wenn sie einen in ihren Augen gefährdeten Vertrag auf eine sichere, wenn auch nicht neue Grundlage stellen wollen (vgl BGH 24. 5. 1993 – II ZR 73/92, NJW 1993, 2100: Eine Willenserklärung setzt keine ins Einzelne gehende Vorstellung über die rechtstechnische Herbeiführung des angestrebten Erfolges voraus).

Ob die einverständliche Vertragswiederherstellung in der für das Ursprungsgeschäft **26** vorgeschriebenen **Form** erfolgen muss, hängt vom jeweiligen Zweck der Form ab (bejahend zu § 311b BGB = § 313 aF BGHZ 20, 338 mwNw; BGH 25. 6. 1999 – V ZR 190/98, NJW 1999, 3115, 3116; **aA** Peters JR 1998, 186, 190).

dd) Konsequenzen für die Prozessführung des Gläubigers

Bei der prozessualen Geltendmachung des Schadensersatzanspruchs ist im Hinblick **27** auf die Vorgehensweise des Gläubigers danach zu differenzieren, ob der Schuldner die Einrede gem § 275 Abs 2, Abs 3 BGB vor oder erst während des Prozesses erhoben hat (vgl hierzu insbes Faust, in: Huber/Faust, Schuldrechtsmodernisierung [2002] Rn 3/111 ff):

28 (1) Erhebt der Schuldner **während des Prozesses** um die Primärleistung die Einrede des § 275 Abs 2 oder Abs 3 BGB, kann der Gläubiger gem § 264 Nr 3 ZPO seinen Antrag von der Primärleistung auf Schadensersatz umstellen; bei der Einredeerhebung handelt es sich um eine „später eingetretene Veränderung" iS dieser Vorschrift. Der Gläubiger kann die Tatsachen, mit denen der Schuldner sein Leistungsverweigerungsrecht begründet, zugestehen (§ 288 ZPO) oder sie einfach nicht bestreiten (§ 138 Abs 3 ZPO). Damit stehen sie für den weiteren Prozessverlauf fest.

29 Davon zu trennen ist die rechtliche Bewertung der Tatsachen daraufhin, ob sie den Anforderungen des § 275 Abs 2 bzw Abs 3 BGB genügen. Die rechtliche Beurteilung der Sachlage obliegt grundsätzlich dem Gericht; es ist an die Rechtsansichten der Parteien nicht gebunden. Ein Geständnis iS des § 288 ZPO ist demzufolge hinsichtlich rechtlicher Wertungen nicht möglich (Thomas/Putzo/Seiler, ZPO [2019] § 288 Rn 1 [anders aber für einfache und allgemein bekannte rechtliche Wertungen]; Zöller/Greger, ZPO [2018] § 288 Rn 1a; **aA** MünchKommZPO/Prütting [2016] § 288 Rn 17). Die Partei kann das Gericht insofern nur durch einen **Verzicht (§ 306 ZPO)** oder durch ein **Anerkenntnis (§ 307 ZPO)** binden. Beides bezieht sich aber immer auf den geltend gemachten prozessualen Anspruch (Thomas/Putzo/Seiler, ZPO [2019] § 306 Rn 1 u § 307 Rn 2), dh Verzicht oder Anerkenntnis bzgl des § 275 Abs 2, Abs 3 BGB wären unmittelbar nur zulässig, wenn das Bestehen des Leistungsverweigerungsrechts als solches Streitgegenstand wäre, zB im Rahmen einer (Zwischen-)Feststellungsklage. § 307 ZPO regelt die Möglichkeit eines Anerkenntnisses allerdings nicht abschließend, sondern bezieht sich lediglich auf die Anforderungen an ein Anerkenntnis als Voraussetzung für ein Anerkenntnisurteil. Die Dispositionsmaxime ermöglicht es den Parteien daneben, **präjudizielle Rechtsverhältnisse** für den weiteren Verlauf des Prozesses der Überprüfung durch das Gericht zu entziehen; denn die Möglichkeit eines Anerkenntnisses besteht auch im Rahmen einer (Zwischen-)Feststellungsklage (Schilken ZZP 90 [1977] 157, 177). Die heute **hM** im Schrifttum lässt dementsprechend ein beschränktes Anerkenntnis solcher Rechtsfolgen zu, die zum Gegenstand einer selbstständigen Leistungs- oder Feststellungsklage gemacht werden können. In diesem Fall muss das Gericht die anerkannte Rechtsfolge seinem Urteil ohne Prüfung zugrunde legen (Stein/Jonas/Leipold, ZPO § 288 Rn 9 u § 307 Rn 14; Thomas/Putzo/Seiler, ZPO [2019] § 307 Rn 2; **aA** MünchKommZPO/Musielak [2016] § 307 Rn 10). Das Bestehen eines Leistungsverweigerungsrechts nach § 275 Abs 2 u Abs 3 BGB kann Gegenstand einer Feststellungsklage sein und somit auch anerkannt werden. Der Gläubiger hat somit die Möglichkeit das **Leistungsverweigerungsrecht des Schuldners entspr § 307 ZPO anzuerkennen**, wenn dieser sich im Leistungsprozess darauf beruft (zutreffend Faust, in: Huber/Faust, Schuldrechtsmodernisierung [2002] Rn 3/112). Dann steht nach der Klageumstellung auf Schadensersatz für die Anwendung des § 283 BGB fest, dass der Schuldner gem § 275 Abs 2 oder Abs 3 BGB von seiner Leistungspflicht befreit ist. Eine rechtliche Bewertung der Tatsachen darauf hin, ob die Voraussetzungen des § 275 Abs 2, Abs 3 BGB erfüllt sind, wird sich das Gericht allerdings oft ersparen können, da bei Nichtvorliegen der Voraussetzungen des § 275 Abs 2, Abs 3 BGB die dann unrechtmäßige Erhebung der Einrede idR eine ernsthafte Leistungsverweigerung bedeutete und ebenfalls zum sofortigen Schadensersatz statt der Leistung gem §§ 280 Abs 1, Abs 3, 281 Abs 1, Abs 2 BGB berechtigen würde.

(2) Erhebt der Schuldner bereits **vorprozessual** die Einrede gem § 275 Abs 2, Abs 3 BGB, wird der Gläubiger regelmäßig sofort auf Schadensersatz klagen. Auch in diesem Fall stellt sich für den Gläubiger die Frage, ob das Gericht ein Leistungsverweigerungsrecht des Schuldners als gegeben ansieht. Er kann diese Unsicherheit vermeiden, indem er vorprozessual mit dem Schuldner einen **Feststellungsvertrag** (vgl BGHZ 98, 160, 165 f; s auch Zöller/Feskorn, ZPO [2018] Vor § 306 Rn 2) mit dem Inhalt schließt, dass ein Leistungsverweigerungsrecht besteht. Das Gericht ist in einem nachfolgenden Schadensersatzprozess an einen solchen Vertrag gebunden. Die bloße Erhebung der Einrede durch den Schuldner kann jedoch mangels erkennbaren Rechtsbindungswillens nicht als Antrag auf Abschluss eines derartigen Vertrages angesehen werden (BGHZ 98, 160, 167). Kann der Gläubiger im Schadensersatzprozess einen Feststellungsvertrag nicht nachweisen, ist seine Lage schwieriger; ein Anerkenntnis gem oder analog § 307 ZPO ist bezüglich der vorprozessualen Erhebung der Einrede nicht möglich. Hier bleibt dem Gläubiger nur die **Klageänderung** vom Schadensersatz auf die Primärleistung aus Gründen der Sachdienlichkeit gem § 263 ZPO, da eine Klageumstellung nach § 264 Nr 3 ZPO mangels nachträglicher Veränderung ausscheidet (vgl MünchKommZPO/Becker-Eberhard [2016] § 264 Rn 29). Unbenommen bleibt ihm, eine Nachfrist zu setzen und nach erfolglosem Ablauf die Schadensersatzklage auf § 281 Abs 1 S 1 BGB zu stützen; aus praktischer Sicht sollte der Gläubiger dies von vornherein tun. Zur Frage, ob der Schuldner an seine vorprozessual erhobene Einrede gebunden ist oder diese zurücknehmen kann, s Rn 24 f. 30

Daher wäre dem Gläubiger eigentlich zu empfehlen, den Schuldner immer erst auf die Primärleistung zu verklagen, um ihn so zur Erhebung der Einrede nach § 275 Abs 2 oder Abs 3 BGB zu zwingen. Beruft sich der Schuldner dann im Prozess auf die Einrede, kann der Gläubiger seine Klage gem § 264 Nr 3 ZPO auf Schadensersatz umstellen. Die Leistungsklage sollte der Gläubiger zudem gleichzeitig mit einem Antrag nach § 255 ZPO (Fristbestimmung für die Leistung im Urteil) verbinden (näher § 281 Rn F 15). 31

c) Sonderfälle

aa) Vorübergehendes Leistungshindernis

Die Unmöglichkeit, die zum Ausschluss der Leistungspflicht gem § 275 Abs 1 BGB führt, muss grundsätzlich dauerhaft bestehen; nur dann ist der endgültige Fortfall der Leistungspflicht ohne Weiteres gerechtfertigt. Besteht das Leistungshindernis nur vorübergehend oder ist die Dauerhaftigkeit des Leistungshindernisses sonst fraglich (zu den Fallgruppen Schwarze, Leistungsstörungen [2017] § 4 Rn 22), ist die in den §§ 275, 283 BGB angelegte „Automatik“ nicht angemessen. Darüber besteht Einigkeit. Die rechtliche Behandlung des Problems im Übrigen ist umstritten; eine besondere gesetzliche Regelung fehlt (vgl Rn 8). Aus der Perspektive des § 283 BGB bzw der Haftung sind drei Fragenkreise zu unterscheiden. 32

Es stellt sich zuerst die Frage, ob ein Leistungshindernis, das nicht dauerhaft ist bzw dessen Dauerhaftigkeit fraglich ist, unter Umständen **einem dauerhaften rechtlich gleichzustellen** ist (dazu RGZ 89, 203, 206; BGH 19. 12. 1950 – I ZR 7/50, MDR 1951, 153, 154; BGHZ 83, 197, 200; Staudinger/Caspers § 275 Rn 53 ff; BeckOGK/Riehm [1. 12. 2018] § 275 33

Rn 166 ff; Schwarze, Leistungsstörungen [2017] § 4 Rn 23, 24). Ist dies im Interesse des Schuldners zu bejahen, weil das vorübergehende Leistungshindernis *für den Schuldner* eine unzumutbare Belastung darstellt, sind §§ 275, 326 BGB anzuwenden, wobei der von der Ungewissheit der Dauerhaftigkeit belastete Schuldner dies (wie bei den Einreden in § 275 Abs 2, Abs 3 BGB) geltend zu machen hat (vgl Schwarze, Leistungsstörungen [2017] § 4 Rn 23, 24; **aA** Medicus, in: FS Heldrich [2005] 347, 350 f). Der Schuldner haftet dann gem § 283 BGB auf Schadensersatz, wenn er sich nicht entlasten kann. Führt das vorübergehende Leistungshindernis zu einer unzumutbaren Belastung *für den Gläubiger* oder zum Fortfall des Interesses an der Leistung, sind nicht § 275 BGB und § 283 BGB anzuwenden (dafür aber Medicus, in: FS Heldrich [2005] 347, 350; vgl auch BGHZ 83, 197, 200); vielmehr richtet sich der Schadensersatz statt der Leistung nach § 281 Abs 1, Abs 2 BGB, dh für den Fortfall des Leistungsanspruchs ist ein Schadensersatzverlangen gem § 281 Abs 4 BGB erforderlich. § 283 BGB ist nur anzuwenden, wenn das Verwendungsinteresse des Gläubigers Bestandteil des Vertrages geworden ist derart, dass dessen Vereitelung durch das vorübergehende Leistungshindernis der Unmöglichkeit gem § 275 Abs 1 BGB gleichsteht (insbes absolute Fixschuld).

34 Steht das Leistungshindernis **nicht einem dauerhaften gleich**, bleibt die Leistungspflicht bestehen; lediglich die Klagbarkeit der Leistungspflicht ist für die Zeit des Leistungshindernisses entspr § 275 BGB aufgehoben (ähnlich Wieser MDR 2002, 858, 861; Arnold JZ 2002, 866, 868; Faust, in: Huber/Faust, Schuldrechtsmodernisierung [2002] Rn 8/11; vgl auch Staudinger/Caspers § 275 Rn 48; **aA** Palandt/Grüneberg § 275 Rn 10). Der Gläubiger kann gleichwohl Schadensersatz statt der Leistung nach § 281 Abs 1 S 1, 1. Alt u Abs 2 BGB fordern, wenn der Leistungsanspruch bereits fällig ist, eine Frist gesetzt oder gem Abs 2 entbehrlich ist und der Schuldner sich nicht entlasten (§ 280 Abs 1 S 2 BGB) kann (Schulze/Ebbers JuS 2004, 266, 267 f mwNw; insoweit auch MünchKomm/Ernst § 275 Rn 152, 155 ff; s ferner Däubler, in: FS Heldrich [2005] 55, 60 ff). Ist der Anspruch noch nicht fällig, kann der Gläubiger analog § 281 Abs 1 S 1 BGB Schadensersatz statt der Leistung fordern, wenn die Ungewissheit über die Wiederherstellung sich als unzumutbare Leistungsgefährdung darstellt, was idR voraussetzt, dass er dem Schuldner zuvor vergeblich eine Frist zur Klärung der Leistungsfähigkeit gesetzt hat (zu den Voraussetzungen der Leistungsgefährdung s § 281 Rn 182 ff). Im Übrigen kann dem Gläubiger für die durch das vorübergehende Leistungshindernis verursachte Verzögerung ein Anspruch auf Ersatz des Verzögerungsschadens gem §§ 280 Abs 1, Abs 2, 286 BGB zustehen, wenn der Schuldner das vorübergehende Leistungshindernis zu vertreten hat (im Ergebnis Schulze/Ebbers JuS 2004, 265, 267; s auch Staudinger/Caspers § 275 Rn 50; ähnlich MünchKomm/Ernst § 275 Rn 157; Canaris JZ 2001, 499, 508; ders, in: FS Heldrich [2005] 143, 162 f).

bb) Teil-Leistungshindernis

35 Steht nur einem Teil der Leistung ein Leistungshindernis iSv § 275 BGB entgegen, entfällt die Leistungspflicht nur „soweit" (§ 275 Abs 1 BGB; Staudinger/Caspers § 275 Rn 57 ff). Voraussetzung hierfür ist, dass die **Leistung tatsächlich und rechtlich teilbar** ist. Dies ist weniger für § 275 BGB als für die Geltendmachung von Sekundäransprüchen entscheidend, denn Schadensersatz gem §§ 280 Abs 1 und Abs 3, 283 BGB kann grundsätzlich nur wegen des unmöglich gewordenen Teils geltend gemacht werden. Ebenso entfällt die Pflicht zur Gegenleistung gem § 326 Abs 1 BGB nur zum Teil (vgl Erl zu § 326).

Teilbar sind idR Geldleistungen sowie Sach- und Dienstleistungen, die nach **Mengeneinheiten und Zeitabschnitten** geschuldet sind. So hat der BGH für den Dienstvertrag des Geschäftsführers einer GmbH Teilunmöglichkeit angenommen, weil dieser an zwei Tagen der Woche mit etwa einem Drittel der Arbeitskraft für ein anderes Unternehmen gearbeitet hatte (BGH 7. 12. 1987 – II ZR 206/87, NJW-RR 1988, 420). Die von einem Arbeitnehmer geschuldete Arbeitsleistung kann idR nach Ablauf des maßgeblichen Leistungszeitraums nicht nachgeholt werden, so dass insoweit objektive Teilunmöglichkeit eintritt (Otto/Schwarze/Krause, Haftung des Arbeitnehmers [4. Aufl 2014] § 6 Rn 5 ff; MünchArbR/Reichold [2018] § 43 Rn 8, 9 f mwNw; vStebut RdA 1985, 66 ff; zur objektiven Unmöglichkeit infolge Arbeitsleistung durch Ersatzkraft; s auch BAG 17. 3. 1988 – 2 AZR 576/87, NJW 1989, 546, 547). Das BAG hat auch den zeitweisen Verstoß gegen ein vereinbartes Wettbewerbsverbot als Teilunmöglichkeit behandelt (BAG 10. 9. 1985 – 3 AZR 490/83, NJW 1986, 1192 f; krit Müller-Laube, in: FS Rolland [1999] 261, 264 ff). Teilbarkeit liegt ferner vor, wenn bei einer **Schlechtleistung** die Nacherfüllung gem §§ 439, 437 Nr 1 BGB oder §§ 635, 634 Nr 1 BGB unmöglich ist; der Schuldner wird dann nur bezüglich seiner Verpflichtung zur Nacherfüllung gem § 275 BGB befreit. 36

Die Leistung ist (rechtlich) nicht teilbar, wenn die **Gegenleistung nicht teilbar** ist oder dem noch möglichen Teil der Leistung kein entsprechender Teil der Gegenleistung zugeordnet werden kann (Huber II [1999] 414 ff). 37

Zweifelhaft ist nach neuer Rechtslage die Frage, inwieweit die **Unteilbarkeit** einer sowohl tatsächlich wie objektiv-rechtlich teilbaren Leistung **kraft Vereinbarung** angenommen werden kann (vgl dazu RG 26. 9. 1924 – VII 451/23, WarnR 1925 Nr 21; Coing SJZ 1949, 531 ff, 534; Scherner JZ 1971, 534). Außer Frage steht, dass die Parteien ausdrückliche Vereinbarungen des Inhalts treffen können, dass die Teil-Nichtleistung die rechtlichen Folgen einer vollständigen Nichtleistung haben soll. Fraglich ist dagegen, ob allein aufgrund des *erkennbaren Interesses des Gläubigers an der Vollständigkeit der Leistung* eine konkludente Vereinbarung dieses Inhalts angenommen werden kann, so dass bei Vorliegen eines Teil-Leistungshindernisses gem § 275 BGB rechtlich die Folgen eines die ganze Leistung betreffenden Leistungshindernisses eintreten und der Schuldner, der sich nicht entlasten kann (§ 280 Abs 1 S 2 BGB), gem § 283 BGB Schadensersatz statt der ganzen Leistung zu leisten hat. Da der Fortfall des Interesses an der Leistung infolge Unvollständigkeit nach dem Gesetz zum Schadensersatz statt der ganzen Leistung (§ 281 Abs 1 S 2 BGB) bzw zum Rücktritt vom ganzen Vertrag (§ 323 Abs 5 S 1 BGB) berechtigt, scheint es dafür keinen Bedarf zu geben (vgl Staudinger/Caspers § 275 Rn 58; MünchKomm/Ernst § 275 Rn 132). 38

Doch ist es denkbar und praktisch möglich, dass das Interesse des Gläubigers an der Vollständigkeit der Leistung so groß ist, dass im Falle eines Teilhindernisses gem § 275 BGB der *automatische* Fortfall des ganzen Leistungsanspruchs geboten ist. Für die Annahme einer konkludent getroffenen Unteilbarkeitsabrede muss das bei Vertragsschluss erkennbare Interesse des Gläubigers an der Vollständigkeit zum Zeitpunkt des Vertragsschlusses so beschaffen sein, dass im Falle eines Teilhindernisses der ganze Leistungsanspruch mit der Vollständigkeit der Leistung **„steht und fällt"**. Das ist der Fall, wenn es nach der zum Zeitpunkt des Vertragsschlusses für den Schuldner erkennbaren Interessenlage des Gläubigers sicher bzw mit an Sicherheit grenzend wahrscheinlich ist, dass der Gläubiger bei einem Teilhindernis gem § 275 39

BGB sein Interesse an der Leistung insgesamt verliert (vergleichbar der absoluten Fixschuld, s § 281 Rn B 160 u B 178). Das wird praktisch selten vorkommen, ist aber etwa idR anzunehmen, wenn der Verkäufer dem Käufer infolge eines Diebstahls der Kaufsache nur das Eigentum an der Sache, nicht aber deren Besitz verschaffen kann (vgl RGZ 170, 257, 259; BGH 30. 10. 1998 – V ZR 367/97, NJW-RR 1999, 346). Ist der Fortfall des Interesses an der vollständigen Leistung bei Vertragsschluss dagegen nur möglich oder **wahrscheinlich**, ist die gesetzliche Regelung ausreichend und interessengerecht, die den Leistungsanspruch bezüglich der noch erbringbaren Teilleistung nicht automatisch entfallen lässt, sondern dem Gläubiger nur eine Befugnis zum großen Schadensersatz (§ 281 Abs 1 S 2 BGB) bzw zum Rücktritt (§ 323 Abs 5 S 1 BGB) gewährt; der Gläubiger behält so die Befugnis, an der Leistung festzuhalten, wenn dies seinem Interesse entspricht. Insoweit ist aus der **Rechtsprechung** zu Unteilbarkeitsabreden unter Geltung des alten Rechts nicht jede Entscheidung in das jetzige Recht übertragbar. Hier fehlte eine dem § 323 Abs 5 S 1 BGB vergleichbare Regelung, weshalb die Rechtsprechung sich zur Erzielung angemessener Ergebnisse der konkludenten Unteilbarkeitsabrede auch dort bediente, wo das Interesse des Gläubigers den automatischen Fortfall der vollständigen Leistungspflicht nicht erfordert hätte (etwa BGH 21. 1. 2000 – V ZR 387/98, NJW 2000, 1256: Eigentumswohnung unter Sozialbindung; BGH 27. 6. 1990 – VIII ZR 72/89, NJW-RR 1990, 1462, 1464: Lieferung eines Industrieroboters ohne den versprochenen moderneren Greifarm; wohl BGH 23. 1. 1996 – X ZR 105/93, NJW 1996, 1745: Kombination von Hard- u Software als „Leistung aus einem Guß"; OLG Hamm 1. 10. 1997 – 33 U 37/97, NJW-RR 1998, 152: Vermietung einer Lagerhalle mit geringerer Nutzfläche, solange kein unbedingtes Interesse an Mindestgröße erkennbar).

40 Die Unteilbarkeitsabrede kann auch auf einem **Interesse des Schuldners** an der unbedingten Vollständigkeit der Leistungserbringung beruhen (s BGH 30. 4. 1976 – V ZR 43/74, NJW 1976, 1931; 24. 11. 1983 – VIII ZR 34/83, WM 1984, 140, 141 f). Hinsichtlich der Voraussetzungen einer konkludenten Vereinbarung gelten die vorstehenden Ausführungen (Rn 39) entsprechend.

cc) Nicht behebbare Schlechtleistung

41 § 283 BGB ist ebenfalls anwendbar, wenn der Schuldner eine bestimmte Qualität der Leistung schuldet und **nach Vertragsschluss** ein nicht behebbarer Mangel eintritt. Dies ergibt sich aus der Verweisung des § 283 S 2 BGB auf § 281 Abs 1 S 3 BGB, die die Anwendbarkeit des § 283 S 1 BGB auf den Fall des nicht behebbaren Mangels („qualitative Unmöglichkeit") voraussetzt. Solange der Mangel beseitigt werden kann, ist § 281 Abs 1 S 1, 2. Alt einschlägig. Zum Tatbestand der Schlechtleistung gelten die Erl zu § 281 Rn C 12 ff entsprechend.

42 Liegt ein Mangel iS der §§ **434, 435, 633 BGB** vor, ist nach dessen Behebbarkeit durch Nacherfüllung zu fragen. Die Nacherfüllung kann dabei grds in zwei Varianten bewirkt werden, nämlich durch Mängelbeseitigung (§ 439 Abs 1, 1. Alt BGB, § 635 Abs 1, 1. Alt BGB) oder durch Neulieferung bzw Neuherstellung (§ 439 Abs 1, 2. Alt BGB, § 635 Abs 1, 2. Alt BGB). Ist eine Art der Nacherfüllung nach § 275 Abs 1 bis Abs 3 BGB ausgeschlossen, so reduziert sich der Nacherfüllungsanspruch jeweils auf die andere (§ 439 Abs 4 S 3 BGB; vgl BT-Drucks 14/6040, 232). Der Nacherfüllungsanspruch ist daher nur dann iS des § 283 BGB ausgeschlossen, wenn *beide Varianten* der Nacherfüllung nach § 275 Abs 1 bis Abs 3 BGB verweigert werden können, und der Schuldner die ihm zustehende Einrede erhoben hat. Im Falle des § 275 Abs 2 oder Abs 3 BGB ist § 283 BGB erst anwendbar, wenn der Schuldner hinsichtlich beider Nacherfüllungsvarianten die Nacherfüllung nach § 275 Abs 2 oder Abs 3 BGB mit Recht verweigert. Solange eine Variante der Nacherfüllung noch nicht nach § 275 Abs 1 bis Abs 3 BGB ausgeschlossen ist, muss dem Schuldner grds mittels Fristsetzung Gelegenheit gegeben werden, dieser Nacherfüllungspflicht nachzukommen. Ist zB dem Verkäufer die Reparatur des mangelhaften Neuwagens nach § 275 Abs 1 BGB unmöglich, so kann er seiner Verpflichtung bei **Gattungsschulden** durch Beschaffung eines Ersatzfahrzeugs nachkommen. Ähnlich kann es sich beim **Individualkauf** verhalten, und zwar dann, wenn zwar ein bestimmter Gegenstand verkauft wurde, dem Käufer aber die Individualität gerade dieses Gegenstandes nicht so wichtig ist, dass seinen Interessen nicht mit der Lieferung eines gleichwertigen bzw gleichartigen Gegenstandes Genüge getan wäre („unechte Individualschuld“, BGH 7. 6. 2006 – VIII ZR 209/05, NJW 2006, 2839, 2840 ff m Anm Roth NJW 2006, 2953 ff; Canaris JZ 2003, 831, 834 f u JZ 2003, 1156 f; MünchKomm/Lorenz Vor § 474 Rn 17; Schollmeyer/Utlu Jura 2009, 721, 723 f; **aA** Ackermann JZ 2002, 378, 379 ff u JZ 2003, 1154 ff; Faust ZGS 2004, 252 ff; Picker, in: FS Westermann [2008] 583 ff). Insbesondere bei nicht vertretbaren Sachen und bei gebrauchten vertretbaren Sachen wird idR eine echte Individualschuld vorliegen, bei der ein Ersatz nicht in Frage kommt (vgl RegBegr BT-Drucks 14/6040, 232). Im Übrigen ist die erkennbare Interessenlage des Verkäufers einzubeziehen, die zu einer Abbedingung der Ersatzlieferungspflicht führen kann (zB bei Verkauf eines Neuwagens durch Privatperson). Beim **Verbrauchsgüterkauf** ist der Anspruch unabdingbar (§ 476 Abs 1 S 1 BGB). Der Verkäufer kann im Verbrauchsgüterkauf nicht jedwede Nacherfüllung wegen Unverhältnismäßigkeit der Kosten gem § 439 Abs 4 S 1 BGB verweigern. Bezüglich der Ansprüche auf Erstattung der Aufwendungen gem § 439 Abs 2, Abs 3 BGB, also insbes der Kosten eines Ein- oder Ausbaus der Kaufsache, kann der Verkäufer aber den Aufwendungsersatz auf einen angemessenen Betrag beschränken (§ 475 Abs 4 BGB, in Umsetzung von EuGH 16. 6. 2011 – C-65/09, NJW 2011, 2269; ferner BGH 21. 12. 2011 – VIII ZR 70/08, NJW 2012, 1073 ff; dagegen künftig die Einrede der Unverhältnismäßigkeit jedweder Nacherfüllung vorsehend Art 13 Abs 3 Warenkauf-RL und Art 14 Abs 2 Digitale-Dienste-RL, die bis 2021 umzusetzen sind).

Die Nacherfüllung darf erst **nach Vertragsschluss** unmöglich werden, ansonsten ist § 311a Abs 2 BGB einschlägig. Dabei ist nicht das Entstehen des Mangels ausschlaggebend, sondern der Eintritt der Unbehebbarkeit: Besteht ein Mangel bereits bei Vertragsschluss, wird er jedoch erst danach unbehebbar, ist §§ 280 Abs 1, Abs 3, 283 BGB die richtige Anspruchsgrundlage. Zum Ausschluss der Gegenleistung im Fall der nicht behebbaren Schlechtleistung siehe Erl zu § 326. **43**

Verweigert der Schuldner eine Nachbesserung, weil sie unverhältnismäßig iS des § **439 Abs 4 BGB** oder § **635 Abs 3 BGB** ist, kann der Gläubiger gem § 440 BGB iVm § 281 BGB bzw § 636 BGB iVm § 281 BGB ohne Fristsetzung Schadensersatz statt der Leistung verlangen; die Anwendung des § 283 kommt nicht in Betracht, weil die Verpflichtung zur vertragsgemäßen Leistung erst mit dem Schadensersatzverlangen nach § 281 Abs 4 BGB und nicht gem § 275 BGB untergeht. **44**

3. Keine Entlastung des Schuldners (§ 280 Abs 1 S 2)

Gem § 280 Abs 1 S 2 BGB entfällt die Haftung des Schuldners, wenn dieser *„die Pflichtverletzung nicht zu vertreten hat“*. Hierbei handelt es sich nicht lediglich um eine Regelung der Darlegungs- und Beweislast, sondern um eine materiell-rechtliche **45**

Regelung (§ 280 Rn D 4 f). Was der Schuldner zu vertreten hat, ergibt sich vor allem aus den §§ 276–278 BGB (vgl Erl zu §§ 276–278 sowie § 280 Rn D 1 ff, insbes 8 ff).

46 **Bezugspunkt** des Vertretenmüssens ist die Pflichtverletzung (§ 280 Abs 1 S 2 BGB), dh in § 283 BGB die Nichtleistung infolge eines Leistungshindernisses gem § 275 BGB (s Rn 13). Es ist zu fragen, ob der Schuldner die *Umstände zu vertreten hat, die das Leistungshindernis gem § 275 BGB begründen* und damit zur endgültigen Nichtleistung wegen Fortfalls der Leistungspflicht führen (§ 280 Rn D 15 f). Dass der Schuldner zusätzlich die Nichtbewirkung der (noch möglichen) Leistung zum Zeitpunkt der Fälligkeit zu vertreten hat, ist für die Haftung gem § 283 BGB nicht erforderlich. Hat der Schuldner gem § 276 BGB nur die Nichtleistung zum Zeitpunkt der Fälligkeit zu vertreten, nicht aber das danach eintretende Leistungshindernis, tritt die Haftung gem § 283 BGB nur ein, wenn der Schuldner sich bei Eintritt des Leistungshindernisses im Verzug gem § 286 BGB befindet und gem § 287 S 2 BGB auch dessen zufälligen Eintritt zu vertreten hat (**aA** Tetenberg JA 2009, 1, 5). Darin liegt kein Widerspruch zu der hier bevorzugten Interpretation des § 281 BGB (§ 281 Rn B 86), wonach in § 281 BGB das Vertretenmüssen hinsichtlich der Nichtleistung genügt und nicht auch hinsichtlich des Ablaufs der Nachfrist vorliegen muss. In § 283 BGB wird der Haftungszusammenhang zur Nichtleistung bei Fälligkeit wegen der Aufhebung der Leistungspflicht gem § 275 BGB mit Eintritt des Leistungshindernisses unterbrochen, wenn dieses nicht vom Schuldner zu vertreten ist. Daher kann die Haftung nur an die Verantwortung für das Leistungshindernis angeknüpft werden. § 287 S 2 BGB bestätigt dies. In § 281 BGB ist das Versäumen der Nachfrist dagegen nicht konstituierend für die Haftung, sondern sorgt nur für ein angemessenes Verhältnis zwischen Schwere der Pflichtverletzung und leistungsersetzender Haftung. **Entlasten** kann sich der Schuldner im Hinblick auf den praktisch wichtigen Fall der Fahrlässigkeit (§ 276 Abs 2 BGB) dadurch, dass er Umstände, die zum Eintritt des Leistungshindernisses geführt haben, darlegt und ggf beweist, in denen ein äußeres Fehlverhalten des Schuldners (Handeln oder Unterlassen) nicht zu sehen ist oder – wenn ein äußeres Fehlverhalten vorliegt – darlegt und ggf beweist, dass die äußere Sorgfaltswidrigkeit nicht erkennbar oder nicht vermeidbar war (§ 280 Rn D 9; s etwa LAG Köln 22. 4. 2016 – 4 Sa 1095/15 Rn 37 ff, NZA-RR 2016, 466; MünchKomm/Ernst Rn 7).

47 Hat der Schuldner eine Garantie gegeben oder ein bestimmtes Risiko gem § 276 Abs 1 S 1 BGB übernommen, kommt es auf den Verschuldensvorwurf nicht an. Entscheidend ist dann, ob die eingetretene Unmöglichkeit von der übernommenen **Garantie** oder von der **Risikoübernahme** erfasst ist. Im Fall des § 283 BGB würde eine Garantieübernahme des Schuldners bedeuten, dass dieser dem Gläubiger auch bei einer zufälligen Beeinträchtigung der Leistungsmöglichkeit auf Schadensersatz haftet. Derartige Garantien für nachträgliche Leistungshindernisse dürften – anders als solche zur Leistungsmöglichkeit bei Vertragsschluss (vgl die Erl zu § 311a; Schwarze, Leistungsstörungen [2017] § 18 Rn 10 ff) – bei Speziesschulden eher selten anzunehmen sein. Die Übernahme des Beschaffungsrisikos bei Gattungsschulden ist hingegen vielfach typisch (§ 280 Rn D 32 f; Staudinger/Caspers § 276 Rn 151 ff; Schwarze, Leistungsstörungen [2017] § 34 Rn 31 ff, § 7 Rn 14 ff). Für seine finanzielle Leistungsfähigkeit hat der Schuldner stets einzustehen (§ 280 Rn D 34). Zu berücksichtigen sind ferner gesetzliche Verschärfungen der Haftung (insbes § 287 S 2 BGB). Zu Gunsten des Schuldners zu berücksichtigen sind etwaige vertragliche oder gesetzliche (§ 300 Abs 1 BGB) **Haftungsmilderungen** (§ 280 D 24 ff).

4. Bedeutung der Vertragstreue des Gläubigers

Die Vertragstreue des Gläubigers ist keine besondere Voraussetzung für den Schadensersatzanspruch gem § 283 BGB. Ein Rückgriff auf § 242 BGB ist im Rahmen des § 283 BGB nicht erforderlich, um etwaiges Fehlverhalten des Gläubigers sachgerecht zu berücksichtigen (vgl auch Teubner [1975] insbes 37 ff). Besteht die „Vertragsuntreue" des Gläubigers in unzureichender Mitwirkung (Annahme der Leistung oder besondere Mitwirkungshandlungen), gewährleisten die dafür einschlägigen Vorschriften insbes des Gläubigerverzuges (§§ 293 ff BGB) einen ausreichenden Schutz des Schuldners. Von unmittelbarer Bedeutung für die Haftung gem § 283 BGB ist die Herabsetzung des Haftungsmaßstabes gem § 300 Abs 1 BGB. Bezieht sich das Fehlverhalten des Gläubigers auf die Herbeiführung der Umstände, die das Leistungshindernis begründen, wird dies bei Vorliegen der Voraussetzungen des § 283 BGB im Übrigen als Mitverschulden gem § 254 BGB zu einer Minderung des Schadensersatzanspruchs führen (zu Besonderheiten bei gegenseitigen Leistungspflichten s Erl zu § 326; Schwarze, Leistungsstörungen [2017] § 38 Rn 4 ff). Besteht die Vertragsuntreue darin, dass der Gläubiger seiner Gegenleistungspflicht nicht genügt, ergeben sich die Rechtsfolgen aus §§ 320 ff BGB, wenn der Schadensersatzanspruch aus § 283 BGB noch nicht entstanden ist. Wird dem Gläubiger vor Eintritt des Schadensersatzanspruchs gem § 283 BGB die Erbringung der ihm obliegenden Leistung unmöglich (§ 275 Abs 1 BGB), entfällt die Leistungspflicht des Schuldners gem § 326 Abs 1 BGB. Die Verletzung sonstiger, mit der Leistungspflicht nicht zusammenhängender Pflichten hat keinen Einfluss auf die Entstehung des Anspruchs aus § 283 BGB. 48

III. Rechtsfolge und Wahlmöglichkeiten

1. Schadensersatz statt der Leistung

Bei Vorliegen der Voraussetzungen der §§ 280 Abs 1, Abs 3, 283 BGB hat der Gläubiger gegenüber dem Schuldner einen Anspruch auf Schadensersatz statt der Leistung. Die Schadensersatzvorschrift des § 280 Abs 1, Abs 3 BGB ist wie bei den §§ 281, 282 BGB Bestandteil der Anspruchsgrundlage; hinsichtlich Umfang und Berechnung des Schadensersatzes sowie der Durchführung des Schadensausgleichs kann auf die für den Schadensersatz statt der Leistung allgemein geltenden Erläuterungen verwiesen werden (vgl § 280 Rn E 35 ff). Ergänzend ist auf Folgendes hinzuweisen. 49

a) Gegenstand des Schadensersatzes

Der Schadensersatz statt der Leistung ist auf den Ersatz des **Leistungsinteresses** gerichtet: der Gläubiger ist wirtschaftlich so zu stellen, wie wenn der Vertrag ordnungsgemäß erfüllt worden wäre (RGZ 91, 30, 33; BGHZ 126, 131, 134; BGH 1. 10. 1999 – V ZR 162/98, NJW 2000, 278, 279; Keuk [1972] 143 ff; Hirsch Jura 2003, 289 ff; näher § 280 Rn E 35 ff). Allerdings muss der eingetretene Schaden der Pflichtverletzung (Nichtleistung infolge Leistungshindernisses) zugerechnet werden können, so dass sich als letztlich maßgeblicher Zeitpunkt regelmäßig der Eintritt des Leistungshindernisses ergibt (näher § 280 Rn E 137 f). Zu ersetzen sind alle Schäden, die dadurch entstehen, dass die geschuldete Leistung endgültig ausbleibt. 50

b) Durchführung des Schadensausgleichs

51 Art und Umfang des Schadensersatzanspruchs richten sich nach den §§ **249 ff BGB**: Der Anspruch auf Naturalherstellung gem § 249 Abs 1 BGB ist allerdings grundsätzlich ausgeschlossen (zu Ausnahmen § 280 Rn E 37). Für den Wertersatz gem § 251 BGB gilt, dass der Schuldner den Wert ersetzen muss, den die Leistung gerade für den Gläubiger hatte. Demzufolge sind nicht nur der Marktwert des Leistungsgegenstandes, sondern auch die Mehrkosten eines Deckungsgeschäftes oder ein entgangener Gewinn zu ersetzen (im Einzelnen § 280 Rn E 71 ff). Dies darf aber nicht zu einer Umgehung der durch § 275 Abs 2 BGB bzw § 439 Abs 4 u § 635 Abs 3 BGB gezogenen Belastungsgrenze führen: Ist der Schuldner nach einer dieser Normen von der primären Leistungspflicht bzw der Mangelbeseitigungspflicht (§ 439 Abs 1, § 635 Abs 1 BGB) wegen (grober) Unverhältnismäßigkeit des Leistungsaufwandes befreit, ist der als Schadensersatz statt der Leistung geforderte Ersatz der Aufwendungen, die der Gläubiger zur eigenen Beschaffung der Leistung bzw Mangelbeseitigung aufwenden will oder aufgewendet hat, gem **§ 251 Abs 2 S 1 BGB** parallel dazu zu begrenzen (vgl BGH 11. 10. 2012 – VII ZR 179/11, NJW 2013, 370, 371 f; s noch § 280 Rn E 38).

52 Bei **gegenseitigen** Verträgen ist bei der Durchführung des Schadensausgleichs die vom Gläubiger geschuldete Gegenleistung zu berücksichtigen (näher § 280 Rn E 39 ff).

53 Über die Konsequenzen für einen etwaigen Anspruch auf die Gegenleistung bei einer synallagmatischen Verknüpfung ist § 283 BGB nichts zu entnehmen; diese sind in § 326 BGB geregelt. Braucht der Schuldner gem § 275 Abs 1–Abs 3 BGB nicht zu leisten, bestimmt **§ 326 Abs 1 S 1 BGB** den automatischen Wegfall der Gegenleistungspflicht. Der Schadensberechnung ist daher grundsätzlich die **Differenzmethode** zugrunde zu legen, wonach der Schaden des Gläubigers durch den Wegfall seiner Gegenleistungspflicht gemindert wird (näher § 280 Rn E 42 ff). Hat der Gläubiger hingegen seine Leistung schon bewirkt, erfolgt deren Rückabwicklung gem § 326 Abs 4 BGB nach Rücktrittsrecht (§§ 346–348 BGB).

54 Fraglich ist, ob der Gläubiger dennoch seine Gegenleistung erbringen und Schadensersatz nach der **Surrogationsmethode** verlangen kann. Der Gesetzgeber hat sich in § 326 Abs 1 BGB für einen automatischen Wegfall der Gegenleistungspflicht entschieden, da er die Notwendigkeit eines Rücktritts als zu umständlich und nicht sachgerecht empfand (BT-Drucks 14/6040, 188). Wäre dem Gläubiger infolgedessen im Rahmen des § 283 BGB ein Vorgehen nach der Surrogationsmethode verwehrt, müsste er die von ihm erbrachte Gegenleistung zurücknehmen oder behalten und einen anderweitigen Absatz suchen. Falls ihm das erst zu einem späteren Zeitpunkt als dem für die Schadensberechnung maßgeblichen gelingt (vgl § 280 Rn E 132 f, E 137 f), kann er einen etwaigen Verlust nicht mehr im Wege des Schadensersatzes kompensieren. Es wäre aber unangemessen, dem Gläubiger das Verwertungsrisiko seiner eigenen Leistung aufzuerlegen (so auch Faust, in: Huber/Faust, Schuldrechtsmodernisierung [2002] Rn 3/206). Überdies ist der Gläubiger im Wege des Schadensersatzes wirtschaftlich so zu stellen, wie er stünde, wenn ordnungsgemäß erfüllt worden wäre. Dann hätte er seine Gegenleistung aber absetzen können. Somit kann der Gläubiger auch bei dem Schadensersatzanspruch gem § 283 BGB wählen, ob er nach der Differenz- oder der Surrogationsmethode vorgeht (§ 280 Rn E 39 ff, E 48). Anders ist es, wenn der Gläubiger Schadensersatz statt der Leistung verlangt und gleichzeitig den **Rücktritt** erklärt; denn damit gibt er zu verstehen, dass der Leistungsaustausch unterbleiben bzw erbrachte Leistungen nach § 346 BGB rückabgewickelt werden sollen. Mit einem solchen Vorgehen ist die Schadensabwicklung nach der Surrogationsmethode unvereinbar (§ 280 Rn E 49).

Der Schaden kann konkret oder abstrakt berechnet werden. Hinsichtlich der Einzelheiten der Berechnungsmethoden s § 280 Rn E 71 ff; zum maßgeblichen **Zeitpunkt** § 280 Rn E 132, 137 f. 55

c) Verhältnis zu anderen Schadensersatzansprüchen

aa) Ersatz des Verzögerungsschadens

Eine Konkurrenz des § 283 BGB zum Anspruch aus **§§ 280 Abs 1, Abs 2, 286 BGB** ist praktisch ausgeschlossen (vgl zur alten Rechtslage BGHZ 88, 46, 49; BGH 17. 12. 1996 – X ZR 74/95, NJW-RR 1997, 622, 624; BGH 26. 11. 1999 – V ZR 251/98, NJW 2000, 951, 952). In tatbestandlicher Hinsicht stehen die Anspruchsgrundlagen im Verhältnis der *Exklusivität:* Im Falle von dauerhaftem Unvermögen und dauerhafter Unmöglichkeit gem § **275 Abs 1 BGB** lässt der Eintritt dieser Leistungshindernisse die Leistungspflicht ipso iure entfallen und führt zur Beendigung des Schuldnerverzuges. Befand sich der Schuldner vor Eintritt des Leistungshindernisses gem § 275 BGB im Schuldnerverzug und haftet er infolgedessen aus §§ 280 Abs 1, Abs 2, 286 BGB auf Ersatz des Verzögerungsschadens, so bleibt dieser Schadensersatzanspruch vom Eintritt des Schadensersatzanspruchs gem §§ 280 Abs 1, Abs 3, 283 BGB unberührt. Ersatz des Verzögerungsschadens (§§ 280 Abs 1, Abs 2, 286 BGB) kann nur verlangt werden, wenn dieser durch eine Leistungsverzögerung in dem Zeitraum von Beginn bis zum Ende des Verzuges verursacht worden ist (dazu Staudinger/Feldmann § 286 Rn 187). Das Vorstehende gilt grundsätzlich auch für dauerhafte Leistungshindernisse gem § **275 Abs 2 u Abs 3 BGB**. Allerdings ist zu beachten, dass der Zeitpunkt, zu dem die Leistungspflicht entfällt, hier umstritten ist. Die Leistungspflicht entfällt in § 275 Abs 2, Abs 3 BGB nicht ipso iure mit Vorliegen des Leistungshindernisses, sondern erst dann, wenn der Schuldner die ihm insoweit zustehende Einrede erhebt. Teils wird daher die Auffassung vertreten, die Leistungspflicht entfalle erst „ex nunc“ mit Erhebung der Einrede (Otto, in: FS Canaris [2007] 945, 954; Staudinger/Feldmann § 286 Rn 17; M Schultz, in: Westermann, Das Schuldrecht 2002, 58 f), teils wird eine **Rückwirkung** („ex tunc“) auf den Zeitpunkt des Eintritts des Leistungshindernisses für richtig gehalten (MünchKomm/Ernst § 275 Rn 103; § 286 Rn 24; Erman/Westermann § 275 Rn 35; BeckOGK/Riehm [1. 12. 2018] § 275 Rn 226; Faust, in: Huber/Faust, Schuldrechtsmodernisierung [2002] Rn 3/184; diff Schwarze, Leistungsstörungen [2017] § 5 Rn 37). 56

Hinsichtlich der von beiden Schadensersatznormen erfassten **Schadenspositionen** dürfte es ebenfalls keine Konkurrenz zwischen § 283 BGB und §§ 280 Abs 1, Abs 2, 286 BGB geben. Der Verzögerungsschaden erfasst seiner Definition gemäß Schäden, die dem Gläubiger dadurch entstanden sind, dass die Leistung nicht rechtzeitig erbracht worden ist und die auch nicht vermieden worden wären, wenn der Schuldner später noch geleistet hätte, folglich solche Schadensersatzpositionen nicht, die aus der endgültigen Nichterbringung der Leistung resultieren (s RGZ 94, 203; RG 22. 10. 1931 – VI 214/31, HRR 1932 Nr 437; Staudinger/Feldmann § 286 Rn 183 f); es drohen daher nicht die Anforderungen des Schadensersatzes statt der Leistung durch den Verzögerungsschadensersatz unterlaufen zu werden. Umgekehrt gilt ähnliches: Der Verzögerungsschaden wird von der Definition des Schadensersatzes statt der Leistung 57 zwar mit erfasst, denn bei ordnungsgemäßer Leistung, dh Leistung zum Zeitpunkt der Fälligkeit, wäre auch der Verzögerungsschaden nicht entstanden; insoweit könnten Schadenspositionen des Verzögerungsschadens auch dem Schadensersatz statt der Leistung unterfallen. Dies kann zu einem Unterlaufen der Verzugsvoraussetzungen führen, wenn man den Schadensersatz statt der Leistung grundsätzlich auf den Zeitpunkt der Fälligkeit berechnet (§ 280 E 11 f, § 281 Rn B 137). Im Falle des § 283 BGB dürfte das Problem aber nicht entstehen, da der Schaden dem dauerhaften Leistungshindernis zuzurechnen sein muss, was bei einem Schaden, der gerade durch die Verzögerung entsteht, ausgeschlossen erscheint.

58 Das Vorstehende gilt entsprechend für Schäden aus **anderen vorübergehenden Störungen**, insbes der vorübergehenden Schlechtleistung (§ 280 Rn C 24 ff, C 27 ff; Schwarze, Leistungsstörungen [2017] § 29). Diese gehören nicht zum Schadensersatz statt der Leistung und fallen im Übrigen nach hier vertretener Auffassung unter § 280 Abs 1 BGB (§ 280 Rn C 27 ff); daran ändert sich mit Eintritt eines Schadensersatzanspruchs nach § 283 BGB nichts.

bb) Ersatz des Integritätsschadens

59 Wie bei § 281 BGB ist auch bei § 283 BGB umstritten, ob der Schadensersatz statt der Leistung den durch die Nichtleistung infolge eines Leistungshindernisses verursachten Integritätsschaden (zB der vermietete Stall wird vor der Übergabe vom Vermieter fahrlässig in Brand gesetzt, Pferde des Mieters erkranken, da sie bis zur Beschaffung eines Ersatzstalls im Freien bleiben müssen) mit umfasst (dafür etwa MünchKomm/Ernst Rn 21; Erman/Westermann Rn 3). Wie in § 281 BGB sprechen auch hier die besseren Gründe dafür, den Integritätsschaden ausschließlich nach **§ 280 Abs 1 BGB** zu ersetzen. Typischerweise handelt es sich um Fälle, in denen die Leistung den Zweck hat, Rechtsgüter oder Vermögen des Gläubigers vor Schäden zu bewahren. Dabei kann die Haftung sowohl auf die Verletzung der Leistungspflicht als auch auf die Verletzung einer Rücksichtnahmepflicht gem § 241 Abs 2 BGB gestützt werden (§ 280 Rn C 40 ff).

d) Weitere Befugnisse des Gläubigers und Wahlmöglichkeiten

60 Mit dem Eintritt des Leistungshindernisses können neben dem Anspruch auf Schadensersatz statt der Leistung weitere Befugnisse entstehen, die dem Gläubiger zusätzlich oder wahlweise zu Gebote stehen.

aa) Schadensersatz und Ersatzherausgabe (§ 285)

61 Gem § 285 Abs 1 BGB hat der Gläubiger bei Fortfall der Leistungspflicht infolge eines Leistungshindernisses Anspruch auf Herausgabe eines Ersatzes, den der Schuldner erlangt hat. § 285 Abs 2 BGB eröffnet dem Gläubiger die Möglichkeit, die Ersatzherausgabe gem **§ 285 Abs 1 BGB** in der Weise neben dem Schadensersatzanspruch statt der Leistung nach § 283 BGB geltend zu machen, dass dieser sich um den Wert des Surrogats mindert (näher Staudinger/Caspers § 285 Rn 55 ff). Hat der Gläubiger an dem Ersatz oder Ersatzanspruch Interesse, ist dieses Vorgehen idR demjenigen nach § 326 Abs 3 BGB vorzuziehen (näher dazu Staudinger/Schwarze [2015] § 326 Rn D 1, D 3 ff). Eine Kombination von Schadensersatz und Ersatzherausgabe ist bei gegenseitigen Leistungspflichten allerdings nur bei einer Durchführung des Schadensausgleichs nach der Surrogations- bzw Austauschmethode statthaft (Huber II [1999] 671 ff). Übersteigt der Wert des Surrogats den Betrag des Schadensersatzes, kann der Gläubiger dennoch die Herausgabe verlangen, und zwar unmittelbar aus § 285 Abs 1 BGB; ein Schadensersatzanspruch besteht in diesem Fall nicht. Dem Schuldner ist ein Ausgleich in Höhe des übersteigenden Wertes zu gewähren.

bb) Aufwendungsersatz (§ 284)

Sind die Voraussetzungen für einen Anspruch auf Schadensersatz statt der Leistung gem §§ 280 Abs 1, Abs 3, 283 BGB gegeben, kann der Gläubiger gem § 284 BGB auch Ersatz seiner vergeblichen Aufwendungen verlangen, die er im Vertrauen auf den Erhalt der Leistung des Schuldners erbracht hat und billigerweise für erforderlich halten durfte. Der Aufwendungsersatz kann nur *anstelle* des Schadensersatzes statt der Leistung geltend gemacht werden, so dass der Gläubiger nicht etwa seine Aufwendungen nach § 284 BGB und zugleich den entgangenen Gewinn aus einem Folgegeschäft nach §§ 280 Abs 1, Abs 3, 283, 252 BGB liquidieren kann; s Erl zu § 284. 62

cc) Rücktritt und Kündigung

In den Fällen des Ausschlusses der Leistungspflicht gem § 275 Abs 1 bis Abs 3 BGB kann der Gläubiger gem § 326 Abs 5 BGB auch zurücktreten. Im Gegensatz zum Anspruch auf Schadensersatz ist das **Rücktrittsrecht** verschuldensunabhängig. Das Gesetz eröffnet dem Gläubiger **drei Wege**. Er kann *Schadensersatz statt der Leistung nach § 283 BGB* und *Rücktritt nach § 326 Abs 5 BGB* jeweils alleine wählen oder beides miteinander verbinden (§ 325 BGB, näher Erl dort). 63

Ebenso kann der Gläubiger bei Dauerschuldverhältnissen die Kündigung mit dem Anspruch aus § 283 BGB verbinden; § 314 Abs 4 BGB regelt allgemein, dass die **Kündigung aus wichtigem Grund** die Berechtigung, Schadensersatz zu verlangen, nicht ausschließt (vgl dazu § 281 Rn C 29). Dies kommt in Betracht, wenn die Leistung insgesamt unmöglich geworden ist (die vermietete Sache verbrennt). Ist nur ein Teil der Leistung unmöglich geworden (zB die Gebrauchsüberlassung für einen Teil der Mietzeit), hat der Gläubiger einen Schadensersatzanspruch aus § 283 BGB bezüglich dieses Teils (vgl zur unterlassenen Überlassung eines Dienstwagens durch den Arbeitgeber BAG 19. 5. 2010 – 5 AZR 253/09, NJW 2010, 2827, 2828). Bezüglich des durch die Beendigung des Dauerschuldverhältnisses entstehenden Schadens („Auflösungsschaden“) bestehen regelmäßig besondere Vorschriften, insbes §§ 490, 628, 723 BGB, § 89b HGB. Fehlt es an solchen Sondernormen, ist der durch vorzeitige Auflösung entstehende Schaden als Schadensersatz statt der Leistung nach §§ 280 Abs 1, Abs 3, 281 ff BGB zu ersetzen (näher § 280 Rn E 62 ff; BGHZ 51, 190, 192; 126, 96; BGH 15. 3. 2000 – XII ZR 81/97, NJW 2000, 2342; Huber II [1999] 446 ff). 64

2. Schadensersatz bei Teil-Leistungshindernis

Bei der „Teilunmöglichkeit“ (vgl Rn 35 ff) tritt der Ausschluss der Leistungspflicht gem § 275 Abs 1, Abs 3 BGB bei einer teilbaren Leistung (näher § 281 Rn B 160) nur für den Teil der Leistung ein, der nicht mehr erbracht werden kann (Rn 35). Entfällt die Leistungspflicht, entsteht gleichzeitig ipso iure ein Anspruch auf Schadensersatz statt der Leistung bzgl dieses Teils der Leistungspflicht gem § 283 S 1 BGB. Ob es dabei bleibt oder ob der Gläubiger darüber hinaus Schadensersatz statt der ganzen Leistung verlangen kann, hängt von weiteren Umständen ab. Es ist danach zu unterscheiden, ob der erbringbare Teil der Leistung bereits erbracht ist (folgend unter a) oder noch aussteht (folgend unter b). 65

a) Teilleistung erbracht

66 Hat der Schuldner den erbringbaren Teil der Leistung bereits vor Eintritt des Teil-Leistungshindernisses bezüglich des anderen Teils erbracht, gilt Folgendes:

aa) Kleiner Schadensersatz

67 Dem Gläubiger steht in jedem Fall der Schadensersatz bezüglich des nicht mehr erbringbaren Teils gem § 283 S 1 BGB zu **(„kleiner Schadensersatz")**, dh Schadensersatz *statt der Teilleistung* nach der *Differenzmethode* (vgl hierzu Rn 53). Im gegenseitigen Vertrag ist es dem Gläubiger – wie im Falle des vollständigen Ausschlusses der Leistungspflicht – gestattet, seine Gegenleistung teilweise zu erbringen und den kleinen Schadensersatz nach der *Surrogationsmethode* zu fordern (vgl hierzu Rn 54). Der kleine Schadensersatz kann ausnahmsweise wirtschaftlich zu einem ähnlichen Ergebnis führen wie der Schadensersatz statt der ganzen Leistung, wenn die erbrachte Teilleistung nahezu wertlos ist oder die der Schadensberechnung zugrunde liegende Ersatzbeschaffung für die Restleistung besonders aufwendig ist (vgl BGH 22. 5. 1990 – IX ZR 208/89, NJW 1990, 2549, 2550). In Anrechnung auf den Schadensersatzanspruch kann der Gläubiger ferner *Ersatzherausgabe* für den ausgebliebenen Teil der Leistung verlangen (§ 285 Abs 2 BGB).

bb) Großer Schadensersatz (§ 283 S 2)

68 Den „großen Schadensersatz", Schadensersatz *statt der ganzen Leistung,* kann der Gläubiger gem §§ 283 S 2, 281 Abs 1 S 2 BGB nur verlangen, wenn er an der Teilleistung **kein Interesse** hat (s dazu bereits § 281 Rn B 165 ff). Gemeint ist das *Interesse an dem bereits bewirkten Teil der Leistung,* an dem Austausch von Teilleistung und Teil-Gegenleistung (RG 15. 10. 1924 – V 711/23, BayZ 1925, 65; RG 22. 3. 1926 – V 343/25, WarnR 1926 Nr 114). Es ist grundsätzlich davon auszugehen, dass der Gläubiger ein Interesse an der Teilleistung hat (RGZ 73, 58, 61), so zB für die nicht nachholbare zeitweise Nichtleistung beim Dienstvertrag durch den Geschäftsführer einer GmbH im Hinblick auf den erbrachten Teil der Dienstleistung; dabei richtet sich der Mindestschaden nach dem marktüblichen Entgelt für derartige Dienste (vgl BGH 7. 12. 1987 – II ZR 296/87, NJW-RR 1988, 420, 421; zur Möglichkeit des Teilrücktritts in diesen Fällen vgl Staudinger/Schwarze [2015] § 326 Rn F 18 ff; § 323 Rn B 130 ff).

69 Der **Fortfall des Interesses** an der erbrachten Teilleistung muss *auf dem Teil-Ausschluss der Leistungspflicht beruhen* (BGH 7. 3. 1990 – VIII ZR 56/89, NJW 1990, 3011, 3013; BGH 5. 2. 1999 – V ZR 353/97, NJW 1999, 1702, 1703; St Lorenz NJW 2003, 3097, 3098; MünchKomm/Ernst § 323 Rn 207; BeckOGK/Looschelders [1. 3. 2019] § 323 Rn 279; diff Erman/Westermann § 323 Rn 26). Es genügt nicht, dass die mögliche Leistung aus anderen Gründen für den Gläubiger nicht interessant ist. Der Fortfall des Interesses ist insbes dann zu bejahen, wenn der Gläubiger mit der erbrachten Teilleistung den konkreten *Verwendungszweck im Wesentlichen nicht erreichen* kann (zB Teillieferung einer komplett bestellten Wohnungseinrichtung oder eines nicht zu Ende geführten Lexikons; s ferner § 281 Rn B 165). Das Interesse an der Teilleistung fehlt auch, wenn das *wirtschaftliche Interesse an der erbrachten Teilleistung entfällt,* zB wenn es für den Gläubiger, der die gesamte Leistung benötigt, günstiger wäre, insgesamt einen neuen Vertrag abzuschließen, als sich teilweise anderweit einzudecken (BGH 7. 3. 1990 – VIII ZR 56/89, NJW 1990, 3011, 3012 f [Computer]; BGH 22. 5. 1990 – IX ZR 208/89, NJW 1990, 2549, 2550 [Detektivbüro]), oder wenn der Gläubiger in Zeiten, in denen Waren gegen Geld auf dem Markt kaum zu haben sind, seine volle

Sachleistung gegen eine geminderte Sachleistung zuzüglich Schadensersatz austauschen müsste.

Kein Interesse an einer Teilleistung wird häufig bei **Verträgen mit mehreren Leistungen** bestehen, wenn es dem Gläubiger auf die Verbindung der verschiedenartigen Leistungen angekommen ist (zB Bewirtungsvertrag oder Buchung eines Hotelzimmers und eines Segellehrgangs in einem Vertrag; zurückhaltend BGH 7. 3. 1990 – VIII ZR 56/89, NJW 1990, 3011, 3013 für die vereinbarte Lieferung von Hardware und Standardsoftware einerseits sowie Spezialsoftware andererseits). Ähnliches kann bei **zusammengesetzten Verträgen** gelten (vgl hierzu § 281 Rn B 162). S im Übrigen die entsprechend geltenden Ausführungen zu § 281 Abs 2 S 1 BGB, § 281 Rn B 101 ff. 70

Bei einem echten **Sukzessivlieferungsvertrag** (§ 281 Rn B 176) ist die Einheit der einzelnen Leistungspflichten ohne Weiteres gegeben; hier wird der Gläubiger aber regelmäßig an der Einzelleistung Interesse haben (vgl § 281 Rn B 177 ff). Anders liegt es, wenn der Gläubiger seinen gesamten Bedarf nur sinnvoll bei einem Lieferanten decken kann, wie es zB bei dem Bezug eines Lexikons in Ergänzungslieferungen der Fall ist (vgl Hueck, Sukzessivlieferungsvertrag [1918] 42 ff; s im Übrigen Erl zu § 281 Abs 1 S 2, § 281 Rn B 165 ff). 71

Der Anspruch auf den möglichen Teil der Leistung geht erst mit der wirksamen Geltendmachung des Schadensersatzanspruchs unter; insoweit ist **§ 281 Abs 4 BGB entspr** anzuwenden, auch wenn auf diesen Absatz des § 281 BGB in § 283 S 2 BGB nicht verwiesen wird. 72

cc) Schadensberechnung

Für die Berechnung des Schadens und die Durchführung des Schadensausgleichs im Falle des Fortfalls des Interesses an der erbrachten Teilleistung gilt zunächst dasselbe wie bei dem vollständigen Leistungshindernis (Rn 51 ff). 73

Die erbrachte Teilleistung ist nach §§ 283 S 2, 281 Abs 5, 346 bis 348 BGB zurückzugewähren. Soweit die Rückgewähr nicht möglich ist, kann der anteilige Betrag der vom Gläubiger zu entrichtenden Gegenleistung nicht ohne Weiteres nach dem Umfang der möglichen Teilleistung bestimmt werden; entscheidend ist vielmehr ihr uU niedrigerer, eventuell gem § 287 ZPO zu schätzender Wert. Hat der Gläubiger aus einer zurückzuerstattenden Teilleistung zwischenzeitlich Vorteile gezogen, muss er sich diese anrechnen lassen, weil er ansonsten vermögensmäßig besser als bei einer Erfüllung des Vertrages stünde (vgl BGH 23. 1. 1996 – X ZR 105/93, NJW 1996, 1745, 1747). Das gilt auch für den Verbrauchsgüterkauf. § 475 Abs 3 BGB ist auf den Rückgewähranspruch gem § 439 Abs 5 BGB beschränkt, er ist für den Schadensausgleich auch nicht als Wertung heranzuziehen, da die Verbrauchsgüterkauf-Richtlinie die Haftung des Verkäufers nicht regelt und der Schutzzweck der Richtlinie eine unberechtigte Bereicherung des Käufers nicht deckt. 74

b) Teilleistung noch nicht erbracht

Hat der Gläubiger den erbringbaren Teil noch nicht angenommen, stehen ihm zwei Wege offen: Er kann es beim entstandenen Schadensersatz gem § 283 S 1 BGB bzgl des nicht erbringbaren Teils der Leistung belassen und den erbringbaren Teil der **Leistung annehmen** („kleiner Schadensersatz", s noch Rn 67). Nimmt der Gläubiger 75 die Teilleistung in Kenntnis des Umstandes entgegen, dass ein Teil der Leistung nicht mehr erbracht werden wird, wird ihm der Nachweis des Interessenfortfalls bzgl der angenommenen Teilleistung idR wegen Verzichts abgeschnitten sein.

76 Der Gläubiger kann stattdessen gem § 281 Abs 1 S 1, Abs 2 BGB **Schadensersatz** auch bzgl des erbringbaren Teils der Leistung verlangen; der Gläubiger ist nicht verpflichtet, eine Teilleistung anzunehmen, auch dann nicht, wenn sein Interesse an ihr fortbesteht (§ 281 Rn B 156; anders § 325 Abs 1 S 2 aF). Da der Schuldner die ganze Leistung nicht anbieten kann und eine Fristsetzung bzgl des ausbleibenden Teils sinnlos wäre (§ 281 Abs 2 BGB, s § 281 Rn B 119), kann sogleich Schadensersatz statt der Leistung gefordert werden (§ 281 Abs 4 BGB). Da der Gläubiger eine Teilleistung nicht anzunehmen braucht, steht ihm außerdem die Einrede des nichterfüllten Vertrages zu (s Erl zu § 320). Diese Grundsätze gelten auch, wenn der Gläubiger den erbringbaren Teil der Leistung unter dem Vorbehalt angenommen hat, dass die restliche Leistung noch erbracht werde oder wenn die Annahme der Teilleistung darauf beruht, dass der Gläubiger entgegen § 266 BGB ausnahmsweise zur Annahme verpflichtet war (näher § 281 Rn B 157).

77 Hat der Gläubiger nur einen **Teil** des noch erbringbaren Teils der Leistung erhalten, während sich der andere Teil noch beim Schuldner befindet, gilt bezüglich des erbrachten Teils §§ 283 S 2, 281 Abs 1 S 2 BGB (oben Rn 68 f). Für den noch erbringbaren Teil gilt das Vorstehende (Rn 75), dh der Gläubiger kann die Annahme der Teilleistung ohne Nachweis des Interessenfortfalls verweigern und Schadensersatz bzgl der nicht erbrachten Teile der Leistung fordern.

3. Schadensersatzanspruch bei nicht behebbarer Schlechtleistung

a) Systematische Einordnung

78 § 283 S 1 BGB unterfällt auch die nachträglich nicht behebbare Schlechtleistung, wie aus §§ 283 S 2, 281 Abs 1 S 3 BGB zu schließen ist. Das Gesetz fasst sie als **„qualitative Teilunmöglichkeit“** (qualitatives Teil-Leistungshindernis) auf, insoweit geht § 283 BGB dem Tatbestand des § 281 Abs 1 S 1, 2. Alt, Abs 2 BGB als speziellere Regelung vor. Erfasst werden die Fälle, in denen der Beseitigung eines Mangels ein nachträgliches Leistungshindernis iSv § 275 BGB entgegensteht; bei *anfänglicher* Unbehebbarkeit des Mangels gilt § 311a Abs 2 BGB (vgl § 311a Abs 2 S 3 BGB). Beruht die Unbehebbarkeit auf § 439 Abs 4 BGB bzw § 635 Abs 3 BGB, ist § 281 BGB einschlägig (s § 439 Abs 4 BGB bzw § 636 BGB). Das besondere Gewährleistungsrecht unterwirft zT abweichend von dieser Systematik auch den unbehebbaren Mangel den Regeln der Schlechtleistung bzw des Gewährleistungsrechts, so insbes § 536a BGB (vgl BGH 7. 12. 1984 – V ZR 189/83, NJW 1985, 1025; BGH 18. 6. 1997 – XII ZR 192/95, NJW 1997, 2813; C Ahrens ZGS 2003, 134 ff). Der Gläubiger kann bei Vorliegen der Voraussetzungen des § 283 S 1 BGB Schadensersatz statt der Leistung verlangen: den „kleinen“ Schadensersatz stets, den „großen“ nicht, wenn der Mangel nur „unerheblich“ (§ 281 Abs 1 S 3 BGB) ist. Die Erl zu § 281 Abs 1 S 3 BGB gelten entsprechend, wobei ein unbehebbarer Mangel nur in engen Grenzen als unerheblich angesehen werden kann (näher § 281 Rn C 25 ff). **Integritätsschäden** aus der unbehebbaren Schlechtleistung sind nicht gem § 283 BGB, sondern gem § 280 Abs 1 BGB zu ersetzen; die Ausführungen bei Rn 59 gelten entsprechend.

b) Rechte des Gläubigers bei nicht unerheblichem Mangel

79 Der Gläubiger kann bei Vorliegen eines unbehebbaren Mangels nach seiner Wahl Schadensersatz statt der ganzen Leistung **(großer Schadensersatz)** oder Schadensersatz nur bezüglich des mangelbedingten Minderwerts verlangen **(kleiner Schadensersatz)**. Zum Inhalt s näher § 281 Rn D 10 ff; wegen der Unbehebbarkeit des Mangels kommen die Mangelbeseitigungskosten als mögliche Schadensposition nicht in Betracht. Verlangt der Gläubiger Schadensersatz statt der ganzen Leistung, ist der Schuldner zur Rückforderung seiner erbrachten Teilleistungen nach §§ 346 bis 348 BGB berechtigt (vgl hierzu Rn 86 ff u § 281 Rn E 1 ff). Im Falle des unbehebbaren Mangels erlischt die Gegenleistungspflicht gem § 326 Abs 1 S 2 BGB nicht ipso iure; vielmehr kann der Gläubiger gem § 326 Abs 5 BGB iVm § 323 Abs 5 S 2 BGB ohne Fristsetzung vom Vertrag zurücktreten. Daneben kann der Gläubiger wahlweise nach Maßgabe des besonderen Gewährleistungsrechts ein Recht zur Minderung haben (vgl §§ 441, 638 BGB).

c) Rechte des Gläubigers bei unerheblichem Mangel

80 Im Falle der Unerheblichkeit eines unbehebbaren Mangels gem § 283 S 2, § 281 Abs 1 S 3 BGB kann der Gläubiger nur den kleinen Schadensersatz geltend machen. Zum Begriff der Unerheblichkeit s § 281 Rn C 25 ff; zur Frage der Befugnis zur Zurückweisung der Leistung bei unerheblichem Mangel § 281 Rn C 28. Der Gläubiger kann auch nicht zurücktreten (§ 323 Abs 5 S 2 BGB), hat aber uU nach Maßgabe des besonderen Gewährleistungsrechts ein Minderungsrecht (vgl § 441 Abs 1 S 2, § 638 Abs 1 S 2 BGB). Die Unerheblichkeit hat der Schuldner darzulegen und zu beweisen (s noch Rn 90).

4. Geltendmachung durch Dritte

81 Im Fall der **Abtretung** des Anspruchs auf die Leistung steht der Schadensersatzanspruch gem §§ 280 Abs 1, Abs 3, 283 BGB wegen eines nachträglichen Leistungshindernisses grundsätzlich dem Zessionar zu. Dieser hat bei gegenseitigen Leistungspflichten auch darüber zu entscheiden, ob der Schadensausgleich nach der Surrogationsmethode erfolgt, so dass der Zedent zu einer etwaigen Gegenleistung verpflichtet bleibt. Dasselbe gilt für die Alternative von großem und kleinen Schadensersatz bei „Teilunmöglichkeit“ bzw einer nicht unerheblichen Schlechtleistung. Der Zessionar entscheidet auch, ob der Schaden abstrakt oder konkret berechnet wird (näher dazu und zur Abweichung bei der Sicherungszession § 280 Rn E 141; dort auch zur Frage, ob sich der Schaden nach der potenziellen Schädigung des Zedenten oder nach der tatsächlichen des Zessionars bemisst). Die in *Leasingverträgen* übliche Abtretung der Gewährleistungs- und Schadensersatzansprüche des Leasinggebers gegen den Verkäufer an den Leasingnehmer erfasst auch die Rechte aus § 283 BGB für den Fall der nicht behebbaren Schlechtleistung (vgl zur Abtretungsproblematik bei Leasingverträgen MünchKomm/Ernst § 323 Rn 165 mwNw sowie Reinking ZGS 2002, 229 ff).

82 Beim **echten Vertrag zugunsten Dritter** ist der von den Vertragsparteien im Deckungsverhältnis gemeinsam bestimmte Leistungsempfänger allein berechtigt, den Schadensersatzanspruch statt der Leistung nach der Surrogationsmethode bzw einen etwaigen Anspruch auf Ersatzherausgabe (§ 285 BGB) durchzusetzen (Soergel/Hadding § 328 Rn 56; Dörner, Dynamische Relativität [1985] 305 ff; vgl auch BGHZ 93, 271, 277; MünchKomm/Gottwald § 335 Rn 10; **aA** Larenz I [1987] § 17 I b [223]; Gernhuber, Das

Schuldverhältnis [1989] § 20 IV 5 b [501]; RAAB [1999] 517 ff; differenzierend LANGE NJW 1965, 657, 663). Da sich der Schuldner selbst zur Leistung an einen Dritten verpflichtet hat, muss die Schadensberechnung auch nach Maßgabe der den Dritten treffenden Nachteile erfolgen (SOERGEL/HADDING § 328 Rn 46; DÖRNER, Dynamische Relativität [1985] 257, 307; insoweit ebenso RAAB [1999] 525 f).

5. Verjährung

83 Der Schadensersatzanspruch aus §§ 280 Abs 1, Abs 3, 283 BGB unterliegt der **Regelverjährung** der §§ 195, 199 BGB. Für ihn gilt nicht dieselbe Verjährung wie für den Anspruch, dessen Erfüllung nach § 275 BGB ausgeschlossen ist (MünchKomm/ERNST Rn 28; BeckOGK/RIEHM [1. 12. 2018] Rn 65). Der **Anspruch entsteht** iS des § 199 Abs 1 Nr 1 BGB mit dem Eintritt des Leistungshindernisses. Im Fall des § 275 Abs 2 oder Abs 3 BGB hängt der Beginn der Verjährung davon ab, ob man der Erhebung der Einrede Rückwirkung auf den Zeitpunkt ihrer Entstehung beilegt oder nicht (s Rn 56). Wenn man diese Rückwirkung bejaht, ist zu beachten, dass der Gläubiger in diesen Fällen die gem § 199 Abs 1 Nr 2 BGB erforderliche Kenntnis erst durch Erhebung der Einrede seitens des Schuldners erhält, so dass die Verjährung idR erst mit Erhebung der Einrede beginnt. Für den Fall, dass ein Verkäufer oder Werkunternehmer von der Verpflichtung zur sachmangelfreien Lieferung frei geworden ist, gelten die §§ 438 bzw 634a BGB (s § 280 Rn G 12 f).

84 Die Höchstfrist der Verjährung bestimmt sich regelmäßig nach § 199 Abs 3 BGB. Werden durch die Nichterfüllung der Leistungspflicht Leben, Körper, Gesundheit oder Freiheit des Gläubigers verletzt, ist bezüglich des Schadensersatzes aus § 280 Abs 1 BGB die Vorschrift des § 199 Abs 2 BGB anwendbar (s § 280 Rn G 9).

6. Abdingbarkeit

85 Bei der Abbedingung der Haftung gem §§ 280 Abs 1, Abs 3, 283 BGB durch AGB sind die §§ 305 ff BGB zu beachten (s § 280 Rn H 2 ff). § 309 BGB enthält keine dem § 11 Nr 8 Buchst b AGBG entsprechende Vorschrift, wonach die Schadensersatzhaftung bei Unmöglichkeit und Verzug nicht ausgeschlossen werden konnte. Jedoch sollen die von der Rspr vorgenommenen Wertungen weiterhin Geltung beanspruchen (ARTZ JuS 2002, 528, 531). Die Haftung für Vorsatz oder grobe Fahrlässigkcit kann durch AGB gegenüber Verbrauchern nicht ausgeschlossen werden (§ 309 Nr 7 Buchst b BGB). Die Haftung für Schäden an Leib, Leben und Körper kann auch für Fahrlässigkeit nicht ausgeschlossen werden. Sie kann für § 283 BGB praktisch erheblich werden vor allem in den Fällen, in denen die Leistung im Schutz dieser Rechtsgüter besteht (Rn 59). Diese Einschränkungen sind über **§ 307 BGB** auch gegenüber Unternehmern/Kaufleuten beachtlich. Eine gem § 309 Nr 7 Buchst b BGB zulässige Haftungsbeschränkung zu Gunsten des AGB-Verwenders ist gem § 307 Abs 2 Nr 2 BGB unwirksam, wenn darin eine Einschränkung für die Durchführung wesentlicher Rechte oder Pflichten („Kardinalpflichten“) zu sehen ist und dadurch der Vertragszweck gefährdet wird. Mit dieser Vorgabe unvereinbar sind Klauseln, die vertragstypische, vorhersehbare Risiken von der Haftung ausschließen (vgl BGH 27. 9. 2000 – VIII ZR 155/99, NJW 2001, 292, 302; BGH 14. 11. 2000 – X ZR 211/98, NJW-RR 2001, 342, 343; STAUDINGER/COESTER [2013] § 307 Rn 438 ff mwNw).

Für den **Verbrauchsgüterkauf** (§ 474 BGB) sind zusätzliche Einschränkungen der Abdingbarkeit zu beachten (§ 475 BGB). Kauft ein Verbraucher von einem Unternehmer eine bewegliche Sache, darf von den in § 476 BGB genannten Vorschriften vor Mitteilung des Mangels nicht zum Nachteil des Verbrauchers abgewichen werden. Hiervon profitiert gem § 478 Abs 2 S 1 BGB auch der Verkäufer gegenüber seinem Lieferanten, weil anderenfalls der Rückgriff auf den letztverantwortlichen Lieferanten ausgehebelt werden könnte. Dieses Abweichungsverbot gilt aber nach § 476 Abs 3 BGB nicht für einen Ausschluss oder die Beschränkung von Schadensersatzansprüchen. Eine entsprechende Regelung enthält § 478 Abs 2 S 2 BGB bzgl des Rückgriffs des Unternehmers gegenüber dem Lieferanten (näher dazu Matthes NJW 2002, 2505, 2510). **86**

IV. Rückforderung des vom Schuldner Geleisteten

Der Schuldner kann das bereits Geleistete nach den §§ 346 bis 348 BGB zurückfordern, wenn der Gläubiger *Schadensersatz statt der ganzen Leistung* verlangt. Bei § 283 BGB ist eine derartige Konstellation nur im Falle der Teilunmöglichkeit oder bei einer nicht behebbaren Schlechtleistung denkbar. Nur in diesen beiden Fällen hat der Schuldner schon etwas geleistet, was er gem **§ 283 S 2, § 281 Abs 5 BGB** zurückfordern kann. **87**

Voraussetzung hierfür ist, dass der Gläubiger wirksam Schadensersatz statt der ganzen Leistung bzw Aufwendungsersatz gem § 284 BGB verlangt hat (oben Rn 72). Eine Rücktrittserklärung des Schuldners ist nach hier vertretener Auffassung (§ 281 Rn D 21) nicht erforderlich, da das Schadensersatzverlangen auch den Gegenleistungsanspruch entfallen lässt. Für den Rückforderungsanspruch des Schuldners gelten über § 281 Abs 5 BGB die für die Rückgewähr, die Herausgabe und den Schadensersatz beim Rücktritt geltenden Regeln (dazu Staudinger/Schwarze [2015] § 323 Rn D 21 ff; Staudinger/Kaiser [2012] §§ 346 ff). **88**

Tritt im gegenseitigen Vertrag der Gläubiger zusätzlich zurück (§ 326 Abs 5 BGB), ergibt sich aus §§ 346 bis 348 BGB eine weitere Anspruchsgrundlage für die Rückabwicklung der Leistungen. **89**

V. Beweislast

Nach der Grundregel des § 280 Abs 1 BGB, auf die § 283 S 1 BGB verweist, muss der **Gläubiger** die Pflichtverletzung beweisen (s § 280 Rn F 1 ff, 9 ff). Er muss darlegen und beweisen, dass die Leistung infolge eines Leistungshindernisses gem § 275 BGB nicht erbracht werden kann, wozu er das Leistungshindernis auch bezeichnen muss. Hat der Schuldner den Leistungsgegenstand an einen Dritten veräußert, wird sein Unvermögen (§ 275 Abs 1, 1. Alt BGB) durch die vom Gläubiger zu beweisende Weiterveräußerung indiziert; es ist dann Sache des Schuldners darzulegen und zu beweisen, dass er trotzdem zur Leistung willens und in der Lage ist (BGH 21. 1. 2015 – VIII ZR 51/14 Rn 25, NJW 2015, 1516). Relativ unproblematisch sind idR die Fälle des Ausschlusses durch Einrede gem § 275 Abs 2, Abs 3 BGB, da der Schuldner die Einrede erhoben haben muss (vgl Rn 23 u 27 ff). Bestreitet der Schuldner die Erhebung, muss der Gläubiger sie beweisen, wenn die Erhebung der Einrede außerhalb des Prozesses erfolgt ist. Die Nachträglichkeit des Eintritts des Leistungshindernisses **90** muss grundsätzlich der Gläubiger darlegen und beweisen. Doch ist dies idR entbehrlich, weil der Anspruch im Falle der Anfänglichkeit gem § 311a Abs 2 BGB besteht, der Gläubiger ihn also wahlweise auf beide Anspruchsgrundlagen stützen kann (vWilmowsky Beil zu JuS Heft 1/2002, 13 f; Baumgärtel/Laumen/Prütting/Repgen, Handbuch der Beweislast [2019] Rn 3). Exkulpiert sich der Schuldner aber bzgl des § 311a Abs 2 BGB, indem er beweist, dass er das Leistungshindernis, sollte dieses bei Vertragsschluss vorgelegen haben, nicht hätte erkennen können, muss der Gläubiger die Nachträglichkeit des Leistungshindernisses beweisen, bevor der Schuldner sich gem § 280 Abs 1 S 2 BGB exkulpieren muss (aA Ehmann/Sutschet JZ 2004, 62, 72; MünchKomm/Ernst § 311a Rn 107: Schuldner muss sich hinsichtlich beider Anspruchsgrundlagen exkulpieren). Im Fall der quantitativen Teilunmöglichkeit hat der Gläubiger ferner den Fortfall seines Interesses zu beweisen.

91 Der **Schuldner** hat sich bezüglich der Pflichtverletzung zu entlasten (§ 280 Abs 1 S 2 BGB; s Rn 45 und § 280 Rn F 2, F 9 ff). Der Schuldner kann sich einmal hinsichtlich des äußeren Fehlverhaltens entlasten, indem er beweist, dass das Leistungshindernis auf Umstände zurückzuführen ist, die nicht von ihm zu vertreten sind. Der Schuldner kann sich zum anderen hinsichtlich des inneren Fehlverhaltens entlasten, indem er beweist, dass sein pflichtwidriges Verhalten nicht erkennbar oder dass ihm pflichtgemäßes Verhalten nicht möglich bzw zumutbar war. Im Falle einer vertraglichen Risikoübernahme muss der Schuldner beweisen, dass die das Leistungshindernis bedingenden Umstände außerhalb des vom Schuldner übernommenen Risikos liegen. Im Fall der unbehebbaren Schlechtleistung muss der Schuldner beweisen, dass der Mangel „unerheblich" ist (§ 281 Abs 1 S 3 BGB).

§ 284
Ersatz vergeblicher Aufwendungen

Anstelle des Schadensersatzes statt der Leistung kann der Gläubiger Ersatz der Aufwendungen verlangen, die er im Vertrauen auf den Erhalt der Leistung gemacht hat und billigerweise machen durfte, es sei denn, deren Zweck wäre auch ohne die Pflichtverletzung des Schuldners nicht erreicht worden.

Materialien: BGB-KE § 327 Abs 1 S 2 (abgedr in: Abschlussbericht 172); DE § 325 Abs 1 S 2*; KF § 284* (*abgedr in: Canaris, Schuldrechtsmodernisierung 2002 [2002] 12 iVm 215 f, 359 f); RegE § 284 BT-Drucks 14/6040, 7 iVm 142).

Schrifttum

1. Vor der Schuldrechtsreform

Flessner/Kadner, Neue Widersprüche zum Gebrauchsentgang – BGHZ 99, 182 und 101, 325, JuS 1989, 879

Leonhard, Der Ersatz des Vertrauensschadens im Rahmen der vertraglichen Haftung, AcP 199 (1999) 660

Messer/Schmitt, Zum Umfang der „Rentabilitätsvermutung" und zu vorvertraglichen und vordeliktischen Aufwendungen, in: FS Hagen (1999) 425

Georg Müller, Der Ersatz entwerteter Aufwendungen bei Vertragsstörungen (1991)
Müller-Laube, Vertragsaufwendungen und Schadensersatz wegen Nichterfüllung, JZ 1995, 538
Schackel, Der Anspruch auf Ersatz des negativen Interesses bei Nichterfüllung von Verträgen, ZEuP 2001, 248
Eike Schmidt, Die verpatzte Jubiläumsfeier, in: FS Gernhuber (1993) 423
Hans Stoll, Die bei Nichterfüllung nutzlosen Aufwendungen des Gläubigers als Maßstab der Interessenbewertung. Eine rechtsvergleichende Studie zum Vertragsrecht, in: FS Duden (1977) 641
vThur, Actio in rem verso (1895).

2. Zur und nach der Schuldrechtsreform

Altmeppen, Untaugliche Regeln zum Vertrauensschaden und Erfüllungsinteresse im Schuldrechtsmodernisierungsentwurf, Betrieb 2001, 1399
ders, Nochmals: Schadensersatz wegen Pflichtverletzung, anfängliche Unmöglichkeit und Aufwendungsersatz im Entwurf des Schuldrechtsmodernisierungsgesetzes, Betrieb 2001, 1821
Arnold/Dötsch, Ersatz von „Mangelfolgeaufwendungen", BB 2003, 2250
Bruch, Der Ersatz frustrierter Aufwendungen nach § 284 BGB (2004)
Bunzel, Der Ersatz vergeblicher Aufwendungen im modernisierten Schuldrecht (2007)
Canaris, Schadensersatz wegen Pflichtverletzung, anfängliche Unmöglichkeit und Aufwendungsersatz im Entwurf des Schuldrechtsmodernisierungsgesetzes, Betrieb 2001, 1815
ders, Äquivalenzvermutung und Äquivalenzwahrung im Leistungsstörungsrecht des BGB, in: FS Wiedemann (2002) 3
Dedek, Entwertung von Aufwendungen durch Schlechterfüllung im Kaufvertrag, ZGS 2005, 409
Ellers, Zu Voraussetzungen und Umfang des Aufwendungsersatzanspruchs gemäß § 284 BGB, Jura 2006, 201
Emmerich, Aufwendungsersatz und Rentabilitätsvermutung, in: FS Otte (2005) 101
Faust, Rückabwicklung eines Neuwagenkaufs unter Inzahlungnahme eines Gebrauchtwagens, NJW 2009, 3696
Fischinger/Wabnitz, Aufwendungsersatz nach § 284 BGB, ZGS 2007, 139
Fleck, Begriff und Funktion der Billigkeit bei § 284 BGB, JZ 2009, 1045
Grigoleit, Neuregelung des Ausgleichs „frustrierter" Aufwendungen (§ 284 BGB): Das ausgefallene Musical, ZGS 2002, 122
Gsell, Aufwendungsersatz nach § 284 BGB, in: Dauner-Lieb/Konzen/Schmidt, Das neue Schuldrecht in der Praxis (2003) 321
dies, Aufwendungsersatz nach § 284 BGB, NJW 2006, 125
dies, Schadensersatz und Aufwendungsersatz im Mietrecht, NZM 2010, 71
Harke, Positives als negatives Interesse: Beweiserleichterung beim Vertrauensschaden, JR 2003, 1
Höpfner, Vertrauensschaden und Erfüllungsinteresse, AcP 212 (2012) 853
Huber, Schadensersatz statt der Leistung, AcP 210 (2010) 319
Klinck, Der Anspruch des Käufers auf Ersatz mangelbedingt nutzloser Aufwendungen, Jura 2006, 481
Leineweber, Der Aufwendungsersatzanspruch gem § 284 BGB n. F. – die große Unbekannte im Bauvertragsrecht, in: FS Quack (2009) 329
St Lorenz, Schadensersatz statt der Leistung, Rentabilitätsvermutung und Aufwendungsersatz im Gewährleistungsrecht, NJW 2004, 26
Löwisch, Auswirkungen der Schuldrechtsreform auf das Recht des Arbeitsverhältnisses, in: FS Wiedemann (2002) 311
Preussner, Das Aufrechnungsverbot in Architektenverträgen, NZBau 2011, 599
Reim, Der Ersatz vergeblicher Aufwendungen nach § 284 BGB, NJW 2003, 3662
Schenk, Aufwendungsersatz nach § 284 BGB, ZGS 2008, 54
Schermaier, Schadensersatz wegen Pflichtverletzung, in: Historisch-kritischer Kommentar zum BGB, Bd II (2007) §§ 280–285 Rn 119 ff
B Schneider, § 284 BGB – zur Vorgeschichte und Auslegung einer neuen Norm (2007)
Stoppel, Der Ersatz frustrierter Aufwendungen nach § 284 BGB (2003)

ders, Der Ersatz frustrierter Aufwendungen nach § 284 BGB, AcP 204 (2004) 81
ders, Zum Verhältnis von § 284 BGB zu den Regelungen über die Rücktrittsfolgen, ZGS 2007, 254
Timme, Aufwendungen des Käufers und Rücktritt vom Kaufvertrag wegen Mangelhaftigkeit der Kaufsache, MDR 2005, 1329
Tröger, Der Individualität eine Bresche: Aufwendungsersatz nach § 284 BGB, ZIP 2005, 2238
ders, Investitionsschutz nach § 284 BGB, ZGS 2005, 462
Unholtz, Der Ersatz „frustrierter Aufwendungen" unter besonderer Berücksichtigung des § 284 BGB (2004)
Weitemeyer, Rentabilitätsvermutung und Ersatz frustrierter Aufwendungen unter der Geltung von § 284 BGB, AcP 205 (2005) 275.

Vgl ferner das Allgemeine Schrifttum sowie die Schrifttumshinweise zu Staudinger/Caspers Vorbem zu §§ 275–278 sowie zu Vorbem zu §§ 280–285 und § 280, außerdem §§ 281–283.

Systematische Übersicht

Alphabetische Übersicht

I. Normzweck und Entstehungsgeschichte

1. Regelungsproblem

1 § 284 BGB gewährt dem gem §§ 280 Abs 1, Abs 3, 281–283 BGB zum Schadensersatz berechtigten Gläubiger *„anstelle"* des Schadensersatzes den Ersatz solcher Aufwendungen, die der Gläubiger im Vertrauen auf den Erhalt der Leistung gemacht hat und die sich wegen der Störung der Leistung als vergeblich herausstellen. Die Bestimmung schließt eine Lücke im Schutz des Gläubigers vor störungsbedingten Vermögensnachteilen. Vom Schadensersatz statt der Leistung bzw Nichterfül-

lungsschaden werden vergebliche Aufwendungen nicht (ohne Weiteres) umfasst, weil sie auch bei ordnungsgemäßer Leistung getätigt worden wären, somit die Kausalität zwischen Verletzung der Leistungspflicht und dem eingetretenen Vermögensnachteil fehlt.

2. Ansätze für eine schadensersatzrechtliche Lösung unter Geltung des alten Rechts

In der bis zum 31. 12. 2001 geltenden Fassung des BGB war der Ersatz vergeblicher Aufwendungen **nicht allgemein geregelt**. Es gab lediglich Sonderregelungen über den Ersatz der *Vertragskosten* bei der Wandelung im Kauf- und Werkvertrag (§ 467 S 2 aF bzw § 634 Abs 4 aF). Abgesehen davon, dass die Reichweite dieses Anspruchs umstritten war (vgl BGHZ 87, 104, 107 f), lehnte die Rechtsprechung eine analoge Anwendung der Regelungen auf das allgemeine Leistungsstörungsrecht ab (BGH 21. 12. 1984 – V ZR 206/83, NJW 1985, 2697). Der Versuch, die Lücke im Schutz der Gläubigerinteressen unter Geltung des alten Rechts auf Grundlage des Schadensersatzrechts rechtsdogmatisch zu schließen, ist nur zum Teil gelungen. Die Regelung des § 284 BGB ist die gesetzgeberische Reaktion auf diesen Befund. Die Norm ist unverkennbar von den unter Geltung des alten Rechts entwickelten schadensersatzdogmatischen Begründungsansätzen beeinflusst, weshalb ein knapper Blick darauf für das Verständnis der Norm förderlich ist. Im Wesentlichen lassen sich drei Ansätze unterscheiden. 2

a) Rentable Aufwendungen als mutmaßlicher Mindestschaden (Rentabilitätsvermutung)

Die wohl überwiegend, insbes vom BGH vertretene Lösung besteht darin, dem Gläubiger die Aufwendungen zu ersetzen, wenn dieser eine „kommerzielle" Weiterverwendung der Leistung beabsichtigte. Dann könne vermutet werden, dass durch die Weiterverwendung ein Vorteil mindestens in Höhe der Aufwendungen erzielt worden wäre, diese also „rentabel" seien (Rentabilitätsvermutung) und daher ein Mindestschaden in deren Umfang – widerleglich – vermutet werden könne (BGHZ 123, 96, 99; BGH 24. 9. 1999 – V ZR 71/99, NJW 1999, 3625, 3626; BGHZ 143, 41, 48; näher § 280 Rn E 115 ff). Der Schaden besteht also nicht in dem durch die Aufwendungen selbst verursachten Vermögensnachteil, sondern im **Nichteintritt eines kompensierenden Vorteils** (BGH 15. 3. 2000 – XII ZR 81/97, NJW 2000, 2342, 2343). Diese Begründung hält sich durchaus im Rahmen der in §§ 249 ff BGB verankerten haftungsausfüllenden Kausalität. Sie führt andererseits zu markanten Einschränkungen der Ersatzfähigkeit der Aufwendungen, insbes zur Nichtersatzfähigkeit in den Fällen, in denen ein Gewinn von vornherein nicht zu erwarten ist (zu weiteren Einschränkungen s § 280 Rn E 117), praktisch also, wenn die Leistung verwendet wird für nicht auf Gewinn zielende („nichtkommerzielle") Zwecke, insbes konsumtive (zB Kosten der Anfahrt zu einer nicht stattfindenden Konzertveranstaltung, LG Lüneburg 11. 8. 2000 – 8 S 41/00, NJW 2002, 614 [Konzert]; s auch OLG Köln 16. 9. 1993 – 7 U 89/93, NJW-RR 1994, 687 [Filmpreisverleihung]), ideelle (Kosten der Werbung für politische Veranstaltung in einer Stadthalle, die vertragswidrig nicht zur Verfügung gestellt wird, BGHZ 99, 182, 195 ff; ähnlich BGH 18. 9. 1985 – VIII ZR 244/84, WM 1985, 1361, 1364 u BGH 18. 9. 1985 – VIII ZR 249/84, WM 1985, 1497, 1499; zust zu diesen Einschränkungen Huber II [1999] 275 f, 279 ff mwNw; s noch § 280 Rn E 115 ff) oder spekulative Zwecke. 3

b) Ersatz nicht rentabler Aufwendungen

4 Dass das Rentabilitätsargument die Ersatzfähigkeit der Aufwendungen an eine wirtschaftliche Verwendung der Leistung durch den Gläubiger bindet, führte zu weiter gehenden Lösungsansätzen.

aa) Zweckverfehlung als Vermögensschaden

5 Der *erste Ansatz* knüpft an den *Schadensbegriff* an und spricht der zweckgerechten Verwendung der Aufwendungen einen Vermögenswert zu („Kommerzialisierungsgedanke"), der in der Ermöglichung einer bestimmten, wenn auch „nichtkommerziellen" Verwendung der Leistung bestehen soll (zB ohne Anreise keine Möglichkeit eine Theateraufführung zu erleben). Dieser Wert gehe bei einer Störung der Leistung verloren und sei daher auszugleichen. Die „frustrierten" Aufwendungen seien wie ein Schaden zu ersetzen. Dem Risiko, dass der Schuldner Luxusaufwendungen ersetzen muss, sei mit Hilfe des vertraglichen Schutzbereichs, der Bestimmung des Parteiwillens und dem Kriterium der Angemessenheit zu begegnen (vgl E Schmidt, in: FS Gernhuber [1993] 427 ff; Flessner/Kadner JuS 1989, 879, 881 ff).

bb) Vergebliche Aufwendungen als Vertrauensschaden

6 Der *zweite Ansatz* modifiziert den *Anspruchsinhalt*. Danach soll ein Anspruch auf Ersatz des Vertrauensschadens auch bei dem eigentlich auf Ersatz des Nichterfüllungsschadens zielenden Anspruchs gem §§ 325, 326 aF bestehen (so zB Stoll JZ 1987, 517, 519; Georg Müller, Der Ersatz entwerteter Aufwendungen bei Vertragsstörungen [1991]; wohl auch Leonhard AcP 199 [1999] 660, 679 ff hinsichtlich voraussehbarer Aufwendungen bei nichtkommerziellen Verträgen; krit dazu Grunsky AcP 1992 [1992] 251 f). Dem liegt der Gedanke zugrunde, dass der Vertrag durch die Begründung des Leistungsanspruchs seine Qualität als Vertrauensgrundlage für den Gläubiger nicht verliert und die Vertrauenshaftung durch Erfüllungsanspruch und Haftung nicht beseitigt wird, sondern nur in einen latenten Status zurücktritt, der aber wieder aufleben kann (für freie Wahl des Gläubigers inbes Müller-Laube JZ 1995, 538, 541 ff).

3. Regelungsvorschläge des KE/DE

7 Der Regelungsvorschlag der Schuldrechtskommission (Vorbem B 3 zu §§ 280–285) stellte sich auf den Standpunkt der „vertrauensschadensrechtlichen Lösung": So gewährt **§ 327 Abs 1 S 2 BGB-KE** ausdrücklich statt des Anspruchs auf das positive Interesse einen Anspruch auf das negative Interesse *(Hervorhebung vom Verf):*

> (1) Nach dem Rücktritt kann der Gläubiger Ersatz des Schadens verlangen, der ihm durch die Nichtausführung des Vertrags entsteht. *Er kann statt dessen auch Ersatz des Schadens verlangen, der ihm daraus entsteht, daß er auf die Ausführung des Vertrags vertraut hat.*
>
> (2) Dies gilt nicht, wenn der Schuldner den Rücktrittsgrund nicht zu vertreten hat.

Der nicht durch das positive Interesse begrenzte Anspruch solle – so die Begründung – über den von der Rechtsprechung anerkannten Bereich der Rentabilitätsvermutung hinaus „von dem Teil getragen werden, der das Scheitern des Vertrages zu vertreten habe". Unsicherheiten und Zufälligkeiten in der Rentabilitätsberechnung und der Bewertung von Vorteilen seien auf diese Weise zu vermeiden (Abschlussbericht 173 f; dazu krit MESSER/SCHMITT, in: FS Hagen [1999] 425, 440 ff). Hinsichtlich der Vertragskosten sollte mit den speziellen §§ 439 Abs 3, 637 Abs 3 BGB-KE eine verschuldensunabhängige Ersatzpflicht entspr § 467 S 2 aF beibehalten werden. Der Vorschlag des § 327 BGB-KE wurde unverändert als **§ 325 DE** in den Diskussionsentwurf (Vorbem B 4 ff zu §§ 280–285) übernommen.

4. Der Regelungsvorschlag des § 284 KF

8 Dieser Vorschlag wurde von der „Kommission Leistungsstörungsrecht" (Vorbem B 10 zu §§ 280–285) zweifach geändert: § 284 KF begrenzt den Anspruch nicht mehr auf den gegenseitigen Vertrag. Ferner ist der Anspruch nicht mehr (wie noch in § 327 Abs 1 S 1 BGB-KE und § 325 Abs 1 S 1 DE vorgesehen) von einem Rücktritt des Gläubigers abhängig (zur Reform B SCHNEIDER [2007] 80 ff). Der Gläubiger *kann* beide Rechte kumulativ geltend machen (BGHZ 163, 381, 385; näher Rn 20 u 55). Dies entspricht dem Verhältnis von Rücktritt und Schadensersatz statt der Leistung. Weitere Diskussionen gab es im Rahmen der Gesetzesberatungen nicht. Die jetzige Regelung des § 284 BGB entspricht § 284 KF.

II. Rechtscharakter des § 284

1. Eigenständige Anspruchsgrundlage

9 Der Aufwendungsersatz gem § 284 BGB ist nach hier vertretener Ansicht nicht Teil des Schadensersatzes statt der Leistung und § 284 BGB daher nicht eine den Anspruch auf *Schadensersatz ausfüllende Norm* (**aA** UNHOLTZ [2004] 178; jedenfalls bei Aufwendungen zur Gewinnerzielung MünchKomm/ERNST Rn 8; BeckOK-BGB/LORENZ [1. 2. 2019] Rn 9: „Anspruchsinhalt"; missverständlich CANARIS JZ 2001, 499, 517). Der Wortlaut, der den Aufwendungsersatz dem Schadensersatz statt der Leistung gegenüber stellt („anstelle") steht einer solchen Deutung ebenso entgegen wie die darin bestimmte sachliche Alternativität von Schadensersatz und Aufwendungsersatz (Rn 13 ff). Vielmehr ist **§ 284 BGB (iVm §§ 280 Abs 1, Abs 3, 281–283 BGB)** eine eigene Anspruchsgrundlage (ebenso BRUCH [2004] 19 ff, 27 f), deren Verbindung zum Schadensersatz statt der Leistung sich darin erschöpft, dass ein Teil der tatbestandlichen Voraussetzungen des Aufwendungsersatzes durch konkludente *Verweisung* („anstelle") auf die den Schadensersatz statt der Leistung begründenden Haftungstatbestände der §§ 280 Abs 1, Abs 3, 281–283 BGB geregelt ist. Die **praktische Bedeutung** dieser Frage liegt vor allem darin, ob die der Aufwendungsersatzklage des Gläubigers zugrunde zu legende Anspruchsgrundlage (Schadensersatz statt der Leistung mit Rentabilitätsvermutung oder § 284 BGB) auf einem gestaltenden Akt des Gläubigers beruht und damit von dessen Willen abhängt oder ob dies eine Frage der Rechtserkenntnis ist und daher in der Entscheidung des Richters liegt (Rn 52 ff). Keine entscheidende Bedeutung kommt ihr dagegen zu für die Verjährung (Rn 66) und für den Wechsel vom Aufwendungsersatz zum Schadensersatz statt der Leistung und umgekehrt (Rn 56 f).

2. Dogmatische Einordnung

10 Die Einordnung des Aufwendungsersatzanspruchs in die schadensersatzrechtliche Dogmatik des BGB bereitet Schwierigkeiten. Nicht zu folgen ist der Ansicht, § 284

BGB ziele auf die **gesamtwirtschaftliche Vermeidung** „nutzlosen Ressourceneinsatzes" und den Ersatz „schutzwürdigen Nutzengewinns" (ERMAN/WESTERMANN Rn 1; TRÖGER ZIP 2005, 2238 ff). Das BGB strukturiert die Selbstbestimmung des Einzelnen und hat deren Verwirklichung zum Ziel. Ordnungsrechtliche Ziele oder Werte – wie zB Effizienz – sind nur ausnahmsweise primärer Regelungszweck. In § 284 BGB ist dies ausweislich der Entstehungsgeschichte (Rn 2 ff) nicht der Fall. Das schließt nicht aus, evidente Effizienzerwägungen als Argument in die Rechtsanwendung einfließen zu lassen (näher SCHWARZE, Leistungsstörungen [2017] § 1 Rn 9).

11 Für eine Deutung als partiellen **Ersatz eines Vertrauensschadens** (Rn 6; KG Berlin 26. 9. 2017 – 21 U 73/17 Rn 6, juris) spricht die Alternativität zum Schadensersatz statt der Leistung und die Orientierung der Differenzbetrachtung am status quo ante. Kaum zu erklären ist aber die Begrenzung des Ersatzes auf einen kleinen Ausschnitt des Vertrauensschadens. Sie ist weder mit dem Grund der Vertrauenshaftung (Vertrauen auf den Bestand der Leistungszusage) vereinbar noch mit der positiv-gesetzlichen Ausgestaltung der Vertrauenshaftung in anderen Tatbeständen (zB §§ 122, 179, §§ 280, 311 Abs 2 BGB), die derartige Begrenzungen nicht kennt.

12 Mit dem fragmentarischen Charakter des § 284 BGB besser zu vereinbaren ist seine Deutung als **Anerkennung eines Frustrationsschadens**: Die Nutzbarkeit der Aufwendung wird durch § 284 als schutzwürdiger Vermögenswert, ihre Entwertung als schadensersatzfähig anerkannt (vgl Begr BT-Drucks 14/6040, 143: „frustrierte[n] Aufwendungen als Schaden"). § 284 BGB erweist sich so als eine von mehreren Ausnahmen zum schadensersatzrechtlichen Grundsatz der Nichtersetzbarkeit solcher Frustrationsschäden. Damit bleibt der Anspruch aus § 284 BGB in der Nähe des Schadensersatzes statt der Leistung (vgl CANARIS, in: FS Wiedemann [2002] 28; GSELL, in: DAUNER-LIEB, Praxis [2003] 336 f), was seinen tatbestandlichen Voraussetzungen entspricht. Außerdem wird die Verbindung zum Aufwendungsersatz qua Rentabilitätsvermutung im Rahmen des Schadensersatzes statt der Leistung gewahrt, als deren Fortschreibung § 284 BGB letztlich angelegt ist.

III. Verhältnis zu anderen Rechten des Gläubigers

1. zum Schadensersatz statt der Leistung

a) Alternativität

13 Könnte der Gläubiger seine Aufwendungen ersetzt verlangen und zudem Schadensersatz statt der Leistung beanspruchen, würde er besser stehen als er bei ordnungsgemäßer Erbringung der Leistung stünde; die Aufwendungen hätte er auch bei ordnungsgemäßer Leistung gemacht. Aus diesem Grund kann der Gläubiger seine Aufwendungen nur anstelle des Schadensersatzes statt der Leistung verlangen. Die rechtliche **Bedeutung** dieser Alternativität hängt ab von der dogmatischen Einordnung des § 284 BGB: Nach der hier vertretenen Auffassung begründet § 284 BGB einen vom Schadensersatz statt der Leistung unabhängigen Anspruch (Rn 9). Folglich entscheidet der Gläubiger durch sein Verlangen über die maßgebliche Anspruchsgrundlage (§§ 280, 281–283 oder §§ 280 Abs 1, Abs 3, 281–283 iVm § 284 BGB), nach der im Prozess allein das Gericht das Klagebegehren des Gläubigers zu beurteilen hat. Folgt man der *Gegenauffassung,* die § 284 BGB als den Schadensersatzanspruch ausfüllende Norm betrachtet (Rn 9), wäre das Gericht nicht gehin-

dert, die dem Gläubiger günstigere Anspruchsgrundlage heranzuziehen, soweit das sonstige Begehren des Gläubigers dem nicht entgegensteht (MünchKomm/Ernst Rn 35).

In der **Literatur** wird die Alternativität nicht auf den Anspruch bzw Anspruchsinhalt bezogen, sondern auf den Vermögensnachteil (Interesse), dessen Ersatz der Gläubiger begehrt. Aufwendungsersatz und Schadensersatz statt der Leistung sollen nebeneinander zur Anwendung kommen, da und soweit eine Überkompensation des Gläubigers ausgeschlossen werden kann. So wird von einem Teil der Literatur der Aufwendungsersatz gem *§ 284 BGB bei Aufwendungen für „nichtkommerzielle" (insbes ideelle oder konsumtive) Leistungszwecke neben dem Schadensersatz statt der Leistung* für zulässig erachtet, da es bezüglich der Aufwendungen einen Schadensersatz nicht geben kann. Dabei soll der Schuldner die Beweislast für die Nichtidentität der Interessen tragen (so Gsell, in: Dauner-Lieb, Praxis [2003] 339 f). Noch weiter geht eine **Ansicht**, die beide Ansprüche/Anspruchsinhalte nebeneinander zulässt, *solange sich Schadens- und Aufwendungsersatz „auf verschiedene Teile des Interesses des Gläubigers am Erhalt der Leistung" beziehen* (Faust, in: Huber/Faust, Schuldrechtsmodernisierung [2002] Rn 4/50; ebenso Reim NJW 2003, 3662, 3667; Stoppel AcP 204 [2004] 81, 107 f; ähnlich Erman/Westermann Rn 3; Tröger ZIP 2005, 2238, 2242 ff; Weitemeyer AcP 205 [2005] 275, 286 ff; zurückhaltender Canaris [JZ 2001, 499, 517], der eine teleologische Reduktion hinsichtlich Alternativität der Ansprüche befürwortet, wenn die kumulative Anwendung beider Ansprüche/Anspruchsinhalte schadensersatzrechtlich korrekt sei). Beide Ansätze sind mit dem Wortlaut des § 284 BGB und der ihm zugrunde liegenden Konstruktion (eigener Anspruch) nicht vereinbar. Sie schaffen Abgrenzungsprobleme und belasten den Schuldner stärker als vom Gesetz mit dem fragmentarischen Schutz des § 284 BGB beabsichtigt. Die **Alternativität** erfasst also den ganzen **Anspruch bzw Anspruchsinhalt**. 14

Nicht im Widerspruch zur strengen Alternativität steht die parallele Anwendung beider Ersatznormen (Schadensersatz und Aufwendungsersatz gem § 284 BGB) auf unterschiedliche **Teile** einer gestörten teilbaren (Gesamt-)Leistung, soweit Aufwendungen einem abtrennbaren Teil zugeordnet werden können. Soweit sich in einem solchen Fall die Aufwendungen auf einen abgrenzbaren Teil beziehen, ist ein gespaltenes Vorgehen mit einem Anspruch auf Aufwendungsersatz neben einem solchen auf Schadensersatz statt der (Teil-)Leistung zulässig (vgl dazu auch § 281 Rn B 153 ff). 15

b) Aufwendungen als Schadensersatz statt der Leistung

aa) Fortgeltung der Rentabilitätsvermutung

Nach überwiegender und richtiger Auffassung verhält sich § 284 BGB *indifferent* zur Erstattung von Aufwendungen auf die Leistung im Rahmen des Schadensersatzes statt der Leistung kraft der sog Rentabilitätsvermutung (§ 280 Rn E 115 ff). Das bedeutet, dass die **Rentabilitätsvermutung fortgilt** und durch § 284 BGB nicht verdrängt wird (OLG Karlsruhe 14. 9. 2004 – 8 U 97/04, NJW 2005, 989, 991; LG Bonn 30. 10. 2003 – 10 O 27/03, NJW 2004, 74, 75 f; Canaris JZ 2001, 499, 517; MünchKomm/Ernst Rn 39; Palandt/Grüneberg § 281 Rn 23; Emmerich, in: FS Otte [2005] 101, 108; Gsell NJW 2006, 125, 126; **abl** B Schneider [2007] 200 ff; Stoppel AcP 204 [2004] 81, 112 f; NK-BGB/Dauner-Lieb § 281 Rn 64; NK-BGB/Arnold Rn 10; Faust, in: Huber/Faust, Schuldrechtsmodernisierung [2002] Rn 4/7; Rolland, in: Haas/Medicus/Rolland/Schäfer/Wendtland, Das neue Schuldrecht [2002] 1. Kap Rn 30). 16

Gesetzliche Neuregelungen sollen im Zweifel nicht unmittelbar dogmatische Strukturen und daraus abgeleitete Aussagen der Rechtsprechung verändern. Der Hinweis in der Begr des RE, dass es auf die bisherige Rechtsprechung zur Rentabilitätsvermutung „künftig nicht mehr" ankommen solle (BT-Drucks 14/60/40, 144), ist in diesem Sinne nur als Beschreibung einer praktischen Auswirkung des § 284 BGB zu verstehen. Im Übrigen widerspräche die Verdrängung der Rentabilitätsvermutung der Tendenz des § 284 BGB, die Rechtsposition des Gläubigers zu verbessern (Begr BT-Drucks 14/60/40, 143). Die Rentabilitätsvermutung bewahrt dem Gläubiger auch unter Geltung des § 284 BGB das Recht, die Aufwendungen im Rahmen des Schadensersatzes statt der Leistung verlangen zu können und zwingt Gläubiger nicht wie § 284 BGB („anstelle") zur Entscheidung zwischen Aufwendungsersatz und Schadensersatz.

bb) Keine Beschränkung des § 284 auf „nichtkommerziellen" Leistungszweck

17 Der Tatbestand des § 284 BGB ist seinem Wortlaut nach nicht auf Aufwendungen zur Verwirklichung „nichtkommerzieller" (insbes konsumtiver oder ideeller) Zwecke beschränkt (BGHZ 163, 381, 386). Für eine entsprechende teleologische Reduktion gibt es keinen Grund. Nach der Intention des Gesetzgebers soll § 284 BGB Unsicherheiten und Zufälligkeiten in der Bewertung von Vorteilen als materiell oder immateriell obsolet machen (BT-Drucks 14/6040, 143). Mit der Ausgrenzung „kommerzieller" Aufwendungen bzw solcher, die der Gewinnerzielung dienen, würde diese Unterscheidung zu einem prägenden Merkmal des § 284 BGB. Zudem nähme man dem „kommerziell" agierenden Gläubiger den praktischen Vorteil, die Aufwendungen nach den im Vergleich zur Rentabilitätsvermutung leichter darzulegenden Voraussetzungen des § 284 BGB ersetzt zu erhalten, wenn ihm am Schadensersatz nichts liegt. Eine solche beweisrechtliche Schlechterstellung „kommerzieller" Vertragszwecke gegenüber „nichtkommerziellen" ist mit dem Ausnahmecharakter schadensersatzrechtlichen Schutzes immaterieller Interessen schwerlich zu vereinbaren (vgl Gsell, in: Dauner-Lieb, Praxis [2003] 324; relativierend allerdings 326 f mit Fn 21). Ein unbilliges „Ausweichen" des Gläubigers auf § 284 BGB nach Widerlegung der Rentabilitätsvermutung ist nicht zu befürchten. In diesem Fall wird regelmäßig auch der Anspruch gem § 284 BGB wegen fehlender Kausalität zwischen Pflichtverletzung und Vergeblichkeit der Aufwendung (§ 284 BGB aE) ausgeschlossen sein (Palandt/Grüneberg Rn 7; Gsell, in: Dauner-Lieb, Praxis [2003] 322; Grigoleit ZGS 2002, 122, 123; s ferner Rn 43 f).

cc) Keine kumulative Anwendung

18 Eine kumulative Anwendung von § 284 BGB und Rentabilitätsvermutung ist nicht möglich (so aber Gsell NJW 2006, 125, 126 unter der Voraussetzung, dass eine doppelte Kompensation ausgeschlossen ist). Die Rentabilitätsvermutung kommt bei der Ausfüllung des Anspruchs auf Schadensersatz statt der Leistung zur Anwendung, der dem Wortlaut des § 284 BGB gemäß und seinem Telos nach im Ausschließlichkeitsverhältnis zum Aufwendungsersatz steht.

2. zu anderen Schadensersatzansprüchen

19 Schadensersatzansprüche, die nicht Schadensersatz statt der Leistung gewähren, können **neben** dem Aufwendungsersatz gem § 284 BGB geltend gemacht werden, namentlich der Anspruch gem §§ 280 Abs 1, Abs 2, 286 BGB und alle Ansprüche aus § 280 Abs 1 BGB (§ 280 Rn C 23 ff, C 37 ff; Emmerich, in: FS Otte [2005] 107). Macht der

Gläubiger im Rahmen des Verzögerungsschadens einen entgangenen Gewinn geltend, der nur mit den Aufwendungen hätte erzielt werden können, kann er die Aufwendungen nicht zusätzlich zum Gewinn verlangen (Gsell NJW 2006, 125, 126). Da die Ansprüche aus §§ 280 Abs 1, Abs 2, 286 BGB und § 280 Abs 1 BGB neben dem Schadensersatz statt der Leistung verlangt werden können, ist die Zuordnung eines Vermögensnachteils zu § 284 BGB oder zu §§ 280, 286 BGB von erheblicher Bedeutung. Will der Gläubiger den betreffenden Vermögensnachteil neben dem Schadensersatz statt der Leistung ersetzt haben, muss er ihn als Schaden gem § 280 Abs 1 BGB bzw §§ 280 Abs 1, Abs 2, 286 BGB ausweisen können. Wenn eine Aufwendung auch bei ordnungsgemäßer Leistung gemacht worden wäre, ist sie als Schaden grundsätzlich nicht ersatzfähig bzw nur unter den Voraussetzungen der Rentabilitätsvermutung (§ 280 Rn E 115 ff). Veranschaulicht am Beispiel der **Kosten für Ein- und Ausbau** einer mangelhaften Kaufsache, dabei vorausgesetzt, dass Ein- oder Ausbau nicht zur Leistungspflicht des Verkäufers gehören, was jedenfalls dann unzweifelhaft ist, wenn der Anspruch aus § 439 Abs 3 BGB wirksam abbedungen ist (s noch § 280 Rn E 15 ff): Die Kosten für den *Ersteinbau* wären „so oder so" angefallen, sie sind daher als Schadensersatz statt der Leistung nur unter den Voraussetzungen der Rentabilitätsvermutung erstattungsfähig. Liegen diese nicht vor, kommt nur eine Erstattung gem § 284 BGB in Betracht (näher Rn 35). Die Kosten für den *Ausbau der mangelhaften Sache* und den *Einbau der reparierten oder neu gelieferten Sache* wären dagegen ohne den Mangel nicht angefallen, sie sind grundsätzlich als Integritätsschaden gem § 280 Abs 1 BGB ersatzfähig (zu Unrecht dem Schadensersatz statt der Leistung zugeordnet von BGH 15. 7. 2008 – VIII ZR 211/07 Rn 32, NJW 2008, 2837, 2840 m krit Anm Faust JuS 2008, 933, 935; ferner Arnold/Dötsch BB 2003, 2250, 2251 f; Schenk ZGS 2008, 54, 56, jeweils zur Rechtslage vor Einführung des § 439 Abs 3 BGB, aber auf die hier besprochene Konstellation übertragbar; s noch § 280 Rn E 15 ff).

3. zu anderen Rechten

20 Zum Anspruch auf **Nachleistung** steht § 284 BGB im Verhältnis der Ausschließlichkeit; denn mit dem Verlangen des Aufwendungsersatzes entfällt der Leistungsanspruch (Rn 55). Der Gläubiger kann neben dem Aufwendungsersatz Herausgabe des Ersatzes gem § **285 BGB** verlangen (MünchKomm/Emmerich § 285 Rn 36; Faust, in: Huber/Faust, Schuldrechtsmodernisierung [2002] Rn 4/53; BeckOGK/Dornis [1. 3. 2019] Rn 149; zweifelnd NK-BGB/Arnold Rn 47). Die Minderungsregel des § 285 Abs 2 BGB gilt entsprechend. Der **Rücktritt** schließt den Aufwendungsersatzanspruch gem § 325 BGB nicht aus. Er hat auch keine Auswirkungen auf den Inhalt des Anspruchs, da der schadensersatzrechtliche Schutz dem Rücktrittsfolgenrecht gem §§ 346 ff BGB vorgeht (Rn 70 u Staudinger/Schwarze [2015] § 325 Rn 33 f). Vielmehr müssen umgekehrt die gem §§ 346 ff BGB mit dem Rücktritt eintretenden Ausgleichsansprüche ggf entfallen oder dem Aufwendungsersatz angepasst werden, um Wertungswidersprüche oder Doppelkompensationen zu vermeiden (s Staudinger/Schwarze [2015] § 325 Rn 35 ff). Die **Minderung** (insbes § 437 Nr 2, 2. Alt, § 634 Nr 3, 638 BGB) schließt den Aufwendungsersatz gem § 284 BGB nicht aus, der Gläubiger kann beide Rechte nebeneinander geltend machen. Mit der Minderung entscheidet sich der Gläubiger dafür, den mangelhaften Teil der Leistung „nicht zu erhalten". Das Verlangen, wegen dieses Mangel sinnlos gewordene Aufwendungen (Beispiel s Rn 44) ersetzt zu erhalten, steht dazu nicht in einem sachlichen Widerspruch. Allerdings ist nur der Teil der Aufwendungen zu ersetzen, der durch den betr Mangel frustriert worden ist (zB bei den

Kosten eines vom Gläubiger zur Finanzierung des Leistungserwerbs aufgenommenen Darlehens der Teil der Kosten, der auf den Minderungsbetrag entfällt, denn nur insoweit ist die Aufnahme des Darlehens sinnlos geworden, s Canaris, in: FS Wiedemann [2002] 30 f).

IV. Voraussetzungen

1. Schuldverhältnis mit Leistungspflicht

21 Die Anwendung des § 284 BGB setzt ein vertragliches oder gesetzliches Schuldverhältnis voraus, das eine Leistungspflicht zum Gegenstand hat; der Gläubiger kann Aufwendungsersatz nur „anstelle des Schadensersatzes statt der Leistung" verlangen. Eine Leistungspflicht fehlt bei **§ 15 Abs 1 AGG** hinsichtlich der Begründung des Beschäftigungsverhältnisses und hinsichtlich des beruflichen Aufstiegs (§ 15 Abs 6 AGG). Eine analoge Anwendung des § 284 BGB kommt nicht in Betracht (**aA** Deinert, in: Däubler/Bertzbach, AGG [4. Aufl 2018] § 15 Rn 25). Anders ist die Rechtslage im Zusammenhang mit § 21 Abs 2 S 1 AGG bei „allgemein zivilrechtlichen" Benachteiligungen zu beurteilen, die einen Leistungsanspruch – zB auf einen Vertragsschluss – vereiteln (insoweit zutreffend Deinert, in: Däubler/Bertzbach, AGG [4. Aufl 2018] § 21 Rn 36a). Anwendung findet § 284 BGB wegen solcher Aufwendungen, die im Vertrauen auf die Erfüllung eines Bereicherungsanspruchs gem **§§ 812 ff BGB** gemacht werden (Canaris, in: FS Wiedemann [2002] 26) sowie bei Nichterfüllung eines Schadensersatzanspruchs gem **§§ 823 ff BGB**. Ein durch eine unerlaubte Handlung vereitelter Aufwand (zB Schädiger hat Kfz des Geschädigten zerstört, gekauftes Zubehör wird dadurch nutzlos) ist demgegenüber Teil des gem §§ 249 ff BGB zu ersetzenden Schadens; insoweit besteht kein Bedürfnis für eine entsprechende Anwendung (krit Gsell, in: Dauner-Lieb, Praxis [2003] 327 f). Der erfolglos vindizierende (§ 985 BGB) Eigentümer kann ebenfalls keinen Aufwendungsersatz gem § 284 BGB verlangen (bejahend anscheinend Palandt/Grüneberg Rn 3; **aA** NK-BGB/Arnold Rn 12). Hier haben die **§§ 987 ff BGB** Vorrang (vgl Staudinger/Gursky [2012] § 985 Rn 7 ff).

22 Nicht erforderlich ist, dass die Leistungspflichten im **Synallagma** stehen (anders § 327 Abs 1 S 2 BGB-KE und § 325 Abs 1 S 2 DE, Rn 7). Das Interesse des Gläubigers an der Verwertbarkeit seiner Aufwendungen ist unabhängig davon schutzwürdig, ob der Gläubiger eine Gegenleistung zu erbringen hat. § 284 BGB unterscheidet sich darin von der Rentabilitätsvermutung, die nur für synallagmatische Leistungspflichten gilt (§ 280 Rn E 117; krit Stoll JZ 2001, 589, 596). Hat zB ein Vermächtnisnehmer einen Rahmen für ein ihm vermachtes Gemälde anfertigen lassen, so hat er, wenn der Erbe das Gemälde an einen Dritten übereignet, das gleiche Bedürfnis nach Ersatz seiner Aufwendungen wie derjenige, der das Gemälde gekauft hatte (Begr BT-Drucks 14/6040, 143). Ersatzpflichtig kann ferner werden, wer aus einem Schenkungsversprechen zu einer Leistung verpflichtet ist. Doch erscheint es angemessen, die beim Schadensersatz auf § 521 BGB zurückzuführende Haftungserleichterung im Rahmen des § 284 BGB ergänzend bei der Prüfung der Billigkeit (Rn 42) zu berücksichtigen (MünchKomm/Ernst Rn 11 u 24). Ebenso kann der Verleiher eines Pferdes, das der Entleiher durch einen fahrlässig beim Rücktransport verursachten Unfall zu Tode kommen lässt, Ersatz der Kosten für die neu gefertigten, jetzt nicht mehr zu verwendenden Hufeisen verlangen.

2. Voraussetzungen des „Schadensersatzes statt der Leistung"

a) In Bezug genommene Haftungstatbestände

23 Ersatz vergeblicher Aufwendungen kann der Gläubiger „anstelle" des Schadensersatzes statt der Leistung verlangen. Es müssen also alle Voraussetzungen eines Tatbestandes erfüllt sein, der als Rechtsfolge einen Anspruch auf Schadensersatz statt der Leistung vorsieht, also die Voraussetzungen gem § 280 Abs 1, Abs 3, §§ 281, 282 oder 283 sowie § 311a Abs 2 BGB. Ferner nehmen § 437 Nr 3 und § 634 Nr 3 BGB ausdrücklich § 284 BGB in Bezug. Überdies ist in allen speziellen Regelungen, die einen Anspruch auf Schadensersatz statt der Leistung oder – dem sachlich gleichstehend (§ 280 Rn E 8) – einen Anspruch auf „Ersatz des Nichterfüllungsschadens" gewähren, die (analoge) Anwendung in Betracht zu ziehen, da das Problem vergeblicher Aufwendungen hier ebenso besteht. Dies gilt insbesondere für § 536a Abs 1 BGB bzw § 536a Abs 1, § 581 Abs 2 BGB (Staudinger/Emmerich [2018] § 536a Rn 24; NK-BGB/Arnold Rn 13; BeckOGK/Dornis [1. 3. 2019] Rn 43; Bruch [2004] 35 ff; Gsell NZM 2010, 71, 77), ebenso für §§ 523 Abs 2 S 1, 524 Abs 2 S 2 BGB und § 651n iVm § 651 i Abs 3 Nr 7 BGB oder § 376 HGB.

24 Wegen der (konkludenten) Verweisung des § 284 BGB auf die Schadensersatznormen ist als **Anspruchsgrundlage** für den Aufwendungsersatz *§ 284 BGB iVm einem der Schadensersatztatbestände (§ 280 Abs 1, Abs 3, §§ 281, 282 oder 283 sowie § 311a Abs 2 BGB)* auch dann zu nennen, wenn man der hier vertretenen Auffassung folgt, § 284 BGB normiere einen eigenen Anspruch und gestalte nicht lediglich die Haftung auf Schadensersatz aus (Rn 9). Die Voraussetzungen unterscheiden sich nach Art der Pflichtverletzung; s Erl zu § 281, § 282 u § 283 sowie § 311a Abs 2. Nicht erforderlich ist der Eintritt eines Schadens, da der Aufwendungsersatz „anstelle" des Schadensersatzes verlangt werden kann (NK-BGB/Arnold Rn 11; MünchKomm/Ernst Rn 14 mwNw).

b) In Bezug genommene Pflichtverletzungen

25 Innerhalb der Pflichtverletzungstatbestände, die die Rechtsfolge „Schadensersatz statt der Leistung" oder „Schadensersatz wegen Nichterfüllung" vorsehen, gibt es keine Beschränkung auf bestimmte Arten der Pflichtverletzung, vielmehr ist § 284 BGB auf **alle Arten von Pflichtverletzungen** anwendbar (krit Hans Stoll JZ 2001, 589, 596). Zwar scheint der Wortlaut des § 284 BGB für eine Begrenzung auf die Tatbestände der Nichtleistung (§ 281 Abs 1 S 1, 1. Alt, § 283 BGB) zu sprechen, da das „Vertrauen auf den *Erhalt* der Leistung" geschützt wird (NK-BGB/Arnold Rn 12; vgl auch Canaris, in: FS Wiedemann [2002] 29 mit Fn 89). Die Gesetzesbegründung, die vom Ersatz vergeblicher Aufwendungen für einen „nicht ausgeführten Vertrag" spricht (Begr BT-Drucks 14/6040, 142), scheint dies zu bestätigen. Indessen handelt es sich um die unverändert übernommene Begründung des DE (Rn 7), die den Rücktritt und damit bei jeder Pflichtverletzungsart den Nichterhalt der Leistung zur Voraussetzung des Schadensersatzes statt der Leistung bzw damit des Aufwendungsersatzes machte. Sie sagt also nichts über eine Begrenzung des § 284 BGB auf bestimmte Arten der Pflichtverletzung unter Geltung des § 325 BGB. Sachliche Gründe für eine Begrenzung auf die Tatbestände der Nichtleistung liegen nicht vor: Auch im Falle des § 282 BGB tritt letztlich die Situation des Ausbleibens der Leistung ein. Und bei der Schlechtleistung gem § 281 BGB (ggf iVm §§ 437 Nr 3, 634 Nr 4 BGB bzw den autarken Haftungstatbeständen, Rn 23) bleibt ein „qualitativer Teil" der Leistung

aus, wodurch eine Aufwendung sinnlos werden kann (zB der verkaufte Oldtimer hat nicht die geschuldete Original-Radaufhängung, die vom Gläubiger anderweitig gekauften Originalräder passen daher nicht).

26 Nicht anwendbar ist § 284 BGB dagegen auf den **Schuldnerverzug** gem §§ 280 Abs 1, Abs 2, 286 BGB oder **andere vorübergehende Pflichtverletzungen** (§ 280 Rn C 23 ff) (zB Aufwendungen eines Käufers von Baumaterial für die Bezahlung der Bauarbeiter, die wegen vorübergehenden Ausbleibens des Baumaterials oder eines zunächst vorhandenen, dann behobenen Mangels des Baumaterials vorübergehend nicht arbeiten konnten, vgl OLG Oldenburg 26. 9. 1977 – 2 U 276/75, JZ 1979, 398 m Anm Streck). Da der Schadensersatzanspruch hier nicht auf „Schadensersatz statt der Leistung" gerichtet ist, ist der Gläubiger auf den Aufwendungsersatz im Rahmen des Schadensersatzes gem §§ 280 Abs 1, Abs 2, 286 BGB (Schuldnerverzug) bzw § 280 Abs 1 BGB (sonstige vorübergehende Pflichtverletzungen) beschränkt (MünchKomm/Ernst Rn 15; Arnold/Dötsch BB 2003, 2250, 2252; Stoppel AcP 204 [2004] 81, 112 f; Schenk ZGS 2008, 54, 56). Aufwendungen „in Erwartung der Leistung" können daher nur im Rahmen des Schadensersatzes und mit Hilfe der Rentabilitätsvermutung ersetzt werden. Beabsichtigte der Gläubiger eine nicht auf Gewinn zielende Nutzung der Leistung, kommt ein Ersatz aufgrund der Rentabilitätsvermutung nicht in Betracht. Das Gesetz schützt die „nichtkommerzielle" Verwendung nur punktuell und begrenzt den Aufwendungsersatz auf die endgültige Nicht-/Schlechtleistung, also auf eine gewisse und typisierend erfasste Erheblichkeit des Nachteils. Für eine analoge Anwendung des § 284 BGB ist daher kein Raum (**aA** zumindest im Falle von infolge zeitlicher Bindung völlig entwerteten „Fixaufwendungen" Erman/Westermann Rn 5; Gsell, in: Dauner-Lieb, Praxis [2003] 341 ff [Kauf eines Weihnachtsbaumes für ein danach verspätet übergebenes Grundstück]; ebenso Canaris, in: FS Wiedemann [2002] 31; vOlshausen, in: FS Huber [2006] 471, 491 f; Unholtz [2004] 241 f; Klinck Jura 2006, 481, 487).

3. Aufwendungen im Vertrauen auf den Erhalt der Leistung

a) Aufwendung = freiwilliges Vermögensopfer

27 Gegenstand des Ersatzanspruchs sind vom Gläubiger getätigte *Aufwendungen.* Das Gesetz definiert den Begriff der Aufwendungen nicht. Herkömmlich werden Aufwendungen definiert als freiwillige Vermögensopfer (vThur [1895] 34 f). Diese Definition ist auch für § 284 BGB maßgeblich (BGHZ 163, 381, 387). Dabei versteht sich die Freiwilligkeit als Gegenbegriff zum „Erleiden" des Vermögensopfers beim Schaden, ist also bereits bei einer *bewussten Entscheidung* erfüllt, mag diese auch nicht durch die Sachlage zwingend geboten sein (vgl Otto Jura 2002, 1, 9) oder „auf Weisung" des Schuldners erfolgen (Hk-BGB/Schulze Rn 6). Aufwendungen iS von § 284 BGB sind demnach grundsätzlich *alle Vermögensopfer, die der Gläubiger im Hinblick auf den Erhalt einer ihm geschuldeten Leistung bewusst erbringt.*

28 Dem Zurechnungsgrund nach handelt es sich beim Aufwendungsersatz gem § 284 BGB um Schadensersatz, denn der Ersatzanspruch beruht auf einer vom Schuldner begangenen Pflichtverletzung und der dadurch verursachten „Entwertung" der Aufwendungen, nicht auf der **Mehrung fremden Vermögens** (wie beim echten Aufwendungsersatz, s nur BGH 26. 4. 1989 – IVb ZR 42/88, NJW 1989, 2816, 2818; Staudinger/Bittner [2014] § 256 Rn 5, krit zu diesem Aufwendungsbegriff Gernhuber, Schuldverhältnis [1989] § 25 I 1 [594]). Die Unterscheidung nach der Freiwilligkeit des Nachteils schließt eine normative Gleichstellung von Schaden und Aufwendung nicht aus. So werden *Schäden*, die mit dem Einsatz für fremde Interessen verknüpft sind, nach hM im Rahmen von § 670 BGB den Aufwendungen gleichgestellt (BGHZ 38, 270, 277 [zur Geschäftsführung ohne Auftrag]; Otto/Schwarze/Krause, Die Haftung des Arbeitnehmers [4. Aufl 2014] § 27). Umgekehrt können Aufwendungen zur Beseitigung eines Mangels als Schaden gem §§ 280 Abs 1, Abs 3, 281 S 1, 2. Alt BGB geltend gemacht werden (§ 280 Rn E 38, E 83).

Der Aufwendungsbegriff umfasst nicht die vom Gläubiger dem Schuldner bereits erbrachte oder vorbereitete **(Gegen-)Leistung** (**aA** Derleder NJW 2004, 969, 973; s auch NK-BGB/Arnold Rn 25, der die Gegenleistung zwar nicht als Aufwendung ansieht, jedoch ausnahmsweise die Kombination von Schadensersatz wegen der Gegenleistung mit Aufwendungsersatz gestatten will). Der Gläubiger erbringt sie zwar im Hinblick auf den Erhalt der Leistung, aber zur Erfüllung der ihm obliegenden Gegenleistungspflicht. Dadurch wird er nicht schutzlos gestellt, vielmehr ist er insoweit auf die Möglichkeit des Rücktritts zu verweisen (MünchKomm/Ernst Rn 18; Faust, in: Huber/Faust, Schuldrechtsmodernisierung [2002] Rn 4/17; **aA** Stoppel AcP 204 [2004] 81, 91 f; ders ZGS 2006, 254, 255 f). Darin liegt eine Abweichung zu den Grundsätzen der Rentabilitätsvermutung, die die vom Gläubiger an den Schuldner erbrachte (Gegen-)Leistung als Aufwendung erfasst (§ 280 Rn E 116). Nicht ersatzfähig sind weiterhin solche Kosten, die anlässlich der **Vertragsliquidation** entstehen. Sie fallen erst nach der Pflichtverletzung des Schuldners bei Scheitern des Vertrages an und sind im Rahmen des Schadensersatzes statt der Leistung geltend zu machen (Hk-BGB/Schulze Rn 10). 29

Keine Aufwendungen iSv § 284 BGB sind **Schäden** an anderen Rechten, Rechtsgütern oder am Vermögen, die der Gläubiger im Vertrauen auf den Erhalt der Leistung erleidet. Mit Blick auf die Anspruchsgrundlage in § 280 Abs 1 BGB (Rn 19, § 280 Rn C 23 ff, C 38 ff) besteht kein Bedürfnis für eine den Begriff der Aufwendung übersteigende Einbeziehung solcher Schäden in § 284 BGB, zumal sie über § 284 BGB nur alternativ zum Schadensersatz statt der Leistung geltend gemacht werden könnten (**aA** noch Otto Jura 2002, 1, 9). Dasselbe gilt für die Belastung des Vermögens mit gerichtlichen **Gutachterkosten** bzw dem Ersatz von Kosten eines außergerichtlichen Beweissicherungsgutachtens (BGHZ 163, 381, 387). 30

Keine Aufwendung iSv § 284 BGB ist der Nachteil, der aus der Nichtwahrnehmung eines günstigeren **Alternativgeschäfts** entsteht (zB unterlassener günstigerer Einkauf von Ersatzware im Vertrauen auf Erhalt der geschuldeten Ware). Als „Aufwendung" iSv § 284 BGB könnte man ihn nur betrachten, wenn man § 284 BGB als Anspruch auf Ersatz des Vertrauensschadens betrachtet (Rn 11). Das entspricht nicht der hier vertretenen Auffassung (Rn 12). Die Ersatzfähigkeit gem § 284 BGB entspricht auch nicht der Intention des Gesetzgebers (vgl Begr BT-Drucks 14/6040, 144). Im Übrigen können Aufwendungen iSv § 284 BGB auch in einem **nicht erzielten Vermögenszuwachs** liegen (NK-BGB/Arnold Rn 24; Erman/Westermann Rn 6; MünchKomm/Ernst Rn 21; Schwarze, Leistungsstörungen [2017] § 25 Rn 30; **aA** Emmerich, Leistungsstörungen [6. Aufl 2005] § 13 Rn 61; ders, in: FS Otte [2005] 105; Unholtz [2004] 200 ff; s ferner Canaris JZ 2001, 499, 517; ähnlich Leonhard AcP 199 [1999] 660, 670). Ein nur erzielbarer Vorteil genügt aber nicht. 31

b) Im Vertrauen auf Erhalt der Leistung

Die Aufwendungen muss der Gläubiger im Vertrauen auf den Erhalt der Leistung getätigt haben, dh in der Erwartung der Ordnungsgemäßheit der Leistung. Das 32

Vertrauen des Gläubigers ist in einem normativen Sinne zu verstehen: Es genügt nicht, dass der Gläubiger auf den Erhalt der Leistung vertraut *hat,* sondern er musste darauf vertrauen *dürfen* (**aA** Stoppel AcP 204 [2004] 81, 86). Im Vertrauen auf den Leistungserhalt gemachte Aufwendungen können uU auch solche sein, die **vor Vertragsschluss** getätigt werden, wenn die Vertragsverhandlungen so weit gediehen sind, dass der Vertragsschluss nur noch „Formsache" ist (generell abl OLG Hamm 4. 7. 2016 – I-22 U 28/16 Rn 21, NJW-RR 2016, 1501; Erman/Westermann Rn 7). Dies gilt nur dann, wenn der Vertrag auch tatsächlich zustande gekommen ist. Die bloße Hoffnung auf einen Vertrag mit dem Schuldner dagegen berechtigt noch nicht zu Aufwendungen (iE zutr OLG Hamm 4. 7. 2016 – I-22 U 28/16 Rn 21, NJW-RR 2016, 1501; für Ersatzfähigkeit, wenn Aufwendungen im Vertrauen auf den Vertrag getätigt wurden PWW/Schmidt-Kessel Rn 7). Aufwendungen, die der Gläubiger vor Vertragsschluss gemacht hat, weil er die Leistung statt vom Schuldner jederzeit von einem anderen hätte erhalten können (marktgängige Leistungen), erscheinen ebenfalls als durch ein schutzwürdiges Vertrauen gerechtfertigt und daher bei späterem Zustandekommen des Vertrages als ersatzfähig (MünchKomm/Ernst Rn 23; Gsell, in: Dauner-Lieb, Praxis [2003] 331 f, auch für Ersatz anteiliger Fixkosten; **aA** Stoppel AcP 204 [2004] 81, 96). Ersatzfähig sind jedenfalls die Aufwendungen, die nach der vertraglichen Einigung (§§ 145 ff BGB), aber **vor Eintritt der Wirksamkeit** getätigt wurden, wenn das Wirksamkeitshindernis später behoben wird, wie zB bei der Genehmigung gem § 184 Abs 1 BGB (vgl BGH 4. 5. 1999 – XI ZR 137/98, JZ 2000, 100 m zust Anm Timme).

c) Kategorisierung

33 Die Aufwendungen iSv § 284 BGB lassen sich grob in zwei Kategorien einteilen: in die Aufwendungen, die der Gläubiger macht, um die *Leistung zu erhalten,* und in jene, die – im weitesten Sinne – der *Verwendung* der Leistung durch den Gläubiger dienen.

aa) Aufwendungen zum Erhalt der Leistung

34 Ersatzfähig sind die Aufwendungen, die der Gläubiger betreibt, um die Leistung zu bekommen. Das sind Aufwendungen, die im Zusammenhang mit dem wirksamen **Zustandekommen** und der **Durchführung des Vertrages** auf Gläubigerseite entstehen. Hierzu gehören Kosten der nötigen Rechtshandlungen, zB Auslagen für die Übergabe, für eine notarielle Beurkundung oder für die Eintragung einer Auflassungsvormerkung ins Grundbuch. Die Kosten der für die Wirksamkeit des Vertrages selbst erforderlichen Form sind ebenfalls ersatzfähig: Die hierzu erforderliche Beauftragung etwa des Notars erfolgt zwar vor dem Vertragsschluss, der Anspruch des Notars ent- oder besteht aber idR erst bei Abschluss des zu beurkundenden Vertrages. Im Übrigen kann das Vertrauen auf den Vertragsschluss schon vor dem formalen Abschluss schutzfähig gem § 284 BGB sein, wenn der Abschluss nur noch „Formsache" ist (Rn 32). Regelmäßig unter § 284 BGB fallen **Maklerkosten** (vgl BGHZ 123, 96). Zwar werden derartige Provisionsverpflichtungen bereits vor Begründung des gescheiterten Schuldverhältnisses vereinbart (zum Verhältnis dieses Zeitpunktes zum Vertrauendürfen s Rn 32), aber erst *mit* dessen Zustandekommen begründet (Dehner NJW 2002, 3747). Muss der Gläubiger dem Makler dessen Aufwendungen unabhängig vom Zustandekommen des Vertrages ersetzen (§ 652 Abs 2 BGB), hat er diese Verpflichtung dagegen nicht im Vertrauen auf den Leistungserhalt übernommen (Faust, in: Huber/Faust, Schuldrechtsmodernisierung [2002] Rn 4/14). Sodann gehören zu den Aufwendungen für das Erhalten der Leistung der Aufwand des Gläubigers

für die Durchführung der **Leistungsannahme** oder sonstiger **Mitwirkungshandlungen**, zB Kosten für die übliche Untersuchung gelieferter Ware (vgl PALANDT/GRÜNEBERG Rn 5; **aA** NK-BGB/ARNOLD Rn 29; BeckOK-BGB/LORENZ [1. 2. 2019] Rn 13; s aber auch Rn 30), ferner für vom Gläubiger aufgewandte Kosten für den Transport, für die Überführung und Zulassung eines Kraftfahrzeugs (BGHZ 163, 381, 388 f). Aufwendungen können auch in der Eingehung weiterer Verbindlichkeiten bestehen, so dass **Darlehenskosten** in Betracht kommen, soweit sie sich dem gescheiterten Vertrag zuordnen lassen. Hinzu treten Aufwendungen für die **Inempfangnahme der Leistung**, zB Reise- und Übernachtungskosten bei einem Konzertbesuch (vgl LG Lüneburg 11. 8. 2000 – 8 S 41/00, NJW 2002, 614; GRIGOLEIT ZGS 2002, 122 ff).

bb) Aufwendungen zur Verwendung der Leistung

Ersatzfähig gem § 284 BGB sind Aufwendungen für die Verwendung der Leistung **35** durch den Gläubiger (insbes eigene Nutzung oder Veräußerung/Verwertung). Sie können den Wert der Leistung erheblich übertreffen, und vor allem hier werden die zurechnungsbegrenzenden Elemente im Tatbestand relevant (Rn 37 ff). Zu den hierher zu rechnenden Aufwendungen gehören zuerst die **Lasten**, die aus Eigentum oder Besitz am Leistungsgegenstand (als Voraussetzung der weiteren Verwendung) entstehen. Beispiele hierfür sind *Erschließungs- und Vermessungskosten* sowie vorab entrichtete *Grundsteuern* oder *Brandversicherungsprämien* (vgl BGHZ 114, 193; 143, 41, 48). Ersatzfähig iSv § 284 BGB sind Aufwendungen, die der **Nutzung** bzw dem **Gebrauch** des Leistungsgegenstandes durch den Gläubiger dienen: Aufwendungen, die den Gebrauch erst möglich machen wie **Zubehör** (BGHZ 163, 381, 387 f), im Falle der Anmietung einer Räumlichkeit zur Durchführung einer Veranstaltung die Aufwendungen zur Organisation und Werbung, Kosten für Einrichtungsgegenstände (BGH 8. 7. 2005 – IX ZR 230/01) oder Umbaukosten (Begr BT-Drucks 14/6040, 143), ferner Montage- oder **Einbaukosten** (vgl BGHZ 87, 104: Kosten der Dachdeckung mit mangelhaften Ziegeln; zu § 439 s Rn 19).

Setzt der Gläubiger **eigene Arbeitskraft** ein, liegt ein ersatzfähiges „Vermögensopfer" jedenfalls vor, wenn die Arbeit einen Marktwert hat („Geldwert", MünchKomm/ERNST Rn 19; ebenso PALANDT/GRÜNEBERG Rn 5; BeckOGK/DORNIS [1. 3. 2019] Rn 70 ff) und der Gläubiger eine konkrete andere Erwerbsmöglichkeit ungenutzt lässt. Es ist aber schon der Marktwert als solcher und die darin ausgedrückte *abstrakte Verwertbarkeit* als ausreichend anzusehen für die Ersatzfähigkeit. Das muss unabhängig davon gelten, ob der Gläubiger die betreffende Tätigkeit beruflich (als Gewerbetreibender, Selbstständiger oder Arbeitnehmer) ausübt, dh am Markt verwertet (ebenso wie im Rahmen der §§ 634 Nr 2, 637 BGB, vgl STAUDINGER/PETERS/JACOBY [2014] § 634 Rn 84; **aA** FAUST, in: HUBER/FAUST, Schuldrechtsmodernisierung [2002] Rn 4/12; JAUERNIG/STADLER Rn 4 in *Anlehnung an § 1835 Abs 3 BGB unter Hinweis auf eine zu* §§ 670, 683 BGB vertretene Ansicht, die aber in der Unentgeltlichkeit des Auftrags ihre Erklärung hat, zutr NK-BGB/ARNOLD Rn 19; BeckOK-BGB/LORENZ [1. 2. 2019] Rn 14; **aA** B SCHNEIDER [2007] 228 f). Für die **Bewertung** der eigenen Arbeitsleistung ist im Prozess § 287 ZPO heranzuziehen. Sie hat sich bei der Arbeitsleistung eines Privaten im Zweifel an dem für einen Arbeitnehmer maßgeblichen Entgelt zu orientieren. Einen Anhaltspunkt kann der Betrag bilden, der abzüglich eines üblichen Unternehmeraufschlags bei Fremdvergabe entstanden wäre (vgl BGHZ 59, 328, 331 f [zu § 633 aF]). Unterhält der Gläubiger selbst einen entsprechenden Gewerbebetrieb und wird er unter Einsatz seiner Betriebsmittel tätig, so erstreckt sich sein Ersatzanspruch auf *anteilige Gemeinkosten,* nicht jedoch auf einen **36** fiktiven Gewinn. Für Unterbrechung eines Betriebs durch einen **rechtswidrigen Streik** ergibt sich daraus, dass der Arbeitgeber die laufenden Kosten einschließlich der von ihm geschuldeten Entgeltbeträge der Arbeitswilligen als Aufwendungen gem § 284 BGB ersetzt verlangen kann (Löwisch, in: FS Wiedemann [2002] 329; zu den im Rahmen des Schadensersatzes ersatzfähigen Schadensposten s § 280 Rn E 123).

4. Zurechenbarkeit der Aufwendungsentscheidung

a) „Billigkeit" der Aufwendungen

37 Der Gläubiger erhält nur solche Aufwendungen ersetzt, die er „billigerweise machen durfte". Nach allgemeinen Grundsätzen der Haftungsdogmatik kann ein „schadensrelevantes" Eigenverhalten des Gläubigers die objektive Zurechnung zur Pflichtverletzung des Schuldners lösen oder mindern. Dazu wird das Eigenverhalten daraufhin bewertet, ob es im Verhältnis zum Haftungsgrund und zur Zurechnung zum Haftenden als „Fehlverhalten" gewertet werden muss. An diese Struktur knüpft das Gesetz hier an, da es von einer **Verhaltensobliegenheit** des Gläubigers im Hinblick auf die Aufwendungsentscheidung ausgeht („machen durfte").

38 Es handelt sich dabei aber im Kern nicht um eine Obliegenheit gem oder entspr **§ 254 BGB** ieS (so Canaris JZ 2001, 499, 517; zutr dagegen Stoppel AcP 204 [2004] 81, 85). Die Obliegenheit gem § 254 BGB bezieht sich auf die Vermeidung eines Schadens. Da der Gläubiger in § 284 BGB zum Zeitpunkt der Aufwendungsentscheidung berechtigterweise auf den Erhalt der Leistung vertraut, ist für ihn grundsätzlich nicht erkennbar, dass seine Aufwendungsentscheidung „schadensrelevant" ist, dh zu einem „Schaden" (Frustration) führt. Folglich kann der Bezugspunkt des ihm abzuverlangenden Verhaltens im Kern nicht wie in § 254 BGB die Vermeidung von Schäden bzw Vermögensnachteilen sein. Ein Bezug zu § 254 BGB besteht allenfalls, soweit man § 254 BGB als Ausdruck eines allgemeinen Rechtsgedankens sieht, Haftungsfolgen nach Verantwortungsbereichen zu verteilen (zum echten Mitverschulden Rn 62 ff). Ebenso wenig geht es um ein Erforderlichkeitsurteil wie in § 670 BGB, da die Aufwendungen dort im Interesse des anderen (Geschäftsherrn), hier im eigenen Interesse (des Gläubigers) gemacht werden.

39 Der Bezugspunkt für die Beurteilung der „Billigkeit" kann nur die **wirtschaftliche Sinnhaftigkeit** der vom Gläubiger getätigten Aufwendung sein. Zwar soll § 284 BGB gerade „nichtkommerzielle" Verwendungen der Leistung und damit auch „nicht rentable" Aufwendungen (zB aus „Liebhaberei") absichern. Aber auch solche Aufwendungen können einer wirtschaftlichen Bewertung unterworfen werden und sind nicht mehr als „billig" zu betrachten, wenn sie *völlig außer Verhältnis* zur wirtschaftlichen Bedeutung der Leistung stehen (ebenso Palandt/Grüneberg Rn 6; im Ergebnis auch Grigoleit ZGS 2002, 122, 123; B Schneider [2007] 161 ff; Stoppel AcP 204 [2004] 81, 86; für großen Handlungsspielraum Canaris JZ 2001, 499, 517; strenger wohl Emmerich, Leistungsstörungen [5. Aufl] § 13 IV 4, 212; wohl auch Fleck JZ 2009, 1045, 1051 f; **abl** vWilmowsky Beil zu JuS 1/2002, 15). Praktisch relevant wird diese Prüfung vorwiegend bei „nichtkommerzieller" Verwendung der Leistung. Macht der Gläubiger bei kommerzieller Verwendung der Leistung unvernünftige, luxuriöse, überflüssige oder ähnlich zu qualifizierende Aufwendungen, wird der Schuldner mit Blick auf fehlende Rentabilität oft die mangelnde Kausalität der Pflichtverletzung gem § 284 BGB aE einwenden können (zutr MünchKomm/Ernst Rn 24; vgl unten Rn 44). Der großzügige Maßstab gilt nicht

nur hinsichtlich des „Ob“, sondern auch im Hinblick auf den **Umfang** der Aufwendung: Der Gläubiger ist nicht auf das „Notwendige“ beschränkt (vgl BGHZ 163, 381; OLG München 24. 10. 2012 – 3 U 297/11, juris), es kann ihm nicht entgegengehalten werden, er hätte die Aufwendung für einen günstigeren Preis erhalten können (so aber wohl Fleck JZ 2009, 1045, 1051 f).

Die (Verkehrs-)**Üblichkeit** gibt einen wichtigen Anhaltspunkt für die Konkretisierung der wirtschaftlichen Sinnhaftigkeit. Verkehrsübliche Aufwendungen wird der Gläubiger in jedem Fall machen dürfen, nicht verkehrsübliche aber auch, wenn sie nicht verschwenderisch sind oder zur wirtschaftlichen Bedeutung der Leistung nicht völlig außer Verhältnis stehen (Stoppel AcP 204 [2004] 81, 86; strenger wohl Jauernig/Stadler Rn 6). So kann der Käufer die Kosten für die Anfertigung eines vom Aufwand her üblichen Spezialrahmens bei Nichtlieferung des Bildes erstattet verlangen, nicht aber die Kosten eines Rahmens, der den Preis des Bildes um ein Vielfaches übersteigt (Gsell, in: Dauner-Lieb, Praxis [2003] 321, 339). Ebenso kann der Gläubiger nicht Ersatz für den Erwerb von Ländereien begehren, die er zur Haltung eines gekauften und dann nicht gelieferten Pferdes vorgesehen hatte (Medicus, in: Haas/Medicus/Rolland/Schäfer/Wendtland, Das neue Schuldrecht [2002] 3. Kap Rn 61). Das Eingehen eines **hohen Frustrationsrisikos**, insbes das Betreiben im Vergleich zum Wert der Leistung sehr hoher Aufwendungen vor dem tatsächlichen Erhalt der Leistung, wird dem Schuldner billigerweise nicht zugerechnet werden können, wenn ohne erheblichen Nachteil bis zum Erhalt der Leistung hätte zugewartet werden können und die Aufwendungen voraussehbar bei Nichterhalt der Leistung völlig wertlos sein würden (strenger NK-BGB/Arnold Rn 32, einen Hinweis vor Eintritt der Störung fordernd). Beruht die Aufwendung auf einer vom Gläubiger in Gang gesetzten **Kette** von Verträgen, kann die in der Verkettung liegende Steigerung des Frustrationsrisikos unbillig und dem Schuldner nicht zuzurechnen sein, soweit Geschäfte nicht zur Vermeidung erheblicher Nachteile schon zu diesem Zeitpunkt hätten durchgeführt werden müssen. **40**

Die **Erkennbarkeit** (Voraussehbarkeit) der geplanten Aufwendung für den Schuldner bei Vertragsschluss ist ein Argument für die Billigkeit (NK-BGB/Arnold Rn 32; Emmerich, in: FS Otte [2005] 111; B Schneider [2007] 157 ff, als Kriterium **abl** Canaris JZ 2001, 499, 517; als maßgeblich überhaupt ansehend Gsell, in: Dauner-Lieb, Praxis [2003] 344; vgl schon zur Rentabilitätsvermutung Leonhard AcP 199 [1999] 660, 675 ff). Dazu muss die geplante Verwendung der Leistung aber nicht zum Vertragsinhalt werden (näher Gsell, in: Dauner-Lieb, Praxis [2003] 325; außerhalb von sog Veräußerungsgeschäften Faust, in: Huber/Faust, Schuldrechtsmodernisierung [2002] Rn 4/21 ff). Die erstattungsfähigen Kosten kann der Gläubiger auch dann erstattet verlangen, wenn seine tatsächlichen Aufwendungen darüber hinausgehen. **41**

Von Bedeutung für die Beurteilung der Billigkeit kann ferner die **Unentgeltlichkeit** des Geschäfts sein. Das Vertrauen des Gläubigers in den Schutz seiner Aufwendungen ist zB beim Schenkungsversprechen weniger schutzwürdig, was eine entsprechende Absenkung der Billigkeitsgrenze rechtfertigt (MünchKomm/Ernst Rn 24; s schon Rn 22). Von Bedeutung kann ferner eine besondere **vertragliche Risikoverteilung** sein: Soll der Arbeitnehmer bei einem rechtswidrigen Streik (Rn 47 aE) für die Betriebsaufwendungen des Arbeitgebers haften, wird man nur solche Aufwendungen berücksichtigen dürfen, die sich gerade auf die Arbeit des rechtswidrig streikenden Arbeitnehmers beziehen. Überdies können Aufwendungen dem allgemeinen Betriebsrisiko **42** zuzurechnen und deshalb auszunehmen sein (für eine rechtspolitische Korrektur der Norm Löwisch, in: FS Wiedemann [2002] 330).

b) Kausalität der Pflichtverletzung für Vergeblichkeit

43 Die Pflichtverletzung muss für die Vergeblichkeit der Aufwendungen (Rn 50) ursächlich sein. Daran fehlt es, wenn die Aufwendungen aus **anderen Gründen** frustriert werden (zB wegen weiterer Dispositionen des Gläubigers, BGH 8. 7. 2010 – V ZR 216/09, NJW 2011, 142, 143). Die Kausalität der Pflichtverletzung entfällt ferner gem § 284 BGB aE, wenn der Zweck der Aufwendungen auch ohne die Pflichtverletzung des Schuldners nicht erreicht worden wäre, dh wenn es am Zusammenhang zwischen der Pflichtverletzung und der Frustrierung der Aufwendungen fehlt. Es ist demnach der hypothetische Kausalverlauf, der bei (ordnungsgemäßem) Erhalt der Leistung eingetreten wäre, darauf hin zu überprüfen, ob die Aufwendung auch dann fehlgeschlagen wäre. Dabei kommt es auf den Zweck der Aufwendungen an, nicht auf den des zugrunde liegenden Schuldverhältnisses (Dedek ZGS 2005, 409, 410). Die Regelung gilt für alle Aufwendungen (**abw** Hk-BGB/Schulze Rn 8, 12: idR Vertragsschluss- und Vertragserfüllungskosten vom Einwand der Zweckverfehlung ausgenommen). Der fehlende Pflichtwidrigkeitszusammenhang ist **Einwendung** des Schuldners (vgl Wortlaut: „es sei denn"; Gsell NJW 2006, 125 m Fn 7; zur Beweislast Rn 69).

44 Zielte die Verwendung der Leistung auf Gewinn, wird der mangelnde Pflichtwidrigkeitszusammenhang praktisch vor allem im Nachweis **unzureichender Rentabilität** der Aufwendung bestehen: Soweit sich die Aufwendung trotz ordnungsgemäßer Leistung nicht rentiert hätte, kann ihr Ersatz nicht verlangt werden. Die Position des Gläubigers im Vergleich zur Rentabilitätsvermutung (§ 280 Rn E 115 f) wird durch § 284 BGB gleichwohl verbessert: *Zum einen* müssen nicht die engeren Voraussetzungen der Rentabilitätsvermutung erfüllt sein, insbes findet keine Begrenzung auf jene Aufwendungen statt, die bezogen auf den Leistungsaustausch betrieben werden (§ 280 Rn E 117), vielmehr sind gem § 284 BGB auch Aufwendungen ersatzfähig, die sich aus Folgegeschäften ergeben. So kann der Käufer eines mangelhaften Grundstücks die wegen des Mangels (Unbebaubarkeit des Grundstücks) fehlgeschlagenen Aufwendungen für den Kauf einer Diskothek (Folgegeschäft), die auf dem Grundstück betrieben werden sollte, gem § 284 BGB ersetzt erhalten, obwohl die Rentabilitätsvermutung nicht anwendbar ist (vgl BGHZ 114, 193; § 280 Rn E 122). *Zum anderen* muss in § 284 BGB der Schuldner die mangelnde Rentabilität beweisen (Rn 69, zB Beweis, dass die Diskothek keinen ausreichenden Zuspruch erfahren hätte), während im Rahmen des Schadensersatzes der Gläubiger die Voraussetzungen der Rentabilitätsvermutung zu beweisen hat (§ 280 Rn 115 ff).

45 Bei Verträgen, mit denen der **Gläubiger nicht auf Gewinn** zielt, sondern „nichtkommerzielle" (ideelle, konsumtive, spekulative oder marktstrategische) Ziele verfolgt, kann der Pflichtwidrigkeitszusammenhang nicht mit der Unrentabilität des Geschäfts darlegt werden (so Begr BT-Drucks 14/6040, 144). Der mangelnde Pflichtwidrigkeitszusammenhang kann hier vor allem darin bestehen, dass der mit der Leistung verfolgte „nichtkommerzielle" Zweck verfehlt worden wäre und damit auch die Aufwendungen nutzlos gewesen wären. Wäre zB die in der vermieteten, aber nicht überlassenen Stadthalle (Leistung) geplante politische Veranstaltung ohnehin verboten worden, hätten die Kosten für Werbung (Aufwendungen) auch bei ordnungsgemäßer Leistung ihren Zweck verfehlt. Dagegen würde der Schuldner nicht den Beweis führen können, dass niemand die Veranstaltung besucht hätte, da der Zweck der Werbung schon mit der Chance, Interessenten zu gewinnen, erreicht ist.

Verfolgt der Gläubiger mit der Leistung **sowohl „kommerzielle" wie „nichtkommerzielle" Zwecke** (zB die nicht erbrachte Reiseleistung sollte sowohl der Erholung als auch geschäftlichen Zwecken – Erstellung von Fotografien zum späteren Vertrieb – dienen, vgl LEONHARD AcP 199 [1999] 660, 676 f mNw; ähnlich MünchKomm/ERNST Rn 31), ist auf den das Geschehen prägenden *Hauptzweck* abzustellen (NK-BGB/ARNOLD Rn 35; SCHENK ZGS 2008, 54, 59). Überwiegt der „kommerzielle" Zweck völlig (zB ganz überwiegende Zeit der Reise sollte für Erstellung der Fotografien verwendet werden), kann der Schuldner dem Anspruch auf Ersatz der Aufwendungen (Kosten der Reisevorbereitung) mangelnde Rentabilität entgegenhalten (ganz oder zum Teil je nach anzunehmendem Absatz der Fotografien). Ist ein prägender „kommerzieller" Hauptzweck nicht feststellbar, ist der Einwand mangelnder Rentabilität nicht zuzulassen (ebenso MünchKomm/ERNST Rn 31; s ferner EMMERICH, in: FS Otte [2005] 110; **aA** FISCHINGER/WABNITZ ZGS 2007, 139: anteiliger Aufwendungsersatz; s auch UNHOLTZ [2004] 266). 46

Aufwendungen des Gläubigers hätten ihren Zweck ebenfalls nicht erreichen können, wenn bei einem Zusammentreffen von **Pflichtverletzungen unterschiedlicher Urheber** jeweils der Zweck schon durch eine Pflichtverletzung iS einer alternativen Kausalität verfehlt worden wäre. Die Anknüpfung lediglich an die Kausalität beantwortet indessen die Wertungsfrage für § 284 BGB nicht. Könnte sich jeder Pflichtverletzer darauf berufen, dass die Aufwendungen wegen der Pflichtverletzung des anderen ihren Zweck verfehlt hätten, würde der geschädigte Gläubiger trotz des eingetretenen Vermögensnachteils leer ausgehen. Eine derartige Berufung auf alternative Schadensverläufe kommt grundsätzlich nicht in Betracht. Werden zB Arbeitnehmer wegen der Folgen eines rechtswidrigen Streiks in Anspruch genommen, können sie sich nicht darauf berufen, dass ihre Arbeitsleistung im Hinblick auf andere Streikende ohnehin nicht hätte erbracht werden können und daher nicht ursächlich sind für vergebliche betriebliche Aufwendungen (OTTO, Arbeitskampf- und Schlichtungsrecht [2006] § 15 Rn 34). 47

Bei der Haftung gem **§ 311a Abs 2 BGB** kann der Zweck vertragsbezogener Aufwendungen angesichts des schon bei Vertragsschluss bestehenden Leistungshindernisses von vornherein nicht erreicht werden, die Aufwendungen sind von Beginn an gescheitert. Gleichwohl ist das Fehlschlagen dem Schuldner zuzurechnen, da der Haftungsgrund hier nicht in der nachträglichen Entwertung der Aufwendungen durch eine vom Schuldner zu vertretende Pflichtverletzung liegt, sondern darin, den Gläubiger durch das Leistungsversprechen zu von vornherein sinnlosen Aufwendungen veranlasst zu haben (s noch Vorbem C 7 f zu §§ 280–285). Der Schuldner kann sich daher nicht zu seiner Entlastung auf die bereits von Anfang an feststehende Zweckverfehlung berufen. 48

c) Keine weiteren Voraussetzungen

Für den Aufwendungsersatz gem § 284 BGB gelten die Einschränkungen des Aufwendungsersatzes als Schadensersatz statt der Leistung kraft Rentabilitätsvermutung (§ 280 Rn E 115 ff) nicht. Insbes ist der Anspruch nicht auf Aufwendungen beschränkt, die auf den Leistungsgegenstand bezogen sind (auch Begr BT-Drucks 14/6040, 143). Weder die **Erkennbarkeit** der beabsichtigten Verwendung der Leistung noch die 49

Erkennbarkeit (Voraussehbarkeit) der Aufwendung für den Schuldner ist Voraussetzung des Ersatzanspruchs gem § 284 BGB (in diese Richtung einschränkend aber wohl Emmerich, Leistungsstörungen [2005] § 13 Rn 58; Faust, in: Huber/Faust, Schuldrechtsmodernisierung [2002] Rn 4/23 ff, will bei sog Veräußerungsgeschäften einen Aufwendungsersatz im Hinblick auf die geplante Verwendung ganz ausschließen [Rn 27]). Wohl kann die bestehende Erkennbarkeit ein Argument *für* die „Billigkeit" und damit für die Haftung des Schuldners sein (s oben Rn 41).

5. Vergeblichkeit der Aufwendungen

50 Die Aufwendungen dürfen „ihren Zweck nicht erreicht" haben, wie § 284 BGB aE („auch") zu entnehmen ist, sie müssen „vergeblich" (s Überschrift) gewesen sein. Da die Erreichung des Aufwendungszwecks an den Erhalt der Leistung gebunden ist, ist die Vergeblichkeit grundsätzlich zu bejahen, wenn der Gläubiger die Leistung endgültig nicht bzw nicht ordnungsgemäß erhält. Für Darlegung und Beweis der Vergeblichkeit genügt der Beweis des entsprechenden Verwendungszwecks und des Nichterhalts der Leistung. Dem entspricht, dass die fehlende Kausalität zwischen Nichterhalt und Vergeblichkeit vom Schuldner zu beweisen ist („es sein denn", Rn 69). Wird ein **Teil der Leistung** erbracht, sind die Aufwendungen, die auf den erhaltenen Teil der Leistung betrieben worden sind, nicht vergeblich (BGH 19. 4. 2013 – V ZR 113/12, NJW 2013, 1948, 1949; unzutr auf hypothetische Unterlassung des Gesamtgeschäfts abhebend OLG Frankfurt 22. 4. 2012 – 22 U 18/10, juris).

51 Der Ersatzanspruch entsteht mangels „Vergeblichkeit" der Aufwendungen nicht, wenn die Aufwendungen ihren **Zweck anderweitig erreichen**. Besucht der Gläubiger anstelle eines abgesagten Konzertes eine andere Veranstaltung, lässt sich nicht von vergeblichen Aufwendungen für die Beschäftigung einer Kinderbetreuerin sprechen (zutr Faust, in: Huber/Faust, Schuldrechtsmodernisierung [2002] Rn 4/33; vgl aber Rn 4/36). Dasselbe gilt, wenn der Gläubiger den für das vom Schuldner nicht gelieferte Bild angefertigten Rahmen anderweitig verwendet (Tröger ZIP 2005, 2238, 2246). Für die anderweitige Zweckerreichung genügt es aber nicht, dass der Gläubiger die Aufwendung anders verwenden *könnte* (BGHZ 163, 381, 387 f). Es widerspräche der Privatautonomie, wenn man dem Gläubiger durch eine Obliegenheit zur planwidrigen Verwendung der Aufwendung Änderungen seiner Dispositionen (insbes seiner Lebensführung) auferlegte (Fischinger/Wabnitz ZGS 2007, 129, 140; Tröger ZIP 2005, 2238, 2246; für eine Obliegenheit bei einem gewerblich handelnden Gläubiger Ellers Jura 2006, 201, 207). Eine naheliegende anderweitige Nutzung, die solche Änderungen nicht verlangt, oder eine anderweitige Nutzung durch Veräußerung ist dem Gläubiger gem § 254 Abs 2 BGB abzuverlangen (Rn 63).

V. Rechtsfolgen

1. Die Befugnis zum Aufwendungsersatz

52 Mit Eintritt der in § 284 BGB in Bezug genommenen Voraussetzungen des Schadensersatzes statt der Leistung „kann" der Gläubiger Ersatz der Aufwendungen „verlangen". Folgt man der hier vertretenen Auffassung, derzufolge § 284 BGB als eigenständige Anspruchsgrundlage anzusehen ist (Rn 9), ergibt sich: Die rechtliche Position des Gläubigers entspricht nach Eintritt der Voraussetzungen des Schadensersatzes statt der Leistung jener in § 281 Abs 4 BGB, das Aufwendungsersatzverlangen hat dieselbe rechtliche Bedeutung wie das Schadensersatzverlangen. Der **Aufwendungsersatzanspruch entsteht** daher nach der hier vertretenen Auffassung, derzufolge im Falle des § 281 Abs 4 BGB der Anspruch erst mit Zugang des Schadensersatzverlangens entsteht (§ 281 Rn D 17), wenn der Gläubiger den Aufwendungsersatz verlangt. In den Fällen des § 283 BGB und § 311a Abs 2 BGB entsteht der Anspruch auf Schadensersatz mit Eintritt des Leistungshindernisses, eines Verlangens bedarf es nicht.

Ordnet man entgegen der hier vertretenen Auffassung § **284 BGB als haftungsausfüllende Norm** ein (Rn 9), entsteht der Aufwendungsersatzanspruch mit dem Anspruch auf Schadensersatz statt der Leistung, also in den Fällen der §§ 283, 311a Abs 2 BGB mit Eintritt des Leistungshindernisses, in den Fällen, in denen § 281 Abs 4 BGB anwendbar ist (§ 281 und § 282 BGB), je nachdem, ob man den Schadensersatzanspruch erst mit dem Schadensersatzverlangen entstehen lässt oder bereits mit dem Eintritt der tatbestandlichen Voraussetzungen des § 281 BGB bzw § 282 BGB (s § 281 Rn D 2, D 17). Das „Verlangen" gem § 284 BGB hat dann keine gestaltende Bedeutung. Es kann den Richter nicht einmal an die für die Entscheidung über das Klagebegehren zugrunde zu legende Anspruchsgrundlage binden. 53

2. Das Aufwendungsersatzverlangen

Das Aufwendungsersatzverlangen gleicht rechtlich dem Schadensersatzverlangen gem § 281 Abs 4 BGB. Es ist nach hier vertretener Auffassung geschäftsähnliche Handlung und erfordert für seine Wirksamkeit den Zugang entspr § 130 BGB beim Schuldner (zu weiteren Anforderungen gelten die Ausführungen zu § 281 Abs 4 BGB entspr, s § 281 Rn D 8 ff). An das Verlangen ist der Gläubiger mit Zugang (entspr § 130 BGB, § 281 Rn D 9) **gebunden**. Das Verlangen ist nicht widerruflich, der Wegfall des Leistungsanspruchs nicht einseitig rückgängig zu machen. Zur Bindung im Verhältnis zum Schadensersatz statt der Leistung s Rn 56. 54

3. Fortfall des Leistungs-/Gegenleistungsanspruchs

Mit dem Verlangen von Aufwendungsersatz entfällt der Anspruch auf die Leistung gem § 284 BGB iVm § **281 Abs 4 BGB** (MünchKomm/Ernst Rn 35; BeckOGK/Dornis [1. 3. 2019] Rn 151; Schwarze, Leistungsstörungen [2017] § 25 Rn 41). Bei **gegenseitigen Verträgen** geht mit dem Ersatzverlangen entspr § 281 Abs 4 BGB der Anspruch des Schuldners gegen den Gläubiger unter (§ 281 Rn D 12). Etwa erbrachte Leistungen kann der Schuldner entspr § **281 Abs 5 BGB** nach den §§ 346 bis 348 BGB zurückfordern. Bei gegenseitigen Verträgen kann der Gläubiger eine bereits erbrachte eigene Leistung ebenfalls entspr § 281 Abs 5 BGB zurückverlangen, im Falle eines zusätzlich erklärten Rücktritts zudem nach §§ 323, 326 Abs 5, 346, 325 BGB. 55

4. Verhältnis zum Schadensersatz statt der Leistung/ius variandi

Aufwendungsersatz und Schadensersatz statt der Leistung schließen einander aus („anstelle", s oben Rn 13 f). Der Gläubiger darf vom auf Aufwendungsersatz gerichteten Verlangen zum Verlangen auf Schadensersatz statt der Leistung und umgekehrt **wechseln** (ius variandi), solange der Schuldner nicht bereits auf das erste 56

Verlangen hin Dispositionen getroffen hat, die einen Wechsel gem § 242 BGB als wider Treu und Glauben erscheinen lassen, insbes solange der Schuldner keine erheblichen Aufwendungen im Vertrauen auf die Geltendmachung des Aufwendungsersatzes betrieben hat (vgl Staudinger/Schwarze [2015] § 325 Rn 45; § 280 Rn E 55; § 281 Rn D 33). Zwar liegen nach hier vertretener Auffassung (Rn 9) zwei unterschiedliche Ansprüche vor, so dass der Wechsel eine gestaltende Wirkung hat. Indessen beschränkt sich die Wirkung des Wechsels auf den Inhalt des Ausgleichsanspruchs, weshalb die strenge Bindung an das zuerst ausgesprochene Verlangen, wie sie im Hinblick auf den Fortfall des (Gegen-)Leistungsanspruchs angenommen werden muss (Rn 55, § 281 Rn D 5), nicht geboten ist. In den **Tatbeständen des § 283 bzw § 311a Abs 2 BGB**, in denen der Anspruch auf Schadensersatz statt der Leistung ipso iure entsteht (Rn 53), ist von einer vergleichbaren Bindung analog § 242 BGB auszugehen, wenn der Schuldner auf ein auf Schadensersatz statt der Leistung gerichtetes (unechtes) „Verlangen" des Gläubigers entsprechende Dispositionen getroffen hat.

57 Betrachtet man § 284 BGB entgegen der hier vertretenen Auffassung als *haftungsausfüllende Norm* (Rn 9), liegt im „Wechsel" lediglich eine Wissensmitteilung über die nach Ansicht des Gläubigers sein Begehren stützende Anspruchsgrundlage, die den Richter nicht hindert, die jeweils günstigere Anspruchsgrundlage heranzuziehen (s MünchKomm/Ernst Rn 35).

5. Anspruch auf Aufwendungsersatz

58 Der Gläubiger hat einen Anspruch auf Ersatz seiner Aufwendungen. Der Anspruch ist auf die Zahlung von Geld gerichtet. Er ist nicht deckungsgleich mit demjenigen auf Ersatz des negativen Interesses und nicht begrenzt auf das **positive Interesse** (s schon Rn 7). Wenn nach der Übergabe einer Sache Gegenansprüche des Schuldners bestehen (Rn 55, 60 u 70 f), ist der Anspruch auf Aufwendungsersatz uU nur **Zug um Zug** durchzusetzen (BGHZ 163, 381, 390). Soweit der Einwand durchgreift, der Gläubiger habe die Aufwendungen billigerweise nicht machen dürfen, entfällt nicht der gesamte Anspruch, sondern er wird auf denjenigen Teil beschränkt, den der Schuldner billigerweise zu tragen hat (Rn 37 ff). Eine weitere Anspruchskürzung aus Gründen des **§ 254 Abs 1 BGB** kommt nur in Betracht, wenn der Gläubiger für die Pflichtverletzung, die einen Anspruch auf Schadensersatz statt der Leistung begründen könnte, mitverantwortlich ist.

59 Für die **Berechnung** des Aufwendungsersatzes gilt: Aufwendungen sind nur zu ersetzen, soweit sie vergeblich sind. Wird der Zweck trotz der Pflichtverletzung (zB der mangelhaften Leistung einer Sache) zT erreicht, kann der Aufwendungsersatz nur anteilig gefordert werden (BGH 13. 10. 2015 – X ZR 126/14 Rn 31, NJW 2016, 491; Dedek ZGS 2005, 409, 413; Gsell NJW 2006, 125, 127; vgl ferner BGH 8. 7. 2005 – IX 230/01: zur Anschaffung von Einrichtungsgegenständen). Im Falle des **Rücktritt**s ist der Aufwendungsersatz nicht gemäß § 347 Abs 2 BGB auf den Ersatz notwendiger Verwendungen oder solcher Aufwendungen beschränkt, durch die der Verkäufer bereichert wird (BGHZ 163, 381).

60 Wird die Aufwendung erst dadurch unnütz, dass der Gläubiger zurücktritt, hatte also die Pflichtverletzung nicht bereits unmittelbar die Zweckerreichung beeinträchtigt, ist die bis dahin bestehende Nutzung/Nutzbarkeit der Aufwendung bei der Berechnung des Aufwendungsersatzes im Wege der **Vorteilsausgleichung** zu berücksichtigen. Dabei kommt es nicht darauf an, ob die Aufwendung zum Erwerb einer Sache gemacht wurde (zB Erwerb von Zubehör) oder nicht (zB bloße Vertragskosten, BGHZ 163, 381, 389; zust Ellers Jura 2006, 201, 207; Gsell NJW 2006, 125, 127). Wie diese Vorteilsausgleichung konkret zu berechnen ist, hat der BGH in seiner Leitentscheidung (BGHZ 163, 381, 389) offen gelassen. Man könnte die Aufwendungen auf die Gegenleistung (zB Kaufpreis für Pkw) aufschlagen und im Fall des Rücktritts eine einheitliche Nutzungsvergütung (zB nach der Laufzeit eines Pkw) berechnen (so wohl LG Stuttgart 26. 3. 2004 – 8 O 540/03 [nv] laut BGHZ 163, 381, 388 unter II 2; Tröger ZIP 2005, 2238, 2245; Gsell NJW 2006, 125, 127 bei notwendigen Aufwendungen). Näher liegt es, eine Kürzung (pauschal) beim Aufwendungsersatz vorzunehmen, indem etwa tatsächliche und hypothetische Nutzungsdauer bei ordnungsgemäßer Leistung ins Verhältnis gesetzt werden (OLG Stuttgart 25. 8. 2004 – 3 U 78/04, ZGS 2004, 434, 436; OLG Hamm 5. 8. 2010 – I-28 U 22/10, juris, offen lassend, ob Lebensdauer des Leistungsgegenstandes oder des Aufwendungsgegenstandes; zur Anrechenbarkeit eines Mehrerlöses aus Deckungsverkauf KG Berlin 26. 9. 2017 – 21 U 73/17 Rn 6, juris).

Hat der Gläubiger eine **Teilleistung** oder eine **mangelhafte Leistung** erhalten und will bzw muss er diese behalten (§ 281 Abs 1 S 2 und 3 BGB), kann er anstelle des „kleinen" Schadensersatzes statt der Leistung Aufwendungsersatz beanspruchen (ebenso Erman/Westermann Rn 4). Ersatzfähig können allerdings nur diejenigen Aufwendungen sein, die der Gläubiger gerade im Vertrauen auf den Erhalt der vollständigen oder mangelfreien Leistung getätigt hat. Soweit sie sich dagegen auf den Erhalt der vom Gläubiger angenommenen teilweisen oder mangelhaften Leistung beziehen oder nicht aufzuspalten sind, fehlt es an ihrer „Vergeblichkeit". Hinsichtlich des Mangelunwertes kann der Gläubiger **mindern** (Rn 20); der Schadensersatz statt der Leistung ist dagegen wegen des Alternativitätsverhältnisses zu § 284 BGB ausgeschlossen. 61

VI. Mitverschulden des Gläubigers (§ 254)

Sobald für den Gläubiger **erkennbar** ist, dass die Leistung nicht ordnungsgemäß erbracht werden wird, trifft ihn die Obliegenheit zur Schadensminderung gem § 254 Abs 2 S 1, 2. Alt. BGB (BGH 13. 10. 2015 – X ZR 126/14 Rn 31, NJW 2016, 491; für *analoge* Anwendung mit Blick auf den Aufwendungscharakter Faust, in: Huber/Faust, Schuldrechtsmodernisierung [2002] Rn 4/2 u 29). Dasselbe gilt, wenn der Schuldner eine vereinbarte oder erkennbare gesetzliche Befugnis zur Aufhebung der vertraglichen Bindung (zB Rücktrittsrecht) hat. Die Aufwendungsentscheidung des Gläubigers ist insoweit gem § 254 BGB zu beurteilen, nicht im Hinblick auf ihre „Billigkeit". Der Bezugspunkt für die Beurteilung des Fehlverhaltens des Gläubigers ist von diesem Zeitpunkt an nicht mehr, ob der Gläubiger eine wirtschaftlich sinnvolle Aufwendung getätigt hat (Rn 39), sondern ob er eine evident sinnlose Aufwendung unterlassen bzw so gering wie möglich gehalten hat. Dies entspricht der Behandlung des Mitverschuldens im Allgemeinen und führt dazu, dass Darlegungs- und **Beweislast** beim einwendenden Schuldner liegen (BGH 13. 10. 2015 – X ZR 126/14 Rn 31, NJW 2016, 491), während die „Billigkeit" der Aufwendung vom Gläubiger darzulegen und zu beweisen ist. 62

Im Einzelnen: Ist erkennbar, dass die Leistung nicht oder wahrscheinlich nicht mehr erfolgt, hat der Gläubiger weitere Aufwendungen zu **unterlassen**, bereits gemachte 63

Aufwendungen, soweit möglich, **anderweitig** nutzbringend einzusetzen. So muss etwa der Oldtimer-Käufer, der vergebens auf die Lieferung des Fahrzeugs gewartet hat, versuchen, die von ihm für das Fahrzeug gekauften Spezialräder anderweitig zu verwerten, etwa zu verkaufen. Verletzungen solcher Obliegenheiten führen zur Minderung oder sogar zum Wegfall des Anspruchs. Solange der Gläubiger mit der Leistung wirtschaftliche Zwecke verfolgt, ist die Konkretisierung dessen, was von einem „ordentlichen, eigene Interessen sorgfältig verfolgenden Gläubiger" zu verlangen ist, nicht zu schwierig: Es gelten die Regeln der Wirtschaftlichkeit, die vom Gläubiger auch im eigenen Interesse zu beachten sind. Anders verhält es sich, wenn der Gläubiger nichtwirtschaftliche Zwecke verfolgt; denn ein objektiver bzw intersubjektiv verbindlicher Maßstab wird hier kaum festzulegen sein. Übermäßige Belastungen des Schuldners können nach dem von § 284 BGB in Bezug genommenen Maßstab der Billigkeit vermieden werden.

64 Als Mitverschulden ist es ferner zu werten, wenn der Gläubiger die Aufwendungen nach Eintritt **ernster Zweifel** an der ordnungsgemäßen Leistung hätte beenden oder ihren Umfang geringer halten können: Unnötige Aufwendungen hat der Gläubiger zu vermeiden (hinsichtlich des Umfangs von „Streikschäden" [Rn 36] vgl die Fallgestaltung LAG Hamm 26. 3. 1981 – 6 Sa 436/78, DB 1981, 1571). Schließlich kann ein **unnötig hohes Risiko** der Frustrierung von Aufwendungen als Mitverschulden zu werten sein (soweit nicht bereits bei der Billigkeit zu berücksichtigen, Rn 40). Dies gilt namentlich dann, wenn der Schuldner seine Leistungspflicht bestreitet. Hier ist dem Gläubiger zuzumuten, Aufwendungen, die Aufschub dulden, zu unterlassen, bis Klarheit über den Vertragsschluss herrscht (Faust, in: Huber/Faust, Schuldrechtsmodernisierung [2002] Rn 4/31).

65 Steht fest, dass der Gläubiger die Leistung nicht (ordnungsgemäß) erhalten wird, ist er gem § 254 Abs 2 BGB verpflichtet, seine Aufwendungen soweit als möglich und zumutbar **anderweitig zu verwenden**. Dies kommt insbes in Betracht, wenn die Aufwendungen durch Veräußerung verwertbar sind oder dem Gläubiger Aufwendungen ersparen, die er sonst im Zusammenhang mit anderen Dispositionen tätigen müsste (vgl Gsell NJW 2006, 125, 126; s auch BeckOK-BGB/Lorenz [1. 2. 2019] Rn 18). Dagegen ist dem Gläubiger nicht der Abschluss von neuen Hauptgeschäften abzuverlangen, nur um die Aufwendung nutzbar zu machen: So ist zB dem Gläubiger bei Absage eines Konzerts eine anderweitige Verwertung der Reiseaufwendungen durch Besuch einer anderen Veranstaltung nicht zuzumuten. Der Gläubiger ist ferner (bis zur Grenze des Rechtsmissbrauchs) nicht verpflichtet, ein Deckungsgeschäft so durchzuführen, dass die Aufwendung verwendbar bleibt (OLG Hamm 18. 12. 2014 – 28 U 135/13 Rn 11, juris). Handelt es sich bei der Aufwendung um einen übertragbaren Gegenstand, ist der Gläubiger zu dessen **Herausgabe** an den Schuldner analog §§ 346, 281 Abs 5 BGB verpflichtet, wenn er einen Anspruch auf vollständige Erstattung der Aufwendungen hat oder der nur zum Teilersatz verpflichtete Schuldner die vollständige Erstattung anbietet.

VII. Verjährung

66 Der Anspruch unterliegt der **regelmäßigen Verjährung** von drei Jahren (§§ 195, 199 Abs 1 u Abs 3 BGB), sofern nicht eine Sondervorschrift (zB §§ 438, 634a BGB) eingreift. Die für den Beginn der Verjährung erforderliche „Entstehung" des Anspruchs beurteilt sich nach der Art der Pflichtverletzung: Nach hier vertretener

Ansicht entsteht der Aufwendungsersatzanspruch im Falle des § 281 u des § 282 BGB mit dem Zugang des Aufwendungsersatzverlangens beim Gläubiger (Rn 52). Im Falle des § 283 u des § 311a Abs 2 BGB ist der Eintritt der Anspruchsvoraussetzungen maßgeblich. Diese lassen zwar (zunächst) den Anspruch auf Schadensersatz statt der Leistung entstehen, während der Aufwendungsersatzanspruch erst mit einem entspr Verlangen entsteht (Rn 52), doch bleibt der erstere Zeitpunkt wegen des gesetzlich angeordneten substitutiven Verhältnisses des Aufwendungsersatzanspruchs zum Schadensersatz statt der Leistung („anstelle") für die Frage der Verjährung maßgeblich. Das gilt auch für den Wechsel vom Schadensersatz zum Aufwendungsersatz und umgekehrt (Rn 56): Der Wechsel ändert nichts an der Maßgeblichkeit des ersten Verlangens bzw bei §§ 283, 311a Abs 2 BGB des Eintritts der Anspruchsvoraussetzungen (im Ausgangspunkt ebenfalls an Entstehung des Schadensersatzes anknüpfend MünchKomm/Ernst Rn 43; Bruch [2004] 107; **aA** NK-BGB/Arnold Rn 54: Zeitpunkt der Entstehung des Erfüllungsanspruchs).

VIII. Beweislast

Nach der prozessualen Verteilung der Darlegungslast muss der den Aufwendungsersatz beanspruchende **Gläubiger** die Tatsachen darlegen und notfalls beweisen, die seinen Anspruch begründen. Hierzu gehören zunächst die Tatsachen, die einen Anspruch auf Schadensersatz statt der Leistung begründen könnten (Rn 23 f), ferner ein auf den Aufwendungsersatz gerichtetes, dem Schuldner erklärtes Verlangen entspr § 281 Abs 4 BGB. Hinzu tritt die Darlegung der geplanten Verwendung der Leistung, soweit dies für die Vergeblichkeit der Aufwendungen erheblich ist (vgl MünchKomm/Ernst Rn 26; Gsell, in: Dauner-Lieb, Praxis [2003] 328), und des darauf bezogenen Zwecks der Aufwendungen: Nur dann können Art, Umfang und Vergeblichkeit der Aufwendungen beurteilt werden. Der Gläubiger muss insbes einen ggf „nichtkommerziellen" Charakter der geplanten Verwendung darlegen und beweisen, um dem Einwand mangelnder Rentabilität zu entgehen. Hinsichtlich der Höhe der Aufwendungen kommt dem Gläubiger uU § 287 ZPO zur Hilfe (vgl BGHZ 143, 41, 50; Baumgärtel/Repgen, Beweislast [4. Aufl 2018] Rn 4). Ferner hat der Gläubiger alle sonstigen Voraussetzungen des Schadensersatzes statt der Leistung (§§ 280 Abs 1, Abs 3, 281–283 BGB) zu beweisen außer dem Vertretenmüssen (Rn 69), ferner das Aufwendungsersatzverlangen (§ 281 Abs 4 BGB, Rn 54). 67

Nach dem Wortlaut des Gesetzes gehört die **Billigkeit** zu den Anspruchsvoraussetzungen und ist – anders als § 254 BGB – nicht als Einwand ausgestaltet. Deshalb ist es Sache des Gläubigers, hinsichtlich der Billigkeit aufkommende Zweifel durch entsprechenden Tatsachenvortrag auszuräumen (ebenso MünchKomm/Ernst Rn 48). Macht der Gläubiger offenkundig außer Verhältnis stehende Aufwendungen geltend, ist seine Klage daher insoweit nicht schlüssig. Halten sich die Aufwendungen im üblichen Rahmen (Rn 40) ist es Sache des Schuldners, besondere Umstände darzulegen und zu beweisen, die sie ausnahmsweise als unbillig erscheinen lassen können (vgl Palandt/Grüneberg Rn 9; diese Aussage ist entgegen Baumgärtel/Repgen, Beweislast [4. Aufl 2018] Rn 8 m Fn 17 differenziert). 68

Demgegenüber muss der **Schuldner** darlegen und beweisen, dass er die Pflichtverletzung nicht zu vertreten hat (§ 280 Abs 1 S 2 BGB; Ausnahme § 619a BGB; s § 280 Rn D 1 ff) bzw im Falle des anfänglichen Leistungshindernisses dieses nicht gekannt 69 und seine Unkenntnis auch nicht zu vertreten hat (§ 311a Abs 2 S 2 BGB). Der Schuldner hat außerdem zu beweisen, dass die Pflichtverletzung für die Frustrierung der Aufwendungen nicht ursächlich war bzw dass die Aufwendungen ohnehin ihren Zweck nicht erreicht hätten (vgl § 284 BGB aE; Palandt/Grüneberg Rn 9; NK-BGB/Arnold Rn 53a; Baumgärtel/Repgen, Beweislast [4. Aufl 2018] Rn 6 u 9 ff; BeckOGK/Dornis [1. 3. 2019] Rn 168). Darin liegt eine im Vergleich zur Rentabilitätsvermutung erhebliche Verbesserung für den Gläubiger (Rn 44, krit Altmeppen Betrieb 2001, 1821, 1823 mit Fn 17). Da der Schuldner keinen Einblick in die Geschäftsführung des Gläubigers hat, sind die Anforderungen nicht zu hoch anzusetzen: Der Schuldner muss lediglich darlegen und beweisen, dass die Zweckerreichung nach dem gewöhnlichen Lauf der Dinge oder nach den besonderen Umständen unwahrscheinlich gewesen ist (ebenso MünchKomm/Ernst Rn 47; NK-BGB/Arnold Rn 53a; Stoppel AcP 204 [2004] 81, 105); doch müssen seinen Darlegungen substanziierte Zweifel an der Zweckerreichung zu entnehmen sein (ähnlich Emmerich, in: FS Otte [2005] 109 f). Die Beweislast trägt der Schuldner ferner für eine **anderweitige Nutzung** der Aufwendungen (Rn 65), ebenso für ein **Mitverschulden** des Gläubigers (Rn 62).

IX. Verhältnis zu §§ 347 ff

70 Der Aufwendungsersatzanspruch des § 284 BGB wird als Teil des haftungsrechtlichen Schutzes der §§ 280 ff BGB nicht durch die Ausgleichsregeln der §§ 346 ff BGB (insbes § 347 Abs 2 BGB) verdrängt. Für Aufwendungen, die der Gläubiger *vor Erhalt der Leistung* betrieben hat, versteht sich dies von selbst, da der Anspruch auf Verwendungsersatz gem § 347 Abs 2 BGB die Rückgewähr der Leistung und damit den vorherigen Erhalt der Leistung durch den Gläubiger voraussetzt (BGHZ 163, 381, 388 ff; Schwarze, Leistungsstörungen [2017] § 25 Rn 42 aE). Aber auch für Aufwendungen, die der Gläubiger *nach Erhalt der Leistung* auf diese macht, gilt nichts anderes (BGHZ 163, 381, 385 bzw BGH 20. 7. 2005 – VIII ZR 275/04, NJW 2005, 2849 f; Staudinger/Kaiser [2012] § 347 Rn 61; Palandt/Grüneberg § 347 Rn 3; zust MünchKomm/Ernst Rn 17; Ellers Jura 2006, 201, 203 f; Gsell NJW 2006, 125; vorsichtiger Tröger ZIP 2005, 2238, 2242). Praktisch handelt es sich um Fälle der Schlecht-, Teil- bzw Aliudleistungen (§ 281 BGB), aber auch des § 282 BGB. Der Gläubiger kann in diesen Fällen Aufwendungen gem § 284 BGB ersetzt verlangen, die den Tatbestand der „Verwendung" iSv § 347 Abs 2 BGB erfüllen, aber nicht „notwendig" oder „bereichernd" iS dieser Regelung sind, ebenso solche Aufwendungen, die der Gläubiger infolge der Störung der Leistung nicht auf diese verwenden konnte (Kauf eines Dressursattels für ein vermeintliches Dressurpferd, das sich aufgrund einer früheren Verletzung als solches nicht eignet). Diese *Verbesserung der Gläubigerposition* ist Folge des § 325 BGB, demzufolge der Rücktritt und – insoweit gleichzustellen – das Schadensersatzverlangen (§ 281 Abs 4, Abs 5 BGB) keine nachteiligen Auswirkungen auf den haftungsrechtlichen Schutz des Gläubigers haben dürfen (BGHZ 163, 381, 388 ff; näher Staudinger/Schwarze § 325 [2015] Rn 33 ff). Sie ruht rechtsethisch auf dem Vertretenmüssen des Schuldners, das Voraussetzung der Haftung gem § 284 BGB, nicht aber des Verwendungsersatzes gem § 347 Abs 2 BGB ist. Mit dieser Wertung ist die in der Literatur zT vertretene **abweichende Auffassung** nicht zu vereinbaren, *§ 347 Abs 2 BGB sei für alle ab Erhalt getätigten Verwendungen vorrangig* (so Faust, in: Huber/Faust, Schuldrechtsmodernisierung [2002] Rn 4/18 f; vgl auch Begr BT-Drucks 14/6040, 197). Allerdings muss die Aufwendung gem § 284 BGB im Vertrauen auf den Erhalt der Leistung, dh zB im Vertrauen auf deren Mangelfreiheit erfolgt sein. § 347 Abs 2 BGB setzt dies nicht voraus.

Gebrauchsvorteile des Gläubigers mindern den Aufwendungsersatz gem § 284 BGB im Wege der Vorteilsausgleichung (BGHZ 163, 381, 388 bzw BGH 20. 7. 2005 – VIII ZR 275/04, NJW 2005, 2850 f: Abzugsbetrag von 20 % bei einer Nutzung von einem Jahr und einer potenziellen Nutzungsdauer von fünf Jahren – zur Anrechnung der Vorteile auf den Aufwendungsersatz näher Rn 60). Zudem ist der Aufwendungsersatzanspruch nur Zug um Zug gegen Rückgabe der Kaufsache und Erfüllung weiterer, dem Rücktrittsgegner zustehender Ansprüche durchzusetzen; der zurücktretende Gläubiger kann den Schuldner hinsichtlich des Aufwendungsersatzanspruchs daher nur unter Angebot der Sachrückgabe usw in Schuldnerverzug setzen (BGHZ 163, 381, 390). 71

X. Abdingbarkeit

Von der Regelung des § 284 BGB abweichende Vereinbarungen sind einzelvertraglich ohne Weiteres möglich; die Norm gehört zum dispositiven Recht. Dies gilt auch im Rahmen des Verbrauchsgüterkaufs (§ 474 BGB), da die Ausnahme in § 476 Abs 3 BGB mit dem „Schadensersatz" die Haftung gem §§ 280 ff BGB und den dazu gehörigen Aufwendungsersatz gem § 284 BGB einschließt (Staudinger/Matusche-Beckmann [2014] § 475 Rn 113; Fischinger/Wabnitz ZGS 2007, 139, 144). Ist nur der Ersatz von Aufwendungen begrenzt oder abbedungen, hindert dies den Gläubiger nicht, die Aufwendungen nach Maßgabe der Rentabilitätsvermutung als Schadensersatz statt der Leistung geltend zu machen. 72

Der Ausschluss des Anspruchs gem § 284 BGB durch **AGB** im *nicht unternehmerisch geprägten Verkehr* (§ 310 Abs 1 S 1 BGB) unterliegt dem Klauselverbot gem § 309 Nr 7 Buchst b BGB, wenn die Klausel insgesamt den Schadensersatz statt der Leistung und dessen Voraussetzungen regelt. Problematisch ist dagegen, ob eine Beschränkung oder der Ausschluss allein des Aufwendungsersatzanspruchs dem Klauselverbot des § 309 Nr 7 Buchst b BGB unterliegt. Teilweise wird die Anwendbarkeit des Klauselverbots unter Hinweis auf den Wortlaut („Schäden") abgelehnt (MünchKomm/Ernst Rn 42). Der Hinweis von Ernst (MünchKomm/Ernst Rn 42), die Vorschrift stelle „von jeher" allein auf den Ersatz von Schäden materieller Natur ab, während § 284 BGB auch den Ausgleich für immaterielle Schäden betreffe, trifft aber die Schadensähnlichkeit des Geschehens („Frustration") nicht, schon gar nicht bei „kommerzieller" Leistungsverwendung. Nimmt man die systematische Anbindung an den Schadensersatz statt der Leistung hinzu und die wechselseitige Überlagerung von Aufwendungs- und Schadensersatz, sprechen überwiegende Gründe für die Anwendung des § 309 Nr 7 Buchst b BGB. AGB-rechtlich ist der Aufwendungsersatz also wie ein Anspruch auf Schadensersatz zu behandeln (wie hier Staudinger/Coester-Waltjen [2013] § 309 Nr 7 Rn 2; Bruch [2004] 132 ff; Grigoleit ZGS 2002, 122, 124). Im *Verkehr zwischen Unternehmern* bleiben die Vorgaben des § 309 Nr 7 Buchst b BGB als Maßstab im Rahmen der Generalklausel des § 307 BGB beachtlich (s nur Palandt/Grüneberg § 307 Rn 39). 73

Eine gem § 309 Nr 7 Buchst b BGB zulässige **Haftungsbeschränkung** zu Gunsten des AGB-Verwenders ist gem § 307 Abs 2 Nr 2 BGB unwirksam, wenn darin eine Einschränkung für die Vertragsdurchführung wesentlicher Rechte oder Pflichten („Kardinalpflichten") zu sehen ist und dadurch der Vertragszweck gefährdet wird. Mit dieser Vorgabe unvereinbar sind Klauseln, die vertragstypische, vorhersehbare Risiken von der Haftung ausschließen (vgl BGH 27. 9. 2000 – VIII ZR 155/99, NJW 2001, 74

292, 302; BGH 14. 11. 2000 – X ZR 211/98, NJW-RR 2001, 342, 343; Staudinger/Coester [2013] § 307 Rn 438 ff mwNw). Bei **Leistungen ideeller Art** wie in den „Konzertreisefällen" (vgl Rn 3) wird das vertragstypische Haftungsrisiko in der Frustrierung der Aufwendungen liegen. Ein vollständiger Ausschluss des Aufwendungsersatzes ist demnach idR unangemessen (ebenso Grigoleit ZGS 2002, 122, 124). Summenmäßige Haftungsbegrenzungen, die in einem angemessenen Verhältnis zum üblichen, eben als vertragstypisch zu bewertenden Risiko stehen, sind zulässig. Einen zusätzlichen Schutzeffekt entfaltet das Verbot der geltungserhaltenden Reduktion (st Rspr, s nur BGH 14. 11. 2000 – X ZR 211/98, NJW-RR 2001, 342, 343 mwNw) und die Nichteinbeziehung überraschender und unklarer Klauseln (§§ 305c Abs 2, 307 Abs 1 S 2, Abs 3 S 2 BGB). Zur Bedeutung der Haftungsbeschränkung in § 6 Abs 6 S 1 **VOB/B** für Ansprüche gem § 284 BGB s Leineweber, in: FS Quack (2009) 329, 340 ff.

75 Eine **Haftungserweiterung** durch AGB dergestalt, dass der Schuldner für Aufwendungen in angefallener Höhe unabhängig von der Berücksichtigung der beiderseitigen Interessen und der Billigkeit haftbar gemacht wird, ist gem § 307 Abs 1 iVm Abs 2 Nr 1 BGB unwirksam, auch im unternehmerischen Verkehr (BGH 18. 10. 2017 – VIII ZR 86/16 Rn 25, NJW 2018, 291).

§ 285
Herausgabe des Ersatzes

(1) Erlangt der Schuldner infolge des Umstands, auf Grund dessen er die Leistung nach § 275 Abs. 1 bis 3 nicht zu erbringen braucht, für den geschuldeten Gegenstand einen Ersatz oder einen Ersatzanspruch, so kann der Gläubiger Herausgabe des als Ersatz Empfangenen oder Abtretung des Ersatzanspruchs verlangen.

(2) Kann der Gläubiger statt der Leistung Schadensersatz verlangen, so mindert sich dieser, wenn er von dem in Absatz 1 bestimmten Recht Gebrauch macht, um den Wert des erlangten Ersatzes oder Ersatzanspruchs.

Materialien: E I § 238 Abs 1; II § 237; III § 275; Jakobs/Schubert, SchR I 209; KE 131; DE 319; KF 14; RegE 144; Beschlussempfehlung und Bericht d Rechtsausschusses BT-Drucks 14/7052, 282.

Schrifttum

1. Zur und nach der Schuldrechtsreform

Bezzenberger, Ersatzherausgabe und Versicherung beim Grundstückskaufvertrag in der Schwebe, in: Liber amicorum für Klaus Mock (2009) 39

B Ebert, Das Recht auf den Eingriffserwerb, ZIP 2002, 2296

Eichel/Fritzsche, Gewinnabschöpfung im Rückgewährschuldverhältnis, NJW 2018, 3409

Ernst, Doppelverkauf – ein Panorama, in: FS Heldrich (2005) 113

Hammen, Stellvertretendes commodum bei anfänglicher Unmöglichkeit für jedermann?, in: FS Hadding (2004) 41

HARTMANN, Der Anspruch auf das stellvertretende commodum (2007)
ders, Ersatzherausgabe und Gewinnhaftung beim internationalen Warenkauf, IHR 2009, 189
HELMS, Gewinnherausgabe als haftungsrechtliches Problem (2007)
ders, Grenzen der Gewinnabschöpfung bei vorsätzlichem Vertragsbruch, ZEuP 2008, 150
HOFFMANN, Zum vermögensrechtlichen Schutz absoluter und relativer Rechtspositionen an der Schnittstelle zum Immaterialgüterrecht, Jura 2014, 71
HOFMANN, Gewinnherausgabe bei Vertragsverletzungen – „Bereicherungsrechtliche" Überlegungen unter Berücksichtigung des englischen Rechts, AcP 213 (2013) 469
KLEINHENZ/JUNK, Der Anspruch des Bestellers aus § 285 Abs 1 BGB bei abredewidriger Veräußerung der Werksache durch den Unternehmer, ZGS 2008, 253
LEHMANN/ZSCHACHE, Das stellvertretende Commodum, JuS 2006, 502
LINARDATOS/RUSSMANN, Der Anspruch auf das stellvertretende commodum bei Rückgewährunmöglichkeit, Jura 2013, 861
LÖWISCH, Herausgabe von Ersatzverdienst – Zur Anwendbarkeit von § 285 BGB auf Dienst- und Arbeitsverträge, NJW 2003, 2049
ST LORENZ, Das „Zurückspringen" der Gefahr auf den Verkäufer und seine Folgen – Zur Anwendbarkeit von § 285 BGB im Rahmen des Rückgewährschuldverhältnisses, NJW 2015, 1725
OLSHAUSEN, Voraussetzungen und Verjährung des Anspruchs auf ein stellvertretendes Commodum bei Sachmängeln, ZGS 2002, 194
STOLL, Vorteilsausgleichung bei Leistungsvereitelung, in: FS Schlechtriem (2003) 677
WACKERBARTH, § 285 BGB und die Lehre vom effizienten Vertragsbruch, ZGS 2006, 369
ders, Die Reichweite des § 285 BGB im Rahmen der Gewährleistung am Beispiel von Käuferketten, ZGS 2008, 341
WEISS, Die Ergänzung besonderer Rechtsverhältnisse durch die allgemeinen Vorschriften der §§ 280 ff BGB, JuS 2012, 965.

2. Vor der Schuldrechtsreform

BOLLENBERGER, Das stellvertretende Commodum (1999)
BÜDENBENDER, Rückgewähransprüche im Bürgerlichen Recht, JuS 1998, 227
DEUBNER, Bemerkungen zur analogen Anwendung des § 281 BGB auf den Herausgabeanspruch, MDR 1958, 197
DÖLLE, Eigentumsanspruch und Ersatzherausgabe, Reichsgerichtspraxis im deutschen Rechtsleben, Bd 3 (1929) 22
FRANK, Anwendbarkeit des § 281 BGB auf den verschärft haftenden Bereicherungsschuldner – BGHZ 75, 203, JuS 1981, 102
HARDER, commodum eius esse debet, cuius periculum est, in: FS Kaser (1976) 351
HAYMANN, Zuwendung aus fremdem Vermögen, JherJb 77 (1927) 188
HÖHN, Die Beeinträchtigung von Rechten durch Verfügungen. Eine Untersuchung der Ansprüche aus §§ 281 Abs 1, 816 Abs 1 S 1, 818 Abs 1 BGB (1986)
H H JAKOBS, lucrum ex negotiatione (1993)
JOCHEM, Eigentumsherausgabeanspruch (§ 985 BGB) und Ersatzherausgabe (§ 281 BGB): Abschied von einem Wiedergänger, MDR 1975, 177
KISCH, Die Wirkung der nachträglich eintretenden Unmöglichkeit der Erfüllung bei gegenseitigen Verträgen nach dem Bürgerlichen Gesetzbuche für das Deutsche Reich (1900)
KLAPPROTH, Zur analogen Anwendung des § 281 BGB auf den Eigentumsherausgabeanspruch (bei zufälligem Untergang der Sache), MDR 1965, 525
KNÜTEL, § 281 BGB beim Rückgewähranspruch, JR 1983, 355
KÖNDGEN, Immaterialschadensersatz, Gewinnabschöpfung oder Privatstrafen als Sanktionen für Vertragsbruch? – Eine rechtsvergleichend-ökonomische Analyse –, RabelsZ 56 (1992) 696
KÜPPER, Fortwirkung eines Vermächtnisses als Anspruch auf Ersatzherausgabe (§ 281 BGB), VIZ 2000, 195
LOBINGER, Der Anspruch auf das Fehlersurrogat nach § 281 BGB – BGHZ 114, 34, JuS 1993, 453
LÖWISCH, Der Deliktsschutz relativer Rechte (1970)
MACHLEID, Zum Vorteilsausgleich im Schadensersatzrecht, JZ 1952, 644
MEDICUS, Typen bei der Rückabwicklung von Leistungen, JuS 1990, 689

MERLE, Risiko und Schutz des Eigentümers bei Genehmigung der Verfügung des Nichtberechtigten, AcP 183 (1983) 81
REINICKE/TIEDTKE, Wirkungen des Gewährleistungsausschlusses im Kaufrecht, ZIP 1997, 1093
H ROTH, Gedanken zur Gewinnhaftung im Bürgerlichen Recht, in: FS Niederländer (1991) 363
SELB, Schadensbegriff und Regreßmethoden – Eine Studie zur Wandlung der Denkformen des Regresses bei Schuldnermehrheit mit der Veränderung des Schadensbegriffes (1963)
SCHULZ, System der Rechte auf den Eingriffserwerb, AcP 105 (1909) 1
SIEG, Die Versicherungsentschädigung als Surrogat für unmöglich gewordene Sachleistung, VersR 1996, 167
STAMM, Regreßfiguren im Zivilrecht (2000)
TIEDTKE, Der Anspruch des Käufers auf das Surrogat bei Mängeln der Sache, NJW 1992, 3213
TITZE, Die Unmöglichkeit der Leistung nach deutschem bürgerlichen Recht, KritV 44 (1903) 506
WIECZOREK, Die Erlösherausgabe bei § 281 BGB (1995).

Systematische Übersicht

Alphabetische Übersicht

I. Allgemeines

1. Grundgedanke

1 Der durch die Schuldrechtsreform an die Stelle des früheren § 281 aF getretene § 285 BGB zieht **eine Konsequenz aus § 275 BGB**: Da der Gläubiger die Gefahr der nachträglichen Unmöglichkeit oder Unzumutbarkeit der Leistung trägt, erscheint es billig, einen Ersatz oder Ersatzanspruch, den der Schuldner infolge des die Unmöglichkeit oder Unzumutbarkeit herbeiführenden Umstandes für den geschuldeten Gegenstand erhält, dem Gläubiger zuzusprechen (BGH 19. 6. 1957 – IV ZR 214/56, BGHZ 25, 1, 8 f = NJW 1957, 1514; BGH 10. 2. 1988 – IVa ZR 249/86, NJW-RR 1988, 902, 903; krit Bollenberger 54 ff; Hartmann 40 ff). Deshalb kann er dieses sog stellvertretende commodum vom Schuldner herausverlangen (s auch Staudinger/Schwarze Vorbem C 15 ff zu §§ 280 ff). Die **Rechtsprechung** erblickt, soweit es sich um vertragliche Schuldverhältnisse handelt, in § 285 BGB einen gesetzlich geregelten Fall **ergänzender Vertragsauslegung** (BGH 19. 6. 1957 – IV ZR 214/56, BGHZ 25, 1, 9 = NJW 1957, 1514; BGH 30. 1. 1987 – V ZR 32/86, BGHZ 99, 385, 388 = NJW 1987, 1631; BGH 10. 2. 1988 – IVa ZR 249/86, NJW-RR 1988, 902, 903; BGH 25. 4. 1997 – LwZR 4/96, BGHZ 135, 284, 289 = NJW 1997, 2316; OLG Zweibrücken 15. 2. 2018 – 4 U 111/17 Lw juris Rn 26, juris; ebenso

Tiedtke NJW 1992, 3213, 3214; Palandt/Grüneberg Rn 2; PWW/Schmidt-Kessel/Kramme Rn 1).

2 Die überwiegende Meinung in der **Literatur** sieht in § 285 BGB einen **Unterfall der Eingriffskondiktion**. Der Anspruch auf Ersatzherausgabe sei ein Ausgleich dafür, dass der Leistungsgegenstand wirtschaftlich gesehen dem Gläubiger gebühre, dem deshalb auch der für den Leistungsgegenstand erlangte Ersatz zustehe (Bollenberger 112 ff, 129 f, 197 ff; Picker, Forderungsverletzung und culpa in contrahendo, AcP 183 [1983] 369, 512 Fn 351: „Gemeinsamer Geltungsgrund der §§ 812 ff und des § 281 BGB"; Soergel/Wiedemann[12] § 281 Rn 2: „Ausgleich einer materiell unrichtigen Vermögensverteilung", mit § 816 BGB „zweckverwandt"; ausf Hartmann 7 ff, 21 ff; Hoffmann Jura 2014, 71, 75; anders wiederum Helms 355 f, der für Leistungspflichten im Gegenseitigkeitsverhältnis eine Parallele zur Leistungskondiktion und zum rücktrittsrechtlichen Ausgleichsschuldverhältnis zieht; ohne Festlegung, aber mit Hinweis auf eine „unverkennbare Verwandtschaft mit § 816" MünchKomm/Emmerich Rn 2). Demgegenüber hat Stoll mit Recht eingewandt, dass nur die absolut geschützten Rechtspositionen einen Zuweisungsgehalt im Sinne der bereicherungsrechtlichen Lehre vom Eingriffserwerb haben und deshalb auf die Störung von Forderungsrechten allenfalls dann übertragen werden könnten, wenn in die Forderungszuständigkeit eingegriffen wird, was aber nicht schon dann der Fall ist, wenn der Schuldner an der Erfüllung behindert wird (Stoll, in: FS Schlechtriem [2003] 677, 687 f). Soweit man sonst von einem relativen Zuweisungsgehalt von Forderungen sprechen wollte, ist derjenige einer Forderung auf Erbringung einer persönlichen Leistung nach unserem Schuldrecht kein anderer als derjenige der Forderung auf Lieferung einer Sache oder eines Immaterialgüterrechts oder auf Übertragung einer Forderung.

3 Der eigentlichen Funktion des Anspruchs auf Ersatzherausgabe kommt man durch eine **Parallele zum Institut der Vorteilsausgleichung** des Schadensersatzrechts näher, wie sie von Stoll gezogen wird: In den Fällen des § 285 BGB bereichert dasselbe Ereignis, welches das Gläubigerrecht vereitelt, zwar nicht den betroffenen Gläubiger (wie das auf die Vorteilsausgleichung zutrifft), wohl aber den Schuldner, dessen Leistung der Gläubiger zu fordern berechtigt war. Die Zusammenführung von Schuldnervorteil und Gläubigernachteil zur Vermeidung einer Bereicherung des Schuldners unter gleichzeitiger Verminderung der dem Gläubiger entstandenen Nachteile erscheint, wie es Stoll formuliert, hier unausweichlich, soweit Schuldnervorteil und Gläubigernachteil als zusammengehörige, einander entsprechende Folgen desselben Ereignisses anzusehen sind. Diese Zusammenführung kann aber, weil Begünstigter und Betroffener verschiedene Personen sind, nur durch einen Anspruch des Gläubigers auf Herausgabe der Schuldnervorteile erreicht werden (Stoll, in: FS Schlechtriem [2003] 677, 688; auch nach Rothe Anm zu BGH 23. 12. 1966, LM BGB § 281 Nr 4 beruht der Anspruch auf Ersatzherausgabe auf dem Gesichtspunkt der Vorteilsausgleichung. Nahe kommt der Vorstellung auch Selb 69, nach dem der Anspruch auf Ersatzherausgabe nicht eine ungerechtfertigte Bereicherung ausgleichen, sondern lediglich die Tragung der Leistungsgefahr durch den Gläubiger korrigieren will).

4 Gegen die Kritik von Stoll an der bereicherungsrechtlichen Deutung des § 285 BGB hat Hartmann im Gefolge einer von Picker (AcP 183 [1983] 369, 507 f, 511 ff mit Fn 351; ders, Vertragliche und deliktische Schadenshaftung, JZ 1987, 1041, 1044, 1056; auch Lobinger JuS 1993, 453, 456 f) entwickelten Lehre erwidert, dass der Vertragsgegenstand durch die Obligation dem Gläubiger *inter-partes* bereits als Vermögenswert zuge-

ordnet werde (HARTMANN 21 ff, 60 ff, 82). So sei etwa beim Kauf durch die Unmöglichkeit eine Rechtsposition beeinträchtigt, die vertraglich bereits dem Käufer zustehe (im Ausgangspunkt auch BOLLENBERGER 103 ff, 112 ff). Daran ist richtig, dass mit dem isolierten Blick auf die Obligation die Unterscheidung zwischen relativem und absolutem Recht an Aussagekraft verliert. Aber man kommt doch nicht daran vorbei, dass auch in der Rechtsbeziehung von Schuldner und Gläubiger mit dem Vertragsschluss der geschuldete Gegenstand dem Gläubiger noch nicht zugewiesen ist. So zeigt sich gerade für den Kauf, dass dem Käufer die Nutzungen erst von der Übergabe an gebühren und nicht schon ab dem Vertragsschluss zustehen (§ 446 S 2 BGB), wie STOLL richtig eingewandt hat (STOLL, in: FS Schlechtriem [2003] 677, 686 f). Das lässt sich auch nicht mit dem Argument beiseiteschieben, die auf den Fall ordnungsgemäßer Erfüllung zugeschnittene Regelung des § 446 S 2 BGB beanspruche keine uneingeschränkte Geltung, wenn eine Leistungsverzögerung eintrete (so aber HARTMANN 67). Denn hier gewährt das Gesetz mit dem vom Verschulden und regelmäßig einer Mahnung abhängigen Verzug nur den Ersatz des Schadens, der aus der Verzögerung *ab Fälligkeit* selbst resultiert (§§ 280 Abs 1, 2, 286 BGB; s auch Rn 50). Nicht aber lässt sich sagen, dass mit dem Vertragsschluss die Nutzungen und damit die gekaufte Sache als solche schon dem Gläubiger zugewiesen sind. Auch zeigt § 275 Abs 2 BGB, dass der Schuldner wählen kann, ob er die Leistung erbringt oder im Wege der Einrede verweigert, wenn sie in Abwägung mit dem Gläubigerinteresse für ihn einen unzumutbaren Aufwand erfordert (§ 275 Rn 85 ff, 114 ff). Dieses Wahlrecht lässt sich mit einer schon durch den Vertragsschluss bewirkten Zuordnung inter-partes an den Gläubiger nicht vereinbaren. Dass HARTMANN im Übrigen der schadensrechtlichen Deutung keinen größeren Erkenntnisgewinn als der bereicherungsrechtlichen Deutung abgewinnen kann (HARTMANN 70 ff, 80), spricht nicht gegen die an der Vorteilsausgleichung des Schadensersatzrechts orientierte Lösung.

Eine gewisse Bestätigung findet die hier übernommene Auffassung von STOLL dadurch, dass § 285 BGB ausdrücklich auch auf § 275 Abs 3 BGB Bezug nimmt (dazu noch Rn 24), der die Unzumutbarkeit **persönlich zu erbringender Leistungen** zum Gegenstand hat. Bei solchen Leistungen, wie insbesondere Dienst- und Arbeitsleistungen, kann von einem Zuweisungsgehalt im Sinne der Vorstellung von der Eingriffskondiktion von vornherein keine Rede sein. Wohl aber entfaltet die Zusammenführung von Schuldnervorteil und Gläubigernachteil zur Vermeidung einer Bereicherung des Schuldners und gleichzeitiger Verminderung der dem Gläubiger entstandenen Nachteile auch hier ihren guten Sinn. Das gilt besonders, wenn man an die Fälle denkt, in denen der Gläubiger aufgrund besonderer Vorschriften wie etwa § 616 BGB, § 3 EntgeltfortzahlungsG, § 18 MuSchG oder auch tarifvertraglicher Bestimmungen zur Gegenleistung verpflichtet bleibt (LÖWISCH NJW 2003, 2049, 2051 ff). S zu diesen Fällen auch noch unten Rn 41. 5

Im Unterschied zum gemeinen Recht (vgl hierzu die Nw bei STAUDINGER/A WERNER[10/11] Vorbem 37 zu §§ 275–292) gewährt das BGB den Anspruch auf Ersatzherausgabe nicht nur im Fall der unverschuldeten Unmöglichkeit, sondern auch dann, wenn dem Gläubiger gegen den Schuldner ein Anspruch auf **Schadensersatz statt der Leistung** zusteht. In diesem Fall wird nach Abs 2 lediglich die **Anrechnung** des erlangten Ersatzes oder Ersatzanspruches auf den Schadensersatz angeordnet (dazu noch Rn 55 ff). 6

7 Wenn § 285 BGB dem Gläubiger den Anspruch auf Herausgabe des Ersatzes oder Abtretung des Ersatzanspruchs zubilligt, so ist damit zugleich gesagt, dass das Gesetz den *Dritten,* der, aus welchem Rechtsgrund auch immer, den Ersatz zu leisten hat, als denjenigen ansieht, der *näher an der Schadenstragung daran ist* als der Gläubiger. Der Gläubiger soll gegenüber dem Dritten wirtschaftlich gesehen Regress nehmen können. Hier liegt der innere Grund dafür, dass sich der Versicherer einer verkauften Sache nicht darauf berufen kann, dass der Eigentümer und Veräußerer durch den Übergang der Preisgefahr bereits entlastet ist (BGH 4. 3. 1955 – V ZR 56/54, BB 1955, 398). Auch das *Institut der Drittschadensliquidation,* etwa im Fall der Schadensverlagerung nach § 447 BGB, findet hier seine Rechtfertigung (Selb 41 ff; Löwisch 144 f; zur Drittschadensliquidation s allg Staudinger/Schiemann [2017] Vorbem 62 ff zu §§ 249 ff).

8 Der Anspruch aus § 285 BGB ist daran geknüpft, dass der Schuldner **tatsächlich einen Ersatz oder Ersatzanspruch erlangt** hat. Aus § 285 BGB lässt sich deshalb *keine Verpflichtung* des Schuldners ableiten, für den Fall der Unmöglichkeit für einen *Ersatz,* insbesondere durch eine vorherige Versicherung der Sache, *zu sorgen* (BGH 8. 3. 1991 – V ZR 351/89, BGHZ 114, 34, 37 = NJW 1991, 1675 für den Fall der Unterversicherung einer brandgeschädigten Sache). Ebenso wenig ist der Schuldner gehalten, sich möglicher Ansprüche nicht durch eine vorherige Haftungsfreistellung Dritter, die mit dem geschuldeten Gegenstand in Berührung kommen, zu begeben. Eine Grenze zieht insoweit nur § 241 Abs 2 BGB: Wenn der Schuldner im Hinblick darauf, dass die Leistungsgefahr ja ohnehin der Gläubiger trägt, ohne sachlichen Grund eine Haftungsfreistellung vereinbart, so kann dies eine Vertragspflichtverletzung nach §§ 280 Abs 1, 3, 282, 241 Abs 2 BGB darstellen. Verleiht etwa der Erbe, der aufgrund des Testaments den Pkw des Erblassers einem Vermächtnisnehmer herauszugeben hat, den Wagen an einen Bekannten und vereinbart er, weil er an dem Wagen nicht interessiert ist, mit diesem einen vollständigen Haftungsausschluss, so wird er dem Vermächtnisnehmer schadensersatzpflichtig, wenn der Wagen infolge eines Verschuldens des Bekannten untergeht, für das dieser wegen des Haftungsausschlusses nicht haftet.

9 Von dem eben behandelten Fall ist der zu unterscheiden, dass der Schuldner gegenüber dem Dritten auf einen bereits **erworbenen Ersatzanspruch nachträglich verzichtet**. Durch diesen Verzicht verletzt er seine Abtretungsverpflichtung aus § 285 BGB (vgl dazu unten Rn 51). Auch kann eine Pflichtverletzung darin liegen, dass der Schuldner, der die Leistung beim Dritten eingeklagt hat, nach Stellung des Abtretungsverlangens durch den Gläubiger ein klagabweisendes Versäumnisurteil gegen sich ergehen lässt mit der Folge, dass zugunsten des Dritten Rechtskraft eintritt.

10 Für den gegenseitigen Vertrag bestimmt § 326 Abs 3 S 1 BGB, dass der Gläubiger, der nach § 285 BGB Herausgabe des Ersatzes oder Abtretung des Ersatzanspruchs verlangt, dem Schuldner zur Gegenleistung verpflichtet bleibt. Der Gegenleistungsanspruch berechtigt den Schuldner zur Einrede des § 320 BGB gegenüber dem Anspruch des Gläubigers aus § 285 BGB (Stamm 206 f). S im Übrigen Staudinger/Schwarze (2015) § 326 Rn D 1 ff.

2. Anwendungsbereich

11 § 285 BGB findet auf **alle schuldrechtlichen Ansprüche** Anwendung, auf die seine Voraussetzungen zutreffen (dazu unten Rn 22 ff) und für die keine Sonderregelungen bestehen (BGH 11. 10. 1979 – VII ZR 285/78, BGHZ 75, 203, 206 = NJW 1980, 178). Das gilt gem § 62 S 2 VwVfG auch für den öffentlich-rechtlichen Vertrag (DE WALL, Die Anwendbarkeit privatrechtlicher Vorschriften im Verwaltungsrecht [1999] 380). Außerdem werden nunmehr auch Dienst- und Arbeitsverhältnisse sowie andere Schuldverhältnisse erfasst, deren Gegenstand eine persönliche Leistung ist (dazu oben Rn 5 und unten Rn 41).

12 § 285 BGB gilt auch für **gesetzliche** oder durch Verwaltungsakt begründete **Schuldverhältnisse**, etwa den Anspruch des Fiskus auf Nutzungsentgelt oder Herausgabe des Verkaufserlöses nach den Vorschriften über die Abwicklung der Bodenreform (BGH 4. 2. 2000 – V ZR 260/98, BGHZ 143, 373, 380 = NJW 2000, 1496; BGH 29. 11. 2002 – V ZR 445/01, MDR 2003, 322; BGH 17. 2. 2006 – V ZR 236/03 Rn 20 ff, NJW-RR 2006, 736) und den Anspruch auf Herausgabe eines Grundstückes aufgrund eines Restitutionsbescheids (OLG Brandenburg 3. 2. 1999 – 13 U 53/98, NVersZ 1999, 530, 532 f). Auf die Rückabwicklung einer strafprozessualen Beschlagnahme hat der BGH § 285 BGB analog angewendet (BGH 14. 11. 2014 – V ZR 90/13 Rn 10, NJW 2015, 1238).

13 Für § 281 aF ist angenommen worden, dass er auch für das **Rückgewährschuldverhältnis** aus §§ 346 ff BGB gelte (BGH 27. 10. 1982 – V ZR 24/82, NJW 1983, 929, 930; KNÜTEL JR 1983, 355 f; MEDICUS JuS 1990, 689, 693; STAUDINGER/KAISER [1995] § 347 Rn 39). Begründet wurde dies damit, dass § 347 aF eine Sonderregelung nur für die Ansprüche auf Schadensersatz, auf Herausgabe und Vergütung von Nutzungen und auf die Herausgabe von Verwendungen enthielt. Auch auf die Rückabwicklung nach dem Rücktritt vom Verbraucherkreditgeschäft (§ 13 VerbrKrG aF) war danach § 281 aF anzuwenden (BGH 5. 7. 1984 – III ZR 79/83, NJW 1984, 2294, 2295). Ob § 285 BGB weiterhin auf das Rückgewährschuldverhältnis anzuwenden ist, hat der BGH offengelassen (BGH 25. 3. 2015 – VIII ZR 38/14 Rn 21 f, NJW 2015, 1748). Soweit dies in der Literatur bejaht wird (ST LORENZ NJW 2015, 1225, 1227; MünchKomm/GAIER § 346 Rn 56; PALANDT/GRÜNEBERG § 346 Rn 20; PWW/SCHMIDT-KESSEL/KRAMME Rn 2; MünchKomm/EMMERICH Rn 8; anders SOERGEL/LOBINGER § 346 Rn 59 f, der § 818 Abs 1 BGB analog anwendet; **abl** EHMANN/SUTSCHET, Modernisiertes Schuldrecht [2002] 139 f), kann dem nicht gefolgt werden. Die §§ 346 ff BGB regeln das Rückgewährschuldverhältnis nunmehr umfassend. Insbesondere sieht § 346 Abs 2 BGB für alle Fälle, in denen die Rückgewähr ausgeschlossen ist, den Anspruch auf Wertersatz vor. Damit liegt nicht anders als im Falle des Rückgewährschuldverhältnisses aus ungerechtfertigter Bereicherung eine Sonderregelung vor, die hier wie dort (vgl Rn 14) die Anwendung des § 285 BGB ausschließt. Bestätigt wird dies durch die Regelung des § 346 Abs 4 BGB, der im Falle der Verletzung der Rückgewährpflicht dem Gläubiger zwar Schadensersatz nach Maßgabe der §§ 280–283 BGB ausdrücklich zuspricht, den Anspruch auf Ersatzherausgabe nach § 285 BGB aber nicht erwähnt. Für die bislang herrschende Meinung, nach der sich der Anspruch auf Ersatzherausgabe auch auf einen vom Schuldner erzielten Gewinn erstreckt (dazu unten Rn 41), muss der Sonderregelungscharakter der §§ 346 ff BGB im Übrigen auch noch aus § 346 Abs 2 S 2 BGB folgen, nachdem eine im Vertrag bestimmte Gegenleistung bei der Berechnung des Wertersatzes zugrunde zu legen ist: Diese Regelung würde unterlaufen, wenn mit Hilfe

von § 285 BGB auch ein die Gegenleistung übersteigender Erlös herauszugeben wäre (zust BeckOGK/Dornis [1. 6. 2019] Rn 28; im Grundsatz auch Linardatos/Russmann Jura 2013, 861, 864 ff, die im Übrigen für eine differenzierende Lösung eintreten; ebenfalls diff Eichel/Fritzsche NJW 2018, 3409, 3411 ff; Kaiser JZ 2016, 151, 153 f).

14 Eine **Sonderregelung** stellen die Vorschriften des *§ 818 Abs 1–3 BGB* dar. Insbesondere haftet der Bereicherungsschuldner, wenn er nach Entstehung des Anspruchs auf diesen verzichtet, dem Gläubiger nicht schon bei Fahrlässigkeit, sondern gem § 819 Abs 1 BGB nur dann, wenn er den Mangel des Rechtsgrundes tatsächlich kennt. Auch wäre es in diesem Fall nicht angemessen, dem Gläubiger einen Anspruch auf ein vom Bereicherungsschuldner erzieltes Entgelt zu geben (wie hier BGH 11. 10. 1979 – VII ZR 285/78, BGHZ 75, 203, 206 = NJW 1980, 178; Büdenbender JuS 1998, 227, 228; Frank JuS 1981, 102, 104; MünchKomm/Emmerich Rn 9; Höhn 82 ff; Schwarze, Leistungsstörungen [2017] § 26 Rn 24; zweifelnd Medicus JuS 1990, 689, 693; **aA** RG 11. 10. 1932 – II 58/32, RGZ 138, 45, 47 f; die Frage, welche das RG mit der Anwendung des § 281 aF lösen wollte, ob nämlich der Anspruch auf Herausgabe des Erlangten iS des § 816 BGB auch einen über den Wert hinausgehenden Erlös umfasst, wird heute durch eine zweckentsprechende Auslegung dieser Vorschrift beantwortet, s dazu Staudinger/Lorenz [2007] § 816 Rn 23 ff). Auf die *verschärfte Haftung des Bereicherungsschuldners* nach § 818 Abs 4 BGB und § 819 Abs 1 BGB ist § 285 BGB allerdings anzuwenden. Es handelt sich um eine der allgemeinen Vorschriften, auf die § 818 Abs 4 BGB verweist (BGH 11. 10. 1979 – VII ZR 285/78, BGHZ 75, 203, 207; BGH 9. 5. 2014 – V ZR 305/12 Rn 38, NJW 2014, 2790; BeckOGK/Dornis [1. 6. 2019] Rn 35; MünchKomm/Emmerich Rn 9; Schwarze, Leistungsstörungen [2017] § 26 Rn 24).

15 Für den **Erbschaftsanspruch** des § 2018 BGB gelten die Sondervorschriften der §§ 2019 ff BGB, die einen Herausgabeanspruch des Erben auf das vom Erbschaftsbesitzer rechtsgeschäftlich mit Mitteln der Erbschaft Erlangte (§ 2019 Abs 1 BGB) und auf Nutzungen gewähren und im Übrigen auf die Bereicherungsvorschriften verweisen (§ 2021 BGB). Eine Anwendung des § 285 BGB kommt aufgrund dieser Verweisung aber nach Rechtshängigkeit über § 818 Abs 4 BGB und bei Bösgläubigkeit über § 819 Abs 1 BGB in Betracht (Rn 14). Auf den *Vermächtnisanspruch* ist § 285 BGB anwendbar (BGH 9. 6. 1999 – IV ZR 278/98, BGHR BGB § 2174 Verjährung 1; BGH 16. 3. 2005 – IV ZR 272/03, NJW-RR 2005, 953, 954; BGH 16. 3. 2005 – IV ZR 246/03, WM 2005, 1232, 1234; KG 4. 9. 1998 – 17 U 3053/97, ZEV 1999, 494; Küpper VIZ 2000, 195, 197; Staudinger/Otte [2013] § 2174 Rn 32).

16 § 285 BGB gilt auch für den **Nacherfüllungsanspruch** bei Lieferung einer mangelhaften Kaufsache (§§ 437 Nr 1, 439 BGB) und eines mangelhaften Werks (§§ 634 Nr 1, 635 BGB). Ist die Nacherfüllung iS des § 275 Abs 1 BGB unmöglich oder verweigert sie der Schuldner nach § 275 Abs 2 oder 3 BGB, kann der Käufer oder Besteller Herausgabe eines vom Verkäufer oder Werkunternehmer erlangten Ersatzes oder Ersatzanspruchs, insbesondere eines Schadensersatzanspruchs oder eines Anspruchs auf eine Versicherungssumme, verlangen (Huber/Faust Kap 6 Rn 3). Da eine mangelhafte Leistung, bei der die Nacherfüllung nach § 275 Abs 1–3 BGB unmöglich oder unzumutbar ist, einen Fall der Teilunmöglichkeit bzw teilweisen Unzumutbarkeit darstellt (vgl § 275 Rn 60, 91), besteht hier regelmäßig nur ein *teilweiser Anspruch auf Ersatzherausgabe,* wenn das Surrogat mehr wert ist als die Differenz zwischen dem Wert des geschuldeten Gegenstands im mangelfreien und mangelhaften Zustand. Denn einen Übererlös kann der Käufer oder Besteller nicht

beanspruchen (Rn 41 f). Dabei bleibt der Käufer oder Besteller nach § 326 Abs 3 S 1 BGB zur vollen Gegenleistung verpflichtet. Ist das Surrogat weniger wert als die genannte Differenz, mindert sich die Gegenleistung nach Maßgabe des § 326 Abs 3 S 2 BGB. Gleiches gilt im Fall der nur teilweisen Unmöglichkeit oder Unzumutbarkeit der Nacherfüllung. Verlangt der Käufer oder Besteller über § 437 Nr 3 BGB bzw §§ 634 Nr 4, 636 BGB Schadensersatz, kann er gleichwohl den Anspruch aus § 285 BGB geltend machen. Jedoch mindert sich der Schadensersatz um den Wert des erlangten Ersatzes oder Ersatzanspruchs (Abs 2). Macht hingegen der Käufer oder Besteller von seinem Rücktrittsrecht oder seinem Recht zur Minderung gem §§ 437 Nr 2, 440 f, 634 Nr 3, 636, 638 BGB Gebrauch oder entscheidet sich der Besteller gem §§ 634 Nr 2, 637 BGB für die Selbstvornahme, kommt der Anspruch auf Ersatzherausgabe nicht in Betracht. Denn mit der Ausübung des Rücktrittsrechts nimmt der Gläubiger von der Erfüllung des Kaufvertrags oder Werkvertrags gerade Abstand (Huber/Faust Kap 6 Rn 8 ff), und bei der Minderung oder Selbstvornahme wird die Kompensation direkt über die Gegenleistung (§§ 437 Nr 2, 441 BGB; §§ 634 Nr 3, 638 BGB) bzw den Anspruch auf Ersatz der für die Selbstvornahme erforderlichen Aufwendungen (§ 637 Abs 1, 3 BGB) herbeigeführt. *Entsprechend ist § 285 BGB anzuwenden,* wenn der Verkäufer oder Werkunternehmer die Nacherfüllung nach §§ 439 Abs 4 bzw 635 Abs 3 BGB *verweigert* (BeckOGK/Dornis [1. 6. 2019] Rn 29; Bamberger/Roth/Faust § 437 Rn 166; Palandt/Grüneberg Rn 6).

Ein **vertraglicher Ausschluss der Gewährleistungsansprüche** erfasst den Anspruch aus § 285 BGB regelmäßig nicht. Der BGH entnimmt dies zu Recht einer ergänzenden Vertragsauslegung. Denn es widerspräche regelmäßig dem Parteiwillen, dem Verkäufer den vollen Kaufpreis zu belassen und ihm zusätzlich einen etwaigen Ersatz, insbesondere eine Versicherungssumme zu gewähren (BGH 10. 3. 1995 – V ZR 7/94, BGHZ 129, 103, 105 f = NJW 1995, 1737; BGH 20. 12. 1996 – V ZR 259/95, NJW 1997, 652; enger BGH 13. 2. 2004 – V ZR 225/03, NJW 2004, 1873, der beim Weiterverkauf eines Grundstücks unter Gewährleistungsausschluss eine derartige Regelungslücke für den Normalfall verneint und besondere Anhaltspunkte verlangt). Die Literatur ist dem überwiegend gefolgt (Jud, in: FS Huber [2006] 365, 374 f; Olshausen ZGS 2002, 194, 198 f; Tiedtke NJW 1992, 3213, 3214; Soergel/Benicke/Grebe Rn 103 ff; Palandt/Weidenkaff § 444 Rn 8; anders MünchKomm/Emmerich Rn 13, der dem Haftungsausschluss generell die Wirksamkeit nach §§ 138, 307 versagen will; **aA** Wackerbarth ZGS 2008, 341, 343, der den Gewährleistungsausschluss auf den Anspruch aus § 285 durchschlagen lässt). Ein expliziter Ausschluss auch des Anspruchs aus § 285 BGB in AGB ist nach § 307 BGB unwirksam, während einem im Einzelnen ausgehandelten Ausschluss des Ersatzanspruchs nicht generell über § 242 BGB die Wirksamkeit versagt werden kann (richtig Jud, in: FS Huber [2006] 365, 375 mNw). Für den Anspruch aus § 285 BGB gelten dann aber die kurzen Verjährungsfristen der Gewährleistungsansprüche des § 438 BGB entsprechend (BGH 8. 3. 1991 – V ZR 351/89, BGHZ 114, 34, 37 = NJW 1991, 1675 zu § 477 aF; MünchKomm/Emmerich Rn 13; **aA** Olshausen ZGS 2002, 194, 197 f; Schwarze, Leistungsstörungen [2017] § 26 Rn 28). Die abweichende Meinung des OLG Hamm (23. 5. 2000 – 28 U 213/99, MDR 2001, 87, 88) beruht auf der Annahme, die kaufrechtlichen Gewährleistungsansprüche schlössen den Anspruch auf Ersatzherausgabe aus. Das trifft heute nicht mehr zu (Rn 16). 17

Das in Rn 16 und 17 Gesagte gilt auch im Fall eines **Rechtsmangels** beim Kauf- und Werkvertrag. Auch im Übrigen kann § 285 BGB beim Rechtsmangel angewandt werden. So kann der Untermieter, dem der Hauptmieter wegen der Beendigung 18 des Hauptmietverhältnisses die Sache nicht mehr überlassen kann (allg zum Rechtsmangel gem § 536 Abs 3 BGB in diesem Fall Staudinger/Emmerich [2018] § 536 Rn 80 ff), Herausgabe einer an den Hauptmieter geleisteten Abfindung verlangen (vgl BGH 19. 11. 1984 – II ZR 6/84, NJW-RR 1986, 234, 235 f, wo allerdings mit der Beendigung des Hauptmietverhältnisses auch das Untermietverhältnis endete, weshalb kein Rechtsmangel vorlag). Bei der Doppelvermietung, die als Rechtsmangel iS des § 536 Abs 3 aufgefasst wird (vgl Staudinger/Emmerich [2018] § 536 Rn 85 f; Palandt/Weidenkaff § 536 Rn 30 mwNw), greift § 285 BGB ebenfalls (offengelassen von BGH 10. 5. 2006 – XII ZR 124/02 Rn 17, BGHZ 167, 312 = NJW 2006, 2323; zur Doppelvermietung s noch Rn 39 und 46). Kein Fall des § 285 BGB ist dagegen der, dass bei einem Forderungskauf der Schuldner nach § 407 BGB mit befreiender Wirkung an den Verkäufer als den Altgläubiger geleistet hat (**aA** RG 26. 9. 1925 – V 570/24, RGZ 111, 298, 303; MünchKomm/Emmerich Rn 28; Erman/Westermann Rn 9). Da der Anspruch aus dem Forderungskauf mit der Abtretung bereits erfüllt ist und die Schuldnerschutzvorschrift des § 407 BGB keinen Rechtsmangel bedeutet, richtet sich der Anspruch des Käufers und Neugläubigers auf Herausgabe des Geleisteten allein nach § 816 Abs 2 BGB (vgl zu den Rechten des Zessionars Staudinger/Busche [2017] § 407 Rn 41 ff). Gleiches gilt, wenn der Schuldner dem Käufer und Neugläubiger gegenüber gem § 406 BGB wirksam aufrechnet, hinsichtlich der vom Verkäufer und Altgläubiger erreichten Schuldbefreiung (vgl Staudinger/Busche [2017] § 406 Rn 43). Zur Anwendbarkeit von § 285 BGB im Fall durch Veräußerung eingetretener nachträglicher Unmöglichkeit s Rn 37.

19 Die frühere Rechtsprechung des Reichsgerichts (RG 26. 6. 1922 – VI 788/21, RGZ 105, 84, 88) und ein Teil der Literatur (Deubner MDR 1958, 197, 198 f; Dölle RG-Praxis [1929] Bd 3, 22, 25 ff; vGierke ZHR 111 [1948] 39, 67 ff; auch Staudinger/A Werner[10/11] § 281 Rn 3) wollten § 281 aF auf den **Eigentumsherausgabeanspruch des § 985 BGB** anwenden, um dem Eigentümer den Zugriff auf den vom Besitzer bei seiner Veräußerung erlangten Erlös zu ermöglichen. Dies wird von der hM inzwischen mit Recht abgelehnt (RG 28. 10. 1926 – IV 273/26, RGZ 115, 31, 33 f; RG 1. 2. 1938 – VII 174/37, RGZ 157, 40, 44 f; BGH 21. 12. 1961 – III ZR 162/60, NJW 1962, 587, 588; Haymann JherJb 77 [1927] 188, 289; Merle AcP 183 [1983] 81, 84 f; Weiss JuS 2012, 965, 968; Baur/Stürner, SaR § 11 C I 3 a Rn 44; Westermann/Gursky/Eickmann, Sachenrecht [8. Aufl 2011] § 30 V Rn 22; Fikentscher/Heinemann Rn 444; Soergel/Benicke/Grebe Rn 38; BeckOGK/Dornis [1. 6. 2019] Rn 37; Palandt/Grüneberg Rn 4; Erman/Westermann Rn 2; im Ergebnis auch MünchKomm/Emmerich Rn 15). Entscheidend dafür ist, dass sich der redliche Besitzer bei Anwendung der Vorschrift im Falle der Veräußerung der Sache einerseits dem Anspruch des Eigentümers auf Ersatzherausgabe und andererseits der Haftung gegenüber demjenigen ausgesetzt sähe, an den er die Sache veräußert hat. Eine solche Doppelhaftung muss vermieden werden (ebenso Soergel/Benicke/Grebe Rn 40). Auch würde die Wertung der §§ 989, 990 BGB unterlaufen (Westermann/Gursky/Eickmann, Sachenrecht [8. Aufl 2011] § 30 V Rn 22). Auf den Erlös darf der Eigentümer nur dann zugreifen können, wenn er die Veräußerung gleichzeitig genehmigt. Inwieweit der dann entstehende Anspruch auf Herausgabe des Erlangten gem § 816 Abs 1 BGB auch einen über den Wert hinausgehenden Erlös erfasst, ist, wie schon in Rn 14 ausgeführt, eine durch zweckentsprechende Auslegung dieser Vorschrift zu beantwortende Frage (dazu Staudinger/Lorenz [2007] § 816 Rn 23 ff mwNw).

20 Auch dem *weiteren Vorschlag,* § 281 aF (und damit jetzt § 285 BGB) jedenfalls dann auf den Eigentumsherausgabeanspruch des § 985 BGB anzuwenden, wenn die Sache infolge eines nicht vom Besitzer zu vertretenden Umstandes untergegangen ist und dieser einen Schadensersatzanspruch gegen einen Dritten oder einen Ersatzanspruch gegen eine Versicherung erworben hat (Klapproth MDR 1965, 525, 526 f), kann nicht beigepflichtet werden. Wie Jochem (MDR 1975, 177, 183) dargetan hat, handelt es sich weitgehend um ein *Scheinproblem:* Soweit es um den Schadensersatzanspruch wegen Eigentumsverletzung aus § 823 Abs 1 BGB geht, steht dieser ohnehin dem Eigentümer zu, der einen an den Besitzer gem § 851 BGB mit befreiender Wirkung geleisteten Ersatz nach § 816 Abs 2 BGB von diesem herausverlangen kann. Der verbleibende Fall, dass sich ein von dem in § 823 Abs 1 BGB vorausgesetzten Verschulden unabhängiger Schadensersatzanspruch des Besitzers aus einem Vertrag mit demjenigen ergibt, der für die Zerstörung oder Beschädigung der Sache verantwortlich ist, muss dem Anwendungsbereich der Drittschadensliquidation zugerechnet werden. Soweit es um einen Anspruch auf Sachversicherung geht, können die Dinge entweder so liegen, dass der Besitzer, wie das bei einer sicherungsübereigneten Sache häufig vorkommt, bewusst das vorerst noch fremde Eigentümerinteresse versichert. Dann ist regelmäßig durch die Sicherungsabrede eine Vertragsbeziehung zwischen ihm und dem Eigentümer gegeben, auf die dann auch § 285 BGB anwendbar ist. Oder der Besitzer versichert sein vermeintliches Eigentümerinteresse. Dann handelt es sich um einen Fall des § 80 VVG (früher § 68 VVG), bei dem ein Versicherungsanspruch gar nicht besteht, weil auch seitens des Versicherungsnehmers das versicherte Interesse nicht gegeben ist.

Zur Anwendung des § 285 BGB auf *gegenseitige Verträge* vgl § 326 Abs 3 BGB und dazu Staudinger/Schwarze (2015) § 326 Rn D 1 ff. 21

II. Voraussetzungen

1. Verpflichtung zur Leistung eines Gegenstandes

§ 285 BGB ist nur anwendbar, wenn die Leistung eines **Gegenstandes** geschuldet war. Gegenstände in diesem Sinne sind zunächst Sachen, Energie, Immaterialgüter oder Rechte (s zum „Gegenstand" näher Staudinger/Stieper [2017] Vorbem 4 ff zu § 90). Auch abgabenrechtliche Bevorzugungen wie eine (bei Pachtende zurückzugebende) Milchreferenzmenge gehören hierher (BGH 25. 4. 1997 – LwZR 4/96, BGHZ 135, 284, 287 = NJW 1997, 2316). Ob der Schuldner zur Übereignung bzw Übertragung oder lediglich zur Nutzungs- oder Gebrauchsüberlassung des Gegenstandes verpflichtet war, spielt keine Rolle (für Gebrauchsüberlassung vgl BGH 19. 11. 1984 – II ZR 6/84, NJW-RR 1986, 234, 235 f). 22

Zu § 281 aF vertrat die herrschende Meinung den Standpunkt, dass **Handlungen und Unterlassungen keine** Gegenstände im Sinne der Vorschrift seien (BGH 25. 4. 1997 – LwZR 4/96, BGHZ 135, 284, 287 = NJW 1997, 2316; MünchKomm/Emmerich [4. Aufl 2001] § 281 Rn 5; Palandt/Heinrichs [61. Aufl 2002] § 281 Rn 4; auch noch Staudinger/Löwisch [2001] § 281 Rn 17; jetzt wieder Henssler/vWestphalen/Dedek Rn 2; NK-BGB/Dauner-Lieb Rn 5; MünchKomm/Emmerich Rn 5 f; Palandt/Grüneberg Rn 5; Hk-BGB/Schulze Rn 3; Lehmann/Zschache JuS 2006, 502, 504; offengelassen BAG 17. 10. 2012 – 10 AZR 809/11 Rn 28 ff, NZA 2013, 207; **aA** für die Verletzung eines vertraglichen Wettbewerbsverbots Ebert ZIP 2002, 2296, 2302; allg für Unterlassungen zutr auch Kleinhenz/Junk ZGS 2008, 253; Hofmann AcP 213 [2013] 469, 494; Hoffmann Jura 2014, 71, 78). Die gegenteilige Auffassung von Schulz 23

(AcP 105 [1909] 1, 7), nach der jedes obligatorische Recht eine geeignete Grundlage für die Anwendung des § 281 aF bilden sollte, hatte sich nicht durchsetzen können (zur Auseinandersetzung mit Schulz ausf Staudinger/A Werner[10/11] § 281 Rn 5 ff). Auf die Verpflichtung zur *Herstellung eines Werkes* wurde § 281 aF demzufolge nicht angewandt (RG 4. 11. 1919 – VII ZR 121/19, RGZ 97, 87, 90; **aA** Heck 105), ein entsprechender Anspruch konnte sich nur aus einer vertraglichen Nebenpflicht ergeben (OLG Dresden 20. 8. 1997 – 12 U 1040/97, NJW-RR 1998, 373). Ebenso wenig fiel die Verpflichtung zur *Leistung von Diensten* unter die Vorschrift (**aA** Machleid JZ 1952, 644, 645 f; Selb 69 f).

24 Die Richtigkeit dieser Auffassung konnte man schon bisher bezweifeln, weil der „geschuldete Gegenstand" im Sinnzusammenhang von § 281 Abs 1 aF wie jetzt im Sinnzusammenhang von § 285 Abs 1 BGB an sich nichts anderes bedeutet als das **Objekt**, auf das sich die Forderung richtet (zutr insoweit Soergel/Wiedemann[12] § 281 Rn 23). Dieses aber kann genauso gut eine persönlich zu erbringende **Dienstleistung** sein wie eine zu liefernde Sache oder ein zu lieferndes Immaterialgut oder ein zu übertragendes Recht. Für § 285 Abs 1 BGB ist das bisherige Verständnis nicht mehr haltbar. Denn dieser nimmt ausdrücklich auch auf § 275 Abs 3 BGB Bezug. Bei den in § 275 Abs 3 BGB geregelten persönlichen Leistungspflichten ist aber allein die persönliche Leistung als Gegenstand der Forderung im Spiel. Dass es sich bei der Verweisung „um ein Versehen des Gesetzgebers handeln" könnte (so die Vermutung von NK-BGB/Dauner-Lieb [2002] Rn 4, jetzt NK-BGB/Dauner-Lieb Rn 7: „Fehler des Gesetzgebers"; Hartmann 103 f: vermutetes gesetzgeberisches Versehen nachvollziehbar) kann man schon deshalb nicht annehmen, weil auch § 275 BGB in seinem Abs 4 ausdrücklich auf § 285 BGB verweist. Ein doppeltes Versehen kann auch dem Gesetzgeber der Schuldrechtsreform nicht unterstellt werden. Dementsprechend muss § 285 BGB heute auf Schuldverhältnisse Anwendung finden, die persönliche Leistungen zum Gegenstand haben (Löwisch NJW 2003, 2049, 2052; zust Soergel/Benicke/Grebe Rn 47 f; BeckOGK/Dornis [1. 6. 2019] Rn 52 ff; PWW/Schmidt-Kessel/Kramme Rn 2; Bamberger/Roth/Lorenz Rn 7; im Ergebnis auch OLG Saarbrücken 18. 12. 2015 – 5 U 4/15 juris Rn 37, juris [für Dienstleistungen]; Hartmann 96 ff).

25 Die Leistung des Gegenstandes muss **geschuldet** sein. Das ist nicht der Fall, solange ein die Verpflichtung erst begründendes Recht, zB ein Ankaufsrecht, noch nicht ausgeübt ist (vgl für das Ankaufsrecht BGH 12. 1. 1977 – VIII ZR 142/75, MDR 1977, 660) oder eine aufschiebende Bedingung, von der die Verpflichtung abhängt, noch nicht eingetreten ist. Gleiches gilt, wenn die Wirksamkeit des Vertrags noch von einer behördlichen Genehmigung abhängt (Bezzenberger, in: Liber amicorum Mock [2009] 39 ff). Wird das Recht allerdings ausgeübt, tritt die Bedingung ein oder wird die behördliche Genehmigung erteilt, besteht der Anspruch aus § 285 BGB. Das gilt auch dann, wenn die Leistung bereits vorher unmöglich geworden ist, da der Schuldner mit der Ausübung des Rechts bzw dem Bedingungseintritt von vornherein rechnen muss, sodass davon auszugehen ist, dass sich sein Verpflichtungswille auch auf die Herausgabe des Ersatzes erstreckt (für den Fall des Bedingungseintritts BGH 30. 1. 1987 – V ZR 32/86, BGHZ 99, 385, 388 f = NJW 1987, 1631, unter Hinweis auf Prot II 634; nicht eindeutig BGH 12. 1. 1977 – VIII ZR 142/75, MDR 1977, 660 für die Ausübung eines Ankaufsrechts; Bezzenberger, in: Liber amicorum Mock [2009] 39, 43 ff für die behördliche Genehmigung; im Ergebnis ebenso MünchKomm/Emmerich Rn 7). Auf den Rückgewähranspruch nach Ausübung des Rücktrittsrechts findet § 285 BGB hingegen heute keine Anwendung mehr (Rn 13).

Auf **Gattungsschulden**, reine und beschränkte, ist § 285 BGB grundsätzlich **nicht**, auch nicht entsprechend anzuwenden, wenn die Unmöglichkeit eintritt, ehe der geschuldete Gegenstand nach § 243 Abs 2 BGB konkretisiert ist (RG 13. 7. 1916 – II 168/16, JW 1916, 1333; RG 20. 12. 1919 – I 184/19, JW 1920, 551 mit Anm Levy; RG 5. 6. 1923 – II 323/22, RGZ 108, 184, 187; Lemberg Recht und Wirtschaft 1915, 101, 104). Denn solange noch nicht konkretisiert war, lässt sich nicht sagen, dass die später ersetzten Sachen auch geschuldet wurden (Soergel/Benicke/Grebe Rn 50; Erman/Westermann Rn 3; **aA** Stoll, in: FS Schlechtriem [2003] 677, 689 f). Dies gilt auch für den Fall der behördlichen *Beschlagnahme* (RG 30. 10. 1916 – II 263/16, RGZ 88, 287, 288 f; RG 30. 1. 1917 – II 359/16, JW 1917, 463). Ist jedoch dem Schuldner der *ganze Vorrat*, aus dem hätte geliefert werden können, gegen Entschädigung durch die Beschlagnahme entzogen, so ist in dieser Entschädigung notwendig der Ersatz für den geschuldeten Gegenstand enthalten und herauszugeben (RG 13. 6. 1918 – IV 431/17, RGZ 93, 142, 143; RG 18. 2. 1919 – II 369/18, RGZ 95, 20, 23; Bendix Recht 1915, 331, 335; Becker JW 1915, 182; **aA** Levy JW 1920, 551; Bundschuh DJZ 1915, 990; Kluckhohn JW 1915, 1222). 26

2. Unmöglichkeit oder Unzumutbarkeit der Leistung

Abs 1 spricht nicht wie § 281 aF von einem Umstand, welcher die Leistung unmöglich macht, sondern allgemeiner von einem Umstand, aufgrund dessen der Schuldner die Leistung nach § 275 Abs 1–3 BGB nicht zu erbringen braucht. Damit ist einmal klargestellt, dass die Vorschrift nicht nur im Falle der Unmöglichkeit, sondern auch in den Fällen gilt, in denen der Schuldner die Leistung wegen Unzumutbarkeit nach § 275 Abs 2 oder 3 BGB verweigert. Zweitens ergibt sich aus dieser Formulierung, dass sich der Ersatzherausgabeanspruch nunmehr auch auf die Fälle der anfänglichen Unmöglichkeit oder Unzumutbarkeit erstreckt; denn nach § 311a Abs 1 BGB steht das Vorliegen der Voraussetzungen des § 275 Abs 1–3 BGB bei Vertragsschluss der Wirksamkeit des Vertrages nicht entgegen, sodass dann auch die Vorschriften über die Abwicklung von Leistungsstörungen und damit § 285 BGB gelten (NK-BGB/Dauner-Lieb Rn 6; Palandt/Grüneberg § 311a Rn 13; Bamberger/Roth/Lorenz Rn 8; schon zum alten Recht Lobinger JuS 1993, 453, 457 f; **aA** Hammen, in: FS Hadding [2004] 41, 51 ff; Wackerbarth ZGS 2008, 341, 344). Schließlich ist der Formulierung zu entnehmen, dass der Schuldner in den Fällen des § 275 Abs 2 und 3 BGB die Möglichkeit hat, die Herausgabe des Ersatzes dadurch zu vermeiden, dass er trotz der Unzumutbarkeit die Leistung erbringt (s § 275 Rn 115 und MünchKomm/Emmerich Rn 19). 27

Gleichgültig ist, ob der Schuldner die Unmöglichkeit **zu vertreten** hat oder nicht (RG 11. 7. 1918 – II 73/18, LZ 1918, 1138). Ist die Unmöglichkeit oder Unzumutbarkeit der Leistung weder die Folge eines vom Schuldner noch eines vom Gläubiger zu vertretenden Umstandes, beschränkt sich das Recht des Gläubigers auf den durch § 285 BGB gewährten Anspruch. Dagegen konkurriert § 285 BGB im Falle einer vom Schuldner zu vertretenden Unmöglichkeit oder Unzumutbarkeit mit dem Anspruch auf Schadensersatz statt der Leistung aus §§ 280 Abs 1, 3, 283 BGB in der Weise, dass er auf den Letzteren anzurechnen ist, Abs 2 (unten Rn 55 ff). Auch wenn der *Gläubiger* für die Unmöglichkeit oder Unzumutbarkeit der Leistung allein oder überwiegend verantwortlich oder wenn die Gegenleistungsgefahr bereits auf den Gläubiger übergegangen ist, bleibt § 285 BGB anwendbar (dazu Staudinger/Schwarze [2015] § 326 Rn C 103, 150). 28

29 Wird der Schuldner von der Verpflichtung zur Leistung frei, weil eine **Bedingung** ausfällt, von der jene abhängig war, so ist dies *kein Fall* des § 285 BGB, mag auch der Schuldner wegen des Ausfalls der Bedingung einen Vorteil erlangt haben (BGB-RGRK/Alff Rn 9). Zur Anwendung des § 285 BGB im Falle des Eintritts einer aufschiebenden Bedingung s oben Rn 25.

3. Erlangung eines Ersatzes

30 Der Schuldner muss **infolge des Umstandes, der die Leistung unmöglich** macht, für den geschuldeten Gegenstand einen Ersatz oder einen Anspruch auf Ersatz erlangt haben. Zwischen dem Umstand, der die Leistung unmöglich macht, und der Erlangung des Ersatzes oder Ersatzanspruches muss also ein **Kausalzusammenhang** bestehen (RG 27. 5. 1921 – II 525/20, RGZ 102, 203, 205; BGH 10. 5. 2006 – XII ZR 124/02 Rn 19, NJW 2006, 2323), und zwar im Sinne der Adäquanz (BGH 10. 2. 1988 – IVa ZR 249/86, NJW-RR 1988, 902; Palandt/Grüneberg Rn 7). Mitursächlichkeit genügt (BGH 4. 3. 1955 – V ZR 56/54, BB 1955, 398). Nach anderer Ansicht wird Adäquanz nicht gefordert (Soergel/Benicke/Grebe Rn 68; BeckOGK/Dornis [1. 6. 2019] Rn 70; MünchKomm/Emmerich Rn 18; Bamberger/Roth/Lorenz Rn 9). Richtig ist jedenfalls, dass keine zu hohen Anforderungen an die adäquate Kausalität gestellt werden dürfen (vgl BGH 16. 3. 2005 – IV ZR 272/03, NJW-RR 2005, 953, 954 = WM 2005, 1230, 1231 und BGH 16. 3. 2005 – IV ZR 246/03, WM 2005, 1232, jeweils für die Restitution eines in der ehemaligen DDR enteigneten Nachlassgrundstücks).

a) Schadensersatz

31 Unter § 285 BGB fällt danach zunächst einmal ein Ersatz oder Ersatzanspruch, welchen der Schuldner aus **unerlaubter Handlung, Gefährdungshaftung oder Vertragspflicht** gegen einen Dritten hat, der dem Schuldner den geschuldeten Gegenstand entzogen oder diesen zerstört hat. Auch ein Anspruch aus § 701 BGB rechnet hierher. Wird einem Firmenvertreter während der Übernachtung in einem Hotel der seiner Firma gehörende Musterkoffer gestohlen, so hat er den ihm gegen den Hotelbesitzer zustehenden Schadensersatzanspruch gem § 285 BGB an seine Firma abzutreten (so mit Recht Funck, Zur Haftung des Gastwirts für Verlust oder Beschädigung dem Gast nicht gehöriger eingebrachter Sachen, NJW 1964, 389, 390 [linke Spalte]).

b) Versicherungsleistung

32 Herauszugeben ist nach § 285 BGB auch ein Ersatz, den der Schuldner aus einer **Versicherung** erlangt, die er für den geschuldeten Gegenstand abgeschlossen hat (BGH 4. 3. 1955 – V ZR 56/54, BB 1955, 398; BGH 30. 1. 1987 – V ZR 32/86, BGHZ 99, 385, 388 f = NJW 1987, 1631; BGH 10. 3. 1995 – V ZR 7/94, BGHZ 129, 103, 106 f = NJW 1995, 1737; BGH 31. 10. 2007 – VIII ZR 278/05 Rn 17, NJW 2008, 989 in einer Hilfserwägung; OLG Hamm 15. 4. 1997 – 28 U 197/96, VersR 1998, 1028, 1029; OLG München 29. 11. 2018 – 32 U 1497/18 juris Rn 37, MDR 2019, 161). Auch wenn bei einem durch eine Bank finanzierten Verkauf eines Kraftwagens die Bank dem Käufer das Darlehen, mit dem der Kraftwagen bezahlt wird, gegen Sicherungsübereignung des Kraftwagens gewährt, der Kraftwagen dann aber zerstört wird und der Käufer vollen Ersatz von seiner Versicherungsgesellschaft erhält, hat er die erhaltene Summe gem § 285 BGB an das Finanzierungsinstitut herauszugeben oder diesem eine andere gleichwertige Sicherung zur Verfügung zu stellen (zutr Wangemann NJW 1960, 1863; MünchKomm/Emmerich Rn 16; **aA** AG Mannheim 18. 2. 1960 – 3 C 459/59, NJW 1960, 1863). Die Ersatzherausgabe gilt dann als Rücktritt iS des § 508 S 5 BGB (vgl BGH 5. 7. 1984 – III ZR 79/83, NJW 1984, 2294, 2295 zu § 5 AbzG).

Von der danach an den Gläubiger herauszugebenden Versicherungssumme kann der Schuldner *nicht* etwa die *für die Versicherung aufgewendeten Beiträge abziehen* (MünchKomm/Emmerich Rn 20; Schwarze, Leistungsstörungen [2017] § 26 Rn 16). Ist der geschuldete Gegenstand versichert, so wird dies in aller Regel bereits vor Entstehung des Schuldverhältnisses der Fall gewesen sein. Dann aber konnte der Gläubiger mangels entgegenstehender Vereinbarung damit rechnen, dass er im Falle der Unmöglichkeit anstelle des versicherten Gegenstandes ohne Weiteres die Versicherungssumme erhalten werde. 33

c) Entschädigungen

Wird die Übereignung eines geschuldeten Gegenstandes wegen Enteignung dieses Gegenstandes unmöglich, ist die **Enteignungsentschädigung** Ersatz iS des Abs 1 (BGH 10. 2. 1988 – IVa ZR 249/86, NJW-RR 1988, 902). 34

Unter § 285 BGB fällt auch die *Entschädigung,* die der Schuldner nach *§ 20 Bundesleistungsgesetz* für eine im Verteidigungs- oder Spannungsfall behördlich angeforderte Leistung erhält. Vgl zu diesem Fragenkreis für das frühere Recht ausf Staudinger/A Werner[10/11] § 281 Rn 11. 35

Keinen Anspruch hat der Gläubiger auf den Ersatz, der dem Schuldner aus **Freigiebigkeit Dritter** aus Anlass des die Unmöglichkeit oder Unzumutbarkeit herbeiführenden Ereignisses zugeflossen ist (Soergel/Benicke/Grebe Rn 64; BeckOGK/Dornis [1. 6. 2019] Rn 85; MünchKomm/Emmerich Rn 21; Palandt/Grüneberg Rn 7; Bamberger/Roth/Lorenz Rn 10; Schwarze, Leistungsstörungen [2017] § 26 Rn 8). Bei freiwilligen, dh ohne Rechtspflicht erfolgenden Zuwendungen Dritter fehlt es an der Kausalität zwischen dem Umstand, der die Unmöglichkeit bewirkt hat, und dem Empfang des Ersatzes, weil die freie Entscheidung des Gebers über den Zweck der Leistung dazwischentritt (MünchKomm/Emmerich Rn 21). Ähnlich wie bei der eigentlichen Vorteilsausgleichung kann dem Gläubiger der freiwillig zugewendete Gegenstand nicht zukommen. 36

d) Erlös

Veräußert der Schuldner den geschuldeten Gegenstand, hat er dem Gläubiger nach heute einhelliger Auffassung auch den **Veräußerungserlös** herauszugeben (commodum ex negotiatione). Zwar ist richtig, dass die Unmöglichkeit der Leistung durch das dingliche Erfüllungsgeschäft bewirkt wird; aber dieses wird durch den Kaufvertrag adäquat verursacht. Folglich erlangt der Schuldner, der den Schuldgegenstand veräußert, eben durch denselben Umstand, der mittelbar die Unmöglichkeit der Leistung bewirkt, den Kaufpreis als Ersatz. Deshalb muss er diesen Ersatz dem Gläubiger herausgeben (RG 13. 11. 1917 – II 167/17, RGZ 91, 260, 263; RG 9. 3. 1918 – I 235/17, RGZ 92, 369, 372 f; RG 26. 6. 1922 – VI 788/21, RGZ 105, 84, 87 f; RG 28. 10. 1926 – IV 273/26, RGZ 115, 31, 33 f; konkludent auch BGH 23. 12. 1966 – V ZR 26/64, BGHZ 46, 260, 264 = NJW 1967, 622; BGH 11. 10. 1979 – VII ZR 285/78, BGHZ 75, 203, 206 = NJW 1980, 178; BGH 27. 10. 1982 – V ZR 24/82, NJW 1983, 929, 930; BGH 15. 10. 2004 – V ZR 100/04, NJW-RR 2005, 241, 242; MünchKomm/Emmerich Rn 22 f; Palandt/Grüneberg Rn 7; Hartmann 274 ff; **aA** H H Jakobs 105 ff; H Roth, in: FS Niederländer [1991] 363, 370 ff; Wieczorek passim; zur Gegenmeinung in der älteren Lit vgl Staudinger/A Werner[10/11] § 281 Rn 10), wobei der Erlös auf den Gläubigerschaden zu begrenzen ist (dazu Rn 41 f). Auch ein **Versteigerungserlös** ist herauszugeben (BGH 21. 5. 1987 – IX ZR 77/86, WM 1987, 986, 988; OLG Hamm 4. 7. 1996 – 22 U 164/95, NJW-RR 1997, 37

272, 273). Die Anwendung des § 285 BGB auf den Veräußerungserlös wird nicht dadurch ausgeschlossen, dass das Veräußerungsgeschäft durch Gesetz verboten oder sittenwidrig war (RG 26. 6. 1922 – VII 788/21, RGZ 105, 84, 90 f; Haselhoff, Voller Ersatz für Sachschäden, NJW 1947/48, 286, 289).

38 Wird dem Schuldner die Leistung der geschuldeten Sache dadurch unmöglich, dass ein Gläubiger sie *im Wege des Pfandverkaufs* veräußert, erlangt er aber gerade dadurch einen Ersatz, nämlich **Befreiung von einer Verbindlichkeit**, so muss er diesen Ersatz „herausgeben" (RG 24. 3. 1928 – I 3/28, RGZ 120, 347, 350). Gleiches gilt, wenn ein gezogenes Nutzungsentgelt zur Tilgung einer Verbindlichkeit verwendet wird, für die dadurch ersparten Aufwendungen (BGH 4. 2. 2000 – V ZR 260/98, BGHZ 143, 373, 380 = NJW 2000, 1496; zur Frage des Einstehens für das eigene Zahlungsvermögen in diesem Fall s § 276 Rn 164).

39 Wird dem Schuldner die **Gebrauchsüberlassung** dadurch unmöglich, dass er seinerseits die Gebrauchsmöglichkeit aufgibt, ist ein ihm daraus zufließender Vorteil als Ersatz iS des § 285 BGB anzusehen. Hat etwa ein Vermieter eine Fläche zweimal als Parkplatz vermietet und dem zweiten Mieter überlassen, steht dem ersten Mieter der beim zweiten Mieter erzielte Mietzins zu. Das soll nach Auffassung des BGH (10. 5. 2006 – XII ZR 124/02 Rn 17 ff, BGHZ 167, 312 = NJW 2006, 2323) dann nicht gelten, wenn die an den Erstmieter als Parkplatz vermietete Fläche dem Zweitmieter zur Errichtung und zum Betrieb von Marktständen überlassen wurde, weil es dann an der Identität zwischen der geschuldeten Gebrauchsüberlassung und der erzielten Miete fehle (dazu noch Rn 46). Eine für die Aufgabe der Gebrauchsmöglichkeit erzielte Abfindung ist herauszugeben (BGH 19. 11. 1984 – II ZR 6/84, NJW-RR 1986, 234, 235 f für ein Untermietverhältnis), ebenso die für eine aufgegebene Milchreferenzmenge (s Rn 22) erlangte Milchaufgabevergütung (BGH 25. 4. 1997 – LwZR 4/96, BGHZ 135, 284, 286 = NJW 1997, 2316). Dazu, dass ein Ersatz für die Beschädigung oder Zerstörung der Substanz des Leistungsgegenstandes demjenigen, der Anspruch auf den Gebrauch hat, wegen fehlender Kongruenz nicht zukommt, s Rn 44.

40 Ist Gegenstand des Schuldverhältnisses eine **persönliche Leistungsverpflichtung** (s auch Rn 5 und Rn 23 f), ist auch der durch eine anderweitige Verwendung der Arbeitskraft erzielte **Verdienst** herauszugeben. Dass dies richtig ist, zeigen vor allem die Fälle, in denen der Gläubiger, ohne dass ihn ein Verschulden trifft, aufgrund besonderer Vorschriften (§ 3 EntgeltfortzG, § 18 MuSchG, § 616 BGB) zur Entgeltzahlung verpflichtet bleibt (offengelassen für § 11 MuSchG aF von ArbG Freiburg 6. 2. 2003 – 11 Ca 611/02, NZA-RR 2003, 626, 627 f [für § 281 aF verneint]). Es ist unbillig, ihm dieses Vermögensopfer abzuverlangen, wenn gleichzeitig dem Schuldner wegen des Umstands, der die Leistung unmöglich oder unzumutbar macht, ein Vorteil zufließt. Dies gilt umso mehr, als dann, wenn der Gläubiger die Unmöglichkeit oder Unzumutbarkeit der vom Schuldner persönlich zu erbringenden Leistung zu verantworten hat und deshalb nach § 326 Abs 2 S 1 BGB zur Gegenleistung verpflichtet bleibt, das Gesetz selbst, nämlich in § 326 Abs 2 S 2 BGB, die Anrechnung des Ersatzverdienstes auf die Gegenleistung anordnet. Selbst dort, wo der Entgeltanspruch nicht fortbesteht, etwa beim Vertragsbruch des Arbeitnehmers, ist es angemessen, dass der Gläubiger auf den vom Schuldner erlangten Ersatz zugreifen kann. Denn dem Gläubiger ist die ihm vom Schuldner zu erbringende Leistung infolge des Umstandes entgangen, der erst den Erwerb des Ersatzes möglich gemacht hat (s im Einzelnen

Löwisch NJW 2003, 2049). Zur Kongruenz zwischen geschuldetem Gegenstand und Ersatz in diesem Fall unten Rn 47.

e) Begrenzung auf den Gläubigerschaden

41 Sieht man mit der hier im Anschluss an Stoll vertretenen Auffassung die Funktion des Anspruchs auf Ersatzherausgabe im **Nachteilsausgleich für den Gläubiger**, hat das zur Konsequenz, dass der Anspruch auf den beim Gläubiger eingetretenen Nachteil begrenzt ist (Stoll, in: FS Schlechtriem [2003] 677, 694 f). Ein Anspruch auf Herausgabe eines den Schaden des Gläubigers übersteigenden Gewinns, wie er in Rechtsprechung und Lehre bislang in unterschiedlicher Form vertreten wird (RG 11. 10. 1932 – II 58/32, RGZ 138, 45, 48; BGH 11. 10. 1979 – VII ZR 285/78, BGHZ 75, 203, 207 = NJW 1980, 178; BGH 10. 2. 1988 – IVa ZR 249/86, NJW-RR 1988, 902; BGH 10. 5. 2006 – XII ZR 124/02 Rn 32, BGHZ 167, 312 = NJW 2006, 2323; s auch BGH 31. 10. 2007 – VIII ZR 278/05 Rn 17, NJW 2008, 989 im Rahmen einer Hilfserwägung bei einem Leasingvertrag mit Andienungsrecht; OLG München 29. 11. 2018 – 32 U 1497/18 juris Rn 37, MDR 2019, 161; Soergel/Benicke/Grebe Rn 81; NK-BGB/Dauner-Lieb Rn 12; MünchKomm/Emmerich Rn 23, 30; Bamberger/Roth/Lorenz Rn 15; PWW/Schmidt-Kessel/Kramme Rn 8; im Ergebnis auch Ernst, in: FS Heldrich [2005] 113, 136 f), scheidet bei diesem am Gedanken der Vorteilsausgleichung orientierten Verständnis aus. Wo Gegenstand des Schuldverhältnisses eine persönlich zu erbringende Dienst- oder Arbeitsleistung ist, liegt diese Begrenzung auf den Nachteilsausgleich besonders nahe (insoweit auch Bamberger/Roth/Lorenz Rn 15). Denn sie entspricht der Begrenzung, welche das Gesetz in den Fällen vornimmt, in denen es sogar eine Anrechnung des Ersatzverdienstes auf das Entgelt ausdrücklich anordnet (§§ 326 Abs 2 S 2, 615 S 2, 648 S 2 BGB). Dabei muss die Begrenzung auch bei vorsätzlichem Vertragsbruch gelten. Für die Auffassung von Köndgen (RabelsZ 56 [1992] 698, 744 ff), allein für diese Fälle lasse sich aus § 281 aF und jetzt § 285 BGB ein Anspruch auf Herausgabe auch des den Schaden des Gläubigers übersteigenden Gewinns ableiten, fehlt der gesetzliche Anhalt (Löwisch NJW 2003, 2049, 2051; krit auch Helms 359 ff).

42 Die Höhe des zu ersetzenden Gläubigerschadens ist nach allgemeinen Grundsätzen zu ermitteln. Regelmäßig steht dem Gläubiger der Erlös oder Ersatzverdienst in der Höhe der vereinbarten Gegenleistung zu. Denn es ist Kraft der auch hier geltenden Rentabilitätsvermutung davon auszugehen, dass die geschuldete, aber nicht erbrachte Leistung die Gegenleistung wert war (zur Geltung der Rentabilitätsvermutung auch bei persönlichen Leistungen s Löwisch NJW 2003, 2049, 2050). Allerdings steht sowohl dem Gläubiger der Nachweis eines höheren Schadens, etwa höherer nach § 284 BGB zu ersetzender Aufwendungen, als auch dem Schuldner der Nachweis eines geringeren Schadens offen (Stoll, in: FS Schlechtriem [2003] 677, 696; krit dazu Helms 346 ff, der einem bereicherungsrechtlichen Ansatz folgt, eine Gewinnabschöpfung aber ebenfalls ablehnt).

4. Kongruenz zwischen geschuldetem Gegenstand und Ersatz

43 Nur der **für den nämlichen Gegenstand erlangte** Ersatz ist herauszugeben. Der Anspruch aus § 285 BGB erstreckt sich nur auf das, was der Schuldner **gerade für den geschuldeten Gegenstand** erlangt oder zu beanspruchen hat, nur bei solcher Kongruenz lässt sich von einem „Ersatz“ oder „Ersatzanspruch“ sprechen und besteht Anlass, dem Gläubiger Ausgleich für die ausbleibende Leistung zu gewähren (BGH 19. 6. 1957 – IV ZR 214/56, BGHZ 25, 1, 8 ff; Soergel/Benicke/Grebe Rn 69; MünchKomm/

Emmerich Rn 24; Palandt/Grüneberg Rn 8). Nicht herauszugeben ist dasjenige, was für einen Gegenstand erlangt wird, aus dem erst der zu liefernde Gegenstand hätte hergestellt werden sollen, oder die Sache, welche aus dem geschuldeten Gegenstand hergestellt wurde (RG 9. 3. 1918 – I 235/17, RGZ 92, 369, 372; RG 20. 12. 1919 – I 184/19, LZ 1920, 434). Denn insoweit handelt es sich nicht mehr um das Surrogat des ursprünglich geschuldeten Gegenstandes, welches das Gesetz dem Gläubiger zuspricht, weil er die Leistungsgefahr trägt. Nicht herauszugeben ist folglich auch der Mietzins, den der Verkäufer eines abgebrannten Hauses aus einem von ihm hergestellten Neubau erzielt. Ebenso wenig kann der Inhaber eines dinglichen Wohnrechts die Einräumung einer Wohnung in einem Neubau verlangen, den der Eigentümer auf den Trümmern eines durch Kriegseinwirkungen zerstörten Hauses errichtet hat (BGH 21. 11. 1952 – V ZR 49/51, BGHZ 8, 58, 64). Auch das aus einer Teilungsversteigerung erlangte Wohnungs- und Teileigentum ist nicht das stellvertretende commodum für die unmöglich gewordene Verpflichtung, Gesellschaftsanteile an einer Gesellschaft bürgerlichen Rechts zu übertragen, da die Ersteigerung auch jedem Dritten möglich gewesen wäre; vielmehr ist der als Versteigerungserlös zugeflossene Betrag als stellvertretendes commodum anzusehen (BGH 25. 4. 2005 – II ZR 224/03, NZG 2005, 595, 596). Schließlich ist auch der Rückgewähranspruch nach Ausübung eines vertraglichen Rücktrittsrechts kein Ersatz für die Unmöglichkeit der Verschaffungspflicht aus einem Vertrag mit einem Dritten (BGH 1. 7. 2011 – V ZR 84/10 Rn 22, juris).

44 Wegen fehlender Kongruenz kann derjenige, der einen schuldrechtlichen Anspruch auf Nutzung oder **Gebrauchsüberlassung** einer Sache hatte, die zerstört oder beschädigt wurde, nicht nach § 285 BGB einen Anteil an dem dem Eigentümer zufließenden Ersatz, etwa der Versicherungssumme, oder Zinsen von diesem Ersatz beanspruchen (BGH 12. 1. 1977 – VIII ZR 142/75, MDR 1977, 660). Etwas anderes gilt nur, wenn dies die Auslegung des betreffenden Vertrages ergibt. Aus dem gleichen Grund kann derjenige, der einen schuldrechtlichen Anspruch auf Nutzungen einer enteigneten Sache hatte, die ihm wegen der Enteignung nicht mehr gewährt werden konnten, keine Zinsen von der dem Eigentümer für die Enteignung gezahlten Entschädigungssumme beanspruchen (BGH 19. 6. 1957 – IV ZR 214/56, BGHZ 25, 1, 8 ff; Johannsen Anm zu BGH LM § 281 BGB Nr 2; **aA** Scheuerle JZ 1958, 26 ff; Stoll, in: FS Schlechtriem [2003] 677, 690).

45 Hingegen kann derjenige, der einen schuldrechtlichen Anspruch auf Bestellung eines **beschränkt dinglichen Rechts** an einer Sache (zB einer persönlichen Dienstbarkeit auf das ausschließliche Recht zum Betreiben einer Tankstelle) hat, vom Schuldner Herausgabe des Erlöses verlangen, den dieser dadurch erzielt hat, dass er das dingliche Recht nicht dem Gläubiger, sondern einem Dritten eingeräumt hat. Entgegen der Auffassung des BGH (23. 12. 1966 – V ZR 26/64, BGHZ 46, 260, 264 ff = NJW 1967, 622; NK-BGB/Dauner-Lieb Rn 11; MünchKomm/Emmerich Rn 26; Palandt/Grüneberg Rn 8; Bamberger/Roth/Lorenz Rn 13; Erman/Westermann Rn 8; Soergel/Wiedemann[12] § 281 Rn 32) gilt dies auch dann, wenn die Sache dem Dritten als Ganze verkauft oder übereignet worden ist. Denn auch dann ist dem Schuldner die Einräumung des beschränkt dinglichen Rechts an den Gläubiger durch eben den Umstand unmöglich geworden, durch den der Schuldner den Verkaufserlös erzielt hat, nämlich den Kaufvertrag und die nachfolgende Übereignung. Die Bedenken, die der BGH daraus herleitet, dass in diesem Fall der Erlös in zwei Bestandteile zu zerlegen ist, schlagen nicht durch, wenn man bedenkt, dass diese Notwendigkeit auch sonst auftreten kann, etwa wenn mehrere Sachen, für die ein einheitlicher Kaufpreis besteht, verkauft sind, und der Verkäufer von diesen Sachen einzelne an Dritte veräußert hat (jetzt auch Soergel/Benicke/Grebe Rn 78).

Der BGH hat die geforderte Kongruenz in einem Fall der **Doppelvermietung** verneint. Dort hatte ein Vermieter eine Fläche zunächst als Parkplatz an den Erstmieter und anschließend Teile derselben Fläche zur Errichtung und zum Betrieb von Verkaufsständen an Zweitmieter vermietet und Letzteren überlassen. Der BGH hat dahingehend argumentiert, die geschuldete und die erneute Gebrauchsüberlassung seien nicht identisch, weil dem Erstmieter nur die geringerwertige Nutzung als Parkplatz, den Zweitmietern aber eine weitergehende Nutzung erlaubt gewesen sei. Dem Erstmieter sei weder eine anderweitige Nutzung noch eine Untervermietung gestattet gewesen, sodass er die von ihm vom Vermieter als Surrogat herausverlangte Miete der Markthändler nicht habe erzielen können (BGH 10. 5. 2006 – XII ZR 124/02 Rn 21 f, BGHZ 167, 312 = NJW 2006, 2323). Dem kann nicht gefolgt werden. Ob der Gläubiger seinerseits das Surrogat hätte erzielen können, ist für die Frage der Kongruenz bei § 285 BGB nicht entscheidend (zutr Lehmann JZ 2007, 525, 526). Richtig ist nur, dass der Ersatzanspruch auf den Gläubigerschaden beschränkt ist (Rn 41 f). Und die geforderte Kongruenz besteht jedenfalls insoweit, als es um die Gebrauchsüberlassung der Fläche als solche unter Ausschluss einer Nutzung durch den Schuldner geht. Dieser hat den Ersatz, nämlich die von den Zweitmietern bezogene Miete, gerade dadurch erlangt, dass er die dem Erstmieter zur Nutzung zu überlassene Fläche den Zweitmietern gegen Zahlung der Miete zur Nutzung überlassen hat. Auch wenn die dem Erstmieter gestattete Nutzung weniger intensiv war als die den Zweitmietern gestattete, so liegt doch jedenfalls im Umfang der „geringerwertigen" Nutzung die geforderte Kongruenz vor, die für den Anspruch auf Herausgabe eines Teils der eingenommenen Miete ausreichen muss (Hartmann 213, der insoweit von Teilidentität spricht). Andernfalls hätte es der Schuldner auch in der Hand, durch eine geringfügig abweichende vertragliche Regelung der Nutzung mit den Zweitmietern der Haftung aus § 285 BGB gezielt zu entgehen (Wackerbarth ZGS 2006, 369, 370). Dass der Erlös in zwei Bestandteile zu zerlegen ist, steht nach dem in Rn 45 Gesagten und bei einer an der Vorteilsausgleichung orientierten Betrachtungsweise (Rn 3 ff) dem Ersatzanspruch nicht entgegen (im Ergebnis wie hier, allerdings mit einem an der Gewinnherausgabe als Sanktion des Vertragsbruchs orientierten Verständnis der Vorschrift Berberich NJ 2007, 118 f; Lehmann JZ 2007, 525 ff und Wackerbarth ZGS 2006, 369, 370 f; **aA** und im Ergebnis wie der BGH Helms ZEuP 2008, 150, 153 ff, der durch die Entscheidung die Prämisse der hM, es handele sich bei § 285 BGB um eine Gewinnabschöpfungsnorm, in Frage gestellt sieht). 46

Kongruenz besteht zwischen geschuldeter oder nicht erbrachter persönlicher Leistung und dem **aus anderweitigem Einsatz der Arbeitskraft** erzielten Verdienst. Muss angesichts des Verweises auf § 275 Abs 3 BGB auch die persönlich zu erbringende Leistung als geschuldeter Gegenstand iS von § 285 BGB aufgefasst werden (Rn 24), führt kein Weg daran vorbei, den aus anderweitiger persönlicher Leistung erzielten Verdienst als solchen Ersatz anzusehen. Denn der dem ursprünglichen Gläubiger geschuldete Einsatz von persönlicher Zeit, persönlicher Arbeitskraft und persönlichem Arbeitsvermögen erfolgt stattdessen zugunsten des zweiten Gläubigers und führt so zu anderweitigem Verdienst oder dem Anspruch auf solchen Verdienst. Dass bei Dienst- oder Arbeitsverträgen der Einsatz vom jeweiligen Gläubiger kraft Weisungsrechts spezifiziert wird, steht dem inneren Zusammenhang nicht entgegen: 47

Geschuldeter Gegenstand, für den der Ersatzverdienst erlangt wird, ist nicht die spezifizierte, sondern die erst zu spezifizierende persönliche Leistung (Löwisch NJW 2003, 2049, 2050; zust Hartmann 108). Dementsprechend ist die geforderte Kongruenz auch dann gegeben, wenn dem infolge Krankheit arbeitsunfähigen Arbeitnehmer, dem der Arbeitgeber nach § 3 EntgeltfortzahlungsG das Arbeitsentgelt fortzahlt, ein Anspruch aus einer privaten Krankentagegeldversicherung zusteht.

III. Inhalt des Anspruchs

48 Der Schuldner hat grundsätzlich **alles** herauszugeben, was er infolge des Umstandes erlangt hat, der die Leistung unmöglich oder unzumutbar gemacht hat. Grenze ist aber der beim Gläubiger eingetretene Schaden (oben Rn 41).

49 Der Schuldner kann **Aufwendungen**, die er entweder im Zusammenhang mit der Veräußerung gehabt hat oder die er in den erlangten Ersatz investiert hat (Beispiel: Die eingetauschte Maschine ist vom Schuldner repariert worden), nur insoweit abziehen, als ihm gegen den Gläubiger ein Verwendungsersatzanspruch oder ein solcher aus Geschäftsführung ohne Auftrag oder ungerechtfertigter Bereicherung zusteht, denn nur dann besteht der notwendige Zusammenhang mit dem Ersatzanspruch (RG 11. 10. 1932 – II 58/32, RGZ 138, 45, 50; BGH 4. 2. 2000 – V ZR 260/98, BGHZ 143, 373, 380 = NJW 2000, 1496; MünchKomm/Emmerich Rn 31; Bamberger/Roth/Lorenz Rn 15). Beim gegenseitigen Vertrag muss der Gläubiger, der Ersatzherausgabe verlangt, nicht nur die Gegenleistung erbringen (§ 326 Abs 3 BGB), sondern sich auch die Kosten anrechnen lassen, die er bei Durchführung des Vertrages gehabt hätte (BGH 10. 3. 1995 – V ZR 7/94, BGHZ 129, 103, 107 = NJW 1995, 1737; krit zu dieser Folgerung Teichmann/Beck JZ 1996, 103, 104 f).

50 Hat der Schuldner aus dem erlangten Ersatz **Nutzungen** gezogen, so sind auch diese herauszugeben (RG 10. 7. 1936 – VII 293/35, JW 1936, 2859; BGH 27. 10. 1982 – V ZR 24/82, NJW 1983, 929, 930; BeckOGK/Dornis [1. 6. 2019] Rn 118; MünchKomm/Emmerich Rn 31; Palandt/Grüneberg Rn 9; Erman/Westermann Rn 10). Voraussetzung ist allerdings, dass dem Gläubiger auch (schon) die aus dem ursprünglich geschuldeten Gegenstand gezogenen Nutzungen zustanden. War das nicht der Fall, widerspräche es der mit § 285 BGB beabsichtigten billigen Verteilung der Vermögenswerte (s oben Rn 1), wenn die Nutzungen dem Gläubiger und nicht dem Schuldner zukämen (zutr Soergel/Benicke/Grebe Rn 84). Ist also die verkaufte Sache vor Übergabe zerstört oder vom Verkäufer anderweit veräußert worden, steht dem Käufer zwar der Ersatz oder Verkaufserlös zu. Einen etwaigen Zinsertrag kann er jedoch nicht beanspruchen, weil ihm gem § 446 S 2 BGB die Nutzungen noch nicht gebührten. Er ist insoweit darauf verwiesen, die Herausgabe des Ersatzes rechtshängig zu machen (§ 292 BGB) oder gem §§ 280 Abs 1, 2, 286 BGB Verzugsschadensersatz zu verlangen. Für *nicht gezogene Nutzungen* kann der Gläubiger den Schuldner nur haftbar machen, wenn in der Unterlassung der Nutzziehung eine schuldhafte Verletzung des Herausgabeanspruchs liegt.

51 Kann der Schuldner den erlangten Ersatz oder Ersatzanspruch nicht mehr herausgeben, etwa weil er erlangtes Geld anderweit *verbraucht,* eine erlangte Sache mit anderen gleichartigen *vermischt* oder auf den Ersatzanspruch gegenüber dem Dritten *verzichtet* hat, so hat er dem Gläubiger regelmäßig den **Wert zu ersetzen**.

Dies ergibt sich aber nicht aus einer entsprechenden Anwendung des § 818 Abs 2 BGB (so BGB-RGRK/Alff Rn 2), sondern daraus, dass der Schuldner mit einem solchen Vorgehen seine Verpflichtung aus § 285 BGB verletzt (Soergel/Benicke/Grebe Rn 90 f; MünchKomm/Emmerich Rn 32). Dabei kommt es auch nicht darauf an, ob der Gläubiger das Herausgabeverlangen schon erhoben hatte. Auch vorher ist der Schuldner schon verpflichtet, den eventuellen Anspruch des Gläubigers auf Ersatzherausgabe nicht durch Außerachtlassung der Sorgfalt zu gefährden, zu der der Schuldner aufgrund des ursprünglichen Schuldverhältnisses verpflichtet war. Für Verletzungen dieser Pflicht haftet der Schuldner dem Gläubiger nach den allgemeinen Vorschriften der §§ 280 ff BGB. Denn nach dem Grundgedanken des § 285 BGB darf der Schuldner, wenn ihm die Leistung unmöglich oder unzumutbar wird, die Erlangung eines möglichst vollständigen Ersatzes durch den Gläubiger nicht vereiteln (OLG Karlsruhe 3. 4. 1917 – Z II BR 192/16, LZ 1917, 1099). § 285 BGB bleibt allerdings anwendbar, wenn der Schuldner empfangenes *Bargeld* mit eigenem Geld vermischt oder sein Anspruch aus einer *Kontogutschrift* in einen Saldo eingestellt wird (BGH 17. 2. 2006 – V ZR 236/03 Rn 19, NJW-RR 2006, 736).

Die Haftung tritt entsprechend § 280 Abs 1 S 2 BGB nur ein, wenn der Schuldner die Unmöglichkeit der Herausgabe zu **vertreten** hat. Dabei kommt es auch bei als Ersatz erlangtem Geld darauf an, ob den Schuldner ein Verschulden trifft, denn es handelt sich nicht um eine auf Zahlung gerichtete Geldschuld, für die der Schuldner schlechthin einzutreten hätte (BGH 29. 11. 2002 – V ZR 445/01, MDR 2003, 322). Der Haftungsmaßstab ist derselbe wie im ursprünglichen Schuldverhältnis (BGH 17. 12. 1998 – V ZR 200/97, BGHZ 140, 223, 240 = NJW 1999, 1470). **52**

Der Anspruch aus § 285 BGB unterliegt der gleichen **Verjährungsfrist** wie der ursprüngliche Erfüllungsanspruch (BGH 10. 2. 1988 – IVa ZR 249/86, NJW-RR 1988, 902, 904; Soergel/Benicke/Grebe Rn 89, 96; MünchKomm/Emmerich Rn 33). Dabei wird die Verjährung des Anspruchs aus § 285 BGB auch durch Klage auf den ursprünglichen Erfüllungsanspruch gem § 204 Abs 1 Nr 1 BGB gehemmt, da der Anspruch aus § 285 BGB an die Stelle des erloschenen Anspruchs tritt und dadurch demselben Ziel wie dieser dient (vgl BGH 17. 2. 2006 – V ZR 236/03 Rn 22 ff, NJW-RR 2006, 736 zur Unterbrechung nach § 209 aF). Zur Verjährung des Ersatzanspruchs im Falle von Gewährleistungsansprüchen s Rn 17. **53**

Gem § 401 BGB gehen mit der Abtretung eines Ersatzanspruchs die für ihn bestehenden *Sicherungs- und Vorzugsrechte* auf den Gläubiger über (Soergel/Benicke/Grebe Rn 89; Palandt/Grüneberg Rn 9). **54**

IV. Ersatzherausgabe und Schadensersatz

Der Anspruch auf Ersatzherausgabe soll dem Gläubiger, der die Leistungsgefahr trägt, einen Nachteilsausgleich gewähren, soweit der Schuldner im Gefolge der Unmöglichkeit oder Unzumutbarkeit einen Vorteil erlangt hat (oben Rn 3). Er besteht deshalb unabhängig davon, ob die Voraussetzungen für einen Schadensersatzanspruch vorliegen. Ob den Schuldner ein Verschulden an der Unmöglichkeit trifft, ist ebenso gleichgültig wie die Frage, ob der Gläubiger die Unmöglichkeit zu vertreten hat (vgl RG 26. 9. 1925 – V 570/24, RGZ 111, 298, 303; s auch Staudinger/Schwarze [2015] § 326 Rn D 3 ff, C 150). **55**

56 Hat der Gläubiger nach §§ 280 Abs 1, 3, 283 BGB Anspruch auf Schadensersatz statt der Leistung, so steht ihm **daneben** der Anspruch auf Ersatzherausgabe zu (RG 21. 12. 1920 – VII 315/20, RGZ 101, 152, 155; RG 5. 6. 1923 – II 323/22, RGZ 108, 184, 187; s dazu Haselhoff NJW 1947/48, 286, 289). Verlangt er Ersatzherausgabe, so kann er, wenn diese seinen Schaden nicht deckt, daneben Ersatz des ungedeckten Schadensrestes verlangen. Dies ergibt sich aus Abs 2.

57 Zweifel sind darüber entstanden, wie im Falle des § 285 Abs 2 BGB der „Wert des erlangten Ersatzes oder Ersatzanspruchs" zu **berechnen** ist. Nach Planck/Siber Anm 5 (ihm folgend Soergel/Benicke/Grebe Rn 88) soll der Wert des Gegenstandes des Ersatzanspruchs abzuschätzen, ein Geldanspruch aber zum Nennwert anzurechnen sein. Dies führt mindestens dann zu einem untragbaren Ergebnis, wenn der Geldanspruch, den der Schuldner anstelle der unmöglich gewordenen Leistung erlangt hat, sich als uneinbringlich erweist. Nach dem Gesetz mindert sich, wenn der Gläubiger das Surrogat verlangt, der ihm zustehende Schadensersatz um den Wert des erlangten Ersatzes oder Ersatzanspruchs. Nicht nur der Wortauslegung des Abs 1, sondern auch dem Grundgedanken des Gesetzes entspricht es, auch den Wert des Geldanspruchs zu schätzen und nicht einfach mit dem Nennwert anzusetzen. Der Gläubiger soll nur nicht doppelt entschädigt werden; was er durch die Ersatzherausgabe tatsächlich erhält, soll er nicht noch einmal als Schadensersatz fordern können. Nicht aber soll der Gläubiger durch die Wahl des Anspruchs auf Ersatzherausgabe das Risiko der Bonität des Drittschuldners übernehmen (ebenso Oertmann Anm 5; Huber/Faust Kap 6 Rn 6; anders MünchKomm/Emmerich Rn 37 und Palandt/Grüneberg Rn 11: Anrechnung erfüllungshalber).

58 Der Anspruch aus § 285 BGB ist davon abhängig, dass der Gläubiger Herausgabe des Ersatzes oder Abtretung des Ersatzanspruchs **verlangt**. Es handelt sich damit um einen sog *verhaltenen Anspruch,* was zur Folge hat, dass der Schuldner dem Gläubiger den Ersatz nicht gegen dessen Willen aufdrängen kann, sondern es hinnehmen muss, wenn dieser vollen Schadensersatz verlangt (MünchKomm/Emmerich Rn 29, 35; Palandt/Grüneberg Rn 9).

59 Die Entscheidung zwischen dem Anspruch aus § 285 BGB und dem Anspruch auf Schadensersatz statt der Leistung steht dem Gläubiger solange offen, bis der eine oder andere Anspruch erfüllt ist (BGH 17. 4. 1958 – II ZR 335/56, NJW 1958, 1040, 1041; Soergel/Benicke/Grebe Rn 85; MünchKomm/Emmerich Rn 36; Bamberger/Roth/Lorenz Rn 17). Bei teilweiser Erfüllung des einen oder anderen Anspruchs tritt die Bindung nur hinsichtlich des betreffenden Teils ein (vgl für das parallele Problem der Minderung des Schadensersatzanspruchs wegen Nichterfüllung nach Geltendmachung des Vertragsstrafenanspruchs gem § 340 BGB Staudinger/Rieble [2015] § 340 Rn 75 ff).

V. Beweislast

60 Der **Gläubiger** hat nicht nur zu beweisen, *dass* der Schuldner einen Ersatz erlangt hat, sondern auch, *wie hoch* dieser ist (BGH 27. 10. 1982 – V ZR 24/82, NJW 1983, 929, 930; OLG Hamm 12. 7. 1985 – 20 U 148/85, VersR 1987, 316; Soergel/Benicke/Grebe Rn 109; Baumgärtel/Laumen/Prütting/Repgen Rn 1; ebenso Kisch 214; **aA** Titze KritV 44, 506, 525). Die für den Gläubiger möglicherweise bestehende Beweisschwierigkeit wird aber dadurch gemildert, dass ihm aus § 242 BGB ein *Anspruch auf Auskunft* zusteht,

sofern er beweist, dass der Schuldner überhaupt einen Ersatz erlangt hat (BGH 27. 10. 1982 – V ZR 24/82, NJW 1983, 929, 930; MünchKomm/EMMERICH Rn 39; PALANDT/GRÜNEBERG Rn 13; ERMAN/WESTERMANN Rn 13).

Vorbemerkungen zu §§ 286–292

Schrifttum

1. Zur und nach der Schuldrechtsreform

BEHRENS, Der Verzugsschaden des Forderungsgläubigers, zfm 2017, 183
BUHLMANN, Schuldnerverzug nach der Schuldrechtsmodernisierung, MDR 2002, 609
CANARIS, Begriff und Tatbestand des Verzögerungsschadens im neuen Leistungsstörungsrecht, ZIP 2003, 321
DERLEDER/HOOLMANS, Vom Schuldnerverzug zum Gläubigerverzug und zurück – Eine Untersuchung der Neuregelung des verspäteten Leistungsangebots des Schuldners, NJW 2004, 2787
DÖTTERL, Wann ist der Gläubiger für die Unmöglichkeit verantwortlich? (2008)
FLIEGNER, Der Leistungsbegriff der §§ 280 ff BGB und Fragen des Haftungsausschlusses, JR 2002, 314
HABERZETTL, Der Ersatz von Schäden aus Deckungsgeschäften während der Leistungsverzögerung, NJW 2007, 1328
ders, Verschulden und Versprechen, Zur Haftung des Schuldners für die Verzögerung der Leistung (2006)
HARKE, Schuldnerverzug, Eine dogmengeschichtliche Untersuchung (2006)
ders, Mora debitoris und mora creditoris im klassischen römischen Recht (2005)
KLOSE, Der erneute Entwurf eines Gesetzes zur Bekämpfung von Zahlungsverzug im Geschäftsverkehr, NJ 2014, 272
LEIBLE/LEHMANN, Die Vereinheitlichung des internationalen Arbeitsrechts durch die EG-Verordnung Rom-I, RIW 2008, 528
LOOSCHELDERS, Das allgemeine Vertragsrecht des Common European Sales Law, AcP 212 (2012) 581
LÖWISCH, Zweifelhafte Folgen des geplanten Leistungsstörungsrechts für das Arbeitsvertragsrecht, NZA 2001, 465
MANKOWSKI, Der Verbraucher und das Verzugsrecht, ZGS 2002, 177
OELSNER, Auswirkungen des Umsetzungsverzugs bei der Zahlungsverzugsrichtlinie, NJW 2013, 2469
ders, Die Neufassung der Zahlungsverzugsrichtlinie, EuZW 2011, 940
ders, Einfluss der Zahlungsverzugsrichtlinie auf das deutsche Bauvertragsrecht, NZBau 2012, 329
ROTH, Verzug nach neuem Recht, ITRB 2002, 46
SCHMIDT-KESSEL, Die Zahlungsverzugsrichtlinie und ihre Umsetzung, NJW 2001, 97
VERSE, Das Gesetz zur Bekämpfung von Zahlungsverzug im Geschäftsverkehr, ZIP 2014, 1809
WELLER/HARMS, Die Kultur der Zahlungstreue, WM 2012, 2305
vWESTPHALEN, Mittelstandsfeindliche Umsetzung der neuen Zahlungsverzugsrichtlinie, ZRP 2013, 5.

2. Vor der Schuldrechtsreform

ADLER, Zur Lehre vom Leistungsverzug beim Kauf, GoldschmidtsZ 86, 1
CARL, Voraussetzungen des Schuldnerverzuges (2001)
DE CLAPARÈDE, Beiträge zur Lehre vom Leistungsverzuge (1903)
FABRICIUS, Leistungsstörungen im Arbeitsverhältnis (1970)
FRANKENBURGER, Erfüllungsverzug bei Handelsgeschäften, SeuffBl 74, 275 f, 757; 75, 307, 344

Fritz, Die Erfüllungsverweigerung des Schuldners, AcP 134 (1931) 197
Hänlein, Die Richtlinie zur Bekämpfung von Zahlungsverzug im Geschäftsverkehr und ihre Umsetzung in Deutschland, EuZW 2000, 680
Huber, Leistungsstörungen Band 1 und 2, 1999, §§ 5 ff, 30
Kniet, Die Mora des Schuldners, 2 Bde (1871)
vMaday, Die Lehre von der Mora (1837)
Mommsen, Die Lehre von der Mora (1855)
Neumann, Verzug des Schuldners (1898)
Paech, Der Leistungsverzug (1902)
Philippe, Der Schuldnerverzug beim gewöhnlichen Handelskauf (1911)
Rehbein, Mora debitoris (1897)
Richard, Die culpa der mora debitoris (1888)
Siber, Interpellatio und Mora, SavZ (Romanistische Abt) 1908, 108
E Schwerdtner, Verzug im Sachenrecht (1973)
vWaldberg, Die mora debitoris in ihrer Beziehung zur culpa (1878).

Systematische Übersicht

Alphabetische Übersicht

I. Rechtsentwicklungen

1. Schuldrechtsreform

Im Zuge der Neukonzeption des Leistungsstörungsrechts hat die Schuldrechtsreform **1** den allgemeinen Tatbestand der Pflichtverletzung geschaffen und damit die klassische Dreiteilung von Haftung wegen Unmöglichkeit, Haftung wegen Verzugs und Haftung wegen positiver Forderungsverletzung im Grundsatz aufgegeben (dazu Staudinger/Caspers Vorbem 3 ff zu §§ 275 ff; Staudinger/Schwarze Vorbem B 1 ff zu §§ 280 ff). Dem Tatbestand der Pflichtverletzung ist damit auch die Leistungsverzögerung zugeordnet worden. Allerdings hat es der Gesetzgeber dabei belassen, die Voraussetzungen des Verzugs gesondert zu regeln (Schmidt-Kessel, System § 3 I 3 spricht im Blick darauf von einem „systematischen Fossil“). Entsprechend verweist § 280 Abs 2 BGB wegen des Ersatzes des Verzögerungsschadens auf die „zusätzliche Voraussetzung des § 286 BGB“.

Die Bezugnahme auf die Voraussetzungen des § 286 BGB in § 280 Abs 2 BGB **2** betrifft nur den Verzögerungsschaden. Schadensersatz statt der Leistung kann der Gläubiger auch im Falle der Leistungsverzögerung nach § 280 Abs 3 BGB nur unter den zusätzlichen Voraussetzungen des § 281 BGB, des § 282 BGB oder des § 283 BGB verlangen (Staudinger/Schwarze Vorbem C 3 zu §§ 280 ff). Zur Abgrenzung von Verzögerungsschaden und Schadensersatz statt der Leistung s § 286 Rn 181 ff.

Im Zuge der Neuregelung der Verzugsvoraussetzungen hat der Gesetzgeber auch **3** die verunglückte, durch das Gesetz zur Beschleunigung fälliger Zahlungen eingefügte Vorschrift des § 284 Abs 3 BGB, die für den Verzug mit einer Geldforderung abweichende Voraussetzungen vorsah, revidiert. Seit der Schuldrechtsreform gibt § 286 Abs 3 BGB für den Fall, dass eine Entgeltforderung nicht binnen 30 Tagen nach Zugang einer Rechnung oder gleichwertigen Zahlungsaufstellung beglichen wird, ausweislich seines klaren Wortlauts einen **zusätzlichen** Verzugstatbestand; die Verzugstatbestände der Mahnung und kalendermäßigen Leistungsbestimmung werden durch diese Norm nicht mehr verdrängt (vgl dazu noch § 286 Rn 95 ff).

4 Im Übrigen beließ es die Schuldrechtsreform dabei, in den §§ 287–290 BGB mit der Verantwortlichkeit während des Verzugs, den Verzugszinsen, dem Zinseszinsverbot und der Verzinsung des Wertersatzes besondere Verzugsfolgen zu regeln. Auch die Vorschriften des § 291 BGB über die Prozesszinsen und des § 292 BGB über die Haftung bei Herausgabepflicht blieben in der Sache unverändert.

2. Zahlungsverzugsrichtlinie

5 Der Verzug mit Geldleistungen im Geschäftsverkehr, also in Geschäftsvorgängen zwischen Unternehmen oder zwischen Unternehmen und öffentlichen Stellen, die zu einer Lieferung von Waren oder zur Erbringung von Dienstleistungen gegen Entgelt führen (Art 2 Nr 1 UA 1 Richtlinie 2000/35/EG, Art 2 Nr 1 Richtlinie 2011/7/EU), ist Gegenstand des Rechts der Europäischen Union. Nicht erfasst sind hingegen Geschäftsvorgänge mit Verbrauchern und auch nicht Geschäftsvorgänge zwischen öffentlichen Stellen, weil diese, wie sich aus Art 2 Nr 3 der Richtlinie 2011/7/EU ergibt, nicht als Unternehmen angesehen werden.

6 Zunächst hatte die Richtlinie 2000/35/EG vom 29. 6. 2000 zur Bekämpfung von Zahlungsverzug im Geschäftsverkehr (ABl EG Nr L 200 S 35 ff) eine Reihe von Vorgaben gemacht, die insbes den Eintritt des Verzugs ohne Mahnung und die Höhe der Verzugszinsen betrafen (Schmidt-Kessel NJW 2001, 97, 98 ff). Diese Vorgaben sind durch das Gesetz zur Beschleunigung fälliger Zahlungen (mangelhaft) umgesetzt worden (dazu Rn 3).

7 Die Zahlungsverzugsrichtlinie wurde mit Wirkung zum 16. 3. 2013 durch die Richtlinie 2011/7/EU vom 16. 2. 2011 (ABl EU Nr L 48 S 1 ff) neu gefasst (Art 13 Abs 1 Richtlinie 2011/7/EU). Nach ihrem Art 3 Abs 1 haben die Mitgliedstaaten sicherzustellen, dass **im Geschäftsverkehr zwischen Unternehmen** der Gläubiger Anspruch auf Verzugszinsen hat, ohne dass es einer Mahnung bedarf, wenn der Gläubiger seine vertraglichen und gesetzlichen Verpflichtungen erfüllt und den fälligen Betrag nicht rechtzeitig erhalten hat, es sei denn, dass der Schuldner für den Zahlungsverzug nicht verantwortlich ist. Nach Art 3 Abs 3 lit b i) – iii) muss der Gläubiger dabei Anspruch auf Verzugszinsen ab dem Tag haben, der auf den vertraglich festgelegten Zahlungstermin oder das vertraglich festgelegte Ende der Zahlungsfrist folgt. Ist der Zahlungstermin nicht vertraglich festgelegt, hat der Gläubiger Anspruch auf Verzugszinsen nach Ablauf von 30 Kalendertagen nach dem Zeitpunkt des Eingangs der Rechnung oder, wenn dieser Zeitpunkt vor dem Empfang der Waren oder Dienstleistungen erfolgt ist oder unsicher ist, nach dem Zeitpunkt des Empfangs der Waren oder Dienstleistungen. Ist ein Abnahme- oder Prüfverfahren vorgesehen, darf dieses mangels anderweitiger vertraglicher Vereinbarung nicht länger als 30 Kalendertage dauern (Art 3 Abs 4) und tritt der Anspruch auf Verzugszinsen erst 30 Kalendertage

mit dem Abschluss des Aufnahme- und Überprüfungsverfahrens ein (Art 3 Abs 3 lit b iv)). Außerdem haben die Mitgliedstaaten sicherzustellen, dass die vertraglich festgelegte Zahlungsfrist 60 Kalendertage nicht überschreitet, es sei denn im Vertrag wurde ausdrücklich etwas anderes vereinbart und vorausgesetzt, dass dies für den Gläubiger nicht grob nachteilig im Sinne von Art 7 ist (Art 3 Abs 5). Hinsichtlich der Höhe der Verzugszinsen enthält die Richtlinie in Art 3 Abs 2 nur eine Bestimmung über die Anwendung des Bezugszinssatzes. Für das erste Halbjahr des betreffenden Jahres ist der am 1. Januar dieses Jahres geltende Zinssatz, für das zweite Halbjahr des betreffenden Jahres der am 1. Juli dieses Jahres geltende Zinssatz anzuwenden. Bezugszinssatz, der auch für den Basiszinssatz des § 247 Abs 1 BGB maßgeblich ist, ist nach Art 2 Nr 7 lit a der Richtlinie der von der Europäischen Zentralbank auf ihrer jüngsten für die Hauptrefinanzierungsoperationen angewandte Zinssatz.

Nach Art 6 Abs 1 der Richtlinie haben die Mitgliederstaaten sicherzustellen, dass **8** dort, wo Verzugszinsen zu zahlen sind, der Gläubiger gegen den Schuldner auch einen Anspruch auf Zahlung eines Pauschalbetrags in Höhe von mindestens 40 Euro hat. Dieser Pauschalbetrag ist nach Art 6 Abs 2 der Richtlinie ohne Mahnung und als Entschädigung für die Beitreibungskosten des Gläubigers zu zahlen. Nach Abs 3 der Richtlinie hat der Gläubiger zusätzlich zu dem Pauschalbetrag Anspruch auf angemessenen Ersatz aller durch den Zahlungsverzug bedingten Beitreibungskosten. Zu diesen Kosten können auch Ausgaben zählen, die durch die Beauftragung eines Rechtsanwalts oder eines Inkassounternehmens entstehen.

Nach Art 7 Abs 1 Richtlinie 2011/7/EU haben die Mitgliedsstaaten zu bestimmen, **9** dass eine Vertragsklausel oder eine Praxis im Hinblick auf den Zahlungstermin oder die Zahlungsfrist, auf den für Verzugszinsen geltenden Zinssatz oder auf Entschädigungen für Beitreibungskosten entweder nicht durchsetzbar ist oder einen Schadensersatz begründet, wenn sie für den Gläubiger grob nachteilig ist. Grobe Nachteiligkeit wird nach Art 7 Abs 2 der Richtlinie vermutet, wenn ein Anspruch auf Verzugszinsen überhaupt ausgeschlossen ist. Gleiches gilt nach Abs 3, wenn der Anspruch auf Entschädigung für Beitreibungskosten ausgeschlossen ist.

Besondere Bestimmungen enthält Art 4 der Zahlungverzugsrichtlinie für den Ge- **10** schäftsverkehr zwischen Unternehmen und öffentlichen Stellen. Öffentliche Stelle ist nach Art 2 Nr 2 dieser Richtlinie jeder öffentliche Auftraggeber im Sinne von Art 2 Abs 1 lit a der Richtlinie 2004/12/EG und von Art 1 Abs 9 der Richtlinie 2004/18/EG, unabhängig vom Gegenstand oder Wert des Auftrags. Danach sind öffentliche Auftraggeber der Staat, die Gebietskörperschaften, die Einrichtungen des öffentlichen Rechts und die Verbände, die aus einer oder mehrerer dieser Körperschaften oder Einrichtungen des öffentlichen Rechts bestehen. Als Einrichtung des öffentlichen Rechts gilt dabei jede Einrichtung, die zu dem besonderem Zweck gegründet wurde, im Allgemeininteresse liegende Aufgaben nicht gewerblicher Art zu erfüllen, Rechtspersönlichkeit besitzt und überwiegend vom Staat, von Gebietskörperschaften oder von anderen Einrichtungen des öffentlichen Rechts finanziert wird, hinsichtlich ihrer Leistung der Aufsicht durch letztere unterliegt oder deren Verwaltungs-/Leitungs- oder Aufsichtsorgan mehrheitlich aus Mitgliedern besteht, die vom Staat, von den Gebietskörperschaften oder von anderen Einrichtungen des öffentlichen Rechts ernannt worden sind.

11 Anders als in dem Geschäftsverkehr zwischen Unternehmen wird bestimmt, dass Gläubiger öffentlicher Stellen bei Zahlungsverzug ohne Mahnung Anspruch auf den gesetzlichen Zins in Höhe von mindestens acht Prozent über dem Bezugszinssatz (Art 2 Nr 6 Richtlinie 2011/7/EU) haben. Hinsichtlich der Verzugsvoraussetzungen geht Art 4 der Richtlinie an sich von der Regelung des Art 3 aus. Er gestaltet in Abs 3 aber die Zahlungsfrist von 30 Kalendertagen hiervon unabhängig zwingend aus (lit a) und bestimmt, dass der Zeitpunkt der Eingang der Rechnung nicht Gegenstand einer vertraglichen Vereinbarung zwischen dem Schuldner und dem Gläubiger sein darf (lit b). Nach Abs 4 können die Mitgliedstaaten die Frist von 30 Kalendertagen allerdings auf bis zu höchstens 60 Kalendertage verlängern für öffentliche Stellen, die wirtschaftliche Tätigkeiten industrieller oder kommerzieller Natur ausüben, indem sie Waren oder Dienstleistungen auf dem Markt anbieten und als öffentliche Unternehmen den Transparenzanforderungen gem der Richtlinie 2006/111/EG der Kommission vom 16. November 2006 über die Transparenz der finanziellen Beziehungen zwischen den Mitgliedstaaten und den öffentlichen Unternehmen sowie über die finanzielle Transparenz innerhalb bestimmter Unternehmen unterliegen (lit a) und für öffentliche Einrichtungen, die Gesundheitsdienste anbieten und für diesen Zweck ordnungsgemäß anerkannt sind (lit b).

12 Nach ihrem Art 12 war die Richtlinie 2011/7/EU bis zum 16. 3. 2013 umzusetzen. Der deutsche Gesetzgeber hat die Zahlungsverzugsrichtlinie durch das Gesetz zur Bekämpfung von Zahlungsverzug im Geschäftsverkehr und zur Änderung des Erneuerbare-Energien-Gesetzes vom 22. 7. 2014 erst nach Ablauf dieser Frist, nämlich mit Wirkung zum 29. 7. 2014, umgesetzt (BGBl I S 1218).

3. Gesetz zur Bekämpfung von Zahlungsverzug im Geschäftsverkehr

13 Das mit Wirkung zum 29. 7. 2014 in Kraft getretene Gesetz enthält ua Änderungen und Ergänzungen von §§ 271a, 286 (dazu § 286 Rn 2), 288 (dazu § 288 Rn 4, 61 ff), 308 und 310 BGB sowie des UKlaG. Was den Schuldnerverzug anbelangt, ist durch das Gesetz für Rechtsgeschäfte, an denen ein Verbraucher nicht beteiligt ist, der Zinssatz für Entgeltforderungen auf neun Punkte über dem Basiszinssatz erhöht worden (§ 288 Abs 2 BGB). Außerdem sieht nunmehr § 288 Abs 5 BGB vor, dass der Gläubiger einer Entgeltforderung bei Verzug des Schuldners, wenn dieser kein Verbraucher ist, Anspruch auf Zahlung eines Pauschbetrages in Höhe von 40 Euro hat. Neu geregelt worden ist schließlich die Zulässigkeit abweichender Vereinbarungen (§§ 286 Abs 5 und 288 Abs 6 BGB). S allgemein zu den Änderungen Verse, Das Gesetz zur Bekämpfung von Zahlungsverzug im Geschäftsverkehr, ZIP 2014, 1809; Haspl, Der Entwurf eines Gesetzes zur Bekämpfung von Zahlungsverzug im Geschäftsverkehr – engere Schranken für die Vertragsfreiheit, BB 2014, 771; Thiergart, Gesetz zur Bekämpfung von Zahlungsverzug im Geschäftsverkehr – Neue gesetzliche Regelungen erfordern die Anpassung allgemeiner Geschäftsbedingungen und individualvertraglicher Vereinbarungen, GWR 2014, 342.

14 Nach der **Überleitungsvorschrift** des Art 229 § 34 EGBGB sind die Änderungen grundsätzlich nur auf Schuldverhältnis anzuwenden, die nach dem 28. 7. 2014 entstanden sind. Für vorher entstandene Schuldverhältnisse gilt das bisherige Recht (OLG Düsseldorf 6. 10. 2015 – I-21 U 40/15 ua, BauR 2017, 147). Vertragliche Schuldverhältnisse entstehen mit Abschluss des Vertrages, gesetzliche Schuldverhältnisse mit den

sie auslösenden tatsächlichen oder rechtlichen Ereignissen. Im Falle der Deliktshaftung ist maßgeblich etwa die schädigende Handlung; wann die Folgen eines solch schädigenden Ereignisses eintreten, spielt keine Rolle. Eine Ausnahme sieht Satz 2 der Regelung für *Dauerschuldverhältnisse* vor: Auch, wenn diese vor dem 28. 7. 2014 entstanden sind, sind die neu gefassten Vorschriften anzuwenden, soweit die Gegenleistung nach dem 30. 6. 2016 erbracht wurde. Die Vorschrift greift nur für wechselseitige Hauptleistungspflichten. Bei Mietverträgen, die vor dem 28. 7. 2014 geschlossen wurden, unterliegen – die ordnungsgemäße Überlassung der Mietsache unterstellt – Mietrückstände für den Zeitraum bis zum 30. 6. 2016 demnach altem Recht, solche für die Zeit ab 1. 7. 2016 dem neuen Recht. Demgegenüber unterliegen Schadensersatzansprüche wegen Nebenpflichtverletzungen uneingeschränkt dem alten Recht. Für unvollkommene zweiseitige Dauerschuldverhältnisse, wie etwa die Leihe, gilt die Vorschrift von vornherein nicht. Für Dauerschuldverhältnisse, die vor dem 28. 7. 2014 begründet wurden und bei denen die Hauptleistung vollständig vor dem 30. 6. 2016 erbracht ist, ist das alte Recht ebenfalls uneingeschränkt anzuwenden. Hat etwa bei einem Rentenversicherungsvertrag der Versicherungsnehmer und Versicherter die Prämien auf den Versicherungsvertrag bereits vor diesem Zeitpunkt vollständig geleistet, kommen ihm für die Versicherungsleistungen die neuen Regelungen nicht zugute. Diese Frage hat der Gesetzgeber wohl übersehen.

Wie dargelegt (Rn 12), war der Gesetzgeber europarechtlich verpflichtet, die Zah- **15**
lungsverzugsrichtlinie bis zum 16. 3. 2013 umzusetzen. Tatsächlich umgesetzt wurde sie jedoch erst mit Wirkung zum 29. 7. 2014. Für die Zeit zwischen Ablauf der Umsetzungsfrist und dem Inkrafttreten des Gesetzes zur Bekämpfung von Zahlungsverzug im Geschäftsverkehr und zur Änderung des Erneuerbare-Energien-Gesetzes vom 22. 7. 2014 binden die Bestimmungen der Zahlungsverzugsrichtlinie die *öffentlichen Stellen* unmittelbar (MünchKomm/Ernst § 286 Rn 1; s allg zur unmittelbaren Geltung von Richtlinien nach Ablauf der Umsetzungsfrist EuGH 12. 7. 1990 – C-188/89 [Foster] Slg 1990 I-3313; EuGH 26. 2. 1986 – 152/84 [Marshall] NJW 1986, 2178; BAG 5. 6. 2003 – 6 AZR 114/02, NZA 2004, 164). Auch soweit nicht die öffentliche Hand betroffen ist, war die Zahlungsverzugsrichtlinie in diesem Zeitraum im Wege der richtlinienkonformen Auslegung der §§ 286 ff BGB zu berücksichtigen. Denn wie sonst auch sind die nationalen Gerichte nach Ablauf der Umsetzungsfrist zu einer solchen richtlinienkonformen Auslegung des nationalen Rechts verpflichtet (EuGH 4. 7. 2006 – C-212/04 [Adeneler] Slg 2006 I-6057).

II. Schuldnerverzug im System des Leistungsstörungsrechtes

1. Schuldnerverzug und Leistungspflicht

a) Schuldnerverzug und Unmöglichkeit

Die Vorschriften über den Schuldnerverzug setzen voraus, dass sich die nicht recht- **16**
zeitige Leistung als bloße Leistungsverzögerung darstellt, also **nachgeholt werden kann** (BGH 9. 6. 1982 – IVa ZR 9/81, BGHZ 84, 244, 248; BAG 12. 9. 1985 – 2 AZR 324/84, NJW 1986, 1831, 1832; Huber I 151 ff; **aA** Schmidt-Kessel, System § 7 II 2 c, der für das neue Recht §§ 275, 286 BGB nebeneinander anwenden will). Kann sie nicht nachgeholt werden, liegt Unmöglichkeit vor. Die Leistungspflicht ist nach § 275 Abs 1 BGB ausgeschlossen. Der Schuldner hat, wenn er die mangelnde Rechtzeitigkeit der Leistung zu vertreten hat, Schadensersatz statt der Leistung nach § 283 iVm § 280 Abs 1 BGB zu leisten.

Ein besonderer Ersatz des Verzögerungsschadens kommt daneben nicht in Betracht (§ 286 Rn 181 ff). Nachholbar ist die Leistung, wenn sie trotz der Verspätung noch das wesentliche Interesse, das der Gläubiger nach dem Inhalt des Schuldverhältnisses mit ihr verbindet, befriedigen kann. Nicht nachholbar ist sie, wenn die Einhaltung der vorgesehenen Leistungszeit unverzichtbar ist, um diesem Gläubigerinteresse zu genügen.

17 Letzteres ist beim *absoluten Fixgeschäft* der Fall. Hier ist die Leistungszeit so wesentlich, dass ihre Nichteinhaltung die vollständige Unmöglichkeit der Leistung begründet. Beispiele für absolute Fixgeschäfte s STAUDINGER/CASPERS § 275 Rn 17. Dagegen ist beim *relativen Fixgeschäft* (vgl STAUDINGER/SCHWARZE [2015] § 323 Rn B 99 ff) die verspätete Leistung nachholbar, sodass wegen der Verspätung lediglich die Verzugsvorschriften eingreifen (HUBER I 157).

18 Bei **Dauerverpflichtungen** ist die verspätete Leistung für den verflossenen Zeitraum in der Regel nicht nachholbar, sodass insoweit Unmöglichkeit vorliegt (BGH 11. 7. 1953 – II ZR 126/52, BGHZ 10, 187, 189). Ist zB eine Wohnung ab 1. 1. vermietet, wird aber dem Mieter der Gebrauch der Wohnung erst ab 15. 1. gewährt, so ist die Erfüllung für den verflossenen halben Monat unmöglich geworden. Denn die Erfüllung kann nicht etwa dadurch nachgeholt werden, dass der Gebrauch für einen entsprechenden Zeitraum am Ende der Erfüllungszeit nachgewährt wird. Für den Mieter, der die Wohnung vom 1. bis 15. 1. nicht nutzen konnte, ist es keine Erfüllung, wenn ihm „dafür" der Gebrauch vom 15. 5. bis 1. 6. gewährt wird (BGH 16. 9. 1987 – IVb ZR 27/86, BGHZ 101, 325, 332; HUBER I 160 f). Ausnahmsweise kann aber auch bei Dauerverpflichtungen das Interesse des Gläubigers an der Leistung trotz Verspätung fortbestehen. Wird etwa die Ausleihe eines wissenschaftlichen Werkes für einen bestimmten Zeitraum versprochen, das Werk aber verspätet zur Verfügung gestellt, so kann und muss die verstrichene Leihzeit nachgeholt werden (ebenso ERMAN/HAGER § 286 Rn 6; DIEDERICHSEN JuS 1985, 825, 828) und liegt bis zur Nachholung Schuldnerverzug vor (differenzierend DÖTTERL 62 ff).

19 Bei **nicht rechtzeitig geleisteten Diensten** ist zu unterscheiden: Ist die zu erbringende Dienstleistung fest in einen bestimmten *Betriebsablauf* eingepasst, bleibt dieser nicht stehen, wenn der Arbeitnehmer nicht oder zu spät erscheint oder die Arbeit vorzeitig verlässt. Eine Nachholung ist nicht möglich. Weder muss das Fließband angehalten noch der Betrieb über die übliche Zeit hinaus offengehalten werden, damit der säumige Arbeitnehmer seine Arbeitsleistung nachträglich erbringen kann (HUBER I 164 ff). Aber auch im Übrigen gilt, dass im Arbeitsverhältnis durch die Festlegung von Beginn und Ende der täglichen Arbeitszeit durch den Arbeitgeber der Inhalt der Dienstleistungsschuld bestimmt wird mit der Folge, dass eine vertragsgerechte Nachholung der Arbeitsleistung nicht möglich ist (BAG 17. 3. 1988 – 2 AZR 576/87, NJW 1989, 546, 547; STAUDINGER/RICHARDI/FISCHINGER [2016] § 611 Rn 1064; vgl auch BAG 27. 1. 2016 – 5 AZR 9/15, BAGE 154, 100; BAG 19. 8. 2015 – 5 AZR 975/13, BAGE 152, 213).

20 Hingegen sind Dienstleistungen Selbstständiger regelmäßig nachholbar. Etwa kann der Rechtsanwalt die Rechtsberatung seines Mandanten auch noch später vornehmen, sodass die Verzögerung nur Verzug und nicht Unmöglichkeit begründet (HUBER I 166). Lässt sich ausnahmsweise die nachträgliche Leistung eines Arbeitnehmers mit dem Betriebsablauf vereinbaren, wie das insbes bei geringfügigem Zuspätkommen zutreffen kann, liegt ebenfalls zunächst keine Unmöglichkeit vor (Fabricius 98). Die Unmöglichkeit tritt dann erst ein, wenn der Arbeitgeber *umdisponiert* und die Arbeit anderweit ausführen lässt (BAG 17. 3. 1988 – 2 AZR 576/87, NJW 1989, 546, 547).

Bei Schuldverhältnissen, die auf ein **Unterlassen** gerichtet sind, bedeutet die nicht rechtzeitige Erfüllung in der Regel keine bloße Leistungsverzögerung, sondern Unmöglichkeit der Leistung. Das Interesse des Gläubigers geht bei der Unterlassungspflicht in der Regel darauf, dass eine Zuwiderhandlung überhaupt unterbleibt. Kommt der Schuldner der Unterlassungspflicht nicht nach, kann dieses Gläubigerinteresse nicht mehr erfüllt werden (Staudinger/Caspers § 275 Rn 25). Zu Recht hat deshalb der BGH (BGH 15. 10. 1969 – I ZR 3/68, BGHZ 52, 393, 398) angenommen, dass bei Verstößen gegen Unterlassungspflichten die *Abmahnungskosten* nicht unter dem Gesichtspunkt des Verzögerungsschadens ersetzt verlangt werden können. In Betracht kommt aber ein Anspruch auf Schadensersatz statt der Leistung nach § 283 iVm § 280 BGB sowie ein Anspruch aus Geschäftsführung ohne Auftrag, sofern nicht wie bei Wettbewerbsverstößen (§ 12 Abs 1 UWG) eine Spezialvorschrift greift (s hierzu Staudinger/Bergmann [2015] § 683 Rn 40). 21

Auch bei Unterlassungsverpflichtungen kommt Verzug aber dann in Betracht, wenn das *Gläubigerinteresse* auch bei verspäteter Unterlassung *noch voll erfüllt* werden kann (so im Ergebnis auch Planck/Siber § 284 Anm 2a aE; Lehmann, Unterlassungen 266 ff; Paech 67; Köhler, Vertragliche Unterlassungspflichten, AcP 190 [1990] 469, 517 ff, 522; Erman/Hager Rn 8; MünchKomm/Ernst Rn 45; Staudinger/Caspers § 275 Rn 26; **aA** früher Wendt, Unterlassungen und Versäumnisse, AcP 92 [1902] 1, 68 f; BGB-RGRK/Alff § 284 Rn 3). Hat etwa ein wissenschaftliches Forschungsinstitut mit einem rund um die Uhr arbeitenden benachbarten Produktionsbetrieb das Ruhen der Produktion für einen Zeitraum von zwei Stunden vereinbart, um einen bestimmten Versuch ohne Geräuscheinwirkung durchführen zu können, und wird die Produktion nicht wie vereinbart um 14.00 Uhr, sondern erst um 15.00 Uhr eingestellt, so kann die Unterlassung des Betriebes für zwei Stunden auch noch von 15.00 Uhr bis 17.00 Uhr nachgeholt werden. Ein etwaiger Mehraufwand wäre unter dem Gesichtspunkt des Verzögerungsschadens zu ersetzen (**aA** offenbar Dötterl 64 f). Nicht richtig ist die Annahme von Ernst (MünchKomm § 286 Rn 45), bei Verstößen gegen Konkurrenzverbote liege Unmöglichkeit nur für die Zeit der Zuwiderhandlung, im Übrigen aber bloß Verzug vor. Soweit und solange der Schuldner dem Konkurrenzverbot zuwiderhandelt, liegt Unmöglichkeit vor, weil die Unterlassung für den zurückliegenden Zeitraum nicht nachholbar ist. Die Unterlassung kann demnach nicht *mehr voll* erfüllt werden. Soweit und solange er dem Konkurrenzverbot nicht zuwiderhandelt, erfüllt er schlicht seine Vertragspflicht. Von einer Verzögerung der Leistung kann nicht gesprochen werden. 22

Für den Eintritt des Schuldnerverzugs ist es ohne Belang, ob der Schuldner nur nicht rechtzeitig leisten *will* oder ob er aus einem von ihm zu vertretenden Umstand nicht rechtzeitig leisten *kann,* etwa weil er nicht rechtzeitig mit der Vorbereitung der Leistung begonnen oder diese zunächst unsachgemäß vorgenommen und dadurch Zeit verloren (vgl den Fall BGH 4. 7. 1963 – II ZR 174/81, NJW 1963, 1823) oder wenn er den Erlass eines vorübergehendes Zahlungsverbots zu vertreten hat (BGH 12. 3. 2013 – XI ZR 227/12, ZIP 2013, 922; OLG Karlsruhe 7. 9. 2010 – 17 U 46/09, WM 2010, 2220 [im konkreten Fall verneint]). Eine solche **zeitweilige Verhinderung** will das Gesetz den Verzugsregeln 23 zuordnen (Planck/Siber § 284 Anm 2c; **aA** wohl MünchKomm/Ernst Rn 47). S zur vorübergehenden Nichtleistung infolge vorübergehender Leistungshindernisse Staudinger/Schwarze § 280 Rn C 26.

24 **Während des Verzugs** kann **Unmöglichkeit eintreten**, etwa wenn die Sache, mit deren Leistung der Schuldner in Verzug ist, untergeht. In diesem Fall haftet der Schuldner vom Zeitpunkt der Unmöglichkeit ab nach § 283 iVm § 280 Abs 1 BGB (vgl BGH 13. 7. 1959 – II ZR 45/58, MDR 1959, 910; MünchKomm/Ernst Rn 48; anders Schmidt-Kessel, System § 7 II 2 c: Verzögerungsschaden auch weiterhin nach § 280 Abs 2 iVm § 286), wobei seine Haftung nach § 287 S 2 BGB erweitert ist (vgl Huber I 154 f). Zum Verhältnis des Anspruchs auf Schadensersatz statt der Leistung nach § 283 iVm § 280 Abs 1 BGB zu einem Anspruch auf Ersatz des vorher eingetretenen Verzögerungsschadens s § 286 Rn 181 ff.

b) Schuldnerverzug und Verweigerung der Leistung

25 Dass dem Schuldner einer nicht rechtzeitig erbrachten Leistung ein Leistungsverweigerungsrecht nach § 275 Abs 2 oder 3 BGB zusteht, ändert nichts daran, dass die Leistung noch erbracht werden kann. Damit bleiben auch die Regeln über den Verzug anwendbar (Otto, Der Ausschluss der Leistungspflicht gemäß § 275 Abs 2 und 3 BGB im Schwebezustand, in: FS Canaris [2007] Bd I, S 945, 946 f, 954 f; Erman/Hager § 286 Rn 4; Fikentscher/Heinemann Rn 464; **aA** Palandt/Grüneberg § 275 Rn 32; Erman/Westermann § 275 Rn 35).

26 Dass die Forderung des Gläubigers einredebehaftet ist, kann den Eintritt des Verzugs auch hier nicht ausschließen (s § 286 Rn 17). Erbringt der Schuldner nachträglich die Leistung, kommt also ein Ersatz des Verzögerungsschadens nach § 280 Abs 2 iVm § 286 BGB in Betracht. Möglich ist nur, dass der Schuldner die Verzögerung nicht zu vertreten hat. Ist ihm, um ein Beispiel von Huber/Faust S 34 aufzugreifen, die Spezialmaschine, mit der er einen Auftrag erledigen wollte, ohne sein Verschulden gestohlen worden, hat er die Verspätung der Leistung, die er nachträglich unter einem an sich zumutbaren Leistungsaufwand noch erbringt, nicht zu vertreten. Für eine Anwendung von § 287 S 2 BGB auf die Westermann (Erman/Westermann § 275 Rn 35) seine gegenteilige Meinung stützt, ist dann von vornherein kein Raum. Hat er aber die Maschine selbst durch fehlerhafte Bedienung zerstört, ist die Verspätung verschuldet und dem Gläubiger, wenn die Leistung nachgeholt wird, auch der Verzögerungsschaden zu ersetzen.

27 Verweigert der Schuldner in den Fällen des § 275 Abs 2 oder Abs 3 BGB die Leistung, so entfällt vom Zeitpunkt der Verweigerung ab die Grundlage für die Ansprüche aus der Verzögerung der an sich nachholbaren Leistung. Das in Rn 24 Gesagte gilt auch hier.

2. Schuldnerverzug und Nebenpflichtverletzung

28 Liegt eine vom Schuldner zu vertretende **Leistungsverzögerung** vor, so richten sich die Rechtsfolgen wegen der Verzögerung **allein nach den Verzugsvorschriften** (Huber I 93). Das RG (RG 27. 3. 1908 – VII 274/07, RGZ 68, 192) hat zum alten Recht die Auffassung vertreten, der Schuldner müsse daneben aus positiver Forderungsverletzung haften, wenn er eine Zusage nicht eingehalten habe, die für die Leistung notwendigen Arbeiten ohne Säumnis vorzunehmen und so schnell wie möglich zu arbeiten. Auf das geltende Recht übertragen würde diese Auffassung bedeuten, dass neben eine Haftung nach §§ 280 Abs 2, 286 BGB wegen Verzugs eine solche wegen Pflichtverletzung nach § 280 Abs 1 BGB treten könnte. Indes kann der Auffassung des RG nicht zugestimmt werden. Die Verletzung der Zusage, ohne Säumnis so schnell wie möglich zu arbeiten, ist nichts Anderes als der zu vertretende Umstand iS des § 286 Abs 4 BGB, für den der Schuldner unter dem Gesichtspunkt des Verzugs nach den dafür gegebenen gesetzlichen Vorschriften haften soll (Erman/Hager § 286 Rn 11 f; Enneccerus/Lehmann § 53 I). Davon abgesehen würde die Auffassung des RG heute zu einer Umgehung des § 280 Abs 2 BGB führen. Die Fälle, die das RG im Auge gehabt hat, lassen sich im Rahmen der Verzugshaftung befriedigend lösen, wenn man anerkennt, dass der Schuldner auch ohne Mahnung in Verzug kommt, wenn er entgegen seiner vertraglichen Zusage die für die Leistung notwendigen Arbeiten nur säumig vornimmt, s dazu näher § 286 Rn 92. Zu unterscheiden von diesen Fällen ist der Fall, dass das zu beanstandende Verhalten des Schuldners bereits *vor* der *Fälligkeit* des Anspruchs liegt, also in einem Zeitraum, in dem Schuldnerverzug noch gar nicht eintreten kann (s dazu § 286 Rn 91).

Der Vorrang der Verzugshaftung vor der Pflichtverletzungshaftung nach § 280 Abs 1 BGB gilt grundsätzlich auch bei der verspäteten Erfüllung von **Nebenpflichten**, die die Hauptleistung ergänzen. Wird etwa eine Instruktionspflicht nicht erfüllt und kann deshalb eine Maschine nicht betrieben werden, ist der entstehende Schaden nur unter der Voraussetzung des § 280 Abs 1, 2 iVm § 286 BGB zu ersetzen. Es muss also Verzug vorliegen, der regelmäßig eine entsprechende Mahnung voraussetzt. 29

Soweit Nebenpflichten allerdings der **Wahrung des Integritätsinteresses** des Gläubigers gelten, ist im Falle der verspäteten Erfüllung § 280 Abs 1 BGB anzuwenden. Es ist nicht gerechtfertigt, die verspätete und die unvollständige Warnung vor der Gefährlichkeit einer gelieferten Maschine unterschiedlich zu behandeln. Der Schwerpunkt des Fehlverhaltens des Schuldners liegt darin, dass er eine gefährliche Maschine geliefert hat, ohne auf die Gefährlichkeit hinzuweisen (Canaris ZIP 2003, 321, 324 ff). Erst recht gilt das, wenn die Leistung selbst fehlerhaft ist, sodass sie nicht wie vorgesehen eingesetzt werden kann: Nicht der Verzug mit der mangelfreien Leistung, sondern die Mangelhaftigkeit der Leistung selbst steht dann im Vordergrund (Canaris 326). 30

Zur speziellen Frage des Ersatzes der Kosten einer ersten Mahnung s unten § 286 Rn 227. Zur vorübergehenden Schlechtleistung s Staudinger/Schwarze § 280 Rn C 27 ff. 31

3. Schuldnerverzug und Gläubigerverzug

Nimmt der Gläubiger die ihm angebotene Leistung nicht an, gerät er dadurch grundsätzlich nur in Gläubigerverzug iS der §§ 293 ff BGB, nicht aber in Schuldnerverzug. Ihn trifft nur die beschränkte Ersatzpflicht des § 304 BGB (s die Erl dort). Besteht allerdings eine Abnahme- oder Mitwirkungspflicht, so kommt der Gläubiger mit der Nichtabnahme nicht nur in Gläubiger-, sondern auch in Schuldnerverzug. Eine solche **Abnahmepflicht** sieht das Gesetz bei einer Reihe von Schuldverhältnissen vor, so beim Kaufvertrag nach § 433 Abs 2 BGB, beim Werkvertrag nach 32

§ 640 Abs 1 BGB und beim Arbeitsvertrag unter dem Gesichtspunkt der Beschäftigungspflicht (vgl dazu Staudinger/Richardi/Fischinger [2016] § 611 Rn 1694 ff). Sie kann auch vertraglich vereinbart sein, etwa kann sich bei einem Mietvertrag nach Treu und Glauben (§ 157 BGB) die Pflicht zur Abnahme und Ingebrauchnahme des gemieteten Hauses ergeben, wenn sonst die Gefahr der Hausbesetzung droht. Ebenso kann die zur Leistungserbringung notwendige **Mitwirkung des Gläubigers** gesetzlich oder vertraglich als Schuldnerpflicht ausgestaltet sein. So ist nach §§ 375, 381 Abs 2 HGB die Pflicht zur näheren Bestimmung der gekauften Ware bzw des bestellten Werks eine gesetzlich begründete Schuldnerpflicht. Eine vertragliche Mitwirkungspflicht des Bestellers kann sich zB bei einem Vertrag über die Herstellung von Individualsoftware ergeben, wenn der Hersteller das Geschäft dazu nutzen soll, Know-how zu erwerben.

III. Anwendungsbereich der Regelungen über den Schuldnerverzug

1. Im Schuldrecht

33 Die Verzugsregeln betreffen in erster Linie die Haftung für Leistungsverzögerungen: § 286 BGB bestimmt, unter welchen Voraussetzungen Verzug eintritt und damit gem § 280 Abs 2 BGB der Schuldner dem Gläubiger einen eingetretenen Verzögerungsschaden zu ersetzen hat. Die §§ 287–290 BGB legen die weiteren Rechtsfolgen des Verzugs fest.

34 Darüber hinaus ist der Eintritt des Verzugs von Bedeutung für die Verwirkung einer Vertragsstrafe (§ 339 BGB), für die Haftung des Schenkers (§ 522 BGB), für die Schadensersatzansprüche des Mieters bei fehlender Beseitigung eines Mangels durch den Vermieter (§ 536a BGB), für das Kündigungsrecht des Vermieters bei Nichtzahlung des Mietzinses (§ 543 Abs 2 Nr 3 BGB), für den Anspruch des Bürgen auf Befreiung von der Hauptverbindlichkeit (§ 775 Abs 1 Nr 3 BGB) sowie für den Unterhaltsanspruch (§§ 1585b, 1613 BGB). **Sondervorschriften** über die Verzugsfolgen enthalten die §§ 375, 376 HGB für den Handelskauf (s Schmidt-Kessel, System § 7 II 1), die §§ 497 f BGB für den Darlehensvertrag und die §§ 675y f BGB für die Verzögerung von Zahlungsdienstleistungen. Nach § 38 VVG ist der Verzug mit der Prämienzahlung eine Voraussetzung für die Befreiung des Versicherers von der Leistungspflicht. § 20 GmbHG regelt die Verpflichtung zur Zahlung von Verzugszinsen bei nicht rechtzeitiger Leistung der Stammeinlage.

35 Keinen unmittelbaren Zusammenhang zu den Verzugsvorschriften haben die §§ 848, 849 BGB, auch wenn sie häufig mit ihnen zusammengebracht werden. Den §§ 848, 849 BGB liegt als Ausgangspunkt die Überlegung zugrunde, dass der auf **unerlaubte Handlung** gegründete Schadensersatzanspruch wegen Entziehung oder Beschädigung einer Sache nicht nur die Rückgewähr oder die Wiederherstellung der Sache umfasst, sondern von vornherein auch den Schaden, der durch die zeitliche Verzögerung von Rückgabe oder Wiederherstellung entsteht (BGH 15. 3. 1962 – III ZR 17/61, MDR 1962, 464). So regelt § 848 BGB, was im Falle des zufälligen Untergangs der Sache gelten soll. § 849 BGB bestimmt, dass ohne Rücksicht auf einen Schadensnachweis der Betrag zu verzinsen ist, der im Falle der Entziehung für den Wert der Sache und im Falle der Beschädigung für die Wertminderung zu zahlen ist.

Die Regelungen des BGB über Voraussetzungen und Folgen des Schuldnerverzugs sind mit Ausnahme des § 289 BGB dispositiv. Die grundsätzliche Abdingbarkeit wird allerdings durch § 286 Abs 5 BGB eingeschränkt (s dazu § 286 Rn 2). Zwingend sind zudem die Regelungen der §§ 497 f BGB. Ferner ist nach § 14 Abs 3 VVG eine vertragliche Befreiung des Versicherers von Verzugszinsen unwirksam. Für Abmachungen in *Allgemeinen Geschäftsbedingungen* richten zudem die §§ 305 ff BGB Schranken auf. S zur Abdingbarkeit weiter § 286 Rn 2 ff. 36

2. Außerhalb des Schuldrechts

Im **Sachenrecht** nimmt das Gesetz in § 990 Abs 2 BGB und § 1146 BGB (ebenso § 46 SchiffsRG) ausdrücklich auf die Verzugsvorschriften Bezug. Nach § 990 Abs 2 BGB haftet der unredliche Besitzer (nicht aber der redliche Besitzer: OLG Saarbrücken 17. 10. 1986 – 1 W 35/86, OLGZ 1987, 221, 223) dem Eigentümer etwa bei Verletzung des Herausgabe- oder Grundbuchberichtigungsanspruchs auch nach Verzugsvorschriften. Nach § 1146 BGB kann der Eigentümer, obwohl er dem Gläubiger nicht zur Leistung verpflichtet ist, mit der Hypothek in Verzug kommen. S näher Staudinger/Gursky (2013) § 990 Rn 98 ff und Staudinger/Wolfsteiner (2019) § 1146 Rn 1 ff. Auch ohne ausdrücklichen Verweis sind die Vorschriften über den Verzug auf andere sachenrechtliche Ansprüche anwendbar (Schwerdtner 83 ff). § 286 BGB knüpft an die Nichterfüllung einer Leistungspflicht an und unterscheidet dabei nicht nach der Rechtsnatur dieser Pflicht (MünchKomm/Ernst § 286 Rn 8). Deshalb werden von der Norm Leistungspflichten aus dinglichen Ansprüchen ausnahmslos gleichermaßen erfasst (BGH 4. 12. 2015 – V ZR 202/14, BGHZ 208, 133 in ausdrücklicher Abkehr zu seiner bisherigen Rechtsprechung; so auch MünchKomm/Ernst § 286 Rn 8; differenzierend Medicus/Petersen Rn 4449 ff). Dies gilt zB für die Zahlungs- und Zinsansprüche bei der Grund- und Rentenschuld, aber auch bei den Ansprüchen aus einer persönlichen oder einer Grunddienstbarkeit oder auf Beseitigung einer Störung nach § 1004 BGB (BGH 4. 12. 2015 – V ZR 202/14, BGHZ 208, 133; MünchKomm/Ernst § 286 Rn 8). 37

Auf **familien- und erbrechtliche Ansprüche** sind die Verzugsregeln nur insoweit anzuwenden, als dem nicht der besondere Charakter des jeweiligen Anspruchs entgegensteht (vgl BGH 30. 11. 1983 – IVb ZR 31/82, NJW 1984, 868). Etwa passen die Verzugsregeln nicht auf den Anspruch auf Herausgabe des Kindes (§ 1632 BGB) und steht § 1613 Abs 1 BGB der Anwendung von § 286 Abs 2 Nr 1 BGB auf die nach § 1612 Abs 3 S 1 BGB „monatlich im Voraus" zu zahlende Unterhaltsrente entgegen (OLG Karlsruhe 13. 11. 1980 – 2 UF 66/80, FamRZ 1981, 384). S im Einzelnen bei den familien- und erbrechtlichen Ansprüchen und die Hinweise bei Helmut Büttner, Schuldrechtsmodernisierung und Familienrecht, insbesondere Verjährung, Verwirkung und Verzug, FamRZ 2002, 361 ff. 38

Für **Sozialleistungen** iSv § 11 SGB I, die auf Geldleistungen gerichtet sind, legt § 44 SGB I abschließend einen Zinsanspruch von vier Prozent für den Zeitraum nach Ablauf eines Kalendermonats seit dem Eintritt der Fälligkeit bis zum Ablauf des Kalendermonats vor der Zahlung fest. Einen weitergehenden Anspruch auf Verzugszinsen hat der Gläubiger nicht. Die zivilrechtlichen Bestimmungen über Verzugszinsen sind daneben nicht anwendbar (BSG 31. 5. 2016 – B 1 KR 38/15 R, BSGE 121, 194). Auch für den Fall der Nichteinhaltung des Zahlungstermins für die Rückzahlung der Darlehensschuld für die nach § 17 Abs 2 Satz 1 BAföG geleistete **Ausbil-** 39

dungsförderung enthält das Gesetz eine spezielle, die §§ 286 ff BGB verdrängende Bestimmung. Der Darlehensanspruch ist nach § 18 Abs 2 S 2 BAföG mit sechs Prozent pro Jahr zu verzinsen, wenn der Darlehensnehmer den Zahlungstermin um mehr als 45 Tage überschritten hat. Für **Beiträge und Beitragsvorschüsse** sowie für die Erstattung zu Unrecht entrichteter Beiträge im Rahmen der Sozialversicherung enthalten die §§ 24 und 27 SGB IV besondere Regelungen über die Verzinsung, die die Anwendung der Verzugsvorschriften ausschließen.

40 Auch für **Ansprüche der Sozialversicherungsträger untereinander** und für Ansprüche der Kassenärztlichen Vereinigungen gegen die Krankenkassen gelten die Verzugsregelungen nicht (BSG 28. 9. 2005 – B 6 KA 71/04 R, BSGE 95, 141 und BSG 19. 9. 2007 – B 1 KR 39/06 R, NZS 2008, 426). Eine Ausnahme besteht für den Gesamtvergütungsanspruch der Kassenärztlichen Vereinigung nur insoweit, als nach Rechtshängigkeit Prozesszinsen zu zahlen sind (BSG 28. 9. 2005 – B 6 KA 71/04 R, BSGE 95, 141, 153 ff, Rn 38 ff).

41 Hingegen gelten für **Ansprüche zwischen Krankenkassen und Leistungserbringern** (Ärzte, Zahnärzte, Apotheken usw) die Verzugsregeln. Das folgt aus § 69 Abs 1 S 3 SGB V, nach dem für die Rechtsbeziehungen zwischen den Krankenkassen und den Leistungserbringern die Vorschriften des BGB entsprechend gelten (Wehebrink, Hat eine Kassenärztliche Vereinigung einen Anspruch auf Verzugszinsen, wenn die Krankenkasse die Gesamtvergütung gemäß § 85 SGB V verspätet leistet?, NZS 2002, 529 ff; BSG 8. 9. 2009 – B 1 KR 8/09 R, SozR 4-2500 § 69 Nr 7; SG Düsseldorf 15. 7. 2016 – S 34 KR 1232/12, nv).

42 Aus diesem besonderen Verweis auf die Bestimmungen des BGB sowie aus den besonderen Vorschriften in § 44 SGB I und § 27 SGB IV für sozialrechtliche Forderungen zum Zinsanspruch im Verzugsfalle folgt, dass für **andere Forderungen aus dem Bereich des Sozialrechts** die Vorschriften des BGB über Verzugszinsen nicht gelten (BSG 31. 5. 2016 – B 1 KR 38/15 R, BSGE 121, 194 für den Anspruch auf Aufwendungsausgleich nach § 1 Abs 1 AAG; BSG 12. 11. 2015 – B 14 AS 50/14 R, EuG 2016, 320 für den öffentlich-rechtlichen Erstattungsanspruch einer Optionskommune gegen die Bundesagentur für Arbeit; BSG 23. 7. 1992 – 7 RAr 98/90, NZA 1993, 719 für den Anspruch des Arbeitgebers auf zu Unrecht erstatteten Arbeitslosengeldes; Sächsisches LSG 15. 12. 2010 – L 1 204/09 für den Anspruch des privaten Arbeitsvermittlers auf Vermittlungshonorar aus § 45 Abs 4–Abs 6 SGB III). Anders ist dies nur dann zu beurteilen, wenn sich die sozialrechtlich geprägte Hauptforderung selbst aus einer entsprechenden Anwendung der Bestimmungen des BGB ergibt, wie dies etwa bei Ansprüchen aus der Geschäftsführung ohne Auftrag (GoA) der Fall ist. Hier sind auf das Schuldverhältnis insgesamt die Normen des Allgemeinen Schuldrechts und Leistungsstörungsrechtes anzuwenden, sodass auch die Bestimmungen über den Verzug greifen (BSG 27. 6. 2017 – B 2 U 13/15 R, BSGE 123, 238 für den Anspruch eines Krankenhausträgers auf Erstattung der Behandlungskosten gegenüber dem Unfallversicherungsträger, zustimmende Anm Brose NZS 2018, 277 f).

43 § 291 BGB (Anspruch auf Prozesszinsen) soll hingegen nach der Ansicht des BSG im Bereich des Sozialrechts generell analog anwendbar sein (BSG 31. 5. 2016 – B 1 KR 38/15 R, BSGE 121, 194; vgl auch Thüringer OVG 20. 1. 2015 – 3 KO 524/13, ThürVBl 2016, 306). Auch der Anspruch auf Grundleistungen nach § 3 Asylbewerberleistungsgesetz ist deshalb, wird er im Klagewege durchgesetzt, nach § 291 BGB zu verzinsen (BSG 25. 10. 2018 – B 7 AY 2/18 R, nv).

Für das **Steuerrecht** legt § 233 AO den Grundsatz fest, dass Ansprüche aus dem Steuerverhältnis nur verzinst werden, wenn dies gesetzlich vorgeschrieben ist, und dass bei steuerlichen Nebenleistungen eine Verzinsung überhaupt ausscheidet. Werden Steuern verzögert entrichtet, ist gem § 240 Abs 1 S 1 AO für jeden angefangenen Monat der Versäumnis ein Zuschlag von einem Prozent des rückständigen Steuerbetrags zu entrichten. 44

Für die Anwendung der Verzugsregeln im Übrigen **öffentlichen Recht** finden sich für folgende Fälle **ausdrückliche Bestimmungen**: Für die *Bezüge von Beamten, Richtern und Soldaten* besteht nach § 3 Abs 5 BBesG kein Anspruch auf Verzugszinsen. Das gilt auch für die Nachzahlung einbehaltener Dienstbezüge (Bayerischer VGH 27. 6. 2013 – 16a DZ 12. 558, IÖD 2013, 189). Umgekehrt gelten für die Rückforderung zu viel gezahlter Bezüge die Vorschriften des BGB über die Herausgabe einer ungerechtfertigten Bereicherung (§ 12 Abs 2 S 1 BBesG). Damit gelten an sich mittelbar auch die Verzugsvorschriften. Deren Anwendung wird jedoch von der verwaltungsgerichtlichen Rechtsprechung ausgeschlossen (BVerwG 22. 3. 1990 – 2 C 33/87, NVwZ 1991, 168, 169). Dafür wird aber die verschärfte Haftung nach § 819 Abs 1 iVm § 818 Abs 4 BGB insofern erweitert, als der Kenntnis des Mangels des rechtlichen Grundes der Zahlung der Fall gleichgestellt wird, dass der Mangel so offensichtlich war, dass der Empfänger ihn hätte erkennen müssen (§ 12 Abs 2 S 2 BBesG). § 29 *Bundesleistungsgesetz* enthält eine besondere Zinsvorschrift für Entschädigungen und Leistungen nach diesem Gesetz. 45

Die Anwendung der Verzugsvorschriften ist ebenfalls ausgeschlossen, wenn eine **anderweitige abschließende Regelung** der Folgen von Leistungsverzögerungen vorliegt. Dies trifft zunächst für alle Fälle zu, in denen die Verzögerung aus der Verletzung einer Amtspflicht oder einem enteignungsgleichen Eingriff folgt. Dort gelten abschließend die Grundsätze über die *Amtshaftung* nach Art 34 GG in Verbindung mit § 839 BGB (BGH 1. 10. 1981 – III ZR 13/80, NJW 1982, 1277, 1278) oder die Grundsätze über die Entschädigung von enteignungsgleichen Eingriffen. Auch die *Gebührenansprüche der Notare* sind abschließend geregelt, und zwar im Gerichts- und Notarkostengesetz, GNotKG (BGH 13. 7. 1989 – III ZR 64/88, BGHZ 108, 268). Nach dessen § 10 werden Gebühren erst mit Beendigung des gebührenpflichtigen Geschäfts fällig, nach § 88 GKNotKG sind sie erst zu verzinsen, wenn dem Kostenschuldner eine vollstreckbare Ausfertigung der Kostenrechnung zugestellt wird. Gem § 15 GNotKG haben die Notare aber die Möglichkeit, einen Vorschuss zu verlangen. Für Ansprüche nach dem BEG können ebenfalls keine Verzugszinsen verlangt werden (BGH 6. 12. 1961 – IV ZR 289/60, MDR 1962, 383). 46

Auf **öffentlich-rechtliche Verträge** sind nach den Verwaltungsverfahrensgesetzen des Bundes (§ 62 VwVfG) und der Länder ergänzend die Vorschriften des BGB und damit auch die Verzugsvorschriften anzuwenden (BVerwG 15. 3. 1989 – 7 C 42/87, BVerwGE 81, 312; Ruff, Verzugsfolgen bei säumigen Ablösungsbeträgen, KStZ 2011, 101, 102; Neumann/Siegel, in: Stelkens/Bonk/Sachs, VwVfG [9. Aufl 2017] § 62 Rn 41 ff). 47

Im Übrigen muss von Fall zu Fall festgestellt werden, ob bei Leistungen aufgrund des öffentlichen Rechts nach dem Sinn und Zweck der entsprechenden Gesetze die Verzugsvorschriften der §§ 286 ff BGB anwendbar sein sollen (BGH 19. 2. 1962 – III ZR 200/60, BGHZ 36, 344 f; Ossenbühl, Staatshaftungsrecht [6. Aufl 2013] 436 f; vHeinegg, Verzugs- 48 zinsen für öffentlichrechtliche Geldforderungen, NVwZ 1992, 524; Wolff, Zinsen im öffentlichen Recht, DÖV 1998, 872 [der für regelmäßige Anwendbarkeit des § 288 BGB eintritt]). Denn es gibt keinen allgemeinen Grundsatz, dass bei der verspäteten Erfüllung einer öffentlich-rechtlichen Forderungen diese zu verzinsen ist (BVerwG 27. 2. 2014 – 5 C 1/13 D, NVwZ 2014, 1523; BVerwG 19. 11. 2009 – 3 C 7. 09, BVerwGE 135, 238; VG Neustadt 13. 3. 2018 – 5 K 802/17. NW, nv; VG Köln 14. 8. 2015 – 18 K 2320/14, nv). Unter diesem Gesichtspunkt wird die Verpflichtung zur Zahlung von *Prozesszinsen* nach § 291 BGB regelmäßig zu bejahen sein (BVerwG 27. 2. 2014 – 5 C 1/13 D, NVwZ 2014, 1523; BVerwG 23. 1. 2014 – 5 C 8/13; BVerwG 18. 8. 1976 – VII C 29. 75, NJW 1977, 823, 824; BVerwG 22. 2. 2001 – 5 C 34/00, BVerwGE 114, 61; BVerwG 14. 2. 1962 – V C 16/61, NJW 1962, 1412; BFH 19. 3. 2014 – X K 8/13, BFHE 244, 521; BGH 11. 6. 1970 – VII ZR 41/69, NJW 1970, 1637; BSG 25. 10. 2018 – B 7 AY 2/18 R, nv; dies gilt auch, wenn – wie etwa in § 3 Abs 5 BBesG – Verzugszinsen gesetzlich ausgeschlossen sind, VG Düsseldorf 23. 7. 2015 – 13 K 2716/14). Dabei ist die verwaltungsrechtliche Verpflichtungsklage wie eine allgemeine Leistungsklage zu behandeln (BVerwG 20. 12. 1960 – II C 120. 59, BVerwGE 11, 314; BVerwG 18. 5. 1973 – VII C 21. 72, NJW 1973, 1854). Der Umfang der zugesprochenen Geldleistung muss aber feststehen (BVerwG 28. 6. 1995 – 11 C 22/94, BVerwGE 99, 53, 55; BVerwG 28. 5. 1998 – 2 C 28/97, NJW 1998, 3368 f; BVerwG 15. 6. 2011 – 9 C 5. 10, NVwZ-RR 2012, 189). Eine Anfechtungsklage genügt nicht (BVerwG 24. 9. 1987 – 2 C 3/84, NVwZ 1988, 440; BVerwG 4. 5. 1994 – 1 B 26/94, NJW 1994, 3116; BVerwG 27. 10. 1998 – 1 C 38/97, BVerwGE 107, 304; OVG Berlin-Brandenburg 15. 2. 2018 – OVG 6 B 7. 17, nv). Denn dann fehlt es an der in § 291 S 1 BGB vorausgesetzten Rechtshängigkeit des Anspruchs.

49 Einen Anspruch auf Verzugszinsen analog § 288 Abs 1 BGB erkennt das BVerwG nur dann an, wenn die zugrundeliegenden Rechtsbeziehungen sich zu denen des bürgerlichen Rechts nicht unterscheiden. Entscheidend sei deshalb, ob es sich bei der öffentlich-rechtlichen Forderung um eine Entgeltforderung handele, dh „eine vertragliche Leistungspflicht, die in einem Gegenseitigkeitsverhältnis zur Leistungspflicht des anderen Vertragspartners steht" (BVerwG 27. 2. 2014 – 5 C 1/13 D, NVwZ 2014, 1523; so auch VG Neustadt 13. 3. 2018 – 5 K 802/17. NW). Ferner hat das BVerwG in Fällen der Verletzung der *beamtenrechtlichen Fürsorgepflicht* Schadensersatzansprüche wegen der pflichtwidrigen und schuldhaften Vorenthaltung der geschuldeten fälligen Leistung zuerkannt (BVerwG 24. 8. 1961 – II C 165. 59, BVerwGE 13, 17, 22; BVerwG 20. 3. 1963 – VI C 169. 60, DVBl 1963, 677). Dagegen hat es für die Frage der Verzinsung von *Erschließungsbeiträgen* die diese ausschließende analoge Anwendung der abgabenrechtlichen Vorschrift für näherliegend gehalten als die der Verzugsvorschriften des Bürgerlichen Rechts (BVerwG 17. 2. 1971 – IV C 17. 69, BVerwGE 37, 239). Auch auf die Verspätung der Kaufpreisrückzahlung nach § 7a Abs 1 VermG sind die Regeln über Verzugszinsen nach Auffassung des BVerwG nicht anwendbar (BVerwG 4. 7. 2003 – 7 B 130/02, ZOV 2003, 396). Gleiches hat das OVG Berlin-Brandenburg (23. 5. 2013 – OVG 5 B 1. 10) für den Anspruch auf Rückzahlung von in Befolgung einer einstweiligen Anordnung gezahlter Fördermittel angenommen. Nach dem VG Neustadt soll auch bei der verzögerten Erfüllung eines Aufwendungsersatzanspruchs aus einer öffentlich-rechtlichen Geschäftsführung ohne Auftrag keine Verzinsungspflicht bestehen (VG Neustadt 13. 3. 2018 – 5 K 802/17. NW, nvt). Ebenso für Beitragsrückzahlungen zum Versorgungswerk der Rechtsanwälte VG Köln 15. 2. 2001 – 7 K 850/10, nv.

IV. Regelung der Leistungsverzögerung bei grenzüberschreitenden Verträgen

Welches Recht auf Leistungsverzögerungen bei grenzüberschreitenden Verträgen anzuwenden ist, richtet sich nach dem Vertragsstatut, wie es sich aus der Verordnung der Europäischen Gemeinschaft Nr 593/2008 vom 17. 6. 2008, Rom-I (dazu Staudinger/Magnus [2016] Erl zu Rom-I-Verordnung) ergibt. 50

Für grenzüberschreitende **Kaufverträge** ist das **CISG** zu beachten. Das CISG enthält unterschiedliche Vorschriften über die Käufer- und die Verkäuferpflichten und deren Verletzung. Was die **Verpflichtung des Käufers** zur Kaufpreiszahlung angeht, enthalten die Art 58 f CISG Bestimmungen über die Fälligkeit und legt Art 78 CISG einen Anspruch auf Fälligkeitszinsen fest. Besondere Vorschriften über den Verzug des Käufers, insbes über Verzugszinsen, enthält das CISG nicht. Jedoch gilt das Zinseszinsverbot des § 289 BGB auch im Anwendungsbereich des CISG (OLG Brandenburg 18. 11. 2008 – 6 U 53/07, IHR 2009, 105, 116; Staudinger/Magnus [2018] Art 78 CISG Rn 5). Zudem besteht in jedem Falle der Vertragsverletzung nach den Art 74 ff CISG ein Anspruch auf Schadensersatz, und zwar ohne dass es einer Mahnung bedürfte (Art 59 CISG). Der Schadensersatzanspruch ist nur dann ausgeschlossen, wenn dem Käufer der Nachweis gelingt, dass die verspätete Zahlung auf einem außerhalb seines Einflussbereichs liegenden Hinderungsgrund beruht und dass von ihm vernünftigerweise nicht erwartet werden kann, den Hinderungsgrund bei Vertragsschluss in Betracht zu ziehen oder ihn und seine Folgen zu vermeiden oder zu verhindern, Art 79 Abs 1 CISG. 51

Der **Verkäufer haftet** für die Verzögerung der Lieferung wie für jede andere Verletzung seiner Leistungspflicht: Der Käufer kann nach der näheren Bestimmung der Art 46 ff CISG verlangen, dass der Vertrag mit den Folgen der Art 81 ff CISG aufgehoben wird. Auch dem Käufer steht der in Art 74 ff CISG näher geregelte Schadensersatzanspruch zu, der auch hier gem Art 79 CISG ausgeschlossen ist, wenn der Hinderungsgrund außerhalb des Einflussbereichs des Verkäufers liegt. Zum CISG s Staudinger/Magnus (2018); Schlechtriem/Schwenzer, Kommentar zum einheitlichen UN-Kaufrecht (6. Aufl 2013). 52

Die in Art 27 Abs 1 **CMR** enthaltene Regelung der Zinszahlungspflicht in Höhe von 5 Prozent jährlich schließt weitergehende Ansprüche wegen Zinsverlustes nach nationalem Recht einschließlich solcher auf Ersatz von Verzugsschaden aus (BGH 10. 10. 1991 – I ZR 193/89, BGHZ 115, 299, 305 f; BGH 24. 5. 2000 – I ZR 80/98, NJW-RR 2001, 170; LG München 6. 2. 2014 – 4 HK O 5614/13, TranspR 2014, 295). Rückgriffsansprüche des Hauptfrachtführers wegen Verzugsschäden, die nicht im Zinsverlust aufgrund der vorenthaltenen Kapitalnutzung des Entschädigungsbetrages bestehen, sondern im anderweitigen Vermögensbereich eingetreten sind, bleiben jedoch unberührt. Deshalb kann der Hauptfrachtführer Vorprozesskosten, die ihm im Verhältnis zum Absender entstanden sind, gegenüber dem Unterfrachtführer geltend machen (BGH 24. 5. 2000 – I ZR 80/98, NJW-RR 2001, 170; OLG Düsseldorf 27. 1. 2010 – 18 U 116/09, TranspR 2010, 242; Brandenburgisches OLG 1. 6. 2011 – 7 U 105/10, TranspR 2013, 29; Schilling, Die Erstattung von im Zuge eines Vorprozesses angefallenen Rechtsverfolgungskosten durch den regresspflichtigen Unternehmer, RdTW 2014, 266, 269; **aA** OLG München 6. 10. 2011 – 23 U 687/11, TranspR 2011, 434). Gemäß Art 29 Abs 1 CMR gilt die Haftungsbegrenzung des Art 27 Abs 1 CMR nicht bei qualifizierten Verschulden, dh wenn er den Schaden vorsätzlich oder durch 53 ein ihm zur Last fallendes Verschulden verursacht hat, das nach dem Recht des angerufenen Gerichtes dem Vorsatz gleichsteht (OLG Karlsruhe 23. 8. 2005 – 15 U 37/03, OLGR Karlsruhe 2006, 229).

54 Auch der Vorschlag für eine Verordnung des Europäischen Parlamentes und des Rates über ein Gemeinsames Europäisches Kaufrecht (COM [2011] 635) sah in den Art 166–171 Bestimmungen über Verzugszinsen, die Sonderregeln für den Vollzug eines Verbrauchers und den Vollzug von Unternehmern mit der Zahlung des Preises für die Lieferung von Waren, die Bereitstellung digitaler Inhalte oder die Erbringungen verbundener Dienstleistungen enthalten, vor (hierzu Looschelders AcP 212 [2013] 667 ff). Am 16. 12. 2014 kündigte die Europäische Kommission an, den Vorschlag zurückziehen zu wollen (COM [2014] 910 final). An seine Stelle trat der Vorschlag der Europäischen Kommission vom 9. 12. 2015 für eine Richtlinie des Europäischen Parlamentes und des Rates über bestimmte vertragsrechtliche Aspekte des Online-Warenhandels und anderer Formen des Fernabsatzes von Waren (COM [2015] 635 final). Auf Vorschlag des Rates wurde der Entwurf auf den klassischen Einzelhandel ausgeweitet. Der geänderte Vorschlag für eine „Richtlinie des Europäischen Parlamentes und des Rates über bestimmte vertragsrechtliche Aspekte des Online-Warenhandels und anderer Formen des Fernabsatzes von Waren, zur Änderung der Verordnung (EG) Nr 2006/2004 des Europäischen Parlaments und des Rates und der Richtlinie 2009/22/EG des Europäischen Parlaments und des Rates sowie zur Aufhebung der Richtlinie 1999/44/EG des Europäischen Parlaments und des Rates" wurde von der Kommission am 31. 10. 2017 unterbreitet (COM [2017] 637 final). Das Europäische Parlament hat die Richtlinie am 26.3.2019 beschlossen. Am 15. 4. 2019 stimmte der Europäische Rat dem Vorschlag zu. Inzwischen sind die beiden darauf veröffentlichten Richtlinien 2019/770/EU und 2019/771/EU in Kraft. Besondere Bestimmungen für die verzögerte Leistung enthalten sie nicht.

§ 286
Verzug des Schuldners*

(1) Leistet der Schuldner auf eine Mahnung des Gläubigers nicht, die nach dem Eintritt der Fälligkeit erfolgt, so kommt er durch die Mahnung in Verzug. Der Mahnung stehen die Erhebung der Klage auf die Leistung sowie die Zustellung eines Mahnbescheids im Mahnverfahren gleich.

(2) Der Mahnung bedarf es nicht, wenn

1. für die Leistung eine Zeit nach dem Kalender bestimmt ist,

2. der Leistung ein Ereignis vorauszugehen hat und eine angemessene Zeit für die Leistung in der Weise bestimmt ist, dass sie sich von dem Ereignis an nach dem Kalender berechnen lässt,

* Amtlicher Hinweis: Diese Vorschrift dient zum Teil auch der Umsetzung der Richtlinie 2000/35/EG des Europäischen Parlaments und des Rates vom 29. Juni 2000 zur Bekämpfung von Zahlungsverzug im Geschäftsverkehr (ABl EG Nr L 200 S 35). Zur Neufassung der Richtlinie s Vorbem 7 ff zu §§ 286 ff.

3. der Schuldner die Leistung ernsthaft und endgültig verweigert,

4. aus besonderen Gründen unter Abwägung der beiderseitigen Interessen der sofortige Eintritt des Verzugs gerechtfertigt ist.

(3) Der Schuldner einer Entgeltforderung kommt spätestens in Verzug, wenn er nicht innerhalb von 30 Tagen nach Fälligkeit und Zugang einer Rechnung oder gleichwertigen Zahlungsaufstellung leistet; dies gilt gegenüber einem Schuldner, der Verbraucher ist, nur, wenn auf diese Folgen in der Rechnung oder Zahlungsaufstellung besonders hingewiesen worden ist. Wenn der Zeitpunkt des Zugangs der Rechnung oder Zahlungsaufstellung unsicher ist, kommt der Schuldner, der nicht Verbraucher ist, spätestens 30 Tage nach Fälligkeit und Empfang der Gegenleistung in Verzug.

(4) Der Schuldner kommt nicht in Verzug, solange die Leistung infolge eines Umstands unterbleibt, den er nicht zu vertreten hat.

(5) Für eine von den Absätzen 1 bis 3 abweichende Vereinbarung über den Eintritt des Verzugs gilt § 271a Absatz 1 bis 5 entsprechend.

Materialien: E I § 245; II § 240; III § 278; Jakobs/Schubert, SchR I 291; BGB-KE S 139; DE S 326; KF S 14; Gesetzentwurf BT-Drucks 14/6040, 145 f; Beschlussempfehlung und Bericht d Rechtsausschusses S 282. Zum Ersatz des Verzögerungsschadens: E I § 247; II § 242; III § 280; Jakobs/Schubert, SchR I 300.

Schrifttum

1. Zur und nach der Schuldrechtsreform

Canaris, Begriff und Tatbestand des Verzögerungsschadens im neuen Leistungsstörungsrecht, ZIP 2003, 321

Damler/Zeyher, Der Rechtsirrtum in der offenen Gesellschaft, AcP 218 (2018) 905

Daum, Ansprüche aus Rückzahlung von Provisionsvorschüssen – Entgeltforderungen i.S.d. § 288 Abs. 2 BGB?, VersR 2014, 1430

Dornis, Die Entschädigungspauschale für Beitreibungsaufwand – Neujustierung von Kompensation und Prävention im europäischen und deutschen Verzugsrecht?, WM 2014, 677

Engert, Der Rechtsirrtum in der Verschuldenshaftung, in: Gedächtnisschrift für Unberath (2015) 91

Fabis, Das Gesetz zur Beschleunigung fälliger Zahlungen – Inhalt und Auswirkungen, ZIP 2000, 865

Faust, Die Rechtslage nach Ablauf der Nachfrist, in: FS Huber (2006) 239

ders, Das Gesetz zur Bekämpfung von Zahlungsverzug im Geschäftsverkehr, DNotZ 2015, 644

Freitag, Unternehmenskredit und Zahlungsverzug, ZIP 2015, 1805

Fuhlrott, Keine Verzugspauschale im Arbeitsrecht, ZIP 2019, 404

Goebel, Inkassokosten (2. Aufl 2016)

ders, Neuregelung der Erstattungsfähigkeit von Inkassokosten, FoVo 2013, 201

Gsell, EG-Verzugsrichtlinie und Reform der Reform des Verzugsrechts in Deutschland, ZIP 2000, 1861

dies, Rechtzeitigkeit der Zahlung per Banküberweisung und Verzugsrichtlinie. Zugleich eine Besprechung von EuGH, Urteil vom 3. 4. 2008, C-306/06, GPR 2008, 165

Heinrichs, EG-Richtlinie zur Bekämpfung von Zahlungsverzug im Geschäftsverkehr und der Reform des Verzugsrechts nach dem Entwurf eines Schuldrechtsmodernisierungsgesetzes, BB 2001, 157

HERRESTHAL, Die Rechtzeitigkeit der Leistungshandlung bei der Erfüllung von Geldschulden, ZGS 2007, 48
HERTEL, Neues Verzugsrecht – Folgen für die notarielle Vertragsgestaltung, DNotZ 2001, 910
U HUBER, Das Gesetz zur Beschleunigung fälliger Zahlungen und die europäische Richtlinie zur Bekämpfung von Zahlungsverzug im Geschäftsverkehr, JZ 2000, 957KAISER, Schadensersatz neben oder statt der Leistung, in: FS Westermann (2008) S 351
dies, Schadensersatz wegen fahrlässiger Rechtsanmaßung, in: FS Canaris (2007) S 531
dies, Eingeschränkt nützlich: § 281 Abs 5 BGB – Nutzungsherausgabe und Nutzungsausfallschaden bei der Schlechtlieferung, ZfPW 2015, 129
KLEINE-COSACK, Aktuelle Probleme zum Massen- und Konzerninkasso und zur Höhe der Kosten, AnwBl 2016, 802
KLIEMT/VOLLSTÄDT, Unverschuldeter Rechtsirrtum – Wunderwaffe bei beharrlicher Arbeitsverweigerung?, NZA 2003, 357
KÖRBER, Das Recht der Pflichtverletzungen im Allgemeinen Schuldrecht – Teil 1, JA 2015, 429
KOHLER, Das Vertretenmüssen beim verzugsrechtlichen Schadensersatz, JZ 2004, 961
LEHMANN-RICHTER, Haftung des Mieters wegen Verzugs mit der Zustimmung zu einem Mieterhöhungsverlangen, NZM 2006, 849
LORENZ, Schuldnerverzug und wirksame Mahnung des Gläubigers, ZGS 2011, 111
ders, Das Deckungsgeschäft im System der Schadensarten oder: Was taugt die „Zauberformel"?, in: FS Leener (2012) 147
LÖWISCH, § 284 Abs 3 BGB nF als Problem der Gesetzesauslegung, in: FS Stoll (2001) 49
MANKOWSKI, Der Verbraucher und das Verzugsrecht, ZGS 2002, 177
OEPEN, Probleme des modernisierten Verzugstatbestands, GS 2002, 349
OSTERMEIER, Die Erstattung vorprozessualer Anwaltskosten im Arbeitsrecht, NJW 2008, 551
POHLMANN, Vom Verzug zur verspäteten Leistung, in: Das neue Schuldrecht in der Praxis (2002) S 273
POTT, Prüfungs- und Regulierungsfristen der Haftpflichtversicherung bei der Unfallregulierung, NZV 2015, 11
RICHTER, Zur Anwendbarkeit der Verzugspauschale nach § 288 V BGB im Arbeitsrecht, ArbR 2016, 229
RÖHL, Die Erstattungsfähigkeit vorgerichtlich angefallener Inkassobürokosten, MDR 2008, 664
SCHULTZ, Zur Erstattungsfähigkeit von Inkassokosten, SchlHA 2012, 128
SEIBERT, Verzug, Mahnung und Warnobliegenheit beim Überweisungsvertrag, NJW 2006, 2375
SEITZ, Inkasso-Handbuch (4. Aufl 2015)
SPITZER, Das Gesetz zur Bekämpfung von Zahlungsverzug im Geschäftsverkehr, MDR 2014, 933
STEIN, Schadensersatz bei Zahlungsverzug des Arbeitgebers, AuR 2017, 13
TIMME, Die Neuregelung des Schuldnerverzuges gem § 286 BGB, JA 2002, 656
ULRICI, Keine 40-Euro-Verzugspauschale bei verspäteter Zahlung des Arbeitsentgelt, NZA 2019, 143
VERSE, Das Gesetz zur Bekämpfung von Zahlungsverzug im Geschäftsverkehr, ZIP 2014, 1809
VIEFHUES, Haftungsrisiko Verzug – vielfach vernachlässigt und übersehen!, FuR 2016, 374
WERTENBRUCH, Schuldrechtsreform und Zwangsvollstreckung, DGVZ 2002, 177
WITSCHEN/RÖLEKE, Außergerichtliche Rechtsverfolgung im Arbeitsrecht, NJW 2017, 1702
WOITKEWITSCH, Ersatzpflicht für außergerichtliche Rechtsanwalts- und Inkassokosten, MDR 2012, 500.
Siehe weiter die Schrifttumsangaben zu den Vorbem zu §§ 286 ff.

2. Vor der Schuldrechtsreform

BERNARDS, Haftung der Gesamtschuldner aus Verzug, NJW 1988, 680
BETTMANN, Die Mahnung (1896)
BRAUN, Erfüllung, Verzugsbeendigung und Verzugszinsen bei Abwehrleistung und vorläufiger Vollstreckung, AcP 184 (1984) 152
BUCHER, Verzugsauslösende Mahnung: Warum Voraussetzung der Fälligkeit?, in: FS Schütze (1999) 163
CANARIS, Begriff und Tatbestand des Verzögerungsschadens im neuen Leistungsstörungsrecht, ZIP 2003, 321

Coester-Waltjen, Die Bedeutung des § 279 BGB für Leistungsverzögerungen, AcP 183 (1983) 279
Eisenhardt, Die Beendigung des Schuldnerverzugs und die daraus erwachsenden Folgen, JuS 1970, 489
Emmerich, Die Verzugsschadensproblematik bei Ratenkrediten. Die jüngste Rechtsprechung des Bundesgerichtshofs, in: FS Giger (1989) 173
Ernst, Die Gegenwärtigkeit im Vertragsvollzug, AcP 199 (1999) 485
Fahl, Zur Zulässigkeit der einseitigen kalendermäßigen Bestimmung des Verzugszeitpunktes, JZ 1995, 341
Flessner, Geldersatz bei Zahlungsverzug – Eine Skizze zum Europäischen Vertragsrecht, in: FS Sturm (1999) 1165
Gursky, Schuldnerverzug trotz fehlender Annahmebereitschaft des Gläubigers?, AcP 173 (1973) 450
ders, Verzugsschaden und Geldentwertung, in: Gedschr Rudolf Bruns (1980) 19
Huber, Rücktritt vom Vertrag und Ersatz des Verzugsschadens, JZ 1984, 409
U Hoffmann, Abtretung der Hauptforderung und Verzugsschaden, WM 1994, 1464
Jäckle, Die Erstattungsfähigkeit der Kosten eines Inkassobüros, Schriftenreihe zum Bürgerlichen Recht Band 49 (1978)
A Junker, Die Rechte des Verfassers bei Verzug des Verlegers, GRUR 1988, 793
M Junker, Der Umfang des einem Zessionar zu leistenden Schadensersatzes wegen Verzuges bei Abtretung vertraglicher Ansprüche, AcP 195 (1995) 1
Lange, Zum Verhältnis von Verzugsschaden zum Nichterfüllungsschaden und zur Berücksichtigung von Mitverschulden, auch beim Schuldbeitritt, WuB IV A § 326 BGB 1 97
Löwisch, Inkassokosten als Verzugsschaden, NJW 1986, 1725
ders, Erstattungsfähigkeit von Inkassokosten, Rechtsbeistand 1987, 79
Mayer-Maly, Rechtsirrtum und Rechtsunkenntnis als Probleme des Privatrechts, AcP 170 (1970) 133, 148
Medicus, Unvermögen und Schuldnerverzug bei Geldmangel, AcP 188 (1988) 489
Michalski, Unzulässigkeit der Forderungseinziehung durch konzerngebundene Inkassounternehmen, ZIP 1994, 1501
Oertmann, Einrede und Verzug, GoldschmidtsZ 78, 1
Rasehorn, Schuldnerverzug und Gläubigermitverschulden, NJW 1960, 661
Rieble, Ansprüche des Darlehensgebers bei Verzug des Darlehensnehmers, ZIP 1988, 1027
ders, Unzulässigkeit der Forderungseinziehung durch konzerngebundene Inkassounternehmen, DB 1995, 2512
Rittner, Rechtswissen und Rechtsirrtum im Zivilrecht, in: FS vHippel (1967) 391, 411
Scherner, Verzugsbeendigung und pflichtgemäßes Verhalten des Schuldners, JR 1971, 441
Schimmel, Entgangener Spekulationsgewinn als Verzugsschaden?, WM 2000, 946
Schneider, Verzugsbeginn mit dem Zugang der Mahnung, NJW 1980, 1375
Schreiber, Kostenersatz für die verzugsbegründende Erstmahnung, Jura 1988, 666
Schwarz, Schuldner- und Gläubigerverzug im Lastschriftverfahren, ZIP 1989, 1442
Teubner, Gegenseitige Vertragsuntreue (1975)
Tiedtke, Verzugsschaden und Rücktritt vom Vertrag, NJW 1984, 767
Zitelmann, Selbstmahnung des Schuldners, in: FG Paul Krüger (1911) 282.

Systematische Übersicht

Alphabetische Übersicht

I. Allgemeines

§ 286 BGB regelt in den Absätzen 1–4 die Voraussetzungen des Schuldnerverzugs. Die Rechtsfolgen des Schulderverzugs sind nicht in § 286 BGB geregelt, sondern richten sich nach § 280 Abs 1, 2 BGB, was den Anspruch auf Ersatz des Verzögerungsschadens anbelangt (Vorbem 2 zu §§ 286 ff). Die §§ 287–290 BGB legen weitere Rechtsfolgen des Verzugs fest. Begehrt der Schuldner Schadensersatz statt der Leistung, ist das Vorliegen eines Verzugs nach § 286 BGB nicht von Bedeutung (Palandt/Grüneberg § 286 Rn 3). Denn für den Schadensersatz statt der Leistung gelten auch bei nicht rechtzeitiger Leistung nach § 280 Abs 1, 3 BGB allein die allgemeinen Vorschriften der §§ 281 ff BGB (vgl Vorbem 2 zu §§ 286 ff). Zur Abgrenzung von Verzögerungsschaden und Schadensersatz statt der Leistung s unten Rn 181 ff. 1

2 Grundsätzlich sind die §§ 286 ff BGB dispositiv (Palandt/Grüneberg Rn 7; Soergel/Benicke/Nalbantis Rn 238 ff). Auch über die Voraussetzungen des Verzugseintritts können die Parteien deshalb Vereinbarungen treffen. So ist es etwa denkbar, dass die Vertragsparteien anlässlich der Aufhebung eines Arbeitsvertrages vereinbaren, dass der Arbeitgeber Ansprüche auf Abgeltung und Resturlaub erst zum Ende des nächsten Monats abrechnen und auszahlen muss. Die grundsätzliche Abdingbarkeit wird allerdings durch § 286 Abs 5 BGB eingeschränkt. Diese Bestimmung wurde durch das Gesetz zur Bekämpfung von Zahlungsverzug im Geschäftsverkehr und zur Änderung des Erneuerbare-Energien-Gesetzes vom 22. 7. 2014 mit Wirkung zum 29. 7. 2014 eingeführt (s Vorbem 13 ff zu §§ 286 ff) und sieht für eine von § 286 Abs 1–3 BGB abweichende Vereinbarung über den Eintritt des Verzugs die entsprechende Geltung von § 271a Abs 1–5 BGB vor. Dadurch stellt der Gesetzgeber sicher, dass die in § 271a BGB vorgegebenen Zahlungs-, Überprüfungs- oder Abnahmepflichten nicht durch Vereinbarungen über den Verzugseintritt ausgeweitet werden (BT-Drucks 18/1309, 18). Deshalb sind Vereinbarungen über den Eintritt des Verzugs nur insoweit zulässig, als sie die in § 271a BGB vorgesehenen Fristen im Ergebnis nicht überschreiten. Maßgeblich für die Fristberechnung der auch nach § 286 Abs 5 BGB „zulässigen Höchstfrist soll mithin nicht das Ende der vereinbarten Leistungszeit", sondern der nach § 271a BGB „maßgebliche Zeitpunkt wie Rechnungszugang oder Empfang der Gegenleistung sein" (BT-Drucks 18/1309, 18). Praktisch bedeutet das:

- Wird in Abweichung von § 286 Abs 1 BGB vereinbart, dass Verzug erst eine bestimmte Zeit nach Zugang der Mahnung eintritt, gelten dafür die Schranken des § 271a Abs 1–3 BGB: Eine Vereinbarung, die einen Zeitraum von mehr als 60 Tagen nach Empfang der Gegenleistung für den Verzugseintritt vorsieht, ist nur wirksam, wenn sie ausdrücklich getroffen und nicht grob unbillig ist (§ 271a Abs 1 BGB). Ist der Schuldner öffentlicher Auftraggeber, ist eine solche Vereinbarung unwirksam und eine Vereinbarung von einer Frist von mehr als 30 bis zu 60 Tagen nur wirksam, wenn die Vereinbarung ausdrücklich getroffen und aufgrund der besonderen Natur oder Merkmale des Schuldverhältnisses sachlich gerechtfertigt ist (§ 271a Abs 2 BGB).

- Wird abweichend von § 286 Abs 2 Nr 1 BGB vereinbart, dass trotz kalendermäßiger Bestimmung der Leistungszeit Verzug nur nach Mahnung eintritt, so ist das nur unbedenklich, wenn bestimmt wird, dass Verzug spätestens mit Ablauf der Höchstfristen von § 271a Abs 1 und 2 BGB eintritt. Anderenfalls stellt sich die Frage, ob die Vereinbarung als grob unbillig anzusehen ist. Diese kann nur verneint werden, wenn ein besonderer Sachgrund für die Erforderlichkeit der Mahnung besteht.

- Vereinbaren die Parteien abweichend von § 286 Abs 3 BGB, dass bei einer Entgeltforderung der Verzug später als innerhalb von 30 Tagen nach Fälligkeit und Zugang einer Rechnung oder gleichwertigen Zahlungsaufstellung beginnt, ist dies nur unbedenklich, wenn die Frist 60 Tage nach Empfang der Gegenleistung nicht überschreitet. Sonst stößt sie wiederum auf die Grenze der groben Unbilligkeit (§ 271a Abs 1 BGB). Ist Schuldner ein öffentlicher Auftraggeber, muss jede 30 Tage nach Empfang der Gegenleistung überschreitende Frist sachlich gerechtfertigt sein und ist eine Frist von 60 Tagen nach Empfang der Gegenleistung unwirksam.

3 Eine Vereinbarung, die nach dem in Rn 2 Gesagtem unwirksam ist, ändert an der Wirksamkeit des Vertrags im Übrigen nichts (§§ 286 Abs 5 iVm 271a Abs 4 BGB). Es gelten dann die in § 286 Abs 1–3 BGB enthaltenen gesetzlichen Vorschriften über den Verzugseintritt.

4 Werden von § 286 BGB abweichende Regeln in *Allgemeinen Geschäftsbedingungen* getroffen, unterliegt dies überdies den allg Schranken der §§ 305 ff BGB (**aA** Spitzer MDR 2014, 933, 938). Bedeutung bei der Klauselkontrolle haben insbes § 307 BGB sowie §§ 308 Nr 1, Nr 1a, Nr 1b und Nr 2, 309 Nr 4, Nr 7 lit b) BGB. So sind nach § 309 Nr 4 BGB etwa Klauseln in AGBs unwirksam, die zulasten des Schuldners vorsehen, dass Verzug generell – unberührt von den ohnehin bestehenden gesetzlichen Ausnahmen – ohne Mahnung eintritt (Palandt/Grüneberg § 309 Rn 22; MünchKomm/Ernst Rn 17). Ein Ausschluss oder eine Beschränkung der Schadensersatzhaftung wegen der im Verzug liegenden Pflichtverletzung ist nur bis zur Grenze der groben Fahrlässigkeit zulässig (§ 309 Nr 7 lit b) BGB). Klauseln in Wohnraummietverträgen, die dem Mieter das Risiko einer durch den Zahlungsdienstleister verursachten Verzögerung des Zahlungsvorgangs auferlegen, stellen eine unangemessene Benachteiligung des Mieters dar und sind deshalb nach § 307 Abs 1 S 1 BGB unwirksam (BGH 5. 10. 2016 – VIII ZR 222/15, NJW 2017, 1596). S im Einzelnen die Kommentierung der §§ 307 ff bei Staudinger/Coester (2013).

II. Voraussetzungen des Verzugs

1. Fälligkeit des Anspruchs

5 Nach § 286 Abs 1 S 1 BGB setzt der Verzug Fälligkeit des Anspruchs voraus. Fälligkeit liegt vor, sobald der Gläubiger die Leistung verlangen kann. Dabei ist nach § 271 BGB sofortige Fälligkeit die Regel. Etwas anderes kann sich aber aus dem jeweiligen Vertrag ergeben. So sind Verträge zwischen Bauträgern und Wohnungserwerbern meist dahin auszulegen, dass die letzte Zahlungsrate nicht vor Beseitigung der Restmängel fällig sein soll (BGH 20. 1. 2000 – VII ZR 224/98, NJW 2000, 1403). Zu den Voraussetzungen der Fälligkeit s Staudinger/Bittner/Kolbe § 271 Rn 1 ff; dort auch zu den Auswirkungen der Zahlungsverzugsrichtlinie auf die Fälligkeit Rn 4.

6 Fälligkeit und damit Verzug können so lange nicht eintreten, wie **die Leistung gesetzlich verboten** ist. Dies ist insbes der Fall, wenn eine für die Erbringung der Leistung erforderliche *behördliche Genehmigung* noch nicht vorliegt. Zu Recht hat deshalb der BGH (21. 3. 1974 – VII ZR 139/71, NJW 1974, 1080) den Verzug des Bauunternehmers mit der Erfüllung seiner Bauleistungspflicht für den Zeitraum abgelehnt, in dem die Baugenehmigung noch nicht erteilt war (zur Möglichkeit der Pflichtverletzungshaftung nach § 280 Abs 1 BGB in solchen Fällen vgl Vorbem 28 f zu §§ 286 ff). Im Falle der Heilung eines zunächst nichtigen Grundstückskaufvertrags nach § 311b Abs 1 S 2 BGB tritt Verzug erst ab Heilung ein (Staudinger/Schuhmacher [2018] § 311b Abs 1 Rn 303).

7 Entsprechendes gilt auch, wenn durch Gesetz oder Tarifvertrag rückwirkend eine Leistungspflicht bestimmt wird. Die normative Rückwirkung führt zwar dazu, dass der Schuldner dem Grunde nach auch für die zurückliegenden Zeiträume zur Leistung verpflichtet ist; sie ändert aber nichts daran, dass bis zum Inkrafttreten der

Norm die Verpflichtung nicht bestanden hat und damit auch nicht fällig war (vgl Flume BGB AT II [3. Aufl 1979] S 899; Hütter, Verzug durch Rückwirkung?, jM 2018, 285, 286 f). Auch in diesen Fällen kann Verzug daher frühestens mit dem Inkrafttreten der Norm, dh ex nunc, eintreten (unzutreffend insofern Hessisches LAG 18. 8. 2017 – 10 Sa 211/17, das dies verkennt und gar annimmt, dass es dem Schuldner vorwerfbar sein kann, eine nach überwiegender Ansicht zwar vermeintlich, tatsächlich aber nicht existierende Pflicht, nicht erfüllt zu haben).

8 Die Forderung ist nicht fällig, solange die Leistung **gestundet** ist (vgl Staudinger/Bittner/Kolbe § 271 Rn 17; Erman/Hager Rn 26; MünchKomm/Ernst Rn 35; Niedersächsisches OVG 14. 7. 2011 – 8 ME 113/11). Während der Stundung scheidet deshalb auch der Verzug aus. Allerdings bringt eine nach Verzugseintritt erfolgte Stundung die Verzugsfolgen nur für die Zeit ab Stundung und nicht rückwirkend für den Zeitraum des schon eingetretenen Verzugs in Wegfall (vgl unten Rn 130), sofern die Stundungsvereinbarung nicht aufgrund besonderer Umstände dahin auszulegen ist, dass der Gläubiger auch auf die Geltendmachung dieser Ansprüche verzichten will (Eisenhardt JuS 1970, 489, 494). Die Stundung darf nicht mit dem *pactum de non petendo* verwechselt werden, bei dem es eine Frage des Einzelfalles ist, ob damit auch die Fälligkeit hinausgeschoben wird (Staudinger//Bittner/Kolbe § 271 Rn 18). Stets zu prüfen ist auch, über welche Forderung eine Stundungsvereinbarung getroffen wurde. So kann etwa in dem Fall, dass ein Arbeitnehmer damit einverstanden ist, dass er für eine gewisse Zeit nicht beschäftigt wird (Stundung des Beschäftigungsanspruchs), nicht geschlossen werden, dass er für diesen Zeitraum auch seinen Vergütungsanspruch stunden will.

9 Bei sog **unvollkommenen Verbindlichkeiten** (§§ 656, 762 f BGB) ist Fälligkeit und folglich auch Verzug begrifflich ausgeschlossen, weil der Gläubiger die Erfüllung der natürlichen Verbindlichkeit niemals verlangen kann (Oertmann Anm 1; im Ergebnis ebenso MünchKomm/Ernst Rn 22).

10 Der Eintritt der Fälligkeit hängt regelmäßig nicht davon ab, dass der Gläubiger eine **Rechnung gestellt** hat (BGH 18. 12. 1980 – VII ZR 41/80, BGHZ 79, 176, 178). Für den Werklohnanspruch folgt dies aus § 641 Abs 1 S 1 BGB. Doch kann gesetzlich oder vertraglich etwas Anderes bestimmt sein. Ersteres gilt vor allem für Gebührenforderungen der freien Berufe (vgl § 15 Abs 1 HOAI, § 10 Abs 1 S 1 RVG, § 12 GOÄ). Ob der Schuldner mit der Begleichung von Forderungen, die ohne Rechnungsstellung fällig werden, in Verzug kommt, hängt davon ab, ob er ohne Rechnung den Umfang der Forderung erkennen kann, vgl dazu im Einzelnen Rn 152 ff.

11 Forderungen, die erst durch eine vom Gericht vorzunehmende Gestaltung entstehen, wie das etwa auf Abfindungsansprüche nach §§ 9, 10 KSchG, auf den Unterhaltsanspruch nach rechtskräftiger Scheidung und auf den erhöhten Mietzinsanspruch nach erfolgtem Mieterhöhungsverlangen und anschließendem Bestreiten des Klageweges nach § 558b Abs 2 S 1 BGB zutrifft, werden erst fällig, wenn das betreffende Gestaltungsurteil rechtskräftig geworden ist (BGH 4. 5. 2005 – VIII ZR 94/04, NJW 2005, 2310, 2311; BAG 19. 6. 2012 – 3 AZR 408/10, DB 2012, 2818; OLG Hamm 12. 4. 2000 – 12 UF 149/99, NJW-RR 2001, 433). Dies gilt auch für die vom Insolvenzgericht festzusetzende Vergütung des vorläufigen Insolvenzverwalters (andere Meinung offenbar BGH 4. 12. 2003 – IX ZB 48/03, NJW-RR 2004, 1132, 1133, der lediglich das Verschulden des

Schuldners verneint). Ebenso werden Forderungen, deren Höhe, etwa nach den §§ 315 ff BGB, erst noch bestimmt werden muss, erst fällig, wenn die Bestimmung getroffen ist (BAG 19. 6. 2012 – 3 AZR 408/10, DB 2012, 2818; BAG 10. 12. 2013 – 3 AZR 595/12, BetrAV 2014, 201; vgl auch BGH 10. 3. 1993 – VIII ZR 238/92, BGHZ 122, 32, 46; Huber I 296 f). Dazu gehört beispielsweise auch der Anspruch des Arbeitnehmers auf nach § 16 Abs 1 und 2 BetrAVG nach billigem Ermessen angepasste laufende Leistungen der betrieblichen Altersversorgung (BAG 19. 6. 2012 – 3 AZR 408/10, DB 2012, 2818; BAG 10. 12. 2013 – 3 AZR 595/12, BetrAV 2014, 201; vgl auch BGH 10. 3. 1993 – VIII ZR 238/92, BGHZ 122, 32, 46; Huber I 296 f). Anders liegt es bei Forderungen, deren an sich feststehende Höhe erst noch durch Sachverhaltsaufklärung ermittelt werden muss. Sie sind bereits mit Entstehung fällig. Verzug kann aber auch hier nur dann und nur insoweit eintreten, wie der Schuldner seine Verpflichtung erkennen kann. S zur Nichtvertretbarkeit der Verzögerung Rn 152 ff. Zur Mahnung in diesen Fällen Rn 34.

2. Einredefreiheit des Anspruchs

a) Allgemeines

Nach **hM** schließt regelmäßig **schon das Bestehen** einer dauernden oder aufschiebenden Einrede wie der Verjährungseinrede (§ 214 Abs 1 BGB), der Einrede der Vorausklage (§ 771 BGB), der Bereicherungseinrede (§ 821 BGB) und der Einrede der unerlaubten Handlung (§ 853 BGB) den Eintritt des Verzugs aus, ohne dass es darauf ankäme, dass der Schuldner die **Einrede erhebt**. Dabei wird teilweise argumentiert, das Bestehen der Einrede schließe die Fälligkeit der Forderung aus, teilweise damit, dass der Schuldner sich nicht pflichtwidrig verhalte, wenn er die Erfüllung des fälligen einredebehafteten Anspruchs unterlasse (RG 14. 12. 1929 – I 214/29, RGZ 126, 280, 285; Enneccerus/Lehmann § 51 II 1; Kress 428; Paech 31 f; Heck 107; Huber I 303 ff; Looschelders § 26 Rn 4 iVm § 22 Rn 5 ff; MünchKomm/Ernst Rn 22; wie hier Erman/Hager Rn 21). 12

Die hM wird dem Charakter der Einrede als *Gestaltungsrecht des Schuldners* nicht gerecht. Die Einrede gibt dem Schuldner nur das Recht, die Leistung zu verweigern. Macht er von diesem Recht keinen Gebrauch, so bleibt der Anspruch unberührt. Deshalb wäre es ungereimt, wollte man dem Gläubiger, wenn der Schuldner die Einrede nicht erhebt, im Prozessfalle zwar die Hauptleistung zusprechen, nicht aber die Verzugszinsen und den Verzugsschaden. Das bloße Bestehen der Einrede vermag den Eintritt des Verzugs nicht zu hindern (so für § 410 BGB auch BGH 24. 11. 2006 – LwZR 6/05, NJW 2007, 1269, 1271 f und Schwarze § 28 Rn 6 für den Regelfall). 13

Die sich *aus dem Verzug ergebenden Ansprüche* unterliegen **allerdings, weil sie auf dem einredebehafteten Hauptanspruch gründen, ebenfalls der betreffenden Einrede**. Der Schuldner kann also, wenn er die Einrede erhebt, nicht nur die Erfüllung der Hauptleistung, sondern auch die Erfüllung der sich aus dem Verzug ergebenden Ansprüche verweigern. Dabei kann er durchaus auch nur die Leistung des einen oder des anderen verweigern, etwa die Hauptforderung ganz oder zum Teil erfüllen, aber Verzugszinsen und einen etwaigen Verzugsschaden nicht bezahlen (wie hier im Wesentlichen Jahr 303 f; Planck/Siber Anm 3a; Oertmann Anm 1; vTuhr, AT I 294; Hellwig, Lehrbuch des Deutschen Civilprozeßrechts, Band 1 [1903] 248; Roth, Die Einrede des Bürgerlichen Rechts [1988] 150 ff, 170 ff). 14

15 Zum praktisch gleichen Ergebnis kommen Larenz (I § 23 I c), ihm folgend Fikentscher/Heinemann (Rn 464) und Schlechtriem/Schmidt-Kessel (Schuldrecht AT Rn 658), die zwar den Verzug schon am Bestehen der Einrede scheitern lassen, aber den Schuldner, der die Einrede nicht spätestens in der letzten mündlichen Verhandlung im Prozess erhebt, so behandeln wollen, „als wäre er in Verzug gekommen". Das erscheint jedoch als überflüssiger Umweg. Das Argument von Larenz gegen die hier vertretene Meinung, § 390 BGB zeige, dass schon das Bestehen einer Einrede Rechtsfolgen haben müsse, überzeugt nicht. Mit § 390 BGB trägt das Gesetz nur dem Umstand Rechnung, dass der Aufrechnung „Vollstreckungswirkung" zukommt, sodass die Aufrechnung mit einer einredebehafteten Forderung dem Schuldner die Einrede von vornherein aus der Hand schlagen würde.

16 Dass das bloße Bestehen einer Einrede noch nicht den Eintritt des Verzugs ausschließt, hat auch zur Folge, dass der Gläubiger Rücktrittsrechte nach Maßgabe der §§ 280 Abs 3, 281 ff BGB Schadensersatz statt der Leistung verlangen und beim gegenseitigen Vertrag nach Maßgabe des § 323 BGB zurücktreten kann, solange die Einrede nicht erhoben ist. Allerdings entfallen die Schadensersatz- und Rückgewähransprüche rückwirkend, wenn die Einrede nachträglich (im Prozessfall bis zum Schluss der letzten mündlichen Verhandlung in der Tatsacheninstanz) erhoben wird (BGH 18. 1. 1991 – V ZR 11/90, BGHZ 113, 232, 236; Schwarze § 28 Rn 6; Huber I 305). Auch die Zufallshaftung nach § 287 S 2 BGB entfällt rückwirkend, wenn die Einrede nachträglich erhoben wird.

17 Von vornherein keinen Einfluss auf den Verzug haben die Einreden des § 275 Abs 2 und 3 BGB. Sie sollen dem Schuldner nur das Recht geben, die Erfüllung der ursprünglichen Leistungspflicht zu verweigern (Vorbem 25 ff zu §§ 286 ff). Auch Einreden, mit denen der Schuldner seine Haftung beschränken kann (§§ 1629a, 1975, 1990 BGB) ändern an der eigentlichen Leistungsverpflichtung nichts, nur die Haftung für diese kann beschränkt werden (Roth 59 ff, 69; Löwisch, Beschränkungen der Minderjährigenhaftung und gegenseitiger Vertrag, NJW 1999, 1002 f; Bittner, Die Einrede der beschränkten Haftung auf das Volljährigkeitsvermögen aus § 1629a BGB, FamRZ 2000, 325, 327 f; Huber I 336 ff).

b) Einrede des Zurückbehaltungsrechts

18 Einigkeit besteht darüber, dass das **Bestehen der Einrede des Zurückbehaltungsrechts** nach § 273 BGB den **Verzug nicht ausschließt**. § 273 BGB gibt dem Schuldner nur die Möglichkeit, Ansprüche, die auf demselben rechtlichen Verhältnis beruhen, in wechselseitige Abhängigkeit zu bringen. Solange er diese Möglichkeit nicht nutzt, ist es nicht gerechtfertigt, beiderseits die Möglichkeit des Eintritts von Verzugsfolgen auszuschließen. Dies gilt umso mehr, als gem § 273 Abs 3 BGB der Gläubiger die Ausübung des Zurückbehaltungsrechts durch Sicherheitsleistung abwenden kann (BGH 14. 4. 2005 – VII ZR 56/04, NJW-RR 2005, 1040; RG 1. 12. 1911 – II 225/11, RGZ 77, 436, 438; OLG München 20. 9. 2011 – 1 U 2262/11; Erman/Hager Rn 23; MünchKomm/Ernst Rn 31; Schwarze § 28 Rn 8; Fikentscher/Heinemann Rn 464; Huber I 327 ff).

19 Dem entspricht es, dass bereits vor Erheben der Einrede eingetretene Verzugsfolgen bestehen bleiben (Huber I 327 ff). Der Schuldner kann auch für sie lediglich das Zurückbehaltungsrecht geltend machen. Nach Erheben des Zurückbehaltungsrechts in Bezug auf die Hauptleistung können weitere Verzugsfolgen nicht eintreten.

Wird die **Einrede** des Zurückbehaltungsrechts **erhoben**, ohne dass der Gläubiger sie durch Sicherheitsleistung abwendet, so ist damit der **Eintritt des Verzugs** des Schuldners **ausgeschlossen**. Dass die Gegenforderung des Schuldners wirtschaftlich wesentlich weniger wert sein kann als seine Schuld, ändert daran nichts. Denn es ist gerade der Zweck des § 273 BGB, ohne Rücksicht auf den wirtschaftlichen Wert der konnexen Forderungen dem Schuldner die Verweigerung seiner Leistung zu gestatten, um so sicherzustellen, dass er seinerseits befriedigt wird. In Kauf nehmen muss der Schuldner nur, dass auch der Gläubiger wegen der Verknüpfung beider Forderungen mit seiner Leistung nicht mehr ohne Weiteres in Verzug kommen kann. 20

Ebenso wie der Schuldner durch Erhebung der Einrede kann bei Bestehen eines Zurückbehaltungsrechts auch der Gläubiger die Verknüpfung der beiden Ansprüche herbeiführen, indem er von vornherein nur Leistung Zug um Zug gegen Erfüllung der Forderung verlangt, die das Zurückbehaltungsrecht des Schuldners begründet. Tut er dies, so erübrigt sich die Erhebung der Einrede durch den Schuldner und ist der Eintritt von Verzugsfolgen beiderseits zunächst ausgeschlossen (BGH 16. 3. 1973 – V ZR 118/71, BGHZ 60, 319, 323; BGH 25. 11. 1998 – VIII ZR 323/97). 21

Auch dort, wo die Einrede des Zurückbehaltungsrechts erhoben oder die rechtliche Verknüpfung der Leistungen durch das Zug-um-Zug-Verlangen des Gläubigers hergestellt worden ist, kann der Gläubiger den Schuldner dennoch in **Verzug** setzen, wenn er zugleich seine **Leistung** in einer den Annahmeverzug begründenden Weise **anbietet**. In diesem Fall ist die Rechtsfolge, die der Schuldner mit der Erhebung der Einrede herbeiführen kann – nämlich die Verpflichtung zur Leistung nur Zug um Zug (§ 274 BGB) – schon eingetreten. Das Unterbleiben der Leistung hat seine Ursache hier nicht mehr in dem Zurückbehaltungsrecht. 22

Hierher gehören auch die Fälle, dass der Schuldner nur gegen Ausstellung einer **Quittung** (§ 368 BGB), nur gegen Rückgabe eines Schuldscheins oder Ausstellung eines Anerkenntnisses im Sinne des § 371 BGB oder nur gegen Aushändigung der Abtretungsurkunde nach § 410 BGB zu leisten braucht. Stellt der Schuldner ein entsprechendes Verlangen, so gerät er nicht in Verzug, wenn der Gläubiger nicht bereit ist, diese Handlungen vorzunehmen. Dies gilt auch, wenn der Schuldner, der unter Vorlegung einer quittierten Rechnung gemahnt wird, diese zu Recht als unrichtig beanstandet und zurückweist und eine Quittung über den richtigen Betrag verlangt. Andererseits braucht der Gläubiger nicht von sich aus ausdrücklich die Bereitschaft zur Vornahme dieser Handlungen zu erklären, solange der Schuldner sie nicht verlangt. 23

c) Einrede des nichterfüllten Vertrags

Bei der Einrede des nichterfüllten Vertrags nach § 320 BGB schließt allein ihr Bestehen den Verzug aus (BGH 23. 5. 2003 – V ZR 190/02, NJW-RR 2003, 1318; BGH 24. 10. 2006 – X ZR 124/03, NJW-RR 2007, 325, 327 f; BGH 7. 5. 1982 – V ZR 90/81, BGHZ 84, 42, 44; RG 14. 12. 1929 – I 249/29, RGZ 126, 280, 285; OLG Saarbrücken 22. 11. 1995 – 1 U 363/95, NJW 1996, 3086 f; MünchKomm/Ernst Rn 25; Fikentscher/Heinemann Rn 464; Teubner 73 ff; Huber I 306 ff; Löwisch/Hartje, Der wilde Streik nach dem Recht der Bundesrepublik, RdA 1970, 321, 326 mit der Konsequenz, dass schon das Bestehen der Einrede dem Arbeitgeber das Recht nimmt, die Nichterbringung der Arbeitsleistung zum Anlass für eine Kündigung aus wichtigem Grund zu nehmen; **aA** Hüffer 231). Entgegen Erman/Hager Rn 22 gilt dies auch, wenn 24 ein Prozess über die Forderung anhängig ist. Der Schuldner muss nur die Voraussetzungen für das Vorliegen der Einrede vortragen.

25 Dass die Einrede des nichterfüllten Vertrages den Verzug ausschließt, gilt unabhängig davon, ob der Gläubiger seinerseits zur Leistung bereit und imstande ist. Der Gläubiger kann beim gegenseitigen Vertrag den Schuldner erst dann in Verzug setzen, wenn er die eigene Leistung erbringt oder wenigstens dem Schuldner in einer den Annahmeverzug begründenden Weise anbietet (BGH 6. 12. 1991 – V ZR 229/90, BGHZ 116, 244, 249). Erst wenn er so alles seinerseits Erforderliche für die Abwicklung des Vertrags getan hat, ist es unbillig, ihm den Ersatz von Verzugszinsen und Verzugsschaden zu versagen; dem Schuldner darf nicht die Möglichkeit gegeben werden, durch Verweigerung der Abnahme den Verzugsfolgen zu entgehen (BGH 26. 10. 1965 – V ZR 87/63, NJW 1966, 200; BGH 13. 3. 1963 – VIII ZR 212/61, NJW 1963, 1149 für den Fall, dass der Gläubiger vorleistungspflichtig ist; Teubner 73 ff; Ernst AcP 199, 507 ff [auch zur Beweislast]; **aA** RG 14. 12. 1929 – I 249/29, RGZ 126, 280, 285, wonach es genügt, dass der Gläubiger zur Leistung bereit und imstande ist).

26 Die Einrede des nicht erfüllten Vertrages nach § 320 BGB schließt nunmehr auch die Mängeleinrede mit ein, weil gem § 433 Abs 1 S 2 BGB die Mangelfreiheit zur Leistungspflicht des Verkäufers gehört (Huber/Faust Kapitel 13 Rn 149). Demzufolge gilt das in Rn 24 f Gesagte nunmehr auch für die Mängeleinrede (MünchKomm/Ernst Rn 28).

27 Das für die Einrede des nichterfüllten Vertrags Gesagte gilt entsprechend für die Einrede des § 348 BGB bei der Rückabwicklung durch Rücktritt aufgelöster Verträge (Huber I 314). Zur Beendigung des Verzugs im Falle des Bestehens einer Einrede vgl unten Rn 134.

3. Mahnung

a) Mahnung als Leistungsaufforderung

28 Mahnung ist die an den Schuldner gerichtete Aufforderung des Gläubigers, die Leistung zu bewirken. Aus der Mahnung muss mit **Bestimmtheit** hervorgehen, dass der Gläubiger die geschuldete Leistung verlangt (BGH 25. 10. 2007 – III ZR 91/07, BGHZ 174/77; BGH 10. 3. 1998 – X ZR 70/96, NJW 1998, 2132 f; KG Berlin 8. 12. 2003 – 8 U 158/03, NVwZ-RR 2004, 397, 398). Der Schuldner muss sich aufgrund der Mahnung sagen können, dass eine weitere Leistungsverzögerung für ihn nachteilige Folgen hat. Mehr ist aber auch nicht erforderlich. Insbesondere kann der früheren Rechtsprechung des RG und des BGH (RG 20. 9. 1918 – III 120/18, RGZ 93, 300; BGH 14. 11. 1951 – II ZR 41/51, MDR 1952, 155) nicht zugegeben werden, dass die Mahnung ihrerseits auch erkennen lassen müsse, dass das Ausbleiben der Leistung Folgen haben werde (zutr OLG Hamm 5. 11. 1991 – 26 U 23/91, NJW-RR 1992, 667, 668; OLG Köln 6. 8. 1999 – 19 U 176/98, OLG Report 1999, 382, 383; Huber I 419; Lorenz ZGS 2011, 111, 112; **aA** PWW/Schmidt-Kessel Rn 12). Einen Sonderfall stellt § 38 Abs 1 S 2 VVG dar. Dieser knüpft bestimmte Rechtsfolgen der Verzögerung der Leistung, wie insb die Möglichkeit der Kündigung, daran, dass auf die Rechtsfolgen bei der Bestimmung der Zahlungsfrist hingewiesen wird.

29 Der Schuldner, der eindeutig aufgefordert wird, eine fällige Leistung zu bewirken, muss grundsätzlich erkennen, dass das Ausbleiben der Leistung Folgen haben wird.

Auch ein Brief „Ich fordere Sie nunmehr auf, die geschuldeten 1000 Euro zu bezahlen" ist deshalb eine Mahnung, obwohl darin von den Folgen der Nichtzahlung nicht gesprochen wird. Die Meinungsverschiedenheiten dürften im praktischen Ergebnis aber nicht allzu groß sein, weil auch die Rechtsprechung anerkennt, dass die Ankündigung *bestimmter* Folgen jedenfalls nicht notwendig ist. Bei der Beurteilung der Frage, ob eine hinreichend bestimmte Leistungsaufforderung vorliegt, muss auf den allgemeinen *Sprachgebrauch* sowie den Sprachgebrauch der betreffenden Kreise, insbes des Handelsverkehrs, abgestellt werden. So ist die Auffassung, ein Schreiben „es würde mir angenehm sein, wenn …" sei nicht als Mahnung anzusehen (RG Recht 1904, 336), für eine in deutscher Sprache abgefasste Erklärung zutreffend; dagegen bedeutet im Englischen die Formulierung „it would be nice if" nichts anderes als eine höfliche Form der Aufforderung. Auch die Bitte „um Überprüfung, ob die Rechnung bereits bezahlt wurde", stellt eine Mahnung dar (Lorenz ZGS 2011, 111, 112).

In der Übersendung einer ersten *Rechnung* liegt, sofern sich nicht aus den Umständen etwas Anderes ergibt, hingegen keine Mahnung. Das gilt regelmäßig auch, wenn in der Rechnung die Angabe einer Zahlungsfrist enthalten ist (BGH 25. 10. 2007 – III ZR 91/07, NJW 2008, 50, 51; BGH 25. 10. 2007 – III ZR 91/07, BGHZ 174, 77; OLG Hamm 9. 8. 2017 – 31 W 10/17; Saarländisches OLG 17. 4. 2013 – 1 U 398/11–117, NJW-RR 2013, 852; LG Berlin 25. 1. 2018 – 67 T 9/18, MDR 2018, 588; Lorenz ZGS 2011, 111, 112; **aA** Gsell NJW 2008, 52; AG Bad Segeberg 12. 3. 2014 – 17a C 209/13; so wohl auch BGH 12. 7. 2006 – X ZR 157/05, NJW 2006, 3271). Auch der Hinweis auf die Berechnung von Verzugszinsen dürfte in der Regel nicht als Mahnung anzusehen sein (OLG Frankfurt 19. 11. 2012 – 23 U 68/12, NJW-RR 2013, 566, nv; OLG Hamm 9. 8. 2017 – 31 W 10/17; OLG Hamm 23. 5. 2016 – 31 U 41/16, nv; **aA** OLG Frankfurt 5. 6. 2019 – 17 U 95/18, nv; MünchKomm/Ernst Rn 51). Auch ein Schreiben, das lediglich die Anmeldung von Ersatzansprüchen und die Bitte um eine Vorschusszahlung enthält, bedeutet noch keine Anmahnung der Ersatzleistung (AG Schweinfurt 29. 6. 1972 – C 141/72, VersR 1973, 955). Gleiches gilt für die Aufforderung an den Schuldner, sich innerhalb einer bestimmten Frist über seine Leistungsbereitschaft zu äußern (LG Berlin 7. 10. 1982 – 61 S 105/82, Grundeigentum 1982, 1041; MünchKomm/Ernst Rn 51). Dagegen ist die Übersendung einer wiederholten oder quittierten Rechnung oder eines Postauftrags als Mahnung zu deuten (für die Handwerkerrechnung vgl Peters, Die Handwerkerrechnung und ihre Begleichung, NJW 1977, 552). Auch die in einem Schriftsatz an das Gericht enthaltende Leistungsaufforderung ist eine Mahnung, die dem Schuldner mit Zustellung des Schriftsatzes zugeht (LG Hamburg 23. 10. 2010 – 307 S 62/10). Zum Eintritt des Verzugs mit Entgeltforderungen nach Zugang einer Rechnung s Rn 95 ff. **30**

Bei Kaufverträgen, die *auf Abruf* geschlossen sind, enthält ein vertragsmäßiger Abruf zugleich die Mahnung (OLG Dresden SeuffA 72 Nr 135). Die Bestätigung der Akkreditivstellung durch eine Bank mit der Bemerkung, sie erwarte nunmehr das Frachtbriefduplikat, ist als Mahnung der Lieferung aufzufassen (RG 17. 10. 1919 – II 107/19, RGZ 97, 6; **aA** insoweit Huber I 427). Da die Mahnung mit einer die Fälligkeit erst begründenden Handlung verbunden werden kann (vgl Rn 44), kann in der Aufforderung, die Anlagen bereitzustellen, die der Käufer zur Abnahme der Ware bereitstellen muss, nicht nur ein Angebot der Ware, sondern auch die Mahnung wegen der Zahlung des Kaufpreises liegen (RG 11. 4. 1902 – II 407/01, RGZ 50, 255, 261). Ebenso kann, wenn nach dem Vertrag die Fälligkeit des Kaufpreises davon abhängt, dass der Verkäufer die Lieferbarkeit anzeigt, in dieser Anzeige gleichzeitig eine Mahnung wegen des Kaufpreises liegen (OLG Hamburg 13. 11. 1951 – 1 U 146/51, BB 1952, 126). Zu **31** beachten ist aber, dass im Abgabenrecht der Grundsatz gilt, dass eine Fälligkeit erst mit der Bekanntgabe der Festsetzung eintritt (BGH 19. 9. 2006 – X ZR 49/05, Grundeigentum 2006, 1608).

32 Wenn eine Leistung, die von beiden Teilen als zur Erfüllung geeignet angesehen wird, sich nachträglich als dazu ungeeignet erweist, so liegt in der Mitteilung des Erfüllungsmangels durch den Gläubiger die Mahnung (RG SeuffA 60 Nr 28). Weist der Käufer eine mangelhafte Ware zurück und verlangt Nachlieferung, so stellt das eine Mahnung dar (BGH 22. 5. 1985 – VIII ZR 140/84, NJW 1985, 2526). Gleiches gilt, wenn der Käufer Nachbesserung verlangt.

33 Die Mahnung muss Klarheit darüber schaffen, *was* der Schuldner leisten soll. Hat der Gläubiger **mehrere Forderungen** gegen den Schuldner, so muss aus der Mahnung ersichtlich sein, auf welche dieser Forderungen nunmehr geleistet werden soll (BGH 19. 5. 1967 – V ZR 24/66, LM § 346 BGB Nr 6). Aus diesem Grund kann in der Vorlage eines *Wechsels* zwar die Anmahnung der Wechselforderung, nicht aber auch die Anmahnung der dem Wechsel zugrundeliegenden Kaufpreisforderung gesehen werden (BGH 30. 10. 1985 – VIII ZR 251/84, BGHZ 96, 182, 193 f). Bei der *Wahlschuld* muss angegeben werden, welche der geschuldeten Leistungen erbracht werden soll (BAG 12. 3. 2013 – 3 AZR 120/11, DB 2013, 1307, für das Recht des Arbeitnehmers, zwischen einfachem und qualifiziertem Zeugnis zu wählen). Dem Vertreter ohne Vertretungsmacht muss im Falle des § 179 Abs 1 BGB gesagt werden, ob er Erfüllung oder Schadensersatz leisten soll. Eine Pflicht des Schuldners, sich durch Rückfragen beim Gläubiger zu vergewissern, welche Forderung gemeint ist, besteht grundsätzlich nicht (Soergel/Benecke/Nalbantis § 284 Rn 70). Es ist Sache des Gläubigers, Klarheit darüber zu schaffen, was er vom Schuldner will.

34 Die Mahnung muss grundsätzlich auch den **Umfang der geforderten Leistung** angeben oder jedenfalls erkennen lassen. Es ist nicht Sache des Schuldners, sich den Kopf darüber zu zerbrechen, was der Gläubiger von ihm will. Das gilt auch für *Unterhaltsschulden:* Nach dem Inhalt der Mahnung und den gesamten Umständen des Falls muss für den Unterhaltsschuldner klar sein, welchen genauen Betrag der Gläubiger von ihm fordert (BGH 30. 11. 1983 – IVb ZR 31/82, NJW 1984, 868; DIV-Gutachten DAVorm 1998, 131 ff). Nicht nur die Höhe des geforderten Unterhalts muss der Gläubiger jedoch angeben; zu einer hinlänglichen Bestimmung der geforderten Leistung zählt es bei monatlichen Unterhaltsansprüchen auch mitzuteilen, ab wann die Zahlung begehrt wird (OLG Karlsruhe 14. 7. 1997 – 2 WF 65/97, FamRZ 1998, 742; Viefhues FuR 2016, 374, 375 f). Wird ein Unterhaltsschuldner aufgefordert, „an" einem bestimmten Datum monatlichen Unterhalt zu zahlen, so wird er hierdurch allerdings wirksam in Verzug gesetzt, sofern sich aus dem Gesamtzusammenhang ergibt, dass der Gläubiger monatliche Zahlungen „ab" diesem Zeitpunkt erwartet (OLG Hamm 12. 5. 2000 – 12 UF 236/99, OLGR Hamm 2000, 271). Muss allerdings der Umfang der Leistung vom Schuldner oder unter seiner Mitwirkung noch ermittelt werden, genügt eine darauf gerichtete Aufforderung. So reicht eine unbezifferte, einem zulässigen Antrag in einer Stufenklage (§ 254 ZPO) entsprechende Mahnung gegenüber dem auskunftspflichtigen Schuldner etwa bei Pflichtteilsansprüchen (vgl § 2314 Abs 1 BGB; BGH 6. 5. 1981 – IVa ZR 170/80, BGHZ 80, 277) oder bei noch zu ermittelnden Unterhaltsansprüchen (vgl § 1605 Abs 1 BGB; BGH 15. 11. 1989 – IVb ZR 3/89, BGHZ 109, 211; OLG Braunschweig 18. 10. 1994 – 2 UF 39/94, FamRZ 1995, 875, 876; Brandenburgische OLG 6. 9. 2018 – 13 UF 91/17) aus. Richtigerweise

genügt als Mahnung schon das Begehren um Auskunft über die für Pflichtteils- oder Unterhaltsansprüche maßgebenden Umstände; denn auch damit ist für den Schuldner hinreichend klar, dass der Gläubiger von ihm Pflichtteils- und Unterhaltsleistungen fordert (OLG Sachsen-Anhalt 23. 12. 2011 – 10 U 12/11, FamRZ 2012, 1674).

Fordert der Gläubiger etwas, was **nicht geschuldet** ist, stellt das keine Anmahnung des tatsächlich Geschuldeten dar. Wird ohne Fristsetzung gem §§ 280 Abs 1, 281 Abs 2 BGB Schadensersatz wegen Nichterfüllung verlangt, kann darin nicht die Anmahnung der Erfüllung gesehen werden (Huber I 425). 35

Ob eine Mahnung, die sich auf mehr als den wirklichen Rückstand erstreckt **(Zuvielforderung)**, völlig unwirksam oder im Umfang des tatsächlichen Rückstands wirksam ist, ist im Gesetz nicht ausdrücklich geregelt. Die Rechtsprechung des Reichsgerichts hatte die Wirksamkeit der Mahnung bejaht, wenn anzunehmen war, dass der Schuldner auch einer auf den geschuldeten Betrag beschränkten Mahnung keine Folge geleistet und der Gläubiger die Annahme des geschuldeten Betrags nicht abgelehnt hätte (RG 18. 10. 1881 – I 9/79, RGZ 9, 136, 141; RG v 29. 12. 1883 – I 436/83, RGZ 14, 105, 108). Umgekehrt sollte eine Mahnung, durch die mehr als der geschuldete Betrag gefordert wurde, dann als unwirksam zu betrachten sein, wenn anzunehmen war, dass der Gläubiger einen geringeren als den zu viel geforderten Betrag nicht angenommen hätte (RG SeuffA 59 Nr 219). Diese Auffassung ist überholt. Hypothetische Erwägungen darüber, wie sich Schuldner und Gläubiger verhalten hätten, sind ein zu unsicheres Kriterium, um darauf die Wirksamkeit oder Unwirksamkeit der Mahnung und damit den Eintritt oder Nichteintritt der Verzugsfolgen abzustellen (deutlich zurückhaltend gegenüber dieser Rechtsprechung auch BGH 19. 5. 1967 – V ZR 24/66, MDR 1967, 826). Entscheidend muss auch hier sein, ob nach den *gesamten Umständen des Einzelfalls* nach Treu und Glauben, insbes aber nach dem Inhalt der Mahnung, für den Schuldner klar ist, welche Leistung von ihm verlangt wird (BGH 13. 11. 1990 – XI ZR 217/89, NJW 1991, 1286, 1288; BGH 25. 6. 1999 – V ZR 190/98, NJW 1999, 3115, 3116; OLG Hamm 23. 5. 2016 – 31 U 41/16; Lorenz ZGS 2011, 111, 11; MünchKomm/Ernst Rn 53; Körber JA 2015, 429, 431). Dementsprechend werden geringfügige oder auf einem offensichtlichen Irrtum, etwa einem Rechenfehler, beruhende Zuvielforderungen die Wirksamkeit der Mahnung nicht hindern (BGH 12. 7. 2006 – X ZR 157/05, NJW 2006, 3271). Auch der Umstand, dass die Forderung in der falschen Währung angegeben wird, steht der Wirksamkeit der Mahnung schon wegen § 244 BGB regelmäßig nicht entgegen (RG 11. 10. 1924 – I 2/24, RGZ 109, 61, 63). Lässt aber die Anmahnung der überhöhten Forderung nicht erkennen, in welcher Höhe eine fällige Forderung besteht, so liegt eine genügend bestimmte Mahnung nicht vor (BGH 20. 12. 1968 – V ZR 96/67, BB 1969, 698). Auch kann eine außergewöhnlich hohe Zuvielforderung möglicherweise den zu Recht angemahnten Teil so in den Hintergrund treten lassen, dass sich der Schuldner nicht als wirksam gemahnt ansehen muss (BGH 19. 5. 1967 – V ZR 24/66, MDR 1967, 826; BGH 9. 2. 1993 – XI ZR 88/92, ZIP 1993, 421, 423). 36

Eine Zuvielforderung kann sich auch dann ergeben, wenn die *Höhe* der vereinbarten und geforderten Leistung *gegen ein Gesetz verstößt,* wie das etwa auf überhöhte Mietpreise nach § 5 WiStG zutrifft. Ob die auf das zulässige Maß reduzierte Forderung (vgl BGH 11. 1. 1984 – VIII ARZ 13/83, BGHZ 89, 316, 319; Staudinger/Sack/Seibl [2017] § 134 Rn 269) mit der Anmahnung des überhöhten Betrages wirksam angemahnt ist, hängt zunächst vom Zweck des betreffenden Gesetzes ab: Richtet sich dieses – 37 wie § 5 WiStG – gegen ein unangemessenes Verhalten des Gläubigers, kann dieser nicht davon profitieren, dass die Forderung zum Schutz des Schuldners mit reduziertem Inhalt aufrechterhalten wird. Aus dem gleichen Grunde tritt auch, wenn anstelle eines sittenwidrigen Arbeitsentgelts das übliche Arbeitsentgelt gem § 612 Abs 2 BGB geschuldet ist (BAG 23. 5. 2001 – 5 AZR 527/99, EzA § 138 BGB Nr 29), kein Verzug mit der üblichen Vergütung ein. Im Übrigen müssen wie in anderen Fällen der Zuvielforderung die näheren Umstände entscheiden, ob der Schuldner wirksam gemahnt worden ist.

38 Eine **Mahnung auf Leistung unter vertragswidrigen Bedingungen** ist grundsätzlich wirkungslos, denn sie ist eine Aufforderung zu einer Leistung, zu der der Schuldner so nicht verpflichtet ist. Ist die Herausgabe einer Sache am Sitz des Schuldners geschuldet, stellt die Aufforderung, die Sache an den Sitz des Gläubigers zu senden, keine wirksame Mahnung dar (BGH 23. 9. 1970 – V ZR 4/70, DB 1971, 2155). Gleiches gilt, wenn der Gläubiger Zahlungen an einen Rechtsanwalt statt auf ein Notaranderkonto verlangt (BGH 6. 10. 1989 – V ZR 263/86, WM 1989, 1897, 1898). Auch das Verlangen nach Lieferung gegen Rechnung, obwohl Lieferung gegen Nachnahme verabredet war, ist keine wirksame Mahnung. Immerhin wird man eine solche Mahnung dann als wirksam anzusehen haben, wenn offensichtlich ist, dass es dem Gläubiger auf die von ihm angegebenen Bedingungen der Leistungen letztlich nicht ankommt.

39 Die Anmahnung nur eines Teils der geschuldeten Leistung **(Zuwenigforderung)** ist hinsichtlich des geforderten Teils regelmäßig wirksam, weil der Gläubiger einer teilbaren Leistung grundsätzlich Teilleistungen fordern kann (Staudinger/Bittner/Kolbe § 266 Rn 36 ff). Nur wenn ausnahmsweise das Recht des Gläubigers, eine Teilleistung zu fordern, ausgeschlossen ist, ist die Anmahnung von Teilleistungen unwirksam. Die Anmahnung einer Teilleistung bedeutet keine Mahnung des nicht angemahnten Teils.

40 Bei **wiederkehrenden Leistungen** kann in der Anmahnung einer Rate auch die Anmahnung der aufgelaufenen Rückstände liegen, wenn für den Schuldner deutlich wird, dass der Gläubiger alles ihm bislang Zustehende fordern will. Hingegen ist es nicht möglich, in der Anmahnung einer Rate auch die Mahnung künftiger Raten zu sehen, weil diese noch nicht fällig sind und damit die Grundvoraussetzung des § 286 Abs 1 S 1 BGB für den Eintritt des Verzugs durch Mahnung nicht vorliegt (vgl Rn 5). Häufig wird bei wiederkehrenden Leistungen die Zeit für die Leistung der einzelnen Raten allerdings nach dem Kalender bestimmt sein, sodass der Verzug nach § 286 Abs 2 Nr 1 BGB ohne Mahnung eintritt. Auch kann die Mahnung wegen ernsthafter und endgültiger Erfüllungsverweigerung entbehrlich sein (vgl Rn 89).

41 Eine Besonderheit gilt es jedoch bei wiederkehrenden **Unterhaltsansprüchen** zu beachten. Nach § 1613 Abs 1 S 1 BGB kann der Berechtigte Erfüllung oder Schadensersatz wegen Nichterfüllung für die Vergangenheit „nur von dem Zeitpunkt fordern, zu welchem der Verpflichtete zum Zwecke der Geltendmachung des Unterhaltsanspruchs aufgefordert worden ist, über seine Einkünfte und sein Vermögen Auskunft zu erteilen, zu welchem der Verpflichtete in Verzug gekommen oder der Unterhaltsanspruch rechtshängig geworden ist“. Zweck der Norm ist es, dass der Unterhaltspflichtige nicht mit rückständigen Unterhaltsforderungen belastet werden soll, auf die er sich nicht in seiner Lebensführung einrichten konnte (Viefhues FuR 2016,

374 f; Staudinger/Klinkhammer [2018] § 1613 Rn 5 mwNw). Diesem Normzweck ist bereits dann Genüge getan, wenn der Unterhaltspflichtige wegen eines Monatsbetrags gemahnt und dadurch in Verzug gesetzt worden ist. In diesem Fall bleiben auch die Unterhaltsansprüche der nachfolgenden Monate erhalten, ohne dass der Unterhaltspflichtige sich auch mit ihnen in Verzug befinden muss. Hierfür spricht neben dem Sinn und Zweck der Norm auch deren Wortlaut, wonach Ansprüche „von dem Zeitpunkt" an bestehen bleiben sollen. Wäre im Falle des Verzugs hiervon immer nur der einzelne Monatsbetrag erfasst, erreichte dieses in § 1613 Abs 1 S 1 BGB genannte Ereignis bei Weitem nicht die Wirkung der beiden anderen darin vorgesehenen Möglichkeiten zum Erhalt der Unterhaltsansprüche für die Vergangenheit und würde in seiner Bedeutung degradiert. Daher genügt es, dass der Unterhaltspflichtige einmal ordnungsgemäß in Verzug gesetzt wurde; es bedarf keiner periodischen Folgemahnungen, um den Anspruchsverfall nach § 1613 Abs 1 S 1 BGB auszuschließen (BGH 13. 1. 1988 – IVb ZR 7/87, BGHZ 103, 62, 64 ff; BGH 26. 1. 1983 – IVb ZR 351/81, FamRZ 1983, 352, 355; Huber I 427 f; Palandt/Grüneberg Rn 19; s zum Meinungsstand Staudinger/Klinkhammer [2018] § 1613 Rn 39 ff). Dies gilt aber nur, solange die anspruchsbegründenden Voraussetzungen und der Verzug mit dem angemahnten Unterhalt fortbestehen. Wurde dieser unterbrochen, etwa weil der Unterhaltsschuldner, der wegen eines Monatsbetrags angemahnt worden ist, diesen gezahlt hat, ist nicht einzusehen, weshalb er gleichwohl ohne Vorliegen der formalen Verzugsvoraussetzungen (zurecht weist Staudinger/Klinkhammer [2018] § 1613 Rn 41 darauf hin, dass es an der Fälligkeit der Einzelforderungen zum Zeitpunkt der Ausgangsmahnung fehlt) für alle späteren Monatsbeträge Verzugszinsen zahlen soll. Aus § 1613 Abs 1 BGB ergibt sich nichts anderes, da dieser durch die Verwendung des Begriffs „Verzug" auf die Voraussetzungen des § 286 BGB ausdrücklich Bezug nimmt.

b) Form, Zeit und Ort der Mahnung

Die Mahnung bedarf regelmäßig keiner besonderen **Form**. Sie kann deshalb, wenn sie bestimmt genug ist (Rn 28 ff), auch durch schlüssige Handlung erfolgen. Ausnahmsweise kann aber eine Form vorgeschrieben sein: So sind etwa Ansprüche gegen die Bundesrepublik Deutschland auf Entschädigung für Unrechtshandlungen der ausländischen Streitkräfte gem Art 9 des Gesetzes zum NATO-Truppenstatut und zu den Zusatzvereinbarungen, zuletzt geändert durch Art 227 der Verordnung vom 31. 8. 2015 (BGBl I 1474), durch Einreichung des Antrags auf Entschädigung geltend zu machen. Eine besondere Form sieht § 38 Abs 1 VVG für die Mahnung nicht rechtzeitig gezahlter *Versicherungsprämien* vor. **42**

Besondere Vorschriften über **Zeit** und **Ort** der Mahnung enthält das BGB nicht. **43**
Doch ergibt sich, was die Zeit der Mahnung anbelangt, aus § 286 Abs 1 S 1 BGB, dass die Mahnung erst wirksam ergehen kann, wenn der *Anspruch entstanden und fällig* geworden ist. Die Mahnung wegen Trennungsunterhalts kann deshalb den Schuldner nicht auch wegen eines künftigen Anspruchs auf nachehelichen Unterhalt in Verzug setzen (BGH 13. 1. 1988 – IVb ZR 7/87, BGHZ 103, 62, 66 f; Viefhues FuR 2016, 374, 378). Auch kann, wenn eine Verfallklausel vereinbart ist, nicht im Voraus für den Fall gemahnt werden, dass in Zukunft eine Rate nicht pünktlich bezahlt werde. Schließlich können auch Unterhaltsansprüche, die erst künftig, etwa mit der Geburt eines Kindes entstehen, nicht im Vorwege angemahnt werden (Staudinger/Klinkhammer [2018] § 1613 Rn 39); mit der aufschiebend befristeten Mahnung (Rn 53) hat das nichts zu tun.

44 Allerdings kann die Mahnung mit der Erklärung verbunden werden, welche die **Fälligkeit erst herbeiführt** (BGH 13. 7. 2010 – XI ZR 27/10, NJW 2010, 2040; BGH 25. 10. 2007 – III ZR 91/07, BGHZ 174, 77; BGH 12. 7. 2006 – X ZR 157/05, NJW 2006, 3271; RG 11. 4. 1902 – II 407/01, RGZ 50, 255, 261; OLG Hamm 9. 8. 2017 – 31 W 10/17; Huber I 428 f; MünchKomm/Ernst Rn 55; Erman/Hager Rn 34). Wird etwa der Kaufpreis erst fällig, wenn der Verkäufer die Ware anbietet, so kann die Mahnung mit diesem Angebot verbunden werden (RG 11. 4. 1902 – II 407/01, RGZ 50, 255, 261). Muss sich der Gläubiger zwischen verschiedenen Ansprüchen entscheiden – wie bei der Wahlschuld und in den Fällen der §§ 179 Abs 1, 281 Abs 4 BGB – kann die Mahnung in der Geltendmachung des gewählten Anspruchs liegen. Auch mit einer *Kündigung,* etwa eines Darlehens oder eines Mietvertrages, kann die Anmahnung der Rückgewähr verbunden werden, doch ist dies nur in den Fällen von praktischer Bedeutung, in denen ein Zeitpunkt für die Rückgewähr nicht schon nach dem Kalender im Sinne des § 286 Abs 2 Nr 2 BGB bestimmt ist. In diesen Fällen wird die Mahnung in dem Zeitpunkt wirksam, in dem die Fälligkeit infolge der Kündigung eintritt. Grundsätzlich sind allerdings an das Vorliegen einer Mahnung in diesen Fällen strenge Anforderungen zu stellen; die bloße Angabe einer Leistungsfrist im ersten, die Fälligkeit begründeten Aufforderungsschreiben, etwa eines Zahlungsziels in einer Rechnung, ohne Hinweis auf den Verzugseintritt oder ähnliche Hinweise, ist nicht als Mahnung anzusehen (s Rn 30).

45 Eine Mahnung, die zu *unpassender Zeit,* zB außerhalb der Geschäftszeit, oder am *unpassenden Ort,* zB bei einer Festlichkeit, ausgesprochen wird, ist wirksam. Indessen tritt der Verzug aufgrund einer solchen Mahnung erst nach Ablauf einer angemessenen Zeit ein, das heißt in dem Zeitpunkt, in dem nach Treu und Glauben und Verkehrssitte gemahnt werden durfte (Erman/Hager Rn 34).

c) Mahnung als geschäftsähnliche Rechtshandlung

46 Die Mahnung wird heute allgemein zwar nicht als Rechtsgeschäft, wohl aber als sog geschäftsähnliche Rechtshandlung aufgefasst, auf welche die Vorschriften über Rechtsgeschäfte insoweit anzuwenden sind, als die ratio legis zutrifft (BGH 11. 7. 1962 – VIII ZR 98/61, BGHZ 37, 352, 357; BGH 17. 9. 1986 – IVb ZR 59/85, NJW 1987, 1546, 1547; BGH 22. 11. 2005 – VI ZR 126/04, NJW 2006, 687; MünchKomm/Ernst Rn 49; Palandt/Grüneberg Rn 16; Fikentscher/Heinemann Rn 465; Schwarze § 28 Rn 16; Huber I 414 f). Daraus folgt:

47 Eine Mahnung wird nach Maßgabe der §§ 130–132 BGB wirksam (BGH 11. 7. 1962 – VIII ZR 98/61, BGHZ 37, 352, 357). Dies bedeutet auch, dass die Mahnung *bei unbekanntem Aufenthalt des Schuldners* nach § 132 Abs 2 BGB **öffentlich zugestellt** werden muss. Entgegen Planck/Siber (Anm 6d) ist die Mahnung gerade mit Rücksicht auf § 132 BGB auch bei unbekanntem Aufenthalt des Schuldners nicht untunlich und nicht deshalb entbehrlich: Die Ausführung von Planck/Siber, die öffentliche Zustellung „sei dem Gläubiger wegen ihrer Langwierigkeit und Kostspieligkeit nicht anzusinnen", ist nicht überzeugend. So sehr langwierig ist die Maßnahme in der Praxis nicht, und die Kosten fallen nicht sehr ins Gewicht, da die öffentliche Zustellung praktisch ja nur dann veranlasst wird, wenn trotz der Abwesenheit des Schuldners Aussicht besteht, das Guthaben beizutreiben. Je nach den Umständen kann in derartigen Fällen eine Mahnung auch nach § 286 Abs 2 Nr 4 BGB entbehrlich sein (Rn 92 ff).

48 Die von einem **Geschäftsunfähigen** ausgehende Mahnung ist gem § 105 Abs 1 BGB nichtig. Nach hM soll hingegen eine von einem beschränkt Geschäftsfähigen aus-

gehende Mahnung gem § 107 BGB stets wirksam sein, weil sie ihm lediglich einen rechtlichen Vorteil bringe, nämlich die Verzugsansprüche gegen den Schuldner auslöse (OLG Köln 23. 9. 1997 – 14 UF 105/97, NJW 1998, 320; PWW/Schmidt-Kessel Rn 12; Palandt/Grüneberg Rn 16; MünchKomm/Ernst Rn 49; Huber I 415; Erman/Hager Rn 30; Staudinger/Klumpp [2017] § 107 Rn 74). Dieser Auffassung kann nicht zugestimmt werden, weil sie die Mahnung aus einem einheitlichen Geschäftsvorgang zu Unrecht vollständig herauslöst. Es erscheint wenig sinnvoll, zB dem achtjährigen Eigentümer eines Mietshauses die Fähigkeit zuzusprechen, die Mietzahlungen anzumahnen, während doch alle anderen mit den Mietverhältnissen zusammenhängenden Rechtshandlungen, wie die Kündigung und die Entgegennahme des Mietzinses vom gesetzlichen Vertreter vorgenommen werden müssen. Man fasst deshalb für die Anwendung des § 107 BGB die Mahnung besser als Vorstadium der Erfüllung auf und entscheidet die Frage der Zustimmungsbedürftigkeit bei Minderjährigen danach, ob er für die Entgegennahme der Leistung der Zustimmung des gesetzlichen Vertreters bedarf. Davon unabhängig ist die Mahnung selbstverständlich wirksam, wenn der gesetzliche Vertreter in sie eingewilligt hat. Eine Genehmigung kommt hingegen nicht in Betracht (§ 111 S 1 BGB).

Auf die Mahnung sind die Vorschriften über die **Stellvertretung (§§ 164 ff BGB)** 49
anzuwenden. Die Mahnung muss deshalb, wenn sie nicht vom Gläubiger selbst ausgesprochen wird, von seinem gesetzlichen oder bevollmächtigten Vertreter ausgehen (vgl BGH 22. 11. 2005 – VI ZR 126/04, NJW 2006, 687, 688). Deshalb ist die Mahnung des nur mit der technischen Ausführung beauftragten Bauleiters rechtlich wirkungslos. Auch die an eine Vertragspartei gerichtete Erinnerung des beurkundenden Notars setzt diese nicht gegenüber den anderen Vertragsparteien in Verzug, weil der Notar nicht Vertreter der Beteiligten ist. Weil der Schuldner vor Unsicherheit geschützt werden muss (§ 180 S 1 BGB), kann der *Vertreter ohne Vertretungsmacht* auch dann nicht wirksam mahnen, wenn seine Erklärungen genehmigt werden. Die Mahnung durch einen Bevollmächtigten kann nach § 174 BGB zurückgewiesen werden, wenn dieser keine *Vollmachtsurkunde* vorlegt (MünchKomm/Ernst Rn 49). In einer Einziehungsermächtigung liegt regelmäßig auch die Übertragung der Befugnis zur Mahnung.

Die *Mahnung durch einen Bevollmächtigten* zwingt den Schuldner nicht zur Leistung 50
gerade an diesen, auch wenn die Vollmacht die Befugnis, den Leistungsgegenstand entgegenzunehmen, einschließt. Vielmehr kann der Schuldner die Verzugsfolgen auch in diesem Falle durch Leistung an den Gläubiger selbst abwenden. Die Vollmachtserteilung bewirkt keine Entmündigung des Vollmachtgebers, und der Schuldner kann interessiert sein, an den Gläubiger persönlich zu leisten, zB zum Zweck der Ersparung von Hebegebühren eines Rechtsanwalts (Nr 1009 VV-RVG).

Die Mahnung kann statt dem Schuldner auch einem *Stellvertreter zugehen.* Ist der 51
Schuldner eine Bank und die Schuld im Geschäftsbetrieb einer Zweigniederlassung der Bank begründet, so genügt es, dass die Mahnung dem Inhaber der Hauptniederlassung zugeht (RG 22. 9. 1930 – IV 493/29, RGZ 130, 23, 25). Die Mahnung gegenüber einem minderjährigen Schuldner *muss* nach § 131 BGB seinem gesetzlichen Vertreter zugehen (Erman/Hager Rn 30).

Die hM hält eine **bedingte Mahnung** für wirkungslos (RG 8. 2. 1911 – V 690/09, RGZ 75, 333, 52
335; JW 1927, 521; Larenz I § 23 I a; Huber I 433 f). Dem ist mit der Einschränkung

zuzustimmen, dass eine Potestativbedingung, deren Eintritt oder Nichteintritt allein vom Willen des Schuldners abhängig ist, wirksam ist, weil keine für den Schuldner unzumutbare Unsicherheit entsteht (Planck/Siber Anm 4e aE; Soergel/Benicke/Nalbantis Rn 68; MünchKomm/Ernst Rn 51; **ablehnend** auch insoweit Huber I 433 f). Dementsprechend ist insbes eine Mahnung wirksam, die unter der auflösenden Bedingung der Sicherheitsleistung durch den Schuldner erfolgt. Auch kann die Mahnung bei einem Dauerschuldverhältnis unter die Bedingung gestellt werden, dass sich der Schuldner nicht auf den Abschluss eines ihm gleichzeitig angebotenen Aufhebungsvertrags einlässt. Keine bedingte Mahnung ist die hilfsweise Mahnung, mit der eine Forderung für den Fall angemahnt wird, dass die in erster Linie geltend gemachte Forderung nicht besteht; insoweit handelt es sich nur um eine Rechtsbedingung (BGH 25. 10. 2000 – VIII ZR 326/99, NJW 2001, 365; Erman/Hager Rn 35; Soergel/Benicke/Nalbantis Rn 69).

53 Eine **terminierte Mahnung** ist nach allgemeiner Meinung zulässig; sie entfaltet ihre Rechtswirksamkeit mit dem Ablauf der bestimmten Frist. Allerdings ist bei der Annahme solcher befristeter Mahnungen Vorsicht geboten. Etwa wird eine Erklärung „Wenn Sie nicht bis zum Monatsende gezahlt haben, werde ich Klage erheben", in der Regel eine sofortige Mahnung darstellen und lediglich die weitere Maßnahme der Klageerhebung befristen wollen.

54 Die Mahnung führt, wenn der Schuldner auf sie hin nicht leistet, zum Eintritt des Verzugs und löst damit die mit dem Verzug verbundenen Rechtsfolgen aus. Diese **Gestaltungswirkung** der Mahnung kann ebenso wenig „durch *Rücknahme*" beseitigt werden wie die Gestaltungswirkung einseitiger Rechtsgeschäfte, etwa einer Kündigung, beseitigt werden kann (BGH 17. 9. 1986 – IVb ZR 59/85, NJW 1987, 1546, 1547). Der Gläubiger hat nur die Möglichkeit, vertraglich auf die ihm aus dem Verzug erwachsenen Rechte zu *verzichten.* Die Rücknahme kann als Angebot auf einen solchen Verzicht ausgelegt werden. Allerdings setzt der Verzicht voraus, dass der Gläubiger noch Inhaber der Forderung ist. Ist diese kraft Gesetzes oder durch Abtretung auf einen Dritten übergegangen, geht der Verzicht ins Leere.

55 Möglich bleibt die Rücknahme der Mahnung aber insoweit, als diese noch keine Rechtsfolgen entfaltet hat. Die Rücknahme beseitigt dann für die Zukunft den Verzug und hindert den Eintritt weiterer Verzugsfolgen. Etwa erwachsen keine weiteren Verzugszinsen und haftet der Schuldner bei danach eintretendem Untergang nicht mehr gem § 287 BGB für zufällige Unmöglichkeit.

d) Mehrere Gläubiger

56 Bei *Teilgläubigerschaft* kann jeder Teilgläubiger hinsichtlich seiner Quote rechtswirksam mahnen (Erman/Hager Rn 31; Soergel/Benicke/Nalbantis Rn 57). Im Falle der *Gesamtgläubigerschaft* folgt aus § 428 BGB, dass jeder Gläubiger bezüglich der ganzen Forderung rechtswirksam mahnen kann, die Verzugsfolgen aber nur gegenüber dem Mahnenden eintreten (§§ 429, 425 BGB). Bei der *Mitgläubigerschaft zur gesamten Hand* (§§ 709, 718 ff, 2033 Abs 2 BGB) kann eine rechtswirksame Mahnung nur von allen Gläubigern gemeinschaftlich ausgehen, mit der Ausnahme des Miterbenverhältnisses, wo jeder Erbe Leistung an alle fordern kann (§ 2039 BGB). Demgemäß kann jeder der Miterben eine Mahnung in der Weise ergehen lassen, dass er Leistung an alle verlangt. Verzug tritt in diesem Falle gegenüber allen Miterben ein (Erman/Hager Rn 35; Soergel/Benicke/Nalbantis Rn 57).

e) Mitwirkung des Gläubigers

Ist zur Leistung eine Mitwirkung des Gläubigers erforderlich, so gerät der Schuldner trotz der Mahnung nicht in Verzug, solange der Gläubiger die ihm obliegende Handlung nicht vornimmt und der Schuldner aus diesem Grunde die Leistung nicht bewirken kann. Der Gläubigerverzug schließt den Schuldnerverzug aus (BGH 23. 1. 1996 – X ZR 105/93, NJW 1996, 1745 f; BGH 28. 6. 1994 – X ZR 95/92, NJW-RR 1994, 1469, 1470; Schmidt-Kessel, Gläubigerfehlverhalten [2008] § 18 II 1). Bei einer **Holschuld** wird der Schuldner also nur dann in Verzug gesetzt, wenn der Gläubiger sich zur Empfangnahme am Leistungsort einfindet (OLG Celle 3. 9. 2009 – 13 U 37/09, MDR 2010, 398); beim Spezifikationskauf (§ 375 HGB) kann Verzug erst eintreten, wenn der Gläubiger seinen Auftrag spezifiziert hat. Aus dem gleichen Grund tritt trotz der Mahnung Verzug nicht ein, solange der Gläubiger die ihm erfüllungshalber gegebenen Wechsel nicht vorlegen kann (Art 38 Abs 1 WG; OLG Hamburg MDR 1952, 754). Im Streitfall ist der Gläubiger dafür beweispflichtig, dass er eine ihm obliegende Mitwirkungshandlung vorgenommen hat (MünchKomm/Ernst Rn 124; **aA** Soergel/Benicke/Nalbantis Rn 245). Verweigert der Schuldner bestimmt und endgültig die Erfüllung, so tritt der Verzug aber auch ohne Vornahme der Mitwirkungshandlungen des Gläubigers ein (OLG Stuttgart 2. 6. 2008 – 5 U 20/08, ZMR 2008, 967). Deshalb steht der Wirksamkeit der Mahnung einer Holschuld nicht entgegen, wenn sich der Gläubiger zwar nicht am Leistungsort eingefunden hat, der Schuldner aber schon erklärt hat, die Erfüllung verweigern zu wollen (BGH 10. 1. 1990 – VIII ZR 337/88, NJW-RR 1990, 442), vgl Rn 89 ff. **57**

Das in Rn 57 Gesagte gilt auch in dem Fall, dass die Einziehung von Forderungen in einem zwischen den Parteien vereinbarten **Lastschriftverfahren** unterbleibt: Grundsätzlich tritt in diesen Fällen kein Verzug ein, weil die Zahlungsverpflichtung mit der Erteilung einer Einzugsermächtigung zur Holschuld wird (OLG Karlsruhe 14. 11. 2017 – 8 U 87/15, ZMR 2019, 19). Dies gilt grundsätzlich auch dann, wenn die Einziehung im Lastschriftverfahren unterbleibt, weil es zu einzelnen Rücklastschriften gekommen ist. Anders verhält sich die Sachlage nur, wenn so konkrete Anhaltspunkte dafür vorliegen, dass keine Deckung besteht, dass es treuwidrig wäre, wenn der Schuldner sich weiterhin auf die erteilte Einzugsermächtigung berufen könnte (OLG Stuttgart 2. 6. 2008 – 5 U 20/08, ZMR 2008, 967). Daher schließen mehrere Fehlschläge der Abbuchung von Mietzinsforderungen in einem einzelnen Mietverhältnis die Berufung des Schuldners auf das Lastschriftverfahren aus (LG Hamburg 19. 7. 2006 – 316 T 57/06, nv). Davon abgesehen ist jeweils zu prüfen, ob der Gläubiger vom Lastschriftverfahren Abstand nehmen kann und dies getan hat (dazu Staudinger/Bittner/Kolbe § 270 Rn 19). **58**

Der Schuldner gerät nicht in Verzug, wenn der Gläubiger zur Zeit der Mahnung bzw am kalendermäßig bestimmten Leistungstermin **nicht in der Lage oder nicht willens ist, die Leistung anzunehmen**. Es wäre unbillig, in diesem Fall die Nachteile und Risiken der Leistungsverzögerung dem Schuldner aufzuerlegen. Vielmehr kann insoweit *§ 297 BGB analog* angewandt werden (überzeugend Gursky AcP 173 [1973] 450, 455 ff; im Ergebnis auch MünchKomm/Ernst Rn 56; **aM** Huber I 461). Erklärt der Gläubiger nachträglich seine Annahmebereitschaft, so werden die Verzugsfolgen ausgelöst, ohne dass es einer erneuten Mahnung bedürfte. In entsprechender Anwendung des § 297 BGB trägt der Schuldner die Beweislast für die fehlende Annahmebereitschaft des Gläubigers. **59**

f) Zeitpunkt des Verzugseintritts

60 Ist die Mahnung selbst nicht terminiert (dazu oben Rn 53), tritt der Verzug **mit dem Zugang der Mahnung** ein, wenn der Schuldner nicht alsbald die Leistung erbringt (BGH 15. 11. 1989 – IVb ZR 3/89, BGHZ 109, 211, wo ausgeführt wird, dass dies auch für Unterhaltsansprüche gilt). Dass dem Schuldner noch eine „mäßige Zeit" für die Bewirkung der Leistung gelassen werden müsse (so OLG Kiel SchlHAnz 1915, 179) oder er gar Anspruch darauf habe, nach der Mahnung seine Leistung erst noch vorzubereiten oder zu beschaffen, kann nicht zugegeben werden (in diesem Sinne aber wohl PLANCK/SIBER Anm 7a). Der Schuldner hat *ab Fälligkeit leistungsbereit* zu sein. Die Mahnung hat insoweit nur die Funktion, ihn unter den Druck der Verzugsfolgen zu setzen, die er nur vermeiden kann, wenn er **alsbald** leistet (HUBER I 455 f; WELLER/HARMS WM 2012, 2305, 2308). Mehr als die Zeit, die ein leistungsbereiter Schuldner braucht, um die Leistung tatsächlich zu erbringen, kann ihm nicht zugebilligt werden. Diese Zeit hat er aber auch (LARENZ I § 23 Ia). Liefert der Schuldner eine Sache alsbald nach Erhalt der Mahnung aus und geht sie auf dem Weg zum Gläubiger durch Zufall unter, trifft den Schuldner noch nicht die Rechtsfolge des § 287 BGB (MünchKomm/ERNST Rn 101). Aus dem gleichen Grund sind Verzugszinsen erst ab dem Zeitpunkt zu zahlen, zu dem das Geld nach Zugang der Mahnung auf schnellstem Weg zum Gläubiger hätte gelangen können.

61 Verzug kann allerdings aufgrund der Mahnung nur eintreten, wenn der Schuldner die Nichtleistung *zu vertreten* hat (§ 286 Abs 4 BGB, ebenso Art 3 Abs 1 lit b der Zahlungsverzugsrichtlinie). Dies kann für den Zeitpunkt des Verzugseintritts von Bedeutung sein (vgl Rn 177).

62 Befand sich der Gläubiger in Annahmeverzug, führt seine Erklärung, er sei nunmehr zur Annahme bereit und mahne die Leistung an, nicht unmittelbar zum Schuldnerverzug. Vielmehr ist dem Schuldner eine angemessene Zeit zuzubilligen, innerhalb derer er seine Leistung erneut anbieten kann (OLG Sachsen-Anhalt 28. 9. 2001 – 11 U 32/01, OLGR Naumburg 2002, 427).

63 Der Schuldner muss die ihm nach dem Schuldverhältnis obliegende **Leistungshandlung vornehmen**. Je nach dem, ob eine Hol-, Schick- oder Bringschuld vorliegt, muss er also die Leistung bereitstellen, absenden oder dem Gläubiger an dessen Wohn- oder Geschäftssitz anbieten (STAUDINGER/BITTNER/KOLBE § 269 Rn 2). Mehr ist nicht erforderlich, denn der Verzug allein ändert den Charakter des Schuldverhältnisses nicht. Allerdings muss die vom Schuldner vorgenommene Leistungshandlung den Anforderungen an ein ordnungsgemäßes Schuldnerverhalten entsprechen. Wählt der Schuldner also etwa bei der Schickschuld eine besonders langsame Versendungsart und verzögert sich dadurch die Ankunft der Leistung, so gerät er für den Zeitraum der Verzögerung in Verzug. Auch wird man bei der Holschuld in der Regel verlangen müssen, dass er zur Vermeidung des Verzugs dem Gläubiger die Bereitstellung der Leistung meldet.

4. Klageerhebung als Mahnungsersatz

64 Nach § 286 Abs 1 S 2 BGB steht die Erhebung der Klage auf Leistung der Mahnung gleich; das Gesetz sieht in der **Leistungsklage** die unmissverständliche Aufforderung zur Leistung. Die Erhebung der Klage erfolgt im Zivilprozess durch **Zustellung der**

Klagschrift (§ 253 Abs 1 ZPO). Dabei kann der Eintritt des Verzugs nicht gem § 167 ZPO auf die Einreichung der Klagschrift vorgezogen werden: § 167 ZPO ist auf die Fälle der Fristwahrung und Verjährungsunterbrechung beschränkt. Zudem weiß der Schuldner, solange die Klage nicht zugestellt ist, nicht von der Aufforderung zur Leistung. Ob die Leistungsklage vor einem inländischen oder ausländischen Gericht erhoben ist, spielt keine Rolle (Josef BlIPR 1926, 241); ebenso wenig, ob das angerufene Gericht für den Rechtsstreit zuständig ist, wenn dieser nur an das zuständige Gericht verwiesen wird (§ 17a Abs 2 GVG). Auch ein *Hilfsantrag* reicht aus (RG 20. 5. 1927 – VI 518/26, RG Z 117, 114; BGH 9. 4. 1981 – IVa ZR 144/80, NJW 1981, 1732). Ebenso haben die *nachträgliche Klagerweiterung* sowie die Erhebung einer auf die Leistung gerichteten *Widerklage* die Wirkungen der Mahnung. Diese treten mit dem Zeitpunkt ein, in dem die entsprechenden Anträge erhoben werden oder ein sie enthaltender, den Erfordernissen des § 253 Abs 2 Nr 2 ZPO entsprechender Schriftsatz zugestellt wird (§ 261 Abs 2 ZPO).

Auch die Erhebung einer *Stufenklage* nach § 254 ZPO reicht aus (vgl BGH 6. 5. 1981 – 65
IVa ZR 170/80, BGHZ 80, 269, 277 für die Auskunftsklage des Pflichtteilsberechtigten; LM § 546 ZPO Nr 129 für die Klage auf Auskunft über die wirtschaftlichen Verhältnisse des Unterhaltsschuldners). Gleiches gilt von einem Antrag auf *einstweilige Verfügung* oder einstweiliger Anordnung, soweit er auf eine Leistung gerichtet ist (BGH 26. 1. 1983 – IVb ZR 351/81, NJW 1983, 2318, 2320 für den Antrag auf einstweilige Unterhaltsregelung). Schließlich genügt auch der Festsetzungsantrag im vereinfachten Verfahren nach § 251 FamFG (BGH 28. 5. 2008 – XII ZB 34/05, NJW 2008, 2710 für die Vorgängerbestimmung in der ZPO) oder ein *Antrag auf Prozesskostenhilfe,* wenn die beabsichtigte Rechtsverfolgung auf eine Leistung gerichtet ist (BGH 15. 11. 1989 – IVb ZR 3/89, BGHZ 109, 211).

Nicht ausreichend ist die Erhebung einer *Feststellungsklage* nach § 256 ZPO (RG JW 66
1927, 521) oder die Geltendmachung des Anspruchs im Wege der *Einrede.* Die Erhebung einer *Klage auf künftige Leistung* reicht ebenfalls nicht aus (MünchKomm/Ernst Rn 57). Hier fehlt es schon an der auch hier vorausgesetzten Fälligkeit der Leistung. Da die Erhebung der Klage nach § 286 Abs 1 S 2 BGB lediglich der Mahnung gleichsteht; diese aber nach § 286 Abs 1 S 2 BGB nur Verzug begründet, wenn sie nach dem Eintritt der Fälligkeit erfolgt, wird in diesen Fällen Schuldnerverzug auch nicht nach Fälligkeitseintritt durch schlichte Fortsetzung des Prozesses durch den Gläubiger begründet (**aA** noch in der Vorauf1 sowie Planck/Siber Anm 5). Verzug kann hier aber durch (erneute) Mahnung eintreten. Es kommt dabei auf den Einzelfall an, ob die weiteren Äußerungen im Prozess – etwa in einem ergänzenden Schriftsatz oder der mündlichen Verhandlung – als eine solche anzusehen sind. Zumindest die Stellung des auf Leistung gerichten Klageantrags in der mündlichen Verhandlung wird man als Mahnung bewerten müssen. Verzugsbegründend ist sie freilich nur, wenn sie dem Schuldner zugeht, dh er oder dessen Prozessbevollmächtigter zugegen ist.

Wird die Verpflichtung zu einer Leistung erst durch ein *Gestaltungsurteil* des Ge- 67
richts begründet, kann ein entsprechender Antrag des Gläubigers keinen Verzug herbeiführen (BAG 13. 5. 1969 – IV b ZR 3/89, NJW 1969, 1735). Doch wird man annehmen müssen, dass mit der Rechtskraft eines entsprechenden Gestaltungsurteils Verzug des Schuldners auch dann eintritt, wenn das Urteil einen bestimmten Zeitpunkt für die Leistung nicht ausdrücklich festlegt. Denn mit der vollstreckbaren Entscheidung

ist dem Schuldner nachdrücklich vor Augen geführt, dass er alsbald zu leisten hat (BGH 4. 4. 2006 – X ZR 122/05, NJW 2006, 2472, 2474). Die *Forderungsanmeldung in der Insolvenz* ersetzt die Mahnung nicht, weil sie keine Zahlungsaufforderung an den Schuldner enthält (RG 6. 6. 1928 – I 328/27, RGZ 121, 207, 211; s auch LG München I 31. 1. 1957 – 10 O 308/56, NJW 1957, 1562, 1563). Erst recht unzureichend ist eine Klage, die den Anspruch, dessen Verzug in Rede steht, nicht zum **Streitgegenstand** hat, sondern nur eine Vorfrage klären soll. Ein Beispiel hierfür ist die Kündigungsschutzklage: Das BAG nimmt zwar an, dass die Kündigungsschutzklage Ausschlussfristen für von ihr abhängige Entgeltansprüche wahren kann; Verzug mit solchen Ansprüchen begründet sie aber nicht (BAG 17. 1. 1995 – 9 AZR 664/93, NJW 1995, 2244; BAG 21. 9. 1999 – 9 AZR 705/98, ZIP 2000, 766, 767).

68 Der Mahnung steht nach § 286 Abs 1 S 2 BGB auch die **Zustellung eines Mahnbescheids** im Mahnverfahren gleich (§§ 688 ff ZPO, § 46a ArbGG).

5. Verzug ohne Mahnung

a) Nach dem Kalender bestimmte Leistungszeit

69 Gem **§ 286 Abs 2 Nr 1** BGB kommt der Schuldner ohne Mahnung in Verzug, wenn für die Leistung eine Zeit nach dem Kalender bestimmt ist. Der Verzug beginnt in diesen Fällen mit Ablauf des Tages, der für die Leistung kalendermäßig bestimmt ist, also grundsätzlich um 0.00 Uhr des Folgetages (Palandt/Grüneberg Rn 35). Etwas anders gilt freilich, wenn der kalendermäßig bestimmte Tag auf einen Samstag, Sonn- oder Feiertag fällt, dann tritt nach § 193 BGB Verzug erst mit Ablauf des ersten Werktages ein, der dem Samstag, Sonn- oder Feiertag folgt (BGH 1. 2. 2007 – III ZR 159/06, BGHZ 171, 33; BAG 15. 5. 2001 – 1 AZR 672/00, MDR 2001, 1419; LAG Rheinland-Pfalz 29. 1. 2019, 6 5a 138/18, nv).

70 Das Gesetz hält den Eintritt des Verzugs ohne Mahnung gleich bei Fälligkeit für gerechtfertigt, weil einerseits durch die kalendermäßige Bestimmung zum Ausdruck kommt, dass die Zeit der Erfüllung für den Gläubiger wesentlich ist, und weil andererseits der Schuldner in diesen Fällen genau weiß, wann er zu leisten hat. Daraus ergibt sich zugleich, dass der Vorschrift nur die Fälle zuzuordnen sind, in denen der Kalendertag für die Leistung unmittelbar oder mittelbar **fest bezeichnet** ist, nicht aber diejenigen, in denen die kalendermäßige Zeit nur ungefähr feststeht oder sich nur unter Anknüpfung an ein weiteres nicht festliegendes Ereignis berechnen lässt (RG 11. 10. 1921 – VII 63/21, RGZ 103, 33, 34; BGH 19. 4. 1962 – VII ZR162/60, BB 1962, 543; BGH 11. 2. 1971 – VII ZR 170/69, BB 1971, 677; BGH 12. 11. 2015 – I ZR 167/14, GRUR 2016, 985; Huber, Leistungsstörungen I 436 f). Dass der Vertrag, der die kalendermäßige Bestimmung enthält, seinerseits noch der Genehmigung bedarf, hindert die Anwendung von § 286 Abs 2 Nr 1 BGB hingegen nicht, wenn der Vertrag vor Ablauf des im Vertrag bestimmten Leistungszeitpunktes genehmigt wird (BGH 25. 10. 2000 – VIII ZR 326/99, NJW 2001, 365 = LM Nr 46 zu § 284 mit Anm Löwisch). Erfolgt die Genehmigung erst nach dem im Vertrag bestimmten Leistungszeitpunkt, so mangelt es hingegen bis dahin an der für den Verzug notwendigen Fälligkeit der Leistung und tritt deshalb zunächst kein Verzug ein. S dazu Rn 5 ff und 79.

71 Die kalendermäßig bestimmte Leistungszeit muss normativ (wie zB in § 614 S 2 BGB) oder durch Urteil festgelegt oder zwischen Gläubiger und Schuldner von vornherein oder nachträglich, zB im Rahmen einer Stundung, vereinbart sein (Schwarze § 28 Rn 21). Die einseitige Bestimmung eines Zahlungsziels durch den Gläubiger genügt nicht (BT-Drucks 14/6040, 145 f; BGH 25. 10. 2007 – III ZR 91/07, NJW 2008, 50, 51; OLG Hamm 9. 8. 2017 – 31 W 10/17; Saarländisches OLG 17. 4. 2013 – 1 U 398/11, NJW-RR 2013, 852; LG Bremen 14. 6. 2004 – 2 T 298/04; Schwarze § 28 Rn 21; **aA** Fahl JZ 1995, 341 ff und BGH 19. 9. 2006 – X ZR 49/05, Grundeigentum 2006, 1608; BGH 15. 2. 2005 – X ZR 87/04, NJW 2005, 1772 und LG Berlin 14. 7. 2015 – 14 O 505/14, nv für den Fall der Festsetzung von Entgelten durch eine Anstalt des öffentlichen Rechts auf der Grundlage eines Anschluss- und Benutzungszwangs). Etwas anderes gilt nur, wenn der Gläubiger vertraglich oder kraft Gesetzes – wie etwa der Energiegrundversorger nach § 17 Abs 1 S 1 StromGVV – zur einseitigen Bestimmung der Leistungszeit nach § 315 BGB berechtigt ist (BGH 25. 1. 2017 – VIII ZR 215/15, RdE 2017, 400; BGH 8. 6. 2016 – VIII ZR 215/15, ZIP 2016, 1877; vgl Berbuer/Kröger/Frank, Mahnkosten als Verzugsschaden, ZJS 2014, 9, 11, die dies beim vertraglichen Leistungsbestimmungsrecht als Fall einer anfänglichen Vereinbarung über die noch zu bestimmende Leistung bezeichnen; **aA** AG Bad Segeberg 4. 7. 2013 – 17 C 90/13; Schleswig-Holsteinisches OLG 3. 3. 2015 – 3 U 46/14, Versorgungswirtschaft 2015, 339; Butenob Anm zu AG Hamburg-Harburg 24. 6. 2015 – 647 C 6/15, VuR 2015, 476, 477). Zudem kann in einer einseitigen Bestimmung eines Zahlungsziels je nach den Umständen des Falles eine – terminierte (Rn 53) – Mahnung im Sinne des § 286 Abs 1 S 1 BGB liegen (BGH 12. 7. 2006 – X ZR 157/05, NJW 2006, 3271; Gsell NJW 2008, 52). Wird mit der Angabe des Zahlungsziels gleichzeitig eine Rechnung oder Zahlungsaufstellung übersandt, ist ggf der Verzugstatbestand des § 286 Abs 3 BGB erfüllt (Rn 103 ff).

Dementsprechend fällt die Vereinbarung der Leistungszeit *„bis spätestens* Mitte oder **72** Ende des Monats“ regelmäßig unter § 286 Abs 2 BGB (BAG 5. 3. 1981 – 3 AZR 316/78, BAGE 35, 128; Schwarze § 28 Rn 21; s aber auch BGH 11. 2. 1971 – VII ZR 170/69, BB 1971, 677, wonach in einem solchen Fall der Wille der Parteien auch darauf gerichtet sein kann, nur einen ungefähren Leistungstermin zu bestimmen). Bei einem Kauf „lieferbar April“ kommt der Verkäufer am 1. 5. ohne Mahnung in Verzug (RG 19. 12. 1922 – II 185/22, RGZ 106, 89). Ist die Leistung in einer *bestimmten Kalenderwoche* vereinbart (BGH 18. 4. 1996 – X ZR 93/94, WM 1996, 1598, 1599), tritt Verzug mit dem Beginn der folgenden Kalenderwoche ein. Gleiches gilt, wenn die Leistung „14 Tage ab Bestellung“ erbracht werden muss (BGH 19. 11. 1991 – X ZR 28/90, NJW 1992, 1628). Die Zeit für die Leistung ist gem § 286 Abs 2 Nr 1 BGB auch dann nach dem Kalender bestimmt, wenn eine Fertigstellung der Bauarbeiten nach Ablauf eines bestimmten Zeitraums im Vertrag vereinbart ist und das Datum des Beginns des Zeitraums während der Vertragsdurchführung einvernehmlich festgelegt wird (BGH 13. 12. 2001 – VII ZR 432/00, NJW 2002, 1274). Ist „monatliche Zahlung“ einer Rente aus einer Reallast vereinbart, tritt Verzug jeweils mit Ablauf des Monats ein (LG Duisburg 6. 3. 2007 – 4 O 66/06, nv). Zur Geldrente nach § 1612 Abs 3 S 1 BGB s aber Vorbem 38 zu §§ 286 ff.

Der Schuldner kommt auch dann ohne Mahnung in Verzug, wenn als Zeitpunkt der **73** Leistung ein *„bewegliches“ Fest,* zB Ostern oder Pfingsten eines bestimmten Jahres, oder der Geburtstag einer bestimmten Person festgesetzt ist. In allen diesen Fällen lässt sich der Fälligkeitstag aus dem Kalender ablesen, was für die Anwendung des § 286 Abs 2 Nr 1 BGB genügt (RG JW 1928, 1804).

Kalendermäßig bestimmt ist die Leistungszeit auch dann, wenn der Käufer die **74** gekaufte Ware im Laufe eines bestimmten Jahres *in ungefähr gleichen Monatsraten* *abzurufen* oder abzunehmen hat; in diesem Fall gerät der Käufer mit Schluss des Jahres (nicht mit Ablauf jeden Monats hinsichtlich einer einzelnen Rate, OLG Hamburg OLGE 28, 68) ohne Mahnung in Verzug, wenn bis dahin nicht alles abgerufen ist (RG Recht 1911 Nr 2826; HoldhMSchr 1912, 77). Ist freilich in jedem Monat eine *bestimmte Menge* zu liefern, so kommt der Schuldner mit dem Ablauf eines Monats, in dem er sein Liefersoll nicht erfüllt hat, in Verzug in Bezug auf diejenige Lieferung, die in diesem Monat zu leisten war (RG Recht 1918, 975). Verpflichtet sich ein Musikproduzent, in jedem Kalenderjahr der Vertragslaufzeit eine bestimmte Zahl von Titeln zu produzieren, kommt er jeweils zum Ende des Kalenderjahres nach § 286 Abs 2 Nr 1 BGB in Verzug, wenn er die bestimmte Zahl von Titeln nicht produziert hat (BGH 25. 1. 2001 – I ZR 287/98, NJW 2001, 2878).

75 Nach Ansicht des RG (SoergRspr 1915 Nr 2 zu § 284; LZ 1924, 331) soll eine kalendermäßige Bestimmung der Zahlungszeit nicht vorliegen, wenn der Kaufpreis für das verkaufte Grundstück *am Tage der Übergabe und Auflassung* gezahlt und diese Akte spätestens am 1. 6. vorgenommen werden sollen. Diesen Entscheidungen ist aber nicht zu folgen, denn im Ergebnis ist in diesen Fällen der 1. 6. als Zeitpunkt für die Übergabe und Auflassung und zugleich als Zeitpunkt für die Zahlung des Kaufpreises festgelegt. Folglich ist im Ergebnis der Zeitpunkt der Zahlung kalendermäßig bestimmt.

76 **Nicht ausreichend** für § 286 Abs 2 Nr 1 BGB sind die Bestimmungen „*circa* Mitte oder Ende Juni" (RG Verkehrsrundschau 1925, 30), „in ca vier Wochen" (OLG Koblenz 23. 4. 2013 – 3 U 838/12, NJW-RR 2013, 730), und „circa drei Tage" (OLG Saarbrücken 15. 5. 2002 – 1 U 897/01, OLGR Saarbrücken 2002, 295), weil hier die Leistungszeit infolge der Circaklausel nicht fest bestimmt ist. Auch bei den Vereinbarungen „Lieferung 2 Wochen nach Abruf", „Bezahlung 1 Monat nach Lieferung" oder „Bezahlung nach Rechnungsstellung" ist die Leistungszeit nicht von vornherein nach dem Kalender bestimmt, da der Zeitpunkt des Abrufs der Ware oder der Rechnungsstellung zunächst offen ist (OLG Saarbrücken 22. 9. 1999 – 1 U 24/99, OLGR Saarbrücken 2000, 103, 104). Gleiches gilt, wenn eine in einem Bauvertrag vereinbarte Ausführungsfrist erst *ab* dem nicht von vornherein kalendermäßig bestimmten tatsächlichen *Arbeitsbeginn* laufen soll (BGH 20. 5. 1985 – VII ZR 324/83, NJW 1986, 2049, 2050) oder wenn sich der an sich kalendermäßig bestimmte Baubeginn verzögert (OLG Düsseldorf 16. 12. 1999 – 23 U 75/99, IBR 2000, 120). Führen Gläubiger und Schuldner einen Musterprozess und vereinbaren in diesem Zusammenhang, dass der Schuldner im Falle einer für ihn ungünstigen höchstrichterlichen Entscheidung in gleichgelagerten Fällen Nachzahlung leistet, liegt darin noch keine kalendermäßige Bestimmung der Leistungszeit (BAG 17. 9. 1998 – 8 AZR 95/97, nv). Auch für die Bestimmung „4 Monate nach Friedensschluss" hat das Reichsgericht die Anwendbarkeit der Vorgängervorschrift des § 284 Abs 2 BGB zu Recht verneint (WarnR 1923/24 Nr 93). Vereinbaren Arbeitsvertragsparteien in einem Vergleich, dass das Arbeitsverhältnis zwar zu einem bestimmten Termin enden soll, der Arbeitnehmer aber das Recht hat, vorzeitig zu kündigen („Turboklausel"), fehlt es am fest bestimmten Leistungszeitpunkt für Urlaubsabgeltung und Vergütung von Mehrarbeit (LAG Schleswig-Holstein 30. 4. 2013 – 1 Sa 373/12).

77 Ist für **wiederkehrende Leistungen** die Zeit nach dem Kalender bestimmt, leistet aber der Schuldner *fortgesetzt verspätet,* so kommt er regelmäßig auch dann zu der bestimmten Zeit in Verzug, wenn der Gläubiger die verspätete Leistung immer unbeanstandet hinnimmt. Einer Mitteilung des Gläubigers, dass er künftig auf pünktlicher

Zahlung bestehe, bedarf es hierzu nicht (BGH 24. 2. 1959 – VIII ZR 33/58, NJW 1959, 766). Voraussetzung ist auch hier, dass die wiederkehrende Leistung der Höhe nach (schon) bestimmt ist. Das trifft auf *Unterhaltsansprüche* insoweit zu, als sie durch Vereinbarung oder Urteil betragsmäßig fixiert sind (BGH 30. 11. 1983 – IVb ZR 31/82, NJW 1984, 868; s auch Staudinger/Klinkhammer [2018] § 1613 Rn 48 f).

Gerät der Schuldner mit der Leistung an dem kalendermäßig bestimmten Tag gegenüber seinem Gläubiger in Verzug, so kommt er gleichzeitig mit dem Regress, den er dem den Gläubiger befriedigenden *Bürgen* schuldet, in Verzug, wenn er nach dem (gem § 157 BGB zu ermittelnden) Inhalt seiner vertraglichen Beziehungen zum Bürgen auch diesem gegenüber zur Zahlung an den Gläubiger verpflichtet war (im Ergebnis auch MünchKomm/Ernst Rn 72, der den Fall § 286 Abs 2 Nr 4 BGB zuordnet). **78**

Auch, wenn eine Leistung nach dem Kalender bestimmt ist, kann Verzug nicht eintreten, wenn nicht alle Voraussetzungen für die Fälligkeit gegeben sind oder der Schuldner das Unterbleiben der Leistung nicht zu vertreten hat (vgl OLG Hamm 10. 5. 1999 – 22 U 96/98, OLGR Hamm 2000, 21, 22). Aus diesem Grunde tritt auch bei einer mit Rückwirkung durch Gesetz oder Tarifvertrag begründenden Leistungspflicht oder der Genehmigung eines Rechtsgeschäfts Verzug frühestens mit Inkraftsetzen der Norm bzw Genehmigung des Rechtsgeschäfts ein (vgl Flume BGB AT II [3. Aufl 1979] S 899; Hütter, Verzug durch Rückwirkung?, jM 2018, 285, 286 f; Staudinger/Gursky [2014] § 184 Rn 38; Palandt/Ellenberger § 184 Rn 2; unzutreffend Hessisches LAG 18. 8. 2017 – 10 Sa 211/17). Ist in der rückwirkend geltenden Norm oder dem genehmigten Rechtsgeschäft eine Leistungszeit nach dem Kalender bestimmt, tritt Verzug nach § 286 Abs 2 Nr 1 BGB zu dem vorgesehenen Leistungszeitpunkt ein, wenn das Inkrafttreten der Norm bzw die Genehmigung des Rechtsgeschäfts zeitlich vor dem vorgesehenen Leistungszeitpunkt liegt (BGH 25. 10. 2000 – VIII ZR 326/99, NJW 2001, 365). Sieht die Norm jedoch einen Leistungszeitpunkt vor, der vor ihrer Bekanntgabe liegt oder wird die Genehmigung erst nach Ablauf des im Vertrag bestimmten Leistungszeitpunktes erteilt, so kann der vorgesehene Leistungszeitpunkt eine Mahnung nicht nach § 286 Abs 2 Nr 1 BGB ersetzen und tritt ohne nachfolgende Mahnung Verzug nicht ein (OLG Karlsruhe 15. 5. 1985 – 13 U 193/83, NJW-RR 1986, 57; OLG Rostock 11. 5. 1995 – 1 U 350/94, NJW 1995, 3127, 3128; Hütter, Verzug durch Rückwirkung?, jM 2018, 285, 287; dies verkennend Hessisches LAG 18. 8. 2017 – 10 Sa 211/17 mit Anm P Bader, jurisPR-ArbR 9/2018 Anm 8). **79**

b) Nach dem Kalender bestimmbare Leistungszeit

Nach § 286 Abs 2 Nr 2 BGB tritt Verzug ohne Mahnung auch dann ein, wenn die Leistungszeit insofern kalendermäßig bestimmt ist, dass sie sich von einem Ereignis ab, das der Leistung vorauszugehen hat, nach dem Kalender berechnen lässt. Das Gesetz geht davon aus, dass der Schuldner auch in einem solchen Fall nach Eintritt des Ereignisses genau weiß, bis zu welchem Zeitpunkt er zu leisten hat und deshalb nicht erwarten kann, dass er erst noch gemahnt wird. § 286 Abs 2 Nr 2 BGB ist heute auch der Fall zuzurechnen, dass Zahlung binnen einer kalendermäßig bestimmten Frist „nach Vertragsunterzeichnung" zu erfolgen hat (**aM** KG Berlin 12. 1. 2007 – 7 U 53/06, KGR Berlin 2007, 474, das fälschlich mit Nr 1 operiert). Gleiches gilt für die Vereinbarung einer Vertragsstrafe, wenn nicht innerhalb einer bestimmten Frist nach Abnahme und Schlussrechnung gezahlt wird (Thüringisches OLG 26. 1. 1999 – 8 U 1273/98, MDR 1999, 993, 994). **80**

81 Anders als die Vorgängervorschrift des § 284 Abs 2 S 2 BGB erfasst § 286 Abs 2 Nr 2 BGB nicht nur den Fall, dass der Leistung eine Kündigung vorauszugehen hat. Vielmehr genügt jedes Ereignis, sofern nur von diesem ab sich die Leistungszeit nach dem Kalender berechnen lässt. Ereignisse in diesem Sinne sind etwa der Abruf der Leistung, die Erbringung der Gegenleistung, der Zugang einer gerichtlichen Entscheidung und die Mitteilungen Dritter, etwa eines Notars an den Grundstückskäufer, dass seiner Eintragung im Grundbuch nichts mehr entgegensteht (dazu HERTEL DNotZ 2001, 910). Auch der Zugang der Rechnung ist ein solches Ereignis, sodass, wenn eine kürzere Frist für die Zahlung nach Rechnungsstellung *vertraglich* vorgesehen ist, der Verzug auch schon vor Ablauf der 30-Tages-Frist des § 286 Abs 3 BGB eintreten kann (BGH 1. 2. 2007 – III ZR 159/06, NJW 2007, 1581).

82 § 286 Abs 2 Nr 2 BGB ist dabei sowohl anwendbar, wenn durch Vertrag als auch wenn durch Gesetz die Leistungszeit nach dem Kalender bestimmbar ist. Gesetzlich geregelte Fälle des § 286 Abs 2 Nr 2 BGB sind etwa die in § 2 S 3 AMRabG normierte Frist von zehn Tagen nach Geltendmachung des Anspruchs für die Erstattung der Abschläge durch das pharmazeutische Unternehmen nach § 1 AMRabG (BGH 12. 11. 2015 – I ZR 167/14, GRUR 2016, 836), aber auch die in § 556 Abs 3 S 2 BGB vorgesehene Jahresfrist für die Erteilung der Betriebskostenabrechnung oder die in § 558b Abs 2 S 1 BGB niedergelegte Frist („Ablauf des zweiten Kalendermonats nach Zugang") für die Zustimmung des Mieters zum Mieterhöhungsverlangen des Vermieters (AG Köln 9. 12. 2011 – 220 C 366/11, WuM 2012, 206; AG Berlin-Wedding 28. 2. 2017 – 4 C 80/16; LEHMANN-RICHTER NZM 2006, 849, 850; BÖRSTINGHAUS, in: SCHMIDT-FUTTERER, Mietrecht [11. Aufl 2013] § 558b Rn 52; **aA** AG Berlin-Charlottenburg 9. 1. 2007 – 206 C 555/06, Grundeigentum 2007, 919). Die Jahresfrist des § 556 Abs 3 S 2 BGB bezieht sich freilich nur auf die Erteilung der Betriebskostenabrechnung, nicht aber auf den Anspruch auf Erstattung zuviel gezahlter Betriebskosten, sodass auf diesen § 286 Abs 2 Nr 2 BGB nicht anwendbar ist (AG Iserlohn 17. 7. 2012 – 43 C 112/12, DWW 2012, 264).

83 Stets Voraussetzung ist aber, dass das Ereignis selbst hinreichend bestimmt ist. Verpflichtet sich etwa der Schuldner, die Leistung „binnen acht Arbeitstagen nach Erhalt der Unterlagen" zu erbringen, so handelt es sich nicht um eine mittelbare kalendermäßig bestimmbare Leistungszeit, wenn nicht feststeht, welche Unterlagen konkret gemeint sind (OLG Koblenz vom 25. 9. 2008 – 5 U 552/08, NZBau 2009, 131).

84 Nach § 286 Abs 2 Nr 2 BGB muss die Frist „angemessen" sein. Der Schuldner soll nicht gleich mit dem die Fälligkeit erst herbeiführenden Ereignis den Verzugsfolgen ausgesetzt werden dürfen, sondern erst nach Ablauf einer Zeit, die er billigerweise braucht, um die Leistung bereitzustellen. Es gilt insoweit nichts Anderes als in dem Fall, dass mit einer Erklärung, die die Fälligkeit erst herbeiführt, gleich eine Mahnung verbunden wird (oben Rn 44). Daraus folgt, dass eine Bestimmung, wonach der Schuldner unverzüglich nach Eintritt eines Ereignisses zu leisten hat, kein Fall des § 286 Abs 2 Nr 2 BGB ist. Daher tritt in diesem Fall ohne Mahnung kein Verzug ein; insbesondere liegt insofern auch kein Fall des § 286 Abs 2 Nr 4 BGB vor. Jede andere Auslegung würde der Wertung des Gesetzes widersprechen, wonach dem Schuldner grundsätzlich eine angemessene Frist zuzubilligen ist (**aA** AG Kehl 21. 11. 2013 – 4 C 610/12, nv für die Verpflichtung des Rechtsanwalts nach § 23 BORA Honorarvorschüsse spätestens mit Beendigung des Mandats gegenüber dem Mandanten unverzüglich abzurechnen). Wie lang diese Frist zu sein hat, richtet sich in erster Linie nach dem jeweiligen

Vertrag und Art und Umfang der zu erbringenden Leistung. Wird Ware abgerufen, muss die Leistung regelmäßig innerhalb weniger Tage erfolgen. Ist der Kaufpreis für ein Grundstück zu entrichten, für den der Käufer einen Kredit in Anspruch nehmen muss, muss die Zeit eingeräumt sein, die im Bankgeschäft für die Bereitstellung des Kredits üblicherweise notwendig ist; im Regelfall genügen dafür zwei Wochen (Hertel DNotZ 2001, 914). Beim Abschluss eines arbeitsgerichtlichen Abfindungsvergleiches ist auch bei sofortiger Fälligkeit des Abfindungsanspruchs als angemessene Zeit der Zeitraum bis zum nächsten „Lohnlauf" des Arbeitgebers, zu dem üblicherweise die Vergütungen der Arbeitnehmer abgerechnet werden, anzusehen (ArbG Freiburg 4. 7. 2008 – 3 Ca 263/08, nv). Soll im Fall einer mit einer Frist von drei Arbeitstagen möglichen vorzeitigen Beendigung die Abfindung mit der Beendigung fällig werden, so fehlt es an der Angemessenheit, weil der Arbeitgeber nicht genügend Zeit hat, die Abfindung zu berechnen und auszuzahlen (LAG Rheinland-Pfalz 20. 3. 2013 – 8 Sa 545/12, nv).

Ist die vorgesehene Frist nicht angemessen, kann Verzug nach § 286 Abs 2 Nr 2 BGB nicht eintreten. Anzunehmen, in einem solchen Falle gelte anstelle der vereinbarten die angemessene Frist (Palandt/Grüneberg Rn 23), geht am Zweck der Vorschrift vorbei, denn der Schuldner kann dann gerade nicht dem Kalender den genauen Zeitpunkt entnehmen, an dem er zu leisten hat (zutr LAG Rheinland-Pfalz 20. 3. 2013 – 8 Sa 545/12, nv; MünchKomm/Ernst Rn 63 f). 85

In der Literatur ist die Auffassung verbreitet, § 286 Abs 2 Nr 2 BGB sei mit Art 3 Abs 3 lit a der Zahlungsverzugsrichtlinie nicht vereinbar, weil nach dieser jegliche vertragliche Fälligkeitsvereinbarung zu einer mit Fälligkeit eintretenden Verzinsungspflicht führen müsse; entsprechend ausdehnend sei § 286 Abs 2 Nr 2 BGB richtlinienkonform auszulegen (PWW/Schmidt-Kessel Rn 19; NK-BGB/Schulte-Nölke § 286 Rn 32 ff; Gsell ZIP 2000, 1861, 1868; Huber JZ 2000, 957, 961). Das trifft nicht zu. Nach Art 3 Abs 1 lit a sind Zinsen ab dem Tag zu zahlen, der auf den vertraglich festgelegten „Zahlungstermin" oder das vertraglich festgelegte „Ende der Zahlungsfrist" folgt. Ein Ereignis ist noch kein Zahlungstermin. Vielmehr bezeichnet der Termin einen als **Datum** feststehenden Zahlungszeitpunkt, wie das auch die englische und die französische Fassung der Richtlinie mit den Begriffen „date of payment" bzw „date de paiement" zum Ausdruck bringen (zutreffend Oepen GS 2002, 349, 352; im Ergebnis auch Heinrichs BB 2001, 157, 158; Palandt/Grüneberg Rn 23). 86

Art 3 Abs 3 lit a der Zahlungsverzugsrichtlinie fordert auch keinen Verzicht auf die Voraussetzung der Angemessenheit der Frist (so aber NK-BGB/Schulte-Nölke § 286 Rn 34 ff; Oepen GS 2002, 349, 353 f, die insoweit nur die allgemeine Inhaltskontrolle gegenüber Verträgen gelten lassen wollen). Mit der Angemessenheit im oben Rn 84 verstandenen Sinne verleiht Abs 2 Nr 2 nur dem Gebot von Treu und Glauben Ausdruck, das für jede Rechtsordnung, auch für das europäische Recht, selbstverständlich ist. Dementsprechend will ja auch die Zahlungsverzugsrichtlinie nur den Missbrauch der Vertragsfreiheit zum Nachteil des Gläubigers verbieten (vgl Nr 28 der Erwägungsgründe), nicht aber den Schuldner ohne das Gebot der Rücksicht auf Treu und Glauben zu einer Leistung verpflichten. 87

Auch § 309 Nr 4 BGB steht der Anwendung der Vorschrift nicht entgegen (so aber PWW/Schmidt-Kessel Rn 18). § 309 Nr 4 BGB erklärt nur die Freistellung, von der 88

„gesetzlichen Obliegenheit" zu mahnen, für unwirksam. Eine solche besteht in den Fällen der Nr 2 jedoch gerade nicht. Zu kontrollieren sind nur etwaige Abweichungen von § 286 Abs 2 BGB selbst (STAUDINGER/COESTER-WALTJEN [2013] § 309 Nr 4 Rn 6 ff). Dass die Leistungszeit iSv Nr 2 angemessen sein muss, ergibt aber schon der Gesetzeswortlaut.

c) Endgültige und ernsthafte Erfüllungsverweigerung

89 Nach § 286 Abs 2 Nr 3 BGB tritt Verzug weiter dann ein, wenn der Schuldner bereits bestimmt und endgültig erklärt hat, dass er nicht erfüllen werde (RG 12. 11. 1937 – VII 22/37, RGZ 156, 113, 120; RG 11. 11. 1927 – II 102/27, RGZ 119, 1, 5; BGH 30. 1. 1964 – VII ZR 125/62, NJW 1964, 820): Würde sich der Schuldner in einem solchen Falle auf das Unterbleiben der Mahnung berufen, so wäre das ein *venire contra factum proprium* und damit ein Verstoß gegen Treu und Glauben (HUBER I 448 ff). Die zu dem gleichgelagerten Problem bei der Fristsetzung nach § 281 Abs 2 BGB dargelegten Grundsätze können hier ergänzend herangezogen werden, vgl STAUDINGER/SCHWARZE § 281 Rn B 88 ff.

90 Bei der Annahme einer Erfüllungsverweigerung in diesem Sinne ist allerdings Vorsicht geboten. Zwar können die Weisung an den Notar, nicht zu zahlen, oder die Tatsache, dass der Schuldner seine Familie verlässt und seine Unterhaltsleistungen einstellt, oder dass der Unterhaltsschuldner deutlich macht, er werde erst zahlen, wenn er verurteilt werde, als Erfüllungsverweigerung aufgefasst werden (OLG Frankfurt 7. 1. 1988 – 3 U 162/85, DNotZ 1989, 254; OLG Schleswig 13. 12. 1984 – 8 UF 167/82, FamRZ 1985, 743; OLG Hamm 29. 11. 1996 – 12 UF 175/96, FamRZ 1997, 1402). Auch ist, dass der Arbeitgeber nach einer von ihm erklärten Kündigung den Bestand des Arbeitsverhältnisses in Abrede stellt und trotz Aufforderung den verlangten Urlaub nicht erteilt, als Verweigerung der Erfüllung des Anspruchs auf Urlaubsgewährung anzusehen (BAG 14. 5. 2013 – 9 AZR 760/11, DB 2013, 2155). Hingegen bedeutet die *Bitte um Stundung* noch keine Erfüllungsverweigerung, da sie die Bereitwilligkeit zu späterer Erfüllung nicht ausschließt (RG 2. 11. 1907 – V 6/07, RGZ 66, 430, 431); ebenso die Erklärung, zur fristgerechten Leistung außerstande zu sein (BGH 10. 12. 1975 – VIII ZR 147/74, NJW 1976, 326). Auch die *Äußerung rechtlicher Zweifel* und die Ablehnung der Leistung verbunden mit der Erklärung, zu Verhandlungen über den Streitpunkt bereit zu sein, genügen nicht (BGH 12. 5. 1971 – V ZR 185/67, NJW 1971, 1560). Wo sich der Gläubiger zunächst auf eine Diskussion um die Erfüllungsverweigerung eingelassen hat, kann ebenfalls nicht ohne Weiteres von einem venire contra factum proprium gesprochen werden.

91 Liegt in diesen Fällen die Erfüllungsverweigerung schon **vor der Fälligkeit** der Forderung, so tritt dennoch der Verzug erst mit der Fälligkeit ein (RG WarnR 1919 Nr 87; BGH 18. 5. 1962 – I ZR 91/60, NJW 1962, 1340, 1341). Der Schuldner gerät nicht für eine vergangene Zeit in Verzug (BGH 24. 10. 1984 – IVb ZR 43/83, NJW 1985, 486; HUBER I 450). In der grundlosen Erfüllungsverweigerung des Schuldners kann allerdings eine Pflichtverletzung liegen, die den Gläubiger nach § 280 Abs 1 BGB zum Schadensersatz berechtigen und ihm nach § 323 Abs 4 BGB einen Grund zum Rücktritt vom Vertrag geben kann (vgl STAUDINGER/SCHWARZE [2015] § 323 B Rn 96).

d) Besondere Gründe

92 Nach § 286 Abs 2 Nr 4 BGB ist die Mahnung auch dann entbehrlich, wenn aus besonderen Gründen unter Abwägung der beiderseitigen Interessen der sofortige

Eintritt des Verzugs gerechtfertigt ist. Gemeint sind damit in erster Linie die Fälle, in denen sich aus Inhalt oder Umständen eines Vertrages ohne Weiteres ergibt, dass **nur eine sofortige Leistung dem Interesse des Gläubigers gerecht wird** und auch der Schuldner sich darauf einrichten muss, sofort zu leisten. Erfasst werden vor allem Leistungen, mit denen weitere Schäden abgewendet werden sollen, zB die Reparatur eines Wasserrohrbruchs. Hierher gehört aber auch der Fall, dass ein Unternehmer sich zur möglichst beschleunigten Ausbesserung eines Schiffsmotors verpflichtet, aber wegen seiner eigenen unsachgemäßen Arbeit das Werk nicht innerhalb der vorgesehenen Frist herstellt. Der Leistungszeit kommt in einem solchen Fall entscheidende Bedeutung zu, weil der Besteller während der Reparaturzeit mit dem Schiff nichts verdient, während die Unkosten weiterlaufen (BGH 4. 7. 1963 – II ZR 174/81, NJW 1963, 1823). Hierher gehört auch die nach einem Diebstahl in den Räumen des Mieters gemachte Zusage des Vermieters, für einen besseren Verschluss zu sorgen, um angesichts der Zeitverhältnisse zu befürchtende neue Diebstähle zu verhindern (RG 17. 9. 1920 – III 92/20, RGZ 100, 42) sowie die Zusage sofortiger Verladung (OLG Naumburg LZ 1922, 35), das Versprechen der Aufführung einer Premiere während der Hauptttheaterzeit (RG Recht 1907 Nr 1790) oder die Zusage einer Bank, bei einem Wertpapierkauf oder Verkauf an der Börse sofort tätig zu werden (LG Nürnberg 19. 5. 1999 – 14 O 9971/98, WM 2000, 1005). Vom absoluten Fixgeschäft (Vorbem 17 zu §§ 286 ff) unterscheiden sich diese Fälle dadurch, dass die Leistung noch nachholbar ist, aber die Verzögerung mit der Gefahr beträchtlicher Schäden verbunden ist. Auch in der Vereinbarung einer Vertragsstrafe für den Fall, dass nicht innerhalb eines bestimmten Zeitraumes nach Abnahme und Schlussrechnung gezahlt wird, kann die Einigung darüber liegen, dass nach Ablauf des Zeitraumes ohne Weiteres Verzug eintreten soll (Thüringer OLG 26. 1. 1999 – 8 U 1273/98, MDR 1999, 993, 994). Nach Nr 4 könnte außerdem der sofortige Eintritt des Verzugs mit der Nacherfüllung bei Lieferung einer mangelhaften Sache vor dem ursprünglich vereinbarten Leistungszeitpunkt begründet werden, wenn bei den Vertragsverhandlungen deutlich geworden ist, dass beim Gläubiger im Falle des Mangels sofort nach der Lieferung Verzugsschäden – etwa ein Betriebsausfallschaden – eintreten würden (idS Schmidt-Kessel, System § 7 II 2 b, III 2 a).

§ 286 Abs 2 Nr 4 BGB erfasst darüber hinaus alle Fälle, in denen es **Treu und Glauben widersprechen** würde, vom Gläubiger eine Mahnung zu verlangen. Zu denken ist etwa an Fälle, in denen der Schuldner zur Herausgabe einer durch unerlaubte Handlung entzogenen Sache oder Geldbetrages verpflichtet ist (vgl Palandt/Grüneberg Rn 25; BGH 13. 12. 1997 – IX ZR 116/06, NJW-RR 2008, 918, der dies auch für einen Schadensersatzanspruch nach § 826 BGB wegen Existenzvernichtung annehmen will; kritisch hierzu Wilhelmi EWiR 2008, 433, 433 f). Ferner kommt dies in Betracht, wenn der Schuldner die Möglichkeit einer Mahnung bewusst verhindert, etwa dadurch, dass er dem Gläubiger eine Identitätsfeststellung unmöglich macht oder wesentlich erschwert (BGH 4. 5. 2011 – VIII ZR 171/10, MDR 2011, 836 für das Verlassen eines Tankstellengeländes ohne Bezahlung des getankten Kraftstoffes) oder seinen Aufenthalt wechselt, ohne das dem Gläubiger mitzuteilen (vgl Erman/Hager Rn 47; OLG Köln 30. 1. 1998 – 25 WF 216/97, NJW-RR 1999, 4, 5). Auch muss sich der Schuldner entsprechend dem Rechtsgedanken des § 162 Abs 1 BGB dann als gemahnt behandeln lassen, wenn er den Gläubiger durch die unwahre Angabe, er habe geleistet oder die Leistung sei unterwegs, von der Mahnung abgehalten hat (OLG Sachsen-Anhalt 27. 11. 2014 – 2 U 24/14, REE 2015, 44; Huber I 445 f). Zu weit geht aber die Auffassung, die bloße Ankündigung der Leistung 93 durch den Schuldner, etwa die Zusage, höhere Unterhaltsleistungen zu erbringen, oder die Vornahme eines Erfüllungsversuchs stünden als „Selbstmahnung" der Mahnung gleich (so etwa BGH 16. 1. 2008 – VIII ZR 222/06, NJW 2008, 1216; OLG Köln 7. 7. 1999 – 14 WF 86/99, NJW-RR 2000, 73; Palandt/Grüneberg Rn 25; Looschelders § 26 Rn 13; Schwarze § 28 Rn 26; früher Zittelmann, in: FG Paul Krüger [1911] 282 ff). Auch allein aus der Vereinbarung eines Lastschriftverfahrens bei der es zur Rückbelastung kommt, rechtfertigt keinen Verzicht auf das Mahnbedürfnis nach § 286 Abs 2 Nr 4 BGB (vgl AG Burgdorf 7. 9. 2015 – 3 C 101/15, nv; fehlerhaft insofern LG Düsseldorf 8. 6. 2017 – 14c O 169/15, zfm 2017, 237 mit zustimmender Anm Goebel zfm 2017, 249; AG Ludwigsburg, 26. 7. 2007 – 8 C 1355/07, WM 2007, 2198). Es ist nicht einzusehen, warum der Schuldner, der die Leistung verspricht oder gar die Erfüllung versucht, bloß dieser Tatsache wegen schlechter gestellt sein soll als derjenige, der ganz untätig bleibt (Huber I 446 f). Vgl in diesem Sinne auch RG SeuffA 75 Nr 185, wonach die Mahnung nicht dadurch entbehrlich wird, dass sich der Schuldner freiwillig vor der Fälligkeit zur Leistung bereit erklärt hat. Auch allein die Tatsache, dass eine berufsrechtliche Verpflichtung des Schuldners besteht, unverzüglich nach Eintritt eines Ereignisses zu leisten, zwingt nicht zu der Auslegung, dass hier nach Treu und Glauben für den Verzugseintritt eine Mahnung entbehrlich sein muss (s hierzu näher Rn 84). Abwegig ist auch die Auffassung von Leube (Verzugszinsen bei Schmerzensgeldansprüchen nach ärztlichen Behandlungsfehlern, NJW 2012, 2606, 2608), bei Schmerzensgeldansprüchen nach ärztlichen Behandlungsfehlern trete nach § 286 Abs 2 Nr 4 ohne Weiteres Verzug ein, weil der Arzt wissen müsse, dass er mit einem Behandlungsfehler Schmerzensgeldansprüche auslöst (wie hier Palandt/Grüneberg Rn 25). Dass Pflichtverletzungen Ersatzansprüche begründen können, gilt überall und stellt keinen besonderen Grund dar, der die Anmahnung der Ersatzleistung entbehrlich macht.

94 Werden wiederkehrende Leistungen, die der Schuldner bisher erbracht hat, von ihm ohne Begründung gegenüber dem Gläubiger eingestellt, ergibt die Interessenabwägung nach Treu und Glauben, dass für die ausbleibenden Zahlungen ohne Weiteres Verzug eintritt (OLG Brandenburg 16. 7. 2001 – 10 WF 135/00, NJW-RR 2002, 870).

6. Verzug bei Entgeltforderungen

a) Allgemeines

95 § 286 Abs 3 BGB enthält einen zusätzlichen Verzugstatbestand für Entgeltforderungen. Nach § 286 Abs 3 S 1, 1. HS BGB kommt der Schuldner einer Entgeltforderung spätestens in Verzug, wenn er nicht innerhalb von 30 Tagen nach Fälligkeit und Zugang einer Rechnung oder gleichwertigen Zahlungsaufstellung leistet. Durch die Aufnahme des Wortes „spätestens" in die Regelungen des Abs 3 hat der Gesetzgeber klargestellt, dass der dort getroffenen Regelungen kein Ausschließlichkeitscharakter zukommt, sondern es sich vielmehr um einen zusätzlichen Verzugstatbestand handelt (vgl die Begründung des Gesetzentwurfs, BT-Drucks 14/6040, 146 f).

96 § 286 Abs 3 BGB dient der Umsetzung von Art 3 Abs 3 lit b i)- iv) der Zahlungsverzugsrichtlinie (2011/7/EU) und geht über diese noch hinaus: Denn nach § 286 Abs 3 BGB tritt Verzug in jedem Falle innerhalb von 30 Tagen nach Fälligkeit und Zugang einer Rechnung oder gleichwertigen Zahlungsaufstellung ein; nur wenn der Zeitpunkt des Zugangs der Rechnung oder Zahlungsaufstellung unsicher ist, tritt Verzug spätestens 30 Tage nach Fälligkeit und Empfang der Gegenleistung ein. Die

in Art 3 Abs 3 lit b iii) und iv) der Richtlinie 2011/7/EU enthaltenen Einschränkungen, dass nämlich bei Rechnungserhalt vor Empfang der Waren oder Dienstleistungen die Frist erst ab dem Zeitpunkt von deren Empfang läuft und dass im Falle eines Abnahme- oder Überprüfungsverfahrens die Frist erst ab deren Abschluss folgt, gelten nicht. Die Vorschrift beschränkt sich zudem nicht auf Geschäftsvorgänge zwischen Unternehmen und Unternehmen und öffentlichen Stellen, sondern enthält für den Fall, dass der Schuldner ein Verbraucher ist, in § 286 S 1 2. HS BGB lediglich eine Einschränkung.

b) Anwendungsbereich

Anders als § 284 Abs 3 BGB gilt § 286 Abs 3 BGB nicht für alle Geldforderungen, sondern **nur für Entgeltforderungen**. Die Forderung muss das Entgelt als Gegenleistung für eine vom Gläubiger erbrachte oder zu erbringende Leistung sein (BGH 12. 4. 2018 – IX ZR 88/17, MDR 2018, 888; BGH 6. 11. 2013 – KZR 61/11, nv; BGH 17. 7. 2013 – VIII ZR 334/12, NJW 2014, 1171; BFH 19. 3. 2014 – X K 8/13, BFHE 244, 521; OLG Nürnberg 26. 7. 2017 – 2 U 17/17, NJW-RR 2017, 1263; Spitzer MDR 2014, 933, 934). Der Begriff ist grundsätzlich eng auszulegen (BGH 6. 11. 2013 – KZR 58/11, WM 2014, 759; BGH 6. 11. 2013 – KZR 61/11, nv). In Betracht kommen in erster Linie Kaufpreisforderungen, Werklohnforderungen, Mietforderungen und Vergütungsforderungen aus Dienst- und Arbeitsverträgen. Auch der Ausgleich des Handelsvertreters ist eine solche Entgeltforderung (BGH 16. 6. 2010 – VIII ZR 259/09, NJW 2010, 3226; Schnabl, Die Höhe der Prozesszinsen beim Handelsvertreterausgleich, Ein Beitrag zur Anwendbarkeit des § 288 II BGB auf Mischtatbestände, NJW 2009, 955, 956) Gleiches gilt für Zahlungsansprüche aus einem Mietgarantievertrag (BGH 21. 4. 2010 – XII ZR 10/08, NJW 2010, 1872). Aber auch beim Zinsanspruch aus einem verzinslichen Darlehen handelt es sich um eine Forderung auf Entgelt, nämlich für die Überlassung des Kapitals (BGH 7. 6. 2011 – XI ZR 388/10; Freitag ZIP 2015, 1805, 1806). Entgeltforderung ist auch der Anspruch auf Nutzungsentschädigung nach § 546a BGB (OLG Rostock 9. 7. 2004 – 3 U 91/04, MDR 2005, 139; OLG Köln 23. 5. 2006 – 3 U 203/05, ZMR 2006, 772). 97

Eine Entgeltforderung verliert ihren Charakter als Leistung für eine Gegenleistung nicht dadurch, dass in die Abwicklung des Vertrages ein Dritter eingeschaltet wird. Aus diesem Grunde sind auch Ansprüche des Lieferunternehmens gegen den den Zahlungs- und Abrechnungsverkehr übernehmenden Zentralregulierer auf Auszahlung von Positivsalden aus der Verrechnung von wechselseitigen Forderungen zwischen dem Lieferunternehmen und den Handelsunternehmen als Entgeltforderung anzusehen (BGH 20. 7. 2017 – III ZR 545/16, MDR 2017, 1233). 98

Hingegen stellt der Rückzahlungsanspruch aus einem Darlehen kein Entgelt dar (OLG Dresden 20. 10. 2016 – 8 U 1211/16, ZIP 2017, 221; Freitag ZIP 2015, 1805, 1810), ebenso wenig der Anspruch des ausscheidenden Gesellschafters auf Abfindung (OLG Karlsruhe 23. 3. 2005 – 7 U 23/04, ZGS 2005, 279) oder Rückgewähransprüche aus § 143 InsO (BGH 12. 4. 2018 – IX ZR 88/17, NJW-RR 2018, 947). Auch die Forderung aus einem Vertragsstrafeversprechen ist keine Entgeltforderung (Hanseatisches OLG 17. 12. 2003 – 5 U 83/03, ZGS 2004, 237). Gleiches gilt für Bereicherungsansprüche (BGH 24. 10. 2017 – XI ZR 362/15, NJW 2018, 458; BVerwG 21. 12. 2015 – 9 B 32/15 ua, nv; MünchKomm/Ernst Rn 82; **aA** Braun/Raff, Der Zinsanspruch nach § 33 Abs 3 S 5 GWB, GPR 2014, 146, 148) und Rückgewähransprüche nach §§ 346, 357 BGB (OLG Nürnberg 26. 7. 2017 – 2 U 17/17, NJW-RR 2017, 1263; KG Berlin 25. 1. 2018 – 8 U 58/16, ZMR 2018, 306; Palandt/Grüneberg 99

Rn 27; Korch, Die 40-Euro-Mahnpauschale beim Verbrauchervertrag, NJW 2015, 2212, 2214). Denn diese Ansprüche sind keine Gegenleistung für eine von dem Gläubiger erbrachte oder noch zu erbringende Leistung (OLG Nürnberg 26. 7. 2017 – 2 U 17/17, NJW-RR 2017, 1263; Daum VersR 2014, 1430, 1431 f für die Rückzahlung von Provisionsvorschüssen).

100 Keine Anwendung findet die Vorschrift auch auf Schadensersatzforderungen (BGH 24. 1. 2018 – XII ZR 120/16, MDR 2018, 516; OLG Düsseldorf 30. 11. 2017 – I-16 U 104/16, IHR 2018, 159; OLG Koblenz 22. 12. 2016 – 2 U 1322/15, DWW 2018, 63; Thüringer OLG 30. 6. 2016 – 1 U 66/16, NJW-RR 2017, 214; Palandt/Grüneberg Rn 27; MünchKomm/Ernst Rn 82). Etwas anderes gilt für kartellrechtliche Schadensersatzansprüche nach § 33 Abs 3 GWB nur dann, wenn der Missbrauch der Marktstellung sich unmittelbar auf eine Entgeltforderung des Missbrauchsopfers bezieht (s BGH 6. 11. 2013 – KZR 61/11 und BGH 6. 11. 2013 – KZR 58/11, WM 2014, 759 mit entspr Beispielen; zustimmend Braun/Raff, Der Zinsanspruch nach § 33 Abs 3 S 5 GWB, GPR 2014, 146, 148). Auch der Anspruch des Leasinggebers auf Minderwertausgleich ist deshalb keine Entgeltforderung (BGH 17. 7. 2013 – VIII ZR 334/12, DB 2013, 2329). Auch Aufwendungsersatzansprüche aus Auftrag, Geschäftsbesorgung und Geschäftsführung ohne Auftrag stellen keine Entgeltforderungen dar. Dementsprechend ist auch der Aufwendungsersatzanspruch wegen berechtigter Abmahnung nach § 12 Abs 1 Satz 2 UWG (iVm § 5 UKlaG) keine Entgeltforderung (OLG München 26. 6. 2008 – 29 U 2250/08; LG Weiden 4. 3. 2019, 1 HK O 18/18, WRP 2019, 946). Gleiches gilt für den Anspruch auf Aufwandspauschale nach § 275 Abs 1c S 3 SGB V (SG Speyer 22. 4. 2016 – S 19 KR 370/15, NZS 2016, 583).

101 Dem Zusammenhang der Vorschrift ist zu entnehmen, dass sie nur solche Entgeltforderungen meint, die in Geldforderungen bestehen (MünchKomm/Ernst Rn 83; NK-BGB/Schulte-Nölke Rn 44 f). Denn nur über solche kann es eine „Rechnung oder Zahlungsaufstellung" geben. Nur das entspricht auch dem Zweck der Vorschrift, der Vorgabe von Art 3 Abs 3 lit b der Zahlungsverzugsrichtlinie (2011/7/EU) gerecht zu werden. Anzuknüpfen ist dabei, wie auch in § 288 Abs 1 BGB, an den allgemeinen Begriff der Geldschuld. Für diesen ist entscheidend, dass **Gegenstand** der Forderung eine Geldleistung ist, während es auf den Rechtsgrund der Forderung nicht ankommt. Ob es sich um eine Geldsummenschuld oder eine Geldwertschuld handelt, spielt auch hier keine Rolle. S im Einzelnen zu Begriff und Abgrenzung der Geldschuld Staudinger/Omlor (2016) Vorbem A 32 ff und B 2 ff zu §§ 244–248.

102 Auch öffentlich-rechtliche Erstattungsansprüche sind keine Entgeltforderungen (BVerwG 21. 12. 2015 – 9 B 32/15 ua, nv; BVerwG 18. 3. 2004 – 3 C 23/03, NVwZ 2004, 991, 995).

c) Voraussetzungen

103 Verzugseintritt nach § 286 Abs 3 S 1 BGB setzt voraus, dass dem Schuldner über die Entgeltforderung eine **Rechnung** oder eine gleichwertige Zahlungsaufstellung zugegangen ist. Hierunter ist nach dem allgemeinen Sprachgebrauch die Fixierung der Entgeltforderung zu verstehen, die der Gläubiger für eine von ihm an den Schuldner oder im Interesse des Schuldners erbrachte Leistung beansprucht. Dass die Rechnung in einzelne Posten aufgegliedert ist, verlangt das Gesetz nicht. § 14 VOB/B, der den Bauunternehmer zur Aufstellung einer prüfbaren Abrechnung verpflichtet, kann nicht verallgemeinert werden (**aA** Fabis ZIP 2000, 865, 867 f). Auch eine Pauschalrechnung, die lediglich den insgesamt geforderten Geldbetrag ausweist, ist eine Rechnung.

Wenn demgegenüber teilweise verlangt wird, die Rechnung müsse so detailliert sein, dass der Schuldner die Berechtigung der Forderung überprüfen könne (Saarländisches OLG 15. 2. 2012 – 1 U 93/11 – 27, NJW-RR 2012, 539; MünchKomm/Ernst Rn 87; Erman/Hager Rn 53), kann dem nicht gefolgt werden. Die geschilderte Auffassung ergäbe nur Sinn, wenn Abs 3 Ausschließlichkeitscharakter und damit auch Schutzfunktion zugunsten des Schuldners zukäme. Da das aber nicht der Fall ist (oben Rn 95), besteht kein Anlass, den Schuldner besser zu behandeln, als wenn der Gläubiger mit der Fälligstellung eine Mahnung verbindet. Vielmehr genügt es, dass die Rechnung so wie eine Mahnung Klarheit über die geforderte Leistung und deren Umfang schafft (wie hier NK-BGB/Schulte-Nölke Rn 51). 104

Das Gesetz sieht für die Rechnung keine besondere Form, insbesondere keine Schriftform, vor. Auch eine nicht unterschriebene Rechnung genügt deshalb den Anforderungen des § 286 Abs 3 S 1 BGB (BGH 16. 7. 2009 – III ZR 299/08, DB 2009, 2036; MünchKomm/Ernst Rn 89). Im Übrigen wird man dem Zweck der Vorschrift entsprechend verlangen müssen, dass die geltend gemachte Forderung in einer Weise fixiert ist, dass sie der Schuldner jederzeit in vergegenständlichter Form abrufen kann. Dem genügen Fax- und E-Mail-Mitteilungen, nicht aber mündliche oder rein telefonische Mitteilungen (BGH 16. 7. 2009 – III ZR 299/08, DB 2009, 2036; NK-BGB/Schulte-Nölke Rn 53; Schwarze § 28 Rn 30). 105

Mit **gleichwertiger Zahlungsaufstellung** will das Gesetz den Fall erfassen, dass der Gläubiger den geforderten Geldbetrag zwar nicht in Rechnung stellt, dem Schuldner aber eine Mitteilung zukommen lässt, aus der sich ergibt, dass er einen bestimmten Geldbetrag als Entgelt schuldet. Zu denken ist insbesondere an einen Auszug aus einem vom Gläubiger geführten Konto über Soll und Haben des Schuldners, wenn sich aus diesem zugleich ein Zahlungstermin ergibt. Auch ein Anwaltsschreiben, in dem auf eine Forderung des Gläubigers aufmerksam gemacht wird, kann eine Zahlungsaufstellung sein, sodass es auf die Frage, ob in dem Schreiben gleichzeitig eine Mahnung liegt, nicht ankommt (NK-BGB/Schulte-Nölke Rn 55). Auch die Mitteilung eines Notars, ein Grundstückskaufpreis sei nunmehr fällig, enthält eine Zahlungsaufstellung mit der Folge, dass ohne besondere Mahnung Verzug eintreten kann, selbst wenn die Mitteilung nicht gleichzeitig eine Zahlungsfrist enthält, also der Verzugstatbestand § 286 Abs 2 Nr 2 BGB ausscheidet (Basty DNotZ 2000, 262 f; **aA** NK-BGB/Schulte-Nölke Rn 55; Soergel/Benicke/Nalbantis Rn 127; MünchKomm/Ernst Rn 92; Faust DNotZ 2015, 644, 651 f). Auch die gerichtliche Entscheidung über die Festsetzung von Vergütung und Aufwendungsersatz eines Vormunds oder Betreuers (§§ 1835 Abs 1, 1908i Abs 1 S 1 BGB) stellt eine gleichwertige Zahlungsaufstellung dar (LG Karlsruhe 19. 4. 2004 – 11 T 104/04, FamRZ 2004, 1816). 106

Rechnung und Zahlungsaufstellung können die Wirkungen des § 286 Abs 3 BGB grundsätzlich nur auslösen, wenn sie **richtig** sind. Ist aus der Rechnung oder Zahlungsaufstellung nicht ersichtlich, für was gezahlt werden soll, kann dem Schuldner nicht angelastet werden, wenn er die Zahlung unterlässt. Durch Zuvielforderung braucht sich der Schuldner ebenso wie bei der Mahnung nur dann angesprochen zu fühlen, wenn der überschießende Betrag geringfügig ist, oder auf einem offensicht- 107 lichen Rechenfehler beruht (s oben Rn 36). Hingegen sind Zuwenigforderungen auch im Rahmen des Abs 3 in Höhe des geforderten Betrages regelmäßig wirksam, weil der Gläubiger bei Geldforderungen grundsätzlich Teilleistungen verlangen kann (oben Rn 39).

108 Rechnungen oder gleichwertige Zahlungsaufstellungen müssen dem Schuldner **zugehen**. Der Zugang richtet sich, ebenso wie bei der Mahnung, nach den §§ 130 bis 132 BGB. Auch sonst gelten die Vorschriften über Rechtsgeschäfte, weil Rechnungsstellung und Zahlungsaufstellung, nicht anders als die Mahnung, als rechtsgeschäftsähnliche Handlungen aufzufassen sind (s im Einzelnen Rn 46 ff).

109 Der Verzug nach § 286 Abs 3 BGB tritt 30 Tage nach Fälligkeit und Zugang von Rechnung oder gleichwertiger Zahlungsaufstellung ein. Rechnung und Zahlungsaufforderung können – anders als die Mahnung nach § 286 Abs 1 BGB – auch schon vor Fälligkeit erfolgen (Schwarze § 28 Rn 30). Der Lauf der 30-Tages-Frist beginnt aber in jedem Falle erst nach Eintritt der Fälligkeit und wenn Rechnung und Zahlungsaufstellung nach Fälligkeit erfolgen, erst nach deren Zugang. Die Zahlungsverzugsrichtlinie nicht entgegen (**aA** MünchKomm/Ernst Rn 93). Voraussetzung für den Lauf der 30-Tages-Frist nach Art 3 Abs 3 lit b der Zahlungsverzugsrichtlinie (RL 2011/7/EU) ist ausweislich dessen Einleitungssatzes, der auf Abs 1 Bezug nimmt, dass der Gläubiger **„den fälligen Betrag“** nicht rechtzeitig erhalten hat.

110 Für die Berechnung der 30-Tages-Frist gelten die §§ 186 ff BGB. Nach § 187 Abs 1 BGB wird für den Anfang der Frist der Tag der Fälligkeit oder des Zugangs nicht mitgerechnet. Nach § 188 Abs 1 BGB endet die Frist mit dem Ablauf des 30. Tages. Fällt der 30. Tag auf einen Sonntag, allgemeinen Feiertag oder Sonnabend, endet die Frist gem § 193 BGB erst mit dem Ablauf des nächsten Werktages (BGH 1. 2. 2007 – III ZR 159/06, BGHZ 171, 33; Palandt/Grüneberg Rn 30). S im Einzelnen die Erläuterungen zu den §§ 186 ff bei Staudinger/Repgen (2014).

111 Nach § 286 Abs 3 S 1 2. HS BGB wirkt der besondere Verzugstatbestand der Rechnung oder gleichwertigen Zahlungsaufstellung **gegenüber einem Verbraucher** (zum Begriff die Kommentierung zu § 13) nur, wenn auf die in § 286 Abs 3 S 1 BGB genannten Folgen besonders hingewiesen worden ist. Notwendig ist danach der Hinweis, dass nach Ablauf von 30 Tagen Verzug eintritt. Angesichts des eindeutigen Gesetzeswortlauts gilt dies auch dann, wenn der Gläubiger selbst Verbraucher ist (Schwarze § 28 Rn 30; MünchKomm/Ernst Rn 91; **aA** Mankowski ZGS 2002, 177, 178 f; NK-BGB/Schulte-Nölke Rn 67). Eine Aufschlüsselung der Verzugsfolgen ist nicht erforderlich. Das Gesetz sagt nicht, dass auf die Folgen des Verzugs, sondern nur, dass auf „diese“ Folgen, also die des Abs 3, hingewiesen werden muss (wie hier MünchKomm/Ernst Rn 91; **aM** NK-BGB/Schulte-Nölke Rn 68).

112 Der Hinweis muss **in** der Rechnung oder Zahlungsaufstellung erfolgen und **deutlich** („besonders“) hervorgehoben sein. Es gilt nichts anderes wie bei der Belehrung des Verbrauchers über ein Widerrufsrecht nach § 355 Abs 2 BGB: Der Hinweis muss dem Schuldner entsprechend den Erfordernissen des eingesetzten Kommunikationsmittels (Rn 105) deutlich machen, dass nach Ablauf von 30 Tagen der Verzug eintritt (MünchKomm/Ernst Rn 91).

113 Der Hinweis nach § 286 Abs 3 S 1 2. HS BGB hindert nicht eine nachträgliche Mahnung nach § 286 Abs 1 BGB, doch muss diese dem Schuldner/Verbraucher deutlich machen, dass nunmehr unverzügliche Zahlung verlangt wird (NK-BGB/Schulte-Nölke Rn 70; enger MünchKomm/Ernst Rn 91, der in einer solchen Mahnung stets ein widersprüchliches Verhalten iS des § 242 BGB erblicken will).

114 Lässt sich der Zeitpunkt des Zugangs der Rechnung oder Zahlungsaufstellung nicht sicherstellen, kommt gem § 286 Abs 3 S 2 BGB ein Schuldner, der nicht Verbraucher ist, spätestens 30 Tage nach Fälligkeit und Empfang der Gegenleistung in Verzug. Die Vorschrift muss ihrem Sinn entsprechend restriktiv ausgelegt werden: Der Gläubiger, der den Zugang von Rechnung oder Zahlungsaufstellung nicht nachweisen kann, soll sich hilfsweise darauf berufen können, dass auch Fälligkeit und Empfang der Gegenleistung schon 30 Tage zurückliegen. 30 Tage vom behaupteten Zugang der Rechnung oder Zahlungsaufstellung stellen also eine Mindestfrist dar, die sich nicht verkürzt, wenn Fälligkeit und Leistung schon vor dem Zeitpunkt des behaupteten Zugangs liegen (Oepen ZGS 2002, 349, 350; Palandt/Grüneberg Rn 30; NK-BGB/Schulte-Nölke Rn 73; MünchKomm/Ernst Rn 97).

115 Ist streitig, ob dem Schuldner überhaupt eine Rechnung zugegangen ist, kann § 286 Abs 3 S 2 BGB keine Anwendung finden, denn das liefe darauf hinaus, dass der Gläubiger sich statt auf den Zugang der Rechnung oder gleichwertigen Zahlungsaufstellung einfach auf Fälligkeit und Empfang der Gegenleistung berufen und damit die Ausnahme des S 2 zur Regel machen könnte (Oepen Rn 351; MünchKomm/Ernst Rn 79).

116 § 286 Abs 3 S 2 BGB gilt nur gegenüber Schuldnern, die nicht Verbraucher sind. Ist unsicher, wann einem Verbraucher eine Rechnung oder gleichwertige Zahlungsaufstellung zugegangen ist, bleibt es bei der Anwendung von § 286 Abs 3 S 1 BGB, was praktisch bedeutet, dass der Verzug erst 30 Tage nach dem Zeitpunkt eintreten kann, zu dem der Zugang feststeht.

III. Ende des Verzugs

1. Durch nachträgliche Leistung

117 Der Schuldnerverzug wird für die Zukunft dadurch beendet, dass der Schuldner die geschuldete Leistung nachträglich erbringt. Dabei ist, wenn der **Verzug aufgrund einer Mahnung** eingetreten ist, für die Erbringung der Leistung auf die **Vornahme der Leistungshandlung** abzustellen. Wie der Verzug aufgrund einer Mahnung dann nicht eintritt, wenn der Schuldner alsbald die geschuldete Leistungshandlung vornimmt (oben Rn 60), so muss er enden, wenn der Schuldner durch Vornahme der Leistungshandlung das nach dem Schuldverhältnis seinerseits Erforderliche getan hat (OLG Karlsruhe 22. 12. 1954 – 2 U 130/54, NJW 1955, 504 f; Diederichsen JuS 1985, 825, 834). Notwendig und ausreichend ist ein Angebot in einer den Annahmeverzug begründenden Weise (OLG Düsseldorf 15. 1. 1999 – 22 U 120–98, NJW-RR 1999, 1396; Huber I 478 ff; Derleder/Hoolmans NJW 2004, 2787, 2789 f). Bei einer *Bringschuld* ist erforderlich, dass der Schuldner die Leistung dem Gläubiger an dessen Wohn- oder Geschäftssitz anbietet. Bei einer *Schickschuld* ist notwendig, dass die Leistung abgesandt ist. Dabei ist die Leistungshandlung erst dann als abgeschlossen anzusehen, wenn sich

der Schuldner der Verfügungsgewalt über den Leistungsgegenstand endgültig begeben hat. Bei *Holschulden* ist die Bereitstellung der Leistung und in aller Regel nach Treu und Glauben zusätzlich die Mitteilung an den Gläubiger erforderlich, dass die Leistung nunmehr bereitsteht. Sieht man mit der in diesem Kommentar vertretenen Auffassung in der *Geldschuld* eine modifizierte Bringschuld (Staudinger/Bittner/Kolbe § 270 Rn 1 ff), muss eine Barzahlung dem Gläubiger an dessen Wohn- oder Geschäftssitz angeboten werden. Gleiches gilt für einen Scheck (siehe zu Scheckzahlungen Staudinger/Bittner/Kolbe § 270 Rn 33a f). Bei Zahlung durch *Banküberweisung* gehört zur Leistungshandlung auch die Gutschrift auf dem Konto des Gläubigers, sodass erst danach der Verzug beendet werden kann (EuGH 3. 4. 2008 – C 306/06, EuZW 2008, 277; OLG Köln 31. 4. 2009 – 18 U 78/05; Gsell GPR 2008, 165, 169 ff; Staudinger/Bittner/Kolbe § 270 Rn 38). Der BGH will insofern freilich danach differenzieren, ob der Schuld ein Rechtsgeschäft zwischen Unternehmern oder ein solches zugrundeliegt, an dem ein Verbraucher beteiligt ist. Im letzteren Fall sei der Anwendungsbereich der Zahlungsverzugsrichtlinie 2011/7/EU nicht eröffnet; es bestehe deshalb kein Anlass, aus europarechtlichen Gründen die Geldschuld als modifizierte Bringschuld einzuordnen (s dazu Staudinger/Bittner/Kolbe § 270 Rn 35 ff); sie sei in diesen Fällen vielmehr eine modifizierte Schickschuld. Bei Rechtsgeschäften, wie etwa der Wohnraummiete, zähle deshalb der Leistungserfolg, dh die Gutschrift des Überweisungsbetrages auf dem Empfängerkonto nicht mehr zur Leistungshandlung (BGH 5. 10. 2016 – VIII ZR 222/15, NJW 2017, 1596). Selbst, wenn man bei Verbrauchergeschäften der Ansicht des BGH folgen wollte, so kann die Leistungshandlung gleichwohl erst dann als bewirkt angesehen werden, wenn der Zahlungsauftrag beim Geldinstitut eingegangen ist, das Konto des Schuldners die erforderliche Deckung aufweist und die Bank den Zahlungsvorgang in die Wege leiten kann. Dafür ist Voraussetzung, dass der Zahlungsauftrag der Bank iSv § 675n Abs 1 BGB zugegangen ist (BGH 25. 11. 2015 – IV ZR 169/14, NJW-RR 2016, 511). Reicht der Schuldner den Überweisungsauftrag an einem Bankschließungstag bei seiner Bank ein, so ist deshalb die Leistungshandlung erst am darauffolgenden Geschäftstag bewirkt (BGH 25. 11. 2015 – IV ZR 169/14, NJW-RR 2016, 511 für den 31. 12.).

118 In allen Fällen ist es notwendig, dass der Schuldner die Leistungshandlung so vornimmt, wie das von einem ordentlichen Schuldner verlangt werden kann. Deshalb genügt ein bloßer Leistungsversuch zur Verzugsbeendigung ebenso wenig (RG LZ 1913, 542) wie die Hingabe eines Schecks, der dann nicht eingelöst werden kann (arg § 162 Abs 1 BGB, vgl LG Berlin 24. 8. 1987 – 61 S 21/87, MDR 1988, 55). Aber auch die Wahl eines unangemessenen, insbes zu langsamen Transportweges bei der Schickschuld reicht nicht aus; hier endet der Verzug erst, wenn der Leistungserfolg tatsächlich eingetreten ist.

119 Der *Verzug mit einer Abnahmepflicht* (dazu Vorbem 32 zu §§ 286 ff) wird durch einfaches Lieferungsverlangen beendet (RG Recht 1924 Nr 1473). Nimmt allerdings der zur Abnahme Verpflichtete die ihm aufgrund seines Lieferungsverlangens erneut angebotene Leistung wiederum nicht ab, spricht dies regelmäßig dafür, dass das Lieferungsverlangen nicht ernst gemeint war und den Verzug deshalb nicht beenden konnte.

120 Ist der **Verzug ohne Mahnung**, insbesondere wegen Verstreichens des kalendermäßig bestimmten Zeitpunkts für die Leistung (§ 286 Abs 2 Nr 1 BGB), oder wegen Verstreichens der 30-Tages-Frist nach Fälligkeit und Rechnungsstellung (§ 286 Abs 3

BGB), eingetreten, so genügt für die Beendigung des Verzugs die Vornahme der Leistungshandlung nicht. Vielmehr ist der Verzug erst in dem Zeitpunkt beendet, in dem der **Leistungserfolg tatsächlich eingetreten** oder der Gläubiger in Annahmeverzug geraten ist (**aA** Soergel/Benicke/Nalbantis Rn 198; MünchKomm/Ernst Rn 104; Huber I 477 f). Es wäre unbillig, wollte man den Schuldner für den Zeitraum zwischen Leistungshandlung und Leistungserfolg aus den Verzugsfolgen entlassen, obwohl er wusste, dass er die Verzugsfolgen nur vermeiden konnte, wenn er rechtzeitig zum kalendermäßig bestimmten Zeitpunkt bzw zum Ablauf der 30-Tages-Frist leistete. Man denke etwa an den Fall, dass in einem Betrieb ein Teil der Produktion stillliegt, weil zum 1. 3. zu liefernde Teile erst am 28. 3. vom Schuldner abgesandt werden und am 2. 4. beim Gläubiger eintreffen. Hier muss der Gläubiger Verzugsschadensersatz nicht nur für die Zeit bis zum 28. 3., sondern bis zum 2. 4. leisten. Auch wäre es unbillig, den Schuldner in diesen Fällen für die Zeit zwischen Leistungshandlung und Leistungserfolg von der Zufallshaftung des § 287 BGB zu befreien. Bedeutsam ist dies freilich nur für die Schickschuld, weil nur dort Leistungshandlung und Leistungserfolg zeitlich auseinanderfallen. Zu den Schickschulden zählt aber auch die Geldschuld. Das Urteil des BGH 29. 1. 1969 – IV ZR 545/68, NJW 1969, 875 ist deshalb nur richtig, weil für die besondere Frist des § 38 VVG nach dem Sinn dieser Vorschrift auf die Zahlungshandlung abgestellt werden muss.

Wenn der Gläubiger die ihm angebotene *Leistung nicht annimmt,* so ändert das **121** grundsätzlich nichts an der Beendigung des Verzugs. Doch darf der Schuldner den Gläubiger auch nicht mit der Leistung gleichsam überfallen. Insbesondere muss bei länger dauerndem Verzug dem Gläubiger ausreichende Zeit gelassen werden, sich auf die Entgegennahme der Leistung einzurichten (BAG 30. 5. 1975 – 3 AZR 280/74, BB 1975, 1578 für den Fall des Verzugs mit der Erfüllung eines Ausbildungsvertrages).

Eine **Leistung unter Vorbehalt** beendet den Schuldnerverzug jedenfalls dann, wenn **122** sie *Erfüllungswirkung* gem § 362 BGB hat. Dies ist der Fall, wenn der Schuldner bei der Leistung lediglich erklärt, er behalte sich vor, diese nach § 812 BGB zurückzufordern, falls sich herausstellt, dass die Verpflichtung zur Leistung nicht besteht (Staudinger/Olzen [2016] § 362 Rn 26 ff). Die Nichtannahme der Leistung führt in diesem Fall auch zum Gläubigerverzug.

Leistet der Schuldner unter einem Vorbehalt, der den *Eintritt der Erfüllungswirkung* **123** *verhindert,* etwa indem er das Bestehen der Forderung zur Bedingung macht oder die Leistung unter die aufschiebende Bedingung der rechtskräftigen Bestätigung stellt, endet der Schuldnerverzug nur, wenn der Gläubiger die Leistung annimmt (BGH 15. 3. 2012 – IX ZR 34/11, ZInsO 2012, 828; vgl auch BGH 24. 6. 1981 – IVa ZR 104/80, NJW 1981, 2244 für den Fall, dass der Gläubiger die Leistung in der Zwangsvollstreckung vorläufig durchsetzt). Deshalb sind die Kosten einer Sicherheitsleistung, die der Gläubiger erbringt, um vollstrecken zu können, kein Verzugsschaden, soweit sie nach Erbringung der Leistung entstehen; allerdings gehören sie nach überwiegender Meinung zu den Vollstreckungskosten nach § 788 ZPO (vgl Rn 230). Bürdete man dem Schuldner der tatsächlich erbrachten Leistung hier zusätzlich die Verzugsfolgen auf, wäre sein Recht, eine streitige Forderung klären zu lassen, stark entwertet (vgl zum parallelen Problem beim Gläubigerverzug § 293 Rn 20). Der Gläubiger ist dadurch genug geschützt, dass er sich eine solche Leistung nicht aufdrängen zu lassen braucht (BGH 15. 3. 2012 – IX ZR 35/11, NJW 2012, 1717; BGH 15. 3. 2012 – IX ZR 34/11, ZInsO 2012, 828; OLG München

21. 7. 2004 – 15 U 2578/04, Leitsätze in EWiR 2005, 103). Nimmt er sie aber an oder setzt er sie in der Zwangsvollstreckung durch und kann damit über sie verfügen, wäre es unangemessen, wenn er zudem noch in den Genuss der Verzugsfolgen käme (aA Schöler, Verzugs- und Prozesszinsen trotz Zahlung zur Abwendung der Zwangsvollstreckung?, MDR 2009, 360, 362, der aber verkennt, dass der Gläubiger nicht gezwungen ist, die angebotene Leistung anzunehmen; Braun AcP 184 [1984] 152 169 f, der aber die Schadensersatzfolgen zum Teil über eine Schadensabwendungspflicht des Gläubigers wieder repariert).

124 Hat der Gläubiger seinerseits erklärt, dass er die Leistung nicht annehmen werde, oder ist zur Bewirkung der Leistung eine **Mitwirkungshandlung des Gläubigers** erforderlich, genügt zur Beendigung des Schuldnerverzugs in jedem Fall ein wörtliches Angebot der Leistung (Wirth JuS 2002, 764, 766). Wie § 295 BGB zeigt, wird vom Schuldner in diesen Fällen nicht mehr erwartet als die Erklärung seiner Leistungsbereitschaft. Erklärt sich der Gläubiger dann nachträglich zur Entgegennahme der Leistung bereit oder nimmt er die Mitwirkungshandlung vor, gerät der Schuldner erneut in Verzug, wenn er nicht alsbald leistet.

125 Zur Beendigung des Verzugs ist grundsätzlich die Erbringung der **vollständigen Leistung** erforderlich.

126 Das Teilleistungsverbot des § 266 BGB gilt auch im Falle des schon eingetretenen Verzugs. Wer eine aus mehreren Teilen bestehende Anlage zu liefern hat, kann nicht gegen den Willen des Gläubigers durch Lieferung einzelner Teile den Verzug teilweise beenden. Der Schuldner einer Kaufpreisforderung von 1000 Euro kann durch eine Zahlung von 500 Euro den Verzug gegen den Willen des Gläubigers nicht auf die übrigen 500 Euro beschränken. Nimmt der Gläubiger eine Teilleistung aber entgegen, so ist damit der Verzug bezüglich des geleisteten Teils beendet.

127 Da es sich bei dem durch den Verzug entstandenen Verzugsschadensersatzanspruch um einen eigenständigen Anspruch handelt, der neben die Hauptleistungspflicht tritt, muss der Schuldner diesen nicht stets zwingend zeitgleich mit der Hauptforderung erfüllen, will er den Verzug beenden (Aufgabe der in der Voraufl vertretenen Auffassung; wie hier etwa Schwarze § 28 Rn 41; MünchKomm/Ernst Rn 105; Palandt/Grüneberg Rn 37; iE übereinstimmend Diederichsen JuS 1985, 825, 835; Scherner JR 1971, 441; Beuthien/Janssen Anm zu BAG AP Nr 2 zu § 284 BGB; Huber I 479 f). Handelt es sich bei der Hauptforderung um eine Geldschuld, findet in diesen Fällen vielmehr § 366 BGB Anwendung. Der Schuldner kann bei der Zahlung nach § 366 Abs 1 BGB bestimmen, dass er mit dieser zunächst die Hauptforderung begleichen will. Durch die Leistung wird der Verzug dann beendet (MünchKomm/Ernst Rn 105). Anders ist dies aber zu beurteilen, wenn der zu ersetzende Schaden (auch) im Ersatz von Aufwendungen besteht, die der Gläubiger zur Durchsetzung der Hauptforderung gemacht hat. Diese sind nach § 367 Abs 1 BGB vorrangig zu tilgen; bei einer anderweitgen Tilgungsbestimmung kann der Gläubiger die nicht zur Tilgung der ganzen Schuld ausreichende Leistung ablehnen. Es liegt dann ein Fall des § 266 BGB vor. Nicht anders zu beurteilen ist dies, wenn der Schuldner Verzugszinsen schuldet. Denn auch diese sind nach § 367 Abs 1 BGB vorrangig vor der Hauptschuld zu tilgen. Gleiches gilt auch für eine etwaige nach § 288 Abs 5 BGB geschuldete Verzugspauschale. Denn bei dieser handelt es sich um einen pauschalen Ersatz für den internen und externen Beitreibungsaufwand (s dazu § 288 Rn 61, 70) und damit um Kosten iSv § 367

Abs 1 BGB. Eine Sonderregelung besteht allerdings für das Verbraucherdarlehen: Nach § 497 Abs 3 S 2 BGB darf der Darlehensgeber Teilzahlungen in keinem Fall zurückweisen. Auch im Übrigen muss in jedem Einzelfall geprüft werden, ob dem Interesse des Schuldners, seine strenge Vertragshaftung zumindest teilweise so schnell wie möglich zu beenden, durch eine an § 242 BGB orientierte Auslegung von § 266 BGB Rechnung zu tragen ist (vgl BAG 30. 5. 1975 – 3 AZR 280/74, BB 1975, 1578; OLG Hamm 14. 10. 1966 – 9 U 135/66, VersR 1967, 383).

Beim **Kauf** bleibt der Verzug bei Lieferung einer mangelhaften Sache bestehen. Er endet erst, wenn der Verkäufer gem § 439 BGB den Mangel beseitigt oder mangelfrei nachliefert oder der Käufer sich gem §§ 437 Nr 2, 440, 441 BGB für Rücktritt, Minderung oder Schadensersatz entscheidet (Huber I 482 f; Eisenhardt JuS 1970, 489, 490). Allerdings kann der Schuldner den Gläubiger nach Ablauf der gemäß § 281 Abs 1 S 1 BGB gesetzten Frist in Annahmeverzug setzen, womit dann sein Verzug endet (Derleder/Holmans NJW 2004, 2787, 2789). S zur vorübergehenden Schlechtleistung näher Staudinger/Schwarze § 280 Rn C 27 ff. **128**

Der Schuldner kann den Verzug durch nachträgliche Leistung grundsätzlich auch dann noch beenden, wenn der Gläubiger wegen Vorliegens besonderer Umstände (§§ 323 Abs 2 Nr 3, 281 Abs 2 BGB) vom Vertrag zurücktreten oder Schadensersatz statt der Leistung *verlangen kann* (vgl RG 31. 1. 1922 – II 438/21, RGZ 104, 27, 28). Erst wenn der Gläubiger tatsächlich jene Rechte geltend gemacht hat, besteht die Leistungspflicht nicht mehr und kommt der Schuldner deshalb zu spät. **129**

Die nachträgliche Vornahme der Leistung beendet den Verzug immer nur *für die Zukunft.* Sie schließt den Eintritt weiterer Verzugsfolgen aus, lässt aber die bereits eingetretenen Verzugsfolgen grundsätzlich unberührt (BGH 15. 5. 2018 – II ZR 119/16; BGH 22. 3. 1995 – XII ZR 20/94, NJW 1995, 2032 ff). Von einer „Heilung" des Verzugs zu sprechen, ist deshalb unscharf. Zur vertraglichen Vereinbarung über bereits eingetretene Verzugsfolgen s Rn 133. **130**

2. Bei Bestehen einer Einrede

Steht dem Schuldner gegen eine Forderung eine Einrede zu, kann er diese auch gegenüber etwaigen Verzugsansprüchen des Gläubigers erheben (s oben Rn 12). Dies hat zur Folge, dass der Gläubiger die Ansprüche nicht durchsetzen kann. **War** der Schuldner allerdings zu dem Zeitpunkt, in dem er die Einrede erwirbt, **bereits in Verzug**, so kann er mit der Hauptleistung *nur die seit diesem Zeitpunkt* erwachsenen Verzugsforderungen verweigern. Die schon zuvor entstandenen Verzugsansprüche bleiben unberührt. Es geht nicht an, den Schuldner für sein vertragswidriges Verhalten auch noch zu belohnen, indem man diese Ansprüche der Einrede unterstellt (s ausf Staudinger/Bittner/Kolbe § 273 Rn 121; weiter Eisenhardt JuS 1970, 492 f; Huber I 334; **aA** Staudinger/Peters/Jacoby [2014] § 217 Rn 3). Die bereits entstandenen Verzugsansprüche verjähren dabei in entsprechender Anwendung von § 217 BGB spätestens mit dem Hauptanspruch (s dazu Rn 208). Wenn über die Hauptforderung ein rechtskräftiges Urteil vorliegt, sodass sie erst in 30 Jahren verjährt (§ 197 Abs 1 Nr 3 BGB), so ist es denkbar, dass der Anspruch auf Verzugsschaden vorher verjährt (BGH 19. 4. 1955 – I ZR 66/53, MDR 1955, 462). Zur Verjährung des gesetzlichen Anspruchs auf Verzugszinsen nach § 288 Abs 1 s § 288 Rn 33. **131**

132 Erwirbt der Schuldner *nach Verzugseintritt* die **Einrede des nichterfüllten Vertrags**, etwa weil nachträglich die Gegenleistung fällig geworden ist, so endet der Verzug nicht automatisch, sondern erst, wenn der Schuldner die ihm obliegende Leistung Zug um Zug gegen Erbringung der Gegenleistung anbietet (BGH 8. 11. 1994 – X ZR 104/91, NJW-RR 1995, 564 f; KG Berlin 25. 10. 2012 – 21 U 133/11 – ZfBR 2013, 146; HUBER I 334). Dies steht nicht im Widerspruch dazu, dass die *von vornherein* bestehende Einrede des nicht erfüllten Vertrages den Verzugseintritt hindert (oben Rn 25): Weil der Schuldner durch die Leistungsverzögerung die Situation, durch die die Einrede entstanden ist, selbst herbeigeführt hat, kann von ihm zur Beseitigung des Verzugs mehr, nämlich das Angebot zur Erbringung seiner Leistung, verlangt werden. Treten während des Verzugs des vorleistungspflichtigen Schuldners die Voraussetzungen des § 321 BGB ein, so genügt es zur Verzugsbeendigung, dass der Schuldner seine Leistung gegen Bewirkung der Gegenleistung anbietet (BGH 11. 10. 1967 – VIII ZR 143/65, NJW 1968, 103; krit HUBER I 335).

3. Durch vertragliche Vereinbarung

133 Der Verzug endet, wenn der Gläubiger dem Schuldner nachträglich ausdrücklich oder stillschweigend die Forderung **stundet** (vgl RG 6. 3. 1926 – I 74/25, RGZ 113, 53, 56; BGH 24. 10. 1990 – VIII ZR 305/89, NJW-RR 1991, 822). Ob in einer solchen Stundung auch der Verzicht auf die bereits eingetretenen Verzugsfolgen liegt, ist Sache der Auslegung (OLG Hamburg OLGE 22, 194). Zu vermuten ist ein solcher Verzicht nicht (RG SeuffA 54 Nr 143; KG Berlin 17. 11. 1966 – 8 U 893/66, BWNotZ 1967, 201 für den Fall eines Prozessvergleichs). In der Gewährung einer „letzten Frist" an den seit langem in Verzug befindlichen Schuldner hat das Reichsgericht keinen solchen Verzicht gesehen (Recht 1920 Nr 604), ebenso wenig in einer Anfrage, wann nunmehr die Lieferung zu erwarten sei (Recht 1918 Nr 491). Zur Rücknahme der Mahnung s Rn 54 f.

4. Weitere Beendigungsgründe

134 Ist die Leistung nach Verzugseintritt *unmöglich* geworden, so bestimmen sich von da an die Rechte des Gläubigers nach den Vorschriften über die Unmöglichkeit, vgl Vorbem 16 ff zu §§ 286 ff. Gleiches gilt, wenn der Schuldner gem § 275 Abs 2 und 3 BGB die Leistung verweigert, vom Zeitpunkt der Verweigerung ab (Vorbem 27 zu §§ 286 ff). Auch wenn der Anspruch aus anderen Gründen untergeht, endet mit dem Untergang des Anspruchs zwangsläufig ex nunc auch der Verzug (BGH 26. 9. 2012 – XII ZR 112/10, NJW 2013, 41 für den Anspruch des Vermieters auf Betriebskostenvorauszahlung mit Eintritt der Abrechnungsreife). Deshalb endet der Verzug etwa auch, sobald der Gläubiger wirksam nach § 281 Abs 4 BGB *Schadensersatz statt der Leistung* verlangt (MünchKomm/ERNST § 281 Rn 118) oder vom Vertrag nach §§ 323 Abs 1, 346 BGB *zurücktritt*.

135 Die Eröffnung des Insolvenzverfahrens über das Vermögen des Schuldners beendet dessen Verzug nicht (BGH 17. 6. 2015 – VIII ZR 19/14, BGHZ 206, 1; OLG Hamburg 24. 10. 1958 – 1 U 88/58, MDR 1959, 221; LG München I 31. 1. 1957 – 10 O 308/56, NJW 1957, 1562; MünchKomm/ERNST Rn 108; HESS, in: Kölner Kommentar zur Insolvenzordnung [2016] § 39 Rn 16 ff; **aA** JAEGER/JACOBY, Insolvenzordnung [2014] § 109 Rn 65, § 112 Rn 58). Die Tatsache, dass ein Insolvenzverfahren über das Vermögen des Schuldners eröffnet wurde, bringt den Anspruch weder zum Erlöschen, noch ist sie materiell-rechtliche Einrede

gegen die Forderung. Sie ist vielmehr ein Leistungshindernis, für das der Schuldner nach § 287 S 2 BGB einzustehen hat (BGH 17. 6. 2015 – VIII ZR 19/14, BGHZ 206, 1).

IV. Beweislast

Der Gläubiger hat die Fälligkeit und die Mahnung oder die Tatsachen, aus denen sich die Entbehrlichkeit der Mahnung ergibt, zu beweisen, weil es sich um Voraussetzungen der aus dem Verzug abgeleiteten Ansprüche handelt. Gleiches gilt von Fälligkeit und Zugang einer Rechnung oder gleichwertigen Zahlungsaufstellung, sofern nicht ein Fall des § 286 Abs 3 S 2 BGB gegeben ist (oben Rn 114), im Falle des § 286 Abs 3 S 1 BGB. Dagegen muss der Schuldner, der sich in Verzug befunden hat, beweisen, dass er durch die spätere Erfüllung die Verzugsfolgen wieder ausgeräumt hat (BGH 29. 1. 1969 – IV ZR 545/68, NJW 1969, 875). Zur Beweislast hinsichtlich des Vertretenmüssens der Leistungsverzögerung s Rn 179 f. **136**

V. Nichtvertretbarkeit der Verzögerung

1. Grundsatz

Auch wenn die Verzugsvoraussetzungen der § 286 Abs 1, 2 oder 3 BGB vorliegen, kommt der Schuldner nach § 286 Abs 4 BGB dann nicht in Verzug, wenn er die der rechtzeitigen Leistung entgegenstehenden Hindernisse nicht zu vertreten hat. Damit hat sich das BGB auch bei der Haftung des Schuldners im Falle einer Leistungsverzögerung für das *Verschuldensprinzip* entschieden. Denn zu vertreten hat der Schuldner gem § 276 BGB grundsätzlich nur sein Verschulden. Daran ändert auch die Zahlungsverzugsrichtlinie nichts. Sie definiert den von ihr in Art 3 Abs 1 lit b) und Art 4 Abs 1 lit b) verwendeten Begriff „nicht verantwortlich" nicht, sodass dem nationalen Gesetzgeber die Definition überlassen bleibt. **137**

Ohne Verschulden haftet der Schuldner nur, wenn das vertraglich bestimmt ist oder sich aus dem sonstigen Inhalt des Schuldverhältnisses, insbesondere aus der Übernahme einer Garantie oder eines Beschaffungsrisikos ergibt (Staudinger/Caspers § 276 Rn 151). Zu vertreten hat der Schuldner auch das Verschulden seines gesetzlichen Vertreters oder Erfüllungsgehilfen (§ 278 BGB). Insbes ist dem Schuldner auch das Wissen von Personen, die er in die Abwicklung des Geschäfts eingeschaltet hat, zuzurechnen. Auch muss sich der Erbe die Kenntnis des Erblassers von einem Pflichtteilsberechtigten nach § 1967 Abs 1 BGB zurechnen lassen (OLG Sachsen-Anhalt 23. 12. 2011 – 10 U 12/11, FamRZ 2012, 1664). Praktisch ist das Verschuldensprinzip dadurch abgemildert, dass den Schuldner die Beweislast dafür trifft, dass er das Unterbleiben rechtzeitiger Leistung nicht zu vertreten hat (s Rn 179). S zum Verhältnis von § 286 Abs 4 BGB zu § 280 Abs 1 S 2 BGB ausführlich Staudinger/Schwarze Vorbem C 11 zu §§ 280 ff. **138**

§ 286 Abs 4 BGB schränkt den Kreis der Umstände, derentwegen sich der Schuldner durch den Nachweis des Nichtvertretenmüssens von den Verzugsfolgen befreien kann, in keiner Weise ein. Es kommen deshalb als zu *prüfende* Leistungshindernisse sowohl *äußere Umstände* wie Einwirkungen Dritter, Ausfall von Hilfspersonen, Betriebsstörungen, Krankheit des Schuldners, Beschaffungsschwierigkeiten oder andere tatsächliche Schwierigkeiten bei der Vorbereitung der Leistung als auch *innere* **139**

Tatsachen, insbes die tatsächliche oder vermeintliche Ungewissheit über Bestehen und Umfang der Schuld oder über den Gläubiger, in Betracht.

140 Die Frage, welche Folgerungen sich daraus ergeben, dass dem Schuldner gegen die Forderungen des Gläubigers eine Einrede zusteht, hat nichts mit § 286 Abs 4 BGB zu tun, sondern stellt einen eigenen Problemkreis dar, vgl Rn 12.

2. Hinderung der Leistung durch nicht zu vertretende äußere Umstände

141 Wann der Schuldner eine in äußeren Umständen begründete Hinderung der Leistung zu vertreten hat, richtet sich in der Hauptsache nach den §§ 276 bis 278 BGB, vgl die Erl dort.

142 Im Rahmen des § 276 BGB hat es der Schuldner vor allem zu vertreten, wenn er mit der **Vorbereitung der Leistung** fahrlässigerweise nicht rechtzeitig begonnen oder diese unsachgemäß oder nicht termingerecht durchgeführt hat (vgl den Fall BGH 4. 7. 1963 – II ZR 174/61, NJW 1963, 1823; LG Berlin 12. 8. 2013 – 99 O 127/11, EnergieRecht 2013, 208). Ein Verschulden kann auch darin liegen, dass der Schuldner die Erbringung der Leistung bis zu einem bestimmten Zeitpunkt übernommen hat, obwohl dies in der gesetzten Frist gar nicht möglich ist (sog **Übernahmeverschulden**, vgl Staudinger/Caspers § 276 Rn 18). Schätzt ein Werkunternehmer seine Leistungskapazität falsch ein, haftet er für die Verspätung seiner Leistung (Huber I 673). Wer sich vertraglich zur Verschaffung von Wohnungseigentum verpflichtet, ohne sich zuvor Gewissheit darüber zu verschaffen, dass die vorgesehene Teilung in Wohnungseigentum ohne weiteres durchführbar ist, handelt unter diesem Gesichtspunkt schuldhaft (OLG Karlsruhe 24. 5. 1989 – 6 U 192/88, NJW-RR 1989, 1245). Auf der anderen Seite kann vom Verkäufer eines Grundstücks, der die Verschaffung lastenfreien Eigentums und damit auch die Löschung von Nacherbenvermerken schuldet, nicht mehr verlangt werden, als dass er dem mit einem umfassenden Vollzugsauftrag ausgestatteten Notar die Liste der Nacherben überreicht und der Notar dann auch tatsächlich tätig wird (OLG Hamm 26. 10. 2000 – 22 U 64/00, OLGR Hamm 2001, 174).

143 Eine die Leistung hindernde **Erkrankung** des Schuldners schließt den Verzug regelmäßig aus (Huber I 672 f; Palandt/Grüneberg Rn 33; LG Hannover 27. 7. 2017 – T 20/16, ZMR 2016, 957 für einen im Koma liegenden Schuldner). Dies gilt jedoch nicht, wenn der Schuldner die Verzögerung dadurch hätte abwenden können, dass er rechtzeitig einen Vertreter bestellt oder einen Gehilfen eingeschaltet hätte (Larenz I § 23 I b; s Staudinger/Caspers § 276 Rn 18 f). Betriebsstörungen und Verkehrsstockungen schließen den Verzug aus, wenn der Schuldner sie weder selbst vermeiden noch ihre Auswirkungen auf die rechtzeitige Leistung verhindern konnte. Kriegseinwirkungen schließen ebenso wie hoheitliche Beschränkungen des Waren- oder Zahlungsverkehrs (zu Letzterem RG 2. 5. 1923 – III 323/22, RGZ 107, 173, 175; RG 26. 7. 1939 – II 37/39, RGZ 161, 100, 105) den Verzug regelmäßig aus. Zu behördlichen zeitweiligen Zahlungsverboten s Vorbem 23 zu §§ 286 ff.

144 Der Schuldner muss nicht **unzumutbare Gefahren** für sich in Kauf nehmen, um seiner Leistungspflicht nachzukommen. Die Gefahr einer Verfolgung durch Ost-Berliner Behörden bei Erfüllung eines Herausgabeanspruchs eines nach West-Berlin Geflohenen schloss daher Verzug aus (BGH 15. 2. 1956 – IV ZR 214/55, LM § 985 BGB Nr 21).

Die verspätete Rückgabe eines Heimdialysegeräts ist solange nicht zu vertreten, wie ein Ersatzgerät nicht zu beschaffen ist. Es fehlt dann schon die Rechtswidrigkeit (vgl Staudinger/Caspers § 276 Rn 12 ff).

Aus dem gleichen Grund kann der räumungspflichtige Mieter die verzögerte **Räumung einer Wohnung** dann nicht zu vertreten haben, wenn er keinen Ersatzraum finden kann (OLG Braunschweig 13. 11. 1962 – 1 U 141/62, NJW 1963, 1108, 1110; OLG Celle 24. 2. 1967 – 4 U 169/66, MDR 1967, 1013; Schmidt/Futterer NJW 1962, 475). Dabei ist zusätzlich § 571 Abs 1 S 2 und Abs 2 BGB zu beachten. Nach § 571 Abs 1 S 2 BGB ist auch bei Vertretenmüssen der Schaden nur insoweit zu ersetzen, als dies der Billigkeit entspricht. Nach § 571 Abs 2 BGB ist während des Laufs einer nach §§ 721 oder 794a ZPO gewährten Räumungsfrist ein weiterer Schaden überhaupt nicht zu ersetzen (vgl näher Staudinger/Rolfs [2018] § 571 Rn 10 ff). Ist einem Mieter mündlich zugesagt worden, er könne bis zu seiner Verrentung in einer Wohnung bleiben, wird ihm dann aber unter Berufung auf die fehlende Schriftform gekündigt, gerät er mit der Rückgabe des Mietobjekts erst von dem Zeitpunkt ab in Verzug, zu dem er sich auf die Rückgabeverpflichtung einstellen konnte (zu weitgehend OLG Köln 1. 9. 2000 – 19 U 147/99, OLGR Köln 2001, 107, das in einem solchen Fall den Verzug offenbar überhaupt ausschließen will). 145

Der nicht zu vertretende äußere Umstand kann auch auf der **Seite des Gläubigers** liegen. Ist der Gläubiger mit unbekannter Anschrift verzogen oder dem Schuldner bei einer Abtretung lediglich der neue Gläubiger, nicht aber dessen Anschrift mitgeteilt worden, wird regelmäßig kein Verschulden des Schuldners bestehen. Es ist nicht Aufgabe des Schuldners, Ermittlungen über die **Person des Gläubigers** anzustellen. Vielmehr muss sich dieser annahmebereit halten (vgl die Fälle RG SeuffA 60 Nr 27; 68 Nr 32; BGH 7. 2. 1973 – VIII ZR 205/71, MDR 1973, 404). Auch wenn der Gläubiger eine falsche Kontonummer mitgeteilt hat, liegt ein vom Schuldner nicht zu vertretender Umstand vor, wenn er lediglich die Rückabwicklung abwartet, ehe er einen neuen Zahlungsversuch unternimmt (Schleswig-Holsteinisches OLG 21. 12. 2005 – 4 U 113/05, OLG SchlHA 2006, 424). Bleibt eine Mitwirkungshandlung des Gläubigers aus, tritt ohnehin kein Verzug ein, s Rn 57. 146

Wird der Schuldner zur Verzögerung der Leistung durch eine **Willenserklärung des Gläubigers** veranlasst, die sich später als **unwirksam** herausstellt, kommt er nur in Verzug, wenn er die Unwirksamkeit kannte oder kennen musste. So kann der Schuldner auf eine Stundung vertrauen, auch wenn der Gläubiger diese nachträglich wegen Irrtums anficht, es sei denn, der Schuldner musste den Irrtum erkennen. Der Schuldner darf von der Geschäftsfähigkeit des Gläubigers als dem vom Gesetz zugrunde gelegten Regelfall ausgehen, solange sich ihm die Geschäftsunfähigkeit nicht aufdrängen musste. Kündigt ein Arbeitnehmer, dessen Geschäftsunfähigkeit sich erst nachträglich herausstellt, sein Arbeitsverhältnis ordentlich, so kommt der Arbeitgeber erst dann in Verzug, wenn ein aussagekräftiges Gutachten über die Störung der Geistestätigkeit vorliegt (BAG 17. 2. 1994 – 8 AZR 275/92, NJW 1994, 2501). 147

Vertragwidriges Verhalten des Gläubigers kann ein Verschulden des Schuldners am Ausbleiben der Leistung und damit den Eintritt des Verzugs ausschließen. Der Schuldner braucht nicht zu leisten, solange er mit Recht besorgt, dass der Gläubiger die Lieferung vertragswidrig verwenden werde (vgl RG JW 1910, 804; Recht 1910 Nr 2966, 148

Nr 3160). Hat sich der Schuldner etwa mit Rücksicht auf einen anderen Kunden ausbedungen, dass der Gläubiger die zu liefernde Ware nicht in einem bestimmten Gebiet absetzt, und deuten Umstände darauf hin, dass der Gläubiger dies gleichwohl tun will, kann der Schuldner die Leistung zurückhalten, ohne in Verzug zu kommen. Zu den Fällen des nachträglichen gesetzlichen oder behördlichen Verbots der Leistung s Staudinger/Caspers § 275 Rn 38 ff.

149 Für das Vorhandensein der zur Erfüllung seiner Schuldpflichten notwendigen **Geldmittel** hat der Schuldner immer einzustehen (BGH 4. 2. 2015 – VIII ZR 175/14, BGHZ 204, 134; OLG Dresden 17. 9. 2018 – 4 U 713/18; Staudinger/Caspers § 275 Rn 74, Staudinger/Caspers § 276 Rn 164). Vorübergehende Mittellosigkeit kann also weder den Geldschuldner noch den zur Beschaffung von Ware Verpflichteten von den Verzugsfolgen befreien (RG 8. 2. 1911 – V 690/09, RGZ 75, 335, 337; BGH 19. 2. 1962 – III ZR 200/60, BGHZ 36, 344, 345; BGH 15. 1. 1982 – V ZR 164/80, WM 1982, 399; Walchshöfer JuS 1983, 598, 600; s ausf Staudinger/Omlor [2016] Vorbem B 58 zu §§ 244–248). Dies gilt auch für die Verpflichtung des Mieters, den vereinbarten Mietzins pünktlich zu entrichten, wenn der Mieter hierbei auf Leistungen der Agentur für Arbeit angewiesen ist (BGH 4. 2. 2015 – VIII ZR 175/14, BGHZ 204, 134; AG Augsburg 11. 8. 2014 – 16 C 408/14, WuM 2014, 611; AG Frankenthal 5. 7. 2012 – 3a C 73/12; AG Frankfurt 9. 6. 2010 – 33 C 1381/10–76; weitergehend LG Berlin 9. 1. 2012 – 65 T 227/11, NZM 2013, 121; vgl auch Staudinger/Emmerich [2017] § 543 Rn 56). Vom Vertretenmüssen der verzögerten Leistung getrennt zu beurteilen ist jedoch die Frage, ob der Schuldnerverzug des Mieters in diesen Fällen das Kündigungsrecht des § 543 Abs 1 BGB begründet (BGH 21. 10. 2009 – VIII ZR 64/09, NJW 2009, 3781; AG Augsburg 11. 8. 2014 – 16 C 408/14, WuM 2014, 611). Auch dass der Mieter von Räumen finanziell nicht in der Lage ist, sich Ersatzraum anzumieten, vermag am Eintritt des Verzugs nichts zu ändern (vgl Soergel/Benicke/Nalbantis Rn 160). Allerdings kommt dem Mieter von Wohnraum insoweit die Sonderregel des § 571 BGB zugute (s Rn 145).

150 Bei **Beschaffungsschulden** hat der Schuldner gem § 276 BGB ohne Rücksicht auf Verschulden auch für die rechtzeitige Beschaffung einzustehen (allg Meinung, s ausf Coester-Waltjen AcP 183 [1983] 279 ff). Allerdings deckt der Charakter der Schuld als Beschaffungsschuld nur das typische Risiko rechtzeitiger Beschaffung, nicht aber die Umstände, die den Beschaffungsschuldner ebenso unvorbereitet treffen wie den Schuldner eines bei diesem schon vorhandenen Gegenstandes. Für eine Verhinderung durch persönliche Umstände, wie eine Flucht infolge von Kriegsereignissen (vgl den Fall RG 12. 3. 1920 – II 362/19, RGZ 99, 1 ff) oder einen Diebstahl, nach dem die Ware erst wieder beschafft werden muss, braucht auch der Beschaffungsschuldner nicht einzustehen (Coester-Waltjen AcP 183 [1983] 291; zu unvorhergesehenen erheblichen Leistungshindernissen s weiter BGH 1. 12. 1993 – VIII ZR 259/92, NJW 1994, 515 f; ausf Larenz I § 23 I b; **aA** Huber I 586 f, der eine Einschränkung nur im Rahmen einer entsprechenden ergänzenden Vertragsauslegung oder bei Wegfall der Geschäftsgrundlage anerkennen will). Auch ist zu beachten, dass die Haftung für das Beschaffungsrisiko vertraglich ausgeschlossen werden kann, etwa durch eine Selbstbelieferungsklausel (vgl Staudinger/Caspers § 276 Rn 157).

151 Hat der Schuldner vertraglich die **Garantie** übernommen, die Leistung bis zu einem bestimmten Zeitpunkt zu erbringen, so kann er auch dann in Verzug kommen, wenn ihn kein Verschulden hinsichtlich der Umstände trifft, welche die rechtzeitige Leistung verhindert haben. Allerdings bedarf es stets einer genauen Vertragsauslegung dahingehend, welche leistungshindernden Umstände wirklich von der Garantie umfasst sein sollen. Die Garantiehaftung des Verkäufers erstreckt sich auf Sach- und Rechtsmängel (§ 433 Abs 1 S 3 BGB). Gelingt dem Verkäufer die rechtzeitige Beseitigung eines solchen Mangels nicht, so gerät er in Verzug.

3. Hinderung der Leistung durch nicht zu vertretende Ungewissheit über Bestehen und Umfang der Schuld

a) Ungewissheit im Tatsächlichen

Ungewissheit über Bestehen und Umfang der Schuld kann für den Schuldner zunächst deshalb bestehen, weil der **Sachverhalt ungeklärt** ist. Dem Schuldner ist eine jeweils nach den Umständen zu bemessene Frist zur Überprüfung der tatsächlichen und rechtlichen Grundlagen der Schuld einzuräumen (BGH 12. 7. 2006 – X ZR 157/05, NJW 2006, 3271, 3272). Nur wenn der Schuldner an der fehlenden Klärung des Sachverhalts ein Verschulden trifft, gerät er in Verzug (OLG Köln 19. 4. 2001 – 12 U 151/00, ZIP 2001, 1821 für einen Sequester, der nur auf die Geschäftsunterlagen und Angaben des Gemeinschuldners zurückgreifen kann; Huber I 694 ff). 152

Wird die Mahnung mit der Erklärung verbunden, welche die Fälligkeit erst herbeiführt (Rn 44), tritt Verzug deshalb erst nach Ablauf der Zeit ein, die der Schuldner nach der Verkehrsanschauung in Anspruch nehmen darf, um die Leistung bereitzustellen (Huber I 457). Nicht nur bei Geldforderungen muss ihm deshalb die Zeit, die eine zügige Prüfung üblicherweise in Anspruch nimmt, zugebilligt werden (BGH 27. 4. 1964 – III ZR 128/63, MDR 1964, 662; OLG Saarbrücken 27. 2. 2007 – 4 U 470/06, MDR 2007, 1190; AG Bremen 20. 6. 2013 – 9 C 0131/13). So ist eine Versicherung nach Eingang der Schadensmeldung zwar verpflichtet, diese beschleunigt zu bearbeiten. Bei der Regulierung ist ihr jedoch eine angemessene Frist einzuräumen, um Haftungsgrund und -umfang zu prüfen (OLG Frankfurt 6. 2. 2018 – 22 W 2/18, NJW-RR 2018, 1432; OLG Saarbrücken 27. 2. 2007 – 4 U 470/06, MDR 2007, 1190; LG Stuttgart 14. 6. 2016 – 26 O 23/16, DAR 2018, 155). Vor Ablauf dieser Frist tritt wegen § 286 Abs 4 BGB kein Verzug ein. Welche Frist angemessen ist, hängt von den Umständen des Einzelfalls ab (Pott NZV 2015, 111, 113). Die 30-Tages-Frist des § 286 Abs 3 BGB ist insofern nicht anwendbar, denn diese Vorschrift schafft bei Entgeltforderungen nur einen *zusätzlichen* Verzugstatbestand (Rn 95). In der Rechtsprechung werden als angemessene Prüfungsfrist Zeiträume von zwei Wochen bis zu zwei Monaten nach Eingang eines spezifizierten Anspruchsschreibens und Vorlage der angeforderten Belege diskutiert (OLG Frankfurt 6. 2. 2018 – 22 W 2/18, NJW-RR 2018, 1432 mit umfassenden Nachweisen). Bei einfach gelagerten Sachverhalt wird man der Versicherung eine Frist von maximal zwei Wochen für die Schadensregulierung zubilligen können (so auch AG Borken 5. 2. 2015 – 12 C 106/12; **aA** Pott NZV 2015, 111, 113, der der Versicherung bei durchschnittlichen Fällen eine Frist von „allenfalls" vier Wochen zubilligen will); nur in besonders gelagerten Ausnahmefällen vermag eine angemessene Prüfung bis zu einem Monat in Anspruch nehmen. S zu verbleibenden Zweifeln über das Bestehen der Schuld nach Prüfung Rn 156. 153

Zahlt der Käufer nicht, weil nach seiner Auffassung Mängel der Kaufsache vorliegen, stellt sich diese Annahme aber nachträglich als unzutreffend heraus, hat der Schuldner die Zahlungsverzögerung grundsätzlich zu vertreten. Sind aber Zweifel 154 nur unter Hinzuziehung von Sachverständigen zu beseitigen, so kann der Verzug erst mit *der Klärung durch diese Sachverständigen* eintreten (vgl OLG Frankfurt 27. 7. 2004 – 21 U 17/02, BauR 2004, 1961). Bis diese vorliegt, mangelt es deshalb an einem Verschulden. Allerdings ist der Schuldner verpflichtet, den Sachverständigen alsbald mit der Begutachtung zu beauftragen. Keinesfalls darf der Schuldner schlicht die Einschaltung von Sachverständigen durch das Gericht abwarten, sondern muss sich selbst unter Beiziehung der ihm zur Verfügung stehenden Experten ein Urteil verschaffen (BGH 11. 12. 1951 – I ZR 121/51, LM Nr 2 zu ADS). Für ein schuldhaft falsches Gutachten des Sachverständigen muss der Schuldner gem § 278 BGB einstehen (OLG Karlsruhe 22. 9. 2004 – 14 U 173/03, NJW 2005, 515).

155 Ist der **Umfang** einer Leistung von einer *Wertermittlung* abhängig, tritt solange kein Verzug ein, wie der Wert nicht ermittelt ist, es sei denn, der Schuldner hat die Verzögerung der Wertermittlung zu vertreten (BGH 6. 5. 1981 – IVa ZR 170, BGHZ 80, 269, 277). Dies gilt insbes für Schmerzensgeldansprüche (OLG Celle 14. 2. 1963 – 5 U 22/62, NJW 1963, 1205), für vom Bestand des Nachlasses und von der Ermittlung des Nachlasswertes abhängige Pflichtteilsansprüche (BGH 6. 5. 1981 – IVa ZR 170, BGHZ 80, 269, 277) und für Unterhaltsansprüche (BGH 30. 11. 1983 – IVb 31/82, NJW 1984, 868), die nach der Bedürftigkeit des Unterhaltsgläubigers und der Leistungsfähigkeit des Unterhaltsschuldners bestimmt werden müssen. Beim Schmerzensgeld müssen die für die Bemessung maßgebenden Tatsachen dem Schuldner zugänglich sein, sodass er den angemessenen Betrag errechnen kann (OLG Celle 14. 2. 1963 – 5 U 22/62, NJW 1963, 1205). Ergibt sich allerdings aus den eigenen Wertangaben des Schuldners bereits eine höhere als die vom Gläubiger geltend gemachte Forderung, tritt Verzug ein (BGH 6. 5. 1981 – IVa ZR 170, BGHZ 80, 269, 277). Fordert der Gläubiger umgekehrt mehr als bereits feststeht, kommt es darauf an, ob darin eine wirksame Mahnung des unstreitigen Betrags zu sehen ist (dazu Rn 36). In diesem Fall muss der Schuldner den feststehenden Betrag leisten, wenn er den Verzug vermeiden will. Auch der Bürge kommt solange nicht in Verzug, wie ihm die notwendigen Informationen zur Hauptschuld nicht erteilt werden und und er diese auch mit eigenen zumutbaren Anstrengungen nicht erhalten kann (BGH 10. 2. 2011 – VII ZR 53/10, NJW 2011, 2120).

156 Was das **Bestehen einer Schuld** anlangt, kommt ein Versicherer mit der fälligen Leistung solange nicht in Verzug, wie er gewichtige tatsächliche Bedenken gegen das Vorliegen eines Versicherungsfalles und damit gegen das Bestehen seiner Leistungspflicht haben kann (BGH 20. 11. 1990 – IV ZR 202/89, RuS 1991, 37; BGH 23. 6. 1954 – II ZR 69/54, BB 1954, 614 für berechtigte Zweifel über die Art und den Umfang der Unfallfolgen). Doch ändert sich dies dann, wenn er zu einem späteren Zeitpunkt aufgrund neuer Erkenntnisse zu dem Ergebnis gelangen muss, dass die Tatsachen seine Bedenken nicht stützen. Der Versicherer gerät deshalb jedenfalls in dem Moment in Verzug, in dem er aus dem erstinstanzlichen Urteil ersehen kann, dass die nunmehr vorliegenden Tatsachen seinen Standpunkt nicht mehr stützen können (BGH 23. 6. 1954 – II ZR 69/54, BB 1954, 614; für den Eintritt des Verzugs genügt darüber hinaus schon die Kenntnisnahme von den Ergebnissen der Beweisaufnahme). Kann ein Versicherer aufgrund der Einsichtnahme in die Strafakten den begründeten Verdacht haben, der Versicherungsnehmer habe beim Eintritt des Versicherungsfalls mitgewirkt, trifft ihn kein Verschulden, wenn er die Versicherungsleistung zunächst zurückhält; Verzug tritt aber ein, wenn das Strafverfahren erstinstanzlich abgeschlossen und dabei ein solches Zusammenwirken ausgeschlossen wird (OLG Karlsruhe 6. 5. 1999 – 12 U 185/97, RuS 1999, 468 f).

Auch auf die übereinstimmenden Auskünfte mehrerer behandelnder Ärzte über die Fähigkeit eines gegen Berufsunfähigkeit Versicherten, eine bestimmte Tätigkeit noch ausüben zu können, kann sich eine Versicherung verlassen (OLG Düsseldorf 11. 4. 2000 – 4 U 54/99, VersR 2001, 885).

Ein Arbeitgeber, der einem Arbeitnehmer ohne zureichenden Grund gekündigt hat, **157** weil er von falschen Tatsachen, etwa einer Straftat des Arbeitnehmers oder dem Ausbleiben eines Großauftrages ausgegangen ist, der dann doch erteilt wird, gerät mit dem weiterzuzahlenden Arbeitsentgelt dann nicht in Verzug, wenn er die falsche Tatsachengrundlage auch bei Anwendung der erforderlichen Sorgfalt nicht erkennen konnte (LAG Rheinland-Pfalz 19. 8. 2011 – 9 Sa 155/11, DStR 2012, 195). Der Fall ist nicht zu verwechseln mit dem, dass der Arbeitgeber einen feststehenden Sachverhalt fälschlich als zureichenden Kündigungsgrund *bewertet* (dazu Rn 162 ff).

Der Unterhaltspflichtige kommt durch eine Leistungsaufforderung nicht in Verzug, **158** solange er die Bedürftigkeit des Berechtigten nicht kennt und auch bei Anwendung der erforderlichen Sorgfalt nicht kennen kann (OLG Hamburg 18. 9. 1996 – 12 UF 24/96, FamRZ 1997, 621 f).

Der eine fristlose Kündigung begründende Zahlungsverzug entfällt nicht wegen **159** fehlenden Verschuldens des Mieters, wenn dieser bei Anwendung verkehrsüblicher Sorgfalt hätte erkennen können, dass die tatsächlichen Voraussetzungen des von ihm in Anspruch genommenen Minderungsrecht nicht bestehen (BGH 11. 7. 2012 – VIII ZR 138/11, NJW 2012, 2882). Die richtige Beurteilung der Sachlage, aus denen er seine Rechte ableitet, ist Sache des Mieters, nicht die des Vermieters.

Auch die begründete **Annahme des Einverständnisses des Gläubigers** mit der Ver- **160** spätung der Leistung kann das Verschulden ausschließen, so etwa, wenn der Schuldner annehmen durfte, der Gläubiger sei damit einverstanden, dass ein kleiner Zinsbetrag erst gemeinsam mit einem anderen Zinsbetrag am nächsten Quartalsersten gezahlt werde (RG LZ 1916, 1292). Dass der Gläubiger das verspätete Eintreffen einer wiederkehrenden Leistung nicht beanstandet, ändert aber nichts am Verzug wegen weiterer Leistungen, die verspätet eintreffen (s Rn 77).

Eine **Ungewissheit über die Person des Gläubigers** hat der Schuldner regelmäßig nicht **161** zu vertreten. Ist der Gläubiger verstorben und hat sich ein neuer Erbe noch nicht gemeldet, ist es nicht Sache des Schuldners, nach diesem zu suchen. Gleiches gilt bei einem Prätendentenstreit; dass der Schuldner eine mögliche Hinterlegung nach § 372 S 2 BGB unterlässt, führt nicht zum Verzug, sondern kann nur Fälligkeitszinsen auslösen (Huber I 702 f).

b) Ungewissheit in Rechtsfragen

Erhebliche Schwierigkeiten bereiten die Fälle, in denen die Ungewissheit über die **162** Schuld auf rechtlichen Zweifeln des Schuldners (sog **Rechtsirrtum**) beruht. Einerseits steht der Schuldner bei solchen rechtlichen Zweifeln vor der Alternative, entweder auf eine Nichtschuld zu leisten und sich später auf einen Kondiktionsanspruch verwiesen zu sehen oder die Verzugsfolgen in Kauf zu nehmen. Andererseits besteht die Gefahr, dass der nachlässige oder zahlungsunwillige Schuldner die rechtlichen Zweifel nutzt, um die Zahlung sanktionslos hinauszuzögern (zutreffend Rittner, in:

FS vHippel [1967] 413). Die Problematik ist um so größer, als das BGB anders als das österreichische Recht (§ 1333 ABGB) für Verzugszinsen und die anderen Verzugsfolgen einheitliche Anspruchsvoraussetzungen aufstellt (Mayer-Maly AcP 170 [1970] 133, 148 ff) und unser Schuldrecht anders als das Prozessrecht (§ 709 ZPO) eine vorläufige Leistungspflicht gegen Sicherheitsleistung des Gläubigers nicht kennt.

163 Im Grundsatz muss der rechtliche Zweifel als *möglicher Entschuldigungsgrund* für den Schuldner berücksichtigt werden können, weil § 286 Abs 4 BGB nun einmal die Frage nach dem Vertretenmüssen des Schuldners für alle denkbaren Leistungshindernisse stellt. Dies ist in der Rechtsprechung seit Mitte der dreißiger Jahre ausdrücklich anerkannt (RG 5. 7. 1927 – II 100/34, RGZ 146, 133, 144 f; RG 25. 6. 1935 – II 264/34, RGZ 148, 225, 234 f; 156, 113; BGH 9. 2. 1951 – I ZR 35/50, NJW 1951, 398; BGH 18. 5. 1955 – I ZR 8/54, BGHZ 17, 266, 295; BGH 4. 3. 1969 – VI ZR 274/67, MDR 1969, 470; BGH 26. 1. 1983 – IVb ZR 351/81, NJW 1983, 2318; BAG 1. 2. 1960 – 5 AZR 20/58, BAGE 9, 7, 18; BAG 12. 11. 1992 – 8 AZR 503/91, NZA 1993, 500; BAG 11. 6. 1997 – 10 AZR 613/96, AP Nr 1 zu § 291) und entspricht auch der Auffassung der Literatur (Mayer-Maly AcP 170 [1970] 133, 148 ff; Engert 98 ff; Rittner 413 ff; Diederichsen JuS 1985, 825, 834; J Mayer, Der Rechtsirrtum und seine Folgen im Bürgerlichen Recht [1989] 155; in der Begründung anders Jakobs 82 ff, dessen Ergebnis, „dass bei objektiver Ungewissheit über das Bestehen einer Verpflichtung dem auf Erfüllung in Anspruch Genommenen das Recht zusteht, die Leistung zu verweigern, bis die Ungewissheit beseitigt ist" [101], praktisch aber nichts wesentlich anderes bedeutet). Im Einzelnen gilt hierbei Folgendes:

164 Auf eine Ungewissheit, die darauf beruht, dass der Schuldner die einschlägigen **Rechtsvorschriften nicht kennt**, kann dieser sich unter keinen Umständen berufen. Die Verschaffung dieser Kenntnis gehört zu der nach § 276 BGB verkehrserforderlichen Sorgfalt (s Staudinger/Caspers § 276 Rn 56). Ebenso gehört es zur verkehrserforderlichen Sorgfalt, dass der Schuldner die Bestimmungen des Vertrages kennt, den er abgeschlossen hat (s hierzu Staudinger/Caspers § 276 Rn 57).

165 Beruht die Ungewissheit darauf, dass die **Auslegung einer Rechtsvorschrift** zweifelhaft ist, so ist erster Orientierungspunkt eine etwa vorhandene **höchstrichterliche Rechtsprechung**. Steht der Rechtsauffassung des Schuldners eine solche Rechtsprechung zur Seite, dann kommt er nicht in Verzug, mag sich die Rechtsauffassung auch nachträglich ändern (BGH 7. 3. 1972 – VI ZR 169/70, NJW 1972, 1045; BAG 12. 11. 1992 – 8 AZR 503/91, NZA 1993, 500; BAG 19. 8. 2015 – 5 AZR 975/13, BAGE 152, 213; Rittner 416; Reichel JW 1931, 525). Umgekehrt gerät der Schuldner in aller Regel in Verzug, wenn er einer dem Gläubiger günstigen höchstrichterlichen Rechtsprechung zuwiderhandelt. Etwas anderes kann insoweit nur gelten, wenn die bisherige höchstrichterliche Rechtsprechung sehr lange zurückliegt und durch die Entscheidung anderer Gerichte sowie im Schrifttum erheblich in Zweifel gezogen worden ist.

166 Einer höchstrichterlichen Rechtsprechung muss das Vorliegen einer durch übereinstimmende Urteile von Instanzgerichten und eine einhellige Meinung im Schrifttum **vollkommen gefestigten herrschenden Meinung** gleichbehandelt werden. Dass es aus Zufall oder deshalb, weil Revisionen wegen Fehlens der grundsätzlichen Bedeutung einer Rechtsfrage gar nicht zugelassen worden sind, eine höchstrichterliche Rechtsprechung nicht gibt, darf keinen Unterschied machen.

Liegt eine höchstrichterliche Rechtsprechung oder eine solche vollkommen gefestigte hM nicht vor, so ist der Rechtsirrtum nur entschuldigt, wenn die Rechtslage objektiv zweifelhaft ist und gewichtige Anhaltspunkte für die Richtigkeit der vom Schuldner auf Grundlage einer sorgfältigen Prüfung erlangten Rechtsauffassung sprechen (BAG 19. 8. 2015 – 5 AZR 975/13, BAGE 152, 213; BAG 17. 7. 2003 – 8 AZR 486/02, AP Nr 27 zu § 611 BGB Haftung des Arbeitgebers; LAG Düsseldorf 1. 8. 2017 – 3 Sa 864/16, ZIP 2018, 94; Damler/Zeyher AcP 218 [2018] 905, 934 ff). Es genügt danach für sich allein nicht, dass die Rechtsansicht des Schuldners vertretbar ist. Daher ist ein Verschulden des Schuldners nicht allein deshalb ausgeschlossen, weil dieser sich auf eine günstige Ansicht im Schrifttum stützen kann (BAG 19. 8. 2015 – 5 AZR 975/13, BAGE 152, 213). Die letztlich als unzutreffend erkannte Rechtsmeinung muss vielmehr nicht nur vertretbar, sondern aufgrund tatsächlich erfolgter sorgfältiger rechtlicher Prüfung gewonnen worden sein (BGH 8. 10. 1992 – III ZR 220/90, BGHZ 119, 365, 369 f; BGH 11. 6. 1981 – III ZR 34/80, NJW 1982, 36; BAG 16. 9. 2008 – 9 AZR 781/07, BAGE 127, 353; BAG 13. 6. 2002 – 2 AZR 391/01, NZA 2003, 44; BAG 23. 9. 1999 – 8 AZR 791/98, nv). Dafür, dass er eine sorgfältige Prüfung der Rechtslage vorgenommen hat, ist der Schuldner darlegungs- und beweispflichtig. Gelingt ihm dieser Nachweis und hat er sich aufgrund sorgfältiger und gewissenhafter Prüfung eine vertretbare Rechtsmeinung gebildet, fällt ihm kein Verschulden zur Last (BGH 8. 10. 1992 – III ZR 220/90, BGHZ 119, 365, 369 f; vgl auch BGH 17. 12. 1969 – VIII ZR 10/68, NJW 1970, 463; Damler/Zeyher AcP 218 [2018] 905, 936 ff). S aber zur Zurechnung des Verschuldens eines eingeschaltenen Rechtskundigen Rn 173. **167**

Nicht zu verlangen ist für den Ausschluss eines schuldhaften Rechtsirrtums hingegen, dass der Schuldner ohne Fahrlässigkeit mit einer abweichenden Beurteilung durch die Gerichte nicht zu rechnen brauchte (in diese Richtung auch BGH 17. 12. 1969 – VIII ZR 10/68, NJW 1970, 463; BGH 11. 12. 1973 – X ZR 14/70, BGHZ 62, 29, 36; zu eng hingegen BGH 9. 2. 1951 – I ZR 35/50, NJW 1951, 398; BGH 12. 3. 1969 – VIII ZR 97/67, NJW 1969, 1064; BGH 18. 12. 1997 – I ZR 79/95, NJW 1998, 2144 f; BGH 12. 7. 2006 – X ZR 157/05, NJW 2006, 3271, 3273:; LAG Baden-Württemberg 26. 11. 1998 – 4 Sa 47/98, LAGE § 4 TVG Beschäftigungssicherung Nr 6; LAG Berlin-Brandenburg 5. 2. 2013 – 11 Sa 2017/12; dieser Rspr im wesentlichen folgend Engert 98 ff; Huber I 710 ff; MünchKomm/Ernst Rn 121). Bei objektiv zweifelhafter Rechtslage ist es niemanden zuzumuten, einen aufgrund sorgfältiger Prüfung erlangten vertretbaren Rechtsstandpunkt ohne weiteres aufzugeben. Es ist **nicht schuldhaft, eine zweifelhafte Rechtsfrage auszutragen** (s zum Ganzen auch Damler/Zeyher AcP 218 [2018] 905, 934 ff). Dass dies für den Staat als Schuldner unrichtig erhobener Stempelsteuern gilt, hat bereits das RG anerkannt (RG 12. 5. 1925 – VI 22/25, RGZ 110, 430, 435). Der BGH nahm denselben Standpunkt für Verpflichtungen der Bundesrepublik aus § 32 AG LondSchAbk ein (BGH 19. 2. 1962 – III ZR 200/60, BGHZ 36, 344, 347). Wenn Huber dagegen einwendet, es gehe nicht an, dass der Schuldner in zweifelhaften Fällen einen Prozess auf Risiko des Gläubigers führe (Huber I 724) oder Engert meint, es gelte die Grundregel, dass auf eigene Gefahr handele, wer die Möglichkeit einer Pflichtverletzung riskiere (Engert 110), überzeugt das nicht. Die Risikoverteilung zwischen Gläubiger und Schuldner ist von der Verzugshaftung als Verschuldenshaftung zu trennen. Geregelt ist sie einmal in den Kostenregelungen der Prozessordnung und zum anderen in § 291 BGB, der bei Geldschulden eine Zinspflicht des Schuldners ohne Rücksicht auf den Verzug vorsieht. Auch dass der Schuldner, der bei zweifelhafter Rechtslage nicht zahlt, mit bedingtem Vorsatz handele (Huber I 722 f), kann nicht zugegeben werden. Der Schuldner, der einen Rechtsstreit um die geltend gemachte Forderung führt, hofft auf einen für ihn glücklichen Ausgang und **168** handelt damit nicht vorsätzlich (vgl zur Abgrenzung von dolus eventualis und bewusster Fahrlässigkeit BGH 4. 11. 1988 – 1 StR 262/88, BGHSt 36, 1, 9 ff). Nur wenn er bloß zu dem Zweck handelt, die Zahlung zu verzögern, lässt sich von bedingtem Vorsatz sprechen.

169 Befindet sich nach den vorstehenden Grundsätzen der Schuldner aufgrund eines entschuldigten Rechtsirrtums nicht in Verzug, so ändert hieran – anders als der BGH (BGH 23. 6. 1954 – II ZR 69/54, BB 1954, 614; BGH 9. 2. 1951 – I ZR 35/50, NJW 1951, 398) und Ernst (MünchKomm/Ernst Rn 120) meinen – auch allein die Tatsache nichts, dass der Schuldner auf der Leistungsverweigerung beharrt, obwohl er sich mit seiner Rechtsansicht in der *ersten oder zweiten Instanz* nicht durchzusetzen vermochte. Solange eine umstrittene Rechtsfrage noch nicht durch eine höchstrichterliche Entscheidung geklärt ist, handelt nicht schuldhaft, wer auch nur eine Minderheit von veröffentlichten Entscheidungen oder Literatur für sich hat und nach sorgfältiger Prüfung darauf vertraut, diese ihm günstige Rechtsauffassung in der höchsten Instanz durchsetzen zu können (so auch Damler/Zeyher AcP 218 [2018] 905, 939 und BGH 18. 5. 1955 – I ZR 8/54, BGHZ 17, 266, 295 bei einer äußerst umstrittenen Rechtslage und drohenden schweren Rechtsnachteilen für den Schuldner, wenn er dem Unterlassungsurteil der Tatsacheninstanzen vor dem Vorliegen der höchstrichterlichen Entscheidung Folge leistet).

170 Erst recht gilt dies, wenn umgekehrt die erste und ggf gar zweite Instanz die Rechtsauffassung des Schuldners teilt. Dann belegen diese Entscheidungen, dass der Standpunkt des Schuldners naheliegend, zumindest aber vertretbar ist. Daran ändert die Tatsache, dass das Berufungs- oder Revisionsgericht sich dieser Ansicht letztlich nicht anschließt und die vorinstanzliche(n) Entscheidung(en) aufhebt, nichts (LAG Düsseldorf 1. 8. 2017 – 3 Sa 864/16, ZIP 2018, 94; vgl LAG Hamm 27. 11. 1975 – 8 Sa 788/72, NJW 1976, 1119, LG Bochum 18. 3. 2015 – 4 O 405/14 ua, nv; dessen Urteil allerdings vom OLG Hamm 19. 11. 2015 – I-5 U 74/15, nv aufgehoben wurde). Deshalb ist auch die Auffassung des BGH unzutreffend, dass sich der Schuldner auf eine Entscheidung eines OLG, die ihm günstig ist, nicht ohne weiteres verlassen darf (so aber BGH 18. 4. 1974 – KZR 6/73, NJW 1974, 1903, 1904 f; BGH 9. 1. 1991 – IV ZR 97/89, VersR 1991, 331, 333; im gleichen Sinne LAG Hamburg 27. 11. 2012 – 4 Sa 20/12; MünchKomm/Ernst Rn 121; für den Schuldner günstiger BGH 17. 12. 1969 – VIII ZR 10/68, NJW 1970, 463). Ob ein entschuldbarer Rechtsirrtum vorliegt, bemisst sich nach den unter Rn 167 genannten Maßstäben. Insofern ist dem BGH allerdings zuzugeben, dass es für den Ausschluss eines Vertretenmüssens nicht allein genügt, wenn ein Gericht dem Schuldner bei einer lediglich vorläufigen Prüfung der Rechtslage in einem *einstweiligen Rechtsschutzverfahren* Recht gibt (BGH 26. 1. 1983 – IVb ZR 351/81, NJW 1983, 2318). Entscheidend ist vielmehr, ob der Schuldner aufgrund einer eigenen sorgfältigen und umfassenden Prüfung vom Fehlen einer Leistungspflicht ausgehen darf. Eine Prüfung in einem einstweiligen Rechtsschutzverfahren kommt einer solchen umfassenden Prüfung nicht gleich. Der Schuldner muss sich zudem stets auf seine eigene, tatsächlich durchgeführte Prüfung stützen können. Beruft er sich zum Nachweis eines mangelnden Vertretenmüssens allein auf eine Entscheidung der Vorinstanz, die das Verhalten des Schuldners aber nur aus Gründen gebilligt hat, die er selbst gar nicht erwogen hat, entschuldigt ihn dies deshalb nicht (BGH 11. 6. 1981 – III ZR 34/80, NJW 1982, 36).

171 Hegen beide Parteien eines Vertrages **gemeinsam** eine **irrige Rechtsauffassung**, so kann dem Schuldner jedenfalls solange kein Verschulden vorgeworfen werden, wie der Gläubiger von dieser unrichtigen Rechtsauffassung nicht abgerückt ist (RG 10. 10. 1919 – III 73/19, RGZ 96, 313, 316; MünchKomm/Ernst Rn 121).

Verfügt der Schuldner nicht selbst über die notwendigen Rechtskenntnisse, so muss er sie sich ggf durch **Einschaltung eines Rechtskundigen**, zB eines Rechtsanwaltes, eines Rechtssekretärs der Gewerkschaft oder eines Verbandfunktionärs verschaffen. Unterlässt er dies, so liegt schon allein darin das Verschulden an der falschen Einschätzung der Rechtslage (BGH 17. 12. 1969 – VIII ZR 10/68, NJW 1970, 463; BAG 1. 2. 1960 – 5 AZR 20/58, NJW 1960, 838; OLG Hamburg 16. 7. 2001 – 2 Wx 47/01, ZMR 2002, 298; vgl auch BAG 31. 1. 1985 – 2 AZR 486/83, NZA 1986, 138, wonach der Verweis auf eine in der Presse geführte Diskussion nicht genügt; BAG 22. 6. 1972 – 2 AZR 346/71, NJW 1973, 166, wonach auch die Einschaltung der eigenen Rechtsabteilung nicht genügt). 172

Gibt der eingeschaltete Rechtsberater eine **falsche Auskunft**, so geht dies nach § 278 BGB stets zu Lasten des Schuldners: Der Schuldner bedient sich des Beraters bei der Erfüllung seiner Verbindlichkeit, auch wenn sich diese Dienste im geistigen Bereich bewegen (BGH 25. 10. 2006 – VIII ZR 102/06, NJW 2007, 428, 429 für die Beratung durch den Mieterschutzverein; OLG Düsseldorf 10. 5. 2005 – I-3 Wx 321/04, NJW-RR 2005, 1254 für die Beratung durch einen Rechtsanwalt). Es wäre nicht richtig, den Schuldner nur für eine sorgfältige Auswahl seines Beraters haften zu lassen (so aber Reichel JW 1931, 525; Rittner, in: FS vHippel [1967] 415 Fn 124). Denn dies würde nur zu einer ungerechtfertigten Privilegierung der Auskunftsperson führen, die dem Schuldner mangels eines bei diesem eingetretenen Schadens nicht haften müsste (BAG 16. 12. 1986 – 3 AZR 198/85, ZIP 1987, 1339, 1341). Richtig kann nur sein, dass der Schuldner dem Gläubiger haftet und jener wiederum Regress bei der Auskunftsperson nehmen kann. Bleiben nach der Rechtsauskunft ersichtliche Zweifel oder erhält der Schuldner gar einander widersprechende Rechtsauskünfte, muss er sich weiter vergewissern (BGH 31. 10. 1967 – VI ZR 31/66, VersR 1968, 148). 173

Die Grundsätze, die bei Zweifeln über die Auslegung von Rechtsvorschriften maßgebend sind, sind auch anzuwenden, wenn es nicht um eine Auslegungsfrage, sondern darum geht, ob ein bestimmter Sachverhalt **unter eine Rechtsvorschrift subsumiert** werden kann. 174

Ebenso gelten diese Grundsätze sinngemäß bei Zweifeln über die **Auslegung von Vertragsbestimmungen**. Dies gilt insbes in dem Fall, dass ein Vertrag eine Angelegenheit nur lückenhaft regelt (BGH 31. 1. 1969 – V ZR 176/65, MDR 1969, 470). Liegt aber eine eindeutige Vertragsbestimmung vor, kann auch ein fehlerhaftes erstinstanzliches Urteil den Verzug nicht ausschließen (BGH 19. 12. 1996 – IX ZR 27/96, NJWE-MietR 1997, 49, 50). Für die Auslegung einer Schlichtungsvereinbarung vgl BAG 31. 10. 1958 – 1 AZR 632/57, BAGE 6, 321, 369 f. 175

Auch gelten die Grundsätze für die Auslegung von Tarifverträgen und Betriebsvereinbarungen. Ist zweifelhaft, in welche Entgeltgruppe ein Arbeitnehmer einzugruppieren ist, so ist zu sehen, dass die Entgelt- und Vergütungsordnungen von Tarifverträgen regelmäßig überaus komplex und wegen der Verwendung unbestimmter Rechtsbegriffe bewertungsoffen sind. Dies führt dazu, dass selbst tatsächlich gleichgelagerte Fälle zu ungleichen revisionsgerichtlichen Entscheidungen führen können (BAG 11. 6. 1997 – 10 AZR 613/96, ZTR 1997, 512). Insofern existiert regelmäßig keine den 176

Beteiligten nachvollziehbare und in jeder Beziehung fallgerechte einheitliche höchstrichterliche Rechtsprechung und ist deshalb in aller Regel von einer schwierigen, ungeklärten Rechtslage auszugehen (BAG 11. 6. 1997 – 10 AZR 613/96, ZTR 1997, 512). Daraus aber abzuleiten, dass der Arbeitgeber bei Eingruppierungsfeststellungsklagen des öffentlichen Dienstes stets auf die ihm günstigere Rechtsauffassung vertrauen darf und ohne besonderen Vortrag des Arbeitnehmers ein Verzug begründendes Verschulden nicht anzunehmen ist, geht zu weit (so zurecht unter ausdrücklicher Aufgabe seiner bisherigen Rechtsprechung BAG 26. 1. 2011 – 4 AZR 167/09, NZA-RR 2011, 531; **aM** noch BAG 11. 6. 1997 – 10 AZR 613/96, ZTR 1997, 512). Denn dies führte zu einer die gesetzliche Regelung des § 286 Abs 4 BGB missachtende Umkehr der Darlegungs- und Beweislast, die nicht gerechtfertigt ist. Nicht der Gläubiger, sondern der Schuldner muss darlegen, dass er seinen Irrtum nicht zu vertreten hat. Dafür genügt, wie unter Rn 167 f dargelegt, die ungeklärte oder schwierige Rechtslage als solches nicht.

4. Beginn und Beendigung des Verzugs bei nicht zu vertretenden Umständen

177 Nach § 286 Abs 4 BGB tritt kein Verzug ein, *solange* die Leistung infolge eines vom Schuldner nicht zu vertretenden Umstandes unterbleibt. Hieraus ergibt sich, dass mit dem Wegfallen des die Unterlassung rechtfertigenden Umstandes der **Verzug von selbst eintritt**. Ist zB die Leistung infolge unverschuldeter Ungewissheit des Schuldners über das Bestehen der Verbindlichkeit unterblieben, so tritt Verzug ein, sobald die Ungewissheit behoben ist (LAG Rheinland-Pfalz 19. 8. 2011 – 9 Sa 155/11, DStR 2012, 195; vgl auch LG Frankfurt 14. 11. 2003 – 2-11 S 326/02, NZM 2004, 297). Eine Wiederholung der Mahnung oder im Falle des § 286 Abs 3 BGB der Rechnungszustellung ist nicht notwendig (MünchKomm/Ernst Rn 123; Palandt/Grüneberg Rn 32). Aus der Formulierung des § 286 Abs 4 BGB ergibt sich auch nicht, dass iS der Lehre von der überholenden Kausalität etwaige *Reserveursachen* zugunsten des Schuldners zu berücksichtigen wären. Sendet der Schuldner die Ware verspätet ab, gerät er in Verzug, auch wenn die Ware bei rechtzeitiger Absendung infolge eines Poststreiks nicht termingerecht zum Gläubiger gelangt wäre.

178 Der einmal eingetretene Verzug **endet** nach § 286 Abs 4 BGB, wenn der Schuldner an der Nachholung der Leistung ohne sein Verschulden, etwa durch die Beschlagnahme des Leistungsgegenstandes oder eine Erkrankung, gehindert wird. Jedoch sind § 287 S 1 und S 2 BGB zu beachten: Der Schuldner hat während des Verzugs jede Fahrlässigkeit zu vertreten, sodass ihm Haftungsprivilegien nicht zugutekommen (§ 287 Rn 3 ff). Auch erfasst die in § 287 S 2 BGB angeordnete Haftung für Zufall die weiteren Schadensfolgen der Verzögerung der Leistung (BGH 6. 12. 1995 – XII ZR 228/93, NJW-RR 1996, 460). Allerdings steht dem Schuldner der Nachweis offen, dass die weiteren Folgen auch eingetreten wären, wenn er nie in Verzug gekommen wäre (§ 287 Rn 20).

5. Beweislast

179 Nach allgemeinen Grundsätzen hätte der Gläubiger sämtliche Voraussetzungen des Verzugs zu beweisen. Aus der Fassung des § 286 Abs 4 BGB folgt aber, dass, wenn Streit darüber besteht, ob der Schuldner das Ausbleiben seiner Leistung **zu vertreten** hat oder nicht, den Schuldner die Beweislast trifft, er sich also entlasten muss (BGH 26. 4. 1960 – VIII ZR 81/59, BGHZ 32, 218, 22; BGH 6. 5. 1981 – IVa ZR 170/80, BGHZ 80, 269, 277;

BGH 14. 1. 1999 – VII ZR 73/98, NJW 1999, 1108, 1109 für den Verzug als Voraussetzung für die Verwirkung einer Vertragsstrafe; BGH 8. 3. 2001 – VII ZR 470/99, NJW-RR 2001, 806 – für mangelndes Verschulden des Unternehmers an der nicht rechtzeitigen Fertigstellung eines Bauwerks; BAG 23. 9. 1999 – 8 AZR 791/98, nv für den Arbeitgeber, der sich gegenüber dem Verzug mit einem Entgeltanspruch auf die Kündigung des Arbeitsverhältnisses beruft). Der Schuldner, der nicht rechtzeitig geleistet hat, hat also zu beweisen, dass und wie lange die Leistung infolge eines Umstandes unterblieben ist, den er nicht zu vertreten hat. Eine Umkehr der Beweislast findet auch nicht in Eingruppierungsstreitigkeiten statt (BAG 26. 1. 2011 – 4 AZR 167/09, NZA-RR 2011, 531, s dazu auch unter Rn 176). Haftet der Schuldner kraft Gesetzes oder Vertrages nur für grobe Fahrlässigkeit oder die Verletzung eigenüblicher Sorgfalt, so werden auch nur diese vermutet, vgl STAUDINGER/SCHWARZE § 280 Rn F 25 f.

180 Auch das **Ausbleiben der Leistung** braucht der Gläubiger nicht zu beweisen. Denn dem Schuldner obliegt der Beweis der Erfüllung. Deshalb muss nicht der Gläubiger, der Schadensersatz wegen verspäteter Erfüllung fordert, beweisen, wie groß der Rückstand ist. Vielmehr muss in einem Streit hierüber der Schuldner, der behauptet, alles bezahlt zu haben, beweisen, was er bezahlt hat (OLG Köln LZ 1921, 236; s auch STAUDINGER/SCHWARZE § 280 Rn F 29).

VI. Ersatz des Verzögerungsschadens

1. Ersatz des Verzögerungsschadens und Schadensersatz statt der Leistung

181 Die §§ 286–290 BGB enthalten keine eigene Schadensersatznorm. Dass der Gläubiger im Falle des Verzugs Anspruch auf Ersatz des Verzögerungsschadens hat, ergibt sich vielmehr aus § 280 Abs 1 und 2 iVm § 286 BGB. Schadensersatz statt der Leistung kann, wie sich aus § 280 Abs 3 BGB ergibt, auch im Falle der Leistungsverzögerung nur unter den zusätzlichen Voraussetzungen des § 281 BGB, des § 282 BGB oder des § 283 BGB verlangt werden (Vorbem 4 zu §§ 286 ff).

182 Der im Folgenden zu erörternde Anspruch auf Ersatz des Verzögerungsschadens tritt **neben** den Anspruch auf **Erfüllung** der ursprünglichen Forderung, sei es, dass diese schon erfüllt ist oder noch erfüllt werden soll. Er tritt grundsätzlich auch neben einen Anspruch auf Schadensersatz statt der Leistung (vgl RG 6. 12. 1918 – VII 211/18, RGZ 94, 203, 206; BGH 13. 7. 1959 – II ZR 45/58, MDR 1959, 910 [dort auch zur Verjährung beider Ansprüche]; ERMAN/WESTERMANN § 280 Rn 33). Dass der Anspruch auf Ersatz des Verzögerungsschadens neben den Schadensersatzanspruch statt der Leistung tritt, gilt auch dann, wenn der Vertragsteil, der auf Schadensersatz statt der Leistung in Anspruch genommen wird, seinerseits Ersatz des Verzögerungsschadens begehrt. Er darf nicht schlechter stehen, als er stünde, wenn der andere Teil weiterhin Erfüllung begehren würde (BGH 13. 6. 1975 – V ZR 171/73, NJW 1975, 1740).

183 Inhaltlich übschneiden sich der Anspruch auf Ersatz des Verzögerungsschadens und des Schadensersatzes statt der Leistung nicht: Mit dem Verlangen auf Schadensersatz statt der Leistung geht der Anspruch auf Primärleistung nach § 281 Abs 4 BGB unter und endet deshalb der Verzug (Rn 134). Das entsprechende Verlangen stellt deshalb zugleich die zeitliche Zäsur für den Anspruch auf *Verzögerungsschadens* nach §§ 280 Abs 1, 2, 286 BGB einerseits und den Anspruch auf *Schadensersatzes*

statt der Leistung andererseits dar (Kaiser, ZfPW 2015, 129, 134 f; MünchKomm/Ernst § 281 Rn 117 f). Ersatz auf Schäden aus der Vorenthaltung der Leistung, die bis zum Verlangen nach Schadensersatz statt der Leistung entstanden sind, können (weiterhin) ausschließlich auf §§ 280 Abs 2, 286 BGB gestützt werden, Ansprüche auf Ersatz von Schäden aus der Vorenthaltung der Leistung, die ab dem Zeitpunkt des Verlangens nach Schadensersatz statt der Leistung entstanden sind, können ausschließlich als Schadensersatz statt der Leistung nach § 280 Abs 1, 3, 281 BGB geltend gemacht werden (Kaiser ZfPW 2015, 129, 134 f; MünchKomm/Ernst § 281 Rn 117 f; Lorenz/Riehm Rn 287 ff; **aA** Huber II 14 f, der die Berücksichtigung des Verzögerungsschadens bei der Berechnung des Schadensersatzes wegen Nichterfüllung zulassen will). Ein Wahlrecht besteht insofern nicht (**aA** Staudinger/Schwarze § 281 Rn B 138; Erman/Westermann § 280 Rn 33; sowie in Voraufl Staudinger/Löwisch/Feldmann [2014] § 286 Rn 183).

184 Da der *Verzögerungsschaden* ein Schaden neben der Leistung ist, kann als solcher niemals ein Schadensersatz verlangt werden, dessen Berechnung auf der endgültigen Nichterfüllung der Schuldnerverbindlichkeit basiert. Deshalb kann der Aufwand für einen **Deckungskauf** nur als Schadensersatz statt der Leistung, nicht aber als Verzögerungsschaden geltend gemacht werden (BGH 3. 7. 2013 – VIII ZR 169/12, BGHZ 197, 357; OLG München 7. 12. 1994 – 7 U 1968/94, NJW 1995, 2363 f; Huber II 7 ff; MünchKomm/Ernst Rn 127; Kaiser, ZfPW 2015, 129, 136; Schwarze § 28 Rn 46; **aA** Faust, in: FS Huber [2006] 239, 254 ff; Lorenz, in: FS Leenen [2012] 147, 153 ff; Nietsch, Schadensersatz beim Deckungskauf trotz Erfüllung, NJW 2014, 2385). Umgekehrt verletzt der Schuldner aber die ihn nach § 254 BGB treffende Pflicht, den Verzögerungsschaden gering zu halten (Schadensminderungspflicht), wenn er den eingetretenen Schaden dadurch hätte abwenden oder mindern können, dass er (früher) ein Deckungsgeschäft vorgenommen und den bestehenden Vertrag beendet hätte (BGH 17. 1. 1997 – V ZR 285/95, NJW 1997, 1231; OLG München 19. 1. 2015 – 21 U 2286/14, nv; OLG Sachsen-Anhalt 30. 6. 1997 – 1 U 167/94, OLGR Naumburg 1998, 333). Gleiches wie für den Deckungskauf muss entgegen der Auffassung des BGH (BGH 9. 3. 1983 – VIII ZR 11/82, BGHZ 87, 104, 109 ff) auch für die „Ersatzvornahme" einer Leistung durch den Gläubiger, insbesondere den Aus- und Abbau und den Rücktransport einer zurückgewährenden Leistung im Falle des Rücktritts gelten (Kaiser, Die Rückabwicklung gegenseitiger Verträge wegen Nicht- und Schlechterfüllung nach BGB [2000] 432 f; Huber II 10 f).

185 Im Falle des **Rücktritts** wegen Verzögerung der Leistung nach § 323 BGB kann der Gläubiger, wie aus § 325 BGB folgt, ebenfalls vollen Ersatz des Verzögerungsschadens verlangen (vgl für den Nutzungsausfallschaden bei Lieferung einer mangelhaften Kaufsache BGH 28. 11. 2007 – VIII ZR 16/07, BGHZ 174, 290). Dies gilt nicht nur, wenn die Kosten einer Ersatzbeschaffung infolge des Verzugs mit der Rückzahlung des Kaufpreises höher sind (BGH 2. 12. 1994 – V ZR 193/93, NJW 1995, 587, 588), sondern auch für dem Gläubiger infolge der Verzögerung der ursprünglichen Leistung etwa entgangene Nutzungen, insbesondere Gebrauchsvorteile, und etwaige Verzugszinsen (BGH 24. 6. 1983 – V ZR 113/82, BGHZ 88, 46). Wie bei dem Verlangen nach Schadensersatz statt der Leistung, ist auch hier zeitliche Zäsur das Erlöschen der Primärleistung mit der Folge, dass der Ersatz des bis zur Rücktrittserklärung eingetretenen Verzögerungsschadens im vollem Umfang nach §§ 280 Abs 1, 2, 286 BGB beansprucht werden kann. Die Gegenauffassung, nach welcher der Gläubiger im Falle des Rücktritts auf die Herausgabe der *vom Schuldner gezogenen Nutzungen* gem § 347 S 2 BGB beschränkt sein soll (Huber/Faust, Teil 3 Rn 89 f; zum früheren Recht Huber JZ 1984, 410 ff;

Tiedtke NJW 1984, 770; für das vertragliche Rücktrittsrecht auch BGH 10. 7. 1998 – V ZR 360/96, NJW 1998, 3268, 3269 mit ablehnender Anm Otto), benachteiligt den Gläubiger über Gebühr. Dass der Gläubiger sein Rücktrittsrecht nur um den Preis des Verzichts auf den Ersatz des bis dahin entstandenen Verzögerungsschadens ausüben können soll, ist angesichts des vertragswidrigen Verhaltens des Schuldners unangemessen. Die Beschränkung auf die Nutzungsherausgabe übt einen unangebrachten Zwang auf den Gläubiger aus, von seinem Rücktrittsrecht alsbald Gebrauch zu machen, um nicht Gefahr zu laufen, mit leeren Händen dazustehen, nämlich ohne Ersatz des Verzögerungsschadens, aber auch ohne Ersatz von Nutzungen, die der Schuldner vielleicht schuldlos gar nicht gezogen hat (vgl §§ 347, 987 BGB). Sie steht überdies auch nicht mit § 325 BGB im Einklang, wonach der Anspruch auf Schadensersatz durch den Rücktritt gerade nicht ausgeschlossen wird. Richtig ist nur, dass der Gläubiger Ersatz des Verzögerungsschadens und Nutzungsentschädigung *nicht kumulativ* erhalten darf. Deshalb sind beide Ansprüche wechselseitig zu verrechnen (vgl Kaiser ZfPW 2015, 129, 136, 160).

2. Anwendung der §§ 249 bis 255

Maßgebend für den Inhalt des Anspruchs auf den Ersatz des Verzögerungsschadens sind die §§ 249 ff BGB. 186

a) Kausalität zwischen Verzug und Schaden

Zu ersetzen ist als Verzögerungsschaden nur der Schaden, der durch den Verzug adäquat kausal verursacht wurde. Adäquate Kausalität zwischen Verzug mit der Lieferung eines Sicherungsschlosses und einem eingetretenen Diebstahlschaden hat das OLG Hamm zu recht in einem Fall verneint (OLG Hamm 3. 2. 1994 – 21 U 162/93, OLGR Hamm 1994, 74), in dem die Zwischentür zwischen Verkaufsraum und Auslagenraum, wäre sie mit dem bestellten Schloss versehen gewesen, dennoch während der Verkaufszeiten offengelassen worden wäre. Ist ein Verwalter mit seiner Verpflichtung, Baumängel festzustellen und die Wohnungseigentümer darüber zu unterrichten, in Verzug, fehlt es an der Kausalität für den in der Verjährung von Ersatzansprüchen gegen den Bauträger liegenden Schaden, wenn davon auszugehen war, dass die Wohnungseigentümergesellschaft nicht vor Verjährungsablauf gegen den Bauträger gerichtlich vorgegangen wäre (OLG Düsseldorf 27. 5. 2002 – 3 Wx 148/01, NJW-RR 2002, 1592). Wird in einem gerichtlichen Vergleich zwischen einem Auftraggeber und dem über ihm stehenden Generalunternehmer eine gegen § 307 BGB unwirksame Vertragsstrafe als wirksam zugrunde gelegt und der Auftraggeber zu einer entsprechenden Leistung an den Generalunternehmer verpflichtet, hindert die Unwirksamkeit nicht die Kausalität des in der Leistung der Vertragsstrafe liegenden Schadens im Verhältnis zu dem sich im Verzug befindenden Arbeitnehmer (BGH 7. 3. 2002 – VII ZR 41/01, NJW 2002, 2322). 187

b) Naturalrestitution

Grundsätzlich hat der Schuldner nach § 249 BGB denjenigen Zustand herzustellen, der bestehen würde, wenn der Verzug nicht eingetreten wäre (Naturalrestitution). Ob Naturalherstellung möglich ist, ist eine Frage des einzelnen Falles: Wenn der Gläubiger durch den Verzug des Schuldners mit einer Verbindlichkeit belastet wurde (BGH 15. 6. 1961 – II ZR 268/59, BB 1961, 803) oder sich selbst etwa durch einen Deckungskauf belastet hat (BGH 9. 11. 1988 – VIII ZR 310/87, NJW 1989, 1215), liegt die 188

Naturalrestitution in der *Befreiung* des Gläubigers *von der Verbindlichkeit.* Hat der Verzug mit einer Wegeunterhaltspflicht zur Zerstörung des Weges geführt, besteht Anspruch auf *Wiederherstellung des Weges* (RG 15. 1. 1931 – VI 272/30, RGZ 131, 158, 178). Bei Verzug mit der *Aufnahme als Gesellschafter* in eine OHG kann der Gläubiger die Übertragung des Geschäfts mit Aktiven und Passiven verlangen, wenn während des Verzugszeitraums ein Tatbestand eingetreten ist, der ihn gem § 140 Abs 1 HGB zur Ausschließung aller übrigen Gesellschafter und damit zur Übernahme des Geschäfts berechtigt hätte (RG 27. 11. 1940 – II 67/40, RGZ 165, 260, 270). Wenn der Verzug mit der Zahlung der Prämien für eine zugunsten des Arbeitnehmers abgeschlossene sog Direktversicherung dazu geführt hat, dass der Versicherer den Versicherungsvertrag gekündigt hat, kann *Wiederherstellung des Versicherungsschutzes* verlangt werden (BAG 5. 3. 1981 – 3 AZR 316/78, NJW 1982, 956). Hat der Arbeitgeber Urlaub zu Unrecht nicht bis zum Ende des Übertragungszeitraums nach § 7 Abs 3 BUrlG gewährt, muss er im Wege der Naturalrestitution nach Ende des Übertragungszeitraums Ersatzurlaub gewähren (BAG 6. 8. 2013 – 9 AZR 956/11; BAG 10. 5. 2005 – 9 AZR 251/04, NZA 2006, 439, 441).

189 Im Wege der Naturalrestitution kann *nicht mehr und nichts Anderes* verlangt werden, als der Gläubiger bei ordnungsgemäßer Abwicklung erhalten hätte (vgl OLG München 8. 3. 1954 – 1 W 657/54, NJW 1954, 961, wo Naturalrestitution in Form der Überlassung unfertiger Räume an den Mieter der fertigen Räume abgelehnt wurde, weil der Mietanspruch das erstere nicht einschließe). Bei der Sicherungszession kommt es aber hinsichtlich des Verzugsschadens nicht auf die Verhältnisse beim Zessionar, sondern auf diejenigen beim Zedenten an (BGH 9. 2. 2006 – I ZR 70/03, NJW 2006, 1662). Zur Sicherungszession s Rn 207.

c) Geldersatz

190 Weil eine Herstellung nicht möglich ist, wird der Verzögerungsschaden gem § 251 Abs 1 BGB meist in Form von Geld zu leisten sein. Zu ersetzen sind insoweit zunächst Aufwendungen, die der Gläubiger infolge der Verzögerung der Leistung machen musste. Neben den Kreditkosten (dazu unten Rn 248) und den Mahn- und Rechtsverfolgungskosten (dazu unten Rn 220 ff) ist insbesondere an die Fälle zu denken, in denen der Käufer, Besteller, Pächter oder Mieter einer Sache diese verspätet erhält und sich in der Zwischenzeit anders behelfen, etwa eine *Ersatzsache anmieten* muss (BGH 14. 5. 1976 – V ZR 157/74, BGHZ 66, 277, 281). Hierher gehören auch die Heizungskosten, die aufgewendet werden müssen, um ein verspätet fertiggestelltes Haus in der schlechten Jahreszeit auszutrocknen. Auch Aufwendungen, die dem Verkäufer einer Mietsache entstehen, weil er vom Erwerber auf deren Herausgabe verklagt wird, sind zu ersetzen, wenn die Verzögerung der Herausgabe darauf zurückzuführen ist, dass der Mieter seinerseits mit der Rückgabe in Verzug ist (OLG Düsseldorf 8. 1. 1998 – 10 U 223/96, WuM 1998, 219).

191 Entstehen dem Schuldner bei der Erbringung seiner Leistung Mehraufwendungen, weil der Gläubiger **mit einer Mitwirkungspflicht in Verzug** war (dazu Vorbem 32 zu §§ 286 ff), so kann er diese vom Gläubiger ersetzt verlangen. Etwa kann der Bauunternehmer, der infolge verspäteter Lieferung von Plänen Störungen im Bauablauf hinnehmen muss, Ersatz der Mehrkosten verlangen (BGH 20. 2. 1986 – VII ZR 286/84, BGHZ 97, 163, 167 f). Gleiches gilt für den Softwarehersteller, der mehr Arbeitszeit aufwenden muss, weil der Besteller notwendige Daten zunächst unrichtig lieferte.

Zu ersetzen sind nur die Aufwendungen, die durch den Verzug verursacht worden sind. Aufwendungen, die der Gläubiger im Vertrauen darauf gemacht hat, der Schuldner werde rechtzeitig leisten, stellen keinen Verzögerungsschaden dar. Ihr Ersatz kommt nur anstelle des Schadensersatzes statt der Leistung in Betracht (§ 284 BGB). 192

Ein vom Gläubiger in Anspruch genommener **Gesamtschuldner** kann von den anderen Gesamtschuldnern, soweit diese mit der sie nach § 426 Abs 1 BGB treffenden Mitwirkungspflicht in Verzug sind, Ersatz der Aufwendungen verlangen, die er wegen der ihm auferlegten Prozesskosten gehabt hat (OLG Neustadt 27. 11. 1962 – 1 U 139/62, NJW 1963, 494). Allgemein zum Verzug bei Gesamtschulden STAUDINGER/LOOSCHELDERS (2017) § 425 Rn 24 ff. 193

Zum Verzugsschaden gehört ein durch die verspätete Zahlung entstandener **Steuerschaden**, wie er eintreten kann, wenn Arbeitsentgelt erst im Folgejahr bezahlt und dann gemeinsam mit dem Arbeitsentgelt dieses Jahres zu einem höheren Satz zu versteuern ist (BAG 19. 10. 2000 – 8 AZR 20/00, NJW 2001, 1666; LAG Rheinland-Pfalz 24. 4. 2018 – 6 Sa 449/17; vgl ZUMKELLER, Steuerprogressionsschaden als Verzugsschaden, FA 2003, 9 ff). In diesem Zusammenhang kann es für den Arbeitnehmer auch vernünftig und zweckmäßig erscheinen, einen Steuerberater einzuschalten, dessen Kosten dann ebenfalls zu erstatten sind (LAG Rheinland-Pfalz 1. 7. 2008 – 3 Sa 79/08, nv). Als Verzögerungsschaden sind dem Gläubiger auch die Beträge zu ersetzen, die er infolge einer **Erhöhung von öffentlichen Abgaben** (etwa der Grunderwerbssteuer oder von Erschließungsbeiträgen) wegen des Verzugs zusätzlich leisten muss (RG JW 1911, 363 Nr 13). Hat der Gläubiger dem Schuldner vertraglich die Erstattung der von diesem zu leistenden Mehrwertsteuer zugesagt und wird die Mehrwertsteuer während des Verzugs erhöht, so braucht der Gläubiger den Differenzbetrag nicht an den Schuldner zu erstatten, weil dieser unter dem Gesichtspunkt des Verzugsschadensersatzes zur alsbaldigen Rückerstattung verpflichtet wäre. 194

Ob die gemachten Aufwendungen in **adäquatem Kausalzusammenhang** zum Verzug des Schuldners als schadensstiftendem Ereignis stehen, ist nach allgemeinen Grundsätzen zu beurteilen. Ob der Schuldner mit dem durch die verzögerte Leistung entstehenden Schaden gerechnet hat, ist unerheblich (BGH 4. 7. 2001 – VIII ZR 279/00, NJW 2001, 3114). Entsteht durch den Verzug Unsicherheit darüber, ob der Schuldner seine Pflicht überhaupt erfüllen wird, und macht der Gläubiger deshalb Aufwendungen, um den bei einer endgültigen Pflichterfüllung möglicherweise drohenden Nachteilen zu begegnen, so sind diese Aufwendungen zu ersetzen, wenn sie nach der gesamten Sachlage vernünftig und zweckmäßig waren (BGH 22. 1. 1959 – II ZR 321/56, NJW 1959, 933). Nicht durch den Verzug des Schuldners adäquat verursacht sind die Aufwendungen, die der Gläubiger macht, um das Geschäft des säumigen Schuldners zu sanieren (RG Recht 1921 Nr 2566 a). 195

Die **Höhe** des Schadens, der nach § 251 Abs 1 BGB in Geld zu ersetzen ist, kann **nur konkret berechnet** werden. Deshalb kann der Unternehmer in dem oben Rn 191 erwähnten Fall erhöhten Bauaufwands nicht nach dem sog *Äquivalenzkostenverfahren* vorgehen, das dem seiner Kalkulation zugrunde gelegten „Soll-Bauablauf" den „störungsmodifizierten Bauablauf" gegenüberstellt. Vielmehr muss er seine Kosten im Einzelnen darlegen (BGH 20. 2. 1986 – VII ZR 286/84, BGHZ 97, 163, 168 f, der das 196

Äquivalenzkostenverfahren auch für eine Schadensschätzung nach § 287 ZPO nur bedingt für geeignet hält; weitergehend Clemm, Erstattung der Mehrkosten des Auftragnehmers bei Planlieferverzug des Auftraggebers nach VOB/B, DB 1985, 2597 ff).

d) Entgangener Gewinn

197 Der Verzögerungsschaden umfasst den entgangenen Gewinn iS des § 252 BGB, soweit dieser nicht vom Schadensersatz statt der Leistung umfasst wird (dazu oben Rn 183). Zu ersetzen ist dabei insbes der Gewinn, der dadurch entgeht, dass eine gekaufte oder bestellte Sache zu spät geliefert oder eine gepachtete oder gemietete Sache zu spät überlassen wird. Liegen etwa Teile eines Produktionsbetriebes brach, weil eine Maschine nicht rechtzeitig geliefert wird, so muss der nachgewiesene Produktionsausfall ersetzt werden, soweit er sich in einem Gewinn niedergeschlagen hätte (Staudinger/Schwarze § 280 Rn C 27 und E 25). Gleiches gilt für infolge verspäteter Fertigstellung eines Wohngebäudes *entgangene Mieteinnahmen,* von denen allerdings Bewirtschaftungs- und Betriebskosten sowie der stetig anfallende Erhaltungsaufwand abzusetzen sind (BGH 29. 3. 1990 – VII ZR 324/88, NJW-RR 1990, 980). Auch wenn der Verkauf eines Hausgrundstücks wegen verspäteter behördlicher Abnahme infolge des Verzugs des Bauunternehmers mit der Aushändigung der Unternehmerbescheinigung nicht zustande kommt, gehört der entgangene Gewinn zu dem zu ersetzenden Verzugsschaden (OLG Köln 6. 8. 1999 – 19 U 176/98, OLGR 1999, 382 f).

198 Als Verzugsschaden kann der Gewinn zu ersetzen sein, der einem Verpächter oder Vermieter durch *verspätete Rückgabe der Pacht- oder Mietsache* entgeht (vgl BGH 30. 5. 1969 – V ZR 67/66, WM 1969, 838; KG Berlin 16. 2. 1970 – 8 U 1857/69, ZMR 1970, 362). Doch sind bei der verspäteten Rückgabe von Wohnraum die Besonderheiten des Wohnungsmietrechts, insbesondere § 571 BGB zu beachten, die diesen Anspruch einschränken (vgl BGH 28. 2. 1996 – XII ZR 123/93, NJW 1996, 1886, 1887; s dazu Erläuterungen bei Staudinger/Rolfs [2017]).

199 Der Verzugsschaden umfasst in einem Ausbildungsverhältnis den sog **Ausbildungsschaden**, der dadurch entsteht, dass die Ausbildung, etwa infolge einer sich später als ungerechtfertigt herausstellenden Kündigung, verzögert wird (BAG 22. 6. 1972 – 2 AZR 346/71, NJW 1973, 166; s dazu auch BAG 30. 5. 1975 – 3 AZR 280/74, BB 1975, 1578). Ebenso ist einem Arbeitnehmer das Arbeitsentgelt zu ersetzen, welches ihm dadurch entgeht, dass er **Arbeitspapiere** nicht vorweisen kann, mit deren Herausgabe sein bisheriger Arbeitgeber in Verzug ist (LAG Düsseldorf 18. 4. 1966 – 10 Sa 83/66, BB 1967, 1207).

200 Der entgangene Gewinn und seine Höhe müssen grundsätzlich konkret nachgewiesen werden. Deshalb kann der Käufer einer Eigentumswohnung gegenüber dem Verkäufer, der nach erfolgter Anfechtung des Kaufvertrages mit der Rückzahlung des Kaufpreises in Verzug ist, den Schaden, der ihm durch die Verzögerung des Kaufs einer anderen Eigentumswohnung entsteht, nicht abstrakt durch einen Teuerungsabschlag berechnen, sondern ist auf eine konkrete Schadensberechnung, etwa durch Angabe eines bestimmten Kaufangebots, angewiesen (BGH 2. 12. 1994 – V ZR 193/93, NJW 1995, 587, 588). Der Bauherr, dessen Bau verspätet hergestellt wird, kann Ersatz entgangener Pacht- oder Mietzinsen nur dann verlangen, wenn er das Haus oder Teile des Hauses tatsächlich vermietet hätte. Doch billigt der BGH im Falle der **verspäteten Fertigstellung eines Mietwohnungsgebäudes** dem Gläubiger eine *abstrakte Schadensberechnung* in der Weise zu, dass er die auf die Verzugszeit entfallenden

laufenden Finanzierungskosten ersetzt verlangen kann. Dabei stellt allerdings der konkrete Schaden in Gestalt der entgangenen Nettomiete die Obergrenze dar (BGH 29. 3. 1990 – VII ZR 324/88, NJW-RR 1990, 980; BGH 14. 1. 1993 – VII ZR 185/91, BGHZ 121, 210, 213. Wenn dort gesagt wird, es handele sich bei den Kosten nicht um entgangenen Gewinn, kann sich dies nur auf die Begriffsbildung des § 6 Nr 6 VOB/B beziehen; krit zur Entscheidung des BGH Kapellmann, Der Schaden des Auftraggebers bei Verzug des Auftragnehmers mit der Fertigstellung eines Mietobjekts, BauR 1997, 48 ff). Diese Abweichung vom typischen Ablauf hat der Schuldner nachzuweisen. Zur abstrakten Schadensberechnung Staudinger/Schiemann (2017) § 252 Rn 21 ff. Zur Sonderfrage der entgangenen Nutzungsmöglichkeit unten Rn 249 f.

Auch die verspätete Erfüllung einer **Geldschuld** kann zu einem entgangenen Gewinn führen, etwa, wenn sich ein Geschäft zerschlägt, das mit den erwarteten Mitteln finanziert werden sollte (BGH Betrieb 1956, 110; Huber II 51 ff). Das gilt auch für ein *Spekulationsgeschäft,* vorausgesetzt, der Gläubiger hätte den Gewinn aus diesem tatsächlich realisiert (BGH 29. 11. 1982 – II ZR 80/82, NJW 1983, 758; BGH 18. 2. 2002 – II ZR 355/00, NJW 2002, 2553; OLG München 15. 6. 2011 – 15 U 2315/10; MünchKomm/Ernst Rn 149). Zu einem etwaigen Mitverschulden s Rn 204. **201**

e) Ersatz immateriellen Schadens

Führt der Verzug beim Gläubiger zu einer Verletzung des Körpers, der Gesundheit, der Freiheit oder der sexuellen Selbstbestimmung, kommt nach § 253 Abs 2 BGB wegen eines eingetretenen immateriellen Schadens eine billige Entschädigung in Geld in Betracht (vgl MünchKomm/Ernst Rn 129). Praktisch kann dies im Zusammenhang mit der Haftung für den Erfüllungsgehilfen nach § 278 BGB werden: Verzögert etwa der verantwortliche Chefarzt eine Operation, kann eine derartige Haftung beim Krankenhausträger eintreten. Werden eilige Arzneimittel vom Lieferanten verzögert ausgeliefert, kann das zu einer Haftung des Apothekers führen. **202**

f) Vorteilsausgleichung

Die allgemeinen Grundsätze der Vorteilsausgleichung gelten auch für den Verzögerungsschaden (KG Berlin 26. 9. 2017 – 21 U 73/17, BauR 2018, 1765; KG Berlin 26. 9. 2017 – 21 U 9/17, NZM 2017, 772). Gerät der Schuldner etwa mit seiner Verpflichtung in Verzug, eine zu seinen Gunsten eingetragene Auflassungsvormerkung im Grundbuch löschen zu lassen, und entsteht dem Gläubiger daraus ein Schaden, weil er bei rechtzeitiger Löschung das Grundstück alsbald verkauft und mit dem Erlös einen Kredit abgelöst hätte, ist der Vorteil zu berücksichtigen, der darin besteht, dass der Wert des Grundstücks während des Verzugszeitraums gestiegen ist (BGH 16. 5. 1980 – V ZR 91/79, BGHZ 77, 151; Jauernig/Stadler § 280 Rn 54). **203**

g) Mitverschulden

Der Anspruch auf Ersatz des Verzögerungsschadens kann gemindert oder ausgeschlossen sein, wenn ein Mitverschulden des Gläubigers gem § 254 BGB vorliegt. Von einem solchen ist auszugehen, wenn der Gläubiger übliche Eigenbemühungen unterlässt und stattdessen einen Rechtsanwalt oder ein Inkassounternehmen einschaltet. Ein Vermieter, der eine außerordentliche Kündigung wegen Zahlungsverzugs nicht selbst ausspricht, sondern dazu einen Rechtsanwalt beauftragt, verursacht den in den Rechtsanwaltsgebühren liegenden Schaden vorwiegend selbst, sodass ein Ersatz nicht in Betracht kommt (AG Neukölln 10. 9. 2004 – 14 C 110/03, Grundeigentum 2004, **204**

1397). Zur Berücksichtigung des Mitverschuldens bei den Kosten einer Rechtsverfolgung s unten Rn 223, 238.

205 Nach § 254 Abs 2 S 1 BGB wird man vom Gläubiger regelmäßig verlangen müssen, dass er den Schuldner bei der Mahnung oder im Falle des Verzugseintritts ohne Mahnung durch eine besondere Mitteilung auf die **Gefahr eines ungewöhnlich hohen Schadens** aufmerksam macht. Auf die Unterlassung eines derartigen Hinweises kann sich der Schuldner aber dann nicht berufen, wenn er auch dann nicht rechtzeitig geleistet hätte, wenn der Hinweis ergangen wäre. Die Nutzlosigkeit des Hinweises kann aus hartnäckigem Streit über die ursprüngliche Forderung im Prozess gefolgert werden (BGH 16. 12. 1955 – I ZR 65/54, DB 1956, 110). Mit einer vom Gläubiger beabsichtigten Aktienanlage in Standardwerten ist nach heutigen Maßstäben in der Regel nicht die Gefahr eines ungewöhnlich hohen Schadens iSv § 254 Abs 2 S 1 BGB verbunden (BGH 18. 2. 2002 – II ZR 355/00, NJW 2002, 2553). Zur Notwendigkeit, einen Verbraucher auf die Möglichkeit des Verzugseintritts nach § 286 Abs 3 BGB hinzuweisen, s Rn 111.

206 Auch ein Mitverschulden wegen **Unterlassung einer zumutbaren Schadensabwendung** oder -minderung kommt in Betracht. Der Schaden, der einem Steuerschuldner dadurch entsteht, dass er infolge nicht fristgerechter Abgabe der Steuererklärung durch seinen Steuerberater mit Verspätungszuschlägen belegt wird, muss durch die zinsgünstige Anlage des erst später zu entrichtenden Betrages für die Steuerschuld gemindert werden (BGH 15. 4. 1987 – VIII ZR 126/86, WM 1987, 318). Doch gehen die Anforderungen, die insoweit an den Gläubiger zu stellen sind, beim Verzögerungsschaden nicht weiter als bei anderen Schäden (**aA** RASEHORN NJW 1960, 661 für den Fall der Ungewissheit der Rechts- oder Tatsachenlage).

h) Schadensberechnung bei Abtretung

207 Kommt der Schuldner in Verzug, nachdem der Gläubiger die Forderung an einen Dritten abgetreten hat, errechnet sich die Höhe des Verzögerungsschadens grundsätzlich aus der Person des Zessionars. Dies ergibt auch § 398 S 2 BGB, nach dem mit der Abtretung der neue Gläubiger an die Stelle des bisherigen tritt (BGH 25. 9. 1991 – VIII ZR 264/90, NJW-RR 1992, 219; M JUNKER AcP 195 [1995] 12). Anders liegt es bei der Sicherungszession, bei der die Forderung wirtschaftlich dem Zedenten zusteht (BGH 9. 2. 2006 – I ZR 70/03, NJW 2006, 1662, 1662 f; BGH 9. 2. 1995 – III ZR 174/93, NJW 1995, 1282, 1283 f; HUBER II 117 f).

i) Verjährung

208 Für den Schadensersatzanspruch wegen Verzuges gilt dieselbe **Verjährungsfrist** wie für den Hauptanspruch, mit dessen Erfüllung der Schuldner in Verzug geraten ist (BGH 19. 4. 1955 – I ZR 66/53, LM § 286 BGB Nr 3). Die Frist beginnt gem § 199 Abs 1 BGB grundsätzlich mit der erstmaligen Entstehung des Anspruches und der Kenntnis oder dem Kennenmüssen des Gläubigers davon. Der Anspruch auf Ersatz des Verzugsschadens verjährt aber in jedem Fall aber spätestens mit dem Hauptanspruch; § 217 BGB ist insoweit entsprechend anzuwenden (RG 12. 11. 1937 – Z 156, 113, 121; BGH 23. 11. 1994, XII ZR 150/93, BGHZ 128, 74, 77 für § 224 aF; MünchKomm/ERNST Rn 174) und zwar auch, wenn dessen Verjährung gehemmt war oder neu begonnen hat (STAUDINGER/PETERS/JACOBY [2014] § 217 Rn 9; **aA** VALCÁRCEL, Verjährung des Anspruchs auf Verzugsschaden, NJW 1995, 640). Das gilt auch dann, wenn der Verzugsschaden erst

nach Ablauf der Verjährungsfrist beziffert werden kann (OLG Köln 26. 4. 1994 – 9 U 226/93, NJW 1994, 2160).

k) Vertragliche Vereinbarungen

209 Der Anspruch auf Ersatz des Verzögerungsschadens kann, soweit er nicht auf Vorsatz beruht (§ 276 Abs 3 BGB), durch Vertrag **abbedungen** werden (zB durch die Klausel „Schadensersatzansprüche wegen Nichterfüllung oder verspäteter Erfüllung sind ausgeschlossen", BGH NJW 1957, 1760). Doch ist eine entsprechende Bestimmung in AGB gem § 309 Nr 7 lit a) und lit b) BGB nur begrenzt zulässig (vgl Rn 2 f sowie Vorbem 36 zu §§ 286 ff). Zur Abdingbarkeit zu Verzugszinsen s § 288 Rn 74 ff.

210 In den Allgemeinen Versicherungsbedingungen für die Haftpflichtversicherung (AHB) sind in Ziff 1.2 Abs 5 AHB (mit Stand vom 1. 1. 2019) die Ansprüche aus § 286 BGB von der Deckung durch eine Haftpflichtversicherung insoweit ausgeschlossen, als durch sie das unmittelbare Interesse am eigentlichen Leistungsgegenstand geltend gemacht wird, nicht aber insoweit, als sie einen Folgeschaden zum Gegenstand haben, der über das unmittelbare Erfüllungsinteresse hinausgeht (BGH 9. 4. 1975 – IV ZR 4/74, NJW 1975, 1278; vgl auch BGH 21. 2. 1957 – II ZR 4/56, BGHZ 23, 349 ff).

3. Einzelfragen

a) Wertverluste

211 Dass ein zu ersetzender Verzögerungsschaden auch durch **Geldentwertung** entstehen kann, ist nicht zweifelhaft. Wird etwa eine Geldschuld von 2000 Euro um ein Jahr zu spät beglichen und hätte der Gläubiger das Geld für den Erwerb einer Sache oder Leistung verwandt, die nunmehr 2200 Euro kostet, so kann er die 200 Euro als Verzögerungsschaden liquidieren. Dabei muss er sich freilich die gem § 288 Abs 1 BGB zu zahlenden Verzugszinsen als Mindestbetrag des Schadens anrechnen lassen (LG Köln 20. 4. 2012 – 82 O 147/11, nv; vMaydell, Geldschuld und Geldwert [1974] 140 ff). Das Schadensersatzrecht trägt vermittels seines Grundprinzips, die aktuelle Vermögenslage des Ersatzberechtigten mit derjenigen zu vergleichen, die vorliegen würde, wenn das schädigende Ereignis nicht eingetreten wäre, der Geldentwertung Rechnung, ohne dass es einer Durchbrechung des sog Nominalismusprinzips bedürfte (vgl den Hinweis von Medicus, Privatrechtliche Fragen zur Geldentwertung, DB 1974, 759, 763; zur Problematik des Nominalismusprinzips ausführlich Staudinger/Omlor [2016] Vorbem C 19 ff zu §§ 244–248).

212 Freilich entspricht es einem weiteren Prinzip des Schadensersatzrechts, dass der Ersatzberechtigte den **Eintritt des Schadens** auch **nachweisen** muss. Im Falle des durch Geldentwertung entstandenen Verzögerungsschadens liegt es also beim Gläubiger nachzuweisen, dass er den verspätet geleisteten Geldbetrag tatsächlich in einen bestimmten Sachwert umgesetzt hätte, den er jetzt nur zu erhöhten Preisen bekommt (vgl Erman/Westermann § 280 Rn 39; Soergel/Benicke/Nalbantis § 288 Rn 71; Schwarze § 28 Rn 48). Die Frage ist, ob ihm dieser Nachweis ganz oder teilweise abgenommen werden kann, indem man entweder eine abstrakte Berechnung des Verzögerungsschadens in Höhe der Geldentwertungsrate zulässt oder einen prima-facie-Beweis des Inhalts gestattet, dass der Geldbetrag bei rechtzeitiger Zahlung in Sachwerten angelegt worden wäre, deren Preise inzwischen gestiegen sind. Beides ist mE unter den gegenwärtigen wirtschaftlichen Gegebenheiten nicht zu rechtfertigen. Die Zu-

lassung einer *abstrakten Schadensberechnung* in dem geschilderten Sinne verbietet sich, weil ungeachtet des Phänomens der ständigen Inflation sich die Preise für Waren und Leistungen ganz unterschiedlich entwickeln und für eine ins Gewicht fallende Zahl von Produkten, zB in Massenfertigung gehende Gegenstände, auch sinken. Die für die große Zahl der Fälle zu vermutende gleichmäßige Schadensentwicklung, die Grundlage der abstrakten Schadensberechnung ist, fehlt hier also (MünchKomm/Ernst Rn 139, 149, die zusätzlich darauf hinweisen, dass die abstrakte Berechnungsweise darauf hinausliefe, dass der Schuldner im Falle verspäteter Zahlung neben den Zinsen noch einen Inflationszuschlag zahlen müsste). Und *eine tatsächliche Vermutung* dafür, dass empfangene Geldleistungen alsbald in Sachwerte umgesetzt werden, besteht in den gegenwärtigen wirtschaftlichen Verhältnissen ebenfalls nicht. Vielmehr können sie durchaus auch anders (zB zur Tilgung von Schulden oder zur Sparanlage) verwendet werden (in die gleiche Richtung wie hier insgesamt auch Mann, Das Recht des Geldes [1960] 84; vMaydell, Geldschuld und Geldwert [1974] 134 ff).

213 Die Dinge ändern sich insofern erst bei einem **katastrophalen Verfall der Währung**, wie er in Deutschland zu Beginn der zwanziger Jahre des 20. Jahrhunderts eingetreten war. Hier sprach alles dafür, dass jede Geldleistung sofort in einen Sachwert umgesetzt worden wäre und demzufolge bei rechtzeitiger Leistung ein höherer Sachwert erworben worden wäre, als er infolge der Verspätung erworben werden konnte. Dementsprechend hat damals die Rechtsprechung schon die Geldentwertung selbst als zu ersetzenden Verzögerungsschaden anerkannt (vgl die ausführlichen Nachweise bei Staudinger/A Werner$^{10/11}$ Rn 9 ff). Erst wenn ein solcher katastrophaler Währungsverfall wieder eintreten würde, wäre Raum für die Anwendung der damals entwickelten Grundsätze.

214 Auch der **Kursverlust**, der dem Gläubiger einer in ausländischer Währung ausgedrückten Geldschuld durch Verzug des Schuldners entsteht, kann als Verzögerungsschaden in Betracht kommen (Staudinger/Omlor [2016] Vorbem B 73 zu §§ 244–248). Dabei ist der Klarheit halber zwischen echten und unechten Fremdwährungsschulden zu unterscheiden (näher Staudinger/Omlor [2016] § 244 Rn 18 ff):

215 Liegt eine **unechte Fremdwährungsschuld** vor, lautet die Schuld also zwar auf die ausländische Währung, kann sie aber auch in inländischer Währung erfüllt werden (vgl § 244 Abs 1 BGB), so ändert sich an der Beurteilung der Frage des Verzögerungsschadens bei einem Kursverlust der ausländischen Währung nichts, wenn in ausländischer Währung gezahlt wird (MünchKomm/Ernst Rn 159). Wird dagegen in inländischer Währung gezahlt, kann der Kursverlust nicht zu einem Verzögerungsschaden führen. Denn nach § 244 Abs 2 BGB hat in diesem Falle die Umrechnung nach dem Kurswert zur Zeit der Zahlung zu erfolgen. Zeit der Zahlung in diesem Sinne ist aber nicht etwa die Zeit der Fälligkeit, sondern die der tatsächlichen Zahlung (RG 20. 2. 1920 – III 300/19, RGZ 98, 160 ff; RG 24. 1. 1921 – II 13/20, RGZ 101, 312; MünchKomm/Ernst Rn 159; differenzierender Staudinger/Omlor [2016] § 244 Rn 110). Damit wird der Kursverlust, der während der Verzögerung eintritt, stets ausgeglichen.

216 Liegt eine **echte Fremdwährungsschuld** vor, ist die Schuld also nicht nur in ausländischer Währung ausgedrückt, sondern auch durch Zahlung ausländischer Währung zu erfüllen, so hat der Kursverlust der ausländischen Währung während des Verzugs zur Folge, dass der Gläubiger bei Zahlung für den Betrag der ausländischen Währung sich nur einen geringeren Betrag in der eigenen Währung verschaffen kann, als dies bei rechtzeitiger Zahlung der Fall gewesen wäre. Dass dies grundsätzlich einen zu ersetzenden Verzögerungsschaden darstellt, ist seit der späteren Rechtsprechung des RG anerkannt (RG 22. 2. 1928 – I 219/27, RGZ 120, 193, 197 f; 147, 377, 381; BGH 1. 10. 1981 – III ZR 13/80, NJW 1982, 1277; OLG Hamburg 10. 9. 1974 – 12 U 32/74, VersR 1975, 660; OLG München 18. 10. 1978 – 7 U 2762/78, NJW 1979, 2480 f; LG Köln 20. 4. 2012 – 82 O 147/11; LAG Hamburg 2. 8. 1971 – 2 Sa 60/71, DB 1972, 1587 für einen in US-Dollar zahlbaren Gehaltsanspruch). Dabei ist allerdings Voraussetzung, dass der Gläubiger nachweisen kann, dass er den in ausländischer Währung zahlbaren Betrag tatsächlich in inländische Währung umgetauscht oder alsbald sonst im Inland verwendet hätte (RG 22. 2. 1928 – I 219/27, RGZ 120, 193, 197; BGH 1. 10. 1981 – III ZR 13/80, NJW 1982, 1277; ALBERTS, Schadensersatz und Fremdwährungsrisiko, NJW 1989, 609, 614 f). Dieser Nachweis kann manchmal leicht zu führen sein, etwa wenn der Gläubiger wegen des drohenden Kursverfalls auf Bezahlung drängte, um alsbald umwechseln zu können (so der Fall RG 13. 5. 1935 – VI 13/35, RGZ 147, 377; weitergehend ALBERTS, Schadensersatz und Fremdwährungsrisiko, NJW 1989, 609, 614 f, der immer dann, wenn ein Gläubiger Forderungen in einer für ihn fremden Währung geltend macht, die Vermutung für begründet hält, dass er diese alsbald in seine Währung umtauscht). In anderen Fällen wird er nur schwer gelingen, so insbesondere, wenn der Gläubiger der Fremdwährungsschuld Angehöriger des fremden Staates ist (RG 22. 2. 1928 – I 219/27, RGZ 120, 193; JW 1926, 1323; JW 1938, 946).

Auf der anderen Seite ist ein während des Verzugs eintretender **Kursgewinn der ausländischen Währung** bei der Berechnung des Verzugsschadens im Wege der Vorteilsausgleichung (dazu oben Rn 203) zu berücksichtigen. Er kann insbesondere gegen die nach § 288 Abs 1 BGB zu ersetzenden Verzugszinsen verrechnet werden. 217

Für **Wechsel** und **Schecks**, die auf fremde Währung lauten, sind Art 41 Abs 1 S 2 WG und Art 36 Abs 1 S 2 ScheckG zu beachten, nach denen bei einer Zahlungsverzögerung der Inhaber wählen kann, ob die Umrechnung nach dem Kurs des Verfall- bzw Vorlegungstages oder nach dem Kurs des Zahlungstages erfolgen soll. 218

Auch ein Schaden, der dem Gläubiger dadurch entsteht, dass während des Verzugs des Schuldners eine mit einer Abwertung verbundene **Währungsumstellung** erfolgt, ist ein zu ersetzender Verzögerungsschaden (vgl hierzu STAUDINGER/A WERNER[10/11] Rn 14 f). 219

b) Mahn- und Rechtsverfolgungskosten

aa) Mahnkosten, Kosten der Zahlungsaufforderung

Auch die Kosten derjenigen Mahnungen, bei deren Absendung der **Schuldner bereits in Verzug** war, weil bereits eine erste Mahnung vorausgegangen ist, sind Teil des Verzögerungsschadens. Denn zu diesen Mahnungen wird der Gläubiger durch den Verzug veranlasst (BGH 17. 9. 2015 – IV ZR 280/14, MDR 2015, 1408; BGH 7. 5. 2015 – III ZR 304/14, BGHZ 205, 260; AG Pinneberg 24. 5. 2016 – 81 C 141/14, FoVo 2016, 119; PALANDT/GRÜNEBERG Rn 45). Dies gilt uneingeschränkt auch dann, wenn der Verzug nicht durch eine vorangegangene Mahnung, sondern nach § 286 Abs 2 oder 3 BGB ohne Mahnung eingetreten ist (s dazu Rn 69 ff). Ist der Schuldner in Verzug, so ist der Gläubiger stets ohne weitere Voraussetzung berechtigt, ihn kostenauslösend an die Leistung zu erinnern. Auch, wenn der Schuldner die Leistung vor Verzugseintritt angekündigt hat, ändert sich hieran nichts; der Gläubiger ist berechtigt, seine Rechte unmittelbar weiterzuverfolgen; von ihm zu verlangen, zuvor eine weitere „Schonfrist" abzuwar- 220 ten, wird seinen Interessen und der gesetzlichen Wertung nicht gerecht (fehlerhaft insofern BGH 25. 11. 2015 – IV ZR 169/14, NJW-RR 2016, 511 und MünchKomm/Ernst Rn 165, die bei einer auf den 31. 12. vereinbarten Leistungszeit und einer Überweisungsankündigung des Schuldners am 27. 12. die Beauftragung eines Rechtsanwalts durch den Gläubiger bei Nichteingang des Zahlbetrages am 2. 1. als verfrüht erachten). Aus dem gleichen Grund gehören die Kosten einer durch den Verzug veranlassten Kündigung zum Verzugsschaden (OLG Köln 10. 12. 1986 – 11 U 164/84, NJW-RR 1987, 593).

221 Hat der Gläubiger sich zur Mahnung des bereits in Verzug befindlichen Schuldners eines **Rechtsanwalts** bedient, so sind die hieraus erwachsenen Kosten vom Schuldner deshalb zu ersetzen (BGH 17. 9. 2015 – IV ZR 280/14, MDR 2015, 1408; BGH 7. 5. 2015 – III ZR 304/14, BGHZ 205, 260; LG 26. 4. 2018 – 2 O 37/18, ZMR 2018, 642; AG Pinneberg 24. 5. 2016 – 81 C 141/14, FoVo 2016, 119; AG Osnabrück 25. 8. 2006 – 83 C 108/06, AnwBl 2006, 858). Sie sind durch den Verzug adäquat verursacht. Denn es entspricht nach der Verkehrsauffassung dem normalen Verlauf der Dinge, dass der Gläubiger sich eines Anwalts bedient, um die Forderung gegen den in Verzug befindlichen Schuldner beizutreiben (vgl hierzu OLG Koblenz 26. 5. 2000 – 10 U 471/99, OLGR Koblenz 2000, 527). Die Einschaltung eines Rechtsanwalts ist zudem aus Sicht des Gläubigers zur Wahrnehmung und Durchsetzung seiner Rechte regelmäßig erforderlich und zweckmäßig (BGH 17. 9. 2015 – IV ZR 280/14, MDR 2015, 1408; BGH 7. 5. 2015 – III ZR 304/14, BGHZ 205, 260; BGH 8. 11. 1994 – VI ZR 3/94, BGHZ 127, 348, 350). Nur bei tatsächlich und rechtlich einfach gelagerten Routinefällen, wie sie etwa bei Mietzahlungsverzug vorliegen können, kann es angezeigt sein, dass der Gläubiger den Schuldner zunächst selbst zur Zahlung auffordert (AG Dortmund 6. 1. 2015 – 425 C 6720/14, WuM 2015, 78 für den gewerblichen Großvermieter; BGH 31. 1. 2012 – VIII ZR 277/11, WuM 2012, 262, das aber zu weit geht, wenn es dem Gläubiger auch ansinnt, die auf den Zahlungsrückstand gestützte Kündigung ohne anwaltliche Hilfe auszusprechen). Bleiben diese Bemühungen jedoch fruchtlos, darf er aber – auch in einfach gelagerten Fällen – die weitere Rechtsverfolgung auf Kosten des Schuldners einem Rechtsanwalt übertragen (BGH 17. 9. 2015 – IV ZR 280/14, MDR 2015, 1408; BGH 7. 5. 2015 – III ZR 304/14, BGHZ 205, 260; BGH 8. 11. 1994 – VI ZR 3/94, BGHZ 127, 348, 350; AG Pinneberg 24. 5. 2016 – 81 C 141/14, FoVo 2016, 119). In den Fällen, in denen der Schuldner keine Einwendungen gegen die Forderung erhebt, dürfte zwar meist zunächst eine einfache anwaltliche Zahlungsaufforderung ausreichen. Der Gläubiger ist jedoch – darf er die Einschaltung eines Rechtsanwalts für erforderlich oder zweckmäßig erachten – berechtigt, diesen umfassend mit der außergerichtlichen Vertretung seiner Interessen zu beauftragen; er muss den Auftrag grundsätzlich nicht zunächst auf ein Schreiben einfacher Art beschränken (BGH 7. 9. 2015 – IV ZR 280/14, MDR 2015, 1408; MünchKomm/Ernst Rn 165; Kleine-Cosack AnwBl 2016, 802, 808; **aA** AG Düsseldorf 7. 11. 2014 – 57 C 10222/14, nv; AG Meldorf 5. 7. 2011 – 81 C 504/11, NJW-RR 2011, 1629). Dies gilt jedenfalls dann, wenn der Versuch einer außergerichtlichen Beitreibung nicht von vornherein keinerlei Aussicht auf Erfolg hat (BGH 7. 9. 2015 – IV ZR 280/14, MDR 2015, 1408). Auch wenn die Einschaltung des Rechtsanwalts nicht zum Erfolg führt, sind die Kosten seiner Beauftragung durch den Verzug adäquat kausal verursacht und bis zur Grenze des Mitverschuldens (dazu Rn 223, 238 ff) zu ersetzen. Lässt es der Schuldner zum Prozess kommen, so sind die anwaltlichen Mahnkosten, soweit sie in den Prozesskosten nicht enthalten sind, neben diesen zu ersetzen. Freilich hat der Gläubiger stets die aus § 254 BGB abzuleitende Schadensminderungspflicht zu beachten. Deshalb kann etwa ein unnötiger Wechsel des Anwalts zwischen Mahnung und Klagerhebung den Anspruch auf den Ersatz der anwaltlichen Mahnkosten ausschließen oder beschränken.

Die Beauftragung eines Rechtsanwalts zur außergerichtlichen Vertretung seiner Interessen nicht für zweckmäßig erachten darf der Gläubiger, wenn aufgrund der Würdigung aller Umstände des Einzelfalls ausgeschlossen erscheint, dass ein Versuch einer außergerichtlichen Regulierung des Anspruchs mithilfe eines Rechtsanwalts Erfolg haben kann. Anzunehmen ist dies insbesondere, wenn der Schuldner die Erfüllung ernsthaft und endgültig verweigert hat (BGH 7. 9. 2015 – IV ZR 280/14, MDR 2015, 1408; BGH 1. 2. 1974 – IV ZR 2/72, VersR 1974, 639, 642, insoweit in BGH 1. 2. 1974 – IV ZR 2/72, BGHZ 62, 103 nicht abgedruckt; AG Zittau 29. 3. 2006 – 5 C 44/06 ua, nv; Schneider MDR 1959, 900). Ein solcher Fall liegt beispielsweise vor, wenn der Schuldner auf ein substantiiertes Aufforderungsschreiben eines vom Gläubiger zuvor beauftragten Inkassounternehmens die Leistung verweigert und ankündigt, auch bei Beauftragung eines Rechtsanwalts nicht zahlen zu wollen (AG Frankfurt 28. 10. 2014 – 31 C 1805/14 [83], nv; AG Erding 13. 5 2015 – 4 C 420/15, RRa 2016, 40 und AG Hamburg 9. 10. 2014 – 49 C 299/14, nv und AG Bremervörde 24. 3. 2017 – 5 C 250/16, nv in ähnlich gelagerten Fällen). In diesem Fall muss der Gläubiger den Rechtsanwalt daher sogleich (unbedingt) mit der gerichtlichen Durchsetzung des Anspruchs beauftragen, sodass eine Geschäftsgebühr nach Nr 2300 VV RVG nicht entsteht und folglich auch als Verzugsschaden nicht erstattungsfähig ist (BGH 7. 9. 2015 – IV ZR 280/14, MDR 2015, 1408; AG Bremen 23. 10. 2014 – 10 C 0148/14 ua, nv). Bei der Einleitung eines gerichtlichen Mahnverfahrens darf sich der Gläubiger aber in jedem Fall anwaltlicher Hilfe bedienen (offengelassen OLG Bremen 9. 3. 2012 – 2 U 98/11, nv). Die dadurch ausgelösten Gebühren sind von dem sich im Verzug befindlichen Schuldner zu tragen. 222

Hinsichtlich der Höhe der als Verzögerungsschaden zu ersetzenden Mahnkosten ist **§ 254** BGB zu beachten. Als Kosten für ein einfaches Mahnschreiben können regelmäßig nicht mehr als 2,50 Euro ersetzt verlangt werden (AG Brandenburg 25. 1. 2007 – 31 C 190/06, NJW 2007, 2268; AG Wesel 9. 2. 2015 – 26 C 414/14, AGS 2017, 324; Woitkewitsch MDR 2012, 500, 501; s auch BGH 20. 9. 2016 – VIII ZR 239/15, RdE 2017, 297, der eine pauschale Geltendmachung von 5 Euro je Mahnung durch ein Energieversorgungsunternehmen als zu hoch erachtet **aA** AG Düsseldorf 7. 11. 2014 – 57 C 10222/14, nv: vier Euro je Mahnung; Bad Segeberg 25. 11. 2011 – 17 C 160/11, NJW-RR 2012, 313; Bad Segeberg 12. 3. 2014 – 17a C 209/13 und AG Bergen 19. 2. 2015 – 25 C 1/15: lediglich 1 Euro; s auch BGH 3. 11. 1999 – VIII ZR 35/99, NJW-RR 2000, 719, 720). Auch ist die **Zahl der Mahnungen**, deren Kosten ersetzt werden können, nicht unbeschränkt. Mehr als drei Mahnungen durch eingeschriebenen Brief sind nur dann angebracht, wenn für die weiteren Mahnungen ein besonderer Grund vorliegt (vgl AG Löbau 30. 7. 2015 – Z 14 C 47/15, nv für die Anzahl von Lastschrifteinzugversuchen). 223

Ein Anspruch auf Ersatz der Kosten derjenigen Mahnung, durch die der Schuldner erst in Verzug gesetzt wird **(Erstmahnung)**, besteht nicht. Ein Verzögerungsschaden liegt nicht vor. Denn die Kosten der Mahnung, die den Verzug erst begründet hat, sind nicht ihrerseits durch den Verzug entstanden. Einen Schadensersatzanspruch wegen Pflichtverletzung direkt nach § 280 Abs 1 BGB scheitert daran, dass § 280 Abs 2 BGB im Falle einer in der Verzögerung bestehenden Pflichtverletzung den Schadensersatz an das Vorliegen der Verzugsvoraussetzungen knüpft (OVG Berlin-Brandenburg 22. 11. 2018 – OVG 6 A 1. 16, nv; MünchKomm/Ernst Rn 165; Palandt/Grüneberg Rn 44). Daran ändert auch Art 6 der Zahlungsverzugsrichtlinie nichts, weil der dort festgelegte Anspruch auf Zahlung eines Pauschalbetrages für die Beitreibungskosten (Vorbem 8 zu §§ 286 ff) Verzug voraussetzt. Will der Gläubiger außergerichtlich einen 224

Bevollmächtigten beauftragen, sind die hierdurch entstehenden Kosten deshalb nur dann erstattungsfähig, wenn er zuvor bereits den Schuldner in Verzug gesetzt hat.

225 Eine andere Frage ist es, dass bei **Schadensersatzansprüchen aus unerlaubter Handlung** und Gefährdungshaftung die Einschaltung von Rechtsberatern von vornherein vom adäquat verursachten Schaden umfasst sein kann, insbesondere, wenn die Sach- und Rechtslage nicht einfach ist (vgl STAUDINGER/SCHIEMANN [2017] § 251 Rn 120). Hier können auch die Kosten einer ersten Mahnung als Teil des Schadens zu ersetzen sein, ohne dass es auf die Voraussetzungen des Verzugs ankäme (vgl BGH 1. 6. 1959 – III ZR 49/58, BGHZ 30, 154 ff).

226 Zum Ersatz der Kosten vorprozessualer Abmahnungen im Fall von **Wettbewerbsverstößen** vgl STAUDINGER/SCHWARZE § 280 Rn E 96.

227 Auch die Kosten der Zuleitung einer Rechnung oder **Zahlungsaufstellung** iS des § 286 Abs 3 BGB sind nur zu ersetzen, wenn diese in einem Zeitpunkt erfolgt, in dem bereits Verzug bestand, sei es, dass eine Mahnung vorangegangen ist oder ein Fall des § 286 Abs 2 BGB vorliegt. Auch hinsichtlich der Zahl der Rechnungen oder Zahlungsaufstellungen ist § 254 BGB zu beachten. Die in Rn 223 dargelegten Grundsätze gelten auch hier.

228 Will sich der Gläubiger vor einer weiteren Rechtsverfolgung zunächst ein Bild über die Zahlungsfähigkeit des Schuldners machen und holt er deshalb eine Vermögensauskunft ein oder stellt eine Anfrage beim Schuldnerverzeichnis, so sind die hierdurch entstehenden Kosten nicht als Verzögerungsschaden anzusehen (AG Bremen 23. 10. 2014 – 10 C 0148/14 ua, nv; **aA** AG Düsseldorf 7. 11. 2014 – 57 C 10222/14, nv; AG Stadthagen 15. 6. 2011 – 41 C 414/10 [VII], NJW-RR 2011, 1171). Das Risiko der mangelnden Bonität des Schuldners traf den Gläubiger auch bereits vor Verzugseintritt und liegt nicht im Verzug begründet; es fällt generell in die Risikosphäre des Gläubigers (OLG Bamberg 6. 12. 2001 – 4 W 128/01, OLGR Bamberg 2003, 112; LG Berlin 14. 7. 2015 – 14 O 505/14, nv; AG Bremen 23. 10. 2014 – 10 C 0148/14 ua, nv; AG Bad Segeberg 12. 3. 2014 – 17a C 209/13). Die Auskunft bzw Anfrage dient zudem nicht der Durchsetzung des Leistungsanspruchs, sondern der Prüfung, ob ein letztlich erlangter Titel mit Erfolg wird vollstreckt werden können (OLG Bamberg 6. 12. 2001 – 4 W 128/01, OLGR Bamberg 2003, 112; WOITKEWITSCH MDR 2012, 500, 502).

229 Rechtsprechung und Schrifttum sind für das deutsche Recht bislang davon ausgegangen, dass die Ersatzfähigkeit der Kosten dadurch eine Einschränkung erfährt, dass die Verkehrsauffassung die üblichen persönlichen Bemühungen des Gläubigers um die Einziehung einer Forderung zu seinem eigenen Pflichtenkreis rechnet und die **Kosten üblicher Eigenbemühungen** deshalb nicht ersatzfähig sind (BGH 9. 3. 1976 – VI ZR 98/75, BGHZ 66, 112, 114 f; HUBER II 112 f; MICHALSKI ZIP 1994, 1501, 1504; DB 1995, 2511 f; WELLER/HARMS WM 2012, 2306, 2312). Dies lässt sich seit der – überschießenden – Umsetzung der Zahlungsverzugsrichtlinie (2011/7/EU) durch den deutschen Gesetzgeber in § 288 Abs 5 BGB nicht mehr uneingeschränkt aufrechterhalten. Denn diese Bestimmung sieht einen Anspruch auf Zahlung eines Pauschalbetrages von 40 Euro als „Entschädigung für die Beitreibungskosten des Gläubigers" vor (dazu im Einzelnen § 288 Rn 61 ff). Mit der sog Verzugspauschale soll, wie der Erwägungsgrund 19 der Verzugsrichtlinie ergibt, der Gläubiger gerade auch von seinen internen Kosten

freigestellt werden (Weller/Harms WM 2012, 2305, 2312; Dornis WM 2014, 677, 681). Damit sind aber zugleich über § 288 Abs 5 BGB die Kosten der üblichen Eigenbemühungen erstattungsfähig.

Außerhalb des Anwendungsbereiches des § 288 Abs 5 BGB, dh wenn Schuldner der Forderung ein Verbraucher ist, besteht aber kein Anlass von dem Grundsatz abzugehen, dass die Kosten der üblichen Eigenbemühungen nicht absetzbar sind (BGH 20. 9. 2016 – VIII ZR 239/15, RdE 2017, 297; **aA** Dornis/Kessenich, Die Entschädigungspauschale bei Zahlungsverzug, JURA 2015, 887, 898). Eine Übertragung der Regelung scheitert schon daran, dass der Pauschalbetrag von mindestens 40 Euro in vielen Fällen den tatsächlichen Aufwand bei weitem übersteigt. Man denke nur an den Vermieter, dessen Mieter mit der Zahlung des Mietzinses in Verzug ist. Unabhängig davon entspricht es außerhalb des Geschäftsverkehrs mit Waren- und Dienstleistungen der Verkehrsanschauung, dass der Gläubiger im angemessenen Umfang selbst um die Begleichung seiner Forderungen bemüht sein muss. Dafür, dass der deutsche Gesetzgeber über die Regelung des § 288 Abs 5 BGB hinaus die übliche Müheverwaltung des Gläubigers erstattungsfähig machen wollte, fehlt jeder Hinweis (BGH 20. 9. 2016 – VIII ZR 239/15, RdE 2017, 297). **230**

bb) Insbesondere Einschaltung eines Inkassobüros

Was die Kosten der Beauftragung eines Inkassobüros angeht, ist zunächst zu beachten, dass § 10 Abs 1 Nr 1 RDG die Erbringung von Inkassodienstleistungen von der Registrierung der betreffenden Person oder des betreffenden Unternehmens abhängig macht. Durch die Inanspruchnahme eines nicht registrierten Inkassobüros entstandene Kosten sind folglich in keinem Fall durch den Verzug adäquat verursacht (AG Brandenburg 27. 8. 2012 – 31 C 266/11; Vollkommmer, in: Seitz, Kap 23 Rn 13). Dagegen müssen die vom Gläubiger einem registrierten Inkassobüro erstatteten Gebühren grundsätzlich als Verzögerungsschaden anerkannt werden. Wenn es dem Gläubiger unbenommen ist, auch diesen Weg zu beschreiten, um zur Erfüllung seines Anspruchs zu kommen, so muss er auch die dadurch entstehenden Kosten als Verzugsschaden geltend machen können (BVerfG 7. 9. 2011 – 1 BvR 1012/11, WM 2011, 2155; BGH 24. 5. 1967 – VIII ZR 278/64; LG Oldenburg 8. 3. 2017 – 5 S 445/16, nv; Kleine-Cosack AnwBl 2016, 802, 803). Dies gilt heute schon deshalb, weil registrierte Inkassobüros nach § 79 Abs 2 Nr 4 ZPO im Mahnverfahren als Prozessvertreter zugelassen sind. **231**

Allerdings erfährt die Ersatzfähigkeit von Inkassokosten dadurch eine Einschränkung, dass die Verkehrsauffassung die üblichen persönlichen Bemühungen des Gläubigers um die Einziehung einer Forderung zu seinem eigenen Pflichtenkreis rechnet und die Kosten üblicher Eigenbemühungen deshalb nicht ersatzfähig sind (BGH 9. 3. 1976 – VI ZR 98/75, BGHZ 66, 112, 114 f; Schultz SchlHA 2012, 128; s auch Rn 229 f). Dieser Grundsatz darf nicht dadurch umgangen werden, dass die üblichen Eigenbemühungen unterbleiben und stattdessen ein Inkassobüro eingeschaltet wird. Um die Einziehung geschäftlicher Forderungen muss sich der Gläubiger deshalb in angemessener Form, etwa durch eine Mahnung oder durch die Androhung der Einschaltung eines Inkassobüros, eines Rechtsanwalts oder gerichtlicher Schritte, erst selbst bemühen, ehe er ein Inkassobüro einschaltet (Löwisch NJW 1986, 1725, 1726; für konzerngebundene Inkassounternehmen [gegen Michalski] Rieble DB 1995, 2512 f; LG Berlin 8. 6. 1989 – 20 O 298/88, WM 1990, 62; BGH 9. 3. 1976 – VI ZR 98/75, BGHZ 66, 112, 114). Grundsätzlich gelten die gleichen Maßstäbe wie bei der Einschaltung eines Rechts- **232** anwalts (Vollkommer, in: Seitz, Kap 23 Rn 7). Die Beauftragung des Inkassounternehmens muss zu Wahrnehmung einer Rechte erforderlich und zweckmäßig erscheinen (s dazu Rn 221 f).

233 Die Erforderlichkeit kann aber nicht schon im Hinblick auf die Erfolgsquote der Inkassounternehmen verneint werden (so aber Jäckle NJW 1986, 2692, 2693, der eine Erfolgsquote von 20–40 % annimmt; vgl auch Hauschildt/Stahrenberg, Zur Effektivität von Inkasso-Unternehmen, BB 1991, 3, die von einer stückorientierten Erfolgsquote von 58,7 % und einer wertmäßigen Erfolgsquote von 23,5 % ausgehen). Es kann nicht auf die Durchschnittsquote des Erfolgs ankommen, sondern nur darauf, ob im konkreten Fall mit einem Erfolg gerechnet werden durfte oder nicht (näher Löwisch Rechtsbeistand 1987, 79). Erfolg in diesem Sinne ist aber auch die Teilleistung des Schuldners, zumal auch Rechtsanwälte keinen 100 %-igen Erfolg garantieren können.

234 Zweckentsprechend ist die Einschaltung eines Inkassobüros sicher dann, wenn es sich nur darum handelt, dass der Schuldner lediglich ein **säumiger Zahler** ist (zur betriebswirtschaftlichen Effektivität siehe Stahrenberg 100 ff). Schwieriger liegen die Dinge, wenn der Schuldner die Forderung verweigert oder bestreitet. Verweigert der Schuldner die Erfüllung der Forderung ernsthaft und endgültig, so muss der Gläubiger erkennen, dass er ohne Titulierung seines Anspruchs nicht befriedigt werden wird. Er verstößt deshalb gegen seine Schadensminderungspflicht, wenn er gleichwohl ein Inkassounternehmen zunächst mit der außergerichtlichen Beitreibung beauftragt (AG Idstein 24. 6. 2015 – 30 C 71/15 [20], zfm 2015, 128; Kleine-Cosack AnwBl 2016, 802, 803; vgl dazu auch Rn 222). Freilich kann der Gläubiger das Inkassounternehmen in diesen Fällen mit der Einleitung eines gerichtlichen Mahnverfahrens beauftragen (Berg/Geub/Ohle, in: Seitz, Kap 4 Rn 43, die dies wegen der Beschränkung der Erstattungsfähigkeit der Kosten des Inkassounternehmens nach § 4 Abs 4 S 2 RDGEG auf 25 Euro sogar zur Schadensminderung als vorrangiges Mittel ansehen).

235 Auch wenn der Schuldner die Forderung **ernstlich bestreitet**, führt der Weg des verständigen Gläubigers nicht zum Inkassounternehmen, sondern zum Rechtsanwalt, der ihn, anders als der Inkassounternehmer, in einem möglichen Gerichtsverfahren vertreten darf. Auch in diesem Fall kann der Schuldner deshalb wegen Verstoßes gegen seine Schadensminderungspflicht die Kosten, die ihm durch die Beauftragung des Inkassobüros entstanden sind, vom Gläubiger nicht ersetzt verlangen (OLG München 29. 11. 1974 – 19 U 3081/74, NJW 1975, 832; OLG Karlsruhe 29. 10. 1984 – 15 W 64/84, Justiz 1985, 98; OLG Karlsruhe 11. 6. 1986 – 6 U 234/85, NJW-RR 1987, 15; OLG Köln 12. 1. 2001 – 19 U 85/00, OLGR Köln 2001, 276; LG Berlin 8. 2. 2012 – 4 O 452/11; LG Berlin 20. 7. 2009 – 5 O 468/08; AG Koblenz 15. 12. 2017 – 153 C 1872/17, nv; AG Mannheim 3. 9. 2014 – 10 C 241/14, nv; Schultz SchlHA 2012, 128, 129). Sind freilich die Einwendungen offensichtlich unbegründet und sollen nur dem Hinhalten dienen, so kann ein verständiger Gläubiger den Weg zum Inkassobüro nach wie vor für den besseren halten (vgl Vollkommer, in: Seitz Kap 23 Rn 28 für einfaches Bestreiten).

236 Auch bei bekannter **Zahlungsschwäche** des Schuldners kommt es darauf an, ob ein sorgfältig handelnder Gläubiger noch eine Chance sehen kann, die Forderung über das Inkassounternehmen ganz oder teilweise beizutreiben. Dabei ist zu berücksichtigen, dass zahlungsschwache Schuldner diejenigen Gläubiger, die die Durchsetzung ihrer Ansprüche mit erheblichem Nachdruck betreiben, in aller Regel mit Vorrang befriedigen (Löwisch NJW 1986, 1725, 1727). Auch kann der Gläubiger bei drohender Verjährung ein Inkassobüro einschalten, damit dieses ein Anerkenntnis und damit einen Neubeginn der Verjährung (§ 212 Abs 1 Nr 1 BGB) erreicht oder einen die Verjährung hemmenden Mahnbescheid (§ 204 Abs 1 Nr 3 BGB, § 79 Abs 2 Nr 4 ZPO) erwirkt. Die unter Amtsgerichten verbreitete Auffassung, Inkassokosten seien in solchen Fällen regelmäßig nicht zu ersetzen, da es sich nicht um erforderliche und zweckmäßige Maßnahmen zur Schadensabwehr handele (AG Brandenburg 23. 7. 2012 – 37 C 54/12; AG Kehl 26. 4. 2011 – 4 C 19/11; AG Köln 3. 11. 2010 – 118 C 186/10, JurBüro 2011, 537; AG Münsingen 16. 2. 2016 – 2 C 20/16), lässt sich mit der gesetzlich anerkannten Institution der Inkassounternehmen nicht vereinbaren (richtig insoweit AG Bremen 7. 1. 2011 – 2 C 355/1, JurBüro 2011, 203). S hierzu Rn 231. Deshalb kann die Angemessenheit der Einschaltung eines Inkassobüros nicht allein verneint werden, weil der Schuldner auf vorgerichtliche Mahnungen des Gläubigers nicht reagiert hat (unzutreffend AG Münsingen 16. 2. 2016 – 2 C 20/16, nv).

237 Durfte der Gläubiger die Einschaltung des Inkassobüros für erforderlich halten, sind die Aufwendungen dafür auch dann zu ersetzen, wenn dessen Tätigkeit erfolglos geblieben ist und deshalb **anschließend** ein **Rechtsanwalt** mit der gerichtlichen Beitreibung beauftragt werden muss (Schultz SchlHA 2012, 128, 129; Kleine-Cosack AnwBl 2016, 802, 806 f). Das ist im Grunde unbestritten, wenn die Rechtsprechung der Oberlandesgerichte auch unterschiedliche Maßstäbe an die Frage anlegt, ob die Notwendigkeit, später einen Rechtsanwalt beauftragen zu müssen, vorhersehbar war oder nicht (enger OLG Dresden 1. 12. 1993 – 5 U 68/93, NJW-RR 1994, 1139, wonach „im allgemeinen" in einem solchen Fall kein Anspruch auf Ersatz bestehen soll, weiter – und zutreffend – OLG Dresden 4. 4. 1995 – 13 U 1515/93, NJW-RR 1996, 1471, wonach ein Ersatz zu erfolgen hat, wenn die Forderung vorgerichtlich nicht bestritten war und auch keine erkennbare Zahlungsunwilligkeit oder Zahlungsunfähigkeit vorlag; weiter OLG Düsseldorf 16. 7. 1987 – 10 U 36/87, OLGZ 1987, 494; OLG Karlsruhe 11. 6. 1986 – 6 U 234/85, NJW-RR 1987, 15; OLG München 24. 9. 1987 – 19 U 2071/87, MDR 1988, 407; OLG Frankfurt 14. 11. 1989 – 11 U 14/89, NJW-RR 1990, 729; OLG Nürnberg 22. 9. 1993 – 12 U 1911/93, JurBüro 1994, 280; OLG Dresden 1. 12. 1993 – 5 U 68/93, NJW-RR 1994, 1139). Heute folgt dies auch aus einer an Art 6 Abs 3 der Zahlungsverzugsrichtlinie orientierten Auslegung. Denn es handelt sich sowohl bei den Inkassokosten wie bei den Kosten des im Falle der Erfolglosigkeit anschließend beauftragten Rechtsanwaltes um durch den Zahlungsverzug bedingte Beitreibungskosten. Allerdings sind diese im Hinblick auf § 254 BGB nur dann als verhältnismäßig anzusehen, wenn die Notwendigkeit der späteren Beauftragung des Rechtsanwalts nicht vorhersehbar war.

238 Dass die durch die gerechtfertigte Einschaltung eines Inkassobüros entstehenden Kosten vom Gläubiger gegenüber dem Schuldner als Verzögerungsschaden geltend gemacht werden können, gilt uneingeschränkt auch dann, wenn zwischen Gläubiger und Inkassounternehmen eine Konzernverbundenheit besteht (Kleine-Cosack AnwBl 2016, 802, 804; in diese Richtung auch MünchKomm/Ernst Rn 168; Vollkommmer, in: Seitz, Kap 23 Rn 15). Hinsichtlich der Höhe der erstattungsfähigen Kosten enthält § 4 Abs 5 S 1 RDGEG, der am 9. 10. 2013 in Kraft getreten ist, für Rechtsdienstleistungen nach dem RDG durch Inkassounternehmen jedoch eine Beschränkung (Inkassodienstleistungen zwischen nach § 15 AktG verbundenen Unternehmen sind nach § 2 Abs 3 Nr 6 RDG keine Rechtsdienstleistungen). Danach sind Inkassokosten für außergerichtliche Inkassodienstleistungen, die eine nicht titulierte Forderung betreffen, nur „bis zur Höhe der einem Rechtsanwalt nach den Vorschriften des Rechts-

anwaltsvergütungsgesetzes zustehenden Vergütung erstattungsfähig". Die erstattungsfähigen Inkassokosten sind mithin seitdem der Höhe nach auf die Kosten begrenzt werden, die bei der Einschaltung eines Anwalts nach dem RVG entstanden wären (LG Düsseldorf 8. 6. 2017 – 14c O 169/15, zfm 2017, 237; LG Köln 23. 5. 2017 – 31 O 92/16, VuR 2017, 432). Die erstattungsfähigen Kosten der außergerichtlichen Geltendmachung der Forderung sind demnach grundsätzlich allein anhand der Vergütungstatbestände des RVG, insbes Nr 2300 VV RVG zu ermitteln (Berg/Geub/Ohle, in: Seitz, Kap 4 Rn 32 ff; Vollkommmer, in: Seitz, Kap 24 Rn 29). Für die Vertretung im gerichtlichen Mahnverfahren ist die Vergütung des registrierten Inkassounternehmens nach § 4 Abs 4 S 2 RDGEG auf 25 Euro beschränkt.

239 Ein **Erfolgshonorar** darf ein Rechtsanwalt nach § 4a Abs 1 S 1 RVG nur für den Einzelfall und nur dann vereinbaren, „wenn der Auftraggeber aufgrund seiner wirtschaftlichen Verhältnisse bei verständiger Betrachtung ohne die Vereinbarung eines Erfolgshonorars von der Rechtsverfolgung abgehalten würde". Dieser Ausnahmetatbestand dürfte bei Inkassoaufträgen nicht einschlägig sein. Ein entsprechendes Erfolgshonorar stellt deshalb auch keinen ersatzfähigen Verzugsschaden dar. Da § 4 Abs 5 S 1 RDGEG nur die Erstattungsfähigkeit nach außen regelt und § 4 Abs 2 S 1 RDGEG auf nach § 10 Abs 1 S 1 Nr 1 RDG registrierte Inkassodienstleister nicht anwendbar ist, kann aber im Innenverhältnis zwischen Gläubiger und Inkassounternehmen eine erfolgsabhängige Vergütung wirksam vereinbarten werden (Berg/Geub/Ohle, in: Seitz, Kap 4 Rn 23 ff; **aA** offenbar Vollkommmer, in: Seitz, Kap 24 Rn 34; Jäckle, Der Mitverschuldenseinwand bei den Kosten eines Inkassounternehmens, NJW 2016, 979; offengelassen MünchKomm/Ernst Rn 167). Bis zur Höhe der einem Rechtsanwalt nach den Vorschriften des Rechtsanwaltsvergütungsgesetzes zustehenden Vergütung kann der Gläubiger deshalb die ihm aufgrund einer solchen Vereinbarung entstandenen Kosten als Verzugsschaden geltend machen.

240 Darlegungs- und beweisbelastet für die ihm entstandenen Kosten ist der Gläubiger. Liegt sein Aufwand unter den nach § 4 Abs 5 S 1 RDGEG iVm Nr 2300 VV RVG an sich erstattungsfähigen Kosten, so kann er nur die ihm tatsächlichen entstandenen Kosten gegenüber dem Schuldner geltend machen (Vollkommmer, in: Seitz, Kap 24 Rn 29; MünchKomm/Ernst Rn 167). Ohne konkrete Darlegungen des Gläubigers kann nicht schlicht unterstellt werden, dass dieser dem Inkassounternehmen stets Kosten in diesem höchstzulässigen Umfange schuldet. Den entsprechenden Nachweis muss – jedenfalls im Bestreitensfalle – vielmehr der Gläubiger erbringen. Gerade wenn der Gläubiger aufgrund des bestehenden Dienstleistungsvertrag ständig bei einer Vielzahl von Fällen mit einem bestimmten Inkassounternehmen zusammenarbeitet, liegt es nahe, dass zwischen dem Gläubiger und dem Inkassounternehmen eine niedrigere Vergütung als die 1,3-Regelgebühr nach Nr 2300 VV RVG vereinbart ist (AG Esslingen 18. 5. 2018 – 5 C 234/18, ZInsO 2018, 2324 für das von der DB-Vertrieb GmbH zur Einziehung von jährlich mehr als 1.000.000 Ansprüchen auf erhöhtes Beförderungsentgelt beauftragte Inkassounternehmen; mit zustimmender Anm Jäckle VuR 2018, 355, 356).

241 Was die Höhe der erstattungsfähigen Kosten für die Einschaltung eines Inkassobüros angeht, so ist auch hier § 254 BGB zu beachten. Wie bei jedem Aufwendungsschaden muss gefragt werden, ob der Gläubiger im konkreten Fall die Aufwendungen für das Inkassobüro überhaupt und in der gemachten Höhe für erforderlich halten durfte (BGH 24. 5. 1967 –VIII ZR 278/64, nv; OLG Hamm 10. 11. 1983 – 2 U 116/83,

JurBüro 1984, 1534; Löwisch NJW 1986, 1725). Deshalb muss bei jeder kostenauslösenden Maßnahme des Inkassounternehmens geprüft werden, ob diese zu zweckentsprechenden Verfolgung der Gläubigerinteressen geboten war (Berg/Geub/Ohle, in: Seitz, Kap 4 Rn 42). Dass der Gläubiger nicht nach einem kostengünstigeren Inkassounternehmen gesucht hat, stellt aber kein Mitverschulden dar (vgl AG Haldensleben 6. 9. 2005 – 17 C 214/05, Rechtsbeistand 2005, 100, das eine entsprechende Aufklärungspflicht des Inkassounternehmens gegenüber dem Gläubiger verneint).

cc) Rechtsverfolgungskosten

Der Anspruch auf Ersatz des Verzögerungsschadens umfasst grundsätzlich auch die dem Gläubiger erwachsenden Prozess- und Vollstreckungskosten. Da diese Kosten jedoch im gerichtlichen Verfahren im Wege der Kostenfestsetzung regelmäßig tituliert werden können, scheidet deren selbstständige gerichtliche Geltendmachung im Regelfall aus. Die **prozessrechtlichen Kostentragungsregelungen** (§§ 91 ff, § 788 ZPO) gehen insofern vor (RG 7. 11. 1930 – II 57/30, RGZ 130, 217, 218; BGH 18. 5. 1966 – Ib ZR 73/64, BGHZ 45, 251, 257; LG Saarbrücken 29. 7. 2013 – 13 S 41/13; Muthorst, in: Stein/Jonas, ZPO [23. Aufl 2017] Band 2, Vorbem 22 zu § 91; Jerger/Zehentbauer, Grundlage und Geltendmachung von schäden im Zusammenhang mit der Finanzierung des Zivilprozesses, NJW 2016, 1353, 1354). Der Anspruch auf Ersatz des Verzögerungsschadens hat deshalb nur in Ausnahmefällen praktische Relevanz. 242

Hinsichtlich der **Prozesskosten** ist dies etwa der Fall bei einer vor Zustellung durch Erfüllung erledigten Klage (KG Berlin 26. 2. 1992 – 24 W 3965/91, NJW-RR 1992, 1298), wenn im Wege der Klagänderung die Prozesskosten als Verzögerungsschaden geltend gemacht werden (OLG Koblenz 6. 9. 2011 – 14 W 620/01, NJW-RR 2002, 719) oder die Kostenentscheidung unrichtigerweise unterblieben ist (Muthorst, in: Stein/Jonas, ZPO [23. Aufl 2017] Band 2, Vorbem 19 zu § 91). Gleiches gilt in Bezug auf die Kosten der Beweissicherung, wenn es gar nicht zum Prozess kommt (OLG Karlsruhe 29. 10. 1999 – 14 U 160/98, MDR 2000, 199). Auch die Kosten eines einstweiligen Verfügungsverfahrens können als Verzugsschaden zu ersetzen sein, vorausgesetzt, es war zweckdienlich und sachgerecht (OLG Dresden 9. 12. 1997 – 14 U 435/97, NJW 1998, 1872, 1873). S zum Zinsanspruch aus § 288 Abs 1 BGB hinsichtlich verauslagter Gerichtskostenvorschüsse § 288 Rn 7. 243

Kosten eines abgelehnten **Prozesskostenhilfeantrags** des Gläubigers können im Allgemeinen nicht als Verzögerungsschaden verlangt werden (LG Berlin I JW 1929, 885 mit zustimmender Anm Friedländer). Denn die Einreichung eines Gesuchs, das sich als unbegründet erweist, kann nicht als durch den Verzug adäquat verursacht gelten, wenn nicht besondere Umstände vorliegen. Hingegen können die dem Gläubiger im Prozesskostenhilfeverfahren des Schuldners entstandenen Kosten als Verzögerungsschaden zu ersetzen sein (OLG Schleswig 22. 6. 1978 – 8 WF 107/78, SchlHA 1978, 170; MünchKomm/Ernst Rn 170). Der Schuldner, der es zur Pfändung kommen ließ, haftet unter dem Gesichtspunkt des Verzögerungsschadens für die Kosten eines *Interventionsprozesses* (LG Schneidemühl JW 1929, 887). 244

Wird ein Anspruch auf **Befreiung von einer Verbindlichkeit** gegenüber einem Dritten nur mit Verzögerung befriedigt und der Gläubiger infolgedessen von dem Dritten verklagt, so kann er vom Schuldner auch die ihm entstandenen Prozesskosten als Verzögerungsschaden verlangen (LG Hannover VRS 4, 84). 245

246 Was die **Vollstreckung** angeht, so kommt ein Anspruch auf Ersatz des Verzögerungsschadens in Betracht bezüglich der Aufwendungen für die Beschaffung einer zu leistenden *Sicherheit,* insbesondere die Bankprovision zur Erlangung einer Bankbürgschaft, sofern man diese nicht den Vollstreckungskosten iSd § 788 Abs 1 ZPO zurechnet (vgl dazu ZÖLLER/STÖBER, ZPO [32 Aufl 2018] § 788 Rn 5 f; LACHMANN, in: MUSIELAK/VOIT, ZPO [15. Aufl 2018] § 788 Rn 3; MÜNZBERG, in: STEIN/JONAS/ZPO [22. Aufl 2002] Band 7, § 788 Rn 11). Gleiches gilt für Aufwendungen, die *mittelbar* der Vollstreckung dienen, wie solche zur Abfindung interventionsberechtigter Dritter, zur Ablösung vorgehender Pfandrechte oder die Vorlage der Grunderwerbsteuer, um die zur Vollstreckung nötige Eintragung des Schuldners im Grundbuch zu erlangen (vgl STEIN/JONAS/MÜNZBERG, ZPO [23. Aufl 2017], Band 7, § 788 ZPO Rn 10). Schließlich sind hierher die Kosten eines mangels Masse erfolglosen Insolvenzantrags zu zählen (LG Essen 23. 2. 1983 – 1 S 8/83, MDR 1983, 753). Auch die Kosten der Durchsetzung eines Einigungsstellenhonorars iS von § 76a BetrVG können als Verzugsschaden zu ersetzen sein (BAG 27. 7. 1994 – 7 ABR 10/93, NZA 1995, 545).

247 Zu beachten ist freilich, dass prozessrechtliche Kostenvorschriften einen darüber hinausgehenden **materiell-rechtlichen Kostenerstattungsanspruch** im Ausnahmefall ausschließen können (s dazu Rn 251 ff).

c) Kreditkosten

248 Der zu ersetzende Verzögerungsschaden umfasst auch die Kreditkosten, welche der Gläubiger für die Zeit aufwenden muss, in der er die Leistung des Schuldners nicht erhält. Im Vordergrund steht dabei der Fall, dass sich der Gläubiger bei Ausbleiben einer geschuldeten Geldschuld durch Inanspruchnahme von Kredit anderweitig flüssige Mittel beschafft (vgl dazu § 288 Rn 47 ff). In Betracht kommt aber auch, dass der Gläubiger einer Forderung, die nicht Geldschuld ist, Kredit aufnehmen muss. Wird etwa eine Maschine nicht rechtzeitig geliefert und muss der Gläubiger deshalb zwischenzeitlich eine Ersatzmaschine mieten, so kann er zur Bezahlung der anfallenden Mietzinsen auch Kredit aufnehmen und vom Schuldner zusätzlich zu den anfallenden Mietzinsen auch diese Kreditkosten ersetzt verlangen. Zur Frage, inwieweit der Gläubiger bei Einsatz eigener Mittel einen Ausgleich dafür verlangen kann, dass er diese nicht anderweitig einsetzen konnte, vgl § 288 Rn 35 ff.

d) Nutzungsentgang

249 Soweit die entzogene oder entgangene Nutzungsmöglichkeit einer Sache als ersatzfähiger Schaden anzusehen ist (vgl dazu grundsätzlich BGH 9. 7. 1986 – GSZ 1/86, BGHZ 98, 212, 216 ff; ausf STAUDINGER/SCHIEMANN [2017] § 251 Rn 73 ff, 96 ff, 102 ff), gilt das auch im Rahmen des Verzugsschadensersatzes. Die §§ 249 ff BGB, deren Interpretation entnommen wird, dass entzogene oder entgangene Nutzungsmöglichkeiten einen Vermögensschaden darstellen, wenn dies der Verkehrsanschauung entspricht, gelten auch hier. Es besteht kein einleuchtender, mit dem Rechtsbegriff des Schadens zu vereinbarender Grund, zwischen deliktischen und vertraglichen Anspruchsgrundlagen zu unterscheiden (BGH 15. 6. 1983 – VIII ZR 131/82, BGHZ 88, 11, 15 f; zuvor schon BGH 14. 7. 1982 – VIII ZR 161/81, BGHZ 85, 11, 15 f, wo dieser Satz aber noch darauf gestützt wird, dass der Gläubiger zugleich Eigentümer der Sache war; ausführlich HUBER II 82 f).

250 Dementsprechend umfasst der Verzögerungsschaden regelmäßig die entgangenen Gebrauchsmöglichkeiten eines Kfz (BGHZ 15. 6. 1983 – VIII ZR 131/82, BGHZ 88, 11, 15 f).

Der vorübergehende Entzug der Gebrauchsmöglichkeit an einer anderen Sache infolge des Verzugs mit der Verpflichtung zu ihrer Herausgabe ist weiter dann als ein Vermögensschaden anzusehen, wenn die **Gebrauchsmöglichkeit als solche** Gegenstand der vertraglichen Verpflichtung ist; in diesem Fall betrachtet sie die Verkehrsanschauung als selbstständiges wirtschaftliches Gut (BGH 16. 9. 1987 – IVb ZR 27/86, BGHZ 101, 325, 332). Im Übrigen kann die entgangene oder entzogene Nutzungsmöglichkeit nur dann als Vermögensschaden angesehen werden, wenn sie für den Gläubiger von *zentraler Bedeutung* ist und er die Sache auch tatsächlich nutzen wollte (BGH 31. 10. 1986 – V ZR 140/85, NJW 1987, 771 im Anschluss an BGH 9. 7. 1986 – GSZ 1/86, BGHZ 98, 212; die Entscheidungen BGH 14. 5. 1976 – V ZR 157/74, BGHZ 66, 277; 71, 234, die einen Schaden in solchen Fällen generell verneinten, sind überholt; kritisch hinsichtlich der Notwendigkeit „zentraler Bedeutung" der Nutzungsmöglichkeit MünchKomm/Ernst Rn 136).

4. Ausschluss des Anspruchs aufgrund prozessualer Kostenerstattungsregelungen

a) Arbeitsgerichtliches Urteilsverfahren

251 Nach § 12a Abs 1 S 1 ArbGG besteht in Urteilsverfahren des ersten Rechtszugs vor den Arbeitsgerichten kein Anspruch der obsiegenden Partei auf Entschädigung wegen Zeitversäumnis und auf Erstattung der Kosten für die Zuziehung eines Prozessbevollmächtigten oder Beistands. Das BAG misst dieser prozessualen Bestimmung seit jeher materiell-rechtliche Bedeutung bei und hält einen Anspruch auf Erstattung von für bis zum Schluss einer eventuellen ersten Instanz entstandene Beitreibungskosten für ausgeschlossen, wenn der Schuldner mit der Erfüllung eines Anspruchs, der vor den Arbeitsgerichten geltend zu machen ist, in Verzug ist (BAG 23. 9. 1960 – 5 AZR 258/59, BAGE 10, 39 für § 61 Abs 1 S 2 ArbGG aF; BAG 30. 4. 1992 – 8 AZR 288/91, BAGE 70, 191; BAG 27. 10. 2005 – 8 AZR 546/03, NZA 2006, 259; **abl** Bötticher, Anm zu BAG AP Nr 3 zu § 61 ArbGG 1953 Kosten). Insofern gehe § 12a Abs 1 S 1 ArbGG als spezielle arbeitsrechtliche Regelung vor.

252 Auch ein Anspruch auf Verzugspauschale nach § 288 Abs 5 BGB soll nach Ansicht des BAG in diesen Fällen ausgeschlossen sein (BAG 25. 9. 2018 – 8 AZR 26/18, NZA 2019, 121; BAG 12. 12. 2018 – 5 AZR 588/17, NZA 2019, 775; ebenso LAG Mecklenburg-Vorpommern 25. 6. 2019 – 5 Sa 231/18; LAG Köln 4. 10. 2017 – 5 Sa 229/17, LAGE § 288 BGB 2002 Nr 4; ArbG Düsseldorf 13. 1. 2017 – 14 Ca 3558/16, nv; ArbG Düsseldorf 12. 5. 2016 – 2 Ca 5416/15, Ulrici, Keine 40-Euro-Verzugspauschale im Arbeitsverhältnis, jurisPR-ArbR 44/2016 Anm 2; Ulrici, 40-Euro-Verzugspauschale bei verspäteter Zahlung des Arbeitsentgelts, jurisPR-ArbR 20/2017 Anm 5, Wölfel, Folgen der Verletzung der Vergütungspflicht, ArbRAktuell 2016, 469, 471; Diller, Die 40-Euro-Klage kommt! – oder doch nicht?, NZA 2015, 1095, 1096; Wölfel, Folgen der Verletzung der Vergütungspflicht, ArbRAktuell 2016, 469, 471; ErfK/Koch [19. Aufl 2019] § 12a ArbGG Rn 1; Palandt/Grüneberg § 288 Rn 15). Diese Rechtsprechung ist teilweise auf Ablehnung gestoßen (MünchKomm/Ernst § 288 Rn 31, bereits zuvor für eine Anwendbarkeit von § 288 Abs 5 BGB MünchKomm/Müller-Glöge § 611 Rn 843; Weigert NZA-RR 2017, 337, 339; Richter ArbR 2016, 229; Stein AuR 2017, 13, 14, 17; Lembke, Neuigkeiten beim Zahlungsverzug des Arbeitgebers, FA 2014, 357; Tonikidis, Die Verzugspauschale im Arbeitsrecht, FA 2017, 8; Daum/Eckerth, Die Einschränkbarkeit der 40-Euro-Pauschale gemäß § 288 Abs 5 S 1 BGB durch arbeitsvertragliche Ausschlussklauseln, RdA 2018, 216, 217). § 12a ArbGG könne nicht lex specialis zu § 288 Abs 5 BGB sein, weil der Tatbestand andere Merkmale aufweise (MünchKomm/Ernst § 288 Rn 31). Auch beinahe alle Kammern der Landesar-

beitsgerichte (LAG Niedersachsen 26. 7. 2018 – 6 Sa 1094/17, nv; LAG Rheinland-Pfalz 26. 4. 2018 – 2 Sa 392/17, nv; LAG München 18. 4. 2018 – 11 Sa 42/18, nv; LAG Niedersachsen 27. 2. 2018 – 10 Sa 25/17, nv; LAG Niedersachsen 31. 1. 2018 – 2 Sa 720/17, nv; LAG Köln 7. 12. 2017 – 8 Sa 127/17, nv; LAG Berlin-Brandenburg 14. 11. 2017 – 11 Sa 1102/17; LAG Baden-Württemberg 2. 11. 2017 – 3 Sa 81/16, LAGE § 288 BGB 2002 Nr 7; LAG Düsseldorf 27. 10. 2017 – 10 Sa 308/17, ZTR 2018, 98; LAG Düsseldorf 10. 10. 2017 – 8 Sa 287/17, nv; LAG Baden-Württemberg 9. 10. 2017 – 4 Sa 8/17, LAGE § 288 BGB 2002 Nr 4a; LAG Niedersachsen 20. 4. 2017 – 5 Sa 1263/16, LAGE § 288 BGB 2002 Nr 2; LAG Berlin-Brandenburg 22. 3. 2017 – 15 Sa 1992/16, LAGE § 288 BGB 2002 Nr 1; LAG Baden-Württemberg 13. 10. 2016 – 3 Sa 34/16, nv; LAG Köln 22. 11. 2016 – 12 Sa 524/16, ZTR 2017, 105) hatten bis zur Entscheidung des BAG vom 25. 9. 2018 (BAG 25. 9. 2018 – 8 AZR 26/18, NZA 2019, 121) § 288 Abs 5 BGB auch im Arbeitsrecht für anwendbar gehalten.

253 Die Entscheidung des BAG stellt letztlich die einzig konsequente Fortsetzung seiner bisherigen Rechtsprechung zur materiell-rechtlichen Bedeutung des § 12a Abs 1 S 1 ArbGG dar (so zutreffend Witschen/Röleke NJW 2017, 1702, 1706; LAG Köln 4. 10. 2017 – 5 Sa 229/17, LAGE § 288 BGB 2002 Nr 4; Ulrici, Keine 40-Euro-Verzugspauschale im Arbeitsverhältnis, jurisPR-ArbR 44/2016 Anm 2, NZA 2019, 143, 145 f, teilweise freilich mit der fehlerhaften Schlussfolgerung, dieser zu folgen). In der Tat dürfte die Auslegung des BAG jedoch zu weitgehen. Dies gilt aber nicht nur hinsichtlich des vom BAG angenommenen Ausschlusses eines Anspruchs auf Verzugspauschale nach § 288 Abs 5 BGB in arbeitsrechtlichen Auseinandersetzungen. Vielmehr ist die Kritik in der generell zu weitgehenden und vom Wortlaut nicht mehr gedeckten Auslegung des § 12a Abs 1 S 1 ArbGG durch das BAG zu suchen (ausführlich hierzu auch Witschen/Röleke NJW 2017, 1702; Ostermeier NJW 2008, 551, 552; vgl auch Ulrici NZA 2019, 143, 144 f; Fuhlrott, Keine Verzugspauschale im Arbeitsrecht, ZIP 2019, 404, 406 f; kritisch auch ArbG Köln 14. 2. 2019 – 8 CA 4245/18, AGS 2019, 301; Fuhlrott ZIP 2019, 404, 406 f). Nach dieser Bestimmung besteht in „Urteilsverfahren des ersten Rechtszugs […] kein Anspruch der obsiegenden Partei auf Entschädigung wegen Zeitversäumnis und auf Erstattung der Kosten für die Zuziehung eines Prozessbevollmächtigten oder Beistands“. Die Ansprüche, die ausgeschlossen sind, sind in § 12a Abs 1 S 1 ArbGG explizit benannt; es handelt sich zum einen um Entschädigung wegen Zeitversäumnis und zum anderen um Kostenerstattungsansprüche, die wegen der Zuziehung eines Prozessbevollmächtigten oder Beistands entstanden sind. Mit diesem klaren Wortlaut lässt sich die Auslegung des BAG, die Norm beinhalte einen allumfassenden Ausschluss für alle bis zum Abschluss der ersten Instanz entstandenen Beitreibungskosten, nicht vereinbaren (ähnlich Stein AuR 2017, 13, 17; Witschen/Röleke NJW 2017, 1702; ArbG Gelsenkirchen 17. 7. 2019 – 2 Ca 58/18, nv). Auch die Systematik des Gesetzes spricht gegen die generöse Auslegung des BAG. Bei § 12a Abs 1 S 1 ArbGG handelt es sich um eine im Prozessrecht verortete Bestimmung; dass der Gesetzgeber mit ihr über den Wortlaut hinaus gleichwohl eine umfassende (systemfremde) materiell-rechtliche Regelung treffen wollte, ist deshalb fernliegend (in diese Richtung auch Ulrici NZA 2019, 143, 144). Bestätigt wird dies letztlich auch durch die Gesetzeshistorie. Der Ausschluss der prozessualen Kostenerstattung wurde vom ArbGG 1953 unverändert aus dem ArbGG 1926 übernommen und in § 61 Abs 1 S 2 ArbGG 1953, dh der Vorschrift zum „Inhalt des Urteils“ verortet (BT-Drucks 1/3516, 31). Es bezog sich damit ersichtlich auf die im Urteil aufzunehmende Entscheidung über die Prozesskosten (Witschen/Röleke NJW 2017, 1702, 1703; Ulrici NZA 2019, 143, 145). Bei der Neufassung des ArbGG wurde die Bestimmung lediglich „aus systematischen Gründen […] als neuer § 12a Abs 1 Satz 1 übernommen“ (BT-Drucks 8/1567, 29). Die vorliegende Auslegung entspricht – entgegen der Auffassung des BAG – auch dem Sinn und Zweck der Norm. Wie das BAG in seiner Entscheidung vom 25. 9. 2018 (8 AZR 26/18, EzA-SD 2019, Nr 2, 12) selbst ausführt, besteht der Zweck von § 12a Abs 1 S 1 ArbGG vor allem darin, „das erstinstanzliche arbeitsgerichtliche Verfahren zum Schutz des in der Regel sozial schwächeren Arbeitnehmers möglichst zu verbilligen und damit das Kostenrisiko überschaubar zu halten. Arbeitnehmer sollen – wegen ihrer typischerweise bestehenden wirtschaftlichen Unterlegenheit – auch dann, wenn sie im Arbeitsgerichtsprozess unterliegen, nicht mit den in § 12a Abs 1 S 1 ArbGG genannten Kosten belastet werden. Hierdurch soll vermieden werden, dass sie in arbeitsrechtlichen Streitigkeiten von einer gerichtlichen Verfolgung bestehender Ansprüche absehen“. Bei den im Vorfeld entstandenen materiell-rechtlichen Beitreibungskosten handelt es sich aber nicht um die in § 12a Abs 1 S 1 ArbGG genannten Kosten. Auch entstehen diese nicht erst durch die Führung des arbeitsgerichtlichen Verfahrens, sondern bereits zuvor. Eine zusätzliche finanzielle Belastung droht dem Arbeitnehmer insofern nicht, wenn er seine von ihm gesehenen Ansprüche im Wege der Klage durchzusetzen versucht. Es leuchtet auch nicht ein, weshalb eine Arbeitsvertragspartei von der gerichtlichen Durchsetzung seiner Ansprüche abgehalten werden könnte, wenn hierdurch kein weiteres Kostenrisiko entsteht. Dem Gesetzgeber ging es gerade nur darum, den Arbeitnehmer im Falle einer gerichtlichen Auseinandersetzung von einem *zusätzlichen* Kostenrisiko zu befreien (ähnlich Richter ArbR 2016, 229; Stein AuR 2017, 13, 17). Das erstinstanzliche *arbeitsgerichtliche Verfahren* sollte deshalb möglichst verbilligt werden. Folgte man der Ansicht des BAG, ginge es jedoch nicht um die Verbilligung des arbeitsgerichtlichen Verfahrens, sondern um die wechselseitige Befreiung der Arbeitsvertragsparteien von – auch ohne Anstrengung eines Prozesses – gegen den anderen Teil bestehenden materiellen Ansprüchen (so auch das Verständnis von Ulrici, Keine 40-Euro-Verzugspauschale im Arbeitsverhältnis, jurisPR-ArbR 44/2016 Anm 2, der meint, dass die Kosten, die bis einschließlich der erstinstanzlichen Rechtsverfolgung entstehen, ausgeschlossen werden sollten). Im Übrigen sollte – wie dargelegt – vermieden werden, dass der sozial schwächere Arbeitnehmer von einer gerichtlichen Verfolgung seiner Ansprüche absieht. Hatte der Gesetzgeber vorrangig dieses Ziel im Blick, ist der komplette Ausschluss der Betreibungskosten ebenfalls nicht zweckentsprechend. Denn in diesen Fällen wird es in aller Regel gerade der – aus der Sicht des Gesetzgebers besonders schutzwürdige – Arbeitnehmer sein, dem durch die vom BAG vorgenommene extensive Auslegung ein materiell-rechtlicher Anspruch genommen wird (in diese Richtung auch Witschen/Röleke NJW 2017, 1702, 1706; Fuhlrott ZIP 2019, 404, 406; ArbG Bremen-Bremerhaven 5. 3. 2019 – 6 Ca 6294/18; ArbG Köln 14. 2. 2019 – 4245/18, AGS 2019, 301). Zudem handelt es sich um § 12a Abs 1 S 1 ArbGG um eine Ausnahmeregelung; Ausnahmebestimmungen sind aber generell eng auszulegen (s zu diesem Argument auch ArbG Köln 14. 2. 2019 – 4245/18, AGS 2019, 301; ArbG Gelsenkirchen 17. 7. 2019 – 2 Ca 58/18, nv).

b) Arbeits- und verwaltungsgerichtliches Beschlussverfahren

Eine § 12a Abs 1 S 1 ArbGG entsprechende Bestimmung existiert für das arbeits- **254**
gerichtliche Beschlussverfahren nicht. In § 2 Abs 2 GKG ist lediglich vorgesehen, dass das Beschlussverfahren gerichtskostenfrei ist; eine Regelung zur Kostentragung der außergerichtlichen Kosten findet sich nicht. Dem liegt der Gedanke des Gesetzgebers zugrunde, dass die außergerichtlichen Kosten von jedem Beteiligten grundsätzlich selbst zu tragen sind, soweit nicht ausnahmeweise nach materiell-rechtlichen Bestimmungen – wie § 40 Abs 1 BetrVG – eine Kostentagungspflicht des Unter-

nehmens besteht (BAG 1. 8. 2018 – 7 ABR 41/17, NZA 2018, 1574; BAG 2. 10. 2007 – 1 ABR 59/06, BAGE 124, 175). Da die Bestimmungen des arbeitsgerichtlichen Beschlussverfahrens für die verwaltungsgerichtlichen Beschlussverfahren entsprechend geltend, gilt dies auch dort. Mangelt es an einer entsprechenden materiell-rechtlichen Regelung zur Kostentragung, so kann diese nicht über 280 Abs 1 iVm 286 BGB erreicht werden. Dies liefe der gesetzgeberischen Wertung zuwider (zurecht BAG 2. 10. 2007 – 1 ABR 59/06, BAGE 124, 175 für den mangelnden Anspruch einer Gewerkschaft auf Erstattung der zur Durchsetzung des allg Zugangsrecht des Gewerkschaftsbeauftragten entstandenen Rechtsverfolgungskosten).

255 Das BAG hat aus dieser Tatsache freilich zu Unrecht abgeleitet, dass ein Rechtsanwalt, dem Freistellungsansprüche vom Betriebsrat abgetreten wurden, seine Rechtsverfolgungskosten nicht nach §§ 280 Abs 1 iVm 286 ersetzt verlangen kann, wenn das Unternehmen mit der Erfüllung der Freistellungsansprüche in Verzug geraten ist (BAG 1. 8. 2018 – 7 ABR 41/17, NZA 2018, 1574). Insofern ist dem BAG zwar zuzugeben, dass der Betriebsrat bzw Personalrat selbst – ohne Abtretung des Freistellungsanspruches an den Rechtsanwalt – die Beitreibungs- und Rechtsverfolgungskosten nur nach Maßgabe von § 40 Abs 1 BetrVG bzw § 44 Abs 1 S 1 BPersVG und den vergleichbaren Bestimmungen in den Landespersonalvertretungsgesetzen verlangen könnte, dh wenn er die kostenauslösende Maßnahme (hier die Beauftragung des Rechtsanwalts) für erforderlich erachten durfte. Diese materielle Voraussetzung liegt aber gerade vor, wenn das Unternehmen bzw die Dienststelle mit der Erfüllung der Ausgangsforderung in Verzug geraten ist. Dies war in dem zugrundeliegenden Fall deshalb der Fall, weil das Unternehmen die Rechnung des ursprünglichen Prozessbevollmächtigten nicht innerhalb von 30 Tagen nach Zugang beglichen hatte. Insofern kann es keinen Unterschied machen, ob die Forderung an den Bevollmächtigten vor oder nach Verzugseintritt abgetreten wird.

c) Sozialgerichtliches Verfahren

256 In Verfahren vor den Sozialgerichten, in denen nicht sowohl Kläger als auch Beklagter zu den nach § 183 S 1 SGG kostenprivilegierten Beteiligten gehören (s dazu § 197a Abs 1 S 1 SGG), wohl aber ein Beteiligter, sind die Aufwendungen des kostenprivilegierten Beteiligten nach § 193 Abs 4 SGG nicht erstattungsfähig. Angesichts dieses prozessual geregelten Anspruchsausschluss können entsprechende Aufwendungen nicht – auch nicht nach den Regeln des Verzugs – geltend gemacht werden. § 193 Abs 4 SGG schließt als abschließende prozessuale Sonderregelung auch materiell-rechtliche Ansprüche aus (LSG Niedersachsen-Bremen 16. 2. 2017 – L 15 P 35/16, nv; Bayerisches LSG 24.11 2015 – L 6 P 49/14, Die Beiträge Beilage 2016, 103). Deshalb kann das private Versicherungsunternehmen, das sich bei Verzug seines Versicherungsnehmers mit Beiträgen zur Pflegeversicherung eines Inkassounternehmens oder Rechtsanwalts bedient, die durch diese Beauftragung entstehenden Kosten nicht gegenüber dem Versicherungsnehmer geltend machen (LSG Niedersachsen-Bremen 16. 2. 2017 – L 15 P 35/16, nv; Bayerisches LSG 24. 11. 2015 – L 6 P 49/14, Die Beiträge Beilage 2016, 103; Meyer-Ladewig/Keller/Leitherer, SGG [12. Aufl 2017] § 193 Rn 5c). Auch bei § 184 Abs 1 SGG handelt es sich um ein prozessuale Sondernorm, die abschließend regelt, wer Pauschgebühren zu tragen hat. Sie schließt eine Erstattungsfähigkeit von Pauschgebühren als Verzugsschaden aus (vgl auch BSG 12.2 2004 – B 12 P 2/03 R, SozR 4-1500 § 184 Nr 1; Meyer-Ladewig/Keller/Leitherer, SGG [12. Aufl 2017] § 193 Rn 5c).

§ 287
Verantwortlichkeit während des Verzugs

Der Schuldner hat während des Verzugs jede Fahrlässigkeit zu vertreten. Er haftet wegen der Leistung auch für Zufall, es sei denn, dass der Schaden auch bei rechtzeitiger Leistung eingetreten sein würde.

Materialien: E I §§ 259, 251; II § 243; III § 281; Jakobs/Schubert, SchR I 307; BGB-KE S 140; DE S 333; KF S 15; RegEntW S 148.

Schrifttum

Knütel, Zum „Zufall" in § 287 S 2 BGB, NJW 1993, 900.

S auch die Angaben zu § 286.

Systematische Übersicht

Alphabetische Übersicht

I. Allgemeines

1 § 287 BGB legt zwei weitere dem Schuldner nachteilige Folgen des Verzugs fest: „Reziprok" zu § 300 Abs 1 BGB (Esser/Schmidt, Schuldrecht I 2 § 28 I 2 a), der im Falle des Gläubigerverzugs den für den Schuldner geltenden Verschuldensmaßstab herabsetzt, erhöht § 287 S 1 BGB diesen Verschuldensmaßstab während des Schuldnerverzugs. Zudem wird die nach § 275 BGB an sich den Gläubiger treffende Leistungsgefahr im Falle des Schuldnerverzugs auf den Schuldner verlagert. Dies gilt auch für die Fälle der Unzumutbarkeit nach § 275 Abs 2 und 3 BGB. Denn § 287 S 2 BGB spricht nicht wie die frühere Fassung von durch Zufall eintretende Unmöglichkeit, sondern allgemein von der Zufallshaftung „wegen der Leistung".

2 Die Vorschrift spielt in der Praxis keine große Rolle. Doch kann, wie sich aus dem weiteren ergeben wird, auch nicht die Ansicht von Heck (Grundriss des Schuldrechts 110) geteilt werden, dass S 1 „überflüssig" sei und S 2 „keine Sondervorschrift enthalte".

II. Erweiterung des Verschuldensmaßstabs (Satz 1)

3 Nach § 287 S 1 BGB hat der Schuldner während des Verzugs **jede Fahrlässigkeit zu vertreten**. Da der Schuldner im Regelfall schon vor dem Verzug jede Fahrlässigkeit zu vertreten hat (§ 276 BGB), ist dieser Satz nur für die Fälle von Bedeutung, in denen der Schuldner an sich nur für Vorsatz, für grobe Fahrlässigkeit oder für die Verletzung der eigenüblichen Sorgfalt (§ 277 BGB) haften würde. Während des Verzugs greifen diese Haftungsprivilegien nicht, vielmehr ist vom Augenblick des Verzugseintritts bis zu seiner Beendigung (dazu § 286 Rn 60 ff, 117 ff) die Haftung auf jede Fahrlässigkeit erweitert (Schwarze § 18 Rn 61).

4 § 287 S 1 BGB gilt sowohl für die *gesetzlichen* Fälle eingeschränkter Haftung (zB §§ 347 Abs 1 S 2, 521, 690, 708, 968, 1359, 1664 Abs 1, 2131 BGB) als auch für die Fälle, in denen eine solche eingeschränkte Haftung *vertraglich* vereinbart ist (Schwarze § 18 Rn 61). Die Vorschrift ist in den Grenzen des § 309 Nr 7 BGB dispositiv.

5 § 287 S 1 BGB hat zur Folge, dass der einmal eingetretene Verzug vom Schuldner nur durch eine Leistungshandlung beendet werden kann, bei der ihm auch nicht leichte Fahrlässigkeit zur Last zu legen ist (zutr Esser/Schmidt, Schuldrecht I 2 § 28 I 2 a). Hat ein Gesellschafter eine ihm nach dem Gesellschaftsvertrag obliegende wesentliche Verpflichtung unter Außerachtlassung der eigenüblichen Sorgfalt nicht rechtzeitig erfüllt und ist damit gem § 708 BGB in Verzug gekommen, kann er den Verzug nur beenden, wenn er nunmehr die verkehrserforderliche Sorgfalt anwendet. Tut er das nicht, setzt er mit der weiteren Verletzung einer wesentlichen Verpflichtung einen wichtigen Grund für die Kündigung der Gesellschaft durch die anderen Gesellschafter, weil sich zugleich der Maßstab des § 723 Abs 1 S 3 Nr 1 BGB von Vorsatz oder grober Fahrlässigkeit auf leichte Fahrlässigkeit reduziert (s § 286 Rn 178).

6 Darin erschöpft sich im Wesentlichen schon die Bedeutung der Vorschrift: Für Folgeschäden, die sich aus dem Verzug ergeben, haftet der Schuldner bei adäquater Verursachung stets, ohne dass sich das Verschulden auf die Herbeiführung dieser Folgeschäden beziehen müsste. Und wenn die Leistung während des Verzugs durch

Zufall unmöglich wird oder sich weiter verzögert, haftet der Schuldner nach § 287 S 2 BGB ohne Rücksicht auf Verschulden, sodass die Steigerung der Haftung für Fahrlässigkeit nur insoweit ins Gewicht fällt, als es um die in § 287 S 2 BGB angeordnete Berücksichtigung der überholenden Kausalität geht (dazu Rn 20 ff).

Soweit den Schuldner hinsichtlich des dem Gläubiger zu leistenden Gegenstands 7
eine Obhutspflicht trifft, gilt § 287 S 1 BGB auch für die Haftung für Folgeschäden. Etwa muss der im Verzug befindliche Verwahrer trotz § 690 BGB schon bei einfacher Fahrlässigkeit dem Gläubiger den Schaden ersetzen, den dieser dadurch erleidet, dass er von einem Dritten nach § 833 BGB in Anspruch genommen. Im Übrigen ist § 287 S 1 BGB auf eine während des Verzugs begangene **Pflichtverletzung** aber nicht gemünzt (Huber II 125). Hat etwa ein Bauunternehmer oder ein Handwerker seine Haftung auf grobe Fahrlässigkeit beschränkt und gerät er mit der Durchführung der Arbeiten in Verzug, so ist es nicht Sinn des § 287 S 1 BGB, ihn nunmehr für Schäden, die er oder seine Erfüllungsgehilfen bei der nachgeholten Durchführung der Arbeiten an der Person oder den Sachen des Gläubigers anrichten, schon bei leichter Fahrlässigkeit haften zu lassen. Kommt der Arbeitnehmer mit der Erfüllung von Nebenpflichten in Verzug, bleibt es für Schäden, die infolge der Pflichtverletzung eintreten, bei der Beschränkung der Arbeitnehmerhaftung, auch soweit man das Verschulden an die Pflichtverletzung anknüpft. Es gilt insoweit nichts anderes als im reziproken Fall des § 300 Abs 1 BGB, für den in der Rechtsprechung anerkannt ist, dass sich die Haftungserleichterung für den Schuldner nur auf die Haftung für den Leistungsgegenstand selbst, nicht auf die Haftung für die Verletzung einer Rücksichtnahmepflicht iS des § 241 Abs 2 BGB bezieht (RG SeuffA 76, 96; JW 1921, 394; wohl auch BGH 14. 2. 1958 – VIII ZR 8/57, MDR 1958, 335; vgl auch BGH 20. 11. 1984 – IVa ZR 104/83, BGHZ 93, 23, 27, wo betont wird, dass von § 276 BGB abweichende Haftungsmaßstäbe differenzierend nach ihrem Zweck angewandt werden; Erman/Hager Rn 2; Soergel/Benicke/Nalbantis Rn 11 f, 16; **aA** Jauernig/Stadler Rn 1; Palandt/Grüneberg Rn 2; PWW/Schmidt-Kessel Rn 2; NK-BGB/Schulte-Nölke Rn 2; Looschelders § 26 Rn 20).

III. Die Verlagerung der Leistungsgefahr auf den Schuldner (Satz 2)

1. Anwendungsbereich

Wird die Leistung während des Verzugs **durch Zufall unmöglich oder unzumutbar**, so 8
ist der Schuldner in der Regel verantwortlich (zur Ausnahme der sog überholenden Kausalität vgl Rn 20 ff). Hierin liegt eine praktisch viel wichtigere Steigerung der Haftung des Schuldners durch den Verzug als die in S 1 angeordnete: Wenn die Leistung durch Zufall unmöglich oder unzumutbar wird, wird der Schuldner im Regelfall von jeder Verpflichtung frei (§ 275 BGB), sowohl von der Verpflichtung zur ursprünglich geschuldeten Leistung als auch von jeder Ersatzpflicht: Der Schuldner haftet für zufällig eintretende nachträgliche Unmöglichkeit oder Unzumutbarkeit der Leistung grundsätzlich nur in den Ausnahmefällen, in denen er nach dem Inhalt des Schuldverhältnisses zufällige Umstände zu vertreten hat (vgl Staudinger/Caspers § 276 Rn 143 ff). Ist er aber bei Eintritt des zufälligen Ereignisses, das die Unmöglichkeit oder Unzumutbarkeit der Leistung verursacht, in Leistungsverzug, haftet er ohne weiteres für die Leistung.

9 § 287 S 2 BGB gilt der durch Zufall eintretenden Unmöglichkeit oder Unzumutbarkeit der Leistung. Hat der Schuldner diese *ohnehin zu vertreten,* so haftet er nach den allgemeinen Vorschriften (§§ 280 ff BGB).

10 Mit **Zufall** meint die Vorschrift jeden von keiner der Parteien zu vertretenden Fall der Unmöglichkeit oder Unzumutbarkeit. Auch im Falle *höherer Gewalt* ist der Schuldner näher dran, die Unmöglichkeit zu tragen, die nur eingetreten ist, weil er nicht rechtzeitig geleistet hat (Knütel NJW 1993, 900 f; Huber II 127; Palandt/Grüneberg Rn 3; Erman/Hager Rn 6). Beruht die Unmöglichkeit der Leistung auf einem *vom Gläubiger zu vertretenden* Umstand, so beruht sie zwischen den Parteien nicht auf Zufall. Deshalb haftet der Schuldner in einem solchen Fall nicht aus § 287 S 2 BGB (RG 5. 7. 1929 – VII ZR 567/28, RGZ 125, 196, 200; OLG Oldenburg 14. 6. 2001 – 1 U 126/00, NZG 2002, 98).

11 § 287 S 2 BGB bezieht sich nach seinem Wortlaut allgemein auf die Leistung. Er erfasst damit auch den Fall, dass die *gehörige Leistung* unmöglich geworden ist, zB bei einer durch Zufall eingetretenen **Verschlechterung des Leistungsgegenstandes**, sodass der Verkäufer nach §§ 440, 280 f BGB haftet, wenn während des Verzugs ein Sachmangel auftritt (MünchKomm/Ernst Rn 3). Die Haftung für die Verschlechterung einer Sache geht auch sonst mit der Haftung für völligen Untergang der Sache grundsätzlich Hand in Hand (vgl zB §§ 290 S 2, 989 BGB).

12 Der Verschlechterung einer Sache ist wiederum das **Sinken des Preises** der Sache gleichzustellen (Planck/Siber Anm 4; Oertmann Anm 6; **aM** Huber II 133). In beiden Fällen handelt es sich um eine Minderung des Werts der Sache (vgl wiederum § 290 S 2 BGB). Ob diese Wertminderung durch eine Veränderung der Substanz der Sache oder durch eine während des Verzugs eingetretene Änderung der Marktlage eingetreten ist, ist für den Gläubiger gleichgültig.

13 § 287 S 2 BGB ist auch auf den Fall anzuwenden, dass sich infolge eines zufälligen Ereignisses, etwa einer Beschlagnahme oder eines Zahlungsverbotes, die **Leistung weiter hinauszögert**. Der Grundgedanke des § 287 S 2 BGB, wegen des Verzugs die Leistungsgefahr vom Gläubiger auf den Schuldner zu verlagern, trifft auch hier zu (RG 19. 9. 1924 – VII ZR 719/23, RGZ 108, 419, 421; BGH 19. 4. 1955 – 1 ZR 66/53, MDR 1955, 462, die insoweit von einer der dauernden gleichzustellenden zeitweiliger Unmöglichkeit sprechen; ebenso Huber II 132).

14 § 287 S 2 BGB bezieht sich **nur auf die Leistung selbst**. Soweit es um die Verletzung von Schutzpflichten geht, greift die Norm deshalb nicht (Fikentscher/Heinemann, Rn 472; Petersen, Haftung für Zufall, JA 2018, 132). Auch für andere während des Schuldnerverzugs durch Zufall eintretende Schäden des Gläubigers haftet der Schuldner nicht, auch wenn diese ohne den Verzug nicht eingetreten wären. Wenn also beispielsweise der Gläubiger sich infolge nicht rechtzeitiger Lieferung von Tafelgeschirr genötigt sieht, sich solches in der nächsten Stadt zum Gesellschaftsabend zu besorgen, und auf der Fahrt zur Stadt verunglückt (Beispiel von Träger, Der Kausalbegriff 262 f), so fällt dies nicht unter § 287 S 2 BGB. Denn der eingetretene Schaden betrifft nicht die Leistung selbst. Für diesen Schaden haftet der Schuldner aber auch aus keinem anderen Grund, insbes nicht nach §§ 280 Abs 1, Abs 2, 286 BGB. Denn der Schaden ist durch den Verzug zwar bedingt, aber *nicht adäquat verursacht.* Nur für den Fall der zufälligen Beeinträchtigung der Leistung selbst erklärt § 287 S 2 BGB

das Erfordernis des adäquaten Kausalzusammenhangs zwischen Verzug und Schaden für entbehrlich (vgl unten Rn 16 ff), nicht aber bei sonstigem Verzugsschaden.

Der Verzug mit einer **Abnahmepflicht** (zB §§ 433, 640 BGB) fällt nicht in den Anwendungsbereich des § 287 S 2 BGB. Die Anforderungen, die § 300 Abs 2 BGB bei Gattungsschulden an den Übergang der Leistungsgefahr stellt, können nicht durch die Anwendung des § 287 S 2 BGB verändert werden (RG 29. 3. 1904 – II 372/03, RGZ 57, 402, 406; Steffens, Die Abnahmepflicht des Käufers und ihre Verletzung [1912] 78 f; Jauernig/Stadler Rn 3). Aus der etwas unscharfen Begründung des Urteils des RG (RG 29. 3. 1904 – II 372/03, RGZ 57, 402, 406) darf allerdings nicht gefolgert werden, dass § 287 S 2 BGB nur im Falle des Verzugs mit einer Sachleistung anzuwenden sei. Auch Verpflichtungen zu **Dienstleistungen** fallen unter die Vorschrift. Wer also mit der Verpflichtung, eine Reparatur mittels ihm gehörigen komplizierten Spezialwerkzeugs auszuführen, in Verzug gerät, haftet für die weitere Hinauszögerung seiner Leistung, die dadurch herbeigeführt wird, dass während des Verzugs sein Spezialwerkzeug vernichtet wird. 15

2. Kausalität

Die Unmöglichkeit oder Unzumutbarkeit der Leistung muss nicht infolge, sondern lediglich **während des Verzugs** eintreten. Die Haftung des säumigen Schuldners für Zufall setzt also *nicht den Nachweis des adäquaten Kausalzusammenhangs* zwischen dem Verzug und dem die Unmöglichkeit auslösenden Ereignis voraus (Huber II 126). Darin liegt die eigentliche Bedeutung des § 287 S 2 BGB. Wäre jener Kausalzusammenhang Voraussetzung der Haftung, so wäre § 287 S 2 BGB in der Tat überflüssig. Denn wenn der Kausalzusammenhang vorliegt, folgt die Haftung des Schuldners schon aus § 280 Abs 1, Abs 2, 286 BGB. 16

So liegt es etwa bei Eintritt der **Unmöglichkeit einer absoluten Fixschuld im Verzug.** Hier führt schon der Verzug selbst – und kein weiteres Ereignis – zur Verfristung und damit zur Unmöglichkeit (Vorbem 17 zu §§ 286 ff). Ein haftungsbegründender Rückgriff auf § 287 BGB, wie ihn das BAG im Fall nicht rechtzeitiger Urlaubsgewährung oder -abgeltung vornimmt (BAG 17. 1. 1995 – 9 AZR 664/93, BB 1995, 1039), ist nicht erforderlich (ähnlich Stein, Schadensersatz oder Vererbung des Urlaubsabgeltungsanspruchs bei Tod des Arbeitnehmers, RdA 2000, 16, 21; insgesamt [unter Ablehnung der Annahme von Unmöglichkeit] zur Frage Herlitzius, Der Urlaubsanspruch als schuldrechtlicher Anspruch im Arbeitsverhältnis [2000] 168 ff). 17

Dem allseits anerkannten Satz, dass zwischen Verzug und dem die Unmöglichkeit oder Unzumutbarkeit auslösenden Ereignis kein adäquater Kausalzusammenhang erforderlich ist, wird mitunter (BGB-RGRK/Alff Rn 3) der weitere Satz hinzugefügt, dass zwischen dem zufälligen Ereignis und der Unmöglichkeit oder Unzumutbarkeit ein solcher adäquate Kausalzusammenhang bestehen müsse. Dies erscheint sinnwidrig. Es gibt keinen mehr oder minder zufälligen Zufall. Allein der zeitliche Zusammenhang reicht aus, um die Haftung zu begründen (zutr Erman/Hager Rn 3; MünchKomm/Ernst Rn 3). 18

Vorbehaltlich der Berücksichtigung der überholenden Kausalität (dazu sogleich) hat der Schuldner im Falle des § 287 S 2 BGB für jeden durch Zufall entstehenden 19

Schaden einzutreten. Bei der *haftungsausfüllenden Kausalität* ist dann auch wieder Adäquanz erforderlich (Erman/Hager Rn 3). Kann sich etwa ein Käufer der gekauften, aber während des Verzugs des Verkäufers zerstörten Turnerkeulen nicht bedienen, um einen Einbrecher abzuwehren (Beispiel von Planck/Siber Anm 1), so haftet der Verkäufer nicht etwa über § 287 S 2 BGB für den durch den Einbruch verursachten Schaden. Hingegen ist Adäquanz noch zu bejahen, wenn die Nichterbringung von Pflichteinzahlungen in eine Genossenschaft zu deren Insolvenz und damit zur Unmöglichkeit der Zeichnung weiterer Geschäftsanteile durch neue Mitglieder führt (OLG Oldenburg 14. 6. 2001 – 1 U 126/00, NZG 2002, 98).

20 Die Haftung des in Verzug befindlichen Schuldners für einen während des Verzugs eintretenden Zufall entfällt, wenn der Schaden auch bei rechtzeitiger Leistung eingetreten wäre. Damit erkennt das Gesetz für diesen Fall die Rechtserheblichkeit sog **überholender Kausalität** oder, anders gesagt, die Erheblichkeit einer sog „Reserveursache" an (Huber II 130; allgemein zur Erheblichkeit von Reserveursachen Staudinger/Schiemann [2017] § 249 Rn 92 ff). Damit kommt es nicht darauf an, ob der Schaden durch das nämliche Ereignis eingetreten wäre (Soergel/Benicke/Nalbantis Rn 517 ff; Huber II 129 f). Es genügt, dass der Schaden auch bei rechtzeitiger Leistung entstanden wäre (zB durch einen Brand, der die Sache auf dem Grundstück des Gläubigers bei rechtzeitiger Lieferung zerstört hätte).

21 Dass in diesem Sinne auch Reserveursachen erheblich sein sollen, ergibt sich auch aus der *Entstehungsgeschichte:* Nach E I § 251 war der Schuldner nur dann befreit, wenn er beweisen konnte, dass eben derselbe Zufall, welcher die Leistung unmöglich gemacht hat, auch bei rechtzeitiger Leistung den Schaden bewirkt hätte. Die Beschränkung der Befreiung des Schuldners auf diesen Fall wurde aber in der Zweiten Kommission zugunsten des Schuldners fallengelassen (Prot I 328). Es war also beabsichtigt, den Schuldner von der Zufallshaftung zu befreien, wenn zwar zB der von dem Schuldner zu liefernde Gegenstand nach Eintritt des Verzugs durch Brand zugrunde gegangen ist, der Schuldner aber beweisen kann, dass die an den Gläubiger ausgehändigte Sache bei rechtzeitiger Lieferung auf andere Weise, etwa durch einen Brand auf dem Grundstück des Gläubigers oder durch Hochwasser, ohne Ersatzanspruch zugrunde gegangen wäre (s hierzu Träger, Kausalzusammenhang 263).

22 Daraus, dass § 287 S 2 BGB für den Eintritt der Reserveursache auf den Zeitpunkt „rechtzeitiger" Leistung abstellt, kann nicht geschlossen werden, dass nur Reserveursachen aus dem Zeitraum *zwischen Fälligkeit und Verzug,* nicht aber solche aus der Zeit *nach Verzugseintritt* zu berücksichtigen wären. Die Ausnahme von der Verlagerung der Leistungsgefahr auf den Schuldner, die mit der Berücksichtigung der Reserveursache gemacht wird, ist nach Verzugsantritt genau so billig wie vorher, besonders, wenn man an die Fälle des Verzugseintritts ohne Mahnung nach § 286 Abs 2 BGB denkt. Auf der anderen Seite ist es aber auch nicht gerechtfertigt, nur solche Reserveursachen zu berücksichtigen, die nach Verzugseintritt liegen. Das widerspricht nicht nur dem Wortlaut der Vorschrift, sondern wendet dem Gläubiger einen Vorteil zu, den er bei ordnungsgemäßer Abwicklung des Schuldverhältnisses nicht gehabt hätte.

23 Wenn das Gesetz auf den Zeitpunkt rechtzeitiger Leistung abhebt, so meint es damit auch, dass nur solche Reserveursachen zu berücksichtigen sind, die zeitlich vor der tatsächlich zur Unmöglichkeit oder Unzumutbarkeit führenden Ursache liegen (Prot I 328). **Nachfolgende Reserveursachen** sind – wie das den allgemein zur überholenden Kausalität im Schadensrecht entwickelten Grundsätzen entspricht (dazu Staudinger/Schiemann [2017] § 249 Rn 92 ff) – nur insoweit zu berücksichtigen, als sie den Wert des Leistungsgegenstandes bereits im Augenblick des schädigenden Ereignisses gemindert hatten (Erman/Hager Rn 7; Soergel/Benicke/Nalbantis Rn 19).

Die Reserveursache darf auch dann nicht berücksichtigt werden, wenn sie im Falle tatsächlichen Eintritts dem Gläubiger einen **Schadensersatzanspruch gegen einen Dritten** verschafft hätte. Denn dann hätte sie, wirtschaftlich gesehen, nicht endgültig zu dem Schaden geführt, der infolge des Unmöglichwerdens der Leistung nun eingetreten ist (zutreffend Staudinger/Schiemann [2017] § 249 Rn 95 f). Aus dem gleichen Grund bleibt die Haftung des Schuldners auch dann bestehen, wenn der Gläubiger für das andere Ereignis durch *Versicherung* gedeckt gewesen wäre. 24

Die bloße **Möglichkeit des Eintritts einer Reserveursache reicht** für die Anwendung des § 287 S 2 HS 2 **nicht** aus. Vielmehr muss feststehen, dass der anderweitige Verlust des Leistungsgegenstandes wirklich eingetreten wäre (zutreffend Erman/Hager Rn 7; vgl auch BGH 5. 5. 1959 –VI ZR 26/58, VersR 1959, 752, 753). 25

3. Beweislast

Aus der Fassung des § 287 S 2 BGB („es sei denn, dass") ergibt sich, dass die Beweislast dafür, dass der Schaden auch bei rechtzeitiger Leistung eingetreten wäre, den Schuldner trifft. Bestritten ist aber, *wieweit* die Beweislast des Schuldners nach § 287 S 2 BGB reicht. Bei rechtzeitiger Leistung hätte der Zufallsschaden den Gläubiger immer nur dann getroffen, wenn er den rechtzeitig gelieferten Gegenstand bis zum Eintritt der Reserveursache *behalten hätte,* nicht aber, wenn er ihn inzwischen weiterveräußert hätte. Es fragt sich deshalb, ob der Schuldner auch beweisen muss, dass der Gläubiger den rechtzeitig gelieferten Gegenstand bis zum Eintritt der Reserveursache behalten hätte, oder ob der Gläubiger beweisen muss, dass er ihn inzwischen weiterveräußert hätte. Nach der Fassung des § 287 BGB ist der Ansicht zuzustimmen, die dem Schuldner die **volle Beweislast** auferlegt, also auch die Beweislast dafür, dass der Gläubiger die Sache behalten hätte (Planck/Siber Anm 3; Erman/Hager Rn 9; Palandt/Grüneberg Rn 4; **aA** Esser/Schmidt, Schuldrecht I 2 § 28 I 2 a). Eine Unbilligkeit liegt hierin nicht, obwohl die Beweisführung für den Gläubiger leichter wäre. Es darf nicht übersehen werden, dass der säumige Schuldner nach der Absicht des Gesetzes grundsätzlich für die während des Verzugs durch Zufall eintretende Unmöglichkeit oder Unzumutbarkeit haften soll. Ist der Gläubiger ein Kaufmann, der die vom Schuldner zu liefernde Sache als *Handelsware* zum Zwecke des Weiterverkaufs in seinem Geschäft gekauft hatte, so ist es gewiss nicht unbillig, dem Schuldner den Beweis dafür aufzuerlegen, dass der Gläubiger die Sache nicht vor dem Eintritt der Reserveursache an einen Abnehmer weiterveräußert und geliefert hätte. Wenn aber nach Lage des einzelnen Falles wirklich eine Härte bestehen sollte, kann sie durch richterliches Ermessen nach § 287 ZPO gemildert werden (vgl Staudinger/Schiemann [2017] Vorbem 93 zu §§ 249 ff). 26

27 Auch im Falle einer **Wertminderung** der geschuldeten Sache während des Schuldnerverzugs (vgl oben Rn 12) muss der Schuldner beweisen, dass der Gläubiger die rechtzeitig geleistete Sache bis zum Eintritt der Wertminderung behalten hätte, wenn er gegen die Haftung aus § 287 S 2 einwenden will, die Wertminderung wäre auch bei rechtzeitiger Leistung eingetreten (ebenso PLANCK/SIBER Anm 4; ERMAN/HAGER Rn 9).

28 An der Beweislast des Schuldners ändert sich auch dann nichts, wenn der **Wert** der geschuldeten Sache, der nach Eintritt des Verzugs gesunken war, in der Zwischenzeit bis zur mündlichen Verhandlung, auf welche das Urteil ergeht, wieder **gestiegen** ist. Der Gläubiger kann seiner Schadensberechnung den höheren Wert zugrunde legen, solange der Schuldner nicht beweist, dass er die Sache bis zum Sinken des Wertes behalten und vor dem Wiederansteigen veräußert hätte. Dies gilt auch, wenn der Wert der Sache nach dem Wiederansteigen abermals gefallen ist.

§ 288*
Verzugszinsen

(1) Eine Geldschuld ist während des Verzugs zu verzinsen. Der Verzugszinssatz beträgt für das Jahr fünf Prozentpunkte über dem Basiszinssatz.

(2) Bei Rechtsgeschäften, an denen ein Verbraucher nicht beteiligt ist, beträgt der Zinssatz für Entgeltforderungen neun Prozentpunkte über dem Basiszinssatz.

(3) Der Gläubiger kann aus einem anderen Rechtsgrund höhere Zinsen verlangen.

(4) Die Geltendmachung eines weiteren Schadens ist nicht ausgeschlossen.

(5) Der Gläubiger einer Entgeltforderung hat bei Verzug des Schuldners, wenn dieser kein Verbraucher ist, außerdem einen Anspruch auf Zahlung einer Pauschale in Höhe von 40 Euro. Dies gilt auch, wenn es sich bei der Entgeltforderung um eine Abschlagszahlung oder sonstige Ratenzahlung handelt. Die Pauschale nach Satz 1 ist auf einen geschuldeten Schadensersatz anzurechnen, soweit der Schaden in Kosten der Rechtsverfolgung begründet ist.

(6) Eine im Voraus getroffene Vereinbarung, die den Anspruch des Gläubigers einer Entgeltforderung auf Verzugszinsen ausschließt, ist unwirksam. Gleiches gilt für eine Vereinbarung, die diesen Anspruch beschränkt oder den Anspruch des Gläubigers einer Entgeltforderung auf die Pauschale nach Absatz 5 oder auf Ersatz des Schadens, der in Kosten der Rechtsverfolgung begründet ist, ausschließt oder beschränkt, wenn sie im Hinblick auf die Belange des Gläubigers grob unbillig ist. Eine Vereinbarung über den Ausschluss der Pauschale nach Absatz 5 oder des Ersatzes des Schadens, der in Kosten der Rechtsverfolgung begründet ist, ist im

* Amtlicher Hinweis: Diese Vorschrift dient zum Teil auch der Umsetzung der Richtlinie 2000/35/EG des Europäischen Parlaments und des Rates vom 29. Juni 2000 zur Bekämpfung von Zahlungsverzug im Geschäftsverkehr (ABl EG Nr L 200 S 35).

Zweifel als grob unbillig anzusehen. Die Sätze 1 bis 3 sind nicht anzuwenden, wenn sich der Anspruch gegen einen Verbraucher richtet.

Materialien: E I § 248; II § 244; III § 282; JAKOBS/SCHUBERT, SchR I 311; BGB-KE S 141; DE S 334; KF S 15; RegEntW S 148; Beschlussempfehlung und Bericht d Rechtsausschusses S 284.

Schrifttum

I. Zur und nach der Schuldrechtsreform

COEN, Der negative Basiszinssatz nach § 247 BGB, NJW 2012, 3329
DAUM, La Sonnambula: Die Anwendbarkeit der Verzugspauschale nach § 288 V BGB im Arbeitsrecht, Kongressbeitrag, in: Der erwachte Gesetzgeber 2017, 23
DAUM/ECKERTH, Die Einschränkbarkeit der 40-Euro-Pauschale gemäß § 288 Abs 5 S 1 BGB durch arbeitsvertragliche Ausschlussklauseln, RdA 2018, 216
DILLER, Die 40-Euro-Klage kommt! – oder doch nicht?, NZA 2015, 1095
DORNIS, Vom künftigen Umgang mit einer Unbekannten – die „Entschädigungspauschale" im neuen § 288 BGB, ZIP 2014, 2427
ders, Die Entschädigungspauschale für Beitreibungsaufwand – Neujustierung von Kompensation und Prävention im europäischen und deutschen Verzugsrecht?, WM 2014, 677
DORNIS/KESSENICH, Die „Entschädigungspauschale" bei Zahlungsverzug – Einführung in grundsätzliche Fragen eines neuen Verzugsfolgeninstruments, JURA 2015, 887
GREGOR, Zur Anrechnung von externen Beitreibungskosten auf die Verzugspauschale, ZIP 2018, 1273
GRIMM, Zinsen auf den Bruttolohn, EwiR 2002, 143
GSELL, Das neue Zahlungsverzugsrecht nach den §§ 284 Abs 3, 288 BGB – eine im wesentlichen missglückte Reform, NotBZ 2000, 178
HÄNLEIN, Die Richtlinie zur Bekämpfung von Zahlungsverzug im Geschäftsverkehr und ihre Umsetzung in Deutschland, EuZW 2000, 680
HARTMANN, Prozente und Prozentpunkte beim Klageantrag auf Verzugszinsen, NJW 2004, 1358
HOLTHAUS/BÜNNEMANN, Die Zinsentscheidung im Assessorexamen, JA 2017, 56
JERGER/ZEHENTBAUER, Grundlage und Geltendmachung von Schäden im Zusammenhang mit der Finanzierung des Zivilprozesses, NJW 2016, 1353
KIESEL, Das Gesetz zur Beschleunigung fälliger Zahlungen, NJW 2000, 1673
KLOSE, Der gesetzliche Verzugszins und der negative Basiszinssatz, NJ 2014, 13
KORCH, Die 40-Mahnpauschale beim Verbrauchervertrag, NJW 2015, 2212
LEMBKE, Die 40-Euro-Beitreibungskostenpauschale nach § 288 V BGB im Arbeitsverhältnis, NZA 2016, 1501
LÖWISCH, Zweifelhafte Folgen des geplanten Leistungsstörungsrechts für das Arbeitsvertragsrecht, NZA 2001, 465
ders, Zinsen auf Bruttolohn, RdA 2002, 182
LÜTTRINGHAUS, Die Verzinsung von Gerichtskosten zwischen BGB und ZPO, NJW 2014, 3745
RODEMANN, Verzugszinsen – In welcher Höhe können sie beansprucht werden?, BauRB 2005, 89
SAENGER/UPHOFF, Die Geltendmachung von Zinsansprüchen für verauslagte Gerichts- und Anwaltskosten, MDR 2014, 192
SCHACH, Verzugszinsen und zwei Basiszinssätze, Grundeigentum 2002, 452
SCHNABL, Die Höhe der Prozesszinsen beim Handelsvertreterausgleich, Ein Beitrag zur Anwendbarkeit des § 288 II BGB auf Mischtatbestände, NJW 2009, 955
SCHÖLER, Verzugs-und Prozesszinsen trotz Zahlung zur Abwendung der Zwangsvollstreckung, MDR 2009, 360

SEGGEWISSE/WEBER, Die Anrechnung der Verzugspauschale des § 288 Abs 5 BGB auf die Kosten der Rechtsverfolgung, MDR 2016, 250

STEIN, Schadensersatz bei Zahlungsverzug des Arbeitgebers, AuR 2017, 13

STÖBER/PETANIDIS, Die Verzugspauschale nach § 288 Abs 5 BGB im Lichte der EU-Zahlungsverzugsrichtlinie, AGS 2017, 1

TIEDEMANN, Die 40-Euro-Schadenspauschale beim Zahlungsverzug des Arbeitgebers, ArbRB 2015, 312, 314

TONIKIDIS, Die Verzugspauschale im Arbeitsrecht, FA 2017, 8

UHL, Die Geltendmachung der Verzinsung verauslagter Gerichtskosten als pauschalierter Schadensersatz, NJ 2017, 101

VERSE, Das Gesetz zur Bekämpfung von Zahlungsverzug im Geschäftsverkehr, ZIP 2014, 1809

VOLLMER, Warum das Gesetz zur Beschleunigung fälliger Zahlungen fällige Zahlungen nicht beschleunigt, ZfIR 2000, 421

WEIDLICH, Prozente und Prozentpunkte beim Anspruch auf Verzugszinsen – zugleich Anmerkung zu Hartmann, NJW 2004, 1358 –, DnotZ 2004, 820

WEIGERT, Die zivilrechtsanaloge Anwendung der Verzugspauschale [§ 288 V BGB] im Arbeitsrecht, NZA-RR 2017, 337, 340.

II. Vor der Schuldrechtsreform

BASEDOW, Die Aufgabe der Verzugszinsen in Recht und Wirtschaft. Bemerkungen zu § 288 BGB und § 352 HGB, ZHR 143 (1976) 317

BELKE, Abstrakte Schadensberechnung und Anscheinsbeweis am Beispiel des Zinsschadens, JZ 1969, 586

DOMS, Die Zinsbescheinigung – eine Regressfalle?, NJW 1999, 2649

EMMERICH, Der Verzug bei Ratenkrediten und kein Ende, WM 1986, 541

ERNST, Verzugszinsen des § 288 Abs 1 S 2 BGB immer aus dem Brutto-Rechnungsbetrag, BB 1989, 929

GÖDICKE, Zur Verzinsung des Gerichtskostenvorschusses ab Rechtshängigkeit – eine vernachlässigte Schadensposition?, JurBüro 2001, 512

GOTTHARDT, Zur Bemessung des nach dem gewöhnlichen Lauf der Dinge zu erwartenden Schadens einer Bank bei Verzug eines Kreditschuldners, WM 1987, 1381

GOTTWALD, Verzugszinsen als schadensrechtliches Problem, JA 1997, 800

ders, Verzugszinsen – zeitlich unbegrenztes Zahlungsurteil auch bei erhöhtem Zinssatz?, MDR 1996, 980

GRIEBELING, Brutto oder Netto – die gesetzliche Verzinsung arbeitsrechtlicher Vergütungsansprüche, NZA 2000, 1249

GRUSS, Zinsen bei Bruttoentgeltforderung, BB 1998, 2167

GRUNSKY, Verzugsschaden und Geldentwertung, in: Gedschr Bruns (1980) 19

KINDLER, Die neuere höchstrichterliche Rechtsprechung zum Ersatz entgangener Anlagezinsen im Verzug, WM 1997, 2017

ders, Gesetzliche Zinsansprüche im Zivil- und Handelsrecht (1996)

LEPKE, Klage auf Arbeitsentgelt und gerichtliche Geltendmachung von Verzugszinsen, Betrieb 1978, 839

LÖWISCH, Zinseszinsverbot und Verzugsschadensersatz, NJW 1978, 26

ders, Die Zins- und Schadensersatzansprüche des Ratenkreditgebers bei Säumnis des Kreditnehmers, BB 1985, 959

MACK, Der Zinsanspruch der Bank im Zahlungsverzug des Darlehensnehmers, WM 1986, 1337

vMAYDELL, Geldschuld und Geldwert (1974) 140

NÄGELE/STUMPF, Zinsen – aus der Brutto- oder Nettovergütung?, FA 1998, 366

NASALL, Vertraglicher Zins- und Verzugsschaden, WM 1989, 705

REICHENBACH, Tenor und Klageantrag bei gesetzlichen Zinssätzen mit variablen Bezugsgrößen, MDR 2001, 13

RIEBLE, Ansprüche des Darlehengebers bei Verzug des Darlehennehmers, ZIP 1988, 1027

SANDROCK, Verzugszinsen vor internationalen Schiedsgerichten: Insbesondere Konflikte zwischen Schuld- und Währungsstatut, Jahrbuch für die Praxis der Schiedsgerichtsbarkeit 1989, 64

SCHALLER/EPPELEIN, Brutto oder Netto – Die

gesetzliche Verzinsung arbeitsrechtlicher Vergütungsansprüche, NZA 2001, 193
SCHOLZ, Die Verzugsschadensproblematik bei Ratenkrediten aus der Sicht der Bankpraxis, ZIP 1986, 545
SCHOPP, Verzugszinsen und Verzugsschaden (§ 288 BGB) bei Zession, MDR 1990, 11
STEINER, Verzugsschaden bei Krediten: Finden Juristen und Ökonomen zusammen?, DB 1987, 1977
ders, Betriebswirtschaftlich orientierte Bemessung des Verzugsschadens bei Krediten (1987)
UNGEWITTER, § 11 I VerbrKrG als Vorschrift über den objektiven Schaden, JZ 1994, 701
WEBER, Gedanken zur Verzugsschadenregelung bei Geldschulden, in: FS Max Keller (1989) 323
WOLFF, Zinsen im öffentlichen Recht, DÖV 1998, 872.

Älteres Schrifttum s Bearb 2009.

Systematische Übersicht

Alphabetische Übersicht

I. Allgemeines

1 § 288 Abs 1 S 1 BGB gewährt dem Gläubiger einer Geldschuld als Ersatz für die Vorenthaltung des Kapitals während des Verzugs einen **Anspruch auf Verzinsung**. Voraussetzung ist freilich, dass der Schuldner sich mit der zu verzinsenden Geldschuld in Verzug befindet. § 288 Abs 1 S 1 BGB ist deshalb nicht anwendbar, wenn der Gläubiger Zinsen für geleistete Gerichtskosten begehrt, die er im Zuge der klageweisen Geltendmachung der Hauptforderung, mit der sich der Schuldner in Verzug befunden hat, einzahlen musste (OLG Karlsruhe 10. 7. 2012 – 8 U 66/11, NJW 2013, 473). Da der Zinsanspruch aber nur **Mindestbetrag** des Verzögerungsschadens ist, der wegen der Vorenthaltung des Kapitals zu ersetzen sein kann, bleibt ihm hier aber die Möglichkeit, einen konkreten weiteren Schaden geltend zu machen (§ 288 Abs 4 BGB).

Der Anspruch auf Verzugszinsen nach § 288 Abs 1 S 1 BGB besteht „während des Verzuges". § 187 Abs 1 BGB ist hier entsprechend anzuwenden, sodass Verzugszinsen nicht bereits ab dem Tag, an dem Verzug eingetreten ist, sondern erst ab dem darauffolgenden Tag verlangt werden können (Palandt/Grüneberg Rn 5; Holthaus/Bünnemann JA 2017, 56, 57). 2

Ohne Rücksicht auf Verzug sind **Zinsen ab Fälligkeit** nach Eintritt der Rechtshängigkeit (§ 291 BGB), bei beiderseitigen Handelsgeschäften (§ 353 S 1 HGB) und bei einem dem UN-Kaufrecht unterliegenden Vertrag (Art 78 CISG) zu leisten. 3

Das Gesetz zur Beschleunigung fälliger Zahlungen vom 30. 3. 2000 hatte an die Stelle des bis dahin auch für die Verzugszinsen geltenden gesetzlichen Zinssatzes von vier Prozent (§ 246 BGB) einen Zinssatz von fünf Prozentpunkten über dem Basiszinssatz nach dem Diskontsatz-Überleitungs-Gesetz treten lassen. Seit der Schuldrechtsreform bestimmt sich der Zinssatz in Anknüpfung an den Basiszinssatz des § 247 BGB (dazu im Einzelnen Staudinger/Omlor [2016] § 247). Für Rechtsgeschäfte, an denen ein Verbraucher nicht beteiligt ist, betrug der Zinssatz acht Prozentpunkte über dem Basiszinssatz (§ 288 Abs 2 BGB), für solche, an denen ein Verbraucher beteiligt ist, fünf Prozentpunkte über dem Basiszinssatz (§ 288 Abs 1 S 2 BGB). Mit Wirkung zum 29. 7. 2014 wurde durch das Gesetz zur Bekämpfung von Zahlungsverzug im Geschäftsverkehr und zur Änderung des Erneuerbare-Energien-Gesetzes vom 22. 7. 2014 (BGBl I S 1218) der Zinssatz für Rechtsgeschäfte, an denen kein Verbraucher beteiligt ist, auf neun Prozentpunkte über dem Basiszinssatz erhöht. Der Zeitpunkt, ab dem dieser neuer Zinssatz gilt, richtet sich nach der Übergangsvorschrift des Art 229 § 34 (Vorbem 14 zu §§ 286 ff). 4

Der Anspruch auf Verzugszinsen nach § 288 Abs 1 und 2 BGB schließt die Geltendmachung eines weiteren Schadens durch den Gläubiger nicht aus (§ 288 Abs 4 BGB). Der Nachweis eines geringeren Schadens durch den Schuldner ist hingegen ohne Belang für die Zinszahlungspflicht (BAG 7. 3. 2001 – GS 1/00, DB 2001, 2196). Der mit dem hohen Zinssatz verbundene Druck, prompt zu zahlen, soll in jedem Fall erhalten bleiben. Etwas Anderes gilt nur für das Verbraucherdarlehen. Dort lässt § 497 Abs 1 S 2 BGB auch den Nachweis eines niedrigeren Schadens durch den Darlehensnehmer zu (s dazu im Einzelnen Staudinger/Kessal-Wulf [2012] § 497 Rn 16 f). 5

II. Anspruch auf Verzugszinsen (Abs 1 bis 3)

1. Anwendungsbereich

§ 288 Abs 1 BGB bezieht sich auf **Geldschulden** (über den Begriff der Geldschulden Staudinger/Omlor [2016] Vorbem B 1 ff zu §§ 244–248). Andere Schulden, etwa die Verpflichtung zur Freistellung von einer Verbindlichkeit oder der Anspruch auf Zustimmung zur Mieterhöhung, werden von der Vorschrift nicht erfasst (BAG 16. 4. 2003 – 7 ABR 29/02, AP Nr 21 zu § 20 BetrVG 1972; BGH 4. 5. 2005 – VIII ZR 94/04, NJW 2005, 2310, 2311; OLG Frankfurt 20. 12. 2018 – 8 U 53/1, nv). Einen Unterschied zwischen Geldsummenschuld und Geldwertschuld macht das Gesetz aber nicht (BGH 5. 1. 1965 – VI ZR 24/64, NJW 1965, 531, 532; Mann, Anm zu OLG Köln Urteil 1. 7. 1959 – 6 U 43/59, NJW 1960, 825). Daraus folgt: 6

7 § 288 Abs 1 BGB ist auf **Schadensersatzansprüche** anzuwenden. Das gilt uneingeschränkt auch für Schadensersatzansprüche aus §§ 280 Abs 2, 286 BGB. Da der Verzugsschaden auch die Kosten der Rechtsverfolgung umfasst, kann ein Zinsanspruch aus § 288 Abs 1 BGB auch hinsichtlich verauslagter *Gerichtskostenvorschüsse* für die Zeit zwischen Einzahlung und dem Antrag auf Kostenfestsetzung nach §§ 103 ff ZPO bestehen. Denn auch die vom Gläubiger bei der gerichtlichen Durchsetzung seines Anspruchs zu verauslagenden Gerichtskosten zählen zu den zu erstattenden Rechtsverfolgungskosten (OLG Düsseldorf 29. 1. 2015 – I-15 U 22/14 ua, nv; Lüttringhaus NJW 2014, 3745, 3746; Gödicke JurBüro 2011, 512, 513; **aA** Saenger/Uphoff MDR 2014, 192, 194 f und Uhl NJ 2017, 101, 104, die nur den Zinsschaden, der dem Gläubiger durch die Verauslagung entstanden ist, als Schaden anerkennen wollen. Dies ist verfehlt. Die Gerichtskosten stellen – wie die durch die Einschaltung eines Anwalts entstehenden Gebühren – in vollem Umfang zu ersetzende Rechtsverfolgungskosten dar. Da im Kostenfestsetzungsverfahren die Gerichtskosten hinzugesetzt werden können, würde für eine selbstständige Klage auf Erstattung dieser Kosten zwar das erforderliche Rechtsschutzbedürfnis fehlen. Dies ändert aber nichts an der Tatsache, dass neben dem prozessualen Kostenerstattungsanspruch der materielle Erstattungsanspruch zunächst in gleicher Höhe besteht. Dass dieser letztlich durch die prozessuale Erstattungspflicht im Wege der Kostenfestsetzung tituliert werden wird, ist eine Frage der Durchsetzung, nicht aber seines Bestehens. S dazu auch Jerger/Zehentbauer NJW 2016, 1353, 1354 ff; ausführlich zum Verhältnis prozessualer und materieller Kostenerstattungsansprüche Muthorst, in: Stein/Jonas, ZPO [23. Aufl 2017] Band 2, Vorbem 16 ff zu § 91). Voraussetzung ist freilich, dass der Gläubiger mit dem Anspruch auf Erstattung der vom Gläubiger verauslagenden Gerichtskosten selbst in Verzug geraten ist. Dass der Schuldner mit der Hauptforderung in Verzug ist, genügt nicht, da es sich um zwei unterschiedliche Forderungen handelt (Lüttringhaus NJW 2014, 3745, 3746; vgl auch Jerger/Zehentbauer NJW 2016, 1353, 1355 für Nebenforderungen allgemein; fehlerhaft insofern ua OLG Frankfurt 31. 10. 2008 – 2 U 244/07, nv; OLG Düsseldorf 29. 1. 2015 – I-15 U 22/14 ua, nv; OLG Schleswig 26. 3. 2013 – 2 U 7/12, MMR 2013, 579; LG Düsseldorf 11. 1. 2006 – 12 O 165/05, Magazindienst 2006, 357; LG Bielefeld 29. 8. 2007 – 4 O 293/06, nv; AG Bad Segeberg 8. 11. 2012 – 17a C 256/10, NJW-RR 2013, 864).

8 Ferner ist auch an Schadensersatzansprüche aus unerlaubter Handlung zu denken (BGH 5. 11. 1952 – II ZR 47/52, NJW 1953, 337). Anwendbar ist § 288 Abs 1 BGB auch auf den Ersatz des Schadens, der aus der schuldhaften Nichtbeschaffung eines langfristigen zinslosen Darlehens entsteht (BGH 26. 4. 1979 – VII ZR 188/78, BGHZ 74, 231, 234). Bei Schmerzensgeldansprüchen greift § 288 Abs 1 BGB bereits vor deren endgültiger Bezifferung (vgl für das gleichgelagerte Problem bei § 291 BGB § 291 Rn 10).

9 Die Vorschrift gilt auch für **Wertersatzansprüche** aus ungerechtfertigter Bereicherung (RG 12. 3. 1937 – III 168/36, RGZ 154, 257, 265). Allerdings ist § 818 Abs 3 BGB zu beachten, weshalb der Ersatz regelmäßig nur in Betracht kommt, wenn der Schuldner, zB durch die Mahnung, Kenntnis vom Mangel des Rechtsgrundes erlangt hat und damit § 819 Abs 1 BGB anwendbar ist (Soergel/Benicker/Nalbantis Rn 36; PWW/Schmidt-Kessel Rn 3).

10 Ebenso sind **Aufwendungsersatzansprüche**, etwa aus § 670 BGB, nach § 288 Abs 1 BGB zu verzinsen. Dies gilt auch für *Kostenvorschüsse* zur Mängelbeseitigung nach § 637 Abs 3 BGB und § 13 Abs 5 Nr 2 VOB/B (BGH 27. 3. 1980 – VII ZR 214/79, BGHZ 77, 62). Solche Zinsen bleiben bei der Abrechnung des Kostenvorschusses nach der Mängelbeseitigung außer Betracht (BGH 20. 5. 1985 – VII ZR 266/84, BGHZ 94, 330, 333).

Auch Kostenerstattungsansprüche von Betriebsratsmitgliedern nach § 40 Abs 1 BetrVG fallen hierunter (BAG 18. 1. 1989 – 7 ABR 89/87, BAGE 60, 385). Keine Geldschuld ist aber die vom Mieter zu erbringende Sicherheitsleistung, auch dann nicht, wenn es sich um eine Barkaution handelt (vgl Staudinger/Emmerich [2018] § 551 Rn 5, 13; Staudinger/Wiegand [2019] § 1204 Rn 52 ff; fehlerhaft daher AG Dortmund 11. 9. 2018 – 425 C 5989/18, NZM 2019, 91; OLG Rostock 18. 12. 2000 – 3 U 153/99, OLGR Rostock 2001, 440; OLG Düsseldorf 23. 3. 2000 – 10 U 160/97, NJW-RR 2001, 299).

§ 288 Abs 1 BGB gilt auch für einen auf die Herausgabe von Geld gerichteten Anspruch aus § 667 2. Alt BGB. Dass § 667 BGB den Beauftragten zur Herausgabe des erlangten Geldes und nicht zur Bezahlung einer Geldsumme verpflichtet, soll lediglich das Untergangsrisiko auf den Auftraggeber verlagern, ändert aber nichts an der Angemessenheit der Anwendung von § 288 BGB (BGH 15. 9. 2005 – III ZR 28/05, NJW 2005, 3709). Dagegen ist § 288 Abs 1 BGB nicht anwendbar, wenn **bestimmte Geldstücke** (verschlossene Depots, bestimmte versiegelte Geldrollen oder in geschlossenen Briefumschlägen hinterlegtes Papiergeld) Gegenstand der Verbindlichkeit sind; denn hier liegt auch dem Sinne nach keine Geldschuld vor (Staudinger/Omlor [2016] Vorbem B 6 zu §§ 244–248). Die Vorschrift E I § 248 Abs 3 BGB, welche die Bestimmung auch auf diesen Fall ausdehnen wollte, ist von der Zweiten Kommission gestrichen worden. Bei solchen Verbindlichkeiten kann also lediglich Ersatz desjenigen Verzugsschadens gefordert werden, dessen Entstehung tatsächlich nachgewiesen wird (aA Huber, Leistungsstörungen II 67). 11

Der BGH wendet § 288 Abs 1 BGB auch auf die Nichtverschaffung eines zinslosen Darlehens und auf die verzögerte Freigabe eines hinterlegten Geldbetrages entsprechend an (zum ersteren BGH 26. 4. 1979 – VII ZR 188/78, BGHZ 74, 231; zum letzteren BGH 12. 10. 2017 – IX ZR 267/16, NJW 2018, 1006; BGH 25. 4. 2006 – XI ZR 271/05, BGHZ 167, 268). Das AG Berlin-Mitte hat sich zudem für eine entsprechende Anwendung auch für den Fall ausgesprochen, dass ein Vermieter mit der Erklärung einer **Betriebskostenabrechnung** in Verzug ist (27. 4. 2005 – 26 C 5001/03, Grundeigentum 2005, 805). Dieser Ansicht ist der BGH (5. 12. 2012 – XII ZR 44/11, BGHZ 196, 1) zu Recht nicht gefolgt. Der Anspruch auf Erstellung der Betriebskostenabrechnung ist nicht auf eine Geldschuld gerichtet; zudem wird der Anspruch des Mieters auf Rückerstattung etwaiger zu viel geleisteter Betriebskosten gerade erst mit deren Erstellung fällig. Dass § 288 Abs 1 BGB der Gedanke zugrunde liegt, dass der Gläubiger Geld im Allgemeinen zu einem bestimmten Mindestzinssatz anlegen kann, rechtfertigt es nicht, der Vorschrift alle Fälle zu unterstellen, in denen die Nutzungsmöglichkeit von Geld vorenthalten wird. Denn § 288 Abs 1 BGB will die Gewährung von Verzugszinsen ohne Nachweis eines Schadens auf den Ausnahmefall der Geldschuld beschränken. Bei anderen Verpflichtungen, mögen sie auch mittelbar die Verschaffung von Geld zum Gegenstand haben, besteht kein Grund, den Gläubiger vom Nachweis des Schadens zu befreien. 12

Der Schenker braucht Verzugszinsen nicht zu entrichten (§ 522 BGB). Ferner sind Verzugszinsen von Zinsen nicht zu entrichten (§ 289 BGB). Zu weiteren **Sondervorschriften**, welche die Anwendung des § 288 BGB ausschließen, s Vorbem 34 zu §§ 286 ff. 13

2. Zinssatz

a) Allgemeiner Zinssatz

14 Der allgemeine Verzugszinssatz beträgt nach § 288 Abs 1 BGB fünf Prozentpunkte über dem Basiszinssatz. Der Basiszinssatz beträgt nach § 247 Abs 1 S 1 BGB 3,62 %. Nach § 247 Abs 1 S 2 BGB verändert er sich zum 1. 1. und 1. 7. eines Jahres um die Prozentpunkte, um welche die Bezugsgröße seit der letzten Veränderung des Basiszinssatzes gestiegen oder gefallen ist. Bezugsgröße wiederum ist nach § 247 Abs 1 S 3 BGB der Zinssatz für die jüngste Hauptrefinanzierungsorganisation der Europäischen Zentralbank vor dem 1. Kalenderjahr des betreffenden Halbjahres (s zu der Regelung im Einzelnen MünchKomm/Grundmann § 247 Rn 7 ff). Der Basiszinssatz wird gem § 247 Abs 2 BGB von der Deutschen Bundesbank jeweils im Bundesanzeiger bekannt gegeben. Er beträgt seit 1. 1. 2010 – 0,88 %.

15 Der von der Deutschen Bundesbank festgesetzte Basiszinssatz ist als Ausgangsgröße für die Berechnung der geschuldeten Verzugszinsen auch dann anzusetzen, wenn dieser – wie derzeit – negativ ist. Zwar gibt es keine negativen Zinsen (OVG Sachsen-Anhalt 9. 11. 2006 – 1 L 22/06). Das bedeutet aber nicht, dass der Basiszinssatz als eine Rechengröße stets mindestens mit Null anzusetzen ist (wie hier OLG München 11. 1. 2018 – 23 U 1783/17, ZIP 2018, 220; BSG 25. 10. 2018 – B 7 AY 2/18 R, nv; Coen NJW 2012, 3329; Palandt/Grüneberg § 247 Rn 1; MünchKomm/Ernst Rn 4; **aA** Klose NJ 2014, 13). Da es sich um eine reine Rechengröße handelt, spricht im Gegenteil gerade nichts dagegen, ihn der Berechnung der geschuldeten Zinsen auch dann zugrunde zu legen, wenn er negativ ist. Jede andere Sichtweise widerspricht dem Wortlaut des § 288 Abs 1 BGB; dort ist gerade kein Mindestzinssatz geregelt, sondern wird ohne Einschränkung an den Basiszinssatz angeknüpft.

16 Ändert sich während des Verzugs der Verzugszinssatz, ist ab dem Zeitpunkt der Änderung der höhere oder niedrigere Zinssatz der Berechnung der Verzugszinsen zugrunde zu legen. Die Veränderungen des Verzugszinssatzes sind **im Prozess** von Amts wegen zu berücksichtigen. Der Variabilität des Verzugszinssatzes wird vom Gläubiger zweckmäßigerweise dadurch Rechnung getragen, dass er seinen Zinsanspruch entsprechend § 288 Abs 1 S 2 BGB dahin formuliert, dass „Zinsen in Höhe von fünf Prozentpunkten über dem Basiszinssatz" gefordert werden. Ein solcher Antrag ist – auch für die Vergangenheit – hinreichend bestimmt iS des § 253 Abs 2 Nr 2 ZPO (BAG 1. 10. 2002 – 9 AZR 215/01, AP Nr 37 zu § 253 ZPO; Zöller/Greger, ZPO [32. Aufl 2018] § 253 Rn 16a). Krit für die Zeit nach Rechtskraft Fruehauf, Zinsprognose und zivilrichterliche Verantwortung, NJW 1999, 1217 ff. S zur Auslegung eines fehlerhaften Antrags Rn 267.

17 Für *Wechsel- und Scheckverzugszinsen* (Art 48 Abs 1 Nr 2, 49 Nr 2 WG, 45 Nr 2 ScheckG) gilt ein Zinssatz von zwei Prozent über dem jeweiligen Basiszinssatz, mindestens aber von sechs Prozent (zur Geltendmachung weiteren Schadens in diesem Fall s unten Rn 35 ff).

b) Zinssatz für Entgeltforderungen bei Nicht-Verbrauchergeschäften

18 Nach § 288 Abs 2 BGB beträgt bei Rechtsgeschäften, an denen ein Verbraucher nicht beteiligt ist, der Zinssatz für Entgeltforderungen neun Prozentpunkte über dem Basiszinssatz. Ist ein Verbraucher beteiligt, bleibt es bei der Anwendbarkeit des

Abs 1 und damit dem Zinssatz von fünf Prozentpunkten über dem Basiszinssatz. Auf welche Seite des Rechtsgeschäfts der Verbraucher beteiligt ist, spielt keine Rolle: Abs 1 gilt für einen gegen den Verbraucher gerichteten Verzugszinsanspruch, etwa auf Kaufpreiszahlung (sofern nicht die Sondervorschrift des § 497 Abs 1 S 2 BGB für den Verbraucherkredit greift). § 288 Abs 1 BGB gilt aber auch für Ansprüche von Verbrauchern, etwa aus einem privat gegebenen Darlehen. Für den Verbraucherbegriff ist an sich § 13 BGB maßgebend.

§ 288 Abs 2 BGB bezieht sich nur auf die Verzugszinsen für **Entgeltforderungen**. Die Forderung muss das Entgelt für eine vom Gläubiger erbrachte oder zu erbringende Leistung sein. Es gelten dieselben Grundsätze wie für § 286 Abs 3 (§ 286 Rn 95 ff). Für alle Forderungen, die nicht Entgeltforderung sind, verbleibt es bei der Anwendung von Abs 1. Dies gilt auch, soweit andere Normen – wie etwa § 33a Abs 4 S 2 GWB – auf § 288 BGB verweisen (BGH 6. 11. 2013 – KZR 61/11; BGH 6. 11. 2013 – KZR 58/11, WM 2014, 759). 19

c) Höhere Zinsen aus anderem Rechtsgrund

Sofern ein **anderer Rechtsgrund als der Verzug** dem Gläubiger einen Anspruch auf höhere Zinsen gibt, verbleibt es nach § 288 Abs 3 BGB bei diesem höheren Zinssatz. § 288 Abs 3 BGB regelt nicht die Konkurrenz zwischen den nach § 288 Abs 1 S 1 BGB zu zahlenden Verzugszinsen und einer anderweitigen, höheren Verzinslichkeit der Forderung, mit deren Erfüllung der Schuldner in Verzug ist. Denn in diesem Fall hätte die Regelung keine praktische Bedeutung (zutr Rieble ZIP 1988, 1028). Dass ein vertraglich vereinbarter oder anderenorts gesetzlich angeordneter höherer Zinssatz auf die geschuldete Leistung auch im Verzugsfall fortzuentrichten ist, folgt bereits aus der entsprechenden vertraglichen Vereinbarung bzw der gesetzlichen Anordnung. Will man dem Gesetzgeber Regelungswillen unterstellen so, kann § 288 Abs 3 BGB nur dahingehend verstanden werden, dass sie dem Gläubiger, der Kapital zu einem bestimmten Zinssatz überlassen hat, diesen Zinssatz auch über die eigentliche Vertragszeit hinaus erhalten will. 20

Der Vertragszins ist – so die Entscheidung des Gesetzgebers – der von den Parteien gesetzte Wertmaßstab für die Vorenthaltung des Kapitals und beansprucht deshalb auch im Verzugszeitraum nach Vertragsende Geltung (Rieble ZIP 1988, 1027, 1029;; Soergel/Benicke/Nalbantis Rn 54 ff; **aA** NK-BGB/Schulte-Nölke Rn 13; Schwarze § 28 Rn 51; differenzierend MünchKomm/Ernst Rn 27 f, der nur bei Gesamtfälligkeitsstellung das Ende des Vertragszinssatzes annimmt). 21

Wenn der BGH die entsprechende Auslegung der Vorgängervorschrift für unangemessen hielt, weil sie der Bank einen in einer Hochzinsphase für die vertragliche Nutzung des Kapitals vereinbarten Zinssatz nach Beendigung des Nutzungsrecht weiterhin zubilligte, auch wenn der Marktzins inzwischen gefallen, der Verzugsschaden also niedriger war (BGH 28. 4. 1988 – III ZR 57/87, BGHZ 104, 337, 338 f; BGH 8. 10. 1991 – XI ZR 259/90, NJW 1992, 109; BGH 18. 3. 2003 – XI ZR 202/02, BGHZ 154, 230; dem BGH folgend Palandt/Grüneberg Rn 11; Kilimann, Der Schaden des Ratenkreditgebers beim Zahlungsverzug im Konsumentenkredit, NJW 1987, 618, 625; Huber/Faust Kapitel 3 Rn 100 ff; Staudinger/Kessal-Wulf [2012] § 497 Rn 11 f), schlägt das nicht durch. Der besondere *Schutz des Verbrauchers,* um den es dem BGH wohl in erster Linie geht, ist durch § 497 22

Abs 1 S 2 BGB gewährleistet, der dem Darlehensnehmer ermöglicht, nachzuweisen, dass der Bank ein niedriger Schaden entstanden ist.

23 Wenn Ernst dem BGH für den Fall folgen will, dass ein ursprünglich ratenweise zurückzuzahlendes Darlehen wegen Zahlungsverzugs insgesamt fällig gestellt wird (MünchKomm/Ernst Rn 28), ist dem nicht zuzustimmen. Die Auffassung von Ernst, für den Gesamtbetrag seien „die Vertragszinsen in der Tat nicht ohne weiteres vereinbart", geht daran vorbei, dass § 288 Abs 3 BGB den Vertragszins als den von den Parteien gesetzten Wertmaßstab für die Vorenthaltung des Kapitals ansieht. Den notwendigen Schutz des Verbrauchers gewährleistet auch hier § 497 Abs 1 S 2 BGB.

24 § 288 Abs 3 S 2 BGB gilt auch für eine für den Fall der Nichtzahlung bei Fälligkeit getroffene **Strafabrede** (OLG Hamburg JR 1926 Nr 1115).

25 Gerät ein Gesamtschuldner mit der Rückzahlung eines Kredits in Verzug, bleibt es bei seiner Verpflichtung zur Zahlung der Vertragszinsen, auch wenn ein anderer Gesamtschuldner in die Insolvenz gerät (BGH 8. 2. 2000 – XI ZR 313/98, NJW 2000, 1408, der allerdings entsprechend der Rn 22 wiedergegebenen Rechtsprechung des BGH den Anspruch auf die Vertragszinsen nicht auf die Vorgängervorschrift des Abs 3, sondern auf die Verpflichtung zum Ersatz des weitergehenden Verzögerungsschadens gestützt hat).

d) Prozessuales

26 Ein Antrag mit dem Zinsen in Höhe von x-„Prozent" über dem Basiszinssatz geltend gemacht werden, ist dahin auszulegen, dass Zinsen in Höhe von x-„Prozentpunkten" über dem Basiszinssatz verlangt werden (vgl OLG Hamm 5. 4. 2005 – 21 U 149/04, NJW 2005, 2238; Weidlich DNotZ 2004, 820; Holthaus/Bünnemann JA 2017, 56, 57; **aA** LG Stralsund 20. 12. 2010 – 6 O 290/10; Hartmann NJW 2004, 1358). Denn in der prozessualen Praxis wird diese sprachlich ungenaue Formulierung ganz überwiegend der in § 288 Abs 1 S 2 BGB verwandten Formulierung gleichgesetzt. Wird entsprechend des – sprachlich ungenau gefassten Antrags – ein Urteil abgefasst und dem Kläger „neun Prozent Zinsen über dem Basiszinssatz" (statt Prozentpunkte) zugesprochen, so ist dieser Zahlungstitel deshalb auch vom Gerichtsvollzieher dahingehend auszulegen, dass Zinsen in Höhe von neun Prozentpunkten über dem Basiszinssatz und nicht 109 Prozent des Basiszinssatzes tituliert sind (BGH 7. 2. 2013 – VII ZB 2/12, NJW-RR 2013, 511).

3. Inhalt des Anspruchs im Übrigen

27 Bei einer Geldschuld wird fingiert, dass dem Gläubiger durch den Verzug ein Verzögerungsschaden (§ 286 Rn 181 ff) in Höhe der Verzugszinsen entstanden ist. Der Anspruch auf die Verzugszinsen steht dem Gläubiger in allen Fällen zu, **ohne** dass er eine Zinseinbuße oder einen sonstigen **Schaden nachzuweisen** hat (Soergel/Benicke/Nalbantis Rn 44; NK-BGB/Schulte-Nölke Rn 5). Dies gilt auch dann, wenn die Geldschuld vor dem Verzug zu einem geringeren Zinssatz verzinslich oder unverzinslich war (BGH 26. 4. 1979 – VII ZR 188/78, BGHZ 74, 231, 235; BGH 29. 9. 1981 – VIII R 39/79, NJW 1982, 792; MünchKomm/Ernst Rn 20). Eine Ausnahme besteht insoweit nach § 497 Abs 1 S 3 BGB beim Verbraucherkredit. Dort kann der Darlehensnehmer nachweisen, dass dem Darlehensgeber im konkreten Fall ein niedrigerer Zinsausfall entstanden ist.

28 Dass die Entstehung eines Schadens in Höhe der Verzugszinsen fingiert wird, wirkt sich praktisch zugunsten des Empfängers eines **Darlehens**versprechens aus: Dieser braucht sich nicht den Zinsbetrag abziehen zu lassen, den er hätte zahlen müssen, wenn ihm das Darlehen rechtzeitig ausbezahlt worden wäre (RG 4. 3. 1918 – VI 76/16, RGZ 92, 283).

29 Bei **Unterhaltsansprüchen** kann nicht eingewandt werden, dass der rechtzeitig gezahlte Betrag alsbald verbraucht worden wäre.

30 Aus dem gleichen Grund können bei **Lohn- und Gehaltsansprüchen** Verzugszinsen für das *Bruttoarbeitsentgelt* verlangt werden (so BAG Großer Senat 7. 3. 2001 – GS 1/00, BAGE 97, 150; Stein AuR 2017, 13, 14). Allerdings muss berücksichtigt werden, dass der Arbeitgeber nach § 28g S 1 SGB IV gegen den Arbeitnehmer einen Anspruch auf den von diesem zu tragenden Teil des Gesamtsozialversicherungsbeitrags hat, den er nach § 28g S 2 SGB IV durch Abzug vom Arbeitsentgelt geltend machen kann. Tut er dies, gilt nach § 389 BGB der Teil des Bruttoarbeitsentgeltes, der dem Beitragsanteil des Arbeitnehmers entspricht, als von Anfang an erloschen, sodass der Verzugszinsenanspruch insoweit rückwirkend wegfällt (ausführlich Löwisch RdA 2002, 182, 183 f; allgemein Staudinger/Gursky [2016] § 389 Rn 21 f; **aA** insoweit BAG Großer Senat 7. 3. 2001 – GS 1/00, BAGE 97, 150; Stein AuR 2017, 13, 14). Nicht aufgerechnet werden kann hingegen mit dem Recht zum Lohnsteuerabzug, weil dieses Recht nach dem das Lohnsteuerrecht beherrschenden Zuflussprinzip erst in dem Moment entsteht, in dem das Arbeitsentgelt ausgezahlt wird, sodass auch erst in diesem Moment die Aufrechnungslage eintritt (zutreffend insoweit BAG Großer Senat 7. 3. 2001 – GS 1/00, BAGE 97, 150; ausführlich Löwisch RdA 2002, 182, 183 f).

31 Soweit die **Hauptforderung**, mit deren Erfüllung der Schuldner in Verzug ist, **mehrwertsteuerpflichtig** ist, sind die Verzugszinsen aus dem die Mehrwertsteuer umfassenden Bruttobetrag zu berechnen (BGH 5. 12. 1990 – IV ZR 187/89, NJW-RR 1991, 484; Ernst/Delcker, Nochmals – Verzugszinsen auch aus dem Mehrwertsteuer-Betrag?, NJW 1986, 2936; diff Ernst BB 1989, 929). Die Verzugszinsen selbst unterliegen hingegen nicht der Mehrwertsteuerpflicht; der Gläubiger kann insoweit also keine Mehrwertsteuer verlangen (BGH 22. 2. 1984 – VIII ZR 316/82, BGHZ 90, 198, 206; BGH 7. 12. 1983 – VIII ZR 206/82, WM 1984, 171).

32 Der Zinsanspruch aus § 288 Abs 1 BGB besteht **neben** einem Anspruch auf **Schadensersatz** statt der Leistung oder wegen Zerstörung einer Sache.

33 Der Anspruch auf Verzugszinsen unterliegt der regelmäßigen **Verjährung**sfrist von drei Jahren (§§ 195, 199 BGB). Allerdings verjährt der Verzugszinsanspruch gem § 217 BGB bereits mit dem Hauptanspruch, wenn dieser vorher verjährt, insbesondere, weil wohl bei diesem, nicht aber bei dem Verzugszinsanspruch die Voraussetzungen des § 199 BGB gegeben sind (zur Verjährung eines über die Verzugszinsen hinausgehenden Verzugsschadensersatzanspruchs § 286 Rn 208). Zur Verjährung von Ansprüchen auf Darlehensrückerstattung und Zinsen beim Verbraucherkredit s § 497 Abs 3 S 3 bis 5 BGB.

34 Von einer Forderung entstehen auch in der Zeit nach Insolvenzeröffnung Verzugszinsen, falls der Gemeinschuldner schon vorher in Verzug geraten ist. Im Insolvenz-

verfahren sind solche Zinsforderungen nachrangig zu berichtigen (§ 39 Abs 1 Nr 1 InsO).

III. Geltendmachung weiteren Schadens (Abs 4)

1. Allgemeines

35 § 288 Abs 4 BGB lässt es dem Gläubiger unbenommen, gem §§ 280 Abs 1, Abs 2, 286 BGB einen Verzögerungsschaden geltend zu machen, der den Betrag der gesetzlichen Verzugszinsen übersteigt. Der Zinsanspruch ist insoweit lediglich der anrechenbare Mindestbetrag des Verzögerungsschadens bei Geldschulden (s zur Anrechnung auf einen erlittenen weitergehenden Zinsschaden KG Berlin 18. 2. 2014 – 26a U 60/13, JurBüro 2014, 315). Als solch **weitergehender Schaden** kommen bei einer Geldschuld (und in gleicher Weise bei anderen geldwerten Verpflichtungen, etwa der Pflicht zur Rechnungserteilung) neben dem aus Wertverlusten entstandenen Schaden (dazu § 286 Rn 211 ff) vor allem die Kosten aufgenommener Kredite (dazu Rn 47 ff) und die Verluste, die infolge unterbliebener Anlage des Kapitals entstanden sind (dazu Rn 73 ff), in Betracht (OLG Karlsruhe 10. 7. 2012 – 8 U 66/11, NJW 2013, 473). Zu denken ist aber auch an den Schaden, der dem Gläubiger dadurch entsteht, dass er wegen der ausbleibenden Zahlung einen Kredit oder Darlehensraten nicht fristgerecht zurückzahlen kann (LAG Rheinland-Pfalz 24. 9. 2015 – 2 Sa 555/14, nv für die infolge Darlehenskündigung betriebene Zwangsversteigerung der Immobile unter Verkehrswert).

36 Macht der Gläubiger Anlageverlust oder Kreditkosten geltend, ist in beiden Fällen sowohl eine konkrete als auch eine abstrakt-typisierende Berechnungsmethode zulässig. Zudem ist die Möglichkeit der Schadensschätzung nach § 287 ZPO zu beachten. Eine gesetzliche Ausnahme von der Möglichkeit abstrakter Schadensberechnung macht allerdings § 497 Abs 1 S 2 BGB. Der dort festgelegte Anspruch auf Verzugszinsen gilt dann nicht, wenn im Einzelfall der Kreditgeber einen höheren oder der Verbraucher einen niedrigeren Schaden nachweist. Damit ist eine abweichende Schadensberechnung nur zugelassen, wenn sie konkret erfolgt (Staudinger/Kessal-Wulf [2012] § 497 Rn 17 f). Im Einzelnen gilt:

2. Ersatz der Anlageverluste

37 Der Gläubiger kann seine Anlageverluste zunächst **konkret berechnen** (BGH 8. 11. 1973 – III ZR 161/71, WM 1974, 128; Huber II 51 f). Dazu muss er darlegen und gegebenenfalls beweisen, wie er den Geldbetrag, wenn er ihn rechtzeitig zur Verfügung gehabt hätte, tatsächlich verwandt und wie sich das für ihn vermögensmäßig ausgewirkt hätte, welcher Schaden ihm mithin durch den Entzug dieser konkreten Verwendungsmöglichkeit entstanden ist (BGH 8. 11. 1973 – III ZR 161/71, WM 1974, 128).

38 Dass der Gläubiger seine Anlageverluste auch **abstrakt berechnen** kann, ist in Rechtsprechung und Literatur seit langem im Grundsatz anerkannt (BGH 26. 10. 1983 – IVa ZR 21/82, NJW 1984, 371; BGH 1. 2. 1974 – IV ZR 2/72, BGHZ 62, 103, 105; BGH 28. 4. 1988 – III ZR 57/87, BGHZ 104, 337, 344 ff; Soergel/Benicke/Nalbantis Rn 73 für Kaufleute; Huber II 51 f). Dies gilt nicht nur für Gläubiger des Handelsverkehrs, sondern allgemein für Gläubiger größerer Geldbeträge: Nach der zutreffenden Auffassung des BGH ist für den Schaden, der in dem Entgang von Nutzungen des Kapitals liegt, eine typisie-

rende Berechnung stets angebracht und sachgerecht, weil sich der Gläubiger auf die allgemeine Lebenserfahrung berufen kann, nach der ein **größerer Geldbetrag** nicht nutzlos verwahrt, sondern zumindest verzinslich angelegt wird (BGH 8. 11. 1973 – III ZR 161/71, WM 1974, 128; BGH 6. 5. 1981 – IVa ZR 170/80, BGHZ 80, 269, 279). Wann der Geldbetrag so groß ist, dass nach der Lebenserfahrung von einer alsbaldigen Anlage ausgegangen werden kann, muss freilich unter Berücksichtigung der Verhältnisse des Schuldners und der allgemeinen wirtschaftlichen Verhältnisse abgeschätzt werden. Angesichts des derzeitigen niedrigen Zinsniveaus wird man hiervon nicht generell ohne weiteres bei einem Betrag in Höhe von 4000 Euro ausgehen können. Jedenfalls aber einen Betrag in Höhe von 8000 Euro wird ein Privatgläubiger jedoch im Regelfall nicht ungenutzt liegen lassen.

Hinsichtlich der Höhe des zu berechnenden Anlageverlusts ist bei einem **Privatanleger** in Rechnung zu stellen, welche Art der Kapitalanlage angesichts der persönlichen Verhältnisse und des in Rede stehenden Betrags in Betracht gekommen wäre und welcher Ertrag zu der in Rede stehenden Zeit zu erwarten war (BGH 8. 11. 1973 – III ZR 161/71, WM 1974, 128 hat für die seinerzeitigen Verhältnisse eine mögliche Anlage in festverzinsliche Wertpapiere zu sieben Prozent zugrunde gelegt). 39

Ist der Gläubiger eine **Bank**, so muss davon ausgegangen werden, dass die Summe der in ihrem Geschäftsbetrieb zur Anlage bestimmten Gelder um die Beträge geschmälert wird, die verspätet gezahlt werden. Deshalb können, wenn die Bank nur eine Geschäftsart betreibt, die für diese Geschäftsart in der fraglichen Zeitspanne bankühlichen Sollzinsen zugrunde gelegt werden. Betreibt sie mehrere Geschäftsarten, so kann der Schaden nach dem Durchschnittszinssatz berechnet werden, der sich nach der Zusammensetzung ihres gesamten Aktivkreditgeschäfts richtet (BGH 1. 2. 1974 – IV ZR 2/72, BGHZ 62, 103; BGH 28. 4. 1988 – III ZR 57/87, BGHZ 104, 337, 345, 348; Roll, Anm zu BGH 1. 2. 1974 – IV ZR 2/72, BGHZ 62, 103, NJW 1974, 1281; MünchKomm/Ernst § 286 Rn 145; Erman/Hager Rn 14; für Teilzahlungsbanken Bachmann, Die Restforderung der Teilzahlungsbank gegen den säumigen Schuldner, NJW 1978, 867; **abw** Belke JZ 1969, 594). 40

Was für Banken gilt, gilt entsprechend auch für andere gewerbsmäßige Kapitalanleger wie **Investmentgesellschaften** und **Versicherungen**, die eingehende Beiträge, soweit sie nicht für den laufenden Geschäftsbetrieb erforderlich sind, anlegen (zutr LG Verden 23. 5. 1967 – 2 S 53/67, VersR 1967, 869, welches – damals – einen Verzögerungsschaden in Höhe von sechs Prozent Jahreszinsen zugebilligt hat, weil unter den zu beurteilenden Verhältnissen das Versicherungsunternehmen in der Lage war, sein Vermögen zu diesen Bedingungen anzulegen; Belke JZ 1969, 594; **aA** OLG Köln 31. 10. 1968 – 18 U 78/68, NJW 1969, 1388). 41

Auch wenn der Gläubiger ein **Produktions- oder Handelsunternehmen** ist, kann die Höhe der abstrakten Schadensberechnung an sich an dem Durchschnittsgewinn, den das Unternehmen erzielt, ausgerichtet werden (Belke JZ 1969, 593 f). Dass diese Unternehmen ihre Geschäfte nicht mit Geld, sondern mit Ware zu machen pflegen, ändert nichts daran, dass sie zusätzliches Kapital im Unternehmen arbeiten lassen und dieses damit den durchschnittlichen Ertrag vergrößert (**aA** insoweit Roll, Anm zu BGH 1. 2. 1974 – IV ZR 2/72` NJW 1974, 1282). Aber ein solches Unternehmen arbeitet heute in aller Regel unter Inanspruchnahme von Krediten, sodass die ausbleibenden Geldbeträge nicht dazu führen, dass Investitionen unterbleiben, sondern dazu, dass 42 sich die Kreditkosten erhöhen. Deshalb kommt insoweit meist kein Ersatz für Anlageverlust, sondern für erhöhte Kreditkosten (dazu unten Rn 47 ff) in Betracht.

43 Auch bei der abstrakten Schadensberechnung muss der Gläubiger die Umstände **darlegen und beweisen**, von denen die abstrakte Schadensberechnung abhängt (BGH 1. 2. 1974 – IV ZR 2/72, BGHZ 62, 103, 108; BGH 8. 10. 1991 – XI ZR 259/90, NJW 1992, 109, 110). Der *private Kapitalanleger* muss also insbesondere darlegen und beweisen, dass er sich in solchen persönlichen Verhältnissen befand, in denen die Anlage des verspätet gezahlten Betrags nahelag, und mit welcher Rendite eine solche Anlage zu der betreffenden Zeit möglich war. Dabei wird der erstgenannte Beweis regelmäßig dann nicht zu führen sein, wenn der Gläubiger selbst Kredite in Anspruch genommen hatte, weil es dann naheliegt, dass der Betrag zur Abdeckung dieser Kredite verwendet worden wäre.

44 Eine Schadensersatz verlangende *Bank* muss die für die Bemessung des Durchschnittszinssatzes erheblichen Umstände dartun. Dazu gehören die von ihr betriebenen Arten der Kreditgeschäfte und deren Anteil am Gesamtvolumen sowie die marktüblichen Sollzinsen für jede dieser Kreditarten (BGH 8. 10. 1991 – XI ZR 259/90, NJW 1992, 109). Für die marktüblichen Sollzinsen kann auf die Statistik der Deutschen Bundesbank verwiesen werden (BGH 28. 4. 1988 – III ZR 57/87, BGHZ 104, 337, 348). Doch kann eine Bank, wenn sie Spezialkredite gewährt, die sich in diese Statistik nicht einordnen lassen, nicht auch für diese auf einen Bundesbankzinssatz verweisen. Vielmehr muss für solche Kredite der marktangemessene Zinssatz auf andere Weise ermittelt werden (BGH 8. 10. 1991 – XI ZR 259/90, NJW 1992, 109). Vermag die Bank das nicht, muss sie sich mit dem marktüblichen Zinssatz der Anlageart begnügen, die den geringsten Zinsertrag erbringt (BGH 28. 4. 1988 – III ZR 57/87, BGHZ 104, 337, 348).

45 Die Rechtsprechung des BGH ist schon bisher davon ausgegangen, dass eine Bank als Mindestschaden Zinsen in Höhe von fünf Prozent über dem Basiszinssatz verlangen kann, da Zinsen in dieser Höhe gewöhnlich als Refinanzierungskosten anfallen (BGH 8. 10. 1991 – XI ZR 259/90, BGHZ 115, 268, 273 f). Auch hat sie das nicht nur im Verhältnis von Banken zu Verbrauchern, sondern auch gegenüber Gewerbetreibenden und Genossenschaften als Kreditnehmern für richtig gehalten (BGH 3. 5. 1995 – XI ZR 195/94, NJW 1995, 1954). Versagt hat sie diese Form der abstrakten Berechnung eines Mindestschadens aber anderen Handelsunternehmern als gewerbsmäßigen Kapitalanlegern (BGH 11. 10. 1994 – XI ZR 238/93, NJW 1994, 3344, 3345). Diese Differenzierung ist heute durch § 288 Abs 1 S 2 BGB überholt, der für jede Geldschuld einen Verzugszinssatz von fünf Prozentpunkten über dem Basiszinssatz vorsieht.

46 Die abstrakte Schadensberechnung lässt dem Schuldner den **Gegenbeweis** unbenommen, dass der Gläubiger einen derart berechneten Schaden in Wirklichkeit nicht erlitten habe, weil er, auch wenn ihm der geschuldete Geldbetrag rechtzeitig zur Verfügung gestanden hätte, diesen doch nicht gewinnbringend oder wenigstens nicht in der der allgemeinen Lebenserfahrung entsprechenden Höhe gewinnbringend angelegt hätte (BGH 8. 11. 1973 – III ZR 161/71, WM 1974, 128, 129; BGH 28. 4. 1988 – III ZR 57/87, BGHZ 104, 337, 348). Der Schuldner kann auch einwenden, dass der Gläubiger die Anlage trotz Ausbleibens des geschuldeten Betrags getätigt hat, sei es, dass ausreichende Finanzmittel zur Verfügung standen oder dass eine Refinanzierung in Anspruch genommen wurde (Löwisch BB 1985, 961). Dagegen einzuwenden, die

Anlage trotz Ausbleibens des geschuldeten Betrags sei eine überobligationsmäßige Anstrengung der Bank, welche den Schuldner nicht entlasten dürfe (so BGH 28. 4. 1988 – III ZR 57/87, BGHZ 104, 337, 346 f unter Bezugnahme auf BGH 16. 2. 1971 – VI ZR 147/69, BGHZ 55, 329, 332), wird den tatsächlichen Verhältnissen nicht gerecht: Banken tätigen in der Regel so viele Kreditgeschäfte wie möglich, unabhängig davon, ob und in welcher Höhe Außenstände vorhanden sind. Dementsprechend können sie in solchen Fällen nur die Refinanzierungskosten ersetzt verlangen (Löwisch BB 1985, 961).

3. Ersatz erhöhter Kreditkosten

Was den in erhöhten Kreditkosten bestehenden Schaden angeht, so ist wiederum 47
unproblematisch, dass der Gläubiger **konkret nachweisen** kann, dass er zur Abdeckung des verspäteten Geldbetrages eigens einen Kredit aufgenommen hat. Die dafür aufgewandten Kosten sind stets als Verzögerungsschaden zu ersetzen. Zu diesen Kosten gehören in erster Linie die Refinanzierungskosten, sodann aber auch – sofern es sich nicht um den Freizeitausfall eines Privatgläubigers handelt – die Bearbeitungskosten. Zu beachten ist die Schadensabwendungspflicht des § 254 Abs 2 BGB.

Problematisch sind die Fälle, in denen der Gläubiger geltend macht, dass er ganz 48
allgemein mit Kredit arbeite und ihm der Schuldner deshalb die Kosten dieser Kredite anteilig ersetzen müsse. Die Lösung dieser Fälle ist ebenfalls in der richtigen Anwendung der Grundsätze über die **abstrakte Schadensberechnung** gem § 252 S 2 BGB zu finden. Dabei liegen die Schwergewichte freilich etwas anders als im Fragenkreis der Anlageverluste (dazu oben Rn 37 ff):

Grundlage der abstrakten Schadensberechnung ist in diesem Falle der Umstand, 49
dass der Gläubiger überhaupt seinerseits während der gesamten Verzugszeit **Kredite in Anspruch genommen** hatte. Denn nur dann kann sich überhaupt die Frage stellen, ob der rechtzeitige Eingang des verspäteten Geldbetrages die Kosten solcher Kredite gemindert hätte. Schon aus dem Umstand, dass es sich beim Gläubiger um einen *Teilnehmer am Handelsverkehr* handelt, zu schließen, dass er marktübliche Kreditkosten gehabt habe (so OLG Schleswig 21. 12. 1954 – 7 U 134/54, NJW 1955, 425; Belke JZ 1969, 586, 593, 595; Erman/Hager Rn 15), ist ungerechtfertigt, weil die Dinge angesichts der Vielfältigkeit des Wirtschaftslebens durchaus auch anders liegen können (zutreffend OLG Köln 29. 7. 1960 – 4 U 291/59, NJW 1961, 30; insoweit zutreffend auch KG Berlin 24. 4. 1957 – 10 U 557/57, NJW 1957, 1561). Auch für einen entsprechenden prima-facie-Beweis fehlt es an der sicheren Grundlage (BGH 27. 2. 1991 – XII ZR 39/90, NJW-RR 1991, 1406; Esser/Schmidt I § 28 I 2 b). Zudem besteht für solche Beweiserleichterungen regelmäßig auch kein Bedürfnis, weil der Umstand, dass der Gläubiger Kredit in Anspruch genommen hat, leicht darzulegen und unter Beweis zu stellen ist.

Steht fest, dass der Gläubiger während der Verzugszeit Kredit in entsprechender 50
Höhe in Anspruch genommen hatte, so kann er, wenn er Teilnehmer am Handelsverkehr ist, seinen Kreditkostenschaden in der Weise typisierend berechnen, dass er diejenigen **Aufwendungen** anteilig ersetzt verlangt, die ihm **für den in Anspruch genommenen Kredit** entstanden sind. Weder ist der Nachweis erforderlich, dass er den Kredit gerade wegen der verspäteten Zahlung aufgenommen hatte, noch dass er den verspätet eingegangenen Geldbetrag tatsächlich zur Verminderung des Kredits

genutzt hätte (BGH 26. 10. 1983 – IVa ZR 21/82, NJW 1984, 371; BGH 12. 12. 1990 – VIII ZR 35/90, NJW-RR 1991, 793; BGH 27. 2. 1991 – XII ZR 39/90, NJW-RR 1991, 1406; **abw** KG Berlin 24. 4. 1957 – 10 U 557/57, NJW 1957, 1561; Basedow ZHR 143 [1979] 317, 318 f). Die für Teilnehmer am Handelsverkehr entwickelten Grundsätze müssen in gleicher Weise auch auf freiberuflich Tätige angewandt werden. Es ist nicht einzusehen, warum etwa ein Steuerberater nicht soll geltend machen können, dass von ihm in Anspruch genommene Geschäftskredite niedriger gewesen wären, wenn sein Schuldner rechtzeitig gezahlt hätte (**aA** OLG Düsseldorf 23. 10. 1997 – 13 U 159/96, GI 1999, 300).

51 Auch *Postdienstleister* sind, sofern sie zur Deckung ihres Finanzbedarfs Anleihen aufgenommen haben, zu einer typisierenden Schadensberechnung in der Weise berechtigt, dass sie Zinsen in Höhe des mittleren Anleihezinses geltend machen können (OLG Celle 11. 2. 1974 – 9 U 158/73, VersR 1975, 1009; KG Berlin 12. 4. 1973 – 12 U 1372/72, VersR 1974, 36). Gleiches gilt für die Deutsche Bahn AG (Schleswig-Holsteinisches OLG 6. 1. 1995 – 1 U 192/92, TranspR 1995, 317 f; OLG Koblenz 31. 1. 2000, 12 U 815/97, NZV 2002, 184), für die Bundesrepublik (BGH 17. 4. 1978 – II ZR 77/77, WM 1978, 616, 617) und für ausländische Staaten (BGH 18. 10. 1988 – VI ZR 223/87, NJW-RR 1989, 670, 672).

52 Der abstrakten Schadensberechnung steht nicht entgegen, dass der Kredit von einer **Tochtergesellschaft** bei ihrer Muttergesellschaft aufgenommen worden ist (BGH 26. 2. 1975 – VIII ZR 265/73, NJW 1975, 867). Werden allerdings an die Muttergesellschaft wesentlich höhere als die banküblichen Zinsen gezahlt, so kann dies zu einer Ersatzminderung nach § 254 Abs 2 BGB führen (offengelassen vom BGH 26. 2. 1975 – VIII ZR 265/73, NJW 1975, 867).

53 Für **Privatgläubiger** kommt eine abstrakte Schadensberechnung in der geschilderten Weise in der Regel nur dann in Betracht, wenn der aufgenommene Kredit der Bezahlung kurzfristiger Verbindlichkeiten dient, insbesondere bei Kontokorrentkrediten. Denn bei längerfristigen Krediten kann nicht ohne weiteres davon ausgegangen werden, dass sie durch eingehende Forderungen vermindert werden (zutreffend insoweit Belke JZ 1969, 586, 595; ähnlich Soergel/Benicke/Nalbantis Rn 68).

54 Dem Schuldner steht der **Gegenbeweis** offen, dass der Gläubiger den verspätet eingegangenen Geldbetrag in Wahrheit gar nicht zur Verminderung seiner Kredite, sondern zu anderen Zwecken verwandt hätte. Besteht eine solche nachgewiesene anderweitige Verwendung in einer Investition, kann der Gläubiger freilich Ersatz des entsprechenden Anlageverlusts verlangen (dazu oben Rn 37 ff). Mit dem Einwand, die Außenstände des Gläubigers seien insgesamt sehr viel höher als der von ihm aufgenommene Kredit, weshalb nicht einzusehen sei, warum gerade er zum Ersatz der Kreditkosten herangezogen werden solle, kann der Schuldner nicht gehört werden. Es handelt sich insoweit um den *Einwand alternativer Kausalität,* der im Schadensersatzrecht ausgeschlossen ist (OLG Hamburg 10. 4. 1974 – 5 U 116/73, MDR 1974, 930).

55 Die **Höhe des Ersatzes** richtet sich nach der Höhe der Kreditkosten, die dem Gläubiger seinerseits entstehen. Muss er etwa für die von ihm in Anspruch genommenen Kredite Zinsen in Höhe von zehn Prozent über dem Basiszinssatz zahlen, müssen ihm diese von seinem Schuldner als Verzugsschaden ersetzt werden. Nach § 288 Abs 1 BGB zu leistende Verzugszinsen sind jedoch anzurechnen (s Rn 35). Soweit die vom Gläubiger zu zahlenden Kreditkosten das zulässige Maß überschreiten, insbesondere sittenwidrig sind, brauchen sie auch vom Verzugsschuldner nicht ersetzt zu werden. Grundsätzlich sind auch Kosten eines vom Gläubiger im **Ausland aufgenommenen Kredits** als Verzugsschaden zu ersetzen. Ist der Zinssatz eines solchen Kredits wegen einer in dem betreffenden Staat herrschenden Inflation besonders hoch, mindert sich der zu leistende Ersatz entsprechend der Inflationsrate, weil der Gläubiger sonst entgegen der schadensrechtlichen Differenzbetrachtung mehr erhielte als zum Ausgleich seines Schadens erforderlich ist.

Auch hinsichtlich der Höhe kann der Schuldner den **Gegenbeweis** führen. Für den **56**
Anspruch aufgrund eines Verbraucherdarlehensvertrags ist das in § 497 Abs 1 S 3 BGB ausdrücklich angeordnet. Es gilt aber auch im Übrigen.

4. Keine Mehrwertsteuer auf Verzugsschaden

Entsprechend einem Urteil des EuGH (1. 7. 1982 – Rs 222/81, NJW 1983, 505) wird heute **57**
auf Verzugszinsen und weitere Verzugsschäden **keine Mehrwertsteuer** erhoben, auch wenn die Hauptforderung an sich mehrwertsteuerpflichtig ist. Damit entfallen die entsprechenden Beträge ihrerseits als Posten des weiteren Verzugsschadens (OLG Frankfurt 1. 12. 1982 – 17 U 22/82, NJW 1983, 394; BGH 29. 6. 1983 – VIII ZR 141/82, WM 1983, 931, 933; PWW/Schmidt-Kessel Rn 8; Soergel/Benicke/Nalbantis Rn 80). Zur Berechnung der Verzugszinsen aus dem Bruttobetrag bei mehrwertsteuerpflichtigen Forderungen s oben Rn 31.

5. Prozessuales

Die über den gesetzlichen Zinsfuß hinausgehende Verzinsung, die unter dem Ge- **58**
sichtspunkt des weiteren Verzugsschadens gefordert wird, ist **keine Nebenforderung** im Sinne des § 4 ZPO. Es handelt sich der Sache nach um einen Schadensersatzanspruch, der nur in Form von Zinsen berechnet wird (OLG Breslau JW 1925, 813; KG Berlin, JW 1925, 2638; **aA** OLG München JW 1925, 832).

Der Vortrag der Klageschrift, der Kläger nehme Bankkredit in Anspruch, der die **59**
Klageforderung übersteige und mit einem bestimmten Prozentsatz zu verzinsen sei, begründet schlüssig den erhobenen Zinsanspruch nach § 288 Abs 4 BGB. Denn in ihm liegt auch die für den Anspruch notwendige Behauptung, dass mit der eingehenden Zahlung der Bankkredit zurückgeführt worden wäre (OLG Düsseldorf 26. 5. 1994 – 5 U 242/93, OLGR Düsseldorf 1994, 292). Ein solcher Vortrag kann deshalb auch Gegenstand eines Versäumnisurteils sein.

Dem Anspruch aus § 288 Abs 4 BGB steht die Rechtskraft eines früheren Urteils **60**
über einen Anspruch aus § 288 Abs 1 und 2 BGB nicht entgegen (RG JW 1925, 2754). Hat der Kläger aber Zinsen in bestimmter Höhe als Verzugsschaden iS des § 288 Abs 4 BGB geltend gemacht, kann er nicht später noch zusätzlich höhere Zinsen verlangen (OLG Köln 11. 5. 1994 – 17 U 93/93, ZIP 1994, 1170). Anders liegt es insoweit nur, wenn der Kläger deutlich gemacht hatte, dass er die zuerst geltend gemachten Zinsen nur als Teilanspruch einklagen wollte (BGH 25. 9. 1978 – VII ZR 281/77, NJW 1979, 720). Deshalb kann der Gläubiger, der gegenüber dem Schuldner gerichtlich die vollständige Hauptforderung nebst Zinsen geltend gemacht und hierbei einen zu

niedrigen Zinssatz, etwa 5 Prozentpunkte über dem Basiszinssatz anstelle der ihm gebührenden Zinsen in Höhe von 9 Prozentpunkten über dem Basiszinssatz, gefordert hat, nach Rechtskraft des Urteils die weitergehenden Nebenforderungen nur dann mit Erfolg begehren, wenn er in dem vorangegangenen Verfahren hinreichend erkennbar gemacht hat, dass er hinsichtlich der Zinsen lediglich einen Teilanspruch einklagt. Fehlt es hieran, so muss der Schuldner die prozessualen Erklärungen des Gläubigers dahingehend verstehen, dass dieser mit den geltend gemachten Forderungen den Hauptanspruch einschließlich der aus § 288 BGB resultierenden Nebenforderungen erledigt wissen will (OLG Düsseldorf 24. 11. 2010 – VI-U [Kart] 16/10, das in diesen Fällen einen Forderungserlass annimmt).

IV. 40-Euro-Pauschale (Abs 5)

1. Allgemeines

61 Zum zu ersetzenden Verzugsschaden gehören auch die dem Gläubiger entstehenden Beitreibungskosten (im Einzelnen Vorbem 8 f zu §§ 286 ff, § 286 Rn 220 ff). Für den Geschäftsverkehr über Waren und Dienstleistungen zwischen Unternehmen und Unternehmen und öffentlichen Stellen wird dies ausdrücklich durch Art 6 der Zahlungsverzugsrichtlinie bestätigt, nach deren Abs 3 der Gläubiger einen Anspruch auf angemessenen Ersatz aller durch den Zahlungsverzug des Schuldners bedingten Beitreibungskosten hat. Art 1 Abs 1 der Richtlinie sieht zudem einen Anspruch des Gläubigers in einem solchen Geschäftsverkehr auf Zahlung eines Pauschalbetrages von mindestens 40 Euro vor (Vorbem 8 zu §§ 286 ff), der nach Art 6 Abs 2 ohne weitere Mahnung zur Zahlung fällig ist. Zweck dieser Verzugskostenpauschale ist die pauschale Entschädigung des Gläubiges für seine internen Beitreibungs- und Verwaltungskosten (s Erwägungsgrund 19 der Richtlinie 2011/7/EU).

62 Die Richtlinie wurde vom Gesetzgeber durch das Gesetz zur Bekämpfung von Zahlungsverzug im Geschäftsverkehr und zur Änderung des Erneuerbare-Energien-Gesetzes vom 22. 7. 2014 umgesetzt (Vorbem 13 ff zu §§ 286 ff). Der Anspruch auf Zahlung einer Pauschale von 40 Euro ist nunmehr in § 288 Abs 5 BGB ausdrücklich geregelt. Weitergehend als nach der Zahlungsverzugsrichtlinie kann auch ein Verbraucher diese Pauschale beanspruchen, wenn er Gläubiger einer Entgeltforderung ist (BT-Drucks 18/1309, S 19; BAG 25. 9. 2018 – 8 AZR 26/18, EzA-SD 2019, Nr 2, 12; Lembke, Neuigkeiten beim Zahlungsverzug des Arbeitgebers, FA 2014, 357). Der Anspruch ist nur dann ausgeschlossen, wenn der Schuldner Verbraucher ist. Durch diese überschießende Umsetzung der Richtlinie will der Gesetzgeber vermeiden, dass „Verbraucher, die Gläubiger von Nichtverbrauchern sind, gegenüber Nichtverbrauchern schlechter gestellt werden" (BT-Drucks 18/1309, 19). S zur Geltung im Arbeitsrecht § 286 Rn 253.

63 Zur Frage, ob Kosten der Eigenbemühungen, soweit sie den Pauschalbetrag überschreiten, als Schaden zu ersetzen sind, ist § 288 Abs 5 BGB nichts zu entnehmen. Insofern bleibt es bei dem Grundsatz, dass die Kosten der üblichen Eigenbemühungen nicht absetzbar sind (§ 286 Rn 229 f). Wenn in der Literatur aus Art 6 Abs 3 S 2 der Zahlungsverzugsrichtlinie abgeleitet wird, dass solche Kosten als Schaden erstattungsfähig seien (Dornis WM 2014, 677, 680 f; Dornis ZIP 2014, 2427, 2431 f; letztlich offen gelassen von Verse ZIP 2014, 1809, 1816 f), überzeugt das nicht. Art 6 Abs 3 S 2 der

Richtlinie 2011/7/EU stellt den nationalen Gesetzgebern nur frei, zu den den Pauschalbetrag übersteigenden Beitreibungskosten auch Ausgaben zu zählen, die durch die Beauftragung eines Rechtsanwalts oder eines Inkassounternehmens entstehen. Zur Frage, ob zu diesen Kosten auch Ausgaben für Eigenbemühungen gehören können, verhält er sich nicht. Der aus dem Wort „auch" gezogene Umkehrschluss, es müssten neben den Kosten eines Rechtsanwalts und Inkassounternehmens auch diese ersetzt werden, scheitert daran, dass es neben Rechtsanwalts- und Inkassounternehmenskosten auch andere externe Kosten der Rechtsverfolgung gibt, insbes Gerichtsgebühren.

2. Voraussetzungen

Voraussetzung für das Entstehen der Pauschale ist zunächst, dass der Schuldner mit einer *Entgeltforderung* (s zum Begriff der Entgeltforderung § 286 Rn 97) in Verzug ist. § 288 Abs 5 S 1 BGB stellt keine Mindestanforderungen an die Höhe der Forderung. In § 288 Abs 5 S 2 BGB ist lediglich klargestellt, dass die Pauschale auch bei Verzug mit einer Abschlag- oder Ratenzahlung entsteht. Nach dem klaren Wortlaut des Gesetzes kommt es für das Entstehen des Anspruchs auf Verzugspauschale mithin nicht auf die Höhe der Entgeltforderung an. Auch, wenn diese 40 Euro unterschreitet oder der Schuldner nur mit einem Teilbetrag der Gesamtforderung in Verzug gerät, greift deshalb § 288 Abs 5 BGB (LAG Niedersachsen 20. 4. 2017 – 5 Sa 1263/16, LAGE § 288 BGB 2002 Nr 2; MünchKomm/Ernst Rn 31; Dornis/Kessenich JURA 2015, 887, 890; Diller NZA 2015, 1095, 1097). Dies ist auch sachangemessen; denn der tatsächliche Beitreibungsaufwand ist meist von der Höhe der Forderung unabhängig. Jedenfalls gibt es keinen Erfahrungssatz, dass der Aufwand für die Geltendmachung einer geringfügigen Forderung geringer ist, als für eine höhere Forderung (LAG Niedersachsen 20. 4. 2017 – 5 Sa 1263/16, LAGE § 288 BGB 2002 Nr 2). 64

Nach § 288 Abs 5 S 2 BGB fällt die Pauschale auch beim Verzug mit einer Abschlagszahlung oder sonstigen Ratenzahlung an. Auch der Gastwirt, der im Rahmen eines Bierlieferungsvertrages mit monatlichen Raten in Verzug kommt, hat deshalb für jeden dieser Fälle den Pauschalbetrag zu zahlen. 65

Dies spricht zugleich dafür, dass bei periodisch anfallenden Forderungen in Dauerschuldverhältnissen, wie Miet-, Pacht-, Leasing- und Dienstverträgen, die Verzugspauschale hinsichtlich jeder einzelnen Forderung entsteht. Bei nach Zeitabschnitten fällig werdenden, wiederkehrenden Leistungsverpflichtungen in Dauerschuldverhältnissen, wie zB dem Mietzins, der Pacht, der Leasingrate oder der Arbeitsvergütung, entsteht die Verzugspauschale deshalb für jede einzelne Forderung, wenn der Schuldner mit ihr in Verzug gerät (LAG Köln 7. 12. 2017 – 8 Sa 127/17, nv; LAG Düsseldorf 21. 11. 2017 – 8 Sa 477/17, nv; LAG Baden-Württemberg 2. 11. 2017 – 3 Sa 81/16, LAGE § 288 BGB 2002 Nr 7; LAG Berlin-Brandenburg 9. 5. 2018 – 15 Sa 86/18, nv; LAG Berlin-Brandenburg 22. 3. 2017 – 15 Sa 1992/16, LAGE § 288 BGB 2002 Nr 1 mit zustimmender Anm Blattner DB 2017, 1657; Dornis/Kessenich JURA 2015, 887, 890; Tiedemann ArbRB 2015, 312, 314; Lembke NZA 2016, 1501, 1504 f; Stein AuR 2017, 13, 14; Weigert NZA-RR 2017, 337, 341 **anders** aber Diller NZA 2015, 1095, 1097; Witschen/Röleke, Außergerichtliche Rechtsverfolgung im Arbeitsrecht, NJW 2017, 1702, 1705, die bei einem sachlichem Zusammenhang zwischen den geschuldeten Leistungen die Pauschale nur einmal entstehen lassen wollen). Dies folgt nicht nur aus dem Wortlaut der Norm, der auf den Verzug mit einer Entgeltforderung abhebt, sondern auch aus 66 einem Umkehrschluss aus § 288 Abs 5 S 2 BGB. Wenn dort klargestellt wird, dass die Verzugspauschale sogar entsteht, wenn der Schuldner mit einer Abschlagszahlung oder sonstige Ratenzahlung in Verzug gerät, so muss dies erst recht gelten, wenn der Schuldner regelmäßig wiederkehrende, jedoch eigenständige Entgeltforderungen nicht erfüllt (ArbG Freiburg 26. 10. 2017 – 8 Ca 82/17, nv).

67 Erst recht gilt dies, wenn der Schuldner mit mehreren unterschiedlichen Entgeltforderungen in Verzug gerät. Es ist weder mit dem Sinn und Zweck noch dem Wortlaut der Norm vereinbar, in diesen Fällen dem Gläubiger nur eine Verzugspauschale zuzusprechen, etwa, weil er mehrere Forderungen in einer Rechnung zusammenfasst (sog belegorientierter Ansatz von Dornis ZIP 2014, 2427, 2428) oder weil der Schuldner die Forderungen zweckmäßig zusammengefasst verfolgen kann (so der sog prozessorientierter Ansatz von MünchKomm/Ernst Rn 34; wie hier im Ergebnis Stöber/Petanidis ZGS 2017, 1, 2; Weigert NZA-RR 2017, 337, 341 f).

68 Weiter setzt § 288 Abs 5 S 1 BGB voraus, dass der Schuldner *nicht* Verbraucher (§ 13 BGB) ist. S zum Begriff des Verbrauchers Staudinger/Fritzsche (2018) § 13 Rn 30 ff.

69 Die Verzugspauschale entsteht ipse iure mit Verzugseintritt; dies gilt auch, wenn der Verzug nach § 286 Abs 2 BGB ohne Mahnung eingetreten ist (EuGH 13. 9. 2018 – C-287/17, IWRZ 2018, 271). Sie setzt keine Mindestdauer des Verzugs und damit auch nicht voraus, dass der Schuldner tatsächlich rechtsverfolgend tätig werden konnte oder gar wurde (MünchKomm/Ernst Rn 35; Stein AuR 2017, 13, 14; Dornis/Kessenich JURA 2015, 887, 890; Stöber/Petanidis ZGS 2017, 1, 2; Seggewisse/Weber MDR 2016, 250). Für den Anspruch auf die 40-Euro-Pauschale ist – schon wegen ihres Sanktionscharakters – nicht Voraussetzung, dass dem Gläubiger tatsächlich Beitreibungskosten entstanden sind. Deshalb hilft dem Schuldner nicht, wenn er beweisen kann, dass der Gläubiger tatsächlich keine Beitreibungskosten in Höhe von 40 Euro hatte (Dornis/Kessenich JURA 2015, 887, 891; vgl auch EuGH 13. 9. 2018 – C-287/17, IWRZ 2018, 271, der von der Pauschale als „Minimum" dessen bezeichnet, was der Gläubiger verlangen kann).

70 Nach § 288 Abs 5 S 3 BGB ist die Pauschale auf einen geschuldeten Verzugsschadensersatz anzurechnen, soweit dieser Schaden in Kosten der Rechtsverfolgung begründet ist. Es muss sich dabei um einen materiell-rechtlichen, auf dem allgemeinen Schadensrecht gründenden Kostenerstattungsanspruch handeln (Lembke NZA 2016, 1501, 1504). Anderenfalls findet keine Anrechnung statt. Kein „geschuldeter Schadensersatz" iSv § 288 Abs 5 S 3 BGB, der auf die Pauschale anzurechnen ist, sind prozessuale Kostenerstattungsansprüche (LAG Köln 22. 11. 2016 – 12 Sa 524/16, ZTR 2017, 105; Färber/Pipoh, Verzugspauschale iHv 40 € bei verspäteter Lohnzahlung?, DB 2017, 67, 69; Lembke NZA 2016, 1501, 1504 f; **aA** Seggewisse/Weber MDR 2016, 250; Daum, Der erwachte Gesetzgeber 2017, 23, 27; Diller NZA 2015, 1095, 1096 für den im arbeitsgerichtlichen Verfahren in zweiter Instanz bestehenden prozessualen Kostenerstattungsanspruch). Zwar umfasst der Ersatz auf Verzögerungsschaden grundsätzlich auch die dem Gläubiger entstehenden Prozesskosten. Dies aber macht aber nicht umgekehrt, den prozessualen Erstattungsanspruch zu einem materiellen Schadensersatzanspruch (fehlerhaft insofern Seggewisse/Weber MDR 2016, 250). Zudem gehen die prozessualen Kostentragungsregelungen materiell-rechtlichen Ansprüchen aus Verzug vor (s dazu § 286 Rn 240 f); sie werden auch deshalb von § 288 Abs 5 S 3 BGB nicht erfasst. Materiell-rechtliche Ansprüche auf Erstattung der Kosten eines

Rechtsanwalts oder eines Inkassounternehmens sind hingegen um die Pauschale zu mindern (Tonikidis FA 2017, 8, 9; NK-BGB/Schulte-Nölke Rn 20; **unzutreffend** daher AG Saarlouis 8. 6. 2017 – 25 C 205/17 [12], nv; AG Aachen 26. 7. 2016 – 113 C 8/16, AGS 2016, 496; Gregor ZIP 2018, 1273; Daum, Der erwachte Gesetzgeber 2017, 23, 26 f und Stöber, Anm zu BGH 18. 1. 2018 – III ZR 174/17, NJW 2018, 1326, 1327, die meinen, dass eine Anrechnung ausschließlich für interne Beitreibungskosten in Betracht komme). Der Wortlaut der Norm ist insofern eindeutig. Diese Ansicht vertritt auch der BGH; allerdings stand nach Ansicht des BGH nicht mit der nach der acte-clair Doktrin erforderlichen Sicherheit fest, dass diese Auslegung mit Art 6 Abs 3 der Zahlungsverzugsrichtlinie vereinbar sei oder diese eine Anrechnung auf die Rechtsverfolgungskosten nur bei internen Beitreibungskosten erlaube (BGH 18. 1. 2018 – III ZR 174/17, NJW 2018, 1324; BGH 29. 11. 2018 – III ZR 174/17, nv). Der BGH hat deshalb mit Beschluss vom 18. 1. 2018 (III ZR 174/17, NJW 2018, 1324) dem EuGH die Frage zur Entscheidung vorgelegt, ob Art 6 Abs 3 der Richtlinie 2011/7/EU dahingehend auszulegen ist, dass der in Art 6 Abs 1 der Richtlinie genannte Pauschalbetrag auf externe Rechtsverfolgungskosten anzurechnen ist, die infolge des Zahlungsverzugs des Schuldners durch die vorprozessuale Beauftragung eines Rechtsanwalts entstandenen und daher nach Art 6 Abs 3 der Richtlinie zu ersetzen sind. Der EuGH hat diese Frage zurecht bejaht (EuGH 11. 4. 2019 – C-131/18, NJW 2019, 1933). Art 6 Abs 2 der Richtlinie 2011/7/EU spricht allgemein von „Entschädigung für die Beitreibungskosten des Gläubigers", ohne zwischen internen und externen Beitreibungskosten zu differenzieren (so zurecht Ulrici, 40-Euro-Verzugspauschale bei verspäteter Zahlung des Arbeitsentgelts, jurisPR-ArbR 16/2017 Anm 5; **aA** Stöber/Petanidis ZGS 2017, 1, 5). Art 6 Abs 3 S 2 der Richtlinie stellt zudem ausdrücklich klar, dass Gegenstand des in Art 6 Abs 1 der Richtlinie niedergelegten Anspruchs des Gläubigers auf Erstattung der Beitreibungskosten auch Ausgaben sind, die durch die Beauftragung eines Rechtsanwalts oder eines Inkassounternehmens entstehen. Dieser Anspruch besteht nach Art 6 Abs 3 S 1 der Richtlinie aber eben nur, wenn sie den in Art 6 Abs 1 der Richtlinie genannten Pauschalbetrag „überschreiten" (fehlerhaft AG Aachen 26. 7. 2016 – 113 C 8/16, AGS 2016, 496; Stöber/Petanidis ZGS 2017, 1, 3 und Daum, Der erwachte Gesetzgeber 2017, 23, 26 f; Stöber, Anm zu BGH 18. 1. 2018 – III ZR 174/17, NJW 2018, 1326, 1327, die diese Beschränkung der Höhe nach übersehen und zu Unrecht aus den Erwägungsgründen 19 und 20 der Richtlinie schließen, die tatsächlich entstandenen Beitreibungskosten müssten stets ungekürzt neben die Verzugspauschale gewährt werden). Auch nach der europarechtlichen Bestimmung verkürzt sich mithin der Anspruch auf Erstattung der externen Rechtsverfolgungskosten um den Pauschalbetrag, wird dieser also angerechnet (EuGH 11. 4. 2019 – C-131/18, NJW 2019, 1933; BGH 18. 1. 2018 – III ZR 174/17, NJW 2018, 1324; Weigert NZA-RR 2017, 337, 340; Verse ZIP 2014, 1809, 1816). Der EuGH hatte dies zuvor in anderem Zusammenhang bereits klargestellt und dies insbes daraus abgeleitet, dass Art 6 Abs 3 der Richtlinie 2011/7/EU von einem „angemessenen Ersatz" spreche, ein Ersatz jedoch nicht angemessen sei, wenn er Kosten enthalte, die bereits durch den Pauschalbetrag nach Art 6 Abs 1 der Richtlinie abgedeckt seien (EuGH 13. 9. 2018 – C-287/17, IWRZ 2018, 271). Aus der Tatsache, dass die Pauschale auf einen Schadensersatzanspruch, der in Kosten der Rechtsverfolgung liegt, angerechnet wird, folgt zugleich, dass die teilweise geäußerte Auffassung, es handele sich bei der Verzugspauschale um einen Strafschadensersatz (Diller NZA 2015, 1095; Lembke NZA 2016, 1501, 1502; LAG Köln 11. 11. 2016 – 12 Sa 524/16, ZTR 2017, 105; vgl auch NK-BGB/Schulte-Nölke Rn 20, der von pönaler Funktion spricht), unzutreffend ist (Ulrici, 40-Euro-Verzugspauschale bei verspäteter Zahlung des Arbeitsentgelts, jurisPR-ArbR 16/2017 Anm 5); es handelt sich vielmehr um eine Schadenspauschale, für deren Geltendmachung der Gläubiger von der Darlegung eines konkreten Schadens befreit ist.

71 Fehl geht auch die Ansicht von DORNIS/KESSENICH (JURA 2015, 887, 896 f) und SCHULTE-NÖLKE (NK-BGB/SCHULTE-NÖLKE Rn 20), eine Anrechnung komme ausschließlich für externe Beitreibungskosten in Betracht. Diese Auslegung ist weder mit dem Wortlaut vereinbar, noch wird sie dem Sinn und Zweck der Verzugspauschale gerecht, dem Gläubiges eine pauschale Entschädigung des für seine internen Beitreibungs- und Verwaltungskosten zu gewähren (s dazu unter Rn 61).

3. Nebenforderung

72 Nach § 43 Abs 1 GKG und § 4 ZPO bleiben Kosten für die Wertberechnung unberücksichtigt, wenn sie als Nebenforderungen geltend gemacht werden. Wie dargelegt, dient die Verzugspauschale nach § 288 Abs 5 Satz 1 BGB der pauschalen Entschädigung des Gläubiges für seine Beitreibungs- und Verwaltungskosten. Belegt wird dies durch § 288 Abs 5 S 3 BGB, wonach die Pauschale auf einen geschuldeten Schadensersatz anzurechnen ist, soweit der Schaden in Kosten der Rechtsverfolgung begründet liegt (LAG Bremen 8. 2. 2018 – 3 Ta 49/17, AGS 2018, 229). Kosten iSv § 43 Abs 1 GKG und § 4 ZPO sind aber nicht nur die durch Einleitung und Führung eines Prozesses ausgelösten Kosten, sondern grundsätzlich alle Kosten, die der Vorbereitung eines konkret bevorstehenden Rechtsstreits dienen (BGH 20. 10. 2005 – I ZB 21/05, NJW-RR 2006, 501; BGH 30. 1. 2007 – X ZB 7/06, NJW 2007, 3289). Auch bei der Verzugspauschale handelt es sich damit um Kosten nach § 43 Abs 1 GKG und § 4 ZPO (LAG Bremen 8. 2. 2018 – 3 Ta 49/17, AGS 2018, 229 mit zustimmender Anm NEBELING/LUKIC DB 2018, 1603; STEIN AuR 2017, 13, 17; ULRICI, Keine 40-Euro-Verzugspauschale im Arbeitsverhältnis, jurisPR-ArbR 44/2016 Anm 2; KORCH NJW 2015, 2212, 2214; TIEDEMANN ArbRB 2015, 312, 315; **aA** LAG Hamm 29. 11. 2017 – 6 Sa 620/17, AGS 2018, 228). Sie ist deshalb bei der Wertbemessung nicht zu berücksichtigen, solange die Hauptsache Gegenstand des Rechtsstreits ist (BGH 30. 1. 2007 – X ZB 7/06, NJW 2007, 3289).

73 Gerät der Schuldner mit der Verzugspauschale selbst in Verzug, so ist diese nach § 288 Abs 1 BGB zu verzinsen; denn es handelt sich um eine pauschale Entschädigung für Beitreibungs- und Verwaltungskosten und nicht um Zinsen für den zeitweisen Entzug von Geld. Das Zinseszinsverbot des § 289 BGB greift daher nicht (DORNIS/KESSENICH JURA 2015, 887, 892).

V. Abdingbarkeit (Abs 6)

74 Im Grundsatz sind die Bestimmungen zur Verzugszinszahlung dispositiv. So ist es etwa möglich, dass die Parteien zugunsten des Gläubigers einen höheren als den in § 288 Abs 1 und 2 BGB vorgesehenen Zinssatz für den Verzugsfall vereinbaren (Hessisches LAG 19. 8. 2016 – 10 Sa 1023/15, nv; KG Berlin 18. 2. 2014 – 26a U 60/13, JurBüro 2014, 315). Wesentliche Einschränkungen der Dispositivität enthält jedoch § 288 Abs 6 BGB.

75 Nach § 288 Abs 6 S 1 BGB ist eine *im Voraus* getroffene Vereinbarung, die den Anspruch des Gläubigers einer Entgeltforderung auf Verzugszinsen ausschließt, generell unwirksam. Die Bestimmung erfasst nur im Voraus getroffene Vereinbarungen. Bezugspunkt ist dabei weder der Zeitpunkt des Vertragsschlusses noch der des Verzugseintritts (so aber VERSE ZIP 2014, 1809, 1818; ihm folgend HOLTHAUS/BÜNNEMANN JA 2017, 56, 58 und FAUST, Das Gesetz zur Bekämpfung von Zahlungsverzug im Geschäftsverkehr,

DNotZ 2015, 644, 659). Maßgebend ist vielmehr der Zeitpunkt der Fälligkeit der Entgeltforderung. Denn spätestens dann ist für den Gläubiger erkennbar, dass sich die Leistung verzögert. Ihn gleichwohl daran zu hindern, auf Verzugszinsen zu verzichten, schränkte seine Vertragsfreiheit ohne Not ein. Etwa muss es ihm möglich sein, gegen einen solchen Verzicht eine Beschleunigung der Zahlung durch den Schuldner zu erreichen.

Art 7 Abs 2 der Zahlungsverzugsrichtlinie bestimmt, dass eine Vertragsklausel oder **76**
eine Praxis als grob nachteilig anzusehen ist, wenn in ihr Verzugszinsen ausgeschlossen werden. Das bedeutet dem Wortlaut nach, dass die Regelung nicht nur einen im Voraus vereinbarten Ausschluss, sondern auch eine nachträglich getroffene Vereinbarung erfasst. Indessen ist die Vorschrift ihrem Zweck nach und unter Berücksichtigung der durch Art 16 der Charta der Grundrechte der Europäischen Union geschützten Unternehmerfreiheit dahin auszulegen, dass sie einem nach Fälligkeit vereinbarten Ausschluss nicht entgegensteht. Sofern man dem nicht folgt, könnten öffentliche Stellen aufgrund der unmittelbaren Geltung der Zahlungsverzugsrichtlinie (Vorbem 15 zu §§ 286 ff) einen wirksamen Ausschluss auch nicht nachträglich erreichen.

Nach § 288 Abs 6 S 2 BGB ist auch eine Vereinbarung, die den Anspruch auf **77**
Verzugszinsen beschränkt unter der Voraussetzung unwirksam, dass sie im Hinblick auf die Belange des Gläubigers grob unbillig ist. Eine Beschränkung ist einmal darin zu sehen, dass niedrigere als die in § 288 Abs 1 und 2 BGB geregelten Zinssätze vereinbart werden. Zum anderen ist aber auch der Fall erfasst, dass Zinsen nicht bereits mit Beginn des Verzugs, sondern erst zu einem späteren Zeitpunkt anfallen sollen. Des Weiteren erfasst ist der Fall, dass der Anspruch auf die Verzugszinsen von einer vom Gläubiger zu erbringenden Leistung abhängig gemacht wird.

Auch der Anspruch des Gläubigers einer Entgeltforderung auf die Pauschale und **78**
auf Ersatz des Schadens, der in Kosten der Rechtsverfolgung besteht, ist nach Maßgabe von § 288 Abs 6 S 2 und 3 BGB bedingt vereinbarungsfest. Er kann nicht ausgeschlossen oder beschränkt werden, wenn das im Hinblick auf die Belange des Gläubigers grob unbillig ist. Der Ausschluss der Pauschale oder des Ersatzes der Rechtsverfolgungskosten ist nach § 288 Abs 6 S 3 BGB, der mit Art 7 Abs 3 der Zahlungsverzugsrichtlinie übereinstimmt, im Zweifel als „grob unbillig“ anzusehen. Es obliegt allein dem Schuldner, diese Vermutung zu widerlegen (Teichmann/Rojahn, Die Umsetzung der Zahlungsverzugsrichtlinien, ZVertriebsR 2014, 358, 359). Dies wird ihm nur ganz ausnahmsweise gelingen. Zu denken ist hier etwa an den Fall, dass es sich um eine geringfügige (Ausgangs)Forderung handelt. Für Beschränkungen des Anspruchs auf die Pauschale und die Kosten der Rechtsverfolgung gilt die Vermutung des § 288 Abs 6 S 3 BGB nicht. Die grobe Unbilligkeit beurteilt sich insoweit nach Art 7 Abs 1 UA 2 der Zahlungsverzugsrichtlinie (Verse ZIP 2014, 1809, 1817). Danach ist eine Gesamtwürdigung aller Umstände notwendig, in die jede „grobe Abweichung von der guten Handelspraxis“ (lit a), die „Art der Ware oder der Dienstleistung“ (lit b) und die Frage eingehen, ob der Schuldner einen „objektiven Grund“ (lit c) für die Abweichung hat (Verse ZIP 2014, 1809, 1817; Dornis ZIP 2014, 2427, 2432). Wenn Dornis/Kessenich (JURA 2015, 887, 899 f) einen an dem tatsächlichen Schaden des Gläubigers orientierten ganz oder teilweisen Ausschlusses der Pauschale für unbedenklich halten, so ist dem nur zuzustimmen, soweit die Beweislast eines feh-

lenden oder geringeren Schadens dem Schuldner obliegt. Anderenfalls würde die Wertung des Gesetzes, das dem Gläubiger ohne ihn treffende Darlegungs- und Beweislatsprobleme einen Mindestersatz für seine Beitreibungs- und Rechtsverfolgungskosten geben möchte, ins Gegenteil gekehrt.

79 Ist der Schuldner Verbraucher, ist sowohl ein im Voraus erfolgender Ausschluss als auch eine eine Beschränkung des Anspruchs auf Verzugszinsen als auch ein Ausschluss oder eine Beschränkung des Anspruchs auf Verzugspauschale hingegen möglich. Denn § 288 Abs 6 S 1–3 BGB finden dann keine Anwendung (§ 288 Abs 6 Satz 4 BGB). Bei Allgemeinen Geschäftsbedingungen greift aber die allgemeine AGB-Kontrolle.

80 Bei Versicherungsverträgen ist § 14 Abs 3 VVG zu beachten. Danach ist „eine Vereinbarung, durch die der Versicherer von der Verpflichtung zur Zahlung von Verzugszinsen befreit wird", unwirksam.

81 Vereinbarungen in **Allgemeinen Geschäftsbedingungen**, die den Anspruch auf Verzugszinsen und/oder die Verzugspauschale ausschließen oder reduzieren, müssen sich neben § 288 Abs 6 BGB stets auch an den §§ 305 ff BGB messen lassen (Verse ZIP 2014, 1809, 1817). Daraus ergibt sich zum einen, dass unklare Bestimmungen nach § 305c Abs 2 BGB auch hier zu Lasten des Verwenders gehen. So wird man etwa eine § 63 Abs 2 S 1 der Satzung der VBL (Fassung vom April 2018) vergleichbare Bestimmung, wonach ohne Rechtsgrund gezahlte Umlagen, Sanierungsgelder und Beiträge dem Einzahler „ohne Zinsen" zurückgezahlt werden, deshalb dahin verstehen müssen, dass lediglich Fälligkeitszinsen, nicht aber Verzugs- und Prozesszinsen ausgeschlossen sein sollen. Auch müssen sich solche Bestimmungen zum anderen darauf überprüfen lassen, ob die Abweichung von dem Grundgedanken des § 288 BGB nach den Umständen des betreffenden Vertrages sachlich gerechtfertigt ist. Im nichtkaufmännischen Verkehr können nach § 307 Abs 2 Nr 1 BGB im Wege von Allgemeinen Geschäftsbedingungen keine Fälligkeitszinsen vereinbart werden, weil damit von den wesentlichen Grundgedanken des § 288 BGB abgewichen wird (vgl BGH 11. 12. 1997 – IX 46/97, NJW 1998, 991 f).

§ 289
Zinseszinsverbot

Von Zinsen sind Verzugszinsen nicht zu entrichten. Das Recht des Gläubigers auf Ersatz des durch den Verzug entstehenden Schadens bleibt unberührt.

Materialien: E I § 249; II § 245; III § 283; Jakobs/Schubert, SchR I 314 ff.

Schrifttum

Belke, Die Strafzinsen im Kreditgewerbe – ihre Begrenzung aus dem Zinseszinsverbot und ihr Verhältnis zu den gesetzlichen Verzugsfolgen, BB 1968, 1219

Bringezu, Erbbauzins und Zinseszinsverbot, NJW 1971, 1168
Canaris, Der Zinsbegriff und seine rechtliche Bedeutung, NJW 1978, 1891
Freitag, Unternehmenskredit und Zahlungsverzug, ZIP 2015, 1805
Gorniak, Regelungen für den Verzugsfall in Kreditverträgen, NJW 1969, 2124
Löwisch, Zinseszinsverbot und Verzugsschadensersatz, NJW 1978, 26
Reifner, Das Zinseszinsverbot im Verbraucherrecht, NJW 1992, 337
K Schmidt, Kontokorrent und Zinseszinsverbot, JZ 1981, 126
ders, Das „Zinseszinsverbot“, JZ 1982, 829
Scholten, Die Kreditgebühren der Teilzahlungsbanken und das Zinseszinsverbot, NJW 1968, 385.

Systematische Übersicht

Alphabetische Übersicht

I. Zinseszinsverbot (§ 289 S 1 BGB)

1 § 289 BGB erweitert in seinem S 1 das in § 248 BGB enthaltene beschränkte Zinseszinsverbot dahin, dass von Zinsen – gleichviel ob sie gesetzliche oder rechtsgeschäftliche Zinsen sind – Verzugszinsen nicht zu entrichten sind. Das Zinseszinsverbot **betrifft nur** den in § 288 Abs 1, 2 BGB fingierten **Mindestverzögerungsschaden** in Gestalt der Verzugszinsen. Wie sich aus § 289 S 2 BGB ergibt, ist der Anspruch auf Schadensersatz wegen verzögerter Zinszahlung nach den §§ 280 Abs 1, 280 Abs 2,

286 BGB nicht ausgeschlossen (OLG Sachsen-Anhalt 28. 2. 1996 – 6 U 214/95, ZIP 1996, 931, 934; dazu iE Rn 15 ff). Angesichts der Tatsache, dass hinsichtlich des Verzögerungsschadens heute weitgehend eine typisierte Schadensberechnung zugelassen wird, ist die Bedeutung des Zinseszinsverbots deshalb nur noch gering (und durch die Erhöhung der Zinssätze in § 288 Abs 1 und Abs 2 BGB auch nicht gewachsen).

2 Auf den **kaufmännischen Kontokorrentverkehr** findet das Zinseszinsverbot keine Anwendung (§ 355 Abs 1 HGB). Dies gilt jedoch nur für das echte Kontokorrentverhältnis, bei dem regelmäßig abgerechnet wird, nicht für die bloße laufende Rechnung (RG 17. 9. 1919 – VI 284/18, RGZ 95, 18, 19; **aA** K Schmidt JZ 1981, 126, 130). Nach Beendigung des Kontokorrentverhältnisses ist § 355 HGB nicht mehr anzuwenden. Eine Bank ist deshalb nicht berechtigt, als Verzugsschaden berechnete Zinsen auf den Endsaldo jeweils quartalsweise dem Saldo zuzuschlagen und in der Folgezeit mitzuverzinsen (BGH 13. 11. 1990 – XI ZR 271/89, NJW 1991, 1286).

3 Nach § 1107 BGB findet § 289 BGB auch auf die Einzelleistungen aus einer **Reallast** Anwendung (BGH 1. 6. 1990 – V ZR 84/89, NJW 1990, 2380). Dies gilt nach § 9 Abs 1 S 1 ErbbRVO auch für **Erbbauzinsen** (BGH 24. 1. 1992 – V ZR 267/90, NJW-RR 1992, 591; krit Bringezu NJW 1971, 1168). Nicht dem Zinseszinsverbot des § 289 S 1 BGB unterliegt aber ein nur mit schuldrechtlicher Wirkung vereinbarter Erbbauzins, weil er keine Vergütung für eine Kapitalnutzung ist, für die die Vorschrift gedacht ist, sondern die Gegenleistung für die Bestellung des Erbbaurechts (BGH 24. 1. 1992 – V ZR 267/90, NJW-RR 1992, 591).

4 Das Zinseszinsverbot bezieht sich nur auf **Zinsen im Rechtssinne**, also Vergütungen für die Überlassung eines Kapitalgebrauchs oder für eine entzogene Kapitalnutzung (BGH 14. 11. 1963 – III ZR 14/62, NJW 1964, 294; BGH 15. 11. 1978 – VII ZR 47/77, NJW 1979, 540, 541; BGH 24. 1. 1992 – V ZR 267/90, NJW-RR 1992, 591; Belke BB 1968, 1219, 1220 ff; vgl näher zum Zinsbegriff Canaris NJW 1978, 1891 ff; Staudinger/Omlor [2016] § 246 Rn 20 ff).

5 Damit scheidet ein *verrenteter Kaufpreisanspruch* hier ebenso aus (BGH 20. 11. 1970 – V ZR 71/68, MDR 1971, 203) wie Entschädigungsleistungen für den *Entzug der Nutzungsmöglichkeit* einer Sache, auch wenn sie in wiederkehrenden Leistungen erfolgen (BGH 14. 11. 1963 – III ZR 141/62, NJW 1964, 294 für den Fall der Entschädigung eines Grundstückseigentümers wegen eines Bauverbots). Auch die zusätzlichen Leistungen, die der Verfügungsberechtigte *öffentlich geförderter Wohnungen* zu erbringen hat, wenn er gegen die Vorschriften des Wohnungsbindungsgesetzes verstößt (§ 25 Abs 1 WoBindG), sind keine zusätzlichen Vergütungen für die Überlassung des Wohnungsbaudarlehens. Sie stellen vertragsstrafeähnliche Sanktionen dar und unterfallen deshalb nicht dem Zinseszinsverbot (BGH 25. 10. 1973 – III ZR 26/73, MDR 1974, 214). Dagegen findet § 289 BGB auf die Zinsen für die Entschädigungssumme, die im Falle der *Enteignung* für den dauernden Entzug von Besitz und Nutzung eines Grundstücks zu zahlen ist, Anwendung (BGH 27. 9. 1973 – III ZR 110/71, NJW 1973, 2284).

6 Auf **ungerechtfertigt eingezogene Zinsen** bezieht sich das Verbot nicht, denn die Verbindlichkeit zu ihrer Rückzahlung ist keine Zinsschuld mehr (KG Berlin OLGE 24, 285). Aus dem gleichen Grund können Verzugszinsen auf eine *hinterlegte Summe* auch dann verlangt werden, wenn in der hinterlegten Summe bereits Zinsen enthalten waren (RG SoergRspr 1916, § 289).

Das Reichsgericht (RG 30. 3. 1939 – V 190/38, RGZ 160, 71, 81; RG 29. 1. 1942 – II 118/41, RGZ 168, 284, 285) unterschied von der dem Zinseszinsverbot unterstehenden Vergütung für die Überlassung des Kapitalgebrauchs und **Vergütungen für die Verschaffung und die Hingabe des Kapitals**, welche nicht als Zinsen gewertet werden sollen: Dem ist beizupflichten, soweit es um eine Vergütung für die Verschaffung eines Kapitals bei Dritten, etwa die Vermittlungsprovision eines Kreditmaklers geht (BGH 12. 3. 1981 – III ZR 92/79, BGHZ 80, 153; Staudinger/Omlor [2016] § 246 Rn 33, 37). Auch für Kosten, die dem Kapitalgeber dafür entstehen, dass er das Kapital zunächst einmal *auf Abruf* durch den Kapitalnehmer bereitstellt, ist dieser Auffassung zuzustimmen (Belke BB 1968, 1219, 1222, 1224). 7

Soweit es aber um eine Vergütung geht, welche der **Kapitalgeber** dafür in Anspruch nimmt, dass **er** das Kapital dem Kapitalnehmer hingegeben hat, kann dieser Rechtsprechung nicht zugestimmt werden. Die Vergütung für den Kapitalgebrauch und die Vergütung für die Kapitalhingabe lassen sich nicht sinnvoll trennen. Ob der Kapitalgeber das eine oder das andere in Rechnung stellt, läuft wirtschaftlich auf das Gleiche hinaus. Der Inhalt des Geschäfts besteht in der Überlassung des Kapitalgebrauchs, und die gesamte Vergütung für diese „Kapitalentbehrung" soll unter dem Zinseszinsverbot stehen, um den Schuldner nicht einem unübersehbaren Anwachsen der von ihm zu bezahlenden Vergütung auszusetzen (Gorniak NJW 1969, 2124, 2125; ausführlich Belke BB 1968, 1222, der aber zu Unrecht dem Gläubiger die Möglichkeit eröffnen will, die „echten" Geschäftsunkosten anlässlich der Darlehenshingabe aufzuschlüsseln und so vom Zinseszinsverbot auszunehmen; Emmerich WM 1986, 541, 542; **aA** Scholten NJW 1968, 385; Soergel/Benicke/Grebe Rn 9; MünchKomm/Ernst Rn 4). 8

Aus diesem Grunde sind zunächst **„Kreditgebühren"**, wie sie insbesondere bei Teilzahlungskrediten erhoben werden, dem Zinseszinsverbot zu unterstellen (BGH 17. 4. 1980 – III ZR 96/78, NJW 1980, 2076; BGH 25. 10. 1979 – III ZR 182/77, NJW 1980, 445; BGH 16. 11. 1978 – III ZR 47/77, MDR 1979, 292; NK-BGB/Schulte-Nölke Rn 3; Belke BB 1968, 1219, 1224; MünchKomm/Ernst Rn 4; **aA** Scholten NJW 1968, 385; Soergel/Benicke/Grebe § 289 Rn 9). 9

Aber auch Bearbeitungs- und **Verwaltungsgebühren**, Antragsgebühren und Provisionen für bankeigene Vermittler unterliegen § 289 S 1 BGB (Belke BB 1968, 1219, 1224; Scholz BB 1974, 1605; **aA** OLG Nürnberg 21. 1. 1981 – 4 U 1789/80, WM 1981, 1399; Canaris NJW 1978, 1891; NK-BGB/Schulte-Nölke Rn 3; Staudinger/Omlor [2016] § 246 Rn 33). Hingegen sind die Kosten einer **Restschuldversicherung** regelmäßig keine Zinsen (BGH 10. 7. 1980 – III ZR 177/78, MDR 1981, 31), es sei denn, dass der Gläubiger gar keine Versicherung nimmt (Staudinger/Omlor [2016] § 246 Rn 37). 10

In der Regel wird ein sog **Damnum** oder **Disagio** als Teil der Vergütung für den Kapitalgebrauch aufzufassen und deshalb dem Zinseszinsverbot zu unterstellen sein. Dies gilt insbes dort, wo der Kreditnehmer die Wahl hat, ob er einen Kredit mit hohem Zins, aber niedrigem Disagio, oder mit niedrigem Zins, aber hohem Disagio nehmen will (BGH 8. 10. 1996 – XI ZR 283/95, BGHZ 133, 355; BGH 29. 5. 1990 – XI ZR 231/89, BGHZ 111, 287; BGH 2. 7. 1981 – III ZR 80, NJW 1981, 2180, 2181; Staudinger/Omlor [2016] § 246 Rn 34 f mwNw; Soergel/Benicke/Grebe Rn 13 f). 11

Ob die für Zinsen in Anspruch genommenen Verzugszinsen als solche *bezeichnet* werden oder als Verzugs- oder Überziehungsgebühren, spielt keine Rolle (Staudin- 12 ger/Omlor [2016] § 246 Rn 33; Gorniak NJW 1969, 2124, 2125; Belke BB 1968, 1219, 1220, dort auch zu den Folgerungen, die sich aus dem gleichzeitigen Charakter solcher Gebühren als Vertragsstrafe ergeben).

13 Allerdings ist bei der Anwendung des § 289 S 1 BGB auf die Kreditgebühren zu beachten, dass nach den vertraglichen Vereinbarungen – wie auch nach der Auslegungsregel des § 367 Abs 1 BGB – Zahlungen, die der Kapitalnehmer leistet, zunächst auf die Kreditgebühren zu verrechnen sind, sodass häufig nur mehr Verzugszinsen auf die eigentliche Darlehensforderung in Rede stehen werden (zutreffend Scholten NJW 1968, 385). Anders liegt es insoweit beim Verbraucherdarlehen. Dort sind nach § 497 Abs 3 S 1 BGB Zahlungen des Darlehensnehmers abweichend von § 367 Abs 1 BGB zunächst auf die Kosten der Rechtsverfolgung, dann auf den übrigen geschuldeten Betrag und erst zuletzt auf die Zinsen anzurechnen, sodass das Zinseszinsverbot seine Bedeutung behält.

14 Nicht im Einklang mit den Vorgaben der Zahlungsverzugsrichtlinie (Richtlinie 2011/83/EU) steht § 289 S 1 BGB, soweit er auch Ansprüche des Gläubigers aus § 288 Abs 2 BGB wegen Verzugs des Darlehensnehmers mit der Zinszahlung aus einem zwischen Unternehmern oder zwischen einem Unternehmer und einer öffentlichen Stelle geschlossenen Darlehensvertrag erfasst (dazu ausführlich Freitag ZIP 2015, 1805 ff). Denn in ihrem Anwendungsbereich verlangt Art 3 Abs RL 2011/83/EU, dass der Gläubiger im Falle des Verzugs des Schuldners mit einer Entgeltforderung (§ 286 Rn 97 ff) Anspruch auf Verzugszinsen hat. Diesen Anspruch schließt 289 S 1 BGB aber bei Verzug mit dem vertraglichen Zinsanspruch aus § 488 Abs 1 S 2, 1. Alt BGB gerade aus. § 289 S 1 BGB ist insofern teilweise europarechtswidrig und muss von den Gerichten deshalb im Anwendungsbereich der Zahlungsverzugsrichtlinie außer Acht gelassen werden (Freitag ZIP 2015, 1805, 1806, 1809, der § 289 S 1 BGB dahingehend teleologisch reduzieren will, dass ihm im Anwendungsbereich der Zahlungsverzugsrichtlinie § 288 Abs 2 BGB als lex specialis vorgeht).

II. Zinsschadensersatz (§ 289 S 2 BGB)

15 § 289 S 1 BGB lässt den Anspruch auf Ersatz des nachgewiesenen Verzögerungsschadens unberührt (§ 289 S 2 BGB). Das gilt in gleicher Weise wie für vertragliche Zinsen **auch für gesetzliche Zinsen**. Die gegenteilige Auffassung von Reifner (NJW 1992, 337) lässt sich mit klarem Wortlaut und dem Zusammenhang von S 1 und S 2 der Vorschrift nicht vereinbaren. § 289 S 2 BGB will gegenüber dem Zinseszinsverbot den allgemeinen Grundsatz, dass jeder durch den Verzug entstehende Schaden zu ersetzen ist, aufrechterhalten. Auch der Gegenschluss aus § 497 Abs 2 S 2 BGB stützt dieses Ergebnis (BGH 9. 2. 1993 – XI ZR 88/92, NJW 1993, 1260 f).

16 Hiernach kann der Gläubiger zunächst die **Kreditkosten**, die ihm wegen der Vorenthaltung der Zinsen entstanden sind, als Verzögerungsschaden vom Schuldner ersetzt verlangen (dazu § 288 Rn 47 ff). Er kann Zinsen aus den verspätet gezahlten Zinsen auch unter dem Gesichtspunkt des **Anlageverlustes** mit der Begründung verlangen, dass er die Zinsen zu einem bestimmten Zinssatz hätte anlegen können und angelegt hätte (OLG Hamburg OLGE 28, 70) oder gar hätte anlegen müssen (RG 22. 10. 1936 – IV 12/36, RGZ 152, 166, 175). Wegen des grundsätzlichen Zinseszinsverbotes des § 289 S 1 BGB muss allerdings der Gläubiger die Schadenshöhe stets, dh auch dann darlegen und gegebenenfalls beweisen, wenn er einen Schaden nur in Höhe der gesetzlichen Verzugszinsen geltend macht (BGH 16. 9. 2015 – XII ZR 74/14, nv; BGH 9. 2. 1993 – IX ZR 88/92 – NJW 1993, 1260, 1261; OLG München 31. 1. 2018 – 7 U 1875/17, nv; OLG Frankfurt 30. 5. 2008 – 8 U 206/07, nv; LG Tübingen 10. 4. 2017 – 20 O 70/16, REE 2017, 143; LAG Rheinland-Pfalz 17. 3. 2016 – 5 Sa 148/15, ZTR 2016, 329; OLG Sachsen-Anhalt 29. 1. 2016 – 7 U 52/15, ZNER 2016, 249; OVG Berlin-Brandenburg 9. 12. 2015 – OVG 2 B 10. 14, nv). Bei Banken kann insoweit jedoch eine *abstrakte Schadensberechnung* in der Weise zulässig sein, dass bei nur einer Geschäftsart die banküblichen Sollzinsen und bei mehreren Geschäftsarten der sich aus den in amtlichen Zentralbankstatistiken publizierten Durchschnittszinssätzen für die jeweiligen Kreditsegmente ergebende Durchschnittszinssatz zugrunde gelegt wird (BGH 9. 2. 1993 – IX ZR 88/92, NJW 1993, 1260, 1261; BGH 28. 4. 1988 – ZR 57/87, BGHZ 104, 337; OLG Naumburg 28. 2. 1996 – 6 U 214/95, ZIP 1996, 931, 934; Freitag ZIP 2015, 1805, 1810; vgl dazu ausführlich § 288 Rn 44 ff). Aus diesem Grund sind Kreditgebühren, Disagio und Teilzahlungszuschläge, auch soweit sie als Zinsen aufzufassen sind, im praktischen Ergebnis trotz § 289 S 1 BGB meist zu verzinsen (Löwisch NJW 1978, 26).

Voraussetzung für den Ersatz des Schadens, der aus der verspäteten Zahlung der Verzugszinsen oder eines entsprechenden Zinsschadens entsteht, ist, dass der Schuldner auch wegen der Zinsrückstände insoweit in Verzug gesetzt wird (BGH 16. 9. 2015 – XII ZR 74/14, nv; BGH 9. 2. 1993 – IX ZR 88/92, NJW 1993, 1260, 1261; LAG Rheinland-Pfalz 17. 3. 2016 – 5 Sa 148/15, ZTR 2016, 329). Es handelt sich bei diesem Anspruch nicht einfach um eine weitere Schadensfolge aus dem Verzug mit der Hauptforderung (so aber Köller Anm zu LM § 289 BGB Nr 10). Vielmehr geht es um eine Schadensfolge, die aus der Verzögerung des Verzugsschadensersatzes entsteht. Es liegt insoweit nicht anders als bei jeder Schadensersatzforderung, auf die Verzugszinsen oder Verzugsschadensersatz erst zu entrichten sind, wenn ihretwegen Verzug eingetreten ist. 17

Für **Verbraucherkredite** enthält § 497 Abs 2 S 2 BGB eine Sondervorschrift. Danach ist der Ersatz des Zinsschadens gem § 289 S 2 BGB auf die Höhe des besonderen gesetzlichen Zinssatzes des § 246 BGB (4 %) beschränkt. Der Zinssatz von 4 % gilt heute zweifelsfrei auch für beiderseitige Handelsgeschäfte und damit für Existenzgründungsdarlehen, einmal, weil § 497 Abs 2 S 2 BGB § 246 BGB ausdrücklich nennt, zum anderen, weil § 352 Abs 1 HGB die Verzugszinsen ausdrücklich aus dem Zinssatz von 5 % ausnimmt. 18

§ 290
Verzinsung des Wertersatzes

Ist der Schuldner zum Ersatz des Wertes eines Gegenstands verpflichtet, der während des Verzugs untergegangen ist oder aus einem während des Verzugs eingetretenen Grund nicht herausgegeben werden kann, so kann der Gläubiger Zinsen des zu ersetzenden Betrags von dem Zeitpunkt an verlangen, welcher der Bestimmung des Wertes zugrunde gelegt wird. Das Gleiche gilt, wenn der Schuldner zum Ersatz der Minderung des Wertes eines während des Verzugs verschlechterten Gegenstands verpflichtet ist.

Materialien: E I § 252; II § 246; III § 284; JAKOBS/SCHUBERT, SchR I 318.

1 § 290 BGB stellt zunächst klar, dass der Schuldner, der gem § 280 Abs 1 iVm § 287 S 1 oder S 2 BGB zum Ersatz des Wertes eines während des Verzugs untergegangenen Gegenstandes verpflichtet ist, jedenfalls **Zinsen für diesen Wertersatzanspruch** zu zahlen hat. Ob der Schuldner mit der Ersatzleistung in Verzug ist, spielt für diesen Anspruch keine Rolle (HUBER II 133). Auch wenn der Schuldner erst geraume Zeit nach dem Untergang des Gegenstandes in Verzug gerät, weil der Gläubiger sich erst dann für den Schadensersatz und eine entsprechende Mahnung ausspricht, kann er doch schon vorher einer Zinspflicht unterliegen.

2 Zinsen können nach § 290 S 1 BGB von dem **Zeitpunkt** an verlangt werden, welcher der Bestimmung des Wertes des geschuldeten Gegenstandes zugrunde gelegt wird. Welcher Zeitpunkt für die Schadensbemessung zugrundezulegen ist, richtet sich nach den Bestimmungen, auf deren Grundlage Wertersatz zu leisten ist (PALANDT/GRÜNEBERG Rn 1; MünchKomm/ERNST Rn 2). Macht der Gläubiger Wertersatz über einen Schadensersatzanspruches statt der Leistung nach § 280 Abs 1, 3, § 281 oder 283 BGB geltend, so ist deshalb der Zeitpunkt maßgeblich, zu dem der Gläubiger Schadensersatz statt der Leistung verlangt (§ 281 Abs 5 BGB, §§ 283 S 2 iVm 281 Abs 5 BGB).

3 Eine **Wertminderung** des herauszugebenden Gegenstandes hat der säumige Schuldner unter den nämlichen Voraussetzungen zu ersetzen, unter welchen er für den Untergang des Gegenstandes Ersatz zu leisten hat (§ 287 Rn 11 f). Der Anspruch auf Wertersatz tritt hier neben den Anspruch auf Herausgabe. Für den Beginn der Verzinsung gilt auch hier das in Rn 2 Ausgeführte (§ 290 S 2 BGB).

4 Für die **Höhe** des Zinsanspruchs aus § 290 BGB ist § 288 Abs 1 BGB, nicht § 246 BGB maßgebend (ERMAN/HAGER Rn 3; PALANDT/GRÜNEBERG Rn 2; MünchKomm/ERNST Rn 4). § 290 BGB ist eine Regelung des Verzugsrechts, die den Gläubiger einer während des Verzugs unmöglich oder unzumutbar gewordenen Leistung wirtschaftlich so stellen will, wie wenn die Unmöglichkeit oder die Unzumutbarkeit nicht eingetreten wäre: Das aber ist nur zu erreichen, wenn der Gläubiger statt des Verzugsschadensersatzes wegen der ursprünglichen Leistung Verzugszinsen für den Wertersatz erhält.

5 § 290 BGB schließt Ansprüche wegen Verzugs nicht aus. Insbesondere kann der Gläubiger, der den Schuldner wegen des Wertersatzanspruchs in Verzug gesetzt hat, einen über den Zinsanspruch hinausgehenden weiteren Schaden geltend machen. Dabei kann der Gläubiger wählen, für welchen Zeitraum er Ersatz des konkreten Verzögerungsschadens und für welchen er den gesetzlichen Zinsanspruch geltend machen will (BGH 24. 2. 1983 – VI ZR 191/81, DB 1983, 2464 für die Parallelvorschrift des § 849 BGB). Eine Kumulation beider Ansprüche für den gleichen Zeitraum ist aber ausgeschlossen, da der Zinsanspruch lediglich einen anrechenbaren Mindestschadensersatzanspruch darstellt (BGH 24. 2. 1983 – VI ZR 191/81, DB 1983, 2464).

6 § 290 BGB ist **nicht analog auf** Schadensersatzansprüche wegen **Unmöglichkeit oder Unzumutbarkeit außerhalb des Verzugs** anzuwenden (so aber PLANCK/SIBER Erl zu § 290 BGB). Das Gesetz hat den Zinsanspruch des § 290 unter die Verzugsfolgen einge-

ordnet und damit zum Ausdruck gebracht, dass er den Schuldner nur treffen soll, wenn er in Verzug ist (ebenso Oertmann Anm 2). Eine entsprechende Bestimmung für den Fall der **unerlaubten Handlung** enthält § 849 BGB, der auch auf Ansprüche aus Gefährdungshaftung, insbes nach dem StVG anzuwenden ist (BGH 24. 2. 1983 – VI ZR 191/81, DB 1983, 2464).

§ 291
Prozesszinsen

Eine Geldschuld hat der Schuldner von dem Eintritt der Rechtshängigkeit an zu verzinsen, auch wenn er nicht im Verzug ist; wird die Schuld erst später fällig, so ist sie von der Fälligkeit an zu verzinsen. Die Vorschriften des § 288 Abs. 1 Satz 2, Abs. 2, Abs. 3 und des § 289 Satz 1 finden entsprechende Anwendung.

Materialien: E II § 247; III § 285; Jakobs/Schubert, SchR I 323.

Schrifttum

Böttcher/Steinberger, Zinsen trotz Zug-um-Zug-Verurteilung, MDR 2008, 480

Prell, Der Anspruch auf Prozesszinsen nach deutschem Recht bei Vorliegen eines ausländischen Vertragsstatuts, JR 2012, 179

Treber, Zinsen ab „Klagerhebung" und „Rechtshängigkeit", NZA 2002, 1314

Wilske/Schweda, Prozesszinsen – Die Berechnung der Höhe in der Übergangsphase zum neuen Schuldrecht, MDR 2006, 191.

Systematische Übersicht

Alphabetische Übersicht

I. Allgemeines

1 § 291 BGB legt eine **materielle Wirkung der Rechtshängigkeit** fest, nämlich die Verpflichtung des Geldschuldners, **Prozesszinsen** zu zahlen. Prozesszinsen sind, da sie den Verzug des Schuldners nicht voraussetzen, kein Unterfall der Verzugszinsen. Sie knüpfen nicht an den Leistungsaustausch an, sondern bedeuten einen *Risikozuschlag,* den der Schuldner zu entrichten hat, wenn er sich auf einen Prozess einlässt und unterliegt (BGH 25. 1. 2013 – V ZR 118/11, NJW-RR 2013, 825; BGH 5. 1. 1985 – VI ZR 24/64, NJW 1965, 531, 532; BGH 14. 1. 1987 – IVb ZR 1/86, NJW-RR 1987, 386; BSG 25. 10. 2018 – B 7 AY 2/18 R, nv; OLG Düsseldorf 11. 7. 2017 – I-1 U 167/16 ua, MDR 2017, 1205; Martens NJW 1965, 1703; Huber II 23). Sie müssen deshalb auch dort entrichtet werden, wo eine Verpflichtung zur Zahlung von Verzugszinsen nicht besteht, wie im Falle der Schenkung (§ 522 BGB) und bei nicht angemahnten Unterhaltsschulden (BGH 14. 1. 1987 – IVb ZR 1/86, NJW-RR 1987, 386). Der Anspruch auf Prozesszinsen stellt wie der Anspruch auf Verzugszinsen einen **selbstständigen Anspruch** dar, der dem Gläubiger einen Mindestersatz für die zeitweilige Vorenthaltung der Hauptsumme ohne Rücksicht auf den tatsächlich entstandenen Schaden gewähren soll (BAG 25. 4. 2007 – 10 AZR 586/06, nv). Zugleich soll er verhindern, dass der Schuldner, der die Begleichung der Forderung durch einen Prozess verzögert, daraus einen Vorteil zieht (vgl Recken Anm zu BGH LM § 288 BGB Nr 17).

2 Insofern verschärft § 291 BGB gezielt die materielle Verschuldenshaftung (LG München 25. 3. 2015 – 15 U 458/14, nv). Der Anspruch auf Prozesszinsen ist deshalb – auch wenn er durch die Rechtshängigkeit der Hauptforderung ausgelöst wird – nicht als prozessualer, sondern ein eigenständiger materiell-rechtlicher Anspruch anzusehen (OLG München 25. 3. 2015 – 15 U 458/14, nv; MünchKomm/Ernst Rn 5; BeckOK/Lorenz Rn 3). Bei **internationalen Verträgen** richtet sich die Anwendbarkeit des § 291 BGB deshalb nicht nach der lex fori, sondern danach, ob nach dem Vertragsstatut deutsches Recht gilt (LG München 25. 3. 2015 – 15 U 458/14, nv; BeckOGK/Weller ROM I-VO Art 12 Rn 33.1; MünchKomm/Ernst Rn 5; Soergel/Benicke/Grebe Rn 12; **aA** Prell JR 2012, 179, 180 ff). Verzugszinsen nach § 291 BGB können dementsprechend nur verlangt werden, wenn auf die Hauptforderung deutsches Recht Anwendung findet.

3 Da es sich beim Anspruch auf Prozesszinsen um einen eigenständigen Anspruch handelt, können die Prozesszinsen **nicht auf** die letztlich gezahlte **Hauptforderung**

verrechnet werden. Dies gilt auch, soweit Zinsen für einen Kostenvorschuss zur Mängelbeseitigung gem § 637 Abs 3 BGB gezahlt worden sind, der dann nicht in voller Höhe verbraucht wird und zurückzuzahlen ist (vgl BGH 20. 5. 1985 – VII ZR 266/84, NJW 1985, 2325). Der Selbstständigkeit des Anspruchs auf Prozesszinsen entspricht es, dass er auch in einer dem Hauptsacheverfahren nachfolgenden Klage geltend gemacht werden kann (s dazu Rn 25). S zu den Konsequenzen der Selbstständigkeit des Anspruchs auf Prozesszinsen für die Anwendung in der Übergangsphase zum neuen Schuldrecht Wilske/Schweda MDR 2006, 191.

Im Übrigen ist das **Anwendungsgebiet** des § 291 BGB im Privatrecht beschränkt. 4
Denn in der Regel kommt der Schuldner durch die Klage in Verzug (§ 286 Abs 1 S 2 BGB). Das ist nur dann nicht der Fall, wenn die fällige Leistung infolge eines Umstandes unterbleibt, den der Schuldner nicht zu vertreten hat (§ 285 BGB). Bei Geldschulden hat aber der Schuldner sein Unvermögen zur Leistung auch dann zu vertreten, wenn ihm ein Verschulden nicht zur Last fällt (vgl dazu § 286 Rn 149 und Staudinger/Caspers § 276 Rn 164). Deshalb wird die verspätete Leistung einer Geldschuld nur selten auf einem Umstand beruhen, den der Schuldner nicht zu vertreten hat. Sie kann es zB, wenn die Zahlung infolge eines entschuldbaren Irrtums unterblieben ist (dazu § 286 Rn 162 ff). Beispiele: Der Erbe nimmt in entschuldbarer Weise an, dass die Forderung gegen den Erblasser nicht begründet oder bereits beglichen ist (vgl auch RG 4. 3. 1918 – VI 76/16, RGZ 92, 283). Der Arbeitgeber beurteilt eine komplizierte Eingruppierungsfrage im öffentlichen Dienst falsch (BAG 11. 6. 1997 – 10 AZR 613/96, AP Nr 1 zu § 291 BGB). In diesen Fällen bewirkt die Klage ausnahmsweise keinen Verzug, sodass auch ein Anspruch auf Verzugszinsen nach § 288 BGB nicht besteht.

Anzuwenden ist § 291 BGB weiter dort, wo das Gesetz eine Haftung nach den 5
Regeln eintreten lässt, die im Falle der Rechtshängigkeit gelten würden. Kennt im Falle der ungerechtfertigten Bereicherung der Empfänger den Mangel des rechtlichen Grundes einer Geldleistung oder erfährt er ihn später, haftet er gem §§ 818 Abs 4, 819 Abs 1, 291 BGB auf Zinsen in Höhe der Prozesszinsen (Thüringisches OLG 3. 4. 2001 – 5 U 20/00, OLGR Jena 2001, 328; s zum Verhältnis von Nutzungsersatz und Prozesszinsen in diesen Fällen BGH 12. 4. 2019 – V ZR 341/17, MDR 2019, 855). Das Gleiche gilt für die Haftung des unredlichen Besitzers nach § 990 Abs 1 iVm § 987 BGB auf Herausgabe von entgeltbestehenden Nutzungen und für den anfechtungsrechtlichen Rückgewähranspruch bei einer Geldschuld, § 143 Abs 1 InsO (BGH 1. 2. 2007 – IX ZR 96/04, BGHZ 171, 38).

Zusätzliche Bedeutung entfaltete § 291 BGB für Fälle aus der Zeit zwischen der 6
Neuregelung der Verzugsvoraussetzungen durch das Gesetz zur Beschleunigung fälliger Zahlungen und der Neuregelung durch die Schuldrechtsreform (Vorbem 3 zu §§ 286 ff): Soweit mit der herrschenden Meinung dem damaligen § 284 Abs 3 BGB Ausschließlichkeitscharakter zugemessen wurde, konnten bei Begründung von Rechtshängigkeit schon vor Ablauf der 30-Tage-Frist wenigstens Prozesszinsen verlangt werden.

Zur Anwendung von § 291 BGB im öffentlichen Recht s Vorbem 47 f zu §§ 286 ff. 7

§ 291 BGB ist an sich dispositiv (**aM** wohl OLG Saarbrücken 15. 2. 2012 – 1 U 93/11, NJW-RR 8
2012, 539). In AGB kann die Verpflichtung zur Zahlung von Prozesszinsen aber nicht

vollständig abbedungen werden, weil das i S von § 307 Abs 2 Nr 1 BGB mit dem wesentlichen Grundgedanken von § 291 BGB nicht vereinbar wäre, nämlich den Schuldner das Risiko aufzuerlegen, wenn er es auf einen Prozess ankommen lässt.

II. Zu verzinsender Anspruch

1. Geldschuld

9 § 291 BGB bezieht sich auf **Geldschulden** (VG Düsseldorf 29. 1. 2014 – 26 K 3079/13, nv; über den Begriff der Geldschulden STAUDINGER/OMLOR [2016] Vorbem B 1 ff zu §§ 244–248). Die Vorschrift gilt auch für Fremdwährungsforderungen (K SCHMIDT NJW 1989, 68). Einen Unterschied zwischen Geldsummenschuld und Geldwertschuld macht das Gesetz nicht. Deshalb ist § 291 BGB auch auf **Geld- und Wertersatzansprüche** anzuwenden (dazu näher § 288 Rn 6 ff). Der Rechtsgrund der Schuld spielt keine Rolle (RG 10. 12. 1936 – I ZR 99/36, RGZ 153, 171, 173). § 291 BGB gilt zB auch bei Bürgschaftsschulden (OLG Hamburg OLGE 28, 223) und nach Ansicht des BAG auch für den Anspruch eines Betriebsratsmitglieds auf Erstattung aufgewendeter Kosten für seine Betriebsratstätigkeit gem § 40 Abs 1 BetrVG (BAG 18. 1. 1989 – 7 ABR 89/87, BAGE 60, 385 unter Aufgabe von BAG 21. 11. 1978 – 6 ABR 10/77, AP § 37 BetrVG 1972 Nr 35). Dass der Gläubiger den geschuldeten Betrag an einen Dritten weiterzuleiten hat, hindert die Anwendung des § 291 BGB nicht (OLG Düsseldorf 13. 12. 1973 – 18 U 100/73, VersR 1974, 1075). S zur Mietkaution § 288 Rn 10.

10 § 291 BGB setzt grundsätzlich voraus, dass der geltend gemachte Anspruch **beziffert** ist (OVG Mecklenburg-Vorpommern 15. 6. 2011 – 1 L 73/07, NJW 2011, 3383). Doch ist er auf **Schmerzensgeldansprüche** auch schon vor deren endgültiger Bezifferung anzuwenden, da der schließlich zuerkannte Geldbetrag von Anfang an geschuldet und der Anspruch mit Klageeinreichung rechtshängig geworden ist (BGH 5. 1. 1965 – VI ZR 26/64, NJW 1965, 531; KG Berlin 29. 6. 1970 – 12 U 1591/69, VersR 1972, 281; **aA** OLG Köln 1. 7. 1959 – 6 U 43/59, NJW 1960, 388 mit abl Anm MANN NJW 1960, 825). Allerdings müssen alle Grundlagen für die Bemessung des Schmerzensgeldes im Zeitpunkt der Klagerhebung vorhanden gewesen sein (OLG Nürnberg 2. 11. 1961 – 2 U 52/61, VersR 1962, 626). Zum Verzug mit Schmerzensgeldansprüchen § 286 Rn 8.

11 Für **Prozesskostenerstattungsansprüche** greift § 291 BGB nicht. Da der Gläubiger im Wege der Kostenfestsetzung nach §§ 103 ff ZPO auf einfachem Wege einen Titel hinsichtlich der zu erstattenden Prozesskosten erlangen kann, fehlt ihm für eine gesonderte klageweise Geltendmachung der Prozesskostenerstattungsansprüche regelmäßig das erforderliche Rechtsschutzbedürfnis (s dazu auch § 288 Rn 7). Er ist dadurch jedoch nicht übermäßig belastet, weil deren Verzinsung in § 104 Abs 1 S 2 ZPO geregelt ist. Auch für *Scheck-* und *Wechsel*kosten und -provisionen gilt § 291 BGB nicht. Vielmehr richten sich diese Ansprüche nach den Sonderregeln des Art 48 Abs 1 Nr 2 WG bzw des Art 45 Nr 2 ScheckG.

2. Fälligkeit und Durchsetzbarkeit

12 Der Anspruch auf die Prozesszinsen setzt voraus, dass die **Geldforderung bereits entstanden und fällig** ist. Ein Anspruch auf künftig entgehenden Gewinn ist deshalb erst von dem Zeitpunkt ab zu verzinsen, zu dem der Gewinn erzielt worden wäre

(BGH 10. 10. 1991 – III ZR 308/89, BGHZ 115, 307, 309). Ist die Rechtshängigkeit durch eine Klage auf künftige Leistung gem §§ 257–259 ZPO bereits vorher begründet, tritt die Zinspflicht automatisch mit dem Zeitpunkt der Fälligkeit ein (§ 291 S 1 2. HS BGB). Tritt Fälligkeit erst nach Beendigung der Rechtshängigkeit ein, besteht kein Anspruch auf Prozesszinsen (BVerfG 11. 7. 1974 – 1 BvQ 5/74, BVerfGE 38, 49, 51; MünchKomm/Ernst Rn 9).

Wird die Verpflichtung zu einer Leistung erst durch ein **Gestaltungsurteil** des Gerichts ex nunc **begründet**, wie das zB bei Abfindungen nach den §§ 9, 10 KSchG und im Falle der Leistungsbestimmung nach § 315 Abs 3 BGB der Fall ist, so ist § 291 BGB erst vom Zeitpunkt der Rechtskraft des Urteils an anwendbar (BAG 27. 1. 2016 – 4 AZR 916/13, NZA-RR 2016, 366; BAG 10. 12. 2013 – 3 AZR 595/12; BAG 19. 6. 2012 – 3 AZR 408/10, DB 2012, 2818; BAG 17. 5. 1969 – 5 AZR 309/68, NJW 1969, 1735; MünchKomm/Ernst Rn 9; vgl auch BGH 4. 4. 2006 – X ZR 122/05, BGHZ 167, 139). Der Gläubiger kann deshalb in diesem Fällen Prozesszinsen erst ab dem Tag beanspruchen, der dem Tag, an dem Rechtskraft eintritt, folgt. Zum Verzugseintritt in diesen Fällen vgl § 286 Rn 10. 13

Wie den Verzug (dazu § 286 Rn 24 ff), so schließt das Bestehen der **Einrede des nichterfüllten Vertrages** iS des § 320 BGB auch den Anspruch auf Prozesszinsen aus (OLG Düsseldorf 7. 9. 1971 – 21 U 96/70, NJW 1971, 2310). Das Bestehen der Einrede hindert zwar nicht die Fälligkeit. Die enge Verknüpfung von Leistung und Gegenleistung, wie sie im Fall des § 320 BGB gegeben ist, nimmt aber auch der Geltendmachung von Prozesszinsen die innere Rechtfertigung, ohne dass es darauf ankäme, ob der Schuldner die Einrede erhoben hat (Soergel/Benicke/Grebe Rn 34; **aA** Huber II 25). Auch die **Einrede des Zurückbehaltungsrechts** schließt den Anspruch auf Prozesszinsen aus (MünchKomm/Ernst Rn 10). Doch ist hier – nicht anders als beim Verzug (dazu § 286 Rn 18 ff) – Voraussetzung, dass der Schuldner die Einrede tatsächlich erhoben hat (BGH 28. 2. 1957 – VII ZR 13/56, BGHZ 23, 395; BGH 14. 1. 1971 – VII ZR 3/69, BGHZ 55, 198; KG Berlin 23. 10. 1970 – 7 U 1093/70, NJW 1971, 144; Böttcher/Steinberger MDR 2008, 480, 482; ungenau insoweit Rietschel in der Anm zu BGHZ 55, 198 in LM Nr 44 zu VOB Teil B). Trägt der Gläubiger dem Gegenrecht des Schuldners selbst dadurch Rechnung, dass er sogleich Verurteilung nur Zug-um-Zug gegen Erbringung der Gegenleistung verlangt, tritt zwar kein Verzug ein (s § 286 Rn 21), sind aber gleichwohl Prozesszinsen zu zahlen. Auf Bestehen und Ausüben des Leistungsverweigerungsrechts kommt es für die Prozesszinsen dann von vornherein nicht an, weil der Gläubiger nur das verlangt, was ihm auf alle Fälle zusteht. Der BGH hat das zwar nur für die Verzinsungspflicht bei einem Schadensersatzanspruch ausgesprochen, der inhaltlich auf Zahlung Zug-um-Zug gegen Vorteilsausgleichung gerichtet war (BGH 21. 4. 2004 – III ZR 323/03, NJW-RR 2005, 170). Es muss aber immer gelten, wenn der Gläubiger nicht mehr verlangt, als ihm zusteht. 14

III. Rechtshängigkeit des Anspruchs

Der Zeitpunkt des **Eintritts der Rechtshängigkeit** bestimmt sich nach den Vorschriften der ZPO. Regelmäßig wird die Rechtshängigkeit durch Erhebung der Klage begründet (§ 261 Abs 1 ZPO, 90 VwGO, § 66 FGO, § 94 SGG). Bei der Klage vor den Verwaltungs-, Finanz- und Sozialgerichten geschieht dies durch die Einreichung einer formgerechten Klageschrift bei Gericht oder mit Abschluss der Niederschrift über die Klageerhebung durch den Urkundsbeamten der Geschäftsstelle. Im Zivil- 15 prozess erfolgt die Klagerhebung hingegen (erst) durch die Zustellung der Klageschrift an den Beklagten (§ 253 Abs 1 ZPO). Dafür, auch hier schon die Einreichung der Klageschrift genügen zu lassen, besteht kein Anlass. Dies widerspricht nicht nur dem klaren Wortlaut der Norm. Auch der Sinn und Zweck streitet dagegen, weil der Beklagte erst mit der Zustellung der Klageschrift Kenntnis von dem Prozess erhält und damit beurteilen kann, ob er das Risiko der Zahlung von Prozesszinsen eingehen will (vgl Behr NJW 1976, 1216). Dass bereits im Zeitpunkt der Rechtshängigkeit ein bestimmter Antrag gestellt wird, ist allerdings nicht Voraussetzung (OLG Saarbrücken 15. 2. 2012 – 1 U 93/11, NJW-RR 2012, 539).

16 Weitere Fälle des Eintritts der Rechtshängigkeit sind geregelt in § 261 Abs 2 ZPO (Geltendmachung erst während des Prozesses erhobener Ansprüche in der mündlichen Verhandlung [hierzu BGH 24. 9. 1958 – V ZR 59/57, BGHZ 28, 153, 158] oder durch Zustellung eines dem § 253 Abs 2 Nr 2 ZPO entsprechenden Schriftsatzes), §§ 696 Abs 3, 700 Abs 2 ZPO (Mahnbescheid), § 717 Abs 2 S 2 ZPO (Geltendmachung des Schadensersatzanspruchs bei Abänderung des vorläufig vollstreckbaren Urteils in dem anhängigen Rechtsstreit) sowie § 717 Abs 3 S 4 ZPO (Erstattung des aufgrund vorläufig vollstreckbaren Urteils zu Unrecht Gezahlten oder Geleisteten, dazu LAG Hamm 27. 11. 1975 – 8 Sa 788/72, NJW 1976, 1119). Ob das angegangene Gericht für den Rechtsstreit zuständig ist, spielt keine Rolle, wenn dieser an das zuständige Gericht verwiesen wird (§ 17b Abs 1 S 2 GVG).

17 Nicht anders als im Rahmen des § 286 Abs 1 S 2 BGB (dazu § 286 Rn 64) ist Voraussetzung, dass **Klage auf Leistung** (Hilfsantrag genügt: RG 20. 5. 1927 – VI ZR 518/26, RGZ 117, 112, 114; BGH 24. 1. 1990 – VIII ZR 296/88, NJW-RR 1990, 518, 519), nicht etwa nur auf Feststellung erhoben ist (BGH 19. 12. 1984 – IVb ZR 51/83, BGHZ 93, 183, 186). Dies gilt auch bei Eingruppierungsstreitigkeiten im öffentlichen Dienst. Der Antrag auf die Feststellung, dass der Arbeitgeber den Arbeitnehmer nach einer bestimmten Entgeltgruppe zu entlohnen hat, macht noch nicht den Zahlungsanspruch selbst rechtshängig (**aA** ohne Begründung BAG 11. 6. 2007 – 1 AZR 613/96, AP Nr 1 zu § 291 BGB).

18 Die **Einleitung eines Arrestverfahrens** begründet keine Rechtshängigkeit hinsichtlich der Hauptsache (BGH 20. 3. 1979 – VI ZR 30/77, NJW 1980, 191; Soergel/Benicke/Grebe Rn 22) und vermag deshalb auch keinen Zinsanspruch gem § 291 BGB auszulösen (**aA** LAG Frankfurt 12. 1. 1965 – 5 Ta 1/65, DB 1965, 188).

19 Ist Rechtshängigkeit eingetreten, beginnt der Lauf des Zinsanspruchs in entsprechender Anwendung von § 187 Abs 1 BGB erst mit dem folgenden Tag. Der in § 187 Abs 1 BGB zum Ausdruck kommende Rechtsgedanke, für einfache und klare Berechnung zu sorgen, greift auch hier (BGH 24. 1. 1989 – VIII ZR 296/88, NJW-RR 1990, 518, 519; BAG 15. 11. 2000 – 5 AZR 365/99, NJW 2001, 1517, 1519; BVerwG 4. 12. 2001 – 4 C 2/00, NVwZ 2002, 718, 722; BSG 25. 10. 2018 – B 7 AY 2/18 R, nv; Staudinger/Repgen [2014] § 187 Rn 6; MünchKomm/Grothe § 187 Rn 3; **aA** BSG 23. 3. 2006 – B 3 KR 6/05 R, BSGE 96, 133; SG Mainz 22. 10. 2014 – S 3 KR 288/14, KHE 2014/90; Treber NZA 2002, 1314 ff).

20 Sowohl wenn die **Rechtshängigkeit** nach Maßgabe des § 701 ZPO **erlischt** (Mahnverfahren), als auch wenn die Klage gem § 269 ZPO zurückgenommen wird, wird die Verpflichtung zur Entrichtung der Prozesszinsen ebenso wie die Rechtshängigkeit mit rückwirkender Kraft wieder beseitigt.

IV. Zinsanspruch

21 Auf den Anspruch auf Prozesszinsen sind die Vorschriften des § 288 Abs 1 S 2, Abs 2, Abs 3 und des § 289 S 1 BGB entsprechend anzuwenden. Dies bedeutet: Der **Zinsfuß** beträgt 5 Prozentpunkte über dem Basiszinssatz, in den Fällen des § 288 Abs 2 BGB 9 Prozentpunkte über dem Basiszinssatz, auch wenn die Geldschuld aufgrund des Schuldverhältnisses geringer verzinst ist oder unverzinslich war. Die Auffassung von KRÜGER (NJW 2000, 2407), § 291 S 2 BGB müsse „teleologisch" dahin reduziert werden, dass (nur) der gesetzliche Zinssatz von 4 % zu zahlen sei (§ 246 BGB), ist durch den differenzierten Verweis auf § 288 Abs 1 S 2 und Abs 2 BGB überholt. Der Gesetzgeber hat sich der Auffassung angeschlossen, dass es nicht unbillig ist, den vom Schuldner zu tragenden Risikozuschlag (Rn 1) nach demselben pauschalen Zinsschaden zu bemessen wie den Verzugszuschlag.

22 Kann der Gläubiger aus einem anderen Grund höhere Zinsen verlangen, so sind diese und nur diese zu entrichten (§ 288 Abs 3 S 2 BGB).

23 Verzugszinsen und Prozesszinsen können nicht nebeneinander geltend gemacht werden (RG 4. 3. 1918 – VI ZR 76/16, RGZ 92, 283; OLG Saarbrücken 3. 12. 1985 – 2 U 141/83, NJW-RR 1987, 470, 471).

24 Ein Anspruch auf **Ersatz weiteren Schadens** aus dem Gesichtspunkt der Rechtshängigkeit kommt nicht in Betracht, weil die Rechtshängigkeit als solche keine Schadensersatzpflicht begründet. Auf der anderen Seite wird der Anspruch auf Prozesszinsen auch nicht dadurch ausgeschlossen, dass dem Forderungsgläubiger ein Verzugsschaden gar nicht entstehen kann, etwa weil er verspätet gezahlte Beträge unverzüglich an Dritte weiterzuleiten verpflichtet ist (OLG Düsseldorf 13. 12. 1973 – 18 U 100/73, VersR 1974, 1075).

25 Prozesszinsen können auch noch nach rechtskräftiger Entscheidung der Hauptsache in einem besonderen Rechtsstreit eingeklagt werden (BAG 25. 4. 2007 – 10 AZR 586/06; BVerwG 21. 4. 1971 – V C 45. 69, BVerwGE 38, 49, 51; BSG 25. 10. 2018 – B 7 AY 2/18 R, nv).

26 Gerät der Schuldner mit der Prozesszinszahlung in Verzug, greift auch hier das Zinseszinsverbot: Verzugszinsen sind nicht zu entrichten (§ 289 S 1 BGB).

27 Die Verpflichtung zur Zahlung von Prozesszinsen **endet**, wenn und soweit der Schuldner zahlt. Dabei ist es auch hier ohne Belang, ob die Zahlung nur zur Abwendung der Zwangsvollstreckung erfolgt und das Schuldverhältnis deshalb nicht erlischt (BGH 24. 1. 1981 – IVa ZR 104/80, NJW 1981, 2244). Die Gründe, die bei den Verzugszinsen zu diesem Ergebnis führen (§ 286 Rn 117 ff), gelten auch hier.

28 Der Anspruch auf Prozesszinsen verjährt gem §§ 195, 199 BGB in drei Jahren seit dem Schluss des Jahres, in dem er entstanden ist (BVerwG 22. 3. 2017 – 9 C 1/16, BVerwGE 158, 296; OLG Düsseldorf 11. 7. 2017 – I-1 U 167/16 ua, MDR 2017, 1205). Entstanden ist der Anspruch, „sobald er erstmals geltend gemacht und notfalls im Wege der Klage durchgesetzt werden kann" (BGH 16. 9. 2010 – IX ZR 121/09, ZIP 2010, 2164; BGH 16. 4. 2013 – II ZR 118/11, NJW 2013, 2511; BVerwG 22. 3. 2017 – 9 C 1/16, BVerwGE 158, 296; vgl auch STAUDINGER/PETERS/JACOBY [2014] § 199 Rn 3 ff). Dies ist ab Rechtshängigkeit der

Hauptleistung der Fall; es sein denn, der Anspruch wird erst später fällig (§ 291 S 1 2. HS BGB). Entstehenszeitpunkt ist daher in der Regel der Zeitpunkt der Rechtshängigkeit der zu verzinsenden Forderung (BGH 25. 1. 2013 – V ZR 118/11, NJW-RR 2013, 825; BVerwG 22. 3. 2017 – 9 C 1/16, BVerwGE 158, 296; OLG Düsseldorf 11. 7. 2017 – I-1 U 167/16 ua, MDR 2017, 1205 **aA** VG Göttingen 5. 8. 2009 – 3 A 39/08, NVwZ-RR 2009, 943, das auf die Rechtskraft der Entscheidung über die zu verzinsenden Forderung abstellen will). Wird die Hauptforderung erst nach Rechtshängigkeit fällig, ist der Zeitpunkt deren Fälligkeit entscheidend. § 217 BGB findet auf Prozesszinsen keine Anwendung, weil es sich um einen von der Hauptforderung unabhängigen, auf der Rechtshängigkeit beruhenden Anspruch handelt (Rn 1).

§ 292
Haftung bei Herausgabepflicht

(1) Hat der Schuldner einen bestimmten Gegenstand herauszugeben, so bestimmt sich von dem Eintritt der Rechtshängigkeit an der Anspruch des Gläubigers auf Schadensersatz wegen Verschlechterung, Untergangs oder einer aus einem anderen Grunde eintretenden Unmöglichkeit der Herausgabe nach den Vorschriften, welche für das Verhältnis zwischen dem Eigentümer und dem Besitzer von dem Eintritt der Rechtshängigkeit des Eigentumsanspruchs an gelten, soweit nicht aus dem Schuldverhältnis oder dem Verzug des Schuldners sich zugunsten des Gläubigers ein anderes ergibt.

(2) Das Gleiche gilt von dem Anspruch des Gläubigers auf Herausgabe oder Vergütung von Nutzungen und von dem Anspruch des Schuldners auf Ersatz von Verwendungen.

Materialien: E I § 244; III § 248; III § 286; Jakobs/Schubert, SchR I 327.

Schrifttum

Büdenbender, Rückgewähransprüche im Bürgerlichen Recht, JuS 1998, 38, 135 (dazu Bodenbenner JuS 1999, 206)

Natter, Der Anspruch auf Wertersatz wegen Unmöglichkeit der Herausgabe von Sachen und seine Geltendmachung im Prozeß, WürttZ 1917, 49.

Systematische Übersicht

Alphabetische Übersicht

I. Allgemeines

§ 292 BGB bestimmt als **materielle Wirkung der Rechtshängigkeit** bei Ansprüchen auf Herausgabe eines bestimmten Gegenstandes eine **Verschärfung der Haftung** des Schuldners. Auch in dieser Vorschrift liegt wie in § 291 BGB ein Ausdruck des Prozessrisikos, das jeder übernimmt, der es auf eine Klage ankommen lässt (BGH 3. 3. 1954 – VI ZR 256/52, LM § 987 BGB Nr 3): Der Schuldner muss vom Prozessbeginn an damit rechnen, dass der Anspruch des Klägers als begründet anerkannt werden kann. Deshalb muss er sich im Hinblick auf den streitigen Gegenstand vom Streitbeginn an als Verwahrer und Verwalter möglicherweise fremden Gutes betrachten und haftet von diesem Zeitpunkt an zwar nicht nach der strengen Vorschrift des § 287 BGB, aber unabhängig von etwaigen milderen Bestimmungen des konkreten Schuldverhältnisses mindestens nach den Regeln, nach denen sich die Haftung des Besitzers gegenüber dem Eigentümer vom Zeitpunkt der Rechtshängigkeit der Eigentumsklage an bestimmt. 1

Die praktische Bedeutung der Vorschrift ist gering, weil sie die Verzugshaftung des Schuldners unberührt lässt (§ 292 Abs 1 letzter HS BGB), die Rechtshängigkeit aber im Allgemeinen den Verzug begründet (vgl § 286 Rn 64; § 291 Rn 15). 2

Die nach § 292 BGB begründete gesetzliche Verpflichtung des Schuldners kann in den Grenzen des § 276 Abs 3 BGB und des § 309 Nr 7 BGB vertraglich eingeschränkt werden. 3

II. Voraussetzungen

Wie § 291 BGB eine materielle Wirkung der Rechtshängigkeit für Geldforderungen bestimmt, so bestimmt § 292 Abs 1 BGB eine solche für den **Anspruch auf Herausgabe eines bestimmten Gegenstandes**. Wie dort ist Voraussetzung, dass dieser Anspruch fällig ist (NK-BGB/Schanbacher Rn 4). Soweit körperliche Gegenstände, also Sachen (§ 90 BGB), in Betracht kommen, muss es sich um Speziessachen (Stückschulden) handeln. Auf Gattungssachen bezieht sich die Vorschrift nicht, solange diese nicht nach § 243 Abs 2 BGB oder § 300 Abs 2 BGB konkretisiert sind. Ob es sich um eine einzelne Sache oder um eine Sachgesamtheit handelt, ist gleichgültig. § 292 BGB bezieht sich zB auch auf die Herausgabe einer Apotheke nebst vollständiger Einrichtung und den dazugehörigen Räumen (BGH 3. 3. 1954 – VI ZR 256/52, LM § 987 BGB Nr 3). Ebenso wenig kommt es darauf an, ob die Sache selbstständiger 4

Verfügung unterliegt. Auch der Anspruch auf Rückgabe eines Schuldscheins gem § 371 BGB gehört deshalb hierher (Planck/Siber Anm 1a).

5 Ein bestimmter Gegenstand kann aber auch ein **unkörperlicher Gegenstand**, insbes ein Recht sein, zB der Anspruch aus einer Gutschrift im Giroverkehr (OGHZ 4, 81, 87), ein Erbteil (RG 30. 6. 1932 – IV 62/32, RGZ 137, 171, 179), ein Patentrecht (RG 24. 1. 1906 – I 314/05, RGZ 62, 320, 321; für die entspr Anwendung des § 292 BGB auch auf die Klage wegen Patentverletzung Schulz AcP 105 [1909] 1, 70) oder die Ansprüche auf Einwilligung in die Grundbuchberichtigung (RG WarnR 191 1 Nr 391) und auf Auflassung (RG WarnR 1912 Nr 417).

6 Unter **Herausgabe** ist sowohl die Rückgabe wie die erstmalige Übergabe zu verstehen. Auch ein Anspruch auf Gestattung der Wegnahme einer Sache (vgl § 258 BGB) zählt hierher (Planck/Siber Anm 1a). Dagegen ist die Vorschrift nicht anwendbar, wenn es nur um die Verpflichtung des Schuldners zur Vorlegung einer Sache oder einer Urkunde gem §§ 809, 810 BGB geht (NK-BGB/Schanbacher Rn 3).

7 Voraussetzung für die Anwendung des § 292 BGB ist, dass sich die Sache beim Eintritt der Rechtshängigkeit im **Besitz des Schuldners** befindet. Hat er den Besitz schon vorher verloren, ist der Gläubiger auf andere Vorschriften – insbes die Verzugsvorschriften – verwiesen (Planck/Siber Anm 1a).

8 Die verschärfte Haftung gilt nach § 292 BGB **vom Zeitpunkt des Eintritts der Rechtshängigkeit an**. Für die Ermittlung dieses Zeitpunktes kann auf die Erläuterungen zu § 291 Rn 15 ff mit der Maßgabe verwiesen werden, dass hier der § 696 Abs 3 ZPO, der nur für Ansprüche auf Geldleistungen gilt, keine Anwendung findet.

III. Rechtsfolgen

9 Der Schuldner ist von dem Eintritt der Rechtshängigkeit an dem Gläubiger für den **Schaden** verantwortlich, der dadurch entsteht, dass **infolge seines Verschuldens** der herauszugebende Gegenstand verschlechtert wird, untergeht oder aus einem anderen Grunde von ihm nicht herausgegeben werden kann (§ 989 BGB). Der Schuldner hat nach § 276 BGB Vorsatz und (jede) Fahrlässigkeit zu vertreten, auch wenn er nach dem besonderen Inhalt des Schuldverhältnisses nur für Vorsatz und grobe Fahrlässigkeit oder für die Sorgfalt, die er in eigenen Angelegenheiten anzuwenden pflegt (§ 277 BGB), haften würde. Gerade für diese Fälle bedeutet § 292 BGB eine Steigerung der Haftung vom Eintritt der Rechtshängigkeit an.

10 Der Umfang des Schadensersatzes bestimmt sich nach den §§ 249 ff BGB. Zu ersetzen sind nach der auch hier geltenden Differenzhypothese alle auf die Unmöglichkeit der Herausgabe zurückzuführenden Vermögensnachteile des Gläubigers, einschließlich eines entgangenen Gewinns (BGH 9. 5. 2014 – V ZR 305/12, MDR 2014, 961). S im Einzelnen Staudinger/Gursky (2013) § 989 Rn 24 ff.

11 Nach § 292 Abs 2 BGB bestimmen sich auch die Ansprüche des Gläubigers auf Herausgabe und Vergütung von Nutzungen sowie auf Verwendungsersatz nach den Vorschriften über das Eigentümer-Besitzer-Verhältnis. Herauszugeben und, wo das nicht oder nicht mehr möglich ist, zu vergüten sind gem § 987 Abs 1 BGB zunächst

die **gezogenen Nutzungen**. Maßgebend ist der Nutzungsbegriff des § 100 BGB. Gebrauchsvorteile sind mit ihrem objektiven Wert anzusetzen; bei Sachen ist der marktübliche Miet- oder Pachtzins maßgebend. Auch eine Erhöhung der Nutzungsentschädigung für die nach Beendigung des Mietverhältnisses nicht zurückgegebene *Mietsache* kann uU auf § 292 BGB gestützt werden (s näher LG Kiel 25. 11. 1960 – 1 S 122/60, NJW 1961, 319). Doch ist insoweit in Bezug auf Wohnräume § 571 BGB zu beachten (s § 286 Rn 145).

§ 292 BGB bezieht sich auch auf die Herausgabe von unkörperlichen Gegenständen, insbesondere von Rechten. Deshalb umfasst der Anspruch auf Herausgabe von Nutzungen auch diejenigen, die als Nutzungen der herauszugebenden Rechte anzusehen sind (BGH 3. 3. 1954 – VI ZR 256/52, LM § 987 BGB Nr 3 hinsichtlich der früheren Apotheken-Realkonzession). Daraus folgt aber nicht, dass Unternehmenserträge allgemein als Nutzungen anzusehen wären. Sie sind Ausfluss unternehmerischer Tätigkeit des Schuldners und werden deshalb richtiger Auffassung nach von § 987 Abs 2 BGB nicht erfasst. S ausf Staudinger/Gursky (2013) § 987 Rn 21. 12

Auch für Nutzungen, die er nach dem Eintritt der Rechtshängigkeit **schuldhaft nicht gezogen** hat, aber nach den Regeln einer ordnungsmäßigen Wirtschaft hätte ziehen können, ist der Schuldner (§ 987 Abs 2 BGB) dem Gläubiger zum Ersatz verpflichtet. Zu ersetzen ist auch hier der objektive Wert der nicht gezogenen Nutzungen, bei Sachen also der marktübliche Pacht- oder Mietzins (BGH 7. 11. 1997 – LwZR 6/97, BGHZ 137, 128, 133). 13

Das Urteil, das die Herausgabe eines Gegenstandes anordnet, hat **Rechtskraftwirkung** auch für den Anspruch auf Herausgabe der Nutzungen (BGH 3. 3. 1954 – VI ZR 256/52, LM § 987 BGB Nr 3). Allerdings gilt dies nur für die nach Rechtshängigkeit anfallenden Nutzungen, auf die allein sich der Anspruch nach §§ 292, 987 BGB bezieht (BGH 9. 7. 1982 – V ZR 64/81, NJW 1983, 164, 165; insoweit auch Hackspiel NJW 1986, 1148, 1149 bei Fn 31). Auch ist dem Schuldner nicht der Einwand abgeschnitten, er sei erst zu einem Zeitpunkt nach Rechtshängigkeit zur Herausgabe verpflichtet worden und infolgedessen auch erst von diesem Zeitpunkt ab zur Nutzungsherausgabe verpflichtet (Zeuner, Die objektiven Grenzen der Rechtskraft im Rahmen rechtlicher Sinnzusammenhänge [1969] 69 f Fn 31; Soergel/Benicke/Grebe Rn 27). Die Rechtskraft eines Urteils, das die Herausgabeklage abweist, erstreckt sich ebenfalls auf den Nutzungsherausgabeanspruch (BGH 13. 3. 1981 – V ZR 115/80, NJW 1981, 1517). Bestand allerdings der Herausgabeanspruch zur Zeit der Rechtshängigkeit und ist erst im Verlauf des Prozesses entfallen, kann der Gläubiger die bis dahin angefallenen Nutzungen herausverlangen, ohne daran durch die Rechtskraft gehindert zu sein (Soergel/Benicke/Grebe Rn 28). 14

Macht der Schuldner nach dem Eintritt der Rechtshängigkeit **notwendige Verwendungen** auf den herauszugebenden Gegenstand oder **Aufwendungen** zur Bestreitung von Lasten des Gegenstandes, so bestimmt sich die Ersatzpflicht des Gläubigers nach den Vorschriften über die *Geschäftsführung ohne Auftrag* (§§ 994 Abs 2, 995, 667 ff BGB). Der Gläubiger hat danach für notwendige Verwendungen oder Aufwendungen nur insoweit Ersatz zu leisten, als diese seinem Interesse und seinem wirklichen oder mutmaßlichen Willen entsprochen haben (§ 683 BGB) oder von ihm genehmigt werden (§ 684 S 2 BGB). Andernfalls haftet er nur, soweit er bei der 15

Herausgabe noch bereichert ist (§ 684 BGB). Für objektiv nicht notwendige Verwendungen haftet er keinesfalls. S im Einzelnen STAUDINGER/GURSKY (2013) § 994 Rn 2 ff.

16 Ist ein landwirtschaftliches Grundstück herauszugeben, so ist § 998 BGB anzuwenden, dh der Gläubiger hat die Kosten, die der Schuldner auf die noch nicht getrennten, jedoch nach den Regeln einer ordnungsmäßigen Wirtschaft vor dem Ende des Wirtschaftsjahrs zu trennenden Früchte verwendet hat, insoweit zu ersetzen, als sie einer ordnungsmäßigen Wirtschaft entsprechen und den Wert dieser Früchte nicht übersteigen.

17 Auch die §§ 1000–1003 BGB sind entsprechend anwendbar. Das Mittel zur **Geltendmachung des Verwendungsanspruchs** ist die Zurückbehaltungseinrede (§ 1000 S 2 BGB), jedoch auch die Klage (vgl § 1002 BGB). Der Verwendungsanspruch ist ausgeschlossen, wenn der Gläubiger die herauszugebende Sache nicht erlangt oder nicht wiedererlangt, weil sie zB während des Prozesses untergeht. Anders, wenn der Gläubiger die Verwendungen genehmigt hat oder genehmigt (§§ 1001, 1003 BGB).

18 Haben die Parteien eines Grundstücksübertragungsvertrages einen durch Vormerkung gesicherten Rückübereignungsanspruch für den Fall der Weiterveräußerung an einen Dritten vereinbart, ist nach Rechtshängigkeit im Verhältnis zwischen vormerkungsberechtigtem Rückübereignungsgläubiger und Rückübertragungsschuldner § 292 BGB anwendbar. Der **Vormerkungsberechtigte** kann aber auch von demjenigen, dessen Eigentumserwerb ihm gegenüber unwirksam ist, in entsprechender Anwendung des § 987 BGB unabhängig von einer Rechtshängigkeit Herausgabe der Nutzungen verlangen, wenn sie ihm nach § 292 BGB auch gegenüber dem Rückübertragungsschuldner zustehen (BGH 19. 5. 2000 – V ZR 453/99, BGHZ 144, 323 ff; kritisch STAUDINGER/SCHERMEIER [2017] § 1100 Rn 11).

19 § 292 BGB legt nur das **Mindestmaß der Haftung** des Schuldners gegenüber dem Gläubiger fest. Eine weitergehende Haftung wird sich sehr oft aus Verzug ergeben, nach dessen Eintritt der Schuldner in der Regel sogar für Zufall haftet (§ 287 S 2 BGB; s dazu § 287 Rn 8 ff). Beispiele für eine sich aus dem Schuldverhältnis selbst ergebende schärfere Haftung bieten etwa die Rechtsmängelhaftung nach §§ 435 ff BGB und die Bereicherungshaftung ab Kenntnis vom Fehlen des Rechtsgrundes (§ 819 Abs 1 BGB).

Titel 2
Verzug des Gläubigers

Vorbemerkungen zu §§ 293–304

Schrifttum

1. Zu und nach der Schuldrechtsreform

Boecken/Joas, Annahmeverzug, Schadensersatz und Forderungsübergang bei Krankengeldbezug, SGb 2012, 455

Feuerborn, Der Verzug des Gläubigers – Allgemeine Grundzüge und Besonderheiten im Arbeitsverhältnis, JR 2003, 177

Geissler, Der Annahmeverzug des Schuldners bei der Vollstreckung von Zug-um-Zug-Titeln, DGVZ 2012, 1

Heinze, Das Angebot einer Auflassung zum Zwecke der Herbeiführung des Annahmeverzugs – Fallstricke und praktische Hinweise, ZNotP 2015, 335

Hendrik, Annahmeverzug des Arbeitgebers unter besonderer Berücksichtigung eines Prozessbeschäftigungsverhältnisses (Diss Trier 2012)

Huhn, Zug um Zugverurteilung, Annahmeverzug und UN-Kaufrecht, IPRax 2001, 557

Jansen, Gewährleistungsrecht trotz Annahmeverzug und Untergang der Kaufsache?, ZIP 2002, 877

ders, Nochmals – Gewährleistungsrecht trotz Annahmeverzug und Untergang der Kaufsache?, ZIP 2002, 1794

Krause, Strömungen des Annahmeverzugs im Arbeitsverhältnis, ZfA 2018, 126

Lamprecht, Nochmals – Gewährleistungsrecht trotz Annahmeverzug und Untergang der Kaufsache?, ZIP 2002, 1790

Picker, Die Lohngefahrtragung im Dienst- und Arbeitsvertrag nach der Schuldrechtsreform, in: FS Huber (2006) 497

Schmidt-Kessel, Gläubigerfehlverhalten (2009)

Schreiber, Der Annahmeverzug des Arbeitgebers, Jura 2009, 592

Sick, Gläubigerverzug im Lastschriftenverfahren?, NJ 2011, 441.

2. Vor der Schuldrechtsreform

Beuthien, Zweckerreichung und Zweckstörung im Schuldverhältnis (1969)

Chang, Die Abdingbarkeit der Regeln des Annahmeverzugs und des Betriebsrisikos zu Lasten des Arbeitnehmers (Diss Göttingen 1999)

Hüffer, Leistungsstörungen durch Gläubigerhandeln (1976)

Köhler, Unmöglichkeit und Geschäftsgrundlage bei Zweckstörungen im Schuldverhältnis (1971)

Kohler, Annahme und Annahmeverzug, JherJb 17, 261

ders, Der Gläubigerverzug, ArchBürgR 13, 144

Kreuzer/Stehle, Grundprobleme des Gläubigerverzugs, JA 1984, 69

Oertmann, Leistungsunmöglichkeit und Annahmeverzug, AcP 116 (1918) 1 und LZ 1927, 1177

Picker, Arbeitsvertragliche Lohngefahr und dienstvertragliche Vergütungsgefahr – zur Wiederannäherung von Arbeits- und Zivilrecht, in: FS Kissel (1994) 813

ders, Fristlose Kündigung und Unmöglichkeit, Annahmeverzug und Vergütungsgefahr im Dienstvertragsrecht, JZ 1985, 641 ff, 693

Rosenberg, Der Gläubigerverzug, JherJb 43, 141

Schaub, Annahmeverzug, in AR-Blattei SD 80

Waas, Rechtsfragen des Annahmeverzugs bei Kündigung durch den Arbeitgeber, NZA 1994, 151

WEIMAR, Der An- und Abnahmeverzug, MDR 1967, 23

WERTHEIMER, Der Gläubigerverzug im System der Leistungsstörungen, JuS 1993, 646.

Systematische Übersicht

Alphabetische Übersicht

I. Allgemeines

1 In den §§ 293–304 BGB regelt das Gesetz die Leistungsverzögerung, die dadurch eintritt, dass der Gläubiger die Leistung des Schuldners nicht annimmt. Der **Annahmeverzug** (Gläubigerverzug) ist insofern das Gegenstück zum Schuldnerverzug. Doch bedingt die Stellung des Gläubigers auf der anderen Seite des Schuldverhältnisses sowohl in den Voraussetzungen als auch in den Rechtsfolgen des Annahmeverzugs wesentliche Unterschiede: Da der Gläubiger in der Regel (zu den Ausnahmen unten Rn 12) zur Annahme der Leistung nur berechtigt, nicht aber verpflichtet ist, stellt der Annahmeverzug keine Pflichtverletzung, sondern nur die Nichtausübung eines dem Gläubiger zustehenden Rechts dar. Er setzt deshalb einerseits *kein Verschulden* oder sonstiges Vertretenmüssen voraus (BGH 10. 5. 1988 – IX ZR 175/87, ZIP 1988, 905; HUBER I 184 ff; s SCHMIDT-KESSEL § 7 II 4) und führt andererseits nicht zu einer Schadensersatzverpflichtung des Gläubigers. Der Annahmeverzug lässt auch die Leistungs-

verpflichtung des Schuldners unberührt: Er begründet für den Schuldner weder ein Recht, vom Vertrag zurückzutreten, noch ein Recht, Schadensersatz statt der Leistung zu verlangen. Der Annahmeverzug führt lediglich zu einer Reihe anderer Rechtsnachteile für den Gläubiger (unten Rn 11). Ob man wegen des Eintritts dieser Rechtsnachteile von einer Obliegenheit des Gläubigers zur Annahme (R Schmidt, Die Obliegenheit [1953] 146 ff; Larenz I § 25 I; Fikentscher/Heinemann Rn 489; Schlechtriem/Schmidt-Kessel, SchR I Rn 683; MünchKomm/Ernst § 293 Rn 1, 18) oder gar von einer Pflicht des Gläubigers mit beschränktem Schutzzweck (Schmidt-Kessel § 15) spricht, begründet für sich noch keinen Unterschied (zutr Hüffer 19 f).

Die **Schuldrechtsreform** hat die Regeln über den Annahmeverzug im Wesentlichen 2
unberührt gelassen. Im Gleichklang mit § 286 Abs 2 Nr 2 BGB (dazu § 286 Rn 80 ff) ist lediglich in § 296 S 2 BGB das Wort „Kündigung" durch das Wort „Ereignis" ersetzt worden, damit auch andere Ereignisse als die Kündigung Ausgangspunkt für eine kalendermäßige Berechnung sein können. Systematisch befriedigt dieses unveränderte Bestehenbleiben der Regeln über den Annahmeverzug nicht ohne Weiteres. Es wäre auch denkbar gewesen, die Nichtannahme der Leistung durch den Gläubiger als Pflichtverletzung auszugestalten und so in das Leistungsstörungssystem der §§ 275 ff BGB einzupassen (Schlechtriem/Schmidt-Kessel, SchR I Rn 682; NK-BGB/Schmidt-Kessel § 293 Rn 1). Freilich müsste auch eine solche Systematik die besonderen Sachprobleme lösen, die sich bei einer Leistungsstörung auf der Gläubigerseite stellen. Insbesondere müssten die bestehenden Regeln, nach denen die Gegenleistungspflicht zwar aufrechterhalten, aber angemessen gemindert wird (§§ 326 Abs 2, 537 Abs 1 S 2, 615 S 2 BGB), in anderer Form aufrechterhalten werden. S hierzu Schmidt-Kessel § 22.

Wesensmerkmal des Annahmeverzugs ist, dass der Gläubiger die Leistung nicht 3
annimmt oder sonst eine zur Bewirkung der Leistung erforderliche Mitwirkung unterlässt (vgl §§ 293, 295 BGB). Daraus folgt, dass Annahmeverzug nicht in Betracht kommt, wenn der Gläubiger weder durch Annahme noch in sonstiger Weise an der Leistung mitzuwirken hat. Verpflichtet sich der Schuldner zu einem **Unterlassen** oder zur Abgabe einer Willenserklärung, scheidet deshalb Annahmeverzug regelmäßig aus (Enneccerus/Lehmann § 57 I; Planck/Siber § 293 Anm 1a; Oertmann AcP 116 [1918] 1, 15; MünchKomm/Ernst § 293 Rn 3; Schmidt-Kessel § 7 II 3 a). Zwingend ist das aber nicht, wie folgendes Beispiel zeigt: Ein wissenschaftliches Forschungsinstitut vereinbart mit einem rund um die Uhr arbeitenden benachbarten Produktionsbetrieb, dass die Produktion für zwei Stunden ruhen soll, damit ein bestimmter Versuch ohne Geräuscheinwirkung durchgeführt werden kann; für das Ruhen der Produktion ist nur ein ungefährer Zeitpunkt angegeben. Legt der Produktionsbetrieb später einen konkreten Zeitpunkt fest, und erklärt das Forschungsinstitut, es könne das Ruhen der Produktion zu dem angekündigten Zeitpunkt nicht nutzen und bestehe auf einem anderen Zeitpunkt, so kann diese Erklärung durchaus Annahmeverzug begründen. Die unterlassene Produktionseinstellung muss dann später nachgeholt werden; etwaige Mehraufwendungen sind gem § 304 BGB zu ersetzen (wie hier Erman/Hager Vor § 293 Rn 2; NK-BGB/Schmidt-Kessel § 293 Rn 4; PWW/Zöchling-Jud § 293 Rn 4; Soergel/Schubel Vor § 293 Rn 5; **aA** Planck/Siber § 293 Anm 1a und Oertmann AcP 116 [1918] 1, 15, die dem Schuldner in solchen Fällen nur die Wahl lassen wollen, gegen den Willen des Gläubigers zu erfüllen oder eine uneingeschränkte Fortdauer seiner Leistungspflicht in Kauf zu nehmen).

4 Die Bestimmungen der §§ 293 ff BGB sind **dispositiv**. Insbesondere kann bestimmt werden, dass auch in anderen als den in § 295 BGB geregelten Fällen ein wörtliches Angebot für den Eintritt des Gläubigerverzugs genügt. Auch die Folgen können abweichend von den §§ 300 ff BGB geregelt, etwa ein Schadensersatzanspruch vorgesehen werden. Soweit solche Bestimmungen in Allgemeinen Geschäftsbedingungen getroffen werden, sind die Voraussetzungen des § 307 BGB zu beachten (ausführlich zur Abdingbarkeit CHANG 6 ff).

II. Annahmeverzug und Leistungspflicht

1. Annahmeverzug und Ausschluss der Leistungspflicht

5 Nicht anders als die Regeln über den Schuldnerverzug sind die Bestimmungen über den Annahmeverzug auf den Fall gemünzt, dass die geschuldete Leistung noch erbracht werden kann. Ist die Leistung iSd § 275 Abs 1 BGB dauernd unmöglich geworden oder hat der Schuldner die Leistung nach § 275 Abs 2 oder Abs 3 BGB verweigert, so muss die Leistungsstörung über die Regeln zum Ausschluss der Leistungspflicht, insbesondere §§ 275 ff, §§ 323 ff BGB abgewickelt werden. Annahmeverzug kann, wie das auch in § 292 BGB zum Ausdruck kommt, nicht mehr eintreten. War Annahmeverzug schon eingetreten, endet er mit dem Ausschluss der Leistungspflicht, sodass ab diesem Zeitpunkt die dafür geltenden Regeln, beim gegenseitigen Vertrag insbesondere § 326 Abs 2 BGB, anwendbar sind (BGH 19. 12. 1991 – IX ZR 96/91, BGHZ 117, 1, 6; BAG 18. 8. 1961 – 4 AZR 132/60, DB 1961, 1360; ERMAN/HAGER Vor § 293 Rn 4; SOERGEL/SCHUBEL § 293 Rn 14; **abw** SCHMIDT-KESSEL § 7 II 1 b).

6 Die Zuordnung zu den Unmöglichkeitsregeln ist früher für den Fall angezweifelt worden, dass die Leistung deshalb unmöglich ist, weil der **Gläubiger auf Dauer die Leistung nicht mehr annehmen** oder eine sonstige Mitwirkungshandlung nicht mehr vornehmen kann. Aus dem Umstand, dass dem Schuldner die Leistung möglich wäre, „sofern nur der Gläubiger es an seiner Mitwirkung nicht fehlen ließe", leitete man die Anwendbarkeit der Regeln über den Annahmeverzug ab (sog Abstrahierungsformel, vgl die ausführlichen Nachweise in STAUDINGER/WERNER[10/11] § 293 Rn 2 ff). Demgegenüber hat sich bereits in den 70er Jahren im Gefolge von BEUTHIEN (230 ff) in Rechtsprechung und Literatur die Auffassung durchgesetzt, dass auch in diesen Fällen kein Annahmeverzug, sondern allein **Unmöglichkeit** der Leistung anzunehmen ist (BGH 30. 11. 1972 – VII ZR 239/71, BGHZ 60, 14, 16 für den Fall, dass die Erfüllung eines als absolutes Fixgeschäft aufzufassenden Reisevertrages unmöglich wird, weil ein Familienmitglied des Buchenden ein Impfzeugnis braucht, aber nicht geimpft werden darf; BAG 17. 12. 1968 – 5 AZR 149/68, NJW 1969, 766 zu einem Arbeitsvertrag für den Fall, dass die Arbeitsstätte durch Brand zerstört wird; KÖHLER 18 ff; HÜFFER 29; LARENZ I § 25 I c; ESSER/SCHMIDT I 2 § 23 II; ERMAN/HAGER Vor § 293 Rn 5; PALANDT/GRÜNEBERG § 293 Rn 5; **aA** auch insoweit SCHMIDT-KESSEL § 7 II 1 b).

7 Gegen die hM hat sich in den 80er Jahren wiederum PICKER (JZ 1985, 641, 693 ff) für den *Dienstvertrag* gewandt. Nach seiner Auffassung tritt, wenn die Dienstleistung aus beim Gläubiger liegenden Gründen unmöglich wird, gleichzeitig Annahmeverzug ein, weil Letzterem auch die Funktion einer Risikozuweisung an den Gläubiger zukomme. Dementsprechend habe der Gläubiger in diesen Fällen gem § 615 BGB stets die Vergütung zu zahlen, selbst eine Kündigung aus wichtigem Grund nach

§ 626 BGB sei ihm versagt. Dem kann nicht gefolgt werden: Die Auffassung PICKERS bevorzugt einseitig den Schuldner. Das grundlegende Interessenausgleichsprinzip für den Fall der Unmöglichkeit der Leistung ist in § 326 Abs 1 BGB festgelegt: Keine Leistung, aber auch keine Gegenleistung. Seine Durchbrechung bedarf eines besonderen Grundes. Ein solcher Grund ist vor allem das Verschulden (§ 326 Abs 2 BGB) oder – bei Kündigung aus wichtigem Grund – das vertragswidrige Verhalten des Gläubigers (§ 628 Abs 2 BGB). Deshalb hatte der BGH in den von PICKER kritisierten Internatsfällen zu Recht differenziert und im Fall des Tunichtguts (BGH 16. 1. 1984 – II ZR 100/83, NJW 1984, 2093) Schadensersatz nach § 628 Abs 2 BGB gewährt, dies im Fall des selbstmordgefährdeten Schülers (BGH 24. 5. 1984 – IX ZR 149/83, NJW 1984, 2091) aber abgelehnt.

Auch in anderen Fällen der Leistungsunmöglichkeit sind die Regeln über den Annahmeverzug zu starr und weniger einseitige Rechtsfolgen angebracht: Hat etwa die Unmöglichkeit der Arbeitsleistung ihre Ursache in einer irgendwie gearteten **Betriebsstörung beim Arbeitgeber**, so ist es zwar regelmäßig angemessen, den Anspruch des Arbeitnehmers auf sein Arbeitsentgelt unter dem Gesichtspunkt des Betriebsrisikos aufrecht zu erhalten (grundlegend RG 6. 2. 1923 – III 93/22, RGZ 106, 272; BAG 15. 1. 1957 – VIII ZR 36/56, BAGE 3, 346; BAG 30. 1. 1991 – 4 AZR 338/90, BAGE 67, 118; BAG 23. 6. 1994 – 6 AZR 872/93; ausf zum Betriebsrisiko STAUDINGER/SCHWARZE [2015] § 326 Rn C 42 ff; **abw** PICKER, in: FS Kissel 812 ff und FS Huber 530 ff) und die Regeln des § 615 S 1 und 2 BGB über den Annahmeverzugslohn anzuwenden, wie das der durch die Schuldrechtsreform eingefügte § 615 S 3 BGB vorsieht (krit zu der Vorschrift SCHMIDT-KESSEL, Gläubigerfehlverhalten § 5 III 3). Das gilt aber nicht in den Fällen, in denen bei fortbestehenden Arbeitnehmeransprüchen die Existenz des Unternehmens gefährdet wäre (BAG 28. 9. 1972 – 2 AZR 506/71, BAGE 24, 446 = AP Nr 28 zu § 615 BGB Betriebsrisiko mit zust Anm BEUTHIEN; **aA** MünchArbR/TILLMANNS [4. Aufl 2018] § 76 Rn 87) oder die Betriebsstörung auf einem Verhalten der Repräsentanten der Arbeitnehmer beruht. In diesen Fällen ist es auch nicht immer angebracht, das Arbeitsentgelt nur unter den tatbestandlichen Voraussetzungen des Annahmeverzugs fortzahlen zu lassen. Etwa wäre es lebensfremd, ein wörtliches Angebot des Arbeitnehmers gem § 295 BGB zu verlangen, wenn feststeht, dass aufgrund einer Betriebsstörung an einem bestimmten Tag nicht gearbeitet werden kann. Im Fall eines **Werkvertrages** ist die Anwendung der §§ 644, 645 BGB angemessen (BGH 30. 11. 1972 – VII ZR 239/71 – BGHZ 60, 14, 19 ff; KÖHLER 34 ff; s zu den Einzelheiten STAUDINGER/PETERS/JACOBY [2014] § 645 Rn 6 ff), während beim **Mietvertrag** § 537 BGB anzuwenden ist (KÖHLER 30 ff). **8**

Anwendbar bleiben die Vorschriften über den Annahmeverzug, wenn der Gläubiger die ihm angebotene Leistung **nicht annimmt, obwohl er sie annehmen könnte**, und erst dadurch die Unmöglichkeit der Leistung eintritt (BEUTHIEN 237). In diesem Fall auf die Grundregel des § 326 Abs 1 BGB und ihre Ausnahmen zu rekurrieren, wäre unbillig. Deshalb schuldet der Arbeitgeber oder sonstige Dienstgeber, der nach einer unberechtigten Kündigung die ihm angebotenen Dienste nicht annimmt, gem § 615 BGB die Arbeitsvergütung, und zwar unabhängig davon, ob Arbeitsleistung oder Dienste nachgeholt werden können oder ob dies wegen ihrer Zeitgebundenheit ausgeschlossen ist. **9**

Der Ausschluss der Leistungspflicht nach § 275 Abs 2 und Abs 3 BGB tritt nur ein, wenn der Schuldner die Leistung tatsächlich verweigert (STAUDINGER/CASPERS § 275 **10**

Rn 114). Verzichtet er auf die Geltendmachung des Leistungsverweigerungsrechts und bietet dem Gläubiger die an sich unzumutbare Leistung ordnungsgemäß an, gerät der Gläubiger in Annahmeverzug, wenn er die Leistung nicht annimmt. Für eine Anwendung über die Regeln des Ausschlusses der Leistungspflicht bleibt dann kein Raum (MünchKomm/Ernst § 293 Rn 8).

11 Vom dauernden ist auch hier der nur **zeitweise Ausschluss der Leistungspflicht** zu unterscheiden. Liegen seine Gründe auf Seiten des Schuldners, so tritt, wenn sie zur Zeit des Angebots gegeben sind, gem § 297 BGB kein Annahmeverzug ein (näher § 297 Rn 1). Liegen die Gründe auf Seiten des Gläubigers, ist dieser also an der Annahme oder einer sonstigen Mitwirkungshandlung zeitweise gehindert, so ändert das, vom Ausnahmefall des § 299 BGB abgesehen, nichts an der Anwendbarkeit der Regeln über den Annahmeverzug (wie hier Erman/Hager Vor § 293 Rn 6). Nur diese gewährleisten, insbesondere über die §§ 300–304 BGB, eine sachgerechte Abwicklung solcher Fälle (zutr Beuthien 236 f; s weiter noch § 299 Rn 2 f).

2. Annahmeverzug und Schuldnerverzug

12 Schuldverhältnisse können den Gläubiger auch zur **Abnahme** der ihm angebotenen Leistung **verpflichten**. In diesem Fall gerät der Gläubiger durch die Nichtabnahme nicht nur in Annahmeverzug, sondern – hinsichtlich der Abnahmepflicht – auch in Schuldnerverzug, vgl Vorbem 32 zu §§ 286 ff. Außerdem kann das Unterlassen der Mitwirkung treuwidrig iS des § 162 BGB sein (BGH 13. 7. 1988 – VIII ZR 292/87, NJW-RR 1988, 1396). Dazu, dass der Annahmeverzug des Gläubigers den Verzug des Schuldners ausschließt, § 286 Rn 57.

3. Annahmeverzug und Nebenpflichtverletzung

13 Wo keine besondere Abnahme- oder Mitwirkungspflicht des Gläubigers besteht, stellt die **Nichtannahme** der geschuldeten Leistung oder die fehlende Mitwirkung keine Nebenpflichtverletzung dar. Die gegenteilige Auffassung des BGH, der auch in einem solchen Fall eine positive Forderungsverletzung bejaht hat (BGH 13. 11. 1953 – I ZR 140/52, BGHZ 11, 81, 88 f; BGH 16. 5. 1968 – VII ZR 40/66, BGHZ 50, 175, 178 f; unklar BGH 13. 7. 1988 – VIII ZR 292/87, NJW-RR 1988, 1396), ist nicht richtig. Früher die positive Forderungsverletzung und heute die Nebenpflichtverletzung nach § 280 Abs 1 iVm § 241 Abs 2 BGB setzen tatbestandsmäßig die Verletzung einer Schutzpflicht voraus, an der es beim Annahmeverzug nach geltendem Recht gerade fehlt (Rn 2). Zum anderen schießen die Rechtsfolgen der Nebenpflichtverletzung über das Ziel hinaus: Während der Vertragspartner bei Bestehen einer Abnahmepflicht (oben Rn 10 und Vorbem 32 zu §§ 286 ff) in der Regel nur den Verzögerungsschaden nach §§ 280 Abs 2, 286 BGB (§ 286 Rn 181 ff) ersetzt erhielte, könnte er in Konsequenz der Auffassung des BGH auf dem Weg über §§ 280 Abs 1, Abs 3, 283 BGB Schadensersatz statt der Leistung verlangen (so jedoch Erman/Hager Vor § 293 Rn 10). Allerdings kann die Nichtannahme der Schuldnerleistung im Einzelfall als Lossagung vom Vertrag zu werten sein oder in ihr eine erhebliche Gefährdung des Vertragszwecks liegen. Das wäre dann in der Tat eine zum Rücktritt gem § 324 BGB und zum Schadensersatz statt der Leistung gem § 282 BGB berechtigende Nebenpflichtverletzung (Kreuzer/Stehle JA 1984, 69, 76; Wertheimer JuS 1993, 646, 650).

Zum Verschulden des **Schuldners** an der Nichtannahme vgl § 293 Rn 18. **14**

III. Überblick über die gesetzliche Regelung

Das Gesetz regelt in den §§ 293–299 BGB die *Voraussetzungen* des Annahmeverzugs. Die *Rechtsfolgen* sind teils in den §§ 300–304 BGB, teils an anderer Stelle geregelt: §§ 372, 383 BGB, §§ 373 ff HGB gewähren dem Schuldner im Annahmeverzug das Recht zur Hinterlegung und zum Selbsthilfeverkauf; §§ 322 Abs 2, 326 Abs 2, 615, 642–644 BGB regeln die Abwicklung gegenseitiger Verträge im Annahmeverzug. Weitere Folgen des Annahmeverzugs sind in § 264 Abs 2 BGB für die Wahlschuld und in § 274 Abs 2 BGB für die Wirkungen des Zurückbehaltungsrechtes festgelegt. Andere als die gesetzlich vorgesehenen Folgen hat der Annahmeverzug regelmäßig nicht. Insbesondere führt er nicht zur Umwandlung von Bring- in Holschulden (wie hier Palandt/Grüneberg § 304 Rn 1). Ausnahmsweise kann der Annahmeverzug gem § 242 BGB bei der Begrenzung von Rechten des Gläubigers zu berücksichtigen sein; so ist in der Rechtsprechung anerkannt, dass der Besteller, der sich mit einer Mängelbeseitigung im Annahmeverzug befindet, die Zahlung des Werklohnes nur in der Höhe der tatsächlichen Mängelbeseitigungskosten und nicht wie in § 641 Abs 3 BGB für den Regelfall vorgesehen in Höhe des Dreifachen dieser Kosten verweigern kann (BGH 4. 4. 2002 – VII ZR 252/01, NJW-RR 2002, 1025). **15**

IV. Regelung der Nichtannahme bei grenzüberschreitenden Verträgen

Welches Recht bei grenzüberschreitenden Verträgen anzuwenden ist, richtet sich nach dem Vertragsstatut, wie es sich aus der Verordnung der Europäischen Gemeinschaft Nr 593/2008 vom 17. 6. 2008, Rom-I (dazu Staudinger/Magnus [2016] Erl zu Rom-I-VO) ergibt. Dies gilt auch für etwaige Rechtsfolgen, die durch die Nichtannahme der Leistung durch den Gläubiger eintreten (MünchKomm/Spellenberg Art 12 Rom I-VO Rn 63). **16**

Für grenzüberschreitende **Kaufverträge** ist das **CISG** zu beachten. Es enthält kein besonderes Institut des Annahmeverzugs, sondern geht von einer (Schuldner-) Pflicht des Käufers zur Abnahme der Kaufsache aus. *Abnahmepflicht* in diesem Sinne bedeutet über die eigentliche Übernahme der Ware hinaus, dass der Käufer dazu verpflichtet ist, alle Handlungen vorzunehmen, die vernünftigerweise von ihm erwartet werden können, damit dem Verkäufer die Lieferung ermöglicht wird (Art 60 CISG). Das CISG regelt die Rechtsfolgen einer Nichtabnahme im Einzelnen: Der Verkäufer kann Erfüllung verlangen (Art 62 CISG), unter bestimmten Voraussetzungen die Aufhebung des Vertrages erklären (Art 64 iVm Art 81 CISG), Schadensersatz verlangen (Art 61 Abs 1b, Abs 2 iVm Art 74–77 CISG) sowie im Fall des Spezifikationskaufes die Spezifizierung selbst vornehmen (Art 65 CISG). Mit Verletzung der Abnahmepflicht geht auch die Preisgefahr auf den Käufer über (Art 69 CISG). Diese Rechtsfolgen sind allerdings dann ausgeschlossen, wenn dem Käufer nach Art 79 Abs 1 CISG der Nachweis gelingt, dass die Nichtabnahme auf einem außerhalb seines Einflussbereichs liegenden Hinderungsgrund beruht und dass von ihm vernünftigerweise nicht erwartet werden konnte, den Hinderungsgrund bei Vertragsabschluss in Betracht zu ziehen oder ihn und seine Folgen zu vermeiden oder zu überwinden. In jedem Fall hat der Verkäufer Anspruch auf Ersatz der Aufwendungen, die er zur Erhaltung der Ware gemacht hat (Art 85 S 2 CISG) **17** und ist zur Einlagerung der Ware bei Dritten (Art 87 CISG) und zum Selbsthilfeverkauf berechtigt (Art 88 CISG). Zum CISG s Huber, Zug-um-Zug-Verurteilung, Annahmeverzug und UN-Kaufrecht, IPRax 2001, 557; Schwenzer, Das UN-Abkommen zum Internationalen Warenkauf, NJW 1990, 602 ff; Schlechtriem/Schwenzer, Kommentar zum einheitlichen UN-Kaufrecht (6. Aufl 2013); Staudinger/Magnus, Wiener UN-Kaufrecht (CISG) (2018).

§ 293
Annahmeverzug

Der Gläubiger kommt in Verzug, wenn er die ihm angebotene Leistung nicht annimmt.

Materialien: E I § 254; II § 249; III § 287; Jakobs/Schubert 331–334.

Schrifttum

Bittner, Zivilrechtliche Folgen von Handelsbeschränkungen, ZVglRWiss 93 (1994) 268

Boecken/Jungbauer, Anspruch auf Annahmeverzugslohn bei rückwirkender Begründung eines Arbeitsverhältnisses oder rückwirkender Änderung des Umfangs der Arbeitszeit, RdA 2017, 216

Boemke, Annahmeverzug des Entleihers bei Nichtbeschäftigung des Leiharbeitnehmers?, BB 2006, 997

Boer, Leistungsunmöglichkeit und Annahmeverzug, Gruchot 54, 493

Buchka, Die indirekte Verpflichtung zur Leistung (1904)

Kohler, Der Gläubigerverzug, ArchBürgR 13, 149

Löwisch, Die Beendigung des Annahmeverzugs durch ein Weiterbeschäftigungsangebot während des Kündigungsrechtsstreits, DB 1986, 2433

M Meyer, Leistungswilligkeit und böswilliges Unterlassen beim Annahmeverzug im gekündigten Arbeitsverhältnis, NZA-RR 2012, 337

Scherer, Verzug und Feststellungsklage, JR 2001, 441

Wieland, Die Ermächtigung zum Leistungsempfang, AcP 95 (1904) 161.

S im Übrigen die Schrifttumsangaben in den Vorbem zu §§ 293 ff.

Systematische Übersicht

Alphabetische Übersicht

I. Allgemeines

§ 293 BGB legt die beiden grundsätzlichen Voraussetzungen des Annahmeverzugs fest: **Angebot** der Leistung durch den Schuldner, **Nichtannahme** der Leistung durch den Gläubiger. Weitere Voraussetzungen werden für den Annahmeverzug nicht gemacht, insbesondere ist ein Verschulden des Gläubigers nicht erforderlich (vgl dazu Vorbem 1 zu §§ 293 ff). Nähere Bestimmungen über das Angebot enthalten die §§ 294–297 BGB, nähere Bestimmungen über die Nichtannahme die §§ 298, 299 BGB. 1

II. Angebot der Leistung durch den Schuldner

Wie der Schuldner seine Leistung anzubieten hat, regeln die §§ 294, 295 BGB näher. 2
Danach ist grundsätzlich ein **tatsächliches Angebot** erforderlich (§ 294 BGB). Ein

wörtliches Angebot genügt, wenn der Gläubiger erklärt hat, dass er die Leistung nicht annehmen werde, oder wenn für die Leistung eine Mitwirkungshandlung des Gläubigers erforderlich ist (§ 295 BGB). Entsprechend der Regelung in § 286 Abs 2 Nr 1 und 2 BGB ist ein Angebot überhaupt überflüssig, wenn für die Gläubigerhandlung eine Zeit nach dem Kalender bestimmt ist (§ 296 BGB).

3 Steht dem Schuldner gegenüber dem Gläubiger die **Einrede** *des nichterfüllten Vertrages oder ein Zurückbehaltungsrecht* zu, so enthebt ihn das nicht der Notwendigkeit, seine Leistung anzubieten, wenn er den Annahmeverzug herbeiführen will. Wie aus § 298 BGB folgt, hat er lediglich die Möglichkeit, sein Angebot mit dem Hinweis auf die Einrede oder das Zurückbehaltungsrecht zu verknüpfen. Damit erreicht er, dass der Gläubiger den Annahmeverzug nicht durch bloße Annahmebereitschaft, sondern nur dadurch verhindern kann, dass er die einredeweise geltend gemachte Leistung seinerseits anbietet (OLG Dresden 24. 8. 2016 – 1 U 854/14 ua, nv, das dementsprechend in diesen Fällen zurecht annimmt, dass der Gläubiger einen bestehenden Annahmeverzug nicht allein dadurch beenden kann, dass er sich annahmebereit zeigt, ohne seinerseits die Gegenleistung anzubieten; vgl auch BAG 7. 6. 1973 – 5 AZR 563/72, AP Nr 28 zu § 615 BGB, das allerdings den Zusammenhang mit § 298 BGB nicht sieht). Dazu, dass der Gläubiger die ihm zustehende Einrede des nicht erfüllten Vertrages behält, auch wenn er sich im Gläubigerverzug befindet Staudinger/Schwarze (2015) § 320 Rn 39.

4 Nach dem Wortlaut des § 293 BGB muss die Leistung „ihm", also dem **Gläubiger** angeboten werden. Regelfall ist daher das Angebot an den Gläubiger in Person. Vertraglich kann aber auch ein *Dritter* bezeichnet werden, dem die Leistung zu erbringen ist oder erbracht werden kann und dem gegenüber dann auch das Angebot gemacht werden muss oder kann. Wird etwa die Auslieferung der Ware (zB eines Blumenstraußes) an einen Dritten vereinbart und lehnt dieser die Annahme ab, tritt Annahmeverzug ein. Gleiches gilt, wenn vereinbart ist, dass die Leistung oder Zahlung auch an den Prozessbevollmächtigten des Gläubigers erfolgen kann. Nimmt die auf der Rechnung oder dem Briefbogen des Gläubigers angegebene Bank den überwiesenen Betrag nicht an, so kommt der Gläubiger ebenfalls in Annahmeverzug (OLG Hamburg JR 1949, 411).

5 Nicht zu verwechseln mit der Bestimmung eines dritten Leistungsempfängers ist der Fall, dass der Gläubiger lediglich *im Innenverhältnis einen Dritten* zur Entgegennahme der Leistung ermächtigt hat, wie es etwa unter Nachbarn vorkommt. Wird dem Dritten die Leistung angeboten, so tritt Annahmeverzug nur ein, wenn dieser die Annahme der Leistung ablehnt; der Gläubiger muss sich das Verhalten der von ihm ermächtigten Person zurechnen lassen. Erklärt der Dritte aber, er mache von seiner Ermächtigung keinen Gebrauch, begründet das keinen Annahmeverzug, da die Leistung dann – für den Schuldner erkennbar – nicht ordnungsgemäß, nämlich nicht der richtigen Person angeboten worden ist (so auch MünchKomm/Ernst Rn 14, Soergel/Schubel Rn 6 für den bevollmächtigten Vertreter). Praktisch wird dieser Fall allerdings nur, wenn ein Zeitpunkt für die Leistung nicht festgelegt ist. Ist ein Leistungszeitpunkt fest vereinbart, kommt der Gläubiger in jedem Fall in Verzug, wenn er – oder der von ihm Ermächtigte – die Leistung in diesem Zeitpunkt nicht annimmt.

6 Beim **Vertrag zugunsten eines Dritten** ist das Angebot regelmäßig an diesen zu richten. Denn er ist derjenige, dem die Leistung erbracht werden soll. Daher bewirkt

die Nichtannahme durch den Dritten Annahmeverzug. S dazu STAUDINGER/JAGMANN (2015) § 334 Rn 19.

Sind **mehrere Gläubiger** vorhanden, an welche die Leistung nur gemeinschaftlich bewirkt werden kann, so muss die Leistung auch allen Gläubigern angeboten werden (§ 432 BGB). Demgegenüber wirkt der Annahmeverzug im Falle der Gesamtgläubigerschaft auch gegen die übrigen Gläubiger (§ 429 Abs 1 BGB). 7

Im Fall der **Forderungsabtretung** kann der Schuldner dem bisherigen Gläubiger die Leistung wirksam anbieten, solange er von der Abtretung keine Kenntnis hat (s STAUDINGER/BUSCHE [2017] § 407 Rn 14). 8

Das Angebot geht regelmäßig **vom Schuldner** aus. Aber auch ein *Dritter* kann Annahmeverzug dadurch herbeiführen, dass er dem Gläubiger die Leistung anbietet (SCHMIDT-KESSEL § 7 II 3 b cc). Die Leistung eines Dritten bewirkt nur dann keinen Annahmeverzug, wenn der Schuldner, wie etwa regelmäßig beim Dienstvertrag (§ 613 S 1 BGB), in Person zu leisten hat, oder der Schuldner der Leistung des Dritten widerspricht (§ 267 Abs 2 BGB). Eine vorherige Einwilligung des Schuldners in die Drittleistung ist aber nicht erforderlich, um den Annahmeverzug herbeizuführen (§ 267 Abs 1 S 2 BGB). 9

Ermächtigt der Schuldner den Gläubiger, die Leistung *bei einem Dritten zu erheben,* zB durch Hingabe eines Schecks oder Wechsels, hindert ihn das entgegen einer früher vertretenen Meinung (WIELAND AcP 95 [1904] 161 ff) nicht daran, die Leistung dem Gläubiger selbst in einer den Annahmeverzug begründenden Weise anzubieten. Etwa kann der Gläubiger, solange er den Scheck dem Bezogenen nicht vorgelegt hat, auch durch ein tatsächliches Angebot der Leistung (Barzahlung) in Annahmeverzug gesetzt werden. Anders ist die Lage nur, wenn die Zahlung durch Scheck als die vertraglich geschuldete Leistung vereinbart worden ist. 10

Wenn der Schuldner die Leistung dem Gläubiger **nicht anbieten kann**, zB weil über den Aufenthalt des Gläubigers Ungewissheit besteht, und das Gericht die öffentliche Zustellung eines wörtlichen Angebots ablehnt oder nicht ordnungsgemäß durchführt (§ 132 BGB iVm §§ 166 ff ZPO), ist der Annahmeverzug ausgeschlossen. In solchen Fällen kommt für den Schuldner nur die Hinterlegung der geschuldeten Leistung nach § 372 S 2 BGB in Betracht (wie hier CROME, System des Bürgerlichen Rechts II [1907] 152; **aA**, nämlich für den Eintritt der Verzugswirkungen auch ohne Angebot, KOHLER ArchBürgR 13, 149, 199; PLANCK/SIBER § 294 Rn 2). 11

Wie der Schuldnerverzug Fälligkeit der Leistung voraussetzt, setzt der Annahmeverzug die **Erfüllbarkeit der Forderung** voraus. Nach § 271 BGB ist die Erfüllbarkeit regelmäßig schon mit der Begründung des Schuldverhältnisses gegeben. Etwas Anderes gilt jedoch bei der rückwirkenden Begründung von Schuldverhältnisse (s dazu § 283 Rn 7). Deshalb kann bei einer der rückwirkenden Begründung eines Arbeitsverhältnisses für die Zeit bis zum Abschluss des rückwirkenden Vertrages kein Annahmeverzug eintreten (BAG 27. 1. 2016 – 5 AZR 9/15, BAGE 154, 100; STAUDINGER/FELDMANN [2018] § 311a Rn 22; fehlerhaft daher BOECKEN/JUNGBAUER RdA 2017, 216, 219 ff, die gar unter Verweis auf die überholte Rechtsprechung zur im Arbeitsverhältnis vermeintlich bestehenden Mitwirkungshandlung nach § 296 S 1 BGB [s dazu § 296 Rn 4] ein Angebot des Arbeitneh- 12 mers für den Eintritt von Annahmeverzug für entbehrlich halten). Zudem kann sich aus dem Schuldverhältnis etwas Anderes ergeben. So hat der Gläubiger einer verzinslichen Schuld meist ein Interesse daran, eine vorzeitige Zahlung zurückweisen zu können. Der Vermieter braucht sich nicht auf eine vorzeitige Schlüsselrückgabe und Räumung einzulassen, wenn dadurch Obhutspflichten des Mieters verkürzt werden (Breckerfeld, Schlüsselrückgabepflicht vor Beendigung des Mietverhältnisses, NZM 2000, 533 unter Bezugnahme auf KG Berlin 6. 5. 1999 – 8 U 1700/98, NZM 2000, 92). Ein Arbeitnehmer, der zu einem bestimmten Zeitpunkt eingestellt ist, kann nicht vor diesem Zeitpunkt seine Arbeitsleistung erbringen (zu diesen Fällen vgl Staudinger/Bittner/Kolbe § 271 Rn 34 ff). Auch bei einer zwar erfüllbaren, aber noch nicht fälligen Leistung gerät der Gläubiger durch eine vorübergehende Annahmeverhinderung noch nicht in Annahmeverzug (§ 299 BGB).

13 Das Angebot bewirkt den Eintritt des Annahmeverzugs nur dann, wenn der Schuldner zur Zeit des Angebots **zur Leistung in der Lage** ist: Ist ihm die Leistung in diesem Zeitpunkt aus tatsächlichen oder rechtlichen Gründen unmöglich, so schließt das nach § 297 BGB den Annahmeverzug aus. Zum Verhältnis von Annahmeverzug und Ausschluss der Leistungspflicht vgl Vorbem 5 ff zu §§ 293 ff.

III. Nichtannahme der Leistung durch den Gläubiger

14 Der Annahmeverzug tritt ein, wenn der Gläubiger die ihm angebotene Leistung nicht annimmt. Annahme ist **Entgegennahme der Leistung als Erfüllung** (MünchArbR/Tillmanns [4. Aufl 2018] § 76 Rn 46). Ist der Gläubiger zwar bereit, die Leistung entgegenzunehmen, erklärt er aber gleichzeitig, es handele sich nicht um die geschuldete Leistung oder die Leistung sei mangelhaft, und überlässt der Schuldner ihm daraufhin die Leistung nicht, gerät der Gläubiger in Verzug. Der Schuldner kann den geschuldeten Gegenstand gem § 372 S 1 BGB hinterlegen. Das gilt freilich nicht, wenn die Leistung tatsächlich nicht der geschuldeten entspricht oder mangelhaft ist; es fehlt dann schon am Angebot iS des § 294 BGB (s § 294 Rn 8 f). Ebenfalls kein Annahmeverzug tritt ein, wenn der Gläubiger die Leistung trotz der gemachten Vorbehalte in Empfang nimmt (vgl RG 17. 12. 1898 – In 355/98, RGZ 43, 44, 46 f).

15 Bestehen gegenüber dem Gläubiger **mehrere Verbindlichkeiten**, bestimmt der Schuldner, welche er mit seiner Leistung erfüllen will (§ 366 Abs 1 BGB). Dementsprechend muss der Gläubiger die Leistung zum Zwecke der Erfüllung derjenigen Verbindlichkeit annehmen, die der Schuldner bestimmt hat. Tut er das nicht, und behält der Schuldner deswegen die Leistung, gerät der Gläubiger in Verzug. Überlässt der Schuldner dem Gläubiger trotz seines Widerspruchs die Leistung, und nimmt der Gläubiger diese entgegen, wird die vom Schuldner bestimmte Schuld getilgt; der Widerspruch des Gläubigers ist unerheblich (Staudinger/Olzen [2016] § 366 Rn 3).

16 Soweit das Gesetz für den Fall des Bestehens mehrerer Verbindlichkeiten eine **Tilgungsreihenfolge** festlegt (§ 367 Abs 1 BGB), kann der Schuldner Annahmeverzug nur herbeiführen, wenn er bei seiner Leistungshandlung diese Reihenfolge beachtet. Bestimmt der Schuldner eine andere Reihenfolge, so führt die Ablehnung der Leistung durch den Gläubiger nicht zum Annahmeverzug (§ 367 Abs 2 BGB). Anders ist dies wegen § 497 Abs 3 S 2 BGB bei einer Tilgungsbestimmung des Darlehensnehmers, der Verbraucher ist, die von § 497 Abs 3 S 1 BGB abweicht.

17 Die bloße **Nichtannahme** reicht für die Bewirkung des Annahmeverzugs aus. Auf ein Verschulden des Gläubigers oder seiner Hilfspersonen kommt es nicht an (BGH 11. 4. 1957 – VII ZR 280/56, BGHZ 24, 91, 96; BGH 10. 5. 1988 – IX ZR 175/87, ZIP 1988, 905; BGH 22. 7. 2010 – VII ZR 117/08, NJW-RR 2011, 21). Nimmt der Gläubiger rechtsirrig an, der Schuldner biete die Leistung nicht wie geschuldet an, so hindert dies den Eintritt des Annahmeverzugs daher nicht (BGH 22. 7. 2010 – VII ZR 117/08, NJW-RR 2011, 21, für die irrtümliche Auffassung, das Nachbesserungsangebot des Schuldners sei nicht ordnungsgemäß). Ebenso wenig kann sich der Gläubiger, abgesehen von dem besonderen Fall des § 299 BGB, mit dem Nachweis verteidigen, dass er durch irgendwelche Umstände an der Annahme verhindert war. Deshalb kam während der Besatzungszeit eine GmbH, welche die ihr angebotenen Dienste eines Angestellten nicht in Anspruch nahm, der auf Befehl der Militärregierung in der Britischen Besatzungszone „entlassen" worden war, in Annahmeverzug (BGH 10. 5. 1951 – III ZR 184/50, BGHZ 2, 117, 123). Ebenso gerät der Unternehmer in Annahmeverzug, der die bestellte Ware nicht abnehmen kann, weil seine Arbeitnehmer – aus welchem Grund auch immer – in Streik getreten sind (Löwisch, Arbeitskampf und Vertragserfüllung, AcP 174 [1974] 202, 253 f; **aA** Kreissl, Zur Haftung des Unternehmens im Arbeitskampf, JZ 1995, 695, 702).

18 Auch dass der **Schuldner die Nichtannahme verursacht**, ändert grundsätzlich nichts am Eintritt des Annahmeverzugs. Hat etwa der Schuldner den Gläubiger bei einem Verkehrsunfall schwer verletzt, sodass der Gläubiger die Leistung nicht wie vorgesehen am folgenden Tag entgegennehmen kann, gerät der Gläubiger gleichwohl in Annahmeverzug (Wertheimer JuS 1993, 646, 650 f; **aA** Schwarze § 36 Rn 42). Anders liegt es, wenn der Schuldner die Nichtannahme bewusst herbeiführt. Dann ist die Annahme entsprechend dem Rechtsgedanken des § 162 BGB als erfolgt anzusehen. Deshalb kann etwa der Versuch eines über freie Lagerkapazitäten verfügenden Schuldners, sich Mehraufwendungsersatz nach § 304 BGB dadurch zu verschaffen, dass er den Gläubiger vor Anlieferung der Ware telefonisch vom Lieferort weglockt, keinen Erfolg haben. Die durch den Schuldner fahrlässig verursachte Nichtannahme der Leistung kann im Einzelfall eine Nebenpflichtverletzung nach §§ 280 Abs 1, 241 Abs 2 BGB sein, die den Schuldner im Wege des Schadensersatzes (§ 249 BGB) dazu verpflichtet, den Gläubiger von den Folgen des Annahmeverzugs freizustellen. Wird etwa der Gläubiger, der die Ware abholen will, auf dem Werksgelände des Schuldners von dessen Leuten fahrlässig so verletzt, dass er die Ware nicht entgegennehmen kann, und geht die Ware dann unter, wird der Gläubiger trotz § 326 Abs 2 BGB von der Verpflichtung zur Entgeltzahlung frei. Die vom Schuldner fahrlässig verursachte Nichtannahme des Gläubigers über die Grundsätze der §§ 280 Abs 1, 241 Abs 2 BGB zu lösen, ist interessengerechter als der vollständige Ausschluss der Rechtsfolgen des Annahmeverzugs über § 242 BGB (Wertheimer JuS 1993, 646, 650 f). Nur so kann ein etwaiges Mitverschulden des Gläubigers berücksichtigt werden.

19 Der Gläubiger kommt nicht in Verzug, wenn er die Leistung **berechtigterweise ablehnt**. Das ist insbesondere dann der Fall, wenn der Schuldner dem Gläubiger die Annahme „gestundet" hat, zB sich damit einverstanden erklärt hat, dass die Leistung erst gemeinsam mit anderen Leistungen abgenommen werden muss. Berechtigt ist die Ablehnung auch dann, wenn der Schuldner die Leistung nicht so anbietet, wie sie tatsächlich zu bewirken ist, zB entgegen § 266 BGB eine Teilleistung oder eine mangelhafte Leistung andient (zu diesen Fällen näher § 294 Rn 2 ff). Dem Gläubiger kann die Annahme der Leistung auch unzumutbar sein (dazu § 297 Rn 20).

20 Ist zwischen Gläubiger und Schuldner **streitig, ob** zwischen ihnen überhaupt ein **Schuldverhältnis besteht**, und nimmt der Gläubiger die ihm angebotene Leistung nicht an, gerät er in Annahmeverzug, wenn das Schuldverhältnis tatsächlich besteht. Nimmt der Gläubiger die Leistung unter dem Vorbehalt an, sie dann zurückzugeben, wenn sich das Nichtbestehen des Schuldverhältnisses später herausstellt, tritt kein Annahmeverzug ein. Denn der Gläubiger erklärt in diesem Fall zweierlei: Er nimmt die Leistung für den Fall, dass das Schuldverhältnis besteht, als die vertraglich geschuldete an. Zusätzlich nimmt er sie vorübergehend bis zur Klärung der Rechtslage auch für den Fall an, dass das Schuldverhältnis nicht besteht. Das Recht, auf diese Weise die angebotene Leistung anzunehmen, ist dem Gläubiger zuzubilligen. Stünde dem Gläubiger dieser Vorbehalt nicht zu, könnte er die Rechtslage nur um den Preis der Rechtsfolgen des Annahmeverzugs klären lassen. Das wäre nicht interessengerecht, zumal er bei einer etwaigen Rückabwicklung der verschärften Haftung in entsprechender Anwendung des § 820 BGB unterliegt (Staudinger/Lorenz [2007] § 820 Rn 5). Entsteht zB bei einem Mietverhältnis noch vor Inbesitznahme der Mietsache durch den Mieter Streit über die Wirksamkeit einer vom Mieter ausgesprochenen Kündigung, kann dieser die Mietsache gleichwohl in einer den Annahmeverzug vermeidenden Weise annehmen. Wollte man ihm die Inbesitznahme nur erlauben, wenn er die Wirksamkeit des Mietvertrags anerkennt, liefe das darauf hinaus, dass er auf einer Klärung der Kündigungsberechtigung nur beharren könnte, wenn er in Kauf nimmt, wegen Teilunmöglichkeit während des Annahmeverzugs nach § 326 Abs 2 BGB den Mietpreis zahlen zu müssen, ohne die Mietsache nutzen zu können (Löwisch DB 1986, 2434). Zu diesem Problem bei der Beendigung des Annahmeverzugs in Dauerschuldverhältnissen s ausf unten Rn 28.

21 Für den Eintritt des Annahmeverzugs ist nicht erforderlich, dass der Gläubiger die Annahme der Leistung ausdrücklich ablehnt. Es genügt ein Verhalten, aus dem **schlüssig** hervorgeht, dass der Gläubiger die Leistung nicht entgegennehmen will. Bei Werk- und Dienstverträgen liegt eine solche schlüssige Nichtannahme etwa in der Erteilung eines Hausverbotes an den Unternehmer bzw Dienstverpflichteten (BAG 11. 11. 1976 – 2 AZR 457/75, BB 1977, 895; OLG Düsseldorf 23. 7. 1999 – 22 U 9/99, NJW-RR 2000, 466). Zur Notwendigkeit eines Angebots in diesen Fällen s § 296 Rn 3 ff.

22 Der Nichtannahme der angebotenen Leistung steht es gleich, wenn der Gläubiger eine für die Leistung notwendige **Mitwirkungshandlung nicht vornimmt**, etwa bei einer Holschuld die geschuldete Sache nicht abholt (dazu § 295 Rn 13 ff).

IV. Beendigung des Annahmeverzugs

23 Das Gesetz enthält keine ausdrückliche Bestimmung darüber, wie der Annahmeverzug beendet wird. Die Vorschrift in E I § 262, dass der Verzug des Gläubigers mit dem Zeitpunkt aufhöre, in dem der Gläubiger das Versäumte nachholt und sich zum Ersatz der durch den Verzug erwachsenen Mehraufwendungen bereit erklärt, wurde von der II. Komm als entbehrlich erachtet (s Mot II 77 und Prot I 333). Man wird Folgendes annehmen müssen:

24 Ist eine Mitwirkungshandlung des Gläubigers nicht erforderlich, um die Leistung zu erbringen, endet der Annahmeverzug dadurch, dass sich der Gläubiger dem Schuldner gegenüber **zur Annahme der Leistung bereit erklärt**. Diese Erklärung ist eine

empfangsbedürftige Willenserklärung (RG SeuffA 60 Nr 176). Im Setzen einer Frist für die Nacherfüllung liegt regelmäßig die Erklärung, zur Annahme bereit zu sein (OLG Sachsen-Anhalt 28. 9. 2001 – 11 U 32/01, OLGR Naumburg 2002, 427).

Entgegen der Auffassung des RG (SeuffA 60 Nr 176) und von Planck/Siber (§ 304 Anm 3b) ist dabei davon auszugehen, dass der Annahmeverzug nicht schon mit dem Zugang der Bereitschaftserklärung endet, sondern erst mit dem *Ablauf des Zeitraumes,* den der Schuldner unter normalen Umständen benötigt, um die *Leistung nunmehr zu erbringen* (OLG Sachsen-Anhalt 28. 9. 2001 – 11 U 32/01, OLGR Naumburg 2002, 427). Dem Schuldner müssen in diesem Zeitraum die Vergünstigungen des Annahmeverzugs, insbesondere die Haftungsbeschränkung des § 300 Abs 1 BGB zugutekommen. Es wäre vor allem im Falle einer Bringschuld unbillig, den Schuldner, der die Sache schon einmal zum Gläubiger gebracht hat, bei weiteren Erfüllungsversuchen sofort wieder für leichte Fahrlässigkeit haften zu lassen (aA Huber I 195). Aus der Möglichkeit des Schuldners, die Sache im Annahmeverzug zu hinterlegen bzw versteigern zu lassen (§§ 372, 383 BGB), folgt nichts Anderes: Diese Maßnahmen sollen nur letzte Auswege darstellen. Sie dem Schuldner durch eine Verkürzung des Annahmeverzugs nahe zu legen, liegt auch nicht im Interesse des Gläubigers. 25

Die Erklärung des Gläubigers muss die nunmehrige Annahmebereitschaft klar und *unzweideutig* zum Ausdruck bringen (LAG Berlin 3. 1. 1969 – 8 [2] Sa 592/68, BB 1969, 834). Auch muss sie sich eindeutig auf die vom Schuldner zu erbringende Leistung beziehen. Deshalb wird der Annahmeverzug des Arbeitgebers gegenüber einem Arbeitnehmer nur dann beseitigt, wenn sich der Arbeitgeber bereit erklärt, den Arbeitnehmer aufgrund der im Arbeitsvertrag festgelegten Arbeitsbedingungen zu beschäftigen (s BAG 27. 1. 1994 – 2 AZR 584/93, DB 1994, 2401). Er muss dabei dem Arbeitnehmer Zeit und Ort der vorgesehenen Arbeitsaufnahme mitteilen, nicht aber bereits den konkreten Inhalt der zu erbringenden Arbeitsleistung (BAG 19. 1. 2016 – 2 AZR 449/15, NZA 2016, 1144). 26

Ist zwischen Schuldner und Gläubiger **streitig, ob ein Schuldverhältnis überhaupt besteht**, kann der Gläubiger den Annahmeverzug dadurch beseitigen, dass er die Schuldnerleistung unter dem Vorbehalt annimmt, sie zurückzugeben, wenn sich herausstellt, dass das Schuldverhältnis nicht besteht. Es gilt dasselbe wie bei der Annahme der Leistung, um den Annahmeverzug zu vermeiden (oben Rn 20). 27

Auch im praktisch wichtigen Fall der *Kündigung eines Arbeitsverhältnisses* durch den Arbeitgeber kann der Arbeitgeber den Annahmeverzug – und damit die Verpflichtung zur Zahlung des Annahmeverzugslohnes – durch ein Weiterbeschäftigungsangebot beseitigen, das er unter den Vorbehalt seines endgültigen Obsiegens im Kündigungsrechtsstreit stellt. Die gegenteilige Auffassung des BAG (BAG 14. 11. 1985 – 2 AZR 98/84, NJW 1986, 2846; BAG 24. 9. 2003 – 5 AZR 500/02, NJW 2004, 316; BAG 19. 9. 2012 – 5 AZR 627/11, NZA 2013, 101; BAG 14. 12. 2017 – 2 AZR 86/17, BAGE 161, 198, das die unmissverständliche Klarstellung des Arbeitgebers verlangt, dass er zu Unrecht gekündigt bzw zu Unrecht auf der Wirksamkeit der Befristung beharrt habe) und eines Teils der arbeitsrechtlichen Literatur (MünchArbR/Tillmanns [4. Aufl 2018] § 76 Rn 40, 46; ErfK/Preis [19. Aufl 2019] § 615 Rn 67 f; Meyer NZA-RR 2012, 337, 341) ist aus den in Rn 20 dargelegten Gründen abzulehnen (Löwisch DB 1986, 2434; Soergel/Kraft § 615 Rn 43; MünchKomm/Henssler § 615 Rn 42; Huber I 182 ff; Schreiber Jura 2009, 592, 595). Sie lässt sich auch nicht 28 mit der Argumentation von Denck aufrechterhalten, der Arbeitnehmer dürfe während des Schwebezustandes des Kündigungsrechtsstreits so wenig einem Zwang zum Eingehen auf das Weiterbeschäftigungsangebot ausgesetzt werden wie der Arbeitgeber einem Zwang zur Weiterbeschäftigung (Denck, Das vorläufige Weiterbeschäftigungsangebot des Arbeitgebers im Kündigungsrechtsstreit, NJW 1983, 255, 257 f): Der Große Senat des BAG hat klargestellt, dass der Kündigungsschutzprozess keine Sperre für den Beschäftigungsanspruch des Arbeitnehmers ist (BAG 27. 2. 1985 – GS 1/84, DB 1985, 2197), der Prozess also die materielle Rechtslage unberührt lässt. Das muss dann auch für die materiell-rechtliche Frage des Annahmeverzugs gelten. Dem Interesse des Arbeitnehmers, die Arbeitsleistung nicht unter im Einzelfall unzumutbaren Umständen erbringen zu müssen, kann über § 326 Abs 2 BGB (so Löwisch DB 1986, 2435) oder durch die Anerkennung eines Zurückbehaltungsrechts (so Huber I 184) Rechnung getragen werden.

29 Ist eine Mitwirkung des Gläubigers erforderlich, um die Leistung zu erbringen, endet der Annahmeverzug erst, wenn der Gläubiger die **Mitwirkungshandlung – und zwar vollständig – vornimmt**, er etwa bei einer Holschuld die zu liefernde Sache abholt (OLG Stuttgart 6. 3. 2018 – 6 W 10/18, nv). Auch die Vornahme der Mitwirkungshandlung muss dem Schuldner zur Kenntnis gelangen: Was für die Erklärung der Annahmebereitschaft gilt (Rn 24 ff), ist auch hier richtig.

30 Hat der Schuldner wegen des Annahmeverzugs gem § 304 BGB einen Anspruch auf die ihm entstandenen **Mehraufwendungen**, so erwächst ihm aus diesem Anspruch gem § 273 BGB ein Zurückbehaltungsrecht hinsichtlich seiner Leistung. Beruft sich der Schuldner auf dieses, so hat dies gem § 298 BGB zur Folge, dass der Gläubiger im Annahmeverzug bleibt, wenn er den verlangten Ersatz oder Sicherheitsleistung für diesen (§ 273 Abs 3 BGB) nicht gleichzeitig mit der Bereitschaftserklärung und gegebenenfalls der Mitwirkungshandlung anbietet. Denn die Geltendmachung des Zurückbehaltungsrechtes bewirkt, dass die Leistung Zug um Zug zu erbringen ist (s § 298 Rn 2). Nach § 298 BGB muss der Gläubiger dann aber auch die von ihm Zug um Zug geschuldete Leistung anbieten, um den Annahmeverzug zu beenden (BGH 6. 12. 1991 – V ZR 229/90, BGHZ 116, 244, 249; OLG Dresden 24. 8. 2016 – 1 U 854/14 ua, nv; wie hier Palandt/Grüneberg Rn 11; MünchKomm/Ernst Rn 23; Soergel/Schubel Rn 16; Huber I 195 f). Macht der Schuldner von seinem Zurückbehaltungsrecht keinen Gebrauch, so braucht der Gläubiger die nach § 304 BGB ebenfalls geschuldeten Beträge nicht anzubieten, um den Annahmeverzug zu beenden (MünchKomm/Ernst Rn 23; Palandt/Grüneberg Rn 11; Soergel/Schubel Rn 16); denn beim Anspruch auf Ersatz der Mehraufwendungen nach § 304 BGB handelt es sich um einen selbstständigen Anspruch (§ 304 Rn 9).

31 Der Annahmeverzug endet, wenn das **Schuldverhältnis erlischt**, etwa weil der Schuldner die Leistung nach § 378 BGB mit befreiender Wirkung hinterlegt hat, wenn aufgerechnet wird (§ 389 BGB) oder der Gläubiger dem Schuldner die Schuld nach § 397 BGB erlässt. Besteht eine Abnahmepflicht des Gläubigers (Vorbem 12 zu §§ 293 ff), endet der Annahmeverzug auch, wenn der Schuldner Schadensersatz statt der Leistung nach §§ 280 Abs 1, Abs 3, 281 BGB fordert oder vom Vertrag nach § 323 BGB zurücktritt und so den Erfüllungsanspruch ausschließt (RG 23. 2. 1904 – II 298/03, RGZ 57, 105, 107).

Der Annahmeverzug endet weiter, wenn der Schuldner das **Angebot der Leistung zurücknimmt** oder im Fall des § 267 Abs 2 BGB der Leistung durch einen Dritten widerspricht. 32

Wird die Leistung dem Schuldner **dauernd unmöglich** oder verweigert dieser die Leistung nach § 275 Abs 2 oder Abs 3 BGB, so endet damit der Annahmeverzug; es gelten ab diesem Zeitpunkt die Regeln zum Ausschluss der Leistungspflicht (Vorbem 4 ff zu §§ 293 ff). Zum Annahmeverzug bei zeitweiser Unmöglichkeit vgl § 297 Rn 26 f. 33

Ebenso wenig wie die Beendigung des Schuldnerverzuges (hierzu § 286 Rn 130) wirkt die Beendigung des Annahmeverzugs zurück. Die bereits eingetretenen **Rechtsfolgen** des Annahmeverzugs **bleiben** bestehen; dies gilt auch für die bereits eingetretene Konkretisierung der Gattungsschuld nach § 300 Abs 2 BGB (Palandt/Grüneberg Rn 13; Soergel/Schubel Rn 17; **aA** MünchKomm/Ernst Rn 22). Es gibt keinen Grund hier von der grundsätzlich geltenden ex-nunc-Wirkung abzuweichen. 34

V. Prozessuales

Der **Schuldner hat zu beweisen**, dass er dem Gläubiger die Leistung ordnungsgemäß angeboten, der Gläubiger diese aber nicht angenommen hat (Palandt/Grüneberg Rn 15; vgl LAG Köln 14. 12. 2015 – 11 Ta 372/15, nv). Dagegen trifft nach § 297 BGB den Gläubiger die Beweislast dafür, dass der Schuldner nicht zur Leistung imstande oder bereit gewesen ist (s § 297 Rn 28 f). Bei einem wörtlichen Angebot nach § 295 BGB ist der Schuldner für alle Tatbestandsvoraussetzungen beweispflichtig; bei einem nach § 296 BGB entbehrlichen Angebot muss er beweisen, dass die erforderliche Mitwirkungshandlung des Gläubigers unterblieben ist. 35

Eintritt und Bestehen des Annahmeverzugs können als bloße Rechtsfragen nicht Gegenstand einer isolierten Feststellungsklage sein (BGH 31. 5. 2000 – XII ZR 41/98, NJW 2000, 2663). Etwas Anderes gilt nur, wenn die Feststellung der erleichterten Vollstreckung eines geltend gemachten Leistungsanspruchs gem § 256 ZPO dient (BGH 31. 5. 2000 – XII ZR 41/98, NJW 2000, 2663 und BGH 13. 12. 2001 – VII ZR 27/00, BGHZ 149, 289; weitergehend Scherer JR 2001, 441 ff: zulässig überall dort, wo dies im Interesse der Prozessökonomie liegt). 36

§ 294
Tatsächliches Angebot

Die Leistung muss dem Gläubiger so, wie sie zu bewirken ist, tatsächlich angeboten werden.

Materialien: E I § 255 Abs 1; II § 250; III § 288; Jakobs/Schubert 335–345.

Schrifttum

Siehe die Schrifttumsangaben zu § 293 und zu den Vorbem zu §§ 293 ff.

Systematische Übersicht

Alphabetische Übersicht

I. Allgemeines

1 § 294 BGB bestimmt, dass das den Annahmeverzug begründende Angebot grundsätzlich in einem **tatsächlichen Andienen** der Leistung zu bestehen hat. Er wird durch § 295 BGB ergänzt, der in bestimmten Fällen ein wörtliches Angebot genügen lässt.

II. Anzubietende Leistung

Die Leistung muss dem Gläubiger so, wie sie zu bewirken ist, angeboten werden, dh sie muss den geschuldeten Inhalt haben. Daraus folgt zunächst, dass die Leistung **vollständig** angeboten werden muss, denn zu Teilleistungen ist der Schuldner nach § 266 BGB idR nicht berechtigt (LAG Rheinland-Pfalz 21. 4. 2016 – 5 Sa 243/15, nv für den Fall, dass ein Vollzeitbeschäftigter nur noch Teilzeitarbeit anbietet; allg zu den Ausnahmen STAUDINGER/BITTNER/KOLBE § 266 Rn 18 ff). Bei einem Rückgewährschuldverhältnis muss der Schuldner deshalb dem Gläubiger nicht nur die empfangene Leistung, sondern auch die Herausgabe der gezogenen Nutzungen (bzw Wertersatz für nicht gezogene Nutzungen) anbieten (OLG Frankfurt 13. 7. 2016 – 17 U 144/15, nv; OLG Karlsruhe 12. 9. 2007 – 7 U 169/06, NJW 2008, 925, 927; STAUDINGER/KAISER [2012] § 346 Rn 299). 2

Zudem muss die Leistung am vereinbarten **Leistungsort** nach §§ 269 f BGB angeboten werden (RG 30. 4. 1924 – I 540/23, RGZ 108, 158, 160; BAG 6. 12. 2017 – 5 AZR 815/16, NZA 2018, 439; LAG Berlin Brandenburg 22. 12. 2008 – 10 Sa 1138/08). Das Angebot muss auch zur gehörigen **Zeit** erfolgen. Da Forderungen aber regelmäßig mit der Begründung des Schuldverhältnisses erfüllbar sind, darf der Schuldner die Leistung sofort anbieten, und kommt der Gläubiger durch die Nichtannahme einer vor Fälligkeit angebotenen Leistung in Verzug. Zu den Fällen, in denen der Schuldner die Leistung nicht vor Fälligkeit anbieten darf, § 293 Rn 12, § 297 Rn 23 und STAUDINGER/BITTNER/KOLBE § 271 Rn 33 ff. Zum Eintritt des Annahmeverzugs in den Fällen, in denen der Schuldner vor der bestimmten Zeit leistet oder in denen eine Leistungszeit gar nicht bestimmt ist, s im Übrigen § 299. 3

Die Leistung muss ferner **bedingungslos** erfolgen. Stellt der Schuldner die Leistung unter eine Bedingung oder einen Vorbehalt, die im Vertrag nicht vorgesehen sind, tritt kein Annahmeverzug ein, wenn der Gläubiger die Leistung zurückweist (BGH 8. 11. 1994 – XI ZR 85/94, ZIP 1994, 1839; STAUDINGER/OLZEN [2016] § 362 Rn 27 f). Daher gerät der Gläubiger durch die Ablehnung des Angebots zur Zahlung gegen Sicherheitsleistung nicht in Annahmeverzug (OLG München 21. 7. 2004 – 15 U 2578/04, EWiR 2005, 103). 4

Als nicht „wie zu bewirken" anzusehen ist das Angebot des Schuldners auch, wenn er seine Leistung von einer Gegenleistung abhängig macht, auf die er keinen fälligen Anspruch hat und wegen der ihm deshalb kein Zurückbehaltungsrecht zusteht (STAUDINGER/OLZEN [2016] § 362 Rn 27; OLG Köln 31. 1. 2019 – 12 U 61/16, nv für den vorleistungspflichtigen Schuldner, der nur „Zug-um-Zug" leisten will). Gleiches gilt, wenn der Schuldner eine Leistung anbietet, die aufgrund in einem vorläufig vollstreckbaren Urteil tituliert ist; denn ein solches Angebot ist vom Gläubiger in der Regel dahingehend zu verstehen, dass die Leistung unter der aufschiebenden Bedingung der rechtskräftigen Bestätigung der zugrundeliegenden Verbindlichkeit erfolgt (BGH 15. 3. 2012 – IX ZR 35/11, NJW 2012, 1717; BGH 15. 3. 2012 – IX ZR 34/11, ZInsO 2012, 828 in Abkehr von BGH 8. 2. 1984 – IVb ZR 52/82, NJW 1984, 2826). Etwas Anderes gilt aber, soweit eine **Leistung unter Vorbehalt** ausnahmsweise Erfüllungswirkung gem § 362 BGB hat, dh nur einen etwaigen Rückforderungsanspruch aus § 812 BGB oder die Verjährungseinrede trotz § 212 Abs 1 Nr 1 BGB aufrechterhalten soll (vgl STAUDINGER/OLZEN [2016] § 362 Rn 26); dann begründet ihr Angebot auch den Annahmeverzug (so auch MünchKomm/ERNST Rn 4). 5

6 Ist für den Gläubiger nicht erkennbar, ob die ihm angebotene die ganze geschuldete Leistung ist, weil der Schuldner eine ihm obliegende Auskunft (zB gem § 2314 Abs 1 S 1 BGB) verweigert, bewirkt das Angebot ebenfalls keinen Annahmeverzug (BGH 15. 11. 1957 – IV ZR 171/57, DB 1957, 1265).

7 Obliegt es dem Gläubiger die Leistung nach § 315 BGB (iVm § 106 S 1 GewO) zu bestimmen (zu dem Verhältnis beider Bestimmungen Staudinger/Rieble [2015] § 315 Rn 181 ff), so ist allein die vom Gläubiger bestimmte Leistung, die zu bewirkende Leistung iSv § 294 BGB, wenn das Leistungsbestimmungs- bzw Direktionsrecht wirksam ausgeübt wurde (BAG 22. 2. 2012 – 5 AZR 249/11, NZA 2012, 858). Dies gilt uneingeschränkt auch bei Dauerschuldverhältnissen, wie etwa dem Arbeitsverhältnis. Hat der Arbeitgeber die im Arbeitsvertrag nur rahmenmäßig vereinbarte Arbeitsleistung im Wege seines Direktionsrechts in zulässiger Weise festgelegt, so ist die danach zu verrichtende Tätigkeit die vom Arbeitnehmer vertraglich geschuldete Leistung (BAG 27. 4. 1960 – 4 AZR 584/58, BB 1960, 779). Sie bleibt es auch dann, wenn der Arbeitnehmer sie aus in seiner Person liegenden Gründen nicht mehr erbringen kann, der Arbeitgeber ihm jedoch eine andere vertragsgemäße und zugleich leidensgerechte Arbeit zuweisen könnte. Erst wenn der Arbeitgeber sein Direktionsrecht neu ausübt und ihm die leidensgerechte Tätigkeit zuweist, wird diese zu der zu bewirkende Leistung iSv § 294 BGB (s dazu unter § 297 Rn 5). Hat der Arbeitgeber sein Direktionsrecht bislang allerdings nicht ausgeübt, weil er fehlerhaft davon ausgeht, dass kein Vertragsverhältnis entstanden ist, so kann der Arbeitnehmer seine Arbeitsleistung unter Achtung des Direktionsrechtes anbieten und so Annahmeverzug begründen (LAG Rheinland-Pfalz 2. 9. 2013 – 5 Sa 231/13, nv; im Ergebnis ebenso BAG 9. 4. 2014 – 10 AZR 637/13, BAGE 148, 16, das aber im zugrundeliegenden Fall zu unrecht von einer fehlenden Ausübung des Leistungsbestimmungsrechts ausgeht und deshalb nicht prüft, ob der Arbeitnehmer hier zur Teilleistung berechtigt war; ähnlich Franzen SAE 2015, 86, 87). Gleiches gilt, wenn der Arbeitgeber sein Direktionsrecht unwirksam ausübt (ArbG Paderborn 17. 10. 2018 – 4 Ca 764/18, nv).

8 Auf der anderen Seite muss sich das Angebot auf die geschuldete Leistung **beschränken**. Sind der zu liefernden Ware andere als die bestellten Waren beigemischt, kann der Gläubiger die ganze Lieferung ablehnen; er braucht nicht die von ihm bestellten Sachen herauszuklauben (RG Recht 1919 Nr 1336). Doch ist insoweit das Gebot von Treu und Glauben zu beachten: Ist die Aussonderung leicht möglich, muss der Gläubiger aussondern (RG 9. 1. 1889 – I 276/88, RGZ 23, 126, 128). Nach § 242 BGB ist auch zu entscheiden, inwieweit der Gläubiger auf großes Geld herausgeben muss: Wer achtzig Cent zu fordern hat, muss nicht darauf vorbereitet sein, auf einen Hunderteuroschein herausgeben zu können und gerät dann deshalb nicht in Annahmeverzug. Andererseits muss etwa von einem Taxifahrer, der einen Fahrpreis von 16,20 Euro gefordert hat, erwartet werden können, dass er den Rest auf einen Fünfzigeuroschein zurückgeben kann.

9 Die Zurückweisung einer **mangelhaften Sache** bringt den Gläubiger nicht in Annahmeverzug (BGH 26. 10. 2016 – VIII ZR 211/15, NJW 2017, 1100, 1103; RG 13. 2. 1923 – II 121/22, RGZ 106, 294, 297; Huber I 216 ff; s auch § 293 Rn 14); dabei ist nicht notwendig, dass sich der Gläubiger auf die Mangelhaftigkeit beruft, sondern nur, dass der Mangel tatsächlich vorhanden ist (RG 9. 6. 1925 – II 411/24, RGZ 111, 86, 89). Daran hat auch die Neuregelung des Kaufrechts im Zuge der Schuldrechtsreform nichts geändert. Dass

der Verkäufer, wie sich aus §§ 439 iVm 440 BGB ergibt, das Recht der Nacherfüllung in Form der Beseitigung des Mangels oder der Lieferung einer mangelfreien Sache hat, ändert nichts daran, dass er sich auf die Lieferung einer mangelhaften Sache nicht einzulassen braucht, weil sie, wie sich aus § 433 Abs 1 S 2 BGB ergibt, keine gehörige Erfüllung darstellt (dazu STAUDINGER/BECKMANN [2013] § 433 Rn 132). Dann wäre es aber unbillig, ihn bei Nichtannahme einer mangelhaften Sache den Rechtsfolgen des Annahmeverzugs auszusetzen (LAMPRECHT ZIP 2002, 1790 ff gegen JANSEN ZIP 2002, 877 ff und 1794 ff; differenzierend SCHMIDT-KESSEL § 3 I 1 c).

Allerdings kann sich aus dem Vertrag ergeben, dass der Gläubiger eine mangelhafte Sache zunächst annehmen muss. So bedeutet etwa die Klausel „cash against documents" nach internationalem Handelsbrauch, dass der Käufer die ihm angedienten Dokumente ohne Rücksicht auf die Beschaffenheit der Ware entgegennehmen muss, sodass seine Zahlungspflicht ausgelöst wird (BGH 27. 1. 1987 – VIII ZR 26/86, NJW 1987, 2435 f; SCHMIDT-KESSEL § 3 I 1 c). Ist der Gläubiger ausnahmsweise nur zur Minderung berechtigt, muss er die mangelhafte Sache ebenfalls annehmen und kommt durch ihre Ablehnung in Annahmeverzug (RG 18. 3. 1910 – II 369/09, RGZ 73, 257, 259 f). **10**

Bei der **Gattungsschuld** muss eine Sache mittlerer Art und Güte angeboten werden (§ 243 Abs 1 BGB). Bietet der Schuldner Gattungssachen an, die nicht diesem Standard entsprechen, wird seine Leistungsverpflichtung weder nach § 243 Abs 2 BGB konkretisiert noch gerät der Gläubiger in Annahmeverzug (OLG Frankfurt 20. 12. 1983 – 5 U 228/82, DB 1984, 1521 für die Art der Verpackung). Ist normativ oder vertraglich die Erbringung einer **Geldschuld** wirksam auf die Zahlung durch Überweisung (Buchgeld) beschränkt, bietet der Schuldner die geschuldete Leistung nicht „wie zu bewirken" an, wenn er die Summe bar erbringt oder hinterlegt (OLG Stuttgart 8. 6. 2017 – 19 VA 17/16, nv). **11**

Das Angebot einer **Ersatzleistung** an Erfüllung statt oder erfüllungshalber, zB die Hingabe eines Verrechnungsschecks, ist nicht das Angebot der geschuldeten Leistung (BGH 28. 4. 1983 – I ZR 101/81, WM 1983, 863, 864; PALANDT/GRÜNEBERG Rn 3). Deshalb war auch das Angebot an einen Devisenausländer, dem freie Reichsmark geschuldet waren, ihm Geld auf ein Sperrkonto zu zahlen, kein Angebot der geschuldeten Leistung (BGH 21. 5. 1954 – V ZR 4/53, BGHZ 13, 324, 331 f; PALANDT/GRÜNEBERG Rn 3). Hingegen ist in den Fällen *echter Ersetzungsbefugnis* das Angebot der alternativen Leistung ausreichend, weswegen der Gläubiger durch dieses Angebot in Annahmeverzug versetzt wird, wenn er die Ersatzleistung nicht annimmt. **12**

Der Arbeitnehmer muss die geschuldete Arbeitsleistung anbieten; will er lediglich im Rahmen einer *Wiedereingliederungsmaßnahme* nach § 74 SGB V tätig werden, liegt darin kein Angebot der geschuldeten Arbeitsleistung (BAG 6. 12. 2017 – 5 AZR 815/16, NZA 2018, 439). Bei einem *Arbeitsverhältnis mit einer Gruppe* (zB Orchestermusiker) kann der einzelne Schuldner idR eine gehörige Leistung nur unter Mitwirkung der übrigen Gruppenmitglieder anbieten: Demjenigen, der Orchestermusik bestellt hat, ist nicht damit gedient, wenn nur der Fagottspieler seine Dienste anbietet. Das Angebot nur einer Einzelleistung setzt den Gläubiger in diesen Fällen deshalb nicht in Annahmeverzug (KAUFMANN, Der Einfluß des kollektiven Arbeitsrechts auf das Einzelarbeitsverhältnis, NJW 1961, 204, 205). **13**

14 Bietet der Schuldner seine Leistung nur pauschal, bei einer Zahlungsverpflichtung etwa unbeziffert, an, ohne dass der Gläubiger den konkreten Leistungsinhalt erkennen kann, so liegt kein hinreichend bestimmtes Leistungsangebot vor. Gebührt dem Schuldner zB eine Gegenforderung, die er ohne Mitwirkung des Gläubigers beziffern kann, bietet er aber gleichwohl lediglich die Abrechnung der von ihm behaupteten Gegenforderung und Auszahlung des Überschusses an, so vermag dies deshalb keinen Annahmeverzug zu begründen (RG 6. 7. 1901 – V 150/01, RGZ 49, 38). Der Schuldner muss mindestens den Betrag der Gegenforderung konkret angeben und den nach Abzug der behaupteten Gegenforderungen verbleibenden Rest tatsächlich anbieten (RG 6. 7. 1901 – V 150/01, RGZ 49, 38).

III. Tatsächliches Angebot

15 Nach 294 BGB hat der Schuldner die Leistung tatsächlich anzubieten. Ob das tatsächliche Angebot ein bloßer Realakt (so BAG 28. 6. 2017 – 5 AZR 263/16, NJW 2017, 3804; Larenz I § 25 I a; Leonhard I 569; Enneccerus/Lehmann § 57; Palandt/Grüneberg Rn 2; MünchKomm/Ernst § 293 Rn 15; Huber I 203 f) oder eine rechtsgeschäftliche Handlung ist (so Blomeyer § 36 I 2 b), ist umstritten. Jedenfalls kann auf das tatsächliche Angebot *§ 130 BGB nicht* angewandt werden: Auch, wenn der Schuldner die geschuldete Sache, die er zur vorbestimmten Zeit zum Gläubiger geschafft hat und diesem wegen Abwesenheit nicht übergeben konnte, wieder aus dessen Machtbereich mitnimmt, muss Annahmeverzug eintreten (Larenz I § 25 I a; Huber I 205 f).

16 Die Verpflichtung zum tatsächlichen Angebot der Leistung bedeutet, dass der Schuldner alles zu tun hat, was auf seiner Seite zur Bewirkung der Leistung erforderlich ist. Es darf **nur noch der Annahme durch den Gläubiger** bedürfen, um die Erfüllung des Schuldverhältnisses herbeizuführen (BGH 22. 3. 1984 – VII ZR 286/82, BGHZ 90, 354, 359; RG 3. 11. 1914 – III 266/14, RGZ 85, 415, 416).

17 Bei **Geldschulden** genügt deshalb weder der Umstand, dass die Bank des Schuldners das Geld bereithält (RG 30. 4. 1924 – I 540/23, RGZ 108, 158, 160), noch dass diese mitteilt, sie sei vom Schuldner mit der Zahlung beauftragt (RG 13. 12. 1924 – I 17/24, RGZ 109, 324, 328). Geht das Geld allerdings bei der Bank des Gläubigers ein, liegt darin ein hinreichendes tatsächliches Angebot (vgl § 293 Rn 4). Bringt der Schuldner das Geld persönlich zum Gläubiger, so ist es nicht erforderlich, das Geld vorzuzeigen; es genügt, dass der Schuldner zum Ausdruck bringt, er habe das Geld bei sich und wolle es aushändigen (RG 3. 11. 1914 – III 266/14, RGZ 85, 415, 416). Nachnahmesendungen muss die Post vorzeigen (RG 16. 9. 1921 – II 68/21, RGZ 102, 370, 372).

18 Die Leistung muss am **Leistungsort** (§§ 269 f BGB) angeboten werden (Rn 3). Ist eine **Sache** zu leisten, so hat der Schuldner diese bei einer *Bringschuld* dem Gläubiger zur Empfangnahme vorzulegen. Tut er das nicht, hat er noch nicht alles getan, was zur Annahme oder Mitwirkung des Gläubigers erforderlich ist. Bei einer *Schickschuld,* insbesondere beim Versendungskauf, ist der Schuldner zwar nur verpflichtet, die Sache an die richtige Anschrift abzusenden. Zum tatsächlichen Angebot gehört aber auch, dass die Sache beim Gläubiger angeliefert wird, denn nur dann hängt die Erfüllung nur noch allein davon ab, dass der Gläubiger zugreift (RG 13. 2. 1923 – II 121/22, RGZ 106, 294, 297; BGH 22. 3. 1984 – VII ZR 286/82, BGHZ 90, 354, 359; OLG München 5. 7. 1996 – 21 U 1903/96, NJW-RR 1997, 944, 945; MünchKomm/Ernst Rn 3; Palandt/Grüneberg

Rn 2; HUBER I 210; **aA** RG JW 1925, 607; PLANCK/SIBER § 293 Anm 1b a und § 294 Anm 2). Bei *Holschulden* genügt nach § 295 BGB ein wörtliches Angebot, weil die Abholung der Sache eine Mitwirkungshandlung des Gläubigers ist (§ 295 Rn 13). Das bloße Angebot der Faktura oder eines Lieferscheins ist noch kein tatsächliches Angebot der Ware (RG 15. 2. 1902 – II 408/01, RGZ 50, 208, 210).

Ist der Schuldner zu einer **Handlung** verpflichtet, so muss er sich am Leistungsort einfinden, um sie vorzunehmen. Ein Handwerker muss sich – mit dem erforderlichen Werkzeug ausgerüstet – an die Stelle begeben, wo er seine Werkleistung zu erbringen hat und er muss bereit sein, mit dieser zu beginnen (vgl für die Nachbesserung OLG Köln 30. 11. 1994 – 13 U 64/94, NJW-RR 1995, 1393; OLG Hamm 5. 11. 1991 – 26 U 23/91, NJW-RR 1992, 667, 668). 19

Besteht die Leistung in der (Rück-)Übertragung eines Grundstücks, so muss auch hier der Schuldner sein Angebot auf Übertragung des Eigentums an seinem Grundstück so abgeben, dass der Gläubiger seinerseits nur noch zuzugreifen braucht. Dies ist wegen § 925 Abs 1 S 1 BGB nur der Fall, wenn das Angebot vor einem Notar erklärt wird und dem Gläubiger die Möglichkeit einer gleichzeitigen Anwesenheit eröffnet wurde. Daher gerät der Gläubiger mit der Entgegennahme der Erklärung bei einer Auflassung, nur in Verzug, wenn er dem ihm unter Wahrung einer angemessenen Frist mitgeteilten Termin zur Entgegennahme der Erklärung einseitig fernbleibt (BGH 6. 12. 1991 – V ZR 229/90, BGHZ 116, 244, 250; BGH 15. 11. 1996 – V ZR 292/95, NJW 1997, 581; WALTER Die Rückabwicklung von Grundstückskaufverträgen, MDR 2016, 1237, 1239; HEINZE ZNotP 2015, 335; HUBER I 211 f). Welche Frist dabei als angemessen erscheint, hängt von den Umständen des Einzelfalls, wie etwa der Frage, ob der Termin bei einem am Wohn- oder Geschäftssitz des Gläubigers ansässigen Notar stattfinden oder dieser eine längere Anreise in Kauf nehmen muss, ab (s zur Frage der richtigen Notarauswahl in diesen Fällen HEINZE ZNotP 2015, 335). Regelmäßig ist eine Ankündigung von zwei Wochen als angemessen anzusehen (HEINZE ZNotP 2015, 335). 20

Auch die **Arbeitsleistung** muss jedenfalls *im ungekündigten Arbeitsverhältnis* tatsächlich angeboten werden (BAG 15. 5. 2013 – 5 AZR 130/12, NZA 2013, 1076; BAG 29. 10. 1992 – 2 AZR 250/92, MDR 1994, 77; LAG Köln 8. 9. 2017 – 4 Sa 62/17, nv; LAG Rheinland-Pfalz 25. 4. 2013 – 2 Sa 69/13, nv). Dass die Arbeitsleistung erst noch durch Weisungen des Arbeitgebers konkretisiert werden muss, ändert an der Notwendigkeit dieses tatsächlichen Angebots nichts. Die fortlaufend notwendigen Arbeitsanweisungen sind keine „Mitwirkungshandlungen" iS der § 295 S 1 Alt 2 und § 296 BGB (s § 296 Rn 4). Ein tatsächliches Angebot der Arbeitsleistung liegt nur dann vor, wenn der Arbeitnehmer zur üblichen persönlichen Arbeitszeit an seinem Arbeitsplatz erscheint (LAG Mecklenburg-Vorpommern 18. 5. 2010 – 5 Sa 243/09, nv). Deshalb fehlt es etwa an einem Angebot zur Arbeitsleistung, wenn der Arbeitnehmer infolge Glatteises seinen Arbeitsplatz nicht erreicht (BAG 8. 12. 1982 – 4 AZR 134/80, DB 1983, 395, 396). Auch dass der Arbeitnehmer von der Krankenkasse die Mitteilung erhält, der Arbeitgeber habe ihn abgemeldet, entbindet ihn nicht von der Notwendigkeit, seine Arbeitsleistung tatsächlich anzubieten, wenn er einen Annahmeverzug seines Arbeitgebers herbeiführen will (LAG Köln 5. 12. 2006 – 9 Sa 937/06, NZA-RR 2007, 289; s auch LAG Schleswig-Holstein 5. 8. 2008 – 2 Sa 74/08 für eine vom Arbeitgeber über seinen Steuerberater erteilte Arbeitsbescheinigung). 21

22 Auch das Erscheinen am Arbeitsplatz stellt jedoch nicht stets das Angebot der Arbeitsleistung im Umfang der vollen geschuldeten Wochenarbeitszeit dar. Entscheidend sind die jeweiligen Umstände des Einzelfalls. Bestehen Meinungsverschiedenheiten über den zeitlichen Umfang der geschuldeten Arbeitsleistung, so kann in dem Erscheinen am Arbeitsplatz nicht ohne Weiteres geschlossen werden, der Arbeitnehmer wolle hierdurch eine weitergehende Leistung anbieten, als von ihm tatsächlich erbracht (BAG 25. 4. 2007 – 5 AZR 504/06, NZA 2007, 801; LAG Köln 13. 1. 2011 – 7 Sa 862/10; LAG Köln 15. 4. 2015 – 11 Sa 118/15, nv; LAG Rheinland-Pfalz 25. 4. 2013 – 2 Sa 69/13; LAG Rheinland-Pfalz 28. 7. 2011 – 2 Sa 283/11). Gleiches gilt auch, wenn die Arbeitsvertragsparteien über die Befugnis des Arbeitgebers streiten, Pausen einseitig anzuordnen. Auch hier folgt aus der bloßen Anwesenheit des Arbeitnehmers am Arbeitsplatz nicht, dass er auch während der eingelegten Pausen in Wirklichkeit arbeiten will (BAG 25. 2. 2015 – 5 AZR 886/12, BAGE 151, 45; LAG Köln 12. 6. 2015 – 9 Sa 308/14, nv). In diesen Fällen braucht es deshalb zusätzlicher Umstände oder eines wörtlichen Angebots, um Annahmeverzug annehmen zu können.

23 Ist das Zustandekommen eines *Aufhebungsvertrags* zwischen den Arbeitsvertragsparteien streitig, bedarf es zur Begründung des Annahmeverzugs des Arbeitgebers ebenfalls in der Regel eines tatsächlichen Angebots der Arbeitsleistung durch den Arbeitnehmer. Der Arbeitgeber kann ein solches Angebot erwarten, wenn der Arbeitnehmer meint, ein Aufhebungsvertrag sei nicht zustande gekommen. Vertritt der Arbeitgeber nach Verhandlungen mit dem Arbeitnehmer die Auffassung, das Arbeitsverhältnis sei einvernehmlich beendet worden, beendet er das Arbeitsverhältnis – anders als bei einer Kündigung – nicht durch einseitige Erklärung. Ein wörtliches Angebot nach § 295 BGB genügt aus diesem Grunde regelmäßig nicht (BAG 7. 12. 2005 – 5 AZR 19/05, NJW 2006, 1453). Gleiches gilt für *die Eigenkündigung* des Arbeitnehmers (vgl BAG 16. 1. 2003 – 2 AZR 653/01, AP Nr 2 zu § 67 SeemG).

24 Umstritten ist die Notwendigkeit des Angebots allerdings im vom Arbeitgeber *gekündigten Arbeitsverhältnis* (s dazu § 295 Rn 2, 7, 24 f, § 296 Rn 4 ff) und bei einseitigen Freistellungen (s dazu § 295 Rn 8).

§ 295
Wörtliches Angebot

Ein wörtliches Angebot des Schuldners genügt, wenn der Gläubiger ihm erklärt hat, dass er die Leistung nicht annehmen werde, oder wenn zur Bewirkung der Leistung eine Handlung des Gläubigers erforderlich ist, insbesondere wenn der Gläubiger die geschuldete Sache abzuholen hat. Dem Angebot der Leistung steht die Aufforderung an den Gläubiger gleich, die erforderliche Handlung vorzunehmen.

Materialien: E I § 255 Abs 2, 3 S 1; II § 251 Abs 1; III § 289; Jakobs/Schubert 335–345.

Schrifttum

Klein, Natur des wörtlichen Angebots, ArchBürgR 33, 269

Langanke, Annahmeverzug bei Kündigung, BuW 1994, 358

Lüderitz/Pawlak, Das Annahmeverzugsrisiko des Arbeitgebers, NJW 2011, 313, 314

Niemeyer/König, Annahmeverzug durch überhöhte Klage Zug um Zug, NJW 2013, 3213

Rosenberg, Der Gläubigerverzug, JherJb 43, 141, 161

Schenker, Erfüllungsbereitschaft und Erfüllungsangebot, JherJb 79, 141

Schroeder, Schuldner- und Gläubigerverzug im Arbeitsverhältnis (Diss Münster 1971)

Staab, Rechtsfragen zum Annahmeverzug des Arbeitgebers (Diss Würzburg 1992)

Stahlhacke, Aktuelle Probleme des Annahmeverzuges im Arbeitsverhältnis, ArbuR 1992, 8

Winderlich, Der Annahmeverzug des Arbeitgebers (Diss Bielefeld 1993).

Siehe im Übrigen die Schrifttumsangaben zu § 293 und zu den Vorbem zu §§ 293 ff.

Systematische Übersicht

Alphabetische Übersicht

I. Allgemeines

1 Entgegen der Grundregel des § 294 BGB genügt nach § 295 BGB ein wörtliches Angebot, wenn der Gläubiger die Annahme der Leistung verweigert oder wenn er an der Leistungsbewirkung mitwirken muss. Hinter beiden Fällen steht die Überlegung, dass dem Schuldner ein tatsächliches Angebot nur zumutbar ist, wenn er bei gewöhnlichem Lauf der Dinge *erwarten kann, dass seine Leistung auch angenommen wird.* Diese Erwartung erscheint dem Gesetz unbegründet, wenn der Gläubiger die Annahme abgelehnt hat, und jedenfalls als zu unsicher, wenn es zur Leistungsbewirkung einer über die bloße Annahme hinausgehenden Mitwirkung des Gläubigers bedarf.

2 § 295 BGB verlangt wenigstens ein **wörtliches Angebot** des Schuldners, um den Annahmeverzug zu begründen. Insoweit ist es gerade anders als beim Schuldnerverzug: Der Schuldner, der die Leistung bereits bestimmt und endgültig verweigert hat, gerät auch ohne Mahnung in Schuldnerverzug (s dazu § 286 Rn 89). Demgegenüber muss der Schuldner, auch wenn der Gläubiger die Annahme verweigert, die Leistung zumindest wörtlich anbieten, um den Annahmeverzug zu begründen. Der im Schuldnerverzug anerkannte Rechtsgrundsatz, dass die Mahnung bei ernsthafter endgültiger Erfüllungsverweigerung entbehrlich ist (§ 286 Abs 2 Nr 3 BGB), kann wegen des klaren Wortlauts des § 295 S 1 BGB beim Annahmeverzug nicht angewandt werden (RG 15. 2. 1902 – II 408/01, RGZ 50, 208, 210; Soergel/Schubel Rn 6). Manche (Schenker JherJb 79, 141, 187; Larenz I § 25 I b; im Ergebnis auch Palandt/Grüneberg Rn 4; MünchKomm/Ernst Rn 7) meinen zwar, § 295 BGB sage lediglich, dass das wörtliche Angebot genüge, nicht aber, dass es auch erforderlich sei. Aber so kann das Gesetz nicht verstanden werden: Was gerade noch „genügt", ist das Mindestmaß des Erforderlichen. Außerdem sagt das Gesetz ausdrücklich, wann selbst ein wörtliches Angebot nicht erforderlich ist, nämlich in § 296 BGB (zutr insoweit Konzen Anm zu BAG AP Nr 34 und 35 zu § 615 BGB). Der Ansicht des BGH (BGH 9. 10. 2000 – II ZR 75/99, NJW 2001, 287; ebenso OLG Hamm 20. 11. 2017 – I-8 U 16/17 ua, nv und OLG Hamm 6. 6. 2016 – 8 U 35/15, nv für die fristlose Kündigung eines Sparkassenvorstandes; dem BGH obiter dictum folgend BAG 16. 4. 2013 – 9 AZR 554/11, NJW 2013, 2460), ein GmbH-Geschäftsführer müsse seine Dienstleistung nicht wörtlich anbieten, wenn die GmbH hat erkennen lassen, dass sie unter keinen Umständen bereit ist, den Geschäftsführer weiter zu beschäftigen, kann deshalb nicht gefolgt werden (zum Vor-

liegen eines konkludenten wörtlichen Angebots in solchen Fällen s Rn 23). Auch die Versuche, das wörtliche Angebot beim Arbeitsvertrag dadurch entbehrlich zu machen, dass die Arbeitsanweisung des Arbeitgebers als kalendermäßig bestimmte Mitwirkungshandlung iS des § 296 BGB definiert wird, sind abzulehnen (vgl dazu ausführlich § 296 Rn 4 ff und § 294 Rn 21). Ebenso wenig überzeugen Versuche einer arbeitsvertragsspezifischen Restriktion der Regeln über den Annahmeverzug (dazu § 296 Rn 4). Das hinter den abweichenden Auffassungen steckende Problem, wann Annahmeverzug in Dauerschuldverhältnissen begründet wird, wenn der Gläubiger die Annahme weiterer Leistungen verweigert, kann mit einer zweckentsprechenden Ausgestaltung der Anforderungen an das wörtliche Angebot gelöst werden (s dazu unten Rn 19 ff und § 296 Rn 4). Verhindert der Gläubiger allerdings die Abgabe des Angebots, muss dieses entsprechend dem Rechtsgedanken des § 162 BGB als abgegeben gelten. Dies trifft etwa auf den Fall zu, dass der Arbeitgeber dem Arbeitnehmer nach Kündigung des Arbeitsverhältnisses Hausverbot erteilt und Anweisung gibt, keinerlei Erklärungen des Arbeitnehmers entgegenzunehmen (s unten Rn 22).

II. Erklärung des Nichtannahmewillens durch den Gläubiger

3 Die Erklärung des Gläubigers, dass er die Leistung nicht annehmen werde, braucht **nicht ausdrücklich** zu erfolgen. Es muss nur der entsprechende Wille des Gläubigers unzweideutig zum Ausdruck kommen. Regelmäßig liegt in der Erklärung des Gläubigers, dass er den Vertrag annulliere oder von dem Vertrag zurücktrete, auch die Annahmeverweigerung (RG 23. 2. 1904 – II 298/03, RGZ 57, 106 f). Gleiches gilt, wenn der Gläubiger ein Schreiben und diesem folgende mündliche Anfragen unbeantwortet lässt, in denen er zu Erklärungen über die Abnahme der Leistung aufgefordert wird (BGH 14. 2. 1958 – VIII ZR 8/57, MDR 1958, 335).

4 Verlangt beim Kaufvertrag der Käufer als Nacherfüllung die Lieferung einer mangelfreien Sache, liegt in der grundlosen Ablehnung der Nachlieferung durch den Verkäufer zugleich die Verweigerung der Rücknahme der mangelhaften Sache. Weist beim Werkvertrag der Besteller ein Mängelbeseitigungsangebot des Unternehmers zurück, weil er die Art der Mängelbeseitigung nicht für zweckmäßig hält, gerät er in Annahmeverzug, weil es Sache des Unternehmers ist, zu bestimmen, wie nachzubessern ist (§ 635 Abs 1 BGB). Nur wenn das Mängelbeseitigungsangebot von vornherein ungeeignet ist, kann es der Besteller zurückweisen, ohne in Annahmeverzug zu geraten (BGH 5. 5. 2011 – VII ZR 28/10, NJW 2011, 1872; BGH 13. 12. 2001 – VII ZR 27/00, ZIP 2002, 576 mit krit Anm Seiler EWiR 2002, 699).

5 Allein die Tatsache, dass der Gläubiger einen anderen Rechtstandpunkt einnimmt – etwa den Widerruf eines Darlehensvertrages durch den Darlehensnehmer für unwirksam erachtet – lässt aber nicht darauf schließen, dass er nicht gewillt ist, die ihm geschuldete Leistung anzunehmen (OLG Köln 31. 1. 2019 – 12 U 61/16, nv und OLG Frankfurt 8. 5. 2019 – 17 U 197/18; nv für die nach Rücktritt geschuldeten Darlehensvaluten). Vielmehr kommt es stets auf die Umstände des Einzelfalls an, ob der Einnahme des anderen Rechtsstandpunktes auch eine Annahmeverweigerung für den Fall des Irrtums innewohnt.

6 Im Falle **Zug um Zug** zu erbringender Leistungen genügt das wörtliche Angebot, wenn der Gläubiger die Erfüllung der ihm obliegenden Verpflichtung vorab be-

stimmt und eindeutig verweigert hat. Denn in diesem Fall ist er gerade nicht zur Annahme der Leistung, so wie sie zu bewirken ist, bereit (BGH 15. 11. 1996 – V ZR 292/95, NJW 1997, 581; OLG Frankfurt 15. 1. 2008 – 8 U 247/06, OLGR Frankfurt 2008, 482). Hingegen reicht die fehlende Reaktion auf die Anmahnung der Gegenleistung nicht aus, um hinsichtlich der Leistung ein wörtliches Angebot genügen zu lassen (BGH 29. 11. 1995 – VIII ZR 32/95, NJW 1996, 923, 924). Dazu, dass bei Zug-um-Zug-Leistungen Gläubigerverzug trotz Annahmebereitschaft eintritt, wenn der Gläubiger nicht bereit ist, seine Gegenleistung zu erbringen s § 298 BGB.

7 Bei *Dauerschuldverhältnissen,* etwa einem **Arbeitsverhältnis**, bedeutet die *Kündigung* durch den Gläubiger die Erklärung, die Leistung des Schuldners, etwa die Arbeitsleistung, nicht annehmen zu wollen (BAG 15. 5. 2013 – 5 AZR 130/12, NZA 2013, 1076; BAG 10. 4. 1963 – 4 AZR 95/62, NJW 1963, 1517; s auch BGH 28. 10. 1996 – II ZR 14/96, NJW-RR 1997, 537, 538, wonach jedenfalls die Einsetzung eines neuen an die Stelle des gekündigten Geschäftsführers die ernsthafte und endgültige Annahmeverweigerung manifestiert und BGH 4. 7. 2002 – I ZR 313/99, NJW 2002, 3541 für die unbegründet fristlose Kündigung eines Dauerlieferungsvertrages). Das Gleiche gilt, wenn der Arbeitgeber rechtsirrig meint, das Arbeitsverhältnis habe aufgrund Befristung geendet (BAG 12. 12. 2012 – 5 AZR 93/12) oder der Betriebsveräußerer dem Arbeitnehmer gegenüber unzutreffend erklärt, dass im Falle des Widerspruchs eine Weiterbeschäftigungsmöglichkeit nicht mehr bestehe (vgl LAG Düsseldorf 18. 8. 2008 – 17 Sa 1546/07, LAGE § 613a BGB 2002 Nr 21a; s auch BAG 24. 7. 2008 – 8 AZR 1020/06; LAG München 19. 8. 2010 – 4 Sa 311/10, LAGE § 613a BGB 2002 Nr 31, die jedoch zu Unrecht annehmen, in diesem Fall sei ein Angebot nach § 296 BGB entbehrlich). Aber auch, wenn die Arbeitsvertragsparteien über die Höhe der geschuldeten Wochenarbeitszeit uneins sind, liegt eine schlüssige Erklärung des Arbeitgebers vor, die Arbeitsleistung nicht annehmen zu wollen, die über den von ihm angenommen zeitlichen Umfang hinausgeht (LAG Rheinland-Pfalz 25. 4. 2013 – 2 Sa 69/13, nv). Deshalb liegt in der rechtswidrigen Einführung von Feierschichten oder Kurzarbeit durch einen Arbeitgeber ebenfalls ein entsprechendes schlüssiges Verhalten (BAG 8. 3. 1961 – 4 AZR 223/59, BAGE 11, 34; BAG 10. 7. 1969 – 5 AZR 323/68, BAGE 22, 111; LAG Hamm 19. 11. 2014 – 4 Sa 1108/14, NZA-RR 2015, 194; LAG Hamm 12. 6. 2014 – 11 Sa 1566/13, LAGE § 615 BGB 2002 Nr 22). Gleiches gilt ferner, wenn eine Lehrkraft im Stundenplan vom Arbeitgeber nicht entsprechend ihrer vertraglich geschuldeten Arbeitszeit eingeteilt wird (Thüringer LAG 14. 4. 2011 – 6 Sa 426/10; BAG 20. 4. 2008-5 AZR 502/07, BAGE 126, 316, 325). Auch wenn der Arbeitgeber die Umstände der Arbeitsleistung gravierend ändert, ist darin die konkludente Erklärung des Arbeitgebers zu sehen, dass er für den Zeitraum, die dem Arbeitnehmer für die Einstellung auf die geänderten Bedingungen zuzubilligen ist, auf dessen Leistung verzichtet (BAG RzK I 13 b Nr 27).

8 Bei der **Freistellung von der Arbeitsleistung** ist zu unterscheiden: Treffen die Arbeitsvertragsparteien – etwa in einem Vergleich – eine *Freistellungsvereinbarung,* so wird hierdurch allein die Arbeitspflicht des Arbeitnehmers, nicht jedoch die Vergütungspflicht des Arbeitgebers aufgehoben. Der Arbeitnehmer hat in diesen Fällen dann, ohne dass es auf die Voraussetzungen des Annahmeverzugs ankommt, Anspruch auf die geschuldete Arbeitsvergütung (Lüderitz/Pawlak NJW 2011, 313, 314; BAG 15. 5. 2013 – 5 AZR 130/12, NZA 2013, 1076; BAG 23. 1. 2008 – 5 AZR 393/07, NZA 2008, 595, das allerdings dies über einen Verzicht auf das Angebot der Arbeitsleistung konstruieren will). Stellt der Arbeitgeber den Arbeitnehmer *einseitig* von der Arbeitsleistung frei, so ist zu unterscheiden: Erklärt der Arbeitnehmer – sei es auch nur konkludent – sein Einver-

ständnis zu der Freistellung, so erlischt für die Zeit der Freistellung seine Pflicht zur Arbeitsleistung. Ein Annahmeverzug scheidet dann mangels anzunehmender Arbeitsleistung von vornherein aus (LAG Rheinland-Pfalz 10. 2. 2011 – 11 Sa 511/10, nv, das allerdings dem Fernbleiben von der Arbeit zu Unrecht den Erklärungswert beimessen will, der Arbeitnehmer erkläre hierdurch sein Einverständnis zu der Freistellung; so auch STAUDINGER/RICHARDI/FISCHINGER [2016] § 615 Rn 122 und LÜDERITZ/PAWLAK NJW 2011, 313, 314, die einen Fall des § 151 BGB annehmen). In allen anderen Fällen tritt Annahmeverzug ein, wenn der Arbeitnehmer seine Leistung mindestens wörtlich nach § 295 BGB anbietet. Ein tatsächliches Angebot nach § 294 BGB ist in diesen Fällen entbehrlich. Denn mit der einseitigen Freistellung erklärt der Arbeitgeber, die geschuldete Leistung nicht annehmen zu wollen. Einen weiteren Erklärungswert hat die Freistellung freilich nicht. Insbesondere ist in ihr nicht zusätzlich ein Verzicht auf deren Angebot zu sehen mit der Folge, dass der Arbeitgeber ohne Weiteres in Annahmeverzug gerät. Die einseitige Freistellung unterscheidet sich nicht von anderen Fällen, in denen der Gläubiger – wie in § 295 BGB vorausgesetzt – erklärt, dass er die Leistung nicht annehmen werde. Dieser Erklärung gleichwohl die Wirkung eines Verzichts auf das Angebot des Schuldners zur Leistungserbringung zukommen zu lassen, ist mit der Wertung des Gesetzes unvereinbar. Der Gesetzgeber hat in diesen Fällen zur Begründung des Annahmeverzugs gerade nicht auf das Angebot des Schuldners verzichtet, sondern lediglich Erleichterungen geschaffen. Diese Entscheidung des Gesetzgebers gilt es zu achten. Aus dem gleichen Grunde ist auch die Auffassung abzulehnen, dass bei einer einseitigen Freistellung von der Arbeitsleistung die Verweigerung der Annahme der Leistung derart offenkundig sei, dass ein Angebot zur Begründung des Annahmeverzugs entbehrlich sei (BGH 9. 10. 2000 – II ZR 75/99, NJW 2001, 287 für den Widerruf einer GmbH-Geschäftsführerbestellung und der nachfolgenden Bestellung eines neuen Geschäftsführers; ihm zu Unrecht folgend OLG München 24. 3. 2016 – 23 U 1884/15, MDR 2016, 776; vgl auch BAG 16. 4. 2013 – 9 AZR 554/11, NJW 2013, 2460). § 295 BGB unterscheidet gerade nicht danach, wie eindeutig der Arbeitgeber die Annahme der Leistung verweigert, sondern verlangt unterschiedslos ein wörtliches Angebot des Schuldners, soll der Gläubiger in Annahmeverzug geraten. Unbillige Ergebnisse sind mit der strikten Gesetzesanwendung für den Arbeitnehmer nicht verbunden. Denn dem Arbeitnehmer ist es ohne Weiteres zumutbar, gegenüber dem freistellenden Arbeitgeber seine Leistungsbereitschaft zu bekunden.

Die Erklärung des Gläubigers, dass er die Leistung nicht annehmen werde, muss 9
dem wörtlichen Angebot vorausgehen (BGH 20. 1. 1988 – IVa ZR 128/86, NJW 1988, 1201; OLG Köln 31. 1. 2019 – 12 U 61/16, nv; PALANDT/GRÜNEBERG Rn 4; MünchKomm/ERNST Rn 7; PWW/ZÖCHLING-JUD Rn 6). Dies spricht das Gesetz klar aus: „wenn der Gläubiger ihm erklärt hat". Macht der Schuldner vor der Annahmeverweigerung des Gläubigers ein wörtliches Angebot, setzt er den Gläubiger dadurch nicht in Annahmeverzug, und zwar auch dann nicht, wenn der Gläubiger später erklärt, er werde die Leistung nicht annehmen (RG 15. 2. 1902 – II 408/01, RGZ 50, 208, 210; unzutreffend daher LG Neuruppin 24. 5. 2017 – 1 O 170/16, nv, das die gesetzliche Voraussetzung des wörtlichen Angebots nach Annahmeverweigerung als „bloße Förmelei" abtun will und sich damit über die gesetzliche Regelung hinwegsetzt). Etwas Anderes gilt nur in der Zwangsvollstreckung: Nach § 756 Abs 2 ZPO darf bei Zug-um-Zug-Leistungen der Gerichtsvollzieher mit der Zwangsvollstreckung beginnen, wenn der Schuldner auf sein wörtliches Angebot erklärt hat, dass er die Leistung nicht annehmen werde.

10 Die Erklärung, die Leistung nicht annehmen zu wollen, *muss aber nicht mit der Erklärung verbunden sein, an dem Schuldverhältnis überhaupt nicht festhalten zu wollen:* Die Vorschriften über den Annahmeverzug knüpfen allein daran an, dass der Schuldner infolge eines Verhaltens des Gläubigers die Leistung nicht so wie vorgesehen bewirken kann. Annahmeverzug tritt deshalb auch dann ein, wenn der Gläubiger die Leistung nur vorübergehend nicht annehmen will.

11 Soweit mit der Erklärung, die Leistung nicht annehmen zu wollen, nicht zugleich der Rücktritt vom Vertrag oder die Kündigung eines Dauerschuldverhältnisses verbunden ist, kann sie **widerrufen** werden (Mot II 71). Hat der Gläubiger zunächst die Annahme verweigert, darauf der Schuldner ein wörtliches Leistungsangebot gemacht, und erklärt der Gläubiger dann, dass er die Leistung jetzt annehmen werde, so muss der Schuldner die Leistung nun tatsächlich anbieten, um den Gläubiger in Annahmeverzug zu setzen (vgl Klein ArchBürgR 33, 269 f). War der Gläubiger aufgrund des wörtlichen Leistungsangebots des Schuldners schon in Annahmeverzug geraten, kann er diesen durch die Erklärung beenden, die Leistung jetzt anzunehmen (s § 293 Rn 23 ff zur Beendigung des Annahmeverzugs).

12 Auf die Erklärung des Gläubigers sind die Vorschriften über die Geschäftsfähigkeit, die Stellvertretung und die Irrtumsanfechtung entsprechend anzuwenden (Planck/Siber Anm 1; Oertmann Anm 1a).

III. Notwendigkeit einer Mitwirkungshandlung des Gläubigers

13 Als Beispiel einer notwendigen Mitwirkungshandlung des Gläubigers nennt das Gesetz den Fall, dass der Gläubiger die geschuldete Sache abzuholen hat. Bei allen **Holschulden** genügt also ein wörtliches Angebot (OLG Köln 30. 10. 2001 – 3 U 93/01, ZMR 2002, 423). Gleiches gilt, wenn der Gläubiger sich zum Belegungsort der Sache begeben muss, damit die Leistung bewirkt werden kann, wie dies etwa bei der Übergabe einer unbeweglichen Sache der Fall sein kann (BGH 14. 11. 1990 – VIII ZR 13/90, MDR 1991, 524; AG Hamburg 26. 1. 2016 – 753 M 37507/16, DGVZ 2016, 53).

14 Durch **Erklärung** mitzuwirken hat der Gläubiger auch, wenn ihm bei Wahlschuldverhältnissen das Wahlrecht zusteht, wenn die geschuldete Leistung durch den Gläubiger gem § 315 BGB noch näher konkretisiert werden muss (BGH 4. 7. 2002 – I ZR 313/99, NJW 2002, 3541), wenn der Gläubiger die Art und Weise der Erfüllung oder die nähere Beschreibung des Leistungsgegenstandes vorher zu bestimmen hat, zB beim sog Spezifikationskauf (§ 375 HGB), oder der Käufer etwa noch anzugeben hat, in welchen Farbmustern usw die von ihm bestellte Stoffmenge geliefert werden soll (vgl RG 24. 11. 1885 – III 197/85, RGZ 14, 243, 245; 43, 103). Auch der Kauf auf Abruf gehört hierher; der Abruf ist eine Mitwirkungshandlung des Gläubigers. Teilweise wird vertreten, dass auch die vom Arbeitgeber geschuldete Neuausübung seines Direktionsrechtes nach § 106 GewO ebenfalls eine zur Bewirkung der Leistung erforderliche Handlung iSv § 295 BGB sei (Staudinger/Rieble [2015] § 315 Rn 474 ff; Schwarze § 36 Rn 6; Kaiser, Entgelt bei Nichtzuweisung hindernisgerechter Arbeit, RdA 2015, 76, 83 f; ihr folgend Franzen, Beschäftigungsanspruch und Annahmeverzug bei krankheitsbedingter Nachtdienstuntauglichkeit, SAE 2015, 86, 91). Tatsächlich aber schuldet der Arbeitnehmer bis zur Neuausübung des Direktionsrechtes allein die ihm bislang übertragenen Tätigkeiten (s dazu § 297 Rn 5). Die Neuausübung des Direktionsrechtes ist deshalb

keine zur Bewirkung der Leistung erforderliche Handlung, sondern zielt auf die Änderung der geschuldeten Leitung ab. Zudem ist für zurückliegende Zeiträume eine geänderte Aufgabenübertragung nicht möglich (§ 297 Rn 5); § 295 BGB setzt aber gerade die Nachholbarkeit der Mitwirkungshandlung voraus (widersprüchlich insofern STAUDINGER/RIEBLE [2015] § 315 Rn 478 und 467 f).

Die erforderliche Mitwirkung des Gläubigers kann ferner in rein tatsächlichen Handlungen bestehen, die über die bloße Annahme hinausgehen. In Betracht kommt bei Warenlieferungen etwa, dass der Gläubiger Behältnisse bereitzustellen hat (RG SoergRspr 1917 Nr 1). Bei **Werkverträgen** kann es so liegen, dass der Besteller dem Unternehmer Zugang zur Baustelle verschaffen, ihn etwa in die Wohnung einlassen muss (OLG Schleswig-Holstein 23. 6. 2000 – 1 U 165/99, BauR 2001, 115), dass notwendige Vorarbeiten fertiggestellt sein müssen (BGH 19. 12. 2002 – VII ZR 440/01, NJW 2003, 1601; LG Berlin 9. 2. 2007 – 96 O 62/06, nv), dass er die zu bearbeitenden Stoffe liefern (OLG Stuttgart NJW 1947/48, 565 Nr 664) oder Hilfsmittel wie elektrischer Strom zur Verfügung stellen muss; auch zumutbare Beeinträchtigungen im Zuge von Mängelbeseitigungsarbeiten muss der Gläubiger bereit sein hinzunehmen (OLG Schleswig-Holstein 22. 11. 2001 – 16 W 263/01, OLGR Schleswig 2002, 378 für wieder verfüllbare Bohrlöcher). Bei einem Vertrag über die Lieferung und Installation neu zu entwickelnder EDV-Programme stellt die Überlassung des Pflichtenheftes durch den Auftraggeber eine solche Mitwirkungspflicht dar (BGH 28. 6. 1994 – X ZR 95/92, NJW-RR 1994, 1469, 1470). Die Notwendigkeit einer Mitwirkungshandlung kann auch erst nach Begründung des Schuldverhältnisses entstehen. Sind etwa Bauarbeiten auf einem Grundstück auszuführen, das zum Zeitpunkt des Vertragsschlusses ohne Schwierigkeiten zugänglich war, nunmehr aber infolge anderer Bauarbeiten erst nach Errichtung einer Brücke erreicht werden kann, ist es Sache des Gläubigers, diese Brücke herzustellen. Etwas Anderes gilt nur, wenn die Erschwernis vom Schuldner zu vertreten ist: Dann gehört deren Beseitigung zu der von ihm anzubietenden Leistung. Bietet der Schuldner die Beseitigung nicht mit an, kommt der Gläubiger nicht in Annahmeverzug (BGH 7. 11. 1985 – VII ZR 45/85, NJW 1986, 987). 15

Auch **bei Dienstleistungen** sind über die bloße Annahme hinausgehende Mitwirkungshandlungen des Dienstgebers häufig. Man denke an die Fälle, dass bei witterungsabhängigen Arbeiten entschieden werden muss, ob die Arbeit fortgeführt bzw wieder aufgenommen werden soll (BAG 14. 3. 1962 – 4 AZR 146/61, BB 1962, 596; LAG Düsseldorf 20. 12. 1968 – 4 Sa 750/68, BB 1969, 1479), dass der Arbeitgeber bei Arbeit auf Abruf dem Arbeitnehmer die Lage der Arbeitszeit entsprechend § 12 Abs 3 TzBfG mitteilen muss, dass nach Einführung von Feierschichten oder Kurzarbeit der Arbeitgeber zu erkennen geben muss, ob und wann er wieder voll arbeiten lassen will (BAG 10. 7. 1969 – 5 AZR 323/68, BAGE 22, 111) oder dass für die Arbeitsleistung von Lehrern ein Stundenplan aufgestellt werden muss (BAG 30. 4. 2008 – 5 AZR 502/07, BAGE 126, 316). Dass die Leistung erst noch konkretisiert werden muss, ist aber keine Mitwirkungshandlung (s § 296 Rn 4). 16

Keine Mitwirkungshandlung des Gläubigers iS des § 295 S 1 Alt 2 BGB ist die *Quittungserteilung,* obwohl diese Zug um Zug gegen die Erfüllung des Schuldners zu erfolgen hat (§ 368 BGB). Denn die Erteilung der Quittung ist nicht erforderlich, um dem Schuldner die Erfüllung zu ermöglichen. Andernfalls würde in jedem denkbaren Fall ein wörtliches Angebot des Schuldners genügen, da der Gläubiger bei 17 jedem Schuldverhältnis nach § 368 BGB zur Quittungsleistung verpflichtet ist. S iÜ § 298 Rn 2.

18 Ein wörtliches Angebot des Schuldners genügt nur, wenn die über die bloße Annahme hinausgehende Mitwirkungshandlung des Gläubigers **noch aussteht**. Hat der Gläubiger seine Mitwirkungshandlung schon vor dem wörtlichen Angebot des Schuldners vorgenommen, etwa der Arbeitgeber die Baustelle eingerichtet, oder der Kunde des Handwerkers von ihm zu beschaffende Stoffe oder Hilfsmittel bereitgestellt, so kann der Schuldner den Annahmeverzug nur durch ein tatsächliches Angebot herbeiführen. Nimmt der Gläubiger die ihm obliegende Mitwirkungshandlung vor, nachdem der Schuldner ein wörtliches Angebot gemacht hat, endet der Annahmeverzug (vgl § 293 Rn 23 ff); der Schuldner muss, wenn er erneut den Annahmeverzug herbeiführen will, seine Leistung tatsächlich anbieten (Erman/Hager Rn 6; Palandt/Grüneberg Rn 5).

IV. Wörtliches Angebot des Schuldners

19 Das wörtliche Angebot ist die ausdrückliche oder schlüssige Erklärung des Schuldners, die geschuldete Leistung bewirken zu wollen. Eine besondere Form ist nicht vorausgesetzt, sie kann schriftlich oder mündlich erfolgen (MünchKomm/Ernst Rn 2), muss aber nach dem objektiven Empfängerhorizont hinlänglich klar als Angebot der geschuldeten Leistung zu verstehen sein (vgl LAG Rheinland-Pfalz 1. 3. 2018 – 5 Sa 399/17, nv, das die Übermittlung einer Bescheinigung über die Teilnahme an einer für die geschuldete Tätigkeit erforderlichen Schulung zurecht nicht hat ausreichen lassen). Wirksam wird das wörtliche Angebot entsprechend § 130 BGB mit Zugang beim Gläubiger (Rn 27). Das Angebot muss inhaltlich so bestimmt sein, dass der Gläubiger erkennen kann, mit welcher Leistung er zu rechnen hat. Wie das tatsächliche Angebot (s § 294 Rn 2 ff, 15 ff) muss auch das wörtliche Angebot der geschuldeten Leistung entsprechen (RG HRR 28, 414). Es muss daher auch Neben- und etwaige Ersatzleistungen umfassen (vgl § 294 Rn 2). Bei Gattungsschulden ist es anders als beim tatsächlichen Angebot gem § 294 BGB nicht notwendig, dass der Schuldner die zu leistenden Stücke vorher gem § 243 Abs 2 BGB aussondert (**aA** RG 29. 3. 1904 – II 372/03, RGZ 57, 404); das wäre reine Förmelei. Der Schuldner muss dem Gläubiger aber auch wörtlich Sachen von mittlerer Art und Güte anbieten (§ 243 Abs 1 BGB).

20 Hat der Schuldner die Leistung lediglich **Zug um Zug** zu erbringen, so stellt die Klage auf die Gegenleistung Zug um Zug gegen Gewähr der von ihm geschuldeten Leistung ein wörtliches Angebot dar (BGH 15. 11. 1996 – V ZR 292/95, NJW 1997, 581; Niemeyer/König NJW 2013, 3213). Das Angebot geht dem Gläubiger mit Zustellung der Klageschrift zu; er gerät in diesem Zeitpunkt in Annahmeverzug, wenn er bereits zuvor die Annahme der Leistung verweigert hat (BGH 15. 11. 1996 – V ZR 292/95, NJW 1997, 581). Sollte dies nicht der Fall sein, dürfte der Gläubiger regelmäßig spätestens in der mündlichen Verhandlung in Annahmeverzug geraten. Dies gilt jedenfalls dann, wenn er sich gegen die Klage verteidigt und nicht seinerseits die geschuldete Gegenleistung iSv § 298 BGB anbietet (vgl OLG Köln 7. 12. 2010 – 24 U 51/10, das in Klageabweisungsantrag die Ablehnung der Leistung sieht; kritisch Geissler DGVZ 2012, 1, 4 f). Denn mit der Stellung des Klageantrags in der mündlichen Verhandlung wiederholt der Schuldner das wörtliche Angebot iSv 295 BGB. Dies gilt auch dann, wenn der Schuldner in seiner Zug-um-Zug-Klage eine zu hohe Gegenleistung fordert (umfas-

send hierzu NIEMEYER/KÖNIG NJW 2013, 3213 ff; ERMAN/HAGER Rn 3; **aA** Brandenburgisches OLG 7. 11. 2007 – 3 U 100/06, ZIP 2008, 402; OLG Koblenz 19. 6. 2008 – 6 U 1424/07, NJW 2009, 151 und LG Kiel 18. 5. 2018 – 12 O 371/17, nv, die das Angebot des Schuldners in diesem Fall für generell nicht annahmeverzugsauslösend erachten). Dies folgt unmittelbar aus § 298 BGB. Danach ist es Sache des Gläubigers, im Fall eines bestehenden Gegenleistungsanspruches des Schuldners die Gegenleistung anzubieten. Dies ist auch interessengerecht, liegt es doch in seiner Sphäre des jeweiligen Schuldners die Leistung korrekt, dh bei Geldschulden insbesondere in der richtigen Höhe, zu erbringen (NIEMEYER/KÖNIG NJW 2013, 3213, 3215). Entscheidend ist überdies allein, dass der Gläubiger aufgrund des wörtlichen Angebots erkennen kann, dass der Schuldner zur Leistung gegen Gewährung der Gegenleistung bereit ist. Dies vermag er jedoch auch dann, wenn der Schuldner eine höhere als die vom Gläubiger geschuldete Gegenleistung fordert. Die Zug-um-Zug-Klage kann der Gläubiger aber jedenfalls im Regelfall auch bei fehlerhaften Bezifferung der Gegenleistung nur dahingehend verstehen, dass der Schuldner zur Leistung bereit ist, wenn er im Gegenzug die tatsächlich geschuldete Gegenleistung erhält (NIEMEYER/KÖNIG NJW 2013, 3213, 3215). Etwas Anderes gilt freilich dann, wenn der Schuldner auf die überhöhte Gegenleistung beharrt (OLG Karlsruhe 12. 9. 2007 – 7 U 169/06, NJW 2008, 925). S auch § 298 Rn 4.

Schwierigkeiten bereitet die Frage, welche Anforderungen an das wörtliche Angebot 21
bei **Dauerschuldverhältnissen** zu stellen sind. Grundsätzlich wird man davon auszugehen haben, dass in der bisherigen Erfüllung des Dauerschuldverhältnisses durch den Schuldner die Erklärung liegt, seine Leistungen auch weiterhin erbringen zu wollen, und zwar auch dann, wenn der Gläubiger die Leistungen ablehnt oder eine notwendige Mitwirkungshandlung unterlässt. Verweigert beim Verbraucherdarlehen der Darlehensgeber entgegen dem Verbot des § 497 Abs 3 S 2 BGB die Annahme einer Teilzahlung, braucht der Schuldner weitere Teilzahlungen nicht erneut anzubieten (vgl schon RG JW 1910, 804). Daher muss der Mieter dem Vermieter die weiteren Monatsmieten nicht jeweils wieder wörtlich anbieten, um Annahmeverzug zu begründen, wenn dieser die Annahme einer Monatsmiete abgelehnt hat (unzutreffend dagegen AG Freiburg 19. 12. 1951 – 2 C 563/51, ZMR 1953, 84)

Gleiches gilt auch im **Arbeitsverhältnis**: Da in der bisherigen Arbeitsleistung des 22
Arbeitnehmers grundsätzlich ein wörtliches Angebot seiner Leistung liegt, gerät der Arbeitgeber schon ohne weitere Erklärung des Arbeitnehmers in Annahmeverzug, wenn er die Arbeit wegen einer Inventaraufnahme ausfallen lässt (BAG 18. 1. 1963 – 5 AZR 200/62, MDR 1963, 532), wegen Absatzmangels unberechtigt eine Feierschicht einlegt (BAG 8. 3. 1961 – 4 AZR 223/59, BAGE 11, 34, 41), unberechtigt Kurzarbeit einführt (BAG 10. 7. 1969 – 5 AZR 323/68, BAGE 22, 111) oder dem Arbeitnehmer, ohne ihm zu kündigen, Hausverbot erteilt (BAG 11. 11. 1976 – 2 AZR 457/75, DB 1977, 1190, 1192 für ein Betriebsratsmitglied, zu dessen außerordentlicher Kündigung die nach § 103 BetrVG erforderliche Zustimmung der übrigen Betriebsratsmitglieder noch ausstand). S aber zum Hausverbot eines Dritten § 297 Rn 18.

Die Annahme, dass in der bisherigen Erfüllung eines Dauerschuldverhältnisses 23
durch den Schuldner das Angebot weiterer Leistungen zu sehen ist, ist aber dann nicht begründet, wenn der **Gläubiger** des Dauerschuldverhältnisses dieses unberechtigt oder nicht fristgerecht **kündigt**. Denn bei jeder unberechtigten Kündigung ist zunächst offen, ob sie der Schuldner akzeptieren wird oder nicht. Deshalb muss

der Schuldner in diesem Fall in irgendeiner Form der Kündigung widersprechen (BGH 13. 3. 1986 – IX ZR 65/85, ZIP 1986, 661). Erhebt der Gekündigte Klage auf Feststellung, dass die Kündigung unwirksam ist, ist darin ein solcher Widerspruch zu sehen (OLG Hamm 20. 11. 2017 – I-8 U 16/17 ua, nv). Aber auch in der Klage auf Gehaltsfortzahlung unter Berufung auf die Unwirksamkeit der Kündigung durch einen Dienstverpflichteten oder einen GmbH-Geschäftsführer ist ein Angebot auf die Leistung zu erblicken (BGH 28. 10. 1996 – II ZR 14/96, NJW-RR 1997, 537, 538; s auch BGH 14. 11. 1966 – VII ZR 112/64, NJW 1967, 248 für den Fall eines Handelsvertreters). Gleiches kann man annehmen, wenn der Geschäftsführer, dessen Bestellung widerrufen ist, verbliebene Entgeltansprüche schriftlich geltend macht (BGH 9. 10. 2000 – II ZR 75/99, NJW 2001, 287).

24 Diese Grundsätze gelten ebenfalls uneingeschränkt auch für das **Arbeitsverhältnis**. Auch nach Ausspruch einer vom Arbeitgeber erklärten Kündigung muss der Arbeitnehmer seine Arbeitsleistung nach § 295 BGB anbieten, will er Gläubigerverzug begründen. Dies setzt voraus, dass der Arbeitnehmer gegen die Beendigung des Vertragsverhältnisses in irgendeiner Form protestiert (BAG 24. 8. 2016 – 5 AZR 853/15, NZA-RR 2017, 76). Ein solcher Protest wird regelmäßig im Widerspruch gegen die Kündigung beim Betriebsrat sowie im Erheben einer Kündigungsschutz- oder Befristungskontrollklage liegen (BAG 19. 9. 2012 – 5 AZR 627/11, NZA 2013, 101; BAG 12. 12. 2012 – 5 AZR 93/12; BAG 24. 11. 1960 – 5 AZR 545/59, BAGE 10, 202, 205 f; BAG 10. 4. 1963 – 4 AZR 95/62, NJW 1963, 1517; ebenso für die Klage auf Urlaubsabgeltung Adam, Urlaubsabgeltung und Kündigungsschutzklage, AiB 2000, 448). Dabei wird das in der Kündigungsschutzklage liegende wörtliche Angebot nicht schon dadurch zurückgenommen, dass der Arbeitnehmer einen zunächst gestellten Antrag auf Abfindung nach §§ 9, 10 KSchG später wieder zurücknimmt.

25 Das BAG hat sich dieser Ansicht nunmehr weitgehend angeschlossen. Es hat seine andere Auffassung, wonach gem § 296 ein Angebot des Schuldners überhaupt nicht erforderlich sei, wenn der Arbeitgeber die Arbeitsleistung abgelehnt hat, ausdrücklich aufgegeben (BAG 15. 5. 2013 – 5 AZR 130/12, NZA 2013, 1076). Lediglich im Fall einer *unwirksamen Arbeitgeberkündigung* sei § 296 BGB anwendbar, s dazu im Einzelnen § 296 Rn 4 ff. Kündige der Arbeitgeber dem Arbeitnehmer jedoch nicht unberechtigt, sondern lediglich nicht fristgerecht, sei das wörtliche Angebot zwingende Voraussetzung für die die Begründung des Annahmeverzugs des Arbeitgebers.

26 Das Angebot muss ernst gemeint sein; ein bloßes Lippenbekenntnis genügt nicht (s BAG 19. 5. 2004 – 5 AZR 434/03, ZTR 2004, 604). Zu Leistungsfähigkeit und zum Leistungswille als Voraussetzungen des Annahmeverzugs vgl § 297 Rn 6 ff und 21. Zum Annahmeverzug des Arbeitgebers, der seinem Arbeitnehmer unberechtigt gekündigt hat, wenn der Arbeitnehmer erkrankt ist, s § 297 Rn 22.

27 Wie auf die Mahnung (dazu § 286 Rn 46 ff) sind auf das wörtliche Angebot die **Vorschriften über Rechtsgeschäfte** insoweit anzuwenden, als die ratio legis zutrifft. Daraus folgt insbesondere, dass die Vorschriften über die Stellvertretung und über die Geschäftsfähigkeit, aber auch die §§ 130–132 BGB Anwendung finden (BAG 24. 2. 2016 – 4 AZR 950/13, ZTR 2016, 507; Palandt/Grüneberg Rn 1; Erman/Hager Rn 2; MünchKomm/Ernst Rn 2; Soergel/Schubel Rn 2; **dagegen** Planck/Siber Anm 3; Enneccerus/Lehmann § 257 II 2 c mwNw). Ist der Aufenthaltsort des Gläubigers unbekannt, kann

der Schuldner sein wörtliches Angebot daher öffentlich zustellen lassen (§ 132 BGB).

Ein wörtliches Angebot muss regelmäßig **vom Schuldner** ausgehen. Ein Dritter, der für den Schuldner die Leistung anbietet (§ 267 BGB), kommt demgegenüber nicht in den Genuss der Vergünstigung des § 295 BGB: Dem Gläubiger kann nicht zugemutet werden, sich hinsichtlich der ihm obliegenden Mitwirkungshandlung auf den Dritten statt auf den Schuldner einzulassen (Prot I 329). Wohl aber gilt § 295 BGB zugunsten desjenigen Dritten, der zur Leistung für den Schuldner berechtigt ist (§§ 268, 1150, 1249 BGB; MünchKomm/Ernst Rn 3; BGB-RGRK/Alff Rn 1; Planck/Siber Anm 4; Oertmann Anm 5; **aA** NK-BGB/Schmidt-Kessel §§ 294–296 Rn 18 und für die Holschuld Rosenberg JherJb 43, 170). 28

Dem wörtlichen Angebot steht die an den Gläubiger gerichtete **Aufforderung** gleich, die von seiner Seite erforderliche Handlung vorzunehmen (§ 295 S 2 BGB). Kann der Gläubiger diese Handlung nur mit Unterstützung des Schuldners vornehmen, muss sich der Schuldner mit der Aufforderung bereit erklären, diese Unterstützung zu leisten. Geht es etwa darum, dass der Gläubiger die zu erbringende Leistung aus einer ihm vom Schuldner zur Verfügung stellende Angebotsliste auswählen soll, muss die Liste beigefügt werden. Etwas Anderes gilt nur, wenn der Gläubiger schon erklärt oder sonst zum Ausdruck gebracht hatte, dass er die Leistung nicht annehmen werde, dann muss es genügen, dass der Schuldner dem Gläubiger in allgemeiner Form zur Mitwirkung auffordert; der Gläubiger kann eine Konkretisierung eines Angebotes nicht erwarten, weil er sich damit widersprüchlich verhielte (BGH 4. 7. 2002 – I ZR 313/99, NJW 2002, 3541, 3542). 29

Verfolgt der Schuldner mit der Aufforderung einen anderen Zweck als den, seiner Leistungspflicht zu genügen, so kann die Aufforderung einem wörtlichen Angebot nicht gleich erachtet werden. Der Gegenbeweis, dass die Aufforderung einen anderen Zweck hat, steht dem Gläubiger offen. Vgl § 297 Rn 28 f und § 293 Rn 35. 30

Soweit das wörtliche Angebot genügt, tritt es an die Stelle des tatsächlichen Angebotes iS des § 294 BGB. Im Übrigen bleiben die Voraussetzungen des Annahmeverzugs unverändert. Das gilt auch für die *Beweislast,* s § 293 Rn 35. 31

§ 296
Entbehrlichkeit des Angebots

Ist für die von dem Gläubiger vorzunehmende Handlung eine Zeit nach dem Kalender bestimmt, so bedarf es des Angebots nur, wenn der Gläubiger die Handlung rechtzeitig vornimmt. Das Gleiche gilt, wenn der Handlung ein Ereignis vorauszugehen hat und eine angemessene Zeit für die Handlung in der Weise bestimmt ist, dass sie sich von dem Ereignis an nach dem Kalender berechnen lässt.

Materialien: E I § 255 Abs 3 S 2; III § 251 Abs 2; III § 290; Jakobs/Schubert 335–345; BGB-KE S 141; DE S 337 iVm S 328; KF S 15; Gesetzentwurf BT-Drucks 14/6040, S 341 iVm S 333; Beschlussempfehlung und Bericht d Rechtsausschusses BT-Drucks 14/7052.

Schrifttum

Boemke, Aktuelle Fragen des Annahmeverzugs, RdA 2017, 192

Schinnenburg, Ansprüche des niedergelassenen Arztes gegen den Patienten bei Versäumung des Behandlungstermins, MDR 2008, 837

Stahlhacke, Aktuelle Probleme des Annahmeverzuges im Arbeitsverhältnis, AuR 1992, 8.

S die Schrifttumsangaben zu § 293 und § 295.

Alphabetische Übersicht

1 § 296 BGB ergänzt § 295 S 1 Alt 2 BGB: Ist die Zeit für die Mitwirkungshandlung des Gläubigers kalendermäßig bestimmt oder nach Eintritt eines bestimmten Ereignisses kalendermäßig berechenbar, tritt der Annahmeverzug auch ohne wörtliches Angebot des Schuldners ein, wenn die Mitwirkungshandlung ausbleibt. Grund ist, dass der Gläubiger sich in diesem Falle von selbst sagen muss, dass der Schuldner hierdurch an der Leistung gehindert ist (zu den Funktionen des Angebots und seiner Entbehrlichkeit s Schmidt-Kessel § 7 II 2).

2 Eine **kalendermäßige Zeitbestimmung** (S 1) für die Mitwirkungshandlung des Gläubigers liegt *insbesondere* vor bei kalendermäßig fixierten Holschulden. Weiter gehört hierher der kalendermäßig bestimmte Zeitpunkt für den Abruf einer Ware. Ist in einem notariellen Grundstückskaufvertrag vereinbart, dass der Kaufpreis vier Wochen nach Beurkundung des Vertrages fällig wird und auf ein Konto zu überweisen ist, über das Verkäufer und Käufer nur gemeinsam verfügen können, dann kommt der Verkäufer ohne ein wörtliches Angebot durch den Käufer ohne Weiteres nach Ablauf von vier Wochen seit der Vertragsbeurkundung in Annahmeverzug, wenn er nur ein eigenes Konto, nicht aber ein Konto mit gemeinsamer Verfügungsbefugnis mit dem Käufer zur Zahlung des Kaufpreises eingerichtet hat (BGH 16. 12. 1994 – V ZR 114/93, WM 1995, 439).

3 **Werk- und Dienstleistungen**, bei denen eine über die bloße Annahme hinausgehende Mitwirkung des Gläubigers erforderlich ist (s dazu § 295 Rn 13 ff), können in den Anwendungsbereich des § 296 BGB fallen, wenn etwa für eine Theatervorstellung, eine Fernsehaufnahme, eine Unterrichtsstunde oder einen Friseur-, Massage- oder Arzttermin eine bestimmte Zeit vereinbart ist (AG München 1. 4. 2009 – 163 C 33450/08; nicht hierzu zählen absolute Fixgeschäfte, bei denen sich die Rechtsfolgen mit Ablauf des vereinbarten Zeitpunkts allein nach Unmöglichkeitsrecht richtet, s Vorbem 5 zu §§ 293 ff; fehlerhaft insofern AG Frankfurt 1. 12. 2014 – 32 C 3022/14 – 27, nv für die Beförderung eines Fluggastes mit einem bestimmten Flug). Stets ist aber zu prüfen, ob die Parteien mit der Terminabsprache tatsächlich einen festen Zeitpunkt für die Erbringung der Leistung bestimmen wollten. Dies hängt vom jeweiligen Einzelfall an. Ist ein zeitintensiver operativer ärztlicher Eingriff geplant, wird man dies regelmäßig annehmen müssen. Bei allgemeinen Arztbesuchen spricht hingegen vieles dafür, dass die Absprache lediglich dem geordneten Behandlungsablauf dient und keine Pflicht des Arztes bestehen soll, die Behandlung exakt zu dem vereinbarten Zeitpunkt durchzuführen. Dies gilt jedenfalls dann, wenn bei dem Arzt üblicherweise mit Wartezeiten zu rechnen ist (AG Nettetal 12. 9. 2006 – 17 C 71/03, NJW-RR 2007, 1216; AG Diepholz 26. 6. 2011 – 2 C 92/11, NJW-RR 2011, 1501; vgl auch LG Hannover 11. 6. 1998 – 19 S 34/97, NJW 2000, 1799, 1800; s dazu auch Schinnenburg MDR 2008, 837, 838; vgl auch AG Bielefeld 10. 2. 2017 – 411 C 3/17, nv, das bei einer reinen Bestellpraxis zurecht von einer kalendermäßigen Bestimmung der Leistungszeit ausgeht). Auch bei Dienstverträgen ist aber stets erforderlich, dass für die Mitwirkungshandlung des Gläubigers tatsächlich eine bestimmte Zeit kalendermäßig festgelegt worden ist. Der häufige Charakter der Dienstverträge als Dauerschuldverhältnisse genügt dafür nicht: Dass bei ihnen die Dienste ständig entgegengenommen werden müssen, gibt der Entgegennahme noch nicht den Charakter einer Mitwirkungshandlung (s § 295 Rn 2). Aus diesem Grund bedarf es bei einer unberechtigten Kündigung des Herausgebervertrages durch den Verleger grundsätzlich zumindest eines wörtlichen Angebots weiterer Dienste durch den Herausgeber als Dienstnehmer, um den Verleger in Annahmeverzug zu versetzen (BGH 13. 3. 1986 – IX ZR 65/85, ZIP 1986, 661).

4 Auch beim **Arbeitsvertrag** ist ein Angebot regelmäßig nicht nach § 296 BGB entbehrlich. Insbesondere handelt es sich bei den fortlaufend notwendigen Arbeitsanweisungen nicht um „Mitwirkungshandlungen" iSv §§ 295 S 1 Alt 2 und 296 BGB (Boemke RdA 2017, 192, 199). Sonst käme man zu dem Ergebnis, dass der Arbeitnehmer sich tatsächlich zur Dienstleistung nur einfinden müsste, wenn ihm der Arbeitgeber vorab mitgeteilt hat, welche Dienste er im Einzelnen verrichten soll; ohne eine solche Mitteilung würde sein wörtliches Angebot genügen. Das wäre eine lebensfremde Verkehrung von Regel und Ausnahme (Löwisch Anm zu BAG EzA § 615 BGB Nr 66; Stahlhacke AuR 1992, 8; wie hier auch Schmidt-Kessel § 5 III 4 c, der die gesetzliche Regelung freilich für fragwürdig hält). Das BAG hat seine gegenteilige Rechtsprechung daher zu Recht explizit aufgegeben und angenommen, dass § 296 BGB im ungekündigten Arbeitsverhältnis regelmäßig unanwendbar ist (s dazu BAG 15. 5. 2013 – 5 AZR 130/12, NZA 2013, 1076; zuvor bereits BAG 16. 4. 2013 – 9 AZR 554/11, NJW 2013, 2460). Die bisherige Rechtsprechung des BAG, wonach der Arbeitgeber jeden Tag erneut, also kalendermäßig verpflichtet sei, an der vom Arbeitnehmer zu erbringenden Arbeitsleistung dadurch mitzuwirken, dass er diesem einen funktionsfähigen Arbeitsplatz einrichtet und Arbeit zuweist, mit der Folge, dass er bei Ablehnung der Arbeitsleistung stets – unabhängig von einem Angebot seitens Arbeitnehmers – in Annahmeverzug gerate (BAG 21. 3. 1996 – 2 AZR 362/95; BAG 6. 12. 2001 – 2 AZR 422/00,

EzA § 1 KSchG Interessenausgleich Nr 9; BAG 24. 7. 2008 – 8 AZR 1020/06; LAG München 19. 8. 2010 – 4 Sa 311/10, LAGE § 613a BGB 2002 Nr 31 für den Fall, dass der Betriebsveräußerer im Informationsschreiben gem § 613a Abs 5 BGB mitteilt, dass der Arbeitnehmer im Fall des Widerspruchs wegen Wegfalls seines Arbeitsplatzes mit seiner Kündigung rechnen müsse; LAG Rheinland-Pfalz 11. 2. 2010 – 11 Sa 621/09 für die einseitige Freistellung), ist damit hinfällig (zutreffend LAG Hamm 12. 6. 2014 – 11 Sa 1566/13, LAGE § 615 BGB 2002 Nr 22). Diese Rechtsprechungsänderung steht im Einklang mit der ebenfalls vom BAG geäußerten Auffassung, dass durch das einmal wirksam ausgeübte Direktionsrecht die geschuldete Arbeitsleistung dauerhaft, dh bis zu einer Neuausübung des Direktionsrechtes, bestimmt wird (BAG 19. 5. 2010 – 5 AZR 162/09, NJW 2010, 3112). Dies aber schließt eine aus § 296 BGB folgende Verpflichtung des Arbeitgebers aus, jeden Tag aufs Neue den Arbeitsablauf planen und die Arbeitsmittel bereitzustellen zu müssen. Auch das an den Arbeitgeber gerichtete Verlangen des Arbeitnehmers, die geschuldete Arbeit zu ändern, etwa den Arbeitsplatz anders zu gestalten, kann keinesfalls die Anwendbarkeit des § 296 BGB begründen. Denn damit verlangt der Arbeitnehmer auch aus Sicht des BAG mehr als die geschuldete Mitwirkungshandlung (BAG 23. 1. 2001 – 9 AZR 287/99, NZA 2001, 1020).

5 Dass § 296 BGB den Arbeitnehmer regelmäßig nicht von einem Angebot der Arbeitsleistung entbindet, gilt auch, wenn der Arbeitgeber das Arbeitsverhältnis **gekündigt** hat. Das gilt – anders als das BAG meint – unabhängig davon, ob die Kündigung lediglich nicht fristgerecht erfolgt, aber wirksam ist oder ob sie unwirksam ist (s dazu BAG 15. 5. 2013 – 5 AZR 130/12, NZA 2013, 1076). Das BAG hat seine gegenteilige Auffassung ursprünglich damit begründet, dass eine nach dem Kalender bestimmte Mitwirkungshandlung des Arbeitgebers darin bestehe, dem Arbeitnehmer einen funktionsfähigen Arbeitsplatz zur Verfügung zu stellen und ihm die Arbeit zuzuweisen. Mit der unwirksamen Kündigung gebe der Arbeitgeber zu erkennen, diese nicht vornehmen zu wollen, sodass § 296 BGB greife (BAG 9. 8. 1984 – 2 AZR 374/83, NJW 1985, 935; BAG 24. 11. 1994 – 2 AZR 179/94, NZA 1995, 263). In den neueren Entscheidungen hat das BAG sich regelmäßig darauf beschränkt, schlicht auf die bisherige Rechtsprechung zu verweisen und festzustellen, dass es nach einer unwirksamen Arbeitgeberkündigung zur Begründung des Annahmeverzugs eines Angebots des Arbeitnehmers nicht bedürfe (BAG 22. 2. 2012 – 5 AZR 249/11, NJW 2012, 2605; BAG 17. 11. 2011 – 5 AZR 564/10, NZA 2012, 260). Eine Auseinandersetzung mit den ursprünglichen Entscheidungsgründen erfolgte nicht. Wie dargelegt (Rn 4) hat das BAG seine Auffassung, es handele sich bei den notwendigen Arbeitsanweisungen um „Mitwirkungshandlungen" iS des §§ 295 S 1 Alt 2 und 296 BGB aufgegeben. Damit entfällt jedoch zugleich die Grundlage für die bisherige Annahme, im gekündigten Arbeitsverhältnis sei (nach Ablauf einer etwaigen Kündigungsfrist) das Angebot der Arbeitsleistung für den Eintritt des Annahmeverzugs nach § 296 BGB entbehrlich. Besonders deutlich wird dies auch durch neuere Entscheidungen des BAG, wenn es darin teilweise ausführt, dass es zur Begründung von Annahmeverzugs nicht einmal eines wörtlichen Angebots bedürfe, weil in der Kündigung die Erklärung liege, die Arbeitsleistung nach Ablauf der Kündigungsfrist nicht mehr anzunehmen (BAG 14. 12. 2017 – 2 AZR 86/17, BAGE 161, 198; BAG 16. 5. 2012 – 5 AZR 251/11, BAGE 141, 340; BAG 11. 1. 2006 – 5 AZR 125/05, BAGE 116, 355). Diese Begründung ist mit dem geltenden Gesetz nicht in Einklang zu bringen (ebenso Boemke RdA 2017, 192, 198 f). Wie § 295 S 1 Alt 1 BGB zeigt, verlangt das Gesetz selbst nach einer Erklärung des Gläubigers, dass er die Annahme der geschuldeten Leistung ablehne, noch ein Angebot des Schuldners. Das Gesetz trägt damit dem Umstand Rechnung, dass sich Gläubiger und Schuldner häufig über die Wirksamkeit des Schuldverhältnisses streiten und es deshalb sinnvoll ist, vom Schuldner die Erklärung zu verlangen, er wolle an ihm festhalten und es weiter erfüllen (Löwisch Anm zu BAG EzA § 615 BGB Nr 66; Kaiser Anm zu BAG EzA § 615 BGB Nr 70). Diese Überlegung gilt gerade auch für den Fall der Kündigung des Arbeitsverhältnisses durch den Arbeitgeber. Ob ein unberechtigt gekündigter Arbeitnehmer gegen die Kündigung vorgeht oder sich mit ihr abfindet, ist, wie die Praxis zeigt, durchaus offen. Das klarzustellen, ist ihm zuzumuten (Löwisch Anm zu BAG EzA § 615 BGB Nr 66; Stahlhacke AuR 1992, 9 f; Boemke RdA 2017, 192, 199).

Auch dass es für den Arbeitnehmer „entwürdigend" sei, nach einer Arbeitgeberkündigung seine Arbeitsleistung noch einmal anzubieten, trifft weder bei der ordentlichen noch bei der außerordentlichen Kündigung zu. Fälle, in denen es dem Arbeitnehmer wegen der Umstände der Kündigung, etwa wegen beleidigender Äußerungen des Arbeitgebers oder einen durch den Arbeitgeber leichtfertig geäußerten Verdacht, schlechterdings **nicht zumutbar** ist, seine Arbeit alsbald wieder anzubieten, lassen sich auf anderem Wege als dem des Annahmeverzugs bewältigen: Unzumutbar ist dem Arbeitnehmer in solchen Fällen nicht nur das Angebot, sondern auch die Arbeitsleistung selbst. Der Arbeitnehmer kann in einem solchen Fall nach § 275 Abs 3 BGB die Arbeitsleistung verweigern; der Arbeitgeber bleibt dann nach § 326 Abs 2 BGB zur Zahlung des Arbeitsentgelts verpflichtet (Löwisch Anm zu BAG EzA § 615 BGB Nr 66). Dazu, dass auch der historische Gesetzgeber von der Notwendigkeit eines wörtlichen Angebots durch den Arbeitnehmer ausgegangen ist, s Kaiser Anm zu BAG EzA § 615 BGB Nr 70. 6

Auch im Arbeitsverhältnis kommt demnach die Anwendung des § 296 BGB nur in Betracht, wenn die Arbeitsaufnahme durch den Arbeitnehmer von einer besonderen Maßnahme des Arbeitgebers abhängt, für die eine Zeit nach dem Kalender bestimmt oder jedenfalls bestimmbar ist. Dies kann etwa bei der Einrichtung einer Baustelle der Fall sein (§ 295 Rn 15), wenn ein bestimmter Termin für die Arbeitsaufnahme festgelegt ist. Demgegenüber ist die Einteilung eines Arbeitnehmers in einem Dienstplan (hierzu LAG Rheinland-Pfalz 28. 7. 2011 – 2 Sa 283/11) oder von Unterrichtsstunden eines Lehrers im Stundenplan (hierzu BAG 16. 4. 2013 – 9 AZR 554/11, NJW 2013, 2460) keine Handlung des Arbeitgebers, die kalendermäßig bestimmt oder bestimmbar ist. Denn sowohl Dienstplan als auch Stundenplan können jederzeit nach betrieblichen Erfordernissen geändert werden. Entgegen der in der Rechtsprechung verbreiteten Auffassung (LAG Köln 29. 11. 2005 – 9 Sa 659/05; LAG Rheinland-Pfalz 22. 5. 2007 – 1 Sa 141/07, EzAÜG § 615 BGB Nr 4) gilt dies auch uneingeschränkt im **Leiharbeitsverhältnis**. Dass es Sache des Leiharbeitgebers ist, den Einsatz des Leiharbeitnehmers zu planen, führt noch nicht zu einer kalendermäßigen Bestimmung des jeweiligen Arbeitseinsatzes des Leiharbeitnehmers. 7

Bei dem der **Mitwirkungshandlung vorausgehenden Ereignis** (§ 296 S 2 BGB) kann es sich insbesondere um die Ankündigung der Leistung durch den Schuldner und bei einem Dauerschuldverhältnis um dessen Kündigung handeln. Die für die Mitwirkungshandlung bestimmte Frist muss nicht nur kalendermäßig berechenbar, sondern auch angemessen sein. Dem Gläubiger muss ausreichend Zeit gelassen werden, um die Mitwirkungshandlung vorzunehmen. Wie im Falle fehlender Leistungszeitbestimmung nach § 299 BGB muss ihm auch, wenn er die Ware, deren Lieferung 8 angekündigt wird, abzuholen hat, die notwendige Zeit für Vorbereitung und Transport zur Verfügung stehen. S iÜ die Erl zu § 286 Abs 2 Nr 2 BGB in § 286 Rn 84 f.

9 Nimmt der Gläubiger die von seiner Seite zur Erfüllung erforderliche Handlung (zB den Abruf der Ware) nicht zu der kalendermäßig bestimmten Zeit vor, so gerät er ohne Weiteres in Annahmeverzug (BGH 16. 12. 1994 – V ZR 114/93, WM 1995, 439). Dies ist der Sinn des § 296 BGB. Es bedarf weder eines wörtlichen Angebots der Leistung noch einer Aufforderung an den Gläubiger, die Handlung vorzunehmen. Holt der Gläubiger die Mitwirkungshandlung später nach, so **endet** damit der Annahmeverzug. Um ihn von Neuem in Annahmeverzug zu versetzen, muss der Schuldner ihm nunmehr die Leistung tatsächlich anbieten (vgl § 295 Rn 18). Zur Anwendung des in § 162 BGB formulierten Rechtsgedankens s § 295 Rn 2.

10 Handelt es sich bei dem Schuldverhältnis um ein *absolutes Fixgeschäft,* so führt das Verstreichen des fest bestimmten Zeitpunktes für die Leistung zu deren Unmöglichkeit. Die Abwicklung erfolgt sodann nach Unmöglichkeits- und nicht nach Annahmeverzugsregeln (vgl Vorbem 5 ff zu §§ 293 ff).

§ 297
Unvermögen des Schuldners

Der Gläubiger kommt nicht in Verzug, wenn der Schuldner zur Zeit des Angebots oder im Falle des § 296 zu der für die Handlung des Gläubigers bestimmten Zeit außerstande ist, die Leistung zu bewirken.

Materialien: E I § 255 Abs 352; II § 251 Abs 3; III § 291; Jakobs/Schubert 335–345.

Schrifttum

Boer, Leistungsunmöglichkeit und Annahmeverzug, Gruchot 54, 493

Dimsic, Wann gerät der Arbeitnehmer in Annahmeverzug?, DB 2016, 2175

Franzen, Beschäftigungsanspruch und Annahmeverzug bei krankheitsbedingter Nachtdienstuntauglichkeit des Arbeitnehmers, SAE 2016, 86

Gursky, Schuldnerverzug trotz fehlender Annahmebereitschaft des Gläubigers, AcP 173 (1973) 450

Hüffer, Leistungsstörungen durch Gläubigerhandeln (1976)

Kaiser, Entgelt bei Nichtzuweisung hindernisgerechter Arbeit, RdA 2015, 76

Kappelhoff, Leistungswille und Leistungsfähigkeit im Annahmeverzug, ArbRB 2013, 158

Krückmann, Unmöglichkeit und Unmöglichkeitsprozeß, AcP 101 (1907) 130

Marienhagen, Gehaltsfortzahlung während einer vom Arbeitgeber mitverschuldeten Untersuchungshaft, BB 1967, 795

Meyer, Leistungswilligkeit und böswilliges Unterlassen beim Annahmeverzug in gekündigten Arbeitsverhältnis, NZA-RR 2012, 337

Oertmann, Leistungsunmöglichkeit und Annahmeverzug, AcP 116 (1918) 1

Schulz, Über die Bedeutung der Leistungsmöglichkeit für das Vorhandensein des Gläubigerverzuges (Diss Breslau 1909).

S im Übrigen die Schrifttumsangaben in den Vorbem zu §§ 293 ff.

Systematische Übersicht

Alphabetische Übersicht

I. Allgemeines

§ 297 BGB macht den Eintritt des Annahmeverzugs davon abhängig, dass der Schuldner zu der von ihm angebotenen Leistung auch imstande ist: Nach § 297 BGB tritt Annahmeverzug dann nicht ein, wenn der Schuldner (nur) **zeitweise** an 1 der Leistung gehindert ist (Larenz I § 25 I c; Gursky AcP 173 [1973] 450, 454; abweichend Schmidt-Kessel § 7 II 1 b: auch endgültige Verhinderung). Ist dem Schuldner die Leistung iS des § 275 Abs 1 BGB *dauernd unmöglich* oder hat er die Leistung nach § 275 Abs 2 oder Abs 3 BGB endgültig verweigert, so gelten von diesem Zeitpunkt ab die Regeln über den Ausschluss der Leistungspflicht (vgl Vorbem 5 ff zu §§ 293 ff), und zwar auch, wenn die Unmöglichkeit oder die die Unzumutbarkeit begründenden Umstände ihre Ursache in der Sphäre des Gläubigers haben (Vorbem 6 f, 9 zu §§ 293 ff).

2 Tatsächliche wie rechtliche Leistungsunfähigkeit hindern den Eintritt des Annahmeverzugs aber dann nicht, wenn sie **vom Gläubiger herbeigeführt** werden; die Berufung auf § 297 BGB wäre dann entsprechend dem Rechtsgedanken des § 162 BGB rechtsmissbräuchlich (BAG 16. 3. 1967 – 2 AZR 64/66, BB 1967, 630 für den Fall, dass der Arbeitgeber die Untersuchungshaft des Arbeitnehmers herbeigeführt hat; zustimmend Marienhagen BB 1967, 795).

3 Ursachen aus der **Sphäre des Gläubigers** scheiden auch im Übrigen für die Anwendung des § 297 BGB aus: Ist der Gläubiger an der Annahme der Leistung oder einer sonstigen Mitwirkungshandlung zeitweise gehindert, so ändert das nichts an der Anwendbarkeit der Regeln über den Annahmeverzug. Nur diese gewährleisten, insbesondere über die §§ 300 bis 304 BGB eine sachgerechte Abwicklung dieser Fälle (vgl Vorbem 11 zu §§ 293 ff).

4 Maßgebend ist die **tatsächlich bestehende** Leistungsfähigkeit des Schuldners. Einen Nachweis der Leistungsfähigkeit kann der Gläubiger nicht verlangen. Weist er mangels eines solchen Nachweises die Leistung zurück, hindert das deshalb nicht den Eintritt des Annahmeverzugs, wenn der Schuldner tatsächlich leistungsfähig ist (LAG Düsseldorf 17. 7. 2003 – 11 Sa 183/03, NZA-RR 2004, 65). Zur Beweislast s Rn 28.

5 Die Leistungsfähigkeit und der Leistungswille des Schuldners müssen stets auf die geschuldete Leistung, dh beim Arbeitnehmer auf die ihm vom Arbeitgeber kraft **Direktionsrecht** zugewiesene Tätigkeit gerichtet sein. Denn ist im Arbeitsvertrag die geschuldete Tätigkeit nur rahmenmäßig umschrieben, obliegt es dem Arbeitgeber nach § 106 S 1 GewO diese im Einzelfall näher zu bestimmen. Allein die im Rahmen des Direktionsrechtes dem Arbeitnehmer zugewiesene Tätigkeit ist die iSv § 294 BGB zu bewirkende Arbeitsleistung. Voraussetzung ist hierfür lediglich, dass das Direktionsrecht vom Arbeitgeber ursprünglich wirksam ausgeübt wurde (BAG 22. 2. 2012 – 5 AZR 249/11, BAGE 141, 34). Ist dies der Fall, muss sich die Leistungsfähigkeit und der Leistungswille des Arbeitnehmers hierauf richten (BAG 27. 5. 2015 – 5 AZR 88/14, BAGE 152, 1; BAG 19. 5. 2010 – 5 AZR 162/09, NJW 2010, 3112; BAG 22. 2. 2012 – 5 AZR 249/11, BAGE 141, 34; LAG Köln 6. 11. 2013 – 3 Sa 423/13; Kaiser, RdA 2015, 76, 83). Kann der Arbeitnehmer die ihm kraft Direktionsrecht einmal wirksam zugewiesene Tätigkeit aufgrund gesundheitlicher Einschränkungen oder Gewissensgründen nicht erfüllen, so scheidet ein Annahmeverzug des Arbeitgebers deshalb nach § 297 BGB aus. Daran ändert die Tatsache, dass der Arbeitnehmer eine andere im Rahmen der arbeitsvertraglichen Vereinbarung liegende „leidensgerechte Tätigkeit“ verrichten kann und diese anbietet, nichts (BAG 22. 8. 2018 – 5 AZR 592/17, NJW 2019, 171; BAG 19. 5. 2010 – 5 AZR 162/09, NJW 2010, 3112, Kappelhoff ArbRB 2013, 158; Dimsic DB 2016, 2175, 2178; fehlerhaft daher LAG Hamm 25. 10. 2016 – 7 Sa 803/16, nv und Schwarze § 36 Rn 6). Jede andere Auslegung widerspräche § 106 S 1 GewO; denn es obläge dann letztlich dem

Arbeitnehmer, den Inhalt der arbeitsvertraglich geschuldeten Arbeitsleistung zu konkretisieren. Solange der Arbeitgeber nicht durch eine Neuausübung seines Direktionsrechts die dem Arbeitnehmer mögliche „leidensgerechte Arbeit" zu der im Sinne von § 294 BGB zu bewirkenden Arbeitsleistung bestimmt hat, scheidet Annahmeverzug deshalb aus (BAG 19. 5. 2010 – 5 AZR 162/09, NJW 2010, 3112; Hessisches LAG 12. 12. 2011 – 17 Sa 496/11; LAG Hamm 29. 11. 2012 – 15 Sa 1008/12; LAG Schleswig-Holstein 22. 3. 2012 – 5 Sa 336/11, LAGE § 615 BGB 2002 Nr 16; Boecken/Joas SgB 2012, 455, 456; **aA** jedoch noch BAG 13. 8. 2009 – 6 AZR 330/08, BAGE 131, 325; BAG 4. 10. 2005 – 9 AZR 632/04; LAG Rheinland-Pfalz 7. 4. 2009 – 3 Sa 752/08, ablehnend auch Boemke [Un-]Verbindlichkeit unbilliger Arbeitgeberweisungen, NZA 2013, 6 ff; Thüsing, Verbindlichkeit unbilliger Direktionsrechtsausübung?, jM 2014, 20). Freilich ist der Arbeitgeber zu einer entsprechenden Neuausübung aufgrund der ihm zukommenden Fürsorgepflicht gegenüber dem Arbeitnehmer verpflichtet. Die Verletzung dieser Pflicht kann Schadensersatzansprüche des Arbeitnehmers nach Unmöglichkeitsrecht, dh aus §§ 280 Abs 1, 3, 283 BGB begründen, weil die Zuweisung geänderter Tätigkeiten für zurückliegende Zeiträume ausscheidet (s dazu Staudinger/Rieble [2015] § 315 Rn 468; vgl auch BAG 22. 8. 2018 – 5 AZR 592/17, NJW 2019, 171; BAG 27. 5. 2015 – 5 AZR 88/14, BAGE 152, 1; BAG 19. 5. 2010 – 5 AZR 162/09, NJW 2010, 3112; LAG Schleswig-Holstein 22. 3. 2012 – 5 Sa 336/11, LAGE § 615 BGB 2002 Nr 16; Keysers, Arbeitsplatzerhaltung zur Minderung des Erwerbsschadens, NJW-Spezial 2016, 713, die allerdings eine Verletzung einer bloßen Nebenpflicht annehmen und deshalb auf §§ 280 Abs 1, 241 Abs 2 BGB rekrutieren sowie Kaiser RdA 2015, 76, 79, die von Verzug und dementsprechend einem Schadensersatz aus §§ 280 Abs 1, 2, 286 BGB ausgeht). Hat der Arbeitnehmer allerdings auch schon die Erbringung dieser Leistung abgelehnt, entsteht dem Arbeitnehmer kein Schaden (BAG 27. 8. 2008 – 5 AZR 16/08, NZA 2008, 1410). S zu dem Fall, dass der Arbeitgeber sein Direktionsrecht noch gar nicht ausgeübt hat § 294 Rn 7.

II. Leistungsfähigkeit des Schuldners

Die mangelnde Leistungsfähigkeit des Schuldners kann ihre Ursache in tatsächlichen oder in rechtlichen Leistungshindernissen haben (BAG 28. 9. 2016 – 5 AZR 224/16, BAGE 157, 34). 6

1. Tatsächliche Leistungshindernisse

Bei Lieferverpflichtungen ist der Schuldner tatsächlich nicht in der Lage, die Leistung zu erbringen, wenn er den zu liefernden Gegenstand nicht zur Verfügung hat. Ob dies daran liegt, dass der Gegenstand objektiv nicht zu beschaffen ist oder vom Schuldner mangels entsprechender Geldmittel nicht beschafft werden kann, ist für den Eintritt der Wirkungen des § 297 BGB gleichgültig. 7

Inwieweit die Leistungsfähigkeit iS des § 297 BGB dadurch ausgeschlossen ist, dass der Schuldner noch bestimmte **Vorbereitungen für die Leistung** zu treffen hat, ist eine Frage des Einzelfalles. Bei einem Kaufvertrag braucht der Schuldner im Falle des wörtlichen Angebotes die Ware weder auszusondern noch versandfertig zu machen (Koller, in: GroßKomm HGB [5. Aufl] § 374 Rn 14). Er muss sie sich aber jedenfalls beschafft haben, es sei denn, eine solche Beschaffung ist, etwa bei verderblichen Waren, untunlich oder wird nach der Verkehrsauffassung nicht erwartet (RG 23. 1. 1895 – I 351/94, RGZ 34, 98, 99; RG 11. 4. 1902 – II 407/01, RGZ 50, 255, 260; BGH 14. 2. 1958 – VIII ZR 8/57, MDR 1958, 335; BGB-RGRK/Alff Rn 4; Koller, in: GroßKomm HGB [5. Aufl] 8

§ 374 Rn 14). Bei einem Werk- oder Werklieferungsvertrag wird man vom Schuldner immer dann nicht verlangen können, dass er das Werk im Zeitpunkt des Angebots bereits hergestellt hat, wenn zweifelhaft ist, ob der Gläubiger das Werk überhaupt abnehmen wird, und ein anderweitiger Absatz nicht ohne Weiteres möglich ist (BGH 14. 2. 1958 – VIII ZR 8/57, MDR 1958, 335). Die zur Herstellung des Werkes notwendigen Materialien müssen aber beschaffbar sein und vom Schuldner beschafft werden können. Ist der Gläubiger zum vorgesehenen Zeitpunkt nicht in der Lage, die Leistung anzunehmen, reicht es aus, wenn die Leistung soweit vorbereitet ist, dass geleistet werden kann, sobald der Gläubiger zur Annahme bereit ist (LAG Berlin 9. 2. 2007 – 96 O 62/06, nv).

9 Kann der Schuldner seine Leistung nur **mit Hilfe eines Dritten** erbringen, ist er zur Leistung nicht in der Lage, wenn der Dritte zur Mitwirkung nicht bereit ist (BAG 7. 11. 1958 – 1 AZR 249/58, BAGE 7, 20 für den Fall einer Filmdarstellerin, die zu einem Film unter Mitwirkung eines bestimmten Regisseurs verpflichtet war).

10 Ist der Schuldner zu einer Werk- oder Dienstleistung **persönlich verpflichtet**, so ist er zur Leistung tatsächlich außerstande, wenn er durch äußere Umstände, etwa wegen einer Urlaubsreise oder infolge Freiheitsentzugs (BAG 18. 8. 1961 – 4 AZR 132/60, BB 1961, 1128 für den Fall der Strafverbüßung; BAG 16. 3. 1967 – 2 AZR 64/66, BB 1967, 630 für den Fall der Untersuchungshaft, s dazu unten Rn 2) oder infolge Alkoholgenusses (LAG Schleswig-Holstein 28. 11. 1988 – 4 Sa 382/88, NZA 1989, 472), an der Leistung gehindert ist. Gleiches gilt etwa, wenn das äußere unveränderliche Erscheinungsbild einer Schauspielerin, etwa infolge einer sichtbaren Schwangerschaft, der künstlerischen Konzeption des Regisseurs widerspricht (BAG 24. 8. 1983 – 7 AZR 64/80, nv).

11 Im Falle einer **Erkrankung** des Arbeitnehmers ist zu unterscheiden: Hat die Erkrankung dazu geführt, dass der Arbeitnehmer seine Arbeitsleistung objektiv nicht erbringen kann, hat etwa ein in der Produktion beschäftigter Arbeitnehmer den Arm oder das Bein gebrochen, liegt ein Fall des § 297 BGB vor; sodass ein Angebot des Arbeitnehmers, die Arbeitsleistung zu erbringen, ins Leere geht. Etwas Anderes gilt in einem solchen Fall nur, wenn der Arbeitgeber dem Arbeitnehmer gem § 315 BGB eine andere Arbeit zuweist, die noch in den Rahmen der geschuldeten Arbeitsleistung fällt (vgl BAG 6. 12. 2001 – 2 AZR 422/00, NZA 2002, 999). Dass der Arbeitgeber eine entsprechende Tätigkeit zuweisen kann, ohne hiervon Gebrauch zu machen, genügt hingegen nicht (Rn 5).

12 Anders liegt es, wenn der Arbeitnehmer trotz einer Erkrankung die Arbeitsleistung objektiv gesehen erbringen kann und auch erbringen will. Die Auffassung des BAG, auch in einem solchen Fall gelte § 297 BGB, sodass das Angebot der Arbeitsleistung durch den Arbeitnehmer unerheblich sei (BAG 29. 10. 1998 – 2 AZR 666/97, AP Nr 77 zu § 615 BGB), ist durch die Neuregelung der Unzumutbarkeit bei persönlichen Leistungspflichten durch die Schuldrechtsreform überholt. Unzumutbarkeit ist danach nicht mehr ein Unterfall der Unmöglichkeit. Vielmehr räumt § 275 Abs 3 BGB dem Schuldner ein Leistungsverweigerungsrecht ein und stellt es damit in dessen Entscheidung, ob er die Leistung erbringt oder nicht (näher Staudinger/Caspers § 275 Rn 114 ff). Macht der erkrankte Arbeitnehmer das Leistungsverweigerungsrecht nicht geltend, sondern bietet seine Arbeitsleistung an, liegt dementsprechend auch kein Fall vor, in dem er zur Leistung außerstande wäre. Dass der Arbeitnehmer keine

Bescheinigung über seine Arbeitsfähigkeit vorlegt, macht ihm die Arbeitsleistung jedenfalls nicht unmöglich (LAG Düsseldorf 17. 7. 2003 – 11 Sa 183/03, NZA-RR 2004, 65).

Zuzugeben ist aber, dass dem Arbeitgeber im Einzelfall die Entgegennahme der Arbeitsleistung unzumutbar sein kann, weil die Beschäftigung des Arbeitnehmers für ihn mit Nachteilen verbunden ist. So braucht der Arbeitgeber die Arbeitsleistung eines an Grippe erkrankten Arbeitnehmers nicht entgegenzunehmen, wenn eine Ansteckungsgefahr für andere Belegschaftsangehörige besteht. Bei Auszubildenden und bei offensichtlich schwer erkrankten Arbeitnehmern kann die Beschäftigung gegen die ihm gegenüber diesen Arbeitnehmern obliegenden Fürsorgepflicht verstoßen (BAG 28. 2. 1990 – 2 AZR 401/89, NJW 1990, 2953). S zu weiteren rechtlichen Leistungshindernissen aufgrund Erkrankung des Arbeitnehmers Rn 19. 13

Ein Arbeitnehmer ist zur Arbeitsleistung auch dann tatsächlich nicht in der Lage, wenn ihm die Arbeit aus Gewissensgründen nicht zugemutet werden kann und er deshalb gem § 275 Abs 3 BGB die Leistung verweigert (vgl BAG 24. 5. 1989 – 2 AZR 285/88, DB 1989, 2538). 14

2. Rechtliche Leistungshindernisse

Rechtlich ist der Schuldner an der Leistung gehindert, wenn diese von einer *behördlichen Genehmigung* abhängt und diese Genehmigung noch aussteht (BGH 21. 5. 1954 – V ZR 4/53, BGHZ 13, 329 für eine nach den Devisengesetzen notwendige Genehmigung). Ist die Erteilung der Genehmigung gänzlich ausgeschlossen, ist die Leistung hingegen dauernd unmöglich, sodass nicht die Vorschriften über den Annahmeverzug, sondern diejenigen über die Unmöglichkeit Anwendung finden (Vorbem 5 zu §§ 293 ff). 15

Der **Arbeitnehmer** ist beispielsweise in folgenden Fällen rechtlich an seiner Arbeitsleistung gehindert: Tätigkeitsverbot nach § 42 Infektionsschutzgesetz; fehlende Berufsausübungserlaubnis, etwa fehlende Approbation eines Arztes (BAG 6. 3. 1974 – 5 AZR 313/73, DB 1974, 1168), fehlende Flugtauglichkeitsbescheinigung (LAG Rheinland-Pfalz 31. 8. 2006 – 11 Sa 323/06), fehlende Fahrerlaubnis (BAG 18. 12. 1986 – 2 AZR 34/86, NZA 1987, 377; LAG Schleswig-Holstein 5. 1. 2006 – 2 Ta 262/05, nv), fehlende oder negative nach den einschlägigen Unfallverhütungsvorschriften vorzulegende betriebsärztliche Bescheinigung (LAG Köln 4. 9. 2015 – 4 Sa 823/14, nv; ArbG Frankfurt 12. 10. 2011 – 7 Ca 1552/11, nv), fehlende bergrechtliche Unbedenklichkeitsbescheinigung nach § 2 Abs 1 Satz 1 GesBergV (BAG 5. 6. 2004 – 9 AZR 483/03, BAGE 111, 97), fehlende Arbeitsgenehmigung nach § 284 SGB III (BAG 13. 1. 1977 – 2 AZR 423/75, NJW 1977, 1023) oder Entzug der missio canonica bei einer Religionslehrerin (BAG 25. 5. 1988 – 7 AZR 506/87, AP Nr 36 zu Art 140 GG) oder bei einer Gemeindereferentin eines Erzbistums (BAG 10. 4. 2014 – 2 AZR 812/12, NZA 2014, 653). 16

Ist der Arbeitnehmer von der Arbeitspflicht befreit, weil ihm Urlaub erteilt oder Freizeitausgleich angeordnet ist, kann er die Arbeitsleistung iSd § 297 BGB ebenfalls vorübergehend nicht erbringen (BAG 19. 9. 2018 – 10 AZR 496/17, NZA 2018, 1555; BAG 23. 1. 2001 – 9 AZR 26/00, NJW 2001, 1964). Der Arbeitgeber kann deshalb während der Freistellung nicht in Annahmeverzug geraten. Gleiches gilt auch während der nach § 4 ArbZG zwingend einzuhaltenden Ruhepausen (BAG 25. 2. 2015 – 5 AZR 886/12, BAGE 151, 45; BAG 18. 11. 2009 – 5 AZR 774/08, ZTR 2010, 139; LAG Köln 26. 10. 2012 – 10 Sa 17

539/12; einschränkend LAG Köln 3. 8. 2012 – 5 Sa 252/12, das dies von der Wirksamkeit der Pausenanordnung abhängig machen will) oder nach Erreichen der nach dem geltenden Tarifrecht einzuhaltenden täglichen Höchstarbeitszeit (BAG 29. 6. 2016 – 5 AZR 617/15, BAGE 155, 310). Die Tatsache, dass ein Arbeitnehmer noch in einem anderweitigen Arbeitsverhältnis steht, begründet keine rechtliche Leistungsunfähigkeit iS des § 297 BGB; dieser Umstand kann aber auf mangelnde Leistungswilligkeit schließen lassen (dazu unten Rn 21).

18 Wird der Arbeitnehmer bei einem Dritten eingesetzt, begründet ein vom Dritten ausgesprochenes *Einsatzverbot* in der Regel kein Unvermögen des Arbeitnehmers, seine Leistung zu erbringen (BAG 21. 10. 2015 – 5 AZR 843/14, BAGE 153, 85). Ist das Einsatzverbot gegenüber dem Arbeitgeber nicht wirksam, so kann er den Arbeitnehmer weiterhin bei dem Dritten einsetzen, ohne dass ihm hierdurch wesentliche Nachteile drohen (Dimsic DB 2016, 2175, 2176 f). Im Übrigen beinhaltet einem solches Einsatzverbot lediglich die Aufforderung, den Arbeitnehmer nicht mehr wie bisher einzusetzen, ohne dass der Arbeitgeber hieran rechtlich gebunden wäre (BAG 28. 9. 2016 – 5 AZR 224/16, BAGE 157, 34; Boemke, Aktuelle Fragen des Annahmeverzugs, RdA 2017, 192, 195). Ein Unvermögen des Arbeitnehmers, seine Arbeitsleistung zu erbringen, wird dadurch regelmäßig nicht begründet. Nur in Ausnahmefällen kann unter der Voraussetzung der Unzumutbarkeit der Annahme der Arbeitsleistung Annahmeverzug ausgeschlossen sein (BAG 21. 10. 2015 – 5 AZR 843/14, BAGE 153, 85; angenommen von BAG 23. 9. 2015 – 5 AZR 146/14, BAGE 152, 327 beim Entzug der Einsatzgenehmigung für die Bewachung von militärischen Einrichtungen der US-Streitkräfte durch die US-Streitkräfte). Anders ist dies zu beurteilen, wenn der Arbeitnehmer ausschließlich beim Dritten eingesetzt wird und dieser ihm ein *Hausverbot* erteilt. Denn durch ein Hausverbot ist der Arbeitnehmer rechtlich gehindert, an die Arbeitsstelle zu gelangen und die dort geschuldete Arbeitsleistung zu erbringen (BAG 28. 9. 2016 – 5 AZR 224/16, BAGE 157, 34). „Weil nach § 294 BGB die Leistung so angeboten werden muss, wie sie zu bewirken ist, also am rechten Ort, zur rechten Zeit und in der rechten Art und Weise entsprechend dem Inhalt des Schuldverhältnisses", liegt in diesen Fällen Unvermögen vor (BAG 28. 9. 2016 – 5 AZR 224/16, BAGE 157, 34). Dass es dem Arbeitgeber möglich ist, den Arbeitnehmer anderenorts einzusetzen, ändert hieran nichts, weil sich Leistungsfähigkeit und der Leistungswille stets auf die vom Arbeitgeber kraft Direktionsrecht zugewiesene Tätigkeit beziehen muss (s Rn 5).

19 Auch die mangelnde gesundheitliche Eignung des zur persönlichen Dienstleistung Verpflichteten (s zur Krankheit des Arbeitnehmers Rn 11 ff) kann ein rechtliches Hindernis für dessen Leistungserbringung darstellen, etwa wenn dessen Einsatz aus Krankheitsgründen nur unter Missachtung von Unfallverhütungsvorschriften möglich wäre (LAG Köln 4. 9. 2015 – 4 Sa 823/14, nv, wonach ein negatives Gesundheitszeugnis des Betriebsarztes über die mangelnde körperliche Eignung des Arbeitnehmers für das Fahren eines Gefahrguttransports für den Arbeitgeber unabhängig davon, ob es richtig ist, rechtlich bindend ist).

20 An der Leistungsfähigkeit des Schuldners fehlt es auch, wenn dieser die Leistung unter Umständen anbietet, die die Annahme für den Gläubiger **unzumutbar** machen. Das ist etwa der Fall, wenn ein *Arbeitnehmer* sein Angebot der Arbeitsleistung mit Tätlichkeiten oder groben Beschimpfungen gegen den Arbeitgeber oder andere Arbeitnehmer verbindet (BAG 26. 4. 1956 – GS 1/56, NJW 1956, 1454; vgl Schwarze § 36 Rn 19). Unzumutbar ist die Annahme der Leistung auch, wenn der Arbeitnehmer, der sein Arbeitsverhältnis fortsetzen möchte, besonders grob gegen seine vertraglichen Pflichten verstoßen hat und dadurch Rechtsgüter des Arbeitgebers, seiner Familienangehörigen oder anderer Arbeitnehmer gefährdet, deren Schutz Vorrang vor dem Interesse des Arbeitnehmers an der Erhaltung seines Verdienstes hat (BAG 29. 10. 1987 – 2 AZR 144/87, EzA § 615 BGB Nr 54; LAG Hamm 5. 11. 1986 – 10 Sa 312/86, LAGE § 615 BGB Nr 10; LAG Hamm 12. 4. 2011 – 19 Sa 1963/10).

III. Leistungswille des Schuldners

21 Neben der Leistungsfähigkeit setzt § 297 BGB als ungeschriebene Tatbestandsvoraussetzung auch den subjektiven Leistungswillen des Schuldners voraus (BAG 17. 7. 2012 – 1 AZR 563/11, NJW 2012, 3676; BAG 17. 8. 2011 – 5 AZR 251/10, NZA-RR 2012, 342). Während sich aus dem tatsächlichen Angebot von selbst ergibt, dass der Schuldner die Leistung erbringen will, ist das beim *wörtlichen Angebot* nicht der Fall. Auch ein wörtliches Angebot ist aber nur wirksam, wenn der Schuldner den ernstlichen Willen hat, die angebotene Leistung in dem geschuldeten Umfang zu erbringen (BAG 10. 5. 1973 – 5 AZR 493/72, NJW 1973, 1948; BAG 27. 3. 1974 – 5 AZR 258/73, NJW 1974, 1348; BAG 18. 12. 1974 – 5 AZR 66/74, NJW 1975, 1336). Stellt sich etwa heraus, dass der Schuldner zur Zeit des wörtlichen Angebotes über seine Leistung schon ganz anders disponiert hatte, tritt deshalb kein Annahmeverzug ein. Dies ist aber im Arbeitsverhältnis regelmäßig wegen der Sonderbestimmung des § 615 S 2 BGB nicht schon dann anzunehmen, wenn der Arbeitnehmer einen neuen (Vollzeit-)Arbeitsvertrag mit einem Dritten abschließt (OLG Frankfurt 7. 5. 1997 – 21 U 83/96, NZA-RR 1998, 433, s aber Rn 29). Auch die Tatsache, dass sich ein Arbeitnehmer in einem Kündigungsrechtsstreit einen Auflösungsantrag nach §§ 9, 10 KSchG vorbehält, genügt nicht zur Annahme eines fehlenden Leistungswillens (vgl BAG 24. 5. 2017 – 24. 5. 2017 – 5 AUZ 251/16, nv; Staudinger/Richardi/Fischinger [2016] § 615 Rn 92). Auch der der Umstand, dass ein Schuldner selbst Zweifel an der eigenen Leistungsfähigkeit hegt, etwa ein Arbeitnehmer an seiner Arbeitsfähigkeit zweifelt, genügt nicht ohne Weiteres, um den Annahmeverzug auszuschließen, wenn er sich gleichwohl zum Angebot der Leistung entschließt (BAG 21. 3. 1985 – 2 AZR 596/83; BAG 10. 5. 1973 – 5 AZR 493/72, NJW 1973, 1948). Kündigt ein Arbeitnehmer das Arbeitsverhältnis selbst, bringt er damit regelmäßig seinen fehlenden Leistungswillen zum Ausdruck. Nimmt er aber später von der Kündigung Abstand und erhebt Klage auf Feststellung des Fortbestehens des Arbeitsverhältnisses, belegt er dadurch seinen (wieder eingetretenen) Leistungswillen und kann dementsprechend Annahmeverzug eintreten (BAG 21. 11. 1996 – 2 AZR 660/95, nv). Am Leistungswillen fehlt es auch, wenn der Arbeitnehmer nach Ausspruch einer Kündigung seine Leistungsbereitschaft an den Verzicht des Arbeitgebers auf die Wirkungen der Kündigung knüpft und deshalb eine sog Prozessbeschäftigung ablehnt (BAG 13. 7. 2005 – 5 AZR 578/04, NJW 2006, 1020, 1022).

IV. Zeitpunkt der Leistungsfähigkeit und des Leistungswillens

22 Beim **tatsächlichen Angebot** gem § 294 BGB muss der Schuldner im Zeitpunkt des Angebotes leistungsbereit sein. Daraus folgt aber nicht, wie manche meinen (Planck/Siber Anm Abs 1), dass § 297 BGB im Falle des § 294 BGB bedeutungslos sei. Denn einmal vermag auch das tatsächliche Angebot den Annahmeverzug nicht zu begründen, wenn die Leistung rechtlich unmöglich ist (dazu oben Rn 15 f). Zum anderen bleibt auch beim tatsächlichen Angebot die in § 297 BGB enthaltene Beweislastregel

(unten Rn 28) von Bedeutung, etwa wenn es um die Leistungsfähigkeit eines Dienstverpflichteten geht.

23 Beim **wörtlichen Angebot** (§ 295 BGB) muss der Schuldner im Zeitpunkt der Erklärung des Angebotes zur Leistung in der Lage sein (RG 14. 10. 1921 – II 173/21, RGZ 103, 13, 15). Da das Angebot regelmäßig auch vor der Fälligkeit zulässig ist (s § 293 Rn 12, § 294 Rn 3), kommt es für die Frage, ob der Schuldner in der Lage ist, die Leistung vertragsgemäß zu bewirken, nicht auf den Zeitpunkt der Fälligkeit der Leistung, sondern auf den Zeitpunkt an, in dem er die Leistung wörtlich anbietet. Dies gilt natürlich nicht, wenn einer der Ausnahmefälle vorliegt, in denen der Schuldner vor Fälligkeit nicht leisten darf (§ 293 Rn 15; Staudinger/Kolbe § 271 Rn 33 ff). In diesen Fällen muss der Schuldner die Leistung im Zeitpunkt der Fälligkeit bewirken können; der Gläubiger kann hier vor Fälligkeit gar nicht in Annahmeverzug kommen, auch wenn er die Annahme schon vorher verweigert hat (vgl Schulz AcP 116 [1918] 1, 14). Wenn zB laut Vertrag am 1. 4. mit Erdarbeiten begonnen werden soll, so kann der Gläubiger, der am 1. 2. absagt, nicht schon am 1. 2. in Verzug kommen, sondern erst am 1. 4.

24 Ist für die Leistung eine **Mitwirkungshandlung** des Gläubigers erforderlich, so muss der Schuldner zur Zeit des wörtlichen Angebotes imstande sein, die Leistung für den Fall, dass der Gläubiger die Mitwirkungshandlung vornimmt, in gehöriger Weise, insbesondere zur rechten Zeit und am rechten Ort zu bewirken. Es dürfen im Zeitpunkt des wörtlichen Angebotes also nicht schon Umstände vorliegen, die die künftige Erfüllung hindern (Planck/Siber Anm Abs 2). Ist der Zeitpunkt für die Mitwirkungshandlung des Gläubigers *kalendermäßig* bestimmt oder von einem bestimmten Ereignis ab nach dem Kalender zu berechnen (§ 296 BGB), muss die Leistungsmöglichkeit in dem nach dem Kalender bestimmten Zeitpunkt bestehen.

25 Das BAG hat von seiner Rechtsprechung, nach der der Arbeitgeber, welcher einem Arbeitnehmer zu Unrecht gekündigt hat, auch ohne wörtliches Angebot des Arbeitnehmers gem § 296 BGB in Annahmeverzug gerät (§ 296 Rn 4), von Anfang an für den Fall eine Ausnahme gemacht, dass der **Arbeitnehmer bei Ablauf der Kündigungsfrist arbeitsunfähig** erkrankt ist: Da der Arbeitnehmer aufgrund seiner Krankheit nicht leistungsfähig sei, müsse er den Arbeitgeber bei Genesung auffordern, ihm Arbeit zuzuweisen, § 295 S 2 BGB (BAG 9. 8. 1984 – 2 AZR 374/83, BAGE 46, 234; BAG 21. 3. 1985 – 2 AZR 201/84, AP Nr 35 zu § 615 BGB). Diese Auffassung hat das BAG später (BAG 19. 4. 1990 – 2 AZR 591/89, BAGE 65, 98; BAG 24. 10. 1991 – 2 AZR 112/91, AP Nr 50 zu § 615 BGB; BAG 24. 11. 1994 – 2 AZR 179/94, BAGE 78, 333) dahin modifiziert, dass ausreiche, wenn der Arbeitnehmer durch eine Kündigungsschutzklage seine Arbeitswilligkeit anzeige; eine besondere Anzeige der Leistungsfähigkeit nach Genesung sei dann nicht erforderlich. Eine Anzeige der Leistungsbereitschaft durch den Arbeitnehmer hält das BAG selbst dann für entbehrlich, wenn der Arbeitnehmer schon bei Erhebung der Kündigungsschutzklage arbeitsunfähig erkrankt, also nicht leistungsfähig war (BAG 24. 10. 1991 – 2 AZR 112/91, AP Nr 50 zu § 615 BGB). Dieser Rechtsprechung kann *nur teilweise zugestimmt* werden: Nach hier vertretener Auffassung muss der Arbeitnehmer dem Arbeitgeber seine Arbeitskraft immer wörtlich anbieten (§ 295 Rn 24 f und § 296 Rn 4 ff), dh nicht nur in den Fällen, in denen er bei Ablauf der Kündigungsfrist arbeitsunfähig erkrankt ist. Für ein solches Angebot genügt dann aber eine Kündigungsschutzklage nur, wenn der Arbeitnehmer bei Zugang der Klage arbeitsfähig ist, da er nur dann ein iS der §§ 295, 297 BGB wirksames

Angebot abgibt. War der Arbeitnehmer hingegen bei Klagerhebung arbeitsunfähig erkrankt, muss er dem Arbeitgeber seine Arbeitsleistung bei Genesung erneut wörtlich anbieten, um Annahmeverzug zu begründen.

Die **Fortdauer** des einmal eingetretenen Annahmeverzugs ist nicht grundsätzlich davon abhängig, dass der Schuldner zur Leistung imstande bleibt. Veräußert der Schuldner etwa die für die Lieferung bereitzuhaltende Ware anderweitig, oder ist er in den Fällen, in denen die jederzeitige Bereithaltung nicht notwendig ist, auch zur jederzeitigen Beschaffung der zu liefernden Ware nicht mehr imstande, weil er vorübergehend zahlungsunfähig geworden ist, bleibt der Annahmeverzug bestehen. Im Unterschied zu § 286 Abs 4 BGB, nach dem der Schuldner nicht in Verzug kommt, „solange" er unverschuldet nicht leisten kann, kommt der Gläubiger nach § 297 BGB nur dann nicht in Verzug, wenn der Schuldner *„zur Zeit des Angebots"* nicht leistungsbereit oder -fähig ist (Kaiser Anm zu BAG EzA § 615 BGB Nr 70; Rosenberg JherJb 43, 141, 164 f). Anders ist es, wenn dem Schuldner die Leistung dauernd unmöglich wird. In diesem Fall endet der Annahmeverzug und es sind die Regeln über die Unmöglichkeit anzuwenden, § 326 Abs 2 BGB. Für die Haftung des Schuldners ist dann § 300 Abs 1 BGB zu beachten (§ 300 Rn 2 ff). 26

Dass die Fortdauer des Annahmeverzugs keine Fortdauer der Leistungsfähigkeit und -bereitschaft voraussetzt, gilt auch für Dauerschuldverhältnisse (**aA** BAG 18. 8. 1961 – 4 AZR 132/60, BB 1961, 1128; Palandt/Grüneberg Rn 2). Hat der Arbeitnehmer den Arbeitgeber wirksam in Annahmeverzug versetzt, weil er zum Zeitpunkt der Abgabe des Leistungsangebots arbeitsfähig war, so bleibt der Annahmeverzug auch bestehen, wenn der Arbeitnehmer später (wieder) arbeitsunfähig erkrankt (LAG Sachsen-Anhalt 22. 12. 2014 – 6 Sa 311/13, nv; **aA** BAG 18. 8. 1961 – 4 AZR 132/60, BB 1961, 1128). Das einmal abgegebene Angebot dauert fort (Kaiser Anm zu BAG EzA § 615 BGB Nr 70). Ist aber dem Schuldner die Erbringung der Leistung dauerhaft unmöglich oder er hierzu nicht (mehr) willens, so endet der Annahmeverzug (BAG 17. 8. 2011 – 5 AZR 251/10, NZA-RR 2012, 342; offengelassen von BAG 21. 1. 1993 – 2 AZR 309/92, AP Nr 53 zu § 615 BGB mit Anm Kaiser für den Fall, dass der Arbeitnehmer auf *unabsehbare Zeit* erkrankt ist. S auch Vorbem 5 ff zu §§ 293 ff). Hiervon zu unterscheiden ist die Frage, ob der Arbeitnehmer während der Zeit des vorübergehenden Leistungshindernisses oder mangelnden Leistungswillens Anspruch auf Annahmeverzug nach § 615 Satz 1 BGB hat, was zu verneinen ist, weil der Arbeitnehmer in diesen Fällen nicht „infolge des Verzugs" seine Dienste nicht erbringt (BAG 18. 8. 1961 – 4 AZR 132/60, BB 1961, 1128; vgl auch BAG 17. 7. 2012 – 1 AZR 563/11, NJW 2012, 3676). 27

V. Beweislast

Aus der Fassung des § 297 BGB ergibt sich, dass dem **Gläubiger**, der geltend macht, der Schuldner sei zu der maßgeblichen Zeit zur Leistung nicht imstande gewesen, die Beweislast hierfür obliegt (BAG 2. 8. 1968 – 3 AZR 219/67, BB 1968, 1383; Dimsic DB 2016, 2175). Das Leistungsvermögen des Schuldners wird also für die Frage, ob Annahmeverzug eingetreten ist, *vermutet.* Das gilt auch im Arbeitsverhältnis. Hat allerdings der Arbeitgeber oder gar der Arbeitnehmer selbst Indizien vorgetragen, aus denen auf die Arbeitsunfähigkeit des Arbeitnehmers geschlossen werden kann, ist es Sache des Arbeitnehmers, die Indizwirkung zu erschüttern (BAG 24. 9. 2014 – 5 AZR 611/12, BAGE 149, 144; BAG 22. 2. 2012 – 5 AZR 249/11, NJW 2012, 2605; LAG Rhein- 28 land-Pfalz 21. 4. 2016 – 5 Sa 243/15, nv; LAG Düsseldorf 23. 3. 2007 – 9 Sa 292/07, NZA-RR 2007, 457). Entsprechendes gilt, wenn der Arbeitgeber Indizien vorträgt, die auf eine fehlende Leistungsbereitschaft schließen lassen (BAG 24. 5. 2017 – 5 AZR 251/16, nv; BAG 16. 5. 2012 – 5 AZR 251/11, BAGE 141, 340; BAG 17. 8. 2011 – 5 AZR 251/10, ZTR 2012, 110 jeweils für den Fall, dass sich der Arbeitnehmer auf eine Arbeitsaufforderung des Arbeitgebers „in Schweigen hüllt"). Erwidert der Arbeitnehmer auf die vom Arbeitgeber vorgebrachten Indizien nicht substantiell, so „gilt die Behauptung des Arbeitgebers, der Arbeitnehmer sei während des Verzugszeitraums leistungsunfähig bzw leistungsunwillig gewesen, als zugstanden" (BAG 22. 2. 2012 – 5 AZR 249/11, NJW 2012, 2605). Soweit sich der Arbeitnehmer hingegen substantiell auf den Vortrag des Arbeitgebers hierzu einlässt, bleibt es bei der vollen Beweislast des Arbeitgebers für das Fehlen der Leistungsfähigkeit bzw des Leistungswillens.

29 Als Indiztatsachen, die auf eine fehlende Leistungsfähigkeit schließen lassen, kommen va Krankheitszeiten des Arbeitnehmers vor und nach dem Zeitraum, für den der Annahmeverzug im Raum steht, in Betracht (BAG 5. 11. 2003 – 5 AZR 562/02, AP Nr 106 zu § 615 BGB). Liegt die Erkrankung allerdings bereits mehrere Monate zurück, so werden durch den Verweis auf sie regelmäßig keinen hinreichenden Zweifel an der Leistungsfähigkeit des Arbeitnehmers begründet (LAG Düsseldorf 4. 9. 2012 – 16 Sa 664/12). Als hinreichendes Indiz für den fehlenden Leistungswillen des Arbeitnehmers kommt zudem auch die Ablehnung der Arbeitsaufnahme nach dem erfolgreichen Betreiben der Zwangsvollstreckung aus einem Weiterbeschäftigungstitel in Betracht (BAG 17. 8. 2011 – 5 AZR 251/10, NZA-RR 2012, 342; **aM** Meyer NZA-RR 2012, 337, 341, der dies allerdings auf die unzutreffende Erwägung stützt, eine Annahme der Arbeitsleistung allein zur Abwendung der Zwangsvollstreckung könne Annahmeverzug generell nicht beenden, sodass auch die entsprechende Weigerung des Arbeitnehmers nicht die entsprechende Wirkung haben könne; s zum Angebot der Leistung zur Abwendung der Zwangsvollstreckung unter § 294 Rn 5). Aber auch wenn der Arbeitnehmer ein neues Arbeitsverhältnis eingeht und auf die Arbeitsaufforderung des Arbeitgebers nicht reagiert, stellt dies ein hinreichendes Indiz für seinen fehlenden Leistungswillen dar (BAG 16. 5. 2012 – 5 AZR 251/11, NJW 2012, 2905).

§ 298
Zug-um-Zug-Leistungen

Ist der Schuldner nur gegen eine Leistung des Gläubigers zu leisten verpflichtet, so kommt der Gläubiger in Verzug, wenn er zwar die angebotene Leistung anzunehmen bereit ist, die verlangte Gegenleistung aber nicht anbietet.

Materialien: E I § 256; II § 252; III § 292; Jakobs/Schubert 346–348.

Schrifttum

S die Schrifttumsangaben zu § 293.

Alphabetische Übersicht

Bei Leistungen, die **Zug um Zug** zu bewirken sind, gerät der Gläubiger, auch wenn er bereit ist, die Leistung des Schuldners anzunehmen, nach § 298 BGB unter der Voraussetzung in Annahmeverzug, dass er die von ihm geschuldete Gegenleistung trotz Verlangens des Schuldners nicht anbietet. § 298 BGB regelt nicht den Leistungsverzug des Gläubigers mit der von ihm dem Vertragspartner geschuldeten Leistung. Vielmehr bestimmt § 298 BGB, dass der Gläubiger dadurch, dass er seine dem Vertragspartner geschuldete Leistung nicht anbietet, in Annahmeverzug hinsichtlich der Leistung gerät, die ihm sein Vertragspartner schuldet. 1

Voraussetzung des § 298 BGB ist, dass der Schuldner nur **gegen eine Leistung des Gläubigers** zu leisten verpflichtet ist. Dies ist der Fall nicht nur bei Verpflichtungen aus gegenseitigen Verträgen (§§ 320 ff BGB), sondern bei allen Verpflichtungen, die Zug um Zug zu erfüllen sind. § 298 BGB ist in allen Fällen anwendbar, in denen der Schuldner im Zusammenhang mit seiner Leistung vom Gläubiger etwas verlangen kann (Rosenberg JherJb 43, 198; Soergel/Schubel Rn 2; s auch BAG 8. 5. 2014 – 6 AZR 246/12, NZA 2014, 860; LAG Rheinland-Pfalz 3. 3. 2016 – 5 Sa 341/15, nv), also besonders in den Fällen der §§ 255, 273, 285, 348, 368, 371, 785, 797, 1144, 1223 BGB; weitere Beispiele sind §§ 601, 670, 699 Abs 2 und 994 BGB (dazu besonders Rosenberg 198 ff) und aus dem Arbeitsrecht etwa § 81 BetrVG. Dagegen gehören die zu erstattenden Kosten des Rechtsstreits nicht zu der Zug um Zug zu erbringenden Gegenleistung (LG Hildesheim NJW 1959, 537). 2

§ 298 BGB gilt erst recht in den Fällen, in denen der Gläubiger **vorzuleisten** hat (Mot II 73; Erman/Hager Rn 2; Soergel/Schubel Rn 3; Huber I 209). 3

§ 298 BGB setzt voraus, dass der Schuldner die von ihm zu beanspruchende Gegenleistung **„verlangt"**. Es genügt, dass er zum Ausdruck bringt, er werde nur leisten, wenn auch der Gläubiger seinerseits bereit ist zu leisten. Verlangt der Schuldner eine höhere Gegenleistung als die vom Gläubiger geschuldete, ist das unschädlich, solange ein Zurückbehaltungsrecht tatsächlich besteht. In diesem Fall muss der Gläubiger die Gegenleistung im tatsächlich geschuldeten Umfang anbieten, um den Annahmeverzug zu verhindern (Soergel/Schubel Rn 4; Erman/Hager Rn 3; strittig, s auch § 295 Rn 20). 4

Der Gläubiger gerät nur dann in Annahmeverzug, wenn er es unterlässt, die verlangte Gegenleistung anzubieten. Es ist nicht erforderlich, dass der Gläubiger die Gegenleistung verweigert; ein bloß passives Verhalten des Gläubigers, das **„Nichtanbieten"**, genügt. Ob der Gläubiger die ihm obliegende Gegenleistung tatsächlich oder nur wörtlich anbieten muss, ist nach den entsprechend anzuwendenden §§ 294, 295 BGB zu entscheiden (ebenso Planck/Siber Anm 1 Abs 6; Erman/Hager Rn 3). Hat der 5

Gläubiger die Erbringung der Gegenleistung schon vorab eindeutig und bestimmt verweigert, genügt das wörtliche Angebot (s § 295 Rn 6).

6 Auch wenn der Gläubiger an der von ihm geschuldeten Gegenleistung vorübergehend verhindert ist, gerät er trotz Annahmebereitschaft in Gläubigerverzug, es sei denn, diese **vorübergehende Verhinderung** ist nach § 299 BGB entschuldigt: Das Nichtanbieten der geschuldeten Gegenleistung muss insofern der Nichtannahme der angebotenen Leistung iS des § 299 BGB gleichstehen. Ist der Gläubiger an der Erbringung der Gegenleistung dauernd verhindert, gelten die Unmöglichkeitsregeln (vgl Vorbem 5 ff zu §§ 293 ff).

7 Liegen die Voraussetzungen der Rn 2 bis 6 vor, so kommt der Gläubiger in Annahmeverzug **ohne Rücksicht** darauf, ob ihn ein **Verschulden** trifft oder nicht (s Vorbem 1 zu §§ 293 ff). Das ist der Inhalt des § 298 BGB. Dagegen gerät der Gläubiger durch das Nichtanbieten der von ihm geschuldeten Leistung nicht ohne Weiteres in Schuldnerverzug. Vielmehr steht ihm als Schuldner gem § 286 Abs 4 BGB der Beweis offen, dass die ihm obliegende Leistung infolge eines Umstandes unterblieben ist, den er nicht zu vertreten hat (s § 286 Rn 137 ff).

8 Die Wirkungen des Annahmeverzugs folgen wie auch sonst aus §§ 300–304 BGB. Hat der Schuldner für die ihm vom Gläubiger geschuldete Leistung bereits eine Zug-um-Zug-Verurteilung erlangt, kann er seinen Anspruch nunmehr ohne Bewirkung der ihm obliegenden Leistung vollstrecken, § 274 Abs 2 BGB (BGH 22. 3. 1984 – VII ZR 286/82, BGHZ 90, 354, 359).

9 Dazu, welche Auswirkungen das unterlassene Angebot der vom Gläubiger zu erbringenden Gegenleistung auf den Schuldnerverzug hat, s § 286 Rn 18 ff, 24 ff und 132.

§ 299
Vorübergehende Annahmeverhinderung

Ist die Leistungszeit nicht bestimmt oder ist der Schuldner berechtigt, vor der bestimmten Zeit zu leisten, so kommt der Gläubiger nicht dadurch in Verzug, dass er vorübergehend an der Annahme der angebotenen Leistung verhindert ist, es sei denn, dass der Schuldner ihm die Leistung eine angemessene Zeit vorher angekündigt hat.

Materialien: E II § 253; III § 253; Jakobs/Schubert 348–349.

Schrifttum

Hirsch, Zur Revision der Lehre vom Gläubigerverzug (1895)

Kohler, Annahme und Annahmeverzug, JherJb 17, 265 ff, 401 ff.

S im Übrigen die Schrifttumsangaben zu den Vorbem zu §§ 293 ff und zu § 293.

Alphabetische Übersicht

§ 299 BGB ist nur anwendbar, wenn die **Leistungszeit nicht bestimmt** oder zwar die Leistungszeit bestimmt, der Schuldner aber entsprechend § 271 Abs 2 BGB berechtigt ist, die Leistung auch vor der Leistungszeit zu bewirken. In diesen Fällen kann die Regel des § 293 BGB, dass der Gläubiger durch Nichtannahme der angebotenen Leistung auch dann in Annahmeverzug kommt, wenn ihn an der Nichtannahme kein Verschulden trifft (s dazu die Vorbem 1 zu §§ 293 ff und § 293 Rn 17), zu unbilligen Härten führen: Da der Schuldner die Leistung auch vor Fälligkeit wirksam anbieten kann (s § 293 Rn 12), müsste der Gläubiger ständig zur Annahme der Leistung bereit sein, um nicht in Annahmeverzug zu geraten. Mit Rücksicht hierauf muss sich der Schuldner eine vorübergehende Annahmeverhinderung des Gläubigers gefallen lassen. 1

Sind die in Rn 1 erörterten Voraussetzungen gegeben, kommt der Gläubiger nicht in Verzug, wenn er infolge dieser vorübergehenden Verhinderung an der Annahme gehindert ist. Das ist der Inhalt des § 299 BGB. 2

Welche Umstände als **vorübergehende Verhinderung** iS des § 299 BGB anzuerkennen sind, lässt sich nicht allgemein sagen. Unter Umständen genügen ein Spaziergang, eine Erholungsreise, eine allgemeine Geschäftsüberhäufung oder ein augenblicklicher Platzmangel (vgl Crome, System des Deutschen Bürgerlichen Rechts II [1907] 148 Note 23). Auch ein jüdischer Sabbat oder ein Trauerfall in der Familie entschuldigt gem § 299 BGB, wenn der Gläubiger an diesem Tag sein Geschäftslokal geschlossen hält und nach der Natur der Leistung eine Verhinderung während eines Tages als vorübergehend erachtet werden kann (**aA** OLG Hamburg OLGE 28, 70; Oertmann Anm 3). Entscheidend ist letzten Endes der Rechtsgrundsatz des § 242 BGB, also *Treu und Glauben* und die Verkehrssitte (Huber I 188). Etwa kann es durchaus berechtigt sein, dass der Gläubiger bei Annahme der Leistung persönlich anwesend sein möchte, um die Leistung zu kontrollieren. Legt der Gläubiger mit Recht auf seine persönliche Anwesenheit bei der Leistungsbewirkung Wert, ist ein Umstand, der ihm zeitweise die persönliche Anwesenheit unmöglich macht, eine vorübergehende Verhinderung iS des § 299 BGB. Geht es etwa um eine Heizöllieferung, für deren Abnahme nicht von vornherein ein bestimmter Tag und eine bestimmte Stunde festgesetzt ist, so kann der Gläubiger verlangen, dass das Heizöl nicht zu einem Zeitpunkt geliefert wird, an dem er gerade durch anderweitige Geschäfte gehindert ist, bei der Lieferung anwesend zu sein und nachzuprüfen, ob die vereinbarte Menge vollständig geliefert wird und das Heizöl in Ordnung ist. 3

Will der Schuldner vor Fälligkeit oder zu einem unbestimmten Zeitpunkt leisten, so muss er die Leistung eine angemessene Zeit vorher **ankündigen**. Annahmeverzug tritt dann ein, wenn der Gläubiger zu dem angekündigten Zeitpunkt nicht annimmt 4 oder – im Falle des § 295 BGB – die erforderliche Mitwirkungshandlung nicht vornimmt, insbesondere bei einer Holschuld die Sache nicht abholt (Staudinger/Bittner/Kolbe § 271 Rn 29). Dem Gläubiger muss freilich die Mitwirkungshandlung zu der für die Leistung angekündigten Zeit zumutbar sein. Kündigt ein Monteur an, er werde die Leistung an einem bestimmten Wochentag zwischen 8:00 und 16:00 Uhr vornehmen, so stellt dies keine hinreichend konkrete Ankündigung des Leistungszeitpunkts dar. Dies gilt jedenfalls dann, wenn Gläubiger eine berufstätige Privatperson ist. Einem berufstätigen Gläubiger ist es grundsätzlich nicht zumutbar, einen vollen Arbeitstag zur Annahme einer Leistung bereitzustehen, deren Erbringung nur wenige Minuten in Anspruch nimmt (AG Bremen 14. 3. 2013 – 9 C 481/12, NJW-RR 2013, 1276). Will der Schuldner den Gläubiger hier in Annahmeverzug versetzen, obliegt es ihm, die Leistungszeit näher zu konkretisieren.

5 Die Ankündigung der Leistung muss regelmäßig **vom Schuldner** ausgehen. Die Ankündigung eines Dritten, der die Leistung bewirken will, braucht der Gläubiger nicht zu beachten. Dies folgt nicht nur aus dem Wortlaut des § 299 BGB („der Schuldner"), sondern auch aus dem Grundgedanken des § 267 iVm § 268 BGB: Nach § 267 Abs 1 S 1 kann zwar ein Dritter die Leistung bewirken; der Gläubiger kann nach Abs 2 die Leistung aber ablehnen, wenn der Schuldner widerspricht. Der Unsicherheit, ob der Schuldner der Leistungsbewirkung durch den Dritten widersprechen wird, braucht sich der Gläubiger nicht auszusetzen (vgl § 295 Rn 27). Anders ist es nur, wenn der Dritte gem § 268 BGB zur Leistung für den Schuldner berechtigt ist; der Gläubiger darf die Leistung durch den Dritten dann unter keinen Umständen ablehnen (s Staudinger/Bittner/Kolbe § 268 Rn 1, 12). Die Ankündigung eines solchen Dritten, zu einer bestimmten Zeit leisten zu wollen, muss deshalb als Ankündigung iS des § 299 BGB anerkannt werden.

6 Kündigt der Schuldner oder der gem § 268 BGB dazu berechtigte Dritte die Leistung für eine **unpassende Zeit** an, führt das den Annahmeverzug erst zu dem Zeitpunkt herbei, zu welchem vom Gläubiger billigerweise die Annahme erwartet werden kann. Teilt der Verkäufer eines Pkw dem Käufer mit, der Wagen stehe am folgenden Tag zur Abholung bereit, und hat der Käufer für diesen Tag bereits eine Geschäftsreise geplant, tritt Annahmeverzug erst am Folgetag ein. S zu dem gleichgelagerten Problem bei der Mahnung als Voraussetzung des Schuldnerverzugs § 286 Rn 45.

7 Ist zwischen den Parteien ein bestimmter Leistungszeitpunkt festgesetzt, gilt nach § 299 BGB dieser. Bestimmungen, nach denen der Gläubiger die Leistung innerhalb einer bestimmten Frist nach Anzeige der Bereitstellung abzuholen hat, sind regelmäßig so zu interpretieren, dass Annahmeverzug erst nach Ablauf der Frist eintritt, mit der Folge, dass der Schuldner noch bis zum Ablauf der Frist uneingeschränkt haftet (Huber I 190 f).

§ 300
Wirkungen des Gläubigerverzugs

(1) Der Schuldner hat während des Verzugs des Gläubigers nur Vorsatz und grobe Fahrlässigkeit zu vertreten.

(2) Wird eine nur der Gattung nach bestimmte Sache geschuldet, so geht die Gefahr mit dem Zeitpunkt auf den Gläubiger über, in welchem er dadurch in Verzug kommt, dass er die angebotene Sache nicht annimmt.

Materialien: E I § 257; II § 254; III § 294; Jakobs/Schubert 349–354.

Schrifttum

Brand, § 300 Abs. 1 BGB als Anwendungsfall der gestörten Gesamtschuld, ZGS 2010, 265

vCaemmerer, Anleiheschulden und Einlösungsmittel, JZ 1951, 740

Cuno, Übergang der Gefahr bei Gattungsschulden nach dem BGB (1901)

Grunewald, Der Umfang der Haftungsmilderung für den Schuldner im Annahmeverzug des Gläubigers, in: FS Canaris (2007) 329

Hönn, Zur Dogmatik der Risikotragung im Gläubigerverzug bei Gattungsschulden, AcP 177 (1977) 385

Huber, Zur Konzentration beim Gattungskauf, in: FS Ballerstedt (1975) 327

Kisch, Gattungsschuld und Wahlschuld (1912)

Kohler, Rücktrittsrechtliche Abwicklung und Sachrisiko, AcP 218 (2018) 67

Lorenz, Die besondere Bedeutung des § 300 II BGB gegenüber dem § 243 II BGB (Diss Göttingen 1931)

Medicus, Die konkretisierte Gattungsschuld, JuS 1966, 297

Merzinger, Das Verhältnis von Konzentration und Annahmeverzug bei der Gattungsschuld (Diss Leipzig/Trier 1902)

Riedinger, Verwandlung von Bringschulden in Holschulden durch Annahmeverweigerung des Gläubigers, JW 1914, 736

Schröder, Zur Auslegung des § 300 II BGB, MDR 1973, 466

Sick, Gläubigerverzug im Lastschriftverfahren, NJ 2011, 441

Vins, Die Konzentrationswirkung des Annahmeverzuges im Fall der Gattungsschuld (Diss Leipzig 1913)

Wertheimer, Der Gläubigerverzug im System der Leistungsstörungen, JuS 1993, 646.

S im Übrigen die Schrifttumsangaben in den Vorbem zu §§ 293 ff.

Systematische Übersicht

Alphabetische Übersicht

I. Allgemeines

1 § 300 BGB legt zwei Wirkungen des Annahmeverzugs fest: Als Gegenstück zu § 287 S 1 BGB, der beim Schuldnerverzug den für den Schuldner geltenden Verschuldensmaßstab heraufsetzt, setzt § 300 Abs 1 BGB diesen *Verschuldensmaßstab* während des Annahmeverzugs herab. Zum anderen ordnet § 300 Abs 2 BGB bei Gattungsschulden den Übergang der *Leistungsgefahr* auf den Gläubiger an.

II. Beschränkung des Verschuldensmaßstabes

2 Der Annahmeverzug befreit den Schuldner zwar nicht von seiner Leistungspflicht. Seine Haftung für die Leistungspflicht ist während des Annahmeverzugs aber gegenüber dem regelmäßigen Verschuldensmaßstab des § 276 Abs 1 BGB gemildert: Der Schuldner haftet vom Eintritt des Annahmeverzugs gem § 300 Abs 1 BGB bis zu dessen Beendigung (dazu § 293 Rn 23 ff) nur für *Vorsatz* und *grobe Fahrlässigkeit.*

3 Die **Haftungseinschränkung** des § 300 Abs 1 BGB soll dem Umstand Rechnung tragen, dass der Schuldner während des Annahmeverzugs mit der Sorge für den Leistungsgegenstand belastet bleibt, obwohl er eigentlich alles aus seiner Sicht Erforderliche unternommen hat, um von seiner Leistungspflicht frei zu werden (OLG Braunschweig 23. 11. 2015 – 9 U 18/15, NdsRpfl 2017, 242; OLG Saarbrücken 29. 6. 2001 – 1 U 951/00, NJW-RR 2002, 528; Kohler AcP 218 [2018] 67, 88; Wertheimer JuS 1993, 647; Hirsch § 21 Rn 464, Schmidt-Kessel § 18 III). Gäbe es § 300 Abs 1 BGB nicht, würde der Verkäufer, der den Untergang des Leistungsgegenstandes beim Rücktransport der Sache nach einem vergeblichen Angebot oder bei einem erneuten Transport zum Käufer verschuldet, zwar gem § 275 Abs 1 BGB von seiner Leistungspflicht frei; er schuldete dem Gläubiger für den Sachuntergang aber Schadensersatz statt der Leistung gem §§ 283, 280 Abs 1 BGB. Gleiches gälte für den Werkunternehmer, der nach Eintritt des Annahmeverzugs infolge Unachtsamkeit das bestellte Werk be-

schädigt. Diese Rechtsfolgen gelten wegen § 300 Abs 1 BGB im Annahmeverzug nur dann, wenn der Schuldner den Untergang des Leistungsgegenstandes mindestens grob fahrlässig verursacht hat. Hat er lediglich leicht fahrlässig gehandelt, so behält er gem § 326 Abs 2 BGB seinen Gegenleistungsanspruch (STAUDINGER/SCHWARZE [2015] § 326 Rn C 84); die Schadensersatzpflicht aus §§ 280 Abs 1, 283 BGB entfällt. § 300 Abs 1 BGB gilt auch, wenn der Gläubiger durch die Nichtannahme der Leistung gleichzeitig in Schuldnerverzug mit einer Abnahmepflicht gerät (dazu Vorbem 12 zu §§ 293 ff; HONSELL, Die beiderseits zu vertretende Unmöglichkeit im gegenseitigen Vertrag, JuS 1979, 81; BAUMANN/HAUTHAR, Die rechtliche Problematik beiderseits zu vertretender Unmöglichkeit, JuS 1983, 273, 274).

Aus dem Sinn und Zweck der Norm folgt, dass die Privilegierung nur greift, sofern es um den Untergang oder die Verschlechterung des Leistungsgegenstandes geht (BGH 14. 4. 2010 – VIII ZR 145/09, NJW 2010, 2426; OLG Braunschweig 23. 11. 2015 – 9 U 18/15, NdsRpfl 2017, 242; LOOSCHELDERS § 36 Rn 15; ERMAN/HAGER Rn 4; SOERGEL/SCHUBEL Rn 9). Erfasst von § 300 Abs 1 BGB sind in diesen Fällen jedoch nicht allein vertragliche Haftungsansprüche, sondern auch etwaige deliktische Ansprüche des Gläubigers (dazu unter Rn 12 f). § 300 Abs 1 BGB ist zudem auch bei der Anwendung von § 275 Abs 2 S 2 BGB zu beachten: Nur, wenn der Schuldner das Leistungshindernis mindestens grob fahrlässig verschuldet hat, ist dieses Verschulden bei der Bestimmung der ihm zumutbaren Anstrengungen zu berücksichtigen. 4

Die Haftungsmilderung des § 300 Abs 1 BGB gilt hingegen **nicht für sonstige Pflichten** des Schuldners, die neben seiner Pflicht zur Leistung des geschuldeten Gegenstandes bestehen. Insbesondere haftet der Schuldner bei einem Selbsthilfeverkauf nach den allgemeinen Grundsätzen (RG JW 1921, 394; PALANDT/GRÜNEBERG Rn 2; **aA** OLG Köln 6. 6. 1994 – 19 U 150/93, NJW-RR 1995, 52, 54). Auch der Haftungsmaßstab bei Verletzung sonstiger Nebenpflichten im Rahmen von §§ 280 Abs 1, 241 Abs 2 BGB bestimmt sich deshalb nach den allgemeinen Verschuldensmaßstäben (ERMAN/HAGER Rn 4; SOERGEL/SCHUBEL Rn 9). 5

Fraglich ist, ob die Privilegierung des § 300 BGB auch dann Anwendung finden kann, wenn der Leistungsgegenstand im *Straßenverkehr* beschädigt wird oder untergeht. Für die Haftungsprivilegierungen der §§ 708, 1359 und 1664 BGB vertritt der BGH in ständiger Rechtsprechung, dass diese nicht greifen könnten, wenn es bei der Beteiligung am Straßenverkehr zu Personen- oder Eigentumsschäden gekommen ist. Der Straßenverkehr berge besondere Gefahren in sich, die es unerlässlich machten, „unabhängig von persönlichen Eigenarten und Gewohnheiten eindeutige und strenge Haftungsmaßstäbe aufzustellen“ (BGH 11. 3. 1970 – IV ZR 772/68, BGHZ 53, 352; BGH 20. 12. 1966 – VI ZR 53/65, BGHZ 46, 313; BGH 18. 6. 1973 – III ZR 207/71, BGHZ 61, 101; OLG Hamm 20. 1. 1992 – NJW 1993, 542). Zwar könnte man meinen, diese Wertung müsste es recht gelten, wenn die Haftung nicht allein auf die eigenübliche Sorgfalt, sondern auf grobe Fahrlässigkeit beschränkt ist. Dass im Straßenverkehr grob fahrlässiges Verhalten nicht geduldet werden kann, liegt auf der Hand. Hierbei würde man jedoch verkennen, dass die Fälle der §§ 708, 1359 und 1664 BGB anders gelagert sind als der Fall des § 300 BGB. §§ 708, 1359 und 1664 BGB beschränken den Verschuldensmaßstab sowohl bei Sach- als auch Körperschäden. Die Privilegierung des § 300 BGB erfasst von vornherein hingegen allein den Untergang oder die Verschlechterung des Leistungsgegenstandes. Zudem liegt in den zu §§ 708, 1359 6 und 1664 BGB entschiedenen Fällen stets eine besondere persönliche Nähe zum Schadensereignis vor: Der Mitgesellschafter, der Ehegatte oder das Kind und der Schuldner nehmen gemeinsam am Straßenverkehr teil und sind unmittelbar am schädigenden Ereignis beteiligt. An dieser Nähe zum Schadensereignis fehlt es in den Fällen des § 300 BGB regelmäßig. Es besteht dann aber keine Rechtfertigung, den Anwendungsbereich des § 300 BGB einzuschränken. Dies würde im Übrigen zu dem unbilligen Ergebnis führen, dass der Schuldner in diesen Fällen, obwohl er alles aus seiner Sicht Erforderliche unternommen hat, um von seiner Leistungspflicht frei zu werden, weiter das volle Verlustrisiko trägt. Der Käufer, der das gekaufte Kraftfahrzeug nicht abnimmt oder der Vermieter, der zum Zeitpunkt der vereinbarten Rückgabe des Mietautos nicht erscheint, müsste mit keinen wesentlichen Rechtsnachteilen rechnen. Dies ist nicht interessengerecht und widerspricht klar dem Sinn und Zweck des § 300 BGB. § 300 BGB muss daher auch in diesen Fällen uneingeschränkt, dh auch bei Untergang oder Verschlechterung des Leistungsgegenstandes im Straßenverkehr, Anwendung finden (vgl BRAND ZGS 2010, 265, der dies freilich auf die unzutreffende Annahme stützt, ein Beschränkung der Haftung auf grobe Fahrlässigkeit stünde mit den Interessen des Straßenverkehrs im Einklang).

7 Zu den Begriffen Vorsatz und grobe Fahrlässigkeit vgl näher STAUDINGER/CASPERS § 276 Rn 21 ff, 92 ff. Als vorsätzlich zu bewerten ist etwa die bewusste Verfügung des Schuldners über den Leistungsgegenstand (**aA** SICK NJ 2011, 441, 448 für Geldschulden). Als **grob fahrlässig** ist es anzusehen, wenn der Verkäufer eines Kfz dieses einfach dem Verfall preisgibt (OLG Oldenburg 4. 6. 1975 – 2 U 51/75, MDR 1976, 41). Zu dem Fall, dass der Verkäufer während des Annahmeverzugs des Käufers das diesem verkaufte Unternehmen aufgibt vgl RG 22. 11. 1918 – III 226/18, RGZ 94, 140. Auch das Einfrierenlassen von Heizkörpern ist regelmäßig grob fahrlässig; dass ein zur Herausgabe einer Mietsache verpflichteter Schuldner irrtümlich gemeint hat, ihn treffe wegen des Annahmeverzugs keine Obhutspflicht, entschuldigt ihn nicht (BGH 10. 1. 1983 – VIII ZR 304/81, BGHZ 86, 204, 211). Dass der zur Lieferung und Installation von EDV-Programmen verpflichtete Schuldner nicht hartnäckig auf der Überlassung fehlender Teile des Pflichtenheftes besteht (vgl § 295 Rn 15), begründet hingegen regelmäßig noch keine zum Schuldnerverzug führende grobe Fahrlässigkeit (BGH 28. 6. 1994 – X ZR 95/92, NJW-RR 1994, 1469, 1470 f). In Betracht kommt zudem häufig ein *Mitverschulden* des Gläubigers (BGH 28. 6. 1994 – X ZR 95/92, NJW-RR 1994, 1469, 1470 f), insbes nach § 254 Abs 2 BGB. Zu den Folgen beiderseits zu verantwortender Unmöglichkeit für die Gegenleistung STAUDINGER/SCHWARZE (2015) § 326 Rn C 105 ff.

8 § 300 Abs 1 BGB bezieht sich auf **Gattungsschulden** nur, soweit die ganze Gattung, auf die sich das Schuldverhältnis bezieht, untergeht, insbesondere bei einer sog *Vorratsschuld* (gegen die Anwendung auch in diesem Fall GRUNEWALD, in: FS Canaris 329, 333; zur Vorratsschuld s STAUDINGER/CASPERS § 275 Rn 21 ff). Soweit das Unvermögen des Schuldners zur Beschaffung der geschuldeten Gattungssache überhaupt in Frage steht, ist wegen der verschuldensunabhängigen Einstandspflicht gem § 276 Abs 1 S 1 HS 2 BGB (dazu STAUDINGER/CASPERS § 276 Rn 153 ff) für § 300 Abs 1 BGB kein Raum.

9 Der BGH (14. 2. 1958 – VIII ZR 8/57, MDR 1958, 335) hat § 300 Abs 1 BGB auch in einem Fall angewandt, in dem der Annahmeverzug ausnahmsweise schon eingetreten war, obwohl der Schuldner den Leistungsgegenstand noch gar nicht in den Händen,

nämlich bei einem Werklieferungsvertrag die Sache noch nicht hergestellt hatte. Nach Meinung des BGH soll der Schuldner dafür, dass die **Beschaffung** der für die Werkherstellung notwendigen Teile während des Annahmeverzugs unmöglich wird, nur für Vorsatz und grobe Fahrlässigkeit haften. Denn diese Beschaffung betreffe „die Vorsorge für den Leistungsgegenstand". Dieser ausdehnenden Anwendung des § 300 Abs 1 BGB kann *nicht gefolgt* werden: Die Vorschrift will dem Schuldner nur die Last erleichtern, die er zu tragen hat, weil er die Leistung nicht erbringen kann; sie will dem Schuldner nicht die Pflichten erleichtern, die ihn ohnehin aufgrund des Schuldverhältnisses treffen (zutreffend Grunewald, in: FS Canaris 329; Schmidt-Kessel § 18 III). Zu diesen Pflichten gehört aber auch die Beschaffung der zu liefernden Ware oder der Teile, die zur Herstellung des Leistungsgegenstandes notwendig sind. Auch die Verpflichtung des Schuldners beim Gläubiger auf eine notwendig gewordene nachträgliche Aufklärung über den Umfang der zu erbringenden Werkleistung zu dringen, gehört zu diesen Pflichten (**aA** BGH 28. 6. 1994 – X ZR 95/92, NJW-RR 1994, 1469, 1470).

Ist Gegenstand des Schuldverhältnisses eine **Handlung**, insbesondere eine Dienst- oder *Arbeitsleistung,* und gerät der Gläubiger in Annahmeverzug, so ist § 300 Abs 1 BGB nicht anwendbar (**aA** Planck/Siber Anm 2): Der Annahmeverzug bürdet dem Schuldner, etwa einem Berufssportler, im Hinblick auf die Erhaltung seiner persönlichen Leistungsfähigkeit keine über die vertragliche Leistungspflicht hinausgehenden Lasten auf. Deshalb ist es nicht gerechtfertigt, ihn während des Annahmeverzugs für die Erhaltung dieser Leistungspflicht nur noch gemindert haften zu lassen. Soweit es aber um auf die Dienstleistung bezogene Zusatzpflichten geht, greift § 300 BGB aber ein (Grunewald, in: FS Canaris 329, 334). Das ist etwa der Fall, wenn der Zahnarzt das vom Dentallabor an ihn für den Patientenzahnersatz übersandte Implantat beschädigt, nachdem der Patient nicht rechtzeitig zur Behandlung erschienen ist. 10

Verschuldet der **Verkäufer** während des Annahmeverzugs eine Verschlechterung der bei ihm befindlichen Sache, kommt ihm die Einschränkung des Haftungsmaßstabs nach § 300 Abs 1 BGB zugute (s Rn 3). Dies führt zu einer entsprechenden Einschränkung der Schadensersatzhaftung wegen eines Sachmangels (Staudinger/Beckmann [2014] § 446 Rn 32). Auf der anderen Seite schränkt Abs 1 auch die Haftung des Käufers nach erfolgtem Rücktritt ein, wenn der Verkäufer die verkaufte Sache nicht zurücknimmt (RG WarnR 1912 Nr 376; Kohler AcP 218 [2018] 67, 75 ff). 11

Besteht wegen des Untergangs oder der Verschlechterung des Leistungsgegenstandes im Annahmeverzug zugleich ein Anspruch aus **unerlaubter Handlung**, so erstreckt sich die Haftungsbeschränkung des § 300 Abs 1 BGB auch auf den Anspruch aus unerlaubter Handlung (OLG Köln 6. 6. 1994 – 19 U 150/93, NJW-RR 1995, 52; Palandt/Grüneberg Rn 2; Soergel/Schubel Rn 7; Erman/Hager Rn 4). Dies gilt etwa, wenn die Mietsache nach Ende der Mietzeit zerstört oder beschädigt wird oder wenn ein Gerüst nach der Durchführung von Verputzarbeiten nicht abgeschlagen wird (OLG Koblenz 21. 6. 2001 – 5 U 1384/00, OLGR Koblenz 2002, 93). 12

Erhält ein Unternehmer **Ware, die er nicht bestellt** hat, ist § 300 Abs 1 BGB auf etwaige gegen ihn gerichtete Ansprüche aus § 823 Abs 1 BGB wegen Zerstörung oder Beschädigung der Ware entsprechend anzuwenden. Von dem Empfänger der 13

Ware, der keinerlei Anlass für die Lieferung gegeben hat, kann nicht erwartet werden, dass er den Leistenden mit der Warenrücknahme in Annahmeverzug setzt, ehe sich seine Haftung für den Untergang oder Verlust der Sache mindert (aA SCHROEDER AcP 179 [1979] 562, 592). Hat der Leistende die Ware bewusst unbestellt zugesandt, kann sein Schadensersatzanspruch auch bei grob fahrlässiger Zerstörung oder Beschädigung der Sache durch den Empfänger nach § 254 Abs 1 BGB gemindert oder sogar ausgeschlossen sein. Für die Lieferung nicht bestellter Sachen durch einen Unternehmer an einen Verbraucher gilt freilich die Spezialvorschrift des § 241a BGB. S die Erl bei STAUDINGER/OLZEN (2015) § 241a.

14 § 300 Abs 1 BGB gilt nicht für die Haftung des Frachtführers. Die Folgen von Ablieferungshindernissen sind in § 419 HGB speziell geregelt. Eine Einschränkung des Haftungsmaßstabs sieht diese Regelung nicht vor (vgl für die frühere EVO RG 16. 4. 1924 – I 216/23, RGZ 108, 50, 57; zum Verhältnis der allgemeinen Leistungsstörungen zu den §§ 407 ff HGB SCHMIDT-KESSEL § 5 VII).

15 Nach Abs 1 ändert sich nur das Maß der zu beobachtenden Sorgfalt, nicht aber die **Beweislast**. Der Schuldner genügt der ihm beim Untergang des Leistungsgegenstandes nach § 280 Abs 1 S 2 BGB obliegenden Beweislast, wenn er beweist, dass die Leistung während des Annahmeverzugs durch einen Umstand unmöglich geworden ist, der nicht auf seine grobe Fahrlässigkeit zurückzuführen ist oder zurückzuführen sein kann (s STAUDINGER/SCHWARZE § 280 Rn F 25 f; MünchKomm/ERNST Rn 3).

III. Übergang der Leistungsgefahr bei der Gattungsschuld

16 Nach heute nahezu einhelliger Auffassung ist die Gefahr, die nach § 300 Abs 2 BGB bei Gattungsschulden im Annahmeverzug auf den Gläubiger übergeht, die sog *Leistungsgefahr:* Der Schuldner soll gem § 275 Abs 1 BGB von der Leistungspflicht frei werden, wenn die dem Gläubiger angebotene Sache untergeht oder ihm die nachträgliche Lieferung ausnahmsweise nicht mehr zugemutet werden kann, § 275 Abs 1, Abs 2. § 300 Abs 2 BGB tritt neben § 243 Abs 2 BGB, der allgemein den Übergang der Leistungsgefahr bei Gattungsschulden regelt. Keine Aussage enthält § 300 Abs 2 BGB hingegen über die *Vergütungsgefahr.* Hier bleibt es bei den Regeln des § 326 BGB und – beim Kaufvertrag – der §§ 446, 447 BGB; im Annahmeverzug ist insbesondere § 326 Abs 2 BGB von Bedeutung (dazu STAUDINGER/SCHWARZE [2015] § 326 Rn C 71 ff).

17 Für § 300 Abs 2 BGB bleibt **neben § 243 Abs 2 BGB** nur ein **eingeschränkter Anwendungsbereich**. Um diesen Anwendungsbereich zu verdeutlichen, ist es zweckmäßig, den Fall, in dem der Annahmeverzug nach Aussonderung der Sache durch den Schuldner eingetreten ist, von dem zu unterscheiden, in dem der Gläubiger bereits vor dieser Aussonderung in Annahmeverzug geraten ist.

18 Zunächst zum 1. Fall **(Annahmeverzug nach Aussonderung)**: Die Konkretisierung nach § 243 Abs 2 BGB setzt voraus, dass der Schuldner das zur Erfüllung der Verbindlichkeit seinerseits Erforderliche getan hat. Dies ist bei *Holschulden* lediglich die Aussonderung verbunden mit der Benachrichtigung an den Gläubiger, dass die Sache zur Abholung bereitstehe (vgl näher STAUDINGER/SCHIEMANN [2015] § 243 Rn 36 f; s aber die bei SCHMIDT-KESSEL § 16 II 3 angesprochenen Fälle). Hier fallen Konkretisierung nach § 243 Abs 2 BGB und Begründung des Annahmeverzugs durch ein wörtliches Angebot nach § 295 BGB zusammen, sodass § 300 Abs 2 BGB keine eigene Bedeutung hat. Anders kann es aber bei **Schick- und Bringschulden** liegen. Hier erfordert die Konkretisierung nach § 243 Abs 2 BGB zusätzlich zur Aussonderung die Versendung bzw Anlieferung der Sache. An der Versendung bzw Anlieferung kann der Schuldner aber infolge eines Verhaltens des Gläubigers gehindert sein, nämlich wenn der Gläubiger von vornherein erklärt, er werde die Leistung nicht annehmen, oder wenn er eine notwendige Mitwirkungshandlung, wie etwa die Bereitstellung von Transportbehältern unterlässt. Bietet der Schuldner die Leistung dann durch ein **wörtliches Angebot** nach § 295 BGB an, geht nach § 300 Abs 2 BGB die Leistungsgefahr über, obwohl die Leistung noch nicht nach § 243 Abs 2 BGB konkretisiert worden ist (Soergel/Schubel Rn 13; Palandt/Grüneberg Rn 6; Larenz I § 25 II b; Schwarze § 36 Rn 48 f; **aA** MünchKomm/Ernst Rn 4, der in diesem Fall § 243 Abs 2 BGB als gegeben ansieht). Weitergehend misst vCaemmerer (JZ 1951, 740, 744) § 300 Abs 2 BGB Bedeutung auch bei Holschulden und bei der Bringschuld dann zu, wenn der Schuldner die Sache dem Gläubiger an dessen Wohn- oder Geschäftssitz gebracht und angeboten hat. Dies erklärt sich aber aus einem engeren als dem herrschenden Verständnis des § 243 Abs 2 BGB: Nach dieser Auffassung ist eine Schuld erst konkretisiert, wenn der Gläubiger bei der Holschuld die Sache tatsächlich abgeholt und bei der Bringschuld tatsächlich abgenommen hat.

Man hat diesem Fall des § 300 Abs 2 BGB vielfach auch die **Geldschuld** zugeordnet, weil nach § 270 Abs 1 BGB der Schuldner Geld im Zweifel auf seine Gefahr dem Gläubiger zu übermitteln hat. Dem kann zugestimmt werden, soweit es darum geht, dass übermitteltes Bargeld vom Gläubiger nicht angenommen wird und nun, etwa durch einen Brand, verloren geht (zutr Soergel/Schubel Rn 17; Erman/Hager Rn 8). Soweit aber Rechtsprechung und Lehre mit Hilfe des § 300 Abs 2 BGB versucht haben, dem Gläubiger im Annahmeverzug bei gesonderter Aufbewahrung des Geldes auch das *Geldwertrisiko* aufzuerlegen (BGH LM § 12 HöfeO Nr 5; weitere Nachweise für die Rspr des RG und die ältere Lit in Staudinger/Werner[11] Rn 17), kann dem nicht gefolgt werden: § 300 Abs 2 BGB betrifft nur die Leistungsgefahr, nicht aber das Risiko von Wertschwankungen einer Sache oder von Geld (Soergel/Schubel Rn 17). Die Wirkungen des Annahmeverzugs bei Geldschulden sind im wesentlichen auf den Wegfall der Verzinsungspflicht (§ 301 BGB) beschränkt (vgl OGHZ 3, 85, 88 f; Larenz I § 25 II b, der allerdings in Fn 21 bei Geldwertschulden den Annahmeverzug als spätesten Zeitpunkt für eine summenmäßige Fixierung ansehen will, etwa bei einer Währungsumstellung). **19**

Zum 2. Fall **(Annahmeverzug vor Aussonderung)**: Es ist möglich, dass der Gläubiger durch ein wörtliches Angebot gem § 295 BGB in Verzug gesetzt wird, ohne dass der Schuldner vorher oder gleichzeitig die anzubietende Sache aus der Gattung ausgesondert hat (vgl § 297 Rn 7). In diesem Fall erfordert der Gefahrübergang nach § 300 Abs 2 BGB zusätzlich zum Annahmeverzug **noch die Aussonderung** aus der Gattung, weil erst dann feststeht, auf welche Sache sich der Übergang der Leistungsgefahr bezieht. Dem Schuldner kann nicht zugebilligt werden, sich darauf zu berufen, dass irgendein Teil der Gattung, aus der er zu leisten hat, während des Annahmeverzugs untergegangen ist (BGH 18. 6. 1975 – VIII ZR 34/74, WM 1975, 917, 920; Hönn AcP 177 [1977] 396 ff; Larenz I § 25 II b; Palandt/Grüneberg Rn 4; Erman/Hager Rn 6; Schwarze § 36 Rn 49; **aA** Medicus JuS 1966, 301 f; Huber, in: FS Ballerstedt [1975] 339 ff). Deshalb wird der Schuld- **20** ner, der dem Gläubiger eine Einzugsermächtigung erteilt, von der Leistung nicht etwa frei, wenn der geschuldete Betrag nicht zu dem vereinbarten Termin eingezogen wird und das Konto später keine ausreichende Deckung aufweist (**aA** Sick NJ 2011, 441, 445 f).

21 Die hM wird von Schroeder (MDR 1973, 466 ff; ebenso nun Schmidt-Kessel § 16 II 3) für den Fall in Frage gestellt, dass sich das wörtliche Angebot des Schuldners nach § 295 BGB von vornherein auf einen bestimmten Vorrat der Gattungssachen bezogen hat, *ohne dass* zugleich eine *beschränkte Gattungsschuld* vorlag. Habe etwa der Schuldner einen bestimmten Posten einer Ware auf Lager genommen und den Gläubiger aufgefordert, die Ware abzuholen, so sei es auch dann gerechtfertigt, die Leistungsgefahr übergehen zu lassen, wenn der Schuldner den für den Gläubiger bestimmten Teil zwar noch nicht ausgesondert habe, es aber sicher sei, dass der Gläubiger bei rechtzeitiger Abholung aus dem auf Lager genommenen, später untergegangenen Posten bedient worden wäre. Dieser Auffassung kann nicht gefolgt werden. Sie übersieht, dass der Schuldner mit der Konkretisierung der Gattungsschuld zur Stückschuld auch seinerseits eine Bindung eingehen muss. Diese Bindung besteht darin, dass der Schuldner die einmal ausgesonderten Sachen nicht mehr ohne Weiteres anders verwerten, insbesondere anderweit veräußern kann, sondern auf die dem Gläubiger anzuzeigende Hinterlegung (§§ 373, 374 BGB) und in bestimmten Fällen auf den dem Gläubiger anzudrohenden Selbsthilfeverkauf (§§ 383, 384 BGB, § 373 HGB) angewiesen ist (zum Streit um die Bindung, der besonders beim Versendungskauf praktisch wird, s Schmidt-Kessel § 16 II 3). Dem Schuldner die Leistungsgefahr zu nehmen, ohne dass er selbst eine solche Bindung eingegangen ist, ist nicht gerechtfertigt.

22 Entgegen der hM (RG 29. 3. 1904 – II 372/03, RGZ 57, 402, 404; vCaemmerer JZ 1951, 745; BGB-RGRK/Alff Rn 6) ist für den Übergang der Leistungsgefahr nach § 300 Abs 2 BGB *nicht zusätzlich erforderlich,* dass der Schuldner die *Aussonderung an den Gläubiger bekannt gibt* (zutr Soergel/Schubel Rn 16; Schmidt-Kessel § 16 II): Durch das den Annahmeverzug bewirkende wörtliche Angebot ist der Gläubiger genug gewarnt; vor Durchführung des Selbsthilfeverkaufes schreibt das Gesetz ohnehin eine weitere Benachrichtigung vor.

23 § 300 Abs 2 BGB kann **im Fall des § 296 BGB nicht** angewandt werden (**aA** Larenz I § 25 II b; Palandt/Grüneberg Rn 4; MünchKomm/Ernst Rn 4; Soergel/Schubel Rn 14; PWW/Zöchling-Jud Rn 6): Es *fehlt* hier schon an einem *Angebot* der Leistung, welches § 300 Abs 2 BGB seinem Wortlaut nach ausdrücklich voraussetzt. Das ergibt auch Sinn: Der Gläubiger soll, ehe die Leistungsgefahr auf ihn übergeht, wenigstens durch das Angebot der Leistung auf diese Möglichkeit hingewiesen werden.

24 Obwohl bei Zug-um-Zug-Leistungen nach **§ 298 BGB** der Annahmeverzug nicht infolge der Nichtannahme des Angebotes, sondern infolge des **fehlenden Angebots der Gegenleistung** eintritt, ist § 300 Abs 2 BGB hier hingegen anwendbar: Der Gläubiger ist durch das Angebot des Schuldners auf die Möglichkeit des Übergangs der Leistungsgefahr hingewiesen worden.

§ 301
Wegfall der Verzinsung

Von einer verzinslichen Geldschuld hat der Schuldner während des Verzugs des Gläubigers Zinsen nicht zu entrichten.

Materialien: E I § 259; II § 255; III § 295; Jakobs/Schubert 354–356.

Schrifttum

Vgl die Schrifttumsangaben zu den Vorbem zu §§ 293 ff und zu § 293.

Alphabetische Übersicht

§ 301 BGB bestimmt als weitere Rechtsfolge des Annahmeverzugs die **Beendigung des Zinsenlaufs** einer verzinslichen Geldschuld für die Zeit des Verzuges: Da die Zinspflicht mit der Erfüllung der Geldschuld geendet hätte, sieht es das Gesetz nicht als gerechtfertigt an, den Schuldner weitere Zinsen zahlen zu lassen, wenn die Erfüllung nur daran gescheitert ist, dass der Gläubiger die Leistung nicht angenommen hat (zur Vereinbarkeit mit der Zahlungsverzugsrichtlinie der EG s Schmidt-Kessel § 2 II 5 c). Der Schuldner ist für die Zeit des Annahmeverzugs von der Zinspflicht befreit, nicht etwa sind die Zinsen nur gestundet (OLG Hamburg HansGZ 1923, 230). 1

§ 301 BGB gilt für verzinsliche **Geldschulden**. Zum Begriff der Geldschuld s Staudinger/Omlor (2016) Vorbem B 2 ff zu §§ 244–248. Für *sonstige* verzinsliche Schulden, die selten vorkommen, endet die Verzinsung erst mit der Hinterlegung des Geschuldeten (§ 379 Abs 2 BGB). Vgl dazu Kohler JherJb 17, 261, 382 ff. 2

Auf welchem **Rechtsgrund** die Zinspflicht beruht, ist *gleichgültig:* Weder gesetzliche noch vertragliche Zinsen sind während des Annahmeverzugs zu entrichten (OLG Rostock 16. 7. 2008 – 1 U 48/08, MDR 2009, 133). Dass der Schuldner während des Annahmeverzugs keine Verzugszinsen nach § 288 BGB schuldet, ist selbstverständlich, da der Annahmeverzug des Gläubigers den Leistungsverzug des Schuldners hinsichtlich derselben Leistung ausschließt. Nach § 301 BGB wird der Schuldner während des Annahmeverzugs von seiner Zinsverbindlichkeit auch dann befreit, wenn er die Gegenleistung des Gläubigers aus dem Schuldverhältnis bereits empfangen 3 hat. Ist vereinbart, dass der Käufer ab Lieferung der Kaufsache zusätzlich zum Kaufpreis Fälligkeitszinsen zu entrichten hat, entfallen diese mit dem Annahmeverzug des Verkäufers.

4 § 301 BGB gilt *nicht zugunsten desjenigen, der fremdes Geld für sich selbst verwendet* hat und deshalb – wie etwa gem §§ 668, 1834 BGB – zur Verzinsung dieses Geldes verpflichtet ist: In diesen Fällen, insbesondere wenn der Schuldner das fremde Geld für seine eigene Lebenshaltung verwendet, wäre es unbillig, den Gläubiger allein auf den Nutzungserstattungsanspruch des § 302 BGB zu verweisen (iE auch Palandt/Grüneberg Rn 2; MünchKomm/Ernst Rn 3; **aA** Staudinger/Olzen [2016] § 379 Rn 9). Der Schuldner kann sich hier durch die nach § 372 BGB mögliche Hinterlegung des Geldes von der Zinspflicht befreien, § 379 Abs 2 BGB.

5 Hat der Schuldner aus der geschuldeten Summe während des Annahmeverzugs selbst *tatsächlich* Zinsen gezogen, indem er zB das dem Gläubiger geschuldete Geld bei einer Bank verzinslich angelegt hat, sind die Zinsen trotz § 301 BGB als **tatsächlich gezogene Nutzungen** dann herauszugeben, wenn sich aus allgemeinen Vorschriften (§§ 346 Abs 1, 818, 987 f BGB) eine Herausgabepflicht ergibt (s § 302 Rn 4).

6 § 301 BGB kann keine Pflicht des Darlehensnehmers begründen, eine verzinsliche Geldschuld über den Zeitpunkt der Fälligkeit hinaus bis zum Eintritt des Annahmeverzugs weiter zu verzinsen. § 301 BGB enthält **nur einen Beendigungstatbestand**, nicht aber eine Grundlage für einen Zinsanspruch (BGH 28. 4. 1988 – III ZR 57/87, BGHZ 104, 337, 341; Rieble, Ansprüche des Darlehensgebers bei Verzug des Darlehensnehmers, ZIP 1988, 1027; MünchKomm/Ernst Rn 1; Soergel/Schubel Rn 2; Gotthardt, Zur Bemessung des nach dem gewöhnlichen Lauf der Dinge zu erwartenden Schadens einer Bank bei Verzug eines Kreditschuldners, WM 1987, 1381, 1384; **aA** RG JW 1936, 2858 Nr 5; OLG München 25. 10. 1977 – 25 U 3700/76, OLGZ 1978, 452; BGB-RGRK/Alff Rn 3). Eine solche Zinspflicht kann sich aber aus Vertrag oder aus § 288 BGB ergeben, wenn der Gläubiger mit dem Annahmeverzug auch in Schuldnerverzug mit einer entsprechenden Abnahmepflicht gerät. Folgt weder aus dem Vertrag noch aus dem Gesetz eine Zinspflicht, kommt aber möglicherweise ein Anspruch des Gläubigers auf Nutzungserstattung (s § 302 BGB) in Betracht. Das ist insbesondere von Bedeutung, wenn ein Anspruch auf Verzugszinsen (dazu § 288 Rn 6 ff) daran scheitert, dass der Schuldner die Leistungsverzögerung nicht zu vertreten hat (§ 286 Abs 4 BGB), wie etwa infolge neu eingeführter, unvorhersehbarer Devisenbeschränkungen (vgl BGH 25. 10. 1957 – I ZR 25/57, NJW 1958, 137).

§ 302
Nutzungen

Hat der Schuldner die Nutzungen eines Gegenstands herauszugeben oder zu ersetzen, so beschränkt sich seine Verpflichtung während des Verzugs des Gläubigers auf die Nutzungen, welche er zieht.

Materialien: E I § 253; II § 256; III § 296; Jakobs/Schubert 354–356.

Schrifttum

Vgl die Schrifttumsangaben zu den Vorbem zu §§ 293 ff und zu § 293.

Alphabetische Übersicht

1 § 302 BGB betrifft den Fall, dass der Schuldner aufgrund des Schuldverhältnisses verpflichtet ist, die Nutzungen eines Gegenstandes herauszugeben, etwa aufgrund des Rückabwicklungsschuldverhältnisses nach Rücktritt (§ 346 Abs 1 BGB), aufgrund des Bereicherungsverhältnisses (§§ 812 ff BGB) oder des Eigentümer-Besitzer-Verhältnisses (§§ 987 ff BGB). § 302 BGB **beschränkt** die Herausgabepflicht auf die tatsächlich gezogenen Nutzungen, auch wenn die Verpflichtung aus dem Schuldverhältnis, zB gem § 347 Abs 1 BGB oder § 987 Abs 2 BGB, weitergeht.

2 Dass der Schuldner nach § 302 BGB nur die tatsächlich gezogenen Nutzungen herausgeben muss, bedeutet, dass eine etwaige **Verpflichtung des Schuldners, Nutzungen zu ziehen**, mit Eintritt des Annahmeverzugs **endet** (Mot II 75). Ob vor Eintritt des Annahmeverzugs eine dahingehende Verpflichtung bestand, richtet sich nach dem Inhalt des jeweiligen Schuldverhältnisses.

3 Hinsichtlich seiner Verpflichtung, die tatsächlich gezogenen Nutzungen herauszugeben, **haftet** der Schuldner nach allgemeinen Grundsätzen. § 300 Abs 1 BGB ist insoweit nicht anwendbar, weil der Schuldner die Herausgabepflicht selbst dadurch begründet, dass er tatsächlich Nutzungen zieht (vgl LG Potsdam 17. 6. 2015 – 8 O 195/14, nv; LG Potsdam 27. 5. 2015 – 8 O 263/14, nv).

4 § 302 BGB kann *nicht* entnommen werden, dass der Gläubiger ohne Rücksicht auf das bestehende Schuldverhältnis vom Schuldner Nutzungen herausverlangen kann, die dieser während des Annahmeverzugs aus dem geschuldeten Gegenstand zieht; die Vorschrift enthält nur einen Beschränkungstatbestand (Soergel/Schubel Rn 2; MünchKomm/Ernst Rn 1). Etwa gebühren dem Käufer die Nutzungen aus der Kaufsache gem § 446 S 2 BGB auch dann erst ab Übergabe der Kaufsache, wenn er schon vorher in Annahmeverzug geraten ist. Erst recht kann § 302 BGB nicht entnommen werden, dass der Schuldner einer fälligen Leistung auch ohne Annahmeverzug tatsächlich gezogene Nutzungen an den Gläubiger herausgeben muss (Soergel/Schubel Rn 2; **aA** BGH 25. 10. 1957 – I ZR 25/57, BGHZ 26, 7 für Nutzungen während einer vorübergehenden Leistungsunmöglichkeit infolge von Transferschwierigkeiten; wie der BGH Palandt/Grüneberg Rn 1; Erman/Hager Rn 2). Bei einem im Fälligkeitszeitpunkt nicht zurückgezahlten Darlehen ergibt sich ein solcher Herausgabeanspruch allerdings aus §§ 812, 818, 819, 292, 987 ff BGB: Beim Darlehen besteht die Leistung in der Überlassung des Kapitals auf Zeit bis zur Fälligkeit; nach Fälligkeit erhält der Darlehens-

nehmer das Kapital deshalb ohne Rechtsgrund. Ist der Darlehensnehmer mit der Rückzahlung des Darlehens im Schuldnerverzug, hat der Gläubiger auch Anspruch auf den Verzugsschaden nach §§ 280 Abs 1, Abs 2, 286 BGB.

§ 303
Recht zur Besitzaufgabe

Ist der Schuldner zur Herausgabe eines Grundstücks oder eines eingetragenen Schiffs oder Schiffsbauwerks verpflichtet, so kann er nach dem Eintritt des Verzugs des Gläubigers den Besitz aufgeben. Das Aufgeben muss dem Gläubiger vorher angedroht werden, es sei denn, dass die Androhung untunlich ist.

Materialien: E II § 257; III § 297; DVO z SchiffsRG vom 21. 12. 1940; Jakobs/Schubert 356–357.

Schrifttum

Vgl die Schrifttumsangaben zu § 293.

Alphabetische Übersicht

1 Nach dem *gemeinen Recht* war der Schuldner vom Eintritt des Annahmeverzugs an allgemein berechtigt, den geschuldeten Gegenstand preiszugeben, sofern ihm andere, dem Gläubiger weniger nachteilige Mittel nicht zur Verfügung standen. Das BGB dagegen kennt bei beweglichen Sachen – abgesehen von eingetragenen **Schiffen oder Schiffsbauwerken**, die den Grundstücken ausdrücklich gleichgestellt sind – ein solches Preisgaberecht des Schuldners nicht (s aber § 419 Abs 3 S 4 HGB: ggf Vernichtung des Transportguts). Der Schuldner von beweglichen Sachen kann sich nur durch Hinterlegung der geschuldeten Sache (§ 372 BGB) oder, wenn sich die Sache nicht zur Hinterlegung eignet, durch öffentliche Versteigerung der Sache und Hinterlegung des Erlöses (§ 383 BGB) von seiner Leistungspflicht befreien. Bei **Grund-**

stücken stehen dem Schuldner die Rechtsbehelfe der §§ 372, 383 BGB aber nicht zur Verfügung. Deshalb hat der Gesetzgeber aus Billigkeitsgründen die Bestimmung des § 303 BGB in das Gesetz aufgenommen, „weil dem Schuldner nicht zugemutet werden könne, Unkosten aufzuwenden und sich vielleicht sogar in der Wahl des Aufenthaltsortes eine Beschränkung aufzuerlegen, um den Besitz für den säumigen Gläubiger zu bewahren" (Prot I 332).

Da bei beweglichen Sachen der Selbsthilfeverkauf möglich ist, kann § 303 BGB über 2
§ 242 BGB auch dann nicht auf die Preisgabe von **beweglichen Sachen** ausgedehnt werden, wenn ihr Besitz mit Lasten verbunden und eine Hinterlegung nicht möglich ist (so aber Planck/Siber Rn 3). Auch die Rechtsprechung hatte nur im Hinblick auf ganz besondere Umstände dem Verkäufer von Kuxen gestattet, sich bei Annahme- und Zahlungsverzug des Käufers von der Haftung für Zubußen dadurch zu befreien, dass er die Kuxe nach § 130 PrABergG der Gewerkschaft zur Verfügung stellte (RG 18. 2. 1905 – I 433/04, RGZ 60, 160). Dieser – nach Abschaffung der bergrechtlichen Gewerkschaft durch § 163 BBergG ohnehin obsolete – Fall darf nicht verallgemeinert werden.

Bewegliche Sachen, die sich auf dem Grundstück befinden und als **Zubehör** mitver- 3
äußert worden sind (vgl § 311c BGB), dürfen regelmäßig zusammen mit dem Grundstück preisgegeben werden (Erman/Hager Rn 1; Palandt/Grüneberg Rn 2; MünchKomm/Ernst Rn 4; Soergel/Schubel Rn 2; **aA** NK-BGB/Schmidt-Kessel Rn 1). Aber auch hier bestehen Grenzen: Wertvolle, vom Grundstück leicht zu entfernende Zubehörstücke muss der Schuldner hinterlegen oder im Wege des Selbsthilfeverkaufs verkaufen.

§ 303 BGB berechtigt den Schuldner **nur** zur **Aufgabe des Besitzes**, dh der tatsäch- 4
lichen Gewalt (§ 856 BGB), nicht aber zur Aufgabe des Eigentums iS des § 928 BGB. Eine Verpflichtung des Schuldners gem §§ 873, 925 BGB, dem Gläubiger das Eigentum zu übertragen, besteht deshalb fort (Palandt/Grüneberg Rn 2; Erman/Hager Rn 2; MünchKomm/Ernst Rn 2). Ist der Gläubiger bereits Eigentümer des Grundstücks, so wird dessen dinglicher Herausgabeanspruch dadurch ausgeschlossen, dass sich der Schuldner nicht mehr im Besitz des Grundstücks befindet (§ 985 BGB).

Hat der Schuldner den Besitz aufgegeben, so erlischt damit nach § 275 Abs 1 BGB 5
der schuldrechtliche Anspruch des Gläubigers auf die Herausgabe des Grundstücks (RG JW 1910, 283). Mit dem **schuldrechtlichen Herausgabeanspruch** erlischt auch die Verpflichtung des Schuldners, das Grundstück in ordnungsgemäßem Zustand zu übergeben. Ist etwa das herauszugebende Haus nach der Besitzaufgabe „besetzt" oder von Dritten beschädigt worden, so ist der Schuldner dem Gläubiger dafür nicht verantwortlich (vgl RG 26. 2. 1910 – V 182/09, RGZ 73, 69, 71). Umgekehrt bleibt die **Obhutspflicht** des Schuldners für das Grundstück bestehen, solange er den Besitz nicht aufgegeben hat (OLG Düsseldorf 21. 1. 1999 – 10 U 32/98, MDR 1999, 538). Allerdings wird der Verschuldensmaßstab gem § 300 Abs 1 BGB auf grobe Fahrlässigkeit beschränkt, wobei der Irrtum über das Bestehen der Obhutspflicht grobe Fahrlässigkeit nicht ausschließt (BGH 10. 1. 1983 – VIII ZR 304/81, BGHZ 86, 204, 207 ff).

Dass er den Besitz des Grundstücks aufgeben will, muss der Schuldner dem Gläu- 6
biger vorher **androhen**, es sei denn, die Androhung ist untunlich (§ 303 S 2 BGB). Treu und Glauben erfordern, dass der Schuldner die Besitzaufgabe so zeitig androht,

dass der Gläubiger noch imstande ist, den Besitz zu übernehmen. Auf die Androhung sind die Vorschriften über Rechtsgeschäfte, insbes die §§ 130–132 entsprechend anzuwenden. Der Schuldner kann die Androhung mit dem den Annahmeverzug begründenden Angebot verbinden (OLG Sachsen-Anhalt 10. 12. 2018 – 1 U 25/18, NZM 2019, 409; RG 26. 2. 1910 – V 182/09, RGZ 73, 69, 70 f; Palandt/Grüneberg Rn 3).

7 **Untunlich** ist die Androhung, wenn sie mit einem Aufwand von Kosten, Mühen oder Zeit verknüpft wäre, der dem Schuldner billigerweise nicht zugemutet werden kann. Das ist regelmäßig der Fall, wenn der Schuldner die Androhung nur über die mit erheblichem Zeitaufwand verbundene öffentliche Zustellung erklären könnte (ebenso MünchKomm/Ernst Rn 4). Aus der Formulierung des § 303 S 2 BGB folgt, dass der Schuldner die Untunlichkeit der Androhung zu beweisen hat (PWW/Zöchling-Jud Rn 3; MünchKomm/Ernst Rn 4).

8 Hat der Schuldner den Besitz aufgegeben, ohne dies dem Gläubiger vorher angedroht zu haben, wird er gem §§ 280 Abs 1, 283 BGB dem Gläubiger **schadensersatzpflichtig**, wenn er infolge der Besitzaufgabe zur Leistung unvermögend geworden ist (§ 275 Abs 1 BGB). Für die Verpflichtung, die Besitzaufgabe anzudrohen, gilt die Haftungsmilderung des § 300 Abs 1 BGB ebenso wenig wie für die Schuldnerverpflichtung, den Selbsthilfeverkauf zuvor anzudrohen (dazu § 300 Rn 5).

§ 304
Ersatz von Mehraufwendungen

Der Schuldner kann im Falle des Verzugs des Gläubigers Ersatz der Mehraufwendungen verlangen, die er für das erfolglose Angebot sowie für die Aufbewahrung und Erhaltung des geschuldeten Gegenstands machen musste.

Materialien: E I § 261; II § 258; III § 298; Prot I 333; Jakobs/Schubert 357–364.

Schrifttum

Hartwig, Der Entschädigungsanspruch aus § 642 BGB, BauR 2014, 1055
Hönn, Zur Dogmatik der Risikotragung im Gläubigerverzug bei Gattungsschulden, AcP 177, 385
Müller, Der Anspruch auf Aufwendungsersatz im Rahmen von Schuldverhältnissen, JZ 1968, 769
Reichel, Mehrkosten des erfolglosen Leistungsangebotes, Recht 1910, 811
Riedinger, Umwandlung von Bringschulden in Holschulden durch Annahmeverweigerung des Gläubigers, JW 1914, 736
Schneider, § 642 vs. 304 BGB – Zeit für ein Umdenken?, BauR 2019, 347
ders, Die neue Rechtsprechung des BGH zu § 642 – Ein Sieg der Dogmatik über das Rechtsempfinden?, BauR 2018, 411.

S im Übrigen die Schrifttumsangaben zu den Vorbem zu §§ 293 ff.

Alphabetische Übersicht

§ 304 BGB gewährt dem Schuldner im Annahmeverzug einen **beschränkten Ersatzanspruch**, nämlich einen Anspruch auf Ersatz der Mehraufwendungen, die infolge des Annahmeverzugs notwendig geworden sind. Ein weitergehender Schadensersatzanspruch wäre beim Annahmeverzug auch nicht berechtigt, weil der Annahmeverzug ein Vertretenmüssen nicht voraussetzt (RG 27. 2. 1929 – V 200/28, RGZ 123, 338, 340 und RG Recht 1924 Nr 14; s Vorbem 1 zu §§ 293 ff; s auch Hartwig BauR 2014, 1055, 1059 f). Für den Werkvertrag wird § 304 BGB durch § 642 BGB ergänzt, der im Falle des Annahmeverzugs infolge Unterlassung einer Mitwirkungshandlung einen Anspruch des Unternehmers auf angemessene Entschädigung vorsieht und so sicherstellt, dass das Vorhalten von Betrieb und Arbeitskraft des Unternehmers ersatzfähig wird (vgl BGH 26. 10. 2017 – VII ZR 16/17, BGHZ 216, 319; OLG München 2. 9. 2014 – 27 U 2924/14 Bau, nv; Schneider BauR 2019, 347, 350 ff; Hartwig BauR 2014, 1055 ff). Befindet sich der Gläubiger gleichzeitig in *Schuldnerverzug* (s Vorbem 12 zu §§ 293 ff), ist er dem Schuldner nach §§ 280 Abs 1, Abs 2, 286 BGB zum Schadensersatz verpflichtet. Dazu, dass der Annahmeverzug keine weiteren als die gesetzlich vorgesehenen Folgen hat Vorbem 13 zu §§ 293 ff. 1

Die Ersatzpflicht des Gläubigers beschränkt sich auf die **Mehraufwendungen**, die für das erfolglose Angebot und für die Aufbewahrung und Erhaltung des geschuldeten Gegenstandes erforderlich waren. Der Schuldner kann nur dasjenige ersetzt verlangen, was er notwendigerweise und was er mehr aufgewendet hat, als er ohne den Annahmeverzug aufgewendet hätte (vgl Reichel Recht 1910, 811; vgl auch Schneider BauR 2019, 347, 357 und BauR 2018, 411, 420 f, der zurecht darauf hinweist, dass § 304 BGB sich nicht zeitlich auf Mehraufwendungen während des Annahmeverzugs beschränkt). Die Worte „machen musste" sind dabei nicht im Sinne einer gesetzlichen Pflicht, sondern im 2

Sinne einer praktischen Notwendigkeit aufzufassen. Es genügt, wenn die Mehraufwendungen tatsächlich erfolgt sind und **objektiv angemessen** waren. Hat der Schuldner, obwohl eine Holschuld vereinbart worden war, mit Rücksicht auf die Verkehrssitte oder auf einen ausdrücklichen oder auch nur zu unterstellenden Willen des Gläubigers die Ware tatsächlich angeboten und für dieses Angebot Transportkosten aufgewendet, kann er deshalb Ersatz dieser Mehraufwendungen verlangen. Nicht angemessen sind die Aufwendungen aber, wenn eine billigere Art des Angebots, der Aufbewahrung oder Erhaltung möglich war (RG 2. 3. 1900 – VIa 411/99, RGZ 45, 300, 302). Dass der Schuldner die Aufwendungen für angemessen halten durfte, reicht anders als in § 670 BGB nicht aus (Erman/Hager Rn 2). Jedoch kann der Schuldner insoweit einen Anspruch auf Kostenersatz aus Geschäftsführung ohne Auftrag (§ 683 BGB) haben (Erman/Hager Rn 1).

3 Der **Gegenstand** iSv § 304 BGB, um dessen Aufbewahrung oder Erhaltung es gehen muss, muss körperlicher Natur, dh eine Sache oder ein Tier, sein (**aA** Schneider BauR 2019, 347, 354 ff und BauR 2018, 411, 418 ff, der hierunter die geschuldete Leistung iSv § 293 BGB verstehen will). Zwar könnte hiergegen das systematische Argument sprechen, dass der Gesetzgeber gerade nicht den Begriff der Sache (§ 90 BGB) verwendet hat. Vom natürlichen Wortsinn her, wird als Gegenstand jedoch etwas Greifbares („Gegenständliches“) verstanden. Auch die Tatsache, dass § 304 BGB von der Aufbewahrung des Gegenstandes spricht, legt diese Auslegung nahe. Unkörperliches kann nicht aufbewahrt werden. Für diese Auslegung spricht zudem auch entscheidend die Gesetzeshistorie. War zunächst in E I § 261 ein Anspruch für Mehraufwendungen vorgesehen, die dem Schuldner „durch Aufbewahrung und Erhaltung des Gegenstands der Leistung entstanden sind“, wurde diese Fassung letztlich entsprechend des heutigen Gesetzeswortlauts abgeändert mit dem Hinweis der Zweiten Kommission, dass dies der Verdeutlichung der Norm diene, dass Mehraufwendungen nur insoweit erstattungsfähig sein sollen, als sie „durch das Anbieten und die Aufbewahrung der Sache“ entstanden sind (Prot I 333). Hätte der Gesetzgeber – wie Schneider (BauR 2019, 347, 355, BauR 2018, 411, 419 f) meint – tatsächlich an den Erhalt der Leistung gedacht, hätte es nicht den Begriff des „Gegenstands der Leistung“ durch den Begriff „Gegenstands“ ersetzt und in der Begründung für die Nachjustierung von „Sache“ gesprochen. Auch die Tatsache, dass nach dem Willen des Gesetzgebers der Ersatz im Hinblick auf das mangelnde Verschuldenserfordernis (s Rn 1) auf das Nötigste beschränkte werden sollte, spricht hierfür, verbietet aber jedenfalls eine extensive Auslegung der Norm.

4 Zu den für die **Erhaltung des Schuldgegenstandes** notwendigen Aufwendungen gehören in erster Linie Aufwendungen, die den geschuldeten Gegenstand vor Beschädigungen und Abhandenkommen sichern, zB der Betrieb einer Heizung, um ihr Einfrieren zu verhindern, die Kühlung verderblicher Ware und die Bewachung des geschuldeten Gegenstandes. Auch Prämien für eine weitergeführte oder neu abgeschlossene Versicherung über den geschuldeten Gegenstand zählen hierher (Soergel/Schubel Rn 4; Erman/Hager Rn 2; MünchKomm/Ernst Rn 2). Zu den Kosten und Aufwendungen gehört entsprechend dem Rechtsgedanken des § 1835 Abs 3 BGB der Einsatz eigener Arbeitskraft nur dann, wenn diese Leistung in den gewerblichen oder beruflichen Tätigkeitskreis des Schuldners fällt (Palandt/Grüneberg Rn 2; NK-BGB/Schmidt-Kessel Rn 1). Deshalb sind bei Verzug mit der Rücknahme eines privat in Pflege genommenen Hundes, der inzwischen Welpen geworfen hat, zwar die Fütterungskosten zu ersetzen, nicht aber eine Vergütung für die Pflege zu zahlen.

Kosten der Aufbewahrung sind insbesondere Lagerkosten (RG JW 1926, 1663 mit Anm SCHMIDT/ERNSTHAUSEN; OLG Nürnberg 25. 6. 1974 – 7 U 57/74, MDR 1975, 52) und Standplatzkosten für ein nicht abgenommenes Fahrzeug (OLG Düsseldorf 1. 4. 2014 – I-1 U 87/13 ua, RuS 2015, 470, OLG Hamm 25. 2. 1997 – 28 U 123/96 – NJW-RR 1997, 1418, 1419). Lagert der Schuldner die Ware selbst ein, so kann er dafür die üblichen Lagerkosten nur ersetzt verlangen, wenn er Kaufmann ist (BGH 14. 2. 1996 – VIII ZR 185/94, NJW 1996, 1464, 1465 unter Anwendung von § 354 HGB; PALANDT/GRÜNEBERG Rn 2; s SCHMIDT-KESSEL § 21 I 1: Verbot der abstrakten Berechnung). Gleiches gilt für die Erstattung von Kosten für die Einlagerung von Baumaterialen (KG Berlin 25. 9. 2007 – 7 U 5/07, MDR 2008, 139; vgl SCHNEIDER BauR 2019, 347, 354). Keine Aufbewahrungskosten sind finanzielle Einbußen, die dadurch entstehen, dass die Lagerung des geschuldeten Gegenstandes die weitere Produktion des Schuldners blockiert (LÖWISCH, Arbeitskampf und Vertragserfüllung, AcP 174 [1974] 202, 255); diese sind nur im Schuldnerverzug mit einer Abnahmeverpflichtung (dazu Vorbem 12 zu §§ 293 ff) gem §§ 280 Abs 1, Abs 2, 286 BGB zu ersetzen. 5

Kosten des erfolglosen Angebots sind alle Aufwendungen, die der Schuldner gemacht hat, um die Leistung tatsächlich oder wörtlich anzubieten. Bei der Holschuld sind das die Kosten der Bereitstellung, bei der Bring- und Schickschuld die Kosten der Aussonderung sowie des Transports und der Versendung. Beim wörtlichen Angebot sind beispielsweise die Portokosten zu ersetzen. Auch die mit einer Androhung der Besitzaufgabe nach § 303 BGB (dazu § 303 Rn 6) verbundenen Kosten werden von § 304 BGB erfasst. Nicht zu den Kosten des erfolglosen Angebots zählen Schäden, die der Schuldner infolge des Annahmeverzugs zB beim Rücktransport der angedienten Ware erleidet. Das auf Schäden erweiterte Verständnis des Aufwendungsbegriffs in § 670 BGB kann nicht hierher übertragen werden, weil es am Einverständnis hinsichtlich der Risikoübernahme fehlt, das die erweiternde Auslegung beim Auftrag rechtfertigt. In Betracht kommt wiederum nur ein Schadensersatzanspruch nach §§ 280 Abs 1, Abs 2, 286 BGB, soweit eine Abnahmeverpflichtung besteht. 6

Zu ersetzen sind **nur** die Kosten des ersten oder weiterer **erfolgloser Angebote** des Schuldners, nicht aber die Kosten des Angebots, das schließlich zum Erfolg führt (Hanseatische OLG 29. 1. 2002 – 11 U 37/01, ZIP 2002, 754; ERMAN/HAGER Rn 2; HARTWIG BauR 2014, 1055, 1060). Der Wortlaut des § 304 BGB ist insofern eindeutig. Ebenso wenig sind die Kosten zu ersetzen, die ohnehin, dh auch dann hätten aufgewandt werden müssen, wenn das Angebot zum Erfolg geführt hätte (BOCK/SCHMIDT, Fortgeschrittenenklausur – Zivilrecht: Allgemeines Schuldrecht und Kaufrecht – Der goldene Sprinter, JuS 2017, 1003, 1008). Deshalb gehören Wiegekosten dann nicht zu den Kosten eines erfolglosen Angebotes, wenn die Wiegung für die spätere Leistungsbewirkung nicht wiederholt werden muss; andernfalls gehören sie – obgleich sie vor dem Annahmeverzug entstanden sind – dazu, weil diese Aufwendungen dann infolge des Annahmeverzugs zwecklos geworden sind (wie hier OERTMANN Anm 2). 7

HÖNN (AcP 177 [1977] 402 ff) hat den Vorschlag gemacht, § 304 BGB im Wege einer „teleologischen Extension" bei *noch nicht konkretisierten Gattungsschulden* auf den Fall anzuwenden, dass sich der Schuldner wegen Untergangs des Teils der Gattung, aus dem er leisten wollte, neu eindecken muss. Dem steht nicht nur der Wortlaut des § 304 BGB entgegen. Die Auffassung HÖNNS verlagert die Leistungsgefahr auch weitgehend auf den Gläubiger. Das lässt sich nicht damit vereinbaren, dass der

Schuldner vor der Aussonderung keinerlei Bindung hinsichtlich des Vorrats eingeht, aus dem er leisten wird (s dazu auch oben § 300 Rn 20 ff).

8 Wegen der Verpflichtung des Gläubigers, einen aufgewendeten Mehrbetrag zu verzinsen und den Schuldner von einer zu diesem Zweck eingegangenen Verbindlichkeit zu befreien, s STAUDINGER/KOLBE § 256 Rn 1, 12 ff.

9 Der Ersatzanspruch aus § 304 BGB ist ein **selbstständiger Anspruch**. Er kann sowohl durch eine Leistungsklage als auch im Wege des Zurückbehaltungsrechtes nach § 273 BGB geltend gemacht werden. Der Anspruch auf Ersatz der Mehraufwendungen bleibt auch bestehen, wenn der Gläubiger nachträglich auf seinen Leistungsanspruch verzichtet oder der Leistungsgegenstand später untergegangen ist. S zur Beendigung des Annahmeverzugs in diesen Fällen § 293 Rn 30.

Sachregister

Die fetten Zahlen beziehen sich auf die Paragraphen, die mageren Zahlen auf die Randnummern.

J. von Staudingers Kommentar zum Bürgerlichen Gesetzbuch mit Einführungsgesetz und Nebengesetzen

Übersicht vom 1. 10. 2019
Die Übersicht informiert über die Erscheinungsjahre der Kommentierungen in der 13. Bearbeitung und deren Neubearbeitungen (= Gesamtwerk STAUDINGER). *Kursiv* geschrieben sind die geplanten Erscheinungsjahre.

Die Übersicht ist für die 13. Bearbeitung und für deren Neubearbeitungen zugleich ein Vorschlag für das Aufstellen des „Gesamtwerk STAUDINGER“ (insbesondere für solche Bände, die nur eine Sachbezeichnung haben). Es wird empfohlen, die Austauschbände chronologisch neben den überholten Bänden einzusortieren, um bei Querverweisungen auf diese schnell Zugriff zu haben. Bei Platzmangel sollten die ausgetauschten Bände an anderem Ort in gleicher Reihenfolge verwahrt werden.

	Neubearbeitungen				
Buch 1. Allgemeiner Teil					
Einl BGB; §§ 1–14; VerschG	2004	2013	2018		
§§ 21–79	2005	2019			
§§ 80–89	2011	2017			
§§ 90–124; 130–133		2012	2016		
§§ 125–129; BeurkG			2012	2017	
§§ 134–138	2003	2011	2017		
§§ 139–163	2003	2010	2015		
§§ 164–240	2004	2009	2014	2019	
Buch 2. Recht der Schuldverhältnisse					
§§ 241–243	2005	2009	2014	2019	
§§ 244–248	2016				
§§ 249–254	2005	2016			
§§ 255–304	2004	2009	2014	2019	
§§ 305–310; UKlaG	2006	2013	2019		
Anh zu §§ 305–310			2019		
§§ 311, 311a–c	2013	2018			
§§ 311b, 311c	2012				
§§ 312, 312a–k	2013	2019			
§§ 313, 314	*2021*				
§§ 315–327	2001	2004	2009	2015	
§§ 328–359	2001	2004			
§§ 328–345			2009	2015	
§§ 346–361			2012		
§§ 358–360				2016	
§§ 362–396	2000	2006	2011	2016	
§§ 397–432	2005	2012	2017		
§§ 433–480	2004	2013			
Wiener UN-Kaufrecht (CISG)	1999	2005	2013	2017	
§§ 488–490; 607–609	2011	2015			
§§ 491–512	2004	2012			
§§ 516–534	2005	2013			
§§ 535–562d (Mietrecht 1)	2003	2006	2011		
§§ 563–580a (Mietrecht 2)	2003	2006	2011		
§§ 535–555f (Mietrecht 1)				2014	
§§ 556–561; HeizkostenV; BetrKV (Mietrecht 2)				2014	
§§ 562–580a; Anh AGG (Mietrecht 3)				2014	
§§ 535–556g (Mietrecht 1)					2017
§§ 557–580a; Anh AGG (Mietrecht 2)					2017
Leasing	2004	2014	2018		
§§ 581–606	2005	2013	2018		
§§ 607–610 (siehe §§ 488–490; 607–609)	./.				
§§ 611–613	2005	2011	2015		
§§ 613a–619a		2011	2016	2019	
§§ 616–630	2002				
§§ 620–630		2012	2016	2019	
§§ 631–651	2003	2008	2013		
§§ 651a–651m	2003	2011	2015		
§§ 652–656	2003	2010			
§§ 652–661a			2015		
§§ 657–704	2006				
§§ 662–675b		2017			
§§ 675c–676c		2012			
§§ 677–704		2015			
§§ 741–764	2002	2008	2015		
§§ 765–778	2013				
§§ 779–811	2002	2009	2015		
§§ 812–822	1999	2007			
§§ 823 A-D	2016				
§§ 823 E-I, 824, 825	2009				
§§ 826–829; ProdHaftG	2003	2009	2013	2018	
§§ 830–838	2002	2008	2012	2017	
§§ 839, 839a	2007	2013			
§§ 840–853	2007	2015			
AGG	2017				
UmweltHR	2002	2010	2017		
Buch 3. Sachenrecht					
§§ 854–882	2000	2007	2012	2018	
§§ 883–902	2002	2008	2013		
§§ 889–902				2019	

	Neubearbeitungen			
§§ 903–924	2002	2009	2015	
§§ 925–984; Anh §§ 929 ff	2004	2011	2016	
§§ 985–1011	1999	2006	2013	
ErbbauRG; §§ 1018–1112	2002	2009	2016	
§§ 1113–1203	2002	2009	2014	
§§ 1204–1296; §§ 1–84 SchiffsRG	2002	2009	2018	
§§ 1–19 WEG	2017			
§§ 20–64 WEG	2017			
Buch 4. Familienrecht				
§§ 1297–1352	2007	2012	2015	2018
LPartG		2010		
§§ 1353–1362	2007	2012	2018	
§§ 1363–1563	2000	2007		
§§ 1363–1407			2017	
§§ 1408–1563			2018	
§§ 1564–1568; §§ 1568 a+b	2004	2010	2018	
§§ 1569–1586b	2014			
§§ 1587–1588; VAHRG	2004			
§§ 1589–1600d	2000	2004	2011	
§§ 1601–1615n	2000	2018		
§§ 1616–1625	2007	2014		
§§ 1626–1633; §§ 1–11 RKEG	2007	2015		
§§ 1638–1683	2004	2009	2015	
§§ 1684–1717	2006	2013	2018	
§§ 1741–1772	2007	2019		
§§ 1773–1895	2004	2013		
§§ 1896–1921	2006	2013	2017	
Buch 5. Erbrecht				
§§ 1922–1966	2000	2008	2016	
§§ 1967–2063	2002	2010	2016	
§§ 2064–2196	2003	2013		
§§ 2197–2228	2003	2012	2016	
§§ 2229–2264	2003	2012	2017	
§§ 2265–2302	2006	2013	2018	
§§ 2303–2345		2014		
§§ 2339–2385	2004			
§§ 2346–2385		2010	2016	
EGBGB				
Einl EGBGB; Art 1, 2, 50–218	2005	2013	2018	
Art 219–245	2003			
Art 219–232		2015		
Art 233–248		2015		
EGBGB/Internationales Privatrecht				
Einl IPR; Art 3–6	2003			
Einl IPR		2012	2018	
Art 3–6		2013		
Art 7, 9–12, 47, 48	2007	2013	2018	
IntGesR	1998			
Art 13–17b	2003	2011		
Art 18; Vorbem A + B zu Art 19	2003			
Haager Unterhaltsprotokoll		2016		
Vorbem C–H zu Art 19	2009			
EU-VO u Übk z Schutz v Kindern		2018		
IntVerfREhe	2005			
IntVerfREhe 1		2014		
IntVerfREhe 2		2016		
Art 19–24	2002	2008	2014	2018
Art 25, 26	2000	2007		
Art 1–10 Rom I VO	2011	2016		
Art 11–29 Rom I-VO; Art 46b, c; IntVertrVerfR	2011	2016		
Art 38–42	2001			
IntWirtschR	2006	2010	2015	2019
Art 43–46	2014			
Eckpfeiler des Zivilrechts	2011	2012	2014	2018
Demnächst erscheinen				
§§ 631–651				2019
§§ 985–1011				2019
§§ 1113–1203	2002	2009	2014	2019
§§ 2064–2196				2019
Art 3–4 EGBGB				2019

oHG Dr. Arthur L. Sellier & Co. KG – Walter de Gruyter GmbH, Berlin
Postfach 30 34 21, D-10728 Berlin, Telefon (030) 2 60 05-0, Fax (030) 2 60 05-222